Le DICTIONNAIRE LAROUSSE junior

LAROUSSE
DICTIONNAIRES
21, rue du Montparnasse 75283 Paris Cedex 06

Pour la présente édition

Direction du département Carine Girac-Marinier

Coordination éditoriale Anne-Françoise Robinson pour les Noms communs ; Marion Vaillant pour les Noms propres, *assistée de* Victoria Trottin

Lecture-correction Élisabeth Le Saux

Informatique éditoriale Dalila Abdelkader ; Serge Boucher, Philippe Cazabet, Willemine Jaspars, Ivo Kulev, Sharareh Maljaei

Direction artistique Ulrike Meindl ; Sophie Rivoire

Mise en pages Willemine Jaspars, Sharareh Maljaei ; Sylvie Fécamp

Iconographie Valérie Perrin ; Marie-Pierre Belleteste

Atlas Nadine Martrès

Fabrication Marlène Delbeken

Contributions des conseillers Daniel Berlion pour les Pages roses ; Vanina Pialot pour les sciences ; Anne-Lise Lichtenberger, Marion Walter Ray-Capet et les enseignants pour leur savoir-faire.

Pour l'édition princeps

Direction de la publication Chantal Lambrechts

Responsable éditoriale Catherine Boulègue

Rédaction Nicole Rein-Nikolaev
Patricia Maire ; Nathalie Lanckriet
avec la collaboration de Corinne Schulbaum

ISBN : 978-2-03-595030-7 / 978-2-03-595032-1 / 978-2-03-595039-0 / 978-2-03-595040-6

Sommaire

Planches thématiques

Sciences de la vie et de la Terre

Sciences et technologies

Histoire

Éducation civique

Culture et civilisation

Arts

Avant-propos

Ce dictionnaire illustré est tout particulièrement conçu pour les élèves de 7 à 11 ans (cycle 3/CE-CM), afin de les accompagner dans **l'apprentissage et la maîtrise de la langue française**, à l'oral comme à l'écrit, en conformité avec les **programmes scolaires**.

Soucieux de répondre à la pratique des enfants et aux besoins des enseignants et des parents, nous nous sommes attachés à rédiger des **articles simples**, courts, mettant en évidence les sens les plus usités d'un mot ainsi que les expressions et locutions les plus courantes.

Les mots définis (environ **20 000**) sont bien sûr ceux du lexique de base pour les enfants de cet âge, sans oublier les termes nouvellement introduits dans notre langue. Un certain nombre de mots spécifiques aux disciplines enseignées, et utilisés notamment dans les manuels scolaires (sciences, histoire, géographie...), sont également traités afin d'enrichir encore le vocabulaire.

Une présentation simple et structurée de l'information

- Afin de faciliter la recherche, les entrées sont en couleur.
- Un code graphique (triangle) permet de mettre en évidence les **familles de mots**, sans rompre l'**ordre alphabétique**.
- Pour chaque mot et pour chaque sens, on trouve une **définition, précise et concise**, suivie d'un **exemple, concret et tiré de l'univers de l'enfant**, qui facilite la compréhension.
- Les différents **sens** du mot sont clairement numérotés et présentés dans un ordre allant du sens le plus courant aux sens plus particuliers.
- Pour chaque sens, des **synonymes** et des **contraires** permettent à l'enfant d'**enrichir son vocabulaire** et, en fin d'article, des **renvois analogiques** (signalés par une flèche) l'invitent à consulter d'autres mots du même domaine.
- Les **expressions** et **locutions**, écrites en caractère gras, sont faciles à repérer.
- Les verbes sont accompagnés d'un renvoi systématique aux **tableaux de conjugaison** (pp. 15-30).
- En fin d'article, des remarques (précédées d'une puce orange) signalent les **difficultés de langue** (orthographe, prononciation, pluriels particuliers, homonyme ou paronyme à ne pas confondre...) ou apportent des compléments de vocabulaire, comme le cri et le nom du petit pour les animaux, le nom des musiciens pour les instruments de musique... Ces remarques incluent systématiquement les **recommandations de la réforme de l'orthographe** de 1990 (voir *La nouvelle orthographe*, pp. 7-8).

En complément : 1 000 noms propres, 1 000 mots d'anglais et des pages roses

• Puisque le *Larousse Junior* doit aussi être une fenêtre ouverte sur le monde, nous avons décidé de compléter le dictionnaire de 20 000 noms communs par un dictionnaire de **1 000 noms propres**. Celui-ci couvre tous les grands domaines (histoire, géographie, littérature, peinture, musique...) et propose par exemple des notices sur tous les pays du monde, assorties de leur drapeau, ainsi que sur les grands personnages étudiés à l'école (Jules César, Louis XIV, Napoléon, Molière, Picasso, Mozart…).

• Pour répondre aux nouveaux besoins liés à l'initiation à une langue étrangère, un lexique de **Mille mots d'anglais** (pp. 1370-1402), à utiliser en classe ou après l'école, est inclus dans l'ouvrage. Chaque mot est accompagné d'un exemple, mot et exemple étant ensuite traduits en français. Des **planches illustrées** (pp. 1346-1369) viennent compléter ce lexique, afin de faciliter l'accès des enfants à l'anglais en passant par l'image.

• À l'image du *Petit Larousse illustré,* le *Larousse Junior* s'est doté de **pages roses** (pp. 1088-1112). Elles comportent une brève histoire de la langue française, un cahier d'expressions figurées expliquées aux enfants, un florilège de mots dont l'étymologie remonte à un nom propre, un voyage à travers les mots venus d'ailleurs ainsi qu'un dossier sur les racines grecques passées en français.

Pour découvrir les mots par l'image

• **2 000** illustrations en couleurs – dessins réalistes, photographies, cartes… – viennent à l'appui des mots définis.

• **90 pages de planches thématiques**, placées au plus près du mot thème, présentent des sujets encyclopédiques (arbres, avions, bateaux, corps humain, félins, panneaux de signalisation routière, singes, volcans, etc.) ou les mots-clés des grands sujets abordés au primaire (la préhistoire, le Moyen Âge, les climats et la météorologie, l'environnement et le développement durable...).

• Un cahier d'**histoire des arts** (pp. 1316-1336) offre un panorama de l'art, de la préhistoire à l'époque actuelle.

• Un mémo d'**instruction civique** (pp. 1338-1345) propose d'aborder les grandes thématiques civiques, en lien avec les programmes scolaires.

• Et, pour finir, un **atlas du monde** (pp. 1275-1302) et une **chronologie** illustrée (pp. 1303-1315).

Auxiliaire indispensable à l'apprentissage de la langue française, le *Larousse Junior* a aussi pour ambition de donner à l'enfant les moyens de mieux comprendre le monde qui l'entoure, avec plaisir et autonomie.

L'Éditeur

La nouvelle orthographe

Au cours des siècles, **la langue française**, comme toutes les langues vivantes, n'a cessé d'évoluer. De même, son orthographe a connu différentes « réformes ». Elle a été modifiée à plusieurs reprises depuis la première édition du *Dictionnaire de l'Académie française*, en 1694.

Aujourd'hui, la langue connaît une **nouvelle évolution**. En **1990**, une série de **rectifications orthographiques** ont été rédigées par un comité d'experts (professeurs, linguistes, éditeurs de dictionnaires...). Ce texte a été adopté par le Conseil supérieur de la langue française et d'autres institutions de la francophonie (au Québec, en Belgique...), et approuvé par l'Académie française.
Cette « réforme » a pour but de réduire certaines anomalies et incohérences orthographiques pour faciliter l'apprentissage (et l'enseignement) du français. Elle concerne quelque 2 000 mots.

L'emploi de la nouvelle orthographe n'est pas imposé, mais il est recommandé. Par exemple, il est désormais recommandé d'écrire *aigüe* pour *aiguë*, *boite* pour *boîte*, *bonhommie* au lieu de *bonhomie*, *nénufar* au lieu de *nénuphar*, ou *pingpong*, sans trait d'union.

Ces rectifications orthographiques entrent progressivement dans les **ouvrages de référence** (dictionnaires, grammaires...) et les **manuels scolaires**.

Dans l'enseignement, aucune des deux graphies (ancienne ou nouvelle) **ne peut être tenue pour fautive**.

Les nouvelles règles

• Le pluriel des mots composés

Les mots composés du type « verbe + nom » ou « préposition + nom » suivent la règle d'accord des mots simples (des *abat-jours*, des *chasse-neiges*, des *pare-feux* ; des *après-midis*, des *sans-abris*). Au singulier, le second mot ne prend pas la marque du pluriel : un *compte-goutte*, un *sèche-cheveu*.

• Le trait d'union

Dans un grand nombre de mots composés, le trait d'union est remplacé par une soudure (*autostop* pour *auto-stop*, *bassecour* pour *basse-cour*, *portemonnaie* pour *porte-monnaie*).

• Les accents et le tréma

- On met un **accent aigu** sur les ***e*** qui sont prononcés ***é*** : *caméraman*, *diésel*, *répartie*, *révolver*.
- On remplace l'accent aigu par un **accent grave** sur les ***e*** qui sont prononcés ***è*** : *crèmerie*, il *cèdera*, *évènement*, *règlement*.
- L'**accent circonflexe** n'est plus obligatoire sur les lettres ***i*** et ***u*** : *une boite*, *il connait*, *aout*. On le maintient toutefois dans les terminaisons verbales du passé simple, du subjonctif : nous *partîmes*, qu'il *fît*, qu'il *fût*, et en cas d'ambiguïté : il *croît* (verbe *croitre*), il a *dû*, *mûr*, *sûr*.
- Un **tréma** est désormais placé sur la voyelle prononcée : *aigüe*, *ambigüité*, *gageüre*...

• Les adjectifs numéraux
Les numéraux (cardinaux et ordinaux) composés sont systématiquement reliés par des traits d'union : *vingt-et-un*, *deux-cents*, *trois-millième*.

• Les mots d'origine étrangère
Les mots empruntés suivent les règles d'accentuation et d'accord des mots français, et les mots composés d'origine étrangère s'écrivent soudés : *édelweiss*, *guérilléro*, *pizzéria* ; des *matchs*, des *médias*, des *spaghettis* ; *baseball*, *hotdog*, *weekend*.

• Le participe passé devient invariable après le verbe ***laisser*** suivi d'un infinitif (exemples : *elle s'est laissé tomber* ; *elles se sont laissé faire*).

• Les verbes en *-eler* ou *-eter* se conjuguent comme *peler* ou *acheter*. Les dérivés en *-ment* de ces verbes suivent la même orthographe : j'*amoncèle*, *amoncèlement*, il *étiquètera*.
Font exception à cette règle *appeler*, *interpeler*, *jeter* et leurs dérivés.

• Diverses anomalies sont corrigées
- Les **mots en *-olle*** (à l'exception de *colle*, *folle* et *molle*) et les **verbes en *-otter*** s'écrivent avec une consonne simple : *corole*, *frisoter*.
- Les mots *joailler*, *quincailler*, *serpillère*... perdent le dernier ***i***.
- Les mots *douçâtre* et *assoir* perdent le ***e*** ; *ognon* s'écrit sans ***i*** ; *nénufar* remplace *nénuphar*, conformément à son étymologie.
- Les mots *boursoufflé*, *charriot*, *combattif*, *imbécilité*... voient leur orthographe mise en conformité avec celle de *souffler*, *charrette*, *combattre*, *imbécile*...

La nouvelle orthographe dans le *Larousse Junior*

Dans le *Larousse Junior*, nous avons conservé l'ancienne orthographe dans les entrées, mais chaque mot concerné par la nouvelle orthographe est accompagné d'une remarque – à la fin de l'article – qui indique la graphie recommandée.

appui-tête n.m. Objet réglable et souvent rembourré fixé sur un fauteuil ou un siège de voiture pour soutenir la tête.
● Au pluriel : des **appuis-tête.**
– La nouvelle orthographe permet d'écrire aussi un **appuie-tête,** des **appuie-têtes,** comme **j'appuie**.
►►► Mot de la famille de **appuyer.**

▶ **brûleur** n.m. Partie d'un appareil de cuisson ou de chauffage où le combustible brûle. *Les brûleurs d'une cuisinière à gaz.*
● La nouvelle orthographe permet d'écrire aussi **bruleur,** sans accent circonflexe.

paître v. (conjug. 73). Manger de l'herbe. *Les vaches paissent dans le pré.* SYN. **brouter.**
● La nouvelle orthographe permet d'écrire aussi **paitre,** sans accent circonflexe. – Ce verbe s'emploie surtout au présent, à l'imparfait et au futur de l'indicatif. Les autres temps sont rares.

pique-nique n.m. Repas, en général froid, pris dans la nature. *Nous avons fait un pique-nique dans la forêt.*
● Au pluriel : des **pique-niques.**
– La nouvelle orthographe permet d'écrire aussi **piquenique,** sans trait d'union.

À la découverte du *Larousse Junior*

Dans un dictionnaire, les mots sont classés par ordre alphabétique.

→ Pour trouver rapidement un mot dans le dictionnaire, il faut :
- bien connaître l'**ordre alphabétique**,
- ouvrir le dictionnaire le plus près possible de la première lettre (l'**initiale**) du mot et chercher ensuite en fonction de la 2e, de la 3e lettre...
- utiliser les **mots-repères** qui se trouvent en haut de chaque page.

→ Pour trouver un **nom** ou un **adjectif**, il faut le chercher au **masculin singulier**. La forme féminine est indiquée par la terminaison ou par le mot féminin en entier :

ex. : **président, e** **blanc, blanche**

Lorsque le pluriel ne se forme pas en ajoutant un **s**, il est indiqué dans une remarque en fin d'article :

ex. : **bocal** • Au pluriel : des **bocaux** **émail** • Au pluriel : des **émaux**

→ Pour trouver un verbe, il faut le chercher à l'infinitif.

ex. : *prends* → **prendre**

→ Pour connaître l'orthographe d'un mot, il est nécessaire de savoir comment s'écrivent les sons qui le composent (voir *Prononciation et orthographe,* p. 14).

Un dictionnaire donne l'orthographe et la définition des mots.

→ Le mot que l'on cherche, c'est l'**entrée**.

→ Après l'entrée se trouve la **classe du mot** (ou catégorie grammaticale) écrite souvent en abrégé (voir *Abréviations et codes,* p. 32).

→ Vient ensuite la **définition** ; elle est suivie d'un **exemple** qui permet de mieux comprendre le mot et montre comment l'utiliser dans une phrase.

→ Un mot peut avoir plusieurs **sens**. Chaque sens est précédé d'un **numéro**. Les premiers sont les sens propres (les plus courants et les plus concrets), les suivants sont des sens figurés ou imagés.

→ Il ne faut pas confondre les différents sens d'un mot et deux mots différents qui s'écrivent de la même manière. Ces derniers sont des **homographes** ; comme il s'agit de deux mots différents (ils n'ont pas la même étymologie), ils ont chacun une entrée précédée d'un numéro.

ex. : **1. voile** n.f. **2. voile** n.m. **1. court, e** adj **2. court** n.m.

→ Les **synonymes** et les **contraires** présentés dans l'article permettent d'enrichir le vocabulaire. Les synonymes sont très utiles pour éviter les répétitions.

→ Les **registres de langue** : comme on n'utilise pas toujours les mêmes mots selon que l'on écrit ou que l'on parle, ce dictionnaire précise les mots qui sont **familiers** (ceux que l'on utilise avec ses camarades) ainsi que ceux qui appartiennent à la langue **littéraire** (ceux que l'on trouve surtout à l'écrit).

Les noms communs

le mot-repère à gauche annonce le premier mot défini dans la page.

les expressions et locutions sont écrites en caractères gras.

l'entrée de l'article, c'est le mot défini. Il est écrit en bleu.

la classe du mot (ou catégorie grammaticale). Elle suit l'entrée et est souvent écrite en abrégé.

le numéro de conjugaison renvoie à la conjugaison du verbe modèle située au début du dictionnaire.

le losange introduit une sous-entrée.

le niveau de langue indique si le mot (ou le sens) est littéraire ou familier.

la flèche introduit un renvoi. Elle invite à se reporter à un mot du même domaine.

le triangle bleu, placé devant une entrée, annonce que le mot est dérivé du mot-souche situé au-dessus.

---

damnation 284

a b c **d** e f g h i j k l m n o p q r s t u v w x y z

damnation n.f. Dans la religion chrétienne, condamnation aux supplices de l'enfer après la mort.
● On ne prononce pas le **m**.
▸▸▸ Mot de la famille de **damné**.

damné, e n. et adj. Dans la religion chrétienne, personne condamnée à l'enfer après la mort.
● On ne prononce pas le **m**.

dan n.m. Dans les arts martiaux japonais, chacun des dix grades que l'on peut passer après la ceinture noire.
● On prononce [dan].

se **dandiner** v. (conjug. 3). Balancer son corps d'un côté et de l'autre. *Les canards se dandinent en marchant.*

danger n.m. Ce qui constitue un risque, expose à des accidents. *Les marins affrontent les dangers de la mer.* SYN. **péril.**

▸ **dangereusement** adv. De manière dangereuse. *Conduire dangereusement.*

▸ **dangereux, euse** adj. ❶ Qui présente un danger, un risque. *Il est dangereux de traverser une rue sans regarder.* SYN. **périlleux.** ❷ Qui peut nuire, faire du mal. *Les ours peuvent être dangereux.* SYN. **redoutable.** CONTR. **inoffensif.**

danois, e adj. et n. Du Danemark. *Le cinéma danois. Carl est danois. C'est un Danois.* ◆ **danois** n.m. Langue parlée par les Danois.
● Le nom prend une majuscule quand il désigne une personne : *un Danois.*

dans préposition. ❶ Introduit un complément de lieu, de temps, de manière. *Mes vêtements sont dans le placard.* SYN. **à l'intérieur de.** *Dans sa jeunesse, il s'est bien amusé.* SYN. **au cours de, durant.** *Ils ont vécu dans la peur.* ❷ (Familier). **Dans les,** environ. *Ce livre coûte dans les vingt euros.* SYN. **à peu près, autour de.** → Vois aussi **en.**

danse n.f. Suite de pas et de mouvements rythmés que l'on exécute sur un air de musique. *Loan fait de la danse classique. La valse et le rock sont des danses.*

▸ **danser** v. (conjug. 3). Exécuter les mouvements d'une danse. *Natacha voudrait apprendre à danser.*

▸ **danseur, euse** n. ❶ Artiste dont le métier est de danser. *Les danseurs de l'Opéra de Paris.* ❷ Personne qui danse. *Les danseurs sont sur la piste.* ❸ **En danseuse,** en pédalant debout.

dard n.m. Petite pointe qu'ont les abeilles, les guêpes et les scorpions et qui leur sert à inoculer leur venin. → Vois aussi **aiguillon.**
● Ce mot se termine par un **d.**

date n.f. ❶ Indication du jour, du mois, de l'année. *Quelle est ta date de naissance ?* ❷ Événement marquant de l'histoire. *Les grandes dates de la conquête spatiale.* ❸ **De longue date,** depuis longtemps. *Des amis de longue date.*
● Ne confonds pas avec **datte.**

▸ **dater** v. (conjug. 3). ❶ Indiquer la date. *N'oublie pas de dater et de signer ta lettre.* ❷ Exister depuis telle époque. *Ce château fort date du 13e siècle.*

datte n.f. Petit fruit brun très sucré qui a un noyau et qui pousse sur un dattier.
● Ne confonds pas avec **date.**

▸ **dattier** n.m. Palmier cultivé en Afrique du Nord et au Moyen-Orient et qui produit les dattes.

un dattier et des dattes

dauphin n.m. Mammifère marin qui vit en troupe et se nourrit de poissons. *Les dauphins émettent des signaux qui constituent un véritable langage.*
● Le dauphin appartient à la famille des cétacés, comme la baleine et le cachalot.

---

la puce orange introduit une remarque. Elle signale une difficulté de langue et indique aussi la nouvelle orthographe. Elle peut également apporter un complément de vocabulaire.

À la découverte du *Larousse Junior*

le numéro de la page

le mot-repère à droite annonce le dernier mot défini dans la page.

la lettre-repère de l'alphabet

l'abréviation SYN. introduit un ou plusieurs synonymes.

l'abréviation CONTR. introduit un ou plusieurs contraires.

la définition

l'exemple est écrit en italique.

285 **débarquer**

un **dauphin**

Dauphin n.m. Autrefois, fils aîné du roi de France qui était l'héritier du trône.

daurade n.f. Poisson de mer à reflets dorés ou argentés, dont la chair est appréciée.
● On peut aussi écrire **dorade**.

une **daurade** royale

davantage adv. ❶ En plus grande quantité. *Veux-tu davantage de purée ?* SYN. **plus.** ❷ Plus longtemps. *Je ne peux pas rester davantage.*

1. de préposition. Mot qui se place après un verbe, un nom ou un adjectif pour donner diverses indications (origine, appartenance, temps, cause, moyen, manière, matière, contenu) ou introduire des compléments. *Anne vient de Lille. C'est le livre de Quentin. Nous serons absents du 15 au 22 mars. Je meurs de faim. Faire un signe de la main. Manger de bon appétit. Une barre de fer. Une tasse de thé. La cour de l'immeuble. Il est fier de toi. Je lui ai demandé de partir.*
● **De** devient **d'** devant une voyelle ou un « h » muet : *un ticket d'autobus.* – Lorsque **de** est suivi de « le » ou de « les », il devient **du** ou **des** : *il souffre du genou. Elle revient des Antilles.*

2. de article indéfini. S'emploie à la place de « des » devant un adjectif. *Tu as de jolies boucles d'oreilles.*

1. dé n.m. Petit cube qui comporte de un à six points sur chaque face et que l'on utilise dans certains jeux. *C'est à moi de lancer les dés !*

des **dés**

2. dé n.m. Petit objet en métal que l'on met au doigt pour pousser l'aiguille quand on coud.

déambuler v. (conjug. 3). Marcher au hasard, sans but précis. *Des touristes déambulent dans les rues.* SYN. **errer, flâner.**

débâcle n.f. Fuite désordonnée d'une armée vaincue. SYN. **débandade, déroute.**
● Le **a** prend un accent circonflexe.

déballage n.m. Action de déballer. *Au déballage, plusieurs verres ont été cassés.* CONTR. **emballage.**
►►► Mot de la famille de **déballer.**

déballer v. (conjug. 3). Sortir un objet de son emballage. *Déballer de la vaisselle.* CONTR. **emballer.**

débandade n.f. Fait de se disperser rapidement et en désordre. *L'averse provoqua une débandade sur la plage.*

se **débarbouiller** v. (conjug. 3). Se laver la figure. *Lisa s'est débarbouillée après le goûter.* CONTR. **se barbouiller.**

débarcadère n.m. Endroit aménagé dans un port, au bord d'un cours d'eau ou d'un lac pour débarquer des marchandises et des passagers. SYN. **embarcadère.**
►►► Mot de la famille de **débarquer.**

débardeur n.m. ❶ Ouvrier qui charge et décharge des navires. SYN. **docker.** ❷ Maillot de corps, sans manches et très échancré. *En été, je mets des débardeurs.*

débarquement n.m. ❶ Action de débarquer. *Le débarquement des marchandises, des passagers.* CONTR. **embarquement.** ❷ Opération militaire qui consiste à débarquer des troupes sur un rivage occupé par l'ennemi. *Le débarquement des Alliés a eu lieu en Normandie, en juin 1944.*
►►► Mot de la famille de **débarquer.**

débarquer v. (conjug. 3). ❶ Descendre d'un bateau ou d'un avion. *Les voyageurs ont débarqué à Marseille.* CONTR. **embarquer.** ❷ Déposer à terre des marchandises, des

a b c **d** e f g h i j k l m n o p q r s t u v w x y z

le numéro devant une entrée introduit les mots qui s'écrivent de la même façon mais qui n'ont pas le même sens.

les numéros dans un article indiquent que le mot a plusieurs sens.

les triangles bleus, placés à la fin d'un article, indiquent le « chef de famille » du mot défini ou signalent un ou plusieurs mots de la même famille.

À la découverte du *Larousse Junior*

les planches thématiques

les pages roses

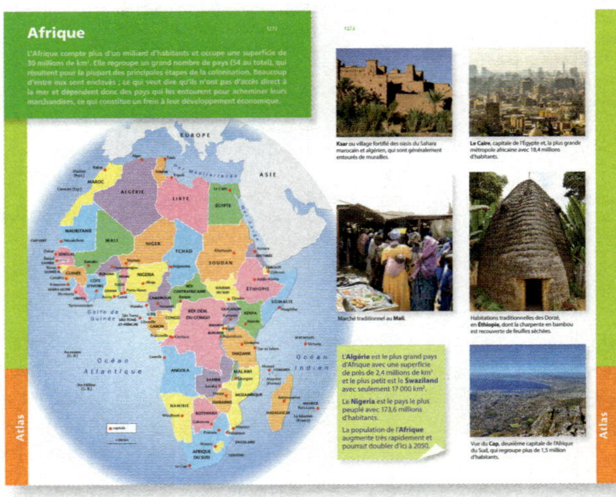

l'atlas du monde

À la découverte du *Larousse Junior*

l'histoire des arts

la chronologie

Mille mots d'anglais

Prononciation et orthographe

voyelles

sons	orthographe des sons
[a]	bras, chat, habiter, voilà, femme, solennel
[ɑ]	âne, hâte
[e]	dé, hérisson, poignée, message, jouer, pied, geyser, nez, canoë, fœtus
[ɛ]	aile, haie, terre, hectare, reine, objet, des, près, prêt, maître, paye, jockey, Noël
[ə]	le, premier, faisan, monsieur
[œ]	jeune, heurt, œuf, œil, cueillir, club
[ø]	jeu, heureux, deux, œufs, nœud, jeûne
[i]	il, cime, trahir, île, abîme, maïs, abysse, pays, week-end
[ɔ]	or, sotte, homme, oignon, album, alcool
[o]	sot, tôt, haut, cahot, peau, hall, crawl
[y]	tu, hutte, sûr, ciguë, j'ai eu
[u]	ou, houx, roue, loup, où, goût, août, saoul, football, clown, interview
[ɑ̃]	an, banc, rang, champ, en, vent, temps, faon
[ɛ̃]	brin, timbre, brun, parfum, à jeun, pain, faim, teint, examen, synthèse, thym
[ɔ̃]	non, pont, rond, pompe, acupuncture

consonnes

sons	orthographe des sons
[p]	par, après, applaudir
[b]	bon, début, gibbon
[t]	toi, été, thé, attendre
[d]	dé, aider, addition, adhésif
[k]	cou, accordéon, chaos, orchestre, becquée, ticket, cinq, quatre, piquer, képi, cheikh
[g]	gai, guitare, bague, ghetto, second
[f]	fou, souffle, phare, éléphant
[v]	vert, laver, wagon
[s]	sec, absent, chips, science, fasciner, casser, cent, police, ça, français, façon, gerçure, asthme, attention, dix, soixante, quartz
[z]	maison, zéro, douze, deuxième
[ks]	extrait, excellent, accepter, accident
[gz]	examen, exhaler
[ʃ]	chat, short, schéma
[ʒ]	je, jamais, nager, il nageait, nageoire, génie, girafe, gymnastique
[l]	la, alors, balle
[m]	ma, tome, gomme
[n]	nom, cane, canne, automne
[ɲ]	cogner, camping
[r]	rat, ortie, arriver, rhume
[j]	crayon, hier, lieu, faïence, hyène, soleil, fille
[w]	oiseau, voir, cloître, asseoir, ouest, square, moelle, poêle, western
[ɥ]	huile, lui, nuit

Tableaux de conjugaison

1. avoir

INDICATIF		SUBJONCTIF	CONDITIONNEL
présent j'ai tu as il, elle a nous avons vous avez ils, elles ont	**passé composé** j'ai eu tu as eu il, elle a eu nous avons eu vous avez eu ils, elles ont eu	**présent** que j'aie que tu aies qu'il, elle ait que nous ayons que vous ayez qu'ils, elles aient	**présent** j'aurais tu aurais il, elle aurait nous aurions vous auriez ils, elles auraient
imparfait j'avais tu avais il, elle avait nous avions vous aviez ils, elles avaient	**plus-que-parfait** j'avais eu tu avais eu il, elle avait eu nous avions eu vous aviez eu ils, elles avaient eu	**imparfait** que j'eusse que tu eusses qu'il, elle eût que nous eussions que vous eussiez qu'ils, elles eussent	**passé** j'aurais eu tu aurais eu il, elle aurait eu nous aurions eu vous auriez eu ils, elles auraient eu
passé simple j'eus tu eus il, elle eut nous eûmes vous eûtes ils, elles eurent	**passé antérieur** j'eus eu tu eus eu il, elle eut eu nous eûmes eu vous eûtes eu ils, elles eurent eu	**passé** que j'aie eu que tu aies eu qu'il, elle ait eu que nous ayons eu que vous ayez eu qu'ils, elles aient eu	**IMPÉRATIF** aie ayons ayez
futur j'aurai tu auras il, elle aura nous aurons vous aurez ils, elles auront	**futur antérieur** j'aurai eu tu auras eu il, elle aura eu nous aurons eu vous aurez eu ils, elles auront eu	**plus-que-parfait** que j'eusse eu que tu eusses eu qu'il, elle eût eu que nous eussions eu que vous eussiez eu qu'ils, elles eussent eu	**PARTICIPES** **présent** ayant **passé** eu eus eue eues

2. être

INDICATIF		SUBJONCTIF	CONDITIONNEL
présent je suis tu es il, elle est nous sommes vous êtes ils, elles sont	**passé composé** j'ai été tu as été il, elle a été nous avons été vous avez été ils, elles ont été	**présent** que je sois que tu sois qu'il, elle soit que nous soyons que vous soyez qu'ils, elles soient	**présent** je serais tu serais il, elle serait nous serions vous seriez ils, elles seraient
imparfait j'étais tu étais il, elle était nous étions vous étiez ils, elles étaient	**plus-que-parfait** j'avais été tu avais été il, elle avait été nous avions été vous aviez été ils, elles avaient été	**imparfait** que je fusse que tu fusses qu'il, elle fût que nous fussions que vous fussiez qu'ils, elles fussent	**passé** j'aurais été tu aurais été il, elle aurait été nous aurions été vous auriez été ils, elles auraient été
passé simple je fus tu fus il, elle fut nous fûmes vous fûtes ils, elles furent	**passé antérieur** j'eus été tu eus été il, elle eut été nous eûmes été vous eûtes été ils, elles eurent été	**passé** que j'aie été que tu aies été qu'il, elle ait été que nous ayons été que vous ayez été qu'ils, elles aient été	**IMPÉRATIF** sois soyons soyez
futur je serai tu seras il, elle sera nous serons vous serez ils, elles seront	**futur antérieur** j'aurai été tu auras été il, elle aura été nous aurons été vous aurez été ils, elles auront été	**plus-que-parfait** que j'eusse été que tu eusses été qu'il, elle eût été que nous eussions été que vous eussiez été qu'ils, elles eussent été	**PARTICIPES** **présent** étant **passé** été

Verbes du 1er groupe en -er

participe présent en -ant, participe passé en -é

3. chanter

INDICATIF		SUBJONCTIF	CONDITIONNEL
présent je chante tu chantes il, elle chante nous chantons vous chantez ils, elles chantent	**passé composé** j'ai chanté tu as chanté il, elle a chanté nous avons chanté vous avez chanté ils, elles ont chanté	**présent** que je chante que tu chantes qu'il, elle chante que nous chantions que vous chantiez qu'ils, elles chantent	**présent** je chanterais tu chanterais il, elle chanterait nous chanterions vous chanteriez ils, elles chanteraient
imparfait je chantais tu chantais il, elle chantait nous chantions vous chantiez ils, elles chantaient	**plus-que-parfait** j'avais chanté tu avais chanté il, elle avait chanté nous avions chanté vous aviez chanté ils, elles avaient chanté	**imparfait** que je chantasse que tu chantasses qu'il, elle chantât que nous chantassions que vous chantassiez qu'ils, elles chantassent	**passé** j'aurais chanté tu aurais chanté il, elle aurait chanté nous aurions chanté vous auriez chanté ils, elles auraient chanté
passé simple je chantai tu chantas il, elle chanta nous chantâmes vous chantâtes ils, elles chantèrent	**passé antérieur** j'eus chanté tu eus chanté il, elle eut chanté nous eûmes chanté vous eûtes chanté ils, elles eurent chanté	**passé** que j'aie chanté que tu aies chanté qu'il, elle ait chanté que nous ayons chanté que vous ayez chanté qu'ils, elles aient chanté	**IMPÉRATIF** chante chantons chantez
futur je chanterai tu chanteras il, elle chantera nous chanterons vous chanterez ils, elles chanteront	**futur antérieur** j'aurai chanté tu auras chanté il, elle aura chanté nous aurons chanté vous aurez chanté ils, elles auront chanté	**plus-que-parfait** que j'eusse chanté que tu eusses chanté qu'il, elle eût chanté que nous eussions chanté que vous eussiez chanté qu'ils, elles eussent chanté	**PARTICIPES** **présent** chantant **passé** chanté chantés chantée chantées

• Les verbes en -cer, -ger, -guer, -ier, -éer.

4. avancer	Les verbes en -cer s'écrivent avec ç devant a et o : *j'avançais, nous avançons.*
5. manger	Les verbes en -ger prennent un e devant a et o : *je mangeais, nous mangeons.*
6. conjuguer	Les verbes en -guer gardent toujours le u après le g : *je conjuguais, nous conjuguons.*
7. copier	Les verbes en -ier gardent le i partout. Attention donc à certaines formes (imparfait de l'indicatif et présent du subjonctif) qui s'écrivent avec deux i : *nous copiions, vous copiiez.*
8. créer	Les verbes en -éer gardent le é partout. Attention donc aux formes du participe passé qui s'écrivent avec deux é : *créé, créés, créée, créées.*

• Les verbes en -é...er et -e...er.

9. céder*	Les verbes en -é...er changent parfois le é en è.		
INDICATIF présent	je cède il, elle cède nous cédons ils, elles cèdent	SUBJONCTIF présent	que je cède qu'il, elle cède que nous cédions qu'ils, elles cèdent
imparfait	je cédais il, elle cédait nous cédions ils, elles cédaient	CONDITIONNEL présent	je céderais il, elle céderait nous céderions ils, elles céderaient
passé simple	je cédai il, elle céda nous cédâmes ils, elles cédèrent	IMPÉRATIF	cède cédons cédez
futur	je céderai il, elle cédera nous céderons ils, elles céderont	PARTICIPES présent passé	cédant cédé, cédés, cédée, cédées

*REMARQUE : La nouvelle orthographe permet de conjuguer céder et les verbes du même type sur le modèle de semer (10), au futur et au conditionnel : *il, elle cèdera, il, elle cèderait*.

10. semer	Les verbes en -e...er changent parfois le e en è.		
INDICATIF présent	je sème il, elle sème nous semons ils, elles sèment	SUBJONCTIF présent	que je sème qu'il, elle sème que nous semions qu'ils, elles sèment
imparfait	je semais il, elle semait nous semions ils, elles semaient	CONDITIONNEL présent	je sèmerais il, elle sèmerait nous sèmerions ils, elles sèmeraient
passé simple	je semai il, elle sema nous semâmes ils, elles semèrent	IMPÉRATIF	sème semons semez
futur	je sèmerai il, elle sèmera nous sèmerons ils, elles sèmeront	PARTICIPES présent passé	semant semé, semés, semée, semées

11. acheter* ou peler*	Les verbes en -eter ou en -eler se conjuguent comme semer ; ils changent le e en è : *j'achète ; je pèle.*

12. jeter* ou appeler*	Ces verbes et leurs composés doublent le t ou le l au présent, futur et conditionnel		
INDICATIF présent	je jette il, elle jette nous jetons ils, elles jettent	SUBJONCTIF présent	que je jette qu'il, elle jette que nous jetions qu'ils, elles jettent
imparfait	je jetais il, elle jetait nous jetions ils, elles jetaient	CONDITIONNEL présent	je jetterais il, elle jetterait nous jetterions ils, elles jetteraient
passé simple	je jetai il, elle jeta nous jetâmes ils, elles jetèrent	IMPÉRATIF	jette jetons jetez
futur	je jetterai il, elle jettera nous jetterons ils, elles jetteront	PARTICIPES présent passé	jetant jeté, jetés, jetée, jetées

*REMARQUE : La nouvelle orthographe permet de conjuguer tous les autres verbes en -eter ou en -eler sur le modèle de acheter et peler (11), au présent, futur et conditionnel : *je cachète, il cachètera, elle cachèterait ; j'épèle, il épèlera, elle épèlerait.*

Conjugaisons

• Les verbes en -yer.

13. payer	Les verbes en -ayer peuvent garder le y ou le changer en i devant un e.		
INDICATIF présent	je paie ou paye tu paies ou payes il, elle paie ou paye nous payons vous payez ils, elles paient ou payent	SUBJONCTIF présent	que je paie ou paye que tu paies ou payes qu'il, elle paie ou paye que nous payions que vous payiez qu'ils, elles paient ou payent
imparfait	je payais il, elle payait nous payions ils, elles payaient	CONDITIONNEL présent	je paierais ou payerais il, elle paierait ou payerait nous paierions ou payerions ils, elles paieraient ou payeraient
passé simple	je payai il, elle paya nous payâmes ils, elles payèrent	IMPÉRATIF	paie ou paye payons payez
futur	je paierai ou payerai il, elle paiera ou payera nous paierons ou payerons ils, elles paieront ou payeront	PARTICIPES présent passé	payant payé, payés, payée, payées

14. essuyer ou nettoyer	Les verbes en -uyer ou en -oyer changent toujours le y en i devant un e muet.		
INDICATIF présent	j'essuie il, elle essuie nous essuyons ils, elles essuient	SUBJONCTIF présent	que j'essuie qu'il, elle essuie que nous essuyions qu'ils, elles essuient
imparfait	j'essuyais il, elle essuyait nous essuyions ils, elles essuyaient	CONDITIONNEL présent	j'essuierais il, elle essuierait nous essuierions ils, elles essuieraient
passé simple	j'essuyai il, elle essuya nous essuyâmes ils, elles essuyèrent	IMPÉRATIF	essuie essuyons essuyez
futur	j'essuierai il, elle essuiera nous essuierons ils, elles essuieront	PARTICIPES présent passé	essuyant essuyé, essuyés, essuyée, essuyées

• Les verbes irréguliers en -er.

15. envoyer			
INDICATIF présent	j'envoie tu envoies il, elle envoie nous envoyons vous envoyez ils, elles envoient	SUBJONCTIF présent	que j'envoie que tu envoies qu'il, elle envoie que nous envoyions que vous envoyiez qu'ils, elles envoient
imparfait	j'envoyais il, elle envoyait nous envoyions ils, elles envoyaient	CONDITIONNEL présent	j'enverrais il, elle enverrait nous enverrions ils, elles enverraient
passé simple	j'envoyai il, elle envoya nous envoyâmes ils, elles envoyèrent	IMPÉRATIF	envoie envoyons envoyez
futur	j'enverrai il, elle enverra nous enverrons ils, elles enverront	PARTICIPES présent passé	envoyant envoyé, envoyés, envoyée, envoyées

• Verbes du 2e groupe en -ir

participe présent en -issant, participe passé en -i

16. finir

INDICATIF		SUBJONCTIF	CONDITIONNEL
présent je finis tu finis il, elle finit nous finissons vous finissez ils, elles finissent	**passé composé** j'ai fini tu as fini il, elle a fini nous avons fini vous avez fini ils, elles ont fini	**présent** que je finisse que tu finisses qu'il, elle finisse que nous finissions que vous finissiez qu'ils, elles finissent	**présent** je finirais tu finirais il, elle finirait nous finirions vous finiriez ils, elles finiraient
imparfait je finissais tu finissais il, elle finissait nous finissions vous finissiez ils, elles finissaient	**plus-que-parfait** j'avais fini tu avais fini il, elle avait fini nous avions fini vous aviez fini ils, elles avaient fini	**imparfait** que je finisse que tu finisses qu'il, elle finît que nous finissions que vous finissiez qu'ils, elles finissent	**passé** j'aurais fini tu aurais fini il, elle aurait fini nous aurions fini vous auriez fini ils, elles auraient fini
passé simple je finis tu finis il, elle finit nous finîmes vous finîtes ils, elles finirent	**passé antérieur** j'eus fini tu eus fini il, elle eut fini nous eûmes fini vous eûtes fini ils, elles eurent fini	**passé** que j'aie fini que tu aies fini qu'il, elle ait fini que nous ayons fini que vous ayez fini qu'ils, elles aient fini	**IMPÉRATIF** finis finissons finissez
futur je finirai tu finiras il, elle finira nous finirons vous finirez ils, elles finiront	**futur antérieur** j'aurai fini tu auras fini il, elle aura fini nous aurons fini vous aurez fini ils, elles auront fini	**plus-que-parfait** que j'eusse fini que tu eusses fini qu'il, elle eût fini que nous eussions fini que vous eussiez fini qu'ils, elles eussent fini	**PARTICIPES** **présent** finissant **passé** fini finis finie finies

17. haïr	Ce verbe se conjugue comme finir et garde son tréma partout, sauf aux 3 premières personnes du présent de l'indicatif : ***je hais, tu hais, il hait, nous haïssons, vous haïssez, ils haïssent.***

• Verbes irréguliers du 3e groupe

participe présent en -ant, participes passés en -é, -u, -i, -is...

18. aller

INDICATIF **présent**	je vais tu vas il, elle va nous allons vous allez ils, elles vont	**SUBJONCTIF** **présent**	que j'aille que tu ailles qu'il, elle aille que nous allions que vous alliez qu'ils, elles aillent
imparfait	j'allais il, elle allait nous allions ils, elles allaient	**CONDITIONNEL** **présent**	j'irais il, elle irait nous irions ils, elles iraient
passé simple	j'allai il, elle alla nous allâmes ils, elles allèrent	**IMPÉRATIF**	va (ou vas dans vas-y) allons allez
futur	j'irai il, elle ira nous irons ils, elles iront	**PARTICIPES** **présent** **passé**	allant allé, allés, allée, allées

	19. partir	20. venir	21. courir
INDICATIF **présent**	je pars tu pars il, elle part nous partons vous partez ils, elles partent	je viens tu viens il, elle vient nous venons vous venez ils, elles viennent	je cours tu cours il, elle court nous courons vous courez ils, elles courent
imparfait	je partais il, elle partait	je venais il, elle venait	je courais il, elle courait
passé simple	je partis il, elle partit ils, elles partirent	je vins il, elle vint ils, elles vinrent	je courus il, elle courut ils, elles coururent
futur	je partirai il, elle partira nous partirons ils, elles partiront	je viendrai il, elle viendra nous viendrons ils, elles viendront	je courrai il, elle courra nous courrons ils, elles courront
CONDITIONNEL **présent**	je partirais il, elle partirait nous partirions ils, elles partiraient	je viendrais il, elle viendrait nous viendrions ils, elles viendraient	je courrais il, elle courrait nous courrions ils, elles courraient
SUBJONCTIF **présent**	que je parte qu'il, elle parte que nous partions qu'ils, elles partent	que je vienne qu'il, elle vienne que nous venions qu'ils, elles viennent	que je coure qu'il, elle coure que nous courions qu'ils, elles courent
IMPÉRATIF	pars, partons, partez	viens, venons, venez	cours, courons, courez
PARTICIPES	partant, parti	venant, venu	courant, couru

	22. revêtir	23. acquérir	24. mourir
INDICATIF **présent**	je revêts tu revêts il, elle revêt nous revêtons vous revêtez ils, elles revêtent	j'acquiers tu acquiers il, elle acquiert nous acquérons vous acquérez ils, elles acquièrent	je meurs tu meurs il, elle meurt nous mourons vous mourez ils, elles meurent
imparfait	je revêtais il, elle revêtait	j'acquérais il, elle acquérait	je mourais il, elle mourait
passé simple	je revêtis il, elle revêtit ils, elles revêtirent	j'acquis il, elle acquit ils, elles acquirent	je mourus il, elle mourut ils, elles moururent
futur	je revêtirai il, elle revêtira nous revêtirons ils, elles revêtiront	j'acquerrai il, elle acquerra nous acquerrons ils, elles acquerront	je mourrai il, elle mourra nous mourrons ils, elles mourront
CONDITIONNEL **présent**	je revêtirais il, elle revêtirait nous revêtirions ils, elles revêtiraient	j'acquerrais il, elle acquerrait nous acquerrions ils, elles acquerraient	je mourrais il, elle mourrait nous mourrions ils, elles mourraient
SUBJONCTIF **présent**	que je revête qu'il, elle revête que nous revêtions qu'ils, elles revêtent	que j'acquière qu'il, elle acquière que nous acquérions qu'ils, elles acquièrent	que je meure qu'il, elle meure que nous mourions qu'ils, elles meurent
IMPÉRATIF	revêts, revêtons, revêtez	acquiers, acquérons, acquérez	meurs, mourons, mourez
PARTICIPES	revêtant, revêtu	acquérant, acquis	mourant, mort

	25. bouillir	26. cueillir	27. assaillir
INDICATIF **présent**	je bous tu bous il, elle bout nous bouillons vous bouillez ils, elles bouillent	je cueille tu cueilles il, elle cueille nous cueillons vous cueillez ils, elles cueillent	j'assaille tu assailles il, elle assaille nous assaillons vous assaillez ils, elles assaillent
imparfait	je bouillais il, elle bouillait	je cueillais il, elle cueillait	j'assaillais il, elle assaillait
passé simple	je bouillis il, elle bouillit ils, elles bouillirent	je cueillis il, elle cueillit ils, elles cueillirent	j'assaillis il, elle assaillit ils, elles assaillirent
futur	je bouillirai il, elle bouillira nous bouillirons ils, elles bouilliront	je cueillerai il, elle cueillera nous cueillerons ils, elles cueilleront	j'assaillirai il, elle assaillira nous assaillirons ils, elles assailliront
CONDITIONNEL **présent**	je bouillirais il, elle bouillirait nous bouillirions ils, elles bouilliraient	je cueillerais il, elle cueillerait nous cueillerions ils, elles cueilleraient	j'assaillirais il, elle assaillirait nous assaillirions ils, elles assailliraient
SUBJONCTIF **présent**	que je bouille qu'il, elle bouille que nous bouillions qu'ils, elles bouillent	que je cueille qu'il, elle cueille que nous cueillions qu'ils, elles cueillent	que j'assaille qu'il, elle assaille que nous assaillions qu'ils, elles assaillent
IMPÉRATIF	bous, bouillons, bouillez	cueille, cueillons, cueillez	assaille, assaillons, assaillez
PARTICIPES	bouillant, bouilli	cueillant, cueilli	assaillant, assailli

	28. ouvrir	29. fuir	30. devoir
INDICATIF **présent**	j'ouvre tu ouvres il, elle ouvre nous ouvrons vous ouvrez ils, elles ouvrent	je fuis tu fuis il, elle fuit nous fuyons vous fuyez ils, elles fuient	je dois tu dois il, elle doit nous devons vous devez ils, elles doivent
imparfait	j'ouvrais il, elle ouvrait	je fuyais il, elle fuyait	je devais il, elle devait
passé simple	j'ouvris il, elle ouvrit ils, elles ouvrirent	je fuis il, elle fuit ils, elles fuirent	je dus il, elle dut ils, elles durent
futur	j'ouvrirai il, elle ouvrira nous ouvrirons ils, elles ouvriront	je fuirai il, elle fuira nous fuirons ils, elles fuiront	je devrai il, elle devra nous devrons ils, elles devront
CONDITIONNEL **présent**	j'ouvrirais il, elle ouvrirait nous ouvririons ils, elles ouvriraient	je fuirais il, elle fuirait nous fuirions ils, elles fuiraient	je devrais il, elle devrait nous devrions ils, elles devraient
SUBJONCTIF **présent**	que j'ouvre qu'il, elle ouvre que nous ouvrions qu'ils, elles ouvrent	que je fuie qu'il, elle fuie que nous fuyions qu'ils, elles fuient	que je doive qu'il, elle doive que nous devions qu'ils, elles doivent
IMPÉRATIF	ouvre, ouvrons, ouvrez	fuis, fuyons, fuyez	dois, devons, devez
PARTICIPES	ouvrant, ouvert	fuyant, fui	devant, dû, dus (due, dues)

	31. recevoir	32. émouvoir 33. mouvoir*	34. vouloir
INDICATIF **présent**	je reçois il, elle reçoit nous recevons ils, elles reçoivent	j'émeus il, elle émeut nous émouvons ils, elles émeuvent	je veux il, elle veut nous voulons ils, elles veulent
imparfait	je recevais il, elle recevait	j'émouvais il, elle émouvait	je voulais il, elle voulait
passé simple	je reçus il, elle reçut ils, elles reçurent	j'émus il, elle émut ils, elles émurent	je voulus il, elle voulut ils, elles voulurent
futur	je recevrai il, elle recevra nous recevrons ils, elles recevront	j'émouvrai il, elle émouvra nous émouvrons ils, elles émouvront	je voudrai il, elle voudra nous voudrons ils, elles voudront
CONDITIONNEL **présent**	je recevrais il, elle recevrait nous recevrions ils, elles recevraient	j'émouvrais il, elle émouvrait nous émouvrions ils, elles émouvraient	je voudrais il, elle voudrait nous voudrions ils, elles voudraient
SUBJONCTIF **présent**	que je reçoive qu'il, elle reçoive que nous recevions qu'ils, elles reçoivent	que j'émeuve qu'il, elle émeuve que nous émouvions qu'ils, elles émeuvent	que je veuille qu'il, elle veuille que nous voulions qu'ils, elles veuillent
IMPÉRATIF	reçois, recevons, recevez	émeus, émouvons, émouvez	veux, veuillons, veuillez
PARTICIPES	recevant, reçu	émouvant, ému	voulant, voulu

*Remarque : 33. **Mouvoir** se conjugue comme **émouvoir** mais attention au participe passé :
mû, mus , mue, mues.

	35. pouvoir	36. savoir	37. valoir*
INDICATIF **présent**	je peux ou puis il, elle peut nous pouvons ils, elles peuvent	je sais il, elle sait nous savons ils, elles savent	je vaux il, elle vaut nous valons ils, elles valent
imparfait	je pouvais il, elle pouvait	je savais il, elle savait	je valais il, elle valait
passé simple	il, elle put ils, elles purent	il, elle sut ils, elles surent	il, elle valut ils, elles valurent
futur	je pourrai il, elle pourra nous pourrons ils, elles pourront	je saurai il, elle saura nous saurons ils, elles sauront	je vaudrai il, elle vaudra nous vaudrons ils, elles vaudront
CONDITIONNEL **présent**	je pourrais il, elle pourrait nous pourrions ils, elles pourraient	je saurais il, elle saurait nous saurions ils, elles sauraient	je vaudrais il, elle vaudrait nous vaudrions ils, elles vaudraient
SUBJONCTIF **présent**	que je puisse qu'il, elle puisse que nous puissions qu'ils, elles puissent	que je sache qu'il, elle sache que nous sachions qu'ils, elles sachent	que je vaille qu'il, elle vaille que nous valions qu'ils, elles vaillent
IMPÉRATIF	–	sache, sachons, sachez	vaux, valons, valez
PARTICIPES	pouvant, pu	sachant, su	valant, valu

*Remarque : 37. **Prévaloir** se conjugue comme **valoir** sauf au présent du subjonctif :
que je prévale, qu'il, elle prévale, que nous prévalions, qu'ils, elles prévalent.

	38. voir	39. prévoir	40. pourvoir
INDICATIF **présent**	je vois tu vois il, elle voit nous voyons vous voyez ils, elles voient	je prévois tu prévois il, elle prévoit nous prévoyons vous prévoyez ils, elles prévoient	je pourvois tu pourvois il, elle pourvoit nous pourvoyons vous pourvoyez ils, elles pourvoient
imparfait	je voyais il, elle voyait	je prévoyais il, elle prévoyait	je pourvoyais il, elle pourvoyait
passé simple	je vis il, elle vit ils, elles virent	je prévis il, elle prévit ils, elles prévirent	je pourvus il, elle pourvut ils, elles pourvurent
futur	je verrai il, elle verra nous verrons ils, elles verront	je prévoirai il, elle prévoira nous prévoirons ils, elles prévoiront	je pourvoirai il, elle pourvoira nous pourvoirons ils, elles pourvoiront
CONDITIONNEL **présent**	je verrais il, elle verrait nous verrions ils, elles verraient	je prévoirais il, elle prévoirait nous prévoirions ils, elles prévoiraient	je pourvoirais il, elle pourvoirait nous pourvoirions ils, elles pourvoiraient
SUBJONCTIF **présent**	que je voie qu'il, elle voie que nous voyions qu'ils, elles voient	que je prévoie qu'il, elle prévoie que nous prévoyions qu'ils, elles prévoient	que je pourvoie qu'il, elle pourvoie que nous pourvoyions qu'ils, elles pourvoient
IMPÉRATIF	vois, voyons, voyez	prévois, prévoyons, prévoyez	pourvois, pourvoyons, pourvoyez
PARTICIPES	voyant, vu	prévoyant, prévu	pourvoyant, pourvu

	41. s'asseoir a deux conjugaisons		42. pleuvoir*
INDICATIF **présent**	je m'assieds tu t'assieds il, elle s'assied nous nous asseyons vous vous asseyez ils, elles s'asseyent	je m'assois tu t'assois il, elle s'assoit nous nous assoyons vous vous assoyez ils, elles s'assoient	– – il pleut – – –
imparfait	je m'asseyais il, elle s'asseyait	je m'assoyais il, elle s'assoyait	– il pleuvait
passé simple	je m'assis il, elle s'assit ils, elles s'assirent	je m'assis il, elle s'assit ils, elles s'assirent	– il plut –
futur	je m'assiérai il, elle assiéra nous nous assiérons ils, elles s'assiéront	je m'assoirai il, elle s'assoira nous nous assoirons ils, elles s'assoiront	– il pleuvra – –
CONDITIONNEL **présent**	je m'assiérais il, elle s'assiérait nous nous assiérions ils, elles s'assiéraient	je m'assoirais il, elle s'assoirait nous nous assoirions ils, elles s'assoiraient	– il pleuvrait – –
SUBJONCTIF **présent**	que je m'asseye qu'il, elle s'asseye que nous nous asseyions qu'ils, elles s'asseyent	que je m'assoie qu'il, elle s'assoie que nous nous assoyions qu'ils, elles s'assoient	– qu'il pleuve – –
IMPÉRATIF	assieds-toi asseyons-nous asseyez-vous	assois-toi assoyons-nous assoyez-vous	– –
PARTICIPES	asseyant, assis	assoyant, assis	pleuvant, plu

*REMARQUE : 42. Au sens figuré, le verbe pleuvoir s'emploie également à la 3e personne du pluriel :
À Noël, les cadeaux pleuvent.

	43. falloir	44. échoir	45. déchoir
INDICATIF présent	– il faut – –	– il, elle échoit – ils, elles échoient	je déchois il, elle déchoit nous déchoyons ils, elles déchoient
imparfait	– il fallait	– il, elle échoyait	– –
passé simple	il fallut –	il, elle échut ils, elles échurent	il, elle déchut ils, elles déchurent
futur	– il faudra – –	– il, elle échoira ou écherra ils, elles échoiront ou écherront	je déchoirai il, elle déchoira nous déchoirons ils, elles déchoiront
CONDITIONNEL présent	– il faudrait – –	– il, elle échoirait ou écherrait ils, elles échoiraient ou écherraient	je déchoirais il, elle déchoirait nous déchoirions ils, elles déchoiraient
SUBJONCTIF présent	– qu'il faille – –	– qu'il, elle échoie – qu'ils, elles échoient	que je déchoie qu'il, elle déchoie que nous déchoyions qu'ils, elles déchoient
IMPÉRATIF	–	–	–
PARTICIPES	–, fallu	échéant, échu	–, déchu

	46. vendre* 47. rompre*	ou tordre	ou répondre
INDICATIF présent	je vends il, elle vend nous vendons ils, elles vendent	je tords il, elle tord nous tordons ils, elles tordent	je réponds il, elle répond nous répondons ils, elles répondent
imparfait	je vendais il, elle vendait	je tordais il, elle tordait	je répondais il répondait
passé simple	il, elle vendit ils, elles vendirent	il, elle tordit ils, elles tordirent	il, elle répondit ils, elles répondirent
futur	je vendrai il, elle vendra nous vendrons ils, elles vendront	je tordrai il, elle tordra nous tordrons ils, elles tordront	je répondrai il, elle répondra nous répondrons ils, elles répondront
CONDITIONNEL présent	je vendrais il, elle vendrait nous vendrions ils, elles vendraient	je tordrais il, elle tordrait nous tordrions ils, elles tordraient	je répondrais il, elle répondrait nous répondrions ils, elles répondraient
SUBJONCTIF présent	que je vende qu'il, elle vende que nous vendions qu'ils, elles vendent	que je torde qu'il, elle torde que nous tordions qu'ils, elles tordent	que je réponde qu'il, elle réponde que nous répondions qu'ils, elles répondent
IMPÉRATIF	vends, vendons, vendez	tords, tordons, tordez	réponds, répondons, répondez
PARTICIPES	vendant, vendu	tordant, tordu	répondant, répondu

***Remarques :** 46. Les verbes en -andre comme répandre, en -erdre comme perdre se conjuguent comme vendre.
47. Rompre, corrompre et interrompre prennent un t à la 3e personne du singulier du présent de l'indicatif : *il rompt, il corrompt, il interrompt.*

	48. prendre	49. craindre, peindre, joindre	50. battre
INDICATIF **présent**	je prends tu prends il, elle prend nous prenons vous prenez ils, elles prennent	je crains tu crains il, elle craint nous craignons vous craignez ils, elles craignent	je bats tu bats il, elle bat nous battons vous battez ils, elles battent
imparfait	je prenais il, elle prenait	je craignais il, elle craignait	je battais il, elle battait
passé simple	il, elle prit ils, elles prirent	il, elle craignit ils, elles craignirent	il, elle battit ils, elles battirent
futur	je prendrai il, elle prendra nous prendrons ils, elles prendront	je craindrai il, elle craindra nous craindrons ils, elles craindront	je battrai il, elle battra nous battrons ils, elles battront
CONDITIONNEL **présent**	je prendrais il, elle prendrait nous prendrions ils, elles prendraient	je craindrais il, elle craindrait nous craindrions ils, elles craindraient	je battrais il, elle battrait nous battrions ils, elles battraient
SUBJONCTIF **présent**	que je prenne qu'il, elle prenne que nous prenions qu'ils, elles prennent	que je craigne qu'il, elle craigne que nous craignions qu'ils, elles craignent	que je batte qu'il, elle batte que nous battions qu'ils, elles battent
IMPÉRATIF	prends, prenons, prenez	crains, craignons, craignez	bats, battons, battez
PARTICIPES	prenant, pris	craignant, craint	battant, battu

	51. mettre	52. coudre	53. moudre
INDICATIF **présent**	je mets tu mets il, elle met nous mettons vous mettez ils, elles mettent	je couds tu couds il, elle coud nous cousons vous cousez ils, elles cousent	je mouds tu mouds il, elle moud nous moulons vous moulez ils, elles moulent
imparfait	je mettais il, elle mettait	je cousais il, elle cousait	je moulais il, elle moulait
passé simple	il, elle mit ils, elles mirent	il, elle cousit ils, elles cousirent	il, elle moulut ils, elles moulurent
futur	je mettrai il, elle mettra nous mettrons ils, elles mettront	je coudrai il, elle coudra nous coudrons ils, elles coudront	je moudrai il, elle moudra nous moudrons ils, elles moudront
CONDITIONNEL **présent**	je mettrais il, elle mettrait nous mettrions ils, elles mettraient	je coudrais il, elle coudrait nous coudrions ils, elles coudraient	je moudrais il, elle moudrait nous moudrions ils, elles moudraient
SUBJONCTIF **présent**	que je mette qu'il, elle mette que nous mettions qu'ils, elles mettent	que je couse qu'il, elle couse que nous cousions qu'ils, elles cousent	que je moule qu'il, elle moule que nous moulions qu'ils, elles moulent
IMPÉRATIF	mets, mettons, mettez	couds, cousons, cousez	mouds, moulons, moulez
PARTICIPES	mettant, mis	cousant, cousu	moulant, moulu

	54. absoudre* 55. résoudre	56. suivre	57. vivre
INDICATIF **présent**	je résous il, elle résout nous résolvons ils, elles résolvent	je suis il, elle suit nous suivons ils, elles suivent	je vis il, elle vit nous vivons ils, elles vivent
imparfait	je résolvais il, elle résolvait	je suivais il, elle suivait	je vivais il, elle vivait
passé simple	il, elle résolut ils, elles résolurent	il, elle suivit ils, elles suivirent	il, elle vécut ils, elles vécurent
futur	je résoudrai il, elle résoudra nous résoudrons ils, elles résoudront	je suivrai il, elle suivra nous suivrons ils, elles suivront	je vivrai il, elle vivra nous vivrons ils, elles vivront
CONDITIONNEL **présent**	je résoudrais il, elle résoudrait nous résoudrions ils, elles résoudraient	je suivrais il, elle suivrait nous suivrions ils, elles suivraient	je vivrais il, elle vivrait nous vivrions ils, elles vivraient
SUBJONCTIF **présent**	que je résolve qu'il, elle résolve que nous résolvions qu'ils, elles résolvent	que je suive qu'il, elle suive que nous suivions qu'ils, elles suivent	que je vive qu'il, elle vive que nous vivions qu'ils, elles vivent
IMPÉRATIF	résous, résolvons, résolvez	suis, suivons, suivez	vis, vivons, vivez
PARTICIPES	résolvant, résolu	suivant, suivi	vivant, vécu

*REMARQUE : 54. Absoudre fait au participe passé ***absous***, ***absoute***.
– La nouvelle orthographe permet d'écrire aussi ***absout***, ***absoute***.

	58. conclure	59. rire	60. conduire 61. nuire, luire, reluire*
INDICATIF **présent**	je conclus il, elle conclut nous concluons ils, elles concluent	je ris il, elle rit nous rions ils, elles rient	je conduis il, elle conduit nous conduisons ils, elles conduisent
imparfait	je concluais il, elle concluait	je riais il, elle riait	je conduisais il, elle conduisait
passé simple	il, elle conclut ils, elles conclurent	il, elle rit ils, elles rirent	il, elle conduisit ils, elles conduisirent
futur	je conclurai il, elle conclura nous conclurons ils, elles concluront	je rirai il, elle rira nous rirons ils, elles riront	je conduirai il, elle conduira nous conduirons ils, elles conduiront
CONDITIONNEL **présent**	je conclurais il, elle conclurait nous conclurions ils, elles concluraient	je rirais il, elle rirait nous ririons ils, elles riraient	je conduirais il, elle conduirait nous conduirions ils, elles conduiraient
SUBJONCTIF **présent**	que je conclue qu'il, elle conclue que nous concluions qu'ils, elles concluent	que je rie qu'il, elle rie que nous riions qu'ils, elles rient	que je conduise qu'il, elle conduise que nous conduisions qu'ils, elles conduisent
IMPÉRATIF	conclus, concluons, concluez	ris, rions, riez	conduis, conduisons, conduisez
PARTICIPES	concluant, conclu	riant, ri	conduisant, conduit

*REMARQUES : 61. Nuire se conjugue comme conduire mais son participe passé *nui* est invariable.
Luire et reluire ont deux formes du passé simple : ***il luisit*** ou ***luit*** ; ***je reluisis*** ou ***reluis***.

	62. écrire	63. suffire	64. dire
INDICATIF **présent**	j'écris tu écris il, elle écrit nous écrivons vous écrivez ils, elles écrivent	je suffis tu suffis il, elle suffit nous suffisons vous suffisez ils, elles suffisent	je dis tu dis il, elle dit nous disons vous dites ils, elles disent
imparfait	j'écrivais il, elle écrivait	je suffisais il, elle suffisait	je disais il, elle disait
passé simple	il, elle écrivit ils, elles écrivirent	il, elle suffit ils, elles suffirent	il, elle dit ils, elles dirent
futur	j'écrirai il, elle écrira nous écrirons ils, elles écriront	je suffirai il, elle suffira nous suffirons ils, elles suffiront	je dirai il, elle dira nous dirons ils, elles diront
CONDITIONNEL **présent**	j'écrirais il, elle écrirait nous écririons ils, elles écriraient	je suffirais il, elle suffirait nous suffirions ils, elles suffiraient	je dirais il, elle dirait nous dirions ils, elles diraient
SUBJONCTIF **présent**	que j'écrive qu'il, elle écrive que nous écrivions qu'ils, elles écrivent	que je suffise qu'il, elle suffise que nous suffisions qu'ils, elles suffisent	que je dise qu'il, elle dise que nous disions qu'ils, elles disent
IMPÉRATIF	écris, écrivons, écrivez	suffis, suffisons, suffisez	dis, disons, dites
PARTICIPES	écrivant, écrit	suffisant, suffi	disant, dit

	65. interdire	66. maudire	67. lire
INDICATIF **présent**	j'interdis tu interdis il, elle interdit nous interdisons vous interdisez ils, elles interdisent	je maudis tu maudis il, elle maudit nous maudissons vous maudissez ils, elles maudissent	je lis tu lis il, elle lit nous lisons vous lisez ils, elles lisent
imparfait	j'interdisais il, elle interdisait	je maudissais il, elle maudissait	je lisais il, elle lisait
passé simple	il, elle interdit ils, elles interdirent	il, elle maudit ils, elles maudirent	il, elle lut ils, elles lurent
futur	j'interdirai il, elle interdira nous interdirons ils, elles interdiront	je maudirai il, elle maudira nous maudirons ils, elles maudiront	je lirai il, elle lira nous lirons ils, elles liront
CONDITIONNEL **présent**	j'interdirais il, elle interdirait nous interdirions ils, elles interdiraient	je maudirais il, elle maudirait nous maudirions ils, elles maudiraient	je lirais il, elle lirait nous lirions ils, elles liraient
SUBJONCTIF **présent**	que j'interdise qu'il, elle interdise que nous interdisions qu'ils, elles interdisent	que je maudisse qu'il, elle maudisse que nous maudissions qu'ils, elles maudissent	que je lise qu'il, elle lise que nous lisions qu'ils, elles lisent
IMPÉRATIF	interdis, interdisons, interdisez	maudis, maudissons, maudissez	lis, lisons, lisez
PARTICIPES	interdisant, interdit	maudissant, maudit	lisant, lu

	68. croire	69. boire	70. faire
INDICATIF **présent**	je crois tu crois il, elle croit nous croyons vous croyez ils, elles croient	je bois tu bois il, elle boit nous buvons vous buvez ils, elles boivent	je fais tu fais il, elle fait nous faisons vous faites ils, elles font
imparfait	je croyais il, elle croyait	je buvais il, elle buvait	je faisais il, elle faisait
passé simple	il, elle crut ils, elles crurent	il, elle but ils, elles burent	il, elle fit ils, elles firent
futur	je croirai il, elle croira nous croirons ils, elles croiront	je boirai il, elle boira nous boirons ils, elles boiront	je ferai il, elle fera nous ferons ils, elles feront
CONDITIONNEL **présent**	je croirais il, elle croirait nous croirions ils, elles croiraient	je boirais il, elle boirait nous boirions ils, elles boiraient	je ferais il, elle ferait nous ferions ils, elles feraient
SUBJONCTIF **présent**	que je croie qu'il, elle croie que nous croyions qu'ils, elles croient	que je boive qu'il, elle boive que nous buvions qu'ils, elles boivent	que je fasse qu'il, elle fasse que nous fassions qu'ils, elles fassent
IMPÉRATIF	crois, croyons, croyez	bois, buvons, buvez	fais, faisons, faites
PARTICIPES	croyant, cru	buvant, bu	faisant, fait

	71. plaire*	72. taire	73. paraître*
INDICATIF **présent**	je plais tu plais il, elle plaît nous plaisons vous plaisez ils, elles plaisent	je tais tu tais il, elle tait nous taisons vous taisez ils, elles taisent	je parais tu parais il, elle paraît nous paraissons vous paraissez ils, elles paraissent
imparfait	je plaisais il, elle plaisait	je taisais il, elle taisait	je paraissais il, elle paraissait
passé simple	il, elle plut ils, elles plurent	il, elle tut ils, elles turent	il, elle parut ils, elles parurent
futur	je plairai il, elle plaira nous plairons ils, elles plairont	je tairai il, elle taira nous tairons ils, elles tairont	je paraîtrai il, elle paraîtra nous paraîtrons ils, elles paraîtront
CONDITIONNEL **présent**	je plairais il, elle plairait nous plairions ils, elles plairaient	je tairais il, elle tairait nous tairions ils, elles tairaient	je paraîtrais il, elle paraîtrait nous paraîtrions ils, elles paraîtraient
SUBJONCTIF **présent**	que je plaise qu'il, elle plaise que nous plaisions qu'ils, elles plaisent	que je taise qu'il, elle taise que nous taisions qu'ils, elles taisent	que je paraisse qu'il, elle paraisse que nous paraissions qu'ils, elles paraissent
IMPÉRATIF	plais, plaisons, plaisez	tais, taisons, taisez	parais, paraissons, paraissez
PARTICIPES	plaisant, plu	taisant, tu	paraissant, paru

Remarques :** **71. Plaire** (et ses dérivés **déplaire**, **complaire**) : la nouvelle orthographe permet d'écrire aussi ***il, ***elle plait*** (**déplait**, **complait**), sans accent circonflexe sur le **i** devant un **t**.
73. La nouvelle orthographe permet d'écrire aussi **paraitre** (et ses dérivés **apparaitre**, **disparaitre**) sans accent circonflexe sur le **i** devant un **t** : ***il***, ***elle parait*** (**apparait**, **disparait**).

	74. naître*	75. accroître, décroître*	76. croître*
INDICATIF **présent**	je nais tu nais il, elle naît nous naissons vous naissez ils, elles naissent	j'accrois tu accrois il, elle accroît nous accroissons vous accroissez ils, elles accroissent	je croîs tu croîs il, elle croît nous croissons vous croissez ils, elles croissent
imparfait	je naissais il, elle naissait	j'accroissais il, elle accroissait	je croissais il, elle croissait
passé simple	il, elle naquit ils, elles naquirent	il, elle accrut ils, elles accrurent	il, elle crût ils, elles crûrent
futur	je naîtrai il, elle naîtra nous naîtrons ils, elles naîtront	j'accroîtrai il, elle accroîtra nous accroîtrons ils, elles accroîtront	je croîtrai il, elle croîtra nous croîtrons ils, elles croîtront
CONDITIONNEL **présent**	je naîtrais il, elle naîtrait nous naîtrions ils, elles naîtraient	j'accroîtrais il, elle accroîtrait nous accroîtrions ils, elles accroîtraient	je croîtrais il, elle croîtrait nous croîtrions ils, elles croîtraient
SUBJONCTIF **présent**	que je naisse qu'il, elle naisse que nous naissions qu'ils, elles naissent	que j'accroisse qu'il, elle accroisse que nous accroissions qu'ils, elles accroissent	que je croisse qu'il, elle croisse que nous croissions qu'ils, elles croissent
IMPÉRATIF	nais, naissons, naissez	accrois, accroissons, accroissez	croîs, croissons, croissez
PARTICIPES	naissant, né	accroissant, accru	croissant, crû

***Remarques :** 74. La nouvelle orthographe permet d'écrire aussi naitre, renaitre, connaitre, reconnaitre sans accent circonflexe sur le i devant un t : *il, elle nait, naitra, naitrait.*
75. La nouvelle orthographe permet d'écrire aussi accroitre, décroitre sans accent circonflexe sur le i devant un t : *il, elle accroit, accroitra, accroitrait.*
76. La nouvelle orthographe permet d'écrire aussi croitre (à l'infinitif) sans accent circonflexe sur le i. Attention aux accents circonflexes sur certaines formes de ce verbe.

	77. extraire	78. clore	79. vaincre
INDICATIF **présent**	j'extrais tu extrais il, elle extrait nous extrayons vous extrayez ils, elles extraient	je clos tu clos il, elle clôt nous closons vous closez ils, elles closent	je vaincs tu vaincs il, elle vainc nous vainquons vous vainquez ils, elles vainquent
imparfait	j'extrayais il, elle extrayait	– –	je vainquais il, elle vainquait
passé simple	– –	– –	il, elle vainquit ils, elles vainquirent
futur	j'extrairai il, elle extraira nous extrairons ils, elles extrairont	je clorai il, elle clora nous clorons ils, elles cloront	je vaincrai il, elle vaincra nous vaincrons ils, elles vaincront
CONDITIONNEL **présent**	j'extrairais il, elle extrairait nous extrairions ils, elles extrairaient	je clorais il, elle clorait nous clorions ils, elles cloraient	je vaincrais il, elle vaincrait nous vaincrions ils, elles vaincraient
SUBJONCTIF **présent**	que j'extraie qu'il, elle extraie que nous extrayions qu'ils, elles extraient	que je close qu'il, elle close que nous closions qu'ils, elles closent	que je vainque qu'il, elle vainque que nous vainquions qu'ils, elles vainquent
IMPÉRATIF	extrais, extrayons, extrayez	clos, closons, closez	vaincs, vainquons, vainquez
PARTICIPES	extrayant, extrait	closant, clos	vainquant, vaincu

Noms communs

Abréviations et codes

adj.	adjectif
adj.f.	adjectif féminin
adj.m.	adjectif masculin
adv.	adverbe
conjug.	conjugaison
contr.	contraire
f.	féminin
interj.	interjection
invar.	invariable
m.	masculin
n.	nom
n.f.	nom féminin
n.f. plur.	nom féminin pluriel
n.m.	nom masculin
n.m. sing.	nom masculin singulier
n.m. plur.	nom masculin pluriel
plur.	pluriel
sing.	singulier
syn.	synonyme
v.	verbe

◆ indique une sous-entrée

● introduit une remarque sur la prononciation, l'orthographe, les pluriels irréguliers, la grammaire, le vocabulaire (des animaux, du sport, de la musique)...

▶ indique un mot dérivé

▶▶▶ introduit les mots de même famille

→ invite à se reporter au mot indiqué

à préposition. ❶ Mot qui se place après un verbe pour introduire différents compléments (lieu, temps, appartenance, moyen, complément d'objet indirect, complément d'objet second). *Je vais à Paris. Il est rentré à minuit. Ce livre est à moi. Elle roule à bicyclette. Ils pensent à leurs parents. J'ai écrit une carte à mon ami.* ❷ Mot qui se place après un nom ou un adjectif pour introduire un complément. *Un stylo à encre. C'est facile à faire.*

● Lorsque **à** est suivi de « le » ou de « les », il devient **au** ou **aux** : *tu vas au Portugal. Il pense aux vacances.* – Ne confonds pas la préposition **à** (avec un accent grave) et il (elle, on) **a** du verbe « avoir ».

abaisser et **s'abaisser** v. (conjug. 3). Mettre à un niveau plus bas, faire descendre. *Abaisser une barrière.* SYN. **baisser.** CONTR. **lever.** *Abaisser les impôts.* SYN. **diminuer.** CONTR. **augmenter.** ◆ **s'abaisser à.** Perdre sa fierté en faisant telle chose. *Je ne m'abaisserai pas à lui parler.* SYN. **s'humilier.**

abandon n.m. ❶ Fait d'abandonner quelqu'un ou quelque chose. *Les inondations ont contraint les habitants du village à l'abandon de leur maison.* ❷ **Laisser à l'abandon,** sans soin ou sans protection. *Un jardin laissé à l'abandon.* ❸ Fait de renoncer, de ne pas continuer. *Il y a eu de nombreux abandons dans la course cycliste.*

▸ **abandonner** v. (conjug. 3). ❶ Laisser sans soin, ne plus s'occuper d'une personne ou d'un animal dont on a la charge. *Ils ont abandonné leur chien.* ❷ Quitter un lieu. *Abandonner son village natal.* ❸ Renoncer à faire quelque chose. *Léa a abandonné les cours de danse.*

abasourdir v. (conjug. 16). Provoquer une grande stupéfaction, étonner fortement. *Cette nouvelle m'a complètement abasourdi.* SYN. **stupéfier.**

● On prononce [abazurdir].

abat-jour n.m. invar. Objet qui recouvre une lampe et évite d'être ébloui par la lumière.

● La nouvelle orthographe permet d'écrire aussi des **abat-jours,** avec un **s.**

abats n.m. plur. Parties comestibles des animaux de boucherie qui ne sont pas de la chair. *Le foie, les rognons sont des abats.*

abattage n.m. Action d'abattre un arbre, un animal.

▸▸▸ Mot de la famille de **abattre.**

abattant n.m. Partie d'un meuble qui peut se rabattre. *Une table à deux abattants.*

▸▸▸ Mot de la famille de **abattre.**

abattement n.m. ❶ Fait de se sentir découragé, sans forces. SYN. **accablement, désespoir.** ❷ Réduction sur une somme à payer. *Mon père a bénéficié d'un abattement d'impôt.*

▸▸▸ Mot de la famille de **abattre.**

abattis n.m. Nom que l'on donne aux pattes, à la tête, au cou, aux ailerons, au cœur d'une volaille.

● Ce mot se termine par un **s.**

abattoir n.m. Lieu où l'on abat les animaux de boucherie.

▸▸▸ Mot de la famille de **abattre.**

abattre et **s'abattre** v. (conjug. 50). ❶ Faire tomber, mettre à terre. *Abattre un arbre, une cloison.* SYN. **renverser.** ❷ Tuer un animal. *L'abattoir est le lieu où l'on abat les animaux de boucherie.* ❸ Tuer une personne avec une arme à feu. *Le terroriste a été abattu par* a b c d e f

les policiers. ❹ Laisser sans réaction, décourager. *La nouvelle de son échec l'a abattu.* SYN. **démoraliser, déprimer.** ◆ **s'abattre sur.** Tomber tout d'un coup et avec violence. *La pluie s'est abattue sur la ville.*

▸ **abattu, e** adj. Triste et découragé. *Il est abattu à chaque fois qu'il a une mauvaise note.* SYN. **déprimé, prostré.**

abbaye n.f. Bâtiment où vivent des moines ou des religieuses. → Vois aussi **couvent, monastère.**
● On prononce [abei].

une abbaye

abbé n.m. ❶ Prêtre catholique. ❷ Personne qui dirige une abbaye.
● Une abbaye de femmes est dirigée par une **abbesse.**

abc n.m. **L'abc d'un métier,** les premières choses qu'il faut savoir dans ce métier. SYN. **b.a.-ba.**
● On prononce [abese].

abcès n.m. Amas de pus dans une partie du corps. *Rémi a un abcès dans la bouche.* → Vois aussi **furoncle, panaris.**

abdication n.f. Fait d'abdiquer, de renoncer à régner. *L'abdication du roi a surpris tout le monde.*
▸▸▸ Mot de la famille de **abdiquer.**

abdiquer v. (conjug. 3). Renoncer au pouvoir, quand on est roi ou empereur. *Napoléon Ier a dû abdiquer en 1814.*

abdomen n.m. Partie du corps où se trouvent l'estomac, le foie, les intestins. SYN. **ventre.**
● On prononce [abdɔmɛn].

▸ **abdominal, e, aux** adj. Qui se rapporte à l'abdomen. *Une douleur abdominale.*
● Au masculin pluriel : **abdominaux.**

▸ **abdominaux** n.m. plur. ❶ Muscles de l'abdomen. ❷ Exercices de gymnastique qui développent les muscles de l'abdomen. *Hassan fait des abdominaux chaque matin.*

abécédaire n.m. Petit livre illustré dans lequel les enfants apprennent les lettres de l'alphabet.
● Ce nom masculin se termine par un **e.**

abeille n.f. Insecte velu à deux paires d'ailes, dont l'espèce domestique, élevée dans une ruche, produit du miel et de la cire. → Vois aussi **apiculture, essaim.**
● Dans une ruche vivent des abeilles ouvrières qui butinent les fleurs et font le miel, des faux bourdons et une reine qui pond des œufs.

une abeille

aberrant, e adj. Qui est contraire à la raison. *Une histoire aberrante.* SYN. **insensé.**
▸▸▸ Mot de la famille de **aberration.**

aberration n.f. Ce qui est aberrant, ce qui n'est pas logique. *C'est une aberration de sortir sans manteau par ce temps glacial.* SYN. **absurdité.**

abêtir v. (conjug. 16). Rendre bête, stupide. *Les films idiots qu'il regarde l'abêtissent.*

▸ **abêtissant, e** adj. Qui abêtit, qui rend stupide. *Des jeux abêtissants.* SYN. **abrutissant.**

abîme n.m. Trou d'une grande profondeur. SYN. **gouffre.** → Vois aussi **abysse, fosse.**
● Nom du genre masculin : **un abîme.**
– La nouvelle orthographe permet d'écrire aussi **abime,** sans accent circonflexe.

abîmer et **s'abîmer** v. (conjug. 3). Mettre en mauvais état, endommager. *Antonin a abîmé son appareil photo en grimpant sur le mur.* ◆ **s'abîmer.** Perdre de sa fraîcheur.

o p q r s t u v w x y z

Ton livre va s'abîmer si tu ne le couvres pas. SYN. **se détériorer.**

● La nouvelle orthographe permet d'écrire aussi **abimer,** sans accent circonflexe.

abject, e adj. Qui inspire du dégoût et du mépris. *Il a eu un comportement abject.* SYN. **ignoble, répugnant.**

abjurer v. (conjug. 3). Renoncer publiquement à une religion. *Henri IV a abjuré le protestantisme en 1593.*

● Ne confonds pas avec **adjurer.**

ablation n.f. Opération chirurgicale qui consiste à enlever une partie du corps. *L'ablation d'un rein.*

ablutions n.f. plur. ❶ Acte de purification du corps par l'eau. *Les musulmans font des ablutions avant la prière.* ❷ (Familier). **Faire ses ablutions,** faire sa toilette.

aboiement n.m. Cri du chien.

▸▸▸ Mot de la famille de **aboyer.**

abois n.m. plur. **Être aux abois,** être dans une situation désespérée.

abolir v. (conjug. 16). Supprimer. *En France, la peine de mort a été abolie en 1981.*

▸ **abolition** n.f. Action d'abolir, de supprimer. *L'abolition des privilèges de la noblesse a été proclamée en 1789.* SYN. **suppression, abrogation.**

abominable adj. ❶ Qui fait horreur. *Un crime abominable.* SYN. **affreux, horrible.** ❷ Très mauvais. *Il fait un temps abominable.* SYN. **exécrable.**

abondamment adv. En grande quantité. *Il a plu abondamment ces derniers jours.* SYN. **beaucoup.**

▸▸▸ Mot de la famille de **abonder.**

abondance n.f. Très grande quantité. *On trouve une abondance de fruits sur le marché.* SYN. **profusion.**

▸▸▸ Mot de la famille de **abonder.**

abondant, e adj. Qui se trouve en grande quantité. *La neige est abondante cette année.* CONTR. **rare.** *Un repas abondant.* SYN. **copieux, riche.**

▸▸▸ Mot de la famille de **abonder.**

abonder v. (conjug. 3). Se trouver en grande quantité. *Les fleurs abondent dans ce jardin.* SYN. **pulluler.** CONTR. **manquer.**

abonné, e n. Personne qui possède un abonnement. *Les abonnés d'un journal.*

▸▸▸ Mot de la famille de **abonner.**

abonnement n.m. Paiement que l'on fait à l'avance pour recevoir chez soi un journal, une revue ou pour pouvoir utiliser quelque chose. *L'abonnement au téléphone.*

▸▸▸ Mot de la famille de **abonner.**

abonner v. (conjug. 3). Payer à l'avance pour recevoir un journal, un magazine par la poste ou pour bénéficier d'un service. *Mes parents m'ont abonné à une revue de géographie. Elle s'est abonnée au téléphone.*

abord n.m. ❶ **Être d'un abord facile ou difficile,** être facile ou difficile à aborder. ❷ **De prime abord, au premier abord,** à première vue. *De prime abord, ce problème semble difficile.* ◆ n.m. plur. Environs immédiats. *Ce parc se situe aux abords de la ville.*

d'**abord** adv. Pour commencer, en premier lieu. *Je ferai d'abord mes exercices de mathématiques.* CONTR. **après, ensuite.**

abordable adj. Qui n'est pas trop cher. *Les prix des légumes restent abordables.* CONTR. **inabordable.**

▸▸▸ Mot de la famille de **aborder.**

abordage n.m. Fait de donner l'assaut à un navire. *À l'abordage !*

▸▸▸ Mot de la famille de **aborder.**

l'abordage d'un navire

aborder v. (conjug. 3). ❶ S'approcher de quelqu'un pour lui parler. *J'ai abordé une personne dans la rue pour lui demander mon chemin.* SYN. **accoster.** ❷ **Aborder un sujet,** commencer à en parler. ❸ Arriver au rivage, en parlant d'un bateau. *Le bateau doit aborder sur une île.* SYN. **accoster.** ❹ **Aborder un navire,** le heurter accidentellement ou lui donner l'assaut.

a b c d e f g h i j k l m n o p q r s t u v w x y z

aborigène adj. et n. Qui vit depuis toujours dans un pays, par opposition à celui qui est venu s'y installer. SYN. **indigène.**

aboutir v. (conjug. 16). ❶ Arriver à, se terminer à. *Ce chemin aboutit à la maison.* ❷ Avoir pour résultat. *Les efforts d'Hugo ont abouti à un échec.*

▸ **aboutissement** n.m. Résultat. *Ce succès est l'aboutissement de son travail.*

aboyer v. (conjug. 14). En parlant du chien, faire entendre son cri, l'*aboiement.* → Vois aussi **japper.**

abracadabrant, e adj. Qui est invraisemblable. *Une histoire abracadabrante.*

abrégé n.m. ❶ Résumé d'un texte. ❷ **Écrire en abrégé,** ne pas écrire toutes les lettres du mot. *« Docteur » s'écrit « Dr » en abrégé.*
▸▸▸ Mot de la famille de **abréger.**

abréger v. (conjug. 9). Diminuer la durée de quelque chose. *Le président a dû abréger son allocution.* SYN. **écourter.** CONTR. **allonger.**

s'**abreuver** v. (conjug. 3). Boire, en parlant d'un animal. SYN. **se désaltérer.**

▸ **abreuvoir** n.m. Grand récipient aménagé pour que les animaux viennent y boire.

abréviation n.f. Mot écrit en abrégé. *« M. » est l'abréviation du mot « Monsieur ».*
▸▸▸ Mot de la famille de **abréger.**

abri n.m. ❶ Endroit où l'on est protégé des dangers ou du mauvais temps. *Une cabane dans les bois leur a servi d'abri pendant l'orage.* SYN. **refuge.** ❷ **Se mettre à l'abri,** dans un endroit protégé.

abricot n.m. Fruit rond à noyau, de couleur orange, qui pousse sur un abricotier.

des **abricots**

▸ **abricotier** n.m. Arbre fruitier qui produit des abricots.

abri-sous-roche n.m. Cavité peu profonde au pied d'une falaise. → Vois aussi **caverne.**
● Au pluriel : des **abris-sous-roche.**

abrité, e adj. Qui est à l'abri du mauvais temps, du vent. *Nous avons trouvé une place bien abritée.*
▸▸▸ Mot de la famille de **abri.**

abriter v. (conjug. 3). Mettre à l'abri, protéger. *Venez vous abriter sous mon parapluie.*
▸▸▸ Mot de la famille de **abri.**

abrogation n.f. Suppression, annulation par un gouvernement. *L'abrogation d'une loi.* SYN. **abolition, retrait.**
▸▸▸ Mot de la famille de **abroger.**

abroger v. (conjug. 5). Annuler une loi, un décret.

abrupt, e adj. ❶ Qui est en pente très raide. *Un chemin abrupt mène au sommet de la falaise.* SYN. **escarpé.** ❷ Brutal et direct. *Une question abrupte.*

une falaise **abrupte**

abruti, e adj. et n. Mot familier. Se dit d'une personne stupide. SYN. **idiot, imbécile.**
▸▸▸ Mot de la famille de **abrutir.**

abrutir v. (conjug. 16). Rendre quelqu'un incapable de réagir, de réfléchir. *Le bruit incessant des voitures nous abrutit.*

▸ **abrutissant, e** adj. Qui abrutit. *Un travail abrutissant. Une chaleur abrutissante.* SYN. **accablant.**

▸ **abrutissement** n.m. Fait d'être abruti par quelque chose.

absence n.f. Fait de ne pas être là. *Je n'avais pas remarqué l'absence de Quentin.* CONTR. **présence.**
▸▸▸ Mot de la famille de **absent.**

absent, e adj. et n. Qui n'est pas là. *Rémi était absent au cours de gymnastique. Il y avait beaucoup d'absents à la réunion.* CONTR. **présent.**

▸ **s'absenter** v. (conjug. 3). Quitter un lieu pour un certain temps. *Ma mère n'est pas là, elle s'est absentée pour quelques minutes.* SYN. **partir.**

absolu, e adj. ❶ Qui est complet, total. *Interdiction absolue de photographier les tableaux.* ❷ **Monarchie absolue,** où le roi est le seul à avoir le pouvoir.

▸ **absolument** adv. ❶ Tout à fait. *J'ai eu une aventure absolument incroyable.* SYN. **complètement, totalement.** ❷ À tout prix. *Elle veut absolument te parler.*

▸ **absolutisme** n.m. Régime politique où une seule personne a le pouvoir.

absorbant, e adj. ❶ Qui absorbe les liquides. *Un tissu absorbant.* ❷ Qui occupe entièrement. *Un jeu absorbant.*
▸▸▸ Mot de la famille de **absorber.**

absorber v. (conjug. 3). ❶ Laisser pénétrer et retenir un liquide. *Le tapis a absorbé l'eau que j'avais renversée.* ❷ Boire ou manger. *Djamila ne peut rien absorber depuis qu'elle est malade.* SYN. **avaler.** ❸ Occuper entièrement. *Son nouveau travail l'absorbe complètement.*

▸ **absorption** n.f. Action d'absorber, d'avaler. *L'absorption de l'eau par la terre. L'absorption d'un médicament.*

absoudre v. (conjug. 54). Pardonner une faute.

s'abstenir v. (conjug. 20). ❶ Éviter de faire quelque chose. *S'abstenir de fumer.* ❷ Ne pas voter. *Elle s'est abstenue aux élections municipales.*

▸ **abstention** n.f. Fait de ne pas participer à un vote. *Il y a eu 15 % d'abstentions aux dernières élections.*

▸ **abstentionniste** n. Personne qui ne vote pas, qui s'abstient dans un vote.

abstraction n.f. **Faire abstraction de quelque chose,** ne pas en tenir compte. SYN. **écarter, exclure.**
▸▸▸ Mot de la famille de **abstrait.**

abstrait, e adj. ❶ **Mot abstrait,** qui désigne une idée, une qualité, un sentiment. *« Amour » est un mot abstrait.* CONTR. **concret.** ❷ **Art abstrait,** forme d'art qui ne représente pas la réalité telle qu'elle apparaît.

art abstrait

absurde adj. Qui est contraire au bon sens, à la logique. *C'est absurde de vouloir sortir sous cette pluie battante.* SYN. **stupide, insensé.**

▸ **absurdité** n.f. Idée, parole ou comportement contraires au bon sens. *Dire des absurdités.* SYN. **bêtise, stupidité, aberration.**

abus n.m. Consommation excessive de quelque chose. *L'abus d'alcool est dangereux pour la santé.* SYN. **excès.**

▸ **abuser** v. (conjug. 3). Consommer quelque chose en trop grande quantité ou profiter de quelque chose de manière exagérée. *Rayan est malade, il a abusé des sucreries. Il abuse de la patience de ses parents.*

▸ **abusif, ive** adj. Qui est exagéré. *L'usage abusif du tabac est mauvais pour la santé.* SYN. **excessif.**

abysse n.m. Endroit très profond dans la mer, fosse sous-marine. *Un abysse de 5000 mètres. Les poissons des abysses.*
● Ce mot s'écrit avec un **y.**

acabit n.m. Genre, nature. *Ce sont des gens du même acabit.*
● Ce mot se termine par un **t.**

a b c d e f g h i j k l m n o p q r s t u v w x y z

acacia n.m. Arbre à fleurs jaunes ou blanches très parfumées.

académicien, enne n. Membre d'une académie, en particulier de l'Académie française.
▸▸▸ Mot de la famille de **académie.**

académie n.f. ❶ Groupe de savants, d'écrivains ou d'artistes qui se réunissent régulièrement. *L'Académie française est composée de quarante écrivains qui s'occupent des questions de la langue française.* ❷ En France, région qui regroupe des écoles, des collèges, des lycées et des universités. *L'académie de Lyon, de Marseille.*

acajou n.m. Arbre d'Afrique et d'Amérique fournissant un bois brun-rouge. *Un meuble en acajou.*

acariâtre adj. Qui a une humeur, un caractère difficiles à supporter. SYN. **grincheux, revêche.**
● Le troisième **a** prend un accent circonflexe.

acarien n.m. Petit parasite qui peut provoquer des allergies.
● Les acariens sont des arachnides, comme les araignées et les scorpions.

accablant, e adj. ❶ **Chaleur accablante,** très grande chaleur, qui fatigue beaucoup. SYN. **abrutissant, écrasant.** ❷ **Preuve accablante,** que l'on ne peut pas contester et qui peut entraîner la condamnation de l'accusé. SYN. **incontestable.**
▸▸▸ Mot de la famille de **accabler.**

accablement n.m. État d'une personne accablée, très abattue. SYN. **abattement.**
▸▸▸ Mot de la famille de **accabler.**

accabler v. (conjug. 3). ❶ Surcharger quelqu'un de quelque chose. *Accabler un employé de travail.* ❷ Causer beaucoup de peine. *La disparition de son chat a accablé Léo.* ❸ Prouver la culpabilité de quelqu'un. *Les témoignages accablent l'accusé.*

accalmie n.f. Période de calme pendant un orage, une tempête. *Il ne pleut plus, profitons de cette accalmie pour sortir.*
▸▸▸ Mot de la famille de **calme.**

accaparer v. (conjug. 3). Prendre quelque chose pour soi tout seul. *Salomé a accaparé toute la banquette. Alexis a réussi à accaparer l'attention du public.*

accéder v. (conjug. 9). ❶ Atteindre un lieu. *On accède à la maison par un petit chemin.* ❷ Parvenir à une situation, à une fonction. *Le père de Moussa a accédé au poste de directeur.*
● On prononce [aksede].

accélérateur n.m. Pédale ou poignée qui permet d'augmenter la vitesse d'un véhicule à moteur. *Le conducteur du bus appuie sur l'accélérateur.*
▸▸▸ Mot de la famille de **accélérer.**

accélération n.f. Fait d'accélérer, d'aller plus vite. *L'accélération du train a été brutale.*
▸▸▸ Mot de la famille de **accélérer.**

accélérer v. (conjug. 9). ❶ Rendre plus rapide. *La course à pied accélère les battements du cœur.* CONTR. **ralentir.** ❷ Augmenter la vitesse d'un véhicule. *À la sortie du village, les automobilistes peuvent accélérer.*

accent n.m. ❶ Petit signe que l'on place sur une voyelle. *Le « e » de « dé » prend un accent aigu, le « a » de « là » prend un accent grave, le « i » de « île » prend un accent circonflexe.* ❷ Façon de prononcer les mots, qui est particulière aux gens d'une région, d'un pays. *Sébastien a l'accent du Nord. Kelly parle français avec l'accent allemand.* ❸ **Mettre l'accent sur quelque chose,** le faire remarquer en insistant dessus. *Elle a mis l'accent sur mes erreurs.*

▸ **accentuer** et **s'accentuer** v. (conjug. 3). Faire ressortir, mettre en relief quelque chose. *La lumière accentue la beauté de ce tableau.* ◆ **s'accentuer.** Augmenter, devenir plus fort, plus net. *Le bruit s'est accentué depuis que tu as ouvert la fenêtre.* SYN. **s'accroître, s'intensifier.**

acceptable adj. Que l'on peut accepter, admettre. *Sa proposition est acceptable.* SYN. **convenable.** CONTR. **inacceptable.**
▸▸▸ Mot de la famille de **accepter.**

acceptation n.f. Fait d'accepter, d'être d'accord. CONTR. **refus.**
▸▸▸ Mot de la famille de **accepter.**

accepter v. (conjug. 3). ❶ Répondre oui à une proposition, être d'accord. *Maxime a accepté mon aide. J'accepte de t'accompagner au cinéma.* SYN. **consentir à.** CONTR. **refuser.** ❷ Accueillir quelqu'un, le recevoir dans un groupe. *Le nouveau a été bien accepté dans notre club.* SYN. **admettre.**

1. **accès** n.m. Possibilité de se rendre à un endroit. *Les fortes chutes de neige empêchent l'accès au village.*
▸▸▸ Mot de la famille de **accéder**.

2. **accès** n.m. **Accès de fièvre,** brusque élévation de la température du corps.

accessible adj. Qui est facile à atteindre, où l'on peut aller. *C'est un sommet accessible à pied.* CONTR. **inaccessible.**
▸▸▸ Mot de la famille de **accéder**.

accession n.f. Fait d'arriver à quelque chose, d'accéder à une situation jugée supérieure. *L'accession de Louis XIV au trône.*
▸▸▸ Mot de la famille de **accéder**.

1. **accessoire** adj. Peu important. *C'est un détail tout à fait accessoire.* SYN. **secondaire.** CONTR. **essentiel, primordial.**

2. **accessoire** n.m. Élément qui n'est pas indispensable mais qui aide au fonctionnement d'un appareil. *L'aspirateur est vendu avec de nombreux accessoires.*

accident n.m. ❶ Événement malheureux qui cause des dégâts et qui peut faire des victimes. *Aziz a eu un accident de voiture.* ❷ Événement imprévu, plus ou moins désagréable. *Sa mauvaise note en mathématiques est un accident.*
● Ne confonds pas avec **incident**.

▸ **accidenté, e** adj. et n. ❶ Qui a eu un accident. *Une voiture accidentée se trouvait au milieu de la route. Les pompiers ont secouru les accidentés de la route.* ❷ **Terrain accidenté,** qui a beaucoup de creux, de bosses.

▸ **accidentel, elle** adj. ❶ Qui est dû à un accident. *Une mort accidentelle.* ❷ Qui n'est pas prévu, qui arrive par hasard. *Une rencontre accidentelle.* SYN. **imprévu, fortuit.**

▸ **accidentellement** adv. À la suite d'un accident. *Il est mort accidentellement.*

acclamation n.f. Cri de joie poussé pour acclamer quelqu'un. *La chanteuse est sortie sous les acclamations de la foule.* SYN. **ovation.** CONTR. **huée.**
▸▸▸ Mot de la famille de **acclamer**.

acclamer v. (conjug. 3). Accueillir quelqu'un par des cris de joie. *Le public a acclamé l'acteur principal.* CONTR. **huer.**

acclimatation n.f. **Jardin d'acclimatation,** où l'on peut voir des animaux de tous les pays.
▸▸▸ Mot de la famille de **acclimater**.

acclimater et **s'acclimater** v. (conjug. 3). Adapter un animal ou une plante à un nouveau climat. *On a acclimaté des plantes tropicales en Europe.* ◆ **s'acclimater à.** S'adapter, se faire à un nouvel endroit, à de nouvelles personnes. *Natacha s'est très bien acclimatée à son école.* SYN. **s'habituer à, s'accoutumer à.**

accolade n.f. ❶ Signe ({) qui sert à réunir plusieurs lignes de texte. ❷ **Donner l'accolade,** serrer quelqu'un dans ses bras.
▸▸▸ Mot de la famille de **accoler**.

accoler v. (conjug. 3). Mettre deux choses côte à côte. *Son nom était accolé au mien sur la liste.*

accommodant, e adj. Se dit d'une personne avec laquelle il est facile de s'entendre. SYN. **arrangeant, conciliant.**
▸▸▸ Mot de la famille de **accommoder**.

accommoder et **s'accommoder** v. (conjug. 3). Préparer un aliment selon une recette particulière. *Elle sait accommoder les œufs.* ◆ **s'accommoder. S'accommoder de,** se satisfaire, se contenter de quelque chose. *Léo est conciliant, il s'accommode de tout. Tu n'aimes pas ce cartable mais tu t'en accommoderas.*

accompagnateur, trice n. ❶ Personne qui accompagne un groupe d'enfants, de touristes lors d'une sortie, d'un voyage. ❷ Musicien qui accompagne un chanteur ou un autre musicien.
▸▸▸ Mot de la famille de **accompagner**.

accompagnement n.m. Musique que l'on joue pour accompagner un chanteur.
▸▸▸ Mot de la famille de **accompagner**.

accompagner v. (conjug. 3). ❶ Aller avec quelqu'un quelque part. *Alexandra m'a accompagné à la gare.* ❷ Être servi avec quelque chose. *Au restaurant, le poisson était accompagné de légumes.* ❸ Jouer d'un instrument en même temps que quelqu'un chante. *Un pianiste accompagne le chanteur.*

accompli, e adj. ❶ Qui est très fort dans son domaine. *Ali est un peintre accompli.* ❷ **Le fait accompli,** une situation que l'on ne peut

a b c d e f g h i j k l m n o p q r s t u v w x y z

pas changer et que l'on est obligé de subir. *Être mis devant le fait accompli.*
▸▸▸ Mot de la famille de **accomplir.**

accomplir et **s'accomplir** v. (conjug. 16). Faire quelque chose jusqu'au bout. *Il a accompli sa mission, il peut repartir.* SYN. **s'acquitter de, exécuter.** ◆ **s'accomplir.** Se produire, se réaliser. *Son rêve s'est accompli.*

▸ **accomplissement** n.m. Fait de se réaliser, de s'accomplir ou d'être accompli. *L'accomplissement de ses désirs. L'accomplissement d'un travail.*

accord n.m. ❶ Autorisation donnée par une personne à une autre. *J'ai obtenu l'accord du médecin pour faire du sport.* SYN. **consentement, permission.** ❷ Entente entre plusieurs personnes. *Mes amis et moi, nous sommes en parfait accord sur ce sujet.* ❸ **Être d'accord,** avoir le même avis ou accepter quelque chose. *Je suis d'accord avec toi. Maman est d'accord pour venir me chercher.* ❹ En musique, fait de jouer plusieurs notes en même temps sur un instrument. *Faire un accord à la guitare.* ❺ En grammaire, forme que doit prendre un mot en fonction du mot dont il dépend. *L'accord du verbe se fait avec le sujet.*

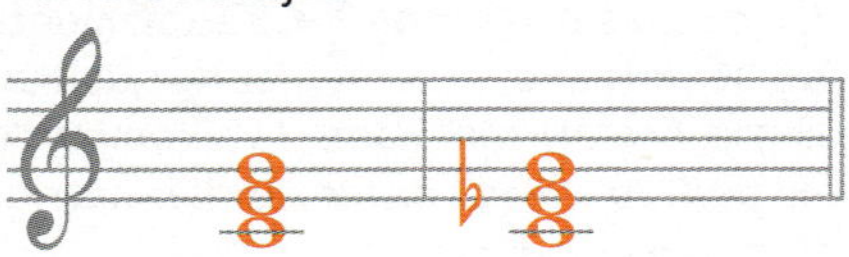

des accords

accordéon n.m. Instrument de musique à air qui comporte un soufflet et des touches.
● Nom des musiciens : un ou une **accordéoniste.**

accorder et **s'accorder** v. (conjug. 3). ❶ Accepter de donner quelque chose à quelqu'un. *L'instituteur nous a accordé cinq minutes de récréation en plus.* CONTR. **refuser.** ❷ Régler un instrument de musique pour qu'il soit juste. ◆ **s'accorder.** ❶ En grammaire, se mettre au même genre (masculin ou féminin) et au même nombre (singulier ou pluriel) qu'un autre mot. *L'adjectif s'accorde avec le nom auquel il se rapporte.* ❷ Se mettre d'accord avec quelqu'un. *Ils se sont accordés pour sortir à la même heure.* SYN. **s'entendre.**

accostage n.m. Fait d'accoster, d'aborder. *L'accostage du bateau au port a été retardé.*
▸▸▸ Mot de la famille de **accoster.**

accoster v. (conjug. 3). ❶ Venir se ranger le long du quai, en parlant d'un bateau. SYN. **aborder.** ❷ S'approcher de quelqu'un pour lui parler. *J'ai accosté un passant pour lui demander l'heure.* SYN. **aborder.**

accotement n.m. Bas-côté, bord de la route. *Se garer sur l'accotement.*

accouchement n.m. Naissance, mise au monde d'un enfant.
▸▸▸ Mot de la famille de **accoucher.**

accoucher v. (conjug. 3). Mettre au monde un enfant. *Elle a accouché d'un garçon.*

s'**accouder** v. (conjug. 3). S'appuyer sur les coudes. *S'accouder à la fenêtre.*

▸ **accoudoir** n.m. Partie d'un fauteuil où l'on pose les coudes. SYN. **bras.**

accouplement n.m. Chez les animaux, union de la femelle et du mâle.
▸▸▸ Mot de la famille de **s'accoupler.**

s'**accoupler** v. (conjug. 3). S'unir pour avoir des petits, en parlant des animaux.

accourir v. (conjug. 21). Venir en courant. *Elle est accourue dès qu'elle a appris la nouvelle.*

accoutrement n.m. Habillement bizarre ou ridicule. *Où as-tu trouvé cet accoutrement de clown ?*
▸▸▸ Mot de la famille de **accoutrer.**

accoutrer v. (conjug. 3). Habiller d'une manière ridicule ou bizarre. *Renata était accoutrée d'un pantalon trop grand.* SYN. **affubler.**

accoutumance n.f. Fait que le corps s'habitue à quelque chose. *L'accoutumance au froid. L'accoutumance à une drogue.* SYN. **dépendance.**
▸▸▸ Mot de la famille de **s'accoutumer.**

s'**accoutumer** v. (conjug. 3). S'habituer. *Il ne s'est pas accoutumé au climat.*

Accrobranche n.m. Activité sportive pratiquée en forêt, qui consiste à se déplacer d'arbre en arbre sur un parcours sécurisé.
● C'est un nom de marque : il s'écrit avec une majuscule dans les textes imprimés.

accroc n.m. Déchirure faite par un objet pointu. *Il a fait un accroc à son pantalon.*
● Ce mot se termine par un **c** que l'on ne prononce pas.
►►► Mot de la famille de **accrocher**.

accrochage n.m. ❶ Action d'accrocher un objet. *L'accrochage d'un tableau au mur.* ❷ (Sens familier). Petite dispute entre des personnes. SYN. **désaccord.** ❸ Choc sans gravité entre des véhicules.
►►► Mot de la famille de **accrocher**.

accrocher et **s'accrocher** v. (conjug. 3). ❶ Suspendre un objet à un crochet. *Accrocher un dessin au mur.* CONTR. **décrocher.** ❷ Heurter légèrement. *La voiture a accroché un vélo.* ◆ **s'accrocher à.** ❶ Se prendre dans quelque chose. *Mes cheveux se sont accrochés aux ronces.* ❷ Se retenir à quelque chose. *Accroche-toi à la rampe.* SYN. **s'agripper.**

accroissement n.m. Augmentation. *Un accroissement de la population.* CONTR. **baisse, diminution.**
►►► Mot de la famille de **accroître**.

accroître et **s'accroître** v. (conjug. 75). Rendre plus grand, développer quelque chose. *Il a accru sa fortune.* SYN. **augmenter.** ◆ **s'accroître**. Devenir plus grand, plus important. *Leurs chances de réussir se sont accrues.* SYN. **augmenter.** CONTR. **décroître, diminuer.**
● La nouvelle orthographe permet d'écrire aussi **accroitre,** sans accent circonflexe.

s'**accroupir** v. (conjug. 16). S'asseoir sur ses talons.

accueil n.m. ❶ Manière d'accueillir. *Son accueil a été très chaleureux.* ❷ Endroit où l'on accueille les visiteurs dans une entreprise, un lieu public.
►►► Mot de la famille de **accueillir**.

accueillant, e adj. ❶ Qui reçoit quelqu'un de manière amicale. SYN. **hospitalier.** ❷ Où l'on est toujours bien accueilli, bien reçu. *Une maison accueillante.*
►►► Mot de la famille de **accueillir**.

accueillir v. (conjug. 26). ❶ Recevoir chez soi. *Suong a accueilli sa correspondante.* ❷ Apprendre ou recevoir quelque chose. *Ils ont bien accueilli la nouvelle.*
● Ce mot s'écrit avec un **u** après les deux **c**.

acculer v. (conjug. 3). Forcer quelqu'un à faire quelque chose, ne pas lui laisser la possibilité d'y échapper. *Le sportif a été acculé à l'abandon.* SYN. **contraindre, pousser, réduire.**

accumulateur n.m. Appareil qui emmagasine de l'électricité et la restitue. *Charger un accumulateur.* → Vois aussi **batterie.**
● On emploie aussi l'abréviation familière **accu.**
►►► Mot de la famille de **accumuler.**

accumulation n.f. Grande quantité de choses rassemblées. *Il y a une accumulation de bouteilles vides dans la cave.*
►►► Mot de la famille de **accumuler.**

accumuler v. (conjug. 3). Rassembler des choses en grande quantité. *Il accumule les vieux magazines.* SYN. **entasser.**

accusateur, trice n. Personne qui accuse quelqu'un. *Il n'a pas voulu rencontrer ses accusateurs.* CONTR. **défenseur.** ◆ adj. Qui accuse, qui est plein de reproches. *Un regard accusateur.*
►►► Mot de la famille de **accuser.**

accusation n.f. Action d'accuser quelqu'un. SYN. **attaque, critique.**
►►► Mot de la famille de **accuser.**

accusé, e n. Personne que l'on dit coupable d'un délit. → Vois aussi **inculpé, prévenu.**
►►► Mot de la famille de **accuser.**

accuser v. (conjug. 3). ❶ Dire que quelqu'un est coupable, reprocher une faute à quelqu'un. *Il nous a accusés de vol sans aucune preuve.* ❷ Mettre en évidence, faire ressortir quelque chose. *La couleur de sa robe accuse la pâleur de son visage.* SYN. **souligner.** ❸ **Accuser réception d'une lettre,** faire savoir qu'on l'a bien reçue.

acéré, e adj. Pointu, tranchant. *La lame acérée d'un couteau.* SYN. **affilé.** *Les serres acérées d'un aigle.*

des serres acérées

a b c d e f g h i j k l m n o p q r y

a b c d e f g h i j k l m n o p q r s t u v w x y z

achalandé, e adj. **Un magasin bien achalandé,** où l'on trouve un grand choix de marchandises.

acharné, e adj. ❶ Qui met toute son énergie dans ce qu'il fait. *Un joueur acharné.* ❷ **Un combat acharné,** violent et obstiné.
▸▸▸ Mot de la famille de **s'acharner.**

acharnement n.m. Ardeur que l'on met à faire quelque chose. *Elle travaille avec beaucoup d'acharnement pour réussir ses examens.* SYN. **obstination, ténacité.**
▸▸▸ Mot de la famille de **s'acharner.**

s'**acharner** v. (conjug. 3). ❶ Poursuivre sa victime avec violence, sans la lâcher. *Le chat s'est acharné sur la souris qu'il a attrapée.* ❷ **S'acharner à faire quelque chose,** faire beaucoup d'efforts pour y parvenir. *On s'acharne à le convaincre de partir.*

achat n.m. ❶ Action d'acheter quelque chose. *L'achat d'une maison.* SYN. **acquisition.** ❷ Ce que l'on a acheté. *Maman a déposé ses achats dans la cuisine.*

acheminer et **s'acheminer** v. (conjug. 3). **Acheminer le courrier,** le faire parvenir à destination. ◆ **s'acheminer vers.** Aller relativement lentement quelque part. *Nous nous acheminons vers l'église.* SYN. **se diriger vers.**
▸▸▸ Mot de la famille de **chemin.**

acheter v. (conjug. 11). Obtenir quelque chose en payant. *Ma tante a acheté une nouvelle voiture.* CONTR. **vendre.**

▸ **acheteur, euse** n. Personne qui achète. SYN. **acquéreur.** CONTR. **vendeur.**

achèvement n.m. Action d'achever, de terminer. *Nous avons dû attendre l'achèvement des travaux pour déménager.* SYN. **fin.** CONTR. **commencement.**
▸▸▸ Mot de la famille de **achever.**

achever et **s'achever** v. (conjug. 10). ❶ Terminer ce que l'on a commencé. *Il n'a pas achevé son repas.* SYN. **finir.** ❷ Tuer un animal déjà grièvement blessé, pour abréger ses souffrances. ◆ **s'achever.** Prendre fin, se terminer. *La semaine s'achève.*

acide adj. ❶ Qui a un goût piquant. *Le citron est acide.* ❷ **Pluies acides,** pluies polluées qui endommagent les arbres des forêts. → Vois aussi **amer, salé, sucré.**

▸ **acide** n.m. Produit chimique qui détruit certaines matières.

▸ **acidité** n.f. Saveur acide d'un aliment. *Juliette aime bien l'acidité du citron.*

▸ **acidulé, e** adj. Légèrement acide. *Un bonbon acidulé.*

acier n.m. ❶ Métal dur composé de fer et de carbone. ❷ **D'acier,** très dur. *Walid a des muscles d'acier.*

▸ **aciérie** n.f. Usine où l'on transforme la fonte en acier.

acné n.f. Maladie de la peau qui fait apparaître des boutons sur le visage.
● Nom du genre féminin : **une acné.**

acolyte n.m. Compagnon, complice. *Le bandit et ses acolytes ont été arrêtés par la police.*
● Ce mot s'écrit avec un **y.**

acompte n.m. Partie d'une somme que l'on paye à l'avance. *Mon père a dû verser un acompte lorsqu'il a acheté sa voiture.* SYN. **arrhes.**
● On ne prononce pas le **p.**

s'**acoquiner** v. (conjug. 3). Mot familier. Se lier avec quelqu'un pour faire des mauvais coups.
▸▸▸ Mot de la famille de **coquin.**

à-côté n.m. Ce qui est secondaire, qui vient à côté de l'essentiel. *Négliger les à-côtés dans un compte rendu.*
● Au pluriel : des **à-côtés.**

à-coup n.m. ❶ Arrêt brusque puis reprise d'une machine en marche. *La voiture a eu un dernier à-coup avant de caler.* ❷ **Par à-coups,** de façon irrégulière. *Elle travaille par à-coups.*
● Au pluriel : des **à-coups.**

acoustique n.f. Manière dont le son se propage dans une salle. *Ce théâtre a une bonne acoustique.*

acquéreur n.m. Personne qui achète quelque chose. *Ils ont trouvé un acquéreur pour leur maison.* SYN. **acheteur.**
▸▸▸ Mot de la famille de **acquérir.**

acquérir v. (conjug. 23). ❶ Devenir le propriétaire de quelque chose. *Mon père a acquis une nouvelle voiture.* SYN. **acheter.** ❷ Parvenir à obtenir quelque chose. *Le chanteur a acquis une grande célébrité.*

acquiescer v. (conjug. 4). Dire oui, être d'accord. *Il a acquiescé à ma proposition.* SYN. **accepter.** CONTR. **refuser.**
● Le son [s] s'écrit **sc.**

acquisition n.f. ❶ Fait d'acquérir, d'acheter quelque chose. *Candice a fait l'acquisition d'une nouvelle paire de chaussures.* ❷ Ce qui a été acheté. *Je suis très contente de mes dernières acquisitions.* SYN. **achat, emplette.**
►►► Mot de la famille de **acquérir.**

acquit n.m. **Par acquit de conscience,** pour éviter d'avoir des remords par la suite. *Par acquit de conscience, il a vérifié s'il avait bien éteint la lumière en sortant.*
►►► Mot de la famille de **acquitter.**

acquittement n.m. Action de déclarer un accusé non coupable.
►►► Mot de la famille de **acquitter.**

acquitter et **s'acquitter** v. (conjug. 3). Déclarer que quelqu'un n'est pas coupable. *L'accusée a été acquittée par le tribunal.* CONTR. **condamner.** ◆ **s'acquitter de.** ❶ Faire ce que l'on doit. *S'acquitter d'une mission, d'un devoir.* SYN. **accomplir.** ❷ **S'acquitter d'une dette,** la payer.

âcre adj. Qui a une odeur ou un goût fort et piquant. *Des fruits âcres. Une fumée âcre.*
→ Vois aussi **âpre.**
● Le **a** prend un accent circonflexe.

► **âcreté** n.f. Goût, odeur âcre. → Vois aussi **âpreté.**

acrobate n. Personne très agile, qui, dans un cirque, fait des exercices d'équilibre, de souplesse. *Les funambules et les trapézistes sont des acrobates.*

► **acrobatie** n.f. Exercice d'équilibre, de souplesse.

une **acrobatie**

► **acrobatique** adj. **Exercice acrobatique,** exercice difficile d'équilibre, de souplesse.

acrosport n.m. Sport par équipes mêlant acrobaties, gymnastique, danse et musique.

acrylique n.m. Tissu synthétique. *Un bonnet en acrylique.*
● Ce mot s'écrit avec un **y.**

1. **acte** n.m. Document officiel qui constate un fait. *Un acte de naissance.*

2. **acte** n.m. ❶ Ce que l'on fait. *Un acte dangereux.* SYN. **action.** ❷ Partie d'une pièce de théâtre. *Une tragédie en cinq actes.*

acteur, trice n. Personne qui joue un rôle dans un film ou une pièce de théâtre. SYN. **comédien, interprète.**

1. **actif, ive** adj. ❶ Qui agit beaucoup et qui aime l'action. *Élise est une fille très active.* SYN. **dynamique, énergique.** CONTR. **inactif.** ❷ **Médicament actif,** qui produit l'effet attendu. SYN. **efficace.** ❸ **Population active,** ensemble des personnes qui ont un emploi ou qui en recherchent un. ❹ **Volcan actif,** d'où sortent de la lave, des pierres, des gaz. CONTR. **volcan éteint.**

2. **actif, ive** adj. **Voix active,** en grammaire, correspond à la forme du verbe lorsque le sujet fait l'action. *Dans la phrase « Le chat mange la souris », le verbe est à la voix active.*
→ Vois aussi **passif (2).**

1. **action** n.f. ❶ Ce que l'on fait. *L'action de Valentin est très courageuse.* SYN. **acte.** *Faire une bonne action.* ❷ **Passer à l'action,** commencer à agir. ❸ Effet produit par quelque chose. *L'action du médicament est très rapide.* ❹ Ce qui se passe dans un roman, une pièce de théâtre ou un film. *L'action du film se situe en Afrique.*

2. **action** n.f. Part du capital d'une entreprise qui permet de recevoir des bénéfices. *On peut acheter ou vendre des actions à la Bourse.*

► **actionnaire** n. Personne qui possède des actions.

actionner v. (conjug. 3). Faire marcher, mettre en mouvement quelque chose. *Il ne faut actionner le signal d'alarme qu'en cas de danger.* SYN. **déclencher.**
►►► Mot de la famille de **action (1).**

a b c d e f g h i j k l m n o p q r s t u v w x y z

activement adv. De manière active, énergique. *Nous préparons activement la kermesse.*
▸▸▸ Mot de la famille de **actif (1)**.

activer et **s'activer** v. (conjug. 3). ❶ Rendre plus actif, plus vif. *Active le feu sinon il risque de s'éteindre.* ❷ Rendre plus rapide. *Il faut activer les préparatifs de la fête.* SYN. **accélérer.** CONTR. **ralentir.** ◆ **s'activer.** Agir en se dépêchant. *Les infirmiers s'activent autour du blessé.* SYN. **s'affairer, s'empresser.**
▸▸▸ Mot de la famille de **actif (1)**.

activité n.f. ❶ Ce que l'on fait dans sa vie professionnelle, dans ses loisirs. *Aïcha a de nombreuses activités, elle fait de la danse, du piano, du judo et de la peinture.* SYN. **occupation.** ❷ Fait d'être actif, énergique. *Elle a une activité incroyable pour son âge.* SYN. **dynamisme.**
▸▸▸ Mot de la famille de **actif (1)**.

actualité n.f. Ce qui se passe en ce moment. *Romain ne s'intéresse pas à l'actualité sportive.* ◆ n.f. plur. À la télévision, émission qui présente les principaux événements de la journée. *Mes grands-parents regardent les actualités tous les jours.* SYN. **informations.**
▸▸▸ Mot de la famille de **actuel**.

actuel, elle adj. ❶ Qui se passe en ce moment, qui concerne notre époque. *Les événements actuels. Un problème actuel.* SYN. **contemporain.** ❷ **À l'heure actuelle,** aujourd'hui, à présent.

▸ **actuellement** adv. En ce moment. *Elle est actuellement en vacances.*

acuité n.f. ❶ (Sens littéraire). Caractère aigu, intense de quelque chose. *L'acuité du froid.* ❷ **Acuité visuelle,** capacité à bien voir.

acupuncteur, trice n. Médecin qui pratique l'acupuncture.
● On prononce [akypɔ̃ktœr].
– La nouvelle orthographe permet d'écrire aussi **acuponcteur, acuponctrice.**

acupuncture n.f. Médecine qui consiste à piquer de très fines aiguilles en certains points du corps.
● On prononce [akypɔ̃ktyr].
– La nouvelle orthographe permet d'écrire aussi **acuponcture.**

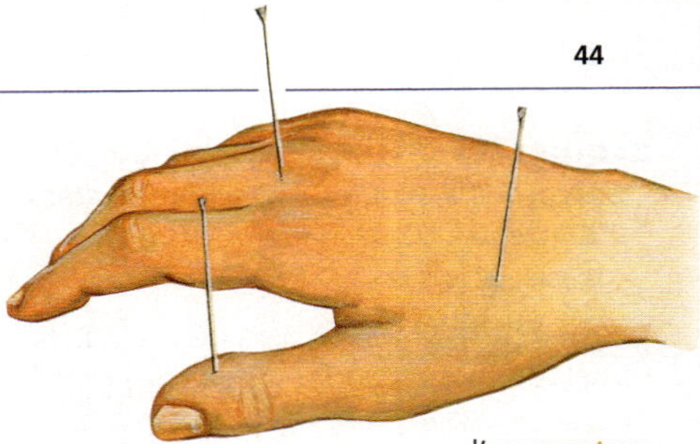
l'acupuncture

1. **adaptateur** n.m. Pièce qui permet d'adapter un objet, un appareil à un autre usage.
▸▸▸ Mot de la famille de **adapter**.

2. **adaptateur, trice** n. Personne qui adapte, qui transforme un roman pour en faire un film ou une pièce de théâtre.
▸▸▸ Mot de la famille de **adapter**.

adaptation n.f. ❶ Fait de s'adapter, de s'habituer. *L'adaptation de Marie à sa nouvelle vie a été longue.* ❷ Film ou pièce de théâtre qui a été fait à partir d'un roman.
▸▸▸ Mot de la famille de **adapter**.

adapter et **s'adapter** v. (conjug. 3). ❶ Fixer, relier une chose à une autre. *Adapter un manche à un balai.* ❷ Transformer un roman pour en faire un film, une pièce de théâtre. ◆ **s'adapter à.** S'habituer à une nouvelle situation. *Jonathan s'est bien adapté au collège.*

additif n.m. Ce que l'on ajoute à un produit. *Ce jus de pomme contient un additif.*
▸▸▸ Mot de la famille de **addition**.

addition n.f. ❶ Opération qui consiste à ajouter un nombre à un autre. CONTR. **soustraction.** ❷ Action d'ajouter une chose à une autre. *Un jus de fruit sans addition de sucre.* ❸ Total de ce que l'on doit payer dans un café, un restaurant. SYN. **note.**

▸ **additionner** v. (conjug. 3). ❶ Faire l'addition, le total de plusieurs nombres. CONTR. **soustraire.** ❷ Ajouter quelque chose à un produit. *Meddy additionne toujours son lait d'un peu de sirop de fraise.*

adepte n. ❶ Fidèle d'une religion. ❷ Personne qui pratique telle activité. *Loan est une adepte de la plongée sous-marine.*

adéquat, e adj. Qui est adapté, qui convient. *Il a trouvé le mot adéquat.* SYN. **approprié, convenable.**
● Au masculin, on prononce [adekwa].

adhérence n.f. Fait d'adhérer, de coller à quelque chose. *Les pneus de sa voiture ont une bonne adhérence au sol.*
▸▸▸ Mot de la famille de **adhérer**.

adhérent, e n. Personne qui est membre d'un club, d'une association, d'un parti politique.
▸▸▸ Mot de la famille de **adhérer**.

adhérer v. (conjug. 9). ❶ Rester fortement attaché à quelque chose. *Ce pansement adhère bien à la peau.* SYN. **coller, tenir.** ❷ Devenir membre d'un parti, d'une association, d'un club. SYN. **s'inscrire.**
● Il y a un **h** après le **d**.

▸ **adhésif, ive** adj. Qui adhère, qui colle. *Fermer une enveloppe avec du ruban adhésif.*

▸ **adhésion** n.f. Fait d'adhérer, de devenir membre d'un groupe, d'une association. *Remplir un bulletin d'adhésion.*

adieu ! interj. Mot que l'on dit à quelqu'un quand on part pour longtemps ou pour toujours. *Adieu ! je ne reviendrai jamais.* ◆ n.m. plur. **Faire ses adieux,** dire au revoir.
● Au pluriel : des **adieux**.

adjacent, e adj. Qui est situé juste à côté. *Nous sommes garés dans une rue adjacente.* SYN. **voisin.**

adjectif n.m. Mot qui accompagne un nom et qui donne des précisions sur ce nom. Il s'accorde en genre et en nombre avec le nom. *« Petit » est un adjectif qualificatif.*
→ Vois aussi **verbal.**

adjoint, e n. et adj. Personne qui aide une autre personne dans son travail. *Le directeur de l'école a un adjoint. C'est la maire adjointe qui a prononcé le discours.*

adjudant, e n. Sous-officier qui est placé au-dessus du sergent.

adjuger et **s'adjuger** v. (conjug. 5). Attribuer quelque chose à quelqu'un. *Le premier prix du concours a été adjugé à Cassandra.* SYN. **décerner.** ◆ **s'adjuger.** Prendre pour soi. *Elle s'est adjugé le meilleur morceau.* SYN. **s'approprier, s'octroyer.**

adjurer v. (conjug. 3). Demander avec insistance à quelqu'un de faire quelque chose. *Elle m'a adjuré de dire la vérité.* SYN. **implorer, supplier.**
● Ne confonds pas avec **abjurer.**

admettre v. (conjug. 51). ❶ Accepter, recevoir quelqu'un. *Rachid a été admis au concours d'infirmier.* ❷ Accepter dans un lieu. *Les chiens ne sont pas admis dans ce magasin.* ❸ Accepter quelque chose, être d'accord. *Mes parents admettent que je regarde la télévision le mardi soir.* SYN. **tolérer.** CONTR. **refuser.** ❹ Reconnaître comme vrai. *J'admets que vous n'ayez pas pu faire autrement.* SYN. **convenir.**

administrateur, trice n. Personne qui dirige, qui gère quelque chose. *Dix administrateurs gèrent les affaires de l'entreprise.*
▸▸▸ Mot de la famille de **administrer.**

administratif, ive adj. Qui concerne l'Administration. *Faire des démarches administratives.*
▸▸▸ Mot de la famille de **administrer.**

administration n.f. ❶ Fait d'administrer, de gérer les affaires d'une société. SYN. **gestion.** ❷ (Avec une majuscule). **L'Administration,** l'ensemble des services et des personnes qui mettent en place des mesures décidées par le gouvernement. *Les ministères, les mairies font partie de l'Administration.*
▸▸▸ Mot de la famille de **administrer.**

administré, e n. Habitant d'une commune. *Le maire s'est adressé à ses administrés.*
▸▸▸ Mot de la famille de **administrer.**

administrer v. (conjug. 3). ❶ Diriger les affaires d'une ville, d'un pays. *Le maire administre sa commune.* SYN. **gérer.** ❷ Faire prendre un médicament. *Le médecin m'a administré un sirop contre la toux.*

admirable adj. Qui provoque un sentiment d'admiration. *Une mère admirable ; un tableau admirable.* SYN. **magnifique, merveilleux, remarquable.**
▸▸▸ Mot de la famille de **admirer.**

admirablement adv. Très bien. *Elle dessine admirablement.* SYN. **merveilleusement.**
▸▸▸ Mot de la famille de **admirer.**

admirateur, trice n. Personne qui admire quelqu'un ou quelque chose. *De nombreux admirateurs attendaient l'actrice à la fin du spectacle.*
▸▸▸ Mot de la famille de **admirer.**

a b c d e f g h i j k l m n o p q r s t u v w x y z

a b c d e f g h i j k l m n o p q r s t u v w x y z

admiratif, ive adj. Qui est plein d'admiration. *Un regard admiratif.*
►►► Mot de la famille de **admirer.**

admiration n.f. Sentiment que l'on éprouve devant quelque chose ou quelqu'un de beau, de remarquable. *Anne était en admiration devant le coucher de soleil. Pierre a beaucoup d'admiration pour son ami.*
►►► Mot de la famille de **admirer.**

admirer v. (conjug. 3). ❶ Trouver très beau. *Julie admire les montres dans la vitrine.* ❷ Trouver quelqu'un remarquable, reconnaître ses grandes qualités. *Bastien admire son professeur de sport.*

admis, e adj. et n. Accepté à un examen, un concours. SYN. **reçu.**

admissible adj. ❶ Que l'on peut admettre, accepter. *Le comportement de Solène n'est pas admissible.* SYN. **acceptable, tolérable.** CONTR. **inadmissible.** ❷ **Candidat admissible,** candidat qui a réussi une série d'épreuves et qui est admis à passer les épreuves orales d'un examen.
►►► Mot de la famille de **admettre.**

admission n.f. Fait d'admettre ou d'être admis quelque part, dans un groupe, à un examen. *Je l'ai félicité pour son admission au concours.*
►►► Mot de la famille de **admettre.**

adolescence n.f. Période de la vie comprise entre l'enfance et l'âge adulte (entre 13 et 18 ans environ).
►►► Mot de la famille de **adolescent.**

adolescent, e n. Garçon ou fille qui n'est plus un enfant et qui n'est pas encore un adulte.
● Le son [s] s'écrit **sc.**

s'adonner v. (conjug. 3). Employer son temps à faire quelque chose. *Tous les dimanches, il s'adonne à la course à pied.* SYN. **se consacrer.**

adopter v. (conjug. 3). ❶ Prendre légalement comme fils, comme fille un enfant qui n'est pas le sien et l'élever. ❷ **Adopter un comportement, un air,** avoir un comportement, prendre un air. *Elle a adopté un comportement agressif.*

► **adoptif, ive** adj. ❶ **Parents adoptifs,** qui ont adopté un enfant. ❷ **Fils adoptif, fille adoptive,** qui ont été adoptés.

► **adoption** n.f. ❶ Fait d'adopter un enfant, de l'élever comme le sien. ❷ Fait d'approuver quelque chose par un vote. *L'adoption d'un texte de loi.*

adorable adj. Qui est charmant. *Nouha a un adorable chien.* CONTR. **insupportable.**
►►► Mot de la famille de **adorer.**

adorateur, trice n. ❶ Personne qui adore un dieu. *Les Incas étaient des adorateurs du Soleil.* ❷ Personne qui éprouve une grande affection, une grande admiration pour quelqu'un. *Une foule d'adorateurs entoure la chanteuse.*
►►► Mot de la famille de **adorer.**

adoration n.f. ❶ Fait d'adorer un dieu. ❷ Sentiment d'amour très vif pour une personne. *Zohra est en adoration devant son petit frère.*
►►► Mot de la famille de **adorer.**

adorer v. (conjug. 3). ❶ Prier, vénérer. *Adorer Dieu.* ❷ Aimer beaucoup quelqu'un ou quelque chose. *Fatou adore sa grand-mère. Romain adore le chocolat.* CONTR. **détester.**

adosser et **s'adosser** v. (conjug. 3). Appuyer contre un support. *La boutique du cordonnier est adossée contre l'église.* ◆ **s'adosser.** S'appuyer le dos contre quelque chose. *Il s'était adossé à un arbre.*

adoubement n.m. Au Moyen Âge, cérémonie au cours de laquelle on remettait à un jeune homme noble ses armes de chevalier.
►►► Mot de la famille de **adouber.**

l'adoubement

adouber v. (conjug. 3). Au Moyen Âge, remettre ses armes de chevalier à un jeune homme. → Vois aussi **armer.**

adoucir et **s'adoucir** v. (conjug. 16). Rendre plus doux. *Cette crème de beauté adoucit la peau.* ◆ **s'adoucir.** ❶ Devenir plus doux, moins froid. *Le temps s'est adouci.* SYN. **radoucir.** ❷ Devenir plus doux, moins sévère. *Sa colère est passée, il s'est adouci.*

▶ **adoucissant, e** adj. Qui adoucit la peau, le tissu. *La lessive contient un produit adoucissant pour le linge.*

1. **adresse** n.f. Qualité d'une personne adroite. *Koffi jongle avec une très grande adresse.* SYN. **habileté, dextérité.** CONTR. **maladresse.**

2. **adresse** n.f. ❶ Indication de l'endroit où quelqu'un habite. *J'ai donné mon adresse à Bintou pour qu'elle m'écrive pendant les vacances.* ❷ **À l'adresse de quelqu'un,** à son intention. *Il a lancé un bonjour à l'adresse des personnes qui étaient dans la salle.*

▶ **adresser** et **s'adresser** v. (conjug. 3). ❶ Faire parvenir quelque chose à l'adresse de quelqu'un. *J'ai adressé deux lettres à mon amie, mais elle ne m'a pas répondu.* SYN. **envoyer.** ❷ **Adresser la parole à,** parler à. *Elle ne m'adresse plus la parole depuis que nous nous sommes disputés.* ◆ **s'adresser à.** S'informer auprès de; parler à; être destiné à. *Adresse-toi au secrétariat. C'est à toi que je m'adresse. Ce film s'adresse aux jeunes enfants.* SYN. **concerner.**

adret n.m. Versant sud d'une montagne exposé au soleil. CONTR. **ubac.**

adroit, e adj. ❶ Qui sait très bien se servir de ses mains. *Une couturière très adroite.* SYN. **habile.** CONTR. **maladroit.** ❷ Qui sait très bien réagir dans les situations difficiles. *Il est adroit, il saura trouver les arguments pour la convaincre.*

▶ **adroitement** adv. Avec adresse, habileté. *Rayan a adroitement rattrapé le plat qui allait tomber.* SYN. **habilement.** CONTR. **maladroitement.**

adulte adj. Qui a atteint son développement complet, qui ne grandira plus. *L'arbre que nous avons planté il y a cinq ans n'a pas encore sa taille adulte.* ◆ n. Personne qui n'est plus un enfant, ni un adolescent. SYN. **grande personne.**

adultère n.m. Fait de tromper son mari ou sa femme, d'être infidèle.

advenir v. (conjug. 20). Arriver, se passer. *Je ne sais pas ce qu'il adviendra dans quelques années.* SYN. **se produire.**

● Ce verbe se conjugue avec l'auxiliaire « être » et s'emploie seulement à la 3e personne du singulier et du pluriel, au participe passé et à l'infinitif.

adverbe n.m. Mot invariable qui modifie le sens d'un verbe, d'un adjectif ou d'un autre adverbe. *Dans la phrase « Bruno collectionne uniquement les très beaux timbres », les mots « uniquement » et « très » sont des adverbes.*

adversaire n. Personne contre laquelle on joue dans un match, dans un jeu ou contre laquelle on se bat. *Mon adversaire au judo était très fort.* CONTR. **partenaire.**

▸▸▸ Mot de la famille de **adverse.**

adverse adj. Qui est opposé. *Il manquait des joueurs dans l'équipe adverse.*

▶ **adversité** n.f. Situation difficile, malheureuse. *Dans l'adversité, ils ont continué à espérer.* SYN. **malheur.**

aération n.f. ❶ Action d'aérer. *L'aération de la pièce est nécessaire pour chasser la fumée.* ❷ Ouverture dans un lieu fermé par où l'air peut passer.

▸▸▸ Mot de la famille de **aérer.**

aéré, e adj. ❶ Où l'air frais peut entrer. *Une pièce bien aérée.* ❷ **Centre aéré,** lieu où sont accueillis des enfants en dehors des heures de classe et pendant les vacances. Les enfants peuvent y pratiquer des activités en plein air.

▸▸▸ Mot de la famille de **aérer.**

aérer v. (conjug. 9). Faire entrer de l'air frais dans un endroit. *Aérer une pièce enfumée.*

aérien, enne adj. ❶ Qui est à l'air libre. *Le métro aérien.* CONTR. **souterrain.** ❷ **Transports aériens,** qui se font dans les airs, par avion.

aéro- préfixe. Placé au début d'un mot, aéro- signifie « avion » ou « air » : *un aéroport, un aéroglisseur.*

aérodrome n.m. Terrain aménagé pour le décollage et l'atterrissage des avions.

aérodynamique adj. **Forme aérodynamique,** qui diminue la résistance à l'air d'une machine, d'un véhicule. *La forme aérodynamique d'une voiture de sport permet de rouler plus vite.*

a b c d e f g h i j k l m n o p q r s t u v w x y z

aérogare n.f. Dans un aéroport, bâtiment réservé aux voyageurs et aux marchandises.
→ Vois aussi **aérodrome, aéroport.**

aéroglisseur n.m. Bateau qui se déplace sur un coussin d'air.

un **aéroglisseur**

aéromodélisme n.m. Construction de modèles réduits d'avions ou de planeurs.

aéronautique adj. Qui concerne les avions. *La construction aéronautique.* ◆ **n.f.** Technique de la construction des avions.

aéroport n.m. Ensemble de bâtiments et de pistes destinés au transport aérien. → Vois aussi **aérodrome, aérogare.**

▶ **aéroporté, e** adj. **Des troupes aéroportées,** des troupes de soldats qui sont transportées par avion.

aérosol n.m. Récipient qui permet de projeter en très fines gouttelettes un liquide sous pression. *Peinture en aérosol.*
● On prononce [aerɔsɔl]. – On peut aussi dire une **bombe aérosol.**

affabilité n.f. Mot littéraire. Caractère, manières aimables d'une personne. *Il s'est conduit avec affabilité envers moi.* SYN. **amabilité, courtoisie.**
▸▸▸ Mot de la famille de **affable.**

affable adj. Mot littéraire. Qui est très aimable. SYN. **avenant, courtois.**

affaiblir et **s'affaiblir** v. (conjug. 16). Rendre faible, entamer les forces de. *Sa longue maladie a affaibli Adrien.* ◆ **s'affaiblir.** Perdre de sa force, diminuer. *En fin de journée, l'attention des élèves s'affaiblit.* SYN. **baisser, faiblir.**

▶ **affaiblissement** n.m. Fait d'être affaibli, de perdre ses forces. *Le médecin a constaté l'affaiblissement du malade.*

affaire n.f. ❶ Ce qu'une personne doit faire, ce dont elle s'occupe. *C'est ton affaire, pas la mienne ! Occupe-toi de tes affaires.* ❷ Problème, question. *Il faut que je m'occupe d'une affaire urgente.* ❸ **Avoir affaire à quelqu'un,** être en rapport avec lui, devoir discuter avec lui. *J'ai eu affaire à la secrétaire du médecin.* ❹ **Une bonne affaire,** un achat qui ne coûte pas cher, un marché avantageux. *Il a fait une bonne affaire en achetant son blouson pendant la période des soldes.* ❺ **Faire l'affaire,** convenir. *La scie de mon père fera l'affaire pour couper les branches de ce petit arbre.* ◆ **n.f. plur.** ❶ Vêtements, objets qui appartiennent à quelqu'un. *L'instituteur nous a dit de ranger nos affaires.* ❷ **Être, travailler dans les affaires,** dans le commerce ou l'industrie.

▶ **affairé, e** adj. Qui a ou qui semble avoir beaucoup de choses à faire. *Charlotte et Camille sont très affairées dans la cuisine.* SYN. **occupé.**

▶ **s'affairer** v. (conjug. 3). S'occuper activement de quelque chose, en se dépêchant. *Les serveurs s'affairaient dans le restaurant.* SYN. **s'activer.**

affaissement n.m. Fait de s'enfoncer, de s'écrouler sous un poids trop lourd. *Les chutes de neige ont provoqué l'affaissement du toit.* SYN. **effondrement.**
▸▸▸ Mot de la famille de **s'affaisser.**

s'affaisser v. (conjug. 3). ❶ Se rompre sous un poids trop grand ou baisser de niveau. *Le toit s'est affaissé à cause des fortes pluies.* SYN. **s'effondrer.** *Le sol s'affaisse par endroits.* SYN. **s'enfoncer.** ❷ Se plier sur ses jambes et tomber. *Elle a perdu connaissance et s'est affaissée sur le trottoir.* SYN. **s'écrouler.**

s'affaler v. (conjug. 3). Se laisser tomber lourdement. *Sarah s'est affalée sur le canapé.* SYN. **s'avachir.**

affamé, e adj. Qui a une très grande faim. *Après un match de football, Julien rentre chez lui affamé.* CONTR. **repu.**

affecté, e adj. Qui n'est pas naturel, qui est artificiel. *Il me parlait avec un ton affecté.* SYN. **maniéré.** CONTR. **naturel, simple.**
▸▸▸ Mot de la famille de **affecter (2).**

1. **affecter** v. (conjug. 3). ❶ Nommer une personne pour remplir une tâche ou occuper un poste. *Ma mère a été affectée au poste de directrice.* ❷ Donner un usage particulier à

a b c i j k l m n o p q r s t u v w x y z

une chose. *L'argent restant est affecté aux dépenses de Noël.* SYN. **destiner, réserver.**

2. **affecter** v. (conjug. 3). ❶ Faire de la peine. *Tes mensonges m'ont beaucoup affecté.* SYN. **attrister, peiner, affliger.** ❷ Faire semblant d'éprouver un sentiment. *Ils affectaient la joie, mais en fait ils étaient tristes de partir.* SYN. **feindre, simuler.**

affectif, ive adj. **La vie affective,** les émotions, les sentiments éprouvés.

1. **affection** n.f. Maladie. *Il souffre d'une affection des yeux.*

2. **affection** n.f. Attachement que l'on a à l'égard de quelqu'un. *J'ai beaucoup d'affection pour Aurélie.* SYN. **tendresse.**

▶ **affectionné, e** adj. **Votre fils affectionné, votre fille affectionnée,** qui vous est attaché, attachée. SYN. **dévoué.**

● On emploie parfois cette formule à la fin d'une lettre.

▶ **affectionner** v. (conjug. 3). Mot littéraire. Aimer particulièrement quelque chose. *Hugo affectionne les gros chiens.*

▶ **affectueusement** adv. Avec beaucoup d'affection, de tendresse. *À notre arrivée, elle nous a embrassés affectueusement.* SYN. **tendrement.**

▶ **affectueux, euse** adj. Qui montre de l'affection, de la tendresse. *Mamie et papi sont très affectueux avec leurs petits-enfants.* SYN. **tendre.**

affermir v. (conjug. 16). Rendre plus ferme, plus fort. *Notre instituteur a affermi son autorité.* SYN. **renforcer.**

● Ce mot prend deux **f.**

▸▸▸ Mot de la famille de **ferme (1).**

affichage n.m. ❶ Action d'afficher. *L'affichage est interdit sur le mur.* ❷ **Tableau, panneau d'affichage,** où l'on place des affiches, des avis, des petites annonces.

▸▸▸ Mot de la famille de **afficher.**

affiche n.f. Grande feuille de papier portant des inscriptions, des photos, des dessins. On l'utilise pour donner des informations, annoncer quelque chose ou faire de la publicité. *Meddy a recouvert les murs de sa chambre d'affiches de cinéma.*

▸▸▸ Mot de la famille de **afficher.**

une affiche

afficher et **s'afficher** v. (conjug. 3). ❶ Annoncer quelque chose en utilisant une affiche. *Les résultats des examens seront affichés sur les panneaux de l'école.* SYN. **placarder.** ❷ Fixer au mur. *Maman a affiché mon dessin dans le salon.* ◆ **s'afficher.** S'inscrire, apparaître sur un panneau, un écran. *L'heure du train va s'afficher.*

affilé, e adj. Qui est bien aiguisé. *La lame du couteau est affilée.* SYN. **coupant, tranchant, acéré.**

d'**affilée** adv. Sans s'arrêter. *Il a conduit quatre heures d'affilée.* SYN. **de suite.**

s'**affilier** v. (conjug. 7). Devenir membre d'un groupe. *Ils se sont affiliés à un parti politique.* SYN. **adhérer.**

affiner v. (conjug. 3). ❶ Rendre plus fin, faire paraître plus mince. *Une robe qui affine la silhouette.* ❷ Rendre plus fin, plus précis. *Il faudrait que tu affines tes arguments.*

● Ce mot prend deux **f.**

▸▸▸ Mot de la famille de **fin (2).**

affinité n.f. Points communs, goûts semblables qui rapprochent deux personnes. *Il a une grande affinité avec son cousin.*

affirmatif, ive adj. ❶ Qui exprime une affirmation. *Une phrase affirmative.* CONTR. **négatif.** ❷ **Faire une réponse affirmative,** répondre oui.

▸▸▸ Mot de la famille de **affirmer.**

affirmation n.f. Ce que quelqu'un dit avec force, en étant sûr de lui. *On a vérifié les affirmations de Jean.* SYN. **déclaration.**

▸▸▸ Mot de la famille de **affirmer.**

affirmative n.f. **Répondre par l'affirmative,** répondre oui. CONTR. **négative.**
►►► Mot de la famille de **affirmer.**

affirmer v. (conjug. 3). Dire avec certitude, fermement. *Il m'a affirmé que ce n'était pas lui qui avait téléphoné.* SYN. **assurer, soutenir, certifier.**

affleurer v. (conjug. 3). Apparaître à la surface du sol, de l'eau. *Dans cette rivière, des rochers affleurent.* SYN. **émerger.**
● Ce mot prend deux **f.**

affliction n.f. Mot littéraire. Très grand chagrin. *La mort de son grand-père l'a plongé dans une profonde affliction.* SYN. **douleur, peine.**
►►► Mot de la famille de **affliger.**

affligeant, e adj. Mot littéraire. Qui cause du chagrin. *Il a appris une nouvelle affligeante.* SYN. **consternant, désolant.**
►►► Mot de la famille de **affliger.**

affliger v. (conjug. 5). Mot littéraire. Provoquer un profond chagrin. *Son échec au concours a profondément affligé mon frère.* SYN. **attrister, peiner, affecter.**
● Ne confonds pas avec **infliger.**

affluence n.f. ❶ Présence ou arrivée d'un très grand nombre de personnes en même temps, dans un lieu. *L'affluence est très grande dans les magasins au moment des fêtes de Noël.* ❷ **Heures d'affluence,** heures où il y a le plus de monde. *Il est impossible de circuler dans la ville aux heures d'affluence.* SYN. **heures de pointe.**
►►► Mot de la famille de **affluer.**

affluent n.m. Cours d'eau qui se jette dans un autre fleuve, une autre rivière. *La Marne est un affluent de la Seine.* → Vois aussi **confluent.**
►►► Mot de la famille de **affluer.**

affluer v. (conjug. 3). Arriver en grand nombre au même endroit. *Les touristes affluent dans les stations de ski en hiver.*

► **afflux** n.m. Arrivée en grand nombre. *Le vendredi soir, il y a un afflux de voyageurs dans les gares.*
● Ce mot se termine par un **x.**

affolant, e adj. Qui provoque une grande inquiétude. *Il a de plus en plus de travail, c'est affolant.* SYN. **effrayant, inquiétant.**
►►► Mot de la famille de **affoler.**

affolement n.m. Fait de s'affoler, panique. *La sirène d'alarme a provoqué l'affolement des voyageurs.*
►►► Mot de la famille de **affoler.**

affoler et **s'affoler** v. (conjug. 3). Causer une très grande peur. *Le bruit de l'explosion nous a affolés.* SYN. **paniquer.** ◆ **s'affoler.** Avoir une grande peur et perdre son sang-froid, devenir comme fou. *Géraldine a cru qu'elle était perdue, elle s'est affolée.* SYN. **paniquer.** CONTR. **se calmer.**

1. **affranchir** v. (conjug. 16). Rendre libre. *Au Moyen Âge, les seigneurs pouvaient affranchir leurs serfs.*

2. **affranchir** v. (conjug. 16) **Affranchir une lettre, un paquet,** y coller des timbres.

► **affranchissement** n.m. Action d'affranchir une lettre, un paquet, en y collant des timbres. *Ta lettre est trop lourde, l'affranchissement est insuffisant.*

affréter v. (conjug. 9). Louer un bateau, un avion, un camion.

affreusement adv. Extrêmement. *Il a affreusement souffert pendant sa maladie. Je suis affreusement en retard.*
►►► Mot de la famille de **affreux.**

affreux, euse adj. ❶ Qui est très laid. *Il est affreux depuis qu'il s'est fait raser les cheveux.* SYN. **horrible.** CONTR. **magnifique.** ❷ Qui fait peur. *Natacha nous a raconté des histoires affreuses.* SYN. **effrayant.** ❸ Qui est très mauvais. *Il a fait un temps affreux pendant nos vacances.* SYN. **exécrable.** CONTR. **splendide.**

affront n.m. Action de faire ou de dire quelque chose à quelqu'un en public pour le vexer. *Sébastien m'a fait un affront en refusant de m'adresser la parole.* SYN. **offense, vexation.**

affrontement n.m. Fait de s'affronter. *L'affrontement entre les deux pays a été violent.* SYN. **combat.**

▸▸▸ Mot de la famille de **affronter.**

un **affrontement**

affronter et **s'affronter** v. (conjug. 3). Aller se battre avec courage contre quelqu'un, faire face à un problème, à un danger. *Il va devoir affronter ses ennemis. Elle a affronté tous les obstacles sans jamais faiblir.* ◆ **s'affronter.** Lutter l'un contre l'autre. *Les soldats se sont affrontés toute la nuit.* SYN. **combattre.**

● Ce mot prend deux **f.**

affubler v. (conjug. 3). Habiller de manière bizarre, ridicule. *Il était affublé d'un grand manteau rouge.* SYN. **accoutrer.**

affût n.m. **Être à l'affût,** attendre, guetter le gibier ou attendre quelque chose de particulier. *Le chasseur était à l'affût, caché derrière des buissons.* SYN. **être aux aguets.** *Elle est à l'affût des dernières nouvelles.*

● La nouvelle orthographe permet d'écrire aussi **affut,** sans accent circonflexe.

affûter v. (conjug. 3). Rendre un objet plus coupant. *Il faut affûter la lame de ce couteau.* SYN. **aiguiser.**

● La nouvelle orthographe permet d'écrire aussi **affuter,** sans accent circonflexe.

afghan, e adj. et n. D'Afghanistan. *La capitale afghane est Kaboul. Soheila est afghane. C'est une Afghane.* ◆ **afghan** n.m. Langue parlée par les Afghans.

● Le nom prend une majuscule quand il désigne une personne : *un Afghan.*

afin de préposition. Dans l'intention de. *J'ai mis une écharpe et un bonnet afin de ne pas prendre froid.* SYN. **pour.** ◆ **afin que** conjonction. Pour que. *J'irai le chercher en voiture afin qu'il puisse assister à la fête.*

africain, e adj. et n. D'Afrique. *Un pays africain. Mariam est africaine. C'est une Africaine.*

● Le nom prend une majuscule : *un Africain.*

objets d'art **africains**

agaçant, e adj. Qui agace, qui énerve. *Le bruit du réveil est agaçant.* SYN. **énervant, exaspérant, irritant.**

● Le **c** prend une cédille.

▸▸▸ Mot de la famille de **agacer.**

agacement n.m. Fait d'être agacé, irrité. *Elle n'a pas pu cacher son agacement.* SYN. **irritation.**

▸▸▸ Mot de la famille de **agacer.**

agacer v. (conjug. 4). Énerver, irriter quelqu'un. *Elle m'agaçait avec ses histoires.* SYN. **exaspérer.**

agate n.f. Pierre aux couleurs variées utilisée pour faire des bijoux, des objets. *Les billes d'agate sont faites avec du verre qui imite la pierre d'agate.*

une **agate**

a b c d e f g h i j k l m n o p q r s t u v w x y z

âge n.m. ❶ Nombre d'années qui se sont écoulées depuis la naissance de quelqu'un. *Quel âge as-tu ?* ❷ **L'âge mûr,** l'âge adulte. ❸ **L'âge de la pierre, l'âge du bronze, l'âge du fer,** périodes du passé au cours desquelles les hommes fabriquaient des objets en pierre, en bronze, en fer. ❹ **Le troisième âge,** les personnes qui ont plus de 65 ans.

● Le **a** prend un accent circonflexe.

▸ **âgé, e** adj. ❶ **Être âgé de,** avoir tel âge. *Marie est âgée de dix ans.* ❷ Vieux. *Les grands-parents de Charlotte sont âgés.* CONTR. **jeune.**

agence n.f. ❶ **Agence de voyages,** entreprise qui organise et vend des voyages. ❷ **Agence immobilière,** entreprise qui s'occupe de la location ou de la vente des logements.

agencement n.m. Manière dont un endroit est agencé, manière dont des choses sont organisées. *L'agencement de la pièce ne va pas du tout, il faudrait déplacer les meubles.* SYN. **aménagement.**

▸▸▸ Mot de la famille de **agencer.**

agencer v. (conjug. 4). Arranger, disposer d'une certaine façon. *Il a bien agencé son appartement.* SYN. **aménager.**

agenda n.m. Carnet dans lequel on peut noter, pour chaque jour de l'année, ce que l'on doit faire et ses rendez-vous. → Vois aussi **calepin.**

● On prononce [aʒɛ̃da].

s'agenouiller v. (conjug. 3). Se mettre à genoux.

1. **agent** n.m. ❶ **Agent de police,** personne chargée de régler la circulation dans une ville et de faire respecter l'ordre public. SYN. **policier.** ❷ **Agent secret,** personne chargée d'une mission secrète. SYN. **espion.**

2. **agent** n.m. **Complément d'agent,** être ou objet par lequel l'action est accomplie. Il est introduit par la préposition « par » ou « de ». *Dans la phrase « la lettre a été écrite par son frère », « son frère » est le complément d'agent du verbe « a été écrite ».*

agglomération n.f. Groupe d'habitations formant un village, une ville. *Il est interdit de circuler en voiture dans l'agglomération le dimanche.*

▸▸▸ Mot de la famille de **agglomérer.**

agglomérer v. (conjug. 9). Regrouper des éléments en masse, en bloc. *L'humidité a aggloméré le sucre.*

s'agglutiner v. (conjug. 3). Se rapprocher, se coller les uns aux autres. *Les mouches s'agglutinent sur le pot de miel.*

aggravant, e adj. **Circonstances aggravantes,** dans un procès, faits qui rendent une faute, un délit plus graves. CONTR. **circonstances atténuantes.**

▸▸▸ Mot de la famille de **grave.**

aggravation n.f. Fait de s'aggraver. *L'aggravation de sa maladie l'a obligé à rester chez lui.* CONTR. **amélioration.**

▸▸▸ Mot de la famille de **grave.**

aggraver et **s'aggraver** v. (conjug. 3). Rendre plus grave. *Les mauvaises récoltes aggravent la situation des agriculteurs.* CONTR. **améliorer.** ◆ **s'aggraver.** Devenir plus grave, de plus en plus mauvais. *Son état de santé s'est aggravé depuis la semaine dernière.* SYN. **empirer.**

● Ce mot s'écrit avec deux **g.**

▸▸▸ Mot de la famille de **grave.**

agile adj. Qui a des gestes adroits, des mouvements souples et vifs. *Mon chat a sauté sur le rebord du fauteuil, il est très agile.* SYN. **leste.**

▸ **agilité** n.f. Fait d'être agile, souple et rapide. *Zohra grimpe aux arbres avec agilité.*

agir et **s'agir** v. (conjug. 16). ❶ Faire quelque chose, se conduire d'une certaine manière. *J'aurais dû agir plus tôt. Tu as bien agi en appelant les pompiers.* ❷ Pour un médicament, faire de l'effet. *Le comprimé met du temps à agir.* ◆ **il s'agit de.** Il est question de; il faut, il est nécessaire de. *C'est de toi qu'il s'agit. Il s'agit de tout lui raconter le plus vite possible.*

▸ **agissements** n.m. plur. Suite d'actions souvent malhonnêtes. *Les agissements d'un escroc.* SYN. **manœuvres.**

agitation n.f. État d'excitation. *La sonnerie a provoqué une grande agitation dans la classe.* SYN. **remue-ménage.** → Vois aussi **tohu-bohu.**

▸▸▸ Mot de la famille de **agiter.**

agité, e adj. ❶ Qui bouge beaucoup, qui ne reste pas en place. *Un élève agité.* SYN. **remuant, turbulent.** CONTR. **calme, sage.** ❷ **Avoir un sommeil agité,** bouger, se retourner sans cesse pendant son sommeil. CONTR. **calme.** ❸ **Mer agitée,** mer qui fait de grosses vagues.

▸▸▸ Mot de la famille de **agiter.**

agiter et **s'agiter** v. (conjug. 3). Mettre en mouvement, faire bouger. *Il agitait la main pour nous dire au revoir. Il faut agiter la bouteille avant de l'ouvrir.* ◆ **s'agiter.** Remuer dans tous les sens, ne pas tenir en place. *Le spectacle a duré longtemps, à la fin, les enfants commençaient à s'agiter.* CONTR. **se calmer.**

agneau n.m. ❶ Jeune mouton. *La brebis a eu deux agneaux cette année.* ❷ Viande d'agneau. *Nous avons mangé des côtelettes d'agneau à la cantine.* → Vois aussi **bélier.**

● Au pluriel : des **agneaux.**

un agneau

agnelle n.f. Agneau femelle.

agonie n.f. Moment où une personne est en train de mourir.

▸ **agoniser** v. (conjug. 3). Être en train de mourir.

agrafe n.f. ❶ Petite pièce de métal qui sert à attacher plusieurs feuilles de papier les unes aux autres. ❷ Petit crochet qui sert à attacher les deux bords d'un vêtement, à le fermer. ❸ Petite lame de métal qui sert à fermer une plaie.

▸ **agrafer** v. (conjug. 3). ❶ Attacher avec une agrafe. *Agrafer des feuilles. Agrafer du tissu au mur.* ❷ Fermer un vêtement avec une ou plusieurs agrafes. *Peux-tu agrafer ma robe ?* CONTR. **dégrafer.**

▸ **agrafeuse** n.f. Appareil qui sert à agrafer des feuilles de papier ou du tissu.

agraire adj. Qui concerne les terres cultivées. *L'are est une unité de mesure agraire. Faire des réformes agraires.*

agrandir v. (conjug. 16). Rendre plus grand. *Le garage est devenu trop petit, il faudrait l'agrandir.*

▸ **agrandissement** n.m. Action d'agrandir, de rendre plus grand. *Faire l'agrandissement d'une photo.*

agréable adj. ❶ Qui plaît. *Nous avons trouvé un endroit agréable pour pique-niquer. Il fait un travail agréable.* SYN. **plaisant.** CONTR. **ennuyeux.** ❷ Qui est aimable. *Nos voisins sont des gens très agréables.* SYN. **sympathique.** CONTR. **désagréable, déplaisant.** ◆ n.m. **Joindre l'utile à l'agréable,** faire quelque chose qui fait plaisir et qui est aussi utile.

▸ **agréablement** adv. De manière agréable. *Les vacances se sont passées agréablement. Sa réponse m'a agréablement surpris.* CONTR. **désagréablement.**

agréer v. (conjug. 8). ❶ Accepter. *Veuillez agréer mes salutations distinguées.* ❷ Approuver, reconnaître officiellement. *Les produits que nous vendons sont agréés par le ministère de la Santé.*

agrément n.m. ❶ Fait de donner son accord. *Pour prendre une décision aussi importante, il faut avoir l'agrément du ministre.* SYN. **autorisation, approbation, consentement.** CONTR. **refus.** ❷ Ce qui est agréable. *Une maison pleine d'agrément.* SYN. **charme.** CONTR. **désagrément.** ❸ **Voyage d'agrément,** que l'on fait uniquement pour le plaisir, par opposition au voyage d'affaires.

▸ **agrémenter** v. (conjug. 3). Ajouter des choses pour rendre plus agréable. *Elle a agrémenté sa chambre de posters.* SYN. **garnir, orner.** *Il a agrémenté son histoire de détails amusants.* SYN. **enjoliver, enrichir.**

agrès n.m. plur. Appareils utilisés pour les exercices de gymnastique. *La poutre, les barres parallèles, les anneaux sont des agrès.*

agresser v. (conjug. 3). Attaquer par des gestes ou des paroles. *Deux hommes l'ont agressé dans la rue.*

▸ **agresseur** n.m. Personne qui agresse, qui attaque une autre personne. *Dans le noir, elle n'a pas pu voir les agresseurs.*

▸ **agressif, ive** adj. ❶ Qui cherche à se battre, qui attaque. *Ma sœur est très agressive en ce moment.* CONTR. **doux.** ❷ Qui attaque, qui provoque. *Il a toujours un ton*

a b c d e f g h i j k l m n o p q r s t u v w x y z

agressif quand il me parle. SYN. **menaçant, provocant.** CONTR. **bienveillant.**

▶ **agression** n.f. Attaque brutale et soudaine. *Notre voisin a été victime d'une agression.*

▶ **agressivité** n.f. Caractère d'une personne agressive. *Il ne parvient pas à maîtriser son agressivité.* SYN. **hostilité.** CONTR. **bienveillance.**

agricole adj. Qui concerne l'agriculture. *Le tracteur, la moissonneuse sont des machines agricoles.*

agriculteur, trice n. Personne qui travaille la terre pour ses produits, qui élève des animaux pour leur viande ou leur lait. SYN. **cultivateur.**
▶▶▶ Mot de la famille de **agriculture.**

agriculture n.f. Ensemble des travaux qui consistent à cultiver la terre, à élever des animaux pour leur viande ou leur lait.

agripper et **s'agripper** v. (conjug. 3). Attraper en s'accrochant. *Marie a agrippé une branche pour ne pas tomber de l'arbre.* SYN. **se cramponner.** ◆ **s'agripper à.** Retenir, ne pas lâcher. *Raphaël s'agrippe à sa mère.*

agroalimentaire adj. **Industrie agroalimentaire,** qui transforme les produits de l'agriculture en aliments pour les hommes ou les animaux.

agrume n.m. Fruit juteux à la peau épaisse de couleur verte, jaune ou orange. *Les citrons, les oranges, les pamplemousses, les mandarines et les clémentines sont des agrumes.*
● Nom du genre masculin : **un agrume.**

des agrumes

s'aguerrir v. (conjug. 16). S'habituer à des choses pénibles, difficiles à supporter. *Il s'est aguerri contre la douleur.* SYN. **s'endurcir.**

aguets n.m. plur. **Être aux aguets,** être immobile et observer, guetter. *Le chasseur est aux aguets.* SYN. **être à l'affût.**

ah ! interj. Mot qui sert à exprimer la surprise, l'admiration, le soulagement, la déception. *Ah ! que tu es belle avec ta robe bleue ! Ah ! heureusement, c'est fini.*

ahuri, e adj. Qui est tellement étonné qu'il a l'air un peu stupide. *Il est resté ahuri, quand je lui ai appris la nouvelle.* SYN. **stupéfait, hébété.**

▶ **ahurissant, e** adj. Très étonnant. *Cyrille m'a raconté une histoire ahurissante.* SYN. **incroyable, stupéfiant.**

aï n.m. Mammifère d'Amérique du Sud qui a des mouvements très lents. Il vit suspendu dans les arbres. SYN. **paresseux (2).**
● Le **i** prend un tréma.

un aï

1. **aide** n.f. ❶ Fait d'aider quelqu'un. *Je n'aurais pas pu faire l'exercice sans ton aide.* SYN. **appui, soutien.** ❷ **À l'aide de,** en se servant de. *Hugo est descendu de l'arbre à l'aide d'une corde.* SYN. **grâce à.** ❸ **À l'aide !,** au secours !
▶▶▶ Mot de la famille de **aider.**

2. **aide** n. Personne qui en aide une autre dans son travail. *Le vétérinaire a demandé à son aide de tenir fermement le chien.* SYN. **assistant.**
▶▶▶ Mot de la famille de **aider.**

aide-mémoire n.m. invar. Liste ou petit livre qui contient l'essentiel de ce qu'il faut savoir.
● La nouvelle orthographe permet d'écrire aussi des **aide-mémoires,** avec un **s.**
▶▶▶ Mot de la famille de **aider.**

aider et **s'aider** v. (conjug. 3). Agir pour faciliter l'action de quelqu'un. *J'ai aidé la* *vieille dame à se relever.* ◆ **s'aider de.** Se servir de. *Pour nager, ma petite sœur s'aide d'une bouée.*

aïe ! interj. Cri que l'on pousse quand on a mal. *Aïe ! je me suis coincé le doigt dans la porte !*

aïeul, e n. Mot utilisé autrefois pour dire grand-père, grand-mère ou arrière-grand-père, arrière-grand-mère.

● Le **i** prend un tréma.

▶ **aïeux** n.m. plur. Ancêtres. *Dans le salon, il y a des photos de mes aïeux.*

aigle n.m. Grand rapace aux ailes longues et larges, qui chasse le jour. *Les aigles attrapent leurs proies avec leurs serres.*

● Petit : l'aiglon. Cri : le glatissement.

un aigle

▶ **aiglon** n.m. Jeune aigle.

aigre adj. ❶ Qui a un goût acide désagréable, piquant. *Le vinaigre est aigre.* ❷ **Des paroles aigres,** désagréables et blessantes.

aigrette n.f. ❶ Ensemble de plumes qui orne la tête de certains oiseaux, comme le paon, le héron ou le hibou. ❷ Héron blanc qui porte une aigrette.

aigreur n.f. ❶ Goût aigre, acide. SYN. **acidité.** ❷ Caractère aigre, un peu méchant. *Ses paroles étaient pleines d'aigreur.*

►►► Mot de la famille de **aigre.**

aigri, e adj. Qui est désagréable avec les autres, qui se met facilement en colère. *Plus elle vieillit, plus elle est aigrie.*

aigu, aiguë adj. ❶ Qui a un son haut et perçant. *L'oiseau poussait des cris aigus.* CONTR. **grave.** ❷ **Douleur aiguë,** violente, intense. ❸ **Accent aigu,** incliné en descendant de droite à gauche et qui se place sur la lettre « e ». *Dans le mot « pré », il y a un accent aigu sur le « e ».* CONTR. **accent grave.** ❹ **Angle aigu,** qui est plus petit que l'angle droit. CONTR. **angle obtus.**

● La nouvelle orthographe permet d'écrire aussi au féminin **aigüe,** avec un tréma sur le **u.**

aiguillage n.m. Dispositif qui permet de relier deux voies de chemin de fer.

►►► Mot de la famille de **aiguiller.**

aiguille n.f. ❶ Fine tige pointue en acier qui sert à coudre, à tricoter. *Charlotte n'arrive pas à enfiler son aiguille.* ❷ Tige mince en métal, au bout pointu, qui s'adapte sur une seringue et qu'on utilise pour faire des piqûres. ❸ Tige qui indique l'heure sur le cadran d'une montre, d'une horloge. *La petite aiguille indique les heures, la grande aiguille indique les minutes.* ❹ Feuille longue, très fine et dure des conifères. *Des aiguilles de sapin.* ❺ Sommet pointu d'une montagne. SYN. **pic.**

aiguiller v. (conjug. 3). ❶ Diriger un train d'une voie sur une autre. ❷ Orienter quelqu'un. *Des indices ont aiguillé les enquêteurs sur une autre piste.*

▶ **aiguilleur** n.m. ❶ Dans les chemins de fer, personne qui fait fonctionner un système d'aiguillage. ❷ **Aiguilleur du ciel,** personne qui est chargée de contrôler le vol des avions.

aiguillon n.m. Dard de certains insectes. *Les abeilles, les guêpes ont un aiguillon.*

aiguiser v. (conjug. 3). Rendre un objet plus coupant. *Aiguiser un couteau de cuisine.* SYN. **affûter.**

aïkido n.m. Art martial japonais.

ail n.m. Plante à bulbe dont les gousses, à l'odeur forte et au goût piquant, sont utilisées en cuisine pour relever certains plats. *Mettre deux gousses d'ail dans le ragoût.*

● On prononce [aj]. – Au pluriel : des **ails** ou, plus rarement, des **aulx.**

de l'ail

a b c d e f g h i j k l m n o p q r s t u v w x y z

a b c d e f g h i j k l m n o p q r s t u v w x y z

aile n.f. ❶ Partie du corps d'un oiseau, d'une chauve-souris ou d'un insecte qui lui permet de voler. ❷ Chacune des parties plates et allongées qui se trouvent sur les côtés d'un avion et qui lui permettent de se maintenir en l'air. ❸ **Aile d'une armée, d'une équipe,** soldats, joueurs placés à droite, à gauche de la ligne d'attaque. ❹ **Aile d'un bâtiment,** partie qui se situe sur le côté d'un bâtiment. ❺ **Ailes du nez,** chacune des deux parties situées sur les côtés du nez. ❻ **Ailes d'un véhicule,** parties de la carrosserie qui se trouvent au-dessus des roues.

des ailes

▸ **ailé, e** adj. Qui a des ailes. *La libellule est un insecte ailé.*

▸ **aileron** n.m. ❶ Extrémité de l'aile d'une volaille. ❷ Nageoire située sur le dos de certains poissons et mammifères marins. *Les ailerons d'un requin.*

▸ **ailier, ère** n. Joueur placé à l'aile, dans une équipe de rugby, de football ou de handball.

ailleurs adv. ❶ Dans un autre lieu, à un autre endroit. *Il y a trop de fumée ici, allons ailleurs.* SYN. **autre part.** ❷ **D'ailleurs,** de toute façon. *Je n'ai pas le temps d'aller au cinéma, d'ailleurs, je n'en ai pas envie.* SYN. **du reste.**

ailloli → aïoli

aimable adj. Qui est gentil, qui cherche à faire plaisir. SYN. **agréable, courtois.** CONTR. **désagréable.**

▸ **aimablement** adv. De façon aimable. *La secrétaire m'a aimablement répondu.*

aimant n.m. Morceau d'acier qui attire le fer.

▸ **aimanté, e** adj. Qui attire le fer. *L'aiguille aimantée d'une boussole indique le nord.*

aimer et **s'aimer** v. (conjug. 3). ❶ Se sentir attiré par une personne, avoir de l'amour pour elle, en être amoureux. *Léo a dit à Zohra qu'il l'aimait.* ❷ Avoir de l'affection, de la tendresse pour quelqu'un. *Julie aime beaucoup ses grands-parents.* ❸ Avoir du plaisir à faire quelque chose, avoir du goût pour quelque chose. *Fatou aime jouer du piano. Hugo aime les fraises.* ❹ **Aimer mieux,** préférer. *On voyage en voiture, mais j'aimerais mieux prendre le train.* ◆ **s'aimer.** Avoir de l'amour l'un pour l'autre. *Ils s'aiment depuis dix ans.*

aine n.f. Partie du corps entre le haut de la cuisse et le bas du ventre.

● Ne confonds pas avec la **haine.**

aîné, e adj. et n. ❶ Qui est né le premier dans une famille. *Je ne connais pas leur fils aîné. Audrey est l'aînée des enfants.* ❷ **Il est mon aîné de cinq ans,** il a cinq ans de plus que moi. → Vois aussi **benjamin, cadet.**

● La nouvelle orthographe permet d'écrire aussi **ainé,** sans accent circonflexe.

▸ **aînesse** n.f. **Droit d'aînesse,** ensemble des avantages qu'avait autrefois l'aîné d'une famille.

● La nouvelle orthographe permet d'écrire aussi **ainesse,** sans accent circonflexe.

ainsi adv. ❶ De cette manière, comme cela. *Pourquoi as-tu agi ainsi ?* ❷ **Ainsi que,** de même que. *J'ai téléphoné à Élise ainsi qu'à Rama.* SYN. **et.** *Adrien n'est pas venu, ainsi que je vous l'avais dit.* SYN. **comme.** ❸ **Pour ainsi dire,** presque. *Il n'a pour ainsi dire pas plu depuis un mois.*

aïoli n.m. Mayonnaise faite avec de l'ail pilé et de l'huile d'olive.

● Le **i** prend un tréma. – On peut aussi écrire **ailloli.**

1. air n.m. ❶ Mélange d'oxygène et d'autres gaz qui entoure la Terre et forme l'atmosphère. *L'air est incolore et inodore. Au bord de la mer, on respire du bon air.* ❷ **Prendre l'air,** sortir, aller se promener. ❸ **En plein air,** dehors. *Ils ont joué la pièce de théâtre en plein air.* CONTR. **à l'intérieur.** ❹ **En l'air,** vers le haut, vers le ciel. *Pourquoi regardes-tu en l'air ?*

2. air n.m. ❶ Expression du visage. *Jessie me regarde avec un air surpris.* ❷ **Avoir l'air,** avoir l'aspect de ; paraître. *Pierre a l'air content.* SYN. **sembler.** *Sabri a l'air d'un cow-boy avec son chapeau.* SYN. **ressembler à.**

3. air n.m. Mélodie, morceau de musique. *Simon connaît l'air de la chanson mais il a oublié les paroles.*

airbag n.m. Dans un véhicule, coussin qui se gonfle en cas d'accident pour protéger les passagers.
● C'est un mot anglais, il vaut mieux dire **coussin gonflable.**

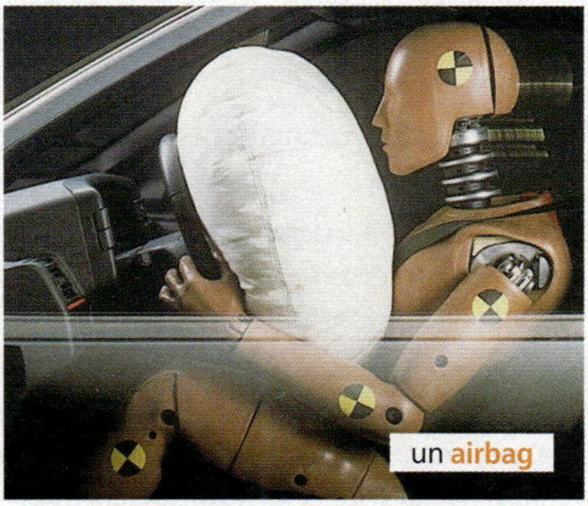
un airbag

aire n.f. ❶ Terrain plat qui sert à une activité précise. *Une aire de jeu a été aménagée pour les enfants du quartier.* ❷ Mesure d'une surface. *L'aire d'un rectangle, c'est sa longueur multipliée par sa largeur.* SYN. **superficie.** ❸ Nid de l'aigle, du vautour, du faucon.

aisance n.f. ❶ Manière de parler, d'agir avec facilité. *Il s'exprime avec aisance.* ❷ **Vivre dans l'aisance,** vivre confortablement, sans difficultés d'argent.
►►► Mot de la famille de **aise.**

aise n.f. ❶ **Être à l'aise,** se sentir bien, ne pas être gêné. *Je suis à l'aise dans mes nouvelles chaussures.* ❷ **Être mal à l'aise,** se sentir mal, éprouver de la gêne. *Youssef est mal à l'aise quand il doit poser une question devant tout le monde.* ❸ **Se mettre à l'aise, à son aise,** enlever son manteau et s'installer confortablement. ❹ **Prendre ses aises,** s'installer confortablement sans se soucier des autres.
►►► Mots de la même famille : **malaise, malaisé.**

► **aisé, e** adj. ❶ Que l'on fait facilement. *Un travail aisé.* SYN. **facile, simple.** CONTR. **compliqué, difficile, ardu.** ❷ Qui a de l'argent. *Les parents de Walid sont aisés.* SYN. **riche.** CONTR. **pauvre.**

► **aisément** adv. Sans difficulté. *J'ai aisément monté la côte à vélo.* SYN. **facilement.** CONTR. **difficilement.**

aisselle n.f. Creux situé sous le bras.

ajonc n.m. Arbrisseau épineux à fleurs jaunes.
● Ce mot se termine par un **c.**

des ajoncs

ajournement n.m. Action d'ajourner, de renvoyer à un autre jour. *L'ajournement d'une réunion.* SYN. **report.**
►►► Mot de la famille de **ajourner.**

ajourner v. (conjug. 3). ❶ Remettre à un autre jour. *Comme elle est malade, le rendez-vous a été ajourné.* SYN. **repousser, retarder.** ❷ **Ajourner un candidat,** le refuser à un examen.

ajout n.m. Ce qu'on ajoute. *Il a fait plusieurs ajouts à la liste de courses.*
►►► Mot de la famille de **ajouter.**

ajouter v. (conjug. 3). ❶ Mettre en plus. *Il faut ajouter un peu d'huile dans la salade.* ❷ Additionner. *Ajouter un nombre à un autre.* CONTR. **ôter, retrancher.** ❸ Dire en plus. *Il n'avait rien à ajouter, alors il est sorti.*

ajustage n.m. Opération qui consiste à ajuster, à adapter des pièces mécaniques.
►►► Mot de la famille de **ajuster.**

ajustement n.m. Arrangement. *Il lui a demandé de faire quelques ajustements à son dessin.* SYN. **retouche.**
►►► Mot de la famille de **ajuster.**

ajuster et **s'ajuster** v. (conjug. 3). Adapter une chose à une autre. *Essaie d'ajuster le couvercle au bocal.* ◆ **s'ajuster.** S'adapter parfaitement. *Ma jupe s'ajuste facilement à la taille.*

alaise n.f. Morceau de tissu imperméable qui sert à protéger le matelas et que l'on place sous le drap de dessous.
● On peut aussi écrire **alèse.**

alambic n.m. Appareil qui sert à fabriquer de l'alcool par distillation.

a b c d e f g h i j k l m n o p q r s t u v w x y z

alarmant, e adj. Qui est très inquiétant. *Les nouvelles de la santé de papi sont alarmantes.* CONTR. **rassurant.**
▸▸▸ Mot de la famille de **alarme.**

alarme n.f. ❶ Signal, sonnerie qui avertit d'un danger. *L'alarme se déclenche en cas d'incendie.* ❷ **Donner l'alarme,** prévenir d'un danger. SYN. **donner l'alerte.**

▸ **alarmer** v. (conjug. 3). Inquiéter vivement. *La nouvelle de son accident nous a alarmés.*

albanais, e adj. et n. D'Albanie. *La population albanaise. Elena est albanaise.* ◆ **albanais** n.m. Langue parlée par les Albanais.
● Le nom prend une majuscule quand il désigne une personne : *un Albanais.*

albatros n.m. Grand oiseau de mer blanc ou gris. *La largeur des ailes d'un albatros est de trois mètres environ.*
● On prononce le **s.**

un **albatros**

album n.m. ❶ Cahier cartonné ou classeur où l'on range des images, des photos, etc. *Un album de timbres.* ❷ Livre d'images. *Un album de bandes dessinées.* ❸ Disque de variétés qui comporte plusieurs morceaux. *Je lui ai acheté le dernier album de son groupe préféré.*
● On prononce [albɔm].

alchimiste n.m. Au Moyen Âge, personne qui cherchait à transformer les métaux en or.

alcool n.m. ❶ Liquide incolore que l'on obtient par la distillation de fruits, de céréales. ❷ Boisson forte qui contient beaucoup d'alcool. *L'alcool est dangereux pour la santé.* ❸ Liquide à base d'alcool qui sert à désinfecter. *L'infirmière nettoie ses instruments avec de l'alcool à 90°.*
● Ce mot s'écrit avec deux **o.** – On prononce [alkɔl].

▸ **alcoolique** adj. et n. Qui boit de l'alcool régulièrement et en grande quantité. *Il est devenu alcoolique. Les alcooliques peuvent suivre une cure de désintoxication.*

▸ **alcoolisé, e** adj. Qui contient de l'alcool. *La bière est une boisson alcoolisée.*

▸ **alcoolisme** n.m. Maladie due à l'abus de boissons alcoolisées.

Alcotest n.m. Appareil en forme de ballon dans lequel un conducteur doit souffler et qui est utilisé pour savoir s'il a bu trop d'alcool.
● C'est un nom de marque : il s'écrit avec une majuscule dans les textes imprimés. – On peut aussi écrire **Alcootest.**

aléas n.m. plur. Événements imprévus. *Les aléas du climat.*

aléatoire adj. Qui dépend du hasard, qui est incertain. *Sa réussite est aléatoire.* SYN. **hasardeux.** CONTR. **certain, sûr.**

alentours n.m. plur. ❶ Lieux qui entourent un endroit. *Les alentours d'un village.* SYN. **environs, abords.** ❷ **Aux alentours de,** vers. *Je viendrai aux alentours de dix heures. Une place de cinéma coûte aux alentours de 7 euros.*

1. **alerte** adj. Qui a des mouvements vifs et agiles. *Mon grand-père est encore très alerte.*

2. **alerte** n.f. Signal qui prévient d'un danger. *Il faut donner l'alerte en cas d'incendie.* SYN. **alarme.**

▸ **alerter** v. (conjug. 3). Signaler un danger, un risque. *Papa a alerté les pompiers car la cave est inondée.* SYN. **avertir, prévenir.**

alèse → alaise

alevin n.m. Jeune poisson que l'on introduit dans les étangs, les rivières pour les repeupler.

alexandrin n.m. Dans une poésie, vers de douze syllabes.

algèbre n.f. Méthode particulière de calcul où certains nombres que l'on ne connaît pas et que l'on recherche sont remplacés par des lettres.

algérien, enne adj. et n. De l'Algérie. *La jeunesse algérienne. Khadidja est algérienne. C'est une Algérienne.*
● Le nom prend une majuscule : *un Algérien.*

algue n.f. Plante sans feuilles, sans fleurs ni racines qui pousse dans l'eau de mer ou dans l'eau douce. *Le goémon est une algue marine.*

des **algues**

alibi n.m. Preuve que l'on n'était pas présent au moment et à l'endroit où un vol, un crime a été commis. *L'accusé a un alibi, il voyageait à l'étranger le jour du crime.*

aliéné, e n. Mot ancien. Malade mental. SYN. **fou, dément.**

alignement n.m. Fait d'être aligné, mis en ligne droite. *Un alignement d'arbres.*
▸▸▸ Mot de la famille de **aligner.**

aligner v. (conjug. 3). Mettre en ligne, ranger sur une ligne droite. *Il a aligné des piquets pour faire une clôture.*

aliment n.m. Produit qui sert à nourrir les hommes, les animaux. *On conserve les aliments au réfrigérateur.* SYN. **nourriture.**

▸ **alimentaire** adj. Qui sert à nourrir, qui concerne l'alimentation. *Le lait est un produit alimentaire. Il a un régime alimentaire très strict.*

▸ **alimentation** n.f. ❶ Manière de se nourrir. *Son alimentation n'est pas équilibrée, il ne mange pas assez de légumes.* SYN. **nourriture.** ❷ **Magasin d'alimentation,** qui vend des produits alimentaires. *Une boucherie, une charcuterie sont des magasins d'alimentation.*

→ planche pp. 60-61.

▸ **alimenter** v. (conjug. 3). Fournir des aliments, donner à manger à une personne, à un animal. *Alimenter un malade avec du bouillon.* SYN. **nourrir.**

alinéa n.m. Passage commençant par une ligne en retrait dans un texte. SYN. **paragraphe.**

s'aliter v. (conjug. 3). Se mettre au lit parce qu'on est malade. SYN. **se coucher.**
▸▸▸ Mot de la famille de **lit.**

allaitement n.m. Alimentation d'un bébé, d'un jeune animal avec le lait de sa mère.
▸▸▸ Mot de la famille de **allaiter.**

allaiter v. (conjug. 3). Nourrir de son lait un bébé, un jeune animal. *La chatte allaite ses quatre petits avec ses mamelles.*
● Ce mot s'écrit avec deux **l.**

alléchant, e adj. Qui allèche, fait envie. *La tarte que tu as préparée est alléchante.* SYN. **appétissant.**
▸▸▸ Mot de la famille de **allécher.**

allécher v. (conjug. 9). Attirer quelqu'un en lui faisant envie. *Ta proposition m'a alléché.* SYN. **appâter, séduire.**

allée n.f. ❶ Large chemin bordé d'arbres ou d'autres plantes dans un parc, un jardin, un bois. ❷ Passage libre entre des rangées de chaises, entre les rayons d'un magasin. ❸ **Allées et venues,** déplacements de personnes qui vont et viennent. *Que d'allées et venues dans les couloirs de l'hôpital !*
▸▸▸ Mot de la famille de **aller.**

allégé, e adj. **Produit allégé,** aliment qu'on a débarrassé d'une partie de ses graisses ou de son sucre. *Je mange de la crème allégée.*
▸▸▸ Mot de la famille de **alléger.**

allègement n.m. Fait d'alléger un travail, une peine, une somme d'argent. *Un allègement d'impôts.* SYN. **réduction.**
▸▸▸ Mot de la famille de **alléger.**

alléger v. (conjug. 9). Rendre plus léger. *Essaie d'alléger ton sac en enlevant quelques affaires.* CONTR. **alourdir.**

allégorie n.f. Procédé par lequel on exprime une idée abstraite au moyen d'une image. *La sculpture de Rude « la Marseillaise » est une allégorie.*

une **allégorie :**
« la Marseillaise »
(sculpture sur l'Arc de Triomphe à Paris)

a b c d e f g h i j k l m n o p q r s t u

Alimentation, santé et gastronomie

L'alimentation occupe une grande place dans notre existence. Se nourrir est un plaisir, mais c'est avant tout un besoin : la nourriture apporte l'énergie nécessaire au bon fonctionnement du corps. Pour rester en bonne santé, il faut manger de manière équilibrée.

Les familles d'aliments

- On distingue plusieurs familles d'aliments :

- les **féculents** (céréales, pomme de terre, pain, pâtes, riz…), riches en **glucides** lents ;

- les viandes, poissons ou œufs, riches en **protéines** ;

- les fruits et légumes, riches en **fibres** et en **vitamines** ;

- les produits laitiers ou **laitages** (lait, fromages, yaourts), riches en **calcium** ;

- les matières grasses, appelées aussi **lipides** (beurre, huiles…).

- À ces grandes familles s'ajoutent le **sucre**, les **épices**, les **aromates** et les **condiments** (sel, poivre, moutarde...).

Nourrir son corps

- Durant son passage dans l'**appareil digestif**, la nourriture broyée et digérée se transforme en substances **nutritives**, les **nutriments**. Ces derniers peuvent passer dans le **sang** et nourrir nos **cellules**.

- L'alimentation est **vitale** pour notre **organisme** : elle est indispensable à la **croissance** ; elle fournit l'**énergie** aux muscles, notamment au cœur. La quantité d'énergie contenue dans chaque type d'aliment se mesure en **calories**.

Pour en savoir plus

Quelques règles alimentaires

• Bien se nourrir, c'est aussi respecter quelques règles simples :

- prendre plusieurs **repas** par jour et à heures régulières ;
- ne pas **grignoter** entre les repas ;
- **consommer** des aliments variés ;
- bien **mastiquer** ;
- **boire** beaucoup d'eau et éviter les **boissons** sucrées.

Alimentation et santé

• Pour bien fonctionner, notre corps a besoin d'une alimentation variée et régulière. Les spécialistes de la **diététique** nous aident à faire des repas **équilibrés**.

• L'excès de nourriture et surtout un abus des graisses peuvent entraîner une maladie : l'**obésité**.

• Une alimentation insuffisante ou peu variée peut provoquer aussi de graves maladies. C'est le cas dans certaines régions du monde où les populations connaissent la **famine** ou souffrent de **sous-alimentation** et de **malnutrition**.

Expressions figurées

• **Avoir les yeux plus gros que le ventre :** se servir copieusement, mais ne pas arriver à tout manger.

• **Avoir l'eau à la bouche :** saliver de plaisir en voyant ce que l'on va manger.

• **Avoir l'estomac dans les talons :** avoir très faim.

Goûts et saveurs

• Parmi les cinq **sens**, ce sont le **goût** et l'**odorat** qui permettent d'apprécier la **saveur** des aliments. Grâce aux **papilles** de la langue, on peut distinguer quatre saveurs : le **sucré**, le **salé**, l'**amer** et l'**acide**.

• Certains plats nous mettent en **appétit**, éveillent notre **gourmandise**. Apprécier la bonne **cuisine**, **déguster** avec plaisir, c'est être **gourmet**.

• Composer de savoureux **menus**, inventer de nouvelles **recettes**, préparer un **festin**, c'est tout l'art de la **gastronomie**.

allègre adj. Mot littéraire. Vif et gai. *Elle parlait d'un ton allègre.*

▶ **allègrement** adv. Mot littéraire. Avec vivacité, avec entrain. SYN. **gaiement, joyeusement.**

▶ **allégresse** n.f. Mot littéraire. Très grande joie.

allemand, e adj. et n. D'Allemagne. *Une voiture allemande. Monika est allemande. C'est une Allemande.* ◆ **allemand** n.m. Langue parlée par les Allemands.

● Le nom prend une majuscule quand il désigne une personne : **un Allemand.**

aller v. (conjug. 18). ❶ Se rendre quelque part. *Il va à Paris en train. Elle est allée chez le coiffeur.* ❷ **S'en aller,** partir. *Ils s'en iront quand ils auront fini.* ❸ **Comment vas-tu ?,** comment te portes-tu ? ❹ Mener, aboutir quelque part. *La route va au château.* ❺ Convenir. *La veste bleue te va mieux que la beige.* ❻ Être sur le point de. *Je vais bientôt partir.*

● Ce verbe se conjugue avec l'auxiliaire « être ».

▶ **aller** n.m. ❶ Trajet depuis l'endroit que l'on quitte jusqu'à celui où l'on va. *À mon dernier voyage, j'ai pris le train à l'aller.* ❷ Billet de train, d'avion valable pour un trajet, sans le retour. *J'ai acheté un aller pour Marseille.* ❸ **Aller et retour,** billet de train, d'avion valable pour aller dans un endroit et en revenir. SYN. **aller-retour.**

allergie n.f. Réaction anormale du corps à certains aliments, à certaines matières. *Elle a une allergie aux poils de chat.*

▶ **allergique** adj. Qui souffre d'allergie, qui ne supporte pas quelque chose. *Il est allergique au lait.*

alliage n.m. Métal obtenu en mélangeant plusieurs métaux ou un métal et une autre substance. *La fonte est un alliage de fer et de carbone.*

alliance n.f. ❶ Anneau que les personnes mariées portent généralement à l'annulaire. ❷ Accord, entente entre des pays, des groupes.

▸▸▸ Mot de la famille de **s'allier.**

allié, e adj. et n. Qui est uni, par une alliance, à un pays, à un groupe. *Pendant la Seconde Guerre mondiale, les Français et les Anglais étaient alliés.* CONTR. **ennemi.**

▸▸▸ Mot de la famille de **s'allier.**

s'allier v. (conjug. 7). S'unir par une alliance, un accord. *Les deux pays se sont alliés pour combattre leur ennemi. La France s'est alliée à l'Angleterre contre les nazis.* SYN. **s'associer.**

alligator n.m. Crocodile d'Amérique du Nord ou de Chine, à tête large et plate. → Vois aussi **caïman, gavial.**

● L'alligator est un reptile.

un alligator

allô ! interj. Mot qu'on utilise pour entrer en communication au téléphone. *Allô ! Qui est à l'appareil ?*

● La nouvelle orthographe permet d'écrire aussi **allo,** sans accent circonflexe.

allocation n.f. Somme d'argent versée régulièrement à une personne. *Les personnes qui ont plusieurs enfants reçoivent des allocations familiales.* → Vois aussi **cotisation.**

allocution n.f. Discours bref prononcé par une personnalité. *Le président de la République fera une allocution qui sera retransmise à la télévision.*

allonger et **s'allonger** v. (conjug. 5). ❶ Rendre plus long. *Allonger une jupe.* SYN. **rallonger.** CONTR. **raccourcir.** *Mamie a allongé son séjour à la campagne.* SYN. **prolonger.** CONTR. **abréger, écourter.** ❷ Coucher quelqu'un sur une surface plane. *Allonger un blessé sur un brancard.* ❸ Tendre un membre, le déplier. *Allonge tes jambes sur une chaise.* ◆ **s'allonger.** Se coucher. *Elles se sont allongées sur la plage.* SYN. **s'étendre.**

allumage n.m. ❶ Fait d'allumer. *Je suis chargé de l'allumage du poêle.* ❷ Dans un moteur, dispositif produisant les étincelles qui mettent le feu au mélange d'air et d'essence.

▸▸▸ Mot de la famille de **allumer.**

allume-cigare n.m. Sorte de briquet placé sur le tableau de bord d'un véhicule et qui sert à allumer les cigarettes, les cigares.

● Au pluriel : des **allume-cigares.**

▸▸▸ Mot de la famille de **allumer.**

allumer v. (conjug. 3). ❶ Produire des flammes, mettre le feu. *Allumer une bougie.* SYN. **enflammer.** ❷ Faire fonctionner un système électrique pour donner de la lumière. *Allume ta lampe de bureau.* CONTR. **éteindre.** ❸ Mettre en marche un appareil électrique. *Allumer la télévision.* CONTR. **éteindre.**

▸ **allumette** n.f. Petit bâton de bois ou tige de carton dont le bout s'enflamme quand on le frotte.

allure n.f. ❶ Aspect, apparence. *Joséphine a une drôle d'allure avec son chapeau.* SYN. **air.** ❷ Vitesse. *La moto roulait à toute allure.*

allusif, ive adj. Qui contient une allusion, qui est plein de sous-entendus. *Une phrase allusive.*

▸▸▸ Mot de la famille de **allusion.**

allusion n.f. **Faire allusion à quelque chose,** l'évoquer, sans en parler de manière précise, directe. *Elle a juste fait allusion à ce qui s'est passé hier.*

alluvions n.f. plur. Dépôts de boue, de sable, de graviers laissés par un cours d'eau.

almanach n.m. Livre publié tous les ans qui contient un calendrier, des histoires et divers conseils pour chaque jour.

● On prononce [almana].

aloès n.m. Plante des pays chauds aux feuilles épaisses, qui renferment beaucoup d'eau.

● On prononce le **s.**

un aloès

alors adv. ❶ À ce moment, à cette époque. *Je n'étais alors pas né.* ❷ Dans ce cas. *Tu n'as pas envie de sortir ? Alors, restons à la maison.* ◆ **alors que** conjonction. Tandis que ; bien que. *Il neige ici, alors qu'il pleut dans le sud du pays.*

alouette n.f. Petit oiseau au plumage brun qui vit dans les champs. *L'alouette fait son nid dans le sol.*

● Cri : le grisollement.

une alouette

alourdir v. (conjug. 16). Rendre plus lourd. *Les livres que tu me prêtes vont alourdir mon cartable.* CONTR. **alléger.**

▸▸▸ Mot de la famille de **lourd.**

alpage n.m. Pâturage en haute montagne.

alphabet n.m. Liste de toutes les lettres d'une langue rangées dans un certain ordre. *L'alphabet français a 26 lettres.*

● Ce mot vient de **alpha** et **bêta,** les noms des deux premières lettres de l'alphabet grec.

▸ **alphabétique** adj. **Ordre alphabétique,** ordre des lettres de l'alphabet.

▸ **alphabétisation** n.f. Action d'apprendre à lire et à écrire à des personnes qui n'ont jamais été à l'école.

alpin, e adj. ❶ Des Alpes. *Les massifs alpins.* ❷ **Ski alpin,** ski de descente.

▸ **alpinisme** n.m. Sport des ascensions en haute montagne.

▸ **alpiniste** n. Sportif qui pratique l'alpinisme.

des alpinistes

a b c d e f g h i j k l m n o p q r s

a b c d e f g h i j k l m n o p q r s t u v w x y z

altercation n.f. Dispute violente et brève. *Un automobiliste et un motocycliste ont eu une altercation.*

altérer v. (conjug. 9). Mot littéraire. ❶ Abîmer. *Le soleil altère les couleurs.* SYN. **ternir.** ❷ Donner soif. *La promenade en plein soleil m'a altéré.* SYN. **assoiffer.**

alternance n.f. Fait d'alterner, de se succéder tour à tour. *L'alternance des saisons.*
►►► Mot de la famille de **alterner.**

alternateur n.m. Appareil, machine qui produit du courant électrique alternatif.
►►► Mot de la famille de **alterner.**

alternatif, ive adj. ❶ **Courant électrique alternatif,** qui change de sens à intervalles réguliers, qui n'est pas continu. ❷ **Mouvement alternatif,** qui va tantôt dans un sens, tantôt dans l'autre, très régulièrement. *Le mouvement alternatif d'un balancier d'horloge.*
►►► Mot de la famille de **alterner.**

alternative n.f. Situation dans laquelle on doit choisir entre deux possibilités. *Soit elle accepte, soit elle refuse, il n'y a pas d'autre alternative.*
►►► Mot de la famille de **alterner.**

alternativement adv. Tour à tour. *Les trains passaient alternativement dans un sens et dans l'autre.*
►►► Mot de la famille de **alterner.**

alterner v. (conjug. 3). Se succéder régulièrement. *Les saisons sèches et les saisons humides alternent dans les pays tropicaux.*

altesse n.f. Titre donné aux princes et aux princesses.

altier, ère adj. Mot littéraire. Qui est fier et un peu méprisant. *Elle a toujours une attitude altière.* SYN. **hautain.**

altitude n.f. ❶ Hauteur d'un endroit par rapport au niveau de la mer. *Cette montagne a 2500 mètres d'altitude.* ❷ **Prendre de l'altitude,** s'élever. *L'avion prend de l'altitude.*

altruisme n.m. Fait de s'intéresser aux autres, de leur vouloir du bien. *Faire preuve d'altruisme.* CONTR. **égoïsme.**

► **altruiste** adj. et n. Qui fait preuve d'altruisme, qui se soucie des autres. CONTR. **égoïste.**

aluminium n.m. Métal blanc, brillant et très léger. *Des casseroles en aluminium; des feuilles d'aluminium.*
● On prononce [alyminjɔm].

alunir v. (conjug. 16). Se poser sur le sol de la Lune. *Les astronautes américains ont aluni pour la première fois en 1969.*

► **alunissage** n.m. Atterrissage sur la Lune. *L'alunissage de la fusée est prévu pour demain.*

alvéole n.f. ❶ Petite cavité en cire que font les abeilles dans la ruche pour y déposer leur miel, leur récolte de pollen et leurs œufs. ❷ **Alvéoles pulmonaires,** petites cavités situées dans les poumons, à l'extrémité des bronches.

les alvéoles d'une ruche

amabilité n.f. Fait d'être aimable, gentil. *Ils nous reçoivent toujours avec beaucoup d'amabilité.*
►►► Mot de la famille de **aimable.**

amadouer v. (conjug. 3). Flatter, être aimable avec une personne pour obtenir quelque chose d'elle. *Elle a réussi à amadouer ses parents, ils ont accepté qu'elle dorme chez son amie.*

amaigrir v. (conjug. 16). Rendre maigre. *Son voyage et la fatigue l'ont amaigri.*

► **amaigrissant, e** adj. **Régime amaigrissant,** que l'on fait pour maigrir.

► **amaigrissement** n.m. Fait de maigrir, de perdre du poids.

amalgame n.m. Mélange de choses très différentes. *Un amalgame de couleurs.*

► **s'amalgamer** v. (conjug. 3). Se mélanger. *Il faut pétrir la pâte pour que la farine et le beurre s'amalgament.*

amande n.f. Fruit de forme ovale entouré d'une peau verte, contenu dans une coque dure, qui pousse sur un amandier.
● Ne confonds pas avec **amende.**

une amande

▶ **amandier** n.m. Arbre fruitier qui produit des amandes.

amanite n.f. Champignon des bois dont certaines espèces sont mortelles.
● Ne confonds pas avec **ammonite.**

une amanite tue-mouches

amant n.m. Homme avec lequel une femme a des relations sexuelles en dehors du mariage. → Vois aussi **maîtresse.**

amarre n.f. Cordage ou câble qui sert à attacher un bateau à un point fixe. *Le bateau a largué les amarres.*
● Ce mot prend deux **r.**

▶ **amarrer** v. (conjug. 3). Attacher avec des amarres, des cordages. *Amarrer un bateau dans un port.*

amas n.m. ❶ Accumulation de choses formant une masse. *Un amas de papiers encombre son bureau.* SYN. **tas, monceau.** ❷ Ensemble formé par un très grand nombre d'étoiles ou de galaxies.
● Ce mot se termine par un **s.**
▶▶▶ Mot de la famille de **amasser.**

amasser v. (conjug. 3). Rassembler des objets petit à petit et en grande quantité. *Julien a amassé de nombreuses pièces dans sa tirelire.* SYN. **accumuler, entasser.**

amateur, trice adj. et n. ❶ Qui a du goût pour quelque chose. *Il est amateur de bonne cuisine. Son père est un amateur de voitures de sport.* ❷ Personne qui pratique un art, un sport par plaisir et non pour sa profession. *Un peintre amateur. Un footballeur amateur.* CONTR. **professionnel.**

amazone n.f. **Monter en amazone,** monter à cheval en mettant les deux jambes du même côté de la selle.
● Dans la mythologie grecque, les Amazones étaient des guerrières qui combattaient à cheval avec un arc.

ambassade n.f. Bâtiment où résident l'ambassadeur et ses services. *Il est allé chercher son visa à l'ambassade.*

▶ **ambassadeur, drice** n. Représentant d'un pays dans un pays étranger. *Elle est ambassadrice du Pakistan aux États-Unis.*
→ Vois aussi **consul, diplomate.**

ambiance n.f. ❶ Atmosphère agréable ou désagréable dans un lieu, dans un groupe. *Il y a une bonne ambiance dans notre classe.* SYN. **climat.** ❷ Atmosphère gaie et animée. *Il y avait de l'ambiance à la fête de Coralie.* SYN. **animation.**
▶▶▶ Mot de la famille de **ambiant.**

ambiant, e adj. **Température ambiante,** température de l'endroit où l'on se trouve.

ambigu, ambiguë adj. Qui n'est pas clair, qui a plusieurs sens possibles. *Elle a fait une réponse ambiguë.* SYN. **équivoque.** CONTR. **clair.**
● La nouvelle orthographe permet d'écrire aussi au féminin **ambigüe,** avec un tréma sur le **u.**

▶ **ambiguïté** n.f. Caractère ambigu d'une phrase, d'un mot, d'une situation. SYN. **équivoque.**
● La nouvelle orthographe permet d'écrire aussi au féminin **ambigüité,** avec un tréma sur le **u.**

ambitieux, euse adj. Qui a de l'ambition, qui désire réussir dans ce qu'il fait. *Elle veut devenir célèbre, elle est très ambitieuse.*
● Le **t** se prononce [s].
▶▶▶ Mot de la famille de **ambition.**

ambition n.f. ❶ Désir de réussir, de devenir puissant, célèbre. *Mon frère a de l'ambition.* ❷ Désir profond, but que l'on s'est donné. *Il a l'ambition de devenir astronaute.*

ambre n.m. ❶ **Ambre jaune,** résine fossile d'arbre, dure et translucide. *On fait des bijoux avec l'ambre jaune.* ❷ **Ambre gris,** matière très parfumée qui provient de l'intestin du cachalot. *On utilise l'ambre gris en parfumerie.*
● Nom du genre masculin : **un ambre.**

ambulance n.f. Véhicule aménagé pour le transport des malades et des blessés.

▸ **ambulancier, ère** n. Personne qui conduit une ambulance.

ambulant, e adj. Qui se déplace d'un endroit à un autre pour exercer sa profession. *J'ai acheté une glace à un marchand ambulant.*

âme n.f. ❶ Partie de l'homme qui lui permet de penser, d'avoir des sentiments, par opposition au corps. *Dans certaines religions, on considère que l'âme est immortelle.* ❷ **Corps et âme,** entièrement. *Il s'est livré à sa tâche corps et âme.* ❸ **En son âme et conscience,** en toute honnêteté, selon sa conviction. *Elle a pris sa décision en son âme et conscience.* ❹ **Rendre l'âme,** mourir.

● Le **a** prend un accent circonflexe.

amélioration n.f. Fait de s'améliorer, changement en mieux. *Une amélioration du temps est prévue.* CONTR. **aggravation.**

▸▸▸ Mot de la famille de **améliorer.**

améliorer et **s'améliorer** v. (conjug. 3). Rendre meilleur. *Il faut que j'améliore mes résultats.* ◆ **s'améliorer**. Devenir meilleur, changer en mieux. *Le temps s'améliore.* CONTR. **se gâter.**

▸▸▸ Mot de la famille de **meilleur.**

aménagement n.m. Transformation, changement que l'on fait dans un lieu. *Il a fait des aménagements dans son nouvel appartement.* SYN. **agencement.**

▸▸▸ Mot de la famille de **aménager.**

aménager v. (conjug. 5). Modifier, transformer pour rendre plus commode ou plus agréable. *Elle a pu aménager sa chambre comme elle voulait.* SYN. **agencer.**

amende n.f. ❶ Somme d'argent que l'on doit payer si l'on ne respecte pas la loi. *Elle a eu une amende car elle n'avait pas attaché sa ceinture.* SYN. **contravention.** ❷ **Faire amende honorable,** reconnaître ses torts.

● Ne confonds pas avec **amande.**

amener v. (conjug. 10). ❶ Faire venir une personne avec soi. *Aïcha a amené une amie au cours de danse.* ❷ Conduire ou transporter quelque part. *Un bus vous amènera directement au théâtre.* ❸ Provoquer l'arrivée de quelque chose. *Les nuages gris amènent la pluie. Ses mensonges pourraient lui amener des ennuis.* SYN. **attirer, occasionner.** ❹ Pousser à dire ou à faire quelque chose. *Le comportement des élèves a amené le maître à être plus sévère.* SYN. **obliger.**

s'amenuiser v. (conjug. 3). Devenir plus petit, de moins en moins important. *Nos réserves d'eau s'amenuisent.* SYN. **diminuer.** CONTR. **augmenter.**

amer, ère adj. ❶ Qui a un goût qui n'est pas doux, le plus souvent désagréable. *Le café est amer, tu ne l'as pas assez sucré.* ❷ Qui est difficile à supporter, qui cause de la tristesse. *La défaite de notre équipe a été une amère déception.* SYN. **pénible.** → Vois aussi **acide, salé, sucré.**

▸ **amèrement** adv. Avec amertume ou tristesse. *Il regrette amèrement de s'être mis en colère.*

américain, e adj. et n. ❶ D'Amérique. *Le continent américain.* ❷ Des États-Unis d'Amérique. *Les films américains. Jennifer est américaine. C'est une Américaine.* ◆ **américain** n.m. Langue anglaise parlée aux États-Unis.

● Le nom prend une majuscule quand il désigne une personne : *un Américain.*

amerrir v. (conjug. 16). Se poser sur l'eau. *L'hydravion a amerri sur le lac.*

● Ce mot prend deux **r.**

▸▸▸ Mot de la famille de **mer.**

▸ **amerrissage** n.m. Action d'amerrir.

amertume n.f. ❶ Goût amer. *L'amertume du chocolat noir.* ❷ Sentiment de tristesse ou de rancœur dû à une déception. *Il constatait avec amertume l'échec de son projet.* SYN. **ressentiment.**

▸▸▸ Mot de la famille de **amer.**

améthyste n.f. Pierre précieuse de couleur violette.

● Ce mot s'écrit avec **th** et un **y.**

une **améthyste**

ameublement n.m. ❶ Ensemble des meubles et des objets d'une pièce, d'une maison. SYN. **mobilier.** ❷ **Magasin d'ameublement,** où l'on vend des meubles.
►►► Mot de la famille de **meuble.**

ameuter v. (conjug. 3). Faire accourir des personnes en poussant des cris. *Ne hurle pas, tu vas ameuter tout le quartier.*
►►► Mot de la famille de **meute.**

ami, e n. Personne que l'on aime bien, que l'on voit avec plaisir. *Il s'est fait de nouveaux amis pendant les vacances.* SYN. **camarade.** ◆ n. et adj. Personne, groupe, pays avec lesquels on a de bonnes relations. *Des peuples amis.* CONTR. **ennemi.**
►►► Mots de la même famille : **amical, amicalement, amitié.**

à l'**amiable** adv. En s'entendant directement pour régler un problème, sans avoir recours à un procès. *Ils ont fait un arrangement à l'amiable.*

amiante n.m. Matière minérale qui résiste au feu. *L'amiante est un produit dangereux pour la santé, sa vente est interdite en France.*
● Nom du genre masculin : **un amiante.**

amibe n.f. Animal microscopique qui vit dans les eaux douces ou salées. *Certaines amibes sont des parasites de l'intestin.*
● Nom du genre féminin : **une amibe.**

amical, e, aux adj. Qui montre de l'amitié. *Il m'a donné une poignée de main amicale.* SYN. **cordial.** CONTR. **hostile.**
● Au masculin pluriel : **amicaux.**

► **amicalement** adv. De façon amicale, avec amitié. *Ils nous ont reçus bien amicalement.*

amidon n.m. Substance blanche qui se trouve dans de nombreux végétaux (pomme de terre, riz, blé) et dont on fait une colle.

amincir v. (conjug. 16). Faire paraître plus mince. *Son pantalon l'amincit.*
►►► Mot de la famille de **mince.**

amiral n.m. Grade le plus élevé dans la marine militaire. → Vois aussi **général (2).**
● Au pluriel : des **amiraux.**

amitié n.f. Sentiment que l'on a pour quelqu'un qu'on aime beaucoup. *J'ai de l'amitié pour Charlotte.* SYN. **affection, camaraderie.**
►►► Mot de la famille de **ami.**

ammonite n.f. Coquillage fossile enroulé en spirale.
● Ce mot prend deux **m.** – Ne confonds pas avec **amanite.**

une ammonite

amnésie n.f. Perte de la mémoire. *Il a souffert d'amnésie après son accident, il ne savait plus comment il s'appelait.*

► **amnésique** adj. et n. Qui souffre d'amnésie, qui a perdu la mémoire.

amnistie n.f. Annulation officielle de certaines condamnations, peines de prison ou amendes. *Le nouveau président de la République a décrété une amnistie.* → Vois aussi **grâce.**
● Nom du genre féminin : **une amnistie.**

amoindrir v. (conjug. 16). Diminuer la force, l'importance de quelque chose ou de quelqu'un. *La chaleur et la fatigue ont amoindri la résistance des footballeurs.* SYN. **réduire.** CONTR. **augmenter, accroître.**
►►► Mot de la famille de **moindre.**

s'**amollir** v. (conjug. 16). Devenir mou. *Il faut laisser le beurre s'amollir avant de l'utiliser.* SYN. **ramollir.** CONTR. **durcir.**

s'**amonceler** v. (conjug. 12). Former un tas. *Les feuilles des arbres s'amoncellent dans le jardin.* SYN. **s'accumuler, s'entasser.**
►►► Mot de la famille de **monceau.**

► **amoncellement** n.m. Accumulation de choses entassées. *Un amoncellement de lettres recouvre le bureau de papa.* SYN. **tas, amas.**
● La nouvelle orthographe permet d'écrire aussi **amoncèlement,** avec un seul **l,** comme dans **amonceler.**

a b c d e f g h i j k l m n o p q r s t u v w x y z

amont n.m. Partie d'un cours d'eau qui est la plus proche de la source. *Un bateau qui va vers l'amont remonte le courant.* CONTR. **aval.**

amorce n.f. ❶ Produit qu'on met au bout de la ligne ou qu'on jette dans l'eau pour attirer le poisson. *Le pain peut servir d'amorce.* SYN. **appât.** ❷ Petite charge de poudre placée entre deux rondelles de papier qui produit une légère explosion quand on la frappe. *Les enfants jouent avec des pistolets à amorces.* ❸ Dispositif qui provoque l'explosion. *L'amorce d'une grenade.* SYN. **détonateur.** ❹ Début. *La rencontre des deux ennemis est l'amorce de leur réconciliation.* SYN. **commencement.**

▸ **amorcer** v. (conjug. 4). ❶ Attirer le poisson avec de l'amorce. *Le pêcheur amorçait le poisson en jetant du blé dans l'eau.* SYN. **appâter.** ❷ Placer une amorce sur une arme ou un explosif. *Amorcer une bombe.* CONTR. **désamorcer.** ❸ Commencer à faire quelque chose. *Ils ont eu le temps d'amorcer une discussion.* SYN. **entamer.**

amorphe adj. Qui est sans énergie, sans réaction. SYN. **mou, indolent, apathique.** CONTR. **énergique, vif.**

amortir v. (conjug. 16). Rendre moins fort, moins violent. *Les tapis amortissent le bruit des pas.* SYN. **étouffer.** CONTR. **amplifier, intensifier.** *Les coussins ont amorti sa chute.* SYN. **atténuer.**

▸ **amortisseur** n.m. Dispositif qui sert à atténuer les secousses dans un véhicule. SYN. **suspension.**

amour n.m. ❶ Affection et attirance que l'on a pour une personne. *Elle éprouve de l'amour pour son fiancé.* CONTR. **haine.** ❷ Attachement, affection entre les membres d'une famille. *L'amour d'une mère pour son enfant.* ❸ **Faire l'amour,** avoir des relations sexuelles avec quelqu'un. ❹ Intérêt, goût très fort pour quelque chose. *L'amour du sport.*

▸ **amoureusement** adv. Avec amour, tendrement. *Il la regarde amoureusement.*

▸ **amoureux, euse** adj. et n. ❶ Qui ressent de l'amour, de l'attirance pour quelqu'un. *Il est amoureux de ma cousine. Les amoureux se promènent main dans la main.* ❷ Qui a un goût très fort pour quelque chose. *C'est un amoureux de la nature.*

▸ **amour-propre** n.m. Sentiment que l'on a de sa valeur. *Mon frère a trop d'amour-propre pour s'excuser.* SYN. **fierté.**

amovible adj. Que l'on peut enlever et remettre. *Le col de mon manteau est amovible.*

amphibie adj. ❶ **Animal amphibie,** qui peut vivre à l'air et dans l'eau. *Le crapaud est amphibie.* ❷ **Véhicule amphibie,** qui peut se déplacer sur terre et sur l'eau.

● Ce mot se termine par un **e.**

▸ **amphibien** n.m. Animal amphibie qui vit dans l'eau à l'état de larve. *Les grenouilles, les crapauds, les tritons sont des amphibiens.*

● On disait autrefois **batracien.**

amphithéâtre n.m. ❶ Chez les Romains, théâtre en plein air de forme ronde, entouré de gradins. *Les combats de gladiateurs se déroulaient dans les amphithéâtres.* ❷ Salle de cours où les sièges sont disposés en gradins. *À l'université, les cours ont parfois lieu dans un amphithéâtre.* → Vois aussi **arène.**

● Le deuxième **a** prend un accent circonflexe.

amphore n.f. Dans l'Antiquité, grand vase en terre cuite à deux anses qui servait à transporter ou à conserver des aliments ou à recueillir les cendres des défunts.

une **amphore**

ample adj. Qui est large, qui ne serre pas. *Charline ne porte que des vêtements amples.* CONTR. **étriqué, serré.**

▸ **amplement** adv. De façon plus que suffisante. *Mamie nous a amplement* *récompensés pour nos bonnes notes.* SYN. **largement.**

▶ **ampleur** n.f. ❶ Largeur. *Ta veste manque un peu d'ampleur aux épaules.* ❷ Importance. *On a mesuré l'ampleur des dégâts après la tempête.* SYN. **étendue.**

▶ **amplificateur** n.m. Appareil qui amplifie le son.
● On emploie souvent l'abréviation familière **ampli.**

▶ **amplifier** v. (conjug. 7). Augmenter la force, l'intensité de quelque chose. *Amplifier un son.* CONTR. **baisser, diminuer, réduire.**

amplitude n.f. Écart entre les températures les plus chaudes et les plus froides.

ampoule n.f. ❶ Petit globe de verre qui contient le fil d'une lampe électrique. *Il faudra changer l'ampoule qui est grillée.* SYN. **lampe.** ❷ Petite cloque remplie de liquide, qui se forme sous la peau par frottement. *Alexis a une ampoule au pied.* ❸ Petit tube en verre aux bouts effilés qui contient un médicament liquide.

amputation n.f. Opération chirurgicale qui consiste à couper un membre ou une partie d'un membre.
▸▸▸ Mot de la famille de **amputer.**

amputer v. (conjug. 3). Couper un membre ou une partie d'un membre. *Le chirurgien a dû l'amputer d'un doigt.*

amulette n.f. Porte-bonheur que l'on porte sur soi pour se protéger de la maladie, d'un danger. SYN. **fétiche, grigri, talisman.**

amusant, e adj. Qui amuse, fait rire. *On a vu un film amusant.* SYN. **drôle, divertissant, plaisant.** CONTR. **ennuyeux.**
▸▸▸ Mot de la famille de **amuser.**

amuse-gueule n.m. invar. Ce que l'on sert à l'apéritif, avant le repas. *Nous avons mangé des cacahuètes et des biscuits salés comme amuse-gueule.*
● La nouvelle orthographe permet d'écrire aussi des **amuse-gueules,** avec un **s.**
▸▸▸ Mot de la famille de **amuser.**

amusement n.m. Occupation, activité qui amuse. *Jouer aux billes est l'amusement qu'il préfère.* SYN. **distraction.**
▸▸▸ Mot de la famille de **amuser.**

amuser et **s'amuser** v. (conjug. 3). Distraire ou faire rire. *Romain avait apporté un jeu qui a amusé les enfants tout l'après-midi.* SYN. **divertir.** CONTR. **ennuyer.** ◆ **s'amuser.** Jouer, passer agréablement son temps. *Nous nous sommes amusés dans le jardin.*

amygdale n.f. Chacun des organes en forme d'amande situés au fond de la gorge. *Kouamé s'est fait opérer des amygdales.*
● On ne prononce pas le **g** : [amidal]. – Ce mot s'écrit avec un **y.**

an n.m. ❶ Période de douze mois. *Ils habitent ici depuis cinq ans.* SYN. **année.** *Bruno a neuf ans.* ❷ **Le jour de l'An, le premier de l'An,** le 1er janvier.

anachronique adj. Qui ne correspond pas, qui n'existe pas à l'époque dont on parle. *Représenter un homme préhistorique avec des lunettes est complètement anachronique.*
● On écrit **ch** mais on prononce [k].
▸▸▸ Mot de la famille de **anachronisme.**

anachronisme n.m. Erreur qui consiste à faire apparaître, à présenter une chose qui n'existe pas à l'époque concernée. *Il y a un anachronisme dans cette bande dessinée, le chevalier porte une montre.*
● On écrit **ch** mais on prononce [k].

anaconda n.m. Grand serpent d'Amérique du Sud. → Vois aussi **boa, python.**

un anaconda

anagramme n.f. Mot formé en changeant l'ordre des lettres d'un autre mot. *«Chien» est l'anagramme de «niche».*
● Nom du genre féminin : **une anagramme.**

analogie n.f. Ressemblance, point commun entre plusieurs choses. *Il y a une analogie de forme entre une chaise et un fauteuil.*

▶ **analogique** adj. ❶ Qui est fondé sur une analogie, une ressemblance. *Les mots « brousse », « savane » et « steppe » sont des renvois analogiques.* ❷ Qui transmet des données chiffrées concernant un phénomène sous une forme non numérique. *L'affichage analogique de cette montre* *traduit l'écoulement du temps par le mouvement de ses aiguilles.*

▸ **analogue** adj. Qui est proche, semblable. *Il m'est arrivé une aventure analogue à la tienne.* SYN. **comparable, équivalent, similaire.** CONTR. **différent, opposé.**

analphabète adj. et n. Qui n'a jamais appris à lire ni à écrire. → Vois aussi **illettré.**

analyse n.f. ❶ Recherche des différents éléments qui composent une chose. *Une analyse de sang.* ❷ **Analyse grammaticale,** étude de la nature et de la fonction des mots dans une phrase.

▸ **analyser** v. (conjug. 3). Faire l'étude, l'analyse de quelque chose. *On a analysé l'eau de mer près des plages.*

ananas n.m. Gros fruit à chair jaune et sucrée qui pousse dans les pays chauds sur une plante de petite taille appelée aussi « ananas ».
● On prononce [anana] ou [ananas].

un ananas

anarchie n.f. Désordre dû à un manque d'organisation ou d'autorité. CONTR. **ordre.**

▸ **anarchiste** adj. et n. Qui refuse tout pouvoir, toute autorité. *Les anarchistes ont pris part à la manifestation.*

anatomie n.f. Science qui étudie et décrit l'organisme des êtres vivants. *L'anatomie humaine, animale, végétale.*

ancestral, e, aux adj. Qui vient des ancêtres, qui est très ancien. *Une coutume ancestrale.*
● Au masculin pluriel : **ancestraux.**
▸▸▸ Mot de la famille de **ancêtre.**

ancêtre n. Personne dont on descend. *Un de mes ancêtres a vécu en Amérique.* SYN. **aïeul.**
● Le premier **e** prend un accent circonflexe.

anchois n.m. Petit poisson de mer argenté.
→ Vois aussi **hareng.**
● Les anchois sont conservés dans la saumure ou l'huile, le plus souvent en filets. – Ce mot se termine par un **s.**

des anchois

ancien, enne adj. ❶ Qui existe depuis longtemps. *Nous habitons dans une maison très ancienne.* SYN. **vieux.** CONTR. **neuf, moderne, récent.** ❷ Qui a été quelque chose dans le passé et ne l'est plus. *Les anciens élèves de l'école ont organisé une fête.* CONTR. **nouveau.**

▸ **anciennement** adv. Autrefois. *La salle de concert était anciennement une usine.*

▸ **ancienneté** n.f. Temps passé à un poste de travail, dans une fonction. *Il a vingt ans d'ancienneté dans cette entreprise.*

ancre n.f. Lourde pièce en métal fixée à une chaîne, qui immobilise une embarcation en s'accrochant au fond de l'eau. *Le bateau a jeté l'ancre dans un port. Demain, les marins lèveront l'ancre.*
● Ne confonds pas avec **encre.**

des ancres

andorran, e adj. et n. De la principauté d'Andorre. *Les montagnes andorranes. Ma cousine est andorrane. C'est une Andorrane.*
● Le nom prend une majuscule : *un Andorran.*

andouille n.f. ❶ Boyau rempli de tripes de porc, qui se mange froid. ❷ (Sens familier). Imbécile. *Quelle andouille, il a cassé sa montre.* SYN. **idiot.**

andouiller n.m. Ramification des bois des cerfs, des daims et des chevreuils.

andouillette n.f. Petite andouille qui se mange grillée.

►►► Mot de la famille de **andouille.**

âne n.m. ❶ Animal cousin du cheval mais plus petit, à longues oreilles et au poil gris ou marron. ❷ Personne ignorante et stupide.

→ Vois aussi **baudet, mulet.**

● Le **a** prend un accent circonflexe. – Femelle : l'ânesse. Petit : l'ânon. Cri : le braiment.

anéantir v. (conjug. 16). ❶ Détruire entièrement. *Le village a été anéanti par un incendie.* SYN. **dévaster, ravager.** ❷ Décourager profondément. *Son échec l'a anéanti.* SYN. **abattre, accabler.**

► **anéantissement** n.m. Destruction complète. *L'anéantissement d'un pays.* SYN. **ruine.**

anecdote n.f. Petite histoire curieuse, amusante. *Il a toujours des anecdotes à raconter.*

► **anecdotique** adj. **Récit anecdotique,** qui contient des anecdotes.

anémie n.f. Manque de globules rouges dans le sang qui cause de la fatigue.

► **anémier** v. (conjug. 7). Provoquer l'anémie. *Son régime l'a anémiée.*

► **anémique** adj. Qui souffre d'anémie.

anémone n.f. ❶ Fleur aux couleurs variées, qui a un cœur noir. ❷ **Anémone de mer,** animal marin aux nombreux tentacules, qui vit fixé sur les rochers.

une **anémone de mer**

ânerie n.f. Parole ou acte stupide. *Il ne peut pas s'empêcher de dire des âneries.* SYN. **bêtise, sottise.**

● Le **a** prend un accent circonflexe.

►►► Mot de la famille de **âne.**

ânesse n.f. Femelle de l'âne.

● Le **a** prend un accent circonflexe. – Petit : l'ânon. Cri : le braiment.

anesthésie n.f. Suppression de la douleur par l'usage d'un produit qui anesthésie. *Lorsque je me suis fait arracher une dent, le dentiste m'a fait une anesthésie.*

● Ce mot s'écrit avec **th.**

► **anesthésier** v. (conjug. 7). Rendre le corps, ou une partie du corps, insensible à la douleur au moyen d'un produit. *On m'a anesthésié avant de m'opérer des amygdales.* SYN. **endormir.**

► **anesthésiste** n. Médecin spécialisé qui pratique les anesthésies.

anfractuosité n.f. Trou irrégulier et profond dans une roche. SYN. **creux, cavité.**

ange n.m. ❶ Messager de Dieu dans certaines religions. ❷ Personne très sage, très gentille ou très douce. *Votre fils est un ange.* ❸ **Être aux anges,** être très heureux. *Il est aux anges depuis qu'il a son nouveau vélo.* SYN. **ravi.**

► **angélique** adj. Qui fait penser à un ange, qui est digne d'un ange. *Nouha a un sourire angélique.*

angine n.f. Maladie qui se manifeste par un mal de gorge et de la fièvre.

anglais, e adj. et n. D'Angleterre. *Des bonbons anglais. Suzie est anglaise. C'est une Anglaise.* ◆ **anglais** n.m. Langue parlée surtout en Grande-Bretagne, aux États-Unis et au Canada.

● Le nom prend une majuscule quand il désigne une personne : *un Anglais.*

angle n.m. ❶ Figure formée par deux droites qui se coupent. *Un triangle a trois angles.* ❷ Endroit où se rejoignent deux rues, deux murs. *Ma maison est à l'angle de la rue de la Paix et de la rue de la République.* SYN. **coin.** ❸ Aspect sous lequel on examine une question, un problème. *Vue sous cet angle, la question paraît simple.* SYN. **point de vue.**

►►► Mots de la même famille : **anguleux, rectangle, triangle.**

→ planche pp. 494-495.

anglo-saxon, onne adj. et n. ❶ Qui appartient à la civilisation, à la culture britannique. *La littérature anglo-saxonne.* ❷ Qui appartient aux peuples germaniques du début de notre ère. *Les peuples anglo-saxons. Les Anglo-Saxons.*
● Le nom prend une majuscule : *un Anglo-Saxon.* – Au pluriel : **anglo-saxons.**

angoissant, e adj. Qui cause de l'angoisse. *C'était angoissant d'être tout seul, la nuit, dans une grande maison.*
►►► Mot de la famille de **angoisse.**

angoisse n.f. Très forte inquiétude. *Seul dans la forêt, il sentait monter l'angoisse.* SYN. **anxiété.**

► **angoissé, e** adj. Qui est inquiet. *Elle est angoissée quand elle doit passer un examen.* SYN. **anxieux.**

angoisser v. (conjug. 3). Provoquer l'angoisse.

angolais, e adj. et n. De l'Angola. *La musique angolaise. Maria est angolaise. C'est une Angolaise.*
● Le nom prend une majuscule : *un Angolais.*

angora adj. **Chat, lapin, chèvre angoras,** qui ont des poils longs et doux. *Anne élève un lapin angora.*

une chèvre angora

anguille n.f. Poisson de forme allongée comme un serpent qui vit dans les rivières et se reproduit dans la mer.

une anguille

anguleux, euse adj. **Visage anguleux,** qui est maigre, dont les os sont très apparents.
►►► Mot de la famille de **angle.**

animal n.m. Être vivant capable de se déplacer, et qui se nourrit en avalant des plantes ou d'autres animaux. *Les animaux respirent, peuvent sentir ce qui se passe autour d'eux et se reproduisent.* SYN. **bête.**
→ Vois aussi **faune.**
● Au pluriel : des **animaux.**

► **animal, e, aux** adj. Qui concerne les animaux. *Les espèces animales.*
● Au masculin pluriel : **animaux.**

► **animalier, ère** adj. ❶ **Parc animalier,** parc où les animaux vivent en liberté. ❷ **Soigneur animalier,** personne qui soigne les animaux dans un zoo.

animateur, trice n. ❶ Personne qui anime un spectacle ou une émission de radio, de télévision. SYN. **présentateur.** ❷ Personne qui organise les activités d'un groupe. *Les animateurs d'une colonie de vacances.*
►►► Mot de la famille de **animer.**

animation n.f. ❶ Mouvement, activité qui règnent quelque part. *Il y a de l'animation dans le village.* SYN. **vie.** *Ils parlaient avec animation des résultats du match de basket-ball.* SYN. **vivacité.** ❷ Organisation, mise en place des activités d'un groupe. *Elle est chargée de l'animation du centre aéré.*
►►► Mot de la famille de **animer.**

animé, e adj. ❶ Qui est plein d'animation, de vie. *La fête était très animée. Ils ont eu une discussion animée.* SYN. **vif.** ❷ **Êtres animés,** êtres vivants. *Les animaux et les végétaux sont des êtres animés.* → Vois aussi **dessin.**
►►► Mot de la famille de **animer.**

animer et **s'animer** v. (conjug. 3). ❶ Donner plus de vie, de vivacité. *Heureusement qu'ils étaient là pour animer la fête.* ❷ Diriger un débat, une émission. *La présentatrice anime une émission télévisée chaque dimanche soir.* ❸ Pousser quelqu'un à agir. *C'est la colère qui l'anime.* ◆ **s'animer.** ❶ Devenir plein de vie. *Les rues s'animent le soir.* ❷ Montrer plus de vivacité, moins d'abattement. *Le malade s'est animé en me voyant arriver.*
►►► Mots de la même famille : **inanimé, ranimer, réanimer, réanimation.**

animosité n.f. Mot littéraire. Sentiment agressif, hostile à l'égard de quelqu'un. *Il* *m'a jeté un regard plein d'animosité.* SYN. **antipathie, hostilité, malveillance.**

anis n.m. Plante dont le fruit est utilisé pour parfumer des boissons, des bonbons.

● Ce mot se termine par un **s.** – On prononce [ani] ou [anis].

l'**anis**

s'ankyloser v. (conjug. 3). Bouger avec difficulté après être resté trop longtemps dans une mauvaise position. *J'étais mal assise, je me suis ankylosée.* SYN. **s'engourdir.**

● Ce mot s'écrit avec un **k** et un **y.**

annales n.f. plur. Ensemble des événements marquants d'une époque. *La victoire de notre équipe restera dans les annales.*

anneau n.m. ❶ Cercle de bois, de métal ou de plastique qui sert à attacher ou à suspendre quelque chose. *L'anneau d'un porte-clés.* ❷ Bijou en forme de cercle que l'on porte au doigt ou aux oreilles. → Vois aussi **alliance, bague.**

● Au pluriel : des **anneaux.**

année n.f. ❶ Période de douze mois qui va du 1er janvier au 31 décembre. *Une année a 365 ou 366 jours.* ❷ Période de douze mois à partir d'une date précise. *Ils ont habité à la campagne quelques années.* SYN. **an.** ❸ **Année scolaire,** période de dix mois qui commence en septembre et se termine en juin.

▸▸▸ Mot de la famille de **an.**

année-lumière n.f. Distance que parcourt la lumière en une année. *L'année-lumière est égale à environ 9 500 milliards de kilomètres.*

● Au pluriel : des **années-lumière.**

annexe adj. Qui est secondaire ou qui s'ajoute à quelque chose pour le compléter. *Il y a des documents annexes à la fin du livre.* ◆ n.f. Bâtiment qui dépend d'un bâtiment principal. *La bibliothèque était devenue trop petite, il a fallu construire une annexe.*

▸ **annexer** v. (conjug. 3). Réunir un territoire à un pays. *L'Allemagne a annexé l'Autriche en 1938.*

▸ **annexion** n.f. Rattachement d'un pays ou d'une partie de territoire à un autre pays. *L'annexion de la ville de Nice à la France a eu lieu au 19e siècle.*

annihiler v. (conjug. 3). Mot littéraire. Réduire à rien, détruire complètement. *L'inondation a annihilé tout le travail des jardiniers.* SYN. **anéantir, annuler, ruiner.**

● Ce mot s'écrit avec deux **n** et un **h.**

anniversaire n.m. ❶ Jour de la naissance de quelqu'un, qu'on fête chaque année. ❷ Souvenir annuel d'un événement qui a eu lieu le même jour dans le passé. *Mes grands-parents ont fêté leur trentième anniversaire de mariage hier.*

● Ce nom masculin se termine par un **e.**

annonce n.f. ❶ Fait d'annoncer quelque chose. *L'annonce de ton arrivée m'a fait plaisir.* SYN. **nouvelle.** ❷ Petit texte qui propose ou demande quelque chose. *Ils ont passé une petite annonce dans le journal pour vendre leur maison.*

▸▸▸ Mot de la famille de **annoncer.**

annoncer v. (conjug. 4). ❶ Dire, faire savoir. *Ils nous ont annoncé leur mariage.* SYN. **apprendre, informer de.** ❷ Laisser prévoir un événement, en être le signe. *Les gros nuages gris annoncent la pluie.*

▸ **annonciateur, trice** adj. Qui annonce, qui laisse prévoir un événement. *Les signes annonciateurs d'un orage.* SYN. **avant-coureur.**

annotation n.f. Petite note, remarque que l'on écrit dans un texte.

▸▸▸ Mot de la famille de **annoter.**

annoter v. (conjug. 3). Ajouter des remarques, des explications dans la marge d'un texte.

annuaire n.m. Livre publié chaque année qui contient des renseignements divers. *Dans*

l'annuaire téléphonique, on trouve l'adresse et le numéro de téléphone des abonnés.
● Ce nom masculin se termine par un **e.**

annuel, elle adj. Qui a lieu chaque année. *C'est la fête annuelle de l'école.*

annulaire n.m. Quatrième doigt de la main à partir du pouce. *Les personnes mariées portent généralement une alliance à l'annulaire de la main gauche.* → Vois aussi **auriculaire.**
● Ce nom masculin se termine par un **e.**
▸▸▸ Mot de la famille de **anneau.**

annulation n.f. Fait d'annuler. *J'ai appris l'annulation de leur voyage.*
▸▸▸ Mot de la famille de **annuler.**

annuler v. (conjug. 3). Déclarer, rendre nul. *Les élections ont été annulées.* SYN. **supprimer.** *J'ai dû annuler mon rendez-vous chez le dentiste.* SYN. **décommander.**

anoblir v. (conjug. 16). Accorder un titre de noblesse à quelqu'un. *Le roi a anobli un chevalier.*
● Ne confonds pas avec **ennoblir.**
▸▸▸ Mot de la famille de **noble.**

anodin, e adj. ❶ Qui est sans danger. *C'est une blessure anodine.* SYN. **bénin.** CONTR. **grave.** ❷ Qui est sans importance. *Sa remarque est anodine.* SYN. **insignifiant.**

anomalie n.f. Ce qui n'est pas normal, défaut. *On a constaté des anomalies dans le fonctionnement de l'ordinateur.*

ânon n.m. Jeune âne.
● Le **a** prend un accent circonflexe.

ânonner v. (conjug. 3). Lire, parler ou réciter en hésitant, en s'arrêtant souvent.
● Le **a** prend un accent circonflexe.

anonymat n.m. **Garder l'anonymat,** ne pas dire qui l'on est, ne pas donner son nom. *Le témoin a voulu garder l'anonymat.*
● Ce mot s'écrit avec un **y.**
▸▸▸ Mot de la famille de **anonyme.**

anonyme adj. ❶ Dont on ne connaît pas le nom ou qui ne donne pas son nom. *La personne qui a peint le tableau est anonyme.* ❷ Dont l'auteur n'a pas donné son nom, n'a pas signé. *Envoyer une lettre anonyme.*
● Ce mot s'écrit avec un **y.**

anorak n.m. Veste imperméable et chaude, à capuchon.
● Ce mot s'écrit avec un **k.**

anormal, e, aux adj. Qui n'est pas normal, qui n'est pas habituel. *La télévision fait un bruit anormal.* SYN. **bizarre, inhabituel.** CONTR. **habituel, normal.**
● Au masculin pluriel : **anormaux.**

▸ **anormalement** adv. De façon anormale, inhabituelle. *Il fait anormalement chaud pour la saison.* CONTR. **normalement.**

1. **anse** n.f. Partie recourbée d'un objet qui permet de le tenir ou de le porter. *L'anse d'une tasse, d'un panier.*

2. **anse** n.f. Petite baie. *Notre bateau s'est arrêté dans une anse.* SYN. **crique.** → Vois aussi **calanque.**

antagonisme n.m. Opposition entre des personnes ou des idées. SYN. **conflit.**

▸ **antagoniste** adj. ❶ Qui est opposé. *Des idées antagonistes.* SYN. **contraire.** ❷ **Muscles antagonistes,** qui ont une action opposée.

d'**antan** adv. Mot littéraire. Du temps passé. *Les fêtes d'antan.* SYN. **d'autrefois.**

antarctique adj. Qui est situé au pôle Sud et dans les régions environnantes. *Le continent antarctique.* SYN. **austral.** → Vois aussi **arctique.**
● On prononce [ɑ̃tartik] ou [ɑ̃tarktik].

antécédent n.m. En grammaire, mot repris et représenté par le pronom relatif. *Dans la phrase « Le bateau que tu vois est un voilier », le mot « bateau » est l'antécédent du pronom relatif « que ».* ◆ n.m. plur. Ensemble des actes passés d'une personne. *On peut lui faire confiance, il a de bons antécédents.*

antédiluvien, enne adj. Mot littéraire. Très ancien, démodé. *Il se déplaçait avec un vélo antédiluvien.* SYN. **archaïque.**

antenne n.f. ❶ Organe long et mince situé sur la tête des insectes et des crustacés, qui leur permet de sentir ou de toucher. *Les sauterelles et les langoustes ont des antennes.* ❷ Dispositif métallique qui permet de capter les émissions de radio, de télévision, etc., en provenance d'un émetteur.

antérieur, e adj. ❶ Qui vient avant dans le temps. *La construction de notre maison est antérieure à ma naissance.* CONTR. **postérieur.** ❷ Qui est situé à l'avant. *Les membres anté-*

a b c d e f g h i j k l m n o p q r s t u v w x y z

rieurs d'un cheval. CONTR. **postérieur.** → Vois aussi **précédent.**

▶ **antérieurement** adv. Avant. *La piscine est récente, le gymnase a été construit antérieurement.* SYN. **auparavant, précédemment.** CONTR. **après, ultérieurement.**

anthracite n.m. Charbon gris foncé et brillant.

● Nom du genre masculin : **un anthracite.**

anthropoïde n.m. Singe qui a beaucoup de caractères communs avec l'homme. *Les chimpanzés et les gorilles sont des anthropoïdes.*

anthropologie n.f. Science qui étudie l'homme.

● On peut aussi dire **science de l'homme.**

anthropophage adj. et n. Qui mange de la chair humaine. *Des peuples anthropophages.* SYN. **cannibale.**

anti- préfixe. Placé au début d'un mot, **anti-** signifie « contre », « qui s'oppose à » : *un antivol, antiraciste.*

antibiotique n.m. Médicament qui tue les bactéries ou les empêche de se multiplier. *J'ai une bronchite, le médecin m'a prescrit des antibiotiques.*

antibrouillard adj. invar. et n.m. **Phares antibrouillard** ou **antibrouillards,** phares qui éclairent la route par temps de brouillard. *Allume tes antibrouillards, on ne voit rien !*

● Ce mot ne change pas au pluriel quand il est adjectif.

antibruit adj. invar. **Mur antibruit,** qui sert à protéger du bruit. *On a construit des murs antibruit au bord de l'autoroute.*

● Ce mot ne change pas au pluriel.

anticipation n.f. **Film, roman d'anticipation,** dont l'action se passe dans le futur. → Vois aussi **science-fiction.**

▸▸▸ Mot de la famille de **anticiper.**

anticiper v. (conjug. 3). Agir comme si un événement avait déjà eu lieu. *Tu n'as pas encore les résultats de ton examen, n'anticipe pas !*

anticlérical, e, aux adj. et n. Qui s'oppose à l'influence du clergé dans la vie publique, dans l'enseignement.

● Au masculin pluriel : **anticléricaux.**

anticoagulant n.m. Médicament qui empêche le sang d'épaissir, de coaguler.

▸▸▸ Mot de la famille de **coaguler.**

anticonformiste adj. et n. Qui s'oppose aux idées, aux usages habituels. *Un comportement anticonformiste. C'est une anticonformiste.* CONTR. **conformiste.**

anticorps n.m. Substance fabriquée par l'organisme pour se protéger contre les microbes.

anticyclone n.m. Zone de hautes pressions atmosphériques. *Quand un anticyclone est au-dessus d'un pays, il fait beau.* CONTR. **dépression.**

● Ce mot s'écrit avec un **y.**

antidote n.m. Produit qui combat les effets d'un poison. SYN. **contrepoison.**

● Nom du genre masculin : **un antidote.**

antigel n.m. Produit qui empêche l'eau de geler. *On a mis de l'antigel dans le radiateur de la voiture.*

▸▸▸ Mot de la famille de **gel.**

anti-inflammatoire n.m. et adj. Médicament qui combat l'inflammation.

● Au pluriel : **anti-inflammatoires.**

antillais, e adj. et n. Des Antilles. *Des bananes antillaises. Antonine est antillaise. C'est une Antillaise.* → Vois aussi **guadeloupéen, martiniquais.**

● Le nom prend une majuscule : *un Antillais.*

antilope n.f. Mammifère ruminant aux pattes hautes et fines, qui vit en troupeau dans les régions chaudes d'Afrique et d'Asie. *L'antilope peut courir à 90 km par heure.* → Vois aussi **gazelle.**

une antilope

antimite n.m. Produit qui protège les vêtements contre les mites.

antipathie n.f. Sentiment d'hostilité, de rejet à l'égard de quelqu'un. *Elle a de l'antipathie pour lui.* CONTR. **sympathie.**

● Ce mot s'écrit avec **th.**

a b c d e f g h i j k l m n o p q x y z

a b c d e f g h i j k l m n o p q r s t u v w x y z

▸ **antipathique** adj. Qui est désagréable, qui ne plaît pas. *Je trouve son ami antipathique.* SYN. **déplaisant.** CONTR. **sympathique.**

antipersonnel adj. invar. **Mines antipersonnel,** qui sont utilisées dans une guerre pour tuer ou blesser des personnes, sans s'attaquer au matériel.

● Ce mot ne change pas au pluriel.

antipodes n.m. plur. ❶ Lieu diamétralement opposé à un autre sur la Terre. *La Nouvelle-Zélande est aux antipodes de la France.* ❷ **Être aux antipodes de,** être opposé, très différent de. *Ses idées sont aux antipodes des miennes.*

antipoison adj. invar. **Centre antipoison,** centre spécialisé où l'on soigne les personnes empoisonnées.

● Ce mot ne change pas au pluriel.

antiquaire n. Commerçant qui achète et revend des meubles et des objets anciens.

→ Vois aussi **brocanteur.**

▸▸▸ Mot de la famille de **antique.**

antique adj. ❶ Qui date de l'Antiquité. *Un théâtre antique.* ❷ Qui est très ancien et souvent démodé. *Mon grand-père utilise une cafetière antique.*

▸ **antiquité** n.f. ❶ **L'Antiquité,** période de l'histoire qui va de la fin de la préhistoire jusqu'à la chute de l'Empire romain. ❷ Objet ancien. *J'ai acheté un fauteuil du 18ᵉ siècle dans un magasin d'antiquités.*

un magasin d'**antiquités**

antiraciste adj. Qui est opposé au racisme, qui lutte contre le racisme. *Une manifestation antiraciste.*

antisémite adj. et n. Qui est hostile aux Juifs, qui se montre raciste à leur égard. *Des propos antisémites. C'est un antisémite.*

▸ **antisémitisme** n.m. Racisme envers les Juifs.

antiseptique adj. et n.m. Qui combat l'infection en détruisant les microbes. *L'alcool à 90° est un produit antiseptique. Désinfecter une plaie avec un antiseptique.*

antitétanique adj. **Vaccin antitétanique,** vaccin employé contre le tétanos.

antituberculeux, euse adj. **Vaccin antituberculeux,** vaccin employé contre la tuberculose. SYN. **B.C.G.**

antivirus n.m. Programme utilisé sur un ordinateur permettant de détecter et de détruire un virus informatique.

● On prononce le **s.**

antivol n.m. Système de sécurité pour se protéger d'un vol. *Notre voiture est munie d'un antivol.*

antonyme n.m. Mot qui a un sens opposé à celui d'un autre mot. *Les adjectifs « beau » et « laid » sont des antonymes.* SYN. **contraire.** CONTR. **synonyme.**

● Ce mot s'écrit avec un **y.**

antre n.m. Cavité dans un rocher, grotte qui sert d'abri aux animaux sauvages. *L'antre du lion.*

● Nom du genre masculin : **un antre.**

anus n.m. Orifice entre les fesses qui se trouve à l'extrémité de l'intestin.

● On prononce le **s.**

anxiété n.f. Grande inquiétude causée par la crainte d'un événement ou par l'incertitude dans laquelle on est. *Le jour de l'examen, il a attendu son tour avec anxiété.* SYN. **angoisse.** CONTR. **calme.**

anxieusement adv. Avec de l'anxiété, une grande inquiétude. *Elle attendait anxieusement ses résultats.* CONTR. **tranquillement, calmement.**

▸▸▸ Mot de la famille de **anxieux.**

anxieux, euse adj. Qui est très inquiet. *Il était anxieux, il avait peur de manquer son train.* SYN. **angoissé.** CONTR. **calme, tranquille, serein.**

aorte n.f. Artère qui part du cœur et qui porte le sang oxygéné à toutes les parties du corps.

août n.m. Huitième mois de l'année. *En août, nous irons à la mer.*
● On prononce [u] ou [ut].
– La nouvelle orthographe permet d'écrire aussi **aout**, sans accent circonflexe sur le **u**.
– Le mois d'août a 31 jours.

apaisant, e adj. Qui apaise, qui calme. *Une boisson apaisante.*
►►► Mot de la famille de **paix**.

apaisement n.m. Retour au calme. *Après la tempête, c'est l'apaisement dans les rues de la ville.*
►►► Mot de la famille de **paix**.

apaiser et **s'apaiser** v. (conjug. 3). Calmer. *La musique a apaisé le bébé, qui s'est endormi.* CONTR. **énerver, exciter.** ◆ **s'apaiser**. Se calmer. *La tempête s'est apaisée.*
►►► Mot de la famille de **paix**.

aparté n.m. **En aparté,** à part, pour que les autres n'entendent pas. *Elle m'a fait une remarque en aparté.*
● Nom du genre masculin : **un aparté**.

apartheid n.m. Politique du gouvernement d'Afrique du Sud qui séparait les Noirs et les Blancs dans les écoles, les transports, les hôpitaux, et qui ne leur accordait pas les mêmes droits. *L'apartheid a été supprimé en 1991.*
● On prononce [apartɛd].

apathie n.f. Manque d'énergie, de réaction. SYN. **inertie, mollesse.** CONTR. **dynamisme, énergie.**

► **apathique** adj. Qui manque d'énergie, de réaction. SYN. **mou, indolent.** CONTR. **dynamique, énergique.**

apatride n. et adj. Personne qui n'a pas de patrie.

apercevoir et **s'apercevoir** v. (conjug. 31). ❶ Voir mal ou voir de loin. *J'aperçois un bateau au loin.* SYN. **entrevoir, discerner.** ❷ Distinguer de façon soudaine. *J'ai aperçu ton frère à la gare.* ◆ **s'apercevoir**. Se rendre compte de quelque chose. *Il s'est aperçu de son erreur. Elle s'est aperçue qu'elle avait oublié son parapluie.* SYN. **remarquer.**

► **aperçu** n.m. Impression, idée rapide. *Le film donne un aperçu de la vie des paysans au Moyen Âge.*
● Le **c** prend une cédille.

apéritif n.m. Boisson souvent alcoolisée, que l'on prend avant le repas.

apesanteur n.f. Absence de pesanteur. *Dans les vaisseaux spatiaux, les astronautes sont en apesanteur.* SYN. **impesanteur.**

apeuré, e adj. Qui a peur. *Le chat apeuré s'est enfui.* SYN. **effrayé.**
►►► Mot de la famille de **peur**.

aphone adj. Qui n'a plus de voix, qui parle difficilement. *Anne a une extinction de voix, elle est aphone.*

aphte n.m. Petite plaie dans la bouche.
● Ce mot s'écrit avec **ph**. – Nom du genre masculin : **un aphte**.

api n.m. **Pomme d'api,** pomme rouge et blanche, ferme et sucrée.

à-pic n.m. Pente très raide, presque verticale d'une falaise, d'un rocher.
● Au pluriel : des **à-pics**.

apiculteur, trice n. Personne qui élève des abeilles et qui vend le miel et la cire récoltés.
►►► Mot de la famille de **apiculture**.

un apiculteur

apiculture n.f. Élevage des abeilles dans des ruches afin de récolter le miel et la cire.

apitoiement n.m. Fait d'avoir pitié de quelqu'un. SYN. **pitié, compassion.**
● On prononce [apitwamɑ̃].
►►► Mot de la famille de **apitoyer**.

apitoyer et **s'apitoyer** v. (conjug. 14). Faire pitié. *Son histoire de chien abandonné nous a apitoyés.* SYN. **attendrir.** ◆ **s'apitoyer sur**. Avoir de la compassion pour. *Elle s'apitoie sur les orphelins.*

aplanir v. (conjug. 16). ❶ Rendre plat, faire disparaître les creux et les bosses. *Le chemin a été aplani pour que les voitures puissent*

a b c d e f g h i j k l m n o p q r s t u v w x y z

passer. SYN. **égaliser, niveler.** ❷ **Aplanir des difficultés,** les faire disparaître.
● Ce mot prend un seul **p.**
▸▸▸ Mot de la famille de **plan (2).**

aplatir v. (conjug. 16). Rendre plat. *Aplatir une barre de fer avec un marteau.*
● Ce mot prend un seul **p.**
▸▸▸ Mot de la famille de **plat (1).**

aplomb n.m. ❶ **D'aplomb,** bien droit, bien en équilibre. *Le chiot ne se tient pas d'aplomb sur ses pattes.* ❷ Assurance un peu insolente. *Il ne manque pas d'aplomb.* SYN. **audace.**
● Ce mot se termine par un **b** que l'on ne prononce pas.

apnée n.f. **Plonger en apnée,** sans bouteille d'oxygène, en bloquant sa respiration.

apocalypse n.f. Catastrophe épouvantable qui fait penser à la fin du monde. *Des images d'apocalypse.*
● Ce mot s'écrit avec un **y.** – Nom du genre féminin : **une apocalypse.**

▸ **apocalyptique** adj. Qui évoque la fin du monde, épouvantable. *L'incendie a laissé un paysage apocalyptique.*

apogée n.m. Le plus haut degré, le plus haut point. *Le chanteur est à l'apogée de sa gloire.* SYN. **sommet.**
▸▸▸ Nom du genre masculin : **un apogée.**

a posteriori adv. Après avoir fait l'expérience. *Je me suis rendu compte a posteriori qu'ils avaient raison.* CONTR. **a priori.**
● La nouvelle orthographe permet d'écrire aussi **à postériori,** avec un accent sur le **a** et sur le **e.**

apostolat n.m. Mission, métier que l'on fait avec beaucoup de dévouement. *Le métier de pompier est un apostolat.*
▸▸▸ Mot de la famille de **apôtre.**

1. **apostrophe** n.f. Signe en forme de virgule que l'on place après une consonne et qui marque la suppression d'une voyelle. *Dans « l'enfant », le « l » est suivi d'une apostrophe.*
→ Vois aussi **élision.**
● Nom du genre féminin : **une apostrophe.**

2. **apostrophe** n.f. Parole peu aimable et brusque qu'on adresse à quelqu'un. *Les joueurs se lançaient des apostrophes.*
● Nom du genre féminin : **une apostrophe.**

▸ **apostropher** v. (conjug. 3). Interpeller quelqu'un de façon brutale et impolie. *Le passant qu'elle a bousculé l'a apostrophée.*

apothéose n.f. Dernière partie d'un spectacle, d'une fête, la plus réussie, la plus grandiose. *Le lâcher de ballons a été l'apothéose du concert.*

apôtre n.m. ❶ **Les douze apôtres,** les disciples de Jésus-Christ. ❷ Personne qui défend des idées et qui cherche à les faire partager. *Un apôtre de la paix.*
● Le **o** prend un accent circonflexe.

apparaître v. (conjug. 73). ❶ Se montrer de façon soudaine. *Le chanteur est apparu sur la scène.* CONTR. **disparaître.** ❷ Commencer à exister. *Les premiers bourgeons des arbres sont apparus.* ❸ Paraître. *Son problème lui apparaît moins compliqué qu'au départ.* SYN. **sembler.**
● La nouvelle orthographe permet d'écrire aussi **apparaitre,** sans accent circonflexe. – Ce verbe se conjugue avec l'auxiliaire « être ».

apparat n.m. **D'apparat,** qui convient pour une cérémonie, un événement solennel. *Pour la remise des prix, il portait un costume d'apparat.*

appareil n.m. ❶ Objet fait de plusieurs parties, qui a une fonction particulière. *Le fer à repasser est un appareil ménager. On lui a offert un appareil photo.* ❷ **Appareil dentaire,** qui sert à redresser les dents. ❸ Téléphone. *Qui est à l'appareil ?* ❹ Avion. *L'appareil n'a pas pu atterrir à cause du brouillard.* ❺ Ensemble d'organes qui assurent une même fonction. *L'appareil respiratoire; l'appareil digestif.*

appareiller v. (conjug. 3). Pour un bateau, faire les manœuvres pour quitter le port. SYN. **lever l'ancre.** CONTR. **jeter l'ancre, mouiller.**

apparemment adv. D'après les apparences. *Apparemment, il n'est pas chez lui.*
● On écrit **emment** mais on prononce [amɑ̃], comme **amant.**
▸▸▸ Mot de la famille de **apparent.**

apparence n.f. ❶ Aspect extérieur d'une personne ou d'une chose. *Elle est faible en apparence, mais en réalité elle est très robuste. L'immeuble a encore une belle apparence.* SYN. **forme.** ❷ **Se fier aux apparences,** croire ce que l'on voit. *Il ne faut pas se fier aux apparences.*
▸▸▸ Mot de la famille de **apparent.**

apparent, e adj. ① Qui se voit bien. *Les traces de doigt sur les vitres sont apparentes.* SYN. **visible.** ② Qui n'est pas tel qu'on le voit. *Sous un calme apparent, c'est un garçon très sensible.* SYN. **trompeur.**

apparenté, e adj. Qui a un lien de parenté avec quelqu'un. *Ils viennent de découvrir qu'ils sont apparentés.*
▸▸▸ Mot de la famille de **parent.**

apparition n.f. ① Fait d'apparaître, de commencer à exister. *La lune a fait son apparition dans le ciel.* CONTR. **disparition.** ② Vision d'un être surnaturel, d'un fantôme. *Avoir des apparitions.*
▸▸▸ Mot de la famille de **apparaître.**

appartement n.m. Logement composé de plusieurs pièces dans un immeuble.

appartenance n.f. Fait d'appartenir à un groupe, d'en faire partie. *Son appartenance au club de judo est récente.*
▸▸▸ Mot de la famille de **appartenir.**

appartenir v. (conjug. 20). ① Être la propriété de quelqu'un, être à lui. *Ce stylo m'appartient.* ② Faire partie d'un ensemble, d'un groupe. *La chauve-souris appartient à la classe des mammifères.*

appât n.m. ① Nourriture dont on se sert pour attirer un animal que l'on veut attraper. *Le pêcheur utilise des vers comme appât.* SYN. **amorce.** ② **L'appât du gain,** l'envie de gagner de l'argent.
● Le second **a** prend un accent circonflexe.

▸ **appâter** v. (conjug. 3). ① Attirer un animal dans un piège avec de la nourriture. *Il a appâté la souris avec du fromage.* ② Attirer quelqu'un en lui faisant une proposition alléchante. *Il les a appâtés avec de l'argent.* SYN. **allécher, séduire.**

appauvrir et **s'appauvrir** v. (conjug. 16). Rendre pauvre. *Les mauvaises récoltes avaient appauvri le pays.* SYN. **ruiner.** CONTR. **enrichir.** ◆ **s'appauvrir.** Devenir pauvre, nettement moins riche. *La région s'est appauvrie depuis la fermeture des usines.*
▸▸▸ Mot de la famille de **pauvre.**

appauvrissement n.m. Fait de s'appauvrir. *La guerre a entraîné l'appauvrissement de nombreuses familles.* CONTR. **enrichissement.**
▸▸▸ Mot de la famille de **pauvre.**

appeau n.m. Petit instrument avec lequel on imite le cri de certains oiseaux pour les attirer.
● Au pluriel : des **appeaux.**

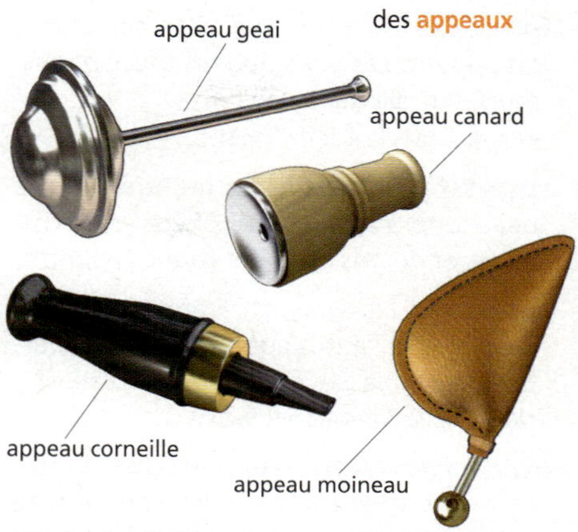

appel n.m. ① Cri d'une personne qui appelle. *Je n'ai pas entendu tes appels. L'alpiniste blessé a lancé des appels au secours.* ② Communication téléphonique. *Il y a eu un appel pour vous.* ③ **Faire l'appel,** appeler par son nom chacun des membres d'un groupe pour savoir s'il est présent. ④ **Faire appel à quelqu'un,** lui demander son aide.
▸▸▸ Mot de la famille de **appeler.**

appeler et **s'appeler** v. (conjug. 12). ① Demander à quelqu'un de venir, en parlant ou en faisant un geste. *Maman m'a appelé, je dois partir.* ② Téléphoner. *J'appellerai Renata ce soir.* ③ Donner un nom. *Ils ont appelé leur chien Tomy.* SYN. **nommer.** ◆ **s'appeler.** Avoir tel nom ou tel prénom. *Leur fille s'appelle Lisa.* SYN. **se nommer.**
● Ce mot s'écrit avec deux **p** et un **l,** à l'infinitif.

▸ **appellation** n.f. Nom par lequel on désigne quelque chose. *Ils ont changé l'appellation du produit.*
● Ce mot prend deux **p** et deux **l.**

appendice n.m. Petite poche qui prolonge le gros intestin.
● On prononce [apɛ̃dis]. – Nom du genre masculin : **un appendice.**

▸ **appendicite** n.f. Inflammation de l'appendice. *Yao a eu une crise d'appendicite, il a dû se faire opérer.*

appentis n.m. Petit bâtiment dont le toit est adossé à un mur. *Grand-père range ses outils dans l'appentis.*
● Ce mot se termine par un **s.**

a b c d e f g h i j k l m n o p q r s t u v w x y z

s'appesantir v. (conjug. 16). **S'appesantir sur un sujet,** en parler trop longuement. SYN. **insister.**

appétissant, e adj. Qui a l'air bon et met en appétit. *Les plats étaient tous appétissants.* SYN. **alléchant.**
▸▸▸ Mot de la famille de **appétit.**

appétit n.m. Envie de manger. *Elle a beaucoup d'appétit. Ses histoires de crapauds et de rats nous ont coupé l'appétit.*

applaudir v. (conjug. 16). Frapper ses mains l'une contre l'autre pour marquer sa satisfaction, sa joie. *Les enfants ont applaudi les clowns à la fin du spectacle.*

▸ **applaudissements** n.m. plur. Battements de mains par lesquels on montre qu'on est content. *On a attendu la fin des applaudissements pour sortir du théâtre.*

application n.f. ❶ Fait d'appliquer, de poser quelque chose sur autre chose. *L'application du vernis doit se faire sur une surface propre.* ❷ Fait d'appliquer, de mettre en pratique. *L'application d'une loi.* ❸ Soin avec lequel on fait quelque chose. *Maxence a recopié le texte avec application.* ❹ Programme destiné à aider l'utilisateur d'un ordinateur pour le traitement d'une tâche précise.
▸▸▸ Mot de la famille de **appliquer.**

applique n.f. Support de lampe fixé au mur.
▸▸▸ Mot de la famille de **appliquer.**

appliqué, e adj. Qui est très attentif dans ce qu'il fait. *C'est une élève très appliquée.* SYN. **sérieux, soigneux, travailleur.** CONTR. **négligent.**
▸▸▸ Mot de la famille de **appliquer.**

appliquer et **s'appliquer** v. (conjug. 3). ❶ Poser, étaler sur une surface. *Il a appliqué une couche de peinture sur le meuble.* SYN. **étendre.** ❷ Mettre en pratique. *J'ai appliqué la méthode que tu m'avais conseillée.* ◆ **s'appliquer.** ❶ Porter une grande attention à ce que l'on fait. *Amina s'applique pour dessiner.* ❷ **S'appliquer à,** concerner. *Mes remarques ne s'appliquent pas à toi.* SYN. **s'adresser à.**

appoint n.m. ❶ **Faire l'appoint,** donner le compte exact pour qu'il n'y ait pas de monnaie à rendre. ❷ **D'appoint,** qui vient en supplément, qui complète ce que l'on a déjà. *Nous utilisons un radiateur électrique comme chauffage d'appoint.*

appointements n.m. plur. Somme d'argent qu'un employé gagne régulièrement. *Ses appointements ne sont pas très élevés.* SYN. **salaire.**

apport n.m. Ce qu'on apporte, ce qui est apporté. *L'apport des chercheurs est très important pour les progrès de la médecine.* SYN. **contribution.**
▸▸▸ Mot de la famille de **apporter.**

apporter v. (conjug. 3). ❶ Porter un objet à quelqu'un, venir avec un objet. *Djamila a apporté des fleurs.* ❷ Donner, fournir. *Les enfants apportent beaucoup de joie à leurs parents.* SYN. **procurer.** ❸ **Apporter du soin à un travail,** le faire avec soin. ❹ Produire. *Son déménagement a apporté beaucoup de changements dans sa vie.* SYN. **causer, entraîner.**

apposer v. (conjug. 3). **Apposer une signature,** la mettre sur un document.
▸▸▸ Mot de la famille de **poser.**

apposition n.f. **Mot, groupe de mots en apposition,** placé près d'un autre mot pour en préciser le sens. *Dans « Madrid, capitale de l'Espagne », le groupe de mots « capitale de l'Espagne » est en apposition au mot « Madrid ».*

appréciable adj. Qu'on apprécie, qu'on est content d'avoir. *Votre aide est appréciable.* SYN. **précieux.**
▸▸▸ Mot de la famille de **apprécier.**

appréciation n.f. ❶ Note, observation. *La maîtresse a écrit ses appréciations dans le haut de la page.* SYN. **remarque.** ❷ Évaluation de la valeur ou de l'importance de quelque chose. *L'appréciation d'une distance.* SYN. **estimation.**
▸▸▸ Mot de la famille de **apprécier.**

apprécier v. (conjug. 7). ❶ Aimer, trouver agréable. *Quand il fait froid, j'apprécie une tasse de chocolat. Il n'a pas apprécié ma plaisanterie.* ❷ Évaluer, déterminer. *Il est difficile d'apprécier le prix d'une maison.* SYN. **estimer.**

appréhender v. (conjug. 3). ❶ Arrêter quelqu'un. *Les policiers ont appréhendé le voleur.* ❷ Craindre, s'inquiéter à l'avance.

J'appréhende l'opération que je dois subir. SYN. **redouter.**

▶ **appréhension** n.f. Crainte de quelque chose. *Il a un peu d'appréhension avant chaque visite chez le dentiste.* SYN. **inquiétude, peur.**

apprendre v. (conjug. 48). ❶ Acquérir des connaissances. *J'apprends une poésie.* SYN. **étudier.** *Koffi apprend à jouer du piano.* ❷ Apporter un savoir à quelqu'un. *Ma grand-mère m'a appris à tricoter. Le professeur apprend l'histoire et la géographie à ses élèves.* SYN. **enseigner.** ❸ Annoncer. *Il nous a appris ton départ.* SYN. **informer de.** ❹ Être informé de quelque chose. *J'ai appris la naissance de ton petit frère.*

▶ **apprenti, e** n. Personne qui apprend un métier. *Adrien travaille comme apprenti chez un boulanger.*

▶ **apprentissage** n.m. Formation pratique pour apprendre un métier. *Sarah est en apprentissage chez un fleuriste.*

s'**apprêter** v. (conjug. 3). Être sur le point de faire quelque chose. *Je m'apprêtais à sortir quand on a sonné à la porte.* SYN. **se préparer, se disposer.**

● Le premier **e** prend un accent circonflexe.

apprivoiser v. (conjug. 3). Habituer un animal à la compagnie des êtres humains. *Hugo a apprivoisé une chouette.* SYN. **domestiquer.**

approbateur, trice adj. **Air approbateur, regard approbateur,** qui montrent que l'on est d'accord, que l'on approuve quelque chose. CONTR. **désapprobateur, réprobateur.**

▶▶▶ Mot de la famille de **approuver.**

approbation n.f. Accord exprimé par un geste, une parole. *Hocher la tête en signe d'approbation.* SYN. **assentiment.** CONTR. **désaccord, désapprobation, réprobation.** → Vois aussi **consentement.**

▶▶▶ Mot de la famille de **approuver.**

approchant adj.m. **Quelque chose d'approchant,** quelque chose de ressemblant, de comparable. *Je n'ai pas de satin mais voici quelque chose d'approchant.*

▶▶▶ Mot de la famille de **approcher.**

approche n.f. Moment où quelque chose, quelqu'un approche. *À l'approche de Noël, les enfants sont excités.* SYN. **arrivée, venue.**

▶▶▶ Mot de la famille de **approcher.**

approcher et **s'approcher** v. (conjug. 3). ❶ Placer plus près. *Approche ta chaise de ton bureau.* SYN. **avancer, rapprocher.** CONTR. **éloigner.** ❷ Venir plus près. *Approchez, j'ai à vous parler, les enfants.* ❸ Être proche dans le temps. *L'automne approche.* ❹ **Approcher du but,** être tout près de réussir. ◆ **s'approcher.** Venir plus près. *Approchez-vous du guide, vous entendrez mieux.* SYN. **se rapprocher.** CONTR. **s'éloigner.**

approfondir v. (conjug. 16). **Approfondir un sujet, une question,** les étudier plus à fond.

▶ **approfondissement** n.m. Examen complet d'un sujet, d'une question.

approprié, e adj. Qui est parfaitement adapté à une situation. *Les plongeurs ont une tenue appropriée.* SYN. **adéquat.** CONTR. **inadapté.**

▶▶▶ Mot de la famille de **propre.**

s'**approprier** v. (conjug. 7). Prendre quelque chose pour soi. *Marie s'est approprié la plus grosse part du gâteau.* SYN. **s'attribuer, s'adjuger.**

approuver v. (conjug. 3). Dire qu'on est d'accord avec quelqu'un, avec ce qui est fait. *Nous approuvons votre décision.* CONTR. **critiquer, désapprouver.** → Vois aussi **acquiescer.**

▶▶▶ Mots de la même famille : **approbateur, approbation.**

approvisionnement n.m. Fait d'approvisionner, de s'approvisionner. *Dans certains pays, la population a des difficultés d'approvisionnement.* SYN. **ravitaillement.**

▶▶▶ Mot de la famille de **provision.**

approvisionner v. (conjug. 3). Fournir ce qui est nécessaire aux besoins d'une personne, d'un groupe. *Approvisionner un village en eau.* SYN. **alimenter.**

▶▶▶ Mot de la famille de **provision.**

approximatif, ive adj. Qui manque de précision. *Un poids approximatif de 100 kilos.* CONTR. **exact.** *Avoir des connaissances approximatives sur un sujet.* SYN. **imprécis, vague.** CONTR. **précis.**

▶▶▶ Mot de la famille de **approximation.**

approximation n.f. Calcul qui donne à peu près la valeur réelle. *Cela devrait vous coûter 50 euros, mais ce n'est qu'une approximation.* SYN. **estimation.**

▸ **approximativement** adv. À peu près. *Le spectacle dure approximativement deux heures.* SYN. **environ.** CONTR. **exactement.**

appui n.m. ❶ Ce qui sert à soutenir. *Prendre appui sur un bâton.* ❷ Aide apportée par quelqu'un. *Je peux compter sur l'appui de mes amis.* SYN. **soutien.**
▸▸▸ Mot de la famille de **appuyer.**

appui-tête n.m. Objet réglable et souvent rembourré fixé sur un fauteuil ou un siège de voiture pour soutenir la tête.
● Au pluriel : des **appuis-tête.**
– La nouvelle orthographe permet d'écrire aussi un **appuie-tête,** des **appuie-têtes,** comme **j'appuie.**
▸▸▸ Mot de la famille de **appuyer.**

des appuis-tête

appuyer et **s'appuyer** v. (conjug. 14). ❶ Poser une chose contre une autre qui sert à la soutenir. *Appuyer une échelle contre un mur.* ❷ Presser avec le doigt. *Appuie sur le bouton de l'ascenseur.* ❸ Se déclarer favorable à, soutenir. *Le directeur a appuyé un candidat à un poste.* ◆ **s'appuyer.** Prendre appui sur ou contre quelqu'un, quelque chose. *Ma grand-mère s'appuie sur mon bras.*

âpre adj. Mot littéraire. ❶ Rude, désagréable. *Un vent âpre; un goût âpre.* SYN. **âcre.** CONTR. **doux.** ❷ Dur, pénible. *Se livrer d'âpres combats.* SYN. **violent, acharné.**
● Le **a** prend un accent circonflexe.

après préposition et adv. ❶ Indique que quelque chose ou quelqu'un vient à la suite, dans le temps ou dans l'espace. *L'été vient après le printemps. La gare est après le carrefour.* CONTR. **avant.** *Après avoir tout examiné, elle sortit. Finis ton repas, tu iras jouer après.* SYN. **ensuite.** *Il est rentré de vacances et il a eu un accident deux jours après.* SYN. **plus tard.** ❷ **Après tout,** tout bien réfléchi. *Après tout, son histoire est peut-être vraie.* SYN. **finalement, en définitive.** ◆ **après que** conjonction. Indique qu'une action se passe après une autre. *Après qu'il eut parlé, il sortit.* CONTR. **avant que.**

d'après préposition. Selon ce que dit quelqu'un. *D'après le témoin, il y aurait eu deux coups de feu.*

après-demain adv. Jour qui suit demain. *Aujourd'hui, c'est mardi, et après-demain, ce sera jeudi.* → Vois aussi **surlendemain.**

après-midi n.m. invar. ou n.f. invar. Période comprise entre midi et le soir. *L'été, nous passons nos après-midi à la plage.*
● La nouvelle orthographe permet d'écrire aussi des **après-midis,** avec un **s.**

après-ski n.m. Grosse chaussure fourrée et imperméable que l'on porte à la montagne après avoir skié.
● Au pluriel : des **après-skis.**

après-vente adj. invar. **Service après-vente,** qui s'occupe de l'installation, de l'entretien et des réparations du matériel vendu.
● La nouvelle orthographe permet d'écrire aussi **après-ventes,** avec un **s** au pluriel.

âpreté n.f. Mot littéraire. Caractère âpre, désagréable, pénible de quelque chose. *L'âpreté d'une prune.* SYN. **âcreté.** CONTR. **douceur.** *L'âpreté du climat de la Russie.* SYN. **rigueur, rudesse.**
▸▸▸ Mot de la famille de **âpre.**

a priori adv. À première vue, au premier abord. *A priori, je suis favorable à votre proposition.* CONTR. **a posteriori.**
● La nouvelle orthographe permet d'écrire aussi **à priori,** avec un accent sur le **a.**

à-propos n.m. invar. Qualité d'une action, d'une remarque qui arrive au bon moment. *Répondre avec beaucoup d'à-propos. Manquer d'à-propos.* SYN. **présence d'esprit.**
→ Vois aussi **repartie.**

apte adj. Qui est capable de remplir une fonction, un emploi, de suivre un enseignement. *Il est parfaitement apte à suivre le cours de CM1.* CONTR. **inapte.**

▸ **aptitude** n.f. Capacité à faire quelque chose. *Adrien a des aptitudes pour le dessin.* SYN. **disposition, prédisposition.** CONTR. **inaptitude.**

aquarelle n.f. Peinture à l'eau aux couleurs légères; œuvre réalisée avec cette peinture.

Sarah fait de l'aquarelle. Elle a exposé ses aquarelles. → Vois aussi **gouache.**
● On prononce [akwa-].

aquarium n.m. ❶ Bac en verre rempli d'eau dans lequel on fait vivre des poissons et d'autres animaux aquatiques. ❷ Bâtiment où sont présentés des animaux aquatiques dans de grands aquariums.
● On prononce [akwarjɔm].

aquatique adj. **Animaux aquatiques, plantes aquatiques,** qui vivent dans l'eau douce ou sur le bord des rivières et des marais. *Les nénuphars sont des plantes aquatiques. Les flamants roses sont des animaux aquatiques.*
→ Vois aussi **marin.**
● On prononce [akwa-].

aqueduc n.m. Canal construit pour conduire l'eau d'un endroit à un autre; pont construit pour permettre à ce canal de franchir une vallée. *De nombreux aqueducs ont été édifiés dans tout l'Empire romain.*

un aqueduc

ara n.m. Grand perroquet des forêts d'Amérique du Sud, au plumage très coloré. → Vois aussi **cacatoès.**

un ara

arabe adj. et n. De l'Arabie, des peuples originaires de l'Arabie et de tout pays dont la langue est l'arabe. *La poésie arabe. Walid est arabe. C'est un Arabe.* ◆ **arabe** n.m. Langue parlée en Arabie et dans les pays arabes.
● Le nom prend une majuscule quand il désigne une personne : *un Arabe.*

arabesque n.f. Ligne sinueuse et décorative. *La signature de Lucas est pleine d'arabesques.*

arable adj. **Terre arable,** que l'on peut cultiver, labourer. SYN. **cultivable.**

arachide n.f. Plante des pays chauds cultivée pour sa graine, la cacahuète. On en tire une huile utilisée en cuisine.

araignée n.f. ❶ Petit animal invertébré à huit pattes qui fabrique une toile et produit un venin pour capturer ses proies. *Les araignées se nourrissent d'insectes.* ❷ **Araignée de mer,** crabe aux longues pattes et à la carapace épineuse. → Vois aussi **mygale, tarentule.**
● Les araignées sont des arachnides, comme les scorpions et les acariens.

araire n.m. Instrument de labour sans roue avec un soc en fer. → Vois aussi **charrue.**

arbalète n.f. Arme faite d'un arc d'acier qui se bande avec un système à ressort. *L'arbalète permet un tir plus précis et plus puissant que l'arc.*

des arbalètes

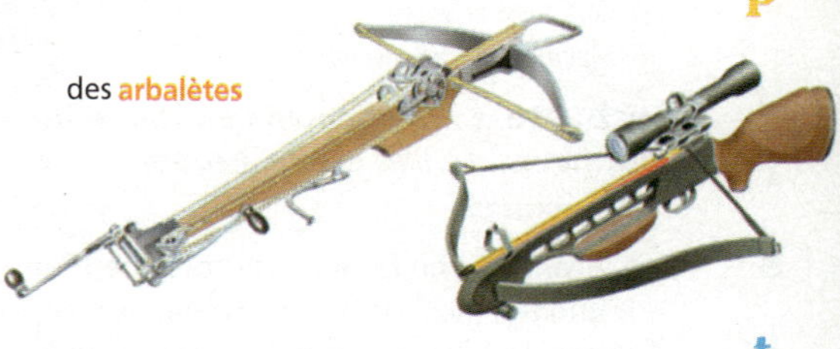

arbitrage n.m. Fait d'arbitrer un match ou un débat, un conflit.
▸▸▸ Mot de la famille de **arbitre.**

arbitraire adj. **Décision arbitraire,** qui est prise sans souci de justice ou de vérité. SYN. **injustifié.** CONTR. **fondé.**

arbitre n. ❶ Personne chargée de veiller au bon déroulement d'un jeu, d'un match, d'une compétition et au respect du règlement. *L'arbitre a sanctionné un joueur pour sa brutalité.* ❷ Personne choisie pour régler un désaccord, un conflit. *Quand une*

a b c d e f g h i j k l m n o p q r s t u v w x y z

dispute éclate, on prend toujours mon grand frère pour arbitre. SYN. **médiateur.**

▶ **arbitrer** v. (conjug. 3). ❶ Veiller au bon déroulement d'un jeu, d'un match, d'une compétition et au respect du règlement. ❷ Mettre des personnes d'accord par une décision équitable. *Arbitrer un conflit entre deux voisins.*

arborer v. (conjug. 3). Mot littéraire. Porter sur soi de manière très visible. *Mon grand-père arbore ses décorations avec fierté.*

arborescent, e adj. Qui a la forme d'un arbre. *Des fougères arborescentes.*
● Le son [s] s'écrit **sc.**
▶▶▶ Mot de la famille de **arbre.**

arboriculture n.f. Culture des arbres d'ornement et des arbres fruitiers.
▶▶▶ Mot de la famille de **arbre.**

arbre n.m. ❶ Végétal de grande taille qui a des racines et un tronc garni de branches. *Le jardinier a planté un arbre fruitier.* ❷ **Arbre généalogique,** dessin en forme d'arbre qui représente les liens de parenté des membres d'une famille, sur plusieurs générations.
→ Vois aussi **conifère, feuillu.**
→ planche pp. 86-87.

▶ **arbrisseau** n.m. Petit arbre d'une hauteur de un à quatre mètres, qui porte des branches dès sa base. *Le noisetier est un arbrisseau.*
→ Vois aussi **arbuste.**
● Au pluriel : des **arbrisseaux.**

▶ **arbuste** n.m. Arbre qui ne dépasse pas dix mètres. *Le lilas est un arbuste.* → Vois aussi **arbrisseau.**

arc n.m. ❶ Arme faite d'une corde tendue sur une tige flexible et qui sert à lancer des flèches. *Lisa fait du tir à l'arc.* ❷ Courbure d'une voûte. *Les églises gothiques ont des arcs brisés.* ❸ **Arc de triomphe,** monument en forme d'arc, élevé en l'honneur de quelqu'un ou pour commémorer un événement.

▶ **arcade** n.f. **Arcade sourcilière,** rebord arqué situé au-dessus de l'œil et qui porte le sourcil. ◆ n.f. plur. Galerie couverte dont les piliers sont reliés par des arcs. *Je me promène sous les arcades de la place du Marché.*

▶ **arc-boutant** n.m. Pilier en forme d'arc qui soutient les murs d'un édifice. *Les arcs-boutants d'une église gothique.* → Vois aussi **contrefort.**
● Au pluriel : des **arcs-boutants.**
– La nouvelle orthographe permet d'écrire aussi un **arcboutant,** sans trait d'union.

un arc-boutant

▶ **s'arc-bouter** v. (conjug. 3). Prendre fortement appui sur ses pieds pour pousser de tout son corps sur quelque chose. *Pierre s'arc-boute contre la porte pour nous empêcher de rentrer.*
● La nouvelle orthographe permet d'écrire aussi **s'arcbouter,** sans trait d'union.

▶ **arceau** n.m. Objet qui a la forme d'un arc, d'un demi-cercle. *Les arceaux d'un jeu de croquet.*
● Au pluriel : des **arceaux.**

▶ **arc-en-ciel** n.m. Bande lumineuse multicolore en forme d'arc que l'on voit parfois quand il pleut, à l'opposé du soleil. *Dans un arc-en-ciel, on distingue le rouge, l'orange, le jaune, le vert, le bleu, l'indigo et le violet.*
● Au pluriel : des **arcs-en-ciel.**

archaïque adj. Qui n'est plus en usage dans le monde moderne. *Des méthodes de travail archaïques.* SYN. **dépassé, désuet, périmé.** CONTR. **moderne, avancé.**
● On écrit **ch** mais on prononce [k], et le **i** prend un tréma.

arche n.f. ❶ Voûte qui relie les piliers d'un pont. ❷ **L'arche de Noé,** selon la Bible, grand navire que Noé construisit pour sauver du Déluge sa famille et des animaux de toutes les espèces.
▶▶▶ Mot de la famille de **arc.**

archéologie n.f. Science qui étudie les civilisations anciennes à partir de leurs vestiges, des objets qu'on a retrouvés.
● On écrit **ch** mais on prononce [k].

▶ **archéologique** adj. **Fouilles archéologiques,** fouilles entreprises pour retrouver les vestiges du passé.

▶ **archéologue** n. Spécialiste de l'archéologie. *Plus tard, j'aimerais être archéologue.*

archéoptéryx n.m. Oiseau préhistorique qui avait des dents.
● On écrit **ch** mais on prononce [k].

un archéoptéryx

archer n.m. ❶ Nom donné autrefois à un soldat armé d'un arc. ❷ Tireur à l'arc.

archet n.m. Baguette sur laquelle est tendue une mèche de crins. Elle sert à faire vibrer les cordes d'un violon, d'un violoncelle.

archevêque n.m. Évêque responsable de plusieurs diocèses.
● Le deuxième **e** prend un accent circonflexe.

archipel n.m. Groupe d'îles. *L'archipel des Cyclades, en Grèce.*

architecte n. Personne dont le métier est de dessiner les plans d'un édifice, d'un bâtiment et d'en diriger l'exécution. *Pei est l'architecte de la pyramide du Louvre, à Paris.*

▶ **architectural, e, aux** adj. **Style architectural,** d'architecture. *Le style architectural des châteaux de la Loire.*
● Au masculin pluriel : **architecturaux.**

▶ **architecture** n.f. ❶ Art de construire des bâtiments, d'en dessiner les plans. *L'architecture est un art plastique.* ❷ Aspect d'un bâtiment, manière dont il est construit. *L'architecture harmonieuse d'un édifice.* → Vois aussi **urbanisme.**

archives n.f. plur. Ensemble de documents anciens que l'on a classés et conservés; lieu où ces documents sont conservés. *Consulter les archives municipales.*

arçon n.m. ❶ Armature de la selle d'un cheval. ❷ **Vider les arçons,** tomber de cheval.
▸▸▸ Mot de la même famille : **désarçonner.**

arctique adj. Qui est situé au pôle Nord et dans les régions environnantes. *La faune arctique.* SYN. **boréal.** → Vois aussi **antarctique.**
● On prononce [artik] ou [arktik].

ardemment adv. Mot littéraire. Beaucoup et avec ardeur. *Lucas désire ardemment sauter en parachute.* SYN. **vivement.**
● On écrit **emment** mais on prononce [amɑ̃], comme **amant.**
▸▸▸ Mot de la famille de **ardent.**

ardent, e adj. Mot littéraire. ❶ Qui brûle ou qui chauffe très fort. *Des charbons ardents; un soleil ardent.* ❷ Qui est plein d'ardeur, d'enthousiasme, de fougue. *Un jeune homme ardent.* SYN. **fougueux, passionné.** *Une lutte ardente.* SYN. **acharné, vif.**

▶ **ardeur** n.f. Enthousiasme, énergie que l'on met à faire quelque chose. *Les enfants sont pleins d'ardeur pour préparer le spectacle.* SYN. **fougue.**

ardoise n.f. ❶ Plaque de pierre gris foncé qui sert à couvrir les toits des maisons. ❷ Tablette faite avec cette pierre. *Le menu est écrit à la craie sur une ardoise.*

ardu, e adj. Qui est très difficile à faire, à comprendre, à résoudre. *Une question ardue.* SYN. **compliqué.** CONTR. **facile, aisé.**

are n.m. Unité de mesure utilisée pour la surface des terres, égale à 100 m^2. *Cent ares valent un hectare.* → Vois aussi **hectare.**
● Ne confonds pas avec l'**art** ou les **arrhes.**

arène n.f. Grande piste de sable, ronde et entourée de gradins, où ont lieu les corridas, les courses de taureaux et d'autres spectacles. ◆ n.f. plur. Ensemble formé par la piste, les gradins et les murs d'enceinte. *Les arènes de Mexico, de Nîmes, d'Arles.* → Vois aussi **amphithéâtre.**

des arènes

a b c d e f g h i j k l m n o p q r s t u v w x y z

Les arbres

On distingue deux grands groupes d'arbres : les feuillus et les conifères, appelés aussi « résineux » parce qu'ils contiennent de la résine. Les feuillus (hêtre, érable, olivier…) ont des feuilles généralement plates. Certaines espèces sont à feuilles caduques (elles les perdent en hiver) ; d'autres sont à feuilles persistantes (elles les conservent). Chez les conifères (épicéa, pin, sapin…), les feuilles sont en général en forme d'aiguilles qui, à l'exception de celles du mélèze, persistent en hiver.

olivier

baobabs

peuplier

marronnier

érable

sapin
cime
if
branche
feuillage
tronc
pin sylvestre
racines
acajou
hêtre
épicéa
saule
tilleul
mélèze

arête n.f. ❶ Os fin et pointu du squelette des poissons. *Il a avalé une arête.* ❷ Ligne formée par deux surfaces planes qui se rejoignent. *Un cube a douze arêtes.*
● Le premier **e** prend un accent circonflexe.

argent n.m. ❶ Métal précieux, gris-blanc et brillant. *Des bijoux, des couverts en argent.* ❷ Ensemble de pièces de monnaie, de billets de banque. *Avoir de l'argent sur soi.*

▶ **argenté, e** adj. ❶ Qui est recouvert d'une couche d'argent. *Métal argenté.* ❷ Qui a la couleur, l'aspect de l'argent. *Il a les tempes argentées.* SYN. **gris.** *Les reflets argentés de la lune sur la mer.*

▶ **argenterie** n.f. Vaisselle, couverts en argent. *On nettoie l'argenterie avec un produit spécial.*

argentin, e adj. et n. D'Argentine. *Le tango est une danse argentine. Alfonso est argentin. C'est un Argentin.*
● Le nom prend une majuscule : *un Argentin.*

argile n.f. Terre molle et imperméable que l'on peut travailler en l'imbibant d'eau. *Lucas fait de la poterie avec de l'argile.* SYN. **glaise, terre glaise.**

▶ **argileux, euse** adj. Qui contient de l'argile. *Une terre argileuse.*

argot n.m. Vocabulaire très familier qui est employé dans certains milieux. *« Esgourde » est un mot d'argot qui signifie « oreille ». Le verlan est une forme d'argot moderne.*

argument n.m. Ce que l'on dit pour essayer de prouver quelque chose, de convaincre quelqu'un. *Léa a su trouver un argument convaincant pour me décider à faire du judo.* SYN. **raison.**

▶ **argumentation** n.f. Ensemble des arguments qui prouvent quelque chose. *L'argumentation de l'avocat a convaincu les jurés.*

▶ **argumenter** v. (conjug. 3). Donner des arguments, des raisons. *Ne répondez pas par oui ou par non, mais essayez d'argumenter !*

→ planche pp. 332-333.

aride adj. Qui est très sec, où rien ne peut pousser. *Un sol aride; une région aride.* SYN. **désertique.** CONTR. **fertile.**

▶ **aridité** n.f. Grande sécheresse d'un sol, d'un climat. *L'aridité des déserts.*

aristocrate n. Membre de l'aristocratie. SYN. **noble.** CONTR. **roturier.**
▶▶▶ Mot de la famille de **aristocratie.**

aristocratie n.f. Ensemble des aristocrates, des nobles. SYN. **noblesse.**

▶ **aristocratique** adj. **Manières aristocratiques,** distinguées, raffinées.

arithmétique n.f. Étude des nombres et calcul sur les nombres. *Les quatre opérations de l'arithmétique sont l'addition, la soustraction, la multiplication et la division.* → Vois aussi **mathématiques.**
● Il y a un **h** après le premier **t.**

arlequin n.m. Personnage, masque, habit qui reproduisent le type et le costume d'Arlequin.

un arlequin

armateur n.m. Personne qui possède des bateaux de pêche ou de commerce, qui les équipe et les loue.

armature n.f. Assemblage de pièces rigides qui soutiennent un objet. *L'armature d'un abat-jour.* → Vois aussi **cadre.**

arme n.f. ❶ Instrument qui sert à se battre ou à chasser. *Un fusil est une arme à feu; un couteau, une épée sont des armes blanches; un javelot est une arme de jet.* ❷ **Déposer les armes,** cesser le combat. SYN. **se rendre.** ❸ **Passer quelqu'un par les armes,** le fusiller. SYN. **exécuter.** ❹ Tout moyen utilisé pour combattre un adversaire. *En lui donnant cette information, tu lui fournis une arme.* ♦ n.f. plur. Blason d'une ville, d'une famille. SYN. **armoiries.**

▶ **armé, e** adj. ❶ Qui porte une arme. *Des hommes armés ont fait irruption dans la banque. Une attaque à main armée.*

❷ **Béton armé,** renforcé par une armature en métal.

armée n.f. ❶ Ensemble des militaires d'un État. *Son cousin est dans l'armée.* ❷ Unité militaire divisée en régiments. *Les armées ennemies ont attaqué.* ❸ Grand nombre de personnes. *Une armée de touristes.* SYN. **foule, multitude.**

armement n.m. Équipement en armes d'une personne, d'un groupe.
▸▸▸ Mot de la famille de **arme.**

arménien, enne adj. et n. D'Arménie. *Un monastère arménien. Constantin est arménien. C'est un Arménien.* ◆ **arménien** n.m. Langue parlée par les Arméniens.
● Le nom prend une majuscule quand il désigne une personne : *un Arménien.*

armer et **s'armer** v. (conjug. 3). ❶ Fournir en armes une personne, un groupe. *Armer des volontaires.* CONTR. **désarmer.** ❷ Donner à quelqu'un les moyens de se défendre. *Son éducation l'a bien armé pour la vie.* ❸ **Armer un chevalier,** au Moyen Âge, faire entrer un jeune homme dans l'ordre des chevaliers par une cérémonie, l'adoubement. ❹ **Armer un fusil,** le mettre en position de tir. ◆ **s'armer de.** ❶ Prendre un objet pour se défendre ou se protéger. *Elle s'est armée d'un parapluie.* ❷ **S'armer de patience, de courage,** faire preuve de patience, de courage.
▸▸▸ Mot de la famille de **arme.**

armistice n.m. Accord conclu entre des chefs militaires pour cesser les combats. *L'armistice du 11 novembre 1918 a mis fin à la Première Guerre mondiale.*
● Nom du genre masculin : **un armistice.**

armoire n.f. ❶ Meuble plus haut que large, fermé d'une ou deux portes. *Mes vêtements sont rangés dans l'armoire. Il y a une armoire à glace dans la chambre de mes parents.* ❷ **Armoire de toilette,** petit meuble de rangement destiné aux ustensiles de toilette. ❸ (Familier). **Armoire à glace,** homme très grand et très fort.

armoiries n.f. plur. Blason d'une ville, d'une famille. *Les armoiries d'une ville portent des dessins et souvent une devise.* SYN. **armes.**
→ Vois aussi **emblème.**

armure n.f. Habillement métallique qui protégeait les hommes d'armes au Moyen Âge. *La cuirasse et le casque sont des parties de l'armure.* → Vois aussi **cotte, haubert.**

une armure du 16e siècle

▸ **armurerie** n.f. Magasin et atelier de l'armurier.

▸ **armurier** n.m. Vendeur, réparateur ou fabricant d'armes.

arnica n.f. Plante des montagnes, à fleurs jaunes. On en extrait un produit qui soigne les bosses et les bleus. *Une pommade à l'arnica.*

l'arnica

aromate n.m. Plante que l'on utilise en cuisine et en pharmacie, pour son parfum. *Le persil, le laurier, le thym, le basilic, la cannelle sont des aromates.* → Vois aussi **condiment, épice.**
● Nom du genre masculin : **un aromate.**

a b c d e f g h i j k l m n q r s t u v w x y z

▸ **aromatique** adj. **Plante aromatique,** qui dégage un arôme, qui parfume un plat.

▸ **aromatisé, e** adj. Parfumé avec une plante ou un produit aromatique. *Une crème aromatisée à la vanille.*

arôme n.m. Odeur agréable d'une fleur, d'une boisson, d'un aliment. *L'arôme délicat du thé au jasmin.* SYN. **parfum.**

● Le **o** prend un accent circonflexe.

▸▸▸ Mots de la même famille : **aromate, aromatique, aromatisé.**

arpenter v. (conjug. 3). Parcourir un endroit à grands pas. *Il arpentait la cour en long et en large.*

arqué, e adj. Courbé en forme d'arc. *Avoir les jambes arquées.*

▸▸▸ Mot de la famille de **arc.**

arquebuse n.f. La plus ancienne des armes à feu, en usage au 16ᵉ siècle. *L'arquebuse a été remplacée par le mousquet.*

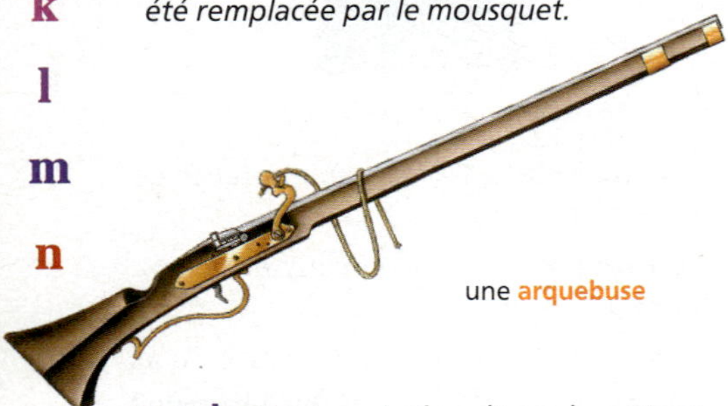

une **arquebuse**

arrachage n.m. Action d'arracher. *L'arrachage des pommes de terre.*

d'**arrache-pied** adv. **Travailler d'arrache-pied,** sans relâche. *Mon frère travaille d'arrache-pied pour réussir son examen.*

● La nouvelle orthographe permet d'écrire aussi **d'arrachepied,** sans trait d'union.

▸▸▸ Mot de la famille de **arracher.**

arracher v. (conjug. 3). ❶ Enlever en tirant avec force. *Le jardinier arrache les mauvaises herbes. Le dentiste m'a arraché une dent.* SYN. **extraire.** ❷ Prendre, retirer de force. *Il m'a arraché le livre des mains.* ❸ Obtenir avec peine. *J'ai fini par lui arracher une promesse.* SYN. **soutirer.**

arrangeant, e adj. Avec qui il est facile de s'arranger, de se mettre d'accord. *Nos voisins sont très arrangeants.* SYN. **accommodant, conciliant.**

● Le **g** est suivi d'un **e** pour prononcer le son [ʒ].

▸▸▸ Mot de la famille de **arranger.**

arrangement n.m. ❶ Manière d'arranger un endroit. *Modifier l'arrangement d'une pièce.* SYN. **installation.** ❷ Accord conclu entre deux personnes ou deux groupes. *Les deux partis sont parvenus à un arrangement.* SYN. **compromis.** → Vois aussi **conciliation.**

▸▸▸ Mot de la famille de **arranger.**

arranger et **s'arranger** v. (conjug. 5). ❶ Disposer d'une manière pratique ou harmonieuse. *Ils ont bien arrangé leur appartement.* SYN. **installer.** ❷ Remettre en bon état. *J'ai arrangé la lampe cassée.* SYN. **réparer.** ❸ Convenir à quelqu'un. *Le nouvel horaire arrange tout le monde.* SYN. **satisfaire.** CONTR. **déranger.** ◆ **s'arranger.** ❶ S'entendre, trouver un arrangement. *Elles se sont arrangées à l'amiable.* SYN. **s'accorder.** ❷ **S'arranger pour,** faire ce qu'il faut pour. *Je m'arrangerai pour arriver à l'heure.* SYN. **se débrouiller pour, tâcher de.**

arrestation n.f. Action d'arrêter une personne pour la livrer à la justice. *La police a procédé à l'arrestation du malfaiteur.*

▸▸▸ Mot de la famille de **arrêter.**

arrêt n.m. ❶ Interruption d'un mouvement, d'une action. *L'arrêt d'un moteur; un arrêt de travail.* SYN. **fin, cessation.** ❷ **Sans arrêt,** continuellement. *Elle se plaint sans arrêt.* SYN. **sans cesse.** ❸ Endroit où un autobus s'arrête. SYN. **station.** ❹ Décision rendue par un tribunal. *Un arrêt de la cour d'assises.* SYN. **jugement, verdict.**

▸▸▸ Mot de la famille de **arrêter.**

1. **arrêté** n.m. Décision prise par une autorité administrative. *Un arrêté municipal.*

▸▸▸ Mot de la famille de **arrêter.**

2. **arrêté, e** adj. Qui est net et précis. *Il a des idées bien arrêtées sur le mariage.*

▸▸▸ Mot de la famille de **arrêter.**

arrêter et **s'arrêter** v. (conjug. 3). ❶ Empêcher d'avancer, interrompre un mouvement. *L'agent arrête une voiture.* SYN. **immobiliser, stopper.** ❷ Mettre fin à quelque chose. *Les soldats ont arrêté les combats. Arrête de t'agiter.* SYN. **cesser.** CONTR. **continuer.** ❸ S'emparer d'une personne pour la mettre en prison. *Les policiers ont arrêté un criminel.* SYN. **appréhender.** CONTR. **relâcher.** ◆ **s'arrêter.** ❶ Cesser de fonctionner, d'avancer, d'agir. *Ma montre* *s'est arrêtée.* ❷ Prendre fin. *Le bruit s'est arrêté.* SYN. **cesser.**

arrhes n.f. plur. Partie d'une somme que l'on paye à l'avance. *On a versé des arrhes pour les billets d'avion.* SYN. **acompte.**

● Ce mot s'écrit avec deux **r** et un **h.** – Ne confonds pas avec l'**art** et un **are.**

1\. **arrière** adv. **En arrière,** dans le sens contraire de la marche; loin derrière. *Faire un pas en arrière. Avancez plus vite, ne restez pas en arrière.* CONTR. **en avant.**

2\. **arrière** n.m. Partie qui est derrière. *L'arrière de l'appartement est sombre.* CONTR. **avant.** ◆ n. Au football et au rugby, joueur qui est derrière, pour assurer la défense. CONTR. **avant.** ◆ adj. invar. Qui est situé à l'arrière de quelque chose. *Les pneus arrière sont dégonflés.*

arriéré, e adj. Qui est en retard sur son temps. *Il a des idées arriérées et ne veut pas entendre parler d'ordinateur.* SYN. **démodé, dépassé, archaïque.** CONTR. **moderne, avancé.** ◆ adj. et n. Qui a une intelligence peu développée. *Un enfant arriéré.*

arrière-boutique n.f. Pièce située à l'arrière d'une boutique. *L'épicier entrepose des marchandises dans son arrière-boutique.*

● Au pluriel : des **arrière-boutiques.**

arrière-garde n.f. Partie d'une armée qui marche derrière la troupe pour la couvrir et la renseigner. CONTR. **avant-garde.**

● Au pluriel : des **arrière-gardes.**

arrière-goût n.m. Goût souvent désagréable qui reste dans la bouche quand on a avalé certains aliments. *La soupe avait un arrière-goût de médicament.*

● Au pluriel : des **arrière-goûts.**

– La nouvelle orthographe permet d'écrire aussi **arrière-gout,** sans accent circonflexe sur le **u.**

arrière-grand-mère n.f. Mère de l'un des grands-parents.

● Au pluriel : des **arrière-grands-mères.**

arrière-grand-père n.m. Père de l'un des grands-parents.

● Au pluriel : des **arrière-grands-pères.**

arrière-grands-parents n.m. plur. Parents de l'un des grands-parents.

arrière-pays n.m. invar. Région qui est située à l'intérieur des terres, en arrière des côtes.

arrière-pensée n.f. Pensée, intention que l'on cache, que l'on garde pour soi. *Il a agi sans arrière-pensée.*

● Au pluriel : des **arrière-pensées.**

arrière-petite-fille n.f. Fille du petit-fils ou de la petite-fille.

● Au pluriel : des **arrière-petites-filles.**

arrière-petit-fils n.m. Fils du petit-fils ou de la petite-fille.

● Au pluriel : des **arrière-petits-fils.**

arrière-petits-enfants n.m. plur. Enfants du petit-fils ou de la petite-fille.

arrière-plan n.m. Plan situé au fond. *Sur la photo, on distingue une cascade à l'arrière-plan.* CONTR. **premier plan.**

● Au pluriel : des **arrière-plans.**

un village à l'arrière-plan

arrière-saison n.f. Période qui prolonge la belle saison; derniers beaux jours avant l'hiver. *Il a plu tout l'été, mais l'arrière-saison a été très agréable.*

● Au pluriel : des **arrière-saisons.**

arrière-train n.m. Partie postérieure d'un animal qui a quatre pattes. *Le chien est assis sur son arrière-train.*

arrivage n.m. Arrivée de marchandises, de denrées. SYN. **livraison.**

►►► Mot de la famille de **arriver.**

arrivée n.f. Moment, endroit où quelqu'un ou quelque chose arrive. *Attendre l'arrivée du train. Le coureur a franchi la ligne d'arrivée.* CONTR. **départ.**

►►► Mot de la famille de **arriver.**

arriver v. (conjug. 3). ❶ Parvenir à sa destination. *Nous arrivons à Toulouse.* CONTR. **partir.** ❷ Atteindre un certain point, un certain niveau. *L'eau m'arrivait aux genoux.* ❸ Réussir

à faire quelque chose. *Je suis arrivé à le convaincre.* SYN. **parvenir.** ❹ Se produire, avoir lieu. *Les accidents n'arrivent pas qu'aux autres. Il lui arrive de confondre les dates.*
● Ce verbe se conjugue avec l'auxiliaire « être ».

▸ **arriviste** n. et adj. Personne qui est prête à utiliser tous les moyens pour réussir dans sa vie professionnelle ou bien en politique.

arrogance n.f. Insolence méprisante et provocante. *Un patron plein d'arrogance.* SYN. **impudence.**
▸▸▸ Mot de la famille de **arrogant.**

arrogant, e adj. **Ton arrogant,** d'une insolence provocante et méprisante. SYN. **hautain.**

s'**arroger** v. (conjug. 5). Mot littéraire. S'attribuer un droit sans y être autorisé. *Elle s'est arrogé le droit d'arriver en retard.* SYN. **s'octroyer.**

arrondi, e adj. De forme à peu près ronde. *Des chaussures à bout arrondi.*
▸▸▸ Mot de la famille de **arrondir.**

arrondir v. (conjug. 16). ❶ Donner une forme ronde ou courbe. *L'érosion arrondit le sommet des montagnes.* ❷ **Arrondir une somme, un résultat,** donner un chiffre voisin pour faire un compte rond. *On a arrondi au centime d'euro supérieur.*

arrondissement n.m. Division administrative d'un département ou de certaines grandes villes. *Marseille a seize arrondissements.*

arrosage n.m. Action d'arroser. *L'arrosage des rues. Un tuyau d'arrosage.*
▸▸▸ Mot de la famille de **arroser.**

arroser v. (conjug. 3). Répandre de l'eau ou un autre liquide sur quelque chose. *Arroser des fleurs.*

▸ **arrosoir** n.m. Récipient qui sert à arroser les plantes.

arsenal n.m. ❶ Dans un port militaire, lieu aménagé pour construire et entretenir les navires de guerre. ❷ Grande quantité d'armes. *La police a découvert tout un arsenal chez le terroriste.*
● Au pluriel : des **arsenaux.**

arsenic n.m. Poison très violent.

art n.m. ❶ Ensemble des activités qui ont pour but la création de belles œuvres. *La peinture, la sculpture, la musique sont des arts.* ❷ Ensemble des connaissances concernant une activité. *L'art culinaire.* ❸ Habileté à faire quelque chose. *Elle a l'art de mettre les gens à l'aise.* SYN. **don.** → Vois aussi **beaux-arts, plastique (1).**
● Ne confonds pas avec des **arrhes** et un **are.**

→ planche pp. 94-95.

artère n.f. ❶ Gros vaisseau sanguin qui transporte le sang du cœur vers les différentes parties du corps. *L'artère pulmonaire.* ❷ Grande voie de communication dans une ville. → Vois aussi **veine.**

▸ **artériel, elle** adj. **Tension artérielle,** pression du sang exercée sur la paroi des artères.

▸ **artériole** n.f. Petite artère.

artichaut n.m. Légume vert et rond dont on mange la base des feuilles et le fond. *Un artichaut à la vinaigrette.*

un artichaut

article n.m. ❶ Texte écrit dans un journal, une revue sur un sujet; texte écrit dans un dictionnaire sur un mot. ❷ Paragraphe d'un traité, d'un code, d'un contrat. *Un article du Code de la route.* ❸ Objet proposé à la vente. *Un article de sport.* ❹ En grammaire, déterminant qui se place avant le nom ou le groupe du nom. *« Le », « la », « les » sont des articles définis; « un », « une », « des » sont des articles indéfinis.*

articulaire adj. **Douleurs articulaires,** qui touchent les articulations.
▸▸▸ Mot de la famille de **articuler.**

articulation n.f. ❶ Manière de bouger les lèvres et la langue pour articuler les sons. *Avoir un défaut d'articulation.* SYN. **prononciation, diction.** ❷ Endroit du corps où deux os s'emboîtent. *L'articulation du coude.* SYN. **jointure.**

▸▸▸ Mot de la famille de **articuler.**

articulé, e adj. Formé de jointures mobiles. *Une marionnette articulée.*

▸▸▸ Mot de la famille de **articuler.**

articuler et **s'articuler** v. (conjug. 3). Prononcer distinctement, parler en détachant bien les mots, les syllabes. *Les acteurs doivent bien articuler.* ◆ **s'articuler.** Être uni par une jointure mobile. *La main s'articule à l'avant-bras par le poignet.*

1. **artifice** n.m. Moyen habile, souvent trompeur. *Recourir à un artifice pour résoudre une difficulté.* SYN. **ruse, stratagème, subterfuge.**

2. **artifice** n.m. **Feu d'artifice,** série de tirs de fusées lumineuses et de feux colorés. *Un feu d'artifice est prévu le soir de la fête nationale.*

artificiel, elle adj. ❶ Fabriqué par les humains. *Un lac artificiel; des fleurs artificielles.* CONTR. **naturel.** ❷ Qui ne paraît pas naturel. *Une gaieté artificielle.* SYN. **factice.**

artificier n.m. Spécialiste des feux d'artifice.

artillerie n.f. ❶ Ensemble des canons et des obus d'une armée. ❷ Corps d'une armée chargé du maniement des canons.

artisan, e n. Personne qui fait un métier manuel et qui travaille pour son propre compte. *Un potier, un relieur, un serrurier sont des artisans.*

▸ **artisanal, e, aux** adj. **Produit artisanal,** fabriqué avec les méthodes de l'artisanat. CONTR. **industriel.**

● Au masculin pluriel : **artisanaux.**

▸ **artisanat** n.m. Activité des artisans; ensemble des artisans.

artiste n. ❶ Personne qui crée des œuvres d'art. *Les peintres, les musiciens sont des artistes.* ❷ Personne dont le métier est de jouer au théâtre, au cinéma, de chanter, de danser, d'interpréter une œuvre musicale. *Les comédiens, les danseurs sont des artistes.*

▸ **artistique** adj. **Activité artistique,** qui se rapporte à l'art.

as n.m. ❶ Face d'une carte à jouer marquée d'un seul signe. *L'as de cœur.* ❷ Personne très forte dans une activité. *Alexis est un as du roller.* SYN. **champion.**

les quatre as

1. **ascendant, e** adj. Qui va de bas en haut. *Mouvement ascendant de l'air chaud.* CONTR. **descendant.** ◆ **ascendant** n.m. Pouvoir moral qu'une personne exerce sur son entourage. *Pierre a de l'ascendant sur ses amis.* SYN. **autorité, influence.**

2. **ascendants** n.m. plur. Membres de la famille dont une personne descend, sur plusieurs générations. *Kelly a des ascendants irlandais.* CONTR. **descendants.** → Vois aussi **ancêtre.**

ascenseur n.m. Appareil électrique qui transporte les personnes aux différents étages d'un bâtiment. *Prendre l'ascenseur pour monter plus vite.*

ascension n.f. ❶ Fait de s'élever, d'aller vers le haut. *L'ascension d'un ballon dans le ciel.* ❷ Action de gravir un lieu élevé. *Faire l'ascension d'une montagne.* → Vois aussi **escalade.**

aseptiser v. (conjug. 3). Nettoyer en détruisant les microbes. *Aseptiser des instruments chirurgicaux.* → Vois aussi **désinfecter, stériliser.**

asexué, e adj. **Multiplication asexuée,** chez certains végétaux, mode de reproduction qui s'effectue sans intervention des cellules reproductrices. *Multiplication asexuée de la pomme de terre.* SYN. **reproduction asexuée.**

asiatique adj. et n. D'Asie. *Les pays asiatiques. Elle est asiatique. C'est une Asiatique.*

● Le nom prend une majuscule : *un Asiatique.*

asile n.m. ❶ Lieu où l'on peut se mettre à l'abri, trouver repos et protection. *Le gymnase a servi d'asile aux victimes de l'inondation.* SYN. **refuge.** ❷ **Droit d'asile,** protection accordée par un État à un réfugié

Les arts plastiques

Les arts plastiques sont les arts qui représentent des formes et des volumes. Pour s'exprimer, peintres et sculpteurs ont le choix entre plusieurs techniques. Les styles et les techniques artistiques varient selon les époques.

Le dessin et ses outils

- Avant de peindre ou de sculpter leur **œuvre**, les artistes dessinent souvent un **croquis**, une **ébauche** ou une **esquisse**. L'outil le plus souvent utilisé est un **crayon** avec une **mine** plus ou moins dure.
- Un **dessin** peut aussi être une œuvre d'art. Il existe plusieurs techniques pour réaliser un dessin :

- de l'**encre colorée**, plus ou moins **délavée**, ou de l'**encre de Chine**, appliquée avec une **plume**, un **calame** ou un **pinceau** ;

- le **fusain**, fabriqué avec du charbon de bois, qui peut être **estompé** avec une gomme ;

- le bâtonnet de **sanguine**, fabriqué à partir d'une roche de couleur **pourpre**.

La sculpture et ses outils

- La sculpture consiste à tailler des formes dans des **matières** : matières dures (pierre, marbre ou bois) ou plus tendres (terre, cire, plâtre ou plastique).
- La **taille** du bloc de pierre est la technique la plus ancienne. On commence par **dégrossir** le bloc, puis on le sculpte, à l'aide d'un **ciseau**. On utilise un **marteau** pour taper sur le ciseau.
- La technique le plus souvent utilisée pour les matériaux tendres est le **modelage** ; on **façonne** tout d'abord une forme à la main, puis on la sculpte avec une **spatule** ou un **ébauchoir**.
- Pour les sculptures en **bronze**, la technique est le **moulage** : le bronze liquide est coulé à l'intérieur d'un **moule**.

Expressions figurées

- **Être sage comme une image :** être calme et tranquille.
- **En voir de toutes les couleurs** (familier) : subir des épreuves ou traverser des moments difficiles.
- **S'emmêler les crayons** (familier) : se tromper, faire une erreur.

La peinture et ses outils

- Pour peindre, on utilise des poudres colorées, d'origine animale ou végétale : les **pigments**, que l'on mélange à de l'eau ou à de l'huile.
- L'artiste peint sur une **toile** recouverte d'un **enduit**. Il utilise des **pinceaux**, des **brosses**, des **couteaux**, ou ses doigts. Une fois la peinture sèche, il applique un **vernis**, **mat** ou **brillant**.

Un peu d'histoire de l'art

- Les premiers hommes ont peint sur les murs des grottes : c'est l'**art rupestre**.
- Durant l'Antiquité apparaissent les grandes **statues**, les **fresques** et la **mosaïque**.
- Au Moyen Âge, l'art est surtout inspiré par la religion. C'est aussi l'époque des **enluminures**.
- À la Renaissance, la découverte de la **perspective** et du **point de fuite** crée l'impression de la profondeur. Les artistes peignent des **portraits**, des **paysages** ou des **natures mortes**.
- À partir de la fin du 19e siècle, les artistes évoquent des impressions ou des sensations en peignant par petites touches (**l'impressionnisme**), en utilisant des formes géométriques (le **cubisme**) ou des formes **abstraites**.

Les techniques de peinture

- La **fresque** : les pigments sont dilués avec de l'eau et on peint directement sur un mur ou un plafond.
- La **peinture à l'huile** : les poudres de couleur sont mélangées avec de l'huile. Grâce à cette technique, le peintre peut superposer plusieurs **couches** et créer des effets de **relief**.
- La **gouache** et l'**aquarelle** sont des peintures à l'eau. Elles permettent de peindre sur du papier.

a b c d e f g h i j k l m n o p q r s t u v w x y z

politique. ❸ Nom donné autrefois à un hôpital psychiatrique.

aspect n.m. ❶ Manière dont une personne ou une chose se présentent à la vue. *Un homme à l'aspect misérable.* SYN. **air, allure, apparence.** ❷ Manière d'envisager une question. *Étudier tous les aspects d'un problème.*
● On prononce [aspɛ].

asperge n.f. Légume blanc et long dont on mange les pousses quand elles sont encore tendres. *J'ai acheté une botte d'asperges.*

asperger v. (conjug. 5). Mouiller en projetant de l'eau. *Le bus m'a aspergé en roulant dans une flaque d'eau.* SYN. **éclabousser.**

aspérité n.f. Légère bosse, partie qui dépasse, sur une surface. *Les aspérités d'un mur crépi.* SYN. **rugosité.** *Les aspérités d'un rocher.* CONTR. **creux.**

asphalte n.m. Préparation dont on recouvre les chaussées et les trottoirs. SYN. **bitume, goudron.**

asphyxie n.f. Manque d'air, d'oxygène qui empêche de respirer. *Mourir par asphyxie.*
→ Vois aussi **étouffement, suffocation.**

▶ **asphyxier** v. (conjug. 7). Causer la mort par manque d'air, d'oxygène. *La fuite de gaz a asphyxié une famille.*

aspic n.m. Vipère que l'on trouve en France, dans les endroits secs et pierreux. *La morsure de l'aspic est très dangereuse.*

un aspic

aspirateur n.m. Appareil ménager qui sert à aspirer la poussière. *Hugo passe l'aspirateur dans sa chambre.*
▶▶▶ Mot de la famille de **aspirer.**

aspiration n.f. ❶ Action d'aspirer. ❷ Élan vers un idéal. *L'aspiration d'un peuple à la liberté.* SYN. **désir, souhait.**
● Ne confonds pas avec **inspiration.**
▶▶▶ Mot de la famille de **aspirer.**

aspiré, e adj. **H aspiré,** marque l'interdiction de faire la liaison avec le mot précédent. *Dans «le héros», «la hauteur», il y a un* **h** *aspiré.* CONTR. **h muet.**
▶▶▶ Mot de la famille de **aspirer.**

aspirer v. (conjug. 3). ❶ Faire entrer l'air dans ses poumons. *Aspirer à fond.* SYN. **inspirer.** CONTR. **expirer, souffler.** ❷ Attirer un liquide dans sa bouche. *Aspirer une boisson avec une paille.* ❸ (Sens littéraire). Désirer profondément. *Après tout ce chahut, je n'aspire qu'au calme.*

s'assagir v. (conjug. 16). Devenir plus sage. *Marine s'est assagie en grandissant.*

assaillant, e n. Personne qui attaque, qui donne l'assaut. *Repousser des assaillants.* SYN. **attaquant.**
▶▶▶ Mot de la famille de **assaillir.**

assaillir v. (conjug. 27). Attaquer avec violence et par surprise. *Des voyous ont assailli la vieille dame.* SYN. **agresser.**

assainir v. (conjug. 16). Rendre plus sain. *Assainir un marais.* SYN. **purifier.** CONTR. **polluer.**
▶▶▶ Mot de la famille de **sain.**

assaisonnement n.m. Mélange d'ingrédients qui sert à relever le goût d'un plat. *Plusieurs épices entrent dans l'assaisonnement du couscous.*
▶▶▶ Mot de la famille de **assaisonner.**

assaisonner v. (conjug. 3). Ajouter du sel, des épices et d'autres ingrédients pour relever le goût d'un plat. *Assaisonner la salade avec de l'huile, du vinaigre et de la moutarde.*

assassin n.m. Personne qui tue volontairement un être humain. *L'assassin est recherché par la police.* SYN. **criminel, meurtrier.**

▶ **assassinat** n.m. Meurtre qui a été préparé à l'avance. *Le commerçant a été victime d'un assassinat.* SYN. **crime.**

▶ **assassiner** v. (conjug. 3). Tuer volontairement quelqu'un. SYN. **abattre.**

assaut n.m. ❶ Attaque vive et violente, menée à plusieurs. *Les troupes ont donné l'assaut à la forteresse.* ❷ **Prendre d'assaut,**

s'emparer d'un lieu par la force; se précipiter quelque part. *La foule a pris d'assaut les guichets du stade.*
▸▸▸ Mot de la famille de **assaillir.**

assécher v. (conjug. 9). Ôter l'eau d'un lieu, le mettre à sec. *On assèche les zones marécageuses.*

assemblage n.m. ❶ Opération qui consiste à assembler des éléments, à les réunir dans un certain ordre. *Faire l'assemblage d'une machine.* ❷ Ensemble de choses réunies. *Un bel assemblage de couleurs.* SYN. **combinaison.**
▸▸▸ Mot de la famille de **assembler.**

assemblée n.f. ❶ Personnes réunies au même endroit. *L'assemblée écoute l'orateur.* SYN. **assistance, auditoire.** ❷ (Avec une majuscule). **L'Assemblée nationale,** l'ensemble des députés qui votent les lois; le lieu où ils se réunissent. SYN. **la Chambre des députés.**
▸▸▸ Mot de la famille de **assembler.**

l'Assemblée nationale

assembler et **s'assembler** v. (conjug. 3). Faire tenir ensemble, réunir dans un certain ordre. *Assembler les pièces d'une maquette.* SYN. **monter.** CONTR. **démonter, disperser, éparpiller.** ◆ **s'assembler.** ❶ Se réunir, venir ensemble au même endroit. *La foule s'est assemblée devant la mairie.* CONTR. **se disperser.** ❷ **Qui se ressemble s'assemble,** ceux qui ont des affinités ont tendance à vouloir être ensemble et ne se retrouvent pas par hasard à faire les mêmes choses (proverbe).

asséner v. (conjug. 9). **Asséner un coup,** frapper violemment. *Le boxeur a asséné un coup de poing fulgurant à son adversaire.*

assentiment n.m. Accord donné à des paroles, à un projet. *Obtenir l'assentiment de ses parents.* SYN. **approbation, consentement.** CONTR. **refus.**

s'asseoir v. (conjug. 41). Se mettre en position d'appui sur les fesses. *Je m'assois dans un fauteuil. Paul est assis sur une chaise.*
● La nouvelle orthographe permet d'écrire aussi **assoir,** sans **e.**

asservir v. (conjug. 16). Soumettre à son autorité, rendre complètement dépendant. *Conquérant qui asservit un peuple.* SYN. **assujettir.** CONTR. **libérer, affranchir.**
▸▸▸ Mot de la famille de **serf.**

assez adv. ❶ En quantité suffisante, autant qu'il faut. *Tu as assez travaillé pour aujourd'hui.* SYN. **suffisamment.** ❷ Plus que la moyenne. *Elle est assez jolie.* SYN. **plutôt.** ❸ **En avoir assez de,** être fatigué, excédé de quelque chose. *J'en ai assez de ta mauvaise humeur.*

assidu, e adj. Qui est régulier, constant et appliqué dans une occupation. *Élève assidu.*

▸ **assiduité** n.f. Régularité dans une occupation, un travail. *Solène travaille avec assiduité.* SYN. **persévérance.**

▸ **assidûment** adv. D'une manière assidue, régulière. *Élève qui assiste assidûment aux cours.*
● La nouvelle orthographe permet d'écrire aussi **assidument,** sans accent circonflexe sur le **u.**

assiéger v. (conjug. 9). Faire le siège d'un lieu, encercler un lieu pour s'en emparer. *Les Indiens assiègent le fort.*
▸▸▸ Mot de la famille de **siège.**

assiette n.f. ❶ Récipient rond qui peut être plat ou creux et dans lequel on sert les aliments que l'on va manger. ❷ (Familier). **Ne pas être dans son assiette,** ne pas se sentir bien.

▸ **assiettée** n.f. Contenu d'une assiette. *Une assiettée de spaghettis.*

assigner v. (conjug. 3). **Assigner une tâche, une place,** la donner d'office à quelqu'un. SYN. **attribuer, fixer, imposer.**

assimilation n.f. ❶ Transformation des aliments dans l'estomac et dans l'intestin. ❷ Fait d'assimiler des connaissances.

assimiler v. (conjug. 3). ❶ Considérer comme semblable, ranger dans la même catégorie. *On ne peut pas assimiler un animal à un enfant.* ❷ **Assimiler un aliment,** le

a b c d e f g h i j k l m n o p q r s t u v w x y z

a b c d e f g h i j k l m n o p q r s t u v w x y z

transformer en énergie. ❸ **Assimiler des connaissances,** les comprendre et les retenir. *Élève qui assimile facilement les règles d'orthographe.*

assis, e adj. ❶ **Place assise,** place où l'on peut s'asseoir. *Il y a environ cinquante places assises dans un autobus.* ❷ Qui est solidement établi. *Une situation bien assise.*

assises n.f. plur. **La cour d'assises,** le tribunal qui juge les crimes.
● On peut aussi dire **les assises.**

assistance n.f. ❶ Ensemble des personnes qui assistent à une réunion, à une conférence, à un spectacle. *Parler devant une assistance attentive.* SYN. **assemblée, auditoire, public.** ❷ Aide, appui qu'on apporte à quelqu'un. *Porter assistance aux réfugiés.* SYN. **secours.**
►►► Mot de la famille de **assister.**

assistant, e n. ❶ Personne qui en aide une autre dans son travail. *Les assistants d'un chercheur.* SYN. **aide, auxiliaire.** ❷ **Assistant social,** personne chargée d'informer, de conseiller et d'aider les personnes malades ou en difficulté.
►►► Mot de la famille de **assister.**

assister v. (conjug. 3). ❶ Être présent à un spectacle, témoin d'un événement. *Assister à un match de football. Il a assisté à une bagarre.* ❷ Aider quelqu'un dans son travail. *Les adjoints assistent le maire.* SYN. **seconder.** ❸ Apporter son aide, son soutien. *Assister des réfugiés.* SYN. **aider, secourir.**

association n.f. Regroupement de personnes qui pratiquent une activité ou défendent des intérêts communs. *Une association sportive.* SYN. **club.** *Une association de locataires.* SYN. **groupement.**

associé, e n. Personne qui travaille et qui partage avec une autre les responsabilités, les frais et les bénéfices d'une entreprise.
►►► Mot de la famille de **associer.**

associer et **s'associer** v. (conjug. 7). ❶ Faire participer à une action. *Le directeur a associé toute l'école à un projet d'aide à un village africain.* ❷ Mettre des choses ensemble, les réunir en un tout. *Faire une phrase consiste à associer correctement des mots.* SYN. **assembler, combiner.** ◆ **s'associer**. Se mettre ensemble pour créer une entreprise. *Les deux amis se sont associés pour ouvrir un restaurant.*

assoiffé, e adj. ❶ Qui a une très grande soif. *Après une course, les chevaux sont assoiffés.* ❷ Éprouver un désir violent de quelque chose. *Être assoiffé de vengeance, de pouvoir.* SYN. **avide.**
● Ce mot s'écrit avec deux **f.**

assombrir et **s'assombrir** v. (conjug. 16). Rendre plus sombre. *Ce papier foncé assombrit la pièce.* CONTR. **éclairer.** ◆ **s'assombrir**. Devenir sombre. *Le ciel s'assombrit.* SYN. **se couvrir, s'obscurcir.** CONTR. **s'éclaircir.** *À cette nouvelle, son visage s'est assombri.* SYN. **se rembrunir.**

assommant, e adj. Très ennuyeux. *Un film assommant.*
►►► Mot de la famille de **assommer.**

assommer v. (conjug. 3). ❶ Frapper d'un coup sur la tête qui étourdit ou fait perdre connaissance. *Les voleurs ont assommé le vigile.* ❷ Ennuyer fortement. *Tu m'assommes avec tes questions.*

assorti, e adj. Qui s'harmonise, va bien avec autre chose. *Une écharpe et des gants assortis.* CONTR. **disparate.**
►►► Mot de la famille de **assortir.**

assortiment n.m. Ensemble varié de choses appartenant à la même catégorie. *Un assortiment de chocolats.* SYN. **choix, variété.**
►►► Mot de la famille de **assortir.**

un assortiment de fruits

assortir v. (conjug. 16). Mettre ensemble des choses qui s'harmonisent. *Assortir ses chaussures à ses vêtements.*

s'**assoupir** v. (conjug. 16). S'endormir doucement. *S'assoupir après un repas trop copieux.* → Vois aussi **sommeiller, somnoler.**

assouplir v. (conjug. 16). ❶ Rendre plus souple, moins rigide. *Produit qui assouplit les* *chaussures.* ❷ Rendre moins sévère, moins strict. *Assouplir un règlement.* CONTR. **durcir.**

▶ **assouplissement** n.m. **Exercices d'assouplissement,** qui rendent le corps souple. *Les danseuses font des exercices d'assouplissement à la barre.*

assourdir v. (conjug. 16). ❶ Rendre comme sourd par un excès de bruit. *Les avions assourdissent les riverains de l'aéroport.* ❷ Rendre un bruit moins sonore, l'atténuer. *La neige assourdit le bruit des pas.*

▶ **assourdissant, e** adj. **Bruit assourdissant,** si fort qu'il rend comme sourd.

assouvir v. (conjug. 16). Mot littéraire. ❶ **Assouvir sa faim,** se rassasier. SYN. **calmer.** ❷ **Assouvir sa vengeance,** se venger. SYN. **satisfaire.**

assujettir v. (conjug. 16). **Assujettir un peuple, une nation,** les soumettre à une domination totale. SYN. **asservir.**

▸▸▸ Mot de la famille de **sujet.**

assumer v. (conjug. 3). **Assumer ses responsabilités,** y faire face.

assurance n.f. ❶ Confiance en soi. *L'orateur s'exprimait avec assurance.* SYN. **aisance.** ❷ Contrat par lequel on s'assure contre un risque. *Prendre une assurance automobile, une assurance incendie.*

▸▸▸ Mot de la famille de **assurer.**

assuré, e adj. Qui montre qu'une personne est parfaitement sûre d'elle et à l'aise. *Parler d'une voix assurée.* SYN. **décidé, ferme.** ◆ adj. et n. Qui est couvert par un contrat d'assurance.

▸▸▸ Mot de la famille de **assurer.**

assurer et **s'assurer** v. (conjug. 3). ❶ Dire que quelque chose est vrai. *Je vous assure qu'il viendra.* SYN. **affirmer, certifier, garantir.** ❷ Garantir contre un risque, en payant une certaine somme. *Assurer sa voiture contre le vol.* ❸ Garantir la réalisation ou le bon fonctionnement de quelque chose. *Train qui assure la liaison entre deux villes.* ◆ **s'assurer.** Vérifier quelque chose. *Assure-toi que la porte est fermée à clé. Je me suis assurée de son arrivée.*

astérisque n.m. Signe d'imprimerie en forme d'étoile (*) qui renvoie à une note ou à un autre mot.

● Nom du genre masculin : **un astérisque.**

astéroïde n.m. Petite planète de diamètre inférieur à mille kilomètres.

● Le **i** prend un tréma. – Nom du genre masculin : **un astéroïde.**

asthmatique adj. et n. Qui a de l'asthme. *Mon petit frère est asthmatique.*

● On prononce [asmatik].

▸▸▸ Mot de la famille de **asthme.**

asthme n.m. Maladie qui provoque des crises où l'on a de grandes difficultés à respirer.

● Ce mot s'écrit avec **th** que l'on ne prononce pas : [asm].

asticot n.m. Larve de la mouche, qui a la forme d'un petit ver blanc.

asticoter v. (conjug. 3). Mot familier. Irriter, énerver pour des petites choses. *Tu as fini d'asticoter ta petite sœur ?* SYN. **agacer.**

astigmate adj. et n. Qui a une anomalie de la vision. *Les astigmates voient les points comme des taches.* → Vois aussi **hypermétrope, myope, presbyte.**

astiquer v. (conjug. 3). Frotter pour faire briller. *Astiquer les cuivres.*

astre n.m. Corps céleste. *Les étoiles, les planètes, les comètes, le Soleil et la Lune sont des astres.*

astreignant, e adj. **Un travail, des horaires astreignants,** qui laissent peu de temps libre. SYN. **contraignant.**

▸▸▸ Mot de la famille de **astreindre.**

astreindre v. (conjug. 49). Obliger quelqu'un à faire quelque chose. *La vie en société astreint chacun au respect de certaines règles.* SYN. **contraindre, forcer.**

astrologie n.f. Étude de l'influence des astres sur les événements et sur le comportement et l'avenir des personnes.

● Ne confonds pas avec **astronomie.**

▸▸▸ Mot de la famille de **astre.**

astrologue n. Personne qui pratique l'astrologie. *Au 15e siècle, les rois de France avaient leur astrologue officiel.*

▸▸▸ Mot de la famille de **astre.**

astronaute n. Personne qui voyage dans l'espace à bord d'un engin spatial. *Les astronautes font de nombreuses expériences au*

a b c d e f g h i j k l m n o p q r s t u v w x y z

cours de leurs expéditions. SYN. **cosmonaute, spationaute.**

▸▸▸ Mot de la famille de **astre.**

un **astronaute**

astronautique n.f. Science et technique de la navigation dans l'espace.

▸▸▸ Mot de la famille de **astre.**

astronome n. Spécialiste d'astronomie.

▸▸▸ Mot de la famille de **astre.**

astronomie n.f. Étude scientifique de l'Univers et de la position, du mouvement et de la nature des astres.

● Ne confonds pas avec **astrologie.**

▸▸▸ Mot de la famille de **astre.**

astronomique adj. ❶ **Lunette astronomique,** qui permet d'observer les astres. *Une lunette astronomique fonctionne à l'aide de miroirs.* ❷ (Sens familier). Qui est excessif. *Le prix du repas était astronomique.* SYN. **exagéré, exorbitant.** → Vois aussi **télescope.**

astrophysicien, enne n. Spécialiste de la partie de l'astronomie qui étudie les propriétés physiques des astres.

astuce n.f. Idée ingénieuse. *Il connaît les astuces du métier.*

▸ **astucieusement** adv. D'une manière astucieuse. *Elle a évité astucieusement toutes les questions embarrassantes.*

▸ **astucieux, euse** adj. Qui fait preuve d'astuce, d'habileté, de finesse. *Un système astucieux pour voyager moins cher.* SYN. **ingénieux.**

asymétrique adj. Qui n'a pas exactement la même forme des deux côtés. *Un visage asymétrique.* → Vois aussi **dissymétrique.**

● Ce mot s'écrit avec un **y.** – On prononce [asi-].

atelier n.m. ❶ Local où travaillent des artisans, des ouvriers. *L'atelier d'une couturière, d'un menuisier.* ❷ Local où travaille un artiste peintre, un sculpteur.

athée adj. et n. Qui ne croit pas en l'existence de Dieu. *Il est athée mais respecte les croyants.*

● Ce mot s'écrit avec **th** et se termine par un **e.**

athlète n. ❶ Personne qui pratique l'athlétisme. *Un coureur, un perchiste sont des athlètes.* ❷ Personne aux muscles puissants. *Mon frère a une carrure d'athlète.*

● Ce mot s'écrit avec **th.**

▸ **athlétique** adj. ❶ **Épreuve athlétique,** d'athlétisme. ❷ Qui est fort, musclé comme un athlète. *Un jeune homme athlétique.*

▸ **athlétisme** n.m. Ensemble de disciplines sportives qui comprend la course à pied, le saut, le lancer, la perche.

atlas n.m. Recueil, livre de cartes géographiques.

● On prononce le **s.**

atmosphère n.f. ❶ Couches de gaz qui entourent la Terre ou une autre planète. *La planète Mars a une atmosphère.* ❷ Environnement dans lequel on se trouve. *Travailler dans une atmosphère détendue.* SYN. **ambiance, climat.** → Vois aussi **ozone, stratosphère.**

▸ **atmosphérique** adj. **Conditions atmosphériques,** état du temps. *L'avion n'a pas pu décoller en raison des mauvaises conditions atmosphériques.*

atoll n.m. Île des mers tropicales formée de récifs de corail disposés en anneau. *Les Maldives sont constituées d'atolls.*

● Ce mot se termine par deux **l.**

un **atoll**

atome n.m. Particule de matière invisible à l'œil nu. *Un atome est constitué d'un noyau et d'électrons.* → Vois aussi **molécule.**

▶ **atomique** adj. **Énergie atomique,** énergie obtenue en faisant exploser, en fragmentant des atomes. *L'énergie atomique est utilisée pour fabriquer des bombes, des réacteurs.* SYN. **énergie nucléaire.**

atomiseur n.m. Flacon qui projette un liquide en fines gouttelettes. *Une eau de toilette en atomiseur.* SYN. **vaporisateur.**

atours n.m. plur. Mot littéraire. **Mettre ses plus beaux atours,** mettre ses plus beaux vêtements et ses plus beaux bijoux. SYN. **ornements, parure.**

atout n.m. ❶ Aux cartes, couleur qui l'emporte sur les autres. *Jouer atout cœur.* ❷ Moyen de réussir. *Sa maîtrise de l'informatique est un atout.* SYN. **avantage.**

● Ce mot se termine par un **t.**

âtre n.m. Mot littéraire. Partie de la cheminée où l'on fait le feu. *Se réchauffer devant l'âtre.* SYN. **cheminée, foyer.**

● Le **a** prend un accent circonflexe.

atroce adj. ❶ D'une terrible cruauté. *Commettre un crime atroce.* SYN. **abominable, épouvantable, monstrueux.** ❷ Très pénible à supporter. *Ressentir une douleur atroce.* SYN. **insupportable.**

▶ **atrocement** adv. De manière atroce. *Souffrir atrocement.* SYN. **horriblement, terriblement.**

▶ **atrocité** n.f. ❶ Caractère de ce qui est atroce. *L'atrocité du terrorisme.* ❷ Acte d'une très grande cruauté. *Les atrocités de la guerre.* SYN. **horreur, monstruosité.**

s'**atrophier** v. (conjug. 7). Diminuer de volume, en parlant d'un membre ou d'un organe. *Les muscles des spationautes risquent de s'atrophier pendant les vols spatiaux.*

s'**attabler** v. (conjug. 3). S'asseoir à une table pour prendre un repas, une consommation.

attachant, e adj. Qui attire l'affection, la sympathie. *Sa sensibilité le rend très attachant.* SYN. **sympathique.**

▸▸▸ Mot de la famille de **attacher.**

attache n.f. ❶ Objet qui sert à attacher, à lier. *Les agrafes sont des attaches.* ❷ **Avoir des attaches avec quelqu'un,** des liens d'amitié ou de parenté. *Il a encore des attaches dans son pays d'origine.* ◆ n.f. plur. Poignets et chevilles. *Avoir des attaches fines.*

▸▸▸ Mot de la famille de **attacher.**

attaché, e n. ❶ Personne qui travaille auprès d'un ambassadeur, d'un ministre, etc. ❷ **Attaché de presse,** dans une entreprise, personne qui s'occupe des relations avec les journaux, la télévision et la radio.

▸▸▸ Mot de la famille de **attacher.**

attachement n.m. Sentiment qui unit une personne à quelqu'un ou à quelque chose. *Témoigner de l'attachement pour ses parents. L'attachement à la liberté d'expression.*

▸▸▸ Mot de la famille de **attacher.**

attacher et **s'attacher** v. (conjug. 3). ❶ Retenir par un lien. *Attacher ses cheveux avec un élastique. Attachez votre ceinture.* SYN. **boucler, fixer.** CONTR. **détacher.** ❷ **Attacher de l'importance à quelque chose,** le considérer comme important. *Attacher de l'importance à la politesse.* ◆ **s'attacher à.** Se lier d'affection, d'amitié avec. *S'attacher à un camarade.*

attaquant, e n. ❶ Personne, groupe qui engage le combat. SYN. **assaillant.** ❷ Joueur qui attaque. CONTR. **défenseur.**

▸▸▸ Mot de la famille de **attaquer.**

attaque n.f. ❶ Action d'attaquer quelqu'un, d'engager un combat. *Les soldats se préparent à l'attaque.* SYN. **assaut, offensive.** ❷ Accusation portée contre une personne. *Se défendre des attaques d'un adversaire.* SYN. **critique.** ❸ Accès violent d'une maladie et, en particulier, hémorragie cérébrale. *Il est paralysé depuis son attaque.*

▸▸▸ Mot de la famille de **attaquer.**

attaquer et **s'attaquer** v. (conjug. 3). ❶ Commencer le combat. *Les soldats ont reçu l'ordre d'attaquer.* ❷ S'en prendre physiquement à quelqu'un. *Des voyous ont attaqué l'automobiliste.* SYN. **agresser.** ❸ Critiquer vivement. *Attaquer la politique d'un ministre.* ❹ Entamer une matière, l'abîmer. *La rouille attaque le fer.* SYN. **ronger.** ◆ **s'attaquer à.** Affronter quelqu'un; combattre, s'opposer vivement à quelque chose. *En agissant ainsi, tu t'attaquerais à plus fort que toi. S'attaquer à un projet de loi.*

a b c d e f g h i j k l m n o p q r s t u v w x y z

s'**attarder** v. (conjug. 3). ❶ Se mettre en retard. *La nuit va tomber, ne nous attardons pas.* SYN. **flâner.** ❷ Rester longtemps à un endroit. *S'attarder chez un ami.*
▸▸▸ Mot de la famille de **tard.**

atteindre v. (conjug. 49). ❶ Parvenir à toucher ce qui est éloigné ou élevé. *Atteindre une branche.* ❷ Toucher, blesser quelqu'un. *La balle l'a atteint au genou.* CONTR. **manquer.** ❸ Parvenir à un but, gagner un lieu. *Nous atteindrons bientôt Strasbourg.* SYN. **arriver à.**

▸ **atteinte** n.f. ❶ **Hors d'atteinte,** qu'on ne peut pas prendre, toucher, atteindre. *Les médicaments sont hors d'atteinte des enfants.* SYN. **hors de portée.** ❷ **Porter atteinte à la réputation de quelqu'un,** lui faire du tort, lui nuire.

attelage n.m. Ensemble d'animaux attelés pour tirer un véhicule. *Un attelage de chevaux, de bœufs, de chiens.*
▸▸▸ Mot de la famille de **atteler.**

atteler v. (conjug. 12). Attacher un animal à un véhicule pour qu'il le tire. *Atteler des chiens à un traîneau.*

attelle n.f. Pièce de bois ou de métal qui permet de maintenir immobiles un bras ou une jambe fracturés.

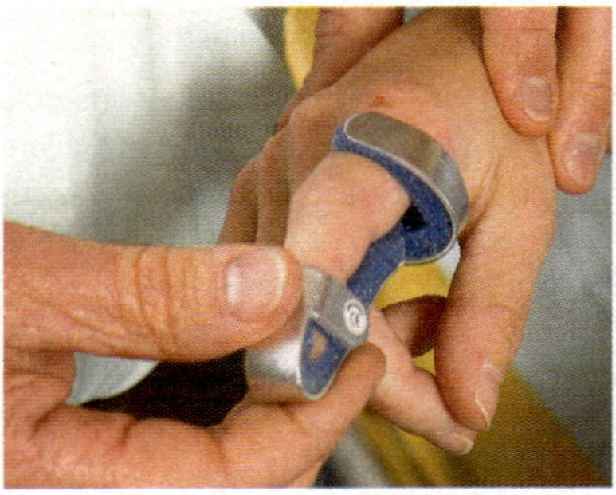

une **attelle**

attendre et **s'attendre** v. (conjug. 46). ❶ Rester quelque part jusqu'à ce que quelqu'un ou quelque chose arrive. *Attendre le métro. Julie attend son petit frère à la sortie de l'école.* ❷ Compter sur quelque chose, sur quelqu'un. *Les malades attendent beaucoup d'un nouveau traitement.* SYN. **espérer.** ❸ **Attendre un enfant,** pour une femme, être enceinte. ◆ **s'attendre à.** Penser que quelque chose va se produire. *Je m'attendais à ta visite.* SYN. **prévoir.**

attendrir et **s'attendrir** v. (conjug. 16). Émouvoir quelqu'un et le rendre plus indulgent. *Le récit de ses malheurs nous a attendris.* SYN. **toucher.** CONTR. **endurcir.** ◆ **s'attendrir.** Être ému, touché. *Cesse de t'attendrir sur ton sort.* SYN. **s'apitoyer.**

▸ **attendrissant, e** adj. Qui attendrit, émeut, touche. *Le chien lance un regard attendrissant à son maître.* SYN. **touchant.**

▸ **attendrissement** n.m. Mouvement de tendresse. *Regarder un chaton avec attendrissement.*

attentat n.m. Action violente menée contre une personne, un groupe, un lieu pour des raisons politiques. *Commettre un attentat. Échapper à un attentat.*

attente n.f. ❶ Fait d'attendre ; temps passé à attendre. *Il faut compter trois heures d'attente entre les deux avions.* ❷ **Salle d'attente,** où l'on attend son tour, un train, etc.
▸▸▸ Mot de la famille de **attendre.**

attenter v. (conjug. 3). **Attenter à la vie de quelqu'un,** chercher à le tuer.
▸▸▸ Mot de la famille de **attentat.**

attentif, ive adj. Qui fait attention à ce qui se passe, à ce qui se dit. *Géraldine est très attentive en classe.* SYN. **concentré.** CONTR. **distrait, étourdi, inattentif.**
▸▸▸ Mot de la famille de **attention.**

attention n.f. ❶ Attitude d'une personne qui se concentre, qui fixe son esprit sur quelque chose. *Regarder un documentaire avec attention.* SYN. **intérêt.** CONTR. **inattention.** ❷ **Faire attention,** prendre garde. *Fais attention aux passants quand tu roules en trottinette.* ❸ Geste, parole qui font plaisir. *Un enfant plein d'attentions pour ses parents.* SYN. **égards, prévenances.** ◆ **attention !** interj. Prenez garde. *Attention à la marche !*

▸ **attentionné, e** adj. Qui cherche à faire plaisir, qui est plein d'attentions pour quelqu'un. *Un fils attentionné.* SYN. **prévenant.**

▸ **attentivement** adv. Avec attention, en étant très attentif. *Lire attentivement la notice d'un médicament.* CONTR. **distraitement.**

atténuant, e adj. **Circonstances atténuantes,** dans un procès, faits dont le juge

et les jurés tiennent compte pour adoucir une condamnation. CONTR. **circonstances aggravantes.**
▸▸▸ Mot de la famille de **atténuer.**

atténuer v. (conjug. 3). Rendre moins fort, moins violent, moins grave. *Médicament qui atténue la fièvre.* SYN. **diminuer.** CONTR. **aggraver, augmenter.**

atterrer v. (conjug. 3). Plonger dans la stupeur et la tristesse. *J'ai été atterré par l'annonce de la catastrophe.* SYN. **accabler, consterner.**
● Ce mot s'écrit avec deux **t** et deux **r.**
▸▸▸ Mot de la famille de **terre.**

atterrir v. (conjug. 16). Se poser sur le sol. *L'avion a atterri sans difficulté.* CONTR. **décoller.**
● Ce mot s'écrit avec deux **t** et deux **r.**
▸▸▸ Mot de la famille de **terre.**

atterrissage n.m. Ensemble des manœuvres faites pour atterrir; moment où un avion se pose sur le sol. CONTR. **décollage.**
▸▸▸ Mot de la famille de **terre.**

un **atterrissage**

attestation n.f. Document qui certifie l'exactitude d'un fait. *Une attestation de paiement.*

attester v. (conjug. 3). Donner la preuve, certifier qu'une chose est vraie. *Document attestant la date d'un décès.* SYN. **confirmer, garantir, certifier.**

attirail n.m. Ensemble d'objets nécessaires à une activité. *Un attirail de pêche.*

attirance n.f. Sentiment qui pousse vers quelqu'un ou quelque chose. *Quand on est amoureux, on éprouve de l'attirance pour une personne.* → Vois aussi **attraction, attrait.**
▸▸▸ Mot de la famille de **attirer.**

attirant, e adj. Qui attire. *Une personne attirante.* SYN. **séduisant.** *Une proposition attirante.* SYN. **attrayant, séduisant, tentant.**
▸▸▸ Mot de la famille de **attirer.**

attirer v. (conjug. 3). ❶ Exercer une force qui fait venir à soi, qui rapproche. *Les arbres isolés attirent la foudre.* CONTR. **éloigner, repousser.** ❷ Faire venir en un lieu. *Les vitrines de Noël attirent les enfants.* CONTR. **éloigner, écarter.** ❸ Inspirer de l'intérêt, séduire, faire envie. *Le métier de vétérinaire attire Alexis.* SYN. **tenter.** ❹ **Attirer des ennuis,** les provoquer. *Son indiscipline en classe va lui attirer des ennuis.* SYN. **amener, occasionner.**

attiser v. (conjug. 3). **Attiser le feu,** le faire brûler plus fort avec de l'air ou des matériaux.

attitude n.f. ❶ Manière de se tenir. *Les danseuses ont des attitudes gracieuses.* SYN. **maintien, pose, posture.** ❷ Manière de se conduire. *Exiger d'un élève insolent qu'il change d'attitude.* SYN. **comportement, conduite.**

attraction n.f. Force qui attire. *L'attraction terrestre fait que tout objet est attiré vers le sol. Sa personnalité exerce une grande attraction sur son entourage.* SYN. **attirance, attrait.** ◆ **attractions** n.f. plur. Divertissements, jeux qui attirent le public. *Un parc d'attractions.*

attrait n.m. Charme par lequel une personne ou une chose plaît, séduit. *L'attrait du risque est irrésistible chez les adolescents.*

attrape n.f. Objet qui sert à faire une farce. *J'ai acheté une araignée en plastique au magasin de farces et attrapes.*
▸▸▸ Mot de la famille de **attraper.**

attrape-nigaud n.m. Moyen par lequel on trompe les gens naïfs. *Certaines publicités sont des attrape-nigauds.*
● Au pluriel : des **attrape-nigauds.**
▸▸▸ Mot de la famille de **attraper.**

attraper v. (conjug. 3). ❶ Réussir à prendre. *Attraper une balle au vol.* SYN. **saisir.** CONTR. **lâcher.** ❷ Faire une farce à quelqu'un. *Je t'ai bien attrapé avec ma fausse araignée !* ❸ Être atteint par une maladie. *Maxence a attrapé la varicelle.* ❹ **Se faire attraper,** se faire gronder. SYN. **être réprimandé.**
● Ce mot s'écrit avec deux **t** et un **p.**

attrayant, e adj. Qui attire, suscite l'intérêt. *Une lecture attrayante.* SYN. **agréable, amusant, distrayant.** *Une idée attrayante.* SYN. **attirant, séduisant, tentant.**

attribuer v. (conjug. 3). ❶ Donner quelque chose lors d'un partage, d'une distribution. *Attribuer un prix à un artiste.* SYN. **décerner.** ❷ **Attribuer une œuvre à quelqu'un,** considérer qu'il en est l'auteur. *On attribue ce tableau à Van Gogh.*

attribut n.m. Fonction grammaticale d'un mot relié à un autre par l'intermédiaire d'un verbe d'état. *Dans la phrase « le film est passionnant », l'adjectif « passionnant » est l'attribut du sujet « film ».*

attribution n.f. Action d'attribuer, de donner quelque chose à quelqu'un. *L'attribution d'un rôle à un acteur.* ◆ n.f. plur. Ensemble des tâches qu'une personne est chargée de faire. *Ce travail entre dans vos attributions.* SYN. **fonctions.**
▸▸▸ Mot de la famille de **attribuer.**

attrister v. (conjug. 3). Rendre triste, causer de la peine. *Son départ nous a attristés.* SYN. **peiner.** CONTR. **réjouir.**
▸▸▸ Mot de la famille de **triste.**

attroupement n.m. Rassemblement de personnes dans la rue. *L'arrivée de la chanteuse a provoqué un attroupement.*
▸▸▸ Mot de la famille de **troupe.**

s'attrouper v. (conjug. 3). Se réunir en grand nombre dans la rue. *Les gens se sont attroupés autour de la victime.* SYN. **se rassembler.**
▸▸▸ Mot de la famille de **troupe.**

au → **à**

aubade n.f. Musique jouée le matin, à l'aube, sous les fenêtres de quelqu'un. *Faire donner une aubade à sa fiancée.* → Vois aussi **sérénade.**

aubaine n.f. Chance inattendue. *Quelle aubaine, on m'a offert une place pour le concert de ce soir !*

1. **aube** n.f. Moment du jour où la première lueur blanchit l'horizon. *L'aube précède le lever du soleil.* → Vois aussi **aurore.**

2. **aube** n.f. **Roue à aubes,** roue munie de pales qui tourne sous l'action de l'eau.

aubépine n.f. Arbrisseau épineux à fleurs blanches ou roses.

une branche d'**aubépine**

auberge n.f. ❶ Hôtel-restaurant, en général à la campagne. ❷ (Familier). **Ne pas être sorti de l'auberge,** ne pas en avoir fini avec les difficultés.

aubergine n.f. Légume violet de forme allongée, que l'on mange cuit. *On met des aubergines dans la ratatouille.*

des **aubergines**

aubergiste n. Personne qui tient une auberge.
▸▸▸ Mot de la famille de **auberge.**

aucun, e adj. indéfini et pronom indéfini. Pas un, personne. *Je n'ai aucune idée de son âge. Aucun d'entre vous ne veut sortir ?*

audace n.f. Attitude d'une personne qui entreprend une action risquée ou difficile. *Admirons l'audace des acrobates.* SYN. **hardiesse.**

▸ **audacieux, euse** adj. ❶ Qui prend des risques, qui a de l'audace. *Un navigateur audacieux.* SYN. **intrépide, téméraire.** ❷ Qui nécessite de l'audace. *Une entreprise audacieuse.* SYN. **risqué.**

au-delà (de) adv. et préposition. Plus loin, plus loin que. *La piscine est un peu au-delà de l'école.* ◆ n.m. **L'au-delà,** ce qui est après la mort, après la vie sur terre.
● Le deuxième **a** prend un accent grave.

au-dessous (de) adv. et préposition. En bas, en bas de, plus bas que. *Écoute, on entend des bruits de pas au-dessous. Il fait deux degrés au-dessous de zéro.* CONTR. **au-dessus (de).** → Vois aussi **dessous.**

au-dessus (de) adv. et préposition. En haut, en haut de, plus haut que. *Personne n'habite au-dessus. L'avion vole au-dessus des Alpes.* CONTR. **au-dessous (de).** → Vois aussi **dessus.**

au-devant (de) préposition. À la rencontre de. *Aller au-devant d'un ami.*

audible adj. Qu'on peut entendre. *Un bruit à peine audible.* CONTR. **inaudible.**

audience n.f. ❶ Entretien accordé par un supérieur ou une personnalité. *Demander une audience au maire.* ❷ Séance d'un tribunal. *L'audience a eu lieu à huis clos.* ❸ Ensemble des personnes qui écoutent ou regardent une émission. *Cette chaîne a une large audience.*

audio adj. invar. **Cassette audio,** bande magnétique servant à enregistrer les sons. → Vois aussi **vidéo.**

audiovisuel, elle adj. **Méthodes audiovisuelles, moyens audiovisuels,** qui utilisent le son et l'image pour l'enseignement ou l'information.

auditeur, trice n. Personne qui écoute une émission de radio.

▶ **auditif, ive** adj. ❶ **Troubles auditifs,** de l'oreille, de l'ouïe. ❷ **Appareil auditif,** qui sert à entendre.

▶ **audition** n.f. ❶ Capacité à entendre. *Avoir une excellente audition.* SYN. **ouïe.** ❷ Fait d'entendre ou d'écouter. *L'audition de témoins au cours d'un procès.* ❸ **Passer une audition,** pour un artiste, exécuter une œuvre devant un jury pour être engagé.

▶ **auditoire** n.m. Ensemble des personnes qui écoutent un discours, un concert. *Comédien qui fait rire son auditoire.* SYN. **assistance, public.**
● Ce nom masculin se termine par un **e.**

▶ **auditorium** n.m. Salle spécialement conçue pour écouter ou enregistrer de la musique.
● On prononce [oditɔrjɔm].

auge n.f. ❶ Grand récipient où l'on met la nourriture des porcs. ❷ **Vallée en auge,** vallée à fond plat, généralement d'origine glaciaire.

augmentation n.f. ❶ Fait d'augmenter, de devenir plus important, plus élevé. *L'augmentation des prix.* SYN. **hausse.** CONTR. **baisse, diminution.** ❷ Hausse de salaire. *Réclamer une augmentation à son patron.*
▶▶▶ Mot de la famille de **augmenter.**

augmenter v. (conjug. 3). ❶ Rendre plus important, plus élevé. *En travaillant bien, tu augmentes tes chances de réussir.* SYN. **accroître.** CONTR. **diminuer.** ❷ Devenir plus important, plus cher. *Le prix des loyers a augmenté.* CONTR. **baisser.**

augure n.m. **De bon augure, de mauvais augure,** qui laisse prévoir quelque chose de bon, de mauvais. *Il m'a souri quand il m'a vu, c'est de bon augure.*
● Nom du genre masculin : **un augure.**

auguste n.m. Clown maquillé avec des couleurs violentes et habillé de façon ridicule.

aujourd'hui adv. ❶ Jour où l'on est. *Aujourd'hui c'est dimanche.* ❷ Époque où l'on vit. *Aujourd'hui, l'espérance de vie est très longue.* SYN. **actuellement, maintenant.** CONTR. **autrefois, jadis.**

aulne n.m. Arbre qui pousse au bord de l'eau. *L'aulne ressemble au bouleau.*
● On prononce [on]. – On peut aussi écrire **aune.**

un aulne

a b c d e f g h i j k l m n o p q r s t u v w x y z

aumône n.f. **Faire l'aumône,** donner un peu d'argent à une personne qui mendie.
● Le **o** prend un accent circonflexe.

aumônier n.m. Prêtre dans un établissement scolaire, une prison, un hôpital.
● Le **o** prend un accent circonflexe.

auparavant adv. Avant le moment dont on parle. *Tu pourras aller jouer, mais auparavant finis ton repas.* SYN. **avant, d'abord.** CONTR. **après, ensuite.**

auprès de préposition. À côté de. *Rester auprès d'un enfant malade.* SYN. **près de.**

auquel → lequel

auréole n.f. ❶ Cercle lumineux qui entoure la tête des saints, de Jésus-Christ, dans les peintures, les sculptures. ❷ Trace arrondie laissée par un produit détachant.

auriculaire n.m. Cinquième doigt de la main à partir du pouce, petit doigt. → Vois aussi **annulaire.**
● Ce nom masculin se termine par un **e.**

aurore n.f. Moment du jour où le soleil va se lever. *À l'aurore, le ciel devient rose.* → Vois aussi **aube.**

auscultation n.f. Action d'ausculter. *L'auscultation permet de détecter certaines maladies du cœur et des poumons.*
▶▶▶ Mot de la famille de **ausculter.**

ausculter v. (conjug. 3). Examiner une personne en écoutant les bruits de la respiration et les battements du cœur. *Le médecin ausculte le malade avec un stéthoscope.*

auspices n.m. plur. **Sous les meilleurs auspices,** avec les meilleures chances de réussite. *L'expédition a commencé sous les meilleurs auspices.*

aussi adv. De la même façon. *Salomé est aussi grande que Ahmed. J'ai beaucoup ri et Maxence aussi.* SYN. **également.** ◆ conjonction. Pour cette raison. *J'étais un peu loin, aussi n'ai-je pas bien vu ce qui s'est passé.* SYN. **c'est pourquoi, par conséquent.**

aussitôt adv. Sans attendre. *J'ai appelé les pompiers, ils sont venus aussitôt.* SYN. **immédiatement, tout de suite.** ◆ conjonction. **aussitôt que,** dès que. *Je viendrai aussitôt que je le pourrai.*

austère adj. ❶ Qui est sérieux, sans fantaisie. *Mener une vie austère et solitaire.* ❷ Qui manque de gaieté, d'ornements. *Un édifice austère.* SYN. **sévère.**

▶ **austérité** n.f. ❶ Sévérité dans les mœurs, le comportement. *L'austérité de la vie monacale.* SYN. **rigueur.** CONTR. **fantaisie.** ❷ Absence de tout ornement, de toute fantaisie. *L'austérité d'un style architectural.* SYN. **sévérité.**

austral, ale adj. ❶ **Hémisphère austral,** situé au sud de l'équateur. CONTR. **hémisphère boréal.** ❷ **Terres australes,** régions proches du pôle Sud. SYN. **terres antarctiques.**
● Au masculin pluriel : **australs** ou **austraux.**

australien, enne adj. et n. D'Australie. *La faune australienne. John est australien. C'est un Australien.*
● Le nom prend une majuscule : *un Australien.*

australopithèque n.m. Ancêtre de l'homme, qui vivait en Afrique, il y a entre 2 et 5 millions d'années. *Les australopithèques étaient des bipèdes.*
● Il y a un **h** après le deuxième **t.**

un **australopithèque**

autant adv. ❶ Indique une quantité égale, un degré équivalent. *J'ai autant de livres que Jonathan. J'aime autant la ville que la campagne.* ❷ Exprime une grande quantité, un haut degré. *Elle travaille toujours autant.* ❸ **D'autant plus que,** encore plus que. *Je suis d'autant plus en colère qu'il ne m'a pas prévenu.*

autel n.m. ❶ Dans la religion chrétienne, table sur laquelle le prêtre célèbre la messe. ❷ Dans l'Antiquité, table, surface en pierre sur laquelle on déposait les sacrifices aux dieux.
● Ne confonds pas avec **hôtel.**

auteur, e n. ❶ Personne qui crée une œuvre d'art, qui écrit un livre. *Victor Hugo est* *l'auteur de « Notre-Dame de Paris ».* ❷ Personne qui est à l'origine de quelque chose. *Les auteurs d'un attentat.*

authenticité n.f. Caractère authentique, vrai de quelque chose. *S'interroger sur l'authenticité d'un témoignage.*

►►► Mot de la famille de **authentique.**

authentique adj. ❶ Qui est vrai, qui n'est ni une copie ni un faux. *L'expert a dit que le tableau était authentique.* CONTR. **faux.** ❷ Qui est vrai, qui n'est pas inventé. *Les faits sont authentiques.* SYN. **réel, véridique.**

● Il y a un **h** après le premier **t.**

autiste adj. et n. Qui est atteint d'un trouble mental caractérisé par le repli sur soi. *Un autiste a des difficultés à communiquer avec les autres.*

auto- préfixe. Placé au début d'un mot, **auto-** indique souvent une action faite sur soi-même ou par soi-même : *autocassable, autocorrection, autodictée.*

auto n.f. Automobile, voiture.

autobiographie n.f. Histoire de la vie d'une personne, écrite par elle-même. → Vois aussi **biographie.**

autobus n.m. Grand véhicule qui transporte les personnes à l'intérieur des villes. *Je préfère l'autobus au métro.*

● On prononce le **s.** – On emploie souvent l'abréviation **bus.**

autocar n.m. Grand véhicule qui transporte des voyageurs d'une ville à une autre. *Visiter un pays en autocar.*

● On emploie souvent l'abréviation **car.**

autocaravane n.f. Mot qu'il est recommandé d'employer à la place de *camping-car.*

autochtone adj. et n. Originaire du pays qu'il habite, que ses ancêtres ont aussi habité. *Les Polynésiens sont les autochtones de Tahiti.* SYN. **indigène.**

● On écrit **ch** mais on prononce [k].

autocollant, e adj. Qui colle tout seul. *Une enveloppe, un timbre autocollants.* ◆ **n.m.** Image autocollante. *Renata a mis un autocollant sur son cartable.*

►►► Mot de la famille de **colle.**

autodéfense n.f. Fait de se défendre tout seul, par ses propres moyens, et, notamment, sans l'aide de la police.

►►► Mot de la famille de **défendre.**

autodidacte n. Personne qui a appris toute seule, sans l'aide d'un professeur. *Un écrivain autodidacte.*

autodiscipline n.f. Discipline, règles de conduite qu'on s'impose à soi-même.

● Le son [s] s'écrit **sc.**

auto-école n.f. École où l'on apprend à conduire une automobile. *Il faut s'inscrire dans une auto-école pour passer le permis.*

● Au pluriel : des **auto-écoles.**

– La nouvelle orthographe permet d'écrire aussi une **autoécole,** sans trait d'union.

autographe n.m. Signature ou écrit d'une personne célèbre. *Demander un autographe à un acteur.*

● Nom du genre masculin : **un autographe.**

automate n.m. ❶ Objet qui représente une personne ou un animal et qui est mis en mouvement par un mécanisme. *Les automates de l'horloge de Strasbourg.* ❷ Personne qui agit comme une machine. *Marcher comme un automate.*

un automate

► **automatique** adj. ❶ Qui fonctionne grâce à des moyens mécaniques, électriques. *Attention à la fermeture automatique des portes !* ❷ Qui se fait sans qu'on y pense. *Un réflexe est un mouvement automatique.*

► **automatiquement** adv. De manière automatique, grâce à un mécanisme. *La cassette est éjectée automatiquement.*

► **automatisme** n.m. Ce qu'on fait sans réfléchir, par habitude ou parce qu'on l'a

a b c d e f g h i j k l m n o p q r s t u v w x y z

a b c d e f g h i j k l m n o p q r s t u v w x y z

appris. *Au bout d'un certain temps, faire du vélo devient un automatisme.*

automnal, e, aux adj. De l'automne. *Le chrysanthème est une fleur automnale.*
● On prononce [otɔnal]. – Au masculin pluriel : **automnaux.**
▸▸▸ Mot de la famille de **automne.**

automne n.m. Saison qui suit l'été et précède l'hiver. *De nombreux arbres perdent leurs feuilles en automne.*
● On prononce [otɔn]. – L'automne commence le 22 ou le 23 septembre et finit le 21 ou le 22 décembre.

automobile n.f. Véhicule à quatre roues et à moteur, qui sert à transporter des personnes. SYN. **voiture.** → Vois aussi **berline, break, coupé.**
● On emploie souvent l'abréviation **auto.** – Jusqu'en 1890, les automobiles fonctionnaient à la vapeur.

▸ **automobiliste** n. Personne qui conduit une automobile. SYN. **chauffeur, conducteur.**

autonome adj. Qui a une certaine indépendance, qui est capable de décider et agir seul. *En grandissant, un enfant devient de plus en plus autonome.*

▸ **autonomie** n.f. ❶ Fait d'être autonome, de pouvoir décider et d'agir seul. ❷ Situation d'un pays ou d'une région qui disposent de certaines libertés, mais dépendent d'un autre pays ou d'un pouvoir central. → Vois aussi **indépendance.**

▸ **autonomiste** n. et adj. Personne qui réclame l'autonomie politique pour son pays, sa région. → Vois aussi **indépendantiste.**

autopsie n.f. Examen médical d'un cadavre pour déterminer les causes de la mort. *En cas de meurtre, on fait une autopsie du corps de la victime.*

autoradio n.m. Poste de radio destiné à être installé dans une automobile.

autorail n.m. Type de train équipé d'un moteur Diesel.

autorisation n.f. Action d'autoriser; fait d'être autorisé. *Demander l'autorisation de sortir.* SYN. **accord, permission.** CONTR. **défense, interdiction.**
▸▸▸ Mot de la famille de **autoriser.**

autoriser v. (conjug. 3). Donner son accord. *Les médecins ont autorisé Rémi à sortir de l'hôpital.* SYN. **permettre.** CONTR. **défendre, interdire.**

autoritaire adj. Qui montre de l'autorité, qui impose sa volonté sans permettre qu'on s'y oppose. *Un régime autoritaire.* SYN. **dictatorial, totalitaire.** *Un professeur autoritaire.* CONTR. **conciliant, indulgent.**

autorité n.f. ❶ Pouvoir de commander, d'imposer l'obéissance. *Travailler sous l'autorité d'un directeur.* SYN. **commandement, pouvoir.** ❷ Ce qui permet à quelqu'un de se faire obéir sans obligation, par respect. *Le nouveau directeur a beaucoup d'autorité.* SYN. **influence.** ◆ n.f. plur. Représentants du pouvoir, de l'État. *Les autorités ont assisté à la cérémonie.*

autoroute n.f. Large route à plusieurs voies, sans croisement et dont les deux sens de circulation sont séparés. *S'arrêter sur l'aire de repos d'une autoroute.*
● Mot du genre féminin : **une autoroute.**

▸ **autoroutier, ère** adj. **Réseau autoroutier,** ensemble des autoroutes.

autosatisfaction n.f. Satisfaction, contentement de soi-même.

auto-stop n.m. **Faire de l'auto-stop,** faire signe à un véhicule de s'arrêter pour se faire transporter gratuitement.
● On emploie souvent l'abréviation familière **stop.** – La nouvelle orthographe permet d'écrire aussi **autostop,** sans trait d'union.

▸ **auto-stoppeur, euse** n. Personne qui fait de l'auto-stop. *Le camionneur s'est arrêté pour prendre deux auto-stoppeurs.*
● Au pluriel : des **auto-stoppeurs, -euses.** – La nouvelle orthographe permet d'écrire aussi un **autostoppeur,** sans trait d'union.

autour (de) adv. et préposition. Dans l'espace qui entoure. *La Terre tourne autour du Soleil. Elle a une maison avec un jardin autour.*

autre adj. indéfini et pronom indéfini. ❶ Qui n'est pas le même individu, pas la même chose. *Je vais mettre un autre pull.* SYN. **différent.** ❷ Qui vient en plus. *Je boirais bien un autre verre de jus de fruits.* SYN. **supplémentaire.** ❸ **Quelque chose d'autre, rien d'autre,** quelque chose de plus, rien de plus. ❹ **Les autres,** les autres personnes. *Bastien pense toujours aux autres.*

▸ **autrefois** adv. Il y a longtemps, dans le passé. *Autrefois, il n'y avait pas d'automo-*

biles. SYN. **jadis.** CONTR. **actuellement, aujourd'hui, maintenant.**

▶ **autrement** adv. ❶ D'une autre manière. *Si tu ne peux pas m'aider, je vais me débrouiller autrement.* SYN. **différemment.** ❷ Dans le cas contraire. *Mets un pull, autrement tu vas avoir froid.* SYN. **sinon.**

autre part → part

autrichien, enne adj. et n. D'Autriche. *Les valses autrichiennes. Anton est autrichien. C'est un Autrichien.*
● Le nom prend une majuscule : *un Autrichien.*

autruche n.f. Grand oiseau d'Afrique à hautes pattes musclées, qui court très vite mais qui ne peut pas voler en raison de la petitesse de ses ailes. *L'autruche est le plus grand de tous les oiseaux.*
● Petit : l'autruchon.

une autruche

autrui pronom indéfini. Toute autre personne que soi. *Respecter l'opinion d'autrui, c'est faire preuve de tolérance.*
● Ce mot ne s'emploie qu'au singulier.

auvent n.m. Petit toit en avant d'un mur, qui protège des intempéries.

aux → à

auxiliaire adj. Qui n'est pas indispensable mais peut servir en cas de besoin. *Ce voilier est équipé d'un moteur auxiliaire.* ◆ **auxiliaire** n. Personne qui apporte son aide, son concours. SYN. **assistant.** ◆ n.m. En grammaire, verbe qui sert à former les temps composés des autres verbes. *« Avoir » et « être » sont des auxiliaires.*

auxquels → lequel

avachi, e adj. Qui n'a plus de forme. *Mes baskets sont complètement avachies.* SYN. **déformé.**
▸▸▸ Mot de la famille de **s'avachir.**

s'avachir v. (conjug. 16). ❶ Se déformer, devenir mou. *Mon chapeau en cuir s'est vite avachi.* ❷ S'affaler parce qu'on a perdu son énergie. *S'avachir dans un fauteuil.*

aval n.m. Partie d'un cours d'eau qui est la plus proche de l'embouchure. *Un bateau qui va vers l'aval suit le courant.* CONTR. **amont.**

l'aval et l'amont

avalanche n.f. ❶ Importante masse de neige qui se détache d'une montagne et qui dévale la pente. *Les skieurs ont été pris dans une avalanche.* ❷ Grande quantité de choses. *Le journal a reçu une avalanche de lettres de protestation.*

avaler v. (conjug. 3). ❶ Faire descendre des aliments de la bouche dans l'estomac par le gosier. *Quand je n'ai pas faim, je ne peux rien avaler.* SYN. **absorber, ingurgiter.** ❷ (Sens familier). Croire quelque chose. *Tu espères me faire avaler cette histoire ?*

avance n.f. ❶ Action d'avancer. *L'avance d'une armée.* CONTR. **recul.** ❷ Distance ou temps qui sépare une personne, une chose de ce qui est derrière elle. *Le coureur a une avance de dix mètres. J'ai pris de l'avance dans mon travail.* CONTR. **retard.** ❸ **D'avance, en avance,** avant l'heure, la date prévue. *Leur bébé est né avec un mois d'avance.* CONTR. **de retard.** *Elle est arrivée en avance.* CONTR. **en retard.** ❹ Somme d'argent versée avant la date prévue. SYN. **acompte, arrhes.**
▸▸▸ Mot de la famille de **avancer.**

a b c d e f g h i j k l m n o p q r s t u v w x y z

avancé, e adj. ❶ Qui est en avance sur les autres. *Aziz est très avancé pour son âge.* SYN. **précoce.** ❷ Qui est loin de son début. *Se coucher à une heure avancée de la nuit.* SYN. **tardif.** ❸ **Idées avancées,** très modernes. SYN. **d'avant-garde.** CONTR. **retardataire, rétrograde, archaïque.**

▸▸▸ Mot de la famille de **avancer.**

avancement n.m. ❶ Façon dont quelque chose progresse. *L'avancement des travaux.* SYN. **progrès, progression.** ❷ Poste supérieur. *Obtenir de l'avancement.* SYN. **promotion.**

▸▸▸ Mot de la famille de **avancer.**

avancer et **s'avancer** v. (conjug. 4). ❶ Aller vers l'avant. *À cause du vent, nous avancions lentement.* SYN. **progresser.** ❷ Placer en avant dans l'espace. *Tu es trop loin, avance ta chaise.* SYN. **approcher.** CONTR. **reculer.** ❸ Décider qu'un événement aura lieu avant le moment prévu. *J'ai avancé l'heure de notre rendez-vous.* CONTR. **reculer, retarder, différer.** ❹ Indiquer une heure plus avancée que l'heure réelle. *Ma montre avance : elle indique 8 h 15 alors qu'il est 8 h.* CONTR. **retarder.** ❺ Prêter de l'argent. *Je lui ai avancé 20 euros.* ◆ **s'avancer.** Aller vers quelqu'un ou quelque chose. *Julie s'est avancée vers moi.* SYN. **s'approcher.** CONTR. **s'éloigner.**

1. **avant** préposition et adv. ❶ Indique que quelque chose ou quelqu'un précède dans le temps ou dans l'espace. *L'automne vient avant l'hiver. La poste est avant le rond-point.* CONTR. **après.** *Il a perdu la montre qu'on lui avait achetée trois jours avant.* SYN. **plus tôt, auparavant.** *Tu pourras aller jouer, mais finis ton goûter avant.* SYN. **d'abord.** ❷ **Avant tout,** tout d'abord, principalement. *C'est avant tout un artiste.* ❸ **En avant,** dans le sens de la marche; vers l'avant. *En avant, marche !* ❹ **Avant de, avant que,** indiquent qu'une action se passe avant une autre. *Prière de frapper avant d'entrer. Rentrons avant qu'il ne pleuve.* CONTR. **après que.**

● **Avant que** est suivi du subjonctif.

2. **avant** n.m. Partie qui est devant. *L'avant de la voiture est défoncé.* CONTR. **arrière.** ◆ n. Au football et au rugby, joueur qui est devant, sur la ligne d'attaque. CONTR. **arrière.** ◆ adj. invar. Qui est situé à l'avant de quelque chose. *Les pneus avant sont dégonflés.*

avantage n.m. Ce qui donne une supériorité. *L'avantage du vélo, c'est qu'il ne pollue pas.* CONTR. **désavantage, inconvénient.**

▸ **avantager** v. (conjug. 5). ❶ Donner un avantage, une supériorité. *Sa maîtrise de l'anglais l'avantage.* SYN. **favoriser.** CONTR. **désavantager.** ❷ Mettre en valeur. *Cette coupe de cheveux t'avantage.* SYN. **embellir.**

▸ **avantageux, euse** adj. Qui offre un avantage. *Un marché avantageux.* SYN. **intéressant, profitable.** CONTR. **désavantageux.**

avant-bras n.m. invar. Partie du bras qui va du poignet au coude.

● Ce mot composé ne change pas au pluriel : des **avant-bras.**

avant-coureur adj.m. **Signe avant-coureur,** ce qui annonce quelque chose qui va bientôt se passer. *Les courbatures sont les signes avant-coureurs de la grippe.* SYN. **annonciateur.**

● Au pluriel : **avant-coureurs.**

avant-dernier, ère adj. et n. Qui vient juste avant le dernier. *C'est l'avant-dernière semaine des vacances.*

● Au pluriel : **avant-derniers, -ères.**

avant-garde n.f. ❶ Partie d'une armée qui marche devant la troupe pour faciliter son attaque. CONTR. **arrière-garde.** ❷ **D'avant-garde,** qui est très moderne, en avance sur son temps. *Avoir des idées d'avant-garde.* SYN. **avancé.** CONTR. **rétrograde, archaïque.**

● Au pluriel : des **avant-gardes.**

avant-goût n.m. Première impression qui donne déjà l'idée d'une chose, d'un événement à venir. *Journée ensoleillée qui donne un avant-goût des vacances.*

● La nouvelle orthographe permet d'écrire aussi **avant-gout,** sans accent circonflexe sur le **u.**

avant-hier adv. Jour qui a précédé hier. *Hier, c'était lundi, donc avant-hier c'était dimanche.* → Vois aussi **avant-veille.**

avant-veille n.f. Jour qui se situe avant la veille, deux jours avant le jour dont il est question. *C'était le 23 décembre, c'est-à-dire l'avant-veille de Noël.* → Vois aussi **avant-hier.**

● Au pluriel : des **avant-veilles.**

avare adj. et n. Personne qui aime accumuler l'argent sans le dépenser. *Il est trop avare pour te prêter de l'argent.* CONTR. **généreux.** ◆ adj. **Être avare de,** ne pas donner beaucoup de. *Être avare de compliments.* SYN. **être chiche de.**

▶ **avarice** n.f. Attitude d'une personne avare, qui refuse de dépenser son argent.

avarie n.f. Dégât qui touche un bateau, un avion ou leur chargement. *Le paquebot a subi d'importantes avaries après avoir heurté un iceberg.*

▶ **avarié, e** adj. **Aliment avarié,** qui a commencé à s'abîmer, à pourrir. *Jeter des fruits avariés.* SYN. **pourri.**

avec préposition. ❶ Indique l'accompagnement, l'équipement, le moyen, la manière, la cause. *Je voyage avec une amie. Un appartement avec terrasse.* CONTR. **sans.** *S'attacher les cheveux avec un élastique.* SYN. **au moyen de, à l'aide de.** *Conduire avec prudence. Avec ce froid, les fruits vont geler.* SYN. **à cause de.** ❷ Indique une relation. *Être gentil avec ses parents.* SYN. **envers, à l'égard de.** *Refuser de se battre avec un camarade.* SYN. **contre.**

avenant, e adj. Mot littéraire. Qui est très aimable, très accueillant. *Une commerçante avenante.* SYN. **affable, courtois.**

avènement n.m. Accession au trône, arrivée au pouvoir. *L'avènement de Louis XIV eut lieu en 1643.*

avenir n.m. ❶ Le temps futur, ce qui arrivera. *Qui peut prévoir l'avenir ?* SYN. **futur.** CONTR. **passé.** ❷ **À l'avenir,** à partir de maintenant. *À l'avenir, écoute mes conseils.* SYN. **désormais, dorénavant.** ❸ Situation future. *Cet étudiant est promis à un bel avenir.*

aventure n.f. ❶ Ce qui arrive de manière imprévue, surprenante. *Il lui arrive toujours de drôles d'aventures.* SYN. **histoire.** ❷ Activité qui comporte des risques. *Pour être reporter de guerre, il faut aimer l'aventure.* ❸ **À l'aventure,** sans but fixé d'avance. *Partir à l'aventure.* SYN. **au hasard.** ❹ **Dire la bonne aventure,** prédire l'avenir.

▶ s'**aventurer** v. (conjug. 3). Prendre le risque d'aller quelque part. *Ne t'aventure pas hors des pistes, c'est dangereux.* SYN. **se risquer.**

▶ **aventureux, euse** adj. ❶ Plein d'aventures, d'imprévus. *Rêver d'une vie aventureuse.* ❷ Plein de risques. *S'engager dans un projet aventureux.* SYN. **risqué.**

▶ **aventurier, ère** n. Personne qui recherche l'aventure, le risque, le danger.

avenue n.f. Dans une ville, large rue souvent bordée d'arbres. → Vois aussi **boulevard.**

s'**avérer** v. (conjug. 9). Apparaître à l'usage, à l'expérience. *Cet exercice s'est avéré trop difficile.* SYN. **se révéler.**

averse n.f. Pluie qui tombe soudainement et ne dure pas longtemps. SYN. **ondée.**

aversion n.f. Sentiment de dégoût profond. *Éprouver de l'aversion pour la violence.* SYN. **répugnance, répulsion.** CONTR. **attirance, goût.**

avertir v. (conjug. 16). Informer quelqu'un pour qu'il prenne garde à quelque chose. *Je t'avais averti que la branche n'était pas solide.* SYN. **prévenir.**

▶ **avertissement** n.m. ❶ Ce que l'on dit pour avertir quelqu'un, le mettre en garde. *Tu n'as pas voulu écouter mes avertissements.* ❷ Réprimande avec menace de sanction. *Le footballeur a eu un avertissement.* SYN. **blâme.**

▶ **avertisseur** n.m. Appareil qui émet un signal pour prévenir d'un danger. *Les voitures sont équipées d'un avertisseur sonore.* → Vois aussi **Klaxon.**

aveu n.m. Fait d'avouer, de reconnaître qu'on est l'auteur d'une faute, d'un crime. *Le meurtrier est passé aux aveux.*

● Au pluriel : des **aveux.**

▶▶▶ Mot de la famille de **avouer.**

aveuglant, e adj. Qui aveugle, qui éblouit. *Une lumière aveuglante.* SYN. **éblouissant.**

▶▶▶ Mot de la famille de **aveugle.**

aveugle adj. ❶ Qui ne voit pas, qui est privé de la vue. *Être aveugle de naissance.* ❷ Qui est incapable de bien juger, de voir la réalité. *L'amour la rend aveugle.* ◆ n. Personne privée de la vue. *Les aveugles utilisent un système d'écriture et de lecture appelé « braille ».* SYN. **non-voyant.**

▶ **aveuglement** n.m. État d'une personne dont la raison, le jugement sont troublés. *Son indulgence va jusqu'à l'aveuglement.* CONTR. **lucidité.**

▶ **aveuglément** adv. Sans réfléchir. *Exécuter aveuglément un ordre.*

Les avions

Le premier appareil à moteur volant est l'*Éole*, piloté en 1890 par Clément Ader. Louis Blériot réussit la première traversée de la Manche en 1909 et Charles Lindbergh celle de l'Atlantique en 1927. Le premier vol d'un avion à réaction a eu lieu en 1939. Depuis, les avions, militaires ou civils, ne cessent de se perfectionner.

l'*Éole*, C. Ader, 1890

chasseur Fokker, 1917

Spirit of Saint Louis, C. Lindbergh, 1927

Airbus A380

chasseur soviétique MIG 15bis, 1949

planeur, 1990

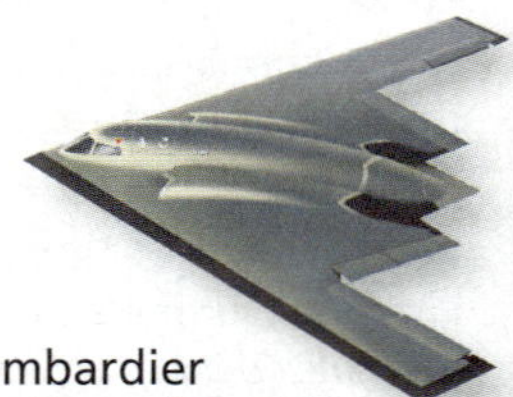

bombardier Northrop B2, 1989

hydravion, 1931

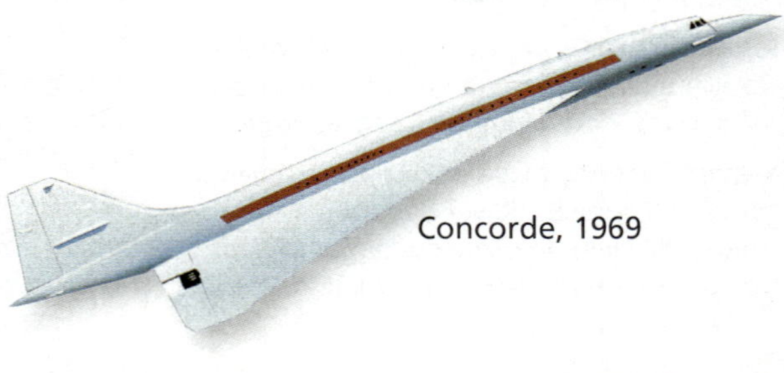

Concorde, 1969

▸ **aveugler** v. (conjug. 3). ❶ Gêner la vision par une lumière qui éblouit. *Le soleil m'aveugle.* ❷ Empêcher de voir les choses comme elles sont. *La colère t'aveugle.*

▸ à l'**aveuglette** adv. ❶ Sans y voir. *Marcher à l'aveuglette dans le noir.* SYN. **à tâtons.** ❷ Au hasard, sans calculer les risques. *Se lancer à l'aveuglette dans un projet.*

aviateur, trice n. Personne qui pilote un avion. → Vois aussi **pilote.**

▸▸▸ Mot de la famille de **avion.**

aviation n.f. ❶ Ensemble des activités et des installations qui ont un rapport avec les avions. *Une compagnie d'aviation; un terrain d'aviation.* ❷ Ensemble d'avions. *L'aviation militaire d'un pays.*

▸▸▸ Mot de la famille de **avion.**

avide adj. Qui désire quelque chose avec passion. *C'est une jeune actrice avide de succès.* SYN. **assoiffé.**

▸ **avidement** adv. Avec avidité. *Lire avidement un roman.*

▸ **avidité** n.f. Désir très fort de quelque chose. *Manger avec avidité.* SYN. **voracité.** *Un financier d'une grande avidité.* SYN. **cupidité, rapacité.**

s'**avilir** v. (conjug. 16). Perdre sa dignité, devenir méprisable. *Tu ne vas pas t'avilir à répondre à ses injures.* SYN. **s'abaisser.**

avion n.m. Appareil volant qui est muni d'ailes et d'un ou de plusieurs moteurs. *Ryan adore prendre l'avion.*

→ planche p. 112.

aviron n.m. ❶ Rame légère. ❷ Sport qui se pratique sur un bateau léger à l'aide d'avirons. *Faire de l'aviron sur la Seine.*

l'aviron

avis n.m. ❶ Ce qu'on pense de quelqu'un ou de quelque chose. *Avant que je prenne ma décision, donne-moi ton avis.* SYN. **opinion, point de vue.** ❷ **À mon avis,** selon moi. *À mon avis, tu te trompes.* ❸ Texte qui avertit de quelque chose. *Un avis de passage est affiché dans le hall de l'immeuble.*

● Ce mot se termine par un **s.**

avisé, e adj. Mot littéraire. Qui agit avec habileté et prudence, après avoir bien réfléchi. *En homme avisé, il a pris une assurance.* SYN. **prudent, réfléchi.** CONTR. **imprudent, imprévoyant.**

1. **aviser** et **s'aviser** v. (conjug. 3). Prendre une décision. *Pour les vacances, laisse-moi deux jours pour aviser.* SYN. **décider.** ◆ **s'aviser de.** Se mettre en tête de faire ce qu'on ne devrait pas. *Ne t'avise pas de le déranger quand il travaille !* SYN. **essayer, oser.**

2. **aviser** v. (conjug. 3). Informer quelqu'un d'un fait, le lui faire savoir. *J'ai été avisé de l'annulation du vol.* SYN. : **avertir, prévenir.**

▸▸▸ Mot de la famille de **avis.**

aviver v. (conjug. 3). Rendre plus vif. *Mes condoléances n'ont fait qu'aviver sa douleur.* SYN. **accentuer, raviver.**

1. **avocat, e** n. Personne dont la profession est de défendre quelqu'un en justice. *Les avocats plaident au tribunal.*

2. **avocat** n.m. Fruit en forme de poire, à peau verte ou brune, qui contient un gros noyau et qui pousse sur un arbre originaire d'Amérique, l'*avocatier.*

avoine n.f. ❶ Céréale qui sert à la fois à l'alimentation humaine et à celle des chevaux. ❷ **Flocons d'avoine,** grains d'avoine réduits en lamelles et servis avec du lait.

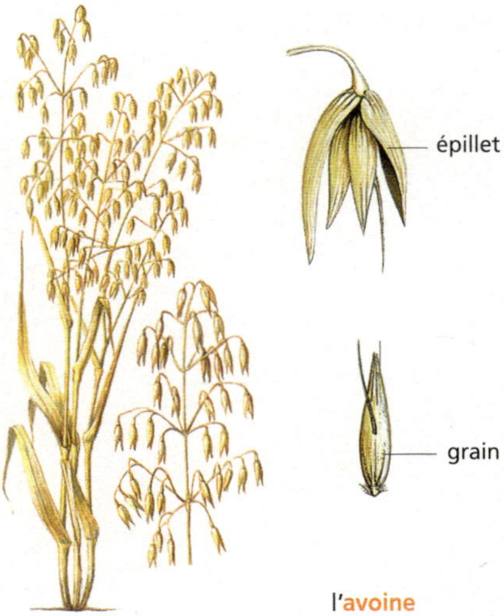

l'avoine

a b c d e f g h i j k l m n o p q r s t u v w x y z

a b c d e f g h i j k l m n o p q r s t u v w x y z

avoir v. (conjug. 1). ❶ Posséder, obtenir. *Ils ont un chat. Il a eu son permis.* ❷ Ressentir une impression, éprouver un sentiment. *Avoir faim. Avoir du chagrin.* ❸ Être caractérisé par. *Candice a les yeux bleus.* ❹ **Avoir à,** devoir. *Nous avons un travail à finir.* ❺ **Il y a,** il existe; cela fait. *Il y a une usine près d'ici. Il y a une heure que je t'attends.*

● **Avoir** s'emploie comme auxiliaire de conjugaison : *j'ai vu ; nous avions chanté.*

▸ **avoir** n.m. ❶ Biens que l'on possède. *Il a doublé son avoir.* SYN. **fortune.** ❷ Crédit dont on dispose chez un commerçant, à la suite d'un échange ou d'un retour.

avoisinant, e adj. Qui est situé tout près. *Les rues avoisinantes.* SYN. **proche, voisin.** CONTR. **éloigné, lointain.**

▸▸▸ Mot de la famille de **voisin.**

avortement n.m. Arrêt volontaire ou accidentel d'une grossesse.

▸▸▸ Mot de la famille de **avorter.**

avorter v. (conjug. 3). ❶ Perdre son fœtus avant qu'il ne soit assez développé pour vivre ou mettre fin à une grossesse. ❷ Ne pas aboutir. *Leur projet a avorté.* SYN. **échouer.** CONTR. **réussir.**

avouer v. (conjug. 3). ❶ Reconnaître qu'on a fait quelque chose de mal. *Avoue que tu as mangé tout le chocolat !* CONTR. **nier.** ❷ Dire ce qui est délicat ou difficile. *Il faut avouer qu'elle a raison.* SYN. **admettre.**

avril n.m. Quatrième mois de l'année. *Le 1er avril, on se fait des farces appelées « poissons d'avril ».*

● Le mois d'avril a 30 jours.

axe n.m. ❶ Pièce ou tige centrale autour de laquelle une roue peut tourner. ❷ Ligne droite qui passe par le centre d'une chose et la divise en deux parties égales. *L'axe de la chaussée est marqué d'une ligne blanche.* ❸ Grande voie de communication. *Un axe routier, fluvial.*

azalée n.f. Arbuste originaire des montagnes d'Asie, que l'on cultive pour ses fleurs roses ou blanches.

une branche d'azalée

azimut n.m. (Familier). **Dans tous les azimuts,** dans toutes les directions. *Courir dans tous les azimuts.*

● On prononce le **t.**

azote n.m. Gaz incolore et inodore. *L'air est formé surtout d'oxygène et d'azote.*

● Ce nom masculin se termine par un **e.**

azur n.m. Couleur d'un bleu intense, comme celui du ciel. *Des yeux d'un bel azur.*

b.a.-ba n.m. invar. Premières choses à savoir dans un domaine particulier. *Apprendre le b.a.-ba de l'informatique.* SYN. **abc.**
● On prononce [beaba].

baba n.m. Gâteau arrosé d'un sirop parfumé au rhum.

babillage n.m. Sons prononcés par les petits enfants au moment où ils commencent à parler. SYN. **gazouillis.**
►►► Mot de la famille de **babiller.**

babiller v. (conjug. 3). Prononcer des sons qui ne sont pas encore des mots. *Le nourrisson babille.* SYN. **gazouiller.**

babines n.f. plur. ❶ Lèvres de certains animaux. *Un loup retrousse ses babines.* ❷ **Se lécher les babines,** se régaler d'avance. *Maman a fait un gâteau au chocolat pour le goûter, je m'en lèche déjà les babines.*

babiole n.f. Petit objet sans valeur ou chose sans importance. *Rapporter des babioles de voyage. Se disputer bêtement pour des babioles.* SYN. **broutille, futilité.**

bâbord n.m. Côté gauche d'un bateau quand on regarde vers l'avant. *Terre en vue à bâbord !* CONTR. **tribord.**
● Le **a** prend un accent circonflexe.

babouche n.f. Chaussure en cuir souple sans talon, ne couvrant que le dessus du pied. *Des babouches brodées.*

babouin n.m. Singe d'Afrique au museau allongé comme celui d'un chien.

baby-foot n.m. invar. Jeu de football de table où l'on pousse une balle avec des petits personnages actionnés par des tiges mobiles. *Faire une partie de baby-foot.*
● C'est un mot anglais, on prononce [babifut].
– La nouvelle orthographe permet d'écrire aussi un **babyfoot,** des **babyfoots,** avec un **s,** et sans trait d'union.

baby-sitter n. Personne payée pour garder de jeunes enfants en l'absence de leurs parents.
● C'est un mot anglais, on prononce [babisitœr].
– Au pluriel : des **baby-sitters.**
– La nouvelle orthographe permet d'écrire aussi **babysitteur, babysitteuse.**

► **baby-sitting** n.m. invar. **Faire du baby-sitting,** garder de jeunes enfants en l'absence de leurs parents. *Les étudiants font souvent du baby-sitting.*
● C'est un mot anglais, on prononce [babisitiŋ].
– La nouvelle orthographe permet d'écrire aussi **babysitting,** sans trait d'union.

1. **bac** n.m. Nom donné à toutes sortes de récipients. *Un bac à sable. Le bac à légumes du réfrigérateur. Un bac à fleurs.*

2. **bac** n.m. Large bateau à fond plat utilisé pour transporter des personnes et des véhicules d'une rive à l'autre d'un fleuve ou d'une côte à une île.

3. **bac** n.m. Baccalauréat.

baccalauréat n.m. Examen que l'on passe à la fin des études secondaires.
● Ce mot s'écrit avec deux **c.** – On emploie souvent l'abréviation **bac.**

bâche n.f. Grosse toile imperméable qui sert à protéger des marchandises, des voitures, etc. *Recouvrir un étalage d'une bâche.*
● Le **a** prend un accent circonflexe.

bachelier, ère n. Personne qui a obtenu le baccalauréat.

bacille n.m. Bactérie en forme de bâtonnet. *Certains bacilles provoquent des maladies. La tuberculose est due à un bacille.*
● On prononce [basil].

a b c d e f g h i j k l m n o p q r s t u v w x y z

a b c d e f g h i j k l m n o p q r s t u x y z

bâcler v. (conjug. 3). Mot familier. Faire son travail en vitesse et sans aucun soin, pour s'en débarrasser. *Bâcler ses devoirs.* SYN. **saboter.** CONTR. **soigner.**

● Le **a** prend un accent circonflexe.

bactérie n.f. Micro-organisme constitué d'une cellule unique. *Certaines bactéries permettent la digestion intestinale; d'autres transmettent des maladies.*

badaud, e n. Passant qui s'arrête pour regarder ce qui se passe. *Les badauds entouraient l'étalage du camelot.* SYN. **curieux.**

badge n.m. ❶ Insigne qu'on porte épinglé sur un vêtement. *Lors d'une grande réunion, chaque participant porte un badge à son nom.* ❷ Document d'identité codé, lisible par un appareil spécial appelé « badgeuse ».

● Ce mot est du genre masculin : **un badge.**

▶ **badger** v. (conjug. 5). Introduire son badge dans un appareil spécial pour entrer dans un local ou en sortir, ou pour enregistrer ses horaires de travail.

badigeon n.m. Enduit léger fait d'eau, de chaux et d'un colorant.

● Le **g** est suivi d'un **e** pour prononcer le son [ʒ].

▶ **badigeonner** v. (conjug. 3). ❶ Enduire une surface d'une couche de badigeon. *Badigeonner la façade d'une maison.* ❷ Couvrir d'un produit liquide ou pâteux. *Badigeonner un gâteau de jaune d'œuf.*

badminton n.m. Sport où les joueurs se renvoient un volant à l'aide d'une raquette.

● C'est un mot anglais, on prononce [badmintɔn].

raquettes et volant de **badminton**

baffle n.m. Haut-parleur d'une chaîne stéréo. SYN. **enceinte.**

● Ce mot s'écrit avec deux **f.**
– Il est du genre masculin : **un baffle.**

des **baffles**

bafouer v. (conjug. 3). Tourner en ridicule, se moquer d'une loi, d'un règlement ou d'une personne. *Bafouer les représentants de l'ordre public.* SYN. **outrager, railler, ridiculiser.** CONTR. **respecter.**

bafouiller v. (conjug. 3). Mot familier. Parler d'une manière confuse et embarrassée. *Bafouiller de vagues excuses.* SYN. **balbutier, bredouiller.**

bagage n.m. ❶ Valise, sac, paquet qu'on emporte avec soi en voyage. *Je prends peu de bagages pour les vacances. J'ai fait mes bagages.* ❷ **Plier bagage,** partir rapidement. ❸ Ensemble des connaissances requises. *Un excellent bagage littéraire.*

bagarre n.f. Lutte entre deux personnes, deux groupes qui se battent. *Il y a eu une bagarre à la sortie du concert.* SYN. **bataille.**

● Ce mot s'écrit avec deux **r.**

▶ se **bagarrer** v. (conjug. 3). Se livrer à une bagarre. *Les garçons se sont encore bagarrés dans la cour.* SYN. **se battre.**

▶ **bagarreur, euse** adj. et n. Qui aime la bagarre et se bat souvent avec les autres. *Mon frère est très bagarreur.*

bagnard n.m. Autrefois, personne condamnée aux travaux forcés dans un bagne. SYN. **forçat.**

▶▶▶ Mot de la famille de **bagne.**

bagne n.m. Établissement où étaient détenus autrefois les condamnés aux travaux forcés. *Il y a eu un bagne en Guyane jusqu'en 1946.* SYN. **pénitencier.**

bagnole n.f. Mot familier. Voiture.

bagout n.m. Mot familier. **Avoir du bagout,** parler beaucoup et de façon convaincante. *Un vendeur qui a du bagout.*

● On peut aussi écrire **bagou.**

bague n.f. Bijou que l'on porte au doigt, souvent orné d'une perle ou d'une pierre précieuse. → Vois aussi **alliance, anneau, chevalière.**

baguette n.f. ❶ Bâton mince et assez long. *La baguette du chef d'orchestre. On peut manger du riz avec des baguettes.* ❷ Pain long et mince qui pèse environ 250 grammes. ❸ **Mener quelqu'un à la baguette,** le diriger d'une manière dure et autoritaire.

bahut n.m. Buffet bas qui sert à ranger de la vaisselle ou du linge.

1. **baie** n.f. Partie de la mer qui s'avance à l'intérieur des terres. *La baie du Mont-Saint-Michel.* → Vois aussi **golfe.**

2. **baie** n.f. Petit fruit sans noyau, à graines ou à pépins. *Les myrtilles, les groseilles, les mûres sont des baies.*

3. **baie** n.f. Large ouverture dans un mur, qui sert de fenêtre ou de porte. *La baie vitrée donne sur un parc.*

baignade n.f. ❶ Action de se baigner, de plonger dans l'eau pour nager. ❷ Lieu aménagé pour se baigner.

▸▸▸ Mot de la famille de **baigner.**

baigner et **se baigner** v. (conjug. 3). ❶ Donner un bain à quelqu'un. *L'infirmière baigne un malade.* ❷ Être plongé dans un liquide. *Les cornichons baignent dans le vinaigre.* SYN. **tremper.** ◆ **se baigner.** Prendre un bain, se plonger dans l'eau. *Se baigner dans la mer.*

▸ **baigneur, euse** n. Personne qui se baigne, qui plonge dans l'eau pour nager.

▸ **baignoire** n.f. ❶ Appareil sanitaire en forme de grand bac où l'on prend un bain. ❷ Loge située au rez-de-chaussée d'un théâtre.

bail n.m. Contrat signé entre un propriétaire et un locataire, qui fixe les conditions de location d'une maison, d'un magasin, d'une terre.

● On prononce [baj]. – Au pluriel : des **baux.**

bâillement n.m. Ouverture involontaire de la bouche quand on bâille. *Réprimer un bâillement.*

▸▸▸ Mot de la famille de **bâiller.**

bâiller v. (conjug. 3). Ouvrir largement la bouche et aspirer, puis expirer l'air de manière involontaire. *Bâiller de fatigue, de faim ou d'ennui.*

● Le **a** prend un accent circonflexe.

bâillon n.m. Bandeau, morceau de tissu que l'on met sur la bouche de quelqu'un pour l'empêcher de parler ou de crier.

● Le **a** prend un accent circonflexe.

▸ **bâillonner** v. (conjug. 3). Mettre un bâillon sur la bouche de quelqu'un pour l'empêcher de parler ou de crier. *Le cambrioleur a bâillonné le gardien de nuit.*

bain n.m. ❶ Eau dans laquelle on se baigne pour se laver ou se relaxer. *Se faire couler un bain.* ❷ Fait de se baigner, de se plonger dans l'eau. *Les bains de mer.* ❸ **Prendre un bain,** se mettre dans l'eau d'une baignoire pour se laver. ❹ **Bain de soleil,** fait d'exposer son corps au soleil. ❺ **Se mettre, se remettre dans le bain,** s'habituer ou se réhabituer à une activité. *Après les vacances, il faut se remettre dans le bain.*

▸ **bain-marie** n.m. **Faire cuire au bain-marie,** dans un récipient qui baigne dans une casserole d'eau bouillante.

baïonnette n.f. Lame effilée qui se fixe au bout d'un fusil.

● Le **i** prend un tréma.

baiser v. (conjug. 3). Poser ses lèvres sur quelqu'un, quelque chose, par affection ou respect. *Baiser la main d'une femme.* → Vois aussi **embrasser.**

▸ **baiser** n.m. **Donner un baiser,** embrasser. → Vois aussi **bise (1), bisou.**

baisse n.f. Fait de baisser, de diminuer. *Profiter de la baisse des prix.* SYN. **diminution.** CONTR. **augmentation, hausse.**

baisser et **se baisser** v. (conjug. 3). ❶ Mettre plus bas. *Baisser la vitre d'une voiture.* CONTR. **lever, relever.** ❷ Mettre moins fort. *Baisser le son de la télévision.* CONTR. **monter.** ❸ Perdre en qualité, en valeur, en intensité. *La température a baissé. Les prix baissent.* SYN. **diminuer.** CONTR. **augmenter.** *Sa vue baisse.* SYN. **décliner, faiblir.** ◆ **se baisser.** Incliner une partie du corps vers le sol. *Se baisser pour cueillir des fleurs.* SYN. **se courber, se pencher.**

▸▸▸ Mots de la même famille : **abaisser, rabais, rabaisser.**

a b c d e f g h i j k l m n o p q r s t u v w x y z

bajoues n.f. plur. Joues pendantes de certains animaux. *Les bajoues d'un veau, d'un chien.*

une **bajoue**

bal n.m. Réunion, fête où l'on danse au son d'un orchestre. *Être invité à un bal.*

● Au pluriel : des **bals.** – Ne confonds pas avec une **balle.**

balade n.f. Mot familier. Promenade. *Faire une balade dans les bois.*

● Ne confonds pas avec **ballade.**

▶ **se balader** v. (conjug. 3). Mot familier. Se promener. *Je me suis baladé sur la plage.*

▶ **baladeur** n.m. Lecteur audio portatif muni d'écouteurs. *Écouter de la musique sur son baladeur.* → Vois aussi **Walkman.**

balafre n.f. Longue entaille faite au visage; cicatrice qu'elle laisse. *Avoir une balafre sur la joue.* SYN. **estafilade.**

▶ **balafré, e** adj. et n. Marqué d'une balafre, d'une longue cicatrice. *Un visage balafré. On l'appelle « Jojo le Balafré ».*

balai n.m. Ustensile composé d'une brosse et d'un long manche. Il sert à enlever la poussière et à nettoyer les saletés sur le sol. *Donner un coup de balai dans une cuisine.*

● Ne confonds pas avec **ballet.**

balalaïka n.f. Instrument de musique populaire russe de la famille du luth.

● Le **i** prend un tréma.

une **balalaïka**

balance n.f. ❶ Instrument de mesure qui sert à peser, à mesurer les masses. *Une balance traditionnelle est constituée de deux plateaux. Se peser sur une balance électronique.* ❷ **Balance commerciale,** différence entre le total des importations et celui des exportations d'un pays.

▶ **balancement** n.m. Mouvement qui fait pencher alternativement d'un côté puis de l'autre. *Le balancement d'un hamac.* SYN. **oscillation.**

▶ **balancer** et **se balancer** v. (conjug. 4). ❶ Faire aller alternativement d'un côté puis de l'autre. *Marcher en balançant les bras de l'avant vers l'arrière.* ❷ (Sens familier). Jeter un objet. *Il a balancé ses baskets au milieu de la chambre.* ◆ **se balancer.** Bouger régulièrement d'avant en arrière ou de côté et d'autre. *Il se balance sur sa chaise.*

▶ **balancier** n.m. ❶ Tige qui se balance de part et d'autre d'un axe. *Le balancier d'une horloge permet le mouvement des aiguilles.* ❷ Longue perche qui assure l'équilibre d'un funambule. → Vois aussi **pendule (1).**

▶ **balançoire** n.f. Siège suspendu que l'on utilise comme jeu pour se balancer. *Faire de la balançoire.*

● Le **c** prend une cédille.

balayage n.m. Action de balayer, de nettoyer avec un balai. *Le balayage de la cour de récréation est fait chaque jour.*

balayer v. (conjug. 13). ❶ Enlever la poussière, nettoyer avec un balai. *Le gardien balaie l'escalier.* ❷ Emporter; faire disparaître. *La tempête a tout balayé sur son passage.* SYN. **chasser.**

▸▸▸ Mot de la famille de **balai.**

balayette n.f. Petit balai à manche court.

balayeur, euse n. Employé municipal chargé du balayage des rues.

▸▸▸ Mot de la famille de **balai.**

balbutiement n.m. ❶ Manière de parler de quelqu'un qui balbutie; parole hésitante. *Les balbutiements d'un timide.* SYN. **bredouillement.** ❷ (Souvent au pluriel). Débuts de quelque chose. *Les balbutiements d'une science.* SYN. **tâtonnements.**

▸▸▸ Mot de la famille de **balbutier.**

balbutier v. (conjug. 7). Prononcer avec difficulté, en hésitant sur les mots. *Balbutier des excuses confuses.* SYN. **bredouiller.**

● Le **t** se prononce [s].

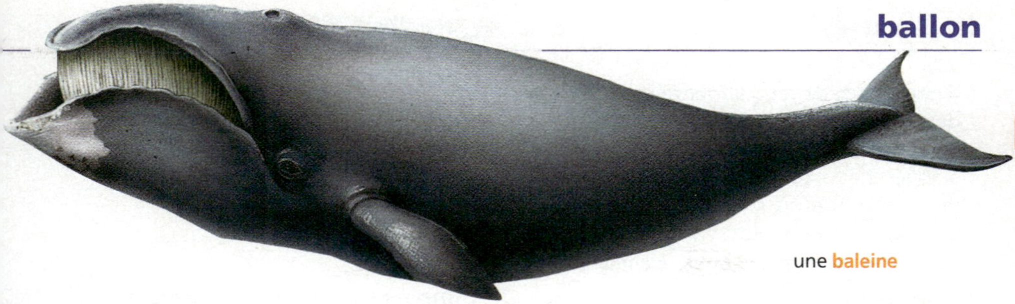
une **baleine**

balcon n.m. ❶ Petite plate-forme entourée d'une rambarde qui dépasse de la façade d'un immeuble, d'une maison. *Avoir un balcon fleuri.* ❷ Dans un théâtre, chacune des galeries situées au-dessus de l'orchestre.

baldaquin n.m. **Lit à baldaquin,** lit surmonté d'une tenture. *Le lit à baldaquin de la reine.*

baleine n.f. ❶ Grand mammifère marin pouvant mesurer 30 mètres de long et peser 150 tonnes. C'est le plus grand de tous les mammifères. *La baleine a des fanons qui lui permettent de filtrer l'eau et de retenir le plancton dont elle se nourrit.* ❷ **Baleines de parapluie,** tiges flexibles et souples qui tendent le tissu.
● La baleine est un cétacé. Petit : le baleineau.

▶ **baleineau** n.m. Jeune baleine.
● Au pluriel : des **baleineaux.**

▶ **baleinier** n.m. Navire équipé pour la chasse à la baleine et aux cétacés.

balise n.f. Marque ou objet qui servent à signaler les endroits dangereux ou qui indiquent le tracé d'une route, d'une piste d'atterrissage.

▶ **baliser** v. (conjug. 3). Signaler un endroit dangereux, un tracé à suivre par des balises. *Des signaux balisent la voie ferrée.*

balistique adj. **Étude balistique,** qui s'intéresse à la trajectoire d'un projectile.

balivernes n.f. plur. Paroles sans importance, futiles ou même fausses. *Ne l'écoute pas, il ne dit que des balivernes.* SYN. **futilités, sornettes, sottises.**

ballade n.f. Poème de plusieurs strophes, souvent inspiré d'une légende populaire. *Victor Hugo a écrit des ballades.*
● Ce mot s'écrit avec deux **l.** – Ne confonds pas avec **balade.**

ballant, e adj. **Rester les bras ballants,** avec les bras qui pendent, sous l'effet de la surprise ou par désœuvrement.

ballast n.m. Couche de pierres cassées que l'on tasse sous les rails d'une voie de chemin de fer.

1. **balle** n.f. ❶ Boule, sphère qui rebondit et dont on se sert dans divers jeux ou sports. *Une balle de tennis, de ping-pong. Lancer une balle à son chien.* ❷ **Saisir la balle au bond,** profiter d'une occasion favorable sans attendre. ❸ Petit projectile d'une arme à feu. *Une balle de fusil, de pistolet.*

2. **balle** n.f. Très gros paquet de marchandises. *Des balles de coton, de café.*

ballerine n.f. ❶ Danseuse de ballet. ❷ Chaussure de femme, plate et légère, à bout arrondi, qui rappelle un chausson de danse.
▸▸▸ Mot de la famille de **ballet.**

ballet n.m. ❶ Spectacle de danse dont les figures sont réglées par une chorégraphie. ❷ Troupe de danseurs.
● Ne confonds pas avec **balai.**

un **ballet**

ballon n.m. ❶ Grosse balle en cuir ou en caoutchouc épais. *Jouer au ballon. Un ballon de football, de rugby.* ❷ Jouet d'enfant fait

a b c d e f g h i j k l m n o p q r s t u v w x y z

d'une sphère de caoutchouc mince gonflée de gaz léger. *Ne lâche pas ton ballon ou il va s'envoler.* ❸ Appareil gonflé d'un gaz léger ou d'air chaud, ce qui lui permet de s'élever dans l'air. *Autrefois, on voyageait en ballon.* ❹ Montagne au sommet arrondi, dans les Vosges. → Vois aussi **dirigeable, montgolfière.**

des **ballons** de sport

▸ **ballonné, e** adj. **Avoir le ventre, l'estomac ballonnés,** gonflés.

ballot n.m. ❶ Paquet de marchandises, de vêtements. *Porter un ballot de linge sale à la laverie.* ❷ (Sens familier). Sot, imbécile.
▸▸▸ Mot de la famille de **balle (2).**

ballottage n.m. Lors d'une élection, situation où aucun candidat n'a obtenu la majorité des voix pour être élu. *Le ballottage entraîne un deuxième tour de scrutin.*
● La nouvelle orthographe permet d'écrire aussi **ballotage,** avec un seul **t.**

ballotter v. (conjug. 3). Secouer en tous sens. *La barque était ballottée par les vagues.*
● La nouvelle orthographe permet d'écrire aussi **balloter,** avec un seul **t.**

balluchon n.m. Mot ancien. Petit paquet de vêtements, de linge.
● On peut aussi écrire un **baluchon.**
▸▸▸ Mot de la famille de **balle (2).**

balnéaire adj. **Station balnéaire,** ville en bord de mer où les vacanciers peuvent se baigner. *Deauville, en Normandie, est une célèbre station balnéaire.*
▸▸▸ Mot de la famille de **bain.**

balourd, e adj. et n. Qui commet des maladresses. *Quel balourd avec ses remarques !* SYN. **lourdaud, maladroit.**

baluchon → balluchon

balustrade n.f. Barrière supportée par des petits piliers au bord d'un pont, d'un balcon, d'une terrasse, pour empêcher de tomber. *S'accouder à la balustrade.* SYN. **garde-fou, parapet, rambarde.**

une **balustrade**

bambin n.m. Mot familier. Petit enfant.

bambou n.m. Plante des pays chauds à tige creuse qui peut atteindre 30 mètres de haut.
→ Vois aussi **roseau, rotin.**

ban n.m. ❶ Applaudissements rythmés en l'honneur de quelqu'un. *Un ban pour le gagnant !* ❷ **Publier les bans,** afficher l'annonce d'un mariage à la mairie, à l'église.
● Ne confonds pas avec **banc.**

banal, e adj. Qui est commun, sans originalité. *Un incident banal.* SYN. **courant, ordinaire.** CONTR. **extraordinaire, original.**
● Au masculin pluriel : **banals.**

▸ **banalisé, e** adj. **Voiture banalisée,** voiture de police que rien ne permet de reconnaître.

▸ **banalité** n.f. ❶ Caractère de ce qui est banal. *Un film d'une grande banalité.* ❷ Parole banale, propos sans intérêt. *Il n'a fait que débiter des banalités.*

banane n.f. Fruit long à peau jaune et épaisse et à pulpe farineuse, qui pousse en grappes appelées « régimes » sur un bananier.

▸ **bananeraie** n.f. Plantation de bananiers.

▸ **bananier** n.m. Grande plante des régions chaudes à très grandes feuilles qui produit des bananes. *On trouve des bananiers en Amérique centrale, aux Antilles, en Afrique.*

un **bananier** et des **bananes**

banc n.m. ❶ Long siège étroit, avec ou sans dossier, où plusieurs personnes peuvent s'asseoir. *Les bancs d'un square.* ❷ **Banc de poissons,** groupe important de poissons de la même espèce. *Un banc de sardines.* ❸ **Banc de sable,** amas de sable dans une étendue d'eau.
● Ce mot se termine par un **c**. – Ne confonds pas avec **ban.**

bancaire adj. Qui concerne la banque, qui se fait à la banque. *Un chèque bancaire; un compte bancaire.*
▸▸▸ Mot de la famille de **banque.**

bancal, e adj. ❶ **Meuble bancal,** qui a un pied plus court que les autres. SYN. **branlant.** CONTR. **stable.** ❷ **Raisonnement bancal,** qui manque de rigueur, de logique. SYN. **boiteux.**
● Au masculin pluriel : **bancals.**

bandage n.m. Bande ou assemblage de bandes servant à maintenir un pansement, à protéger ou soutenir une partie du corps. *Avoir un bandage autour du genou.*
▸▸▸ Mot de la famille de **bande (2).**

1. **bande** n.f. ❶ Groupe de personnes ou d'animaux qui vont ensemble. *Une bande d'amis. Oiseaux qui volent en bande.* ❷ **Faire bande à part,** se retirer à l'écart d'un groupe. *Valentin et Maxence font souvent bande à part.*

2. **bande** n.f. ❶ Morceau d'étoffe, de papier, etc., plus long que large. *Une bande de velours. Elle doit mettre une bande autour du poignet.* SYN. **bandage.** ❷ **Bande dessinée ou B.D.,** suite de dessins qui racontent une histoire. → Vois aussi **magnétique.**

▸ **bandeau** n.m. Bande de tissu entourant la tête ou recouvrant les yeux. *La danseuse retient ses cheveux avec un bandeau. L'otage avait un bandeau sur les yeux qui l'empêchait de voir ses ravisseurs.*
● Au pluriel : des **bandeaux.**

▸ **bandelette** n.f. Bande étroite, petite bande. *Les momies égyptiennes étaient entourées de bandelettes de tissu.*

▸ **bander** v. (conjug. 3). ❶ Entourer d'une bande. *Bander une blessure.* ❷ Couvrir d'un bandeau. *Bander les yeux d'un joueur, à colin-maillard.* ❸ **Bander un arc,** le tendre.

▸ **banderole** n.f. Longue bande de tissu marquée d'une inscription. *Les manifestants portaient des banderoles.*

bandit n.m. Personne malhonnête qui commet des vols, des attaques à main armée. *Les bandits ont dévalisé la bijouterie.* SYN. **gangster, malfaiteur, truand.**

▸ **banditisme** n.m. Ensemble des activités des bandits. *La police lutte contre le banditisme.*

bandoulière n.f. Courroie que l'on fait passer d'une épaule à la hanche opposée pour porter un sac, un fusil. *Maman porte son sac à main en bandoulière.*

banjo n.m. Sorte de petite guitare ronde dont la caisse est couverte d'une peau tendue. *Un cow-boy jouait du banjo dans le western.*
● On prononce [bɑ̃dʒo].

un **banjo**

banlieue n.f. Ensemble des communes qui entourent une grande ville. *Habiter la banlieue de Lyon.*

▸ **banlieusard, e** n. Habitant de la banlieue. *De nombreux banlieusards travaillent dans la capitale.*

bannière n.f. Sorte de drapeau. *Notre équipe de football a une bannière verte.*

bannir v. (conjug. 16). ❶ Contraindre à l'exil, chasser de son pays. *Les opposants au régime ont été bannis.* SYN. **exiler, expulser.** ❷ Écarter ce que l'on juge mauvais. *Bannir les gros mots de son vocabulaire.* SYN. **proscrire, rayer, supprimer.**

banque n.f. Établissement où l'on peut déposer, retirer ou emprunter de l'argent.

banqueroute n.f. **Faire banqueroute,** pour un commerçant, une entreprise ou un État, ne plus pouvoir assurer ses paiements. SYN. **faire faillite.**

a b c d e f g h i l m n o p q r s t u v w x y z

a b c d e f g h i j k l m n o p q r s t u v w x y z

banquet n.m. Repas somptueux qui réunit de nombreux invités à l'occasion d'un événement extraordinaire ou d'une cérémonie officielle. *Un banquet de noce.* SYN. **festin.**

banquette n.f. Siège rembourré à plusieurs places dans un véhicule, un restaurant. *S'asseoir sur la banquette arrière de la voiture.*

banquier, ère n. Personne qui dirige ou possède une banque.

banquise n.f. Dans les mers polaires, épaisse couche de glace qui est formée par de l'eau de mer gelée.

baobab n.m. Gros arbre d'Afrique tropicale, d'Asie et d'Australie.

baptême n.m. ❶ Sacrement par lequel une personne devient chrétienne. *Le jour de son baptême, l'enfant est accompagné de son parrain et de sa marraine.* ❷ **Baptême de l'air,** premier vol que l'on fait en avion ou en hélicoptère.
● On ne prononce pas le **p** : [batɛm]. – Le premier **e** prend un accent circonflexe.

▸ **baptiser** v. (conjug. 3). ❶ Donner le baptême. *Le prêtre verse de l'eau sur le front de l'enfant qu'il baptise.* ❷ Donner un nom ou un surnom. *On a baptisé notre chien Caramel.* SYN. **appeler, surnommer.**
● On ne prononce pas le **p** : [batize].

baquet n.m. Grand récipient en bois. *Autrefois, on faisait la lessive dans des baquets.*

bar n.m. ❶ Établissement où l'on peut consommer des boissons. SYN. **café.** ❷ Comptoir d'un café, d'un restaurant. *Prendre son apéritif au bar.*
● Ne confonds pas avec une **barre.**

baragouiner v. (conjug. 3). Mot familier. Parler très mal une langue étrangère ou s'exprimer de façon incompréhensible. *Baragouiner quelques mots d'italien.*

baraque n.f. ❶ Construction légère, généralement en planches. *Baraque qui sert à ranger des outils.* SYN. **cabane.** ❷ (Sens familier). Maison peu confortable. → Vois aussi **bicoque, masure.**

baraqué, e adj. Mot familier. Qui est solidement bâti et a une forte carrure. *Des athlètes bien baraqués.*

baratin n.m. Mot familier. Paroles destinées à convaincre quelqu'un ou à le tromper. *Je n'ai pas cru un mot de son baratin.* SYN. **boniment.**

barbant, e adj. Mot familier. Très ennuyeux. *Un film barbant.* SYN. **assommant.** CONTR. **passionnant.**
▸▸▸ Mot de la famille de **barber.**

barbare adj. et n. ❶ Qui agit avec une cruauté et une férocité indignes des humains. *Un crime barbare.* SYN. **inhumain, sauvage.** *Se conduire comme un barbare.* ❷ Tout étranger, pour les anciens Grecs et les anciens Romains. *Les Francs, les Wisigoths sont des peuples barbares qui ont envahi la Gaule.*

▸ **barbarie** n.f. Comportement d'une extrême cruauté, d'une violence sauvage. *La torture, les exécutions sommaires sont des actes de barbarie.* SYN. **férocité, sauvagerie.**

barbe n.f. ❶ Poils qui poussent sur les joues, le menton des hommes. *Se laisser pousser la barbe.* ❷ (Familier). **La barbe !,** exclamation qui exprime l'ennui et l'exaspération.

barbecue n.m. Appareil de cuisson fonctionnant au charbon de bois, qui sert à faire des grillades en plein air. *Faire cuire des côtelettes au barbecue.*
● C'est un mot anglais, on prononce [barbəkju].

barbelé adj. et n.m. **Fil de fer barbelé,** fil de fer muni de pointes. *Une clôture en fil de fer barbelé. Un pré entouré de barbelés.*

barber v. (conjug. 3). Mot familier. Ennuyer. *Tu nous barbes avec tes histoires !*

barbiche n.f. Barbe en pointe au menton. SYN. **bouc.**

▸ **barbichette** n.f. Petite barbiche.

barbier n.m. Autrefois, personne dont le métier était de raser la barbe et de coiffer les hommes.
▸▸▸ Mot de la famille de **barbe.**

barboter v. (conjug. 3). S'agiter dans une eau peu profonde; marcher dans la boue. *Les canards barbotent dans la mare. Barboter dans un champ inondé.* SYN. **patauger.**

barbouillage n.m. Peinture, dessin réalisés de façon grossière et maladroite, en faisant des taches. *Faire des barbouillages sur un mur.*
● On peut aussi dire **barbouillis.**
▸▸▸ Mot de la famille de **barbouiller.**

barbouiller v. (conjug. 3). ❶ Étaler maladroitement de la peinture, une matière salissante. *Barbouiller un mur en jaune. Avoir le menton barbouillé de chocolat.* CONTR. **débarbouiller.** ❷ **Être barbouillé, avoir l'estomac barbouillé,** avoir mal à l'estomac, envie de vomir.

barbu, e adj. et n. Qui a de la barbe. *Un vieil homme barbu.* CONTR. **imberbe.**

1\. **barde** n.f. Mince tranche de lard dont on entoure une volaille, un rôti.

2\. **barde** n.m. Chez les anciens Celtes, poète chanteur qui célébrait la gloire d'un chef et le conseillait.

1\. **barder** v. (conjug. 3). ❶ Entourer une viande de bardes, de tranches de lard. ❷ **Être bardé de,** avoir beaucoup de. *Un étudiant bardé de diplômes.*

2\. **barder** v. (conjug. 3). Mot familier. **Ça va barder !,** il va y avoir une violente dispute ou une bagarre. *Si ton père apprend que tu as menti, ça va barder !*

barème n.m. Tableau de calculs qui permettent de connaître rapidement un tarif. *Consulter le barème des impôts.*

baril n.m. ❶ Petit tonneau. *Un baril de vin.* ❷ Mesure de capacité de 159 litres environ utilisée pour le pétrole.

▶ **barillet** n.m. Cylindre tournant où sont logées les cartouches d'un revolver.

bariolé, e adj. Coloré de teintes vives et variées. *Une chemise bariolée.* SYN. **bigarré, chamarré.** CONTR. **uni.**

barman n.m. Serveur dans un bar.
● C'est un mot anglais, on prononce [barman].

bar-mitsva n.f. invar. Cérémonie religieuse au cours de laquelle un jeune garçon juif est admis dans la communauté, devient majeur.

baromètre n.m. Instrument qui sert à mesurer la pression atmosphérique et à prévoir le temps. *Le baromètre descend, il va pleuvoir.*

baron, baronne n. Titre de noblesse qui se situe au-dessous de ceux de vicomte et de vicomtesse.

baroque adj. **Style baroque,** style artistique qui s'est développé au 17e siècle, après la Renaissance, et qui est marqué par la recherche d'ornements. *L'architecture baroque; la musique baroque.*

barque n.f. Petit bateau à rames, à voiles ou à moteur. *On a fait une promenade en barque sur la rivière.*

▶ **barquette** n.f. ❶ Tartelette ovale, en forme de petite barque. ❷ Emballage léger et rigide, pour certains produits alimentaires. *Une barquette de fraises, de framboises.*

barrage n.m. ❶ Construction qui barre un cours d'eau et qui retient l'eau. *On a construit un barrage pour produire de l'électricité.* ❷ Obstacle installé pour barrer le passage. *Les voitures ont été contrôlées au barrage de police.*
▶▶▶ Mot de la famille de **barrer.**

un **barrage**

barre n.f. ❶ Longue pièce de bois, de métal ou de toute autre matière. *Une barre de fer. Les danseuses font des exercices à la barre.* ❷ Petit trait droit. *N'oublie pas la barre sur ton « t ».* ❸ Dans une salle de tribunal, barrière qui sépare les juges du public. *Les témoins sont appelés à la barre.* ❹ Commande du gouvernail qui permet de diriger un bateau. ❺ (Familier). **Avoir un coup de barre,** se sentir brusquement très fatigué. ❻ Sur certaines côtes, ligne de vagues qui forme un énorme rouleau près du rivage.
● Ne confonds pas avec un **bar.**

▶ **barreau** n.m. ❶ Petite barre de bois, de métal. *Les barreaux d'une échelle.* SYN. **échelon.** *Les barreaux d'une chaise. Les fenêtres des prisons ont des barreaux.* ❷ Profession d'avocat. *Entrer au barreau.*
● Au pluriel : des **barreaux.**

a b c d e f g h i q r s t u v w x y z

a b c d e f g h i j k l m n o p q r s t u v w x y z

barrer v. (conjug. 3). ❶ Bloquer le passage, empêcher de passer. *Des arbres déracinés barraient la route.* SYN. **couper, obstruer.** ❷ Supprimer d'un trait un mot, une ligne. SYN. **raturer, rayer.** ❸ Tenir la barre d'un gouvernail. *Barrer un voilier.*

barrette n.f. Pince à cheveux munie d'un fermoir. *Une barrette en plastique.*

barreur, euse n. Personne qui tient la barre d'un bateau pour le diriger.

barricade n.f. Entassement d'objets divers que l'on dresse pour se protéger ou pour interdire un passage lors de combats de rue. *Les manifestants ont élevé des barricades.*

▶ se **barricader** v. (conjug. 3). S'enfermer dans un lieu en bloquant toutes les ouvertures. *Par peur des voleurs, elle s'est barricadée dans la maison.*

barrière n.f. Assemblage de pièces de bois ou de métal qui sert de clôture ou ferme un passage. *Les barrières d'un jardin, d'un passage à niveau.*

barrique n.f. Tonneau d'une contenance d'environ 200 litres.

barrir v. (conjug. 16). Pour un éléphant, un rhinocéros, faire entendre son cri, le *barrissement.*

▶ **barrissement** n.m. Cri de l'éléphant et du rhinocéros.

1. **bas, basse** adj. ❶ Dont la hauteur est peu élevée, dont le niveau est faible. *Le plafond de ma chambre est bas. Parler à voix basse.* CONTR. **haut.** *Les prix sont bas.* CONTR. **élevé.** ❷ **Note basse,** note dans les sons graves. CONTR. **haut, aigu.** ❸ **La tête basse,** la tête baissée par honte ou timidité. *Marcher la tête basse après un échec.* CONTR. **la tête haute.** ❹ **Enfant en bas âge,** tout jeune enfant. ❺ Qui est méprisable. *Une basse vengeance.* SYN. **ignoble, infâme.** CONTR. **noble.** ◆ **bas** adv. ❶ À une hauteur peu élevée. *L'avion vole bas.* CONTR. **haut.** ❷ D'une voix retenue. *Parlez plus bas.* SYN. **doucement.** CONTR. **fort.** ❸ **Mettre bas,** pour une femelle, mettre ses petits au monde. ◆ n.m. ❶ Partie inférieure de quelque chose. *Signer au bas de la page.* CONTR. **haut.** ❷ **En bas,** à l'étage inférieur. *La boutique est en bas.*

2. **bas** n.m. Sous-vêtement qui moule le pied et la jambe. → Vois aussi **collant.**

basalte n.m. Roche volcanique de couleur sombre qui forme des coulées de lave.

basané, e adj. **Peau, teint basanés,** brunis, bronzés par le soleil ou le grand air, ou naturellement bruns. SYN. **hâlé.**

bas-côté n.m. Côté d'une route, le long de la chaussée. *Le conducteur s'est garé sur le bas-côté.* SYN. **accotement.**

● Au pluriel : des **bas-côtés.**

bascule n.f. ❶ **Cheval à bascule, fauteuil à bascule,** cheval de bois, fauteuil munis d'un système qui leur permet de se balancer. ❷ Balance utilisée pour peser de lourdes charges. → Vois aussi **rocking-chair.**

▶ **basculer** v. (conjug. 3). Faire une chute provoquée par un mouvement brusque qui déséquilibre. *La voiture a basculé dans le fossé.* SYN. **culbuter, se renverser.**

base n.f. ❶ Partie inférieure d'une chose. *La base d'une colonne.* CONTR. **sommet.** ❷ **Base d'un triangle,** côté opposé au sommet. ❸ Ce sur quoi repose quelque chose, ce qui est l'essentiel. *Les bases d'un accord.* SYN. **fondement.** *Un malentendu est à la base de leur dispute.* SYN. **origine.** ❹ **À base de,** fait essentiellement avec. *Un gâteau à base de riz.* ❺ Lieu où sont établies des troupes. *Les militaires ont rejoint leur base.*

base-ball n.m. Sport surtout pratiqué en Amérique du Nord, qui oppose deux équipes et qui se joue avec une batte et une balle.

● C'est un mot anglais, on prononce [bɛzbol].
– La nouvelle orthographe permet d'écrire aussi **baseball,** sans trait d'union.

baser v. (conjug. 3). ❶ Établir, installer des troupes dans une base. *Baser un régiment près de la frontière.* ❷ Appuyer un raisonnement sur quelque chose. *Nos affirmations sont basées sur des faits incontestables.* SYN. **fonder.**

bas-fond n.m. Endroit de la mer où l'eau est très profonde. CONTR. **haut-fond.** ◆ n.m. plur. Milieu où règne la misère. *Les bas-fonds de la société.*

● Au pluriel : des **bas-fonds.**

basilic n.m. Plante aromatique dont les feuilles sont utilisées en cuisine pour parfumer les plats. *Des tomates au basilic.*

● Ne confonds pas avec une **basilique.**

du **basilic**

basilique n.f. Église de première importance. *La basilique Saint-Pierre de Rome.*
● Ne confonds pas avec le **basilic.**

1. **basket** n.m. Sport opposant deux équipes de cinq joueurs, qui consiste à marquer le plus de points possible en envoyant le ballon dans le panier du camp adverse.
● C'est un mot anglais, on prononce [baskɛt]. – On dit aussi **basket-ball.**
– La nouvelle orthographe permet d'écrire aussi **basketball,** sans trait d'union. – Nom des joueurs : un **basketteur,** une **basketteuse.**

2. **basket** n.f. Chaussure de sport souple et montante.
● On prononce [baskɛt].

bas-relief n.m. Sculpture à faible relief où les objets, les personnes représentés se détachent peu du fond.
● Au pluriel : des **bas-reliefs.**

un **bas-relief**

basse-cour n.f. Partie d'une ferme où l'on élève de la volaille et des lapins. *Les poules, les canards, les dindons, les oies sont des animaux de basse-cour.*
● Au pluriel : des **basses-cours.**
– La nouvelle orthographe permet d'écrire aussi **bassecour,** sans trait d'union.

bassesse n.f. Action, parole basses et méprisables. *Commettre les pires bassesses pour avoir de l'argent.* SYN. **ignominie.**

1. **bassin** n.m. ❶ Construction que l'on a remplie d'eau. *Les bassins du parc de Versailles.* SYN. **pièce d'eau.** *Le grand bassin, le petit bassin d'une piscine.* ❷ Partie d'un port bordée de quais où sont amarrés les bateaux. ❸ Vaste région en forme de cuvette où les roches sédimentaires se sont entassées quand la mer la recouvrait. *Le Bassin parisien.*

2. **bassin** n.m. Ensemble des os situés à la base du tronc et qui s'articule avec les membres inférieurs. *Le coccyx est un os du bassin.*

bassine n.f. Récipient large et rond, souvent muni d'anses. *Une bassine à linge. Une bassine à confiture.*
►►► Mot de la famille de **bassin (1).**

basson n.m. Instrument de musique à vent, en bois, plus grave que le hautbois.
● Nom des musiciens : un **bassoniste,** une **bassoniste.**

un **basson**

bastide n.f. ❶ Ville fortifiée construite au Moyen Âge dans le midi de la France. ❷ Nom donné à une grande maison de campagne en Provence.

bastingage n.m. Rambarde entourant le pont d'un bateau. *Les passagers s'accoudent au bastingage pour regarder les poissons.* → Vois aussi **garde-fou.**

bastion n.m. Partie en saillie qui renforçait les ouvrages de fortification.

bastonnade n.f. Mot ancien. Série de coups de bâtons. *Recevoir une bastonnade.*
● Ce mot s'écrit avec deux **n.**
►►► Mot de la famille de **bâton.**

bas-ventre n.m. Partie du ventre située au-dessous du nombril.

bât n.m. ❶ Sorte de selle que l'on place sur le dos d'un âne pour lui faire porter des charges. ❷ **C'est là que le bât blesse,** voilà le point sensible de l'affaire.
● Le **a** prend un accent circonflexe. – Ne confonds pas avec **bas.**

a b c d e f g h i j k l m n o p q r s t u v w x y z

bataclan n.m. (Familier). Objets divers et encombrants. *Avec la poussette, ils ont pris le parc, les jouets et tout le bataclan.* SYN. **attirail.** → Vois aussi **bazar.**

bataille n.f. ❶ Combat, lutte entre deux armées ennemies. *Napoléon Ier a remporté la bataille d'Austerlitz.* ❷ Lutte, bagarre entre des personnes. *Leur dispute a dégénéré en bataille.* ❸ **En bataille,** en désordre. *Avoir les cheveux en bataille.* SYN. **ébouriffé.**

▶ **batailler** v. (conjug. 3). Se battre pour obtenir quelque chose, surmonter toutes sortes d'obstacles. *Elle a dû batailler pour faire accepter son projet.* SYN. **combattre, lutter.**

▶ **batailleur, euse** adj. Qui aime se battre. *Avoir un caractère batailleur.* SYN. **bagarreur, belliqueux, querelleur.**

▶ **bataillon** n.m. Unité militaire composée de plusieurs compagnies. → Vois aussi **compagnie, régiment.**

bâtard, e adj. et n. Pour un animal, être issu d'un croisement entre deux races différentes. *Mon chat n'est pas un pur persan, c'est un bâtard.* ◆ adj. Qui est composé d'éléments différents et mal accordés. *Une solution bâtarde ne peut satisfaire personne.*
● Le premier **a** prend un accent circonflexe.

1. **bateau** n.m. ❶ Moyen de transport qui permet de naviguer sur l'eau. *Un voilier, une péniche, une barque, un yacht sont des bateaux.* ❷ (Familier). **Mener quelqu'un en bateau,** lui faire croire une histoire inventée pour se moquer de lui. ❸ Partie abaissée d'un trottoir devant une porte cochère, un garage. *Les voitures ne doivent pas se garer sur un bateau.* → Vois aussi **embarcation, navire, catamaran, trimaran.**
● Au pluriel : des **bateaux.**

→ planche pp. 128-129.

2. **bateau** adj. invar. (Familier). **Sujet bateau, question bateau,** sans originalité, banals. → Vois aussi **rebattu.**

bateleur, euse n. Mot ancien. Personne qui amusait le public par des acrobaties, des tours sur les places et dans les foires. SYN. **saltimbanque.**

batelier, ère n. Personne dont le métier est de conduire un bateau, une péniche sur les cours d'eau. SYN. **marinier.**
▶▶▶ Mot de la famille de **bateau.**

bathyscaphe n.m. Engin de plongée à grande profondeur qui servait à l'observation scientifique des fonds marins. *Les bathyscaphes sont aujourd'hui remplacés par des sous-marins.*
● Ce mot s'écrit avec **th** et un **y.**

un bathyscaphe

bâti, e adj. **Bien bâti,** qui a un corps bien proportionné. *Un homme bien bâti.* SYN. **bien fait.** CONTR. **mal bâti.**
▶▶▶ Mot de la famille de **bâtir.**

bâtiment n.m. ❶ Toute construction, en général de grandes dimensions. *Les différents bâtiments d'une usine, d'un immeuble.* SYN. **édifice.** ❷ Industries de la construction. *Travailler dans le bâtiment.* ❸ Navire de grandes dimensions, en particulier navire de guerre.
▶▶▶ Mot de la famille de **bâtir.**

bâtir v. (conjug. 16). ❶ Construire une habitation, un édifice en assemblant des matériaux. SYN. **édifier.** CONTR. **détruire, démolir.** ❷ Assembler à grands points les pièces d'un vêtement.
● Le **a** prend un accent circonflexe.

▶ **bâtisse** n.f. Grand bâtiment sans caractère particulier. *Le collège était une grande bâtisse aux murs gris.*

bâton n.m. ❶ Long morceau de bois rond. *Les randonneurs marchent souvent en s'appuyant sur un bâton.* ❷ Objet en forme de bâton. *Un bâton de colle, de craie, de rouge à lèvres.* ❸ **Mettre des bâtons dans les roues à quelqu'un,** lui créer des obstacles pour l'empêcher de réussir. ❹ **Parler à bâtons rompus,** bavarder en passant d'un sujet à un autre.
● Le **a** prend un accent circonflexe.

▶ **bâtonnet** n.m. Petit bâton. *Le bâtonnet d'une sucette.*

batracien n.m. Nom donné autrefois aux amphibiens.

battage n.m. ❶ Technique utilisée pour séparer les grains de l'épi de leur enveloppe.

Le battage du blé. ❷ (Sens familier). Publicité excessive, tapageuse. *Faire du battage autour d'un film.*

►►► Mot de la famille de **battre.**

1. **battant** n.m. ❶ Pièce de métal suspendue à l'intérieur d'une cloche et qui bat contre ses parois. ❷ Partie mobile d'une porte, d'une fenêtre, d'une armoire. *Porte à deux battants.*

►►► Mot de la famille de **battre.**

2. **battant, e** adj. ❶ **Avoir le cœur battant,** qui bat très fort sous l'effet d'une émotion. *Elle attend son fiancé le cœur battant.* ❷ **Pluie battante,** forte pluie. ❸ **Porte battante,** qui s'ouvre dans les deux sens et se referme d'elle-même.

►►► Mot de la famille de **battre.**

3. **battant, e** n. Personne combative et énergique. *Ce sportif est un battant, il ne peut que réussir.*

►►► Mot de la famille de **battre.**

batte n.f. Bâton renflé à une extrémité, utilisé au base-ball et au cricket pour frapper la balle.

►►► Mot de la famille de **battre.**

battement n.m. ❶ Mouvement de ce qui bat, bruit causé par ce mouvement. *Le battement des cils. Les battements du cœur.* SYN. **pulsation.** ❷ Intervalle de temps. *On a une demi-heure de battement entre les deux cours.*

►►► Mot de la famille de **battre.**

batterie n.f. ❶ Ensemble des instruments sur lesquels on tape avec les mains ou des baguettes. *Une batterie comporte notamment une grosse caisse et des cymbales.* ❷ Dans un véhicule, série d'accumulateurs qui fournissent l'électricité nécessaire à la marche du moteur. ❸ Série d'éléments de même nature. *Une batterie de casseroles.*

→ Vois aussi **percussion.**

● Nom des musiciens : un **batteur,** une **batteuse.**

►►► Mot de la famille de **battre.**

batteur n.m. Ustensile ménager qui sert à battre les œufs, à faire des mélanges.

►►► Mot de la famille de **battre.**

battre et **se battre** v. (conjug. 50). ❶ Donner des coups à une personne, à un animal. *Le chien t'a mordu parce que tu l'as battu.* SYN. **frapper, taper.** ❷ Remporter une victoire sur un ennemi, un adversaire. *Nous avons battu l'autre équipe.* SYN. **vaincre.** ❸ Frapper quelque chose à coups répétés, à l'aide d'un instrument. *Battre du blé pour séparer le grain de l'épi. Battre des œufs pour faire une omelette.* SYN. **fouetter.** ❹ Avoir des mouvements réguliers. *Le cœur bat dans la poitrine.* SYN. **palpiter.** ❺ Heurter quelque chose à coups répétés. *La pluie bat contre les carreaux.* ❻ Parcourir dans toutes les directions en cherchant. *Les sauveteurs ont battu la montagne pour retrouver les randonneurs.*
◆ **se battre.** ❶ Se donner des coups l'un à l'autre. *Guillaume et Alexis se sont encore battus.* SYN. **se bagarrer.** ❷ **Se battre pour,** combattre pour, batailler pour. *Se battre pour la liberté.*

►►► Mots de la même famille : **combattre, imbattable.**

► **battu, e** adj. ❶ **Terre battue,** durcie et tassée. *Un court de tennis en terre battue.* ❷ **Yeux battus,** cernés par la fatigue.

► **battue** n.f. ❶ Manière de chasser qui consiste à battre les buissons pour faire sortir le gibier. ❷ Exploration systématique d'un terrain pour retrouver quelqu'un ou quelque chose.

baudet n.m. Mot familier. ❶ Âne. ❷ **Être chargé comme un baudet,** être très chargé.

→ Vois aussi **mulet.**

baudrier n.m. ❶ Large courroie de cuir passant de l'épaule à la hanche opposée et qui soutient une épée, un tambour. ❷ Harnais utilisé par un alpiniste pour se relier à son compagnon.

Les bateaux

Pour se déplacer sur l'eau, les hommes ont fabriqué d'abord des radeaux ou des pirogues creusées dans des troncs d'arbres qu'ils faisaient avancer à la force des bras, grâce à des rames. Puis ils ont équipé leurs bateaux de voiles, utilisant la force du vent. Depuis l'invention du moteur, au 19e siècle, et grâce aux progrès techniques, les bateaux vont de plus en plus vite.

pirogue

barque égyptienne

navire marchand romain

drakkar viking

galion du 16e siècle

trois-mâts

goélette

trimaran

navire à vapeur

thonier

paquebot

pétrolier

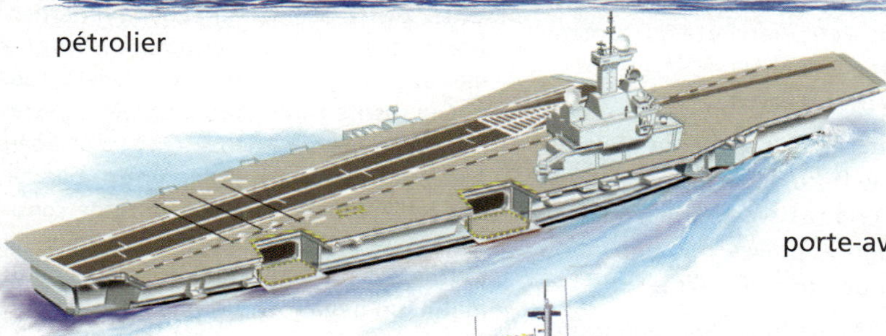

porte-avions

ferry

sous-marin nucléaire

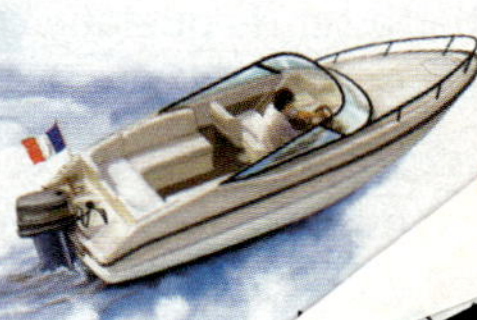

bauge n.f. Endroit boueux où vit le sanglier.
● Nom du genre féminin : **une bauge.**

baume n.m. Substance, pommade qui calme la douleur. *Elle met du baume sur ses lèvres gercées.*
►►► Mot de la même famille : **embaumer.**

bavard, e adj. et n. Qui aime parler et parle beaucoup. SYN. **loquace, volubile.** CONTR. **silencieux, taciturne.**

► **bavardage** n.m. Action de bavarder; ce que l'on dit en bavardant. *Être puni pour bavardage. Vos bavardages m'ennuient.*

► **bavarder** v. (conjug. 3). Parler beaucoup, discuter de choses et d'autres. *Renata et Coralie bavardent dans la cour.*

bave n.f. ❶ Salive qui s'écoule de la bouche d'une personne ou de la gueule d'un animal. *Essuyer la bave d'un bébé.* ❷ Liquide visqueux que répandent certains mollusques. *La bave d'un escargot, d'une limace.*

► **baver** v. (conjug. 3). ❶ Laisser couler de la bave, de la salive. *Les bébés bavent.* ❷ (Familier). **En baver,** se donner beaucoup de mal; supporter des choses pénibles. *Il en a bavé avec ce devoir de mathématiques.* SYN. **souffrir.**

► **baveux, euse** adj. **Omelette baveuse,** qui est un peu liquide.

► **bavoir** n.m. Petite serviette qui protège les vêtements d'un bébé.
● On peut aussi dire une **bavette.**

► **bavure** n.f. ❶ Tache sur le contour d'un dessin, le tracé d'une lettre quand la peinture ou l'encre a bavé. ❷ Erreur ou faute aux conséquences graves, notamment au cours d'une opération de police.

bazar n.m. ❶ Magasin où l'on vend toutes sortes de choses. ❷ (Sens familier). Ensemble d'objets de toutes sortes, en désordre. *Range un peu ton bazar.* SYN. **fouillis.**

bazarder v. (conjug. 3). Mot familier. Se débarrasser de quelque chose. *Bazarder un vieux jean.*

bazooka n.m. Arme composée d'un tube tirant un projectile. Elle est utilisée pour percer le blindage des chars.
● …prononce [bazuka].

B.C.D. n.f. Bibliothèque des écoles maternelle et primaire. *Nous allons à la B.C.D. chaque semaine.*
● C'est le sigle de **bibliothèque centre de documentation.**

B.C.G. n.m. Vaccin contre la tuberculose.

B.D. n.f. Abréviation de *bande dessinée.*

une vignette de B.D.

béant, béante adj. **Gouffre béant, gueule béante, plaie béante,** largement ouverts. *Le loup, la gueule béante, se jeta sur le Petit Chaperon rouge.*

béat, e adj. **Air, sourire béats,** qui expriment une immense satisfaction, un peu niaise.

beau, belle adj. ❶ Agréable à regarder, à écouter. *Un beau visage. Une belle musique.* SYN. **joli.** CONTR. **affreux, hideux, laid.** ❷ Qui suscite l'admiration. *Un beau geste.* SYN. **grand, noble.** ❸ Réussi. *On a vu un beau film.* CONTR. **mauvais.** ❹ Important. *Gagner une belle somme d'argent.* SYN. **gros, considérable.** CONTR. **modeste, petit.** ❺ **Une belle journée,** claire et ensoleillée. ❻ **Un beau matin, un beau jour,** un certain matin, un certain jour. *Un beau jour, il est parti.*
● Au masculin pluriel : **beaux.** – **Bel** remplace **beau** devant un nom masculin commençant par une voyelle ou un « h » muet : *un bel oiseau, un bel hiver.*
►►► Mot de la même famille : **embellir.**

► **beau** n.m. **Faire le beau,** pour un chien, se dresser sur ses pattes de derrière.

► **beau** adv. ❶ **Il fait beau,** le temps est ensoleillé. CONTR. **il fait mauvais.** ❷ **Avoir beau,** s'efforcer en vain de. *J'ai beau lui dire la vérité, il ne me croit pas.*

beaucoup adv. ❶ S'emploie pour indiquer une grande quantité, un grand nombre, une grande intensité. *Je n'ai pas beaucoup de temps. Elle a beaucoup d'amis.* CONTR. **peu.** *Le spectacle nous a beaucoup plu.* SYN. **énormément.** ❷ **De beaucoup,** avec une grande différence. *Sportif qui surpasse de beaucoup ses adversaires.* CONTR. **de peu.**

beau-fils, belle-fille n. ❶ Mari de la fille et femme du fils. ❷ Fils et fille du conjoint, nés d'une précédente union, d'un précédent mariage.
● Au pluriel : des **beaux-fils,** des **belles-filles.**

beau-frère, belle-sœur n. ❶ Frère et sœur du conjoint. ❷ Mari de la sœur ou de la belle-sœur et femme du frère ou du beau-frère.
● Au pluriel : des **beaux-frères,** des **belles-sœurs.**

beau-père, belle-mère, beaux-parents n. ❶ Père, mère et parents du conjoint. ❷ Pour un enfant, deuxième mari de sa mère et deuxième femme de son père.
● Au pluriel : des **beaux-pères,** des **belles-mères.**

beauté n.f. ❶ Qualité de ce qui est beau. *Un paysage d'une grande beauté.* CONTR. **laideur.** ❷ Personne très belle. *Cette actrice est une beauté.*

beaux-arts n.m. plur. Nom donné aux arts plastiques (l'architecture, la peinture, la sculpture et la gravure) et, parfois, à la musique et à la danse.

beaux-parents → beau-père

bébé n.m. ❶ Tout petit enfant, âgé de moins de deux ans. ❷ Animal très jeune. *Un bébé kangourou.*

bec n.m. ❶ Organe saillant qui constitue la bouche d'un oiseau. Il est fait de deux mâchoires dures sans dents. ❷ Objet qui a la forme d'un bec d'oiseau. *Le bec d'une théière. Jouer de la flûte à bec.*

bécarre n.m. Signe (♮) qui, sur une portée musicale, ramène à sa hauteur normale une note qui avait été haussée par un dièse ou baissée par un bémol.

bécasse n.f. ❶ Oiseau des bois et des marais, à long bec. *La bécasse se nourrit de vers, de larves et d'insectes.* ❷ (Sens familier). Femme ou fille sotte et naïve.
● Petit : le bécasseau. Cri : la croule.

une **bécasse**

▸ **bécassine** n.f. Oiseau migrateur à long bec, plus petit que la bécasse. *La bécassine vit dans les marais.*
● Petit : le bécasseau. Cri : la croule.

bêche n.f. Outil de jardinage composé d'une lame d'acier plate fixée à un manche.
● Le premier **e** prend un accent circonflexe.

▸ **bêcher** v. (conjug. 3). Retourner la terre à l'aide d'une bêche.

becquée n.f. Nourriture qu'un oiseau tient dans son bec pour alimenter ses oisillons. *L'hirondelle donne la becquée à ses petits.*
▸▸▸ Mot de la famille de **bec.**

becqueter v. (conjug. 12). Piquer avec le bec, pour manger, caresser ou attaquer. *Les moineaux becquettent les cerises du jardin.*
● La nouvelle orthographe permet d'écrire aussi **bèqueter,** avec accent grave et sans **c.**
▸▸▸ Mot de la famille de **bec.**

bedon n.m. Mot familier. Gros ventre.

▸ **bedonnant, e** adj. Mot familier. Qui a un ventre rebondi. *Un gros monsieur bedonnant.* SYN. **ventru.**

bée adj.f. **Être, rester bouche bée,** la bouche ouverte d'étonnement. *Quand il a appris qu'il avait gagné le premier prix au concours, il est resté bouche bée.*

beffroi n.m. Dans le nord de la France et en Belgique, tour dont la cloche sonnait l'alarme et annonçait les réunions à l'hôtel de ville.

un **beffroi**

a b c d e f g h i j k l m n o p q r s t u v w x y

bégaiement n.m. Trouble de la parole caractérisé par la répétition de syllabes et la difficulté à prononcer certains mots.
▸▸▸ Mot de la famille de **bégayer.**

bégayer v. (conjug. 13). Parler avec difficulté, en répétant les syllabes. *Dès qu'il est intimidé, il bégaie.*
● On prononce [begeje].

bégonia n.m. Plante originaire d'Amérique tropicale, aux fleurs blanches, roses ou rouges.

bègue n. Personne qui bégaie.

beige adj. D'une couleur brun clair. *Le dromadaire a des poils beiges.* ◆ n.m. Couleur beige.

beignet n.m. Pâte que l'on fait frire en la plongeant dans de l'huile bouillante. *Un beignet aux pommes, aux crevettes.*

bel → **beau**

bêlement n.m. Cri du mouton ou de la chèvre.
▸▸▸ Mot de la famille de **bêler.**

bêler v. (conjug. 3). En parlant du mouton ou de la chèvre, faire entendre leur cri, le *bêlement.*
● Le premier **e** prend un accent circonflexe.

belette n.f. Petit mammifère carnassier, au corps allongé et au museau pointu. *En hiver, dans les pays froids, le pelage brun de la belette devient blanc.*

une **belette**

belge adj. et n. De Belgique. *La bière belge. Julie est belge. C'est une Belge.*
● Le nom prend une majuscule : *un Belge.*

bélier n.m. ❶ Mouton mâle. *Le bélier a des cornes recourbées.* ❷ Instrument ancien fait d'une poutre terminée par une tête de bélier en fer. *Le bélier servait à enfoncer les portes des châteaux assiégés.*
● Femelle : la brebis. Petits : l'agneau et l'agnelle. Cri : le bêlement ou le blatèrement.

un **bélier**

1. **belle** → **beau**

2. **belle** n.f. ❶ Jolie jeune fille. *« La Belle au bois dormant » est le titre d'un conte.* ❷ Partie qui sert à départager deux joueurs, deux équipes à égalité. *Jouer la belle après la revanche.*

belle-fille → **beau-fils**

belle-mère → **beau-père**

belle-sœur → **beau-frère**

belligérants adj. plur. et n.m. plur. **Pays belligérants,** qui sont en guerre.

belliqueux, euse adj. Qui aime la guerre ou la bagarre. *Une nation belliqueuse. Un tempérament belliqueux.* SYN. **batailleur, querelleur.** CONTR. **paisible, tranquille.**

bémol n.m. Signe musical (♭) qui, placé devant une note, indique qu'il faut la baisser d'un demi-ton. → Vois aussi **dièse, bécarre.**

des **bémols**

bénédiction n.f. ❶ Prière, cérémonie par laquelle un religieux bénit quelqu'un ou quelque chose. *Le prêtre donne sa bénédiction aux mariés.* ❷ Événement heureux et inattendu. *Cette nouvelle est une bénédiction.* CONTR. **malédiction.**
▸▸▸ Mot de la famille de **bénir.**

bénéfice n.m. Gain réalisé quand les recettes sont supérieures aux dépenses ou quand on revend plus cher ce qu'on a acheté. *En vendant 10 euros un objet acheté 7 euros, on fait un bénéfice de 3 euros.* SYN. **profit.** CONTR. **perte.** → Vois aussi **déficit.**

▸ **bénéficiaire** adj. Qui fait des bénéfices. *Une entreprise largement bénéficiaire.* CONTR. **déficitaire.** ◆ n. Personne qui tire un avantage, un bénéfice de quelque chose. *Être le principal bénéficiaire d'un testament.*

▸ **béneficier** v. (conjug. 7). Profiter d'un avantage, d'un bénéfice. *Les étudiants bénéficient de diverses réductions.*

bénéfique adj. Qui fait du bien, qui exerce une heureuse influence. *Son séjour à la mer lui a été très bénéfique.* SYN. **avantageux, bienfaisant, profitable.**

bénévolat n.m. Travail, action bénévole. *La mère de Mathilde fait du bénévolat auprès des personnes âgées.*
▸▸▸ Mot de la famille de **bénévole.**

bénévole adj. et n. Qui fait un travail sans y être obligé et sans se faire payer. *Des bénévoles ont distribué des repas aux sans-abri.*

▸ **bénévolement** adv. De manière bénévole, sans se faire payer. *Un étudiant fait visiter le château bénévolement.*

bénin, bénigne adj. **Maladie bénigne,** sans gravité.

béninois, e adj. et n. Du Bénin. *Les statues béninoises. Florisse est béninoise. C'est une Béninoise.*
● Le nom prend une majuscule : *un Béninois.*

bénir v. (conjug. 16). ❶ Appeler la protection de Dieu sur quelqu'un, quelque chose. *Le prêtre a béni les fidèles.* ❷ Consacrer à Dieu, rendre saint par une cérémonie religieuse. *Bénir une église.*

▸ **bénit, e** adj. **Eau bénite, pain bénit,** qui ont été bénis par un prêtre, dans une église.
● Ne confonds pas avec **béni,** participe passé du verbe « bénir ».

▸ **bénitier** n.m. Petit bassin contenant de l'eau bénite, dans une église.

benjamin, e n. ❶ Le plus jeune enfant d'une famille ou la plus jeune personne d'un groupe. CONTR. **aîné.** ❷ Jeune sportif âgé de 10 à 12 ans. → Vois aussi **cadet, minime.**

benne n.f. Partie arrière d'un camion, qui sert à transporter un chargement et peut basculer pour décharger.

un camion à **benne**

béquille n.f. Canne munie d'une petite traverse, utilisée par les personnes qui ont des difficultés pour se déplacer. *Adrien a une jambe dans le plâtre et doit marcher avec des béquilles.*

bercail n.m. sing. (Familier). **Rentrer au bercail,** rentrer chez soi, dans son foyer.
● Ce mot ne s'emploie qu'au singulier.

berceau n.m. Petit lit de bébé qui permet de bercer un enfant.
● Au pluriel : des **berceaux.**
▸▸▸ Mot de la famille de **bercer.**

bercement n.m. Mouvement de ce qui berce. *Le bercement des vagues.*
▸▸▸ Mot de la famille de **bercer.**

bercer v. (conjug. 4). Balancer d'un mouvement doux et régulier. *Bercer un nourrisson dans ses bras.*

▸ **berceuse** n.f. Chanson douce que l'on chante pour calmer un enfant.

béret n.m. Sorte de chapeau rond, souple et plat, sans bords. *Grand-père porte un béret.*

berge n.f. Bord d'un cours d'eau. *Se promener sur la berge d'un fleuve.* SYN. **rive.**

berger, ère n. Personne qui garde les moutons et les chèvres et qui les soigne.

▸ **berger** n.m. ❶ Chien de berger. *Berger des Pyrénées.* ❷ **Berger allemand,** chien de troupeau ou de sauvegarde.

un **berger allemand**

▸ **bergerie** n.f. Bâtiment qui sert d'abri aux moutons et aux chèvres.

berline n.f. Modèle de voiture à quatre portes. → Vois aussi **break, cabriolet, coupé.**

a b c d e f g h i j k l m n o p q r s t u v w x y z

berlingot n.m. Bonbon multicolore en forme de pyramide.

bermuda n.m. Short qui descend jusqu'aux genoux.

bernard-l'ermite n.m. invar. Crustacé qui se loge dans des coquilles vides d'escargots de mer.
● Ce mot composé ne change pas au pluriel : des **bernard-l'ermite.** – On peut aussi écrire un **bernard-l'hermite.**

un bernard-l'ermite

en **berne** adv. **Drapeau en berne,** qui n'est pas déployé, en signe de deuil.

berner v. (conjug. 3). Tromper quelqu'un. *Ils ont été bernés par une personne malhonnête.* SYN. **duper.**

bernique n.f. Patelle.

besogne n.f. Mot ancien. Travail que l'on doit faire. *Couper du bois avec une hache est une rude besogne.* SYN. **tâche.**

besoin n.m. ❶ Ce qui est nécessaire ou ce qui manque. *Hugo est fatigué, il a besoin de sommeil. J'ai besoin d'un stylo.* ❷ **Être dans le besoin,** manquer du nécessaire, être pauvre. *Des bénévoles aident les personnes qui sont dans le besoin.* SYN. **misère, gêne.** ❸ **Au besoin,** si c'est nécessaire. *Au besoin, téléphone-moi !* ◆ n.m. plur. **Faire ses besoins,** faire ses excréments. *Il faut sortir le chien pour qu'il fasse ses besoins.*

bestial, e, aux adj. Qui rappelle le comportement d'une bête. *L'acteur avait un air bestial.* SYN. **brutal, sauvage.**
● Au masculin pluriel : **bestiaux.**

bestiaux n.m. plur. Gros animaux que l'on élève dans une ferme. *Les vaches, les moutons, les porcs sont des bestiaux. Un marchand de bestiaux.* SYN. **bétail.** → Vois aussi **cheptel.**
● Ce mot se termine par un **x.**

bestiole n.f. Petite bête, insecte. *Une bestiole est tombée dans mon verre.*

best-seller n.m. Livre qui connaît un grand succès, qui se vend bien.
● C'est un mot anglais, on prononce [bɛst-sɛlœr].
– Au pluriel : des **best-sellers.**
– La nouvelle orthographe permet d'écrire aussi **bestseller,** sans trait d'union.

bétail n.m. sing. Ensemble des gros animaux élevés dans une ferme. SYN. **bestiaux.**
● Ce mot ne s'emploie qu'au singulier.

1. **bête** n.f. Animal. *Le lion et le tigre sont des bêtes fauves. Les vaches, les bœufs, les chèvres sont des bêtes à cornes.*
● Le premier **e** prend un accent circonflexe.

2. **bête** adj. ❶ Qui manque d'intelligence. *Si vous ne comprenez pas, c'est que vous êtes bêtes. Une histoire bête.* SYN. **idiot, sot, stupide.** CONTR. **intelligent.** ❷ (Familier). **Bête comme ses pieds,** très bête.
● Le premier **e** prend un accent circonflexe.
▸▸▸ Mot de la même famille : **abêtir.**

▸ **bêtement** adv. ❶ D'une manière bête. *Il rit bêtement. Il aurait pu gagner, il a perdu bêtement.* SYN. **stupidement, sottement.** ❷ **Tout bêtement,** tout simplement. *Elle a dit tout bêtement ce qu'elle pensait.*

▸ **bêtise** n.f. ❶ Manque d'intelligence. *Il a fait preuve d'une grande bêtise en refusant mon offre.* SYN. **sottise, stupidité.** CONTR. **intelligence.** ❷ Parole ou action bête. *Il n'a pas arrêté de dire des bêtises. Ne faites pas de bêtises !* SYN. **ânerie, sottise.**

béton n.m. Matériau de construction très résistant composé d'un mélange de sable, de graviers, de ciment et d'eau. *Un immeuble en béton.*

▸ **bétonnière** n.f. Machine à cuve tournante qui sert à fabriquer du béton.
● Ce mot s'écrit avec deux **n.** – On peut aussi dire une **bétonneuse.**

une bétonnière

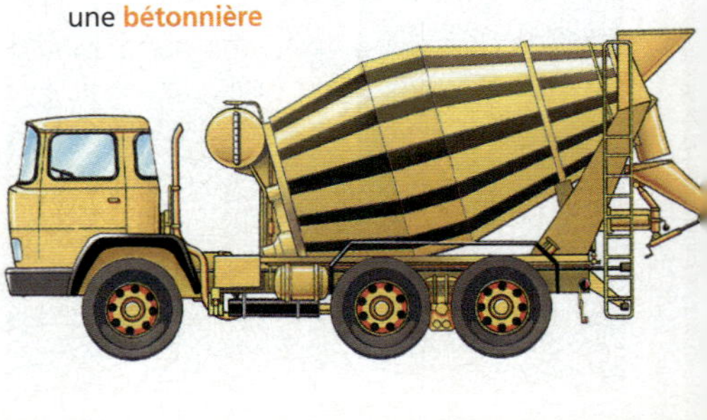

bette → blette

betterave n.f. Plante cultivée pour sa racine. *La betterave rouge est un légume qui se mange en salade. Le jus de la betterave à sucre sert à fabriquer du sucre.*
● Ce mot s'écrit avec deux **t.**

une **betterave** rouge et une **betterave** à sucre

beuglement n.m. Cri des bovins. *On entend le beuglement des vaches dans l'étable.* SYN. **meuglement, mugissement.**
▸▸▸ Mot de la famille de **beugler.**

beugler v. (conjug. 3). En parlant d'un bovin, faire entendre son cri, le *beuglement. Les veaux beuglent dans le pré.* SYN. **meugler, mugir.**

beurre n.m. Matière grasse obtenue en battant la crème du lait de vache. *Une galette au beurre.*
● Ce mot s'écrit avec deux **r.**

▸ **beurrer** v. (conjug. 3). Recouvrir de beurre. *Beurrer du pain. Beurrer un moule.*

▸ **beurrier** n.m. Récipient qui sert à conserver et à servir le beurre.

bi- préfixe. Placé au début d'un mot, **bi-** signifie « deux » ou « deux fois » : *bicolore, bimensuel.*

biais n.m. ❶ Moyen détourné et habile. *J'ai trouvé un biais pour me justifier.* ❷ **En biais, de biais,** en diagonale, de côté. *J'ai traversé la rue en biais. Il m'a jeté un regard en biais.*
● Ce mot se termine par un **s.**

▸ **biaiser** v. (conjug. 3). Employer un moyen détourné pour éviter quelque chose. *Elle a biaisé et n'a pas répondu à ma question.*

bibelot n.m. Petit objet décoratif. *Ma sœur a mis des bibelots sur ses étagères.*

biberon n.m. ❶ Petite bouteille munie d'une tétine qu'on utilise pour donner à boire aux bébés. ❷ Contenu d'un biberon. *Le bébé a bu tout son biberon.*

Bible n.f. Livre sacré des religions juive et chrétienne. *La Bible des chrétiens est composée de l'Ancien et du Nouveau Testament; la Bible des juifs est constituée de l'Ancien Testament.* → Vois aussi la partie « Noms propres ».

bibliothécaire n. Personne chargée du classement et du prêt des livres dans une bibliothèque.
● Ce mot s'écrit avec **th.**
▸▸▸ Mot de la famille de **bibliothèque.**

bibliothèque n.f. ❶ Salle ou bâtiment où l'on peut consulter et emprunter des livres. *Je vais choisir un livre à la bibliothèque de l'école.* ❷ Meuble à étagères où l'on range les livres. *Mon frère a une grande bibliothèque dans sa chambre.* → Vois aussi **ludothèque, médiathèque.**
● Ce mot s'écrit avec **th.**

biblique adj. Qui appartient à la Bible. *Un tableau qui représente une scène biblique.*

bicentenaire n.m. Anniversaire d'un événement qui a eu lieu deux cents ans auparavant. *On a célébré le bicentenaire de la Révolution française en 1989.*
● Ce nom masculin se termine par un **e.**

biceps n.m. Muscle du bras. *Richard fait gonfler ses biceps en pliant les bras.*
● On prononce [bisɛps].

biche n.f. Femelle du cerf.
● Petit : le faon.
Cri : le brame.

une **biche**

bichonner et **se bichonner** v. (conjug. 3). Mot familier. ❶ S'occuper avec grand soin de quelque chose. *Jonathan bichonne* *son nouveau vélo.* ❷ Choyer quelqu'un. *Ma grand-mère nous bichonne lorsqu'on lui rend visite.* ◆ **se bichonner**. Se préparer avec soin et coquetterie. *Elle passe des heures dans la salle de bains à se bichonner.* SYN. **se pomponner.**

bicolore adj. Qui a deux couleurs. *Une écharpe bicolore.* → Vois aussi **multicolore.**

bicoque n.f. Mot familier. Petite maison en mauvais état. → Vois aussi **baraque, masure.**

bicorne n.m. Chapeau à deux pointes. *Les académiciens portent un bicorne.*
● Nom du genre masculin : **un bicorne.**

bicross n.m. ❶ Vélo ressemblant au V.T.T., mais aux roues plus petites. *Faire du bicross dans les bois.* ❷ Sport pratiqué avec ce vélo.

bicyclette n.f. Véhicule à deux roues avec un guidon et des pédales. *Dimanche, on a fait une promenade à bicyclette.* SYN. **vélo.**
● Ce mot s'écrit avec un **y**, comme « cycle ».

bidet n.m. Dans une salle de bains, appareil sanitaire bas et de forme allongée qui sert à se laver le bas du corps.

bidon n.m. Grand récipient que l'on ferme avec un bouchon, utilisé pour transporter certains liquides. *Un bidon d'essence.* → Vois aussi **jerrican.**

bidonville n.m. Quartier d'une ville où les maisons sont construites à partir de tôles, de planches, de bidons ou de carton et où vivent des personnes très pauvres.

bidule n.m. Mot familier. Objet dont on ne connaît pas le nom. *Où as-tu trouvé ce bidule ?* SYN. **chose.**

bielle n.f. Barre métallique dont chaque extrémité est articulée et qui transmet le mouvement. *Les bielles d'un moteur.*

bien adv. ❶ D'une manière qui convient, qui est satisfaisante. *Elle dessine bien.* SYN. **correctement.** CONTR. **mal.** *Tu as bien fait de téléphoner.* ❷ Très ou beaucoup. *Elle était bien contente de partir. J'aime bien nager.* ❸ **Aller bien,** être en bonne santé. *Il va bien depuis qu'il a pris une semaine de vacances.* ❹ Au moins. *Cela fait bien une semaine que je ne l'ai pas vu.* SYN. **largement.** ❺ Vraiment. *C'est bien lui qui nous a appelés.* SYN. **réellement.** ◆ adj. invar. ❶ Qui a des qualités, qui est satisfaisant. *C'est un garçon bien.* SYN. **sérieux, honnête.** *Le spectacle était bien.* SYN. **bon, intéressant.** CONTR. **mauvais.** ❷ **Être bien, se sentir bien,** être en bonne santé ou à l'aise. *Je me sens bien en ce moment. On est bien chez vous.*

▶ **bien que** conjonction. Indique qu'une action se fait malgré un événement, une circonstance particulière. *Il est venu bien qu'il soit malade.* SYN. **quoique.**

▶ **bien** n.m. ❶ Ce qui respecte la morale, ce qui est convenable. *Faire le bien.* CONTR. **mal.** ❷ Ce qui est agréable, favorable. *Quelques jours de vacances te feront du bien. Dire du bien de quelqu'un.* CONTR. **mal.** *C'est pour ton bien que je te dis cela.* ❸ Ce que l'on possède. *Il a beaucoup de biens.* SYN. **fortune, richesse.**

bien-aimé, e adj. et n. Mot littéraire. Que l'on aime tout particulièrement. *Il embrasse sa sœur bien-aimée.* SYN. **chéri.** *Son bien-aimé lui a offert des fleurs.* SYN. **amoureux.**
● Au pluriel : **bien-aimés, bien-aimées.**
– La nouvelle orthographe permet d'écrire aussi **bienaimé,** sans trait d'union.

bien-être n.m. invar. ❶ Fait de se sentir bien. *Après avoir bu un grand verre d'eau fraîche, il ressentit un grand bien-être.* SYN. **plaisir.** CONTR. **malaise.** ❷ Situation financière qui permet de vivre bien. *Il a toujours vécu dans le bien-être.* SYN. **aisance.** CONTR. **gêne.**
● La nouvelle orthographe permet d'écrire aussi **bienêtre,** sans trait d'union.

bienfaisant, e adj. Qui fait du bien. *L'air marin est bienfaisant.* SYN. **bénéfique, salutaire.** CONTR. **néfaste, nocif.**
● On prononce [bjɛ̃fəzɑ̃].

bienfait n.m. Effet bénéfique. *Elle a ressenti les bienfaits de son séjour à la montagne.* CONTR. **méfait.**

▶ **bienfaiteur, trice** n. Personne qui fait du bien, qui aide les autres.

bienheureux, euse adj. Mot littéraire. ❶ Qui est très heureux. *Bienheureux sont ceux qui vivent dans cette île.* CONTR. **malheureux.** ❷ Qui rend heureux. *La réussite à l'examen est une bienheureuse nouvelle.* ◆ n. **Dormir comme un bienheureux,** dormir profondément et paisiblement.

bien sûr → **sûr**

bientôt adv. Dans peu de temps. *Mes amis reviendront bientôt.* SYN. **prochainement.** *Je pars. À bientôt !*

● Le **o** prend un accent circonflexe.

bienveillance n.f. Gentillesse mêlée d'indulgence. *Il parle de toi avec bienveillance.* CONTR. **hostilité, malveillance.**

►►► Mot de la famille de **bienveillant.**

bienveillant, e adj. Qui est gentil et indulgent. *Mon beau-père s'est toujours montré bienveillant à mon égard.* CONTR. **hostile, malveillant.**

bienvenu, e adj. et n. Qui arrive au bon moment, qu'on accueille avec plaisir. *Ton aide est bienvenue.* SYN. **opportun.** *Anne est toujours la bienvenue à la maison.*

► **bienvenue** n.f. **Souhaiter la bienvenue,** faire un bon accueil à quelqu'un.

1. **bière** n.f. Boisson alcoolisée fabriquée avec de l'orge et du houblon. *La bière peut être blonde, brune ou rousse.*

2. **bière** n.f. Cercueil. *On a procédé à la mise en bière du mort.*

biface n.m. Outil de la préhistoire, en silex, taillé sur ses deux faces et qui a des arêtes tranchantes.

un **biface**

bifteck n.m. Tranche de viande de bœuf ou de cheval. *Manger un bifteck saignant.* SYN. **steak.** → Vois aussi **rumsteck.**

● Ce mot s'écrit avec **ck.**

bifurcation n.f. Endroit où une route se divise en deux. *Il faudra prendre à droite à la prochaine bifurcation.* SYN. **embranchement, fourche.** → Vois aussi **carrefour, croisement.**

►►► Mot de la famille de **bifurquer.**

bifurquer v. (conjug. 3). ❶ Se diviser en deux, en parlant d'une route. *Après le village, la route bifurque.* ❷ Prendre une autre direction. *La voiture a bifurqué à gauche au croisement.*

bigamie n.f. Situation d'un homme qui est marié à deux femmes en même temps.

→ Vois aussi **polygamie.**

bigarré, e adj. Qui a des couleurs variées. *Elle porte une veste bigarrée.* SYN. **bariolé, chamarré.** CONTR. **uni.**

● Ce mot s'écrit avec deux **r.**

bigarreau n.m. Cerise rouge et blanche à chair ferme et sucrée.

● Ce mot s'écrit avec deux **r.** – Au pluriel : des **bigarreaux.**

bigorneau n.m. Petit coquillage noir, comestible, qui ressemble à un escargot.

● Au pluriel : des **bigorneaux.**

un **bigorneau**

bigoudi n.m. Petit rouleau autour duquel on enroule une mèche de cheveux pour la friser.

bijou n.m. Petit objet, fabriqué le plus souvent avec des matières précieuses, que l'on porte comme ornement. *Les bagues, les bracelets, les colliers sont des bijoux. Des bijoux en or ; des bijoux fantaisie.* → Vois aussi **joyau.**

● Au pluriel : des **bijoux.**

► **bijouterie** n.f. Magasin où l'on vend des bijoux.

► **bijoutier, ère** n. Personne qui fabrique ou vend des bijoux. → Vois aussi **joaillier, orfèvre.**

bilan n.m. ❶ Examen des résultats ou des conséquences d'un événement, d'une situation. *Faire le bilan de la journée. Le bilan de la catastrophe est très lourd, il y* *a eu beaucoup de blessés.* ❷ Ensemble des comptes qui permettent de connaître la situation financière d'une entreprise pour l'année. ❸ **Déposer le bilan,** faire faillite. *L'entreprise a déposé le bilan le mois dernier.*

bilatéral, e, aux adj. **Stationnement bilatéral,** qui se fait des deux côtés de la rue. *Dans notre quartier, le stationnement bilatéral est interdit.* CONTR. **unilatéral.**

● Au masculin pluriel : **bilatéraux.**

bilboquet n.m. Jouet composé d'un manche à bout pointu relié par un cordon à une boule percée d'un trou. *Le jeu du bilboquet consiste à envoyer en l'air la boule et à la faire retomber sur la pointe du manche.*

un bilboquet

bile n.f. ❶ Liquide amer fabriqué par le foie et qui aide à la digestion. ❷ (Familier). **Se faire de la bile,** s'inquiéter. SYN. **se faire du souci.**

▸ **bileux, euse** adj. Mot familier. Qui s'inquiète facilement. SYN. **anxieux.**

● Ne confonds pas avec **bilieux.**

▸ **biliaire** adj. Qui contient de la bile. *La vésicule biliaire.*

▸ **bilieux, euse** adj. **Teint, visage bilieux,** jaunâtre. *Il a été malade, il a encore un teint bilieux.*

● Ne confonds pas avec **bileux.**

bilingue adj. ❶ Qui est en deux langues. *Un dictionnaire bilingue.* ❷ Qui parle deux langues. *Maxence est bilingue, il parle allemand et français.* → Vois aussi **polyglotte, trilingue.**

billard n.m. Jeu dans lequel on pousse des boules sur une table, à l'aide d'une longue canne appelée « queue »; table sur laquelle on joue au billard.

● Ce mot se termine par un **d.**

1. **bille** n.f. ❶ Petite boule qu'on utilise dans différents jeux. *Les enfants jouent aux billes dans la cour.* ❷ **Stylo à bille,** stylo muni d'une petite boule de métal qui, en roulant, dépose l'encre sur le papier.

2. **bille** n.f. Gros morceau de bois découpé dans un tronc d'arbre.

billet n.m. ❶ Monnaie de papier imprimé. *Un billet de dix euros.* SYN. **billet de banque.** ❷ Petit papier qui permet de participer à un jeu, de prendre un moyen de transport ou d'entrer dans un endroit payant. *Un billet de loterie; un billet de train; un billet de concert.* SYN. **ticket.**

▸ **billetterie** n.f. ❶ Lieu où l'on peut acheter des billets de spectacle ou de transport. ❷ Distributeur automatique de billets de banque qui fonctionne avec une carte bancaire.

● Ce mot s'écrit avec deux **t.**

billot n.m. Gros morceau de bois dont le dessus est plat. *Grand-père fend du bois sur un billot.*

▸▸▸ Mot de la famille de **bille (2).**

bimensuel, elle adj. Qui paraît deux fois par mois. *Une revue bimensuelle.*

binaire adj. **Rythme binaire,** à deux temps.

biner v. (conjug. 3). Retourner la terre en surface pour l'aérer. *Biner des carottes.*

▸ **binette** n.f. Outil de jardinage qui sert à biner.

biniou n.m. Instrument à vent breton qui ressemble à la cornemuse.

binocle n.m. Mot ancien. Lunettes sans branches qui se fixent sur le nez. *Le binocle a été remplacé par les lunettes.* SYN. **lorgnon.**

→ Vois aussi **monocle.**

bio- préfixe. Placé au début d'un mot, **bio-** signifie « vie » : *biodégradable, biologie.*

biodégradable adj. Qui se décompose naturellement sous l'action de petits organismes vivants. *J'ai acheté des assiettes en feuilles de palmier biodégradables.*

biodiversité n.f. ❶ La variété des espèces vivant sur la Terre, ou dans un lieu donné.

a b c d e f g h i j k l m n o p q r s t u v w x y z

Baleines, poissons, mollusques, algues, plancton constituent une partie de la biodiversité des océans. ❷ Les variations génétiques dans un groupe d'êtres vivants. *Ces espèces de félins offrent une grande biodiversité.*

biographie n.f. Texte qui raconte la vie d'une personne. *L'auteur a écrit une biographie d'Alexandre Dumas.* → Vois aussi **autobiographie.**

biologie n.f. Science qui étudie les êtres vivants.
● On peut aussi dire **sciences de la vie.**

bipède adj. et n. Qui marche sur deux pattes ou sur deux pieds. *Les oiseaux sont bipèdes. L'homme est un bipède.* → Vois aussi **quadrupède.**

bique n.f. Mot familier. Chèvre.

birman, e adj. et n. De Birmanie. *L'agriculture birmane. Thida est birmane. C'est une Birmane.* ◆ **birman** n.m. Langue parlée par les Birmans.
● Le nom prend une majuscule quand il désigne une personne : *un Birman.*

1. **bis, bise** adj. D'une couleur gris-brun. *Le pain bis contient du son.*

2. **bis** adj. Indique que le même numéro est utilisé deux fois. *J'habite au 5 et mon cousin au 5 bis.* ◆ **bis !** interj. Mot que l'on crie à la fin d'un spectacle pour demander une nouvelle chanson, un nouveau morceau. *Le public criait « bis ! bis ! » pour rappeler la chanteuse.*
● On prononce le **s.**

bisbille n.f. Mot familier. **Être en bisbille avec quelqu'un,** être un peu fâché avec lui. SYN. **être brouillé.**

biscornu, e adj. ❶ Qui a une forme irrégulière. *Un bâton biscornu.* SYN. **difforme.** ❷ (Sens familier). Compliqué et bizarre. *Une idée biscornue.* SYN. **extravagant, saugrenu.**

biscotte n.f. Tranche de pain de mie qui a été séchée au four. *Manger des biscottes au petit déjeuner.*

biscuit n.m. Petit gâteau sec. *Un paquet de biscuits au chocolat.*

1. **bise** n.f. Mot familier. Petit baiser. *Je lui ai fait la bise en arrivant.*

2. **bise** n.f. Vent froid qui souffle du nord. → Vois aussi **brise.**

biseau n.m. **En biseau,** en oblique. *Tailler une tige en biseau.*

▶ **biseauté, e** adj. Qui a les bords taillés en biseau. *Un miroir biseauté.*

bisexué, e adj. Qui possède des organes sexuels mâles et femelles. *Un animal bisexué.* SYN. **hermaphrodite.** *Les fleurs bisexuées ont des étamines et un pistil.*
● Ce mot s'écrit avec un seul **s.**

bison n.m. Grand bœuf sauvage à cornes courtes, qui a une bosse sur le cou et une épaisse crinière. *Le bison est un bovin.*

un **bison**

bisou n.m. Mot familier. Petit baiser.
● On peut aussi écrire **bizou.**
▸▸▸ Mot de la famille de **bise (1).**

bissectrice n.f. En géométrie, demi-droite qui partage un angle en deux angles égaux. *Tracer une bissectrice.*

bisser v. (conjug. 3). Crier « bis » pour qu'un artiste chante ou joue un autre morceau. *Le public a bissé le chanteur à la fin du concert.*
▸▸▸ Mot de la famille de **bis (2).**

bissextile adj. **Année bissextile,** année de 366 jours qui revient tous les quatre ans et dont le mois de février a vingt-neuf jours au lieu de vingt-huit. *2000, 2004, 2008 sont des années bissextiles.*

bistouri n.m. Instrument pointu et tranchant, utilisé par les chirurgiens pour faire des incisions. SYN. **scalpel.**

bistrot n.m. Mot familier. Bar. *Nous avons bu un verre au bistrot.* SYN. **café.**
● On peut aussi écrire **bistro.**

bitume n.m. Matière noire utilisée pour recouvrir les routes et les trottoirs. SYN. **goudron, asphalte.**

a b c d e f g h i j k l m n o p q r s t u v w x y z

bivouac n.m. Campement provisoire en plein air. *Les randonneurs ont établi leur bivouac près d'un ruisseau.*

▶ **bivouaquer** v. (conjug. 3). Camper en plein air. *Nous avons bivouaqué au sommet de la montagne.*

bizarre adj. Qui est inhabituel ou inexplicable. *Elle a toujours des idées bizarres. J'ai entendu un bruit bizarre.* SYN. **anormal, curieux, étrange.** CONTR. **naturel, normal, ordinaire.**

● Ce mot s'écrit avec un **z** et deux **r**.

▶ **bizarrement** adv. D'une manière bizarre, inattendue. *Il nous a regardés bizarrement.* SYN. **curieusement, étrangement.**

▶ **bizarrerie** n.f. Chose qui étonne par son côté bizarre, curieux. *Les bizarreries de l'orthographe.* SYN. **étrangeté, anomalie.**

blafard, e adj. Qui est très pâle. *Une lumière blafarde éclaire la pièce. Il a un teint blafard.* SYN. **blême.**

● Ce mot se termine par un **d**.

blague n.f. Mot familier. ❶ Plaisanterie ou mensonge. *Sa blague nous a beaucoup fait rire. Méfie-toi de lui, il raconte souvent des blagues.* ❷ Farce. *Marine nous a fait une blague.* SYN. **plaisanterie.**

▶ **blaguer** v. (conjug. 6). Mot familier. Plaisanter en racontant des blagues. *Hamidou aime bien blaguer.*

blaireau n.m. ❶ Petit mammifère au pelage noir et blanc qui vit dans les bois et qui creuse des terriers. *Le blaireau a une odeur très forte.* ❷ Petite brosse qu'on utilise pour savonner la barbe avant de la raser.

● Au pluriel : des **blaireaux**.

un **blaireau**

blâme n.m. Réprimande que l'on fait à quelqu'un. *L'employé a reçu un blâme pour la faute grave qu'il a commise.* CONTR. **éloge, louange.**

● Le **a** prend un accent circonflexe.

▶ **blâmer** v. (conjug. 3). Faire un reproche à quelqu'un. *Nous l'avons blâmé pour son attitude.* SYN. **critiquer, désapprouver.** CONTR. **féliciter, louer (2).**

blanc, blanche adj. ❶ De la couleur de la neige. *Des draps blancs.* ❷ Qui est de couleur claire. *J'ai acheté du raisin blanc et du raisin noir. Élise a la peau blanche.* ❸ Qui ne porte aucun signe écrit. *Une page blanche. Bulletin blanc.* SYN. **vierge.** ❹ **Blanc comme neige,** innocent. *Il est blanc comme neige dans cette affaire.* ❺ **Examen blanc,** dont les résultats ne comptent pas. ❻ **Nuit blanche,** nuit passée sans dormir.

▶ **blanc** n.m. ❶ Couleur blanche. *Lisa s'habille souvent en blanc.* ❷ Partie blanche ou très claire de quelque chose. *Du blanc de poulet; le blanc de l'œil.* ❸ Partie transparente et visqueuse de l'œuf. *Battre des blancs en neige.* ❹ Partie d'une page qui ne comporte pas de signes écrits. *Laisser des blancs entre les mots.* SYN. **espace.** ❺ **Tirer à blanc,** avec une cartouche sans projectile. *Dans les films, les acteurs tirent à blanc.*

▶ **blanc, blanche** adj. et n. Se dit d'une personne qui a la peau claire.

● Le nom prend une majuscule : *un Blanc.*

▶ **blanchâtre** adj. D'une couleur qui tire sur le blanc. *Le chat a bu du lait, il a des traces blanchâtres sur le museau.*

● Le second **a** prend un accent circonflexe.

▶ **blanche** n.f. En musique, note qui vaut deux noires.

▶ **blancheur** n.f. Couleur blanche. *L'actrice a des dents d'une blancheur éclatante.*

▶ **blanchiment** n.m. Action de rendre blanc. *Le blanchiment d'un tissu.*

▶ **blanchir** v. (conjug. 16). ❶ Rendre blanc. *Les murs de la maison ont été blanchis à la chaux.* ❷ Devenir blanc. *La barbe de mon grand-père blanchit.* ❸ Innocenter. *L'accusé a été blanchi dans cette affaire de vol.* SYN. **disculper.**

▶ **blanchissage** n.m. Action de laver du linge.

▶ **blanchisserie** n.f. Boutique où l'on donne son linge à laver et à repasser. *J'ai donné ton manteau à laver à la blanchisserie.* SYN. **teinturerie.** → Vois aussi **laverie, pressing.**

blanquette n.f. Ragoût de viande blanche servi avec une sauce blanche et des champignons. *De la blanquette de veau.*

blasé, e adj. Qui ne s'intéresse plus à rien, qui n'éprouve plus de plaisir. *Mon oncle a visité tellement de pays qu'il est blasé.*

blason n.m. Ensemble des signes et des figures qui symbolisent une famille noble, une ville, un club. SYN. **armes, armoiries.** → Vois aussi **emblème.**

le **blason** de la ville de Lyon

blasphème n.m. Parole injurieuse à l'égard de la religion.

● Ce mot s'écrit avec **ph.**

▶ **blasphémer** v. (conjug. 9). Dire des blasphèmes.

blatte n.f. Insecte brun-noir et plat qui a de longues antennes. Il vit dans les parties humides et sombres des habitations. SYN. **cafard.**

blé n.m. ❶ Céréale dont les grains sont moulus pour faire de la farine. *Un épi de blé.* ❷ **Blé noir,** sarrasin.

blême adj. Très pâle. *Coralie avait eu peur, elle était blême.* SYN. **blafard, livide.**

● Le premier **e** prend un accent circonflexe.

▶ **blêmir** v. (conjug. 16). Devenir blême. *Elle a blêmi de colère.* SYN. **pâlir.**

du **blé**

blessant, e adj. **Paroles blessantes,** qui blessent, font de la peine. SYN. **désobligeant, vexant.**

▶▶▶ Mot de la famille de **blesser.**

blessé, e n. Personne qui a été blessée. *L'accident de la route a fait trois blessés graves.*

▶▶▶ Mot de la famille de **blesser.**

blesser et **se blesser** v. (conjug. 3). ❶ Faire, causer une blessure à quelqu'un. *Mon frère m'a blessé à la main. Une personne a été grièvement blessée dans l'accident.* ❷ Faire de la peine ou vexer. *Tes critiques m'ont blessé.* SYN. **froisser, offenser.** ◆ **se blesser.** Se faire une blessure. *Elle s'est blessée avec un couteau.*

▶ **blessure** n.f. ❶ Plaie, coupure ou fracture provoquée par un coup, un choc. *Il s'est fait une blessure au genou.* SYN. **lésion.** ❷ Atteinte morale. *Une blessure d'amour-propre.* SYN. **offense.**

blet, blette adj. **Fruit blet,** qui est trop mûr. *Les poires sont devenues molles ; elles sont blettes.* CONTR. **vert.**

blette n.f. Légume dont on mange les feuilles et les tiges, appelées « côtes ».

● On peut aussi dire **bette.**

bleu, e adj. ❶ De la couleur du ciel sans nuages. *Elle a les yeux bleus.* ❷ **Peur bleue,** très grande peur. *Tu m'as fait une peur*

a b c d e f g h i j k l m n o p q r s t u v w x y z

a b c d e f g h i j k l m n o p q r s t u v w x y z

bleue. ❸ **Steak bleu,** qui est très peu cuit, très saignant.
● Au masculin pluriel : **bleus.**

▶ **bleu** n.m. ❶ Couleur bleue. *Le bleu clair te va bien.* ❷ Marque bleue sur la peau provoquée par un choc, par un coup. *Il s'est fait un bleu en se cognant.* SYN. **ecchymose.** ❸ Combinaison de travail en toile bleue. *Le maçon porte un bleu.* SYN. **bleu de travail.**

▶ **bleuâtre** adj. D'une couleur qui tire sur le bleu. *Les veines sur les mains sont bleuâtres.*
● Le **a** prend un accent circonflexe.

▶ **bleuet** n.m. Petite fleur bleue qui pousse dans les champs.

▶ **bleuir** v. (conjug. 16). ❶ Rendre bleu. *Le froid bleuit les lèvres.* ❷ Devenir bleu. *Les flammes du feu bleuissent.*

▶ **bleuté, e** adj. Légèrement bleu. *Une bille aux reflets bleutés.*

blindé n.m. Véhicule militaire recouvert de plaques de métal qui le protègent. SYN. **char, tank.**
▸▸▸ Mot de la famille de **blinder.**

blinder v. (conjug. 3). Recouvrir de plaques de métal pour protéger contre les coups, les projectiles. *Nos voisins ont fait blinder leur porte. La voiture du chef d'État est blindée.*

blizzard n.m. Vent très froid, souvent accompagné de tempêtes de neige, qui souffle au Canada et dans le nord des États-Unis, en hiver et au printemps.
● Ce mot s'écrit avec deux **z** et se termine par un **d.**

bloc n.m. ❶ Grosse masse. *Un bloc de pierre.* ❷ Ensemble de feuilles de papier collées les unes aux autres d'un côté et facilement détachables. *Un bloc de papier à lettres. Le journaliste prend des notes sur un bloc.* SYN. **bloc-notes.** ❸ **À bloc,** au maximum. *Il a serré le frein à bloc.* SYN. **à fond.** ❹ **Faire bloc,** former un groupe uni pour s'opposer à d'autres personnes. *Ils ont fait bloc contre leurs adversaires.* SYN. **s'unir.**

blocage n.m. Action de bloquer quelque chose. *Le blocage des freins.* CONTR. **déblocage.**
▸▸▸ Mot de la famille de **bloquer.**

bloc-notes n.m. Ensemble de feuilles de papier détachables qui servent à prendre des notes. SYN. **bloc.**
● Au pluriel : des **blocs-notes.**

blocus n.m. Fait d'isoler une ville, un pays en l'empêchant de communiquer avec l'extérieur. → Vois aussi **embargo, siège.**
● On prononce le **s.**

blog n.m. Site Web sur lequel une personne tient son journal ou écrit sur les sujets qui l'intéressent. *J'ai posté sur mon blog mes photos de vacances.*
● On peut aussi écrire **blogue.**

blond, e adj. ❶ **Cheveux, poils blonds,** d'une couleur claire, proche du jaune. *Elle a de longs cheveux blonds.* ❷ **Tabac blond, bière blonde,** d'une couleur claire. CONTR. **brun.** ◆ adj. et n. Qui a les cheveux blonds. *Sa mère est blonde. Un grand blond.* ◆ n.m. Couleur blonde. *Des cheveux d'un blond foncé.* → Vois aussi **brun, châtain, roux.**

▶ **blondinet, ette** n. Enfant ou jeune personne qui a des cheveux blonds. *Ma sœur est une petite blondinette.*

bloquer v. (conjug. 3). ❶ Empêcher le passage, le mouvement. *Les chutes de neige ont bloqué la circulation.* SYN. **paralyser.** *Les cartons dans l'entrée bloquent le passage.* SYN. **barrer, boucher, obstruer.** ❷ **Bloquer un ballon,** l'arrêter. *Le gardien de but a réussi à bloquer le ballon.* ❸ **Bloquer les prix, les salaires,** interdire leur augmentation. *Le gouvernement a bloqué les prix.* CONTR. **débloquer.**

se **blottir** v. (conjug. 16). Se replier sur soi-même. *Le chat s'est blotti contre moi.* SYN. **se pelotonner.**

blouse n.f. Vêtement de travail que l'on met sur ses vêtements pour les protéger. *L'infirmière porte une blouse.*

blouson n.m. Veste courte resserrée à la taille.

bluff n.m. Mot familier. Attitude qui consiste à faire croire quelque chose à quelqu'un pour l'impressionner. *Il dit qu'il parle cinq langues, mais c'est du bluff.* SYN. **vantardise.**
● C'est un mot anglais, on prononce [blœf], comme *œuf.* – Il s'écrit avec deux **f.**

▶ **bluffer** v. (conjug. 3). Mot familier. Tromper par un bluff, en exagérant. *Ils bluffent, ils ne sont pas montés jusqu'au sommet de la montagne.* SYN. **se vanter.**

boa n.m. Grand serpent d'Amérique qui étouffe ses proies dans les replis de son corps. *Le boa n'est pas venimeux.* → Vois aussi **anaconda, python.**

un boa

bob n.m. Chapeau en toile dont les bords peuvent se rabattre.

bobine n.f. Petit cylindre sur lequel on enroule du fil, une pellicule photographique.
▸▸▸ Mot de la même famille : **rembobiner.**

bobsleigh n.m. Sport pratiqué avec un traîneau sur des pistes de glace ou de neige.
● C'est un mot anglais, on prononce [bɔbslɛg]. – Nom des sportifs : un **bobeur,** une **bobeuse.**

bocage n.m. Région où les champs sont entourés de haies. *La Normandie est une région de bocage.*

bocal n.m. ❶ Récipient en verre, à large ouverture, dans lequel on conserve des aliments. *Un bocal de cornichons.* ❷ Aquarium en forme de globe. *Marine a mis ses poissons rouges dans un bocal.*
● Au pluriel : des **bocaux.**

bœuf n.m. ❶ Taureau castré. *Les bœufs étaient utilisés autrefois dans les travaux des champs, pour tirer la charrue.* ❷ Viande de bœuf ou de vache. *Un steak de bœuf.* → Vois aussi **bovin.**
● Au pluriel, on prononce [bø]. – Les bœufs sont des ruminants. Cri : le beuglement, le mugissement ou le meuglement.

un bœuf

bof ! interj. Mot qui exprime le doute, l'indifférence. *Bof ! Je n'ai pas très faim.*

1. **bogue** n.f. Enveloppe du marron et de la châtaigne, hérissée de piquants.

une bogue

2. **bogue** n.m. Défaut dans le fonctionnement d'un logiciel.
● On emploie parfois le mot anglais **bug** [bœg].

boguer v. (conjug. 6). En parlant d'un matériel informatique, ne pas fonctionner. *L'ordinateur de la classe a bogué.*
● C'est un mot qui vient de l'anglais, on prononce [bœge].
▸▸▸ Mot de la famille de **bogue (2).**

bohémien, enne n. Nomade d'Europe. *Les bohémiens vivent souvent dans des caravanes.* → Vois aussi **gitan, tsigane.**

boire v. (conjug. 69). ❶ Avaler un liquide. *Boire un jus de fruits.* ❷ Abuser de boissons alcoolisées. *Il devrait arrêter de boire.* SYN. **s'enivrer.** ❸ Absorber un liquide. *Le tissu a bu l'eau renversée.* SYN. **s'imbiber de, s'imprégner de.** ❹ **Boire les paroles de quelqu'un,** l'écouter avec une attention admirative.

bois n.m. ❶ Matière dont est constitué un arbre. *Un meuble en bois de châtaignier.* ❷ Lieu couvert d'arbres, plus petit qu'une forêt. *Se promener dans les bois.* ◆ n.m. plur. Cornes du cerf, du chevreuil, du renne ou de l'élan. → Vois aussi **andouiller.**

▸ **boisé, e** adj. Planté d'arbres, couvert de bois. *Une région boisée.*

▸ **boiserie** n.f. Panneau en bois qui recouvre les murs d'une pièce. *Des boiseries en chêne.*

boisson n.f. Liquide que l'on boit. *Le café est une boisson chaude.*

boîte n.f. ❶ Récipient que l'on peut fermer avec un couvercle. *Une boîte en fer. Une boîte à outils. Une boîte de conserve.* ❷ **Boîte aux lettres,** dans laquelle on dépose le courrier.

a b c d e f g h i j k l m n o p q r s t u v w x y z

a b c d e f g h i j k l m n o p q r s t u v w x y z

❸ (Sens familier). Établissement ouvert la nuit où l'on peut boire et danser. *Aller en boîte.* SYN. **boîte de nuit, discothèque.**

● La nouvelle orthographe permet d'écrire aussi **boite,** sans accent circonflexe.

►►► Mots de la même famille : **se déboîter, s'emboîter.**

boiter v. (conjug. 3). Marcher en penchant le corps d'un côté. *Elle boite car ses chaussures lui font mal aux pieds.*

► **boiteux, euse** n. et adj. Personne qui boite. ◆ adj. Qui manque d'équilibre ou de logique. *Une paix boiteuse.* SYN. **fragile.** *Une explication boiteuse.* SYN. **bancal.**

boîtier n.m. ❶ Boîte adaptée à certains objets. *Le boîtier d'une cassette vidéo.* ❷ Partie de certains appareils qui renferme leur mécanisme. *Le boîtier d'une montre, d'un appareil photo.*

● La nouvelle orthographe permet d'écrire aussi **boitier,** sans accent circonflexe.

►►► Mot de la famille de **boîte.**

1. **bol** n.m. ❶ Récipient rond dans lequel on boit certaines boissons. *Verser du lait dans un bol.* ❷ Contenu d'un bol. *Raphaël boit un bol de chocolat tous les matins.*

2. **bol** n.m. **Bol alimentaire,** quantité d'aliments mâchés et avalés en une seule fois.

bolée n.f. **Bolée de cidre,** contenu d'un bol de cidre.

►►► Mot de la famille de **bol (1).**

bolet n.m. Champignon à chapeau épais, dont plusieurs espèces sont comestibles. → Vois aussi **cèpe.**

des **bolets**

bolide n.m. Voiture très rapide. *Les bolides vont rouler pendant vingt-quatre heures sur le circuit.*

bolivien, enne adj. et n. De Bolivie. *Le café bolivien. Anna est bolivienne. C'est une Bolivienne.*

● Le nom prend une majuscule : *un Bolivien.*

bombardement n.m. Action d'attaquer en lançant des bombes. *Un bombardement a détruit le pont.*

►►► Mot de la famille de **bombe (1).**

bombarder v. (conjug. 3). Lancer des bombes. *Les avions ont bombardé la ville.*

►►► Mot de la famille de **bombe (1).**

bombardier n.m. Avion militaire équipé pour lancer des bombes.

►►► Mot de la famille de **bombe (1).**

1. **bombe** n.f. ❶ Projectile ou engin qui explose. *Faire sauter une bombe.* ❷ **Bombe atomique, bombe H,** bombes qui utilisent l'énergie nucléaire. ❸ Récipient métallique qui projette un liquide sous pression. *Une bombe d'insecticide. Une bombe de déodorant.* ❹ **Faire l'effet d'une bombe,** surprendre vivement. *La révélation de sa culpabilité a fait l'effet d'une bombe.* → Vois aussi **aérosol.**

2. **bombe** n.f. Casque rembourré que l'on porte lorsque l'on monte à cheval pour se protéger la tête en cas de chute.

bombé, e adj. Qui a une forme renflée et arrondie. *Avoir le front bombé.*

►►► Mot de la famille de **bomber.**

bomber v. (conjug. 3). ❶ **Bomber la poitrine, le torse,** les arrondir en aspirant de l'air. ❷ Peindre, écrire à la bombe. *Bomber un slogan sur un mur.*

bombyx n.m. Papillon de nuit dont la chenille tisse un cocon de soie.

● On prononce [bɔ̃biks]. – Ce mot s'écrit avec un **y.**

un **bombyx**

1. bon, bonne adj. ❶ Qui est très agréable au goût. *Le rôti est bon.* CONTR. **mauvais.** ❷ Qui est agréable, qui fait plaisir. *Nous avons passé de bonnes vacances.* ❸ Qui convient, qui est juste. *Donner la bonne réponse.* SYN. **exact.** CONTR. **faux, mauvais.** *Prendre le bon chemin.* ❹ Qui fait du bien. *Un médicament bon pour la gorge.* SYN. **bénéfique.** ❺ Qui a des qualités, qui est bien fait. *Nous avons vu un bon film.* ❻ Qui fait bien son travail. *Un bon mécanicien. Une bonne élève.* CONTR. **mauvais.** *Paul est bon en gymnastique.* SYN. **fort.** ❼ Qui est généreux. *Grand-père est très bon avec nous.* SYN. **gentil, bienveillant.** CONTR. **méchant.** ❽ **Un bon moment,** un long moment. *J'ai attendu un bon moment.* ◆ n. Personne qui fait du bien aux autres. *Les bons et les méchants.* ◆ adv. ❶ **Sentir bon,** avoir une odeur agréable. ❷ **Il fait bon,** le temps est doux. ◆ n.m. **Avoir du bon,** présenter des avantages. *Cette situation a du bon.*

2. bon ! interj. Mot qui annonce une décision ou qui exprime la surprise. *Bon ! on y va. Ah bon ! je ne savais pas que c'était ton anniversaire.*

3. bon n.m. Papier qui donne droit à quelque chose. *Un bon d'achat.*

bonbon n.m. Confiserie que l'on suce ou que l'on croque. *Un bonbon à la menthe.* SYN. **friandise.**

▸▸▸ Mot de la famille de **bon (1).**

bonbonne n.f. Grosse bouteille ronde. *Une bonbonne d'huile.*

bonbonnière n.f. Petite boîte où l'on met des bonbons.

▸▸▸ Mot de la famille de **bonbon.**

bond n.m. ❶ Saut brusque. *La sauterelle avance par petits bonds.* ❷ Mouvement d'un objet qui rebondit. *La balle a fait trois bonds.* ❸ Augmentation brusque et importante. *Mes résultats ont fait un bond.*

▸▸▸ Mot de la famille de **bondir.**

bonde n.f. Objet rond qui ferme le trou d'évacuation d'un évier, d'une baignoire.

bondé, e adj. **Véhicule bondé, magasin bondé,** complètement pleins. *Le bus était bondé.* SYN. **comble.**

bondir v. (conjug. 16). ❶ S'élever brusquement du sol en faisant un bond. *Le lièvre bondissait dans le champ.* SYN. **sauter.** ❷ Se précipiter sur quelque chose. *Rémi bondit sur le téléphone à chaque sonnerie.*

▸▸▸ Mots de la même famille : **rebond, rebondir, rebondissement.**

bongo n.m. Instrument de musique constitué de deux petits tambours fixés l'un à l'autre.

un bongo

bonheur n.m. ❶ État dans lequel on est quand on est heureux. *Quel bonheur de te revoir !* SYN. **joie.** CONTR. **malheur.** ❷ Chance. *Nous avons eu le bonheur de les rencontrer.* CONTR. **malchance, malheur.** ❸ **Porter bonheur,** porter chance. ❹ **Par bonheur,** par chance. *Par bonheur, mon porte-monnaie a été retrouvé.* SYN. **heureusement.**

bonhomme, bonne femme n. ❶ Mot familier. Homme, femme. *Il parlait avec une bonne femme et deux bonshommes.* ❷ Figure, forme représentant un homme. *Dessiner un bonhomme. Faire un bonhomme de neige.*

● Au pluriel : des **bonshommes** [bɔ̃zɔm], des **bonnes femmes.**

se **bonifier** v. (conjug. 7). Devenir meilleur. *Le vin se bonifie en vieillissant.* SYN. **s'améliorer.**

boniment n.m. Paroles habiles destinées à séduire ou à tromper. *Ne crois pas les boniments que mon frère raconte.*

bonjour n.m. ❶ Salutation que l'on adresse aux personnes que l'on rencontre dans la journée. *Bonjour, monsieur. Elle ne m'a pas dit bonjour.* CONTR. **au revoir.** ❷ **Simple comme bonjour,** très facile. *Faire du vélo, c'est simple comme bonjour.* → Vois aussi **bonsoir.**

bon marché adj. invar. Qui n'est pas cher. *Des marchandises bon marché.* CONTR. **coûteux.**

● Ce mot composé ne change pas au pluriel.

a b c d e f g h i j k l m n o p q r s t u v w x y z

bonne n.f. Employée de maison chargée des travaux ménagers. SYN. **domestique.**

bonne femme → bonhomme

bonnement adv. **Tout bonnement,** tout simplement. *J'ai tout bonnement dit ce que je pensais.*

bonnet n.m. Chapeau souple sans bords. *Un bonnet de laine; un bonnet de bain.*

bonsaï n.m. Arbre nain cultivé en pot.
- On prononce [bɔ̃zaj].
– Le **i** prend un tréma.

un **bonsaï**

bonsoir n.m. Salutation que l'on adresse aux personnes que l'on rencontre ou que l'on quitte le soir. *Bonsoir, madame. Il nous a dit bonsoir avant d'aller se coucher.* → Vois aussi **bonjour.**

bonté n.f. ❶ Qualité d'une personne généreuse, gentille avec les autres. *C'est une femme d'une grande bonté.* SYN. **générosité, gentillesse, bienveillance.** CONTR. **méchanceté.** ❷ S'emploie dans des formules de politesse pour demander un service. *Auriez-vous la bonté de m'apporter le journal ?* SYN. **amabilité, gentillesse.**
▸▸▸ Mot de la famille de **bon.**

bonus n.m. Réduction du montant à payer pour l'assurance d'un véhicule. CONTR. **malus.**
- On prononce le **s.**

bonze n.m. Moine bouddhiste.
- Ce mot s'écrit avec un **z.**

boom n.m. Augmentation très rapide. *Le pays a connu un boom des naissances ces dernières années.* SYN. **expansion.**
- C'est un mot anglais, on prononce [bum].
– La nouvelle orthographe permet d'écrire aussi **boum.**

boomerang n.m. Morceau de bois ou de plastique dur recourbé, que l'on lance et qui revient à son point de départ si la cible n'a pas été atteinte.
- C'est un mot anglais, on prononce [bumrɑ̃g].

borborygme n.m. Bruit que l'on entend quand le ventre gargouille. SYN. **gargouillis.**
- Ce mot s'écrit avec un **y.**

1. **bord** n.m. ❶ Côté, pourtour de quelque chose. *Le bord d'une table. Le bord du chemin.* ❷ **Bord de mer,** côte. *Ils habitent près du bord de mer.* SYN. **rivage.** ❸ **Jusqu'au bord, à ras bord,** jusqu'en haut. *Un verre rempli jusqu'au bord. Une bouteille pleine à ras bord.* ❹ **Être au bord de,** être sur le point de. *Elle était au bord des larmes.*
- Ce mot se termine par un **d.**
▸▸▸ Mots de la même famille : **déborder, rebord.**

2. **bord** n.m. **À bord de,** dans un véhicule. *Il y avait cinquante personnes à bord du bateau. Les passagers sont montés à bord de l'avion.*
- Ce mot se termine par un **d.**
▸▸▸ Mots de la même famille : **aborder, bâbord, tribord.**

bordeaux adj. invar. De couleur rouge foncé. *Une chemise bordeaux.*
- Ce mot se termine par un **x.**

bordée n.f. **Bordée d'injures, bordée d'insultes,** , suite d'injures, d'insultes lancées d'un seul coup.

border v. (conjug. 3). ❶ Se trouver sur le bord, la bordure de quelque chose. *Des maisons bordent la route.* ❷ Garnir le bord de quelque chose. *Une jupe bordée de dentelle.* ❸ Replier les draps et les couvertures d'un lit sous le matelas. *Jean ne borde jamais son lit.*
▸▸▸ Mot de la famille de **bord (1).**

bordure n.f. ❶ Partie qui forme le bord de quelque chose ou qui le garnit. *Il était assis sur la bordure du bassin. Une bordure de fleurs.* ❷ **En bordure de,** au bord de, le long de. *Ils ont une maison en bordure du champ.*
▸▸▸ Mot de la famille de **bord (1).**

boréal, e adj. ❶ **Hémisphère boréal,** situé au nord de l'équateur. CONTR. **hémisphère austral.** ❷ **Régions, mers boréales,** proches du pôle Nord. SYN. **arctique.**
- Au masculin pluriel : **boréals** ou **boréaux.**

borgne adj. et n. Qui ne voit que d'un œil. *Elle est borgne depuis sa naissance. Le borgne portait un bandeau noir.*

borne n.f. Bloc de pierre ou de ciment qui sert de limite, de repère ou qui indique des distances. *Une borne kilométrique.* ◆ n.f. plur. Limites. *Elle a dépassé les bornes. Sa patience a des bornes.*

▶ **borné, e** adj. Qui a un esprit étroit, qui manque d'ouverture. *Ma sœur ne veut rien entendre, elle est complètement bornée.* SYN. **obtus.** CONTR. **intelligent, ouvert, vif.**

▶ se **borner** v. (conjug. 3). Se contenter de faire quelque chose. *Elle s'est bornée à lire les dix premières lignes du texte.* SYN. **se limiter.**

bosnien, enne adj. et n. De la Bosnie-Herzégovine ; de ses habitants. *Zohra est bosnienne. C'est une Bosnienne.*
● Le nom prend une majuscule : *un Bosnien.*

bosquet n.m. Petit groupe d'arbres ou d'arbustes. *Nous nous sommes cachés derrière un bosquet.*

bosse n.f. ❶ Enflure à la suite d'un choc. *Il s'est fait une bosse au front en tombant.* ❷ Grosseur anormale dans le dos due à une déformation de la colonne vertébrale. ❸ Grosseur que certains animaux ont sur le dos ou sur le cou. *Le chameau a deux bosses, le dromadaire n'en a qu'une.* ❹ Partie bombée du sol. *La route est pleine de bosses.* CONTR. **creux, trou.** → Vois aussi **dos-d'âne.**

▶ **bosselé, e** adj. Qui est déformé par des bosses. *Une portière toute bosselée.* SYN. **cabossé.**

bosser v. (conjug. 3). Mot familier. Travailler. *Mes parents bossent le samedi.*

▶ **bosseur, euse** n. Mot familier. Personne qui travaille beaucoup, avec ardeur. *Mon frère est un bosseur.* SYN. **travailleur.**

bossu, e adj. et n. Qui a une bosse dans le dos. *La sorcière est bossue.*
▶▶▶ Mot de la famille de **bosse.**

botanique n.f. Science qui étudie les végétaux. ◆ adj. **Jardin botanique,** où l'on cultive de nombreuses espèces de plantes et d'arbres.

1. **botte** n.f. Végétaux liés ensemble. *Une botte de radis, d'oignons.* → Vois aussi **gerbe.**

2. **botte** n.f. Chaussure qui couvre une partie de la jambe. *Des bottes en caoutchouc, en cuir.*

▶ **botté, e** adj. Qui porte des bottes. *Des cavaliers bottés.*

▶ **bottillon** n.m. Petite botte. *Jessie porte des bottillons fourrés.*

▶ **bottine** n.f. Chaussure montante serrée à la cheville. *Des bottines à lacets.*

boubou n.m. Tunique longue et ample portée dans certains pays d'Afrique.

des femmes en boubou

bouc n.m. ❶ Ruminant à cornes recourbées. *Le bouc a une barbe et sent très fort.* ❷ Petite barbe au bout du menton. *Mon père porte le bouc.* SYN. **barbiche.**
● Femelle : la chèvre. Petit : le chevreau. Cri : le bêlement.

un bouc

boucan n.m. Mot familier. Bruit. *Arrête de faire du boucan !* SYN. **tapage, tintamarre, vacarme.**

a b c d e f g h i j k l m n o p q r s t u v w x y z

a b c d e f g h i j k l m n o p q r s t u v w x y z

bouche n.f. ❶ Ouverture située dans le bas du visage et bordée par les lèvres. *Léo est enrhumé, il respire par la bouche.* ❷ Ouverture, entrée de certains endroits. *Une bouche de métro. Une bouche d'égout.* ❸ **Faire la fine bouche,** faire le difficile. *À table, Alexandre fait souvent la fine bouche.*

bouché, e adj. ❶ Qui est fermé, obstrué. *La bouteille est bouchée. Le lavabo est bouché.* ❷ (Sens familier). Qui ne comprend rien ou comprend trop lentement. SYN. **borné, obtus.** CONTR. **intelligent, vif.**
▸▸▸ Mot de la famille de **boucher (1).**

bouche-à-bouche n.m. invar. Méthode de respiration artificielle qui consiste à souffler, à l'aide de sa bouche, de l'air dans la bouche d'une personne qui ne respire plus. *Faire du bouche-à-bouche à un asphyxié.*
▸▸▸ Mot de la famille de **bouche.**

bouchée n.f. ❶ Quantité d'aliments que l'on met en une seule fois dans la bouche. *Il a mangé trois bouchées de viande.* ❷ **Pour une bouchée de pain,** très peu cher. *Il a acheté une voiture pour une bouchée de pain.* ❸ Friandise fourrée au chocolat. ❹ **Mettre les bouchées doubles,** travailler beaucoup plus vite. *Ils ont mis les bouchées doubles pour terminer à temps.*
▸▸▸ Mot de la famille de **bouche.**

1. **boucher** et **se boucher** v. (conjug. 3). ❶ Remplir un trou. *Le maçon bouche les trous du mur avec du plâtre.* SYN. **combler.** ❷ Fermer avec un bouchon. *Boucher une bouteille.* CONTR. **déboucher.** ❸ Empêcher le passage. *Un camion bouche la rue.* SYN. **bloquer, obstruer.** ❹ **Boucher la vue,** empêcher de voir. *Le poteau nous bouche la vue.* ❺ **Se boucher le nez,** le pincer pour ne pas sentir une odeur. ❻ **Se boucher les oreilles,** refuser d'entendre.
▸▸▸ Mots de la même famille : **déboucher, reboucher.**

2. **boucher, ère** n. Commerçant qui vend de la viande.

▸ **boucherie** n.f. Magasin du boucher.

bouchon n.m. ❶ Petit objet qui sert à boucher l'ouverture d'une bouteille, d'un bidon, d'un tube. *Un bouchon de liège.* ❷ Suite de véhicules qui n'avancent pas et qui bloquent la circulation. *Il y a un bouchon de trois kilomètres sur l'autoroute.* SYN. **embouteillage, encombrement.**

boucle n.f. ❶ Mèche de cheveux enroulée sur elle-même. *Nouha a de belles boucles brunes.* ❷ Anneau qui sert à fermer une ceinture ou une courroie. ❸ **Boucle d'oreille,** bijou qui s'accroche à l'oreille.

▸ **bouclé, e** adj. **Cheveux bouclés,** qui forment des boucles. SYN. **frisé.** CONTR. **raide.**

▸ **boucler** v. (conjug. 3). ❶ Former des boucles. *Ses cheveux bouclent naturellement.* SYN. **friser.** ❷ Attacher ou fermer au moyen d'une boucle. *Elle boucle sa ceinture de sécurité.* ❸ Encercler un lieu pour empêcher tout passage. *Les policiers ont bouclé le quartier.* SYN. **cerner.**

bouclier n.m. Plaque bombée qu'on tenait d'une main pour se protéger des coups et des projectiles. *Les guerriers portaient des boucliers lors des combats.*

des soldats romains armés de boucliers

bouddhisme n.m. Religion fondée par Bouddha, un sage indien. *Le bouddhisme est très répandu en Asie.*
● Ce mot s'écrit avec deux **d** et un **h.**

▸ **bouddhiste** adj. et n. Qui a pour religion le bouddhisme. *Les moines bouddhistes.*
→ Vois aussi **chrétien, israélite, musulman.**

bouder v. (conjug. 3). Montrer son mécontentement en refusant de parler.

▸ **bouderie** n.f. Attitude d'une personne qui boude. *Ses bouderies ne durent jamais bien longtemps.*

▸ **boudeur, euse** adj. et n. ❶ Qui boude souvent. *C'est un enfant boudeur. Sa sœur* *est une boudeuse.* ❷ Qui marque le mécontentement. *Avoir un air boudeur.* SYN. **renfrogné.**

boudin n.m. Boyau rempli de sang et de graisse de porc, qui se mange cuit. *Nous avons acheté du boudin noir chez le charcutier.*

boue n.f. Terre très mouillée. *Mes chaussures sont pleines de boue.* → Vois aussi **gadoue.**

● Ne confonds pas avec un **bout.**

bouée n.f. ❶ Anneau gonflable qui flotte et que l'on utilise pour se maintenir sur l'eau. *Mon petit frère se baigne avec une bouée car il ne sait pas encore nager. Une bouée de sauvetage.* ❷ Objet qui flotte et qui sert de repère pour les bateaux. *Il y a des bouées à l'entrée du port.*

boueux, euse adj. Qui est plein de boue. *Une route boueuse. Des chaussures boueuses.*

▸▸▸ Mot de la famille de **boue.**

bouffant, e adj. **Vêtement bouffant,** ample, comme gonflé d'air. *Le danseur portait un pantalon bouffant.*

bouffée n.f. ❶ Souffle d'air. *J'ai senti une bouffée d'air chaud.* ❷ Petite quantité de fumée que l'on aspire ou que l'on souffle d'un coup quand on fume.

bouffi, e adj. **Visage bouffi, yeux bouffis,** enflés, gonflés. SYN. **boursouflé.**

bouffon n.m. ❶ Homme qui était chargé autrefois de divertir le roi et sa cour. SYN. **fou.** ❷ (Sens familier). Personne qui amuse les autres en se ridiculisant. *Faire le bouffon.* ◆ **bouffon, onne** adj. Qui fait rire par son caractère ridicule. *Une histoire bouffonne.* SYN. **burlesque, grotesque.**

bougeoir n.m. Support pour les bougies. → Vois aussi **chandelier.**

● Ce mot s'écrit avec un **e** après le **g** pour prononcer le son [ʒ].

▸▸▸ Mot de la famille de **bougie (1).**

bougeotte n.f. Mot familier. **Avoir la bougeotte,** être incapable de rester sans bouger ou de demeurer au même endroit.

● Ce mot s'écrit avec un **e** après le **g** et avec deux **t.**

▸▸▸ Mot de la famille de **bouger.**

bouger v. (conjug. 5). Faire un mouvement. *Si tu bouges, la photo sera floue.* SYN. **remuer.** *Le vent fait bouger les feuilles des arbres.*

1. **bougie** n.f. Bâton de cire entourant une mèche que l'on allume. *Alexandra a soufflé ses dix bougies d'anniversaire.* → Vois aussi **chandelle, cierge.**

2. **bougie** n.f. Pièce d'un moteur produisant une étincelle qui enflamme le mélange d'essence et d'air. *Les bougies sont encrassées.*

bougon, onne adj. et n. Qui est de mauvaise humeur, qui se plaint sans cesse. SYN. **grincheux.**

▸ **bougonner** v. (conjug. 3). Protester en parlant tout bas, pour montrer son mécontentement. *Ma sœur était de mauvaise humeur, elle n'a pas cessé de bougonner.* SYN. **grommeler, marmonner.**

● Ce mot s'écrit avec deux **n.**

bouillabaisse n.f. Plat provençal à base de poissons servis dans une sauce épicée.

bouillant, e adj. ❶ Qui bout. *Faire cuire des légumes dans l'eau bouillante.* ❷ Qui est très chaud. *Je ne peux pas boire mon chocolat, il est bouillant.* SYN. **brûlant.**

▸▸▸ Mot de la même famille : **ébouillanter.**

bouillie n.f. ❶ Aliment liquide épais, à base de farine cuite dans de l'eau ou du lait. *Autrefois, on donnait de la bouillie aux bébés.* ❷ (Familier). **En bouillie,** écrasé. *Les pêches étaient en bouillie au fond du sac.*

bouillir v. (conjug. 25). ❶ Pour un liquide, faire de grosses bulles sous l'action de la chaleur. *L'eau bout à 100 degrés. Le lait a bouilli.* ❷ Cuire dans un liquide qui bout. *Faire bouillir de la viande.* ❸ **Bouillir de colère, d'impatience,** être très en colère, très impatient.

▸ **bouilloire** n.f. Récipient dans lequel on fait bouillir de l'eau.

▸ **bouillon** n.m. ❶ Eau dans laquelle on a fait bouillir de la viande ou des légumes. *Boire un bouillon.* ❷ **À gros bouillons,** en formant de grosses bulles. *L'eau doit bouillir à gros bouillons.*

▸ **bouillonnement** n.m. État d'un liquide qui bouillonne, qui forme de grosses bulles. *Le bouillonnement de la lave qui sort d'un volcan.*

▸ **bouillonner** v. (conjug. 3). Former de grosses bulles. *L'eau du torrent bouillonne.*

● Ce mot s'écrit avec deux **l** et deux **n.**

a b c d e f g h i j k l m n o p q r s t u v w x y z

▸ **bouillotte** n.f. Récipient que l'on remplit d'eau très chaude et que l'on met dans son lit pour se réchauffer.
● Ce mot s'écrit avec deux **l** et deux **t.**

boulanger, ère n. Personne qui fait et vend du pain et de la pâtisserie. *J'ai acheté une baguette et deux croissants chez la boulangère.*

▸ **boulangerie** n.f. Magasin du boulanger.

boule n.f. ❶ Objet tout rond. *Lancer des boules de neige.* ❷ **Jouer aux boules,** lancer des boules les unes après les autres, de manière à ce qu'elles se rapprochent le plus possible d'une boule plus petite. ❸ (Familier). **Être en boule, se mettre en boule,** être en colère, se mettre en colère. → Vois aussi **pétanque.**

bouleau n.m. Arbre qui a une écorce et un bois blancs. *Le bois du bouleau est utilisé pour fabriquer des meubles et du papier.*
● Au pluriel : des **bouleaux.** – Ne confonds pas avec **boulot.**

boulet n.m. ❶ Grosse boule de métal qui servait autrefois de projectile. *Les canons lançaient des boulets.* ❷ Grosse boule de métal que l'on attachait autrefois au pied d'un prisonnier avec une chaîne.
▸▸▸ Mot de la famille de **boule.**

boulette n.f. Petite boule. *Une boulette de papier; une boulette de viande.*
▸▸▸ Mot de la famille de **boule.**

boulevard n.m. Rue très large. *Mes grands-parents habitent sur un grand boulevard.*
→ Vois aussi **avenue.**
● Ce mot se termine par un **d.**

bouleversant, e adj. Qui bouleverse, provoque une vive émotion. *L'histoire de leur séparation est bouleversante.* SYN. **émouvant.**
▸▸▸ Mot de la famille de **bouleverser.**

bouleversement n.m. Changement total et brutal. *Ce licenciement a entraîné un véritable bouleversement dans sa vie.*
▸▸▸ Mot de la famille de **bouleverser.**

bouleverser v. (conjug. 3). ❶ Changer complètement. *Le mauvais temps a bouleversé nos projets.* SYN. **bousculer.** ❷ Causer une forte émotion. *L'annonce de son décès nous a bouleversés.* SYN. **ébranler, secouer.**

boulier n.m. Instrument fait de boules qui coulissent sur des tiges et qu'on utilise pour compter.

un **boulier**

boulon n.m. Tige de métal qui se visse sur un écrou. *Pour remonter la selle de ton vélo, il faut que tu dévisses les boulons.*

boulot n.m. Mot familier. Travail, emploi. *Il a trouvé un nouveau boulot.*
● Ne confonds pas avec **bouleau.**

boum n.m. Mot familier. **Être en plein boum,** être dans une période d'activité intense. *Ils étaient en plein boum car ils déménageaient.*

bouquet n.m. ❶ Ensemble de fleurs coupées. *Cueillir un bouquet de violettes.* ❷ Partie finale et la plus belle d'un feu d'artifice où l'on tire plusieurs fusées en même temps. SYN. **apothéose.** ❸ Parfum d'un vin. *Un vin qui a du bouquet.* ❹ (Familier). **C'est le bouquet !,** c'est le comble.

bouquetin n.m. Chèvre sauvage aux grandes cornes recourbées, qui vit dans les montagnes.

un **bouquetin**

bouquin n.m. Mot familier. Livre. *J'ai emprunté deux bouquins à la bibliothèque.*

▸ **bouquiner** v. (conjug. 3). Mot familier. Lire. *J'aime bien bouquiner avant de m'endormir.*

▸ **bouquiniste** n. Marchand de livres anciens ou de livres d'occasion. *J'ai acheté deux livres chez un bouquiniste des quais de la Seine.*

bourbier n.m. Terrain boueux. *Quand il pleut, la cour devient un véritable bourbier.*
▸▸▸ Mot de la même famille : **s'embourber.**

bourdon n.m. ❶ Insecte volant au corps velu, plus gros que l'abeille. *Le bourdon ne produit pas de miel.* ❷ **Faux-bourdon,** mâle de l'abeille. → Vois aussi **frelon.**

▸ **bourdonnement** n.m. Bruit que fait un insecte qui bourdonne. *J'entends le bourdonnement des abeilles.*
● Ce mot s'écrit avec deux **n.**

▸ **bourdonner** v. (conjug. 3). Faire un bruit sourd et continu en volant. *Des guêpes bourdonnaient autour de la table.*
● Ce mot s'écrit avec deux **n.**

bourg n.m. Gros village. *Un marché a lieu toutes les semaines au bourg.*
● Ce mot se termine par un **g.**

▸ **bourgade** n.f. Petit bourg. *Mes grands-parents habitent une bourgade.* SYN. **village.**

bourgeois, e n. ❶ Au Moyen Âge, personne qui habitait un bourg, une ville, par opposition aux nobles et aux paysans. ❷ Personne qui n'exerce pas un travail manuel et qui a des revenus assez élevés, par opposition aux ouvriers et aux paysans. ◆ adj. Qui concerne la bourgeoisie, qui appartient à la bourgeoisie. *Une maison bourgeoise.* SYN. **riche, cossu.**
● Ce mot s'écrit avec un **e** après le **g** pour prononcer le son [ʒ].

▸ **bourgeoisie** n.f. Ensemble des bourgeois, des personnes qui ont des revenus assez élevés. *Sa famille appartient à la grande bourgeoisie.*
● Au 19e siècle, la bourgeoisie a organisé le développement des entreprises.

bourgeon n.m. Petite pousse sur la tige d'une plante, qui, en se développant, donnera des feuilles ou des fleurs. *Les bourgeons des arbres s'ouvrent au printemps.*
● Ce mot s'écrit avec un **e** après le **g** pour prononcer le son [ʒ].

▸ **bourgeonner** v. (conjug. 3). Se couvrir de bourgeons. *Le tilleul bourgeonne.*

bourrade n.f. Coup brusque donné à quelqu'un. *Il m'a repoussé d'une bourrade.*

bourrasque n.f. Coup de vent brusque et violent. *Ma casquette a été emportée par une bourrasque.*

bourratif, ive adj. Mot familier. Qui alourdit l'estomac. *Un gâteau bourratif.* CONTR. **léger.**
▸▸▸ Mot de la famille de **bourrer.**

bourreau n.m. ❶ Personne chargée d'exécuter les condamnés à mort. ❷ Personne qui maltraite, qui torture quelqu'un. *Un bourreau d'enfants.*
● Au pluriel : des **bourreaux.** – Il n'existe plus de bourreaux en France depuis l'abolition de la peine de mort, en 1981.

bourrelé, e adj. Mot littéraire. **Être bourrelé de remords,** être tourmenté par le remords.

bourrelet n.m. ❶ Bande de feutre ou de mousse que l'on fixe sur les bords d'une fenêtre ou au bas d'une porte pour empêcher l'air de passer. ❷ (Sens familier). Repli de chair ou de graisse à certains endroits du corps. *Avoir des bourrelets à la taille.*

bourrer et **se bourrer** v. (conjug. 3). ❶ Remplir au maximum en tassant. *Il a bourré son sac de voyage.* ❷ (Sens familier). Donner un aliment en trop grande quantité. *Elle bourre ses petits-enfants de gâteaux.* SYN. **gaver.** ❸ **Bourrer quelqu'un de coups,** le frapper violemment. ◆ **se bourrer de.** (Sens familier). Manger un aliment en trop grande quantité. *Ne te bourre pas de pain avant de passer à table.* SYN. **se gaver de.**

bourriche n.f. Panier sans anse et fermé utilisé pour transporter du poisson, des coquillages. *Une bourriche d'huîtres.*

bourricot n.m. Petit âne.

bourrique n.f. ❶ Âne ou ânesse. ❷ (Sens familier). Personne qui est têtue et stupide.

bourru, e adj. Qui est peu aimable et un peu brusque. *Notre voisine semble un peu bourrue.* SYN. **renfrogné, revêche, rude.** CONTR. **aimable, souriant.**

1. **bourse** n.f. ❶ Petit sac de cuir dans lequel on met ses pièces de monnaie. SYN. **porte-monnaie.** ❷ Somme d'argent accordée par l'État à un élève ou à un étudiant pour l'aider à payer ses études.

▸▸▸ Mots de la même famille : **débourser, rembourser.**

2. **Bourse** n.f. Établissement où l'on peut acheter et vendre des actions.

1. **boursier, ère** adj. et n. Qui bénéficie d'une bourse pour faire ses études. *Un élève boursier.*

▸▸▸ Mot de la famille de **bourse (1).**

2. **boursier, ère** adj. Qui se rapporte à la Bourse. *Faire des opérations boursières.*

▸▸▸ Mot de la famille de **Bourse (2).**

boursouflé, e adj. Qui est gonflé par endroits. *Jonathan s'est brûlé, son visage est tout boursouflé.* SYN. **bouffi, enflé.**

● La nouvelle orthographe permet d'écrire aussi **boursoufflé,** avec deux **f** comme dans **souffler.**

▸ **boursouflure** n.f. Partie gonflée. *La brûlure a laissé des boursouflures sur sa peau.* SYN. **cloque.**

● La nouvelle orthographe permet d'écrire aussi **boursoufflure,** avec deux **f** comme dans **souffler.**

bousculade n.f. Agitation d'une foule où des personnes se bousculent. *C'était la bousculade au guichet de la gare.* SYN. **cohue.**

▸▸▸ Mot de la famille de **bousculer.**

bousculer v. (conjug. 3). ❶ Pousser, heurter brutalement. *Il m'a bousculé pour pouvoir entrer le premier.* ❷ Inciter quelqu'un à aller plus vite. *Il faut le bousculer pour qu'il apprenne ses leçons.* SYN. **presser.** ❸ Changer brutalement. *Le déménagement a bousculé leurs habitudes.* SYN. **bouleverser.**

bouse n.f. Excrément des vaches, des bœufs.

▸ **bousier** n.m. Scarabée qui fait des boulettes de bouse pour nourrir ses larves.

● Le bousier est un coléoptère.

un **bousier**

bousiller v. (conjug. 3). Mot familier. Abîmer, casser quelque chose. *Il a bousillé sa montre en la mettant dans l'eau.* SYN. **détériorer, endommager.**

boussole n.f. Instrument composé d'un cadran et d'une aiguille aimantée qui indique le nord. *On utilise une boussole pour s'orienter. Au 16e siècle, les grands navigateurs ont utilisé une boussole pour s'orienter.*

une **boussole**

bout n.m. ❶ Morceau de quelque chose. *Le chat joue avec un bout de ficelle. Anthony mange un bout de fromage.* ❷ Extrémité d'une chose, d'un objet long. *Bastien s'est juste mouillé le bout des pieds. Mon grand-père est assis au bout de la table.* ❸ **Au bout de,** après une durée de. *Ils sont sortis au bout de deux heures.* ❹ **Jusqu'au bout,** jusqu'à la fin. *Ils ont regardé le match de football jusqu'au bout.* ❺ **Être à bout de forces,** ne plus avoir de forces.

● Ne confonds pas avec la **boue.**

boutade n.f. Plaisanterie. *Répondre à une réflexion par une boutade.*

boute-en-train n.m. invar. Personne gaie qui met de l'animation dans un groupe. *Candice est un boute-en-train, on ne s'ennuie jamais en sa compagnie.*

● Ce mot composé ne change pas au pluriel : des **boute-en-train.**

bouteille n.f. ❶ Récipient en verre ou en plastique, à goulot étroit, qui sert à contenir des liquides. *Remplir une bouteille d'eau.* ❷ Contenu d'une bouteille. *Les enfants ont bu une bouteille de limonade.* ❸ Grand récipient métallique destiné à contenir un gaz sous pression. *Une bouteille d'oxygène, de butane.*

bouter v. (conjug. 3). Mot ancien. Pousser loin, vers l'extérieur. *Les troupes ont bouté les ennemis hors du pays.* SYN. **chasser.**

boutique n.f. Petit magasin. *La boutique du cordonnier était fermée.* → Vois aussi **échoppe.**

bouton n.m. ❶ Petite pièce en bois, en métal ou en plastique qui sert à fermer un vêtement. *Il manque un bouton à mon manteau, j'ai dû le perdre.* ❷ Petite grosseur qui apparaît sur la peau. *Meddy a la varicelle, il a des boutons sur tout le corps.* ❸ Petite pièce d'un appareil qui sert à le faire fonctionner. *Appuyer sur le bouton de l'autoradio.* ❹ Petite pousse d'une plante qui en s'ouvrant donne naissance à une fleur. *Les boutons de rose n'ont pas encore éclos.*

▶ **bouton-d'or** n.m. Fleur des prés de couleur jaune.

● Au pluriel : des **boutons-d'or.**

▶ **boutonner** v. (conjug. 3). Fermer un vêtement avec des boutons. *Boutonne ton gilet.* CONTR. **déboutonner.**

▶ **boutonneux, euse** adj. Qui est couvert de boutons. *Un nez boutonneux.*

▶ **boutonnière** n.f. Petite fente dans un tissu pour passer un bouton.

bouture n.f. Pousse que l'on détache d'une plante et qui, mise en terre, prend racine et donne une nouvelle plante. *Des boutures de géranium.*

bouvreuil n.m. Petit oiseau à tête et ailes grises et noires, à la poitrine rouge.

un **bouvreuil**

bovidé n.m. Mammifère ruminant qui a des cornes et des sabots, tel que la vache, le mouton, la chèvre et l'antilope.

● La famille des bovidés comprend les **bovins,** les **ovins** et les **caprins.**

bovin, e adj. Qui se rapporte au bœuf, à la vache. *L'élevage bovin.* ◆ n.m. Bovidé tel que le bœuf, le buffle, le bison. → Vois aussi **caprin, ovin.**

● Les bovins appartiennent à la famille des bovidés.

bowling n.m. ❶ Jeu qui consiste à faire tomber des quilles avec une grosse boule qu'on lance sur une piste. ❷ Local où l'on joue au bowling.

● C'est un mot anglais, on prononce [buliŋ].

box n.m. ❶ Garage individuel. *Louer un box.* ❷ Endroit où se tient l'accusé dans une salle de tribunal. ❸ Dans une écurie, compartiment pour un cheval. SYN. **stalle.**

● Au pluriel : des **box.** – Ne confonds pas avec la **boxe.**

boxe n.f. Sport de combat où deux adversaires s'affrontent à coups de poing. *Le match de boxe se déroule sur un ring.*

● Ne confonds pas avec un **box.**

▶ **boxer** v. (conjug. 3). Faire de la boxe. *Pour boxer, il faut mettre des gants spéciaux.*

▶ **boxeur, euse** n. Personne qui fait de la boxe.

des **boxeurs**

boyau n.m. ❶ Intestin d'un animal. *Les saucisses sont fabriquées avec des boyaux de porc.* ❷ Mince chambre à air d'un vélo de course.

● On prononce [bwajo]. – Au pluriel : des **boyaux.**

boycott n.m. Action de boycotter un pays, un produit, un événement.

● On prononce [bɔjkɔt].

– On peut aussi dire **boycottage.**

▸▸▸ Mot de la famille de **boycotter.**

boycotter v. (conjug. 3). Cesser toute relation commerciale avec un pays ou un groupe, refuser d'acheter un produit ou de participer à quelque chose pour marquer son mécontentement. *Boycotter un produit, un magasin. Nous boycotterons les émissions abêtissantes.*
● On prononce [bɔjkɔte].

bracelet n.m. ❶ Bijou en forme d'anneau ou de chaînette qui se porte autour du poignet. ❷ **Bracelet de montre,** bande de cuir, de métal qui maintient une montre au poignet.

braconner v. (conjug. 3). Chasser ou pêcher sans respecter la loi.

▶ **braconnier** n.m. Personne qui braconne. *Le garde-chasse a surpris les braconniers.*

brader v. (conjug. 3). Vendre à très bas prix. *Au mois de janvier, les commerçants bradent les articles de Noël.* SYN. **liquider, solder.**

▶ **braderie** n.f. Vente d'articles à bas prix. *Chaque année, une grande braderie est organisée dans les rues de la ville.*

braguette n.f. Ouverture sur le devant d'un pantalon. *Une braguette à boutons.*

braillard, e adj. et n. Mot familier. Qui braille. *Une enfant braillarde.*
● On peut aussi dire **brailleur, euse.**
▸▸▸ Mot de la famille de **brailler.**

braille n.m. Écriture où chaque lettre est représentée par des petits points en relief que les aveugles lisent en passant leurs doigts dessus. *Un livre en braille.*

brailler v. (conjug. 3). Mot familier. Crier, chanter très fort ou pleurer bruyamment. *Les enfants braillaient dans la cour.* SYN. **hurler.**

braiment n.m. Cri de l'âne.
▸▸▸ Mot de la famille de **braire.**

braire v. (conjug. 77). Pour un âne, faire entendre son cri, le *braiment.*
● Ce verbe s'emploie surtout aux 3es personnes du présent de l'indicatif, du futur simple et du conditionnel présent. Les autres formes sont rares.

braise n.f. Morceau de bois qui brûle sans faire de flammes. *Faire cuire des pommes de terre dans les braises.* → Vois aussi **tison.**

braisé, e adj. Qui a cuit longtemps et à feu doux dans un récipient fermé. *Du bœuf braisé.*

bramer v. (conjug. 3). Pour un cerf, un daim, un renne, faire entendre leur cri, le *brame* ou le *bramement.*

brancard n.m. ❶ Sorte de lit en toile qui sert au transport des blessés, des malades. SYN. **civière.** ❷ Longue pièce de bois qui se trouve de chaque côté d'une charrette, d'une brouette.
● Ce mot se termine par un **d.**

▶ **brancardier, ère** n. Personne chargée de porter un brancard, une civière.

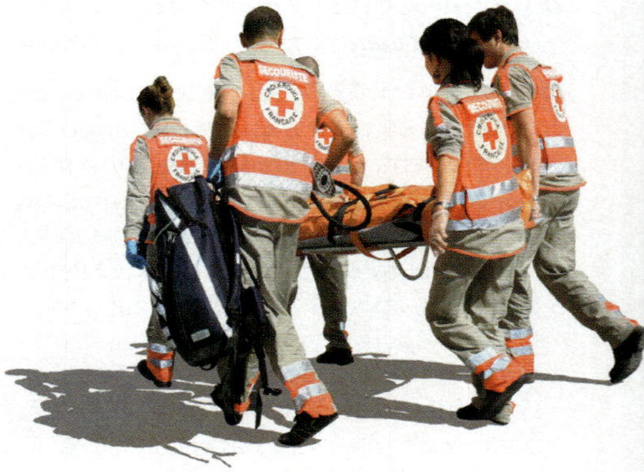

des **brancardiers**

branchages n.m. plur. Branches coupées d'un arbre. *On a ramassé des branchages pour faire du feu.*
▸▸▸ Mot de la famille de **branche.**

branche n.f. ❶ Partie d'un arbre, d'un arbuste qui part du tronc et qui porte les feuilles. *Un oiseau s'est posé sur la branche du marronnier.* ❷ Tige articulée d'un objet. *Écarter les branches d'un compas. Les branches de mes lunettes sont tordues.* ❸ Domaine d'activité. *Il n'a pas encore choisi sa branche.* SYN. **secteur, spécialité.**
▸▸▸ Mot de la même famille : **embranchement.**

branchement n.m. Action de brancher un appareil. *Le branchement du téléphone.*
→ Vois aussi **connexion.**
▸▸▸ Mot de la famille de **brancher.**

brancher v. (conjug. 3). Raccorder une canalisation à un circuit principal ou raccorder un appareil au courant électrique, pour le faire fonctionner. *Brancher l'eau. Brancher l'aspirateur.* CONTR. **débrancher.** → Vois aussi **connecter.**

branchie n.f. Organe qui permet aux poissons et à d'autres animaux aquatiques de respirer. *Les crevettes, les moules, les têtards de grenouille ont des branchies.* → Vois aussi **ouïe.**

brandir v. (conjug. 16). Lever ou agiter en l'air un objet. *Le vieil homme brandit sa canne pour nous impressionner. Les manifestants brandissaient des banderoles.*

branlant, e adj. Qui n'est pas stable. *La chaise est branlante.* SYN. **bancal.**
▸▸▸ Mot de la famille de **branler.**

branle n.m. **Mettre en branle,** mettre en mouvement, en action. *Le directeur a mis en branle un nouveau projet.*
▸▸▸ Mot de la famille de **branler.**

branle-bas n.m. invar. Grande agitation, désordre qui précède une action. *À la veille des fêtes, c'est le branle-bas dans les magasins.* SYN. **remue-ménage.**
▸▸▸ Mot de la famille de **branler.**

branler v. (conjug. 3). ❶ Remuer par manque de stabilité. *Je n'arrive pas à écrire correctement sur cette table qui branle.* ❷ **Branler la tête,** la remuer. *Elle a branlé la tête en signe d'accord.* SYN. **hocher.**
▸▸▸ Mots de la même famille : **ébranler, ébranlement.**

braquage n.m. ❶ Action de braquer les roues d'un véhicule. ❷ (Sens familier). Attaque à main armée. *Le braquage d'une banque.* SYN. **hold-up.**
▸▸▸ Mot de la famille de **braquer.**

braquer et **se braquer** v. (conjug. 3). ❶ Diriger une arme, un instrument ou son regard sur quelque chose ou quelqu'un. *Le journaliste braqua sa caméra sur le public. Elle a braqué les yeux sur lui.* ❷ Changer la direction des roues d'un véhicule en tournant le volant. *L'automobiliste braque à droite pour se garer.* ◆ **se braquer**. Avoir une attitude de refus, s'opposer à quelque chose ou à quelqu'un. *On ne peut pas lui parler, elle se braque immédiatement. Ils se sont braqués contre son projet.* SYN. **se buter.**

1. bras n.m. ❶ Membre supérieur du corps qui va de l'épaule à la main. *Armelle s'est cassé le bras. Youssef tient son petit frère dans ses bras.* ❷ **À bras ouverts,** chaleureusement. *Ma tante nous a accueillis à bras ouverts.* ❸ **À bras raccourcis, à tour de bras,** avec une grande violence. *Il frappait à bras raccourcis sur la porte.* ❹ **Avoir le bras long,** avoir de l'influence, connaître des personnes haut placées. ❺ **Baisser les bras,** renoncer à faire quelque chose. *Tu as bientôt terminé ton travail, il ne faut pas baisser les bras maintenant.* SYN. **abandonner.** ❻ **Être le bras droit de quelqu'un,** être son plus proche collaborateur ou sa plus proche collaboratrice. *Elle est le bras droit du président.*
▸▸▸ Mots de la même famille : **avant-bras, embrassade, embrasser.**

2. bras n.m. ❶ Chacune des deux parties d'un fauteuil où l'on pose les bras. SYN. **accoudoir.** ❷ Objet qui a la forme d'un bras. *Le bras d'une platine. Les robots ont des bras articulés.* ❸ Division d'un fleuve, d'une mer. *Il y a un îlot entre les bras du fleuve.*

brasier n.m. Violent incendie. *La grange n'était plus qu'un immense brasier.* SYN. **fournaise.**
▸▸▸ Mot de la famille de **braise.**

à **bras-le-corps** adv. **Prendre, saisir quelqu'un à bras-le-corps,** le prendre, le saisir par le milieu du corps en le serrant avec les bras.
▸▸▸ Mot de la famille de **bras.**

brassard n.m. ❶ Large ruban que l'on porte autour du bras comme signe distinctif. *Les infirmiers portent parfois un brassard.* ❷ Petite bouée en forme d'anneau que l'on met au bras.
● Ce mot se termine par un **d.**
▸▸▸ Mot de la famille de **bras.**

un **brassard** de policier

brasse n.f. Type de nage sur le ventre où les bras et les jambes font des mouvements symétriques. *J'ai appris à nager la brasse.* → Vois aussi **crawl.**
▸▸▸ Mot de la famille de **bras.**

a b c d e f g h i j k l m n o p q r s t u v w x y z

brassée n.f. Quantité de choses que l'on peut porter dans les bras. *Des brassées de fleurs.*
▸▸▸ Mot de la famille de **bras.**

brasser v. (conjug. 3). ❶ Mélanger en remuant. *Il faut brasser tous les ingrédients.* ❷ **Brasser la bière,** la fabriquer.

▸ **brasserie** n.f. ❶ Grand café où l'on sert de la bière et des plats chauds. *Nous avons mangé un croque-monsieur dans une brasserie.* ❷ Usine où l'on fabrique la bière.

brassière n.f. ❶ Vêtement de bébé en tissu fin ou en laine qui se ferme dans le dos. ❷ **Brassière de sauvetage,** gilet de sauvetage.
▸▸▸ Mot de la famille de **bras.**

bravade n.f. Acte ou parole par lesquels on cherche à impressionner les autres. *Par bravade, Ousmane a sauté du grand plongeoir.*
▸▸▸ Mot de la famille de **brave.**

brave adj. ❶ Qui est bon, honnête. *Notre voisin est un brave homme.* ❷ Qui ne craint pas le danger. *C'est un brave soldat.* CONTR. **lâche.**

▸ **bravement** adv. Avec bravoure. *Il est bravement monté jusqu'au sommet.* SYN. **courageusement, vaillamment.**

▸ **braver** v. (conjug. 3). ❶ Affronter un danger sans peur. *Les marins ont bravé la tempête.* ❷ Résister, tenir tête à quelqu'un. *Il n'hésite pas à braver les plus grands dans la cour de l'école.* SYN. **défier, narguer.**

bravo ! interj. Mot que l'on dit ou que l'on crie pour marquer son admiration, pour féliciter quelqu'un. *Bravo, tu as réussi !* ◆ n.m. Applaudissement, acclamation. *Des bravos accueillirent la chanteuse.*

bravoure n.f. Grand courage face au danger. *Les pompiers ont fait preuve de bravoure.* SYN. **vaillance.** CONTR. **lâcheté.**
▸▸▸ Mot de la famille de **brave.**

break n.m. Modèle de voiture muni à l'arrière d'un hayon et d'une banquette repliable.
→ Vois aussi **berline, cabriolet, coupé.**
● C'est un mot anglais, on prononce [brɛk].

brebis n.f. Femelle du bélier.
● Ce mot se termine par un **s.** – Petits : l'agneau, l'agnelle. Cri : le bêlement.

brèche n.f. Ouverture dans un mur, un rempart, une haie. *Les enfants sont passés par une brèche.* SYN. **trou.**
▸▸▸ Mot de la même famille : **ébrécher.**

bréchet n.m. Os qui forme une bosse sur la poitrine des oiseaux.

bredouille adj. **Rentrer bredouille,** n'avoir rien pris à la pêche, à la chasse ou n'avoir rien obtenu d'une démarche. *Rachid et Sébastien sont rentrés bredouilles de leur partie de pêche.*

bredouiller v. (conjug. 3). Parler de manière incompréhensible, en butant sur les mots. *Le candidat bredouillait.* SYN. **balbutier.** *Il a bredouillé quelques mots de remerciement.* SYN. **marmonner.**

bref, brève adj. Qui ne dure pas longtemps. *Son voyage a été bref.* SYN. **rapide.** CONTR. **long.** *Ma question sera brève.* SYN. **concis, court, succinct.** CONTR. **long.**

▸ **bref** adv. En un mot, en résumé. *Ses parents, ses grands-parents, ses oncles et tantes étaient présents, bref, toute sa famille était réunie.*

breloque n.f. Petit bijou fantaisie qui s'accroche à un bracelet, à une chaîne. *Les breloques tintaient joliment.*

des **breloques**

brésilien, enne adj. et n. Du Brésil. *La musique brésilienne. Paula est brésilienne. C'est une Brésilienne.*
● Le nom prend une majuscule : *un Brésilien.*

bretelle n.f. ❶ Bande de tissu ou de cuir que l'on passe sur l'épaule pour porter un objet. *Les bretelles d'un sac à dos.* ❷ Chacune des deux bandes de tissu qui maintiennent aux épaules un vêtement. *Un tee-shirt à bretelles. Son pantalon tient grâce à des bretelles.* ❸ **Bretelle d'autoroute,** voie qui relie une autoroute à une autre route.

breuvage n.m. Mot littéraire. Boisson qui a un goût bizarre ou désagréable. *Je bois le breuvage amer que le médecin m'a prescrit.*
→ Vois aussi **élixir, potion.**

brevet n.m. ❶ Diplôme ou certificat que l'on obtient après avoir réussi un examen, une série d'épreuves. *Thomas a obtenu le brevet « informatique et Internet ». Cette année, mon frère passe le brevet des collèges.* ❷ **Brevet d'invention,** titre de propriété délivré à l'auteur d'une invention.

▶ **breveter** v. (conjug. 12). Protéger une invention par un brevet. *Faire breveter un nouveau procédé pour graver les CD.*

bribes n.f. plur. Petits morceaux d'un tout. *Des bribes de pain.* SYN. **miette.** *Saisir des bribes de conversation.* SYN. **fragment.**

bric-à-brac n.m. invar. Ensemble d'objets disposés de manière désordonnée. *On trouve de tout dans le bric-à-brac du brocanteur.*
→ Vois aussi **bazar, capharnaüm.**
● Ce mot composé a deux traits d'union. – Il ne change pas au pluriel : des **bric-à-brac.**

de **bric et de broc** adv. En utilisant des éléments très différents, pris au hasard. *Une maison meublée de bric et de broc.*

bricolage n.m. Activité qui consiste à bricoler. *Je fais souvent du bricolage avec mon grand-père.*
▸▸▸ Mot de la famille de **bricoler.**

bricole n.f. Mot familier. Chose qui a peu de valeur ou peu d'importance. *Solène s'est acheté des bricoles.* SYN. **babiole.** *Ils se disputent pour des bricoles.* SYN. **broutille.**

bricoler v. (conjug. 3). Faire des petits travaux d'installation, de réparation. *Le dimanche, mon oncle bricole chez lui.*

▶ **bricoleur, euse** n. Personne qui aime bricoler, qui est douée pour le bricolage.

bride n.f. ❶ Lanière reliée au mors du cheval, qui sert à le diriger. *La bride fait partie du harnais.* ❷ Lien servant à retenir un objet. *La bride d'un torchon.*

bridé, e adj. **Yeux bridés,** yeux aux paupières étirées vers les côtés.

brider v. (conjug. 3). Mettre la bride à un cheval, à un âne.
▸▸▸ Mot de la famille de **bride.**

brièvement adv. En peu de mots. *Lisa m'a raconté brièvement ce qui s'était passé.* SYN. **succinctement.** CONTR. **longuement.**
▸▸▸ Mot de la famille de **bref.**

brièveté n.f. Courte durée d'une action, d'un discours, d'un état. *La brièveté de sa réponse m'a surpris.* CONTR. **longueur.**
▸▸▸ Mot de la famille de **bref.**

brigade n.f. Groupe de policiers, de gendarmes ou de pompiers.

▶ **brigadier, ère** n. Chef d'une brigade de gendarmerie.

brigand n.m. Mot ancien. Voleur qui est généralement armé. SYN. **bandit, gangster, malfaiteur.**
● Ce mot se termine par un **d.**

briguer v. (conjug. 6). Mot littéraire. Chercher à obtenir quelque chose. *Il brigue le poste de directeur.* SYN. **convoiter, viser.**

brillamment adv. De façon brillante, remarquable. *Mon frère a brillamment passé l'examen d'admission.* SYN. **magistralement.** CONTR. **lamentablement, pitoyablement.**
▸▸▸ Mot de la famille de **briller.**

1. **brillant, e** adj. ❶ Qui brille. *Des yeux brillants. Une couleur brillante.* CONTR. **mat, terne.** ❷ Qui est excellent. *Mon cousin a fait de brillantes études. La candidate a été brillante.* SYN. **remarquable.** CONTR. **médiocre.**
▸▸▸ Mot de la famille de **briller.**

2. **brillant** n.m. Diamant taillé. *Elle porte des boucles d'oreilles en brillants.*
▸▸▸ Mot de la famille de **briller.**

briller v. (conjug. 3). ❶ Émettre de la lumière avec éclat. *Les étoiles brillent dans le ciel.* SYN. **scintiller.** *Maman a ciré le parquet pour qu'il brille.* SYN. **reluire.** ❷ Se faire remarquer par une qualité, un talent particuliers. *Elle a brillé à son examen.*

brimade n.f. Humiliation que l'on fait subir à quelqu'un pour montrer son autorité. SYN. **vexation.**
▸▸▸ Mot de la famille de **brimer.**

brimer v. (conjug. 3). Traiter quelqu'un de manière injuste ou humiliante. *Un employé s'est plaint d'avoir été brimé.*

brin n.m. ❶ Fine tige d'une plante. *Un brin de persil; un brin de muguet.* ❷ Petit morceau de fil. *Elle brode avec deux brins de coton.*

a b c d e f g h i j k l m n o p q r s t u v w x y z

❸ **Un brin de,** un petit peu de. *La couturière fait des merveilles avec un brin d'imagination.*
● Ne confonds pas avec **brun.**

▶ **brindille** n.f. Petite branche fine et sèche. *L'oiseau a construit son nid avec des brindilles.*

bringuebaler v. (conjug. 3). Mot familier. Être secoué de droite à gauche. *Les marchandises bringuebalaient dans la charrette.*

brio n.m. **Avec brio,** d'une manière brillante, remarquable. *Elle a réussi son concours avec brio. Le violoniste a joué plusieurs morceaux avec brio.* SYN. **maestria, virtuosité.**

brioche n.f. Pâtisserie légère, qui a le plus souvent la forme d'une boule surmontée d'une boule plus petite.

une **brioche**

brique n.f. ❶ Bloc rectangulaire en terre cuite, de couleur rougeâtre, qui sert de matériau de construction. *Construire une maison en brique; un mur de briques.* ❷ Emballage de forme rectangulaire qui contient un liquide. *Une brique de jus de fruits.*

briquer v. (conjug. 3). Mot familier. Nettoyer énergiquement pour faire briller. *Elle a briqué le parquet.* SYN. **astiquer.**

briquet n.m. Petit appareil qui produit une flamme. *Aurais-tu un briquet pour allumer la bougie ?*

brise n.f. Vent léger. *Une brise agréable soufflait au bord de la mer.* → Vois aussi **bise.**

brisé, e adj. **Ligne brisée,** ligne composée de morceaux de droite qui se coupent. *Une ligne brisée fait des zigzags.* → Vois aussi **courbe, droit.**
▶▶▶ Mot de la famille de **briser.**

brise-glace n.m. Navire équipé pour briser la glace et ouvrir un passage dans les mers polaires.
● Au pluriel : des **brise-glaces** ou des **brise-glace.**
▶▶▶ Mot de la famille de **briser.**

un **brise-glace**

briser et **se briser** v. (conjug. 3). ❶ Mettre en pièces. *Briser une vitre.* SYN. **casser.** ❷ Interrompre brutalement, mettre fin à quelque chose. *Son échec au concours a brisé tous ses espoirs de devenir médecin.* SYN. **détruire.** ◆ **se briser.** ❶ Se casser. *Le vase s'est brisé en tombant.* ❷ Se fracasser, en parlant des vagues. *Les vagues se brisaient contre les rochers.* SYN. **déferler.**

bristol n.m. Carton blanc et lisse employé pour les cartes de visite.

britannique adj. et n. De Grande-Bretagne. *Le drapeau britannique. Nancy est britannique. C'est une Britannique.* → Vois aussi **anglo-saxon.**
● Le nom prend une majuscule : *un Britannique.*

broc n.m. Récipient muni d'un bec verseur et d'une anse, qui sert à contenir des liquides. → Vois aussi **carafe, pichet.**
● On ne prononce pas le **c.**

brocante n.f. ❶ Magasin où l'on peut acheter ou vendre de vieux objets. *Maman a trouvé un tableau dans une brocante.* ❷ Foire où l'on vend des objets d'occasion.

▶ **brocanteur, euse** n. Personne qui achète et revend des objets usagés. *On a acheté un vieux moulin à café chez le brocanteur.* → Vois aussi **antiquaire.**

broche n.f. ❶ Bijou muni d'une épingle, qu'on accroche à un vêtement. ❷ Tige de fer pointue que l'on passe au travers d'une volaille, d'un morceau de viande pour les faire rôtir. *Cuire un poulet à la broche.*
▶▶▶ Mot de la même famille : **embrocher.**

broché, e adj. **Livre broché,** livre qui a une couverture souple.

brochet n.m. Poisson d'eau douce carnassier. *Le brochet a plusieurs centaines de dents.*

brochette n.f. ❶ Petite tige de fer sur laquelle on enfile des morceaux de viande, de poisson, de légumes pour les faire griller. ❷ Aliment qui grille sur une brochette. *Manger des brochettes de mouton.*
▸▸▸ Mot de la famille de **broche.**

brochure n.f. Petit livre mince avec une couverture souple. SYN. **fascicule.**
▸▸▸ Mot de la famille de **broché.**

brocoli n.m. Chou-fleur qui a de petites boules vertes et une longue tige.

brodequin n.m. Mot ancien. Chaussure montante à lacets, pour la marche.

broder v. (conjug. 3). Orner de motifs exécutés avec une aiguille et des fils de coton, de laine ou de soie. *Ma grand-mère a brodé mes initiales sur mes tee-shirts.*

▸ **broderie** n.f. Action de broder; motif brodé. *Faire de la broderie. Un col orné de broderies.*

bronche n.f. Chacun des deux conduits qui mènent l'air de la trachée aux poumons.

broncher v. (conjug. 3). Exprimer son désaccord ou son mécontentement. *Ils n'ont pas bronché pendant son discours. Il a obéi sans broncher.* SYN. **discuter, protester.**

bronchiole n.f. Fine ramification située à l'extrémité des bronches.
▸▸▸ Mot de la famille de **bronche.**

bronchite n.f. Maladie des bronches qui fait tousser.
▸▸▸ Mot de la famille de **bronche.**

brontosaure n.m. Dinosaure herbivore qui atteignait vingt mètres de long environ et dont le poids est évalué à trente tonnes. *On a retrouvé des fossiles de brontosaures en Amérique du Nord.*

bronzage n.m. Couleur de la peau bronzée. *Son bronzage a déjà disparu.* SYN. **hâle.**
▸▸▸ Mot de la famille de **bronzer.**

bronze n.m. Métal fait d'un alliage de cuivre et d'étain. *Une statue en bronze.* → Vois aussi **âge.**

statuette romaine en **bronze**

bronzé, e adj. Qui a bruni au soleil. *Ils sont rentrés de vacances tout bronzés.*
▸▸▸ Mot de la famille de **bronzer.**

bronzer v. (conjug. 3). Brunir au soleil. *Il a bronzé en jouant sur la plage.* SYN. **hâler.**

brosse n.f. ❶ Ustensile formé de poils assemblés sur un support, qui sert à nettoyer, à frotter. *Une brosse à dents; une brosse à chaussures.* ❷ **Cheveux en brosse,** cheveux raides coupés très court.

▸ **brosser** et **se brosser** v. (conjug. 3). ❶ Frotter avec une brosse. *J'ai brossé mon manteau.* ❷ (Littéraire). **Brosser un tableau,** décrire une situation sans entrer dans les détails. *Les spécialistes ont brossé un tableau alarmant de la situation économique.* ◆ **se brosser.** Se nettoyer ou se coiffer avec une brosse. *Va te brosser les dents! Nouha se brosse les cheveux tous les matins.*

brou n.m. **Brou de noix,** liquide brun tiré de l'enveloppe de la noix et qui sert à teinter le bois.

brouette n.f. Petit chariot muni d'une roue et de deux brancards, qui sert à transporter des matériaux. *Le maçon pousse une brouette remplie de sable.*

brouhaha n.m. Bruit confus de voix. *Je n'entendais pas mon voisin à cause du brouhaha.*
→ Vois aussi **tumulte, vacarme.**
● Ce mot s'écrit avec deux **h.**

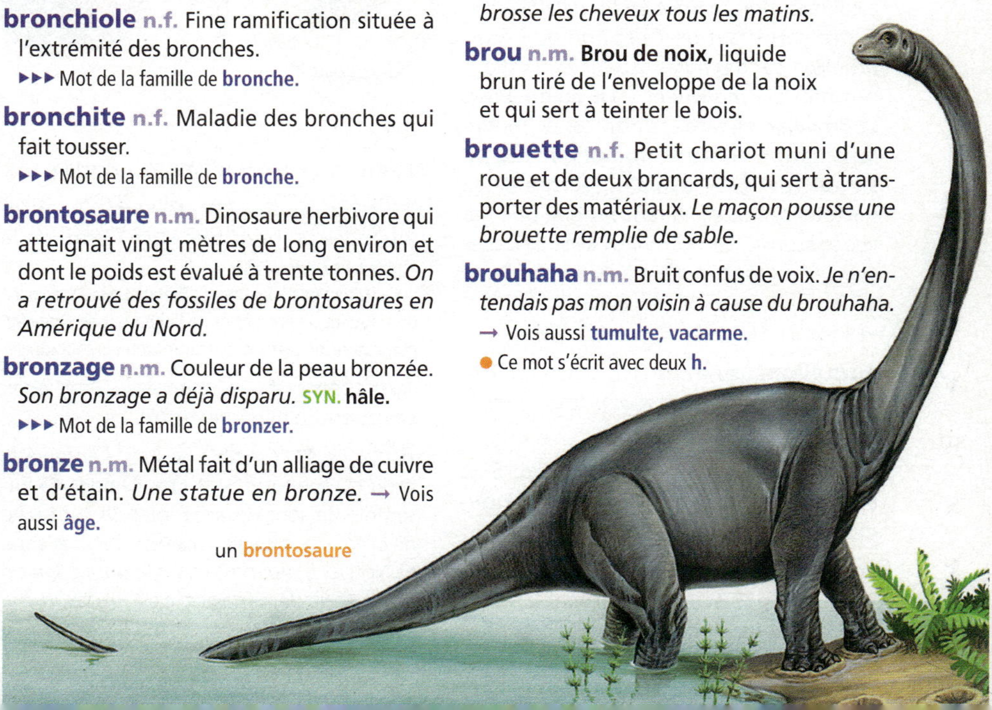

un **brontosaure**

a b c k l m n o p q r s t u v w x y z

brouillard n.m. Nuage formé de très fines gouttelettes d'eau, qui gêne la visibilité. *Les automobilistes doivent être prudents sur la route lorsqu'il y a du brouillard.* → Vois aussi **brume.**

● Ce mot se termine par un **d.**

du **brouillard**

brouille n.f. Désaccord, petite dispute entre des personnes. *Leur brouille a duré plusieurs années.* SYN. **fâcherie, mésentente.**

▸▸▸ Mot de la famille de **brouiller.**

brouillé, e adj. ❶ Qui n'est pas clair, net. *L'image sur l'écran était brouillée.* ❷ **Œufs brouillés,** œufs dont on mélange les blancs et les jaunes pendant la cuisson.

▸▸▸ Mot de la famille de **brouiller.**

brouiller et **se brouiller** v. (conjug. 3). ❶ Rendre trouble, difficile à entendre ou à comprendre. *La buée lui brouillait la vue. Notre conversation téléphonique était brouillée par des parasites. Tes explications ont brouillé mes idées.* SYN. **embrouiller.** ❷ **Brouiller les cartes,** s'efforcer de rendre la situation confuse, compliquée. ◆ **se brouiller.** ❶ Se troubler, perdre de sa netteté. *Je suis tellement fatigué que ma vue se brouille.* ❷ **Se brouiller avec,** se fâcher avec. *Elle s'est brouillée avec sa meilleure amie.* CONTR. **se réconcilier avec.**

▸▸▸ Mot de la même famille : **embrouiller.**

▸ **brouillon, onne** adj. Qui est désordonné. *Il faudrait qu'elle soit moins brouillonne.* CONTR. **méthodique, ordonné.**

▸ **brouillon** n.m. Premier texte que l'on écrit et que l'on corrige pour le recopier. *Montre-moi le brouillon de ta rédaction.*

broussaille n.f. ❶ Touffe d'herbes et de ronces qui pousse sur des terrains laissés à l'abandon. *Le chemin était recouvert par les broussailles.* ❷ **Des cheveux, une barbe en broussaille,** qui sont emmêlés et touffus.

▸▸▸ Mot de la même famille : **débroussailler.**

brousse n.f. Dans les régions tropicales sèches, terrain couvert de buissons et de petits arbres. → Vois aussi **savane, steppe.**

brouter v. (conjug. 3). Manger de l'herbe, des feuilles, des jeunes pousses en les arrachant sur place. *Les moutons broutent dans le pré.* SYN. **paître.** *Les vaches broutent l'herbe.*

broutille n.f. Chose sans importance. *Ils se sont disputés pour une broutille.* SYN. **rien.** → Vois aussi **vétille.**

broyer v. (conjug. 14). ❶ Écraser des graines pour les réduire en minuscules morceaux ou en poudre. *On broie le blé pour faire de la farine.* SYN. **moudre, piler.** ❷ **Broyer du noir,** avoir des idées tristes, être déprimé.

● On prononce [brwaje].

brugnon n.m. Fruit à peau lisse qui ressemble à la pêche et qui pousse sur un arbre, le *brugnonier.* → Vois aussi **nectarine.**

un **brugnon**

bruine n.f. Pluie très fine. SYN. **crachin.**

bruire v. (conjug. 63). Mot littéraire. Faire entendre un bruit très léger. *L'eau de la fontaine bruissait.*

● Ce verbe s'emploie surtout à l'infinitif, à la 3e personne du singulier du présent et de l'imparfait de l'indicatif et au participe présent. Les autres formes sont rares.

▸ **bruissement** n.m. Mot littéraire. Bruit léger. *Le bruissement d'une étoffe.*

bruit n.m. ❶ Ensemble de sons. *J'entends le bruit du tonnerre.* SYN. **grondement.** ❷ Ensemble de sons désagréables. *Ils font trop de bruit.* SYN. **tapage, vacarme.** CONTR. **silence.** ❸ Nouvelle répandue dans le public. *On dit qu'ils vont déménager, c'est un bruit qui court.* SYN. **rumeur.**

▸ **bruitage** n.m. Ensemble des bruits artificiels qui accompagnent l'action d'un film, d'une pièce de théâtre.

brûlant, e adj. Qui est très chaud. *Le thé est brûlant.* SYN. **bouillant.** CONTR. **glacé.** *L'eau de la douche est brûlante.* CONTR. **glacial.**

● La nouvelle orthographe permet d'écrire aussi **brulant,** sans accent circonflexe.

▸▸▸ Mot de la famille de **brûler.**

brûlé, e adj. Qui a brûlé. *Un gâteau brûlé.* SYN. **calciné, carbonisé.** ◆ n. Personne qui souffre de très graves brûlures. *Le service des grands brûlés dans un hôpital.* ◆ n.m. Ce qui a brûlé ou odeur de ce qui brûle. *J'ai gratté le brûlé au fond de la casserole. Ça sent le brûlé.* SYN. **roussi.**

● La nouvelle orthographe permet d'écrire aussi **brulé,** sans accent circonflexe.

▸▸▸ Mot de la famille de **brûler.**

à **brûle-pourpoint** adv. Mot littéraire. D'une manière soudaine et inattendue. *Il a déclaré à brûle-pourpoint qu'il démissionnait.* SYN. **brusquement, de but en blanc.**

● La nouvelle orthographe permet d'écrire aussi **brule-pourpoint,** sans accent circonflexe.

brûler et **se brûler** v. (conjug. 3). ❶ Être en feu, en flammes. *Le bois brûle lentement dans la cheminée.* SYN. **se consumer.** ❷ Être détruit sous l'action du feu, être en feu. *La voiture a brûlé dans l'accident.* SYN. **flamber.** ❸ Détruire par le feu ou la chaleur. *Brûler des feuilles mortes. Maman a brûlé son chemisier en le repassant.* ❹ Cuire trop longtemps. *La tarte a brûlé.* ❺ **Brûler un feu,** ne pas s'arrêter au feu rouge. ❻ **Brûler d'impatience,** être très impatient de faire quelque chose. *Je brûle d'impatience de revoir mes amis.* ◆ **se brûler.** Se faire une brûlure. *Elle s'est brûlé la main.*

● La nouvelle orthographe permet d'écrire aussi **bruler,** sans accent circonflexe.

▸ **brûleur** n.m. Partie d'un appareil de cuisson ou de chauffage où le combustible brûle. *Les brûleurs d'une cuisinière à gaz.*

● La nouvelle orthographe permet d'écrire aussi **bruleur,** sans accent circonflexe.

▸ **brûlure** n.f. ❶ Blessure causée par une flamme, une forte chaleur. *Pierre s'est fait une brûlure au doigt.* ❷ Trace faite par quelque chose qui a brûlé. *Une brûlure de cigarette.*

● La nouvelle orthographe permet d'écrire aussi **brulure,** sans accent circonflexe.

brume n.f. Léger brouillard. *La brume s'est dissipée rapidement.*

▸ **brumeux, euse** adj. Où il y a de la brume, qui est couvert de brume. *Une vallée brumeuse.*

brun, e adj. ❶ De couleur marron foncé. *Un ours brun.* ❷ **Cheveux, poils bruns,** d'une couleur foncée, proche du marron ou du noir. *Il a les cheveux bruns.* ❸ **Tabac brun, bière brune,** d'une couleur foncée. CONTR. **blond.** ◆ adj. et n. Qui a les cheveux bruns. *Sa sœur est brune. C'est une grande brune.* ◆ n.m. Couleur brune. *La couleur de ses cheveux tire sur le brun.* → Vois aussi **blond, châtain, roux.**

▸ **brunir** v. (conjug. 16). Devenir brun. *Mes mains ont bruni au soleil.* SYN. **bronzer, hâler.**

Brushing n.m. Mise en forme des cheveux mèche par mèche, à l'aide d'un sèche-cheveux et d'une brosse.

● C'est un mot anglais, on prononce [brœʃiŋ]. – Ce nom de marque s'écrit avec une majuscule dans les textes imprimés.

brusque adj. ❶ Qui manque de douceur. *Il l'a écarté d'un geste brusque.* SYN. **brutal, rude.** CONTR. **doux.** ❷ Qui est soudain et imprévu. *Un changement brusque du temps. Il a eu une brusque envie de faire demi-tour.* SYN. **subit.**

▸ **brusquement** adv. D'une façon brusque, soudaine. *Il s'arrêta brusquement de parler.* SYN. **soudain, subitement, tout à coup.**

▸ **brusquer** v. (conjug. 3). ❶ Traiter quelqu'un de manière brusque, brutale. *Mon petit frère se mettra à pleurer si tu le brusques.* SYN. **bousculer, malmener.** ❷ Faire quelque chose de manière précipitée. *Ils ont dû brusquer leur déménagement.* SYN. **hâter, précipiter.**

▸ **brusquerie** n.f. Manière d'agir brusque, brutale. *Elle lui parle avec brusquerie.* SYN. **brutalité, rudesse.** CONTR. **amabilité, douceur.**

brut, e adj. ❶ Qui est à l'état naturel, qui n'a pas été transformé par l'homme. *Du pétrole brut.* CONTR. **raffiné.** ❷ **Champagne,**

a b c d e f g h i j k l m n o p q r s t u

cidre bruts, dans lesquels on n'a pas ajouté de sucre. CONTR. **doux.** ❸ **Poids brut,** poids d'un objet avec son emballage ou poids d'un véhicule avec son chargement. CONTR. **net.**

● On prononce le **t** au masculin et au féminin : [bryt].

brutal, e, aux adj. ❶ Qui est violent. *C'est un garçon brutal.* CONTR. **doux.** ❷ Qui arrive brusquement, de façon inattendue. *Le changement a été brutal.* SYN. **soudain, subit.**

● Au masculin pluriel : **brutaux.**

▶ **brutalement** adv. ❶ Avec violence, dureté. *Il l'a poussé brutalement. Elle lui a parlé brutalement.* SYN. **durement.** CONTR. **doucement.** ❷ De manière soudaine. *Le passant s'est brutalement retourné.* SYN. **brusquement, subitement.**

▶ **brutaliser** v. (conjug. 3). Traiter une personne, un animal de façon brutale, violente. *Arrête de brutaliser ce chien.* SYN. **malmener, maltraiter.**

▶ **brutalité** n.f. Comportement brutal, violent. *Je ne supporte pas la brutalité.* SYN. **rudesse, violence.**

brute n.f. Personne brutale, violente. *C'est une brute, il m'a fait mal.*

▸▸▸ Mot de la famille de **brut.**

bruyamment adv. D'une façon bruyante, en faisant du bruit. *Les enfants jouent bruyamment.* CONTR. **silencieusement.**

● Ce mot s'écrit avec un **y** et deux **m.**

▸▸▸ Mot de la famille de **bruyant.**

bruyant, e adj. ❶ Qui fait beaucoup de bruit. *Les spectateurs étaient très bruyants.* CONTR. **silencieux.** ❷ Où il y a beaucoup de bruit. *Une rue très bruyante.*

● Ce mot s'écrit avec un **y.**

bruyère n.f. Plante à petites fleurs roses ou violettes. *La bruyère pousse dans la lande.*

● Ce mot s'écrit avec un **y.**

une branche de **bruyère**

buccal, e, aux adj. **Par voie buccale,** par la bouche. *Prendre un médicament par voie buccale.* SYN. **oral.**

● Ce mot s'écrit avec deux **c.**

– Au masculin pluriel : **buccaux.**

bûche n.f. ❶ Gros morceau de bois coupé, destiné à être brûlé. *Grand-père met des bûches dans le poêle.* ❷ **Bûche de Noël,** gâteau en forme de bûche que l'on consomme à Noël. → Vois aussi **rondin.**

● La nouvelle orthographe permet d'écrire aussi **buche,** sans accent circonflexe.

▶ **bûcher** n.m. Tas de bois sur lequel on brûlait les personnes condamnées au supplice du feu. *Jeanne d'Arc a été brûlée sur un bûcher.*

● La nouvelle orthographe permet d'écrire aussi **bucher,** sans accent circonflexe.

▶ **bûcheron, onne** n. Personne dont le métier est d'abattre des arbres dans une forêt.

● La nouvelle orthographe permet d'écrire aussi **bucheron,** sans accent circonflexe.

bucolique adj. Mot littéraire. Qui évoque la vie à la campagne, la vie des bergers. *Un roman bucolique.*

→ Vois aussi **champêtre.**

budget n.m. ❶ Ensemble des recettes et des dépenses d'une personne, d'une famille ou d'un groupe. ❷ Argent dont on peut disposer. *Il a prévu un budget de 1000 euros pour son voyage.*

buée n.f. Vapeur d'eau qui forme une fine couche de minuscules gouttelettes sur une surface froide. *Quand on fait bouillir de l'eau, de la buée apparaît parfois sur les vitres.*

buffet n.m. ❶ Meuble dans lequel on range la vaisselle. ❷ Grande table sur laquelle sont présentés des plats et des boissons dans une réception. ❸ Café, restaurant dans une gare.

buffle n.m. Ruminant à cornes, qui ressemble au bœuf et qui vit en Afrique et en Asie. *Le buffle est un bovin.*

● Ce mot s'écrit avec deux **f.**

– Femelle : la bufflonne ou la bufflesse.

– Petit : le bufflon. Cri : le beuglement, le mugissement ou le soufflement.

un **buffle**

building n.m. Immeuble moderne qui comporte de nombreux étages. *Son bureau est au vingt-deuxième étage d'un building.* SYN. **gratte-ciel, tour.**
● C'est un mot anglais, on prononce [bildiɲ].

buis n.m. Arbuste à petites feuilles toujours vertes. *Une haie de buis.*
● Ce mot se termine par un **s.**

du **buis**

buisson n.m. Groupe touffu et enchevêtré d'arbrisseaux sauvages. SYN. **fourré.**

▶ **buissonnière** adj.f. **Faire l'école buissonnière,** se promener, flâner au lieu d'aller en classe.

bulbe n.m. Renflement à la base de certaines plantes, qui reste sous la terre et d'où repoussent, chaque année, la tige et les feuilles. *Des bulbes de jacinthe.* SYN. **oignon.**

bulgare adj. et n. De Bulgarie. *Des danses bulgares. Milena est bulgare. C'est une Bulgare.* ◆ **bulgare** n.m. Langue parlée par les Bulgares.
● Le nom prend une majuscule quand il désigne une personne : *un Bulgare.*

bulldozer n.m. Engin monté sur des chenilles, qui est équipé à l'avant d'une grande lame rectangulaire pour déplacer la terre. *On utilise un bulldozer pour niveler un terrain.*
● C'est un mot anglais, on prononce [byldɔzɛr] ou [byldɔzœr].
– La nouvelle orthographe permet d'écrire aussi **bulldozeur.**

bulle n.f. ❶ Petite boule remplie d'air ou de gaz, qui se forme dans un liquide. *Il y a des bulles dans la limonade. L'eau qui bout fait des bulles.* ❷ Dans une bande dessinée, espace limité par un trait, où sont écrites les paroles des personnages.

bulletin n.m. ❶ Rapport d'un professeur sur le travail d'un élève. *Mes parents ont reçu mon bulletin aujourd'hui.* SYN. **bulletin scolaire.** ❷ **Bulletin d'informations,** résumé des nouvelles de la journée, à la radio et à la télévision. ❸ **Bulletin de vote,** papier qui porte le nom d'un candidat à une élection et que l'on met dans l'urne pour exprimer son choix.

bungalow n.m. Petite maison très simple, en matériaux légers. *Mes parents ont loué un bungalow au bord de la mer.*
● C'est un mot anglais, on prononce [bɛ̃galo].

buraliste n. Personne qui tient un bureau de tabac.
▸▸▸ Mot de la famille de **bureau.**

bureau n.m. ❶ Table, le plus souvent munie de tiroirs, sur laquelle on écrit. *Coralie est assise à son bureau.* ❷ Pièce où une ou plusieurs personnes travaillent. *Une pièce de l'appartement sert de bureau. Le directeur nous a reçus dans son bureau.* ❸ Lieu de travail des employés d'une administration, d'une entreprise. *Maman va au bureau chaque jour.* ❹ **Bureau de poste,** lieu ouvert au public où sont installés les services de la poste. *Acheter des timbres au bureau de poste.* ❺ **Bureau de tabac,** magasin où l'on vend du tabac.
● Au pluriel : des **bureaux.**

burette n.f. Petit flacon muni d'un tube fin et long qui sert à verser de l'huile de graissage dans une machine.

burin n.m. Outil d'acier qui a une extrémité tranchante et qui sert à graver, à tailler les métaux, le bois.

a b c d e f g h i j k l m n o p q r s t u v w x y z

▸ **buriné, e** adj. **Visage, traits burinés,** marqués de rides profondes.

burkinabé adj. et n. Du Burkina. *Un masque burkinabé. Samba est burkinabé. C'est une Burkinabé.*
● Le nom prend une majuscule : *un Burkinabé.* – On peut aussi dire **burkinais, e.**

burlesque adj. Qui est comique et extravagant. *Une histoire burlesque.* SYN. **cocasse, grotesque.** CONTR. **dramatique, tragique.**

burnous n.m. Long manteau de laine à capuchon, porté par les hommes dans les pays musulmans.
● Ce mot se termine par un **s.**

bus n.m. Autobus. *J'ai pris le bus pour venir jusqu'ici.*
● On prononce le **s.**

buse n.f. Rapace aux ailes larges et à la queue ronde, qui chasse le jour. *La buse se nourrit de rongeurs, de lézards, d'insectes et de petits oiseaux.*
→ Vois aussi **épervier, faucon.**

une **buse**

busqué, e adj. **Nez busqué,** recourbé.

buste n.m. ❶ Partie du corps humain qui va de la taille au cou. SYN. **torse, tronc.** ❷ Sculpture qui représente la tête d'un personnage et une partie de son buste. *Un buste de Marianne.*

but n.m. ❶ Point où l'on doit parvenir. *Le lac était souvent le but de notre promenade.* SYN. **objectif.** ❷ Ce que l'on veut arriver à faire. *J'ai agi ainsi dans le but de te faire plaisir. Son but est de devenir champion.* SYN. **intention, objectif.** ❸ Cadre dans lequel il faut faire entrer le ballon dans certains sports, comme le football, le handball. *Le joueur a envoyé le ballon dans les buts.* ❹ Point marqué par une équipe. *Ils ont marqué un but juste avant la fin du match.*
● On prononce [by] ou [byt]. – Ne confonds pas avec une **butte.**

butane n.m. Gaz que l'on utilise comme combustible et qui est vendu dans des bouteilles en métal.

buté, e adj. Qui se bute, refuse de changer d'idées. *Elle ne veut pas m'écouter, elle est butée.* SYN. **entêté, têtu.**
▸▸▸ Mot de la famille de **buter.**

de **but en blanc** adv. D'une manière soudaine et brusque. *De but en blanc, il lui a demandé de partir.* SYN. **brusquement, directement.**

buter et **se buter** v. (conjug. 3). ❶ Heurter un obstacle. *Il a buté contre une caisse et il est tombé.* SYN. **trébucher.** ❷ Être arrêté par une difficulté. *Il bute sur un problème.* ◆ **se buter.** S'entêter, refuser de changer d'avis. *Je n'ai pas réussi à le convaincre, il se bute.* SYN. **se braquer.**

butin n.m. Ce que prend un voleur. *On n'a pas retrouvé le butin.*

▸ **butiner** v. (conjug. 3). Pour une abeille, aller de fleur en fleur pour récolter du pollen et du nectar.

butoir n.m. Obstacle qui arrête une machine, un objet en mouvement. *Le butoir d'une porte.*
▸▸▸ Mot de la famille de **buter.**

butte n.f. Terrain élevé. *L'église a été construite sur une butte.* SYN. **colline, monticule, tertre.**
● Ne confonds pas avec un **but.**

buvable adj. Que l'on peut boire. *L'eau du robinet est à peine buvable.* CONTR. **imbuvable.** → Vois aussi **potable.**
▸▸▸ Mot de la famille de **boire.**

buvard n.m. Papier spécial qui absorbe l'encre fraîche.
▸▸▸ Mot de la famille de **boire.**

buvette n.f. Petit local ou comptoir où l'on sert des boissons. *Je tenais la buvette à la fête de l'école.*
▸▸▸ Mot de la famille de **boire.**

buveur, euse n. Personne qui consomme une boisson en grande quantité. *Mon oncle est un buveur de café.*
▸▸▸ Mot de la famille de **boire.**

c' → **ce**

ça pronom démonstratif. Mot familier. Cela. *Retiens bien ça. Ça sent bon.* → Vois aussi **ci (2)**.
● Ne confonds pas avec **çà**.

çà adv. **Çà et là,** de côté et d'autre. *Il a jeté ses affaires çà et là.*
● Le **a** prend un accent grave. – Ne confonds pas avec **ça**.

cabane n.f. Petite maison. *On range les outils du jardin dans une cabane. Nous avons construit une cabane dans les bois.*

▸ **cabanon** n.m. Petite cabane. *Adrien range son vélo dans le cabanon.* SYN. **cahute.**

cabaret n.m. Petite salle où l'on peut boire et parfois manger en regardant un spectacle.

cabas n.m. Sac à provisions souple, avec des anses. *Maman a pris son cabas pour aller faire des courses.*
● Ce mot se termine par un **s**.

cabillaud n.m. Morue fraîche. → Vois aussi **églefin**.
● Ce mot se termine par un **d**.

cabine n.f. ❶ Petit local ou petite construction où l'on peut s'isoler. *Une cabine téléphonique. Samba essaie un pantalon dans la cabine du magasin.* ❷ Sur un bateau, pièce où l'on peut dormir. ❸ Espace aménagé pour le conducteur dans un camion, dans un train ou pour l'équipage d'un avion. ❹ Dans les avions de transport, partie du fuselage réservée aux passagers.

cabinet n.m. ❶ Bureau où un médecin, un dentiste reçoivent leurs patients, où un avocat reçoit ses clients. ❷ **Cabinet de toilette,** petite pièce avec un lavabo. ❸ Ensemble des personnes qui travaillent pour un ministre, un préfet. ◆ n.m. plur. Pièce où l'on fait ses besoins. *Aller aux cabinets.* SYN. **lavabos, toilettes, waters, W.-C.**

câble n.m. ❶ Gros cordage fait de fils de fer ou d'acier. *On a tiré la voiture à l'aide d'un câble.* ❷ Gros fil métallique qui conduit l'électricité. ❸ Ensemble des programmes télévisés transmis par un réseau de câbles aux personnes qui sont abonnées. *Mes grands-parents ont le câble.* SYN. **télévision par câble.**
● Le **a** prend un accent circonflexe.

▸ **câbler** v. (conjug. 3). Installer la télévision par câble. *Câbler une ville, un immeuble.*

cabossé, e adj. Déformé par des bosses et des creux. *Une boîte toute cabossée.* SYN. **bosselé.**
▸▸▸ Mot de la famille de **bosse**.

cabotage n.m. Navigation le long des côtes. *Le pétrolier fait du cabotage.* CONTR. **navigation au long cours.**

▸ **caboteur** n.m. Navire qui fait du cabotage.

cabotin, e n. et adj. Personne qui parle et fait des manières pour qu'on la remarque, pour qu'on l'admire. *Mon frère est un cabotin. Elle est cabotine.* SYN. **comédien.**

▸ **cabotinage** n.m. Comportement d'un cabotin. CONTR. **naturel.**

se **cabrer** v. (conjug. 3). Se dresser sur ses pattes arrière, en parlant d'un animal. *Le bruit a effrayé mon cheval qui s'est cabré.*

cabri n.m. Petit de la chèvre. SYN. **chevreau.**

cabriole n.f. Petit bond. *Les chevreaux faisaient des cabrioles dans le pré.*

cabriolet n.m. Voiture décapotable. → Vois aussi **berline, break, coupé**.

caca n.m. ❶ (Sens familier). Excrément. *Faire caca.* ❷ **Caca d'oie,** d'une couleur brun verdâtre. *Des moufles caca d'oie.*

a b c d e f g h i j k l m n o p q r s t u v w x y z

cacahuète n.f. Graine de l'arachide que l'on mange grillée.
● On prononce [kakawɛt].
– La nouvelle orthographe permet d'écrire aussi **cacahouète.**

cacao n.m. ❶ Graine du cacaoyer avec laquelle on fait le chocolat. ❷ Boisson faite avec de la poudre de cacao qu'on dilue dans du lait ou de l'eau. *Boire un cacao.* SYN. **chocolat.**

▶ **cacaoté, e** adj. Qui contient du cacao. *Une boisson cacaotée.*

▶ **cacaoyer** n.m. Arbre de petite taille qui produit la graine de cacao. *Le cacaoyer pousse dans les pays chauds.*
● On prononce [kakaɔje].

cacatoès n.m. Perroquet qui a une queue courte et une huppe colorée.
→ Vois aussi **ara.**
● On prononce le **s.**
– On peut aussi écrire **kakatoès.**

un cacatoès

cachalot n.m. Très grand mammifère marin, qui se nourrit de poissons et de calmars. *Le cachalot peut plonger à plus de 1 000 mètres de profondeur.*
● Le cachalot est un cétacé, comme la baleine et le dauphin.

cache n.m. Morceau de papier ou de carton qu'on utilise pour cacher une partie d'une surface. *Le maître nous a demandé de mettre un cache sur les réponses.*
▸▸▸ Mot de la famille de **cacher.**

cache-cache n.m. invar. Jeu où l'un des joueurs doit trouver ceux qui se sont cachés. *Nous avons joué à cache-cache dans le jardin.*
● La nouvelle orthographe permet d'écrire aussi **cachecache,** sans trait d'union.
▸▸▸ Mot de la famille de **cacher.**

cache-nez n.m. invar. Longue écharpe de laine qui protège du froid le cou et le bas du visage.
● Ce mot composé ne change pas au pluriel : des **cache-nez.**
▸▸▸ Mot de la famille de **cacher.**

cacher et **se cacher** v. (conjug. 3). ❶ Mettre dans un endroit secret, à l'abri des regards. *Je ne trouvais plus mon écharpe, Alexis l'avait cachée.* SYN. **dissimuler.** ❷ Empêcher de voir. *Les arbres nous cachent le lac.* SYN. **masquer.** ❸ Ne pas dire quelque chose ; ne pas montrer. *Elle nous cache la vérité.* CONTR. **avouer.** *Il cache ses sentiments.* SYN. **dissimuler.** CONTR. **dévoiler, exprimer.** ◆ **se cacher.** Se placer à l'abri des regards. *Sarah s'est cachée derrière la porte.*

cachère → **kasher**

cachet n.m. ❶ Médicament sous forme de comprimé. *Prendre un cachet pour faire tomber la fièvre.* ❷ Marque imprimée par un tampon. *Le cachet de la poste indique sur l'enveloppe le lieu, la date et l'heure du dépôt.* ❸ Argent que gagne un acteur, un musicien pour sa participation à un spectacle, à un concert.

▶ **cacheter** v. (conjug. 12). Fermer une enveloppe en la collant. CONTR. **décacheter.**

cachette n.f. ❶ Endroit où l'on cache un objet, où l'on se cache. *Il avait trouvé une bonne cachette dans le grenier.* ❷ **En cachette,** sans le dire ou sans le montrer. *Elle est sortie en cachette.* SYN. **en catimini, secrètement.** CONTR. **ouvertement.**
▸▸▸ Mot de la famille de **cacher.**

cachot n.m. Cellule sombre et minuscule dans une prison.

cachotterie n.f. **Faire des cachotteries,** faire des mystères, garder des choses secrètes. *Ma cousine n'a rien voulu me dire, elle me fait des cachotteries.*
● La nouvelle orthographe permet d'écrire aussi **cachoterie,** avec un seul **t.**

▶ **cachottier, ère** adj. et n. Qui fait des cachotteries. *Ma cousine est une petite cachottière.*
● La nouvelle orthographe permet d'écrire aussi **cachotier,** avec un seul **t.**

cacophonie n.f. Mélange de sons désagréables. *Une cacophonie de Klaxons.* SYN. **tintamarre, vacarme.**

cactus n.m. Plante grasse des régions désertiques, couverte de piquants.
● On prononce le **s.**

des cactus

cadastre n.m. Registre d'une commune où sont notés les plans de tous les terrains, leur surface et le nom de leur propriétaire. *On peut consulter le cadastre à la mairie.*

cadavérique adj. **Une mine, un teint cadavériques,** pâles comme ceux d'un mort.

▸▸▸ Mot de la famille de **cadavre.**

cadavre n.m. Corps d'une personne morte ou d'un animal mort. *On a enterré le cadavre du chat au fond du jardin.* → Vois aussi **dépouille.**

Caddie n.m. Chariot métallique à roulettes qu'on utilise pour transporter ses achats dans un magasin en libre-service ou ses bagages dans une gare, un aéroport.

● C'est un nom de marque : il s'écrit avec une majuscule dans les textes imprimés.

cadeau n.m. ❶ Ce qu'on offre à quelqu'un. *Mes amis m'ont offert des cadeaux pour mon anniversaire.* SYN. **présent.** *Ma grand-mère m'a fait cadeau d'un collier.* ❷ **Papier cadeau, paquet cadeau,** emballages pour présenter un cadeau.

● Au pluriel : des **cadeaux.**

cadenas n.m. Petite serrure munie d'un arceau en métal que l'on utilise pour fermer une porte, une boîte ou pour attacher une chaîne.

● Ce mot se termine par un **s.**

cadence n.f. ❶ Rythme régulier selon lequel des sons, des mouvements, des actions se répètent. *Mon pied bat la cadence.* SYN. **mesure.** *La cadence des coureurs est rapide.* SYN. **allure.** ❷ **En cadence,** selon un rythme régulier. *Les rameurs frappent l'eau en cadence.*

▸ **cadencé, e** adj. **Au pas cadencé,** en marquant le rythme. *Les soldats défilent au pas cadencé.*

cadet, ette n. et adj. ❶ Qui vient après l'aîné ou qui est plus jeune qu'un ou plusieurs enfants. *Géraldine est la cadette de la famille.* SYN. **benjamin.** CONTR. **aîné.** ❷ Qui est plus jeune qu'un autre. *Candice a deux frères cadets. Je suis sa cadette d'un an.* CONTR. **aîné.** ❸ Jeune sportif âgé de 13 à 16 ans. → Vois aussi **benjamin, minime.**

cadran n.m. ❶ Surface où sont inscrites les heures et où se déplacent les aiguilles. *Alexandre a cassé le cadran de sa montre.* ❷ **Cadran solaire,** surface plate munie d'une tige dont l'ombre se déplace avec le soleil, ce qui permet de lire l'heure.

● Le cadran des téléphones d'autrefois a été remplacé par un clavier.

cadre n.m. ❶ Bordure qui entoure un tableau, une photo, une glace. *J'ai mis mon dessin dans un cadre.* ❷ Assemblage de pièces rigides qui constitue l'armature de certains objets. *Le cadre d'une porte, d'une bicyclette.* ❸ Ce qui limite l'action de quelqu'un. *Vous sortez du cadre de vos fonctions.* ❹ Endroit dans lequel on se trouve. *Nous avions trouvé un cadre agréable pour pique-niquer.* SYN. **décor, environnement.**

▸▸▸ Mots de la même famille : **encadrement, encadrer.**

▸ **cadre** n.m. Personne qui exerce des fonctions de direction ou de contrôle dans une entreprise. *Un cadre supérieur. Ma mère est cadre.* → Vois aussi **encadrement.**

▸ **cadrer** v. (conjug. 3). ❶ Aller bien, s'accorder avec quelque chose. *Cette musique cadre bien avec les images du film.* SYN. **correspondre.** ❷ **Cadrer une photo,** mettre en place le sujet que l'on veut photographier dans le viseur de l'appareil photographique. *Hugo a mal cadré la photo, le monument est coupé.*

▸ **cadreur, euse** n. Personne qui tient la caméra lors d'un tournage. *Ma cousine veut devenir cadreuse.* SYN. **cameraman, opérateur de prises de vues.**

caduc, caduque adj. **Feuilles caduques,** feuilles qui tombent chaque année. *Le tilleul a des feuilles caduques.* CONTR. **persistant.**

caducée n.m. Emblème des médecins, qui représente une baguette entourée d'un serpent.

● Nom du genre masculin : **un caducée.**

a b c d e f g h i j k l m n o p q r s t u v w x y z

cafard n.m. ❶ Insecte brun et plat qui a de longues antennes. Il se nourrit de déchets alimentaires. SYN. **blatte.** ❷ (Familier). **Avoir le cafard,** éprouver de la tristesse, avoir des idées noires.

▸ **cafardeux, euse** adj. Mot familier. Qui est triste et mélancolique. *Je me sentais un peu cafardeuse à l'idée de quitter mes amis.* SYN. **déprimé.**

café n.m. ❶ Graine du caféier; boisson obtenue à partir de cette graine grillée puis moulue. *Acheter un paquet de café. Boire du café au lait.* ❷ Établissement où l'on consomme du café et d'autres boissons. SYN. **bar.** → Vois aussi **décaféiné.**

● Le café contient une substance excitante, la **caféine.**

▸ **caféier** n.m. Arbuste cultivé en Asie, en Afrique et en Amérique du Sud, qui produit les graines de café.

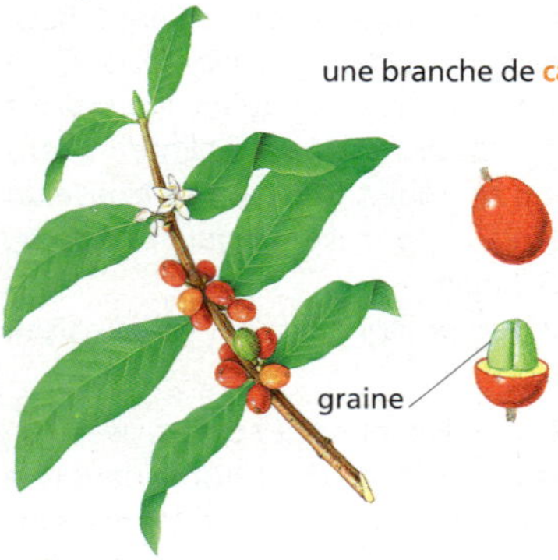

une branche de caféier

▸ **cafétéria** n.f. Local où l'on consomme des boissons, des sandwichs et des repas légers, souvent en libre-service.

▸ **cafetière** n.f. Appareil ménager qui sert à faire le café : aujourd'hui, on utilise le plus souvent des cafetières électriques.

cafouiller v. (conjug. 3). Mot familier. Agir de façon désordonnée, confuse. *Il a cafouillé dans ses calculs.* SYN. **s'embrouiller, s'empêtrer.**

cage n.f. ❶ Espace garni de barreaux ou d'un grillage, où l'on enferme des animaux. *Une cage à oiseaux ; la cage aux lions.* ❷ **Cage d'escalier,** espace réservé à l'escalier dans un immeuble. ❸ **Cage thoracique,** partie du corps entourée par les côtes, qui contient le cœur et les poumons.

cageot n.m. Caissette en bois qui sert à transporter des fruits et des légumes.

● Le **g** est suivi d'un **e** pour prononcer le son [ʒ]. – On peut aussi dire une **cagette,** une **clayette.**

cagibi n.m. Petite pièce qui sert pour le rangement. SYN. **débarras, réduit.**

cagnotte n.f. Caisse dans laquelle on dépose de l'argent; l'argent qui s'est ainsi accumulé. *Adrien et Marie ont 25 euros dans leur cagnotte.*

cagoule n.f. ❶ Bonnet de laine qui encadre de très près le visage et couvre le cou. SYN. **passe-montagne.** ❷ Capuchon percé de trous pour les yeux, que l'on porte pour ne pas être reconnu.

cahier n.m. ❶ Ensemble de feuilles de papier attachées ou cousues et protégées par une couverture. *Un cahier de brouillon; un cahier de dessin; un cahier à spirale.* ❷ **Cahiers de doléances,** documents qui contenaient les plaintes et les réclamations des Français, en 1789.

cahin-caha adv. Tant bien que mal, avec difficulté. *Les travaux avancent cahin-caha.* SYN. **péniblement.**

● Ce mot s'écrit avec deux **h.**
– La nouvelle orthographe permet d'écrire aussi **cahincaha,** sans trait d'union.

cahot n.m. Secousse d'un véhicule due aux inégalités de la route. *Les cahots de l'autocar faisaient tressauter les passagers.* SYN. **saccade, secousse.**

● Ne confonds pas avec **chaos.**

▸ **cahotant, e** adj. Qui cahote. *Un vieux camion cahotant.*

▸ **cahoter** v. (conjug. 3). Être secoué par des cahots. *La voiture cahotait sur la piste de sable.*

▸ **cahoteux, euse** adj. Qui provoque des cahots. *Un chemin cahoteux.*

● Ne confonds pas avec **chaotique.**

cahute n.f. Petite cabane. *La cahute d'un marchand de gaufres.* SYN. **cabanon.**

● La nouvelle orthographe permet d'écrire aussi **cahutte,** avec deux **t,** comme **hutte.**

caille n.f. Oiseau des champs et des plaines, proche de la perdrix, mais plus petit.

une caille

cailler v. (conjug. 3). ❶ Se solidifier, se figer en faisant des caillots. *On fait cailler le lait pour fabriquer du fromage.* ❷ (Familier). Avoir froid. → Vois aussi **coaguler.**

▶ **caillot** n.m. Petite masse de liquide coagulé. *Un caillot de sang.*

caillou n.m. Petite pierre. *Nous nous amusons à lancer des cailloux dans l'eau.*
● Au pluriel : des **cailloux.**

▶ **caillouteux, euse** adj. **Chemin caillouteux,** parsemé de cailloux. SYN. **pierreux.**

caïman n.m. Grand crocodile d'Amérique centrale et du Sud, à museau court et large.
→ Vois aussi **alligator, gavial.**
● Le caïman est un reptile.

un caïman

caisse n.f. ❶ Grande boîte en bois, en fer ou en matière plastique qui sert à transporter des marchandises ou à ranger des objets. *Une caisse de champagne; une caisse à outils.* ❷ Petit meuble ou tiroir dans lequel un commerçant range l'argent qu'il reçoit. ❸ Endroit où l'on paie ses achats, dans un magasin. ❹ Guichet d'une banque où se font les paiements. ❺ **Grosse caisse,** tambour au son grave.
▸▸▸ Mot de la même famille : **encaisser.**

▶ **caissette** n.f. Petite caisse. *Une caissette de pêches.* SYN. **cageot.**

▶ **caissier, ère** n. Personne qui tient la caisse d'un magasin, d'une banque, d'un cinéma.

▶ **caisson** n.m. ❶ Grande caisse. *Un caisson de munitions.* ❷ Grande caisse étanche qui permet de travailler sous l'eau.

cajoler v. (conjug. 3). Entourer d'affection, de tendresse, de caresses. *Cajoler un bébé.* SYN. **câliner, dorloter.** CONTR. **malmener, rudoyer.**

cake n.m. Gâteau garni de raisins secs et de fruits confits.
● C'est un mot anglais, on prononce [kɛk].

calamar → calmar

calamité n.f. Grand malheur qui frappe de nombreuses personnes. *Les épidémies, les guerres sont des calamités.* SYN. **catastrophe, fléau.**

calanque n.f. Crique étroite et profonde, au bord de la Méditerranée.

une calanque

calcaire n.m. Roche blanche et tendre. *Le calcaire est très utilisé dans la construction.* ◆ adj. Qui contient du calcaire. *La craie, le marbre sont des matériaux calcaires. Une eau calcaire.*

calciné, e adj. Qui est complètement brûlé : *On a retrouvé des débris calcinés de la voiture.* SYN. **carbonisé.**

calcium n.m. Élément chimique que l'on trouve dans la terre, dans les coquillages, dans les œufs, dans les laitages. *Le calcaire contient du calcium. Le calcium est indispensable à la solidité des os.* → Vois aussi **magnésium.**
● On prononce [kalsjɔm].

1. **calcul** n.m. Petit caillou qui se forme dans les reins, la vessie, la vésicule biliaire et cause de vives douleurs.

2. **calcul** n.m. ❶ Opération ou suite d'opérations sur les nombres. *Faire le calcul d'une moyenne.* ❷ Résolution des problèmes d'arithmétique. *Être bon en calcul.* SYN. **arithmétique.** ❸ Raisonnement qui permet de prévoir quelque chose. *Faire un mauvais calcul.* SYN. **estimation.** ❹ **Agir par calcul,** dans un but intéressé. SYN. **agir par intérêt.**

▶ **calculateur, trice** adj. Qui agit par calcul pour obtenir ce qu'il veut. *Un homme d'affaires calculateur.*

▶ **calculatrice** n.f. Petite machine qui fait automatiquement des calculs. *Hugo utilise toutes les fonctions de sa calculatrice.*
● On peut aussi dire **calculette.**

▶ **calculer** v. (conjug. 3). ❶ Trouver par des calculs un nombre, une quantité. *Calculer la surface d'un rectangle.* ❷ Prévoir le ré-

a b c d e f g h i j k l m n o p q r s t u v w x y z

a b c d e f g h i j k l m n o p q r s t u v w x y z

sultat de ses paroles, de ses actes. *Calculer les risques d'une entreprise.* SYN. **estimer, évaluer, mesurer, peser.**

1. **cale** n.f. Petit objet plat que l'on glisse sous un meuble pour en rétablir l'équilibre ou sous une porte, un véhicule pour les immobiliser.

2. **cale** n.f. ❶ Endroit d'un navire, situé sous le pont, où l'on met la cargaison. ❷ **Cale sèche,** bassin sans eau où l'on peut réparer les bateaux, dans un port.

calé, e adj. Mot familier. ❶ Qui connaît beaucoup de choses. *Elle est drôlement calée, ta sœur !* SYN. **instruit, savant.** CONTR. **ignorant, ignare.** ❷ Qui est difficile à comprendre : *C'est un problème très calé !* SYN. **compliqué, ardu.** CONTR. **aisé, facile, simple.**

calèche n.f. Voiture à cheval, à quatre roues, découverte à l'avant, munie d'une capote à l'arrière et d'un siège élevé pour le cocher.
→ Vois aussi **carrosse, diligence.**

une calèche

caleçon n.m. ❶ Sous-vêtement masculin qui couvre les cuisses, comme un short. ❷ Pantalon de femme très collant.
● Le **c** prend une cédille.

calembour n.m. Jeu de mots fondé sur la différence entre des mots qui se prononcent de la même façon. *« Un pâtissier qui chante fait un gâteau de sa voix (Savoie) » est un calembour.*

calendrier n.m. Tableau des jours de l'année disposés en semaines et en mois. *Regarde sur le calendrier quel jour tombe ton anniversaire.*

cale-pied n.m. Attache qui permet à un cycliste de maintenir son pied sur la pédale d'un vélo.
● Au pluriel : des **cale-pieds.**
▸▸▸ Mot de la famille de **cale (1).**

calepin n.m. Petit carnet de poche. *J'ai noté ton numéro de téléphone dans mon calepin.*
→ Vois aussi **agenda.**

caler v. (conjug. 3). ❶ Immobiliser avec une cale. *Caler une table bancale.* ❷ Pour un moteur, s'arrêter brusquement. *La voiture a calé au milieu du carrefour.*

calfeutrer v. (conjug. 3). Boucher les fentes, les trous par où l'air et le froid peuvent pénétrer. *On a calfeutré les portes et les fenêtres avec des bourrelets.*

calibre n.m. ❶ Diamètre intérieur du canon d'une arme à feu. *Le calibre d'un pistolet.* ❷ Diamètre d'un objet sphérique, d'un fruit. *Choisir des tomates de même calibre.*

calice n.m. ❶ Ensemble des sépales d'une fleur, qui forme une sorte de coupe à la base des pétales. ❷ Dans la religion catholique, vase sacré dans lequel le prêtre verse le vin de messe.

calife n.m. Chef suprême des musulmans après la mort du prophète Mahomet.

à **califourchon** adv. Dans la position d'une personne à cheval, une jambe à gauche, l'autre à droite. SYN. **à cheval.**

câlin, e adj. Qui aime les caresses, qui est affectueux. *Un enfant câlin; une voix câline.* SYN. **tendre.** CONTR. **dur.**

▸ **câlin** n.m. Caresse, geste tendre, affectueux. *J'aime les câlins.*
● Le **a** prend un accent circonflexe.

▸ **câliner** v. (conjug. 3). Traiter avec tendresse, faire des câlins. *Mon petit frère aime se faire câliner.* SYN. **cajoler, dorloter.**

calleux, euse adj. Dont la peau est endurcie, épaissie. *Les mains calleuses d'un maçon.* SYN. **rugueux.** CONTR. **doux, lisse.**
● Ce mot prend deux **l.**

calligraphie n.f. Art de former les lettres avec élégance. *La calligraphie chinoise.*
● Ce mot prend deux **l.**

callosité n.f. Endroit où la peau est dure, épaissie, rugueuse à force de frottements.
● Ce mot prend deux **l.**

calmant n.m. Médicament qui calme la douleur, la nervosité ou l'anxiété. SYN. **tranquillisant.**
▸▸▸ Mot de la famille de **calme.**

calmar n.m. Mollusque marin, comestible, qui ressemble à la seiche. *Le calmar envoie un jet d'encre pour se défendre.*
● On peut aussi dire **calamar.**

un calmar

calme adj. ❶ Où il n'y a pas d'agitation ni trop d'activité. *Habiter un quartier calme.* SYN. **tranquille.** CONTR. **animé, bruyant.** *La mer est calme.* CONTR. **agité, houleux.** *Nous avons passé un dimanche très calme.* SYN. **paisible, tranquille.** CONTR. **agité, mouvementé.** ❷ Qui reste maître de soi. *Marie est une fille calme, elle s'énerve rarement.* SYN. **tranquille.** CONTR. **agité, emporté, excité.**

▸ **calme** n.m. ❶ Tranquillité, absence d'agitation, de bruit. *Quel calme dans la maison quand les enfants dorment !* SYN. **paix.** CONTR. **tumulte.** ❷ Absence de nervosité, maîtrise de soi. *Les sauveteurs gardent leur calme.* SYN. **sang-froid, sérénité.** CONTR. **emportement, énervement.**
▸▸▸ Mot de la même famille : **accalmie.**

▸ **calmement** adv. Avec calme, sans s'énerver. *Le médecin parle calmement à ses patients.* SYN. **doucement, posément.**

▸ **calmer** et **se calmer** v. (conjug. 3). ❶ Rendre une personne plus calme. *La berceuse a calmé l'enfant.* CONTR. **énerver, exciter.** ❷ Faire cesser une douleur. *Un comprimé qui calme les maux de tête.* SYN. **apaiser, soulager.** CONTR. **aviver, raviver.** ◆ **se calmer.** ❶ Devenir moins violent. *La tempête s'est calmée.* SYN. **s'apaiser.** ❷ Devenir calme, tranquille. *Le bébé s'est calmé.* SYN. **s'apaiser.** CONTR. **s'énerver.**

calomnie n.f. Mensonge que l'on raconte sur quelqu'un pour porter atteinte à sa réputation. SYN. **diffamation.** → Vois aussi **médisance.**

▸ **calomnier** v. (conjug. 7). Attaquer la réputation d'une personne par des mensonges, des calomnies. *La chanteuse dit que les journalistes l'ont calomniée.* SYN. **diffamer.** → Vois aussi **médire.**

calorie n.f. Unité qui sert à mesurer l'énergie contenue dans les aliments. *Les noix contiennent beaucoup de calories.*

1. **calot** n.m. Bonnet militaire à deux pointes.

2. **calot** n.m. Grosse bille de verre.

calotte n.f. ❶ Petit bonnet rond qui couvre le sommet du crâne. ❷ **Calotte glaciaire,** masse de neige et de glace qui recouvre les régions polaires.

calque n.m. Copie d'un dessin qui se fait à l'aide d'un papier transparent appelé « papier-calque ». *Faire le calque d'une carte du monde.*
▸▸▸ Mot de la même famille : **décalquer.**

calumet n.m. Pipe de cérémonie à long tuyau que les Indiens d'Amérique du Nord fumaient avant de signer un traité de paix.

un calumet

calvaire n.m. ❶ Grande croix en plein air qui rappelle le supplice du Christ. *Les calvaires bretons.* ❷ Suite d'épreuves, de souffrances. *La vie des bagnards était un calvaire.* SYN. **martyre.**
● Ce nom masculin se termine par un **e.**

calvitie n.f. Fait de ne plus avoir de cheveux ou presque plus de cheveux. → Vois aussi **chauve.**

camarade n. Personne avec laquelle on partage une activité et avec qui on a de bonnes relations. *J'ai invité mes camarades de classe à mon anniversaire.* SYN. **ami.** → Vois aussi **copain.**

a b c d e f g h i j k l m n o p q r s t u v w x y z

a b c d e f g h i j k l m n o p q r s t u v w x y z

▸ **camaraderie** n.f. Bonne entente entre des camarades. *Antonin et Rayan ont des relations de camaraderie.* SYN. **amitié.**

cambodgien, enne adj. et n. Du Cambodge. *Les temples cambodgiens. Bopha est cambodgienne. C'est une Cambodgienne.*
◆ **cambodgien** n.m. Langue parlée par les Cambodgiens.
● Le nom prend une majuscule quand il désigne une personne : *un Cambodgien.* – On peut aussi dire **khmer.**

cambouis n.m. Graisse noire. *Le mécanicien a les mains pleines de cambouis.*
● Ce mot se termine par un **s.**

cambré, e adj. **Dos cambré,** qui est très creux au niveau des reins. *Anne a le dos cambré.*
▸▸▸ Mot de la famille de **se cambrer.**

se **cambrer** v. (conjug. 3). Se courber légèrement en arrière. *Les danseuses se cambraient pour faire une figure.*

cambriolage n.m. Vol commis dans une maison, un appartement, un magasin. *Commettre un cambriolage.*
▸▸▸ Mot de la famille de **cambrioler.**

cambrioler v. (conjug. 3). Commettre un vol dans un local en y pénétrant par effraction. *Nos voisins se sont fait cambrioler.*

▸ **cambrioleur, euse** n. Personne qui commet un cambriolage. *Les cambrioleurs ont fouillé tous les tiroirs.* SYN. **voleur.**

caméléon n.m. Lézard qui vit dans les arbres et qui change de couleur selon l'environnement où il se trouve, pour qu'on ne le voie pas. *Le caméléon se nourrit d'insectes qu'il attrape avec sa longue langue.* → Vois aussi **mimétisme.**

un caméléon

camélia n.m. Arbuste à feuilles toujours vertes, à grosses fleurs rouges, roses ou blanches.

camelot n.m. Marchand ambulant qui vend dans la rue des objets de peu de valeur.
→ Vois aussi **colporteur.**

camelote n.f. Mot familier. Marchandise de mauvaise qualité. *Ma montre ne marche plus, c'est de la camelote.* SYN. **pacotille.**

camembert n.m. Fromage à pâte molle, de forme ronde, fabriqué avec du lait de vache. *Le camembert est originaire de la ville de Camembert, en Normandie.*

caméra n.f. Appareil qui permet de faire des films.
→ Vois aussi **Caméscope.**

une caméra

▸ **cameraman** n.m. Personne qui tient la caméra lors du tournage d'un film, d'une émission de télévision. SYN. **cadreur.**
● On prononce [kameraman]. – C'est un mot anglais, il vaut mieux dire **cadreur, cadreuse.**
– La nouvelle orthographe permet d'écrire aussi **caméraman,** avec un accent.

camerounais, e adj. et n. Du Cameroun. *Les footballeurs camerounais. Jean-Claude est camerounais. C'est un Camerounais.*
● Le nom prend une majuscule : *un Camerounais.*

Caméscope n.m. Caméra portative qui fonctionne avec une cassette vidéo.
● C'est un nom de marque : il s'écrit avec une majuscule dans les textes imprimés.

camion n.m. Gros véhicule qui sert au transport des marchandises. *Décharger un camion de livraison.* SYN. **poids lourd.**

▸ **camionnette** n.f. Petit camion. *Le boucher transporte sa viande dans une camionnette.*
● Ce mot s'écrit avec deux **n** et deux **t.**

▸ **camionneur, euse** n. Personne qui conduit un camion. SYN. **routier.**
● Ce mot s'écrit avec deux **n.**

camisole n.f. ❶ Au 17e siècle, robe longue à manches portée sous le pourpoint. ❷ **Camisole de force,** sorte de blouse que l'on mettait aux malades mentaux pour les empêcher de s'agiter.

camomille n.f. Plante qui ressemble à la marguerite et qu'on utilise pour faire des tisanes.

camouflage n.m. Technique qui permet de dissimuler du matériel militaire ou des troupes à l'ennemi. *Une tenue de camouflage.*
▸▸▸ Mot de la famille de **camoufler.**

camoufler v. (conjug. 3). Rendre méconnaissable ou invisible. *Les soldats camouflent leurs chars sous des branchages.* SYN. **cacher, dissimuler.**

camp n.m. ❶ Terrain où l'on campe. *Mes cousins ont passé l'été dans un camp de vacances. Les soldats installent leur camp.* SYN. **campement.** ❷ Terrain défendu par une équipe. *Les défenseurs restent dans leur camp.* ❸ Groupe de personnes qui s'oppose à un autre groupe. *Les habitants étaient divisés en deux camps.* SYN. **clan.**

campagnard, e n. Personne qui vit à la campagne. CONTR. **citadin.**
▸▸▸ Mot de la famille de **campagne (1).**

1. **campagne** n.f. Partie d'un pays où il y a les champs, les prés, les bois. *Mes grands-parents habitent à la campagne.* CONTR. **ville.**
→ Vois aussi **champêtre, rural, rustique.**

2. **campagne** n.f. ❶ **Campagne électorale,** ensemble des actions qui font connaître le programme d'un candidat à une élection. *Des débats entre les candidats sont organisés pendant la campagne électorale.* ❷ **Campagne publicitaire,** ensemble des actions menées pour faire connaître un produit au public. *Les fabricants ont lancé une vaste campagne publicitaire.* ❸ Expédition militaire. *Les campagnes de Bonaparte.*

campagnol n.m. Petit mammifère rongeur au corps rond et à la queue courte et velue.
→ Vois aussi **mulot, rat, souris.**

● On peut aussi dire **rat des champs.**

un **campagnol**

campanile n.m. Clocher en forme de tour.
● Ce nom masculin se termine par un **e.**

campanule n.f. Petite plante qui a des fleurs bleues ou mauves en forme de clochette.

campement n.m. Lieu où l'on campe. *Les scouts ont installé leur campement dans un pré.* SYN. **camp.** → Vois aussi **bivouac.**
▸▸▸ Mot de la famille de **camper.**

camper v. (conjug. 3). Loger sous une tente ou dans une caravane. *Mes cousins sont allés camper en montagne.* SYN. **faire du camping.**

se **camper** v. (conjug. 3). Prendre une attitude décidée. *Adrien s'est campé devant moi et m'a posé une série de questions.*

campeur, euse n. Personne qui campe, qui fait du camping.
▸▸▸ Mot de la famille de **camper.**

camping n.m. ❶ **Faire du camping,** camper. *Nous avons fait du camping dans les Alpes.* ❷ Terrain réservé aux campeurs. *Hugo passe ses vacances dans un camping, au bord de la mer.* SYN. **terrain de camping.**
● C'est un mot anglais, on prononce [kɑ̃piŋ].

▸ **camping-car** n.m. Camionnette aménagée pour faire du camping. SYN. **autocaravane.**
● Au pluriel : des **camping-cars.** – C'est un mot anglais, il vaut mieux dire **autocaravane.**

canadien, enne adj. et n. Du Canada. *Les forêts canadiennes. Albert est canadien. C'est un Canadien.*
● Le nom prend une majuscule : *un Canadien.*

canaille n.f. Personne malhonnête. SYN. **crapule, gredin, scélérat.**

canal n.m. ❶ Voie d'eau artificielle où l'on peut naviguer. *À Amsterdam, il y a de nombreux canaux.* ❷ **Canal d'irrigation,** conduit qui amène de l'eau pour arroser des terres. ❸ Voie de transmission des ondes. *Les chaînes de télévision utilisent un canal.*
● Au pluriel : des **canaux.**

▸ **canalisation** n.f. Tuyau dans lequel passe un liquide ou un gaz. *Le plombier a changé les canalisations d'eau.* SYN. **conduite.**

▸ **canaliser** v. (conjug. 3). ❶ Aménager un cours d'eau pour le rendre navigable. *Canaliser une rivière.* ❷ Diriger dans une direction en empêchant que des personnes ou des choses ne se dispersent. *Les policiers canalisent les manifestants.*

a b c d e f g h i j k l m n o p q r s t u v w x y z

a b c d e f g h i j k n o p q r s t u v w x y z

canapé n.m. ❶ Long siège à dossier où peuvent s'asseoir plusieurs personnes. ❷ Petite tranche de pain que l'on garnit. *Préparer des canapés au fromage, au saumon.* → Vois aussi **divan.**

canard n.m. ❶ Oiseau qui vit au bord des lacs et des étangs, qui a des pattes palmées et un large bec. *Les canards sauvages sont des oiseaux migrateurs.* ❷ Viande de canard. *Manger du canard à l'orange.* ❸ Fausse note criarde. *Le clarinettiste a fait un canard.* ❹ (Familier). **Un froid de canard,** un très grand froid. → Vois aussi **colvert, volaille.**

● Femelle : la cane. Petit : le caneton. Cri : le cancan ou le nasillement.

des canards

canari n.m. Petit oiseau jaune. *Reda a deux canaris en cage.* → Vois aussi **serin.**

cancans n.m. plur. Mot familier. Bavardages malveillants. *N'écoute pas ces cancans.* → Vois aussi **commérage, racontar, ragot.**

cancer n.m. Maladie très grave qui se produit lorsque des cellules se développent et forment une tumeur maligne. *Avoir un cancer du poumon, du foie.*

● On prononce [kɑ̃sɛr].

▸ **cancéreux, euse** adj. Qui est produit par un cancer. *Une tumeur cancéreuse.* ◆ adj. et n. Qui a un cancer.

▸ **cancérigène** adj. Qui peut provoquer un cancer. *L'amiante est un produit cancérigène.*

● On peut aussi dire **cancérogène.**

cancre n.m. Mot familier. Mauvais élève.

candeur n.f. Innocence, pureté. *C'est un enfant plein de candeur.* SYN. **ingénuité, naïveté.**

candidat, e n. Personne qui se présente à une élection, à un examen ou à un poste. *Ma tante est candidate aux élections municipales.*

▸ **candidature** n.f. Fait d'être candidat à une élection, à un concours ou à un poste. *Cet homme politique a annoncé sa candidature à l'élection présidentielle.*

candide adj. Qui est plein de candeur, d'innocence. *Un regard candide.* SYN. **ingénu, naïf, pur.**

▸▸▸ Mot de la famille de **candeur.**

cane n.f. Femelle du canard. *La cane a pondu deux œufs.*

● Ne confonds pas avec **canne.** – Petit : le caneton. Cri : le cancan ou le nasillement.

▸ **caneton** n.m. Jeune canard.

canette n.f. ❶ Petite boîte en métal qui contient une boisson. *Une canette de soda.* ❷ Sur une machine à coudre, petite bobine autour de laquelle on enroule le fil.

canevas n.m. Grosse toile sur laquelle on fait de la tapisserie; travail exécuté sur un canevas. *Ma grand-mère fait du canevas.*

● Ce mot se termine par un **s.**

caniche n.m. Petit chien à poils frisés.

des caniches

caniculaire adj. Qui se rapporte à la canicule. *Un été caniculaire.* SYN. **torride.**

▸▸▸ Mot de la famille de **canicule.**

canicule n.f. Période de très forte chaleur. *Nous avons eu deux semaines de canicule.*

canif n.m. Petit couteau de poche dont la lame se replie dans la fente du manche.

canin, e adj. ❶ Qui concerne les chiens. *Une exposition canine.* ❷ **Race canine,** les chiens.

canine n.f. Dent pointue située entre les incisives et les molaires. *Nous avons quatre canines.* → Vois aussi **croc.**

caniveau n.m. Rigole située le long des trottoirs. *L'eau de pluie s'écoule dans le caniveau.*
● Au pluriel : des **caniveaux.**

canne n.f. ❶ Bâton sur lequel on s'appuie pour marcher. *Ma grand-mère marche avec une canne.* ❷ **Canne à pêche,** longue tige flexible au bout de laquelle on accroche une ligne et un hameçon pour pêcher. SYN. **gaule.** ❸ **Canne à sucre,** plante tropicale, à tige lisse et dure, dont on extrait le sucre de canne.
→ Vois aussi **béquille.**
● Ne confonds pas avec **cane.**

de la canne à sucre

cannelle n.f. Épice que l'on tire de l'écorce séchée d'un arbre, le cannelier. *Un gâteau à la cannelle.*
● Ce mot s'écrit avec deux **n** et deux **l.**

cannibale adj. et n. Qui mange de la chair humaine. *L'explorateur Christophe Colomb raconte qu'il a rencontré des tribus cannibales.* SYN. **anthropophage.**
● Ce mot s'écrit avec deux **n.**

canoë n.m. Canot léger que l'on manœuvre avec une pagaie. → Vois aussi **kayak.**
● Le **e** prend un tréma. – On prononce [kanɔe].

des canoës

1. **canon** n.m. ❶ Gros tube en fonte ou en acier, monté sur un support, et qui sert à lancer des obus, des boulets. ❷ Tube d'une arme à feu par lequel sortent les balles. *Nettoyer le canon d'un fusil.*

2. **canon** n.m. Chant où plusieurs voix reprennent les unes après les autres la même mélodie. *Chanter en canon « À la claire fontaine ».*

cañon → canyon

canot n.m. Petit bateau à rames ou à moteur. *Le canot de sauvetage a secouru les passagers d'un bateau en détresse.*

▸ **canotage** n.m. Promenade en canot. *Dimanche, nous avons fait du canotage sur le lac.*

▸ **canoter** v. (conjug. 3). Se promener en canot. *Nous avons canoté sur l'étang.*

cantatrice n.f. Chanteuse d'opéra. *Dans « Tintin », la Castafiore est une cantatrice italienne.*

cantine n.f. ❶ Salle où sont servis des repas, dans une école, dans une entreprise. *Quinze élèves ont déjeuné à la cantine, aujourd'hui.* ❷ Malle de voyage en bois ou en métal utilisée surtout par les militaires.

cantique n.m. Chant dans la religion chrétienne. *La chorale de l'église a chanté des cantiques de Noël.*

canton n.m. Division administrative du territoire français. *Un canton regroupe plusieurs communes.* → Vois aussi **département, région.**

à la **cantonade** adv. **Parler à la cantonade,** parler à haute voix sans s'adresser précisément à quelqu'un.

cantonal, e, aux adj. **Élections cantonales,** où l'on élisait, jusqu'en 2015, les conseillers généraux des cantons.
● Au masculin pluriel : **cantonaux.**
▸▸▸ Mot de la famille de **canton.**

cantonner et **se cantonner** v. (conjug. 3). Installer provisoirement des soldats dans un endroit. *La troupe a été cantonnée dans un gymnase.* ◆ **se cantonner à.** Se limiter à, s'en tenir à. *Nous nous cantonnerons à cette explication.* SYN. **se borner à.**
● Ce mot s'écrit avec deux **n.**

canular n.m. Mot familier. Farce, histoire inventée. *Maxime a fait un canular, il s'est fait passer pour son frère au téléphone.* SYN. **mystification.**

a b c d e f g h i j k l m n o p q r s t u v w x y z

a b c d e f g h i j k l m n o p q r s t u v w x y z

canyon n.m. Vallée étroite et très profonde creusée par un cours d'eau. → Vois aussi **gorge.**
● C'est un mot espagnol, on prononce [kanjɔn]. – On peut aussi écrire **cañon.**

caoutchouc n.m. Matière élastique, résistante et imperméable, qui est obtenue à partir de la sève d'arbres tropicaux, notamment de l'hévéa. *Les pneus des voitures sont en caoutchouc. Des semelles en caoutchouc.* → Vois aussi **hévéa.**
● On ne prononce pas le **c** final.

▶ **caoutchouteux, euse** adj. Qui a l'aspect ou la consistance du caoutchouc. *Une viande caoutchouteuse.*

cap n.m. ❶ Pointe de terre qui s'avance dans la mer. *Le cap Fréhel; le cap Horn.* ❷ **Mettre le cap sur,** se diriger vers. *Les navires ont mis le cap sur l'Afrique.* ❸ **Changer de cap,** changer de direction. *Notre bateau a changé de cap au dernier moment.*
● Ne confonds pas avec une **cape.**

capable adj. ❶ Qui peut faire quelque chose. *Salomé est capable de veiller sur son petit frère.* SYN. **apte à.** CONTR. **incapable.** ❷ Qui a les qualités nécessaires pour faire quelque chose. *C'est une collaboratrice très capable.* SYN. **compétent.** CONTR. **inapte, incapable, incompétent.**

▶ **capacité** n.f. ❶ Fait de pouvoir comprendre ou faire quelque chose. *Cassandra a de grandes capacités en musique.* SYN. **aptitude, compétence, faculté.** ❷ Quantité que peut contenir un récipient. *La capacité de ma gourde est de un litre.* SYN. **contenance.** *Le litre est la mesure étalon des capacités.*
▶▶▶ Mot de la même famille : **incapacité.**

caparaçonné, e adj. **Cheval caparaçonné,** recouvert d'une housse en cuir, en tissu, souvent décorée. *Les chevaux étaient caparaçonnés pour la corrida.*

un cheval caparaçonné

cape n.f. ❶ Manteau ample sans manches. *La cape d'un torero.* ❷ **Rire sous cape,** sans le montrer, en cachette.
● Ne confonds pas avec un **cap.**

capétien, enne adj. Qui concerne la dynastie des rois qui ont régné en France de 987 à 1328, de Hugues Capet à Charles IV le Bel. → Vois aussi **carolingien, mérovingien.**

capharnaüm n.m. Endroit où règne un grand désordre. *Nous avons entassé des tas d'objets dans la cave, c'est un vrai capharnaüm.* → Vois aussi **bazar, bric-à-brac.**
● Le **u** prend un tréma. – On prononce [kafarnaɔm].

capillaire adj. ❶ **Lotion capillaire,** qui est utilisée pour le soin des cheveux. ❷ **Vaisseau capillaire,** petit vaisseau sanguin fin comme un cheveu.
● On prononce [kapilɛr].

en **capilotade** adv. En pièces, écrasé. *Il a retrouvé ses lunettes en capilotade.* SYN. **en miettes.**

capitaine n. ❶ Grade d'officier, au-dessus du lieutenant et au-dessous du commandant. ❷ Officier qui commande un navire de commerce. ❸ Chef d'une équipe sportive. *La capitaine de l'équipe de basket.*

1. **capital, e, aux** adj. ❶ Qui est très important. *J'ai une question capitale à lui poser.* SYN. **essentiel, primordial.** CONTR. **accessoire, secondaire.** ❷ **Peine capitale,** peine de mort. *En France, la peine capitale a été abolie en 1981.*
● Au masculin pluriel : **capitaux.**

2. **capital** n.m. sing. Ensemble des biens, argent que l'on possède. *Avoir un gros capital.* SYN. **fortune.** ◆ **capitaux** n.m. plur. Argent que l'on place et qui rapporte des intérêts. *Placer des capitaux dans une grande entreprise.*

capitale n.f. ❶ Ville où se trouve le gouvernement d'un pays. *Lisbonne est la capitale du Portugal.* ❷ Lettre majuscule. *Écrivez votre nom en capitales.* SYN. **majuscule.**

capitalisme n.m. Organisation de l'économie où la plupart des capitaux, des usines, des terres appartiennent à des particuliers et non à l'État.
▶▶▶ Mot de la famille de **capital (2).**

capitaliste adj. Qui fonctionne selon les règles du capitalisme. *Les pays capitalistes.*

◆**n.** Personne qui a des capitaux qu'elle place dans des entreprises.
▸▸▸ Mot de la famille de **capital (2).**

capitonné, e adj. Rembourré avec de la laine ou de la soie et recouvert d'un tissu fixé par des piqûres. *Un fauteuil capitonné.*

capitulation n.f. Action de capituler, de se rendre. *La capitulation d'une armée.* SYN. **reddition.** CONTR. **résistance.**
▸▸▸ Mot de la famille de **capituler.**

capituler v. (conjug. 3). Cesser le combat et se reconnaître vaincu. *L'armée avait perdu la bataille, elle devait capituler.* SYN. **se rendre.** CONTR. **résister.**

caporal, e n. Grade militaire le moins élevé, qui se situe entre le soldat et le sous-officier.
● Au pluriel : des **caporaux,** des **caporales.**

capot n.m. Partie de la carrosserie d'un véhicule qui protège le moteur. *Le garagiste soulève le capot de la voiture pour examiner le moteur.*

capote n.f. ❶ Toit d'une voiture en toile imperméable que l'on peut replier. *Quand il fait beau, nous relevons la capote de la voiture.* ❷ Grand manteau qui fait partie de l'uniforme militaire. *Les soldats portent des capotes kaki.*
▸▸▸ Mot de la même famille : **décapotable.**

capoter v. (conjug. 3). ❶ Se renverser, en parlant d'un véhicule. *La voiture a capoté dans un virage.* SYN. **culbuter.** ❷ (Sens familier). Échouer, ne pas aboutir. *Leur projet a capoté.*

câpre n.f. Bouton des fleurs d'un petit arbre, le *câprier,* que l'on conserve dans le vinaigre et que l'on utilise en cuisine pour parfumer les plats. *Une pizza aux câpres.*
● Le **a** prend un accent circonflexe.

des **câpres**

caprice n.m. Envie, exigence soudaines et passagères. *Ma petite sœur fait souvent des caprices.* → Vois aussi **lubie.**

▸ **capricieux, euse** adj. ❶ Qui fait des caprices. *C'est un enfant capricieux.* ❷ Qui change souvent, de manière imprévue. *Un temps capricieux.* SYN. **changeant.**

caprin, e adj. Qui se rapporte aux chèvres. *La race caprine.* ◆**n.m.** Animal tel que la chèvre, le chamois, le bouquetin. → Vois aussi **bovin, ovin.**

capsule n.f. ❶ Bouchon plat en métal ou en plastique utilisé pour fermer une bouteille. ❷ Partie habitable d'un engin spatial que l'on peut récupérer.
▸▸▸ Mots de la même famille : **décapsuler, décapsuleur.**

capter v. (conjug. 3). ❶ Recevoir les ondes d'une chaîne de radio, de télévision. *Ici, on capte une centaine de chaînes de télévision.* SYN. **intercepter.** ❷ Recueillir une énergie, les eaux d'une source, d'une rivière pour les utiliser. *Capter le rayonnement solaire.* ❸ **Capter l'attention de quelqu'un,** retenir toute son attention. *Le conteur a réussi à capter l'attention des enfants.*

▸ **capteur** n.m. **Capteur solaire,** appareil qui transforme l'énergie du Soleil en électricité. *Placer un capteur solaire sur le toit d'une maison.*

captif, ive adj. et n. ❶ Mot littéraire. Qui a été fait prisonnier. ❷ **Animal captif,** privé de liberté.

captiver v. (conjug. 3). Retenir l'attention de quelqu'un en suscitant un grand intérêt. *Le film policier a captivé Loan.* SYN. **passionner.**

captivité n.f. ❶ Situation d'une personne prisonnière. *Certains soldats sont restés plusieurs années en captivité pendant la Seconde Guerre mondiale.* CONTR. **liberté.** ❷ Absence de liberté pour un animal sauvage.
▸▸▸ Mot de la famille de **captif.**

capture n.f. Action de s'emparer d'une personne, d'attraper un animal. *La capture des papillons se fait avec un filet.* SYN. **prise.**

▸ **capturer** v. (conjug. 3). Attraper une personne, un animal. *Les policiers ont capturé un malfaiteur. Les chasseurs ont capturé un renard.* SYN. **s'emparer de, prendre.**

capuche n.f. Partie d'un vêtement, attachée au col et que l'on peut rabattre sur la tête. *Un blouson à capuche.* SYN. **capuchon.**

a b c d e f g h i j k l m n o p q r s t u v w x y z

capuchon n.m. ❶ Capuche. *Le capuchon de mon manteau est amovible.* ❷ Bouchon d'un stylo qui protège la plume ou la bille.

capucine n.f. Plante à fleurs jaunes ou orange et aux feuilles rondes.

des capucines

caquet n.m. **Rabattre son caquet à quelqu'un,** le faire taire, le remettre à sa place. *Elle se vantait sans cesse, je lui ai rabattu son caquet.*

caqueter v. (conjug. 12). Pour la poule, pousser de petits cris, des *caquets.* → Vois aussi **glousser.**

1. **car** conjonction. Mot qui introduit une explication. *Nous ne sommes pas sortis hier, car il pleuvait.* SYN. **parce que.**

2. **car** n.m. Autocar. *Nous avons pris le car pour aller au musée.*

● Ne confonds pas avec un **quart** ou une **carre.**

carabine n.f. Fusil léger. *Le tir à la carabine est une des attractions de la fête foraine.*

caracoler v. (conjug. 3). Faire des petits sauts, en parlant du cheval.

caractère n.m. ❶ Manière habituelle d'agir, de se comporter. *Adrien et sa sœur ont le même caractère.* SYN. **nature, tempérament.** ❷ Marque particulière ou qualité propre à quelqu'un, à quelque chose. *Décrire les principaux caractères d'une fleur.* SYN. **caractéristique, trait.** ❸ Signe utilisé pour écrire ou pour imprimer un texte. *Grand-mère ne peut pas lire les petits caractères du journal.* ❹ **Avoir du caractère,** avoir de l'énergie, de la volonté. SYN. **avoir de la personnalité.** ❺ **Avoir mauvais caractère,** être désagréable, se mettre souvent en colère.

▶ **caractériel, elle** adj. et n. Qui a des troubles du comportement et des difficultés à s'adapter à la vie en groupe.

▶ **caractériser** v. (conjug. 3). Être le caractère essentiel de quelque chose ou de quelqu'un. *Les forêts de conifères, les prairies, les torrents caractérisent un paysage de montagne.*

▶ **caractéristique** adj. Qui constitue le signe distinctif de quelque chose. *Un été sec et chaud et un hiver doux sont caractéristiques du climat méditerranéen.* SYN. **propre à, typique de.** ◆ n.f. Ce qui caractérise une personne, un animal ou une chose. *Une queue en panache est une des caractéristiques de l'écureuil.* SYN. **particularité.**

carafe n.f. Bouteille élargie à sa base, dans laquelle on met l'eau ou le vin pour les servir. → Vois aussi **broc, pichet.**

carambolage n.m. Accident dans lequel plusieurs voitures se heurtent. *Le brouillard a causé de nombreux carambolages sur l'autoroute.* SYN. **télescopage.**

caramel n.m. ❶ Produit brun obtenu en chauffant du sucre humecté d'eau. *Raphaël mange une crème au caramel.* ❷ Bonbon à base de caramel et de beurre ou de lait. *Leïla préfère les caramels mous aux caramels durs.*

▶ **caramélisé, e** adj. Recouvert de caramel. *Un gâteau caramélisé.*

carapace n.f. Enveloppe dure qui protège le corps de certains animaux. *La tortue, le crabe ont une carapace.*

carat n.m. ❶ Unité de poids qui sert aux joailliers pour estimer la valeur d'un diamant ou d'une pierre précieuse. *Un carat égale deux décigrammes.* ❷ Quantité d'or fin contenue dans un métal. *Un bijou en or à vingt-quatre carats est un bijou en or pur.*

caravane n.f. ❶ Roulotte de camping aménagée pour plusieurs personnes et tirée par une voiture. *Nous sommes partis en vacances en caravane.* ❷ Groupes de personnes qui traversent ensemble un désert, à dos de chameau ou en voiture. *Une caravane de nomades; une caravane de marchands.* → Vois aussi **camping-car, roulotte.**

caravelle n.f. Bateau à voiles rapide, utilisé aux 15e et 16e siècles. *Les caravelles de Christophe Colomb.*

une **caravelle**

carbone n.m. ❶ Matière très répandue dans la nature, qui est un des constituants essentiels des êtres vivants. *Le charbon et le diamant contiennent du carbone.* ❷ **Dioxyde de carbone,** gaz qui est composé de carbone et d'oxygène. SYN. **gaz carbonique.**

▸ **carbonique** adj. ❶ **Gaz carbonique,** dioxyde de carbone. ❷ **Neige carbonique,** dioxyde de carbone solidifié que l'on utilise en médecine, notamment pour soigner les verrues.

▸ **carbonisé, e** adj. Brûlé, trop cuit. *Le gâteau est carbonisé, il est immangeable.* SYN. **calciné.**

carburant n.m. Combustible liquide qui sert à faire fonctionner un moteur. *L'essence, le gazole sont des carburants.*

▸ **carburateur** n.m. Pièce du moteur où se fait le mélange du carburant et de l'air. *Le garagiste a changé le carburateur de la voiture.*

carcasse n.f. ❶ Squelette d'un animal mort. ❷ **Carcasse de volaille,** ce qu'il reste de la volaille quand on a déjà mangé les cuisses, les ailes et le blanc. *Le chien s'est emparé de la carcasse du poulet.*

cardiaque adj. ❶ Qui concerne le cœur. *Une maladie cardiaque. Le rythme cardiaque.* ❷ **Le muscle cardiaque,** le cœur. ◆ adj. et n. Qui a une maladie du cœur. *Ma tante est cardiaque.*

cardigan n.m. Gilet en tricot à manches longues, qui se boutonne sur le devant.

1. **cardinal, e, aux** adj. ❶ **Nombre cardinal,** qui indique une quantité. *3, 50, 100 sont des nombres cardinaux.* ❷ **Points cardinaux,** points de repère qui permettent de s'orienter. *Le nord, le sud, l'est et l'ouest sont les quatre points cardinaux.* → Vois aussi **ordinal.**

● Au masculin pluriel : **cardinaux.**

2. **cardinal** n.m. Homme qui a une haute fonction dans l'Église catholique. *Les cardinaux élisent le pape.* → Vois aussi **archevêque, évêque.**

● Au pluriel : des **cardinaux.**

cardiologue n. Médecin spécialiste des maladies du cœur.

carême n.m. Période de pénitence qui va de Mardi gras à Pâques, dans la religion catholique et dans la religion orthodoxe. → Vois aussi **mi-carême, ramadan.**

● Le premier **e** prend un accent circonflexe.

carence n.f. Absence ou quantité insuffisante d'éléments qui sont nécessaires à l'organisme. *Une carence en vitamines.* SYN. **insuffisance, manque.**

caresse n.f. Geste de la main qui touche de manière affectueuse une personne, un animal. *Ahmed fait des caresses à son chat.*

▸ **caresser** v. (conjug. 3). Toucher de la main avec tendresse une personne ou un animal, lui faire des caresses. *Le bébé sourit quand sa mère lui caresse la joue.*

cargaison n.f. Ensemble des marchandises que transportent un bateau, un camion ou un avion. *Les marins ont déchargé leur cargaison de poisson.* SYN. **chargement, fret.**

cargo n.m. Navire qui ne transporte que des marchandises. → Vois aussi **paquebot.**

caribou n.m. Renne qui vit au Canada.

caricature n.f. Dessin humoristique qui représente une personne en exagérant les particularités, les défauts de son visage, de son corps. *La caricature de Darwin, qui a déclaré que l'homme descend du singe, est très drôle.*

● Le dessinateur qui fait des caricatures est un **caricaturiste.**

caricature de Darwin

a b c d e f g h i j k l m n o p q r s t u v w x y z

a b c d e f g h i j k l m n o p q r s t u v w x y z

▸ **caricaturer** v. (conjug. 3). Faire la caricature d'une personne. *On caricature souvent les hommes politiques dans les journaux.*

carie n.f. Maladie qui creuse l'intérieur de la dent et qui finit par la détruire. *Il faut se brosser les dents après chaque repas pour ne pas avoir de caries.*

▸ **carié, e** adj. **Dent cariée,** qui est attaquée par une carie. *J'ai une dent cariée, je dois aller chez le dentiste pour la faire soigner.*

carillon n.m. ❶ Horloge qui sonne tous les quarts d'heure. ❷ Ensemble de cloches qui ont un son différent. *Le carillon d'une église.*

▸ **carillonner** v. (conjug. 3). Sonner, en parlant des cloches.

caritatif, ive adj. **Association caritative,** qui aide les personnes les plus pauvres. → Vois aussi **humanitaire.**

carlingue n.f. Partie de l'avion où se trouvent les passagers et les membres de l'équipage. → Vois aussi **cabine, cockpit, soute.**

carmagnole n.f. ❶ Veste courte portée pendant la Révolution française. ❷ (Avec une majuscule). Chant et ronde des sans-culottes. *« Dansons la Carmagnole, vive le son du canon. »*

carmin adj. invar. Rouge vif. *Des rideaux carmin.* → Vois aussi **vermillon.**

carnage n.m. Massacre d'un grand nombre d'hommes ou d'animaux. *Les combats ont donné lieu à un véritable carnage.* SYN. **hécatombe, tuerie.**

carnassier, ère adj. et n. Qui se nourrit de chair crue, en parlant d'un animal. *Le renard, le lion sont des animaux carnassiers.* → Vois aussi **carnivore.**

carnaval n.m. Fête où l'on se déguise, où l'on organise des défilés de chars. *Le carnaval de Venise, de Nice.*

● Au pluriel : des **carnavals.**

carné, e adj. **Alimentation carnée,** qui est composée de viande.

carnet n.m. ❶ Petit cahier de poche sur lequel on prend des notes, on inscrit des renseignements. *Je vais noter ton nom dans mon carnet d'adresses.* SYN. **calepin.** ❷ **Carnet de tickets, de timbres,** série de tickets, de timbres vendus ensemble et souvent détachables. *Pierre a acheté un carnet de timbres à la poste.* ❸ **Carnet de chèques,** chéquier. → Vois aussi **agenda, répertoire.**

carnivore adj. et n. ❶ Qui se nourrit de viande. *Certains poissons sont carnivores. L'ours, le chat, l'homme sont des carnivores.* ❷ **Plante carnivore,** qui capture et digère de petits insectes. → Vois aussi **carnassier, herbivore, insectivore.**

une plante carnivore

carolingien, enne adj. Qui concerne la dynastie des rois qui ont régné en France jusqu'en 987. *L'Empire carolingien.* → Vois aussi **capétien, mérovingien.**

● Ce mot vient du nom de Charlemagne.

carotide n.f. Chacune des deux artères du cou qui conduisent le sang du cœur à la tête.

carotte n.f. Plante cultivée pour sa longue racine de couleur orange, que l'on mange crue ou cuite. *On nous a servi des carottes râpées à la cantine.*

carpe n.f. ❶ Gros poisson d'eau douce. *Les carpes peuvent peser jusqu'à vingt kilos.* ❷ **Être muet comme une carpe,** ne pas dire un mot, se taire.

une carpe

carpette n.f. Petit tapis. *Le chien était couché sur la carpette, à côté du lit.* SYN. **descente de lit.**

carquois n.m. Étui dans lequel les tireurs à l'arc rangent leurs flèches.

carre n.f. Baguette d'acier qui borde la semelle d'un ski.

● Ne confonds pas avec un **car** ou un **quart**.

carré n.m. ❶ Figure géométrique qui a quatre côtés égaux et quatre angles droits. ❷ Produit d'un nombre que l'on multiplie par lui-même. *25 est le carré de 5 (5^2).* → Vois aussi **losange, rectangle.**

▸ **carré, e** adj. ❶ Qui a la forme d'un carré. *Une cour carrée.* ❷ **Mètre carré,** surface d'un carré qui a 1 mètre de côté. *Cette pièce qui mesure 3 mètres sur 3 a une surface de 9 mètres carrés (9 m^2).*

carreau n.m. ❶ Vitre d'une fenêtre. *Maman lave les carreaux.* ❷ Petite plaque de terre cuite, de faïence que l'on assemble avec d'autres pour recouvrir les sols et les murs. *Grand-père a posé les carreaux de la salle de bains.* SYN. **carrelage.** ❸ Motif en forme de carré. *Un pantalon à carreaux. Des feuilles de papier à grands carreaux.* ❹ Une des quatre couleurs des cartes à jouer, qui est marquée d'un losange rouge. *Le roi de carreau.*

● Au pluriel : des **carreaux.**

carrefour n.m. Endroit où se croisent plusieurs routes. *Tournez à droite au prochain carrefour.* SYN. **croisement, embranchement.**

→ Vois aussi **bifurcation, fourche.**

carrelage n.m. Ensemble de carreaux qui recouvrent un sol ou un mur. *Laver le carrelage de la cuisine.* SYN. **dallage.**

▸▸▸ Mot de la famille de **carreler.**

carreler v. (conjug. 12). Recouvrir avec des carreaux. *Nous avons fait carreler les murs de la salle de bains.* → Vois aussi **paver.**

carrément adv. De manière nette, franche. *Elle m'a carrément dit ce qu'elle pensait.* SYN. **sans détour, franchement.**

1. **carrière** n.f. Terrain d'où l'on extrait de la pierre, du sable, etc. pour construire maisons et bâtiments. *Une carrière de marbre, d'ardoise.* → Vois aussi **mine (2).**

2. **carrière** n.f. ❶ Profession que l'on choisit et dans laquelle on peut progresser. *Mon cousin a suivi la carrière du journalisme.* SYN. **métier.** ❷ **Faire carrière,** gravir les échelons d'une profession. *Son père a fait carrière dans l'enseignement.*

carriole n.f. Petite charrette à deux roues tirée par un âne ou un cheval.

carrossable adj. **Chemin carrossable,** où les voitures peuvent circuler. SYN. **praticable.** CONTR. **impraticable.**

carrosse n.m. Voiture luxueuse à quatre roues, couverte et tirée par des chevaux. *Autrefois, les rois se déplaçaient en carrosse.*

→ Vois aussi **calèche, diligence.**

un carrosse

carrosserie n.f. Partie extérieure, métallique d'une voiture. *Le capot, le toit, les portières et les ailes font partie de la carrosserie.*

carrure n.f. Largeur du dos entre les épaules. *Mon grand frère est musclé, il a une forte carrure.*

cartable n.m. Sac où les écoliers mettent leurs livres, leurs cahiers et leurs crayons. *Mon cartable a des bretelles, je peux le porter sur le dos.* SYN. **serviette.**

carte n.f. ❶ Dessin qui représente un pays, une région, une ville. *J'ai repéré sur la carte l'endroit où nous passerons nos vacances.* ❷ Rectangle de carton qui porte une figure, un symbole et qui sert à jouer. *Un jeu de 32 cartes, de 52 cartes.* ❸ Petit carton magnétique utilisé pour réaliser diverses opérations. *Une carte de téléphone; une carte bancaire.* ❹ Au restaurant, liste des plats et des boissons avec leurs prix. *Le serveur nous a apporté la carte.* ❺ **Carte d'identité,** document qui prouve qui on est. *Mon nom, mon prénom, ma date de naissance et mon adresse figurent sur ma carte d'identité.* ❻ **Carte postale,** carton dont une face est illustrée et dont l'autre est réservée au message que l'on veut écrire. ❼ **Carte de visite,** petit carton sur lequel sont imprimés le nom, l'adresse et parfois la profession d'une personne.

▸▸▸ Mot de la même famille : **porte-cartes.**

cartilage n.m. Os mou et élastique. *Les cartilages du nez, de l'oreille.*

▸ **cartilagineux, euse** adj. Fait de cartilage. *Certaines parties de la carcasse du poulet sont cartilagineuses.*

a b c d e j k l m n o p q r s t u v w x y z

cartographie n.f. Art de réaliser des cartes géographiques.

▸ **cartographique** adj. Qui concerne la cartographie. *Les techniques cartographiques.*

cartomancien, enne n. Personne qui lit l'avenir dans les cartes. → Vois aussi **chiromancien, devin, voyant.**

▸▸▸ Mot de la famille de **carte.**

carton n.m. ❶ Papier épais et rigide. *Une pochette en carton.* ❷ Boîte en carton. *J'ai mis la vaisselle dans des cartons.*

▸ **cartonné, e** adj. En carton. *La couverture cartonnée d'un livre.*

cartouche n.f. ❶ Petit tube rempli de poudre que l'on place dans une arme à feu pour tirer. ❷ Petit tube qui contient de l'encre et qui s'adapte à un stylo. SYN. **recharge.** ❸ Emballage contenant plusieurs paquets de cigarettes.

▸ **cartouchière** n.f. Ceinture à compartiments où le chasseur range ses cartouches.

cas n.m. ❶ Ce qui arrive ou peut arriver. *Il a une bronchite sans fièvre, c'est un cas assez fréquent. Il se peut qu'il neige : que feras-tu dans ce cas-là ?* SYN. **circonstance, situation.** ❷ **Au cas où,** s'il arrivait que. *Prends tes clés au cas où il n'y aurait personne à la maison.* ❸ **En cas de malheur, d'accident,** si un malheur, un accident arrivait. *Vous pouvez compter sur moi en cas de malheur.* ❹ **En tout cas,** de toute façon. *J'ignore s'il est malade, en tout cas il n'est pas là.* ❺ **Ne faire aucun cas de,** accorder peu d'importance à quelqu'un ou à quelque chose.

casanier, ère adj. Qui aime rester à la maison. *Léa est restée, elle est casanière.*

casaque n.f. Veste que portent les jockeys.

des casaques colorées

cascade n.f. ❶ Chute d'eau. *Une cascade de cinquante mètres tombe du haut de la montagne.* ❷ Acrobatie exécutée par un cascadeur, au cinéma. → Vois aussi **cataracte (1).**

▸ **cascadeur, euse** n. Personne dont le métier est de remplacer les acteurs d'un film dans les scènes dangereuses. *L'homme qui a sauté du toit est un cascadeur.*

1. **case** n.f. Petite maison très simple, en terre, en paille, en branches d'arbres, dans les villages d'Afrique ou aux Antilles.

2. **case** n.f. ❶ Compartiment d'une boîte, d'un meuble, d'un tiroir. *Les vis sont rangées dans une case de la boîte à outils.* ❷ Petit carré sur une surface. *Cocher la case qui correspond à la bonne réponse. Les cases d'un échiquier; les cases d'une grille de mots croisés.*

▸ **caser** v. (conjug. 3). Mot familier. Trouver une place pour quelque chose dans un espace souvent limité. *J'ai réussi à caser mes chaussures dans le sac.* SYN. **loger, mettre, placer.**

caserne n.f. Bâtiment où logent les militaires, les pompiers.

casher → kasher

casier n.m. ❶ Meuble ou objet de rangement ayant des cases, des compartiments. *Un casier à bouteilles.* ❷ **Casier judiciaire,** bulletin sur lequel sont inscrites les condamnations prononcées contre une personne. *Le casier judiciaire de l'accusé est vierge.*

▸▸▸ Mot de la famille de **case (2).**

casino n.m. Établissement public où l'on peut jouer de l'argent aux jeux de hasard.

casoar n.m. Grand oiseau d'Australie qui ne peut pas voler et qui a sur la tête une sorte de bosse appelée « casque ».

un casoar

casque n.m. ❶ Sorte de chapeau fait dans une matière rigide pour protéger la tête. *Les motards, les ouvriers, les soldats, les pompiers portent un casque.* ❷ Appareil muni d'écouteurs, que l'on met sur les oreilles.

▶ **casqué, e** adj. Qui porte un casque sur la tête. *Les motards sont casqués.*

▶ **casquette** n.f. Sorte de chapeau plat à visière.

cassant, e adj. Qui se casse facilement. *Le châtaignier est un bois cassant.*
▸▸▸ Mot de la famille de **casser.**

casse n.f. ❶ Objets cassés, dégâts. *Il y a eu de la casse dans le déménagement.* ❷ Lieu où l'on casse, où l'on démonte les voitures accidentées ou très usagées. *Mettre sa voiture à la casse.*
▸▸▸ Mot de la famille de **casser.**

casse-cou n invar. et adj invar. Personne qui aime prendre des risques. *Mon frère est un casse-cou.* SYN. **imprudent.**
● La nouvelle orthographe permet d'écrire aussi **casse-cous,** avec un **s** à **cou.**
▸▸▸ Mot de la famille de **casser.**

casse-croûte n.m. invar. Repas léger ou sandwich. *Manger un casse-croûte.*
● La nouvelle orthographe permet d'écrire aussi un **casse-croute,** des **casse-croutes,** avec un **s** et sans accent circonflexe sur le **u.**
▸▸▸ Mot de la famille de **casser.**

casse-noix n.m. invar. Ustensile dont on se sert pour casser la coquille des noix et d'autres fruits à coque dure.
● Ce mot composé ne change pas au pluriel : des **casse-noix.**
▸▸▸ Mot de la famille de **casser.**

casser et **se casser** v. (conjug. 3). ❶ Mettre en morceaux. *J'ai cassé une tasse.* SYN. **briser.** ❷ Mettre quelque chose hors d'usage. *J'ai cassé l'ordinateur.* SYN. **abîmer, détériorer.** ❸ **Casser les prix,** les baisser fortement. ❹ **Se casser un os,** se faire une fracture. *Ma cousine s'est cassé le genou au ski.* SYN. **se fracturer.**
▸▸▸ Mot de la même famille : **incassable.**

casserole n.f. Récipient profond muni d'un manche, qui sert à faire cuire des aliments.

casse-tête n.m. invar. Ce qui est très compliqué, qui demande beaucoup de réflexion. *Ce problème est un vrai casse-tête.*
● La nouvelle orthographe permet d'écrire aussi des **casse-têtes,** avec un **s** à **tête.**
▸▸▸ Mot de la famille de **casser.**

1. **cassette** n.f. Boîtier contenant une bande magnétique pour l'enregistrement des sons ou des images. *Pour voir une cassette vidéo, il faut la mettre dans un magnétoscope.*
→ Vois aussi **audio, vidéo.**

2. **cassette** n.f. Petite boîte où l'on plaçait autrefois son argent, ses bijoux.

1. **cassis** n.m. Petit fruit noir au goût un peu acide. Le cassis pousse sur un arbuste, le *cassis* ou *cassissier.*
● On prononce le **s** final.

des cassis

2. **cassis** n.m. Creux sur la chaussée d'une route. CONTR. **dos-d'âne.**
● Ce mot se termine par un **s** qu'on ne prononce pas.

cassoulet n.m. Plat du sud de la France fait de haricots blancs, de porc ou de mouton, de confit d'oie ou de canard cuits en ragoût.

cassure n.f. Endroit où un objet est cassé. *Le vase est recollé mais on voit la cassure.* → Vois aussi **fêlure, fracture.**
▸▸▸ Mot de la famille de **casser.**

castagnettes n.f. plur. Instrument de musique fait de deux plaquettes de bois que l'on fait claquer dans le creux de la main. *La danseuse espagnole joue des castagnettes.*

caste n.f. Groupe social très attaché à son mode de vie et qui est fermé aux autres personnes. SYN. **clan.**

castor n.m. Mammifère rongeur à queue plate couverte d'écailles et aux pattes palmées, qui vit près des cours d'eau. *Les castors construisent des barrages en branchages.*

un castor

a b c d e f g h i j k l m n o p q r s t u v w x y z

a b c d e f g h i j k l m n o p q u v w x y z

castrer v. (conjug. 3). Priver un animal mâle de ses organes sexuels. *Un bœuf est un taureau que l'on a castré.* SYN. **châtrer.**

cataclysme n.m. Grande catastrophe naturelle qui crée des bouleversements sur la Terre. *Un ouragan, un tremblement de terre, un raz-de-marée sont des cataclysmes.*
● Ce mot s'écrit avec un **y.**

catacombes n.f. plur. Cimetière souterrain. *Les premiers chrétiens ont enterré leurs morts dans des catacombes.*

catalogue n.m. Brochure qui donne une liste d'articles en vente, de livres de bibliothèques, de tableaux, etc.

catamaran n.m. Voilier à deux coques, très rapide et très stable. → Vois aussi **trimaran.**

un catamaran

catapulte n.f. Engin de guerre qui servait à lancer des projectiles.

une catapulte romaine
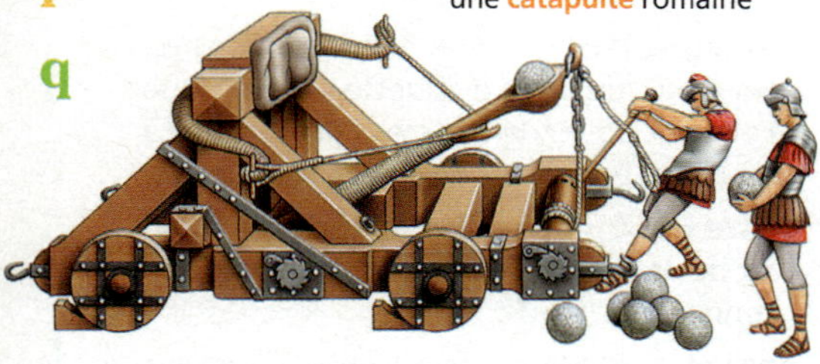

1. **cataracte** n.f. Énorme chute d'eau sur un fleuve. *Les cataractes du Nil.* → Vois aussi **cascade.**

2. **cataracte** n.f. Maladie du cristallin de l'œil qui le rend progressivement opaque. *L'opération de la cataracte se fait au laser.*

catastrophe n.f. ❶ Grand malheur, accident très grave. *Ces inondations sont une catastrophe pour la région.* SYN. **calamité, désastre.** *Une catastrophe ferroviaire.* ❷ **En catastrophe,** très vite, d'urgence. *Atterrir en catastrophe.*

▸ **catastrophique** adj. Qui est très grave. *La sécheresse a eu des conséquences catastrophiques sur l'économie du pays.* SYN. **désastreux, tragique.**

catch n.m. Lutte libre, spectaculaire, où la plupart des coups sont permis.
● Nom des sportifs : un **catcheur,** une **catcheuse.**

catéchisme n.m. Enseignement de la religion chrétienne. *Aller au catéchisme.*

catégorie n.f. Ensemble d'objets, de personnes du même genre. *Chez le libraire, les livres sont rangés par catégories.* SYN. **classe, famille, groupe.** *Il y a des hôtels de plusieurs catégories.* SYN. **sorte.**

catégorique adj. Très net, très clair, qui ne laisse aucun doute, qui est sans appel. *Sa réponse est catégorique : il refuse.* SYN. **définitif.** CONTR. **confus, équivoque, évasif.**

▸ **catégoriquement** adv. De manière catégorique, très nette. *Il refuse catégoriquement de m'écouter.* SYN. **carrément.**

caténaire n.f. Système de câbles électriques suspendus qui fournissent de l'électricité aux trains.
● Nom du genre féminin : **une caténaire.**

cathare n. et adj. Chrétien du sud de la France qui, au 13e siècle, refusait l'autorité de l'Église. *Le pape Innocent III mena une croisade contre les cathares.*
● Ce mot s'écrit avec **th.** – Les cathares étaient aussi appelés **albigeois.**

cathédrale n.f. Église principale de la ville où réside l'évêque. → Vois aussi **basilique.**
● Ce mot s'écrit avec **th.**

catholicisme n.m. Religion des catholiques.
→ Vois aussi **christianisme.**
▸▸▸ Mot de la famille de **catholique.**

catholique adj. **Religion catholique,** religion qui reconnaît le pape comme son chef suprême. ◆ adj. et n. Qui est de religion catholique. *Les catholiques sont des chrétiens.* → Vois aussi **protestant.**
● Ce mot s'écrit avec **th.**

en **catimini** adv. Discrètement, sans se faire remarquer. *Partir en catimini.* SYN. **en cachette, en tapinois.**

cauchemar n.m. Mauvais rêve qui provoque la peur ou l'angoisse. *Je fais souvent des cauchemars.*

▸ **cauchemardesque** adj. Qui ressemble à un cauchemar. *Une aventure cauchemardesque.* SYN. **horrible, terrifiant.**

caudal, e, aux adj. **Nageoire caudale,** nageoire qui termine la queue d'un poisson.

cause n.f. ❶ Ce qui provoque une action, un événement. *Les enquêteurs cherchent la cause de l'incendie.* SYN. **origine.** CONTR. **conséquence.** *Personne ne connaît la cause de son refus.* SYN. **motif, raison.** ❷ Idée ou personne que l'on défend. *Cet artiste défend la cause des Indiens d'Amazonie.* ❸ **Remettre en cause,** faire revenir sur ce qui a été décidé. *Ton attitude déloyale remet en cause notre accord.*

à **cause de** préposition. En raison de, du fait de. *Il y a eu plusieurs accidents à cause du brouillard.*

1. **causer** v. (conjug. 3). Être la cause de quelque chose. *Le brouillard a causé plusieurs accidents.* SYN. **provoquer.** *Son insolence lui cause bien des ennuis.* SYN. **créer, occasionner.**

2. **causer** v. (conjug. 3). Parler avec quelqu'un. *Nous avons causé un peu après le travail.* SYN. **bavarder, discuter.**

▸ **causette** n.f. Mot familier. **Faire la causette,** bavarder un moment avec quelqu'un.

caustique adj. ❶ Qui ronge la peau, attaque les tissus de l'organisme. *La chaux est un produit caustique.* SYN. **corrosif.** ❷ **Remarque caustique,** blessante.

caution n.f. Somme que l'on verse pour servir de garantie quand on loue quelque chose. *Verser une caution pour louer un vélo.*

▸ **cautionner** v. (conjug. 3). Donner son appui à une action ou à une idée. *Le directeur a cautionné notre projet pédagogique.* SYN. **soutenir.**

cavalcade n.f. Course désordonnée et bruyante d'un groupe de personnes. *J'ai été réveillé par une cavalcade dans l'escalier.*

cavaler v. (conjug. 3). Mot familier. Courir.

cavalerie n.f. Partie de l'armée constituée autrefois par des troupes à cheval.
● Aujourd'hui, les troupes à cheval ont été remplacées par des troupes motorisées.
▸▸▸ Mot de la famille de **cavalier (1).**

1. **cavalier, ère** n. ❶ Personne qui monte à cheval. ❷ Partenaire dans un mariage, un bal. *Donner le bras à sa cavalière.*

une cavalière

2. **cavalier, ère** adj. Qui ne respecte pas les convenances. *Il est venu sans être invité, c'est assez cavalier.* SYN. **désinvolte, impertinent.** CONTR. **poli, respectueux.**

▸ **cavalièrement** adv. De façon cavalière, désinvolte. *Il nous a quittés très cavalièrement, sans dire au revoir.*

cave n.f. Local situé dans le sous-sol d'une habitation. *Mettre du vin à la cave.*

caveau n.m. Dans un cimetière, fosse surmontée d'un petit bâtiment, qui sert de tombe à plusieurs personnes. *Un caveau de famille.*
● Au pluriel : des **caveaux.**

caverne n.f. Grande cavité naturelle creusée dans la terre ou les rochers. *Une caverne peut servir d'abri ou d'habitation.* SYN. **grotte.**
→ Vois aussi **abri-sous-roche.**

caviar n.m. Petits œufs d'esturgeon noirs ou gris, salés, que l'on mange crus.

cavité n.f. Partie creuse. *L'eau a creusé une cavité dans la roche. Les cavités du cœur.*

CD n.m. invar. Disque compact. *Léa écoute des CD de rock.*
● On prononce [sede].

C.D.I. n.m. Centre de documentation et d'information, au collège et au lycée.

CD-Rom → cédérom

1. **ce, cette, ces** adj. démonstratifs. Déterminants qui désignent un être ou une chose que l'on montre ou dont on parle. *As-tu lu ce livre ? Regarde cette photo. J'ai déjà fait ces exercices.*
● **Ce** devient **cet** devant un nom masculin commençant par une voyelle ou un « h » muet : *cet animal ; cet harmonica.* – Ne confonds pas **ces** et **ses** (adj. possessif).

a b c d e f g h i j k l m n o p q r s t u v w x y z

2. ce pronom démonstratif. S'emploie avec le verbe « être » pour désigner une personne ou une chose. *Ce serait bien de partir en voyage. Est-ce ton amie ?*
● **Ce** devient **c'** devant un « e » : *c'est bien.*
– Ne confonds pas avec **se** (pronom personnel).

ceci pronom démonstratif. S'emploie pour désigner la chose la plus proche de soi ou celle dont on va parler. *Prenez donc ceci. Je voudrais dire ceci.* → Vois aussi **ça, cela.**

cécité n.f. État d'une personne aveugle. *Il est menacé de cécité si on ne l'opère pas.*

céder v. (conjug. 9). ❶ Se briser, rompre sous une force trop grande. *Les livres étaient trop lourds, l'étagère a cédé.* SYN. **casser, lâcher.** CONTR. **résister, tenir.** ❷ Se plier à la volonté de quelqu'un. *Je l'ai supplié d'accepter, il a fini par céder.* SYN. **abandonner, capituler.** ❸ Laisser à quelqu'un ce que l'on avait. *Je vous cède ma place. Céder la parole.*
►►► Mot de la même famille : **cession.**

cédérom n.m. Disque compact qui contient des textes, des images et des sons. → Vois aussi **disque compact.**
● On peut aussi écrire **CD-Rom.**

cédille n.f. Signe que l'on place sous la lettre « c » devant les voyelles « a », « o », « u » pour prononcer le son [s], comme dans *commerçant, leçon, déçu.*
● Il n'y a jamais de **ç** devant **e** et **i.**

cèdre n.m. Grand arbre de la famille des conifères. *Un cèdre du Liban.*

un **cèdre**

ceinture n.f. ❶ Bande de tissu ou de cuir qui maintient les vêtements autour de la taille. ❷ (Familier). **Se serrer la ceinture,** se priver, dépenser moins. ❸ **Ceinture de sécurité,** courroie qui maintient les occupants d'un véhicule sur leur siège en cas de choc. *Attacher sa ceinture de sécurité.* ❹ Endroit du corps où se met la ceinture. *J'avais de l'eau jusqu'à la ceinture.* SYN. **taille.**

► **ceinturer** v. (conjug. 3). Immobiliser quelqu'un en le saisissant par le milieu du corps. *Elle a ceinturé son agresseur et l'a plaqué à terre.*

► **ceinturon** n.m. Ceinture très solide fermée par une boucle de métal.

cela pronom démonstratif. S'emploie pour désigner une chose éloignée ou dont on vient de parler. *Combien coûte cela ? Je suis d'accord avec cela.* → Vois aussi **ça, ceci.**

célébration n.f. Action de célébrer un événement. *La célébration d'un mariage.* SYN. **cérémonie.**
►►► Mot de la famille de **célébrer.**

célèbre adj. Qui est très connu. *Mozart est un compositeur célèbre.* SYN. **fameux, illustre, renommé.** CONTR. **inconnu.**

célébrer v. (conjug. 9). ❶ Fêter un événement par une cérémonie. *En 1989, on a célébré le bicentenaire de la Révolution française.* SYN. **commémorer.** ❷ Accomplir un office religieux. *Le prêtre célèbre la messe.*

célébrité n.f. Fait d'être célèbre, très connu. *Mozart est parvenu très jeune à la célébrité.* SYN. **gloire, notoriété, renommée.**
►►► Mot de la famille de **célèbre.**

céleri n.m. Légume dont on mange la racine ou les tiges, appelées « côtes ». *Le céleri se mange cru ou cuit.*
● La nouvelle orthographe permet d'écrire aussi **cèleri,** avec un accent grave.

le **céleri**

céleste adj. ❶ **La voûte céleste,** le ciel. ❷ **Corps céleste,** astre.

célibat n.m. Situation d'une personne qui n'est pas mariée.

▸ **célibataire** adj. et n. Qui n'est pas marié. *Ma tante est célibataire. C'est une célibataire endurcie.*

celle → **celui**

Cellophane n.f. Feuille transparente utilisée pour l'emballage. *Recouvrir des aliments avec de la Cellophane.*

● C'est un nom de marque : il s'écrit avec une majuscule dans les textes imprimés.

cellule n.f. ❶ Petite pièce fermée à clé. *Le prisonnier est enfermé dans une cellule.* ❷ Plus petit élément constitutif d'un être vivant. *La cellule est composée d'une membrane et d'un noyau.*

▸ **cellulite** n.f. Accumulation de cellules graisseuses sous la peau, en particulier au niveau des cuisses et des hanches.

▸ **cellulose** n.f. Substance contenue dans la membrane des cellules végétales. *La pâte à papier contient de la cellulose.*

celtique adj. Qui concerne les Celtes. *La Gaule celtique. La langue celtique.*

● On peut aussi dire **celte.**

celui, celle, ceux, celles pronoms démonstratifs. Représentent la personne ou la chose dont on parle, que l'on montre. *Mon pull est bleu, celui de Pierre est rouge. Ma trousse est celle qui est sur la table.*

cendre n.f. ❶ Poudre grisâtre qui reste de quelque chose qui a brûlé. *Des cendres de cigarette.* ❷ **Réduire en cendres,** détruire complètement. *La ville a été réduite en cendres par les bombardements.*

▸ **cendrier** n.m. Petit récipient qui sert à déposer les cendres de tabac.

censé, e adj. ❶ **Être censé faire quelque chose,** être supposé le faire. *On est censé arriver à l'heure à l'école.* ❷ **Nul n'est censé ignorer la loi,** tout citoyen a le devoir de la connaître.

● Ne confonds pas avec **sensé.**

censeur n.m. ❶ Personne chargée de faire respecter la discipline dans un lycée. ❷ Personne chargée par le gouvernement de contrôler le contenu des films, des livres pour vérifier s'ils sont pour tous les publics.

censitaire adj. **Suffrage censitaire,** système de vote réservé aux citoyens les plus riches.

censure n.f. Contrôle du contenu des journaux, des livres, des films, par une commission chargée d'autoriser leur diffusion. *Ce film raciste n'a pas obtenu le visa de la censure.*

▸▸▸ Mot de la famille de **censeur.**

censurer v. (conjug. 3). Interdire un ouvrage, un film ou en supprimer certains passages.

▸▸▸ Mot de la famille de **censeur.**

cent adj. numéral. Dix fois dix. *Un livre de deux cents pages.* ◆ n.m. **Pour cent,** s'emploie pour indiquer une proportion par rapport à cent. *Ce fromage contient quarante pour cent de matière grasse.*

● **Cent** ne prend pas de « s » au pluriel s'il est suivi d'un autre nombre : *quatre cent vingt.*
– **Pour cent** peut aussi s'écrire **%.**

▸ **centaine** n.f. ❶ Groupe de cent unités. *Dans 812, le chiffre des centaines est 8.* ❷ Nombre de cent ou d'environ cent. *Hugo a une centaine de timbres de collection.*

centaure n.m. Dans la Grèce antique, monstre imaginaire, qui avait la tête et le buste d'un homme et le corps d'un cheval.

un **centaure**

centenaire adj. et n. Qui a atteint cent ans. *Un chêne centenaire. Le nombre des centenaires augmente chaque année en France.*

→ Vois aussi **séculaire.**

▸▸▸ Mot de la même famille : **bicentenaire.**

centi- préfixe. Placé devant une unité de mesure, **centi-** la divise par cent : *centigramme, centilitre, centimètre.*

centième adj. numéral. Qui occupe une place, un rang marqués par le numéro 100.

a b c d e f g h i j k l m n o p q r s t u v w x y z

Il est arrivé centième au marathon de New York. ◆ n.m. Partie contenue cent fois dans un tout. *Le centime d'euro vaut un centième d'euro.*

centime n.m. Un centième d'euro. *Il faut cent centimes pour faire un euro.*

central, e, aux adj. Qui est au centre ou non loin du centre. *Habiter un quartier central.* CONTR. **périphérique.**
● Au masculin pluriel : **centraux.**
▸▸▸ Mot de la famille de **centre.**

centrale n.f. Usine qui produit de l'électricité en utilisant différentes formes d'énergie. *Une centrale nucléaire produit de l'électricité grâce à l'énergie nucléaire.*
▸▸▸ Mot de la famille de **centre.**

centraliser v. (conjug. 3). Regrouper en un même endroit. *Le standard centralise les appels.* SYN. **concentrer.** CONTR. **décentraliser.**
▸▸▸ Mot de la famille de **centre.**

centre n.m. ❶ Point, endroit situé au milieu d'un espace, à égale distance des bords. *Le centre d'un cercle. J'ai placé une bougie au centre de la table.* ❷ Quartier le plus animé d'une ville, où se trouvent les commerces, les cinémas, les cafés. *Nous sommes allés faire des achats dans le centre de la ville.* CONTR. **périphérie.** ❸ Endroit où sont regroupés des magasins, des activités. *Un centre commercial; un centre de documentation.* ❹ Orientation politique qui se situe entre la droite et la gauche. *Élire un candidat du centre.*
▸▸▸ Mots de la même famille : **concentrique, excentrique.**

▸ **centrer** v. (conjug. 3). Orienter vers un point précis. *Le débat était centré sur les problèmes d'éducation.*

centre-ville n.m. Quartier central d'une ville où se trouvent les commerces et les bâtiments publics. *Le centre-ville est très animé le samedi après-midi.*
● Au pluriel : des **centres-villes.**

▸ **centrifuge** adj. **Force centrifuge,** qui repousse les objets vers l'extérieur.

▸ **centriste** adj. et n. Qui a des opinions politiques situées au centre. *Un député centriste.*

centuple n.m. Nombre qui est cent fois plus grand qu'un autre. *Trois cents est le centuple de trois.*
▸▸▸ Mot de la famille de **cent.**

cep n.m. Pied de vigne. *Tailler des ceps.*
● Ne confonds pas avec **cèpe.**

cèpe n.m. Champignon comestible au chapeau brun et jaunâtre. → Vois aussi **bolet.**
● Ne confonds pas avec **cep.**

un cèpe

cependant adv. Introduit une restriction. *La mer a l'air calme, cependant restons prudents.* SYN. **néanmoins, pourtant, toutefois.**

céphalopode n.m. Mollusque marin dont la tête porte des tentacules. *La pieuvre est un céphalopode.*
● Ce mot s'écrit avec **ph.**

céramique n.f. ❶ Matière à base d'argile cuite au four. *Un carrelage en céramique.* ❷ Art de fabriquer des poteries et des objets en terre cuite, en faïence, en porcelaine.

cerceau n.m. Cercle de bois léger que l'on utilise dans certains jeux ou sports. *Élise lance son cerceau et le rattrape.*
● Au pluriel : des **cerceaux.**

un cerceau

cercle n.m. ❶ Courbe fermée dont tous les points sont situés à égale distance du centre. *Tracer un cercle avec un compas.* ❷ Ce qui a la forme d'un cercle. *Entourer la bonne réponse d'un cercle.* SYN. **rond.**
▸▸▸ Mots de la même famille : **circulaire, encerclement, encercler.**

▸ **cerclé, e** adj. Entouré d'un cercle. *Des lunettes cerclées de métal.*

cercueil n.m. Longue caisse de bois où l'on met le corps d'un mort avant de l'enterrer.

● Ce mot s'écrit avec un **u** après le **c.**

céréale n.f. Plante cultivée pour ses graines, qui sert de base à l'alimentation des hommes et des animaux. *Le blé, le riz, l'avoine, l'orge, le maïs, le seigle sont des céréales.* ◆ **n.f. plur.** Préparation à base de blé, de maïs, de riz, que l'on consomme en général avec du lait et du sucre. *Julie mange des céréales au petit déjeuner.*

cérébral, e, aux adj. Du cerveau. *Une hémorragie cérébrale.*

● Au masculin pluriel : **cérébraux.** – Ne confonds pas avec **cervical.**

cérémonial n.m. Ensemble des règles qui fixent le déroulement d'une cérémonie. *Le cérémonial d'un mariage.* → Vois aussi **protocole, rituel.**

● Au pluriel : des **cérémonials.**

►►► Mot de la famille de **cérémonie.**

cérémonie n.f. ❶ Célébration solennelle d'un événement. *La cérémonie d'un baptême.* ❷ **Sans cérémonie,** sans faire de manières. *Il nous a reçus sans cérémonie.* SYN. **sans façon, simplement.**

► **cérémonieux, euse** adj. Qui suit avec excès toutes les règles de la politesse. *Elle s'est montrée si cérémonieuse que tous ses invités étaient mal à l'aise.* CONTR. **naturel, simple.**

cerf n.m. Mammifère ruminant dont le mâle porte des bois sur la tête. *Une harde de cerfs.*

● On ne prononce pas le **f :** [sɛr]. – Femelle : la biche. Petit : le faon. Cri : le brame ou le bramement.

un cerf

cerfeuil n.m. Plante aromatique que l'on emploie en cuisine pour parfumer certains plats. *Une omelette au cerfeuil.*

cerf-volant n.m. Jouet fait de papier ou de tissu tendu sur un cadre, et qu'on fait voler dans le vent au bout d'un long fil.

● On ne prononce pas le **f :** [sɛrvɔlɑ̃]. – Au pluriel : des **cerfs-volants.**

cerise n.f. Petit fruit rouge et rond, qui a un noyau et qui pousse sur un cerisier.

► **cerisier** n.m. Arbre fruitier qui produit des cerises.

un cerisier et des cerises

cerne n.m. Marque bleuâtre qui apparaît sous les yeux lorsqu'on est très fatigué.

● Nom du genre masculin : **un cerne.**

► **cerné, e** adj. **Yeux cernés,** marqués par des cernes.

cerner v. (conjug. 3). Entourer de toutes parts, comme d'un cercle. *Les policiers ont cerné le quartier.* SYN. **encercler.**

certain, e adj. ❶ Qui est sûr, dont on ne peut douter. *La victoire est certaine.* SYN. **évident, incontestable.** CONTR. **douteux, incertain, aléatoire.** ❷ Qui est assuré de ce qu'il dit ou fait. *Je suis certaine qu'il arrivera à temps.* SYN. **convaincu, persuadé, sûr.** ◆ **adj. indéfini.** ❶ S'emploie devant le nom d'une personne qu'on ne connaît pas. *Un certain M. Dupontel a téléphoné.* ❷ S'emploie pour indiquer une quantité, un degré assez important. *Elle a montré un certain courage.* → Vois aussi **certains.**

► **certainement** adv. Sans aucun doute, de façon certaine. *Il va certainement y avoir un orage.* SYN. **à coup sûr, sûrement.**

a b c d e f g h i j k l m n o p q r s t u v w x y z

▶ **certains** pronom indéfini plur. Quelques-uns, quelques personnes. *Certains n'ont pas compris ma question.*

▶ **certes** adv. Mot littéraire. Bien sûr. *Certes, il n'a pas tort.* SYN. **évidemment, sans doute.**

certificat n.m. Document qui garantit quelque chose. *Un certificat de vaccination prouve qu'on a bien été vacciné.*

certifier v. (conjug. 7). Dire avec force. *Il réussira son examen, je vous le certifie !* SYN. **affirmer, assurer, garantir.**

certitude n.f. ❶ Sentiment que l'on a d'être sûr de quelque chose. *J'ai la certitude que notre équipe va gagner.* SYN. **conviction.** ❷ Chose certaine, qu'on ne peut mettre en doute. *La planète se réchauffe, c'est une certitude.* SYN. **évidence.** CONTR. **hypothèse.**

cérumen n.m. Substance jaune-brun qui se dépose dans les oreilles.
● On prononce le **n** : [serymɛn].

cerveau n.m. Organe principal du système nerveux, situé dans le crâne. *Le cerveau commande tous les centres nerveux.*
● Au pluriel : des **cerveaux.**

→ planche p. 733.

▶ **cervelet** n.m. Organe situé à l'arrière du cerveau.

▶ **cervelle** n.f. ❶ Nom donné au cerveau des animaux de boucherie, que l'on peut manger. *Des cervelles d'agneau.* ❷ (Sens familier). Tête, cerveau. *Creuse-toi un peu la cervelle.*
▸▸▸ Mot de la même famille : **écervelé.**

cervical, e, aux adj. **Vertèbres cervicales,** vertèbres du cou.
● Au masculin pluriel : **cervicaux.** – Ne confonds pas avec **cérébral.**

ces → **ce**

cesse n.f. **Sans cesse,** sans arrêt. *Il se plaint sans cesse.* SYN. **constamment, continuellement.**

cesser v. (conjug. 3). Arrêter, s'arrêter. *Cessez de vous disputer. Il a enfin cessé de pleuvoir.* CONTR. **continuer, persister.**
▸▸▸ Mot de la même famille : **incessant.**

▶ **cessez-le-feu** n.m. invar. Arrêt des combats dans une guerre. SYN. **trêve.**
● Ce mot composé ne change pas au pluriel : des **cessez-le-feu.**

cession n.f. Dans le langage commercial, fait de céder, de vendre un bien.
● Ne confonds pas avec **session.**

c'est-à-dire adv. Introduit une explication ou une précision à ce qui vient d'être dit. *Il est ophtalmologiste, c'est-à-dire médecin spécialiste des yeux.*
● Ce mot s'écrit avec deux traits d'union.

cet → **ce**

cétacé n.m. Mammifère marin parfaitement adapté à la vie dans l'eau. Son corps rappelle celui des poissons, mais il respire en surface, avec ses poumons. *La baleine, le dauphin, le cachalot, l'orque sont des cétacés.*
● Les cétacés sont les plus grands et les plus gros des animaux marins.

cette → **ce**

ceux → **celui**

chacal n.m. Mammifère carnivore d'Asie et d'Afrique, qui ressemble au renard et au loup. *Le chacal chasse de petits animaux et se nourrit aussi des restes des cadavres d'animaux laissés par les fauves.* → Vois aussi **coyote.**
● Au pluriel : des **chacals.**
– Cri : le jappement, le piaulement ou l'aboiement.

un **chacal**

chacun, e pronom indéfini sing. ❶ Chaque personne, chaque chose. *Chacun a eu un cadeau. Chacun de ces livres est intéressant.* ❷ Tout le monde. *Chacun sait combien j'aime ce pays.*
● **Chacun** ne s'emploie jamais au pluriel.

chagrin n.m. Sentiment de tristesse causé par un fait précis. *Elle a eu beaucoup de chagrin quand son chat est mort.* SYN. **peine.** CONTR. **joie.**

▶ **chagriner** v. (conjug. 3). Faire de la peine, causer du chagrin. *Son attitude me chagrine.* SYN. **attrister, désoler, peiner.** CONTR. **enchanter, réjouir.**

chahut n.m. Agitation bruyante et désordonnée. *Ce sont toujours les mêmes élèves qui font du chahut !* SYN. **tapage, vacarme.**
▸▸▸ Mot de la famille de **chahuter.**

chahuter v. (conjug. 3). Faire du bruit et s'agiter. *Les élèves qui chahutaient ont été punis.*

▶ **chahuteur, euse** adj. et n. Qui aime faire du chahut. *Un élève chahuteur.*

chaîne n.f. ❶ Objet fait d'une série d'anneaux passés les uns dans les autres. *L'ancre est reliée au bateau par une chaîne. La chaîne de mon vélo a sauté.* ❷ Ensemble de montagnes. *La chaîne des Pyrénées sépare la France de l'Espagne.* ❸ Ensemble des programmes de télévision diffusés sur un même canal. *Changer de chaîne.* ❹ Ensemble composé d'un lecteur de disques, d'un amplificateur et de baffles pour écouter de la musique. SYN. **chaîne hi-fi, chaîne stéréo.** ❺ Dans une usine, ensemble de machines destinées à une seule et même opération selon une cadence constante. SYN. **chaîne de montage.** ❻ **Chaîne alimentaire,** organisation des espèces vivantes où chacune se nourrit d'une espèce qui elle-même se nourrit d'une autre espèce. *Dans la chaîne alimentaire, les végétaux sont mangés par les herbivores, les herbivores par les carnivores, etc.* ❼ **Chaîne du froid,** ensemble des opérations de fabrication, de transport, de stockage et de distribution des produits réfrigérés ou surgelés. ❽ **Chaîne de solidarité,** ensemble de personnes qui s'unissent pour en aider une ou plusieurs autres.

● La nouvelle orthographe permet d'écrire aussi **chaine,** sans accent circonflexe.

▶ **chaînette** n.f. Petite chaîne. *Marie porte une chaînette en or autour du cou.*

● La nouvelle orthographe permet d'écrire aussi **chainette,** sans accent circonflexe.

▶ **chaînon** n.m. Anneau d'une chaîne. SYN. **maillon.**

● La nouvelle orthographe permet d'écrire aussi **chainon,** sans accent circonflexe.

chair n.f. ❶ Matière constituée principalement par les muscles des hommes et des animaux. *La chair d'un poulet cuit est blanche.* ❷ **Avoir la chair de poule,** avoir les poils qui se hérissent sous l'effet du froid ou de la peur. ❸ **En chair et en os,** en personne. *Voir un acteur en chair et en os.* ❹ Partie du fruit qui est sous la peau et que l'on mange. *La chair des pêches est savoureuse.*

● Ne confonds pas avec **chaire.**

▶▶▶ Mots de la même famille : **charnu, décharné.**

chaire n.f. Tribune dans une église, un temple, d'où le prêtre, le pasteur, parlent aux fidèles.

● Ne confonds pas avec **chair.**

chaise n.f. ❶ Siège à quatre pieds, à dossier et sans bras. ❷ **Chaise longue,** siège pliant garni de toile qu'on utilise pour s'allonger dehors. → Vois aussi **transat.**

châle n.m. Grande pièce d'étoffe que l'on porte sur les épaules. → Vois aussi **fichu (2).**

● Le **a** prend un accent circonflexe.

chalet n.m. Maison en bois au toit très en pente, construite dans la montagne.

chaleur n.f. ❶ Température élevée d'un lieu. *La chaleur est parfois accablante en été.* CONTR. **fraîcheur, froid.** ❷ Manière d'être cordiale, amicale ou enthousiaste. *Recevoir des amis avec chaleur.* SYN. **cordialité.** CONTR. **froideur.** ❸ **Être en chaleur,** pour un animal femelle, être dans une période où elle produit des ovules et recherche le mâle.

▶ **chaleureusement** adv. De façon chaleureuse. *Être accueilli chaleureusement.* SYN. **cordialement.** CONTR. **fraîchement, froidement.**

▶ **chaleureux, euse** adj. Qui manifeste de la cordialité, de l'enthousiasme. *Des applaudissements chaleureux.* SYN. **cordial.** CONTR. **froid, glacial.**

chaloupe n.f. Grand canot à bord d'un navire. *Évacuer des naufragés dans des chaloupes.*

chalumeau n.m. Instrument qui projette du gaz enflammé. *Le plombier a soudé deux tuyaux au chalumeau.*

● Au pluriel : des **chalumeaux.**

chalut n.m. Grand filet de pêche en forme d'entonnoir traîné par un chalutier. *Pêcher la morue au chalut.*

▶ **chalutier** n.m. Bateau de pêche en mer équipé pour traîner un chalut.

un **chalutier**

a b c d e f g h i j k l m n o p q r s t u v

se **chamailler** v. (conjug. 3). Mot familier. Se disputer pour des choses sans importance.

chamarré, e adj. Orné de couleurs variées et vives. *Un tissu chamarré.* SYN. **bariolé.**
● Ce mot prend deux **r**.

chambardement n.m. Mot familier. Bouleversement total. *Son arrivée dans l'entreprise a provoqué un chambardement.*
▸▸▸ Mot de la famille de **chambarder.**

chambarder v. (conjug. 3). Mot familier. Bouleverser de fond en comble. *Un incident imprévu a chambardé nos projets de voyage.*

chambouler v. (conjug. 3). Mot familier. Bouleverser, mettre sens dessus dessous. *Pendant le goûter, les enfants ont chamboulé toute la cuisine. Le programme est chamboulé.*

chambranle n.m. Encadrement d'une fenêtre, d'une porte, d'une cheminée.

chambre n.f. ❶ Pièce d'habitation où l'on couche. *Lucie joue dans sa chambre.* ❷ **La Chambre des députés,** l'assemblée qui vote les lois; le lieu où elle se réunit. SYN. **l'Assemblée nationale.** ❸ **Chambre à air,** tube de caoutchouc rempli d'air, à l'intérieur du pneu d'un vélo. → Vois aussi **boyau.**

chameau n.m. Mammifère ruminant d'Asie qui a deux bosses sur le dos. *Le chameau peut vivre dans le désert parce qu'il mange peu et reste longtemps sans boire.* → Vois aussi **dromadaire.**
● Au pluriel : des **chameaux.** – Femelle : la chamelle. Petit : le chamelon. Cri : le blatèrement.

un chameau

▸ **chamelier** n.m. Personne qui conduit ou garde des chameaux ou des dromadaires.

▸ **chamelle** n.f. Femelle du chameau.

chamois n.m. Mammifère ruminant des hautes montagnes, dont le bout des cornes est recourbé vers l'arrière. C'est un cousin sauvage de la chèvre.

un chamois

champ n.m. ❶ Terrain cultivé. *Un champ de blé.* ❷ Terrain utilisé pour des activités particulières. *Un champ de bataille. Un champ de courses.* SYN. **hippodrome.** ❸ **À tout bout de champ,** à tout instant, à la moindre occasion. *Il me contredit à tout bout de champ.* → Vois aussi **sur-le-champ.**
● Ce mot se termine par un **p.** – Ne confonds pas avec **chant.**

champagne n.m. Vin blanc mousseux très réputé provenant de vignes cultivées en Champagne. *On boit du champagne à l'occasion d'une fête.*

champêtre adj. ❶ **Travaux champêtres,** travaux des champs. ❷ **Vie champêtre,** vie à la campagne. → Vois aussi **bucolique.**
● Le premier **e** prend un accent circonflexe.
▸▸▸ Mot de la famille de **champ.**

champignon n.m. Végétal sans feuilles, sans fleurs ni chlorophylle, qui pousse dans les lieux humides et peu éclairés. Il est souvent formé d'un pied et d'un chapeau. *Certains champignons sont comestibles, d'autres sont vénéneux et parfois mortels.* → Vois aussi **mycologie.**

→ planche p. 193.

▸ **champignonnière** n.f. Galerie souterraine où l'on cultive une variété de champignons comestibles.
● Ce mot s'écrit avec deux **n.**

champion, onne n. et adj. ❶ Vainqueur d'une compétition sportive ou d'un jeu. *Elle a été championne du monde de natation.* ❷ Personne très forte dans un domaine. *Adrien est un champion en orthographe.*

amanite panthère

amanite vireuse

amanite phalloïde

champignons vénéneux ou mortels

Les champignons

Les champignons ne sont pas des plantes : ils n'ont ni racine, ni tige, ni feuilles, ni fleurs, ni chlorophylle. La plupart sont constitués d'un pied surmonté d'un chapeau et d'un réseau de filaments, le mycélium, grâce auquel ils puisent leur nourriture dans le sol ou sur les arbres. Certains champignons sont comestibles, d'autres vénéneux et parfois même mortels.

cèpe de Bordeaux ou bolet

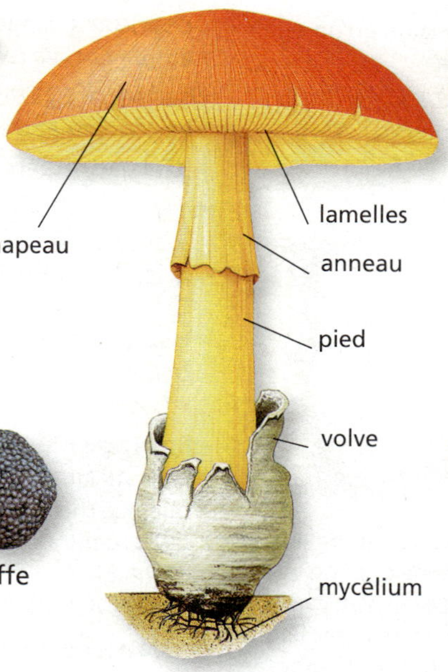

amanite oronge

polypore

psalliote ou champignon de Paris

truffe

pied-de-mouton

coprin chevelu

morille

clavaire dorée

chanterelle ou girolle

lépiote élevée

a b c d e f g h i j k l m n o p q r s t u v w x y z

▶ **championnat** n.m. Compétition dont le vainqueur obtient le titre de champion. *Un championnat de tennis, d'échecs.*

chance n.f. ❶ Hasard heureux, qui favorise quelqu'un. *Armelle a de la chance, elle a gagné un baladeur à la tombola.* CONTR. **malchance.** ❷ Possibilité que quelque chose se produise. *Il y a des chances qu'il neige demain.* SYN. **probabilité.**

chanceler v. (conjug. 12). Ne pas tenir sur ses jambes, pencher d'un côté puis de l'autre comme si on allait tomber. *Jean est si fatigué qu'il chancelle en montant l'escalier.* SYN. **tituber, vaciller.**

chanceux, euse adj. Qui a de la chance. *Tu es chanceux de n'être jamais malade.* CONTR. **malchanceux.**
▸▸▸ Mot de la famille de **chance.**

chandail n.m. Tricot de laine qu'on enfile par la tête. SYN. **pull-over.**

chandelier n.m. Grand bougeoir à pied où l'on met des bougies, des cierges ou des chandelles.
→ Vois aussi **bougeoir.**
▸▸▸ Mot de la famille de **chandelle.**

un chandelier

chandelle n.f. ❶ Bâton de résine, de suif ou de cire entourant une mèche que l'on faisait brûler pour s'éclairer. ❷ **Le jeu n'en vaut pas la chandelle,** le résultat ne vaut pas le mal qu'on se donne pour l'obtenir. ❸ Montée verticale d'un avion, d'une balle. *L'avion est monté en chandelle. Faire une chandelle au tennis.* → Vois aussi **bougie.**

change n.m. ❶ **Bureau de change,** endroit où l'on change de l'argent. ❷ **Perdre au change,** être désavantagé par un échange. *Avec cette nouvelle voiture, on a perdu au change !* CONTR. **gagner au change.**
▸▸▸ Mot de la famille de **changer.**

changeant, e adj. Qui change, qui varie. *Le temps est changeant.* SYN. **instable, variable.** *Avoir une humeur changeante.* CONTR. **égal.**
▸▸▸ Mot de la famille de **changer.**

changement n.m. Fait de changer. *Un changement de programme.* SYN. **modification.** *Un brusque changement de temps.* SYN. **variation.**
▸▸▸ Mot de la famille de **changer.**

changer et **se changer** v. (conjug. 5). ❶ Devenir différent. *Nous changeons en grandissant.* SYN. **se transformer.** ❷ Rendre différent. *La sorcière a changé la princesse en statue.* SYN. **transformer.** *J'ai changé la décoration de ma chambre.* SYN. **modifier.** ❸ Remplacer une chose ou une personne par une autre. *Changer une ampoule. Audrey a changé de pantalon. Nous avons changé d'institutrice.* ❹ **Changer un bébé,** lui mettre une couche propre. ❺ **Changer de place,** aller à une autre place. ❻ **Changer de l'argent,** échanger une monnaie contre une autre. *Changer des euros en dollars.* ◆ **se changer.** Changer de vêtements, s'habiller autrement. *Va te changer.*

chanson n.f. Texte mis en musique, composé de couplets et d'un refrain. SYN. **chant.**

▶ **chansonnette** n.f. Petite chanson.

chant n.m. ❶ Art de chanter. *Étudier le chant avec un professeur.* ❷ Morceau de musique avec des paroles. *Rémi a un carnet de chants.* ❸ Suite de sons émis par les oiseaux ou les insectes. *Le chant du merle; le chant de la cigale.*
● Ne confonds pas avec **champ.**

chantage n.m. Ensemble de menaces exercées sur quelqu'un pour l'obliger à faire quelque chose et en particulier pour obtenir de l'argent. *L'escroc a été condamné pour chantage.*
▸▸▸ Mot de la famille de **chanter (2).**

1. **chanter** v. (conjug. 3). ❶ Émettre des sons harmonieux avec la voix. *Chanter une berceuse, un air d'opéra.* ❷ Produire de jolis sons. *Les oiseaux chantent.* → Vois aussi **gazouiller, siffler.**

2. **chanter** v. (conjug. 3). **Faire chanter quelqu'un,** tenter d'obtenir de l'argent ou autre chose de lui en le menaçant de révéler ce qu'il veut garder secret.

chanteur, euse n. Personne qui chante. *Une chanteuse de variétés.* ◆ adj. Qui chante. *Le rossignol est un oiseau chanteur.* → Vois aussi **cantatrice.**
▸▸▸ Mot de la famille de **chanter (1).**

chantier n.m. Endroit où se font des travaux de construction ou de rénovation. *Les ouvriers travaillent sur le chantier.*

chantonner v. (conjug. 3). Chanter un air à mi-voix. SYN. **fredonner.**

chanvre n.m. Plante que l'on cultive pour sa tige, qui fournit une fibre textile. *Une corde de chanvre.*

le chanvre

chaos n.m. Grand désordre, confusion et désorganisation. *La guerre a jeté le pays dans le chaos.* SYN. **anarchie.** CONTR. **ordre.**

● On écrit **ch** mais on prononce [k]. – Ne confonds pas avec **cahot.**

▸ **chaotique** adj. Qui paraît sans ordre, incohérent, comme le chaos. *Une discussion chaotique.*

● Ne confonds pas avec **cahoteux.**

chaparder v. (conjug. 3). Mot familier. Voler, dérober de petites choses. *Chaparder des fruits dans un verger.*

chapeau n.m. ❶ Coiffure d'homme ou de femme, plus ou moins rigide. *Un chapeau de paille, de cow-boy.* ❷ Partie supérieure des champignons. *Le chapeau d'un cèpe.* ❸ **Sur les chapeaux de roue,** à toute vitesse. *Démarrer sur les chapeaux de roue.*

● Au pluriel : des **chapeaux.**

▸ **chapeauter** v. (conjug. 3). Avoir la responsabilité d'un groupe de personnes ou de services. *Un directeur chapeaute tout le service informatique.*

chapelet n.m. Objet de piété fait de grains enfilés sur une chaînette, que l'on fait glisser entre ses doigts en priant.

chapelier, ère n. Personne qui fabrique ou qui vend des chapeaux d'hommes.

● Un fabricant de chapeaux de femmes est un ou une **modiste.**

chapelle n.f. Petite église ou partie d'une église où se trouve un autel.

chapelure n.f. Pain séché au four et réduit en miettes. *Les escalopes panées sont recouvertes de chapelure.*

chaperon n.m. Autrefois, capuchon que portaient les hommes et les femmes, qui couvrait la tête et le cou jusqu'aux épaules.

chapiteau n.m. ❶ Sommet d'un pilier ou d'une colonne. *Les chapiteaux sculptés d'une église romane.* CONTR. **base.** ❷ Tente d'un cirque sous laquelle a lieu le spectacle.

● Au pluriel : des **chapiteaux.**

un chapiteau

chapitre n.m. Chacune des parties d'un livre. *Ouvrez votre livre au chapitre 7.*

chapon n.m. Jeune coq châtré, élevé et engraissé pour être mangé.

chaque adj. indéfini sing. ❶ Indique que quelque chose ou quelqu'un est considéré séparément. *Chaque élève a son cahier.* ❷ Indique la répétition. *Chaque matin, je vais à l'école.*

● **Chaque** ne prend jamais de **s.**

char n.m. ❶ Dans l'Antiquité, voiture à deux roues tirée par des chevaux. *À Rome, on organisait des courses de chars.* ❷ Grande voiture décorée, qui transporte des personnes déguisées. *Un char de carnaval.* ❸ Véhicule de guerre blindé à chenilles, armé de canons ou de missiles. SYN. **char d'assaut, blindé, tank.**

▸▸▸ Mots de la même famille : **chariot, charrette.**

charabia n.m. Mot familier. Langage très confus ou incorrect. *Redis-moi cela clai-*

a b c d e f g h i j k l m n o p q r s t u v w x y z

rement, je ne comprends rien à ton charabia. SYN. **galimatias.** → Vois aussi **jargon.**

charade n.f. Devinette où il s'agit de trouver un mot de plusieurs syllabes à partir de définitions. *Mon premier marche (âne); mon second nage (thon); mon tout vole (hanneton) est une charade.*

charbon n.m. ❶ Matière noire et solide que l'on extrait du sol, dans les mines. *Autrefois, on se chauffait souvent au charbon.* ❷ **Charbon de bois,** variété de charbon fait de bois à moitié carbonisé. *On fait des grillades au barbecue avec du charbon de bois.*
→ Vois aussi **anthracite, houille.**

▸ **charbonnier, ère** n. Personne qui vend ou qui livre du charbon.

charcuterie n.f. ❶ Magasin du charcutier. ❷ Aliments préparés à partir du porc, comme le jambon, le saucisson, le pâté. *Une assiette de charcuterie.*
▸▸▸ Mot de la famille de **charcutier.**

charcutier, ère n. Commerçant qui prépare et qui vend de la charcuterie.

chardon n.m. Plante à feuilles et à tiges épineuses. *Les ânes mangent des chardons.*

des chardons

chardonneret n.m. Oiseau à plumage rouge, noir, jaune et blanc, qui se nourrit surtout des graines du chardon.
● Ce mot s'écrit avec deux **n.**

un chardonneret

charge n.f. ❶ Poids que peut transporter un animal, un être humain, un véhicule. *Les ânes peuvent porter de lourdes charges.* SYN. **chargement, fardeau.** ❷ Travail que l'on a à remplir. *En l'absence de Paul, j'ai la charge de nourrir son hamster.* SYN. **mission, tâche.** ❸ **Être à la charge de quelqu'un,** dépendre de lui pour les besoins matériels. *Mon grand-père accepte mal d'être à la charge de sa famille.* ❹ Élément d'accusation, preuve de culpabilité. *D'importantes charges pèsent contre l'accusé.* ❺ Attaque brusque lancée par une armée, par la police. SYN. **assaut.** ❻ Dose de poudre d'une cartouche ou dose d'explosif. *Une charge de dynamite, de plastic.*

▸ **chargement** n.m. ❶ Action de charger. *Procéder au chargement d'un cargo.* ❷ Ensemble des marchandises transportées. *Le camion a perdu tout son chargement dans l'accident.* SYN. **cargaison, charge, fret.**

▸ **charger** v. (conjug. 5). ❶ Mettre un chargement sur quelqu'un, sur quelque chose, sur un animal. *Charger des caisses. Charger un camion.* CONTR. **décharger.** ❷ Demander à une personne de faire un travail, d'accomplir une mission. *Mamie m'a chargé de poster des lettres.* ❸ Attaquer, donner l'assaut. *L'armée a chargé.* ❹ Mettre des balles, de la poudre dans une arme à feu. *Charger un revolver.* CONTR. **décharger.** ❺ **Charger une batterie,** fournir de l'énergie. CONTR. **vider.**
▸▸▸ Mots de la même famille : **recharger, surcharger.**

▸ **chargeur** n.m. ❶ Boîtier d'une arme automatique contenant plusieurs cartouches. *Le chargeur d'un pistolet.* ❷ Appareil pour recharger une batterie d'accumulateurs. *Le chargeur d'un téléphone portable.*

chariot n.m. ❶ Petit véhicule à quatre roues qui sert à déplacer des objets lourds ou encombrants. *Les chariots à bagages dans une gare.* ❷ Autrefois, voiture à quatre roues tirée par des bœufs ou des chevaux.
● La nouvelle orthographe permet d'écrire aussi **charriot,** avec deux **r,** comme dans **charrette.**
▸▸▸ Mot de la famille de **char.**

charitable adj. Qui fait preuve de charité, de générosité. *Une personne charitable.* SYN. **bienveillant, secourable.** CONTR. **égoïste.**

charité n.f. ❶ Générosité qui porte à faire du bien aux autres. CONTR. **égoïsme.** ❷ **Faire**

la charité, donner de l'argent à une personne qui mendie. SYN. **faire l'aumône.**

charivari n.m. Bruit assourdissant. *Impossible de s'entendre au milieu d'un tel charivari.* SYN. **tapage, tintamarre, tumulte, vacarme.**

charlatan n.m. Mauvais médecin ou personne qui cherche à gagner de l'argent en profitant de la naïveté des gens. *Ce soi-disant guérisseur est un charlatan.* SYN. **imposteur.**

charlotte n.f. Entremets fait dans un moule en forme de timbale, à base de crème et de fruits, entouré de biscuits.

charmant, e adj. Très agréable, qui séduit par son charme. *Un endroit charmant.* SYN. **délicieux, plaisant.** *Une femme charmante.* SYN. **délicieux, sympathique.** CONTR. **déplaisant, désagréable.** *Une charmante jeune fille.* SYN. **gracieux, séduisant.**

►►► Mot de la famille de **charme (2).**

1. **charme** n.m. Arbre au bois blanc et dur.

un **charme**

2. **charme** n.m. ❶ Attrait qu'exerce une personne. *La mère de Kien a beaucoup de charme.* SYN. **grâce, séduction.** ❷ Enchantement magique. *La fée a jeté un charme au prince.* SYN. **sort, sortilège.**

► **charmer** v. (conjug. 3). Enchanter, tenir sous son charme. *Elle nous a charmés toute la soirée par sa gaieté et son esprit.* SYN. **ravir, séduire, subjuguer.**

► **charmeur, euse** adj. et n. Qui cherche à charmer, à séduire. *Un sourire charmeur. Quel charmeur, ton frère !* SYN. **enjôleur, séducteur.**

charnière n.f. Ensemble de deux pièces de métal dont l'une est fixe et l'autre mobile et qui servent à faire tourner une porte, une fenêtre, un couvercle. → Vois aussi **gond.**

charnu, e adj. ❶ **Lèvres charnues,** épaisses. CONTR. **mince.** ❷ **Fruit charnu,** qui a une pulpe épaisse et consistante.

charognard n.m. Animal qui se nourrit de charognes. *Le vautour, l'hyène, le chacal sont des charognards.*

►►► Mot de la famille de **charogne.**

charogne n.f. Cadavre d'un animal qui est en train de pourrir, de se décomposer.

charpente n.f. Ensemble des poutres et des pièces de bois ou de métal qui supportent un toit.

► **charpentier, ère** n. Artisan qui fabrique et pose des charpentes.

charpie n.f. **Mettre en charpie,** réduire en petits morceaux. *Le chien a mis mon tee-shirt en charpie.* SYN. **déchiqueter.**

charrette n.f. Voiture à deux roues tirée par un animal et munie de deux brancards. *Autrefois, on transportait le foin dans une charrette.* SYN. **carriole.**

● Ce mot s'écrit avec deux **r,** contrairement à **chariot.**

►►► Mot de la famille de **char.**

charrier v. (conjug. 7). ❶ Transporter, entraîner dans le courant. *Le fleuve charrie des pierres et des branches.* ❷ Transporter dans une charrette, une remorque, etc. *Charrier du sable dans une brouette.*

►►► Mot de la famille de **char.**

charrue n.f. ❶ Instrument de labour qui rejette et retourne la terre d'un seul côté. ❷ **Mettre la charrue avant les bœufs,** commencer par ce qui devrait être fait en dernier. → Vois aussi **araire.**

● Ce mot s'écrit avec deux **r.**

charte n.f. Texte qui énonce les grands principes ou qui fixe le règlement d'une organisation. *La charte des Nations unies a été signée en 1945. La charte d'une association.*

charter n.m. Avion à tarif réduit. *On a pris un charter pour aller au Canada.*

● C'est un mot anglais, on prononce [ʃartɛr].

chas n.m. Trou d'une aiguille à coudre où l'on passe le fil.

● Ce mot se termine par un **s.**

– Ne confonds pas avec **chat.**

a b c d e f g h i j k l m n o p q r s t u v w x y z

1. **chasse** n.f. ❶ Action de chasser, de poursuivre un animal pour le capturer ou le tuer. *La chasse aux canards. L'ouverture de la chasse a lieu en automne.* ❷ Terrain réservé à la chasse. *Chasse gardée.* ❸ Recherche active de quelque chose, de quelqu'un. *Organiser une chasse au trésor. La police donne la chasse aux fugitifs.* → Vois aussi **courre.**

2. **chasse** n.f. **Chasse d'eau,** appareil qui déverse une masse d'eau pour nettoyer la cuvette des toilettes.

chasse-neige n.m. invar. ❶ Véhicule qui sert à déblayer la neige sur une route. ❷ Position des skis que l'on obtient en écartant les talons. *Solène fait du chasse-neige.*

● La nouvelle orthographe permet d'écrire aussi des **chasse-neiges,** avec un **s.**

un chasse-neige

chasser v. (conjug. 3). ❶ Poursuivre un animal pour le capturer ou le tuer. *Le chat chasse les souris. Prendre son fusil pour aller chasser.* ❷ Faire partir, faire disparaître. *La police a chassé les squatteurs. Le vent chasse les nuages.* SYN. **balayer.**

▸ **chasseur, euse** n. ❶ Personne qui chasse. *Les chasseurs sont rentrés bredouilles.* ❷ **Chasseur alpin,** soldat spécialement entraîné à la haute montagne.

châssis n.m. Assemblage de pièces métalliques qui supporte le moteur et la carrosserie d'une voiture.

● Le **a** prend un accent circonflexe et ce mot se termine par un **s.**

chaste adj. Qui est pudique et pur ou qui fait preuve de chasteté. *Une chaste pensée. Un amour chaste.*

▸ **chasteté** n.f. Fait de ne pas avoir de rapports sexuels. *Les religieux catholiques font vœu de chasteté.*

chat n.m. ❶ Petit mammifère carnivore au poil doux, aux oreilles triangulaires, aux longues moustaches, et aux griffes qui se rétractent. ❷ **Il n'y a pas un chat,** il n'y a personne.

● Femelle : la chatte.
Petit : le chaton.
Cri : le miaulement.

un chat

châtaigne n.f. Fruit recouvert d'une peau dure marron, qui pousse sur un châtaignier. *Les châtaignes se mangent grillées ou bouillies.* → Vois aussi **bogue (1), marron.**

● Le premier **a** prend un accent circonflexe.

▸ **châtaigneraie** n.f. Forêt plantée de châtaigniers.

▸ **châtaignier** n.m. Grand arbre à feuilles dentelées qui produit des châtaignes.

▸ **châtain** adj. **Cheveux, barbe châtains,** d'un brun clair. → Vois aussi **blond, brun, roux.**

● Le premier **a** prend un accent circonflexe.

château n.m. ❶ Grande et riche demeure, souvent entourée d'un parc, où vivait autrefois un roi ou un personnage important. *Chambord est un château de la Renaissance.* ❷ **Château fort,** demeure féodale fortifiée, protégée par des douves, des remparts et des tours. *Au Moyen Âge, les seigneurs vivaient dans des châteaux forts.* ❸ **Château d'eau,** grand réservoir qui alimente une région en eau.

● Le **a** prend un accent circonflexe. – Au pluriel : des **châteaux.**

→ planche pp. 696-697.

un château fort

▸ **châtelain, e** n. Propriétaire ou locataire d'un château. *La châtelaine fait visiter son château.*

chat-huant n.m. Nom courant de la chouette hulotte. *Le chat-huant hue.*
● Au pluriel : des **chats-huants.**

châtier v. (conjug. 7). Mot littéraire. Infliger un châtiment à quelqu'un. *Châtier un criminel.* SYN. **corriger.**
● Le **a** prend un accent circonflexe.

▸ **châtiment** n.m. Punition sévère infligée à une personne qui a commis une faute grave.

chatoiement n.m. Reflet brillant et changeant d'une étoffe ou d'une pierre. *Le chatoiement du satin.*
● On prononce [ʃatwamɑ̃].
▸▸▸ Mot de la famille de **chatoyer.**

1. **chaton** n.m. Jeune chat.

2. **chaton** n.m. Groupe de fleurs en forme d'épi qui pousse sur certains arbres tels que le noisetier, le saule, le peuplier.

3. **chaton** n.m. Partie centrale d'une bague où est fixée une perle ou une pierre.

chatouille n.f. Mot familier. Chatouillement.
▸▸▸ Mot de la famille de **chatouiller.**

chatouillement n.m. Geste par lequel on chatouille quelqu'un. *Lisa fait des chatouillements à son frère.*
▸▸▸ Mot de la famille de **chatouiller.**

chatouiller v. (conjug. 3). Effleurer la peau à certains endroits sensibles pour faire rire. *Lisa chatouille son frère dans le cou.*

▸ **chatouilleux, euse** adj. Qui est très sensible aux chatouillements. *Le frère de Lisa est très chatouilleux.*

chatoyer v. (conjug. 14). Avoir des reflets changeants. *Les diamants chatoient à la lumière.*
● On prononce [ʃatwaje].

châtrer v. (conjug. 3). Priver un animal mâle de ses organes sexuels pour l'empêcher de se reproduire. *Châtrer un coq.* SYN. **castrer.**
● Le **a** prend un accent circonflexe.

chatte n.f. Femelle du chat.

chaud, e adj. ❶ Qui est d'une température élevée, qui produit une sensation de chaleur. *Boire un chocolat chaud. Prendre une douche bien chaude.* CONTR. **froid, glacial.** ❷ Qui garde la chaleur et protège du froid. *Un pull en laine très chaud.* ❸ Qui s'enthousiasme pour quelque chose. *Un chaud défenseur des libertés.* SYN. **ardent, fervent.** ◆ adv. ❶ **Il fait chaud,** la température est élevée. ❷ **Manger, boire chaud,** manger un plat chaud, boire une boisson chaude.

▸ **chaud** n.m. ❶ **Avoir chaud,** éprouver une sensation de chaleur. CONTR. **froid.** ❷ **Au chaud,** là où il fait chaud. *Quentin a une angine, il doit rester au chaud.*
● Ne pas confondre avec la **chaux.**

▸ **chaudement** adv. ❶ **S'habiller chaudement,** s'habiller de manière à avoir chaud. ❷ Avec chaleur, avec enthousiasme. *Applaudir chaudement.* SYN. **chaleureusement.** *Recommander chaudement quelqu'un.* SYN. **vivement.**

▸ **chaudière** n.f. Appareil qui produit de l'eau chaude ou de la vapeur. *La chaudière d'un chauffage central.*

▸ **chaudron** n.m. Récipient en cuivre muni d'une anse que l'on plaçait dans la cheminée et où l'on faisait chauffer l'eau ou les aliments.

chauffage n.m. ❶ Fait de chauffer un local. *Le chauffage d'une grande maison coûte cher.* ❷ Installation qui permet de chauffer une maison. *Le chauffage est en panne.*

chauffard n.m. Mot péjoratif. Conducteur imprudent et dangereux.

chauffe-eau n.m. invar. Appareil qui fournit de l'eau chaude et fonctionne au gaz ou à l'électricité.
● La nouvelle orthographe permet d'écrire aussi des **chauffe-eaux,** avec un **x.**

chauffer et **se chauffer** v. (conjug. 3). ❶ Élever la température de quelque chose, rendre chaud. *On a installé un radiateur pour chauffer la salle de bains.* ❷ Produire de la chaleur, devenir chaud. *L'eau est en train de chauffer.* CONTR. **refroidir.** ◆ **se chauffer.** S'exposer à une source de chaleur. *Le chat se chauffe au soleil.*
▸▸▸ Mots de la même famille : **réchauffer, surchauffer.**

chauffeur n.m. Personne qui conduit un camion, une automobile, un taxi. *Louer une voiture avec chauffeur.* → Vois aussi **conducteur.**

chaume n.m. ❶ Partie des tiges de céréales restant en terre après la moisson. ❷ Paille qu'on utilise pour couvrir les toits de cer-

a b c d e f g h i j k l m n o p q r s t u v w x y z

a b c d e f g h i j k l m n o p q r s t u v w x y z

taines maisons. *Une ferme normande au toit de chaume.*

▶ **chaumière** n.f. Petite maison au toit souvent recouvert de chaume.

chaussée n.f. Partie de la route ou de la rue réservée à la circulation des véhicules. *Ne marche pas sur la chaussée mais sur le trottoir.*

chausse-pied n.m. Petit instrument utilisé pour mettre plus facilement une chaussure.
● Au pluriel : des **chausse-pieds.**
– La nouvelle orthographe permet d'écrire aussi **chaussepied,** sans trait d'union.
▶▶▶ Mot de la famille de **chausser.**

chausser et **se chausser** v. (conjug. 3). Avoir telle pointure de chaussures. *Rémi chausse du 35.* ◆ **se chausser**. Mettre ses chaussures. *Chaussez-vous pour aller dehors.* CONTR. **se déchausser.**

▶ **chausses** n.f. plur. Culotte qui couvrait le corps depuis la ceinture et que les hommes portaient jusqu'au 17e siècle.

▶ **chaussette** n.f. Vêtement de laine, de coton, de fil, qui couvre le pied et la jambe jusqu'à mi-mollet ou jusqu'au genou. → Vois aussi **socquette.**

▶ **chausson** n.m. ❶ Chaussure d'intérieur souple et confortable, à talon plat. SYN. **pantoufle.** ❷ Pâtisserie faite d'un rond de pâte feuilletée plié en deux et fourré. *Un chausson aux pommes.*

▶ **chaussure** n.f. Article d'habillement qui couvre et protège le pied. *Les bottes, les baskets, les sandales sont des chaussures. Mets tes chaussures pour sortir.* SYN. **soulier.**
→ Vois aussi **bottine, escarpin, mocassin, tennis.**

chauve adj. et n. Qui a perdu ses cheveux. CONTR. **chevelu.** → Vois aussi **calvitie.**

chauve-souris n.f. Petit mammifère volant qui est actif la nuit et se nourrit d'insectes. *Les chauves-souris repèrent les obstacles en émettant des ultrasons.*
● Au pluriel : des **chauves-souris.**
– La nouvelle orthographe permet d'écrire aussi **chauvesouris,** sans trait d'union. – Cri : le grincement.

chauvin, e adj. Qui éprouve une admiration exclusive et exagérée pour son pays. *Elle est si chauvine qu'elle ne voit même pas l'intérêt de voyager à l'étranger.*

▶ **chauvinisme** n.m. Admiration exagérée pour son pays, comportement d'une personne chauvine.

chaux n.f. Matière minérale blanche à base de calcaire utilisée dans la construction. *Une maison aux murs blanchis à la chaux.*
● Ce mot se termine par un **x.** – Ne confonds pas avec l'adjectif **chaud.**

chavirer v. (conjug. 3). Pour un bateau, se renverser la coque en l'air. *Le voilier a chaviré dans la tempête.* → Vois aussi **dessaler.**

chef n. ❶ Personne qui dirige, commande un groupe, qui est à sa tête. *Les soldats doivent obéir à leur chef.* SYN. **supérieur.** *Sa mère est chef d'entreprise.* SYN. **patron.** *Un chef d'État. Un chef de bande.* SYN. **meneur.** ❷ **Chef d'orchestre,** musicien qui dirige un orchestre.

chef-d'œuvre n.m. Œuvre la plus remarquable, la plus réussie d'un artiste. *Au Louvre, on peut admirer les chefs-d'œuvre des grands peintres.*
● On ne prononce pas le **f :** [ʃɛdœvr]. – Au pluriel : des **chefs-d'œuvre.**

chef-lieu n.m. Ville principale d'un département ou d'un arrondissement. *Tulle est le chef-lieu de la Corrèze.*
● Au pluriel : des **chefs-lieux.**

cheftaine n.f. Jeune fille qui dirige une troupe de jeunes scouts.
▶▶▶ Mot de la famille de **chef.**

cheikh n.m. Chef d'une tribu arabe.
● On prononce [ʃɛk].

chemin n.m. ❶ Passage en terre à la campagne. *Un chemin bordé d'arbres mène au château.* ❷ Distance à parcourir. *Nous avons fait tout le chemin à pied !* SYN. **trajet.** ❸ Direction à suivre pour aller d'un endroit à un autre. *Un passant nous a indiqué le chemin pour aller à la gare.* SYN. **itinéraire, route.** → Vois aussi **sentier.**
▶▶▶ Mot de la même famille : **acheminer.**

▶ **chemin de fer** n.m. Moyen de transport qui utilise la voie ferrée. *Voyager en chemin de fer.* SYN. **train.**
● Au pluriel : les **chemins de fer.**

▶ **chemineau** n.m. Autrefois, vagabond qui courait les chemins.
● Au pluriel : des **chemineaux.** – Ne confonds pas avec **cheminot.**

cheminée n.f. ❶ Partie d'une habitation où l'on peut faire du feu. *Faire brûler des* *bûches dans la cheminée.* ❷ Extrémité du conduit d'évacuation de la fumée qui dépasse des toits des maisons.

cheminer v. (conjug. 3). Marcher lentement mais régulièrement. *L'explorateur et son équipe cheminaient avec peine dans la montagne.* SYN. **avancer, progresser.**

▸▸▸ Mot de la famille de **chemin.**

cheminot n.m. Employé des chemins de fer.

● Ne confonds pas avec **chemineau.**

chemise n.f. ❶ Vêtement qui couvre le haut du corps, qui comporte un col, des manches, et se boutonne sur le devant. *Une chemise de coton.* ❷ **Chemise de nuit,** vêtement de nuit en forme de robe. ❸ Feuille de carton pliée en deux dans laquelle on range des documents. *Maman range les factures dans une chemise.*

▸ **chemisette** n.f. Chemise en tissu léger à manches courtes.

▸ **chemisier** n.m. Chemise de femme. *Un chemisier à fleurs.* SYN. **corsage.**

chênaie n.f. Terrain planté de chênes.

● Le **e** prend un accent circonflexe.

▸▸▸ Mot de la famille de **chêne.**

chenal n.m. Passage sur un cours d'eau ou sur la mer, où les eaux sont assez profondes pour permettre aux gros bateaux de naviguer. *Les chenaux sont signalés par des balises.*

● Au pluriel : des **chenaux.**

chenapan n.m. Enfant malicieux et insupportable. SYN. **galopin, garnement, vaurien.**

chêne n.m. Grand arbre au bois très résistant, dont le fruit est appelé « gland ». *Un chêne peut vivre jusqu'à six cents ans.*

● Le premier **e** prend un accent circonflexe.

un chêne

chenet n.m. Chacun des deux supports de métal qui servent à poser les bûches dans une cheminée.

chenil n.m. Établissement où l'on garde les chiens en l'absence de leur maître, où on élève et dresse des chiens pour les vendre.

chenille n.f. ❶ Larve du papillon, au corps formé d'anneaux et pourvu de ventouses. *La chenille se nourrit de feuilles.* ❷ Bande métallique articulée. *Les chars d'assaut, les bulldozers sont équipés de chenilles.*

une chenille

cheptel n.m. Ensemble des animaux d'une exploitation agricole, d'une région, d'un pays. *Le fermier possédait un cheptel de soixante vaches et trente porcs.*

chèque n.m. Feuillet imprimé, détachable d'un carnet, qui permet à une personne ayant un compte en banque d'effectuer des paiements. *On inscrit sur le chèque la somme à payer, le nom du destinataire, on date et on signe.*

▸ **chéquier** n.m. Carnet de chèques.

1. **cher, chère** adj. ❶ Que l'on aime. *Perdre un ami cher. Mon cher papa.* SYN. **bien-aimé, chéri.** ❷ S'emploie dans des formules de politesse. *Cher ami.*

● Ne confonds pas avec la **chair** ou une **chaire.**

2. **cher, chère** adj. Dont le prix est élevé. *Ce jouet est cher.* SYN. **coûteux, onéreux.** CONTR. **bon marché.** ◆ **cher** adv. **Coûter cher,** avoir un prix élevé.

● On prononce [ʃɛr]. – Ne confonds pas avec la **chair** ou une **chaire.**

chercher v. (conjug. 3). ❶ S'efforcer de trouver ou de découvrir. *Je te cherche partout ! Chercher un mot dans le dictionnaire.* SYN. **rechercher.** ❷ Tout faire pour parvenir à un résultat. *Je cherche à comprendre ce qui s'est passé.* SYN. **tenter de.** ❸ **Aller chercher,** ramener quelqu'un, rapporter

a b c d e f g h i j k l m n o p q r s t u v w x y z

quelque chose. *Aller chercher un ami à l'aéroport, un colis à la poste.*

▸ **chercheur, euse** n. ❶ Personne qui recherche des objets rares ou des métaux précieux. *Un chercheur d'or, de diamants.* ❷ Personne dont la profession est de faire de la recherche scientifique. *Elle est chercheuse en physique.*

chère n.f. (Littéraire). **Faire bonne chère,** faire un bon repas, bien manger.

● Ne confonds pas avec **chair** ou **chaire.**

chéri, e adj. Qui est tendrement aimé. *Mon bébé chéri.* SYN. **adoré.** ◆ n. Terme d'affection que l'on emploie pour s'adresser à une personne que l'on aime. *Mon chéri, ma chérie.*

▸▸▸ Mot de la famille de **cher (1).**

chérir v. (conjug. 16). Aimer tendrement une personne. *Il chérit sa femme et ses enfants.* SYN. **adorer.** CONTR. **détester, haïr.**

▸▸▸ Mot de la famille de **cher (1).**

cherté n.f. Fait d'être cher ou trop cher. *Se plaindre de la cherté de la vie.* → Vois aussi **coût.**

▸▸▸ Mot de la famille de **cher (2).**

chérubin n.m. Enfant doux et charmant comme un ange.

chétif, ive adj. Qui est faible, maigre et de santé fragile. SYN. **fluet, frêle, malingre.** CONTR. **robuste, vigoureux.**

cheval n.m. ❶ Grand mammifère qui a une crinière et de longues pattes, appelées «jambes», terminées par un sabot. ❷ **Faire du cheval,** faire de l'équitation. *Jean fait du cheval.* ❸ **À cheval,** assis avec une jambe de chaque côté sur quelque chose. *Valentin est à cheval sur une chaise.* SYN. **à califourchon.** → Vois aussi **étalon (1).**

● Au pluriel : des **chevaux.** – Femelle : la jument. Petits : le poulain, la pouliche. Cri : le hennissement.

un cheval

▸ **chevaleresque** adj. Qui manifeste des sentiments nobles et généreux, dignes d'un chevalier. *Il a eu une attitude très chevaleresque en la laissant gagner.*

▸ **chevalerie** n.f. Au Moyen Âge, institution de la noblesse qui imposait à ses membres d'appliquer les règles de la morale et de la religion chrétienne à la vie guerrière. *La loyauté, la bravoure et la fidélité étaient les principales règles de la chevalerie.*

▸ **chevalet** n.m. Support en bois sur lequel un peintre pose sa toile pour peindre.

▸ **chevalier** n.m. Au Moyen Âge, guerrier qui combattait à cheval et qui appartenait à la chevalerie. → Vois aussi **adouber.**

→ planche pp. 696-697.

un chevalier

▸ **chevalière** n.f. Bague dont le dessus est gravé des armes d'une famille ou des initiales d'une personne.

▸ **chevalin, e** adj. ❶ **Race chevaline,** les chevaux. ❷ **Boucherie chevaline,** où l'on vend de la viande de cheval.

▸ **chevauchée** n.f. Course ou randonnée à cheval.

▸ **chevaucher** et **se chevaucher** v. (conjug. 3). ❶ Aller à cheval sur une grande distance. *Les guerriers chevauchèrent toute la journée.* ❷ Empiéter sur, recouvrir en partie quelque chose. *Chaque tuile chevauche la suivante.* ◆ **se chevaucher.** Empiéter l'un sur l'autre, se recouvrir en partie. *Avoir les dents qui se chevauchent.*

chevelu, e adj. Dont la chevelure est longue ou très épaisse. CONTR. **chauve.** → Vois aussi **cuir.**

▸▸▸ Mot de la famille de **cheveu.**

chevelure n.f. Ensemble des cheveux. *Kelly a une belle chevelure rousse.*
►►► Mot de la famille de **cheveu.**

chevet n.m. ❶ Partie du lit où l'on pose la tête. ❷ **Lampe de chevet, table de chevet,** qui se trouvent près de la tête du lit. ❸ **Livre de chevet,** livre préféré, qu'on garde toujours près de soi. ❹ **Rester au chevet d'un malade,** près de lui.

cheveu n.m. ❶ Poil qui pousse sur la tête des êtres humains. *Se brosser les cheveux.* ❷ **Couper les cheveux en quatre,** entrer dans le détail, compliquer les choses. ❸ **Être tiré par les cheveux,** manquer de logique, ne pas être convaincant. *Son explication était tirée par les cheveux.* ❹ **Faire dresser les cheveux sur la tête,** faire très peur. *Son histoire de revenants m'a fait dresser les cheveux sur la tête.* → Vois aussi **capillaire.**
● Au pluriel : des **cheveux.**
►►► Mot de la même famille : **échevelé.**

cheville n.f. ❶ Articulation qui relie le pied à la jambe. *Élise s'est tordu la cheville.* ❷ Petit morceau de bois dur ou de plastique qui sert à assembler deux pièces de bois ou à fixer une vis dans un mur.

chèvre n.f. Mammifère ruminant des régions montagneuses, qui a des cornes recourbées. *Il existe des chèvres sauvages et une espèce domestique, élevée pour son lait, sa viande et son pelage. Le lait de chèvre sert à fabriquer des fromages.* → Vois aussi **caprin.**
● Mâle : le bouc. Petits : le chevreau, la chevrette. Cri : le bêlement ou le béguètement.

une chèvre

chevreau n.m. Petit de la chèvre. SYN. **cabri.**
● Au pluriel : des **chevreaux.**

chèvrefeuille n.m. Plante grimpante, à fleurs très parfumées.

chevreuil n.m. Mammifère ruminant des forêts d'Europe et d'Asie, plus petit que le cerf, à robe fauve.
● Femelle : la chèvre ou la chevrette. Petit : le faon. Cri : le brame ou le bramement.

un chevreuil

chevronné, e adj. Qui a fait ses preuves dans une activité. *Un pilote chevronné.* SYN. **compétent, qualifié.** CONTR. **débutant, novice.**

chevrotant, e adj. **Voix chevrotante,** qui tremble et fait penser au bêlement de la chèvre.

chewing-gum n.m. Pâte aromatisée que l'on mâche.
● C'est un mot anglais, on prononce [ʃwiŋgɔm]. – Au pluriel : des **chewing-gums.**

chez préposition. ❶ S'emploie devant un nom de personne pour indiquer un lieu. *J'ai rendez-vous chez le coiffeur. C'est animé, chez les voisins.* ❷ Au temps de. *Chez les Grecs, Athéna était la déesse de la Raison.* ❸ Dans la personne, l'espèce, la catégorie de. *Chez Julie, la gentillesse est naturelle. Chez les ruminants, l'estomac a quatre poches.*
● On dit **aller chez** le boucher et **aller à** la boucherie.

chic adj. ❶ Qui est habillé avec goût et recherche. *Elle est toujours très chic.* SYN. **distingué, élégant.** ❷ Qui est bienveillant, serviable, généreux. *Anne est une chic fille.* ♦ **chic !** interj. Mot qui exprime la joie, la satisfaction. *Chic ! On va manger des frites !* ♦ n.m. ❶ Élégance. *Ta toilette a beaucoup de chic.* SYN. **distinction.** ❷ **Avoir le chic pour,** être très habile pour. *Il a le chic pour me faire enrager.*

chicane n.f. ❶ Dispute portant sur des détails sans importance et sans intérêt. *Chercher chicane à ses voisins.* SYN. **querelle.** ❷ Parcours en zigzag imposé par une série d'obstacles sur une route.

a b c d e f g h i j k l m n o p q r s t u v w x y z

a b c d e f g h i j k l m n o p q r s t u v w x y z

▶ **chicaner** v. (conjug. 3). Chercher querelle sur des détails sans importance. *Il a chicané pour un retard de deux minutes.* SYN. **ergoter.**

1. **chiche** adj. ❶ Qui n'aime pas dépenser. *Son père est un peu chiche sur l'argent de poche.* SYN. **avare.** CONTR. **généreux.** ❷ **Être chiche de,** ne pas donner beaucoup de. *Être chiche de compliments.* SYN. **être avare de.**

2. **chiche** adj. Mot familier. **Être chiche de,** être assez audacieux pour. *Tu n'es pas chiche de plonger.* SYN. **capable.** ◆ **chiche !** interj. Mot que l'on emploie pour lancer un défi. *Chiche que je plonge !*

3. **chiche** adj.m. **Pois chiche,** gros pois gris.

chichement adv. En dépensant le moins possible d'argent. *Ils vivent chichement.* SYN. **pauvrement.**
▸▸▸ Mot de la famille de **chiche (1).**

chicorée n.f. ❶ Plante que l'on cultive pour ses feuilles, que l'on mange en salade. ❷ Racine de la chicorée sauvage, avec laquelle on fait une boisson qui ressemble un peu au café. *Boire une tasse de chicorée.*

chicot n.m. Mot familier. Partie d'une dent cassée ou cariée qui reste dans la gencive.

chien n.m. ❶ Mammifère carnivore domestique au flair très développé et dont il existe un grand nombre de races. *Le berger allemand, le caniche, le dalmatien sont des chiens.* ❷ **Vie de chien, temps de chien,** vie très pénible, temps très désagréable. ❸ **En chien de fusil,** couché sur le côté, les jambes repliées. *Dormir en chien de fusil.*
● Femelle : la chienne. Petit : le chiot. Cri : l'aboiement.

un chien

chiendent n.m. Mauvaise herbe résistante qui se multiplie très rapidement.

chienne n.f. Femelle du chien.

chiffon n.m. Morceau de tissu qu'on utilise pour les travaux ménagers. *Essuyer la poussière avec un chiffon.*
● Ce mot s'écrit avec deux **f.**

▶ **chiffonné, e** adj. Froissé. *Ma robe est toute chiffonnée.*

▶ **chiffonner** v. (conjug. 3). ❶ Froisser un tissu ou un papier. *J'ai chiffonné mon tee-shirt en m'asseyant dessus.* ❷ (Sens familier). Contrarier quelqu'un. *Cette histoire me chiffonne.* SYN. **ennuyer, préoccuper, tracasser.**
● Ce mot s'écrit avec deux **f** et deux **n.**

▶ **chiffonnier, ère** n. ❶ Personne qui récupère les vieux chiffons, les vieux papiers pour les revendre. ❷ **Se battre, se disputer comme des chiffonniers,** avec acharnement.

1. **chiffre** n.m. ❶ Signe qui sert à écrire un nombre. *1, 5 et 9 sont des chiffres arabes; I, V et IX sont des chiffres romains.* ❷ Montant d'une somme. *Les dépenses atteignent un chiffre très élevé.*

2. **chiffre** n.m. Code qui est utilisé dans un langage chiffré, pour correspondre secrètement.

▶ **chiffré, e** adj. **Langage, message chiffrés,** qui utilisent un code pour correspondre secrètement. SYN. **codé.**

chiffrer v. (conjug. 3). Évaluer le montant d'une dépense ou d'une recette. *Le plombier a chiffré le montant des réparations à cinq cents euros.*
▸▸▸ Mot de la famille de **chiffre (1).**

chignon n.m. Cheveux roulés et noués sur la nuque ou sur le haut de la tête.

chilien, enne adj. et n. Du Chili. *La poésie chilienne. Pablo est chilien. C'est un Chilien.*
● Le nom prend une majuscule : *un Chilien.*

chimère n.f. ❶ Monstre imaginaire, représenté avec une tête de lion, le corps d'une chèvre et la queue d'un dragon. ❷ Rêve séduisant mais impossible à réaliser. *Poursuivre des chimères.* SYN. **illusion, utopie.**

une chimère

▸ **chimérique** adj. Qui est irréalisable, qui n'est qu'une chimère. *Un projet chimérique.* SYN. **illusoire, utopique.** CONTR. **réaliste.**

chimie n.f. Science qui étudie les éléments constituant la matière et la façon dont ils se combinent et se transforment. *Faire des expériences de chimie dans un laboratoire.*

▸ **chimique** adj. **Produit chimique,** fabriqué grâce aux découvertes de la chimie. *Les détergents, les engrais sont des produits chimiques.* CONTR. **naturel.**

▸ **chimiste** n. Spécialiste de chimie.

chimpanzé n.m. Grand singe d'Afrique équatoriale, qui vit en groupes et se sert d'outils.

● Le chimpanzé est le plus proche cousin de l'homme.

un chimpanzé

chinchilla n.m. Petit rongeur d'Amérique du Sud, à la fourrure gris clair.

● On prononce [ʃɛ̃ʃila].

un chinchilla

chiné, e adj. **Tissu chiné,** qui a un aspect moucheté dû aux couleurs entremêlées dans les fils.

chinois, e adj. et n. De Chine. *La cuisine chinoise. Ing est chinoise. C'est une Chinoise.* ◆ **chinois** n.m. Langue parlée par les Chinois.

● Le nom prend une majuscule quand il désigne une personne : *un Chinois.*

chiot n.m. Jeune chien.

● Cri : le jappement ou le glapissement.

chiper v. (conjug. 3). Mot familier. Voler, prendre. *Je lui ai chipé son crayon.*

chipie n.f. Mot familier. Fille ou femme insupportable, toujours prête à jouer un mauvais tour. *Quelle chipie ! Elle m'a tiré les cheveux !* SYN. **peste.**

chipoter v. (conjug. 3). ❶ Mot familier. Faire des histoires pour de petites choses sans importance. *Il faut toujours qu'elle chipote sur des détails.* SYN. **chicaner.** ❷ Faire le difficile pour manger. *Mamie n'aime pas qu'on chipote à table.*

chips n.f. Tranche très fine de pomme de terre, frite, séchée et salée.

● On prononce le **s** : [ʃips].

chiqué n.m. Mot familier. **C'est du chiqué,** c'est faux, c'est truqué ou c'est fait pour impressionner les autres. *Il dit qu'il a trouvé un trésor, mais c'est du chiqué !* → Vois aussi **bluff, esbroufe.**

chiquenaude n.f. Coup donné avec un doigt replié contre le pouce et brusquement détendu. *D'une chiquenaude, il m'a lancé une boulette de papier.*

chiromancien, enne n. Personne qui lit l'avenir dans les lignes de la main. → Vois aussi **cartomancien, devin, voyant.**

● On écrit **ch** mais on prononce [k].

chirurgical, e, aux adj. ❶ **Intervention chirurgicale,** opération d'une partie du corps. ❷ **Instrument chirurgical,** instrument qu'un chirurgien utilise pour une intervention.

● Au masculin pluriel : **chirurgicaux.**

▸▸▸ Mot de la famille de **chirurgie.**

chirurgie n.f. Partie de la médecine qui consiste à opérer les malades ou les blessés.

▸ **chirurgien, enne** n. Médecin qui opère les malades et les blessés.

chlore n.m. Gaz toxique de couleur jaune verdâtre, à l'odeur désagréable, qu'on utilise comme désinfectant.

● On écrit **ch** mais on prononce [k].

chloroforme n.m. Liquide incolore à forte odeur utilisé autrefois pour endormir un patient.

● On écrit **ch** mais on prononce [k].

a b c d e f g h i j k l m n o p q r s t u v w x y z

chlorophylle n.f. Substance qui donne aux végétaux leur couleur verte et qui se forme à la lumière.

● On écrit **ch** mais on prononce [k]. – Ce mot s'écrit avec un **y** et deux **l**.

choc n.m. ❶ Contact brusque entre des choses ou des personnes. *L'avant de la voiture a été très abîmé par le choc.* SYN. **collision.** ❷ Émotion violente et brusque. *La nouvelle lui a fait un choc.* SYN. **coup.**

chocolat n.m. ❶ Aliment composé de pâte de cacao et de sucre réduits en une pâte solide. *Du chocolat noir, au lait, aux noisettes.* ❷ Boisson faite de poudre de cacao ou de chocolat dissoute dans du lait. *Boire un bol de chocolat chaud.*

chœur n.m. ❶ Groupe de chanteurs, de choristes qui chantent ensemble. SYN. **chorale.** ❷ **En chœur,** ensemble. *Rire en chœur.* SYN. **à l'unisson.** ❸ Partie d'une église où se déroulent les cérémonies autour de l'autel.

● On écrit **ch** mais on prononce [k]. – Ne confonds pas avec **cœur.**

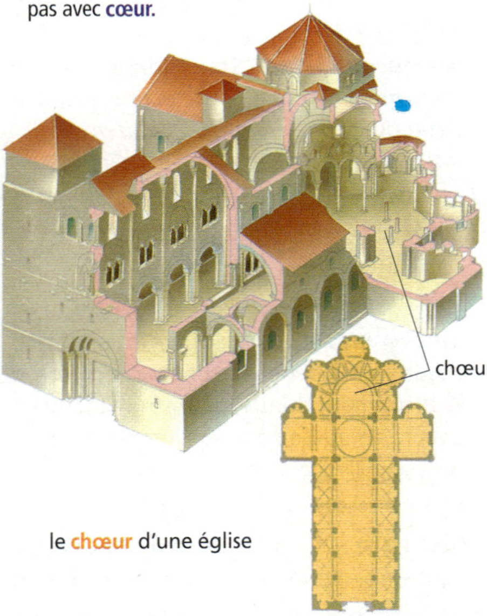

le chœur d'une église

choir v. (conjug. 45). Mot littéraire. Tomber. *Elle s'est laissée choir dans le fauteuil.*

● Ce verbe ne s'emploie couramment qu'à l'infinitif après les verbes « faire » et « laisser ». Les autres formes sont rares.

choisir v. (conjug. 16). Prendre une chose de préférence à d'autres. *Quel dessert as-tu choisi ?* SYN. **sélectionner.**

▸ **choix** n.m. ❶ Décision que l'on prend de faire une chose plutôt qu'une autre. *J'approuve entièrement son choix de s'inscrire au judo.* ❷ Liberté que l'on a de choisir. *Tu as le choix entre plusieurs modèles de baskets.* ❸ Ensemble de choses parmi lesquelles on peut choisir. *Il y a un grand choix de livres dans la bibliothèque.*

choléra n.m. Maladie contagieuse et parfois mortelle, qui se traduit par des vomissements et des diarrhées.

● On écrit **ch** mais on prononce [k].

cholestérol n.m. Graisse présente dans le sang. *Le cholestérol provient d'une alimentation trop riche en sucres et en graisse et peut provoquer des maladies du cœur et des artères.*

● On écrit **ch** mais on prononce [k].

chômage n.m. Situation dans laquelle se trouve une personne qui n'a pas ou qui n'a plus de travail. *Notre voisin est au chômage et il cherche un emploi.*

▸▸▸ Mot de la famille de **chômer.**

chômer v. (conjug. 3). **Ne pas chômer,** avoir beaucoup à faire. *Avec le déménagement, on n'a pas chômé !*

● Le **o** prend un accent circonflexe.

▸ **chômeur, euse** n. Personne qui n'a pas de travail, qui est au chômage. SYN. **demandeur d'emploi.**

choquant, e adj. Qui choque, qui heurte la sensibilité, les idées de quelqu'un. *Des paroles choquantes; une attitude choquante.* SYN. **inconvenant.**

▸▸▸ Mot de la famille de **choquer.**

choquer v. (conjug. 3). Heurter la sensibilité, les idées de quelqu'un. *Ses questions indiscrètes m'ont beaucoup choqué.* SYN. **indigner, offenser, offusquer.**

▸▸▸ Mot de la famille de **choc.**

chorale n.f. Groupe de chanteurs qui chantent des œuvres musicales à plusieurs voix ou à l'unisson. SYN. **chœur.**

● On écrit **ch** mais on prononce [k].

chorégraphie n.f. Ensemble des pas de danse et des figures d'un ballet.

● On écrit **ch** mais on prononce [k].

choriste n. Personne qui chante dans un chœur, dans une chorale.

● On écrit **ch** mais on prononce [k].

chose n.f. ❶ Objet. *On a acheté beaucoup de choses.* ❷ Fait, événement. *Il m'est arrivé une chose amusante. J'ai plusieurs choses* *à te dire.* ❸ **Autre chose,** quelque chose d'autre. *J'ai besoin d'autre chose.* → Vois aussi **quelque chose.**

chou n.m. ❶ Légume qui a la forme d'une grosse boule composée de feuilles. *Le chou rouge, le chou-fleur, les choux de Bruxelles sont des variétés de choux.* ❷ Petite pâtisserie ronde comme un chou. *Manger un chou à la crème.*
● Au pluriel : des **choux.**

choucas n.m. Petite corneille noire à nuque grise.
● Ce mot se termine par un **s.**

un choucas

1. **chouchou** n.m. Anneau de tissu froncé par un élastique. *S'attacher les cheveux avec un chouchou.*
● Au pluriel : des **chouchous.**

2. **chouchou, chouchoute** n. Mot familier. Enfant que ses parents ou ses professeurs préfèrent aux autres. *La plus jeune de la famille est la chouchoute de son père.*
● Au masculin pluriel : des **chouchous.**

▸ **chouchouter** v. (conjug. 3). Mot familier. Traiter un enfant en le favorisant, en le gâtant tout spécialement. SYN. **choyer, gâter.**

choucroute n.f. Plat composé de chou blanc fermenté et servi avec des saucisses, de la viande et du lard.

1. **chouette** n.f. Rapace nocturne qui n'a pas de plumes en aigrette sur la tête, contrairement au hibou. *La chouette se nourrit de petits rongeurs.* → Vois aussi **chat-huant, effraie, hulotte.**
● Cri : le hululement ou le chuintement.

une chouette

2. **chouette** adj. Mot familier. Qui est sympathique, agréable. *Sébastien est un garçon très chouette. Une chouette journée.* ◆ **chouette !** interj. Mot qui exprime la satisfaction. *Chouette ! papi nous emmène au cinéma !* SYN. **chic.**

chou-fleur n.m. Variété de chou dont les fleurs forment une grosse boule blanche. *Un gratin de chou-fleur.*
● Au pluriel : des **choux-fleurs.**

choyer v. (conjug. 14). Combler de tendresse, d'affection, d'attentions. *Ses parents l'ont toujours choyé.* SYN. **dorloter, gâter.**
● On prononce [ʃwaje].

chrétien, enne n. et adj. Personne qui croit en Jésus-Christ, Fils de Dieu. *Les catholiques, les protestants, les orthodoxes sont des chrétiens.* ◆ adj. ❶ Qui est propre au christianisme. *Noël est une fête chrétienne.* ❷ **Ère chrétienne,** ère qui commence avec la naissance du Christ. → Vois aussi **bouddhiste, israélite, musulman.**
● On écrit **ch** mais on prononce [k].

▸ **chrétienté** n.f. Ensemble des chrétiens.

▸ **christianisme** n.m. Religion des chrétiens.

chrome n.m. Métal blanc, brillant et dur. *On recouvre l'acier de chrome pour l'empêcher de rouiller.* ◆ **chromes** n.m. plur. Parties chromées d'une moto, d'une voiture.
● On écrit **ch** mais on prononce [k].

▸ **chromé, e** adj. Recouvert de chrome. *Un pare-chocs en acier chromé.*

chromosome n.m. Élément du noyau des cellules. Il contient les gènes par lesquels se transmettent les caractères héréditaires.
● On écrit **ch** mais on prononce [k].

1. **chronique** n.f. Article d'un journal ou émission d'un programme de radio régu-

a b c d e f g h i j k l m n o p q r s t u v w x y z

lièrement consacrés au même sujet. *Lire la chronique sportive.*

● On écrit **ch** mais on prononce [k].

2. **chronique** adj. **Maladie chronique,** qui dure longtemps ou qui réapparaît régulièrement. *L'asthme est une maladie chronique.*

● On écrit **ch** mais on prononce [k].

chronologie n.f. Succession d'événements dans le temps. *Rappeler la chronologie des faits.*

● On écrit **ch** mais on prononce [k].

▶ **chronologique** adj. **Ordre chronologique,** ordre dans lequel se sont succédé les faits, du plus ancien au plus récent. *Faire un récit en suivant l'ordre chronologique.*

chronomètre n.m. Instrument qui permet de mesurer une durée en minutes, secondes et fractions de seconde.

● On écrit **ch** mais on prononce [k]. – On emploie souvent l'abréviation familière **chrono.**

▶ **chronométrer** v. (conjug. 9). Mesurer avec un chronomètre. *On chronomètre des coureurs, des nageurs.*

chrysalide n.f. Forme que prennent certains insectes entre l'état de chenille et celui de papillon. → Vois aussi **cocon.**

● On écrit **ch** mais on prononce [k].

chrysanthème n.m. Plante qui fleurit à l'automne. *On dépose des chrysanthèmes sur les tombes.*

● On écrit **ch** mais on prononce [k]. – Ce mot s'écrit avec un **y** et **th.**

des chrysanthèmes

chuchotement n.m. Bruit de voix qui chuchotent, qui murmurent. *Pendant le film, on entendait des chuchotements dans la salle.* SYN. **murmure.**

▶▶▶ Mot de la famille de **chuchoter.**

chuchoter v. (conjug. 3). Parler à voix basse. *Salomé m'a chuchoté quelques mots à l'oreille.* SYN. **murmurer, susurrer.**

chuinter v. (conjug. 3). En parlant de la chouette, faire entendre son cri, le *chuintement.*

chut ! interj. Mot que l'on dit pour réclamer le silence, souvent en mettant un doigt sur les lèvres. *Chut ! ton petit frère dort.*

● On prononce le **t.**

chute n.f. ❶ Fait de tomber. *Simon a fait une chute de trottinette. Attention, chutes de pierres ! On prévoit des chutes de neige en montagne.* ❷ **Chute d'eau,** masse d'eau qui tombe à la verticale. *Les cascades, les cataractes sont des chutes d'eau.* ❸ Brusque déclin, effondrement. *La crise économique a provoqué la chute du gouvernement.* SYN. **renversement.**

▶ **chuter** v. (conjug. 3). ❶ (Sens familier). Tomber. *Il a chuté de l'estrade.* ❷ Diminuer brusquement, perdre de sa valeur. *Les ventes ont chuté.* SYN. **baisser, s'effondrer.**

chypriote → **cypriote**

1. **ci** adv. S'emploie pour renforcer un adjectif ou un pronom démonstratif et indiquer quelque chose de proche. *Je préfère ce stylo-ci à ce stylo-là. Ces jours-ci.* → Vois aussi **ci-joint.**

● Ce mot est précédé d'un trait d'union.

2. **ci** pronom démonstratif. ❶ Mot familier. Ceci. *Il s'est mis à vouloir ci et ça.* ❷ **Comme ci, comme ça,** pas très bien. *Aller comme ci, comme ça.*

cible n.f. Objet que l'on vise dans les exercices de tir à l'arc, au pistolet, à la carabine, etc. *Ma flèche a atteint le centre de la cible.* SYN. **objectif.**

ciboulette n.f. Plante à feuilles fines et longues, utilisées en cuisine pour assaisonner les salades. *La ciboulette fait partie des fines herbes.*

cicatrice n.f. Marque laissée sur la peau par une blessure ou une opération. *Depuis son accident, Simon a une petite cicatrice à la joue.* SYN. **balafre.**

▶ **cicatrisation** n.f. Guérison d'une plaie, d'une brûlure qui a cicatrisé.

▶ **cicatriser** v. (conjug. 3). Guérir et se refermer, en parlant d'une plaie ou de la peau.

La blessure a bien cicatrisé, on ne voit plus de marque.

ci-dessous adv. Plus bas dans la page ou plus loin dans le texte. *Reportez-vous à l'illustration ci-dessous.* CONTR. **ci-dessus.**

ci-dessus adv. Plus haut dans la page ou dans le texte. *J'ai déjà donné un début d'explication ci-dessus.* CONTR. **ci-dessous.**

cidre n.m. Boisson légèrement alcoolisée obtenue à partir de jus de pomme fermenté.

ciel n.m. ❶ Espace visible au-dessus de nos têtes. *Un avion traverse le ciel. Le ciel est parsemé d'étoiles.* SYN. **firmament.** ❷ **À ciel ouvert,** à l'air libre. *Une mine à ciel ouvert.* CONTR. **souterrain.** ❸ Selon certaines religions, espace où se trouvent Dieu et les âmes des morts. *Les croyants espèrent aller au ciel.* SYN. **paradis.** CONTR. **enfer.**
● Au pluriel : des **cieux.**

cierge n.m. Grande chandelle de cire que l'on fait brûler dans les églises.

cigale n.f. Insecte des régions méditerranéennes, qui vit sur les arbres. Le mâle fait entendre un bruit strident. *Écouter le chant des cigales.* → Vois aussi **grillon.**
● Cri : le craquètement ou la stridulation.

une cigale

cigare n.m. Petit rouleau de feuilles de tabac. *Fumer un cigare de La Havane.*

▶ **cigarette** n.f. Petit cylindre de tabac haché, enveloppé dans du papier très fin. *Les cigarettes contiennent des produits dangereux pour la santé.*

ci-gît adv. Formule que l'on trouve sur certaines tombes et qui signifie « ici repose ».
● La nouvelle orthographe permet d'écrire aussi **ci-git,** sans accent circonflexe.
▸▸▸ Mot de la famille de **gésir.**

cigogne n.f. Grand échassier migrateur au plumage noir et blanc, aux pattes et au long bec rouges. *Les cigognes font leur nid sur le toit des maisons.*
● Les cigognes migrent vers l'Afrique en hiver. Petit : le cigogneau. Cri : le craquètement.

des cigognes

ciguë n.f. Plante très toxique qui pousse sur les bords des chemins, dans les haies et les terres non cultivées.
● On en extrayait un poison pour la mise à mort des condamnés, dans la Grèce antique.
– La nouvelle orthographe permet d'écrire aussi **cigüe,** avec un tréma sur le **u.**

ci-joint, e adj. Joint à un envoi. *Vous trouverez ci-joint la photocopie de ma carte d'identité.*
● Placé avant le nom, **ci-joint** est invariable ; placé après, il s'accorde avec le nom : *la facture ci-jointe.*

cil n.m. Poil du bord des paupières. → Vois aussi **sourcil.**

cime n.f. Point le plus haut d'une montagne, d'un arbre. *L'oiseau s'est posé sur la cime de l'arbre.* SYN. **sommet, faîte.**

ciment n.m. Poudre d'argile et de chaux, qui, mélangée à de l'eau et du sable, forme une pâte qui durcit en séchant. *Pour construire un mur, le maçon a mis du ciment entre les briques.*

▶ **cimenter** v. (conjug. 3). Recouvrir de ciment ou faire tenir avec du ciment. *Cimenter les pierres d'un mur.*

cimetière n.m. Lieu où l'on enterre les morts.

cinéaste n. Auteur ou réalisateur de films.
▸▸▸ Mot de la famille de **cinéma.**

ciné-club n.m. Association d'amateurs de cinéma qui organise des projections de films ; lieu où sont projetés ces films.
● Au pluriel : des **ciné-clubs.**
▸▸▸ Mot de la famille de **cinéma.**

cinéma n.m. ❶ Art de réaliser des films, de filmer et de projeter sur un écran des images en mouvement. *Un festival de cinéma.*

a b c d e f g h i j k l m n o p q r s t u v w x y z

❷ Salle où sont projetés des films. *Au cinéma, nous avons vu un film de science-fiction.*
● On emploie souvent l'abréviation familière **ciné.** – C'est en 1895 que les frères Lumière ont mis au point le premier appareil de prise de vues et de projection.

▸ **cinémathèque** n.f. Lieu où l'on conserve les films et où on les projette.
● Ce mot s'écrit avec **th.**

▸ **cinématographique** adj. Qui concerne le cinéma. *L'industrie cinématographique.*

▸ **cinéphile** n. Amateur de cinéma.

cinglant, e adj. **Paroles cinglantes,** vives et blessantes. *Il a eu droit à une réplique cinglante.* SYN. **vexant.**
▸▸▸ Mot de la famille de **cingler.**

cinglé, e adj. et n. Mot familier. Fou. *Tu es cinglé de traverser sans regarder.*
▸▸▸ Mot de la famille de **cingler.**

cingler v. (conjug. 3). ❶ Frapper vivement avec une lanière, une baguette, un fouet. *Cingler la croupe d'un cheval.* SYN. **fouetter.** ❷ Frapper de petits coups vifs, en parlant de la pluie ou de la grêle. *La pluie cinglait mes joues.*

cinq adj. numéral et n.m. invar. Quatre plus un. *Les cinq doigts de la main. La page cinq. L'école de mon cousin est située au cinq de la rue des Fauvettes.*

cinquantaine n.f. ❶ Nombre de cinquante ou d'environ cinquante. *Il y avait une cinquantaine d'invités.* ❷ Âge de cinquante ans environ. *Mon père approche de la cinquantaine.* → Vois aussi **quinquagénaire.**
▸▸▸ Mot de la famille de **cinquante.**

cinquante adj. numéral et n.m. invar. Cinq fois dix. *Son oncle a cinquante ans. Ouvrez votre livre page cinquante. J'habite au cinquante de l'avenue du Château.*

▸ **cinquantenaire** n.m. Cinquantième anniversaire d'un événement.

▸ **cinquantième** adj. numéral et n. Qui occupe une place, un rang marqués par le numéro cinquante. *Être classé cinquantième au marathon. Le cinquantième a eu un lot de consolation.*

cinquième adj. numéral et n. Qui occupe une place, un rang marqués par le numéro cinq. *Il est classé cinquième au concours.* ◆ n.m. Quantité contenue cinq fois dans un tout. *Nous avons eu chacun le cinquième de la tarte.* ◆ n.f. Classe de la deuxième année du collège. *Adrien est en cinquième.*
▸▸▸ Mot de la famille de **cinq.**

cintre n.m. Support muni d'un crochet, qui sert à suspendre les vêtements. *Armelle a mis son manteau sur un cintre.* → Vois aussi **portemanteau.**

cintré, e adj. **Vêtement cintré,** resserré à la taille.

cirage n.m. Pâte à base de cire qui sert à nettoyer et à faire briller le cuir.

circoncision n.f. Opération qui consiste à couper le repli de peau qui recouvre le bout du pénis. *La circoncision est pratiquée dans les religions juive et musulmane.*

circonférence n.f. Périmètre d'un cercle.

circonflexe adj. **Accent circonflexe,** accent en forme de « v » renversé qui se place sur certaines voyelles. *Les mots « âne », « être », « île », « hôtel », « mûre », « piqûre » ont un accent circonflexe.*

circonscription n.f. Division administrative d'un territoire. *La commune, le canton, le département sont des circonscriptions.*

circonscrire v. (conjug. 62). Empêcher de dépasser certaines limites. *Les pompiers ont eu du mal à circonscrire l'incendie.*

circonspect, e adj. Qui envisage les choses avec réflexion et prudence. *Les enquêteurs, très circonspects, n'ont pas donné leur conclusion.* SYN. **prudent, réservé.**

▸ **circonspection** n.f. Prudence et précaution dont on fait preuve avant d'agir ou de parler. *Examiner une proposition avec circonspection.*

circonstance n.f. ❶ Fait qui accompagne un événement. *On s'interroge sur les circonstances de l'accident.* ❷ Situation particulière. *Étant donné les circonstances, la cérémonie a été annulée.*

▸ **circonstanciel, elle** adj. **Complément circonstanciel,** complément qui indique dans quelle circonstance se déroule une action (lieu, temps, manière).
● On peut aussi dire **complément de circonstance.**

circuit n.m. ❶ Parcours qui ramène au point de départ. *Le circuit d'une course automobile. Faire un circuit en autocar.* SYN. **excur-**

sion, périple. ❷ **Circuit électrique,** ensemble des fils par où passe le courant.

▸▸▸ Mot de la même famille : **court-circuit.**

▸ **1. circulaire** adj. Qui a la forme d'un cercle ou qui décrit un cercle. *Une pièce circulaire; un mouvement circulaire.*

▸ **2. circulaire** n.f. Note adressée à plusieurs personnes pour leur transmettre des informations ou des instructions. *Le compte rendu de la réunion a été communiqué par circulaire.*

▸ **circulation** n.f. ❶ Mouvement des véhicules sur les voies de communication. *En été, il y a beaucoup de circulation sur l'autoroute.* SYN. **trafic.** ❷ **Circulation du sang,** mouvement continu du sang dans le corps.

circulatoire adj. **Appareil circulatoire,** ensemble des vaisseaux qui véhiculent le sang et assurent sa circulation dans le corps.

circuler v. (conjug. 3). ❶ Se déplacer sur les voies de communication. *Les voitures circulent lentement à cause du verglas.* SYN. **rouler.** ❷ Pour un gaz, un liquide, se déplacer selon un circuit. *Le sang circule dans les veines.* ❸ Se transmettre d'une personne à une autre. *Faire circuler une pétition.* SYN. **passer.** *Le bruit circule qu'il va changer d'école.* SYN. **courir, se répandre.**

cire n.f. ❶ Substance jaune produite par les abeilles, qui leur sert à construire leurs rayons. *Des bougies en cire.* ❷ Produit à base de cire d'abeille qu'on utilise pour entretenir le bois. SYN. **encaustique.**

▸ **ciré, e** adj. **Toile cirée,** toile enduite d'un produit qui la rend imperméable. *La table de la cuisine est recouverte d'une toile cirée.*

▸ **ciré** n.m. Imperméable en tissu plastifié. *Le pêcheur portait un ciré jaune.*

▸ **cirer** v. (conjug. 3). Enduire de cire ou de cirage. *Cirer le parquet. Cirer ses chaussures.*

cirque n.m. ❶ Dans l'Antiquité, enceinte avec des gradins où se déroulaient des courses de chars, des combats de gladiateurs ou d'animaux. *Les jeux du cirque.* ❷ Lieu où l'on présente des numéros d'acrobates, de clowns, de dompteurs sur une piste circulaire. *Nous adorons aller au cirque.* ❸ Cuvette creusée par l'érosion et entourée de montagnes abruptes. *Le cirque de Gavarnie; le cirque de Navacelles.*

le cirque de Navacelles (France)

cisailler v. (conjug. 3). Couper avec des cisailles. *Cisailler des fils de fer barbelés.*

▸▸▸ Mot de la famille de **ciseaux.**

cisailles n.f. plur. Gros ciseaux qui servent à découper les métaux ou à couper des branches.

▸▸▸ Mot de la famille de **ciseaux.**

ciseaux n.m. plur. Instrument fait de deux lames tranchantes qui sert à couper du tissu, du papier, du fil, etc. *Une paire de ciseaux pointus; des ciseaux à bouts ronds.*

● Le **ciseau** est un outil utilisé par les menuisiers et les sculpteurs pour travailler le bois, la pierre, le métal.

ciseler v. (conjug. 11). Travailler très finement le métal ou la pierre. *Un orfèvre a ciselé ce bijou.*

citadelle n.f. Forteresse qui protégeait autrefois certaines villes.

citadin, e n. Personne qui habite une ville. *Anne habite Toulouse, c'est une citadine.* CONTR. **campagnard.**

▸▸▸ Mot de la famille de **cité.**

citation n.f. Phrase extraite de l'œuvre d'un écrivain, du discours de quelqu'un, que l'on cite. *On écrit les citations entre guillemets.*

▸▸▸ Mot de la famille de **citer.**

cité n.f. ❶ Dans l'Antiquité et au Moyen Âge, communauté politique dont les membres s'administraient eux-mêmes. *Les cités grecques.* ❷ Ville, agglomération. *New York, Londres, Paris sont de grandes cités.* ❸ Ensemble d'immeubles à loyer modéré. *Fatou et Thomas habitent dans la même cité.*

citer v. (conjug. 3). ❶ Donner le nom d'une chose ou d'une personne. *Pouvez-vous citer cinq pays d'Europe ?* SYN. **nommer.** ❷ Rapporter exactement les paroles de quelqu'un

a b c d e f g h i j k l m n o p q r s t u v w x y z

ou les passages d'une œuvre. *Citer un vers de La Fontaine.*

citerne n.f. Réservoir qui sert à stocker les liquides (l'eau, le mazout, l'essence, le vin).

cithare n.f. Instrument de musique à cordes, sans manche.
● Ce mot s'écrit avec **th.**

citoyen, enne n. Personne qui, ayant la nationalité d'un pays, a certains droits et certains devoirs. *À 18 ans, les Français peuvent exercer leur responsabilité de citoyen en votant.* ◆ adj. Qui respecte ses devoirs de citoyen. *Avoir un comportement citoyen.*

→ planche pp. 308-309.

citron n.m. Fruit à la peau jaune clair et au goût acide, qui pousse sur un citronnier. *Le citron est un agrume.*

des **citrons**

▸ **citronnade** n.f. Boisson rafraîchissante à base de jus de citron.

▸ **citronnier** n.m. Arbre fruitier qui produit des citrons.

citrouille n.f. Gros fruit de couleur verte ou orangée, pouvant atteindre 50 kilos. *Après minuit, le carrosse de Cendrillon redevint citrouille. Le jour de Halloween, au Québec, on décore des citrouilles.* → Vois aussi **courge, potiron.**

une **citrouille**

civet n.m. Ragoût de lapin, de lièvre cuit lentement dans du vin.

civière n.f. Sorte de lit, muni de deux barres, qui sert au transport des blessés. *Les pompiers ont mis le blessé sur une civière.* SYN. **brancard.**

civil, e adj. ❶ Qui concerne l'ensemble des citoyens d'un État. *Une guerre civile.* ❷ Qui n'a pas de caractère religieux ou militaire. *Le mariage civil a lieu à la mairie. Les soldats ont mis leur tenue civile.* ◆ n.m. ❶ Personne qui n'est pas un militaire. *Évacuer les civils d'une zone de combats.* ❷ **En civil,** habillé comme n'importe quelle personne. *Un gendarme en civil.* CONTR. **en tenue, en uniforme.**
● Ne confonds pas avec **civique.**

civilisation n.f. ❶ Manière de vivre qui caractérise un peuple à un moment donné de son histoire. *La civilisation grecque.* ❷ Ensemble des valeurs qui révèlent l'évolution d'une société.

civiliser v. (conjug. 3). Amener un peuple à un état de civilisation considéré comme supérieur. *Les Romains ont civilisé la Gaule.*

civique adj. ❶ Qui concerne le citoyen et son rôle dans la vie politique d'un pays. *Voter est un devoir civique.* ❷ **Éducation civique,** enseignement des droits et des devoirs des citoyens.
● Ne confonds pas avec **civil.**

clair, e adj. ❶ Qui reçoit largement la lumière du jour. *La salle de séjour est très claire.* SYN. **lumineux.** CONTR. **sombre.** ❷ D'une couleur plus proche du blanc que du noir, peu coloré. *En été, on porte des vêtements clairs.* CONTR. **foncé.** ❸ Qui est transparent. *L'eau de la rivière est claire.* SYN. **limpide.** CONTR. **trouble.** ❹ **Temps clair,** sans nuages. SYN. **dégagé.** CONTR. **couvert.** ❺ Que l'on comprend facilement. *Les règles du jeu sont claires.* CONTR. **confus.** ◆ adv. ❶ **Il fait clair,** il fait grand jour. ❷ **Voir clair,** avoir une bonne vue ou comprendre les intentions de quelqu'un. *Papi ne voit pas très clair sans lunettes. N'essaie pas de la tromper, elle voit clair dans ton jeu.*

▸ **clair** n.m. ❶ **En clair,** en mots simples. *En clair, cela veut dire que j'accepte.* ❷ **Tirer quelque chose au clair,** l'éclaircir, l'expliquer. *Les policiers ont réussi à tirer l'affaire au clair.*

▸ **clair de lune** n.m. Lumière que répand la lune la nuit. *Se promener au clair de lune.*

▶ **clairement** adv. De manière nette, distincte, compréhensible. *Entendre clairement des bruits de pas.* SYN. **distinctement, nettement.** *Répondre clairement à une question.*

▶ **claire-voie** n.f. **Volets à claire-voie,** qui laissent passer la lumière à travers les fentes.
● La nouvelle orthographe permet d'écrire aussi **clairevoie,** sans trait d'union.

▶ **clairière** n.f. Endroit sans arbres ni buissons, dans une forêt ou un bois. *Pique-niquer dans une clairière.*

clairon n.m. Instrument de musique à vent, utilisé surtout dans l'armée.

▶ **claironner** v. (conjug. 3). Exprimer d'une voix sonore. *Un élève de ma classe a claironné qu'il avait eu la meilleure note.* SYN. **proclamer.**

clairsemé, e adj. Qui est planté à de larges intervalles. *Une végétation clairsemée.* SYN. **épars.** CONTR. **dense, dru.**

clairvoyant, e adj. Qui juge les faits avec lucidité, sans se laisser tromper par les apparences. *C'est un homme clairvoyant, il pourra te conseiller.* SYN. **perspicace.**

clamer v. (conjug. 3). Faire connaître avec force. *Le prisonnier clame son innocence.* SYN. **crier, proclamer.**

▶ **clameur** n.f. Cri d'une foule. *À l'arrivée de l'artiste, une clameur s'éleva de la salle.*
→ Vois aussi **huée, ovation.**

clan n.m. Groupe de personnes qui ont en commun les mêmes idées, les mêmes intérêts et qui s'opposent aux autres. *Depuis cette dispute, la famille est divisée en deux clans.* SYN. **camp, parti.**

clandestin, e adj. ❶ Qui est fait en cachette. *Une réunion clandestine.* SYN. **secret.** ❷ **Passager clandestin,** passager qui voyage sans billet, en se cachant. ◆ n. et adj. Personne qui a immigré dans un pays et qui n'a pas de papiers en règle.

▶ **clandestinement** adv. De manière clandestine, en cachette. *Les réfugiés ont passé clandestinement la frontière.*

clandestinité n.f. Situation d'une personne qui mène une existence clandestine. *Vivre dans la clandestinité.* SYN. **illégalité.**

clapier n.m. Cage où l'on élève les lapins.

clapoter v. (conjug. 3). En parlant de l'eau, faire un léger bruit.

▶ **clapotis** n.m. Bruit léger que fait l'eau en clapotant. *Le clapotis de la mer sur le quai.*
● Ce mot se termine par un **s.** – On peut aussi dire **clapotement.**

claquage n.m. Déchirure accidentelle d'un muscle. *Le coureur s'est fait un claquage à la cuisse.*
▶▶▶ Mot de la famille de **claquer.**

claque n.f. Coup sec donné sur la joue avec le plat de la main. *Jean a reçu une paire de claques.* SYN. **gifle.**
▶▶▶ Mot de la famille de **claquer.**

claquement n.m. Bruit d'une chose qui claque. *J'ai entendu un claquement de porte.*
▶▶▶ Mot de la famille de **claquer.**

claquer et **se claquer** v. (conjug. 3). ❶ Faire un bruit sec et fort. *Les volets claquent à cause du vent.* ❷ **Claquer la porte,** la refermer brutalement. *Le client furieux est parti en claquant la porte.* ❸ **Claquer des dents,** avoir très froid ou très peur. ❹ **Se claquer un muscle,** se déchirer accidentellement un muscle, se faire un claquage.

▶ **claquettes** n.f. plur. Danse où l'on marque le rythme par le claquement de chaussures spéciales, munies à la pointe et au talon d'une lame en métal. *Audrey apprend les claquettes.*

clarifier v. (conjug. 7). Rendre plus clair, plus simple à comprendre. *Vos explications ont permis de clarifier la situation.* SYN. **éclaircir.**
▶▶▶ Mot de la famille de **clair.**

clarinette n.f. Instrument de musique à vent, formé d'un tube long et étroit.
● Nom des musiciens : un ou une **clarinettiste.**

une clarinette

clarté n.f. ❶ Lumière qui permet de distinguer les choses. *La clarté du jour.* ❷ Caractère de ce qui est clair, lumineux. *La clarté d'une pièce.* SYN. **luminosité.** ❸ Qualité de ce qui est facile à comprendre. *La clarté d'un discours.*
▶▶▶ Mot de la famille de **clair.**

classe n.f. ❶ Ensemble de personnes qui ont le même niveau de vie, les mêmes intérêts,

a b c d e f g h i j k l m n o p q r s t u v w x y z

les mêmes habitudes. *Les différentes classes sociales.* ❷ Catégorie de choses. *Les classes de mots.* ❸ Valeur d'une chose, distinction d'une personne. *Une émission de grande classe.* SYN. **qualité.** *Cette actrice a beaucoup de classe.* SYN. **élégance.** ❹ Niveau, année d'étude. *« En quelle classe es-tu ? — En CP. »* ❺ Ensemble d'élèves qui suivent les mêmes cours. *Toute la classe va à la piscine.* ❻ Salle où ont lieu les cours. *Après la récréation, nous regagnons notre classe.* ❼ **En classe,** à l'école. *Ma sœur ne va pas encore en classe.* ❽ En biologie, regroupement d'animaux ou de végétaux qui ont des caractères communs. *La classe des mammifères, des oiseaux.*

►►► Mot de la famille de **classer.**

classement n.m. ❶ Ordre que l'on met dans un ensemble de choses. *Maman a fait du classement dans ses factures.* ❷ Rang dans lequel une personne est classée pour une épreuve, une compétition. *Cyrille est deuxième au classement.*

►►► Mot de la famille de **classer.**

classer et **se classer** v. (conjug. 3). Placer dans un certain ordre. *Classer des timbres par pays.* SYN. **ranger.** CONTR. **déclasser.** ◆ **se classer.** Obtenir une place dans un classement. *Cyrille s'est classé deuxième.*

► **classeur** n.m. Chemise en carton épais ou en plastique, où l'on classe des documents.

classique adj. ❶ **Auteur classique,** auteur qui est considéré comme un modèle et qu'on étudie en classe. *Molière, La Fontaine, Victor Hugo sont des auteurs classiques.* ❷ **Musique classique,** musique des grands compositeurs occidentaux, que l'on oppose à la musique de variétés, au jazz, etc. ❸ **Vêtements classiques,** sans fantaisie.

claudication n.f. Fait de boiter. *Mon père a gardé une légère claudication de son accident de ski.*

clause n.f. Condition particulière à respecter dans un contrat, une loi ou un traité. *Lire les clauses d'un bail.*

claustrophobe adj. Qui éprouve une peur maladive des endroits fermés. *Laure ne prend jamais l'ascenseur parce qu'elle est claustrophobe.*

clavecin n.m. Instrument de musique à claviers et à cordes métalliques pincées, qui ressemble à un petit piano à queue. *Mozart a écrit de nombreux morceaux pour clavecin.*

● Nom des musiciens : un ou une **claveciniste.**

un clavecin

clavicule n.f. Chacun des deux os longs qui vont du cou à l'épaule.

clavier n.m. ❶ Ensemble des touches de certains instruments de musique comme le piano, le clavecin, l'orgue, l'accordéon. ❷ Ensemble des touches d'une machine à écrire, d'un ordinateur, d'un téléphone.

clé n.f. ❶ Objet qui permet de fermer et d'ouvrir une serrure. *Fermer une porte à clé.* ❷ **Sous clé,** dans un endroit fermé à clé. *Les documents confidentiels ont été mis sous clé.* ❸ Outil qui permet de serrer ou de desserrer des écrous, des boulons. *Une clé à molette.* ❹ Ce qui permet de comprendre, de résoudre un problème. *Personne n'a trouvé la clé du mystère.* ❺ En musique, signe placé au début de la portée qui permet d'identifier les notes. *La clé de sol, de fa.*

● On peut aussi écrire **clef.**

clémence n.f. Mot littéraire. Attitude d'une personne clémente, indulgente. *Les jurés ont fait preuve de clémence envers l'accusé.* SYN. **indulgence.** CONTR. **sévérité.**

► **clément, e** adj. ❶ Mot littéraire. Qui n'est pas trop sévère à l'égard d'une personne qui a commis une faute. *L'instituteur a été clément avec l'élève chahuteur.* SYN. **indulgent.** ❷ **Saison, température clémentes,** douces, agréables. *L'hiver a été clément.* CONTR. **rigoureux.**

clémentine n.f. Variété de mandarine à peau très fine et sans pépins qui pousse sur un arbre, le *clémentinier.* → Vois aussi **mandarine.**

clepsydre n.f. Horloge à eau de l'Antiquité. *Le principe de la clepsydre est voisin de celui du sablier.*

● Ce mot s'écrit avec un **y.**

une clepsydre

cleptomane n. Personne qui vole parce qu'elle ne peut pas s'en empêcher.

● On peut aussi écrire **kleptomane.**

clerc n.m. **Clerc de notaire,** employé travaillant dans une étude de notaire.

● On ne prononce pas le **c** final. – Ne confonds pas avec **clair.**

clergé n.m. Ensemble des religieux. *Le clergé catholique, protestant.*

cliché n.m. ❶ Image photographique en négatif. *Le cliché d'une radiographie.* ❷ Idée banale et sans originalité, formule trop souvent utilisée. *Un discours, un texte plein de clichés.* SYN. **lieu commun.**

client, e n. Personne qui achète des marchandises ou qui fait appel aux services d'une entreprise. *Il y a beaucoup de clients dans les magasins, le samedi.* SYN. **acheteur.**

▶ **clientèle** n.f. Ensemble des clients. *La clientèle d'un hôtel, d'un commerçant.*

cligner v. (conjug. 3). **Cligner des yeux,** fermer à demi les paupières ou battre des paupières par réflexe. *La lumière est trop vive, elle me fait cligner des yeux.*

clignotant n.m. Signal lumineux qui clignote. Sur un véhicule, il sert à avertir d'un changement de direction. *Quand un automobiliste veut tourner, il met son clignotant.*

▸▸▸ Mot de la famille de **clignoter.**

clignoter v. (conjug. 3). S'allumer et s'éteindre à intervalles rapprochés. *La guirlande lumineuse clignote.*

climat n.m. ❶ Temps qu'il fait habituellement dans une région, un pays. *La France a un climat tempéré.* ❷ Ambiance qui règne dans un groupe. *Le climat est excellent dans la classe de Richard.* SYN. **atmosphère.**

▸▸▸ Mot de la même famille : **acclimater.**

→ planche pp. 216-217.

▶ **climatique** adj. Qui se rapporte au climat. *Les mauvaises conditions climatiques ont retardé le départ de l'expédition.* SYN. **météorologique.**

▶ **climatisation** n.f. Installation qui permet de maintenir la même température dans un endroit fermé, quel que soit le temps. *Avoir la climatisation dans sa voiture.*

clin d'œil n.m. ❶ Battement rapide de paupières fait en signe d'avertissement ou de complicité. *Elle m'a fait un clin d'œil pour me prévenir qu'elle plaisantait.* ❷ **En un clin d'œil,** très rapidement. *On a fait les bagages en un clin d'œil.*

● Au pluriel : des **clins d'œil.**

▸▸▸ Mot de la famille de **cligner.**

clinique n.f. Établissement médical privé où l'on soigne et l'on opère les malades et les blessés, et où les femmes peuvent accoucher. → Vois aussi **hôpital.**

clinquant, e adj. Qui est très voyant, qui brille beaucoup mais n'a pas une grande valeur. *Des bijoux clinquants.*

1. **clip** n.m. Boucle d'oreille, qui se fixe avec une pince.

2. **clip** n.m. Petit film illustrant une chanson, une publicité. *Anthony regarde des clips à la télévision.*

clique n.f. Mot péjoratif. Groupe de personnes qui travaillent ou complotent ensemble. *Ces deux-là font partie de la même clique.* SYN. **bande, clan.**

cliquer v. (conjug. 3). Appuyer sur le bouton de la souris d'un ordinateur pour donner une instruction.

cliqueter v. (conjug. 12). Produire le bruit léger d'objets qui s'entrechoquent. *Mes bracelets cliquettent quand je bouge le bras.*

▶ **cliquetis** n.m. Bruit produit par ce qui cliquette. *Le cliquetis des verres, de la vaisselle.*

● Ce mot se termine par un **s.**

a b c d e f g h i j k l m n o p q r s t u v w x y z

Climats et météorologie

Le climat et le temps varient selon les pays et les régions. Les différences de climat dépendent du relief et de l'altitude, de la position du Soleil par rapport à la Terre et de la circulation des vents et des courants marins. L'observation de ces phénomènes permet de prévoir le temps qu'il va faire : c'est la météorologie.

Les types de climats

- Plus une région est proche de l'équateur, plus elle est ensoleillée et chaude. Plus une région est proche des océans, plus elle est humide. À chaque climat correspond un milieu de vie : la flore, la faune et l'habitat humain sont différents selon les zones climatiques.
- On distingue cinq grands types de climats :

- le climat tempéré : il se distingue par la succession des quatre saisons ; il peut être océanique, méditerranéen ou continental.

- le climat équatorial : chaud et humide toute l'année ; végétation particulière : la jungle.

- le climat tropical : très chaud ; deux saisons se succèdent : une saison sèche et une saison humide, très pluvieuse ; végétation particulière : savane et forêt tropicale.

- le climat désertique ou aride : très chaud ou très froid ; très faibles précipitations et peu de végétation.

- le climat polaire : hiver glacial et très long ; végétation rare, en été seulement : la toundra.

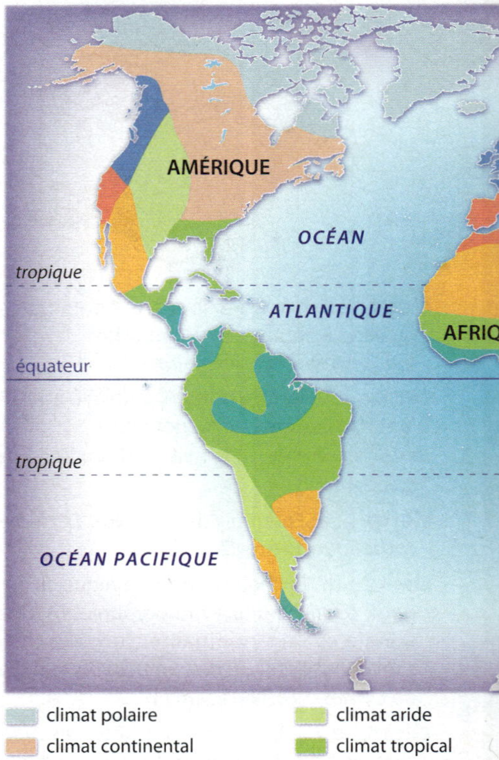

Les précipitations

- Les nuages sont formés de fines gouttelettes ou de cristaux de glace qui fondent au contact de l'air chaud, formant la pluie.
- Lorsqu'il fait froid, la vapeur d'eau se transforme en givre et, lorsqu'elle touche le sol gelé, cela forme du verglas.
- La grêle et la neige se forment dans les nuages froids.

Pour en savoir plus

Expressions figurées

Faire la pluie et le beau temps : être puissant, pouvoir décider de tout.

Un vent à décorner les bœufs : un vent très fort, capable d'emporter les cornes des bœufs !

Être dans les nuages : être distrait.

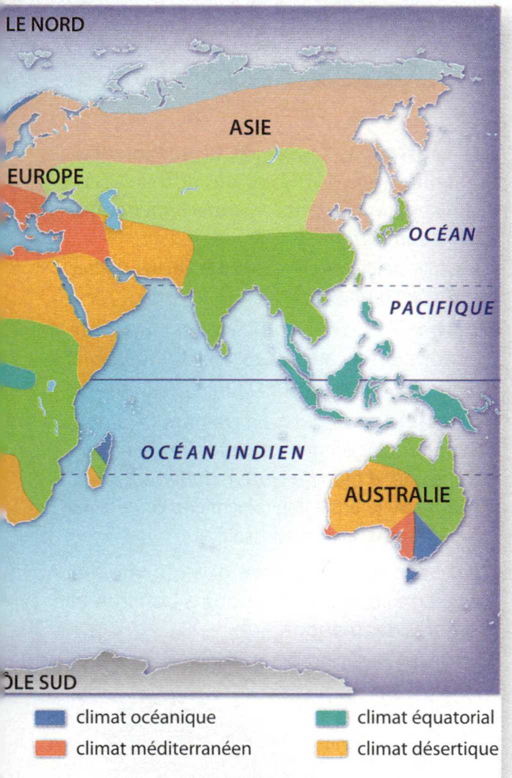

La météorologie

- Plusieurs outils servent à mesurer les **conditions atmosphériques** : le **thermomètre** enregistre les **températures** ; le **baromètre** mesure la pression **atmosphérique** ; le **pluviomètre** mesure la quantité de pluies tombées en un lieu.
- Les **stations météorologiques**, transmettent les informations aux centres météorologiques.

Quelques phénomènes météorologiques

- **L'orage** se forme dans un énorme nuage, appelé « **cumulonimbus** », qui s'étire en hauteur très haut dans l'atmosphère. À l'intérieur de ce nuage, l'affrontement de l'air chaud et de l'air froid provoque une **décharge éléctrique**, la **foudre.**
- **Le cyclone** est une **dépression** qui se forme au-dessus des eaux chaudes. On l'appelle **typhon** dans l'océan Pacifique et **ouragan** dans les Caraïbes.
- La **tornade** est un tourbillon de vent violent qui apparaît subitement et est difficile à prévoir.

Les vents

- Le **vent** naît des déplacements des masses d'air dans l'atmosphère. Il existe différents vents :

- les **alizés** soufflent d'est en ouest entre les **tropiques** et l'**équateur** ;

- le **blizzard**, glacial, vient de l'Atlantique et apporte **neige** et **glace** ;

- la **mousson** souffle sur le sud de l'Asie et provoque des pluies violentes en été ;

- le **sirocco**, très chaud et sec, vient du Sahara ;

- le **mistral** et la **tramontane**, froids et secs, soufflent dans le sud de la France.

cloaque n.m. Lieu rempli d'eaux malpropres et stagnantes. *Après l'inondation, la rue était devenue un véritable cloaque.*

clochard, e n. Personne sans travail et sans domicile qui vit en mendiant. SYN. **sans-logis, vagabond.**

cloche n.f. Instrument creux en métal avec, au centre, un battant mobile qui produit des sons lorsqu'il frappe les parois. *La cloche de l'église sonne les heures.*

à **cloche-pied** adv. En sautant sur un pied. *Quand on joue à la marelle, on saute à cloche-pied.*

● La nouvelle orthographe permet d'écrire aussi **à clochepied**, sans trait d'union.

1. clocher n.m. Tour d'une église où se trouvent les cloches.

▸▸▸ Mot de la famille de **cloche**.

un clocher

2. clocher v. (conjug. 3). Mot familier. Ne pas fonctionner normalement, aller de travers. *Il y a quelque chose qui cloche, la voiture ne démarre pas.*

clocheton n.m. Petit clocher. *Le clocheton d'une chapelle.*

▸▸▸ Mot de la famille de **cloche**.

clochette n.f. ❶ Petite cloche. *La chèvre avait une clochette autour du cou.* ❷ Fleur en forme de petite cloche. *Le muguet a des clochettes.*

▸▸▸ Mot de la famille de **cloche**.

cloison n.f. Mur intérieur qui sépare deux pièces. *Les cloisons de l'appartement ne sont pas épaisses.*

▸ **cloisonner** v. (conjug. 3). Séparer par des cloisons. *On a cloisonné la salle de séjour pour faire un bureau.*

cloître n.m. Ensemble des galeries qui entourent une cour, un jardin, dans un monastère ou un couvent.

● La nouvelle orthographe permet d'écrire aussi **cloitre**, sans accent circonflexe.

un cloître

▸ se **cloîtrer** v. (conjug. 3). Rester volontairement enfermé, s'isoler des autres. *L'écrivain s'est cloîtré dans son appartement pour écrire son roman.*

● La nouvelle orthographe permet d'écrire aussi **cloitrer**, sans accent circonflexe.

clone n.m. Être vivant qui est la copie conforme d'un autre. *Les scientifiques sont parvenus à produire des clones de moutons.*

clopin-clopant adv. En traînant la jambe, en boitant légèrement. *Mon frère s'est tordu la cheville, il marche clopin-clopant.*

● La nouvelle orthographe permet d'écrire aussi **clopinclopant**, sans trait d'union.

cloporte n.m. Crustacé gris qui vit sous les pierres ou dans les endroits humides et sombres des maisons.

● Nom du genre masculin : **un cloporte**.

un cloporte

cloque n.f. ❶ Petite bulle remplie de liquide qui se forme sous la peau à la suite d'une brûlure, d'un frottement. *Après la randonnée, j'avais des cloques au pied.* SYN. **ampoule.** ❷ Boursouflure dans une couche de peinture ou dans du papier peint.

clore v. (conjug. 78). ❶ Mot littéraire. Fermer. *Un petit mur de pierre clôt le jardin.* ❷ **Clore une discussion**, la terminer.

▸ **clos, e** adj. ❶ Fermé. *On a trouvé la victime étendue, les yeux clos.* ❷ Terminé. *L'incident est clos, parlons d'autre chose.*

clôture n.f. ❶ Barrière, grillage, haie, mur, qui entoure un terrain. *Une clôture de bois*

entoure le jardin. ❷ Fait de se terminer. *La soirée de clôture d'un festival.* SYN. **fin.** CONTR. **ouverture.**
● Le **o** prend un accent circonflexe.

▸ **clôturer** v. (conjug. 3). ❶ Mettre une clôture autour d'un terrain. *On a clôturé le pré pour empêcher les vaches de sortir.* SYN. **clore, fermer.** ❷ **Clôturer une réunion, une discussion,** en marquer la fin. *Un discours du président a clôturé la séance.* SYN. **conclure, clore.**

clou n.m. ❶ Petite tige de métal pointue à un bout, qui sert à assembler des planches, à suspendre un objet. *Planter un clou.* ❷ Le moment le plus réussi d'une fête, d'un spectacle. *Le clou de la soirée a été le feu d'artifice.*

▸ **clouer** v. (conjug. 3). Fixer avec des clous. *On a cloué un écriteau sur la porte.*

▸ **clouté, e** adj. Garni de clous. *Les golfeurs ont des chaussures cloutées.*

clown n.m. ❶ Artiste de cirque, très maquillé et habillé de façon grotesque, qui fait rire par ses histoires, ses farces et ses grimaces. ❷ Personne qui amuse les autres par ses grimaces, ses plaisanteries. *Dans la classe, c'est toujours le même qui fait le clown !* SYN. **pitre.**
● C'est un mot anglais, on prononce [klun].

▸ **clownerie** n.f. Farce, plaisanterie, grimace semblables à celles d'un clown. *La maîtresse a demandé à l'élève chahuteur d'arrêter ses clowneries.* SYN. **pitrerie, singerie.**
● On prononce [klunri].

club n.m. Ensemble de personnes qui se réunissent régulièrement pour pratiquer la même activité, le même loisir. *Papi est inscrit à un club de cyclisme.* SYN. **association.**
● C'est un mot anglais, on prononce [klœb].

co- préfixe. Placé au début d'un mot, **co-** indique une association : *cohabiter.*

coagulation n.f. Fait de coaguler. *La coagulation du sang.*
▸▸▸ Mot de la famille de **coaguler.**

coaguler v. (conjug. 3). Devenir pâteux. *Le sang coagule à l'air.* SYN. **se figer.** CONTR. **se liquéfier.** → Vois aussi **cailler.**

se **coaliser** v. (conjug. 3). S'allier pour combattre un ennemi commun, former une coalition. *Les puissances européennes se coalisèrent contre Napoléon Ier.* SYN. **se liguer.**
▸▸▸ Mot de la famille de **coalition.**

coalition n.f. Alliance entre des pays, des partis ou des personnes contre un ennemi commun ou dans un but commun. *La Russie, l'Angleterre et la Prusse ont formé une coalition pour vaincre Napoléon Ier.*

coasser v. (conjug. 3). En parlant de la grenouille ou du crapaud, faire entendre leur cri, le *coassement.*
● Ne confonds pas avec **croasser.**

cobaye n.m. Petit rongeur sans queue qui sert souvent à faire des expériences scientifiques. SYN. **cochon d'Inde.**

un cobaye

cobra n.m. Serpent d'Afrique et d'Asie dont la morsure peut être mortelle.
● Le cobra d'Asie est aussi appelé « serpent à lunettes », à cause du dessin en forme de lunettes qu'il a sur le haut du corps.

cocagne n.f. ❶ **Mât de cocagne,** mât enduit de savon au sommet duquel on doit grimper pour décrocher les lots qui y sont suspendus. ❷ **Pays de cocagne,** pays imaginaire où n'existent que fêtes et plaisirs.

cocarde n.f. Insigne rond aux couleurs d'une nation. *La cocarde tricolore était l'emblème de la Révolution.*

cocasse adj. Qui est drôle parce que tout à fait inattendu, bizarre. *Il m'est arrivé une aventure cocasse.* SYN. **comique.**

coccinelle n.f. Petit insecte au dos arrondi rouge, orange ou jaune et parsemé de points noirs. *Les coccinelles se nourrissent de pucerons.*
● Ce mot s'écrit avec deux **c.** – On dit parfois **bête à bon Dieu** ou **ogre des jardins.**

des coccinelles

a b c d e f g h i j k l m n o p q r s t u v w x y z

a b c d e f g h i j k l m n o p q r s t u v w x y z

coccyx n.m. Bas de la colonne vertébrale, composé de petites vertèbres soudées. *Je me suis fait mal au coccyx en tombant sur les fesses.*
● Ce mot s'écrit avec deux **c** au milieu du mot et un **y**. – On prononce [kɔksis].

coche n.m. Grande voiture à cheval qui transportait autrefois les voyageurs. → Vois aussi **diligence.**

1. **cocher** n.m. Conducteur d'un coche, d'une voiture à cheval.

2. **cocher** v. (conjug. 3) Marquer d'un signe. *Dans cet exercice, vous devez cocher la bonne réponse.*

cochère adj.f. **Porte cochère,** dans un immeuble, porte à deux battants donnant sur une rue, assez grande pour laisser passer une voiture.
►►► Mot de la famille de **coche.**

1. **cochon** n.m. ❶ Porc domestique. ❷ **Cochon d'Inde,** petit rongeur. SYN. **cobaye.**
● Petit : le cochonnet. Cri : le grognement.

2. **cochon, onne** adj. et n. Mot familier. Qui est sale. *Tu es un cochon, tu t'es encore taché en mangeant !* SYN. **dégoûtant, malpropre.**

► **cochonnerie** n.f. ❶ Mot familier. Saleté. *Tu as encore fait des cochonneries avec la nourriture !* ❷ Marchandise de mauvaise qualité. *Ce tissu, c'est de la cochonnerie !* → Vois aussi **camelote, pacotille.**

cochonnet n.m. ❶ Jeune cochon. SYN. **porcelet.** ❷ Au jeu de boules, petite boule dont il faut s'approcher le plus possible. *Hugo a lancé sa boule tout près du cochonnet.*

cocker n.m. Chien aux longs poils très doux et aux grandes oreilles pendantes.
● On prononce [kɔkɛr].

un cocker

cockpit n.m. Cabine de pilotage d'un avion.
● On prononce le **t.**

cocktail n.m. ❶ Boisson faite d'un mélange d'alcools et de jus de fruits. ❷ Réception avec buffet et boissons. *Les parents de Léa sont invités à un cocktail.*
● Au pluriel : des **cocktails.**

coco n.m. **Noix de coco,** gros fruit marron à chair blanche qui pousse sur un cocotier. *Un gâteau, une glace à la noix de coco.*
● La noix de coco contient un liquide blanc appelé « eau de coco ».

cocon n.m. Enveloppe formée d'un long fil enroulé dans laquelle vivent les chrysalides avant de devenir des papillons. *Le cocon du bombyx sert à fabriquer la soie.*

cocorico ! interj. Mot qui imite le chant du coq. *À la campagne, on est parfois réveillé par les cocoricos.*

cocotier n.m. Grand palmier des pays chauds qui produit la noix de coco. *Aux Antilles, les plages sont bordées de cocotiers.*
►►► Mot de la famille de **coco.**

des cocotiers et des noix de coco

cocotte n.f. ❶ Poule, dans le langage des petits enfants. ❷ **Cocotte en papier,** pliage qui a à peu près la forme d'une poule. ❸ Marmite en fonte.

code n.m. ❶ Ensemble de lois et de règles. *Les automobilistes doivent respecter le Code* *de la route.* ❷ Ensemble de signes, de symboles que l'on utilise pour transmettre secrètement un message. *Déchiffrer le code d'un message.* SYN. **chiffre.** ❸ Combinaison de chiffres ou de lettres qui autorise un accès. *Pour entrer dans l'immeuble, on doit composer un code.* ❹ **Code postal,** dans une adresse postale, nombre à cinq chiffres qui précède le nom de la ville. ◆ **n.m. plur.** Feux de croisement d'un véhicule, qui sont moins éblouissants que les phares.

▶ **codé, e** adj. **Message codé,** écrit selon un code. *Les espions envoient des messages codés.* SYN. **chiffré.** → Vois aussi **décoder.**

▶ **code-barres** n.m. Code formé de barres verticales imprimé sur l'emballage d'une marchandise et contenant diverses informations (catégorie, prix, etc.).

● Au pluriel : des **codes-barres.** – On lit le code-barres avec un appareil spécial appelé « lecteur optique ».

▶ **codifier** v. (conjug. 7). Établir un code, un ensemble de règles. *On a codifié l'usage du scooter de mer.* SYN. **réglementer.**

coefficient n.m. Nombre par lequel on multiplie une quantité, un résultat. *À l'examen, le français a le coefficient 3.*

cœur n.m. ❶ Muscle qui se trouve dans la poitrine et qui envoie le sang dans le corps. *Écouter les battements du cœur.* ❷ Siège des sentiments, comme l'amour, la tristesse, etc. *Je t'embrasse de tout mon cœur. J'ai eu le cœur gros quand mon frère est parti.* ❸ Nature profonde de quelqu'un. *Bastien a bon cœur.* ❹ Ce qui est au centre de quelque chose. *Le cœur d'une ville ; le cœur d'un problème.* ❺ **Avoir mal au cœur,** avoir mal à l'estomac et envie de vomir. ❻ **De bon cœur,** bien volontiers, avec plaisir. *Il nous a aidés de bon cœur.* CONTR. **à contrecœur.** ❼ **Par cœur,** de mémoire et parfaitement. *Rachid sait sa poésie par cœur.* ❽ Une des quatre couleurs des cartes à jouer qui est marquée d'un cœur rouge. *L'as de cœur.* → Vois aussi **cardiaque.**

● Ne confonds pas avec **chœur.**

▶▶▶ Mot de la même famille : **écœurer.**

coexister v. (conjug. 3). Exister en même temps. *La bonté et le mauvais caractère coexistent parfois dans une même personne.*

coffre n.m. ❶ Meuble en bois muni d'un couvercle où l'on range des objets. *Un coffre à jouets, à linge.* ❷ Endroit où l'on met les bagages, à l'arrière d'une voiture.

▶ **coffre-fort** n.m. Armoire d'acier, munie d'une serrure spéciale, où l'on enferme de l'argent, des objets précieux, des documents. *Les coffres-forts d'une banque.*

● Au pluriel : des **coffres-forts.**

▶ **coffret** n.m. Petit coffre ou petite boîte qui ferment à clé et où l'on met des objets précieux. *Un coffret à bijoux.*

cogiter v. (conjug. 3). Mot familier. Réfléchir, penser. *Laisse-le cogiter un peu avant de lui donner la réponse.*

cogner et **se cogner** v. (conjug. 3). Donner des coups. *Cogner sur un piquet pour l'enfoncer.* SYN. **taper.** ◆ **se cogner.** Se heurter à quelque chose. *Je me suis cogné contre le placard.*

cohérence n.f. Caractère cohérent, logique de quelque chose. *La cohérence d'une démonstration.* SYN. **logique.**

▶▶▶ Mot de la famille de **cohérent.**

cohérent, e adj. Dont les idées ou les actions s'organisent logiquement. *Son raisonnement m'a semblé très cohérent.* SYN. **logique.** CONTR. **illogique, incohérent.**

▶ **cohésion** n.f. Qualité d'un groupe dont tous les membres s'entendent et se soutiennent. *Au football, la victoire repose souvent sur la bonne cohésion de l'équipe.* SYN. **unité.**

cohorte n.f. Groupe de personnes. *La cohorte des supporters se dirige vers le stade.* SYN. **troupe.**

cohue n.f. Foule qui se presse de manière désordonnée et bruyante. *Quelle cohue dans les magasins pendant les soldes !* SYN. **bousculade.**

coi, coite adj. Mot littéraire. **Se tenir coi, rester coi,** rester tranquille, immobile, sans parler.

coiffe n.f. Bonnet de toile ou de tissu léger qui fait généralement partie d'un costume folklorique. *Une coiffe paysanne.*

▶▶▶ Mot de la famille de **coiffer.**

coiffer et **se coiffer** v. (conjug. 3). ❶ Arranger les cheveux d'une personne avec une brosse ou un peigne. *Élise coiffe sa sœur.* ❷ Mettre sur sa tête. *L'homme était coiffé d'un curieux chapeau.* ◆ **se coiffer.** Se démêler et s'arranger les cheveux. *Papa se coiffe devant la glace.*

a b **c** d e f g h i j k l m n o p q r s t u v w x y z

▸ **coiffeur, euse** n. Personne dont la profession est de coiffer les cheveux, de les couper. *Jessie est allée chez le coiffeur.*

▸ **coiffure** n.f. ❶ Manière dont les cheveux sont coupés ou peignés. *Maman a décidé de changer de coiffure.* ❷ Élément de l'habillement qui se porte sur la tête. *Un chapeau, un béret, un bonnet sont des coiffures.*

coin n.m. ❶ Angle formé par les deux côtés d'une chose, par deux murs, deux rues. *Le coin de la table. On a mis le fauteuil dans un coin de la pièce.* SYN. **encoignure.** ❷ Endroit, ville plus ou moins déterminés. *Nous passons nos vacances dans un coin agréable.*

● Ne confonds pas avec **coing.**

▸▸▸ Mots de la même famille : **encoignure, recoin.**

coincer v. (conjug. 4). Bloquer ce qui est normalement mobile. *J'ai coincé la fermeture de mon pantalon.*

coïncidence n.f. Fait que des événements se produisent au même moment. *Quelle coïncidence : je pensais justement à lui quand il m'a appelé !* SYN. **hasard.**

▸▸▸ Mot de la famille de **coïncider.**

coïncider v. (conjug. 3). Avoir lieu au même moment. *Son goûter d'anniversaire coïncide avec la date de notre départ.*

● Le premier **i** prend un tréma.

coing n.m. Fruit jaune, comestible, qui pousse sur un arbre originaire d'Asie, le cognassier. *On peut faire de la gelée ou des pâtes de fruit avec les coings.*

● Ce mot se termine par un **g,** qu'on ne prononce pas. – Ne confonds pas avec **coin.**

col n.m. ❶ Partie du vêtement qui entoure le cou. *Relever le col de son manteau.* ❷ Partie rétrécie et allongée d'un objet, d'un os. *Le col d'une bouteille.* SYN. **goulot.** *Le col du fémur.* ❸ En montagne, passage entre deux sommets. *Le col est accessible aux voitures.*

▸▸▸ Mots de la même famille : **décolleté, torticolis.**

colchique n.m. Plante des prés, à fleurs roses, blanches ou violettes, qui contient un poison violent.

● Nom du genre masculin : **un colchique.**

coléoptère n.m. Insecte dont les ailes au repos sont protégées par deux ailes plus dures, les élytres. *Le hanneton, la coccinelle, le scarabée sont des coléoptères.*

colère n.f. Réaction violente et passagère qu'on peut avoir lorsqu'on est mécontent. *Mon père se met parfois en colère.* → Vois aussi **emportement, fureur, rage.**

▸ **coléreux, euse** adj. Qui se met facilement en colère. *Un enfant coléreux.* SYN. **emporté, irascible, irritable.**

colibri n.m. Très petit oiseau d'Amérique au vol rapide, au long bec et au plumage éclatant, appelé aussi « oiseau-mouche ». Il vole en faisant du surplace pour se nourrir du nectar des fleurs.

● Le colibri peut voler à reculons.

colimaçon n.m. **Escalier en colimaçon,** escalier qui monte en tournant sur lui-même. SYN. **escalier en spirale.**

● Le deuxième **c** prend une cédille.

un escalier en colimaçon

colin n.m. Poisson de mer qui est aussi appelé « lieu » ou « merlu ».

colin-maillard n.m. Jeu où un joueur, qui a les yeux bandés, essaie d'attraper un autre joueur et de deviner qui il est en le touchant. *Jouer à colin-maillard.*

colique n.f. Douleur violente au ventre, souvent accompagnée de diarrhée. *Aurélie a mangé trop de cerises, elle a la colique.*

colis n.m. Paquet que l'on envoie par la poste. *Le facteur nous a apporté un colis.*

● Ce mot se termine par un **s.**

collaborateur, trice n. Personne qui participe à un travail avec d'autres personnes. *L'agence de publicité emploie de nombreux collaborateurs.*

▸▸▸ Mot de la famille de **collaborer.**

collaboration n.f. ❶ Fait de collaborer, de participer à un travail. *Les livres pour enfants sont souvent réalisés en collaboration avec des illustrateurs.* ❷ Coopération avec l'occupant allemand entre 1940 et 1944.
►►► Mot de la famille de **collaborer.**

collaborer v. (conjug. 3). Participer à un travail avec d'autres personnes. *Plusieurs personnes ont collaboré à la rédaction de ce dictionnaire.* SYN. **coopérer.**

collage n.m. ❶ Action de coller. *Le collage d'une affiche sur un mur.* ❷ Tableau réalisé en collant des images ou des objets sur un support. *Maxime a fait un collage avec des morceaux de ficelle et des coquillages.*
►►► Mot de la famille de **colle.**

1. **collant, e** adj. ❶ Qui colle. *Du papier collant.* SYN. **adhésif.** *Avoir les mains collantes.* SYN. **poisseux.** ❷ **Vêtement collant,** qui s'ajuste exactement au corps. *Porter un pantalon collant.* SYN. **moulant, serré.**
►►► Mot de la famille de **colle.**

2. **collant** n.m. Sous-vêtement qui moule les pieds et les jambes et qui monte jusqu'à la taille. → Vois aussi **bas.**

collation n.f. Petit repas. *On nous a servi une collation dans l'avion.*

colle n.f. Matière liquide ou pâteuse, qui, en séchant, permet de faire tenir deux choses ensemble. *Un tube de colle; un pot de colle.*

collecte n.f. Action de collecter des objets, de l'argent. *On a organisé une collecte de vêtements pour les sinistrés.*

► **collecter** v. (conjug. 3). Recueillir de l'argent, des dons, des signatures, etc. *On a collecté de l'argent en faveur des victimes du séisme. Le journaliste a collecté de nombreuses informations pour son reportage.* SYN. **rassembler.**

collectif, ive adj. Qui est fait par un groupe ou qui concerne un ensemble de personnes. *Un travail collectif.* SYN. **commun.** CONTR. **individuel.** *Dans la salle, l'hilarité fut collective.* SYN. **général.**

collection n.f. ❶ Ensemble d'objets de même nature que l'on réunit et que l'on garde pour son plaisir. *Papi a une importante collection de timbres.* ❷ Ensemble de vêtements créés par un couturier et présentés par des mannequins.

► **collectionner** v. (conjug. 3). Rassembler, acquérir des objets de même nature pour en faire une collection. *Djamila collectionne les fèves des Rois.*

► **collectionneur, euse** n. Personne qui collectionne des objets. *Un collectionneur d'œuvres d'art.*

collectivité n.f. ❶ Groupe de personnes qui vivent dans un même lieu et qui ont des intérêts communs. *La vie en collectivité implique le respect de certaines règles.* SYN. **communauté.** ❷ **Collectivité territoriale,** circonscription telle que la commune, le département, la Région.
►►► Mot de la famille de **collectif.**

collège n.m. Établissement scolaire de l'enseignement secondaire, qui va de la 6ᵉ à la 3ᵉ.

► **collégien, enne** n. Élève d'un collège.

collègue n. Personne qui travaille dans la même entreprise qu'une autre, ou qui a le même métier. *Avoir une réunion avec ses collègues.* → Vois aussi **confrère.**

coller v. (conjug. 3). ❶ Fixer avec de la colle. *Aïcha colle des images dans son cahier.* CONTR. **décoller.** ❷ Adhérer, attacher à quelque chose. *La boue colle aux chaussures.*
►►► Mot de la famille de **colle.**

collerette n.f. Col rond en toile fine plissée ou en dentelle. *À l'époque du roi Henri IV, on portait des collerettes.*

une robe à collerette

collet n.m. Piège fait d'un nœud coulant pour attraper les oiseaux et les mammifères. *La chasse au collet est interdite en France.*

colleur, euse n. **Colleur d'affiches,** personne dont le métier est de coller des affiches.

collier n.m. ❶ Bijou que l'on porte autour du cou. *Un collier de perles.* ❷ Courroie ou chaîne que les chiens et les chats portent

a b c d e f g h i j k l m n o p q r s t u v w x y z

autour du cou. ❸ **Donner un coup de collier,** faire un gros effort au cours d'un travail. *J'ai donné un coup de collier pour rendre mon devoir à temps.*

collimateur n.m. ❶ Appareil qui permet de viser avec précision. *Le collimateur d'une mitrailleuse.* ❷ (Familier). **Avoir quelqu'un dans le collimateur,** le surveiller de très près pour le prendre en faute.

colline n.f. Petite élévation de terrain dont les pentes sont douces et arrondies.

collision n.f. Choc violent entre deux véhicules. *Une voiture et un car sont entrés en collision sur l'autoroute.* → Vois aussi **carambolage, télescopage.**

colloque n.m. Réunion, débat entre spécialistes sur un sujet précis. *Ces physiciens ont participé à un colloque.* → Vois aussi **congrès, séminaire.**

colmater v. (conjug. 3). Rendre étanche en bouchant les fissures. *Colmater une fuite d'eau.*

colombe n.f. Pigeon ou tourterelle au plumage entièrement blanc. *La colombe est le symbole de la paix.*

une colombe

colombien, enne adj. et n. De Colombie. *Le café colombien. José est colombien. C'est un Colombien.*

● Le nom prend une majuscule : *un Colombien.*

colon n.m. Personne qui a quitté son pays pour aller cultiver une terre ou faire du commerce dans une colonie. *Des colons français et anglais se sont installés au Canada dès le 17e siècle.*

►►► Mot de la famille de **colonie.**

colonel n.m. Officier qui commande un régiment.

colonial, e, aux adj. **Empire colonial,** empire formé par les colonies d'un pays. *L'Algérie faisait partie de l'Empire colonial français.*

● Au masculin pluriel : **coloniaux.**

colonialisme n.m. Doctrine favorable à la conquête des colonies.

colonie n.f. ❶ Territoire occupé et administré par une nation étrangère dont il dépend. *Le Congo était une colonie belge.* ❷ **Colonie de vacances,** groupe d'enfants qui partent en vacances avec des moniteurs; lieu qui accueille le groupe d'enfants. *Baptiste est parti en colonie de vacances.* ❸ Groupe d'animaux vivant ensemble. *Les manchots, les abeilles, les termites vivent en colonie.*

► **colonisation** n.f. Fait de coloniser un pays. *La colonisation de l'Algérie par la France a débuté en 1830.* CONTR. **décolonisation.**

► **coloniser** v. (conjug. 3). Faire d'un pays une colonie. *L'Angleterre a colonisé l'Inde et l'Australie.*

colonnade n.f. Rangée de colonnes. *La colonnade d'un temple grec.*

►►► Mot de la famille de **colonne.**

colonne n.f. ❶ Pilier, souvent cylindrique et décoré, qui soutient un bâtiment en pierre. *La nef d'une église est soutenue par des colonnes.* ❷ Monument décoratif en forme de colonne. *La colonne Vendôme, à Paris.* ❸ Chacune des divisions verticales d'une page. *Dans un dictionnaire, les articles sont présentés en colonnes.* ❹ Groupe de personnes ou de véhicules qui avancent en file. *Les soldats marchent en colonne.* ❺ Ensemble de chiffres placés les uns sous les autres. *Dans cet exercice, on devait calculer en colonne.* ❻ **Colonne vertébrale,** partie centrale du squelette qui se trouve dans le dos et qui est constituée par l'ensemble des vertèbres. → Vois aussi **ligne.**

des colonnes

coloquinte n.f. Plante qui ressemble à la pastèque et dont le fruit séché est très décoratif.

des coloquintes

colorant n.m. Produit qui sert à colorer. *Les bonbons contiennent des colorants.*

▸▸▸ Mot de la famille de **colorer.**

coloration n.f. Opération par laquelle on fait changer la couleur de ses cheveux. *Maman s'est fait faire une coloration.* SYN. **teinture.**

▸▸▸ Mot de la famille de **colorer.**

coloré, e adj. Qui a une couleur ou des couleurs. *Des vitraux en verre coloré.* CONTR. **incolore.**

▸▸▸ Mot de la famille de **colorer.**

colorer v. (conjug. 3). Donner des couleurs à quelque chose. *Le coucher de soleil colore le ciel.* SYN. **teinter.** CONTR. **décolorer.**

● Ne confonds pas avec **colorier.**

coloriage n.m. ❶ Action de colorier. *Ma petite sœur fait du coloriage.* ❷ **Album de coloriage,** album de dessins à colorier.

▸▸▸ Mot de la famille de **colorier.**

colorier v. (conjug. 7). Mettre des couleurs sur un dessin ou un objet. *Marie a colorié la maison en bleu.*

● Ne confonds pas avec **colorer.**

coloris n.m. Couleur ou assemblage de couleurs. *Ces chaussures existent aussi dans d'autres coloris.* SYN. **teinte.**

● Ce mot se termine par un **s.**

▸▸▸ Mot de la famille de **colorer.**

colossal, e, aux adj. Très grand. *Un athlète d'une force colossale.* SYN. **gigantesque, herculéen.** *Nous avons commis une erreur colossale.* SYN. **considérable, énorme.**

● Au masculin pluriel : **colossaux.**

colosse n.m. Homme d'une taille hors du commun et d'une force prodigieuse. *Le catcheur était un véritable colosse.*

colporter v. (conjug. 3). ❶ **Colporter des marchandises,** autrefois, les vendre à domicile, en les portant de village en village. *On colportait des livres.* ❷ **Colporter une nouvelle,** la faire connaître. SYN. **divulguer, propager, répandre.**

▸ **colporteur, euse** n. Autrefois, marchand ambulant, qui colportait des marchandises.

→ Vois aussi **camelot.**

colvert n.m. Canard sauvage très commun. La tête et le cou du mâle sont en plumage vert.

des colverts

colza n.m. Plante à fleurs jaunes cultivée pour ses graines dont on extrait une huile comestible.

coma n.m. État, momentané ou prolongé, d'une personne qui a perdu conscience, qui ne se rend plus compte de rien et qui ne réagit plus. *Le blessé est dans le coma.*

combat n.m. ❶ Affrontement entre deux groupes armés ennemis. *Les combats ont fait de nombreuses victimes.* SYN. **bataille.** ❷ Lutte sportive organisée entre des adversaires. *Un combat de boxe.* SYN. **match.**

▸▸▸ Mot de la famille de **combattre.**

combatif, ive adj. Qui n'hésite pas à se battre, qui ne s'avoue jamais vaincu. *Ma sœur a un comportement combatif.*

● La nouvelle orthographe permet d'écrire aussi **combattif,** avec deux **t,** comme dans **combattre.**

▸▸▸ Mot de la famille de **combattre.**

combativité n.f. Goût de la lutte, de la compétition. *Notre équipe a fait preuve de combativité tout au long du match.*

● La nouvelle orthographe permet d'écrire aussi **combattivité,** avec deux **t,** comme dans **combattre.**

▸▸▸ Mot de la famille de **combattre.**

a b c d e f g h i j k l m n o p q r s t u v w x y z

combattant, e n. Personne qui se bat, qui participe à un combat, à une guerre. *Une association d'anciens combattants.*
▸▸▸ Mot de la famille de **combattre.**

combattre v. (conjug. 50). ❶ Participer à un combat. *L'armée a combattu courageusement.* SYN. **se battre, lutter.** ❷ Mener un combat contre quelque chose. *Combattre la misère.* SYN. **se battre contre, lutter contre.**

combien adv. Sert à interroger sur la quantité, le nombre, le prix, le poids. *Combien d'élèves êtes-vous ? Combien coûte ce jouet ?*

combinaison n.f. ❶ Manière dont sont assemblés, réunis et organisés différents éléments. *Avec trois lettres, on obtient six combinaisons.* ❷ Vêtement d'une seule pièce, qui couvre tout le corps. *Une combinaison de ski, de parachutiste.*
▸▸▸ Mot de la famille de **combiner.**

combine n.f. Mot familier. Moyen ingénieux, mais souvent malhonnête, d'obtenir quelque chose. *Notre voisin a une combine pour assister au match sans payer.* SYN. **astuce.**
▸▸▸ Mot de la famille de **combiner.**

combiné n.m. Partie mobile du téléphone, qui comprend le micro et l'écouteur. *Décrocher le combiné.*
▸▸▸ Mot de la famille de **combiner.**

combiner v. (conjug. 3). ❶ Réunir plusieurs choses en les arrangeant d'une certaine manière. *Un bon cuisinier sait combiner les ingrédients.* SYN. **assembler, associer.** ❷ Organiser dans une intention précise. *Nous avons combiné nos vacances de manière à partir avec nos amis.* SYN. **arranger.**

comble n.m. ❶ Partie d'une maison, d'un immeuble qui se situe sous les toits. *Son appartement est sous les combles.* ❷ Degré le plus élevé, maximum. *Le comble du bonheur.* SYN. **apogée, summum.** ❸ **C'est le comble,** cela dépasse les limites. *Il me bouscule et il ne s'excuse même pas, c'est le comble !* ❹ **De fond en comble,** entièrement. *J'ai nettoyé la maison de fond en comble.*

▸ **comble** adj. Rempli de monde. *La salle est comble.* SYN. **plein, bondé.**

▸ **combler** v. (conjug. 3). ❶ Remplir un trou, un vide. *Combler un fossé.* SYN. **boucher, remblayer.** ❷ Satisfaire pleinement une personne. *Merci pour tous vos cadeaux, vous me comblez !*

combustible adj. et n.m. Qui a la propriété de brûler. *Le papier est très combustible.* CONTR. **incombustible.** *Un combustible nucléaire.* → Vois aussi **carburant.**
▸▸▸ Mot de la famille de **combustion.**

combustion n.f. Fait de brûler. *La combustion du bois produit des cendres et de la fumée.*

comédie n.f. ❶ Pièce de théâtre ou film qui fait rire. *Une comédie de Molière.* ❷ Comportement qui n'est pas sincère. *Arrête de jouer la comédie !* ❸ **Comédie musicale,** spectacle, film où des scènes sont chantées et dansées. *« Notre-Dame de Paris » est une comédie musicale.* → Vois aussi **tragédie.**

▸ **comédien, enne** n. ❶ Personne qui joue un rôle dans une pièce de théâtre ou dans un film. SYN. **acteur, interprète.** ❷ Personne qui fait semblant d'éprouver des sentiments ou qui les exagère. SYN. **cabotin.**

comestible adj. Que l'on peut manger. *La morille est un champignon comestible.* CONTR. **vénéneux.**

comète n.f. Astre qui laisse échapper de longues traînées lumineuses de gaz et de poussières en passant près du Soleil.

une comète

comique adj. Qui fait rire. *Un film comique.* SYN. **amusant, drôle.** CONTR. **sérieux, triste.**
▸▸▸ Mot de la famille de **comédie.**

comité n.m. Groupe de personnes chargé d'une mission particulière. *Le comité des fêtes organise un bal en fin d'année.*

commandant, e n. ❶ Officier qui commande un bataillon. ❷ Officier qui commande un navire de guerre. ❸ **Commandant de bord,** personne qui pilote un avion de ligne.
▸▸▸ Mot de la famille de **commander.**

commande n.f. ❶ Fait de commander un article, un produit ou une consommation. *Mamie a passé une commande au pâtissier.* ❷ Ensemble des appareils qui permettent de faire fonctionner un avion. *Le pilote est aux commandes de l'avion.*
▸▸▸ Mot de la famille de **commander.**

commandement n.m. ❶ Fait de commander, d'avoir autorité sur un groupe et de donner les ordres. *Prendre le commandement d'une armée.* ❷ Ordre donné. *Obéir à un commandement.*
▸▸▸ Mot de la famille de **commander.**

commander v. (conjug. 3). ❶ Être le chef et donner les ordres. *Commander une armée.* ❷ Demander à l'avance la fourniture d'un produit, d'un article; au café ou au restaurant, demander une consommation, un plat. *L'instituteur a commandé un livre au libraire.* CONTR. **décommander.** *J'ai commandé un jus d'orange.*

commando n.m. Petit groupe de soldats chargé de missions spéciales. *Un commando de parachutistes.*

comme adv. et conjonction ❶ Introduit une comparaison. *Ma sœur est bavarde comme une pie.* ❷ Introduit des compléments de cause, de manière, de qualité. *Comme elle n'était pas là, je suis rentré chez moi.* SYN. **étant donné que, puisque.** *Malin comme il est, il va se débrouiller. Travailler comme gardien dans un musée.* SYN. **en tant que.** ❸ Indique un haut degré. *Comme tu es gentil !*

commémoratif, ive adj. Qui rappelle le souvenir d'un événement, d'une personne. *Un monument commémoratif. Une plaque commémorative.*
▸▸▸ Mot de la famille de **commémorer.**

commémoration n.f. Cérémonie destinée à rappeler un événement. *La commémoration d'une victoire.*
▸▸▸ Mot de la famille de **commémorer.**

commémorer v. (conjug. 3). Célébrer par des cérémonies le souvenir d'un événement important. *Le 8 mai, on commémore la victoire de 1945.*

commencement n.m. Moment où quelque chose commence. *Le commencement de l'hiver.* SYN. **début.** CONTR. **fin.**
▸▸▸ Mot de la famille de **commencer.**

commencer v. (conjug. 4). ❶ Se mettre à faire quelque chose. *As-tu commencé ton devoir ?* CONTR. **finir, terminer, achever.** ❷ En être à son début. *Chut ! Le spectacle commence.* SYN. **débuter.** CONTR. **finir, se terminer, s'achever.**

comment adv. De quelle manière, par quel moyen. *Comment vas-tu ? Comment es-tu entré ?* ◆ **comment !** interj. Mot qui sert à exprimer l'étonnement, la surprise ou l'indignation. *Comment ! Tu n'es pas encore prêt !*

commentaire n.m. Remarque sur un texte, un événement, des paroles, etc. *Quelqu'un a-t-il des commentaires à faire sur ce que je viens de dire ?* SYN. **observation.**
● Ce nom masculin se termine par un **e.**
▸▸▸ Mot de la famille de **commenter.**

commentateur, trice n. Journaliste qui commente l'actualité à la télévision ou à la radio. *Un commentateur sportif.*
▸▸▸ Mot de la famille de **commenter.**

commenter v. (conjug. 3). Faire des remarques qui expliquent et interprètent un texte ou un événement. *Les journalistes ont commenté le discours du Premier ministre.*

commérage n.m. Mot familier. (Souvent au pluriel). Ensemble de commentaires malveillants sur une personne. *Je n'ai aucune envie d'écouter tes commérages.* → Vois aussi **cancans, potin, racontar, ragot.**

commerçant, e n. Personne qui fait du commerce, qui achète des produits pour les revendre. *Les épiciers, les fleuristes, les libraires sont des commerçants.* ◆ adj. Où se trouvent de nombreux magasins. *Une rue très commerçante.*
● Le **c** prend une cédille.
▸▸▸ Mot de la famille de **commerce.**

commerce n.m. ❶ Endroit où l'on vend des produits, des articles. *Il y a peu de commerces dans ce village.* SYN. **boutique, magasin.** ❷ **Faire du commerce,** acheter et revendre des marchandises. ❸ **Commerce électro-**

a b c d e f g h i j k l m n o p q r s t u v w x y z

nique, qui se fait par Internet. SYN. **commerce en ligne.**

▸ **commercer** v. (conjug. 4). Faire du commerce. *La France commerce avec de nombreux pays.*

▸ **commercial, e, aux** adj. ❶ Qui concerne le commerce. *L'activité commerciale d'une ville.* ❷ **Centre commercial,** endroit où sont regroupés de nombreux magasins.

● Au masculin pluriel : **commerciaux.**

▸ **commercialiser** v. (conjug. 3). Mettre un produit en vente dans le commerce. *Un nouveau type de portable sera commercialisé prochainement.*

commère n.f. Femme curieuse et bavarde. *Des commères discutaient sur le trottoir.*

commettre v. (conjug. 51). Faire quelque chose de mal, de mauvais. *L'employé a commis une grave erreur.*

● Ce mot s'écrit avec deux **m** et deux **t.**

commis n.m. Nom donné à un employé dans certains bureaux ou dans certains magasins. *Le boucher a trois commis.*

● Ce mot se termine par un **s.**

commisération n.f. Mot littéraire. Pitié que l'on éprouve pour les malheurs des autres. SYN. **compassion.**

commissaire n. **Commissaire de police,** personne qui dirige des inspecteurs et des agents de la police nationale. *La commissaire de police enquête sur un crime.*

▸ **commissaire-priseur** n.m. Personne qui est chargée d'estimer le prix des objets d'art et qui organise et dirige des ventes aux enchères.

● Au pluriel : des **commissaires-priseurs.**

un commissaire-priseur

▸ **commissariat** n.m. Bâtiment où sont installés les services d'un commissaire de police. *Les agents de police ont conduit le voleur au commissariat.* → Vois aussi **gendarmerie.**

commission n.f. ❶ Message que l'on doit transmettre à une personne de la part d'une autre. *Sarah m'a chargé d'une commission pour toi.* ❷ Groupe de personnes désignées pour remplir une mission. *Le gouvernement a nommé une commission d'enquête.* ❸ Somme d'argent proportionnelle au prix de vente de quelque chose. *Le vendeur touche une commission de 10 % sur la vente des voitures.* SYN. **pourcentage.** ◆ n.f. plur. Achats quotidiens. *Grand-père est allé faire les commissions.* SYN. **courses.**

commissure n.f. Endroit où les lèvres se rejoignent, de chaque côté de la bouche.

1. **commode** n.f. Meuble bas à tiroirs. *Mes vêtements sont rangés dans la commode.*

une commode

2. **commode** adj. ❶ Qui est facile à utiliser. *Ce lit pliant est très commode.* SYN. **pratique.** CONTR. **malcommode.** ❷ Qui se fait facilement. *Mon appareil photo est assez commode à utiliser.* SYN. **facile.** CONTR. **compliqué.** ❸ **Ne pas être commode,** avoir un caractère difficile, ne pas être aimable. *Le gardien n'est pas commode.*

▸ **commodité** n.f. Facilité d'usage. *Pour plus de commodité, laissez votre manteau au vestiaire.*

commotion n.f. Grand ébranlement physique causé par un choc. *Avoir une commotion cérébrale.* → Vois aussi **traumatisme.**

commun, e adj. ❶ Qui est partagé par plusieurs personnes, qui appartient à un groupe. *Les parties communes d'un immeuble.* SYN. **collectif.** CONTR. **privé.** *Les membres de l'association ont un but commun.* SYN. **iden-**

tique. CONTR. **différent.** ❷ Qui concerne tout le monde. *L'intérêt commun.* SYN. **général, public.** CONTR. **particulier, personnel.** ❸ Qui se rencontre fréquemment. *Le bouton-d'or est une fleur très commune.* SYN. **courant, répandu.** CONTR. **rare.** ❹ **Nom commun,** nom qui désigne un être ou une chose et qui s'écrit avec une minuscule. *« Chien », « fleur », « joie » sont des noms communs.* → Vois aussi **propre.**

▶ **commun** n.m. ❶ **En commun,** ensemble; à la disposition de tous. *Aïcha et Charline ont fait un travail en commun. Nous avons mis nos provisions en commun.* ❷ **Les transports en commun,** l'autobus, le train, le métro. ❸ **Hors du commun,** qui n'est pas ordinaire. *C'est une aventure hors du commun.* SYN. **exceptionnel, extraordinaire.** CONTR. **banal.**

communal, e, aux adj. Qui concerne une commune et ses habitants. *Je vais à l'école communale.* → Vois aussi **municipal.**

● Au masculin pluriel : **communaux.**

▸▸▸ Mot de la famille de **commune.**

communautaire adj. Qui concerne une communauté, un groupe. *Dans un couvent, les religieuses mènent une vie communautaire.*

▸▸▸ Mot de la famille de **communauté.**

communauté n.f. ❶ Groupe de personnes qui vivent ensemble ou qui ont des intérêts communs. *La communauté nationale.* SYN. **collectivité, société.** ❷ (Avec une majuscule). Groupe d'États qui ont signé des accords économiques, politiques. *La Communauté européenne.*

commune n.f. Division administrative du territoire français dirigée par un maire et un conseil municipal. *La France compte plus de 36 000 communes.* SYN. **municipalité.** → Vois aussi **canton, département, région.**

communicatif, ive adj. ❶ Qui se transmet facilement aux autres. *Jean a un rire communicatif.* SYN. **contagieux.** ❷ Qui parle volontiers de ses idées, de ses sentiments. *Youssef est un garçon communicatif.* SYN. **expansif, ouvert.** CONTR. **renfermé, taciturne.**

communication n.f. ❶ Conversation par téléphone. *Sébastien a pris la communication.* ❷ Action d'annoncer, de transmettre une information. *Le directeur a une communication à nous faire.* SYN. **annonce, déclaration.** ❸ **Moyen de communication,** ce qui permet de communiquer avec d'autres personnes ou ce qui permet de se déplacer. *Le téléphone et Internet sont des moyens de communication. Le train est un moyen de communication.* ❹ **Voie de communication,** parcours aménagé pour aller d'un endroit à un autre. *Les routes sont des voies de communication.*

→ Vois aussi **média.**

→ planche pp. 230-231.

communier v. (conjug. 7). Recevoir la communion.

▶ **communion** n.f. Chez les catholiques, réception du sacrement de l'eucharistie.

communiqué n.m. Information officielle donnée au public par l'intermédiaire des médias. *Le communiqué du Premier ministre a été publié dans les journaux.*

▸▸▸ Mot de la famille de **communiquer.**

communiquer v. (conjug. 3). ❶ Donner une information, faire savoir quelque chose. *Ils nous ont communiqué les résultats par téléphone.* SYN. **informer de.** ❷ Être en relation avec quelqu'un, échanger des idées, des informations. *Les sourds-muets communiquent grâce au langage des signes.* ❸ Comporter un passage qui donne accès quelque part. *La cuisine communique avec la salle à manger.*

communisme n.m. Organisation de la société dans laquelle les usines, les terres, les commerces appartiennent à la collectivité, sous le contrôle de l'État. → Vois aussi **socialisme.**

▶ **communiste** adj. et n. Qui est basé sur le communisme, qui est partisan du communisme. *Le parti communiste. C'est un communiste qui a été élu.* → Vois aussi **socialiste.**

compact, e adj. ❶ Qui est serré, dense. *Une foule compacte attendait devant l'entrée du théâtre.* CONTR. **clairsemé.** ❷ Qui prend peu de place. *Un appareil photo compact; un ski compact.* → Vois aussi **disque.**

compagne → **compagnon (1)**

compagnie n.f. ❶ Présence d'une personne, d'un animal auprès de quelqu'un. *Bastien apprécie la compagnie de Pierre.* ❷ **En compagnie de quelqu'un,** avec lui. *Maman déjeune en compagnie d'une amie.* ❸ **Tenir compagnie à quelqu'un,** rester avec lui. *J'ai tenu compagnie à ma grand-mère tout l'après-midi.* ❹ Société, entreprise. *Ma mère travaille dans une compagnie*

a b c d e f g h i j k l m n o p q r s t u v w x y z

Communication et information

Les journaux, la radio, la télévision, Internet sont les principaux moyens d'information et de communication. Chaque jour, les médias diffusent de multiples messages et permettent de communiquer très rapidement avec le monde entier.

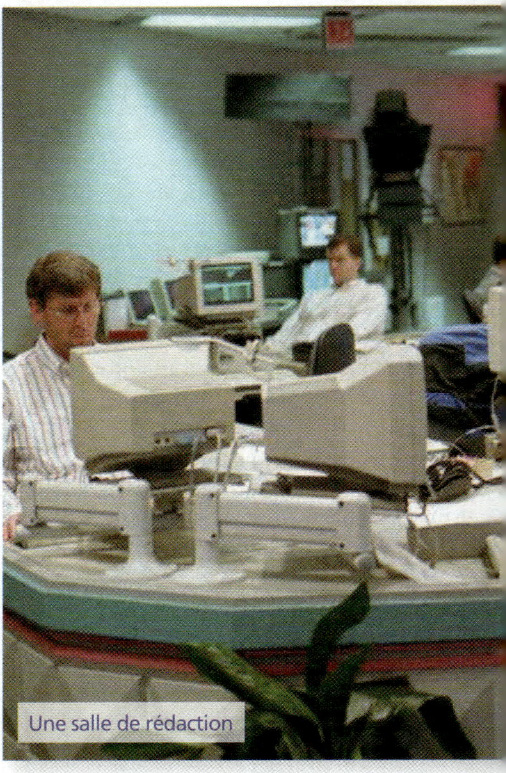

Une salle de rédaction

Les télécommunications

- Les **télécommunications**✿, c'est l'ensemble des moyens techniques qui servent à communiquer à distance. Grâce à ces procédés, on peut **transmettre** du son (téléphone, radio), des images (télévision), des textes écrits (télécopie ou **fax**).
- La **transmission** de l'information se fait grâce aux **ondes**, aux **câbles** ou, pour les plus longues distances, par l'intermédiaire de **satellites**.

✿ **télécommunication** est un terme composé du préfixe *télé* (tiré d'un mot grec qui signifie « loin » ou « à distance ») et de *communication*.

La presse écrite

- La **presse** écrite, c'est l'ensemble des **journaux** et **magazines** qui sont imprimés. On les appelle aussi « **périodiques** », car ils ont un rythme de **parution** régulier : les **quotidiens** paraissent chaque jour, les **hebdomadaires**, chaque semaine, les **mensuels**, chaque mois.
- La **rédaction** est dirigée par un **rédacteur en chef**. Les **journalistes** rédigent des **articles** de différentes natures : le **reportage** témoigne de ce que le journaliste a vu ou entendu ; une **interview** rapporte le point de vue de quelqu'un ; une **brève** résume un événement en très peu de mots.
- La **distribution** se fait par l'intermédiaire des **maisons de la presse** ou des **kiosques** à journaux.

Histoire des mots

- **Internet** : vient de l'anglais *international network* qui signifie « réseau international ».
- **Ordinateur** : vient du latin *ordinator* qui signifie « celui qui met en ordre ».

Les médias

- Les **médias**✿, ce sont tous les moyens qui permettent de **diffuser** des informations (radio, télévision, journaux, affiches...).
- Ils s'adressent à un **public** très nombreux dans le monde entier : des **lecteurs**, des **auditeurs**, des **téléspectateurs**.

✿ **média** vient du latin **medium,** « ce qui est au milieu ».

La télévision

- La **télévision** est un moyen **audiovisuel** : elle utilise à la fois le son et l'image. Pour réaliser un **reportage télévisé**, par exemple, il y a souvent trois personnes : un **cameraman**, un **journaliste** et un **preneur de son**.
- Grâce aux nouvelles **technologies** (câble et satellite), on peut **capter** de multiples **chaînes** proposant divers **programmes** : émissions d'**actualité**, **documentaires**, **films**, **clips**...

Internet

- C'est un **réseau informatique** mondial. Il est constitué par une multitude d'**ordinateurs** reliés entre eux. On l'appelle aussi « **Web** » ou « **Toile** ».
- Internet permet aux **internautes** d'échanger quantité d'informations : des messages électroniques (les **mails,** ou **courriels**), des **fichiers**, des images ou des sons.
- Les informations sont regroupées sur des **sites**. Pour y accéder, on utilise des **moteurs de recherche** qui trient et sélectionnent les **données**.

a b c d e f g h i j k l m n o p q r s t u v w x y z

d'assurances. ❺ Troupe de soldats commandée par un capitaine.

1. **compagnon, compagne** n. Personne ou animal qui vit avec quelqu'un ou personne qui a les mêmes activités qu'une autre. *Mon cousin et sa compagne nous ont rendu visite. Son chat est un fidèle compagnon. Natacha a quitté ses compagnons de voyage à la gare.* → Vois aussi **ami, camarade, collègue.**

2. **compagnon** n.m. Dans certains métiers, ouvrier qui a fini son apprentissage et travaille chez un artisan. *Un compagnon charpentier.*

comparable adj. Qui est peu différent. *Nos idées sont comparables.* SYN. **analogue, voisin.** CONTR. **différent, incomparable.**
▸▸▸ Mot de la famille de **comparer.**

comparaison n.f. ❶ Action de comparer des personnes ou des choses. *Faire la comparaison entre un cerf et un renne.* ❷ Formule qui compare une chose à une autre, qui les rapproche. *« Sa peau est douce comme du velours » est une comparaison.*
▸▸▸ Mot de la famille de **comparer.**

comparaître v. (conjug. 73). Se présenter devant un tribunal, un juge.
● La nouvelle orthographe permet d'écrire aussi **comparaitre,** sans accent circonflexe.

comparatif n.m. En grammaire, emploi de l'adjectif avec « plus », « moins » ou « aussi », pour indiquer la supériorité, l'infériorité ou l'égalité. *« Plus grand » est un comparatif de supériorité.* → Vois aussi **superlatif.**
▸▸▸ Mot de la famille de **comparer.**

comparer v. (conjug. 3). ❶ Examiner plusieurs choses pour trouver leurs ressemblances et leurs différences. *Avant d'acheter une voiture, papa a comparé plusieurs modèles.* ❷ Faire un rapprochement entre deux choses ou deux personnes. *On compare souvent les nuages à du coton.*

comparse n. Personne qui participe à une affaire malhonnête, mais qui a un rôle peu important. *Le voleur et ses comparses ont été arrêtés.* SYN. **acolyte, complice.**

compartiment n.m. ❶ Partie d'une voiture de chemin de fer, séparée des autres par des cloisons. *Nous avons réservé toutes les places du compartiment.* ❷ Division d'un meuble, d'un tiroir, d'une boîte. SYN. **case.**

comparution n.f. Fait de comparaître. *Le juge a demandé la comparution d'un nouveau témoin.*
▸▸▸ Mot de la famille de **comparaître.**

compas n.m. ❶ Instrument fait de deux branches articulées, qui sert à tracer des cercles. ❷ Boussole spéciale dont se servent les marins pour naviguer.
● Ce mot se termine par un **s.**

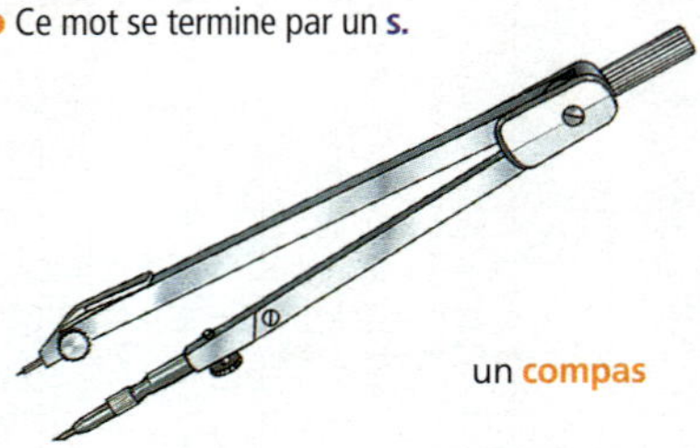
un compas

compassion n.f. Sentiment d'une personne qui partage les souffrances des autres. *Elle a de la compassion pour les miséreux.* SYN. **apitoiement, pitié.** CONTR. **dureté, froideur.**
▸▸▸ Mot de la famille de **compatir.**

compatible adj. Qui peut s'accorder avec autre chose. *Thomas et son cousin s'entendent bien, ils ont des caractères compatibles.* SYN. **conciliable.** CONTR. **incompatible, inconciliable.**

compatir v. (conjug. 16). Partager les souffrances d'une autre personne. *Je compatis à ta douleur.*

▸ **compatissant, e** adj. Qui est plein de compassion, qui partage les souffrances des autres. *Un regard compatissant.*

compatriote n. Personne originaire du même pays qu'une autre. *Au Brésil, nous avons croisé des compatriotes.* → Vois aussi **concitoyen.**
▸▸▸ Mot de la famille de **patrie.**

compensation n.f. Avantage qui compense une perte, un inconvénient. *Julie ne peut pas aller à la piscine, en compensation, elle ira au cinéma.* SYN. **contrepartie, dédommagement.**
▸▸▸ Mot de la famille de **compenser.**

compenser v. (conjug. 3). Équilibrer un inconvénient par un avantage. *Ce petit cadeau compensera la perte de ton jeu vidéo.* SYN. **contrebalancer.**

compère n.m. Personne complice d'une autre pour tromper. SYN. **acolyte, comparse.**

compétence n.f. Connaissance, capacité d'une personne dans un domaine particulier.

La compétence de ce scientifique est mondialement reconnue. CONTR. **incompétence.**
▸▸▸ Mot de la famille de **compétent.**

compétent, e adj. Qui a l'aptitude, les connaissances et l'expérience nécessaires dans un domaine, dans un métier particuliers. *Elle est compétente en astronomie.* SYN. **expert.** *C'est un médecin très compétent.* SYN. **capable.** CONTR. **incompétent.**

compétitif, ive adj. Qui peut supporter la concurrence avec d'autres. *Ce grand magasin propose des produits très compétitifs.*

compétition n.f. Épreuve sportive où se rencontrent plusieurs équipes ou concurrents. *Romain participe à une compétition de ping-pong.* → Vois aussi **championnat, match.**

compilation n.f. Disque ou cassette audio qui présente un choix de grands succès.
● On emploie souvent l'abréviation familière **compil.**

complainte n.f. Chanson populaire racontant les malheurs d'un personnage.

se **complaire** v. (conjug. 71). Prendre plaisir à rester dans une situation désagréable ou triste. *Elle se complaît dans son chagrin.*

▸ **complaisance** n.f. Qualité d'une personne qui aime faire plaisir aux autres, leur être agréable. *Djamila nous a aidés, elle a montré beaucoup de complaisance à notre égard.* SYN. **amabilité.**

▸ **complaisant, e** adj. Qui aime faire plaisir. *Nous avons des voisins complaisants qui sont toujours prêts à nous rendre service.* SYN. **aimable, serviable.**

complément n.m. ❶ Ce qui vient compléter quelque chose. *Le client a versé une partie de la somme, il paiera le complément plus tard.* SYN. **reste.** ❷ En grammaire, mot ou groupe de mots qui complètent le sens d'un autre mot. *Dans la phrase « Léa mange une glace », « une glace » est le complément du verbe « mange ».* → Vois aussi **agent (2), circonstanciel, objet.**

▸ **complémentaire** adj. Qui vient s'ajouter à quelque chose pour le compléter. *J'ai réussi à obtenir des informations complémentaires.*

complet, ète adj. ❶ Où il ne manque rien. *Ce jeu de dames est complet.* SYN. **entier.** CONTR. **incomplet.** ❷ Où il n'y a plus de place. *Le train est complet.* SYN. **plein.** ❸ Total, absolu. *Je ne voyais rien du tout, j'étais dans le noir complet.* ◆ n.m. **Au complet, au grand complet,** dans sa totalité. *On a invité la famille au grand complet.*

▸ **complètement** adv. Tout à fait, entièrement. *La maison a été complètement détruite par l'incendie.* SYN. **totalement.**

▸ **compléter** v. (conjug. 9). Rendre complet en ajoutant ce qui manquait. *L'exercice consiste à compléter le texte par les mots qui manquent.*

1. **complexe** adj. Qui est fait de plusieurs éléments, qui est difficile à comprendre. *Une histoire complexe.* SYN. **compliqué.** CONTR. **simple.**

2. **complexe** n.m. **Avoir des complexes,** se sentir inférieur aux autres, manquer de confiance en soi.

▸ **complexé, e** adj. et n. Qui a des complexes. *Mon frère se trouve trop petit, il est complexé.*

complexité n.f. Caractère complexe, difficile de quelque chose. *C'est un problème d'une grande complexité.* SYN. **complication, difficulté.** CONTR. **simplicité.**
▸▸▸ Mot de la famille de **complexe (1).**

complication n.f. Élément qui complique une situation, augmente une difficulté ou aggrave une maladie. *Le médecin craint des complications.* SYN. **aggravation.**
▸▸▸ Mot de la famille de **compliquer.**

complice adj. et n. Qui participe avec un autre à une mauvaise action. *Elle a été complice d'un vol. Le malfaiteur avait des complices.* SYN. **acolyte, comparse.**

▸ **complicité** n.f. Fait d'être complice d'une mauvaise action. *Il a été accusé de complicité de meurtre.*

compliment n.m. Parole agréable que l'on adresse à quelqu'un pour le féliciter. *Le professeur de danse a fait des compliments à Juliette.* SYN. **éloge, félicitation.** CONTR. **critique, reproche.**

▸ **complimenter** v. (conjug. 3). Faire des compliments à quelqu'un. *La maîtresse a complimenté Audrey pour son comportement en classe.* SYN. **féliciter, louer.**

compliqué, e adj. Qui est difficile à comprendre ou à faire. *C'est un texte compliqué.* SYN. **ardu, complexe.** CONTR. **facile, simple.**
▸▸▸ Mot de la famille de **compliquer.**

a b c d e f g h i j k l m n o p q r s t u v w x y z

a b c d e f g h i j k l m n o p q r s t u v w x y z

compliquer et **se compliquer** v. (conjug. 3). Rendre difficile à comprendre ou à faire. *La présence de tous ces personnages complique l'histoire.* CONTR. **simplifier.** ◆ **se compliquer**. Devenir difficile ou plus grave. *La situation se complique. Sa maladie se complique.* SYN. **s'aggraver.**

complot n.m. Projet secret, mis au point par plusieurs individus, contre une personne ou un groupe. *Le complot contre le président a été découvert à temps.* SYN. **conjuration, conspiration.**

▸ **comploter** v. (conjug. 3). ❶ Préparer en secret un complot contre une personne ou un groupe. *Comploter un coup d'État.* ❷ Préparer quelque chose en secret et à plusieurs. *Qu'est-ce que vous complotez derrière mon dos ?* SYN. **manigancer.**

une personne qui complote

comportement n.m. Manière de se comporter. *Ton comportement m'a déçu.* SYN. **attitude, conduite.**

▸▸▸ Mot de la famille de **comporter.**

comporter v. (conjug. 3). Avoir, contenir. *La maison comporte six pièces.* SYN. **se composer de, comprendre.**

se **comporter** v. (conjug. 3). Agir d'une certaine manière. *Anne s'est bien comportée pendant la cérémonie.* SYN. **se conduire.**

composant n.m. Élément qui fait partie de quelque chose. *L'oxygène est un des composants de l'air.* SYN. **constituant.** *Les composants électroniques d'un ordinateur.*

▸▸▸ Mot de la famille de **composer.**

composé, e adj. ❶ **Mot composé,** qui est formé de plusieurs mots. *« Porte-clés » est un mot composé.* ❷ **Temps composés,** temps du verbe constitués d'un auxiliaire et du participe passé du verbe conjugué. *Le passé composé est un temps composé.* → Vois aussi **simple.**

▸▸▸ Mot de la famille de **composer.**

composer et **se composer** v. (conjug. 3). ❶ Réaliser quelque chose en assemblant plusieurs éléments. *Le fleuriste a composé un magnifique bouquet.* ❷ Écrire de la musique, une œuvre musicale. *Ce chanteur compose la musique de ses chansons.* ❸ Appuyer sur les touches d'un cadran, d'un clavier pour faire un numéro. *Composer un numéro de téléphone.* ◆ **se composer de.** Être fait, constitué de. *L'appartement se compose de trois pièces.* SYN. **comporter.**

▸▸▸ Mots de la même famille : **décomposer, décomposition.**

▸ **compositeur, trice** n. Personne qui compose des œuvres musicales. *Mozart est un compositeur très célèbre.*

▸ **composition** n.f. ❶ Ensemble des éléments qui composent quelque chose. *Quelle est la composition de cette boisson ?* ❷ Action de composer une œuvre musicale ; morceau de musique. *Mon oncle a joué une de ses compositions à la guitare.*

compost n.m. Engrais fait d'un mélange de déchets ou de feuilles qu'on a laissé fermenter.

● On prononce le **t.**

composter v. (conjug. 3). Valider un billet de train, d'autobus en le passant dans un appareil. *Alexis a composté son billet avant de monter dans le train.*

▸ **composteur** n.m. Appareil qui sert à composter les billets de train ou d'autobus.

un composteur

compote n.f. Dessert fait de fruits cuits avec du sucre et un peu d'eau. *Maman a préparé une compote de pommes.*

▶ **compotier** n.m. Plat creux dans lequel on sert des compotes ou des fruits.

compréhensible adj. Que l'on peut comprendre. *Ses explications étaient tout à fait compréhensibles.* SYN. **clair, intelligible.** CONTR. **incompréhensible, obscur.**
● Ne confonds pas avec **compréhensif.**
▸▸▸ Mot de la famille de **comprendre (1).**

compréhensif, ive adj. Qui comprend, qui accepte les idées et les actions des autres. *Ses parents sont très compréhensifs.* SYN. **indulgent, tolérant.**
● Ne confonds pas avec **compréhensible.**
▸▸▸ Mot de la famille de **comprendre (1).**

compréhension n.f. ❶ Fait de comprendre quelque chose. *La compréhension de ce problème m'a demandé beaucoup d'efforts.* ❷ Indulgence à l'égard de quelqu'un. *Faire preuve de compréhension dans une discussion.* CONTR. **incompréhension.**
▸▸▸ Mot de la famille de **comprendre (1).**

1. **comprendre** v. (conjug. 48). ❶ Saisir le sens de quelque chose. *Simon a compris les explications de la maîtresse.* ❷ Accepter avec indulgence les raisons de quelqu'un. *Je comprends tout à fait ta réaction.* SYN. **admettre.**
▸▸▸ Mot de la même famille : **incompris.**

2. **comprendre** v. (conjug. 48). Être formé de plusieurs choses. *Ce jeu comprend 32 cartes.* SYN. **comporter, se composer de.**

compresse n.f. Morceau de tissu fin que l'on utilise comme pansement ou dans certains soins.

compressible adj. Qui peut être comprimé, dont le volume peut être réduit. *Les gaz sont compressibles.*

compression n.f. ❶ Action de comprimer. *La compression d'une artère.* ❷ Réduction du nombre des employés d'une entreprise. *Le directeur a annoncé une compression de personnel.*

1. **comprimé, e** adj. **Air comprimé,** dont le volume est réduit par pression.
▸▸▸ Mot de la famille de **comprimer.**

2. **comprimé** n.m. Médicament en forme de pastille. *Valentin a pris un comprimé car il a mal à la tête.* → Vois aussi **cachet, gélule.**
▸▸▸ Mot de la famille de **comprimer.**

comprimer v. (conjug. 3). ❶ Serrer en appuyant. *Bruno comprime sa narine pour empêcher le sang de couler.* SYN. **presser sur.** ❷ Réduire le volume de quelque chose par pression. *Comprimer un gaz.* CONTR. **dilater.**

compris, e adj. Qui est inclus dans un compte, dans une somme à payer. *Dans les cafés, le service est compris.*
▸▸▸ Mot de la famille de **comprendre (2).**

compromettre v. (conjug. 51). ❶ Porter atteinte à la réputation de quelqu'un. *Le député a été compromis dans un scandale.* SYN. **impliquer.** ❷ Mettre en danger. *Il compromet sa santé en travaillant autant.*

compromis n.m. Accord obtenu par des concessions des deux parties. *Les deux partis politiques sont parvenus à un compromis.* SYN. **arrangement.**
● Ce mot se termine par un **s.**

compromission n.f. Action de compromettre quelqu'un, de porter atteinte à sa réputation. *C'est un homme honnête, il n'accepte aucune compromission.*
▸▸▸ Mot de la famille de **compromettre.**

comptabilité n.f. Ensemble des comptes, c'est-à-dire des dépenses et des recettes d'une personne ou d'une collectivité. *Tenir la comptabilité d'un commerce.*
▸▸▸ Mot de la famille de **compter.**

comptable n. Personne dont le métier est de tenir la comptabilité d'une entreprise, d'un commerce.
▸▸▸ Mot de la famille de **compter.**

comptage n.m. Fait de compter des personnes, des animaux ou des choses pour en connaître le nombre. *Le recensement est le comptage du nombre d'habitants d'un pays.*
▸▸▸ Mot de la famille de **compter.**

comptant adv. **Payer comptant,** payer immédiatement la totalité d'une somme. *Le client a payé comptant son ordinateur.* CONTR. **payer à crédit.**
▸▸▸ Mot de la famille de **compter.**

compte n.m. ❶ Calcul d'un nombre, évaluation d'une quantité. *Baptiste fait le compte des bonbons qui lui restent.* ❷ **Faire ses comptes,** calculer ses recettes et ses dépenses. *L'épicier fait ses comptes chaque soir.* ❸ Somme d'argent déposée à la banque ou à la poste. SYN. **compte bancaire, compte postal.** ❹ **En fin de compte, tout compte fait,**

a b **c** d e f g h i j k l m n o p q r s t u v w x y z

finalement. *En fin de compte, je passerai les vacances chez mes cousins.* ❺ **Se rendre compte,** s'apercevoir de quelque chose. *Charlotte s'est rendu compte qu'elle avait oublié ses clés.* ❻ **Tenir compte de,** attacher de l'importance à. *Ma mère a tenu compte de mes remarques.* ❼ **Travailler à son compte, être à son compte,** avoir sa propre entreprise, ne pas travailler pour un patron, pour un employeur. *Mon père est garagiste, il travaille à son compte.*

● Ne confonds pas avec **comte** ou **conte.**

►►► Mot de la famille de **compter.**

compte-gouttes n.m. invar. Petit tube qui permet de doser un liquide et de le verser goutte à goutte.

● La nouvelle orthographe permet d'écrire aussi un **compte-goutte,** sans **s.**

►►► Mot de la famille de **compter.**

compter v. (conjug. 3). ❶ Énumérer les nombres dans l'ordre. *Ma petite sœur sait compter jusqu'à dix.* ❷ Établir le nombre, la quantité de quelque chose. *Julien compte ses billes. Alexandra compte l'argent qui lui reste.* SYN. **calculer.** ❸ Inclure dans un total. *Les frais de déplacement ne sont pas comptés dans le prix.* ❹ Avoir de l'importance. *Son succès compte beaucoup pour lui.* SYN. **importer.** ❺ Avoir l'intention de faire quelque chose. *Je compte partir demain.* SYN. **envisager.** ❻ **Compter sur,** faire confiance à quelqu'un pour qu'il fasse quelque chose. *Je compte sur toi pour venir me chercher à la gare.*

● On ne prononce pas le **p :** [kɔ̃te]. – Ne confonds pas avec **conter.**

► **compte rendu** n.m. Récit oral ou écrit d'un événement, d'un livre, d'une réunion. *Nous avons fait un compte rendu de notre voyage.*

● Au pluriel : des **comptes rendus.** – On peut aussi écrire **compte-rendu,** avec un trait d'union.

► **compteur** n.m. Appareil qui sert à mesurer la vitesse d'un véhicule ou à enregistrer une consommation d'énergie.

● Ne confonds pas avec **conteur.**

► **comptine** n.f. Petite chanson ou petite poésie que les enfants récitent pour tirer l'un d'eux au sort.

► **comptoir** n.m. ❶ Dans un café, support haut, long et étroit où sont servies les boissons. *Ils ont pris un thé au comptoir.* SYN. **bar.** ❷ Établissement commercial fondé autrefois par une nation dans un pays étranger. *Les comptoirs des Indes.*

comte, comtesse n. Titre de noblesse qui se situe au-dessous de celui de marquis et au-dessus de celui de vicomte.

● Ce mot s'écrit avec un **m** devant le **t.** – Ne confonds pas avec **compte** ou **conte.**

► **comté** n.m. Domaine qui appartenait à un comte. → Vois aussi **duché, principauté.**

● Ne confonds pas avec **compter** ou **conter.**

concave adj. Qui présente un creux, un renfoncement à sa surface. *Un miroir concave.* CONTR. **convexe.**

concéder v. (conjug. 9). Mot littéraire. Admettre, reconnaître quelque chose à regret. *Je vous concède que c'est un exercice difficile.* SYN. **accorder.**

concentration n.f. ❶ Aptitude à porter toute son attention sur quelque chose. *Ce numéro d'acrobatie demande une grande concentration.* ❷ **Camp de concentration,** endroit où sont emprisonnées des personnes dans des conditions très dures, sous la surveillance de militaires ou de policiers.

►►► Mot de la famille de **concentrer.**

concentré, e adj. **Lait concentré,** lait que l'on a rendu épais en éliminant une partie de son eau. ◆ n.m. Produit obtenu par élimination de l'eau. *Du concentré de tomate.* SYN. **extrait.**

►►► Mot de la famille de **concentrer.**

concentrer et **se concentrer** v. (conjug. 3). Rassembler dans un même endroit. *Les déménageurs ont concentré tous les cartons dans une pièce.* SYN. **masser, regrouper.** CONTR. **disperser, éparpiller.** ◆ **se concentrer.** Garder toute son attention sur quelque chose. *Anthony se concentre sur un exercice. Finis ce devoir, concentre-toi un peu !*

concentrique adj. **Cercles concentriques,** qui ont le même centre. *Quand on jette un caillou dans l'eau, des cercles concentriques se forment à la surface.*

►►► Mot de la famille de **centre.**

conception n.f. Manière de voir, idée que l'on a de quelque chose. *Il a une curieuse conception de la famille.*

►►► Mot de la famille de **concevoir.**

concernant préposition. Au sujet de. *Le journaliste n'a rien dit concernant l'accident du train.* SYN. **à propos de.**

►►► Mot de la famille de **concerner.**

concerner v. (conjug. 3). S'appliquer à quelqu'un ou à quelque chose. *Le règlement de l'école concerne tous les élèves.* SYN. **s'adresser.**

concert n.m. Spectacle où l'on écoute de la musique. *Le groupe préféré de Julie donne un concert ce soir.*

concertation n.f. Action de se concerter, de se rencontrer pour prendre une décision. *Le projet de loi a été voté après concertation avec les députés.*

▸▸▸ Mot de la famille de **se concerter.**

se **concerter** v. (conjug. 3). Se mettre d'accord avant de faire quelque chose. *Les membres de l'équipe de basket se sont concertés avant de commencer le match.*

concession n.f. Fait d'abandonner certaines choses, d'y renoncer pour parvenir à un accord. *Les époux ont dû faire des concessions pour continuer à vivre ensemble.*

concevoir v. (conjug. 31). ❶ Créer, imaginer quelque chose. *Mon père a conçu les plans de la maison.* SYN. **élaborer.** ❷ Se représenter quelque chose, s'en faire une idée. *Nous ne concevons pas la vie de la même façon.* SYN. **envisager, voir.**

concierge n. Personne qui garde un immeuble. *La loge de la concierge est au rez-de-chaussée.* SYN. **gardien.**

concile n.m. Assemblée d'évêques présidée par le pape de l'Église catholique.

conciliabule n.m. (Souvent au pluriel). Conversation secrète, à voix basse. *Alexis et Léo ont tenu de longs conciliabules.*

conciliant, e adj. Avec qui il est facile de s'arranger. *Tu t'entendras sûrement avec Anne, c'est une personne conciliante.* SYN. **accommodant, arrangeant.**

▸▸▸ Mot de la famille de **concilier.**

conciliation n.f. Arrangement, accord entre des personnes ou des groupes. *Les adversaires sont parvenus à une conciliation.* SYN. **entente.**

▸▸▸ Mot de la famille de **concilier.**

concilier v. (conjug. 7) Rapprocher des choses très différentes, des intérêts opposés. *Ma sœur essaie de concilier ses études et sa passion pour la danse.*

▸▸▸ Mots de la même famille : **réconcilier, réconciliation.**

concis, e adj. Qui est dit ou écrit en peu de mots. *Le président a fait une réponse concise.* SYN. **bref, succinct.** CONTR. **long.**

▸ **concision** n.f. Fait d'être concis, bref. *La concision d'un discours.*

concitoyen, enne n. Personne qui est de la même ville ou du même pays qu'une autre. *Le maire s'est adressé à ses concitoyens.* → Vois aussi **compatriote.**

▸▸▸ Mot de la famille de **citoyen.**

concluant, e adj. **Test concluant,** test dont le résultat convainc, prouve quelque chose. SYN. **convaincant, probant.**

conclure v. (conjug. 58). ❶ Terminer un texte, un discours. *Elle a conclu son exposé par quelques mots de remerciement.* SYN. **achever.** ❷ Arriver à un accord. *Conclure un pacte.* SYN. **signer.** ❸ Penser quelque chose après avoir réfléchi. *Je n'ai pas de nouvelles, j'en conclus qu'ils sont bien arrivés.* SYN. **déduire.**

▸ **conclusion** n.f. ❶ Partie qui termine un texte, un discours. *La conclusion de ton devoir est trop longue.* CONTR. **introduction.** ❷ Fait d'arriver à un accord. *La conclusion d'une affaire.* SYN. **règlement.** ❸ Conséquence tirée d'un raisonnement, d'une observation. *Quelles conclusions les scientifiques tirent-ils de leur expérience ?* SYN. **déduction.**

concocter v. (conjug. 3). Mot familier. Préparer avec soin. *Ma cousine nous a concocté une boisson rafraîchissante.*

concombre n.m. Légume allongé, à la peau verte, que l'on mange généralement cru, en salade.

un concombre

a b c d e f g h i j k l m n o p q r

a b c d e f g h i j k l m n o p q r s t u v w x y z

concordance n.f. **Concordance des temps,** règle selon laquelle le temps d'un verbe d'une proposition subordonnée dépend de celui du verbe de la proposition principale.
▸▸▸ Mot de la famille de **concorder.**

concordat n.m. Accord passé entre le pape et le gouvernement d'un État.

concorde n.f. Mot littéraire. Bonne entente entre des personnes. *La concorde règne dans notre classe.* SYN. **harmonie.** CONTR. **discorde.**

▸ **concorder** v. (conjug. 3). Être en accord, aller dans le même sens. *Son récit concorde avec celui de son frère.* SYN. **coïncider, correspondre à.** CONTR. **s'opposer à.**

concourir v. (conjug. 21). ❶ Participer à un concours. *Les patineurs concourent pour le titre de champion du monde.* ❷ Travailler ensemble dans un même but. *Mes amis ont concouru à mon succès.* SYN. **participer.**

▸ **concours** n.m. ❶ Épreuve ou compétition où les candidats sont classés selon leurs résultats. *Pierre a gagné le premier prix du concours de dessin.* ❷ Participation, aide. *Le spectacle a été organisé avec le concours des parents d'élèves.* SYN. **appui, soutien.** ❸ **Concours de circonstances,** ensemble d'événements qui se produisent au même moment, par hasard. *Les deux amis se sont retrouvés dans la même classe grâce à un heureux concours de circonstances.* SYN. **coïncidence.**
● Ce mot se termine par un **s.**

concret, ète adj. Qui désigne une chose que l'on peut voir ou toucher. *« Chaise », « arbre » sont des noms concrets.* CONTR. **abstrait.**

▸ **concrètement** adv. Réellement, en pratique. *Que comptes-tu faire concrètement ?* SYN. **pratiquement.**

▸ se **concrétiser** v. (conjug. 3). Devenir concret, réel. *Ses projets se sont concrétisés.* SYN. **se réaliser.**

concubin, e n. Personne qui vit avec une autre, sans être mariée avec elle.

▸ **concubinage** n.m. Fait de vivre avec une personne sans être marié avec elle. *Ma tante et son compagnon vivent en concubinage.*

concurrence n.f. Rivalité entre plusieurs personnes ou plusieurs entreprises. *Le supermarché fait concurrence aux petits magasins de la ville.*
▸▸▸ Mot de la famille de **concurrent.**

concurrencer v. (conjug. 4). Chercher à attirer plus de clients qu'une autre entreprise, qu'un autre commerçant. *Les épiciers qui vendent du pain concurrencent les boulangeries.*
▸▸▸ Mot de la famille de **concurrent.**

concurrent, e n. et adj. ❶ Personne qui participe à une compétition ou à un concours. *Dès le départ de la course, il a dépassé tous les autres concurrents.* SYN. **participant.** ❷ Personne ou entreprise qui vend les mêmes produits ou qui offre les mêmes services qu'une autre. *Un nouveau concurrent s'est installé dans la ville.*

condamnation n.f. Jugement d'un tribunal qui condamne un accusé à une peine. *Une condamnation pour vol.*
▸▸▸ Mot de la famille de **condamner.**

condamné, e n. Personne que le tribunal a condamnée à une peine.
▸▸▸ Mot de la famille de **condamner.**

condamner v. (conjug. 3). ❶ Déclarer qu'une personne est coupable et lui infliger une peine, une condamnation. *Les cambrioleurs ont été condamnés à cinq ans de prison.* CONTR. **acquitter.** ❷ Désapprouver, être contre quelque chose. *Condamner la violence.* SYN. **blâmer, réprouver.** CONTR. **approuver.** ❸ Bloquer une ouverture pour empêcher qu'on l'utilise. *Condamner une porte.*
● On ne prononce pas le **m** : [kɔ̃dane].

condensation n.f. Transformation de la vapeur d'eau en eau liquide. *Les nuages sont formés par la condensation de la vapeur d'eau contenue dans l'air.* → Vois aussi **buée.**
▸▸▸ Mot de la famille de **condenser.**

condenser et **se condenser** v. (conjug. 3). Résumer. *L'auteur a condensé ses idées dans le paragraphe d'introduction.* ◆ **se condenser.** En parlant de la vapeur, se transformer en liquide. *La vapeur d'eau se condense sur les vitres.*

condescendant, e adj. Mot littéraire. Méprisant, hautain. *L'acteur nous regardait d'un air condescendant.* SYN. **supérieur.**
● Le son [s] s'écrit **sc.**

condiment n.m. Produit qu'on ajoute aux aliments pour leur donner plus de goût. *Le sel, l'ail, la moutarde sont des condiments.*
→ Vois aussi **aromate, épice.**

condition n.f. ❶ Ce qui est nécessaire, ce qui est exigé. *Quelles sont les conditions d'adhésion à cette association ?* ❷ **À condition de, à condition que,** si. *Je viendrai à condition d'avoir le temps. Nous pique-niquerons à condition qu'il fasse beau.* ❸ État physique ou moral d'une personne. *Ce sportif a une excellente condition physique.* ❹ Ensemble des circonstances, situation. *L'endroit est calme, nous pourrons travailler ici dans de bonnes conditions.* ❺ Situation sociale. *Mes parents sont de condition modeste.*
▸▸▸ Mot de la même famille : **inconditionnel.**

conditionné, e adj. **Air conditionné,** air maintenu à une température déterminée dans une pièce. → Vois aussi **climatisation.**

conditionnel n.m. Mode du verbe que l'on utilise quand l'action exprimée par le verbe dépend d'une condition. *Dans la phrase « Il viendrait s'il le pouvait », le verbe « venir » est au présent du conditionnel.*

conditionnement n.m. Emballage des marchandises pour le transport ou la vente.

conditionner v. (conjug. 3). Être la condition de quelque chose. *La fin des travaux conditionne la date de notre déménagement.* SYN. **déterminer.**

condoléances n.f. plur. Témoignage de sympathie que l'on adresse à quelqu'un pour partager sa douleur à l'occasion d'un deuil. *Présenter ses sincères condoléances.*

condor n.m. Grand vautour au plumage noir et blanc, qui vit en Amérique du Sud et en Californie. *Le condor est un rapace diurne.*

un condor

conducteur, trice n. Personne qui conduit un véhicule. *Elle est conductrice d'autobus.* ◆ n.m. Matière qui transmet la chaleur ou l'électricité. *Le cuivre est un bon conducteur de l'électricité.* → Vois aussi **chauffeur.**
▸▸▸ Mot de la famille de **conduire.**

conduire et **se conduire** v. (conjug. 60). ❶ Diriger un véhicule. *Mon frère apprend à conduire.* ❷ Mener une personne quelque part. *Maman m'a conduit à la gare.* SYN. **accompagner, emmener.** ❸ Mener à un endroit. *Ce chemin conduit à la maison.* ❹ Transmettre la chaleur ou l'électricité. *Le fer conduit bien l'électricité.* ◆ **se conduire.** Se tenir d'une certaine manière. *Martin s'est très bien conduit à table.* SYN. **se comporter.**
▸▸▸ Mot de la même famille : **reconduire.**

▸ **conduit** n.m. Tuyau par où passe quelque chose. *La fumée sort par le conduit de la cheminée.*

▸ **conduite** n.f. ❶ Action ou manière de conduire un véhicule. *La conduite en ville demande beaucoup d'attention. Ma sœur prend des leçons de conduite.* ❷ Façon de se conduire, de se comporter. *L'instituteur m'a félicité pour ma bonne conduite.* SYN. **attitude, comportement.** ❸ Tuyau où passe de l'eau, du gaz. *Le plombier a remplacé une conduite d'eau.* SYN. **canalisation.**

cône n.m. ❶ Figure géométrique ou objet qui a une base ronde et un sommet pointu. ❷ Fruit des conifères, en forme de cône.
● Le **o** prend un accent circonflexe.
▸▸▸ Mots de la même famille : **conifère, conique.**

confection n.f. ❶ Action de confectionner, de fabriquer. *La confection de ce gâteau est compliquée.* SYN. **exécution, fabrication.** ❷ Industrie du vêtement. SYN. **prêt-à-porter.**

▸ **confectionner** v. (conjug. 3). Faire complètement, d'un bout à l'autre. *Élise a confectionné une robe pour sa poupée.* SYN. **exécuter, fabriquer.**

confédération n.f. Union de plusieurs États qui se soumettent à un pouvoir général tout en conservant une grande autonomie. *La Confédération helvétique est constituée de plusieurs cantons.*
▸▸▸ Mot de la famille de **fédération.**

conférence n.f. ❶ Discours sur un sujet particulier. *Le professeur a fait une conférence sur l'Égypte.* SYN. **exposé.** ❷ **Conférence de**

a b c d e f g h i j k l m n o p q r s t u v w x y z

presse, réunion où une personne s'adresse aux journalistes et répond à leurs questions.

▸ **conférencier, ère** n. Personne qui fait une conférence.

confesser et **se confesser** v. (conjug. 3). (Sens littéraire). Avouer, reconnaître quelque chose à regret. *Je confesse que j'ai fait une erreur.* ◆ **se confesser**. Dans la religion catholique, faire une confession, avouer ses péchés. *Elle s'est confessée au prêtre.*

▸ **confesseur** n.m. Prêtre à qui l'on se confesse.

▸ **confession** n.f. ❶ Dans la religion catholique, déclaration de ses péchés à un prêtre. ❷ Religion à laquelle on appartient. *Mon amie grecque est de confession orthodoxe.*

▸ **confessionnal** n.m. Dans les églises, petit isoloir où l'on se confesse à un prêtre.

● Au pluriel : des **confessionnaux.**

▸ **confessionnel, elle** adj. **École confessionnelle,** école privée qui donne un enseignement religieux. CONTR. **laïc.**

confetti n.m. Petite pastille de papier coloré que l'on lance par poignées dans les fêtes. *Nous avons fait une bataille de confettis.*

● Ce mot s'écrit avec deux **t.**

confiance n.f. ❶ Sentiment que l'on éprouve quand on sait qu'une personne ne nous trompera pas, qu'elle ne nous décevra pas. *Je peux compter sur Marie, j'ai confiance en elle.* CONTR. **méfiance, défiance.** ❷ **Avoir confiance en soi,** être sûr de soi, de ses possibilités.

▸ **confiant, e** adj. Qui fait confiance aux autres. *Samba est une fille confiante.* CONTR. **méfiant.**

confidence n.f. Secret que l'on dit à quelqu'un. *Ma cousine m'a fait des confidences.* → Vois aussi **épanchement.**

▸ **confident, e** n. Personne à qui on se confie. *Juliette est ma confidente.*

▸ **confidentiel, elle** adj. Qui doit être gardé secret. *Ce que je t'ai dit est confidentiel, ne le répète pas.*

confier et **se confier** v. (conjug. 7). Laisser une chose en garde à une personne en qui l'on a confiance. *Je te confie mon sac.* ◆ **se confier**. Faire des confidences à quelqu'un. *Charline s'est confiée à moi. Paul n'aime pas se confier.* SYN. **se livrer.** → Vois aussi **s'épancher.**

confiné, e adj. **Air confiné,** air qui n'est pas renouvelé, dans lequel on a du mal à respirer. SYN. **vicié.**

se **confiner** v. (conjug. 3). Se limiter à une activité, à une occupation. *Rayan se confine à la lecture d'albums de bandes dessinées.* SYN. **se cantonner.**

confins n.m. plur. **Aux confins de,** à la limite d'une région, à la frontière d'un pays. *Nos amis habitent aux confins de la Bretagne.*

confire v. (conjug. 63). Imprégner d'un sirop de sucre. *Confire des fruits.*

confirmation n.f. Fait de confirmer qu'une chose est vraie. *La confirmation d'une nouvelle.* CONTR. **démenti.**

▸▸▸ Mot de la famille de **confirmer.**

confirmer v. (conjug. 3). Assurer qu'une chose est vraie, exacte ou qu'un événement aura lieu comme on l'avait annoncé. *Le journaliste a confirmé la nouvelle.* SYN. **attester.** CONTR. **démentir.** *Kelly a confirmé son arrivée.* CONTR. **annuler.**

confiscation n.f. Action de confisquer, de prendre quelque chose à quelqu'un. *La confiscation de marchandises introduites en fraude.* SYN. **saisie.**

▸▸▸ Mot de la famille de **confisquer.**

confiserie n.f. ❶ Magasin où l'on achète des friandises, des bonbons. ❷ Friandise, bonbon. *Les caramels, le nougat, le chocolat sont des confiseries.* SYN. **sucrerie.**

▸▸▸ Mot de la famille de **confire.**

un bocal de confiseries

confisquer v. (conjug. 3). Prendre provisoirement un objet à quelqu'un. *Le maître a confisqué aux élèves leur téléphone portable.*

confit, e adj. **Fruits confits,** fruits trempés dans un sirop de sucre.
▸▸▸ Mot de la famille de **confire.**

confiture n.f. Fruits cuits dans du sucre. *Étaler de la confiture d'abricots sur une tartine.*
→ Vois aussi **gelée, marmelade.**
▸▸▸ Mot de la famille de **confire.**

conflictuel, elle adj. Qui crée un conflit entre des personnes ou des groupes. *Cet employé et son patron ont des relations conflictuelles.*
▸▸▸ Mot de la famille de **conflit.**

conflit n.m. Lutte, désaccord entre des personnes ou des pays. *Un conflit a éclaté entre deux États.* SYN. **guerre.** *Elle est en conflit avec ses voisins.*

confluent n.m. Endroit où deux cours d'eau se rejoignent. *Lyon est au confluent de la Saône et du Rhône.* → Vois aussi **affluent.**

confondre v. (conjug. 46). Faire une erreur en mélangeant deux personnes, deux noms, deux choses. *Confondre des dates. La maîtresse a confondu Sarah et sa sœur.*

conforme adj. En accord avec un règlement, un modèle. *Ce jouet est conforme aux normes de sécurité.* CONTR. **contraire.**

▸ **conformément** à adv. En accord avec, selon. *Le conducteur s'est arrêté avant le passage pour piétons, conformément au Code de la route.* CONTR. **contrairement à.**

▸ se **conformer** v. (conjug. 3). Se conduire en respectant un règlement, un ordre, une coutume. *Se conformer à la loi.* SYN. **respecter, se soumettre.**

▸ **conformiste** adj. et n. Qui se conforme aux goûts, aux idées ou aux usages de tout le monde. *Mon oncle est très conformiste.*

▸ **conformité** n.f. **En conformité avec,** en accord avec. *Il agit toujours en conformité avec ses idées.* SYN. **selon.**

confort n.m. Ce qui rend la vie plus facile, plus agréable, ce qui contribue au bien-être matériel. *Notre maison de campagne a tout le confort.*

▸ **confortable** adj. Qui offre du confort, où l'on est bien installé. *Un appartement confortable; un canapé confortable.*

▸ **confortablement** adv. De manière à être bien installé, à l'aise. *Grand-père est confortablement assis dans son fauteuil.*

confrère, consœur n. Personne qui exerce la même profession libérale qu'une autre. *Le médecin s'entretient avec ses confrères.*
→ Vois aussi **collègue.**

confrontation n.f. Fait de confronter, de faire se rencontrer des personnes. *La confrontation de l'accusé avec les témoins a eu lieu lors du procès.*
▸▸▸ Mot de la famille de **confronter.**

confronter v. (conjug. 3). ❶ Réunir des personnes pour comparer leurs témoignages. *Le juge a confronté les témoins du crime.* ❷ **Être confronté à,** devoir affronter quelque chose de pénible, un problème. *Le navigateur est confronté à une situation difficile.*

confus, e adj. ❶ Qui manque de clarté, que l'on a du mal à comprendre. *Faire une réponse confuse.* SYN. **embrouillé, obscur.** CONTR. **clair, précis.** ❷ Qui est embarrassé, gêné. *Je suis confus de vous déranger si tard.*

▸ **1. confusion** n.f. Fait de confondre deux choses ou deux personnes, de prendre l'une pour l'autre. *La maîtresse fait parfois une confusion entre deux prénoms.*
▸▸▸ Mot de la famille de **confondre.**

▸ **2. confusion** n.f. ❶ Manque de clarté. *La confusion d'un discours.* ❷ Gêne, honte. *La confusion de Léa était très grande.* SYN. **embarras.**
▸▸▸ Mot de la famille de **confus.**

congé n.m. ❶ (Souvent au pluriel). Jours de vacances. *Les congés de février. Les congés payés datent de 1936.* ❷ **Être en congé,** ne pas travailler. ❸ **Donner son congé à quelqu'un,** le renvoyer. *La boulangère a donné son congé à une employée.* SYN. **congédier.** ❹ **Prendre congé de quelqu'un,** le quitter, lui dire au revoir. *Géraldine a pris congé de ses camarades.*

▸ **congédier** v. (conjug. 7). Donner son congé à quelqu'un, le renvoyer. *Le patron a congédié deux ouvriers.* SYN. **licencier.**

a b **c** d e f g h i j k l m n o p q r s t u v w y z

congélateur n.m. Appareil frigorifique qui permet de congeler les aliments pour les conserver.

►►► Mot de la famille de **congeler.**

congeler v. (conjug. 11). Soumettre des aliments à une température très basse pour les conserver. *Congeler des fruits, de la viande.* CONTR. **décongeler.** → Vois aussi **geler, surgeler.**

congénère n. Mot péjoratif. Personne semblable à une autre, de la même espèce. *Ce garçon et ses congénères ne m'inspirent pas confiance.* SYN. **semblable.**

congénital, e, aux adj. **Maladie congénitale,** que l'on a dès la naissance.

● Au masculin pluriel : **congénitaux.**

congère n.f. Amas de neige entassée par le vent.

congestion n.f. **Congestion cérébrale,** accumulation anormale de sang dans le cerveau.

► **congestionné, e** adj. **Visage congestionné,** visage rendu très rouge par un afflux de sang.

congolais, e adj. et n. Du Congo ou de la République démocratique du Congo. *La musique congolaise. Christian est congolais. C'est un Congolais.*

● Le nom prend une majuscule : *un Congolais.*

congratulations n.f. plur. Mot littéraire. Félicitations. *Les vainqueurs ont échangé des congratulations.*

►►► Mot de la famille de **congratuler.**

congratuler v. (conjug. 3). Mot littéraire. Féliciter. *Tous les participants l'ont congratulé pour sa victoire.*

congre n.m. Poisson de mer au corps allongé, qui vit dans les creux des rochers. *Le congre mesure 2 à 3 mètres de long.*

un **congre**

congrès n.m. Réunion importante de personnes qui discutent de leurs activités communes. *Un congrès de chirurgiens.* → Vois aussi **colloque, séminaire.**

● Ce mot se termine par un **s.**

conifère n.m. Arbre qui a des aiguilles, des fruits en forme de cône, et qui produit de la résine. *Les sapins, les pins, les cyprès et les épicéas sont des conifères.* **résineux.**

►►► Mot de la famille de **cône.**

→ planche pp. 86-87.

conique adj. Qui a la forme d'un cône. *Un chapeau conique.*

● Le **o** ne prend pas d'accent circonflexe, contrairement à **cône.**

►►► Mot de la famille de **cône.**

conjecture n.f. Mot littéraire. Supposition. *En l'absence d'indices, le détective ne peut faire que des conjectures.*

● Ne confonds pas avec **conjoncture.**

conjoint, e n. Époux. *Notre institutrice est la conjointe du directeur de l'école.*

►►► Mot de la même famille : **conjugal.**

conjonction n.f. En grammaire, mot invariable qui sert à relier des mots ou des propositions. *« Mais » et « car » sont des conjonctions de coordination. « Puisque » et « comme » sont des conjonctions de subordination.*

conjoncture n.f. Situation économique. *Le pays est dans une conjoncture favorable.*

● Ne confonds pas avec **conjecture.**

conjugaison n.f. Ensemble des formes que peut prendre un verbe. *Le verbe « aller » a une conjugaison irrégulière.*

conjugal, e, aux adj. Qui se rapporte aux conjoints, aux époux. *Le domicile conjugal est le logement où vivent les deux époux.*

→ Vois aussi **matrimonial.**

● Au masculin pluriel : **conjugaux.**

►►► Mot de la famille de **conjoint.**

conjuguer v. (conjug. 6). ❶ Réciter les formes d'un verbe. *Nous avons conjugué le verbe « s'asseoir » au présent et à l'imparfait.* ❷ (Littéraire). **Conjuguer ses efforts,** unir ses efforts. *Kelly et Fatou ont conjugué leurs efforts pour résoudre ce problème.*

conjuration n.f. Complot contre le pouvoir, un roi, un chef d'État. *La conjuration a échoué.* SYN. **conspiration.**

►►► Mot de la famille de **conjurer.**

conjuré, e n. Personne qui participe à une conjuration. SYN. **conspirateur.**
▸▸▸ Mot de la famille de **conjurer.**

conjurer v. (conjug. 3). ❶ (Sens littéraire). Prier quelqu'un avec insistance. *Je te conjure de me croire.* SYN. **supplier.** ❷ **Conjurer le mauvais sort,** tenter de l'écarter par des pratiques ou des paroles magiques. *La fée prononça une formule magique pour conjurer le mauvais sort.*

connaissance n.f. ❶ Ce que l'on sait, ce que l'on a appris. *Zohra a de bonnes connaissances en géographie.* ❷ Personne que l'on connaît. *La coiffeuse est une connaissance de ma mère.* SYN. **relation.** ❸ **Faire connaissance avec quelqu'un, faire la connaissance de quelqu'un,** le rencontrer pour la première fois. *J'ai fait la connaissance de ma voisine.* ❹ **Perdre connaissance,** s'évanouir. SYN. **perdre conscience.**
▸▸▸ Mot de la famille de **connaître.**

connaisseur, euse n. Personne qui connaît bien quelque chose. *Lisa est une connaisseuse en musique classique.* SYN. **expert.**
▸▸▸ Mot de la famille de **connaître.**

connaître v. (conjug. 73). ❶ Savoir. *Connais-tu la dernière nouvelle ?* CONTR. **ignorer.** ❷ Avoir déjà vu, entendu quelque chose. *Natacha connaît Venise. Connais-tu cette chanson ?* ❸ Avoir un savoir, des connaissances dans un domaine particulier. *Mon cousin connaît bien les oiseaux.* ❹ Avoir des relations avec quelqu'un. *Je connais le frère de Suong.* ❺ **S'y connaître en,** être compétent en. *Ma grand-mère s'y connaît en couture.*
● La nouvelle orthographe permet d'écrire aussi **connaitre,** sans accent circonflexe.

connecter et **se connecter** v. (conjug. 3). Relier un appareil électrique à un circuit ou à un autre appareil. *Connecter une imprimante à un ordinateur.* CONTR. **déconnecter.** ◆ **se connecter à.** Se raccorder à un réseau informatique. *Se connecter à Internet.*

connexion n.f. Liaison d'un appareil électrique à un circuit ou à un autre appareil. *Établir une connexion entre deux ordinateurs.* → Vois aussi **branchement.**

connivence n.f. Entente secrète entre des personnes. *Elle est de connivence avec lui.*

connu, e adj. Que tout le monde connaît. *Cette actrice est très connue.* SYN. **célèbre.** CONTR. **inconnu.** → Vois aussi **méconnu.**
▸▸▸ Mot de la famille de **connaître.**

conquérant, e adj. et n. Qui fait des conquêtes par les armes. *César fut un grand conquérant.*
▸▸▸ Mot de la famille de **conquérir.**

conquérir v. (conjug. 23). S'emparer d'un pays par la force. *César a conquis la Gaule.*
▸▸▸ Mot de la même famille : **reconquérir.**

▸ **conquête** n.f. Action de conquérir ; pays que l'on a conquis. *Napoléon a fait la conquête de l'Italie.*
● Le premier **e** prend un accent circonflexe.

conquistador n.m. Conquérant et aventurier espagnol qui partit à la conquête de l'Amérique au 16e siècle.
● Au pluriel : des **conquistadors** ou des **conquistadores.**

consacrer et **se consacrer** v. (conjug. 3). ❶ Rendre une chose sacrée en la dédiant à un dieu. *Les Grecs ont consacré des temples à la déesse Athéna.* ❷ Employer son temps ou son argent à faire quelque chose. *Grand-père consacre ses dimanches à la peinture.* ◆ **se consacrer à.** Passer son temps à, mettre toute son énergie dans quelque chose. *Elle se consacre à son métier.*

consciemment adv. En se rendant compte de ce que l'on fait ou dit. *Il m'a bousculé consciemment.* SYN. **exprès, sciemment.** CONTR. **inconsciemment.**
● On écrit **emment** mais on prononce [amɑ̃], comme **amant.**
▸▸▸ Mot de la famille de **conscient.**

conscience n.f. ❶ **Avoir bonne conscience, avoir la conscience tranquille,** avoir le sentiment d'avoir bien agi. ❷ **Avoir conscience, prendre conscience de quelque chose,** s'en apercevoir, s'en rendre compte. *Amina a conscience d'avoir fait une erreur. Jean prend conscience de ses défauts.* ❸ **Perdre conscience,** s'évanouir. *Le choc lui a fait perdre conscience.* SYN. **perdre connaissance.** ❹ **Travailler avec conscience,** travailler avec soin, en faisant de son mieux. *Cet ouvrier travaille avec conscience.*
▸▸▸ Mot de la famille de **conscient.**

consciencieusement adv. De manière consciencieuse, avec application. *Les*

a b c d e f g h i j k l m n o p q r s t u v w x y z

élèves travaillent consciencieusement. SYN. **sérieusement.**
▸▸▸ Mot de la famille de **conscient.**

consciencieux, euse adj. Qui agit avec conscience, en faisant de son mieux. *Un apprenti consciencieux.* SYN. **sérieux.**
▸▸▸ Mot de la famille de **conscient.**

conscient, e adj. ❶ Qui a conscience de quelque chose. *Alexis est conscient de la situation.* CONTR. **inconscient.** ❷ Qui est lucide, qui a tous ses esprits. *Après sa chute, le blessé était encore conscient.* CONTR. **inconscient.**
● Le son [s] s'écrit **sc.**
▸▸▸ Mots de la même famille : **inconscience, inconscient.**

consécration n.f. Reconnaissance publique. *Le succès de son dernier film est la consécration de son grand talent.*
▸▸▸ Mot de la famille de **consacrer.**

consécutif, ive adj. ❶ Qui suit un fait, une période. *Il a plu pendant trois jours consécutifs.* ❷ Qui est la conséquence de quelque chose. *Les dégâts consécutifs à l'incendie sont importants.*

conseil n.m. ❶ Avis que l'on donne à quelqu'un sur ce qu'il doit faire. *Mes parents me donnent toujours de bons conseils.* SYN. **recommandation, suggestion.** ❷ Assemblée de personnes chargées de donner leur avis, de prendre des décisions sur certains sujets. *Le conseil municipal; le conseil départemental; le conseil régional.*

▸ **1. conseiller** v. (conjug. 3). Donner un conseil. *Il m'a conseillé de prendre ce chemin.* SYN. **recommander.** CONTR. **déconseiller.**

▸ **2. conseiller, ère** n. ❶ Personne qui donne des conseils. *Leïla est mon amie et ma conseillère.* ❷ **Conseiller municipal,** personne élue qui fait partie du conseil municipal.

consensus n.m. Accord d'un très grand nombre de personnes sur un même sujet. *Ses propositions ont recueilli un large consensus.*
● On prononce [kɔ̃sɛ̃sys].

consentement n.m. Action de consentir. *Rama est partie en voyage avec le consentement de ses parents.* SYN. **accord, autorisation.**
▸▸▸ Mot de la famille de **consentir.**

consentir v. (conjug. 19). Accepter qu'une chose ait lieu. *Mes parents ont consenti à me laisser partir seule.* CONTR. **refuser de.**

conséquence n.f. Résultat d'un événement, d'une action. *Le mauvais temps a eu de graves conséquences.* SYN. **effet.** CONTR. **cause.**
▸▸▸ Mot de la famille de **conséquent.**

conséquent, e adj. Mot littéraire. Qui agit avec cohérence, logique. *C'est une femme conséquente.* CONTR. **inconséquent.**

▸ par **conséquent** adv. Donc. *Je dois garder mon petit frère, par conséquent je ne pourrai pas aller au cinéma.*

conservateur, trice n. et adj. Qui est favorable à la conservation des institutions du passé. *Cet homme politique a des idées conservatrices. C'est un conservateur.* CONTR. **progressiste.** → Vois aussi **réactionnaire.** ◆ n.m. Produit ajouté à un aliment pour qu'il se conserve mieux. *On a acheté des jus de fruit sans conservateur.*
▸▸▸ Mot de la famille de **conserver.**

conservation n.f. Fait de conserver, de garder quelque chose en bon état. *La conservation des aliments par le froid.*
▸▸▸ Mot de la famille de **conserver.**

conservatoire n.m. Établissement où l'on enseigne la musique, la danse, le théâtre. *Candice est élève au conservatoire de musique.*
● Ce nom masculin se termine par un **e.**

conserve n.f. Aliment conservé dans une boîte métallique ou un bocal. *Des haricots verts en conserve.*
▸▸▸ Mot de la famille de **conserver.**

conserver et **se conserver** v. (conjug. 3). ❶ Garder en sa possession, ne pas jeter. *Maman a conservé tous ses cahiers d'école.* CONTR. **se débarrasser de, jeter.** ❷ Continuer d'avoir, ne pas perdre. *Conserver son calme.* SYN. **garder.** ❸ Garder en bon état. *On conserve la viande au réfrigérateur.* ◆ **se conserver.** Rester en bon état. *Il fait trop chaud, les fruits ne se conservent pas longtemps.*

considérable adj. Très important, très grand. *J'ai fait des progrès considérables en français.* SYN. **remarquable.** CONTR. **insignifiant.**

▸ **considérablement** adv. De manière considérable, beaucoup. *Le village a considérablement changé en cinq ans.* SYN. **énormément.** CONTR. **peu.**

considération n.f. ❶ Respect que l'on a pour quelqu'un, opinion favorable que l'on a de lui. *J'ai beaucoup de considération pour mon professeur.* SYN. **estime.** ❷ **Prendre en considération,** tenir compte de quelque chose. *Le directeur a pris nos demandes en considération.*
►►► Mot de la famille de **considérer.**

considérer v. (conjug. 9). ❶ Examiner avec attention. *La vieille dame nous considérait avec étonnement.* SYN. **examiner, observer.** ❷ Tenir quelqu'un pour. *Anne considère Rémi comme son frère.* ❸ Être d'un certain avis. *Je considère qu'il est trop tard.* SYN. **estimer, juger.**

consigne n.f. ❶ Instruction à respecter. *Il faut suivre les consignes de la maîtresse pour faire cet exercice.* ❷ Endroit où l'on peut laisser ses bagages, dans une gare, un aéroport. *Nous avons laissé nos valises à la consigne.* ❸ Somme d'argent que l'on verse pour un emballage et qui est remboursée quand on le rapporte. *La consigne d'une bonbonne de gaz.*
►►► Mot de la famille de **consigner.**

consigner v. (conjug. 3). Faire payer un emballage et rembourser la somme versée quand l'emballage est rapporté. *La bonbonne de gaz est consignée.*

consistance n.f. Aspect d'une matière. *La consistance de la pâte est trop liquide, il faut ajouter de la farine.*
►►► Mot de la famille de **consistant.**

consistant, e adj. Qui est épais. *Cette crème est trop consistante.* CONTR. **liquide.**

consister v. (conjug. 3). ❶ Avoir comme objet, comme fonction. *Le travail d'un bûcheron consiste à couper des arbres.* ❷ Être composé de. *Le mobilier de ma chambre consiste en une chaise, un bureau et un lit.*

consœur → confrère

consolant, e adj. Qui console. *Une musique consolante.* SYN. **apaisant, consolateur, réconfortant.**
►►► Mot de la famille de **consoler.**

consolateur, trice adj. Qui console, qui adoucit une peine. *Maman m'a dit des paroles consolatrices.* SYN. **apaisant, consolant, réconfortant.**
►►► Mot de la famille de **consoler.**

consolation n.f. Soulagement de la peine. *Ce petit cadeau a apporté un peu de consolation au malade.* SYN. **réconfort.**
►►► Mot de la famille de **consoler.**

console n.f. ❶ Table étroite que l'on place contre un mur. ❷ **Console de jeux vidéo,** petit ordinateur comportant un écran ou que l'on relie à un téléviseur pour jouer à des jeux vidéo.

une **console de jeux vidéo**

consoler et **se consoler** v. (conjug. 3). Apaiser, calmer le chagrin de quelqu'un. *La maîtresse a consolé Quentin qui pleurait.* SYN. **réconforter.** ◆ **se consoler.** Oublier son chagrin. *Je ne me console pas d'avoir perdu mon chat.*
►►► Mot de la même famille : **inconsolable.**

consolider v. (conjug. 3). Rendre plus solide, plus résistant. *Consolider un mur.* SYN. **renforcer.**
►►► Mot de la famille de **solide.**

consommateur, trice n. ❶ Personne qui achète des produits pour son usage. *Au marché, les produits sont vendus directement aux consommateurs.* SYN. **acheteur.** ❷ Personne qui prend une boisson dans un café. *Quatre consommateurs étaient assis autour d'une table, dans le café.*
►►► Mot de la famille de **consommer.**

consommation n.f. ❶ Action de consommer un produit, d'en faire usage. *Tu devrais réduire ta consommation de sucreries.* ❷ Boisson que l'on prend dans un café. *Nous avons payé les consommations.*
►►► Mot de la famille de **consommer.**

consommer v. (conjug. 3). ❶ Manger ou boire. *Il est dangereux pour la santé de consommer trop de sel.* ❷ Utiliser un produit, une source d'énergie. *Notre voiture consomme beaucoup d'essence.*

a b c d e f g h i j k l m n o p q r s t u v w x y z

a b c d e f g h i j k l m n o p q r s t u v w x y z

consonne n.f. Lettre de l'alphabet qui représente un son produit par le passage de l'air à travers la gorge et la bouche. *Les lettres « d », « m » et « t » sont des consonnes.* → Vois aussi **voyelle.**

conspirateur, trice n. Personne qui participe à une conspiration. SYN. **conjuré.**
▸▸▸ Mot de la famille de **conspirer.**

conspiration n.f. Complot organisé contre un homme politique ou une personne au pouvoir. SYN. **conjuration.**
▸▸▸ Mot de la famille de **conspirer.**

conspirer v. (conjug. 3). Se mettre d'accord en secret pour renverser un régime, un chef d'État. *Le roi a appris que des personnes conspiraient contre lui.* SYN. **comploter.**

conspuer v. (conjug. 3). Mot littéraire. Crier pour montrer que l'on n'apprécie pas quelqu'un. *Le public a conspué l'orateur.* SYN. **huer.** CONTR. **acclamer, applaudir.**

constamment adv. De façon répétitive, sans cesse. *Mon petit frère est constamment malade.* SYN. **continuellement.**
▸▸▸ Mot de la famille de **constant.**

constance n.f. ❶ Qualité d'une personne qui persévère dans ce qu'elle fait. *Travailler avec constance.* SYN. **persévérance.** ❷ Qualité de ce qui ne change pas et se répète. *J'apprécie la constance de son caractère.* CONTR. **inconstance.**
▸▸▸ Mot de la famille de **constant.**

constant, e adj. Qui ne varie pas, qui dure ou se répète de façon identique. *Une température constante.* SYN. **continuel, permanent.** CONTR. **changeant, variable.**
▸▸▸ Mot de la même famille : **inconstant.**

constat n.m. Document qui décrit les circonstances d'un accident. *Après l'accident, les automobilistes ont fait un constat.*
▸▸▸ Mot de la famille de **constater.**

constatation n.f. Fait de constater quelque chose; ce qui a été constaté. *Les constatations que le journaliste a faites sont intéressantes.*
▸▸▸ Mot de la famille de **constater.**

constater v. (conjug. 3). Remarquer, observer. *L'institutrice a constaté les progrès de Julie. Je constate qu'il n'est pas chez lui.*

constellation n.f. Groupe d'étoiles qui forment un dessin particulier dans le ciel. *La Grande Ourse est une constellation qui a la forme d'un chariot.*

la constellation de la Petite Ourse

consteller v. (conjug. 3). ❶ Couvrir, parsemer d'étoiles. *Un ciel constellé d'étoiles.* ❷ Couvrir de taches. *Le tee-shirt de Thomas est constellé de taches de feutre.*

consternant, e adj. Qui consterne, qui rend très triste et décourage. *Les résultats de cette équipe sont consternants.* SYN. **désolant.**
▸▸▸ Mot de la famille de **consterner.**

consternation n.f. Tristesse profonde. *L'annonce du drame a provoqué la consternation générale.*
▸▸▸ Mot de la famille de **consterner.**

consterner v. (conjug. 3). Rendre très triste. *Cette nouvelle nous a consternés.* SYN. **attrister, désoler.**

constipation n.f. Difficulté à évacuer ses excréments. CONTR. **diarrhée.**
▸▸▸ Mot de la famille de **constipé.**

constipé, e adj. Qui a du mal à évacuer ses excréments. *J'ai mal au ventre, je suis un peu constipé.*

constituant, e adj. ❶ Qui compose quelque chose. *Le fer et le carbone sont les éléments constituants de l'acier.* ❷ **Assemblée constituante,** qui est chargée d'établir ou de modifier la Constitution d'un pays. ◆ n.m. Élément qui fait partie de quelque chose. *L'oxygène est un constituant de l'eau.* SYN. **composant.** *Les constituants du groupe nominal.*
▸▸▸ Mot de la famille de **constituer.**

constitué, e adj. **Bien constitué,** qui a un corps bien formé. *Ce bébé est bien constitué.* SYN. **fait.**
▸▸▸ Mot de la famille de **constituer.**

constituer v. (conjug. 3). ❶ Former un tout, un ensemble. *Tous ces disques constituent une véritable collection.* ❷ Créer, organiser. *Les habitants du quartier ont constitué une association.* SYN. **former.**

constitution n.f. ❶ Formation, organisation. *Le Premier ministre est chargé de la constitution du gouvernement.* ❷ Composition. *En chimie, on étudie la constitution des gaz.* ❸ Ensemble des caractères physiques d'une personne. *Richard a une bonne constitution, il n'est jamais malade.* ❹ (Avec une majuscule). Ensemble des textes qui fixent le système de gouvernement d'un État.

▸ **constitutionnel, elle** adj. ❶ Qui est en accord avec la Constitution d'un pays, qui la respecte. *Cette loi n'est pas constitutionnelle.* ❷ **Conseil constitutionnel,** qui veille au respect de la Constitution. → Vois aussi **monarchie.**

constructeur, trice n. Personne ou entreprise qui construit quelque chose. *Un constructeur d'automobiles.*
▸▸▸ Mot de la famille de **construire.**

constructif, ive adj. Qui est positif, qui fait progresser. *Faire des critiques constructives.*
▸▸▸ Mot de la famille de **construire.**

construction n.f. ❶ Action de construire, de bâtir quelque chose. *La construction de notre maison a duré dix mois.* SYN. **édification.** CONTR. **démolition, destruction.** ❷ Édifice que l'on a construit. *Une construction en béton.* SYN. **bâtiment.** ❸ Ordre des propositions et des mots dans une phrase.
▸▸▸ Mot de la famille de **construire.**

construire v. (conjug. 60). ❶ Bâtir en suivant un plan. *Construire un pont.* SYN. **édifier.** CONTR. **démolir, détruire.** ❷ Mettre les différentes parties d'une phrase dans un certain ordre. *Ta phrase est bien construite.*
▸▸▸ Mots de la même famille : **reconstruire, reconstruction.**

consul, e n. ❶ Dans l'Antiquité romaine, personne qui gouvernait et qui commandait l'armée. ❷ Personne qui représente son pays dans un pays étranger, et qui est chargée de protéger ses compatriotes. → Vois aussi **ambassadeur.**

▸ **consulat** n.m. Bureaux du consul. *Les visas sont délivrés au consulat.* → Vois aussi **ambassade.**

consultation n.f. Examen d'un malade par un médecin qui le reçoit dans son cabinet. *Le tarif des consultations n'a pas beaucoup augmenté.*
▸▸▸ Mot de la famille de **consulter.**

consulter v. (conjug. 3). ❶ Regarder quelque chose pour y trouver un renseignement. *Consulter un dictionnaire pour vérifier le sens d'un mot.* ❷ Prendre l'avis de quelqu'un. *Je consulte souvent mes amis avant de prendre une décision.* ❸ Aller voir un médecin pour se faire examiner. *Tu tousses beaucoup, tu devrais consulter le docteur.*

se **consumer** v. (conjug. 3). Brûler complètement. *La bûche se consume lentement dans la cheminée.*

contact n.m. ❶ Fait de toucher quelque chose. *Le contact avec ce tissu n'est pas agréable. Hugo s'est brûlé la main au contact du poêle.* ❷ Relation qui s'établit entre des personnes. *Nous avons de bons contacts avec nos voisins.* ❸ **Mettre le contact,** dans un véhicule, tourner la clé pour faire passer le courant et mettre le moteur en marche. ❹ **Verres, lentilles de contact,** petits disques en verre ou en matière souple qui corrigent la vue et s'appliquent directement sur l'œil.

▸ **contacter** v. (conjug. 3). Se mettre en relation avec quelqu'un. *Maman n'a pas réussi à contacter le directeur.* SYN. **joindre.**

contagieux, euse adj. ❶ Qui se transmet d'une personne à une autre, par contagion. *La grippe est contagieuse.* ❷ Qui se communique facilement. *Un rire contagieux.* SYN. **communicatif.**
▸▸▸ Mot de la famille de **contagion.**

contagion n.f. Transmission d'une maladie d'une personne à une autre. *Isoler un malade pour éviter les risques de contagion.* SYN. **contamination.**

container → conteneur

contamination n.f. Fait d'être contaminé par une maladie ou fait d'être pollué. *La contamination de l'eau par des produits chimiques.* SYN. **pollution.**
▸▸▸ Mot de la famille de **contaminer.**

a b c d e f g h i j k l m n o p q r s t u v w x y z

contaminer v. (conjug. 3). Transmettre une maladie ou polluer. *Richard, qui a la rougeole, a contaminé son frère. Des matières polluantes ont contaminé l'eau de la source.*

conte n.m. Récit d'aventures imaginaires, souvent merveilleuses. *« Le Petit Chaperon rouge » est un conte.*
● Ne confonds pas avec **compte** ou **comte**.
►►► Mot de la famille de **conter**.

contemplation n.f. Attitude d'une personne qui regarde longuement quelque chose en l'admirant. *Léo était en contemplation devant la mer.*
►►► Mot de la famille de **contempler**.

contempler v. (conjug. 3). Regarder longuement, avec attention ou admiration. *Nous avons contemplé le coucher de soleil.*

contemporain, e adj. et n. Qui vit à la même époque qu'une autre personne. *Victor Hugo et Napoléon III étaient contemporains. Ce peintre n'a pas été compris par ses contemporains.* ◆ adj. Qui est de notre époque. *L'art contemporain.* SYN. **moderne.**

contenance n.f. ❶ Quantité que peut contenir un récipient. *La contenance de cette cruche est de 1 litre et demi.* SYN. **capacité.** ❷ Manière de se tenir. *Ne pas savoir quelle contenance prendre.* SYN. **attitude.**
►►► Mot de la famille de **contenir**.

conteneur n.m. Caisse métallique qui sert au transport des marchandises ou qui est destinée à recevoir des déchets triés. *J'ai mis les bouteilles vides dans le conteneur.*
● On peut aussi dire **container** [kɔ̃tɛnɛr]. – **Conteneur** est le mot qu'il est recommandé d'employer.
►►► Mot de la famille de **contenir**.

chargement de conteneurs

contenir et **se contenir** v. (conjug. 20). ❶ Avoir à l'intérieur, dans sa composition. *Cette boîte contient des bonbons.* SYN. **renfermer.** *Cette boisson contient beaucoup de sucre.* ❷ Avoir une capacité de. *Ce bidon d'eau contient 5 litres.* ❸ Empêcher de dépasser certaines limites, empêcher d'avancer. *La police contenait le flot des manifestants.* SYN. **endiguer, retenir.** ◆ **se contenir**. Se retenir, se dominer. *Je n'ai pas pu me contenir, j'ai éclaté de rire.*

content, e adj. ❶ Qui éprouve de la joie, qui est gai. *Je suis contente de partir au bord de la mer.* SYN. **heureux.** CONTR. **triste.** ❷ Qui est satisfait de quelque chose. *Valentin est content de son nouveau vélo.* CONTR. **mécontent.**

► **contentement** n.m. Joie, satisfaction. *Anne ne pouvait cacher son contentement.* CONTR. **mécontentement.**

► **contenter** et **se contenter** v. (conjug. 3). Rendre quelqu'un content. *Nos grands-parents essaient toujours de nous contenter.* SYN. **satisfaire.** CONTR. **mécontenter.** ◆ **se contenter de**. Se limiter à quelque chose. *Élise se contente des jouets qu'elle a. Pour l'instant, tu t'en contenteras.* SYN. **s'accommoder de, se satisfaire de.**

contenu n.m. ❶ Ce qui est à l'intérieur d'une chose. *Audrey a vidé le contenu de ses poches.* ❷ Ce qui est exprimé dans un texte. *J'ignore le contenu de cette lettre.*
►►► Mot de la famille de **contenir**.

conter v. (conjug. 3). Mot littéraire. Raconter une histoire. *Le voyageur nous a conté ses nombreuses aventures.* → Vois aussi **narrer**, **relater**.
● Ne confonds pas avec **compter**.

contestable adj. Que l'on peut contester, mettre en doute. *Ton choix est contestable.* SYN. **discutable.**
►►► Mot de la famille de **contester**.

contestataire adj. et n. Qui n'est pas d'accord avec quelque chose et qui le dit. *Les ouvriers contestataires sont en grève. Les contestataires ont manifesté dans la rue.*
►►► Mot de la famille de **contester**.

contestation n.f. Fait de contester quelque chose, de montrer son désaccord. *Le discours* *du président a donné lieu à des contestations.* SYN. **objection.**

►►► Mot de la famille de **contester.**

sans **conteste** adv. Sans discussion possible, sans aucun doute. *Renata était sans conteste la meilleure des gymnastes.* SYN. **incontestablement.**

►►► Mot de la famille de **contester.**

contester v. (conjug. 3). Mettre quelque chose en doute, refuser de l'admettre. *Des historiens ont contesté ce que le journaliste avait écrit.* CONTR. **approuver.**

►►► Mots de la même famille : **incontestable, incontestablement.**

conteur, euse n. Personne qui dit des contes, qui raconte des histoires. *Grand-mère est une conteuse remarquable.*

►►► Mot de la famille de **conter.**

contexte n.m. Ensemble du texte qui entoure un mot, une phrase, un paragraphe et qui permet de mieux les comprendre. *Le mot « caisse » a des sens différents selon son contexte.*

contigu, contiguë adj. Qui touche une autre chose, qui est situé à côté d'une autre pièce. *La chambre et la salle de bains sont contiguës.*

● La nouvelle orthographe permet d'écrire aussi au féminin **contigüe,** avec un tréma sur le **u.**

continent n.m. Vaste étendue de terre limitée par des mers et des océans. *Les six continents sont l'Europe, l'Asie, l'Afrique, l'Amérique, l'Océanie et l'Antarctique.*

► **continental, e, aux** adj. **Climat continental,** climat qui règne à l'intérieur d'un continent et qui se caractérise par des hivers froids et secs et des étés chauds. *La Pologne a un climat continental.* → Vois aussi **océanique.**

● Au masculin pluriel : **continentaux.**

continu, e adj. Qui se poursuit dans le temps, qui n'est pas interrompu. *On entendait un bruit continu.* SYN. **incessant, ininterrompu.**

►►► Mot de la famille de **continuer.**

continuel, elle adj. Qui se répète constamment, qui ne cesse jamais. *Une pluie continuelle. Ces allées et venues continuelles me dérangent.* SYN. **incessant.**

►►► Mot de la famille de **continuer.**

continuellement adv. De façon continuelle, sans arrêt. *Le téléphone sonne continuellement.* SYN. **constamment, sans cesse.**

►►► Mot de la famille de **continuer.**

continuer v. (conjug. 3). ❶ Poursuivre ce que l'on a commencé, ne pas cesser de faire quelque chose. *Après le déjeuner, nous avons continué notre partie de ping-pong. Lisa et son amie continuent à bavarder.* ❷ Se poursuivre, ne pas s'arrêter. *Le spectacle continue.* CONTR. **cesser.**

continuité n.f. Fait d'être continu, de ne pas cesser. *La continuité de ses efforts a été récompensée.*

►►► Mot de la famille de **continuer.**

contondant, e adj. Qui blesse sans couper. *Un bâton est une arme contondante.* CONTR. **coupant, tranchant.**

contorsions n.f. plur. Mouvements d'une personne qui se tord dans tous les sens. *Les contorsions de cet acrobate sont étonnantes.*

► se **contorsionner** v. (conjug. 3). Tordre son corps ou ses membres dans tous les sens. *L'acrobate se contorsionne sur un trapèze.*

► **contorsionniste** n. Acrobate qui fait des contorsions.

une contorsionniste

contour n.m. Ligne qui marque la limite, le tour de quelque chose. *Sébastien a dessiné le contour de mon visage.*

► **contourner** v. (conjug. 3). Passer autour, faire le tour de quelque chose. *Une route contourne la ville.*

►►► Mot de la même famille : **incontournable.**

a b c d e f g h i j k l m n o p q r s t u v w x y z

a b c d e f g h i j k l m n o p q r s t u v w x y z

contraceptif n.m. Moyen ou produit utilisé pour ne pas avoir d'enfants. *La pilule est un contraceptif.*
- On dit aussi **moyen de contraception.**

▶▶▶ Mot de la famille de **contraception.**

contraception n.f. Ensemble des moyens utilisés pour ne pas avoir d'enfants.

contracté, e adj. Qui est tendu, nerveux. *Les joueurs étaient contractés avant le début du match.* CONTR. **décontracté, détendu.**
▶▶▶ Mot de la famille de **contracter (2).**

1. **contracter** v. (conjug. 3). ❶ Attraper une maladie. *Cyrille a contracté la varicelle.* ❷ S'engager par un contrat. *Contracter une assurance contre le vol.* SYN. **prendre.**

2. **contracter** et **se contracter** v. (conjug. 3). Raidir, durcir ses muscles. *Contracter ses abdominaux.* SYN. **tendre.** CONTR. **décontracter, relâcher.** ◆ **se contracter.** Se tendre, se raidir. *Les muscles de la gymnaste se contractent pendant l'effort.* CONTR. **se relâcher.**

▶ **contraction** n.f. Fait de se contracter, de se raidir. *La contraction des muscles du visage.* SYN. **crispation.**

contractuel, elle n. Auxiliaire de police chargé de faire appliquer les règlements de stationnement des automobiles.
▶▶▶ Mot de la famille de **contracter (1).**

contradiction n.f. ❶ Affirmation qui en contredit une autre. *Son récit est plein de contradictions.* ❷ **Avoir l'esprit de contradiction,** avoir tendance à contredire les autres.
▶▶▶ Mot de la famille de **contredire.**

contradictoire adj. Qui contredit quelque chose, qui s'y oppose. *Leurs témoignages sont contradictoires.*
▶▶▶ Mot de la famille de **contredire.**

contraignant, e adj. Qui contraint, qui oblige à quelque chose de pénible. *Un travail contraignant.* SYN. **astreignant.**
▶▶▶ Mot de la famille de **contraindre.**

contraindre v. (conjug. 49). Forcer quelqu'un à faire quelque chose. *Sa maladie l'a contraint à rester couché.* SYN. **obliger.**

▶ **contrainte** n.f. ❶ Fait de forcer quelqu'un à faire quelque chose. *Il a agi sous la contrainte.* ❷ Obligation, nécessité pénible. *Alexis doit se lever tôt chaque jour, c'est une contrainte pour lui.*

contraire adj. ❶ Qui est opposé à quelque chose. *Cette décision est contraire au règlement.* CONTR. **conforme.** ❷ Qui va dans une direction opposée. *Tourner dans le sens contraire des aiguilles d'une montre.* SYN. **inverse.** ◆ n.m. ❶ Ce qui est opposé. *Tu as fait le contraire de ce que je te demandais.* SYN. **inverse.** ❷ Mot de sens opposé. *« Plein » et « vide » sont des contraires.* SYN. **antonyme.** CONTR. **synonyme.** ❸ **Au contraire,** à l'inverse. *Je ne suis pas fatigué, au contraire, je suis en pleine forme.*

▶ **contrairement à** adv. D'une manière contraire, opposée à. *Solène et Léa sont venues, contrairement à ce qu'elles m'avaient dit.* CONTR. **conformément à.**

contrariant, e adj. Qui contrarie, qui cause de la gêne ou du souci. *Ce changement de programme est contrariant.* SYN. **ennuyeux, fâcheux.**
▶▶▶ Mot de la famille de **contrarier.**

contrarié, e adj. Qui est soucieux ou fâché. *Je suis contrarié que tu ne puisses pas venir.* SYN. **mécontent.**
▶▶▶ Mot de la famille de **contrarier.**

contrarier v. (conjug. 7). ❶ Causer du mécontentement, du souci ou du chagrin à quelqu'un. *Ton retard l'a contrarié.* ❷ Faire obstacle à quelque chose. *Le mauvais temps contrarie nos projets.* SYN. **contrecarrer.**

▶ **contrariété** n.f. Ce qui contrarie, fâche ou ennuie. *Maman ne peut cacher sa contrariété.* CONTR. **satisfaction.**

contraste n.m. Opposition entre deux choses ou deux personnes. *La lumière accentue le contraste des couleurs.* CONTR. **ressemblance.**

▶ **contraster** v. (conjug. 3). Former un contraste. *Le silence qui règne dans cette maison contraste avec le bruit de la rue.* SYN. **s'opposer à, trancher sur.**

contrat n.m. Accord écrit qui précise les droits et les obligations de chacun. *Mon frère vient de signer un contrat de travail.*
▶▶▶ Mot de la famille de **contracter (1).**

contravention n.f. Amende infligée à une personne qui ne respecte pas une loi, un règlement. *Avoir une contravention pour excès de vitesse.* SYN. **procès-verbal.**

contre préposition. ❶ Indique un contact. *Ma petite sœur s'est blottie contre moi.* ❷ Indique une opposition. *Mes parents sont tout* *à fait contre ce projet.* CONTR. **pour.** *Nager contre le courant.* ❸ Indique l'échange. *Je te donne des autocollants contre ce porte-clés.*

par **contre** adv. Indique une opposition entre deux phrases. *Jean cuisine très bien, par contre, il n'aime pas faire la vaisselle.* SYN. **mais, en revanche.**

contre-attaque n.f. Riposte d'une troupe ou d'une équipe sportive qui attaque à son tour. SYN. **contre-offensive.**
● Au pluriel : des **contre-attaques.**
– La nouvelle orthographe permet d'écrire aussi **contrattaque,** sans **e** et sans trait d'union.

▸ **contre-attaquer** v. (conjug. 3). Lancer une contre-attaque, passer à l'offensive. *L'armée a contre-attaqué.*
● La nouvelle orthographe permet d'écrire aussi **contrattaquer,** sans **e** et sans trait d'union.

contrebalancer v. (conjug. 4). Équilibrer, égaler. *Ses qualités contrebalancent ses défauts.* SYN. **compenser.**

contrebande n.f. Délit qui consiste à introduire des marchandises dans un pays sans payer les droits de douane. *Passer des objets d'art en contrebande.*

▸ **contrebandier, ère** n. Personne qui fait de la contrebande. *Les douaniers ont arrêté des contrebandiers.*

en **contrebas** adv. Plus bas que l'endroit où l'on se trouve. *Une rivière coule en contrebas du jardin.* SYN. **en dessous.**

contrebasse n.f. Grand instrument de musique à cordes, qui produit un son très grave.
● Nom des musiciens : un ou une **contrebassiste,** un ou une **bassiste.**

une contrebasse

contrecarrer v. (conjug. 3). Faire obstacle, s'opposer à quelque chose. *La pluie a contrecarré nos projets.* SYN. **contrarier.** CONTR. **favoriser.**

à **contrecœur** adv. Contre son gré, de mauvaise grâce. *Bruno est parti à contrecœur, il aurait préférer rester avec nous.* SYN. **à regret.** CONTR. **volontiers.**

contrecoup n.m. Conséquence indirecte d'une situation, d'un événement. *Natacha subit le contrecoup de son accident.* SYN. **répercussion.**

à **contre-courant** adv. En remontant le courant. *Ce baigneur nage à contre-courant.*
● La nouvelle orthographe permet d'écrire aussi **contrecourant,** sans trait d'union.

contredire et **se contredire** v. (conjug. 65). Dire le contraire de ce que dit quelqu'un. *Vous n'êtes jamais d'accord avec moi, vous me contredisez sans cesse.* ◆ **se contredire.** Dire ou exprimer des choses opposées, contradictoires. *Elle s'est contredite dans ses explications.*

contrée n.f. Mot littéraire. Pays, région. *Les voyageurs traversèrent des contrées désertes.*

contre-espionnage n.m. Service de l'État chargé de démasquer les espions étrangers et de les empêcher de nuire.
● La nouvelle orthographe permet d'écrire aussi **contrespionnage,** sans trait d'union.

contrefaçon n.f. Délit qui consiste à imiter une œuvre d'art, un objet. *La contrefaçon des billets de banque est punie par la loi.*

contrefaire v. (conjug. 70). Imiter quelque chose avec une intention frauduleuse. *Les escrocs avaient contrefait des billets de banque.*

contrefort n.m. Pilier bâti contre un mur pour le soutenir. *Les contreforts d'une cathédrale.* → Vois aussi **arc-boutant.**

contre-indication n.f. Circonstance, cas particulier qui empêchent d'utiliser un médicament. *La notice d'un médicament signale les contre-indications.*
● Au pluriel : des **contre-indications.**
– La nouvelle orthographe permet d'écrire aussi **contrindication,** sans trait d'union.

a b c d e f g h i j k l m n o p q r s t u v w x y z

contre-indiqué, e adj. Qui est déconseillé pour des raisons médicales. *Ce médicament est contre-indiqué pendant la grossesse, il pourrait nuire au développement du bébé.*

● Au pluriel : **contre-indiqué(e)s.**
– La nouvelle orthographe permet d'écrire aussi **contrindiqué,** sans trait d'union.

à **contre-jour** adv. Dans le sens opposé à celui d'où vient la lumière. *Prendre une photo à contre-jour.*

● La nouvelle orthographe permet d'écrire aussi **contrejour,** sans trait d'union.

contremaître n.m. Employé qui dirige le travail d'une équipe d'ouvriers.

● La nouvelle orthographe permet d'écrire aussi **contremaitre,** sans accent circonflexe.

contre-offensive n.f. Riposte à une offensive de l'ennemi. SYN. **contre-attaque.**

● Au pluriel : des **contre-offensives.**
– La nouvelle orthographe permet d'écrire aussi **controffensive,** sans trait d'union.

contrepartie n.f. Ce qui est fourni en échange d'autre chose. *J'ai aidé Charlotte à faire ses devoirs, en contrepartie, elle m'a prêté des disques.* SYN. **compensation.**

contre-performance n.f. Échec d'un sportif dont on attendait la victoire. *Après une telle contre-performance, l'athlète a abandonné la compétition.*

● Au pluriel : des **contre-performances.**
– La nouvelle orthographe permet d'écrire aussi **contreperformance,** sans trait d'union.

contre-pied n.m. **Prendre le contre-pied de quelque chose,** dire ou faire tout le contraire. *Mon frère prend toujours le contre-pied de ce que je dis.*

● La nouvelle orthographe permet d'écrire aussi **contrepied,** sans trait d'union.

contreplaqué n.m. Matériau constitué de fines lames de bois collées les unes sur les autres. *Une étagère en contreplaqué. Un meuble en contreplaqué.*

● On peut aussi écrire **contre-plaqué.**

contrepoids n.m. Poids qui sert à équilibrer un autre poids. *Grand-père portait une valise dans chaque main pour faire contrepoids.*

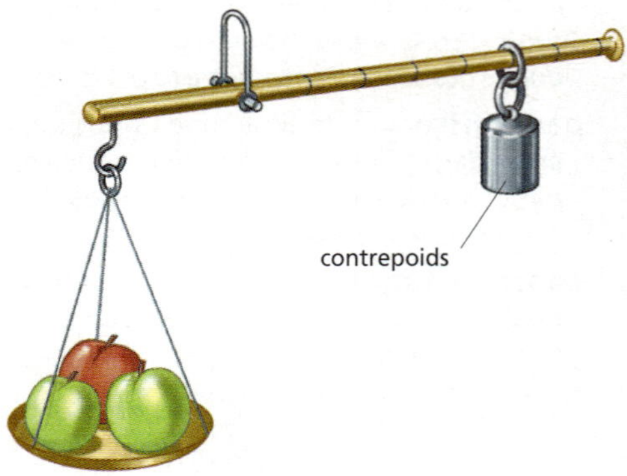

un contrepoids

contrepoison n.m. Produit qui combat les effets d'un poison. SYN. **antidote.**

contrer v. (conjug. 3). S'opposer à quelque chose. *Contrer un projet.* CONTR. **soutenir.**

►►► Mot de la famille de **contre.**

contresens n.m. ❶ Mauvaise compréhension du sens d'un mot. *L'élève a fait plusieurs contresens dans sa traduction.* ❷ **À contresens,** dans le sens opposé au sens normal. *Un automobiliste avait pris l'autoroute à contresens.*

● On prononce le **s** final.

contretemps n.m. Événement imprévu qui retarde la réalisation ou perturbe le déroulement normal de ce qui était projeté. *Un contretemps nous a empêchés de prendre le train.*

contribuable n. Personne qui paie des impôts.

►►► Mot de la famille de **contribuer.**

contribuer v. (conjug. 3). Participer à quelque chose, aider à faire quelque chose. *Mes parents ont contribué à la réussite de mon projet.*

► **contribution** n.f. Fait de contribuer, de participer à une action, à une dépense commune. *Nous avons apporté notre contribution à l'organisation de la fête.* ◆ n.f. plur. Participation de chacun aux dépenses de l'État. *Payer des contributions.* SYN. **impôts.**

contrôle n.m. ❶ Vérification de la validité d'un document ou du bon fonctionnement d'un appareil, d'une machine. *Une personne effectuait le contrôle des billets à l'entrée du théâtre. Le contrôle technique d'une voiture.* ❷ Devoir fait en classe pour contrôler les connaissances des élèves. ❸ Fait de maîtriser,

a b c d e f g h i j k l m n o p q r s t u v w x y z

de diriger quelque chose. *Les conducteurs doivent garder le contrôle de leur véhicule.*
● Le second **o** prend un accent circonflexe.

▶ **contrôler** v. (conjug. 3). Soumettre à une vérification. *Les douaniers ont contrôlé nos papiers d'identité.* SYN. **inspecter, vérifier.**

▶ **contrôleur, euse** n. Employé chargé de faire un contrôle, une vérification. *La contrôleuse a poinçonné nos billets de train.*

contrordre n.m. Ordre ou décision qui vient annuler un autre ordre ou une autre décision. *Nous avons reçu un contrordre, nous devons rester ici.*

controverse n.f. Discussion entre des personnes d'avis différents. *La chasse suscite de vives controverses.*

contusion n.f. Blessure sans gravité, causée par un coup, un choc. *Jessie est tombée de vélo, mais elle n'a eu que quelques contusions.* → Vois aussi **bleu, bosse, ecchymose.**

convaincant, e adj. Qui est capable de convaincre, de persuader. *Donner des arguments convaincants.* SYN. **concluant, probant.**
▸▸▸ Mot de la famille de **convaincre.**

convaincre v. (conjug. 79). Amener quelqu'un à reconnaître qu'une chose est bien, vraie ou juste. *Salomé ne voulait pas rester, mais nous l'avons convaincue.* SYN. **persuader.**

convalescence n.f. Période de repos après une maladie, une opération. *Sarah est en convalescence, elle reprend des forces.*
● Le son [s] s'écrit **sc.**
▸▸▸ Mot de la famille de **convalescent.**

convalescent, e adj. et n. Qui se rétablit après une maladie, une opération. *Jean est convalescent, il est encore faible.*
● Le son [s] s'écrit **sc.**

convenable adj. ❶ Qui respecte les usages et les bonnes manières. *Avoir une tenue convenable.* SYN. **correct.** CONTR. **inconvenant.** ❷ Qui est suffisant, passable. *Mes résultats sont convenables.* SYN. **acceptable, correct.**
▸▸▸ Mot de la famille de **convenir.**

convenablement adv. Comme il faut, de manière convenable. *Les enfants se sont tenus convenablement.* SYN. **correctement.**
▸▸▸ Mot de la famille de **convenir.**

convenance n.f. **À sa convenance,** qui lui convient, à son goût. *Maman a trouvé des chaussures de marche à sa convenance.* ◆ n.f. plur. Règles de bonne conduite, de politesse. *Respecter les convenances.*
▸▸▸ Mot de la famille de **convenir.**

convenir v. (conjug. 20). ❶ Aller avec quelque chose, être approprié. *Cette tenue convient bien à la circonstance.* ❷ Satisfaire quelqu'un, lui plaire. *Ton travail lui convient tout à fait.* ❸ Se mettre d'accord sur quelque chose. *Nous avons convenu de nous réunir tous les mardis.* SYN. **décider.** ❹ Reconnaître, admettre quelque chose. *Baptiste a convenu de son erreur.* ❺ **Il convient de,** il faut. *Il convient d'être prudent en randonnée.*

convention n.f. Accord passé entre des personnes, des sociétés, des pays. *Les chefs d'État ont signé une convention.*

convergence n.f. Fait de converger, d'aboutir au même point, au même résultat. *Ils ont pu réaliser ce projet grâce à la convergence de leurs idées.* CONTR. **divergence.**
▸▸▸ Mot de la famille de **converger.**

convergent, e adj. Qui a un même but, un même résultat qu'une autre action ou idée. *Des opinions convergentes; des efforts convergents.* CONTR. **divergent.**
▸▸▸ Mot de la famille de **converger.**

converger v. (conjug. 5). ❶ Se diriger vers un même point. *Toutes ces rues convergent vers le centre de la ville.* ❷ Aboutir au même résultat. *Les avis des scientifiques convergent.* CONTR. **diverger.**

conversation n.f. Ensemble des paroles échangées entre des personnes. *Juliette a eu une longue conversation avec son amie.* SYN. **discussion, entretien.**
▸▸▸ Mot de la famille de **converser.**

converser v. (conjug. 3). Mot littéraire. Parler avec quelqu'un. *J'ai conversé avec Jean tout l'après-midi.* SYN. **discuter, s'entretenir.**

conversion n.f. ❶ Changement de religion. *Sa conversion au catholicisme a surpris ses proches.* ❷ Fait d'exprimer un nombre, une grandeur, une mesure dans une autre unité. *La conversion de dollars en euros.*
▸▸▸ Mot de la famille de **convertir.**

convertir et **se convertir** v. (conjug. 16). Transformer un nombre, une grandeur en une autre unité. *Convertir des heures en minutes.* ◆ **se convertir**. Changer de religion. *Elle s'est convertie à l'islam.*

a b c d e f g h i j k l m n o p q r s t u v w x y z

a b c d e f g h i j k l m n o p q r s t u v w x y z

▶ **convertisseur** n.m. Calculatrice qui fait les conversions entre les euros et les anciennes monnaies des pays de l'Union européenne.

convexe adj. Qui a une surface bombée. *Un miroir convexe.* CONTR. **concave.**

conviction n.f. ❶ Certitude. *J'ai la conviction qu'il réussira.* ❷ Opinion ou croyance. *Il a agi selon ses convictions.*

▸▸▸ Mot de la famille de **convaincre.**

convier v. (conjug. 7). Mot littéraire. Inviter. *Coralie nous a conviés à sa fête.*

convive n. Personne qui prend part à un repas avec d'autres. *Tous les convives sont arrivés.*

convivial, e, aux adj. Qui favorise les échanges, les bonnes relations entre les personnes. *Une soirée conviviale.*

● Au masculin pluriel : **conviviaux.**

convocation n.f. Lettre qui demande à quelqu'un de se présenter quelque part. *Mon frère a reçu sa convocation à l'examen.*

▸▸▸ Mot de la famille de **convoquer.**

convoi n.m. Ensemble de véhicules qui font route ensemble. *Un convoi de camions militaires.*

convoiter v. (conjug. 3). Désirer fortement posséder quelque chose. *Elle convoitait cette place depuis longtemps.* SYN. **lorgner.**

▶ **convoitise** n.f. Désir intense. *Les enfants regardent avec convoitise les jouets exposés dans le magasin.* SYN. **envie.**

convoquer v. (conjug. 3). Demander impérativement à quelqu'un de se présenter quelque part. *Le directeur a convoqué tous les employés dans son bureau.*

convoyer v. (conjug. 14). Accompagner des véhicules, des personnes, des marchandises pour les protéger. *Des policiers convoient le fourgon d'euros.* SYN. **escorter.**

▶ **convoyeur, euse** n. **Convoyeur de fonds,** personne armée chargée d'accompagner et de surveiller un transport d'argent.

convulsion n.f. Contraction involontaire et violente des muscles. *Une forte fièvre peut provoquer des convulsions.*

coopératif, ive adj. Qui est prêt à aider, à participer à un travail, à un effort commun. *Les enfants se sont montrés coopératifs.*

▸▸▸ Mot de la famille de **coopérer.**

coopération n.f. Participation à un travail commun. *Pour réussir, nous avons besoin de votre coopération.* SYN. **aide, collaboration.**

▸▸▸ Mot de la famille de **coopérer.**

coopérative n.f. Association de personnes qui se regroupent pour acheter ou vendre des produits.

▸▸▸ Mot de la famille de **coopérer.**

coopérer v. (conjug. 9). Travailler ensemble à quelque chose. *Plusieurs spécialistes ont coopéré à la rédaction de ce livre.* SYN. **collaborer.**

coordination n.f. ❶ Fait de coordonner, d'organiser des actions. *La coordination des travaux a été confiée à un ingénieur.* ❷ **Conjonction de coordination,** mot qui sert à relier des mots, des groupes de mots ou des propositions qui ont la même nature. *« Mais », « ou », « et », « donc », « or », « ni », « car » sont des conjonctions de coordination.* → Vois aussi **subordination.**

▶ **coordonnées** n.f. plur. Adresse et numéro de téléphone d'une personne. *Donne-moi tes coordonnées pour que je puisse te joindre.*

▶ **coordonner** v. (conjug. 3). Organiser des choses pour atteindre un but. *Des personnes ont été désignées pour coordonner les recherches.*

copain, copine n. Mot familier. Ami, camarade. *Lisa a invité ses copines.*

copeau n.m. Fine lamelle de bois ou de métal détachée par un instrument tranchant.

● Au pluriel : des **copeaux.**

copie n.f. ❶ Reproduction exacte de quelque chose. *On m'a demandé la copie de mon diplôme.* SYN. **double.** CONTR. **original.** *Je n'ai vu qu'une copie de ce tableau.* SYN. **imitation.** CONTR. **original.** ❷ Feuille de papier sur laquelle les élèves font leurs devoirs. *Des copies à grands carreaux.* ❸ Devoir d'élève fait sur une copie. *Le professeur a corrigé nos copies.* → Vois aussi **photocopie.**

▶ **copier** v. (conjug. 7). ❶ Reproduire exactement. *Les élèves copient une poésie.* SYN. **recopier.** ❷ Regarder le devoir de quelqu'un et écrire ce que l'on a lu. *Elle a copié sur sa voisine.*

▶ **copieur, euse** n. Élève qui copie sur son voisin.

copieusement adv. En grande quantité, beaucoup. *Au restaurant, nous avons mangé copieusement.* SYN. **abondamment.**
▸▸▸ Mot de la famille de **copieux.**

copieux, euse adj. Qui est abondant. *Un repas copieux.* CONTR. **frugal, léger.**

copilote n. Second pilote qui assiste le pilote d'un avion.

copine → copain

copiste n. Au Moyen Âge, personne qui copiait les manuscrits. *Les copistes étaient souvent des moines.*
▸▸▸ Mot de la famille de **copier.**

coproduction n.f. Production d'un film ou d'un spectacle par plusieurs producteurs, souvent de pays différents. *Ce film est une coproduction franco-belge.*

copropriétaire n. Personne qui est propriétaire avec d'autres d'une maison, d'un immeuble.
▸▸▸ Mot de la famille de **copropriété.**

copropriété n.f. **En copropriété,** qui appartient en commun à plusieurs personnes. *Un immeuble en copropriété.*

coq n.m. Oiseau de basse-cour qui a une crête rouge sur la tête.
● Femelle : la poule. Petits : le poussin, le poulet. Cri : le chant.

un coq

coque n.f. ❶ Enveloppe dure de certains fruits. *Des coques de noix, de noisette.* SYN. **coquille.** ❷ **Œuf à la coque,** œuf de poule avec sa coquille que l'on fait à peine cuire dans l'eau bouillante. ❸ Partie extérieure d'un navire. *La coque du bateau est endommagée.* ❹ Petit coquillage comestible qui vit enfoui dans le sable des plages.

coquelicot n.m. Fleur des champs rouge vif, aux pétales fins et froissés.

coqueluche n.f. Maladie contagieuse caractérisée par des quintes de toux.

coquet, ette adj. Qui aime plaire par son élégance. *Ma petite sœur est très coquette.*

coquetier n.m. Petit support que l'on utilise pour maintenir et manger un œuf à la coque.
▸▸▸ Mot de la famille de **coque.**

coquetterie n.f. Désir de plaire par le soin que l'on porte à sa tenue. *Camélia s'habille toujours avec coquetterie.*
▸▸▸ Mot de la famille de **coquet.**

coquillage n.m. Animal marin dont le corps est protégé par une coquille. *Les huîtres, les moules, les praires sont des coquillages.*
→ Vois aussi **mollusque.**
▸▸▸ Mot de la famille de **coquille.**

coquille n.f. ❶ Enveloppe dure qui recouvre le corps de certains animaux. *Les huîtres, les moules, les escargots ont une coquille.* ❷ Enveloppe de l'œuf des oiseaux. ❸ Enveloppe dure de certains fruits. *La coquille d'une noix.* SYN. **coque.** ❹ **Coquille Saint-Jacques,** animal marin à coquille plate dont la chair est très appréciée.

coquin, e n. et adj. Qui est malicieux, qui aime bien taquiner les autres. *Petite coquine, où as-tu caché mes lunettes ?*

1. **cor** n.m. ❶ Instrument de musique à vent, en cuivre, fait d'un tube enroulé sur lui-même. ❷ **À cor et à cri,** avec beaucoup de bruit et d'insistance. *Mon petit frère réclame son ours à cor et à cri.*

2. **cor** n.m. Grosseur de peau dure sur les orteils. *Maman a un cor au pied.*

corail n.m. ❶ Animal qui a un squelette de calcaire et qui vit en colonies dans les mers chaudes. ❷ Matière calcaire produite par les coraux et utilisée en bijouterie. *Un bracelet de corail.*
● Au pluriel : des **coraux.**

▸ **corallien, enne** adj. Formé de coraux. *Des récifs coralliens.*

Coran n.m. Livre sacré des musulmans. → Vois aussi la partie « Noms propres ».

▸ **coranique** adj. Du Coran, qui a rapport au Coran. *La Loi coranique.*

corbeau n.m. Grand oiseau au plumage noir, qui vit souvent en bandes. → Vois aussi **choucas, corneille.**
● Au pluriel : des **corbeaux.** – Petit : le corbillat. Cri : le croassement.

a b c d e f g h i j k l m n o p q r s t u v w x y z

a b c d e f g h i j k l m n

corbeille n.f. ❶ Petit panier, généralement sans anse. *Une corbeille à pain.* ❷ **Corbeille à papier,** récipient où l'on jette les papiers.

corbillard n.m. Voiture qui sert à transporter les cercueils au cimetière. → Vois aussi **fourgon.**

cordage n.m. Grosse corde ou câble qui sont utilisés sur un bateau. *Amarrer un voilier avec des cordages.*

▸▸▸ Mot de la famille de **corde.**

corde n.f. ❶ Grosse ficelle solide. *Le cavalier a attaché son cheval à un arbre avec une corde. Maxime grimpe à la corde.* ❷ Gros fil qui est tendu sur certains objets ou instruments. *Les cordes d'une raquette de tennis. La guitare a six cordes.* ❸ **Cordes vocales,** membranes situées dans le fond de la gorge, qui se tendent et vibrent pour produire des sons.

▸ **cordeau** n.m. Petite corde tendue entre deux piquets qui sert à aligner des plantations.

● Au pluriel : des **cordeaux.**

▸ **cordée** n.f. Groupe d'alpinistes qui, par mesure de sécurité, sont attachés à la même corde.

des alpinistes grimpent en cordée

▸ **cordelette** n.f. Corde fine.

cordial, e, aux adj. Qui est sympathique et chaleureux. *Un accueil cordial.*

● Au masculin pluriel : **cordiaux.**

▸ **cordialement** adv. De façon cordiale, amicale. *Nos voisins nous ont reçus cordialement.* SYN. **chaleureusement.**

▸ **cordialité** n.f. Fait d'être cordial, amical et chaleureux. *Le maire m'a serré la main avec cordialité.* SYN. **chaleur.**

cordillère n.f. Chaîne de montagnes située en bordure d'un continent. *La cordillère des Andes se trouve en Amérique du Sud.*

la cordillère des Andes

cordon n.m. ❶ Petite corde. *Le cordon d'un sac de sport.* SYN. **lien.** ❷ Ligne, rangée de personnes. *Un cordon de policiers barrait la rue.*

▸ **cordon-bleu** n.m. Personne qui fait très bien la cuisine.

● Au pluriel : des **cordons-bleus.**

cordonnerie n.f. Boutique du cordonnier.

▸▸▸ Mot de la famille de **cordonnier.**

cordonnier, ère n. Artisan qui répare les chaussures.

coréen, enne adj. et n. De la Corée du Nord ou de la Corée du Sud. *La péninsule coréenne. Kim est coréen. C'est un Coréen.* ◆ **coréen** n.m. Langue parlée par les Coréens.

● On prononce [kɔreɛ̃]. – Le nom prend une majuscule quand il désigne une personne : *un Coréen.*

coriace adj. Qui est très dur. *Cette viande est coriace.* CONTR. **tendre.**

cormoran n.m. Oiseau marin, au plumage sombre et au bec effilé. *Le cormoran se nourrit de poissons qu'il chasse en plongeant.*

cornac n.m. Personne chargée de soigner et de conduire un éléphant.

● On prononce le **c** final.

corne n.f. ❶ Pointe dure qui pousse sur la tête de certains animaux. *Les chèvres ont deux cornes.* ❷ Organe en forme de corne qui pousse sur la tête des escargots, des limaces et de certains insectes. ❸ Matière dure tirée des cornes ou des sabots des animaux, qui sert à fabriquer certains objets. *Un peigne en corne.* ❹ Trompe sonore. *Une corne de brume.*

cornée n.f. Partie transparente du globe de l'œil.

u v w x y z

corneille n.f. Oiseau de la famille du corbeau, mais plus petit, au plumage noir. → Vois aussi **choucas.**
● Cri : le craillement.

cornemuse n.f. Instrument de musique à vent fait de plusieurs tuyaux et d'une poche en peau de mouton qui se gonfle. → Vois aussi **biniou.**

1. **corner** v. (conjug. 3). Plier le coin d'une feuille, d'une page. *Corner les pages d'un livre.*

2. **corner** n.m. Au football, faute d'un joueur qui envoie le ballon derrière sa ligne de but.
● C'est un mot anglais, on prononce [kɔrnɛr].

cornet n.m. ❶ Sachet en papier en forme de cône. *Un cornet de pop-corn.* ❷ Cône en gaufrette dans lequel on met de la crème glacée. ❸ **Cornet à pistons,** instrument de musique à vent qui ressemble à la trompette.

corn flakes n.m. plur. Flocons de maïs grillés. *Hugo verse du lait sur les corn flakes.*
● C'est un mot anglais, on prononce [kɔrnflɛks].

corniche n.f. ❶ Partie qui est située au sommet d'un bâtiment, sur le dessus d'un meuble et qui dépasse. ❷ Route à flanc de montagne.

cornichon n.m. Petit concombre que l'on conserve dans le vinaigre et que l'on consomme comme condiment.

cornu, e adj. Qui porte des cornes. *Un animal cornu.*
▸▸▸ Mot de la famille de **corne.**

cornue n.f. Récipient rond, au long col recourbé, qu'on utilise en chimie.

corolle n.f. Ensemble des pétales d'une fleur.
● La nouvelle orthographe permet d'écrire aussi **corole,** avec un seul **l.**

coron n.m. Groupe de maisons identiques dans les cités minières du nord de la France.

coronaire adj. et n.f. **Artère coronaire,** artère qui part de l'aorte et apporte le sang au cœur.

corporation n.f. Ensemble des personnes qui exercent la même profession. *La corporation des bouchers.* SYN. **corps.**

corporel, elle adj. Qui concerne le corps. *Un soin corporel.*
▸▸▸ Mot de la famille de **corps.**

corps n.m. ❶ Partie matérielle d'une personne ou d'un animal. *La tête, le tronc, les bras et les jambes forment le corps humain.* ❷ Cadavre. *On a sorti les corps des décombres.* ❸ Objet, matière. *Les étoiles sont des corps célestes. L'air est un corps gazeux.* ❹ Ensemble de personnes qui ont la même activité, le même métier. *Le corps médical.* SYN. **corporation.**
● Ce mot se termine par un **s.**
▸▸▸ Mot de la même famille : **incorporer.**

→ planches pp. 258-259, 733.

▸ **corps-à-corps** n.m. invar. Combat entre des adversaires qui sont en contact.
● Ce mot composé ne change pas au pluriel : des **corps-à-corps.**

▸ **corpulence** n.f. Taille et grosseur du corps humain. *Mon père est un homme de forte corpulence.*

▸ **corpulent, e** adj. Qui a une forte corpulence, qui est gros et grand. CONTR. **maigre, mince.**

▸ **corpuscule** n.m. Très petit élément d'un corps, d'une matière.

correct, e adj. ❶ Qui est conforme aux règles, qui ne comporte pas de fautes. *Ta phrase est correcte.* SYN. **juste.** CONTR. **incorrect.** ❷ Qui respecte les règles de la politesse, les usages. *Une tenue correcte est exigée.* SYN. **convenable, décent.** ❸ Qui est acceptable, sans être extraordinaire. *Ton devoir est correct.* SYN. **convenable, passable.**

▸ **correctement** adv. ❶ Sans fautes, comme il faut. *Mon frère parle correctement l'espagnol.* SYN. **convenablement.** ❷ De manière correcte, conformément aux usages, aux règles. *Tenez-vous correctement !* SYN. **convenablement.**

correcteur, trice n. Personne dont le métier est de corriger des textes.
▸▸▸ Mot de la famille de **corriger.**

correction n.f. ❶ Action de corriger un exercice, un texte. *Le professeur termine la correction des copies.* ❷ Remarque ou rectification portée sur un texte corrigé. *Les corrections sont en rouge.* ❸ Coups que l'on donne à quelqu'un pour le punir. *Recevoir une correction.* ❹ Comportement d'une personne qui respecte les usages, les règles de la politesse. *C'est une femme d'une parfaite correction.* CONTR. **incorrection.**
▸▸▸ Mot de la famille de **corriger.**

Le corps et le squelette

Le squelette est la charpente du corps humain. Constitué d'os rigides et d'articulations, il soutient et protège les organes. C'est grâce aux articulations et aux muscles que le corps est mis en mouvement. Au fur et à mesure de la croissance, les os grandissent et les muscles se développent : le corps prend progressivement sa forme adulte.

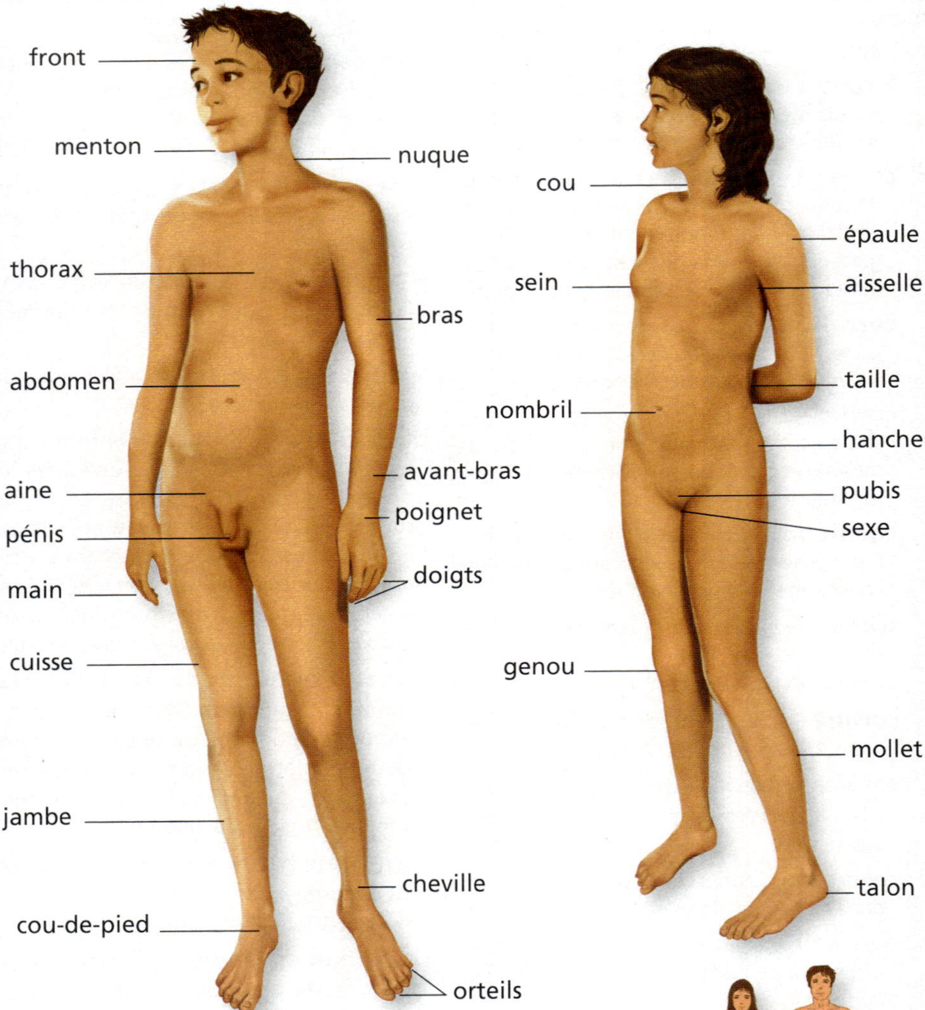

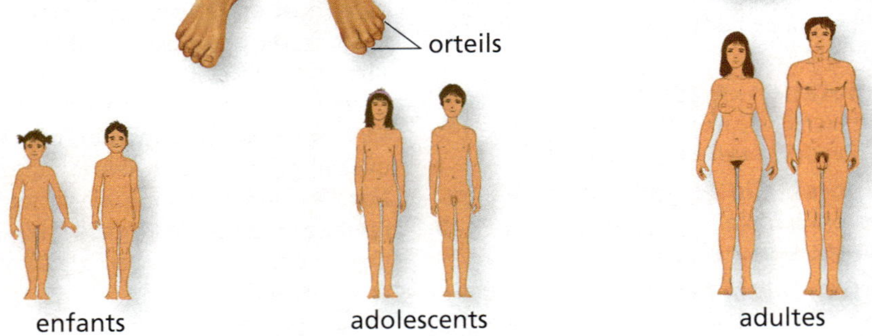

L'évolution des formes du corps

Pour en savoir plus

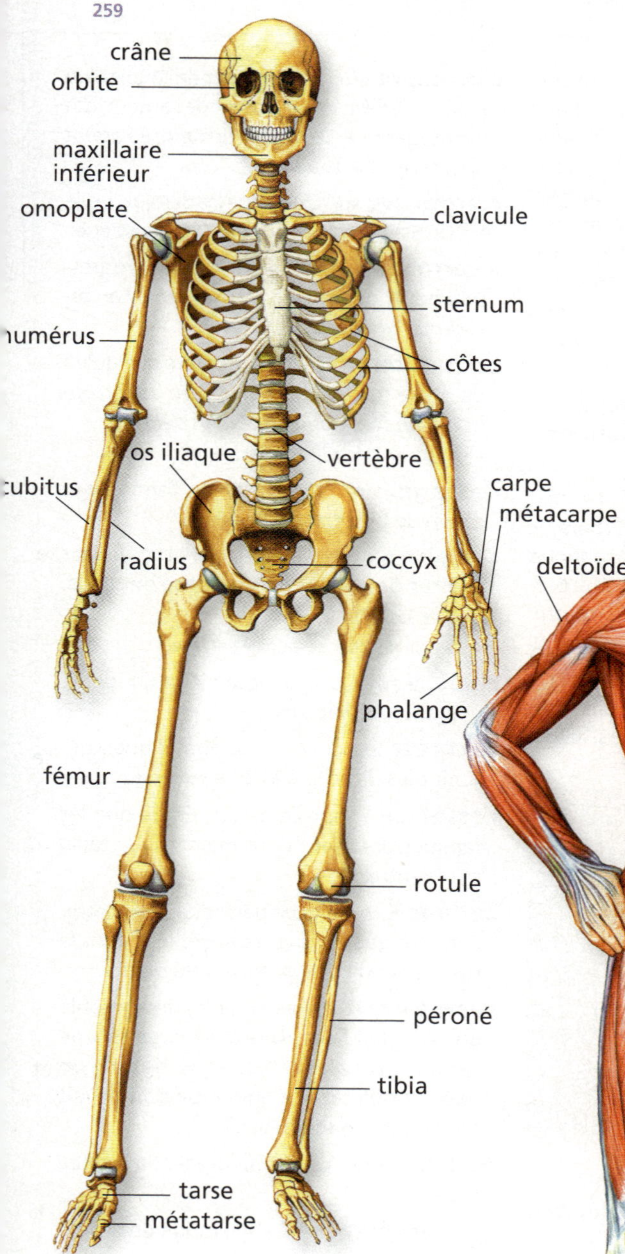

le squelette

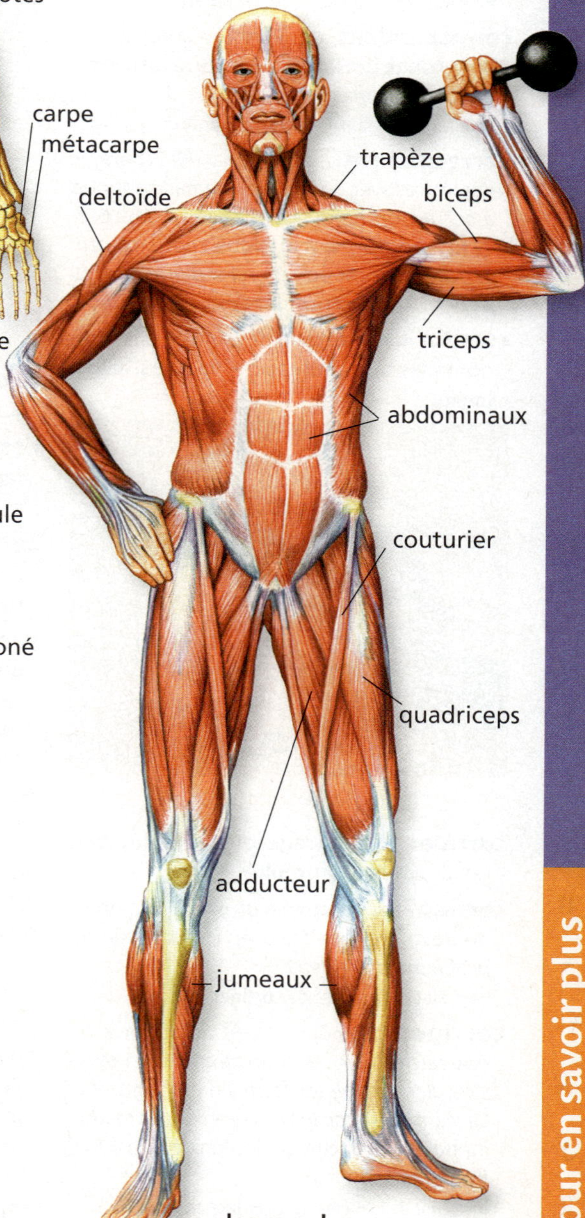

les muscles

a b c d e f g h i j k l m n o p q r s t u v w x y z

correspondance n.f. ❶ Échange de lettres entre deux personnes. *Armelle entretient une correspondance avec son amie africaine.* ❷ Ensemble de lettres reçues ou envoyées. *Le directeur lit sa correspondance.* SYN. **courrier.** ❸ Liaison entre deux moyens de transport. *Les voyageurs attendent la correspondance pour Marseille.* ❹ Accord, ressemblance entre plusieurs choses. *La correspondance de leurs idées les a rapprochés.* CONTR. **opposition.**
►►► Mot de la famille de **correspondre.**

correspondant, e n. Personne avec laquelle on échange des lettres. *Valentin a un correspondant allemand.*
►►► Mot de la famille de **correspondre.**

correspondre v. (conjug. 46). ❶ Échanger des lettres avec quelqu'un. *Maman continue à correspondre avec ses amies d'enfance.* ❷ Être conforme à quelque chose. *Le prix affiché correspond au prix indiqué dans la publicité.* SYN. **concorder avec.**

corrida n.f. Spectacle de combat entre un homme et un taureau. → Vois aussi **arène, torero.**

une corrida

corridor n.m. Passage long et étroit, dans un logement. SYN. **couloir.**

corrigé n.m. Solution d'un exercice, modèle de devoir. *Le maître a écrit le corrigé du problème au tableau.*
►►► Mot de la famille de **corriger.**

corriger v. (conjug. 5). ❶ Supprimer ou relever les erreurs d'un texte, d'un exercice. *J'ai corrigé les fautes d'orthographe. La maîtresse a corrigé nos exercices de mathématiques.* ❷ Battre quelqu'un pour le punir. *Il a corrigé son fils.*
►►► Mot de la même famille : **incorrigible.**

corrompre v. (conjug. 47). Rendre quelqu'un malhonnête en lui proposant de l'argent, des avantages. *Il a tenté de corrompre l'agent de police.* SYN. **soudoyer.**

corrosif, ive adj. Qui ronge les métaux, brûle les tissus. *Un acide corrosif.* SYN. **caustique.**

► **corrosion** n.f. Action de ronger progressivement, de détruire lentement. *La corrosion d'un métal.*

corruption n.f. Fait de corrompre quelqu'un ou d'être corrompu. *La tentative de corruption d'un fonctionnaire est un délit.*
►►► Mot de la famille de **corrompre.**

corsage n.m. Vêtement de femme qui couvre le buste. SYN. **chemisier.**

corsaire n.m. Navigateur qui attaquait les navires de commerce des pays ennemis.
→ Vois aussi **pirate.**
● Ce nom masculin se termine par un **e.**

corsé, e adj. Qui a un goût bien assaisonné, piquant. *Un plat corsé.*

se corser v. (conjug. 3). Se compliquer, devenir plus difficile. *L'affaire se corse.*

corset n.m. Sous-vêtement rigide que les femmes portaient pour maintenir la taille et le ventre.

cortège n.m. Suite de personnes qui accompagnent quelqu'un ou qui défilent dans la rue. *Un long cortège suivait les mariés.*

corvée n.f. ❶ Travail pénible, désagréable que l'on doit faire. *Faire le ménage est une véritable corvée.* ❷ Autrefois, travail non payé et obligatoire que le paysan devait faire pour son seigneur.

cosaque n.m. Autrefois, cavalier de l'armée russe.

cosmétique n.m. et adj. Produit de beauté pour la peau, les cheveux.

cosmique adj. Qui concerne le cosmos, l'espace situé au-delà de l'atmosphère terrestre. *Un voyage cosmique.* SYN. **spatial.**
→ Vois aussi **interplanétaire, intersidéral.**

cosmonaute n. Personne qui voyage dans l'espace, à bord d'un vaisseau spatial. *En 1961, le cosmonaute soviétique Iouri Gagarine fit le tour de la Terre en 108 minutes.* SYN. **astronaute, spationaute.**
►►► Mot de la famille de **cosmos.**

cosmopolite adj. Habité par des personnes de différents pays. *Une ville cosmopolite.*
▸▸▸ Mot de la famille de **cosmos.**

cosmos n.m. Espace situé hors de l'atmosphère terrestre.
● On prononce le **s** final.

cosse n.f. Enveloppe qui renferme les graines des petits pois, des haricots, des fèves, des lentilles. → Vois aussi **gousse.**
▸▸▸ Mot de la même famille : **écosser.**

cossu, e adj. Mot littéraire. Qui montre une certaine richesse. *Une maison cossue.* SYN. **luxueux.**

costaud adj. et n. ❶ Mot familier. Qui est grand et fort. *C'est une fille costaud.* SYN. **robuste, solide.** ❷ Qui est solide, résistant. *Un sac costaud.*
● Le féminin **costaude** existe mais il est rare.

costume n.m. ❶ Tenue masculine composée d'un pantalon, d'une veste, et parfois d'un gilet. ❷ Vêtement que l'on porte pour se déguiser ou pour interpréter un rôle. *Pour le carnaval, Adrien a mis un costume d'Indien.* SYN. **habit.** ❸ Habillement qui varie selon les époques, les pays.

→ planche p. 263.

▸ **costumé, e** adj. **Bal costumé,** bal où tout le monde est déguisé. SYN. **bal masqué.**

cote n.f. ❶ Popularité d'une personne. *La cote du président est en baisse.* ❷ Indication de la valeur de quelque chose. *La cote d'une voiture.* ❸ Chiffre qui indique une dimension, un niveau, sur un plan.
● Ne confonds pas avec **côte** ou **cotte.**

1. **côte** n.f. ❶ Chacun des os allongés et courbes qui forment la cage thoracique. *Nous avons douze paires de côtes.* ❷ **Côte à côte,** l'un à côté de l'autre. *Les deux amis marchent côte à côte.* ❸ Ligne en relief de certains tissus. *Du velours à grosses côtes.*
● Le **o** prend un accent circonflexe. – Ne confonds pas avec **cote** ou **cotte.**

2. **côte** n.f. Pente d'un chemin, d'une route. *Je me suis arrêté au milieu de la côte.* SYN. **montée.**
● Le **o** prend un accent circonflexe. – Ne confonds pas avec **cote** ou **cotte.**

3. **côte** n.f. Bord de la mer. *Le bateau longe la côte.* SYN. **rivage.**
● Le **o** prend un accent circonflexe. – Ne confonds pas avec **cote** ou **cotte.**

coté, e adj. Qui est estimé, apprécié. *Un hôtel très coté. Ce peintre est coté.*
▸▸▸ Mot de la famille de **cote.**

côté n.m. ❶ Partie située à droite ou à gauche de quelque chose. *Marcher sur le côté gauche de la route. Lisa a une douleur au côté droit.* ❷ S'emploie pour indiquer une direction, une position. *De quel côté est-il parti ?* ❸ Segment qui délimite une figure géométrique. *Un triangle a trois côtés.* ❹ Aspect. *Malgré tous les inconvénients, cette situation a de bons côtés.* ❺ **À côté de,** tout près de. *Aurélie est assise à côté de moi.* ❻ **Laisser de côté,** ne plus s'occuper de quelque chose. *Richard a laissé ses jouets de côté.* ❼ **Mettre de côté,** garder en réserve. *Solène met un peu d'argent de côté pour s'acheter une bicyclette.* SYN. **économiser.**
● Le **o** prend un accent circonflexe.

coteau n.m. Versant d'une colline. *Un coteau planté de vignes.*
● Au pluriel : des **coteaux.**
▸▸▸ Mot de la famille de **côte (2).**

côtelette n.f. Côte d'un petit animal de boucherie. *Manger des côtelettes d'agneau.*
● Le **o** prend un accent circonflexe.
▸▸▸ Mot de la famille de **côte (1).**

côtier, ère adj. Qui se trouve, qui se pratique près des côtes. *La navigation côtière.*
● Le **o** prend un accent circonflexe.
▸▸▸ Mot de la famille de **côte (3).**

cotisation n.f. Somme d'argent versée à une association, à un organisme pour en être membre. *Pour adhérer au club sportif, il faut payer une cotisation.* → Vois aussi **allocation.**
▸▸▸ Mot de la famille de **cotiser.**

cotiser et **se cotiser** v. (conjug. 3). Verser une somme déterminée à une association, à un organisme, pour en être membre. *Les salariés cotisent à la Sécurité sociale.* ◆ **se cotiser.** Réunir une somme d'argent pour une dépense commune. *Nous nous sommes cotisés pour acheter un cadeau à Julie.*

coton n.m. ❶ Ensemble des fibres blanches qui recouvrent les graines d'un arbuste des pays chauds, le *cotonnier;* fil ou étoffe que l'on fabrique avec le coton. *Un pull-over en*

a b c d e f g h i j k l m n o p q r s t u v w x y z

a b c d e f g h i j k l m n o p q r s t u v w x y z

coton. ❷ Coton non tissé que l'on utilise pour les soins. *Imbiber un coton d'alcool à 90°.* SYN. **ouate.**

▸ **cotonnade** n.f. Tissu de coton. *Une robe de cotonnade.*

côtoyer v. (conjug. 14). Être en contact, en relation avec quelqu'un. *Son père côtoie des personnes célèbres.* SYN. **coudoyer, fréquenter.**
● Le premier **o** prend un accent circonflexe.
▸▸▸ Mot de la famille de **côté.**

cotte n.f. **Cotte de mailles,** tunique faite de fils métalliques entrelacés que portaient les soldats au Moyen Âge pour se protéger le buste. SYN. **haubert.**
● Ne confonds pas avec **cote** ou **côte.**

cotylédon n.m. Première feuille qui se forme dans la graine d'une plante et contient les réserves nécessaires à son développement.
→ Vois aussi **plantule.**
● Ce mot s'écrit avec un **y.**

cou n.m. Partie du corps reliant la tête au tronc.

couchage n.m. **Sac de couchage,** enveloppe de tissu contenant du duvet ou une autre matière isolante. On l'utilise pour se coucher lorsque l'on fait du camping. SYN. **duvet.**
▸▸▸ Mot de la famille de **coucher.**

couchant adj.m. **Soleil couchant,** soleil qui est sur le point de disparaître à l'horizon. ◆ n.m. Endroit du ciel où le soleil se couche. SYN. **ouest.** CONTR. **levant.**
▸▸▸ Mot de la famille de **coucher.**

1. **couche** n.f. ❶ Étendue d'une substance que l'on applique sur une surface. *Passer une couche de vernis sur une porte.* ❷ Disposition d'éléments en niveaux superposés ; chacun de ces niveaux. *L'atmosphère terrestre est composée de plusieurs couches.*

2. **couche** n.f. Linge ou culotte en matière absorbante qui sert à envelopper les fesses d'un bébé.
▸▸▸ Mot de la famille de **coucher.**

coucher et **se coucher** v. (conjug. 3). ❶ Dormir, passer la nuit quelque part. *Ce soir, Camélia couche chez une amie.* ❷ Mettre quelqu'un au lit. *Il est tard, il faut coucher les enfants.* CONTR. **lever.** ◆ **se coucher.** ❶ Se mettre au lit pour dormir. *Hugo s'est couché tard.* CONTR. **se lever.** ❷ Pour le soleil, disparaître derrière l'horizon, à l'ouest. *En hiver, le soleil se couche tôt.* CONTR. **se lever.**

▸ **coucher** n.m. ❶ **Coucher de soleil,** moment où le soleil se couche. *Nous avons vu un très beau coucher de soleil.* CONTR. **lever.** ❷ Moment où l'on se couche. *C'est l'heure du coucher.* CONTR. **lever.**

▸ **couchette** n.f. Lit dans un compartiment de train, une cabine de bateau.

1. **coucou** n.m. ❶ Oiseau migrateur, au plumage gris, qui pond ses œufs dans le nid d'autres oiseaux. ❷ Pendule qui imite le chant du coucou quand elle sonne les heures.

2. **coucou** n.m. Fleur jaune qui fleurit au printemps.

coude n.m. ❶ Articulation qui relie l'avant-bras au bras. ❷ Partie d'une manche qui couvre le coude. *Mon pull-over est troué aux coudes.* ❸ Courbure. *La rivière fait un coude.* SYN. **méandre.**
▸▸▸ Mots de la même famille : **s'accouder, accoudoir.**

▸ **coudé, e** adj. Qui se courbe en faisant un coude. *Un tuyau coudé.*

▸ **coudée** n.f. Ancienne mesure d'environ 50 cm, qui représente la distance du coude à l'extrémité des doigts.

cou-de-pied n.m. Partie supérieure et bombée du pied.
● Au pluriel : des **cous-de-pied.** – Ne confonds pas avec **coup de pied.**

coudoyer v. (conjug. 14). Être souvent en contact avec quelqu'un, un groupe de personnes. *Mon oncle coudoie beaucoup d'artistes.* SYN. **côtoyer, fréquenter.**
▸▸▸ Mot de la famille de **coude.**

coudre v. (conjug. 52). Fixer ou assembler avec une aiguille et du fil, à la main ou à l'aide d'une machine. *Sarah a cousu un bouton à sa veste.* CONTR. **découdre.** *Grand-mère coud à la machine.*

coudrier n.m. Autre nom du noisetier.

Les costumes

Le costume reflète souvent la fonction et la place de l'homme dans la société. Ainsi, à la cour des rois, les vêtements d'apparat taillés dans des étoffes luxueuses révélaient la richesse de celui qui les portait. De nos jours, chacun s'habille plus librement selon ses goûts et selon les circonstances, suivant ou non la mode inspirée par les grands couturiers.

romains

gaulois

16e siècle

15e siècle

14e siècle

13e siècle

10e siècle

17e siècle

1750

début 19e siècle
1er Empire

1864

fin
du 20e siècle

vers 1970

vers 1950

vers 1925

vers 1900

a b c d e f g h i j k l m n o p q r s t u v w x y z

couenne n.f. Peau dure qui entoure la chair du porc. *Retirer la couenne du jambon.*
● On prononce [kwan].

1. **couette** n.f. Édredon recouvert d'une housse, qui sert à la fois de drap de dessus et de couverture.

2. **couette** n.f. Grosse mèche de cheveux que l'on attache de chaque côté de la tête. *Juliette s'est fait des couettes.*

couffin n.m. Grand panier souple, muni de deux anses, qui sert à transporter un bébé.

couiner v. (conjug. 3). ❶ En parlant du lapin, du lièvre, du porc, faire entendre son cri, le *couinement.* ❷ (Sens familier). Grincer. *La porte couine.*

coulant, e adj. **Nœud coulant,** nœud fait d'une boucle qui se serre quand on tire. *Le nœud coulant d'un lasso.*
►►► Mot de la famille de **couler.**

coulée n.f. Masse de matière liquide qui coule. *Une coulée de lave.*
►►► Mot de la famille de **couler.**

couler v. (conjug. 3). ❶ Se répandre, s'écouler. *Le sang coule dans les veines.* SYN. **circuler.** *Le Lot coule à Cahors.* ❷ Laisser échapper un liquide. *Mon stylo coule.* SYN. **fuir.** *J'ai le nez qui coule.* ❸ Tomber au fond de l'eau. *La barque a coulé.* SYN. **sombrer.** ❹ Envoyer un navire au fond de l'eau. *Le sous-marin a coulé un bateau.* ❺ Verser une matière liquide. *Couler du ciment, du bronze.*
►►► Mots de la même famille : **découler, écoulement, écouler.**

couleur n.f. ❶ Impression que la lumière produit sur l'œil. *Les sept couleurs de l'arc-en-ciel.* ❷ Ce qui n'est ni blanc ni noir ni gris. *Une photo, un film en couleur. Choisir une couleur de drap.* SYN. **coloris.** ❸ Teint, coloration rose du visage. *Salomé a pris des couleurs à la campagne.* ❹ Chacun des quatre symboles d'un jeu de cartes. *Le trèfle, le pique, le cœur et le carreau sont les couleurs.* → Vois aussi **teinte.**
►►► Mots de la même famille : **colorer, décolorer, incolore, multicolore, tricolore.**

couleuvre n.f. Serpent non venimeux, qui peut atteindre 2 mètres de long et qui se nourrit de rongeurs. → Vois aussi **vipère.**
● Petit : couleuvreau.

une **couleuvre**

coulis n.m. Sauce que l'on obtient en écrasant des fruits, des légumes. *Un coulis de fraises; un coulis de tomates.*
● Ce mot se termine par un **s.**
►►► Mot de la famille de **couler.**

coulisse n.f. Dispositif composé d'une rainure dans laquelle coulisse une porte, une fenêtre. *Une porte à coulisse.*

► **coulisser** v. (conjug. 3). Glisser dans une coulisse, une rainure. *La fenêtre coulisse mal.*

► **coulisses** n.f. plur. Partie d'un théâtre située derrière les décors et sur les côtés de la scène. *Les acteurs attendent dans les coulisses avant d'entrer en scène.*

couloir n.m. ❶ Passage long et étroit qui permet d'accéder aux pièces d'une maison, d'un bâtiment ou de circuler dans un endroit fermé. *Les chambres donnent sur un couloir.* SYN. **corridor.** *Le train était bondé, nous avons voyagé debout dans le couloir.* ❷ **Couloir d'autobus,** partie de la chaussée réservée aux autobus, aux taxis et aux ambulances.

coup n.m. ❶ Geste que l'on fait lorsque l'on frappe ou tape. *Donner des coups de marteau. Il m'a donné un coup de pied.* ❷ Décharge d'une arme à feu. *Un coup de fusil.* ❸ Geste ou mouvement rapide. *Donner un coup de balai. Jeter un coup d'œil.* ❹ Choc moral. *Cela m'a fait un coup de le revoir.* ❺ Action préparée à l'avance. *Les enfants ont manigancé un coup.* ❻ Essai, tentative. *Fatou a réussi du premier coup.* ❼ Manifestation brutale et soudaine de quelque chose. *Un coup de vent.* ❽ **Coup de feu,** bruit produit par la décharge d'une arme à feu. ❾ **Coup de soleil,** brûlure causée par le soleil. ❿ **Coup de téléphone, coup de fil,** appel téléphonique. ⓫ **Coup sur coup,** successivement, l'un après l'autre. *Le skieur a remporté trois victoires* *coup sur coup.* ⓬ **Tout à coup, tout d'un coup,** subitement, soudain. *Tout à coup, il s'est mis à pleuvoir.* SYN. **brusquement.**

● Ce mot se termine par un **p.**

coupable adj. et n. Qui a commis une faute, un délit ou un crime. *L'accusé a avoué qu'il était coupable.* CONTR. **innocent.** *Plaider coupable.*

▸▸▸ Mots de la même famille : **culpabiliser, culpabilité.**

coupant, e adj. Qui coupe. *Ce couteau est très coupant.* SYN. **tranchant.**

▸▸▸ Mot de la famille de **couper.**

1. **coupe** n.f. ❶ Verre à pied, large et peu profond. *Verser du champagne dans des coupes.* ❷ Récipient large et rond avec ou sans pied. *Une coupe de fruits.* ❸ Vase de métal que l'on remet au vainqueur d'une épreuve sportive. *Koffi a remporté la coupe.* ❹ Compétition dont le vainqueur est récompensé par une coupe. *La Coupe du monde de football.*

2. **coupe** n.f. ❶ Façon dont les cheveux sont coupés. *Marine a une nouvelle coupe de cheveux.* ❷ Dessin qui représente l'intérieur d'un objet, d'un bâtiment, comme si on l'avait coupé par le milieu. *La coupe d'une voiture, d'une maison.*

▸▸▸ Mot de la famille de **couper.**

coupé n.m. Voiture à deux portes et généralement à deux places. → Vois aussi **berline, break, cabriolet.**

coupe-gorge n.m. invar. Lieu où l'on risque de se faire attaquer. *Cette impasse est un coupe-gorge.*

● La nouvelle orthographe permet d'écrire aussi des **coupe-gorges,** avec un **s.**

▸▸▸ Mot de la famille de **couper.**

coupe-ongles n.m. invar. Petite pince que l'on utilise pour couper les ongles.

● La nouvelle orthographe permet d'écrire aussi un **coupe-ongle,** sans **s.**

▸▸▸ Mot de la famille de **couper.**

coupe-papier n.m. invar. Sorte de couteau qui sert à couper le papier. *Ouvrir une enveloppe avec un coupe-papier.*

● La nouvelle orthographe permet d'écrire aussi des **coupe-papiers,** avec un **s.**

▸▸▸ Mot de la famille de **couper.**

couper et **se couper** v. (conjug. 3). ❶ Partager en plusieurs morceaux à l'aide d'un instrument tranchant. *Couper une part de gâteau.* ❷ Enlever une partie de quelque chose, raccourcir. *Maman m'a coupé les cheveux.* ❸ Être tranchant. *Ces ciseaux coupent très bien.* ❹ Interrompre le passage, la circulation, le fonctionnement de quelque chose. *Couper l'eau.* SYN. **fermer.** *Couper une communication téléphonique.* ❺ Croiser. *Ce chemin coupe une route.* ❻ Passer au milieu de quelque chose, prendre un chemin plus court. *Couper à travers champs.* ❼ **Couper la parole à,** interrompre une personne qui parle. *Il n'est pas poli de couper la parole à quelqu'un.* ◆ **se couper.** ❶ Se faire une coupure. *Valentin s'est coupé avec le couteau.* ❷ En parlant de voies, se croiser. *Les deux routes se coupent à cet endroit.* ❸ **Se couper les cheveux, les ongles,** les raccourcir soi-même.

▸▸▸ Mots de la même famille : **découper, entrecouper, recoupement, recouper.**

▸ **coupe-vent** n.m. invar. Vêtement imperméable qui protège du vent.

● La nouvelle orthographe permet d'écrire aussi des **coupe-vents,** avec un **s.**

couple n.m. ❶ Un homme et une femme qui vivent ensemble. *Un couple de jeunes mariés.* ❷ Un mâle et une femelle. *Un couple de tourterelles.*

▸▸▸ Mots de la même famille : **accouplement, s'accoupler.**

couplet n.m. Chacune des parties d'une chanson séparées par le refrain. *Je ne me souviens que du premier couplet de la chanson.* → Vois aussi **strophe.**

coupole n.f. Toit en forme de demi-sphère. *La coupole d'une basilique.* → Vois aussi **dôme.**

a b c d e f g h i j k l m n o p q r s t u v w x y z

coupon n.m. Reste d'une pièce de tissu que l'on a coupée.
►►► Mot de la famille de **couper.**

coupure n.f. ❶ Blessure faite par un objet tranchant. *Maxence s'est fait une coupure à la main.* SYN. **entaille.** ❷ Interruption momentanée de l'électricité, du gaz, de l'eau, du téléphone. *La coupure de courant a duré deux heures.* ❸ Billet de banque. *J'ai payé en petites coupures.* ❹ **Coupure de journal,** article découpé dans un journal.
►►► Mot de la famille de **couper.**

cour n.f. ❶ Espace découvert, entouré de murs, de bâtiments. *Pendant la récréation, les enfants jouent dans la cour de l'école.* ❷ Nom donné à certains tribunaux. *La cour d'assises est le tribunal qui juge les crimes.* ❸ Résidence d'un roi, d'une reine; ensemble des personnes qui l'entourent. *La cour de Louis XIV se trouvait à Versailles.* ❹ **Faire la cour à quelqu'un,** chercher à lui plaire. SYN. **courtiser.**
● Ne confonds pas avec un **cours** ou un **court.**
►►► Mots de la même famille : **courtisan, courtiser.**

courage n.m. ❶ Attitude d'une personne qui n'a pas peur d'affronter le danger. *Il faut du courage pour sauter en parachute.* SYN. **bravoure.** CONTR. **lâcheté.** ❷ Énergie pour entreprendre quelque chose. *As-tu le courage de monter jusqu'au sommet de la montagne ?*
►►► Mots de la même famille : **décourageant, découragement, décourager, encouragement, encourager.**

► **courageusement** adv. Avec courage ou énergie. *Il s'est défendu courageusement.* SYN. **bravement, vaillamment.** *Il s'est courageusement remis au travail.*

► **courageux, euse** adj. Qui a du courage, de l'énergie. *Les soldats ont été courageux.* CONTR. **lâche, peureux.**

couramment adv. ❶ D'une façon habituelle. *C'est un mot couramment employé.* SYN. **fréquemment, souvent.** CONTR. **rarement.** ❷ Avec facilité. *Julien parle couramment l'italien.* CONTR. **difficilement.**
►►► Mot de la famille de **courant (1).**

1. **courant, e** adj. ❶ Qu'on a l'habitude de dire, de faire ou de voir. *Un mot courant.* SYN. **fréquent.** CONTR. **rare.** ❷ **Eau courante,** eau qui arrive aux robinets par des tuyaux.

2. **courant** n.m. ❶ Mouvement de l'eau qui se déplace dans une rivière, dans un fleuve, dans la mer. *Nager contre le courant.* ❷ Passage de l'électricité dans des câbles. *Une coupure de courant.* ❸ **Courant d'air,** souffle causé par la circulation de l'air dans un endroit. *Un courant d'air fait bouger les rideaux.* ❹ **Dans le courant de,** au cours de. *Mes cousins viendront nous voir dans le courant du mois de juillet.* ❺ **Être au courant,** être informé. *Je suis au courant de cette affaire.*

courbatu, e adj. Qui a des courbatures. *Loan a fait de la gymnastique hier, elle est toute courbatue.*
● Ce mot prend un seul **t.** – On peut aussi dire **courbaturé, e.**

► **courbature** n.f. Douleur musculaire due à un effort intense ou à la fièvre.

courbe adj. Qui a une forme arrondie. *Une ligne courbe.* CONTR. **droit.** ◆ n.f. Ligne ou forme courbe. *La courbe des sourcils.* SYN. **courbure.** → Vois aussi **brisé.**

► **courber** et **se courber** v. (conjug. 3). Plier, donner une forme courbe à quelque chose. *Le poids de la neige courbe les branches des arbres.* ◆ **se courber.** Incliner son corps ou une partie du corps. *Maxime est très grand, il doit se courber pour passer la porte.* SYN. **se baisser.**
►►► Mot de la même famille : **recourber.**

► **courbette** n.f. **Faire des courbettes à quelqu'un,** être exagérément poli avec lui, le flatter.

► **courbure** n.f. Forme courbe. *La courbure d'une voûte.* SYN. **courbe.**

coureur, euse n. Personne qui participe à une course. *Les coureurs cyclistes attendent le signal du départ.*
►►► Mot de la famille de **courir.**

courge n.f. Plante potagère cultivée pour ses fruits. *La citrouille, le potiron, la courgette sont des courges.*

► **courgette** n.f. Variété de courge au fruit allongé vert ou jaune. *Nous avons mangé un gratin de courgettes.*

courir v. (conjug. 21). ❶ Se déplacer rapidement. *Youssef court pour ne pas manquer son bus.* ❷ Participer à une course. *Aujourd'hui, les athlètes courent le cent mètres.* ❸ Se propager. *Le bruit court que ce ma-*

gasin va fermer. SYN. **circuler, se répandre.** ❹ Aller d'un endroit à un autre. *Courir les magasins.* ❺ **Courir un danger, un risque,** être en danger, être exposé à un risque. ❻ **Courir sa chance,** essayer de gagner en comptant un peu sur le hasard. SYN. **tenter sa chance.**

courlis n.m. Petit oiseau échassier, à long bec arqué, qui vit près des rivières, des lacs ou sur les côtes.
● Ce mot se termine par un **s.**

un courlis

couronne n.f. ❶ Cercle de métal qu'on porte sur la tête en signe d'autorité, de puissance. *Les rois, les reines portent une couronne.* ❷ Feuillages, fleurs assemblés en cercle que l'on met autour de la tête. *Autrefois, les jeunes filles qui se mariaient portaient une couronne de fleurs d'oranger.* ❸ Capsule de céramique ou de métal que le dentiste pose sur une dent abîmée.

▸ **couronnement** n.m. Cérémonie au cours de laquelle un empereur ou un roi est couronné. *Le couronnement de Charlemagne.*
→ Vois aussi **sacre.**

▸ **couronner** v. (conjug. 3). ❶ Mettre une couronne sur la tête d'un souverain pour le sacrer roi ou empereur. *Hugues Capet fut couronné roi en 987.* ❷ Récompenser par un prix, une distinction. *Ce livre a été couronné par le jury.*

courre v. **Chasse à courre,** chasse où l'on poursuit le gibier à cheval et avec des chiens.
● **Courre** est l'ancien infinitif de **courir**. Ce verbe ne s'emploie que dans cette expression.

courriel n.m. Message électronique. *J'ai reçu deux courriels.* SYN. **e-mail, mail.**

courrier n.m. Ensemble des lettres et des journaux que l'on reçoit ou que l'on envoie par la poste. *Le facteur apporte le courrier chaque matin.* SYN. **correspondance.**

courroie n.f. Bande longue et étroite d'une matière souple et solide, qui sert à attacher. *J'ai cassé la courroie de mon sac à dos.* → Vois aussi **lanière, sangle.**

courroucer v. (conjug. 4). Mot littéraire. Mettre en colère. *Courroucer ses parents.*
▸▸▸ Mot de la famille de **courroux.**

courroux n.m. Mot littéraire. Vive colère. *Sa désobéissance a provoqué le courroux de ses parents.*
● Ce mot prend deux **r** et se termine par un **x.**

1\. **cours** n.m. ❶ Écoulement de l'eau d'une rivière ou parcours de cette rivière. *Le cours de ce fleuve est calme. Suivre le cours sinueux d'une rivière.* ❷ **Cours d'eau,** nom général donné aux fleuves, aux rivières, aux ruisseaux et aux torrents. ❸ Déroulement d'un événement dans le temps. *La vie a repris son cours. Un objet en cours de fabrication.* ❹ **Au cours de,** pendant. *Nous avons vu un renard au cours de notre promenade.* SYN. **lors de.** ❺ Prix d'une marchandise qui varie. *Le cours du pétrole est en baisse.*
● Ce mot se termine par un **s.** – Ne confonds pas avec une **cour** ou un **court.**

2\. **cours** n.m. ❶ Leçon donnée par un professeur. *Un cours d'anglais.* ❷ En France, chacun des niveaux de l'école primaire. *Le cours préparatoire, le cours élémentaire, le cours moyen.*
● Ce mot se termine par un **s.** – Ne confonds pas avec une **cour** ou un **court.**

course n.f. ❶ Action de courir. *Pierre s'est arrêté en pleine course.* ❷ Compétition sportive où chaque concurrent essaie d'arriver le premier. *Une course cycliste; une course de chevaux.* ❸ Achat. *J'ai une course à faire. Grand-mère est allée faire des courses.* SYN. **commissions.**

▸ **coursier, ère** n. Employé chargé de faire les courses, de porter les lettres et les paquets d'une entreprise.

1\. **court, e** adj. ❶ De faible longueur. *Géraldine a les cheveux courts. Une robe à manches courtes.* CONTR. **long.** ❷ Qui ne dure pas longtemps. *Sa visite a été courte.* SYN. **bref.** CONTR. **long.** ◆ **court** adv. ❶ D'une manière courte. *Le coiffeur m'a coupé les cheveux très court.* ❷ **Être à court de,** manquer de. *Je suis à court d'argent.* ❸ **Prendre de court,** prendre au dépourvu, ne pas laisser le temps de réagir. *Ils sont arrivés à l'improviste, j'ai* été prise de court. ❹ **Tourner court,** s'arrêter brusquement. *Leur expédition a tourné court à cause du mauvais temps.*

►►► Mots de la même famille : **écourter, raccourci, raccourcir.**

2. **court** n.m. **Court de tennis,** terrain aménagé pour jouer au tennis.

● Ne confonds pas avec une **cour** ou un **cours.**

court-bouillon n.m. Bouillon aromatisé dans lequel on fait cuire du poisson.

● Au pluriel : des **courts-bouillons.**

court-circuit n.m. Dans un circuit électrique, contact entre deux fils qui ne devraient pas se toucher. *L'incendie est dû à un court-circuit.*

● Au pluriel : des **courts-circuits.**

courtisan n.m. Noble qui vivait à la cour des rois.

►►► Mot de la famille de **cour.**

courtiser v. (conjug. 3). Chercher à plaire à quelqu'un, lui faire la cour. *Courtiser une femme.*

►►► Mot de la famille de **cour.**

courtois, e adj. Qui est très aimable, poli. *Son grand-père est un homme très courtois.* CONTR. **grossier, impoli.**

► **courtoisie** n.f. Amabilité, politesse. *Il s'est adressé à nous avec courtoisie.* CONTR. **grossièreté, impolitesse.**

couscous n.m. Plat d'Afrique du Nord à base de semoule de blé, de viandes, de légumes et de bouillon.

● On prononce le **s** final.

1. **cousin, e** n. Fils ou fille d'un oncle ou d'une tante. *J'ai retrouvé tous mes cousins chez mes grands-parents.* → Vois aussi **germain.**

2. **cousin** n.m. Moustique aux longues pattes fines.

coussin n.m. Enveloppe de tissu rembourrée, sur laquelle on s'appuie ou on s'assoit.

coût n.m. ❶ Prix de quelque chose. *Le coût des travaux est important.* ❷ **Coût de la vie,** montant des dépenses que l'on doit faire pour acheter ce qui est nécessaire à la vie de tous les jours. *Le coût de la vie a augmenté.*

● Ne confonds pas avec **cou** ou **coup.**

– La nouvelle orthographe permet d'écrire aussi **cout,** sans accent circonflexe.

►►► Mot de la famille de **coûter.**

coûtant adj.m. **À prix coûtant,** au prix que cela a coûté, sans bénéfice pour le vendeur. *Vendre une marchandise à prix coûtant.*

● La nouvelle orthographe permet d'écrire aussi **coutant,** sans accent circonflexe.

►►► Mot de la famille de **coûter.**

couteau n.m. ❶ Instrument fait d'une lame tranchante, fixée à un manche. *Un couteau de cuisine; un couteau de poche.* ❷ Coquillage allongé qui a la forme d'un manche de couteau et qui vit enfoui dans le sable des plages.

● Au pluriel : des **couteaux.**

des couteaux

► **coutelas** n.m. Grand couteau à lame large. *Le boucher utilise un coutelas pour couper la viande.*

● Ce mot se termine par un **s.**

► **coutelier, ère** n. Personne qui fabrique ou vend des couteaux.

► **coutellerie** n.f. Commerce où l'on vend des couteaux et d'autres instruments tranchants.

coûter v. (conjug. 3). ❶ Avoir un certain prix. *Ce livre coûte sept euros.* SYN. **valoir.** ❷ Causer, occasionner. *L'organisation de la fête nous a coûté bien des efforts.* ❸ **Coûter la vie,** provoquer la mort. *Cette imprudence aurait pu lui coûter la vie.* ❹ **Coûte que coûte,** à tout prix. *Je dois réussir mon examen coûte que coûte.*

● La nouvelle orthographe permet d'écrire aussi **couter,** sans accent circonflexe.

► **coûteux, euse** adj. Qui coûte cher. *Un équipement sportif coûteux.* SYN. **onéreux.**

● La nouvelle orthographe permet d'écrire aussi **couteux,** sans accent circonflexe.

coutume n.f. Habitude, façon de vivre des habitants d'un pays, d'une région. *Le*

a b c d e f g h i j k l m n o p q r s t u v w x y z

1er avril, on fait des farces, c'est une coutume. SYN. **tradition, usage.**

▸▸▸ Mot de la même famille : **s'accoutumer.**

couture n.f. ❶ Action de coudre. *Grand-mère fait de la couture.* ❷ Suite de points que l'on coud et qui assemblent des pièces de tissu. *La couture de ma chemise a craqué.*

▸ **couturier** n.m. **Grand couturier,** personne qui crée des modèles de vêtements. *Les grands couturiers présentent leur collection lors des défilés de mode.*

▸ **couturière** n.f. Femme qui confectionne des vêtements d'après des modèles. → Vois aussi **tailleur.**

couvain n.m. Ensemble des œufs et des larves d'une colonie d'abeilles, de fourmis, de termites.

▸▸▸ Mot de la famille de **couver.**

couvée n.f. Ensemble des petits oiseaux qui ont été couvés et qui naissent en même temps. *Ces canetons sont de la même couvée.* → Vois aussi **portée.**

▸▸▸ Mot de la famille de **couver.**

couvent n.m. Maison où vivent en communauté des religieuses ou des religieux. SYN. **monastère.**

couver v. (conjug. 3). ❶ Pour un oiseau, rester sur ses œufs pour les tenir au chaud jusqu'à ce qu'ils éclosent. *La cane couve ses œufs.* ❷ Protéger excessivement un enfant. *Ma tante couve trop ses enfants.* ❸ Être sur le point d'avoir une maladie. *Julie a mal aux oreilles, elle couve une otite.* ❹ Être sur le point d'éclater. *Le conflit entre les deux pays couvait depuis plusieurs mois.* SYN. **se préparer.**

couvercle n.m. Pièce qui sert à couvrir ou à fermer un récipient, une boîte. *Dévisser le couvercle d'un bocal. Mettre un couvercle sur une casserole.*

▸▸▸ Mot de la famille de **couvrir.**

1. **couvert, e** adj. ❶ Qui porte des vêtements chauds. *Mets ton pull-over, tu n'es pas assez couverte.* ❷ Qui est abrité par un toit. *Une piscine couverte.* CONTR. **découvert.** ❸ **Ciel couvert, temps couvert,** nuageux. CONTR. **clair, dégagé.**

▸▸▸ Mot de la famille de **couvrir.**

2. **couvert** n.m. ❶ Cuillère, fourchette et couteau. *Prends des couverts dans le tiroir.* ❷ Ensemble des objets que l'on dispose sur la table pour le repas. *C'est à ton tour de mettre le couvert.*

couverture n.f. ❶ Grande pièce de tissu destinée à tenir chaud. *Il faisait froid, nous avons mis une deuxième couverture sur le lit.* ❷ Ce qui couvre et protège un livre, un cahier, une revue. *Ce livre a une couverture cartonnée.*

▸▸▸ Mot de la famille de **couvrir.**

couveuse n.f. ❶ Appareil où l'on fait éclore des œufs. ❷ Appareil où l'on place les prématurés et les nouveau-nés fragiles, à température constante et à l'abri des microbes.

▸▸▸ Mot de la famille de **couver.**

couvre-feu n.m. Interdiction de sortir le soir après une certaine heure, en temps de guerre. *Le gouvernement a décrété le couvre-feu.*

● Au pluriel : des **couvre-feux.**

couvre-lit n.m. Grande pièce de tissu qui sert à recouvrir le lit. SYN. **dessus-de-lit.**

● Au pluriel : des **couvre-lits.**

couvreur n.m. Ouvrier qui installe et répare les toitures des bâtiments.

▸▸▸ Mot de la famille de **couvrir.**

couvrir v. (conjug. 28). ❶ Protéger un objet en mettant quelque chose dessus. *Couvrir des livres avec du papier. Couvrir une voiture avec une bâche.* ❷ Fermer avec un couvercle. *Couvrir une casserole.* ❸ Être répandu sur quelque chose. *La neige couvre le sommet des montagnes.* SYN. **recouvrir.** ❹ Donner des choses en grande quantité. *Leurs grands-parents les ont couverts de cadeaux.* SYN. **combler.** ❺ Assurer une protection ; prendre sous sa responsabilité. *L'aviation couvre les troupes. Meddy couvre toujours son petit frère lorsqu'il fait une bêtise.* ❻ Dominer un bruit, un son. *L'orchestre couvre la voix de la chanteuse.* ❼ **Couvrir une distance,** la parcourir. *Les cyclistes ont couvert 150 kilomètres en une journée.*

▸▸▸ Mots de la même famille : **découvert, découvrir, recouvrir.**

se **couvrir** v. (conjug. 28). ❶ Mettre des habits chauds. *Couvre-toi bien, il fait froid.* ❷ Se remplir de. *Le ciel se couvre de nuages.*

a b c d e f g h i j k l m n o p q r s t u v w x y z

cow-boy n.m. Gardien d'un troupeau de vaches, à l'ouest des États-Unis.
● C'est un mot anglais, on prononce [kɔbɔj]. – Au pluriel : des **cow-boys.**
– La nouvelle orthographe permet d'écrire aussi **cowboy,** sans trait d'union.

coyote n.m. Mammifère carnivore d'Amérique du Nord, qui ressemble au loup et au chacal.

un coyote

crabe n.m. Animal marin qui a une carapace, huit pattes et deux pinces. *Certains crabes se déplacent sur le côté.* → Vois aussi **araignée de mer, tourteau.**
● Les crabes sont des crustacés.

crachat n.m. Salive que l'on crache.
►►► Mot de la famille de **cracher.**

cracher v. (conjug. 3). ❶ Rejeter de la salive hors de la bouche. *Il est interdit de cracher par terre.* ❷ Rejeter quelque chose hors de sa bouche. *Cracher des noyaux de cerise.*

crachin n.m. Pluie très fine. SYN. **bruine.**

craie n.f. ❶ Roche calcaire blanchâtre, tendre et friable. ❷ Bâtonnet qui sert à écrire au tableau ou sur une ardoise.

craindre v. (conjug. 49). ❶ Avoir peur d'un être, d'une chose. *Léo craint les araignées. Il craint d'être en retard. Je crains qu'il ne vienne pas.* ❷ Être sensible à quelque chose. *Cette plante craint le gel.*

► **crainte** n.f. Peur, inquiétude. *Sois sans crainte, je reste près de toi.*

► **craintif, ive** adj. Peureux. *On ne peut pas approcher ce chat, il est très craintif.*

cramoisi, e adj. ❶ Rouge foncé, presque violet. *Du velours cramoisi.* ❷ Qui a le visage très rouge sous l'effet d'une forte émotion. *Il s'est mis en colère, il est devenu cramoisi.* SYN. **écarlate.**

crampe n.f. Contraction involontaire, douloureuse et passagère d'un muscle.

crampon n.m. Petite pointe ou petit cylindre fixé à la semelle des chaussures de sport pour empêcher de glisser. *Les footballeurs, les rugbymans ont des chaussures à crampons.*

► se **cramponner** v. (conjug. 3). S'accrocher à quelque chose ou à quelqu'un en le serrant très fort. *Mamie a peur de glisser, elle se cramponne à mon bras.* SYN. **s'agripper.**

cran n.m. ❶ Trou qui permet de régler une ceinture, une courroie. *Desserrer sa ceinture d'un cran.* ❷ Encoche qui sert à accrocher et à retenir une pièce mobile. *Le cran d'arrêt d'un couteau empêche sa lame de se replier.* ❸ (Sens familier). Courage, sang-froid. *Renata a eu du cran.*

crâne n.m. ❶ Ensemble des os qui forment la tête. *Une fracture du crâne.* ❷ Tête, sommet de la tête. *Il a le crâne rasé.* ❸ (Sens familier). Tête, cervelle. *Avoir mal au crâne. Il faut que tu te mettes ça dans le crâne.*
● Le **a** prend un accent circonflexe.

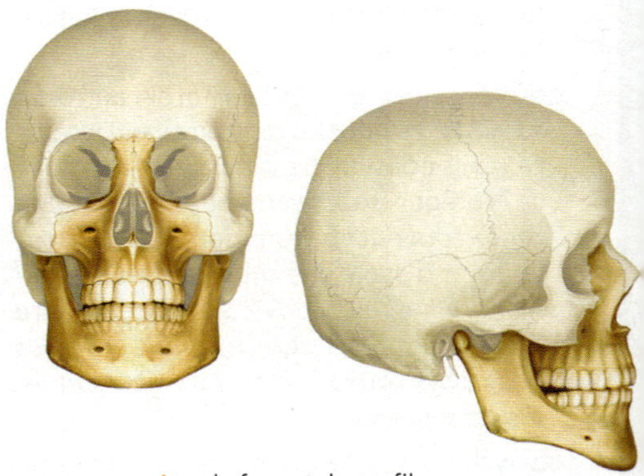

un crâne de face et de profil

crâner v. (conjug. 3). Mot familier. Faire le fier, prendre un air de supériorité. *Anthony crâne sur son nouveau vélo.*
● Le **a** prend un accent circonflexe.

► **crâneur, euse** adj. et n. Mot familier. Qui fait le fier, qui est prétentieux.

crânien, enne adj. ❶ Du crâne. *Un traumatisme crânien.* ❷ **La boîte crânienne,** le crâne.
● Le **a** prend un accent circonflexe.
►►► Mot de la famille de **crâne.**

crapaud n.m. Petit animal au corps trapu, à la peau rugueuse, qui ressemble à une grosse

grenouille. *Le crapaud se nourrit d'insectes.*
→ Vois aussi **têtard.**

● Le crapaud est un amphibien. – Femelle : la crapaude. Petit : le crapelet. Cri : le coassement.

crapule n.f. Personne très malhonnête. *C'est une crapule.* SYN. **canaille, scélérat.**

se **craqueler** v. (conjug. 12). Se fendiller. *Le vernis qui recouvre la peinture se craquelle.*

craquement n.m. Bruit sec produit par quelque chose qui craque. *On entendait les craquements du plancher.*
►►► Mot de la famille de **craquer.**

craquer v. (conjug. 3). ❶ Faire un petit bruit sec. *Le parquet craque.* ❷ Se casser, se déchirer en faisant un bruit sec. *Les branches craquent sous le poids de la neige. La couture de mon sac a craqué.* ❸ (Sens familier). S'effondrer nerveusement. *Il était trop fatigué, il a craqué.*

crasse n.f. Couche de saleté qui se forme sur la peau, le linge ou les objets.
►►► Mots de la même famille : **décrasser, encrasser.**

▶ **crasseux, euse** adj. Couvert de crasse. *Un pantalon crasseux.* SYN. **sale.**

cratère n.m. ❶ Ouverture évasée de la cheminée d'un volcan par où sortent les laves et les cendres. ❷ Trou en forme de cratère. *Les cratères de la Lune.*

→ planche pp. 1080-1081.

un cratère

cravache n.f. Baguette courte et flexible avec laquelle le cavalier stimule ou corrige son cheval.

cravate n.f. Bande d'étoffe ou de cuir longue et étroite qu'on passe sous le col de la chemise et qu'on noue devant. *Faire un nœud de cravate.*

crawl n.m. Type de nage sur le ventre dans laquelle on projette les bras en avant l'un après l'autre, en battant continuellement des pieds. *Mon cousin ne sait pas nager le crawl.* → Vois aussi **brasse.**

● C'est un mot anglais, on prononce [krol].

crayon n.m. Petit bâton de bois qui contient une mine et qui sert à écrire ou à dessiner. *Des crayons de couleur.*

▶ **crayonner** v. (conjug. 3). Écrire, dessiner rapidement ou sans application avec un crayon. *Le journaliste crayonnait des notes sur un calepin.*

créancier, ère n. Personne à qui l'on doit de l'argent. *Payer ses créanciers.* CONTR. **débiteur.**

créateur, trice n. ❶ Personne qui crée, invente quelque chose de nouveau. *Un créateur de mode imagine des modèles de vêtements.* ❷ **Le Créateur,** Dieu.

créatif, ive adj. Qui a beaucoup d'imagination, qui est capable d'inventer des choses nouvelles. *Rachid est très créatif.* SYN. **inventif.**
►►► Mot de la famille de **créer.**

création n.f. ❶ Action de créer, de faire exister quelque chose à partir de rien. *La Bible raconte la création du monde.* ❷ Fait de créer, de produire des choses nouvelles. *La création d'une entreprise.* ❸ Ce qui est créé. *Le couturier a présenté ses dernières créations lors du défilé de mode.*
►►► Mot de la famille de **créer.**

créativité n.f. Pouvoir d'invention, d'imagination. *La créativité de cet enfant est étonnante.*
►►► Mot de la famille de **créer.**

créature n.f. Être vivant. *Ce dessin animé raconte l'histoire de créatures étranges.*
►►► Mot de la famille de **créer.**

crécelle n.f. ❶ Instrument en bois constitué par un moulinet denté et une languette flexible, que l'on fait tourner à toute vitesse pour faire du bruit. ❷ **Voix de crécelle,** voix aiguë et désagréable.

crèche n.f. ❶ Établissement qui accueille les enfants de moins de trois ans pendant que leurs parents travaillent. ❷ Représentation de l'étable où est né Jésus. *À Noël, nous installons la crèche.* → Vois aussi **pouponnière.**

crédible adj. Que l'on peut croire. *Cette histoire n'est pas crédible.* SYN. **croyable.**

a b c d e f g h i j k l m n o p q r s t u v w x y z

a b c d e f g h i j k l m n o p q r s t u v w x y z

crédit n.m. ❶ Prêt accordé par une banque. *Pour acheter notre maison, mes parents ont pris un crédit sur dix ans.* ❷ Possibilité de payer plus tard, accordée à un client par un commerçant. *Acheter une voiture à crédit.* CONTR. **comptant.** *La boulangère ne fait plus crédit.* ❸ Somme d'argent accordée pour un usage particulier. *La bibliothécaire a reçu des crédits pour acheter des livres.* ❹ Argent dont on dispose, que l'on a reçu sur un compte bancaire. CONTR. **débit.** ❺ **Carte de crédit,** carte électronique qui permet de payer des achats ou de retirer de l'argent à un distributeur automatique. ❻ (Sens littéraire). Confiance, estime. *Quel crédit peut-on accorder à ce témoignage ?*

▸ **créditer** v. (conjug. 3). Verser une somme d'argent sur un compte bancaire. *Mes parents ont crédité mon compte de 100 euros.* CONTR. **débiter.**

crédule adj. Qui croit trop facilement tout ce qu'on lui dit. SYN. **naïf.** CONTR. **incrédule.**

▸ **crédulité** n.f. Tendance d'une personne à croire tout ce qu'on lui dit. *Ils ont abusé de sa crédulité.* SYN. **naïveté.** CONTR. **incrédulité.**

créer v. (conjug. 8). ❶ Faire exister, donner naissance à quelque chose. *Créer une entreprise.* SYN. **fonder.** ❷ Inventer. *Créer un modèle de voiture.* SYN. **concevoir, réaliser.** ❸ Être la cause de quelque chose. *Créer des ennuis à ses parents.* SYN. **causer, occasionner.**

crémaillère n.f. ❶ Tige en fer munie de crans qui servait à suspendre les marmites dans la cheminée. ❷ **Pendre la crémaillère,** fêter son installation dans un nouveau logement.

crématoire adj. **Four crématoire,** four dans lequel on brûle le corps des morts.

crème n.f. ❶ Matière grasse tirée du lait. Elle sert à faire le beurre et le fromage. *Maman a mis de la crème fraîche dans les épinards.* ❷ Dessert fait avec du lait et des œufs. *Une crème au caramel.* ❸ Produit utilisé pour les soins de la peau. *Maman se met de la crème sur le visage tous les matins.* ◆ **adj. invar.** D'un blanc légèrement teinté de jaune. *Des chaussures crème.*

▸▸▸ Mot de la même famille : **écrémer.**

▸ **crémerie** n.f. Magasin du crémier.

● La nouvelle orthographe permet d'écrire aussi **crèmerie,** avec un accent grave, comme **crème.**

▸ **crémeux, euse** adj. Qui contient de la crème, qui a l'aspect de la crème. *Un lait crémeux.*

▸ **crémier, ère** n. Commerçant qui vend du lait, du beurre, du fromage, de la crème et des œufs.

créneau n.m. ❶ Ouverture rectangulaire faite au sommet du mur d'un château fort, d'un donjon. Elle permettait d'observer les ennemis et d'envoyer des projectiles. ❷ Intervalle disponible entre deux autres véhicules en stationnement; manœuvre permettant de se garer dans cet intervalle.

● Au pluriel : des **créneaux.**

créole n. et adj. Européen né aux Antilles, en Guyane ou à la Réunion. *Une créole.* ◆ **créole** n.m. Langue qui mélange une langue européenne et des langues africaines. → Vois aussi **métis.**

1. **crêpe** n.f. Galette fine et ronde faite de farine, de lait et d'œufs, cuite dans une poêle. *Nous avons fait des crêpes à l'école.*

● Le premier **e** prend un accent circonflexe.

2. **crêpe** n.m. ❶ Tissu très léger de soie ou de laine, à l'aspect ondulé. ❷ Caoutchouc avec lequel on fait des semelles de chaussures.

● Le premier **e** prend un accent circonflexe.

crêperie n.f. Restaurant où l'on sert des crêpes.

● Le premier **e** prend un accent circonflexe.

▸▸▸ Mot de la famille de **crêpe (1).**

crépi n.m. Couche de ciment ou de plâtre qui est projetée sur un mur sans être lissée.

crépiter v. (conjug. 3). Faire entendre des petits bruits secs et fréquents. *Le bois crépite dans la cheminée.*

crépon adj.m. **Papier crépon,** papier gaufré de différentes couleurs. *Pour le carnaval, Natacha s'est fait une jupe en papier crépon.*

crépu, e adj. **Cheveux crépus,** frisés en boucles très serrées. *Fatou a les cheveux crépus.*

crépuscule n.m. Moment de la journée où le soleil se couche et où la lumière baisse. *Nous sommes rentrés au crépuscule.*

cresson n.m. Plante qui pousse dans l'eau et que l'on cultive pour ses feuilles comestibles. *Une salade de cresson.*

● On prononce [kresɔ̃] ou [krəsɔ̃].

du cresson

crête n.f. ❶ Morceau de chair rouge et dentelée qui se trouve sur la tête de certains oiseaux. *Le coq, la poule ont une crête.* ❷ Sommet. *La crête d'une montagne; la crête d'une vague.*
● Le premier **e** prend un accent circonflexe.

crétin, e n. et adj. Mot familier. Imbécile. *C'est une crétine.* SYN. **idiot.**

creuser et **se creuser** v. (conjug. 3). ❶ Faire un trou dans le sol. *Le lapin creuse des terriers.* ❷ Enlever de la matière pour rendre creux. *Le cuisinier creuse les tomates pour pouvoir les farcir.* SYN. **évider.** ❸ (Familier). **Se creuser la tête,** réfléchir beaucoup. *Elle s'est creusé la tête pour ton déguisement.*
▸▸▸ Mot de la famille de **creux.**

creuset n.m. Récipient qui sert à faire fondre certaines matières. *Faire fondre du plomb dans un creuset.*

creux, creuse adj. ❶ Qui est vide à l'intérieur. *Le tronc creux d'un arbre.* CONTR. **plein.** ❷ Qui a une partie concave, profonde. *On sert la soupe dans des assiettes creuses.* CONTR. **plat.** ❸ Qui est sans intérêt. *Dire des paroles creuses.* SYN. **insignifiant.** ❹ Où l'activité, la consommation d'énergie, l'affluence sont faibles. *Prendre les transports en commun aux heures creuses.*

▸ **creux** n.m. ❶ Partie vide ou concave de quelque chose. *Cette route est pleine de creux.* CONTR. **bosse.** *Les crabes se cachent dans les creux des rochers.* SYN. **anfractuosité, trou.** *Rama a des cailloux dans le creux de la main.* CONTR. **dos.** ❷ (Familier). **Avoir un creux à l'estomac,** avoir faim.

crevaison n.f. Éclatement d'un objet gonflé, d'un pneu. *La crevaison du pneu de son vélo l'a obligé à rentrer à pied.*
▸▸▸ Mot de la famille de **crever.**

crevant, e adj. Mot familier. Très fatigant. *Ce voyage est crevant.* SYN. **épuisant, exténuant.**
▸▸▸ Mot de la famille de **crever.**

crevasse n.f. ❶ Fente étroite et profonde dans un glacier. ❷ Fente à la surface d'un mur, du sol. SYN. **fissure, lézarde.** ❸ Petite fente peu profonde qui se forme sur la peau. *Avoir des crevasses aux mains.* SYN. **gerçure.**
▸▸▸ Mot de la famille de **crever.**

crevé, e adj. ❶ Qui a crevé, éclaté. *Réparer un pneu crevé.* ❷ (Sens familier). Très fatigué. *Lisa a nagé une heure, elle est complètement crevée.*
▸▸▸ Mot de la famille de **crever.**

crever v. (conjug. 10). ❶ S'ouvrir en éclatant. *Le pneu de son vélo a crevé, il n'a pas pu continuer la course.* ❷ Percer, faire éclater quelque chose de gonflé. *Walid a crevé son ballon.* ❸ (Sens familier). Fatiguer, épuiser. *Ce voyage nous a crevés.* ❹ Mourir, en parlant des animaux, des plantes. *Les plantes ont crevé à cause de la sécheresse.* ❺ (Familier). **Crever de faim, de soif,** avoir très faim, très soif.

crevette n.f. Petit animal marin à carapace, qui a deux longues antennes et dix pattes. *Il faut décortiquer les crevettes avant de les manger.*
● Les crevettes sont des crustacés.

une crevette

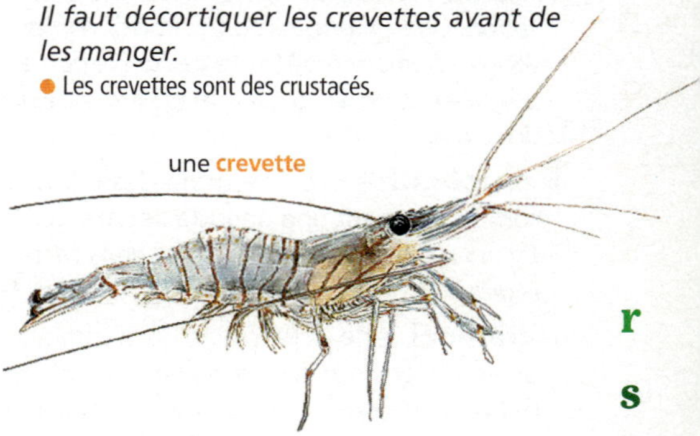

cri n.m. ❶ Son perçant émis par la voix. *Armelle a eu peur, elle a poussé un cri.* ❷ Son émis par un animal. *Le cri du lion est le rugissement.*

▸ **criant, e** adj. Qui choque, qui révolte. *Une injustice criante.* SYN. **révoltant, scandaleux.**

▸ **criard, e** adj. ❶ Perçant et désagréable. *Son petit frère a une voix criarde.* CONTR. **doux.** ❷ **Couleur criarde,** trop vive, trop voyante.

crible n.m. ❶ Instrument percé de petits trous permettant de trier des objets de grosseur différente. SYN. **tamis.** ❷ **Passer**

a b c d e f g h i j k l m n o p q r s t u v w x y z

au crible, examiner en détail, sans rien laisser passer. *Passer un dossier au crible.*

▶ **criblé, e** adj. ❶ Percé de trous. *Une planche criblée de trous.* ❷ **Être criblé de dettes,** avoir beaucoup de dettes.

cric n.m. Instrument qui sert à soulever de lourdes charges. *Pour changer la roue d'une voiture, on se sert d'un cric.*

● On prononce le **c** final. – Ne confonds pas avec une **crique.**

cricket n.m. Jeu anglais qui se joue avec une batte de bois et une balle. → Vois aussi **base-ball.**

● C'est un mot anglais, on prononce [krikɛt]. – Ne confonds pas avec **criquet.**

criée n.f. Vente aux enchères. *Sur le port, les pêcheurs vendent le poisson à la criée.*

▸▸▸ Mot de la famille de **crier.**

crier v. (conjug. 7). ❶ Pousser un cri, des cris. *Coralie a eu peur, elle a crié. Crier de douleur.* SYN. **hurler.** ❷ Parler très fort. *Cesse de crier, tout le monde t'entend.*

crime n.m. ❶ Fait de tuer volontairement une personne. *Commettre un crime.* SYN. **assassinat, meurtre.** *Un génocide, une déportation, une extermination sont des crimes contre l'humanité.* ❷ Faute très grave punie par la loi. *Une attaque à main armée est un crime.*

▶ **criminalité** n.f. Ensemble des crimes commis pendant une période déterminée. *En un an, la criminalité a baissé dans cette région.*

▶ **criminel, elle** n. Personne qui a commis un crime. *Le criminel est recherché par la police.* SYN. **assassin, meurtrier.** ◆ adj. Qui constitue un crime. *Il s'agit d'un incendie criminel.* CONTR. **accidentel.**

crin n.m. Poil long qui pousse sur le cou et la queue du cheval.

▶ **crinière** n.f. Ensemble des crins qui poussent sur le cou du cheval, du lion.

crinoline n.f. **Robe à crinoline,** robe garnie de cerceaux métalliques pour la rendre bouffante.

crique n.f. Petite baie. *Le bateau a jeté l'ancre dans une crique.* SYN. **anse.** → Vois aussi **calanque.**

● Ne confonds pas avec un **cric.**

criquet n.m. Insecte très vorace, de couleur grise ou brune, qui ressemble à une sauterelle. *Les criquets se déplacent en sautant et en volant.*

● Ne confonds pas avec **cricket.**

un **criquet**

crise n.f. ❶ Manifestation soudaine ou aggravation brutale d'une maladie. *Avoir une crise d'appendicite.* ❷ Manifestation brusque et violente d'une émotion. *Avoir une crise de nerfs.* ❸ Période difficile. *Le pays connaît une grave crise économique.*

crispation n.f. Contraction des muscles due à l'émotion, à l'angoisse. *La crispation de ses traits est la preuve de son inquiétude.* SYN. **contraction.**

▸▸▸ Mot de la famille de **crisper.**

crisper et **se crisper** v. (conjug. 3). ❶ Contracter ses muscles sous l'effet de la douleur, de l'inquiétude ou de l'émotion. *L'angoisse crispait son visage.* ❷ Agacer, irriter. *Ce bruit continu la crispe.* SYN. **énerver, exaspérer.** ◆ **se crisper.** Se raidir. *Sa main se crispa sur l'accoudoir du fauteuil. Ne te crispe pas comme ça, détends-toi !*

crissement n.m. Bruit grinçant désagréable. *Le crissement de la lame d'un couteau sur une assiette.*

▸▸▸ Mot de la famille de **crisser.**

crisser v. (conjug. 3). Faire un bruit grinçant. *Les freins de la locomotive crissent.*

cristal n.m. ❶ Verre très fin et très transparent qui donne un son clair prolongé, quand on le heurte légèrement. *Un vase en cristal.* ❷ Petit élément qui a une forme géométrique. *Les cristaux de glace ont la forme d'une étoile.*

● Au pluriel : des **cristaux.**

▶ **1. cristallin, e** adj. ❶ Qui est transparent, pur comme le cristal. *Une eau cristalline coule de la fontaine. Cette chanteuse a une voix cristalline.* ❷ Qui est formé de cristaux. *Le granite est une roche cristalline.*

▶ **2. cristallin** n.m. Partie transparente de l'œil située derrière l'iris.

▶ **cristallisé, e** adj. Qui est formé de très petits cristaux. *Du sucre cristallisé.*

critère n.m. Ce qu'on utilise pour apprécier, juger quelque chose ou quelqu'un. *Quels sont vos critères pour choisir une voiture ?*

1. **critique** adj. Qui est grave, inquiétant. *Être dans un état critique.* SYN. **alarmant.**

2. **critique** n.f. ❶ Jugement défavorable. *Il m'a fait des critiques sur ma conduite.* SYN. **reproche.** CONTR. **compliment, louange.** ❷ Jugement porté sur une œuvre. *Ce film a eu de très bonnes critiques.*

▶ **critique** n. Personne dont le métier est de juger des œuvres. *Ma tante est critique de cinéma pour un magazine.*

▶ **critiquer** v. (conjug. 3). Juger défavorablement quelqu'un, quelque chose, lui trouver des défauts. *Elle critique tout ce que je fais.* SYN. **blâmer, désapprouver.** CONTR. **approuver.**

croasser v. (conjug. 3). En parlant du corbeau, faire entendre son cri, le *croassement*.

● Ne confonds pas avec **coasser.**

croate adj. et n. De Croatie. *Zagreb est la capitale croate. Goran est croate.* ◆ **croate** n.m. Langue parlée par les Croates.

● Le nom prend une majuscule quand il désigne une personne : *un Croate.*

croc n.m. Canine longue et pointue des mammifères carnassiers. *Le chien montre ses crocs.*

● Ce mot se termine par un **c** que l'on ne prononce pas.

croc-en-jambe n.m. Action d'accrocher avec son pied la jambe de quelqu'un pour le faire tomber. *Léo m'a fait un croc-en-jambe.* SYN. **croche-pied.**

● On prononce [krɔkɑ̃ʒɑ̃b]. – Au pluriel : des **crocs-en-jambe.**

croche n.f. Note de musique qui porte un crochet et qui dure la moitié d'une noire.

croche-pied n.m. Action d'accrocher avec son pied la jambe de quelqu'un pour le faire tomber. *Marie m'a fait un croche-pied.* SYN. **croc-en-jambe.**

● Au pluriel : des **croche-pieds.**
– La nouvelle orthographe permet d'écrire aussi **crochepied,** sans trait d'union.

crochet n.m. ❶ Pièce de métal ou de plastique recourbée qui sert à accrocher quelque chose. *Suspends le tableau au crochet.* ❷ Grosse aiguille qui a une pointe recourbée et qui est utilisée pour faire du tricot. *Mamie fait une couverture au crochet.* ❸ Détour. *Nous avons fait un crochet pour visiter le château.* ❹ Sorte de parenthèse. *La prononciation des mots s'écrit entre crochets.* ❺ Dent recourbée des serpents venimeux. *La vipère a des crochets.*

▶ **crocheter** v. (conjug. 11). Ouvrir avec un crochet. *Le cambrioleur a crocheté la serrure.*

crochu, e adj. Recourbé. *Les sorcières sont souvent représentées avec un nez crochu.*

crocodile n.m. Grand reptile carnivore, qui a un corps recouvert d'écailles, des mâchoires puissantes et de courtes pattes palmées. Il vit dans les fleuves et les lacs d'Afrique et d'Inde. *Un crocodile peut atteindre six mètres de long.* → Vois aussi **alligator, caïman, gavial.**

● Cri : le vagissement.

crocus n.m. Plante à bulbe, aux fleurs de différentes couleurs, qui pousse au printemps. *Le safran est une espèce de crocus.*

● On prononce le **s.**

croire et **se croire** v. (conjug. 68). ❶ Penser que quelque chose est vrai, que quelqu'un dit la vérité. *Elle croit tout ce qu'on lui dit.* ❷ Supposer quelque chose, en avoir l'impression. *Je crois que je me suis trompé.* SYN. **penser.** ❸ Penser qu'un être ou une chose existent. *Croire en Dieu. À ton âge, tu crois encore au père Noël ?* ◆ **se croire.** S'imaginer être. *On se croirait au printemps. Elle se croit intelligente.*

● Ne confonds pas il (elle, on) **croit** et il (elle, on) **croît,** du verbe « croître ».

▶▶▶ Mots de la même famille : **crédible, crédule, incrédule, incroyable.**

croisade n.f. Au Moyen Âge, expédition militaire menée par les chrétiens pour chasser les musulmans de la Terre sainte.

combat de la 2e **croisade**

a b c d e f g h i j k l m n o p q r s t u v w x y z

a b c d e f g h i j k l m n o p q r s t u v w x y z

croisée n.f. ❶ (Sens ancien). Fenêtre. ❷ **La croisée des chemins,** endroit où deux chemins se croisent. *Ils se sont rencontrés à la croisée des chemins.*
▸▸▸ Mot de la famille de **croiser.**

croisement n.m. ❶ Endroit où deux voies se croisent. *Au croisement, continuez tout droit.* SYN. **carrefour.** ❷ Reproduction d'animaux ou de végétaux de même espèce, mais de races différentes. *Le mulet est le résultat d'un croisement entre un âne et une jument.* ❸ **Feux de croisement,** feux d'un véhicule qui n'éblouissent pas le conducteur du véhicule que l'on croise. SYN. **codes.**
▸▸▸ Mot de la famille de **croiser.**

croiser et **se croiser** v. (conjug. 3). ❶ Mettre deux choses l'une sur l'autre. *Croiser les bras.* ❷ Rencontrer une personne, un véhicule qui vont dans la direction opposée. *J'ai croisé Romain dans la rue.* ❸ Traverser, couper. *Le chemin croise une route.* ❹ Aller et venir dans une même zone, en parlant d'un bateau. *Le navire croise au large des côtes.* ◆ **se croiser.** ❶ Passer l'un à côté de l'autre en venant de directions opposées. *Quand des voitures se croisent la nuit, elles doivent allumer leurs feux de croisement.* ❷ En parlant de voies, se traverser l'une l'autre. *Plusieurs routes se croisent au carrefour.* SYN. : **se couper.**

▸ **croisière** n.f. Voyage que l'on fait pour son plaisir sur un bateau. *Nos voisins ont fait une croisière sur le Nil.*

croissance n.f. ❶ Fait de grandir, de se développer. *Thomas est en pleine croissance.* ❷ Fait de prendre de l'importance, de se développer. *La croissance économique d'un pays.* SYN. **développement.**
▸▸▸ Mot de la famille de **croître.**

1. **croissant** n.m. ❶ Partie visible de la Lune qui a une forme échancrée. ❷ Pâtisserie de forme recourbée, faite de pâte feuilletée roulée sur elle-même. *Un croissant au beurre.*
▸▸▸ Mot de la famille de **croître.**

2. **croissant, e** adj. ❶ Qui croît, qui augmente. *Le nombre croissant des participants à une course.* ❷ **Ordre croissant,** qui va du plus petit au plus grand. *Les nombres 5, 9, 13 sont classés par ordre croissant.* CONTR. **ordre décroissant.**
▸▸▸ Mot de la famille de **croître.**

croître v. (conjug. 76). ❶ Se développer, pousser. *Les bambous croissent très rapidement.* ❷ Augmenter, devenir plus grand, plus important. *Le nombre des habitants croît régulièrement depuis dix ans dans cette ville.* CONTR. **décroître.**
● La nouvelle orthographe permet d'écrire aussi **croitre,** sans accent circonflexe.
▸▸▸ Mot de la même famille : **accroître.**

croix n.f. ❶ Signe fait de deux traits qui se coupent au milieu. *Mets une croix sur les réponses fausses.* ❷ Instrument de supplice fait d'un poteau et d'une traverse horizontale, sur lequel on attachait les condamnés. *Jésus-Christ est mort sur la croix.* ❸ Décoration ou bijou en forme de croix.
● Ce mot se termine par un **x.**

croquant, e adj. Qui croque sous la dent. *Des cornichons croquants.*
▸▸▸ Mot de la famille de **croquer.**

croque-monsieur n.m. invar. Sandwich chaud fait de pain de mie, de jambon et de fromage.
● La nouvelle orthographe permet d'écrire aussi **croquemonsieur,** sans trait d'union.

croque-mort n.m. Mot familier. Employé des pompes funèbres.
● Au pluriel : des **croque-morts.**
– La nouvelle orthographe permet d'écrire aussi **croquemort,** sans trait d'union.

croquer v. (conjug. 3). ❶ Broyer entre ses dents en faisant un bruit sec. *Croquer un bonbon.* ❷ Faire un bruit sec. *Les biscottes croquent sous la dent.* SYN. **craquer.** → Vois aussi **croustiller.**

croquet n.m. Jeu qui consiste à faire passer, sous des arceaux, des boules qu'on pousse avec un maillet.

croquette n.f. Boulette de pâte, de viande, de poisson, que l'on fait frire. *Des croquettes de pomme de terre.*

croquis n.m. Dessin rapide. *Pierre a fait un croquis de la maison.* SYN. **esquisse.**
● Ce mot se termine par un **s.**

cross n.m. Course à pied sur des terrains variés, avec des obstacles. *Rayan et son cousin font un cross dans le bois.*
● Ne confonds pas avec une **crosse.**

crosse n.f. ❶ Partie d'une arme à feu que l'on tient dans la main ou que l'on appuie contre son épaule pour tirer. *La crosse d'un* *fusil.* ❷ Long bâton recourbé au sommet. *La crosse d'un évêque.* ❸ Bâton recourbé qui est utilisé dans certains sports pour pousser la balle. *Au hockey, les joueurs se servent d'une crosse.*

● Ne confonds pas avec un **cross.**

crotale n.m. Serpent venimeux d'Amérique qui fait du bruit avec sa queue.

● On dit aussi **serpent à sonnette.**

un crotale

crotte n.f. ❶ Excrément. *Les chiens doivent faire leurs crottes dans le caniveau.* ❷ **Crotte de chocolat,** bonbon au chocolat généralement fourré.

▶ **crotté, e** adj. Couvert de boue. *Ils sont revenus de leur promenade avec des bottes toutes crottées.*

▶ **crottin** n.m. ❶ Excrément de cheval ou d'âne. ❷ Petit fromage de chèvre rond.

crouler v. (conjug. 3). ❶ Tomber en ruine, s'affaisser. *La vieille maison croule.* SYN. **s'effondrer.** ❷ Être surchargé. *Ces employés croulent sous le travail.*

croupe n.f. Partie postérieure du corps du cheval.

▶ **croupion** n.m. Partie arrière du corps d'un oiseau, qui porte les plumes de la queue.

croupir v. (conjug. 16). ❶ Devenir impure, en parlant de l'eau qui ne s'écoule pas. *L'eau de la mare croupit.* ❷ Rester dans une situation dégradante, un état pénible. *Il croupit dans sa paresse.*

croustillant, e adj. Qui croque sous la dent. *Des biscuits croustillants.*

▶▶▶ Mot de la famille de **croustiller.**

croustiller v. (conjug. 3). Croquer sous la dent. *Le pain frais croustille.*

croûte n.f. ❶ Partie dorée et dure du pain, qui entoure la mie, ou partie extérieure et dure de certains aliments. *Enlever la croûte du fromage.* ❷ Plaque dure et brunâtre formée sur une plaie par le sang séché.

● La nouvelle orthographe permet d'écrire aussi **croute,** sans accent circonflexe.

▶ **croûton** n.m. ❶ Extrémité d'un pain ou morceau de pain dur. *Nous avons donné des croûtons de pain aux canards.* ❷ Petit morceau de pain frit. *Manger une salade avec des croûtons.*

● La nouvelle orthographe permet d'écrire aussi **crouton,** sans accent circonflexe.

croyable adj. Que l'on peut croire. *Son aventure est à peine croyable.* SYN. **crédible.** CONTR. **incroyable.**

▶▶▶ Mot de la famille de **croire.**

croyance n.f. Fait de croire à l'existence de quelque chose. *Je respecte les croyances religieuses de mes amis.* SYN. **conviction.**

▶▶▶ Mot de la famille de **croire.**

croyant, e adj. et n. Qui croit en Dieu. *Les parents de Moussa sont croyants.* CONTR. **athée.**

▶▶▶ Mot de la famille de **croire.**

1. **cru, crue** adj. ❶ Qui n'est pas transformé par la cuisson. *Amina aime les tomates crues.* CONTR. **cuit.** ❷ **Lumière crue,** vive. CONTR. **doux.** ❸ Qui exprime les choses sans détour, qui choque. *Des paroles crues.*

2. **cru** n.m. Vin provenant d'un terroir particulier. *Un grand cru de Bourgogne.*

cruauté n.f. Caractère cruel d'une personne qui prend plaisir à faire souffrir les autres. *Ils traitaient leurs ennemis avec cruauté.* SYN. **férocité.** CONTR. **humanité.**

▶▶▶ Mot de la famille de **cruel.**

cruche n.f. ❶ Récipient muni d'une anse et d'un bec verseur. *J'ai oublié de mettre une cruche d'eau sur la table.* ❷ (Sens familier). Personne stupide. *Quelle cruche, il aurait pu y penser !* SYN. **imbécile.**

crucial, e, aux adj. Qui est très important. *C'est une question cruciale.* SYN. **essentiel.** *Un moment crucial.* SYN. **décisif.**

● Au masculin pluriel : **cruciaux.**

crucifier v. (conjug. 7). Dans l'Antiquité, attacher ou clouer un condamné sur une croix et l'y laisser mourir. *Jésus a été crucifié.*

▶ **crucifix** n.m. Croix de petite taille sur laquelle Jésus-Christ est représenté crucifié.

● Ce mot se termine par un **x** que l'on ne prononce pas.

a b c d e f g h i j k l m n o p q r s t u v w x y z

cruciverbiste n. Amateur de mots croisés.

crudités n.f. plur. Légumes que l'on consomme crus. *Les carottes râpées sont des crudités.*

crue n.f. Montée des eaux d'un fleuve ou d'une rivière. *Les crues du Nil.* CONTR. **décrue.**
▸▸▸ Mot de la famille de **croître.**

cruel, elle adj. ❶ Qui prend plaisir à faire souffrir ou à voir souffrir. *Il est parfois cruel avec les animaux.* SYN. **méchant.** CONTR. **bon.** ❷ Qui cause une grande souffrance. *Cet accident est une cruelle épreuve pour lui.* SYN. **douloureux.**

▸ **cruellement** adv. ❶ De façon cruelle, méchante. *On l'a traité cruellement.* ❷ De façon pénible, douloureuse. *Sa blessure le fait cruellement souffrir.* SYN. **terriblement.**

crustacé n.m. Animal au corps recouvert d'une carapace et portant deux paires d'antennes. *Les crevettes, les crabes, les cloportes sont des crustacés.*

→ planche p. 279.

crypte n.f. Partie souterraine d'une église.
● Ce mot s'écrit avec un **y.**

cubain, e adj. et n. De Cuba. *Une danse cubaine. Carlos est cubain. C'est un Cubain.*
● Le nom prend une majuscule : *un Cubain.*

cube n.m. ❶ Solide dont les six faces sont des carrés égaux. ❷ Nombre multiplié par lui-même deux fois de suite. *125 est le cube de 5 (5^3).* ◆ adj. **Mètre cube,** volume d'un cube ayant un mètre de côté. *Une cuve de 50 mètres cubes (50 m^3).*

▸ **cubique** adj. Qui a la forme d'un cube. *Un bidon cubique.*

cubitus n.m. Os long de l'avant-bras. → Vois aussi **humérus, radius.**
● On prononce le **s.**

cueillette n.f. Action de cueillir, de récolter. *Au début de l'été, on fait la cueillette des cerises.*
▸▸▸ Mot de la famille de **cueillir.**

cueillir v. (conjug. 26). Détacher une fleur, un fruit, un légume de sa tige, de sa branche, de sa racine. *Cueillir des violettes. Cueillir des haricots verts.* SYN. **récolter.**

cuillère n.f. Couvert fait d'un manche et d'une partie creuse. *Une cuillère à soupe; une cuillère à café.*
● On peut aussi écrire **cuiller.**

▸ **cuillerée** n.f. Contenu d'une cuillère. *J'ai ajouté deux cuillerées de sucre.*

cuir n.m. ❶ Peau traitée d'un animal que l'on utilise pour faire des vêtements, des chaussures et divers objets. *Un sac en cuir.* ❷ **Cuir chevelu,** peau du crâne sur laquelle sont implantés les cheveux.

cuirasse n.f. ❶ Partie de l'armure qui protégeait le buste. ❷ Partie métallique qui recouvre les navires de guerre et les chars d'assaut.

▸ **cuirassé** n.m. Gros navire de guerre blindé.

un cuirassé

▸ **cuirassier** n.m. Soldat à cheval qui portait une cuirasse.

cuire v. (conjug. 60). ❶ Chauffer un aliment pour le rendre bon à manger. *Faire cuire un steak à la poêle.* ❷ Être soumis à l'action de la chaleur. *Le gâteau doit cuire 30 minutes dans le four.* ❸ Rendre dur en chauffant. *Cuire de la poterie, des émaux.*

▸ **cuisant, e** adj. Qui cause une grande peine. *Une défaite cuisante.* SYN. **douloureux.**

cuisine n.f. ❶ Pièce où l'on prépare les repas. ❷ Préparation des aliments. *Mon frère fait bien la cuisine.*

▸ **cuisiné, e** adj. **Plat cuisiné,** plat vendu tout préparé. *J'ai acheté des plats cuisinés chez le traiteur.*

▸ **cuisiner** v. (conjug. 3). Faire la cuisine. *Papi cuisine très bien.*

▸ **cuisinier, ère** n. ❶ Personne dont le métier est de faire la cuisine. *Son père est cuisinier dans un restaurant.* ❷ Personne qui sait faire la cuisine. *Ma tante est une très bonne cuisinière.* → Vois aussi **cordon-bleu.**

▸ **cuisinière** n.f. Appareil électrique ou à gaz qui sert à faire cuire les aliments.

Les crustacés

Comme les mollusques, les crustacés sont des animaux invertébrés. Ils doivent leur nom à la solide carapace, semblable à une croûte, qui protège leur corps. Ils ont des pattes articulées qui leur servent à marcher ou à nager, et deux paires d'antennes. La plupart vivent dans la mer, mais certaines espèces sont terrestres, comme le cloporte, ou vivent en eau douce, comme l'écrevisse.

a b c d e f g h i j k l m n o p q r s t u v w x y z

cuisse n.f. Partie de la jambe qui va de la hanche au genou. *Les baigneurs avaient de l'eau jusqu'aux cuisses.*

cuisson n.f. Action de cuire; façon de cuire les aliments. *Le temps de cuisson; cuisson à la vapeur.*

▸▸▸ Mot de la famille de **cuire.**

cuit, e adj. Que l'on a fait cuire. *Le gâteau est cuit.* CONTR. **cru.**

▸▸▸ Mot de la famille de **cuire.**

cuivre n.m. ❶ Métal rougeâtre. *Les fils électriques sont en cuivre.* ❷ Objet en cuivre. *Astiquer les cuivres.* ♦ **n.m. plur.** Ensemble des instruments de musique à vent en cuivre. *Le cornet à pistons, le trombone, la trompette font partie des cuivres.*

cul n.m. ❶ (Sens très familier). Fesses, derrière. ❷ Fond de certains objets. *Le cul d'une bouteille.*

● Ce mot se termine par un **l** que l'on ne prononce pas.

culbute n.f. ❶ Mouvement que l'on fait en roulant sur soi-même, en faisant passer les pieds au-dessus de la tête. *Léo fait des culbutes dans l'herbe.* SYN. **galipette.** ❷ Chute à la renverse ou tête en avant. *Valentin a fait une culbute dans l'escalier.*

▸ **culbuter** v. (conjug. 3). Renverser. *Elle a été culbutée par une voiture.*

en **cul-de-poule** adj. **Bouche en cul-de-poule,** bouche dont les lèvres sont pincées et arrondies.

cul-de-sac n.m. Chemin, rue qui n'ont pas d'issue. SYN. **impasse.**

● Au pluriel : des **culs-de-sac.**

culinaire adj. Qui concerne la cuisine, la préparation des aliments. *Je l'ai félicité pour ses talents culinaires.*

culminant, e adj. **Point culminant,** partie la plus élevée d'une montagne. *Le mont Blanc est le point culminant des Alpes.*

▸▸▸ Mot de la famille de **culminer.**

culminer v. (conjug. 3). Atteindre son point le plus élevé, son sommet. *Le mont Blanc culmine à 4 808 mètres environ.*

culot n.m. ❶ Partie, fond métallique de certains objets. *Le culot d'une ampoule électrique.* ❷ (Sens familier). Comportement effronté. *Quel culot il a de prendre la dernière part du gâteau !* SYN. **audace, effronterie.**

culotte n.f. ❶ Sous-vêtement féminin qui couvre les fesses et le bas du ventre. SYN. **slip.** ❷ Pantalon masculin qui va de la taille aux genoux. *Un enfant en culotte courte.*

culotté, e adj. Mot familier. Qui a de l'audace, qui est effronté. *Tu es culotté d'avoir pris ma place !*

▸▸▸ Mot de la famille de **culot.**

culpabiliser v. (conjug. 3). Éprouver un sentiment de culpabilité, se sentir responsable de quelque chose. *Ne culpabilise pas, ce qui est arrivé n'est pas de ta faute.*

▸▸▸ Mot de la famille de **culpabilité.**

culpabilité n.f. Fait d'être coupable d'un délit, d'un crime. *La culpabilité de l'accusé a été prouvée.* CONTR. **innocence.**

culte n.m. ❶ Hommage que l'on rend à Dieu, à une divinité, à un saint. ❷ Ensemble des pratiques d'une religion. *Le culte protestant.*

cultivable adj. Que l'on peut cultiver. *Des terres cultivables.* SYN. **arable.**

▸▸▸ Mot de la famille de **cultiver.**

cultivateur, trice n. Personne dont le métier est de cultiver la terre. SYN. **agriculteur.** → Vois aussi **laboureur.**

▸▸▸ Mot de la famille de **cultiver.**

cultivé, e adj. ❶ Qui est mis en culture. *Des champs cultivés.* CONTR. **en friche.** *Des plantes cultivées.* CONTR. **sauvage.** ❷ Qui a une culture intellectuelle étendue, de grandes connaissances. *Sa grand-mère est une femme très cultivée.* CONTR. **ignorant, inculte.**

▸▸▸ Mot de la famille de **cultiver.**

cultiver et **se cultiver** v. (conjug. 3). ❶ Travailler la terre pour lui faire produire des récoltes. *Notre voisin cultive une petite parcelle de terrain.* ❷ Faire pousser des plantes. *Mon grand-père cultive des légumes dans son jardin.* ♦ **se cultiver.** Acquérir des connaissances afin d'enrichir son esprit. *Ils voyagent pour se cultiver.*

culture n.f. ❶ Action de cultiver la terre, de faire pousser des plantes. *La culture du riz.* ❷ Ensemble des connaissances acquises. *Ce candidat a une très bonne culture générale.* ❸ Ensemble des façons de penser, des connaissances et des coutumes propres à un pays. *La culture espagnole.* ❹ **Culture physique,** gymnastique. ♦ **n.f. plur.** Terres, plantes cultivées. *La grêle a ravagé les cultures.*

▶ **culturel, elle** adj. Qui concerne la culture, les activités artistiques, intellectuelles. *Le centre culturel organise un spectacle.*

cumul n.m. Action de cumuler. *Le cumul de plusieurs emplois.*
▸▸▸ Mot de la famille de **cumuler.**

cumuler v. (conjug. 3). Exercer plusieurs emplois, plusieurs fonctions en même temps. *Il cumule les fonctions de maire et de sénateur.*

cumulus n.m. Nuage de beau temps, blanc et arrondi.
● On prononce le **s.**

un cumulus

cunéiforme adj. **Écriture cunéiforme,** qui s'écrivait avec des caractères en forme de clou. *Les Perses avaient une écriture cunéiforme.*
→ planche pp. 368-369.

cupide adj. Mot littéraire. Qui est avide d'argent, de richesses. CONTR. **désintéressé, généreux.**

▶ **cupidité** n.f. Mot littéraire. Caractère d'une personne cupide. *La cupidité d'un homme d'affaires.* SYN. **avidité, rapacité.** CONTR. **désintéressement, générosité.**

curare n.m. Poison violent, extrait de plantes, qui paralyse les muscles. *Les Indiens d'Amérique du Sud empoisonnaient leurs flèches avec du curare.*

1. **cure** n.f. ❶ Traitement médical que l'on suit dans une station thermale. *Grand-mère doit faire une cure pour soigner ses rhumatismes.* ❷ Traitement suivi pour améliorer sa santé. *Faire une cure de vitamines, une cure de sommeil.*

2. **cure** n.f. Mot ancien. Maison d'un curé. SYN. **presbytère.**

▶ **curé** n.m. Prêtre catholique chargé de s'occuper d'une paroisse.

cure-dents n.m. invar. Bâtonnet pointu que l'on utilise pour débarrasser ses dents des restes de nourriture.
● La nouvelle orthographe permet d'écrire aussi un **cure-dent,** sans **s.**

curer v. (conjug. 3). Nettoyer en raclant, en grattant. *Curer un bassin. Se curer les dents, les ongles.*

curieusement adv. De manière inattendue, étrange. *Il est curieusement habillé.* SYN. **bizarrement.**
▸▸▸ Mot de la famille de **curieux.**

curieux, euse adj. et n. ❶ Qui cherche à savoir. *Je serais curieuse de connaître ton avis.* ❷ Qui cherche à savoir ce qui ne le regarde pas. *Tu es trop curieux.* SYN. **indiscret.** ◆ n. Personne qui s'arrête pour voir ce qui se passe. *Des curieux regardaient les voitures accidentées.* SYN. **badaud.** ◆ adj. Qui intrigue, qui surprend. *Elle a des idées curieuses.* SYN. **bizarre, étonnant.**

▶ **curiosité** n.f. ❶ Désir de connaître des choses nouvelles. *Candice lit beaucoup pour satisfaire sa curiosité.* ❷ Défaut d'une personne indiscrète. *Sa curiosité lui a joué un mauvais tour.* SYN. **indiscrétion.** ❸ Chose inhabituelle, étrange. *Ce musée présente des curiosités de différents pays.*

curseur n.m. Marque mobile sur un écran d'ordinateur qui indique l'endroit où va s'inscrire le prochain signe.

cursive adj.f. **Écriture cursive,** qui est tracée à la main, qui n'est pas imprimée. → Vois aussi **script.**

cutané, e adj. De la peau. *Une affection cutanée.*

cuti-réaction n.f. Test médical destiné à déceler la tuberculose ou une allergie. Il consiste à inciser légèrement la peau pour y déposer une petite quantité de produit.
● On emploie souvent l'abréviation **cuti.**

cutter n.m. Instrument fait d'une lame qui coulisse dans un manche et qui sert à couper le papier, le carton.
● C'est un mot anglais, on prononce [kœtœr] ou [kytœr].
– La nouvelle orthographe permet d'écrire aussi **cutteur.**

cuve n.f. Grand récipient destiné à contenir des liquides. *Une cuve à vin. Une cuve à mazout.* → Vois aussi **citerne, réservoir.**

▸ **cuvée** n.f. Vin produit chaque année par une vigne.

▸ **cuvette** n.f. ❶ Récipient large et peu profond. *Laver un pull dans une cuvette.* SYN. **bassine.** ❷ Partie principale des W.-C., qui est en faïence. ❸ Étendue de terrain qui forme un creux. SYN. **dépression.**

C.V. n.m. Document qui indique l'état civil, les diplômes, l'expérience professionnelle d'une personne qui pose sa candidature à un poste. *Fournir un C.V.*
● C.V. est l'abréviation de **curriculum vitae.**

cyclable adj. **Piste cyclable,** piste aménagée sur le bord d'une route ou d'une rue et réservée aux cyclistes.
● Ce mot s'écrit avec un **y.**
▸▸▸ Mot de la famille de **cycle.**

cyclamen n.m. Plante à fleurs roses ou blanches qui a des feuilles en forme de cœur. *Des cyclamens sauvages poussent dans les régions montagneuses.*
● On prononce [siklamɛn]. – Ce mot s'écrit avec un **y.**

cycle n.m. ❶ Ensemble de phénomènes ou de faits qui reviennent régulièrement et toujours dans le même ordre. *Le cycle des saisons. Les cycles du sommeil.* ❷ Véhicule à deux ou trois roues. *Les bicyclettes, les vélomoteurs sont des cycles.*
● Ce mot s'écrit avec un **y.**

▸ **cyclique** adj. Qui revient périodiquement. *Une crise cyclique.*

▸ **cyclisme** n.m. Pratique de la bicyclette.

▸ **cycliste** n. Personne qui roule à bicyclette. *La voiture a dépassé les cyclistes dans la côte.* ◆ adj. Relatif au cyclisme. *Une course cycliste.*

▸ **cyclomoteur** n.m. Bicyclette munie d'un moteur moins puissant que celui d'une motocyclette. → Vois aussi **vélomoteur.**

cyclone n.m. Tempête très violente, accompagnée de tourbillons. *Les cyclones ravagent souvent les régions tropicales.* → Vois aussi **ouragan, tornade, typhon.**
● Ce mot s'écrit avec un **y.**

cygne n.m. Grand oiseau aux pattes palmées, au long cou souple et au plumage blanc ou noir. Il vit sur les eaux douces.
● Ce mot s'écrit avec un **y.** – Cri : le sifflement.

un **cygne**

cylindre n.m. ❶ Solide en forme de rouleau dont les deux extrémités sont des cercles. ❷ Pièce du moteur d'une voiture dans laquelle le piston est en mouvement.
● Ce mot s'écrit avec un **y.**

▸ **cylindrée** n.f. Volume des cylindres d'un moteur de voiture ou de moto.

▸ **cylindrique** adj. En forme de cylindre. *Une boîte cylindrique.*

cymbale n.f. Instrument de musique à percussion composé de deux disques de cuivre ou de bronze que l'on frappe l'un contre l'autre.
● Ce mot s'écrit avec un **y.** – Nom des musiciens : un **cymbalier** ou un **cymbaliste.**

cynique adj. et n. Qui se moque des principes moraux, qui cherche à choquer. *Faire une remarque cynique.*
● Ce mot s'écrit avec un **y.**

▸ **cynisme** n.m. Attitude d'une personne cynique.

cyprès n.m. Conifère qui pousse surtout dans le sud de l'Europe.
● Ce mot s'écrit avec un **y.**

cypriote adj. et n. De Chypre. *Les églises cypriotes. Ahmet est cypriote. C'est un Cypriote.*
● Le nom prend une majuscule : *un Cypriote.* – On peut aussi dire **chypriote.**

cytoplasme n.m. Partie principale de la cellule vivante.
● Ce mot s'écrit avec un **y.**

dactylo n. Personne dont le métier est de taper des textes à la machine. → Vois aussi **sténodactylo.**

● Ce mot s'écrit avec un **y**.

▸ **dactylographier** v. (conjug. 7). Taper à la machine à écrire, sur un clavier d'ordinateur. *Dactylographier une lettre.*

dada n.m. Mot familier. Occupation, sujet préférés. *Le basket-ball, c'est son dada.* → Vois aussi **lubie, marotte.**

dague n.f. Poignard à lame large et pointue.

dahlia n.m. Plante à tubercules, aux fleurs rondes de couleurs variées.

● Ce mot s'écrit avec un **h** avant le **l**.

daigner v. (conjug. 3). Accepter avec dédain de faire quelque chose. *Elle a daigné me remercier.* SYN. **consentir à.** → Vois aussi **dédaigner.**

daim n.m. Mammifère ruminant au pelage marron tacheté de blanc, dont le mâle porte des bois aplatis sur la tête.

● Femelle : la daine. Petit : le faon. Cri : le brame ou le bramement.

un **daim**

dallage n.m. Ensemble des dalles qui recouvrent un sol. SYN. **carrelage.**

▸▸▸ Mot de la famille de **dalle.**

dalle n.f. Plaque de pierre, de terre cuite, de ciment qui sert à recouvrir un sol.

dalmatien n.m. Chien à poil court, blanc tacheté de noir.

des **dalmatiens**

daltonien, enne adj. et n. Qui est atteint d'une anomalie de la vision des couleurs. *Les daltoniens confondent souvent le rouge et le vert.*

dame n.f. ❶ Femme. *Je ne connais pas cette dame.* ❷ Figure de reine au jeu de cartes. *La dame de pique.* ◆ n.f. plur. Jeu qui se joue à deux avec vingt pions noirs et vingt pions blancs sur un damier. *Yao et Baptiste jouent aux dames.* SYN. **jeu de dames.**

damer v. (conjug. 3). Tasser avec un outil ou une machine. *Damer une piste de ski.*

damier n.m. Plateau de jeu de dames divisé en cent cases alternativement noires et blanches. → Vois aussi **échiquier.**

a b c d e f g h i j k l m n o p q r s t u v w x y z

damnation n.f. Dans la religion chrétienne, condamnation aux supplices de l'enfer après la mort.
- On ne prononce pas le **m**.

►►► Mot de la famille de **damné**.

damné, e n. et adj. Dans la religion chrétienne, personne condamnée à l'enfer après la mort.
- On ne prononce pas le **m**.

dan n.m. Dans les arts martiaux japonais, chacun des dix grades que l'on peut passer après la ceinture noire.
- On prononce [dan].

se **dandiner** v. (conjug. 3). Balancer son corps d'un côté et de l'autre. *Les canards se dandinent en marchant.*

danger n.m. Ce qui constitue un risque, expose à des accidents. *Les marins affrontent les dangers de la mer.* SYN. **péril.**

▶ **dangereusement** adv. De manière dangereuse. *Conduire dangereusement.*

▶ **dangereux, euse** adj. ❶ Qui présente un danger, un risque. *Il est dangereux de traverser une rue sans regarder.* SYN. **périlleux.** ❷ Qui peut nuire, faire du mal. *Les ours peuvent être dangereux.* SYN. **redoutable.** CONTR. **inoffensif.**

danois, e adj. et n. Du Danemark. *Le cinéma danois. Carl est danois. C'est un Danois.* ◆ **danois** n.m. Langue parlée par les Danois.
- Le nom prend une majuscule quand il désigne une personne : *un Danois.*

dans préposition. ❶ Introduit un complément de lieu, de temps, de manière. *Mes vêtements sont dans le placard.* SYN. **à l'intérieur de.** *Dans sa jeunesse, il s'est bien amusé.* SYN. **au cours de, durant.** *Ils ont vécu dans la peur.* ❷ (Familier). **Dans les,** environ. *Ce livre coûte dans les vingt euros.* SYN. **à peu près, autour de.** → Vois aussi **en.**

danse n.f. Suite de pas et de mouvements rythmés que l'on exécute sur un air de musique. *Loan fait de la danse classique. La valse et le rock sont des danses.*

▶ **danser** v. (conjug. 3). Exécuter les mouvements d'une danse. *Natacha voudrait apprendre à danser.*

▶ **danseur, euse** n. ❶ Artiste dont le métier est de danser. *Les danseurs de l'Opéra de Paris.* ❷ Personne qui danse. *Les danseurs sont sur la piste.* ❸ **En danseuse,** en pédalant debout.

dard n.m. Petite pointe qu'ont les abeilles, les guêpes et les scorpions et qui leur sert à inoculer leur venin. → Vois aussi **aiguillon.**
- Ce mot se termine par un **d.**

date n.f. ❶ Indication du jour, du mois, de l'année. *Quelle est ta date de naissance ?* ❷ Événement marquant de l'histoire. *Les grandes dates de la conquête spatiale.* ❸ **De longue date,** depuis longtemps. *Des amis de longue date.*
- Ne confonds pas avec **datte.**

▶ **dater** v. (conjug. 3). ❶ Indiquer la date. *N'oublie pas de dater et de signer ta lettre.* ❷ Exister depuis telle époque. *Ce château fort date du 13e siècle.*

datte n.f. Petit fruit brun très sucré qui a un noyau et qui pousse sur un dattier.
- Ne confonds pas avec **date.**

▶ **dattier** n.m. Palmier cultivé en Afrique du Nord et au Moyen-Orient et qui produit les dattes.

un dattier
et des dattes

dauphin n.m. Mammifère marin qui vit en troupe et se nourrit de poissons, de seiches, de calmars. *Les dauphins émettent des sons qui constituent un véritable langage.*
- Le dauphin est un cétacé, comme la baleine et le cachalot.

un **dauphin**

Dauphin n.m. Autrefois, fils aîné du roi de France qui était l'héritier du trône.

daurade n.f. Poisson de mer à reflets dorés ou argentés, dont la chair est appréciée.
● On peut aussi écrire **dorade.**

une **daurade** royale

davantage adv. ❶ En plus grande quantité. *Veux-tu davantage de purée ?* SYN. **plus.** ❷ Plus longtemps. *Je ne peux pas rester davantage.*

1. **de** préposition. Mot qui se place après un verbe, un nom ou un adjectif pour donner diverses indications (origine, appartenance, temps, cause, moyen, manière, matière, contenu) ou introduire des compléments. *Anne vient de Lille. C'est le livre de Quentin. Nous serons absents du 15 au 22 mars. Je meurs de faim. Faire un signe de la main. Manger de bon appétit. Une barre de fer. Une tasse de thé. La cour de l'immeuble. Il est fier de toi. Je lui ai demandé de partir.*
● **De** devient **d'** devant une voyelle ou un « h » muet : *un ticket d'autobus.* – Lorsque **de** est suivi de « le » ou de « les », il devient **du** ou **des** : *il souffre du genou. Elle revient des Antilles.*

2. **de** article indéfini. S'emploie à la place de « des » devant un adjectif. *Tu as de jolies boucles d'oreilles.*

1. **dé** n.m. Petit cube qui comporte de un à six points sur chaque face et que l'on utilise dans certains jeux. *C'est à moi de lancer les dés !*

des **dés**

2. **dé** n.m. Petit objet en métal que l'on met au doigt pour pousser l'aiguille quand on coud.

déambuler v. (conjug. 3). Marcher au hasard, sans but précis. *Des touristes déambulent dans les rues.* SYN. **errer, flâner.**

débâcle n.f. Fuite désordonnée d'une armée vaincue. SYN. **débandade, déroute.**
● Le **a** prend un accent circonflexe.

déballage n.m. Action de déballer. *Au déballage, plusieurs verres ont été cassés.* CONTR. **emballage.**
▸▸▸ Mot de la famille de **déballer.**

déballer v. (conjug. 3). Sortir un objet de son emballage. *Déballer de la vaisselle.* CONTR. **emballer.**

débandade n.f. Fait de se disperser rapidement et en désordre. *L'averse provoqua une débandade sur la plage.*

se **débarbouiller** v. (conjug. 3). Se laver la figure. *Lisa s'est débarbouillée après le goûter.* CONTR. **se barbouiller.**

débarcadère n.m. Endroit aménagé dans un port, au bord d'un cours d'eau ou d'un lac pour débarquer des marchandises et des passagers. SYN. **embarcadère.**
▸▸▸ Mot de la famille de **débarquer.**

débardeur n.m. ❶ Ouvrier qui charge et décharge des navires. SYN. **docker.** ❷ Maillot de corps, sans manches et très échancré. *En été, je mets des débardeurs.*

débarquement n.m. ❶ Action de débarquer. *Le débarquement des marchandises, des passagers.* CONTR. **embarquement.** ❷ Opération militaire qui consiste à débarquer des troupes sur un rivage occupé par l'ennemi. *Le débarquement des Alliés a eu lieu en Normandie, en juin 1944.*
▸▸▸ Mot de la famille de **débarquer.**

débarquer v. (conjug. 3). ❶ Descendre d'un bateau ou d'un avion. *Les voyageurs ont débarqué à Marseille.* CONTR. **embarquer.** ❷ Déposer à terre des marchandises, des bagages. *Les marins ont débarqué leur cargaison.* SYN. **décharger.** CONTR. **embarquer.**

débarras n.m. ❶ Petite pièce où l'on met des objets encombrants. *La valise est dans le débarras.* SYN. **cagibi.** ❷ (Familier). **Bon débarras !,** exprime le soulagement d'être débarrassé de quelqu'un.
● Ce mot s'écrit avec deux **r** et se termine par un **s.**
▸▸▸ Mot de la famille de **débarrasser.**

débarrasser et **se débarrasser** v. (conjug. 3). ❶ Enlever ce qui encombre, ce qui embarrasse. *Débarrasser une cave.* SYN. **déblayer.** ❷ **Débarrasser la table,** enlever les couverts et les restes du repas. SYN. **desservir.** ◆ **se débarrasser de.** Se défaire de ce qui encombre. *Renata s'est débarrassée de ses vieux jouets.*
● Ce mot s'écrit avec deux **r** et deux **s.**

débat n.m. Discussion sur un sujet précis où chaque participant donne son avis. *On a regardé un débat télévisé sur la pollution.*
▸▸▸ Mot de la famille de **débattre.**

débattre et **se débattre** v. (conjug. 50). Discuter d'une question, d'un prix. *Les acheteurs ont débattu du prix de l'appartement avec le vendeur.* ◆ **se débattre.** Lutter pour se dégager. *Le chat s'est débattu quand j'ai voulu lui nettoyer les oreilles.*

→ planche pp. 332-333.

débile adj. Mot familier. Qui est particulièrement stupide. *Regarder un film débile.* SYN. **idiot.**

1. **débit** n.m. ❶ Quantité d'eau qui s'écoule en un temps et un point donnés. *Le débit d'un fleuve.* ❷ Vitesse à laquelle on parle. *La comédienne avait un débit trop rapide.* ❸ **Débit de boissons, débit de tabac,** établissements où l'on vend des boissons à consommer sur place, du tabac.

2. **débit** n.m. Partie d'un compte en banque où sont inscrites les sommes dépensées. CONTR. **crédit.**
▸▸▸ Mot de la famille de **débiter (2).**

1. **débiter** v. (conjug. 3). ❶ Découper en morceaux. *Débiter un bœuf, du pain.* ❷ Fournir une quantité en un temps donné. *L'usine débite cent voitures par jour.* SYN. **produire.** ❸ Dire un texte de façon monotone. *Elle a débité sa poésie d'un trait.*

2. **débiter** v. (conjug. 3). Porter une somme d'argent au débit d'un compte. CONTR. **créditer.**

▸ **débiteur, trice** n. Personne qui doit de l'argent à quelqu'un. CONTR. **créancier.**

déblaiement n.m. Action de déblayer. *Le déblaiement d'une route enneigée.*
● On prononce [deblɛmɑ̃]. – On peut aussi dire **déblayage.**
▸▸▸ Mot de la famille de **déblayer.**

déblais n.m. plur. Terre, gravats qu'on retire d'un chantier. *Les camions ont emporté des tonnes de déblais.*
▸▸▸ Mot de la famille de **déblayer.**

déblayer v. (conjug. 13). Dégager un lieu de ce qui l'encombre. *Déblayer la neige de la route.* CONTR. **remblayer.** *Déblayer le couloir des cartons de livraison.* SYN. **débarrasser.**

débloquer v. (conjug. 3). ❶ Réussir à faire bouger ce qui était bloqué. *J'ai débloqué le tiroir.* ❷ **Débloquer les prix, les salaires,** permettre leur augmentation. CONTR. **bloquer.**

déboires n.m. plur. Échecs qui causent une déception. *Notre voisin a eu des déboires professionnels.* SYN. **déconvenues.**

déboisement n.m. Action de déboiser. *Le déboisement excessif de la forêt amazonienne est un désastre écologique.* SYN. **déforestation.** CONTR. **reboisement.**
▸▸▸ Mot de la famille de **bois.**

le **déboisement**

déboiser v. (conjug. 3). Abattre les arbres, les forêts qui recouvrent un terrain, une région.
▸▸▸ Mot de la famille de **bois.**

déboîter et **se déboîter** v. (conjug. 3). ❶ Sortir de la file de voitures où l'on se trouve. *On doit mettre son clignotant avant*

a b c d e f g h i j k l m n o p q r s t u v w x y z

de déboîter. ❷ **Se déboîter une articulation,** avoir un os qui sort de son articulation. *Mariam s'est déboîté le genou en tombant de vélo.* SYN. **se démettre, se luxer.**

● La nouvelle orthographe permet d'écrire aussi **déboiter,** sans accent circonflexe.

►►► Mot de la famille de **boîte.**

débordé, e adj. Qui a trop de travail. *Ne dérange pas ton père, il est débordé.*

►►► Mot de la famille de **bord.**

débordement n.m. ❶ Fait de déborder. *Le débordement d'une rivière.* SYN. **crue, inondation.** ❷ Grande quantité ou grande intensité. *Un débordement de joie.* SYN. **effusion, explosion.**

►►► Mot de la famille de **bord.**

déborder v. (conjug. 3). ❶ Se répandre, passer par-dessus les bords. *Le ruisseau a débordé.* ❷ Laisser échapper son contenu. *La baignoire a débordé.* ❸ Manifester un sentiment avec force. *Kelly déborde d'enthousiasme.*

►►► Mot de la famille de **bord.**

débouché n.m. ❶ Possibilité de vendre des marchandises. *L'entreprise cherche de nouveaux débouchés en Amérique du Sud.* SYN. **marché.** ❷ Possibilité de trouver une situation, un métier. *Un diplôme qui offre de nombreux débouchés.*

►►► Mot de la famille de **déboucher (2).**

1. **déboucher** v. (conjug. 3). ❶ Enlever le bouchon d'une bouteille, d'un tube. CONTR. **boucher.** ❷ Retirer ce qui bouche un conduit. *On a débouché la baignoire.* CONTR. **boucher, obstruer.**

2. **déboucher** v. (conjug. 3). ❶ Aboutir dans un lieu. *La rue principale débouche sur une place.* SYN. **conduire, donner dans, mener.** ❷ Avoir comme résultat. *Les négociations ont débouché sur un accord de paix.* SYN. **aboutir à, mener à.**

débouler v. (conjug. 3). Arriver rapidement d'un endroit. *La moto a déboulé du parking.*

débourser v. (conjug. 3). Dépenser de l'argent. *Tu n'as rien à débourser, c'est gratuit.* SYN. **payer, verser.**

►►► Mot de la famille de **bourse (1).**

debout adv. ❶ En position verticale, sur les pieds. *Se mettre debout.* CONTR. **assis.** ❷ Hors du lit. *Aurélie est debout à sept heures.* SYN. **levé.** CONTR. **couché.** ❸ **Tenir debout,** être vraisemblable, logique. *Ton raisonnement tient debout.*

déboutonner v. (conjug. 3). Sortir un bouton de sa boutonnière, défaire les boutons d'un vêtement. CONTR. **boutonner.**

● Ce mot prend deux **n.**

débraillé, e adj. Dont les vêtements sont en désordre. *Rémi s'est bagarré, il est tout débraillé.*

débrancher v. (conjug. 3). Interrompre le fonctionnement d'un appareil électrique en retirant la prise pour que le courant ne passe plus. *Débrancher un ordinateur.* CONTR. **brancher.** → Vois aussi **déconnecter.**

débrayage n.m. Action de débrayer. *La pédale de débrayage.* → Vois aussi **embrayage.**

►►► Mot de la famille de **débrayer.**

débrayer v. (conjug. 13). Dans un véhicule, interrompre la liaison entre le moteur et les roues pour passer les vitesses. → Vois aussi **embrayer.**

débridé, e adj. Qui est libéré de toute contrainte, qui est sans retenue. *Avoir une imagination débridée.*

débris n.m. plur. Morceaux d'une chose brisée. *Des débris de verre jonchent le sol.*

débrouillard, e adj. et n. Mot familier. Qui sait se débrouiller, se tirer d'affaire avec habileté. *Seydou est débrouillard, il a pris un raccourci pour arriver à l'heure à l'école.* SYN. **astucieux, ingénieux.**

►►► Mot de la famille de **débrouiller.**

débrouillardise n.f. Mot familier. Qualité d'une personne débrouillarde. *Seydou a fait preuve de débrouillardise.* SYN. **astuce, ingéniosité.**

►►► Mot de la famille de **débrouiller.**

débrouiller et **se débrouiller** v. (conjug. 3). Rendre clair ce qui est embrouillé, emmêlé ou confus. *Débrouiller une affaire compliquée.* SYN. **éclaircir, élucider.** ◆ **se débrouiller.** Trouver le moyen de sortir d'une situation difficile. *Malgré la grève, il s'est débrouillé pour arriver à l'heure.* SYN. **s'arranger.**

débroussailler v. (conjug. 3). Couper ou arracher les broussailles, souvent avec une machine spéciale appelée « débroussailleuse ». *On débroussaille les forêts pour éviter que* *les incendies ne se propagent.* → Vois aussi **défricher.**

▸▸▸ Mot de la famille de **broussaille.**

débusquer v. (conjug. 3). Faire sortir de son refuge, de son abri. *Débusquer un lièvre. Débusquer des trafiquants.* SYN. **déloger.**

début n.m. Moment où quelque chose commence. *Le début de l'hiver.* SYN. **arrivée, commencement.** CONTR. **fin.** ◆ n.m. plur. Premiers pas dans une carrière, un domaine. *La jeune actrice fait ses débuts au cinéma.*

▸ **débutant, e** n. et adj. Personne qui commence à apprendre. *Des cours d'anglais pour débutants.*

▸ **débuter** v. (conjug. 3). ❶ Commencer. *La séance débute à vingt heures.* CONTR. **s'achever, finir.** ❷ Faire ses débuts dans une carrière. *Il a débuté comme coursier.*

déca- préfixe. Placé devant une unité de mesure, **déca-** la multiplie par dix : *décagramme, décalitre, décamètre.*

décacheter v. (conjug. 12). Ouvrir ce qui est cacheté. *Décacheter une enveloppe.* CONTR. **cacheter, fermer.**

▸▸▸ Mot de la famille de **cachet.**

décadence n.f. Fait de perdre progressivement sa puissance, son prestige. *La décadence d'une civilisation, d'un empire.* SYN. **chute, déclin, ruine.** CONTR. **essor.**

décaféiné adj. **Café décaféiné,** café qui ne contient pas de substance excitante appelée « caféine ».

● On dit familièrement un **déca.**

décalage n.m. Écart dans l'espace ou dans le temps. *Il y a un décalage horaire important entre Paris et Montréal.*

se **décalcifier** v. (conjug. 7). Se fragiliser par manque de calcium. *Avoir des dents qui se décalcifient.*

▸▸▸ Mot de la famille de **calcium.**

décalcomanie n.f. Image coloriée que l'on détache d'un papier pour l'appliquer sur une surface. *Géraldine a couvert les vitres de décalcomanies.*

décaler v. (conjug. 3). Déplacer dans l'espace ou le temps. *Décalez vos chaises vers la droite. Décaler un rendez-vous d'une journée.*

décalquer v. (conjug. 3). Reproduire un dessin au moyen d'un papier transparent, appelé « papier-calque ». *Décalquer une carte de géographie.*

▸▸▸ Mot de la famille de **calque.**

décamper v. (conjug. 3). Mot familier. Partir très vite. *Les cambrioleurs ont décampé à l'arrivée de la police.* SYN. **déguerpir, s'enfuir, se sauver.**

décanter v. (conjug. 3). Laisser se déposer au fond d'un récipient les impuretés que contient un liquide. *Décanter du vin.*

décaper v. (conjug. 3). Débarrasser une surface de ce qui la recouvre. *Décaper un parquet.*

décapiter v. (conjug. 3). Trancher la tête de quelqu'un. *Autrefois, on décapitait les condamnés à mort.* → Vois aussi **guillotiner.**

décapotable adj. et n.f. **Voiture décapotable,** voiture munie d'une capote que l'on peut replier.

▸▸▸ Mot de la famille de **capote.**

une voiture décapotable

décapsuler v. (conjug. 3). Enlever la capsule d'une bouteille.

▸▸▸ Mot de la famille de **capsule.**

décapsuleur n.m. Instrument qui sert à enlever la capsule d'une bouteille. SYN. **ouvre-bouteille.**

▸▸▸ Mot de la famille de **capsule.**

se **décarcasser** v. (conjug. 3) Mot familier. Se donner du mal pour arriver à un résultat. *Notre voisin s'est décarcassé pour retrouver un emploi.* SYN. **se démener.**

décathlon n.m. Épreuves d'athlétisme comprenant dix spécialités (quatre de course, trois de saut et trois de lancer).

● Ce mot s'écrit avec **th.**

déceder v. (conjug. 9). Mourir, en parlant d'une personne. *La grand-mère de Lisa est décédée le mois dernier.*
● Ce verbe se conjugue avec l'auxiliaire « être ».
▸▸▸ Mot de la famille de **décès.**

déceler v. (conjug. 11). Trouver ce qui n'était pas apparent. *L'institutrice a décelé chez Adrien un don pour l'informatique.* SYN. **découvrir, détecter.**

décembre n.m. Douzième mois de l'année. *Le 25 décembre, c'est Noël.*
● Le mois de décembre a 31 jours.

décemment adv. De manière décente. *Être vêtu décemment.* SYN. **convenablement, correctement.**
● On écrit **emment** mais on prononce [amɑ̃], comme *amant.*
▸▸▸ Mot de la famille de **décent.**

décence n.f. Respect des convenances. *S'habiller avec décence.* SYN. **pudeur.** CONTR. **indécence.**
▸▸▸ Mot de la famille de **décent.**

décennie n.f. Période de dix ans. *La première décennie du 21e siècle va de 2001 à 2010.*

décent, e adj. Qui est conforme à la décence, aux convenances. *Porter des vêtements décents.* SYN. **convenable, correct, pudique.** CONTR. **indécent.**

décentralisation n.f. ❶ Principe selon lequel le pouvoir de décision n'est pas exclusivement réservé au pouvoir central. ❷ Fait de répartir des entreprises, des usines, des administrations sur le territoire d'un pays.
▸▸▸ Mot de la famille de **centre.**

décentraliser v. (conjug. 3). ❶ Pratiquer la décentralisation. ❷ Répartir en différents lieux ce qui se trouvait en un seul endroit. CONTR. **centraliser.** → Vois aussi **délocaliser.**
▸▸▸ Mot de la famille de **centre.**

déception n.f. Sentiment que l'on éprouve lorsqu'on n'a pas obtenu ce que l'on souhaitait. *Son échec au baccalauréat lui a causé une grande déception.* SYN. **déconvenue.**
▸▸▸ Mot de la famille de **décevoir.**

décerner v. (conjug. 3). Attribuer solennellement une récompense, un titre. *On a décerné un prix au cinéaste.*

décès n.m. Mort d'une personne. *Lisa a appris le décès de sa grand-mère.*

décevant, e adj. Qui déçoit. *Un film décevant; un acteur décevant.*
▸▸▸ Mot de la famille de **décevoir.**

décevoir v. (conjug. 31). Causer une déception à quelqu'un. *Tu m'as déçu en refusant mon invitation.* CONTR. **contenter, satisfaire.**

déchaîné, e adj. ❶ Qui est très excité. *Des supporteurs déchaînés.* ❷ Qui se manifeste avec violence. *Une mer déchaînée.*
● La nouvelle orthographe permet d'écrire aussi **déchainé,** sans accent circonflexe.
▸▸▸ Mot de la famille de **chaîne.**

déchaînement n.m. Fait de se déchaîner. *Un déchaînement de violence.* SYN. **débordement, explosion.** *Le déchaînement de la tempête.*
● La nouvelle orthographe permet d'écrire aussi **déchainement,** sans accent circonflexe.
▸▸▸ Mot de la famille de **chaîne.**

déchaîner et **se déchaîner** v. (conjug. 3). Amener un sentiment à se manifester dans toute sa violence. *L'imitateur a déchaîné l'hilarité du public.* SYN. **déclencher.** ◆ **se déchaîner.** ❶ Se laisser emporter par l'excitation. *Le directeur s'est déchaîné contre ses employés.* SYN. **s'emporter.** ❷ Devenir violent. *La tempête s'est déchaînée.*
● La nouvelle orthographe permet d'écrire aussi **déchainer,** sans accent circonflexe.
▸▸▸ Mot de la famille de **chaîne.**

déchanter v. (conjug. 3). Perdre ses espérances, ses illusions. *Elle espérait un poste important, mais elle a bien déchanté.*

décharge n.f. ❶ Lieu où l'on dépose les ordures, les déchets. *Une décharge publique.* ❷ Ensemble de projectiles tiré par une arme à feu. *Le canard a reçu une décharge de plombs.* ❸ **Décharge électrique,** choc produit par le passage du courant électrique dans un fil électrique dénudé ou dans un appareil.
▸▸▸ Mot de la famille de **charge.**

décharger v. (conjug. 5). ❶ Débarrasser un véhicule de son chargement. *Les dockers déchargent les navires de leurs marchandises.* CONTR. **charger.** ❷ Soulager quelqu'un d'un travail. *Son assistante la décharge du classement des dossiers.* SYN. **libérer.** ❸ Vider le chargeur d'une arme à feu en tirant. *Le*

a b c d e f g h i j k l m n o p q r s t u v w x y z

meurtrier a déchargé son arme sur sa victime. ❹ Retirer la cartouche d'une arme à feu. *Décharger son fusil avant de le nettoyer.* CONTR. **charger.**
▸▸▸ Mot de la famille de **charge.**

décharné, e adj. Qui n'a plus que la peau sur les os, qui est très maigre.

une vache **décharnée**

se **déchausser** v. (conjug. 3). Enlever ses chaussures. *Déchausse-toi avant d'entrer si tes chaussures sont sales.* CONTR. **se chausser.**

déchéance n.f. Dégradation physique ou morale. *L'alcool et la drogue conduisent à la déchéance.*
▸▸▸ Mot de la famille de **déchoir.**

déchet n.m. (Souvent au pluriel). Ce que l'on jette, reste qu'on ne peut pas utiliser. *On jette les déchets à la poubelle.* SYN. **détritus, ordure.** *Des déchets radioactifs.*

Déchetterie n.f. Centre où l'on peut déposer les déchets encombrants ou recyclables.
● On peut aussi écrire **Déchèterie.** – C'est un nom de marque : il s'écrit avec une majuscule dans les textes imprimés.

déchiffrer v. (conjug. 3). ❶ Réussir à lire des signes, des caractères, un texte, un code. *Déchiffrer un message codé.* SYN. **décoder.** *Tu écris si mal que je n'arrive pas à déchiffrer ton écriture.* ❷ Lire et exécuter un morceau de musique que l'on découvre pour la première fois.
▸▸▸ Mot de la famille de **chiffre (2).**

déchiqueter v. (conjug. 12). Mettre une chose en lambeaux en la déchirant. *Le chien déchiquette un coussin.*

déchirement n.m. ❶ Fait de se déchirer. *Le déchirement d'un muscle.* ❷ Grande peine. *Le départ de son fils fut pour elle un véritable déchirement.* SYN. **souffrance.**
▸▸▸ Mot de la famille de **déchirer.**

déchirer et **se déchirer** v. (conjug. 3). ❶ Mettre en morceaux un papier, faire un accroc dans un tissu. *Déchirer une lettre.* ❷ Causer un grand chagrin. *L'idée de partir me déchire le cœur.* ❸ **Se déchirer un muscle,** se faire une déchirure musculaire.

▸ **déchirure** n.f. Partie déchirée de quelque chose. *Avoir une déchirure à son pantalon.* SYN. **accroc.** *Le coureur s'est fait une déchirure musculaire.* SYN. **claquage.**
▸▸▸ Mot de la famille de **déchirer.**

déchoir v. (conjug. 45). Tomber dans une situation inférieure à celle où on était. *Il avait l'impression de déchoir en participant aux tâches ménagères.* SYN. **s'abaisser.** *Le champion a été déchu de son titre.*
● Ce verbe s'emploie surtout à l'infinitif et au participe passé.

▸ **déchu, e** adj. Qui a perdu son rang, son prestige, son pouvoir. *Un roi déchu.*

déci- préfixe. Placé devant une unité de mesure, **déci-** la divise par dix : *décigramme, décilitre, décimètre.*

décibel n.m. Unité servant à évaluer l'intensité des sons.

de-ci, de-là adv. De côté et d'autre. *L'actrice adressa des sourires de-ci, de-là.*

décidé, e adj. ❶ Qui sait ce qu'il veut. *C'est un garçon décidé.* SYN. **déterminé, résolu.** CONTR. **indécis.** ❷ Qui fait preuve de volonté, d'assurance. *Marcher d'un pas décidé.* SYN. **assuré.** CONTR. **hésitant.**

décidément adv. Souligne une constatation, une conclusion. *Décidément, il faut toujours que tu me contredises !*

décider et **se décider** v. (conjug. 3). ❶ Choisir de faire quelque chose après avoir réfléchi. *J'ai décidé d'apprendre à faire du roller.* ❷ Pousser quelqu'un à prendre une décision. *Mon ami Koffi m'a décidé à venir.* SYN. **convaincre, persuader.** ◆ **se décider.** Mettre fin à son hésitation. *Ils ont fini par se décider, ils déménagent.*

décimal, e, aux adj. ❶ Qui a pour base le nombre dix. *Le mètre, le litre, le kilogramme appartiennent au système décimal.* ❷ **Nombre décimal,** nombre qui comporte une virgule. *7,3 est un nombre décimal.* → Vois aussi **métrique.**
● Au masculin pluriel : **décimaux.**

décimer v. (conjug. 3). Faire mourir un grand nombre d'êtres vivants. *L'épidémie a décimé une grande partie du cheptel.* → Vois aussi **exterminer.**

décimètre n.m. ❶ Dixième du mètre. ❷ **Double décimètre,** règle plate graduée mesurant vingt centimètres.

décisif, ive adj. Qui conduit à un résultat définitif. *La dernière bataille a été décisive.* SYN. **capital, déterminant.**

►►► Mot de la famille de **décider.**

décision n.f. ❶ Fait de décider; ce qui a été décidé. *Papa a pris la décision d'arrêter de fumer.* SYN. **résolution.** ❷ Qualité d'une personne qui est ferme, déterminée. *Le directeur a agi avec décision.* SYN. **détermination, fermeté.** CONTR. **hésitation.**

►►► Mot de la famille de **décider.**

déclamation n.f. Fait de déclamer.

►►► Mot de la famille de **déclamer.**

déclamer v. (conjug. 3). Réciter un texte en mettant l'intonation et en faisant des gestes. *Déclamer une tirade en vers.*

déclaration n.f. ❶ Discours par lequel on déclare, on annonce quelque chose. *Le président a fait une déclaration à la presse.* SYN. **communication.** ❷ Formulaire par lequel on déclare une situation ou un fait. *Remplir sa déclaration de revenus.*

►►► Mot de la famille de **déclarer.**

déclarer et **se déclarer** v. (conjug. 3). ❶ Faire savoir officiellement. *Le ministre a déclaré qu'il se présentait aux prochaines élections.* SYN. **annoncer.** ❷ Fournir certains renseignements à l'Administration. *Déclarer la naissance d'un enfant à la mairie.* ❸ **Déclarer la guerre à un pays,** lui annoncer qu'on entre en guerre contre lui. ◆ **se déclarer.** Se manifester nettement. *L'incendie s'est déclaré dans un entrepôt. Le directeur s'est déclaré en faveur du projet.*

déclasser v. (conjug. 3). Mettre du désordre dans ce qui était classé. *Quelqu'un a déclassé les livres de la bibliothèque.* SYN. **déranger.** CONTR. **classer.**

déclenchement n.m. Fait de se déclencher. *Le déclenchement d'un signal d'alarme.*

►►► Mot de la famille de **déclencher.**

déclencher et **se déclencher** v. (conjug. 3). ❶ Mettre en route un mécanisme. *Déclencher le signal d'alarme.* ❷ Faire apparaître une situation, faire naître un sentiment. *Le discours du ministre a déclenché un tollé.* SYN. **entraîner, occasionner.** ◆ **se déclencher.** Se mettre à fonctionner. *L'alarme s'est déclenchée.*

déclic n.m. ❶ Pièce qui déclenche un mécanisme. *Appuyer sur le déclic d'un appareil photo.* ❷ Bruit sec provoqué par le déclenchement d'un mécanisme.

déclin n.m. ❶ État de ce qui décline. *Le déclin de l'Empire romain favorisa les grandes invasions.* SYN. **affaiblissement, décadence.** ❷ **Déclin du jour,** moment où le jour tombe. SYN. **crépuscule.**

►►► Mot de la famille de **décliner.**

décliner v. (conjug. 3). ❶ Perdre de ses forces, de ses qualités. *Le malade décline de jour en jour.* SYN. **s'affaiblir, dépérir.** *Ma vue décline.* SYN. **baisser.** ❷ Refuser avec politesse. *Décliner poliment une invitation.* ❸ **Décliner son identité,** donner son nom et son prénom. ❹ **Le jour décline,** il baisse, il tombe.

décocher v. (conjug. 3). **Décocher une flèche,** la lancer.

décoder v. (conjug. 3). Rétablir en langage clair un message codé. SYN. **déchiffrer.**

►►► Mot de la famille de **code.**

► **décodeur** n.m. Appareil qui permet d'avoir accès à une chaîne de télévision codée.

décoiffer v. (conjug. 3). Mettre des cheveux en désordre. *Le vent m'a décoiffé.* SYN. **dépeigner.** CONTR. **coiffer.**

décollage n.m. Moment où un avion, une fusée décolle. CONTR. **atterrissage.**

►►► Mot de la famille de **décoller (2).**

le décollage de la fusée Ariane 5 (2014)

a b c d e f g h i j k l m n o p q r s t u v w x y z

1. décoller v. (conjug. 3). Détacher ce qui est collé. *Décoller le timbre d'une enveloppe.* CONTR. **coller.**

2. décoller v. (conjug. 3). Quitter le sol. *L'avion a décollé de Genève.* SYN. **s'envoler.** CONTR. **atterrir, se poser.**

décolleté, e adj. Qui laisse le haut de la poitrine et le cou découverts. *Une robe décolletée.* SYN. **échancré.** ◆ n.m. Partie d'un vêtement qui laisse voir le cou et le haut de la poitrine découverts. SYN. **échancrure.**
▸▸▸ Mot de la famille de **col.**

décolonisation n.f. Ensemble des actions qui amènent un pays colonisé à son indépendance. *La décolonisation de l'Algérie.* CONTR. **colonisation.**
▸▸▸ Mot de la famille de **colonie.**

décolorer v. (conjug. 3). Éclaircir ou effacer la couleur de quelque chose. *Le soleil a décoloré le papier peint.* CONTR. **colorer.**
▸▸▸ Mot de la famille de **couleur.**

décombres n.m. plur. Débris d'un édifice détruit. *Les secouristes recherchent les victimes sous les décombres.* SYN. **ruines.**
● Ce nom est du genre masculin.

décommander v. (conjug. 3). Annuler une commande, une invitation, un rendez-vous. *Décommander un taxi. Décommander un dîner.* CONTR. **commander.**

décomposer et **se décomposer** v. (conjug. 3). Séparer les éléments qui forment un ensemble. *Décomposer des mouvements. Décomposer une phrase.* SYN. **analyser.** ◆ **se décomposer.** Pourrir. *La viande se décompose vite à la chaleur.* SYN. **se gâter, se putréfier.**

▸ **décomposition** n.f. ❶ Action de décomposer. *La décomposition des mouvements de la brasse.* ❷ Fait de se décomposer, de pourrir. *Le cadavre de l'animal était en état de décomposition.*

décompresser v. (conjug. 3). Mot familier. Relâcher sa tension nerveuse. *Il faut prendre des vacances pour décompresser.* SYN. **se détendre, se relaxer.**

déconcertant, e adj. Qui déconcerte. *Un garçon déconcertant; une attitude déconcertante.* SYN. **déroutant, surprenant.**
▸▸▸ Mot de la famille de **déconcerter.**

déconcerter v. (conjug. 3). Surprendre, troubler par une attitude inattendue. *La violence de sa réaction nous a déconcertés.* SYN. **décontenancer, dérouter, désarçonner.**

déconfit, e adj. Qui est déçu et honteux. *Il était tout déconfit d'avoir échoué à son examen.* SYN. **dépité, penaud.** CONTR. **triomphant.**

▸ **déconfiture** n.f. Échec désastreux. *Notre équipe a subi une déconfiture complète en perdant 4 à 0.*

décongeler v. (conjug. 11). Ramener un aliment congelé à la température ambiante. *On décongèle les aliments au micro-ondes.* CONTR. **congeler.** → Vois aussi **geler, surgeler.**

déconnecter v. (conjug. 3). Débrancher un appareil électrique, interrompre une connexion. *Déconnecter un ordinateur.* CONTR. **connecter.**

déconseiller v. (conjug. 3). Conseiller de ne pas faire quelque chose. *Je te déconseille d'aller voir ce film.* SYN. **dissuader.** CONTR. **recommander.**

déconsidérer v. (conjug. 9). Faire perdre la considération, l'estime que l'on a auprès de quelqu'un. *Ce mensonge l'a déconsidéré auprès de ses camarades.*

décontenancer v. (conjug. 4). Faire perdre contenance à quelqu'un, le mettre dans l'embarras. *Le candidat a été décontenancé par les questions de l'examinateur.* SYN. **déconcerter, dérouter.**

décontracté, e adj. Qui est à l'aise, qui ne s'inquiète pas. *Valentin est un garçon décontracté.* SYN. **détendu.** CONTR. **contracté, tendu.**
▸▸▸ Mot de la famille de **se décontracter.**

se **décontracter** v. (conjug. 3). Faire cesser la tension musculaire ou nerveuse, la fatigue. *Les danseuses se décontractent avant le spectacle.* SYN. **se détendre, se relaxer.**

▸ **décontraction** n.f. ❶ Fait de se décontracter. *La chaleur favorise la décontraction des muscles.* ❷ Aisance, désinvolture. *Passer un examen avec décontraction.* CONTR. **nervosité, tension.**

déconvenue n.f. Grande déception. *L'annulation du voyage nous a causé une vive déconvenue.* SYN. **désappointement, désillusion.** CONTR. **contentement, satisfaction.**

décor n.m. ❶ (Souvent au pluriel). Ensemble des accessoires utilisés au théâtre, au cinéma ou à la télévision pour représenter le lieu où l'action se passe. *Les décors changent à chaque acte.* ❷ Environnement, cadre de vie. *Vivre dans un décor agréable.*
▸▸▸ Mot de la famille de **décorer.**

un décor de spectacle

décorateur, trice n. Personne dont le métier est de décorer des appartements ou de réaliser des décors pour le théâtre, le cinéma, la télévision.
▸▸▸ Mot de la famille de **décorer.**

décoratif, ive adj. Qui décore bien, qui produit un bel effet. *Des plantes décoratives.* SYN. **ornemental.**
▸▸▸ Mot de la famille de **décorer.**

décoration n.f. ❶ Manière dont un lieu est décoré; ce qui sert à décorer. *Camélia a changé la décoration de sa chambre.* SYN. **décor.** *On a sorti les décorations de Noël.* ❷ Insigne que l'on remet à quelqu'un pour l'honorer. *La Légion d'honneur est une décoration.* → Vois aussi **médaille.**
▸▸▸ Mot de la famille de **décorer.**

décorer v. (conjug. 3). ❶ Garnir d'objets destinés à rendre plus beau. *Pour Noël, nous avons décoré la classe de guirlandes.* SYN. **orner.** ❷ Remettre une décoration à quelqu'un. *Le soldat a été décoré de la croix de guerre.*

décortiquer v. (conjug. 3). Retirer l'enveloppe dure d'un fruit, la carapace d'un crustacé. *Décortiquer des noix, des crevettes.*

découdre v. (conjug. 52). Défaire une couture. *Maman a décousu un ourlet.* CONTR. **coudre.**

découler v. (conjug. 3). Être la conséquence, la suite logique de quelque chose. *Son renvoi de l'école découle de son indiscipline.* SYN. **provenir, résulter.**

découpage n.m. ❶ Action de découper. *Le découpage d'une volaille.* ❷ Forme découpée dans du papier, du carton. *Ma petite sœur fait des découpages.*
▸▸▸ Mot de la famille de **couper.**

découper et **se découper** v. (conjug. 3). ❶ Couper en suivant les contours de. *Découper une recette de cuisine dans un magazine.* ❷ Couper en morceaux, en parts. *Découper un poulet.* ◆ **se découper.** Se détacher sur un fond. *Les moulins se découpaient sur le ciel.*
▸▸▸ Mot de la famille de **couper.**

décourageant, e adj. Qui décourage. *Ce mauvais temps est décourageant.* SYN. **démoralisant.** CONTR. **encourageant.**
● Le **g** est suivi d'un **e** pour prononcer le son [ʒ].
▸▸▸ Mot de la famille de **courage.**

découragement n.m. Fait d'être découragé, d'avoir perdu courage. *Après cet échec, il a eu un moment de découragement.* SYN. **abattement.**
▸▸▸ Mot de la famille de **courage.**

décourager v. (conjug. 5). Faire perdre courage à quelqu'un. *Les difficultés m'ont découragée.* SYN. **abattre, démoraliser.** CONTR. **encourager, réconforter.**
▸▸▸ Mot de la famille de **courage.**

décousu, e adj. ❶ Dont la couture est défaite. *L'ourlet de ma jupe est décousu.* ❷ Qui est sans suite, sans logique. *Tenir des propos décousus.* SYN. **confus, incohérent.** CONTR. **clair, cohérent.**

découvert, e adj. ❶ Qui n'est pas couvert. *Une piscine découverte.* CONTR. **couvert.** ❷ **En terrain découvert,** sur un terrain qui n'a pas d'arbres ni de bâtiments.
▸▸▸ Mot de la famille de **couvrir.**

à **découvert** adv. ❶ Sans être protégé, en terrain découvert. *Les soldats avançaient à découvert.* ❷ **Être à découvert,** avoir dépensé plus d'argent qu'on n'en avait sur son compte en banque.
▸▸▸ Mot de la famille de **couvrir.**

découverte n.f. ❶ Action de trouver ce qui était inconnu ou caché. *Partir à la découverte*

a b c d e f g h i j k l m n o p q r s t u v w x y z

a b c d e f g h i j k l m n o p q r s t u v w x y z

d'un trésor. SYN. **recherche.** ❷ Ce que l'on trouve ou découvre. *Les chercheurs ont fait une importante découverte médicale.* ❸ **Les grandes découvertes,** les terres jusqu'alors inconnues qui ont été découvertes à partir du 15e siècle.

● Les grands voyages de découverte ont été entrepris par des navigateurs européens : Christophe Colomb découvre l'Amérique en 1492, Vasco de Gama découvre l'Inde en 1498, Magellan fait le tour du monde en 1519 et Jacques Cartier explore le Canada en 1535.

→ planche pp. 296-297.

découvrir et **se découvrir** v. (conjug. 28). ❶ Trouver quelque chose qui était inconnu, caché. *Christophe Colomb a découvert l'Amérique en 1492.* ❷ Apercevoir de loin. *De la terrasse, on découvre la mer.* ❸ Retirer ce qui couvre. *En cas de fièvre, découvrir l'enfant.* ◆ **se découvrir.** ❶ Enlever ses couvertures. *Paul s'est découvert en dormant.* ❷ Retirer son chapeau, ses vêtements. *Les hommes se découvrent en entrant dans une église. Découvre-toi un peu si tu as trop chaud.*

décrasser v. (conjug. 3). Enlever la crasse. *Décrasser un peigne, du linge.* SYN. **nettoyer.** CONTR. **encrasser.**

▸▸▸ Mot de la famille de **crasse.**

décret n.m. Décision écrite prise par le gouvernement, et qui a la valeur d'une loi.

▸ **décréter** v. (conjug. 9). Décider de manière autoritaire. *Mon grand frère a décrété qu'il voulait arrêter ses études.* SYN. **déclarer.**

décrier v. (conjug. 7). Mot littéraire. Dire du mal de quelqu'un. *Les artistes sont souvent décriés de leur vivant.* SYN. **critiquer, dénigrer.**

décrire v. (conjug. 62). ❶ Donner une représentation de quelqu'un, de quelque chose. *J'ai décrit la maison de mes vacances.* SYN. **dépeindre.** ❷ Effectuer un mouvement en suivant un certain tracé. *L'avion décrit une courbe dans le ciel.* SYN. **tracer.**

▸▸▸ Mots de la même famille : **description, indescriptible.**

décrocher v. (conjug. 3). ❶ Détacher ce qui était accroché. *Décrocher des rideaux.* CONTR. **accrocher.** ❷ **Décrocher le téléphone,** soulever le combiné pour appeler ou pour répondre. CONTR. **raccrocher.**

décroissant, e adj. **Ordre décroissant,** qui va du plus grand au plus petit. *Les nombres 14, 7, 3 sont classés par ordre décroissant.* CONTR. **croissant.**

▸▸▸ Mot de la famille de **décroître.**

décroître v. (conjug. 75). Diminuer peu à peu. *À partir du 22 juin, les jours décroissent.* CONTR. **croître.**

● La nouvelle orthographe permet d'écrire aussi **décroitre,** sans accent circonflexe.

▸ **décrue** n.f. Baisse du niveau des eaux, après une crue. *La décrue d'une rivière.* CONTR. **crue.**

déçu, e adj. Qui n'a pas eu ce qu'il souhaitait. *Candice est déçue d'avoir perdu au jeu de dames.* SYN. **désappointé.**

● Le **c** prend une cédille.

▸▸▸ Mot de la famille de **décevoir.**

déculotter v. (conjug. 3). Enlever la culotte, le pantalon.

décupler v. (conjug. 3). Multiplier par dix. *La population de certains pays a décuplé en un siècle.*

dédaigner v. (conjug. 3). Considérer comme indigne d'attention ou d'intérêt. *Dédaigner une offre. Dédaigner un adversaire.* SYN. **mépriser.** → Vois aussi **daigner.**

▸ **dédaigneux, euse** adj. Qui montre du dédain, du mépris. *Lancer un regard dédaigneux.* SYN. **hautain, méprisant.**

▸ **dédain** n.m. Mépris orgueilleux. *Le directeur considère ses collaborateurs avec dédain.* SYN. **arrogance.** CONTR. **estime, respect.**

dédale n.m. Réseau compliqué de voies où l'on risque de s'égarer. *Les touristes se sont perdus dans le dédale des ruelles.* SYN. **labyrinthe.**

dedans adv. À l'intérieur. *Ouvre l'armoire, ton manteau est dedans.* CONTR. **dehors, à l'extérieur.** ◆ n.m. Partie intérieure d'une chose. *Le poisson avait l'air bon, mais le dedans était pourri.* SYN. **l'intérieur.** CONTR. **l'extérieur.**

dédicace n.f. Phrase écrite sur une œuvre ou un objet que l'on dédie à une personne. *Après le spectacle, on est allé demander une dédicace au chanteur.*

▸▸▸ Mot de la famille de **dédicacer.**

dédicacer v. (conjug. 4). Inscrire une dédicace. *L'écrivain a dédicacé son dernier roman à Mamie.*

dédier v. (conjug. 7). Rendre hommage à une personne en inscrivant son nom en tête du livre qu'on a écrit. *Victor Hugo a dédié l'une de ses œuvres à sa fille Léopoldine.*

se **dédire** v. (conjug. 65). Revenir sur ce que l'on a dit, ne pas tenir sa promesse. *Quand on a donné sa parole, on ne peut plus se dédire.* SYN. **se rétracter.**

dédommagement n.m. Ce que l'on accorde à quelqu'un pour le dédommager. *L'assurance nous a versé des dédommagements après le cambriolage.* SYN. **compensation, indemnité.**

▸▸▸ Mot de la famille de **dommage.**

dédommager v. (conjug. 5). Donner de l'argent à quelqu'un pour compenser la perte ou le dommage qu'il a subi. *Le gouvernement a dédommagé les victimes de l'attentat.* SYN. **indemniser.**

▸▸▸ Mot de la famille de **dommage.**

dédoubler v. (conjug. 3). Partager en deux. *On a dédoublé la classe.*

dédramatiser v. (conjug. 3). Faire apparaître comme moins dramatique, moins grave. *Ma sœur s'est mise à rire, ce qui a dédramatisé la situation.* CONTR. **dramatiser.**

▸▸▸ Mot de la famille de **drame.**

déductible adj. Que l'on peut déduire. *Certains frais sont déductibles des impôts.*

▸▸▸ Mot de la famille de **déduire.**

déduction n.f. ❶ Action de déduire, de retrancher. *Déduction faite de ce qu'on avait déjà versé, il restait 100 euros à payer.* ❷ Raisonnement par lequel on arrive à une conclusion. *Par déduction, le détective a réussi à trouver le coupable.*

▸▸▸ Mot de la famille de **déduire.**

déduire v. (conjug. 60). ❶ Soustraire une somme d'un total à payer. *Déduire un acompte d'une facture.* SYN. **retrancher.** CONTR. **ajouter.** ❷ Tirer comme conséquence logique. *Comme il ne disait rien, j'en ai déduit qu'il était d'accord.* SYN. **conclure.**

déesse n.f. Divinité féminine. *Diane était la déesse de la Chasse chez les Romains.* → Vois aussi **dieu.**

la déesse grecque Athéna

défaillance n.f. Perte soudaine et momentanée des forces physiques ou intellectuelles. *Le coureur a eu une défaillance en franchissant la ligne d'arrivée.* SYN. **malaise.**

▸▸▸ Mot de la famille de **défaillir.**

défaillant, e adj. Qui fonctionne mal, qui fait défaut. *Ma mémoire est défaillante.* SYN. **déficient.**

▸▸▸ Mot de la famille de **défaillir.**

défaillir v. (conjug. 27). Avoir un malaise ou s'évanouir. *J'ai cru défaillir en voyant sa blessure.*

● Ce verbe s'emploie surtout à l'infinitif.

défaire et **se défaire** v. (conjug. 70). ❶ Ramener à l'état initial, en faisant une opération inverse. *Défaire un nœud.* ❷ Modifier l'arrangement de. *Le vent a défait ma coiffure.* ❸ Vider le contenu de quelque chose. *Défaire ses valises.* ◆ **se défaire.** ❶ Cesser d'être fait. *Mes lacets se sont défaits.* SYN. **se détacher.** ❷ Se débarrasser de quelque chose, le perdre volontairement. *Il est difficile de se défaire d'une habitude.*

défait, e participe passé et adj. ❶ Qui n'est plus fait, arrangé. *Des cheveux défaits.* ❷ **Visage défait, mine défaite,** visage aux traits tirés par la fatigue ou bouleversés par l'émotion.

▸ **défaite** n.f. Perte d'une bataille, d'une guerre, d'une compétition. *Notre équipe a subi une défaite.* CONTR. **victoire.**

▸ **défaitiste** adj. et n. Personne qui ne croit pas à la victoire et qui pense qu'il faut arrêter de lutter. *Ne sois pas défaitiste, on peut encore gagner !* SYN. **pessimiste.**

a b c d e f g h i j k l m n o p q r s t u v w x y z

Les grandes découvertes (15e–16e siècle)

Au 15e siècle, les Européens, désireux de s'enrichir et de convertir d'autres peuples au christianisme, cherchent à atteindre l'Inde par de nouvelles routes maritimes. Lors de ces expéditions, ils vont découvrir des terres inconnues jusqu'alors…

Les progrès de la navigation

- Aux 15e et 16e siècles, d'importantes **innovations** permettent aux **navigateurs** d'entreprendre des **expéditions** lointaines :

- de nouveaux outils de **navigation** : la **boussole**, l'**astrolabe*** et le **portulan***
- des **navires** plus rapides et plus sûrs : la **caravelle** remplace la **nef**.

- À la fin du 15e siècle, les Européens vont partir à la **conquête** de nouveaux peuples et les **évangéliser**.

* **astrolabe :** instrument permettant de se repérer grâce aux étoiles
* **portulan :** carte marine

L'arrivée de Christophe Colomb en Amérique

L'invention de l'imprimerie

- À la même époque, les **connaissances** et les images se **diffusent** plus facilement grâce au procédé d'**impression** inventé par Gutenberg : des **caractères mobiles** en plomb, une **presse**, de l'encre et du papier. Le **papier** remplace désormais le **papyrus** et le **parchemin**.
- L'**imprimerie** permet peu à peu aux penseurs, écrivains et savants de répandre leurs idées et contribue à l'**expansion** des sciences.

Pour en savoir plus

La colonisation des nouvelles terres

- En 1494, Espagnols et Portugais se partagent les terres découvertes. Les **conquistadores** organisent des expéditions militaires et s'emparent du Mexique et du Pérou. Nombre d'**Indiens** sont **massacrés**.

- À leur tour, Anglais, Hollandais et Français partent fonder des **colonies.** Ils créent des **plantations** et exploitent les **mines** d'or et d'argent. Les populations locales ou « **indigènes** » sont soumises au **travail forcé** et souvent réduites en **esclavage**.

Le développement du commerce

- Les **marines** espagnole, portugaise, hollandaise, anglaise et française **sillonnent** les mers et rapportent des métaux précieux, de l'**ivoire**, du tabac, du sucre ou des **épices**.
- Les **ports** de l'Atlantique se développent ; les Européens installent des **comptoirs**✿ en Inde ou en Afrique.

✿ **comptoir :** entrepôt de marchandises dans un port d'un pays étranger

De nouvelles routes maritimes

- En 1492, le Génois Christophe Colomb, croyant atteindre l'Inde, **accoste** aux Antilles. Il vient de découvrir un nouveau **continent** : l'Amérique.
- Les Portugais longent les côtes de l'Afrique et franchissent le cap de Bonne-Espérance. En 1498, Vasco de Gama emprunte cet **itinéraire** et atteint l'Inde.
- En 1519, Magellan entreprend le tour du monde. Il atteint la pointe sud de l'Amérique, découvre un passage (le **détroit** qui porte désormais son nom) et traverse l'océan Pacifique.

Les mots de l'histoire

- **Conquistadores :** nom donné aux premiers aventuriers espagnols qui ont conquis l'Amérique.
- **Indiens d'Amérique :** nom donné aux populations du continent américain, à la suite des expéditions de Christophe Colomb qui croyait avoir atteint l'Inde. On les appelle aussi « Amérindiens ».

a b c d e f g h i j k l m n o p q r s t u v w x y z

défaut n.m. ❶ Ce qui n'est pas bien chez quelqu'un. *La méchanceté est un défaut.* CONTR. **qualité.** ❷ Ce qui est mal fait dans quelque chose. *Mon appareil photo a un défaut de fabrication.* ❸ **À défaut de,** en l'absence de. *À défaut de brioche, on a mangé du pain.* ❹ **Faire défaut,** manquer. *Le courage lui a fait défaut.*

défavorable adj. Qui n'est pas favorable, qui est opposé à quelque chose. *Certains députés sont défavorables à ce projet de loi.*
→ Vois aussi **hostile.**
▸▸▸ Mot de la famille de **faveur.**

défavoriser v. (conjug. 3). Priver de certains avantages. *J'ai été défavorisé dans le partage des cadeaux.* SYN. **désavantager.** CONTR. **avantager, favoriser.**
▸▸▸ Mot de la famille de **faveur.**

défection n.f. Fait de ne pas être là où l'on était attendu, d'abandonner sa tâche. *La défection de plusieurs sportifs a entraîné l'annulation de la compétition.*

défectueux, euse adj. Qui présente des défauts, des imperfections. *Un réacteur défectueux a provoqué l'accident d'avion.*
▸▸▸ Mot de la famille de **défaut.**

défendable adj. Qui peut se défendre, être soutenu. *Son opinion est tout à fait défendable.* CONTR. **indéfendable.**
▸▸▸ Mot de la famille de **défendre.**

défendre et **se défendre** v. (conjug. 46). ❶ Protéger contre une attaque. *Jonathan défend toujours son petit frère.* SYN. **secourir.** CONTR. **attaquer.** ❷ Se battre pour une cause, une idée, une personne. *Défendre les droits de l'enfant. Les avocats défendent leurs clients.* ❸ Interdire de faire quelque chose. *Je te défends de me parler sur ce ton !* CONTR. **autoriser à, permettre de.** ◆ **se défendre.** ❶ Résister à une attaque, à une critique. *Se défendre contre un adversaire.* ❷ Être plausible, acceptable. *Son point de vue se défend.* SYN. **se justifier.**

▸ **1. défense** n.f. ❶ Action d'interdire. *Défense d'entrer.* SYN. **interdiction.** CONTR. **autorisation, permission.** ❷ Action de protéger contre des attaques. *L'armée assure la défense du pays.* SYN. **protection.** ❸ Action de défendre une cause, une idée, une personne. *La défense des libertés. Il a pris la défense de son ami.*

▸ **2. défense** n.f. Longue dent pointue qui dépasse de la bouche de certains mammifères, comme l'éléphant, le morse ou le narval. *Les éléphants ont été massacrés pour l'ivoire de leurs défenses.*

▸ **défenseur** n.m. ❶ Personne qui défend quelqu'un ou un groupe. *Robin des bois était le défenseur des pauvres.* CONTR. **accusateur.** ❷ Joueur qui s'oppose à l'attaque de l'adversaire. CONTR. **attaquant.**

▸ **défensif, ive** adj. Qui sert à se défendre. *Une arme défensive.* CONTR. **offensif.**

▸ **défensive** n.f. **Sur la défensive,** prêt à se défendre. *Je me suis tenu sur la défensive au cours de la discussion.*

déférence n.f. Mot littéraire. Marque de respect. *Parler avec déférence à son directeur.* SYN. **considération, égard.**

déferlement n.m. Fait de déferler. *Le déferlement des vagues.*
▸▸▸ Mot de la famille de **déferler.**

déferler v. (conjug. 3). Retomber en roulant avec force, en parlant des vagues. *Les vagues déferlent sur les rochers.* SYN. **se briser.**

défi n.m. Provocation, pari qu'on lance à quelqu'un pour le forcer à accepter un combat, une compétition. *Bintou m'a mise au défi de nager plus vite qu'elle.*
▸▸▸ Mot de la famille de **défier.**

défiance n.f. Mot littéraire. Manque de confiance à l'égard d'une personne. *Le gardien regardait le nouveau locataire avec défiance.* SYN. **méfiance.** CONTR. **confiance.**

déficience n.f. Insuffisance physique ou intellectuelle. *Un enfant atteint d'une déficience cardiaque.* SYN. **faiblesse.**

▸ **déficient, e** adj. Qui présente une déficience, une insuffisance. *Avoir une vue déficiente.* SYN. **défaillant.**

déficit n.m. Somme d'argent qui manque quand les dépenses sont plus importantes que les recettes. *L'entreprise a un déficit de deux millions d'euros.* SYN. **perte.** → Vois aussi **profit.**
● On prononce le **t.**

▸ **déficitaire** adj. Qui présente un déficit. *Une entreprise déficitaire.* CONTR. **bénéficiaire.**

défier v. (conjug. 7). Lancer un défi à quelqu'un. *Je te défie d'aller demander un autographe au chanteur.*

défigurer v. (conjug. 3). Enlaidir le visage au point de le rendre méconnaissable. *Un accident de la route l'a défiguré.*
▸▸▸ Mot de la famille de **figure.**

défilé n.m. ❶ Groupe de personnes qui marchent en rang ou en file. *Un défilé militaire; un défilé de mode.* ❷ Passage étroit entre deux montagnes. SYN. **gorge.**
▸▸▸ Mot de la famille de **défiler.**

un **défilé** de mode

défiler v. (conjug. 3). ❶ Marcher en rangs, en file. *Les soldats défilent deux par deux.* ❷ Se succéder sans interruption. *Les voitures défilent sur l'autoroute.*

défini, e adj. ❶ Qui est déterminé avec précision. *Une montre fonctionne selon un mécanisme bien défini.* SYN. **précis.** CONTR. **vague, indéfini.** ❷ **Article défini,** article qui se rapporte à une chose ou un être précis, déjà connus. *« Le », « la », « les » sont des articles définis.*
▸▸▸ Mot de la famille de **définir.**

définir v. (conjug. 16). ❶ Expliquer le sens d'un mot. *Dans un dictionnaire, on définit les mots.* ❷ Dire, indiquer avec précision. *On a parfois du mal à définir ce que l'on ressent.*

définitif, ive adj. Qui est fixé une fois pour toutes, qui ne peut être remis en cause. *J'attends une réponse définitive.* SYN. **irrévocable.** CONTR. **provisoire.**

définition n.f. Explication du sens d'un mot, d'une expression. *Raphaël cherche la définition d'un mot dans le dictionnaire.*
▸▸▸ Mot de la famille de **définir.**

en **définitive** adv. Finalement, en fin de compte. *En définitive, j'ai décidé de rester.*
▸▸▸ Mot de la famille de **définitif.**

définitivement adv. De manière définitive, pour toujours. *Ils ont quitté définitivement leur pays.*

déflagration n.f. Violente explosion. *La déflagration a brisé les vitres de l'immeuble.*

défoncer v. (conjug. 4). ❶ Casser en enfonçant. *Les pompiers ont dû défoncer la porte pour entrer.* ❷ Creuser profondément le sol. *Le gel a défoncé la route.*

déforestation n.f. Destruction de la forêt. *La déforestation provoque la disparition de très nombreuses espèces de plantes et d'animaux.* SYN. **déboisement.** CONTR. **reboisement.**

déformant, e adj. Qui déforme. *Léa se regarde dans un miroir déformant.*
▸▸▸ Mot de la famille de **déformer.**

un miroir **déformant**

a b c d e f g h i j k l m n o p q r s t u v w x y z

déformation n.f. Action de déformer; fait d'être déformé. *Avoir une déformation des pieds.*
▸▸▸ Mot de la famille de **déformer.**

déformer v. (conjug. 3). ❶ Changer la forme de quelque chose. *Ne tire pas sur ton tee-shirt, tu vas le déformer !* ❷ Rapporter de façon inexacte. *Le journaliste a déformé la pensée de l'écrivain.* SYN. **dénaturer.**

défoulement n.m. Fait de se défouler; moyen de se défouler. *La natation est un excellent défoulement.*
▸▸▸ Mot de la famille de **se défouler.**

se **défouler** v. (conjug. 3). Mot familier. Se libérer des tensions, se détendre en dépensant son énergie. *Richard se défoule en jouant au football.*

défraîchi, e adj. Qui a perdu sa fraîcheur, son éclat. *Ma veste est défraîchie.*
● La nouvelle orthographe permet d'écrire aussi **défraichi,** sans accent circonflexe.
▸▸▸ Mot de la famille de **frais (1).**

défrayer v. (conjug. 13). ❶ Prendre en charge les dépenses de quelqu'un. *Son entreprise l'a défrayé de son transport.* SYN. **rembourser.** ❷ **Défrayer la chronique,** faire beaucoup parler de soi. *Les aventures de la chanteuse défraient la chronique.*
▸▸▸ Mot de la famille de **frais (2).**

défricher v. (conjug. 3). Préparer une terre en friche pour la culture, enlever les broussailles, les arbustes. → Vois aussi **débroussailler.**
▸▸▸ Mot de la famille de **friche.**

défroisser v. (conjug. 3). Défaire les plis d'un papier, d'un tissu froissés. CONTR. **froisser.**

défunt, e n. Personne qui est morte. *Le défunt n'avait pas d'héritiers.* SYN. **mort.**

dégagé, e adj. ❶ Où rien n'arrête le regard. *Devant notre maison, la vue est dégagée.* ❷ **Ciel dégagé,** sans nuages. CONTR. **ciel couvert.** ❸ **Prendre un air dégagé,** faire preuve d'assurance, d'aisance. *Notre voisin a pris un air dégagé pour nous annoncer son divorce.* SYN. **décontracté, désinvolte.** CONTR. **embarrassé, gêné.**
▸▸▸ Mot de la famille de **dégager.**

dégagement n.m. Action de dégager. *Après l'accident, le dégagement des victimes a été long. Le gardien de but a réussi son dégagement.*
▸▸▸ Mot de la famille de **dégager.**

dégager et **se dégager** v. (conjug. 5). ❶ Libérer de ce qui retient, emprisonne. *Les sauveteurs ont dégagé plusieurs blessés des décombres.* SYN. **retirer.** ❷ Débarrasser de ce qui encombre. *Dégagez le passage, s'il vous plaît !* ❸ Laisser s'échapper une odeur, un gaz, de la fumée. *Le lilas dégage un parfum agréable.* SYN. **répandre.** ❹ Envoyer le ballon le plus loin possible de son camp, au football, au rugby. *Le gardien de but a dégagé.* ◆ **se dégager.** En parlant du ciel, ne plus être couvert, chargé de nuages. SYN. **s'éclaircir.**

dégaine n.f. Mot familier. Façon de se tenir maladroite ou étrange. *L'individu avait une drôle de dégaine.* SYN. **allure, attitude.**

dégainer v. (conjug. 3). Sortir une épée de son fourreau, un revolver de son étui. *Le cow-boy a dégainé et l'Indien s'est écroulé.*
▸▸▸ Mot de la famille de **gaine.**

dégarnir et **se dégarnir** v. (conjug. 16). Enlever ce qui garnit, orne quelque chose. *On a dégarni le sapin de Noël.* ◆ **se dégarnir.** Perdre peu à peu ses cheveux. *Papi se dégarnit sur les tempes.*

dégât n.m. (Souvent au pluriel). Dommage causé par une tempête, un accident, etc. *La grêle a fait beaucoup de dégâts.* SYN. **ravage.**
● Le **a** prend un accent circonflexe.

dégazer v. (conjug. 3). Débarrasser les citernes d'un pétrolier des gaz et dépôts qui subsistent après le déchargement. *Il est interdit de dégazer en mer.*

dégel n.m. Fonte des glaces et de la neige quand la température augmente. *On ne peut plus patiner sur le lac au moment du dégel.* CONTR. **gel.**
▸▸▸ Mot de la famille de **geler.**

dégeler v. (conjug. 11). Cesser d'être gelé. *Le lac dégèle, la glace fond.*
▸▸▸ Mot de la famille de **geler.**

dégénérer v. (conjug. 9). Se transformer en quelque chose de plus mauvais. *Leur dispute a dégénéré en bagarre.*

dégivrage n.m. Action de dégivrer, d'ôter le givre. *Le dégivrage du congélateur doit être effectué régulièrement.*
▸▸▸ Mot de la famille de **givre.**

dégivrer v. (conjug. 3). Faire fondre le givre. *Dégivrer un pare-brise.*
▸▸▸ Mot de la famille de **givre**.

déglinguer v. (conjug. 6). Mot familier. Casser un véhicule, désarticuler un appareil. *J'ai déglingué mon réveil en le faisant tomber.* SYN. **disloquer.**

déglutir v. (conjug. 16). Faire passer sa salive de la bouche dans l'œsophage. SYN. **avaler.**

dégonfler v. (conjug. 3). ❶ Faire sortir l'air, le gaz d'un objet gonflé. *Dégonfler un ballon, un matelas pneumatique.* CONTR. **gonfler.** ❷ Cesser d'être enflé. *Sa cheville a un peu dégonflé.* CONTR. **enfler.**

dégouliner v. (conjug. 3). Couler lentement le long de quelque chose. *La pluie dégouline sur mon visage.* SYN. **ruisseler.**

dégourdi, e adj. et n. Qui a un esprit vif et ingénieux. *Yao est très dégourdi pour son âge.* SYN. **astucieux, ingénieux.**
▸▸▸ Mot de la famille de **se dégourdir**.

se **dégourdir** v. (conjug. 16). Remuer un membre pour faire cesser la sensation d'engourdissement due à l'immobilité. *Marcher pour se dégourdir les jambes.*

dégoût n.m. Sentiment de rejet que l'on éprouve pour quelque chose ou quelqu'un. *Julie a du dégoût pour les huîtres. Je n'ai que du dégoût pour les gens lâches.* SYN. **aversion, répugnance.**
● La nouvelle orthographe permet d'écrire aussi **dégout**, sans accent circonflexe.

▸ **dégoûtant, e** adj. ❶ Qui provoque le dégoût. *Cette boisson est dégoûtante.* SYN. **infect, repoussant, répugnant.** ❷ Qui est très sale. *Mes mains sont dégoûtantes, je vais les laver.*
● La nouvelle orthographe permet d'écrire aussi **dégoutant**, sans accent circonflexe.

▸ **dégoûté, e** adj. Qui éprouve du dégoût, de la répulsion. *Julie est dégoûtée du chocolat.*
● La nouvelle orthographe permet d'écrire aussi **dégouté**, sans accent circonflexe.

▸ **dégoûter** v. (conjug. 3). Provoquer du dégoût. *La viande crue dégoûte Léo.* SYN. **écœurer.** *L'injustice me dégoûte.* SYN. **répugner, révolter.**
● La nouvelle orthographe permet d'écrire aussi **dégouter**, sans accent circonflexe.

dégradant, e adj. Qui abaisse moralement. *Refuser un travail dégradant.* SYN. **avilissant, déshonorant, humiliant.**
▸▸▸ Mot de la famille de **dégrader (1)**.

dégradation n.f. Fait de dégrader ou de se dégrader. *La dégradation volontaire d'un monument public est punie par la loi.* SYN. **détérioration, dommage.**
▸▸▸ Mot de la famille de **dégrader (1)**.

dégradé n.m. Ensemble de tons d'une même couleur, allant du plus foncé au plus clair. *Le soleil couchant colorait le ciel d'un dégradé de rouges.*
▸▸▸ Mot de la famille de **dégrader (1)**.

un dégradé de couleurs

1. **dégrader** et **se dégrader** v. (conjug. 3). Mettre en mauvais état, abîmer. *La pollution dégrade les immeubles.* SYN. **détériorer, endommager.** ◆ **se dégrader**. Se détériorer progressivement. *L'état de santé du malade se dégrade de jour en jour.* SYN. **empirer.** CONTR. **s'améliorer.**

2. **dégrader** v. (conjug. 3). Sanctionner un militaire en lui faisant perdre son grade. *L'officier a été dégradé pour trahison.*
▸▸▸ Mot de la famille de **grade**.

dégrafer v. (conjug. 3). Détacher les agrafes. *Maman a dégrafé sa robe.* CONTR. **agrafer.**

degré n.m. ❶ Position, rang occupés par une personne ou une chose dans une série, un classement, une hiérarchie. *Gravir les degrés de l'échelle sociale.* SYN. **échelon.** ❷ Intensité, importance d'un sentiment, d'un état. *Il était inquiet au plus haut degré.* SYN. **niveau, point.** ❸ Unité de mesure de la température. *Le thermomètre indique 12 degrés (12°).* ❹ Unité de mesure des angles. *Un angle droit est un angle de 90 degrés (90°).* ❺ Unité qui sert à mesurer le volume d'alcool contenu dans un liquide. *Ce vin fait 12 degrés (12°).*
● Au sens 3, on peut aussi dire **degré Celsius**.

dégressif, ive adj. **Tarif dégressif,** qui va en diminuant au fur et à mesure que la quantité demandée augmente. *Certains magasins proposent un tarif dégressif pour les photocopies.*

dégringolade n.f. Mot familier. Chute brutale, précipitée. *La crise a entraîné une dégringolade des cours de la Bourse.* SYN. **baisse.**
▸▸▸ Mot de la famille de **dégringoler.**

dégringoler v. (conjug. 3). ❶ Mot familier. Faire une chute, tomber de haut. *Le chat a dégringolé de l'arbre.* ❷ Descendre très vite. *Géraldine a dégringolé les escaliers.* SYN. **dévaler.**

dégrossir v. (conjug. 16). Tailler grossièrement un matériau pour lui donner une forme. *Le sculpteur dégrossit un bloc de pierre.* CONTR. **fignoler.**
▸▸▸ Mot de la famille de **grossir.**

déguenillé, e adj. Qui est habillé de guenilles, de vêtements déchirés. *Un clochard déguenillé.*

déguerpir v. (conjug. 16). Partir à toute vitesse. *Ils ont déguerpi quand ils ont entendu le gardien.* SYN. **s'enfuir, se sauver.**

déguisement n.m. Costume et accessoires qui permettent de se déguiser. *Sacha a mis un déguisement de clown.* SYN. **costume, panoplie.**
▸▸▸ Mot de la famille de **déguiser.**

un **déguisement**

déguiser et **se déguiser** v. (conjug. 3). Modifier sa voix, son écriture pour qu'on ne les reconnaisse pas. *Rémi a déguisé sa voix au téléphone.* SYN. **contrefaire.** ◆ **se déguiser.** Changer complètement son apparence en mettant un costume, un masque. *Toute la classe s'est déguisée pour Mardi gras.* SYN. **se travestir.**

dégustation n.f. Action de déguster, de goûter un aliment, une boisson. *Une dégustation de pains au chocolat est offerte à la boulangerie.*
▸▸▸ Mot de la famille de **déguster.**

déguster v. (conjug. 3). Goûter un aliment pour en apprécier les qualités. *Renata déguste sa crème au chocolat.* SYN. **savourer.**

dehors adv. ❶ À l'extérieur. *Il fait beau, allons jouer dehors !* CONTR. **dedans, à l'intérieur.** ❷ **En dehors de,** excepté, hormis. *Personne ne sait rien en dehors de toi.* ◆ n.m. ❶ Partie extérieure d'une chose. *Nettoyer le dehors d'une voiture.* SYN. **l'extérieur.** CONTR. **l'intérieur.** ❷ Aspect extérieur, première impression. *Sous des dehors un peu bourrus, c'est un homme très généreux.*

déjà adv. ❶ Dès maintenant ; dès ce moment. *Tu as déjà fini tes devoirs ! À sept ans, Mozart était déjà un compositeur.* ❷ Dans le passé. *Je suis déjà allé au cirque.* SYN. **auparavant, avant.** CONTR. **jamais.**

déjeuner v. (conjug. 3). Prendre le petit déjeuner ou le repas de midi. *À midi, Ousmane déjeune à la cantine.*

▸ **déjeuner** n.m. ❶ Repas de midi. *Papa prépare un poulet pour le déjeuner.* ❷ **Petit déjeuner,** repas que l'on prend au réveil. *Adrien mange des céréales au petit déjeuner.*

déjouer v. (conjug. 3). Faire échouer des manœuvres, un plan. *L'enquête a permis de déjouer un projet d'attentat.*

delà → **au-delà, par-delà**

délabré, e adj. Qui tombe en ruine.
▸▸▸ Mot de la famille de **se délabrer.**

une maison **délabrée**

délabrement n.m. État de ce qui tombe en ruine. *Le délabrement d'une vieille ferme inhabitée.* SYN. **dégradation, détérioration.**
▸▸▸ Mot de la famille de **se délabrer.**

se **délabrer** v. (conjug. 3). Se détériorer progressivement. *La maison s'est délabrée, elle aurait besoin de travaux.* SYN. **s'abîmer, se dégrader.**

délacer v. (conjug. 4). Dénouer les lacets. *Délacer ses baskets.* CONTR. **lacer.**
● Ne confonds pas avec **se délasser.**

délai n.m. ❶ Temps accordé pour faire quelque chose. *Vous avez un délai de huit jours pour rendre les livres empruntés.* ❷ **Sans délai,** sans attendre. *Dès que vous aurez ce message, rappelez-moi sans délai.* SYN. **immédiatement, sur-le-champ.**

délaisser v. (conjug. 3). Cesser de s'intéresser à une personne, à une activité. *Depuis qu'elle a déménagé, Julie délaisse ses anciens amis.* SYN. **abandonner, négliger.**

délassement n.m. Moyen de se délasser. *La lecture est un bon délassement.* SYN. **détente, distraction.**
▸▸▸ Mot de la famille de **las.**

se **délasser** v. (conjug. 3). Se reposer, se détendre. *Papi se délasse en faisant des mots croisés.*
● Ne confonds pas avec **délacer.**
▸▸▸ Mot de la famille de **las.**

délateur, trice n. Personne qui dénonce quelqu'un par vengeance ou par intérêt. SYN. **dénonciateur.**
▸▸▸ Mot de la famille de **délation.**

délation n.f. Dénonciation faite par vengeance ou par intérêt. *Les régimes dictatoriaux encouragent la délation.*

délavé, e adj. Qui est décoloré, éclairci par l'action de l'eau ou de l'eau de Javel. *Élise porte un jean délavé.*

délayage n.m. Action de délayer. *Le délayage de la peinture.*
▸▸▸ Mot de la famille de **délayer.**

délayer v. (conjug. 13). Diluer une matière pâteuse ou une poudre dans un liquide. *Délayer du chocolat en poudre dans du lait.* SYN. **mélanger.**

délectation n.f. Mot littéraire. Plaisir que l'on éprouve en savourant quelque chose. *Contempler un paysage avec délectation.* SYN. **délice, ravissement.**
▸▸▸ Mot de la famille de **se délecter.**

se **délecter** v. (conjug. 3). Mot littéraire. Prendre un très grand plaisir à faire quelque chose. *Je me suis délecté à lire ce roman.* SYN. **se régaler.**

délégation n.f. Groupe de délégués. *Une délégation syndicale a été reçue par le directeur de l'entreprise.*
▸▸▸ Mot de la famille de **déléguer.**

délégué, e n. Personne chargée de représenter un groupe pour une mission particulière. *Les employés d'une entreprise élisent des délégués du personnel.* SYN. **représentant.** *Un délégué de classe représente les élèves de sa classe.*
▸▸▸ Mot de la famille de **déléguer.**

déléguer v. (conjug. 9). Envoyer quelqu'un comme représentant d'un groupe pour une mission particulière. *Le ministre a délégué des chercheurs au congrès scientifique international*

délester v. (conjug. 3). Enlever le lest, retirer ce qui alourdit. *On a délesté le navire de plusieurs conteneurs.* SYN. **alléger.** CONTR. **lester.**
▸▸▸ Mot de la famille de **lest.**

délibération n.f. Action de délibérer. *Les résultats seront communiqués après délibération du jury.*
▸▸▸ Mot de la famille de **délibérer.**

délibéré, e adj. Qui est bien réfléchi, volontaire. *Il avait l'intention délibérée de refuser toute discussion.* SYN. **ferme.**
▸▸▸ Mot de la famille de **délibérer.**

délibérément adv. D'une manière délibérée. *Il a délibérément ignoré ma présence.* SYN. **volontairement.** CONTR. **involontairement.**
▸▸▸ Mot de la famille de **délibérer.**

délibérer v. (conjug. 9). Examiner à plusieurs les aspects d'une affaire afin de prendre une décision. *Les jurés de la cour d'assises se sont retirés pour délibérer.* SYN. **débattre, discuter de.**

délicat, e adj. ❶ Qui plaît par sa finesse, son élégance, son raffinement. *Le délicat parfum du muguet.* SYN. **subtil.** *Des broderies délicates.* SYN. **fin.** ❷ Qui est fragile. *Marine a une santé délicate.* CONTR. **ro-**

buste, solide. ❸ Qui fait preuve de tact, d'une grande sensibilité. *C'était délicat de sa part de nous raccompagner.* SYN. **courtois, prévenant.** CONTR. **grossier.** ❹ Qui demande de la subtilité. *Aborder une question délicate.* SYN. **embarrassant.**

▶ **délicatement** adv. D'une manière délicate, avec précaution. *Elle a essuyé délicatement les verres.* SYN. **doucement.** CONTR. **brutalement.**

▶ **délicatesse** n.f. ❶ Qualité d'une chose délicate. *La délicatesse d'une dentelle, d'un parfum.* SYN. **raffinement.** ❷ Attitude d'une personne sensible, délicate. *Par délicatesse, il n'a posé aucune question.* SYN. **discrétion, tact.** CONTR. **grossièreté.**

délice n.m. ❶ Très grand plaisir. *Quel délice d'être au bord de la mer !* SYN. **enchantement, ravissement.** ❷ Chose très bonne, très agréable. *Ton gâteau au chocolat est un délice.* SYN. **régal.**

▶ **délicieux, euse** adj. Qui est très bon, très agréable. *Un repas délicieux.* SYN. **exquis, savoureux.** CONTR. **infect.** *C'est une femme délicieuse, qui met tout le monde à l'aise.* SYN. **charmant.** CONTR. **détestable.**

délié, e adj. Mince et souple. *Une taille déliée.* ◆ n.m. Partie fine d'une lettre. *Autrefois, on écrivait en faisant les pleins et les déliés.*

délier v. (conjug. 7). Défaire, dénouer un lien. *Délier les mains d'un prisonnier.* SYN. **détacher.** CONTR. **lier.**

délimiter v. (conjug. 3). Fixer les limites de quelque chose. *Une clôture délimite le terrain.*

▸▸▸ Mot de la famille de **limite.**

délinquance n.f. Ensemble des infractions à la loi. *La délinquance juvénile.*

▸▸▸ Mot de la famille de **délinquant.**

délinquant, e n. Personne qui a commis un ou plusieurs délits. *Un juge a été chargé des jeunes délinquants.*

délirant, e adj. ❶ Qui est excessif. *Salomé a une imagination délirante.* SYN. **extravagant.** ❷ Qui manifeste un grand enthousiasme, une grande excitation. *Un accueil délirant.* SYN. **frénétique.**

▸▸▸ Mot de la famille de **délire.**

délire n.m. ❶ État de folie passagère où le malade confond la réalité et l'imaginaire. *Dans son délire, le malade pensait qu'on voulait le tuer.* ❷ Grande agitation, enthousiasme exubérant. *Les supporters en délire acclamaient les footballeurs.*

▶ **délirer** v. (conjug. 3). Être atteint d'un délire. *La fièvre faisait délirer le malade.*

délit n.m. Acte contraire à la loi, pour lequel la justice prévoit une peine. *Le vol est un délit. La police a pris les malfaiteurs en flagrant délit.* → Vois aussi **crime, infraction.**

délivrance n.f. ❶ Action de délivrer. *La délivrance des prisonniers.* SYN. **libération.** ❷ Soulagement. *J'ai terminé ce travail. Quelle délivrance !*

▸▸▸ Mot de la famille de **délivrer.**

délivrer v. (conjug. 3). ❶ Remettre en liberté. *Délivrer un prisonnier.* SYN. **libérer.** ❷ Débarrasser de quelque chose de pénible. *Tu m'as délivré d'un gros souci !* SYN. **soulager.** ❸ Remettre à quelqu'un. *Délivrer une ordonnance à un malade.*

délocaliser v. (conjug. 3). Transférer une entreprise, une usine dans une autre région, un autre pays. → Vois aussi **décentraliser.**

▸▸▸ Mot de la famille de **local.**

déloger v. (conjug. 5). Faire sortir une personne, un objet de l'endroit où ils se trouvent. *La police a réussi à déloger le bandit de son repaire.* SYN. **chasser, débusquer.** *Déloger une balle du bras d'un blessé.* SYN. **extirper, extraire.**

déloyal, e, aux adj. Qui manque de loyauté, d'honnêteté, de droiture. *C'est un adversaire déloyal, qui n'hésite pas à tricher.* CONTR. **droit, loyal.**

● Au masculin pluriel : **déloyaux.**

delta n.m. Embouchure d'un fleuve qui se divise en de nombreux bras à son arrivée dans la mer. *Le delta du Rhône, du Nil, du Mississippi.* → Vois aussi **estuaire.**

▶ **deltaplane** n.m. Planeur très léger, fait d'une toile tendue sur des tubes métalliques. → Vois aussi **parapente.**

a b c d e f g h i j k l m n o p q r s t u v w x y z

un deltaplane

déluge n.m. ❶ (Avec une majuscule). Inondation de la Terre entière selon la Bible. ❷ Pluie très abondante. *Il pleut à verse, c'est un vrai déluge !* ❸ Très grande quantité. *Un déluge de compliments.*

déluré, e adj. Qui est vif, habile et débrouillard. *Un garçon déluré.* CONTR. **empoté.**

démagogie n.f. Attitude politique qui consiste à séduire l'opinion publique en la flattant.

▶ **démagogique** adj. Qui fait preuve de démagogie. *Un programme électoral démagogique.*

▶ **démagogue** n. Personne qui fait preuve de démagogie.

demain adv. ❶ Jour qui suit aujourd'hui. *Je dois me lever tôt demain.* ❷ Dans un avenir plus ou moins proche. *Quelle forme auront les voitures de demain ?*

demande n.f. Action, fait de demander quelque chose. *Adresser une demande d'emploi à une entreprise.* CONTR. **offre.**
▶▶▶ Mot de la famille de **demander.**

demander et **se demander** v. (conjug. 3). ❶ Poser une question, chercher à savoir quelque chose. *Bruno te demande si tu veux jouer avec lui. Maman a demandé l'heure à un passant.* ❷ Faire savoir ce que l'on veut, ce que l'on souhaite. *Thomas a demandé un jeu vidéo pour Noël.* ❸ Faire venir quelqu'un, vouloir lui parler. *On vous demande au téléphone.* ❹ Réclamer, nécessiter quelque chose. *Le travail de dessinateur demande beaucoup d'habileté.* SYN. **exiger, requérir.** ◆ **se demander**. Réfléchir sur ce que l'on doit faire. *Je me demande si je dois répondre à sa lettre.*

▶ **demandeur, euse** n. **Demandeur d'emploi,** personne au chômage qui cherche du travail. SYN. **chômeur.**

démangeaison n.f. Irritation de la peau qui donne envie de se gratter. *Les piqûres de moustiques provoquent des démangeaisons.*
● Le **g** est suivi d'un **e** pour prononcer le son [ʒ].
▶▶▶ Mot de la famille de **démanger.**

démanger v. (conjug. 5). Causer des démangeaisons. *Solène a la varicelle, ses boutons la démangent.*

démantèlement n.m. Destruction ou désorganisation. *Le démantèlement d'un réseau de trafiquants d'armes.*
▶▶▶ Mot de la famille de **démanteler.**

démanteler v. (conjug. 11). Détruire un ensemble, une organisation. *La police a démantelé un réseau de terroristes.*

démantibuler v. (conjug. 3). Mot familier. Démolir, mettre en pièces. *Mon petit frère a démantibulé son robot.*

démaquillant n.m. Produit qui sert à enlever le maquillage.
▶▶▶ Mot de la famille de **maquiller.**

se **démaquiller** v. (conjug. 3). Enlever le maquillage de son visage.
▶▶▶ Mot de la famille de **maquiller.**

démarcation n.f. **Ligne de démarcation,** ligne qui marque les limites de deux territoires, de deux camps. *La ligne de démarcation sur un terrain de sport.*

démarche n.f. ❶ Manière de marcher. *Les mannequins ont une démarche particulière quand ils défilent.* ❷ Demande faite auprès des autorités pour obtenir quelque chose. *Faire des démarches à la mairie.*

se **démarquer** v. (conjug. 3). Agir de manière à montrer qu'on est différent d'une personne, d'un groupe. *Il s'est démarqué de ses camarades en refusant de chahuter avec eux.* SYN. **se différencier, se distinguer.**

démarrage n.m. Fait de démarrer ; moment où l'on démarre. *La voiture fait un bruit bizarre au démarrage.*
▶▶▶ Mot de la famille de **démarrer.**

démarrer v. (conjug. 3). ❶ Se mettre en marche. *La voiture a démarré en trombe.* CONTR. **s'arrêter.** ❷ Commencer. *Les travaux ont démarré l'année dernière.*
● Ce mot s'écrit avec deux **r.**

▶ **démarreur** n.m. Dispositif qui permet de mettre un moteur en marche.

a b c d e f g h i j k l m n o p q r s t u v w x y z

a b c d e f g h i j k l m n o p q r s t u v w x y z

démasquer v. (conjug. 3). Découvrir un malfaiteur, un coupable et faire connaître son identité. *Le commissaire a démasqué le criminel.* SYN. **identifier.**
▸▸▸ Mot de la famille de **masque.**

démêler v. (conjug. 3). ❶ Remettre en ordre ce qui est mêlé, emmêlé. *Démêler ses cheveux avec une brosse.* CONTR. **emmêler.** ❷ Éclaircir ce qui est confus, embrouillé. *Le commissaire a démêlé une affaire très compliquée.* SYN. **débrouiller, élucider.**
● Le deuxième **e** prend un accent circonflexe.

▸ **démêlés** n.m. plur. Difficultés, ennuis avec quelqu'un. *Il a eu des démêlés avec ses voisins.* SYN. **dispute, querelle.**

déménagement n.m. Action de déménager. *On a tout emballé dans des cartons pour le déménagement.* CONTR. **emménagement.**
▸▸▸ Mot de la famille de **déménager.**

déménager v. (conjug. 5). ❶ Changer de domicile. *Nous déménageons dans un autre quartier.* CONTR. **emménager.** ❷ Transporter d'un endroit à un autre. *Je l'ai aidé à déménager la table dans le salon.*

▸ **déménageur** n.m. Personne dont le métier est de faire des déménagements.

démence n.f. Maladie mentale, folie. *Avoir un accès de démence.*

se **démener** v. (conjug. 10). ❶ Faire des mouvements en tous sens, s'agiter beaucoup. *Les danseurs se démènent.* ❷ Se donner beaucoup de mal. *Mon cousin se démène pour retrouver un emploi.*

dément, e adj. et n. Qui est atteint de démence. SYN. **fou.** → Vois aussi **aliéné.**
▸▸▸ Mot de la famille de **démence.**

démenti n.m. Déclaration indiquant que ce qui a été annoncé est faux. *L'actrice a obligé le journal à publier un démenti.* CONTR. **confirmation.**
▸▸▸ Mot de la famille de **démentir.**

démentiel, elle adj. Qui est excessif ou extravagant. *Une ambition démentielle; une idée démentielle.* SYN. **fou, insensé.**
▸▸▸ Mot de la famille de **démence.**

démentir v. (conjug. 19). Déclarer qu'une information donnée auparavant est fausse. *Le directeur dément que des sanctions soient envisagées.*

démesure n.f. Mot littéraire. Manque de modération, de mesure. *Dépenser son argent avec démesure.* SYN. **excès.** CONTR. **mesure.**

▸ **démesuré, e** adj. ❶ Qui dépasse de beaucoup les mesures habituelles. *Un homme d'une taille démesurée.* SYN. **gigantesque, immense.** ❷ Qui dépasse les bornes, qui n'a aucune mesure. *Un orgueil démesuré.* SYN. **excessif.** CONTR. **mesuré, modéré.**

démettre et **se démettre** v. (conjug. 51). ❶ **Démettre quelqu'un de ses fonctions,** les lui retirer. *Le directeur l'a démis de ses fonctions pour faute grave.* SYN. **révoquer.** ❷ **Se démettre une articulation,** avoir l'articulation d'un os déplacée. *Elle s'est démis la cheville en tombant.* SYN. **se déboîter, se luxer.**

au **demeurant** adv. Tout bien considéré, en somme. *Au demeurant, c'est un garçon intelligent.*

demeure n.f. ❶ Maison d'une certaine importance. *Il s'est fait construire une somptueuse demeure.* SYN. **résidence.** ❷ **À demeure,** de façon durable. *Il s'est installé à demeure chez son frère.* ❸ **Mettre quelqu'un en demeure de,** l'obliger à remplir son engagement. *On l'a mis en demeure de payer ses loyers en retard.* SYN. **sommer de.**
▸▸▸ Mot de la famille de **demeurer.**

demeuré, e adj. et n. Mot familier. Qui n'a pas une intelligence très développée.
▸▸▸ Mot de la famille de **demeurer.**

demeurer v. (conjug. 3). ❶ Habiter. *J'ai longtemps demeuré dans ce quartier.* ❷ Rester. *Les dernières vacances sont demeurées dans ma mémoire.*

demi- préfixe. Placé devant un nom, **demi-** indique la moitié d'un tout : *demi-cercle, demi-douzaine, demi-droite, demi-finale, demi-tarif.*

un **demi-cercle**

▶ **demi, e** adj. S'emploie pour indiquer qu'on ajoute la moitié d'une unité à la quantité exprimée. *Il est trois heures et demie. Une bouteille d'eau d'un litre et demi.*

▶ à **demi** adv. À moitié. *Le verre est à demi vide.*

▶ **demi** n.m. ❶ Moitié d'une unité. *Deux demis font un entier.* ❷ Au football, au rugby, joueur qui assure la liaison entre les avants et les arrières.

demi-droite n.f. En géométrie, droite qui a une extrémité fixée par un point et l'autre extrémité à l'infini. *La bissectrice d'un angle est une demi-droite.*
● Au pluriel : des **demi-droites.**

▶ **demie** n.f. Demi-heure. *L'horloge sonne les demies. Il est la demie.*

demi-frère, demi-sœur n. Frère et sœur nés du même père ou de la même mère.
● Au pluriel : des **demi-frères,** des **demi-sœurs.**

demi-heure n.f. Moitié d'une heure, trente minutes. *Le car passe toutes les demi-heures.*
● Au pluriel : des **demi-heures.**

demi-mesure n.f. Mesure insuffisante et peu efficace. *Pour préserver l'environnement, il ne faut pas se contenter de demi-mesures.*
● Au pluriel : des **demi-mesures.**

à **demi-mot** adv. Sans qu'il soit nécessaire de tout dire. *Se comprendre à demi-mot.*

déminage n.m. Action de déminer un terrain. *Les opérations de déminage sont très dangereuses.*
▸▸▸ Mot de la famille de **mine (4).**

déminer v. (conjug. 3). Retirer d'un terrain les mines, les explosifs qui y sont enfouis. *Déminer un champ.* CONTR. **miner.**
▸▸▸ Mot de la famille de **mine (4).**

demi-pension n.f. ❶ Tarif d'un hôtel qui comprend la chambre, le petit déjeuner et un repas. ❷ Situation des élèves qui prennent le repas de midi à la cantine de leur établissement scolaire.

▶ **demi-pensionnaire** n. Élève qui prend son déjeuner à la cantine de l'école.
● Au pluriel : des **demi-pensionnaires.**

demi-saison n.f. Période de l'année où il ne fait ni très froid ni très chaud et qui correspond à peu près au printemps et à l'automne. *Un vêtement de demi-saison.*
● Au pluriel : des **demi-saisons.**

demi-sœur → **demi-frère**

démission n.f. **Donner sa démission,** faire savoir officiellement que l'on quitte son emploi, ses fonctions.
▸▸▸ Mot de la famille de **démissionner.**

démissionner v. (conjug. 3). Quitter son emploi, donner sa démission.

demi-tour n.m. ❶ Moitié d'un tour fait en pivotant sur soi-même. ❷ **Faire demi-tour,** revenir sur ses pas. *Nous avons dû faire demi-tour car la route était barrée.*
● Au pluriel : des **demi-tours.**
▸▸▸ Mot de la famille de **tour (2).**

démocrate adj. et n. ❶ Qui est partisan de la démocratie. *Un parti démocrate. Un fervent démocrate.* ❷ Membre du Parti démocrate, aux États-Unis.
▸▸▸ Mot de la famille de **démocratie.**

démocratie n.f. ❶ Régime politique dans lequel le pouvoir est exercé par des représentants du peuple que les citoyens ont élus. CONTR. **dictature.** ❷ État qui a cette forme de gouvernement. *Les démocraties européennes.*

→ planche pp. 308-309.

▶ **démocratique** adj. Qui appartient à la démocratie, qui est conforme à la démocratie. *Un régime démocratique.*

▶ **démocratiser** et **se démocratiser** v. (conjug. 3). Rendre accessible au plus grand nombre. *Démocratiser l'université.* ◆ **se démocratiser.** Devenir plus démocratique. *Pays qui se démocratise.*

démodé, e adj. Qui n'est plus à la mode ou qui est vieilli. *Porter des vêtements démodés. Avoir des idées démodées.* SYN. **arriéré, dépassé.** CONTR. **moderne.**

▶ se **démoder** v. (conjug. 3). Cesser d'être à la mode, passer de mode. *Cette coupe de cheveux s'est vite démodée.*

démographie n.f. Étude de la population du point de vue de son nombre et de sa répartition.

▶ **démographique** adj. Qui se rapporte à la démographie, à la population. *Croissance démographique.*

La démocratie et ses institutions

D'un État à l'autre, les organisations politiques sont différentes. Certains pays sont gouvernés par un roi (monarchie), d'autres sont sous l'autorité d'un dictateur, d'autres enfin sont dirigés par des représentants élus par le peuple : ce sont des républiques. Quand tous les citoyens peuvent voter librement pour élire leurs représentants, on parle, comme en France, de démocratie.

La démocratie

- La démocratie est un **régime** dans lequel le peuple gouverne. Elle est fondée sur le respect des **droits de l'homme**.
- Dans un régime démocratique, les **citoyens** participent aux décisions, soit directement, soit par le biais des **représentants** qu'ils **élisent** lors des **élections**. Les **élus** sont les **candidats** qui obtiennent le plus de **voix**. Ils exercent le **pouvoir** que les citoyens leur ont confié pour une durée déterminée.
- Un citoyen est une personne qui a la **nationalité** d'un pays et les droits et devoirs qui y correspondent : les **droits civiques**. En France, on a le droit de **voter** à 18 ans, âge de la **majorité**.

Un bureau de vote

Le pouvoir dans les États démocratiques

- Chaque État possède une **Constitution** : c'est le texte qui définit la forme du gouvernement et ses **institutions**, c'est-à-dire l'ensemble des lois. Pour protéger les citoyens, les États démocratiques ont choisi de **séparer les pouvoirs**.
- Le **pouvoir législatif**, qui décide des lois, est exercé par le **Parlement** (assemblée de **députés**) et par le Sénat (**sénateurs**).
- Le **pouvoir exécutif**, qui fait **exécuter** les lois, appartient au **chef de l'État** (**président de la République** en France) ou au chef du gouvernement. Le gouvernement est constitué de plusieurs **ministres**.
- Le **pouvoir judiciaire**, chargé de la **justice**, est confié aux **juges** et **magistrats**.

Pour en savoir plus

Les droits de l'homme et de l'enfant

• L'idée des droits de l'homme est née au 18e siècle. Les **régimes politiques** démocratiques respectent ces droits alors que les régimes **totalitaires**, ou **dictatures**, les **bafouent**.

• Après la Seconde Guerre mondiale, l'organisation des Nations unies (O.N.U.) a mis au point un texte pour protéger les individus contre les **discriminations** et les **violations** des libertés.

• En 1989, cette même organisation a adopté un autre texte qui vise à garantir la protection et le bien-être des enfants : la **Convention internationale des droits de l'enfant**.

La vie démocratique

• La vie démocratique repose d'abord sur le **droit de vote** pour tous les citoyens : c'est le **suffrage universel**. En France, voter est un droit civique, pas un devoir. On peut volontairement refuser de voter, c'est-à-dire pratiquer l'**abstention**.

• Parfois, le vote consiste à répondre par « oui » ou par « non » à une question posée par le gouvernement : on parle alors de **référendum**.

• La vie démocratique s'exprime aussi par des regroupements de citoyens sous forme de **partis politiques**, de **syndicats** ou d' **associations** qui défendent des **intérêts communs**.

Histoire des mots

• **Démocratie :** vient du grec *dêmos*, qui signifie « peuple », et *kratos*, qui signifie « puissance » ; c'est le pouvoir du peuple.

• **Politique :** vient du grec *polis*, qui signifie « ville » ; c'est l'organisation du pouvoir.

• **République :** vient du latin *res publica*, qui signifie la « chose publique », celle qui appartient à tous.

a b c d e f g h i j k l m n o p q r s t u v w x y z

1. **demoiselle** n.f. Jeune fille ou femme qui n'est pas mariée.

2. **demoiselle** n.f. Nom d'une espèce particulière de libellule.

une demoiselle

démolir v. (conjug. 16). Détruire une construction. *On va démolir le vieil immeuble pour en construire un neuf.* SYN. **abattre, raser.** CONTR. **bâtir, construire.**

▶ **démolition** n.f. Action de démolir une construction. *La démolition d'un pont.* SYN. **destruction.** CONTR. **construction.**

démon n.m. ❶ Dans la religion chrétienne, ange déchu, qui est en enfer et pousse les humains à faire le mal. SYN. **diable.** ❷ Enfant turbulent, espiègle. *Quel démon, cet enfant !* SYN. **diable.**

▶ **démoniaque** adj. Qui évoque un démon. *Un stratagème démoniaque.* SYN. **diabolique, satanique.**

démonstrateur, trice n. Personne qui montre au public le fonctionnement des objets qu'elle vend. *Un démonstrateur d'appareils électroménagers.*

▸▸▸ Mot de la famille de **démontrer.**

démonstratif, ive adj. ❶ Qui exprime ses sentiments par des gestes, des paroles. *Natacha est très démonstrative.* SYN. **communicatif, expansif.** CONTR. **renfermé.** ❷ **Adjectif démonstratif, pronom démonstratif,** mots qui désignent un être ou une chose que l'on montre ou dont on parle. *« Ce » est un adjectif (ou déterminant) démonstratif ; « celui » est un pronom démonstratif.*

démonstration n.f. ❶ Raisonnement qui permet de démontrer quelque chose. *La démonstration de l'avocat a convaincu le jury.* ❷ Action de montrer le fonctionnement d'un appareil ou l'usage d'un produit. *Le vendeur nous a fait une démonstration de plusieurs ordinateurs.* ◆ **n.f. plur.** Gestes, paroles qui manifestent un sentiment. *Des démonstrations de joie, d'amitié.* SYN. **manifestations.**

▸▸▸ Mot de la famille de **démontrer.**

démontage n.m. Opération par laquelle on démonte un appareil. *Le démontage d'un moteur d'avion.*

▸▸▸ Mot de la famille de **démonter.**

démonter et **se démonter** v. (conjug. 3). Défaire une à une les parties d'un appareil. *Le mécanicien a démonté le moteur pour le réparer.* CONTR. **assembler, monter, remonter.** ◆ **se démonter.** Perdre de son assurance. *La question était difficile, mais Julie ne s'est pas démontée.* SYN. **se troubler.**

démontrer v. (conjug. 3). Montrer, par le raisonnement, qu'une chose est vraie. *Walid m'a démontré qu'il avait raison.* SYN. **prouver.**

démoralisant, e adj. Qui démoralise. *Tout est à refaire, c'est démoralisant !* SYN. **décourageant, déprimant.**

▸▸▸ Mot de la famille de **moral.**

démoraliser v. (conjug. 3). Faire perdre son courage, sa confiance à quelqu'un, atteindre son moral. *Toutes ces difficultés l'ont démoralisé.* SYN. **abattre, décourager, déprimer.** CONTR. **réconforter.**

▸▸▸ Mot de la famille de **moral.**

démordre v. (conjug. 46). **Ne pas démordre de,** refuser de changer d'avis avec obstination. *Il est sûr d'avoir raison et il n'en démordra pas.*

démouler v. (conjug. 3). Retirer d'un moule. *Pour démouler le gâteau plus facilement, Mamie a enduit le moule de beurre.*

▸▸▸ Mot de la famille de **moule (2).**

démuni, e adj. Qui est sans argent, sans ressources. *Des centres d'hébergement accueillent les personnes démunies.* SYN. **déshérité, pauvre.**

se **démunir** v. (conjug. 16). Se séparer d'une chose nécessaire, utile. *Il ne se démunit jamais de ses papiers d'identité.* SYN. **se dessaisir.** CONTR. **se munir.**

dénaturer v. (conjug. 3). ❶ Changer les qualités naturelles, le goût d'un aliment. *Le froid dénature le goût des bananes.* SYN. **altérer.** ❷ Fausser le sens. *Le journaliste a dénaturé les paroles de la ministre.* SYN. **déformer.**

dénicher v. (conjug. 3). ❶ Enlever les œufs ou les oiseaux d'un nid. *Dénicher des pigeons.* ❷ (Sens familier). Trouver. *Elle a déniché un livre rare dans une brocante.*
▸▸▸ Mot de la famille de **nid.**

denier n.m. ❶ Nom d'une ancienne monnaie utilisée à l'époque carolingienne. ❷ **Payer de ses deniers,** avec son argent. ❸ **Les deniers publics,** l'argent de l'État.

dénier v. (conjug. 7). Refuser d'admettre, de reconnaître un fait. *L'hôtel dénie toute responsabilité en cas de vol.*
▸▸▸ Mot de la famille de **nier.**

dénigrement n.m. Action de dénigrer, de critiquer. *Le dénigrement est souvent inspiré par la jalousie.* SYN. **médisance.**
▸▸▸ Mot de la famille de **dénigrer.**

dénigrer v. (conjug. 3). Critiquer, attaquer, dire du mal. *Au lieu de dénigrer tout ce que nous faisons, propose une meilleure idée.* CONTR. **approuver.**

dénivelé n.m. Différence d'altitude entre deux points. *La piste a 600 mètres de dénivelé.* → Vois aussi **dénivellation.**
▸▸▸ Mot de la famille de **niveau.**

dénivellation n.f. Différence de niveau sur un sol, un cours d'eau; inégalité d'une surface. *Les dénivellations d'une route.*
▸▸▸ Mot de la famille de **niveau.**

dénombrer v. (conjug. 3). Faire le compte exact de. *Dénombrer les réfugiés d'un centre d'hébergement.* SYN. **compter, recenser.**
▸▸▸ Mot de la famille de **nombre.**

dénominateur n.m. Nombre inscrit sous une barre de fraction, qui indique en combien de parties il faut diviser le nombre inscrit au-dessus de la barre de fraction.
→ Vois aussi **numérateur.**

dénommé, e adj. Ce mot s'emploie dans des formules administratives pour désigner une personne par son nom. *Le dénommé Pernel.*
▸▸▸ Mot de la famille de **nom.**

dénommer v. (conjug. 3). Donner un nom. *Lisa a dénommé sa chienne « Cannelle ».* SYN. **appeler, nommer.**
▸▸▸ Mot de la famille de **nom.**

dénoncer v. (conjug. 4). ❶ Donner le nom d'une personne à ceux qui la recherchent et qui ont le pouvoir de la punir, de la sanctionner. *Dénoncer un malfaiteur à la police.* ❷ Faire connaître et s'élever publiquement contre. *Dénoncer un scandale.* SYN. **révéler.**

▸ **dénonciateur, trice** n. Personne qui dénonce quelqu'un à la police, aux autorités. SYN. **délateur.**

▸ **dénonciation** n.f. Fait de dénoncer une personne. *Le malfaiteur a été arrêté à la suite d'une dénonciation.*

dénoter v. (conjug. 3). Être le signe de. *Son cadeau dénote une grande générosité.* SYN. **montrer, témoigner de.**

dénouement n.m. Manière dont une histoire se termine. *Le dénouement du film est inattendu.* SYN. **fin.**
● On prononce [denumɑ̃].
▸▸▸ Mot de la famille de **dénouer.**

dénouer v. (conjug. 3). ❶ Défaire un nœud. *Papa dénoue son nœud de cravate.* CONTR. **nouer.** ❷ Mettre fin à une situation compliquée, trouver une solution. *Une enquête méticuleuse a permis de dénouer l'intrigue.*

dénoyauter v. (conjug. 3). Enlever le noyau d'un fruit. *Dénoyauter des cerises.*

denrée n.f. Produit destiné à l'alimentation. *Le pain, la viande, les légumes, les fruits sont des denrées.* SYN. **aliment.**

dense adj. ❶ Qui est compact, épais. *Un brouillard dense. Une végétation dense.* SYN. **touffu.** CONTR. **clairsemé, épars.** *Une foule dense.* SYN. **nombreux.** ❷ Qui a un poids important pour un volume donné. *Le plomb est plus dense que l'aluminium.*

▸ **densité** n.f. ❶ État de ce qui est dense. *La densité du brouillard nous empêchait de voir.* SYN. **épaisseur.** ❷ **Densité de population,** nombre moyen d'habitants sur un kilomètre carré. *La densité de population des Pays-Bas est la plus forte d'Europe.* ❸ Rapport entre le poids et le volume d'un corps.

dent n.f. ❶ Organe dur formé d'ivoire recouvert d'émail, implanté dans la mâchoire, sur les gencives, et qui sert à couper, à broyer et à mâcher les aliments. *Se brosser les dents trois fois par jour.* ❷ **Avoir une dent contre quelqu'un,** lui en vouloir. ❸ Élément pointu de certains objets. *Les dents d'un peigne,*

a b c d e f g h i j k l m n o p q r s t u v w x y z

d'une scie, d'une fourchette. → Vois aussi **canine, incisive, molaire, prémolaire.**

▸▸▸ Mot de la même famille : **édenté.**

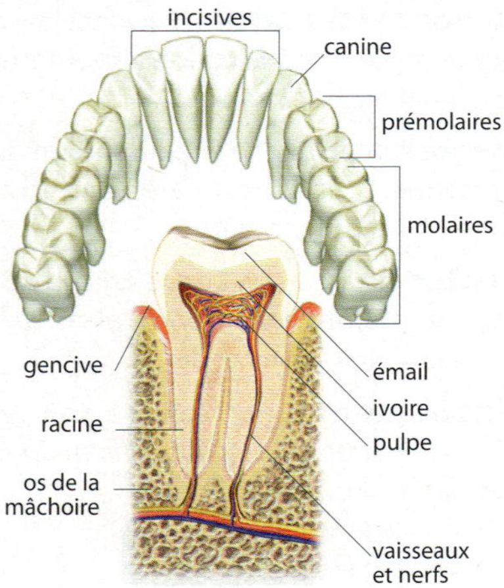

les **dents**

▸ **dentaire** adj. ❶ Qui concerne les dents. *Les soins dentaires.* ❷ **Appareil dentaire,** appareil qui sert à redresser les dents.

▸ **denté, e** adj. Garni de pointes en forme de dents. *Les roues dentées d'un mécanisme d'horlogerie.*

▸ **dentelé, e** adj. Qui présente de petites dents et de petites échancrures. *Les feuilles dentelées du châtaignier.*

dentelle n.f. Tissu très léger, fait de fils entrelacés formant des sortes de petits trous appelés « jours ». *Un col de dentelle.*

▸ **dentellière** n.f. Femme dont le métier est de faire de la dentelle.

● On prononce [dɑ̃təljɛr].

– La nouvelle orthographe permet d'écrire aussi **dentelière,** avec un seul **l.**

dentier n.m. Appareil composé de dents artificielles. → Vois aussi **râtelier.**

● On peut aussi dire une **prothèse dentaire.**

▸▸▸ Mot de la famille de **dent.**

dentifrice n.m. et adj. Pâte qui sert à nettoyer les dents. *Un tube de dentifrice.*

▸▸▸ Mot de la famille de **dent.**

dentiste n. Personne dont le métier est de soigner les dents. *Le dentiste m'a soigné une dent cariée.*

● On peut aussi dire **chirurgien-dentiste.**

▸▸▸ Mot de la famille de **dent.**

dentition n.f. Ensemble des dents.

▸▸▸ Mot de la famille de **dent.**

dénuder et **se dénuder** v. (conjug. 3). Enlever la partie isolante en plastique qui recouvre un fil électrique. *L'électricien dénude les fils électriques.* ◆ **se dénuder.** Se mettre nu ou presque nu. *Le modèle s'est dénudé pour poser.*

▸▸▸ Mot de la famille de **nu.**

dénué, e adj. Qui manque complètement de quelque chose. *C'est une histoire dénuée d'intérêt.* SYN. **dépourvu.**

▸ **dénuement** n.m. **Être, vivre dans le dénuement,** manquer du nécessaire. *Un tiers des habitants de la planète vit dans le dénuement.* → Vois aussi **misère.**

● On prononce [denymɑ̃].

déodorant n.m. Produit utilisé pour faire disparaître les odeurs de transpiration.

● Ne confonds pas avec **désodorisant.**

▸▸▸ Mot de la famille de **odeur.**

dépannage n.m. Action de dépanner. *On a appelé un garagiste pour qu'il s'occupe du dépannage de la voiture.*

▸▸▸ Mot de la famille de **dépanner.**

dépanner v. (conjug. 3). Réparer une machine, un véhicule en panne. *Le mécanicien a dépanné l'ascenseur.*

▸ **dépanneur, euse** n. Personne qui dépanne les appareils ou les véhicules. *Un dépanneur de téléviseurs.*

dépanneuse n.f. Véhicule équipé pour remorquer des voitures en panne.

une **dépanneuse**

dépareillé, e adj. Dont les éléments ne sont pas pareils ou au complet. *Mes gants sont dépareillés, l'un est bleu, l'autre est vert.* CONTR. **assorti.** *Le service à thé est dépareillé, il manque plusieurs tasses.* SYN. **incomplet.**

déparer v. (conjug. 3). Rompre l'harmonie, la beauté d'un ensemble. *Cet immeuble hideux dépare le quartier.* SYN. **enlaidir.**

départ n.m. ❶ Fait de partir ; moment où l'on part. *Ton départ m'attriste. Ne rate pas le départ de l'avion !* CONTR. **arrivée.** ❷ Commencement d'une action, d'une réalisation. *Au départ, ce n'était qu'une plaisanterie.*

départager v. (conjug. 5). Trouver un moyen de classer deux concurrents de même niveau. *Une question supplémentaire départagera les gagnants.*

département n.m. Division administrative du territoire français, dirigée par un préfet. *La France a quatre-vingt-seize départements en métropole et cinq départements d'outre-mer.*
● Le découpage en départements date de 1790.

▸ **départemental, e, aux** adj. ❶ Qui dépend du département. *Les routes départementales.* ❷ **Élections départementales,** où l'on élit les conseillers départementaux des cantons, depuis 2015.
● Au masculin pluriel : **départementaux.**

se **départir** v. (conjug. 16). Abandonner une attitude, une qualité. *Malgré les difficultés, elle ne se départit pas de sa bonne humeur.*

dépassé, e adj. Qui est en retard par rapport à la société actuelle, qui n'a plus cours. *Une théorie scientifique dépassée.* SYN. **périmé.** CONTR. **moderne.**
▸▸▸ Mot de la famille de **dépasser.**

dépassement n.m. Fait de doubler un véhicule. *Le dépassement s'effectue à gauche.*
▸▸▸ Mot de la famille de **dépasser.**

dépasser v. (conjug. 3). ❶ Passer devant une personne, un véhicule en allant plus vite. *La voiture a dépassé un autocar.* SYN. **doubler.** ❷ Être plus haut, plus grand, plus long qu'un autre. *Mon grand frère dépasse maman de dix centimètres.* ❸ Aller au-delà d'une limite. *Le coureur a dépassé la ligne d'arrivée.* SYN. **franchir.** ❹ **Être dépassé par les événements,** être incapable d'y faire face.

dépaysement n.m. Fait d'être dépaysé. *Mon cousin est parti en Australie, où le dépaysement était total.*
▸▸▸ Mot de la famille de **dépayser.**

dépayser v. (conjug. 3). Faire changer de milieu, d'habitudes. *Notre voyage en Algérie nous a bien dépaysés.*

dépecer v. (conjug. 10). Découper un animal en morceaux. *Le boucher dépèce une volaille.*

se **dépêcher** v. (conjug. 3). Faire vite. *Dépêche-toi, on va être en retard à l'école.* SYN. **se hâter, se presser.**
● Le deuxième **e** prend un accent circonflexe.

dépeigner v. (conjug. 3). Mettre les cheveux en désordre. *Le vent m'a dépeignée.* SYN. **décoiffer.** CONTR. **peigner.**

dépeindre v. (conjug. 49). Faire une description précise. *L'auteur a dépeint l'atmosphère d'un pensionnat.* SYN. **décrire.**

dépendance n.f. Situation d'une personne, d'un pays, qui dépend d'un autre, qui n'a pas son autonomie, sa liberté. *Travailler sous la dépendance d'un patron.* SYN. **autorité, domination.** CONTR. **indépendance.** ◆ n.f. plur. Bâtiments rattachés à un bâtiment principal. *Les écuries font partie des dépendances du château.*
▸▸▸ Mot de la famille de **dépendre.**

dépendant, e adj. Qui ne peut pas se passer de quelqu'un ou de quelque chose, qui est sous sa dépendance. *Un bébé est complètement dépendant de sa mère.* CONTR. **autonome, indépendant.**
▸▸▸ Mot de la famille de **dépendre.**

dépendre v. (conjug. 46). ❶ Être sous l'autorité, le contrôle de quelqu'un. *Les enfants dépendent de leurs parents.* ❷ Être lié à une condition. *Notre excursion dépendra du temps.*

dépens n.m. plur. ❶ **Vivre aux dépens de quelqu'un,** à sa charge. *Il ne travaille pas et vit aux dépens de sa famille.* ❷ **Rire aux dépens de quelqu'un,** en se moquant de lui, en le ridiculisant. → Vois aussi **détriment.**

dépense n.f. ❶ Somme d'argent que l'on verse. *Les travaux ont occasionné de grosses dépenses.* SYN. **frais.** CONTR. **gain, recette.** ❷ Usage, consommation d'une source d'énergie. *Pour préserver la planète, il faut réduire les dépenses d'essence et d'électricité.*
▸▸▸ Mot de la famille de **dépenser.**

dépenser et **se dépenser** v. (conjug. 3). ❶ Employer de l'argent pour acheter quelque chose. *Bastien a dépensé dix euros pour offrir un cadeau à sa sœur.* SYN. **débourser.** CONTR. **économiser, épargner.**

❷ Consommer de l'énergie pour fonctionner. *Une lampe halogène dépense beaucoup d'électricité.* ◆ **se dépenser.** Faire des efforts physiques. *Ahmed s'est bien dépensé au football.*

▶ **dépensier, ère** adj. et n. Qui aime dépenser, qui dépense beaucoup d'argent. *Ma tante est très dépensière.* CONTR. **avare, économe.**

déperdition n.f. Perte d'énergie. *L'appartement est mal isolé, ce qui entraîne une déperdition de chaleur.*

dépérir v. (conjug. 16). Perdre peu à peu ses forces, sa vitalité. *À force de ne pas manger assez, le malade dépérit de jour en jour.* SYN. **s'affaiblir.**

se **dépêtrer** v. (conjug. 3). Se tirer d'embarras. *Se dépêtrer de ses problèmes financiers.*
● Le deuxième **e** prend un accent circonflexe.

se **dépeupler** v. (conjug. 3). Avoir de moins en moins d'habitants. *La campagne se dépeuple.*
►►► Mot de la famille de **peuple.**

dépister v. (conjug. 3). ❶ Découvrir en suivant une trace, en menant une enquête. *Dépister un lièvre. Dépister un voleur.* ❷ Découvrir une maladie en faisant des examens approfondis. *Le médecin a dépisté une appendicite chez un patient.*
►►► Mot de la famille de **piste.**

dépit n.m. Chagrin mêlé de colère causé par une déception. *Pleurer de dépit après un échec.* SYN. **désappointement.** ◆ **En dépit de** préposition. Malgré. *Maman reste optimiste en dépit de ses difficultés.*

▶ **dépité, e** adj. Qui montre du dépit, de la déception. *Il est dépité d'avoir échoué.* SYN. **déçu, désappointé.**

déplacé, e adj. Qui ne convient pas aux circonstances, qui est de mauvais goût. *Une remarque déplacée.* SYN. **choquant, inconvenant.**
►►► Mot de la famille de **place.**

déplacement n.m. ❶ Fait de déplacer une chose ou de se déplacer. *Papi observe le déplacement des étoiles.* ❷ Voyage que l'on fait pour son travail. *Le directeur est en déplacement.*
►►► Mot de la famille de **place.**

déplacer et **se déplacer** v. (conjug. 4). ❶ Changer de place. *Qui a déplacé les chaises ?* SYN. **bouger, déranger.** ❷ Modifier l'heure, la date. *Déplacer un rendez-vous.* ◆ **se déplacer.** Aller d'un lieu à un autre. *Maman se déplace à vélo.* SYN. **circuler.** *La tempête se déplace vers l'est.* SYN. **se diriger.** *Mon oncle se déplace souvent pour son travail.* SYN. **voyager.**
►►► Mot de la famille de **place.**

déplaire et **se déplaire** v. (conjug. 71). Ne pas plaire. *Ce livre m'a déplu.* CONTR. **plaire.** ◆ **se déplaire quelque part.** Ne pas se trouver bien là où l'on est. *Ma tante se déplaît en ville.* CONTR. **se plaire.**

▶ **déplaisant, e** adj. Qui déplaît. *Un voisin déplaisant.* SYN. **antipathique, désagréable.** CONTR. **agréable, sympathique.**

dépliant n.m. Feuille de papier imprimée et pliée plusieurs fois. *Des dépliants publicitaires.* SYN. **prospectus.**
►►► Mot de la famille de **déplier.**

un **dépliant**

déplier v. (conjug. 7). Étendre, ouvrir ce qui était plié. *Déplier des draps.* CONTR. **plier, replier.**

déploiement n.m. Action de déployer. *Le déploiement d'une armée.*
● On prononce [deplwamɑ̃].
►►► Mot de la famille de **déployer.**

déplorable adj. ❶ Qui rend triste à pleurer. *La tempête a mis la forêt dans un état déplorable.* SYN. **pitoyable.** ❷ Très mauvais. *Son travail est déplorable.* SYN. **lamentable.**
►►► Mot de la famille de **déplorer.**

déplorer v. (conjug. 3). ❶ Regretter vivement. *Je déplore que tu ne puisses pas venir.* CONTR. **se réjouir.** ❷ Constater avec une grande tristesse quelque chose de fâcheux. *On déplore de nombreuses victimes dans l'incendie.*

déployer v. (conjug. 14). ❶ Étendre largement ce qui était replié. *La mouette déploie ses ailes pour s'envoler.* ❷ Installer, disposer sur une grande étendue. *L'armée a déployé ses troupes.* ❸ Manifester, montrer. *La maîtresse a déployé toute son énergie pour organiser la fête de l'école.*

dépoli, e adj. **Verre dépoli,** verre qui laisse passer la lumière mais qui ne permet pas de voir nettement les formes. SYN. **translucide.** CONTR. **transparent.**
►►► Mot de la famille de **poli (2).**

déportation n.f. Internement dans un camp de concentration situé dans une région éloignée. *Pendant la Seconde Guerre mondiale, des millions de personnes sont mortes en déportation.*
►►► Mot de la famille de **déporter.**

déporté, e n. Personne internée dans un camp de concentration, dans une région éloignée.
►►► Mot de la famille de **déporter.**

déporter v. (conjug. 3). ❶ Envoyer des personnes dans un camp de concentration. *Des millions de personnes ont été déportées.* ❷ Faire dévier de sa route. *Un vent violent déportait notre voiture vers le fossé.*

déposer et **se déposer** v. (conjug. 3). ❶ Poser ce que l'on portait. *Le facteur a déposé un paquet chez le gardien.* ❷ Conduire une personne dans un véhicule et la laisser quelque part. *Papa me dépose chaque matin devant l'école.* ❸ Mettre quelque chose en lieu sûr, de l'argent à la banque. *Déposer 100 euros sur son compte.* SYN. **verser.** ❹ Faire un témoignage devant un tribunal. *Le témoin a déposé en faveur de l'accusé.* SYN. **témoigner.** ❺ Renverser un souverain. *Déposer un roi.* SYN. **détrôner.** ◆ **se déposer**. Tomber et s'accumuler quelque part. *La poussière se dépose sur les meubles.*

► **déposition** n.f. Déclaration faite par un témoin à la police ou au tribunal. *La déposition du principal témoin a permis d'innocenter l'accusé.* SYN. **témoignage.**

déposséder v. (conjug. 9). Priver quelqu'un de ce qu'il possédait. *On a dépossédé le vieil homme de tous ses biens.* SYN. **dépouiller.**

dépôt n.m. ❶ Endroit où l'on dépose certaines choses. *Un dépôt d'ordures.* SYN. **décharge.** *Un dépôt de marchandises.* SYN. **entrepôt.** ❷ Lieu où stationnent les autobus, les autocars. ❸ Fait de déposer de l'argent à la banque; argent déposé. *Papa a fait un dépôt de 500 euros sur son compte.* ❹ Matière qui se dépose au fond d'un liquide.
● Le **o** prend un accent circonflexe.

► **dépotoir** n.m. Endroit où l'on dépose tout ce qui ne sert plus. *Ta chambre est un vrai dépotoir.*

dépouille n.f. Corps d'un mort. *Ils se sont inclinés devant la dépouille du soldat.* SYN. **cadavre.**
►►► Mot de la famille de **dépouiller.**

dépouillement n.m. Opération qui consiste à ouvrir des enveloppes, à compter et à classer des bulletins de vote.
►►► Mot de la famille de **dépouiller.**

dépouiller v. (conjug. 3). ❶ Enlever la peau d'un animal mort. *Dépouiller un lièvre.* ❷ Prendre à quelqu'un ce qu'il a. *Les cambrioleurs l'ont dépouillée de tous ses bijoux.* SYN. **déposséder.** ❸ Ouvrir, lire, examiner des documents. *Dépouiller le courrier. Dépouiller des bulletins de vote.*

dépourvu, e adj. Qui manque de quelque chose. *Ce film est dépourvu d'intérêt.* SYN. **dénué.**

► au **dépourvu** adv. Par surprise, sans que l'on s'y attende. *Ta question me prend au dépourvu.*

se **déprécier** v. (conjug. 7). Perdre de sa valeur. *Un ordinateur se déprécie rapidement.*

déprédation n.f. (Souvent au pluriel). Vol accompagné de dégâts. *Des déprédations ont été commises dans le centre commercial.*

dépressif, ive adj. et n. Qui a tendance à souffrir de dépression. *C'est un grand dépressif, il a déjà tenté de se suicider.*
►►► Mot de la famille de **dépression.**

dépression n.f. ❶ **Dépression nerveuse,** état de grande tristesse et de découragement. ❷ Étendue de terrain qui forme un creux. SYN. **cuvette.** CONTR. **éminence, hauteur.** ❸ **Dépression atmosphérique,** baisse de la pression atmosphérique qui donne un temps couvert et pluvieux. CONTR. **anticyclone.**

a b c d e f g h i j k l m n o p q r s t u v w x y z

▶ **déprimant, e** adj. Qui déprime, rend triste. *Cette pluie est déprimante.* SYN. **décourageant, démoralisant.**

▶ **déprime** n.f. Mot familier. Dépression nerveuse.

▶ **déprimé, e** adj. Qui souffre de dépression nerveuse. *Il est déprimé parce que sa femme est très malade.*

▶ **déprimer** v. (conjug. 3). Décourager quelqu'un, le rendre triste et sans énergie. *Les difficultés de la vie le dépriment.* SYN. **abattre, démoraliser.** CONTR. **réjouir.**

depuis préposition. Indique un point de départ dans le temps ou dans l'espace. *Sébastien fait du judo depuis deux ans.* ◆ adv. À partir de ce moment. *Il est parti l'an dernier et, depuis, on ne l'a pas revu.* ◆ **depuis que** conjonction. À partir du moment où. *Depuis que je fais du sport, je me sens en pleine forme.*

député, e n. Membre de l'Assemblée nationale, qui propose et vote les lois. *Les députés sont élus pour cinq ans lors des élections législatives.* → Vois aussi **sénateur.**

déraciné, e n. Personne qui a quitté son pays ou sa région d'origine.
▸▸▸ Mot de la famille de **racine.**

déraciner v. (conjug. 3). ❶ Arracher de terre une plante, un arbre avec les racines. *La tempête a déraciné des centaines d'arbres.* ❷ Retirer quelqu'un de son milieu d'origine.
▸▸▸ Mot de la famille de **racine.**

déraillement n.m. Accident au cours duquel un train déraille.
▸▸▸ Mot de la famille de **rail.**

dérailler v. (conjug. 3). ❶ Sortir des rails. *Le train a déraillé.* ❷ (Sens familier). Dire des choses insensées. SYN. **déraisonner, divaguer.**
▸▸▸ Mot de la famille de **rail.**

▶ **dérailleur** n.m. Mécanisme d'une bicyclette qui permet de changer de vitesse en faisant passer la chaîne d'un pignon sur un autre.
▸▸▸ Mot de la famille de **rail.**

déraisonner v. (conjug. 3). Dire des choses dénuées de raison, de bon sens. SYN. **divaguer.**

dérangement n.m. ❶ Fait de déranger, de gêner. *Votre longue absence nous a causé du dérangement.* SYN. **gêne.** ❷ **Être en dérangement,** ne pas être en état de fonctionner. *Le téléphone est en dérangement.*
▸▸▸ Mot de la famille de **déranger.**

déranger et **se déranger** v. (conjug. 5). ❶ Mettre en désordre. *Qui a dérangé mes affaires ?* ❷ Gêner quelqu'un dans ce qu'il fait. *Ne dérange pas ta sœur, elle travaille.* ◆ **se déranger.** Se déplacer ; interrompre ses occupations. *Je me suis dérangé pour rien, tu n'étais pas chez toi.*

dérapage n.m. Fait de déraper. *Faire un dérapage à bicyclette.*
▸▸▸ Mot de la famille de **déraper.**

déraper v. (conjug. 3). Glisser brusquement sur le sol en s'écartant de sa trajectoire. *Mon vélo a dérapé sur les graviers.*

dératé, e n. Mot familier. **Courir comme un dératé,** courir très vite.

déréglé, e adj. Qui ne fonctionne plus correctement, qui est mal réglé. *Le téléviseur est déréglé, l'image n'est pas nette.*

dérider v. (conjug. 3). Rendre moins soucieux, faire sourire. *Nos histoires drôles ont fini par dérider notre ami.* SYN. **égayer.** CONTR. **attrister.**
▸▸▸ Mot de la famille de **ride.**

dérision n.f. **Tourner quelque chose en dérision,** ne pas le prendre au sérieux, s'en moquer. *Il tourne tout ce qu'on lui dit en dérision.* → Vois aussi **moquerie.**

dérisoire adj. Si peu important que cela semble ridicule. *J'ai eu ce jeu vidéo pour un prix dérisoire.* SYN. **minime.** CONTR. **excessif, exorbitant.**

dérivatif n.m. Activité qui détourne l'esprit de ses soucis. *La lecture est un bon dérivatif.* SYN. **diversion.**
▸▸▸ Mot de la famille de **dériver.**

dérivation n.f. Action de dériver un cours d'eau. *Un canal de dérivation.*
▸▸▸ Mot de la famille de **dériver.**

dérive n.f. ❶ Fait de dériver, de s'écarter de sa direction. *La barque est partie à la dérive.* ❷ Pièce placée sous la coque d'un bateau et qui l'empêche de trop dériver.
▸▸▸ Mot de la famille de **dériver.**

dérivé n.m. Mot qui dérive d'un autre mot appelé « racine » ou « radical ». *Les mots*

« patiner », « patineur », « patinoire » sont des dérivés de « patin ».

● On peut aussi dire **mot dérivé.** – Le mot racine et les mots dérivés forment une famille.

▸▸▸ Mot de la famille de **dériver.**

dériver v. (conjug. 3). ❶ S'écarter de sa direction, être déporté par le vent ou le courant. *Le bateau a dérivé vers la falaise.* ❷ Détourner de son cours. *Dériver une rivière pour irriguer des champs.* SYN. **dévier.** ❸ Être issu d'un mot. *L'adjectif « historique » dérive du nom « histoire ».*

▸ **dériveur** n.m. Voilier muni d'une dérive.

un dériveur

dermatologie n.f. Partie de la médecine qui étudie et soigne les maladies de la peau.

▸ **dermatologue** n. Médecin spécialiste en dermatologie.

dernier, ère adj. et n. Qui vient après les autres. *Décembre est le dernier mois de l'année. Je suis la dernière de la famille.* CONTR. **premier.** ◆ adj. ❶ Qui est le plus récent. *L'été dernier, Moussa a fait du camping.* SYN. **précédent.** CONTR. **prochain.** *Être habillé à la dernière mode.* ❷ **En dernier, en dernier lieu,** après tout le reste. *Je m'occuperai de cela en dernier.*

dernièrement adv. Il y a peu de temps. *Je l'ai vu dernièrement.* SYN. **récemment.**

à la **dérobée** adv. Sans se faire voir. *Regarder quelqu'un à la dérobée.* SYN. **en cachette, furtivement.** CONTR. **ouvertement.**

dérober et **se dérober** v. (conjug. 3). Voler rapidement quelque chose à quelqu'un. *On lui a dérobé son portefeuille dans le métro.* SYN. **subtiliser.** ◆ **se dérober.** ❶ Éviter d'affronter une difficulté, manquer à ses obligations. *Le criminel a essayé de se dérober à la justice.* SYN. **échapper à, se soustraire à.** ❷ **Sentir le sol se dérober,** avoir l'impression de perdre l'équilibre, avoir le vertige.

dérogation n.f. Autorisation spéciale de ne pas respecter une règle, une loi. *Il a eu une dérogation pour pouvoir changer d'école en cours d'année.* SYN. **dispense.**

déroulement n.m. ❶ Action de dérouler. *Le déroulement d'un tuyau.* ❷ Manière dont un événement, une action se déroulent. *Le déroulement du match.*

▸▸▸ Mot de la famille de **dérouler.**

dérouler et **se dérouler** v. (conjug. 3). Défaire ce qui était enroulé. *Dérouler une moquette.* SYN. **étaler.** CONTR. **rouler.** ◆ **se dérouler.** Avoir lieu. *L'histoire se déroule dans un château.* SYN. **se passer.**

déroutant, e adj. Qui déroute, provoque de l'étonnement, de la surprise. *Ses changements d'humeur sont déroutants.* SYN. **déconcertant.**

▸▸▸ Mot de la famille de **dérouter.**

déroute n.f. Fuite désordonnée d'une troupe vaincue. *La déroute d'une armée.* SYN. **débâcle, débandade.**

▸▸▸ Mot de la famille de **dérouter.**

dérouter v. (conjug. 3). ❶ Faire changer de route. *Dérouter un avion vers un autre aéroport.* ❷ Mettre dans l'embarras. *Les questions de l'institutrice l'ont dérouté, il n'a pas su répondre.* SYN. **déconcerter, décontenancer.**

derrick n.m. Échafaudage métallique qui supporte l'appareil de forage d'un puits de pétrole.

derrière préposition et adv. ❶ En arrière de ; à l'arrière. *Je me suis caché derrière un fauteuil. En voiture, les enfants doivent monter derrière.* CONTR. **devant.** ❷ À la suite de. *Marcher l'un derrière l'autre.* SYN. **après.** ◆ n.m. ❶ Partie située derrière. *Le derrière de la voiture est cabossé.* CONTR. **devant.** ❷ Partie du corps comprenant les fesses. *Tomber sur le derrière.* SYN. **postérieur.**

des → **du, un**

dès préposition. À partir de. *La boulangerie est ouverte dès sept heures.*

a b c d e f g h i j k l m n o p q r s t u v w x y z

dès que conjonction. À partir du moment où. *Amina fait ses devoirs dès qu'elle a fini de goûter.* SYN. **aussitôt que.**

désabusé, e adj. Qui a perdu ses illusions. *Elle m'a regardé d'un air désabusé.* SYN. **désenchanté.**

désaccord n.m. Fait de ne pas s'entendre avec quelqu'un, de ne pas être d'accord avec lui. *Leur désaccord porte sur l'éducation des enfants.*

désaccordé, e adj. Se dit d'un instrument de musique qui n'est plus accordé. *Un piano désaccordé.*

désaffecté, e adj. Se dit d'un local qui n'a plus sa fonction d'origine ou qui n'est plus utilisé. *Organiser une fête dans une usine désaffectée.*

● Ne confonds pas avec **désinfecté.**

désaffection n.f. Mot littéraire. Perte de l'affection, de l'intérêt. *La désaffection du public pour le cirque.* SYN. **désintérêt.**

● Ne confonds pas avec **désinfection.**

désagréable adj. Qui déplaît, qui cause une impression pénible. *Notre voisine est désagréable.* SYN. **antipathique, déplaisant.** CONTR. **agréable, charmant.** *Une odeur désagréable.* SYN. **gênant.**

▸ **désagréablement** adv. De manière désagréable. *Sa réaction m'a désagréablement surpris.* CONTR. **agréablement.**

désagrégation n.f. Fait de se désagréger. *La lente désagrégation d'une roche.* SYN. **désintégration.**

▸▸▸ Mot de la famille de **désagréger.**

désagréger et **se désagréger** v. (conjug. 9). Défaire, détruire peu à peu. *Le gel a désagrégé la roche.* SYN. **désintégrer, fragmenter.** ◆ **se désagréger.** Se défaire, se détruire peu à peu; perdre son unité. *Le sucre se désagrège dans l'eau.* SYN. **se dissoudre.**

désagrément n.m. Chose désagréable, qui contrarie. *Les travaux m'ont causé bien des désagréments.* SYN. **contrariété, ennui.** CONTR. **agrément, plaisir.**

désaltérant, e adj. Qui désaltère, apaise la soif. *L'eau est la boisson la plus désaltérante.*

▸▸▸ Mot de la famille de **désaltérer.**

désaltérer et **se désaltérer** v. (conjug. 9). Apaiser la soif. *Le citron pressé désaltère.* ◆ **se désaltérer.** Boire pour apaiser sa soif. *Nous nous sommes désaltérés à la fontaine.* SYN. **se rafraîchir.**

désamorcer v. (conjug. 4). Enlever le détonateur d'un obus, d'une grenade, d'une bombe. CONTR. **amorcer.**

▸▸▸ Mot de la famille de **amorce.**

désappointé, e adj. Qui montre de la déception. *Elle a été désappointée d'apprendre qu'elle n'était pas invitée.* SYN. **déçu, dépité.**

▸ **désappointement** n.m. Fait d'être désappointé, déçu. *Son désappointement était visible.* SYN. **déception, déconvenue, dépit.**

désapprobateur, trice adj. Qui montre que l'on n'est pas d'accord, que l'on désapprouve quelque chose. *Un regard désapprobateur.* SYN. **réprobateur.** CONTR. **approbateur.**

▸▸▸ Mot de la famille de **désapprouver.**

désapprobation n.f. Fait de montrer que l'on n'est pas d'accord. *Le directeur a exprimé clairement sa désapprobation.* SYN. **désaccord, désaveu, réprobation.** CONTR. **approbation.**

▸▸▸ Mot de la famille de **désapprouver.**

désapprouver v. (conjug. 3). Dire, montrer que l'on n'est pas d'accord. *Le directeur désapprouve notre projet.* SYN. **blâmer, critiquer, réprouver.** CONTR. **approuver.**

désarçonner v. (conjug. 3). ❶ Faire tomber de cheval. *Le cheval a désarçonné son cavalier.* ❷ Mettre quelqu'un dans l'embarras, lui faire perdre son assurance. *Ma question l'a désarçonné.* SYN. **déconcerter, décontenancer, dérouter.**

● Le **c** prend une cédille.

▸▸▸ Mot de la famille de **arçon.**

désarmant, e adj. Qui laisse sans réaction et fait cesser la colère. *Nouha est d'une gentillesse désarmante.*

▸▸▸ Mot de la famille de **désarmer.**

désarmement n.m. Réduction ou suppression de la fabrication ou de l'usage de certaines armes. CONTR. **armement.**

▸▸▸ Mot de la famille de **désarmer.**

désarmer v. (conjug. 3). ❶ Enlever ses armes à quelqu'un. *Le policier a désarmé le forcené.* CONTR. **armer.** ❷ Faire cesser la colère de quelqu'un. *Papi était furieux, mais mon sourire l'a désarmé.*

désarroi n.m. État d'une personne profondément troublée, qui ne sait plus ce qu'elle doit faire. *La mort de son associé l'a jeté dans un grand désarroi.* SYN. **détresse.**

● Ce mot prend deux **r.**

désarticuler v. (conjug. 3). ❶ Faire sortir un os de l'articulation. ❷ Séparer en plusieurs morceaux. *Désarticuler une marionnette.*

→ Vois aussi **se disloquer.**

désastre n.m. Grand malheur, événement qui provoquent des dégâts, des drames. *La sécheresse est un désastre pour les agriculteurs.* SYN. **calamité, catastrophe.**

▶ **désastreux, euse** adj. Qui est très mauvais. *Le temps est désastreux.* SYN. **catastrophique.**

désavantage n.m. Ce qui présente des désagréments, ce qui cause une infériorité. *Être grand est un désavantage quand on veut être jockey.* SYN. **handicap, inconvénient.** CONTR. **avantage.**

▶ **désavantager** v. (conjug. 5). Mettre dans un état d'infériorité. *Sa timidité la désavantage.* SYN. **défavoriser, handicaper.** CONTR. **avantager, favoriser.**

▶ **désavantageux, euse** adj. Qui présente des inconvénients, qui désavantage. *Conclure un marché désavantageux.* CONTR. **avantageux.**

désaveu n.m. Fait de désavouer quelqu'un ou quelque chose. *L'écrivain a publié un désaveu d'une déclaration qu'on lui a attribuée.* SYN. **démenti.**

● Au pluriel : des **désaveux.**

▶▶▶ Mot de la famille de **désavouer.**

désavouer v. (conjug. 3). Déclarer que l'on est en désaccord avec quelqu'un, cesser de le soutenir. *Le gouvernement a désavoué le ministre.*

desceller v. (conjug. 3). Défaire ce qui était scellé, fixé dans un mur, dans de la pierre. *Desceller les barreaux d'une grille.*

● Le son [s] s'écrit **sc.**

descendance n.f. Ensemble des personnes d'une famille qui sont issues d'un même ancêtre.

▶▶▶ Mot de la famille de **descendre.**

1. **descendant, e** adj. Qui va de haut en bas, qui descend. *Se promener sur la plage à la marée descendante.* CONTR. **montant.** *Une gamme descendante.* CONTR. **ascendant.**

▶▶▶ Mot de la famille de **descendre.**

2. **descendant, e** n. Membre de la famille qui descend d'une personne. *Kelly et Jonathan sont les descendants d'un écrivain irlandais.* CONTR. **ascendant.**

▶▶▶ Mot de la famille de **descendre.**

descendre v. (conjug. 46). ❶ Aller du haut vers le bas. *Papa est descendu à la cave. Le chien a descendu l'escalier à toute allure.* CONTR. **monter.** *La rue descend jusqu'au canal.* ❷ Porter de haut en bas. *Rachid a descendu la valise.* ❸ Baisser de niveau. *La mer descend. La température est descendue au-dessous de zéro.* CONTR. **monter.** ❹ Sortir d'un véhicule. *Ils sont descendus de voiture.* ❺ Être issu d'un ancêtre. *Hamidou descend d'un prince africain.*

● Le son [s] s'écrit **sc.** – Ce verbe se conjugue avec l'auxiliaire « avoir » lorsqu'il est suivi d'un complément d'objet direct.

▶ **descente** n.f. ❶ Fait de descendre, d'aller du haut vers le bas. *L'avion a commencé sa descente. Faire une descente à skis.* ❷ Pente d'un chemin, d'une route. *La voiture ralentit dans la descente.* CONTR. **montée.** ❸ **Descente de police,** opération surprise de police dans un lieu pour une enquête ou une vérification d'identité. ❹ **Descente de lit,** petit tapis placé le long d'un lit. SYN. **carpette.**

une descente à skis

description n.f. Fait de décrire, de dire comment est quelque chose. *Rama a fait la description de son village.*

▶▶▶ Mot de la famille de **décrire.**

désemparé, e adj. Qui se sent perdu et ne sait comment agir. *Depuis qu'il est au chômage, notre voisin est désemparé.*

a b c d e f g h i j k l m n o p q r s t u v w x y z

a b c d e f g h i j k l m n o p q r s t u v w x y z

sans **désemparer** adv. Sans s'arrêter, en persévérant. *Les pompiers ont travaillé toute la nuit sans désemparer pour éteindre l'incendie.*

désenchanté, e adj. Qui montre du désenchantement, qui a perdu ses illusions. *Il est revenu désenchanté de son voyage au Pérou.* SYN. **déçu, désabusé.** CONTR. **enchanté.**

▸ **désenchantement** n.m. Déception que l'on éprouve quand on perd ses illusions. *Il a connu bien des désenchantements dans sa carrière.* SYN. **déconvenue, désillusion.**

déséquilibre n.m. Manque d'équilibre, instabilité. *L'échelle est en déséquilibre.*

▸ **déséquilibré, e** adj. et n. Qui a perdu son équilibre mental. SYN. **fou.**

▸ **déséquilibrer** v. (conjug. 3). Faire perdre l'équilibre. *Ils se sont tous assis du même côté et ils ont déséquilibré la barque.*

désert, e adj. Qui est sans habitants ou peu fréquenté. *Une île déserte.* SYN. **inhabité.** *La nuit, les rues sont désertes.*

▸ **désert** n.m. Région très sèche, où la végétation est rare et où il y a très peu d'habitants. *Il existe des déserts chauds, comme le Sahara, et des déserts froids, comme l'Antarctique.*

un désert de sable

déserter v. (conjug. 3). ❶ Quitter un lieu et ne plus y revenir. *Les jeunes désertent les villages.* SYN. **abandonner.** ❷ Pour un soldat, quitter son unité ou son poste sans y être autorisé.

▸ **déserteur** n.m. Soldat qui a déserté.

▸ **désertion** n.f. Acte d'un militaire qui déserte. *L'officier a été condamné pour désertion.*

désertique adj. ❶ Qui est propre aux déserts. *Le climat désertique. Un sol désertique.* SYN. **aride.** CONTR. **fertile.** ❷ Où personne ne vit. *Une région désertique.*
▸▸▸ Mot de la famille de **désert.**

désespérant, e adj. Qui décourage, fait perdre espoir. *Sa paresse est désespérante.* SYN. **décourageant.** CONTR. **encourageant.**
▸▸▸ Mot de la famille de **désespérer.**

désespéré, e adj. ❶ Qui n'a plus d'espoir, de courage, d'énergie. *Mon frère est désespéré d'avoir échoué à son examen.* ❷ Qui ne laisse plus d'espoir. *L'état du malade est désespéré.* ❸ Qui se fait en dernier recours. *Le boxeur fit un effort désespéré pour se relever.*
▸▸▸ Mot de la famille de **désespérer.**

désespérer v. (conjug. 9). ❶ Rendre très malheureux, enlever tout espoir. *Tes mauvaises notes nous désespèrent.* SYN. **démoraliser.** ❷ Perdre espoir, se laisser aller au découragement. *Ne désespère pas, il y a sûrement une solution !*

▸ **désespoir** n.m. ❶ Manque d'espoir. *La maladie de sa femme l'a plongé dans le désespoir.* SYN. **désolation, détresse.** ❷ **En désespoir de cause,** après avoir essayé tous les autres moyens. *En désespoir de cause, ils sont allés voir le député.*

déshabiller et **se déshabiller** v. (conjug. 3). Enlever ses habits à quelqu'un. *Maman déshabille ma petite sœur.* SYN. **dévêtir.** CONTR. **habiller, vêtir.** ◆ **se déshabiller.** Ôter ses habits. *Charline s'est déshabillée dans la cabine.* SYN. **se dévêtir.** CONTR. **s'habiller.**

désherbant n.m. Produit chimique qui sert à détruire les mauvaises herbes.
▸▸▸ Mot de la famille de **herbe.**

désherber v. (conjug. 3). Détruire, arracher les mauvaises herbes. *Le jardinier a désherbé les allées du jardin.* → Vois aussi **sarcler.**
▸▸▸ Mot de la famille de **herbe.**

déshérité, e adj. et n. Qui est défavorisé. *Un pays déshérité. Les associations humanitaires aident les déshérités.* SYN. **démuni, pauvre.**

déshériter v. (conjug. 3). Priver quelqu'un de son héritage. *Il a déshérité sa femme.*
▸▸▸ Mot de la famille de **hériter.**

déshonneur n.m. Perte de l'honneur, de la dignité. *Il n'y a pas de déshonneur à avouer qu'on ne comprend pas quelque chose.*
● Ce mot s'écrit avec deux **n**, mais **déshonorer** et **déshonorant** n'en ont qu'un.

▶ **déshonorant, e** adj. Qui déshonore. *Une attitude déshonorante.* SYN. **dégradant.**

▶ **déshonorer** v. (conjug. 3). Faire perdre son honneur, sa réputation à quelqu'un. *Son attitude indigne le déshonore.* SYN. **déconsidérer.**

déshydrater et **se déshydrater** v. (conjug. 3). Diminuer la teneur en eau. *Le soleil déshydrate la peau.* SYN. **dessécher.** CONTR. **hydrater.** *On déshydrate les légumes pour les conserver.* ◆ **se déshydrater.** Perdre de son eau. *Les bébés se déshydratent très vite.*
● Ce mot s'écrit avec un **y.**

désignation n.f. Action de désigner quelqu'un pour remplir une fonction. *On attend la désignation du nouveau directeur.* SYN. **nomination.**
▶▶▶ Mot de la famille de **désigner.**

désigner v. (conjug. 3). ❶ Choisir quelqu'un pour une fonction, une tâche. *Désigner son successeur.* ❷ Indiquer avec précision. *Audrey désigne l'immeuble où elle habite.* SYN. **montrer.** ❸ Représenter par le langage. *Le mot « lampion » désigne une lampe en papier.*

désillusion n.f. Fait d'être déçu, de perdre ses illusions. *Arrivés dans leur location de vacances, quelle désillusion !* SYN. **déception, déconvenue.**

désinfectant, e adj. et n.m. Qui désinfecte, détruit les microbes. *Un produit désinfectant. L'eau oxygénée est un désinfectant.*
▶▶▶ Mot de la famille de **infecter.**

désinfecter v. (conjug. 3). Détruire les microbes. *Désinfecter un thermomètre avec de l'alcool à 90°.* → Vois aussi **aseptiser, stériliser.**
▶▶▶ Mot de la famille de **infecter.**

désinfection n.f. Action de désinfecter. *La désinfection d'une salle d'hôpital.*
▶▶▶ Mot de la famille de **infecter.**

désintégration n.f. Fait de désintégrer ou de se désintégrer. *La désintégration d'une roche.* SYN. **désagrégation, destruction.**
▶▶▶ Mot de la famille de **désintégrer.**

désintégrer et **se désintégrer** v. (conjug. 9). Provoquer la destruction complète de quelque chose. *Le choc a désintégré le pare-brise.* ◆ **se désintégrer.** ❶ Se séparer en mille morceaux. *La fusée s'est désintégrée dans le ciel.* ❷ Se désagréger, perdre sa cohésion. *Le groupe s'est désintégré à la suite d'un conflit.*

désintéressé, e adj. Qui ne tient pas compte de son intérêt personnel. *C'est un garçon désintéressé, il ne cherche qu'à rendre service.* SYN. **généreux.** CONTR. **égoïste, intéressé.**

▶ **désintéressement** n.m. Fait d'être désintéressé. *Les bénévoles font preuve de désintéressement.* SYN. **générosité.** CONTR. **égoïsme.**
● Ne confonds pas avec **désintérêt.**

se **désintéresser** v. (conjug. 3). Perdre l'intérêt qu'on avait pour quelque chose ou quelqu'un. *Pierre se désintéresse des jeux vidéo.* SYN. **négliger.** CONTR. **s'intéresser.**

▶ **désintérêt** n.m. Manque d'intérêt. *Montrer du désintérêt pour son nouveau travail.* SYN. **désaffection.**
● Le dernier **e** prend un accent circonflexe. – Ne confonds pas avec **désintéressement.**

désintoxication n.f. **Cure de désintoxication,** traitement suivi par un alcoolique ou un toxicomane pour se faire désintoxiquer.
▶▶▶ Mot de la famille de **désintoxiquer.**

désintoxiquer v. (conjug. 3). Soumettre une personne à un traitement pour la guérir de sa dépendance au tabac, à l'alcool, à la drogue.

désinvolte adj. Qui se comporte de manière trop libre, sans respecter les convenances. *Un garçon désinvolte. Un ton désinvolte.* SYN. **impertinent.**

▶ **désinvolture** n.f. Attitude, comportement désinvoltes. *Sa désinvolture exaspère ses professeurs.* SYN. **sans-gêne.**

désir n.m. Envie très forte de quelque chose. *Le principal désir de Reda est de revoir son pays.* SYN. **souhait, vœu.**
▶▶▶ Mot de la famille de **désirer.**

a b c d e f g h i j k l m n o p q r s t u v w x y z

désirable adj. Que l'on peut attendre, souhaiter. *Notre maison a tout le confort désirable.* SYN. **souhaitable.**
▸▸▸ Mot de la famille de **désirer.**

désirer v. (conjug. 3). ❶ Vouloir vivement, avoir envie de. *Je désire parler au directeur.* SYN. **souhaiter.** *Désirez-vous autre chose ?* SYN. **avoir besoin de.** ❷ **Laisser à désirer,** être médiocre, insuffisant. *Ton travail laisse à désirer.*

▸ **désireux, euse** adj. Qui souhaite sincèrement quelque chose. *Elle est désireuse de te rencontrer.*

désistement n.m. Fait de se désister. *Le désistement d'un candidat au deuxième tour d'une élection.*
▸▸▸ Mot de la famille de **se désister.**

se **désister** v. (conjug. 3). Retirer sa candidature à une élection, à un concours. *Se désister en faveur d'un autre candidat.*

désobéir v. (conjug. 16). Ne pas obéir. *Anne a désobéi à ses parents.*

▸ **désobéissance** n.f. Fait de désobéir. *Le soldat a été sanctionné pour désobéissance.* SYN. **indiscipline, insubordination.** CONTR. **obéissance.**

▸ **désobéissant, e** adj. Qui désobéit. *Un élève désobéissant.* SYN. **indiscipliné.** CONTR. **obéissant.**

désobligeant, e adj. Qui est vexant et fort peu aimable. *Des remarques désobligeantes.* SYN. **blessant, désagréable.**

désodorisant n.m. Produit qui fait disparaître les mauvaises odeurs dans un local.
● Ne confonds pas avec **déodorant.**
▸▸▸ Mot de la famille de **odeur.**

désœuvré, e adj. Qui n'a rien à faire, qui n'a pas d'occupation. *Un enfant désœuvré s'ennuie vite.* SYN. **oisif.**

▸ **désœuvrement** n.m. Manque d'occupation. *Mamie supporte mal le désœuvrement.* SYN. **inaction, oisiveté.**

désolant, e adj. Qui désole, rend triste. *C'est désolant de voir la maison dans cet état.* SYN. **affligeant, consternant, navrant.**
▸▸▸ Mot de la famille de **désoler.**

désolation n.f. Très grande tristesse, profonde douleur morale. *Ce deuil les a plongés dans la désolation.* SYN. **consternation, désespoir.**
▸▸▸ Mot de la famille de **désoler.**

désolé, e adj. ❶ Qui est contrarié, attristé de quelque chose. *Je suis désolé de ne pas pouvoir t'aider.* ❷ (Sens littéraire). Qui est inhabité et triste. *Une région désolée.* SYN. **désertique.**
▸▸▸ Mot de la famille de **désoler.**

désoler v. (conjug. 3). Attrister une personne et la contrarier. *Ton attitude en classe nous désole.* SYN. **chagriner, navrer.** CONTR. **réjouir.**

se **désolidariser** v. (conjug. 3). Ne plus être solidaire d'une personne, d'une action, cesser de les soutenir. *Léa s'est désolidarisée de ses camarades.* CONTR. **se solidariser.**
▸▸▸ Mot de la famille de **solidaire.**

désopilant, e adj. Qui est très drôle. *Une histoire désopilante.* SYN. **hilarant.**

désordonné, e adj. Qui n'a pas d'ordre. *Ma sœur est désordonnée.* CONTR. **ordonné.**
▸▸▸ Mot de la famille de **désordre.**

désordre n.m. Absence d'ordre. *Ma chambre est en désordre, je vais la ranger.* CONTR. **ordre.**

désorganiser v. (conjug. 3). Détruire l'organisation. *Cet incident a désorganisé notre voyage.* SYN. **déranger.** CONTR. **organiser.**

désorienter v. (conjug. 3). Faire hésiter quelqu'un, le troubler. *Les questions des enquêteurs ont fini par désorienter le suspect.* SYN. **décontenancer, dérouter.**

désormais adv. À partir de maintenant. *Désormais, les retardataires seront punis.* SYN. **dorénavant.**

désosser v. (conjug. 3). Enlever les os d'une viande. *Désosser un gigot.*

despote n.m. Souverain qui exerce un pouvoir autoritaire et absolu. SYN. **tyran.**

▸ **despotique** adj. Qui est très autoritaire. *Un professeur despotique.* SYN. **tyrannique.**

▸ **despotisme** n.m. Régime politique où une seule personne a tous les pouvoirs et gouverne de façon autoritaire. → Vois aussi **absolutisme, dictature.**

desquels, desquelles → lequel

se **dessaisir** v. (conjug. 16). Se séparer volontairement de quelque chose, y renoncer.

Aïcha s'est dessaisie de ses vieux jouets. SYN. **se démunir.** CONTR. **garder.**

1. **dessaler** v. (conjug. 3). Rendre moins salé, débarrasser l'eau de mer ou un aliment de son sel. *Pour dessaler un jambon, on le fait tremper dans l'eau.* CONTR. **saler.**
▸▸▸ Mot de la famille de **sel.**

2. **dessaler** v. (conjug. 3). Mot familier. Renverser son bateau. SYN. **chavirer.**

le navigateur a dessalé

dessèchement n.m. Fait d'être desséché. *Le dessèchement de la peau.*
▸▸▸ Mot de la famille de **dessécher.**

dessécher v. (conjug. 9). Rendre sec en faisant perdre l'humidité naturelle. *Le froid dessèche la peau.* SYN. **déshydrater.**

dessein n.m. ❶ Mot littéraire. Ce que l'on se propose de faire. *Dévoiler ses desseins.* SYN. **plan, projet.** *Je n'ai pas le dessein de faire un long discours.* SYN. **intention.** ❷ **À dessein,** exprès, dans un but précis. *Il n'a rien dit à dessein, pour te faire une surprise.* SYN. **délibérément, intentionnellement.**
● Ne confonds pas avec **dessin.**

desseller v. (conjug. 3). Enlever la selle d'une monture. *Desseller un cheval.* CONTR. **seller.**
▸▸▸ Mot de la famille de **selle.**

desserrer v. (conjug. 3). ❶ Relâcher ce qui était serré. *Desserrer sa ceinture. Desserrer une vis.* CONTR. **serrer, resserrer.** ❷ **Ne pas desserrer les dents,** se taire, ne pas dire un mot. *Papa n'a pas desserré les dents de la soirée.*
● Ce mot prend deux **s** et deux **r.**

dessert n.m. Pâtisserie, fruit ou plat sucré que l'on mange à la fin du repas. *Maman a fait une tarte aux pommes pour le dessert.*

1. **desservir** v. (conjug. 19). Assurer un service régulier dans un lieu, une localité, en parlant d'un moyen de transport. *Le train dessert plusieurs stations de sports d'hiver.*

2. **desservir** v. (conjug. 19). ❶ Débarrasser la table, enlever les plats et les couverts. *Bastien aide sa mère à desservir.* ❷ Causer du tort à quelqu'un, ne pas lui rendre service. *Son mauvais caractère le dessert.* SYN. **nuire.** CONTR. **servir.**

dessin n.m. ❶ Ensemble de traits qui représentent des êtres ou des choses. *Juliette a fait un dessin de son chat.* ❷ Art de faire des dessins. *Lisa prend des cours de dessin.* ❸ **Dessin animé,** film réalisé à partir de dessins qui s'enchaînent et qui donnent l'impression du mouvement sur l'écran. *Anthony regarde des dessins animés à la télévision.*
● Ne confonds pas avec **dessein.**
▸▸▸ Mot de la famille de **dessiner.**
→ planche pp. 94-95.

un dessin au fusain

dessinateur, trice n. Personne dont le métier est de dessiner. *Un dessinateur de bandes dessinées.* → Vois aussi **illustrateur.**
▸▸▸ Mot de la famille de **dessiner.**

dessiner et **se dessiner** v. (conjug. 3). Représenter par un dessin. *Djamila dessine une maison.* ◆ **se dessiner.** Apparaître, ressortir sur un fond. *Des montagnes se dessinent à l'horizon.* SYN. **se détacher.**

dessouder v. (conjug. 3). Ôter la soudure. *Dessouder des tuyaux.* CONTR. **souder.**

dessous adv. Sous quelque chose. *Ouvrir un parapluie et s'abriter dessous.* CONTR. **dessus.**

a b c d e f g h i j k l m n o p q r s t u v w x y z

◆ n.m. Partie située sous quelque chose; étage inférieur. *Le dessous d'une assiette. Les voisins du dessous.* CONTR. **dessus.** ◆ n.m. plur. ❶ Sous-vêtements de femme. *Porter des dessous en coton.* ❷ Ce que l'on ne dit pas, ce qui est tenu secret. *Les dessous d'une affaire.* → Vois aussi **au-dessous.**

dessous-de-plat n.m. invar. Support sur lequel on pose les plats, à table.
● Ce mot composé ne change pas au pluriel : des **dessous-de-plat.**

dessus adv. Sur quelque chose. *Le fauteuil est solide, tu peux t'asseoir dessus.* CONTR. **dessous.** ◆ n.m. ❶ Partie supérieure; étage supérieur. *Les valises sont sur le dessus de l'armoire. Les voisins du dessus.* CONTR. **dessous.** ❷ **Avoir le dessus, prendre, reprendre le dessus,** dans une compétition, un combat, l'emporter, reprendre l'avantage. → Vois aussi **au-dessus.**

dessus-de-lit n.m. invar. Grande pièce de tissu qui recouvre un lit. SYN. **couvre-lit.**
● Ce mot composé ne change pas au pluriel : des **dessus-de-lit.**

déstabiliser v. (conjug. 3). Faire perdre de sa stabilité, de son équilibre. *La guerre a profondément déstabilisé le pays.* SYN. **ébranler.** CONTR. **stabiliser.**
►►► Mot de la famille de **stable.**

destin n.m. Ensemble des événements qui forment l'existence d'un être humain, indépendamment de sa volonté. *Cet écrivain a eu un destin tragique.* SYN. **destinée, sort.**
→ Vois aussi **fatalité.**
►►► Mot de la famille de **destiner.**

destinataire n. Personne à qui sont adressés une lettre, un colis. *On écrit le nom du destinataire sur l'enveloppe.* CONTR. **envoyeur, expéditeur.**
►►► Mot de la famille de **destiner.**

destination n.f. Endroit où l'on va, où l'on envoie quelque chose. *Le train à destination de Bordeaux va partir.*
►►► Mot de la famille de **destiner.**

destinée n.f. Destin.
►►► Mot de la famille de **destiner.**

destiner v. (conjug. 3). ❶ Déterminer l'avenir de quelqu'un. *Rien ne le destinait au journalisme.* ❷ Fixer l'emploi de quelque chose. *Elle destine cet argent à l'achat d'un ordinateur.* SYN. **réserver.** ❸ Adresser à quelqu'un en particulier. *Cette lettre t'est destinée.*

destituer v. (conjug. 3). Retirer ses fonctions à quelqu'un, le chasser de son poste. *Le ministre a destitué le général de son commandement.* SYN. **démettre, révoquer.**

▶ **destitution** n.f. Action de destituer quelqu'un, fait d'être destitué. *La destitution d'un ministre.*

destructeur, trice adj. Qui détruit. *L'incendie a été particulièrement destructeur.*
►►► Mot de la famille de **détruire.**

destruction n.f. Action de détruire, fait d'être détruit. *Ordonner la destruction d'un vieil immeuble.* SYN. **démolition.**
►►► Mot de la famille de **détruire.**

désuet, ète adj. Qui n'est plus ou presque plus en usage. *En France, la révérence est une coutume désuète.* SYN. **démodé, suranné.** CONTR. **actuel, moderne.**

▶ **désuétude** n.f. **Tomber en désuétude,** ne plus être utilisé, être vieilli. *Le mot « chandail » est tombé en désuétude.*

détachant, e adj. et n.m. Qui sert à enlever les taches. *Un produit détachant en aérosol.*
►►► Mot de la famille de **détacher (1).**

détaché, e adj. ❶ Qui montre de l'indifférence, du désintérêt. *Prendre un air détaché.* SYN. **indifférent.** ❷ **Pièce détachée,** pièce de remplacement d'un appareil, d'un véhicule, vendue séparément.
►►► Mot de la famille de **détacher (2).**

détachement n.m. ❶ Attitude d'une personne détachée. *Parler de ses problèmes avec détachement.* SYN. **indifférence.** ❷ Groupe de soldats envoyés en mission spéciale.
►►► Mot de la famille de **détacher (2).**

1. **détacher** v. (conjug. 3). Enlever les taches. *Donner au teinturier un vêtement à détacher.* SYN. **nettoyer.** CONTR. **salir, tacher.**
►►► Mot de la famille de **tache.**

2. **détacher** et **se détacher** v. (conjug. 3). ❶ Défaire les liens qui attachaient quelque chose. *Détacher un bateau du quai.* CONTR. **attacher.** ❷ Envoyer quelqu'un en mission. *L'entreprise a détaché un expert.* ◆ **se détacher.** ❶ Défaire ses liens. *Le prisonnier a réussi à se détacher.* ❷ Apparaître net-

tement, ressortir sur un fond. *Les collines se détachent sur l'horizon.* SYN. **se découper, se dessiner.** ❸ Rompre un lien affectif avec. *Elle s'est peu à peu détachée de ses anciens amis.* SYN. **s'éloigner de.** CONTR. **s'attacher à.**

détail n.m. ❶ Élément d'un ensemble qui peut être considéré comme peu important. *Les enquêteurs n'ont négligé aucun détail.* ❷ **En détail,** sans rien oublier, sans rien laisser de côté. *Examiner une question en détail.* SYN. **minutieusement.** ❸ **Vendre au détail,** en petites quantités ou à l'unité. CONTR. **en gros.**

observer les détails

▸ **détailler** v. (conjug. 3). ❶ Décrire dans les moindres détails. *Il nous a détaillé son voyage.* ❷ Examiner minutieusement. *Le douanier a détaillé le voyageur de la tête aux pieds.*

détaler v. (conjug. 3). Mot familier. Se sauver, partir très vite. *Le lièvre a détalé devant le chasseur.* SYN. **déguerpir.**

détartrage n.m. Action de détartrer. *Le détartrage d'une bouilloire. Aller chez le dentiste pour un détartrage.*
▸▸▸ Mot de la famille de **tartre.**

détartrant n.m. Produit qui détartre.
▸▸▸ Mot de la famille de **tartre.**

détartrer v. (conjug. 3). Enlever ou dissoudre le tartre. *Se faire détartrer les dents. Détartrer une chaudière.* CONTR. **entartrer.**
▸▸▸ Mot de la famille de **tartre.**

détecter v. (conjug. 3). Découvrir l'existence de ce qui est caché. *Les pompiers ont détecté une fuite de gaz.* SYN. **déceler.**

▸ **détecteur** n.m. Appareil qui sert à détecter.

▸ **détection** n.f. Action de détecter. *Le radar a permis la détection d'un sous-marin ennemi.*

détective n. Personne dont le métier est de mener des enquêtes pour des clients. *Le détective a pris en filature le suspect du vol.*
● On dit aussi un **agent de recherche.**

déteindre v. (conjug. 49). ❶ Perdre sa couleur d'origine. *Le tapis a déteint au soleil.* SYN. **passer.** ❷ Communiquer sa couleur à autre chose. *Mon polo rouge a déteint sur les serviettes blanches.*
▸▸▸ Mot de la famille de **teindre.**

dételer v. (conjug. 12). Détacher des animaux attelés. *Dételer des bœufs.* CONTR. **atteler.**

détendre et **se détendre** v. (conjug. 46). ❶ Relâcher ce qui était tendu. *Détendre les cordes d'une guitare.* CONTR. **tendre.** ❷ Faire disparaître la tension nerveuse, la fatigue de quelqu'un. *Ce bain chaud l'a bien détendu.* SYN. **décontracter, délasser.** ◆ **se détendre.** Faire disparaître sa tension nerveuse, sa fatigue. *On s'est détendus en lisant des bandes dessinées.* SYN. **se décontracter, se relaxer.**

▸ **détendu, e** adj. Qui est moins énervé, moins fatigué. *Elle est très détendue depuis les vacances.* SYN. **décontracté.** CONTR. **contracté, tendu.**

détenir v. (conjug. 20). ❶ Avoir une chose en sa possession, la garder. *Ce musée détient une collection d'une grande valeur. Détenir un secret.* ❷ Garder prisonnier. *Les malfaiteurs détiennent trois employés en otage.*

détente n.f. ❶ Relâchement brusque de ce qui était tendu. *La détente d'un ressort.* ❷ Fait de se détendre, de se décontracter. *Après le travail, on a besoin d'un moment de détente.* SYN. **délassement, relaxation.** ❸ Pièce d'une arme à feu qui sert à faire partir le coup. *Le cow-boy a appuyé sur la détente.*
→ Vois aussi **gâchette.**
▸▸▸ Mot de la famille de **détendre.**

a b c d e f g h i j k l m n o p q r s t u v w x y z

détenteur, trice n. Personne qui détient quelque chose. *Le détenteur d'un record d'athlétisme.*
►►► Mot de la famille de **détenir.**

détention n.f. ❶ Fait de détenir, d'avoir une chose en sa possession. *La détention d'armes de guerre est interdite.* ❷ Fait d'être détenu, emprisonné. *Être condamné à six mois de détention.* SYN. **emprisonnement, incarcération, réclusion.**
►►► Mot de la famille de **détenir.**

détenu, e n. Personne qui est retenue en prison. *Plusieurs détenus ont tenté de s'évader.* SYN. **prisonnier.**
►►► Mot de la famille de **détenir.**

détergent, e adj. et n.m. Qui nettoie, qui dissout les saletés. *Un détergent pour le carrelage.*

détérioration n.f. Action de détériorer, fait de se détériorer. *La détérioration des relations entre deux États.* SYN. **dégradation.**
►►► Mot de la famille de **détériorer.**

détériorer et **se détériorer** v. (conjug. 7). Mettre quelque chose en mauvais état. *L'humidité a détérioré les murs.* SYN. **abîmer, endommager.** ◆ **se détériorer.** Devenir moins bon, en parlant d'une situation, d'un état. *Leurs relations se sont détériorées.* SYN. **se dégrader, se gâter.** CONTR. **s'améliorer.**

1. **déterminant, e** adj. Qui amène à se déterminer, à agir de telle ou telle façon. *Le motif déterminant d'un crime.* SYN. **décisif.**
►►► Mot de la famille de **déterminer.**

2. **déterminant** n.m. Mot qui précède le nom et l'introduit dans la phrase. Il s'accorde en genre et en nombre avec le nom. *Les articles, les adjectifs démonstratifs, possessifs, indéfinis sont des déterminants.*
● Un déterminant forme avec un nom un groupe nominal.
►►► Mot de la famille de **déterminer.**

détermination n.f. Attitude d'une personne déterminée, décidée. *Poursuivre un but avec détermination.* SYN. **énergie, opiniâtreté.**
►►► Mot de la famille de **déterminer.**

déterminé, e adj. ❶ Qui est bien défini, qui ne peut varier. *Avoir un emploi pour une durée déterminée.* SYN. **fixe, précis.** ❷ Qui a pris une décision et s'y tient. *Hugo est déterminé à faire du judo.* SYN. **décidé, résolu.** *Un air déterminé.* CONTR. **indécis.**
►►► Mot de la famille de **déterminer.**

déterminer et **se déterminer** v. (conjug. 3). ❶ Définir, indiquer avec précision. *Les enquêteurs ont déterminé les causes de l'incendie.* SYN. **établir.** ❷ Pousser quelqu'un à faire quelque chose. *La guerre les a déterminés à quitter leur pays.* SYN. **inciter.** ◆ **se déterminer à.** Choisir, prendre la résolution de faire telle chose. *L'accusé s'est déterminé à tout avouer.* SYN. **se décider à, se résoudre à.**
►►► Mot de la même famille : **indéterminé.**

déterrer v. (conjug. 3). Sortir de la terre. *Mon chien a déterré un os.* SYN. **exhumer.** CONTR. **enterrer.**
►►► Mot de la famille de **terre.**

détestable adj. Qui est très désagréable, très mauvais. *Être d'une humeur détestable.* SYN. **abominable, exécrable.**
►►► Mot de la famille de **détester.**

détester v. (conjug. 3). Ne pas aimer du tout quelqu'un ou quelque chose. *La maîtresse déteste les menteurs. Moussa déteste les endives.* CONTR. **adorer.**

détonant, e adj. Qui produit une détonation, une explosion. *L'hydrogène forme avec l'air un mélange détonant.*
►►► Mot de la famille de **détoner.**

détonateur n.m. Dispositif qui permet de provoquer une explosion. *Le détonateur d'une bombe, d'un obus.*
►►► Mot de la famille de **détoner.**

détonation n.f. Bruit violent d'une explosion. *J'ai entendu une détonation.*
►►► Mot de la famille de **détoner.**

détoner v. (conjug. 3). Exploser en faisant un bruit violent. *Un explosif qui détone à la moindre étincelle.*
● Ne confonds pas avec **détonner.**

détonner v. (conjug. 3). ❶ Chanter ou jouer faux. ❷ Produire un effet choquant. *Cette maison moderne détonne avec les autres habitations.* SYN. **jurer.**
● Ne confonds pas avec **détoner.**
►►► Mot de la famille de **ton (2).**

détour n.m. ❶ Trajet plus long que le chemin direct. *Nous avons fait un détour pour éviter les embouteillages.* SYN. **crochet.**

❷ Tracé sinueux. *Les détours d'une route de montagne.* SYN. **lacet.**

▸▸▸ Mot de la famille de **détourner.**

détourné, e adj. Qui n'est pas direct, qui ne va pas droit au but. *Faire une allusion détournée.* SYN. **indirect.**

▸▸▸ Mot de la famille de **détourner.**

détournement n.m. ❶ Fait de détourner quelque chose, de le faire changer de direction. *Un détournement d'avion.* ❷ Fait de détourner une somme d'argent. *Le directeur financier a été arrêté pour détournement de fonds.* SYN. **vol.**

▸▸▸ Mot de la famille de **détourner.**

détourner et **se détourner** v. (conjug. 3). ❶ Faire changer de direction. *Détourner un cours d'eau.* SYN. **dévier.** *Détourner un avion.* ❷ Écarter quelqu'un de ce qui l'occupe. *Rien ne peut la détourner de son travail.* SYN. **écarter, éloigner.** ❸ Voler de l'argent alors qu'on en est responsable. *Le comptable a détourné 150 000 euros.* SYN. **dérober.** ❹ **Détourner la conversation,** changer de sujet. ◆ **se détourner.** Se tourner d'un autre côté. *Il s'est détourné pour ne pas me voir.*

détracteur, trice n. Personne qui critique violemment. *Les détracteurs d'un projet.*

détraquer v. (conjug. 3). Casser un mécanisme, faire qu'il ne fonctionne plus. *Mon frère a détraqué l'ordinateur.*

détremper v. (conjug. 3). Mouiller, imprégner d'un liquide. *Les pluies ont détrempé les champs.*

▸▸▸ Mot de la famille de **tremper.**

détresse n.f. ❶ Sentiment d'abandon, de solitude dans le malheur. *La détresse des réfugiés.* SYN. **désarroi.** ❷ Situation dangereuse. *Un navire en détresse.* SYN. **perdition.**

détriment n.m. **Au détriment de,** en faisant du tort à quelqu'un. *Il s'est enrichi au détriment des autres.* SYN. **désavantage.** CONTR. **avantage.** → Vois aussi **dépens.**

détritus n.m. plur. Ce que l'on jette, que l'on met à la poubelle. *Un tas de détritus.* SYN. **ordures.**

● On prononce [detritys] ou [detrity].

détroit n.m. Bras de mer étroit entre deux terres. *Le détroit de Gibraltar.*

le détroit de Gibraltar

détromper v. (conjug. 3). Faire comprendre à quelqu'un qu'il se trompe. *Mamie a cru que le bouquet était pour elle et personne n'a osé la détromper.*

▸▸▸ Mot de la famille de **tromper.**

détrôner v. (conjug. 3). ❶ Chasser un roi, un empereur. *Les révolutionnaires ont détrôné Louis XVI.* SYN. **déposer, renverser.** ❷ Prendre la place de quelque chose. *L'ordinateur a détrôné la machine à écrire.* SYN. **éclipser, supplanter.**

● Le **o** prend un accent circonflexe.

▸▸▸ Mot de la famille de **trône.**

détrousser v. (conjug. 3). Mot ancien. Voler ce que quelqu'un porte sur lui. *Robin des bois détroussait les riches.* SYN. **dépouiller.**

détruire v. (conjug. 60). ❶ Mettre en ruine, anéantir. *Les bombardements ont détruit la ville.* SYN. **démolir.** CONTR. **construire.** *La tempête a détruit les récoltes.* SYN. **dévaster, ravager.** ❷ Faire périr. *Ce produit détruit les mites.* SYN. **exterminer, tuer.**

▸▸▸ Mots de la même famille : **destruction, indestructible.**

dette n.f. Somme d'argent que l'on doit à quelqu'un. *Rembourser ses dettes petit à petit.*

▸▸▸ Mots de la même famille : **endettement, s'endetter.**

deuil n.m. ❶ Décès, mort d'un proche. *Elle a eu un deuil dans sa famille.* ❷ Douleur, tristesse que l'on éprouve à la suite d'un décès. *Après la catastrophe, tout le pays était en deuil.*

▸▸▸ Mot de la même famille : **endeuiller.**

a b c d e f g h i j k l m n o p q r s t u v w x y z

deux adj. numéral et n.m. invar. Un plus un. *Les deux oreilles. Le volume deux d'un roman. La poste est au deux de la rue des Lavandières.*

▶ **deuxième** adj. numéral et n. Qui occupe une place, un rang marqués par le numéro deux. *Vous êtes le deuxième à vous inscrire.* SYN. **second.** *C'est la deuxième fois que je te le dis.*

deux-pièces n.m. invar. ❶ Maillot de bain de femme qui comporte un soutien-gorge et un slip. ❷ Appartement qui comporte deux pièces, en plus de la cuisine et de la salle de bains.
● Ce mot composé ne change pas au pluriel : des **deux-pièces.**

deux-points n.m. invar. Signe de ponctuation formé de deux points superposés (:) qui se place avant une énumération ou une explication.

deux-roues n.m. invar. Véhicule à deux roues. *Le vélo, la moto sont des deux-roues.*

des deux-roues

dévaler v. (conjug. 3). Descendre très vite. *Simon a dévalé l'escalier.*

dévaliser v. (conjug. 3). Voler tout ce qu'a quelqu'un, tout ce que contient un local. *Des cambrioleurs ont dévalisé la bijouterie.* SYN. **piller.** → Vois aussi **dépouiller, détrousser.**

dévaloriser et **se dévaloriser** v. (conjug. 3). Diminuer la valeur de quelque chose, de quelqu'un. *Son frère la dévalorise sans cesse.* ◆ **se dévaloriser.** Mettre en avant ses défauts plutôt que ses qualités. *Il n'a pas confiance en lui et il passe son temps à se dévaloriser.*
▸▸▸ Mot de la famille de **valoir.**

dévaluation n.f. Fait de dévaluer une monnaie.
▸▸▸ Mot de la famille de **dévaluer.**

dévaluer v. (conjug. 3). Diminuer la valeur d'une monnaie par rapport aux monnaies étrangères. *Le gouvernement argentin a dévalué le peso.*

devancer v. (conjug. 4). ❶ Agir avant quelqu'un. *Tu m'as devancé, j'allais dire la même chose.* ❷ Être devant. *Un cheval a devancé tous les autres dans la course.* SYN. **distancer, précéder.** CONTR. **suivre.** *Le champion devance son adversaire de dix points.* SYN. **surclasser.**

devant préposition et adv. En avant de ; à l'avant. *S'asseoir devant la cheminée.* SYN. **en face de.** *Pour la photo, on a mis les plus petits devant.* CONTR. **derrière.** ◆ n.m. ❶ Partie située devant. *Le devant de la voiture est rayé.* CONTR. **arrière, derrière.** ❷ **Prendre les devants,** faire quelque chose avant quelqu'un pour l'empêcher d'agir ; le devancer. *Voyant que Pierre allait se mettre en colère, Anne a pris les devants et s'est excusée.*

▶ **devanture** n.f. Partie d'un magasin où les articles sont exposés à la vue des passants. *La devanture d'un magasin de jouets.* SYN. **étalage, vitrine.**

dévastateur, trice adj. Qui dévaste. *Un raz de marée dévastateur.*
▸▸▸ Mot de la famille de **dévaster.**

dévaster v. (conjug. 3). Provoquer de très grands dégâts. *Le cyclone a dévasté les cultures.* SYN. **anéantir, ravager.**

déveine n.f. Mot familier. Malchance. *On est venus pour skier et il n'y a pas de neige, quelle déveine !* CONTR. **chance.**

développement n.m. ❶ Fait de se développer, de grandir. *Un secteur industriel en plein développement.* SYN. **croissance, essor.** ❷ **Pays en développement,** pays dont l'économie commence à se développer. ❸ Exposé détaillé d'un sujet. ❹ Opération par laquelle on développe une pellicule photographique.

❺ **Développement durable,** façon d'organiser la vie des hommes qui tient compte de l'environnement et qui utilise les ressources naturelles de la Terre, tout en les préservant et en les entretenant.
▸▸▸ Mot de la famille de **développer.**

développer et **se développer** v. (conjug. 3). ❶ Former, fortifier le corps ou l'esprit. *Le rugby est un sport qui développe les muscles et l'esprit d'équipe.* ❷ Exposer en détail. *Je n'ai pas eu le temps de développer mon idée.* ❸ Faire apparaître les images fixées sur une pellicule grâce à un procédé chimique. ◆ **se développer**. Grandir, croître. *Le bambou se développe très vite.*
● Ce mot s'écrit avec un **l** et deux **p.**

devenir v. (conjug. 20). ❶ Passer d'un état à un autre, commencer à être ce qu'on n'était pas. *Le têtard deviendra une grenouille.* ❷ Avoir tel sort, tel avenir. *Papi ne sait pas ce que son ami d'enfance est devenu.*
● Ce verbe se conjugue avec l'auxiliaire « être ».

dévergondé, e adj. et n. Qui ne respecte pas les règles de la morale, qui est sans pudeur. *Une personne dévergondée.*

déverser et **se déverser** v. (conjug. 3). Verser en grande quantité. *On déverse des tonnes d'engrais dans les champs.* SYN. **répandre.** ◆ **se déverser**. Se retirer en coulant. *Les eaux du torrent se déversent dans le lac.* SYN. **s'écouler, se jeter.**
▸▸▸ Mot de la famille de **verser.**

dévêtir et **se dévêtir** v. (conjug. 22). Enlever ses vêtements à quelqu'un. *Dévêtir un bébé.* SYN. **déshabiller.** CONTR. **habiller, vêtir.** ◆ **se dévêtir**. Ôter ses vêtements. SYN. **se déshabiller.** CONTR. **s'habiller, se vêtir.**
● Le deuxième **e** prend un accent circonflexe.

déviation n.f. ❶ Itinéraire mis en place pour dévier la circulation. *L'autoroute était en travaux, on a pris la déviation.* ❷ Position anormale que prend une partie du corps. *Avoir une déviation de la colonne vertébrale.* SYN. **déformation.**
▸▸▸ Mot de la famille de **dévier.**

dévier v. (conjug. 7). ❶ Modifier la direction, le trajet de quelque chose. *On a dévié la circulation en raison d'un accident.* SYN. **détourner.** ❷ S'écarter de sa direction. *La balle a dévié et n'a pas atteint sa cible. La conversation dévie.* SYN. **détourner.**

devin, devineresse n. Personne qui pratique la divination. SYN. **voyant (2).**
▸▸▸ Mot de la famille de **deviner.**

deviner v. (conjug. 3). Découvrir ce qui n'est pas dit, ce qui est caché. *Je devine ce qui va se passer.* SYN. **pressentir.**

▸ **devinette** n.f. Question amusante dont on doit deviner la réponse. *Charline aime bien poser des devinettes.* → Vois aussi **charade.**

devis n.m. Évaluation détaillée de ce que coûtera un travail. *On a demandé un devis au peintre.*
● Ce mot se termine par un **s.**

dévisager v. (conjug. 5). Regarder quelqu'un avec insistance ou indiscrétion. *Ce n'est pas poli de dévisager les gens.* SYN. **fixer.**
▸▸▸ Mot de la famille de **visage.**

1. **devise** n.f. Phrase qui exprime en peu de mots une pensée, un idéal. *« Liberté, Égalité, Fraternité » est la devise de la République française.*

2. **devise** n.f. Monnaie considérée par rapport aux monnaies des autres pays. *Changer des devises.*

des **devises**

dévisser v. (conjug. 3). ❶ Défaire ce qui est vissé. *Dévisser le couvercle d'un pot de confiture.* CONTR. **visser.** ❷ En alpinisme, lâcher prise et faire une chute.
▸▸▸ Mot de la famille de **vis.**

dévitaliser v. (conjug. 3). Enlever le nerf d'une dent. *Se faire dévitaliser une molaire.*

a b c d e f g h i j k l m n o p q r s t u v w x y z

dévoiler v. (conjug. 3). ❶ Enlever le voile qui recouvre un objet. *Dévoiler une statue.* ❷ Révéler ce qui était caché, tenu secret. *Elle n'a pas dévoilé ses intentions.* SYN. **révéler.**
►►► Mot de la famille de **voile (2).**

1. **devoir** v. (conjug. 30). ❶ Être obligé de faire quelque chose. *Il est tard, je dois partir.* ❷ Avoir l'intention de faire quelque chose. *Mamie doit venir nous voir demain.* ❸ Indique la possibilité, la probabilité. *Le sol est mouillé, il a dû pleuvoir.* ❹ Avoir à donner une somme d'argent à quelqu'un. *Je dois un euro à Quentin.* ❺ Être redevable de quelque chose. *Il doit beaucoup à ses professeurs, qui l'ont toujours encouragé.*

2. **devoir** n.m. ❶ Ce que l'on doit faire. *Voter fait partie des devoirs du citoyen.* ❷ Travail écrit qu'un professeur donne à faire à ses élèves. *Rayan a fini ses devoirs.*

dévolu n.m. **Jeter son dévolu sur,** fixer son choix sur quelqu'un, sur quelque chose. *Marie a jeté son dévolu sur le vélo rouge.*

dévorer v. (conjug. 3). ❶ Manger en déchirant avec les dents. *Le lion a dévoré un zèbre.* ❷ Manger avec voracité. *Lisa a dévoré son goûter.* ❸ Détruire, ravager. *Le feu a dévoré la forêt.*

dévot, e adj. et n. Qui est très attaché à la religion et à ses pratiques. SYN. **pieux.**

► **dévotion** n.f. Attachement à la religion et à ses pratiques. SYN. **piété.**

dévoué, e adj. Qui est toujours prêt à aider, à rendre service. *Une assistante très dévouée.* SYN. **serviable.**
►►► Mot de la famille de **se dévouer.**

dévouement n.m. Attitude d'une personne qui se dévoue. *Les infirmières s'occupent des malades avec dévouement.*
● On prononce [devumɑ̃].
►►► Mot de la famille de **se dévouer.**

se **dévouer** v. (conjug. 3). Accepter de faire une chose désagréable ou difficile, par gentillesse, pour rendre service. *Je me suis dévouée pour annoncer la mauvaise nouvelle.* SYN. **se sacrifier.**

dextérité n.f. Habileté à faire quelque chose avec ses mains. *La dextérité d'un prestidigitateur.* SYN. **adresse.** CONTR. **gaucherie, maladresse.**

diabète n.m. Maladie caractérisée par une présence trop importante de sucre dans le sang et dans les urines. *Papi a du diabète.*

► **diabétique** adj. et n. Qui a du diabète.

diable n.m. ❶ Être qui représente l'esprit du mal, dans la religion chrétienne. *Le diable est généralement représenté avec des oreilles pointues et une queue fourchue.* SYN. **démon.** ❷ **Habiter au diable,** très loin. ❸ Enfant turbulent et espiègle. *Mon petit frère est un vrai petit diable !* ❹ Petit chariot à deux roues qui sert à transporter des objets.
►►► Mot de la même famille : **endiablé.**

► **diablement** adv. Mot familier. Très, extrêmement. *Cet exercice est diablement difficile !*

► **diablotin** n.m. Petit diable.

► **diabolique** adj. Qui rappelle le diable par son caractère rusé et méchant. *Une machination diabolique.* SYN. **démoniaque, machiavélique, satanique.**

diadème n.m. Bijou en forme de cercle, orné de pierreries et posé sur les cheveux. *Léa s'est déguisée en princesse, elle porte une longue robe et un diadème.*

un diadème

diagnostic n.m. Identification d'une maladie d'après ses symptômes. *Le diagnostic du médecin ne laisse aucun doute, tu as la varicelle !*
● On prononce [djagnɔstik].

► **diagnostiquer** v. (conjug. 3). Faire le diagnostic d'une maladie. *Le médecin a diagnostiqué la varicelle.*

diagonale n.f. ❶ Droite qui joint deux sommets opposés d'une figure géométrique. *Les diagonales d'un carré se coupent au centre.* ❷ **En diagonale,** en biais. *Le ballon a traversé la cour en diagonale.*

diagramme n.m. Graphique ou schéma qui représente l'évolution d'un phénomène. *Un diagramme climatique.*

dialecte n.m. Variante régionale d'une langue. *Le dialecte normand.* → Vois aussi **patois.**

dialogue n.m. ❶ Conversation entre deux personnes. *Les deux chefs d'État ont eu un long dialogue.* SYN. **discussion, entretien.** ❷ (Souvent au pluriel). Ensemble des paroles qu'échangent les personnages d'une pièce de théâtre, d'un film. → Vois aussi **monologue.**

▶ **dialoguer** v. (conjug. 6). Avoir un dialogue avec quelqu'un. *Nous avons dialogué toute la soirée.* SYN. **discuter.**

→ planche pp. 332-333.

diamant n.m. Pierre précieuse généralement incolore et transparente, très brillante et très dure. *Un diamant a de nombreuses facettes.*
● Le diamant est la plus recherchée des pierres précieuses.

des **diamants**

▶ **diamantaire** n. Personne qui taille ou vend des diamants.

diamétralement adv. **Diamétralement opposé,** entièrement opposé. *Leurs points de vue sont diamétralement opposés.* SYN. **totalement, tout à fait.**
▸▸▸ Mot de la famille de **diamètre.**

diamètre n.m. Segment de droite qui passe par le centre d'un cercle et le partage en deux parties égales. *Un CD fait douze centimètres de diamètre.* → Vois aussi **rayon.**

diapason n.m. Petit instrument d'acier qui donne la note «la» lorsqu'on le fait vibrer. *On utilise un diapason pour chanter et pour accorder un instrument.*

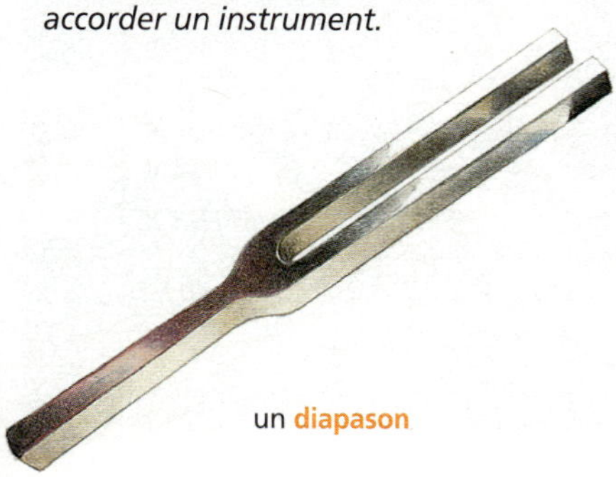
un **diapason**

diaphragme n.m. ❶ Muscle large et mince qui sépare la poitrine de l'abdomen. *Les contractions du diaphragme permettent la respiration.* ❷ Ouverture réglable par où passe la lumière, dans un appareil photo.

diaporama n.m. Projection de diapositives accompagnée d'un commentaire ou d'une musique.

diapositive n.f. Photographie sur support transparent, que l'on projette sur un écran. *L'institutrice nous a passé des diapositives.*
● On dit couramment une **diapo.**

diarrhée n.f. Trouble des intestins caractérisé par des selles fréquentes et liquides. *Mon petit frère a la diarrhée.* → Vois aussi **colique.**
● Ce mot s'écrit avec deux **r** et un **h.**

dictateur n.m. Chef d'État qui détient tous les pouvoirs et dont l'autorité est sans limites. *Adolf Hitler était un dictateur.* → Vois aussi **despote, tyran.**

▶ **dictatorial, e, aux** adj. Qui relève de la dictature. *Un régime dictatorial.* SYN. **totalitaire.** CONTR. **démocratique.**
● Au masculin pluriel : **dictatoriaux.**

▶ **dictature** n.f. Régime politique où un seul homme détient tous les pouvoirs et les exerce sans contrôle et de manière autoritaire. → Vois aussi **absolutisme, despotisme.**

dictée n.f. Exercice d'orthographe qui consiste à écrire un texte lu à haute voix. *Samba n'a fait qu'une faute dans sa dictée.*
▸▸▸ Mot de la famille de **dicter.**

dicter v. (conjug. 3). ❶ Dire à voix haute des mots, un texte à quelqu'un qui les écrit au fur et à mesure. *La maîtresse nous a dicté l'énoncé du problème.* ❷ **Dicter sa loi, ses conditions,** les imposer.

diction n.f. Manière de prononcer, d'articuler les mots. *La comédienne avait une excellente diction.* SYN. **élocution.**

dictionnaire n.m. Livre qui regroupe des mots classés par ordre alphabétique. Il donne leur définition, ou leur traduction dans une autre langue. *Salomé cherche un mot dans le dictionnaire.* → Vois aussi **encyclopédie.**
● Ce nom masculin se termine par un **e.**

dicton n.m. Courte phrase qui traduit une opinion générale devenue proverbiale. *«En*

Dialoguer, débattre, argumenter

Dans la vie de tous les jours, nous communiquons avec les autres. Cet échange de paroles ou d'idées prend des formes différentes : conversation, dialogue, discussion ou débat. Quels que soient la situation ou le sujet, chacun peut s'exprimer, mais chacun doit aussi écouter.

Dialoguer

- **Dialoguer**, c'est communiquer, échanger des propos ou des informations.
- Le **dialogue** est une situation d'**échange** entre deux ou plusieurs personnes : il y a toujours quelqu'un (le **locuteur** ou **émetteur**) qui s'adresse à quelqu'un d'autre (le **destinataire** ou **récepteur**) pour lui faire part d'une information ou d'un point de vue (le **message**).
- Dans un dialogue ou une **conversation**, les **rôles** sont alternés : chacun tour à tour parle ou écoute.

Un débat en classe

Débattre

- **Débattre**, ce n'est pas seulement communiquer ou **converser** : c'est **examiner** les divers aspects d'une question, d'un sujet.
- Le débat est une **discussion** entre plusieurs personnes, lors de laquelle les différents participants **confrontent leurs idées**, expriment leur **opinion**, donnent leur **avis**.
- Plus les **points de vue** sont **divergents**, plus les débats sont **animés**, **passionnés** ou **houleux**.

Pour en savoir plus

Expressions figurées
- **Avoir son mot à dire :** avoir le droit de donner son avis.
- **Avoir le dernier mot :** l'emporter sur son adversaire dans une discussion.
- **Avoir des mots avec quelqu'un :** s'emporter contre quelqu'un, se quereller.
- **Dire deux mots à quelqu'un :** le réprimander.
- **Se donner le mot :** se mettre secrètement d'accord.

Argumenter

- **Argumenter**, c'est donner les **raisons** de son opinion, expliquer pourquoi on est d'accord ou pas, pour faire comprendre son point de vue.
- Lorsqu'on est en désaccord avec quelqu'un, on va chercher à le **persuader** de changer d'avis. On utilise alors des **arguments** pour le **contredire**, pour **réfuter** son opinion.
- Pour **convaincre** son interlocuteur, on adopte un **raisonnement** qui s'appuie sur des **preuves** et est illustré d'**exemples**. Pour défendre ses idées, on cherche des arguments **percutants**, ou **émouvants** ; on peut se montrer **virulent**, parfois même **incisif.**

Les règles du débat

- Il existe de nombreuses occasions de débats : à la radio, à la télévision, dans des salles de réunion, ou en classe. Les règles sont partout les mêmes :

- chacun a le droit de s'**exprimer** ;
- chacun doit attendre son **tour**, éviter d'interrompre l'autre et ne pas **monopoliser** la parole : le débat n'est pas un **monologue** ;
- chacun doit **écouter** et **respecter** l'opinion de l'autre.

mai, fais ce qu'il te plaît» est un dicton. → Vois aussi **maxime, proverbe, sentence.**

dièse n.m. Signe musical (#) qui, placé devant une note, indique qu'il faut l'élever d'un demi-ton. → Vois aussi **bémol, bécarre.**

diesel n.m. Moteur qui fonctionne avec du gazole. *Les véhicules équipés d'un diesel sont extrêmement polluants.*
● On prononce [djezɛl].
– La nouvelle orthographe permet d'écrire aussi **diésel**, avec un accent.

diète n.f. Régime où l'on ne peut manger que certains aliments et en petites quantités. *Après les fêtes, le médecin a mis Richard à la diète.*

▸ **diététique** n.f. Science qui étudie l'alimentation. ◆ adj. Qui concerne la diététique. *Des aliments diététiques.*

dieu n.m. ❶ (Avec une majuscule). Être suprême, créateur de toutes choses. *Les chrétiens, les juifs et les musulmans croient en un seul Dieu.* ❷ Être supérieur, qui a des pouvoirs surnaturels. *Éros était le dieu de l'Amour chez les Grecs.* SYN. **divinité.** → Vois aussi **déesse.**
▸▸▸ Mot de la même famille : **divin.**

le **dieu** égyptien Anubis

diffamation n.f. Propos ou écrit mensonger qui attaque la réputation, l'honneur de quelqu'un. *Il dit que tu l'as volé ? C'est de la diffamation.* SYN. **calomnie.** → Vois aussi **médisance.**
▸▸▸ Mot de la famille de **diffamer.**

diffamer v. (conjug. 3). Dire ou écrire des choses fausses qui portent atteinte à la réputation, à l'honneur de quelqu'un. SYN. **calomnier.** → Vois aussi **médire.**
● Ce mot prend deux **f.**

différé n.m. Émission diffusée après avoir été enregistrée. *Le concert a été retransmis en différé.* CONTR. **direct.**
● On peut aussi dire une **émission en différé**.

différemment adv. De manière différente. *J'aurais aimé que tu te conduises différemment.* SYN. **autrement.**
● On écrit **emment** mais on prononce [amɑ̃], comme *amant.*
▸▸▸ Mot de la famille de **différence.**

différence n.f. ❶ Ce qui distingue une chose ou une personne d'une autre. *Connais-tu la différence entre un chameau et un dromadaire ?* CONTR. **ressemblance.** ❷ Écart entre deux nombres. *Romain et Julie ont quatre ans de différence.*

▸ **différencier** v. (conjug. 7). Établir une différence entre des personnes ou des choses. *Il n'est pas toujours facile de différencier des jumeaux.* SYN. **distinguer.**

▸ se **différencier** v. (conjug. 7). Être caractérisé par telle ou telle différence. *Le chameau se différencie du dromadaire par ses deux bosses.* SYN. **se démarquer, différer, se distinguer.**

différend n.m. Désaccord entre des personnes. *Ils ont eu un différend à propos de la répartition du travail.* SYN. **litige.**
● Ne confonds pas avec **différent.**

différent, e adj. ❶ Qui n'est pas pareil. *Charlotte et sa sœur aînée ont des caractères très différents.* CONTR. **identique, semblable.** ❷ Plusieurs. *Nous avons visité différents monuments.* SYN. **divers.**
● Ne confonds pas avec un **différend.**
▸▸▸ Mot de la famille de **différer (2).**

1. **différer** v. (conjug. 9). Remettre à plus tard. *Nous avons différé notre départ.* SYN. **reporter, retarder.** CONTR. **avancer.**

2. **différer** v. (conjug. 9). Être différent, ne pas être semblable. *Le nouveau disque du chanteur diffère du précédent.* SYN. **se différencier.** CONTR. **ressembler.** *Nos opinions diffèrent.* SYN. **diverger, s'opposer.**

difficile adj. ❶ Qui demande des efforts. *Ce texte est difficile à comprendre.* SYN. **compliqué, dur.** CONTR. **facile, simple.** ❷ Qui n'est pas facile à contenter ou à supporter. *Mon cousin a un caractère difficile.* CONTR. **accommodant, conciliant.**

▶ **difficilement** adv. Avec difficulté. *Ma sœur aînée a eu son examen difficilement.* CONTR. **facilement.**

▶ **difficulté** n.f. ❶ Caractère de ce qui est difficile. *La difficulté d'un problème.* SYN. **complexité.** ❷ Chose difficile, qui pose des problèmes. *Rencontrer des difficultés dans sa vie professionnelle.* SYN. **obstacle, problème.** ❸ Embarras pour faire quelque chose. *J'ai de la difficulté à monter à la corde.* SYN. **mal.**

difforme adj. Qui n'a pas une forme normale. *Un corps difforme.*

▶ **difformité** n.f. Malformation du corps.

diffuser v. (conjug. 3). ❶ Transmettre au moyen de la radio, de la télévision. *Diffuser un concert.* ❷ Propager, faire connaître au public. *Les journaux ont diffusé la nouvelle.* ❸ Répandre dans toutes les directions. *Cette lampe diffuse une lumière douce.*

▶ **diffusion** n.f. ❶ Action de diffuser, de transmettre par la radio ou la télévision. *La diffusion du reportage a été annulée.* SYN. **retransmission.** ❷ Action de se répandre, de se propager. *La diffusion des idées.*

digérer v. (conjug. 9). Transformer les aliments dans l'appareil digestif. *J'ai mangé trop vite, je digère mal.*

▶ **digeste** adj. Facile à digérer. *La compote est très digeste.* CONTR. **indigeste.**

▶ **digestif, ive** adj. Qui sert à la digestion. *Le foie, l'estomac, l'intestin sont des organes de l'appareil digestif.* ◆ n.m. Alcool, liqueur que l'on boit après le repas.

→ planche p. 733.

▶ **digestion** n.f. Transformation des aliments en matières nutritives qui passent dans le sang. *La digestion dure plusieurs heures.*

▶▶▶ Mot de la même famille : **indigestion.**

digital, e, aux adj. **Empreintes digitales,** empreintes laissées par les doigts. *Les enquêteurs ont relevé des empreintes digitales sur les verres.*

● Au masculin pluriel : **digitaux.**

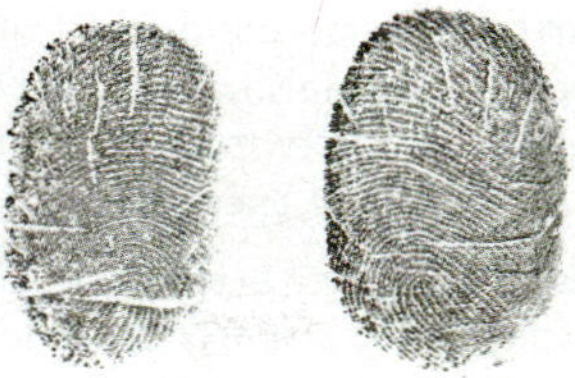

des empreintes digitales

digne adj. ❶ Qui correspond au caractère, aux qualités de quelqu'un. *Cette réaction n'est pas digne de toi.* ❷ Qui mérite quelque chose. *Une personne digne de confiance.* ❸ Qui a une attitude pleine de retenue. *Elle est restée très digne malgré son chagrin.*

▶ **dignement** adv. Avec dignité, retenue. *Il cachait dignement sa douleur.*

▶ **dignité** n.f. ❶ Attitude d'une personne digne, pleine de retenue. *Il a réagi avec dignité aux critiques.* ❷ Respect dû à une personne ou à soi-même. *Avoir de la dignité.* ❸ Très haute fonction. *Être élevé à la dignité de cardinal.*

digression n.f. Partie qui s'écarte du sujet, dans une conversation, un texte. *L'orateur a fait plusieurs digressions.*

digue n.f. Construction qui sert à contenir les eaux de la mer ou d'un fleuve. → Vois aussi **jetée.**

▶▶▶ Mot de la même famille : **endiguer.**

dilapider v. (conjug. 3). Dépenser son argent à tort et à travers. *Il a dilapidé toute sa fortune.* SYN. **gaspiller.**

dilatation n.f. Fait de se dilater, d'augmenter de volume. *La dilatation d'un métal sous l'action de la chaleur.*

▶▶▶ Mot de la famille de **dilater.**

dilater et **se dilater** v. (conjug. 3). Augmenter le volume d'un matériau. *La chaleur dilate le mercure à l'intérieur du thermomètre.* CONTR. **comprimer.** ◆ **se dilater.** Augmenter de volume ou s'agrandir. *Le métal se dilate au soleil. Les pupilles du chat se dilatent.*

dilemme n.m. Obligation de choisir entre deux solutions qui présentent chacune des inconvénients. *Julien est devant un dilemme : il ne sait pas s'il doit accepter ou refuser une proposition.*

● Ce mot s'écrit avec deux **m.**

a b c d e f g h i j k l m n o p q r s t u v w x y z

a b c d e f g h i j k l m n o p q r s t u v w x y z

dilettante n. Personne qui fait quelque chose pour son plaisir, en amateur. *Ma cousine fait de la peinture en dilettante.* CONTR. **professionnel, spécialiste.**

diligence n.f. Voiture tirée par des chevaux qui servait autrefois au transport des voyageurs. → Vois aussi **calèche, carrosse.**

diluer v. (conjug. 3). Ajouter un liquide à une substance pour qu'elle soit moins concentrée. *Diluer du sirop avec de l'eau.* SYN. **délayer.**

diluvien, enne adj. **Pluie diluvienne,** pluie très forte, très abondante.
►►► Mot de la famille de **déluge.**

dimanche n.m. Septième et dernier jour de la semaine. *Je vais à la piscine tous les dimanches matin.*
►►► Mot de la même famille : **endimanché.**

dîme n.f. Impôt que les paysans payaient au clergé. *La dîme a été abolie en 1789.*
● Le **i** prend un accent circonflexe.

dimension n.f. Taille, mesure d'une chose. *Le maçon prend les dimensions de la pièce, il mesure sa longueur, sa largeur et sa hauteur. Une armoire de grande dimension.*

diminuer v. (conjug. 3). ❶ Rendre plus petit, plus faible. *Diminuer les frais.* SYN. **réduire.** *Diminuer la température du four.* SYN. **baisser.** CONTR. **augmenter.** ❷ Devenir plus petit, plus court. *Les jours diminuent en automne.* SYN. **décroître, raccourcir.** CONTR. **croître, rallonger.**

▸ **diminutif** n.m. ❶ Mot formé à partir d'un autre mot pour exprimer le caractère petit de quelque chose. *«Camionnette» est le diminutif de «camion».* ❷ Petit nom formé à partir du prénom d'une personne et qu'on emploie par familiarité. *Le diminutif de Julie est Juju.*

▸ **diminution** n.f. Action ou fait de diminuer. *La diminution des prix.* SYN. **baisse, réduction.** CONTR. **augmentation, hausse.**

dinde n.f. ❶ Femelle du dindon. *La dinde est une volaille.* ❷ Viande de dinde. *Manger une escalope de dinde.*
● Petit : le dindonneau. Cri : le glougloutement.

▸ **dindon** n.m. Gros oiseau de basse-cour au plumage noir, blanc ou roux, dont la queue est souvent brune. Sa tête et son cou sont recouverts d'une excroissance rouge et plissée.
● Femelle : la dinde. Petit : le dindonneau. Cri : le glouglouteMENT.

un **dindon**

▸ **dindonneau** n.m. Jeune dindon.
● Au pluriel : des **dindonneaux.**

dîner v. (conjug. 3). Prendre le repas du soir. *Aujourd'hui, je dîne chez une amie.*
● La nouvelle orthographe permet d'écrire aussi **diner,** sans accent circonflexe.

▸ **dîner** n.m. Repas du soir. *Maman prépare le dîner.*
● La nouvelle orthographe permet d'écrire aussi **diner,** sans accent circonflexe. → Vois aussi **déjeuner.**

▸ **dînette** n.f. ❶ Petit repas que les enfants font semblant de prendre pour jouer. *Kelly et Salomé jouent à la dînette.* ❷ Vaisselle miniature qui sert de jouet. *J'ai offert une dînette à Charline.*
● La nouvelle orthographe permet d'écrire aussi **dinette,** sans accent circonflexe.

dinosaure n.m. Grand reptile préhistorique qui vivait sur la Terre il y a 200 millions d'années environ et qui a disparu il y a 65 millions d'années environ. *Certains dinosaures étaient herbivores, d'autres carnivores.* → Vois aussi **brontosaure, diplodocus.**

→ planche pp. 338-339.

diocèse n.m. Territoire dont s'occupe un évêque ou un archevêque. → Vois aussi **évêché.**

dioxyde n.m. **Dioxyde de carbone,** gaz carbonique. → Vois aussi **carbone.**

dioxygène n.m. Oxygène gazeux.

diphtérie n.f. Grave maladie contagieuse qui peut provoquer la mort par étouffement.

diplodocus n.m. Grand reptile herbivore préhistorique de la famille des dinosaures.

Le diplodocus mesurait plus de 25 mètres de long.

● On prononce le **s**.

diplomate adj. et n. Qui est habile dans les relations avec les autres. *Elle est diplomate, elle saura lui parler sans le vexer.* ◆ n.m. Personne qui représente son pays dans un pays étranger. *Les ambassadeurs et les consuls sont des diplomates.*

▶ **diplomatie** n.f. ❶ Relations entre les États; carrière de diplomate. *Mon oncle est entré dans la diplomatie.* ❷ Habileté dans les relations avec les autres. *Le directeur a agi avec diplomatie.* SYN. **tact.**

▶ **diplomatique** adj. Qui concerne la diplomatie, les relations entre les États. *Un incident diplomatique a fait échouer les négociations.*

diplôme n.m. Document qui atteste qu'une personne a réussi un examen. *Sa cousine a un diplôme d'infirmière.*

● Le **o** prend un accent circonflexe.

▶ **diplômé, e** adj. et n. Qui a un diplôme. *Un infirmier diplômé.*

dire et **se dire** v. (conjug. 64). ❶ Transmettre une information, communiquer par la parole. *Géraldine m'a dit qu'elle viendrait dimanche.* SYN. **affirmer, annoncer.** *Maman m'a dit de l'attendre.* SYN. **demander.** *Il dit ce qu'il pense.* SYN. **exprimer.** ❷ Désigner par un mot dans une langue. *Comment dit-on « chien » en anglais ?* ❸ Tenter quelqu'un, lui faire envie. *Cela ne me dit rien d'aller me baigner.* ❹ **Vouloir dire,** signifier. *Sais-tu ce que ce mot veut dire ?* ❺ **On dirait,** il semblerait, on a l'impression. *On dirait qu'il va pleuvoir. Sarah n'est pas d'accord, on dirait.* ◆ **se dire.** ❶ Être désigné par tel mot, dans une langue. *« Maison » se dit « house » en anglais.* ❷ Dire en soi-même, penser que. *Je me suis dit que ma visite lui ferait sûrement plaisir.*

▸▸▸ Mots de la même famille : **contredire, médire.**

direct, e adj. ❶ Qui va d'un endroit à un autre sans détour ou sans s'arrêter. *Quel est le chemin le plus direct pour aller à la gare ? Prendre un train direct pour Marseille.* ❷ Sans intermédiaire. *Vente directe du producteur au consommateur.* ❸ **Complément direct,** qui est rattaché au verbe sans préposition. CONTR. **indirect.** ◆ n.m. À la radio ou à la télévision, diffusion d'une émission, d'un reportage au moment où ils ont lieu. *Le match est retransmis en direct.* CONTR. **différé.**

▶ **directement** adv. ❶ De manière directe, sans faire de détours. *Je suis rentré directement de la piscine.* ❷ Sans passer par un intermédiaire. *Adressez-vous directement au professeur.*

directeur, trice n. Personne qui dirige une entreprise, un établissement scolaire, une administration. *Mes parents ont pris rendez-vous avec la directrice de l'école.* → Vois aussi **dirigeant, patron.**

▸▸▸ Mot de la famille de **diriger.**

direction n.f. ❶ Sens dans lequel se déplace quelqu'un, quelque chose. *Dans quelle direction vas-tu ?* ❷ Action de diriger. *Son fils a pris la direction de l'entreprise.* ❸ Mécanisme qui permet d'orienter les roues d'un véhicule.

▸▸▸ Mot de la famille de **diriger.**

directives n.f. plur. Recommandations, ordres donnés par la personne qui dirige. *Le patron a donné des directives à ses ouvriers.* SYN. **instructions.**

▸▸▸ Mot de la famille de **diriger.**

directorial, e, aux adj. Du directeur. *Le bureau directorial; des ordres directoriaux.*

● Au masculin pluriel : **directoriaux.**

▸▸▸ Mot de la famille de **diriger.**

dirigeable n.m. Ballon, gonflé à l'hydrogène, muni d'hélices et d'un système de direction.

● Ce mot s'écrit avec un **e** après le **g** pour prononcer le son [ʒ].

▸▸▸ Mot de la famille de **diriger.**

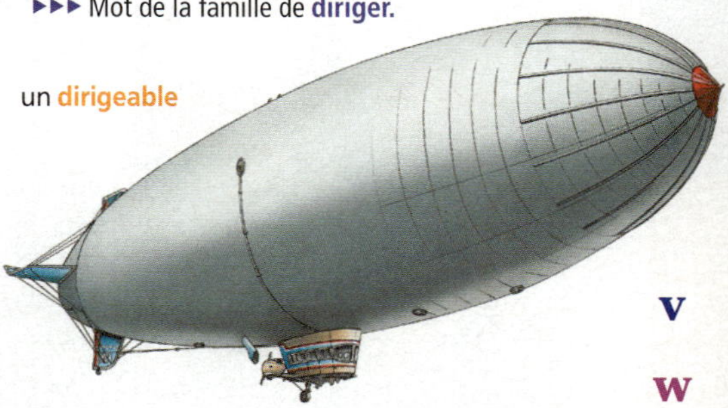

un **dirigeable**

dirigeant, e n. et adj. Personne qui dirige. *Les dirigeants d'un parti politique.* SYN. **chef, responsable.**

● Ce mot s'écrit avec un **e** après le **g** pour prononcer le son [ʒ].

▸▸▸ Mot de la famille de **diriger.**

Les dinosaures

Il y a 135 millions d'années, les dinosaures dominaient le monde. On en a découvert à ce jour plus de 700 espèces différentes. Carnivores ou herbivores, les dinosaures étaient de toutes tailles : à côté du brachiosaure (26 mètres de long !), le compsognathus paraît bien petit.

œuf de dinosaure

ankylosaure

corythosaure

tyrannosaure

des vélociraptors

stégosaure

iguanodon

tricératops
hadrosaure
allosaure
brachiosaure
compsognathus
struthiomimus

a b c d e f g h i j k l m n o p q r s t u v w x y z

diriger et **se diriger** v. (conjug. 5). ❶ Être le directeur, le responsable. *Son père dirige une entreprise.* ❷ Faire aller dans un sens. *Il dirigea son véhicule vers la sortie. Elle dirigea son regard vers moi.* SYN. **tourner.** ◆ **se diriger vers.** Aller vers. *Les manifestants se dirigent vers la mairie.*

discernement n.m. Capacité de juger avec justesse, bon sens. *Tu as fait preuve de discernement dans cette affaire.*
● Le son [s] s'écrit **sc.**
►►► Mot de la famille de **discerner.**

discerner v. (conjug. 3). ❶ Reconnaître distinctement. *Il fait très sombre, on discerne à peine les objets.* SYN. **distinguer.** ❷ Découvrir par la réflexion; percevoir. *Discerner le vrai du faux.* SYN. **démêler.**
● Le son [s] s'écrit **sc.**

disciple n. Personne qui suit l'enseignement d'un maître, qui adopte ses idées. *Les disciples de Jésus. Les disciples d'un philosophe.* → Vois aussi **partisan.**
● Le son [s] s'écrit **sc.**

discipline n.f. ❶ Règlement destiné à faire régner l'ordre. *L'élève a été renvoyé car il ne respectait pas la discipline de l'école.* ❷ Matière enseignée. *La physique, la chimie sont des disciplines scientifiques.*

► **discipliné, e** adj. Qui respecte le règlement. *Samba est une élève disciplinée.* SYN. **obéissant, sage.** CONTR. **dissipé, indiscipliné.**

disc-jockey n. Personne responsable de l'animation musicale d'une discothèque ou d'une fête privée.
● C'est un mot anglais. On prononce [diskʒɔkɛ]. – Il vaut mieux dire **animateur.** – En abrégé, on dit et on écrit **DJ.**– Au pluriel : des **disc-jockeys.**

discobole n.m. Dans l'Antiquité, athlète qui lançait le disque.

le discobole

discordant, e adj. Qui manque d'harmonie, qui ne s'accorde pas. *Des sons discordants.* SYN. **dissonant.** CONTR. **harmonieux, mélodieux.** *Des caractères discordants.* SYN. **opposé.**
►►► Mot de la famille de **discorde.**

discorde n.f. Mot littéraire. Désaccord entre des personnes. *La politique est souvent un sujet de discorde.* SYN. **dispute, mésentente.** CONTR. **accord, entente.**

discothèque n.f. ❶ Établissement où l'on peut écouter de la musique et danser, en consommant des boissons. SYN. **boîte de nuit.** ❷ Collection de disques.

discourir v. (conjug. 21). Parler longuement de quelque chose. *Ils ont discouru pendant des heures du même sujet.*
►►► Mot de la famille de **discours.**

discours n.m. Paroles que l'on dit en public pour une occasion particulière. *Le jour de son élection, le maire a fait un long discours.* → Vois aussi **allocution.**
● Ce mot se termine par un **s.**

discret, ète adj. ❶ Qui ne se mêle pas de ce qui ne le regarde pas. *Walid est un garçon discret.* SYN. **effacé.** CONTR. **curieux, indiscret.** ❷ Qui sait garder un secret. *Tu peux faire confiance à Mariam, elle est très discrète.* ❸ Qui n'attire pas l'attention. *Candice préfère les couleurs discrètes.* CONTR. **voyant.**

► **discrètement** adv. De façon discrète, sans se faire remarquer. *Elle est entrée discrètement dans le bureau.*

► **discrétion** n.f. ❶ Attitude d'une personne discrète, réservée. *Par discrétion, il n'entre jamais sans frapper.* ❷ Qualité de quelqu'un qui sait garder un secret. *Je compte sur votre discrétion.* CONTR. **indiscrétion.**

discrimination n.f. Fait d'isoler et de traiter différemment certaines personnes par rapport aux autres. *La discrimination raciale.* SYN. **ségrégation.**

► **discriminatoire** adj. Qui tend à faire une discrimination, une distinction entre des personnes. *Des mesures discriminatoires.*

disculper et **se disculper** v. (conjug. 3). Prouver l'innocence de quelqu'un. *Les témoignages disculpent l'accusé.* SYN. **innocenter.** ◆ **se disculper.** Prouver son innocence. *Elle s'est disculpée dans une affaire de vol.*

discussion n.f. ❶ Conversation où l'on échange des idées, des avis. *Ils ont eu une longue discussion au sujet de leurs enfants.* SYN. **débat.** ❷ Protestation. *Allez vous coucher, et pas de discussion !*
▸▸▸ Mot de la famille de **discuter.**

discutable adj. Qui n'est pas sûr, que l'on peut contester. *Votre point de vue est discutable.* SYN. **contestable.** CONTR. **indiscutable.**
▸▸▸ Mot de la famille de **discuter.**

discuter v. (conjug. 3). ❶ Échanger des idées, parler avec d'autres personnes. *Maman discute avec une amie.* SYN. **bavarder.** ❷ Refuser d'admettre quelque chose. *Il a obéi sans discuter.* SYN. **contester, protester.**

disette n.f. Manque de nourriture. *Autrefois, les mauvaises récoltes entraînaient des disettes.* → Vois aussi **famine, pénurie.**

disgrâce n.f. État d'une personne qui a perdu la faveur, l'estime qu'on lui accordait. *Le ministre est tombé en disgrâce, il a été écarté du pouvoir.*
● Le **a** prend un accent circonflexe.

▸ **disgracié, e** adj. Mot littéraire. Qui est très laid. *Un visage disgracié.* SYN. **disgracieux.**
● Le **a** ne prend pas d'accent circonflexe, contrairement à **disgrâce.**

▸ **disgracieux, euse** adj. Mot littéraire. ❶ Qui manque de grâce, d'élégance. *Une démarche disgracieuse.* CONTR. **gracieux.** ❷ Qui est très laid. *Un visage disgracieux.* SYN. **disgracié.**
● Le **a** ne prend pas d'accent circonflexe, contrairement à **disgrâce.**

disjoint, e adj. Qui n'est plus joint, qui n'est pas soudé à autre chose. *Les pierres du mur sont disjointes.*

disjoncteur n.m. Appareil électrique qui interrompt automatiquement le courant. *Le disjoncteur coupe le courant lorsqu'il y a un trop grand nombre d'appareils électriques qui fonctionnent en même temps.*

se **disloquer** v. (conjug. 3). Se séparer, se disperser. *Un bloc de glace s'est disloqué. La troupe s'est disloquée.*

disparaître v. (conjug. 73). ❶ Cesser d'être visible. *Le soleil disparaît derrière les nuages.* CONTR. **apparaître.** ❷ Être égaré ou perdu. *Mon sac a disparu.* ❸ Ne plus exister. *Les dinosaures ont disparu il y a plusieurs millions d'années. Un grand chanteur vient de disparaître.* SYN. **mourir.**
● La nouvelle orthographe permet d'écrire aussi **disparaitre** sans accent circonflexe.

disparate adj. Qui manque d'harmonie. *Un mobilier disparate.* SYN. **hétéroclite.** CONTR. **assorti, harmonieux.**

▸ **disparité** n.f. Différence, manque d'égalité. *La disparité des salaires.*

disparition n.f. ❶ Fait de disparaître. *La disparition de mon chat m'inquiète beaucoup.* ❷ Fait de ne plus exister. *La disparition d'une douleur. La disparition d'une espèce animale.* SYN. **extinction.** ❸ Mort. *Les journaux ont annoncé la disparition d'un grand acteur.* SYN. **décès.**
▸▸▸ Mot de la famille de **disparaître.**

disparu, e n. et adj. Personne dont la mort n'est pas prouvée. *Les journaux ont publié la photo des disparus. Deux marins sont portés disparus.*
▸▸▸ Mot de la famille de **disparaître.**

dispensaire n.m. Établissement médical où les soins sont donnés à peu de frais.
● Ce nom masculin se termine par un **e.**

dispense n.f. Autorisation spéciale qui permet de ne pas faire quelque chose d'obligatoire. SYN. **dérogation.**
▸▸▸ Mot de la famille de **dispenser.**

dispenser et **se dispenser** v. (conjug. 3). ❶ Permettre de ne pas faire quelque chose d'obligatoire. *Le médecin a dispensé Richard d'éducation physique.* ❷ **Dispenser des soins,** les donner. *Dispenser des soins à un malade.* ◆ **se dispenser de.** Se permettre de ne pas faire quelque chose. *Elle s'est dispensée d'aller au rendez-vous.*

disperser et **se disperser** v. (conjug. 3). ❶ Répandre de divers côtés. *Le vent a dispersé les papiers dans la pièce.* SYN. **disséminer, éparpiller.** ❷ **Disperser son attention,** faire porter son attention sur trop de choses à la fois. CONTR. **concentrer.** ◆ **se disperser.** S'en aller de tous les côtés. *La foule s'est dispersée rapidement.* CONTR. **se rassembler.**

▸ **dispersion** n.f. Fait de disperser, de se disperser. *La police a procédé à la dispersion des manifestants.*

a b c d e f g h i j k l m n o p q r s t u v w x y z

a b c d e f g h i j k l m n o p q r s t u v w x y z

disponibilité n.f. État de ce qui est disponible. *La disponibilité d'un appartement.*
▸▸▸ Mot de la famille de **disponible.**

disponible adj. ❶ Que l'on peut utiliser, occuper. *Il reste deux chambres disponibles.* SYN. **inoccupé, libre.** CONTR. **occupé.** ❷ Qui dispose de temps, qui n'est pas occupé. *Je serai disponible à 14 heures.*

dispos, e adj. Qui est en forme. *Être frais et dispos.* CONTR. **fatigué, las.**

disposé, e adj. ❶ Prêt à faire quelque chose. *Le directeur est disposé à vous recevoir.* ❷ **Être bien disposé à l'égard de quelqu'un,** se montrer bienveillant à son égard.
▸▸▸ Mot de la famille de **disposer.**

disposer et **se disposer** v. (conjug. 3). ❶ Placer d'une certaine façon. *Disposer des bibelots sur une étagère.* SYN. **installer.** ❷ Avoir une chose à sa disposition, pouvoir l'utiliser. *Disposez-vous d'une voiture ?* ◆ **se disposer à.** Être sur le point de faire quelque chose. *Je me disposais à partir quand tu as téléphoné.* SYN. **s'apprêter à.**
▸▸▸ Mots de la même famille : **indisposer, prédisposer.**

▸ **dispositif** n.m. Ensemble des pièces qui constituent un mécanisme, un appareil. *Installer un dispositif d'alarme.*

▸ **disposition** n.f. ❶ Manière dont sont disposés des objets ou des personnes. *Les vendeurs ont changé la disposition des articles.* ❷ Possibilité de disposer de quelque chose, de quelqu'un. *Le garagiste a mis une voiture à notre disposition. Je suis à votre disposition.* ◆ n.f. plur. ❶ Aptitudes, facilités. *Armelle a des dispositions pour le violon.* ❷ **Prendre ses dispositions,** se préparer, s'organiser. *Il a pris ses dispositions pour être présent à la réunion.* SYN. **précautions.** ❸ Attitude de quelqu'un devant une situation ou à l'égard de quelqu'un d'autre. *Je suis dans de bonnes dispositions aujourd'hui.*

disproportion n.f. Trop grande différence entre deux choses. *La disproportion d'âge ne les empêche pas de jouer ensemble.*

▸ **disproportionné, e** adj. Qui est trop grand ou trop petit par rapport à quelque chose. *Une punition disproportionnée par rapport à la faute commise.* CONTR. **proportionné.** → Vois aussi **démesuré.**

dispute n.f. Discussion violente. *Une dispute a éclaté entre Marine et son frère.* SYN. **querelle.**
▸▸▸ Mot de la famille de **disputer.**

disputer et **se disputer** v. (conjug. 3). ❶ (Sens familier). Faire des reproches à quelqu'un. *Ma mère m'a disputé.* SYN. **gronder, réprimander.** ❷ Participer à une compétition, à un match pour obtenir la victoire. *Disputer un match de basket-ball.* ◆ **se disputer.** Échanger des paroles violentes, méchantes. *Thomas et sa sœur se disputent sans arrêt.* SYN. **se quereller.**

disquaire n. Commerçant qui vend des disques et des DVD.
▸▸▸ Mot de la famille de **disque.**

disqualification n.f. Élimination d'un concurrent qui n'a pas respecté le règlement lors d'une épreuve. *La faute que le boxeur a commise a entraîné sa disqualification.*
▸▸▸ Mot de la famille de **disqualifier.**

disqualifier v. (conjug. 7). Exclure d'une épreuve un concurrent qui n'a pas respecté le règlement. *Disqualifier un coureur cycliste.*

disque n.m. ❶ Plaque ronde sur laquelle sont enregistrés des sons. *Écouter un disque.* ❷ Objet rond et plat que lancent les athlètes. ❸ En géométrie, surface plane délimitée par un cercle. ❹ **Disque dur,** support circulaire permettant l'enregistrement des informations dans un ordinateur.

▸ **disque compact** n.m. Petit disque sur lequel sont enregistrés des sons. *Maxence s'est acheté un disque compact.*
● On dit plus souvent un **CD.**

des **disques compacts**

▸ **disquette** n.f. Petit disque que l'on insère dans un ordinateur pour lire et enregistrer des informations.

dissection n.f. Action de disséquer. *La dissection d'animaux a permis les progrès de l'anatomie.*

▸▸▸ Mot de la famille de **disséquer**.

disséminer v. (conjug. 3). Répandre dans toutes les directions. *Le vent dissémine les graines de certaines plantes.* SYN. **disperser, éparpiller.**

dissension n.f. Opposition, désaccord entre des personnes. *Cette décision a créé des dissensions dans le groupe.* SYN. **conflit.**

disséquer v. (conjug. 9). Couper, ouvrir les différentes parties d'un corps pour les étudier. *Disséquer une grenouille.*

dissidence n.f. Désaccord manifesté par les membres dissidents d'un groupe. *Des dissidences sont apparues au sein du parti politique.* SYN. **division, scission.**

▸ **dissident, e** adj. et n. Qui se sépare d'un groupe. *Les dissidents ont formé un nouveau parti.*

dissimulation n.f. Action de dissimuler, de cacher. *Agir avec dissimulation.* SYN. **hypocrisie.** CONTR. **franchise.**

▸▸▸ Mot de la famille de **dissimuler**.

dissimuler v. (conjug. 3). ❶ Cacher. *La porte est dissimulée par un rideau.* ❷ Ne pas laisser paraître ses sentiments, ses pensées. *Il avait du mal à dissimuler sa peine.* SYN. **cacher.**

dissipation n.f. Fait de se dissiper, de disparaître. *Après dissipation de la brume, le soleil brillera.* SYN. **disparition.**

▸▸▸ Mot de la famille de **dissiper**.

dissipé, e adj. Qui manque d'attention et qui s'agite beaucoup. *Un élève dissipé.* SYN. **indiscipliné, turbulent.** CONTR. **discipliné, sage.**

▸▸▸ Mot de la famille de **dissiper**.

dissiper et **se dissiper** v. (conjug. 3). ❶ Faire disparaître, faire cesser. *Le vent a dissipé les nuages. Dissiper un doute.* ❷ Distraire quelqu'un, détourner son attention. *En classe, mon frère dissipe ses camarades.* ◆ **se dissiper**. Disparaître progressivement. *La brume matinale s'est dissipée.*

dissocier v. (conjug. 7). Séparer des choses liées. *Il faut dissocier ces deux questions.* SYN. **distinguer.**

▸▸▸ Mot de la même famille : **indissociable**.

dissolution n.f. ❶ Fait de se dissoudre, de fondre. *La dissolution du sucre dans l'eau.* ❷ Action de dissoudre, de faire cesser légalement. *Prononcer la dissolution de l'Assemblée nationale.*

▸▸▸ Mot de la famille de **dissoudre**.

dissolvant n.m. Produit qui sert à dissoudre une peinture, un vernis. *Léa utilise du dissolvant pour enlever son vernis à ongles.*

▸▸▸ Mot de la famille de **dissoudre**.

dissonant, e adj. Qui est désagréable à entendre. *Des sons dissonants.* SYN. **discordant.** CONTR. **harmonieux, mélodieux.**

dissoudre et **se dissoudre** v. (conjug. 54). ❶ Faire fondre en mélangeant à un liquide. *Dissoudre un comprimé dans l'eau.* ❷ Mettre légalement fin à une association, à un parti, etc. *Le président de la République a dissous l'Assemblée nationale.* ◆ **se dissoudre**. Fondre dans un liquide. *Le sucre se dissout dans l'eau.* SYN. **se désagréger.**

dissuader v. (conjug. 3). Convaincre quelqu'un de ne pas faire quelque chose. *Mes amis m'ont dissuadé de partir.* CONTR. **inciter à, persuader de.**

▸ **dissuasif, ive** adj. Qui dissuade un ennemi d'attaquer. *Utiliser des armes dissuasives.*

▸ **dissuasion** n.f. **Force de dissuasion,** action ou moyen destinés à convaincre un ennemi éventuel de ne pas attaquer. *L'arme nucléaire est une force de dissuasion.*

dissymétrique adj. Qui manque de symétrie, dont les deux moitiés ne sont pas semblables. *La façade de cette construction est dissymétrique.* CONTR. **symétrique.** → Vois aussi **asymétrique**.

● Ce mot s'écrit avec un **y**.

des pinces dissymétriques

a b c d e f g h i j k l m n o p q r s t u v w x y z

a b c d e f g h i j k l m n o p q r s t u v w x y z

distance n.f. ❶ Espace qui sépare deux endroits. *Quelle est la distance entre Lille et Marseille ?* ❷ Intervalle entre deux instants, deux époques. *Nous avons déménagé deux fois à six mois de distance.*
▸▸▸ Mot de la même famille : **équidistant.**

▸ **distancer** v. (conjug. 4). Laisser derrière soi. *Simon a distancé tous les autres coureurs.* SYN. **devancer.**

▸ **distant, e** adj. ❶ Qui est situé à une certaine distance. *Ces deux villages sont distants de cinq kilomètres.* ❷ Qui est réservé, froid. *Elle s'est montrée très distante avec nous.*

distillation n.f. Opération qui consiste à séparer les constituants d'un liquide en le faisant chauffer. *La distillation de jus de fruits permet d'obtenir de l'alcool.*
▸▸▸ Mot de la famille de **distiller.**

distiller v. (conjug. 3). Faire chauffer un liquide pour en extraire d'autres substances. *On obtient des alcools forts en distillant du vin.*
● On prononce [distile].

▸ **distillerie** n.f. Usine où l'on fabrique de l'alcool par distillation.

distinct, e adj. ❶ Que l'on peut voir ou entendre nettement. *Un bruit distinct.* SYN. **net.** ❷ Que l'on ne peut ou que l'on ne doit pas confondre avec autre chose. *Ce sont deux problèmes distincts.* SYN. **différent.** CONTR. **identique, semblable.**
● Ce mot s'écrit avec un **c** avant le **t** final. – Le masculin se prononce [distɛ̃] ou [distɛ̃kt].
▸▸▸ Mot de la famille de **distinguer.**

distinctement adv. D'une manière distincte, nette. *Voir distinctement.* SYN. **nettement.** *Entendre distinctement.* SYN. **clairement.**
▸▸▸ Mot de la famille de **distinguer.**

distinctif, ive adj. Qui permet de distinguer, de reconnaître. *Le signe distinctif d'une marque d'automobile.* SYN. **caractéristique.**
▸▸▸ Mot de la famille de **distinguer.**

distinction n.f. ❶ Action de distinguer une chose d'une autre, de faire la différence. *Il ne fait pas la distinction entre le blé et l'avoine.* ❷ Élégance dans les gestes, les manières. *Sa tante a de la distinction.* SYN. **raffinement.**
▸▸▸ Mot de la famille de **distinguer.**

distingué, e adj. Qui a de la distinction, des manières élégantes. *Un homme distingué.* SYN. **raffiné.** CONTR. **fruste.**
▸▸▸ Mot de la famille de **distinguer.**

distinguer et **se distinguer** v. (conjug. 6). ❶ Voir, entendre ou sentir nettement. *Sans mes lunettes, je distingue mal les objets.* SYN. **discerner.** ❷ Faire une distinction, une différence entre plusieurs choses ou plusieurs personnes. *Pierre sait distinguer un marronnier d'un châtaignier. Ces sœurs jumelles sont difficiles à distinguer.* SYN. **reconnaître.** ◆ **se distinguer.** Se faire remarquer. *Cette sportive s'est distinguée par ses nombreux exploits.* SYN. **s'illustrer, se singulariser.**

distraction n.f. ❶ Activité qui distrait, qui permet de se divertir. *La lecture est ma distraction préférée.* SYN. **divertissement.** ❷ Manque d'attention, étourderie. *Il s'est trompé de porte par distraction.* SYN. **inattention.**
▸▸▸ Mot de la famille de **distraire.**

distraire et **se distraire** v. (conjug. 77). ❶ Faire passer le temps agréablement. *On a organisé une chasse au trésor pour distraire les enfants.* SYN. **divertir.** ❷ Détourner l'attention de quelqu'un. *Il se laisse trop facilement distraire de son travail.* ◆ **se distraire.** S'occuper agréablement, s'amuser. *Je suis allé au cinéma pour me distraire.* SYN. **se divertir.**

▸ **distrait, e** adj. et n. Qui est peu attentif à ce qu'il fait ou ce qu'il dit. *Rama est très distraite, elle oublie ce qu'on lui dit.* SYN. **étourdi, rêveur.** CONTR. **attentif.**

une enfant distraite

▸ **distraitement** adv. De façon distraite, peu attentive. *Écouter distraitement.* CONTR. **attentivement.**

▶ **distrayant, e** adj. Qui distrait, amuse. *Le spectacle était très distrayant.* SYN. **amusant, divertissant.** CONTR. **ennuyeux.**

distribuer v. (conjug. 3). Donner des choses à différentes personnes. *Hugo a distribué les cartes.* → Vois aussi **répartir.** •

▶ **distributeur** n.m. Appareil qui distribue des produits, des tickets de transport ou des billets de banque.

▶ **distribution** n.f. Action de distribuer. *La distribution du courrier a lieu tous les jours, sauf le dimanche.*

district n.m. Regroupement administratif de plusieurs communes.
● On prononce le **t** final.

dit, dite adj. Surnommé, appelé. *Louis XIV, dit le Roi-Soleil.*
▸▸▸ Mot de la famille de **dire.**

dithyrambique adj. Mot littéraire. Très élogieux. *Les critiques ont écrit des articles dithyrambiques sur ce film.*
● Ce mot s'écrit avec **th** suivi d'un **y.**

diurne adj. Qui se fait le jour; qui vit le jour. *Un travail diurne. La buse est un rapace diurne.* CONTR. **nocturne.**

divagation n.f. Paroles incohérentes. *Les divagations d'un malade.* SYN. **délire.**
▸▸▸ Mot de la famille de **divaguer.**

divaguer v. (conjug. 6). Dire des choses incohérentes. *La fièvre fait divaguer le malade.* SYN. **délirer, déraisonner.**

divan n.m. Canapé sans bras ni dossier pouvant servir de lit.

divergence n.f. Différence de points de vue, désaccord. *Avoir des divergences d'opinions avec ses amis.*
▸▸▸ Mot de la famille de **diverger.**

divergent, e adj. Différent, opposé. *Mes deux frères sont très différents, ils ont des avis divergents sur de nombreuses questions.* SYN. **contraire.** CONTR. **convergent.**
▸▸▸ Mot de la famille de **diverger.**

diverger v. (conjug. 5). ❶ S'écarter l'un de l'autre. *Les routes divergent à la sortie du village.* CONTR. **converger, se rejoindre.** ❷ S'opposer. *Nos avis divergent.* CONTR. **concorder.**

divers, e adj. Différent, varié. *Nous avons traversé des régions très diverses.* ◆ adj. indéfini plur. Plusieurs. *J'ai essayé diverses méthodes.*

▶ **diversifier** v. (conjug. 7). Varier, changer. *Le centre de loisirs essaie de diversifier les activités qu'il propose.*

diversion n.f. ❶ Activité qui détourne l'esprit de ce qui le préoccupe. *J'ai trouvé une agréable diversion.* SYN. **dérivatif.** ❷ **Faire diversion,** détourner l'attention. *J'étais en train de me disputer avec mon frère, ton arrivée a fait diversion.*

diversité n.f. Variété. *On trouve une grande diversité de produits dans ce magasin.* CONTR. **uniformité.**
▸▸▸ Mot de la famille de **divers.**

divertir et **se divertir** v. (conjug. 16). Faire passer le temps agréablement. *Ce film comique nous a bien divertis.* SYN. **amuser, distraire.** CONTR. **ennuyer.** ◆ **se divertir.** S'amuser, se distraire. *Marie s'est divertie en allant au cinéma.*

▶ **divertissant, e** adj. Qui divertit, distrait. *Un spectacle divertissant.* SYN. **amusant, distrayant.** CONTR. **ennuyeux.**

▶ **divertissement** n.m. Distraction. *La danse est un de mes divertissements favoris.*

dividende n.m. Nombre que l'on divise par un autre. *Dans la division « 10 : 2 », « 10 » est le dividende.* → Vois aussi **diviseur.**
▸▸▸ Mot de la famille de **diviser.**

divin, e adj. ❶ Qui a rapport à Dieu ou à un dieu, une divinité. *La bonté divine.* ❷ Excellent, parfait. *Cette mousse au chocolat est divine.* SYN. **exquis.**

divination n.f. Art de prévoir l'avenir. *Pratiquer la divination.* → Vois aussi **devin.**
▸▸▸ Mot de la famille de **deviner.**

divinement adv. De manière divine, très bien. *Ce chœur d'enfants chante divinement.* SYN. **merveilleusement.**
▸▸▸ Mot de la famille de **divin.**

divinité n.f. Dieu ou déesse. *Les divinités grecques.*
▸▸▸ Mot de la famille de **divin.**

diviser v. (conjug. 3). ❶ Séparer en plusieurs parties. *Maman a divisé le gâteau en six.* SYN. **partager.** ❷ Calculer combien de fois un nombre est contenu dans un autre. *Si je divise 35 par 5, j'obtiens 7.* CONTR. **multiplier.**

a b c d e f g h i j k l m n o p q r s t u v w x y z

❸ Créer des désaccords entre des personnes, les opposer. *Cette question divise la population.* CONTR. **rapprocher, unir.**

►►► Mots de la même famille : **indivisible, subdiviser, subdivision.**

► **diviseur** n.m. Nombre par lequel on en divise un autre. *Dans la division « 10 : 2 », « 2 » est le diviseur.* → Vois aussi **dividende.**

► **divisible** adj. Qui peut être divisé par un nombre, sans qu'il y ait de reste à la division. *18 est divisible par 3.*

► **division** n.f. ❶ Action de diviser, de partager. *La division d'un terrain en plusieurs parcelles.* ❷ Opération qui consiste à calculer combien de fois un nombre est contenu dans un autre. CONTR. **multiplication.** ❸ Trait, marque qui correspondent à une mesure. *Les divisions sur une règle.* SYN. **graduation.** ❹ Désaccord entre des personnes. *Son discours a provoqué des divisions dans notre groupe.* ❺ Groupe d'équipes classées selon leurs résultats. *Cette équipe de football joue en première division.* ❻ Groupe militaire qui rassemble plusieurs régiments. *Une division blindée.*

divorce n.m. Rupture d'un mariage. *Demander le divorce.*

► **divorcer** v. (conjug. 4). Se séparer légalement de son conjoint. *Ses parents ont divorcé.*

divulgation n.f. Action de divulguer, de rendre public. *La divulgation d'un secret.* SYN. **révélation.**

►►► Mot de la famille de **divulguer.**

divulguer v. (conjug. 6). Rendre publique une chose secrète ou ignorée. *Les journaux ont divulgué l'information.* SYN. **dévoiler, révéler.** CONTR. **cacher.**

dix adj. numéral et n.m. invar. Neuf plus un. *Un billet de 10 euros. Le dix de carreau.*

dix-huit adj. numéral. Dix-sept plus un. *Mon frère est majeur, il a dix-huit ans.*

► **dix-huitième** adj. numéral et n. Qui occupe un rang, une place marqués par le numéro dix-huit. *Il est arrivé dix-huitième. Léa est la dix-huitième sur la liste.*

dixième adj. numéral et n. Qui occupe un rang, une place marqués par le numéro dix. *La dixième page. Adrien est arrivé le dixième.*
◆ n.m. Quantité contenue dix fois dans un tout. *J'ai dépensé un dixième de la somme.*

►►► Mot de la famille de **dix.**

dix-neuf adj. numéral. Dix-huit plus un. *Un immeuble de dix-neuf étages.*

► **dix-neuvième** adj. numéral et n. Qui occupe un rang, une place marqués par le numéro dix-neuf. *J'habite au dix-neuvième étage.*

dix-sept adj. numéral. Seize plus un. *Ma petite sœur a dix-sept mois.*

► **dix-septième** adj. numéral et n. Qui occupe un rang, une place marqués par le numéro dix-sept. *Le dix-septième jour du mois.*

dizaine n.f. ❶ Groupe de dix unités. *Dans 54, le chiffre des dizaines est 5.* ❷ Groupe d'environ dix. *Une dizaine d'amis étaient présents à mon anniversaire.*

►►► Mot de la famille de **dix.**

djiboutien, enne adj. et n. De Djibouti. *La côte djiboutienne. Moussa est djiboutien. C'est un Djiboutien.*

● Le nom prend une majuscule : *un Djiboutien.*

do n.m. invar. Note de musique. *Le do est la première note de la gamme de do.*

● Ce mot ne change pas au pluriel : des **do.**

doberman n.m. Chien de garde d'origine allemande, au poil ras et dur.

● On prononce [dɔbɛrman].

un **doberman**

docile adj. Qui obéit facilement. *Un cheval docile.* CONTR. **rebelle.**

► **docilement** adv. Avec docilité. *Mon chien obéit docilement.*

► **docilité** n.f. Caractère d'une personne qui se laisse conduire, commander. *Cet enfant fait tout ce qu'on lui dit avec docilité.* SYN. **soumission.**

docks n.m. plur. Dans un port, hangars où l'on stocke des marchandises. → Vois aussi **entrepôt.**
● C'est un mot anglais.

▶ **docker** n.m. Ouvrier qui charge et décharge les bateaux.
● C'est un mot anglais, on prononce [dɔkɛr].

docteur, e n. ❶ Médecin. *J'ai rendez-vous chez le docteur Tellier.* ❷ Personne qui a un doctorat. *Ma cousine est docteur en droit.*

▶ **doctoral, e, aux** adj. Qui affirme d'une manière grave, solennelle. *Parler d'un ton doctoral.*
● Au masculin pluriel : **doctoraux.**

▶ **doctorat** n.m. Diplôme universitaire de haut niveau.

doctrine n.f. Ensemble des idées propres à une religion, à un parti politique.
▶▶▶ Mot de la même famille : **endoctriner.**

document n.m. Texte, photographie qui donnent des renseignements. *Pour faire son exposé sur les volcans, Alexandre a consulté beaucoup de documents.*

▶ **documentaire** adj. et n.m. Qui a le caractère d'un document, qui présente la réalité. *Un film documentaire. J'ai vu un documentaire sur les baleines à la télévision.*

▶ **documentaliste** n. Personne dont le métier est de rechercher et de classer des documents.

▶ **documentation** n.f. Ensemble de documents. *À la bibliothèque, j'ai trouvé une documentation importante sur les pyramides.*

▶ se **documenter** v. (conjug. 3). Se renseigner en consultant des documents. *Grand-père s'est documenté sur l'Égypte.*

dodeliner v. (conjug. 3). **Dodeliner de la tête,** balancer doucement la tête.

1. **dodo** n.m. ❶ Lit, dans le langage des petits enfants. *Aller au dodo.* ❷ **Faire dodo,** dormir.

2. **dodo** n.m. Gros oiseau incapable de voler, qui vivait autrefois à l'île Maurice.

dodu, e adj. Gras. *Un poulet dodu.*

dogmatique adj. Qui exprime des opinions d'une manière catégorique et autoritaire. *Un ton dogmatique.* SYN. **péremptoire.**
▶▶▶ Mot de la famille de **dogme.**

dogme n.m. Idée fondamentale et incontestable d'une religion. *Le dogme de l'immortalité de l'âme.*

doigt n.m. ❶ Partie allongée et mobile située à l'extrémité des mains et des pieds. *Le pouce, l'index, le majeur, l'annulaire et l'auriculaire sont les cinq doigts de la main. Les doigts de pied sont les orteils.* ❷ **Être à deux doigts de,** être sur le point de. *Il était à deux doigts de tomber.* ❸ **Sur le bout des doigts,** parfaitement, par cœur. *Marie sait sa poésie sur le bout des doigts.*
● Ce mot s'écrit avec un **g** avant le **t.**

▶ **doigté** n.m. Adresse, habileté. *Il a montré beaucoup de doigté dans cette affaire délicate.* SYN. **tact.**
● On prononce [dwate].

dollar n.m. Monnaie des États-Unis, du Canada, de l'Australie et de quelques autres pays.

dolmen n.m. Monument préhistorique en pierre constitué d'une dalle horizontale posée sur des blocs dressés, et ressemblant à une énorme table. → Vois aussi **menhir.**
● On prononce [dɔlmɛn].

un **dolmen**

domaine n.m. ❶ Grande propriété à la campagne. ❷ Discipline, matière qu'une personne connaît plus particulièrement. *L'astronomie, c'est son domaine.* SYN. **spécialité.** ❸ Secteur d'activité. *Son oncle travaille dans le domaine de la recherche médicale.* ❹ **Domaine public,** ensemble des biens de l'État. *Les routes, les cours d'eau font partie du domaine public.*

▶ **domanial, e, aux** adj. Qui appartient au domaine public. *Une forêt domaniale.*
● Au masculin pluriel : **domaniaux.**

dôme n.m. ❶ Toit arrondi de certains monuments. *Le dôme d'une mosquée.* ❷ Sommet

a b c d e f g h i j k l t u v w x y z

a b c d e f g h i j k l m n o p q r s t u v w x y z

montagneux de forme arrondie. → Vois aussi **coupole.**

● Le **o** prend un accent circonflexe.

domestique adj. ❶ Qui concerne la maison, le ménage. *Les travaux domestiques; les accidents domestiques.* ❷ **Animal domestique,** animal qui vit près des êtres humains. *Le chat, la vache, la poule sont des animaux domestiques.* SYN. **familier.** CONTR. **sauvage.** ◆ n. Mot ancien. Personne qui s'occupe de l'entretien d'une maison. SYN. **employé de maison.**

▶ **domestiquer** v. (conjug. 3). Apprivoiser un animal sauvage.

domicile n.m. ❶ Endroit où une personne habite. *Vous pouvez me joindre à mon domicile.* ❷ **À domicile,** chez soi. *Travailler à domicile.* ❸ **Sans domicile fixe,** se dit d'une personne qui n'a pas de logement et qui vit dans la rue. SYN. **sans-abri.**

● Pour désigner une personne sans domicile fixe, on emploie souvent l'abréviation **S.D.F.**

▶ **domicilier** v. (conjug. 7). **Être domicilié quelque part,** habiter à cet endroit, y avoir son domicile. *Sa grand-mère est domiciliée dans la région parisienne.*

dominant, e adj. Qui domine, qui est le plus important. *Quels sont les traits dominants de ton caractère ?* SYN. **essentiel, principal.**

▸▸▸ Mot de la famille de **dominer.**

dominateur, trice adj. Qui cherche à s'imposer, à dominer. *Un regard dominateur.*

▸▸▸ Mot de la famille de **dominer.**

domination n.f. Action de dominer; autorité. *La Gaule a longtemps été sous la domination des Romains.*

▸▸▸ Mot de la famille de **dominer.**

dominer v. (conjug. 3). ❶ Être situé au-dessus de quelque chose. *La falaise domine la mer.* SYN. **surplomber.** ❷ Être supérieur. *Notre équipe a dominé toutes les autres.* SYN. **surpasser.** ❸ Contenir une émotion, un sentiment. *Il a réussi à dominer sa colère.* SYN. **maîtriser, surmonter.** ❹ Être le plus apparent dans un ensemble. *Le bleu domine dans ce tableau.* SYN. **prédominer.**

dominicain, e adj. et n. De la République dominicaine. *Les bananes dominicaines. Pedro est dominicain. C'est un Dominicain.*

● Le nom prend une majuscule : *un Dominicain.*

dominical, e, aux adj. Du dimanche. *Le repos dominical.*

● Au masculin pluriel : **dominicaux.**

domino n.m. Petite pièce rectangulaire marquée de points qui fait partie d'un jeu. *Pierre et Aïcha jouent aux dominos.*

des **dominos**

dommage n.m. ❶ Dégât. *La grêle a causé de nombreux dommages aux vignes.* ❷ Ce qui est fâcheux, ce que l'on regrette. *Quel dommage que tu ne puisses pas rester !*

▸▸▸ Mots de la même famille : **dédommagement, dédommager, endommager.**

dompter v. (conjug. 3). Dresser un animal sauvage. *Dompter un tigre.*

● On ne prononce pas le **p.**

▶ **dompteur, euse** n. Personne qui dompte des animaux sauvages. *Au cirque, nous avons assisté au numéro des dompteurs de lions.*

→ Vois aussi **dresseur.**

don n.m. ❶ Action de donner quelque chose; ce que l'on donne. *Ma tante a fait don de ses livres à la bibliothèque de l'école. Cette association recueille des dons pour les démunis.* ❷ Qualité d'une personne qui est douée pour quelque chose. *Candice a des dons pour le piano.* SYN. **aptitude, talent.**

▸▸▸ Mot de la famille de **donner.**

donateur, trice n. Personne qui fait un don ou une donation.

▸▸▸ Mot de la famille de **donner.**

donation n.f. Acte juridique qui consiste à donner un bien à une personne. → Vois aussi **legs.**

▸▸▸ Mot de la famille de **donner.**

donc conjonction. ❶ Indique une conséquence, une conclusion. *Il n'a pas compris, donc je reprends mon explication.* SYN. **par conséquent.** ❷ Sert à insister. *Viens donc avec nous !*

donjon n.m. Tour la plus haute d'un château fort, où se trouvait la demeure du seigneur.

donnant adv. **Donnant, donnant,** à condition de recevoir quelque chose en échange. *Je veux bien te prêter mon vélo, mais c'est donnant, donnant, tu me prêtes ton bracelet.*
▸▸▸ Mot de la famille de **donner.**

donné, e adj. Fixé, déterminé. *Faire un travail en un temps donné.* → Vois aussi **étant donné.**
▸▸▸ Mot de la famille de **donner.**

donnée n.f. ❶ Indication qui est donnée dans l'énoncé d'un problème et qui permet de le résoudre. ❷ Information traitée par un ordinateur.
▸▸▸ Mot de la famille de **donner.**

donner v. (conjug. 3). ❶ Faire un don à quelqu'un. *Jessie a donné des jouets à Hugo.* SYN. **offrir.** ❷ Fournir, vendre. *Donnez-moi deux kilos de pommes, s'il vous plaît.* ❸ Remettre, confier. *J'ai donné mon vélo à réparer.* ❹ Causer, occasionner. *Donner du souci à quelqu'un. Donner faim.* ❺ Dire, indiquer. *Donner l'heure. Donner son avis.* ❻ Accorder. *On m'a donné la permission de sortir.* ❼ Produire, rapporter. *Ce cerisier donne beaucoup de fruits.* ❽ Être situé du côté de. *Cette chambre donne sur le jardin.*

▸ **donneur, euse** n. **Donneur de sang,** personne qui donne son sang pour permettre à un blessé ou à un malade de recevoir une transfusion.

dont pronom relatif. Mot qui remplace un nom précédé de la préposition « de ». *C'est le film dont je t'ai parlé (je t'ai parlé de ce film).*

dopage n.m. Fait de se doper pour augmenter ses performances. *Le dopage est interdit.*
▸▸▸ Mot de la famille de **se doper.**

se **doper** v. (conjug. 3). Prendre un produit, un médicament qui augmente les forces physiques. *Plusieurs coureurs ont été disqualifiés car ils s'étaient dopés.*

dorade → **daurade**

doré, e adj. ❶ Recouvert d'une mince couche d'or. *Un bijou en métal doré.* ❷ De la couleur de l'or. *La lumière dorée du soleil couchant.*
▸▸▸ Mot de la famille de **or.**

dorénavant adv. À partir de maintenant. *Dorénavant, je me lèverai plus tôt.* SYN. **désormais.**

dorer v. (conjug. 3). ❶ Couvrir d'une mince couche d'or. *Dorer un cadre.* ❷ Prendre une couleur jaune foncé, dorée. *La galette dore au four.*
▸▸▸ Mot de la famille de **or.**

dorloter v. (conjug. 3). S'occuper de quelqu'un de manière attentive et tendre. *Ma grand-mère nous dorlote.* SYN. **cajoler, câliner.** CONTR. **malmener, rudoyer.**

dormant, e adj. **Eau dormante,** eau qui ne coule pas, qui reste immobile. SYN. **stagnant.** CONTR. **courant.**
▸▸▸ Mot de la famille de **dormir.**

dormeur, euse n. Personne qui dort ou qui aime dormir.
▸▸▸ Mot de la famille de **dormir.**

dormir v. (conjug. 19). ❶ Être dans l'état de sommeil. *Il dort profondément.* CONTR. **veiller.** ❷ **Dormir debout,** avoir sommeil, être très fatigué.

dorsal, e, aux adj. Qui concerne le dos ou qui est situé sur le dos. *Une douleur dorsale. Une nageoire dorsale.*
● Au masculin pluriel : **dorsaux.**
▸▸▸ Mot de la famille de **dos.**

dortoir n.m. Grande salle où dorment plusieurs personnes.
▸▸▸ Mot de la famille de **dormir.**

dorure n.f. Couche d'or qui recouvre certains objets. *La dorure d'un cadre.*
▸▸▸ Mot de la famille de **or.**

doryphore n.m. Insecte au dos rayé de jaune et de noir qui se nourrit surtout de feuilles de pommes de terre et cause de grands ravages.
● Ce mot s'écrit avec un **y** suivi de **ph.**

un doryphore

dos n.m. ❶ Partie du corps qui va des épaules aux reins. *Léo dort sur le dos.* ❷ **De dos,** du côté où l'on voit le dos. CONTR. **de face, de profil.** ❸ Dessus du corps d'un animal. ❹ Partie bombée d'une chose. *Le dos d'une cuillère. Le dos de la main.* CONTR. **paume.** ❺ Envers d'une feuille de papier. *Écris la date au dos de la photo.* SYN. **verso.**
▸▸▸ Mots de la même famille : **adosser, endosser.**

dosage n.m. Action de déterminer la quantité d'un produit dans un mélange. *Faire le dosage d'un médicament.*
►►► Mot de la famille de **dose.**

dos-d'âne n.m. invar. Bosse sur une route. *Le panneau signale un dos-d'âne.* CONTR. **cassis (2).**
● Ce mot composé ne change pas au pluriel : des **dos-d'âne.**

dose n.f. ❶ Quantité d'un médicament qui doit être prise en une fois. *Il faut respecter la dose prescrite par le médecin.* ❷ Quantité déterminée d'un produit. *Mettre trois doses de lessive dans la machine.*

► **doser** v. (conjug. 3). Déterminer la quantité d'un produit dans un mélange. *Doser des ingrédients.*

dossard n.m. Carré de tissu marqué d'un numéro que portent sur leur maillot les concurrents d'une épreuve sportive.
►►► Mot de la famille de **dos.**

des dossards d'athlètes

1. **dossier** n.m. Partie d'un siège où l'on appuie le dos.
►►► Mot de la famille de **dos.**

2. **dossier** n.m. Ensemble de documents qui concernent un même sujet; chemise où sont classés des documents. *En classe, nous préparons un dossier sur les félins.*

dot n.f. Biens, argent qu'une femme apportait autrefois en se mariant.
● On prononce le **t** : [dɔt].

► **doter** v. (conjug. 3). ❶ Fournir un équipement, du matériel. *Notre bibliothèque a été dotée d'un ordinateur.* SYN. **équiper.** ❷ **Être doté de,** avoir telle qualité. *Audrey est dotée d'une grande patience.* ❸ Donner une dot. *Autrefois, les parents devaient doter leur fille.*

douane n.f. Service administratif chargé de contrôler le passage des marchandises et des personnes à une frontière ou dans un aéroport. *Nous avons montré nos passeports à la douane.*

► **douanier, ère** adj. De la douane. *Les contrôles douaniers.* ◆ n. Employé de la douane. *Les douaniers ont contrôlé nos passeports.*

doublage n.m. Fait de doubler un film ou un acteur. *Le doublage d'un film anglais en français.*
►►► Mot de la famille de **double.**

double adj. ❶ Qui est répété deux fois. *Fermer une porte à double tour. Une double portion de frites.* ❷ **À double sens,** où les véhicules circulent dans les deux sens. *Une rue à double sens.* CONTR. **à sens unique.** ◆ adv. **Voir double,** voir deux choses alors qu'il n'y en a qu'une.
►►► Mots de la même famille : **dédoubler, redoubler.**

► **double** n.m. ❶ Quantité qui est égale à deux fois une autre. *Vingt est le double de dix.* ❷ Copie d'un document, d'un objet. *Le double d'une lettre.* SYN. **duplicata.** CONTR. **original.** *Maman a fait faire un double des clés.* ❸ **En double,** en deux exemplaires.

► **doublement** adv. De deux façons ou pour deux raisons. *Il a doublement tort.*

► **doubler** v. (conjug. 3). ❶ Être multiplié par deux. *Les prix ont doublé en moins d'un an.* ❷ Dépasser un véhicule. *Doubler un camion.* ❸ Mettre une doublure à un vêtement. *Doubler un manteau.* ❹ Remplacer un acteur au cinéma. *Le héros du film a été doublé par un cascadeur dans les scènes dangereuses.* ❺ Enregistrer les dialogues d'un film dans une autre langue que la langue d'origine. *Ce western est doublé en français.*

► **doublure** n.f. ❶ Tissu qui garnit l'intérieur d'un vêtement. *La doublure de sa veste est en soie.* ❷ Personne qui remplace un acteur ou une actrice.

en **douce** adv. Mot familier. Sans bruit, sans se faire remarquer. *Il est sorti en douce.*

douceâtre adj. D'une douceur fade, peu agréable. *Un fruit douceâtre.*
● La nouvelle orthographe permet d'écrire aussi **douçâtre,** avec un **ç** à la place de **ce.**
▸▸▸ Mot de la famille de **doux.**

doucement adv. ❶ Avec douceur, sans bruit, sans violence. *Parler, frapper doucement.* CONTR. **fort.** ❷ Lentement. *Marcher, rouler doucement.* CONTR. **vite.**
▸▸▸ Mot de la famille de **doux.**

doucereux, euse adj. D'une douceur hypocrite. *Elle nous souriait d'un air doucereux.* SYN. **mielleux.**
▸▸▸ Mot de la famille de **doux.**

douceur n.f. ❶ Qualité de ce qui est doux, qui procure une sensation agréable. *La douceur de la peau. La douceur du climat méditerranéen.* CONTR. **rigueur.** ❷ Caractère doux, affectueux. *L'infirmière parle aux malades avec beaucoup de douceur.* SYN. **gentillesse.** CONTR. **rudesse.** ❸ **En douceur,** sans brutalité, doucement. *La voiture a démarré en douceur.*
▸▸▸ Mot de la famille de **doux.**

douche n.f. Appareil qui fait couler un jet d'eau et qu'on utilise pour mouiller son corps et se laver. *Je prends une douche tous les matins.*

▸ se **doucher** v. (conjug. 3). Prendre une douche. *Je n'aime pas prendre des bains, je préfère me doucher.*

doudoune n.f. Grosse veste très chaude, rembourrée de duvet ou d'une autre matière.

doué, e adj. Qui a des dons, qui réussit bien dans un domaine. *Kouamé est doué pour les mathématiques.*

douille n.f. ❶ Pièce où l'on fixe une ampoule électrique. *Une douille à vis.* ❷ Cylindre qui contient la poudre d'une cartouche.

douillet, ette adj. ❶ Qui est sensible à la moindre douleur. *Mon frère est très douillet.* ❷ Confortable, doux. *Un lit douillet.*

douleur n.f. ❶ Sensation d'avoir mal. *Depuis que je suis tombé, je ressens une douleur au genou.* ❷ Chagrin, peine. *La mort de sa grand-mère lui a causé une grande douleur.*
▸▸▸ Mot de la même famille : **endolori.**

▸ **douloureux, euse** adj. Qui fait mal, qui provoque une douleur. *J'ai les pieds douloureux.* SYN. **endolori.**

doute n.m. ❶ Fait de ne pas être sûr de quelque chose. *J'ai des doutes sur sa sincérité.* SYN. **soupçon.** ❷ **Sans doute,** probablement. *Elle a sans doute oublié ce que je lui avais dit.* SYN. **sûrement.**

▸ **douter** et **se douter** v. (conjug. 3). ❶ Ne pas être sûr de quelque chose. *Il fera peut-être beau demain, mais j'en doute.* ❷ Ne pas avoir confiance en ; ne pas pouvoir compter sur. *Je doute de sa parole.* ◆ **se douter que.** S'attendre à quelque chose, le pressentir. *Je me doutais qu'il viendrait.* SYN. **soupçonner.**

▸ **douteux, euse** adj. ❶ Qui n'est pas sûr. *La victoire de cette équipe est douteuse.* SYN. **incertain.** CONTR. **assuré, certain.** ❷ Qui manque de propreté. *Ce verre est douteux.*

douve n.f. Fossé rempli d'eau qui entoure un château.

doux, douce adj. ❶ Qui est agréable au toucher. *La soie est un tissu très doux.* CONTR. **rêche, rugueux.** ❷ Qui est agréable à entendre. *La chanteuse a une voix douce.* ❸ Qui n'est pas froid. *La température est douce pour la saison.* SYN. **clément.** ❹ Qui est gentil, patient. *Ce médecin est très doux avec les enfants.* CONTR. **brutal, dur.** ❺ Faible, modéré. *Une lumière douce.* CONTR. **cru, vif.** *Le plat mijote à feu doux.* CONTR. **fort, vif.** ❻ **Eau douce,** eau non salée des rivières et des lacs. *Des poissons d'eau douce.*
▸▸▸ Mots de la même famille : **adoucir, radoucir, radoucissement.**

douzaine n.f. ❶ Groupe de douze unités. *J'ai acheté une douzaine d'œufs.* ❷ Douze ou à peu près douze. *Jonathan a invité une douzaine de camarades.*
▸▸▸ Mot de la famille de **douze.**

douze adj. numéral. Onze plus un. *Les douze mois de l'année.*

▸ **douzième** adj. numéral et n. Qui occupe un rang, une place marqués par le numéro douze. *J'habite au douzième étage. Tu es le douzième sur la liste.*

doyen, enne n. Personne la plus âgée. *Son arrière-grand-mère est la doyenne de la région.*

a b c d e f g h i j k l m n o p q r s t y z

draconien, enne adj. Très sévère. *Prendre des mesures draconiennes.*

dragée n.f. Bonbon fait d'une amande recouverte de sucre durci. *On offre souvent des dragées lors d'un baptême ou d'un mariage.*

dragon n.m. Animal imaginaire que l'on représente avec des ailes, des griffes et une queue de serpent.

un dragon

dragonne n.f. Courroie d'un bâton de ski, de parapluie que l'on passe autour du poignet.

draguer v. (conjug. 6). Nettoyer le fond d'un cours d'eau, en enlevant le sable, les cailloux ou la boue qui s'y sont accumulés.

▸ **dragueur** n.m. **Dragueur de mines,** bateau équipé pour retirer les mines qui sont sous l'eau.

drain n.m. Tube souple placé dans une plaie pour que le pus s'écoule.

▸ **drainer** v. (conjug. 3). ❶ Placer un drain dans une plaie pour en faire sortir le pus. ❷ Débarrasser un terrain trop humide de l'excès d'eau.

drakkar n.m. Bateau que les Vikings utilisaient pour leurs expéditions.

● Ce mot s'écrit avec deux **k.**

dramatique adj. Très grave, terrible. *La situation des sans-abri est dramatique.* SYN. **catastrophique, tragique.**

▸▸▸ Mot de la famille de **drame.**

dramatiquement adv. De façon dramatique, grave ou tragique. *L'expédition des alpinistes s'est terminée dramatiquement.*

▸▸▸ Mot de la famille de **drame.**

dramatiser v. (conjug. 3). Exagérer la gravité d'une situation. *Il a tendance à tout dramatiser.* CONTR. **dédramatiser.**

▸▸▸ Mot de la famille de **drame.**

drame n.m. ❶ Événement très grave, terrible. *Le tremblement de terre fut un drame pour le pays.* SYN. **catastrophe, tragédie.** ❷ Pièce de théâtre dont l'histoire est violente ou triste. *Victor Hugo a écrit des drames.* → Vois aussi **comédie.**

drap n.m. ❶ Grande pièce de tissu léger qui recouvre le matelas ou que l'on place sous une couverture. ❷ **Drap de bain,** très grande serviette en tissu-éponge.

● Ce mot se termine par un **p.**

▸ **drapeau** n.m. Pièce de tissu attachée à un mât et portant les couleurs et les emblèmes d'un pays, d'un organisme. *Le drapeau français est bleu, blanc et rouge.*

● Au pluriel : des **drapeaux.**

▸ se **draper** v. (conjug. 3). S'envelopper dans un vêtement ample. *Elle s'est drapée dans une cape.*

un drakkar

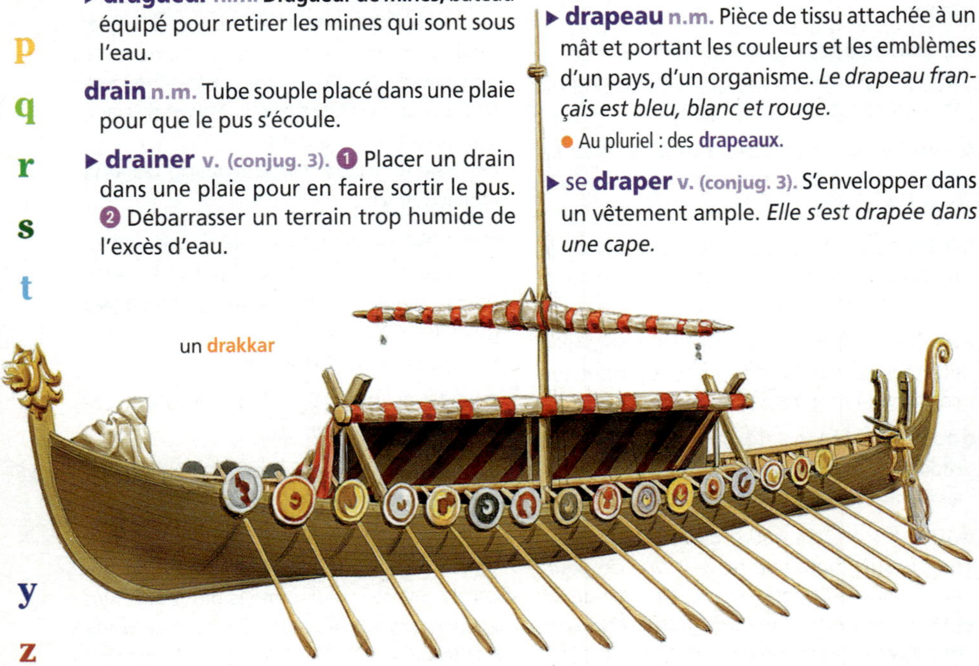

▸ **draperie** n.f. Grand morceau de tissu formant des plis harmonieux. *Une draperie recouvre le divan.*

dressage n.m. Action de dresser un animal. *Le dressage d'un chien.*
▸▸▸ Mot de la famille de **dresser (2).**

1. **dresser** et **se dresser** v. (conjug. 3). ❶ Lever, tenir droit. *Le chien dresse les oreilles.* CONTR. **baisser.** ❷ Mettre droit. *Grand-père a dressé une échelle contre le mur.* ❸ Mettre en place, installer. *Les campeurs ont dressé leur tente dans un champ.* SYN. **monter, planter.** ❹ Installer, établir soigneusement. *Dresser la table. Dresser une liste.* ◆ **se dresser**. Se mettre debout, se tenir droit. *Se dresser sur la pointe des pieds.*

2. **dresser** v. (conjug. 3). Habituer un animal à obéir. *Dresser des chevaux.* → Vois aussi **dompter.**

▸ **dresseur, euse** n. Personne qui dresse un animal. *Un dresseur de chien.* → Vois aussi **dompteur.**

dribble n.m. Action de dribbler.
▸▸▸ Mot de la famille de **dribbler.**

dribbler v. (conjug. 3). Dans un jeu de ballon, courir en poussant le ballon du pied ou en le faisant rebondir à la main.

drogue n.f. ❶ Produit toxique qui est dangereux pour la santé et qui provoque une accoutumance. *Le tabac est une drogue.* ❷ Autrefois, médicament.

▸ **drogué, e** n. et adj. Personne qui prend régulièrement de la drogue et qui en est dépendante. *Les drogués peuvent se faire aider par des médecins pour se désintoxiquer.* SYN. **toxicomane.**

▸ **droguer** et **se droguer** v. (conjug. 6). Faire prendre une drogue à quelqu'un. *Les malfaiteurs avaient drogué le chien pour l'endormir.* ◆ **se droguer**. Prendre de la drogue. *Il ne se drogue plus.*

droguerie n.f. Magasin où l'on vend des produits d'entretien et de la quincaillerie.

▸ **droguiste** n. Commerçant qui tient une droguerie.
● On peut aussi dire **marchand de couleurs.**

1. **droit** n.m. ❶ Autorisation accordée par une personne ou par un règlement. *Rachid a le droit de regarder la télévision le mardi soir.* SYN. **permission.** CONTR. **interdiction.** ❷ Ce à quoi on peut légitimement prétendre. *Les droits et les devoirs des citoyens. La Déclaration des droits de l'enfant date de 1989.* ❸ Ensemble des lois qui règlent les rapports des hommes entre eux. *Anthony veut faire des études de droit pour devenir juge.* ❹ **Être dans son droit,** avoir raison, conformément à un règlement. *L'automobiliste avait la priorité, il était dans son droit.* CONTR. **être dans son tort.** ❺ Somme d'argent que l'on doit payer pour obtenir quelque chose. *Payer des droits de douane.* SYN. **taxe.**

→ planche pp. 308-309.

2. **droit, e** adj. Qui est situé du côté opposé à celui du cœur. *Léo écrit de la main droite.* CONTR. **gauche.**

3. **droit, e** adj. ❶ Qui ne tourne pas, qui va directement d'un point à un autre. *Une ligne droite.* SYN. **rectiligne.** CONTR. **brisée, courbe.** ❷ Qui est vertical ou horizontal. *Le mur est bien droit.* CONTR. **oblique, penché.** *L'étagère est droite.* ❸ **Angle droit,** angle formé par deux droites perpendiculaires, et qui mesure 90°. ❹ Qui est honnête et juste. *Le directeur est un homme droit.* SYN. **loyal.** CONTR. **fourbe, malhonnête.** ◆ adv. En ligne droite. *Marcher droit. Continuez tout droit.*

▸ **droite** n.f. ❶ Ligne droite. CONTR. **courbe.** ❷ Côté droit. *Kelly était assise à ma droite.* CONTR. **gauche.** ❸ **À droite,** du côté droit. *Tourner à droite.* ❹ Ensemble des partis politiques conservateurs. CONTR. **gauche.**

droitier, ère adj. et n. Qui se sert habituellement de la main droite. *Leïla est droitière.* CONTR. **gaucher.**
▸▸▸ Mot de la famille de **droit (2).**

droiture n.f. Qualité d'une personne honnête et juste. *Cet homme est connu pour sa droiture.* SYN. **loyauté.**
▸▸▸ Mot de la famille de **droit (3).**

drôle adj. ❶ Qui fait rire. *Raconter une histoire drôle.* SYN. **amusant.** CONTR. **triste.** *Ce comédien est très drôle.* SYN. **comique.** CONTR. **ennuyeux.** ❷ Qui est étonnant, qui n'est pas normal. *Nouha avait un drôle d'air.* SYN. **bizarre, étrange.**
● Le **o** prend un accent circonflexe.

▸ **drôlement** adv. ❶ D'une manière bizarre. *Il nous regarde drôlement.* SYN. **bizarrement,**

a b c d e f g h i j k l m n o p q r s t u v w x y z

a b c d e f i j k l m n o p q r s t u v w x y z

curieusement. ② (Sens familier). Très. *Il fait drôlement chaud aujourd'hui.*

▶ **drôlerie** n.f. Caractère de ce qui est drôle, amusant. *La drôlerie de sa réponse a fait rire toute la classe.*

dromadaire n.m. Grand mammifère herbivore domestique, cousin du chameau mais avec une seule bosse sur le dos, qui vit dans les déserts d'Afrique et d'Arabie. Il est très résistant à la sécheresse.

● Ce nom masculin se termine par un **e**. – Cri : le blatèrement.

un dromadaire

dru, e adj. Qui pousse par touffes épaisses. *Du blé dru.* CONTR. **clairsemé.** *Un chien aux poils drus.* SYN. **touffu.**

druide n.m. Prêtre chez les Gaulois. *Les druides enseignaient la religion et rendaient la justice.*

du → de

dû, due adj. ① Causé, provoqué par quelque chose. *L'accident est dû au verglas.* ② Que l'on doit. *Il a payé la somme due, les intérêts dus.* ◆ **dû** n.m. sing. Ce que l'on doit à quelqu'un. *Réclamer son dû.*

● Au masculin singulier, le **u** prend un accent circonflexe.

▸▸▸ Mot de la famille de **devoir (1).**

dubitatif, ive adj. Qui doute ou qui exprime le doute. *Il m'a répondu d'un air dubitatif.* SYN. **incrédule, sceptique.**

duc, duchesse n. Personne qui a le titre de noblesse le plus élevé après celui de prince.

▶ **ducal, e, aux** adj. Qui appartient à un duc ou à une duchesse. *Un palais ducal.*

● Au masculin pluriel : **ducaux.**

▶ **duché** n.m. Territoire qui était gouverné par un duc. *La Bourgogne était un duché.*

duchesse → duc

duel n.m. Combat entre deux personnes dont l'une se juge offensée par l'autre. *Se battre en duel. Un duel à l'épée, au pistolet.*

un duel à l'épée

dune n.f. Colline de sable formée par le vent, au bord de la mer ou dans le désert.

duo n.m. Morceau de musique pour deux instruments ou deux voix. *Chanter en duo.*

→ Vois aussi **solo, trio.**

dupe adj. **Ne pas être dupe,** ne pas se laisser tromper. *Il me ment, mais je ne suis pas dupe.*

▶ **duper** v. (conjug. 3). Mot littéraire. Tromper quelqu'un. *Il s'est laissé duper par de belles promesses.* SYN. **berner.**

▶ **duperie** n.f. Mot littéraire. Fait de duper, de tromper. *Toute cette affaire n'était qu'une duperie.* SYN. **tromperie.**

duplex n.m. ① Appartement sur deux étages reliés par un escalier intérieur. ② **Émission en duplex,** émission de radio ou de télévision diffusée à partir de deux lieux.

duplicata n.m. Copie d'un document. *Son employeur lui a demandé les duplicatas de tous ses diplômes.* SYN. **double.** CONTR. **original.**

duplicité n.f. Manque de franchise. SYN. **fourberie, hypocrisie.**

duquel → lequel

dur, e adj. ① Qui est difficile à entamer, à casser, à plier. *Ces biscuits sont durs.* CONTR. **mou, tendre.** *Un acier dur.* SYN. **résistant.** *Une viande dure.* SYN. **coriace.** CONTR. **tendre.** ② **Œuf dur,** œuf dont le blanc et le jaune se sont solidifiés dans la coquille par une cuisson prolongée. ❸ Qui demande un effort physique ou intellectuel. *L'ascension a été dure.* SYN. **pénible.** *Ce problème est dur.* SYN. **difficile.** CONTR. **aisé, facile.** ❹ Pénible à supporter. *L'hiver est dur.* SYN. **rude.** CONTR. **doux.** ❺ Qui manque de bonté, d'indulgence. *Il est dur avec ses enfants.* SYN. **sévère.** CONTR. **indulgent, tendre.** ◆ adv. Avec énergie, ténacité; beaucoup. *Mon cousin travaille dur pour réussir.* SYN. **énormément.** ◆ n.m. **Construction en dur,** en matériaux solides et résistants.

▶ **dur, e** n. Personne qui n'a peur de rien. *Bastien joue les durs devant ses camarades.*

durable adj. Qui dure longtemps. *Chercher un emploi durable.* SYN. **stable.** CONTR. **précaire.**
▸▸▸ Mot de la famille de **durer.**

durant préposition. Pendant. *Je me suis levé plusieurs fois durant la nuit.*
▸▸▸ Mot de la famille de **durer.**

durcir v. (conjug. 16). ❶ Devenir dur. *Le gel durcit le sol.* CONTR. **ramollir.** ❷ Rendre plus sévère. *Cette coiffure durcit les traits de son visage.* CONTR. **adoucir.**
▸▸▸ Mot de la famille de **dur.**

durcissement n.m. ❶ Fait de durcir. *Le durcissement du ciment.* ❷ Fait de devenir plus dur, plus sévère. *Le durcissement de leur position ne facilite pas les négociations.*
▸▸▸ Mot de la famille de **dur.**

durée n.f. Période pendant laquelle a lieu une action, un événement. *Quelle est la durée du film ?*
▸▸▸ Mot de la famille de **durer.**

durement adv. Avec dureté. *Il lui parle durement.* SYN. **sévèrement.** CONTR. **gentiment.**
▸▸▸ Mot de la famille de **dur.**

durer v. (conjug. 3). ❶ Avoir une durée de. *Le film dure une heure et demie.* ❷ Se prolonger dans le temps. *L'hiver dure.* SYN. **continuer, persister.**

dureté n.f. Caractère de ce qui est dur. *La dureté du marbre.* SYN. **résistance.** *La dureté de l'hiver.* SYN. **rigueur.** CONTR. **douceur.**
▸▸▸ Mot de la famille de **dur.**

duvet n.m. ❶ Petites plumes douces et légères qui couvrent le corps des oisillons et le ventre de certains oiseaux adultes. ❷ Sac de couchage garni de duvet ou d'une autre matière. *Quand nous faisons du camping, nous dormons dans des duvets.* ❸ Petits poils fins. *Les pêches, les coings sont recouverts de duvet.*

▶ **duveté, e** adj. Qui est couvert de duvet ou qui a l'apparence du duvet. *Un fruit duveté.*
● On peut aussi dire **duveteux, euse.**

DVD n.m. Disque compact de grande capacité, sur lequel sont enregistrés des images et des sons.

dynamique adj. Qui agit avec énergie et entrain. *Marie a de nombreuses occupations, c'est une fille très dynamique.* SYN. **actif, énergique.** CONTR. **apathique, lymphatique.**
● Ce mot s'écrit avec un **y.**

▶ **dynamiser** v. (conjug. 3). Donner du dynamisme, de l'énergie. *L'entraîneur essaie de dynamiser son équipe.* SYN. **stimuler.**

▶ **dynamisme** n.m. Énergie et entrain avec lesquels on fait quelque chose. *Leïla est pleine de dynamisme.* SYN. **vitalité.**

dynamite n.f. Explosif très puissant. *Les cambrioleurs ont fait sauter le coffre-fort à la dynamite.*
● Ce mot s'écrit avec un **y.**

▶ **dynamiter** v. (conjug. 3). Faire sauter à la dynamite. *Les soldats ont dynamité le pont.*

dynamo n.f. Appareil qui produit de l'électricité. *Les feux d'une bicyclette fonctionnent grâce à une dynamo.*
● Ce mot s'écrit avec un **y.**

dynastie n.f. Succession de rois d'une même famille. *La dynastie des Capétiens.*
● Ce mot s'écrit avec un **y.**

▶ **dynastique** adj. Qui concerne une dynastie. *Une querelle dynastique.*

dysenterie n.f. Maladie très grave qui provoque des douleurs au ventre et des diarrhées.
● Ce mot s'écrit avec un **y.**

dyslexique adj. et n. Se dit d'une personne qui a des difficultés à lire et à écrire parce qu'elle confond et intervertit les lettres des mots.
● Ce mot s'écrit avec un **y.**

a b c d **e** f g h i j k l m n o p q r s t u v w x y z

eau n.f. ❶ Liquide incolore et transparent, sans odeur ni goût, que l'on trouve dans la nature. *Une eau de source. L'eau douce des lacs et des rivières.* ❷ **Eau de Cologne,** liquide alcoolisé et parfumé que l'on utilise pour la toilette. ❸ **Eau de Javel,** liquide utilisé comme désinfectant et décolorant. ❹ **Mettre l'eau à la bouche,** faire saliver, ouvrir l'appétit. *Cette odeur de gâteau me met l'eau à la bouche.* ❺ (Familier). **Tomber à l'eau,** ne pas se réaliser. *Mon projet de voyage est tombé à l'eau.* ◆ n.f. plur. **Eaux territoriales,** zone de mer qui borde un pays et qui lui appartient. → Vois aussi **pollution.**

● Au pluriel : des **eaux.**

→ planche pp. 358-359.

eau-de-vie n.f. Boisson alcoolisée très forte faite à partir de fruits ou de céréales.

● Au pluriel : des **eaux-de-vie.**

ébahi, e adj. Qui est très étonné. *Il est resté ébahi à l'annonce de cette nouvelle.* SYN. **éberlué, stupéfait.**

▸▸▸ Mot de la famille de **ébahir.**

ébahir v. (conjug. 16). Provoquer un grand étonnement. *Les tours du magicien ont ébahi le public.* SYN. **sidérer, stupéfier.**

ébats n.m. plur. Mot littéraire. Mouvements vifs et gais. *Nous observions avec amusement les ébats des chatons dans l'herbe.*

▸▸▸ Mot de la famille de **s'ébattre.**

s'**ébattre** v. (conjug. 50). Mot littéraire. Se détendre en gesticulant, en courant. *Les enfants s'ébattent sur la pelouse du jardin.* SYN. **folâtrer, gambader.**

ébauche n.f. ❶ Première forme d'une œuvre d'art, d'un objet. *L'ébauche d'un tableau.* SYN. **croquis, esquisse.** ❷ Commencement d'un geste, d'une action. *L'ébauche d'un sourire.* SYN. **amorce.**

▸▸▸ Mot de la famille de **ébaucher.**

ébaucher v. (conjug. 3). ❶ Donner une première forme à une œuvre, à un travail. *L'architecte a ébauché le plan de la maison.* SYN. **esquisser.** ❷ Commencer à faire. *Ébaucher un geste.* SYN. **esquisser.**

ébène n.f. Bois précieux, noir et dur, provenant d'un arbre des pays chauds, l'*ébénier.*

● Nom du genre féminin : **une ébène.**

un **ébénier**

▸ **ébéniste** n. Menuisier qui fabrique ou répare des meubles en bois précieux.

▸ **ébénisterie** n.f. Métier de l'ébéniste.

éberlué, e adj. Très étonné, stupéfait. *Il nous regardait avec un air éberlué.* SYN. **ébahi.**

éblouir v. (conjug. 16). ❶ Faire mal aux yeux, aveugler par une lumière trop vive. *Le soleil m'éblouit.* ❷ Provoquer l'admiration, l'émerveillement. *La danseuse a ébloui les spectateurs.* SYN. **émerveiller, fasciner.**

▶ **éblouissant, e** adj. ❶ Qui éblouit, aveugle. *Des phares éblouissants.* SYN. **aveuglant.** ❷ Qui impressionne par sa beauté. *Un spectacle éblouissant.* SYN. **merveilleux, splendide.**

▶ **éblouissement** n.m. ❶ Trouble passager de la vue causé par une lumière trop vive. *Se protéger de l'éblouissement de la neige.* ❷ Émerveillement. *Le numéro des patineurs est un éblouissement.* SYN. **enchantement, ravissement.**

e-book n.m. Livre électronique, qui se lit sur un écran. SYN. **liseuse.** → Vois aussi **livre (1).**
● C'est un mot anglais, on prononce [ibuk].
– Au pluriel : des **e-books.**

éborgner v. (conjug. 3). Crever un œil, rendre borgne.

éboueur n.m. Personne chargée du ramassage des ordures.

ébouillanter et **s'ébouillanter** v. (conjug. 3). Tremper dans l'eau bouillante ou passer à l'eau bouillante. *Ébouillanter des légumes.* ◆ **s'ébouillanter.** Se brûler avec un liquide bouillant ou très chaud. *Jessie s'est ébouillanté le pied.*
▸▸▸ Mot de la famille de **bouillant.**

éboulement n.m. Chute de terre, de pierres. *L'éboulement de la falaise a empêché la circulation des voitures.* SYN. **effondrement.**
▸▸▸ Mot de la famille de **s'ébouler.**

s'**ébouler** v. (conjug. 3). S'affaisser en se désagrégeant. *La falaise s'est éboulée.* SYN. **s'écrouler, s'effondrer.**

▶ **éboulis** n.m. Amas de terre, de pierres qui se sont éboulées. *Des éboulis au pied d'un mur.*
● Ce mot se termine par un **s.**

ébouriffé, e adj. Qui a les cheveux en désordre. *Anne est tout ébouriffée à cause du vent.* SYN. **échevelé.**

ébranlement n.m. ❶ Secousse produite par un choc. *Le tremblement de terre a provoqué l'ébranlement du sol.* ❷ Fait de s'ébranler. *L'ébranlement du train.*
▸▸▸ Mot de la famille de **ébranler.**

ébranler et **s'ébranler** v. (conjug. 3). ❶ Faire trembler, faire vibrer. *Les camions qui passent ébranlent les vitres.* SYN. **secouer.** ❷ Rendre fragile, affaiblir. *Cette longue maladie a ébranlé sa santé.* ◆ **s'ébranler.** Se mettre en mouvement. *Le train s'ébranla.* SYN. **démarrer.**

ébréché, e adj. Dont le bord est cassé. *Une assiette ébréchée.*
▸▸▸ Mot de la famille de **ébrécher.**

ébrécher v. (conjug. 9). Casser un petit morceau sur le bord d'un objet. *Ébrécher un plat.*

ébriété n.f. État d'une personne ivre. *Il a été condamné pour avoir conduit en état d'ébriété.* SYN. **ivresse.**

s'**ébrouer** v. (conjug. 3). Se secouer après avoir été mouillé. *Le chien s'ébroue en sortant de la rivière.*

ébruiter v. (conjug. 3). Faire connaître une nouvelle, la rendre publique. *Il vaudrait mieux ne pas ébruiter l'information.* SYN. **divulguer, révéler.**
▸▸▸ Mot de la famille de **bruit.**

ébullition n.f. État d'un liquide qui bout. *Porter de l'eau à ébullition.*

écaille n.f. ❶ Chacune des petites plaques dures qui recouvrent le corps des poissons et des reptiles. ❷ Matière qu'on tire de la carapace des tortues de mer et dont on fait différents objets. *Des lunettes en écaille.* ❸ Petite plaque qui se détache d'une surface. *Des écailles de peinture.*

poisson

tortue

serpent

pangolin

des **écailles** d'animaux

Le cycle de l'eau

L'eau circule sur toute la surface de la Terre. Au-dessus des océans, l'eau s'évapore et forme des nuages. Elle retombe en pluie puis retourne à la mer par les fleuves et les rivières. Ce parcours ne s'arrête jamais, c'est ce qu'on appelle le « cycle de l'eau ».

Le cycle de l'eau

Les états de l'eau

- L'eau se présente sous trois formes :
- **solide** (glace, neige, givre, grêlons)
- **liquide** (ruisseau, rivière, mer)
- **gazeuse** (vapeur).
- L'eau **gèle** au-dessous de 0 °C. À partir de 100 °C, elle se transforme en **gaz** invisible qui se mélange à l'air : elle **s'évapore**. Au contact de l'air plus froid, la **vapeur** d'eau **se condense** en **gouttelettes**.

Le cycle de l'eau

- Les rayons du soleil provoquent l'**évaporation** de l'eau à la surface des mers.
- En s'élevant dans l'**atmosphère**, la **vapeur** refroidit ; les gouttelettes très légères se rassemblent et forment des **nuages** ou du **brouillard**.
- Quand les gouttelettes s'alourdissent, les nuages se transforment en **précipitations** (pluie ou neige).
- Une partie de cette pluie s'évapore à nouveau, l'autre partie **ruisselle**, rejoignant les **cours d'eau**, ou s'infiltre dans les **nappes souterraines** ou **nappes phréatiques**.

De la source à la mer

- De la montagne jaillit une **source** d'eau douce✿. D'abord petit **ruisseau**, l'eau bouillonne en **torrent** ou **cascade**, puis devient **rivière**. La rivière se jette à son tour dans le **fleuve**. À l'**embouchure**, elle rejoint la **mer**.
- Certaines étendues d'eau **stagnent**✿ ; elles forment des **mares**, des **étangs**, des **lacs**.

✿ eau douce ≠ eau salée

✿ eau stagnante ≠ eau courante

Pour en savoir plus

Expressions figurées

• **Les petits ruisseaux font les grandes rivières** : les petits éléments accumulés finissent par produire de grandes choses.

• **Se noyer dans un verre d'eau** : être incapable de résoudre le moindre problème.

• **Se jeter à l'eau** : se décider.

L'eau et ses dangers

• Les pluies abondantes et soudaines peuvent provoquer des **crues** et des **inondations**.

• Le manque d'eau ou **sécheresse** pose également des problèmes de survie.

• Parfois accompagnés d'éclairs (la **foudre**), les **orages** sont des phénomènes dangereux.

• En montagne, les glissements de plaques de neige ou de glace provoquent des **avalanches** qui emportent tout sur leur passage.

• Les séismes sous-marins peuvent déclencher de gigantesques vagues, les **tsunamis**.

Le traitement de l'eau

• L'eau que l'on utilise est **pompée** dans les nappes souterraines ou les rivières.

• Pour la rendre **potable**✿, il faut la **filtrer** et la **traiter** dans des **stations d'épuration**.

• On la stocke ensuite dans des **réservoirs** (les **châteaux d'eau**) et elle s'écoule jusqu'aux habitations par des gros tuyaux souterrains, les **canalisations**.

• Les **eaux usées**✿ sont évacuées par les **égouts**.

✿ **eau potable = eau buvable**
✿ **eaux usées = eaux sales**

a b c d e f g h i j k l m n o p q r s t u v w x y z

▸ **écailler** et **s'écailler** v. (conjug. 3). Enlever les écailles d'un poisson. ◆ **s'écailler.** Se détacher par écailles, par petites plaques. *La peinture s'écaille.*

écarlate adj. ❶ Rouge très vif. *Une écharpe écarlate.* ❷ Qui a le visage très rouge. *Il est devenu écarlate quand il a pris la parole.* SYN. **cramoisi.**

écarquiller v. (conjug. 3). **Écarquiller les yeux,** les ouvrir très grands.

écart n.m. ❶ Mouvement brusque de côté. *La voiture a fait un écart pour éviter un lapin.* SYN. **embardée.** ❷ Différence entre deux valeurs, deux nombres. *Les écarts de température entre le jour et la nuit.* SYN. **variation.** ❸ **À l'écart,** loin de ; en dehors de. *La maison est à l'écart de la route. Bruno est resté à l'écart du groupe.* ❹ **Grand écart,** mouvement de danse où les jambes sont tendues de façon à toucher le sol sur toute leur longueur. *Les danseurs font le grand écart.*

▸▸▸ Mot de la famille de **écarter.**

écarteler v. (conjug. 11). ❶ Faire subir un supplice qui consistait à attacher les membres d'un condamné à quatre chevaux qui tiraient chacun de leur côté. ❷ Obliger quelqu'un à choisir entre des choses différentes. *Il est écartelé entre deux envies.* SYN. **tirailler.**

écartement n.m. Distance, espace entre deux choses. *L'écartement des rails de chemin de fer.*

▸▸▸ Mot de la famille de **écarter.**

écarter et **s'écarter** v. (conjug. 3). ❶ Mettre une certaine distance entre deux choses. *Écarter les bras.* CONTR. **rapprocher.** *Écarter le lit du mur.* SYN. **éloigner.** ❷ Rejeter, ne pas tenir compte de quelque chose. *Tu peux écarter cette solution, ce n'est pas la bonne.* SYN. **éliminer, exclure.** ◆ **s'écarter.** Se mettre de côté, plus loin. *Écarte-toi, tu es dans le chemin !* SYN. **s'effacer.**

ecchymose n.f. Tache bleue qui reste sur la peau quand on a reçu un coup. SYN. **bleu.**

→ Vois aussi **contusion, hématome.**

● Ce mot s'écrit avec deux **c,** un **h** et un **y.** – On prononce [ekimoz].

ecclésiastique n.m. Membre du clergé. *Les prêtres, les moines, les religieuses sont des ecclésiastiques.*

● Ce mot s'écrit avec deux **c.**

écervelé, e n. Personne qui agit sans réfléchir. *Ma sœur est une écervelée, elle a oublié son pull.* SYN. **étourdi.**

● Ce mot s'écrit avec un seul **l.**

▸▸▸ Mot de la famille de **cervelle.**

échafaud n.m. Estrade sur laquelle avaient lieu les exécutions publiques. *Louis XVI est mort sur l'échafaud en 1793.* → Vois aussi **guillotine.**

échafaudage n.m. Construction en bois ou en métal installée le long d'un mur pour faire des travaux en hauteur. *Le maçon travaille sur un échafaudage.*

▸▸▸ Mot de la famille de **échafauder.**

échafauder v. (conjug. 3). Imaginer quelque chose en combinant des éléments. *Les projets que Jean avait échafaudés ne se sont pas réalisés.*

échalas n.m. Pieu qui sert à soutenir une plante, notamment un pied de vigne.

● Ce mot se termine par un **s.**

échalote n.f. Plante proche de l'oignon dont on utilise le bulbe en cuisine pour assaisonner les aliments. *Une sauce à l'échalote.*

des **échalotes**

échancré, e adj. Largement creusé ou ouvert. *Le col de ma robe est très échancré.* SYN. **décolleté.**

▸ **échancrure** n.f. Partie échancrée. *L'échancrure d'un chemisier.* SYN. **décolleté.**

échange n.m. Action d'échanger. *Alexandre et Quentin ont fait un échange de jeux vidéo.*

▸▸▸ Mot de la famille de **échanger.**

échanger v. (conjug. 5). ❶ Donner une chose pour en obtenir une autre en retour. *Coralie a échangé son collier contre un bracelet.* SYN. **troquer.** ❷ Se communiquer mutuellement quelque chose. *Lisa et Loan ont échangé leurs numéros de téléphone.*

▸ **échangeur** n.m. Croisement de plusieurs routes à différents niveaux.

échantillon n.m. Petite quantité d'un produit qui permet de juger de sa qualité. *La vendeuse m'a donné des échantillons de parfum.*

échappatoire n.f. Moyen de se tirer d'embarras, d'échapper à une situation difficile. *Chercher une échappatoire pour ne pas assister à une réunion.* SYN. **faux-fuyant.**

● Nom du genre féminin : **une échappatoire.**

▸▸▸ Mot de la famille de **échapper.**

échappement n.m. Sortie des gaz d'un moteur. *Le pot d'échappement d'une voiture.*

▸▸▸ Mot de la famille de **échapper.**

échapper et **s'échapper** v. (conjug. 3). ❶ S'enfuir et ne pas être pris par quelqu'un. *Le voleur a échappé aux policiers.* ❷ Éviter une situation désagréable ou dangereuse. *J'ai échappé à la corvée.* SYN. **se dérober, se soustraire.** *Il a échappé à l'attentat.* ❸ Tomber en glissant des mains. *Le verre m'a échappé.* ❹ Être prononcé involontairement. *Julien a dit une bêtise, cela lui a échappé.* ❺ Sortir de l'esprit ou ne pas être remarqué. *Son nom m'échappe. Ce détail m'a échappé.* ❻ **L'échapper belle,** éviter de peu un danger. *Tout s'est bien terminé, mais nous l'avons échappé belle.* ◆ **s'échapper.** ❶ S'enfuir d'un lieu où l'on était enfermé. *Les souris se sont échappées de la cage.* SYN. **se sauver.** ❷ Se répandre hors d'un lieu. *La vapeur d'eau s'échappe de la chaudière.*

▸▸▸ Mot de la même famille : **réchapper.**

écharde n.f. Petit morceau de bois pointu qui est rentré dans la peau. *Retirer une écharde.*

écharpe n.f. ❶ Bande de tissu qu'on met autour du cou. *Une écharpe en laine.* SYN. **cache-nez.** ❷ **Avoir le bras en écharpe,** avoir un bandage en bandoulière pour soutenir un bras blessé. ❸ Large bande d'étoffe passée autour du torse ou de la taille comme insigne d'une fonction. *Le maire porte une écharpe tricolore.*

écharper v. (conjug. 3). Blesser grièvement. *Il a failli se faire écharper.* SYN. **massacrer.**

échasse n.f. Chacun des deux bâtons munis d'un appui pour poser le pied, qui permettent de marcher à une certaine hauteur au-dessus du sol. *Autrefois, dans les Landes, les bergers se déplaçaient sur des échasses.*

des échasses

▸ **échassier** n.m. Oiseau qui a de très longues pattes et qui vit près des étendues d'eau. *La cigogne, le héron sont des échassiers.*

→ planche pp. 724-725.

échauder v. (conjug. 3). ❶ Plonger dans l'eau bouillante. *Échauder une volaille pour la plumer.* ❷ Causer une déception qui sert de leçon. *Cette mésaventure m'a échaudé.*

▸▸▸ Mot de la famille de **chaud.**

échauffement n.m. Action de s'échauffer pour se préparer à un exercice physique. *Les joueurs font des exercices d'échauffement avant un match.*

▸▸▸ Mot de la famille de **échauffer.**

échauffer et **s'échauffer** v. (conjug. 3). Produire une excitation. *L'annonce des résultats a échauffé les esprits.* SYN. **enflammer, exalter.** ◆ **s'échauffer.** Faire des mouvements qui assouplissent les muscles, les rendent plus chauds. *Les athlètes s'échauffent sur la piste.*

échauffourée n.f. Bagarre confuse et de courte durée. *Des échauffourées ont eu lieu lors de la manifestation.*

échauguette n.f. Petite guérite placée en hauteur, à l'angle d'un rempart et qui permet de guetter.

une échauguette

a b c d e f g h i j k l m n o p q r s t u v w x y z

échéance n.f. ❶ Date à laquelle se termine le délai accordé pour payer quelque chose. *Vous serez pénalisé si vous payez la facture après l'échéance.* ❷ **À brève échéance, à longue échéance,** dans un avenir proche ou lointain. *Faire un emprunt à longue échéance.* SYN. **terme.**

échéant adj.m. **Le cas échéant,** si le cas se présente. *Je pourrai t'aider, le cas échéant.*

échec n.m. Fait d'échouer, de ne pas réussir quelque chose. *Subir un échec à un examen.*

échecs n.m. plur. Jeu qui se joue à deux et qui consiste à déplacer des pièces sur un échiquier selon des règles précises.

échelle n.f. ❶ Objet formé de deux montants reliés par des barreaux qui servent de marches. *On accède au grenier par une échelle.* ❷ **Faire la courte échelle à quelqu'un,** l'aider à grimper en lui offrant ses mains et ses épaules comme points d'appui. ❸ Ligne graduée inscrite sur une carte ou un plan, qui indique le rapport entre la longueur figurant sur le dessin et la longueur réelle. *Sur une carte à l'échelle de 1/100 000, un centimètre correspond à un kilomètre sur le terrain.* ❹ Suite de degrés, de niveaux. *S'élever dans l'échelle sociale.* SYN. **hiérarchie.**

▸ **échelon** n.m. ❶ Chacun des barreaux d'une échelle. ❷ Degré d'une hiérarchie. *Cet employé est passé à l'échelon supérieur.*

▸ **échelonner** v. (conjug. 3). Répartir dans le temps. *Vous avez la possibilité d'échelonner le paiement sur plusieurs mois.* SYN. **espacer, étaler.**

écheveau n.m. Assemblage de fils de laine ou de coton réunis par un fil.

● Au pluriel : des **écheveaux.**

échevelé, e adj. Qui a les cheveux en désordre. *Marie était tout échevelée après la course.* SYN. **ébouriffé, hirsute.**

▸▸▸ Mot de la famille de **cheveu.**

échine n.f. ❶ Colonne vertébrale, dos de l'homme et de certains animaux. ❷ Viande provenant du dos du porc. ❸ **Courber l'échine, plier l'échine,** se soumettre.

▸ **s'échiner** v. (conjug. 3). Mot familier. Se donner beaucoup de peine. *Aurélie s'est échinée à tout ranger.* SYN. **se fatiguer.**

échiquier n.m. Plateau carré, divisé en soixante-quatre cases alternativement noires et blanches, sur lequel on joue aux échecs.

→ Vois aussi **damier.**

▸▸▸ Mot de la famille de **échecs.**

écho n.m. ❶ Répétition d'un son répercuté par un obstacle (un mur, une montagne). *Pierre s'est mis à crier pour me faire entendre l'écho.* ❷ Information répétée. *As-tu eu des échos de ce qui leur est arrivé ?*

● On écrit **ch** mais on prononce [k]. – Ne confonds pas avec **écot.**

échographie n.f. Technique qui permet de voir sur un écran l'intérieur du corps. *Une échographie permet d'observer le fœtus dans le ventre de sa mère.*

● On écrit **ch** mais on prononce [k].

échoppe n.f. Petite boutique construite contre un bâtiment. *L'échoppe d'un brocanteur.*

échouer v. (conjug. 3). ❶ Ne pas réussir. *Mon frère a échoué à son examen.* ❷ Toucher le fond de la mer et s'immobiliser. *Le navire a échoué.*

● Au sens 2, on peut aussi dire **s'est échoué.**

éclabousser v. (conjug. 3). Mouiller en projetant un liquide. *Jean m'a éclaboussé en sautant dans la flaque.* SYN. **asperger.**

▸ **éclaboussure** n.f. Tache faite par un liquide qui éclabousse. *J'ai renversé mon bol de lait, la nappe est couverte d'éclaboussures.*

éclair n.m. ❶ Lumière très vive et très brève, qui forme des zigzags dans le ciel, pendant un orage. ❷ Lumière vive et instantanée. *Les éclairs d'un flash.* ❸ Manifestation soudaine de l'intelligence. *Avoir un éclair de génie.* ❹ **En un éclair,** très rapidement. *Aziz a réparé son vélo en un éclair.* ❺ Gâteau allongé, fourré de crème au chocolat ou au café.

▸▸▸ Mot de la famille de **éclairer.**

éclairage n.m. Action ou manière d'éclairer un lieu. *L'éclairage est trop faible dans mon bureau.*

▸▸▸ Mot de la famille de **éclairer.**

éclaircie n.f. Moment où le ciel s'éclaircit et où la pluie cesse. *Profitons de l'éclaircie pour sortir.*

▸▸▸ Mot de la famille de **éclaircir.**

éclaircir et **s'éclaircir** v. (conjug. 16). ❶ Rendre plus clair. *Ces rideaux éclaircissent la pièce.* CONTR. **assombrir.** ❷ Rendre plus simple, plus facile à comprendre. *Je voudrais éclaircir cette affaire.* SYN. **élucider.** ◆ **s'éclaircir.** Devenir plus clair ou lumineux, plus dégagé. *Mes cheveux se sont éclaircis.* CONTR. **foncer.** *Le ciel s'éclaircit.* CONTR. **s'assombrir, s'obscurcir.**

▶ **éclaircissement** n.m. (Souvent au pluriel). Explication qui aide à mieux comprendre une chose. *N'hésitez pas à me demander des éclaircissements.*

éclairer et **s'éclairer** v. (conjug. 3). ❶ Donner de la lumière. *Cette lampe de poche éclaire bien.* ❷ Rendre plus clair, plus lumineux. *Ses yeux bleus éclairent son visage.* SYN. **illuminer.** ❸ Donner des éclaircissements, des explications. *Je ne comprends pas ce problème, peux-tu m'éclairer ?* ❹ Avoir tel système d'éclairage. *Autrefois, on s'éclairait à la bougie.* ◆ **s'éclairer.** En parlant du visage, manifester du soulagement, de la joie. *Quand Hugo m'a vue, son visage s'est éclairé.* SYN. **s'épanouir.**

éclaireur, euse n. Militaire qui marche en avant pour reconnaître le terrain.

éclat n.m. ❶ Petit morceau d'un objet cassé. *Natacha s'est coupée avec un éclat de verre.* ❷ Bruit très fort et soudain. *Des éclats de rire.* ❸ Intensité d'une lumière ou d'une couleur. *L'éclat du soleil m'éblouit.* ❹ Splendeur, luxe de quelque chose. *L'éclat d'une fête.* SYN. **magnificence.**
▶▶▶ Mot de la famille de **éclater.**

éclatant, e adj. ❶ Qui a beaucoup d'éclat, qui brille. *Une couleur éclatante.* SYN. **étincelant.** CONTR. **terne.** ❷ Qui est remarquable. *Une victoire éclatante.* SYN. **triomphal.**
▶▶▶ Mot de la famille de **éclater.**

éclatement n.m. Fait d'éclater. *L'accident est dû à l'éclatement d'un pneu.*
▶▶▶ Mot de la famille de **éclater.**

éclater v. (conjug. 3). ❶ Se briser brusquement en se déchirant. *Le ballon a éclaté au contact de la flamme.* SYN. **crever, exploser.** ❷ Ne pas pouvoir contenir un sentiment. *Éclater en sanglots. Éclater de rire.* ❸ Commencer brusquement. *L'orage a éclaté en fin de journée. La guerre a éclaté.* ❹ Apparaître nettement, au grand jour. *Faire éclater la vérité.*

éclipse n.f. Phénomène qui se produit lorsque la Lune cache le Soleil à la Terre (éclipse de Soleil) ou lorsque la Terre cache le Soleil à la Lune, qui se trouve dans l'ombre de la Terre (éclipse de Lune).

une éclipse totale de Soleil

▶ **éclipser** et **s'éclipser** v. (conjug. 3). Faire oublier les autres en attirant l'attention sur soi. *Ce coureur éclipse tous les autres concurrents.* SYN. **supplanter.** ◆ **s'éclipser.** S'en aller discrètement. *Elle s'est éclipsée avant la fin de la cérémonie.* SYN. **s'esquiver.**

éclopé, e adj. et n. Qui a du mal à marcher suite à une blessure. *Léo est tombé, il est éclopé.*

éclore v. (conjug. 78). S'ouvrir, en parlant des œufs ou des fleurs. *Les œufs des canes ont éclos hier. Les roses sont écloses.*
● Ce verbe s'emploie couramment à l'infinitif et à la 3e personne. Les autres formes sont rares.

▶ **éclosion** n.f. Fait d'éclore. *L'éclosion d'une rose.*

écluse n.f. Construction sur une rivière, un canal qui, grâce à un système de portes, change la hauteur de l'eau et permet aux bateaux de passer d'un niveau à un autre.

▶ **éclusier, ère** n. Personne chargée de faire fonctionner une écluse.

écœurant, e adj. ❶ Qui donne la nausée. *Ce gâteau à la crème est écœurant.* SYN. **infect.** ❷ Qui inspire du dégoût, qui révolte. *Sa conduite est écœurante.* SYN. **répugnant.**
▶▶▶ Mot de la famille de **écœurer.**

a b c d e f g h i j k l m n o p q r s t u v w x y z

écœurement n.m. Sentiment d'une personne écœurée. *Il éprouve de l'écœurement devant cette décision injuste.* SYN. **dégoût, répugnance.**

▸▸▸ Mot de la famille de **écœurer.**

écœurer v. (conjug. 3). ❶ Donner la nausée. *Cette odeur m'écœure.* SYN. **dégoûter.** ❷ Inspirer de la répugnance. *Sa lâcheté m'écœure.* SYN. **répugner.**

école n.f. ❶ Établissement d'enseignement général. *Je vais à l'école primaire.* ❷ Établissement d'enseignement spécialisé. *J'apprends le piano dans une école de musique.*

▸ **écolier, ère** n. Enfant qui va à l'école maternelle ou primaire. → Vois aussi **élève.**

écologie n.f. Science qui étudie l'environnement, les relations des êtres vivants avec leur milieu naturel. → Vois aussi **écosystème.**

→ planche pp. 402-403.

▸ **écologique** adj. Qui concerne l'écologie. *La pollution des rivières est un problème écologique.*

▸ **écologiste** n. Personne qui s'intéresse à l'écologie, à la protection de la nature.

économe adj. Qui dépense peu d'argent. *Jonathan est très économe.* CONTR. **dépensier.**

▸▸▸ Mot de la famille de **économie.**

économie n.f. ❶ Volonté de dépenser peu d'argent. *Par économie, il s'est acheté une voiture d'occasion.* ❷ Ensemble des activités de production et de consommation d'un pays. *L'économie est en pleine croissance.* ◆ n.f. plur. Argent que l'on met de côté, que l'on ne dépense pas. *Julie s'est acheté des rollers avec ses économies.* SYN. **épargne.**

▸ **économique** adj. ❶ Qui permet de faire des économies, qui ne fait pas dépenser beaucoup d'argent. *Il voyage en train, c'est plus économique.* SYN. **avantageux.** CONTR. **coûteux.** ❷ Qui concerne l'économie. *Les activités économiques d'un pays. La crise économique.*

▸ **économiser** v. (conjug. 3). ❶ Mettre de l'argent de côté. *Maxence économise pour s'acheter un vélo.* SYN. **épargner.** CONTR. **dépenser.** ❷ Réduire la consommation, l'usage de quelque chose. *Économiser l'eau.* CONTR. **gaspiller.** *Économiser ses forces.*

▸ **économiste** n. Spécialiste de l'économie.

écoper v. (conjug. 3). ❶ Vider l'eau qui se trouve dans le fond d'un bateau. ❷ (Sens familier). Recevoir, subir. *L'automobiliste a écopé d'une forte amende.*

écorce n.f. ❶ Enveloppe extérieure du tronc et des branches d'un arbre. *L'écorce du bouleau est blanche.* ❷ Peau épaisse de certains fruits. *L'écorce d'une orange.* ❸ **Écorce terrestre,** partie solide qui forme la surface de la Terre. *L'écorce terrestre est épaisse de 35 kilomètres environ.*

écorcher et **s'écorcher** v. (conjug. 3). ❶ Déchirer, blesser légèrement la peau. *Les ronces m'ont écorché les jambes.* SYN. **égratigner.** ❷ Prononcer de travers, déformer. *Le maître a écorché mon nom.* ◆ **s'écorcher.** Se déchirer légèrement la peau. *Seydou s'est écorché les genoux en tombant.* SYN. **s'égratigner.**

▸ **écorchure** n.f. Petite déchirure de la peau. SYN. **égratignure, éraflure.**

écosser v. (conjug. 3). Enlever la cosse des légumes à graines. *Écosser des petits pois.*

▸▸▸ Mot de la famille de **cosse.**

écosystème n.m. Ensemble constitué par un milieu naturel et les êtres vivants qui l'occupent. *Une forêt, un étang sont des écosystèmes.* → Vois aussi **écologie.**

écot n.m. Contribution à une dépense commune. *Chaque participant a payé son écot.* SYN. **part.**

● Ne confonds pas avec **écho.**

écoulement n.m. Fait de s'écouler. *L'écoulement de l'eau de pluie se fait par les gouttières.* SYN. **évacuation.**

▸▸▸ Mot de la famille de **écouler.**

écouler et **s'écouler** v. (conjug. 3). Vendre des marchandises jusqu'à ce qu'il n'y en ait plus. *Les magasins ont écoulé tout leur stock de jouets.* ◆ **s'écouler.** ❶ Se retirer en coulant. *De l'eau s'écoule par la fente du plafond.* ❷ Passer, en parlant du temps. *Une semaine s'est écoulée depuis ta venue.*

écourter v. (conjug. 3). Faire durer moins longtemps que prévu. *Nos voisins ont dû écourter leur voyage.* SYN. **abréger, raccourcir.** CONTR. **allonger, prolonger.**

▸▸▸ Mot de la famille de **court (1).**

écoute n.f. ❶ Fait d'écouter. *Restez à l'écoute, notre programme se poursuit après* *le flash d'information.* ❷ **Être à l'écoute,** être attentif à ce qui se dit.

▸▸▸ Mot de la famille de **écouter.**

écouter v. (conjug. 3). ❶ Faire attention à ce qu'on entend. *Les enfants écoutent la maîtresse qui lit une histoire.* ❷ Tenir compte de ce que dit quelqu'un, suivre ses conseils. *Si tu m'avais écouté, cela ne serait pas arrivé.* SYN. **obéir à.**

▸ **écouteur** n.m. Partie d'un appareil que l'on place contre l'oreille pour écouter. *L'écouteur d'un téléphone; les écouteurs d'un baladeur.* → Vois aussi **casque.**

des écouteurs

écoutille n.f. Sur un bateau, ouverture qui permet de passer du pont à la cale.

écrabouiller v. (conjug. 3). Mot familier. Écraser, réduire en bouillie. *Les fruits ont été écrabouillés au fond du panier.*

écran n.m. ❶ Surface blanche sur laquelle on projette des films ou des diapositives. *Dans cette salle de cinéma, l'écran est très grand.* ❷ Partie d'un téléviseur, d'un ordinateur sur laquelle apparaissent des images, du texte. ❸ **Le grand écran, le petit écran,** le cinéma, la télévision. ❹ Ce qui empêche de voir ou protège. *Cette haie d'arbres forme un écran contre le vent.* SYN. **protection.**

écrasant, e adj. ❶ Qui est très lourd, très difficile à supporter. *Avoir un travail écrasant.* SYN. **accablant.** ❷ Qui écrase par sa supériorité, par le nombre. *Notre équipe a remporté une victoire écrasante.*

▸▸▸ Mot de la famille de **écraser.**

écrasement n.m. Action d'écraser, d'anéantir. *Les combats ont continué jusqu'à l'écrasement de l'ennemi.*

▸▸▸ Mot de la famille de **écraser.**

écraser v. (conjug. 3). ❶ Aplatir, déformer, réduire en bouillie ou faire mal en comprimant très fort. *Écraser une banane. Il m'a écrasé le pied.* ❷ Tuer en renversant, en passant sur le corps d'une personne, d'un animal. *Le chien des voisins s'est fait écraser par une voiture.* ❸ Faire peser une charge trop lourde sur quelqu'un. *Être écrasé de travail.* SYN. **surcharger.** ❹ Vaincre. *Nous avons écrasé nos adversaires.* SYN. **surclasser, surpasser.**

écrémer v. (conjug. 9). Enlever la crème, la matière grasse. *Écrémer du lait.*

écrevisse n.f. ❶ Crustacé d'eau douce qui a deux grosses pinces. *Manger des écrevisses.* ❷ **Rouge comme une écrevisse,** très rouge, comme l'écrevisse cuite.

une écrevisse

s'écrier v. (conjug. 7). Dire en criant. *« Attention ! », s'écria-t-elle.* SYN. **s'exclamer.**

écrin n.m. Petite boîte qui sert à ranger des bijoux ou des objets précieux. *Il lui présenta une bague dans un écrin.*

écrire v. (conjug. 62). ❶ Tracer des lettres, des chiffres ou d'autres signes. *Mon petit frère apprend à écrire. La maîtresse a écrit ses appréciations sur mon cahier.* SYN. **inscrire, marquer.** ❷ Rédiger une lettre. *J'ai écrit à mon correspondant.* ❸ Avoir telle orthographe. *Comment s'écrit ce mot ?* ❹ Composer un écrit, une œuvre musicale. *Jules Verne a écrit de nombreux romans.*

▸ **écrit** n.m. ❶ Œuvre écrite. *Pierre a lu tous les écrits de cet auteur.* ❷ **Par écrit,** en écrivant. *Ils m'ont fait une réponse par écrit.* CONTR. **oralement.** ❸ Partie d'un examen où l'on répond par écrit. *Ma cousine a réussi l'écrit du concours.* CONTR. **oral.**

▸ **écriteau** n.m. Panneau qui porte une inscription destinée au public. *L'écriteau indique que la maison est à louer.* SYN. **pancarte.**

● Au pluriel : des **écriteaux.**

▸ **écriture** n.f. ❶ Ensemble de signes qui permettent de noter le langage. *L'écriture*

a b c d e f g h i j k l m n o p q r s t u v w x y z

égyptienne. ❷ Manière personnelle d'écrire, de former les lettres. *Mon grand-père a une très belle écriture.* → Vois aussi **cursive, script.**

→ planche pp. 368-369.

▶ **écrivain, e** n. Personne qui écrit des livres. *Jules Verne est un écrivain.* SYN. **auteur.**
● Au féminin, on peut aussi dire une **écrivain.**

écrou n.m. Pièce percée d'un trou, dans laquelle s'engage une vis.

écrouer v. (conjug. 3). Mettre en prison. *L'assassin a été écroué.* SYN. **emprisonner, incarcérer.** CONTR. **libérer, relâcher.**

écroulement n.m. Fait de s'écrouler, de s'effondrer. *L'écroulement du mur a fait beaucoup de bruit.* SYN. **effondrement.**
▶▶▶ Mot de la famille de **s'écrouler.**

s'**écrouler** v. (conjug. 3). Tomber soudainement. *Des maisons se sont écroulées lors du tremblement de terre.* SYN. **s'effondrer.**

écru, e adj. ❶ Qui est naturel, qui n'a subi aucune préparation, pour des textiles. *De la laine écrue.* ❷ De couleur beige clair. *Valentin portait une veste écrue.*

écu n.m. ❶ Bouclier des soldats au Moyen Âge. ❷ Ancienne monnaie française.

écueil n.m. ❶ Rocher qui atteint le niveau de l'eau. *Cette côte est dangereuse pour les navires, elle est bordée d'écueils.* SYN. **récif.** ❷ Difficulté, obstacle. *Éviter les écueils d'un exercice.* SYN. **piège.** → Vois aussi **haut-fond.**

écuelle n.f. Assiette creuse sans rebord. *L'écuelle du chien.*

éculé, e adj. ❶ Dont le talon est usé, déformé. *Elle portait des chaussons éculés.* ❷ Qui n'a plus aucun effet à force d'avoir été répété. *Une plaisanterie éculée.* SYN. **rebattu.**

écume n.f. Mousse blanchâtre qui se forme à la surface d'un liquide agité ou chauffé. *La mer laisse de l'écume sur la plage en se retirant. Grand-mère enlève l'écume de la confiture qui cuit.*

▶ **écumer** v. (conjug. 3). ❶ Enlever l'écume d'un liquide. *Écumer un pot-au-feu.* ❷ **Écumer de rage,** être fou de rage.

▶ **écumoire** n.f. Grande cuillère plate percée de trous qui sert à écumer.

écureuil n.m. Mammifère rongeur à pelage roux ou gris qui a une longue queue touffue et se nourrit surtout de graines. *Certains écureuils vivent dans les arbres, d'autres au sol.*

un **écureuil**

écurie n.f. ❶ Bâtiment où on loge les chevaux, les ânes. ❷ Ensemble des chevaux de course qui appartiennent à un propriétaire. ❸ Ensemble des cyclistes ou des voitures de course courant pour une même marque.

écusson n.m. Morceau de tissu cousu sur un vêtement et qui sert d'insigne. *Les militaires portent des écussons sur le col ou sur les manches de leur uniforme.*

1. **écuyer** n.m. Au Moyen Âge, gentilhomme qui accompagnait un chevalier et qui portait un écu.

2. **écuyer, ère** n. ❶ Personne qui sait monter à cheval. ❷ Personne qui fait des exercices d'équitation dans un cirque. → Vois aussi **cavalier.**

eczéma n.m. Maladie de la peau qui cause des rougeurs et des démangeaisons.
● On prononce [ɛgzema].
– La nouvelle orthographe permet d'écrire aussi **exéma.**

edelweiss n.m. invar. Fleur blanche recouverte d'un duvet qui pousse en montagne.
● C'est un mot allemand, on prononce [edɛlvɛs] ou [edɛlvajs]. – Nom du genre masculin : **un edelweiss.** – La nouvelle orthographe permet d'écrire aussi **édelweiss,** avec un accent sur le premier **e.**

des **edelweiss**

éden n.m. Mot littéraire. Lieu très agréable. *Ce petit coin de verdure est un éden.* SYN. **paradis.**
● On prononce [edɛn].

édenté, e adj. Qui a perdu ses dents ou une partie de ses dents. *Une bouche édentée.*
▸▸▸ Mot de la famille de **dent.**

édifiant, e adj. Mot littéraire. Qui donne le bon exemple. *Une conduite édifiante.* SYN. **exemplaire.**
▸▸▸ Mot de la famille de **édifier (2).**

édification n.f. Action d'édifier, de bâtir. *L'édification d'une cathédrale.* SYN. **construction, érection.**
▸▸▸ Mot de la famille de **édifier (1).**

édifice n.m. Bâtiment de taille importante. *Un édifice religieux.* → Vois aussi **monument.**
▸▸▸ Mot de la famille de **édifier (1).**

1. **édifier** v. (conjug. 7). Construire, bâtir. *Ce monument a été édifié au 19ᵉ siècle.*

2. **édifier** v. (conjug. 7). Mot littéraire. Montrer l'exemple. *Les livres de morale servaient à édifier la jeunesse.*

édit n.m. Autrefois, loi décrétée par le roi. *L'édit de Nantes de 1598 reconnaissait aux protestants le droit de pratiquer leur religion.*

éditer v. (conjug. 3). Publier et mettre en vente un livre.

▸ **éditeur, trice** n. Personne ou société qui édite des livres. *Aucun éditeur n'a accepté de publier son roman.*

▸ **édition** n.f. ❶ Ensemble des exemplaires de livres ou de journaux publiés. *La deuxième édition de son roman est parue. Le journal a fait sortir une édition spéciale à l'occasion des jeux Olympiques.* ❷ **Maison d'édition,** société qui édite des livres.

éditorial n.m. Article de journal, généralement placé en première page, qui exprime l'opinion d'un journaliste ou celle de la direction du journal.
● Au pluriel : des **éditoriaux.**

▸ **éditorialiste** n. Personne qui écrit l'éditorial d'un journal, d'une revue.

édredon n.m. Grande enveloppe de tissu garnie de duvet que l'on pose sur un lit.
→ Vois aussi **couette.**

éducateur, trice n. Personne qui est chargée de l'éducation des enfants. *Les instituteurs, les professeurs sont des éducateurs.*
▸▸▸ Mot de la famille de **éduquer.**

éducatif, ive adj. Qui développe les capacités intellectuelles et physiques. *Un jeu éducatif.*
▸▸▸ Mot de la famille de **éduquer.**

éducation n.f. ❶ Action d'éduquer, d'instruire et de former. *Les parents veillent à l'éducation de leurs enfants.* ❷ Connaissance et pratique des bonnes manières. *Marie est très bien élevée, elle a de l'éducation.* SYN. **savoir-vivre.** → Vois aussi **enseignement, instruction.**
▸▸▸ Mot de la famille de **éduquer.**

édulcorant n.m. Produit qui donne un goût sucré. *Dans ce gâteau, le sucre a été remplacé par un édulcorant.*
▸▸▸ Mot de la famille de **édulcorer.**

édulcorer v. (conjug. 3). ❶ Adoucir une boisson en ajoutant du sucre. ❷ Atténuer la violence d'un texte en retirant ce qui peut choquer.

éduquer v. (conjug. 3). Développer les qualités, les capacités intellectuelles et physiques et le sens moral de quelqu'un. *Nos voisins ont très bien éduqué leurs quatre enfants.* SYN. **élever.**

effacé, e adj. Qui se tient à l'écart, qui ne se fait pas remarquer. *Amina est une fille très effacée.* SYN. **discret.**
▸▸▸ Mot de la famille de **effacer.**

effacement n.m. Action de s'effacer, fait de se tenir à l'écart. *Kelly n'est pas timide, son effacement m'étonne.*
▸▸▸ Mot de la famille de **effacer.**

effacer et **s'effacer** v. (conjug. 4). ❶ Faire disparaître une trace écrite. *La maîtresse efface le tableau.* ❷ Faire oublier. *Le temps effacera ce souvenir de ta mémoire.* ◆ **s'effacer.** ❶ Disparaître. *Avec la pluie, le dessin s'est effacé.* ❷ Se mettre de côté. *Je me suis effacé pour les laisser passer.* SYN. **s'écarter.**

effarant, e adj. Qui effare, qui stupéfie. *Un reportage effarant.* SYN. **terrifiant.** *Mon frère dépense des sommes effarantes.* SYN. **incroyable, inimaginable.**
▸▸▸ Mot de la famille de **effarer.**

a b c d e f g h i j k l m n o p q r s t u v w x y z

L'écriture

L'écriture a été inventée en Mésopotamie par les Sumériens, il y a plus de 5000 ans. Cette écriture, dite « cunéiforme », est constituée de signes en forme de clous tracés sur des tablettes d'argile.
Les Égyptiens créèrent dans le même temps les hiéroglyphes et, 2000 ans plus tard, les Phéniciens inventaient à leur tour l'alphabet. Depuis, certaines écritures ont disparu, d'autres ont évolué. Selon la langue, le système d'écriture varie : le chinois utilise des idéogrammes, tandis que le grec utilise des lettres.

tablette d'écolier (Égypte)

écriture cunéiforme (vers 3300 av. J.-C.)

hiéroglyphes égyptiens (vers 3000 av. J.-C.)

scribe (Égypte)

écriture phénicienne (vers 1000 av. J.-C.)

écriture grecque (vers le 4e siècle av. J.-C.)

écriture latine (2e siècle)

manuscrit hébreu
(vers le 16e siècle)

manuscrit arabe
(page du Coran, 13e siècle)

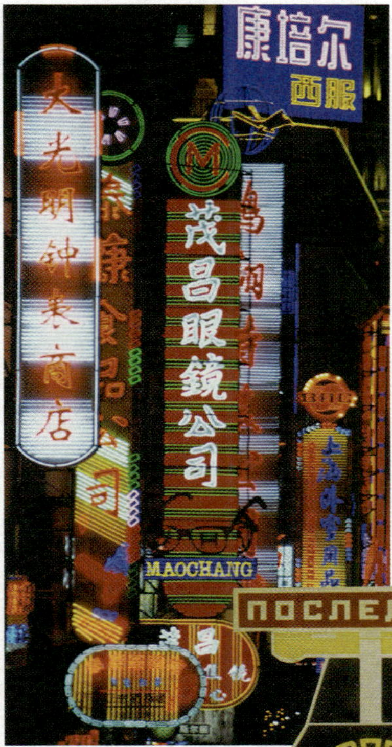

panneaux publicitaires
chinois (20e siècle)

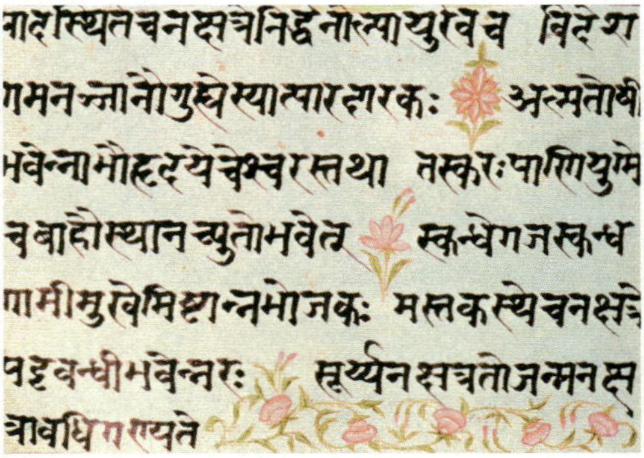

manuscrit indien (17e siècle)

marque-page
publicitaire russe
(20e siècle)

élève écrivant le mot « fille » en
hébreu (20e siècle)

effaré, e adj. Effrayé, stupéfait. *Il regardait l'incendie d'un air effaré.*
►►► Mot de la famille de **effarer.**

effarement n.m. État d'une personne effarée. *Il contemplait les ravages de la tempête avec effarement.* SYN. **stupeur.**
►►► Mot de la famille de **effarer.**

effarer v. (conjug. 3). Étonner et effrayer. *Cette nouvelle nous a effarés.* SYN. **stupéfier.**

effaroucher v. (conjug. 3). Provoquer la crainte. *Nous avons effarouché les oiseaux, ils se sont tous envolés.* SYN. **effrayer.**
►►► Mot de la famille de **farouche.**

1. **effectif** n.m. Nombre de personnes qui constituent un groupe. *L'effectif de notre classe est de 20 élèves.*

2. **effectif, ive** adj. Qui a des effets visibles, qui est réel. *Nous avons reçu une aide effective.*

► **effectivement** adv. ❶ D'une manière réelle. *Cet événement a effectivement eu lieu.* SYN. **réellement, vraiment.** ❷ En effet. *Oui, effectivement, je l'ai vu hier.*

effectuer v. (conjug. 3). Exécuter, faire. *Effectuer une tâche délicate.* SYN. **accomplir.**

efféminé, e adj. Se dit d'un homme, d'un garçon qui a des manières féminines.
►►► Mot de la famille de **femme.**

effervescence n.f. ❶ Bouillonnement produit par le dégagement d'un gaz. ❷ Grande agitation. *Les fêtes du carnaval ont mis toute la ville en effervescence.* → Vois aussi **émoi.**
● Le premier son [s] s'écrit **sc.**

► **effervescent, e** adj. Se dit d'un comprimé qui se dissout dans l'eau en faisant de petites bulles.

effet n.m. ❶ Action, résultat. *L'effet de ce médicament est immédiat. Cette décision a eu des effets inattendus.* SYN. **conséquence.** ❷ Impression produite sur quelqu'un. *Ses réflexions ont fait mauvais effet.*

► en **effet** adv. Sert à confirmer ce qui a été dit ou à introduire une explication. *En effet, il fait chaud aujourd'hui.* SYN. **effectivement.** *Il n'est pas là en ce moment ; en effet, il est parti en voyage.*

effeuiller v. (conjug. 3). Enlever les feuilles ou les pétales. *Effeuiller une marguerite.*
►►► Mot de la famille de **feuille.**

efficace adj. ❶ Qui produit l'effet attendu. *Ce médicament est efficace contre le mal de gorge.* SYN. **actif.** CONTR. **inefficace.** ❷ Qui fait bien son travail, qui obtient des résultats utiles. *Un employé efficace.*

► **efficacement** adv. De manière efficace. *Travailler efficacement.*

► **efficacité** n.f. Qualité d'une chose ou d'une personne efficace. *L'efficacité d'un médicament. L'efficacité d'un entraîneur.* CONTR. **inefficacité.**

effigie n.f. Portrait d'une personne sur une pièce de monnaie, une médaille. *Une pièce à l'effigie de César.*

médaille à l'effigie d'une reine

effilé, e adj. Mince et allongé. *Des doigts effilés.* CONTR. **épais.**
►►► Mot de la famille de **fil.**

s'**effilocher** v. (conjug. 3). Se défaire fil après fil. *Le bas de mon pantalon s'effiloche.*
►►► Mot de la famille de **fil.**

efflanqué, e adj. Qui est très maigre, qui a les flancs creux. *Un chien efflanqué.*
►►► Mot de la famille de **flanc.**

effleurer v. (conjug. 3). ❶ Toucher très légèrement. *Il effleurait mon visage avec une brindille.* SYN. **frôler.** ❷ Traverser l'esprit. *Cette idée m'avait effleuré.*

effluves n.m. plur. Mot littéraire. Odeurs qui se dégagent de quelque chose. *Des effluves de tilleul parviennent jusqu'à nous.* SYN. **exhalaisons.** → Vois aussi **arôme, parfum, senteur.**
● Nom du genre masculin.

effondrement n.m. Fait de s'effondrer. *L'effondrement du toit de la grange a endommagé le matériel.* SYN. **écroulement.**
►►► Mot de la famille de **s'effondrer.**

s'**effondrer** v. (conjug. 3). ❶ S'écrouler. *Le plancher s'est effondré.* ❷ Cesser de résister, se laisser aller. *L'accusé s'est effondré et a tout avoué.*

s'**efforcer** v. (conjug. 4). Faire tous les efforts possibles pour réaliser quelque chose. *Il s'efforçait de rester calme.* SYN. **essayer, tâcher.**

► **effort** n.m. Mal que l'on se donne pour faire quelque chose. *Charline a fait beaucoup d'efforts pour progresser en mathématiques.*

effraction n.f. **Entrer par effraction,** entrer en brisant une vitre, une porte, une serrure. *Les cambrioleurs sont entrés par effraction.*
● Ne confonds pas avec **infraction.**

effraie n.f. Chouette au plumage roux tacheté de gris, dont les yeux sont entourés de plumes blanches. *L'effraie se nourrit de rongeurs.*

une effraie

effrayant, e adj. Qui fait très peur. *Bastien nous a raconté une histoire effrayante.* SYN. **effroyable, terrifiant.**
►►► Mot de la famille de **effrayer.**

effrayer v. (conjug. 13). Faire très peur. *Le chien a effrayé les enfants.* SYN. **terrifier.**

effréné, e adj. Sans retenue, que l'on ne peut pas arrêter. *Une poursuite effrénée.* SYN. **endiablé.**

effritement n.m. Fait de s'effriter. *L'effritement d'un mur.*
►►► Mot de la famille de **s'effriter.**

s'**effriter** v. (conjug. 3). Tomber en poussière. *Cette roche s'effrite.*

effroi n.m. Mot littéraire. Grande frayeur. *Elle regardait les images de la catastrophe avec effroi.* SYN. **épouvante, terreur.**

effronté, e adj. et n. Qui n'a aucune retenue, qui est insolent. *Le fils de notre voisin est effronté.* SYN. **impertinent.**

► **effrontément** adv. D'une manière effrontée, insolente. *Il ment effrontément.*

► **effronterie** n.f. Comportement d'une personne effrontée. *Elle regardait ses parents avec effronterie.* SYN. **impertinence, insolence.**

effroyable adj. Qui fait très peur. *Une histoire effroyable.* SYN. **effrayant, épouvantable, horrible, terrifiant.**
►►► Mot de la famille de **effroi.**

effroyablement adv. Excessivement. *La situation est effroyablement compliquée.* SYN. **atrocement, épouvantablement, horriblement, terriblement.**
►►► Mot de la famille de **effroi.**

effusion n.f. ❶ **Sans effusion de sang,** sans que le sang coule, sans qu'il y ait de blessés, de morts. *La prise d'otages s'est terminée sans effusion de sang.* ❷ (Souvent au pluriel). Vive manifestation d'un sentiment. *Nos amis nous ont accueillis avec des effusions de joie.* SYN. **débordement.**

égal, e, aux adj. ❶ De même dimension. *Maman a coupé le gâteau en parts égales.* SYN. **identique, semblable.** CONTR. **inégal.** ❷ Qui ne change pas. *Cassandra est toujours d'humeur égale.* SYN. **constant, régulier.** CONTR. **changeant, variable.** ❸ Qui a les mêmes droits. *Tous les hommes sont égaux devant la loi.* ❹ **Cela m'est égal,** cela a peu d'importance pour moi. ◆ n. Personne qui est au même rang qu'une autre, qui a les mêmes droits. *Ils ont discuté d'égal à égal.*
● Au masculin pluriel : **égaux.**

► **également** adv. ❶ De façon égale, de la même façon. *Ils seront traités également.* ❷ Aussi, de même. *Vous pouvez également venir demain.*

a b c d e f g h i j k l m n o p q r s t u v w x y z

a b c d e f g h i j k l m n o p q r s t u v w x y z

▶ **égaler** v. (conjug. 3). ❶ Être égal en quantité. *Cinq plus cinq égale (ou égalent) dix.* SYN. **faire.** ❷ Atteindre le même niveau. *Aucun concurrent n'a égalé le record du monde.*

▶ **égalisation** n.f. Action d'égaliser. *L'égalisation a eu lieu à la dernière minute du match.*

▶ **égaliser** v. (conjug. 3). ❶ Rendre égal, régulier, de même dimension. *Maman a égalisé ma frange. Le jardinier égalise le terrain.* SYN. **aplanir, niveler.** ❷ Obtenir le même score que l'adversaire. *Notre équipe a égalisé quelques minutes avant la fin du match.*

▶ **égalité** n.f. ❶ Fait d'être égal. *L'égalité des chances.* CONTR. **inégalité.** *La devise de la France est « Liberté, Égalité, Fraternité ».* ❷ **Être à égalité,** avoir le même score. *Les deux joueurs sont à égalité.*

égard n.m. ❶ **À l'égard de,** en ce qui concerne. *Le maître a été sévère à l'égard des élèves chahuteurs.* SYN. **avec, envers.** ❷ (Souvent au pluriel). Marque de considération, d'estime. *Nous avons été reçus avec beaucoup d'égards.*

égarement n.m. Mot littéraire. État de quelqu'un qui ne se contrôle plus. *Dans son égarement, elle est sortie en chemise de nuit.* SYN. **affolement.**

▶▶▶ Mot de la famille de **égarer.**

égarer et **s'égarer** v. (conjug. 3). Ne plus trouver quelque chose momentanément. *J'ai égaré mes clés.* ◆ **s'égarer.** Se perdre en route. *Nous ne connaissions pas le chemin, nous nous sommes égarés.*

égayer v. (conjug. 13). Rendre gai. *Les plaisanteries de Léo ont égayé la soirée. Ces rideaux égayent la pièce.*

▶▶▶ Mot de la famille de **gai.**

églantine n.f. Rose sauvage blanche ou rose qui pousse sur un arbuste, l'*églantier.*

églefin n.m. Poisson de mer qui ressemble à la morue.

● On peut aussi écrire **aiglefin.**

église n.f. ❶ Bâtiment dans lequel les catholiques ou les orthodoxes se rassemblent pour célébrer leur culte. ❷ (Avec une majuscule). Chacune des communautés chrétiennes. *L'Église catholique; l'Église orthodoxe; les Églises protestantes.* → Vois aussi **mosquée, pagode, synagogue, temple.**

égoïsme n.m. Défaut d'une personne qui ne pense qu'à elle-même. CONTR. **altruisme, générosité.**

● Le **i** prend un tréma.

▶ **égoïste** adj. et n. Qui fait preuve d'égoïsme, qui ne se soucie pas des autres. *Armelle est égoïste, elle n'a pas voulu partager ses bonbons.* CONTR. **altruiste, généreux.**

▶ **égoïstement** adv. Avec égoïsme. *Égoïstement, il s'est servi le premier.*

égorger v. (conjug. 5). Tuer en tranchant la gorge. *Autrefois, on égorgeait les cochons dans les fermes.*

▶▶▶ Mot de la famille de **gorge.**

s'égosiller v. (conjug. 3). Crier très fort et longtemps. *Il s'égosillait pour que son voisin l'entende.* SYN. **s'époumoner, hurler.**

▶▶▶ Mot de la famille de **gosier.**

égout n.m. Canalisation souterraine servant à évacuer les eaux sales.

égoutter et **s'égoutter** v. (conjug. 3). Débarrasser quelque chose de son liquide. *Égoutter du riz dans une passoire.* ◆ **s'égoutter.** Perdre son eau goutte à goutte. *La vaisselle s'égoutte sur l'évier.*

▶ **égouttoir** n.m. Ustensile qui permet de faire égoutter la vaisselle.

égratigner et **s'égratigner** v. (conjug. 3). Déchirer légèrement la peau. *La branche lui a égratigné le bras.* SYN. **écorcher, érafler.** ◆ **s'égratigner.** Se faire une petite griffure sur la peau. *Élise s'est égratignée dans les ronces.* SYN. **s'écorcher.**

▶ **égratignure** n.f. Petite blessure superficielle sur la peau. *Maxime est tombé, il a quelques égratignures aux genoux.* SYN. **écorchure, éraflure.**

égrener v. (conjug. 10). ❶ Détacher les grains d'un épi, d'une grappe. *Égrener du blé, du raisin.* ❷ **Égrener son chapelet,** faire passer un à un tous les grains du chapelet entre ses doigts en disant une prière à chaque fois.

▶▶▶ Mot de la famille de **grain.**

égyptien, enne adj. et n. D'Égypte. *Les pyramides égyptiennes. Ali est égyptien. C'est un Égyptien.* ◆ **égyptien** n.m. Langue arabe parlée par les Égyptiens.

● Le nom prend une majuscule quand il désigne une personne : *un Égyptien.*

→ planche pp. 374-375 et dessin p. 373.

eh ! interj. Sert à interpeller, à attirer l'attention. *Eh ! où vas-tu ?* ◆ **eh bien !** interj. Marque la surprise. *Eh bien ! je ne m'attendais pas à te voir.*

éhonté, e adj. Qui n'a pas honte de ce qu'il fait. *C'est un menteur éhonté !*

éjectable adj. **Siège éjectable,** qui éjecte de l'avion le pilote avec son parachute, en cas de danger.
▸▸▸ Mot de la famille de **éjecter.**

éjecter v. (conjug. 3). Projeter au-dehors. *Le choc a été si violent qu'il a été éjecté de la voiture. Éjecter le CD du lecteur.*

élaboration n.f. Fait d'élaborer, de préparer quelque chose. *Plusieurs personnes ont participé à l'élaboration de ce projet.* SYN. **préparation.**
▸▸▸ Mot de la famille de **élaborer.**

élaborer v. (conjug. 3). Mettre au point, préparer quelque chose. *Élaborer un plan.* SYN. **concevoir.**

élaguer v. (conjug. 6). Couper les branches d'un arbre. *Les platanes de l'avenue ont été élagués.* SYN. **émonder.**

1. **élan** n.m. ❶ Course ou mouvement que l'on fait pour s'élancer. *L'athlète a pris son élan pour sauter.* ❷ Mouvement provoqué par un sentiment fort. *Dans un élan de générosité, Pierre m'a donné toutes ses B.D.* SYN. **impulsion.**
▸▸▸ Mot de la famille de **s'élancer.**

2. **élan** n.m. Grand cerf qui a des bois aplatis et qui vit dans les pays du Nord.
● Au Canada, on dit un **orignal.**

un élan

élancé, e adj. Grand et mince. *Un jeune homme élancé.* SYN. **svelte.** CONTR. **trapu.**
▸▸▸ Mot de la famille de **s'élancer.**

s'élancer v. (conjug. 4). Se jeter en avant, courir vers quelqu'un ou quelque chose. *Juliette s'est élancée vers sa grand-mère pour l'embrasser.* SYN. **se précipiter, se ruer.**

l'art égyptien

élargir et **s'élargir** v. (conjug. 16). Rendre plus large. *La route a été élargie.* CONTR. **rétrécir.** ◆ **s'élargir.** Devenir plus large. *L'encolure de mon pull s'est élargie. Le chemin s'élargit.* CONTR. **se rétrécir.**

▸ **élargissement** n.m. Action d'élargir quelque chose. *L'élargissement de ce chemin permet aux grosses voitures de passer.* CONTR. **rétrécissement.**

élasticité n.f. Souplesse d'une matière élastique. *L'élasticité du caoutchouc, d'un tissu.* CONTR. **rigidité.**
▸▸▸ Mot de la famille de **élastique.**

élastique adj. Qui peut s'étirer et reprendre sa forme de départ. *Le bracelet de ma montre est élastique.* SYN. **extensible.** CONTR. **rigide.** ◆ n.m. Bande ou fil de caoutchouc. *Géraldine a attaché ses cheveux avec un élastique.*

électeur, trice n. Personne qui a le droit de voter. *En France, pour devenir électeur, il faut avoir dix-huit ans et s'inscrire à la mairie de son domicile.*
▸▸▸ Mot de la famille de **élire.**

e f g h i j n o p q r s t u v w x y z

L'Égypte des pharaons

La civilisation de l'Égypte ancienne se développe le long des rives du Nil, vers 3000 avant J.-C. Durant près de 3000 ans, les puissants pharaons vont se succéder et diriger une société brillante, très organisée, qui a inventé une des premières écritures du monde : les hiéroglyphes.

Sphinx et pyramide à Gizeh, Le Caire.

Le pays du Nil

- L'Égypte ancienne doit sa **prospérité** au Nil, véritable **fleuve nourricier** qui s'écoule dans un désert **aride**, du centre de l'Afrique jusqu'à la Méditerranée.
- Chaque année, les **crues** du Nil inondaient la vallée. Lorsque le fleuve se retirait, il laissait sur la terre une boue **fertile**, le **limon**. Grâce à cet **engrais** naturel et à l'**irrigation**, les plantes poussaient très vite et les **récoltes** étaient **abondantes**.
- De nos jours, et depuis la construction du **barrage** d'Assouan, il n'y a plus de crues.

Dieux et divinités

- Les Égyptiens ont de nombreux dieux et **divinités** qui veillent sur leur vie quotidienne. On dit que leur religion est **polythéiste**✿. Certains dieux ressemblent à des hommes ; d'autres ont un corps d'homme et une tête d'animal : Rê (ci-contre), le dieu du Soleil, a une tête de faucon.
- Les **temples**, construits au bord du Nil, sont d'immenses palais ornés de statues **colossales**. Seuls les prêtres sont autorisés à pénétrer dans le **sanctuaire** et à déposer les **offrandes** au pied de la statue du dieu.

✿ **polythéiste ≠ monothéiste**

Histoire des mots

• **Les hiéroglyphes:** le mot hiéroglyphe vient du grec *hieros*, qui signifie « sacré », et *gluphein*, qui signifie « graver ». Les anciens Égyptiens pensaient que l'écriture avait été inventée par le dieu Toth, à qui Rê avait confié la mission d'enseigner aux hommes les « paroles sacrées ». Les hiéroglyphes sont des dessins disposés en colonnes ou en lignes.

Les rites funéraires

• Pour les Égyptiens qui croyaient que la vie continuait après la mort, le corps devait être préservé pour vivre dans **l'au-delà.** C'est pourquoi il était **momifié** : on **l'embaumait**, puis on l'entourait de **bandelettes**. La **momie** était ensuite placée dans un **sarcophage**.

• Certains pharaons, comme Kheops, se sont fait construire d'immenses tombeaux : les **pyramides**, dont la forme qui s'élève vers le ciel aide **l'âme** du **défunt** à atteindre le dieu du Soleil.

Le pharaon : un dieu vivant

• Considéré comme le fils de Rê, dieu du Soleil, le **pharaon** est **vénéré** par le peuple tout entier. On se **prosterne** devant lui et on ne doit pas le regarder. Il dirige tout et exerce un **pouvoir absolu**.

• Une double couronne (le **pschent),** deux **sceptres** (la **crosse** et le **fléau**), le **némès**, coiffure de tissu ornée d'un cobra, ainsi qu'une barbe **potiche** sont les **attributs** du pharaon. Ils **symbolisent** son **autorité.**

Akhenaton

Des « fonctionnaires » au service du pharaon

• Le **vizir** est le chef de l'administration : il a sous ses ordres des **fonctionnaires**, qui font appliquer les décisions dans les provinces.

• Les **scribes** forment **l'élite** car ils sont **instruits** : ils connaissent l'écriture des **hiéroglyphes**. Ils rédigent les textes sur des **papyrus**, surveillent les récoltes, **collectent** les impôts et tiennent les **comptes.**

• Les grands **prêtres** sont chargés, au nom du pharaon, de célébrer chaque jour le **culte** des dieux.

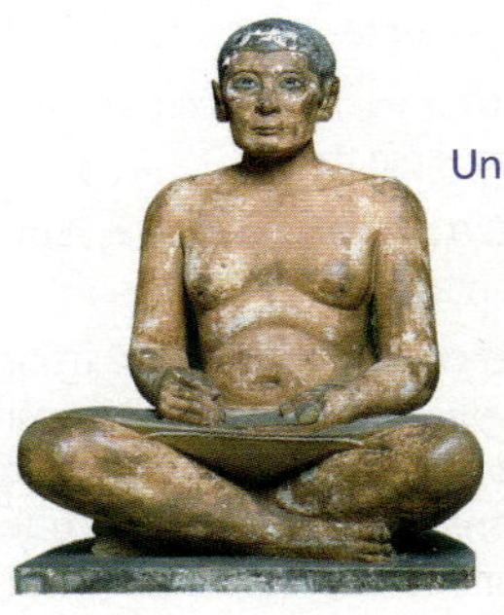

Un scribe

élection n.f. Choix que l'on exprime en votant. *L'élection présidentielle; les élections municipales.*
▸▸▸ Mot de la famille de **élire.**

électoral, e, aux adj. Qui concerne une élection. *Les candidats présentent leur programme lors de la campagne électorale. Des affiches électorales.*
● Au masculin pluriel : **électoraux.**
▸▸▸ Mot de la famille de **élire.**

électorat n.m. Ensemble des électeurs. *Une partie de l'électorat s'est abstenue.*
▸▸▸ Mot de la famille de **élire.**

électricien, enne n. Personne qui pose ou répare des installations électriques.
▸▸▸ Mot de la famille de **électricité.**

électricité n.f. ❶ Source d'énergie utilisée pour s'éclairer, se chauffer et faire fonctionner des appareils. ❷ **Électricité statique,** électricité qui se développe sur la surface d'un corps par frottement.

▸ **électrifier** v. (conjug. 7). Faire fonctionner à l'électricité. *Électrifier une ligne de chemin de fer.*

▸ **électrique** adj. ❶ Qui fournit de l'électricité ou conduit l'électricité. *Une pile électrique; un câble électrique.* ❷ Qui fonctionne à l'électricité. *Une cuisinière électrique.*

▸ **électriser** v. (conjug. 3). Éveiller fortement l'intérêt, l'enthousiasme. *Cet homme politique a électrisé son auditoire.* SYN. **galvaniser.**

▸ s'**électrocuter** v. (conjug. 3). Être tué par une forte décharge d'électricité. *Ne touche pas à la prise, tu risques de t'électrocuter.*

▸ **électrocution** n.f. Fait de s'électrocuter.

électroménager, ère adj. **Appareil électroménager,** appareil ménager qui fonctionne à l'électricité. *Un aspirateur, un fer à repasser, un réfrigérateur sont des appareils électroménagers.*

électron n.m. Particule d'un atome qui est chargée d'électricité.

▸ **électronicien, enne** n. Spécialiste en électronique.

▸ **électronique** adj. Qui utilise les propriétés des électrons pour transmettre des images, des sons, des informations. *Un jeu électronique.* ♦ n.f. Science qui étudie les électrons et leurs applications. *La télévision, le téléphone, les ordinateurs se sont développés grâce à l'électronique.*

électrophone n.m. Appareil électrique qui sert à écouter des disques. SYN. **tourne-disque.** → Vois aussi **lecteur, platine.**

élégamment adv. Avec goût, élégance. *Ma tante était habillée élégamment.*
▸▸▸ Mot de la famille de **élégant.**

élégance n.f. ❶ Bon goût, distinction dans la manière de s'habiller. *Mon grand-père est toujours vêtu avec élégance.* ❷ Distinction morale. *Il a eu l'élégance de nous remercier.* SYN. **délicatesse.** CONTR. **grossièreté.**
▸▸▸ Mot de la famille de **élégant.**

élégant, e adj. ❶ Qui est habillé avec goût. *Bintou est toujours très élégante.* SYN. **chic, distingué.** ❷ Qui se comporte avec courtoisie, délicatesse. *Il aurait pu utiliser des procédés plus élégants.* SYN. **courtois, poli.**

élément n.m. ❶ Chacune des choses qui forment un ensemble. *Ce meuble est constitué de différents éléments.* SYN. **pièce.** *Il manque encore un élément dans l'enquête.* SYN. **détail, précision.** ❷ Milieu dans lequel un être est fait pour vivre. *L'élément marin. À la montagne, Charlotte est dans son élément.* ♦ n.m. plur. ❶ Notions de base. *J'ai quelques éléments d'astronomie.* SYN. **rudiments.** ❷ Forces de la nature, telles que le vent, la pluie. *Le navigateur luttait contre les éléments déchaînés.*

▸ **élémentaire** adj. ❶ Très simple, de base. *C'est un problème élémentaire.* CONTR. **complexe, compliqué.** *J'ai des notions élémentaires de physique.* SYN. **rudimentaire.** ❷ **Cours élémentaire ou C.E.,** niveau de l'école primaire qui est entre le cours préparatoire et le cours moyen. ❸ **École élémentaire,** école primaire.

éléphant n.m. ❶ Grand mammifère herbivore d'Afrique et d'Asie, qui a une trompe, des incisives très longues (appelées « défenses ») et une épaisse peau grise. *L'éléphant est le plus gros animal terrestre.* → Vois aussi **pachyderme.** ❷ **Éléphant de mer,** gros phoque de l'Antarctique et du nord du Pacifique, dont le nez ressemble à la trompe d'un éléphant.
● Femelle : l'éléphante. Petit : l'éléphanteau. Cri : le barrissement. – Les éléphants sont des animaux menacés à force d'être chassés pour leurs défenses en ivoire.

En Asie, ils sont capturés petits pour être dressés, et les forêts où ils habitent disparaissent.

un **éléphant** d'Afrique

élevage n.m. Activité qui consiste à élever des animaux. *Nos voisins font l'élevage de lapins.*
▸▸▸ Mot de la famille de **élever.**

élévation n.f. ❶ Action d'élever. *L'élévation d'un mur.* SYN. **édification, érection.** ❷ Fait de s'élever, d'augmenter. *On constate une élévation de la température.* SYN. **augmentation, hausse.** CONTR. **baisse.**

élève n. Enfant ou adolescent qui suit des cours dans un établissement scolaire. *Tous les élèves de notre école ont participé au spectacle de fin d'année.* → Vois aussi **collégien, écolier, lycéen.**

élevé, e adj. ❶ Haut. *Le sommet le plus élevé d'Europe. Des températures élevées.* CONTR. **bas.** ❷ **Bien élevé, mal élevé,** qui est poli, impoli.
▸▸▸ Mot de la famille de **élever.**

élever et **s'élever** v. (conjug. 10). ❶ Construire, dresser. *On a élevé un mur tout autour de la maison. Élever un chapiteau de cirque.* ❷ Nourrir, soigner et éduquer un enfant jusqu'à ce qu'il soit grand. *Ma mère a été élevée par sa tante.* ❸ Nourrir et soigner des animaux. *Mes grands-parents élèvent des poules et des lapins.* ◆ **s'élever.** ❶ Atteindre une certaine hauteur. *Le ballon s'élève dans le ciel.* SYN. **monter.** ❷ Atteindre une certaine somme d'argent. *Les dépenses s'élèvent à 100 euros.* SYN. **se monter.**

▸ **éleveur, euse** n. Personne qui élève des animaux. *Un éleveur de moutons.*

elfe n.m. Génie qui symbolise l'air, le feu ou la terre, dans les pays du Nord. → Vois aussi **gnome, lutin.**

éligible adj. Qui peut être élu. *Il faut être majeur pour être éligible.* CONTR. **inéligible.**

élimé, e adj. Se dit d'un tissu usé. *Ta veste est élimée aux coudes.* SYN. **râpé.**

élimination n.f. ❶ Fait d'éliminer une personne ou d'être éliminé. *Les mauvais résultats de ce coureur ont entraîné son élimination.* ❷ Action d'éliminer les déchets de l'organisme. SYN. **excrétion.**
▸▸▸ Mot de la famille de **éliminer.**

éliminatoire adj. Qui élimine un candidat dans un concours, une compétition. *Elle a eu une note éliminatoire. Cet athlète a échoué aux épreuves éliminatoires.*
▸▸▸ Mot de la famille de **éliminer.**

éliminer v. (conjug. 3). ❶ Rejeter une personne d'un jeu, d'une compétition ; ôter d'un ensemble. *Si tu triches, tu es éliminé. On a éliminé cette hypothèse.* SYN. **écarter, exclure.** ❷ Rejeter certaines substances hors du corps. *La transpiration permet d'éliminer.*

élire v. (conjug. 67). Nommer quelqu'un par un vote. *Mon oncle a été élu maire de sa commune.*
▸▸▸ Mots de la même famille : **électeur, élection, électoral, électorat, éligible, inéligible.**

élision n.f. Suppression de la voyelle finale d'un mot quand il est suivi d'un mot commençant par une voyelle ou un « h » muet. La voyelle supprimée est remplacée par une apostrophe. *Dans « l'herbe », il y a élision du « a » de l'article « la ».*

élite n.f. ❶ Ensemble des personnes considérées comme les plus remarquables, les meilleures. *Il fait partie de l'élite de la ville.* ❷ **D'élite,** très bon, excellent. *Un tireur d'élite.*

élixir n.m. Potion magique. *Boire un élixir de longue vie.*

elle, elles pronoms personnels féminins. Représentent un nom de la troisième personne du féminin. *Elle n'est pas là. Donne-leur ces cerises, elles sont pour elles.* → Vois aussi **il.**

a b c d e f g h i j k l m n o p q r s t u v w x y z

ellipse n.f. ❶ Courbe fermée de forme ovale. *La Terre décrit une ellipse autour du Soleil.* ❷ Suppression d'un ou de plusieurs mots dans une phrase. *Dans la phrase «Léo joue de la guitare, Koffi du piano», il y a une ellipse du verbe «jouer».*

une ellipse

▸ **elliptique** adj. ❶ En forme d'ellipse. *La Terre décrit une courbe elliptique autour du Soleil.* ❷ **Phrase elliptique,** dans laquelle un ou plusieurs mots ont été supprimés.

élocution n.f. Manière de parler, d'articuler les mots. *Ce comédien a une élocution trop rapide.* SYN. **diction.**

éloge n.m. Compliment. *Antonin a eu les éloges de son instituteur.* CONTR. **critique.**
→ Vois aussi **louange.**

▸ **élogieux, euse** adj. Plein d'éloges, de compliments. *Des paroles élogieuses.* → Vois aussi **flatteur.**

éloigné, e adj. Qui est loin dans l'espace ou dans le temps. *La gare est éloignée du centre de la ville. Dans un avenir éloigné.* SYN. **lointain.** CONTR. **proche.**
▸▸▸ Mot de la famille de **éloigner.**

éloignement n.m. Fait d'être éloigné. *Il a mal supporté l'éloignement de sa famille.*
▸▸▸ Mot de la famille de **éloigner.**

éloigner et **s'éloigner** v. (conjug. 3). Mettre plus loin. *Éloigne les enfants de la cheminée.* SYN. **écarter.** CONTR. **rapprocher.** ◆ **s'éloigner.** Se mettre plus loin, aller plus loin. *Le bateau s'est éloigné.* CONTR. **se rapprocher.**

éloquence n.f. Qualité d'une personne qui parle bien, qui sait convaincre. *L'éloquence d'un orateur.*

▸ **éloquent, e** adj. ❶ Qui parle bien et a l'art de convaincre ceux qui l'écoutent. *Un homme politique éloquent.* ❷ **Geste éloquent, regard éloquent,** significatifs, expressifs.

élu, e adj. et n. Qui a été choisi par un vote. *La photo des élus a paru dans le journal.*
▸▸▸ Mot de la famille de **élire.**

élucider v. (conjug. 3). Rendre clair ce qui était confus. *Le commissaire a élucidé l'affaire.* SYN. **débrouiller, démêler, éclaircir.**

élucubrations n.f. plur. Idées compliquées et bizarres. *Je n'écoute plus ses élucubrations.*

éluder v. (conjug. 3). Éviter adroitement un problème, une difficulté. *On ne peut pas éluder cette question.*

élytre n.m. Aile dure de certains insectes, qui recouvre l'aile transparente et qui ne bat pas pendant le vol. *Les hannetons et les coccinelles ont des élytres.*
● Ce mot s'écrit avec un **y.** – Nom du genre masculin : **un élytre.**

émacié, e adj. Mot littéraire. Très maigre. *Un visage émacié.* SYN. **décharné.**

émail n.m. ❶ Vernis dur et brillant qui recouvre certains objets pour les protéger ou les décorer. *Une casserole en émail.* ❷ Objet d'art, bijou recouvert d'émail. *Ma tante a une très belle collection d'émaux.* ❸ Couche blanche et très dure qui recouvre et protège les dents.
● Au pluriel : des **émaux.**

e-mail n.m. Adresse, courrier électroniques. *Envoyer, recevoir un e-mail.* SYN. **mail.**
● On prononce [imɛl]. – Au pluriel : des **e-mails.** – C'est un mot anglais, il vaut mieux dire **courriel.**

émaillé, e adj. Recouvert d'émail. *Une baignoire en fonte émaillée.*
▸▸▸ Mot de la famille de **émail.**

émancipation n.f. Fait de s'émanciper. *Les femmes ont dû lutter pour leur émancipation.*
▸▸▸ Mot de la famille de **s'émanciper.**

s'**émanciper** v. (conjug. 3). Se libérer d'une domination, d'une contrainte. *Les habitants des anciennes colonies se sont émancipés.* CONTR. **se soumettre.**

émaner v. (conjug. 3). Provenir de. *Cette lettre émane du ministère.*

émaux → émail

a b c d e f g h i j k l m n o p q r s t u v w x y z

emballage n.m. ❶ Action d'emballer un objet. *Les déménageurs s'occupent de l'emballage des objets fragiles.* ❷ Ce qui sert à emballer quelque chose. *Ne laisse pas l'emballage en plastique sur la plage.*
►►► Mot de la famille de **emballer (1).**

emballement n.m. Mot familier. Fait de s'emballer, de se laisser emporter. *Son emballement pour le chanteur n'a pas duré.* SYN. **engouement.**
►►► Mot de la famille de **emballer (2).**

1. **emballer** v. (conjug. 3). Envelopper dans du papier, du carton, etc.; faire un paquet. *Emballer de la vaisselle.* SYN. **empaqueter.** CONTR. **déballer.**

2. **emballer** et **s'emballer** v. (conjug. 3). ❶ (Sens familier). Remplir d'enthousiasme. *Ce livre m'a emballé.* ❷ (Sens familier). Se laisser emporter par ses sentiments. *Ne t'emballe pas trop vite, je n'ai pas encore dit oui.* ◆ **s'emballer.** Prendre le triple galop et ne plus obéir à son cavalier ; prendre le mors aux dents. *Mon poney s'est emballé dans la descente.*

embarcadère n.m. Endroit aménagé dans un port, au bord d'un cours d'eau ou d'un lac pour embarquer des passagers et des marchandises. SYN. **débarcadère.**
►►► Mot de la famille de **embarquer.**

embarcation n.f. Petit bateau. *Les barques sont des embarcations.*

embardée n.f. Écart brusque que fait un véhicule ou une monture. *La voiture a fait une embardée pour éviter le cycliste.*

embargo n.m. Interdiction d'exporter ou d'importer des marchandises. *Le gouvernement a mis l'embargo sur certains produits agricoles.* → Vois aussi **blocus.**

embarquement n.m. Action d'embarquer. *Une hôtesse a annoncé l'embarquement des passagers.* CONTR. **débarquement.**
►►► Mot de la famille de **embarquer.**

embarquer v. (conjug. 3). ❶ Monter à bord d'un bateau ou d'un avion. *Nous embarquons demain à Marseille pour la Corse.* ❷ Faire monter à bord d'un bateau ou d'un avion. *Plusieurs tonnes de marchandises ont été embarquées à bord du cargo.* SYN. **charger.** CONTR. **débarquer, décharger.** ❸ (Sens familier). Pousser quelqu'un dans une affaire douteuse. *Il s'est laissé embarquer dans cette affaire.* SYN. **entraîner.**

embarras n.m. ❶ Situation difficile. *Ta question me met dans l'embarras. Il a réussi à se tirer d'embarras.* ❷ Trouble, malaise. *Son embarras était visible.* SYN. **confusion, gêne.** ❸ **Avoir l'embarras du choix,** avoir le choix entre plusieurs possibilités.
● Ce mot s'écrit avec deux **r** et se termine par un **s.**
►►► Mot de la famille de **embarrasser.**

embarrassant, e adj. ❶ Qui embarrasse, qui prend de la place. *Tous ces bagages sont embarrassants, on ne peut plus circuler.* SYN. **encombrant.** ❷ Qui met dans l'embarras. *On m'a posé une question embarrassante.* SYN. **délicat, épineux, gênant.**
►►► Mot de la famille de **embarrasser.**

embarrassé, e adj. Qui éprouve de l'embarras, de la gêne. *Il n'a pas su répondre, il était embarrassé.* SYN. **confus, gêné.**
►►► Mot de la famille de **embarrasser.**

embarrasser v. (conjug. 3). ❶ Prendre trop de place; gêner le passage. *Tes valises embarrassent le couloir.* SYN. **encombrer.** ❷ Mettre dans l'embarras, troubler. *Sa remarque m'a embarrassé, je n'ai pas su quoi lui dire.* SYN. **déconcerter, dérouter.**
● Ce mot s'écrit avec deux **r** et deux **s.**

embauche n.f. Fait d'embaucher, d'engager quelqu'un pour un travail. *Il a reçu une proposition d'embauche.*
►►► Mot de la famille de **embaucher.**

embaucher v. (conjug. 3). Engager une personne pour un travail. *Le directeur du magasin a embauché trois nouvelles vendeuses pour les fêtes.* SYN. **recruter.** CONTR. **congédier, licencier, renvoyer.**

embaumer v. (conjug. 3). ❶ Dégager une odeur agréable. *Le mimosa embaume.* CONTR. **empester.** ❷ Traiter un cadavre avec des produits qui le conservent. *Les Égyptiens embaumaient le corps des pharaons.*
►►► Mot de la famille de **baume.**

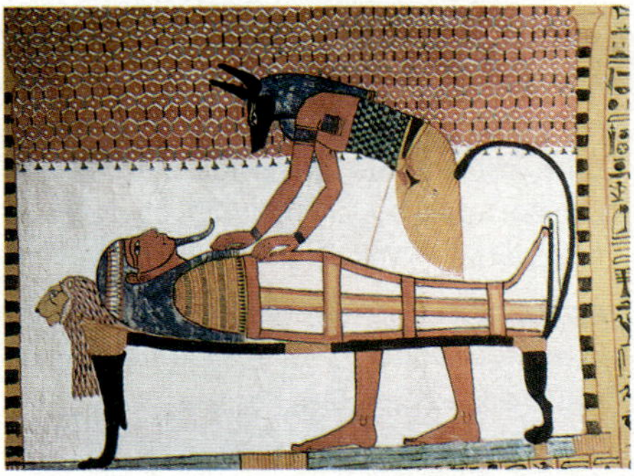

la momie est embaumée

a b c d e f g h i j k l m n o p q r s t u v w x y z

a b c d e f g h i j k l m n o p q r s t u v w x y z

embellir v. (conjug. 16). ❶ Rendre plus beau. *Ce papier peint embellit la pièce.* SYN. **agrémenter, enjoliver.** CONTR. **enlaidir.** ❷ Devenir plus beau. *Armelle a beaucoup embelli.*

embêtant, e adj. Mot familier. Qui contrarie, cause du souci. *C'est embêtant que tu ne puisses pas venir.* SYN. **contrariant, ennuyeux, fâcheux.**

►►► Mot de la famille de **embêter.**

embêtement n.m. Mot familier. Ce qui cause du souci. *Il a beaucoup d'embêtements en ce moment.* SYN. **désagrément, ennui.**

►►► Mot de la famille de **embêter.**

embêter et **s'embêter** v. (conjug. 3). Mot familier. Causer de l'agacement, de l'ennui ou de la contrariété. *Arrête de m'embêter avec tes histoires !* ◆ **s'embêter.** Mot familier. Éprouver de l'ennui. *Jessie s'est embêtée pendant les vacances.* SYN. **s'ennuyer.**

● Le deuxième **e** prend un accent circonflexe.

d'**emblée** adv. Aussitôt, tout de suite. *Mes parents ont accepté d'emblée ma proposition.*

emblème n.m. Objet, image qui représente une idée, une ville, un pays, un métier. *Les cinq anneaux sont l'emblème des jeux Olympiques.* → Vois aussi **armoiries, blason.**

● Nom du genre masculin : **un emblème.**

emboîter et **s'emboîter** v. (conjug. 3). Faire entrer une pièce dans une autre. *Emboîter des tuyaux.* CONTR. **déboîter.** ◆ **s'emboîter.** Rentrer l'un dans l'autre. *Les pièces du jeu de construction s'emboîtent facilement.* SYN. **s'imbriquer.**

● La nouvelle orthographe permet d'écrire aussi **emboiter,** sans accent circonflexe.

embonpoint n.m. Excès de poids. *Son embonpoint l'empêche de courir.*

● Ce mot s'écrit avec un **n** avant le **p.**

embouchure n.f. ❶ Endroit où un fleuve, une rivière se jettent dans la mer ou dans un lac. *L'embouchure de la Loire.* ❷ Dans certains instruments de musique, partie que l'on porte à la bouche. *L'embouchure d'une trompette.* → Vois aussi **delta, estuaire.**

s'**embourber** v. (conjug. 3). S'enfoncer dans la boue. *La voiture s'est embourbée.* → Vois aussi **s'enliser, s'ensabler, s'envaser.**

embout n.m. Petite pièce qui protège le bout d'un objet. *L'embout en caoutchouc d'un parapluie.*

embouteillage n.m. Encombrement sur une voie de circulation. *On signale un embouteillage de plusieurs kilomètres à l'entrée de la ville.* SYN. **bouchon.**

►►► Mot de la famille de **embouteiller.**

embouteiller v. (conjug. 3). Boucher une route, une rue en provoquant un embouteillage. *Des camions embouteillent la rue.*

emboutir v. (conjug. 16). Heurter violemment en défonçant, en déformant. *En reculant, le camion a embouti l'avant de la voiture.*

embranchement n.m. Endroit où une route se divise en plusieurs voies. *Continuez tout droit à l'embranchement.* SYN. **bifurcation, carrefour, fourche.**

embraser et **s'embraser** v. (conjug. 3). Mot littéraire. Mettre le feu à. *Une allumette a embrasé les broussailles.* SYN. **enflammer.** ◆ **s'embraser.** Prendre feu. *La voiture s'est embrasée.* SYN. **s'enflammer.**

embrassade n.f. Action d'embrasser quelqu'un. *Après les embrassades, nos amis sont montés dans le train.*

►►► Mot de la famille de **embrasser.**

embrasser et **s'embrasser** v. (conjug. 3). ❶ Donner des baisers à quelqu'un. *Quentin embrasse ses parents avant de partir.* ❷ Voir quelque chose dans son ensemble. *Du sommet, on embrasse toute la région.* ❸ Choisir un métier, adopter une opinion. *Mon cousin a embrassé la carrière d'enseignant.* ◆ **s'embrasser.** Se donner un ou des baisers l'un à l'autre. *Ne soyez plus fâchés, embrassez-vous !*

embrasure n.f. Ouverture dans un mur qui correspond à une porte, à une fenêtre. *Julie se tenait dans l'embrasure de la porte.*

embrayage n.m. Action d'embrayer. *La pédale d'embrayage.* → Vois aussi **débrayage.**

►►► Mot de la famille de **embrayer.**

embrayer v. (conjug. 13). Établir la liaison entre les roues d'un véhicule et le moteur qui doit les faire tourner. *Embraie doucement pour ne pas caler.* → Vois aussi **débrayer.**

embrigader v. (conjug. 3). Persuader quelqu'un d'entrer dans un parti, une association ou de faire une action. *Il a été embrigadé pour coller des affiches.*

embrocher v. (conjug. 3). Enfiler un morceau de viande ou une volaille sur une broche, pour les faire cuire.
►►► Mot de la famille de **broche.**

embrouillé, e adj. Compliqué, confus. *Une histoire très embrouillée.* CONTR. **clair.**
►►► Mot de la famille de **embrouiller.**

embrouiller et **s'embrouiller** v. (conjug. 3). ❶ Mettre en désordre. *On a embrouillé tous les fils.* SYN. **emmêler.** ❷ Semer la confusion, rendre incompréhensible. *Avec tous ces détails, il a embrouillé l'histoire.* ◆ **s'embrouiller.** Perdre le fil de ses idées. *Aziz s'est embrouillé dans ses calculs.* SYN. **s'emmêler, s'empêtrer.**

embruns n.m. plur. Fines gouttelettes d'eau de mer emportées par le vent.

embryon n.m. Être vivant qui commence à se développer dans un œuf ou dans le ventre de sa mère. → Vois aussi **fœtus.**
● Ce mot s'écrit avec un **y.**

embûches n.f. plur. Difficultés, pièges. *Tu as évité les embûches de l'exercice.*
● La nouvelle orthographe permet d'écrire aussi **embuches,** sans accent circonflexe.

embuscade n.f. Piège préparé pour attaquer quelqu'un par surprise. *Les bandits ont tendu une embuscade aux voyageurs.* SYN. **guet-apens.** → Vois aussi **traquenard.**

► **s'embusquer** v. (conjug. 3). Se cacher pour guetter quelqu'un et l'attaquer par surprise. *Les soldats s'étaient embusqués derrière un talus.*

éméché, e adj. Mot familier. Un peu ivre. *Elle était éméchée à la fin de la soirée.*

émeraude n.f. Pierre précieuse de couleur verte. ◆ adj. invar. De la couleur de l'émeraude. *Des draps émeraude.*

une émeraude

émerger v. (conjug. 5). Apparaître à la surface de l'eau. *Des rochers émergent à marée basse.* SYN. **affleurer.** → Vois aussi **immerger.**

émérite adj. Qui est très compétent, qui a de grandes qualités. *Un médecin émérite.* SYN. **éminent.**

émerveillement n.m. Fait d'être émerveillé ; admiration. *Salomé regardait les trapézistes avec émerveillement.* SYN. **éblouissement, enchantement.**
►►► Mot de la famille de **merveille.**

émerveiller et **s'émerveiller** v. (conjug. 3). Provoquer une grande admiration. *Ce spectacle m'a émerveillé.* SYN. **éblouir, enchanter.** ◆ **s'émerveiller.** Éprouver une grande admiration. *Le public s'émerveille des exploits des patineurs.* SYN. **s'extasier.**
►►► Mot de la famille de **merveille.**

émetteur n.m. Appareil qui permet, par des ondes, de transmettre des sons ou des images. CONTR. **récepteur.**
►►► Mot de la famille de **émettre.**

émettre v. (conjug. 51). ❶ Produire. *Cette lampe émet une lumière trop vive.* SYN. **diffuser, répandre.** ❷ Mettre en circulation. *Émettre un nouveau billet de banque.* ❸ Exprimer. *Le jury a émis un avis favorable.* ❹ Diffuser des programmes de radio ou de télévision. *Cette chaîne de télévision émet jusqu'à minuit.*

émeu n.m. Grand oiseau d'Australie ressemblant à l'autruche, qui court vite mais ne peut pas voler.
● Au pluriel : des **émeus.**

un émeu

émeute n.f. Mouvement de révolte d'une foule. *La très forte hausse des prix a provoqué des émeutes dans le pays.* SYN. **insurrection, soulèvement.**

émietter v. (conjug. 3). Réduire en miettes. *Émietter du pain, un biscuit.*
►►► Mot de la famille de **miette.**

a b c d e f g h i j k l m n o p q r s t u v w x y z

émigrant, e n. et adj. Personne qui émigre.
▸▸▸ Mot de la famille de **émigrer**.

émigration n.f. Fait d'émigrer, de quitter son pays pour aller s'installer dans un autre. *La misère, la guerre provoquent souvent des mouvements d'émigration.* → Vois aussi **immigration**.
▸▸▸ Mot de la famille de **émigrer**.

émigré, e n. et adj. Personne qui a émigré. *Ses grands-parents étaient des émigrés portugais.* → Vois aussi **immigré**.
▸▸▸ Mot de la famille de **émigrer**.

émigrer v. (conjug. 3). Quitter son pays pour aller vivre dans un autre pays. *Ils ont émigré pour échapper à la guerre.* SYN. **s'exiler, s'expatrier.** → Vois aussi **immigrer**.

éminemment adv. Extrêmement, au plus haut point. *Ce film est éminemment divertissant.*
● On écrit **emment** mais on prononce [amɑ̃], comme **amant**.
▸▸▸ Mot de la famille de **éminent**.

éminence n.f. ❶ Terrain élevé. *Nous sommes montés sur une éminence pour voir la mer.* SYN. **butte, colline.** ❷ (Avec une majuscule). Titre donné à un cardinal. *Son Éminence va vous recevoir.*
▸▸▸ Mot de la famille de **éminent**.

éminent, e adj. Important, remarquable. *Un éminent scientifique.* SYN. **émérite.** *Son oncle occupe des fonctions éminentes.*
● Ne confonds pas avec **imminent**.

émir n.m. Gouverneur, prince, dans les pays musulmans. → Vois aussi **sultan**.

▸ **émirat** n.m. État gouverné par un émir. *Le Koweït est un émirat.*

émissaire n.m. Personne chargée d'une mission. *Le gouvernement a envoyé un émissaire pour négocier un accord.*
● Ce nom masculin se termine par un **e**.

émission n.f. ❶ Production, transmission de signaux sonores ou visuels. *L'émission se fera en direct.* SYN. **diffusion.** ❷ Programme de télévision ou de radio. *J'ai regardé une émission sur les oiseaux.*
▸▸▸ Mot de la famille de **émettre**.

emmagasiner v. (conjug. 3). ❶ Mettre en réserve. *Emmagasiner des marchandises.* SYN. **entreposer, stocker.** *Emmagasiner de la chaleur.* SYN. **accumuler.** ❷ Garder en mémoire. *Emmagasiner des connaissances.*
▸▸▸ Mot de la famille de **magasin**.

emmailloter v. (conjug. 3). Mot ancien. Envelopper un bébé dans un lange. SYN. **langer.**
▸▸▸ Mot de la famille de **maillot**.

emmancher v. (conjug. 3). Fixer sur un manche. *Emmancher un balai.*
▸▸▸ Mot de la famille de **manche (2)**.

emmanchure n.f. Partie d'un vêtement où est cousue la manche. *Les emmanchures de ma veste sont un peu étroites.*
▸▸▸ Mot de la famille de **manche (1)**.

emmêler v. (conjug. 3). ❶ Mettre en désordre. *Le vent a emmêlé mes cheveux.* CONTR. **démêler.** ❷ Embrouiller une histoire, une situation.
● Le deuxième **e** prend un accent circonflexe.

emménagement n.m. Action d'emménager. *Notre emménagement dans cette maison date de l'an dernier.* SYN. **installation.** CONTR. **déménagement.**
▸▸▸ Mot de la famille de **emménager**.

emménager v. (conjug. 5). S'installer dans un logement. *Nos voisins viennent d'emménager.* CONTR. **déménager.**

emmener v. (conjug. 10). Conduire quelqu'un d'un lieu à un autre. *Chaque matin, maman emmène mon petit frère à l'école.* SYN. **mener.**

s'emmitoufler v. (conjug. 3). S'envelopper dans des vêtements chauds. *Julie s'est emmitouflée dans son manteau.*

emmurer v. (conjug. 3). Enfermer quelqu'un derrière des murs ou des amas de pierres. *Dans une galerie de la mine, un éboulement a emmuré trois mineurs.*
▸▸▸ Mot de la famille de **mur**.

émoi n.m. Mot littéraire. Trouble causé par l'inquiétude ou une émotion forte. *La nouvelle a mis le village en émoi.*

émonder v. (conjug. 3). Couper les branches inutiles d'un arbre. *Émonder un cerisier.* SYN. **élaguer.**

émotif, ive adj. Qui se laisse facilement troubler, impressionner. *Alexis est très émotif.* SYN. **impressionnable, sensible.**
▸▸▸ Mot de la famille de **émouvoir**.

émotion n.f. Trouble d'une personne qui ressent de la joie, de la tristesse ou de la peur. *Marie n'a pas caché son émotion.*
▸▸▸ Mot de la famille de **émouvoir.**

émotivité n.f. Caractère d'une personne émotive. *Lisa est d'une grande émotivité.* SYN. **sensibilité.**
▸▸▸ Mot de la famille de **émouvoir.**

émoulu, e adj. **Frais émoulu, fraîche émoulue de,** se dit d'une personne qui vient juste de sortir d'une école. *Ma sœur est fraîche émoulue de l'école d'infirmières.*

émousser v. (conjug. 3). ❶ Rendre moins tranchant ou moins pointu. *La lame du couteau est émoussée.* ❷ Rendre moins fort, moins vif. *Le temps émoussera son chagrin.* SYN. **atténuer.**

émoustiller v. (conjug. 3). Mettre de bonne humeur, rendre gai. *Le champagne a émoustillé les invités.*

émouvant, e adj. Qui émeut, cause une émotion. *Un film émouvant.* SYN. **bouleversant, touchant.**
▸▸▸ Mot de la famille de **émouvoir.**

émouvoir v. (conjug. 32). Toucher, bouleverser. *La situation de ces personnes sans abri nous a émus.*

empailler v. (conjug. 3). Bourrer de paille la peau d'un animal mort pour conserver son aspect naturel. SYN. **naturaliser (2).**
▸▸▸ Mot de la famille de **paille.**

empaqueter v. (conjug. 12). Mettre en paquet. *La vendeuse empaquette les marchandises.* SYN. **emballer.**
▸▸▸ Mot de la famille de **paquet.**

s'**emparer** v. (conjug. 3). Prendre de force ou d'un mouvement vif. *Le voleur s'est emparé du sac et s'est enfui.* SYN. **saisir.** *S'emparer d'un pays.* SYN. **conquérir, envahir.**

empêchement n.m. Événement qui empêche de faire ce qui était prévu. *Hugo a eu un empêchement, il ne pourra pas venir à l'entraînement.* SYN. **contretemps.**
▸▸▸ Mot de la famille de **empêcher.**

empêcher v. (conjug. 3). ❶ Rendre impossible, gêner. *Le bruit m'empêche de travailler.* CONTR. **permettre.** ❷ Retenir. *Je n'ai pas pu l'empêcher de sortir.* SYN. **interdire.**
● Le deuxième **e** prend un accent circonflexe.

empereur n.m. Chef d'un empire. *Napoléon Ier a été proclamé empereur des Français en 1804.* → Vois aussi **impératrice.**
▸▸▸ Mot de la famille de **empire.**

l'empereur Napoléon Ier

empester v. (conjug. 3). Répandre une mauvaise odeur. *Ce fromage empeste.* SYN. **puer.** CONTR. **embaumer.**

s'**empêtrer** v. (conjug. 3). S'embrouiller. *Alexandra s'est empêtrée dans ses explications.* SYN. **s'enferrer.**
● Le deuxième **e** prend un accent circonflexe.

emphase n.f. Ton solennel et pompeux. *Le maire a parlé avec emphase.*

▸ **emphatique** adj. Plein d'emphase, de solennité. *Un ton emphatique.* SYN. **grandiloquent, pompeux.**

empiéter v. (conjug. 9). Déborder sur quelque chose. *Les arbres du jardin voisin empiètent sur notre terrain.*

s'**empiffrer** v. (conjug. 3). Mot familier. Manger avec excès. *S'empiffrer de gâteaux.* SYN. **se gaver.**

empiler v. (conjug. 3). Mettre en pile. *Empiler des assiettes.* SYN. **entasser.**

empire n.m. ❶ Ensemble de pays gouvernés par un empereur ou par une impératrice. *L'empire de Charlemagne.* ❷ (Avec une majuscule).

Période pendant laquelle la France était gouvernée par un empereur.
►►► Mots de la même famille : **empereur, impératrice, impérial, impérialisme.**

→ planche pp. 910-911.

empirer v. (conjug. 3). Devenir pire, plus grave. *Son état de santé a empiré.* SYN. **s'aggraver, se dégrader.** CONTR. **s'améliorer.**

empirique adj. Qui s'appuie principalement sur l'observation des faits, sur l'expérience. *Une méthode empirique.*

emplacement n.m. Place occupée par quelque chose, ou qui lui est réservée. *Nous ne connaissons pas encore l'emplacement de la future piscine.*

emplette n.f. Achat d'usage courant; chose achetée. *Nouha est allée faire des emplettes avec sa tante.* SYN. **commissions, courses.**

emplir v. (conjug. 16). Mot littéraire. Remplir. *Les bravos emplissent le stade.*

emploi n.m. ❶ Utilisation que l'on fait de quelque chose. *L'emploi de cet appareil photo est très facile.* SYN. **usage.** *Lire le mode d'emploi d'un appareil.* ❷ Travail pour lequel on est payé. *Ma sœur a trouvé un nouvel emploi.* SYN. **place.** ❸ Ensemble des postes, des emplois au niveau national. *Le Pôle emploi.* ❹ **Emploi du temps,** programme des activités d'une personne. *Aujourd'hui, le directeur a un emploi du temps très chargé.*
►►► Mot de la famille de **employer.**

employé, e n. Personne qui travaille dans un bureau, un magasin, etc. *Une employée de banque; un employé de maison.*
►►► Mot de la famille de **employer.**

employer et **s'employer** v. (conjug. 14). ❶ Se servir de quelque chose. *Le menuisier emploie différents outils pour travailler le bois.* SYN. **utiliser.** ❷ Faire travailler quelqu'un en échange d'un salaire. *L'usine de mon oncle emploie soixante personnes.* ◆ **s'employer.** ❶ Être utilisé. *Le mot « besogne » ne s'emploie plus beaucoup.* ❷ S'efforcer de faire quelque chose. *Sarah s'est employée à les convaincre.*

► **employeur, euse** n. Personne ou entreprise qui emploie des salariés. → Vois aussi **patron.**

empocher v. (conjug. 3). Mettre dans sa poche ou toucher de l'argent. *Il a empoché une grosse somme.*
►►► Mot de la famille de **poche.**

empoignade n.f. Dispute violente. *La discussion a fini en empoignade.* SYN. **bagarre.**
►►► Mot de la famille de **poing.**

empoigner et **s'empoigner** v. (conjug. 3). Prendre dans sa main en serrant fortement. *L'acrobate empoigna la corde et se hissa jusqu'en haut.* ◆ **s'empoigner.** Se battre. *Deux joueurs se sont empoignés à la fin du match.*
►►► Mot de la famille de **poing.**

empoisonnement n.m. Fait d'être empoisonné. *Un empoisonnement dû à des champignons.* SYN. **intoxication.**
►►► Mot de la famille de **poison.**

empoisonner v. (conjug. 3). ❶ Rendre malade ou faire mourir avec du poison. *Ils ont été empoisonnés par des champignons.* SYN. **intoxiquer.** ❷ Mettre du poison dans ou sur quelque chose. *Certains Indiens empoisonnaient leurs flèches.*
►►► Mot de la famille de **poison.**

emporté, e adj. et n. Qui se met facilement en colère. *C'est une jeune fille emportée.* SYN. **coléreux, irascible, irritable.**
►►► Mot de la famille de **emporter.**

emportement n.m. Fait de s'emporter, de se mettre en colère. *Dans un moment d'emportement, il l'a insulté.*
►►► Mot de la famille de **emporter.**

emporter et **s'emporter** v. (conjug. 3). ❶ Prendre avec soi. *J'emporte des vêtements chauds.* ❷ Entraîner avec force. *Le vent a emporté ma casquette.* ❸ **L'emporter,** gagner, être victorieux. *Notre équipe l'a emporté par quatre buts à un.* ◆ **s'emporter.** Se mettre en colère. *Il s'emporte dès qu'on le contredit.*

empoté, e adj. et n. Mot familier. Maladroit. *Quelle empotée, elle a lâché l'assiette !* SYN. **gauche.** CONTR. **déluré.**

empreint, e adj. Qui est marqué par quelque chose. *Un visage empreint de tristesse.*

empreinte n.f. Marque laissée sur une surface par pression. *Nos empreintes de pas sur le sable ont été effacées. Les en-*

quêteurs ont relevé des empreintes digitales sur un verre.

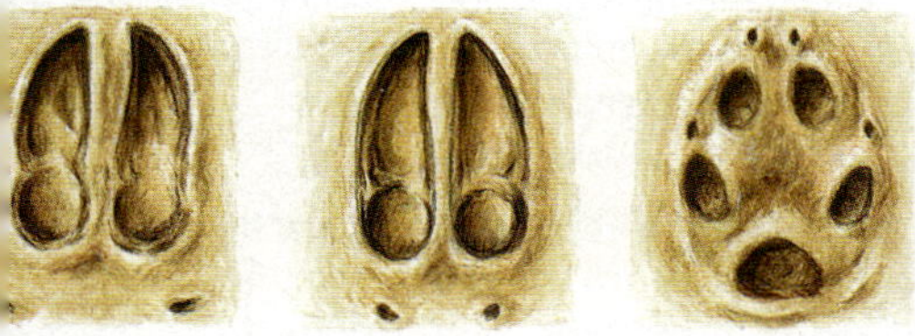

des **empreintes** d'animaux

empressement n.m. Ardeur que l'on met à faire quelque chose. *Il nous a aidés avec empressement.* SYN. **zèle.**
▸▸▸ Mot de la famille de **s'empresser.**

s'empresser v. (conjug. 3). Se dépêcher de faire quelque chose. *Anne s'est empressée d'aller ouvrir la porte.* SYN. **se hâter.**

emprise n.f. Domination exercée sur quelqu'un. *Il a beaucoup d'emprise sur ses enfants.*

emprisonnement n.m. Action d'emprisonner quelqu'un; fait d'être emprisonné. *Le malfaiteur a été condamné à cinq ans d'emprisonnement.* SYN. **détention, incarcération, réclusion.**
▸▸▸ Mot de la famille de **prison.**

emprisonner v. (conjug. 3). Mettre en prison. *Les assassins ont été emprisonnés.* SYN. **écrouer, incarcérer.**
▸▸▸ Mot de la famille de **prison.**

emprunt n.m. ❶ Action d'emprunter de l'argent; somme empruntée. *Ils ont fait un emprunt pour acheter leur maison.* ❷ **Nom d'emprunt,** faux nom que l'on prend pour ne pas être reconnu. SYN. **pseudonyme.** → Vois aussi **prêt (1).**
▸▸▸ Mot de la famille de **emprunter.**

emprunté, e adj. Qui manque de naturel. *Avoir un air emprunté.* SYN. **gauche.** CONTR. **spontané.**
▸▸▸ Mot de la famille de **emprunter.**

emprunter v. (conjug. 3). ❶ Se faire prêter quelque chose. *Juliette m'a emprunté deux euros.* ❷ Prendre, suivre une voie. *Empruntez le passage souterrain.*

ému, e adj. Qui éprouve ou montre une émotion. *Les deux amis étaient très émus de se retrouver.*
▸▸▸ Mot de la famille de **émouvoir.**

émulation n.f. Sentiment qui pousse à faire aussi bien ou mieux qu'un autre. *Le concours de poésie a créé une grande émulation entre les élèves.*

émule n. Personne qui cherche à faire aussi bien ou mieux qu'une autre. *Cet acteur brillant a de nombreux émules.*

émulsion n.f. Mélange constitué d'un liquide et d'un produit huileux qui ne se dissout pas mais se répartit en fines gouttelettes. *Une émulsion d'huile dans l'eau.*

1. **en** préposition. ❶ Introduit un complément de lieu, de temps. *Je vais en Espagne. En janvier, il a fait très froid. Ils se sont vus deux fois en dix ans.* ❷ Indique la matière. *Un pull en laine.* ❸ Indique la manière d'être, l'état. *Le champion est en excellente forme. Maman était en colère.* ◆ adv. Indique le lieu d'où l'on vient. *Veux-tu aller à la piscine ? – Non, j'en viens.*

2. **en** pronom personnel. Mot qui remplace un complément. *Prête-lui ton crayon, elle n'en a pas. Je m'en souviens très bien.*

encablure n.f. Mesure de longueur utilisée par les marins, équivalant à environ 200 mètres. *Le bateau n'était plus qu'à quelques encablures du rivage.*

encadré n.m. Dans un journal ou un livre, texte entouré d'un trait.
▸▸▸ Mot de la famille de **cadre.**

encadrement n.m. ❶ Ce qui encadre quelque chose. *L'encadrement d'un tableau.* SYN. **cadre.** ❷ Ensemble des personnes qui encadrent un groupe. *Le personnel d'encadrement d'une entreprise.*
▸▸▸ Mot de la famille de **cadre.**

encadrer v. (conjug. 3). ❶ Mettre dans un cadre. *Encadrer une photo.* ❷ Entourer d'une bordure, d'un trait pour faire ressortir quelque chose. *J'ai encadré les verbes.* SYN. **entourer.** ❸ Diriger un groupe de personnes. *Plusieurs moniteurs encadreront les enfants pendant leur voyage scolaire.*
▸▸▸ Mot de la famille de **cadre.**

encaissé, e adj. Resserré entre des parois, des bords escarpés. *Une vallée encaissée.*

encaisser v. (conjug. 3). Toucher, recevoir de l'argent. *Le serveur a encaissé ses chèques.*
▸▸▸ Mot de la famille de **caisse.**

a b c d e f g

en-cas n.m. invar. Repas léger préparé au cas où l'on aurait faim.

● La nouvelle orthographe permet d'écrire aussi **encas,** sans trait d'union.

encastrer v. (conjug. 3). Installer un objet ou un appareil dans une cavité préparée pour le recevoir. *Encastrer un four dans le mur.*

encaustique n.f. Produit à base de cire et d'essence, que l'on utilise pour faire briller le bois.

1. **enceinte** n.f. ❶ Muraille qui entoure un lieu. *L'enceinte d'une ville.* ❷ Élément d'une chaîne haute-fidélité qui comprend un ou plusieurs haut-parleurs. SYN. **baffle.**

l'enceinte d'une ville

2. **enceinte** adj.f. Se dit d'une femme qui attend un enfant. *Ma tante est enceinte de quatre mois.*

encens n.m. Résine qui dégage une odeur agréable en brûlant.

● Ce mot se termine par un **s.** – On prononce [ɑ̃sɑ̃].

▶ **encenser** v. (conjug. 3). ❶ Honorer en brûlant de l'encens. *Le prêtre encense l'autel.* ❷ Couvrir d'éloges. *Les journalistes ont encensé ce film.*

encerclement n.m. Fait d'encercler ou d'être encerclé. *Les troupes ennemies ont procédé à l'encerclement de la ville.*

▸▸▸ Mot de la famille de **cercle.**

encercler v. (conjug. 3). Entourer de toutes parts un groupe, un lieu. *La police a encerclé le quartier.* SYN. **boucler, cerner.**

▸▸▸ Mot de la famille de **cercle.**

enchaînement n.m. Suite de choses, succession de faits qui sont liés les uns aux autres. *Un enchaînement de circonstances.*

● La nouvelle orthographe permet d'écrire aussi **enchainement,** sans accent circonflexe.

▸▸▸ Mot de la famille de **chaîne.**

enchaîner et **s'enchaîner** v. (conjug. 3). Attacher avec une chaîne. *Enchaîner un chien à un poteau.* ◆ **s'enchaîner.** Se suivre logiquement. *Tes arguments s'enchaînent bien.*

● La nouvelle orthographe permet d'écrire aussi **enchainer,** sans accent circonflexe.

▸▸▸ Mot de la famille de **chaîne.**

enchanté, e adj. ❶ Merveilleux, magique. *La lampe enchantée d'Aladin.* ❷ Extrêmement heureux. *Mon frère est revenu enchanté de son voyage.* SYN. **ravi.**

▸▸▸ Mot de la famille de **enchanter.**

enchantement n.m. ❶ Action d'enchanter, de soumettre à un pouvoir magique. SYN. **charme, sortilège.** ❷ **Comme par enchantement,** comme par magie. *Le bruit a cessé comme par enchantement.* ❸ Ce qui enchante, procure un grand plaisir. *Ce spectacle est un enchantement.* SYN. **éblouissement, ravissement.**

▸▸▸ Mot de la famille de **enchanter.**

enchanter v. (conjug. 3). ❶ Exercer des pouvoirs magiques sur quelqu'un. *Une sorcière a enchanté la princesse.* SYN. **ensorceler, envoûter.** ❷ Remplir de plaisir. *Ce spectacle a enchanté les enfants.* SYN. **enthousiasmer, ravir.** CONTR. **chagriner, désoler.**

▶ **enchanteur, enchanteresse** n. Personne qui a des pouvoirs magiques. *L'enchanteur Merlin.* SYN. **magicien.** ◆ adj. Qui enchante, charme. *Un lieu enchanteur. Cette chanteuse a une voix enchanteresse.* SYN. **merveilleux.**

enchâsser v. (conjug. 3). Fixer dans un support, dans une monture. *Enchâsser un diamant.* SYN. **sertir.**

● Le **a** prend un accent circonflexe.

enchère n.f. **Vente aux enchères,** vente publique où les objets sont vendus aux personnes qui proposent le prix le plus élevé. *Le commissaire-priseur dirige la vente aux enchères.*

▸▸▸ Mot de la famille de **enchérir.**

enchérir v. (conjug. 16). Proposer un prix d'achat plus élevé. *Le deuxième acheteur a enchéri sur le premier.*

enchevêtrement n.m. Amas de choses qui s'enchevêtrent. *Un enchevêtrement de ronces nous empêchait d'avancer.*

▸▸▸ Mot de la famille de **s'enchevêtrer.**

n o p q r s t u v w x y z

s'enchevêtrer v. (conjug. 3). S'emmêler, se mélanger. *Les fils se sont enchevêtrés.* SYN. **s'entremêler.**
● Le troisième **e** prend un accent circonflexe.

enclave n.f. Terrain, territoire entièrement entouré par un autre. *Le Vatican est une enclave dans la ville de Rome.*

enclencher v. (conjug. 3). Mettre en marche un mécanisme. *Enclencher la marche arrière.*

enclin, e adj. **Être enclin à,** être naturellement porté à. *Elle est encline à la paresse.*

enclos n.m. Terrain entouré d'une clôture. *Les chevaux sont dans un enclos.*
● Ce mot se termine par un **s.**

enclume n.f. Gros bloc de fer sur lequel on forge le métal. *Le forgeron, le serrurier utilisent une enclume.*

encoche n.f. Petite entaille qui sert de point d'arrêt ou de repère. *Faire une encoche sur une flèche.*

encoignure n.f. Angle intérieur que forment deux murs. *On a mis un lampadaire dans l'encoignure de la pièce.* SYN. **coin.**
● On prononce [ãkɔɲyr] ou [ãkwaɲyr].
▸▸▸ Mot de la famille de **coin.**

encoller v. (conjug. 3). Enduire de colle. *Il faut encoller le papier peint avant de le poser.*

encolure n.f. ❶ Partie du corps du cheval qui va de la tête aux épaules. ❷ Partie d'un vêtement par où passe la tête. *Un pull à encolure en V.*

encombrant, e adj. Qui encombre, qui prend beaucoup de place. *Ces paquets sont trop encombrants.* SYN. **embarrassant, volumineux.**
▸▸▸ Mot de la famille de **encombrer.**

sans **encombre** adv. Sans ennui, sans difficulté. *La traversée s'est faite sans encombre.*
▸▸▸ Mot de la famille de **encombrer.**

encombrement n.m. File de véhicules qui gênent la circulation. *Elle a manqué son rendez-vous à cause des encombrements.* SYN. **bouchon, embouteillage.**
▸▸▸ Mot de la famille de **encombrer.**

encombrer v. (conjug. 3). Prendre trop de place, gêner le passage. *Tes bagages encombrent l'entrée.* SYN. **embarrasser.**

à l'**encontre** de préposition. À l'opposé de. *Tes idées vont à l'encontre des miennes.*

s'**encorder** v. (conjug. 3). S'attacher l'un à l'autre avec une corde. *Les alpinistes se sont encordés pour escalader le sommet de la montagne.* → Vois aussi **cordée.**
▸▸▸ Mot de la famille de **corde.**

l'alpiniste s'est **encordée**

encore adv. ❶ Indique que quelque chose continue. *Il pleut encore.* SYN. **toujours.** ❷ Indique la répétition. *J'ai encore oublié mon parapluie.* SYN. **de nouveau.** ❸ Indique une quantité supplémentaire, un degré supérieur. *Je prendrais bien encore un peu de gâteau. Julie est encore plus étourdie que toi.*

encourageant, e adj. Qui encourage. *Des résultats encourageants.* CONTR. **décourageant.**
● Le **g** est suivi d'un **e** pour prononcer le son [ʒ].
▸▸▸ Mot de la famille de **courage.**

encouragement n.m. Parole, cri qui encouragent. *Les cyclistes avaient besoin d'encouragements.*
▸▸▸ Mot de la famille de **courage.**

encourager v. (conjug. 5). ❶ Donner du courage. *Nous sommes allés encourager l'équipe de football de notre ville. Mes parents m'encourageaient à poursuivre mes efforts.* SYN. **inciter.** CONTR. **décourager.** ❷ Favoriser une action. *Le directeur de notre école encourage les activités artistiques.*
▸▸▸ Mot de la famille de **courage.**

a b c d e f g h i j k l m n o p q r s t u v w x y z

encourir v. (conjug. 21). Mot littéraire. S'exposer à quelque chose. *En ne respectant pas le règlement, il encourt une punition.* SYN. **risquer.**

encrasser v. (conjug. 3). Couvrir de crasse. *La suie encrasse la cheminée.* CONTR. **décrasser.**
▸▸▸ Mot de la famille de **crasse.**

encre n.f. ❶ Liquide coloré qui sert à écrire. *L'encre de mon stylo est noire.* ❷ Liquide noir et épais rejeté par certains animaux marins, comme le calmar et le poulpe, quand ils sont en danger.
● Ne confonds pas avec **ancre.**

▸ **encreur** adj.m. **Tampon encreur, rouleau encreur,** imprégnés d'encre et utilisés pour l'impression.

▸ **encrier** n.m. Petit récipient qui contient de l'encre.

un encrier

encyclopédie n.f. Ouvrage qui donne des informations dans tous les domaines de la connaissance ou dans un domaine particulier. *Une encyclopédie générale en dix volumes. Une encyclopédie du cinéma.* → Vois aussi **dictionnaire.**

▸ **encyclopédique** adj. **Connaissances encyclopédiques,** connaissances très étendues dans tous les domaines. *Ma grand-mère a des connaissances encyclopédiques.*

endettement n.m. Fait de s'endetter, d'avoir des dettes. *L'endettement d'une entreprise.*
▸▸▸ Mot de la famille de **dette.**

s'endetter v. (conjug. 3). Avoir des dettes. *Ils se sont endettés pour acheter leur maison.*
▸▸▸ Mot de la famille de **dette.**

endeuiller v. (conjug. 3). Plonger dans le deuil, le chagrin. *Un grave accident a endeuillé la compétition sportive.*
▸▸▸ Mot de la famille de **deuil.**

endiablé, e adj. Très rapide, très vif. *Un rythme endiablé.* SYN. **effréné.**
▸▸▸ Mot de la famille de **diable.**

endiguer v. (conjug. 6). ❶ Retenir un cours d'eau en construisant des digues pour se protéger des crues. *Endiguer un fleuve.* ❷ Essayer d'arrêter, faire obstacle à. *Endiguer la foule.* SYN. **contenir.**
▸▸▸ Mot de la famille de **digue.**

endimanché, e adj. **Avoir l'air endimanché,** avoir l'air emprunté, gauche dans des vêtements neufs.
▸▸▸ Mot de la famille de **dimanche.**

endive n.f. Plante aux feuilles blanches et serrées que l'on fait pousser dans l'obscurité et que l'on mange crue ou cuite.

endoctriner v. (conjug. 3). Faire adopter une doctrine, des idées à quelqu'un.
▸▸▸ Mot de la famille de **doctrine.**

endolori, e adj. Qui est douloureux. *Avoir les mains tout endolories.*
▸▸▸ Mot de la famille de **douleur.**

endommager v. (conjug. 5). Mettre en mauvais état. *La tempête a endommagé la toiture de la grange.* SYN. **abîmer, détériorer.**
▸▸▸ Mot de la famille de **dommage.**

endormir et **s'endormir** v. (conjug. 19). Faire dormir quelqu'un. *Je berce ma petite sœur pour l'endormir.* CONTR. **éveiller, réveiller.** *On m'a endormi avant de m'opérer.* SYN. **anesthésier.** ◆ **s'endormir.** Commencer à dormir. *Alexandra s'est endormie sur le canapé.* SYN. **s'assoupir.** CONTR. **se réveiller.**

endosser v. (conjug. 3). ❶ Mettre un vêtement sur son dos, sur soi. *Rachid a endossé son manteau avant de sortir.* ❷ Prendre la responsabilité de quelque chose. *Elle a tout endossé pour que je ne sois pas puni.* SYN. **assumer.** ❸ **Endosser un chèque,** le signer au dos avant de le déposer à la banque.
▸▸▸ Mot de la famille de **dos.**

1. **endroit** n.m. ❶ Place, lieu déterminés. *À quel endroit veux-tu installer ce meuble ? Nous habitons dans un endroit tranquille.* ❷ Partie d'une chose, du corps. *Ton pull est troué à plusieurs endroits. À quel endroit as-tu mal ?*

2. **endroit** n.m. ❶ Côté d'une chose destiné à être vu. *Ce tissu est taché sur l'endroit.* CONTR. **envers.** ❷ **À l'endroit,** du bon côté, dans le bon sens. *Remets ton tee-shirt à l'endroit.* CONTR. **à l'envers.**

enduire v. (conjug. 60). Recouvrir d'une matière plus ou moins liquide. *Enduire les murs de plâtre.*

▶ **enduit** n.m. Produit que l'on étale en couche pour préparer ou protéger une surface. *Avant de peindre les murs, on a appliqué un enduit.*

endurance n.f. Capacité à résister à la fatigue, à endurer la souffrance. *Ce cycliste a une grande endurance physique.* SYN. **résistance.**
▶▶▶ Mot de la famille de **endurer.**

endurant, e adj. Qui a de l'endurance. *Ce coureur est très endurant.* SYN. **résistant.** CONTR. **délicat, fragile.**
▶▶▶ Mot de la famille de **endurer.**

endurci, e adj. Qui est devenu dur, insensible. *Un cœur endurci.* CONTR. **sensible.**
▶▶▶ Mot de la famille de **dur.**

endurcir et **s'endurcir** v. (conjug. 16). ❶ Rendre dur. *Le sport a endurci ses muscles.* ❷ Rendre moins sensible. *Cette vie difficile l'a endurci.* ◆ **s'endurcir.** Devenir insensible. *Après toutes ses épreuves, elle s'est endurcie.* SYN. **s'aguerrir.**
▶▶▶ Mot de la famille de **dur.**

endurer v. (conjug. 3). Supporter ce qui est dur, pénible. *Elle a enduré des douleurs terribles.* SYN. **subir.**

énergétique adj. Qui concerne l'énergie; qui fournit de l'énergie au corps. *Les ressources énergétiques. Les sportifs consomment des aliments énergétiques avant une épreuve.*
▶▶▶ Mot de la famille de **énergie.**

énergie n.f. ❶ Force et volonté avec lesquelles on fait quelque chose. *Sébastien a rangé sa chambre avec énergie.* SYN. **dynamisme, vigueur.** CONTR. **indolence, mollesse.** ❷ Force capable de produire de la chaleur ou du mouvement, de faire fonctionner des machines. *Faire des économies d'énergie. L'énergie nucléaire.* ❸ **Énergie fossile,** source d'énergie provenant d'une matière première présente sous forme de gisements non renouvelables. *Le charbon, le pétrole, le gaz naturel sont des énergies fossiles.* ❹ **Énergie renouvelable,** source d'énergie qui fait appel à des ressources inépuisables. *Le soleil, l'eau, le vent sont des énergies renouvelables.* → Vois aussi **éolien, géothermique, hydraulique, nucléaire.**

▶ **énergique** adj. Qui est dynamique et décidé. *Rayan est un garçon très énergique.* SYN. **actif, dynamique.** CONTR. **indolent, mou.**

▶ **énergiquement** adv. Avec énergie. *Frotter énergiquement.* SYN. **vigoureusement.** *Protester énergiquement.* SYN. **fermement.**

énergumène n.m. Individu bizarre qui parle et s'agite beaucoup. *Quel est cet énergumène ?*

énervant, e adj. Qui énerve. *Ce bruit continu est énervant.* SYN. **agaçant, exaspérant.**
▶▶▶ Mot de la famille de **nerf.**

énervé, e adj. Qui est dans un état de nervosité inhabituel. *Les enfants étaient très énervés.* CONTR. **calme.**
▶▶▶ Mot de la famille de **nerf.**

énervement n.m. État d'une personne énervée. *Ces deux heures d'attente n'ont fait qu'accroître son énervement.* SYN. **nervosité.** CONTR. **calme.**
▶▶▶ Mot de la famille de **nerf.**

énerver et **s'énerver** v. (conjug. 3). Provoquer l'irritation, la nervosité. *Arrête de rire bêtement, tu m'énerves !* SYN. **agacer, exaspérer, excéder.** CONTR. **calmer.** ◆ **s'énerver.** Perdre son calme. *Ma sœur s'énerve pour un rien.* CONTR. **se calmer.**
▶▶▶ Mot de la famille de **nerf.**

enfance n.f. Premières années de la vie, de la naissance à l'adolescence. *Grand-père a passé son enfance à Marseille.*
▶▶▶ Mot de la famille de **enfant.**

enfant n. ❶ Fille, garçon qui ne sont pas encore adolescents. *Amina est encore une enfant.* ❷ Fille, fils de quelqu'un. *Nos voisins ont trois enfants.*

▶ **enfanter** v. (conjug. 3). Mot littéraire. Mettre un enfant au monde. SYN. **accoucher.**

▶ **enfantillage** n.m. Manières d'agir, de parler qui ressemblent à celles des enfants. *Sois un peu sérieux, cesse ces enfantillages !* SYN. **gaminerie.**

▶ **enfantin, e** adj. ❶ Qui est propre aux enfants. *Le langage enfantin.* ❷ Qui est très simple. *C'est un problème enfantin.* SYN. **élémentaire.** → Vois aussi **infantile.**

enfer n.m. ❶ Dans diverses religions, lieu où vont, après la mort, les âmes des personnes qui ont beaucoup péché. CONTR. **ciel, paradis.**

a b c d e f g h i j k l m n o p q r s t u v w x y z

❷ Situation insupportable. *Sa vie est un enfer.*

►►► Mot de la même famille : **infernal.**

une représentation imagée de l'enfer

enfermer et **s'enfermer** v. (conjug. 3). Mettre dans un endroit fermé. *Les poules sont enfermées dans le poulailler.* ◆ **s'enfermer**. S'isoler dans un endroit fermé. *Lisa s'est enfermée dans sa chambre.*

s'enferrer v. (conjug. 3). S'empêtrer de plus en plus dans ses explications. *Elle s'est enferrée dans ses mensonges.*

enfilade n.f. Série de choses disposées les unes à la suite des autres. *Une enfilade de voitures.* SYN. **file.** *Les chambres sont en enfilade.*

►►► Mot de la famille de **fil.**

enfiler v. (conjug. 3). ❶ Passer un fil dans un trou. *Enfiler une aiguille. Enfiler des perles.* ❷ Passer rapidement un vêtement. *Rémi a enfilé un pull.*

►►► Mot de la famille de **fil.**

enfin adv. ❶ Indique qu'un événement attendu a lieu. *J'ai enfin trouvé la solution. Vous voilà enfin !* ❷ Introduit une conclusion. *Leur appartement est situé dans un quartier calme, les pièces sont grandes, lumineuses, enfin il est très agréable.*

enflammé, e adj. ❶ Plein d'ardeur et de passion. *Le maire a prononcé un discours enflammé.* SYN. **exalté.** ❷ Qui est rouge et douloureux, en état d'inflammation. *La plaie est enflammée.*

►►► Mot de la famille de **flamme.**

enflammer et **s'enflammer** v. (conjug. 3). ❶ Mettre en flammes. *Enflammer une allumette.* SYN. **allumer.** CONTR. **éteindre.** *Un mégot a enflammé la forêt.* SYN. **embraser.** ❷ Remplir d'ardeur, de passion. *Ce concert a enflammé le public.* SYN. **échauffer, exalter.** ◆ **s'enflammer**. Prendre feu. *Les branches se sont enflammées d'un seul coup.* → Vois aussi **incendier.**

►►► Mot de la famille de **flamme.**

enflé, e adj. Qui est devenu plus gros sous l'effet d'une blessure, d'une inflammation. *J'ai une cheville enflée.* SYN. **gonflé.** → Vois aussi **boursouflé.**

enfler v. (conjug. 3). Augmenter de volume. *Mamie a les jambes qui enflent quand il fait chaud.* SYN. **gonfler.**

► **enflure** n.f. État d'une partie du corps qui a enflé. SYN. **gonflement.**

enfoncer et **s'enfoncer** v. (conjug. 4). ❶ Faire entrer une chose de force, pousser vers le fond. *Enfoncer un clou avec un marteau.* SYN. **planter.** ❷ Faire céder par une poussée, un choc. *Les pompiers ont enfoncé la porte.* SYN. **défoncer, forcer.** ◆ **s'enfoncer**. ❶ Céder sous une pression ; se creuser. *Le sol s'enfonce par endroits.* SYN. **s'affaisser.** ❷ Tomber au fond de, pénétrer profondément dans quelque chose. *Le sous-marin s'enfonça peu à peu dans l'océan et disparut.*

enfouir v. (conjug. 16). Mettre ou cacher quelque chose dans le sol en creusant. *Les pirates ont enfoui le trésor dans la terre.* SYN. **enterrer.**

enfourcher v. (conjug. 3). Monter à califourchon sur quelque chose. *Enfourcher sa bicyclette.*

►►► Mot de la famille de **fourche.**

enfourner v. (conjug. 3). Mettre dans un four. *Enfourner un gâteau.*

enfreindre v. (conjug. 49). Ne pas respecter une loi, un règlement. *Enfreindre le Code de la route.* SYN. **transgresser, violer.** CONTR. **se conformer à, respecter.**

s'enfuir v. (conjug. 29). Partir très vite, prendre la fuite. *Les cambrioleurs se sont enfuis.* SYN. **déguerpir, se sauver.**
▸▸▸ Mot de la famille de **fuir.**

enfumé, e adj. Rempli de fumée. *Un bar enfumé.*
▸▸▸ Mot de la famille de **fumer.**

enfumer v. (conjug. 3). Remplir de fumée. *La cheminée enfumait la pièce.*
▸▸▸ Mot de la famille de **fumer.**

engageant, e adj. Qui est agréable, qui attire, séduit. *Un sourire engageant.* SYN. **aimable, sympathique.**
● Le **g** est suivi d'un **e** pour prononcer le son [ʒ].
▸▸▸ Mot de la famille de **engager.**

engagement n.m. ❶ Fait de s'engager à faire quelque chose. *Respecter ses engagements.* SYN. **promesse.** ❷ Action d'engager, d'embaucher quelqu'un. *Le chanteur a un engagement dans un cabaret.*
▸▸▸ Mot de la famille de **engager.**

engager et **s'engager** v. (conjug. 5). ❶ Prendre quelqu'un à son service. *Le directeur a engagé une assistante.* SYN. **embaucher, recruter.** CONTR. **licencier, renvoyer.** ❷ Pousser quelqu'un à faire quelque chose. *Je vous engage à venir.* SYN. **inciter à, recommander de.** ❸ Commencer à faire quelque chose. *Engager le débat.* SYN. **entamer.** ❹ Faire entrer dans un endroit. *Elle engagea la clé dans la serrure.* SYN. **introduire.** ◆ **s'engager.** ❶ Signer un contrat avec l'armée pour un temps fixé. *Il s'est engagé pour trois ans.* ❷ Assurer, garantir que l'on va faire quelque chose. *Je me suis engagé à l'aider.* SYN. **promettre.**

engeance n.f. Mot littéraire. Catégorie de personnes que l'on méprise. *Il appartient à l'engeance des trafiquants de drogue.*
● Le **g** est suivi d'un **e** pour prononcer le son [ʒ].

engelure n.f. Plaque rouge, gonflée, provoquée par le froid, par le gel. *Avoir des engelures aux mains et aux pieds.*
▸▸▸ Mot de la famille de **geler.**

engendrer v. (conjug. 3). Faire naître, être à l'origine de. *L'intolérance engendre souvent la guerre.* SYN. **entraîner, provoquer.**

engin n.m. Appareil, instrument ou machine. *Les satellites sont des engins spatiaux.*

englober v. (conjug. 3). Réunir en un tout. *Un département englobe plusieurs communes.* SYN. **comprendre, contenir.**

engloutir v. (conjug. 16). ❶ Faire disparaître dans les profondeurs de l'eau. *Le navire a été englouti par la tempête.* ❷ Avaler très vite, avec gloutonnerie. *Solène a englouti une tablette de chocolat au goûter.* SYN. **engouffrer.**

▸ **engloutissement** n.m. Fait d'engloutir ou d'être englouti. *L'engloutissement d'un bateau.*

englué, e adj. Qui est pris dans une situation très complexe. *Il est englué dans des problèmes de famille.*
▸▸▸ Mot de la famille de **glu.**

engoncer v. (conjug. 4). Déformer la silhouette en faisant paraître le cou enfoncé dans les épaules. *Thomas est engoncé dans son anorak.*

engorger v. (conjug. 5). Boucher par une accumulation de débris. *Des épluchures engorgeaient le tuyau de l'évier.* SYN. **obstruer.**

engouement n.m. Admiration vive et souvent passagère. *L'engouement du public pour un acteur, une mode.* SYN. **emballement.**
● On prononce [ɑ̃gumɑ̃].
▸▸▸ Mot de la famille de **s'engouer.**

s'engouer v. (conjug. 3). Se prendre d'une admiration excessive, souvent passagère, pour quelqu'un ou quelque chose. *S'engouer pour un artiste.* SYN. **s'emballer, s'enticher de.**

engouffrer et **s'engouffrer** v. (conjug. 3). Avaler goulûment, avec avidité. *Alexandre a engouffré son hamburger.* SYN. **engloutir.** ◆ **s'engouffrer.** Pénétrer avec violence ou en masse dans un lieu. *Le vent s'engouffrait sous le porche. La foule s'engouffre dans le métro.* SYN. **se précipiter.**
● Ce mot prend deux **f.**
▸▸▸ Mot de la famille de **gouffre.**

engourdi, e adj. Qui est insensible, qui ne peut plus bouger. *Avoir le bras engourdi.* SYN. **gourd.**
▸▸▸ Mot de la famille de **engourdir.**

engourdir et **s'engourdir** v. (conjug. 16). Rendre peu à peu insensible ou incapable de bouger. *Le froid engourdit les membres.* CONTR. **dégourdir.** *La chaleur nous engourdissait.* ◆ **s'engourdir.** Devenir insensible ou bouger avec difficulté. *À force*

a b c d e f g h i j k l m n o p q r s t u v w x y z

de rester immobile, je me suis engourdie. SYN. **s'ankyloser.**

▸ **engourdissement** n.m. Fait d'être engourdi. *Les alpinistes redoutent l'engourdissement à cause du froid. Son discours n'en finissait pas, et l'engourdissement gagnait l'auditoire.* SYN. **somnolence, torpeur.**

engrais n.m. Produit que l'on met dans la terre pour la rendre plus fertile. *Des engrais chimiques.*
● Ce mot se termine par un **s**.

engraisser v. (conjug. 3). Rendre gras ou devenir plus gras, plus gros. *Engraisser des oies.* SYN. **gaver.** *Grand-père a engraissé avec l'âge.* SYN. **forcir, grossir.** CONTR. **maigrir.**
▸▸▸ Mot de la famille de **graisse.**

engrenage n.m. Mécanisme formé de roues dentées qui s'emboîtent les unes dans les autres et se transmettent leur mouvement en tournant.

un engrenage

s'enhardir v. (conjug. 16). Prendre de la hardiesse, de l'assurance, oser faire quelque chose. *Djamila s'est enhardie à poser une question.*
● On prononce [sɑ̃ardir].
▸▸▸ Mot de la famille de **hardi.**

énigmatique adj. Qui est difficile à comprendre, à interpréter. *Une réponse énigmatique.* SYN. **mystérieux.**
▸▸▸ Mot de la famille de **énigme.**

énigme n.f. Chose difficile à comprendre, à expliquer. *La disparition des dinosaures reste une énigme.* SYN. **mystère.**

enivrant, e adj. Qui enivre. *Des parfums enivrants; un succès enivrant.* SYN. **grisant.**
● On prononce [ɑ̃nivrɑ̃].
▸▸▸ Mot de la famille de **ivre.**

enivrer v. (conjug. 3). ❶ Rendre ivre. *La liqueur l'a enivré.* SYN. **griser.** ❷ Mettre dans un état de grande excitation. *Le succès l'enivre.* SYN. **étourdir, griser.**
● On prononce [ɑ̃nivre].
▸▸▸ Mot de la famille de **ivre.**

enjambée n.f. Grand pas. *Marcher à grandes enjambées.*
▸▸▸ Mot de la famille de **jambe.**

enjamber v. (conjug. 3). Passer par-dessus un obstacle en étendant la jambe devant soi. *Natacha a enjambé le fossé.*
▸▸▸ Mot de la famille de **jambe.**

enjeu n.m. ❶ Argent que l'on mise, que l'on met en jeu. *Les enjeux sont élevés.* SYN. **mise.** ❷ Ce que l'on risque de gagner ou de perdre. *Les enjeux d'une élection.*
● Au pluriel : des **enjeux.**

enjôler v. (conjug. 3). Séduire par des flatteries, de belles promesses. *Elle essaie de t'enjôler pour obtenir ce qu'elle veut.*
● Le **o** prend un accent circonflexe.

▸ **enjôleur, euse** adj. et n. Qui enjôle. *Charline a un sourire enjôleur.* SYN. **charmeur.** *Aurélie est une enjôleuse.*

enjoliver v. (conjug. 3). Ajouter des détails plus ou moins exacts pour rendre un récit plus intéressant, plus beau. *Enjoliver une histoire.* SYN. **agrémenter, embellir.**
▸▸▸ Mot de la famille de **joli.**

enjoué, e adj. Qui montre de l'enjouement, de la bonne humeur. *Valentin a un air enjoué.* SYN. **gai.** CONTR. **renfrogné.**

▸ **enjouement** n.m. Gaieté, bonne humeur. *L'enjouement des enfants le soir de Noël.* SYN. **entrain.**
● On prononce [ɑ̃ʒumɑ̃].

enlacer v. (conjug. 4). Serrer dans ses bras. *La mère enlaça son fils.* → Vois aussi **étreindre.**

enlaidir v. (conjug. 16). Rendre ou devenir laid. *Ces tours enlaidissent la côte.* SYN. **déparer.** *Il a enlaidi avec l'âge.* CONTR. **embellir.**
▸▸▸ Mot de la famille de **laid.**

enlèvement n.m. ❶ Action d'enlever quelque chose. *L'enlèvement des gravats.* ❷ Fait d'enlever une personne par la force. *L'enlèvement d'un homme d'affaires.* SYN. **kidnapping, rapt.**
▸▸▸ Mot de la famille de **enlever.**

enlever v. (conjug. 10). ❶ Faire sortir quelque chose de l'endroit où il se trouve. *Enlève tes affaires de la table.* SYN. **ôter, retirer.** ❷ Faire disparaître quelque chose. *Enlever une tache avec du savon.* SYN. **supprimer.** ❸ Emmener une personne de force. *Des gangsters ont enlevé un chef d'entreprise pour obtenir une rançon.* SYN. **kidnapper, ravir.**

enlisement n.m. Fait de s'enliser. *L'enlisement d'une barque dans le sable.*
▸▸▸ Mot de la famille de **s'enliser.**

s'**enliser** v. (conjug. 3). ❶ S'enfoncer dans un sol mou. *Le camion s'est enlisé dans un champ.* SYN. **s'embourber.** ❷ Être arrêté par des difficultés. *Les négociations s'enlisent.* SYN. **stagner.** → Vois aussi **s'embourber, s'ensabler, s'envaser.**

enluminure n.f. Illustration aux couleurs vives peinte à la main qui orne un manuscrit ancien. *Les enluminures d'une bible du Moyen Âge.*

une enluminure

enneigé, e adj. Recouvert de neige. *Des pistes enneigées.* SYN. **neigeux.**
▸▸▸ Mot de la famille de **neige.**

enneigement n.m. Épaisseur de la couche de neige qui s'est amoncelée. *L'enneigement des routes ralentit la circulation des véhicules.*
▸▸▸ Mot de la famille de **neige.**

ennemi, e n. et adj. ❶ Personne, pays contre lesquels on combat, en temps de guerre. *Les ennemis se sont rendus.* CONTR. **allié.** *Un sous-marin ennemi.* ❷ Personne qui veut du mal à quelqu'un. *La victime avait-elle des ennemis ?* CONTR. **ami.** ❸ Personne qui s'oppose à quelque chose. *C'est un ennemi de l'intolérance.* SYN. **adversaire.** CONTR. **partisan.**

ennoblir v. (conjug. 16). Rendre plus noble moralement. *Ce geste courageux vous ennoblit.*
● Ne confonds pas avec **anoblir.**
▸▸▸ Mot de la famille de **noble.**

ennui n.m. ❶ Sentiment de lassitude d'une personne qui s'ennuie. *Ce livre me fait bâiller d'ennui.* ❷ (Souvent au pluriel). Difficulté, événement fâcheux qui tracassent. *Avoir des ennuis de santé.* SYN. **problème, souci.**
▸▸▸ Mot de la famille de **ennuyer.**

ennuyer et **s'ennuyer** v. (conjug. 14). ❶ Provoquer un sentiment de lassitude, ne pas intéresser. *Ce livre m'a ennuyé.* SYN. **lasser.** CONTR. **amuser, divertir.** ❷ Causer du souci, de la contrariété. *Cela m'ennuie de te laisser seul.* SYN. **chagriner, contrarier.** ◆ **s'ennuyer.** Éprouver de l'ennui ; trouver le temps long. *Yao s'ennuie sans ses amis.*

▶ **ennuyeux, euse** adj. Qui ennuie. *Un film ennuyeux.* CONTR. **amusant, distrayant, divertissant.** *J'ai oublié ma clé, c'est ennuyeux.* SYN. **contrariant, fâcheux.**

énoncé n.m. Texte qui comprend les données d'un problème et les questions à traiter. *Lisez attentivement l'énoncé écrit au tableau.*
▸▸▸ Mot de la famille de **énoncer.**

énoncer v. (conjug. 4). Dire d'une manière nette et précise. *Énoncer une hypothèse.* SYN. **exposer, formuler.**

s'**enorgueillir** v. (conjug. 16). Mot littéraire. Être fier de quelque chose, en éprouver de l'orgueil. *Notre pays s'enorgueillit de ses monuments historiques.*
● On prononce [sɑ̃nɔrgœjir].
▸▸▸ Mot de la famille de **orgueil.**

énorme adj. Très gros, très grand ou très important. *Les brontosaures et les tyrannosaures étaient des animaux énormes.* SYN. **gigantesque.** CONTR. **minuscule.**

▶ **énormément** adv. Vraiment beaucoup. *Le prix des fruits a énormément augmenté.* SYN. **considérablement.**

a b c d e f g h i j k l m n o p q r s t u v w x y z

a b c d e f g h i j k l m n o p q r s t u v w x y z

▶ **énormité** n.f. ❶ Caractère de ce qui est énorme. *L'énormité de la tâche me fait hésiter.* SYN. **immensité.** ❷ Parole extravagante, très grosse sottise. *Dire des énormités.*

s'enquérir v. (conjug. 23). Chercher à avoir des renseignements sur. *Je vais m'enquérir des horaires des trains.* SYN. **s'informer, se renseigner sur.**

enquête n.f. ❶ Recherche de témoignages, d'indices pour éclaircir une affaire, en particulier policière. *Le juge a ordonné une enquête.* ❷ Ensemble de questions posées au public pour avoir des avis sur un sujet précis. *Répondre à une enquête sur les élections.* → Vois aussi **sondage.**

● Le deuxième **e** prend un accent circonflexe.

▶ **enquêter** v. (conjug. 3). Mener une enquête. *L'inspecteur enquête sur un vol.*

▶ **enquêteur, trice** n. Personne qui fait une enquête. *Les enquêteurs ont interrogé plusieurs témoins.*

enraciné, e adj. Qui est profondément fixé dans l'esprit. *Une croyance bien enracinée.*

▸▸▸ Mot de la famille de **racine.**

enragé, e adj. Qui est malade de la rage. *Un renard enragé.* ◆ **adj. et n.** (Sens familier). Qui est passionné par quelque chose. *Mon oncle est un joueur enragé.* SYN. **acharné.**

▸▸▸ Mot de la famille de **rage.**

enrager v. (conjug. 5). **Faire enrager quelqu'un,** le mettre en colère.

▸▸▸ Mot de la famille de **rage.**

enrayer et **s'enrayer** v. (conjug. 13). Empêcher le développement d'un phénomène, d'une maladie. *Les médecins ont enrayé l'épidémie.* SYN. **arrêter, juguler.** ◆ **s'enrayer.** Se bloquer brusquement. *Le revolver s'est enrayé.*

enregistrement n.m. ❶ Action d'enregistrer des sons, des images. *L'enregistrement d'un disque, d'un film.* ❷ Action d'enregistrer des bagages.

▸▸▸ Mot de la famille de **enregistrer.**

enregistrer v. (conjug. 3). ❶ Noter officiellement sur un registre. *Faire enregistrer une naissance à la mairie.* ❷ Fixer dans sa mémoire. *Essaie d'enregistrer ce qu'on te dit.* SYN. **retenir.** ❸ Fixer un son, une image, des données sur une bande magnétique, un film, un disque. *Julien a enregistré un dessin animé sur un DVD.* ❹ Confier ses bagages au service chargé d'en assurer le transport.

▶ **enregistreur, euse** adj. Qui enregistre une mesure, une somme. *La caisse enregistreuse d'un supermarché.*

s'enrhumer v. (conjug. 3). Attraper un rhume. *Amina s'est enrhumée en sortant de la piscine.*

▸▸▸ Mot de la famille de **rhume.**

enrichir et **s'enrichir** v. (conjug. 16). ❶ Rendre riche. *Le tourisme a enrichi notre région.* CONTR. **appauvrir.** ❷ Augmenter l'importance, la valeur de quelque chose. *Les voyages enrichissent l'esprit.* ◆ **s'enrichir.** Devenir riche. *Mon oncle s'est enrichi en faisant du commerce.* CONTR. **s'appauvrir.**

▸▸▸ Mot de la famille de **riche.**

enrichissement n.m. Action d'enrichir, fait de s'enrichir. *L'enrichissement d'une région par le tourisme.* CONTR. **appauvrissement.**

▸▸▸ Mot de la famille de **riche.**

enrober v. (conjug. 3). Recouvrir entièrement d'une couche de matière. *Une noisette enrobée de chocolat.*

enrôler v. (conjug. 3). Faire entrer dans une armée, un groupe, un parti. *Enrôler des soldats.* SYN. **engager, recruter.** *Jonathan nous a enrôlés dans son équipe.*

● Le **o** prend un accent circonflexe.

enroué, e adj. Qui a la voix rauque. *Jean a trop crié, maintenant il est enroué.*

enrouler et **s'enrouler** v. (conjug. 3). Rouler une chose sur elle-même ou autour d'une autre chose. *Enrouler une corde.* CONTR. **dérouler.** ◆ **s'enrouler dans.** Mettre tout autour de soi. *Je me suis enroulé dans ma couette.* SYN. **s'envelopper dans.**

▶ **enrouleur** n.m. Système qui sert à enrouler. *L'enrouleur d'une ceinture de sécurité.*

s'ensabler v. (conjug. 3). ❶ Être envahi, bouché par le sable. *Le port s'ensable.* ❷ S'immobiliser dans le sable. *La caravane s'était ensablée sur la plage.* → Vois aussi **s'embourber, s'enliser, s'envaser.**

▸▸▸ Mot de la famille de **sable.**

ensanglanté, e adj. Taché de sang. *Avoir le visage tout ensanglanté.* SYN. **sanglant.**

→ Vois aussi **sanguinolent.**

▸▸▸ Mot de la famille de **sang.**

enseignant, e n. et adj. Personne qui enseigne à des élèves. *Les instituteurs et les professeurs sont des enseignants. Ils font partie du corps enseignant.*
▸▸▸ Mot de la famille de **enseigner**.

enseigne n.f. Panneau placé à l'entrée d'un commerce pour le signaler à l'attention des passants. *Les enseignes lumineuses d'un cinéma.*

une **enseigne** de pharmacie

enseignement n.m. ❶ Fait d'enseigner une matière; métier d'enseignant. *L'enseignement de l'anglais à l'école élémentaire. Mon père est dans l'enseignement.* ❷ Ce que l'on apprend par l'expérience. *Tirer les enseignements d'un échec.* SYN. **leçon.** → Vois aussi **éducation, instruction.**
▸▸▸ Mot de la famille de **enseigner**.

enseigner v. (conjug. 3). ❶ Transmettre des connaissances, un savoir à quelqu'un. *Enseigner le français à des étudiants étrangers. Elle enseigne la danse.* ❷ Donner une leçon à quelqu'un. *Cette mésaventure vous enseignera la plus grande prudence.* SYN. **apprendre.**

1. **ensemble** adv. ❶ En même temps. *Ne parlez pas tous ensemble !* SYN. **à la fois.** ❷ L'un avec l'autre, les uns avec les autres. *Leïla et Marie font leurs devoirs ensemble. Ces fleurs vont bien ensemble.*

2. **ensemble** n.m. ❶ Réunion d'éléments qui forment un tout. *L'ensemble des élèves de la classe.* SYN. **totalité.** CONTR. **partie.** ❷ Vêtement féminin qui est composé de deux ou trois pièces assorties. ❸ **Grand ensemble,** groupe d'immeubles d'habitation de la même sorte. ❹ **Dans l'ensemble,** de manière générale. *J'ai de bons résultats dans l'ensemble.*

ensemencer v. (conjug. 4). Répandre des semences, des graines dans la terre. *L'agriculteur ensemence son champ.*
▸▸▸ Mot de la famille de **semer**.

enserrer v. (conjug. 3). Entourer étroitement. *Les montagnes enserrent le village.*
▸▸▸ Mot de la famille de **serrer**.

ensevelir v. (conjug. 16). ❶ Enterrer un mort. *Elle a été ensevelie dans le caveau de famille.* SYN. **inhumer.** ❷ Recouvrir entièrement. *L'avalanche a enseveli le skieur imprudent.*

ensoleillé, e adj. Exposé au soleil. *Une terrasse ensoleillée.* SYN. **clair, lumineux.** CONTR. **obscur, sombre.**
▸▸▸ Mot de la famille de **soleil**.

ensoleillement n.m. Fait d'être ensoleillé. *Notre chambre jouit d'un bon ensoleillement.*
▸▸▸ Mot de la famille de **soleil**.

ensommeillé, e adj. Qui est mal réveillé ou qui a envie de dormir. *Léa est tout ensommeillée, ce matin.*
● Ce mot s'écrit avec deux **m** et deux **l**.
▸▸▸ Mot de la famille de **sommeil**.

ensorceler v. (conjug. 12). ❶ Soumettre à une influence magique par un sortilège, un sort. *La sorcière a ensorcelé la princesse.* SYN. **enchanter, envoûter.** ❷ Séduire d'une façon irrésistible. *Elle ensorcelle tout le monde par son sourire.* SYN. **charmer.**

▸ **ensorcellement** n.m. Action d'ensorceler, fait d'être ensorcelé. *La princesse endormie était victime d'un ensorcellement.* SYN. **envoûtement, sort, sortilège.**
● La nouvelle orthographe permet d'écrire aussi **ensorcèlement**, avec un seul **l**, comme dans **ensorceler**.

ensuite adv. Indique que quelque chose ou quelqu'un vient à la suite. *J'ai déjeuné, ensuite je suis allée jouer.* SYN. **après, puis.** CONTR. **d'abord.** *Les clowns marchaient en tête, ensuite venaient les acrobates.* SYN. **après, derrière.** CONTR. **devant.**

s'**ensuivre** v. (conjug. 56). Venir ensuite comme conséquence. *La récolte a été mauvaise, il s'ensuit une augmentation des prix.* SYN. **résulter.**
● Ce verbe ne s'emploie qu'à l'infinitif et à la 3e personne du singulier et du pluriel.

entaille n.f. ❶ Coupure, marque faite dans du bois, de la pierre. *Faire une entaille sur*

a b c d e f g h i j k l m n o p q r s t u v w x y z

un arbre. SYN. **encoche.** ❷ Blessure faite avec un instrument tranchant. *Je me suis fait une entaille au doigt.* SYN. **coupure.**

une entaille

▶ **s'entailler** v. (conjug. 3). Se faire une entaille. *S'entailler la main.* SYN. **se couper.**

entamer v. (conjug. 3). ❶ Couper le premier morceau d'un aliment. *Papi a entamé le camembert.* ❷ Commencer à exécuter, à accomplir. *Entamer des négociations.* SYN. **amorcer, engager.** ❸ Attaquer une matière. *La rouille entame le fer.* SYN. **ronger.**

entartrer v. (conjug. 3). Couvrir de tartre. *L'eau calcaire a entartré la chaudière.* CONTR. **détartrer.**
▸▸▸ Mot de la famille de **tartre.**

entassement n.m. Accumulation d'objets dans un même lieu. *Un entassement de papiers encombre son bureau.* SYN. **amas, amoncellement, tas.**
▸▸▸ Mot de la famille de **tas.**

entasser et **s'entasser** v. (conjug. 3). Mettre en tas; réunir en grande quantité. *Entasser des pierres.* SYN. **empiler.** *Entasser des journaux.* SYN. **accumuler, amasser.** ◆ **s'entasser.** ❶ S'accumuler en trop grand nombre. *Les dossiers s'entassent sur son bureau.* SYN. **s'amonceler.** ❷ Être trop nombreux dans un espace. *Les voyageurs s'entassent dans le métro.*
▸▸▸ Mot de la famille de **tas.**

entendement n.m. Capacité de comprendre. *Cette histoire dépasse l'entendement.*
▸▸▸ Mot de la famille de **entendre.**

entendre et **s'entendre** v. (conjug. 46). ❶ Percevoir les sons, les bruits. *J'ai entendu quelqu'un crier.* ❷ Écouter avec attention. *J'aimerais entendre ce disque.* ❸ (Sens littéraire). Comprendre. *Je n'entends rien à l'informatique.* ❹ Vouloir dire. *Qu'entends-tu par ce mot ?* ◆ **s'entendre.** ❶ Se mettre d'accord. *Les deux États se sont entendus sur la manière d'agir.* ❷ **Bien s'entendre,** avoir les mêmes idées, les mêmes goûts; avoir de bonnes relations. *Mon frère et moi nous nous entendons très bien.* → Vois aussi **audition, ouïe.**

▶ **entendu, e** adj. ❶ Qui est décidé après concertation. *Une affaire entendue.* SYN. **réglé.** ❷ **Bien entendu,** bien sûr, évidemment. ❸ **D'un air entendu,** d'un air complice. *Elle m'a regardé d'un air entendu.*

▶ **entente** n.f. ❶ Relations amicales entre des personnes. *L'entente est bonne dans la classe.* CONTR. **mésentente.** ❷ Action de s'entendre, de se mettre d'accord. *Les deux États sont parvenus à une entente.* SYN. **accord, conciliation.**

entériner v. (conjug. 3). Donner un caractère légal et définitif à une décision en l'approuvant. SYN. **valider.**

enterrement n.m. Cérémonie pendant laquelle on enterre un mort. SYN. **funérailles, inhumation, obsèques.**
▸▸▸ Mot de la famille de **terre.**

enterrer v. (conjug. 3). ❶ Mettre un mort en terre. SYN. **ensevelir, inhumer.** CONTR. **exhumer.** ❷ Mettre dans la terre. *Mon chien a enterré son os dans le jardin.* SYN. **enfouir.** CONTR. **déterrer.**
▸▸▸ Mot de la famille de **terre.**

en-tête n.m. Texte imprimé en haut d'une lettre, d'un document, et qui donne divers renseignements comme le nom et l'adresse de l'expéditeur. *Écrire sur du papier à en-tête.*
● Nom du genre masculin : **un en-tête.** – Au pluriel : des **en-têtes.**
– La nouvelle orthographe permet d'écrire aussi **entête,** sans trait d'union.

entêté, e adj. et n. Qui manifeste de l'entêtement. *Il ne veut pas m'écouter, il est entêté.* SYN. **buté, têtu.**
▸▸▸ Mot de la famille de **s'entêter.**

entêtement n.m. Fait de s'entêter. *Mon frère refusait d'avancer avec entêtement.* SYN. **obstination.**
▸▸▸ Mot de la famille de **s'entêter.**

s'entêter v. (conjug. 3). Persister à faire ce que l'on a décidé. *Mamie s'entête à conduire malgré sa mauvaise vue.* SYN. **s'obstiner.**
● Le deuxième **e** prend un accent circonflexe.

enthousiasmant, e adj. Qui enthousiasme, met en joie. *Une nouvelle enthousiasmante.* SYN. **exaltant.**
▸▸▸ Mot de la famille de **enthousiasme.**

enthousiasme n.m. Grande démonstration de joie ou d'admiration. *Meddy a accepté ma proposition avec enthousiasme.* CONTR. **froideur, indifférence.** *La chanteuse déchaîne l'enthousiasme du public.* SYN. **ardeur, exaltation.**
● Ce mot s'écrit avec **th.**

▸ **enthousiasmer** v. (conjug. 3). Remplir d'enthousiasme, inspirer une joie mêlée d'excitation. *Ce projet de voyage m'enthousiasme.* SYN. **enchanter, ravir.**

▸ **enthousiaste** adj. Plein d'enthousiasme. *Le public enthousiaste acclamait les comédiens.* SYN. **exalté.** CONTR. **froid, indifférent.**

s'enticher v. (conjug. 3). Se passionner de façon subite et souvent passagère. *Elle s'est entichée d'un chanteur.* SYN. **s'engouer.**

entier, ère adj. ❶ Dont on n'a rien enlevé. *Il reste un pain entier.* ❷ Dans toute son étendue, sa durée. *S'absenter une semaine entière.* SYN. **complet.** ❸ **En entier,** complètement. *J'ai lu ce livre en entier.* SYN. **intégralement.** ❹ Qui est sans restriction. *J'ai une entière confiance en elle.* SYN. **total.** ❺ Qui n'accepte pas les compromissions, les nuances. *Un caractère entier.* SYN. **intransigeant.** ❻ **Nombre entier,** nombre qui ne comporte pas de virgule. *214 est un nombre entier.* → Vois aussi **décimal.**

▸ **entièrement** adv. En entier; sans restriction. *L'appartement a été entièrement refait.* SYN. **complètement, intégralement.** *Je suis entièrement d'accord avec toi.* SYN. **totalement, tout à fait.**

entomologie n.f. Science qui étudie les insectes.

entonner v. (conjug. 3). Commencer à chanter. *La chorale a entonné un chant de Noël.*

entonnoir n.m. Ustensile en forme de cône, qui sert à verser un liquide, de la poudre dans un récipient à ouverture étroite.

entorse n.f. Blessure que l'on se fait en étirant à l'excès les ligaments d'une articulation. *Koffi s'est fait une entorse à la cheville.* → Vois aussi **foulure.**

entortiller v. (conjug. 3). Envelopper dans quelque chose que l'on tourne plusieurs fois. *Les caramels sont entortillés dans du papier transparent.*
▸▸▸ Mot de la famille de **tortiller.**

entourage n.m. Ensemble des personnes avec lesquelles on vit, que l'on fréquente. *Elle a été bien soutenue par son entourage.*
▸▸▸ Mot de la famille de **entourer.**

entourer v. (conjug. 3). ❶ Être ou mettre autour. *Une haie entoure le jardin. J'ai entouré la bonne réponse.* SYN. **encadrer.** ❷ Soutenir quelqu'un de sa présence, de son affection. *Ses amis l'ont beaucoup entourée quand elle a été malade.*

entracte n.m. Moment d'interruption entre deux parties d'un spectacle. *On a bu un jus d'orange à l'entracte.*
● Nom du genre masculin : **un entracte.**

entraide n.f. Aide que l'on s'apporte les uns aux autres. *Un comité d'entraide s'est constitué après l'inondation.*
▸▸▸ Mot de la famille de **aider.**

s'entraider v. (conjug. 3). S'aider mutuellement. *Les habitants du village se sont entraidés après la catastrophe.*
▸▸▸ Mot de la famille de **aider.**

entrailles n.f. plur. Ensemble des viscères et des intestins. *Enlever les entrailles d'un poisson.* → Vois aussi **boyau, tripe.**

entrain n.m. Vivacité joyeuse, bonne humeur. *Se mettre au travail avec entrain.* SYN. **ardeur, enthousiasme.**

entraînant, e adj. Qui donne envie de bouger, de danser. *Une musique entraînante.*
● La nouvelle orthographe permet d'écrire aussi **entrainant,** sans accent circonflexe.
▸▸▸ Mot de la famille de **entraîner.**

entraînement n.m. Préparation régulière à un sport, à une compétition, à un concours. *Les skieurs ont suivi un entraînement intensif.*
● La nouvelle orthographe permet d'écrire aussi **entrainement,** sans accent circonflexe.
▸▸▸ Mot de la famille de **entraîner.**

entraîner et **s'entraîner** v. (conjug. 3). ❶ Emporter dans son mouvement. *Le courant a entraîné la barque au large.* ❷ Pousser quelqu'un à faire ce qu'il n'avait pas décidé de faire. *Mon frère s'est laissé entraîner dans un complot.* ❸ Être la cause de quelque chose.

L'imprudence des skieurs a entraîné leur mort. SYN. **causer, provoquer.** ❹ Préparer à un sport, à une épreuve par des exercices répétés. *Un ancien champion entraîne le jeune athlète.* ◆ **s'entraîner.** Se préparer à une épreuve par des exercices répétés; suivre un entraînement. *Les joueurs s'entraînent avant le match.* SYN. **s'exercer.**

● La nouvelle orthographe permet d'écrire aussi **entrainer,** sans accent circonflexe.

▶ **entraîneur, euse** n. Personne qui entraîne des sportifs ou des chevaux de course.

● La nouvelle orthographe permet d'écrire aussi **entraineur,** sans accent circonflexe.

entrave n.f. Ce qui gêne, embarrasse. *Cette loi est une entrave à la liberté d'expression.* SYN. **frein, obstacle.**

▸▸▸ Mot de la famille de **entraver.**

entraver v. (conjug. 3). Gêner la marche, la progression, le fonctionnement. *Entraver le déroulement d'un procès.* SYN. **empêcher.**

entre préposition. ❶ S'emploie pour indiquer un intervalle de temps ou d'espace. *Dîner entre sept et huit heures. L'école se trouve entre la piscine et la poste.* ❷ Introduit les termes d'une comparaison, d'une relation. *Il y a une différence entre l'âne et le cheval. Une dispute a éclaté entre eux.* ❸ Parmi. *Choisir entre plusieurs solutions.*

entrebâillement n.m. Ouverture étroite laissée par une porte ou une fenêtre entrebâillée.

▸▸▸ Mot de la famille de **entrebâiller.**

entrebâiller v. (conjug. 3). Ouvrir à peine. *J'ai entrebâillé la fenêtre pour aérer la pièce.* SYN. **entrouvrir.**

● Le **a** prend un accent circonflexe.

▸▸▸ Mot de la famille de **bâiller.**

la fenêtre est entrebâillée

entrecôte n.f. Tranche de viande découpée entre les côtes du bœuf.

● Le **o** prend un accent circonflexe.

▸▸▸ Mot de la famille de **côte (1).**

entrecouper v. (conjug. 3). Interrompre par instants. *Jonathan entrecoupait son récit d'exclamations.*

entrecroiser v. (conjug. 3). Croiser l'un sur l'autre plusieurs fois. *On entrecroise trois mèches de cheveux pour faire une natte.* SYN. **entrelacer.**

entrée n.f. ❶ Action, fait d'entrer quelque part. *Le chanteur a fait son entrée sur scène.* CONTR. **sortie.** ❷ Endroit par où l'on entre; pièce sur laquelle donne la porte principale. *L'entrée du magasin donne sur le boulevard.* CONTR. **sortie.** *Attends-moi dans l'entrée.* SYN. **hall, vestibule.** ❸ Fait d'entrer dans un groupe, une classe, une école. *L'entrée en sixième.* SYN. **admission.** ❹ Plat servi au début du repas. *Nous avons eu une salade de tomates en entrée.* SYN. **hors-d'œuvre.**

▸▸▸ Mot de la famille de **entrer.**

sur ces **entrefaites** adv. À ce moment-là. *On allait partir; sur ces entrefaites, Bastien est arrivé.*

entrefilet n.m. Petit article de quelques lignes dans un journal.

entrelacer v. (conjug. 4). Lier étroitement des choses les unes aux autres. *Entrelacer des rubans.* SYN. **entrecroiser, tresser.**

s'**entremêler** v. (conjug. 3). ❶ Se mêler, se mélanger l'un à l'autre. *Les rameaux de la glycine s'entremêlent.* SYN. **s'enchevêtrer.** ❷ Les dates s'entremêlent dans ma tête. SYN. **s'embrouiller, se mélanger.**

● Le troisième **e** prend un accent circonflexe.

entremets n.m. Dessert chaud ou froid servi entre le fromage et les fruits. *La mousse au chocolat est un entremets.*

● Ce mot se termine par un **s.**

entremise n.f. **Par l'entremise de,** par l'intermédiaire de quelqu'un. *On a appris la nouvelle par l'entremise d'un voisin.*

entreposer v. (conjug. 3). Déposer provisoirement des objets dans un lieu; mettre des marchandises dans un entrepôt. *On a entreposé des meubles au grenier.*

▶ **entrepôt** n.m. Bâtiment, local où sont entreposées des marchandises. *Les entre-*

a b c d e f g h i j k l m n o p q r s t u v w x y z

pôts d'un hypermarché. → Vois aussi **dépôt, docks, hangar, magasin.**

● Le **o** prend un accent circonflexe.

un **entrepôt**

entreprenant, e adj. Qui fait preuve d'audace et de décision, qui prend des initiatives. *Un homme d'affaires entreprenant.* SYN. **actif, dynamique.**

▸▸▸ Mot de la famille de **entreprendre.**

entreprendre v. (conjug. 48). Commencer à faire une chose d'une certaine importance. *Papa a entrepris d'aménager la grange.*

▸ **entrepreneur, euse** n. Personne qui dirige une entreprise de construction ou de travaux publics.

▸ **entreprise** n.f. ❶ Ce qu'on entreprend. *Ce projet est une entreprise téméraire.* SYN. **opération.** ❷ Société commerciale ou industrielle. *Une entreprise de peinture. Un chef d'entreprise.*

entrer v. (conjug. 3). ❶ Aller de l'extérieur à l'intérieur d'un lieu. *Le chien est entré dans la cuisine.* SYN. **pénétrer.** CONTR. **sortir.** ❷ Être admis dans un établissement, dans un groupe. *Hamidou entre au CM2.* ❸ Faire partie d'un ensemble. *L'huile et le vinaigre entrent dans la composition d'une vinaigrette.* ❹ Introduire. *Entrer des marchandises en fraude. J'ai entré des données dans un ordinateur.*

● Ce verbe se conjugue avec l'auxiliaire « être », sauf au sens 4, où il se conjugue avec l'auxiliaire « avoir ».

entresol n.m. Étage situé entre le rez-de-chaussée et le premier étage de certains immeubles.

entre-temps adv. Dans cet intervalle de temps. *Ma sœur est sortie faire une course; entre-temps, son amie est arrivée.*

● La nouvelle orthographe permet d'écrire aussi **entretemps,** sans trait d'union.

entretenir et **s'entretenir** v. (conjug. 3). ❶ Faire le nécessaire pour garder quelque chose en bon état. *Mamie entretient sa maison.* ❷ Donner à quelqu'un le nécessaire pour vivre. *Entretenir sa famille.* SYN. **nourrir.** ◆ **s'entretenir.** Parler ensemble d'un sujet précis. *Les chefs d'État se sont entretenus de la situation internationale.*

▸ **entretien** n.m. ❶ Action d'entretenir quelque chose. *L'entretien d'un bateau.* ❷ **Produits d'entretien,** qui servent au ménage. ❸ Conversation sur un sujet précis ou professionnel. *Demander un entretien au directeur.* SYN. **entrevue.** → Vois aussi **audience.**

s'entre-tuer v. (conjug. 3). Se tuer l'un l'autre. *Les deux malfaiteurs se sont entre-tués.*

● La nouvelle orthographe permet d'écrire aussi **s'entretuer,** sans trait d'union.

entrevoir v. (conjug. 38). ❶ Voir rapidement ou très vaguement. *Je l'ai entrevu hier soir dans le métro.* SYN. **apercevoir.** ❷ Commencer à comprendre vaguement. *Entrevoir la vérité.* SYN. **deviner, pressentir.**

entrevue n.f. Rencontre organisée entre deux ou plusieurs personnes. *Demander une entrevue à un ministre.* SYN. **audience, entretien.**

entrouvrir v. (conjug. 28). Ouvrir à peine. *Entrouvrir une fenêtre.* SYN. **entrebâiller.**

énumération n.f. Action d'énumérer; suite de ce qui est énuméré. *Faire une énumération des problèmes.* SYN. **inventaire, liste.**

▸▸▸ Mot de la famille de **nombre.**

énumérer v. (conjug. 9). Énoncer une suite de mots. *Quentin a énuméré les pays de l'Union européenne.* SYN. **citer.**

▸▸▸ Mot de la famille de **nombre.**

envahir v. (conjug. 16). ❶ Occuper un pays par la force. *Les armées de César envahirent la Gaule.* SYN. **conquérir, s'emparer de.** ❷ Se répandre en grand nombre. *Les broussailles ont envahi le jardin.* ❸ S'emparer de l'esprit de quelqu'un. *Le doute l'envahit peu à peu.* SYN. **gagner.**

▸▸▸ Mot de la même famille : **invasion.**

a b c d e f g h i j k l m n o p q r s

▶ **envahissant, e** adj. ❶ Qui se répand partout. *Les mauvaises herbes sont envahissantes.* ❷ Qui s'impose chez les autres sans y avoir été invité. *Nos voisins sont envahissants.* SYN. **importun.**

▶ **envahissement** n.m. Fait d'envahir. *L'envahissement d'un pays par l'ennemi.* SYN. **invasion.**

▶ **envahisseur** n.m. Ennemi qui envahit un territoire. *Le pays a résisté aux envahisseurs.*

s'**envaser** v. (conjug. 3). ❶ Se remplir de vase. *L'étang s'envase.* ❷ S'enfoncer dans la vase, la boue. *La barque échouée s'est envasée.*
→ Vois aussi **s'embourber, s'enliser, s'ensabler.**
▶▶▶ Mot de la famille de **vase (2).**

enveloppe n.f. ❶ Pochette de papier dans laquelle on met une lettre. ❷ Ce qui enveloppe ou entoure quelque chose. *L'enveloppe des châtaignes est une bogue.*
● Ce mot s'écrit avec un **l** et deux **p.**

▶ **envelopper** et **s'envelopper** v. (conjug. 3). Entourer d'un papier, d'un tissu, etc., qui couvre complètement. *Envelopper un vase dans du papier.* SYN. **emballer, empaqueter.** ◆ **s'envelopper dans.** S'enrouler dans. *Mamie s'est enveloppée dans son châle.* SYN. **s'emmitoufler dans.**

s'**envenimer** v. (conjug. 3). ❶ Être gagné par l'infection. *La blessure s'est envenimée.* SYN. **s'infecter.** ❷ Devenir plus hostile, plus violent. *La dispute s'est envenimée.* SYN. **dégénérer.**
▶▶▶ Mot de la famille de **venin.**

envergure n.f. ❶ Distance entre les extrémités des ailes déployées d'un oiseau. ❷ Grande capacité, grande valeur de quelqu'un. *Un chercheur de grande envergure.*

1. **envers** préposition. À l'égard de quelqu'un. *Il est très aimable envers nous.*

2. **envers** n.m. ❶ Côté d'une chose que l'on ne voit pas. *L'étiquette est cousue sur l'envers d'un vêtement.* CONTR. **endroit.** ❷ **À l'envers,** du mauvais côté, dans le mauvais sens. *Hugo a mis ses chaussettes à l'envers.* CONTR. **à l'endroit.**

enviable adj. Que l'on peut envier. *Ils ont des conditions de vie très enviables.* SYN. **tentant.**
▶▶▶ Mot de la famille de **envie.**

envie n.f. ❶ Désir vif et soudain de quelque chose. *J'ai envie d'une glace. Le beau temps donne envie d'aller se promener.* ❷ Désir mêlé de jalousie. *Les passants regardaient le voilier avec envie.* SYN. **convoitise.** ❸ Besoin que l'on doit satisfaire. *Avoir envie de dormir, de boire.*

▶ **envier** v. (conjug. 7). Éprouver un sentiment d'envie à l'égard de quelqu'un. *Je t'envie d'aller aux sports d'hiver. Ses collègues envient sa richesse.* SYN. **jalouser.**

▶ **envieux, euse** adj. et n. Qui est tourmenté par l'envie, la jalousie. *Son succès a fait des envieux.* SYN. **jaloux.**

environ adv. À peu près. *Papa a téléphoné du bureau, il y a environ une heure.* SYN. **approximativement.** CONTR. **exactement, précisément.**

▶ **environnement** n.m. Milieu naturel dans lequel on vit, ensemble des éléments qui nous entourent. *La protection de l'environnement demande la coopération de chacun.*
→ Vois aussi **écologie.**

→ planche pp. 402-403.

▶ **environner** v. (conjug. 3). Être autour, constituer le voisinage de. *Des montagnes environnent le village.*

▶ **environs** n.m. plur. Lieux qui entourent un endroit. *Les environs de Lyon.* SYN. **alentours.** *On construit un centre de loisirs aux environs de la ville.* SYN. **abords.**

envisageable adj. Qui peut être envisagé. *Un accord semble envisageable.* SYN. **possible.**
● Le **g** est suivi d'un **e** pour prononcer le son [ʒ].
▶▶▶ Mot de la famille de **envisager.**

envisager v. (conjug. 5). ❶ Avoir l'intention, le projet de faire telle chose. *Maman envisage de changer de travail.* SYN. **compter, penser.** ❷ Prendre en considération. *Je n'avais pas envisagé cet aspect du problème.*

envoi n.m. ❶ Action d'envoyer quelque chose ou quelqu'un. *L'envoi d'une lettre, d'un coursier.* SYN. **expédition.** ❷ Lettre ou colis envoyés. *J'ai bien reçu ton envoi.* ❸ **Coup d'envoi,** premier coup donné au ballon pour engager un match.

▸▸▸ Mot de la famille de **envoyer.**

envol n.m. Fait de s'envoler. *Les hirondelles ont pris leur envol.*

▸▸▸ Mot de la famille de **vol (1).**

s'**envoler** v. (conjug. 3). ❶ S'éloigner en volant. *Les mouettes se sont envolées.* ❷ Quitter le sol. *L'avion s'envolera à 10 heures.* SYN. **décoller.** ❸ Disparaître, s'enfuir. *Ses illusions se sont envolées.* SYN. **s'évanouir.**

▸▸▸ Mot de la famille de **vol (1).**

envoûtement n.m. ❶ Pratique de la magie destinée le plus souvent à nuire. *Se dire victime d'un envoûtement.* SYN. **ensorcellement, sort.** ❷ Charme, séduction irrésistibles. *La force d'envoûtement d'une musique.* SYN. **fascination.**

● La nouvelle orthographe permet d'écrire aussi **envoutement,** sans accent circonflexe.

▸▸▸ Mot de la famille de **envoûter.**

envoûter v. (conjug. 3). ❶ Exercer sur quelqu'un une influence magique, le plus souvent maléfique. *Un sorcier avait envoûté le prince.* SYN. **enchanter, ensorceler.** ❷ Tenir quelqu'un sous son charme. *Le film nous a envoûtés.* SYN. **fasciner, subjuguer.**

● La nouvelle orthographe permet d'écrire aussi **envouter,** sans accent circonflexe.

envoyé, e n. ❶ Personne que l'on envoie pour accomplir une mission. SYN. **émissaire.** ❷ **Envoyé spécial,** journaliste envoyé sur le lieu où se déroulent des événements.

▸▸▸ Mot de la famille de **envoyer.**

envoyer v. (conjug. 15). ❶ Faire partir quelqu'un quelque part. *Maman a envoyé mon frère à la mer pour les vacances.* ❷ Faire parvenir. *J'ai envoyé une lettre à Juliette.* SYN. **adresser, expédier.** CONTR. **recevoir.** ❸ Projeter vivement un objet. *Envoie-moi le ballon !* SYN. **lancer.**

▸ **envoyeur, euse** n. Personne qui envoie une lettre ou un colis. *La lettre a été retournée à l'envoyeur.* SYN. **expéditeur.** CONTR. **destinataire.**

enzyme n.f. Substance qui accélère les réactions chimiques ayant lieu dans les organismes vivants. *Les enzymes digestives.*

● Ce mot s'écrit avec un **y.** – Nom du genre féminin : **une enzyme.**

éolien, enne adj. **Énergie éolienne,** qui est due à l'action du vent.

▸ **éolienne** n.f. Machine qui tourne sous l'action du vent et permet de produire de l'électricité.

des **éoliennes**

épais, épaisse adj. ❶ Qui a une épaisseur donnée. *Une planche épaisse de 4 cm.* ❷ Qui a une épaisseur importante. *Une épaisse couche de neige.* SYN. **gros.** CONTR. **fin, mince.** ❸ Qui est compact, consistant ou dense. *La sauce est trop épaisse.* SYN. **pâteux.** CONTR. **fluide, liquide.** *Une épaisse fumée envahit la pièce.* SYN. **dense.** CONTR. **léger.**

▸ **épaisseur** n.f. ❶ Dimension d'un solide, qui mesure l'espace entre ses deux plus grandes faces. *Mon dictionnaire a cinq centimètres d'épaisseur.* ❷ Qualité de ce qui est dense, compact. *L'épaisseur du brouillard nous empêche de voir.* SYN. **densité.** → Vois aussi **hauteur, largeur, longueur.**

▸ **épaissir** v. (conjug. 16). ❶ Rendre plus épais, plus consistant. *Épaissir une sauce avec de la farine.* ❷ Devenir plus épais, plus dense. *Le brouillard a épaissi.* CONTR. **se dissiper, se lever.**

épanchement n.m. Mot littéraire. Fait de s'épancher.

s'**épancher** v. (conjug. 3). Mot littéraire. Confier ses sentiments à quelqu'un. *Anne s'est épanchée dans sa lettre.* SYN. **se confier, se livrer.**

● Ne confonds pas avec **se pencher.**

a b c d e m n o p q r s t u v w x y z

Environnement et développement durable

L'industrialisation et le développement des activités de l'homme sont responsables de bouleversements et de pollutions qui menacent l'équilibre de notre planète. Pour permettre la poursuite du progrès, tout en préservant les ressources nécessaires aux générations futures, il faut protéger notre environnement.

L'atmosphère

- Trois dangers menacent l'**atmosphère** :

- la **pollution** de l'air : les usines, les véhicules à moteur libèrent des **gaz toxiques** nuisibles pour l'**environnement** et l'organisme humain ;

- le **réchauffement climatique** : certains gaz que nous produisons (comme le dioxyde de carbone) accentuent le phénomène d'**effet de serre**. Ces gaz piègent les rayons solaires dans l'atmosphère et augmentent la température de la planète ;

- le trou dans la **couche d'ozone** : chargée de nous protéger des rayons dangereux du soleil (les **ultraviolets**), la couche d'ozone diminue sous l'action de certains gaz émis par l'homme, notamment les CFC (chlorofluorocarbures).

L'eau et les océans

- L'**eau**, indispensable à la vie, est une **ressource** précieuse qu'il ne faut pas **gaspiller**.
- L'industrie et l'agriculture sont à l'origine des **rejets** de produits chimiques (**engrais**, **pesticides**) qui **contaminent** les rivières et les **nappes phréatiques**✿.
- Mers et océans sont également menacés par le rejet des **eaux usées**, les **marées noires** ou les **dégazages** des navires.

✿ **nappe phréatique = nappe d'eau souterraine**

Pour en savoir plus

Histoire des mots

Écologie et écosystème : ces deux mots sont formés à partir du grec *oikos*, qui signifie « maison ». L'**écologie**, c'est la science qui étudie la relation des êtres vivants entre eux et avec leur milieu naturel. Un **écosystème** c'est l'ensemble constitué par le milieu naturel et les espèces (animales et végétales) qui y vivent.

Écologie et développement durable

- Destiné à permettre le progrès tout en préservant notre planète, le **développement durable** nous invite à adopter des modes de vie plus **écologiques.**
- On peut ainsi utiliser des énergies non polluantes et inépuisables, les **énergies renouvelables**✿ (**solaire**, **éolienne**), **recycler** nos déchets, pratiquer l'**agriculture biologique** et le **commerce équitable**✿.

✿ **énergies renouvelables ≠ énergies fossiles** (charbon, gaz, pétrole).

✿ **commerce équitable :** commerce soucieux d'un meilleur équilibre entre pays riches et pays pauvres.

Des espèces en péril

- La pollution et l'**exploitation excessive** des **ressources** menacent les **milieux naturels** et les **écosystèmes.**
- La **pêche intensive** épuise les ressources en poissons, car ces derniers n'ont plus le temps de se reproduire.
- D'autres espèces sont menacées d'**extinction** du fait de la destruction de leur **habitat**, ou parce qu'elles sont victimes des braconniers. Pour les préserver, on a créé des **réserves** ou des **zones protégées**.

Les forêts et l'agriculture

- Pour nourrir les hommes, on pratique l'**agriculture intensive** : machines, **défrichement**, engrais permettent de produire plus mais souvent au détriment de l'environnement.
- Dans certaines régions, les **zones tropicales** en particulier, on abat les arbres pour cultiver de nouvelles terres : c'est la **déforestation**. Cette pratique met en danger les **espèces animales** et **végétales**.

Pour en savoir plus

a b c d e f g h i j k l m n o p q r s t u v w x y z

s'**épanouir** v. (conjug. 16). ❶ Pour une fleur, s'ouvrir complètement. *Les pivoines se sont épanouies.* ❷ Manifester de la joie. *Le visage d'Alexandre s'est épanoui quand il a vu son amie.* SYN. **s'éclairer.** ❸ Se développer le mieux possible; être bien, heureux. *Ma cousine s'épanouit depuis qu'elle vit à la campagne.*

▶ **épanouissement** n.m. Fait de s'épanouir, d'être épanoui.

épargne n.f. ❶ Fait d'épargner de l'argent; somme épargnée. *Placer son épargne à la banque.* SYN. **économies.** ❷ **Caisse d'épargne,** établissement où l'on peut déposer ses économies pour qu'elles rapportent des intérêts.
▶▶▶ Mot de la famille de **épargner.**

épargner v. (conjug. 3). ❶ Mettre de l'argent de côté. *Ma grande sœur arrive à épargner 100 euros par mois.* SYN. **économiser.** CONTR. **dépenser.** ❷ Préserver de quelque chose de désagréable. *Je voulais lui épargner un déplacement inutile.* SYN. **éviter.** ❸ Laisser la vie sauve à quelqu'un. *Les soldats ont épargné les femmes et les enfants.*

éparpillement n.m. Dispersion de choses ou de personnes. *L'éparpillement des élèves à la sortie de l'école.*
▶▶▶ Mot de la famille de **éparpiller.**

éparpiller v. (conjug. 3). Répandre de tous les côtés. *Le vent a éparpillé les feuilles.* SYN. **disperser, disséminer.** CONTR. **grouper, rassembler.**

épars, e adj. Dispersé, répandu ici et là. *Les débris épars d'un avion accidenté.*

épatant, e adj. Mot familier. Qui est charmant et sympathique; très agréable. *Armelle est une fille épatante.* SYN. **formidable.** *Un film épatant.* SYN. **sensationnel.**
▶▶▶ Mot de la famille de **épater.**

épaté, e adj. **Nez épaté,** nez court, un peu aplati et élargi à la base.

épater v. (conjug. 3). Mot familier. Provoquer une surprise mêlée d'admiration. *Ses bonnes notes nous ont épatés.* SYN. **ébahir, époustoufler, stupéfier.**

épaulard n.m. Autre nom de l'orque.

épaule n.f. ❶ Partie du corps où s'articulent le bras et le tronc. ❷ Haut de la patte avant d'un animal. *Une épaule d'agneau.* ❸ **Avoir la tête sur les épaules,** avoir du bon sens.

▶ **épauler** v. (conjug. 3). ❶ Appuyer la crosse d'un fusil contre son épaule pour tirer. *Le chasseur épaula et appuya sur la gâchette.* ❷ Apporter son aide à quelqu'un. *Mon grand frère m'épaule dans mon travail.* SYN. **aider.**

▶ **épaulette** n.f. ❶ Bande de tissu qui se fixe sur l'épaule d'un uniforme militaire, terminée parfois par des franges. ❷ Couche de mousse qui rembourre les épaules d'un vêtement et en élargit la carrure.

épave n.f. ❶ Bateau échoué, englouti ou flottant à la dérive. *Des plongeurs ont repéré l'épave d'un voilier.* ❷ (Sens familier). Personne désemparée et misérable. *La drogue a fait de cet homme une épave.*

épée n.f. Arme faite d'une longue lame d'acier pointue, munie d'une poignée et d'une garde. *Autrefois, on se battait à l'épée.*
→ Vois aussi **fleuret.**

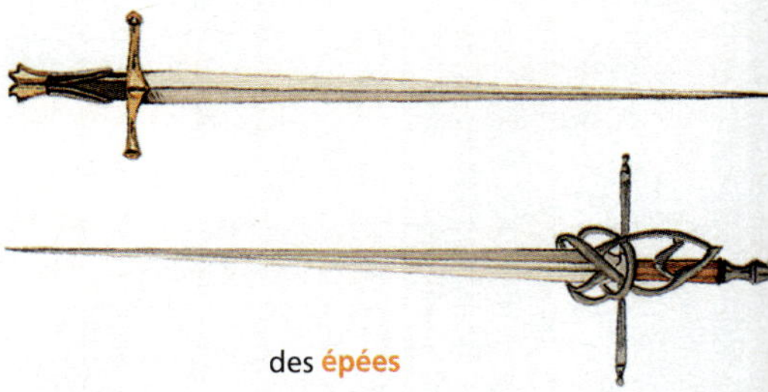

des épées

épeler v. (conjug. 12). Dire les lettres d'un mot l'une après l'autre. *Nouha épelle son nom.*

éperdu, e adj. ❶ Qui éprouve très vivement un sentiment. *Il était éperdu de joie à cette idée.* SYN. **fou.** ❷ Qui manifeste l'affolement, l'égarement. *Une fuite éperdue.*

▶ **éperdument** adv. ❶ Intensément, très violemment. *Il est éperdument amoureux.* SYN. **follement, passionnément.** ❷ Totalement. *Elle se moque éperdument de mes problèmes.* SYN. **complètement.**

éperon n.m. Petite pièce munie de pointes que le cavalier fixe au talon de ses bottes pour piquer les flancs de son cheval.

▶ **éperonner** v. (conjug. 3). Piquer à coups d'éperon. *Le cavalier éperonne son cheval pour activer son allure.*

épervier n.m. Rapace qui vole près du sol et entre les arbres. Il chasse le jour de petits oiseaux (moineaux, merles). → Vois aussi **buse.**

un épervier

éphémère adj. Qui ne dure pas longtemps. *Un bonheur éphémère.* SYN. **fugace, fugitif, passager.**

épi n.m. ❶ Haut de la tige des céréales, qui porte les grains en groupe serré. *Des épis de maïs.* ❷ Mèche de cheveux rebelle. ❸ **En épi,** en oblique par rapport à une rue, à un mur. *Un stationnement en épi.*

épice n.f. Produit aromatique provenant d'une plante que l'on utilise pour relever le goût d'un plat. *Le poivre, la cannelle, le clou de girofle sont des épices.* → Vois aussi **aromate, condiment.**

▸ **épicé, e** adj. Fort au goût, assaisonné d'épices. *La cuisine indienne est très épicée.*

épicéa n.m. Grand arbre des montagnes qui ressemble au sapin.
● L'épicéa est un conifère.

épicentre n.m. Zone où les secousses d'un tremblement de terre sont les plus violentes.

épicerie n.f. Magasin où l'on vend toutes sortes de produits d'alimentation.

▸ **épicier, ère** n. Commerçant qui tient une épicerie.

épidémie n.f. Extension rapide d'une maladie infectieuse, par contagion, à un grand nombre de personnes. *Une épidémie de grippe.*

▸ **épidémique** adj. Qui a le caractère d'une épidémie, qui se propage par épidémie. *La rougeole est une maladie épidémique.*

épiderme n.m. Couche superficielle de la peau. *La coupure n'a entamé que l'épiderme.*

épier v. (conjug. 7). Observer attentivement et sans se faire voir. *Attention, le voisin nous épie !* SYN. **espionner, surveiller.**

épieu n.m. Bâton garni de fer qui servait autrefois à la chasse et à la guerre.
● Au pluriel : des **épieux.**

épilation n.f. Action d'épiler. *L'esthéticienne fait des épilations.*
▸▸▸ Mot de la famille de **épiler.**

épilepsie n.f. Maladie qui provoque des crises où l'on est pris de convulsions et où l'on peut perdre connaissance.

▸ **épileptique** adj. et n. Qui est atteint d'épilepsie. *Ma sœur est épileptique.*

épiler v. (conjug. 3). Enlever les poils d'une partie du corps. *Épiler ses sourcils avec une pince.*

épilogue n.m. Fin d'une histoire, d'un événement. SYN. **conclusion, dénouement.** CONTR. **prologue.**
● Nom du genre masculin : **un épilogue.**

▸ **épiloguer** v. (conjug. 6). Faire des commentaires sans fin. *Inutile d'épiloguer sur cet incident.*

épinard n.m. Plante dont on mange les feuilles vertes cuites ou crues.

des épinards

épine n.f. ❶ Piquant qui pousse sur la tige de certaines plantes. *Les ronces, les roses ont des épines.* ❷ **Épine dorsale,** autre nom de la colonne vertébrale.

▸ **épineux, euse** adj. ❶ Couvert d'épines. *Le cactus est une plante épineuse.* ❷ Difficile à résoudre. *Un problème épineux.* SYN. **délicat, embarrassant.**

épingle n.f. ❶ Fine tige pointue en acier munie d'une tête à une extrémité, qui sert à attacher. *Assembler un ourlet avec des épingles.* ❷ **Être tiré à quatre épingles,** être habillé avec beaucoup de soin. ❸ **Épingle de nourrice, épingle de sûreté,** tige métallique recourbée et munie d'une fermeture. ❹ **Épingle à cheveux,** tige métallique recourbée qui sert à retenir les cheveux. ❺ **Virage en épingle à cheveux,** virage très raide, en forme de U.

▶ **épingler** v. (conjug. 3). ❶ Attacher avec une ou des épingles. *Épingler un ourlet.* ❷ (Sens familier). Arrêter une personne, la prendre sur le fait. *Les policiers ont épinglé le voleur.* SYN. **attraper.**

épinière adj.f. **Moelle épinière,** partie du système nerveux contenue dans la colonne vertébrale.

▸▸▸ Mot de la famille de **épine.**

épique adj. ❶ Qui constitue une épopée. *Un poème épique.* ❷ Qui rappelle une épopée. *Le voyage a été épique !* SYN. **extraordinaire, fabuleux.**

▸▸▸ Mot de la famille de **épopée.**

épisode n.m. ❶ Chacune des parties d'une histoire, d'un film. *Regarder un épisode d'un feuilleton télévisé.* ❷ Moment particulier dans une série d'événements. *Cet accident fut un épisode dramatique de sa vie.*

▶ **épisodique** adj. Qui a lieu de temps en temps. *Papa voyage de façon épisodique.* SYN. **occasionnel.** CONTR. **habituel, régulier.**

▶ **épisodiquement** adv. De temps en temps. *On s'écrit épisodiquement.*

épistolaire adj. Qui concerne les lettres, la correspondance. *Être en relations épistolaires avec quelqu'un.*

▸▸▸ Mot de la famille de **épître.**

épitaphe n.f. Inscription gravée sur une tombe.

épithète n.f. Fonction grammaticale d'un adjectif relié à un nom sans l'intermédiaire d'un verbe. *Dans le groupe du nom « une fille intelligente », l'adjectif « intelligente » est épithète du nom « fille ».*

● Ce mot s'écrit avec **th.** – Nom du genre féminin : **une épithète.**

épître n.f. Mot littéraire. Longue lettre. *Recevoir une épître d'un ami.*

● La nouvelle orthographe permet d'écrire aussi **épitre,** sans accent circonflexe.

éploré, e adj. Mot littéraire. En pleurs, en larmes. *Un veuf éploré.*

▸▸▸ Mot de la famille de **pleurer.**

éplucher v. (conjug. 3). Enlever la peau d'un légume, d'un fruit. *Éplucher des pommes, des carottes.* SYN. **peler.**

▶ **épluchure** n.f. Morceau de peau d'un légume ou d'un fruit épluché. *Des épluchures de pommes de terre.* SYN. **pelure.**

éponge n.f. ❶ Animal qui vit fixé à la roche au fond des mers chaudes. ❷ Objet en matière souple qui absorbe les liquides et que l'on l'utilise pour le nettoyage ou la toilette.

▸▸▸ Mot de la même famille : **spongieux.**

des éponges

▶ **éponger** v. (conjug. 5). Absorber un liquide avec une éponge, un chiffon. *Aziz éponge le jus d'orange qu'il a renversé.*

épopée n.f. ❶ Long poème ou récit qui raconte les exploits d'un héros légendaire. *« L'Odyssée » est une épopée.* ❷ Succession d'aventures, d'événements extraordinaires. *La randonnée a été une véritable épopée !*

époque n.f. Moment particulier de l'histoire. *L'époque des croisades.* SYN. **période, temps.**

épouiller v. (conjug. 3). Débarrasser des poux, des parasites. *Les singes épouillent leurs petits.*

▸▸▸ Mot de la famille de **pou.**

s'**époumoner** v. (conjug. 3). Crier à perdre son souffle. *Inutile de t'époumoner, je ne suis pas sourd !* SYN. **s'égosiller.**
▸▸▸ Mot de la famille de **poumon.**

épouse → époux

épouser v. (conjug. 3). ❶ Se marier avec. *Le prince a épousé une bergère.* ❷ Prendre la forme exacte de quelque chose. *La housse épouse la forme du canapé.*

épousseter v. (conjug. 12). Enlever la poussière. *Mamie époussette les meubles avec un chiffon.*

époustoufler v. (conjug. 3). Étonner, surprendre énormément. *Sa victoire nous a époustouflés.* SYN. **méduser, sidérer, stupéfier.**

épouvantable adj. ❶ Qui inquiète, qui fait peur. *Un accident épouvantable.* SYN. **effroyable, horrible.** ❷ Très mauvais. *Il fait un temps épouvantable.* SYN. **affreux, exécrable.**
▸▸▸ Mot de la famille de **épouvante.**

épouvantablement adv. D'une façon excessive. *Une affaire épouvantablement compliquée.* SYN. **affreusement, terriblement.**
▸▸▸ Mot de la famille de **épouvante.**

épouvantail n.m. Mannequin couvert de vieux vêtements, monté sur un bâton et placé dans les champs pour empêcher les oiseaux de picorer les graines.
▸▸▸ Mot de la famille de **épouvante.**

épouvante n.f. ❶ Terreur soudaine. *Pousser des hurlements d'épouvante.* ❷ **Film d'épouvante,** film destiné à provoquer la peur chez le spectateur.

▸ **épouvanter** v. (conjug. 3). Remplir de terreur. *Tes histoires de vampires ont épouvanté Lisa.* SYN. **terrifier, terroriser.**

époux, épouse n. Personne unie à une autre par le mariage; mari ou femme. *Monsieur Lambert est venu avec son épouse.*
▸▸▸ Mot de la famille de **épouser.**

s'**éprendre** v. (conjug. 48). Mot littéraire. Devenir amoureux de quelqu'un. *Mon voisin s'est épris de la gardienne.*

épreuve n.f. ❶ Ce qu'on impose à quelqu'un pour qu'il montre sa valeur, sa force, son courage. *Le chevalier a été mis à l'épreuve.* ❷ Difficulté ou malheur qui frappe une personne, une région. *Elle a dû surmonter de terribles épreuves.* SYN. **souffrance.** ❸ Partie d'un examen, d'une compétition sportive. *L'épreuve écrite de français. Les épreuves d'un championnat.* ❹ **À toute épreuve,** capable de résister à tout. *Un courage à toute épreuve.*

▸ **éprouvant, e** adj. Très pénible. *Maman a eu une journée éprouvante.* SYN. **épuisant, exténuant.**

▸ **éprouvé, e** adj. ❶ Qui a subi de dures épreuves. *Une région éprouvée par la sécheresse.* ❷ Qui a fait ses preuves. *Une technique éprouvée.* SYN. **fiable.**

▸ **éprouver** v. (conjug. 3). ❶ Avoir une sensation, un sentiment. *Nous éprouvons une grande joie.* SYN. **ressentir.** ❷ Faire souffrir. *Ce décès l'a beaucoup éprouvé.* SYN. **affecter, affliger.** ❸ Vérifier les qualités de quelqu'un ou de quelque chose. *Éprouver la fidélité d'un ami.* SYN. **tester.**

éprouvette n.f. Tube en verre que l'on utilise pour faire des expériences de chimie.

épuisant, e adj. Très fatigant. *Un voyage épuisant.* SYN. **éreintant, exténuant, harassant.**
▸▸▸ Mot de la famille de **épuiser.**

épuisé, e adj. Qui est très fatigué. *Les coureurs étaient épuisés après le marathon.* SYN. **fourbu.**
▸▸▸ Mot de la famille de **épuiser.**

épuisement n.m. ❶ Utilisation de toutes les ressources, disparition des réserves. *La vente continue jusqu'à épuisement des marchandises.* ❷ Grande fatigue. *Les réfugiés étaient dans un état d'épuisement alarmant.*
▸▸▸ Mot de la famille de **épuiser.**

épuiser v. (conjug. 3). ❶ Utiliser en totalité. *Les soldats avaient épuisé leurs munitions.* ❷ Fatiguer à l'extrême, ôter toute force. *Ce déménagement m'a épuisée.* SYN. **éreinter, exténuer.**

épuisette n.f. Petit filet de pêche au bout d'un manche.

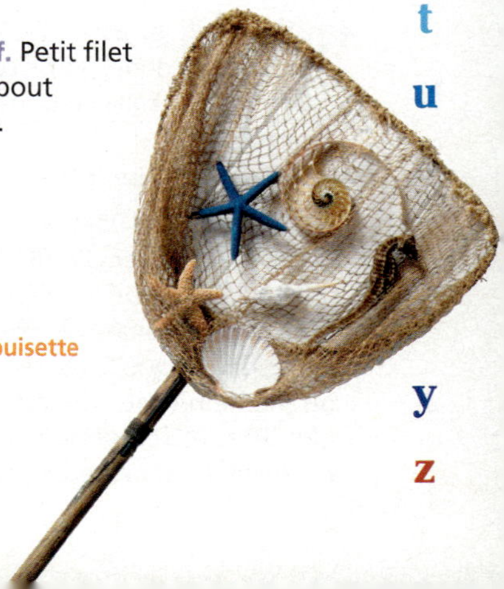
une épuisette

a b c d e f g h i j k l m n o p q r s t u y z

a b c d e f g h i j k l m n o p q r s t u v w x y z

épuration n.f. **Station d'épuration,** installation qui sert à filtrer l'eau pour en éliminer toutes les impuretés.
▸▸▸ Mot de la famille de **épurer.**

épurer v. (conjug. 3). Rendre pur ou plus pur. *Épurer l'eau par filtrage.* SYN. **purifier.**

équateur n.m. Cercle imaginaire, à égale distance des pôles, qui sépare la Terre en deux hémisphères, Nord et Sud. *À l'équateur, les nuits durent autant que les jours toute l'année.*
● On prononce [ekwatœr].

▸ **équatorial, e, aux** adj. Proche de l'équateur. *Les régions équatoriales ont un climat chaud et humide.* → Vois aussi **tropical.**
● On prononce [ekwatɔrjal]. – Au masculin pluriel : **équatoriaux.**

équatorien, enne adj. et n. De l'Équateur. *La capitale équatorienne. Jorge est équatorien. C'est un Équatorien.*
● Le nom prend une majuscule : *un Équatorien.*

équerre n.f. Instrument en forme de triangle rectangle qui sert à tracer des angles droits.

équestre adj. ❶ Qui concerne l'équitation. *Un centre équestre. Les sports équestres.* ❷ **Statue équestre,** qui représente un personnage à cheval.

équi- préfixe. Placé au début d'un mot, **équi-** indique l'égalité : *équidistant, équivalent.*
● On prononce soit [eki] : *équinoxe, équivalent ;* soit [ekɥi] : *équidistant, équilatéral.*

équidistant, e adj. Qui se trouve à égale distance de deux ou plusieurs points. *Auxerre est équidistant de Bourges et de Chaumont.*
● On prononce [ekɥidistɑ̃].
▸▸▸ Mot de la famille de **distance.**

équilatéral, e, aux adj. **Triangle équilatéral,** triangle dont les trois côtés sont égaux.
● On prononce [ekɥilateral]. – Au masculin pluriel : **équilatéraux.**
▸▸▸ Mot de la famille de **latéral.**

équilibre n.m. ❶ Position stable, qui permet de ne pas tomber. *Un funambule marche en équilibre sur un fil. Hugo a perdu l'équilibre et il est tombé.* ❷ Position d'une balance, dans laquelle les deux plateaux sont au même niveau. ❸ Répartition harmonieuse de différents éléments. *L'équilibre des dépenses et des recettes dans un budget.* ❹ Bon fonctionnement de l'activité physique ou mentale d'une personne.

▸ **équilibré, e** adj. Calme et raisonnable. *Une personne équilibrée.* CONTR. **déséquilibré, instable.**

▸ **équilibrer** v. (conjug. 3). Mettre en équilibre. *Équilibrer les plateaux d'une balance.* CONTR. **déséquilibrer.**

▸ **équilibriste** n. Artiste de cirque qui fait des exercices d'équilibre. → Vois aussi **acrobate, funambule.**

équinoxe n.m. Chacune des deux époques de l'année où les jours sont aussi longs que les nuits. *L'équinoxe de printemps a lieu le 20 ou le 21 mars, celui d'automne, le 22 ou le 23 septembre.* → Vois aussi **solstice.**
● Nom du genre masculin : **un équinoxe.**

équipage n.m. Ensemble du personnel d'un bateau, d'un avion.

équipe n.f. ❶ Groupe de personnes qui travaillent à une même tâche ou dans un même but. *Une équipe de chercheurs.* ❷ Groupe de joueurs du même camp. *Une équipe de football.*

équipée n.f. Aventure dans laquelle on se lance avec enthousiasme et légèreté. *Notre équipée au Maroc s'achève.* SYN. **expédition.**

équipement n.m. Ensemble des installations, du matériel, des vêtements nécessaires à une activité. *L'équipement sportif d'une école. Un équipement de plongée.*
▸▸▸ Mot de la famille de **équiper.**

un **équipement** de plongée

équiper v. (conjug. 3). Munir de tout ce qui est nécessaire à quelque chose. *Cet hôpital est équipé d'un matériel très perfectionné.*

équipier, ère n. Membre d'une équipe sportive ou d'un équipage de voilier.
▸▸▸ Mot de la famille de **équipe**.

équitable adj. Qui ne favorise personne aux dépens d'un autre. *Un partage équitable.* SYN. **juste.** CONTR. **inégal, injuste.**
▸▸▸ Mot de la famille de **équité**.

équitablement adv. D'une manière équitable, juste. *Répartir équitablement des bonbons entre des enfants.*
▸▸▸ Mot de la famille de **équité**.

équitation n.f. Sport qui consiste à monter à cheval. *Solène fait de l'équitation.*

équité n.f. Sens de la justice. *Un magistrat, un arbitre doivent faire preuve d'équité.* SYN. **impartialité.** CONTR. **injustice, partialité.**

équivalence n.f. Égalité de valeur entre deux choses. *L'équivalence de deux monnaies.*
▸▸▸ Mot de la famille de **équivaloir**.

équivalent, e adj. Qui a la même valeur qu'une autre chose. *Nos deux chambres ont une surface équivalente.* SYN. **similaire.** ◆ n.m. Ce qui est de valeur égale à une autre chose. *J'ai reçu l'équivalent de 10 dollars en euros.*
▸▸▸ Mot de la famille de **équivaloir**.

équivaloir v. (conjug. 37). Être égal à autre chose en poids, en taille, en valeur. *Un euro équivaut à 6,55957 francs.* SYN. **égaler, représenter.**

équivoque adj. Qui peut être compris de différentes manières. *Ta réponse est équivoque.* SYN. **ambigu.** CONTR. **clair, explicite.** ◆ n.f. Ce qui manque de clarté et laisse dans l'incertitude. *Pour dissiper toute équivoque, le ministre a fait un communiqué à la presse.* SYN. **ambiguïté, malentendu.**

érable n.m. Grand arbre des forêts à feuilles dentées. *Le sirop d'érable est fabriqué avec la sève de l'érable à sucre.*

un érable

érafler v. (conjug. 3). Écorcher légèrement, entamer superficiellement. *Les ronces m'ont éraflé les jambes.* SYN. **égratigner.** *Papa a éraflé sa portière.* SYN. **rayer.**

▸ **éraflure** n.f. Griffure sur la peau ou rayure sur une surface.

éraillé, e adj. **Voix éraillée,** voix rauque, dont le timbre manque de clarté. SYN. **enroué.**

ère n.f. ❶ Période historique dont le début sert de point de repère. *L'ère chrétienne débute à la naissance du Christ. L'ère musulmane commence en l'an 622.* ❷ En géologie, chacune des divisions de l'histoire de la Terre. *Nous vivons à l'ère quaternaire.* → Vois aussi **primaire, secondaire, tertiaire, quaternaire.**

érection n.f. ❶ Action d'ériger, de construire un monument, une statue. SYN. **édification, élévation.** ❷ Gonflement et redressement du pénis chez l'homme.
▸▸▸ Mot de la famille de **ériger**.

éreintant, e adj. Qui éreinte, épuise. *Un travail éreintant.* SYN. **épuisant, exténuant.**
▸▸▸ Mot de la famille de **éreinter**.

éreinter v. (conjug. 3). Briser de fatigue, user les forces. *Le déménagement m'a éreinté.* SYN. **épuiser, exténuer.**

ergot n.m. ❶ Pointe de corne située à l'arrière de la patte du coq ou du chien. ❷ **Se dresser sur ses ergots,** prendre une attitude et un ton arrogants, agressifs.

un ergot de coq

a b c d e f g h i j k l m n o p q r s t u v w x y z

ergoter v. (conjug. 3). Discuter sur des détails sans intérêt. *Tu ne vas pas ergoter pour dix centimes !* SYN. **chicaner.**

ériger v. (conjug. 5). Construire un monument en l'honneur de quelqu'un. *On a érigé une statue à Victor Hugo devant l'école.* SYN. **dresser, élever.**

ermite n.m. Religieux qui se retire dans un lieu désert pour prier et méditer.

éroder v. (conjug. 3). Creuser lentement. *L'eau érode les roches.* SYN. **ronger.**

▶ **érosion** n.f. Usure lente et progressive du relief par l'eau, le vent, le gel. *La falaise a été creusée par l'érosion.*

érotique adj. Qui évoque le désir physique, les relations sexuelles. *Un film érotique.*

errant, e adj. Qui erre ici et là. *Les chiens errants sont menés à la fourrière.*
▶▶▶ Mot de la famille de **errer.**

errer v. (conjug. 3). Aller çà et là, sans but, au hasard. *Errer dans les rues.* SYN. **flâner.**

erreur n.f. ❶ Fait de se tromper, de tenir pour vrai ce qui est faux, de ne pas faire ce qu'il aurait fallu faire. *Vous faites erreur, la rue du Château est à l'opposé. Cette lettre m'a été remise par erreur.* ❷ Chose fausse. *Faire une erreur de calcul.* SYN. **faute.** *Rectifier une erreur.* SYN. **inexactitude.**

▶ **erroné, e** adj. Qui comporte des erreurs. *Un calcul erroné.* SYN. **faux, inexact.** CONTR. **exact, juste.**

érudit, e adj. et n. Qui a de nombreuses connaissances, en particulier dans l'étude des textes et des documents. *Ma tante est très érudite en histoire.* SYN. **savant.**

▶ **érudition** n.f. Connaissance étendue et approfondie. *Un professeur d'une grande érudition.* SYN. **savoir.**

éruption n.f. ❶ Jaillissement violent de lave, de gaz, de cendres, hors du cratère d'un volcan. *Volcan qui entre en éruption.* ❷ Apparition soudaine de boutons ou de rougeurs sur la peau.
● Ne confonds pas avec **irruption.**

esbroufe n.f. Mot familier. **Faire de l'esbroufe,** essayer d'impressionner quelqu'un en prenant un air important. *Mon grand frère fait de l'esbroufe avec son portable.*
→ Vois aussi **bluff, chiqué.**

escabeau n.m. Petite échelle pliante avec des marches assez larges.
● Au pluriel : des **escabeaux.**

escadre n.f. Groupe important de navires de guerre ou d'avions de combat.

▶ **escadrille** n.f. Groupe d'avions de combat, moins important qu'une escadre.

une **escadrille**

▶ **escadron** n.m. ❶ Groupe de soldats d'un régiment de cavalerie, de blindés ou de gendarmerie, commandé par un capitaine. ❷ Unité de l'armée de l'air.

escalade n.f. ❶ Ascension d'une montagne, où l'on progresse en utilisant les aspérités et les creux du rocher. *Faire de l'escalade dans les Alpes.* ❷ Accroissement rapide d'un phénomène. *L'escalade de la violence.* → Vois aussi **varappe.**

▶ **escalader** v. (conjug. 3). ❶ Grimper et passer par-dessus un obstacle. *Les cambrioleurs ont escaladé un mur.* ❷ Faire l'ascension d'une paroi, d'un sommet. *Escalader un piton rocheux.* SYN. **gravir.**

Escalator n.m. Type d'escalier mécanique. *Prendre l'Escalator dans un grand magasin.*
● C'est un nom de marque : il s'écrit avec une majuscule dans les textes imprimés.

escale n.f. Arrêt, au cours d'un voyage en bateau ou en avion, pour le ravitaillement, l'embarquement ou le débarquement des passagers ou des marchandises. *L'avion a fait escale à Londres.*

escalier n.m. ❶ Suite de marches qui permettent de monter et de descendre à pied. *Elle a grimpé l'escalier quatre à quatre.* ❷ **Escalier mécanique, escalier roulant,** escalier mis en mouvement par un système automatique. → Vois aussi **Escalator.**

escalope n.f. Tranche mince de viande blanche ou de poisson. *Une escalope de veau, de thon.*

escamotable adj. Que l'on peut replier de telle sorte qu'on ne le voie plus. *Un lit escamotable.*
▸▸▸ Mot de la famille de **escamoter.**

escamoter v. (conjug. 3). Faire disparaître quelque chose de manière habile, sans que cela soit remarqué. *Le prestidigitateur a escamoté des foulards.*

escampette n.f. Mot familier. **Prendre la poudre d'escampette,** se sauver rapidement, sans demander son reste. SYN. **déguerpir.**

escapade n.f. Petite sortie que l'on fait pour prendre un peu de liberté. *Faire une escapade à la mer.*

escarcelle n.f. Petit sac de cuir que l'on portait suspendu à la ceinture. SYN. **bourse.**

escargot n.m. Mollusque herbivore qui porte sur son dos une coquille en spirale et vit dans les lieux humides. *Les escargots se déplacent en glissant sur le sol.*
● On dit parfois un **limaçon** ou un **colimaçon.**

un escargot

escarmouche n.f. Combat bref et sans gravité entre des groupes de soldats isolés.

escarpé, e adj. Qui est en pente très raide. *Un sentier de montagne escarpé.* SYN. **abrupt.**

▸ **escarpement** n.m. Versant en pente raide. *L'escarpement d'une falaise.*

escarpin n.m. Chaussure de femme, élégante et découverte, avec ou sans talon.

à bon **escient** adv. Au bon moment, avec à-propos. *Léa est intervenue à bon escient.*
● Le son [s] s'écrit **sc.**

s'**esclaffer** v. (conjug. 3). Éclater de rire bruyamment. *Nous nous sommes esclaffés pendant tout le spectacle.*
● Ce mot s'écrit avec deux **f.**

esclandre n.m. Incident public où l'on manifeste bruyamment son mécontentement. *M. Noisel a fait un esclandre au restaurant.* SYN. **scandale.**
● Nom du genre masculin : **un esclandre.**

esclavage n.m. Condition d'esclave. *La France a aboli l'esclavage en 1848.* → Vois aussi **servage.**
▸▸▸ Mot de la famille de **esclave.**

esclave n. Personne privée de toute liberté, qui appartenait à un maître et qui était sous sa domination absolue. *Un esclave pouvait être affranchi par son maître.* ◆ adj. Qui est entièrement soumis à quelque chose. *Un homme esclave de l'argent.*

escogriffe n.m. **Un grand escogriffe,** un homme grand, maigre et mal bâti.

escompte n.m. Réduction accordée par un vendeur à un client qui paie comptant ou qui paie avant la date d'échéance. SYN. **rabais, remise.**

escompter v. (conjug. 3). Compter à l'avance sur quelque chose. *Elle escomptait être invitée.* SYN. **espérer.** *Escompter un succès.* SYN. **tabler sur.**

escorte n.f. ❶ Formation militaire ou groupe armé chargés d'escorter un véhicule ou une personnalité. *L'escorte d'un chef d'État.* ❷ Groupe de personnes qui accompagnent quelqu'un. *Le chanteur était entouré d'une escorte d'admirateurs.* SYN. **suite.**

▸ **escorter** v. (conjug. 3). Accompagner quelqu'un pour le protéger ou lui faire honneur. *Des motards escortaient la voiture du ministre.* SYN. **convoyer.**

escouade n.f. Petite troupe de personnes. *Une escouade de gendarmes.*

escrime n.f. Sport de combat au fleuret, à l'épée ou au sabre. *Coralie fait de l'escrime.*
● Nom des sportifs : un **escrimeur,** une **escrimeuse.**

l'escrime

s'escrimer v. (conjug. 3). Faire de gros efforts pour un résultat difficile à obtenir. *Je m'escrime à lui expliquer que son projet est irréalisable.* SYN. **s'évertuer.**

escroc n.m. Personne malhonnête qui trompe la confiance des gens pour les voler.
● On ne prononce pas le **c** final.

▸ **escroquer** v. (conjug. 3). Soutirer de l'argent à quelqu'un, obtenir quelque chose de lui en le trompant. *Le charlatan a escroqué des personnes naïves.*

▸ **escroquerie** n.f. Vol qui consiste à obtenir de l'argent de quelqu'un en trompant sa confiance. *L'homme d'affaires a été arrêté pour escroquerie.*

espace n.m. ❶ Univers, étendue située hors de l'atmosphère et où se trouvent les astres. *Les astronautes voyagent dans l'espace.* ❷ Place, superficie, volume. *Nous avons beaucoup d'espace dans la classe.* ❸ **Espace vert,** jardin, parc, dans une ville. ❹ Distance entre deux choses, deux points. *Un espace de cinquante centimètres sépare les plantations.* SYN. **espacement, intervalle.** ❺ Durée qui sépare deux moments. *J'ai tout rangé en l'espace de deux minutes.*
▸▸▸ Mots de la même famille : **spacieux, spatial.**

▸ **espacement** n.m. Distance qui sépare deux choses. *Dans un avion, l'espacement entre les sièges est réduit.* SYN. **espace, intervalle.**

▸ **espacer** v. (conjug. 4). Séparer par un espace, un intervalle. *Espacer ses mots. Espacer les réunions.*

espadon n.m. Grand poisson de mer dont la mâchoire supérieure est prolongée par un os long et pointu.

un espadon

espadrille n.f. Chaussure basse et légère, en toile et à semelle de corde tressée.

espagnol, e adj. et n. D'Espagne. *La paella est un plat espagnol. Carmen est espagnole. C'est une Espagnole.* ◆ **espagnol** n.m. Langue parlée en Espagne ainsi qu'en Amérique centrale et en Amérique du Sud, sauf au Brésil. → Vois aussi **hispanique, ibérique.**
● Le nom prend une majuscule quand il désigne une personne : *un Espagnol.*

espagnolette n.f. Mécanisme de fermeture d'une fenêtre fait d'une tige de fer à poignée.

espalier n.m. ❶ Échelle de bois fixée à un mur pour faire des exercices de gymnastique. ❷ Rangée d'arbres, généralement fruitiers, dont les branches sont fixées à un treillage, parfois contre un mur. *Cultiver des poiriers en espalier.*

espèce n.f. ❶ Catégorie d'animaux ou de végétaux qui se ressemblent, vivent dans le même milieu et se reproduisent entre eux. *Trente mille espèces animales et végétales disparaissent chaque année dans le monde. L'espèce canine comprend de nombreuses races.* ❷ Catégorie d'êtres ou de choses qui se ressemblent beaucoup. *Les gens de son espèce ne m'intéressent pas.* SYN. **genre.** ❸ **Une espèce de,** désigne une personne, une chose que l'on ne sait pas nommer exactement. *Une espèce d'agent secret. Une espèce de château.* SYN. **un genre de, une sorte de.** ◆ n.f. plur. Argent liquide. *Payer en espèces.*

espérance n.f. Sentiment d'une personne qui espère. *Les exilés vivent dans l'espérance de revoir leur pays.* SYN. **espoir.**
▸▸▸ Mot de la famille de **espérer.**

espérer v. (conjug. 9). Estimer avec confiance, croire qu'une chose que l'on désire va se réaliser. *J'espère que Suong viendra à ma fête. N'espérez aucune récompense de sa part.* SYN. **attendre, escompter.**

espiègle adj. Qui aime jouer des tours, taquiner sans méchanceté. *Un enfant espiègle.* SYN. **coquin, malicieux.**

▸ **espièglerie** n.f. Caractère d'une personne espiègle; petite malice sans méchanceté. *Ses espiègleries amusent ses camarades.* SYN. **farce.**

espion, onne n. Personne qui cherche à découvrir des secrets d'un pays pour les communiquer à un gouvernement étranger. *Les espions ont souvent plusieurs passeports.* SYN. **agent secret.**

▶ **espionnage** n.m. Recherche de renseignements par des espions. *Chaque grande puissance a son service d'espionnage.*

▶ **espionner** v. (conjug. 3). Surveiller en cachette les faits et gestes d'une personne. *Ma cousine s'est aperçue que son voisin l'espionnait.* SYN. **épier.**

esplanade n.f. Vaste place située devant un édifice. *L'esplanade des Invalides, à Paris.*
→ Vois aussi **parvis.**

espoir n.m. ❶ Fait d'espérer, d'attendre avec confiance qu'une chose se réalise. *Être plein d'espoir.* SYN. **espérance.** *Les pompiers gardent l'espoir de retrouver des rescapés.* ❷ Personne en qui l'on espère. *Un jeune espoir du tennis.*
►►► Mot de la famille de **espérer.**

esprit n.m. ❶ Principe de la pensée; activité intellectuelle. *Une idée me vient à l'esprit. La lecture enrichit l'esprit.* SYN. **intelligence.** *Ousmane a l'esprit vif.* ❷ **Perdre l'esprit,** devenir fou. ❸ Finesse de l'intelligence, sens de l'humour. *Kelly a beaucoup d'esprit.* ❹ Manière de penser, aptitude particulière. *Kien a l'esprit d'entreprise.* ❺ Âme d'un mort qui est supposé se manifester sur terre. *Un château hanté par les esprits.* SYN. **fantôme, revenant.**
►►► Mots de la même famille : **spiritisme, spirituel.**

esquif n.m. Petit bateau très léger.

1. **esquimau, aude** adj. et n. Relatif aux Esquimaux. *La culture esquimaude.*
● Le nom prend une majuscule : *un Esquimau.* – On dit plutôt **Inuit.**

2. **Esquimau** n.m. Crème glacée enrobée de chocolat, fixée sur un bâtonnet.
● Au pluriel : **des Esquimaux.** – C'est un nom de marque : il s'écrit avec une majuscule dans les textes imprimés.

esquinter v. (conjug. 3). Mot familier. Abîmer, endommager. *J'ai esquinté mes baskets.* SYN. **détériorer.**

esquisse n.f. Premier tracé d'un dessin, d'une sculpture. SYN. **croquis, ébauche.**

▶ **esquisser** v. (conjug. 3). ❶ Faire une esquisse, mettre en place les grandes lignes d'un dessin. *Le peintre a esquissé un portrait de sa mère.* SYN. **ébaucher.** ❷ Commencer à faire. *Esquisser un geste.* SYN. **ébaucher.**

esquiver et **s'esquiver** v. (conjug. 3). **Esquiver un coup,** faire un mouvement pour l'éviter. SYN. **parer.** ◆ **s'esquiver.** S'en aller discrètement, sans se faire remarquer. *Nous nous sommes esquivés avant la fin du spectacle.* SYN. **s'éclipser.**

essai n.m. ❶ Fait d'essayer quelque chose. *Faire l'essai d'un nouveau produit.* ❷ Fait de tenter quelque chose. *L'athlète a réussi son saut au premier essai.* SYN. **tentative.** ❸ Livre dans lequel un auteur explique ce qu'il pense d'un sujet. *Lire un essai sur l'économie du tiers-monde.* ❹ But marqué au rugby.
►►► Mot de la famille de **essayer.**

essaim n.m. Groupe d'abeilles qui abandonne une ruche pour en constituer une nouvelle.

un essaim d'abeilles

▶ **essaimer** v. (conjug. 3). ❶ Quitter la ruche en essaim pour former une nouvelle colonie. *Les abeilles essaiment au printemps.* ❷ Se disperser pour former de nouveaux groupes, de nouvelles installations. *Les Irlandais ont essaimé en Amérique du Nord.*

essayage n.m. Fait d'essayer un vêtement. *Les cabines d'essayage d'un grand magasin.*
►►► Mot de la famille de **essayer.**

essayer v. (conjug. 13). ❶ Utiliser une chose pour en apprécier les qualités. *Maman va essayer une nouvelle recette de gâteau.* SYN. **expérimenter, tester.** ❷ Mettre un vêtement pour voir s'il convient. *J'ai essayé plusieurs blousons.* ❸ Faire des efforts pour obtenir un résultat. *Essaie d'arriver à l'heure.* SYN. **s'efforcer de, tâcher de.**

essence n.f. ❶ Carburant inflammable qui provient du pétrole. *Faire un plein d'essence sans plomb.* ❷ Extrait concentré d'une plante ou d'un arbre. *De l'essence de jasmin.*

❸ Espèce d'arbres. *Des essences très variées sont regroupées dans ce jardin botanique.*

essentiel, elle adj. Qui est indispensable ou très important. *L'eau est essentielle à la vie.* SYN. **nécessaire.** *Tu as manqué la partie essentielle du film.* SYN. **capital, fondamental, principal.** ◆ n.m. Ce qui est indispensable. *L'essentiel est de participer.* SYN. **principal.**

▸ **essentiellement** adv. Avant tout. *Une région essentiellement agricole.* SYN. **principalement, surtout.**

essieu n.m. Barre métallique placée sous un véhicule et qui relie les roues opposées.
● Au pluriel : des **essieux.**

essor n.m. ❶ **Prendre son essor,** s'envoler, en parlant des oiseaux. ❷ Développement rapide. *L'industrie des loisirs est en plein essor.* SYN. **expansion, extension.**

essorage n.m. Opération qui consiste à essorer le linge.
▸▸▸ Mot de la famille de **essorer.**

essorer v. (conjug. 3). Débarrasser le linge mouillé de la plus grande partie de son eau. *Aïcha essore son maillot de bain avant de le suspendre.*

essoufflement n.m. Fait d'être essoufflé, hors d'haleine; respiration difficile. *L'essoufflement des coureurs après un marathon.* SYN. **halètement.**
▸▸▸ Mot de la famille de **souffle.**

s'**essouffler** v. (conjug. 3). Perdre son souffle, respirer avec difficulté. *Je me suis essoufflé en courant.*
● Ce mot s'écrit avec deux **f.**
▸▸▸ Mot de la famille de **souffle.**

essuie-glace n.m. Appareil qui sert à essuyer automatiquement le pare-brise et la vitre arrière d'une voiture.
● Au pluriel : des **essuie-glaces.**

essuie-mains n.m. invar. Serviette avec laquelle on s'essuie les mains.
● Ce mot composé ne change pas au pluriel : des **essuie-mains.**
– La nouvelle orthographe permet d'écrire aussi un **essuie-main,** sans **s.**

essuyer et **s'essuyer** v. (conjug. 14). ❶ Sécher au moyen d'un torchon, d'une serviette. *Papa essuie la vaisselle.* ❷ Débarrasser quelque chose de la poussière ou des saletés qui le couvrent en le frottant. *Essuyez vos pieds sur le paillasson.* ❸ Subir quelque chose de désagréable. *Essuyer un refus.* ◆ **s'essuyer.** Se sécher en se frottant avec une serviette. *Reda s'essuie après le bain.*

est n.m. invar. Un des quatre points cardinaux, situé du côté de l'horizon où le soleil se lève. *Quand on regarde vers le nord, l'est se trouve à droite.* SYN. **levant, orient.** ◆ adj. invar. Qui se situe à l'est. *Québec se trouve sur la côte est du Canada.* SYN. **oriental.**
→ Vois aussi **nord, ouest, sud.**
● On prononce le **t** : [ɛst].

estafilade n.f. Coupure longue et étroite, principalement sur le visage. SYN. **balafre.**

estampe n.f. Image imprimée à partir d'une gravure sur bois, sur métal, sur pierre.

une **estampe** japonaise

est-ce que adv. interrogatif. S'emploie pour poser une question dont la réponse attendue est « oui » ou « non ». *Est-ce que tu veux jouer avec nous ?*

esthéticien, enne n. Spécialiste des soins de beauté du visage et du corps.
▸▸▸ Mot de la famille de **esthétique.**

esthétique adj. Qui est joli, décoratif. *Ce tas d'ordures devant la maison n'est pas très esthétique.* CONTR. **inesthétique.**
● Ce mot s'écrit avec **th.**

estimation n.f. Appréciation d'un prix, d'une valeur, d'une quantité. *Faire une estimation des dégâts.* SYN. **évaluation.**
▸▸▸ Mot de la famille de **estimer.**

estime n.f. Opinion favorable que l'on a de quelqu'un. *Mon frère a beaucoup d'estime pour ses professeurs.* SYN. **considération, respect.** CONTR. **mépris.**
▸▸▸ Mot de la famille de **estimer.**

estimer v. (conjug. 3). ❶ Avoir une opinion favorable de quelqu'un. *Maman estime beaucoup ses collaborateurs.* SYN. **apprécier.** CONTR. **mépriser.** ❷ Évaluer approximativement. *Nous estimons la durée du voyage à cinq heures.* ❸ Avoir pour opinion. *J'estime que tu as eu tort de te fâcher.* SYN. **considérer, penser.**

▸▸▸ Mots de la même famille : **inestimable, mésestimer, sous-estimer, surestimer.**

estival, e, aux adj. D'été. *Un temps estival ; une tenue estivale.* CONTR. **hivernal.**

● Au masculin pluriel : **estivaux.**

▸▸▸ Mot de la famille de **été.**

estivant, e n. Personne qui est en vacances d'été dans une région. *La Côte d'Azur attire de nombreux estivants.* SYN. **vacanciers.**

▸▸▸ Mot de la famille de **été.**

estomac n.m. Partie du tube digestif en forme de poche, située entre l'œsophage et l'intestin, où les aliments sont brassés. → Vois aussi **gastrique.**

● On ne prononce pas le **c.**

▸▸▸ Mot de la même famille : **stomacal.**

▸ **estomaquer** v. (conjug. 3). Mot familier. Étonner, surprendre fortement. *Son insolence m'a estomaqué.* SYN. **sidérer, stupéfier, suffoquer.**

estomper et **s'estomper** v. (conjug. 3). ❶ Atténuer les couleurs ; adoucir les contours. *Estomper un dessin.* ❷ (Sens littéraire). Rendre flou, moins net. *La brume estompe les collines.* SYN. **voiler.** ◆ **s'estomper.** Devenir moins fort, moins vif. *Avec le temps, son chagrin s'est estompé.* CONTR. **augmenter.**

estonien, enne adj. et n. D'Estonie. *Tallin est la capitale estonienne. Jaan est estonien. C'est un Estonien.* ◆ **estonien** n.m. Langue parlée en Estonie.

● Le nom prend une majuscule quand il désigne une personne : *un Estonien.*

estrade n.f. Plancher surélevé sur lequel on peut placer des sièges, une table, etc. *Le bureau du maître est sur une estrade. L'orateur monte sur l'estrade.* SYN. **tribune.**

estragon n.m. Plante aromatique qu'on emploie en cuisine pour parfumer certains plats. *Un poulet à l'estragon.*

s'estropier v. (conjug. 7). Se blesser gravement et perdre l'usage normal d'un membre. *Elle s'est estropiée en sautant d'un mur.* → Vois aussi **mutiler.**

estuaire n.m. Embouchure d'un fleuve envahie par la mer. *La Seine rejoint la Manche par un estuaire.* → Vois aussi **delta.**

● Ce nom masculin se termine par un **e.**

esturgeon n.m. Grand poisson de mer qui vit dans les estuaires et achève sa croissance en mer. *Les œufs d'esturgeon servent à faire le caviar.*

● Le **g** est suivi d'un **e** pour prononcer le son [ʒ].

un esturgeon

et conjonction. Sert à relier deux mots ou deux groupes de mots. *Achète du pain et du lait. Il est venu et il est reparti aussitôt.*

étable n.f. Bâtiment qui sert d'abri aux vaches et aux bœufs.

établi n.m. Grosse table de travail des menuisiers, des ébénistes, des tailleurs, etc.

établir et **s'établir** v. (conjug. 16). ❶ Mettre en place ou mettre en application. *La police a établi un barrage sur l'autoroute.* SYN. **installer, placer.** *Les deux nations ont établi des relations diplomatiques.* SYN. **instituer, nouer.** ❷ Donner la preuve de quelque chose. *Les enquêteurs ont établi que l'incendie était criminel.* SYN. **démontrer, prouver.** ❸ Rédiger selon certaines règles. *Maman a établi la liste des invités.* SYN. **dresser.** *Établir un emploi du temps.* ◆ **s'établir.** Se fixer dans une région, un pays. *Nos cousins se sont établis en Chine.* SYN. **s'installer.**

▸ **établissement** n.m. ❶ Action d'établir ou de s'établir. *L'établissement des Français au Québec remonte au 17e siècle.* SYN. **installation.** ❷ Maison, institution ou entreprise consacrées à une activité. *Un établissement scolaire. Un établissement hospitalier.*

étage n.m. ❶ Chacun des niveaux d'un bâtiment situés les uns au-dessus des autres. *Suong habite dans une tour de trente étages.* ❷ Partie autonome d'un engin spatial.

a b c d e f g h i j k l m n o p q r s t u v w x y z

▶ **s'étager** v. (conjug. 5). Se situer à des niveaux successifs dans l'espace. *Les maisons s'étagent sur le versant de la colline.*

▶ **étagère** n.f. Planche horizontale fixée à un mur ou faisant partie d'un meuble. *Thomas a rangé ses livres sur une étagère.* SYN. **rayon.**

étai n.m. Grosse poutre de bois que l'on installe pour soutenir provisoirement un mur ou une construction.

étain n.m. Métal gris clair, léger et mou. *Autrefois, la vaisselle était en étain.*

étal n.m. ❶ Table où sont exposés les produits vendus au marché ou dans la rue. SYN. **éventaire.** ❷ Table de bois très épaisse sur laquelle le boucher coupe la viande.

● Au pluriel : des **étals**.

▸▸▸ Mot de la famille de **étaler**.

des étals de légumes et de fruits

étalage n.m. Ensemble de marchandises exposées pour être vendues; endroit où elles sont présentées. *Cyrille regarde l'étalage d'un marchand de jouets.* → Vois aussi **devanture, vitrine.**

▸▸▸ Mot de la famille de **étaler**.

étalagiste n. Personne chargée d'arranger les vitrines des magasins, de mettre en valeur les marchandises d'un étalage.

▸▸▸ Mot de la famille de **étaler**.

étale adj. **Mer étale,** qui ne monte plus et ne descend pas encore.

▸▸▸ Mot de la famille de **étaler**.

étalement n.m. Répartition dans le temps. *L'étalement des vacances.*

▸▸▸ Mot de la famille de **étaler**.

étaler et **s'étaler** v. (conjug. 3). ❶ Disposer des objets sur une surface. *Aurélie étale ses livres sur le bureau.* ❷ Étendre en couche fine sur une surface. *Rachid étale du miel sur son pain.* SYN. **tartiner.** ❸ Mettre à plat un papier, un tissu. *Maman a étalé la nappe.* SYN. **déployer.** ❹ Montrer quelque chose avec fierté ou prétention. *Étaler ses richesses.* ❺ Répartir dans le temps. *Étaler ses rendez-vous.* SYN. **échelonner, espacer.** ◆ **s'étaler.** (Sens familier). Tomber de tout son long. *Julie s'est étalée dans l'escalier.*

1. **étalon** n.m. Cheval mâle élevé pour la reproduction.

2. **étalon** n.m. Modèle légal d'une unité de mesure qui sert de référence. *L'étalon de masse est un kilogramme en platine.*

étamer v. (conjug. 3). Recouvrir un métal d'une couche d'étain.

▸▸▸ Mot de la famille de **étain**.

étamine n.f. Organe sexuel mâle des plantes à fleurs, qui contient le pollen. → Vois aussi **pistil.**

→ planche pp. 460-461.

étanche adj. Qui ne laisse passer ni l'eau ni l'air. *On peut se baigner avec une montre étanche.*

▶ **étanchéité** n.f. Qualité de ce qui est étanche. *Vérifier l'étanchéité d'un réservoir.*

étancher v. (conjug. 3). **Étancher sa soif,** l'apaiser en buvant.

étang n.m. Étendue peu profonde d'eau stagnante. *Les têtards nagent dans l'étang.*

→ Vois aussi **lac, mare.**

● Ce mot se termine par un **g**.

étant donné préposition. Introduit la cause, le motif. *Étant donné les circonstances, la cérémonie est annulée.* SYN. **vu.** ◆ **étant donné que** conjonction. Puisque, comme. *Étant donné qu'il neige, le parc sera fermé.*

étape n.f. ❶ Endroit où l'on s'arrête au cours d'une marche, d'un voyage. *Nous avons fait une étape à Lyon.* SYN. **halte.** ❷ Chemin à parcourir entre deux arrêts. *Nous voyagerons par petites étapes.* ❸ Période par laquelle on passe; moment décisif d'une évolution. *L'enfance est une étape essentielle de la vie.* SYN. **phase, stade.**

1. **état** n.m. ❶ Manière d'être d'une personne, situation dans laquelle elle se trouve. *L'état du malade s'est amélioré.* ❷ Situation dans laquelle se présente une chose. *Les routes sont en bon état.* ❸ **État civil,** situation d'une personne en ce qui concerne

sa naissance, sa nationalité, son domicile, etc.; service de la mairie chargé d'enregistrer les naissances, les décès, les mariages. ❹ **Les états généraux,** avant la Révolution, assemblée réunissant les représentants des trois catégories de la société, les trois ordres (clergé, noblesse, tiers état).

2. État n.m. ❶ Communauté établie sur un territoire, pays organisé qui a un gouvernement, des institutions, une administration, une économie. *L'Organisation des Nations unies reconnaît 193 États.* SYN. **nation.** *Un chef d'État.* ❷ **L'État,** le gouvernement, les pouvoirs publics. *Les fonctionnaires dépendent de l'État.* ❸ **Coup d'État,** prise de pouvoir par la force. → Vois aussi **putsch.**

état-major n.m. Groupe d'officiers qui assistent un chef militaire. *Le général et son état-major.*
● Au pluriel : des **états-majors.**

étau n.m. Instrument formé de deux mâchoires que l'on peut resserrer pour maintenir les pièces à travailler. *Le menuisier se sert d'un étau.*
● Au pluriel : des **étaux.**

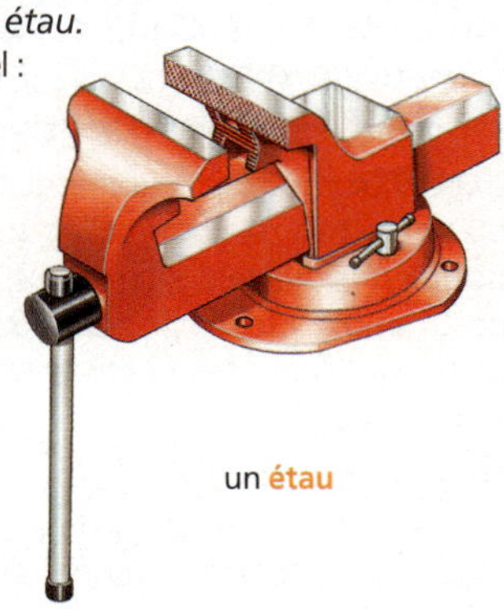
un **étau**

étayer v. (conjug. 13). Soutenir avec des étais, des poutres. *Le menuisier étaie le mur de la ferme qui menace de s'écrouler.*

etc. adv. Et les autres choses, et ainsi de suite. *Pour la rentrée, maman nous a acheté des cahiers, des stylos, des crayons, des étiquettes, etc.*
● On prononce [ɛtsetera]. – C'est l'abréviation de **et cetera.**
– La nouvelle orthographe permet d'écrire aussi **etcétéra.**

été n.m. Saison qui suit le printemps et précède l'automne. *En Europe, l'été est la saison la plus chaude.*
● L'été commence le 21 ou le 22 juin et finit le 22 ou le 23 septembre.

éteindre et **s'éteindre** v. (conjug. 49). ❶ Faire cesser la combustion d'un feu. *Les pompiers ont éteint l'incendie.* ❷ Interrompre le fonctionnement d'un appareil d'éclairage, d'un appareil électrique. *J'ai éteint l'ordinateur.* SYN. **fermer.** CONTR. **allumer.** ◆ **s'éteindre.** ❶ Cesser d'être allumé, de brûler. *La lampe du palier s'éteint au bout de cinq minutes. Le feu s'est éteint.* ❷ (Sens littéraire). Mourir doucement. *Le vieil homme s'est éteint.* SYN. **expirer.**

étendard n.m. Drapeau des régiments d'artillerie et de cavalerie.

cavalier portant un **étendard**

étendre et **s'étendre** v. (conjug. 46). ❶ Déplier en long et en large. *On a étendu une couverture sur l'herbe.* SYN. **étaler.** ❷ Allonger une personne. *Étendre un blessé sur un brancard.* SYN. **coucher.** ❸ Augmenter la taille ou l'importance de quelque chose. *Étendre ses connaissances.* SYN. **accroître.** ◆ **s'étendre.** ❶ S'allonger, se coucher. *Fatou s'est étendue sur le sable.* ❷ Occuper une certaine surface. *Les champs s'étendaient à perte de vue.* ❸ Se développer, gagner du terrain. *La ville s'est étendue.* SYN. **s'agrandir.**

▶ **étendu, e** adj. Qui a de grandes dimensions. *Un territoire très étendu.* SYN. **vaste.** *Mon frère a des connaissances étendues*

a b c d e f g h i j k l m n o p q r s t u v w x y z

en informatique. SYN. **large.** CONTR. **limité, restreint.**

▶ **étendue** n.f. ❶ Espace occupé par quelque chose. *Un lac est une étendue d'eau.* ❷ Importance. *Vérifier l'étendue de ses connaissances.* SYN. **ampleur.**

éternel, elle adj. ❶ Qui n'a ni commencement ni fin. *Croire en la vie éternelle.* ❷ Qui durera toujours. *Se jurer un amour éternel.* SYN. **impérissable, indestructible.** CONTR. **éphémère, fugitif, passager.** ❸ Qui semble ne jamais devoir s'arrêter. *Ces éternelles discussions m'exaspèrent.* SYN. **continuel, perpétuel.**

▶ **éternellement** adv. En permanence, sans cesse. *Il est éternellement mécontent.* SYN. **perpétuellement, toujours.**

▶ s'**éterniser** v. (conjug. 3). Durer trop longtemps. *La réunion s'est éternisée.*

▶ **éternité** n.f. ❶ Durée sans commencement ni fin; vie éternelle après la mort. *Croire à l'éternité de l'âme.* ❷ Temps très long. *Cela fait une éternité que nous t'attendons.*

éternuement n.m. Fait d'éternuer. *Des éternuements ont gêné l'enregistrement du concert.*

● On prononce [etɛrnymɑ̃].

▸▸▸ Mot de la famille de **éternuer.**

éternuer v. (conjug. 3). Rejeter brusquement et bruyamment de l'air par le nez et la bouche.

éther n.m. Liquide qui s'évapore vite et dont l'odeur est très forte. On l'utilise pour désinfecter les plaies et pour anesthésier.

● Ce mot s'écrit avec **th.** – On prononce [etɛr].

éthiopien, enne adj. et n. D'Éthiopie. *Les langues éthiopiennes. La reine de Saba était éthiopienne. C'était une Éthiopienne.* ◆ **éthiopien** n.m. Groupe de langues parlées en Éthiopie.

● Ce mot s'écrit avec **th.** – Le nom prend une majuscule quand il désigne une personne : *un Éthiopien.*

ethnie n.f. Groupe de personnes qui parlent la même langue, partagent la même culture, les mêmes traditions.

● Ce mot s'écrit avec **th.** – On prononce [ɛtni].

▶ **ethnique** adj. Qui concerne une ethnie. *Les différents groupes ethniques d'un pays.*

▶ **ethnologie** n.f. Science qui observe et décrit la manière de vivre, les coutumes, la culture des groupes humains, des ethnies.

▶ **ethnologue** n. Spécialiste d'ethnologie.

étincelant, e adj. Qui étincelle, brille et jette de vifs éclats. *Il faisait un soleil étincelant.* SYN. **éclatant.**

▸▸▸ Mot de la famille de **étincelle.**

étinceler v. (conjug. 12). Briller d'un vif éclat. *Les diamants étincellent à la lumière.* SYN. **scintiller.**

▸▸▸ Mot de la famille de **étincelle.**

étincelle n.f. ❶ Parcelle incandescente projetée par une matière qui brûle. *Dans le feu, les pommes de pin font des étincelles.* ❷ Petit éclair produit par un contact électrique. *Une étincelle a jailli de la prise quand j'ai branché la lampe.*

s'**étioler** v. (conjug. 3). Mot littéraire. Perdre de sa vigueur. *Certaines plantes s'étiolent en appartement.* SYN. **dépérir.**

étiqueter v. (conjug. 12). Mettre une étiquette sur quelque chose. *Maman étiquette nos cahiers.*

▸▸▸ Mot de la famille de **étiquette.**

étiquette n.f. ❶ Petite marque en papier ou en carton fixée ou collée sur un objet pour en indiquer le contenu, le prix, la destination, etc. *Le prix du disque est indiqué sur l'étiquette.* ❷ Ensemble de règles. SYN. **protocole.**

étirer et **s'étirer** v. (conjug. 3). Allonger quelque chose en tirant dessus. *Étirer un élastique.* ◆ **s'étirer.** Étendre ses membres pour se dégourdir. *Au réveil, le chat s'étire.*

étoffe n.f. Tissu. *Le satin est une étoffe brillante.*

● Ce mot s'écrit avec deux **f.**

étoffer v. (conjug. 3). Rajouter des éléments à un texte pour l'améliorer. *Étoffer une rédaction.* SYN. **développer, enrichir.**

étoile n.f. ❶ Astre qui brille dans le ciel, la nuit. *L'étoile Polaire indique le nord.* ❷ **Coucher à la belle étoile,** dormir en plein air. ❸ Astre qui influe sur la destinée, selon les astrologues. *Être né sous une bonne étoile.* ❹ Dessin, insigne ou décoration à plusieurs branches. *Coralie a eu sa deuxième étoile au ski.* ❺ Artiste célèbre. *Une étoile du cinéma.* SYN. **star, vedette.** ❻ **Étoile de**

mer, animal marin en forme d'étoile. → Vois aussi **constellation.**

une **étoile de mer**

▸ **étoilé, e** adj. ❶ Rempli d'étoiles. *Un ciel étoilé.* ❷ En forme d'étoile. *Des cristaux étoilés.*

étonnamment adv. De façon étonnante, extraordinaire. *C'est un enfant étonnamment mûr pour son âge.* SYN. **étrangement.**
▸▸▸ Mot de la famille de **étonner.**

étonnant, e adj. Qui étonne, qui cause une grande surprise. *Nous avons appris une nouvelle étonnante.* SYN. **inattendu, surprenant.**
▸▸▸ Mot de la famille de **étonner.**

étonnement n.m. Surprise causée par quelque chose d'inattendu. *À mon grand étonnement, mon frère a fait la vaisselle.*
▸▸▸ Mot de la famille de **étonner.**

étonner et **s'étonner** v. (conjug. 3). Causer de la surprise par son aspect insolite ou extraordinaire. *Son attitude nous a étonnés. Cela m'étonnerait qu'elle accepte ta proposition.* SYN. **surprendre.** ◆ **s'étonner**. Montrer de la surprise et s'interroger. *Je m'étonne de son absence.*

étouffant, e adj. Qui empêche de respirer à son aise. *Il faisait une chaleur étouffante.* SYN. **oppressant, suffocant.**

à l'**étouffée** adv. **Faire cuire à l'étouffée,** à la vapeur dans un récipient bien fermé. SYN. **à l'étuvée.**
▸▸▸ Mot de la famille de **étouffer.**

étouffement n.m. Grande difficulté à respirer. *L'asthme provoque des étouffements.* SYN. **suffocation.** → Vois aussi **asphyxie.**
▸▸▸ Mot de la famille de **étouffer.**

étouffer et **s'étouffer** v. (conjug. 3). ❶ Manquer d'air, avoir du mal à respirer. *En été, on étouffe dans cette pièce !* SYN. **suffoquer.** ❷ Faire mourir en empêchant de respirer. ❸ Atténuer un bruit. *Les tapis étouffent le bruit des pas.* SYN. **amortir, assourdir.** CONTR. **amplifier.** ◆ **s'étouffer**. Perdre le souffle, sa respiration. *Youssef a avalé de travers et a failli s'étouffer.* SYN. **s'étrangler.**
● Ce mot s'écrit avec deux **f.**

étourderie n.f. Caractère d'une personne étourdie; défaut d'attention. *Par étourderie, j'ai laissé mes clés sur la porte.* SYN. **distraction, inattention.** *Faire une faute d'étourderie dans une dictée.*
▸▸▸ Mot de la famille de **étourdi.**

étourdi, e adj. et n. Qui agit sans réfléchir ou qui ne fait pas attention. *Moussa est étourdi, il a laissé son cartable à l'école.* SYN. **distrait, inattentif.** CONTR. **attentif.**

étourdir v. (conjug. 16). ❶ Faire perdre à demi connaissance à quelqu'un. *Jean est tombé et le choc l'a étourdi.* SYN. **assommer.** ❷ Faire tourner la tête. *Cette odeur de peinture m'étourdit.*

▸ **étourdissant, e** adj. Qui fatigue, étourdit. *Ils ont fait un vacarme étourdissant.* SYN. **assourdissant.**

▸ **étourdissement** n.m. Malaise très bref. *Mamie a eu un étourdissement.* SYN. **vertige.**

étourneau n.m. Oiseau au plumage brun-noir tacheté de blanc. *Les étourneaux nichent en bandes dans les arbres.* SYN. **sansonnet.**
● Au pluriel : des **étourneaux.**

un **étourneau**

a b c d e f g h i j k l m n o p q r s t u v w x y z

a b c d e f g h i j k l m n o p q r s t u v w x y z

étrange adj. Qui étonne par son caractère inhabituel et peut causer un sentiment de malaise, de peur. *Cet homme a un comportement étrange.* SYN. **bizarre, curieux.**

▸ **étrangement** adv. De façon étrange, inhabituelle. *Il est resté étrangement calme.* SYN. **étonnamment.**

étranger, ère adj. ❶ Qui appartient à un autre pays. *J'ai deux correspondants étrangers. Kelly parle deux langues étrangères.* ❷ Qui est sans rapport avec quelque chose. *Je suis complètement étranger à cette affaire.* ❸ Qui n'est pas connu. *Une voix étrangère.* CONTR. **familier.**

▸ **étranger, ère** n. Personne qui est d'un autre pays, d'une autre nationalité. *De nombreux étrangers visitent notre pays.*

étrangeté n.f. Caractère de ce qui est étrange. *L'étrangeté d'une situation.* SYN. **bizarrerie.**

▸▸▸ Mot de la famille de **étrange.**

étranglement n.m. ❶ Action d'étrangler. *La victime est morte par étranglement.* SYN. **strangulation.** ❷ Endroit resserré. *L'étranglement d'une vallée.* SYN. **rétrécissement.**

▸▸▸ Mot de la famille de **étrangler.**

étrangler et **s'étrangler** v. (conjug. 3). Tuer en serrant le cou. *Le criminel a étranglé sa victime.* ◆ **s'étrangler.** Avaler de travers, perdre sa respiration. *Bintou s'est étranglée avec une arête de poisson.* SYN. **s'étouffer.**

être v. (conjug. 2). ❶ Permet de définir, d'identifier quelqu'un ou quelque chose ; indique l'état, la qualité. *Un castor est un rongeur. Mon grand-père est journaliste. Cassandra est brune. La maison est en pierre.* ❷ Indique le lieu, le moment, l'appartenance. *J'étais au cinéma.* SYN. **se trouver.** *Nous sommes le 30 mars. Il est midi. Le livre est à mon frère.* SYN. **appartenir.** ❸ Avoir une réalité, une existence. *« Je pense, donc je suis. »* SYN. **exister.**

● Le verbe **être** s'emploie comme auxiliaire pour former la voix passive et les temps composés de certains verbes : *il est accueilli par ses amis ; elle est arrivée ; ils se sont amusés.*

▸ **être** n.m. Tout ce qui vit. *Les animaux et les végétaux sont des êtres vivants.* SYN. **créature.** *Nous sommes des êtres humains.*

étreindre v. (conjug. 49). Serrer très fort dans ses bras. *La mère étreint son enfant.* → Vois aussi **enlacer.**

▸ **étreinte** n.f. Action d'étreindre, de serrer très fort contre soi. *Ils se sont séparés après une longue étreinte. Le lutteur ne relâchait pas son étreinte.*

étrenner v. (conjug. 3). Utiliser quelque chose pour la première fois. *J'ai étrenné ma nouvelle robe pour la cérémonie.*

étrennes n.f. plur. Somme d'argent que l'on donne à l'occasion du 1er Janvier. *On a donné des étrennes au gardien de l'immeuble.*

étrier n.m. Arceau de métal, suspendu à la selle par une courroie, et dans lequel le cavalier met le pied.

étriqué, e adj. Qui est trop serré, trop étroit. *Une veste étriquée.* CONTR. **ample, large.**

étroit, e adj. ❶ Qui a une petite largeur. *Le couloir est étroit.* CONTR. **large.** ❷ Qui manque d'ouverture d'esprit. *Il a des idées étroites.* SYN. **mesquin.** ◆ **étroit** n.m. **Être à l'étroit,** dans un espace ou dans un vêtement trop petits. *Nous sommes à l'étroit dans ta voiture.* CONTR. **au large.**

▸ **étroitement** adv. De très près. *Ces deux affaires sont sans doute étroitement liées.* SYN. **intimement.**

▸ **étroitesse** n.f. ❶ Caractère de ce qui est étroit. *L'étroitesse d'un couloir.* SYN. **exiguïté.** ❷ Manque d'ouverture d'esprit, de tolérance. *Son étroitesse d'esprit me consterne.* CONTR. **largeur.**

étude n.f. ❶ Action d'apprendre. *L'étude du violon est difficile.* ❷ Temps que les élèves passent à travailler à l'école en dehors des heures de cours. ❸ Ouvrage où sont exposés les résultats d'une recherche. *Mon père lit une étude sur les forteresses.* ❹ Bureau d'un notaire, d'un huissier. ◆ n.f. plur. Ensemble des cours suivis pour obtenir un diplôme. *Faire des études de médecine.*

▸▸▸ Mot de la même famille : **studieux.**

▸ **étudiant, e** n. Personne qui fait des études à l'université. *Un étudiant en droit.*

▸ **étudié, e** adj. Qui a été préparé avec soin. *Une affaire parfaitement étudiée.*

▸ **étudier** v. (conjug. 7). ❶ Chercher à s'instruire, à acquérir des connaissances. *J'étudie la musique.* SYN. **apprendre.** ❷ Observer avec attention. *Papa étudie la carte pour connaître le trajet. Étudier une proposition.* SYN. **examiner.**

étui n.m. Boîte ou enveloppe souple destinées à protéger un instrument ou à contenir un objet. *Ranger des jumelles dans un étui. Un étui à lunettes.*

étuve n.f. Pièce où il fait très chaud. *En été, le grenier est une étuve.* SYN. **fournaise.**

▶ à l'**étuvée** adv. **Faire cuire à l'étuvée,** très doucement à la vapeur. SYN. **à l'étouffée.**

étymologie n.f. Origine d'un mot. *L'étymologie de «enfant» est le mot latin «infans», qui signifie «qui ne parle pas».*
● Ce mot s'écrit avec un **y.**

eucalyptus n.m. Grand arbre des régions chaudes, originaire d'Australie, dont les feuilles odorantes sont utilisées en pharmacie.
● On prononce le **s.** – Ce mot s'écrit avec un **y.**

un eucalyptus

eucharistie n.f. Pour les catholiques, sacrement par lequel Jésus-Christ devient présent dans le pain et le vin. *L'eucharistie commémore le sacrifice du Christ.* → Vois aussi **communion.**
● On écrit **ch** mais on prononce [k].

euh ! interj. Exprime l'hésitation, l'embarras, le doute. *«Tu as appris tes leçons ? – Euh ! pas vraiment.»* → Vois aussi **heu !**

euphémisme n.m. Expression que l'on emploie à la place d'une autre que l'on juge trop directe. *Par euphémisme, on dit «disparu» pour «mort».*

euphorie n.f. Sensation intense de bien-être, de grande joie. *Après la victoire, c'était l'euphorie dans l'équipe.* CONTR. **mélancolie.**

▶ **euphorique** adj. Qui manifeste de l'euphorie; qui est en plein bonheur. *La victoire l'a rendu euphorique.* CONTR. **mélancolique, sombre.**

eurêka ! interj. S'emploie pour exprimer sa joie d'avoir trouvé brusquement une solution. *Eurêka ! Voilà comment il faut faire !*
● Le deuxième **e** prend un accent circonflexe.

euro n.m. Monnaie de dix-neuf des vingt-huit pays de l'Union européenne (Allemagne, Autriche, Belgique, Chypre, Espagne, Estonie, Finlande, France, Grèce, Irlande, Italie, Lettonie, Lituanie, Luxembourg, Malte, Pays-Bas, Portugal, Slovaquie et Slovénie). *En France, les euros ont été mis en circulation le 1er janvier 2002.*
● À l'écrit, on peut utiliser le symbole : **€.**

des euros

européen, enne adj. et n. De l'Europe. *Les pays européens. Juliette est européenne. C'est une Européenne.* → Vois aussi **union.**
● Le nom prend une majuscule : *un Européen.*

euthanasie n.f. Acte d'un médecin qui provoque la mort d'un malade incurable pour abréger ses souffrances ou son agonie.

eux pronom personnel. Pluriel de «lui». *Raphaël, Aziz et Léa vont à la plage : je pars avec eux. Ils ont fait ce cerf-volant eux-mêmes.*

évacuation n.f. Action d'évacuer; fait de s'évacuer. *L'évacuation des blessés. L'évacuation des eaux d'égout.* SYN. **écoulement.**
▶▶▶ Mot de la famille de **évacuer.**

évacuer v. (conjug. 3). ❶ Rejeter à l'extérieur. *Évacuer les eaux sales.* ❷ Faire partir des personnes. *Les pompiers ont évacué les habitants du village inondé.* ❸ Quitter massivement un lieu. *Ils ont évacué leurs bureaux pour un exercice d'alerte.*

s'**évader** v. (conjug. 3). S'enfuir du lieu où l'on est enfermé. *Un prisonnier s'est évadé.* SYN. **s'échapper, se sauver.**

évaluation n.f. Action d'évaluer, de déterminer approximativement un prix, une valeur,

a b c d e f g h i j k l m n o p q r s t u v w x y z

une quantité. *L'évaluation d'une distance.* SYN. **appréciation, estimation.**
▸▸▸ Mot de la famille de **évaluer.**

évaluer v. (conjug. 3). Donner le prix, la valeur, la quantité de quelque chose, de manière plus ou moins précise. *Faire évaluer le prix d'un appartement. Le nombre des spectateurs est difficile à évaluer.* SYN. **apprécier, estimer.**

évangéliser v. (conjug. 3). Prêcher l'Évangile, convertir au christianisme. *Les missionnaires allaient évangéliser les peuples d'outre-mer.*
▸▸▸ Mot de la famille de **Évangile.**

Évangile n.m. Message de Jésus-Christ; texte qui le rapporte. *Les quatre Évangiles font partie du Nouveau Testament.* → Vois aussi la partie « Noms propres ».

s'**évanouir** v. (conjug. 16). ❶ Perdre connaissance, devenir inconscient. *Le blessé s'est évanoui.* ❷ S'effacer, disparaître. *Mes derniers espoirs se sont évanouis.* SYN. **s'envoler.**

▸ **évanouissement** n.m. Perte de connaissance. *Son évanouissement est dû à la fatigue.* → Vois aussi **malaise, syncope.**

évaporation n.f. Transformation d'un liquide en vapeur. *Le sel est obtenu par l'évaporation de l'eau de mer.*
▸▸▸ Mot de la famille de **vapeur.**

s'**évaporer** v. (conjug. 3). Se transformer en vapeur. *L'alcool s'évapore facilement.* SYN. **se volatiliser.**
▸▸▸ Mot de la famille de **vapeur.**

évasé, e adj. Qui va en s'élargissant. *Un pull à manches évasées.*

évasif, ive adj. Qui reste volontairement dans le vague, qui n'est pas clair. *Il m'a donné une réponse évasive.* SYN. **vague.** CONTR. **catégorique, précis.**

évasion n.f. Action de s'évader. *Le prisonnier a fait une tentative d'évasion.*
▸▸▸ Mot de la famille de **s'évader.**

évasivement adv. De façon évasive, vague. *Elle m'a répondu évasivement.* CONTR. **clairement.**
▸▸▸ Mot de la famille de **évasif.**

évêché n.m. ❶ Territoire dont s'occupe un évêque. ❷ Résidence d'un évêque. → Vois aussi **diocèse.**
▸▸▸ Mot de la famille de **évêque.**

éveil n.m. ❶ Fait de sortir de son sommeil ou de son engourdissement. *L'éveil de la nature.* ❷ **Donner l'éveil,** attirer l'attention de quelqu'un sur un danger. *Les aboiements du chien nous ont donné l'éveil.* SYN. **alerter.**
▸▸▸ Mot de la famille de **éveiller.**

éveillé, e adj. ❶ Qui n'est pas endormi. ❷ Qui est plein de vie et de vivacité d'esprit. *Mariam est une fille très éveillée.* SYN. **vif.**
▸▸▸ Mot de la famille de **éveiller.**

éveiller et **s'éveiller** v. (conjug. 3). ❶ (Sens littéraire). Tirer du sommeil. *Une explosion nous a éveillés.* SYN. **réveiller.** ❷ Faire naître un sentiment, provoquer une réaction. *Son étrange comportement a éveillé les soupçons de la police.* SYN. **susciter.** ◆ **s'éveiller.** Être tiré du sommeil. *Papi s'éveille tôt.* SYN. **se réveiller.**

événement n.m. Ce qui arrive, ce qui se produit. *Le journal télévisé rapporte les événements de la journée.* SYN. **fait.** → Vois aussi **péripétie.**
● On prononce [evɛnmɑ̃].
– La nouvelle orthographe permet d'écrire aussi **évènement,** avec un accent grave sur le deuxième **e.**

éventail n.m. Petit objet portatif qui se déplie et qu'on agite devant soi pour faire de l'air.
▸▸▸ Mot de la famille de **s'éventer.**

un éventail

éventaire n.m. Table où sont exposées des marchandises, à l'extérieur d'une boutique ou sur un marché. SYN. **étal.**
● Ce nom masculin se termine par un **e.** – Ne confonds pas avec **inventaire.**

s'**éventer** v. (conjug. 3). ❶ Agiter l'air autour de soi pour avoir un peu de fraîcheur. *Lisa s'évente avec un magazine.* ❷ Perdre de son goût, de ses qualités au contact de l'air. *Le parfum s'est éventé.*

éventrer v. (conjug. 3). Ouvrir le ventre. *Éventrer un porc.*
►►► Mot de la famille de **ventre.**

éventualité n.f. Fait qui peut se réaliser. *Ils ont envisagé plusieurs éventualités.* SYN. **hypothèse, possibilité.**
►►► Mot de la famille de **éventuel.**

éventuel, elle adj. Qui dépend des circonstances. *On lui a parlé d'une éventuelle mutation à l'étranger.* SYN. **hypothétique, possible.** CONTR. **certain, sûr.**

► **éventuellement** adv. S'il y a lieu. *J'aurai éventuellement besoin de ton aide.*

évêque n.m. Prêtre catholique qui dirige un diocèse, un évêché.
● Le deuxième **e** prend un accent circonflexe.
►►► Mot de la même famille : **archevêque.**

s'**évertuer** v. (conjug. 3). Faire de gros efforts pour arriver à un résultat. *Je m'évertue à lui expliquer qu'il se trompe.* SYN. **s'efforcer de, s'escrimer à, s'ingénier à.**

éviction n.f. Exclusion d'une personne d'un groupe. *L'éviction d'un joueur de l'équipe de basket.* SYN. **expulsion.**
►►► Mot de la famille de **évincer.**

évidemment adv. Certainement, sans aucun doute. « *Tu viendras dimanche ? – Évidemment !* » SYN. **bien sûr.**
● On écrit **emment** mais on prononce [amɑ̃] comme **amant.**
►►► Mot de la famille de **évident.**

évidence n.f. ❶ Chose évidente, dont la vérité ne peut être mise en doute. *Ce pianiste est très doué, c'est une évidence !* SYN. **certitude.** ❷ **Se rendre à l'évidence,** accepter la réalité. *Il faut se rendre à l'évidence, nous avons échoué.* ❸ **En évidence,** de façon à faire voir ou à être vu. *Maman a laissé les clés en évidence sur la table.*
►►► Mot de la famille de **évident.**

évident, e adj. Qui est certain, qui ne fait aucun doute. *Cyrille a de la fièvre : il est malade, c'est évident.* SYN. **incontestable, sûr.** CONTR. **douteux, incertain.**

évider v. (conjug. 3). Creuser en enlevant de la matière. *Évider des tomates pour y mettre de la farce.*

évier n.m. Bassin, muni d'un robinet et d'un écoulement, fixé à mi-hauteur dans une cuisine. *On lave la vaisselle dans l'évier.*

évincer v. (conjug. 4). Écarter quelqu'un d'une place qu'on souhaite soi-même occuper. *Il a évincé tous ses concurrents.* SYN. **éliminer, supplanter.**

éviter v. (conjug. 3). ❶ Échapper à quelque chose de désagréable. *L'automobiliste a évité un accident.* ❷ S'efforcer de ne pas faire quelque chose. *Évite de manger entre les repas.* SYN. **s'abstenir.** ❸ Permettre à quelqu'un d'échapper à quelque chose de désagréable. *Tes conseils m'ont évité bien des ennuis.* SYN. **épargner.** ❹ S'arranger pour ne pas rencontrer quelqu'un. *Romain m'évite en ce moment.* SYN. **fuir.**
►►► Mot de la même famille : **inévitable.**

évocateur, trice adj. Qui évoque, qui fait penser à quelque chose. *Un film au titre évocateur.* SYN. **significatif.**
►►► Mot de la famille de **évoquer.**

évocation n.f. Fait d'évoquer, de rappeler des événements du passé. *Mamie souriait à l'évocation de ses souvenirs d'enfance.* SYN. **rappel.**
►►► Mot de la famille de **évoquer.**

évolué, e adj. Qui a atteint un certain degré de culture, de développement. *Une nation évoluée.* CONTR. **sous-développé.** *Un esprit évolué.* CONTR. **arriéré.**
►►► Mot de la famille de **évoluer.**

évoluer v. (conjug. 3). ❶ Changer, se transformer petit à petit. *Les techniques chirurgicales ont beaucoup évolué.* SYN. **progresser.** CONTR. **stagner.** ❷ Exécuter des mouvements coordonnés, se déplacer dans l'air ou dans l'espace. *La patineuse évolue sur la piste. Un planeur évoluait dans le ciel.*

► **évolution** n.f. ❶ Changement régulier, progressif. *Une société en pleine évolution.* SYN. **développement, transformation.** ❷ Succession des phases d'une maladie. *Surveiller l'évolution d'un cancer.* SYN. **progression.** ◆ **n.f. plur.** Ensemble de mouvements coordonnés. *Admirer les évolutions d'une patineuse.*

→ planche p. 425.

évoquer v. (conjug. 3). ❶ Parler de quelque chose de passé. *Les deux amis ont évoqué leurs souvenirs de jeunesse.* SYN. **se remémorer.** ❷ Faire penser à quelque chose de connu. *Ce parfum évoquait l'odeur du bois.* SYN. **rappeler, suggérer.** ❸ Faire allusion à quelque chose. *Le ministre a évoqué l'incident.* SYN. **mentionner.**

● Ne confonds pas avec **invoquer.**

exacerber v. (conjug. 3). Rendre un sentiment plus aigu, plus vif. *Son attitude n'a fait qu'exacerber ma colère.* SYN. **accentuer, aviver.** CONTR. **apaiser, atténuer.**

exact, e adj. ❶ Qui est juste, sans erreur. *As-tu l'heure exacte ?* SYN. **précis.** CONTR. **approximatif.** *Tes prévisions étaient exactes.* CONTR. **faux, inexact.** ❷ Qui respecte l'horaire. *Être exact à un rendez-vous.* SYN. **ponctuel.**

● Le masculin se prononce [ɛgza] ou [ɛgzakt].

▸ **exactement** adv. De façon exacte, précise. *Il y a exactement une heure et demie que je t'attends.* SYN. **précisément.** CONTR. **approximativement.**

▸ **exactitude** n.f. ❶ Caractère de ce qui est exact. *J'ai vérifié l'exactitude de ses réponses.* SYN. **justesse.** ❷ Qualité d'une personne exacte, ponctuelle. SYN. **ponctualité.**

ex aequo adv. À égalité. *Les deux coureurs sont arrivés premiers ex aequo !*

● On prononce [ɛgzeko].

exagération n.f. Fait d'exagérer. *Il y a une grande part d'exagération dans ce qu'il dit.* SYN. **outrance.** CONTR. **mesure, modération.**

▸▸▸ Mot de la famille de **exagérer.**

exagérément adv. Avec excès. *Tu es exagérément inquiète.* SYN. **trop.**

▸▸▸ Mot de la famille de **exagérer.**

exagérer v. (conjug. 9). ❶ Donner une importance excessive à quelque chose. *Exagérer la gravité d'une situation.* SYN. **amplifier, grossir.** CONTR. **minimiser.** ❷ Dépasser la mesure. *Mon frère exagère, il a mangé tous les chocolats !* SYN. **abuser.**

exaltant, e adj. Qui enthousiasme, qui passionne. *Un projet exaltant.* SYN. **enthousiasmant, passionnant.**

▸▸▸ Mot de la famille de **exalter.**

exaltation n.f. Vive excitation, grand enthousiasme. *Il nous a parlé du Brésil avec exaltation.* SYN. **ardeur, frénésie.**

▸▸▸ Mot de la famille de **exalter.**

exalté, e adj. et n. Plein d'exaltation. *Il parlait de sa passion pour la musique d'un ton exalté.* SYN. **enflammé.**

▸▸▸ Mot de la famille de **exalter.**

exalter v. (conjug. 3). Remplir d'enthousiasme. *Ses paroles exaltaient l'auditoire.* SYN. **enflammer, exciter.**

examen n.m. ❶ Épreuve qui permet de vérifier le niveau des connaissances d'un candidat. *Le baccalauréat est un examen.* ❷ Observation attentive et méthodique. *Les enquêteurs ont fait un examen des lieux.* SYN. **inspection.** *Subir des examens médicaux.*

→ Vois aussi **concours.**

▸ **examinateur, trice** n. Personne chargée de faire passer un examen à un candidat.

▸ **examiner** v. (conjug. 3). ❶ Observer attentivement. *L'inspecteur a examiné l'appartement de la victime.* SYN. **étudier, explorer, inspecter.** ❷ Soumettre à un examen médical. *Le médecin examine un patient.* SYN. **ausculter.**

exaspérant, e adj. Qui exaspère, irrite énormément. *Un bruit exaspérant.* SYN. **agaçant, horripilant.**

● Mot de la famille de **exaspérer.**

exaspération n.f. Fait d'être exaspéré, irrité. *Les embouteillages l'ont mis au comble de l'exaspération.* SYN. **irritation.**

● Mot de la famille de **exaspérer.**

exaspérer v. (conjug. 9). Irriter au plus haut point. *Arrête de siffler, tu m'exaspères !* SYN. **agacer, excéder, horripiler.**

exaucer v. (conjug. 4). Satisfaire une demande, une prière, un vœu. *Mes désirs sont exaucés, vous êtes de retour !*

▸ **excavation** n.f. Trou creusé dans le sol. *Une excavation produite par une bombe.*

▸ **excavatrice** n.f. Machine utilisée pour creuser le sol.

● On peut aussi dire un **excavateur.**

excédent n.m. Quantité qui dépasse la limite fixée. *Avoir un excédent de bagages.* SYN. **surcharge, surplus.**

▸▸▸ Mot de la famille de **excéder.**

excédentaire adj. Qui est en excédent, qui est trop abondant. *La production de lait est excédentaire.*

▸▸▸ Mot de la famille de **excéder.**

excéder v. (conjug. 9). ❶ Dépasser en quantité, en valeur, en durée. *Nos bagages excèdent de beaucoup le poids réglementaire.* ❷ Irriter au plus haut point. *Ses*

a b c d e f g h i j k l m n o p q r s t u v w x y z

L'évolution de l'homme

L'homme est le résultat d'une évolution qui a commencé en Afrique, il y a plusieurs millions d'années. Il partage avec les grands singes un ancêtre commun. Au fil du temps, plusieurs espèces ont vécu côte à côte. Certaines ont disparu, d'autres ont continué à évoluer. L'espèce « Homo sapiens », à laquelle nous appartenons, est la dernière de cette longue lignée d'hommes. Nous la connaissons mieux sous le nom d'« homme de Cro-Magnon ».

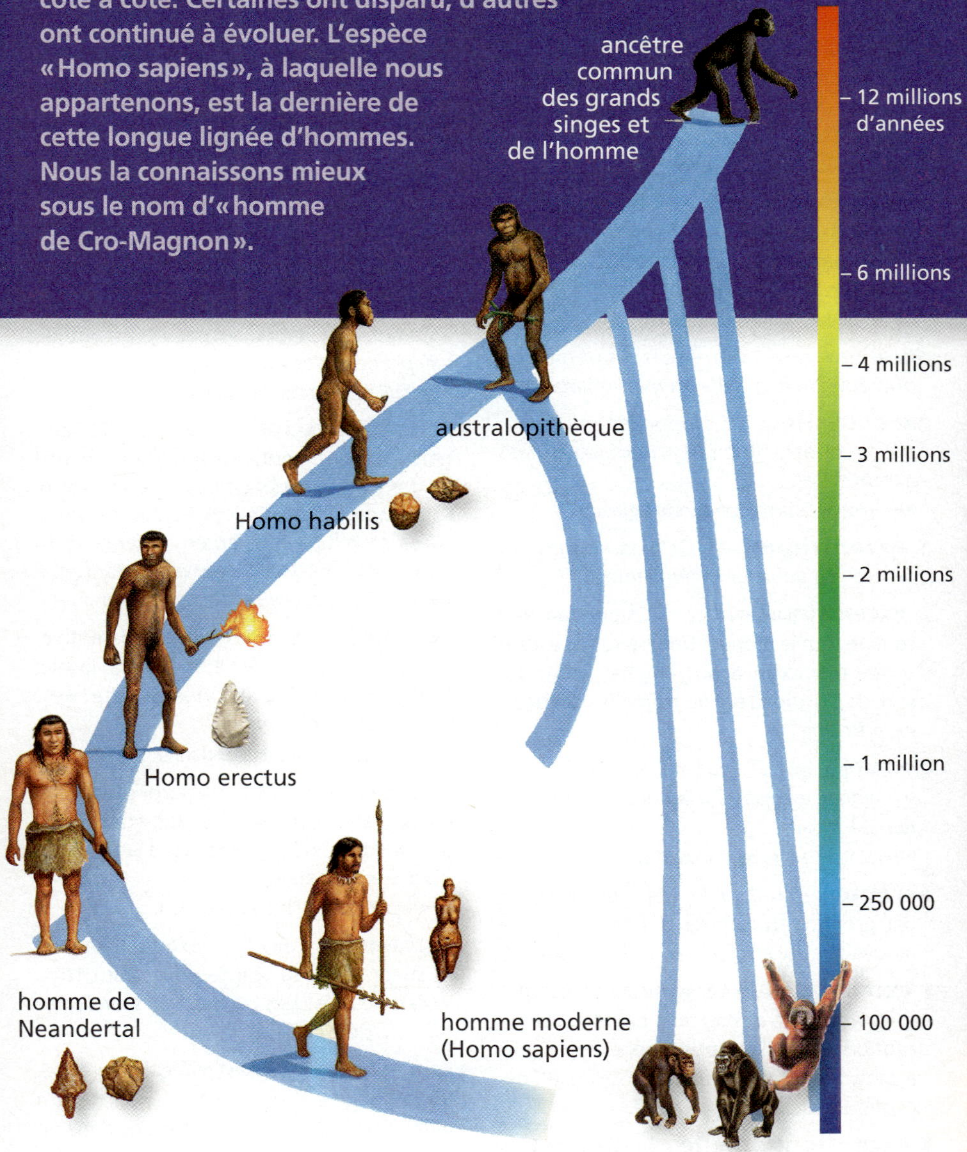

L'évolution du crâne

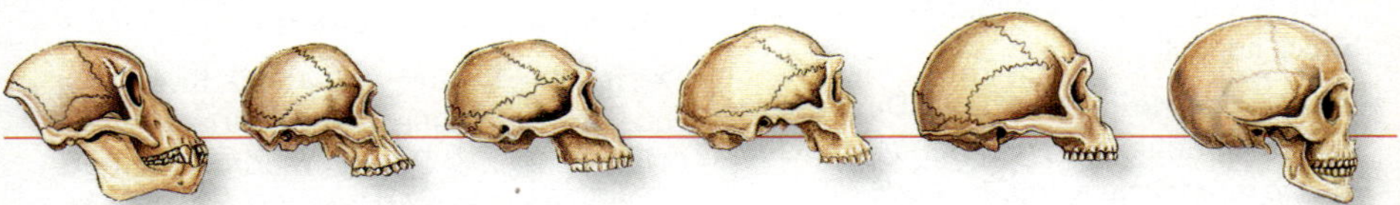

a b c d e f g h i j k l m n o p q r s t u v w x y z

plaintes incessantes m'excèdent. SYN. **exaspérer, horripiler.**

excellence n.f. ❶ Caractère de ce qui est excellent. *L'excellence d'un travail.* SYN. **perfection.** ❷ **Prix d'excellence,** prix accordé au meilleur élève d'une classe. ❸ (Avec une majuscule). Titre donné à un ministre, à un ambassadeur ou à un évêque. *Son Excellence l'ambassadeur d'Italie.*
▸▸▸ Mot de la famille de **exceller.**

excellent, e adj. Qui est particulièrement bien ou bon. *Pierre est un excellent nageur.* SYN. **incomparable.** *Ce dessert est excellent.* SYN. **délicieux, succulent.**
▸▸▸ Mot de la famille de **exceller.**

exceller v. (conjug. 3). Être très fort dans un domaine. *Julie excelle en mathématiques.*

excentricité n.f. Comportement excentrique, bizarre. *Il se fait remarquer par ses excentricités.*
▸▸▸ Mot de la famille de **excentrique (2).**

1. **excentrique** adj. Qui est éloigné du centre. *Un quartier excentrique.*

2. **excentrique** adj. et n. Qui ne fait rien comme tout le monde. *Une personne excentrique.* SYN. **extravagant, original.** ◆ adj. Qui sort de l'ordinaire. *Elle porte un chapeau excentrique.*

excepté préposition. Sauf. *Ils sont tous allés se baigner, excepté Guillaume.* SYN. **à l'exception de, à part.**
▸▸▸ Mot de la famille de **excepter.**

excepter v. (conjug. 3). Mettre à part, ne pas prendre en compte. *Si l'on excepte sa mauvaise note en français, il a bien travaillé.*

▸ **exception** n.f. ❶ Cas particulier. *Les règles de grammaire admettent parfois des exceptions.* ❷ **À l'exception de,** excepté, mis à part. *J'emporte toutes mes robes, à l'exception de la bleue.* SYN. **sauf.**

▸ **exceptionnel, elle** adj. Qui est très rare. *Il fait une douceur exceptionnelle pour la saison.* SYN. **inhabituel.** CONTR. **habituel, normal.**

▸ **exceptionnellement** adv. De manière exceptionnelle. *Exceptionnellement, le musée sera fermé au public jeudi.*

excès n.m. Quantité ou mesure trop importante. *Il a eu une contravention pour excès de vitesse. Le médecin recommande de ne pas faire d'excès.* SYN. **abus.**

▸ **excessif, ive** adj. Qui est exagéré. *Le prix des ordinateurs est excessif.* SYN. **abusif, exorbitant.**

▸ **excessivement** adv. Très ou trop. *Hier, je me suis couché excessivement tard.*

excitant, e adj. ❶ Qui stimule l'organisme. *Le thé est excitant.* CONTR. **calmant.** ❷ Qui enthousiasme, passionne. *Il travaille sur un projet excitant.* SYN. **exaltant, grisant.** ◆ n.m. Produit excitant. *Le café est un excitant.*
▸▸▸ Mot de la famille de **exciter.**

excitation n.f. Grande nervosité, grande agitation. *L'excitation des enfants est grande à l'approche des vacances.*
▸▸▸ Mot de la famille de **exciter.**

exciter et **s'exciter** v. (conjug. 3). ❶ Faire naître un sentiment, une sensation. *Le récit de ses aventures excitait notre curiosité.* SYN. **provoquer, susciter.** ❷ Rendre nerveux. *Nicolas excitait le chien en lui lançant un bâton.* ◆ **s'exciter.** S'énerver et s'agiter. *Il s'excitait en racontant son aventure.*

exclamatif, ive adj. **Phrase exclamative,** qui permet d'exprimer l'étonnement, la joie, l'indignation. *« Quelle bonne surprise ! » est une phrase exclamative.*
▸▸▸ Mot de la famille de **s'exclamer.**

exclamation n.f. ❶ Cri de surprise, de joie, d'indignation. ❷ **Point d'exclamation,** signe de ponctuation (!) qui se place à la fin d'une phrase exclamative.
▸▸▸ Mot de la famille de **s'exclamer.**

s'**exclamer** v. (conjug. 3). Exprimer sa joie, sa surprise ou sa colère en parlant fort. *« Mais ce n'est pas possible ! » s'exclama-t-il.* SYN. **s'écrier.**

exclu, e adj. et n. Qui est rejeté d'un groupe, de la société. *Les membres exclus d'un parti.* ◆ adj. Qui n'est pas compris dans un compte. *La maîtresse sera absente jusqu'au 4 avril exclu.* SYN. **non compris.** CONTR. **inclus.**
▸▸▸ Mot de la famille de **exclure.**

exclure v. (conjug. 58). ❶ Renvoyer quelqu'un. *Sébastien a été exclu de l'équipe.* SYN. **expulser.** ❷ Ne pas prendre en compte quelqu'un, quelque chose. *Si j'exclus les enfants, nous sommes quatre à payer.* CONTR. **inclure.** ❸ Considérer comme impossible. *Les* *policiers excluent l'hypothèse du cambriolage.* SYN. **écarter, éliminer, rejeter.**

▸ **exclusif, ive** adj. ❶ Réservé à une personne ou à un groupe. *Cette chaîne a un droit de retransmission exclusif.* ❷ Qui réserve ses sentiments à une seule personne. *Une amitié exclusive.*

▸ **exclusion** n.f. ❶ Renvoi d'un établissement, d'un groupe. *Le directeur du collège a décidé l'exclusion de trois élèves.* SYN. **expulsion.** ❷ **À l'exclusion de,** sauf, mis à part. *Il a fait beau toute la semaine, à l'exclusion de jeudi.* SYN. **excepté.**

▸ **exclusivement** adv. De façon exclusive. *Il lit exclusivement des bandes dessinées.* SYN. **uniquement.**

▸ **exclusivité** n.f. Droit qui permet à une société d'être la seule à vendre ou à publier quelque chose. *Le film passe en exclusivité au cinéma « Le Majestic ».*

excréments n.m. plur. Matières évacuées du corps par les voies naturelles après la digestion. SYN. **matières fécales, selles.**

▸ **excrétion** n.f. Rejet des déchets hors du corps. SYN. **élimination.**

excroissance n.f. Petite grosseur qui apparaît à la surface de quelque chose. *Une verrue est une excroissance.* SYN. **protubérance.**

excursion n.f. Petit voyage ou longue promenade que l'on fait pour découvrir une région. *Partir en excursion à la montagne.*

des randonneurs en excursion

▸ **excursionniste** n. Personne qui fait une excursion.

excusable adj. Que l'on peut excuser. *Une faute excusable.* SYN. **pardonnable.** CONTR. **impardonnable, inexcusable.**
▸▸▸ Mot de la famille de **excuser.**

excuse n.f. ❶ Explication que l'on donne pour se justifier. *Il a fourni une excuse à son absence.* SYN. **justification.** ❷ **Faire ses excuses, présenter ses excuses,** exprimer le regret d'avoir commis une faute ou dérangé quelqu'un.
▸▸▸ Mot de la famille de **excuser.**

excuser et **s'excuser** v. (conjug. 3). Ne pas en vouloir à quelqu'un pour ce qu'il a fait. *Je l'excuse de s'être énervé.* SYN. **pardonner à.** ◆ **s'excuser.** Présenter ses excuses. *Il s'est excusé de sa maladresse.*

exécrable adj. Très mauvais, très désagréable. *Un temps exécrable.* SYN. **abominable, affreux, épouvantable.** *Il est d'une humeur exécrable.* SYN. **détestable.**
▸▸▸ Mot de la famille de **exécrer.**

exécrer v. (conjug. 9). Mot littéraire. Avoir quelqu'un ou quelque chose en horreur. *Elle exècre les gens égoïstes.* SYN. **détester, haïr.** CONTR. **adorer.**

exécutant, e n. ❶ Personne qui exécute un travail, un ordre. *Cet employé est un simple exécutant.* CONTR. **chef, dirigeant.** ❷ Musicien qui exécute sa partie dans un concert.
▸▸▸ Mot de la famille de **exécuter.**

exécuter v. (conjug. 3). ❶ Accomplir une tâche pour quelqu'un ou pour soi-même. *Exécuter un ordre.* SYN. **obéir à.** *Exécuter un tableau.* SYN. **réaliser.** ❷ Interpréter, jouer une œuvre musicale. ❸ Mettre à mort, tuer quelqu'un. *Exécuter un condamné.*

▸ **exécutif, ive** adj. Qui concerne la mise en œuvre des lois. *Le pouvoir exécutif est chargé de faire appliquer les lois.* → Vois aussi **judiciaire, législatif.**

▸ **exécution** n.f. ❶ Fait d'exécuter un projet, un ordre. *Les travaux sont en cours d'exécution.* SYN. **réalisation.** ❷ Fait de jouer une œuvre musicale. *L'exécution de la symphonie était remarquable.* SYN. **interprétation.** ❸ Mise à mort d'une personne.

1\. **exemplaire** adj. Qui est parfait, que l'on peut prendre en exemple. *Un comportement exemplaire.* SYN. **irréprochable.**
▸▸▸ Mot de la famille de **exemple.**

a b c d e f g h i j k l m n o p q r s t u v w x y z

2. exemplaire n.m. Chacun des objets conçus d'après un modèle initial. *Le livre a été tiré à deux mille exemplaires.*

● Ce nom masculin se termine par un **e**.

▸▸▸ Mot de la famille de **exemple**.

exemple n.m. ❶ Personne ou action qui mérite d'être imitée. *Elle prend sa sœur en exemple.* ❷ Fait, cas, objet caractéristiques de quelque chose. *Internet est un exemple du développement de l'informatique.* ❸ Phrase ou passage d'un texte que l'on cite pour illustrer une affirmation ou une définition.

exempt, e adj. Qui n'est pas soumis à une obligation. *Ces lettres sont exemptes d'affranchissement.*

● On ne prononce pas le **p**.

▸ **exempter** v. (conjug. 3). Dispenser quelqu'un d'une charge, d'une obligation. *Être exempté d'impôts.* SYN. **exonérer.**

exercer et **s'exercer** v. (conjug. 3). ❶ Faire des exercices répétés pour développer une aptitude, une faculté. *Exercer sa mémoire.* ❷ Pratiquer tel métier. *Il exerce la profession d'avocat.* ❸ Faire usage de quelque chose. *Exercer une influence sur quelqu'un. Exercer son droit de vote.* ◆ **s'exercer.** Se préparer par des exercices réguliers. *Émilie s'exerce tous les jours à jouer du violon.* SYN. **s'entraîner.**

▸ **exercice** n.m. ❶ Travail scolaire que l'on fait en complément d'une leçon. *As-tu fini tes exercices de maths ?* ❷ Activité physique. *Je fais un peu d'exercice tous les matins.* ❸ Pratique d'une activité, d'un métier. *Ma mère s'épanouit dans l'exercice de sa profession.*

exergue n.m. Inscription placée au début d'un livre ou d'un texte pour le présenter. *L'auteur a mis une citation en exergue.*

exhalaisons n.f. plur. Odeurs qui se dégagent de quelque chose. *Les exhalaisons d'un arbre en fleur.* SYN. **effluves.**

▸▸▸ Mot de la famille de **exhaler.**

exhaler v. (conjug. 3). Dégager une odeur. *L'eau de Javel exhale une odeur âcre.*

exhaustif, ive adj. Qui contient tous les éléments sur un sujet. *Nous avons fait la liste exhaustive des livres de la bibliothèque.* SYN. **complet.**

exhiber v. (conjug. 3). Montrer quelque chose pour attirer l'attention. *Il exhibait fièrement sa nouvelle voiture.*

▸ **exhibition** n.f. Présentation d'un numéro étonnant, spectaculaire. *Le pilote a réalisé des acrobaties aériennes lors de son exhibition.*

exhortation n.f. Action d'exhorter, d'inciter à quelque chose. *Une exhortation au calme.* SYN. **incitation.**

▸▸▸ Mot de la famille de **exhorter.**

exhorter v. (conjug. 3). Faire des recommandations, inviter à suivre un conseil. *Les autorités ont exhorté la population à la prudence.*

exhumer v. (conjug. 3). Extraire de la terre quelqu'un ou quelque chose qui y est enseveli. *Exhumer un corps.* SYN. **déterrer.** CONTR. **enterrer, inhumer.**

exigeant, e adj. Qui exige beaucoup des autres, qui est difficile à satisfaire. *Le professeur de danse est très exigeant.* SYN. **sévère, strict.** CONTR. **conciliant, indulgent.**

● Le **g** est suivi d'un **e** pour prononcer le son [ʒ].

▸▸▸ Mot de la famille de **exiger.**

exigence n.f. ❶ Ce qu'une personne exige, réclame. *Un vendeur doit satisfaire les exigences de la clientèle.* SYN. **demande, réclamation.** ❷ Caractère d'une personne exigeante. *Ce chercheur est réputé pour son exigence.*

▸▸▸ Mot de la famille de **exiger.**

exiger v. (conjug. 5). ❶ Demander avec force. *J'exige qu'il vienne immédiatement dans mon bureau.* SYN. **ordonner.** ❷ Rendre nécessaire, indispensable. *Ce travail exige beaucoup de précision.* SYN. **nécessiter, requérir.**

▸ **exigible** adj. Que l'on est en droit d'exiger. *Le remboursement de la dette est exigible à la fin du mois.*

exigu, exiguë adj. Se dit d'un espace dont les dimensions sont très réduites. *La salle de bains est exiguë.* SYN. **étroit.** CONTR. **spacieux, vaste.**

● La nouvelle orthographe permet d'écrire aussi au féminin **exigüe,** avec un tréma sur le **u.**

une rue **exiguë**

▸ **exiguïté** n.f. Petitesse, étroitesse d'un lieu. *L'exiguïté d'un appartement.*
● La nouvelle orthographe permet d'écrire aussi **exigüité**, avec un tréma sur le **u**.

exil n.m. Situation d'une personne obligée de vivre en dehors de son pays. *Être contraint à l'exil.*

▸ **exilé, e** adj. et n. Qui a été forcé de quitter son pays. *Des exilés politiques.*

▸ **exiler** et **s'exiler** v. (conjug. 3). Expulser une personne de son pays. *Le régime dictatorial a exilé les opposants.* ◆ **s'exiler.** Quitter volontairement son pays ou sa région. SYN. **émigrer, s'expatrier.** → Vois aussi **bannir.**

existant, e adj. Qui existe actuellement. *Le règlement existant interdit l'entrée du parc au public.* SYN. **en vigueur.**
▸▸▸ Mot de la famille de **exister.**

existence n.f. ❶ Fait d'exister, d'être. *Nous n'avons aucune preuve de l'existence des extraterrestres.* ❷ Vie. *Ma grand-mère a eu une existence heureuse.*
▸▸▸ Mot de la famille de **exister.**

exister v. (conjug. 3). ❶ Avoir une réalité, être. *Il existe de beaux ouvrages sur l'Égypte. Ce magasin existe depuis deux ans.* ❷ Être en vie. *Ses petits-enfants sont sa seule raison d'exister.* SYN. **vivre.** ❸ Avoir de l'importance pour quelqu'un. *Pour lui, rien n'existe en dehors du tennis.* SYN. **compter.**

exocet n.m. Poisson des mers chaudes aux longues nageoires en forme d'ailes, qui fait de grands sauts planés.
● On prononce [ɛgzɔsɛ]. – On peut aussi dire un **poisson volant.**

un exocet

exode n.m. ❶ Départ massif de personnes contraintes de fuir un pays, une région. *Les guerres provoquent l'exode des populations.* SYN. **migration.** ❷ **Exode rural,** déplacement définitif des habitants de la campagne vers les villes.

exonération n.f. Fait d'exonérer. *Bénéficier d'une exonération d'impôts.*
▸▸▸ Mot de la famille de **exonérer.**

exonérer v. (conjug. 9). Dispenser quelqu'un totalement ou en partie d'une taxe, d'un impôt. *Les étudiants boursiers sont exonérés des droits d'inscription.* SYN. **exempter.**

exorbitant, e adj. Qui est très élevé, très cher. *L'épicier pratique des prix exorbitants.* SYN. **abusif, excessif.**

exorbité, e adj. **Yeux exorbités,** qui semblent sortir de leur orbite. SYN. **saillant.** → Vois aussi **globuleux.**
▸▸▸ Mot de la famille de **orbite.**

exotique adj. Qui vient des pays lointains, en particulier des pays chauds. *La mangue est un fruit exotique.*

▸ **exotisme** n.m. Ce qui évoque l'atmosphère des pays lointains. *Les palmiers mettent une note d'exotisme dans son jardin.*

expansif, ive adj. Qui dit facilement ce qu'il pense ou ce qu'il ressent. *Ania est une fille expansive.* SYN. **communicatif, exubérant.** CONTR. **réservé, timide.**
▸▸▸ Mot de la famille de **expansion.**

expansion n.f. Fait de s'étendre, de se développer. *L'informatique est un secteur en pleine expansion.* SYN. **croissance, développement, essor.**

s'expatrier v. (conjug. 7). Quitter volontairement son pays, sa région. *Les opposants au régime se sont expatriés.* SYN. **émigrer, s'exiler.**
▸▸▸ Mot de la famille de **patrie.**

expectative n.f. Attitude prudente d'une personne qui attend pour se décider. *Nous attendons plus d'informations; nous sommes dans l'expectative.*

expédient n.m. Moyen qui permet de se tirer d'embarras en écartant une difficulté. *Il cherche des expédients au lieu de régler définitivement le problème.* SYN. **échappatoire.**

expédier v. (conjug. 7). ❶ Faire partir vers une destination. *Expédier un colis, une lettre.* SYN. **envoyer.** ❷ Achever rapidement ce qu'on est en train de faire pour s'en débarrasser. *Expédier ses devoirs.*

▸ **expéditeur, trice** n. Personne qui fait un envoi. *N'oubliez pas d'indiquer le nom de l'expéditeur au dos de l'enveloppe.* SYN. **envoyeur.** CONTR. **destinataire.**

a b c d e f

▸ **expéditif, ive** adj. Qui agit rapidement ou qui est fait très vite, parfois trop vite. *Maxime est un garçon expéditif.* SYN. **actif, rapide.** *Une méthode expéditive.*

▸ **expédition** n.f. ❶ Action d'expédier, d'envoyer un colis, une lettre. SYN. **envoi.** ❷ Voyage, mission d'exploration ou de recherche. *Une expédition scientifique est partie au pôle Nord.* ❸ Opération militaire qui consiste à envoyer des troupes à l'étranger.

une expédition polaire

▸ **expéditionnaire** adj. **Corps expéditionnaire,** ensemble des troupes d'une expédition militaire.

expérience n.f. ❶ Essai scientifique qui permet d'étudier un phénomène. *Une expérience de chimie.* ❷ Connaissance dans un domaine, que l'on a acquise par une longue pratique. *Ce vétérinaire a beaucoup d'expérience.*

▸ **expérimental, e, aux** adj. ❶ Qui se fonde sur l'expérience. *La physique est une science expérimentale.* ❷ Qui sert à expérimenter, à tester. *La nouvelle fusée en est encore au stade expérimental.*

● Au masculin pluriel : **expérimentaux.**

▸ **expérimenté, e** adj. Qui a de l'expérience. *Notre guide est un alpiniste expérimenté.* SYN. **chevronné, compétent, qualifié.** CONTR. **inexpérimenté.**

▸ **expérimenter** v. (conjug. 3). Soumettre un produit à des essais ou des tests pour repérer ses qualités et ses défauts. *Expérimenter un médicament.* SYN. **tester.**

expert, e n. Spécialiste d'un domaine auquel on fait appel pour étudier une question, un problème. *Un expert est venu constater les dégâts après l'incendie.*

▸ **expertise** n.f. Étude réalisée par un expert pour estimer la valeur ou l'authenticité d'un bien. *Les bijoux ont été soumis à une expertise.*

▸ **expertiser** v. (conjug. 3). Estimer la valeur d'un bien. *Expertiser un tableau, un objet ancien.*

expier v. (conjug. 7). Subir une peine pour réparer une faute. *Le voleur devra expier sa faute en prison.*

expiration n.f. ❶ Mouvement de la respiration qui chasse l'air des poumons. CONTR. **inspiration.** ❷ Fin d'une période fixée à l'avance. *Votre contrat arrive à expiration à la fin du mois.* → Vois aussi **échéance, terme.**

▸▸▸ Mot de la famille de **expirer.**

expirer v. (conjug. 3). ❶ Chasser l'air contenu dans les poumons. SYN. **souffler.** CONTR. **inspirer.** ❷ Arriver à son terme. *Le délai d'inscription expire ce soir.* SYN. **se terminer.** ❸ (Sens littéraire). Mourir. *Le malade a expiré au cours de la nuit.*

explicatif, ive adj. Qui sert à expliquer. *La notice explicative d'un appareil.*

▸▸▸ Mot de la famille de **expliquer.**

explication n.f. ❶ Information, commentaire que l'on donne pour faire comprendre quelque chose. *Grâce à tes explications, j'ai bien compris l'exercice.* SYN. **éclaircissement.** ❷ Raison que l'on donne pour se justifier. *As-tu une explication valable à me fournir ?* SYN. **justification.** ❸ Discussion assez vive. *Sandra a eu une explication avec son fils à propos de son retard.*

▸▸▸ Mot de la famille de **expliquer.**

explicite adj. Qui est parfaitement clair, qui ne laisse aucun doute. *Elle m'a donné une réponse explicite.* CONTR. **ambigu, équivoque, implicite.**

▸ **explicitement** adv. De manière explicite, sans doute possible. *Le règlement intérieur indique explicitement les conditions d'utilisation du gymnase.* SYN. **clairement.** CONTR. **implicitement.**

expliquer v. (conjug. 3). ❶ Donner des informations sur un sujet pour le rendre clair.

o p q r s t u v w x y z

Peux-tu m'expliquer comment marche cet appareil ? ❷ Donner la raison, la cause de quelque chose. *Il n'a pas voulu expliquer pourquoi il est parti si vite.* ❸ Être la raison, la cause de quelque chose. *Son prochain départ en vacances explique sa bonne humeur.*

exploit n.m. Acte remarquable, exceptionnel. *Un exploit sportif.* SYN. **performance.**

exploitant, e n. Personne qui dirige une exploitation. *Un exploitant agricole.*
▸▸▸ Mot de la famille de **exploiter.**

exploitation n.f. ❶ Fait d'exploiter, de mettre en valeur une ressource naturelle. *L'exploitation d'un gisement de pétrole.* ❷ Affaire que l'on exploite. *Une exploitation agricole.* ❸ Fait de profiter d'une personne, de son travail. *L'exploitation de la main-d'œuvre étrangère.*
▸▸▸ Mot de la famille de **exploiter.**

exploiter v. (conjug. 3). ❶ Mettre en valeur une ressource pour en tirer profit. *Le viticulteur exploite ses vignes.* ❷ Tirer parti d'un avantage naturel, d'une situation. *Il a su exploiter son don pour la comédie.* ❸ Profiter de quelqu'un, de son travail, de sa faiblesse. *Certaines entreprises exploitent leurs employés.*

▸ **exploiteur, euse** n. Personne qui profite des autres, qui les exploite. SYN. **profiteur.**

explorateur, trice n. Personne qui explore des régions inconnues. *L'exploratrice a fait des découvertes étonnantes.*
▸▸▸ Mot de la famille de **explorer.**

exploration n.f. ❶ Voyage de découverte dans une région inconnue ou peu connue. *Partir en exploration en Amazonie.* ❷ Examen minutieux de quelque chose. *L'exploration de l'appartement m'a permis de retrouver mes clés.* SYN. **inspection.**
▸▸▸ Mot de la famille de **explorer.**

explorer v. (conjug. 3). ❶ Partir à la découverte de régions ou de lieux inconnus pour les étudier. *Une mission est chargée d'explorer le pôle Nord. Explorer une grotte.* ❷ Examiner une question sous tous ses aspects. *Il a exploré toutes les hypothèses.* SYN. **étudier.**

des navires **explorent** l'Antarctique

exploser v. (conjug. 3). ❶ Éclater violemment. *Une bombe a explosé.* SYN. **détoner, sauter.** ❷ Se manifester soudainement. *Il laissa exploser sa joie.* SYN. **éclater.**

▸ **explosif, ive** adj. ❶ Qui peut exploser. *Un engin explosif.* ❷ Qui est extrêmement tendu, instable. *Une situation explosive.* ◆ n.m. Produit qui fait exploser. *Le plastic est un explosif.*

▸ **explosion** n.f. ❶ Fait d'exploser ; bruit ainsi produit. *Une fuite de gaz a provoqué une explosion dans le bâtiment. On a entendu une forte explosion.* SYN. **déflagration.** ❷ Manifestation soudaine d'une émotion. *Une explosion de colère.* SYN. **accès.** *Une explosion de joie.* SYN. **débordement.**

exportateur, trice adj. et n. Qui exporte, qui vend à l'étranger. *Les pays exportateurs de pétrole.* CONTR. **importateur.**
▸▸▸ Mot de la famille de **exporter.**

exportation n.f. Vente de marchandises à l'étranger. *Les exportations de matières premières sont en baisse.* CONTR. **importation.**
▸▸▸ Mot de la famille de **exporter.**

exporter v. (conjug. 3). Vendre des produits à l'étranger. *Le Brésil exporte du café vers de nombreux pays.* CONTR. **importer.**

exposant, e n. Personne qui présente ses produits dans une exposition, un salon. *Le Salon du livre accueille chaque année de nouveaux exposants.*
▸▸▸ Mot de la famille de **exposer.**

exposé n.m. Présentation orale assez courte d'un sujet. *L'élève a fait un exposé sur les*

i j k l m n o p q r s t u v w x y z

dinosaures. Le policier a fait un exposé de la situation. SYN. **compte rendu, rapport.**
▸▸▸ Mot de la famille de **exposer.**

exposer et **s'exposer** v. (conjug. 3). ❶ Montrer au public. *Les peintres exposent leurs tableaux.* ❷ Placer, tourner d'un certain côté. *La maison est exposée au sud.* SYN. **orienter.** *Exposer son corps au soleil.* ❸ Mettre en danger, faire courir un risque à quelqu'un. *Le guide de montagne évite d'exposer ses clients au danger.* ❹ Faire connaître son avis, ses idées. *Exposer son point de vue.* SYN. **présenter, expliquer.** ◆ **s'exposer à.** Courir le risque de. *En attaquant son adversaire, il s'expose à des représailles.* SYN. **risquer.**

▸ **exposition** n.f. ❶ Présentation au public d'objets, d'œuvres d'art. *Nous avons visité une exposition de sculptures.* ❷ Manière dont un bâtiment est orienté. *La terrasse a une excellente exposition.* SYN. **orientation.** ❸ Fait d'exposer ou de s'exposer à l'action de quelque chose. *Les plantes doivent bénéficier d'une bonne exposition à la lumière.*

1. **exprès, expresse** adj. Qui est exprimé de façon catégorique. *Recevoir un ordre exprès, une interdiction expresse.* SYN. **formel.**
● On prononce [ɛksprɛs] au masculin et au féminin.

2. **exprès** adj. invar. Qui est acheminé rapidement par courrier. *Une lettre exprès; un colis exprès.*
● On prononce le **s** : [ɛksprɛs].

3. **exprès** adv. Avec une intention précise. *Il est venu exprès pour te voir.* SYN. **spécialement.** *Maya a cassé un vase sans le faire exprès.* SYN. **intentionnellement, volontairement.** CONTR. **involontairement.**
● On ne prononce pas le **s.**

1. **express** adj. et n.m. Qui assure une liaison rapide. *Des voies express. L'express entre en gare.*

2. **express** adj. et n.m. Se dit d'un café fait à la vapeur.

expressément adv. De manière expresse, catégorique. *Il est expressément interdit de fumer dans les lieux publics.* SYN. **absolument, formellement.**
▸▸▸ Mot de la famille de **exprès (1).**

expressif, ive adj. Qui exprime clairement un sentiment, une pensée. *Malika a un visage très expressif. Un geste expressif.* SYN. **éloquent.**
▸▸▸ Mot de la famille de **exprimer.**

expression n.f. ❶ Signe extérieur qui traduit un sentiment, une émotion. *Une expression de surprise passa sur son visage.* ❷ Possibilité de s'exprimer par le langage ou un moyen artistique. *Le droit à la liberté d'expression n'est pas toujours respecté. Le dessin et la danse sont de bons moyens d'expression.* ❸ Groupe de mots employés dans un sens particulier. *« Prendre le taureau par les cornes » est une expression imagée.* SYN. **locution.**
▸▸▸ Mot de la famille de **exprimer.**

exprimer et **s'exprimer** v. (conjug. 3). ❶ Traduire ce que l'on ressent ou ce que l'on pense par la parole, le geste, l'expression du visage. *Son regard exprime la gentillesse.* SYN. **manifester, montrer.** *Elle a exprimé le désir d'aller au zoo.* ❷ Montrer ses sentiments, sa personnalité. *Cécile s'exprime par la photographie.* SYN. **s'extérioriser.** ◆ **s'exprimer.** Faire connaître ses pensées par la parole, l'écriture, le dessin. *Un enfant de deux ans qui s'exprime bien.* SYN. **parler.**

exproprier v. (conjug. 7). Retirer un bien, un terrain à quelqu'un de manière légale et lui donner de l'argent en échange. *Exproprier des agriculteurs pour construire une autoroute.*
▸▸▸ Mot de la famille de **propriété.**

expulser v. (conjug. 3). Mettre quelqu'un dehors par la force ou par une décision des autorités. *La police a expulsé les grévistes qui occupaient l'usine.* SYN. **chasser.** *Expulser un élève.* SYN. **exclure, renvoyer.**

▸ **expulsion** n.f. Action d'expulser. *Le propriétaire a demandé l'expulsion d'un locataire.* SYN. **exclusion, renvoi.**

exquis, e adj. ❶ Très bon. *Ton gâteau au chocolat est exquis.* SYN. **délicieux, succulent.** ❷ Très agréable. *Une journée exquise.* SYN. **merveilleux.**

exsangue adj. ❶ Qui a perdu beaucoup de sang. *Le blessé était exsangue.* ❷ Qui est très pâle. *Un visage exsangue.* SYN. **blême, livide.**
▸▸▸ Mot de la famille de **sang.**

extase n.f. Vive admiration provoquée par quelqu'un ou quelque chose. *Rémi est tombé en extase devant la moto de son frère.*

a b c d e f g h i j k l m n o p q r s t u v w x y z

▸ s'**extasier** v. (conjug. 7). Manifester son admiration. *Les promeneurs s'extasient sur la beauté du paysage.* SYN. **s'émerveiller.**

extensible adj. Qui peut s'étirer. *Un tissu extensible.* SYN. **élastique.**
▸▸▸ Mot de la famille de **extension.**

extensif, ive adj. **Agriculture extensive,** qui est pratiquée sur de grandes étendues avec un faible rendement. CONTR. **intensif.**
▸▸▸ Mot de la famille de **extension.**

extension n.f. ❶ Mouvement qui consiste à étendre un membre. *L'extension des bras, des jambes.* CONTR. **flexion.** ❷ Fait de s'étendre, de s'accroître. *L'extension d'un incendie.* SYN. **développement, propagation.** *L'extension d'un secteur économique.* SYN. **essor, expansion.**
● Ne confonds pas avec **extinction.**

exténuant, e adj. Très fatigant. *Un travail exténuant.* SYN. **épuisant, éreintant, harassant.**
▸▸▸ Mot de la famille de **exténuer.**

exténuer v. (conjug. 3). Fatiguer énormément quelqu'un. *La randonnée à ski m'a exténué.* SYN. **épuiser, éreinter, harasser.**

extérieur, e adj. ❶ Qui se trouve au-dehors. *La poche extérieure de son blouson est déchirée.* SYN. **externe.** CONTR. **intérieur.** ❷ Qui est visible. *Montrer des signes extérieurs de richesse.* ❸ Qui concerne les relations avec les autres pays. *La politique extérieure.* SYN. **étranger.** CONTR. **intérieur.**

▸ **extérieur** n.m. ❶ Ce qui est au-dehors. *L'extérieur d'un bâtiment.* SYN. **dehors.** CONTR. **dedans, intérieur.** ❷ **À l'extérieur,** dehors. *Ne reste pas à l'extérieur.*

▸ **extérieurement** adv. ❶ À l'extérieur. *Extérieurement, la maison est relativement petite.* CONTR. **intérieurement.** ❷ En apparence. *Extérieurement, il a l'air sympathique.* SYN. **apparemment.**

▸ **extérioriser** et **s'extérioriser** v. (conjug. 3). Exprimer tel sentiment. *Extérioriser sa joie.* ◆ **s'extérioriser.** Montrer ce que l'on pense, ce que l'on ressent. *Hugo est très réservé, il ne s'extériorise pas assez.* SYN. **s'exprimer.**

extermination n.f. ❶ Destruction systématique d'êtres vivants. ❷ **Camp d'extermination,** durant la Seconde Guerre mondiale, camp organisé par les nazis et destiné à éliminer les populations notamment juive et tzigane.
▸▸▸ Mot de la famille de **exterminer.**

exterminer v. (conjug. 3). Tuer tous les individus d'un groupe. *Les opposants au régime ont été exterminés. Un produit pour exterminer les insectes.* SYN. **anéantir, détruire, supprimer.**

externat n.m. Régime scolaire des élèves externes. CONTR. **internat.**
▸▸▸ Mot de la famille de **externe (2).**

1. **externe** adj. Qui est à l'extérieur. *La face externe d'un objet. Des médicaments à usage externe.* CONTR. **interne.**

2. **externe** n. Élève qui ne dort pas dans l'établissement qu'il fréquente. CONTR. **interne, pensionnaire.**

extincteur n.m. Appareil qui sert à éteindre un début d'incendie. *Les extincteurs sont obligatoires dans les établissements publics.*
▸▸▸ Mot de la famille de **extinction.**

un **extincteur**

extinction n.f. ❶ Action d'éteindre quelque chose. *L'extinction d'un incendie.* ❷ Disparition totale. *Certaines espèces animales sont en voie d'extinction.* ❸ **Extinction de voix,** affaiblissement momentané de la voix.
● Ne confonds pas avec **extension.**

extirper v. (conjug. 3). ❶ Arracher, enlever complètement. *Extirper des mauvaises herbes.* SYN. **déraciner.** ❷ Sortir d'un lieu quelqu'un, un animal ou quelque chose avec difficulté. *On a extirpé le chat du fossé.* SYN. **dégager, extraire.**

extorquer v. (conjug. 3). Obtenir par la force ou la ruse. *Il m'a extorqué une grosse somme d'argent.* SYN. **soutirer.** *Extorquer des aveux.* SYN. **arracher.**

1. **extra** n.m. ❶ Ce qui est inhabituel, que l'on fait pour le plaisir. *Ce dîner dans un grand restaurant est un extra.* ❷ Service

occasionnel que l'on fait dans la restauration. *Le serveur fait parfois des extras le week-end.*

2. **extra** adj. invar. ❶ De qualité supérieure. *Des œufs extra qui viennent de la ferme.* ❷ (Sens familier). Très bien, très agréable. *Un film extra. Ce sont des filles extra.*
● Ce mot ne change pas au pluriel.

extraction n.f. Action d'extraire, d'arracher. *L'extraction d'un minerai. L'extraction d'une dent cariée.* SYN. **arrachage.**
►►► Mot de la famille de **extraire.**

extradition n.f. Action de livrer quelqu'un aux autorités d'un État étranger qui le réclame pour pouvoir le juger. *Le gouvernement négocie l'extradition du terroriste.*

extraire v. (conjug. 77). ❶ Retirer quelque chose de l'endroit où il se trouve. *Les mineurs extraient le charbon. Extraire une dent.* SYN. **arracher.** ❷ Faire sortir avec difficulté. *Extraire un blessé d'une voiture accidentée.* SYN. **dégager, extirper.** ❸ Tirer un passage d'un texte, d'un film. ❹ Tirer une substance de quelque chose. *On extrait le jus des mûres pour faire de la confiture.*

▸ **extrait** n.m. ❶ Passage tiré d'une œuvre, d'un discours. *J'ai vu des extraits du film.* SYN. **fragment.** ❷ Copie conforme d'un acte officiel. *Un extrait d'acte de naissance.* ❸ Produit concentré obtenu à partir d'une plante. *De l'extrait de lavande.* SYN. **essence.**

extraordinaire adj. ❶ Qui sort de l'ordinaire, qui est inhabituel. *Il y a une agitation extraordinaire dans la rue.* SYN. **exceptionnel.** *Ils ont vécu une aventure extraordinaire.* SYN. **incroyable.** ❷ Qui est hors du commun. *Thomas a une force extraordinaire.* SYN. **exceptionnel, remarquable.**

▸ **extraordinairement** adv. De façon extraordinaire; très. *Il est extraordinairement doué.* SYN. **excessivement, extrêmement, incroyablement.**

extraterrestre adj. et n. Qui ne vient pas de la planète Terre. *Une créature extraterrestre. Croire aux extraterrestres.*
►►► Mot de la famille de **terre.**

extravagance n.f. Comportement étrange d'une personne. *Ses extravagances me fatiguent!* SYN. **fantaisie, lubie.**
►►► Mot de la famille de **extravagant.**

extravagant, e adj. Qui surprend par sa bizarrerie, son caractère inhabituel. *Une tenue extravagante.* SYN. **excentrique, insolite.** *Il a toujours des idées extravagantes.* CONTR. **raisonnable, sensé.**

extrême adj. ❶ Très grand. *Cela m'a fait un extrême plaisir de te voir.* SYN. **intense.** ❷ Qui se situe tout au bout d'un espace, au terme d'une durée. *Nous avons visité l'extrême sud du pays.* ❸ Qui est sans modération. *Il propose des solutions extrêmes.* SYN. **radical.** CONTR. **modéré.** ❹ **Sport extrême,** qui associe danger et effort physique. *Les sports de glisse sont souvent des sports extrêmes.*
● Le deuxième **e** prend un accent circonflexe.

▸ **extrême** n.m. ❶ **À l'extrême,** au plus haut degré. *Nicolas est sensible à l'extrême.* ❷ **Passer d'un extrême à l'autre,** exagérer dans un sens puis dans l'autre.

▸ **extrêmement** adv. À un très haut point. *La situation est extrêmement grave.* SYN. **infiniment, très.** CONTR. **peu.**

▸ **extrémiste** adj. et n. Qui a des opinions politiques extrêmes, sans modération. *Un parti extrémiste.* CONTR. **modéré.**

▸ **extrémité** n.f. ❶ Bout, fin de quelque chose. *L'extrémité de la table, de la rue.* ❷ **Être à la dernière extrémité,** être dans une situation désespérée, à l'agonie.

exubérant, e adj. ❶ Qui montre ses sentiments de manière excessive. *Susana est une fille exubérante.* SYN. **démonstratif, expansif.** CONTR. **réservé.** ❷ **Végétation exubérante,** très abondante. SYN. **luxuriant.**

exulter v. (conjug. 3). Éprouver une joie intense. *Le vainqueur de la course exulta.* SYN. **jubiler.**

a b c d e f g h i j k l m n o p q r s t u v w x y z

fa n.m. invar. Quatrième note de la gamme de *do*.
● Ce mot ne change pas au pluriel : des **fa**.

fable n.f. Court récit, écrit généralement en vers, qui contient un enseignement, une morale. *« Le Corbeau et le Renard » est une fable de La Fontaine.*

une **fable :** « le Loup et l'Agneau»

fabricant, e n. Personne qui dirige une entreprise où l'on fabrique des objets destinés à la vente. *Un fabricant de jouets.*
►►► Mot de la famille de **fabriquer.**

fabrication n.f. Action de fabriquer des produits, des objets. *Le chocolat de fabrication artisanale est excellent.*
►►► Mot de la famille de **fabriquer.**

fabrique n.f. Endroit où l'on fabrique des objets destinés à la vente. *Une fabrique de meubles.*
►►► Mot de la famille de **fabriquer.**

fabriquer v. (conjug. 3). ❶ Réaliser un produit fini à partir de matières premières. *Fabriquer des automobiles, des jouets.* SYN. **confectionner, construire, produire.** ❷ (Sens familier). Faire quelque chose. *Il est en retard ! Qu'est-ce qu'il peut bien fabriquer ?*

fabuleusement adv. De façon fabuleuse, extraordinaire. *Le propriétaire du château est fabuleusement riche.* SYN. **extrêmement, immensément.**
►►► Mot de la famille de **fable.**

fabuleux, euse adj. ❶ Qui appartient au monde imaginaire. *Le dragon est un animal fabuleux.* SYN. **légendaire.** ❷ Qui dépasse ce qu'on peut imaginer. *Il a un talent fabuleux.* SYN. **immense, prodigieux.**
►►► Mot de la famille de **fable.**

fabuliste n.m. Auteur de fables. *La Fontaine est un grand fabuliste du 17e siècle.*
►►► Mot de la famille de **fable.**

façade n.f. ❶ Côté extérieur d'un bâtiment, en général celui où se trouve l'entrée. *Une façade délabrée.* ❷ Apparence trompeuse des choses. *Sa gentillesse n'est qu'une façade.*
►►► Mot de la famille de **face.**

face n.f. ❶ Visage. *Les muscles de la face.* SYN. **figure.** ❷ Chacun des côtés d'une chose. *Un dé a six faces. Les faces d'une montagne.* SYN. **versant.** ❸ L'un des côtés d'une pièce de monnaie, d'une médaille. *Jouer à pile ou face. Le côté face des pièces de monnaie porte une figure, un personnage ou un symbole.* ❹ **De face,** du côté où l'on voit le visage. *Mets-toi de face.* CONTR. **de dos, de profil.** ❺ **En face,** devant. *La poste est en face de la gare.* ❻ **Face à face,** l'un en face de l'autre. SYN. **vis-à-vis.** ❼ **Faire face à quelque chose,** l'affronter. *Il a fait face au danger avec sang-froid.*

facétie n.f. Mot littéraire. Plaisanterie. *Ses facéties sont agaçantes.* SYN. **farce.**

► **facétieux, euse** adj. Mot littéraire. Qui aime faire des farces. *Antonin est un garçon facétieux.*

a b c d e f g h i j k l m n o p q r s t u v w x y z

facette n.f. ❶ Petite face d'un objet. *Les facettes d'une pierre précieuse.* ❷ Aspect du comportement d'une personne. *L'humour est une des facettes de sa personnalité.*
►►► Mot de la famille de **face.**

une boule à facettes

fâché, e adj. Qui est en colère. *Je suis fâchée contre mon frère.* SYN. **mécontent.**
►►► Mot de la famille de **se fâcher.**

se **fâcher** v. (conjug. 3). ❶ Se mettre en colère. *Il s'est fâché à cause de mon retard.* ❷ Se brouiller avec quelqu'un. *Ils se sont fâchés pour une histoire d'argent.* CONTR. **se réconcilier.**

▸ **fâcheux, euse** adj. Ennuyeux, regrettable. *J'ai appris une nouvelle fâcheuse.* SYN. **contrariant.**

facial, e, aux adj. Qui concerne la face. *Mon oncle est atteint d'une paralysie faciale.*
● Au masculin pluriel : **faciaux.**
►►► Mot de la famille de **face.**

facile adj. ❶ Qui ne pose pas de problème, qui est simple. *C'est un travail facile.* SYN. **aisé.** CONTR. **compliqué, difficile, dur.** ❷ Qui est accommodant, conciliant. *Alexandre a un caractère facile.* CONTR. **difficile.**

▸ **facilement** adv. Avec facilité, sans difficulté. *J'ai résolu l'exercice facilement.* SYN. **aisément.** CONTR. **difficilement.**

▸ **facilité** n.f. ❶ Qualité de ce qui se fait facilement. *La facilité d'un exercice.* CONTR. **difficulté.** ❷ Moyen qui rend quelque chose plus facile. *Certains magasins accordent des facilités de paiement.*

▸ **faciliter** v. (conjug. 3). Rendre plus facile. *Tu me facilites le travail.*

façon n.f. ❶ Manière de faire quelque chose. *De quelle façon comptes-tu t'y prendre ?* ❷ **De façon à, de façon que,** pour, de sorte que. *Je note tout de façon à ne rien oublier.* SYN. **de manière à.** ❸ **De toute façon,** quoi qu'il arrive. *De toute façon, je n'irai pas chez lui.* ◆ n.f. plur. ❶ Manières de se comporter. *Je n'aime pas ses façons.* ❷ Manières, politesse excessive. *Elle fait toujours des façons.* SYN. **simagrées.**
● Le **c** prend une cédille.

façonner v. (conjug. 3). Travailler une matière pour lui donner une forme. *Le sculpteur façonne la pierre.*
● Le **c** prend une cédille.

fac-similé n.m. Reproduction exacte d'un document, d'un objet, d'un dessin.
● Au pluriel : des **fac-similés.**

1. **facteur, trice** n. Personne chargée de distribuer le courrier. *La factrice n'est pas encore passée.* SYN. **préposé.**

2. **facteur** n.m. ❶ Élément qui entre en compte dans un résultat. *Le facteur psychologique est important lors d'un examen.* ❷ Chacun des nombres d'une multiplication.

factice adj. ❶ Qui est faux. *Les billets des jeux de société sont factices.* SYN. **artificiel.** CONTR. **vrai.** ❷ Qui n'est pas naturel. *Son sourire est factice.* SYN. **feint, forcé.** CONTR. **sincère.**

faction n.f. ❶ Petit nombre de personnes qui s'opposent au groupe auquel elles appartiennent. *Des factions divisent le parti.* SYN. **camp, clan.** ❷ **Être en faction,** monter la garde.

facture n.f. Note sur laquelle figure le détail d'un prix à payer. *Il faut régler la facture d'électricité.*

▸ **facturer** v. (conjug. 3). Établir une facture pour une marchandise ou un service. *Le plombier a facturé le déplacement.*

facultatif, ive adj. Qui n'est pas obligatoire. *Un cours facultatif.*

faculté n.f. ❶ Aptitude naturelle à faire quelque chose. *Il a une grande faculté d'adaptation.* SYN. **capacité.** ❷ Établissement d'enseignement supérieur qui accueille les étudiants. *Mon frère va à la faculté de lettres.* SYN. **université.** ❸ **Ne plus avoir toutes ses facultés,** avoir perdu la raison, la tête.

fade adj. Qui manque de saveur. *La sauce est fade.* SYN. **insipide.** CONTR. **épicé.**

▸ **fadeur** n.f. Absence de goût. *La fadeur d'un plat.* CONTR. **goût, saveur.**

fagot n.m. Petites branches que l'on attache ensemble. *Mettre un fagot dans le feu.*

▶ **fagoté, e** adj. Mot familier. **Être mal fagoté,** mal habillé.

faible adj. ❶ Qui manque de force. *Sa maladie le rend très faible.* SYN. **fragile.** CONTR. **robuste.** ❷ Qui manque de connaissances, de savoir. *Ma cousine est faible en histoire.* CONTR. **fort.** ❸ Qui manque d'autorité. *Il est bien trop faible avec ses enfants.* CONTR. **dur, exigeant, sévère.** ❹ Qui est peu important. *Il reste une faible distance à parcourir.* ◆ n.m. **Avoir un faible pour,** avoir une préférence pour quelque chose. *J'ai un faible pour les films d'action.* SYN. **penchant.**
▶▶▶ Mot de la même famille : **affaiblir.**

▶ **faiblement** adv. De manière faible. *La pièce est faiblement éclairée.* SYN. **peu.**

▶ **faiblesse** n.f. ❶ Manque de force, de vigueur. *Les rescapés étaient dans un état de grande faiblesse.* ❷ Insuffisance, manque d'intensité. *La faiblesse d'une lumière, d'un son.* CONTR. **intensité, violence.** ❸ Manque d'autorité, de fermeté. *Par faiblesse, il n'a pas osé lui faire de reproches.*

▶ **faiblir** v. (conjug. 16). Perdre de ses forces, devenir moins intense. *Le malade faiblit.* SYN. **s'affaiblir.** *Le bruit commence à faiblir.* SYN. **diminuer.** CONTR. **s'intensifier.**

faïence n.f. Terre cuite recouverte de vernis ou d'émail. *Des assiettes en faïence.*

faignant → fainéant

faille n.f. ❶ Cassure de l'écorce terrestre. ❷ Point faible, défaut. *Le système comporte des failles.* SYN. **incohérence.**

faillir v. (conjug. 27). Être sur le point de faire quelque chose. *J'ai failli arriver en retard.*
● Ce verbe s'emploie surtout à l'infinitif et aux temps composés. Les autres formes sont rares.

faillite n.f. Situation d'une entreprise qui ne peut plus payer ses dettes. *L'usine a fait faillite.* → Vois aussi **banqueroute.**

faim n.f. ❶ Besoin, envie de manger. *J'ai une faim de loup.* ❷ Situation de famine dans un pays, une région. *La faim dans le monde est un problème grave.*
▶▶▶ Mots de la même famille : **affamé, famine.**

faine n.f. Fruit du hêtre.
● On peut aussi écrire **faîne.**

des faines

fainéant, e adj. et n. Qui ne veut rien faire. *Un garçon fainéant. Quelle petite fainéante !* SYN. **paresseux.**
● On dit familièrement **faignant** ou **feignant.**

▶ **fainéantise** n.f. Caractère d'un fainéant. SYN. **paresse.**

faire et **se faire** v. (conjug. 70). ❶ Fabriquer quelque chose. *Arnaud a fait une cabane en bois.* SYN. **construire.** ❷ Effectuer quelque chose. *J'ai fait les courses. Faire ses devoirs.* ❸ Pratiquer une activité. *Je fais de la musique et du sport.* ❹ Avoir pour effet. *Ta réussite me fait plaisir.* ❺ Avoir pour résultat, pour mesure, pour prix. *6 et 3 font 9.* SYN. **égaler.** *L'appartement fait 80 m².* SYN. **mesurer.** *Vos achats font 11 euros.* ❻ Avoir l'air. *Il fait jeune pour son âge.* SYN. **paraître.** ◆ **se faire.** ❶ **Se faire à,** s'habituer à quelque chose. *Il se fait très bien à son nouveau quartier.* SYN. **s'adapter à.** ❷ **Se faire vieux,** devenir vieux. ❸ **Se faire du souci,** s'inquiéter. *Jacques se fait du souci pour son fils.* ❹ (Familier). **Ne pas s'en faire,** ne pas s'inquiéter. *Ne t'en fais pas, cela va s'arranger.*

faire-part n.m. invar. Carte que l'on envoie pour annoncer un événement important. *Un faire-part de naissance; des faire-part de mariage.*
● La nouvelle orthographe permet d'écrire aussi un **fairepart,** des **faireparts,** avec un **s** et sans trait d'union.

faisable adj. Qui peut être fait. SYN. **possible, réalisable.** CONTR. **infaisable.**
● On prononce [fəzabl].
▶▶▶ Mot de la famille de **faire.**

faisan n.m. Gros oiseau à plumage coloré et à longue queue. *Le faisan est un gibier recherché.*
● On prononce [fəzɑ̃]. – Femelle : la faisane ou la faisande. Petit : le faisandeau. Cri : le criaillement.

un faisan

a b c d e **f** g h i j k l m n o p q r s t u v w x y z

a b c d e f g h i j k l m n o p q r s t u v w x y z

▶ **faisandé, e** adj. **Viande faisandée,** qui commence à se décomposer, à pourrir.
● On prononce [fəzɑ̃de].

faisceau n.m. ❶ Ensemble d'objets longs et fins, liés entre eux. *Un faisceau de branches.* ❷ Ensemble des rayons lumineux qui partent d'une même source. *Le faisceau d'une lampe.*
● Le son [s] s'écrit **sc.** – Au pluriel : des **faisceaux.**

fait, e participe passé et adj. ❶ Qui est accompli, constitué de telle façon. *Une maquette bien faite. Un homme bien fait.* SYN. **bâti.** ❷ Qui est parvenu à maturité. *Un fromage bien fait.* ❸ **C'est bien fait,** la punition est méritée. ❹ **Fait pour,** apte à, destiné à. *Il est fait pour ce métier.* ❺ **Tout fait,** tout prêt. *Elle achète souvent des plats tout faits.*

▶ **fait** n.m. ❶ Action de faire; événement, acte. *Le voisin a observé des faits étranges dans le quartier.* SYN. **phénomène.** ❷ Chose dont la réalité est incontestable. *Les faits nous prouvent qu'il a raison. Il est trop tard, c'est un fait.* SYN. **réalité.** ❸ **Prendre quelqu'un sur le fait,** le surprendre au moment où il fait quelque chose de mal. *Le voleur a été pris sur le fait alors qu'il dévalisait la maison.* ❹ **Au fait,** pendant que j'y pense. *« Au fait, as-tu pensé à me ramener mon livre ? »* SYN. **à propos.** ❺ **En fait,** en réalité. *Je pensais que ce téléphone portable valait 10 euros; en fait, il coûte beaucoup plus cher.*

▶ **fait divers** n.m. Événement de la vie quotidienne rapporté dans un journal.
● Au pluriel : des **faits divers.** – On peut aussi écrire **fait-divers.**

faîte n.m. Le point le plus haut de quelque chose. *L'oiseau s'est posé sur le faîte de l'arbre.* SYN. **cime, sommet.** *Le faîte du toit, c'est le point le plus haut de la maison.*
● La nouvelle orthographe permet d'écrire aussi **faite,** sans accent circonflexe.

fakir n.m. Personne qui fait des tours de magie en public et qui semble insensible à la douleur. *Le fakir s'est allongé sur une planche à clous.*

falaise n.f. Escarpement rocheux qui surplombe la mer.

une **falaise**

fallacieux, euse adj. Qui est destiné à tromper. *Une promesse fallacieuse.* SYN. **faux, mensonger.** CONTR. **sincère.**

falloir v. (conjug. 43). ❶ Indique ce que l'on doit faire. *Il faut prendre un ticket.* ❷ Indique ce dont on a besoin. *Il me faut un téléphone portable.* ❸ **Il s'en est fallu de peu,** cela a failli arriver. *Il s'en est fallu de peu qu'elle tombe.*
● Ce verbe ne s'emploie qu'à la 3ᵉ personne du singulier et à l'infinitif.

falot, e adj. Mot littéraire. Se dit de quelqu'un qui passe inaperçu. *La vendeuse est une fille falote.* SYN. **effacé, insignifiant, terne.**

falsification n.f. Fait de falsifier quelque chose. *La falsification de documents.*
▶▶▶ Mot de la famille de **falsifier.**

falsifier v. (conjug. 7). Modifier quelque chose dans un but malhonnête. *La signature du contrat a été falsifiée.* → Vois aussi **trafiquer, truquer.**

famélique adj. Mot littéraire. Rendu très maigre par le manque de nourriture. *J'ai trouvé un chat famélique dans le jardin.*

fameusement adv. Extrêmement, très. *Le dessert était fameusement bon.*
▶▶▶ Mot de la famille de **fameux.**

fameux, euse adj. ❶ Très connu. *La région est fameuse pour sa gastronomie.* SYN. **célèbre, renommé, réputé.** ❷ Très bon. *Le gâteau au chocolat était fameux.* SYN. **délicieux, excellent.**

familial, e, aux adj. Qui concerne la famille. *Il a des ennuis familiaux.*
● Au masculin pluriel : **familiaux.**
▶▶▶ Mot de la famille de **famille.**

se **familiariser** v. (conjug. 3). S'habituer à quelque chose. *Il s'est vite familiarisé avec sa nouvelle voiture.* SYN. **s'accoutumer à.**
▶▶▶ Mot de la famille de **familier.**

familiarité n.f. Manière familière de se comporter avec quelqu'un. *Il existe une grande familiarité entre les deux enfants.* SYN. **intimité.**

▸▸▸ Mot de la famille de **familier.**

familier, ère adj. ❶ Que l'on connaît bien. *Une voix familière; un lieu familier.* CONTR. **étranger.** ❷ **Animal familier,** que l'on a chez soi. *Le chien et le chat sont des animaux familiers.* SYN. **domestique.** ❸ Qui a des manières libres et sans contrainte. *Il s'est montré trop familier avec la directrice.* CONTR. **respectueux.** ❹ Se dit d'un mot, d'un langage que l'on emploie avec ses camarades. *« Truc » est un mot familier.*

▸ **familier** n.m. Personne qui vient régulièrement dans un endroit. *C'est un familier de la maison.* SYN. **habitué.**

▸ **familièrement** adv. De manière familière. *On dit familièrement « bagnole » pour désigner une voiture.*

famille n.f. ❶ Ensemble formé par le père, la mère (ou l'un des deux) et les enfants. *Nous formons une famille unie.* ❷ Ensemble des personnes qui ont des liens de parenté. *Nous avons une réunion de famille.* ❸ Ensemble qui regroupe les plantes ou les animaux qui ont des caractéristiques communes. *Le chien, le loup, le chacal et le coyote appartiennent à la même famille.* ❹ **Famille de mots,** ensemble de mots qui ont la même racine. *« Jouer », « joueur » et « jeu » font partie de la même famille de mots.*

famine n.f. Manque total de nourriture dans une région, ce qui fait que les gens meurent de faim. *En Afrique, la sécheresse est souvent à l'origine de graves famines.* → Vois aussi **disette, pénurie.**

▸▸▸ Mot de la famille de **faim.**

fan n. Mot familier. Admirateur passionné d'une vedette. *Ce chanteur a des milliers de fans.*

● On prononce [fan].

▸▸▸ Mot de la famille de **fanatique.**

fanal n.m. ❶ Signal lumineux installé sur les côtes ou à l'entrée des ports. ❷ Lanterne installée à bord d'un navire.

● Au pluriel : des **fanaux.**

fanatique adj. et n. ❶ Qui a une passion aveugle pour une religion, une doctrine. *Des militants fanatiques ont commis un attentat.* ❷ Qui est passionné par quelque chose. *C'est une fanatique de science-fiction.*

▸ **fanatisme** n.m. Dévouement absolu à une cause, à une religion. *Le fanatisme se manifeste souvent par des actes de violence.* CONTR. **tolérance.**

fane n.f. Tiges et feuilles de certaines plantes. *Les lapins mangent les fanes de carotte.*

faner et **se faner** v. (conjug. 3). Faire perdre sa fraîcheur à une plante, à une fleur. *La chaleur fane les roses.* ◆ **se faner.** Perdre sa fraîcheur, son éclat. *Les fleurs coupées se fanent vite.* SYN. **se flétrir.**

fanfare n.f. Orchestre composé de cuivres et de tambours. *La fanfare municipale.*

fanfaron, onne adj. et n. Qui se vante exagérément. *Raphaël fait le fanfaron devant ses camarades.* SYN. **vantard.** CONTR. **modeste.**

fanfreluche n.f. Ornement utilisé dans la toilette féminine. *Les rubans, les pompons sont des fanfreluches.*

fange n.f. Mot littéraire. Boue. *Les porcs aiment se rouler dans la fange.*

fanion n.m. Petit drapeau. *Les supporters agitent leurs fanions au passage du coureur.*

fanon n.m. Chacune des lames en corne qui garnissent la bouche des baleines.

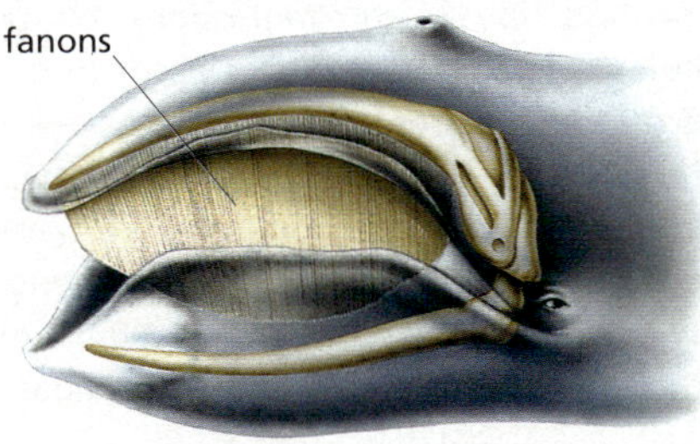

les fanons d'une baleine

fantaisie n.f. ❶ Caractère original ou imprévu d'une chose ou d'une personne. *Carla est une femme pleine de fantaisie.* SYN. **originalité.** *La fantaisie d'un roman.* ❷ Caprice. *Sa mère lui passe toutes ses fantaisies.* SYN. **lubie.** ❸ **Bijoux fantaisie,** bijoux d'imitation, sans grande valeur.

a b c d e f g h i j k l m n o p q r s t u v w x y z

▸ **fantaisiste** adj. et n. ❶ Qui se laisse aller à sa fantaisie. *Arthur est un fantaisiste. Une élève fantaisiste.* SYN. **fantasque.** ❷ Qui manque de sérieux. *Elle m'a donné une explication fantaisiste.*

fantasmagorique adj. Qui semble irréel et merveilleux. *Un décor de théâtre fantasmagorique.* SYN. **extraordinaire, fantastique, féerique.**

fantasque adj. Qui a un caractère imprévisible, qui se livre à des fantaisies bizarres. *Juliette est une adolescente fantasque.* SYN. **capricieux, fantaisiste.**

fantassin n.m. Soldat qui appartient à l'infanterie, qui combat à pied.

un **fantassin**

fantastique adj. ❶ Qui est issu de l'imagination. *Une créature fantastique.* SYN. **fabuleux, imaginaire.** ❷ Qui raconte des événements irréels, surnaturels. *J'aime beaucoup le cinéma fantastique.* ❸ Qui étonne beaucoup par son caractère extraordinaire. *Tu as eu une idée fantastique !* SYN. **formidable, sensationnel.** *Avoir une chance fantastique.* SYN. **incroyable, inouï.**

fantasy n.f. Récit qui mêle les mythes, les légendes, les événements fantastiques et merveilleux.
● C'est un mot anglais.

fantomatique adj. Qui semble mystérieux et un peu inquiétant. *La lumière du soir donne au paysage un aspect fantomatique.*
▸▸▸ Mot de la famille de **fantôme.**

fantôme n.m. Être qui serait l'incarnation d'un mort. *Croire aux fantômes.* SYN. **revenant, spectre.**
● Le **o** prend un accent circonflexe.

faon n.m. Petit du cerf et de la biche, ou du daim, du chevreuil, etc.
● On prononce [fɑ̃].

des **faons**

faramineux, euse adj. Mot familier. Qui est étonnant par son ampleur. *Certaines voitures atteignent des prix faramineux.* SYN. **astronomique, excessif, exorbitant.**

farandole n.f. Danse dans laquelle les danseurs forment une longue file en se tenant par la main. *Nous avons fait une farandole.*

1. **farce** n.f. Tour que l'on joue à quelqu'un. *Elle a caché les clés pour me faire une farce.* SYN. **plaisanterie.**

2. **farce** n.f. Mélange d'aliments hachés que l'on met à l'intérieur d'une volaille, d'un poisson ou d'un légume. *J'ai préparé une farce à base de bœuf et de tomates.*

farceur, euse n. Personne qui aime faire des farces, dire des plaisanteries. *C'est un sacré farceur !* SYN. **plaisantin.**
▸▸▸ Mot de la famille de **farce (1).**

farci, e adj. Garni de farce. *J'aime beaucoup les tomates farcies.*
▸▸▸ Mot de la famille de **farce (2).**

farcir v. (conjug. 16). Remplir une viande, un poisson ou un légume de farce. *Farcir une dinde.*
▸▸▸ Mot de la famille de **farce (2).**

fard n.m. ❶ Produit coloré qu'on utilise pour le maquillage. *Du fard à paupières.* ❷ (Sens familier). **Piquer un fard,** rougir d'émotion, de gêne.

fardeau n.m. ❶ Chose très lourde qu'il faut lever ou transporter. *Il traînait un fardeau derrière lui.* ❷ Charge difficile à supporter, à assumer. *La responsabilité du magasin est un véritable fardeau.*
● Au pluriel : des **fardeaux.**

se farder v. (conjug. 3). Mettre du fard. *Les acteurs de théâtre se fardent.* SYN. **se maquiller.**
▸▸▸ Mot de la famille de **fard.**

farfelu, e adj. et n. Qui est à la fois bizarre et amusant. *Il m'a raconté une histoire farfelue.* SYN. **extravagant, saugrenu.**

farine n.f. Poudre fine obtenue en broyant les graines de certaines céréales. *J'ai fait des crêpes avec de la farine de blé.*

▸ **farineux, euse** adj. ❶ Qui contient de la farine ou de la fécule. *La pomme de terre est un légume farineux.* ❷ Qui a le goût ou la consistance de la farine. *Les pommes peuvent être farineuses.*

farouche adj. ❶ Qui est craintif, qui s'enfuit quand on l'approche. *Le lièvre est un animal farouche.* SYN. **sauvage.** *Un enfant farouche.* SYN. **peureux.** ❷ Violent et obstiné. *Laurent est un farouche adversaire de la peine de mort.* SYN. **acharné.** *Il a une volonté farouche de réussir.* SYN. **tenace.**
▸▸▸ Mot de la même famille : **effaroucher.**

▸ **farouchement** adv. Avec détermination et acharnement. *Elle est farouchement opposée à notre décision.*

fascicule n.m. ❶ Chacune des parties d'un ouvrage, que l'on publie les unes après les autres. *Une encyclopédie se vend parfois par fascicules.* ❷ Petit livre mince. *Un fascicule d'exercices.* SYN. **brochure.**

fascinant, e adj. Qui fascine, qui exerce un charme puissant. *Un spectacle fascinant.* SYN. **captivant.** *Elle est d'une beauté fascinante.* SYN. **éblouissant.**
▸▸▸ Mot de la famille de **fasciner.**

fascination n.f. Charme irrésistible. *Le chanteur exerce sur la foule une véritable fascination.* SYN. **envoûtement.** *La fascination du pouvoir.* SYN. **attrait.**
▸▸▸ Mot de la famille de **fasciner.**

fasciner v. (conjug. 3). Exercer un fort pouvoir de séduction. *L'orateur a fasciné le public.* SYN. **captiver.** *Sa beauté me fascine.* SYN. **envoûter, subjuguer.**

fascisme n.m. Régime politique dictatorial et nationaliste, dirigé par un chef tout-puissant qui élimine par la force toute tentative d'opposition. *L'Italie a connu le fascisme entre 1922 et 1945.* → Vois aussi **nazisme.**
● On prononce [faʃism].

▸ **fasciste** adj. et n. Qui appartient au fascisme ou qui en est partisan. *Un régime fasciste.*
● On prononce [faʃist].

1. **faste** n.m. Étalage de grand luxe. *Le faste d'un mariage princier.*

2. **faste** adj. Qui caractérise une période de chance. *Aujourd'hui est un jour faste.* CONTR. **néfaste.**

fastidieux, euse adj. Ennuyeux et monotone. *Une énumération fastidieuse.* SYN. **assommant, lassant.**

fastueux, euse adj. Très luxueux. *Une cérémonie fastueuse.* SYN. **somptueux.** CONTR. **modeste, simple.**
▸▸▸ Mot de la famille de **faste (1).**

fatal, e, als adj. ❶ Qui ne pouvait manquer d'arriver. *À force de courir, il est tombé, c'était fatal !* SYN. **inévitable, obligatoire, prévisible.** ❷ Qui a des conséquences tragiques ou qui entraîne la mort. *Il a reçu un coup fatal.* SYN. **mortel.**
● Au masculin pluriel : **fatals.**

▸ **fatalement** adv. De manière fatale, inévitable. *Il conduit toujours trop vite, il devait fatalement avoir un accident.* SYN. **forcément, inévitablement, obligatoirement.**

▸ **fataliste** n. et adj. Personne qui pense qu'on ne peut rien faire contre le destin. *Avec l'âge, on peut devenir fataliste.*

▸ **fatalité** n.f. Ce qui se produit inévitablement. *Tu n'y es pour rien, c'est la fatalité.*
→ Vois aussi **destin.**

▸ **fatidique** adj. Qui doit fatalement arriver. *Le jour fatidique du concours est arrivé.*

fatigant, e adj. ❶ Qui fatigue, qui demande des efforts. *Son travail est très fatigant.* SYN. **épuisant, exténuant.** ❷ Qui agace. *C'est fatigant de répéter toujours la même chose !* SYN. **lassant.**
▸▸▸ Mot de la famille de **fatigue.**

fatigue n.f. Diminution des forces due à un effort intense ou au manque de sommeil. *Je meurs de fatigue !*

▸ **fatigué, e** adj. ❶ Qui ressent de la fatigue. *Ce soir, Hugo est fatigué.* ❷ Qui ressent de l'agacement. *Je suis fatiguée d'écouter tes histoires !* SYN. **las.** → Vois aussi **épuisé, fourbu.**

▸ **fatiguer** et **se fatiguer** v. (conjug. 6). ❶ Causer de la fatigue, affaiblir physiquement. *La longue marche en montagne m'a fatigué.* SYN. **épuiser, exténuer.** CONTR. **reposer.** ❷ Ennuyer quelqu'un. *Tais-toi un peu, tu me fatigues.* SYN. **énerver, exaspérer.** ◆ **se fatiguer.** ❶ Faire de gros efforts pour. *Je me fatigue à te donner des explications et tu n'écoutes pas !* SYN. **s'évertuer.** ❷ En avoir assez de. *Il s'est vite fatigué de sa collection de timbres.* SYN. **se lasser.**

fatras n.m. Amas d'objets en désordre. *Un fatras de vieux magazines recouvre son bureau.* SYN. **monceau.**

● Ce mot se termine par un **s.**

faubourg n.m. Mot ancien. Partie d'une ville située loin du centre, en périphérie. *Ils habitent les faubourgs de Londres.* SYN. **banlieue.**

● Ce mot se termine par un **g.**

fauché, e adj. et n. Mot familier. Qui n'a plus d'argent. *Il est complètement fauché.*

▸▸▸ Mot de la famille de **faucher.**

faucher v. (conjug. 3). ❶ Couper avec une faux. *Faucher de l'herbe. Faucher un pré.* SYN. **moissonner.** ❷ Renverser avec violence. *La voiture a fauché un passant.* SYN. **écraser.** ❸ (Sens familier). Voler. *Il s'est fait faucher son portefeuille.*

▸ **faucheuse** n.f. Machine agricole qui sert à faucher.

faucheux n.m. Sorte d'araignée aux pattes longues et fines, que l'on trouve surtout dans les champs et les bois.

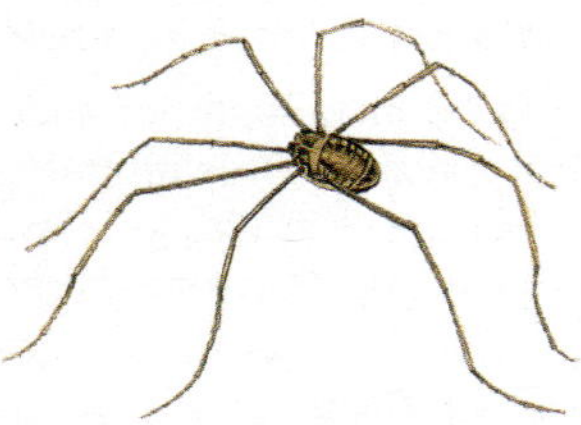

un faucheux

faucille n.f. Outil composé d'une lame d'acier en demi-cercle fixée à un manche court, qui sert à couper l'herbe.

faucon n.m. Rapace aux ailes longues et pointues, qui chasse le jour. *Autrefois, on dressait les faucons pour la chasse.* → Vois aussi **buse, épervier.**

● Petit : le fauconneau.

un faucon

se **faufiler** v. (conjug. 3). Se glisser adroitement quelque part. *La moto se faufile entre les voitures.*

faune n.f. Ensemble des animaux qui vivent dans une région ou dans un milieu déterminés. *La faune des Alpes est protégée.*

faussaire n. Personne qui fabrique des faux, des imitations. *Les faussaires vendaient des copies de tableaux.*

▸▸▸ Mot de la famille de **faux (2).**

faussement adv. D'une manière fausse, hypocrite. *Prendre un air faussement intéressé.* CONTR. **sincèrement.**

▸▸▸ Mot de la famille de **faux (2).**

fausser v. (conjug. 3). ❶ Rendre faux. *Ton erreur a faussé le résultat de l'addition.* ❷ Déformer un objet, un mécanisme. *Fausser une serrure.* ❸ **Fausser compagnie à quelqu'un,** le quitter brusquement.

▸▸▸ Mot de la famille de **faux (2).**

fausseté n.f. Caractère de ce qui est faux, contraire à la vérité. *La fausseté d'un témoignage.* SYN. **inexactitude.** CONTR. **exactitude.**

▸▸▸ Mot de la famille de **faux (2).**

faute n.f. ❶ Erreur. *Faire une faute d'orthographe.* ❷ Action qui ne respecte pas un règlement, une loi ; mauvaise action. *L'automobiliste est en faute.* ❸ Responsabilité de quelqu'un dans un acte. *C'est de ta faute si j'ai manqué le bus.* ❹ **Faute de,** par manque de. *Faute de temps, je n'ai pas pu te prévenir.* ❺ **Sans faute,** de manière sûre. *Venez demain sans faute.*

fauteuil n.m. Siège à bras et à dossier. *Grand-père s'est assis dans le fauteuil.*

a b c d e f g h i j k l m n o p q r s t u v w x y z

fautif, ive adj. et n. Qui a commis une faute. *C'est ta sœur la fautive dans cette histoire.* SYN. **coupable, responsable.** ◆ adj. Qui contient des fautes, des erreurs. *Un texte fautif.* SYN. **erroné, incorrect.** CONTR. **correct, juste.**

fauve n.m. Grand mammifère carnivore sauvage. *Le lion, le tigre, la panthère sont des fauves.* ◆ adj. D'une couleur jaune tirant sur le roux. *Des feuillages fauves.*

fauvette n.f. Petit oiseau au plumage fauve, qui vit dans les buissons et se nourrit d'insectes.

une **fauvette**

1. **faux** n.f. Instrument constitué d'une grande lame recourbée fixée à un long manche muni d'une poignée, et qui sert à couper l'herbe.
▸▸▸ Mot de la même famille : **faucher.**

2. **faux, fausse** adj. ❶ Contraire à la réalité, à la vérité. *Ce qu'il raconte est faux.* CONTR. **vrai.** ❷ Qui comporte une erreur. *Ton calcul est faux.* SYN. **inexact.** CONTR. **exact, juste.** ❸ Qui imite une matière, un objet. *Un faux diamant. Ce billet est faux.* SYN. **factice.** CONTR. **authentique, vrai.** ❹ Qui se fait passer pour ce qu'il n'est pas. *Un faux médecin.* SYN. **prétendu, soi-disant.** CONTR. **authentique.** ❺ Qui cache ses véritables sentiments. *Un homme faux.* SYN. **hypocrite.** CONTR. **franc, sincère.** ❻ Qui n'est pas dans le ton juste. *Faire une fausse note.* CONTR. **juste.**

▸ **faux** n.m. Copie frauduleuse d'un objet. *Ce tableau est un faux.* CONTR. **original.** → Vois aussi **contrefaçon.**

▸ **faux** adv. D'une manière fausse. *Tu chantes faux.* CONTR. **juste.**

faux-fuyant n.m. Moyen détourné pour éviter quelque chose. *Il trouve toujours des faux-fuyants pour ne pas répondre aux questions.* SYN. **échappatoire.**
● Au pluriel : des **faux-fuyants.**

faux-monnayeur n.m. Personne qui fabrique de la fausse monnaie, des faux billets de banque. *Les faux-monnayeurs ont été arrêtés et écroués.*
● Au pluriel : des **faux-monnayeurs.**

faveur n.f. ❶ Avantage particulier accordé à quelqu'un. *Le ministre nous a fait la faveur de nous accorder un entretien.* SYN. **privilège.** ❷ Considération, opinion favorable. *C'est un chanteur populaire; il a la faveur du public.* ❸ **En faveur de,** au profit, dans l'intérêt de quelqu'un. *Le directeur est intervenu en notre faveur.*
▸▸▸ Mots de la même famille : **défavorable, défavoriser.**

▸ **favorable** adj. ❶ Qui favorise, facilite la réalisation de quelque chose. *J'attends le moment favorable pour lui parler.* SYN. **opportun, propice.** CONTR. **défavorable.** ❷ Qui est d'accord avec quelqu'un ou quelque chose. *Le directeur de l'école est favorable à notre projet.* CONTR. **hostile, opposé.**

▸ **favorablement** adv. D'une manière favorable. *Ses propositions ont été accueillies favorablement.* SYN. **bien.**

▸ **favori, ite** adj. et n. Que l'on préfère. *C'est sa chanteuse favorite.* SYN. **préféré.** ◆ n.m. Dans une course, cheval qui a le plus de chances de gagner.

▸ **favoriser** v. (conjug. 3). Accorder un avantage à quelqu'un. *L'arbitre n'a favorisé aucune des deux équipes.* SYN. **avantager.** CONTR. **défavoriser.**

▸ **favoritisme** n.m. Tendance à favoriser une personne au détriment des autres. *Il est toujours servi le premier, c'est du favoritisme !*

fax n.m. invar. ❶ Appareil qui permet de transmettre un document écrit en utilisant une ligne téléphonique. SYN. **télécopieur.** ❷ Message, document transmis par fax. *Recevoir, envoyer un fax.* SYN. **télécopie.**
● Ce mot ne change pas au pluriel : des **fax.**

▸ **faxer** v. (conjug. 3). Transmettre un message, un document par fax. *Le plombier nous a faxé sa facture.*

fébrile adj. ❶ Qui a de la fièvre. *Valentin est encore fébrile aujourd'hui.* SYN. **fiévreux.** ❷ Très vif. *À la veille de Noël, une agitation fébrile règne dans les magasins.*

a b c d e **f** g h i j k l m n o p q r s t u v w x y z

▸ **fébrilité** n.f. Fait d'être fébrile. *Les candidats attendaient l'annonce des résultats avec fébrilité.* SYN. **excitation, nervosité.**

fécond, e adj. ❶ Qui peut avoir des petits. *Les lapines sont très fécondes.* SYN. **prolifique.** CONTR. **stérile.** ❷ Qui produit beaucoup. *Une terre féconde.* SYN. **fertile, riche.** CONTR. **aride, stérile.** *Une histoire féconde en rebondissements.* SYN. **riche.**

▸ **fécondation** n.f. Union d'une cellule mâle et d'une cellule femelle, qui aboutit à la formation d'un œuf et au développement d'un nouvel être vivant. → Vois aussi **gestation.**

féconder v. (conjug. 3). Rendre fécond. *La femelle a été fécondée, elle va avoir des petits.*

▸ **fécondité** n.f. ❶ Fait de pouvoir se reproduire. *La fécondité de cette espèce animale est très faible.* CONTR. **stérilité.** ❷ Fait d'être fécond, riche. *La fécondité de son imagination est étonnante.* SYN. **richesse.**

fécule n.f. Fine poudre blanche faite d'amidon, que l'on tire de certaines plantes. *Fécule de pomme de terre.*

▸ **féculent** n.m. Légume qui contient de la fécule. *Les pommes de terre, les haricots sont des féculents.*

des **féculents**

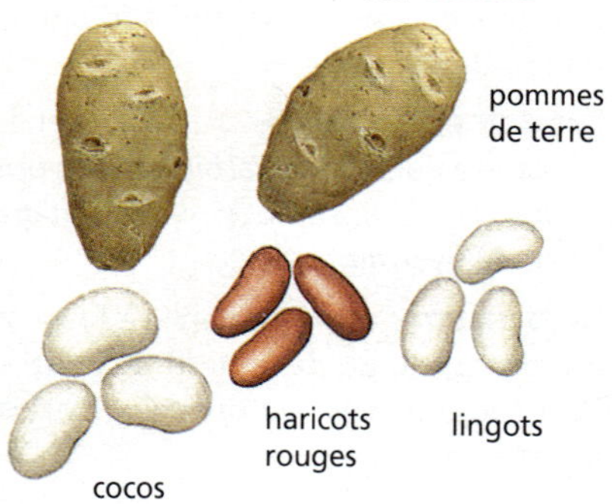

fédéral, e, aux adj. Qui est constitué de plusieurs États. *La Suisse, le Canada sont des États fédéraux.*

● Au masculin pluriel : **fédéraux.**

fédération n.f. ❶ Regroupement de plusieurs États qui n'en forment qu'un seul. *Les États-Unis d'Amérique, l'Allemagne sont des fédérations.* ❷ Groupement de partis, de clubs, d'associations. *La Fédération française de football.*

fée n.f. ❶ Dans les contes, femme qui a des pouvoirs surnaturels. *D'un coup de baguette magique, la fée transforma le crapaud en prince.* ❷ **Conte de fées,** récit merveilleux où interviennent des fées.

▸ **féerie** n.f. Spectacle merveilleux. *Le coucher de soleil était une véritable féerie.*

● On prononce [feri] ou [feeri].

– La nouvelle orthographe permet d'écrire aussi **féérie,** avec un accent sur le deuxième **e.**

▸ **féerique** adj. Qui semble sortir d'un conte de fées. *Un spectacle féerique.* SYN. **fantastique, irréel.**

● On prononce [ferik] ou [feerik].

– La nouvelle orthographe permet d'écrire aussi **féérique,** avec un accent sur le deuxième **e.**

feignant → fainéant

feindre v. (conjug. 49). Faire semblant. *Elle feignait de ne pas comprendre. Il feignit l'étonnement.* SYN. **affecter, simuler.**

▸ **feinte** n.f. Manœuvre destinée à tromper l'adversaire. *Le footballeur fit une feinte et marqua un but.*

fêler v. (conjug. 3). Fendre légèrement sans casser. *J'ai fêlé un verre en le lavant.*

● Le premier **e** prend un accent circonflexe.

félicitations n.f. plur. Compliments que l'on adresse à quelqu'un. *J'ai appris que tu avais réussi ton examen, félicitations !*

▸▸▸ Mot de la famille de **féliciter.**

féliciter et **se féliciter** v. (conjug. 3). Faire des compliments à quelqu'un. *Le maire a félicité les jeunes mariés.* SYN. **complimenter, louer (2).** CONTR. **blâmer.** ◆ **se féliciter de.** Se réjouir de. *Je me félicite d'avoir fait ce choix.* → Vois aussi **congratuler.**

félin n.m. Mammifère carnivore de la famille du chat, aux molaires coupantes et aux canines développées. *Le tigre, la panthère, le lynx sont des félins.*

● On peut aussi dire **félidé.**

→ planche pp. 446-447.

félon, onne adj. et n. Mot littéraire. Déloyal envers son seigneur. *Un chevalier félon.* SYN. **traître.** CONTR. **fidèle, loyal.**

fêlure n.f. Petite fente d'un objet fêlé. *La fêlure du verre s'agrandit.*

● Le premier **e** prend un accent circonflexe.

▸▸▸ Mot de la famille de **fêler.**

femelle adj. Qui appartient au sexe capable de produire des ovules. *Une souris femelle. Une fleur femelle.* ◆ n.f. Animal du sexe féminin, qui pond des œufs ou porte des petits dans son ventre. *La biche est la femelle du cerf.* → Vois aussi **mâle.**

féminin, e adj. ❶ Qui se rapporte à la femme; qui est composé de femmes. *La mode féminine. Un groupe de rock féminin.* ❷ Se dit des noms qui s'emploient avec les articles « une » et « la » ou des adjectifs et des déterminants qui s'accordent avec ces noms. *« Table » est un nom féminin. « Belle » est un adjectif féminin.* ◆ n.m. Genre féminin. *Le féminin de « joueur » est « joueuse ».* → Vois aussi **masculin.**

féministe adj. et n. Qui défend les droits des femmes dans la société. *Un mouvement féministe. Des féministes ont manifesté dans la rue.*

féminité n.f. Ensemble des caractères que l'on attribue généralement aux femmes.

femme n.f. ❶ Personne adulte de sexe féminin. *Ma tante est une femme très dynamique.* ❷ Personne mariée de sexe féminin. *Il nous a présenté sa femme.* SYN. **épouse.**
● On prononce [fam].

fémur n.m. Os de la cuisse. *Ma grand-mère s'est cassé le col du fémur.* → Vois aussi **péroné, tibia.**

fenaison n.f. Coupe et récolte des foins.

se **fendiller** v. (conjug. 3). Se couvrir de petites fentes. *Le vernis du tableau se fendille.* SYN. **se craqueler.**

fendre et **se fendre** v. (conjug. 46). ❶ Couper quelque chose dans le sens de la longueur. *Fendre du bois avec une hache.* ❷ (Sens littéraire). Se frayer un passage dans l'eau; se frayer un chemin dans la foule. *Le navire fend la mer. Marie a fendu la foule pour venir embrasser son frère.* ◆ **se fendre.** Se séparer en morceaux. *La pierre s'est fendue.*

fenêtre n.f. Ouverture munie d'un cadre vitré faite dans un mur ou dans un toit pour laisser passer l'air et la lumière. *J'ai ouvert la fenêtre pour aérer la pièce.*
● Le deuxième **e** prend un accent circonflexe.

fennec n.m. Petit renard du Sahara à très grandes oreilles, appelé aussi *renard des sables.*
● On prononce [fenɛk].

un **fennec**

fenouil n.m. Plante au goût d'anis que l'on consomme cuite ou crue.

fente n.f. Ouverture longue et étroite à la surface de quelque chose. *Des fleurs ont poussé dans la fente du mur.* → Vois aussi **fissure.**

féodal, e, aux adj. ❶ Qui appartient à un fief. *Un château féodal.* ❷ Qui concerne la féodalité. *La société féodale.* ❸ **Droits féodaux,** impôts et services que les nobles exigeaient des paysans. → Vois aussi **Moyen Âge.**
● Au masculin pluriel : **féodaux.**

▶ **féodalité** n.f. Organisation de la société au Moyen Âge, basée sur les rapports entre seigneurs, vassaux et serfs. → Vois aussi **fief.**

fer n.m. ❶ Métal gris et résistant. *Les grilles du jardin sont en fer. Un balcon en fer forgé.* ❷ **Fer à cheval,** pièce de fer en forme de demi-cercle que l'on fixe aux sabots d'un cheval. ❸ **Fer à repasser,** appareil électrique qui sert à repasser le linge. → Vois aussi **âge.**

une grille en **fer** forgé

férié, e adj. **Jour férié,** jour où l'on ne travaille pas en raison d'une fête légale. *Le 1er Mai est un jour férié.*

1. **ferme** adj. ❶ Qui est un peu dur. *Un matelas ferme.* CONTR. **flasque, mou.** ❷ Qui n'hésite pas, qui est déterminé. *Parler d'un ton ferme.* SYN. **assuré, décidé.** ❸ Qui ne se laisse pas influencer. *Ils sont très fermes avec leurs enfants.* CONTR. **faible.**
▸▸▸ Mots de la même famille : **affermir, raffermir.**

2. **ferme** n.f. Ensemble des bâtiments et des terrains qui appartiennent à un agriculteur. *Dans cette ferme, on élève des moutons.*

Les félins

Les chats, les lynx, les panthères, les lions appartiennent à la famille des félins. Ce sont des animaux carnivores, agiles et souvent très puissants. Le plus souvent, ils chassent à l'affût, s'approchent discrètement de leurs proies et les tuent grâce à leurs crocs.

tigres de Sibérie

guépard

lynx caracal

tigre du Bengale

léopard

puma

jaguar

serval

panthère des neiges

ocelot

russe angora chartreux

chats domestiques

lionne

lionceaux

lion

a b c d e f g h i j k l m n o p q r s t u v w x y z

fermé, e adj. ❶ Entièrement clos. *Un cercle est une courbe fermée.* ❷ Où il est difficile d'être admis. *Un club très fermé.* CONTR. **ouvert.**
▸▸▸ Mot de la famille de **fermer.**

fermement adv. ❶ D'une manière ferme, solide. *Tiens fermement la rampe.* ❷ Avec détermination. *Il est fermement décidé à partir.* SYN. **résolument.**
▸▸▸ Mot de la famille de **ferme (1).**

ferment n.m. Micro-organisme qui provoque la fermentation d'une substance. *Les yaourts contiennent des ferments.*

▸ **fermentation** n.f. Transformation d'une substance sous l'action de micro-organismes. *Le vin est issu de la fermentation du jus de raisin.*

▸ **fermenter** v. (conjug. 3). Se transformer sous l'action de micro-organismes. *Le jus de pomme fermente pour donner du cidre.*

fermer v. (conjug. 3). ❶ Boucher une ouverture, empêcher le passage. *Fermer une porte, une fenêtre. Fermer le robinet.* CONTR. **ouvrir.** ❷ Replier, rapprocher pour qu'il n'y ait plus d'ouverture. *Fermer un livre. Fermer les paupières.* CONTR. **ouvrir.** ❸ Interdire le passage. *Fermer une autoroute.* SYN. **barrer.** ❹ Faire cesser le fonctionnement d'une installation, d'un appareil. *Fermer le gaz.* SYN. **couper.** *Fermer la radio.* SYN. **éteindre.** CONTR. **allumer.** ❺ Ne pas être ouvert au public. *La boulangerie ferme le lundi.*

fermeté n.f. ❶ État de ce qui est ferme, solide. *La fermeté d'une poignée de main.* CONTR. **mollesse.** ❷ Force morale, assurance. *Il a imposé son choix avec fermeté.* SYN. **détermination.** CONTR. **faiblesse.**
▸▸▸ Mot de la famille de **ferme (1).**

fermeture n.f. ❶ Action de fermer ou fait d'être fermé. *Je suis arrivé juste après la fermeture du magasin.* CONTR. **ouverture.** ❷ Système qui permet de fermer quelque chose. *La fermeture de mon sac est cassée. Un blouson à fermeture Éclair.* → Vois aussi **fermoir.**
▸▸▸ Mot de la famille de **fermer.**

1. **fermier, ère** adj. Qui est produit dans une ferme, selon des méthodes artisanales et traditionnelles. *Fromage fermier. Poulet fermier.* CONTR. **industriel.**
▸▸▸ Mot de la famille de **ferme (2).**

2. **fermier, ère** n. Personne qui s'occupe de la ferme. → Vois aussi **métayer.**
▸▸▸ Mot de la famille de **ferme (2).**

fermoir n.m. Attache qui sert à maintenir fermé un sac, un porte-monnaie, un bracelet, un collier. *Le fermoir de mon bracelet est cassé.*
▸▸▸ Mot de la famille de **fermer.**

féroce adj. ❶ Se dit d'un animal sauvage, qui tue par instinct. *Le tigre est une bête féroce.* ❷ Qui est dur, cruel et sans pitié. *Il lui a parlé d'un air féroce.* SYN. **méchant, impitoyable.**

▸ **férocement** adv. ❶ D'une manière sauvage et cruelle. *Le tigre s'est jeté férocement sur sa proie.* ❷ Avec méchanceté, cruauté. *Les élèves se moquaient férocement de leur camarade.* SYN. **cruellement.**

▸ **férocité** n.f. Caractère féroce, cruel. *La férocité du tigre.* SYN. **cruauté, sauvagerie.**

ferraille n.f. Ensemble de pièces métalliques, d'objets en fer qui sont hors d'usage. *Un tas de ferraille.*
▸▸▸ Mot de la famille de **fer.**

ferré, e adj. ❶ **Voie ferrée,** voie de chemin de fer. ❷ Garni de fer. *Les sabots ferrés d'un cheval.* → Vois aussi **rail.**
▸▸▸ Mot de la famille de **fer.**

ferrer v. (conjug. 3). **Ferrer un cheval,** fixer des fers à ses sabots pour les protéger.
▸▸▸ Mot de la famille de **fer.**

ferroviaire adj. Qui concerne les chemins de fer. *Le trafic ferroviaire est perturbé.*

ferry n.m. Navire aménagé pour transporter les voitures, les trains et leurs passagers.
● Au pluriel : des **ferrys** ou des **ferries.** – **Ferry** est l'abréviation du mot anglais **ferry-boat.**

un ferry

fertile adj. ❶ Qui fournit des récoltes abondantes. *Un sol fertile.* SYN. **fécond, riche.** CONTR. **stérile.** *Une région fertile.* CONTR. **aride, désertique.** ❷ Riche en quelque chose. *Une journée fertile en événements.* SYN. **fécond.** CONTR. **pauvre.**

▶ **fertiliser** v. (conjug. 3). Rendre fertile. *Fertiliser un champ avec du fumier.* → Vois aussi **fumer (2).**

▶ **fertilité** n.f. Qualité d'une terre fertile. *Améliorer la fertilité d'un sol avec des engrais.* CONTR. **stérilité.**

féru, e adj. Qui éprouve un intérêt passionné pour quelque chose. *Géraldine est férue d'histoire.*

fervent, e adj. Plein de ferveur, d'ardeur. *Un admirateur fervent.* SYN. **passionné.**

▶ **ferveur** n.f. Ardeur, passion. *Il s'est mis au travail avec ferveur.*

fesse n.f. Chacune des deux parties charnues qui forment le derrière des êtres humains et de certains animaux.

▶ **fessée** n.f. Série de coups sur les fesses. *Donner, recevoir une fessée.*

festin n.m. Repas de fête copieux et somptueux. SYN. **banquet.**

festival n.m. Série de représentations, de spectacles ou de concerts organisés périodiquement au même endroit. *Un festival de théâtre est organisé chaque été à Avignon.*
● Au pluriel : des **festivals.**

festivités n.f. plur. Ensemble de réjouissances à l'occasion d'une fête. *Des festivités sont organisées pendant la période du carnaval.*

festoyer v. (conjug. 14). Prendre part à un festin.
▸▸▸ Mot de la famille de **festin.**

fête n.f. ❶ Jour où sont organisées des réjouissances, des cérémonies en souvenir d'un événement important. *Noël est une fête religieuse. En France, la fête nationale est le 14 juillet.* ❷ Réunion, réception organisée à l'occasion d'un événement heureux. *Bruno a fait une fête pour son anniversaire.* ❸ Jour où l'on célèbre un saint et toutes les personnes qui portent son nom. *Le 13 juin est la fête des Antoine.* ❹ **Se faire une fête de quelque chose,** s'en réjouir à l'avance. *Natacha se fait une fête de prendre l'avion.* ❺ **Faire fête à quelqu'un,** l'accueillir joyeusement. *Mon chien me fait fête quand je rentre de l'école.*
● Le premier **e** prend un accent circonflexe.

▶ **fêter** v. (conjug. 3). Célébrer un événement par une fête. *Je fête mon anniversaire dans une semaine.* → Vois aussi **commémorer.**

fétiche n.m. Objet qui porte bonheur. *Son fétiche est un petit caillou blanc et noir.* SYN. **amulette, grigri, porte-bonheur, talisman.**

fétide adj. Qui sent très mauvais. *Une odeur fétide.* SYN. **infect, nauséabond, pestilentiel.**

fétu n.m. Brin de paille.
● Ne confonds pas avec **fœtus.**

feu n.m. ❶ Flammes et chaleur qui se dégagent de quelque chose qui brûle. *Faire du feu dans la cheminée.* ❷ Destruction par les flammes. *Les pompiers ont éteint le feu de forêt.* SYN. **incendie.** ❸ Source de chaleur utilisée pour le chauffage ou la cuisson. *Le plat doit mijoter à feu doux.* ❹ **Arme à feu,** arme qui produit une détonation. *Le fusil et le revolver sont des armes à feu.* ❺ **Faire feu,** tirer avec une arme à feu. ❻ Signal lumineux. *Les voitures s'arrêtent au feu rouge. Allumer ses feux de croisement.* SYN. **codes.** ❼ **Il n'y a pas de fumée sans feu,** il y a toujours un fond de vérité dans ce qui se raconte sur quelqu'un ou quelque chose (proverbe). → Vois aussi **artifice (2).**
● Au pluriel : des **feux.**

feuillage n.m. Ensemble des feuilles d'un arbre. *Au début de l'automne, le feuillage commence à jaunir.* → Vois aussi **frondaison.**
▸▸▸ Mot de la famille de **feuille.**

feuille n.f. ❶ Partie d'une plante, généralement plate et verte, qui pousse sur les tiges et les branches. *De nombreux arbres perdent leurs feuilles en automne.* ❷ Rectangle de papier sur lequel on écrit, dessine ou imprime. ❸ Plaque de bois ou de métal très mince. *Une feuille d'or; une feuille de contreplaqué.*
▸▸▸ Mot de la même famille : **effeuiller.**

a b c d e f g h i j k l m n o p q r s

▸ **feuillet** n.m. Ensemble de deux pages, le recto et le verso, d'un livre ou d'un cahier.

▸ **feuilleté, e** adj. **Pâte feuilletée,** pâte faite de beurre et de farine, qui forme de fines feuilles à la cuisson.

▸ **feuilleter** v. (conjug. 12). Tourner les pages d'un livre ou d'une revue en les regardant rapidement.

▸ **feuilleton** n.m. Histoire découpée en plusieurs épisodes et diffusée à la radio, à la télévision, ou publiée dans un journal. *Quentin regarde un feuilleton à la télévision.*
→ Vois aussi **série.**

▸ **feuillu, e** adj. Qui porte des feuilles et non des aiguilles. *Le marronnier est un arbre feuillu.*

→ planche pp. 86-87.

feuler v. (conjug. 3). ❶ En parlant du tigre, faire entendre son cri, le *feulement.* ❷ Gronder, en parlant du chat.

feutre n.m. ❶ Tissu fait de poils ou de brins de laine agglutinés. *Un tapis en feutre.* ❷ Stylo qui a un réservoir poreux imprégné d'encre et une pointe en Nylon. ❸ Chapeau en feutre.

▸ **feutré, e** adj. ❶ Qui a l'aspect du feutre. *Un pull feutré.* ❷ **Marcher à pas feutrés,** sans faire de bruit.

▸ **feutrine** n.f. Tissu de feutre léger. *Nous avons fait des marionnettes avec de la feutrine.*

fève n.f. ❶ Graine plate qui ressemble à celle du haricot et que l'on mange fraîche ou sèche. ❷ Figurine que l'on cache dans la galette des Rois. *C'est Sarah qui a eu la fève.*

des **fèves**

février n.m. Deuxième mois de l'année. *En février, nous avons deux semaines de vacances.*
● Le mois de février a 28 jours les années ordinaires et 29 les années bissextiles.

fiabilité n.f. Fait d'être fiable, sûr. *Un appareil d'une grande fiabilité.*
▸▸▸ Mot de la famille de **se fier.**

fiable adj. À quoi on peut se fier ou à qui l'on peut faire confiance. *Ce matériel fonctionne bien, il est fiable. Son associé est un homme fiable.*
▸▸▸ Mot de la famille de **se fier.**

fiançailles n.f. plur. Promesse de mariage. *Ils ont annoncé leurs fiançailles.*
● Le **c** prend une cédille.
▸▸▸ Mot de la famille de **se fiancer.**

fiancé, e n. Personne qui s'est fiancée.
▸▸▸ Mot de la famille de **se fiancer.**

se **fiancer** v. (conjug. 4). S'engager à épouser quelqu'un. *Ma cousine s'est fiancée avec le fils du maire. Ils se sont fiancés l'an dernier.*

fiasco n.m. Mot familier. Échec complet. *Le concert a été un fiasco.* CONTR. **réussite, succès.**

fibre n.f. Chacun des filaments allongés qui constituent certaines matières. *Les muscles sont formés de fibres. La fibre de verre est un isolant. Des fibres textiles.*

▸ **fibreux, euse** adj. Qui contient des fibres. *Une viande fibreuse.* SYN. **filandreux.**

ficeler v. (conjug. 12). Attacher avec de la ficelle. *Le boucher a ficelé le rôti.*
● Ce mot s'écrit avec un seul **l.**
▸▸▸ Mot de la famille de **ficelle.**

ficelle n.f. ❶ Corde mince faite de fils tordus. *Juliette a fermé le sac avec une ficelle.* ❷ Baguette de pain mince et allongée.

1. **fiche** n.f. Pièce que l'on enfonce dans une prise pour obtenir un contact électrique.

2. **fiche** n.f. Feuille de carton sur laquelle on écrit des renseignements. *Je consulte les fiches de la bibliothèque.*

ficher et **se ficher** v. (conjug. 3). ❶ Mot familier. Faire. *Qu'est-ce que tu fiches ici ?* ❷ Mettre quelque part. *J'ai fichu tes vieux journaux à la poubelle.* ❸ **Ficher la paix,**

laisser tranquille. ◆ **se ficher de.** (Familier). Se moquer de. *Elle s'est bien fichue de toi.*
● À l'infinitif, on peut aussi dire **fiche** et **se fiche.** – Le participe passé est **fichu.**

fichier n.m. ❶ Ensemble de fiches sur lesquelles sont inscrits des renseignements. ❷ Boîte ou meuble dans lesquels on range des fiches. *J'ai consulté le fichier de la bibliothèque.*
►►► Mot de la famille de **fiche (2).**

1. **fichu, e** adj. ❶ Mot familier. Qui ne peut plus servir, qui est en mauvais état. *Mon sac est troué, il est fichu.* ❷ **Être mal fichu,** être un peu souffrant.
►►► Mot de la famille de **ficher.**

2. **fichu** n.m. Morceau de tissu triangulaire que les femmes portent sur la tête ou sur les épaules. → Vois aussi **châle, foulard.**

fictif, ive adj. Qui est produit par l'imagination. *Les fées sont des personnages fictifs.* SYN. **imaginaire.** CONTR. **réel.**
►►► Mot de la famille de **fiction.**

fiction n.f. Histoire imaginée, inventée. *Un conte est une fiction.*

fidèle adj. et n. ❶ Qui reste attaché à quelqu'un, dont les sentiments ne changent pas. *Un ami fidèle.* SYN. **loyal.** CONTR. **inconstant.** ❷ Qui respecte une promesse, un engagement pris. *Il a été fidèle à sa parole.* CONTR. **infidèle.** ❸ Qui est conforme à la vérité. *Le journaliste a fait un récit fidèle des événements.* SYN. **exact.** CONTR. **mensonger.** ◆ n. Personne qui pratique une religion. *Les fidèles ont assisté à la messe.* → Vois aussi **croyant.**

► **fidèlement** adv. ❶ Avec fidélité. *Son chien le suit fidèlement.* ❷ Avec exactitude. *Ce roman a été fidèlement adapté au cinéma.*

► **fidélité** n.f. ❶ Fait d'être fidèle à quelqu'un, de lui rester attaché. *La fidélité d'un vassal envers un seigneur.* SYN. **loyauté.** ❷ Qualité de ce qui est conforme à la réalité, à la vérité. *La fidélité d'une traduction, d'un témoignage.* SYN. **exactitude.**

fidjien, enne adj. et n. Des îles Fidji. *Des poteries fidjiennes. Il est fidjien. C'est un Fidjien.*
● Le nom prend une majuscule : *un Fidjien.*

fief n.m. Au Moyen Âge, domaine donné par un seigneur à son vassal en échange de certains services et de sa fidélité.

fieffé, e adj. Mot familier. **Un fieffé menteur,** une personne qui ment beaucoup.

fiel n.m. ❶ Bile des animaux. ❷ (Sens littéraire). Hostilité, méchanceté. *Des paroles pleines de fiel.*

fiente n.f. Excrément d'oiseau. *Fiente de pigeon.*

fier, fière adj. ❶ Qui se croit supérieur aux autres. *Il est très fier depuis qu'il est devenu célèbre.* SYN. **hautain, orgueilleux.** CONTR. **simple.** ❷ Qui est très satisfait de quelque chose, de quelqu'un. *Bintou est fière d'avoir gagné.* CONTR. **honteux, penaud.** *Ses parents sont très fiers de lui.*
● On prononce [fjɛr] au masculin et au féminin.

se **fier** v. (conjug. 7). Faire confiance. *Tu peux te fier à Jonathan, il est sérieux.* SYN. **compter sur.** CONTR. **se méfier de.**

fièrement adv. Avec dignité et courage. *Il a répondu fièrement aux critiques.*
►►► Mot de la famille de **fier.**

fierté n.f. ❶ Attitude fière, orgueilleuse. *Elle a refusé notre aide par fierté.* SYN. **amour-propre.** ❷ Fait d'être fier, satisfait de quelque chose ou de quelqu'un. *Il tire une grande fierté de son succès.* SYN. **satisfaction.**
►►► Mot de la famille de **fier.**

fièvre n.f. ❶ Élévation anormale de la température du corps. *Léa est malade, elle a de la fièvre.* ❷ Grande agitation. *Dans la fièvre du départ, il a oublié de nous dire au revoir.* SYN. **excitation, fébrilité.**

► **fiévreux, euse** adj. ❶ Qui a de la fièvre. *Mon petit frère est fiévreux.* SYN. **fébrile.** ❷ Qui montre une grande agitation et de l'inquiétude. *L'attente fiévreuse des résultats d'un examen.* SYN. **fébrile, frénétique.**

fifre n.m. Petite flûte en bois au son aigu.

figer et **se figer** v. (conjug. 5). ❶ Solidifier. *Le froid a figé l'huile.* ❷ Immobiliser, paralyser. *La peur le figea sur place.* SYN. **pétrifier.** ◆ **se figer.** Devenir visqueux, pâteux. *L'huile s'est figée.* SYN. **coaguler.**

fignoler v. (conjug. 3). Mot familier. Finir un travail, un ouvrage avec soin. *Aurélie fignole son dessin.*

a b c d e f g h i j k l m n o p q r s t u v w x y z

figue n.f. Fruit à peau verte ou violette et à chair rose ou rouge, qui pousse sur un figuier. *Les figues se mangent fraîches ou sèches.*

▸ **figuier** n.m. Arbre fruitier des pays chauds qui produit des figues.

un **figuier** et des **figues**

figurant, e n. Personne qui a un rôle peu important, généralement muet, dans un film ou dans une pièce de théâtre.
▸▸▸ Mot de la famille de **figure.**

figuration n.f. **Faire de la figuration,** avoir un rôle de figurant.
▸▸▸ Mot de la famille de **figure.**

figure n.f. ❶ Visage, face. *Se laver la figure.* ❷ **Figure géométrique,** dessin représentant une forme géométrique. *Le carré, le triangle, le cercle sont des figures géométriques.* ❸ Ensemble de pas de danse et de mouvements dans certains sports. *Les danseurs et les patineurs exécutent un enchaînement de figures.*
▸▸▸ Mot de la même famille : **défigurer.**

→ planche pp. 494-495.

▸ **figuré, e** adj. **Sens figuré,** sens d'un mot qui ne désigne pas une chose concrète, mais une image, une idée. *Dans l'expression « casser les prix », le verbe « casser » a un sens figuré.* CONTR. **sens propre.**

▸ **figurer** et **se figurer** v. (conjug. 3). ❶ Être présent, se trouver dans un ensemble. *Mon nom figure sur la liste.* ❷ Être l'image, le symbole de quelque chose. *La colombe figure la paix.* SYN. **représenter, symboliser.**
◆ **se figurer que.** S'imaginer, penser à tort que. *Elle se figure qu'elle peut réussir sans travailler.* SYN. **croire que.**

▸ **figurine** n.f. Très petite statuette ; petit objet représentant un personnage ou un animal. *Alexandra collectionne les figurines des personnages de « la Guerre des étoiles ».*

fil n.m. ❶ Brin long et mince d'une matière textile. *J'ai recousu mon bouton avec du fil rouge.* ❷ Brin de métal long et mince. *Fil de fer. Les fils électriques conduisent le courant.* ❸ Matière sécrétée par l'organisme des araignées et de certaines chenilles. ❹ Enchaînement, suite logique. *Perdre le fil de ses idées.* ❺ Partie tranchante d'une lame. *Le fil d'un rasoir.* ❻ **Coup de fil,** coup de téléphone. *Donner un coup de fil.* ❼ **De fil en aiguille,** petit à petit. *De fil en aiguille, elle m'a tout raconté.* ❽ **Fil à plomb,** cordelette au bout de laquelle pend un poids et qui sert à vérifier la verticalité d'une chose. *Le maçon utilise un fil à plomb.*
▸▸▸ Mots de la même famille : **effilé, s'effilocher, enfilade, enfiler, filiforme.**

▸ **filament** n.m. Fil très mince. *Le filament d'une ampoule électrique.*

▸ **filandreux, euse** adj. **Viande filandreuse,** qui contient des fibres longues et dures. SYN. **fibreux.**

filant, e adj. **Étoile filante,** météore.
▸▸▸ Mot de la famille de **filer.**

1. **filature** n.f. Usine où l'on transforme des fibres textiles en fils pour le tissage.
▸▸▸ Mot de la famille de **filer.**

2. **filature** n.f. **Prendre quelqu'un en filature,** le suivre discrètement pour le surveiller sans qu'il s'en aperçoive.
▸▸▸ Mot de la famille de **filer.**

file n.f. ❶ Suite de personnes ou de choses placées les unes derrière les autres. *La file d'attente est très longue à l'entrée du musée.* SYN. **queue.** ❷ **À la file,** l'un après l'autre. *Marie a mangé trois bonbons à la file.* ❸ **En file indienne,** l'un derrière l'autre. *Les fourmis avancent en file indienne.*

filer v. (conjug. 3). ❶ Transformer une matière textile en fil. *Filer la laine. Un métier à filer.* ❷ Sécréter un fil de soie, en parlant des araignées et de certaines chenilles. *L'araignée file sa toile.* ❸ Accrocher une maille qui se défait sur toute la longueur. *Mariam a filé* *son collant.* ❹ Aller vite. *Les oiseaux filent dans le ciel.* ❺ (Sens familier). S'en aller précipitamment. *Je suis en retard, je file.* ❻ Suivre une personne sans se faire voir, pour la surveiller. *Les policiers filent les suspects.*

1. filet n.m. Objet fait de cordes ou de fils entrelacés et servant à divers usages. *Un filet à papillons. Le joueur de tennis a envoyé la balle dans le filet.*

un filet de pêche

2. filet n.m. Écoulement fin et continu d'un liquide. *Un filet d'eau.*

3. filet n.m. Morceau de viande prélevé dans le dos de l'animal ou morceau de chair de poisson pris le long de l'arête. *Filet de bœuf. Un filet de sole.*

filial, e, aux adj. Qui concerne l'attitude, les sentiments d'un fils, d'une fille à l'égard de ses parents. *L'amour filial.*
● Au masculin pluriel : **filiaux.**

filiale n.f. Entreprise qui dépend d'une entreprise plus importante, la société mère.

filiation n.f. Lien de parenté qui unit un enfant à son père ou à sa mère.

filière n.f. Série d'étapes à franchir pour parvenir à quelque chose. *Quelle filière faut-il suivre pour devenir astronaute ?*

filiforme adj. Allongé et mince comme un fil. *Elle a des jambes filiformes.* SYN. **fluet, grêle.**
▸▸▸ Mot de la famille de **fil.**

filigrane n.m. Dessin fait dans l'épaisseur d'un papier et qui se voit par transparence. *Les billets de banque ont un filigrane.*

filin n.m. Cordage dont on se sert à bord d'un bateau.

fille n.f. ❶ Enfant de sexe féminin. *Nos voisins ont eu une fille.* ❷ Jeune personne de sexe féminin. *Anne a invité cinq filles et deux garçons à son anniversaire.* → Vois aussi **fils.**

▸ **fillette** n.f. Petite fille. *Une fillette de six ans.*

filleul, e n. Personne dont on est le parrain ou la marraine.

film n.m. ❶ Bande faite pour enregistrer des images. *Changer le film d'un appareil photo.* SYN. **pellicule.** ❷ Œuvre cinématographique. *Aïcha voulait voir un film comique, mais je préfère les films policiers.*

une bobine de film

▸ **filmer** v. (conjug. 3). Enregistrer des images avec une caméra ou en vidéo. *Papa a filmé la cérémonie.*

filon n.m. Couche de minerai dans le sol. *Exploiter un filon de cuivre.*

filou n.m. Mot familier. Personne malhonnête. *Méfie-toi de cet homme, c'est un vrai filou.* SYN. **escroc.**

fils n.m. Enfant de sexe masculin. *Ma tante a deux fils.* SYN. **garçon.** → Vois aussi **fille.**
● On prononce le **s** [fis].

filtrage n.m. ❶ Action de filtrer. *Le filtrage de l'eau.* ❷ Contrôle minutieux. *La police a procédé au filtrage des passants.*
▸▸▸ Mot de la famille de **filtre.**

filtre n.m. ❶ Dispositif qui laisse passer un liquide en retenant les parties solides, les impuretés. *Le filtre d'un lave-vaisselle. Un filtre à café.* ❷ Embout d'une cigarette qui sert à retenir une partie des goudrons et de la nicotine.
● Ne confonds pas avec **philtre.**

▸ **filtrer** v. (conjug. 3). ❶ Faire passer un liquide à travers un filtre. *Filtrer un bouillon.* ❷ Contrôler attentivement des personnes pour n'en laisser passer que certaines. *Les visiteurs étaient filtrés à l'entrée.*

1. fin n.f. ❶ Moment, endroit où quelque chose se termine. *La fin du film est triste. Nos* *voisins déménagent à la fin de l'année. Inscris ton nom à la fin de la liste.* CONTR. **commencement, début.** ❷ **Mettre fin à quelque chose,** le faire cesser. *La pluie a mis fin à la fête.* ❸ **Prendre fin, toucher à sa fin,** se terminer. *L'exposition a pris fin hier.* SYN. **cesser.** ❹ (Souvent au pluriel). But recherché. *Elle arrive toujours à ses fins.*

▸▸▸ Mots de la même famille : **infini, infiniment, infinité.**

2. **fin, fine** adj. ❶ Qui a très peu d'épaisseur. *Une fine tranche de pain.* SYN. **mince.** CONTR. **épais.** *Du sel fin.* CONTR. **gros.** ❷ Très délicat. *De la dentelle fine.* ❸ D'une très grande qualité. *Du beurre fin.* ❹ D'une grande sensibilité. *Avoir l'oreille fine.* ❺ Intelligent. *Une plaisanterie très fine.* SYN. **subtil.** CONTR. **grossier, lourd.** ❻ **Le fin fond de,** l'endroit le plus reculé. *Ils se sont cachés au fin fond de la forêt.*

▸▸▸ Mots de la même famille : **affiner, raffiné, raffinement, raffiner.**

final, e adj. Qui termine quelque chose, qui y met fin. *L'image finale d'un film.*

● Au masculin pluriel : **finals** ou **finaux.**

▸▸▸ Mot de la famille de **fin (1).**

finale n.f. Dernière épreuve d'une compétition. *Alexis jouera en finale du tournoi de tennis.*

▸▸▸ Mot de la famille de **fin (1).**

finalement adv. Pour finir. *Lisa a longtemps hésité, puis finalement elle est partie.* SYN. **en fin de compte.**

▸▸▸ Mot de la famille de **fin (1).**

finaliste n. Personne qui s'est qualifiée pour la finale d'une compétition.

▸▸▸ Mot de la famille de **fin (1).**

finalité n.f. But d'une action. *Quelle est la finalité de toutes ces démarches ?*

▸▸▸ Mot de la famille de **fin (1).**

finance n.f. Ensemble des professions qui s'occupent des affaires d'argent, qui sont liées aux activités bancaires. *Mon oncle travaille dans la finance.* ◆ **n.f. plur.** Argent disponible et manière de le gérer. *Les finances d'une entreprise. Le ministère des Finances gère l'argent de l'État.*

▸ **financement** n.m. Action de financer quelque chose. *L'État a participé au financement des travaux.*

▸ **financer** v. (conjug. 4). Fournir l'argent nécessaire à un projet, une entreprise. *Financer un voyage.*

▸ **financier, ère** adj. Qui concerne les finances, l'argent. *Avoir des problèmes financiers.* SYN. **pécuniaire.**

finaud, e adj. Qui est rusé sous un air simple et innocent.

▸▸▸ Mot de la famille de **fin (2).**

finement adv. De façon fine et délicate. *Un objet finement sculpté.*

▸▸▸ Mot de la famille de **fin (2).**

finesse n.f. ❶ Qualité de ce qui est fin, délicat. *La finesse de la porcelaine.* SYN. **délicatesse.** *La finesse de la taille d'une danseuse.* SYN. **minceur, sveltesse.** ❷ Subtilité, intelligence. *La finesse d'une remarque.*

▸▸▸ Mot de la famille de **fin (2).**

fini, e adj. ❶ Qui a des finitions soignées. *Un vêtement bien fini.* ❷ **Produit fini,** produit industriel prêt à être utilisé.

▸▸▸ Mot de la famille de **finir.**

finir v. (conjug. 16). ❶ Prendre fin. *Le film finit à dix heures.* SYN. **s'achever, se terminer.** CONTR. **commencer, débuter.** ❷ Faire jusqu'à la fin, faire complètement. *J'ai fini mon dessin.* SYN. **achever, terminer.** CONTR. **commencer.** ❸ Consommer jusqu'à ce qu'il ne reste rien. *Alexandre a fini le gâteau.* ❹ Réussir après des efforts ou après un certain temps. *Je finirai bien par trouver la solution de ce problème.* ❺ **En finir,** mettre fin à quelque chose de long ou de désagréable. *Il faut en finir avec ces histoires.*

▸ **finition** n.f. (Souvent au pluriel). Opération qui termine la fabrication ou la construction de quelque chose. *Ils font les finitions dans leur maison.*

finlandais, e adj. et n. De Finlande. *Les forêts finlandaises. Mika est finlandais. C'est un Finlandais.*

● Le nom prend une majuscule : *un Finlandais.*

fiole n.f. Petit flacon de verre.

des **fioles**

fioritures n.f. plur. Ornements compliqués. *Un dessin plein de fioritures.*

fioul n.m. Produit dérivé du pétrole et utilisé comme combustible. *Se chauffer au fioul.* SYN. **mazout.**
● Ce mot est la forme française de l'anglais **fuel** [fjul].

firmament n.m. Mot littéraire. Ciel étoilé. *Les étoiles brillent au firmament.*

firme n.f. Entreprise industrielle ou commerciale. *Une firme internationale.*

fisc n.m. Administration qui est chargée des impôts. *Déclarer ses revenus au fisc.*

▶ **fiscal, e, aux** adj. Qui concerne le fisc, les impôts. *La loi fiscale. Une fraude fiscale.*
● Au masculin pluriel : **fiscaux.**

▶ **fiscalité** n.f. Ensemble des lois qui règlent le système des impôts.

fission n.f. Division du noyau d'un atome, libérant une quantité d'énergie considérable. *La fission d'un noyau d'uranium.*

fissure n.f. Petite fente. *L'eau coule à travers les fissures du plafond.* SYN. **lézarde.**

▶ se **fissurer** v. (conjug. 3). Se couvrir de fissures. *Le mur se fissure.* SYN. **se lézarder.**

fiston n.m. Mot familier. Fils. *Notre voisin et son fiston sont allés à la pêche.*
▸▸▸ Mot de la famille de **fils.**

fixation n.f. ❶ Action de fixer. *La fixation d'une étagère.* ❷ Ce qui sert à fixer quelque chose. *Des fixations de ski.*
▸▸▸ Mot de la famille de **fixe.**

fixe adj. ❶ Que l'on ne peut pas déplacer. *Les sièges sont fixes.* CONTR. **mobile.** ❷ Qui ne bouge pas. *Avoir le regard fixe.* SYN. **immobile.** ❸ Qui ne change pas. *Un prix fixe.* SYN. **stable.** *Ils ont des horaires fixes.* SYN. **régulier.** CONTR. **variable.** ❹ **Idée fixe,** qui occupe sans cesse l'esprit. *Richard veut devenir acteur, c'est une idée fixe.* SYN. **obsession.**

▶ **fixement** adv. **Regarder fixement,** avec insistance, sans détourner le regard. *Il regarde fixement l'écran de télévision.*

▶ **fixer** v. (conjug. 3). ❶ Placer, installer de manière stable et durable. *Fixer un tableau au mur.* SYN. **accrocher, attacher.** ❷ Regarder fixement. *Pourquoi me fixes-tu ?* ❸ Déterminer avec précision. *Nous avons fixé un jour pour nous rencontrer.*

▶ **fixité** n.f. État de ce qui est fixe, immobile. *La fixité de son regard me fait peur.* SYN. **immobilité.**

fjord n.m. Ancienne vallée glaciaire envahie par la mer. *Les fjords de Scandinavie.*
● On prononce [fjɔrd].
– La nouvelle orthographe permet d'écrire aussi **fiord,** avec un **i.**

un **fjord** (Norvège)

flacon n.m. Petite bouteille. *J'ai renversé le flacon de parfum.* → Vois aussi **fiole.**

flagelle n.m. Filament mobile qui permet à certaines cellules de se déplacer.
● Nom du genre masculin : **un flagelle.**

flageoler v. (conjug. 3). Trembler de fatigue ou d'émotion. *À la fin de la course, mes jambes flageolaient.*
● Ce mot s'écrit avec un **e** après le **g** pour prononcer le son [ʒ].

flageolet n.m. Petit haricot sec. *Nous avons mangé un gigot avec des flageolets.*
● Ce mot s'écrit avec un **e** après le **g** pour prononcer le son [ʒ].

flagrant, e adj. Évident, incontestable. *Un mensonge flagrant. Le malfaiteur a été pris en flagrant délit.*

flair n.m. ❶ Odorat de certains animaux. *Mon chien a un très bon flair.* ❷ Capacité d'une personne à prévoir ce qui va se passer. *Il a eu du flair dans cette enquête.* SYN. **intuition.**

▶ **flairer** v. (conjug. 3). ❶ Reconnaître ou trouver par l'odeur. *Le chien a flairé le gibier.*

a b c d e f g h i j k l m n o p q r s t u v w x y z

❷ Pressentir. *Le détective a flairé le piège.* SYN. **deviner.**

flamant n.m. Grand oiseau échassier, au long cou et au plumage rose ou rouge. *Les flamants vivent sur les côtes et près des lacs.*

un **flamant** rouge

flambant adj. invar. **Flambant neuf,** tout neuf. *Mon oncle a une voiture flambant neuf (ou flambant neuve).*

flambeau n.m. Torche qu'on porte à la main. *Le flambeau olympique. Aux sports d'hiver, j'ai assisté à une descente aux flambeaux à skis.* → Vois aussi **retraite.**

● Au pluriel : des **flambeaux.**

▸▸▸ Mot de la famille de **flamber.**

flambée n.f. ❶ Feu vif qu'on allume pour se réchauffer. *Nous avons fait une flambée dans la cheminée.* ❷ Manifestation soudaine et brutale. *Une flambée de violence.* ❸ Augmentation soudaine et importante. *Une flambée des prix.*

▸▸▸ Mot de la famille de **flamber.**

flamber v. (conjug. 3). ❶ Brûler en faisant de grandes flammes. *Les bûches flambent dans la cheminée.* ❷ Arroser un plat avec un alcool et l'enflammer. *On a flambé des crêpes.*

flamboiement n.m. Mot littéraire. Vive lumière. *Le flamboiement d'un incendie.*

● On prononce [flɑ̃bwamɑ̃].

▸▸▸ Mot de la famille de **flamboyer.**

flamboyant, e adj. Qui flamboie, qui brille d'un vif éclat. *Des yeux flamboyants.* SYN. **étincelant.**

▸▸▸ Mot de la famille de **flamboyer.**

flamboyer v. (conjug. 14). ❶ Produire une flamme brillante. *Un feu flamboyait dans la cheminée.* ❷ Briller vivement, lancer de vifs éclats. *Ses yeux flamboient de colère.* SYN. **étinceler.**

flamme n.f. Gaz qui se dégage d'une matière qui brûle en produisant de la lumière. *La flamme d'une bougie.*

▸▸▸ Mots de la même famille : **enflammer, inflammable, inflammation, ininflammable.**

▸ **flammèche** n.f. Parcelle de matière enflammée qui s'échappe d'un feu.

flan n.m. Crème à base de lait et d'œufs, cuite au four. *Un flan au caramel.*

● Ne confonds pas avec **flanc.**

flanc n.m. ❶ Côté du corps d'un être humain ou d'un animal. *Les chevaux sont couchés sur le flanc.* ❷ Côté d'une chose. *Le flanc d'un navire.* ❸ **À flanc de,** sur la pente de. *La maison a été construite à flanc de coteau.*

● Ce mot se termine par un **c.** – Ne confonds pas avec **flan.**

▸▸▸ Mot de la même famille : **efflanqué.**

flancher v. (conjug. 3). Mot familier. Faiblir, manquer de l'énergie nécessaire pour résister. *Le concurrent a flanché au dernier moment.* SYN. **abandonner, lâcher.** CONTR. **tenir.**

flanelle n.f. Tissu de laine léger et doux. *Un pantalon de flanelle.*

flâner v. (conjug. 3). Se promener sans but précis. *Flâner dans les rues.* SYN. **déambuler, errer.** CONTR. **se dépêcher, se presser.**

● Le **a** prend un accent circonflexe.

▸ **flânerie** n.f. Action de flâner. *Il s'adonne souvent à la flânerie.*

▸ **flâneur, euse** n. Personne qui flâne. *De nombreux flâneurs déambulent dans les allées du parc.*

flanqué, e adj. ❶ Garni d'une construction de chaque côté. *Un château flanqué de deux tours.* ❷ Accompagné, entouré. *Le chanteur était flanqué de deux gardes du corps.*

flanquer v. (conjug. 3). Mot familier. Lancer avec force, jeter brutalement. *Flanquer une gifle à quelqu'un. Il l'a flanqué à la porte.*

flaque n.f. Petite mare sur le sol. *Adrien s'amuse à sauter dans les flaques d'eau.*

flash n.m. ❶ Dispositif qui produit un éclair lumineux et que l'on utilise pour prendre des photos. *Mon appareil photo est équipé* *d'un flash.* ❷ À la radio ou à la télévision, court bulletin d'informations. *L'émission a été interrompue par un flash.*

● C'est un mot anglais, on prononce [flaʃ]. – Au pluriel : des **flashs** ou des **flashes.**

un appareil photo avec un **flash**

▸ **flash-back** n.m. invar. Au cinéma, séquence qui est un retour en arrière par rapport à l'action qui est en train de se dérouler.

● C'est un mot anglais, il vaut mieux dire **retour en arrière.**

– La nouvelle orthographe permet d'écrire aussi un **flashback,** des **flashbacks,** avec un **s** et sans trait d'union.

flasque adj. Qui manque de fermeté. *Il a la peau flasque.* SYN. **mou.** CONTR. **ferme.**

flatter et **se flatter** v. (conjug. 3). ❶ Faire des compliments exagérés à quelqu'un pour lui plaire. *Il ne cesse de flatter le directeur.* ❷ Faire plaisir à quelqu'un ou le rendre fier. *Les félicitations de l'instituteur ont flatté Rémi.* ❸ Tapoter un animal pour le caresser. *Flatter son poney après un galop.* ❹ Faire paraître plus beau que dans la réalité. *Ce portrait le flatte.* SYN. **avantager, embellir.** ◆ **se flatter de.** (Sens littéraire). Prétendre. *Elle se flatte d'avoir réussi.* SYN. **se targuer de, se vanter de.**

▸ **flatterie** n.f. Compliment exagéré et intéressé. *Certaines personnes sont sensibles à la flatterie.*

▸ **flatteur, euse** n. et adj. Personne qui flatte, qui fait des compliments exagérés. ◆ adj. Qui flatte la vanité. *Des paroles flatteuses.*

→ Vois aussi **élogieux.**

fléau n.m. ❶ Instrument formé de deux bâtons attachés par des courroies, qui servait à battre les céréales. ❷ Tige horizontale d'une balance, à laquelle sont suspendus ou fixés les plateaux. ❸ Grand malheur qui frappe un peuple ou une région. *La sécheresse, les épidémies sont des fléaux.* SYN. **calamité, catastrophe.**

● Au pluriel : des **fléaux.**

flèche n.f. ❶ Projectile formé d'une tige de bois ou de plastique munie d'une pointe, et qu'on lance avec un arc. ❷ Dessin qui représente une flèche et qui sert à indiquer une direction. *Il faut suivre les flèches pour trouver la sortie.* ❸ Extrémité effilée et pointue d'un clocher. ❹ **En flèche,** comme une flèche, très rapidement. *Les prix montent en flèche.*

▸ **fléché, e** adj. **Parcours fléché,** indiqué par des flèches.

▸ **fléchette** n.f. Petite flèche qui se lance à la main contre une cible.

un jeu de **fléchettes**

fléchir v. (conjug. 16). ❶ Plier une partie du corps. *Fléchir les genoux.* CONTR. **tendre.** ❷ Plier, se courber sous un poids. *L'étagère fléchit sous le poids des livres.* SYN. **ployer.** ❸ Faiblir, céder. *Son adversaire fléchissait peu à peu.* ❹ Baisser. *La production d'automobiles a fléchi.* SYN. **diminuer.** CONTR. **augmenter.**

▸ **fléchissement** n.m. ❶ Action de fléchir, de plier. *Le fléchissement du genou.* SYN. **flexion.** ❷ Fait de fléchir, de baisser. *On observe un fléchissement de la natalité.* SYN. **baisse, diminution.** CONTR. **hausse.**

flegmatique adj. Qui fait preuve de flegme, qui est très calme. *Quentin ne s'énerve jamais, il est flegmatique.* SYN. **impassible.** CONTR. **impulsif.** → Vois aussi **placide.**

▸▸▸ Mot de la famille de **flegme.**

flegme n.m. Caractère d'une personne qui garde son sang-froid, qui reste calme. *On parle souvent du flegme britannique.*

flemmard, e adj. et n. Mot familier. Paresseux. *Elle est très flemmarde.* SYN. **fainéant.**

▸▸▸ Mot de la famille de **flemme.**

a b c d e f g h i j k l m n o p q r s t u v w x y z

flemme n.f. Mot familier. Grande paresse. *J'ai la flemme de travailler, aujourd'hui.* SYN. **fainéantise.**

flétrir et **se flétrir** v. (conjug. 16). Faire perdre sa fraîcheur, son éclat. *La sécheresse a flétri les fleurs du jardin.* SYN. **faner.** ◆ **se flétrir.** Perdre sa fraîcheur. *Les roses se sont flétries rapidement.* SYN. **se faner.**

fleur n.f. ❶ Partie souvent colorée et parfumée d'une plante, qui contient les organes reproducteurs. *Leïla a cueilli des fleurs. J'ai offert un bouquet de fleurs à ma tante.* ❷ **Être en fleurs,** fleurir. *Les pommiers sont en fleurs.* ❸ **Faire une fleur à quelqu'un,** lui accorder un avantage, avoir un geste généreux envers lui. ❹ **À fleur d'eau,** presque au niveau de l'eau. *Des rochers à fleur d'eau.* ❺ **Avoir les nerfs à fleur de peau,** être très irritable.

→ planche pp. 460-461.

▸ **fleurer** v. (conjug. 3). Mot littéraire. Répandre une odeur agréable. *Le linge de l'armoire fleure bon la lavande.*

fleuret n.m. Épée à lame fine et légère, dont on se sert pour faire de l'escrime.

fleurir v. (conjug. 16). ❶ Se couvrir de fleurs. *Le lilas fleurit au printemps.* ❷ Orner de fleurs. *Maman a fleuri le balcon.*
▸▸▸ Mot de la famille de **fleur.**

fleuriste n. Personne qui vend des fleurs. *La fleuriste a composé un magnifique bouquet.*
▸▸▸ Mot de la famille de **fleur.**

fleuron n.m. ❶ Ornement en forme de fleur. ❷ Chose la plus belle d'un ensemble, d'une collection. *Ce tableau est le fleuron du musée.*
▸▸▸ Mot de la famille de **fleur.**

fleuve n.m. Cours d'eau qui se jette dans la mer. *La Seine, le Rhin, le Nil sont des fleuves.*
→ Vois aussi **rivière.**

flexible adj. Qui plie facilement. *La tige flexible d'un roseau.* SYN. **souple.** CONTR. **raide, rigide.**
▸▸▸ Mot de la famille de **fléchir.**

flexion n.f. Mouvement qui consiste à fléchir un membre. *Flexion du bras, du genou.* SYN. **fléchissement.** CONTR. **extension.**
▸▸▸ Mot de la famille de **fléchir.**

flibustier n.m. Pirate des côtes de la mer des Antilles, aux 17e et 18e siècles. → Vois aussi **corsaire, forban.**

flipper n.m. Billard électrique. *Faire une partie de flipper.*
● C'est un mot anglais, on prononce [flipœr].
– La nouvelle orthographe permet d'écrire aussi **flippeur**.

flirt n.m. Mot familier. Relation amoureuse passagère. *Leur flirt n'a pas duré longtemps.*
● C'est un mot anglais, on prononce [flœrt].

▸ **flirter** v. (conjug. 3). Mot familier. Avoir un flirt, une aventure amoureuse passagère avec quelqu'un. *Ali a flirté avec ma cousine.*
● C'est un mot anglais, on prononce [flœrte].

flocon n.m. ❶ Amas léger de cristaux de neige. *La neige tombe à gros flocons.* ❷ Petite lamelle d'aliment déshydraté. *Des flocons d'avoine; des flocons de pomme de terre.*

flonflons n.m. plur. Airs bruyants de certaines musiques populaires. *On entend les flonflons de la fête.*

floraison n.f. Épanouissement des fleurs; époque où les plantes fleurissent. *La floraison du lilas est de courte durée.*
▸▸▸ Mot de la famille de **fleur.**

floral, e, aux adj. Qui concerne les fleurs. *Une exposition florale.*
● Au masculin pluriel : **floraux.**
▸▸▸ Mot de la famille de **fleur.**

flore n.f. Ensemble des plantes qui poussent dans une région, dans un milieu. *La flore alpine; la flore marine.*

florissant, e adj. Qui réussit bien, qui a du succès. *Les commerces dans cette rue sont florissants.* SYN. **prospère.**
▸▸▸ Mot de la famille de **fleur.**

flot n.m. ❶ Grande quantité. *Verser des flots de larmes.* SYN. **torrent.** *Des flots de touristes arrivent chaque jour.* SYN. **foule.** ❷ **Mettre à flot,** mettre sur l'eau, faire flotter. *Le voilier a été mis à flot.* ◆ n.m. plur. (Sens littéraire). La mer. *Le bateau navigue sur des flots calmes.*

flottage n.m. Transport du bois par les cours d'eau, où il flotte à la surface.
▸▸▸ Mot de la famille de **flotter.**

le **flottage** du bois

1. flotte n.f. Ensemble de bateaux de commerce ou de guerre qui naviguent ensemble.
▸▸▸ Mot de la famille de **flotter.**

2. flotte n.f. Mot familier. Eau ; pluie.
▸▸▸ Mot de la famille de **flotter.**

flottement n.m. Hésitation, incertitude. *Le public a applaudi après un bref moment de flottement.*
▸▸▸ Mot de la famille de **flotter.**

flotter v. (conjug. 3). ❶ Être porté sur la surface d'un liquide. *Des morceaux de bois flottent sur le ruisseau.* SYN. **surnager.** CONTR. **couler.** ❷ Remuer en ondulant. *Les longs cheveux de Léa flottent au vent.* ❸ Être en suspension dans l'air. *Une bonne odeur de gâteau flottait dans la maison.* ❹ **Flotter dans un vêtement,** porter un vêtement trop large. SYN. **nager.** ❺ (Sens familier). Pleuvoir. *Il flotte depuis deux jours.*

▸ **flotteur** n.m. Objet qui flotte et qui est destiné à maintenir quelque chose à la surface de l'eau. *Les pédalos sont munis de flotteurs.*

flottille n.f. Ensemble de petits bateaux qui naviguent ensemble. *Une flottille de pêche.*

flou, e adj. ❶ Qui manque de netteté. *Une photo floue.* SYN. **trouble.** CONTR. **net.** ❷ Qui manque de précision, de clarté. *Tes explications sont un peu floues.* SYN. **vague.** CONTR. **clair, précis.**

fluctuant, e adj. Qui varie, qui change. *Des prix fluctuants.* SYN. **variable.** CONTR. **fixe.**

▸ **fluctuations** n.f. plur. Variations continuelles de quelque chose. *Les fluctuations des cours de la Bourse.*

fluet, fluette adj. ❶ Qui est mince et d'apparence fragile. *Des jambes fluettes.* SYN. **grêle.** ❷ **Voix fluette,** qui manque de force.

fluide adj. ❶ Qui coule facilement. *Une sauce fluide.* CONTR. **épais.** ❷ **Circulation routière fluide,** qui est régulière, sans ralentissements ou sans embouteillages. ◆ n.m. Corps, matière fluide. *Les liquides et les gaz sont des fluides.* CONTR. **solide.**

▸ **fluidité** n.f. Caractère de ce qui est fluide. *La fluidité d'une sauce. La fluidité du trafic routier.*

fluo adj. invar. Se dit d'une couleur fluorescente, très vive, très lumineuse. *Un jaune fluo. Des feutres fluo.*
▸▸▸ Mot de la famille de **fluorescent.**

fluor n.m. Substance chimique. *Certains dentifrices contiennent du fluor.*

fluorescent, e adj. Qui émet de la lumière dans l'obscurité lorsqu'on l'éclaire. *Le cycliste portait des bandeaux fluorescents.* → Vois aussi **phosphorescent.**
● Le son [s] s'écrit **sc.**

1. flûte n.f. ❶ Instrument de musique formé d'un tube percé de trous, dans lequel on souffle. *Une flûte à bec.* ❷ **Flûte de Pan,** flûte composée de plusieurs tubes de longueur inégale dans lesquels on souffle. ❸ Verre à pied, haut et étroit. *Verser du champagne dans des flûtes.*
● La nouvelle orthographe permet d'écrire aussi **flute,** sans accent circonflexe. – Nom des musiciens : un ou une **flûtiste.**

2. flûte ! interj. Mot familier. Mot qui exprime la déception, le mécontentement.
● La nouvelle orthographe permet d'écrire aussi **flute,** sans accent circonflexe.

fluvial, e, aux adj. Qui a lieu sur un fleuve ou une rivière. *La navigation fluviale.*
● Au masculin pluriel : **fluviaux.**

flux n.m. Marée montante. CONTR. **reflux.**
● Ce mot se termine par un **x** que l'on ne prononce pas.

a b c d e f g h i j k l m n o p q r s t u v w x y z

Les fleurs

pivoine sauvage

La fleur est un élément essentiel des plantes car elle contient les organes qui permettent leur reproduction. L'organe femelle est le pistil qui renferme l'ovule. L'organe mâle est l'étamine qui contient le pollen.

pâquerette

Les grains de pollen sont transportés par le vent ou les insectes. Lorsque ceux-ci se posent sur une fleur de même espèce, ils fécondent l'ovule. Après la fécondation, l'ovule devient une graine et le pistil, un fruit. Il existe de nombreuses sortes de fleurs, de couleurs et de formes variées. Certaines sont isolées au sommet d'une tige, d'autres forment des grappes ou des épis.

abeille butinant une mauve

Pour en savoir plus

oiseau de paradis

camélia

campanule

dahlia

tournesol

orchidée
lis
tulipe
narcisse
fleur
de poireau
glycine
mimosa
fenouil
magnolia
cactus
lilas
chardon
rhododendron
myosotis
pistil
pétale
étamine
sépale
ovule
pédoncule
fleur
de pommier
rose
anémone

foc n.m. Voile triangulaire placée à l'avant d'un voilier.

le **foc** d'un voilier

fœtus n.m. Enfant ou animal qui est encore dans le ventre de sa mère. *Le fœtus est plus développé que l'embryon.* → Vois aussi **embryon.**

● On prononce [fetys]. – Ne confonds pas avec **fétu.**

foi n.f. ❶ Croyance en Dieu. *Lisa a la foi.* ❷ Confiance en quelqu'un, en quelque chose. *Tu peux la croire, c'est une personne digne de foi.* ❸ **Bonne foi,** attitude de quelqu'un qui parle ou agit avec l'intention d'être honnête. *Sa bonne foi ne fait aucun doute.* CONTR. **mauvaise foi.** ❹ **Faire foi,** être une preuve indiscutable. *Envoyez vos réponses avant le 31 décembre, le cachet de la poste faisant foi.*

● Ne confonds pas avec le **foie** ou une **fois.**

foie n.m. ❶ Organe situé en haut et à droite de l'abdomen. Il fabrique la bile et joue un rôle très important dans la digestion. ❷ **Foie gras,** foie d'un canard ou d'une oie que l'on a engraissés. *À Noël, nous avons mangé du foie gras.*

● Ce mot masculin se termine par un **e.** – Ne confonds pas avec la **foi** ou une **fois.**

foin n.m. Herbe fauchée et séchée que l'on donne à manger au bétail. *Une botte de foin.* → Vois aussi **fourrage.**

foire n.f. ❶ Grand marché ou exposition commerciale qui a lieu à date fixe et au même endroit. *Une foire aux bestiaux. Une foire aux vins.* ❷ Fête en plein air qui propose de nombreuses attractions. *J'ai fait un tour de manège à la foire.* SYN. **fête foraine.**

fois n.f. ❶ Indique la répétition d'un fait, d'une action. *Je suis déjà venu deux fois, mais tu n'étais pas là.* ❷ Indique la multiplication. *Trois fois deux (3 × 2) égale six.* ❸ **À la fois,** en même temps. *Elle fait plusieurs choses à la fois.* ❹ **Il était une fois,** il y avait un jour, il y a très longtemps. *Il était une fois une princesse très belle.*

● Ne confonds pas avec la **foi** ou le **foie.**

à **foison** adv. En grande quantité, en abondance. *Les mauvaises herbes poussent à foison.*

▸ **foisonnement** n.m. Fait de foisonner. *Ce film a suscité un foisonnement de critiques.* SYN. **profusion.**

▸ **foisonner** v. (conjug. 3). Se trouver en très grande quantité. *Les mauvaises herbes foisonnent dans le jardin.* SYN. **abonder, pulluler.**

fol → fou

folâtrer v. (conjug. 3). Jouer, s'agiter gaiement. *Les enfants folâtrent dans le jardin.* SYN. **s'ébattre, gambader.**

● Le **a** prend un accent circonflexe.

folie n.f. ❶ Maladie mentale. *Avoir un accès de folie.* SYN. **démence.** ❷ Action déraisonnable, insensée. *C'est de la folie de sortir par ce temps.* ❸ Dépense excessive. *Tu as fait des folies pour mon anniversaire !* ❹ **Aimer à la folie,** aimer énormément. *Renata aime les fraises à la folie.*

▸▸▸ Mot de la famille de **fou.**

folklore n.m. Ensemble des traditions, légendes, chansons et danses d'un pays ou d'une région. *Le folklore roumain; le folklore breton.*

▸ **folklorique** adj. Qui appartient au folklore. *Une danse folklorique.*

une fête **folklorique**

folle → **fou**

follement adv. Extrêmement. *Rama était follement heureuse.* SYN. **éperdument, très.**
▸▸▸ Mot de la famille de **fou.**

follet adj.m. **Feu follet,** petite flamme qui apparaît dans certains endroits par le dégagement de matières en décomposition.

fomenter v. (conjug. 3). Mot littéraire. Préparer secrètement. *Fomenter une révolte.* → Vois aussi **comploter, manigancer, tramer.**

foncé, e adj. De couleur sombre. *Une écharpe vert foncé.* CONTR. **clair.**
▸▸▸ Mot de la famille de **foncer (1).**

1. **foncer** v. (conjug. 4). Devenir plus sombre. *Mes cheveux ont foncé.* CONTR. **s'éclaircir.**

2. **foncer** v. (conjug. 4). ❶ **Foncer sur,** se jeter, se précipiter sur quelque chose ou sur quelqu'un. *Quand le chien nous a vus, il a foncé sur nous.* SYN. **se ruer sur.** ❷ (Sens familier). Aller très vite. *Ils ont foncé pour arriver à temps.* SYN. **se dépêcher.**

foncier, ère adj. Qui concerne la propriété, la possession de maisons, d'immeubles ou de terres. *Payer un impôt foncier.*

foncièrement adv. Par nature. *Mon oncle est foncièrement généreux.* SYN. **profondément.**

fonction n.f. ❶ Métier, activité professionnelle. *Son père exerce la fonction de directeur du personnel.* SYN. **profession.** ❷ Activité, responsabilité. *Quelles sont vos fonctions dans l'entreprise ?* ❸ Rôle que joue un organe dans le corps, un élément dans un appareil. *Les poumons ont une fonction essentielle dans la respiration. Connaître les fonctions d'une calculatrice.* ❹ Rôle que joue un mot ou un groupe de mots dans une phrase. *Dans « Le chien aboie », le groupe du nom « Le chien » a la fonction de sujet.* ❺ **En fonction de,** compte tenu de. *En fonction de ce que tu me proposeras, je prendrai une décision.* SYN. **selon.** ❻ **Fonction publique,** ensemble des fonctionnaires de l'État.

▸ **fonctionnaire** n. Personne employée par l'État. *Les enseignants, les postiers, les policiers sont des fonctionnaires.*

▸ **fonctionnel, elle** adj. Qui est bien adapté à une fonction, à un usage. *Notre cuisine est très fonctionnelle.* SYN. **pratique.**

▸ **fonctionnement** n.m. Manière dont quelque chose fonctionne. *Mon frère m'a expliqué le fonctionnement de l'ordinateur.*

▸ **fonctionner** v. (conjug. 3). Être en état de marche. *Ma montre ne fonctionne plus.* SYN. **marcher.**

fond n.m. ❶ Partie la plus basse, la plus profonde de quelque chose. *Le fond de la bouteille est percé. Ma trousse est au fond de mon sac.* ❷ Endroit le plus éloigné de l'entrée; partie la plus reculée d'un lieu. *Je suis assis au fond de la classe. Il habite au fin fond du Canada.* ❸ Surface sur laquelle se détache quelque chose. *Un tissu à pois blancs sur fond bleu.* ❹ Ce qui est le plus important. *C'est le fond du problème.* SYN. **essentiel.** ❺ **À fond,** complètement. *Il a vissé le couvercle à fond.* SYN. **à bloc.** *Elle a lavé la cuisine à fond.* ❻ **Au fond, dans le fond,** en fin de compte, en réalité. *Au fond, cela n'a pas d'importance.* ❼ **Course de fond, ski de fond,** qui se pratiquent sur de longues distances.
● Ne confonds pas avec un **fonds.**

fondamental, e, aux adj. Qui est très important. *C'est une question fondamentale.* SYN. **essentiel, primordial.** CONTR. **accessoire, secondaire.**
● Au masculin pluriel : **fondamentaux.**

fondant, e adj. Qui fond dans la bouche. *Des bonbons fondants.*
▸▸▸ Mot de la famille de **fondre.**

fondateur, trice n. Personne qui fonde ou qui a fondé quelque chose. *Le fondateur d'un journal.*
▸▸▸ Mot de la famille de **fonder.**

fondation n.f. Action de fonder quelque chose. *La fondation d'un parti politique.* SYN. **création.** ◆ n.f. plur. Parties d'un bâtiment qui sont construites dans le sol et qui le soutiennent. *Les travaux de l'immeuble en sont aux fondations.*
▸▸▸ Mot de la famille de **fonder.**

fondé, e adj. Qui est justifié, qui repose sur de bonnes raisons. *Un reproche fondé.* SYN. **légitime.** CONTR. **gratuit, injustifié.**
▸▸▸ Mot de la famille de **fonder.**

fondement n.m. Raison, argument solide sur lequel repose quelque chose. *Tes craintes sont sans fondement.* SYN. **cause, motif.**
▸▸▸ Mot de la famille de **fonder.**

fonder et **se fonder** v. (conjug. 3). ❶ Créer. *Fonder une école, une entreprise.* ❷ **Fonder un foyer, une famille,** se marier et avoir des enfants. ◆ **se fonder sur.** S'appuyer sur des arguments, des preuves pour justifier ce que l'on dit. *Sur quoi te fondes-tu pour accuser ton frère ?*

fonderie n.f. Usine où l'on fond des métaux et des alliages.
▸▸▸ Mot de la famille de **fondre.**

fondre et **se fondre** v. (conjug. 46). ❶ Devenir liquide sous l'effet de la chaleur. *Dépêche-toi de manger ta glace, elle va fondre.* ❷ Se dissoudre dans un liquide. *Le sucre fond dans l'eau.* ❸ **Fondre un métal,** le soumettre à une très forte chaleur pour qu'il devienne liquide. *Fondre de l'or pour faire des lingots.* ❹ **Fondre en larmes,** se mettre à pleurer abondamment. ❺ **Fondre sur,** se précipiter, se jeter sur. *Le faucon a fondu sur sa proie.* ◆ **se fondre dans.** Se confondre, se mélanger avec quelque chose. *Soudain il a disparu, il s'était fondu dans la foule.*

fondrière n.f. Trou dans le sol, rempli d'eau ou de boue. → Vois aussi **ornière.**

fonds n.m. **Fonds de commerce,** magasin. *Le fonds de commerce du libraire est à vendre.* ◆ n.m. plur. Argent disponible. *L'association a trouvé des fonds pour faire construire un local.* SYN. **capitaux.**
● Ce mot se termine par un **s.** – Ne confonds pas avec **fond.**

fondue n.f. ❶ **Fondue savoyarde,** plat fait d'un mélange de fromage fondu et de vin blanc dans lequel on trempe des petits cubes de pain. ❷ **Fondue bourguignonne,** plat composé de petits morceaux de viande de bœuf crue que l'on plonge dans l'huile bouillante et que l'on mange avec différentes sauces.
▸▸▸ Mot de la famille de **fondre.**

fontaine n.f. Petite construction comprenant un bassin dans lequel coule de l'eau. *J'ai rempli ma gourde à la fontaine.*

1. **fonte** n.f. Action de fondre. *La fonte des neiges a lieu au printemps.*

2. **fonte** n.f. Alliage de fer et de carbone. *Maman a fait cuire le rôti dans une cocotte en fonte.*

fonts n.m. plur. **Fonts baptismaux,** bassin contenant l'eau pour les baptêmes, dans une église.
● Ne confonds pas avec **fond** ou **fonds.**

football n.m. Sport opposant deux équipes de onze joueurs, qui consiste à envoyer un ballon rond dans le but de l'équipe adverse, sans le toucher avec les mains.
● C'est un mot anglais, on prononce [futbɔl]. – On emploie souvent l'abréviation familière **foot.** – Nom des joueurs : un **footballeur,** une **footballeuse.**

le football

footing n.m. Course à pied que l'on pratique pour entretenir sa forme physique. *Faire du footing.*
● On prononce [futiŋ].

for n.m. **Dans mon for intérieur,** au plus profond de ma conscience, de moi-même. *Dans mon for intérieur, je savais qu'il avait raison.*

forage n.m. Action de forer. *Le forage d'un puits de pétrole.*
▸▸▸ Mot de la famille de **forer.**

forain, e adj. **Fête foraine,** fête publique en plein air avec des manèges, des attractions, des marchands. *Je me suis bien amusé à la fête foraine.* SYN. **foire.** ◆ n. Personne qui travaille sur les foires, les marchés, dans les fêtes foraines. *Les forains ont installé des manèges sur la place.*

forban n.m. Pirate qui attaquait et pillait les navires. → Vois aussi **corsaire, flibustier.**

forçat n.m. Autrefois, homme qui était condamné aux travaux forcés du bagne. SYN. **bagnard.**
● Le **c** prend une cédille.

force n.f. ❶ Capacité de fournir des efforts physiques. *Amina a assez de force pour* *soulever la valise.* SYN. **puissance, vigueur.** CONTR. **faiblesse.** ❷ **Force de caractère,** capacité à faire face aux difficultés. *Thomas a une grande force de caractère.* ❸ Degré, niveau dans un domaine. *Audrey et Pierre sont de la même force en natation.* ❹ Moyen violent utilisé pour obliger quelqu'un à faire quelque chose. *Les policiers ont employé la force pour maîtriser le malfaiteur.* ❺ Puissance d'un phénomène physique. *La force du vent fait tourner les éoliennes.* ❻ **À force de,** par la répétition d'une action. *À force de crier, je n'ai plus de voix.* ◆ **n.f. plur.** ❶ Énergie physique. *Après la course, Bruno n'avait plus de forces.* ❷ **Forces de l'ordre, forces militaires,** la police, l'armée.

forcé, e adj. ❶ Qui manque de naturel. *Son rire était forcé.* CONTR. **spontané.** ❷ Qui est imposé, que l'on fait par nécessité. *L'avion a fait un atterrissage forcé.*
▸▸▸ Mot de la famille de **forcer.**

forcément adv. De manière inévitable. *Forcément, il a fini par apprendre la vérité.* SYN. **fatalement, inévitablement, obligatoirement.**
▸▸▸ Mot de la famille de **forcer.**

forcené, e n. Personne qui n'a plus le contrôle de soi. *Les policiers ont réussi à maîtriser le forcené.*

forcer v. (conjug. 4). ❶ Obliger quelqu'un à faire quelque chose. *Maman me force à prendre mon petit déjeuner.* SYN. **contraindre.** ❷ Ouvrir par la force. *Les cambrioleurs ont forcé la serrure.* SYN. **fracturer.**

forcir v. (conjug. 16). Prendre du poids. *Il a un peu forci ces derniers temps.* SYN. **grossir.**

forer v. (conjug. 3). Creuser un trou dans une matière dure. *Forer un puits, un tunnel.* SYN. **percer.**

forestier, ère adj. ❶ Qui concerne la forêt. *Un chemin forestier.* ❷ **Garde forestier,** personne qui protège et entretient la forêt.
▸▸▸ Mot de la famille de **forêt.**

forêt n.f. Lieu couvert d'arbres, plus étendu qu'un bois. *Nous sommes allés nous promener en forêt.*
● Le **e** prend un accent circonflexe.

1. **forfait** n.m. Prix global qui a été fixé à l'avance. *Nous avons payé un forfait pour les cours de ski.*

2. **forfait** n.m. **Déclarer forfait,** renoncer à participer à une compétition. *Le cycliste blessé a déclaré forfait.*

3. **forfait** n.m. Mot littéraire. Crime abominable. *L'assassin avait déjà commis plusieurs forfaits.*

forge n.f. Atelier où l'on travaille les métaux chauffés à haute température avec un marteau et une enclume.

▸ **forger** v. (conjug. 5). Travailler un métal à chaud pour lui donner une forme.

▸ **forgeron** n.m. Personne qui travaille les métaux dans une forge.

se **formaliser** v. (conjug. 3). Être choqué par l'attitude d'une personne qui n'a pas respecté les règles de la politesse. *Il s'est formalisé de n'avoir pas été invité.*

formalité n.f. (Souvent au pluriel). Démarche administrative obligatoire. *Il faut accomplir certaines formalités pour pouvoir voter.*

format n.m. Dimension d'un objet. *Le format d'une enveloppe.* SYN. **taille.**

formateur, trice adj. Qui forme l'esprit, qui développe les facultés intellectuelles et les aptitudes. *Un exercice formateur.* SYN. **instructif.**

formation n.f. ❶ Manière dont une chose s'est formée. *La formation des mots.* ❷ Ensemble des connaissances à acquérir dans un domaine particulier ou pour exercer un métier. *Mon frère suit une formation professionnelle pour devenir menuisier.* ❸ Action de former ou de se former. *L'entraîneur a annoncé la formation d'une nouvelle équipe.* SYN. **constitution, création.** ❹ Groupement de personnes ayant une même activité. *Une formation politique.* SYN. **parti.** *Une formation de jazz.* SYN. **groupe.**

forme n.f. ❶ Aspect extérieur, contour de quelque chose. *La forme d'une voiture.* ❷ **Prendre forme,** commencer à avoir une apparence, une structure. *Notre projet prend forme.* SYN. **se préciser, prendre tournure.** ❸ Aspect sous lequel se présente quelque chose. *Cette maladie peut prendre différentes formes. « Chanteuse » est la forme féminine du mot « chanteur ».* ❹ Sorte, variété. *Il existe différentes formes d'intelligence.* SYN. **type.** ❺ **Pour la forme,** pour respecter les usages, les règles. *Je lui ai posé la question*

a b c d e f g h i j k l m n o p q r s t u v w x y z

pour la forme. ❻ Condition physique ou intellectuelle. *Tu as l'air en pleine forme.* ◆ n.f. plur. Contours du corps humain. *Cette robe moule les formes.* SYN. **silhouette.**

▸ **formel, elle** adj. ❶ Qui est précis, qui ne laisse aucun doute. *Un ordre formel.* SYN. **exprès (1).** *Une preuve formelle.* SYN. **incontestable, irréfutable.** *Un refus formel.* SYN. **catégorique.** ❷ Qui est fait seulement pour la forme. *Une politesse formelle.*

▸ **formellement** adv. De façon formelle, catégorique. *Il est formellement interdit de fumer ici.* SYN. **absolument, rigoureusement.**

▸ **former** v. (conjug. 3). ❶ Créer, concevoir. *Former une équipe.* SYN. **constituer.** ❷ Prendre la forme, l'aspect de. *La route forme un coude.* ❸ Donner une certaine forme à quelque chose. *Alexandra forme bien ses lettres.* ❹ Constituer. *Ce massif de fleurs forme un ensemble harmonieux.* ❺ Apprendre un métier à quelqu'un. *Dans cette école, on forme des ingénieurs.*

formidable adj. Mot familier. Très remarquable. *Nous avons passé des vacances formidables.* SYN. **sensationnel.** *Mon oncle est un homme formidable.* SYN. **admirable.**

formulaire n.m. Document imprimé comportant des questions auxquelles on doit répondre. *Pour m'inscrire au club, j'ai dû remplir un formulaire.*
● Ce nom masculin se termine par un **e.**

formule n.f. ❶ Expression toute faite que l'on emploie dans des circonstances précises. *Une formule de politesse. Prononcer une formule magique.* ❷ Moyen permettant de trouver une solution. *Il cherche une formule pour faire des économies.* SYN. **méthode.** ❸ Catégorie d'automobiles de course. *Une voiture de formule 1.*

▸ **formuler** v. (conjug. 3). Exprimer. *Essaie de formuler ta question autrement.*

1. **fort, e** adj. ❶ Qui a de la force physique. *Il faut être fort pour soulever cette caisse.* SYN. **robuste.** CONTR. **faible.** ❷ Qui a de l'embonpoint. *C'est une femme un peu forte.* SYN. **gros.** ❸ Qui a de grandes capacités dans un domaine. *Mariam est très forte en mathématiques.* SYN. **bon, doué.** CONTR. **faible.** ❹ Qui est puissant, intense. *Un vent fort.* SYN. **violent.** *Une voix forte.* CONTR. **doux.** ❺ Qui est très solide, résistant. *Du carton fort.* ❻ Qui est important, considérable. *Une forte somme d'argent.* ❼ Qui est très concentré, qui a beaucoup de goût. *Une moutarde forte; un café fort.* CONTR. **léger.** ❽ **C'est plus fort que moi,** je ne peux pas m'en empêcher. ❾ **C'est un peu fort, c'est trop fort,** c'est difficile à croire ou à supporter. *Il ne m'a pas attendu, c'est un peu fort!* ◆ adv. ❶ Avec force, intensité. *Parle plus fort.* CONTR. **doucement.** ❷ Très. *Juliette était fort déçue.* SYN. **extrêmement.** ◆ n.m. Ce en quoi une personne réussit le mieux. *La gymnastique, ce n'est pas son fort.*

2. **fort** n.m. Bâtiment fortifié. *Les forts protégeaient les villes des attaques ennemies.*
→ Vois aussi **forteresse, fortification.**

▸ **fortement** adv. Avec force, vigueur. *Appuyer fortement.* SYN. **fort.** *Je te conseille fortement de ne pas y aller.* SYN. **vivement.**

▸ **forteresse** n.f. Lieu fortifié qui protégeait une ville, une région contre les attaques. → Vois aussi **citadelle, fort, fortification.**

une forteresse

▸ **fortifiant, e** adj. et n.m. Qui fortifie, donne des forces. *Une boisson fortifiante. Le médecin a prescrit des fortifiants au malade.* SYN. **remontant.**

▸ **fortification** n.f. Construction qui sert à protéger un lieu des attaques ennemies. *Les remparts sont des fortifications.*

▸ **fortifier** v. (conjug. 7). ❶ Rendre fort, donner des forces. *Un séjour à la campagne te fortifiera.* ❷ Protéger un lieu par des fortifications. *Fortifier une ville.*

fortuit, e adj. Qui arrive par hasard. *Une rencontre fortuite.* SYN. **imprévu, inattendu.** CONTR. **prévisible.**

fortune n.f. ❶ Argent, biens qu'une personne possède. *Sa famille a de la fortune.* SYN. **richesse.** ❷ **Faire fortune,** s'enrichir. *Cet inventeur a fait fortune.* ❸ **De fortune,** que l'on a improvisé en attendant mieux. *Les explorateurs ont construit un abri de fortune.*

▶ **fortuné, e** adj. Qui a de la fortune, beaucoup d'argent. *Les habitants de ce quartier sont très fortunés.* SYN. **aisé, riche.** CONTR. **pauvre.**

forum n.m. ❶ Place centrale des villes antiques d'origine romaine, où se trouvaient les principaux édifices publics. ❷ Réunion accompagnée de débats. *Organiser un forum sur l'environnement.*
● On prononce [fɔrɔm].

fosse n.f. ❶ Grand trou creusé dans le sol. *On a déposé le cercueil dans la fosse.* ❷ **Fosse sous-marine,** endroit très profond dans la mer. SYN. **abysse.** ❸ **Fosses nasales,** parties creuses du nez. ❹ **Fosse d'orchestre,** dans un théâtre, endroit aménagé pour les musiciens, en bas de la scène.

▶ **fossé** n.m. Trou creusé en long dans le sol. *L'eau de pluie s'écoule dans les fossés.*

▶ **fossette** n.f. Léger creux au menton ou sur les joues.

fossile adj. et n.m. Reste ou empreinte de plante ou d'animal ayant vécu dans des temps très anciens, conservés dans la roche. *L'ammonite est un coquillage fossile. J'ai trouvé des fossiles dans la carrière.* → Vois aussi **énergie.**

un fossile

fossoyeur n.m. Personne qui creuse les fosses où l'on enterre les morts, dans un cimetière.
▸▸▸ Mot de la famille de **fosse.**

fou, folle adj. et n. ❶ Qui a perdu la raison, qui a une maladie mentale. *Il est devenu fou à la suite d'un accident.* ❷ Qui agit ou qui parle de façon inhabituelle, déraisonnable. *Tu es folle de crier aussi fort. Les enfants ont fait les fous.* ❸ Qui est passionné par quelque chose. *Mon frère est un fou de motos.* SYN. **fanatique.**
◆ adj. ❶ Qui est sous l'influence d'un sentiment violent. *Être fou de joie.* SYN. **éperdu.** ❷ Énorme, extraordinaire. *Il y avait un monde fou dans les magasins. Cette chanteuse a un succès fou.* ❸ **Fou rire,** rire que l'on ne peut pas arrêter. *Pierre a eu un fou rire en classe.*
→ Vois aussi **aliéné, dément.**
● **Fol** remplace **fou** devant un nom masculin commençant par une voyelle ou un « h » muet : *un fol espoir.*

▶ **fou** n.m. ❶ Personnage qui était chargé d'amuser les princes, les rois. SYN. **bouffon.** ❷ Pièce du jeu d'échecs qui se déplace en diagonale.

un fou

foudre n.f. ❶ Décharge électrique qui se produit pendant un orage et qui s'accompagne d'éclairs et de tonnerre. *La foudre est tombée sur l'arbre.* ❷ **Coup de foudre,** amour soudain que l'on éprouve pour quelqu'un.

▶ **foudroyant, e** adj. Puissant et rapide comme la foudre. *Un démarrage foudroyant.* SYN. **fulgurant.**

▶ **foudroyer** v. (conjug. 14). ❶ Détruire ou tuer, en parlant de la foudre. *Plusieurs personnes ont été foudroyées pendant l'orage.* ❷ **Foudroyer du regard,** regarder quelqu'un d'une façon dure, hostile.

fouet n.m. ❶ Instrument fait d'une lanière de cuir attachée à un manche et qui sert à donner des coups. *Le dompteur fait claquer son fouet.* ❷ Ustensile de cuisine qui sert à battre les œufs, les sauces. ❸ **Donner un coup de fouet,** redonner des forces, du courage. *Cette cure de vitamines lui a donné un coup de fouet.* ❹ **De plein fouet,** de face et violemment. *La voiture a heurté le mur de plein fouet.*

▶ **fouetter** v. (conjug. 3). ❶ Donner des coups de fouet. *Fouetter un cheval pour le faire*

a b c d e f g h i j k l m n o p q r s t u v w x y z

a b c d e f g h i j k l m n o p q

avancer. SYN. **cingler.** ❷ Battre vivement un aliment avec un fouet de cuisine. *Léa fouette la crème.* ❸ (Familier). **Avoir d'autres chats à fouetter,** avoir des choses plus importantes à faire.

fougère n.f. Plante sans fleurs qui a de grandes feuilles très découpées et qui pousse dans les bois.

fougue n.f. Ardeur, enthousiasme. *L'homme politique a parlé avec fougue.* SYN. **exaltation, passion.** CONTR. **calme.**

▸ **fougueux, euse** adj. Qui est plein de fougue, d'ardeur. *Un caractère fougueux.* SYN. **ardent, impétueux, pétulant.** CONTR. **calme, tranquille.**

fouille n.f. Fait de fouiller minutieusement un endroit. *Les douaniers ont procédé à la fouille des bagages.* SYN. **contrôle, inspection.** ◆ n.f. plur. Travaux entrepris par les archéologues pour retrouver des vestiges ensevelis au cours des siècles.

▸▸▸ Mot de la famille de **fouiller.**

fouiller v. (conjug. 3). Explorer avec soin un endroit, un objet pour trouver quelque chose. *Les policiers ont fouillé l'appartement.*

fouillis n.m. Grand désordre. *Quel fouillis dans mon sac !*

● Ce mot se termine par un **s.**

fouine n.f. Petit mammifère carnivore, au museau pointu et au pelage gris-brun, qui vit dans les bois. → Vois aussi **hermine, martre, putois, zibeline.**

une fouine

▸ **fouiner** v. (conjug. 3) Mot familier. Fouiller de manière indiscrète. *Elle fouine partout quand elle vient à la maison.* SYN. **fureter.**

foulard n.m. Morceau de tissu léger que l'on porte autour du cou ou sur la tête. → Vois aussi **châle, fichu.**

foule n.f. ❶ Grand nombre de personnes rassemblées au même endroit. *La foule attendait l'arrivée de l'actrice.* ❷ **Une foule de,** beaucoup de. *J'ai une foule de choses à faire ce matin.* SYN. **multitude, tas.**

foulée n.f. ❶ Chaque pas que l'on fait en courant. *Courir à petites foulées.* SYN. **enjambée.** ❷ **Dans la foulée,** juste après avoir fait quelque chose, sans s'interrompre. *J'ai cueilli des fraises et dans la foulée j'ai fait un bouquet de fleurs.*

se **fouler** v. (conjug. 3). Se faire une foulure. *Solène s'est foulé la cheville.*

▸ **foulure** n.f. Légère entorse. *Youssef s'est fait une foulure à la cheville.*

four n.m. ❶ Appareil fermé par une porte qui sert à cuire ou à chauffer les aliments. *Il existe des fours à gaz, électriques et à micro-ondes.* ❷ Appareil dans lequel on soumet des matériaux (terre, verre, etc.) à une très forte température. *Un four de potier.*

fourbe adj. et n. Qui trompe en cachant ses vrais sentiments, ses intentions. *Ne lui fais pas confiance, il est fourbe.* SYN. **hypocrite, perfide, sournois.** CONTR. **droit, franc, loyal.**

▸ **fourberie** n.f. Fait d'être fourbe, sournois. *Méfie-toi de sa fourberie.* SYN. **duplicité, hypocrisie, perfidie.** CONTR. **franchise, loyauté.**

fourbu, e adj. Très fatigué. *Je suis fourbu après cette longue marche.* SYN. **épuisé.**

fourche n.f. ❶ Outil à plusieurs dents, muni d'un long manche. *Le fermier charge le foin avec une fourche.* ❷ Endroit où une route, un chemin se divisent en plusieurs directions. *À la fourche, prenez à gauche.* SYN. **bifurcation, embranchement.** ❸ Partie d'un véhicule à deux roues où est fixée la roue avant.

▸ **fourchette** n.f. Couvert fait d'un manche muni de dents avec lequel on pique les aliments.

▸ **fourchu, e** adj. Qui se divise à la manière d'une fourche. *Une langue fourchue.*

fourgon n.m. ❶ Wagon réservé au transport des bagages ou du courrier dans un train. *Un fourgon postal.* ❷ **Fourgon mortuaire,** voiture qui transporte les cercueils au cimetière. SYN. **corbillard.**

▸ **fourgonnette** n.f. Petit véhicule utilitaire qui s'ouvre par l'arrière. *Le fleuriste*

w x y z

fait ses livraisons avec une fourgonnette.
→ Vois aussi **camionnette.**

fourmi n.f. ❶ Petit insecte noir ou rouge, qui vit en colonie dans une fourmilière. ❷ **Avoir des fourmis,** avoir des picotements dans une partie du corps. SYN. **fourmillement.**

des fourmis

▸ **fourmilier** n.m. Mammifère sans dents, qui capture les insectes grâce à sa longue langue visqueuse. *Le tamanoir est une espèce de fourmilier.*

▸ **fourmilière** n.f. ❶ Nid de fourmis, formé de nombreuses galeries, souvent à plusieurs étages. ❷ Ensemble des fourmis vivant dans un nid.

▸ **fourmillement** n.m. ❶ Sensation de picotement. *Marie a des fourmillements dans le bras.* SYN. **fourmis.** ❷ Fait de fourmiller, d'être en grand nombre. *Le fourmillement de la foule.* SYN. **grouillement.**

▸ **fourmiller** v. (conjug. 3). ❶ Se trouver en grand nombre. *Les fautes fourmillent dans sa lettre.* SYN. **abonder, pulluler.** ❷ Être plein d'une masse qui s'agite. *La place fourmille de touristes.* SYN. **grouiller.**

fournaise n.f. ❶ Violent incendie. *Les pompiers ont pénétré dans la fournaise.* SYN. **brasier.** ❷ Endroit où il fait très chaud. *Cette pièce est une fournaise.* SYN. **étuve.**
▸▸▸ Mot de la famille de **four.**

fourneau n.m. Appareil muni d'un four utilisé pour la cuisson des aliments. *Un fourneau à bois, à gaz.*
● Au pluriel : des **fourneaux.**
▸▸▸ Mot de la famille de **four.**

fournée n.f. Quantité de pains que l'on fait cuire en une fois dans le four. *Le boulanger fait deux fournées par jour.*
▸▸▸ Mot de la famille de **four.**

fournir v. (conjug. 16). ❶ Donner ce qui est nécessaire. *C'est le club de foot qui fournit les maillots.* SYN. **procurer.** *Des fermiers fournissent le restaurant en œufs et en volailles.* SYN. **approvisionner.** ❷ Donner ce qui est demandé. *Fournir un renseignement. Fournir un certificat médical.* ❸ Accomplir, faire. *Anthony a fourni un gros effort pour terminer la course.*

▸ **fournisseur** n.m. Personne qui fournit habituellement une marchandise à quelqu'un. *Le fournisseur livre ses clients chaque jour.*

▸ **fournitures** n.f. plur. Objets dont on se sert pour une activité. *Les cahiers, les livres, les crayons sont des fournitures scolaires.*

fourrage n.m. Ensemble des plantes qui servent de nourriture au bétail. → Vois aussi **foin.**

▸ **fourragère** adj.f. **Plante fourragère,** plante que l'on donne à manger au bétail. *Le trèfle, la luzerne, le sainfoin, le sorgho sont des plantes fourragères.*

1. **fourré** n.m. Groupe épais et touffu d'arbustes et de broussailles. *L'oiseau a fait son nid dans un fourré.* SYN. **buisson.**

2. **fourré, e** adj. ❶ Doublé, garni de fourrure à l'intérieur. *Des bottes fourrées.* ❷ Rempli d'une garniture. *Un gâteau fourré à la crème.*
▸▸▸ Mot de la famille de **fourrer.**

fourreau n.m. Étui allongé dans lequel on range un objet pour le protéger. *Le fourreau d'une épée.*
● Au pluriel : des **fourreaux.**

un fourreau de poignard

fourrer v. (conjug. 3). ❶ Remplir l'intérieur d'un aliment. *Fourrer des choux avec de la crème.* ❷ (Sens familier). Mettre une chose quelque part, sans attention ou sans soin. *Je ne sais pas où j'ai fourré mes clés.*
● Ce mot s'écrit avec deux **r.**

▸ **fourre-tout** n.m. invar. Sac ou pochette sans compartiments où l'on met des affaires en vrac.
● La nouvelle orthographe permet d'écrire aussi un **fourretout,** des **fourretouts,** avec un **s** et sans trait d'union.

fourrière n.f. Endroit dans lequel sont déposés les animaux errants ou les véhi-

a b c d e f g h i j k l m n o p q r s t u v w x y z

cules mal garés ou abandonnés sur la voie publique.

fourrure n.f. ❶ Peau d'animal garnie de poils que l'on traite pour faire des vêtements ou les doubler. *Un manteau de fourrure.* ❷ Pelage épais de certains animaux. *La fourrure d'un chat angora.*

se **fourvoyer** v. (conjug. 14). ❶ Se tromper de chemin. *Nous ne connaissions pas la région, nous nous sommes fourvoyés.* SYN. **s'égarer, se perdre.** ❷ Se tromper complètement. *Je le croyais franc, je me suis fourvoyé.*

foyer n.m. ❶ Partie d'une cheminée où l'on fait brûler le bois. ❷ Lieu où vit une famille. *Quitter le foyer familial.* ❸ **Femme au foyer,** qui n'exerce pas de profession et s'occupe de sa maison et de sa famille. ❹ Centre principal d'où provient quelque chose. *Un foyer d'incendie.* ❺ Établissement qui héberge des personnes. *Elle habite dans un foyer d'étudiants.*

fracas n.m. Bruit violent. *L'étagère s'est écroulée dans un grand fracas.* SYN. **vacarme.**

● Ce mot se termine par un **s.**

▶ **fracassant, e** adj. Qui produit une forte impression, qui fait scandale. *Le Premier ministre a fait une déclaration fracassante.* SYN. **retentissant.**

▶ **fracasser** et **se fracasser** v. (conjug. 3). Briser à grands coups. *Les voleurs ont fracassé la porte.* ◆ **se fracasser.** Se casser avec violence. *La statue s'est fracassée en tombant.*

fraction n.f. ❶ Partie d'un tout. *Une fraction importante des électeurs n'a pas voté.* CONTR. **totalité.** ❷ Notation de la division d'un nombre (le numérateur) par un autre (le dénominateur). *2/3 est une fraction.*

▶ **fractionner** v. (conjug. 3). Diviser en plusieurs parties. *Fractionner une parcelle de terrain.* SYN. **morceler, partager.**

fracture n.f. Blessure que l'on se fait en se cassant un os. *Le skieur a une fracture au bras.*

▶ **fracturer** et **se fracturer** v. (conjug. 3). ❶ Utiliser la force pour ouvrir, casser quelque chose. *Les voleurs ont fracturé la porte.* SYN. **forcer.** ❷ **Se fracturer un os,** se faire une fracture. *Lisa s'est fracturé le poignet en tombant.* SYN. **se casser.**

fragile adj. ❶ Qui se casse ou s'abîme facilement. *Ces verres en cristal sont très fragiles.* CONTR. **résistant, solide.** ❷ Qui est souvent malade. *Ma petite sœur est fragile.* SYN. **chétif, délicat.** CONTR. **résistant, robuste.**

▶ **fragilité** n.f. ❶ Fait d'être fragile, de se briser ou de s'abîmer facilement. *La fragilité de la porcelaine.* CONTR. **résistance, solidité.** ❷ Fait d'avoir une santé fragile, délicate. *La fragilité d'un convalescent.* CONTR. **robustesse.**

fragment n.m. ❶ Morceau d'un objet cassé ou déchiré. *J'ai recollé les fragments de l'assiette.* SYN. **débris.** ❷ Court passage d'un texte, d'une conversation. *J'ai lu des fragments de ce roman.* SYN. **extrait.**

▶ **fragmenter** v. (conjug. 3). Diviser en fragments, en parties. *Fragmenter un film en plusieurs épisodes.* SYN. **morceler, partager.** *Le gel a fragmenté la roche.* SYN. **désagréger, désintégrer.**

fraîchement adv. ❶ Depuis peu de temps. *Un banc fraîchement repeint.* SYN. **récemment.** ❷ Avec froideur. *Il nous a reçus fraîchement.* SYN. **froidement.** CONTR. **chaleureusement, cordialement.**

● La nouvelle orthographe permet d'écrire aussi **fraichement,** sans accent circonflexe.

▸▸▸ Mot de la famille de **frais (1).**

fraîcheur n.f. ❶ Température fraîche. *La fraîcheur de la nuit les a surpris.* CONTR. **chaleur.** ❷ Qualité d'un produit frais. *La fraîcheur des fruits et des légumes du marché.* ❸ Qualité d'une chose qui n'est pas ternie par le temps. *La fraîcheur du teint.*

● La nouvelle orthographe permet d'écrire aussi **fraicheur,** sans accent circonflexe.

▸▸▸ Mot de la famille de **frais (1).**

fraîchir v. (conjug. 16). Devenir plus frais. *La température a beaucoup fraîchi depuis hier.*

● La nouvelle orthographe permet d'écrire aussi **fraichir,** sans accent circonflexe.

▸▸▸ Mot de la famille de **frais (1).**

1. **frais, fraîche** adj. ❶ Qui produit une impression de froid léger. *Les températures sont encore fraîches pour la saison.* CONTR. **chaud, doux.** *Boire de l'eau fraîche.* CONTR. **tiède.** ❷ Qui a été cueilli, fabriqué ou pêché depuis peu de temps. *Des légumes frais.* CONTR. **avarié, pourri.** *Du pain frais.* CONTR. **dur, rassis.** *Du poisson frais.* ❸ Qui

n'est pas terni, qui a conservé son éclat. *Avoir le teint frais et les joues roses.* CONTR. **terne.** ❹ Récent, nouveau. *Des nouvelles fraîches.* ◆ adv. Légèrement froid. *Il fait frais, ce matin.* CONTR. **chaud, doux.** ◆ n.m. **Prendre le frais,** profiter de l'air frais et agréable.

● La nouvelle orthographe permet d'écrire aussi, au féminin, **fraiche**, sans accent circonflexe.

2. frais n.m. plur. ❶ Argent que l'on dépense pour quelque chose. *Ils ont fait beaucoup de frais pour réparer leur vieille voiture.* SYN. **dépenses.** ❷ **Faire les frais de quelque chose,** en subir les conséquences. *Nous avons fait les frais de toutes ses bêtises.*

1. fraise n.f. Petit fruit rouge qui pousse sur le fraisier.

2. fraise n.f. Instrument que le dentiste utilise pour creuser la partie cariée d'une dent. SYN. **roulette.**

3. fraise n.f. Grande collerette plissée que l'on portait aux 16e et 17e siècles.

fraisier n.m. Plante basse à tiges rampantes, qui produit des fraises.

►►► Mot de la famille de **fraise (1).**

une tige de fraisier et une fraise

framboise n.f. Petit fruit rose foncé qui pousse sur le framboisier.

► **framboisier** n.m. Arbrisseau qui produit des framboises.

un framboisier et des framboises

1. franc n.m. ❶ Ancienne monnaie de la France, de la Belgique et du Luxembourg. ❷ Monnaie de la Suisse et de quelques pays d'Afrique.

● Ce mot se termine par un **c.** – En France, en Belgique et au Luxembourg, le franc a été remplacé par l'euro le 1er janvier 2002.

2. franc, franche adj. ❶ Qui ne ment pas. *Djamila est franche, elle dit ce qu'elle pense.* SYN. **sincère.** CONTR. **fourbe, hypocrite, menteur.** ❷ **Coup franc,** au football, coup tiré par un joueur pour sanctionner une faute commise par l'équipe adverse.

● Au masculin, ce mot se termine par un **c.**

3. franc, franque adj. Relatif aux Francs, peuple germanique qui a fait la conquête de la Gaule au 5e siècle. *L'armée franque.*

● Au masculin, ce mot se termine par un **c.**

français, e adj. et n. De France. *Les régions françaises. Sarah est française. C'est une Française.* ◆ **français** n.m. Langue parlée en France, en Belgique, au Canada, en Suisse et dans certains pays d'Afrique et d'Asie.

● Le **c** prend une cédille. – Le nom prend une majuscule quand il désigne une personne : *un Français.*

franchement adv. ❶ Avec franchise, sans mentir. *Il m'a répondu franchement.* SYN. **sincèrement.** ❷ Vraiment, très. *Le numéro du clown était franchement drôle.*

►►► Mot de la famille de **franc (2).**

franchir v. (conjug. 16). ❶ Passer un obstacle en sautant par-dessus ou en l'escaladant. *Franchir un fossé, une haie.* ❷ Aller au-delà de quelque chose. *Franchir la ligne d'arrivée.* SYN. **passer.**

franchise n.f. Qualité d'une personne franche, qui ne ment pas. *Coralie m'a parlé avec franchise.* SYN. **sincérité.** CONTR. **dissimulation, hypocrisie.**

►►► Mot de la famille de **franc (2).**

francophone adj. et n. Qui parle le français. *Les Québécois sont francophones. Les francophones d'Afrique.*

► **francophonie** n.f. Ensemble des pays où l'on parle le français.

franc-parler n.m. Manière directe et franche de dire ce qu'on pense. *Mon frère a son franc-parler.*

a b c d e f g h i j k l m n o p q r s t u v w x y z

franc-tireur n.m. Combattant qui ne fait pas partie d'une armée régulière. SYN. **partisan.**
● Au pluriel : des **francs-tireurs.**

frange n.f. ❶ Rangée de fils qui borde un tissu. *La frange d'un châle, d'un tapis.* ❷ Cheveux qui forment une bande recouvrant le front. *Anne a raccourci sa frange.*

frangipane n.f. Crème à base d'amandes que l'on utilise pour garnir une pâtisserie.

frappant, e adj. Qui produit une forte impression. *La ressemblance de ces deux sœurs est frappante.* SYN. **impressionnant, saisissant.**
▸▸▸ Mot de la famille de **frapper.**

frappe n.f. Action de taper un texte à la machine ou à l'ordinateur. *Tu as fait plusieurs fautes de frappe.* SYN. **saisie.**
▸▸▸ Mot de la famille de **frapper.**

frapper v. (conjug. 3). ❶ Donner un coup, des coups. *J'ai frappé à la porte. Je t'interdis de frapper ton petit frère.* SYN. **battre, taper.** ❷ Atteindre quelqu'un. *La balle l'a frappé en plein cœur.* SYN. **toucher.** ❸ Faire une vive impression. *Sa réponse m'a frappé.* SYN. **surprendre.** ❹ **Frapper une pièce de monnaie, une médaille,** la fabriquer en faisant une empreinte en relief dans le métal.
● Ce mot s'écrit avec deux **p.**

fraternel, elle adj. Qui est propre aux relations, aux sentiments qui existent entre frères ou entre frères et sœurs. *L'amour fraternel.*
▸▸▸ Mot de la famille de **frère.**

fraternellement adv. D'une manière fraternelle. *Ils se sont embrassés fraternellement.*
▸▸▸ Mot de la famille de **frère.**

fraterniser v. (conjug. 3). S'entendre comme des frères et sœurs, comme des amis. *Ils ont fraternisé très vite.*
▸▸▸ Mot de la famille de **frère.**

fraternité n.f. Sentiment de solidarité et d'amitié qui unit des personnes. *La devise de la France est « Liberté, Égalité, Fraternité ».*
▸▸▸ Mot de la famille de **frère.**

fraude n.f. Action illégale. *La fraude lors d'un examen est sévèrement punie.* SYN. **tricherie.**

▸ **frauder** v. (conjug. 3). Commettre une fraude. *Frauder à un examen.* SYN. **tricher.**

▸ **fraudeur, euse** n. Personne qui fraude.

▸ **frauduleux, euse** adj. Qui constitue une fraude, qui est contraire à la loi. *Un trafic frauduleux.* SYN. **illégal, illicite.**

frayer et **se frayer** v. (conjug. 13). ❶ (Littéraire). **Frayer avec quelqu'un,** le fréquenter. *Il ne fraie pas avec ses collègues.* ❷ **Se frayer un chemin, un passage,** écarter les obstacles pour passer. *Zohra s'est frayé un passage à travers la foule.*
● On prononce [freje].

frayeur n.f. Grande peur. *Pousser un cri de frayeur.* SYN. **effroi, épouvante, terreur.**

fredonner v. (conjug. 3). Chanter doucement, à mi-voix. *Samba fredonne un air connu.* SYN. **chantonner.**

frégate n.f. Navire de guerre.

une frégate ancienne

frein n.m. ❶ Mécanisme qui permet de ralentir ou d'arrêter un véhicule. *Sabri a de bons freins sur son vélo.* ❷ **Mettre un frein à quelque chose,** l'arrêter ou l'empêcher de progresser. *Elle a mis un frein à ses dépenses.* SYN. **limiter.**

▸ **freinage** n.m. Action de freiner. *Des traces de freinage.*

▸ **freiner** v. (conjug. 3). Ralentir en utilisant les freins. *Il a freiné pour se garer sur le bas-côté de la route.* CONTR. **accélérer.**

frelaté, e adj. **Vin frelaté,** auquel on a ajouté certains produits de façon frauduleuse.

frêle adj. Qui manque de force. *Une jeune femme frêle.* SYN. **fluet, fragile.** CONTR. **robuste, vigoureux.**
● Le premier **e** prend un accent circonflexe.

frelon n.m. Grosse guêpe dont la piqûre est très douloureuse. → Vois aussi **bourdon.**

un frelon

freluquet n.m. Mot familier. Homme chétif. SYN. **gringalet.**

frémir v. (conjug. 16). Être agité d'un léger tremblement. *Le vent fait frémir les feuilles des arbres. Il frémissait de peur.* SYN. **trembler.**

▸ **frémissement** n.m. Mouvement d'une chose, d'une personne qui frémit. *Le frémissement de l'eau sur le point de bouillir. Un frémissement de colère agita tout son corps.* SYN. **tremblement.**

frêne n.m. Grand arbre des forêts tempérées, à bois clair et résistant.

● Le premier **e** prend un accent circonflexe.

un frêne

frénésie n.f. Grande excitation. *À la fin du spectacle, le public a applaudi avec frénésie.* SYN. **enthousiasme, exaltation.**

▸ **frénétique** adj. Qui manifeste une grande excitation, un grand enthousiasme. *Des hurlements frénétiques ont accueilli le chanteur.* SYN. **délirant, exalté.**

fréquemment adv. De manière fréquente, répétée. *Elle arrive fréquemment en retard.* SYN. **souvent.** CONTR. **rarement.**

● On écrit **emment** mais on prononce [amɑ̃], comme **amant.**

▸▸▸ Mot de la famille de **fréquent.**

fréquence n.f. Caractère de ce qui est fréquent ; fait de se produire à plusieurs reprises. *La fréquence des périodes de sécheresse inquiète les agriculteurs. Pourriez-vous me dire quelle est la fréquence des bus sur cette ligne ?*

▸▸▸ Mot de la famille de **fréquent.**

fréquent, e adj. Qui se produit souvent. *Les orages sont fréquents à cette saison.* SYN. **courant.** CONTR. **exceptionnel, rare.**

fréquentation n.f. ❶ Fait de fréquenter un lieu ou une personne. *La fréquentation des théâtres est en baisse.* ❷ (Souvent au pluriel). Personne que l'on fréquente. *Il a de mauvaises fréquentations.* SYN. **relations.**

▸▸▸ Mot de la famille de **fréquenter.**

fréquenté, e adj. ❶ Où il y a habituellement du monde. *Cette rue est très fréquentée.* ❷ **Lieu mal fréquenté,** où l'on rencontre des personnes jugées peu recommandables. SYN. **malfamé.**

▸▸▸ Mot de la famille de **fréquenter.**

fréquenter v. (conjug. 3). ❶ Aller souvent dans un lieu. *Ma grand-mère fréquente beaucoup les musées.* ❷ Avoir des relations régulières avec quelqu'un, le voir souvent. *Ils fréquentent leurs voisins.*

frère n.m. Garçon qui a les mêmes parents qu'une autre personne. *Mes deux frères et moi, nous passons nos vacances chez nos grands-parents.* → Vois aussi **beau-frère, demi-frère.**

fresque n.f. Peinture de grandes dimensions faite directement sur un mur. *Le plafond de la chapelle est orné de fresques.*

une fresque grecque

fret n.m. Marchandises transportées par un navire ou un avion; prix de son transport. SYN. **cargaison.**

● On prononce [frɛ] ou [frɛt].

frétiller v. (conjug. 3). S'agiter avec des petits mouvements vifs. *La queue du chien frétille.*

a b c d e f g h i j k l m n o p q r s t u v w x y z

fretin n.m. ❶ Petits poissons que l'on a pêchés. *Le pêcheur a rejeté le fretin à l'eau.* ❷ **Le menu fretin,** personnes ou choses auxquelles on accorde peu d'intérêt. *La police n'a arrêté que du menu fretin.*

friable adj. Qui s'effrite facilement et se réduit en poudre. *Une roche friable.*

friand, e adj. **Être friand de quelque chose,** en raffoler. *Mon chien est friand de biscuits.*

▸ **friandise** n.f. Bonbon, petite pâtisserie. *Lisa adore les friandises.* SYN. **confiserie, sucrerie.**

fric n.m. Mot très familier. Argent.

friche n.f. Terrain qui n'est pas cultivé, qui est abandonné. *Un champ en friche.* → Vois aussi **jachère.**

▸▸▸ Mot de la même famille : **défricher.**

friction n.f. ❶ Action de frictionner le corps. *En prenant sa douche, elle se fait une friction au gant de crin.* ❷ Désaccord, discussion. *Il y a de nombreux sujets de friction dans notre famille.* SYN. **heurt.**

▸ **frictionner** v. (conjug. 3). Frotter vigoureusement une partie du corps. *Je frictionne le dos de mon petit frère.*

Frigidaire n.m. Réfrigérateur.

● C'est un nom de marque : il s'écrit avec une majuscule dans les textes imprimés. – On emploie souvent l'abréviation familière **frigo.**

frigorifier v. (conjug. 7). Mettre au froid pour conserver. *Frigorifier de la viande.* → Vois aussi **congeler, surgeler.**

▸ **frigorifique** adj. Qui produit du froid. *La viande est transportée dans des camions frigorifiques.*

frileux, euse adj. Qui est très sensible au froid. *Ma grand-mère est frileuse.*

frime n.f. Mot familier. Ce que l'on fait ou ce que l'on dit pour impressionner les autres. *Elle n'est jamais allée aux États-Unis, c'est de la frime.*

▸ **frimer** v. (conjug. 3). Mot familier. Prendre un air supérieur pour impressionner les autres. *Il frime avec son nouveau vélo.*

frimousse n.f. Mot familier. Visage charmant d'un enfant ou d'une jeune personne. *Ta petite sœur a une jolie frimousse.* SYN. **minois.**

fringale n.f. Mot familier. Faim subite. *J'ai une de ces fringales !*

fringant, e adj. ❶ Se dit d'un cheval très vif. ❷ Se dit d'une personne élégante et pleine de vitalité. *Grand-père est encore fringant pour son âge.*

fripé, e adj. Froissé. *Ma jupe est toute fripée.* SYN. **chiffonné.**

▸▸▸ Mot de la famille de **se friper.**

se **friper** v. (conjug. 3). Se froisser. *Ma robe s'est fripée pendant le voyage.*

fripon, onne n. et adj. Mot familier. Enfant espiègle. *Cette petite friponne m'a encore joué un tour.* SYN. **coquin, polisson.**

fripouille n.f. Mot familier. Personne malhonnête. *Ne fais pas confiance à cette fripouille.* SYN. **canaille, crapule, gredin.**

frire v. Faire cuire dans une matière grasse bouillante. *J'ai mangé du poisson frit.*

● Ce verbe ne s'emploie couramment qu'à l'infinitif et au participe passé, **frit.** On trouve parfois le présent de l'indicatif (seulement au singulier), le futur simple et les temps composés.

frise n.f. Bordure peinte ou sculptée décorant un monument, un mur, un meuble. *Maman a posé une frise de papier peint en haut du mur. Une frise sculptée orne la cheminée du château.*

une frise

frisé, e adj. Qui a les cheveux en boucles serrées. *Mon frère a les cheveux frisés.* SYN. **bouclé.** CONTR. **raide.**

▸▸▸ Mot de la famille de **friser.**

friser v. (conjug. 3). ❶ Former des boucles serrées. *Mes cheveux frisent quand il pleut.* SYN. **boucler.** ❷ S'approcher très près de quelque chose. *Le navigateur a frisé la catastrophe. Elle frise la cinquantaine.*

▸ **frisette** n.f. Mot familier. Petite boucle de cheveux frisés.

frisquet, ette adj. Mot familier. Un peu froid. *Un vent frisquet.* SYN. **frais.**

frisson n.m. ❶ Léger tremblement accompagné d'une sensation de froid. *Juliette doit être malade, elle a des frissons.* ❷ **Donner le frisson,** faire peur. *Ton histoire me donne le frisson.*

▶ **frissonner** v. (conjug. 3). Avoir des frissons. *Frissonner de froid.* SYN. **grelotter, trembler.**

frit, frite adj. Que l'on a fait frire. *Des pommes de terre frites.*
▸▸▸ Mot de la famille de **frire.**

frite n.f. Bâtonnet de pomme de terre frit. *J'ai commandé un steak avec des frites.*
▸▸▸ Mot de la famille de **frire.**

friteuse n.f. Récipient utilisé pour faire frire des aliments. *Une friteuse électrique.*
▸▸▸ Mot de la famille de **frire.**

friture n.f. ❶ Matière grasse bouillante dans laquelle on fait frire les aliments. *Plonger les beignets dans la friture.* ❷ Ensemble de petits poissons que l'on fait frire. *Une friture de goujons.*
▸▸▸ Mot de la famille de **frire.**

frivole adj. Qui est peu sérieux. *Ma sœur a des occupations frivoles.* SYN. **futile.** *Un esprit frivole.* SYN. **léger.**

▶ **frivolité** n.f. Action, parole frivoles. *Elle perd son temps à des frivolités.* SYN. **futilité.**

froid, froide adj. ❶ Dont la température est peu élevée. *Boire un chocolat froid. Je ne me baigne pas, l'eau est trop froide.* CONTR. **chaud.** ❷ Qui manque d'amabilité, de chaleur. *Le directeur est un homme froid.* SYN. **réservé, distant.** CONTR. **chaleureux.** ❸ Qui reste calme, qui ne se trouble pas. *Ses critiques m'ont laissé froid.* SYN. **indifférent.** ◆ adv. ❶ **Il fait froid,** la température est basse. ❷ **Manger, boire froid,** manger un plat froid, boire une boisson froide.

▶ **froid** n.m. ❶ Température peu élevée. *Je ne m'habitue pas au froid.* CONTR. **chaleur.** ❷ **Attraper, prendre froid,** s'enrhumer par temps froid. ❸ **Avoir froid,** éprouver une sensation de froid. CONTR. **chaud.** ❹ **Être en froid avec quelqu'un,** être brouillé avec lui. *Ils sont en froid avec leurs voisins.* ❺ **Jeter un froid,** provoquer un malaise. *Sa plaisanterie a jeté un froid.*

▶ **froidement** adv. Avec froideur, réserve. *Ils nous ont accueillis froidement.* SYN. **fraîchement.** CONTR. **chaleureusement, cordialement.**

▶ **froideur** n.f. Manque d'amabilité. *Elle s'est adressée à nous avec froideur.* SYN. **réserve.** CONTR. **chaleur, cordialité.**

froissé, e adj. Qui a des faux plis. *Un tissu tout froissé.* SYN. **chiffonné, fripé.**
▸▸▸ Mot de la famille de **froisser.**

froissement n.m. Bruit produit par quelque chose que l'on froisse. *Un froissement de papier.*
▸▸▸ Mot de la famille de **froisser.**

froisser et **se froisser** v. (conjug. 3). ❶ Faire prendre des faux plis à quelque chose. *Tu as froissé ta robe dans la voiture.* SYN. **chiffonner.** ❷ Vexer quelqu'un. *Ta remarque l'a froissé.* SYN. **blesser, offenser.** ◆ **se froisser.** ❶ Prendre des faux plis. *Ta veste s'est froissée dans la valise.* ❷ **Se froisser un muscle,** se déchirer un muscle. *On risque de se froisser un muscle si l'on ne s'échauffe pas.*

frôlement n.m. Léger contact. *Julie a senti le frôlement d'un papillon contre sa joue.*
● Le **o** prend un accent circonflexe.
▸▸▸ Mot de la famille de **frôler.**

frôler v. (conjug. 3). ❶ Passer très près, en touchant à peine ou en touchant presque. *La balle lui a frôlé le bras.* SYN. **effleurer.** ❷ Échapper de justesse à quelque chose. *L'alpiniste a frôlé la mort.*
● Le **o** prend un accent circonflexe.

fromage n.m. ❶ Aliment fabriqué avec du lait caillé de vache, de chèvre ou de brebis. *Le camembert, le gruyère sont des fromages.* ❷ **Fromage blanc,** fait avec du lait caillé de vache, de chèvre ou de brebis.

▶ **fromager, ère** adj. Relatif au fromage. *L'industrie fromagère.* ◆ n. Personne qui fabrique ou vend du fromage.

froment n.m. Blé tendre. *De la farine de froment.*

fronce n.f. Pli ondulé sur un tissu. *Une jupe à fronces.*

▶ **froncement** n.m. Action de froncer les sourcils. *À son froncement de sourcils, je vis qu'elle n'était pas d'accord.*

▶ **froncer** v. (conjug. 4). ❶ Faire des fronces, des petits plis. *La couturière a froncé ma jupe à la taille.* ❷ **Froncer les sourcils,** faire ap-

a b c d e f g h i j k l m n o p q r s t u v w x y z

paraître des plis sur le front en rapprochant les sourcils. *Grand-père fronce les sourcils quand il est fâché.*

frondaison n.f. Mot littéraire. Ensemble des feuilles d'un arbre. *L'abondante frondaison des marronniers.* SYN. **feuillage.**

1. **fronde** n.f. Lance-pierre.

une fronde

2. **fronde** n.f. Mot littéraire. Mouvement de révolte. *Un esprit de fronde règne dans le groupe.* SYN. **rébellion.**

▸ **frondeur, euse** adj. Mot littéraire. Qui a tendance à critiquer, à contredire. *C'est un esprit frondeur.*

front n.m. ❶ Partie haute du visage, au-dessus des sourcils. *Maxence a une bosse sur le front.* ❷ Zone où ont lieu les combats contre l'ennemi. *Les soldats ont été envoyés au front.* ❸ **Faire front,** faire face. *Ils doivent faire front à de nouvelles difficultés.* ❹ **De front,** côte à côte, sur une même ligne; en même temps. *Ils marchent de front. L'enquêteur mène plusieurs affaires de front.*

▸ **frontal, e, aux** adj. ❶ Du front. *Les muscles frontaux.* ❷ Qui se fait de face. *Un choc frontal entre deux voitures.*

● Au masculin pluriel : **frontaux.**

frontalier, ère adj. Situé près d'une frontière. *Une région, une ville frontalière.* ◆ adj. et n. Qui habite près d'une frontière. *Chaque jour, de nombreux frontaliers français vont travailler en Suisse.*

▸▸▸ Mot de la famille de **frontière.**

frontière n.f. Limite qui sépare deux États. *Les camions doivent s'arrêter à la frontière.*

frontispice n.m. Titre d'un livre, placé à la première page.

fronton n.m. ❶ Ornement triangulaire qui se trouve au-dessus de l'entrée principale d'un monument. *Le fronton des temples grecs.* ❷ Mur contre lequel on lance la balle, à la pelote basque.

le fronton d'un palais de justice

frottement n.m. Mouvement de quelque chose qui frotte contre autre chose. *La corde est usée par le frottement.*

▸▸▸ Mot de la famille de **frotter.**

frotter et **se frotter** v. (conjug. 3). ❶ Passer plusieurs fois une chose sur une autre en appuyant. *Grand-père frotte ses chaussures avec un chiffon.* ❷ Racler contre quelque chose, ne pas glisser facilement. *La porte frotte.* ◆ **se frotter.** ❶ **Se frotter les mains,** frotter les paumes l'une sur l'autre. ❷ (Familier). **Se frotter à quelqu'un,** s'en prendre à lui, le provoquer. *Ne te frotte pas à eux, tu pourrais le regretter.*

froussard, e adj. et n. Mot familier. Peureux, poltron. *Elle a peur des souris, quelle froussarde !*

▸▸▸ Mot de la famille de **frousse.**

frousse n.f. Mot familier. Peur. *J'ai eu la frousse la nuit dans la forêt.*

fructifier v. (conjug. 7). Produire des bénéfices, rapporter des intérêts. *Il a fait fructifier une partie de son argent.*

fructueux, euse adj. Qui donne des résultats avantageux. *Son travail a été fructueux.* SYN. **profitable, rentable.**

frugal, e, aux adj. **Repas frugal,** simple et léger. CONTR. **copieux.**

● Au masculin pluriel : **frugaux.**

▸ **frugalité** n.f. Fait d'être frugal, peu copieux. *La frugalité d'un repas.*

fruit n.m. ❶ Partie de la plante qui contient les graines et qui est issue de la fleur. *Le* *gland est le fruit du chêne. Les fraises, les cerises, les bananes sont des fruits comestibles.* ❷ **Fruits de mer,** coquillages et crustacés comestibles. *Les huîtres, les crevettes, les crabes sont des fruits de mer.* ❸ Résultat, profit tiré de quelque chose. *Son succès est le fruit de nombreuses années de travail.* ❹ **Porter ses fruits,** donner de bons résultats. *Ses efforts ont porté leurs fruits.* **verger.**

→ planche pp. 478-479.

▶ **fruité, e** adj. Qui a un goût de fruit. *Une huile d'olive fruitée.*

▶ **fruitier, ère** adj. **Arbre fruitier,** qui produit des fruits comestibles. *Les pommiers, les pêchers sont des arbres fruitiers.*

fruste adj. Qui manque de finesse, de délicatesse. *Il a des manières un peu frustes.* SYN. **grossier.** CONTR. **délicat, distingué.** → Vois aussi **rustre.**

frustration n.f. Sentiment désagréable d'être privé de quelque chose, de ne pas avoir ce que l'on souhaitait. *Quelle frustration de ne pas pouvoir assister à la fin du spectacle !*
▸▸▸ Mot de la famille de **frustrer.**

frustrer v. (conjug. 3). Priver quelqu'un de ce qu'il attendait. *Son échec l'a frustré.*

fuchsia n.m. Arbrisseau aux fleurs pendantes de couleur rose violacé en forme de clochettes.
● On prononce [fyʃja] ou [fyksja].

un **fuchsia**

fuel → fioul

fugace adj. Qui ne dure pas, qui disparaît rapidement. *Un souvenir fugace.* SYN. **éphémère, fugitif, passager.** CONTR. **durable, tenace.**

1. **fugitif, ive** adj. Qui ne dure pas. *Un bonheur fugitif; un souvenir fugitif.* SYN. **éphémère, fugace, passager.** CONTR. **durable, éternel, tenace.**
▸▸▸ Mot de la famille de **fuir.**

2. **fugitif, ive** n. Personne qui s'est enfuie. *La police s'est lancée à la poursuite des fugitifs.* SYN. **fuyard.**
▸▸▸ Mot de la famille de **fuir.**

fugue n.f. Fait de s'enfuir de son domicile. *La jeune fille a fait une fugue.*

▶ **fuguer** v. (conjug. 6). Mot familier. Faire une fugue.

fuir v. (conjug. 29). ❶ Partir rapidement pour échapper à quelqu'un, à quelque chose. *Les oiseaux et les bêtes sauvages fuyaient à notre approche.* SYN. **s'enfuir, se sauver.** ❷ Chercher à éviter. *Fuir quelqu'un. Fuir les responsabilités.* ❸ Laisser échapper un liquide ou un gaz. *Le robinet de la salle de bains fuit. Ma gourde fuit.*
▸▸▸ Mot de la même famille : **s'enfuir.**

▶ **fuite** n.f. ❶ Fait de fuir, de s'enfuir. *Les voleurs ont pris la fuite.* ❷ Écoulement anormal d'un liquide ou d'un gaz. *Une fuite d'eau a endommagé le plafond.* ❸ Révélation d'informations qui devaient rester secrètes. *Tout le monde est au courant, il y a eu des fuites.*

fulgurant, e adj. Très rapide et intense. *J'ai ressenti une douleur fulgurante.*

fumé, e adj. Qui a été séché à la fumée, en parlant d'un aliment. *Du saumon fumé.*
▸▸▸ Mot de la famille de **fumer (1).**

fumée n.f. Nuage de gaz et de poussière qui s'échappe de quelque chose qui brûle. *Le feu de forêt dégage une épaisse fumée.*
▸▸▸ Mot de la famille de **fumer (1).**

1. **fumer** v. (conjug. 3). ❶ Dégager de la fumée. *Les cheminées des maisons fument.* ❷ Aspirer puis rejeter la fumée du tabac. *Fumer une cigarette. Fumer est dangereux pour la santé.* ❸ Exposer un aliment à la fumée pour le sécher et le conserver. *Fumer du jambon.*
▸▸▸ Mot de la même famille : **enfumer.**

2. **fumer** v. (conjug. 3). Répandre du fumier, des engrais pour rendre la terre plus fertile. *Fumer un champ.* → Vois aussi **fertiliser.**

fumet n.m. Odeur agréable d'une viande en train de cuire. *Le fumet du rôti m'a donné faim.*
▸▸▸ Mot de la famille de **fumer (1).**

Les fruits

Le fruit est produit par la fleur. Lorsqu'une fleur a été fécondée, les ovules contenus dans le pistil se transforment en graines. La fleur fane, le pistil grossit et devient un fruit contenant les graines qui permettront à la plante de se reproduire. On distingue deux grandes catégories de fruits : les fruits charnus (abricot, pomme, tomate, raisin, etc.), dont on consomme la chair, et les fruits secs (amande, noisette, pistache, etc.), dont on mange plutôt la graine. Il existe aussi des fruits non comestibles tels que le marron d'Inde.

cerises sur l'arbre

noisettes

amandes

marron d'Inde

melons

myrtilles

groseilles

cassis

pêches
reines-claudes
pomme
abricots
poires
oranges
pistache
noix
de coco
framboises
raisin
noix
fraises
tomate
avocats
bananes
figue
kiwis
grenades
ananas
mangue
papayes

fumeur, euse n. Personne qui a l'habitude de fumer du tabac. *Les lieux publics sont interdits aux fumeurs.*
▸▸▸ Mot de la famille de **fumer (1).**

fumeux, euse adj. Qui manque de clarté. *Des idées fumeuses.* SYN. **confus, obscur.** CONTR. **clair.**

fumier n.m. Mélange de paille et d'excréments d'animaux, utilisé comme engrais. *L'agriculteur a répandu du fumier dans son champ.*
▸▸▸ Mot de la famille de **fumer (2).**

fumiste n. ❶ Personne qui entretient les cheminées et les appareils de chauffage. ❷ (Sens familier). Personne qui manque de sérieux dans son travail. *On ne peut pas lui faire confiance, c'est une fumiste.*

funambule n. Acrobate qui marche sur une corde tendue à grande hauteur au-dessus du sol. → Vois aussi **équilibriste.**

funèbre adj. Qui concerne la mort, le deuil, les enterrements. *La cérémonie funèbre aura lieu dans deux jours.* → Vois aussi **mortuaire.**

▸ **funérailles** n.f. plur. Cérémonie d'enterrement. *Une foule importante d'admirateurs s'est déplacée pour les funérailles du chanteur.* SYN. **obsèques.**

▸ **funéraire** adj. Qui concerne les tombes, les enterrements. *Un monument funéraire.*

funeste adj. Qui entraîne la mort, le malheur. *Cette erreur a eu des conséquences funestes.* SYN. **fatal.**

funiculaire n.m. Train tiré par un câble, utilisé pour gravir des pentes abruptes.
● Ce nom masculin se termine par un **e.**

un **funiculaire** (Los Angeles)

furet n.m. Petit mammifère carnivore, au pelage blanc ou brun et aux yeux rouges. *Le furet est parfois dressé pour chasser les lapins dans leur terrier.* → Vois aussi **putois.**

au **fur et à mesure** adv. En même temps et progressivement. *Je passe les livres à Julie pour qu'elle les range au fur et à mesure.*

fureter v. (conjug. 11). Chercher en fouillant pour découvrir des choses cachées ou secrètes. *Elle furète dans tous les coins.* → Vois aussi **fouiner.**

fureur n.f. ❶ Grande colère. *Il a des accès de fureur.* SYN. **furie, rage.** ❷ **Faire fureur,** avoir beaucoup de succès. *Cette chanson a fait fureur cet été.*

▸ **furibond, e** adj. Qui est très en colère. *Elle était furibonde.* SYN. **furieux.**

▸ **furie** n.f. ❶ Colère violente. *Ta réponse l'a mis en furie.* SYN. **fureur, rage.** ❷ Femme déchaînée.

▸ **furieusement** adv. Avec furie. *Il l'a repoussé furieusement.* SYN. **violemment.**

▸ **furieux, euse** adj. Qui est très en colère. *J'étais furieuse contre lui.* SYN. **furibond.** *En apprenant la nouvelle, il est devenu fou furieux.*

furoncle n.m. Gros bouton qui contient du pus. → Vois aussi **abcès, panaris.**

furtif, ive adj. Que l'on fait rapidement et en se cachant. *Jeter un coup d'œil furtif.* CONTR. **ostensible.**

▸ **furtivement** adv. De manière furtive, rapide et discrète. *Julie s'est glissée furtivement dans la pièce.* SYN. **à la dérobée.** CONTR. **ostensiblement, ouvertement.**

fusain n.m. ❶ Arbrisseau aux feuilles luisantes et aux fruits rouges ou roses. ❷ Bâton de charbon de bois de fusain utilisé pour dessiner.

un dessin au **fusain**

fuseau n.m. ❶ Petit instrument en bois aux extrémités pointues que l'on utilisait autrefois pour filer la laine et que l'on utilise aujourd'hui pour faire de la dentelle. ❷ Pantalon de sport qui se termine par une bande passant sous le pied. *On met quelquefois un fuseau pour faire du ski.* ❸ **Fuseau horaire,** zone de la Terre à l'intérieur de laquelle l'heure est la même partout. *La surface de la Terre est divisée en 24 fuseaux horaires.*

● Au pluriel : des **fuseaux.**

fusée n.f. ❶ Engin qui se déplace à grande vitesse dans l'espace. → Vois aussi **navette.** ❷ Tube rempli de poudre, qui éclate en l'air en faisant des étincelles. *Les fusées d'un feu d'artifice.*

une fusée

fuselage n.m. Partie d'un avion sur laquelle sont fixées les ailes.

fuser v. (conjug. 3). Jaillir comme une fusée, éclater soudainement. *Des rires fusèrent dans l'assemblée.*

fusible n.m. Petit fil en alliage spécial ou en plomb, qui est placé dans un circuit électrique, et qui fond quand l'intensité du courant est trop forte. *Les fusibles ont sauté.* SYN. **plomb.**

fusil n.m. Arme à feu formée d'un long canon et d'une crosse. *Un fusil de chasse.*

● On ne prononce pas le **l.**

▸ **fusillade** n.f. Échange de coups de feu. *Une fusillade a éclaté.*

▸ **fusiller** v. (conjug. 3). Tuer à coups de fusil. *Le condamné à mort a été fusillé.*

fusion n.f. ❶ Passage d'un corps solide à l'état liquide, sous l'action de la chaleur. *Un métal en fusion.* ❷ Réunion de deux choses en une seule. *Les deux entreprises ont annoncé leur fusion.*

▸ **fusionner** v. (conjug. 3). Se réunir, s'associer. *Les deux entreprises ont fusionné.*

fût n.m. ❶ Partie du tronc d'un arbre dépourvue de branches. ❷ Tonneau. *On a laissé vieillir le vin dans des fûts de chêne.*

● La nouvelle orthographe permet d'écrire aussi **fut,** sans accent circonflexe.

▸ **futaie** n.f. Forêt d'arbres très grands, au fût élancé.

futé, e adj. Mot familier. Intelligent et rusé. *Aïcha est très futée.* SYN. **malin.** CONTR. **bête, sot.**

futile adj. Qui est sans intérêt. *Elle a des préoccupations bien futiles.* SYN. **frivole, léger.** CONTR. **grave, sérieux.**

▸ **futilité** n.f. Caractère de ce qui est futile. *Dire des futilités.* SYN. **frivolité.**

futur, e adj. ❶ Qui est à venir. *Les générations futures.* CONTR. **passé, présent.** ❷ Qui sera tel plus tard. *Voici un futur avocat.*

▸ **futur** n.m. ❶ Ce qui se passera plus tard. *Le futur les inquiète.* SYN. **avenir.** CONTR. **passé, présent.** ❷ Temps du verbe qui indique que l'action se fera plus tard. *Dans la phrase « J'irai à la piscine demain », le verbe « aller » est au futur.* → Vois aussi **imparfait, passé, présent.**

▸ **futuriste** adj. Qui évoque les réalisations du futur. *Une voiture futuriste.*

fuyant, e adj. **Regard fuyant,** qui fuit, qui évite celui des autres.

▸▸▸ Mot de la famille de **fuir.**

fuyard, e n. Personne qui s'enfuit. *Les fuyards ont été retrouvés.* SYN. **fugitif.**

▸▸▸ Mot de la famille de **fuir.**

a
b
c
d
e
f
g
h
i
j
k
l
m
n
o
p
q
r
s
t
u
v
w
x
y
z

gabardine n.f. ❶ Manteau en tissu imperméable. ❷ Tissu de laine ou de coton très serré et léger. *Un pantalon en gabardine.*

gabarit n.m. Dimensions d'un véhicule. *Ce pont est interdit aux camions de gros gabarit.*
● Ce mot se termine par un **t** que l'on ne prononce pas.

gabegie n.f. Désordre, gaspillage causé par une mauvaise organisation. *Il risque la faillite avec une telle gabegie.*
● On prononce [gabʒi].

gabelle n.f. Impôt que l'on payait sur le sel en France, avant la Révolution.

gabonais, e adj. et n. Du Gabon. *Le pétrole gabonais. Daniel est gabonais. C'est un Gabonais.*
● Le nom prend une majuscule : *un Gabonais.*

gâcher v. (conjug. 3). ❶ Faire un mauvais usage de quelque chose. *Gâcher de la nourriture.* SYN. **gaspiller.** ❷ Rendre peu agréable. *La pluie a gâché le pique-nique.* ❸ **Gâcher du plâtre,** le mélanger à de l'eau.
● Le **a** prend un accent circonflexe.

gâchette n.f. Pièce d'une arme à feu qui actionne la détente et fait partir le coup. *Appuyer sur la gâchette d'un revolver.* → Vois aussi **détente.**
● Le **a** prend un accent circonflexe.

gâchis n.m. ❶ Action de gâcher, de gaspiller quelque chose. *Ne jette pas le lait, c'est du gâchis !* SYN. **gaspillage.** ❷ Dégât, désordre qui résulte d'une mauvaise organisation. *Tous ces licenciements, quel gâchis !*
● Le **a** prend un accent circonflexe et le mot se termine par un **s.**
▸▸▸ Mot de la famille de **gâcher.**

gadget n.m. Objet amusant et nouveau qui est plus ou moins utile. *Mon frère s'achète les derniers gadgets à la mode.*
● C'est un mot anglais, on prononce [gadʒɛt].

gadoue n.f. Mot familier. Terre mouillée. *Il avait plu, on pataugeait dans la gadoue.* SYN. **boue.**

1. **gaffe** n.f. Longue perche munie d'un crochet, utilisée sur un bateau pour accoster, accrocher quelque chose.

2. **gaffe** n.f. Mot familier. ❶ Action ou parole maladroite. *Il a fait une gaffe.* SYN. **impair (2).** ❷ **Faire gaffe,** faire attention, se méfier.

gag n.m. Scène, situation drôle et inattendue. *Ce film comique est plein de gags.*

gage n.m. ❶ **Laisser quelque chose en gage,** le mettre en dépôt comme garantie jusqu'au moment où l'on pourra payer. *Elle a laissé ses bijoux en gage.* ❷ Épreuve amusante qu'on doit accomplir lorsque l'on perd à certains jeux. *Comme gage, tu feras trois fois le tour de la pièce à cloche-pied.* ◆ n.m. plur. **Tueur à gages,** personne payée pour assassiner quelqu'un.

gageure n.f. Action qui semble irréalisable. *C'est une gageure de vouloir parcourir tant de kilomètres en si peu de temps.*
● On prononce [gaʒyr].
– La nouvelle orthographe permet d'écrire aussi **gageüre,** avec un tréma sur le **u.**

gagnant, e adj. et n. Qui gagne ou qui a gagné. *Nous avons le numéro gagnant. Les deux gagnantes sont montées sur le podium.* CONTR. **perdant.**
▸▸▸ Mot de la famille de **gagner.**

gagne-pain n.m. invar. Ce qui permet à quelqu'un de gagner sa vie. *La vente des légumes qu'il cultive est son gagne-pain.*
● La nouvelle orthographe permet d'écrire aussi des **gagne-pains,** avec un **s**.
►►► Mot de la famille de **gagner.**

gagner v. (conjug. 3). ❶ Remporter une victoire. *Nous avons gagné le match.* CONTR. **perdre.** ❷ Obtenir de l'argent par son travail ou un objet grâce au hasard. *Mon frère gagne un peu d'argent en faisant du baby-sitting. Elle gagne bien sa vie. J'ai gagné un lot à la loterie.* ❸ Atteindre un endroit. *Les spectateurs ont gagné la sortie du théâtre.* ❹ Atteindre, envahir progressivement. *Le feu de forêt a gagné le village. Le sommeil me gagne.* ❺ Économiser du temps, de la place. *Si tu prends ce chemin, tu gagneras un quart d'heure.*

gai, e adj. ❶ Qui est de bonne humeur, qui aime rire. *Samba est toujours gaie.* SYN. **enjoué, joyeux.** CONTR. **renfrogné, triste.** ❷ Qui met de bonne humeur. *Une chanson gaie.* CONTR. **triste.** ❸ **Couleur gaie,** claire et vive.
►►► Mot de la même famille : **égayer.**

► **gaiement** adv. Avec gaieté. *Toute la classe chantait gaiement.* SYN. **joyeusement.** CONTR. **tristement.**
● La nouvelle orthographe permet d'écrire aussi **gaiment,** sans **e** avant le **m**.

► **gaieté** n.f. Bonne humeur. *Quentin a montré beaucoup de gaieté pendant la soirée.* SYN. **enjouement, joie.** CONTR. **tristesse.**
● La nouvelle orthographe permet d'écrire aussi **gaité,** sans **e** avant le **t**.

gaillard, e adj. et n. Plein de vigueur, d'entrain. *Une vieille dame gaillarde.* SYN. **alerte.** *C'est un rude gaillard.*
►►► Mot de la même famille : **ragaillardir.**

gain n.m. ❶ Argent que l'on gagne. *Il a fait un gros gain en revendant sa société.* SYN. **bénéfice, profit.** CONTR. **perte.** ❷ Fait de gagner, d'économiser du temps, de la place. *Une bonne organisation permet un gain de temps.* CONTR. **perte.**

gaine n.f. ❶ Enveloppe qui protège un objet, dans laquelle on le range. *La gaine d'un poignard.* SYN. **étui, fourreau.** ❷ Sous-vêtement de femme en tissu élastique, qui maintient la taille et le ventre.

galant, e adj. Qui est courtois, plein d'attentions envers les femmes. *Un homme galant.* CONTR. **grossier.** *Il a des manières galantes.*

► **galanterie** n.f. Politesse, courtoisie à l'égard des femmes. *Il a fait preuve de galanterie en laissant passer les dames devant lui.*

galaxie n.f. ❶ Immense amas d'étoiles, de gaz et de poussières présent dans l'univers. *Il existe des dizaines de millions de galaxies.* ❷ **La Galaxie,** la galaxie où se trouvent le Soleil et la Terre.

la galaxie d'Andromède

galbe n.m. Contour d'un objet, d'un corps, de forme courbe et harmonieuse. *Le galbe d'un vase; le galbe d'une jambe.*

► **galbé, e** adj. Qui a des courbes harmonieuses. *Des jambes bien galbées.*

gale n.f. Maladie contagieuse de la peau, causée par un parasite et provoquant de fortes démangeaisons.

galère n.f. Navire à voiles et à rames utilisé autrefois pour la guerre ou le commerce. ◆ n.f. plur. Peine infligée autrefois aux criminels, condamnés à ramer sur des galères. *Envoyer quelqu'un aux galères.*

une galère

galerie n.f. ❶ Passage, couloir souterrain. *Une galerie de mine. Les taupes creusent des galeries.* ❷ Long passage couvert à l'intérieur ou à l'extérieur d'un bâtiment. *Les galeries d'un château. La galerie d'un centre*

a b c d e f g h i j k l m n o p q r s y z

commercial. ❸ Lieu où sont exposées des œuvres d'art. *Elle a acheté ce tableau dans une galerie.* ❹ Porte-bagages fixé sur le toit d'une voiture. *Papa a attaché les valises sur la galerie.*

galérien n.m. Autrefois, homme qui était condamné aux galères.
▸▸▸ Mot de la famille de **galère**.

galet n.m. Caillou arrondi et poli par les frottements de l'eau, que l'on trouve au bord de la mer et dans les torrents. *Une plage de galets.*

galette n.f. Gâteau rond et plat. *Des galettes bretonnes. La galette des Rois contient une fève.*

galimatias n.m. Discours ou texte confus, incompréhensible. *Je n'ai rien compris à ton galimatias.* → Vois aussi **charabia**.
● Ce mot se termine par un **s**. – On prononce [galimatja].

galion n.m. Grand navire que les Espagnols utilisaient aux 16e et 17e siècles, notamment pour rapporter l'or et l'argent d'Amérique.

galipette n.f. Culbute. *Les enfants font des galipettes dans l'herbe.* SYN. **roulade.**

gallinacé n.m. Gros oiseau qui vit au sol et qui vole peu. *La poule, la dinde, la pintade, le faisan et la perdrix sont des gallinacés.*

gallo-romain, e adj. Qui appartient à la civilisation de la Gaule romaine. *Des vestiges gallo-romains.*

galoche n.f. ❶ Chaussure de cuir à semelle de bois. ❷ **Menton en galoche,** menton long et relevé vers l'avant.

galon n.m. ❶ Ruban épais qui sert à orner. *Les rideaux sont bordés d'un galon.* ❷ Petit ruban cousu sur l'uniforme d'un militaire et qui indique son grade.

galop n.m. Allure la plus rapide d'un cheval. *Le cheval est parti au galop.*
● Ce mot se termine par un **p**.

▸ **galopade** n.f. Course très rapide. *On entendit une galopade dans le couloir.* SYN. **cavalcade.**

▸ **galoper** v. (conjug. 3). ❶ Pour un cheval, aller au galop. ❷ Courir très vite. *Les enfants galopent dans les allées du parc.*

galopin n.m. Mot familier. Petit garçon insupportable et effronté. *Une bande de galopins jouent dans le square.* SYN. **chenapan, garnement, polisson.**

galvaniser v. (conjug. 3). Donner de l'énergie, de l'enthousiasme. *Cet homme politique a galvanisé la foule.* SYN. **électriser.**

galvauder v. (conjug. 3). Gâcher quelque chose en en faisant un mauvais usage. *Galvauder son talent.*

gambade n.f. Saut que l'on fait quand on est joyeux. *Les enfants font des gambades dans le jardin.* → Vois aussi **cabriole.**

▸ **gambader** v. (conjug. 3). Faire des gambades, des sauts joyeux. *Les enfants gambadent dans l'herbe.* SYN. **s'ébattre, folâtrer.**

gambien, enne adj. et n. De Gambie. *La côte gambienne. Fodeh est gambien. C'est un Gambien.*
● Le nom prend une majuscule : *un Gambien.*

gamelle n.f. Récipient en métal muni d'un couvercle dans lequel on transporte des aliments préparés.

gamin, e n. Mot familier. Enfant. *Des gamins jouaient sur la plage.* → Vois aussi **gosse, môme.**

▸ **gaminerie** n.f. (Souvent au pluriel). Parole, comportement de gamin. *Je ne supporte pas ses gamineries.* SYN. **enfantillage.**

gamme n.f. ❶ Suite précise de notes de musique. *Faire des gammes au piano.* ❷ Ensemble de choses de même nature mais qui présentent quelques différences. *Une gamme de lecteurs DVD.* SYN. **série.** ❸ **Bas de gamme, haut de gamme,** qui se situe au niveau inférieur, supérieur du point de vue du prix, de la qualité. *Des ordinateurs haut de gamme.*

gang n.m. Bande organisée de malfaiteurs. *La police a démantelé le gang.*
● On prononce le **g** final. – Ne confonds pas avec une **gangue.**

ganglion n.m. Petite boule située sous la peau, qui enfle lorsque l'on a une infection. *Les ganglions du cou.*

gangrène n.f. Maladie très grave qui provoque la pourriture des chairs. *Le soldat avait une jambe rongée par la gangrène.*

gangster n.m. Membre d'un gang, d'une bande de malfaiteurs. *Les gangsters ont pris la fuite.* SYN. **bandit, truand.**
● On prononce [gɑ̃gstɛr].
▸▸▸ Mot de la famille de **gang.**

gangue n.f. Matière qui est collée à un minerai ou à une pierre précieuse, lorsqu'on l'extrait de la terre. *Débarrasser un diamant de sa gangue.*

● Ne confonds pas avec un **gang.**

gant n.m. ❶ Vêtement qui couvre la main et enveloppe chaque doigt. *En hiver, je porte des gants fourrés.* ❷ Accessoire qui couvre la main et qui sert à divers usages. *Des gants de vaisselle. Des gants de boxe.* ❸ **Gant de toilette,** poche en tissu-éponge dans laquelle on enfile la main et que l'on utilise pour se laver. ❹ **Aller comme un gant,** aller parfaitement. *Cette jupe te va comme un gant.* ❺ **Prendre des gants,** agir avec ménagement, délicatesse. *Il a pris des gants pour lui dire ce qu'il pensait.* → Vois aussi **moufle.**

garage n.m. ❶ Abri couvert et fermé où l'on gare les véhicules. *Maman a rentré la voiture au garage.* ❷ Entreprise de réparation et d'entretien des automobiles. *Papa a conduit sa voiture au garage pour une révision.* → Vois aussi **box, parking.**

▶ **garagiste** n. Personne qui tient un garage. *Mon père est garagiste.*

garant, e adj. et n. **Se porter garant de,** assurer, garantir quelque chose, répondre de quelqu'un. *La directrice s'est portée garante de l'honnêteté de son employé.*

▶ **garantie** n.f. Contrat qui garantit le fonctionnement d'un appareil, d'un véhicule. *Le réfrigérateur est sous garantie pendant deux ans.*

▶ **garantir** v. (conjug. 16). ❶ Assurer pour un certain temps la réparation gratuite d'un objet vendu en cas de défaut ou de panne. *Notre voiture est garantie un an.* ❷ Être certain de quelque chose. *Je te garantis que cela va marcher.* SYN. **affirmer, assurer, certifier.** ❸ Mettre à l'abri, préserver de. *Cet auvent nous garantit du soleil.* SYN. **protéger.**

garçon n.m. ❶ Enfant de sexe masculin. *Ils ont une fille et un garçon.* SYN. **fils.** ❷ Jeune personne de sexe masculin. *Mes cousins sont des garçons très courageux.* ❸ **Garçon de café,** serveur dans un café. ❹ **Vieux garçon,** homme qui n'est pas marié et qui vit seul.

● Le **c** prend une cédille.

▶ **garçonnet** n.m. Petit garçon. *Un garçonnet de cinq ans.*

1. **garde** n.f. ❶ Action de garder quelque chose ou de veiller sur quelqu'un. *Ils ont confié à Lisa la garde de sa petite sœur.* ❷ Groupe de personnes qui gardent un lieu ou une personne. *La garde d'un chef d'État.* ❸ **Chien de garde,** chien dressé pour garder un lieu. ❹ **Être sur ses gardes,** se méfier, faire attention. ❺ **Mettre en garde,** avertir d'une menace, d'un danger. *Il nous a mis en garde contre l'orage.* ❻ **Monter la garde,** surveiller un endroit. *Des soldats montaient la garde à l'entrée de la ville.* ❼ **Prendre garde,** faire attention pour éviter un danger. *Prends garde aux vipères.* ❽ Partie située entre la poignée et la lame d'une épée, d'un poignard, et qui sert à protéger la main.

▸▸▸ Mot de la famille de **garder.**

2. **garde** n. ❶ Personne qui protège ou surveille un lieu ou une autre personne. *Deux gardes étaient placés à l'entrée de la caserne. Une garde veillait sur le malade.* ❷ **Garde du corps,** homme chargé de la sécurité d'une personne. *Le Président se déplace avec ses gardes du corps.* → Vois aussi **gardien.**

▸▸▸ Mot de la famille de **garder.**

garde-à-vous n.m. invar. Position réglementaire que prend un militaire, debout, immobile, les bras le long du corps, les talons joints. *Se mettre au garde-à-vous.*

garde-barrière n. Personne qui manœuvre les barrières d'un passage à niveau.

● Au pluriel : des **gardes-barrière(s).**
– La nouvelle orthographe permet d'écrire aussi des **garde-barrières.**

garde-boue n.m. invar. Bande de métal ou de plastique placée au-dessus des roues d'un vélo ou d'une moto pour protéger des éclaboussures d'eau, de boue.

● La nouvelle orthographe permet d'écrire aussi des **garde-boues,** avec un **s.**

les garde-boue d'un vélo

a b c d e f g h i j k l m n o p q r s t

a b c d e f g h i j k l m n o p q r s t u v w x y z

garde-chasse n.m. Personne chargée de protéger le gibier dans une forêt privée.
- Au pluriel : des **gardes-chasse(s)**.
– La nouvelle orthographe permet d'écrire aussi des **garde-chasses**.

garde-fou n.m. Barrière qui empêche de tomber d'une passerelle, d'un pont. SYN. **balustrade, parapet, rambarde.** → Vois aussi **bastingage**.
- Au pluriel : des **garde-fous**.

le garde-fou d'un pont

garde-malade n. Personne qui reste auprès d'un malade pour s'occuper de lui.
- Au pluriel : des **gardes-malade(s)**.
– La nouvelle orthographe permet d'écrire aussi des **garde-malades**.

garde-manger n.m. invar. Petite armoire, en général munie d'un grillage, où l'on conserve des aliments.
- La nouvelle orthographe permet d'écrire aussi des **garde-mangers**, avec un **s**.

garder et **se garder** v. (conjug. 3). ❶ Surveiller, prendre soin de quelqu'un ou d'un animal. *Bruno garde sa petite sœur. La voisine a gardé notre chat pendant les vacances.* ❷ Empêcher quelqu'un de s'évader, de nuire. *Garder un prisonnier.* ❸ Surveiller ou défendre un lieu. *Le chien garde la maison.* ❹ Ne pas se séparer de quelque chose, le conserver sur soi ou près de soi. *Mamie a gardé de vieux magazines.* CONTR. **se débarrasser de, jeter.** *Il fait froid, je garde mon manteau.* CONTR. **enlever, ôter, retirer.** ❺ Mettre de côté. *Maman nous avait gardé une part de gâteau.* SYN. **réserver.** ❻ Conserver un aliment périssable. *Tu peux garder la viande deux jours au réfrigérateur.* ❼ Conserver tel sentiment, rester dans tel état. *Je garde un bon souvenir de mes vacances. Adrien a su garder son sérieux.* ❽ **Garder un secret,** ne pas le révéler. ❾ **Garder le lit, la chambre,** rester au lit, chez soi. ◆ **se garder de**. Éviter de faire quelque chose. *Elle s'est bien gardée de dire la vérité.*

▶ **garderie** n.f. Lieu où l'on garde les jeunes enfants. *Après l'école, mon petit frère va à la garderie.* → Vois aussi **halte-garderie**.

garde-robe n.f. Ensemble des vêtements d'une personne. *Renouveler sa garde-robe.*
- Au pluriel : des **garde-robes**.

gardian n.m. En Camargue, gardien à cheval d'un troupeau de taureaux ou de chevaux.

gardien, enne n. ❶ Personne qui garde, qui surveille une autre personne, un animal ou un lieu. *Un gardien de prison. Adressez-vous au gardien de l'immeuble.* SYN. **concierge.** ❷ **Gardien de but,** joueur chargé de protéger les buts de son équipe, au football, au handball ou au hockey. SYN. **goal.** ❸ **Gardien de la paix,** agent de police. → Vois aussi **garde (2)**.
►►► Mot de la famille de **garder**.

gardon n.m. ❶ Petit poisson d'eau douce, au ventre argenté. ❷ **Frais comme un gardon,** en pleine forme. *Ce matin, il s'est réveillé frais comme un gardon.*

1. **gare** n.f. ❶ Ensemble des installations et des bâtiments où les trains s'arrêtent et d'où ils partent. *Le train entre en gare.* ❷ **Gare routière,** lieu d'arrivée et de départ des autocars.

2. **gare !** interj. ❶ S'emploie pour prévenir d'un danger ou lancer un avertissement. *Gare à toi si tu recommences !* ❷ **Sans crier gare,** sans prévenir. *Ils sont arrivés sans crier gare.* SYN. **à l'improviste.**

garenne n.f. ❶ Terrain boisé où les lapins vivent à l'état sauvage. ❷ **Lapin de garenne,** lapin sauvage qui vit dans les garennes.

garer et **se garer** v. (conjug. 3). Ranger un véhicule le long d'un trottoir, dans un garage, un parking. *Maman a garé la voiture à l'ombre.* ◆ **se garer**. Ranger son véhicule. *Elle s'est garée dans une petite rue.* SYN. **stationner.**

se **gargariser** v. (conjug. 3). Se rincer la bouche et la gorge avec un liquide spécial.

▶ **gargarisme** n.m. Action de se gargariser. *Lorsque j'ai mal à la gorge, je me fais un gargarisme.*

gargouille n.f. Gouttière en pierre sculptée, représentant souvent un animal fantastique à la gueule grande ouverte. *Les gargouilles d'une cathédrale.*

une **gargouille**

▸ **gargouiller** v. (conjug. 3). Faire entendre un bruit qui rappelle celui de l'eau dans un tuyau. *J'ai faim, mon estomac gargouille.*

▸ **gargouillis** n.m. Bruit que fait l'estomac ou l'intestin quand il gargouille. *Mon ventre fait des gargouillis.* SYN. **borborygme.**

● Ce mot se termine par un **s**. – On peut aussi dire **gargouillement.**

garnement n.m. Enfant insupportable, turbulent. SYN. **chenapan, polisson.**

garnir v. (conjug. 16). ❶ Remplir. *Garnir les rayons d'un magasin. Garnir un gâteau de fruits confits.* ❷ Ajouter des éléments pour décorer. *Nous avons garni le sapin de Noël de boules et de guirlandes.* SYN. **orner.** ❸ Munir d'éléments qui protègent ou renforcent. *Mes chaussures sont garnies de crampons.*

garnison n.f. Ensemble des soldats installés dans une ville, dans une caserne.

garniture n.f. ❶ Ce qui sert à garnir, orner quelque chose. *Les garnitures d'un vêtement.* ❷ Légumes qui accompagnent l'élément principal d'un plat. *Quelle garniture désirez-vous avec votre viande ?*

▸▸▸ Mot de la famille de **garnir.**

garrigue n.f. Terrain calcaire et aride des pays méditerranéens où poussent des chênes verts, des buissons épineux, du thym. → Vois aussi **lande, maquis.**

garrot n.m. ❶ Partie du corps située au-dessus des épaules chez les grands quadrupèdes, tels que le cheval. *La hauteur d'un cheval se mesure au garrot.* ❷ Lien que l'on serre autour d'un membre pour arrêter une hémorragie.

gars n.m. Mot familier. Garçon, homme. *C'est un brave gars.*

● Ce mot se termine par un **r** suivi d'un **s** que l'on ne prononce pas : [ga].

gas-oil → gazole

gaspillage n.m. Action de gaspiller, de dépenser inutilement. *Ne laisse pas le robinet ouvert, c'est du gaspillage.* SYN. **gâchis.**

▸▸▸ Mot de la famille de **gaspiller.**

gaspiller v. (conjug. 3). Dépenser ou utiliser n'importe comment, sans faire attention. *Il a gaspillé beaucoup de papier.* SYN. **gâcher.** CONTR. **économiser.**

gastéropode n.m. Animal du groupe des mollusques, qui se déplace en rampant. *Les limaces, les escargots sont des gastéropodes.*

→ Vois aussi **mollusque.**

● On peut aussi dire **gastropode.**

gastrique adj. De l'estomac. *Des douleurs gastriques.*

gastronome n. Personne qui apprécie la bonne cuisine. *Richard est un gastronome.* SYN. **gourmet.**

▸▸▸ Mot de la famille de **gastronomie.**

gastronomie n.f. Connaissance de la bonne cuisine et art de la déguster.

→ planche pp. 60-61.

▸ **gastronomique** adj. ❶ Qui a rapport à la gastronomie. *Un guide gastronomique.* ❷ **Repas, menu gastronomiques,** composés de plats raffinés et copieux.

gastropode → gastéropode

gâteau n.m. ❶ Pâtisserie faite en général avec de la farine, des œufs, du beurre et du sucre. *Un gâteau au chocolat. Des gâteaux secs.* SYN. **biscuit.** ❷ (Familier). **C'est du gâteau,** c'est quelque chose de facile, d'agréable.

● Le premier **a** prend un accent circonflexe. – Au pluriel : des **gâteaux.**

gâter et **se gâter** v. (conjug. 3). ❶ Combler de cadeaux, de choses agréables. *Les parents de Léo l'ont gâté pour son anniversaire.* ❷ **Gâter les dents,** les abîmer, y faire des caries. *Les sucreries gâtent les dents.* ◆ **se gâter**. Devenir mauvais, se détériorer. *Le temps va se gâter. La situation se gâte.* SYN. **se dégrader.** CONTR. **s'améliorer.**

● Le **a** prend un accent circonflexe.

▸ **gâterie** n.f. Friandise ou petit cadeau. *Grand-père nous a apporté des gâteries.*

gâteux, euse adj. et n. Mot familier. Se dit d'une personne que l'âge a affaiblie intellectuellement. *Notre voisine est un peu gâteuse.*
● Le **a** prend un accent circonflexe.

▶ **gâtisme** n.m. État d'une personne qui semble retombée en enfance, qui radote.

gauche adj. ❶ Qui est situé du côté où se trouve le cœur. *Renata écrit de la main gauche.* CONTR. **droit.** ❷ Qui est mal à l'aise ou maladroit. *Il a des gestes gauches.* SYN. **maladroit, malhabile.** CONTR. **adroit, habile.**

▶ **gauche** n.f. ❶ Côté gauche. *Nouha est assise à ma gauche. Tourne à gauche.* CONTR. **droite.** ❷ Ensemble des partis politiques progressistes. CONTR. **droite.**

▶ **gaucher, ère** adj. et n. Qui se sert habituellement de sa main gauche. *Charline est gauchère.* CONTR. **droitier.**

▶ **gaucherie** n.f. Manque d'aisance, d'habileté, d'adresse. *Ils se sont moqués de sa gaucherie.* SYN. **maladresse.**

gaufre n.f. Pâtisserie cuite dans un moule rectangulaire, le *gaufrier*, qui imprime des petits carrés dans la pâte.
● Ce mot prend un seul **f.**

▶ **gaufré, e** adj. **Papier, tissu gaufré,** qui a des motifs imprimés en relief ou en creux.

▶ **gaufrette** n.f. Petit biscuit léger et croustillant qui a la forme d'une petite gaufre.

gaule n.f. ❶ Longue perche. *On utilise une gaule pour faire tomber les noix de l'arbre.* ❷ Canne à pêche.

▶ **gauler** v. (conjug. 3). Frapper les branches d'un arbre avec une gaule pour en faire tomber les fruits. *Gauler les noix.*

gaulois, e adj. et n. De la Gaule. *Le peuple gaulois. Vercingétorix était un Gaulois.*
● Le nom prend une majuscule : *un Gaulois.*

des **Gaulois**

se **gausser** v. (conjug. 3). Mot littéraire. Se moquer de quelqu'un ouvertement. *Tous les habitants du quartier se gaussaient de lui.* SYN. **railler.**

gaver et **se gaver** v. (conjug. 3). **Gaver une oie, un canard,** les alimenter de force pour les engraisser. *On obtient le foie gras en gavant les canards.* ◆ **se gaver de.** Manger quelque chose avec excès. *Les enfants se sont gavés de bonbons.* SYN. **se bourrer de.**

gavial n.m. Crocodile au museau long et fin, qui vit dans les cours d'eau de l'Inde. Il se nourrit de poissons, de grenouilles, etc.
→ Vois aussi **alligator, caïman.**
● Au pluriel : des **gavials.**

gaz n.m. invar. ❶ Substance invisible qui n'est ni solide ni liquide. *L'air est composé principalement de deux gaz, l'azote et l'oxygène.* ❷ Combustible qui sert au chauffage ou à la cuisson des aliments. *Une cuisinière à gaz.* ◆ n.m. plur. **Mettre les gaz,** accélérer. *Le chauffeur a mis les gaz.*
● Ce mot ne change pas au pluriel : des **gaz.** – Ne confonds pas avec la **gaze.**

gaze n.f. Tissu très fin que l'on utilise pour faire des compresses, des pansements.
● Ne confonds pas avec le **gaz.**

gazelle n.f. Petite antilope aux longues pattes fines et aux cornes arquées, qui vit en Afrique et en Asie. *Les gazelles peuvent courir à 80 kilomètres-heure.*

une **gazelle**

gazer v. (conjug. 3). Tuer quelqu'un en le soumettant à l'action de gaz toxiques.
▸▸▸ Mot de la famille de **gaz.**

gazeux, euse adj. ❶ Qui est de la nature du gaz. *L'air est un corps gazeux.* ❷ Qui contient du gaz. *Une boisson gazeuse.* → Vois aussi **fluide, liquide, solide.**
▸▸▸ Mot de la famille de **gaz.**

gazoduc n.m. Canalisation qui transporte du gaz sur de longues distances. → Vois aussi **aqueduc, oléoduc.**
▸▸▸ Mot de la famille de **gaz.**

gazole n.m. Carburant utilisé pour les moteurs Diesel.
● On emploie aussi le mot anglais **gas-oil.**

gazon n.m. Herbe courte et très fine. *Papa a semé du gazon.*

gazouiller v. (conjug. 3). ❶ Pour un oiseau, faire entendre un chant doux. ❷ Pour un bébé, faire entendre des sons qui ne sont pas encore des mots. SYN. **babiller.**

▸ **gazouillis** n.m. Bruit léger que fait un oiseau ou un bébé qui gazouille.
● Ce mot se termine par un **s.** – On peut aussi dire **gazouillement.**

geai n.m. Oiseau des bois au plumage beige et dont les ailes sont marquées de bleu, de blanc et de noir. *Le geai cajole ou jase.*
● Ce mot s'écrit avec un **e** après le **g** pour prononcer le son [ʒ].
– Cri : le jasement.

un **geai**

géant, e adj. et n. ❶ Personne de très grande taille. *Les basketteurs de cette équipe sont des géants.* CONTR. **nain.** ❷ **Marcher, avancer à pas de géant,** très vite, en faisant de très grands pas. ◆ adj. Très grand. *Un écran géant. Une plante géante.* SYN. **énorme, gigantesque.** CONTR. **minuscule.**

geignard, e adj. Qui geint, qui se plaint sans cesse. *Parler d'une voix geignarde.* SYN. **plaintif.**
▸▸▸ Mot de la famille de **geindre.**

geindre v. (conjug. 49). ❶ Se plaindre d'une voix faible. *Le malade geignait de douleur.* SYN. **gémir.** ❷ (Sens familier). Se lamenter sans raison valable. *Ma sœur ne cesse de geindre.* SYN. **pleurnicher.**

gel n.m. ❶ Transformation de l'eau en glace. *Le gel a abîmé les vignes.* CONTR. **dégel.** ❷ Produit translucide qui a la consistance d'une gelée. *Raphaël utilise un gel pour fixer ses cheveux.* → Vois aussi **gelée.**
▸▸▸ Mot de la famille de **geler.**

gélatine n.f. Substance molle et transparente que l'on obtient notamment en faisant bouillir des os d'animaux. *On utilise la gélatine pour fabriquer de la colle, des bonbons, etc.*

▸ **gélatineux, euse** adj. Qui a l'aspect, la consistance de la gélatine. *Une crème gélatineuse.*

gelé, e adj. ❶ Qui est transformé en glace, couvert de glace. *Patiner sur un lac gelé.* ❷ Qui est très froid. *L'eau est gelée.* SYN. **glacé.** ❸ Qui a très froid. *Je suis gelé.* SYN. **transi.** → Vois aussi **congeler, surgelé.**
▸▸▸ Mot de la famille de **geler.**

gelée n.f. ❶ Abaissement de la température au-dessous de zéro degré, provoquant la transformation de l'eau en glace. *On annonce de fortes gelées.* ❷ Sorte de confiture faite avec le jus de fruits cuits avec du sucre. *De la gelée de coing.* ❸ Sauce de viande solidifiée.
▸▸▸ Mot de la famille de **geler.**

geler v. (conjug. 11). ❶ Se transformer en glace. *L'eau a gelé.* CONTR. **dégeler.** ❷ Être détérioré par le froid. *Les fleurs ont gelé.* ❸ **Il gèle,** la température est descendue au-dessous de zéro degré. ❹ Avoir très froid. *On gèle dans cette maison.*
▸▸▸ Mots de la même famille : **congeler, décongeler, dégel, surgelé, surgeler.**

gélule n.f. Petite capsule de gélatine qui contient un médicament en poudre.

gémir v. (conjug. 16). Exprimer sa peine, sa douleur par de petits cris plaintifs. *Le malade gémissait.* SYN. **geindre.**

▸ **gémissement** n.m. Cri faible et plaintif que pousse une personne ou un animal qui souffre.

gênant, e adj. ❶ Qui gêne, dérange. *Les jupes longues sont gênantes pour courir.* SYN. **malcommode.** *Ce bruit est gênant.* SYN. **désagréable.** ❷ Qui gêne, met mal à l'aise. *Sa question était gênante.* SYN. **embarrassant.**
● Le **e** prend un accent circonflexe.
▸▸▸ Mot de la famille de **gêne.**

gencive n.f. Chair qui recouvre la base des dents. *J'ai les gencives très sensibles.*

gendarme n. Militaire chargé de faire respecter la loi et de veiller à la sécurité des personnes.

a b c d e f g h i j k l m n o p q r s t u v w x y z

▸ se **gendarmer** v. (conjug. 3). Se mettre en colère. *Elle s'est gendarmée contre son fils qui lui avait désobéi.*

▸ **gendarmerie** n.f. ❶ Ensemble des gendarmes. *La gendarmerie est un corps militaire.* ❷ Bâtiment où se trouvent les gendarmes. *Déclarer un vol à la gendarmerie.*

gendre n.m. Mari de la fille. SYN. **beau-fils.**

gène n.m. Élément d'une cellule vivante qui porte et transmet un caractère héréditaire.

● Ne confonds pas avec la **gêne.**

gêne n.f. ❶ Malaise physique que l'on éprouve dans certaines actions. *Je suis enrhumé, j'ai de la gêne à respirer.* SYN. **difficulté.** ❷ Fait de se sentir mal à l'aise. *Il éprouve de la gêne quand on le regarde.* SYN. **confusion, embarras, trouble.** ❸ Situation pénible, embarrassante. *Les travaux nous causent de la gêne.* SYN. **dérangement.** ❹ **Être dans la gêne,** manquer d'argent. SYN. **besoin.** CONTR. **aisance, bien-être.**

● Le premier **e** prend un accent circonflexe. – Ne confonds pas avec un **gène.**

▸ **gêné, e** adj. Qui éprouve de la gêne, de l'embarras. *Je suis gêné de te demander ce service.* SYN. **confus, embarrassé.**

généalogie n.f. Liste des membres d'une famille. *Baptiste a établi sa généalogie.*

▸ **généalogique** adj. **Arbre généalogique,** schéma en forme d'arbre ou tableau qui représente tous les membres d'une famille avec leurs liens de parenté.

gêner et **se gêner** v. (conjug. 3). ❶ Empêcher quelque chose ou le rendre plus difficile. *Le brouillard gêne beaucoup les automobilistes. Cessez de faire du bruit, cela me gêne pour travailler.* SYN. **déranger.** ❷ Causer un malaise physique. *Le soleil me gêne, je suis éblouie.* SYN. **incommoder.** ❸ Mettre quelqu'un mal à l'aise. *Son regard me gêne.* SYN. **embarrasser.** ◆ **se gêner.** ❶ Être une gêne l'un pour l'autre. *Notre chambre est trop petite, on se gêne.* ❷ **Ne pas se gêner,** ne pas hésiter à faire ce qui nous plaît, sans tenir compte des autres.

● Le premier **e** prend un accent circonflexe.

▸▸▸ Mot de la famille de **gêne.**

1. **général, e, aux** adj. ❶ Qui s'applique à un ensemble de choses ou de personnes. *Des principes généraux. Des remarques générales.* CONTR. **particulier.** ❷ Qui concerne la totalité de quelque chose ou qui réunit tout le monde. *D'ici, nous avons une vue générale. La grève a été générale.* CONTR. **partiel.** *Agir dans l'intérêt général.* SYN. **commun, public.** CONTR. **particulier, personnel.** ◆ adv. **En général,** le plus souvent, habituellement. *En général, nous dînons vers 19 h 30.* SYN. **généralement.** CONTR. **exceptionnellement.**

● Au masculin pluriel : **généraux.**

2. **général, e** n. Militaire qui a le grade le plus élevé dans l'armée de terre ou de l'air.

→ Vois aussi **amiral.**

● Au masculin pluriel : des **généraux.**

généralement adv. De façon générale, dans la plupart des cas. *Généralement, il prend le train de huit heures.* SYN. **en général, habituellement, ordinairement.** CONTR. **exceptionnellement, rarement.**

▸▸▸ Mot de la famille de **général (1).**

généraliser et **se généraliser** v. (conjug. 3). Appliquer à un ensemble de personnes. *On a généralisé l'impôt à toute la population.* ◆ **se généraliser.** Devenir général, être adopté par un ensemble de personnes. *L'usage d'Internet se généralise.* SYN. **se répandre.**

▸▸▸ Mot de la famille de **général (1).**

généralités n.f. plur. Idées générales, qui manquent d'intérêt ou de précision. *Nous n'avons rien appris de plus, il n'a dit que des généralités.*

▸▸▸ Mot de la famille de **général (1).**

générateur n.m. Appareil qui produit de l'énergie électrique.

● On peut aussi dire une **génératrice.**

génération n.f. Ensemble des personnes qui ont à peu près le même âge. *Les enfants, les parents et les grands-parents représentent trois générations.*

généreusement adv. De façon généreuse. *Il m'a généreusement offert des places de cinéma.* SYN. **largement.**

▸▸▸ Mot de la famille de **généreux.**

généreux, euse adj. Qui donne beaucoup aux autres. *Mariam est généreuse avec ses amis.* CONTR. **avare, égoïste.**

1. **générique** adj. **Nom générique, terme générique,** qui représente une catégorie d'êtres ou d'objets. *« Siège » est un terme*

générique qui désigne les chaises, les fauteuils, les canapés, les tabourets.

2. **générique** n.m. Liste des personnes qui ont collaboré à la réalisation d'un film ou d'une émission de télévision. *Les noms des acteurs, du metteur en scène, du producteur et des techniciens figurent dans le générique.*

générosité n.f. Qualité d'une personne généreuse, qui donne beaucoup aux autres. *Mes amis ont fait preuve d'une grande générosité à mon égard.* SYN. **bonté.** CONTR. **avarice, égoïsme.**

▸▸▸ Mot de la famille de **généreux.**

genèse n.f. Manière dont quelque chose s'est formé. *La genèse d'un parti politique.*

genêt n.m. Arbrisseau à fleurs jaunes dont certaines espèces sont épineuses.

● Le deuxième **e** prend un accent circonflexe.

du genêt

génétique adj. Qui concerne les gènes, l'hérédité. *Une maladie génétique.* → Vois aussi **héréditaire.**

▸▸▸ Mot de la famille de **gène.**

gêneur, euse n. Personne qui gêne, qui empêche d'agir. *Il faut écarter ces gêneurs.* SYN. **importun.**

● Le premier **e** prend un accent circonflexe.

▸▸▸ Mot de la famille de **gêne.**

genévrier n.m. Arbuste à feuilles épineuses qui produit des baies violettes, le genièvre.

▸▸▸ Mot de la famille de **genièvre.**

génial, e, aux adj. ❶ Qui a du génie; qui est inspiré par le génie. *Un inventeur génial. Une idée géniale.* ❷ (Sens familier). Remarquable, sensationnel. *Ce film est génial.*

● Au masculin pluriel : **géniaux.**

▸▸▸ Mot de la famille de **génie (1).**

1. **génie** n.m. ❶ Ensemble des dons exceptionnels qui permettent de créer, d'inventer. *Cet écrivain a du génie.* ❷ Personne qui a du génie. *Mozart était un génie.* ❸ Être imaginaire qui a des pouvoirs magiques. *Dans les contes, la forêt est souvent peuplée de génies.*

→ Vois aussi **elfe, gnome, lutin.**

● Ce nom masculin se termine par un **e.**

2. **génie** n.m. **Génie civil,** ensemble des techniques qui concernent la construction des routes, des ponts, des barrages.

● Ce nom masculin se termine par un **e.**

genièvre n.m. Petite baie violette qui pousse sur le genévrier. *On parfume la choucroute avec du genièvre.*

génisse n.f. Jeune vache qui n'a pas encore eu de veau.

génital, e, aux adj. **Organes génitaux,** organes sexuels qui servent à la reproduction chez les animaux et les êtres humains.

● Au masculin pluriel : **génitaux.**

génocide n.m. Extermination systématique d'un peuple. *Un génocide est un crime contre l'humanité.*

genou n.m. ❶ Partie du corps où s'articulent la jambe et la cuisse. *Mes chaussettes montent jusqu'aux genoux.* ❷ **Se mettre à genoux,** poser les genoux par terre.

● Au pluriel : des **genoux.**

▸▸▸ Mot de la même famille : **s'agenouiller.**

▸ **genouillère** n.f. Objet que l'on attache autour du genou pour le protéger contre les chocs. *Quand on fait du roller, il est prudent de mettre des genouillères.*

des genouillères

genre n.m. ❶ Ensemble de personnes, d'animaux ou de choses qui ont des caractères communs. *Le loup et le chacal appartiennent au même genre.* SYN. **espèce.** *Je n'aime pas ce genre de films.* SYN. **sorte, type.** ❷ Manière de s'habiller ou de se conduire. *Elle a un drôle de genre.* SYN. **allure.** ❸ Catégorie grammaticale. *En français, il existe deux genres : le masculin et le féminin. Le mot « lampe » est du genre féminin; le mot « arbre », du genre masculin.* → Vois aussi **nombre.**

gens n.m. plur. ❶ Personnes en nombre indéterminé. *Meddy parlait avec des gens que je ne connaissais pas.* ❷ **Jeunes gens,** jeunes garçons et jeunes filles. *Des jeunes gens se baignaient.*
● Lorsque l'adjectif précède **gens,** il se met au féminin : *de vieilles gens.*

gentiane n.f. Plante des montagnes à fleurs bleues, violettes ou jaunes.
● Le **t** se prononce [s] : [ʒɑ̃sjan].

une tige de gentiane

gentil, gentille adj. ❶ Qui est aimable, qui cherche à faire plaisir. *Ma marraine est très gentille avec moi.* SYN. **bienveillant, bon.** CONTR. **malveillant, méchant.** *C'est gentil d'être venu me voir.* ❷ Qui est sage, obéissant. *Les enfants ont été gentils aujourd'hui.* CONTR. **insupportable, turbulent.** ❸ Qui a du charme, qui est joli. *Ils habitent une gentille petite maison.* SYN. **charmant, mignon.**
● Au masculin, on ne prononce pas le **l** : [ʒɑ̃ti].

gentilhomme n.m. Autrefois, homme né dans une famille noble.
● On prononce [ʒɑ̃tijɔm].
– Au pluriel : des **gentilshommes** [ʒɑ̃tizɔm].

gentillesse n.f. ❶ Qualité d'une personne gentille. *Notre voisine est d'une grande gentillesse.* SYN. **bonté.** CONTR. **méchanceté.** *Auriez-vous la gentillesse de m'aider ?* SYN. **amabilité.** ❷ Action ou parole gentille. *Dire des gentillesses à quelqu'un.* CONTR. **méchanceté.**
▸▸▸ Mot de la famille de **gentil.**

gentiment adv. De façon gentille. *Ils nous ont accueillis très gentiment.* SYN. **aimablement.** CONTR. **froidement, méchamment.**
▸▸▸ Mot de la famille de **gentil.**

gentleman n.m. Homme très bien élevé et distingué. *Ils se sont conduits en parfaits gentlemans.*
● C'est un mot anglais, on prononce [dʒɛntləman].

géo- préfixe. Placé au début d'un mot, **géo-** signifie « terre » : *géographie, géologie.*

géographe n. Spécialiste de géographie.
▸▸▸ Mot de la famille de **géographie.**

géographie n.f. Science qui décrit la surface de la Terre, son relief, son climat, sa végétation, sa population et son économie.

▸ **géographique** adj. Qui concerne la géographie. *Une carte géographique.*

geôle n.f. Mot littéraire. Prison, cachot.
● Le **o** prend un accent circonflexe. – On prononce [ʒol].

▸ **geôlier, ère** n. Mot littéraire. Personne qui garde des prisonniers. SYN. **gardien.**
● On prononce [ʒolje].

géologie n.f. Science qui étudie la formation et la composition du sol et du sous-sol de la Terre.

▸ **géologique** adj. Qui concerne la géologie. *Faire l'étude géologique d'une région.*

▸ **géologue** n. Spécialiste de géologie.

géomètre n. Personne dont le métier consiste à mesurer des terrains, à faire des plans.
▸▸▸ Mot de la famille de **géométrie.**

géométrie n.f. Partie des mathématiques qui étudie les lignes, les surfaces, les volumes.

→ planche pp. 494-495.

▸ **géométrique** adj. **Figure géométrique,** figure simple et régulière que l'on trace avec une règle et un compas. *Le triangle, le carré, la sphère sont des figures géométriques.*

géorgien, enne adj. et n. De Géorgie. *Un film géorgien. Levan est géorgien. C'est un Géorgien.* ◆ n.m. Langue parlée par les Géorgiens.
● Le nom prend une majuscule quand il désigne une personne : *un Géorgien.*

géostationnaire adj. **Satellite géostationnaire,** engin spatial qui suit exactement le mouvement de la Terre et qui survole toujours la même région.

géothermique adj. **Énergie géothermique,** énergie qui utilise la chaleur provenant du sous-sol terrestre.

gérance n.f. Fonction de gérant. *Assurer la gérance d'un commerce.*
▸▸▸ Mot de la famille de **gérer.**

géranium n.m. Plante décorative à fleurs rouges, roses ou blanches. *Notre voisine a mis des géraniums sur son balcon.*
● On prononce [ʒeranjɔm].

gérant, e n. Personne chargée de gérer une entreprise, un immeuble à la place du propriétaire. *La gérante d'un magasin.*
▸▸▸ Mot de la famille de **gérer.**

gerbe n.f. Ensemble de fleurs ou de céréales à longues tiges, coupées et liées ensemble. *Une gerbe d'iris.* SYN. **bouquet.** *Une gerbe de blé.* → Vois aussi **botte.**

se **gercer** v. (conjug. 4). Se fendiller sous l'effet du froid ou de la sécheresse. *En hiver, j'ai les mains qui se gercent.*

▸ **gerçure** n.f. Petite fente sur la peau due au froid. *L'hiver, j'ai souvent des gerçures aux lèvres.* SYN. **crevasse.**
● Le **c** prend une cédille.

gérer v. (conjug. 3). S'occuper de, diriger. *Gérer un commerce.* → Vois aussi **administrer.**

gerfaut n.m. Faucon au plumage clair, qui vit dans le Grand Nord.

un gerfaut

germain, e adj. **Cousin germain, cousine germaine,** fils, fille d'un oncle et d'une tante.

germanique adj. et n. De l'Allemagne. *La littérature germanique.*

germe n.m. ❶ Toute petite partie d'un œuf ou d'une graine qui, en se développant, donnera un être vivant. ❷ Première pousse qui sort d'une graine, d'un bulbe ou d'un tubercule. *Un germe de soja; les germes d'une pomme de terre.* ❸ Microbe qui peut causer une maladie. *Les germes de la grippe.*

▸ **germer** v. (conjug. 3). ❶ Pour une plante, produire un germe. *Les haricots ont germé.* ❷ Commencer à se développer. *Une idée a germé dans mon esprit.* SYN. **naître.**

▸ **germination** n.f. Moment où une graine germe. *En classe, nous avons suivi la germination des haricots.*

gésier n.m. Poche de l'estomac des oiseaux, où les aliments sont broyés.

gésir v. Mot littéraire. Être couché, étendu. *Le blessé gît sur le sol.* → Vois aussi **ci-gît.**
● Ce verbe ne s'emploie qu'au présent, à l'imparfait et au participe présent.
▸▸▸ Mot de la même famille : **gisant.**

gestation n.f. Période durant laquelle la femelle d'un mammifère porte ses petits. *La durée de la gestation chez l'éléphante est de presque deux ans.* → Vois aussi **grossesse.**

1. **geste** n.m. ❶ Mouvement des bras, des mains ou de la tête. *Élise a fait un geste de la tête pour montrer qu'elle acceptait.* SYN. **signe.** ❷ Bonne action. *Faire un beau geste en faveur de quelqu'un.*

2. **geste** n.f. **Chanson de geste,** poème du Moyen Âge qui raconte les exploits d'un héros. *La « Chanson de Roland » est une chanson de geste.* ◆ n.f. plur. **Les faits et gestes de quelqu'un,** sa conduite, ce qu'il fait. *Il nous a raconté les faits et gestes de ses voisins.*

gesticuler v. (conjug. 3). Faire de grands gestes, bouger en tous sens. *Arrête de gesticuler !*
▸▸▸ Mot de la famille de **geste (1).**

gestion n.f. Action et manière de gérer un commerce, une entreprise. *Il est chargé de la gestion de cette affaire.*
▸▸▸ Mot de la famille de **gérer.**

gestionnaire n. Personne chargée de la gestion d'une entreprise.
▸▸▸ Mot de la famille de **gérer.**

gestuel, elle adj. Qui se fait avec des gestes. *Le langage gestuel des sourds-muets.*
▸▸▸ Mot de la famille de **geste (1).**

La géométrie

La géométrie est la partie des mathématiques qui étudie les figures et les formes de l'espace qui nous entoure : lignes, angles, surfaces, volumes. Certaines figures, comme le carré, sont planes, d'autres, comme le cylindre, ont un volume et sont appelées « solides ».

Les lignes

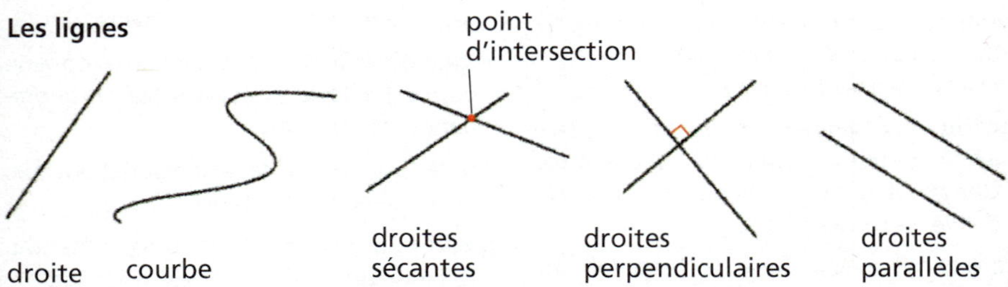

Les angles

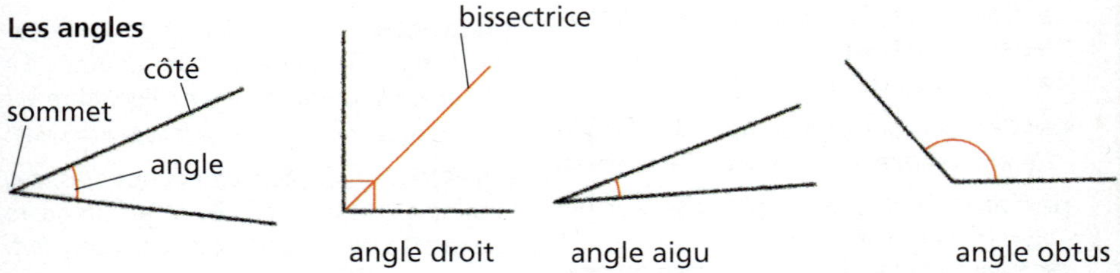

Les figures planes

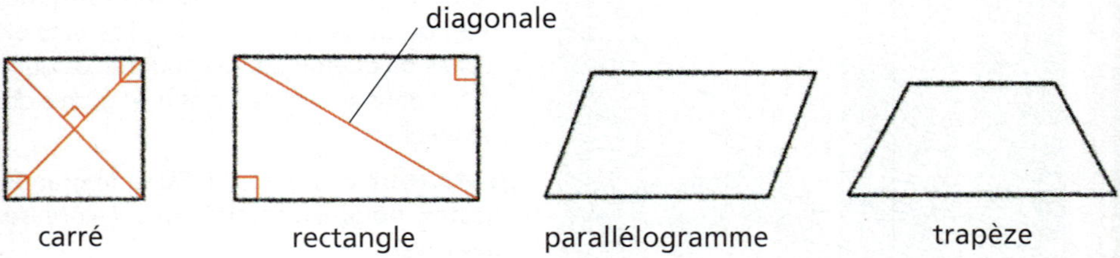

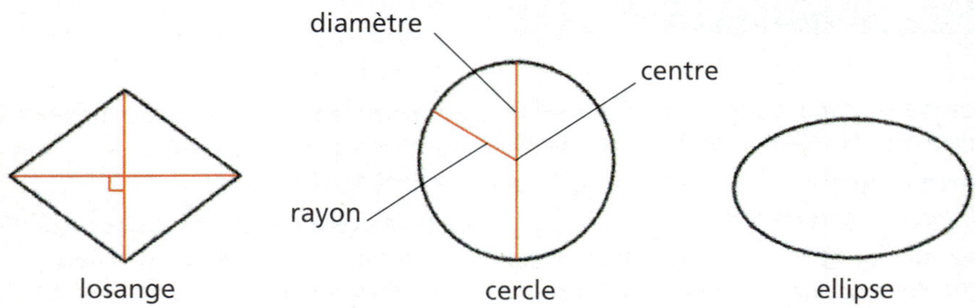

Les figures planes (suite)

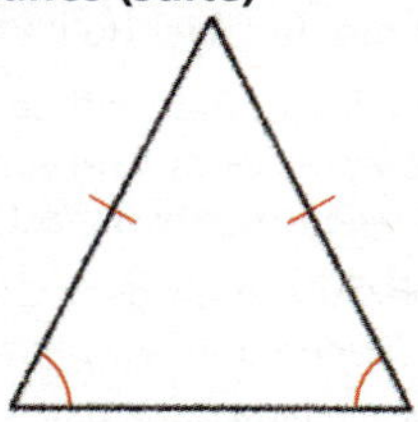

triangle isocèle

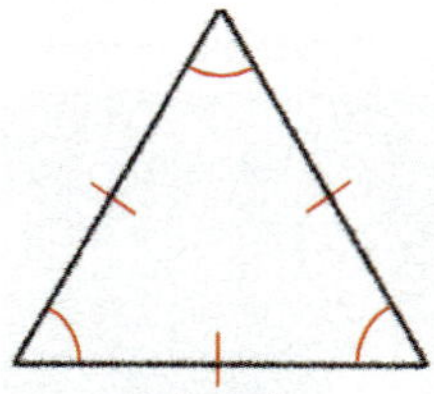

triangle équilatéral

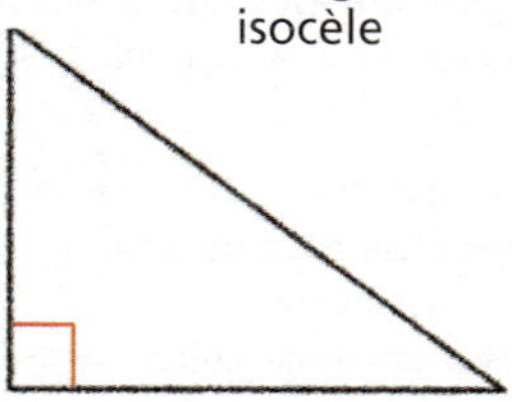

triangle rectangle

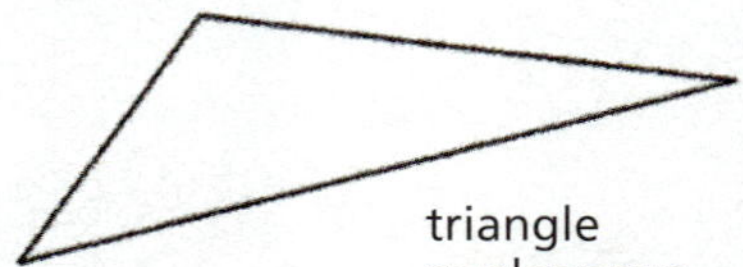

triangle quelconque

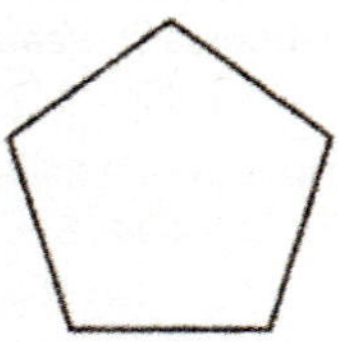

pentagone

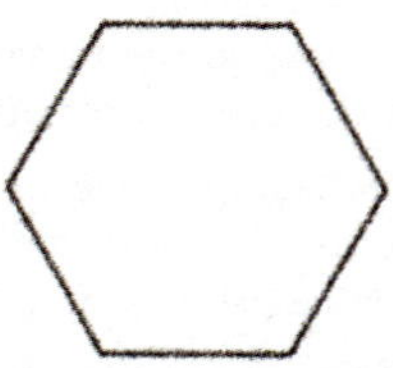

hexagone

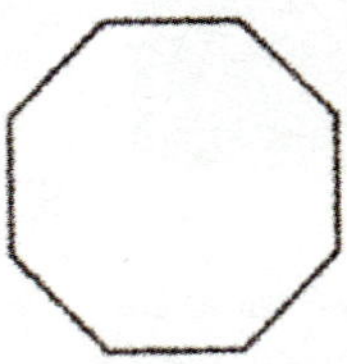

octogone

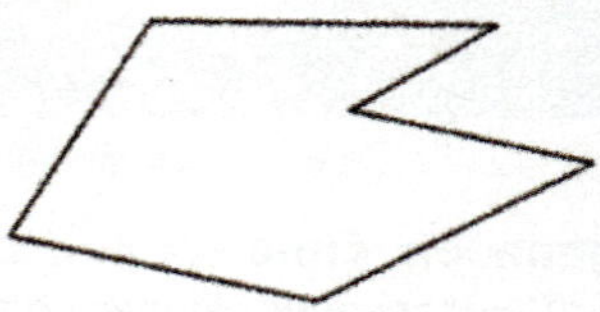

polygone irrégulier

Les solides

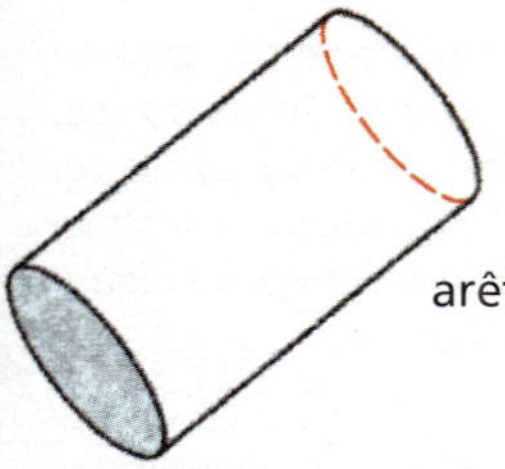

cylindre

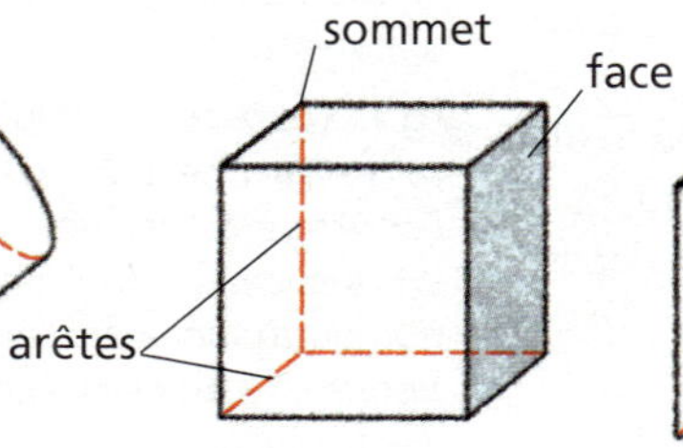

cube

parallélépipède

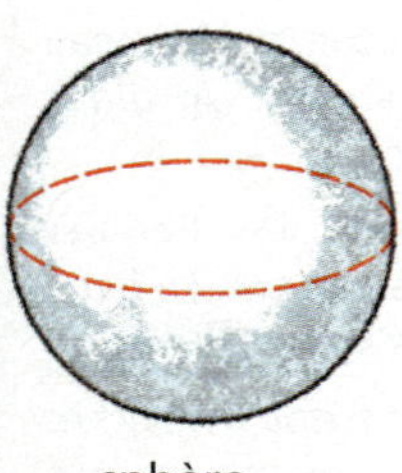

sphère

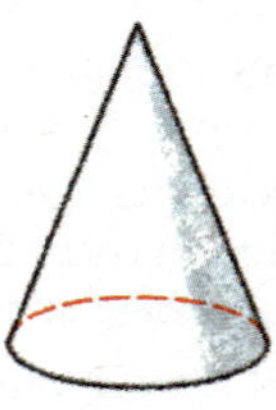

cône

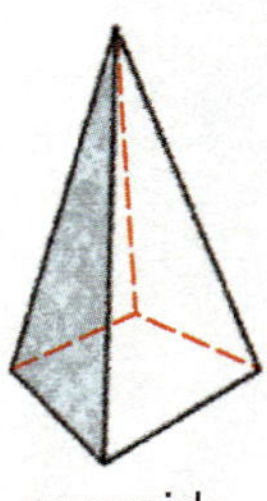

pyramide

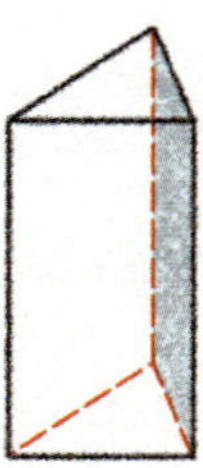

prisme

a b c d e f g h i j k l m n o p q r s t u v w x y z

geyser n.m. Source d'eau chaude qui jaillit par intermittence.
● Ce mot s'écrit avec un **y**. – On prononce [ʒɛzɛr].

un **geyser** (Islande)

ghanéen, enne adj. et n. Du Ghana. *La côte ghanéenne. John est ghanéen. C'est un Ghanéen.*
● Le nom prend une majuscule : *un Ghanéen.*

ghetto n.m. Quartier où des personnes vivent séparées du reste de la population. *Les nazis forcèrent la population juive à vivre dans des ghettos.*
● Ce mot s'écrit avec un **h** après le **g** et deux **t**. – On prononce [gɛto].

gibbon n.m. Singe d'Asie aux bras très longs.
● Ce mot s'écrit avec deux **b**.

un **gibbon**

gibecière n.f. Sacoche dans laquelle le chasseur met le gibier qu'il a tué.

gibet n.m. Instrument fait de deux poutres perpendiculaires qui servait autrefois à pendre les condamnés à mort. SYN. **potence.**

gibier n.m. Ensemble des animaux que l'on chasse. *Gibier à poil, à plume.*

giboulée n.f. Pluie soudaine qui ne dure pas longtemps et qui est souvent accompagnée de grêle. *Les giboulées de mars.* → Vois aussi **averse, ondée.**

giboyeux, euse adj. Où il y a beaucoup de gibier. *Une région giboyeuse.*
● On prononce [ʒibwajø].
►►► Mot de la famille de **gibier.**

giclée n.f. Jet d'un liquide qui gicle. *J'ai reçu une giclée de sauce tomate sur mon pull.*
►►► Mot de la famille de **gicler.**

gicler v. (conjug. 3). Pour un liquide, sortir avec force, souvent en éclaboussant. *L'eau gicle du tuyau d'arrosage.* SYN. **jaillir.**

gifle n.f. Coup donné sur la joue avec la main ouverte. *Une paire de gifles.* SYN. **claque.**
● Ce mot prend un seul **f.**

► **gifler** v. (conjug. 3). Donner une ou plusieurs gifles. *Il a giflé son camarade.*

giga- préfixe. Placé devant une unité de mesure, **giga-** la multiplie par 1 000 000 000 (1 milliard) : *gigaoctet, gigawatt.*

gigantesque adj. Qui a une très grande taille ou une très grande importance. *Los Angeles est une ville gigantesque.* SYN. **immense.** CONTR. **minuscule.** *La construction du tunnel a été une entreprise gigantesque.* SYN. **colossal, énorme.**
►►► Mot de la famille de **géant.**

gigogne adj. Se dit d'objets, de meubles qui s'emboîtent ou se glissent les uns sous les autres. *Des lits gigognes. Les poupées gigognes russes sont appelées « matriochkas ».*

gigot n.m. Cuisse de mouton ou d'agneau préparée pour être mangée. *Un gigot d'agneau avec des flageolets.*

gigoter v. (conjug. 3). Mot familier. Remuer tout son corps dans tous les sens. *Le bébé gigote dans son lit.* SYN. **s'agiter.**

gilet n.m. ❶ Vêtement en tricot, à manches longues, qui s'ouvre sur le devant. SYN. **car-**

digan. ❷ Vêtement en tissu, court et sans manches, qui se porte sous une veste. ❸ **Gilet de sauvetage,** veste sans manches qui permet de flotter si l'on tombe à l'eau. SYN. **brassière de sauvetage.** ❹ **Gilet de sécurité,** vêtement qui réfléchit la lumière des phares et permet d'être vu dans l'obscurité.

girafe n.f. Grand mammifère ruminant d'Afrique, haut sur pattes et au cou très long, ce qui lui permet de manger des feuilles en haut des arbres. *Les girafes écartent les pattes de devant pour se baisser et boire.*
● Petit : le girafon ou le girafeau.
Les girafes n'ont pas de cri.

une **girafe**

giratoire adj. **Sens giratoire,** sens de circulation obligatoire pour les véhicules qui font le tour d'une place, d'un rond-point.

girofle n.m. **Clou de girofle,** bouton séché de la fleur du *giroflier.* Il sert en cuisine pour parfumer les plats.

giroflée n.f. Plante cultivée dans les jardins pour ses fleurs très odorantes, aux couleurs variées.

girolle n.f. Champignon des bois, jaune orangé, comestible. *On peut parfumer une omelette en y ajoutant des girolles.*
● La nouvelle orthographe permet d'écrire aussi **girole,** avec un seul **l.**

giron n.m. Partie du corps d'une personne assise, qui va de la ceinture aux genoux. *L'enfant s'est blotti dans le giron de sa mère.*

girouette n.f. Plaque de métal qui tourne autour d'un axe et qui indique la direction du vent. *Une girouette en forme de coq tourne au vent sur le clocher.*

gisant n.m. Statue représentant un mort étendu et qui décore un tombeau. *Dans certaines abbayes, on peut voir des gisants.*
►►► Mot de la famille de **gésir.**

un **gisant**

gisement n.m. Accumulation importante de pétrole, de charbon ou de métaux dans le sous-sol. *On exploite des gisements de pétrole dans l'Atlantique.* → Vois aussi **mine (2).**

gitan, e n. et adj. Personne qui appartient à un peuple nomade dispersé en Espagne et dans le sud de la France. *Les gitans ont installé leur campement. Une danse gitane.*
→ Vois aussi **bohémien, tsigane.**

gîte n.m. ❶ Endroit où l'on peut coucher, se loger. *Le randonneur est arrivé au gîte avant la nuit.* ❷ Creux qui sert d'abri au gibier. *Le gîte d'un lièvre.*
● La nouvelle orthographe permet d'écrire aussi **gite,** sans accent circonflexe.

givre n.m. Vapeur d'eau transformée en mince couche de glace. *En hiver, les toits sont blancs de givre.*
►►► Mots de la même famille : **dégivrage, dégivrer.**

► **givré, e** adj. Couvert de givre. *Ce matin, le pare-brise est givré.*

glabre adj. Mot littéraire. **Visage, menton glabre,** visage, menton d'homme sans barbe ni moustache. SYN. **imberbe.** CONTR. **barbu, moustachu, poilu.**

glace n.f. ❶ Eau qui s'est solidifiée en gelant. *La route est couverte de glace.* SYN. **verglas.** ❷ **Briser la glace,** faire cesser la gêne, le silence dans une réunion où les personnes n'osent pas se parler. *À mon anniversaire, Julie a brisé la glace en racontant une histoire drôle.* ❸ Crème aromatisée et congelée. *Un cornet de glace au chocolat.* SYN. **crème glacée.** ❹ Plaque de verre transparente, dans un véhicule. *Relève la glace arrière si tu as froid.* SYN. **vitre.** ❺ Plaque de verre traitée pour refléter les images. *Il y a de la buée sur la glace de la salle de bains.* SYN. **miroir.**

a b c d e f g h i j k l m n o p q r s t u v w x y z

▸ **glacé, e** adj. ❶ Très froid. *J'ai bu de l'eau glacée. Anne a les mains glacées.* CONTR. **brûlant.** *La terre est glacée.* SYN. **gelé.** ❷ **Crème glacée,** glace. ❸ **Marrons glacés,** marrons confits et enrobés de sucre.

▸ **glacer** v. (conjug. 4). ❶ Donner une très forte sensation de froid. *Le vent me glace le visage.* CONTR. **brûler, réchauffer.** ❷ Paralyser de peur, intimider par sa froideur. *L'air méchant de l'acteur nous glaçait.*

▸ **glaciaire** adj. ❶ Qui est fait de glaciers. *La calotte glaciaire des pôles.* ❷ **Périodes glaciaires,** périodes de l'histoire de la Terre pendant lesquelles se sont développés les glaciers. → Vois aussi **calotte.**
● Ne confonds pas avec une **glacière.**

▸ **glacial, e** adj. ❶ Qui est froid comme de la glace. *Une eau glaciale; un vent glacial.* CONTR. **brûlant.** ❷ Qui intimide, paralyse par sa froideur. *Un accueil glacial; un regard glacial.* CONTR. **accueillant, chaleureux.**
● Au masculin pluriel : **glacials** ou **glaciaux.**

1. **glacier** n.m. Grande masse de neige transformée en glace dans les régions polaires et en haute montagne. *Les glaciers des Alpes, du Groenland.*

un glacier (Alaska)

2. **glacier** n.m. Personne qui fabrique et vend des glaces.

▸ **glacière** n.f. Grande boîte isolante qui garde des aliments et des boissons au froid. *Les campeurs ont rempli leur glacière pour le pique-nique.*
● Ne confonds pas avec l'adjectif **glaciaire.**

▸ **glaçon** n.m. Morceau de glace. *J'ai mis un glaçon dans mon jus d'orange.*
● Le **c** prend une cédille.

gladiateur n.m. Homme qui se battait à mort dans les jeux du cirque à Rome, soit contre d'autres hommes, soit contre des fauves. *Les gladiateurs combattaient dans les arènes.*

des gladiateurs

glaïeul n.m. Plante à très longue tige dont les fleurs sont disposées en épi.
● Le **i** prend un tréma.

une tige de glaïeuls

glaise n.f. Terre grasse et imperméable. *Les briques sont faites de glaise.* SYN. **argile.**
● On peut aussi dire la **terre glaise.**

glaive n.m. Épée courte à deux tranchants. *Les gladiateurs combattaient avec un glaive.*

gland n.m. ❶ Fruit du chêne. *Les écureuils, les sangliers mangent des glands.* ❷ Extrémité renflée du pénis.

glande n.f. Organe qui produit un liquide nécessaire au fonctionnement du corps. *Les larmes, la salive, la sueur sont sécrétées par des glandes.* → Vois aussi **lacrymal, salivaire, sudoripare.**

glaner v. (conjug. 3). ❶ Ramasser des épis après la moisson. *Autrefois, les enfants allaient glaner dans les champs.* ❷ Recueillir des renseignements çà et là. *Les journalistes ont glané des informations dans le village.* SYN. **grappiller.**

glapir v. (conjug. 16). En parlant du chiot, du lapin, du renard, pousser de petits cris brefs et aigus, des *glapissements.*

glas n.m. Tintement de cloche grave et lent. *Les cloches sonnent le glas lorsqu'une personne vient de mourir.* → Vois aussi **tocsin.**
● Ce mot se termine par un **s.**

glatir v. (conjug. 16). En parlant de l'aigle, faire entendre son cri, le *glatissement.*

glauque adj. D'une couleur vert bleuâtre, qui rappelle l'eau de mer quand elle n'est pas transparente.

glissade n.f. Mouvement que l'on fait en glissant. *On fait des glissades sur le lac gelé.*
▸▸▸ Mot de la famille de **glisser.**

glissant, e adj. Qui fait glisser. *Le verglas rendait la route glissante.*
▸▸▸ Mot de la famille de **glisser.**

glisse n.f. **Sport de glisse,** qui consiste à glisser. *Le ski, le patinage, la planche à voile sont des sports de glisse.*
▸▸▸ Mot de la famille de **glisser.**

glissement n.m. ❶ Mouvement de ce qui glisse. *Le glissement d'une barque sur un lac.* ❷ **Glissement de terrain,** déplacement d'une couche de terrain le long d'une pente. *Les fortes pluies ont provoqué un glissement de terrain.*
▸▸▸ Mot de la famille de **glisser.**

glisser et **se glisser** v. (conjug. 3). ❶ Se déplacer d'un mouvement continu sur une surface lisse. *Les patineurs glissent sur la glace.* ❷ Perdre l'équilibre sur une surface glissante. *J'ai glissé sur le carrelage mouillé.* SYN. **déraper.** ❸ Faire passer quelque chose discrètement ou le transmettre en secret. *Elle a glissé une lettre sous ta porte. Adrien glisse un mot à l'oreille de Julie.* ❹ **Glisser des mains,** échapper des mains de quelqu'un. *Le verre m'a glissé des mains, il est cassé.* ◆ **se glisser.** Passer quelque part furtivement ou avec adresse. *La chatte s'est glissée sous le lit.* SYN. **se faufiler.**

▸ **glissière** n.f. ❶ Système qui permet de faire glisser, coulisser un objet. *Une porte à glissière. Une fermeture à glissière.* SYN. **fermeture Éclair.** ❷ **Glissière de sécurité,** barrière métallique qui sert de protection au bord d'une autoroute.

global, e, aux adj. Qui concerne un ensemble, un tout. *Vous me devez la somme globale de 50 euros.* SYN. **total.** CONTR. **partiel.**
● Au masculin pluriel : **globaux.**

▸ **globalement** adv. D'une manière globale, dans l'ensemble. *Mes résultats sont globalement bons.* CONTR. **en partie, partiellement.**

globe n.m. ❶ Sphère, boule. *Le globe de la lampe est cassé.* ❷ **Le globe,** la Terre. *Ils ont fait le tour du globe.* ❸ **Globe terrestre,** carte de la Terre dessinée sur une boule. *Lucas cherche la Chine sur le globe terrestre.*
→ Vois aussi **mappemonde, planisphère.**

le globe terrestre

▸ **globe-trotteur, euse** n. Personne qui parcourt la Terre en tous sens. *Tintin est un infatigable globe-trotteur.*
● Au pluriel : des **globe-trotteurs, globe-trotteuses.**
– On peut aussi écrire un, une **globe-trotter.**
– La nouvelle orthographe permet d'écrire aussi **globetrotteur, globetrotteuse,** sans trait d'union.

globule n.m. Cellule du sang. *Les globules rouges sont beaucoup plus nombreux que les globules blancs.*
● Nom du genre masculin : **un globule.**

▸ **globuleux, euse** adj. **Yeux globuleux,** yeux très ronds qui ressortent un peu de l'orbite. SYN. **saillant.** → Vois aussi **exorbité.**

gloire n.f. ❶ Grande renommée qui résulte de qualités ou d'actions remarquables. *Cet acteur est au sommet de sa gloire.* SYN. **célébrité.** ❷ **À la gloire de,** en l'honneur de. *Le président a prononcé un discours à la gloire du poète disparu.* SYN. **en hommage à.**

▸ **glorieusement** adv. De façon glorieuse. *Des résistants sont morts glorieusement pour leur pays.*

▸ **glorieux, euse** adj. ❶ Qui procure de la gloire. *Une action glorieuse; de glorieux exploits.* SYN. **éclatant, mémorable.** ❷ Qui a acquis, mérité de la gloire. *Un glorieux navigateur.*

▸ **glorifier** v. (conjug. 7). ❶ Rendre gloire à. *Glorifier la mémoire d'un héros.* SYN. **célébrer,** a b c d e f g h i j k l m n o w x y z

honorer. ❷ Tirer gloire de quelque chose pour soi-même. *Il se glorifie de la moindre de ses actions.* SYN. **s'enorgueillir, se vanter.**

▸ **gloriole** n.f. Gloire que l'on tire de petites choses. *Il a agi par gloriole.* CONTR. **humilité, modestie.**

glousser v. (conjug. 3). ❶ En parlant de la poule, pousser de petits cris répétés, des *gloussements.* ❷ Rire en poussant de petits cris. *Deux élèves gloussaient au fond de la classe.* → Vois aussi **caqueter.**

glouton, onne adj. et n. Qui mange beaucoup et très vite. SYN. **goulu, vorace.**

▸ **gloutonnerie** n.f. Comportement d'une personne gloutonne. SYN. **voracité.**

glu n.f. Matière liquide épaisse et très collante que l'on extrait du gui ou du houx.
▸▸▸ Mot de la même famille : **englué.**

▸ **gluant, e** adj. Visqueux et collant comme de la glu. *Les limaces laissent des traces gluantes.*

glucides n.m. plur. Sucres qui donnent de l'énergie à l'organisme. → Vois aussi **lipides, protéines.**

glycine n.f. Plante grimpante dont les fleurs mauves, blanches ou roses, forment des grappes pendantes.
● Le premier son [i] s'écrit avec un **y.**

la glycine

gnome n.m. Petit personnage difforme des contes de fées. *La légende dit que les gnomes sont les gardiens des trésors enfouis sous terre.* → Vois aussi **elfe, génie, lutin.**
● On prononce [gnom].

gnou n.m. Grande antilope d'Afrique à cornes recourbées.
● On prononce [gnu].

un gnou

goal n.m. Gardien de but.
● On prononce [gol], comme la **Gaule.** – C'est un mot anglais, il vaut mieux dire **gardien de but.**

gobelet n.m. Petit récipient en forme de verre. *Le bébé prend son gobelet en plastique.* → Vois aussi **timbale.**
● Ne confonds pas avec **godet.**

gober v. (conjug. 3). ❶ Avaler en aspirant, sans mâcher. *Gober une huître, un œuf.* ❷ (Sens familier). Croire trop naïvement ce qui est dit. *Il a gobé mon histoire de cambrioleurs.*

godasse n.f. Mot familier. Chaussure.

godet n.m. Très petit récipient. *Des godets à peinture.*
● Ne confonds pas avec **gobelet.**

godille n.f. ❶ Rame placée à l'arrière d'un bateau. *Le pêcheur avance à la godille.* ❷ En ski, enchaînement de virages courts et rapprochés. *Hugo a descendu la piste rouge en godille.*

▸ **godiller** v. (conjug. 3). ❶ Faire avancer un bateau à la godille. ❷ En ski, descendre une pente en godille.

godillot n.m. Mot familier. Grosse chaussure de marche.

goéland n.m. Gros oiseau de mer blanc et gris. → Vois aussi **mouette.**

des goélands

goélette n.f. Voilier à deux mâts.

goémon n.m. Algues rejetées par la mer et qu'on utilise comme engrais. SYN. **varech.**

goguenard, e adj. Qui se moque ouvertement de quelqu'un. *Elle le regardait d'un air goguenard.* SYN. **moqueur, narquois, railleur.**

goinfre adj. et n. Mot familier. Qui mange beaucoup, très vite et salement. *Mon petit frère est un goinfre.* SYN. **glouton, goulu, vorace.**

▶ se **goinfrer** v. (conjug. 3). Mot familier. Manger beaucoup, très vite et salement. *Les enfants gourmands se sont goinfrés de gâteaux.* SYN. **se bourrer, se gaver.**

▶ **goinfrerie** n.f. Mot familier. Comportement de goinfre. SYN. **gloutonnerie, voracité.**

golf n.m. Sport qui consiste à envoyer une balle dans des trous successifs, en un minimum de coups. La canne spéciale avec laquelle les joueurs frappent la balle est appelée un « club ». *Les grandes pelouses de golf ont dix-huit trous.*

● Nom des joueurs : un **golfeur**, une **golfeuse**. – Ne confonds pas avec un **golfe.**

golfe n.m. Large avancée de la mer dans les terres, qui forme un grand bassin. *Le golfe du Morbihan; le golfe Persique.*

● Ne confonds pas avec le **golf.**

gomme n.f. ❶ Petit bloc de caoutchouc ou d'une autre matière qui sert à effacer des traces de crayon ou d'encre. *Antonin a effacé ses fautes avec une gomme à encre.* ❷ Substance visqueuse qui coule de l'écorce de certains arbres. *C'est avec la gomme de l'hévéa que l'on fabrique le caoutchouc.* ❸ **Boule de gomme,** bonbon adoucissant pour la gorge, à base de gomme naturelle.

▶ **gommé, e** adj. Se dit d'un papier qui colle quand on le mouille. *Du papier gommé.*

▶ **gommer** v. (conjug. 3). Effacer quelque chose avec une gomme. *Elle a gommé la phrase qui était fausse.*

▶ **gommette** n.f. Petit morceau de papier gommé ou adhésif de couleur, de forme et de taille variées. *Les enfants collent des gommettes sur leurs dessins.*

gond n.m. ❶ Pièce de métal sur laquelle pivote une porte, une fenêtre ou un volet. *Les gonds de la porte grincent.* ❷ **Sortir de ses gonds,** se mettre en colère, s'emporter.

gondole n.f. Barque longue et plate aux extrémités relevées. *Les gondoles circulent sur les canaux, à Venise.*

gondoler v. (conjug. 3). Déformer une surface par des creux et des bosses. *L'humidité a gondolé le papier peint.*

● On peut aussi dire **se gondoler.**

gondolier n.m. Batelier qui conduit une gondole.

►►► Mot de la famille de **gondole.**

gonflable adj. ❶ Se dit d'un objet qu'il faut gonfler pour qu'il prenne sa forme. *Une piscine gonflable.* ❷ **Coussin gonflable,** airbag.

►►► Mot de la famille de **gonfler.**

gonflage n.m. Action de gonfler. *Le conducteur a vérifié le gonflage des pneus.*

►►► Mot de la famille de **gonfler.**

gonflé, e adj. ❶ Rempli d'air, d'un gaz. *Le ballon n'est pas assez gonflé.* ❷ Qui a augmenté de volume. *Olivier a les yeux gonflés.* SYN. **bouffi, boursouflé.**

►►► Mot de la famille de **gonfler.**

gonflement n.m. Fait de gonfler; état de ce qui est gonflé. *Le gonflement d'une cheville à la suite d'une entorse.* SYN. **enflure.**

►►► Mot de la famille de **gonfler.**

gonfler v. (conjug. 3). ❶ Remplir d'air ou de gaz. *J'ai gonflé le matelas pneumatique.* CONTR. **dégonfler.** *Le vent gonfle les voiles du navire.* ❷ Augmenter de volume. *La brioche gonfle dans le four. Les pluies ont gonflé la rivière.* SYN. **enfler.**

gong n.m. Disque de métal suspendu qui vibre en produisant un son lorsqu'on le frappe. *Le gong sonna l'heure du repas.*

goret n.m. Jeune porc. SYN. **porcelet.**

gorge n.f. ❶ Fond de la bouche. *J'ai soif, j'ai la gorge sèche !* SYN. **gosier.** ❷ Partie avant du cou. *Sa cravate lui serre la gorge.* ❸ Vallée étroite et profonde entre deux montagnes. *Les gorges de l'Ardèche.* SYN. **défilé.** → Vois aussi **canyon.**

►►► Mot de la même famille : **égorger.**

▶ **gorgée** n.f. Quantité de liquide que l'on avale en une seule fois. *Il boit son jus d'orange à petites gorgées.*

▶ se **gorger** v. (conjug. 5). Absorber quelque chose jusqu'à saturation. *La terre s'est gorgée d'eau à cause des inondations.*

gorille n.m. Grand singe d'Afrique qui se nourrit de fruits. *Le gorille est le plus grand et le plus fort de tous les singes.*
● Petit : le gorillon.

un gorille

gosier n.m. Fond de la gorge. *Il s'étrangle, il a une arête dans le gosier.*

gosse n. Mot familier. Enfant. → Vois aussi **gamin, môme.**

gothique adj. et n.m. Se dit d'une forme d'art architectural qui s'est développé en Europe entre le 12e et le 16e siècle. *Notre-Dame de Paris est une cathédrale gothique.* → Vois aussi **roman (2).**

gouache n.f. Peinture à l'eau de consistance pâteuse. *Des tubes de gouache.* → Vois aussi **aquarelle.**

goudron n.m. Pâte noire et visqueuse qui durcit en refroidissant, et que l'on utilise pour recouvrir les routes, les trottoirs. SYN. **asphalte, bitume.** → Vois aussi **macadam.**

▶ **goudronner** v. (conjug. 3). Recouvrir de goudron. *Les ouvriers goudronnent la route.*

gouffre n.m. ❶ Trou très profond dans le sol. *Le spéléologue explore le gouffre.* SYN. **abîme, précipice.** ❷ Ce qui oblige à dépenser une importante somme d'argent. *L'aménagement du stade est un gouffre.*
▶▶▶ Mot de la même famille : **s'engouffrer.**

goujat n.m. Homme grossier, mal élevé. *Il s'est comporté comme un goujat en me raccrochant au nez.* SYN. **malotru, mufle.**

goujon n.m. Petit poisson des rivières et des ruisseaux.

goulet n.m. Entrée étroite d'un port. *Le bateau manœuvre prudemment à l'approche du goulet.*

gouleyant, e adj. Se dit d'un vin frais et léger qui se boit facilement.

goulot n.m. Ouverture étroite d'une bouteille, d'une carafe. *Boire au goulot.*

goulu, e adj. et n. Qui mange beaucoup et avec avidité. *Il a repris deux fois du dessert, c'est un vrai goulu !* SYN. **glouton, vorace.**

▶ **goulûment** adv. De façon goulue, avec avidité. *José a avalé goulûment son repas.* SYN. **avidement.**
● La nouvelle orthographe permet d'écrire aussi **goulument,** sans accent circonflexe.

goupillon n.m. ❶ Brosse cylindrique avec un long manche, qui sert à nettoyer l'inté-

l'art gothique

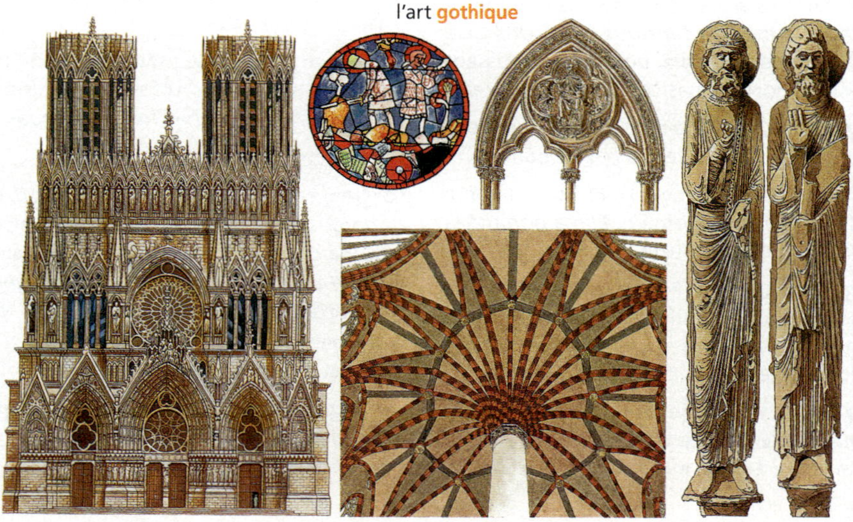

a b c d e f g h i j k l m n o p q r s t u v w x y z

rieur d'une bouteille. ❷ Objet utilisé pour asperger d'eau bénite.

gourd, e adj. Engourdi par le froid. *Avoir les doigts gourds.*

1. **gourde** n.f. Récipient portatif qui sert à transporter la boisson. *En montagne, je prends une gourde avec de l'eau.*

2. **gourde** n.f. et adj. Mot familier. Personne maladroite et un peu niaise. *Quelle gourde, il fait tout de travers !* SYN. **nigaud.**

gourdin n.m. Bâton gros et court qui sert à frapper. *Les malfaiteurs étaient armés de gourdins.* → Vois aussi **massue, matraque.**

gourmand, e adj. et n. Qui aime manger de bonnes choses. *Le gourmand, il a tout mangé !*

▶ **gourmandise** n.f. Fait d'être gourmand; défaut du gourmand. *J'ai repris du dessert par pure gourmandise.*

gourmet n.m. Personne qui apprécie la cuisine raffinée et les bons vins. *Mon père est un fin gourmet.* SYN. **gastronome.**

gourmette n.f. Bracelet formé d'une chaînette aux maillons aplatis. *Émilie porte une gourmette avec son nom gravé dessus.*

gousse n.f. ❶ Enveloppe allongée qui contient des rangées de graines. *Une gousse de petits pois.* SYN. **cosse.** *Des gousses de vanille.* ❷ **Gousse d'ail,** partie d'une tête d'ail.

goût n.m. ❶ Celui des cinq sens par lequel on perçoit la saveur des aliments. *Le goût permet de distinguer ce qui est salé de ce qui est sucré.* ❷ Saveur d'un aliment. *Ce riz n'a aucun goût.* ❸ Sens de ce qui est esthétique. *Cathy s'habille avec goût.* ❹ Penchant pour quelque chose; préférence. *Julien et moi avons les mêmes goûts. Avoir le goût du risque.* → Vois aussi **odorat, ouïe, toucher, vue.**

● La nouvelle orthographe permet d'écrire aussi **gout,** sans accent circonflexe.

▶ **goûter** v. (conjug. 3). ❶ Manger ou boire quelque chose en petite quantité pour en vérifier la saveur. *J'ai goûté la sauce, elle manque de sel.* ❷ Manger quelque chose pour la première fois. *As-tu déjà goûté du caviar ?* ❸ Prendre un goûter. *Nous avons goûté en rentrant de l'école.*

● Ne confonds pas avec **goutter.**

– La nouvelle orthographe permet d'écrire aussi **gouter,** sans accent circonflexe.

▶ **goûter** n.m. Petit repas que l'on prend dans l'après-midi. *Au goûter, je prends un bol de chocolat et deux tartines.*

● La nouvelle orthographe permet d'écrire aussi **gouter,** sans accent circonflexe.

goutte n.f. ❶ Très petite quantité d'un liquide qui a une forme arrondie. *La pluie tombe à grosses gouttes. Une goutte de sang.* ❷ Très petite quantité de boisson. *Boire une goutte de champagne.* ❸ **Goutte à goutte,** une goutte après l'autre. ❹ **Se ressembler comme deux gouttes d'eau,** se ressembler énormément.

▶ **goutte-à-goutte** n.m. invar. Appareil médical qui sert à régler le débit d'une perfusion.

● Ce mot composé ne change pas au pluriel : des **goutte-à-goutte.**

▶ **gouttelette** n.f. Petite goutte. *Des gouttelettes de rosée recouvrent les feuilles.*

▶ **goutter** v. (conjug. 3). Couler goutte à goutte. *Le robinet est mal fermé, il goutte.*

● Ne confonds pas avec **goûter.**

▶ **gouttière** n.f. Conduit situé à la base d'un toit pour recevoir les eaux de pluie.

gouvernail n.m. Appareil mobile qui sert à diriger un navire, un sous-marin.

▶▶▶ Mot de la famille de **gouverner.**

un gouvernail de navire

gouvernante n.f. Femme qui, dans une famille, est chargée de la surveillance et de l'éducation des enfants.

▶▶▶ Mot de la famille de **gouverner.**

gouvernants n.m. plur. Personnes qui gouvernent un pays.

▶▶▶ Mot de la famille de **gouverner.**

a b c d e f g h i j k l m n o p q r s t u v w x y z

gouvernement n.m. ❶ Ensemble des personnes qui dirigent un pays. *Le Premier ministre est le chef du gouvernement.* ❷ Système politique d'un État. *Un gouvernement démocratique.* SYN. **régime.**
▸▸▸ Mot de la famille de **gouverner.**

gouvernemental, e, aux adj. Du gouvernement. *La politique gouvernementale.*
● Au masculin pluriel : **gouvernementaux.**
▸▸▸ Mot de la famille de **gouverner.**

gouverner v. (conjug. 3). ❶ Diriger un pays ; exercer le pouvoir. *En France, le président de la République gouverne le pays pendant cinq ans.* ❷ Diriger un bateau à l'aide du gouvernail.

goyave n.f. Fruit sucré et rafraîchissant qui pousse sur un arbre tropical, le *goyavier.*

un goyavier et des goyaves

grabat n.m. Lit misérable, où l'on souffre. *L'infirme était étendu sur un grabat.*

▸ **grabataire** n. et adj. Se dit d'un malade ou d'une personne âgée qui ne peut pas quitter son lit.

grabuge n.m. Mot familier. Dispute bruyante provoquant des dégâts. *Ne restez pas là, il va y avoir du grabuge !*

grâce n.f. ❶ Faveur que l'on fait à quelqu'un. *Faites-nous la grâce de nous accompagner.* ❷ Beauté, charme qui se dégage des mouvements, de l'attitude d'une personne. *La danseuse évolue avec beaucoup de grâce.* CONTR. **lourdeur.** ❸ Fait de gracier quelqu'un, de réduire sa peine. *Le condamné a obtenu la grâce présidentielle.* ❹ **Les bonnes grâces de quelqu'un,** ses faveurs. *Grégory est dans les bonnes grâces de son patron.* ❺ **De bonne grâce ou de mauvaise grâce,** en y mettant de la bonne ou de la mauvaise volonté. ❻ **Faire grâce de,** dispenser, épargner. *Je vous fais grâce des détails.* → Vois aussi **amnistie.**
● Le **a** prend un accent circonflexe.

▸ **grâce à** préposition. Avec l'aide de quelqu'un ou de quelque chose. *Grâce à toi, j'ai pu faire mon exercice. La médecine a progressé grâce à la recherche.*

▸ **gracier** v. (conjug. 7). Supprimer ou réduire la peine d'un condamné. *Le président de la République a gracié un détenu.*

▸ **gracieusement** adv. ❶ Avec grâce. *Élise m'a souri gracieusement. Il a laissé sa place gracieusement.* SYN. **aimablement.** ❷ Gratuitement, à titre gracieux. *Une heure de communication vous est offerte gracieusement.*

▸ **gracieux, euse** adj. ❶ Qui a de la grâce, du charme. *Le pianiste a des gestes gracieux.* ❷ **À titre gracieux,** gratuitement. *Un exemplaire du journal vous est remis à titre gracieux.*

gracile adj. Mot littéraire. Mince et délicat. *Un corps gracile.* SYN. **fluet, svelte.**

gradation n.f. Progression par degrés successifs, par paliers. *La gradation des difficultés d'un exercice.*
● Ne confonds pas avec **graduation.**

grade n.m. Degré dans la hiérarchie militaire. *L'officier est monté en grade.*

▸ **gradé, e** n. Militaire pourvu d'un grade. *Les sous-officiers sont des gradés.*

gradin n.m. Chacun des bancs disposés en étages autour d'un stade, d'un amphithéâtre ou sous un chapiteau. *Les spectateurs suivent le match depuis les gradins.*

graduation n.f. Chacune des divisions tracées sur une règle ou sur un thermomètre, un baromètre.
● Ne confonds pas avec **gradation.**
▸▸▸ Mot de la famille de **graduer.**

graduel, elle adj. Qui se fait petit à petit, par degrés. *Le réchauffement de la pièce est graduel.* SYN. **progressif.**
▸▸▸ Mot de la famille de **graduer.**

graduellement adv. Par degrés, en progressant par étapes. *Le coureur est remonté graduellement jusqu'à la première place.* SYN. **peu à peu, petit à petit, progressivement.**
►►► Mot de la famille de **graduer.**

graduer v. (conjug. 3). ❶ Diviser en degrés. *Graduer un biberon.* ❷ Augmenter par degrés. *Graduer les difficultés d'un exercice.*

graffiti n.m. Inscription ou dessin fait sur un mur. *Les murs du magasin sont couverts de graffitis.*

graillon n.m. Mauvaise odeur dégagée par la graisse cuite.

grain n.m. ❶ Fruit et semence des céréales. *Des grains de blé, de riz. On donne du grain aux poules.* ❷ Petit fruit de certaines plantes. *Du café en grains. Des grains de raisin.* ❸ Petit objet rond. *Les grains d'un chapelet.* ❹ Très petit fragment de matière. *Un grain de sable, de poussière.* ❺ **Grain de beauté,** petite tache brune et arrondie sur la peau. ❻ Aspect d'une surface qui n'est pas tout à fait lisse. *Le grain d'un papier.* ❼ Averse soudaine accompagnée d'un vent violent. ❽ (Familier). **Avoir un grain,** être un peu fou. ❾ (Familier). **Mettre son grain de sel,** se mêler d'une conversation sans y être invité.
►►► Mot de la même famille : **égrener.**

graine n.f. ❶ Partie contenue dans un fruit qui, quand elle germe, donne naissance à une nouvelle plante. *Des graines de tournesol.* SYN. **semence.** ❷ **En prendre de la graine,** prendre quelqu'un ou quelque chose en exemple. *Ta sœur fait ses devoirs en rentrant de l'école, prends-en de la graine.*

► **grainetier, ère** n. Marchand qui vend des graines, des oignons de fleurs, des bulbes.

graissage n.m. Action de graisser un moteur, un mécanisme. *Le garagiste a fait le graissage de la voiture.*
►►► Mot de la famille de **graisse.**

graisse n.f. ❶ Substance présente sous la peau qui sert de réserve énergétique et qui protège du froid. ❷ Matière grasse d'origine animale ou végétale que l'on utilise en cuisine. *Le beurre est une graisse animale.* ❸ Corps gras qui sert au graissage des moteurs, des mécanismes.

► **graisser** v. (conjug. 3). Enduire de graisse. *Graisser la chaîne d'un vélo.* SYN. **huiler, lubrifier.**

► **graisseux, euse** adj. Taché ou recouvert de graisse. *Une nappe graisseuse.* SYN. **gras.**

graminées n.f. plur. Grande famille de plantes dont les fleurs et les grains sont groupés en épis. *Les herbes des prairies et la plupart des céréales sont des graminées.*

grammaire n.f. ❶ Ensemble des règles qui permettent de construire correctement les phrases dans une langue. *Faire des exercices de grammaire.* ❷ Livre dans lequel sont expliquées les règles de grammaire.

► **grammatical, e, aux** adj. Qui concerne la grammaire. *Des exercices grammaticaux.*
● Au masculin pluriel : **grammaticaux.**

gramme n.m. Unité de masse. *Il faut mille grammes pour faire un kilogramme.* → Vois aussi **unité.**
● À l'écrit, on emploie **g** comme symbole.

grand, e adj. ❶ Qui est de taille élevée. *Un grand arbre. Julie est grande pour son âge.* CONTR. **petit.** ❷ Qui a des dimensions étendues. *Ils ont un grand jardin.* SYN. **vaste.** ❸ Qui est d'une taille, d'une quantité supérieure à la moyenne. *Les lapins ont de grandes oreilles.* SYN. **long.** *Un grand choix de disques.* SYN. **large.** ❹ Qui n'est plus un enfant. *Que feras-tu quand tu seras grand ?* SYN. **adulte.** ❺ Qui est remarquable par son talent, ses qualités, ses actions. *Un grand écrivain.* ❻ Qui a de l'importance. *J'ai une grande nouvelle à vous annoncer.* ◆ adv. ❶ **Grand ouvert,** ouvert au maximum. *La porte est grande ouverte. Avoir les yeux grand ouverts.* ❷ **Voir grand,** avoir des projets ambitieux.
►►► Mots de la même famille : **agrandir, agrandissement.**

► **grand, e** n. Enfant plus âgé par rapport à un autre plus jeune. *Je préfère jouer avec les grands.* CONTR. **petit.**

► **grand-chose** pronom indéfini. **Pas grand-chose,** presque rien. *Je n'ai pas grand-chose à faire ce soir.*

► **grandement** adv. Dans une large mesure. *Il a grandement mérité la victoire.* SYN. **amplement, largement.**

► **grandeur** n.f. ❶ Dimension, taille. *Sa chambre est d'une grandeur incroyable !* ❷ Grande importance, valeur ou influence. *La grandeur d'un projet.* SYN. **ampleur.** *La grandeur d'une nation.* SYN. **pouvoir, puissance.** ❸ **Grandeur nature,** qui a les

a b c d e f g h i j k l m n o p q r s t u v w x y z

mêmes dimensions que dans la réalité. *L'artiste sculpte des personnages grandeur nature.* ❹ **Ordre de grandeur,** dimension ou quantité approximative. *Pour trouver l'ordre de grandeur d'un nombre, on arrondit ce nombre à la dizaine, à la centaine, au millier ou au million le plus proche.*

grandiloquent, e adj. Qui emploie ou contient de grands mots pour dire des choses simples. *Une avocate grandiloquente. Un discours grandiloquent.* SYN. **emphatique, pompeux.**

grandiose adj. Qui impressionne par sa grandeur, sa beauté. *Nous avons vu un feu d'artifice grandiose.* SYN. **imposant, magnifique, majestueux.**

grandir v. (conjug. 16). ❶ Devenir grand. *Paul a beaucoup grandi.* CONTR. **rapetisser.** ❷ Devenir plus important, plus intense. *Leur amitié grandit de jour en jour.* SYN. **augmenter, croître, se développer.** ❸ Faire paraître plus grand. *Ses chaussures la grandissent.*

▸▸▸ Mot de la famille de **grand.**

grand-mère n.f. Mère du père ou de la mère. *Je joue aux cartes avec ma grand-mère.*

● Au pluriel : des **grands-mères.**

à **grand-peine** adv. Très difficilement. CONTR. **aisément, facilement.** *Nous avons escaladé la paroi à grand-peine.*

grand-père n.m. Père du père ou de la mère. *Léo aime se promener avec son grand-père.*

● Au pluriel : des **grands-pères.**

grands-parents n.m. plur. Parents du père ou de la mère. *Mes grands-parents paternels habitent à la campagne.*

grange n.f. Bâtiment où l'on entrepose les récoltes. *L'agriculteur a rentré le foin dans la grange.*

granit n.m. Roche très dure dont la matière présente des petits grains. *L'ouvrier taille un bloc de granit.*

▸ **granitique** adj. Qui est constitué de granit. *Une roche granitique.*

granivore adj. Qui se nourrit de graines. *Les moineaux sont granivores.*

▸▸▸ Mot de la famille de **graine.**

granule n.m. Petite pilule contenant une faible dose de médicament, utilisée principalement en homéopathie.

● Nom du genre masculin : **un granule.**

▸▸▸ Mot de la famille de **grain.**

granulé n.m. Médicament sous forme de grains, qui a un goût sucré. *Les granulés sont à prendre avant les repas.*

▸▸▸ Mot de la famille de **grain.**

granuleux, euse adj. Qui est constitué ou recouvert de petits grains. *Une roche granuleuse.* CONTR. **lisse.**

▸▸▸ Mot de la famille de **grain.**

graphie n.f. Représentation écrite d'un mot, d'un son. *Le mot « cuillère » a deux graphies.* SYN. **orthographe.**

▸ **graphique** n.m. Ligne qui relie des points entre eux pour montrer l'évolution de quelque chose. *Le graphique de la température d'un malade.* ◆ adj. Qui représente les choses par des signes écrits ou des dessins. *Une lettre est un signe graphique.*

▸ **graphisme** n.m. Manière de tracer une ligne ou de dessiner considérée d'un point de vue esthétique. *Le graphisme d'une affiche.*

▸ **graphologie** n.f. Étude de l'écriture d'une personne dans le but de mieux connaître sa personnalité.

grappe n.f. Groupe de fleurs ou de fruits qui poussent serrés sur une même tige. *Une grappe de raisin, de groseilles.*

▸ **grappiller** v. (conjug. 3). ❶ Cueillir des fruits çà et là. *Grappiller des cerises.* ❷ Recueillir des informations à droite, à gauche. *Le détective grappillait des renseignements auprès des gens du quartier.* SYN. **glaner.**

grappin n.m. Crochet en fer à plusieurs branches, fixé à une corde, qui sert à s'accrocher ou à saisir des objets.

gras, grasse adj. ❶ Qui est composé de graisse. *Le beurre et l'huile sont des matières grasses. Le roquefort est un fromage gras.* ❷ Qui a beaucoup de graisse. *Un cochon bien gras.* SYN. **gros.** CONTR. **maigre.** ❸ Qui est taché ou recouvert de graisse. *Des papiers gras.* SYN. **graisseux.** ❹ **Caractères gras,** caractères d'imprimerie qui sont plus épais que les autres. CONTR. **maigre.** ❺ **Plante grasse,** plante qui a des feuilles épaisses et charnues.

Le cactus est une plante grasse. ❻ **Faire la grasse matinée,** se lever tard.

▸ **gras** n.m. Partie grasse d'un morceau de viande. *Je n'aime pas le gras du jambon.* → Vois aussi **lard**.

▸ **grassement** adv. En abondance. *Il a été grassement payé.* SYN. **largement.**

▸ **grassouillet, ette** adj. Qui est assez gras. *Une enfant grassouillette.* SYN. **dodu, potelé, replet.** CONTR. **maigrichon.**

gratification n.f. Somme d'argent donnée en plus du salaire. *Les employés ont reçu une gratification à la fin de l'année.* SYN. **prime.**
▸▸▸ Mot de la famille de **gratifier**.

gratifier v. (conjug. 7). Accorder un don, une faveur pour remercier ou pour faire plaisir. *Le client a gratifié le serveur d'un généreux pourboire.*

gratin n.m. Plat recouvert de fromage râpé que l'on fait dorer au four. *J'ai préparé un gratin de pâtes.*

▸ **gratiner** v. (conjug. 3). Dorer au four pour faire un gratin. *Gratiner des pommes de terre.*

gratitude n.f. Sentiment que l'on éprouve envers une personne qui a rendu un service. *Je vous témoigne toute ma gratitude pour votre gentillesse.* SYN. **reconnaissance.** CONTR. **ingratitude.**

gratte-ciel n.m. invar. Immeuble très haut. *Les gratte-ciel dominent la ville.* SYN. **building, tour.**
● La nouvelle orthographe permet d'écrire aussi des **gratte-ciels,** avec un **s**.

des **gratte-ciel** (Sao Paulo, Brésil)

grattement n.m. Bruit fait en grattant. *On entendit un léger grattement à la porte.*
▸▸▸ Mot de la famille de **gratter**.

gratter et **se gratter** v. (conjug. 3). ❶ Frotter avec ses ongles ou ses griffes. *Ne gratte pas tes boutons !* ❷ Donner des démangeaisons. *La piqûre de moustique me gratte.* ❸ Enlever une couche sur une surface en frottant. *Il faut gratter le vernis avant de peindre le meuble.* SYN. **racler.** ◆ **se gratter**. Frotter avec ses ongles ou ses griffes un endroit de son corps. *Le chien se gratte le cou.*

▸ **grattoir** n.m. Outil qui permet de gratter, de racler.

gratuit, e adj. ❶ Que l'on obtient sans payer. *Prenez un échantillon, c'est gratuit !* CONTR. **payant.** ❷ Qui est fait sans preuves. *Une accusation gratuite.* SYN. **arbitraire.** CONTR. **fondé, justifié.**

▸ **gratuité** n.f. Fait d'être gratuit. *La gratuité des soins de santé pour les plus démunis.*

▸ **gratuitement** adv. Sans payer. *Ils sont entrés au musée gratuitement.*

gravats n.m. plur. Débris qui proviennent d'une démolition. *Le camion transporte les gravats à la décharge.*

1. **grave** adj. ❶ Se dit d'un son qui est bas. *Valentin a une voix grave.* CONTR. **aigu, haut.** ❷ **Accent grave,** incliné en descendant de gauche à droite. *Il y a un accent grave sur le « e » de « frère », sur le « a » de « déjà ».* CONTR. **accent aigu.**

2. **grave** adj. ❶ Qui peut avoir des conséquences sérieuses ou tragiques. *Son oncle est atteint d'une maladie grave.* CONTR. **bénin.** *Il a commis une grave erreur.* CONTR. **anodin.** ❷ Qui a une très grande importance. *J'ai une grave nouvelle à vous apprendre. L'heure est grave.* SYN. **sérieux.** CONTR. **futile, léger.** ❸ Qui est très sérieux. *Son père avait un air grave.* SYN. **sévère, sombre.**
▸▸▸ Mots de la même famille : **aggravant, aggravation, aggraver.**

▸ **gravement** adv. ❶ De façon inquiétante, dangereuse. *Être gravement malade.* SYN. **sérieusement.** CONTR. **légèrement.** ❷ Avec gravité, sérieux. *La présentatrice s'est adressée gravement aux téléspectateurs.* SYN. **solennellement.** → Vois aussi **grièvement**.

a b c d e f g h i j k l m n o p q r s t u v w x y z

l'art **grec**

graver v. (conjug. 3). ❶ Écrire ou dessiner quelque chose en creux sur une surface dure avec un instrument pointu. *L'artisan a gravé une inscription sur le monument.* ❷ Inscrire des données sur un CD, un cédérom, un DVD à l'aide d'un rayon laser. ❸ Fixer profondément dans son esprit. *La scène restera à jamais gravée dans ma mémoire.*

▸ **graveur, euse** n. Artisan ou artiste qui fait de la gravure. *Un graveur sur bois.*

gravier n.m. Ensemble de petits cailloux. *L'allée du jardin est recouverte de gravier.*

▸ **gravillon** n.m. Gravier très fin qui sert à recouvrir les routes. *Attention à ne pas déraper sur les gravillons.*

gravir v. (conjug. 16). ❶ Monter lentement, avec effort. *Gravir une colline.* ❷ **Gravir des échelons,** monter en grade, obtenir un poste supérieur. *Didier a gravi les échelons de son entreprise jusqu'à la direction.*

gravitation n.f. Phénomène physique selon lequel les corps matériels s'attirent les uns les autres. *Les planètes tournent autour du Soleil sous l'effet de la gravitation.* SYN. **attraction.**
▸▸▸ Mot de la famille de **gravité (2).**

1. **gravité** n.f. ❶ Caractère important ou dangereux de quelque chose. *La gravité d'une opération. Constater la gravité de la situation.* ❷ Caractère sérieux de quelque chose. *Parler avec gravité.* SYN. **solennité.**
▸▸▸ Mot de la famille de **grave (2).**

2. **gravité** n.f. Force d'attraction que les planètes exercent sur les objets. *Un objet qu'on lâche tombe au sol sous l'effet de la gravité.* SYN. **pesanteur.**

▸ **graviter** v. (conjug. 3). Tourner, sous l'effet de la gravitation, autour d'un astre qui exerce une attraction. *La Terre gravite autour du Soleil.*

gravure n.f. Procédé qui consiste à graver un dessin sur une plaque et à le recouvrir d'encre pour l'imprimer ensuite sur du papier; dessin obtenu par ce procédé. *De la gravure sur cuivre, sur bois. Édouard possède des gravures anciennes.* → Vois aussi **estampe, lithographie.**
▸▸▸ Mot de la famille de **graver.**

gré n.m. ❶ **Au gré de,** selon le désir, le goût ou l'opinion de quelqu'un. *Vous pouvez aller et venir à votre gré.* SYN. **convenance, guise.** ❷ **Bon gré mal gré,** que cela plaise ou non. *Bon gré mal gré, il faut aller chez le dentiste.* ❸ **De bon gré,** volontiers. *Anna m'a aidée de bon gré à préparer le repas.* ❹ **De son plein gré,** sans être forcé. *Il nous a suivis de son plein gré.* SYN. **volontairement.** ❺ **De gré ou de force,** volontairement ou par la force. *Il viendra de gré ou de force.*

grec, grecque adj. et n. De Grèce. *Les dieux grecs. Maria est grecque. C'est une Grecque.*
◆ **grec** n.m. Langue parlée par les Grecs.
● Le nom prend une majuscule quand il désigne une personne : *un Grec.*

▸ **gréco-romain** adj. Qui concerne la civilisation issue de la rencontre entre la culture grecque et la culture latine, dans l'Antiquité. *Des vestiges gréco-romains.*

gredin, e n. Personne malhonnête. *Je me méfie des gredins de ton espèce !*
→ Vois aussi **canaille, crapule, vaurien.**

gréement n.m. Ensemble du matériel nécessaire au fonctionnement d'un voilier. *Les*

voiles, les cordages et les poulies font partie du gréement.
▸▸▸ Mot de la famille de **gréer**.

gréer v. (conjug. 8). Équiper un voilier avec le matériel nécessaire à la navigation. *Le navigateur grée son voilier.*

greffe n.f. ❶ Opération qui consiste à fixer sur une plante une pousse d'une autre plante. *Des greffes de rosier, de melon, de pêcher.* ❷ Opération chirurgicale qui consiste à remplacer un organe malade chez une personne par l'organe sain d'une autre personne. *Une greffe du cœur.* SYN. **transplantation.**

▸ **greffer** et **se greffer** v. (conjug. 3). Faire une greffe. *Greffer un arbre fruitier. On lui a greffé un rein.* SYN. **transplanter.** ◆ **se greffer**. Venir s'ajouter à quelque chose. *Une seconde affaire est venue se greffer sur la première.*

grégaire adj. Se dit des animaux qui vivent en groupe, en troupeau, en harde. *Le mouton est un animal grégaire.*

grège adj. ❶ **Soie grège,** soie brute tirée du cocon. ❷ De couleur beige clair avec une nuance de gris. *Un pull grège.*

1. **grêle** adj. ❶ Très long et très fin. *Les pattes grêles des flamants roses.* SYN. **filiforme, fluet.** CONTR. **épais, fort.** ❷ Se dit d'un son aigu et faible. *La voix de ma grand-mère est devenue grêle.* CONTR. **fort, puissant.** ❸ **Intestin grêle,** partie de l'intestin qui relie l'estomac au gros intestin.

2. **grêle** n.f. Pluie qui tombe sous forme de grains de glace. *La grêle a abîmé le toit des voitures.* → Vois aussi **grésil**.

▸ **grêler** v. (conjug. 3). **Il grêle,** il tombe de la grêle.
● Ce verbe se conjugue seulement à la 3e personne du singulier.

▸ **grêlon** n.m. Grain de grêle. *Les grêlons ont saccagé les récoltes.*

grelot n.m. Petite boule creuse en métal contenant une bille qui tinte lorsqu'on l'agite. *Les grelots d'un tambourin.*

▸ **grelotter** v. (conjug. 3). Trembler de froid. *Je grelottais en attendant le bus sous la neige.*
● La nouvelle orthographe permet d'écrire aussi **greloter,** avec un seul **t**.

1. **grenade** n.f. Gros fruit rond qui contient de nombreux grains rouges à la saveur un peu aigre et qui pousse sur le *grenadier,* dans les pays méditerranéens.

2. **grenade** n.f. Engin explosif qu'on lance à la main ou à l'aide d'un fusil.

grenadine n.f. Sirop à base de jus de fruits rouges dont la couleur rappelle celle de la grenade.
▸▸▸ Mot de la famille de **grenade (1).**

grenat adj. invar. De couleur rouge foncé. *Des chaussures grenat.*
● Ce mot ne change pas au pluriel.

grenier n.m. Partie d'une habitation située sous le toit. *Les vieux meubles sont entreposés au grenier.* SYN. **combles.**

grenouille n.f. Petit animal à peau lisse, verte ou rousse, aux pattes arrière longues et palmées. *Les grenouilles vivent au bord des mares et des étangs.* → Vois aussi **crapaud, rainette, têtard.**
● La grenouille est un amphibien. – Cri : le coassement.

une **grenouille**

grenu, e adj. Dont la surface présente de petits grains. *Du marbre grenu.*
▸▸▸ Mot de la famille de **grain.**

grès n.m. ❶ Roche très dure formée de grains de sable soudés. *Le grès est très utilisé dans la construction.* ❷ Terre glaise mélangée à du sable fin avec laquelle on fait des poteries. *Des vases en grès.*

grésil n.m. Fine grêle blanche. *Avec le froid, la pluie s'est transformée en grésil.*

grésillement n.m. Bruit de ce qui grésille. *Le grésillement de la radio.*
▸▸▸ Mot de la famille de **grésiller.**

grésiller v. (conjug. 3). Faire un bruit de friture, des petits bruits secs et rapides. *L'huile grésille dans la poêle.* SYN. **crépiter.** *Le téléphone grésille, je ne t'entends pas !*

1. **grève** n.f. Mot littéraire. Étendue de sable ou de gravier au bord de la mer ou le long

a b c d e f g h i j k l m n o p q r s t u v w x y z

a b c d e f g h i j k l m n o p q r s t u v w x y z

d'un fleuve. *La mer rejette des coquillages sur la grève.* SYN. **plage, rivage.**

2\. **grève** n.f. ❶ Arrêt collectif du travail décidé par des salariés pour obtenir des réformes. *Les conducteurs de bus sont en grève.* ❷ **Grève de la faim,** refus de se nourrir pour protester contre une injustice.

▸ **gréviste** n. Salarié qui fait la grève.

gribouiller v. (conjug. 3). Écrire de manière illisible ou dessiner quelque chose qui ne représente rien. *Adrien a gribouillé sur son livre.* SYN. **griffonner.**

▸ **gribouillis** n.m. Dessin confus ou écriture illisible. *Je ne comprends rien à tous ces gribouillis !* SYN. **griffonnage.**

● Ce mot se termine par un **s**. – On peut dire aussi **gribouillage.**

grief n.m. Mot littéraire. Chose que l'on reproche à quelqu'un. *J'ai de nombreux griefs contre lui.*

grièvement adv. **Être grièvement blessé,** très gravement. CONTR. **légèrement.**

griffe n.f. ❶ Ongle crochu et pointu de certains animaux. *Le chat m'a donné un coup de griffe.* ❷ Crochet qui maintient en place la pierre d'un bijou. ❸ Marque d'un fabricant que l'on trouve sur des vêtements ou des objets de luxe. → Vois aussi **serre.**

▸ **griffer** v. (conjug. 3). Marquer d'un coup de griffe ou d'ongle. *Mon chat m'a griffé au visage.* → Vois aussi **égratigner.**

griffonnage n.m. Dessin qui ne représente rien ou écriture illisible. SYN. **gribouillis.**

▸▸▸ Mot de la famille de **griffonner.**

griffonner v. (conjug. 3). Écrire ou dessiner quelque chose à la hâte et de manière illisible. *Il a griffonné mon adresse sur un bout de papier.* SYN. **gribouiller.**

griffure n.f. Marque laissée par un coup de griffe, d'ongle, ou par un objet pointu. → Vois aussi **égratignure, éraflure.**

▸▸▸ Mot de la famille de **griffe.**

grignoter v. (conjug. 3). ❶ Manger, en parlant d'un rongeur. *L'écureuil grignote des noisettes.* ❷ Manger très peu ou par petites quantités. *Elle grignote des sucreries toute la journée.*

grigri n.m. Petit objet porte-bonheur. SYN. **amulette, fétiche, talisman.**

● On peut aussi écrire un **gri-gri,** des **gris-gris.**

gril n.m. Ustensile de cuisine sur lequel on fait griller des aliments. *Faire cuire un steak sur le gril.*

▸▸▸ Mot de la famille de **griller.**

grillade n.f. Tranche de viande grillée. *Nous avons mangé des grillades de bœuf.*

▸▸▸ Mot de la famille de **griller.**

grillage n.m. Clôture ou protection faite de fils de fer qui s'entrecroisent. *Le poulailler est entouré d'un grillage.*

▸▸▸ Mot de la famille de **grille.**

grillager v. (conjug. 5). Garnir d'un grillage. *Nous avons grillagé la fenêtre du grenier.*

▸▸▸ Mot de la famille de **grille.**

grille n.f. ❶ Assemblage de barreaux qui peut servir de clôture ou de porte. *Le jardin est entouré d'une grille. Les grilles du château sont ouvertes.* ❷ Objet fait d'un assemblage de tiges de métal. *Faire cuire des saucisses sur une grille.* ❸ **Une grille de mots croisés,** quadrillage dans lequel on place des lettres formant un mot.

grille-pain n.m. invar. Appareil qui sert à griller des tranches de pain.

● La nouvelle orthographe permet d'écrire aussi des **grille-pains,** avec un **s.**

▸▸▸ Mot de la famille de **griller.**

griller v. (conjug. 3). ❶ Cuire à feu très vif. *Faire griller des sardines. Griller du café.* SYN. **torréfier.** ❷ Mettre une lampe, un appareil électriques hors d'usage par une tension trop importante. ❸ (Sens familier). Ne pas s'arrêter à un feu rouge, à un stop. *Le chauffard a grillé le feu.* SYN. **brûler.**

grillon n.m. Insecte sauteur noir ou fauve, qui creuse des terriers dans les champs. Le mâle produit un son strident en frottant ses élytres.

● Cri : le grésillement ou la stridulation.

un **grillon**

grimace n.f. ❶ Expression volontaire ou non qui déforme le visage. *Les enfants aiment* *faire des grimaces. Une grimace de douleur passa sur son visage.* ❷ **Faire la grimace,** montrer du dégoût ou du mécontentement. *Léo finit son assiette en faisant la grimace.*

▸ **grimacer** v. (conjug. 4). Faire une grimace, des grimaces. *Sa cheville foulée le fait grimacer de douleur.*

grimer v. (conjug. 3). Maquiller un visage pour un spectacle. *Grimer un acteur en vieillard.*

grimoire n.m. Livre de magie qui contient des formules mystérieuses. *La sorcière consulte son grimoire.*

grimpant, e adj. Se dit d'une plante dont la tige s'accroche à un support voisin pour s'élever. *Le lierre est une plante grimpante.*
▸▸▸ Mot de la famille de **grimper.**

grimper v. (conjug. 3). ❶ Monter en s'aidant des pieds et des mains. *Grimper à un arbre, à la corde.* ❷ Monter jusqu'à un point élevé. *Grimper en haut d'une tour, d'une colline.* ❸ S'élever en pente raide. *Le sentier grimpe le long de la falaise.* → Vois aussi **escalader, gravir.**

▸ **grimper** n.m. Exercice de gymnastique qui consiste à grimper à la corde.

grincement n.m. Bruit désagréable fait par un objet qui grince. *Le grincement d'une roue.*
▸▸▸ Mot de la famille de **grincer.**

grincer v. (conjug. 4). ❶ Produire un bruit de frottement aigu et désagréable. *Un lit qui grince.* ❷ **Grincer des dents,** faire entendre un crissement en frottant les dents du haut contre celles du bas, par nervosité ou par agacement. *Il grinça des dents à l'écoute de la punition.*

grincheux, euse adj. et n. Qui n'arrête pas de se plaindre. *Être d'une humeur grincheuse.* SYN. **acariâtre, bougon.**

gringalet n.m. Homme chétif et maigre, qui n'est pas très fort. SYN. **freluquet.**

grippe n.f. ❶ Maladie infectieuse provoquée par un virus. *Il existe un vaccin contre la grippe.* ❷ **Prendre en grippe,** se mettre à détester quelqu'un ou quelque chose. *Il a pris son voisin en grippe.*

▸ **grippé, e** adj. Qui a la grippe. *Mélanie doit rester au lit car elle est grippée.*

se **gripper** v. (conjug. 3). Se bloquer, se coincer. *Le moteur de la tondeuse s'est grippé.*

gris, e adj. ❶ D'une couleur entre le blanc et le noir. *Une souris grise.* ❷ Qui est un peu triste, sans éclat. *Un temps gris. Il a une vie un peu grise.* SYN. **morne, terne.** ◆ n.m. Couleur grise. *On a repeint le mur en gris.*

▸ **grisaille** n.f. ❶ Paysage dans lequel le ton gris domine. *La grisaille d'un matin d'hiver.* ❷ Ce qui est monotone et triste. *Échapper à la grisaille de la vie quotidienne.*

grisant, e adj. ❶ Qui grise, qui monte un peu à la tête. *Les fleurs ont un parfum grisant.* SYN. **enivrant.** ❷ Qui met dans un état d'excitation. *Le succès est grisant.* SYN. **exaltant, excitant.**
▸▸▸ Mot de la famille de **griser.**

griser v. (conjug. 3). ❶ Enivrer légèrement. *Le champagne grise facilement.* SYN. **étourdir.** ❷ Enthousiasmer, exciter. *La célébrité le grise.*

▸ **griserie** n.f. Excitation qui fait perdre la notion de la réalité. *La griserie de la vitesse lui fait oublier les règles de prudence.*

grisonnant, e adj. Qui grisonne. *Mon père a une barbe grisonnante.*
▸▸▸ Mot de la famille de **gris.**

grisonner v. (conjug. 3). Devenir gris. *Il n'a que trente-cinq ans mais ses cheveux grisonnent déjà.*
▸▸▸ Mot de la famille de **gris.**

grisou n.m. Gaz inflammable qui se dégage dans les mines de charbon et qui explose lorsqu'il est en contact avec l'air.

grive n.f. Oiseau migrateur au plumage brun et gris, tacheté de noir.

une grive et ses petits

a b c d e f g h i j k l m n o p q r s t u v w x y z

a b c d e f g h i j k l m n o p q r s t u v w x y z

grivois, e adj. Qui contient des allusions sexuelles, dites sur un ton amusant. *Faire des plaisanteries grivoises.* SYN. **osé.**

grizzli n.m. Grand ours brun qui vit dans les montagnes Rocheuses, en Amérique du Nord.
● On peut aussi écrire **grizzly.**

groggy adj. invar. Qui est étourdi à la suite d'un coup. *Les boxeurs sont groggy lorsqu'ils reçoivent des coups violents.*
● Ce mot s'écrit avec deux **g** et un **y.** Il ne change pas au pluriel.

grogne n.f. Mot familier. Expression de la mauvaise humeur, du mécontentement. *La grogne a gagné toute la ville.* SYN. **colère.**
►►► Mot de la famille de **grogner.**

grognement n.m. ❶ Cri du porc, du sanglier, de l'ours. ❷ Murmure de mécontentement. *Pour toute réponse, il fit entendre un grognement.*
►►► Mot de la famille de **grogner.**

grogner v. (conjug. 3). ❶ Émettre des grognements, en parlant de certains animaux. *Le porc et l'ours grognent. Le chien grogne quand on s'approche de sa niche.* ❷ Exprimer son mécontentement par des sons indistincts et sourds. *Qu'est-ce que tu as à grogner depuis ce matin ?* SYN. **bougonner, grommeler, marmonner.**

► **grognon, onne** adj. et n. Mot familier. Qui est de mauvaise humeur. *Pourquoi Lisa est-elle si grognon ? C'est un vieux grognon.* SYN. **bougon, grincheux.**
● Le féminin **grognonne** est rare.

groin n.m. Museau du porc et du sanglier.

grommeler v. (conjug. 12). Exprimer son mécontentement en parlant entre ses dents. *Il grommelait en cherchant ses clés.* SYN. **bougonner, grogner, marmonner.**

grondement n.m. Bruit sourd et prolongé qui semble menaçant. *Le grondement du tonnerre, d'un torrent.*
►►► Mot de la famille de **gronder.**

gronder v. (conjug. 3). ❶ Faire entendre un bruit sourd et inquiétant. *Le tonnerre grondait au loin.* ❷ Être sur le point d'éclater. *Elle sentait la colère gronder en elle.* ❸ Faire des reproches à quelqu'un. *Mes parents me grondent quand je suis insolent.* SYN. **réprimander.**

groom n.m. Jeune employé en uniforme qui travaille dans un grand hôtel ou dans un restaurant.
● C'est un mot anglais, on prononce [grum].

gros, grosse adj. ❶ Qui a des dimensions, un poids importants. *Il porte une grosse valise.* SYN. **volumineux.** *Ils ont une grosse voiture.* CONTR. **petit.** *Vincent se trouve trop gros.* SYN. **corpulent.** CONTR. **maigre, mince.** ❷ Qui est particulièrement important. *J'ai de gros problèmes de santé. Faire une grosse faute.* SYN. **grave.** ❸ Qui manque de finesse, de délicatesse. *Les traits de son visage sont un peu gros.* SYN. **épais.** CONTR. **délicat, fin.** *Il fait de grosses plaisanteries.* SYN. **lourd.** CONTR. **fin.** *Arrête de dire des gros mots !* SYN. **grossier.** ❹ **Avoir le cœur gros,** avoir du chagrin. ❺ **Faire le gros dos,** arrondir l'échine, en parlant d'un chat ; au figuré, attendre sans rien dire qu'une menace passe. ❻ **Faire les gros yeux,** regarder quelqu'un sévèrement. ◆ adv. ❶ En grande quantité, en grandes dimensions. *Il a perdu gros. Écrire gros.* ❷ **En avoir gros sur le cœur,** avoir beaucoup de peine. ❸ **En gros,** dans l'ensemble. *Raconte-moi en gros ce qui s'est passé.* SYN. **grosso modo.** ❹ **Achat, vente en gros,** par grosses quantités. CONTR. **au détail.** ◆ n.m. **Le gros de,** la partie la plus importante. *Il a fait le plus gros du travail.*

► **gros, grosse** n. Personne corpulente.

groseille n.f. Petit fruit rouge ou blanc au goût acide qui pousse en grappes sur un groseillier. *De la gelée de groseille.*

► **groseillier** n.m. Arbrisseau qui produit des groseilles.

grossesse n.f. Période de neuf mois durant laquelle une femme est enceinte. → Vois aussi **gestation.**
►►► Mot de la famille de **gros.**

grosseur n.f. ❶ Dimension, volume de quelque chose. *Trier des fruits selon leur grosseur.* SYN. **taille.** ❷ Petite boule sous la peau, visible ou sensible au toucher. *J'ai une grosseur derrière l'oreille.*
►►► Mot de la famille de **gros.**

grossier, ère adj. ❶ Qui manque de finesse ou de précision. *Un pantalon en toile grossière.* CONTR. **fin.** *Faire une estimation grossière des travaux.* SYN. **approximatif.** ❷ Très grave. *Commettre une grossière erreur.*

SYN. **énorme.** ❸ Qui est impoli, qui manque d'éducation. *Dire des mots grossiers. Quel grossier personnage !* SYN. **vulgaire.**

▸ **grossièrement** adv. ❶ Avec grossièreté. *L'élève a répondu grossièrement.* CONTR. **poliment.** ❷ De manière grossière, sans précision. *Les plans ont été grossièrement dessinés. Ils m'ont grossièrement expliqué la situation.* SYN. **approximativement.**

▸ **grossièreté** n.f. ❶ Fait d'être grossier, mal élevé. *Il a répondu avec grossièreté.* SYN. **impolitesse, incorrection, vulgarité.** CONTR. **correction, courtoisie.** ❷ Mot grossier. *Dire des grossièretés.* SYN. **obscénité.**

grossir v. (conjug. 16). ❶ Devenir plus gros, prendre du poids. *J'ai grossi de trois kilos.* SYN. **forcir.** CONTR. **maigrir, mincir.** ❷ Faire paraître plus gros. *Le microscope électronique peut grossir les objets jusqu'à 500000 fois.* CONTR. **réduire.** *Elle porte une robe qui la grossit.* ❸ Faire paraître plus important. *Les médias ont tendance à grossir les événements.* SYN. **exagérer.**
▸▸▸ Mot de la famille de **gros.**

grossiste n. Commerçant qui vend des produits en gros, en grosses quantités.
▸▸▸ Mot de la famille de **gros.**

grosso modo adv. Sans entrer dans les détails. *Voilà grosso modo ce qui s'est passé.* SYN. **en gros, à peu près.** CONTR. **exactement, précisément.** *Il y avait grosso modo cent personnes.* SYN. **approximativement, environ.**

grotesque adj. Extravagant et ridicule. *Son chapeau est grotesque ! Il se trouve dans une situation grotesque.* SYN. **cocasse.**

grotte n.f. Grande cavité naturelle creusée dans la roche ou dans le sol. *Les spéléologues explorent les grottes.* SYN. **caverne.**

une grotte (Tabuc, France)

grouillant, e adj. Qui grouille, s'agite dans tous les sens. *La rue était grouillante de monde.*
▸▸▸ Mot de la famille de **grouiller (1).**

grouillement n.m. Mouvement qui résulte d'une grande agitation. *Le grouillement de la foule.* SYN. **fourmillement.**
▸▸▸ Mot de la famille de **grouiller (1).**

1. **grouiller** v. (conjug. 3). ❶ S'agiter ensemble et en grand nombre. *Les fourmis grouillent par ici.* SYN. **fourmiller, pulluler.** ❷ Être plein d'une masse qui s'agite en tous sens. *La terre humide grouille d'insectes. Les magasins grouillent de monde.* SYN. **fourmiller.**

2. se **grouiller** v. (conjug. 3). Mot familier. Se dépêcher. *Grouille-toi, on va rater le bus !* SYN. **se hâter, se presser.**

groupe n.m. ❶ Ensemble de choses ou d'êtres de même nature, réunis dans un même endroit. *Un groupe de touristes est entré dans le musée. Un groupe d'immeubles.* ❷ Ensemble de personnes ayant des caractéristiques communes. *À l'entraînement, je suis dans le groupe des débutants.* ❸ Ensemble de musiciens, de chanteurs. *Un groupe de rock, de rap.* ❹ En grammaire, ensemble de mots organisés autour d'un mot principal, qui a une fonction dans la phrase. *Le groupe du nom ; le groupe du verbe.* ❺ **Groupe scolaire,** ensemble des bâtiments d'une école. ❻ **Groupe sanguin,** code qui permet de classer les personnes selon la composition de leur sang. *Le groupe A, le groupe B, le groupe AB, le groupe O.*

▸ **groupement** n.m. Réunion de personnes qui défendent les mêmes causes. *Un groupement syndical.* SYN. **association.**

▸ **grouper** et **se grouper** v. (conjug. 3). Réunir, mettre ensemble. *J'ai groupé toutes les clés dans un tiroir.* SYN. **rassembler, regrouper.** CONTR. **disperser.** *Le professeur a groupé les élèves par trois.* ◆ **se grouper.** Se mettre en groupe, se rassembler. *Les curieux se sont groupés autour du blessé.* SYN. **s'attrouper.** CONTR. **se disperser, s'éparpiller.**

1. **grue** n.f. Grand oiseau échassier, au plumage gris et blanc et aux longues pattes.
● Petit : le gruau ou le gruon. Cri : le glapissement ou le craquètement.

a b c d e f g h i j k l m n o p q r s t u v w x y z

a b c d e f g h i j k l m n o p q r s t u v w x y z

2. **grue** n.f. Engin dont le long bras mobile sert à soulever et à déplacer de lourdes charges.

grumeau n.m. Petite boule qui se forme dans une pâte ou un liquide mal mélangés. *La farine a fait des grumeaux dans la pâte à crêpes.*
● Au pluriel : des **grumeaux.**

grutier, ère n. Conducteur de grue.
▸▸▸ Mot de la famille de **grue (2).**

gruyère n.m. Fromage de lait de vache cuit dont la pâte comporte des trous.

guadeloupéen, enne adj. et n. De la Guadeloupe. *L'archipel guadeloupéen. Antonine est guadeloupéenne. C'est une Guadeloupéenne.*
● Le nom prend une majuscule : *un Guadeloupéen.*

guatémaltèque adj. et n. Du Guatemala. *Les Indiens guatémaltèques. Pablo est guatémaltèque. C'est un Guatémaltèque.*
● Le nom prend une majuscule : *un Guatémaltèque.*

gué n.m. Endroit peu profond d'un cours d'eau où l'on peut traverser à pied. *On a traversé le ruisseau à gué.*
● Ne confonds pas avec le **guet.**

guenilles n.f. plur. Vêtements en lambeaux. *Un homme en guenilles dormait sur un banc.* SYN. **haillons, loques.**

guenon n.f. Singe femelle.

guépard n.m. Mammifère carnivore d'Afrique et d'Asie au pelage clair tacheté de noir.
● Le guépard peut courir à 120 kilomètres-heure : c'est le plus rapide des mammifères.

un guépard

guêpe n.f. Insecte volant rayé jaune et noir, qui a un aiguillon venimeux au bout de l'abdomen. → Vois aussi **bourdon, frelon.**
● La guêpe ressemble à l'abeille mais ne produit pas de miel ni de cire. Les guêpes vivent en groupe dans un guêpier.

une guêpe

▸ **guêpier** n.m. ❶ Nid de guêpes. ❷ Situation compliquée ou dangereuse. *Comment va-t-il se sortir de ce guêpier ?*

guère adv. Pas beaucoup, pas très. *Je n'ai guère de temps à vous consacrer. Il n'est guère bavard.*

guéridon n.m. Petite table ronde avec un pied central.

guérilla n.f. Guerre menée à l'aide d'embuscades et de petites attaques répétées. *Le gouvernement subit les assauts de la guérilla.*
● C'est un mot qui vient de l'espagnol, on prononce [gerija].

▸ **guérillero** n.m. Combattant qui mène une guérilla.
● C'est un mot qui vient de l'espagnol, on prononce [gerijero].
– La nouvelle orthographe permet d'écrire aussi **guérilléro,** avec deux accents aigus.

guérir v. (conjug. 16). ❶ Recouvrer la santé, aller mieux. *Sa maladie n'est pas grave, il va vite guérir.* SYN. **se rétablir.** ❷ Délivrer quelqu'un d'une maladie. *Le médecin a guéri mon frère.* SYN. **soigner.** ❸ Faire cesser une maladie. *Il a guéri sa toux en prenant du sirop.* ❹ Débarrasser quelqu'un d'un défaut. *Faire du théâtre l'a guéri de sa timidité.*

▸ **guérison** n.f. Fait d'être guéri. *La guérison de Léo a été lente.* SYN. **rétablissement.**

▸ **guérisseur, euse** n. Personne qui prétend soigner par des moyens non reconnus par la médecine.

guérite n.f. Petit abri où se tient une sentinelle. *Le soldat monte la garde dans sa guérite.*

guerre n.f. ❶ Lutte armée entre des États. *La Seconde Guerre mondiale. Le pays est en guerre.* ❷ **Guerre civile,** lutte armée entre les populations d'un même pays. ❸ **Faire la guerre à,** lutter pour que quelqu'un change sa conduite. *Mon père me fait la guerre pour que je range mes affaires.* ❹ **De guerre lasse,** en renonçant à résister, par lassitude. *De guerre lasse, il a fini par accepter ma proposition.*

→ planche pp. 516-517.

▸ **guerrier, ère** adj. ❶ Qui concerne la guerre. *Des exploits guerriers.* ❷ Qui aime faire la guerre. *Un peuple guerrier.* SYN. **belliqueux.** CONTR. **pacifique.** ◆ n.m. (Sens ancien). Personne qui fait la guerre. SYN. **combattant.**

▸ **guerroyer** v. (conjug. 14). Mot littéraire. Faire la guerre. *Au Moyen Âge, les seigneurs guerroyaient.* SYN. **se battre, combattre.**

guet n.m. **Faire le guet,** monter la garde, surveiller les environs. *La police fait le guet devant l'appartement du suspect.*

● Ne confonds pas avec un **gué.**

▸▸▸ Mot de la famille de **guetter.**

guet-apens n.m. Piège que l'on tend à quelqu'un. *Tomber dans un guet-apens.* SYN. **embuscade.**

● Au pluriel : des **guets-apens.**

guêtre n.f. Bande de toile ou de cuir qui couvre le dessus de la chaussure et le bas de la jambe.

guetter v. (conjug. 3). ❶ Surveiller attentivement quelque chose. *Le lion guette sa proie.* ❷ Attendre avec impatience. *Léo guette l'arrivée du facteur depuis ce matin.* ❸ Être une menace. *La maladie le guette.*

gueule n.f. ❶ Bouche de certains animaux. *Le chien tient une balle dans sa gueule.* ❷ **Se jeter dans la gueule du loup,** s'exposer à un grand danger.

● **Gueule** est un mot grossier quand on parle de la bouche ou du visage d'une personne.

gui n.m. Plante à boules blanches qui vit en parasite sur certains arbres. *Les peupliers sont envahis par le gui.*

une branche de gui

guichet n.m. Comptoir derrière lequel se tient un employé dans une poste, une gare, une banque. *Retirer un colis au guichet.*

guide n. Personne qui accompagne ou qui fait visiter. *Un guide de haute montagne. Les touristes visitent le musée avec une guide.* ◆ n.m. Livre qui contient des informations pratiques sur un pays, une région. *Pour préparer notre voyage en Amérique du Sud, nous avons consulté plusieurs guides touristiques.*

▸ **guide** n.f. Jeune fille qui fait du scoutisme.

▸ **guider** v. (conjug. 3). ❶ Accompagner quelqu'un pour lui montrer le chemin. *Pouvez-vous nous guider jusqu'à la gare ?* SYN. **piloter.** ❷ Faire aller dans une certaine direction. *Le cavalier guide son cheval.* ❸ Aider quelqu'un à faire un choix. *Guider un enfant dans ses études.*

▸ **guides** n.f. plur. Lanières de cuir qui servent à diriger un cheval. *Le cocher tient les guides.* SYN. **rênes.**

guidon n.m. Barre métallique munie de deux poignées qui permet de diriger un vélo, une moto.

guigner v. (conjug. 3). Regarder du coin de l'œil, avec envie. *Le chien guigne les os de poulet dans les assiettes.* SYN. **lorgner.**

guignol n.m. Spectacle de marionnettes dont Guignol est le héros. *Son fils veut aller au guignol.*

guillemets n.m. plur. Signe double (« ») que l'on met au début et à la fin d'un mot ou d'une phrase pour les mettre en valeur. *Ouvrir et fermer les guillemets. Mettre une citation entre guillemets.*

a b c d e f **g** h i j k l m n o p q r s t u v w x y z

Les deux guerres mondiales

La première moitié du 20e siècle est marquée par deux guerres sans précédent par leur durée et leur ampleur mondiale. Ces conflits, particulièrement violents et destructeurs, ont fait des millions de victimes, militaires et civiles.

Le déclenchement de la Première Guerre

• Les **rivalités** qui opposent les pays d'Europe depuis la fin du 19e siècle ont abouti à la formation de deux **camps** : d'un côté, la France, la Russie et le Royaume-Uni ; de l'autre, l'Allemagne, l'Autriche-Hongrie et l'Italie. Ce système d'**alliances** implique le soutien mutuel des pays **alliés** en cas de **conflit**.

• La guerre **éclate** après l'assassinat de l'héritier d'Autriche-Hongrie, François Ferdinand, à Sarajevo, le 28 juin 1914. Le 3 août, l'Allemagne, alliée de l'Autriche, **déclare** la guerre à la France.

Les mots de l'Histoire

• **Poilu :** surnom donné aux soldats français de 1914-1918, sans doute parce qu'ils étaient mal rasés, mais le terme « poilu » désignait aussi à l'époque un homme brave et courageux.

La France en guerre

• En septembre 1914, les troupes allemandes s'avancent vers Paris ; elles sont repoussées lors de la **bataille** de la Marne. Les **armées** ennemies prennent position dans les **tranchées** et vont s'affronter durant trois ans. Les **combats** les plus **sanglants** ont lieu à Verdun : les tirs d'**artillerie**, les **gaz asphyxiants** et les **obus** vont causer des milliers de morts.

• Tandis que les « **poilus** » se battent sur le **front**, les femmes travaillent : dans les champs, dans les **usines d'armement** ou les hôpitaux.

Le bilan de la guerre 14-18

• En 1917, l'entrée en guerre des États-Unis contraint l'Allemagne au **repli** : elle signe **l'armistice** le 11 novembre 1918. Le **traité** de Versailles (juin 1919) condamne l'Allemagne à payer des **réparations**.

• Cette guerre a causé plus de 8 millions de morts et de nombreux **invalides**. Des régions entières sont **dévastées**.

Pour en savoir plus

La Seconde Guerre mondiale

● Le 1er septembre 1939, Hitler **envahit** la Pologne. La Grande-Bretagne et la France, alliées à la Pologne, déclarent la guerre à l'Allemagne, qui est soutenue par l'Italie et le Japon.

● En mai 1940, l'Allemagne envahit les Pays-Bas, la Belgique et le nord de la France. Les Français fuient vers le sud : c'est l'**exode**. Le maréchal Pétain, chef du gouvernement, signe l'armistice, tandis que le général de Gaulle part à Londres et appelle à la **résistance**. La France est coupée en deux par une **ligne de démarcation**.

● En 1941, la guerre devient mondiale : l'Allemagne attaque l'U.R.S.S. Le Japon détruit la **flotte** américaine à Pearl Harbor.

● En juin 1944, les Alliés **débarquent** en Normandie ; c'est le début de la **Libération**. L'Allemagne **capitule** le 8 mai 1945. En août, les États-Unis lâchent deux **bombes atomiques** sur le Japon, qui capitule à son tour.

Le ministre allemand des Affaires étrangères annonce :

Paris-presse

courses spectacles

Dernière complète

L'ALLEMAGNE A CAPITULÉ

Londres, 7 mai. - Prenant la parole aujourd'hui à la radio de Flensburg, M. Schwerin von Krossigk, ministre des Affaires étrangères allemand, a annoncé que le haut commandement allemand a accepté la reddition sans conditions de toutes les forces allemandes.

Le comte Schwerin von Krosigck a fait l'appel suivant :

« Allemands et Allemandes,

« Le haut commandement des forces armées a proclamé aujourd'hui, sur l'ordre du grand amiral Doenitz, la reddition sans conditions de toutes les forces combattantes allemandes.

EN BOHÊME

"LE GÉNÉRAL SCHOERNER REFUSE DE LIVRER SES TROUPES"

annonce la radio "Prague-I"

Les chars de Patton

LA DÉBACLE ALLEMANDE RESSEMBLE

Des crimes contre l'humanité

● Ce conflit est marqué par la **barbarie** des **nazis**. Dans toute l'Europe, les Juifs et les Tsiganes vont être **persécutés** : ils sont **déportés** dans des **camps de concentration** et **d'extermination**, **massacrés** par milliers dans les **chambres à gaz**. C'est un véritable **génocide**.

● Pour lutter contre l'**occupan**t, des **réseaux** de résistants **clandestins** s'organisent. Beaucoup d'**opposants** seront **torturés** et déportés.

● La Seconde Guerre mondiale a provoqué la mort de 40 à 52 millions de personnes et la **ruine** des pays engagés dans le conflit.

Les mots de l'Histoire

• Maquisard : durant la Seconde Guerre, nom donné aux résistants qui opéraient dans les régions de montagne difficiles d'accès (maquis), comme le Vercors ou les Pyrénées.

a b c d e f g h i j k l m n o p q r s t u v w x y z

guilleret, ette adj. Qui est vif et gai. *Léa est toute guillerette ce matin. Un air guilleret.* SYN. **jovial.** CONTR. **maussade, morose.**

guillotine n.f. Machine qui servait à décapiter des condamnés à mort. → Vois aussi **échafaud.**

une guillotine

▸ **guillotiner** v. (conjug. 3). Exécuter un condamné en lui coupant la tête au moyen d'une guillotine. *De nombreux nobles furent guillotinés lors de la Révolution française.*

guimauve n.f. ❶ Plante à tige haute et à fleurs rose pâle qui possède des propriétés adoucissantes. ❷ Confiserie faite d'une pâte molle et sucrée.

guimbarde n.f. Mot familier. Vieille voiture. *Je n'ose pas monter dans sa guimbarde rouillée !* → Vois aussi **tacot.**

guindé, e adj. Qui a un air un peu raide, peu naturel. *Le professeur d'histoire a un air guindé.* SYN. **affecté.** CONTR. **naturel.**

guinéen, enne adj. et n. De Guinée. *Les fleuves guinéens. Marie est guinéenne. C'est une Guinéenne.*

● Le nom prend une majuscule : *un Guinéen.*

de **guingois** adv. Mot familier. De travers. *Attention, cette chaise est de guingois.* CONTR. **droit.**

guirlande n.f. Long ruban de papier découpé ou cordon de fleurs ou d'ampoules servant à décorer. *Les guirlandes électriques clignotent sur le sapin de Noël.*

guise n.f. **À sa guise,** comme il lui plaît. *Il n'en fait qu'à sa guise.* SYN. **convenance, gré.** ◆ **en guise de** préposition. À la place de. *Elle a mis un sac sur sa tête en guise de parapluie.*

guitare n.f. Instrument de musique à six cordes muni d'un long manche. *Antonin joue de la guitare électrique.*

● Nom des musiciens : un ou une **guitariste.**

une guitare

guttural, e, aux adj. Qui vient du fond de la gorge. *Une voix gutturale.* SYN. **rauque.**

● Au masculin pluriel : **gutturaux.**

guyanais, e adj. et n. De Guyane. *Les Indiens guyanais. Juliette est guyanaise. C'est une Guyanaise.*

● Le nom prend une majuscule : *un Guyanais.*

gymnase n.m. Grande salle aménagée pour faire du sport, de la gymnastique. *Les élèves vont au gymnase deux fois par semaine.*

▸▸▸ Mot de la famille de **gymnastique.**

gymnaste n. Personne qui pratique la gymnastique.

▸▸▸ Mot de la famille de **gymnastique.**

gymnastique n.f. Ensemble des exercices physiques qui rendent le corps plus souple et plus musclé. *Rachid fait de la gymnastique tous les matins.*

● On emploie souvent l'abréviation familière **gym.**

gynécologie n.f. Partie de la médecine qui étudie et soigne l'organisme de la femme et son appareil génital.

▸ **gynécologue** n. Médecin spécialiste de gynécologie.

gyrophare n.m. Lumière qui tourne, placée sur le toit des ambulances, des voitures de police ou des pompiers. *Le gyrophare clignote dans la nuit.*

***h** : les mots précédés d'un astérisque commencent par un **h aspiré :** au singulier, il n'y a pas d'élision de l'article et, au pluriel, on ne fait pas la liaison.

***ha !** interj. Marque la surprise ou sert à transcrire le rire. *Ha ! tu es là ? Ha ! ha ! ha ! quelle bonne blague !*

habile adj. Qui agit avec adresse ou ingéniosité. *Jean est très habile de ses mains.* SYN. **adroit.** CONTR. **gauche, maladroit, malhabile.** *C'est un homme politique habile.*

▶ **habilement** adv. Avec habileté. *Raphaël a habilement tracé le plan de sa chambre.* SYN. **adroitement.**

▶ **habileté** n.f. Fait d'être habile. *L'habileté d'un magicien.* SYN. **adresse, dextérité.** *Il a résolu cette affaire avec habileté.* SYN. **doigté, diplomatie.**

habiliter v. (conjug. 3). Autoriser légalement quelqu'un à faire quelque chose. *L'huissier est habilité à faire appliquer les décisions de justice.*

habillé, e adj. ❶ Qui porte des vêtements. *Tu es déjà habillé ?* CONTR. **nu.** ❷ Qui convient à une cérémonie. *Elle portait une robe habillée.* SYN. **chic, élégant.**

▸▸▸ Mot de la famille de **habiller.**

habillement n.m. ❶ Action d'habiller, de s'habiller. *Des magasins d'habillement.* ❷ (Sens ancien). Ensemble des vêtements que l'on porte. *Il a un drôle d'habillement.* SYN. **tenue.**

▸▸▸ Mot de la famille de **habiller.**

habiller et **s'habiller** v. (conjug. 3). ❶ Mettre des vêtements à. *Maman habille ma petite sœur.* SYN. **vêtir.** CONTR. **déshabiller.** ❷ Porter un déguisement. *Audrey est habillée en princesse.* SYN. **déguiser.** ◆ **s'habiller**. Mettre ses vêtements. *Léo est trop petit pour s'habiller tout seul.* SYN. **se vêtir.** CONTR. **se déshabiller.**

▶ **habit** n.m. ❶ Costume noir de cérémonie pour homme. ❷ Tenue destinée à une activité particulière. *Un habit de serveur.* ◆ n.m. plur. Vêtements. *Tes habits sont déjà dans la valise.*

habitable adj. Où l'on peut habiter. *Après les travaux, la maison sera enfin habitable.* CONTR. **inhabitable.**

▸▸▸ Mot de la famille de **habiter.**

habitant, e n. Personne qui vit habituellement dans un lieu donné. *Un village de trois mille habitants.*

▸▸▸ Mot de la famille de **habiter.**

habitat n.m. ❶ Manière dont les êtres humains occupent les lieux où ils vivent. *L'habitat urbain et l'habitat rural.* ❷ Ensemble des conditions d'habitation, de logement. *Il convient d'améliorer l'habitat dans certaines banlieues.* ❸ Milieu où vit habituellement une espèce animale ou végétale. *La savane africaine est l'habitat de la girafe.*

▸▸▸ Mot de la famille de **habiter.**

habitation n.f. Lieu où l'on habite. *Nous avons changé d'habitation.* SYN. **logement.**

▸▸▸ Mot de la famille de **habiter.**

→ planche pp. 520-521.

habité, e adj. Occupé par des habitants, en parlant d'un lieu, d'une région. *Cette maison est habitée depuis peu.* CONTR. **inhabité.**

▸▸▸ Mot de la famille de **habiter.**

habiter v. (conjug. 3). ❶ Avoir sa maison, son logement quelque part. *Il habite à Paris* (ou *il habite Paris*). *Habiter en banlieue.* SYN. **demeurer à, résider.** ❷ Occuper un lieu, y vivre. *Ils habitent un immeuble ancien.*

habitude n.f. ❶ Ce que l'on fait souvent et régulièrement. *Il a l'habitude de se coucher tôt. Prendre de bonnes, de mauvaises habitudes.* ❷ Expérience, connaissance que l'on a de quelque chose. *Lucie a l'habitude des ordinateurs.* ❸ Usage, coutume. *Il est important de connaître les habitudes d'un*

Les habitations

Selon les pays, le mode de vie, le climat et l'environnement (montagne, ville, désert, bords de l'eau...), les hommes ont imaginé divers types d'habitations et de constructions. Les maisons des populations sédentaires sont fabriquées avec des matériaux durs (pierre ou béton). Les maisons des populations nomades sont des abris temporaires tels que les tentes des Touareg ou les yourtes des Mongols.

case (Éthiopie)

habitations à San Francisco (États-Unis)

immeuble de pierre (France)

ferme en Toscane (Italie)

maisons au toit en tourbe (Islande)

maison du peuple Ndebele
(Afrique du Sud)

tente de Touareg (Afrique du Nord)

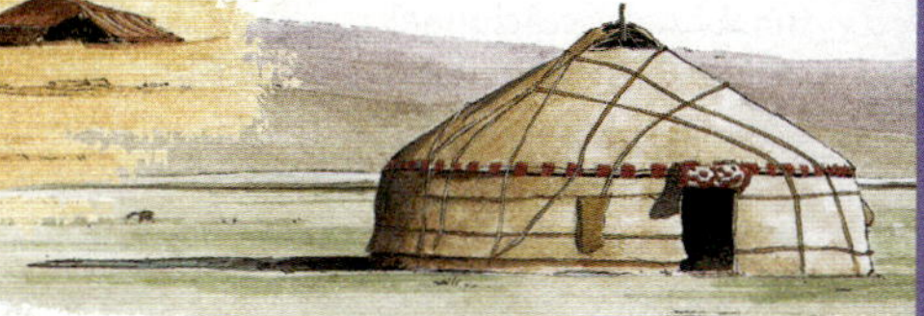

yourte (Mongolie)

chalet (Suisse)

isba (Russie)

maison sur pilotis (Birmanie)

« la Maison sur
la cascade »
(20e siècle, États-Unis)

maisons
troglodytiques
(Turquie)

maisons
fortifiées
(Yémen)

pays où l'on voyage. ❹ **D'habitude,** le plus souvent. *D'habitude, il rentre plus tôt.* SYN. **habituellement, ordinairement.**

▶ **habitué, e** n. Personne qui fréquente habituellement un lieu. *Les habitués d'un café.* SYN. **familier.**

▶ **habituel, elle** adj. Qui est devenu une habitude. *Pourquoi ne prends-tu pas le chemin habituel ?* SYN. **ordinaire.** CONTR. **exceptionnel, inhabituel, occasionnel.**

▶ **habituellement** adv. De façon habituelle, la plupart du temps. *Habituellement, elle emmène son fils à l'école.* SYN. **généralement, d'habitude, ordinairement.**

▶ **habituer** et **s'habituer** v. (conjug. 3). Donner à quelqu'un l'habitude de faire quelque chose. *Elle a habitué ses enfants à se coucher tôt.* ◆ **s'habituer à.** Prendre l'habitude de quelque chose. *Elle s'habitue bien à son nouveau travail.* SYN. **s'accoutumer à, s'adapter à, se faire à.**

***hâbleur, euse** n. et adj. Mot littéraire. Qui a tendance à se vanter. SYN. **fanfaron, vantard.** CONTR. **modeste.**

***hache** n.f. Instrument tranchant muni d'un manche, qui sert à fendre, à couper. *Fendre du bois avec une hache.*

***haché, e** adj. Coupé en tout petits morceaux. *Un bifteck haché.*
▸▸▸ Mot de la famille de **hacher.**

***hacher** v. (conjug. 3). Couper en très petits morceaux avec un couteau ou un hachoir. *Hacher de la viande, du persil.*

***hachette** n.f. Petite hache.
▸▸▸ Mot de la famille de **hache.**

***hachis** n.m. Préparation obtenue en hachant des aliments. *Du hachis de bœuf.*
● Ce mot se termine par un **s.**
▸▸▸ Mot de la famille de **hacher.**

***hachoir** n.m. Appareil qui sert à hacher les aliments. *Un hachoir électrique.*
▸▸▸ Mot de la famille de **hacher.**

***hachure** n.f. Chacun des traits parallèles ou croisés qui servent à marquer les ombres dans un dessin ou les reliefs sur une carte de géographie.

▶ ***hachurer** v. (conjug. 3). Recouvrir de hachures. *J'ai hachuré les régions de montagnes sur la carte.*

***hagard, e** adj. Qui semble perdu, bouleversé. *Il errait dans les rues, l'air hagard.* SYN. **hébété.**

***haie** n.f. ❶ Bordure faite d'arbustes alignés, qui marque une limite. *Tailler une haie.* ❷ Rangée de personnes. *Une haie de supporters attendait les joueurs.* ❸ **Course de haies,** course dans laquelle des chevaux ou des coureurs doivent franchir des barrières.

une course de haies

***haillons** n.m. plur. Vieux vêtements déchirés. *Un clochard vêtu de haillons.* SYN. **guenilles, hardes, loques.**
● Ne confonds pas avec un **hayon.**

***haine** n.f. Violent sentiment d'hostilité, de répulsion envers quelqu'un ou quelque chose. *Il éprouve de la haine pour son ennemi.* SYN. **aversion, répulsion.** CONTR. **amour.**
▸▸▸ Mot de la famille de **haïr.**

***haineusement** adv. Avec haine, avec une grande méchanceté. *Il me répondit haineusement.*
▸▸▸ Mot de la famille de **haïr.**

***haineux, euse** adj. Qui est plein de haine. *Elle m'a jeté un regard haineux. Des paroles haineuses.*
▸▸▸ Mot de la famille de **haïr.**

***haïr** v. (conjug. 17). Détester violemment quelqu'un ou quelque chose. *Pourquoi hais-tu le directeur ?* CONTR. **adorer, chérir.** *Elle haïssait le mensonge.* → Vois aussi **exécrer.**

▶ ***haïssable** adj. Qui mérite d'être haï. *Son comportement est haïssable.* SYN. **détestable, exécrable.**

haïtien, enne adj. et n. D'Haïti. *Les langues haïtiennes sont le français et le créole. Justin est haïtien. C'est un Haïtien.*
● On prononce [aisjɛ̃]. – Le nom prend une majuscule : *un Haïtien.*

***halage** n.m. **Chemin de halage,** chemin, le long d'un cours d'eau, qui permettait autrefois de remorquer un bateau à l'aide d'un câble à partir de la berge.

▸▸▸ Mot de la famille de **haler.**

***halal** adj. invar. Se dit de la viande d'un animal tué selon les rites prescrits et qui peut être consommée par les musulmans.

***hâle** n.m. Couleur brune que prend la peau sous l'effet du soleil et de l'air. *Le hâle sur son visage lui donne bonne mine.* SYN. **bronzage.**

● Le **a** prend un accent circonflexe.

▸▸▸ Mot de la famille de **hâler.**

haleine n.f. ❶ Air que l'on rejette des poumons en expirant. *Avoir l'haleine fraîche. Avoir mauvaise haleine.* ❷ **Hors d'haleine,** à bout de souffle. *Il est arrivé hors d'haleine.* ❸ **À perdre haleine,** sans reprendre son souffle. *Courir, rire à perdre haleine.* ❹ **Tenir quelqu'un en haleine,** captiver. *Le film nous a tenus en haleine du début à la fin.* ❺ **Travail de longue haleine,** qui demande beaucoup de temps et d'efforts.

***haler** v. (conjug. 3). Tirer un bateau à l'aide d'un câble à partir de la berge.

● Ne confonds pas avec **hâler.**

***hâler** v. (conjug. 3). Brunir la peau, en parlant du soleil et de l'air. SYN. **bronzer.**

● Le **a** prend un accent circonflexe. – Ne confonds pas avec **haler.**

***haletant, e** adj. Qui halète, qui a du mal à reprendre son souffle. *Le coureur est arrivé haletant.* SYN. **essoufflé.**

▸▸▸ Mot de la famille de **haleter.**

***halètement** n.m. Fait de haleter, de respirer de façon saccadée. *Le halètement d'un chien.* → Vois aussi **essoufflement.**

▸▸▸ Mot de la famille de **haleter.**

***haleter** v. (conjug. 11). Respirer difficilement, de façon saccadée après un effort. *Haleter après une course.*

***hall** n.m. Grande salle qui sert d'accès à un immeuble, à une gare, à un hôtel.

● On prononce [ol].

***halle** n.f. Vaste bâtiment couvert où l'on vend des marchandises en gros. *La halle aux poissons.* ◆ n.f. plur. Emplacement couvert où se tient le principal marché d'une ville. *Les halles de Rungis approvisionnent Paris.*

***hallebarde** n.f. ❶ Arme ancienne constituée d'un fer pointu et tranchant fixé au bout d'un long manche. ❷ (Familier). **Il tombe des hallebardes,** il pleut très fort.

hallucinant, e adj. Qui saisit par son caractère étonnant. *La ressemblance entre les deux enfants est hallucinante.* SYN. **frappant, saisissant.**

▸▸▸ Mot de la famille de **hallucination.**

hallucination n.f. Impression de voir ou d'entendre quelque chose qui n'existe pas. *Il a cru entendre la voix de son fils, mais c'était une hallucination.* SYN. **illusion, vision.**

***halo** n.m. Zone circulaire un peu floue qui entoure une source lumineuse. *Le halo de la lune, d'un réverbère.*

halogène adj. **Lampe halogène,** lampe dont l'ampoule contient un mélange gazeux qui donne un éclairage puissant, proche d'une lumière naturelle.

***halte** n.f. Moment d'arrêt dans un voyage ou au cours d'une promenade. *Nous avons fait une halte pour déjeuner.* SYN. **pause.** ◆ ***halte !** interj. Mot que l'on emploie pour ordonner à quelqu'un de s'arrêter. *Halte ! descendez de votre voiture.* SYN. **stop !**

▸ ***halte-garderie** n.f. Lieu où l'on garde des enfants en bas âge pour une durée limitée et de manière occasionnelle. *Il y a une halte-garderie dans ce grand magasin.*

● Au pluriel : des **haltes-garderies.**

haltère n.m. Instrument de musculation fait de deux boules ou de deux disques de métal réunis par une barre. *Soulever des haltères.*

● Nom du genre masculin : **un haltère.**

des haltères

▸ **haltérophilie** n.f. Sport qui consiste à soulever des haltères.

● Nom des athlètes : un ou une **haltérophile.**

***hamac** n.m. Filet ou rectangle de toile suspendu à ses deux extrémités, dans lequel

a b c d e f g h i j k l m n o p q r s t u v w x y z

on s'allonge. *Benjamin a installé un hamac entre deux arbres pour faire une sieste.*

***hamburger** n.m. Steak haché grillé servi dans un pain rond.
● C'est un mot anglais, on prononce [ɑ̃bœrgœr] ou [ɑ̃burgœr].

***hameau** n.m. Groupe de quelques maisons, situé à l'écart d'un village.
● Au pluriel : des **hameaux.**

hameçon n.m. Crochet métallique qui sert à accrocher l'appât au bout d'une ligne de pêche. *Le poisson a mordu à l'hameçon.*

***hampe** n.f. ❶ Long manche en bois auquel est fixé un drapeau ou le fer d'une arme. ❷ Trait vertical des lettres et des notes de musique. *La hampe du « b » est au-dessus de la ligne.*

***hamster** n.m. Petit rongeur au pelage roux qui vit dans les champs où il creuse des galeries. *Le hamster est apprécié comme animal de compagnie.*
● On prononce [amstɛr].

un hamster

***hanche** n.f. Partie du corps qui est située au-dessous de la taille. *Se tenir les mains sur les hanches.*

***handball** n.m. Sport d'équipe qui se joue avec un ballon rond qu'on lance avec les mains pour atteindre les buts de l'équipe adverse.
● On prononce [ɑ̃dbal]. – Nom des joueurs : un **handballeur,** une **handballeuse.**

***handicap** n.m. ❶ Infirmité physique ou mentale. *Quel est son handicap ? Il est sourd.* ❷ Désavantage qui met une personne en état d'infériorité. *Sa timidité est un handicap pour trouver un travail.* CONTR. **avantage.**

▶ ***handicapé, e** adj. et n. Personne atteinte d'une infirmité physique ou mentale. *Elle est handicapée à la suite d'un accident.*
→ Vois aussi **infirme, invalide.**

▶ ***handicaper** v. (conjug. 3). Désavantager, causer un handicap. *Sa mauvaise vue le handicape dans son travail.* CONTR. **avantager.**

***hangar** n.m. Grand bâtiment servant à abriter des engins ou des marchandises. *Le tracteur est garé dans le hangar. Le hangar d'un terrain d'aviation.* → Vois aussi **docks, entrepôt.**

***hanneton** n.m. Gros insecte marron au vol lourd.

un hanneton

***hanter** v. (conjug. 3). ❶ Apparaître souvent dans un endroit, en parlant des esprits, des fantômes. *Un fantôme hante la vieille demeure.* ❷ Occuper entièrement l'esprit de quelqu'un. *Le souvenir de sa femme le hante.* SYN. **obséder.**

▶ ***hantise** n.f. Idée fixe, peur qui ne quitte pas l'esprit. *Elle a la hantise des accidents.* SYN. **obsession.**

***happer** v. (conjug. 3). Saisir brusquement avec la gueule, le bec. *Le lion happe un morceau de viande.*

***hara-kiri** n.m. Mode de suicide pratiqué au Japon par les samouraïs en s'ouvrant le ventre avec leur sabre. *Le samouraï déshonoré s'est fait hara-kiri.*
● C'est un mot japonais.
– La nouvelle orthographe permet d'écrire aussi **harakiri,** sans trait d'union.

***harangue** n.f. Discours solennel prononcé devant une assemblée, une foule. *Le ministre adressa une harangue aux députés.*

▶ ***haranguer** v. (conjug. 6). S'adresser à une foule de manière solennelle et avec conviction. *Le leader syndicaliste a harangué la foule des manifestants.*

***haras** n.m. Établissement destiné à la reproduction et à l'élevage des chevaux.
● Ce mot se termine par un **s** que l'on ne prononce pas.

***harassant, e** adj. Très fatigant. *J'ai eu une journée harassante.* SYN. **épuisant, éreintant, exténuant.**
▶▶▶ Mot de la famille de **harasser.**

***harasser** v. (conjug. 3). Fatiguer énormément. *Cette longue marche a harassé les enfants.* SYN. **épuiser, éreinter, exténuer.**

***harcèlement** n.m. ❶ Action de harceler quelqu'un, de l'importuner sans cesse.

❷ **Guerre de harcèlement,** guerre qui a pour but d'épuiser l'ennemi par de petites attaques répétées.

►►► Mot de la famille de **harceler.**

***harceler** v. (conjug. 11). Attaquer sans cesse quelqu'un, le tourmenter en permanence. *Le suspect est harcelé par les policiers. Harceler quelqu'un de questions.*

1. ***harde** n.f. Troupe de ruminants sauvages. *On a observé une harde de cerfs dans la forêt.*

2. ***hardes** n.f. plur. Mot littéraire. Vêtements usés et misérables. *La mendiante portait de vieilles hardes.* SYN. **guenilles, haillons, loques.**

***hardi, e** adj. Qui montre de l'audace et de la décision face à une difficulté. *Des sauveteurs hardis.* SYN. **audacieux, courageux, déterminé, intrépide.** CONTR. **craintif, peureux, timoré.** *Claire est une fille hardie qui aime voyager seule.*

►►► Mot de la même famille : **s'enhardir.**

► ***hardiesse** n.f. Qualité d'une personne hardie. *La hardiesse du pilote automobile a fait de lui un champion.* SYN. **audace, intrépidité.**

► ***hardiment** adv. Avec hardiesse. *Il affronta hardiment le danger.* SYN. **bravement, courageusement.** CONTR. **timidement.**

***harem** n.m. Dans certains pays musulmans, partie de la maison réservée aux femmes. *Le harem du palais du sultan.*

● On prononce [arɛm].

***hareng** n.m. Poisson de mer au dos bleu-vert et au ventre argenté, qui se déplace en bancs immenses. *Manger du hareng fumé.*

● Ce mot se termine par un **g.**

un hareng

***hargne** n.f. Mauvaise humeur qui se traduit par un comportement agressif. *Il m'a répondu avec hargne.* SYN. **agressivité, colère.**

► ***hargneux, euse** adj. Qui montre de la hargne, de l'agressivité. *Un ton hargneux. C'est une petite fille très hargneuse.* SYN. **agressif.**

***haricot** n.m. Plante cultivée pour ses gousses vertes ou pour ses graines. *Éplucher des haricots verts. Écosser des haricots blancs.* → Vois aussi **flageolet.**

des haricots verts

harmonica n.m. Petit instrument de musique que l'on glisse entre les lèvres tout en soufflant et en aspirant pour produire des sons. *Hugo joue de l'harmonica.*

harmonie n.f. ❶ Rapport agréable à l'œil ou à l'oreille entre les différentes parties d'un ensemble. *L'harmonie des couleurs dans un tableau, des mots dans un poème.* SYN. **équilibre.** ❷ Accord de sentiments, d'idées entre des personnes. *L'harmonie règne dans cette famille.* SYN. **entente.** CONTR. **désaccord, mésentente.**

► **harmonieusement** adv. De façon harmonieuse. *Juliette a décoré sa chambre harmonieusement.*

► **harmonieux, euse** adj. Qui est agréable à entendre, à regarder. *Une voix harmonieuse.* SYN. **mélodieux.** CONTR. **criard, discordant.**

► **harmonisation** n.f. Fait d'harmoniser, d'accorder les choses entre elles. *Le peintre est attentif à l'harmonisation des couleurs.* SYN. **équilibre.**

► **harmoniser** et **s'harmoniser** v. (conjug. 3). Mettre en accord, en harmonie. *Valérie a pris soin d'harmoniser les couleurs dans son appartement.* ◆ **s'harmoniser avec.** Être en accord, en harmonie avec. *La couleur de ses vêtements s'harmonise très bien avec ses cheveux.* SYN. **aller avec.** CONTR. **détonner.**

***harnachement** n.m. ❶ Ensemble des pièces qui composent le harnais d'un cheval. ❷ Équipement lourd et encombrant. *Les alpinistes emportent leur harnachement.*

►►► Mot de la famille de **harnais.**

a b c d e f g h i j k l m n o p q r s t u v w x y z

***harnacher** v. (conjug. 3). ❶ **Harnacher un cheval,** lui mettre son harnais, l'équipement nécessaire pour le monter ou l'atteler. ❷ **Être harnaché,** porter un équipement lourd et encombrant. *Les soldats sont pesamment harnachés.*

▸▸▸ Mot de la famille de **harnais.**

***harnais** n.m. ❶ Ensemble des pièces qui composent l'équipement d'un cheval et servent à le monter ou à l'atteler. *La selle, le mors, le collier sont des pièces du harnais.* ❷ Ensemble des sangles qui maintiennent le corps d'un alpiniste, d'un parachutiste.

● Ce mot se termine par un **s.**

***harpe** n.f. Grand instrument de musique composé d'un cadre triangulaire sur lequel sont tendues des cordes que l'on pince avec les doigts. *Jouer de la harpe.*

● Nom des musiciens : un ou une **harpiste.**

une **harpe**

***harpie** n.f. Femme méchante, acariâtre. SYN. **mégère.**

***harpon** n.m. Grande tige de métal pointue, munie de deux crocs recourbés et reliée à une corde. On l'utilise pour pêcher les gros poissons et chasser les baleines.

▸ ***harponner** v. (conjug. 3). Attraper un poisson, une baleine avec un harpon.

***hasard** n.m. ❶ Événement qui se produit et qui n'était pas prévu. *Quel hasard !* SYN. **surprise.** *Son accident est dû à un malheureux hasard.* SYN. **circonstance.** ❷ **À tout hasard,** au cas où cela pourrait être utile. *Prends ton maillot de bain à tout hasard.* ❸ **Au hasard,** sans but précis. *Marcher au hasard.* ❹ **Par hasard,** sans l'avoir prévu. *J'ai rencontré ton frère par hasard.* ❺ **Jeu de hasard,** jeu où seule la chance compte.

▸ ***hasarder** et **se hasarder** v. (conjug. 3). Proposer une idée au risque de se tromper ou de déplaire. *Hasarder une explication.* ◆ **se hasarder.** Courir un risque en faisant ou en disant quelque chose. *Elles se sont hasardées à proposer leur projet ambitieux.* SYN. **s'aventurer, oser, se risquer.**

▸ ***hasardeux, euse** adj. Qui comporte des risques. *C'est une entreprise hasardeuse.* SYN. **risqué.**

***hâte** n.f. ❶ Grande rapidité à faire quelque chose. *Il termina son repas à la hâte.* SYN. **précipitamment.** *Dans sa hâte, elle a oublié ses clés.* SYN. **précipitation.** ❷ **En toute hâte,** d'urgence. *Le médecin est venu en toute hâte.* ❸ **Avoir hâte,** être impatient. *Il a hâte d'être en vacances. J'ai hâte que tu viennes.*

● Le **a** prend un accent circonflexe.

***hâter** et **se hâter** v. (conjug. 3). Faire quelque chose plus tôt que prévu. *Elle a dû hâter son départ.* SYN. **avancer, précipiter.** CONTR. **retarder.** ◆ **se hâter.** Se dépêcher. *Hâtons-nous, le train va partir.* SYN. **se presser.** *Aurélie se hâte vers la sortie.* SYN. **se précipiter.**

▸ ***hâtif, ive** adj. Qui est fait trop vite, à la hâte. *Il a pris une décision hâtive.*

***haubert** n.m. Cotte de mailles des hommes d'armes au Moyen Âge.

***hausse** n.f. Fait d'augmenter. *La hausse des prix. Les températures sont en hausse.* SYN. **augmentation.** CONTR. **baisse.**

▸▸▸ Mot de la famille de **hausser.**

***haussement** n.m. Action de hausser. *Il écarta la question d'un haussement d'épaules.*

▸▸▸ Mot de la famille de **hausser.**

***hausser** et **se hausser** v. (conjug. 3). ❶ Augmenter. *Le coiffeur a haussé ses prix.* CONTR. **baisser.** ❷ **Hausser les épaules,** les lever en signe d'indifférence, d'agacement. *Il haussa les épaules en quittant la pièce.* ❸ **Hausser les sourcils,** les lever pour montrer son étonnement. ❹ **Hausser la voix, hausser le ton,** parler plus fort en prenant un ton sévère. ◆ **se hausser.** Se dresser. *Léo s'est haussé sur la pointe des pieds.*

***haut, haute** adj. ❶ Dont la hauteur est élevée, dont l'intensité est grande. *Un immeuble très haut. De hautes tempéra-*

tures. Parler à voix haute. CONTR. **bas.** ❷ Qui a une certaine hauteur. *Un mur haut de deux mètres.* ❸ Qui est supérieur en qualité, en précision, etc. *Un appareil de haute technologie.* ❹ Qui produit un son aigu. *Une voix haute.* CONTR. **bas, grave.** ❺ **La tête haute,** avec fierté. *Marcher la tête haute.* CONTR. **la tête basse.** ◆ adv. ❶ À une altitude élevée. *L'avion vole haut.* CONTR. **bas.** ❷ D'une voix forte. *Parler haut et fort.* CONTR. **doucement.** ❸ À un degré élevé. *Son oncle est très haut placé.* ◆ n.m. ❶ Partie supérieure de quelque chose. *Le haut de la montagne est enneigé.* SYN. **sommet.** CONTR. **bas, pied.** ❷ **En haut,** à l'étage supérieur. *Les chambres sont en haut.* CONTR. **bas.** ❸ Hauteur. *Un immeuble de vingt mètres de haut.* ❹ **Avoir des hauts et des bas,** des périodes heureuses et des périodes malheureuses. → Vois aussi **là-haut.**

***hautain, e** adj. Qui est fier et un peu méprisant. *Une femme hautaine.* SYN. **arrogant, dédaigneux.**

***hautbois** n.m. Instrument de musique à vent formé d'un long tuyau percé de trous.
● Nom des musiciens : un ou une **hautboïste.**

un hautbois

***haute-fidélité** n.f. invar. Reproduction de très haute qualité des sons. *Une chaîne haute-fidélité.*
● On emploie souvent l'abréviation **hi-fi.**
– La nouvelle orthographe permet d'écrire aussi **hautefidélité** et **hifi,** sans trait d'union.

***hautement** adv. À un très haut degré. *Ces produits sont hautement toxiques. Être hautement qualifié.* SYN. **extrêmement.** CONTR. **peu.**
►►► Mot de la famille de **haut.**

***hauteur** n.f. ❶ Dimension verticale, de la base au sommet. *La pièce a trois mètres de hauteur.* SYN. **haut.** ❷ Distance par rapport au sol. *L'avion prend de la hauteur.* SYN. **altitude.** ❸ Lieu élevé. *La maison est construite sur une hauteur.* SYN. **butte, colline, éminence.** ❹ (Sens familier). **Être à la hauteur,** être capable de faire quelque chose. *Seras-tu à la hauteur de la situation ?*
►►► Mot de la famille de **haut.**

***haut-fond** n.m. Zone peu profonde de la mer ou d'une rivière, qui est dangereuse pour la navigation. *Le bateau s'est échoué sur les hauts-fonds.* CONTR. **bas-fond.** → Vois aussi **écueil.**
● Au pluriel : des **hauts-fonds.**

***haut-fourneau** n.m. Grand four dans lequel on fait fondre le minerai de fer pour obtenir de la fonte.
● Au pluriel : des **hauts-fourneaux.**

***haut-le-cœur** n.m. invar. Soudaine envie de vomir. *L'odeur de friture me donne des haut-le-cœur.* SYN. **nausée.**
● Ce mot ne change pas au pluriel : des **haut-le-cœur.**

***haut-parleur** n.m. Appareil qui transforme en sons les signaux électriques provenant d'une radio, d'une chaîne hi-fi, d'un téléviseur. *Les haut-parleurs diffusent de la musique dans la rue.*
● Au pluriel : des **haut-parleurs.**
– La nouvelle orthographe permet d'écrire aussi **hautparleur,** sans trait d'union.

***havre** n.m. Mot littéraire. Refuge, lieu où l'on se sent protégé. *Cette maison est un havre de paix.*

***hayon** n.m. Porte arrière d'une voiture, qui s'ouvre de bas en haut.
● On prononce [ajɔ̃]. – Ne confonds pas avec des **haillons.**

***hé !** interj. Mot qui sert à appeler ou à interpeller quelqu'un. *Hé ! toi, viens voir ici !*

***heaume** n.m. Grand casque enveloppant toute la tête et porté par les combattants au Moyen Âge.

un heaume

hebdomadaire adj. et n.m. Qui a lieu ou paraît chaque semaine. *Le lundi est le jour de fermeture hebdomadaire du restaurant. Je suis abonné à un hebdomadaire de musique.*

hébergement n.m. Action d'héberger, de loger quelqu'un. *L'hébergement des touristes.* SYN. **logement.**
►►► Mot de la famille de **héberger.**

a b c d e f g h i j k l m n o p q r s t u v w x y z

a b c d e f g h i j k l m n o p q r s t u v w x y z

héberger v. (conjug. 5). Accueillir quelqu'un chez soi provisoirement. *Pouvez-vous héberger mon frère pendant quelques jours ?* SYN. **loger.**

hébété, e adj. Qui semble perdu, incapable de réagir. *Elle m'a regardé d'un air hébété.* SYN. **ahuri, hagard.**

hébreu adj. m. et n. Qui concerne les Hébreux, le peuple juif dans l'Antiquité. *L'alphabet hébreu.* ◆ **hébreu** n.m. Langue parlée autrefois par les Hébreux et actuellement en Israël.
● Au féminin, on dit **hébraïque.**

hécatombe n.f. Massacre d'un grand nombre de personnes ou d'animaux. *L'incendie de l'étable a fait une hécatombe.* SYN. **carnage, tuerie.**

hectare n.m. Unité de mesure utilisée pour la surface des terres, égale à 100 ares ou à 10 000 m^2. → Vois aussi **are.**
● À l'écrit, on emploie **ha** comme symbole.

hecto- préfixe. Placé devant une unité de mesure, **hecto-** la multiplie par cent : *hectogramme, hectolitre, hectomètre.*

hégémonie n.f. Supériorité d'un État sur un autre. *L'hégémonie économique d'une grande puissance.* SYN. **suprématie.**

*__hein !__ interj. Mot familier. Mot que l'on emploie pour faire répéter quelque chose qui n'est pas compris ou pour renforcer une interrogation. *Hein ? Qu'est-ce que tu as dit ?* SYN. **comment, pardon.** *Tu ne vas pas le lui dire, hein ?*

hélas ! interj. Mot qui exprime le regret. *Hélas ! nous ne pourrons pas venir avec vous.* SYN. **malheureusement.**

*__héler__ v. (conjug. 9). Appeler de loin. *Héler un taxi. Damien héla son ami qui marchait sur le trottoir d'en face.* SYN. **interpeller.**

hélice n.f. Appareil composé de pales en métal qui tournent autour d'un axe pour faire avancer un bateau, un avion ou un hélicoptère.

une **hélice** à cinq pales

hélicoptère n.m. Appareil d'aviation qui se déplace grâce à une grande hélice horizontale qui tourne au-dessus de son toit. *Les hélicoptères décollent à la verticale.*

un **hélicoptère**

▶ **héliport** n.m. Aéroport pour hélicoptères.

▶ **héliporté, e** adj. Transporté par hélicoptère. *Des troupes héliportées.*

helvétique adj. Qui concerne la Suisse. *Le gouvernement helvétique.*

hématome n.m. Petit amas de sang qui se forme sous la peau à la suite d'un coup et qui laisse une marque bleuâtre. *Il s'est cogné et il a un gros hématome sur le bras.* → Vois aussi **bleu, contusion, ecchymose.**

hémisphère n.m. ❶ Chacune des deux moitiés du globe terrestre séparées par l'équateur. *La France est située dans l'hémisphère Nord et l'Australie dans l'hémisphère Sud.* ❷ Chacune des deux moitiés du cerveau.
● Nom du genre masculin : **un hémisphère.**
▸▸▸ Mot de la famille de **sphère.**

hémorragie n.f. Écoulement de sang hors des vaisseaux sanguins. *Un saignement de nez est une hémorragie nasale.*

*__hennin__ n.m. Coiffe haute et pointue que portaient les femmes au Moyen Âge.

*__hennir__ v. (conjug. 16). En parlant du cheval, faire entendre son cri, le *hennissement.*

▶ *__hennissement__ n.m. Cri du cheval.

hépatique adj. Qui concerne le foie. *Souffrir d'une insuffisance hépatique.*

hépatite n.f. Maladie du foie. *Yves a eu une hépatite virale.* → Vois aussi **jaunisse.**

*__héraut__ n.m. Au Moyen Âge, homme chargé de porter les messages et d'annoncer officiellement les nouvelles importantes.
● Ne confonds pas avec **héros.**

herbage n.m. Prairie naturelle qui sert de pâturage au bétail. SYN. **pré.**
►►► Mot de la famille de **herbe.**

herbe n.f. ❶ Ensemble des plantes à tige verte qui meurent chaque année. *S'asseoir dans l'herbe.* ❷ **Mauvaises herbes,** herbes sauvages qui empêchent les plantes cultivées de pousser. *Arracher les mauvaises herbes.* ❸ **Fines herbes,** herbes aromatiques que l'on utilise comme assaisonnement. *Le persil, la ciboulette sont des fines herbes.* ❹ **En herbe,** se dit d'un enfant qui a toutes les qualités pour réussir dans un domaine. *Simon est un musicien en herbe.*
►►► Mots de la même famille : **désherbant, désherber.**

► **herbier** n.m. Collection de plantes et de fleurs que l'on fait sécher entre des feuilles de papier pour les conserver et les étudier. *Julie ramasse des fleurs pour son herbier.*

► **herbivore** adj. et n.m. Qui se nourrit uniquement d'herbes et de feuilles. *La vache et le mouton sont des herbivores.*

► **herboriser** v. (conjug. 3). Cueillir des plantes pour les étudier, pour faire un herbier ou pour faire des remèdes.

► **herboriste** n. Personne qui vend des plantes médicinales et des produits faits à base de plantes.

hercule n.m. Homme d'une très grande force physique. *Ce sportif est un hercule.* SYN. **colosse.**

► **herculéen, enne** adj. **Force herculéenne,** force extraordinaire, digne d'un hercule. SYN. **colossal.**

***hère** n.m. Mot littéraire. **Un pauvre hère,** un homme misérable qui inspire de la pitié.

héréditaire adj. Qui se transmet des parents aux enfants. *Certaines maladies sont héréditaires.* → Vois aussi **génétique.**
►►► Mot de la famille de **hérédité.**

hérédité n.f. Transmission de certains caractères génétiques des parents aux enfants. *La couleur des yeux se transmet par hérédité.*

hérésie n.f. Opinion religieuse, philosophique ou politique jugée contraire à la doctrine officielle, la seule à être admise. *L'Église catholique a condamné de nombreuses hérésies.*

► **hérétique** adj. et n. Qui est coupable d'hérésie, qui soutient des opinions ou une religion contraires à la doctrine officielle. *On pourchassait les hérétiques pendant les guerres de Religion au 16e siècle.*

***hérissé, e** adj. ❶ Dressé sur la tête, sur le corps. *Thibaut a les cheveux tout hérissés.* SYN. **ébouriffé, hirsute.** ❷ Recouvert de pointes, de piquants. *Une planche hérissée de clous.*
►►► Mot de la famille de **hérisser.**

***hérisser** v. (conjug. 3). ❶ Dresser son poil ou ses plumes. *Le chat hérisse ses poils en voyant le chien.* ❷ Mettre quelqu'un en colère. *Son attitude me hérisse.* SYN. **exaspérer, horripiler.**

► ***hérisson** n.m. Petit mammifère au corps recouvert de piquants, qui se roule en boule s'il se sent menacé.
● Femelle : la hérissonne.

un **hérisson**

héritage n.m. Ensemble des biens transmis par une personne à ses successeurs après son décès. *Julien a fait un gros héritage.*
►►► Mot de la famille de **hériter.**

hériter v. (conjug. 3). ❶ Recevoir un héritage, des biens transmis après le décès d'une personne. *Il hérite de son oncle. Audrey a hérité d'une petite maison.* ❷ Tenir quelque chose de quelqu'un. *Son fils a hérité de sa passion pour le tennis.*
►►► Mot de la même famille : **déshériter.**

► **héritier, ère** n. Personne qui hérite. *Les héritiers sont réunis devant le notaire.*

hermaphrodite adj. et n. Qui possède les organes reproducteurs des deux sexes. *Les escargots sont hermaphrodites.*

hermétique adj. ❶ Qui ferme parfaitement. *Une boîte hermétique.* SYN. **étanche.** ❷ Qui est très difficile à comprendre. *Un*

a b c d e f g h i p q r s t u v w x y z

texte hermétique; des paroles hermétiques. SYN. **obscur.** CONTR. **clair, évident.**

hermine n.f. Petit mammifère carnivore cousin de la belette, qui a un pelage roux en été et blanc en hiver. → Vois aussi **martre, zibeline.**

une hermine (pelage d'hiver)

***hernie** n.f. Grosseur qui se forme dans le corps lorsqu'un organe sort de la cavité où il se trouve normalement. *Souffrir d'une hernie abdominale.*

héroïne → héros

héroïque adj. Qui se conduit en héros, qui est digne d'un héros. *Des pompiers héroïques.* SYN. **brave, valeureux.** *Il a eu une conduite héroïque.*

▸▸▸ Mot de la famille de **héros.**

héroïquement adv. Avec héroïsme. *Les pompiers ont combattu l'incendie héroïquement.* SYN. **vaillamment.**

▸▸▸ Mot de la famille de **héros.**

héroïsme n.m. Courage exceptionnel, digne d'un héros. *Le sauveteur a fait preuve d'héroïsme.* SYN. **bravoure, vaillance.**

▸▸▸ Mot de la famille de **héros.**

***héron** n.m. Grand oiseau échassier, au long cou et au long bec, qui vit dans les marécages ou au bord des lacs et des rivières. Il se nourrit de poissons et de grenouilles.

● Femelle : la héronne.
Petit : le héronneau.

un héron

***héros, héroïne** n. ❶ Personne qui a fait preuve d'un courage exceptionnel ou qui a réalisé des exploits. *Les soldats sont morts en héros. La championne de ski est une héroïne dans sa ville natale.* ❷ Personnage principal d'une œuvre. *Harry Potter est le héros d'une série de livres.*

● Au féminin, le « h » n'est pas aspiré : **l'héroïne.** Au masculin, ce mot se termine par un **s.** – Ne confonds pas avec **héraut.**

***herse** n.f. ❶ Instrument agricole tiré par un tracteur, qui sert à briser les mottes de terre grâce à ses rangées de dents métalliques. ❷ Lourde grille armée de grosses pointes que l'on abaissait pour fermer l'entrée des châteaux forts, au Moyen Âge.

une herse

***hertzien, enne** adj. **Ondes hertziennes,** ondes qui servent à transmettre les sons et les images en passant par les airs, au moyen d'un émetteur et d'un récepteur.

hésitation n.f. Fait d'hésiter. *Il a accepté de venir après bien des hésitations.* SYN. **embarras, indécision.** CONTR. **détermination, résolution.**

▸▸▸ Mot de la famille de **hésiter.**

hésiter v. (conjug. 3). ❶ Avoir du mal à se décider. *Il a hésité avant d'accepter ce poste.* ❷ Marquer son indécision par un temps d'arrêt. *Moussa hésite en récitant sa poésie.*

hétéroclite adj. Fait d'objets divers qui ne vont pas bien ensemble. *Un mélange hétéroclite de meubles.* SYN. **disparate.**

hétérogène adj. Se dit d'un ensemble formé de choses ou de personnes très différentes les unes des autres. *Nicolas est dans une classe hétérogène.* CONTR. **homogène.**

***hêtre** n.m. Grand arbre à écorce lisse dont le fruit est la faine. *Une table en hêtre.*

● Le premier **e** prend un accent circonflexe.

***heu !** interj. Mot qui exprime la gêne, l'hésitation. *Heu ! J'ai quelque chose à te dire !*
→ Vois aussi **euh !**

heure n.f. ❶ Unité de temps qui vaut soixante minutes. *Un jour contient vingt-quatre heures.* ❷ Moment précis de la journée donné par une montre. *Quelle heure est-il ? J'ai un cours de judo à 15 heures.* ❸ Moment quelconque de la journée. *C'est l'heure des dessins animés.* ❹ **De bonne heure,** tôt. *Il se lève de bonne heure.* ❺ **Tout à l'heure,** un peu plus tard. *Il t'en parlera tout à l'heure.* ❻ **À l'heure qu'il est,** en ce moment même. *Le voleur est déjà loin à l'heure qu'il est.* ❼ **L'heure H,** heure fixée à l'avance pour une action particulière. *La fusée a décollé à l'heure H.*
▸▸▸ Mot de la même famille : **horaire.**

heureusement adv. Par bonheur, par chance. *Heureusement que tu es là. Heureusement, il n'a pas été blessé dans l'accident.* CONTR. **malheureusement.**
▸▸▸ Mot de la famille de **heureux.**

heureux, euse adj. ❶ Qui connaît le bonheur, la joie. *Rémi est très heureux à la campagne. Avoir une vie heureuse.* CONTR. **malheureux.** ❷ Qui est content, satisfait. *Il est heureux de partir en vacances.* SYN. **ravi.** CONTR. **triste.** ❸ Qui est chanceux. *Être heureux au jeu.*

***heurt** n.m. ❶ Fait de heurter, de donner un coup. *Cet objet est fragile, il faut le déplacer sans heurt.* SYN. **choc.** ❷ Affrontement, vive discussion entre des personnes. *Il y a souvent des heurts entre les deux frères.* SYN. **friction.**
▸▸▸ Mot de la famille de **heurter.**

***heurter** et **se heurter** v. (conjug. 3). ❶ Toucher brutalement quelqu'un ou quelque chose. *La moto a heurté un arbre.* SYN. **emboutir, percuter.** ❷ Contrarier vivement. *Ses méthodes brutales me heurtent.* SYN. **choquer.** ◆ **se heurter.** ❶ Toucher brutalement quelqu'un ou quelque chose. *Elle s'est heurtée au coin de la table.* SYN. **se cogner.** ❷ Être confronté à un obstacle, à un problème. *Il s'est heurté au refus de son père.*

hévéa n.m. Grand arbre des pays chauds contenant une gomme (le latex) dont on tire le caoutchouc.

hexagone n.m. Figure géométrique à six angles et six côtés. *« L'Hexagone » est le nom que l'on donne parfois à la France, à cause de sa forme proche de celle d'un hexagone.*

***hiatus** n.m. Suite de deux voyelles qui se prononcent, à l'intérieur d'un même mot ou entre deux mots. *« Cacao » et « j'ai été » donnent des exemples de hiatus.*

hibernation n.f. État de vie ralentie dans lequel certains animaux passent l'hiver. *La marmotte entre en hibernation au début de l'automne et en sort cinq à six mois plus tard.*
▸▸▸ Mot de la famille de **hiberner.**

hiberner v. (conjug. 3). Passer l'hiver en hibernation, dans une sorte de sommeil prolongé. *La marmotte hiberne.*
● Ne confonds pas avec **hiverner.**

***hibou** n.m. Oiseau rapace qui chasse la nuit de petits rongeurs. Il porte des plumes en aigrette sur le dessus de la tête.
● Au pluriel : des **hiboux.** – Cri : l'ululement.

***hic** n.m. invar. Mot familier. Difficulté, problème. *Elle n'a pas voulu revenir sur sa décision, voilà le hic.*

hideux, euse adj. Très laid et repoussant. *Un visage hideux, des grimaces hideuses.* SYN. **affreux, horrible.**

hier adv. ❶ Jour qui précède celui où l'on est. *Hier, il est allé au cinéma.* ❷ **Ne pas dater d'hier,** être ancien. *Son succès ne date pas d'hier.* → Vois aussi **veille.**

***hiérarchie** n.f. Classification des personnes selon leurs qualifications et leurs responsabi-

a b c d e f g h i j k l m n o p q r s t u v w x y z

lités dans un groupe, une entreprise. *Le directeur est au sommet de la hiérarchie.*

▶ ***hiérarchique** adj. **Supérieur hiérarchique,** personne qui, dans une entreprise, a un poste plus élevé qu'une autre et la dirige.

***hiéroglyphe** n.m. Chacun des signes et des petits dessins qui composent l'écriture des anciens Égyptiens. *C'est Champollion qui a déchiffré les hiéroglyphes, en 1820.*

● Ce mot s'écrit avec un **y** à la fin.

→ planches pp. 368-369, 374-375.

des hiéroglyphes

***hi-fi → haute-fidélité**

hilarant, e adj. Très drôle. *Il m'a raconté une histoire hilarante.* SYN. **désopilant.**

▶▶▶ Mot de la famille de **hilare.**

hilare adj. Qui montre une grande joie et rit tout le temps. *Un visage hilare; des spectateurs hilares.* SYN. **réjoui.** CONTR. **morose, sombre.**

▶ **hilarité** n.f. Gaieté soudaine qui s'exprime par une explosion de rires. *Sa chute déclencha l'hilarité générale.*

hindou, e adj. et n. Qui a pour religion l'hindouisme. *Les croyances hindoues. Un hindou.*

▶ **hindouisme** n.m. Religion la plus répandue en Inde. → Vois aussi **bouddhisme.**

***hip-hop** adj. invar. et n.m. invar. Se dit d'un mouvement culturel et artistique qui repose sur la contestation en s'exprimant par des graffitis, des tags, la danse.

hippique adj. Qui concerne le cheval et l'équitation. *Thomas a remporté un concours hippique.*

▶ **hippisme** n.m. Ensemble des activités sportives pratiquées à cheval. → Vois aussi **équitation.**

hippocampe n.m. Petit poisson marin dont la tête rappelle celle d'un cheval et qui nage à la verticale. *L'hippocampe est parfois appelé « cheval de mer ».*

un hippocampe

hippodrome n.m. Terrain où ont lieu les courses de chevaux. SYN. **champ de courses.**

▶▶▶ Mot de la famille de **hippique.**

hippopotame n.m. Gros mammifère d'Afrique qui vit dans les fleuves et se nourrit d'herbes fraîches. → Vois aussi **pachyderme.**

un hippopotame

hirondelle n.f. Petit oiseau migrateur à dos noir et à ventre blanc, aux longues ailes et à la queue fourchue. *L'hirondelle a fait son nid dans la grange.*

● Cri : le gazouillement.

une hirondelle

hirsute adj. Qui a les cheveux ou la barbe en désordre et très épais. *Victor a les cheveux hirsutes au réveil.* SYN. **ébouriffé, hérissé.**

hispanique adj. Qui concerne l'Espagne. *Un institut d'études hispaniques.*

***hisser** et **se hisser** v. (conjug. 3). Faire monter en tirant ou en soulevant avec effort. *Hisser un drapeau. Il a hissé la valise au-dessus de l'armoire.* ◆ **se hisser**. S'élever avec effort, avec difficulté. *Un spectateur se hissa sur la scène.* SYN. **grimper.**

histoire n.f. ❶ Récit des événements qui se sont déroulés au cours des siècles. *Ce professeur est un spécialiste de l'histoire de France.* ❷ Récit qui relate des événements vrais ou imaginaires. *J'aime raconter des histoires drôles. C'est l'histoire d'un petit garçon qui voulait voler.* SYN. **conte.** ❸ Récit inventé pour tromper. *Je crois que tu es en train de me raconter des histoires !* SYN. **mensonge.** ❹ (Sens familier). Complication, problème. *Ton frère va finir par s'attirer des histoires.* SYN. **ennui.**

▶ **historien, enne** n. Spécialiste qui étudie l'histoire.

▶ **historique** adj. ❶ Qui concerne l'histoire et son étude. *Faire des recherches historiques.* ❷ Qui a réellement existé dans le passé. *Charlemagne est un personnage historique.* ❸ Qui est célèbre dans l'histoire ou mérite d'être conservé. *Il a prononcé un discours historique. Une église classée monument historique.*

hiver n.m. Saison qui suit l'automne et précède le printemps. *En Europe, l'hiver est la saison la plus froide.*

● L'hiver commence le 21 ou le 22 décembre et finit le 20 ou le 21 mars.

▶ **hivernal, e, aux** adj. D'hiver. *Des températures hivernales.* CONTR. **estival.**

● Au masculin pluriel : **hivernaux.**

▶ **hiverner** v. (conjug. 3). Passer l'hiver à l'abri. *Les moutons hivernent dans la vallée.*

● Ne confonds pas avec **hiberner.**

*__H.L.M.__ n.m. Abréviation de « habitation à loyer modéré », qui désigne un immeuble destiné aux familles à revenus modestes. *Ils habitent dans un H.L.M.*

● On peut aussi dire **une H.L.M.**

*__ho !__ interj. Mot qui sert à appeler ou à exprimer l'étonnement, l'admiration ou l'indignation. *Ho ! viens voir un peu ici. Ho ! quelle bonne surprise !*

*__hobby__ n.m. Distraction favorite. *La musique est son hobby.* SYN. **passe-temps.**

● C'est un mot anglais. – Au pluriel : des **hobbys** ou des **hobbies.**

*__hochement__ n.m. **Hochement de tête,** fait de hocher la tête. *Il donna son accord d'un hochement de tête.*

▶▶▶ Mot de la famille de **hocher.**

*__hocher__ v. (conjug. 3). **Hocher la tête,** remuer la tête de haut en bas en signe d'accord ou de droite à gauche en signe de refus.

*__hochet__ n.m. Jouet à grelots pour les bébés.

*__hockey__ n.m. Sport d'équipe où les joueurs doivent envoyer une petite balle ou un palet dans les buts adverses avec une crosse. *Le hockey se joue sur la glace ou sur le gazon.*

● Ne confonds pas avec **hoquet.** – Nom des joueurs : un **hockeyeur,** une **hockeyeuse.**

le hockey sur glace

*__ho ! hisse !__ interj. Cri servant à encourager lorsqu'on hisse quelque chose.

*__holà !__ interj. Mot qui sert à appeler quelqu'un ou à l'arrêter. *Holà ! qu'allez-vous faire par là ?* ◆ n.m. (Familier). **Mettre le holà à quelque chose,** y mettre fin. *Il a mis le holà aux dépenses de son fils.*

*__hold-up__ n.m. invar. Attaque à main armée destinée à dévaliser un établissement. *La bijouterie a été dévalisée lors d'un hold-up.* SYN. **braquage.**

● C'est un mot anglais, on prononce [ɔldœp]. – La nouvelle orthographe permet d'écrire aussi un **holdup,** des **holdups,** avec un **s** et sans trait d'union.

*__hollandais, e__ adj. et n. De Hollande. *Les peintres hollandais. Jacoba est hollandaise. C'est une Hollandaise.* SYN. **néerlandais** ◆ *__hollandais__ n.m. Nom donné parfois au néerlandais. → Vois aussi **néerlandais.**

● Le nom prend une majuscule quand il désigne une personne : *un Hollandais.*

holocauste n.m. **L'Holocauste,** l'extermination des Juifs par les nazis pendant la Seconde Guerre mondiale.

a b c d e f g h i j k l m n o p q r s t u v w x y z

hologramme n.m. Image en trois dimensions obtenue par une méthode spéciale de photographie en relief.

***homard** n.m. Crustacé marin aux pattes avant munies de pinces, dont le corps bleu devient rouge en cuisant. *Manger du homard à la mayonnaise.*

un **homard**

homéopathie n.f. Méthode de traitement médical qui consiste à donner au malade des médicaments produisant des effets semblables à ceux de la maladie à soigner, mais à des doses extrêmement faibles.

● Ce mot s'écrit avec **th.**

homicide n.m. Fait de tuer un être humain. *Il a été condamné pour homicide volontaire.* SYN. **assassinat, crime, meurtre.**

hominidé n.m. **Les hominidés,** ensemble formé par l'espèce humaine, ses ancêtres et ses plus proches cousins (chimpanzés, gorilles, orangs-outans).

hommage n.m. Témoignage de respect, de reconnaissance, d'admiration envers quelqu'un. *Le ministre a rendu hommage au courage des sauveteurs.* SYN. **à la gloire de.** ◆ n.m. plur. Témoignages de respect adressés à quelqu'un. *Mes hommages, madame la Présidente.*

homme n.m. ❶ Tout être humain, quel que soit son sexe; l'espèce humaine. *L'homme se distingue de l'animal par l'intelligence et la parole. L'évolution de l'homme.* ❷ Personne de sexe masculin. *Un coiffeur pour hommes.* ❸ **Homme d'État,** homme qui dirige un État ou un gouvernement.

→ planche p. 425.

▸ **homme-grenouille** n.m. Plongeur équipé d'un appareil pour respirer sous l'eau. *Des hommes-grenouilles examinent l'épave du bateau.*

● Au pluriel : des **hommes-grenouilles.**

homogène adj. Se dit d'un ensemble formé de choses ou de personnes qui sont de même nature, de même niveau et qui forment une unité. *Arthur est dans une classe homogène. Un mélange homogène de jaunes d'œufs et de sucre.* CONTR. **hétérogène.**

homographe n.m. Mot qui s'écrit de la même façon qu'un autre, mais qui a un sens différent. *« Court » (adjectif) et « court » (nom) sont des homographes.*

homologue adj. et n. Se dit d'une personne qui occupe les mêmes fonctions qu'une autre. *Le Président français a rencontré son homologue russe.*

homologuer v. (conjug. 6). Déclarer valable de façon officielle. *Homologuer un record.* SYN. **valider.**

1. **homonyme** n.m. Mot qui s'écrit ou se prononce de la même façon qu'un autre, mais qui a un sens différent. *« Mer » et « mère » sont des homonymes. « Cousin » (la personne) et « cousin » (l'insecte) sont des homonymes.*

→ Vois aussi **synonyme.**

● Ce mot s'écrit avec un **y.**

2. **homonyme** n. Personne qui porte le même nom qu'une autre. *J'ai un homonyme qui habite dans mon immeuble.*

homophone n.m. Mot qui se prononce de la même façon qu'un autre, mais qui a un sens différent et qui ne s'écrit pas de la même façon. *« Sot » et « seau » sont des homophones.*

homosexuel, elle adj. et n. Qui est attiré par les personnes de son sexe. *Une nouvelle loi accorde des droits aux couples homosexuels.*

***hondurien, enne** adj. et n. Du Honduras. *Le gouvernement hondurien. Claudia est hondurienne. C'est une Hondurienne.*

● Le nom prend une majuscule : *un Hondurien.*

***hongrois, e** adj. et n. De Hongrie. *Le peuple hongrois. Antal est hongrois. C'est un Hongrois.* ◆ ***hongrois** n.m. Langue parlée par les Hongrois.

● Le nom prend une majuscule quand il désigne une personne : *un Hongrois.*

honnête adj. ❶ Qui respecte la morale, la loyauté et ne cherche pas à tromper les autres. *C'est un homme honnête.* SYN. **intègre.** CONTR. **malhonnête.** *Soyons honnêtes, il faut reconnaître qu'on s'est trompés.* SYN. **sincère,**

franc. ② D'un niveau convenable. *Des résultats honnêtes.* SYN. **correct, passable.**

● Le premier **e** prend un accent circonflexe.

▶ **honnêtement** adv. De façon honnête. *Se conduire honnêtement.* CONTR. **malhonnêtement.** *Honnêtement, je pensais bien faire.* SYN. **sincèrement.** *Il a été payé honnêtement.* SYN. **convenablement, correctement.**

▶ **honnêteté** n.f. Qualité d'une personne honnête; fait d'être honnête, sincère. *Le juge est un homme d'une grande honnêteté.* SYN. **droiture, intégrité.** CONTR. **malhonnêteté.** *Aie l'honnêteté de reconnaître que tu as tort.* SYN. **franchise, sincérité.**

honneur n.m. ① Sentiment que l'on a de sa dignité morale. *Autrefois, les nobles défendaient leur honneur lors de duels. Il m'a donné sa parole d'honneur.* ② Témoignage de respect envers quelqu'un. *La mairie a organisé une réception en l'honneur du vainqueur.* ③ **Pour l'honneur,** de façon désintéressée, par simple fierté. *Il a terminé la compétition pour l'honneur.* ◆ n.m. plur. Marques de respect. *Le ministre a été reçu avec tous les honneurs.*

▶ **honorable** adj. ① Qui mérite le respect, la considération. *Il fait un métier honorable. Une famille honorable.* SYN. **honnête, respectable.** ② D'un niveau correct. *Il a eu des résultats honorables.* SYN. **honnête, passable.**

▶ **honorablement** adv. De façon honorable. *Ma grand-mère est honorablement connue dans sa ville. Gagner honorablement sa vie.* SYN. **convenablement.**

honoraires n.m. plur. Somme d'argent que perçoit une personne exerçant une profession libérale. *Les médecins et les avocats perçoivent des honoraires.*

honorer v. (conjug. 3). ① Rendre hommage à quelqu'un, à son mérite. *Honorer la mémoire d'un grand écrivain.* SYN. **célébrer, glorifier.** ② **Honorer un engagement, une promesse,** les tenir.

▶▶▶ Mot de la famille de **honneur.**

honorifique adj. Qui procure des honneurs, de la considération mais aucun avantage matériel. *Recevoir une distinction honorifique.*

▶▶▶ Mot de la famille de **honneur.**

***honte** n.f. ① Sentiment pénible que l'on ressent lorsqu'on a fait quelque chose de mal ou qu'on a été humilié. *Hugo a honte d'avoir menti. Être rouge de honte.* SYN. **confusion, humiliation.** ② Action condamnable, scandaleuse. *C'est une honte de faire des choses pareilles!* SYN. **infamie, ignominie.**

▶▶▶ Mot de la même famille : **éhonté.**

▶ ***honteusement** adv. De façon honteuse; avec honte. *S'enfuir honteusement.* CONTR. **dignement, fièrement.**

▶ ***honteux, euse** adj. ① Qui éprouve de la honte. *Elle était honteuse d'avoir dit une bêtise.* SYN. **confus.** CONTR. **fier.** ② Qui est odieux et mérite la honte. *C'est honteux de traiter les gens comme ça!* SYN. **ignoble, scandaleux.** CONTR. **honorable.**

hôpital n.m. Établissement où l'on soigne et où l'on opère les malades et les blessés. *On l'a transporté d'urgence à l'hôpital.* → Vois aussi **clinique.**

● Au pluriel : des **hôpitaux.**

***hoquet** n.m. **Avoir le hoquet,** être agité de petites secousses qui soulèvent la poitrine et s'accompagnent d'un bruit venant de la gorge.

● Ne confonds pas avec le **hockey.**

horaire adj. Qui se rapporte à l'heure. *Les fuseaux horaires. Le décalage horaire.* ◆ n.m. ① Relevé des heures de départ et d'arrivée des moyens de transport. *Consulter l'horaire des trains, des autobus.* ② Répartition des heures de travail. *Ma mère a un horaire très chargé.*

▶▶▶ Mot de la famille de **heure.**

***horde** n.f. Groupe de gens agités et violents ou d'animaux menaçants. *Le convoi fut attaqué par une horde de brigands. Une horde de loups.* → Vois aussi **meute.**

horizon n.m. ① Ligne imaginaire qui sépare le ciel de la terre ou de la mer lorsque l'on regarde au loin. *Le soleil disparaît à l'horizon.* ② **Ouvrir des horizons,** amener à réfléchir à de nouvelles possibilités. *Cette rencontre lui a ouvert des horizons.* SYN. **perspectives.**

▶ **horizontal, e, aux** adj. Qui suit la ligne d'horizon. *Une personne allongée est en position horizontale.* CONTR. **vertical.** ◆ n.f. **À l'horizontale,** dans une position horizontale. *Mettre les bras à l'horizontale.*

● Au masculin pluriel : **horizontaux.**

▶ **horizontalement** adv. Dans le sens horizontal. *Cette photo se regarde horizontalement.* CONTR. **verticalement.**

a b c d e f g h i j k l m n o p q r s t u v w x y z

a b c d e f g h i j k l m n o p q r s t u v w x y z

horloge n.f. Appareil de mesure du temps qui indique l'heure, en particulier dans les lieux publics. → Vois aussi **pendule.**

▶ **horloger, ère** n. Personne qui fabrique, répare ou vend des horloges, des montres, des réveils, des pendules.

▶ **horlogerie** n.f. ❶ Fabrication et réparation des horloges, des montres, des réveils, des pendules. ❷ Magasin de l'horloger.

***hormis** préposition. Sauf, excepté. *J'aime tous les légumes, hormis les épinards.* SYN. **à l'exception de, à part.** CONTR. **y compris.**

hormone n.f. Substance sécrétée par une glande, transportée par le sang, et agissant sur l'organisme.

horodateur n.m. Appareil qui imprime la date et l'heure sur un ticket. *Pour se garer sur un parking payant, il faut prendre un ticket à l'horodateur.* → Vois aussi **parcmètre.**

un horodateur

horoscope n.m. Prévisions que font les astrologues sur l'avenir d'une personne en étudiant la position des astres au moment de sa naissance.

horreur n.f. ❶ Sentiment d'effroi provoqué par l'idée ou la vue d'une chose horrible. *Pousser un cri d'horreur.* SYN. **épouvante, terreur.** *Thomas adore les films d'horreur.* ❷ Violente impression de dégoût, de répulsion. *Il a horreur de la soupe. Les rats et les serpents lui font horreur.* ◆ n.f. plur. ❶ Ce qui cause du dégoût ou de l'effroi. *Les horreurs de la guerre.* SYN. **atrocités.** ❷ **Dire des horreurs sur quelqu'un,** en dire du mal.

▶ **horrible** adj. ❶ Qui fait horreur, qui provoque la peur ou le dégoût. *Il lui est arrivé une histoire horrible.* SYN. **abominable, effroyable, terrifiant.** *Une horrible blessure.* SYN. **atroce.** ❷ Très laid, très mauvais. *Il portait un horrible chapeau.* SYN. **affreux.** *Il fait un temps horrible.* SYN. **exécrable, épouvantable.** CONTR. **magnifique, splendide.** ❸ Qui est excessif. *J'ai un horrible mal de tête.* SYN. **insupportable.**

▶ **horriblement** adv. De façon horrible. *Elle a horriblement souffert.* SYN. **affreusement, atrocement, terriblement.** *Cet appartement est horriblement cher.* SYN. **excessivement.**

▶ **horrifier** v. (conjug. 7). Causer de l'effroi, de l'horreur. *La vue du sang l'horrifie.* SYN. **épouvanter, terrifier.**

horripilant, e adj. Qui horripile, exaspère. *Elle a une voix horripilante.* SYN. **agaçant, exaspérant, irritant.**

▶▶▶ Mot de la famille de **horripiler.**

horripiler v. (conjug. 3). Énerver, agacer fortement. *Il m'horripile avec ses grands airs !* SYN. **exaspérer, excéder.**

***hors** (de) préposition. ❶ À l'extérieur de quelque chose. *Ils habitent hors du village.* ❷ **Hors de danger,** qui ne risque plus rien. *Le blessé est maintenant hors de danger.* ❸ **Hors d'usage,** qui ne peut plus servir. *Un appareil hors d'usage.* ❹ **Hors de prix,** trop cher. *Les cerises sont hors de prix à cette saison.*

***hors-bord** n.m. invar. Petit bateau propulsé par un moteur placé hors de la coque. *Une zone de baignade interdite aux hors-bord.*

● La nouvelle orthographe permet d'écrire aussi des **hors-bords,** avec un **s.**

***hors-d'œuvre** n.m. invar. Plat le plus souvent froid servi au début du repas. *En hors-d'œuvre, il a pris des carottes râpées.* SYN. **entrée.**

● Ce mot composé ne change pas au pluriel : des **hors-d'œuvre.**

***hors-jeu** n.m. invar. Dans un sport d'équipe, faute commise par un joueur qui occupe sur le terrain une position interdite par les règles. *L'arbitre a sifflé un hors-jeu.*

● La nouvelle orthographe permet d'écrire aussi des **hors-jeux,** avec un **x.**

***hors-la-loi** n. invar. Personne qui se place en dehors des lois en commettant des actes criminels. SYN. **bandit, gangster, malfaiteur.**

● Ce mot composé ne change pas au pluriel : des **hors-la-loi.**

hortensia n.m. Arbrisseau à grosses fleurs roses, blanches ou bleues disposées en boules. *Un massif d'hortensias.*

horticulteur, trice n. Personne qui fait de l'horticulture, qui cultive les jardins.

►►► Mot de la famille de **horticulture.**

horticulture n.f. Culture des fleurs, des légumes, des arbres fruitiers.

hospice n.m. Établissement où l'on s'occupe des personnes âgées démunies.

hospitalier, ère adj. ❶ De l'hôpital. *Une clinique est un établissement hospitalier. Le personnel hospitalier.* ❷ Qui a le sens de l'hospitalité, qui aime recevoir. *Ce sont des gens très hospitaliers.* SYN. **accueillant.** CONTR. **inhospitalier.**

hospitalisation n.f. Action ou fait d'être hospitalisé. *Son état nécessite une hospitalisation.*

►►► Mot de la famille de **hôpital.**

hospitaliser v. (conjug. 3). Faire entrer un malade, un blessé à l'hôpital. *L'accidenté de la route a été hospitalisé d'urgence.*

►►► Mot de la famille de **hôpital.**

hospitalité n.f. Fait d'héberger, d'accueillir quelqu'un chez soi. *Nous avons offert l'hospitalité aux randonneurs égarés. Avoir le sens de l'hospitalité.*

hostie n.f. Dans la religion catholique, pain sans levain en forme de disque mince que le prêtre donne aux fidèles lors de la communion.

hostile adj. ❶ Qui exprime de la méchanceté. *Il m'a jeté un regard hostile.* SYN. **malveillant.** CONTR. **amical, affectueux.** ❷ Qui est contre quelque chose. *Le maire est hostile à la construction de l'aéroport.* SYN. **opposé.** CONTR. **favorable.**

► **hostilité** n.f. Attitude hostile. *Il m'a regardé avec hostilité.* SYN. **antipathie, haine, malveillance.** CONTR. **bienveillance.** ◆ **n.f. plur.** Combats durant une guerre. *La population souhaite la fin des hostilités.*

***hot dog** n.m. Petit pain fourré d'une saucisse chaude. *Manger un hot dog avec de la moutarde.*

● C'est un mot anglais, on prononce [ɔtdɔg].

– La nouvelle orthographe permet d'écrire aussi **hotdog,** en un seul mot.

1. **hôte** n. Personne qui est reçue chez quelqu'un. *Madame, vos hôtes sont arrivés.* SYN. **invité.**

● Le **o** prend un accent circonflexe.

2. **hôte, hôtesse** n. Personne qui reçoit quelqu'un chez elle. *Nos hôtes nous ont fait visiter la ville.* ◆ **n.f.** ❶ Femme qui accueille et informe les visiteurs dans un lieu public, une entreprise. *Une hôtesse nous a indiqué l'entrée de l'exposition.* ❷ **Hôtesse de l'air,** femme qui s'occupe des passagers dans les avions. *L'hôtesse de l'air explique les consignes de sécurité.*

● Le **o** prend un accent circonflexe.

hôtel n.m. ❶ Établissement qui loue des chambres ou des appartements. *Les touristes ont réservé une chambre dans un hôtel.* ❷ **Hôtel de ville,** mairie. ❸ **Hôtel particulier,** luxueuse maison de ville.

● Le **o** prend un accent circonflexe.

► **hôtelier, ère** n. Personne qui dirige un hôtel, une auberge.

► **hôtellerie** n.f. Ensemble des activités liées au métier d'hôtelier, à la tenue des hôtels et des restaurants.

hôtesse → hôte

***hotte** n.f. ❶ Grand panier attaché sur le dos par des bretelles. *La hotte du père Noël.* ❷ Dispositif placé au-dessus d'une cheminée, d'une cuisinière pour aspirer les fumées et les vapeurs grasses.

***houblon** n.m. Plante grimpante dont les fleurs servent à parfumer la bière.

des rameaux de houblon

*__houille__ n.f. ❶ Variété de charbon qui dégage beaucoup de chaleur en brûlant. *Des gisements de houille.* ❷ **Houille blanche,** nom donné à l'énergie électrique produite par les chutes d'eau, les barrages.

▶ *__houiller, ère__ adj. Qui contient de la houille. *Un bassin houiller.*

*__houle__ n.f. Mouvement d'ondulation de la mer, sans déferlement des vagues. *Le bateau était soulevé par la houle.* → Vois aussi **roulis, tangage.**

*__houlette__ n.f. ❶ Bâton de berger. ❷ **Sous la houlette de quelqu'un,** sous sa direction. *Le concert est organisé sous la houlette du professeur de musique.*

*__houleux, euse__ adj. ❶ **Mer houleuse,** agitée par la houle. ❷ **Discussion houleuse, débat houleux,** agités, mouvementés. SYN. **orageux.** CONTR. **calme, serein.**

▸▸▸ Mot de la famille de **houle.**

*__houppe__ n.f. Touffe de cheveux qui se dresse sur la tête. *Hergé a représenté Tintin avec une houppe.*

▶ *__houppette__ n.f. Petit tampon de duvet pour se mettre de la poudre sur le visage.

*__hourra !__ interj. Cri d'acclamation, d'enthousiasme. *Hip ! hip ! hip ! hourra !*

*__houspiller__ v. (conjug. 3). Faire des reproches, des critiques à quelqu'un. *Un élève s'est fait houspiller par la maîtresse à cause de ses bavardages.* SYN. **gronder, réprimander.**

*__housse__ n.f. Enveloppe de tissu ou de plastique qui sert à recouvrir un objet pour le protéger. *Des housses pour les sièges. Des housses de couette.*

*__houx__ n.m. Arbuste à feuilles piquantes et à petits fruits rouges en forme de boule. *Une branche de houx décore la table de Noël.*

● Ce mot se termine par un **x.** – Le houx est une plante toxique.

*__hublot__ n.m. Petite fenêtre étanche, généralement ronde, aménagée dans un bateau, un avion, un vaisseau spatial. *Regarder par le hublot.*

*__hue !__ interj. Cri servant à faire avancer un cheval. *Allez, hue !*

*__huées__ n.f. plur. Cris d'hostilité, de moquerie. *Le directeur quitta l'usine sous les huées des grévistes.* SYN. **sifflets.** CONTR. **acclamations, ovations.** → Vois aussi **tollé.**

▸▸▸ Mot de la famille de **huer.**

*__huer__ v. (conjug. 3). Manifester son mécontentement par des cris. *Le public a hué le spectacle.* SYN. **siffler.** CONTR. **acclamer, ovationner.**

huile n.f. ❶ Liquide gras d'origine végétale que l'on utilise en cuisine. *Huile d'olive, de maïs, de tournesol.* ❷ Liquide gras que l'on utilise pour graisser les moteurs. *Vérifier le niveau d'huile.* ❸ **Huile solaire,** liquide gras que l'on met sur le corps pour bronzer et protéger la peau.

▶ **huiler** v. (conjug. 3). Enduire d'huile. *Huiler une poêle, une serrure.* SYN. **graisser, lubrifier.**

▶ **huileux, euse** adj. Imprégné ou recouvert d'huile. *Avoir les mains huileuses.* SYN. **gras.**

à **huis clos** adv. Sans que le public soit admis. *Le procès s'est déroulé à huis clos.*

huissier, ère n. ❶ Personne qui accueille les visiteurs dans un ministère ou une administration. ❷ Personne chargée de faire exécuter les décisions de justice.

*__huit__ adj. numéral et n.m. invar. ❶ Sept plus un. *Romain a huit ans. J'ai lu la page huit. Marie habite au huit de la rue des Plantes.* ❷ **Huit jours,** une semaine. *Les vacances commencent dans huit jours.*

● On ne prononce pas le **t** quand le nom qui suit commence par une consonne : *huit garçons.*

▶ *__huitaine__ n.f. Période de huit jours environ. *Elle est partie une huitaine de jours.*

▶ *__huitième__ adj. numéral et n. Qui occupe une place marquée par le numéro huit. *Paul est arrivé huitième. Julie est la huitième sur la liste.* ◆ n.m. Quantité contenue huit fois dans un tout. *On a coupé la tarte en huit et chacun a eu un huitième.*

huître n.f. Animal marin à coquille, qui vit fixé sur les rochers. *Nous avons mangé des huîtres à Noël.* → Vois aussi **ostréiculture.**

● L'huître est un mollusque.

– La nouvelle orthographe permet d'écrire aussi **huitre,** sans accent circonflexe.

une huître plate

***hulotte** n.f. Rapace nocturne comme la chouette mais de plus grande taille. SYN. **chat-huant.**
● Cri : le hôlement.

une hulotte

***hululement → ululement**

***hululer → ululer**

humain, e adj. ❶ Relatif à l'homme. *Le corps humain; le genre humain. L'erreur est humaine.* ❷ Qui a de la sensibilité, de la compréhension à l'égard des autres hommes. *C'est une femme très humaine.* SYN. **bon, compréhensif.** CONTR. **inhumain.** ◆ n.m. Être humain. *Combien y a-t-il d'humains sur terre ?* SYN. **homme.**

▶ **humainement** adv. ❶ De façon humaine, dans la limite des capacités de l'homme. *Il a fait tout ce qui était humainement possible pour le sauver.* ❷ Avec humanité, avec bonté. *Les prisonniers ont été traités humainement.* CONTR. **sauvagement.**

▶ s'**humaniser** v. (conjug. 3). Devenir plus humain, plus conciliant. *Il s'est humanisé depuis sa maladie.*

▶ **humanitaire** adj. Qui recherche le bien de l'humanité, l'amélioration des conditions de vie des hommes. *Une association humanitaire.* → Vois aussi **caritatif.**

▶ **humanité** n.f. ❶ Ensemble des êtres humains. *Le mystère des origines de l'humanité.* SYN. **genre humain.** ❷ Compréhension envers les autres. *Ce professeur est plein d'humanité.* SYN. **bienveillance, bonté.**

humble adj. ❶ Qui fait preuve de modestie, qui ne se vante pas. *Il est resté humble malgré son succès.* SYN. **modeste.** CONTR. **prétentieux, vaniteux.** ❷ Qui est simple, sans prétention. *Un humble présent. Une humble demeure.* SYN. **modeste.**

▶ **humblement** adv. Avec humilité, avec modestie. *Il a humblement reconnu qu'il avait fait une erreur.*

humecter v. (conjug. 3). Mouiller légèrement. *Elle humecta les lèvres du blessé.*
→ Vois aussi **humidifier, imbiber.**

***humer** v. (conjug. 3). Aspirer par le nez pour percevoir une odeur. *Humer le parfum des fleurs.* SYN. **respirer.**

humérus n.m. Os long du bras, qui va de l'épaule au coude. → Vois aussi **cubitus, radius.**
● On prononce le **s**.

humeur n.f. ❶ Tendance principale du caractère. *Cet enfant est d'humeur joyeuse.* SYN. **tempérament.** ❷ État passager de tristesse, de colère ou de gaieté. *Zohra est de mauvaise humeur ce matin. Être d'humeur changeante.*

humide adj. ❶ Légèrement mouillé. *Il a plu et l'herbe est encore humide.* CONTR. **sec.** ❷ Où il pleut souvent. *Une région humide.*

▶ **humidifier** v. (conjug. 7). Mouiller légèrement. *Humidifiez le papier peint avant de le décoller.* → Vois aussi **humecter, imbiber.**

▶ **humidité** n.f. État de ce qui est humide. *L'air est chargé d'humidité.*

humiliant, e adj. Qui humilie, cause un sentiment de honte. *Il a subi une défaite humiliante.* SYN. **dégradant, déshonorant.**
▸▸▸ Mot de la famille de **humble.**

humiliation n.f. Fait d'humilier; sentiment d'une personne humiliée. *Les perdants ont dû supporter les humiliations de leurs adversaires.* SYN. **affront, vexation.** *Rougir d'humiliation.* SYN. **confusion, honte.**
▸▸▸ Mot de la famille de **humble.**

humilier et **s'humilier** v. (conjug. 7). Traiter quelqu'un de telle façon qu'il en éprouve de la honte. *Son père l'a humilié en le grondant devant ses amis.* ◆ **s'humilier.** Perdre toute fierté, tout prestige. *Il refuse de s'humilier devant ses camarades de classe.* SYN. **s'abaisser.**
▸▸▸ Mot de la famille de **humble.**

humilité n.f. Ce qui caractérise une personne humble, qui ne se vante pas. *Il sait recevoir*

a b c d e f g h i j k l m n o p q r s t u v w x y z

les compliments avec humilité. SYN. **modestie.** CONTR. **orgueil, prétention.**
▸▸▸ Mot de la famille de **humble.**

humoriste n. Personne qui cherche à faire rire par ses dessins, ses textes ou ses spectacles.
▸▸▸ Mot de la famille de **humour.**

humoristique adj. Qui est plein d'humour, qui cherche à faire rire. *Un dessin humoristique.*
▸▸▸ Mot de la famille de **humour.**

humour n.m. Capacité à rire ou à faire rire de certains aspects de la réalité ou de soi-même. *Jean a pris son échec avec beaucoup d'humour. Avoir le sens de l'humour.*

humus n.m. Terre noire qui provient de la décomposition des végétaux. *Le sol de la forêt est recouvert d'humus.* → Vois aussi **terreau.**
● On prononce le **s.**

*__huppe__ n.f. ❶ Touffe de plumes que certains oiseaux ont sur la tête. ❷ Oiseau qui porte une huppe.

une **huppe**

*__huppé, e__ adj. Mot familier. Se dit d'une personne riche, d'un milieu social élevé. *Des gens huppés étaient invités à la réception.*

*__hurlement__ n.m. ❶ Cri prolongé que poussent certains animaux. *Les hurlements d'un loup, d'une hyène, d'un chien.* ❷ Cri aigu que pousse une personne. *Elle poussa un hurlement de douleur.*
▸▸▸ Mot de la famille de **hurler.**

*__hurler__ v. (conjug. 3). ❶ Faire entendre son cri, en parlant du loup, de la hyène, du chien. ❷ Crier très fort sous l'effet de la douleur, de la peur, de la colère. *Il hurlait de rage.* SYN. **s'égosiller.** ❸ Parler ou chanter très fort. *Arrête de hurler, tu me fais mal aux oreilles.*

hurluberlu n.m. Mot familier. Personne qui se comporte de façon bizarre, extravagante. *Cet hurluberlu se promène en short en plein hiver.* SYN. **farfelu, original.**

*__hussard__ n.m. Soldat d'un corps de cavalerie. *Un régiment de hussards.*

*__hutte__ n.f. Cabane construite avec des matériaux peu solides. *Nous avons construit une hutte avec des branchages.*

hybride adj. et n.m. Se dit d'un animal ou d'une plante provenant du croisement de deux espèces différentes. *Le mulet est un hybride de l'âne et de la jument. Une plante hybride.*
● Ce mot s'écrit avec un **y**, puis un **i**.

hydratation n.f. Action d'hydrater. *L'hydratation de la peau.*
▸▸▸ Mot de la famille de **hydrater.**

hydrater v. (conjug. 3). **Hydrater la peau,** lui apporter l'eau dont elle a besoin pour qu'elle ne se dessèche pas. *Cette crème hydrate la peau du visage.*

hydraulique adj. Qui utilise l'énergie fournie par l'eau pour fonctionner. *Une roue, des freins hydrauliques.*

hydravion n.m. Avion qui peut se poser sur l'eau et en décoller.

hydrocarbure n.m. Corps chimique composé de carbone et d'hydrogène. *Le pétrole et le gaz naturel contiennent des hydrocarbures.*

hydrocution n.f. Accident grave dû au choc subi par une personne qui entre brusquement dans une eau trop froide. *Le nageur est mort par hydrocution.*

hydroélectrique adj. **Usine hydroélectrique,** usine qui transforme en électricité l'énergie produite par les chutes d'eau.
● On peut aussi écrire **hydro-électrique.**

hydrogène n.m. Gaz très léger, incolore et inodore, qui entre dans la composition de l'air et de l'eau.

hydroglisseur n.m. Bateau à fond plat propulsé par une hélice ou un réacteur.

hydrographie n.f. ❶ Étude de l'ensemble des mers, des lacs et des cours d'eau. ❷ Ensemble des cours d'eau d'un pays.

hydromel n.m. Boisson faite d'eau et de miel.

hydrophile adj. **Coton hydrophile,** qui absorbe l'eau.

***hyène** n.f. Mammifère carnivore d'Asie et d'Afrique, au pelage gris ou fauve tacheté de brun, qui se nourrit surtout d'animaux morts.
● On peut dire **la hyène** ou **l'hyène.** – Cri : le hurlement.

une hyène

hygiène n.f. Ensemble des soins nécessaires à l'entretien du corps. *Se laver et avoir une alimentation saine sont deux règles d'hygiène.*

▸ **hygiénique** adj. ❶ Qui concerne l'hygiène, la santé. *Faire une promenade hygiénique après un gros repas.* ❷ Qui concerne la propreté du corps. *Du papier hygiénique.*

hymne n.m. **Hymne national,** chant patriotique adopté par un pays et qui est exécuté lors des cérémonies officielles. *L'hymne national français est « la Marseillaise ».*

hyper- préfixe. Placé au début d'un mot, **hyper-** signifie « beaucoup, excessivement » : *hypersensible, hyperactif.*

hypermarché n.m. Très grand magasin où l'on fait ses courses en se servant soi-même. SYN. **grande surface.** → Vois aussi **libre-service, supermarché.**

hypermétrope adj. et n. Qui ne voit pas nettement de près. *Rémi est hypermétrope, il doit porter des lunettes.* → Vois aussi **myope, presbyte.**

hypnose n.f. État proche du sommeil, provoqué de manière artificielle ; technique qui consiste à hypnotiser. *Être en état d'hypnose.*
● Ce mot s'écrit avec un **y.**

▸ **hypnotique** adj. Qui concerne l'hypnose. *Il est tombé dans un sommeil hypnotique.*

▸ **hypnotiser** v. (conjug. 3). Soumettre quelqu'un à l'hypnose. *Le magicien a hypnotisé un spectateur.*

hypocrisie n.f. Défaut qui consiste à dire le contraire de ce qu'on pense. *Il te critique dès que tu as le dos tourné, son comportement est plein d'hypocrisie.* SYN. **duplicité, fourberie.** CONTR. **franchise, sincérité.**
▸▸▸ Mot de la famille de **hypocrite.**

hypocrite adj. et n. Se dit d'une personne qui cache ses véritables sentiments et montre des qualités qu'elle n'a pas. *Ce garçon a un air hypocrite.* SYN. **fourbe, sournois.** CONTR. **franc, sincère.**

hypothèse n.f. Supposition destinée à expliquer ou à prévoir un fait, un événement. *La police envisage l'hypothèse d'un incendie criminel.* SYN. **possibilité.** *Dans l'hypothèse où il ne viendrait pas, que ferions-nous ?* SYN. **cas, éventualité.**
● Ce mot s'écrit avec un **y.**

▸ **hypothétique** adj. Qui n'est pas sûr, qui repose sur une hypothèse. *Sa réussite à l'examen est hypothétique.* SYN. **incertain.** CONTR. **certain, sûr.**

hystérie n.f. Excitation qui ne peut pas être contrôlée. *L'arrivée de la star a déclenché une hystérie collective.*
● Ce mot s'écrit avec un **y** au début du mot.

▸ **hystérique** adj. Qui manifeste de l'hystérie, une grande excitation. *Une foule hystérique.* SYN. **surexcité.**

a b c d e f g h i j q r s t u v w x y z

ibérique adj. et n. Qui concerne l'Espagne et le Portugal. *La péninsule Ibérique.*

ibis n.m. Oiseau échassier au bec long et mince, recourbé vers le bas. *L'ibis était un animal sacré dans l'Égypte ancienne.*
● On prononce le **s**.

un **ibis**

iceberg n.m. Énorme bloc de glace qui s'est détaché de la banquise et qui flotte dans les mers polaires. *Les icebergs sont dangereux pour la navigation.*
● On prononce [isbɛrg] ou [ajsbɛrg].

ici adv. ❶ Dans le lieu où l'on est. *Nous habitons ici.* CONTR. **là-bas.** ❷ À un endroit précis que l'on indique. *Posez le paquet ici.* CONTR. **ailleurs, autre part.** ❸ **Par ici,** dans les environs. *Y a-t-il un médecin par ici ?* ❹ **D'ici peu,** dans peu de temps. *Il va revenir d'ici peu.* → Vois aussi **là.**

icône n.f. ❶ Image religieuse peinte sur un panneau de bois, vénérée dans la religion orthodoxe. ❷ Signe ou dessin correspondant à une fonction particulière dans un logiciel informatique.
● Le **o** prend un accent circonflexe.

idéal, e adj. Qui a toutes les qualités recherchées. *Elle a trouvé le mari idéal.* SYN. **parfait.** *C'est l'endroit idéal pour passer des vacances.* SYN. **rêvé.** ◆ **idéal** n.m. ❶ Ce qui apparaît comme la meilleure solution. *L'idéal serait qu'il vienne avec nous.* ❷ Idée, projet considérés comme le but d'une vie. *Se battre pour son idéal.*
● Au masculin pluriel : **idéals** ou **idéaux.**

▸ **idéaliser** v. (conjug. 3). Attribuer à quelqu'un ou à quelque chose des qualités idéales. *Tu idéalises la situation.*

▸ **idéalisme** n.m. État d'esprit qui consiste à agir selon un idéal. *Il a décidé de soutenir cette cause par idéalisme.*

▸ **idéaliste** n. et adj. Personne qui agit et pense en fonction de son idéal, sans se rendre compte de la réalité. *C'est une idéaliste. Il a une vision idéaliste de l'avenir.* CONTR. **réaliste.**

idée n.f. ❶ Réflexion qui vient à l'esprit. *C'est une bonne idée. L'idée de te voir me réjouit.* SYN. **pensée, perspective.** ❷ Manière de voir les choses. *Il a des idées différentes des miennes sur la question.* SYN. **opinion, point de vue.** ❸ Notion, aperçu. *Je n'ai aucune idée de l'heure. Sa colère te donne une idée de son mauvais caractère.* ❹ **Venir à l'idée,** venir à l'esprit. *Il ne lui est pas venu à l'idée d'appeler un médecin.* ◆ n.f. plur. ❶ **Avoir des idées noires,** être pessimiste. ❷ **Se changer les idées,** faire quelque chose pour se distraire. ❸ **Se faire des idées,** imaginer des choses fausses. SYN. **illusions.**

identification n.f. Fait de découvrir l'identité de quelqu'un. *L'identification des victimes sera difficile.*
▸▸▸ Mot de la famille de **identité.**

identifier et **s'identifier** v. (conjug. 7). ❶ Établir l'identité d'une personne, découvrir qui elle est. *La police n'a toujours pas identifié le meurtrier.* ❷ Savoir reconnaître quelque chose. *Je n'arrive pas à identifier cet insecte.* ◆ **s'identifier à**. Se mettre à la place d'une personne qu'on admire, la prendre pour modèle. *S'identifier au héros d'un film.*
▸▸▸ Mot de la famille de **identité.**

identique adj. Qui ressemble parfaitement à tel autre. *Nos deux chemises sont identiques.* SYN. **pareil.** *Il arrive à une conclusion identique.* SYN. **semblable.** CONTR. **différent.**

identité n.f. ❶ Ensemble des informations (nom, prénom, date et lieu de naissance) qui permettent d'établir l'état civil d'une personne. *Je ne connais pas l'identité de ce monsieur. Une carte d'identité.* ❷ Caractère de ce qui est identique, semblable. *En discutant, ils ont constaté l'identité de leurs points de vue.* CONTR. **différence, opposition.**

idéogramme n.m. Signe écrit qui représente le sens d'un mot et non les sons. *Les idéogrammes chinois et japonais.*
→ planche pp. 368-369.

un idéogramme

idéologie n.f. Ensemble des idées formant une doctrine propre à un groupe. *L'idéologie d'un parti politique.*

▸ **idéologique** adj. Qui concerne l'idéologie, les idées. *Des divergences idéologiques.*

idiot, e adj. et n. Qui manque d'intelligence, de bon sens. *Il ne comprend rien, c'est un idiot.* SYN. **abruti, imbécile, sot.** *Ta remarque est idiote.* SYN. **bête, stupide.**

▸ **idiotie** n.f. Manque d'intelligence. *Il a fait preuve d'idiotie en lui répondant ainsi.* SYN. **imbécillité.** *Arrête tes idioties !* SYN. **bêtise, sottise.**
● Le **t** se prononce [s].

idolâtrer v. (conjug. 3). Aimer quelqu'un de façon exagérée, en lui vouant une sorte de culte. *Elle idolâtre ses enfants.* SYN. **adorer.**
● Le **a** prend un accent circonflexe.
▸▸▸ Mot de la famille de **idole.**

idole n.f. ❶ Image ou statue représentant une divinité, qui est adorée comme s'il s'agissait du dieu lui-même. ❷ Personne qui est adorée par le public. *Ce chanteur est l'idole des enfants.*

idylle n.f. Petite histoire d'amour. *Une idylle est née entre les deux enfants.*
● Ce mot s'écrit avec un **y** après le **d.**

▸ **idyllique** adj. Qui semble idéal. *Ils ont une vision idyllique de ce pays. Un paysage idyllique.* SYN. **paradisiaque.**

if n.m. Arbre au feuillage toujours vert et aux petites baies rouges. *Le jardinier taille les ifs.*
● L'if est un conifère, c'est une plante toxique.

igloo n.m. Abri arrondi fait de blocs de neige ou de glace, qui sert d'habitation aux Inuits en période de chasse.
● On prononce [iglu].
– La nouvelle orthographe permet d'écrire aussi **iglou.**

ignare adj. Qui est totalement ignorant. *Il est ignare en histoire.* SYN. **inculte.** CONTR. **cultivé, savant.**

ignifugé, e adj. Traité pour résister au feu. *Les pompiers portent des vêtements ignifugés.*

ignoble adj. ❶ D'une méchanceté écœurante. *Ce qu'il a fait est ignoble ! Des propos ignobles.* SYN. **abject, odieux, répugnant.** ❷ Qui est très sale ou très mauvais et soulève le cœur. *La chambre d'hôtel était ignoble.* SYN. **immonde, sordide.** *Une nourriture ignoble.* SYN. **infect.**

ignominie n.f. Mot littéraire. Acte ignoble, honteux. *Cet homme a commis les pires ignominies.* SYN. **bassesse, infamie.**

ignorance n.f. ❶ Manque d'instruction, de connaissances. *Le résultat de l'examen a montré son ignorance.* ❷ Fait d'ignorer, de ne pas savoir quelque chose. *Je suis dans l'ignorance de ce qui a été décidé.*
▸▸▸ Mot de la famille de **ignorer.**

ignorant, e adj. et n. Qui manque d'instruction, de connaissances. *Elle est ignorante en géographie.* SYN. **ignare, inculte.** CONTR. **cultivé, instruit, savant.**
▸▸▸ Mot de la famille de **ignorer.**

a b c d e f g h i j k l m n o p q r s t u v w x y z

ignorer v. (conjug. 3). ❶ Ne pas savoir; ne pas connaître. *J'ignore son adresse. J'ignore s'il habite ici.* ❷ Faire comme si quelqu'un n'existait pas. *J'ai croisé Thomas mais il m'a ignoré.*

iguane n.m. Reptile d'Amérique tropicale qui ressemble à un gros lézard.
● On prononce [igwan].

un iguane

il, ils pronoms personnels masculins. ❶ Désignent la troisième personne du masculin, représentant l'être ou la chose dont on parle. *Il s'appelle Alex. Ils sont partis.* ❷ Au singulier, sert de sujet aux verbes impersonnels. *Il neige.* → Vois aussi **elle.**

île n.f. Terre entièrement entourée d'eau. *La Corse est une île.* → Vois aussi **îlot, presqu'île.**
● La nouvelle orthographe permet d'écrire aussi **ile,** sans accent circonflexe.

illégal, e, aux adj. Contraire à la loi. *Cette décision est illégale.* SYN. **illicite.** CONTR. **légal.**
→ Vois aussi **frauduleux.**
● Au masculin pluriel : **illégaux.**

▸ **illégalement** adv. De manière illégale. *Il vend illégalement des marchandises à l'étranger.*

▸ **illégalité** n.f. Fait d'être contraire à la loi; situation illégale. *L'illégalité d'une mesure. Vivre dans l'illégalité.* CONTR. **légalité.**

illégitime adj. Qui n'est pas reconnu par la loi ou qui n'est pas justifié. *Une union illégitime.* CONTR. **légitime.**

illettré, e adj. et n. Qui ne maîtrise pas la lecture, ni l'écriture. *Elle est illettrée. La vie quotidienne est difficile pour les illettrés.*
→ Vois aussi **analphabète.**

▸ **illettrisme** n.m. Situation des personnes illettrées. *Il faut combattre l'illettrisme.*

illicite adj. Interdit par la morale ou par la loi. *Avoir une activité illicite.* SYN. **illégal.**
→ Vois aussi **frauduleux.**

illimité, e adj. Qui est immense ou qui n'est pas limité. *Il a une confiance illimitée en son frère.* SYN. **absolu, infini, total.** *Le musée est fermé pour une durée illimitée.*
▸▸▸ Mot de la famille de **limite.**

illisible adj. ❶ Que l'on a du mal à lire. *Il a une écriture illisible.* ❷ Qui est difficile ou ennuyeux à lire. *Ce roman est illisible.*
▸▸▸ Mot de la famille de **lire.**

illumination n.f. ❶ Ensemble des lumières installées pour décorer les rues ou pour éclairer un monument. *Les illuminations de Noël.* ❷ Idée soudaine qui traverse l'esprit. *Il eut soudain une illumination.* SYN. **inspiration.**
▸▸▸ Mot de la famille de **illuminer.**

illuminé, e n. et adj. Personne qui soutient aveuglément une idée ou une doctrine, sans aucun esprit critique. *Cette fille est une illuminée.*
▸▸▸ Mot de la famille de **illuminer.**

illuminer v. (conjug. 3). ❶ Éclairer d'une lumière vive. *Des éclairs illuminent le ciel. Illuminer un monument historique.* ❷ Rendre quelque chose lumineux. *Un sourire illumina son visage.* SYN. **éclairer.** CONTR. **assombrir.**

illusion n.f. ❶ Impression de percevoir quelque chose qui n'existe pas. *Il a cru entendre son père, mais ce n'était qu'une illusion.* SYN. **hallucination.** ❷ Idée fausse, éloignée de la réalité. *Il pense pouvoir réussir facilement, mais il se fait des illusions.*

▸ **s'illusionner** v. (conjug. 3). Se tromper, se faire des illusions. *Elle s'illusionne sur ses chances de devenir mannequin.* SYN. **se leurrer.**

▸ **illusionniste** n. Artiste qui, grâce à son habileté et à des trucages, fait des tours de magie sur scène. SYN. **magicien, prestidigitateur.**

▸ **illusoire** adj. Qui donne une impression trompeuse. *Il est illusoire de croire qu'il va gagner.* SYN. **irréaliste.** CONTR. **réaliste.**

illustrateur, trice n. Personne qui fait des illustrations pour des livres, des magazines. SYN. **dessinateur.**
▸▸▸ Mot de la famille de **illustrer.**

illustration n.f. Image, dessin ou photo qui figure dans un texte, dans un livre. *Les illustrations d'un dictionnaire, d'une revue.*
►►► Mot de la famille de **illustrer.**

illustre adj. Qui est très connu. *Son courage a fait de lui un homme illustre.* SYN. **célèbre, réputé.**

illustré, e adj. Qui contient des illustrations, des gravures. *Un dictionnaire illustré.*
►►► Mot de la famille de **illustrer.**

1. **illustrer** v. (conjug. 3). ❶ Décorer un livre, un cahier avec des illustrations. *Il illustre des livres pour enfants.* ❷ Donner un exemple pour rendre quelque chose plus clair. *La fable « le Corbeau et le Renard » illustre la vanité.*

2. **s'illustrer** v. (conjug. 3). Devenir illustre, célèbre par une action particulière. *Il s'est illustré par ses exploits sportifs.* SYN. **se distinguer.**
►►► Mot de la famille de **illustre.**

îlot n.m. Petite île. *De la côte, on aperçoit de nombreux îlots rocheux.*
● La nouvelle orthographe permet d'écrire aussi **ilot,** sans accent circonflexe.

un îlot

il y a → **avoir**

image n.f. ❶ Dessin, photographie représentant quelque chose. *Lucas a collé des images dans son cahier.* SYN. **illustration.** ❷ Apparence d'une chose ou d'une personne reproduite dans une glace ou sur une autre surface. *Regarder son image dans le miroir. Son image se reflète dans l'eau.* ❸ Ce qui apparaît sur un écran de télévision, de cinéma. *L'image est mauvaise sur cette chaîne.* ❹ Idée, représentation. *Ce reportage donne une bonne image de la situation dans le pays.* SYN. **description.** ❺ Façon de s'exprimer qui consiste à faire des comparaisons avec des choses concrètes. *« Partir ventre à terre » est une image qui signifie partir très vite.*

► **imagé, e** adj. Qui contient des images, des comparaisons. *Un style imagé; une expression imagée.*

imaginable adj. Que l'on peut imaginer, concevoir. *Elles ont trouvé toutes les excuses imaginables pour ne pas venir.* CONTR. **inimaginable.**
►►► Mot de la famille de **imaginer.**

imaginaire adj. Qui n'existe que dans l'imagination, qui n'est pas réel. *Les personnages imaginaires d'un film.* SYN. **fictif.** *Le dragon est un animal imaginaire.* SYN. **fabuleux, fantastique, légendaire.**
►►► Mot de la famille de **imaginer.**

imaginatif, ive adj. Qui a beaucoup d'imagination. *Pablo est un enfant très imaginatif.* SYN. **créatif, inventif.**
►►► Mot de la famille de **imaginer.**

imagination n.f. Capacité d'imaginer, d'inventer. *Julie a une imagination fertile.* SYN. **créativité.**
►►► Mot de la famille de **imaginer.**

imaginer et **s'imaginer** v. (conjug. 3). ❶ Se représenter quelque chose par l'esprit. *Elle imagine la joie de Léo quand il recevra son cadeau.* ❷ Inventer quelque chose. *Il a imaginé un nouveau jeu électronique.* ◆ **s'imaginer.** ❶ Voir en imagination; se représenter dans telle situation. *Lisa s'imagine déjà sur la plage. Il a du mal à s'imaginer en père de famille.* SYN. **se voir.** ❷ **S'imaginer que,** croire quelque chose à tort. *Il s'imagine qu'il peut faire ce qu'il veut.* SYN. **se figurer que.**

imam n.m. Chef religieux musulman.
● On prononce [imam].

imbattable adj. Que l'on ne peut pas battre. *Cette équipe est imbattable.* SYN. **invincible.** *Léo est imbattable aux échecs.*
►►► Mot de la famille de **battre.**

imbécile adj. et n. Qui n'est pas intelligent. *Une réaction imbécile.* SYN. **bête, stupide.** *Il ne faut pas me prendre pour un imbécile.* SYN. **abruti, idiot.**

a b c d e f g h i j k l m n o p q r s t u v w x y z

▶ **imbécillité** n.f. ❶ Manque total d'intelligence. *Ses propos témoignent d'une grande imbécillité.* SYN. **stupidité.** ❷ Action ou parole idiote. *Arrête tes imbécillités !* SYN. **bêtise, idiotie.**

● La nouvelle orthographe permet d'écrire aussi **imbécilité,** avec un seul **l,** comme dans **imbécile.**

imberbe adj. Qui n'a pas de barbe. *Mon frère est encore imberbe.* CONTR. **barbu, poilu.**

imbiber v. (conjug. 3). Imprégner de liquide. *Imbiber un coton d'alcool.* → Vois aussi **humecter.**

s'imbriquer v. (conjug. 3). ❶ S'ajuster, s'assembler parfaitement en parlant de deux objets. *Les pièces de ce jeu de construction s'imbriquent les unes dans les autres.* SYN. **s'emboîter.** ❷ Être étroitement lié. *Ces deux événements s'imbriquent.*

imbroglio n.m. Situation très compliquée, difficile à comprendre. *Cette affaire est un véritable imbroglio.*

● On prononce [ɛ̃brɔljo] ou [ɛ̃brɔglijo].

imbu, e adj. **Être imbu de soi-même,** se croire supérieur aux autres. SYN. **infatué.**

imbuvable adj. ❶ Très mauvais à boire. *Ce jus d'orange est imbuvable, il est trop acide.* SYN. **infect.** CONTR. **buvable.** ❷ (Sens familier). Très désagréable. *Son père est un homme imbuvable.* SYN. **insupportable.**

I.M.C. n.m. Indice de masse corporelle. → Vois aussi **masse (1).**

imitateur, trice n. Personne qui imite la voix et les manières d'une autre personne. *Les imitateurs s'inspirent souvent des personnes célèbres.*

▸▸▸ Mot de la famille de **imiter.**

imitation n.f. ❶ Fait d'imiter quelqu'un ou quelque chose. *Lucas fait des imitations de cris d'oiseaux.* ❷ Objet réalisé en copiant sur un autre. *Cette peinture est une imitation d'un célèbre tableau de Picasso.* SYN. **copie.**

▸▸▸ Mot de la famille de **imiter.**

imiter v. (conjug. 3). ❶ Reproduire la voix, les attitudes d'une personne ou d'un animal. *Quentin imite souvent ses professeurs.* SYN. **mimer.** ❷ Prendre quelqu'un en exemple. *Reda cherche à imiter son grand frère.* ❸ Copier, reproduire quelque chose. *Elle a imité la signature de son père. Une matière qui imite le marbre.*

immaculé, e adj. Sans la moindre tache, parfaitement blanc. *Une nappe d'une blancheur immaculée; de la neige immaculée.*

immangeable adj. Très mauvais à manger. *La viande et les légumes ont brûlé, le repas est immangeable.* SYN. **infect.** CONTR. **mangeable.**

● Il y a un **e** après le **g** pour prononcer le son [ʒ].

immatriculation n.f. Nom et numéro sous lesquels sont enregistrés une personne, un animal ou une chose. *Le numéro d'immatriculation à la Sécurité sociale. Les plaques d'immatriculation d'un véhicule.*

▸▸▸ Mot de la famille de **immatriculer.**

immatriculer v. (conjug. 3). Inscrire sous un nom et un numéro dans un registre public appelé « une matricule ». *Faire immatriculer un véhicule.*

immédiat, e adj. ❶ Qui se produit aussitôt. *Sa réaction fut immédiate.* SYN. **instantané.** ❷ Le plus proche. *Mon voisin immédiat est médecin.* ◆ n.m. **Dans l'immédiat,** pour le moment. *On ne peut rien faire dans l'immédiat.* SYN. **à présent.**

▶ **immédiatement** adv. Tout de suite, sans attendre. *Il est parti immédiatement après le repas.* SYN. **aussitôt.** *Sors immédiatement !*

immémorial, e, aux adj. Qui remonte à une époque tellement lointaine qu'on n'en connaît plus l'origine. *Cette tradition remonte à des temps immémoriaux.*

● Au masculin pluriel : **immémoriaux.**

immense adj. Extrêmement grand. *Une immense forêt.* SYN. **vaste.** CONTR. **minuscule.** *Cette chanteuse a un immense succès auprès de tous les adolescents.* SYN. **considérable, énorme, extraordinaire.**

▶ **immensément** adv. Extrêmement. *Le roi Crésus fut un homme immensément riche.* SYN. **considérablement.**

▶ **immensité** n.f. Caractère de ce qui est immense, très vaste. *L'immensité d'un pays. Il a reculé devant l'immensité de la tâche.* SYN. **énormité.**

immerger v. (conjug. 5). Plonger entièrement dans un liquide, spécialement dans l'eau de mer. *Immerger des câbles téléphoniques.* → Vois aussi **émerger.**

la partie **immergée** d'un iceberg

▶ **immersion** n.f. Fait d'immerger ou d'être immergé. *L'immersion d'un sous-marin.*

immeuble n.m. Grand bâtiment de plusieurs étages divisé en appartements ou aménagé en bureaux. *J'habite dans un immeuble ancien.*

immigration n.f. Fait d'immigrer, de s'installer durablement à l'étranger. *La France est un pays d'immigration.* → Vois aussi **émigration.**
▸▸▸ Mot de la famille de **immigrer.**

immigré, e adj. et n. Qui a quitté son pays pour s'installer dans un pays d'accueil. *La population immigrée.* → Vois aussi **émigré.**
▸▸▸ Mot de la famille de **immigrer.**

immigrer v. (conjug. 3). Arriver dans un pays étranger pour s'y installer. *Les Québécois sont les descendants de Français qui ont immigré au Canada au 17e siècle.* → Vois aussi **émigrer.**

imminence n.f. Caractère de ce qui est imminent, très proche dans le temps. *L'imminence de la grève inquiète les autorités.* SYN. **approche.**
▸▸▸ Mot de la famille de **imminent.**

imminent, e adj. Qui est sur le point de se produire. *Le départ du directeur est imminent.* SYN. **proche.** CONTR. **lointain.**
● Ne confonds pas avec **éminent.**

s'**immiscer** v. (conjug. 4). Se mêler des affaires d'autrui. *Elle s'immisçait constamment dans notre vie.*
● Le son [s] s'écrit **sc.**

immobile adj. Qui ne bouge pas. *Il restait immobile, paralysé par la peur.*
▸▸▸ Mot de la famille de **mobile.**

immobilier, ère adj. Qui concerne les immeubles. *Il a loué un appartement auprès d'une agence immobilière.*

▶ **immobilier** n.m. Ensemble des professions qui gèrent la construction, l'achat ou la vente d'immeubles. *Mon oncle travaille dans l'immobilier.*

immobilisation n.f. Fait d'immobiliser ou d'être immobilisé, de ne pas pouvoir bouger. *Son opération a nécessité quinze jours d'immobilisation.* SYN. **arrêt.**
▸▸▸ Mot de la famille de **immobile.**

immobiliser et **s'immobiliser** v. (conjug. 3). Rendre immobile, empêcher de bouger. *Immobiliser une porte avec une cale.* SYN. **bloquer.** *La fièvre l'a immobilisé pendant trois jours.* ◆ **s'immobiliser.** S'arrêter. *La voiture s'est immobilisée au bord du ravin.*
▸▸▸ Mot de la famille de **immobile.**

immobilité n.f. Fait d'être immobile, de ne pas pouvoir se déplacer. *L'immobilité d'un chat devant sa proie.*
▸▸▸ Mot de la famille de **immobile.**

immodéré, e adj. Qui est exagéré. *Il a une passion immodérée pour les chevaux. Des dépenses immodérées.* SYN. **excessif.** CONTR. **mesuré, modéré.**

immoler v. (conjug. 3). Tuer pour offrir en sacrifice à une divinité. *Dans l'Antiquité, on immolait des animaux pour obtenir la faveur des dieux.* SYN. **sacrifier.**

immonde adj. ❶ D'une saleté écœurante. *Il loge dans une chambre d'hôtel immonde.* SYN. **sordide.** ❷ D'une bassesse révoltante. *Elle a tenu à plusieurs reprises des propos immondes.* SYN. **abject, ignoble, odieux, répugnant.**

▶ **immondices** n.f. plur. Ordures ménagères, déchets, débris de toute nature. *Le sol de la cave était couvert d'immondices.*
● Nom du genre féminin.

immoral, e, aux adj. Qui est contraire à la morale, à l'idée du bien. *Il est immoral de trahir son meilleur ami. Une attitude immorale.* CONTR. **moral.**
● Au masculin pluriel : **immoraux.**

a b c d e f g h i j k l m n o p q r s t u v w x y z

a b c d e f g h i j k l m n o p q r s t u v w x y z

▶ **immoralité** n.f. Caractère de ce qui est immoral. *On reproche à cet écrivain son immoralité.*

immortaliser v. (conjug. 3). Rendre immortel, faire que quelque chose reste dans les mémoires. *Ses inventions ont immortalisé son nom.*
▸▸▸ Mot de la famille de **mourir.**

immortalité n.f. Fait d'être immortel. *Croire à l'immortalité de l'âme.*
▸▸▸ Mot de la famille de **mourir.**

immortel, elle adj. ❶ Qui ne meurt jamais. *La légende raconte que cet homme est immortel. Un amour immortel.* SYN. **éternel, impérissable.** CONTR. **mortel.** ❷ Qui est pour toujours dans les mémoires. *Un souvenir immortel.*
▸▸▸ Mot de la famille de **mourir.**

immuable adj. Qui ne change pas. *Leur passion est immuable.* SYN. **constant, durable.** *Des habitudes immuables.* CONTR. **changeant, variable.**

immuniser v. (conjug. 3). Protéger l'organisme contre les maladies. *Un vaccin qui immunise contre la grippe.*
▸▸▸ Mot de la famille de **immunité.**

immunitaire adj. **Système immunitaire,** ensemble de cellules, de tissus et d'organes assurant la défense de l'organisme contre les agressions extérieures (virus, bactéries, etc.).

immunité n.f. ❶ Capacité de l'organisme à résister à certaines maladies. *L'immunité contre la rubéole est possible grâce à un vaccin.* ❷ Privilège qui permet à certaines personnes de ne pas être jugées pendant l'exercice de leurs fonctions. *L'immunité parlementaire; l'immunité diplomatique.*

impact n.m. ❶ **Point d'impact,** endroit où vient frapper un projectile. *La police a relevé des points d'impact sur une porte.* ❷ Effet produit par quelque chose. *La publicité a un énorme impact sur les jeunes.* SYN. **retentissement.**

1. **impair, e** adj. Se dit d'un nombre qui n'est pas divisible exactement par deux. *3, 17, 49 sont des nombres impairs.* CONTR. **pair (1).**

2. **impair** n.m. Maladresse choquante. *Elle a commis un impair en confondant Juliette avec sa sœur.* → Vois aussi **gaffe.**

impala n.m. Petite antilope d'Afrique qui vit en grands troupeaux. → Vois aussi **gazelle.**
● On prononce [impala].

des **impalas**

impalpable adj. Qui est si fin qu'on ne le sent pas en le touchant. *Une poussière impalpable.*
▸▸▸ Mot de la famille de **palper.**

imparable adj. Qui est impossible à parer, à éviter. *Un coup imparable aux échecs.*

impardonnable adj. Que l'on ne peut pas pardonner. *Sa mauvaise conduite est impardonnable.* SYN. **inexcusable.** CONTR. **excusable, pardonnable.**
▸▸▸ Mot de la famille de **pardonner.**

1. **imparfait, e** adj. Qui présente des défauts ou des insuffisances. *Sa connaissance de l'espagnol est imparfaite.* CONTR. **parfait.**

2. **imparfait** n.m. Temps du verbe qui exprime la durée ou la répétition d'une action dans le passé. *Dans la phrase «J'allais souvent en vacances dans le sud de la France», le verbe «aller» est à l'imparfait.* → Vois aussi **futur, passé, présent.**

imparti, e participe passé. Qui est attribué, accordé. *Vous devez faire ce travail dans le temps qui vous a été imparti.*

impartial, e, aux adj. Qui n'a pas de parti pris. *Un arbitre impartial.* SYN. **équitable, neutre, objectif.** CONTR. **partial.**
● Au masculin pluriel : **impartiaux.**

▶ **impartialité** n.f. Fait d'être impartial. *L'impartialité d'un jugement.* SYN. **équité, objectivité.** CONTR. **partialité, subjectivité.**

impasse n.f. ❶ Petite rue qui n'a pas d'issue. SYN. **cul-de-sac.** ❷ Situation bloquée, sans issue favorable. *Les pourparlers sont dans l'impasse.*

impassible adj. Qui ne montre aucun trouble, aucune émotion. *Il est resté impassible devant l'accident.* SYN. **calme, imperturbable.** *Avoir un air impassible.* → Vois aussi **impavide, placide.**

impatiemment adv. Avec impatience. *Alexandra attend impatiemment ses amis.* CONTR. **patiemment.**
● On écrit **tiemment** mais on prononce [sjamɑ̃].
▸▸▸ Mot de la famille de **impatient.**

impatience n.f. Fait d'être impatient. *Les enfants attendaient avec impatience le début du spectacle.* CONTR. **patience.**
▸▸▸ Mot de la famille de **impatient.**

impatient, e adj. Qui supporte mal d'attendre, qui a hâte de faire quelque chose. *Jonathan est impatient de partir aux sports d'hiver.* SYN. **pressé.** *Ils ont un peu de retard, ne sois pas aussi impatient !* CONTR. **patient.**

▸ s'**impatienter** v. (conjug. 3). Perdre patience. *Les automobilistes, qui s'impatientaient, se sont mis à klaxonner.* SYN. **s'énerver.** CONTR. **patienter.**

impavide adj. Mot littéraire. Qui ne montre ou qui n'éprouve aucune peur. *Il est resté impavide durant tout le film.* SYN. **impassible, imperturbable.**

impeccable adj. ① Qui est sans défaut. *Il parle un anglais impeccable.* SYN. **excellent, parfait.** ② Parfaitement propre. *Le directeur porte toujours des chemises impeccables.* SYN. **immaculé, net.**
● Ce mot s'écrit avec deux **c.**

▸ **impeccablement** adv. D'une manière impeccable. *L'actrice était impeccablement coiffée.* SYN. **parfaitement.**

impénétrable adj. ① Où l'on ne peut pas pénétrer. *Une forêt impénétrable.* ② Qui est impossible à deviner ou à comprendre. *Ses intentions sont impénétrables.* SYN. **insondable, mystérieux.**

impensable adj. Qui est difficile ou impossible à imaginer. *La réconciliation de ces deux pays était impensable.* SYN. **inconcevable, inimaginable.**

impératif, ive adj. ① Qui exprime un ordre. *Il m'a demandé de sortir d'un ton impératif.* ② Qui est absolument nécessaire. *Un besoin impératif.* ◆ n.m. Mode du verbe qui exprime l'ordre. *Dans la phrase « Soyez sages ! », le verbe « être » est à l'impératif.*

▸ **impérativement** adv. De façon impérative, obligatoire. *Vous devez impérativement vous présenter à cette adresse à 8 heures.* SYN. **obligatoirement.**

impératrice n.f. ① Femme d'un empereur. ② Femme qui gouverne un empire.
▸▸▸ Mot de la famille de **empire.**

imperceptible adj. Qui est très difficile à percevoir. *Un bruit imperceptible.* SYN. **inaudible.** CONTR. **perceptible.**

▸ **imperceptiblement** adv. De façon imperceptible. *Dès le mois de janvier, les jours rallongent imperceptiblement.*

imperfection n.f. Caractère imparfait d'une chose. *Cet ouvrage comporte quelques imperfections.* SYN. **défaut, malfaçon.**

impérial, e, aux adj. Qui se rapporte à un empereur ou à un empire. *La famille impériale.*
● Au masculin pluriel : **impériaux.**
▸▸▸ Mot de la famille de **empire.**

impériale n.f. Étage supérieur d'un autobus. *À Londres, certains autobus ont une impériale.*

un autobus à impériale

impérialisme n.m. Politique d'un État qui cherche à dominer d'autres États.
▸▸▸ Mot de la famille de **empire.**

impérieusement adj. De façon impérieuse, autoritaire. *Il nous a impérieusement demandé de partir.*
▸▸▸ Mot de la famille de **impérieux.**

impérieux, euse adj. ① Qui n'admet aucune opposition. *Il m'a parlé d'un ton*

a b c d e f g h i j k l m n u v w x y z

impérieux. SYN. **autoritaire.** ❷ À quoi on ne peut résister. *Un besoin impérieux.* SYN. **irrésistible, pressant, urgent.**

impérissable adj. Qui ne peut pas périr, disparaître. *J'ai gardé un souvenir impérissable de ce spectacle.* SYN. **éternel, indestructible, inoubliable.**

imperméabiliser v. (conjug. 3). Rendre imperméable par un traitement ou un produit spécial. *Imperméabiliser des chaussures.*
▸▸▸ Mot de la famille de **imperméable.**

imperméable adj. Qui ne laisse pas passer l'eau ou un autre liquide. *Le caoutchouc, l'argile sont imperméables.* CONTR. **perméable.** ◆ n.m. Manteau en tissu imperméable.

impersonnel, elle adj. ❶ Qui manque d'originalité. *Le décor de cette salle d'attente est tout à fait impersonnel.* SYN. **banal.** CONTR. **original.** ❷ **Verbe impersonnel,** verbe qui ne s'emploie qu'à la troisième personne du singulier et à l'infinitif. *«Falloir» et «neiger» sont des verbes impersonnels («il faut», «il neige»).*

impertinence n.f. Comportement d'une personne impertinente. *Répondre avec impertinence.* SYN. **effronterie, insolence.**
▸▸▸ Mot de la famille de **impertinent.**

impertinent, e adj. Qui manque de respect, de politesse. *Parler d'un ton impertinent.* SYN. **effronté, insolent.** CONTR. **poli.**

imperturbable adj. Que rien ne peut perturber, troubler. *L'accusé est resté imperturbable à l'annonce du verdict.* SYN. **calme, impassible, inébranlable.**

▸ **imperturbablement** adv. Sans se troubler. *Malgré les protestations, le directeur a poursuivi imperturbablement sa déclaration.*

impesanteur n.f. Apesanteur.

impétueusement adv. Mot littéraire. Avec impétuosité, vivacité.
▸▸▸ Mot de la famille de **impétueux.**

impétueux, euse adj. Mot littéraire. Qui est vif, plein de fougue et un peu violent. *Un caractère impétueux.* SYN. **fougueux.** CONTR. **calme, posé.**

▸ **impétuosité** n.f. Mot littéraire. Caractère impétueux, vif. *L'orateur s'est adressé à son auditoire avec impétuosité.* SYN. **ardeur, fougue.**

impie adj. et n. Mot littéraire. Qui montre du mépris à l'égard de la religion. *Des paroles impies.*
● Ce mot se termine par un **e** au masculin et au féminin singulier.
▸▸▸ Mot de la famille de **pieux.**

impitoyable adj. Qui est sans pitié. *Un juge impitoyable.* SYN. **implacable, inflexible.** CONTR. **indulgent.**

▸ **impitoyablement** adv. De manière impitoyable. *Les œuvres de cet artiste ont été impitoyablement critiquées.*

implacable adj. ❶ Que rien ne peut apaiser. *Être implacable avec ses adversaires.* SYN. **impitoyable.** ❷ Que rien ne peut atténuer ou modifier. *Un raisonnement d'une logique implacable.*

implantation n.f. Action d'implanter, d'installer quelque chose. *L'implantation d'une usine.* SYN. **établissement, installation.**
▸▸▸ Mot de la famille de **implanter.**

implanter et **s'implanter** v. (conjug. 3). Établir dans un endroit de façon durable. *Implanter une usine.* SYN. **installer.** ◆ **s'implanter.** Se fixer quelque part de façon durable. *De nouveaux commerces se sont implantés dans le quartier.* SYN. **s'établir, s'installer.**

implication n.f. ❶ Fait d'être impliqué dans une affaire malhonnête. *Son implication dans le vol a été prouvée.* SYN. **participation.** ❷ (Souvent au pluriel). Ce qui découle de quelque chose. *Les implications d'une décision.* SYN. **conséquence.**
▸▸▸ Mot de la famille de **impliquer.**

implicite adj. Qui n'est pas clairement exprimé, mais que l'on peut supposer, déduire. *Son silence constitue un accord implicite.* SYN. **tacite.** CONTR. **explicite.**

▸ **implicitement** adv. De manière implicite. *En ne refusant pas catégoriquement, il accepte implicitement notre proposition.* CONTR. **explicitement.**

impliquer v. (conjug. 3). ❶ Mêler quelqu'un à une affaire malhonnête. *Il a été impliqué dans l'attaque d'une banque.* SYN. **compromettre.** ❷ Avoir pour conséquence logique. *Si vous voulez que tout soit prêt à temps, cela implique que vous m'aidiez.* SYN. **supposer.**

implorer v. (conjug. 3). Mot littéraire. Demander en suppliant. *Implorer le pardon de quelqu'un.* → Vois aussi **conjurer.**

imploser v. (conjug. 3). Pour un téléviseur, se détruire brutalement sous l'effet d'une pression extérieure trop forte.

impoli, e adj. et n. Qui manque de politesse. *Il est impoli de partir sans dire au revoir.* SYN. **grossier, incorrect, malpoli.** CONTR. **courtois, poli.**

▸ **impoliment** adv. De manière impolie. *Elle m'a parlé impoliment.* CONTR. **poliment.**

▸ **impolitesse** n.f. Manque de politesse. *C'est une impolitesse de ne pas répondre à une invitation.* SYN. **incorrection.**

impondérable n.m. (Souvent au pluriel). Événement que l'on ne peut pas prévoir. *La vie est faite d'impondérables.* SYN. **aléa, imprévu.**

importance n.f. ❶ Caractère de ce qui importe par son intérêt, sa valeur. *Ton avis a beaucoup d'importance pour lui.* ❷ Caractère de ce qui est considérable par le nombre, la force, la valeur. *Nous avons pu constater l'importance des dégâts.* SYN. **ampleur, étendue.**
▸▸▸ Mot de la famille de **importer (2).**

important, e adj. ❶ Qui a un grand intérêt, une grande valeur, qui compte beaucoup. *Cette découverte est très importante.* SYN. **capital, essentiel.** CONTR. **accessoire, insignifiant.** ❷ Qui a de l'influence, du pouvoir. *Un personnage important.* SYN. **influent.** ❸ Qui est considérable par sa quantité, ses proportions. *Une somme d'argent importante.* CONTR. **minime.** ◆ n.m. Ce qui importe le plus. *L'important, c'est que vous vous soyez réconciliés.*
▸▸▸ Mot de la famille de **importer (2).**

importateur, trice adj. et n. Qui importe des marchandises. *Un pays importateur de café.* CONTR. **exportateur.**
▸▸▸ Mot de la famille de **importer (1).**

importation n.f. Achat de marchandises à l'étranger. *Les importations de café sont en hausse.* CONTR. **exportation.**
▸▸▸ Mot de la famille de **importer (1).**

n'**importe** adv. ❶ **N'importe qui, n'importe quoi, n'importe lequel,** une personne, une chose quelconques. *N'importe qui peut réussir ce gâteau.* SYN. **tout le monde.** *Il peut parler de n'importe quoi pendant des heures.* ❷ **N'importe où, n'importe quand, n'importe comment,** dans un lieu, dans un temps, d'une manière quelconques. *Tu peux venir n'importe quand. Il parle n'importe comment.* ◆ **n'importe !** interj. C'est sans importance.
▸▸▸ Mot de la famille de **importer (2).**

1. **importer** v. (conjug. 3). Faire venir des marchandises de l'étranger. *La France importe du pétrole.* CONTR. **exporter.**

2. **importer** v. (conjug. 3). ❶ Avoir de l'importance, compter beaucoup. *Ce qui importe, c'est que vous soyez sain et sauf.* ❷ **Peu importe, qu'importe,** cela n'a pas d'importance. *On nous critique ? Peu importe !*

importun, e adj. et n. Qui importune, dérange. *Je ne voudrais pas être importun.* SYN. **indiscret.** *Je ne sais pas comment me débarrasser de ces importuns.* SYN. **gêneur.**

▸ **importuner** v. (conjug. 3). Gêner, déranger quelqu'un. *Il n'a pas cessé de nous importuner.* SYN. **ennuyer.**

imposable adj. Qui est soumis à l'impôt. *Un revenu imposable.*
▸▸▸ Mot de la famille de **imposer.**

imposant, e adj. Qui impressionne par la grandeur, le nombre, la force. *Il a une taille imposante. Une foule imposante s'était rassemblée.* SYN. **considérable, impressionnant.**
▸▸▸ Mot de la famille de **imposer.**

imposer et **s'imposer** v. (conjug. 3). ❶ Obliger à faire, à accepter. *Elle impose ses choix à tout le groupe.* SYN. **dicter.** ❷ Soumettre à l'impôt. *Les gens sont imposés selon leurs revenus.* ❸ **En imposer à quelqu'un,** inspirer de l'admiration, du respect, de la crainte. *Sa grande taille en impose à toute la classe.* ◆ **s'imposer.** ❶ Devenir nécessaire. *Ils ont pris les mesures qui s'imposaient.* ❷ Se faire accepter par ses qualités. *Elle s'est imposée par son talent.*

impossibilité n.f. **Être dans l'impossibilité de faire quelque chose,** ne pas pouvoir le faire. *Je suis dans l'impossibilité de t'accompagner ce matin.* SYN. **incapacité.**
▸▸▸ Mot de la famille de **impossible.**

impossible adj. ❶ Qui ne peut pas se faire. *L'ascension de cette falaise à pic est impossible.* SYN. **infaisable, irréalisable.** CONTR. **possible.** ❷ (Sens familier). Qui est très difficile à supporter. *Cet enfant est impossible.* SYN. **insupportable, invivable.** ◆ n.m. **Faire l'im-**

a b c d e f g h i j k l m n o p q r s t u v w x y z

a b c d e f g h i j k l m n o p q r s t u v w x y z

possible, tout essayer pour parvenir à un résultat. *Il a fait l'impossible pour nous aider.*

imposteur n.m. Personne qui ment, qui se fait passer pour quelqu'un d'autre. SYN. **charlatan, menteur.**

▸▸▸ Mot de la famille de **imposture.**

imposture n.f. Mot littéraire. Fait de tromper les autres en mentant, en se faisant passer pour ce qu'on n'est pas. *L'imposture a été découverte.* SYN. **mensonge, supercherie, tromperie.**

impôt n.m. Argent que l'on verse à l'État et qui sert à payer les dépenses publiques. *Les impôts directs sont les impôts que l'on paye en fonction de ses revenus; les impôts indirects sont les taxes comprises dans le prix des marchandises.* → Vois aussi **contribution, fisc.**

● Le **o** prend un accent circonflexe.

impotent, e adj. et n. Qui a beaucoup de difficulté à marcher. *Une vieille dame impotente.* SYN. **infirme, invalide.** CONTR. **valide.**

impraticable adj. Où l'on ne peut pas passer. *Il a beaucoup plu, le chemin est impraticable.* CONTR. **carrossable, praticable.**

imprécis, e adj. Qui n'est pas précis, qui n'est pas clair. *Ses explications étaient très imprécises.* SYN. **approximatif, vague.**

▸ **imprécision** n.f. Manque de précision. *L'imprécision d'un souvenir.*

imprégner v. (conjug. 9). Faire pénétrer un liquide, une odeur dans une matière. *Imprégner une éponge d'eau.* SYN. **imbiber.** *L'odeur du tabac a imprégné les vêtements de mon père.*

imprenable adj. ❶ Qui ne peut être pris. *Une forteresse imprenable.* ❷ **Vue imprenable,** qui ne peut être cachée par aucune construction; très belle. *Nous avons une vue imprenable sur les montagnes.*

▸▸▸ Mot de la famille de **prendre.**

imprésario n.m. Personne qui s'occupe de la carrière d'un artiste.

imprescriptible adj. ❶ Qui ne change pas, que le temps ne supprimera pas. *Les droits naturels et imprescriptibles de l'homme.* SYN. **immuable.** ❷ Que la justice peut toujours sanctionner, malgré le temps écoulé. *Les crimes contre l'humanité sont imprescriptibles.*

1\. **impression** n.f. Action d'imprimer, de reproduire un texte, un dessin. *Ce magazine est plein de fautes d'impression.*

2\. **impression** n.f. ❶ Effet produit sur quelqu'un. *Cela m'a fait une drôle d'impression de monter dans un hélicoptère.* ❷ **Avoir l'impression,** penser, croire. *J'ai l'impression que nous nous sommes trompés de chemin.* SYN. **sentiment.**

▸ **impressionnant, e** adj. ❶ Qui cause une forte impression. *Dans ce film, les cascades sont impressionnantes.* SYN. **frappant, saisissant.** ❷ Qui impressionne par le nombre, la grandeur. *Une foule impressionnante.* SYN. **énorme, imposant.**

● Ce mot s'écrit avec deux **s** et deux **n.**

▸ **impressionner** v. (conjug. 3). Causer une forte impression. *Les enfants ont été très impressionnés par un film de guerre. Ne te laisse pas impressionner par ses menaces.* SYN. **intimider.**

impressionnisme n.m. Mouvement de peintres de la fin du 19e siècle qui cherchaient à exprimer, par de petites touches de couleurs, les impressions produites par la lumière sur la nature.

● Ce mot s'écrit avec deux **s** et deux **n.**

▸ **impressionniste** adj. et n. Qui appartient à l'impressionnisme. *Un tableau impressionniste. Édouard Manet, Claude Monet, Auguste Renoir et Alfred Sisley étaient des impressionnistes.*

un tableau impressionniste (A. Sisley)

imprévisible adj. Que l'on ne peut pas prévoir. *Cette catastrophe était imprévisible.* CONTR. **prévisible.**

▸ **imprévoyant, e** adj. Qui ne prévoit pas, qui ne réfléchit pas à ce qui peut arriver. *Tu* *as été imprévoyante, tu aurais dû prendre un pull.* CONTR. **prévoyant.**

▶ **imprévu, e** adj. Qui se produit sans avoir été prévu. *Une visite imprévue.* SYN. **inattendu.** ◆ n.m. Événement imprévu. *Leur voyage a été plein d'imprévus.*

imprimante n.f. Appareil relié à un ordinateur, qui imprime sur papier le travail que l'on a fait sur écran. *Une imprimante (à) laser.*

▶▶▶ Mot de la famille de **imprimer.**

imprimé n.m. Feuille sur laquelle un texte a été imprimé. *Remplir un imprimé.* SYN. **formulaire.**

▶▶▶ Mot de la famille de **imprimer.**

imprimer v. (conjug. 3). Reproduire un dessin, un texte sur du papier ou du tissu avec des encres. *Imprimer un livre, un journal.*

▶ **imprimerie** n.f. ❶ Ensemble des techniques qui permettent d'imprimer des livres, des journaux, etc. *Au 15e siècle, Gutenberg inventa les caractères mobiles d'imprimerie.* ❷ Atelier, usine où l'on imprime des livres, des journaux, etc.

▶ **imprimeur** n.m. Personne qui dirige une imprimerie ou qui y travaille.

improbable adj. Qui a peu de chances de se produire. *Sa réussite à l'examen est assez improbable.* SYN. **douteux, incertain.** CONTR. **certain, plausible, probable.**

improductif, ive adj. Qui ne produit rien. *Le sol de cette région est improductif.* SYN. **stérile.** CONTR. **fécond, fertile.**

▶▶▶ Mot de la famille de **produire.**

impromptu, e adj. Qui est improvisé, que l'on n'a pas préparé. *Nous avons fait un dîner impromptu.*

imprononçable adj. Qui est très difficile à prononcer. *Le nom de cette ville est imprononçable.*

● Le **c** prend une cédille.

▶▶▶ Mot de la famille de **prononcer.**

impropre adj. ❶ **Mot impropre,** qui ne convient pas. CONTR. **adéquat, approprié, juste.** ❷ **Impropre à la consommation,** se dit d'un aliment que l'on ne peut pas consommer. *Cette eau est impropre à la consommation, ne la buvez pas !* CONTR. **propre à.**

improvisation n.f. ❶ Action d'improviser. *Les acteurs font parfois des exercices d'improvisation.* ❷ Morceau de musique, texte improvisés. *Le saxophoniste a joué une improvisation.*

▶▶▶ Mot de la famille de **improviser.**

improviser v. (conjug. 3). ❶ Inventer un morceau de musique, un discours. *Julie a improvisé une petite mélodie au piano.* ❷ Faire quelque chose sans l'avoir préparé. *Improviser une fête.*

à l'**improviste** adv. De façon imprévue, inattendue. *Ma cousine est arrivée à l'improviste.* SYN. **inopinément.**

imprudemment adv. De manière imprudente. *Il conduisait imprudemment.* CONTR. **prudemment.**

● On écrit **emment** mais on prononce [amɑ̃], comme **amant.**

▶▶▶ Mot de la famille de **prudent.**

imprudence n.f. Action imprudente. *Ne faites pas d'imprudences !*

● Ne confonds pas avec **impudence.**

▶▶▶ Mot de la famille de **prudent.**

imprudent, e adj. et n. Qui manque de prudence. *Des navigateurs imprudents ont été pris dans une tempête.* SYN. **inconscient.** CONTR. **prudent.** → Vois aussi **casse-cou.**

▶▶▶ Mot de la famille de **prudent.**

impudence n.f. Très grande effronterie. *Il a eu l'impudence de dire qu'il n'avait rien fait.* SYN. **insolence.**

● Ne confonds pas avec **imprudence.**

▶ **impudent, e** adj. et n. Qui manifeste de l'impudence, de l'effronterie. *Un mensonge impudent.* SYN. **effronté, insolent.**

impuissance n.f. Manque de force ou de moyens pour faire quelque chose. *Les pompiers étaient réduits à l'impuissance.*

▶▶▶ Mot de la famille de **impuissant.**

impuissant, e adj. Qui manque de force ou de moyens pour faire quelque chose. *Ils ont assisté impuissants à la catastrophe.*

impulsif, ive adj. et n. Qui cède à ses impulsions, qui agit sans réfléchir. *Natacha est une fille très impulsive.* CONTR. **pondéré, posé.**

▶▶▶ Mot de la famille de **impulsion.**

impulsion n.f. ❶ Poussée qui met une chose en mouvement. *Les moulins fonctionnent sous l'impulsion de l'eau ou du vent.* ❷ Tendance qui pousse à agir. *Céder à ses impulsions.* SYN. **élan, penchant, pulsion.**

a b c d e f g h i j k l m n o p q r s t u v w x y z

a b c d e f g h i j k l m n o p q r s t u v w x y z

impunément adv. Sans être puni. *On ne peut pas enfreindre la loi impunément.*
▸▸▸ Mot de la famille de **impuni.**

impuni, e adj. Qui n'est pas puni. *Ces actes de malveillance ne resteront pas impunis.*

▸ **impunité** n.f. Fait de ne pas être puni. *Ses relations lui assurent l'impunité.*

impur, e adj. Qui est troublé par la présence d'éléments étrangers. *Une eau impure.* CONTR. **pur.**

▸ **impureté** n.f. Ce qui rend impur. *Filtrer une huile pour en éliminer les impuretés.*

imputer v. (conjug. 3). Attribuer la responsabilité de quelque chose. *On lui a imputé une erreur dans les comptes.*

imputrescible adj. Qui ne pourrit pas. *Le verre est une matière imputrescible.*
● Le son [s] s'écrit **sc.**

in- préfixe. Placé au début d'un mot, **in-** indique la négation, le contraire : *incohérence, inachevé.*
● Le préfixe **in-** devient **im-** devant « b », « m » et « p » : *imbuvable, immangeable, imperméable.* Il s'écrit **il-** devant « l » et **ir-** devant « r » : *illégal, irrationnel.*

inacceptable adj. Que l'on ne peut accepter ou tolérer. *Ces propos sont inacceptables.* SYN. **inadmissible, intolérable.** CONTR. **acceptable, tolérable.**

inaccessible adj. Que l'on ne peut pas atteindre, où l'on ne peut pas aller. *Le sommet de la montagne est inaccessible. Certaines salles du château sont inaccessibles.* CONTR. **accessible.**

inaccoutumé, e adj. Qui n'est pas habituel. *Il règne un silence inaccoutumé.* SYN. **inhabituel.** CONTR. **habituel.**

inachevé, e adj. Qui n'est pas achevé, terminé. *Le peintre a laissé une œuvre inachevée.* CONTR. **fini.**

inactif, ive adj. Qui n'a pas d'activité. *Grand-mère ne reste jamais inactive.* SYN. **désœuvré, oisif.** CONTR. **actif.**

inaction n.f. Fait d'être inactif. *Il ne supporte pas l'inaction.* SYN. **désœuvrement, oisiveté.** CONTR. **action.**

inactivité n.f. Absence d'activité. *Le malade est contraint à l'inactivité.*

inadaptation n.f. Fait d'être inadapté à quelque chose. *L'inadaptation des rues d'une ville à la circulation automobile. L'inadaptation d'une personne à une situation.*
▸▸▸ Mot de la famille de **adapter.**

inadapté, e adj. ❶ Qui ne convient pas. *Les trottoirs sont inadaptés aux poussettes.* ❷ Qui a du mal à s'adapter à la vie sociale ou à la vie scolaire. *Un enfant inadapté.*
▸▸▸ Mot de la famille de **adapter.**

inadmissible adj. Que l'on ne peut admettre ou tolérer. *Son comportement est inadmissible.* SYN. **inacceptable, intolérable.** CONTR. **admissible.**

par **inadvertance** adv. Par erreur, sans avoir fait attention. *Par inadvertance, j'ai versé du sel au lieu du sucre.* SYN. **par mégarde.**

inaltérable adj. Qui ne s'altère pas, qui ne change pas. *L'or est un métal inaltérable.*

inanimé, e adj. Qui est mort ou qui a perdu connaissance. *Elle est tombée inanimée.* SYN. **évanoui, inconscient, inerte.**

inanition n.f. Épuisement dû au manque de nourriture. *On peut mourir d'inanition.*

inaperçu, e adj. **Passer inaperçu,** échapper à l'attention, aux regards. *Ton absence est passée inaperçue.*
▸▸▸ Mot de la famille de **apercevoir.**

inapte adj. Qui est incapable de faire telle chose, d'avoir telle activité. *Le médecin l'a jugé inapte à reprendre son travail.* CONTR. **apte.**
● Ne confonds pas avec **inepte.**

▸ **inaptitude** n.f. Fait d'être inapte. *Son inaptitude à communiquer l'isole des autres.* SYN. **incapacité.** CONTR. **aptitude, disposition, prédisposition.**

inattaquable adj. Que l'on ne peut pas attaquer, critiquer. *Sa conduite est inattaquable.* SYN. **irréprochable, parfait.**
▸▸▸ Mot de la famille de **attaquer.**

inattendu, e adj. Que l'on n'attendait pas. *Ta visite était inattendue.* SYN. **imprévu, inopiné.** CONTR. **prévisible.**
▸▸▸ Mot de la famille de **attendre.**

inattentif, ive adj. Qui ne fait pas attention à ce qui se passe, à ce qui se dit. *Certains* *élèves sont inattentifs en classe.* SYN. **distrait, étourdi.** CONTR. **attentif, vigilant.**

▸ **inattention** n.f. Manque d'attention. *Au volant, il ne faut pas avoir une seconde d'inattention.* SYN. **distraction, étourderie.** CONTR. **attention.**

inaudible adj. Qu'on entend très mal ou pas du tout. *Cette cassette disque est inaudible.* CONTR. **audible.** *Un bruit inaudible.* SYN. **imperceptible.** CONTR. **perceptible.**

inaugural, e, aux adj. Qui inaugure, qui marque le début d'une cérémonie. *Le discours inaugural a été prononcé par le président.*
● Au masculin pluriel : **inauguraux.**
▸▸▸ Mot de la famille de **inaugurer.**

inauguration n.f. Cérémonie par laquelle on inaugure quelque chose. *J'ai assisté à l'inauguration de l'exposition.*
▸▸▸ Mot de la famille de **inaugurer.**

inaugurer v. (conjug. 3). Marquer par une cérémonie officielle la mise en service d'un établissement, l'ouverture d'une exposition. *Le ministre a inauguré le nouveau musée.*

inavouable adj. Que l'on ne peut pas avouer. *Un acte inavouable.* SYN. **honteux, ignoble.**
▸▸▸ Mot de la famille de **avouer.**

inca adj. et n. Qui se rapporte aux populations installées sur la côte ouest de l'Amérique du Sud, entre le 12e et le 16e siècle. *L'Empire inca. Les Incas furent de grands bâtisseurs.*
● Le nom prend une majuscule : *un Inca.*

objets d'art **incas**

incalculable adj. Difficile ou impossible à évaluer. *Les dégâts occasionnés par la tempête sont incalculables.* SYN. **considérable.**
▸▸▸ Mot de la famille de **calculer.**

incandescence n.f. État d'une matière incandescente. *Un métal porté à l'incandescence devient lumineux.*
● Le premier son [s] s'écrit **sc.**
▸▸▸ Mot de la famille de **incandescent.**

incandescent, e adj. Qui est devenu lumineux sous l'effet d'une forte chaleur. *Des braises incandescentes.*
● Le son [s] s'écrit **sc.**

incapable adj. Qui ne sait pas ou ne peut pas faire quelque chose. *Avec son bras dans le plâtre, mon frère est incapable de s'habiller tout seul.* CONTR. **capable.**

incapacité n.f. Fait d'être incapable de faire quelque chose. *Il a montré son incapacité à diriger une entreprise.* SYN. **incompétence.** CONTR. **compétence.** *Je suis dans l'incapacité de t'aider pour le moment.* SYN. **impossibilité.**
▸▸▸ Mot de la famille de **capacité.**

incarcération n.f. Fait d'incarcérer quelqu'un ou d'être incarcéré. *Le juge a ordonné l'incarcération du voleur.* SYN. **détention, emprisonnement, réclusion.**
▸▸▸ Mot de la famille de **incarcérer.**

incarcérer v. (conjug. 9). Mettre en prison. *Le meurtrier a été incarcéré.* SYN. **écrouer, emprisonner.** CONTR. **libérer.**

incarnation n.f. Image vivante d'une chose abstraite. *Cette femme est l'incarnation de la bonté.*

▸ **incarner** v. (conjug. 3). Jouer un personnage, au cinéma ou au théâtre. *Cette comédienne a incarné Jeanne d'Arc dans un film.* SYN. **interpréter.**

incartade n.f. Petite faute sans gravité, léger écart de conduite. *Elle ne tolère aucune incartade.*

incassable adj. Qui ne peut se casser. *Des verres de lunettes incassables.*
▸▸▸ Mot de la famille de **casser.**

incendiaire adj. Destiné à provoquer un incendie. *Une bombe incendiaire.* ◆ n. Personne qui allume volontairement un incendie. → Vois aussi **pyromane.**
▸▸▸ Mot de la famille de **incendie.**

a b c d e f g h i j k l m n o p q r s t u v w x y z

a b c d e f g h i j k l m n o p q r s t u v w x y z

incendie n.m. Grand feu qui se propage et cause des dégâts importants. → Vois aussi **brasier.**

● Ce nom masculin se termine par un **e**.

un incendie de forêt

▶ **incendier** v. (conjug. 7). Brûler, détruire par le feu. *Le village a été incendié.* → Vois aussi **enflammer.**

incertain, e adj. Qui n'est pas sûr ; que l'on ne peut pas prévoir. *La victoire de notre équipe est incertaine.* SYN. **douteux.** CONTR. **certain, sûr.**

▸▸▸ Mot de la famille de **certain.**

incertitude n.f. État d'une personne qui est dans le doute, qui n'est pas sûre. *Il est dans l'incertitude, il attend les résultats.* SYN. **indécision.**

▸▸▸ Mot de la famille de **certain.**

incessamment adv. Très prochainement, bientôt. *Le médecin doit venir incessamment.* SYN. **sous peu.**

incessant, e adj. Qui ne cesse pas, qui ne s'arrête pas. *Un bruit incessant.* SYN. **continu, continuel, ininterrompu.**

▸▸▸ Mot de la famille de **cesser.**

inchangé, e adj. Qui n'a pas changé. *La situation est inchangée.* SYN. **identique, semblable.**

▸▸▸ Mot de la famille de **changer.**

incidemment adv. Par hasard. *J'ai appris incidemment que vous déménagiez.*

● On écrit **emment** mais on prononce [amɑ̃], comme **amant.**

▸▸▸ Mot de la famille de **incident.**

incidence n.f. Conséquence de quelque chose. *La crise économique a une incidence sur le nombre de chômeurs.* SYN. **effet, répercussion.**

incident n.m. Événement, le plus souvent désagréable, qui vient perturber le déroulement de quelque chose. *La fête s'est déroulée sans incident.*

● Ne confonds pas avec **accident.**

incinérer v. (conjug. 9). Réduire en cendres, brûler. *Incinérer des déchets. Certaines personnes souhaitent se faire incinérer après leur mort.*

incise n.f. Phrase courte insérée dans une autre phrase. *Dans « Demain, dit-il, j'irai au cinéma », « dit-il » est une incise.*

inciser v. (conjug. 3). Fendre, faire une incision. *Inciser l'écorce d'un arbre.*

▶ **incisif, ive** adj. Qui blesse, atteint profondément par son caractère dur, sévère. *Une remarque incisive.*

▶ **incision** n.f. Entaille, coupure. *Le dentiste a fait une incision dans mon abcès.*

incisive n.f. Dent plate et tranchante située sur le devant de la mâchoire. *Nous avons huit incisives.* → Vois aussi **canine, molaire, prémolaire.**

incitation n.f. Ce qui incite à faire quelque chose. *Le journaliste a été condamné pour incitation à la violence.*

▸▸▸ Mot de la famille de **inciter.**

inciter v. (conjug. 3). Pousser quelqu'un à faire quelque chose. *Ma cousine m'a incité à aller voir ce film.* SYN. **encourager à.** CONTR. **déconseiller de, dissuader de.**

inclassable adj. Que l'on ne peut pas classer. *Les œuvres de ce peintre sont inclassables.*

▸▸▸ Mot de la famille de **classer.**

inclinaison n.f. État d'une chose inclinée. *L'inclinaison du terrain est très forte.* SYN. **pente.**

▸▸▸ Mot de la famille de **incliner.**

inclination n.f. Goût, penchant que l'on a pour quelque chose. *Salomé a une inclination pour les sports nautiques.*

▸▸▸ Mot de la famille de **incliner.**

incliner et **s'incliner** v. (conjug. 3). Pencher légèrement. *Incline ton siège, ce sera plus confortable.* ◆ **s'incliner.** ❶ Se pencher en avant. *S'incliner pour saluer.* ❷ S'avouer vaincu. *Le joueur s'est incliné dans la dernière manche.*

la jeune violoniste **s'incline**

inclure v. (conjug. 58). Mettre dans un ensemble. *L'hôtelier a inclus le prix du petit déjeuner dans le montant de la facture.* CONTR. **exclure.**

▸ **inclus, e** adj. Qui est compris dans un ensemble. *Le magasin sera fermé jusqu'à samedi inclus.* CONTR. **exclu.**

incognito adv. Sans révéler son identité. *L'acteur voyage à l'étranger incognito.*

incohérence n.f. Parole, action incohérentes, qui manquent de logique. *Son récit est plein d'incohérences.*
▸▸▸ Mot de la famille de **incohérent.**

incohérent, e adj. Qui manque de logique. *Des propos incohérents.* SYN. **décousu.** CONTR. **cohérent.**

incollable adj. ❶ Qui ne colle pas pendant la cuisson. *Du riz incollable.* ❷ (Sens familier). Qui est capable de répondre à toutes les questions. *Mon frère est incollable en histoire.* SYN. **imbattable.**

incolore adj. Qui n'a pas de couleur. *L'eau est incolore.* CONTR. **coloré.**
▸▸▸ Mot de la famille de **couleur.**

incomber v. (conjug. 3). Faire partie des choses qu'une personne doit faire. *Cette tâche lui incombe.* SYN. **revenir à.**

incombustible adj. Qui ne brûle pas. *L'amiante est une matière incombustible.* CONTR. **combustible.**
▸▸▸ Mot de la famille de **combustion.**

incommensurable adj. Mot littéraire. Très grand. *Son ambition est incommensurable.* SYN. **démesuré, immense.**

incommoder v. (conjug. 3). Causer une gêne, un malaise physique. *L'odeur du tabac m'incommode.* SYN. **gêner, indisposer.**

incomparable adj. À quoi rien ne peut être comparé. *Cette viande a une saveur incomparable.* SYN. **exceptionnel, inégalable.**

▸ **incomparablement** adv. Sans comparaison possible. *Elle chante incomparablement mieux que les autres concurrentes.* SYN. **beaucoup, infiniment.**

incompatibilité n.f. Impossibilité de s'accorder, d'aller ensemble. *Ils se sont séparés à cause de leur incompatibilité de caractères.*
▸▸▸ Mot de la famille de **incompatible.**

incompatible adj. Qui ne peut pas s'accorder avec autre chose. *Tes idées sont incompatibles avec nos projets.* SYN. **inconciliable.** CONTR. **compatible.**

incompétence n.f. Fait d'être incompétent. *Elle parle de musique avec une incompétence totale.* SYN. **incapacité.** CONTR. **compétence.**
▸▸▸ Mot de la famille de **incompétent.**

incompétent, e adj. Qui n'a pas les connaissances ou les capacités nécessaires pour faire quelque chose ou pour parler d'un sujet. *Être incompétent en musique.* CONTR. **compétent.**

incomplet, ète adj. Qui n'est pas complet, auquel il manque quelque chose. *La liste est incomplète.* CONTR. **complet.**

incompréhensible adj. ❶ Que l'on ne peut pas comprendre. *Des propos incompréhensibles.* SYN. **inintelligible.** CONTR. **compréhensible.** ❷ Que l'on ne peut pas expliquer. *Son attitude est incompréhensible.* SYN. **déconcertant, inexplicable, surprenant.**
▸▸▸ Mot de la famille de **comprendre (1).**

incompréhension n.f. Incapacité ou refus de comprendre quelqu'un ou quelque chose. *Certains artistes se heurtent à l'incompréhension du public.*
▸▸▸ Mot de la famille de **comprendre (1).**

incompris, e adj. et n. Qui n'est pas compris, qui n'est pas apprécié à sa valeur. *Ce peintre était incompris à son époque.*
▸▸▸ Mot de la famille de **comprendre (1).**

a b c d e f g h i j k l m n o p q r s t u v w x y z

inconcevable adj. Que l'on ne peut pas imaginer. *Il est inconcevable que tu aies pu oublier notre rendez-vous.* SYN. **impensable, inimaginable.**
▸▸▸ Mot de la famille de **concevoir.**

inconditionnel, elle adj. Qui ne dépend d'aucune condition. *Vous avez mon soutien inconditionnel.* SYN. **absolu.**

inconfortable adj. Qui manque de confort. *Un siège inconfortable.* CONTR. **confortable.**

incongru, e adj. Qui est contraire aux usages, au savoir-vivre. *Faire une remarque incongrue.* SYN. **choquant, déplacé, inconvenant.**

▸ **incongruité** n.f. Geste ou parole incongrus. *Dire des incongruités.*

inconnu, e adj. Que l'on ne connaît pas. *Les raisons de son départ restent inconnues. Un auteur inconnu.* CONTR. **célèbre, connu.** ◆ n. Personne que l'on ne connaît pas, que l'on n'a jamais rencontrée. *Un inconnu m'a abordé dans la rue.*

inconsciemment adv. De façon inconsciente, irréfléchie. *Inconsciemment, il a continué tout droit, au lieu de tourner à gauche.* CONTR. **consciemment.**
● On écrit **emment** mais on prononce [amɑ̃], comme **amant**.
▸▸▸ Mot de la famille de **conscient.**

inconscience n.f. Fait d'agir sans réfléchir aux conséquences de ses actes. *Laisser un enfant de trois ans sans surveillance, c'est de l'inconscience.* CONTR. **prudence, sagesse.**
● Le premier son [s] s'écrit **sc.**
▸▸▸ Mot de la famille de **conscient.**

inconscient, e adj. ❶ Qui a perdu connaissance. *Le blessé était inconscient.* CONTR. **conscient.** ❷ Que l'on fait sans en avoir conscience. *Son geste était inconscient.* ◆ adj. et n. Qui ne réfléchit pas aux conséquences de ses actes. *Ils sont inconscients de sortir en mer par ce temps.* SYN. **imprudent, irresponsable.**
● Le son [s] s'écrit **sc.**
▸▸▸ Mot de la famille de **conscient.**

inconséquent, e adj. Qui agit à la légère. *On ne peut pas lui faire confiance, elle est trop inconséquente.* SYN. **irréfléchi.**
▸▸▸ Mot de la famille de **conséquence.**

inconsidéré, e adj. Que l'on fait sans y avoir réfléchi auparavant. *Un acte inconsidéré.* SYN. **irréfléchi.** CONTR. **circonspect, réfléchi.**

inconsistant, e adj. ❶ Qui manque de caractère. *Une personne inconsistante.* ❷ Qui manque de cohérence, de logique ou d'intérêt. *Une histoire inconsistante.*
▸▸▸ Mot de la famille de **consistant.**

inconsolable adj. Que rien ne peut consoler. *Elle est inconsolable depuis la mort de son mari.*
▸▸▸ Mot de la famille de **consoler.**

inconstance n.f. Tendance à changer facilement d'opinion, de sentiment, de conduite. *L'inconstance du public.* SYN. **instabilité.** CONTR. **constance.**
▸▸▸ Mot de la famille de **constant.**

inconstant, e adj. Qui change souvent d'idée, de sentiment. *Elle est inconstante en amitié.* SYN. **changeant, versatile.** CONTR. **constant, fidèle.**
▸▸▸ Mot de la famille de **constant.**

incontestable adj. Que l'on ne peut pas contester, mettre en doute. *Une preuve incontestable.* SYN. **certain, indéniable, indiscutable.** CONTR. **contestable, douteux.**
▸▸▸ Mot de la famille de **contester.**

incontestablement adv. Sans aucun doute possible. *Le dernier film de ce réalisateur est incontestablement meilleur que le précédent.* SYN. **sans conteste, indéniablement.**
▸▸▸ Mot de la famille de **contester.**

inconvenant, e adj. Qui ne respecte pas les usages, les bonnes manières. *Sa question était inconvenante.* SYN. **déplacé, incongru.** CONTR. **convenable, correct.**
▸▸▸ Mot de la famille de **convenir.**

inconvénient n.m. Côté négatif, désavantageux de quelque chose. *Ce métier comporte quelques inconvénients.* SYN. **désavantage.** CONTR. **avantage.**

incorporer v. (conjug. 3). ❶ Mélanger une chose à une autre. *Incorporez les jaunes d'œufs à la farine en remuant.* ❷ Faire entrer un soldat dans une troupe, une armée. *Les nouvelles recrues ont été incorporées dans le régiment.*

incorrect, e adj. ❶ Qui comporte des erreurs. *Une phrase incorrecte.* SYN. **erroné, fautif.** CONTR. **correct, juste.** ❷ Qui ne respecte pas les règles de la politesse. *Il s'est montré très incorrect avec les invités.* SYN. **grossier, impoli, malpoli.** CONTR. **courtois, poli.**

▸ **incorrection** n.f. ❶ Faute de grammaire. *Son devoir contient beaucoup d'incorrections.* ❷ Attitude impolie. *Elle ne s'est pas excusée, quelle incorrection !* SYN. **impolitesse.**

incorrigible adj. Que l'on ne peut corriger. *Il est d'une paresse incorrigible.*
▸▸▸ Mot de la famille de **corriger.**

incorruptible adj. et n. Qui ne se laisse pas corrompre, qui n'agit pas contre son devoir. *Un juge incorruptible.* SYN. **intègre.** CONTR. **vénal.**
▸▸▸ Mot de la famille de **corrompre.**

incrédule adj. et n. Qui ne croit pas facilement ce qu'on lui dit. *Il me regardait d'un air incrédule.* SYN. **sceptique.** CONTR. **crédule, naïf.**

▸ **incrédulité** n.f. Attitude d'une personne incrédule. *Son incrédulité le fait douter de tout.* SYN. **scepticisme.** CONTR. **crédulité.**

incriminer v. (conjug. 3). Rendre quelqu'un responsable de quelque chose. *Il n'a rien fait, tu l'incrimines à tort.* SYN. **accuser.**

incroyable adj. ❶ Qui est difficile à croire. *Ton histoire est incroyable.* SYN. **invraisemblable.** CONTR. **plausible, vraisemblable.** ❷ Extraordinaire, hors du commun. *Avoir une chance incroyable.* SYN. **étonnant, inouï.**

▸ **incroyablement** adv. De manière incroyable; très. *Un paysage incroyablement beau.* SYN. **extraordinairement, extrêmement.**

incrustation n.f. Matière incrustée. *Ce coffret est décoré d'incrustations de nacre.*
▸▸▸ Mot de la famille de **incruster.**

un bracelet avec des incrustations

incruster et **s'incruster** v. (conjug. 3). Insérer dans une matière des éléments d'une autre matière pour décorer. *L'ébéniste a incrusté de la nacre dans le bois du meuble.* ◆ **s'incruster.** Adhérer fortement à une matière. *Le calcaire s'est incrusté dans les tuyaux.*

incubation n.f. Période pendant laquelle les œufs sont couvés jusqu'à leur éclosion. *La durée d'incubation est de 21 jours pour les œufs de poule.*

inculpation n.f. Action d'inculper quelqu'un. *Il a été arrêté sous l'inculpation de vol.*
● On dit aujourd'hui **mise en examen.**
▸▸▸ Mot de la famille de **inculper.**

inculpé, e n. Personne officiellement soupçonnée d'avoir commis un délit ou un crime.
▸▸▸ Mot de la famille de **inculper.**

inculper v. (conjug. 3). Présenter à la justice une personne soupçonnée d'un crime ou d'un délit. *Elle a été inculpée pour escroquerie.*
● On dit aujourd'hui **mettre en examen.**

inculquer v. (conjug. 3). Faire entrer durablement quelque chose dans l'esprit de quelqu'un. *Inculquer le respect de l'environnement à un enfant.* SYN. **enseigner.**

inculte adj. ❶ Qui n'est pas cultivé. *Une terre inculte.* SYN. **en friche.** ❷ Qui n'a pas de culture intellectuelle. *Elle est complètement inculte.* SYN. **ignare, ignorant.** CONTR. **cultivé.**

incurable adj. Que l'on ne peut pas guérir. *Une maladie incurable.*
▸▸▸ Mot de la famille de **cure (1).**

incursion n.f. Action d'entrer soudainement et sans prévenir dans un lieu. *Les policiers ont fait une incursion dans la salle.* → Vois aussi **irruption.**

incurver v. (conjug. 3). Rendre courbe. *Incurver une barre de fer en la chauffant.* SYN. **courber.**

indécence n.f. Caractère de ce qui est indécent. *L'indécence d'une tenue vestimentaire.* CONTR. **décence.**
▸▸▸ Mot de la famille de **indécent.**

indécent, e adj. Qui ne respecte pas les convenances, qui choque. *Une tenue indécente.* SYN. **choquant, scabreux.** CONTR. **convenable, correct, décent.**

indécis, e adj. et n. Qui ne parvient pas à se décider. *Antonin n'a pas encore choisi, il est indécis.* SYN. **perplexe.** CONTR. **décidé.**

a b c d e f g h i j k l m n o p q r s t u v w x y z

▸ **indécision** n.f. État ou caractère d'une personne indécise. *Juliette est dans l'indécision.* SYN. **hésitation, incertitude.**

indéfectible adj. Mot littéraire. Qui dure toujours. *Un amour indéfectible.* SYN. **éternel.** CONTR. **éphémère, passager.**

indéfendable adj. Que l'on ne peut pas défendre, justifier. *Cette opinion est indéfendable.* CONTR. **défendable.**
▸▸▸ Mot de la famille de **défendre.**

indéfini, e adj. ❶ Qu'on a du mal à définir avec précision. *Un sentiment indéfini.* SYN. **vague.** ❷ **Article indéfini,** article qui se rapporte à une personne ou à une chose indéterminée. *« Un », « une », « des » sont des articles indéfinis.*

▸ **indéfiniment** adv. Sans cesse. *Il répète indéfiniment la même chose.* SYN. **continuellement, éternellement, à l'infini.**

▸ **indéfinissable** adj. Que l'on a du mal à définir. *Un pull d'une couleur indéfinissable.* SYN. **vague.**

indéformable adj. Qui ne peut être déformé. *Une structure en acier indéformable.*
▸▸▸ Mot de la famille de **déformer.**

indélébile adj. Qui ne peut être effacé. *Une encre indélébile; une tache indélébile.*

indemne adj. Qui n'est pas blessé. *Les passagers de la voiture sont sortis indemnes de l'accident.*
● Ce mot s'écrit avec un **n** après le **m.**

indemnisation n.f. Action d'indemniser; somme versée pour indemniser quelqu'un. *Les victimes ont reçu une importante indemnisation.* SYN. **dédommagement, indemnité.**
▸▸▸ Mot de la famille de **indemnité.**

indemniser v. (conjug. 3). Verser une somme d'argent à quelqu'un pour un dommage ou une perte subis. *L'assurance a indemnisé les victimes de la tempête.* SYN. **dédommager.**
▸▸▸ Mot de la famille de **indemnité.**

indemnité n.f. ❶ Somme d'argent versée à quelqu'un pour compenser le dommage qu'il a subi. *Certains chômeurs touchent des indemnités journalières.* SYN. **dédommagement, indemnisation.** ❷ Somme d'argent versée à quelqu'un pour rembourser certains frais. *Son employeur lui paye une indemnité de frais de déplacement.*

indéniable adj. Que l'on ne peut pas nier. *Il fait beaucoup d'efforts, c'est indéniable.* SYN. **incontestable, indiscutable.**
▸▸▸ Mot de la famille de **nier.**

▸ **indéniablement** adv. De façon indéniable. *Vous avez indéniablement raison.* SYN. **incontestablement.**

indépendamment de préposition. En plus de. *Indépendamment de son climat très doux, cette région est très belle.* SYN. **outre (1).**
▸▸▸ Mot de la famille de **indépendant.**

indépendance n.f. Fait d'être indépendant, autonome. *Ce pays a acquis son indépendance.* → Vois aussi **autonomie.**
▸▸▸ Mot de la famille de **indépendant.**

indépendant, e adj. ❶ Qui ne dépend de personne; qui agit et décide librement. *C'est une femme indépendante.* SYN. **autonome.** CONTR. **dépendant.** ❷ Qui n'est pas soumis à un autre pays. *Un État indépendant.* ❸ Qui n'a aucun rapport avec autre chose. *Ce retard est indépendant de ma volonté.* ❹ Se dit d'une pièce ou d'un appartement qui a une entrée particulière. *Cet étudiant loue une chambre indépendante.*

▸ **indépendantiste** adj. et n. Partisan de l'indépendance politique d'une région, d'un pays. → Vois aussi **autonomiste.**

indescriptible adj. Qui est impossible à décrire. *Ressentir une joie indescriptible.* SYN. **inexprimable.** → Vois aussi **indicible, ineffable.**
▸▸▸ Mot de la famille de **décrire.**

indésirable adj. et n. Que l'on n'accepte pas dans un groupe. *Les personnes indésirables ont été écartées.*

indestructible adj. Qui ne peut être détruit. *Un monument indestructible. Leur amitié est indestructible.* SYN. **impérissable.**
▸▸▸ Mot de la famille de **détruire.**

indéterminé, e adj. Qui n'est pas déterminé, fixé précisément. *Ils se retrouveront cet été, à une date encore indéterminée.*
▸▸▸ Mot de la famille de **déterminer.**

1. **index** n.m. Doigt de la main le plus proche du pouce. *Il a pointé son index sur moi.*

2. **index** n.m. Liste alphabétique des mots importants cités dans un ouvrage avec l'indication de la page où ils se trouvent. *Consulter l'index d'un atlas.*

indexer v. (conjug. 3). Faire varier une chose dans les mêmes proportions qu'une autre. *Indexer les salaires sur le coût de la vie.*

indicateur, trice adj. **Poteau indicateur, panneau indicateur,** qui indique une direction. ◆ n.m. ❶ Brochure fournissant des renseignements. *L'indicateur des rues d'une ville.* ❷ Appareil qui fournit des indications. *L'indicateur de vitesse d'une voiture.* ◆ n. Personne qui renseigne la police en échange d'argent ou d'un privilège. SYN. **informateur.**

hôpital — arrêt d'autobus — passage pour piétons

des panneaux **indicateurs**

indicatif, ive adj. **À titre indicatif,** pour donner une indication, un renseignement. *Le vendeur nous a donné les prix à titre indicatif.*

▸ **indicatif** n.m. ❶ Air de musique qui annonce le début d'une émission de radio ou de télévision. *L'indicatif de la météo.* ❷ Mode du verbe qui exprime la réalisation d'une action, l'existence d'un fait. *«J'écoute» est la forme du verbe «écouter» à la première personne du singulier du présent de l'indicatif.*

indication n.f. Ce qui informe ou conseille. *Nous avons suivi vos indications pour arriver jusqu'ici.* SYN. **renseignement.**

indice n.m. Signe qui indique, qui donne la preuve de quelque chose. *Les enquêteurs cherchent des indices.*

indicible adj. Mot littéraire. Que l'on ne peut exprimer par des mots. *Un bonheur indicible.* SYN. **indescriptible, inexprimable.** → Vois aussi **ineffable.**

▸▸▸ Mot de la famille de **dire.**

indien, enne adj. et n. ❶ De l'Inde. *La musique indienne. Priya est indienne. C'est une Indienne.* ❷ Qui concerne les premiers habitants de l'Amérique. *Une tribu indienne. Aujourd'hui, de nombreux Indiens vivent dans des réserves.*

● Le nom prend une majuscule : *un Indien.*
– Au sens 2, on peut aussi dire **amérindien.**

indifféremment adv. Sans faire de différence. *Je me sers indifféremment de ma main droite ou de ma main gauche.* SYN. **indistinctement.**

● On écrit **emment** mais on prononce [amɑ̃], comme **amant.**

▸▸▸ Mot de la famille de **indifférent.**

indifférence n.f. Attitude d'une personne indifférente, qui n'est pas intéressée, touchée par quelque chose ou par quelqu'un. *Il m'écouta avec indifférence.* SYN. **désintérêt, détachement.** CONTR. **intérêt.**

▸▸▸ Mot de la famille de **indifférent.**

indifférent, e adj. ❶ Qui importe peu pour quelqu'un, qui lui est égal. *On peut prendre le bus ou marcher, cela m'est indifférent.* ❷ Qui n'est ni touché, ni intéressé par quelque chose ou quelqu'un. *Elle est indifférente aux problèmes des autres.* CONTR. **ouvert.**

indigence n.f. Mot littéraire. Très grande pauvreté. *Vivre dans l'indigence.* SYN. **dénuement, misère.**

▸▸▸ Mot de la famille de **indigent.**

indigène adj. et n. Qui est né dans le pays où il vit. *Lors de leur voyage, ils ont rencontré la population indigène.* SYN. **aborigène, autochtone.**

indigent, e n. et adj. Mot littéraire. Personne très pauvre. *Cette association vient en aide aux indigents.* SYN. **miséreux, nécessiteux.**

indigeste adj. Qui est difficile à digérer. *Un plat indigeste.* SYN. **lourd.** CONTR. **digeste, léger.**

▸ **indigestion** n.f. Malaise dû à une digestion difficile. *Rémi a trop mangé, il a eu une indigestion.*

indignation n.f. Sentiment de colère face à une chose injuste ou malhonnête. *La décision de l'arbitre a suscité l'indignation du public.* SYN. **révolte.**

▸▸▸ Mot de la famille de **indigner.**

indigne adj. ❶ Qui ne mérite pas quelque chose. *Elle est indigne de notre confiance.* CONTR. **digne.** ❷ Qui est condamnable, méprisable. *Il a eu un comportement indigne.* SYN. **inqualifiable, odieux, scandaleux.** ❸ Qui ne remplit pas son rôle comme il le devrait. *Un père indigne.*

indigner v. (conjug. 3). Provoquer la colère de quelqu'un. *Cette injustice nous a indignés.* SYN. **révolter, scandaliser.**

a b c d e f g h i j k l m n o p q r s t u v w x y z

a b c d e f g h i j k l m n o p q r s t u v w x y z

indigo adj. invar. et n.m. D'une couleur bleu foncé légèrement violacé. *Des chemises indigo. L'indigo est une des couleurs de l'arc-en-ciel.*

● L'indigo est aussi une matière colorante utilisée pour teinter les étoffes, les jeans.

de la laine teinte à l'indigo

indiqué, e adj. Qui convient à la situation, qui est adapté. *La marche est tout indiquée dans ton cas.* CONTR. **contre-indiqué.**

▸▸▸ Mot de la famille de **indiquer.**

indiquer v. (conjug. 3). ❶ Montrer, donner une indication. *Il nous a indiqué nos places.* SYN. **désigner.** *La pendule indique cinq heures.* SYN. **marquer.** ❷ Fournir un renseignement à quelqu'un. *Pourriez-vous m'indiquer un hôtel ?* SYN. **signaler.**

indirect, e adj. ❶ Qui ne va pas droit au but; qui comporte des intermédiaires. *Il lui a adressé une critique indirecte.* SYN. **détourné.** *La faillite de cette entreprise est la conséquence indirecte de la crise économique.* CONTR. **immédiat.** ❷ **Complément indirect,** qui est rattaché au verbe par une préposition. CONTR. **direct.**

▸ **indirectement** adv. De manière indirecte, en passant par un intermédiaire. *J'ai appris la nouvelle indirectement.* CONTR. **directement.**

indiscipline n.f. Attitude de quelqu'un qui ne respecte pas la discipline. *Dans cet établissement, l'indiscipline des élèves est sévèrement punie.* SYN. **désobéissance, insubordination.** CONTR. **obéissance.**

● Le son [s] s'écrit **sc.**

▸ **indiscipliné, e** adj. Qui refuse de se soumettre à la discipline. *Un élève indiscipliné.* SYN. **désobéissant, dissipé.** CONTR. **discipliné, obéissant, sage.**

indiscret, ète adj. ❶ Qui manque de discrétion, qui se mêle de ce qui ne le (ou la) regarde pas. *Tu t'es montré indiscret en posant toutes ces questions.* SYN. **curieux, importun.** CONTR. **discret.** ❷ Qui révèle ce qui aurait dû rester secret. *Ne lui confie rien de notre projet, elle est très indiscrète.* CONTR. **discret.**

▸ **indiscrétion** n.f. ❶ Manque de discrétion. *Il a eu l'indiscrétion de lui demander si elle était mariée.* SYN. **curiosité.** CONTR. **discrétion.** ❷ Fait de révéler un secret. *Commettre une indiscrétion.*

indiscutable adj. Que l'on ne peut discuter, mettre en doute. *Les progrès de ce joueur sont indiscutables.* SYN. **évident, incontestable, indéniable.** CONTR. **contestable, discutable.**

indispensable adj. Dont on ne peut pas se passer. *Un casque est indispensable pour faire du V.T.T. Il est indispensable de réserver.* SYN. **nécessaire, obligatoire.** CONTR. **inutile, superflu.**

indisposé, e participe passé et adj. Qui est légèrement malade. SYN. **souffrant.**

▸▸▸ Mot de la famille de **indisposer.**

indisposer v. (conjug. 3). ❶ Rendre légèrement malade. *L'odeur du tabac m'indispose.* SYN. **déranger, gêner, incommoder.** ❷ Mécontenter, énerver. *Il est de mauvaise humeur, tout l'indispose.*

▸ **indisposition** n.f. Léger ennui de santé. *Une indisposition l'a empêché de partir.*

indissociable adj. Que l'on ne peut pas dissocier, séparer. *Ces deux questions sont indissociables.* SYN. **inséparable.**

▸▸▸ Mot de la famille de **dissocier.**

indistinct, e adj. Que l'on a du mal à distinguer, à percevoir. *Les formes étaient indistinctes dans la pénombre.* SYN. **flou, vague.** CONTR. **distinct, net.**

● Ce mot s'écrit avec un **c** avant le **t** final. – Au masculin, on prononce [ɛ̃distɛ̃] ou [ɛ̃distɛ̃kt].

▸ **indistinctement** adv. ❶ De façon indistincte, sans netteté. *Je ne comprends pas ce qu'il dit, il parle indistinctement.* CONTR. **distinctement, clairement.** ❷ Sans faire de différence. *Cette règle s'applique à tout le monde, indistinctement.* SYN. **indifféremment.**

individu n.m. ❶ Être humain, personne. *La société française est composée d'environ*

66 millions d'individus. ❷ Chaque être vivant d'une espèce animale ou végétale. ❸ Personne quelconque ou méprisable. *Un individu s'est introduit dans le jardin.*

▶ **individualiste** n. Personne qui s'affirme indépendamment des autres.

▶ **individualité** n.f. Ensemble des caractéristiques propres à une personne. *Cet acteur a une forte individualité.* SYN. **personnalité.**

▶ **individuel, elle** adj. Qui concerne une seule personne; qui appartient à une seule personne. *Fournir un travail individuel.* SYN. **personnel.** CONTR. **collectif.** *Une chambre individuelle.* SYN. **particulier.** CONTR. **commun.**

▶ **individuellement** adv. Un par un; séparément. *L'inspecteur a interrogé les témoins individuellement.* CONTR. **ensemble.**

indivisible adj. Que l'on ne peut pas diviser, séparer. *Une parcelle de terre indivisible.* CONTR. **divisible.**
▸▸▸ Mot de la famille de **diviser.**

indocile adj. Mot littéraire. Qui n'obéit pas facilement. *Un enfant indocile.* SYN. **rebelle, récalcitrant.** CONTR. **docile.**

indolence n.f. Comportement d'une personne indolente. *Son indolence m'exaspère.* SYN. **mollesse, nonchalance.** CONTR. **énergie, vivacité.**
▸▸▸ Mot de la famille de **indolent.**

indolent, e adj. Qui agit avec lenteur et mollesse, qui évite de faire des efforts. *La chaleur la rend indolente.* SYN. **apathique, mou, nonchalant.** CONTR. **dynamique, énergique.**

indolore adj. Qui ne fait pas mal. *C'est une piqûre indolore.* CONTR. **douloureux.**
▸▸▸ Mot de la famille de **douleur.**

indomptable adj. Que l'on ne peut pas dompter, maîtriser. *Un tigre indomptable. Il a un caractère indomptable.* SYN. **inflexible.**
▸▸▸ Mot de la famille de **dompter.**

indonésien, enne adj. et n. D'Indonésie. *Des temples indonésiens. Mon amie Pradita est indonésienne. C'est une Indonésienne.* ♦ **indonésien** n.m. Langue parlée par les Indonésiens.
● Le nom prend une majuscule quand il désigne une personne : *un Indonésien.*

indu, e adj. **Heure indue,** heure où il n'est pas convenable de faire telle chose; heure très tardive. *Ils sont rentrés à une heure indue.*

indubitable adj. Que l'on ne peut pas mettre en doute. *Une preuve indubitable.* SYN. **incontestable, indéniable, indiscutable.** CONTR. **douteux.**

▶ **indubitablement** adv. Sans aucun doute. *Il est indubitablement innocent dans cette affaire.* SYN. **incontestablement, indéniablement.**

indulgence n.f. Fait d'être indulgent. *Le directeur a fait preuve d'une grande indulgence envers les coupables.* SYN. **compréhension.** CONTR. **sévérité.**
▸▸▸ Mot de la famille de **indulgent.**

indulgent, e adj. Qui pardonne facilement les fautes, les erreurs des autres. *La maîtresse est indulgente avec ses élèves.* SYN. **compréhensif, conciliant.** CONTR. **dur, sévère.**

indûment adv. Mot littéraire. De façon illégitime. *Il a touché indûment une somme d'argent.*
● La nouvelle orthographe permet d'écrire aussi **indument,** sans accent circonflexe.

industrialisation n.f. Fait de s'industrialiser. *L'industrialisation des pays en développement.*
▸▸▸ Mot de la famille de **industrie.**

→ planche pp. 564-565.

s'**industrialiser** v. (conjug. 3). S'équiper en industries, en usines. *La région s'est industrialisée.*
▸▸▸ Mot de la famille de **industrie.**

industrie n.f. ❶ Ensemble des activités qui produisent des objets à partir de matières premières, ou qui exploitent les richesses naturelles. *L'industrie automobile.* ❷ Usine, entreprise. *Les industries de la ville sont florissantes.*

▶ **industriel, elle** adj. ❶ Qui concerne l'industrie. *Les activités industrielles d'un pays.* ❷ Où l'industrie est importante. *Une région industrielle.*

un paysage **industriel**

L'industrialisation au 19e siècle

Au 19e siècle, l'industrie connaît un essor considérable grâce au développement de la machine à vapeur. Les campagnes se transforment, les villes s'agrandissent. De grandes usines s'installent près des mines de charbon, de nouveaux moyens de transport apparaissent. Les progrès techniques modifient le travail et les modes de vie : c'est la « révolution industrielle ».

La machine à vapeur

- En 1769, en Grande-Bretagne, une invention bouleverse la **production** : c'est la **machine à vapeur**. Elle fonctionne grâce à la vapeur produite par l'eau bouillant dans une **chaudière** à charbon. Ce **mécanisme** va remplacer le **travail manuel** et permettre d'augmenter les **rendements** et la **productivité**.
- La **sidérurgie et l'industrie textile** sont les premiers secteurs à profiter de cette **innovation**. Les **usines** peuvent désormais produire davantage et plus vite : l'ère du **machinisme** commence.

Exposition universelle (Londres, 1851) : la salle des machines

Les progrès techniques

- Les inventions se multiplient : le **métier à tisser**, la **dynamo**, le **télégraphe**, le **moteur à explosion,** la **locomotive** à vapeur et le **chemin de fer**, qui facilite **l'acheminement** des biens et des personnes.
- L'industrie chimique, qui fabrique des **engrais** et des **colorants** à partir du charbon et du pétrole, connaît aussi un grand **essor** tandis que le travail agricole **se mécanise**. Dès 1850, les **pays industriels** organisent des **expositions universelles** pour présenter leurs **technologies**.

Pour en savoir plus

Les luttes sociales

• Les ouvriers se regroupent dans des **associations** et fondent des **syndicats**.

• Les **socialistes**, partisans du **progrès social**, s'opposent aux grands industriels **capitalistes** : ils dénoncent **l'exploitation** des ouvriers par les patrons et luttent pour obtenir une **législation** plus protectrice pour les travailleurs.

Les conditions de travail

• La **modernisation** s'accompagne d'une **mutation** des conditions de travail : les petits **ateliers** disparaissent au profit de **manufactures** ou d'usines.

• Les **tâches** des ouvriers sont **planifiées** ; ils ont des journées **épuisantes** de 13 à 15 heures et sont menacés de **chômage** en cas de **protestation**. Beaucoup d'enfants travaillent dans les **mines**.

Des inventions du siècle

• **Le télégraphe:** il est inventé par l'Américain Samuel Morse (1791-1872) ; celui-ci a mis également au point un alphabet composé de traits et de points qui porte son nom : le morse.

• **Le téléphone:** le premier appareil téléphonique est inventé par un Américain, Graham Bell (1847-1922).

• **Le cinématographe :** nom donné à l'appareil qui servait à filmer et projeter des images animées, inventé en 1895 par deux Français, les frères Louis (1864-1948) et Auguste (1862-1954) Lumière.

L'urbanisation

• L'industrialisation entraîne la **concentration** de la population dans les **zones urbaines** ; les campagnes se vident : c'est l'**exode rural**✿.

• Tandis que la **bourgeoisie** s'enrichit, les ouvriers ont des **salaires** très bas ; ils vivent dans des **cités ouvrières** et des logements **insalubres**. Dès 1850, de grands travaux **d'urbanisme** sont engagés pour **réhabiliter** certains quartiers.

✿ **exode rural :** déplacement de population des campagnes vers les villes

a b c d e f g h i j k l m n o p q r s t u v w x y z

▶ **industriel** n.m. Personne qui dirige une entreprise industrielle.

inébranlable adj. Qui ne peut être ébranlé, qui ne change pas. *Ses convictions sont inébranlables.*
▶▶▶ Mot de la famille de **ébranler.**

inédit, e adj. ❶ Qui n'a pas été édité, publié. *Un texte inédit.* ❷ Tout à fait nouveau, original. *Une méthode inédite.*

ineffable adj. Mot littéraire. Que l'on ne peut pas exprimer avec des mots. *Une joie ineffable.* SYN. **indéfinissable, inexprimable.** → Vois aussi **indicible.**

inefficace adj. Qui est sans effet, qui manque d'efficacité. *Un remède inefficace. Un employé inefficace.* CONTR. **actif, efficace.**
▶▶▶ Mot de la famille de **efficace.**

inefficacité n.f. Manque d'efficacité. *L'inefficacité d'un médicament.*
▶▶▶ Mot de la famille de **efficace.**

inégal, e, aux adj. ❶ Qui n'a pas la même dimension qu'une autre chose. *Des morceaux de grosseur inégale.* SYN. **différent.** CONTR. **égal, identique, semblable.** ❷ Qui n'offre pas les mêmes chances ou les mêmes avantages à tous. *Un combat inégal. Un partage inégal.* SYN. **injuste.** CONTR. **équitable, juste.** ❸ Qui n'est pas régulier; qui varie. *Un sol inégal.* SYN. **accidenté, irrégulier.** CONTR. **uni.** *Son travail est inégal.* SYN. **irrégulier, variable.** CONTR. **constant, régulier.**
● Au masculin pluriel : **inégaux.**
▶▶▶ Mot de la famille de **égal.**

inégalable adj. Que rien ne peut égaler. *Un spectacle d'une beauté inégalable.* SYN. **exceptionnel, incomparable, unique.**
▶▶▶ Mot de la famille de **égal.**

inégalitaire adj. Fondé sur l'inégalité. *Une société inégalitaire.*
▶▶▶ Mot de la famille de **égal.**

inégalité n.f. ❶ Fait d'être inégal, différent. *Lutter contre l'inégalité des salaires entre les hommes et les femmes.* CONTR. **égalité.** ❷ Caractère de ce qui est inégal, irrégulier. *Nous avancions lentement à cause des inégalités du terrain.* → Vois aussi **disparité.**
▶▶▶ Mot de la famille de **égal.**

inéligible adj. Qui ne remplit pas les conditions nécessaires pour être candidat à une élection. *Une personne mineure est inéligible aux élections générales.* CONTR. **éligible.**
▶▶▶ Mot de la famille de **élire.**

inéluctable adj. Que l'on ne peut pas éviter ou empêcher. *La catastrophe était inéluctable.* SYN. **fatal, inévitable.** → Vois aussi **inexorable.**

inénarrable adj. Qui est d'une bizarrerie ou d'un comique extraordinaires. *J'ai assisté à une scène inénarrable.* SYN. **cocasse.**
▶▶▶ Mot de la famille de **narrer.**

inepte adj. Qui est contraire au bon sens, qui est absurde. *Un film inepte.* SYN. **bête, idiot, stupide.**
● Ne confonds pas avec **inapte.**

▶ **ineptie** n.f. Parole inepte, stupide. *Cesse de dire des inepties !* SYN. **bêtise, idiotie, sottise.**

inépuisable adj. Que l'on ne peut pas épuiser, qui semble être sans fin. *Une source inépuisable.* SYN. **intarissable.**
▶▶▶ Mot de la famille de **épuiser.**

inerte adj. Qui est sans mouvement, immobile. *Le blessé était inerte.* SYN. **inanimé.**

▶ **inertie** n.f. Manque d'activité, d'énergie. *Tu dois sortir de ton inertie.* SYN. **apathie, indolence, passivité.** CONTR. **dynamisme, entrain.**

inespéré, e adj. Que l'on n'espérait pas. *Un succès inespéré.* SYN. **inattendu.**
▶▶▶ Mot de la famille de **espérer.**

inestimable adj. Dont la valeur est si grande que l'on ne peut pas l'estimer. *Une œuvre d'art inestimable.*
▶▶▶ Mot de la famille de **estimer.**

inévitable adj. Que l'on ne peut pas éviter. *L'accident était inévitable.* SYN. **fatal, inéluctable.** → Vois aussi **inexorable.**

▶ **inévitablement** adv. De façon inévitable. *Cela devait inévitablement tourner mal.* SYN. **fatalement, forcément, obligatoirement.**

inexact, e adj. Qui contient des erreurs. *Ton calcul est inexact.* SYN. **erroné, faux.** CONTR. **exact, juste.**
● Le masculin se prononce [inɛgza] ou [inɛgzakt].

▶ **inexactitude** n.f. Chose inexacte. *Son récit contenait plusieurs inexactitudes.* SYN. **erreur.**

inexcusable adj. Qu'il est impossible d'excuser. *Ce retard est inexcusable.* SYN. **impardonnable.** CONTR. **excusable, pardonnable.**

inexistant, e adj. Qui n'existe pas. *Des dangers inexistants.* SYN. **imaginaire, irréel.** CONTR. **réel.**

▸▸▸ Mot de la famille de **exister.**

inexorable adj. Mot littéraire. ❶ Qui est sans pitié. *Un juge inexorable.* SYN. **impitoyable, implacable, inflexible.** CONTR. **indulgent.** ❷ Que l'on ne peut éviter. *La mort est inexorable.* SYN. **fatal, inéluctable, inévitable.**

▸ **inexorablement** adv. Mot littéraire. D'une manière inexorable, inévitable. *Le cyclone s'approche inexorablement de la côte.*

inexpérimenté, e adj. Qui n'a pas d'expérience. *Un conducteur inexpérimenté.* SYN. **novice.** CONTR. **expérimenté.**

inexplicable adj. Qui ne peut être expliqué. *Son départ est inexplicable.* SYN. **incompréhensible.** CONTR. **compréhensible.**

▸▸▸ Mot de la famille de **expliquer.**

inexploré, e adj. Qui n'a pas encore été exploré. *Une région inexplorée.* SYN. **inconnu.**

▸▸▸ Mot de la famille de **explorer.**

inexpressif, ive adj. Qui n'exprime aucun sentiment. *Un regard inexpressif.* CONTR. **éloquent, expressif.**

inexprimable adj. Qui est difficile ou impossible à exprimer. *Un sentiment inexprimable.* SYN. **indescriptible.** → Vois aussi **indicible, ineffable.**

▸▸▸ Mot de la famille de **exprimer.**

inextinguible adj. Mot littéraire. Qu'on ne peut pas apaiser, arrêter. *Avoir une soif inextinguible.*

in extremis adv. Au dernier moment. *Il a été sauvé in extremis.*

● On prononce [inɛkstremis].

– La nouvelle orthographe permet d'écrire aussi **in extrémis,** avec un accent sur le second **e.**

inextricable adj. Qui est très compliqué, difficile à démêler, à éclaircir. *Une affaire inextricable.* SYN. **embrouillé.**

infaillible adj. ❶ Qui produit toujours le résultat attendu. *On m'a donné un remède infaillible contre le mal de gorge.* ❷ Qui ne peut pas se tromper. *Il a tort de se croire infaillible.*

infaisable adj. Qui est impossible à faire. *Ce travail est infaisable dans de telles conditions.* SYN. **irréalisable.** CONTR. **faisable, réalisable.**

● On prononce [ɛ̃fəzabl].

infamant, e adj. Qui porte atteinte à l'honneur, à la réputation de quelqu'un. *Une accusation infamante.* SYN. **déshonorant.**

▸▸▸ Mot de la famille de **infâme.**

infâme adj. ❶ Qui fait horreur. *Un crime infâme.* SYN. **horrible, ignoble, odieux.** ❷ Qui provoque le dégoût; très mauvais. *Une odeur infâme.* SYN. **infect, répugnant.**

● Le **a** prend un accent circonflexe.

▸ **infamie** n.f. Mot littéraire. Action ou parole infâme, ignoble. *Commettre des infamies.* SYN. **bassesse, ignominie.**

infanterie n.f. Ensemble des troupes qui combattent à pied. *Un soldat d'infanterie.*

→ Vois aussi **fantassin.**

l'**infanterie** française sous Napoléon Ier

infantile adj. ❶ Qui concerne les enfants. *La rougeole est une maladie infantile.* ❷ Qui rappelle le comportement d'un enfant. *Les adultes ont parfois des réactions infantiles.* SYN. **puéril.** → Vois aussi **enfantin.**

infarctus n.m. Maladie cardiaque qui survient quand une artère se bouche, n'irriguant plus assez le cœur.

● On prononce [ɛ̃farktys].

infatigable adj. Qui ne se fatigue pas facilement. *Un marcheur infatigable.*

a b c d e f g h i j k l m n o p q r s t u v w x y z

a b c d e f g h i j k l m n o p q r s t u v w x y z

infatué, e adj. Mot littéraire. **Être infatué de soi-même,** avoir une trop bonne opinion de soi, être prétentieux. SYN. **imbu.**

infect, e adj. ❶ Qui a un très mauvais goût, une très mauvaise odeur. *Le repas était infect.* SYN. **dégoûtant, infâme.** ❷ Qui provoque le dégoût moral. *C'est un homme infect.* SYN. **abject, ignoble, répugnant.**

s'**infecter** v. (conjug. 3). Être contaminé par des microbes. *Sa blessure s'est infectée.* SYN. **s'envenimer.**

● Ne confonds pas avec **infester.**

▸▸▸ Mots de la même famille : **désinfectant, désinfecter, désinfection.**

▸ **infectieux, euse** adj. Qui est dû à une infection ou qui s'accompagne d'une infection. *La varicelle est une maladie infectieuse.*

▸ **infection** n.f. ❶ Pénétration dans le corps de microbes (ou micro-organismes) qui peuvent provoquer une maladie. *Il faut nettoyer les blessures pour éviter l'infection.* ❷ Très mauvaise odeur, très mauvais goût. *Quelle infection dans cette cave !* SYN. **puanteur.**

inférieur, e adj. et n. ❶ Qui est situé en bas, plus bas, au-dessous. *Mes cousins habitent à l'étage inférieur.* CONTR. **supérieur.** ❷ Qui est plus petit, de moindre valeur. *5 est inférieur à 10.* CONTR. **supérieur.** ◆ n. Personne qui occupe un poste moins élevé dans une entreprise. *Il est méprisant avec ses inférieurs.* SYN. **subalterne, subordonné.** CONTR. **chef, supérieur.**

▸ **infériorité** n.f. **Sentiment d'infériorité,** impression désagréable d'être inférieur aux autres. *Elle a un sentiment d'infériorité vis-à-vis de ses amies.* CONTR. **sentiment de supériorité.**

● On peut aussi dire un **complexe d'infériorité.**

infernal, e, aux adj. Qui est difficile à supporter. *Il fait une chaleur infernale.* SYN. **épouvantable, insupportable, terrible.** *Mon cousin a été infernal.* SYN. **insupportable, intenable.**

● Au masculin pluriel : **infernaux.**

▸▸▸ Mot de la famille de **enfer.**

infester v. (conjug. 3). En parlant d'animaux, se trouver en très grand nombre dans un lieu et y causer des dégâts. *La région est infestée de moustiques.* SYN. **envahir.**

● Ne confonds pas avec **s'infecter.**

infidèle adj. ❶ Qui n'est pas fidèle, en particulier dans le mariage. SYN. **inconstant, volage.** ❷ Qui déforme la réalité. *Son récit est infidèle.* SYN. **inexact.** CONTR. **exact.**

▸ **infidélité** n.f. Fait d'être infidèle, en particulier dans le mariage. *Elle lui a pardonné son infidélité.* → Vois aussi **adultère.**

infiltration n.f. Pénétration lente d'un liquide à travers quelque chose. *Il y a des infiltrations d'eau dans les murs.*

▸▸▸ Mot de la famille de **s'infiltrer.**

s'**infiltrer** v. (conjug. 3). Pénétrer peu à peu, à travers les interstices. *L'eau s'infiltre dans le sol.*

infime adj. Très petit. *Une quantité infime. La différence de prix est infime.* SYN. **minime.**

infini, e adj. ❶ Qui est sans limites. *La suite des nombres est infinie.* SYN. **illimité.** ❷ Qui semble sans limites ; très grand. *Il existe un nombre infini d'espèces d'insectes.* SYN. **considérable.** *Avoir une patience infinie.* SYN. **immense.** ◆ n.m. **À l'infini,** sans fin. *On ne va pas parler de cela à l'infini.* SYN. **indéfiniment.**

▸▸▸ Mot de la famille de **fin (1).**

infiniment adv. Très, beaucoup. *Je vous suis infiniment reconnaissant.* SYN. **extrêmement.** *Ce jeu est infiniment plus drôle que l'autre.* SYN. **incomparablement.**

▸▸▸ Mot de la famille de **fin (1).**

infinité n.f. Très grand nombre. *J'ai une infinité de choses à te raconter.* SYN. **multitude.**

▸▸▸ Mot de la famille de **fin (1).**

infinitif n.m. Forme non conjuguée du verbe. *« Manger », « boire » sont des verbes à l'infinitif.*

infirme adj. et n. Qui ne peut pas se servir d'une partie de son corps. *Il est resté infirme à la suite d'un accident.* SYN. **handicapé, invalide, paralysé.**

▸ **infirmerie** n.f. Endroit dans une école, une caserne, une prison, où l'on accueille et soigne les personnes malades ou légèrement blessées.

▸ **infirmier, ère** n. Personne dont le métier est de soigner les malades, sous la direction d'un médecin. *Coralie veut devenir infirmière.*

▶ **infirmité** n.f. État d'une personne infirme. *La surdité est une infirmité.*

inflammable adj. Qui prend feu facilement. *L'essence est un produit inflammable.* CONTR. **ininflammable.**

▸▸▸ Mot de la famille de **flamme.**

le symbole des produits **inflammables**

inflammation n.f. Réaction du corps à une infection, qui peut se manifester par une douleur, un gonflement, une rougeur ou une sensation de chaleur. *L'appendicite est une inflammation de l'appendice.*

▸▸▸ Mot de la famille de **flamme.**

inflation n.f. Hausse générale des prix. *Le gouvernement a pris des mesures pour réduire l'inflation.*

inflexible adj. Que rien ne peut faire changer d'avis. *L'instituteur n'a pas cédé, il est resté inflexible.* SYN. **intraitable, intransigeant.**

▸▸▸ Mot de la famille de **fléchir.**

inflexion n.f. Changement du ton de la voix. *Elle parle à son enfant avec des inflexions très tendres.* SYN. **intonation.**

infliger v. (conjug. 5). ❶ Appliquer une sanction, une peine. *Le tribunal lui a infligé une amende.* ❷ Faire subir quelque chose de pénible. *Elle nous a infligé le récit de sa vie.* SYN. **imposer.**

● Ne confonds pas avec **affliger.**

influençable adj. Qui se laisse facilement influencer. *Ma sœur est très influençable.* SYN. **malléable.**

● Le **c** prend une cédille.

▸▸▸ Mot de la famille de **influence.**

influence n.f. ❶ Pouvoir moral qu'une personne exerce sur une autre. *Alexis a de l'influence sur son petit frère.* SYN. **ascendant, emprise.** ❷ Action d'une chose sur une autre. *La lune a une influence sur les marées.* SYN. **effet, répercussion.**

▶ **influencer** v. (conjug. 4). Exercer une influence sur quelqu'un ou sur quelque chose. *Il se laisse facilement influencer par ses amis.* SYN. **entraîner.**

▶ **influent, e** adj. Qui a de l'influence, du pouvoir. *C'est une personnalité très influente.* SYN. **important, puissant.**

▶ **influer** v. (conjug. 3). Exercer une influence, une action sur quelque chose ou sur quelqu'un. *L'ensoleillement influe souvent sur l'humeur des gens.*

informateur, trice n. Personne qui donne ou recueille des informations. *Un informateur a fourni des renseignements à la police.* SYN. **indicateur.**

▸▸▸ Mot de la famille de **informer.**

informaticien, enne n. Spécialiste en informatique.

information n.f. Renseignement sur quelqu'un ou quelque chose. *J'ai trouvé des informations sur les pharaons dans mon encyclopédie.* ◆ n.f. plur. Émission de radio ou de télévision qui donne les nouvelles de la journée. *Mes grands-parents écoutent les informations de vingt heures.*

▸▸▸ Mot de la famille de **informer.**

→ planche pp. 230-231.

informatique n.f. Ensemble des techniques qui permettent de mettre en mémoire et de trier d'une manière automatique des informations au moyen d'un ordinateur.

informe adj. Qui n'a pas de forme précise, reconnaissable. *Après l'accident, leur voiture n'était qu'une masse informe.*

▸▸▸ Mot de la famille de **forme.**

informer et **s'informer** v. (conjug. 3). Mettre quelqu'un au courant de quelque chose ; donner une information. *J'ai informé mes parents de l'heure de mon arrivée.* SYN. **avertir, prévenir.** ◆ **s'informer.** Demander des informations, des renseignements. *Avant de partir en excursion, nous nous sommes informés du temps qu'il ferait.* SYN. **se renseigner sur.**

infortune n.f. Mot littéraire. Malchance. *Ce nouvel échec est la preuve de son infortune.* SYN. **malheur.**

▶ **infortuné, e** adj. et n. Mot littéraire. Qui n'a pas de chance. *On a offert des lots de consolation aux concurrents infortunés.* SYN. **malchanceux.**

infraction n.f. Acte contraire à une loi, à un règlement. *Ne pas respecter un stop est une*

a b c d e f g h i j k l m n o p q r s t u v w x y z

infraction au Code de la route. SYN. **manquement.** → Vois aussi **délit.**
● Ne confonds pas avec **effraction.**

infranchissable adj. Que l'on ne peut pas franchir. *En hiver, le col de cette montagne est infranchissable.*
▶▶▶ Mot de la famille de **franchir.**

infrarouge adj. et n.m. Se dit des rayons invisibles utilisés notamment pour le chauffage, l'observation de nuit et la détection. *Des rayons infrarouges; une caméra à infrarouge.* → Vois aussi **ultraviolet.**

infructueux, euse adj. Qui ne donne pas de résultat. *Ses démarches ont été infructueuses.* SYN. **inefficace, vain.** CONTR. **fructueux.**

infuser v. (conjug. 3). Faire tremper une plante aromatique dans de l'eau bouillante. *Il faut laisser infuser le thé quelques minutes.*

▶ **infusion** n.f. Boisson chaude que l'on obtient en faisant infuser des plantes. *Boire une infusion de tilleul.* SYN. **tisane.**

s'**ingénier** v. (conjug. 7). Faire beaucoup d'efforts pour arriver à un résultat. *Il s'ingéniait à divertir les enfants.* SYN. **s'évertuer.**

ingénieur, e n. Personne qui a fait des études scientifiques ou techniques qui lui permettent de diriger des travaux et de participer à des recherches. *Ma cousine est ingénieure en informatique.*

ingénieux, euse adj. ❶ Qui a beaucoup d'imagination pour résoudre les problèmes. *Anne est très ingénieuse.* ❷ Qui fait preuve d'intelligence et d'imagination. *Il a trouvé une solution ingénieuse.* SYN. **astucieux.**

▶ **ingéniosité** n.f. Qualité d'une personne ou d'une chose ingénieuse. *Faire preuve d'ingéniosité. L'ingéniosité d'une invention.*

ingénu, e adj. et n. Mot littéraire. Qui est spontané et naïf. *Cet enfant a un sourire ingénu.* SYN. **innocent.**

▶ **ingénuité** n.f. Mot littéraire. Caractère ingénu; sincérité mêlée de naïveté. *Ses réponses étaient pleines d'ingénuité.* SYN. **candeur, innocence, naïveté.**

ingérence n.f. Fait de s'ingérer dans les affaires des autres. *Elle refuse toute ingérence dans sa vie privée.* SYN. **intervention.**
▶▶▶ Mot de la famille de **s'ingérer.**

s'**ingérer** v. (conjug. 9). Intervenir dans quelque chose sans en avoir le droit, la permission. *Il a voulu s'ingérer dans mes affaires.* SYN. **s'immiscer dans, se mêler de.**

ingrat, e adj. et n. Qui n'a pas de reconnaissance, de gratitude. *Elle s'est montrée très ingrate envers ses parents.* CONTR. **reconnaissant.** ◆ adj. ❶ Qui ne procure aucune satisfaction. *Faire le ménage est une tâche ingrate.* CONTR. **plaisant.** ❷ **L'âge ingrat,** le début de l'adolescence, la puberté. ❸ **Un visage ingrat,** peu agréable à regarder. SYN. **laid.** CONTR. **charmant, gracieux.**

▶ **ingratitude** n.f. Fait d'être ingrat, de manquer de reconnaissance. *Son ingratitude m'a fait de la peine.* SYN. **gratitude.**

ingrédient n.m. Produit qui entre dans la composition d'une préparation, d'un mélange. *Quels sont les ingrédients de ce gâteau ?*

ingurgiter v. (conjug. 3). Avaler rapidement et souvent en quantité importante. *Sébastien a ingurgité trois parts de tarte.* SYN. **engloutir, engouffrer.**

inhabitable adj. Qui ne peut pas être habité. *Notre maison sera inhabitable pendant les travaux.* CONTR. **habitable.**

▶ **inhabité, e** adj. Qui n'est pas habité. *Ce château est inhabité depuis des années.* SYN. **inoccupé, vide.** *Une région inhabitée.* SYN. **désert.** CONTR. **peuplé.**

inhabituel, elle adj. Qui se produit rarement. *Un phénomène inhabituel.* SYN. **anormal, inaccoutumé, insolite.** CONTR. **courant, habituel.**
▶▶▶ Mot de la famille de **habitude.**

inhalation n.f. Action d'inhaler des vapeurs. *Marie fait des inhalations pour soigner son rhume.*
▶▶▶ Mot de la famille de **inhaler.**

inhaler v. (conjug. 3). Absorber par les voies respiratoires. *Il est dangereux d'inhaler certains gaz.* SYN. **aspirer, respirer.**

inhérent, e adj. Mot littéraire. Qui est lié de façon étroite à quelque chose. *La confiance est inhérente à l'amitié.* SYN. **indissociable de, inséparable de.**

inhibé, e adj. Qui a peur de s'exprimer et d'agir, qui manque de confiance en soi. *Un adolescent inhibé.* SYN. **timide.** → Vois aussi **complexé.**

inhospitalier, ère adj. Qui n'est pas accueillant. *Une île glaciaire inhospitalière.* CONTR. **hospitalier.**

inhumain, e adj. ❶ Qui n'est pas digne d'un être humain. *C'est inhumain de faire souffrir un animal.* SYN. **barbare, cruel.** ❷ Qui semble au-dessus des forces humaines. *Les galériens devaient fournir un travail inhumain.*

inhumation n.f. Action d'inhumer. *L'inhumation aura lieu dans la plus stricte intimité.* SYN. **enterrement.**

▸▸▸ Mot de la famille de **inhumer.**

inhumer v. (conjug. 3). Mettre en terre un mort avec les cérémonies d'usage. *Il sera inhumé dans le cimetière de son village natal.* SYN. **ensevelir, enterrer.** CONTR. **déterrer, exhumer.**

inimaginable adj. Que l'on n'aurait pas imaginé. *Une aventure inimaginable.* SYN. **impensable, inconcevable, incroyable.**

▸▸▸ Mot de la famille de **imaginer.**

inimitable adj. Que l'on ne peut pas imiter. *Sa signature est inimitable.*

inimitié n.f. Mot littéraire. Sentiment d'hostilité. *Il a avoué son inimitié pour certaines personnes du groupe.* SYN. **antipathie.** CONTR. **amitié, sympathie.**

ininflammable adj. Qui ne peut pas prendre feu. *Un tissu, un gaz ininflammable.* CONTR. **inflammable.**

▸▸▸ Mot de la famille de **flamme.**

inintelligible adj. Que l'on ne peut pas comprendre. *Elle a bafouillé quelques paroles inintelligibles.* SYN. **incompréhensible.** CONTR. **compréhensible, intelligible.**

▸▸▸ Mot de la famille de **intelligence.**

inintéressant, e adj. Qui est sans intérêt. *Ce livre est inintéressant.* CONTR. **intéressant, passionnant.**

ininterrompu, e adj. Qui n'est pas interrompu dans l'espace ou dans le temps. *Un silence ininterrompu. Une file ininterrompue de voitures.* SYN. **continu, incessant.**

initial, e, aux adj. Qui est au commencement de quelque chose. *Géraldine est revenue sur son choix initial.* SYN. **premier.**

● Le **t** se prononce [s] : [inisjal]. – Au masculin pluriel : **initiaux.**

▸ **initiale** n.f. Première lettre d'un mot, d'un nom. *« P. M. » sont les initiales de « Pierre Martin ».*

● Le **t** se prononce [s] : [inisjal].

initiation n.f. Fait d'apprendre les bases de quelque chose. *Ma sœur a suivi un stage d'initiation à l'équitation.*

● Les deux **t** se prononcent [s] : [inisjasjɔ̃].

▸▸▸ Mot de la famille de **initier.**

initiative n.f. ❶ Action de quelqu'un qui propose ou qui décide le premier de faire quelque chose. *Aurélie a pris l'initiative d'organiser un pique-nique.* ❷ **Avoir l'esprit d'initiative,** être capable de prendre une décision, d'entreprendre une action.

● Le premier **t** se prononce [s] : [inisjativ].

initié, e adj. et n. Qui a appris les secrets d'un art, d'une science, d'une pratique. *Cette poésie s'adresse aux initiés.* CONTR. **débutant, novice, profane.**

▸▸▸ Mot de la famille de **initier.**

initier et **s'initier** v. (conjug. 7). Apprendre les rudiments d'une science, d'un art, d'un sport. *Mon cousin m'a initié à l'escalade.* SYN. **former.** ◆ **s'initier à.** Commencer à s'instruire dans une science, dans un art, dans un sport. *Léa s'initie à la musique.*

● Le **t** se prononce [s].

injecter v. (conjug. 3). Introduire un liquide dans l'organisme avec une seringue. *Le médecin m'a injecté un vaccin.*

▸ **injection** n.f. Introduction d'un liquide dans l'organisme à l'aide d'une seringue. *Le médecin lui a fait une injection pour calmer la douleur.* SYN. **piqûre.**

● Ne confonds pas avec **injonction.**

injonction n.f. Ordre formel. *Il a obéi à l'injonction du policier.* SYN. **commandement, sommation.**

● Ne confonds pas avec **injection.**

injure n.f. Parole qui blesse. *Le cycliste criait des injures aux automobilistes.* SYN. **insulte.**

▸ **injurier** et **s'injurier** v. (conjug. 7). Dire des injures à quelqu'un. *Les supporteurs ont injurié l'arbitre.* SYN. **insulter, invectiver.** ◆ **s'injurier.** Se dire des injures l'un à l'autre, les uns aux autres. *Ils s'injuriaient parfois à la cantine.* SYN. **s'insulter, s'invectiver.**

a b c d e f g h i j k l m n o p q r s t u v w x y z

a b c d e f g h **i** j k l m n o p q r s t u v w x y z

▸ **injurieux, euse** adj. Qui constitue une injure, qui blesse. *Des paroles injurieuses.* SYN. **insultant.**

injuste adj. Qui est contraire à la justice. *Une punition injuste.* CONTR. **juste.** *Un partage injuste.* SYN. **inégal.** CONTR. **équitable, juste.**

▸ **injustement** adv. D'une manière injuste. *Elle a été injustement accusée.* SYN. **à tort.**

▸ **injustice** n.f. Acte injuste. *Il a été victime d'une injustice.*

injustifié, e adj. Qui n'est pas justifié, qui n'a pas de raison d'être. *Tes craintes sont injustifiées.* CONTR. **fondé, légitime.**

inlassable adj. Qui ne se lasse pas. *Le mécanicien recommençait chaque geste avec une inlassable patience. Une conteuse inlassable.* SYN. **infatigable.**

▸ **inlassablement** adv. Sans se lasser, sans cesse. *Répéter inlassablement la même chose.*

inné, e adj. Qui existe dès la naissance. *Quentin a un don inné pour la musique.* SYN. **naturel.**

innocemment adv. Avec innocence, sans penser à mal. *Armelle a innocemment répété ce qu'elle avait entendu.* SYN. **naïvement.**

● On écrit **emment** mais on prononce [amɑ̃], comme **amant.**

▸▸▸ Mot de la famille de **innocent.**

innocence n.f. ❶ État d'une personne qui n'est pas coupable. *L'innocence de l'accusé a été prouvée.* CONTR. **culpabilité.** ❷ Caractère d'une personne qui ignore le mal, qui n'a pas de mauvaises intentions. *Il a agi en toute innocence.* SYN. **candeur, naïveté.** → Vois aussi **ingénuité.**

▸▸▸ Mot de la famille de **innocent.**

innocent, e adj. et n. ❶ Qui n'a rien fait de mal, qui n'est pas responsable de quelque chose. *Elle a été déclarée innocente. Condamner un innocent.* CONTR. **coupable.** ❷ Qui ignore le mal. *Une enfant innocente.* SYN. **candide, pur.** *Avoir un air innocent.* ❸ Qui est naïf et un peu bête. *Il fait l'innocent, mais il sait très bien de quoi il s'agit.* SYN. **niais.**

▸ **innocenter** v. (conjug. 3). Déclarer innocent; apporter la preuve de l'innocence de quelqu'un. *Le juge l'a innocenté.* SYN. **acquitter.** CONTR. **accuser, condamner, inculper.** *Ce témoignage a innocenté l'accusé.* SYN. **disculper.**

innombrable adj. Très nombreux. *Une foule innombrable s'était rassemblée pour accueillir les champions.* SYN. **considérable, immense.**

▸▸▸ Mot de la famille de **nombre.**

innovation n.f. Chose nouvelle. *Il est au courant des dernières innovations techniques.* SYN. **création, nouveauté.**

▸▸▸ Mot de la famille de **innover.**

innover v. (conjug. 3). Avoir des idées nouvelles, créer des choses nouvelles. *Les architectes de ce bâtiment ont innové en utilisant de nouveaux matériaux.*

inoccupé, e adj. ❶ Qui n'est pas occupé, habité. *Un appartement inoccupé.* SYN. **inhabité, vide.** ❷ Qui n'a pas d'occupation. *Solène n'aime pas rester inoccupée.* SYN. **désœuvré, oisif.** CONTR. **occupé.**

inoculer v. (conjug. 3). Introduire le germe d'une maladie, un virus, un vaccin dans l'organisme d'une personne, d'un animal.

inodore adj. Qui n'a pas d'odeur. *Une fleur inodore.* CONTR. **odorant, parfumé.**

▸▸▸ Mot de la famille de **odeur.**

inoffensif, ive adj. Qui ne présente aucun danger, qui ne fait pas de mal. *Un animal inoffensif.* SYN. **doux.** CONTR. **dangereux.**

inondation n.f. Débordement des eaux qui recouvrent alors un lieu. *Les fortes pluies ont provoqué des inondations.*

▸▸▸ Mot de la famille de **inonder.**

une inondation

inondé, e adj. Recouvert d'eau. *Des champs inondés.*

▸▸▸ Mot de la famille de **inonder.**

inonder v. (conjug. 3). Recouvrir d'eau. *Les fortes pluies ont inondé les caves.*

inopiné, e adj. Qui arrive sans qu'on s'y attende. *Une visite inopinée nous a retardés.* SYN. **imprévu, inattendu.**

▶ **inopinément** adv. De façon inopinée. *Elle est arrivée inopinément.* SYN. **à l'improviste.**

inopportun, e adj. Qui arrive au mauvais moment. *Une question inopportune.* SYN. **intempestif, malencontreux.** CONTR. **opportun.**

inoubliable adj. Que l'on ne peut pas oublier. *Nous avons assisté à un spectacle inoubliable.* SYN. **mémorable.**

▸▸▸ Mot de la famille de **oublier.**

inouï, e adj. Extraordinaire. *Zohra a eu une chance inouïe.* SYN. **incroyable.**

● Le deuxième **i** prend un tréma.

Inox n.m. invar. Acier inoxydable. *Une casserole en Inox.*

● C'est un nom de marque : il s'écrit avec une majuscule dans les textes imprimés.

inoxydable adj. Se dit d'un métal qui ne rouille pas. *De l'acier inoxydable.*

inqualifiable adj. Qui est si odieux qu'on ne peut le qualifier. *Son acte est inqualifiable.* SYN. **indigne.**

▸▸▸ Mot de la famille de **qualifier.**

inquiet, ète adj. Qui éprouve de la crainte, qui se fait du souci. *Ils n'ont pas de nouvelles de leur fils, ils sont inquiets.* SYN. **soucieux.**

▶ **inquiétant, e** adj. Qui inquiète. *L'état du malade est inquiétant.* SYN. **alarmant.** CONTR. **rassurant.**

▶ **inquiéter** et **s'inquiéter** v. (conjug. 9). Rendre inquiet. *L'état de santé de mon frère inquiète mes parents.* ◆ **s'inquiéter.** Se faire du souci. *Maman s'inquiète dès que j'ai un peu de retard.* SYN. **se soucier, se tracasser.**

▶ **inquiétude** n.f. État pénible dans lequel se trouve une personne qui se fait du souci. *Ne te fais pas d'inquiétude pour lui, il est très prudent.*

insaisissable adj. ❶ Que l'on ne peut pas attraper. *Les voleurs sont insaisissables.* ❷ Qui est difficile à saisir, à percevoir. *Une nuance insaisissable.* SYN. **imperceptible.**

▸▸▸ Mot de la famille de **saisir.**

insalubre adj. Qui est mauvais pour la santé. *Un climat insalubre; un logement insalubre.* SYN. **malsain.** CONTR. **salubre.**

▶ **insalubrité** n.f. État de ce qui est insalubre. *L'insalubrité d'un appartement.* CONTR. **salubrité.**

insanité n.f. Mot littéraire. Parole ou action absurde, insensée. *Dire des insanités.* SYN. **bêtise, idiotie, ineptie.**

insatiable adj. ❶ Qui ne peut être rassasié. *Un appétit insatiable.* ❷ Qui n'est jamais satisfait. *Avoir une curiosité insatiable.*

● Le **t** se prononce [s] : [ɛ̃sasjabl].

▸▸▸ Mot de la famille de **satiété.**

inscription n.f. ❶ Ce qui est inscrit quelque part. *Un mur couvert d'inscriptions.* SYN. **graffiti.** ❷ Action d'inscrire ou de s'inscrire. *L'inscription d'un enfant dans une école.*

▸▸▸ Mot de la famille de **inscrire.**

inscrire et **s'inscrire** v. (conjug. 62). ❶ Écrire, noter quelque chose. *Samba a inscrit la date en haut de la page.* SYN. **marquer.** ❷ Mettre le nom de quelqu'un sur un registre, une liste. *Mes parents ont inscrit ma petite sœur à la crèche.* ◆ **s'inscrire.** Faire enregistrer son nom sur une liste pour faire partie d'un groupe. *Marine s'est inscrite au club d'escrime.*

insecte n.m. Petit animal invertébré, avec ou sans ailes, qui a trois paires de pattes articulées. *Les mouches, les fourmis, les papillons sont des insectes.*

→ planche pp. 574-575.

▶ **insecticide** adj. et n.m. Se dit d'un produit qui tue les insectes. *Une bombe d'insecticide.*

▶ **insectivore** adj. Qui se nourrit d'insectes. *Le lézard est un animal insectivore.*

insécurité n.f. Manque de sécurité; situation où l'on se sent menacé, en danger. *Les habitants se plaignent de l'insécurité de leur quartier.* CONTR. **sécurité.**

insémination n.f. **Insémination artificielle,** introduction de la semence de l'homme (ou du mâle) dans les voies génitales de la femme (ou de la femelle) pour qu'il y ait fécondation, sans qu'il y ait union sexuelle.

insensé, e adj. Qui est contraire au bon sens. *Un projet insensé.* SYN. **absurde.** CONTR. **sensé.**

▸▸▸ Mot de la famille de **sens (2).**

Les insectes

Les insectes sont les animaux les plus nombreux sur terre. On en connaît environ un million d'espèces différentes. Leur corps est composé de trois parties : la tête, le thorax et l'abdomen. La tête porte deux antennes, deux yeux et des mandibules. Le thorax porte trois paires de pattes articulées et le plus souvent deux paires d'ailes. L'abdomen renferme l'appareil digestif et les organes reproducteurs. Les insectes pondent des œufs qui, à leur éclosion, donnent des larves. Celles-ci, par mues successives, se métamorphosent en animal adulte.

phalène

fourmis tisserandes

bousier

coccinelle

hanneton

grillon

ver luisant

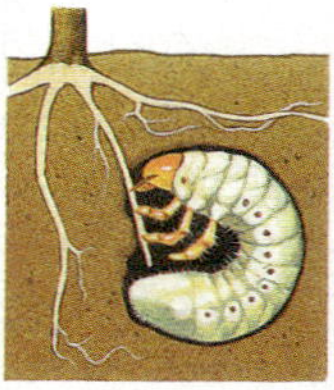

larve de hanneton

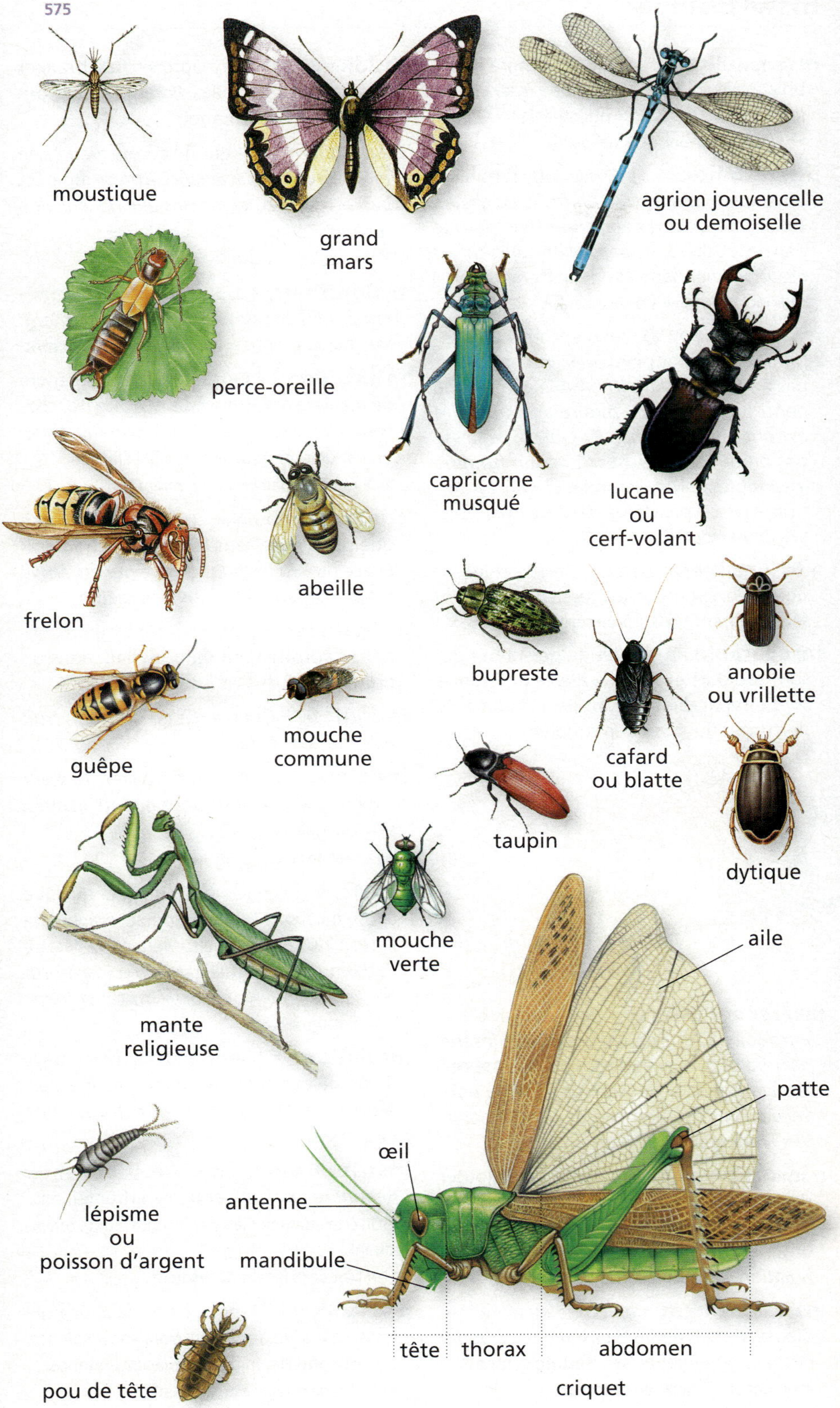
moustique
grand mars
agrion jouvencelle ou demoiselle
perce-oreille
capricorne musqué
lucane ou cerf-volant
frelon
abeille
bupreste
anobie ou vrillette
cafard ou blatte
guêpe
mouche commune
taupin
dytique
mante religieuse
mouche verte
aile
patte
œil
antenne
mandibule
tête
thorax
abdomen
criquet
lépisme ou poisson d'argent
pou de tête

insensibiliser v. (conjug. 3). Rendre insensible à la douleur. *Le dentiste a insensibilisé le nerf de la dent.* SYN. **anesthésier.**
▸▸▸ Mot de la famille de **insensible.**

insensibilité n.f. ❶ Absence de sensibilité physique. *L'insensibilité au froid, au chaud.* ❷ Caractère d'une personne insensible, que rien ne touche. *Son insensibilité aux critiques est impressionnante.* SYN. **indifférence.**
▸▸▸ Mot de la famille de **insensible.**

insensible adj. ❶ Qui n'éprouve pas certaines sensations physiques; qui ne ressent pas de douleur. *Être insensible au froid. Le dentiste m'a fait une piqûre, ma mâchoire est encore insensible.* ❷ Qui ne se laisse pas émouvoir, toucher. *C'est un homme insensible.* CONTR. **sensible.** ❸ Qui est difficile à percevoir. *Une différence insensible.* SYN. **imperceptible.**

▸ **insensiblement** adv. De façon insensible; peu à peu. *Les nuages se déplacent insensiblement.* SYN. **imperceptiblement.**

inséparable adj. Se dit de personnes qui sont toujours ensemble. *Pierre et Thomas sont inséparables.* ◆ n.m. plur. Variété de perruches qui vivent en couples.

un couple d'**inséparables**

insérer et **s'insérer** v. (conjug. 9). Mettre, introduire à l'intérieur d'une chose. *Insérer des photos dans une enveloppe.* ◆ **s'insérer.** Trouver sa place dans un groupe. *La nouvelle élève s'est bien insérée dans la classe.* SYN. **s'intégrer.**

▸ **insertion** n.f. ❶ Fait d'insérer, d'ajouter un texte. *L'insertion d'une note dans un article de journal.* ❷ Fait de s'intégrer dans un groupe. *L'insertion des immigrés dans la population.* SYN. **intégration.**

insidieusement adv. D'une manière insidieuse. *Il cherche insidieusement à obtenir des renseignements.* SYN. **sournoisement.**
▸▸▸ Mot de la famille de **insidieux.**

insidieux, euse adj. Qui cherche à tromper par des moyens habiles. *Poser des questions insidieuses.* SYN. **sournois.**

insigne n.m. Signe qui indique un grade, une fonction ou l'appartenance à un groupe. *Les basketteurs portaient l'insigne de leur club sur leur maillot.* → Vois aussi **badge.**
● Nom du genre masculin : **un insigne.**

insignifiant, e adj. Qui a peu d'importance, peu de valeur. *Un détail insignifiant.* SYN. **minime.** CONTR. **considérable, important.**

insinuation n.f. Ce que l'on fait comprendre de manière détournée, sans le dire franchement. *Son discours était plein d'insinuations.* SYN. **sous-entendu.** → Vois aussi **allusion.**
▸▸▸ Mot de la famille de **insinuer (1).**

1. **insinuer** v. (conjug. 3). Faire comprendre quelque chose sans le dire franchement. *Est-ce que tu insinues que ce qui est arrivé est de ma faute ?* SYN. **sous-entendre.**

2. **s'insinuer** v. (conjug. 3). S'introduire, pénétrer adroitement dans un lieu, dans un groupe. *Il réussit à s'insinuer partout.*

insipide adj. Qui n'a pas de goût. *Un fruit insipide.* SYN. **fade.**

insistance n.f. Action d'insister. *Ta sœur a demandé avec insistance que tu viennes.* SYN. **obstination.**
▸▸▸ Mot de la famille de **insister.**

insister v. (conjug. 3). ❶ Demander quelque chose plusieurs fois, avec persévérance. *Juliette a insisté pour que tu viennes.* ❷ Mettre l'accent sur quelque chose. *Il a insisté sur les risques que comporte un tel voyage.* SYN. **souligner.**

insolation n.f. Malaise plus ou moins grave dû à une exposition trop longue au soleil. *Mets-toi à l'ombre, tu vas attraper une insolation.*

insolemment adv. Avec insolence. *Répondre insolemment.* SYN. **effrontément.**
● On écrit **emment** mais on prononce [amɑ̃], comme **amant.**
▸▸▸ Mot de la famille de **insolent.**

insolence n.f. Manque de respect, de politesse. *La maîtresse l'a puni pour son insolence.* SYN. **effronterie, impertinence, impudence.**
▸▸▸ Mot de la famille de **insolent.**

insolent, e adj. et n. Qui manque de respect. *Elle a été insolente avec ses parents.* SYN. **effronté, impertinent.** ◆ adj. Qui manifeste de l'insolence, un manque de respect. *Un ton insolent.* SYN. **arrogant.**

insolite adj. Qui étonne par son caractère inhabituel. *Des bruits insolites.* SYN. **bizarre, étrange.** CONTR. **normal.**

insoluble adj. ❶ Qui ne peut pas se dissoudre. *La résine de pin est insoluble dans l'eau.* CONTR. **soluble.** ❷ Que l'on ne peut pas résoudre. *Ce problème est insoluble.* CONTR. **soluble.**

insomniaque adj. et n. Qui souffre d'insomnie.
►►► Mot de la famille de **insomnie.**

insomnie n.f. Impossibilité ou difficulté à s'endormir, à dormir suffisamment. *Grand-mère prend des somnifères parce qu'elle souffre d'insomnie.*

insondable adj. ❶ Dont on ne peut mesurer la profondeur. *Un gouffre insondable.* ❷ Impossible à expliquer, à comprendre. *Un mystère insondable.* SYN. **impénétrable, incompréhensible.**
►►► Mot de la famille de **sonde.**

insonorisation n.f. Action d'insonoriser. *L'insonorisation d'un appartement.*
►►► Mot de la famille de **insonoriser.**

insonoriser v. (conjug. 3). Isoler des bruits extérieurs au moyen de matériaux spéciaux. *Les studios d'enregistrement sont insonorisés.*

insouciance n.f. Caractère d'une personne insouciante. *L'insouciance de la jeunesse.*
►►► Mot de la famille de **insouciant.**

insouciant, e adj. et n. Qui ne se fait pas de souci. *Un enfant insouciant.*

insoutenable adj. Que l'on ne peut pas supporter. *Une douleur insoutenable.* SYN. **insupportable, intolérable.** *Des images insoutenables.* SYN. **atroce.**

inspecter v. (conjug. 3). Examiner attentivement pour contrôler, vérifier. *Inspecter des travaux.*

▶ **inspecteur, trice** n. ❶ Personne qui est chargée d'inspecter, de contrôler. *Une inspectrice est venue dans notre classe.* ❷ **Inspecteur de police,** fonctionnaire de police chargé des enquêtes. SYN. **officier de police.**

▶ **inspection** n.f. Action d'inspecter, de contrôler. *Les douaniers ont procédé à l'inspection du véhicule.*

inspiration n.f. ❶ Mouvement de la respiration qui fait entrer l'air dans les poumons. CONTR. **expiration.** ❷ Ensemble des idées qui viennent à l'esprit. *Un écrivain a besoin d'inspiration pour écrire.*
● Ne confonds pas avec **aspiration.**
►►► Mot de la famille de **inspirer.**

inspirer et **s'inspirer** v. (conjug. 3). ❶ Faire entrer de l'air dans ses poumons. *Inspirez à fond !* SYN. **aspirer.** CONTR. **expirer, souffler.** ❷ Faire naître un sentiment ou une idée. *Il ne m'inspire pas confiance. L'histoire de cet homme a inspiré l'écrivain.* ◆ **s'inspirer de.** Emprunter ses idées à quelqu'un ou à quelque chose. *Elle s'est inspirée d'un fait divers pour écrire ce roman.*

instabilité n.f. Caractère de ce qui est instable, de ce qui change souvent. *L'instabilité d'une situation. L'instabilité des prix.* SYN. **fluctuation.**
►►► Mot de la famille de **instable.**

instable adj. ❶ Qui n'est pas stable, qui risque de tomber. *Cette armoire est instable.* SYN. **bancal, branlant.** ❷ Qui change souvent. *Le temps est instable.* SYN. **changeant, variable.** ❸ Qui change souvent d'idée, de comportement. *Un enfant instable.* CONTR. **calme, posé.**

installation n.f. ❶ Fait d'installer des appareils, des machines; ensemble des appareils installés. *L'installation du chauffage est confiée à un spécialiste. L'installation électrique est défectueuse.* ❷ Fait de s'installer quelque part. *Leur installation dans leur nouvelle maison a été retardée de quelques jours.*
►►► Mot de la famille de **installer.**

installer et **s'installer** v. (conjug. 3). ❶ Mettre en place des appareils, des équipements en effectuant des travaux. *Installer l'électricité dans une maison.* ❷ Placer une personne dans un endroit, dans une position confortables. *Maman a installé mon petit frère dans sa poussette.* ◆ **s'installer.** ❶ Se fixer, emménager quelque part. *Ils se sont installés en Bretagne.* SYN. **s'établir.** ❷ Se mettre dans une position confortable. *Loan s'est installée dans le canapé pour lire.*

a b c d e f g h i j k l m n o p q r s t u v w x y z

a b c d e f g h i j k l m n o p q r s t u v w x y z

instamment adv. Avec insistance. *Il m'a demandé instamment de venir.*

instances n.f. plur. Mot littéraire. Demandes faites avec insistance. *Sur les instances de ses amis, il a accepté de venir.* SYN. **prières, sollicitations.**

instant n.m. ❶ Moment très court. *Je reviens dans un instant.* ❷ **À l'instant,** il y a très peu de temps; tout de suite. *Elle était là à l'instant. Il revient à l'instant.* ❸ **Dès l'instant que,** du moment que, puisque. *Dès l'instant que tes parents sont d'accord, tu peux nous accompagner.* SYN. **dans la mesure où.** ❹ **Pour l'instant,** pour le moment. *Pour l'instant, tout se passe bien.*

▶ **instantané, e** adj. Qui se produit en un instant, subitement. *La mort fut instantanée.* SYN. **immédiat.**

▶ **instantanément** adv. De façon instantanée, aussitôt. *La machine s'est arrêtée instantanément.* SYN. **immédiatement.**

instaurer v. (conjug. 3). Établir les bases de quelque chose, mettre en place. *Instaurer la république.* SYN. **instituer.** CONTR. **renverser.**

instigateur, trice n. Personne qui pousse à faire quelque chose. *L'instigateur du complot a été arrêté.*
▸▸▸ Mot de la famille de **instigation.**

instigation n.f. **À l'instigation de,** sur les conseils de quelqu'un. *Kelly s'est inscrite au club de danse à l'instigation d'une amie.*

instinct n.m. ❶ Tendance naturelle qui pousse les êtres vivants à avoir tel comportement. *Les animaux obéissent à leur instinct.* ❷ Capacité à deviner certaines choses. *Il pressent le danger grâce à son instinct.* SYN. **intuition.** ❸ **D'instinct,** spontanément, sans réfléchir. *D'instinct, il n'a pas fait un pas de plus.*
● Ce mot se termine par un **c** suivi d'un **t** que l'on ne prononce pas : [ɛ̃stɛ̃].

▶ **instinctif, ive** adj. Que l'on fait par instinct, sans réfléchir. *Un geste instinctif.* SYN. **involontaire, machinal, spontané.** CONTR. **réfléchi.**

▶ **instinctivement** adv. De manière instinctive. *Instinctivement, elle s'est enfuie.*

instituer v. (conjug. 3). Mettre en place une chose pour qu'elle devienne permanente. *Instituer de nouvelles règles.* SYN. **établir, instaurer.**

institut n.m. ❶ Établissement où l'on effectue des études ou des recherches scientifiques. *L'Institut Pasteur.* ❷ **Institut de beauté,** établissement où l'on donne des soins de beauté.

instituteur, trice n. Personne qui enseigne dans les écoles primaires. *L'instituteur a convoqué mes parents.* SYN. **maître.**
● On peut aussi dire **professeur des écoles.**

institution n.f. ❶ Chose instituée. *Le mariage est une institution.* ❷ Établissement d'enseignement privé. ◆ n.f. plur. Ensemble des lois fondamentales d'un État.
▸▸▸ Mot de la famille de **instituer.**

→ planche pp. 308-309.

instructeur, trice n. Militaire chargé d'instruire, de former les jeunes soldats.
▸▸▸ Mot de la famille de **instruire.**

instructif, ive adj. Qui instruit, informe. *Ce documentaire est très instructif.* SYN. **formateur.**
▸▸▸ Mot de la famille de **instruire.**

instruction n.f. ❶ Action d'instruire, d'enseigner. *Les instituteurs et les professeurs sont chargés de l'instruction des élèves.* ❷ Ensemble des connaissances que l'on possède. *Ma grand-mère a beaucoup d'instruction.* SYN. **culture.** ❸ (Souvent au pluriel). Ordre, explication donnés à une personne pour qu'elle puisse agir. *Les instructions de la directrice sont claires.* SYN. **consignes, directives.** ❹ **Juge d'instruction,** juge chargé d'instruire une affaire, de diriger une enquête.
→ Vois aussi **éducation, enseignement.**
● L'instruction primaire est obligatoire pour les enfants de 6 à 16 ans.
▸▸▸ Mot de la famille de **instruire.**

instruire et **s'instruire** v. (conjug. 60). ❶ Apporter des connaissances nouvelles à quelqu'un. *Mes lectures m'ont beaucoup instruite.* ❷ **Instruire une affaire, un procès,** rassembler les preuves, les témoignages qui permettront de rendre un jugement. ◆ **s'instruire.** Acquérir des connaissances. *On va à l'école pour s'instruire.* SYN. **apprendre.**

instrument n.m. ❶ Objet qui sert à réaliser certains travaux. *Le bistouri est un instrument chirurgical. Le thermomètre est un instrument de mesure.* ❷ **Instrument de musique,** objet qui sert à jouer de la musique. *L'accordéon, la trompette et la guitare sont des instruments de musique.*

→ planche pp. 580-581.

▸ **instrumental, e, aux** adj. **Musique instrumentale**, qui est jouée avec des instruments.

● Au masculin pluriel : **instrumentaux.**

▸ **instrumentiste** n. Musicien qui joue d'un instrument. *Les instrumentistes d'un orchestre.*

insubmersible adj. Qui ne peut pas couler. *Un canot de sauvetage est insubmersible.*

▸▸▸ Mot de la famille de **submerger.**

insubordination n.f. Refus d'obéir, de se soumettre. *Le soldat a été puni pour insubordination.* SYN. **désobéissance, indiscipline.** CONTR. **obéissance, soumission.**

▸▸▸ Mot de la famille de **subordonner.**

à l'**insu de** préposition. Sans qu'on le sache. *Il est sorti à l'insu de ses parents.*

insuffisamment adv. De façon insuffisante ; pas assez. *Il s'était insuffisamment entraîné.* CONTR. **suffisamment.**

▸▸▸ Mot de la famille de **suffire.**

insuffisance n.f. ❶ Caractère de ce qui est insuffisant. *L'insuffisance des provisions.* ❷ Manque de capacités ou de connaissances. *Certains élèves ont des insuffisances en orthographe.* SYN. **lacune.** ❸ Mauvais fonctionnement d'un organe. *Souffrir d'insuffisance cardiaque.*

▸▸▸ Mot de la famille de **suffire.**

insuffisant, e adj. Qui ne suffit pas. *Les réserves en eau sont insuffisantes.* CONTR. **suffisant.** *Ses résultats en mathématiques sont insuffisants.* SYN. **faible, médiocre.**

▸▸▸ Mot de la famille de **suffire.**

insuffler v. (conjug. 3). Faire naître un sentiment, un élan chez quelqu'un. *Son succès lui a insufflé du courage.*

insulaire adj. et n. Qui habite une île. *Un peuple insulaire.*

insultant, e adj. Qui constitue une insulte. *Une remarque insultante.* SYN. **injurieux.**

▸▸▸ Mot de la famille de **insulter.**

insulte n.f. Parole qui blesse, qui offense. *« Espèce d'idiot » est une insulte.* SYN. **injure.**

▸▸▸ Mot de la famille de **insulter.**

insulter et **s'insulter** v. (conjug. 3). Adresser des paroles blessantes à quelqu'un. *Le chauffeur a insulté les piétons qui traversaient.* SYN. **injurier, invectiver.** ◆ **s'insulter.** S'adresser des insultes l'un à l'autre, les uns aux autres. *Les joueurs s'insultaient devant l'arbitre.* SYN. **s'injurier, s'invectiver.**

insupportable adj. Qui est difficile à supporter. *Cette chaleur est insupportable.* SYN. **intolérable.** CONTR. **supportable.** *Une douleur insupportable.* SYN. **atroce, horrible, intolérable.** CONTR. **supportable, tolérable.** *Un enfant insupportable.* SYN. **impossible, infernal, intenable.** CONTR. **charmant, gentil, sage.**

insurgé, e n. et adj. Personne qui se révolte. *Les insurgés sont maîtres du pays.* SYN. **rebelle.**

▸▸▸ Mot de la famille de **s'insurger.**

s'**insurger** v. (conjug. 5). ❶ Se soulever contre le pouvoir. *Le peuple s'est insurgé contre le dictateur.* SYN. **se rebeller, se révolter.** ❷ Protester vivement. *Je m'insurge contre cette décision injuste.*

insurmontable adj. Que l'on ne peut pas surmonter. *Des problèmes insurmontables.*

▸▸▸ Mot de la famille de **surmonter.**

insurrection n.f. Soulèvement contre le pouvoir. *L'insurrection a été durement réprimée.* SYN. **émeute, révolte, soulèvement.**

▸▸▸ Mot de la famille de **s'insurger.**

intact, e adj. Qui est resté en bon état, qui n'a pas été abîmé. *Malgré le choc, la voiture est intacte.*

intangible adj. Que l'on ne peut pas changer, qui doit rester intact. *Des principes intangibles.* SYN. **sacré.**

intarissable adj. ❶ Qui ne cesse jamais de couler. *Une source intarissable.* SYN. **inépuisable.** ❷ Qui ne s'arrête pas de parler. *Elle est intarissable sur le sujet.*

▸▸▸ Mot de la famille de **tarir.**

intégral, e, aux adj. Qui est complet, sans restriction. *Le remboursement intégral d'une somme.* SYN. **total.** CONTR. **partiel.**

● Au masculin pluriel : **intégraux.**

▸ **intégralement** adv. De façon intégrale, complète. *Ils ont remboursé leurs dettes intégralement.* SYN. **entièrement, en totalité.** CONTR. **partiellement.**

Les instruments de musique

Depuis toujours la musique rythme la vie des hommes. Selon les époques, les pays, on utilise divers types d'instruments : les vents, les cordes et les percussions, fabriqués dans différentes matières. Les instruments à vent sont ceux dans lesquels on souffle pour produire des sons. Ce sont soit des bois (flûtes…), soit des cuivres (tuba, trompette…). Les instruments à cordes sont très variés. Selon les cas, les cordes sont pincées avec les doigts (guitare, sitar…), frottées avec un archet (violon…) ou frappées avec un marteau (piano). Les instruments à percussion sont ceux sur lesquels le musicien frappe (batterie, triangle, balafon…).

timbale

groupe de petits musiciens indiens

balafon

bérimbau

kora

djembé

sitar

flûte traversière
tuba
cor
flûte de Pan
saxophone
cornet à pistons
cornemuse bretonne (biniou)
trompette
flûte à bec
guitare électrique
basson
piano à queue
guitare sèche
triangle
cymbales
violon
batterie
violoncelle

a b c d e f g h i j k l m n o p q r s t u v w x y z

▸ **intégralité** n.f. État de ce qui est intégral, complet. *On lui a remboursé l'intégralité de la somme.* SYN. **totalité.**

● Ne confonds pas avec **intégrité.**

intégrant, e adj. **Faire partie intégrante de quelque chose,** faire partie d'un tout et ne pouvoir en être séparé. *Ce roman fait partie intégrante de l'œuvre de cet auteur.*

▸▸▸ Mot de la famille de **intégrer.**

intégration n.f. Fait de s'intégrer dans un groupe. *L'intégration des immigrés dans la société.* SYN. **insertion.**

▸▸▸ Mot de la famille de **intégrer.**

intègre adj. Qui ne se laisse pas corrompre; qui est parfaitement honnête. *C'est un homme politique intègre.* SYN. **incorruptible.** CONTR. **vénal.**

intégrer et **s'intégrer** v. (conjug. 9). Faire entrer dans un ensemble. *Notre article a été intégré dans le journal de l'école.* SYN. **inclure, insérer.** CONTR. **retirer.** ◆ **s'intégrer.** Trouver sa place, se faire admettre dans un groupe. *Le nouvel élève s'est très bien intégré à la classe.* SYN. **s'insérer.**

intégrité n.f. Qualité d'une personne intègre. *L'intégrité de cet homme d'affaires n'a jamais été contestée.* SYN. **honnêteté.**

● Ne confonds pas avec **intégralité.**

▸▸▸ Mot de la famille de **intègre.**

intellectuel, elle n. et adj. Personne qui aime s'occuper des choses de l'esprit ou qui s'en occupe dans sa vie professionnelle. *Les écrivains, les philosophes sont des intellectuels.* ◆ adj. Qui se rapporte à l'intelligence, à l'activité de l'esprit. *Un travail intellectuel.*

▸ **intellectuellement** adv. Sur le plan intellectuel. *Intellectuellement, il est plus avancé que les enfants de son âge.*

intelligemment adv. De façon intelligente. *Elle a répondu intelligemment aux questions.* SYN. **judicieusement.**

● On écrit **emment** mais on prononce [amɑ̃], comme **amant.**

▸▸▸ Mot de la famille de **intelligence.**

intelligence n.f. ❶ Capacité à comprendre, à raisonner ou à s'adapter à une situation. *Camélia a fait preuve d'intelligence.* SYN. **clairvoyance, discernement.** CONTR. **bêtise, stupidité.** ❷ **Vivre en bonne intelligence avec quelqu'un,** bien s'entendre avec lui.

▸ **intelligent, e** adj. Qui comprend vite, qui apprend et s'adapte facilement. *C'est un garçon intelligent.* CONTR. **bête, idiot, sot, stupide.**

intelligible adj. Qui peut être facilement compris. *S'exprimer d'une manière intelligible et nette.* SYN. **clair, compréhensible.** CONTR. **incompréhensible.**

intempéries n.f. plur. Mauvais temps. *Notre départ a été reporté en raison des intempéries.*

intempestif, ive adj. Qui se produit au mauvais moment. *Une remarque intempestive.* SYN. **inopportun.** CONTR. **opportun.**

intenable adj. Que l'on ne peut pas supporter. *Une chaleur intenable.* SYN. **infernal, insoutenable, insupportable.**

▸▸▸ Mot de la famille de **tenir.**

intendance n.f. Service chargé de l'approvisionnement et de l'entretien du matériel dans un établissement, dans une collectivité. *L'intendance d'un collège.*

▸ **intendant, e** n. Personne chargée de l'intendance dans un établissement d'enseignement, dans une collectivité.

intense adj. D'une force, d'une puissance très grande. *La chaleur est intense.* SYN. **vif.** CONTR. **faible.** *Un bonheur intense.* SYN. **extrême.**

▸ **intensément** adv. D'une façon intense. *Regarder quelqu'un intensément.*

▸ **intensif, ive** adj. ❶ Qui demande de gros efforts pour obtenir de meilleurs résultats. *Mon frère prend des cours intensifs d'anglais.* ❷ **Agriculture intensive,** qui consiste à produire le plus possible, qui donne de forts rendements. CONTR. **extensif.**

▸ **intensifier** et **s'intensifier** v. (conjug. 7). Rendre plus intense. *Intensifier ses efforts.* SYN. **augmenter.** CONTR. **diminuer, réduire.** ◆ **s'intensifier.** Devenir plus intense. *Le bruit s'est intensifié.* SYN. **s'accentuer.**

▸ **intensité** n.f. Force, puissance d'un phénomène. *Une lumière d'une grande intensité.*

intenter v. (conjug. 3). **Intenter un procès à quelqu'un,** le poursuivre en justice.

intention n.f. ❶ Projet ou volonté de faire quelque chose. *Hassan a l'intention de s'ins-*

crire au club de football. Je ne connais pas ses intentions. SYN. **but, objectif.** ❷ **À l'intention de,** spécialement pour quelqu'un. *Ils avaient organisé une fête à mon intention.*

▶ **intentionné, e** adj. **Être bien intentionné,** avoir de bonnes intentions.

▶ **intentionnel, elle** adj. Que l'on fait avec intention, exprès. *Son geste était intentionnel.* SYN. **délibéré, volontaire.** CONTR. **involontaire.**

▶ **intentionnellement** adv. De manière intentionnelle. *Le joueur a fait cette faute intentionnellement.* SYN. **délibérément, exprès, volontairement.** CONTR. **involontairement.**

intercalaire n.m. Feuille de carton ou de plastique que l'on intercale entre d'autres feuilles dans un classeur pour les séparer.
▶▶▶ Mot de la famille de **intercaler.**

intercaler et **s'intercaler** v. (conjug. 3). Mettre entre deux choses ou répartir dans un ensemble. *Camélia intercale des perles de différentes couleurs pour faire un collier.* ◆ **s'intercaler.** Se placer, se trouver entre deux choses. *Des dessins et des photos s'intercalent entre les paragraphes.*

intercéder v. (conjug. 9). Intervenir en faveur de quelqu'un, prendre sa défense. *Il a intercédé en faveur du coupable.*

intercepter v. (conjug. 3). ❶ S'emparer de quelque chose au passage. *Le joueur a intercepté le ballon.* ❷ Arrêter quelqu'un. *Les policiers ont intercepté les malfaiteurs à la frontière.*

▶ **interception** n.f. Action d'intercepter, de s'emparer de quelque chose. *L'interception d'un message.*

interchangeable adj. Se dit de choses ou de personnes que l'on peut mettre à la place les unes des autres. *Les pièces de cet appareil sont interchangeables.*
● Ce mot s'écrit avec un **e** après le **g** pour prononcer le son [ʒ].

interdiction n.f. Action d'interdire. *Un panneau signale l'interdiction de stationner dans cette rue.* SYN. **défense.** CONTR. **autorisation.** *Les élèves ont l'interdiction de se lever en classe.* CONTR. **permission.**
▶▶▶ Mot de la famille de **interdire.**

interdit aux piétons — interdit aux cycles — signaux sonores interdits

des panneaux d'**interdiction**

interdire v. (conjug. 65). Défendre de faire quelque chose. *La maîtresse nous a interdit de courir dans les couloirs.* SYN. **empêcher.** CONTR. **autoriser, permettre.**

▶ **interdit, e** adj. ❶ Qui n'est pas autorisé. *Baignade interdite.* ❷ Qui est très étonné. *Cette nouvelle l'a laissé interdit.* SYN. **ébahi, interloqué, stupéfait.**

intéressant, e adj. ❶ Qui intéresse, qui retient l'attention. *Ce livre est très intéressant.* SYN. **passionnant.** CONTR. **ennuyeux, inintéressant.** *Ma sœur cherche à se rendre intéressante.* ❷ Qui est avantageux. *Il a acheté son vélo à un prix très intéressant.*
▶▶▶ Mot de la famille de **intéresser.**

intéressé, e adj. Qui ne pense qu'à son intérêt personnel, à son avantage ou à son profit. *Je n'apprécie pas les gens intéressés.* CONTR. **désintéressé, généreux.**
▶▶▶ Mot de la famille de **intérêt.**

intéresser et **s'intéresser** v. (conjug. 3). ❶ Éveiller l'intérêt, retenir l'attention. *L'exposition a intéressé les élèves.* CONTR. **ennuyer.** ❷ Avoir de l'importance pour quelqu'un, lui être utile. *Cette loi intéresse les commerçants.* SYN. **concerner.** ◆ **s'intéresser à.** Avoir de l'intérêt pour quelque chose, être attiré par quelque chose. *Djamila s'intéresse à l'histoire.*
▶▶▶ Mot de la famille de **intérêt.**

intérêt n.m. ❶ Attention particulière que l'on porte à quelque chose ou à quelqu'un. *Les enfants écoutent le conteur avec beaucoup d'intérêt.* CONTR. **désintérêt, ennui, indifférence.** ❷ Caractère intéressant, original de quelque chose. *Ce livre présente un grand intérêt pour les enfants.* ❸ Attachement à ce qui est avantageux pour soi, attachement à l'argent. *Il agit par intérêt.* ❹ **Avoir intérêt à,** trouver son compte dans quelque chose. *Vous avez intérêt à partir dès maintenant.* ❺ Somme à payer lorsque l'on emprunte de l'argent ou somme que l'on gagne lorsque

a b c d e f g h i j k l m n o p q r s t u v w x y z

l'on place de l'argent. *La banque leur a accordé un prêt de 2000 euros à 4% d'intérêt.*
● Le deuxième **e** prend un accent circonflexe.

intérieur, e adj. ❶ Qui se trouve au-dedans. *J'ai mis mon portefeuille dans la poche intérieure de ma veste.* CONTR. **extérieur.** ❷ Qui concerne un pays, l'administration d'un État. *La politique intérieure.* CONTR. **étranger, extérieur.**

▸ **intérieur** n.m. ❶ Ce qui est dedans. *L'intérieur de la boîte est peint.* CONTR. **extérieur.** ❷ Endroit où l'on habite. *Un intérieur confortable.* ❸ **À l'intérieur,** dans la maison, chez soi. *Aujourd'hui, nous avons joué à l'intérieur.* CONTR. **dehors.** ❹ **Ministre de l'Intérieur,** ministre chargé des affaires administratives et de la police du pays.

▸ **intérieurement** adv. À l'intérieur, au-dedans. *Intérieurement, la voiture est très spacieuse.* CONTR. **extérieurement.**

intérim n.m. Période pendant laquelle une personne en remplace une autre à son poste. *Vous assurerez l'intérim pendant six mois.* SYN. **remplacement.**
● On prononce le **m.**

▸ **intérimaire** adj. Qui dure peu de temps. *Un travail intérimaire.* SYN. **temporaire.** ◆ adj. et n. Qui assure un intérim, qui fait un remplacement dans une entreprise. *Un travailleur intérimaire.*

interjection n.f. Mot invariable qui exprime un sentiment, une émotion. *« Oh ! », « aïe ! », « hélas ! » sont des interjections.*

interligne n.m. Blanc laissé entre deux lignes écrites ou imprimées.
● Nom du genre masculin : **un interligne.**

interlocuteur, trice n. Personne qui parle avec une autre. *Je regarde mon interlocuteur dans les yeux.*

interloqué, e adj. Ébahi, stupéfait. *Je suis restée interloquée par la nouvelle.* SYN. **interdit.**

intermédiaire adj. Qui est entre deux choses. *Sa robe est d'une couleur intermédiaire entre le bleu et le vert.*

▸ **intermédiaire** n. Personne qui sert de lien entre deux autres. *Un intermédiaire est intervenu pour résoudre le conflit.* SYN. **médiateur.** ◆ n.m. **Par l'intermédiaire de,** grâce à quelqu'un ; au moyen de quelque chose. *Nous avons appris la nouvelle par l'intermédiaire de nos voisins.* SYN. **par l'entremise de.**

interminable adj. Qui semble ne jamais devoir se terminer ; très long. *Une attente interminable.*
▸▸▸ Mot de la famille de **terminer.**

intermittence n.f. **Par intermittence,** par moments. *Il pleuvait par intermittence.*
▸▸▸ Mot de la famille de **intermittent.**

intermittent, e adj. Qui s'arrête et reprend, qui n'est pas continu. *Une lumière intermittente. Un travail intermittent.* SYN. **irrégulier.**

internat n.m. ❶ Régime scolaire d'un élève interne. CONTR. **externat.** ❷ Concours qui permet de devenir médecin dans un hôpital. *Mon cousin prépare l'internat.*
▸▸▸ Mot de la famille de **interne (2).**

international, e, aux adj. ❶ Qui concerne plusieurs nations. *Une compétition internationale de tennis de table.* SYN. **mondial.** *Un organisme international.* ❷ Qui concerne les rapports des nations entre elles. *La politique internationale.*
● Au masculin pluriel : **internationaux.**
▸▸▸ Mot de la famille de **nation.**

1. **interne** adj. Qui est situé à l'intérieur, qui se passe à l'intérieur du corps. *Une hémorragie interne.* CONTR. **externe.**

2. **interne** n. ❶ Élève qui mange et dort dans l'établissement scolaire qu'il fréquente. *Mon frère aîné est interne dans un lycée.* SYN. **pensionnaire.** CONTR. **externe.** ❷ Étudiant qui a réussi l'internat et qui est médecin dans un hôpital.

▸ **internement** n.m. Action d'interner quelqu'un ou fait d'être interné dans un hôpital psychiatrique. *Le médecin a décidé l'internement du malade.*

▸ **interner** v. (conjug. 3). Enfermer une personne dans un hôpital psychiatrique. *Interner un malade mental.*

Internet n.m. Réseau informatique international qui permet de trouver des informations et de communiquer à distance. → Vois aussi **télématique.**
● On prononce [ɛ̃tɛrnɛt]. – On peut aussi écrire **internet.** – On emploie souvent l'abréviation **Net.**

interpellation n.f. Action d'interpeller quelqu'un. *L'interpellation d'un suspect par la police.*
▸▸▸ Mot de la famille de **interpeller.**

interpeller v. (conjug. 3). ❶ Appeler brusquement quelqu'un. *Je l'ai interpellé dans la rue.* SYN. **apostropher, héler.** ❷ Vérifier l'identité d'une personne; arrêter quelqu'un. *La police a interpellé deux hommes.*

● La nouvelle orthographe permet d'écrire aussi **interpeler,** avec un seul **l,** et de le conjuguer comme **appeler**.

Interphone n.m. Téléphone à haut-parleur qui permet de communiquer avec des appartements à l'intérieur d'un bâtiment. *Le facteur sonne à l'Interphone.*

● C'est un nom de marque : il s'écrit avec une majuscule dans les textes imprimés.

interplanétaire adj. Qui est situé dans l'espace entre les planètes. *Un voyage interplanétaire.* → Vois aussi **intersidéral, interstellaire.**

s'**interposer** v. (conjug. 3). Intervenir entre des personnes. *La maîtresse s'est interposée pour séparer les enfants qui se battaient.*

interprétation n.f. ❶ Action d'interpréter, de donner un sens à quelque chose. *Je ne suis pas d'accord avec ton interprétation du texte.* SYN. **explication.** ❷ Action ou manière de jouer un rôle ou d'exécuter un morceau de musique. *L'interprétation de l'actrice était bouleversante.* SYN. **jeu.**

▸▸▸ Mot de la famille de **interpréter.**

interprète n. ❶ Personne chargée de traduire oralement dans une autre langue les propos de quelqu'un. *Une interprète accompagne le chef d'État dans ses déplacements.* ❷ Artiste qui interprète un rôle ou une œuvre musicale. *Nous avons rencontré les interprètes de la pièce de théâtre.* SYN. **acteur, comédien.**

▸▸▸ Mot de la famille de **interpréter.**

interpréter v. (conjug. 9). ❶ Donner un sens à quelque chose. *Tu as mal interprété mes paroles.* SYN. **comprendre.** ❷ Jouer un rôle, au théâtre ou au cinéma; jouer un morceau de musique. *Elle interprète Cléopâtre dans la pièce.* SYN. **incarner.** *Le pianiste interprétera des œuvres de Chopin.* SYN. **exécuter.**

interrogateur, trice adj. Qui montre que l'on cherche à savoir quelque chose. *Un regard interrogateur.*

▸▸▸ Mot de la famille de **interroger.**

interrogatif, ive adj. **Phrase interrogative,** qui permet de poser une question. *« Où vas-tu ? », « Qu'est-ce que tu dis ? » sont des phrases interrogatives.*

▸▸▸ Mot de la famille de **interroger.**

interrogation n.f. ❶ Question ou ensemble de questions. *Répondre à une interrogation. Nous avons eu une interrogation écrite d'histoire.* ❷ **Point d'interrogation,** signe de ponctuation (?) qui se place à la fin d'une phrase interrogative.

▸▸▸ Mot de la famille de **interroger.**

interrogatoire n.m. Série de questions posées à quelqu'un au cours d'une enquête. *Le suspect a subi un interrogatoire.*

▸▸▸ Mot de la famille de **interroger.**

interroger v. (conjug. 5). ❶ Poser des questions à quelqu'un. *Les policiers interrogeaient les témoins.* SYN. **questionner.** ❷ Consulter son répondeur téléphonique.

interrompre et **s'interrompre** v. (conjug. 47). ❶ Faire cesser, momentanément ou définitivement. *On a interrompu l'émission pendant quelques instants.* SYN. **arrêter.** CONTR. **continuer.** ❷ Couper la parole à quelqu'un. *Ne m'interrompez pas, s'il vous plaît.* ◆ **s'interrompre.** Cesser de parler. *La présentatrice s'est interrompue pour régler son micro.*

▸ **interrupteur** n.m. Appareil qui permet de couper ou de rétablir le courant électrique. *Appuyer sur l'interrupteur.*

▸ **interruption** n.f. Action d'interrompre, fait de s'interrompre. *L'interruption des programmes. Travailler sans interruption.* SYN. **arrêt.**

intersection n.f. Endroit où deux lignes, deux routes se coupent. *Il y a une station-service à l'intersection des deux routes.* SYN. **croisement.**

intersidéral, e, aux adj. Qui se situe entre les astres. *Un vol intersidéral.* → Vois aussi **interplanétaire, interstellaire.**

● Au masculin pluriel : **intersidéraux.**

interstellaire adj. Situé entre les étoiles. *L'espace interstellaire.* → Vois aussi **interplanétaire, intersidéral.**

interstice n.m. Petit espace vide. *On voit la lumière à travers les interstices du plancher.*

● Nom du genre masculin : **un interstice.**

intervalle n.m. ❶ Distance entre deux choses. *Essaie de laisser des intervalles régu-*

a b c d e f g h i j k l m n o p q r s t u v w x y z

a b c d e f g h i j k l m n o p q r s t u v w x y z

liers entre les lignes. SYN. **espace.** ❷ Espace de temps entre deux instants, deux faits. *Il y a un intervalle d'un quart d'heure entre chaque bus.*
● Ce mot s'écrit avec deux **l**. – Nom du genre masculin : **un intervalle.**

intervenir v. (conjug. 20). ❶ Prendre part à une action. *Les pompiers sont intervenus très rapidement. Des passants sont intervenus pour éviter la bagarre.* SYN. **s'interposer.** ❷ Se produire, arriver. *Un incident est intervenu à la fin de la course.* SYN. **survenir.**

▶ **intervention** n.f. ❶ Action d'intervenir. *L'intervention des forces de l'ordre a été très rapide.* ❷ Opération chirurgicale.

interversion n.f. Fait d'intervertir des choses, de les déplacer en changeant l'ordre habituel. *L'interversion des mots peut changer le sens de la phrase.*
▸▸▸ Mot de la famille de **intervertir.**

intervertir v. (conjug. 16). Modifier l'ordre habituel en mettant une chose à la place d'une autre. *Intervertir des lettres dans un mot.* SYN. **inverser.**

interview n.f. Entretien avec un journaliste. *Le chanteur lui a accordé une interview.*
● C'est un mot anglais, on prononce [ɛ̃tɛrvju]. – On peut aussi dire **un interview.**

l'interview d'une star du rock

▶ **interviewer** v. (conjug. 3). Poser des questions à quelqu'un lors d'une interview. *La journaliste a interviewé un ministre.*
● On prononce [ɛ̃tɛrvjuve].

intestin n.m. Partie du tube digestif qui va de l'estomac à l'anus et qui a la forme d'un long tuyau enroulé. Il est divisé en deux parties : l'*intestin grêle* et le *gros intestin.*

▶ **intestinal, e, aux** adj. De l'intestin. *Une douleur intestinale.*
● Au masculin pluriel : **intestinaux.**

intime adj. ❶ Qui est très personnel, que l'on garde pour soi. *Je refuse de parler de ma vie intime.* SYN. **privé.** ❷ Avec qui on est très lié. *Leïla est mon amie intime.* ❸ Qui se passe entre amis, entre personnes qui se connaissent bien. *Une soirée intime.*

▶ **intimement** adv. De façon intime. *Anne et Charlotte sont intimement liées.* SYN. **étroitement.** *Je suis intimement persuadé de sa bonne foi.* SYN. **profondément.**

intimer v. (conjug. 3). Déclarer avec autorité. *Il lui intima l'ordre de se lever.*

intimider v. (conjug. 3). Faire perdre son assurance à quelqu'un, provoquer la gêne, la crainte. *Le directeur de l'école intimide les élèves.* SYN. **impressionner.**

intimité n.f. ❶ Vie privée. *Elle cherche à tout prix à préserver son intimité.* ❷ **Dans l'intimité, dans la plus stricte intimité,** en présence des parents et des amis proches. *Ils se sont mariés dans la plus stricte intimité.*
▸▸▸ Mot de la famille de **intime.**

intituler et **s'intituler** v. (conjug. 3). Donner un titre à. *Comment avez-vous intitulé votre livre ?* ◆ **s'intituler.** Avoir pour titre. *Comment s'intitule son dernier roman ?*

intolérable adj. Que l'on ne peut pas tolérer, supporter. *La chaleur est intolérable.* SYN. **insupportable.** CONTR. **supportable, tolérable.** *Son attitude est intolérable.* SYN. **inacceptable, inadmissible.**

intolérance n.f. Attitude hostile ou agressive à l'égard des personnes qui n'ont pas les mêmes opinions que soi. *Le fanatisme est une forme d'intolérance.* CONTR. **tolérance.**

▶ **intolérant, e** adj. Qui fait preuve d'intolérance. *Elle s'est montrée intolérante envers ses amis.* CONTR. **tolérant.**

intonation n.f. Ton que l'on prend pour parler, pour lire. *À l'intonation de sa voix, j'ai compris qu'il était déçu.* SYN. **inflexion.**

intoxication n.f. Trouble physique plus ou moins grave causé par un produit toxique. *De la nourriture avariée peut provoquer une intoxication alimentaire.* SYN. **empoisonnement.**

▸▸▸ Mot de la famille de **intoxiquer.**

intoxiquer v. (conjug. 3). Empoisonner. *Ils ont été intoxiqués par des champignons vénéneux.*

intraitable adj. Qui n'accepte aucun arrangement, aucun compromis. *Le maître est intraitable sur le règlement.* SYN. **inflexible, intransigeant.** CONTR. **conciliant.**

intramusculaire adj. **Piqûre** ou **injection intramusculaire,** qui se fait dans un muscle. → Vois aussi **intraveineux, sous-cutané.**

intransigeance n.f. Caractère d'une personne intransigeante.

● Ce mot s'écrit avec un **e** après le **g** pour prononcer le son [ʒ].

▸▸▸ Mot de la famille de **intransigeant.**

intransigeant, e adj. Qui ne fait aucune concession, aucun compromis. *La directrice s'est montrée intransigeante.* SYN. **inflexible, intraitable.** CONTR. **accommodant, conciliant.**

● Ce mot s'écrit avec un **e** après le **g** pour prononcer le son [ʒ].

intransitif, ive adj. **Verbe intransitif,** qui ne peut pas avoir de complément d'objet. *« Dormir » est un verbe intransitif.* CONTR. **transitif.**

intraveineux, euse adj. **Piqûre** ou **injection intraveineuse,** qui se fait dans une veine. → Vois aussi **intramusculaire, sous-cutané.**

intrépide adj. et n. Qui n'a pas peur du danger. *Un aventurier intrépide.* SYN. **courageux, hardi.** CONTR. **lâche, peureux.**

▸ **intrépidité** n.f. Caractère d'une personne intrépide.

intrigant, e adj. et n. Qui utilise des moyens plus ou moins honnêtes pour obtenir quelque chose. *C'est une intrigante.* SYN. **arriviste.**

▸▸▸ Mot de la famille de **intrigue.**

intrigue n.f. ❶ Ensemble des événements qui forment l'action d'un film, d'une pièce de théâtre ou d'un roman. *Une intrigue pleine de rebondissements.* SYN. **histoire.** ❷ Moyen plus ou moins honnête qu'on emploie pour obtenir quelque chose. *Il s'est livré à de multiples intrigues pour obtenir ce poste.* SYN. **machination, manigance, manœuvre.**

▸ **intriguer** v. (conjug. 6). ❶ Exciter la curiosité. *Ce va-et-vient m'intrigue.* ❷ Se livrer à des intrigues, des manœuvres secrètes. *Elle a intrigué pour obtenir ce poste.* SYN. **manœuvrer.**

introduction n.f. ❶ Fait d'introduire, de faire entrer des personnes ou des choses quelque part. *L'introduction des visiteurs.* ❷ Début d'un texte qui présente et explique un sujet. *Je l'ai aidé à faire l'introduction de sa rédaction.* SYN. **entrée en matière.** CONTR. **conclusion.**

▸▸▸ Mot de la famille de **introduire.** → Vois aussi **préface.**

introduire et **s'introduire** v. (conjug. 60). ❶ Faire entrer une chose dans une autre. *Introduire la clé dans la serrure.* SYN. **enfoncer, engager.** ❷ Faire entrer quelqu'un dans un lieu. *La secrétaire a introduit les clients dans la salle d'attente.* ◆ **s'introduire.** Entrer, pénétrer dans un lieu. *Quelqu'un s'est introduit chez nous pendant notre absence.*

introuvable adj. Que l'on ne peut pas trouver ou retrouver. *Les clés sont introuvables.*

intrus, e n. Personne qui s'introduit quelque part ou dans un groupe sans y avoir été invitée. *Ils la considèrent toujours comme une intruse.* SYN. **indésirable.**

▸ **intrusion** n.f. Action d'arriver dans un lieu ou dans un groupe sans y avoir été invité. *Son intrusion a mis fin à la réunion.* SYN. **irruption.**

intuitif, ive adj. Qui se fait par intuition. *Avoir une connaissance intuitive de quelque chose.*

▸▸▸ Mot de la famille de **intuition.**

intuition n.f. ❶ Capacité à comprendre les choses directement, sans recourir à la réflexion. *Se laisser guider par son intuition.* SYN. **instinct.** ❷ Capacité à prévoir, à deviner ce qui va se passer. *J'ai l'intuition qu'il viendra demain.* SYN. **pressentiment.**

inuit, e adj. et n. Qui se rapporte aux Inuits. *La civilisation inuite. Minik est inuit. C'est un Inuit.*

● On prononce le **t** final : [inɥit]. – Le nom prend une majuscule : *un Inuit.*

inusable adj. Qui ne s'use pas. *Des chaussures inusables.*

inusité, e adj. Se dit d'un mot que l'on n'emploie plus ou presque plus. *Le mot « stylo-*

a b c d e f g h **i** j k l m n o p q r s t u v w x y z

a b c d e f g h i j k l m n o p q r s t u v w x y z

graphe» est inusité ; on dit «stylo». SYN. **rare.** CONTR. **courant (1), usuel.**

inutile adj. Qui ne sert à rien. *Jette toutes ces choses inutiles.* SYN. **superflu.** CONTR. **utile.** *Vos remarques sont inutiles.* SYN. **vain.**

▶ **inutilement** adv. Pour rien, en vain. *Tu t'es dérangé inutilement.*

inutilisable adj. Que l'on ne peut plus utiliser. *Mon stylo est cassé, il est inutilisable.* SYN. **hors d'usage.** CONTR. **utilisable.**

inutilité n.f. Fait d'être inutile. *Paul s'est rendu compte de l'inutilité de ses démarches.* CONTR. **utilité.**

invalide adj. et n. Handicapé, infirme. *Ma grand-mère est invalide.* CONTR. **valide.**

invalider v. (conjug. 3). Déclarer non valable, nul. *Invalider une élection.* SYN. **annuler.** CONTR. **valider.**

invalidité n.f. État d'une personne invalide. *Elle touche une pension d'invalidité car elle est handicapée.*

▸▸▸ Mot de la famille de **invalide.**

invariable adj. ❶ Qui ne change pas. *Son humeur est invariable.* SYN. **constant, égal.** CONTR. **changeant, variable.** ❷ Se dit d'un mot dont la forme ne change pas. *Les adverbes sont invariables.* CONTR. **variable.**

▶ **invariablement** adv. De façon invariable. *Elle est invariablement en retard.* SYN. **constamment, toujours.**

invasion n.f. ❶ Action d'envahir un pays avec des forces armées. *L'invasion de la Gaule par les Romains. Les invasions barbares ont provoqué la chute de l'Empire romain.* ❷ Arrivée soudaine et massive de personnes, d'animaux ou de choses. *Une invasion de sauterelles.*

▸▸▸ Mot de la famille de **envahir.**

invectiver et **s'invectiver** v. (conjug. 3). Lancer des invectives, des injures. *Il invectivait les passants.* SYN. **injurier, insulter.** ◆ **s'invectiver.** S'adresser des invectives l'un à l'autre, les uns aux autres. *Du calme ! inutile de s'invectiver.* SYN. **s'injurier, s'insulter.**

▸▸▸ Mot de la famille de **invectives.**

invectives n.f. plur. Paroles agressives et injurieuses. *Lancer des invectives à quelqu'un.* SYN. **injures, insultes.**

invendable adj. Que l'on ne peut pas vendre. *Ces fruits abîmés sont invendables.*

▸▸▸ Mot de la famille de **vendre.**

inventaire n.m. Liste précise et détaillée d'un ensemble de choses. *Chaque année, les commerçants font l'inventaire des marchandises qu'ils ont en stock.*

● Ce nom masculin se termine par un **e.** – Ne confonds pas avec **éventaire.**

inventer v. (conjug. 3). ❶ Créer ou fabriquer quelque chose de nouveau. *Les frères Montgolfier ont inventé la montgolfière en 1783.* ❷ Imaginer, créer de toutes pièces. *Elle a inventé une histoire pour justifier son absence.*

▶ **inventeur, trice** n. Personne qui invente, qui crée quelque chose. *Les frères Lumière sont les inventeurs du cinéma.*

▶ **inventif, ive** adj. Qui a le don d'inventer. *Candice est très inventive. Avoir un esprit inventif.* SYN. **créatif.**

▶ **invention** n.f. ❶ Action d'inventer; chose inventée. *L'invention d'un nouvel engin spatial.* SYN. **création.** *L'ordinateur est une formidable invention.* SYN. **découverte.** ❷ Histoire inventée, imaginée. *Son récit est une pure invention.*

inverse adj. Qui va dans le sens contraire. *Il a heurté la voiture qui venait en sens inverse.* SYN. **contraire, opposé.** ◆ n.m. Contraire. *Tu as fait l'inverse de ce qui était demandé.*

▶ **inversement** adv. D'une manière inverse. *On peut convertir des litres en kilogrammes, et inversement.* SYN. **réciproquement, vice versa.**

▶ **inverser** v. (conjug. 3). Mettre une chose ou une personne à la place d'une autre. *Inverser l'ordre des mots dans une phrase.* SYN. **intervertir.**

▶ **inversion** n.f. Déplacement d'un mot ou d'un groupe de mots dans la phrase par rapport à sa place habituelle. *Dans la phrase «Que fais-tu ?», il y a une inversion du sujet.*

invertébré, e adj. et n.m. Se dit des animaux qui n'ont pas de colonne vertébrale. *Les insectes, les crustacés, les mollusques sont des invertébrés.* CONTR. **vertébré.**

▸▸▸ Mot de la famille de **vertèbre.**

➜ planche pp. 590-591.

investigation n.f. Recherche longue et minutieuse. *Les enquêteurs poursuivent leurs investigations.*

investir v. (conjug. 16). ❶ Placer de l'argent pour qu'il rapporte des bénéfices. *Il a in-*

vesti une grosse somme d'argent dans cette entreprise. ❷ Encercler un lieu. *Les troupes ennemies ont investi la ville.* SYN. **assiéger.** ❸ Charger officiellement quelqu'un d'une fonction, d'un pouvoir. *L'ambassadeur a été investi d'une mission.*

▸ **investissement** n.m. Action d'investir de l'argent; argent qui est investi. *Faire des investissements.* SYN. **placement.**

invétéré, e adj. Mot littéraire. Qui ne peut plus se défaire d'une habitude. *C'est un menteur invétéré.* SYN. **incorrigible.**

invincible adj. Que l'on ne peut pas vaincre. *Une équipe, des adversaires invincibles.* SYN. **imbattable.**

invisible adj. Que l'on ne peut pas voir. *Beaucoup d'acariens sont invisibles à l'œil nu.* CONTR. **visible.**

invitation n.f. Action d'inviter quelqu'un. *J'ai accepté son invitation à dîner. Je n'ai pas reçu de carton d'invitation.*
▸▸▸ Mot de la famille de **inviter.**

invité, e n. Personne qui est invitée. *Les invités ne sont pas encore arrivés.*
▸▸▸ Mot de la famille de **inviter.**

inviter v. (conjug. 3). Prier quelqu'un de venir quelque part ou de faire quelque chose. *Alexandra a invité ses amis pour son anniversaire. Valentin a invité Sarah à danser.*

invivable adj. Très difficile à vivre; très difficile à supporter. *Leur existence est devenue invivable. C'est une personne invivable.* SYN. **insupportable.**

invocation n.f. Fait d'invoquer une divinité. *Une invocation à Dieu.* SYN. **prière.**
▸▸▸ Mot de la famille de **invoquer.**

involontaire adj. Que l'on fait sans le vouloir. *Un geste involontaire.* SYN. **instinctif.** CONTR. **intentionnel, volontaire.**
▸▸▸ Mot de la famille de **volonté.**

involontairement adv. Sans le vouloir. *Je l'ai vexé involontairement.* CONTR. **délibérément, exprès, intentionnellement, volontairement.**
▸▸▸ Mot de la famille de **volonté.**

invoquer v. (conjug. 3). ❶ Appeler à l'aide une divinité par des prières. *Invoquer un dieu.* SYN. **prier.** ❷ Donner quelque chose comme justification. *Elle a invoqué la fatigue pour ne pas venir.*
● Ne confonds pas avec **évoquer.**

invraisemblable adj. Qui ne semble pas vrai. *Une histoire invraisemblable.* SYN. **incroyable, inimaginable.** CONTR. **vraisemblable.**
● Ce mot ne prend qu'un seul **s.**

▸ **invraisemblance** n.f. Caractère de ce qui est invraisemblable; chose invraisemblable. *L'invraisemblance d'une rumeur.* CONTR. **vraisemblance.** *Ton récit est plein d'invraisemblances.*

invulnérable adj. Que rien ne peut atteindre, blesser. *Ce guerrier se croyait invulnérable.* CONTR. **vulnérable.**

iode n.m. ❶ Matière que l'on trouve dans l'eau de mer et dans les algues. ❷ **Teinture d'iode,** produit antiseptique contenant de l'iode et de l'alcool.

▸ **iodé, e** adj. Qui contient de l'iode. *Au bord de la mer, l'air est iodé.*

iourte → yourte

irakien, enne adj. et n. D'Iraq. *Le pétrole irakien. Taregh est irakien. C'est un Irakien.*
● Le nom prend une majuscule : *un Irakien.* – On peut aussi écrire **iraquien.**

iranien, enne adj. et n. D'Iran. *L'art iranien. Homayoun est iranien. C'est un Iranien.*
● Le nom prend une majuscule : *un Iranien.*

irascible adj. Qui se met facilement en colère. SYN. **coléreux, irritable.**
● Le son [s] s'écrit **sc.**

iris n.m. ❶ Plante à longue tige, aux fleurs de couleur violette, blanche, jaune ou brune. ❷ Partie colorée au milieu de l'œil. *La pupille se trouve au centre de l'iris.*
● On prononce le **s.**

des iris

a b c d e f g h **i** j k l m n o p q r s t u v w x y z

Les invertébrés

Les invertébrés sont des animaux qui n'ont pas de colonne vertébrale ni d'autres os internes, à la différence des poissons, des reptiles, des oiseaux ou des mammifères. C'est le groupe animal le plus important et le plus varié sur Terre. Il réunit près de 1,5 million d'espèces connues, parmi lesquelles les insectes, les araignées, les scorpions, les mollusques et les crustacés, les vers, les méduses, les éponges et les coraux.

mouche

crevette tropicale sur une anémone de mer

tégénaire domestique

mygale

mille-pattes

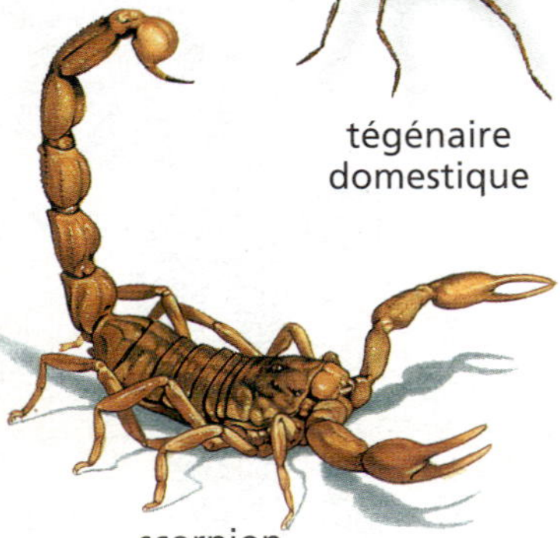
scorpion

épeire

scolopendre

doryphore
anémone de mer
méduse
bourdon
étoile de mer
limace
escargot
tiques
langouste
lombric
sangsue
oursin
nautile
corail
crabe violoniste
éponges

a b c d e f g h i j k l m n o p q r s t u v w x y z

irisé, e adj. Qui a toutes les couleurs de l'arc-en-ciel. *Du verre irisé.*

irlandais, e adj. et n. D'Irlande. *La musique irlandaise. Mary est irlandaise. C'est une Irlandaise.*
● Le nom prend une majuscule : *un Irlandais.*

ironie n.f. Façon de se moquer en disant le contraire de ce que l'on pense. *Ses paroles étaient pleines d'ironie.* → Vois aussi **moquerie, raillerie.**

▶ **ironique** adj. Qui exprime de l'ironie. *Un rire ironique.* → Vois aussi **moqueur, narquois.**

irradier v. (conjug. 7). Soumettre à un rayonnement radioactif. *Des personnes ont été irradiées à la suite de l'accident dans la centrale nucléaire.*

irrationnel, elle adj. Qui est contraire à la raison. *Sa façon de se conduire est irrationnelle.* CONTR. **rationnel.**
● Ce mot s'écrit avec deux **r** et deux **n.**

irréalisable adj. Qui est impossible à réaliser. *Tes projets sont irréalisables.* SYN. **chimérique, utopique.** CONTR. **réalisable.**

irréaliste adj. Qui ne tient pas compte de la réalité. *Il est irréaliste de vouloir faire autant de choses en si peu de temps.* SYN. **illusoire.** CONTR. **réaliste.**

irrécupérable adj. Que l'on ne peut pas récupérer. *Des déchets irrécupérables.*

irrécusable adj. Que l'on ne peut pas récuser, mettre en doute. *C'est une preuve irrécusable de son innocence.* SYN. **incontestable, irréfutable.** CONTR. **contestable.**

irréductible adj. Que l'on ne peut pas faire céder. *Un adversaire irréductible.*

irréel, elle adj. Qui n'est pas réel. *Un personnage irréel.* SYN. **fantastique, imaginaire.**

irréfléchi, e adj. Que l'on fait ou que l'on dit sans réfléchir. *Un acte irréfléchi.* SYN. **inconsidéré.** CONTR. **réfléchi.**

irréfutable adj. Que l'on ne peut pas réfuter, contester. *Une preuve irréfutable.* SYN. **incontestable, irrécusable.** CONTR. **contestable.**
▸▸▸ Mot de la famille de **réfuter.**

irrégularité n.f. Action contraire au règlement, à la loi. *Commettre des irrégularités.* SYN. **faute, infraction.**

irrégulier, ère adj. ❶ Qui n'est pas régulier dans sa forme, son rythme. *Un visage aux traits irréguliers. Ses efforts sont irréguliers.* SYN. **inégal, variable.** CONTR. **constant.** ❷ Qui ne suit pas la règle générale. *Le mot «ciel» a un pluriel irrégulier.* ❸ Qui n'est pas conforme au règlement, à la loi. *Être en situation irrégulière.* SYN. **illégal.** CONTR. **légal.**

irrémédiable adj. À quoi l'on ne peut pas remédier. *L'incendie a causé des pertes irrémédiables.* SYN. **irréparable.**
▸▸▸ Mot de la famille de **remède.**

irremplaçable adj. Qui ne peut être remplacé. *Une personne irremplaçable.*
● Le **c** prend une cédille.

irréparable adj. ❶ Que l'on ne peut pas réparer. *Mon baladeur est irréparable.* CONTR. **réparable.** ❷ Que l'on ne peut pas atténuer, compenser. *Ils ont subi des pertes irréparables.* SYN. **irrémédiable.**

irréprochable adj. Qui ne mérite aucun reproche. *Sa conduite est irréprochable.* SYN. **parfait.**

irrésistible adj. ❶ À qui ou à quoi l'on ne peut pas résister. *Elle a un charme irrésistible. J'ai une envie irrésistible de voyager.* SYN. **impérieux.** ❷ Qui fait rire. *Le numéro du clown était irrésistible.*

▶ **irrésistiblement** adv. Sans que l'on puisse résister. *Il s'enfonçait irrésistiblement dans les sables mouvants.*

irrespirable adj. Qui est désagréable ou dangereux à respirer. *L'air est irrespirable dans cette pièce.*

irresponsable adj. et n. Qui agit à la légère, sans penser aux conséquences de ses actes. *Un conducteur irresponsable a fait demi-tour sur la route nationale.* CONTR. **responsable.**

irréversible adj. Qui ne se produit que dans un sens; qui ne revient jamais en arrière. *Le temps s'écoule de manière irréversible.* CONTR. **réversible.**

irrévocable adj. Sur quoi l'on ne peut pas revenir, qui ne peut être modifié. *Une décision irrévocable.* SYN. **définitif.**

irrigation n.f. Action d'irriguer un sol. *L'agriculteur a installé des canaux d'irrigation dans ses champs.*
▸▸▸ Mot de la famille de **irriguer.**

l'irrigation d'un champ (Tchad)

irriguer v. (conjug. 6). Apporter de l'eau au moyen de canaux, de tuyaux. *Irriguer des champs.*

irritable adj. Qui se met facilement en colère. *Ses soucis le rendent irritable.* SYN. **coléreux, irascible.**
▸▸▸ Mot de la famille de **irriter.**

irritant, e adj. Qui irrite, met en colère. *Ses ricanements sont irritants.* SYN. **agaçant, énervant, exaspérant, horripilant.**
▸▸▸ Mot de la famille de **irriter.**

irritation n.f. ❶ État de quelqu'un qui est irrité, en colère. *Mes paroles ont provoqué une vive irritation chez lui.* SYN. **agacement, énervement, exaspération.** ❷ Légère inflammation. *Une irritation de la peau.*
▸▸▸ Mot de la famille de **irriter.**

irriter v. (conjug. 3). ❶ Énerver, mettre en colère. *Ces bavardages incessants m'irritent.* SYN. **agacer, exaspérer.** ❷ Provoquer une irritation de la peau, d'un organe. *La fumée irrite les yeux.*

irruption n.f. Entrée soudaine d'une ou de plusieurs personnes dans un lieu. *Raphaël a fait irruption dans le bureau de sa mère.*
● Ne confonds pas avec **éruption.**

isard n.m. Chamois des Pyrénées.

islam n.m. ❶ Religion des musulmans, fondée par Mahomet. ❷ (Avec une majuscule). L'ensemble des peuples qui sont de religion islamique ; leur civilisation.
● On prononce le **m** : [islam].

▸ **islamique** adj. Qui se rapporte à l'islam. *La religion islamique est fondée sur la croyance en un seul dieu, Allah.* SYN. **musulman.**

islandais, e adj. et n. D'Islande. *Les volcans islandais. Helga est islandaise. C'est une Islandaise.* ◆ **islandais** n.m. Langue parlée par les Islandais.
● Le nom prend une majuscule quand il désigne une personne : *un Islandais.*

isocèle adj. **Triangle isocèle,** triangle qui a deux côtés égaux.

isolant, e adj. Qui isole, qui empêche les sons, la chaleur, le froid ou le courant électrique de passer. *Une matière isolante.* ◆ n.m. Matériau isolant. *La laine de verre est un bon isolant.*
▸▸▸ Mot de la famille de **isoler.**

isolation n.f. Action d'isoler un local du froid, de la chaleur ou du bruit. *L'isolation thermique d'une maison.*
▸▸▸ Mot de la famille de **isoler.**

isolé, e adj. ❶ Qui est à l'écart des autres choses. *Notre maison est isolée.* ❷ Qui est séparé des autres personnes. *Il a longtemps vécu isolé.* SYN. **seul, solitaire.**
▸▸▸ Mot de la famille de **isoler.**

isolement n.m. Situation d'une personne ou d'une chose isolée. *Elle souffre de son isolement.* SYN. **solitude.** *L'isolement d'un village.*
▸▸▸ Mot de la famille de **isoler.**

isolément adv. De façon isolée. *Il faut considérer chaque cas isolément.* SYN. **séparément.**
▸▸▸ Mot de la famille de **isoler.**

isoler et **s'isoler** v. (conjug. 3). ❶ Mettre à part, séparer des autres. *Les fortes chutes de neige ont isolé le village. Isoler un malade contagieux.* ❷ Protéger de la température extérieure ou du bruit. *Un double vitrage isole du bruit de la rue.* ◆ **s'isoler.** Se mettre à l'écart des autres. *Amina s'isole dans sa chambre pour lire.*

▸ **isoloir** n.m. Cabine où chaque électeur s'isole pour mettre son bulletin dans une enveloppe, afin de garantir le secret du vote.

isotherme adj. Qui maintient à une température constante. *Une bouteille isotherme ; un sac isotherme.* → Vois aussi **Thermos.**

israélien, enne adj. et n. D'Israël. *Des danses israéliennes. Rachel est israélienne. C'est une Israélienne.*
● Le nom prend une majuscule : *un Israélien.* – Ne confonds pas avec **israélite.**

israélite adj. et n. ❶ Qui concerne l'Israël biblique et son peuple. ❷ De religion juive. *La communauté israélite.* SYN. **juif.** → Vois aussi **bouddhiste, chrétien, musulman.**

● Ne confonds pas avec **israélien.**

issu, e adj. **Être issu de,** venir de. *Elle est issue d'une famille très riche.* SYN. **originaire.**

issue n.f. ❶ Ouverture, passage par où l'on peut sortir. *Les issues de secours sont obligatoires dans un cinéma.* SYN. **sortie.** ❷ **Voie sans issue,** impasse. *Le panneau signale une voie sans issue.* SYN. **cul-de-sac.** ❸ Moyen de se sortir d'une situation difficile. *Accepter un compromis était la seule issue possible.* SYN. **solution.**

isthme n.m. Bande de terre étroite située entre deux mers et qui relie deux terres. *L'isthme de Panama sépare l'océan Atlantique et l'océan Pacifique et relie l'Amérique du Nord à l'Amérique du Sud.*

● On prononce [ism].

l'isthme de Corinthe (Grèce)

italien, enne adj. et n. D'Italie. *La cuisine italienne. Leonardo est italien. C'est un Italien.* ◆ **italien** n.m. Langue parlée par les Italiens.

● Le nom prend une majuscule quand il désigne une personne : *un Italien.*

italique n.m. et adj. Lettre d'imprimerie légèrement penchée sur la droite. *Dans ce dictionnaire, les exemples sont en italique.*

itinéraire n.m. Chemin à suivre pour aller d'un lieu à un autre. *J'ai pris l'itinéraire le plus court.* SYN. **parcours, trajet.**

● Ce nom masculin se termine par un **e.**

ivoire n.m. ❶ Matière dure, blanche dont sont faites les défenses des éléphants. *Le trafic de l'ivoire est réprimé.* ❷ Partie dure des dents de l'homme et des mammifères, qui est recouverte d'émail.

● Nom du genre masculin : **un ivoire** jauni.

ivoirien, enne adj. et n. De la Côte d'Ivoire. *Le cacao ivoirien. Pascal est ivoirien. C'est un Ivoirien.*

● Le nom prend une majuscule : *un Ivoirien.*

ivre adj. ❶ Qui a l'esprit troublé par l'effet de l'alcool. *À la fin de la soirée, elle était un peu ivre.* SYN. **soûl.** ❷ Qui est animé par un sentiment très fort. *Être ivre de joie.* SYN. **fou.**

▸▸▸ Mots de la même famille : **enivrant, enivrer.**

▸ **ivresse** n.f. État d'une personne qui a bu trop d'alcool. *Conduire en état d'ivresse est dangereux et interdit par la loi.* SYN. **ébriété.**

▸ **ivrogne** n. Personne qui est souvent ivre, qui a l'habitude de boire de l'alcool.

J j K k

j' → **je**

jabot n.m. ❶ Chez les oiseaux, poche située à la base du cou où les aliments sont gardés avant de passer dans l'estomac. *Les pigeons ont un jabot très développé.* ❷ Ornement de dentelle, fixé au col d'une chemise.

jacasser v. (conjug. 3). ❶ Pour la pie, faire entendre son cri, le *jacassement.* ❷ (Sens familier). Bavarder.

jachère n.f. Terre que l'on ne cultive pas pendant un temps pour la laisser reposer ou pour limiter la production. *Mettre des terres en jachère.* → Vois aussi **friche.**

jacinthe n.f. Plante à bulbe dont les fleurs odorantes, de couleur bleue, rose ou blanche, poussent en grappe.
● Ce mot s'écrit avec **th.**

des jacinthes

jade n.m. Pierre de couleur verte avec laquelle on fait des bijoux ou des objets d'art.

jadis adv. Autrefois, dans le temps. *Jadis, on s'éclairait à la bougie.* → Vois aussi **naguère.**
● On prononce le **s.**

jaguar n.m. Grand félin d'Amérique du Sud, voisin de la panthère, au pelage fauve tacheté de noir.
● On prononce [ʒagwar].

un jaguar

jaillir v. (conjug. 16). Pour un liquide, un gaz, sortir avec force sous forme de jet. *L'eau jaillit de la canalisation.* SYN. **gicler.**

▸ **jaillissement** n.m. Fait de jaillir. *Le jaillissement d'une source.*

jais n.m. ❶ Pierre noire et brillante avec laquelle on fabrique des bijoux. ❷ **De jais,** d'un noir très brillant. *Des cheveux de jais.*
● Ce mot se termine par un **s.**

jalon n.m. ❶ Piquet qui sert de repère. *Des jalons ont été plantés pour marquer le tracé de la route.* ❷ **Poser des jalons,** préparer le terrain pour entreprendre quelque chose. *Il a posé les jalons de son projet.*

▸ **jalonner** v. (conjug. 3). ❶ Marquer un tracé, une direction ou les limites de quelque chose. *Des piquets jalonnent la piste.* SYN. **ba-**

a b c d e f g h i j k l m n o p q r s t u v w x y z

liser. ❷ Marquer des étapes dans le temps. *Sa vie fut jalonnée d'échecs.*

jalousement adv. Avec le plus grand soin. *Les enfants ont jalousement gardé le secret.* SYN. **soigneusement.**
▸▸▸ Mot de la famille de **jaloux.**

jalouser v. (conjug. 3). Être jaloux de. *Elle jalouse sa sœur.* SYN. **envier.**
▸▸▸ Mot de la famille de **jaloux.**

jalousie n.f. ❶ Sentiment d'une personne qui envie ce que les autres ont. *Son succès suscite la jalousie de ses camarades.* ❷ Sentiment douloureux de quelqu'un qui craint que la personne qu'il aime ne lui soit infidèle. *Faire une crise de jalousie.*
▸▸▸ Mot de la famille de **jaloux.**

jaloux, jalouse adj. Qui est particulièrement attaché à quelque chose et qui cherche à le préserver. *Être jaloux de ses privilèges. Il veille sur ses affaires avec un soin jaloux.* ◆ adj. et n. ❶ Qui envie ce que les autres ont. *Il est jaloux de la réussite de son frère.* SYN. **envieux.** ❷ Se dit d'une personne qui craint que la personne qu'elle aime ne lui soit pas fidèle. *Une femme jalouse.*

jamaïquain, e adj. et n. De la Jamaïque. *La musique jamaïquaine. Steve est jamaïquain. C'est un Jamaïquain.*
● Le nom prend une majuscule : *un Jamaïquain.* – On peut aussi écrire **jamaïcain.**

jamais adv. ❶ À aucun moment. *Lisa ne ment jamais.* CONTR. **toujours.** *Pierre n'est jamais venu chez moi.* CONTR. **déjà.** ❷ **À tout jamais,** pour toujours. *Il est parti à tout jamais.* SYN. **définitivement.** ❸ **Si jamais,** au cas où. *Si jamais vous comptez venir, prévenez-moi.* ❹ **Jamais de la vie,** certainement pas. *Partir avec lui ? Jamais de la vie !*

jambage n.m. Trait vertical de certaines lettres. *La lettre « n » a deux jambages.*

jambe n.f. ❶ Membre inférieur du corps, qui va de la cuisse à la cheville. *Kelly a de longues jambes.* ❷ **À toutes jambes,** en courant très vite. *S'enfuir à toutes jambes.* ❸ **Prendre ses jambes à son cou,** s'enfuir en courant très vite. ❹ Partie d'un pantalon qui recouvre la jambe.
▸▸▸ Mots de la même famille : **enjambée, enjamber.**

▸ **jambon** n.m. Cuisse ou épaule de porc préparée pour être conservée. *J'ai acheté deux tranches de jambon de Paris chez le charcutier.*

▸ **jambonneau** n.m. Petit jambon fait avec la partie de la patte du porc située sous le genou.
● Au pluriel : des **jambonneaux.**

jante n.f. Cercle en métal sur lequel le pneu d'une roue est fixé.

janvier n.m. Premier mois de l'année. *Le 1er janvier, on se souhaite la bonne année.*
● Le mois de janvier a 31 jours.

japonais, e adj. et n. Du Japon. *Le théâtre japonais. Mikage est japonaise. C'est une Japonaise.* ◆ **japonais** n.m. Langue parlée par les Japonais. → Vois aussi **nippon.**
● Le nom prend une majuscule quand il désigne une personne : *un Japonais.*

un jardin japonais

japper v. (conjug. 3). Pour un jeune chien ou un chacal, faire entendre son cri, le *jappement.*

jaquette n.f. ❶ Veste de cérémonie masculine qui a des pans ouverts dans le dos. ❷ Chemise de papier, souvent illustrée, qui protège la couverture d'un livre.

jardin n.m. ❶ Terrain où l'on cultive des fleurs, des légumes ou des arbres fruitiers. *Grand-père a planté des salades et des pommes de terre dans son jardin potager.* ❷ **Jardin public,** espace vert aménagé dans une ville et ouvert à tous. ❸ **Jardin d'enfants,** établissement qui accueille de jeunes enfants. → Vois aussi **square.**

▸ **jardinage** n.m. Culture, entretien des jardins. *Faire du jardinage.*

▸ **jardiner** v. (conjug. 3). Faire du jardinage, s'occuper de son jardin. *Maman aime beaucoup jardiner.*

▶ **jardinier, ère** n. Personne dont le métier est de cultiver, d'entretenir les jardins. *Le jardinier taille les rosiers.*

▶ **jardinière** n.f. ❶ Bac dans lequel on cultive des fleurs, des plantes. ❷ Plat de légumes cuits coupés en petits morceaux. → Vois aussi **macédoine.**

jargon n.m. ❶ Langage incorrect ou incompréhensible. *Je ne comprends pas ce jargon.* SYN. **galimatias.** ❷ Vocabulaire particulier à un métier. *Le jargon des médecins.* → Vois aussi **charabia.**

jarre n.f. Grand vase en terre cuite. *Autrefois, on conservait les aliments dans des jarres.*

une jarre

jarret n.m. ❶ Partie de la jambe située derrière le genou. ❷ **Jarret de veau,** morceau de viande situé sous la cuisse ou sous l'épaule du veau.

jars n.m. Mâle de l'oie.
● Ce mot se termine par un **s.** – Petit : l'oison. Cri : le jargon.

jaser v. (conjug. 3). ❶ Parler pour critiquer ou pour dire du mal des autres. *Tes drôles de copains font jaser les voisins.* ❷ Pour la pie, le merle ou le perroquet, faire entendre leur cri, le *jasement.*

jasmin n.m. Arbuste aux fleurs jaunes ou blanches très odorantes. *Du thé au jasmin.*

jatte n.f. Plat rond très évasé et sans rebord. *Une jatte pleine de crème.*

jauge n.f. ❶ Instrument qui indique le niveau d'un liquide dans un réservoir. *On vérifie le niveau d'huile d'un moteur à l'aide d'une jauge.* ❷ Volume de marchandises que peut contenir un navire. SYN. **tonnage.**

▶ **jauger** v. (conjug. 5). ❶ Mesurer la quantité de liquide contenu dans un récipient. *Jauger le réservoir d'essence.* ❷ (Sens littéraire). Se faire une idée de quelqu'un, de sa valeur. *Il jaugea son interlocuteur d'un coup d'œil.* ❸ Pour un bateau, pouvoir contenir telle quantité de marchandises. *Ce navire jauge 1 000 tonneaux.*

jaunâtre adj. D'une couleur qui tire sur le jaune. *Ces draps sont devenus jaunâtres.*
● Le deuxième **a** prend un accent circonflexe.

jaune adj. De la couleur du soleil et des citrons. *Les jonquilles sont des fleurs jaunes.* ◆ n.m. ❶ Couleur jaune. *Ils ont peint les murs de la pièce en jaune.* ❷ Partie jaune qui est au centre de l'œuf. *Séparer le jaune du blanc.* ◆ adv. **Rire jaune,** rire de manière forcée.

▶ **jaunir** v. (conjug. 16). ❶ Rendre jaune. *La sécheresse jaunit les feuilles des arbres.* ❷ Devenir jaune. *Le papier a jauni.*

▶ **jaunisse** n.f. Maladie du foie qui donne un teint jaune.

javelot n.m. Sorte de lance utilisée en athlétisme, qu'il faut envoyer le plus loin possible.

jazz n.m. Musique rythmée créée, au début du 20e siècle, aux États-Unis, par des musiciens noirs.
● Ce mot s'écrit avec deux **z.** – On prononce [dʒaz].

je pronom personnel. Désigne la première personne du singulier, représentant celui qui parle. *Je m'appelle Léo. J'ai 8 ans.*
● **Je** devient **j'** devant un mot commençant par une voyelle ou un « h » muet : *j'arrive ; j'en ai assez ; j'habite ici.*

jean n.m. ❶ Tissu de coton très résistant, teint à l'origine en bleu indigo. *Une jupe en jean.* ❷ Pantalon en jean. *Aujourd'hui, ma cousine portait un jean.*
● C'est un mot anglais, on prononce [dʒin]. – On peut aussi dire **blue-jean** [bludʒin].

Jeep n.f. Voiture tout-terrain.
● C'est un mot anglais, on prononce [dʒip]. – C'est un nom de marque : il s'écrit avec une majuscule dans les textes imprimés.

une Jeep

jérémiades n.f. plur. Plaintes incessantes. *Cesse tes jérémiades.* SYN. **gémissements, lamentations.**

a b c d e f g h i j k l m n o p q r s t u v w x y z

jerrican n.m. Bidon muni d'un bec verseur, qui contient vingt litres environ. *Remplir un jerrican d'essence.*
● C'est un mot anglais, on prononce [ʒerikan]. – On peut aussi écrire **jerrycan**.

jersey n.m. Tissu tricoté, très souple. *Une jupe en jersey.*

jet n.m. ❶ Action de jeter, de lancer; distance parcourue par un objet lancé. *Des jets de pierres. L'athlète a réussi un jet de 80 mètres au javelot.* SYN. **lancer.** ❷ Projection brusque d'un liquide ou d'un gaz. *Un bassin avec un jet d'eau. Un jet de vapeur.*
►►► Mot de la famille de **jeter.**

jetable adj. Que l'on jette après s'en être servi. *Un mouchoir jetable. Un briquet jetable.*
►►► Mot de la famille de **jeter.**

jetée n.f. Mur qui s'avance dans la mer et qui sert à protéger un port des fortes vagues. *Nous nous sommes promenés sur la jetée.*
→ Vois aussi **digue.**

jeter et **se jeter** v. (conjug. 12). ❶ Envoyer avec force. *Jeter une pierre dans l'eau.* SYN. **lancer.** ❷ Se débarrasser de quelque chose, mettre à la poubelle. *Rayan a jeté ses vieux jouets.* ❸ Produire une impression, mettre dans un certain état. *Tes remarques ont jeté le doute dans mon esprit.* SYN. **semer.** ❹ **Jeter un coup d'œil,** regarder rapidement. ◆ **se jeter.** ❶ S'élancer vers quelqu'un, vers quelque chose. *Le lion s'est jeté sur sa proie.* SYN. **se précipiter.** *Aurélie s'est jetée sur son lit.* ❷ Se déverser dans un cours d'eau ou dans la mer. *La Seine se jette dans la Manche.*

jeton n.m. Petite pièce ronde et plate que l'on utilise dans certains jeux ou pour faire fonctionner certains appareils.

jeu n.m. ❶ Activité que l'on fait pour se distraire, pour s'amuser. *Les enfants ont inventé un jeu.* ❷ Objet qui sert à jouer. *Un jeu de cartes; un jeu vidéo.* ❸ Ensemble des jeux de hasard dans lesquels on risque de l'argent. *Il s'est ruiné au jeu.* ❹ Manière d'interpréter un rôle, de jouer d'un instrument de musique. *Le jeu de ce comédien est remarquable.* SYN. **interprétation.** ❺ Espace qui se trouve entre les parties d'un objet, d'une machine et qui permet le mouvement. *La porte ferme mal, il faut lui donner davantage de jeu.* ❻ **Jouer le jeu,** respecter les règles du jeu. ❼ **Cacher son jeu,** dissimuler ses intentions. ❽ **Jeu de clés,** ensemble de clés. ❾ **Jeu de mots,** plaisanterie fondée sur la ressemblance des mots. *Faire des jeux de mots.* SYN. **calembour.**
● Au pluriel : des **jeux.**
►►► Mot de la famille de **jouer.**

jeudi n.m. Quatrième jour de la semaine. *Je déjeune chez ma tante tous les jeudis.*

à jeun adv. Sans avoir rien mangé ni bu depuis le réveil. *Il faut prendre ce médicament à jeun.*
● On prononce [aʒɛ̃].
►►► Mot de la famille de **jeûner.**

jeune adj. et n. Qui n'est pas avancé en âge. *Ma tante est très jeune.* CONTR. **âgé, vieux.** *Cette émission télévisée s'adresse aux jeunes.* ◆ adj. ❶ Qui a l'aspect ou les qualités d'une personne jeune. *Ma grand-mère est restée très jeune.* ❷ Qui existe depuis peu de temps. *Une jeune entreprise.*

jeûne n.m. Fait de jeûner; privation de nourriture. *Pendant le ramadan, les musulmans observent le jeûne.*
● Le **u** prend un accent circonflexe. – On prononce [ʒøn].
►►► Mot de la famille de **jeûner.**

jeûner v. (conjug. 3). S'abstenir de manger. *Après son opération, Sébastien a dû jeûner pendant deux jours.*
● La nouvelle orthographe permet d'écrire aussi **jeuner,** sans accent circonflexe. – On prononce [ʒøne].

jeunesse n.f. ❶ Période de la vie comprise entre l'enfance et l'âge mûr. *Grand-mère a passé sa jeunesse à la campagne.* CONTR. **vieillesse.** ❷ Ensemble des personnes jeunes; enfants et adolescents. *Il écrit des livres pour la jeunesse.*
►►► Mot de la famille de **jeune.**

joaillerie n.f. ❶ Art de monter les pierres précieuses pour fabriquer des bijoux. ❷ Atelier, magasin du joaillier. → Vois aussi **bijouterie, orfèvrerie.**
● On prononce [ʒɔajri].
►►► Mot de la famille de **joyau.**

joaillier, ère n. Personne qui fabrique ou vend des bijoux. → Vois aussi **bijoutier, orfèvre.**
● On prononce [ʒɔaje].
– La nouvelle orthographe permet d'écrire aussi **joailler,** sans le deuxième **i.**
►►► Mot de la famille de **joyau.**

jockey n. Personne dont le métier est de monter les chevaux de course.
● C'est un mot anglais, on prononce [ʒɔkɛ].

des **jockeys**

jogging n.m. ❶ Course à pied que l'on pratique pour entretenir sa forme physique. *Le samedi matin, je fais du jogging dans le bois.* ❷ Survêtement. *Reda a mis son jogging pour aller courir.*
● C'est un mot anglais, on prononce [dʒɔgiŋ].

joie n.f. Sentiment que l'on éprouve quand on est heureux, satisfait. *Ressentir une grande joie.* SYN. **bonheur.** CONTR. **peine.** *Il a accepté notre invitation avec joie.* SYN. **enthousiasme, plaisir.** CONTR. **indifférence, tristesse.**

joindre v. (conjug. 49). ❶ Rapprocher deux choses de telle sorte qu'elles se touchent. *Joindre les mains.* ❷ Mettre avec, ajouter. *J'ai joint une photo à ma lettre.* ❸ Entrer en contact avec quelqu'un. *Je n'ai pas réussi à la joindre chez elle.* SYN. **contacter.**

▶ **joint, e** adj. ❶ Qui est rapproché de manière à se toucher. *Des pierres jointes.* CONTR. **disjoint.** *Sauter à pieds joints.* ❷ Qui est ajouté à quelque chose. *Veuillez signer le document joint.* → Vois aussi **ci-joint.**

▶ **joint** n.m. Objet que l'on met entre deux pièces pour assurer l'étanchéité de l'ensemble. *Le robinet fuit, il faut changer le joint.*

▶ **jointure** n.f. Endroit où les os se joignent. *Faire craquer les jointures de ses doigts.* SYN. **articulation.**

joker n.m. Carte à jouer portant la figure d'un bouffon, qui remplace n'importe quelle autre carte.
● C'est un mot anglais, on prononce [ʒɔkɛr].

joli, e adj. Qui est agréable à regarder ou à entendre. *Mariam est très jolie.* SYN. **beau.** CONTR. **laid.** *Ma sœur Sarah a une très jolie voix.* SYN. **harmonieux.**
▸▸▸ Mot de la même famille : **enjoliver.**

▶ **joliment** adv. De façon agréable; avec goût. *Ta chambre est joliment aménagée.* SYN. **agréablement.**

jonc n.m. Plante à haute tige droite qui pousse dans les lieux humides.
● Ce mot se termine par un **c** que l'on ne prononce pas.

joncher v. (conjug. 3). Être éparpillé sur, couvrir. *Les feuilles mortes jonchent le sol.* SYN. **recouvrir.**

jonction n.f. Endroit où deux choses se joignent. *La jonction de deux routes.*
▸▸▸ Mot de la famille de **joindre.**

jongler v. (conjug. 3). Lancer des objets en l'air, les rattraper et les relancer aussitôt. *Audrey jongle avec trois balles.*

▶ **jongleur, euse** n. Artiste de cirque qui jongle.

jonque n.f. Bateau à voile et à fond plat qui sert au transport ou à la pêche, en Extrême-Orient. → Vois aussi **sampan.**

jonquille n.f. Fleur jaune qui pousse au printemps dans les bois, dans les prés et dans les jardins. → Vois aussi **narcisse.**

une **jonquille**

jordanien, enne adj. et n. De Jordanie. *La population jordanienne. Hassan est jordanien. C'est un Jordanien.*
● Le nom prend une majuscule : *un Jordanien.*

joue n.f. Chacun des côtés du visage, entre le nez et les oreilles. *Il m'a embrassée sur les deux joues.*

jouer v. (conjug. 3). ❶ S'occuper, se distraire en faisant des jeux. *Pendant la récréation, les enfants jouent dans la cour.* SYN. **s'amuser.** *Jouer aux échecs.* ❷ Pratiquer un sport. *Youssef joue au football.* ❸ Savoir se servir d'un instrument de musique. *Baptiste joue du piano.* ❹ Tenir un rôle au théâtre, au cinéma, ou exécuter un morceau de musique. *Mon acteur préféré joue dans ce film. Hugo a joué un air au piano.* SYN. **interpréter.** ❺ Risquer de l'argent dans un jeu, un pari. *Au casino, il a joué à la roulette.* ❻ Changer de dimensions, de forme, à cause de l'humidité. *La porte de l'armoire joue.* ❼ **Jouer avec le feu,** prendre des risques.

▶ **jouet** n.m. Objet avec lequel on joue. *Maxime regarde les jouets dans la vitrine du magasin.*

▶ **joueur, euse** n. ❶ Personne qui participe à un jeu, ou qui pratique un sport. *Le joueur*

a b c d e f g h i j v w x y z

a b c d e f g h i j k l m n o p q r s t u v w x y z

qui perd a un gage. Une équipe de football est composée de onze joueurs. ❷ Personne qui joue d'un instrument de musique. *Un joueur de flûte.* ◆ adj. Qui aime beaucoup jouer. *Un enfant joueur.*

joufflu, e adj. Qui a de grosses joues. *Un bébé joufflu.*
▸▸▸ Mot de la famille de **joue.**

joug n.m. Pièce de bois qui réunit deux bœufs pour les atteler.
● Ce mot se termine par un **g** que l'on ne prononce pas.

jouir v. (conjug. 16). Tirer une grande joie de quelque chose; profiter d'un avantage que l'on possède. *Jouir de son triomphe.* SYN. **se réjouir.** *Jouir d'une bonne santé.* SYN. **bénéficier.**

▸ **jouissance** n.f. **Avoir la jouissance de quelque chose,** pouvoir librement s'en servir. *Les locataires ont la jouissance de la cour.* SYN. **usage.**

joujou n.m. Jouet, dans le langage des enfants.
● Au pluriel : des **joujoux.**
▸▸▸ Mot de la famille de **jouer.**

jour n.m. ❶ Espace de temps de vingt-quatre heures. *Une année compte 365 ou 366 jours. Quel jour sommes-nous ? Il a passé quelques jours à la campagne.* ❷ Période comprise entre le lever et le coucher du soleil. *En été, les jours sont plus longs qu'en hiver.* SYN. **journée.** ❸ Clarté, lumière du Soleil. *Il fait jour.* CONTR. **nuit.** *Le jour passe par les fentes des volets. Regarder quelque chose au jour.* ❹ **À jour,** qui n'a pas de retard. *Être à jour dans son travail.* ❺ **De nos jours,** à notre époque. *De nos jours, on se déplace beaucoup en avion.* ❻ **Le jour J,** le jour prévu où doit avoir lieu quelque chose d'important. ❼ **Vivre au jour le jour,** sans penser à l'avenir.
▸▸▸ Mots de la même famille : **ajournement, ajourner.**

▸ **journal** n.m. ❶ Publication qui paraît chaque jour ou périodiquement et qui donne des informations. *Lire le journal.* ❷ Bulletin d'informations diffusé à la radio ou à la télévision. *Regarder le journal télévisé.* SYN. **actualités, informations.** ❸ Cahier où l'on note les événements de la vie quotidienne. *Géraldine tient un journal intime.* → Vois aussi **hebdomadaire, quotidien.**
● Au pluriel : des **journaux.**

▸ **journalier, ère** adj. Que l'on fait chaque jour. *Le travail journalier.* SYN. **quotidien.**

▸ **journalisme** n.m. Métier de journaliste. *Faire du journalisme.*

▸ **journaliste** n. Personne dont le métier est d'écrire dans les journaux, de donner des informations à la radio ou à la télévision.
→ Vois aussi **reporter.**

▸ **journée** n.f. Espace de temps compris entre le lever et le coucher du soleil. *Nous avons passé une journée au bord de l'eau.* SYN. **jour.**

joute n.f. Au Moyen Âge, combat entre deux hommes à cheval et armés d'une lance.
→ Vois aussi **tournoi.**

des **joutes** (miniature du 15e siècle)

jovial, e adj. Qui est plein de gaieté simple et communicative. *Mon oncle est un homme jovial.* SYN. **enjoué, guilleret.** CONTR. **maussade, renfrogné.**
● Au masculin pluriel : **jovials** ou **joviaux.**

joyau n.m. ❶ Bijou d'une très grande valeur. *Les joyaux de la reine sont exposés au musée.* ❷ Chose très belle ou d'une grande valeur. *Ce monument est un joyau de l'architecture gothique.* SYN. **chef-d'œuvre.**
● Au pluriel : des **joyaux.**

joyeusement adv. Avec joie, dans la joie. *Nous avons joyeusement fêté son retour.* SYN. **gaiement.** CONTR. **tristement.**
▸▸▸ Mot de la famille de **joie.**

joyeux, euse adj. Qui éprouve de la joie; qui manifeste de la joie. *Aujourd'hui, Juliette était joyeuse.* SYN. **gai, heureux.** CONTR. **triste.** *Des cris joyeux.*
▸▸▸ Mot de la famille de **joie.**

jubilation n.f. Très grande joie.
▸▸▸ Mot de la famille de **jubiler.**

jubiler v. (conjug. 3). Éprouver une grande joie. *Anne jubile à l'idée d'aller à la montagne.* SYN. **exulter.**

se **jucher** v. (conjug. 3). Se placer en hauteur. *Loan s'est juchée sur un mur pour voir le spectacle.* SYN. **se percher.**

judaïque adj. Qui est propre au judaïsme. *La Loi judaïque.* → Vois aussi **israélite, juif.**
▸▸▸ Mot de la famille de **judaïsme.**

judaïsme n.m. Religion des juifs.
● Le **i** prend un tréma.

judiciaire adj. Qui concerne la justice. *Le pouvoir judiciaire.* → Vois aussi **exécutif, législatif.**

judicieusement adv. De façon judicieuse. *Il a judicieusement fait remarquer qu'on s'était trompés.* SYN. **intelligemment.**
▸▸▸ Mot de la famille de **judicieux.**

judicieux, euse adj. Qui donne une vision juste, intelligente de la situation. *Une critique judicieuse.* SYN. **pertinent.**

judo n.m. Sport de combat et art martial d'origine japonaise, qui consiste à déséquilibrer l'adversaire à l'aide de prises spéciales. *Nouha prend des cours de judo.*
● Nom des sportifs : un ou une **judoka.**

le judo

juge n. ❶ Magistrat chargé de rendre la justice en appliquant les lois. *La mère de Renata est juge pour enfants.* ❷ Personne qui donne son avis et sert d'arbitre. *Je vous fais juge de la situation.*
▸▸▸ Mot de la famille de **juger.**

jugement n.m. ❶ Décision que prend un tribunal lors d'un procès. *Le tribunal a rendu son jugement.* SYN. **sentence, verdict.** ❷ Avis, opinion. *Se fier au jugement d'un ami.* → Vois aussi **judicieux.**
▸▸▸ Mot de la famille de **juger.**

jugeote n.f. Mot familier. Capacité de bien juger des choses. *Hugo a de la jugeote.* SYN. **bon sens, discernement.**
● Le **g** est suivi d'un **e** pour prononcer le son [ʒ].
▸▸▸ Mot de la famille de **juger.**

juger v. (conjug. 5). ❶ Pour un juge, rendre un jugement. *Juger un prévenu, une affaire.* ❷ Avoir telle opinion ou tel avis. *Nous avons jugé que cela valait la peine d'essayer.* SYN. **estimer, penser.** ❸ Porter une appréciation sur une chose. *Les examens permettent de juger les connaissances des candidats.* SYN. **évaluer.**

juguler v. (conjug. 3). Arrêter le développement d'un phénomène. *Les médecins s'efforcent de juguler l'épidémie.* SYN. **enrayer.**

juif, juive adj. et n. ❶ Qui appartient au peuple qui habitait jadis les régions du sud de la Palestine et celles d'Israël, et à la communauté issue de ce peuple. ❷ Qui a le judaïsme pour religion. *Simon est juif.* SYN. **israélite.**
● Au sens 1, le nom prend une majuscule : *un Juif.*

juillet n.m. Septième mois de l'année. *Le 14 juillet est le jour de la fête nationale française.*
● Le mois de juillet a 31 jours.

juin n.m. Sixième mois de l'année. *Fin juin, les jours sont les plus longs de l'année.*
● Le mois de juin a 30 jours.

jumeau, elle adj. et n. Se dit de deux enfants nés lors d'un même accouchement. *Rama et Samba sont des jumelles.* ◆ adj. Se dit de deux objets semblables, faits pour aller ensemble. *Des lits jumeaux.*
● Au masculin pluriel : **jumeaux.**

▸ **jumelage** n.m. Action de jumeler deux villes, de les associer.

▸ **jumeler** v. (conjug. 12). Associer deux villes de pays différents en vue de développer des liens et des échanges culturels.

▸ **jumelles** n.f. plur. Instrument formé de deux lunettes, qui permet de voir ce qui est loin. *Antonin observe une cigogne avec des jumelles.*
→ Vois aussi **longue-vue.**

des jumelles

a b c d e f g h i j k l m n o p q r s t u v w x y z

jument n.f. Femelle du cheval. → Vois aussi **pouliche.**
● Petit : le poulain. Cri : le hennissement.

jungle n.f. Forêt épaisse des régions très chaudes et humides de l'Inde. *Le tigre vit dans la jungle.*

junior n. et adj. Sportif âgé de 16 à 20 ans. ◆ adj. Qui concerne les jeunes. *La mode junior.* → Vois aussi **senior.**

jupe n.f. Vêtement féminin qui entoure la taille et qui descend sur les jambes. *Marine porte une jupe évasée.*

▶ **jupon** n.m. Sous-vêtement en tissu fin qui se porte sous une jupe ou une robe.

juré, e n. Membre d'un jury, spécialement d'un jury de cour d'assises. *Les jurés délibèrent avant de rendre leur verdict.*
▸▸▸ Mot de la famille de **jury.**

jurer et **se jurer** v. (conjug. 3). ❶ Promettre par un serment. *Dans un procès, les témoins doivent jurer de dire la vérité.* ❷ Affirmer de façon solennelle. *Rayan m'a juré qu'il serait sage.* ❸ Dire des jurons, des mots grossiers. ❹ Être mal assorti avec quelque chose. *La couleur du canapé jure avec celle des murs.* SYN. **détonner.** ◆ **se jurer.** ❶ Se promettre l'un à l'autre. *Ils se sont juré fidélité.* ❷ Se promettre à soi-même. *Solène s'est juré de ne plus y mettre les pieds.*

juridique adj. Qui concerne le droit. *Un texte juridique; un acte juridique.*

juron n.m. Expression grossière qui marque la colère ou le dépit. *« Tonnerre de Brest » est un des jurons du capitaine Haddock.*
▸▸▸ Mot de la famille de **jurer.**

jury n.m. ❶ Ensemble des jurés d'une cour d'assises. *Le jury délibère.* ❷ Groupe de personnes chargé d'un examen, d'un classement. *Le jury du Festival de Cannes.*
● Ce mot se termine par un **y.**

jus n.m. Liquide contenu dans un fruit, dans un légume, ou qui provient de la cuisson d'une viande. *Boire un jus de pamplemousse. Le jus d'un gigot.*
● Ce mot se termine par un **s.**

jusque préposition. Indique une limite dans l'espace ou dans le temps. *Il a voyagé jusqu'en Chine. Je serai là jusqu'à ce soir.* ◆ **jusqu'à ce que** conjonction. Indique une limite dans le temps. *Elle n'a rien dit jusqu'à ce qu'on lui donne la parole.*

juste adj. ❶ Qui ne contient pas d'erreur. *Ton addition est juste.* SYN. **correct, exact.** CONTR. **faux.** ❷ Qui respecte la justice. *Un examinateur juste.* SYN. **impartial.** CONTR. **partial.** *Une punition juste.* SYN. **équitable.** CONTR. **injuste.** ❸ Qui est trop étroit. *Des chaussures un peu justes.* CONTR. **large.** ❹ Qui suffit à peine. *Une demi-heure pour aller à l'aéroport, ce sera trop juste.* ◆ adv. ❶ Avec justesse, comme il convient. *Sabri chante juste.* CONTR. **faux.** ❷ Précisément. *Il est midi juste.* SYN. **exactement.** ❸ De façon insuffisante. *J'ai calculé trop juste.* CONTR. **large.** ❹ Seulement, à peine. *Papa vient juste de partir.*

▶ **justement** adv. Précisément. *Voilà justement ce que je cherchais !* SYN. **exactement.**

▶ **justesse** n.f. ❶ Caractère exact, juste, précis de quelque chose. *Une comparaison d'une grande justesse.* SYN. **exactitude.** ❷ **De justesse,** de très peu. *Nous avons évité l'averse de justesse.*

▶ **justice** n.f. ❶ Principe moral qui veut que l'on respecte les droits de chacun. *L'instituteur traite ses élèves avec justice.* SYN. **équité.** CONTR. **injustice.** ❷ Pouvoir de juger, de faire respecter la loi. *Exercer la justice.* ❸ Ensemble des tribunaux, des juges qui exercent ce pouvoir. *Dans une démocratie, la justice est indépendante du pouvoir politique.*

▶ **justicier, ère** n. Personne qui veut faire régner la justice sans en avoir le pouvoir légal. *Zorro est un justicier.*

justification n.f. Ce qui permet de justifier un acte ou une personne. *Il n'y a aucune justification à la violence.* SYN. **excuse.**
▸▸▸ Mot de la famille de **justifier.**

justifier et **se justifier** v. (conjug. 7). Donner les arguments qui permettent d'expliquer ou d'excuser une action. *Il n'a pas pu justifier son absence.* ◆ **se justifier.** Expliquer sa conduite pour se défendre. *L'accusé a essayé de se justifier.*

jute n.m. Fibre textile extraite des tiges d'une plante cultivée en Inde. *Maman a tapissé le couloir avec de la toile de jute.*
● Nom du genre masculin : **le jute.**

juteux, euse adj. Qui contient beaucoup de jus. *Des poires juteuses.*
▸▸▸ Mot de la famille de **jus.**

juvénile adj. Qui caractérise la jeunesse. *Une allure juvénile.* CONTR. **sénile.**

juxtaposer v. (conjug. 3). Placer des choses les unes à côté des autres. *Léa a juxtaposé quelques dessins sur le mur.*

K

kabyle adj. et n. De Kabylie. *La culture kabyle. Le père de Rachid est kabyle.*
- Le nom prend une majuscule : *un Kabyle.*

kakatoès → cacatoès

1. **kaki** n.m. Fruit orange, comestible, qui pousse sur un arbre originaire d'Asie, le *plaqueminier.*

des **kakis**

2. **kaki** adj. invar. D'une couleur brun jaunâtre. *Des uniformes kaki.*
- Ce mot ne change pas au pluriel.

kaléidoscope n.m. Tube dans lequel plusieurs petits miroirs sont disposés de manière à produire une infinité de dessins géométriques.

kamishibaï n.m. Récit accompagné de grands dessins que l'on glisse dans un petit théâtre portatif.
- C'est un mot japonais : on prononce [kamiʃibaj].

kangourou n.m. Mammifère herbivore d'Australie, qui avance en sautant sur ses grandes pattes de derrière. *Le petit kangourou poursuit son développement dans la poche ventrale de sa mère.*
- Le kangourou est un marsupial.

un **kangourou** et son petit

karaoké n.m. Sorte de jeu qui consiste à chanter en public sur une musique enregistrée.

karaté n.m. Sport de combat et art martial d'origine japonaise, où les coups sont arrêtés avant de toucher l'adversaire.
- Nom des sportifs : un ou une **karatéka.**

kart n.m. Petite automobile de compétition, sans carrosserie, ni boîte de vitesses, ni suspension.
- C'est un mot anglais : on prononce [kart].

karting n.m. Sport pratiqué avec un kart.
- C'est un mot anglais : on prononce [kartiŋ].

le **karting**

kasher, casher ou **cachère** adj. invar. Se dit d'un aliment préparé selon les rituels du judaïsme.
- On prononce [kaʃɛr].

kayak n.m. Canot léger et fermé, que l'on manœuvre avec une pagaie double. → Vois aussi **canoë.**

kényan, e adj. et n. Du Kenya. *La population kényane. Seydou est kényan. C'est un Kényan.*
- Au masculin, on prononce [kenjã]. – Le nom prend une majuscule : *un Kényan.*

képi n.m. Chapeau rigide, muni d'une visière, que portent certains militaires.

kermesse n.f. Fête en plein air comportant des jeux et des stands de vente, organisée au bénéfice d'une œuvre caritative. *La kermesse de l'école a lieu en juin.*

kérosène n.m. Produit dérivé du pétrole et utilisé comme carburant dans les avions.

ketchup n.m. invar. Sauce épaisse à base de tomates et d'épices, et légèrement sucrée.
- C'est un mot anglais : on prononce [kɛtʃœp].

kidnapper v. (conjug. 3). Enlever une personne, en général pour obtenir une rançon. *Des gangsters ont kidnappé un chef d'entreprise.*

▶ **kidnapping** n.m. Enlèvement d'une personne. SYN. **rapt.**
- C'est un mot anglais : on prononce [kidnapiŋ].

kif-kif adj. invar. Mot familier. **C'est kif-kif,** c'est pareil. *Ce qu'il fait ou rien, c'est kif-kif.*
- La nouvelle orthographe permet d'écrire aussi **kifkif,** sans trait d'union.

kilo- préfixe. Placé devant une unité de mesure, **kilo-** la multiplie par 1 000 : *kilomètre, kilowatt.*

kilo n.m. Abréviation de *kilogramme.* → Vois aussi **unité.**

a b c d e f g h i j k l m n o p q r s t u v w x y z

kilogramme n.m. Unité de masse égale à 1 000 grammes.
● On emploie souvent l'abréviation **kilo.** À l'écrit, on utilise **kg** comme symbole. → Vois aussi **unité.**

kilométrage n.m. Nombre de kilomètres parcourus. *Vérifier le kilométrage indiqué au compteur d'une voiture.*
►►► Mot de la famille de **kilomètre.**

kilomètre n.m. ❶ Unité de longueur égale à 1 000 mètres. ❷ **Kilomètre-heure, kilomètre à l'heure, kilomètre par heure,** nombre de kilomètres parcourus en une heure. *La vitesse en ville est limitée à 50 kilomètres à l'heure.*
● À l'écrit, on utilise les symboles **km** (sens 1) et **km/h** (sens 2).

► **kilométrique** adj. Qui indique les kilomètres. *Une borne kilométrique.*

kilt n.m. Jupe plissée qui fait partie du costume national masculin des Écossais.

kimono n.m. ❶ Tunique japonaise aux manches amples, maintenue par une large ceinture. ❷ Tenue de judo et de karaté, faite d'une veste et d'un pantalon amples.

kinésithérapeute n. Personne dont le métier est d'exercer la kinésithérapie. → Vois aussi **masseur.**
● On emploie souvent l'abréviation familière **kiné.**
►►► Mot de la famille de **kinésithérapie.**

kinésithérapie n.f. Traitement qui consiste à faire des mouvements et des massages pour rendre au corps sa force et sa souplesse.
● Ce mot s'écrit avec **th.**

kiosque n.m. ❶ Petite boutique, sur un trottoir ou dans une gare, où l'on vend des journaux ou des fleurs. *Un kiosque à journaux.* ❷ Pavillon ouvert de tous les côtés, dans un jardin public.

kit n.m. Ensemble d'éléments vendus avec un plan de montage et que l'on peut assembler soi-même. *Acheter une armoire en kit.*
● C'est un mot anglais : on prononce [kit].

kitesurf n.m. ❶ Planche à voile qui se déplace grâce à un cerf-volant. ❷ Le sport pratiqué avec cette planche.
● C'est un mot anglais qui vient de **kite,** qui signifie « cerf-volant ». – On prononce [kajtsœrf].

1. **kiwi** n.m. Fruit comestible à peau marron et à pulpe verte, au goût acidulé, qui pousse sur une liane originaire de Chine.

2. **kiwi** n.m. Oiseau de Nouvelle-Zélande qui a des ailes très courtes et un long bec. *Le kiwi ne peut pas voler mais il court vite.*

un **kiwi**

Klaxon n.m. Avertisseur sonore pour les automobiles et les bateaux. *Donner un coup de Klaxon pour prévenir d'un danger.*
● On prononce [klaksɔn]. – C'est un nom de marque : il s'écrit avec une majuscule dans les textes imprimés.

► **klaxonner** v. (conjug. 3). Faire fonctionner un Klaxon. *En France, on n'a pas le droit de klaxonner en ville.*
● Ce mot s'écrit avec deux **n.**

K.-O. n.m. invar. et adj. invar. Mise hors de combat d'un boxeur. *Le boxeur a été battu par K.-O. à la quatrième reprise.* ◆ adj. invar. (Sens familier). Épuisé. *Après la randonnée, on était tous K.-O.*
● K.-O. est l'abréviation du mot anglais **knock-out,** que la nouvelle orthographe permet d'écrire aussi **knockout.**

koala n.m. Petit mammifère d'Australie, au pelage gris très fourni et aux oreilles rondes. *Le koala se nourrit de feuilles d'eucalyptus.*
● Le koala est un marsupial.

des **koalas**

koweïtien, enne adj. et n. Du Koweït. *Le pétrole koweïtien. Ali est koweïtien.*
● Le premier **i** prend un tréma. Le nom prend une majuscule : *un Koweïtien.*

kung-fu n.m. Art martial d'origine chinoise, assez proche du karaté.
● On prononce [kungfu].

kyrielle n.f. **Une kyrielle de,** un grand nombre de. *Il m'a posé une kyrielle de questions.* SYN. **multitude.**
● Il y a un **y** au début du mot.

kyste n.m. Petite grosseur bénigne qui se forme sous la peau ou sur un organe.
● Ce mot s'écrit avec un **y.**

l', la → le

la n.m. invar. Sixième note de la gamme de *do*. *Le diapason donne le la.*

● Ce mot ne change pas au pluriel : des **la**.

là adv. ❶ Dans un endroit éloigné de celui où l'on est. *Ne reste pas près de moi, mets-toi là.* ❷ Dans un endroit que l'on désigne. *Regarde sur le plan, j'habite là.* ❸ S'emploie pour renforcer un adjectif ou un pronom démonstratif et désigner une chose avec précision. *Prends cette chaise-là.* ❹ **D'ici là, jusque-là,** indiquent un moment futur. *Mamie viendra dimanche, d'ici là, c'est moi qui vous garde.* → Vois aussi **ici**.

● Le **a** prend un accent grave.

là-bas adv. À un endroit éloigné. *Là-bas, on aperçoit le mont Blanc.*

label n.m. Marque qui garantit l'origine, la qualité d'un produit.

labeur n.m. Mot ancien. Travail intense et très pénible. *Mes grands-parents ont mené une vie de labeur.*

laboratoire n.m. Local où l'on fait des recherches et des expériences scientifiques, des travaux chimiques, des développements de photos. *Un laboratoire d'analyses médicales.*

laborieux, euse adj. Qui demande beaucoup de travail et d'efforts. *La recherche de la vérité a été laborieuse.* SYN. **difficile, pénible.** CONTR. **aisé, facile.**

▸▸▸ Mot de la famille de **labeur**.

labourage n.m. Action de labourer. *Après le labourage, on sèmera du blé.*

● On peut aussi dire le **labour** ou les **labours**.

▸▸▸ Mot de la famille de **labourer**.

labourer v. (conjug. 3). Ouvrir et retourner la terre d'un champ avec une charrue avant de semer.

▸ **laboureur** n.m. Mot ancien. Personne qui laboure, cultive la terre. *« Le Laboureur et ses Enfants » est le titre d'une fable de La Fontaine.* → Vois aussi **agriculteur, cultivateur.**

labyrinthe n.m. Réseau compliqué de chemins, de ruelles où l'on a du mal à trouver la sortie. *Au parc d'attractions, Julie s'est perdue dans le labyrinthe.* SYN. **dédale.**

● Ce mot s'écrit avec un **y** avant le **i** et **th** à la fin.

un labyrinthe

lac n.m. Grande étendue d'eau à l'intérieur de terres. *Annecy, Genève, Toronto sont construites sur les bords d'un lac.* → Vois aussi **étang, mare.**

lacer v. (conjug. 4). Attacher avec des lacets. *Les enfants laçaient leurs chaussures.* CONTR. **délacer.**

● Ne confonds pas avec **lasser**.

▸▸▸ Mot de la famille de **lacet**.

lacérer v. (conjug. 9). Mettre en pièces, en lambeaux, souvent avec un objet coupant. *Ils lacèrent des affiches.* SYN. **déchirer.**

a b c d e f g h i j k l m n o p q r s t u v w x y z

lacet n.m. ❶ Cordon que l'on passe dans des œillets pour attacher une chaussure ou fermer un vêtement. *Mon petit frère ne sait pas nouer ses lacets.* ❷ **Route en lacets,** qui décrit une série de zigzags, de virages très prononcés. *Une route en lacets mène au sommet.*

● On peut aussi écrire une **route en lacet.**

1. **lâche** adj. Qui n'est pas serré ou tendu. *Ton nœud de cravate est trop lâche.*

● Le **a** prend un accent circonflexe.

2. **lâche** adj. et n. Qui manque de courage, qui a peur et fuit devant le danger. *Ils sont lâches de s'en prendre aux petits dans la cour de récréation.* CONTR. **brave, courageux.**

● Le **a** prend un accent circonflexe.

▸ **lâchement** adv. Avec lâcheté, sans courage. *Mon petit frère a été lâchement attaqué.* CONTR. **courageusement.**

lâcher v. (conjug. 3). ❶ Laisser tomber, cesser de tenir. *Il a lâché la pile d'assiettes. Adrien lâcha la main de sa mère.* CONTR. **attraper, maintenir.** ❷ Cesser de serrer ou de retenir. *Lâche-moi, tu me fais mal. Ils ont lâché les chiens.* SYN. **lancer.** ❸ Dire malgré soi. *Elle a lâché une injure.* ❹ Céder, se casser brusquement. *Les freins ont lâché.* ❺ (Sens familier). Abandonner quelque chose ou quelqu'un. *L'an prochain, Antonin lâchera ses cours de musique.*

● Le **a** prend un accent circonflexe.

▸ **lâcher** n.m. Action de lâcher, de laisser partir. *Un lâcher de ballons.*

lâcheté n.f. Fait d'être lâche, manque de courage, de franchise. *Il n'a pas osé lui dire ce qu'il pensait par lâcheté.* CONTR. **bravoure, courage.**

● Le **a** prend un accent circonflexe.

▸▸▸ Mot de la famille de **lâche (2).**

laconique adj. Qui est dit en peu de mots, brièvement. *Une réponse laconique.* SYN. **bref, concis, court, succinct.** CONTR. **long.**

lacrymal, e, aux adj. **Glandes lacrymales,** qui produisent, sécrètent les larmes.

● Ce mot s'écrit avec un **y.** – Au masculin pluriel : **lacrymaux.**

▸ **lacrymogène** adj. **Gaz, grenades lacrymogènes,** qui ont pour effet d'irriter les yeux et de faire pleurer.

lacté, e adj. ❶ Qui contient du lait. *Les yaourts sont des produits lactés.* ❷ **La Voie lactée,** longue bande blanchâtre, constituée de milliards d'étoiles, que l'on voit la nuit dans le ciel. → Vois aussi **laitier.**

▸▸▸ Mot de la famille de **lait.**

lacune n.f. Ce qui manque dans un texte ou dans un ensemble de connaissances. *J'ai des lacunes en histoire.* SYN. **déficience, faiblesse.**

lacustre adj. **Cité lacustre,** village construit sur pilotis au bord ou au-dessus d'un lac.

▸▸▸ Mot de la famille de **lac.**

lagon n.m. Petit lac d'eau salée coupé du large par un récif de corail. *Les lagons de Tahiti.* → Vois aussi **lagune.**

un **lagon** (Polynésie)

lagune n.f. Étendue d'eau de mer coupée du large par une bande de terre. *La lagune de Venise.* → Vois aussi **lagon.**

là-haut adv. Dans un endroit situé en hauteur. *Mon oncle a un chalet là-haut sur la montagne.*

● Le premier **a** prend un accent grave.

laïc, laïque n. Personne qui n'est pas membre du clergé ni d'un ordre religieux. *Certains laïcs font le catéchisme aux enfants.* ◆ **laïque** adj. **École laïque, enseignement laïque,** indépendants de la religion, de l'Église. CONTR. **confessionnel, religieux.** → Vois aussi **privé.**

● Le **i** prend un tréma.

▸ **laïcité** n.f. Indépendance par rapport à la religion, à l'Église. *La laïcité est l'un des fondements de la République française.*

laid, e adj. Qui est désagréable à regarder. *Le monstre que j'ai dessiné est vraiment* *laid.* SYN. **affreux, hideux, horrible, repoussant.** CONTR. **beau, harmonieux, joli.**

▸▸▸ Mot de la même famille : **enlaidir.**

▸ **laideur** n.f. Fait d'être laid. *La bonté de Quasimodo fait oublier sa laideur.* CONTR. **beauté.**

laie n.f. Femelle du sanglier.

● Petit : le marcassin. Cri : le grognement.

lainage n.m. Étoffe ou vêtement de laine. *Porter une robe en lainage. Enfiler un lainage.*

▸▸▸ Mot de la famille de **laine.**

laine n.f. ❶ Matière souple qui constitue la toison des moutons ou le pelage des chèvres, des chameaux, des lamas; étoffe tissée avec cette matière. *Un pull en laine.* ❷ **Laine de verre** ou **laine de roche,** matière faite de fibres de verre qu'on utilise comme isolant.

▸ **laineux, euse** adj. Qui est fait de laine épaisse ou qui rappelle la laine. *La toison laineuse d'un chien.*

▸ **lainier, ère** adj. Qui se rapporte à la laine. *L'industrie lainière.*

laïque → laïc

laisse n.f. Lanière qui sert à mener et à retenir un chien. *Quand ils ont envie de courir, les chiens tirent sur leur laisse.*

▸▸▸ Mot de la famille de **laisser.**

laisser et **se laisser** v. (conjug. 3). ❶ Ne pas emmener quelqu'un, ne pas prendre avec soi, ne pas consommer quelque chose. *Nous avons laissé Pierre à la maison. Il a laissé ses affaires dans la voiture. Elle laisse toujours des légumes dans son assiette.* ❷ Confier à quelqu'un. *Je vous laisse mes clés.* ❸ Quitter quelqu'un. *Ma sœur m'attend, je dois vous laisser.* ❹ Accorder à quelqu'un. *Je vous laisse encore cinq minutes et après, nous rentrons.* SYN. **donner.** *Le vendeur nous a laissé les deux tee-shirts pour le prix d'un seul.* SYN. **céder.** ❺ Permettre, ne pas gêner ou interrompre. *Laissez-moi tranquille ! Laisse-le parler !* CONTR. **empêcher.** ❻ **Se laisser aller,** se détendre, ne plus faire d'efforts. *Les élèves se laissent aller en fin d'année.* ❼ **Se laisser faire,** céder à la volonté des autres.

▸ **laisser-aller** n.m. invar. Comportement d'une personne qui néglige sa tenue ou son travail. *Ma mère ne tolère aucun laisser-aller.* SYN. **négligence, relâchement.**

● Ce mot composé ne change pas au pluriel : des **laisser-aller.**

▸ **laissez-passer** n.m. invar. Document qui permet de circuler dans une zone contrôlée. *Nous avions des laissez-passer pour accéder à la tribune officielle.*

● Ce mot composé ne change pas au pluriel : des **laissez-passer.**

lait n.m. ❶ Liquide blanc, très nourrissant, sécrété par les seins d'une femme qui vient d'accoucher, par les mamelles des mammifères femelles. *Le beurre est fabriqué avec du lait de vache.* ❷ **Dent de lait,** dent qui tombe vers l'âge de six ans. ❸ **Lait de toilette,** produit liquide utilisé pour les soins de la peau.

▸▸▸ Mots de la même famille : **allaiter, allaitement.**

▸ **laitage** n.m. Aliment à base de lait. *La crème fraîche, les yaourts, le fromage blanc sont des laitages.*

▸ **laiterie** n.f. Usine où l'on traite le lait, où l'on fabrique les produits laitiers.

▸ **laiteux, euse** adj. D'une couleur blanchâtre, qui rappelle le lait. *Elle a un teint laiteux.*

▸ **laitier, ère** adj. ❶ **Produit laitier,** fabriqué à partir du lait. ❷ **Vache laitière,** élevée pour son lait. ◆ n. Personne qui livre le lait. → Vois aussi **lacté.**

laiton n.m. Métal jaune fait d'un alliage de cuivre et de zinc. *Les douilles des ampoules électriques sont souvent en laiton.*

laitue n.f. Plante dont on consomme les feuilles et le cœur en salade. *La batavia, la scarole et la romaine sont des variétés de laitues.*

une laitue

a b c d e f g h i j k l m n o p q r s t u v w x y z

a
b
c

lama n.m. Mammifère ruminant domestique qui vit dans les Andes, en Amérique du Sud. *On élève les lamas pour leur laine et leur chair.*
● Trois espèces proches du lama vivent aussi en Amérique du Sud : l'**alpaga,** le **guanaco** et la **vigogne**.

un lama

j
k
l
m
n
o
p
q
r
s
t
u
v
w
x
y
z

lambeau n.m. Morceau déchiré de tissu ou de peau. *Après la bagarre, leurs chemises étaient en lambeaux.* SYN. **loque.**
● Au pluriel : des **lambeaux.**

lambin, e adj. et n. Mot familier. Qui fait tout avec lenteur. *Maman dit toujours que je suis un peu lambin.* SYN. **lent, nonchalant.** CONTR. **rapide, vif.**

lambris n.m. Revêtement en bois ou en marbre qui décore les murs ou le plafond d'une pièce. *Poser des lambris.*
● Ce mot se termine par un **s.**

lame n.f. ❶ Pièce de métal plate et mince qui sert à couper, scier, gratter, raser. *La lame d'un couteau, d'une épée, d'une scie, d'un rasoir.* ❷ Pièce de bois plate. *Une lame de parquet.* SYN. **latte.** ❸ Forte vague de la mer. *Le bateau a été soulevé par une lame.*

▸ **lamelle** n.f. Lame très mince ou tranche très fine. *On fait des examens au microscope sur des lamelles de verre. Couper des oignons en lamelles.*

lamentable adj. Très mauvais, très regrettable. *Sa voiture est dans un état lamentable.* SYN. **désastreux.** *Il a eu des notes lamentables.* CONTR. **brillant, excellent, remarquable.** *C'est une lamentable histoire de jalousie.* SYN. **déplorable, désolant, navrant, pitoyable.**

▸ **lamentablement** adv. De façon lamentable. *Mon frère a lamentablement échoué au permis de conduire.* SYN. **pitoyablement.** CONTR. **brillamment.**

lamentations n.f. plur. Plaintes prolongées d'une personne qui se lamente. *Tu regrettes d'avoir mal agi, mais tes lamentations n'y changeront rien.* SYN. **gémissements, jérémiades.**
▸▸▸ Mot de la famille de **se lamenter.**

se **lamenter** v. (conjug. 3). Se plaindre sans cesse. *Arrête de te lamenter sur ton sort.* SYN. **gémir.** CONTR. **se réjouir.**

laminer v. (conjug. 3). Aplatir, étirer du métal, en le faisant passer dans une machine spéciale, le *laminoir.*
▸▸▸ Mot de la famille de **lame.**

lampadaire n.m. Appareil d'éclairage monté sur un long pied. *Je lis sous le lampadaire du salon.*
● Ce nom masculin se termine par un **e.**
▸▸▸ Mot de la famille de **lampe.**

lampe n.f. ❶ Appareil qui sert à éclairer. *Une lampe électrique; une lampe à gaz; une lampe de poche.* ❷ Ampoule électrique. *La lampe est grillée, il faudrait la changer.*
● Autrefois, on utilisait des lampes à huile et des lampes à pétrole.

▸ **lampion** n.m. Lanterne en papier coloré. *La place du village était éclairée par des lampions.*

un lampion

lance n.f. ❶ Arme ancienne faite d'un long manche terminé par un fer pointu. *Dans les tournois, les chevaliers s'affrontaient avec des lances.* ❷ **Lance à eau,** tube en métal fixé au bout d'un tuyau pour diriger le jet. SYN. **lance d'incendie.** → Vois aussi **javelot.**

lancée n.f. **Sur sa lancée,** en profitant de son élan. *Le joueur courut et, sur sa lancée, dribbla deux adversaires.*
▸▸▸ Mot de la famille de **lancer.**

lancement n.m. ❶ Envoi d'un engin dans l'espace. *Le lancement d'une fusée.* ❷ Fait de lancer, de faire connaître un produit, un

artiste, etc. *Le lancement d'une nouvelle marque, d'un chanteur. Un prix de lancement.*
▸▸▸ Mot de la famille de **lancer.**

lance-pierre n.m. Petit instrument fait d'une fourche en Y et d'un élastique. Il sert à lancer des pierres. SYN. **fronde.**
● On peut aussi écrire un **lance-pierres.** – Au pluriel : des **lance-pierres.**
▸▸▸ Mot de la famille de **lancer.**

lancer et **se lancer** v. (conjug. 4). ❶ Envoyer d'un mouvement vif dans une direction. *Lancer un ballon, une flèche, des dés.* ❷ Envoyer dans l'espace. *Lancer une nouvelle fusée.* ❸ Mettre en route. *Lancer un projet, une campagne électorale.* ❹ Faire connaître au public. *Ils vont lancer un nouveau modèle de voiture. La chanteuse a été lancée l'année dernière.* ❺ Dire quelque chose avec vivacité. *Elle lance toujours des plaisanteries.* ❻ Adresser un message. *Ils ont lancé des appels au secours.* SYN. **envoyer.** ◆ **se lancer.** Se jeter en avant. *L'acrobate s'est lancé dans le vide.* SYN. **s'élancer, se précipiter.**

▶ **lancer** n.m. Épreuve d'athlétisme qui consiste à lancer un poids, un javelot ou un disque le plus loin possible.
● Nom des athlètes : un **lanceur,** une **lanceuse.**

lancinant, e adj. Qui revient sans cesse et de manière intense. *Une douleur lancinante; une pensée lancinante.*

landau n.m. Voiture d'enfant à capote dans laquelle on transporte un bébé couché. → Vois aussi **poussette.**
● Au pluriel : des **landaus.**

lande n.f. Étendue de terre, en général plate, où ne poussent que des plantes sauvages comme la bruyère, le genêt et l'ajonc. *Un vent violent soufflait sur la lande.* → Vois aussi **garrigue, maquis.**

une lande

langage n.m. ❶ Capacité qu'ont les êtres humains de s'exprimer et de communiquer par la parole. ❷ Système de signes ou de gestes qui permet de communiquer. *Les sourds-muets utilisent le langage des signes.* ❸ Façon de parler propre à une personne ou à un groupe de personnes. *Un langage familier; le langage des sportifs.* ❹ Système de communication de certains animaux. *Le langage des dauphins.* → Vois aussi **langue (2).**

lange n.m. Carré de tissu qui servait à envelopper un bébé de la taille aux pieds.

▶ **langer** v. (conjug. 5). ❶ Changer la couche d'un bébé, l'habiller. *Une table à langer.* ❷ (Sens ancien). Envelopper un bébé dans un lange. SYN. **emmailloter.**

langoureux, euse adj. Qui évoque ou provoque la langueur amoureuse. *Jeter un regard langoureux.*
▸▸▸ Mot de la famille de **languir.**

langouste n.f. Crustacé marin qui a une carapace brun-rouge, deux fortes et longues antennes, mais qui n'a pas de pinces, contrairement au homard. *Pour pêcher la langouste, on dépose dans l'eau des casiers avec des appâts.*

▶ **langoustine** n.f. Petit crustacé marin aux pinces longues et fines, qui ressemble à une grosse écrevisse.

1. **langue** n.f. ❶ Organe situé dans la bouche, et qui sert à parler et à goûter les aliments. *Lucas s'est brûlé la langue en buvant son chocolat.* ❷ (Familier). **Avoir la langue bien pendue,** être bavard. ❸ **Donner sa langue au chat,** admettre qu'on ne connaît pas la réponse à une devinette, à une énigme. ❹ **Être mauvaise langue,** dire du mal des autres. ❺ **Ne pas savoir tenir sa langue,** ne pas savoir garder un secret.

2. **langue** n.f. ❶ Ensemble de mots et de règles qui permet de communiquer. *Hugo parle deux langues étrangères, l'anglais et l'italien.* ❷ **Langue de bois,** façon de s'exprimer au moyen de phrases toutes faites, surtout en politique. CONTR. **franc-parler.** ❸ **Langue maternelle,** langue du pays où l'on est né, langue que l'on a apprise lorsqu'on était enfant. ❹ **Langue vivante,** langue parlée de nos jours. *L'anglais est une langue vivante.* CONTR. **langue morte.** → Vois aussi **langage.**

a b c d e f g h i j k l m n o p q r s t u v w x y z

a b c d e f g h i j k l m n o p q r s t u v w x y z

languette n.f. Petit objet plat et allongé qui a la forme d'une langue. *Tire la languette de ta chaussure.*
▸▸▸ Mot de la famille de **langue (1).**

langueur n.f. Mélancolie douce et rêveuse. *Une douce langueur l'envahissait à l'écoute d'une chanson.*
▸▸▸ Mot de la famille de **languir.**

languir et **se languir** v. (conjug. 16). Mot littéraire. ❶ Manquer d'animation, d'entrain. *La conversation languissait.* SYN. **traîner.** ❷ **Faire languir quelqu'un,** le faire attendre longtemps. *Ne nous fais pas languir, raconte-nous la fin de l'histoire.* ◆ **se languir de.** S'ennuyer en regrettant l'absence de quelqu'un ou de quelque chose. *Je me languis de mon cousin qui est parti à l'étranger.*

▸ **languissant, e** adj. Qui manque d'animation, d'énergie. *Une conversation languissante.* SYN. **morne.** CONTR. **vivant.**

lanière n.f. Bande longue et étroite de cuir, de tissu ou de plastique. *Faire claquer la lanière d'un fouet.* → Vois aussi **courroie, sangle.**

lanterne n.f. ❶ Boîte aux parois transparentes qui contient une lumière. *On a placé une lanterne à l'entrée de la maison.* ❷ **Lanterne magique,** appareil qui servait autrefois à projeter sur un écran des images peintes sur des plaques de verre. ❸ **Lanterne rouge,** nom donné au dernier d'une course, d'un classement. *La lanterne rouge du Tour de France.*

laotien, enne adj. et n. Du Laos. *Les temples laotiens. Elle est laotienne. C'est une Laotienne.* ◆ **laotien** n.m. Langue parlée par les Laotiens.
● Le nom prend une majuscule quand il désigne une personne : *un Laotien.* – On peut aussi dire **lao** : *la République lao. Il comprend le lao.*

lapalissade n.f. Affirmation si évidente qu'elle est ridicule. *« Ce qui est rond n'est pas carré » est une lapalissade.* SYN. **vérité de La Palice.**

laper v. (conjug. 3). Boire à coups de langue. *Le chat lape son lait.*
● Ce mot prend un seul **p.**

lapereau n.m. Jeune lapin.
● Au pluriel : des **lapereaux.**

lapider v. (conjug. 3). Tuer, attaquer à coups de pierres.

lapin n.m. ❶ Mammifère herbivore, aux longues oreilles et à la queue très courte. *Le lapin de garenne est un lapin sauvage.* ❷ (Familier). **Poser un lapin,** ne pas aller à un rendez-vous. → Vois aussi **lièvre.**
● Femelle : la lapine. Petit : le lapereau. Cri : le glapissement ou le clapissement.

un lapin

▸ **lapine** n.f. Femelle du lapin.

laps n.m. **Un laps de temps,** un moment, un certain temps. *Après un laps de temps, Rémi a repris ses esprits.*
● On prononce le **s.**

lapsus n.m. Erreur involontaire qui consiste à dire ou à écrire un mot à la place d'un autre. *Julie a fait un lapsus, elle a dit « méchant » au lieu de « méfiant ».*
● On prononce le **s** final.

laquais n.m. Valet qui portait la livrée, l'uniforme de la maison de son maître. SYN. **domestique, serviteur.**

laque n.f. ❶ Peinture brillante qui a l'aspect du vernis. ❷ Produit que l'on vaporise sur les cheveux pour maintenir la coiffure en place.

laquelle → lequel

laquer v. (conjug. 3). ❶ Recouvrir d'une couche de laque. *Le peintre va laquer les murs de la salle de bains.* ❷ Vaporiser de la laque. *Julie a laqué ses cheveux.*
▸▸▸ Mot de la famille de **laque.**

larcin n.m. Petit vol commis sans violence.

lard n.m. Couche épaisse de graisse qui se trouve sous la peau du porc. On l'utilise en cuisine. *J'ai mangé une délicieuse omelette au lard.*
● Ce mot se termine par un **d.**

▶ **larder** v. (conjug. 3). Piquer des lardons dans un morceau de viande. *Larder un rôti.*

▶ **lardon** n.m. Petit morceau de lard. *Préparer une salade aux lardons.*

large adj. ❶ Qui a telle dimension en largeur. *Une planche large de 30 centimètres.* ❷ Qui a une grande dimension dans le sens de la largeur. *Un boulevard est une rue très large.* CONTR. **étroit.** *Porter des vêtements larges.* SYN. **ample.** CONTR. **juste, serré.** ❸ Qui est important ou très grand. *Être élu à une large majorité.* SYN. **considérable.** CONTR. **petit, restreint.** ❹ Qui est généreux. *Il a laissé un large pourboire au serveur.* ❺ Qui n'est pas borné. *Un esprit large.* SYN. **ouvert.** *Avoir les idées larges.* CONTR. **étroit.** ◆ n.m. ❶ Haute mer. *Le bateau a gagné le large.* ❷ **De large,** de largeur. *Une table de un mètre de large.* ❸ **Être au large,** avoir beaucoup de place. *Nous sommes au large dans notre appartement.* CONTR. **à l'étroit.** ◆ adv. En prévoyant un peu plus. *On a calculé large.* CONTR. **juste.**

▶ **largement** adv. De façon importante. *Vous aurez largement le temps d'arriver à l'heure.* SYN. **amplement.**

▶ **largesse** n.f. Fait d'être généreux. *Traiter ses hôtes avec largesse.* SYN. **générosité.** CONTR. **avarice.** ◆ n.f. plur. Dons généreux. *Nous ne voulons pas abuser de vos largesses.*

▶ **largeur** n.f. ❶ Dimension dans le sens perpendiculaire à la longueur. *Quelle est la largeur de la fenêtre ?* ❷ **Largeur d'esprit,** ouverture d'esprit, tolérance. CONTR. **étroitesse.** → Vois aussi **longueur.**

larguer v. (conjug. 6). ❶ Détacher, laisser aller une amarre, une voile. *On largue les amarres pour faire partir un bateau.* ❷ Lâcher quelque chose depuis un avion. *Larguer des vivres, des médicaments.*

larme n.f. ❶ Goutte de liquide salé qui humidifie les yeux et s'échappe quand on pleure. *Être en larmes. Pleurer à chaudes larmes.* ❷ Petite quantité d'un liquide. *Une larme de vin.* SYN. **goutte.**

▶ **larmoyer** v. (conjug. 14). ❶ Être plein de larmes. *Mes yeux larmoient à cause du froid.* ❷ Se lamenter sans cesse. *Larmoyer sur son sort.* SYN. **pleurnicher.**

larron n.m. Mot ancien. ❶ Voleur. ❷ **S'entendre comme larrons en foire,** s'entendre parfaitement, à merveille. *Ces deux-là s'entendent comme larrons en foire, surtout pour faire des bêtises !*

● Ce mot prend deux **r.**

larve n.f. Forme que prennent certains animaux avant de devenir adultes. *Les chenilles sont les larves des papillons; les têtards, celles des grenouilles.*

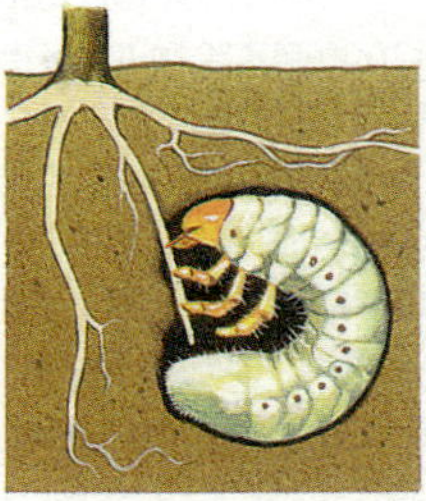

une larve de hanneton

larynx n.m. Organe situé dans la gorge, là où se trouvent les cordes vocales, et qui permet de produire des sons. → Vois aussi **pharynx.**

● Ce mot s'écrit avec un **y** et un **x.**

las, lasse adj. ❶ Mot littéraire. Qui éprouve une grande fatigue. *Se sentir las après une longue marche.* SYN. **épuisé, harassé.** CONTR. **reposé.** ❷ **Être las de,** ne plus supporter quelque chose. *La maîtresse est lasse de leurs disputes continuelles.*

▶▶▶ Mots de la même famille : **délassement, se délasser.**

laser n.m. Appareil qui produit des rayons intenses et qui a des usages variés : lecture de codes-barres ou de disques compacts, interventions chirurgicales, etc. *On opère la cataracte au laser.*

● C'est un mot anglais : on prononce [lazɛr].

lassant, e adj. Qui lasse par sa monotonie. *C'est lassant de l'entendre raconter toujours les mêmes histoires.* SYN. **ennuyeux.**

▶▶▶ Mot de la famille de **las.**

lasser et **se lasser** v. (conjug. 3). Fatiguer, ennuyer. *Toutes ces allées et venues m'ont lassé.* SYN. **épuiser.** CONTR. **délasser.** ◆ **se lasser de.** Se fatiguer de quelque chose, en avoir assez. *J'ai fini par me lasser d'attendre, et je suis parti.*

● Ne confonds pas avec **lacer.**

▶▶▶ Mot de la famille de **las.**

lassitude n.f. Grande fatigue physique ou morale. *Elle a abandonné la partie par lassitude.* SYN. **découragement.**
►►► Mot de la famille de **las.**

lasso n.m. Corde ou longue lanière de cuir, terminée par un nœud coulant. *Le cow-boy a pris une vache au lasso.*

latent, e adj. Qui n'est pas apparent mais peut à tout moment se manifester. *Un conflit latent.* CONTR. **ouvert.**

latéral, e, aux adj. Qui se trouve sur le côté. *Une porte latérale.*
● Au masculin pluriel : **latéraux.**
►►► Mot de la même famille : **équilatéral.**

latin, e adj. Qui se rapporte à la Rome ancienne, à son empire, à la langue qu'on y parlait. *La culture latine.* ◆ **n.m.** Langue parlée dans l'Antiquité par les Romains. *Le latin est une langue morte.*

latitude n.f. ❶ Distance, mesurée en degrés, qui sépare tel point du globe terrestre de l'équateur. *Bordeaux est à 45° de latitude nord.* ❷ Liberté d'agir. *Je vous laisse toute latitude pour décider.* → Vois aussi **longitude.**

latte n.f. Planchette de bois plate. *Les lattes d'un parquet.* SYN. **lame.**

lauréat, e n. Personne qui a remporté un prix dans un concours. *Le lauréat du prix Nobel.*

laurier n.m. Arbre dont les feuilles persistantes sont utilisées en cuisine pour parfumer certains plats. *Parfumer un pot-au-feu avec du thym et du laurier.*
● On dit aussi **laurier-sauce.**

le laurier

lavable adj. Que l'on peut laver. *Un papier peint lavable.*
►►► Mot de la famille de **laver.**

lavabo n.m. Bassin muni d'un robinet et d'un écoulement, fixé à mi-hauteur dans une salle de bains. *Quentin se lave les mains au lavabo.* ◆ **n.m. plur.** Toilettes publiques avec un ou plusieurs lavabos.

lavage n.m. Action de laver. *Le lavage de la laine se fait dans l'eau tiède.*
►►► Mot de la famille de **laver.**

lavande n.f. Plante aromatique des régions méditerranéennes, aux fleurs bleues ou violettes très odorantes. *On fait du parfum avec la lavande.*

la lavande

lave n.f. Matière visqueuse en fusion qui sort des volcans en éruption. *Une coulée de lave.*
→ Vois aussi **magma.**

lave-linge n.m. invar. Machine à laver le linge.
● La nouvelle orthographe permet d'écrire aussi des **lave-linges** avec un **s.**
►►► Mot de la famille de **laver.**

laver et **se laver** v. (conjug. 3). Nettoyer avec de l'eau et, en général, du savon ou de la lessive. *Laver du linge. Laver la vaisselle.* ◆ **se laver.** Faire sa toilette. *Juliette s'est lavée avant d'aller se coucher.*

► **laverie** n.f. Local où des machines à laver sont mises à la disposition des clients. → Vois aussi **blanchisserie.**

▶ **lavette** n.f. Ustensile qui sert à laver la vaisselle.

▶ **lave-vaisselle** n.m. invar. Machine à laver la vaisselle.
● La nouvelle orthographe permet d'écrire aussi des **lave-vaisselles** avec un **s**.

▶ **lavoir** n.m. Grand bassin de pierre où on lavait le linge.

laxatif, ive adj. et n.m. Qui purge légèrement, qui combat la constipation. *Prendre un laxatif.* SYN. **purgatif.**

layette n.f. Ensemble des vêtements d'un nouveau-né, d'un bébé. *Mamie tricote de la layette.*

1. **le, la, les** articles définis. Déterminants qui désignent une chose ou un être connus, identifiés. *Le camion des pompiers; la chatte du voisin; les enfants de Paul.* → Vois aussi **un, une, des.**
● **Le** et **la** deviennent **l'** devant une voyelle ou un « h » muet : *l'air, l'homme, l'hirondelle.*

2. **le, la, les** pronoms personnels. Représentent un nom de la troisième personne et sont employés comme compléments d'objet direct. *Je le connais. Tu la crois? On les comprend.*
● **Le** et **la** deviennent **l'** devant une voyelle ou un « h » muet : *Elle ne l'oublie pas. Il l'a raccompagnée chez elle.*

leader n.m. Personne qui est à la tête d'un parti politique, d'un groupe ou qui est en tête d'une compétition. *Le leader de la gauche. Le leader du Tour de France.* SYN. **chef.**
● C'est un mot anglais : on prononce [lidœr].
– La nouvelle orthographe permet d'écrire aussi **leadeur.**

lécher v. (conjug. 9). Passer la langue sur quelque chose. *Le chat lèche sa patte.*

▶ **lèche-vitrines** n.m. invar. Mot familier. **Faire du lèche-vitrines,** se promener en regardant les vitrines des magasins.
● La nouvelle orthographe permet d'écrire aussi du **lèche-vitrine.**

leçon n.f. ❶ Séance durant laquelle un professeur apprend quelque chose à ses élèves. *Raphaël prend des leçons de solfège.* SYN. **cours.** ❷ Ce qu'un professeur donne à apprendre à ses élèves. *Moussa récite sa leçon.* ❸ Enseignement que l'on tire d'un événement. *J'espère que cette mésaventure te servira de leçon!*
● Le **c** prend une cédille.

1. **lecteur, trice** n. Personne qui lit. *De nombreux lecteurs ont apprécié ce roman.*
→ Vois aussi **liseur.**
▶▶▶ Mot de la famille de **lire.**

2. **lecteur** n.m. Appareil qui permet de reproduire des sons, des images, des textes enregistrés. *Un lecteur de cédéroms.*
▶▶▶ Mot de la famille de **lire.**

lecture n.f. ❶ Action de lire. *La lecture d'un journal, d'une bande dessinée. Romain adore la lecture.* ❷ Action de lire à haute voix. *La maîtresse nous fait la lecture.* ❸ Ce qu'on lit. *J'ai apporté de la lecture pour le voyage.*
▶▶▶ Mot de la famille de **lire.**

légal, e, aux adj. Qui est conforme à la loi, défini par la loi. *En France, l'avortement est une pratique légale.* CONTR. **illégal.** *L'âge légal pour voter est dix-huit ans.* → Vois aussi **légitime.**
● Au masculin pluriel : **légaux.**

▶ **légalement** adv. De façon légale, conformément à la loi. *Le président a été élu légalement.* SYN. **régulièrement.** CONTR. **illégalement.**

▶ **légaliser** v. (conjug. 3). Rendre légal, conforme à la loi. *Certains voudraient légaliser la chasse de nuit.* CONTR. **interdire.**

▶ **légalité** n.f. Ensemble des règles conformes à la loi. *Respecter la légalité. Sortir de la légalité.*

légataire n. Personne à qui une autre personne a légué des biens, sa fortune. → Vois aussi **héritier.**
▶▶▶ Mot de la famille de **legs.**

légendaire adj. ❶ Qui appartient aux légendes et non à la réalité. *La licorne est un animal légendaire.* SYN. **fabuleux, imaginaire, mythique.** ❷ Qui est connu de tous. *Sa maladresse est légendaire.*
▶▶▶ Mot de la famille de **légende.**

légende n.f. ❶ Récit merveilleux que l'on raconte depuis des siècles. *La légende de Merlin l'Enchanteur.* ❷ Texte qui accompagne et explique un dessin, une photo; liste des signes utilisés sur une carte géographique. → Vois aussi **conte, mythe.**

a b c d e f g h i j k l m n o p q r s t u v w x y z

léger, ère adj. ❶ Qui a peu de poids. *Ma valise est légère.* CONTR. **lourd.** ❷ Qui a peu d'épaisseur. *Une légère couche de glace recouvrait le lac.* SYN. **fin, mince.** CONTR. **épais.** *En été, on porte des vêtements légers.* CONTR. **chaud.** ❸ Qui est peu abondant. *On a pris un repas léger.* SYN. **frugal.** CONTR. **copieux, lourd.** ❹ Qui est peu important. *Une légère différence de prix.* SYN. **faible.** *Une blessure légère.* CONTR. **grave.** ❺ Qui est peu concentré. *Un café léger.* CONTR. **fort.** ❻ Qui est vif et gracieux. *Une démarche légère.* CONTR. **pesant.** ❼ **À la légère,** sans réfléchir ; avec insouciance. *Prendre une décision à la légère.* ❽ **D'un cœur léger,** en se sentant joyeux ou soulagé d'un souci qui pesait. ❾ **Sommeil léger,** facilement troublé, perturbé. CONTR. **lourd, profond.**

▶ **légèrement** adv. ❶ De façon légère. *Appuyer légèrement sur la pédale.* SYN. **délicatement.** CONTR. **fortement.** ❷ **S'habiller légèrement,** avec des vêtements légers. CONTR. **chaudement.** ❸ Un peu. *Je suis légèrement en retard.* CONTR. **très.** *Baptiste est légèrement blessé.* CONTR. **gravement, grièvement.**

▶ **légèreté** n.f. ❶ Fait d'être léger, de ne pas peser lourd. *La pierre ponce est d'une grande légèreté.* CONTR. **lourdeur, poids.** ❷ Fait d'être souple, agile. *J'admire la légèreté des patineuses.* CONTR. **lourdeur.** ❸ Manque de sérieux. *Tu as agi avec légèreté en donnant ton adresse à un inconnu.* SYN. **imprudence, insouciance.** CONTR. **prudence, sagesse.**

légion n.f. ❶ Dans l'Antiquité romaine, unité de base de l'armée. *Une légion comptait environ 6 000 hommes.* ❷ **La Légion étrangère,** corps militaire de l'armée française, composé de volontaires, en majorité étrangers. ❸ **La Légion d'honneur,** décoration que l'on décerne en France pour récompenser une personne des services militaires ou civils qu'elle a rendus.

▶ **légionnaire** n.m. ❶ Dans l'Antiquité romaine, soldat qui appartenait à une légion. ❷ Militaire de la Légion étrangère.

● Ce nom masculin se termine par un **e.**

législatif, ive adj. ❶ Qui concerne le vote et l'application des lois. *En France, l'Assemblée nationale et le Sénat sont des assemblées législatives.* ❷ **Élections législatives,** en France, élections des députés de l'Assemblée nationale au suffrage universel. → Vois aussi **exécutif, judiciaire.**

▶ **législation** n.f. Ensemble des lois d'un pays. *La législation française.*

légiste adj. **Médecin légiste,** médecin chargé des expertises, des examens, des autopsies dans les affaires criminelles.

légitime adj. ❶ Qui est reconnu, admis par la loi. *Une autorité légitime ; un mariage légitime.* CONTR. **illégitime.** ❷ Qui semble juste, raisonnable, normal. *Sa colère était tout à fait légitime.* SYN. **fondé.** CONTR. **injustifié.** ❸ **Légitime défense,** droit de riposter pour se protéger ou protéger quelqu'un. → Vois aussi **légal.**

legs n.m. Don fait par testament. *Cette collection de tableaux est un legs fait au musée.* → Vois aussi **donation.**

● Ce mot se termine par un **s.**

▶ **léguer** v. (conjug. 9). Donner un bien par testament. *Mon grand-oncle a légué sa fortune à une association humanitaire.*

légume n.m. Plante potagère dont on mange les graines, les feuilles, les tiges ou les racines. *Les carottes, les épinards sont des légumes verts. Les lentilles sont des légumes secs.* → Vois aussi **potager.**

leitmotiv n.m. Idée, phrase qui reviennent sans cesse. *Son leitmotiv, c'est qu'il faut être optimiste.*

● On prononce [lɛtmɔtiv] ou [lajtmɔtif].

lémurien n.m. Mammifère primate qui ressemble un peu à un singe et qui vit à Madagascar et en Afrique. *Le loris est un lémurien.* → Vois aussi **maki.**

lendemain n.m. ❶ Jour qui suit celui dont on parle. *Il est parti lundi et m'a appelé le lendemain.* ❷ Avenir plus ou moins immédiat. *Ne pas se soucier du lendemain.* SYN. **futur.** ❸ **Du jour au lendemain,** en très peu de temps. *Elle a changé d'avis du jour au lendemain.* → Vois aussi **veille.**

lent, e adj. Qui met du temps, prend du temps ou trop de temps. *Les véhicules lents roulent sur la voie de droite. Marcher d'un pas lent.* CONTR. **rapide.** *Tu as été lente à te décider !* CONTR. **prompt.** *Avoir l'esprit lent.* CONTR. **vif.** → Vois aussi **lambin.**

lente n.f. Œuf de pou.

des lémuriens

lentement adv. Avec lenteur. *Papa roule lentement.* SYN. **doucement.** CONTR. **rapidement, vite.**
▸▸▸ Mot de la famille de **lent.**

lenteur n.f. Manque de rapidité. *Les travaux avancent avec lenteur.*
▸▸▸ Mot de la famille de **lent.**

1. **lentille** n.f. Petite graine comestible, plate et ronde, brune ou verte. *Les lentilles se mangent cuites.*

2. **lentille** n.f. Disque de verre taillé qui sert à grossir les images, dans les instruments d'optique. *La lentille d'un microscope, d'un télescope.* → Vois aussi **contact.**

léopard n.m. Panthère d'Afrique au pelage jaune tacheté de noir.
● Le léopard est un félin.

un léopard

lèpre n.f. Maladie infectieuse contagieuse qui se manifeste surtout par des pustules et par des plaies sur la peau.

▸ **lépreux, euse** n. Personne atteinte de la lèpre.

lequel, laquelle, lesquels, lesquelles pronoms relatifs et interrogatifs. S'emploient pour représenter la personne ou la chose dont on vient de parler. *L'appartement dans lequel nous vivons. Les amis avec lesquels Pierre joue. Il reste deux tartelettes; laquelle préfères-tu ?*
● Lorsque **lequel** est précédé de « à » ou de « de », il forme les pronoms **auquel, auxquels, duquel, desquels.**

les → **le**

lèse-majesté n.f. invar. **Crime de lèse-majesté,** acte qui porte atteinte à la personne ou à l'autorité d'un roi, d'un empereur.

léser v. (conjug. 9). Porter atteinte aux intérêts de quelqu'un. *Le testament a lésé un membre de la famille.*

lésiner v. (conjug. 3). Dépenser le minimum. *Il lésine sur la nourriture.*

lésion n.f. Blessure due à une maladie ou à un accident. *Les plaies, les brûlures, les inflammations sont des lésions.*

lesquels → **lequel**

lessive n.f. ❶ Produit que l'on mélange à de l'eau pour nettoyer, laver. *Un paquet de lessive.* ❷ Lavage du linge. *Mamie fait la lessive.* → Vois aussi **détergent.**

▸ **lessiver** v. (conjug. 3). Nettoyer avec de la lessive. *Lessiver des murs, un carrelage.*

▸ **lessiveuse** n.f. Grand récipient dans lequel on faisait bouillir le linge pour le laver.

lest n.m. Matière lourde placée au fond d'un bateau, d'un véhicule, pour les rendre plus stables. *Le lest d'un ballon dirigeable est constitué de sacs de sable.*
● On prononce [lɛst]. – Ne confonds pas avec l'adjectif **leste.**
▸▸▸ Mot de la même famille : **délester.**

leste adj. Qui fait preuve d'agilité, de souplesse, de vivacité. *Marcher d'un pas leste.* SYN. **alerte, rapide, vif.** CONTR. **lent, lourd.**
● Ne confonds pas avec le **lest.**

a b c d e f g h i j k l m n o p q r s t u v w x y z

lester v. (conjug. 3). Charger avec du lest. *Lester un navire, un ballon.* CONTR. **délester.**
►►► Mot de la famille de **lest.**

léthargie n.f. Torpeur, engourdissement. *Son nouveau travail l'a sorti de sa léthargie.*
● Ce mot s'écrit avec **th.**

► **léthargique** adj. Qui manifeste de la léthargie. *Un abattement léthargique.*

letton, e adj. et n. De Lettonie. *Riga est la capitale lettone. Karl est letton. C'est un Letton.* ◆ **letton** n.m. Langue parlée en Lettonie.
● Le nom prend une majuscule quand il désigne une personne : *un Letton.*

lettre n.f. ❶ Chacun des signes qui constituent un alphabet. *L'alphabet français est composé de vingt-six lettres.* ❷ **À la lettre,** exactement. *Suivre des instructions à la lettre.* ❸ Message écrit que l'on adresse à quelqu'un sous enveloppe. *J'ai reçu une très longue lettre de grand-mère.* ◆ **n.f. plur.** Ensemble des connaissances et des études de littérature. *La mère de Coralie est professeur de lettres.*

► **lettré, e** n. Personne qui a une grande culture littéraire.

► **lettrine** n.f. Grande initiale, généralement ornée, placée au début d'un chapitre ou d'un paragraphe dans certains livres.

une **lettrine**

leucémie n.f. Maladie grave caractérisée par une augmentation anormale des globules blancs dans le sang.

1. **leur, leurs** adj. possessifs. Déterminants qui indiquent la possession. Ils s'appliquent à la troisième personne du pluriel. *Nos voisins promènent leur chien. Romain et Loan ont rangé leurs jouets.* ◆ **le leur, la leur, les leurs** pronoms possessifs. Mots qui remplacent un nom ou un pronom. Ils désignent ce qui appartient à un possesseur de la troisième personne du pluriel. *Cette voiture est la leur. Mes parents sont plus âgés que les leurs.*

2. **leur** pronom personnel. Représente un nom de la troisième personne du pluriel et est employé comme complément indirect. *Je leur ai demandé de partir.* → Vois aussi **lui.**
● Le pronom personnel **leur** ne prend jamais de **s.**

leurre n.m. ❶ Appât artificiel pour la pêche. *Papi a mis un leurre à son hameçon.* ❷ Ce qui trompe, qui fait illusion. *Méfie-toi, ses promesses ne sont qu'un leurre.* SYN. **tromperie, mystification.**
● Ce mot s'écrit avec deux **r.**

► se **leurrer** v. (conjug. 3). Se faire des illusions. *Il ne faut pas te leurrer, tu n'auras pas de bonnes notes si tu ne t'appliques pas plus.* SYN. **s'illusionner.**

levain n.m. Morceau de pâte à pain fermentée que l'on ajoute à de la pâte nouvelle pour la faire lever. → Vois aussi **levure.**
►►► Mot de la famille de **lever.**

levant adj.m. **Soleil levant,** soleil qui se lève, qui apparaît à l'horizon, à l'est. ◆ **n.m.** Endroit du ciel où le soleil se lève. SYN. **est.** CONTR. **couchant.**
►►► Mot de la famille de **lever.**

levée n.f. Enlèvement des lettres par l'employé de la poste. *Les heures des levées sont indiquées sur les boîtes aux lettres.*
● Ne confonds pas avec le **lever.**

lever et **se lever** v. (conjug. 10). ❶ Mettre plus haut. *Lever un store.* SYN. **relever, remonter.** CONTR. **baisser.** ❷ Diriger vers le haut. *Lever la tête.* CONTR. **baisser, incliner.** ❸ Mettre debout ou faire sortir du lit. *Lever un blessé.* CONTR. **coucher.** ❹ Faire disparaître, faire cesser. *Lever une interdiction. Le président a levé la séance.* ❺ Faire sortir un gibier de son gîte. *Le chasseur a levé un lièvre.* ❻ Commencer à sortir de terre. *Le blé lève.* ❼ Commencer à gonfler sous l'effet de la fermentation. *La pâte lève.* ◆ **se lever.** ❶ Se mettre debout ou sortir du lit. *Reda s'est levé tard.* CONTR. **se coucher.** ❷ Pour le soleil, apparaître à l'horizon, à l'est. *En été, le soleil se lève tôt.* ❸ Commencer à souffler, en parlant du vent. CONTR. **tomber.** ❹ En parlant du temps, s'éclaircir, devenir meilleur.

▸ **lever** n.m. ❶ **Lever de soleil,** moment où le soleil se lève. *Nous avons admiré le lever de soleil.* CONTR. **coucher de soleil.** ❷ Moment où l'on se lève. *Au lever, je bois toujours un grand verre d'eau.*
● Ne confonds pas avec la **levée.**

levier n.m. ❶ Barre rigide pouvant tourner autour d'un point d'appui fixe, qui permet de soulever un objet très lourd. ❷ Manette de commande de certains mécanismes. *Le levier de vitesse d'une automobile.*

levraut n.m. Jeune lièvre.
● La nouvelle orthographe permet d'écrire aussi **levreau.**

lèvre n.f. Chacune des deux parties charnues qui bordent la bouche. *La lèvre supérieure et la lèvre inférieure.*

lévrier n.m. Grand chien à la tête allongée, au corps mince et musclé, qui court très vite. *On organise des courses de lévriers.*
● Femelle : la levrette.
Petit : le levron.

un lévrier

levure n.f. Champignon microscopique qui fait lever la pâte. → Vois aussi **levain.**
▸▸▸ Mot de la famille de **lever.**

lexique n.m. ❶ Liste de mots donnant une définition ou une traduction. *Reda cherche un mot dans un lexique français-anglais.* ❷ Ensemble des mots d'une langue. *Le lexique français est très riche.* SYN. **vocabulaire.** → Vois aussi **dictionnaire.**

lézard n.m. Reptile qui a un corps allongé couvert d'écailles, quatre pattes courtes et une longue queue. *Les lézards se chauffent au soleil et mangent des insectes.*

un lézard

lézarde n.f. Fente qui se forme dans un mur, un plafond en mauvais état. SYN. **crevasse, fissure.**

▸ se **lézarder** v. (conjug. 3). Se couvrir de lézardes. *Le plafond se lézarde.* SYN. **se fissurer.**

liaison n.f. ❶ Rapport qui existe entre deux choses. *Les enquêteurs ont fait la liaison entre les deux événements.* SYN. **lien.** ❷ Contact établi à distance. *L'avion est en liaison avec la tour de contrôle.* ❸ Fait de prononcer la dernière consonne d'un mot quand le mot suivant commence par une voyelle ou un « h » muet. *Dans « les assiettes » et « cent hommes », on fait la liaison.* ❹ Transport régulier d'un lieu à un autre. *La liaison à grande vitesse entre Paris et Lyon.*
▸▸▸ Mot de la famille de **lier.**

liane n.f. Plante à longue tige souple qui grimpe en s'accrochant aux arbres, aux branches. *Les lianes poussent surtout dans les forêts tropicales.*

liant, e adj. Qui se lie facilement avec les autres. SYN. **sociable.**
▸▸▸ Mot de la famille de **lier.**

liasse n.f. Paquet de papiers, de billets mis ensemble. *Une liasse de billets.*

libanais, e adj. et n. Du Liban. *La cuisine libanaise. Sabri est libanais. C'est un Libanais.*
● Le nom prend une majuscule : *un Libanais.*

libations n.f. plur. Mot littéraire. **Faire des libations,** boire beaucoup de vin, d'alcool à l'occasion d'une fête.

libeller v. (conjug. 3). Rédiger de façon précise et selon les règles. *Libeller un chèque.*

libellule n.f. Insecte à quatre ailes transparentes, qui vit près des eaux douces. *La libellule se nourrit de petits insectes.* → Vois aussi **demoiselle (2).**

libéral, e, aux adj. et n. ❶ Qui est favorable au développement des libertés individuelles et à la limitation du pouvoir de l'État. *Une économie libérale.* ❷ **Profession libérale,**

a b c d e f g h i j k l m n o p q r s t u v w x y z

profession indépendante dont les membres touchent des honoraires. *Les médecins, les architectes exercent une profession libérale.*

● Au masculin pluriel : **libéraux.**

libérateur, trice adj. et n. Qui libère d'un ennemi, d'un envahisseur. *Une armée libératrice.*

►►► Mot de la famille de **libérer.**

libération n.f. ❶ Action de libérer, fait d'être libéré. *Le prisonnier attend sa libération.* SYN. **délivrance.** CONTR. **emprisonnement.** *Une armée de libération.* ❷ (Avec une majuscule). **La Libération,** pendant la Seconde Guerre mondiale, ensemble des actions menées de juin 1944 à mai 1945 pour chasser l'armée allemande des territoires qu'elle occupait.

→ Vois aussi **émancipation.**

►►► Mot de la famille de **libérer.**

libérer et **se libérer** v. (conjug. 9). ❶ Mettre en liberté. *Libérer un détenu.* SYN. **relâcher.** CONTR. **emprisonner, incarcérer.** ❷ Délivrer un pays, un peuple d'un envahisseur, d'une domination étrangère. *Les Alliés ont libéré l'Europe de l'occupation nazie.* ◆ **se libérer.** Se rendre disponible, se dégager de ses occupations. *Ma sœur s'est libérée pour venir me chercher à l'école.*

liberté n.f. ❶ Fait de ne pas être enfermé. *Les animaux vivent en liberté dans leur milieu naturel.* CONTR. **captivité.** ❷ Fait de ne pas être soumis à une domination, à une contrainte. *Ce pays lutte pour sa liberté.* SYN. **indépendance.** ❸ Droit d'agir, de penser, de dire ce que l'on veut, dans la limite du respect des autres. *« Liberté, Égalité, Fraternité » est la devise de la République française.*

libraire n. Personne qui vend des livres, qui tient une librairie.

► **librairie** n.f. Magasin du libraire, où l'on vend des livres.

libre adj. ❶ Qui n'est pas enfermé. *L'accusé est libre.* CONTR. **emprisonné.** ❷ Qui n'est pas soumis à une autorité, à une domination. *Un pays libre.* SYN. **indépendant.** ❸ Qui a le droit d'agir à sa guise, de dire ce qu'il pense. *Tu es libre de partir.* ❹ Qui n'est pas occupé, qui dispose de son temps. ❺ Qui ne comporte pas d'obstacle. *La voie est libre.* SYN. **dégagé.** ❻ **Temps libre,** temps dont on peut disposer comme on le souhaite. ❼ **École libre, enseignement libre,** qui ne dépendent pas de l'État. SYN. **privé.**

► **librement** adv. ❶ Sans restriction, sans contrainte. *Circuler librement.* ❷ Avec franchise, spontanéité. *Puis-je vous parler librement ? Exprimer librement ses idées.* SYN. **ouvertement.**

► **libre-service** n.m. Commerce où le client se sert lui-même. *Faire ses courses dans un libre-service.* → Vois aussi **self-service.**

● Au pluriel : des **libres-services.**

libyen, enne adj. et n. De Libye. *Tripoli est la capitale libyenne. Hassan est libyen. C'est un Libyen.*

● Le nom prend une majuscule : *un Libyen.*

lice n.f. **Entrer en lice,** s'engager dans une lutte ; intervenir dans une discussion. *Plusieurs candidats sont entrés en lice pour les prochaines élections.*

licence n.f. ❶ Diplôme d'études supérieures. *Une licence de lettres.* ❷ Autorisation, délivrée par une administration, nécessaire pour exercer certains commerces. *Une licence de débit de boissons.* ❸ Document, délivré par une fédération sportive, qui permet de participer à des compétitions. *Une licence de football.*

► **1. licencié, e** n. et adj. ❶ Étudiant qui a obtenu une licence. *Ma cousine est licenciée en histoire.* ❷ Sportif titulaire d'une licence. *Léa est licenciée dans un club de tennis.*

2. licencié, e adj. et n. Qui a perdu son emploi à la suite d'un licenciement.

►►► Mot de la famille de **licencier.**

licenciement n.m. Action de licencier un salarié. *La fermeture de l'usine a entraîné de nombreux licenciements.* SYN. **renvoi.**

● Ce mot s'écrit avec un **e** avant le **m.**

►►► Mot de la famille de **licencier.**

licencier v. (conjug. 7). Priver quelqu'un de son emploi en le renvoyant. *Le directeur a licencié un employé.* SYN. **congédier, renvoyer.** CONTR. **embaucher, engager.**

lichen n.m. Organisme formé d'un champignon et d'une algue microscopique, qui pousse sur les sols pauvres, les troncs d'arbres, les pierres.

● On prononce [likɛn].

licorne n.f. Animal légendaire à corps de cheval, et portant une corne au milieu du front.

tenture de La Dame à la licorne (1500)

lie n.f. Dépôt qui se forme dans le vin, la bière.

liège n.m. Matériau léger et imperméable, fourni par l'écorce de certains arbres. *Un bouchon de liège.*

lien n.m. ❶ Ce qui sert à attacher. *Ma trousse de toilette se ferme avec un lien.* SYN. **cordon.** ❷ Relation qui unit des personnes. *Des liens de parenté.* ❸ Rapport qui existe entre plusieurs choses. *Il y a un lien entre ces deux affaires.* SYN. **liaison.**
▸▸▸ Mot de la famille de **lier.**

lier et **se lier** v. (conjug. 7). ❶ Attacher avec un lien. *Lier les mains d'un otage avec une corde.* SYN. **ligoter.** CONTR. **délier, détacher.** *Lier des feuilles de papier.* SYN. **assembler.** ❷ Créer des liens. *Leur goût commun pour les voyages les a liés.* SYN. **rapprocher.** ❸ Établir un lien entre diverses choses. *Ces deux affaires sont liées.* ❹ **Être lié par une promesse,** avoir pris l'engagement de la respecter. ◆ **se lier.** Établir des liens, des relations avec quelqu'un. *Kelly s'est liée d'amitié avec Seydou. Paul ne se lie pas facilement.*

lierre n.m. Plante grimpante qui pousse en s'accrochant aux arbres et aux murs. *La façade de la maison est couverte de lierre.*
● Ce mot prend deux **r.**

du lierre

1. lieu n.m. ❶ Partie de l'espace où se situe une chose, où se déroule une action. *Quel est le lieu du rendez-vous ?* SYN. **emplacement, endroit.** ❷ **Avoir lieu,** se produire, se dérouler. *La fête de l'école aura lieu samedi dans le parc.* ❸ **Donner lieu à,** être l'occasion de. *Le match a donné lieu à des bagarres.* ❹ **Tenir lieu de,** remplacer. *Le grenier lui tient lieu d'atelier.* ❺ **Au lieu de,** à la place de, plutôt que de. *Tu ferais mieux de m'aider au lieu de regarder la télévision.* ❻ **Lieu commun,** idée ou réflexion banale, sans originalité. SYN. **cliché.**
● Au pluriel : des **lieux.**

2. lieu n.m. Autre nom du colin.
● Au pluriel : des **lieus.**

lieu-dit n.m. Lieu qui, à la campagne, porte un nom rappelant une particularité naturelle ou historique. *L'auberge se trouve au lieu-dit « Les Deux-Sources ».*
● Au pluriel : des **lieux-dits.**
– La nouvelle orthographe permet d'écrire aussi un **lieudit,** des **lieudits,** avec un **s** et sans trait d'union.

lieue n.f. ❶ Ancienne mesure de distance qui correspondait à environ quatre kilomètres. ❷ **Être à cent lieues de,** être très éloigné de. *J'étais à cent lieues de me douter que tu viendrais.*

lieutenant n.m. Grade d'officier qui se situe au-dessous du capitaine.

lièvre n.m. ❶ Mammifère herbivore à longues oreilles, cousin du lapin, qui se déplace par bonds rapides grâce à ses grandes pattes arrière. ❷ **Courir deux lièvres à la fois,** poursuivre deux buts en même temps.
● Femelle : la hase. Petit : le levraut.
Cri : le vagissement ou le couinement.
Le lièvre a les oreilles plus longues et les pattes postérieures plus fortes que celles du lapin.

un lièvre

ligament n.m. Ensemble de fibres qui unissent les os d'une articulation. *Les ligaments du genou.*

a b c d e f g h i j k l m n o p q r s t u v w x y z

ligaturer v. (conjug. 3). En médecine, serrer une partie du corps avec un lien. *Ligaturer une artère.*

ligne n.f. ❶ Trait long et fin. *Tracer une ligne droite avec une règle.* ❷ Suite de personnes ou de choses placées les unes à côté des autres. *Les coureurs se mettent en ligne pour le départ.* ❸ Suite de mots alignés sur une page. *J'ai écrit quelques lignes.* ❹ Ensemble de chiffres placés les uns à côté des autres. *Faire une addition en ligne.* ❺ Ce qui marque une séparation, une limite. *La ligne d'arrivée d'une course.* ❻ Forme d'un objet ou du corps humain. *Cette automobile a une belle ligne.* ❼ Installation permettant les communications ou le transport de l'électricité. *Une ligne téléphonique.* ❽ Itinéraire régulier assuré par un transport public. *Une ligne de métro, d'autobus.* ❾ Fil au bout duquel est attaché un hameçon. *Le pêcheur a cassé sa ligne.*
→ Vois aussi **colonne.**
▸▸▸ Mots de la même famille : **alignement, aligner.**

▸ **lignée** n.f. Ensemble des personnes qui descendent d'un même ancêtre. *Être le dernier d'une lignée d'artistes.*

ligneux, euse adj. Qui est de la nature du bois. *Un arbuste à tiges ligneuses.*

ligoter v. (conjug. 3). Attacher solidement une personne, un animal pour qu'ils ne puissent plus bouger. *La police a dû ligoter le forcené pour l'empêcher de nuire.*

ligue n.f. Association de citoyens unis en vue d'une action déterminée. *La Ligue des droits de l'homme.*

▸ **se liguer** v. (conjug. 6). S'unir contre quelqu'un. *Plusieurs enfants se sont ligués contre le racketteur.* SYN. **se coaliser.**

lilas n.m. Arbuste à fleurs en grappes violettes, mauves ou blanches très odorantes.
● Ce mot se termine par un **s.**

du **lilas**

lilliputien, enne adj. et n. Qui est de très petite taille. *Une chambre lilliputienne.* SYN. **microscopique, minuscule.**

limace n.f. Mollusque qui ressemble à l'escargot, mais qui ne porte pas de coquille. *Certaines espèces de limaces s'attaquent aux cultures.*

limande n.f. Poisson de mer comestible, ovale et très plat. *La limande a les deux yeux du même côté.*

lime n.f. ❶ Outil en acier qu'on utilise pour diminuer l'épaisseur des métaux ou du bois. *Le plombier polit le bord du tuyau à l'aide d'une lime.* ❷ **Lime à ongles,** petit instrument de métal ou de carton granuleux qui sert à raccourcir les ongles.

▸ **limer** v. (conjug. 3). Frotter avec une lime. *Le menuisier lime l'arête d'une planche.*

limier n.m. ❶ Chien utilisé dans les chasses à courre pour chercher le gibier. ❷ (Familier). **Fin limier,** policier, enquêteur particulièrement doués.

limitation n.f. Action de limiter ou fait d'être limité. *Respecter la limitation de vitesse.*
▸▸▸ Mot de la famille de **limite.**

limite n.f. ❶ Ligne qui sépare deux pays, deux terrains contigus. *La clôture marque la limite du champ.* ❷ Fin d'une période. *Aujourd'hui, c'est la dernière limite pour s'inscrire au judo.* ❸ **À la limite,** dans le pire des cas, à la rigueur. *À la limite, on pourra rentrer demain.* ◆ **n.f. plur.** Bornes d'une action, d'une influence, d'un état qu'on ne saurait dépasser. *Ma patience a des limites.*
▸▸▸ Mot de la même famille : **délimiter.**

▸ **limité, e** adj. Qui a des limites étroites. *Avoir un vocabulaire limité.* SYN. **réduit, restreint.** CONTR. **illimité.** *Je n'ai en elle qu'une confiance limitée.* CONTR. **absolu, entier, total.**

▸ **limiter** et **se limiter** v. (conjug. 3). Enfermer dans certaines limites. *Limiter ses déplacements.* SYN. **modérer, réduire, restreindre.** ◆ **se limiter à.** S'imposer des limites. *Je me limiterai à quelques commentaires.* SYN. **se borner à, se cantonner à, se contenter de.**

▸ **limitrophe** adj. Situé à la limite, à la frontière d'un pays, d'une région. *La France et la Belgique sont des pays limitrophes.*

limonade n.f. Boisson constituée d'eau gazeuse, de citron et de sucre.

limousine n.f. Automobile de luxe très longue, à quatre portes et six glaces.

limpide adj. ❶ Transparent, très clair. *Une eau limpide.* SYN. **cristallin.** CONTR. **trouble.** ❷ Que l'on comprend facilement. *Ton explication est limpide.* SYN. **clair.** CONTR. **confus, obscur.**

▶ **limpidité** n.f. Qualité de ce qui est limpide. *La limpidité d'une eau.* SYN. **transparence.** *La limpidité d'un discours.* SYN. **clarté.**

lin n.m. Plante que l'on cultive pour ses fibres, qui servent à fabriquer des toiles fines, et pour ses graines, qui fournissent de l'huile.

linceul n.m. Morceau de toile dans lequel on enveloppe un mort avant de le mettre en terre.

linéaire adj. Qui a l'aspect continu d'une ligne. *On peut représenter le temps de manière linéaire.*
▸▸▸ Mot de la famille de **ligne.**

linge n.m. Ensemble des objets en tissu servant à divers usages. *Papa met le linge sale dans la machine. Les nappes, les draps et les serviettes sont du linge de maison.*

▶ **lingerie** n.f. Ensemble des sous-vêtements et des vêtements de nuit féminins.

lingot n.m. Masse de métal précieux qui a la forme du moule dans lequel on l'a coulée. *Un lingot d'or pèse un kilogramme.*

linoléum n.m. Revêtement de sol imperméable et facile à nettoyer.
● On prononce [linɔleɔm]. – On emploie souvent l'abréviation familière **lino.**

linotte n.f. ❶ Petit oiseau brun et rouge, au chant très mélodieux. ❷ (Familier). **Tête de linotte,** personne très étourdie.
● Ce mot prend deux **t.**

une linotte

lion n.m. Mammifère carnivore au pelage fauve. Le mâle porte une crinière. *Les lions vivent dans la savane africaine. Ils dévorent des gazelles, des zèbres, des buffles et des antilopes.*
● Femelle : la lionne.
Petit : le lionceau.
Cri : le rugissement.
Le lion est un félin.

un lion

▶ **lionceau** n.m. Jeune lion.
● Au pluriel : des **lionceaux.**

▶ **lionne** n.f. Femelle du lion.

lipides n.m. plur. Substances qui forment les matières grasses et qui donnent de l'énergie à l'organisme. *Le beurre et l'huile contiennent surtout des lipides.* → Vois aussi **glucides, protéines.**

liquéfier et **se liquéfier** v. (conjug. 7). Rendre liquide un gaz ou un solide. *La chaleur de la flamme a liquéfié la cire.* ◆ **se liquéfier.** Devenir liquide. *Le beurre s'est liquéfié à la chaleur.* SYN. **fondre.**
▸▸▸ Mot de la famille de **liquide.**

liqueur n.f. Boisson à base d'eau-de-vie ou d'alcool, sucrée et aromatisée. *De la liqueur de framboise.*

liquidation n.f. ❶ Vente de marchandises à bas prix. *Liquidation des stocks.* ❷ (Sens familier). Action de mettre fin à une situation difficile. *La liquidation d'un problème.* SYN. **résolution.**
▸▸▸ Mot de la famille de **liquider.**

1. **liquide** adj. ❶ Qui coule. *Le beurre, en fondant, devient liquide.* ❷ Qui manque de consistance. *La sauce du ragoût est trop liquide.* SYN. **fluide.** CONTR. **épais.** ◆ n.m. Matière liquide. *L'eau, le lait sont des liquides.* → Vois aussi **fluide, gazeux, solide.**

a b c d e f g h i j k l m n o p q r s t

2. liquide adj. et n.m. **De l'argent liquide,** ou **du liquide,** argent en billets et en pièces. *Payer en liquide.* SYN. **espèces.**

liquider v. (conjug. 3). ❶ Vendre des marchandises à bas prix. *Liquider un stock de vêtements d'été.* SYN. **solder.** ❷ (Sens familier). Mettre fin à une situation difficile par des mesures énergiques. *Liquider un conflit.* SYN. **régler.**

lire et **se lire** v. (conjug. 67). ❶ Reconnaître et comprendre les lettres et les mots écrits. *Mon petit frère apprend à lire.* ❷ Prendre connaissance d'un texte écrit. *J'ai lu ta lettre.* ❸ Prononcer à haute voix un texte écrit. *Mamie m'a lu une histoire.* ❹ Déchiffrer des signes ou une écriture particulière. *Lire la musique. Lire l'heure. Lire le braille.* ◆ **se lire.** En parlant d'un sentiment, se voir, se montrer. *La tristesse se lisait dans ses yeux.* SYN. **apparaître.**

lis n.m. ❶ Grande fleur parfumée, blanche, rose ou orangée. ❷ **Fleur de lis,** emblème de la royauté en France.
● On prononce le **s.** – On peut aussi écrire **lys.**

un **lis** orangé

▶ **liseron** n.m. Plante grimpante qui a des fleurs blanches en forme d'entonnoir.

une branche de **liseron**

liseur, euse n. Personne qui aime lire. *Ahmed est grand liseur de romans d'aventures.* → Vois aussi **lecteur.**
▸▸▸ Mot de la famille de **lire.**

liseuse n.f. Livre électronique. SYN. **e-book**

lisibilité n.f. Fait d'être lisible. *Une écriture d'une grande lisibilité.*
▸▸▸ Mot de la famille de **lire.**

lisible adj. Qui est facile à lire, à déchiffrer. *Les livres imprimés en gros caractères sont bien lisibles.* CONTR. **illisible.**
▸▸▸ Mot de la famille de **lire.**

lisiblement adv. De façon lisible. *Écrivez lisiblement votre nom.*
▸▸▸ Mot de la famille de **lire.**

lisière n.f. ❶ Chaque bord d'une pièce de tissu dans le sens de la longueur. ❷ Bordure, limite d'un terrain. *Notre maison se trouve à la lisière du bois.* SYN. **orée.**

lisse adj. Uni et doux, sans aspérités. *Les bébés ont la peau lisse.* CONTR. **rugueux.**

▶ **lisser** v. (conjug. 3). Rendre lisse. *Le pigeon lisse ses plumes avec son bec.*

liste n.f. Suite de mots, de noms, de nombres inscrits les uns en dessous des autres. *La maîtresse lit la liste des élèves. Faire une liste des travaux à effectuer.* SYN. **énumération, inventaire.**

lit n.m. ❶ Meuble sur lequel on se couche pour dormir. *Un lit est composé d'un sommier et d'un matelas. C'est l'heure d'aller au lit.* ❷ Fond d'une vallée où coule un cours d'eau. *La rivière est sortie de son lit à cause des pluies torrentielles.*
▸▸▸ Mot de la même famille : **s'aliter.**

litanie n.f. Énumération longue et ennuyeuse, suite de mots. *Une litanie de reproches.*

litchi n.m. Fruit comestible rond, à peau rugueuse rouge ou rose, à chair blanche et poussant sur un arbre tropical appelé aussi « litchi ».
● On peut aussi écrire **lychee.**

des **litchis**

literie n.f. Ce qui sert à équiper un lit. *Le sommier, le matelas, les couvertures, les draps, les oreillers constituent la literie.*
▸▸▸ Mot de la famille de **lit.**

lithographie n.f. Reproduction d'un dessin tracé avec de l'encre ou un crayon gras sur une pierre calcaire. *Un livre ancien illustré de lithographies.* → Vois aussi **estampe, gravure.**

litière n.f. ❶ Paille répandue sur le sol des étables ou des écuries et sur laquelle se couchent les animaux. *La litière des chevaux, des vaches.* ❷ Matière absorbante faite d'un mélange de petits graviers où les animaux d'appartement font leurs besoins.

litige n.m. Désaccord entre deux personnes, qui se règle le plus souvent par un procès ou un arbitrage. SYN. **différend.**

▸ **litigieux, euse** adj. Qui fait l'objet d'un litige, provoque un désaccord. *Une question litigieuse.*

litre n.m. ❶ Unité de mesure des liquides. *La citerne contient cent litres d'eau.* ❷ Contenu d'une bouteille de un litre. *Nous avons bu un litre de lait.* → Vois aussi **unité.**
● À l'écrit, on emploie **l** comme symbole.

littéraire adj. ❶ Qui se rapporte à la littérature, aux écrivains. *Ma grande sœur fait des études littéraires. Papi regarde une émission littéraire à la télévision.* ❷ Se dit d'un mot, de manières de s'exprimer employés par les écrivains. *« Âtre », « bruire », « disgracié » sont des mots littéraires.*
▸▸▸ Mot de la famille de **littérature.**

littéral, e, aux adj. Qui est relatif au sens strict. *Ne prenez pas ce mot dans son sens littéral.* SYN. **propre.** CONTR. **figuré.** *Une traduction littérale de l'anglais.* SYN. **mot à mot.**
● Au masculin pluriel : **littéraux.**

▸ **littéralement** adv. Absolument. *J'ai été littéralement émerveillée par ce spectacle.*

littérature n.f. Ensemble des œuvres écrites par des écrivains. *La littérature française, anglaise.*

littoral n.m. Bord de mer. *Le littoral breton.* SYN. **côte.**
● Au pluriel : des **littoraux.**

▸ **littoral, e, aux** adj. Du bord de mer. *Les dunes littorales.*
● Au masculin pluriel : **littoraux.**

lituanien, enne adj. et n. De Lituanie. *Vilnius est la capitale lituanienne. Antanas est lituanien. C'est un Lituanien.* ◆ **lituanien** n.m. Langue parlée en Lituanie.
● Le nom prend une majuscule quand il désigne une personne : *un Lituanien.*

liturgie n.f. Dans la religion chrétienne, ensemble des règles qui organisent le déroulement du culte.

▸ **liturgique** adj. Relatif à la liturgie. *Le calendrier liturgique.*

livide adj. Extrêmement pâle. *Un visage livide.* SYN. **blafard, blême.**

living n.m. Salle de séjour.
● C'est un mot anglais : on prononce [liviŋ]. – On peut aussi dire **living-room** : [liviŋrum].

livraison n.f. Action de livrer une marchandise achetée. *Cette pizzeria assure les livraisons à domicile.*
▸▸▸ Mot de la famille de **livrer.**

1\. **livre** n.m. ❶ Assemblage de feuilles imprimées, réunies et protégées par une couverture. *Quentin lit un livre sur les volcans.* SYN. **ouvrage.** *As-tu ton livre de géographie ?* SYN. **manuel.** ❷ **Livre animé,** livre dont l'illustration est rendue mobile grâce à divers éléments (tirettes, volets, pliages, etc.). ❸ **Livre audio,** livre enregistré sur un support numérique pour être écouté. ❹ **Livre électronique,** micro-ordinateur de la taille d'un livre, qui permet la lecture sur écran de textes stockés en mémoire. ❺ Registre, gros cahier. *Un livre de comptes.*
● Au sens 4, on emploie souvent l'abréviation anglaise **e-book** [ibuk].

2\. **livre** n.f. Moitié d'un kilogramme (500 grammes). *J'ai acheté une livre de tomates.*

livrée n.f. Costume que portaient autrefois les domestiques d'une grande maison. *Un laquais en livrée.*

livrer et **se livrer** v. (conjug. 3). ❶ Remettre entre les mains d'une autorité. *Les gendarmes ont livré le suspect à la justice.* SYN. **remettre.** ❷ Trahir en dénonçant. *Le malfaiteur a livré ses complices.* ❸ Apporter à domicile une marchandise achetée. *On nous a livré le canapé.* ❹ **Livrer une ba-**

a b c d e f g h i j k l m n o p q r s t u v w x y z

taille, un combat, se battre. ◆ **se livrer.** ❶ Se remettre aux autorités ; se constituer prisonnier. *Le criminel s'est livré à la police.* SYN. **se rendre.** ❷ Dévoiler ses sentiments, ses pensées. *Juliette est assez secrète, elle ne se livre pas facilement.* SYN. **se confier.**

livret n.m. ❶ Petit livre, petit registre. *Le livret scolaire indique les notes obtenues par un élève et les appréciations de ses professeurs.* SYN. **bulletin.** *Mes parents ont un livret de famille.* ❷ Texte d'un opéra.
▸▸▸ Mot de la famille de **livre (1).**

livreur, euse n. Personne qui livre des marchandises au domicile des acheteurs.
▸▸▸ Mot de la famille de **livrer.**

lobe n.m. **Lobe de l'oreille,** partie arrondie et molle du bas de l'oreille.

local, e, aux adj. ❶ Qui concerne une région ou une localité. *Des produits locaux. Des coutumes locales.* ❷ Qui ne concerne qu'une partie du corps. *Une anesthésie locale.* CONTR. **général.**
● Au masculin pluriel : **locaux.**

▸ **local** n.m. Partie d'un bâtiment qui a un usage déterminé. *Dans certains immeubles, il y a un local pour les vélos et les poussettes.*

▸ **localement** adv. De façon locale; par endroits. *La douleur se fait sentir localement.*

▸ **localisation** n.f. Action de localiser, de situer. *La localisation d'un engin spatial.* SYN. **repérage.**

▸ **localiser** v. (conjug. 3). Déterminer l'emplacement, l'origine de quelque chose. *Localiser un appel téléphonique.* SYN. **repérer, situer.**

▸ **localité** n.f. Petite ville, bourg ou village. *Habiter une localité de la Drôme.* SYN. **agglomération.**

locataire n. Personne qui loue l'appartement ou la maison qu'elle occupe. → Vois aussi **propriétaire.**
▸▸▸ Mot de la famille de **louer (1).**

▸ **location** n.f. ❶ Action de louer un logement, un véhicule, un appareil, etc. *Prendre un studio en location. Une voiture de location.* ❷ Action de retenir une place de train, d'avion, de spectacle, etc. *Le bureau de location d'un théâtre.* SYN. **réservation.** → Vois aussi **loyer.**
▸▸▸ Mot de la famille de **louer (1).**

locomotion n.f. ❶ Fonction des êtres vivants qui leur permet de se déplacer. *La nage est le mode de locomotion des poissons.* ❷ **Moyen de locomotion,** moyen de transport. *Le train et l'avion sont des moyens de locomotion.*

locomotive n.f. Machine puissante qui tire les wagons d'un train.

une **locomotive** à vapeur

locution n.f. Groupe de mots qui ont ensemble un sens particulier. *« S'en mordre les doigts » est une locution.* SYN. **expression.**

loge n.f. ❶ Local situé au rez-de-chaussée d'un immeuble, servant de logement à un gardien, à un concierge. ❷ Petite pièce réservée aux artistes pour se changer et se maquiller. ❸ Dans un théâtre, emplacement cloisonné où peuvent s'installer plusieurs spectateurs. ❹ **Être aux premières loges,** être à la meilleure place pour voir quelque chose. *Quand la bagarre a éclaté, ils étaient aux premières loges.*

logement n.m. ❶ Action de loger des personnes; fait de se loger. *On lui a offert le logement.* SYN. **hébergement.** ❷ Lieu où l'on habite. *Mes parents cherchent un logement plus grand.* SYN. **habitation.**
▸▸▸ Mot de la famille de **loger.**

loger et **se loger** v. (conjug. 5). ❶ Donner, fournir un logement à quelqu'un. *Nous logeons des amis.* SYN. **héberger.** ❷ Habiter quelque part. *Nous logeons dans un petit appartement.* SYN. **demeurer, résider.** ◆ **se loger.** ❶ Trouver un logement. *À Paris, on a parfois du mal à se loger.* ❷ Pénétrer, se planter quelque part. *La balle s'est logée dans le mur.*

▸ **logeur, euse** n. Personne qui loue des chambres meublées.

logiciel n.m. Programme d'ordinateur qui permet d'exécuter une tâche précise. *Un logiciel de jeu.*

logique adj. ❶ Qui est conforme au bon sens. *Sa décision est tout à fait logique.* SYN. **cohérent, rationnel.** CONTR. **absurde.** ❷ Qui raisonne de façon cohérente. *Sois logique, si tu n'as pas aimé ce film, ne retourne pas le voir !* ◆ n.f. Manière de raisonner juste, cohérente. *Ton explication manque de logique.* SYN. **cohérence.**

▶ **logiquement** adv. Si tout se déroule comme prévu. *Logiquement, Rémi devrait arriver demain.* SYN. **normalement.**

logis n.m. Mot littéraire. Logement, habitation. *Le prince fut reçu par le maître du logis.* SYN. **demeure, maison.**

● Ce mot se termine par un **s.**

▸▸▸ Mot de la famille de **loger.**

logo n.m. Dessin qui représente une marque ou une entreprise. *La « semeuse » est le logo des éditions Larousse.*

loi n.f. ❶ Ensemble des règles qui définissent les droits et les devoirs de chacun dans une société. *Nul n'est censé ignorer la loi. Quand on commet un vol, on se met hors la loi.* SYN. **légalité.** *Les députés et les sénateurs discutent et votent les lois.* ❷ Principe scientifique vérifié par l'expérience, qui permet d'expliquer un phénomène naturel. *La loi de la pesanteur.* → Vois aussi **législatif.**

→ planche pp. 308-309.

loin adv. ❶ À une grande distance, dans l'espace ou dans le temps. *La piscine est loin de l'école.* CONTR. **près.** *J'aperçois la mer au loin. J'ai vu l'accident de loin.* CONTR. **de près.** *Les vacances sont encore loin.* ❷ **Pas loin de,** près de, presque. *Il n'est pas loin de dix heures.* ❸ **Loin de là,** bien au contraire. *Il n'est pas idiot, loin de là.* ❹ **Aller loin,** être promis à un grand avenir. *Nouha est intelligente, elle ira loin !* ❺ **Revenir de loin,** avoir échappé à un grand danger. *Elle a failli mourir, elle revient de loin.*

▸▸▸ Mot de la même famille : **éloigner.**

▶ **lointain, e** adj. Qui se trouve à une grande distance dans l'espace ou dans le temps. *Voyager dans des pays lointains.* CONTR. **proche, voisin.** *Cela remonte à une époque lointaine.* SYN. **éloigné, reculé.** CONTR. **proche.** ◆ n.m. Endroit très éloigné. *Il crut apercevoir une oasis dans le lointain.*

loir n.m. ❶ Petit rongeur, au pelage gris, à queue touffue, qui hiberne d'octobre à avril. ❷ **Dormir comme un loir,** dormir profondément. → Vois aussi **marmotte.**

un loir

loisirs n.m. plur. ❶ Moments libres pour se distraire. *Maman travaille beaucoup, elle a peu de loisirs.* ❷ Distractions habituelles. *Le cinéma et la natation sont mes loisirs préférés.* SYN. **divertissements.**

lombaire adj. **Vertèbre lombaire,** chacune des cinq vertèbres situées au bas du dos. → Vois aussi **lumbago.**

lombric n.m. Autre nom du ver de terre.

long, longue adj. ❶ Qui a telle dimension en longueur. *Un tapis long de trois mètres.* ❷ Qui a une grande dimension dans le sens de la longueur. *Une jupe longue.* CONTR. **court.** ❸ Qui dure longtemps. *En été, les jours sont longs.* CONTR. **court.** *Un long discours.* CONTR. **bref, concis.** ◆ adv. ❶ **En savoir long,** être bien informé. *Il en sait long sur cette aventure.* ❷ **À la longue,** avec le temps. *À la longue, tes histoires ne me font plus rire.* ◆ n.m. ❶ **De long,** de longueur. *La table mesure deux mètres de long.* ❷ **De long en large,** en tous sens. *Il marchait de long en large sur le quai.* ❸ **Le long de,** en longeant. *Se promener le long du canal.*

▸▸▸ Mots de la même famille : **allonger, rallonge, rallonger.**

▶ **longer** v. (conjug. 5). ❶ Avancer le long de quelque chose. *Nous avons longé la rivière.* ❷ S'étendre en bordure de quelque chose. *La route longe la voie ferrée.*

▶ **longévité** n.f. ❶ Longue durée de vie. *La longévité des crocodiles.* ❷ Durée moyenne de la vie. *La longévité du hamster est de trois ans.*

longitude n.f. Distance, mesurée en degrés, qui sépare tel point de la Terre du méridien de Greenwich. *Brest est à 5° de longitude*

a b c d e f g h i j k l m n o p q r s t u v w x y z

ouest, Dijon est à 5° de longitude est. → Vois aussi **latitude.**

longtemps adv. Pendant une longue durée. *Nous t'avons cherché longtemps.* SYN. **longuement.** *Papa est parti depuis longtemps.*

longuement adv. Pendant un long moment. *Il a longuement réfléchi.* SYN. **longtemps.** CONTR. **brièvement.**

▸▸▸ Mot de la famille de **long.**

longueur n.f. ❶ La plus grande des deux dimensions d'une surface. *Mesurer la longueur d'une table.* ❷ Durée très longue. *La longueur des travaux est anormale.* ❸ **À longueur de,** pendant toute la durée de. *L'athlète s'entraîne à longueur de journée.* ◆ n.f. plur. Passages trop longs. *Le film comporte quelques longueurs.* → Vois aussi **largeur, unité.**

▸▸▸ Mot de la famille de **long.**

longue-vue n.f. Instrument d'observation en forme de tube, qui permet de voir très loin. *Le capitaine observait la côte avec sa longue-vue.* → Vois aussi **jumelles, lorgnette, lunette.**

● Au pluriel : des **longues-vues.**

une longue-vue

lopin n.m. Petite parcelle de terrain. *Papi cultive un lopin de terre.*

loquace adj. Qui parle beaucoup. *Charlotte est très loquace.* SYN. **bavard, volubile.** CONTR. **silencieux, taciturne.**

loque n.f. (Souvent au pluriel). Morceau d'étoffe déchiré ou usé. *Un clochard vêtu de loques.* SYN. **guenilles, haillons.** *Mon vieux manteau tombe en loques.* SYN. **lambeau.**

loquet n.m. Système de fermeture de porte constitué d'une petite barre mobile. *Soulève le loquet pour ouvrir la porte.*

lorgner v. (conjug. 3). Regarder du coin de l'œil, avec envie. *Anthony lorgnait la dernière part de gâteau.* SYN. **convoiter.**

▸ **lorgnette** n.f. ❶ Petite lunette grossissante. ❷ **Regarder par le petit bout de la lorgnette,** accorder trop d'importance à des éléments secondaires.

▸ **lorgnon** n.m. Mot ancien. Lunettes sans branches qui tiennent sur le nez grâce à un ressort. SYN. **binocle.**

loriot n.m. Oiseau au plumage jaune et noir chez le mâle, gris et vert chez la femelle, qui se nourrit de fruits et d'insectes.

un loriot

lors adv. **Depuis lors,** depuis ce moment-là. *Il est parti l'an dernier et je ne l'ai pas revu depuis lors.* ◆ **lors de** préposition. Au moment de. *Je l'ai rencontré lors de mon séjour en Angleterre.* SYN. **au cours de, pendant.**

lorsque conjonction. Au moment où. *Téléphone-moi lorsque tu seras arrivé.* SYN. **quand.**

● **Lorsque** devient **lorsqu'** devant « il », « elle », « on », « en », « un », « une » : *lorsqu'il neige ; lorsqu'on parle.*

losange n.m. Figure géométrique dont les quatre côtés ont la même longueur. → Vois aussi **carré.**

lot n.m. ❶ Ce que l'on gagne à une loterie. *J'ai gagné le gros lot.* ❷ Partie d'un terrain, d'un bien que l'on a divisés. *La propriété a été partagée en une dizaine de lots.* SYN. **parcelle.** ❸ Ensemble d'objets vendus ensemble. *Acheter un lot de vieux disques.*

▸ **loterie** n.f. Jeu de hasard où des numéros gagnants, désignés par tirage au sort, donnent droit à des lots. *J'ai acheté un billet de loterie.* → Vois aussi **tombola.**

▸ **loti, e** adj. **Être bien loti, mal loti,** être favorisé ou défavorisé par le sort.

lotion n.f. Liquide utilisé pour les soins de la peau ou des cheveux. *Une lotion après-rasage.*

lotir v. (conjug. 16). Partager en lots. *Lotir un terrain pour le vendre.* SYN. **morceler.**
▸▸▸ Mot de la famille de **lot.**

lotissement n.m. Parcelle d'un terrain qui a été divisé en lots pour y construire des habitations. *Alexandre habite dans un lotissement proche de la ville.*
▸▸▸ Mot de la famille de **lot.**

loto n.m. ❶ Jeu de société où chaque joueur doit recouvrir le plus vite possible des cases numérotées avec des jetons tirés au sort. ❷ Jeu de hasard qui consiste à cocher des numéros sur une grille. *Le Loto national.*

lotus n.m. Plante aquatique aux grosses fleurs de couleur blanche ou rose.
● On prononce le **s.**

des lotus

louable adj. Qui est digne de louange, d'estime. *Cyrille a fait des efforts louables pour arriver à l'heure.* SYN. **méritoire.**
▸▸▸ Mot de la famille de **louer (2).**

louange n.f. Fait de rendre hommage aux qualités, aux mérites de quelqu'un. *Son attitude est digne de louange.* ◆ **n.f. plur.** Paroles par lesquelles on fait l'éloge de quelqu'un. *Elle a été couverte de louanges.* SYN. **compliments, félicitations.**
▸▸▸ Mot de la famille de **louer (2).**

1. **louche** adj. Qui manque de franchise, de clarté; qui éveille les soupçons. *Sa conduite est louche.* SYN. **suspect.**

2. **louche** n.f. Grande cuillère à long manche. *Servir la soupe avec une louche.*

loucher v. (conjug. 3). ❶ Avoir les yeux qui regardent dans deux directions différentes. ❷ (Familier). **Loucher sur,** regarder avec insistance ou envie. *Rémi louchait sur le dessert.* SYN. **convoiter, lorgner sur.**

1. **louer** v. (conjug. 3). ❶ Mettre à la disposition de quelqu'un un logement ou un objet en échange d'une somme d'argent. *Notre maison est à louer pour l'été.* ❷ Disposer d'un logement ou d'un objet pour un temps déterminé en payant une somme d'argent à son propriétaire. *Louer un appartement. Louer un DVD.* ❸ Réserver une place dans un moyen de transport ou pour assister à un spectacle. *Nous avons loué des places de concert.*
▸▸▸ Mots de la même famille : **locataire, location, loyer.**

2. **louer** et **se louer** v. (conjug. 3). Vanter les mérites, les qualités de quelqu'un ou de quelque chose. *On peut la louer d'avoir eu cette idée.* SYN. **complimenter, féliciter.** CONTR. **blâmer.** ◆ **se louer de.** Se féliciter de quelque chose, ne pas le regretter. *Je me loue d'avoir suivi ses conseils.* CONTR. **se repentir.**

louis n.m. Ancienne pièce d'or française.

loup n.m. ❶ Mammifère carnivore sauvage, de la taille d'un grand chien, au museau pointu et aux mâchoires puissantes. Il vit en meute dans les forêts d'Europe, d'Asie et d'Amérique. *Les petits loups sont mis au monde dans une tanière.* ❷ Petit masque noir que l'on porte sur les yeux. ❸ **Avoir une faim de loup,** une grande faim. ❹ **Vieux loup de mer,** vieux marin, qui a beaucoup navigué.
● Ce mot se termine par un **p.** – Femelle : la louve. Petit : le louveteau. Cri : le hurlement.

un loup

loupe n.f. Lentille de verre très épais et bombé qui grossit les objets. *Le joaillier examine un diamant à la loupe.*

louper v. (conjug. 3). Mot familier. Manquer quelque chose. *J'ai loupé mon bus.* SYN. **rater.**

loup-garou n.m. Selon certaines croyances, homme qui avait le pouvoir de se métamorphoser en loup la nuit, puis qui reprenait une forme humaine le jour.
● Au pluriel : des **loups-garous.**

lourd, e adj. ❶ Qui a un poids élevé. *Cette caisse est lourde.* CONTR. **léger.** ❷ Qui donne une impression de pesanteur; qui manque de finesse. *Un oiseau au vol lourd.* SYN. **pesant.** CONTR. **léger.** *Une plaisanterie lourde.* CONTR. **fin, subtil.** ❸ Qui est difficile à digérer. *Le gâteau était un peu lourd.* SYN. **indigeste.** CONTR. **digeste, léger.** ❹ Qui est difficile à supporter à cause de son importance, de sa gravité. *Avoir de lourdes responsabilités.* SYN. **écrasant.** ❺ **Sommeil lourd,** sommeil profond. CONTR. **léger.** ❻ Se dit d'un temps orageux. ◆ adv. **Peser lourd,** avoir un poids relativement élevé. *Ma valise pèse lourd.*

▸ **lourdaud, e** adj. et n. Qui est lent, maladroit dans ses mouvements ou sa conduite. *Quel lourdaud avec ses réflexions stupides !* SYN. **balourd.**
● Le féminin est rare.

▸ **lourdement** adv. ❶ Avec un poids important. *Une barque trop lourdement chargée.* CONTR. **légèrement.** ❷ De tout son poids, avec lourdeur. *Tomber lourdement sur le sol.* SYN. **pesamment.** ❸ De manière importante; de façon maladroite. *Il se trompe lourdement. Elle a insisté lourdement.*

▸ **lourdeur** n.f. ❶ Fait d'être lourd. *La lourdeur d'une malle.* CONTR. **légèreté.** *Danser avec lourdeur.* CONTR. **agilité, souplesse.** ❷ (Souvent au pluriel). Impression de poids dans une partie du corps qui provoque une douleur sourde. *Avoir des lourdeurs dans les jambes.*

loustic n.m. Mot familier. Personne peu sérieuse ou en qui l'on n'a pas confiance. *Un drôle de loustic !*

loutre n.f. Mammifère carnivore au corps allongé, qui a des pattes palmées et vit près de l'eau. Sa queue lui sert de gouvernail. *La loutre se nourrit de poissons.*

une loutre

louve n.f. Femelle du loup.

louveteau n.m. ❶ Jeune loup. ❷ Jeune scout âgé de 8 à 11 ans.
● Au pluriel : des **louveteaux.**

louvoyer v. (conjug. 14). En bateau à voile, naviguer en zigzag par rapport à la route à suivre, quand le vent vient de face.

se **lover** v. (conjug. 3). S'enrouler sur soi-même. *Le chat s'est lové dans le fauteuil.* SYN. **se pelotonner.**

loyal, e, aux adj. Qui fait preuve d'honnêteté, de droiture, de sincérité. *Richard est un ami loyal.* SYN. **droit, sincère.** CONTR. **déloyal, hypocrite.**
● Au masculin pluriel : **loyaux.**

▸ **loyauté** n.f. Fait d'être loyal. *Un adversaire d'une grande loyauté.* SYN. **droiture, honnêteté.** CONTR. **perfidie.**

loyer n.m. Somme d'argent versée régulièrement, lorsqu'on loue un appartement, une maison. → Vois aussi **bail, location.**
▸▸▸ Mot de la famille de **louer (1).**

lubie n.f. Idée un peu folle, saugrenue; caprice soudain. *Sa dernière lubie, c'est d'aller vivre sur une péniche.* SYN. **fantaisie.**

lubrifiant n.m. Produit qui lubrifie, qui graisse. *Les huiles pour moteur sont des lubrifiants.*
▸▸▸ Mot de la famille de **lubrifier.**

lubrifier v. (conjug. 7). Mettre un produit gras sur un mécanisme pour atténuer le frottement et faciliter le fonctionnement. *Lubrifier un engrenage.* SYN. **graisser, huiler.**

lucarne n.f. Petite fenêtre dans le toit d'une maison. *La lucarne d'un grenier.*

lucide adj. ❶ Qui a toute sa conscience. *Le blessé est resté lucide.* SYN. **conscient.** ❷ Qui voit les choses telles qu'elles sont. *C'est une femme lucide, elle saura te conseiller.* SYN. **clairvoyant, perspicace.** *Sois lucide, tu ne peux pas partir seul aussi loin.* SYN. **réaliste, sensé.**

▶ **lucidité** n.f. Fait d'être lucide. *Malgré son état, le malade garde toute sa lucidité.* SYN. **conscience, raison.** *Analyser une situation avec lucidité.* SYN. **perspicacité.**

luciole n.f. Petit insecte volant qui émet de la lumière.

lucratif, ive adj. Qui rapporte de l'argent. *Ils ont fait des placements très lucratifs.* SYN. **rentable.**

ludique adj. Qui se rapporte au jeu. *Les enfants adorent les activités ludiques.*

▶ **ludothèque** n.f. Établissement où les enfants peuvent emprunter des jeux, des jouets.
● Ce mot s'écrit avec **th.**

lueur n.f. ❶ Lumière faible. *Nous avons dîné à la lueur d'une bougie.* ❷ Éclat fugitif du regard. *Une lueur de regret passa dans ses yeux.* ❸ **Une lueur de,** un peu de. *Il reste une lueur d'espoir.*

luge n.f. Petit traîneau utilisé pour glisser sur la neige. *Thomas et Alexis font de la luge.*

une luge

lugubre adj. Qui exprime ou inspire une grande tristesse. *Un air lugubre.* SYN. **sinistre.**

lui pronom personnel. Représente un nom de la troisième personne du singulier et est employé comme complément indirect. *J'ai vu Julien et je lui ai parlé. Si tu vois Marine, rends-lui son livre.* → Vois aussi **leur (2).**

luire v. (conjug. 61). Émettre ou renvoyer de la lumière. *Le soleil luit.* SYN. **briller.**

▶ **luisant, e** adj. ❶ Qui luit, qui brille. *Le trottoir mouillé est luisant.* ❷ **Ver luisant,** petit insecte qui brille dans la nuit.

lumbago n.m. Douleur dans le bas du dos.
→ Vois aussi **lombaire.**
● On prononce [lɛ̃bago]. – On peut aussi dire **lombago.**

lumière n.f. ❶ Clarté du soleil qui permet de voir les choses. *Il y a beaucoup de lumière dans la classe.* SYN. **jour.** CONTR. **obscurité.** ❷ Éclairage artificiel; ce qui produit cet éclairage. *Allume la lumière, on ne voit rien !* SYN. **électricité.** ❸ **Faire toute la lumière sur quelque chose,** en donner une explication. *Les enquêteurs feront toute la lumière sur cette affaire.* SYN. **élucider.** ❹ **Le siècle des Lumières,** ou **les Lumières,** les idées de raison, de tolérance, de foi dans le progrès et la justice sociale qui ont rayonné dans toute l'Europe au 18e siècle. *Diderot, Voltaire et Rousseau sont les principaux représentants du siècle des Lumières.*
→ planche pp. 630-631.

lumignon n.m. Lampe qui émet une lumière faible.

luminaire n.m. Appareil d'éclairage. *Les lampes, les lampadaires, les lustres sont des luminaires.*
● Ce nom masculin se termine par un **e.**

▶ **lumineux, euse** adj. ❶ Qui émet ou renvoie de la lumière. *L'enseigne lumineuse d'un cinéma.* ❷ Qui reçoit beaucoup de lumière. *Notre classe est très lumineuse.* SYN. **clair.** CONTR. **sombre.**

▶ **luminosité** n.f. Fait d'être lumineux, éclatant. *La luminosité d'un ciel d'été.* SYN. **clarté, éclat.**

lump n.m. Poisson des mers froides, dont on mange les œufs noirs, qui ressemblent au caviar.
● On prononce [lɛ̃p]. – On peut aussi dire **lompe.**

lunaire adj. De la Lune. *La clarté lunaire; le sol lunaire.*
▸▸▸ Mot de la famille de **lune.**

lunatique adj. et n. Qui est d'une humeur changeante, imprévisible. *Elle est assez lunatique, un jour elle t'adore, le lendemain elle ne te connaît pas.* SYN. **versatile.**
▸▸▸ Mot de la famille de **lune.**

Le siècle des Lumières

Au 18e siècle, en France et en Europe, des penseurs expriment des idées nouvelles : ils défendent un idéal de société fondé sur la connaissance, la tolérance religieuse et la liberté. Ils souhaitent ainsi « éclairer » l'humanité ; c'est la raison pour laquelle on les appelle « philosophes des Lumières ».

Les idées nouvelles

- Pour défendre leurs idées, les **philosophes** des Lumières font appel à la **raison** : ils veulent que les hommes réfléchissent, développent leur **esprit critique** et ne soient plus influencés par les **préjugés**.
- Ils défendent également les **principes** de **tolérance**✿, de **justice** et de **liberté**, et réclament une société **égalitaire**. C'est pourquoi ces **penseurs** critiquent la **monarchie absolue** et ses **abus**, ainsi que les **privilèges** de la **noblesse** et du **clergé**.
- En Europe, de nombreux souverains sont séduits par les idées neuves ; on les nommera « **despotes éclairés** ».

✿ **tolérance ≠ intolérance**

Le Dîner des philosophes (tableau de Jean Huber)

La diffusion des idées

- Les idées des Lumières se diffusent dans toute l'Europe grâce aux **revues**, aux **encyclopédies** et aux journaux, vendus par les **colporteurs**. On débat dans les **salons** littéraires ou les **académies**. Les **librairies** se multiplient.
- L'œuvre la plus marquante est **l'Encyclopédie**, conçue par le philosophe Diderot et le mathématicien d'Alembert, et rédigée par les savants de l'époque. Cet ouvrage de 35 **volumes** comprend 72 000 **articles** et 11 volumes de **planches** illustrées.
- L'**Encyclopédie** a pour but d'**instruire** le grand public des progrès des sciences et des **techniques**, mais critique également les **institutions** politiques et religieuses.

Denis Diderot

Pour en savoir plus

Les progrès scientifiques

- Le 18e siècle est une période de grands progrès scientifiques : la science s'appuie sur **l'observation** et **l'expérimentation**.
- Des savants font d'importantes découvertes :
  - Newton explique l'**attraction terrestre** ;
  - le **naturaliste** Buffon décrit les espèces animales et s'intéresse à la **botanique** ;
  - Antoine de Lavoisier invente la **chimie** moderne : il identifie l'**oxygène** et l'**azote** de l'air.

- De nouvelles **spécialités** apparaissent, comme la **paléontologie** et **l'anatomie**. C'est aussi l'époque de la première **machine à vapeur** et de la **montgolfière**.

Le commerce et la traite des Noirs

- Au 18e siècle, le grand **commerce maritime** se développe. Grâce aux voyages des **explorateurs**, la **cartographie** s'améliore.
- Les philosophes des Lumières protestent contre la **traite** des Noirs pratiquée par les Européens : ils réclament l'**abolition de l'esclavage**.

La critique de l'Église

- Les philosophes, en particulier Voltaire, critiquent aussi l'Église et les **ecclésiastiques** pour leurs principes **dogmatiques**✿ qui empêchent le progrès.
- Ils dénoncent surtout le **fanatisme** et l'**intolérance**, à l'origine de **conflits** et de violences.

✿ **dogme** n.m. → **dogmatique** adj.

Voltaire

Histoire des mots

- **Encyclopédie :** vient d'un mot grec qui signifie « éducation qui embrasse le cercle entier des connaissances ». Une encyclopédie diffère d'un dictionnaire : elle renseigne sur les êtres et les choses, elle documente sur divers sujets. Un dictionnaire renseigne sur les mots, leur orthographe, leurs différents sens.

lunch n.m. Repas froid et léger servi en buffet à l'occasion d'une réception.
● C'est un mot anglais, on prononce [lœntʃ] ou [lɛ̃ʃ]. – Au pluriel : des **lunchs** ou des **lunches.**

lundi n.m. Premier jour de la semaine. *Amina a un cours de danse tous les lundis.*

lune n.f. ❶ (Avec une majuscule). Astre qui tourne autour de la Terre, qui est son satellite naturel. *La Lune reçoit sa lumière du Soleil et la renvoie vers la Terre. Les phases de la Lune.* ❷ **Être dans la lune,** rêvasser, être distrait. ❸ **Demander, promettre la lune,** demander, promettre des choses impossibles. ❹ **Lune de miel,** premier mois de mariage.
● La Lune tourne autour de la Terre en 27 jours et un peu plus de 7 heures.
▸▸▸ Mot de la même famille : **alunir.**

▸ **luné, e** adj. Mot familier. **Être bien luné, mal luné,** être de bonne, de mauvaise humeur. *Ne lui demande rien aujourd'hui, il est mal luné.*

lunette n.f. Instrument d'optique qui permet de voir des objets très éloignés. *Une lunette astronomique sert à observer les étoiles, les astres.* ◆ n.f. plur. Paire de verres maintenus par une monture et par deux branches, qui sert à corriger la vue ou à protéger les yeux. *Maxime porte des lunettes. Des lunettes de soleil.* → Vois aussi **jumelles, longue-vue.**

lurette n.f. Mot familier. **Il y a belle lurette,** il y a bien longtemps. *Il y a belle lurette que je n'ai pas vu Natacha !*

luron, onne n. Personne insouciante, qui aime plaisanter. *Un joyeux luron.*

lustre n.m. Appareil d'éclairage que l'on suspend au plafond. SYN. **suspension.**

lustrer v. (conjug. 3). ❶ Frotter pour rendre brillant. *Lustrer une carrosserie de voiture.* ❷ User par frottement. *Ses manches de veston sont lustrées.*

les principales phases de la Lune

croissant premier quartier pleine lune dernier quartier croissant

luth n.m. Instrument de musique à cordes très utilisé aux 16e et 17e siècles.
● Ce mot s'écrit avec **th.** – Nom des musiciens : un ou une **luthiste.**

un luth

▸ **luthier** n.m. Fabricant d'instruments de musique portables à cordes, comme le luth, le violon ou la guitare.

lutin n.m. Petit génie malicieux. *Dans les contes, on représente souvent les lutins avec un bonnet pointu.* → Vois aussi **elfe, gnome.**

lutte n.f. ❶ Affrontement entre deux personnes, deux groupes. *La lutte contre un adversaire.* SYN. **conflit.** *La lutte entre les deux pays a repris.* SYN. **bataille, combat.** ❷ Sport de combat où chacun des deux adversaires cherche à renverser l'autre sur le dos. ❸ Ensemble d'actions menées pour triompher d'un mal, de difficultés. *La lutte contre la pollution.*
● Nom des sportifs : un **lutteur,** une **lutteuse.**

▸ **lutter** v. (conjug. 3). ❶ Se battre avec quelqu'un. *Il a lutté un long moment avant de s'avouer vaincu.* SYN. **combattre.** ❷ Déployer toute son énergie pour atteindre un but. *Elle lutte contre la maladie. Lutter pour le droit au logement.* SYN. **batailler, se battre.**

luxation n.f. Déplacement accidentel d'un os hors de son articulation.
▸▸▸ Mot de la famille de **se luxer.**

luxe n.m. ❶ Caractère de ce qui est coûteux, somptueux et raffiné; manière de vivre coûteuse et raffinée. *Le luxe d'un palace.* SYN. **faste.** *Vivre dans le luxe.* SYN. **raffinement, richesse.** CONTR. **simplicité.** ❷ (Familier). **Ce n'est pas du luxe,** c'est nécessaire, indispensable. *Prendre une bonne douche après le match, ce n'est pas du luxe !*

luxembourgeois, e adj. et n. Du Luxembourg. *Les châteaux luxembourgeois. Paul est luxembourgeois. C'est un Luxembourgeois.*
● Le nom prend une majuscule : *un Luxembourgeois.*

se **luxer** v. (conjug. 3). Se faire une luxation. *La patineuse s'est luxé l'épaule.* SYN. **se déboîter, se démettre.**

luxueusement adv. De façon luxueuse, somptueuse. *Sa maison est luxueusement meublée.* SYN. **richement.**
▸▸▸ Mot de la famille de **luxe.**

luxueux, euse adj. Qui se caractérise par son luxe. *Un palace est un hôtel luxueux.* SYN. **fastueux, somptueux.** CONTR. **modeste, simple.**
▸▸▸ Mot de la famille de **luxe.**

luxuriant, e adj. Qui pousse et se développe avec abondance. *Une végétation luxuriante.* SYN. **exubérant.**

luzerne n.f. Plante fourragère à petites fleurs violettes, qui sert à nourrir les vaches, les lapins, les chevaux.

lycée n.m. Établissement scolaire de l'enseignement secondaire, qui va de la seconde à la terminale.
● Ce mot prend un **y** et se termine par un **e.**

▸ **lycéen, enne** n. Élève d'un lycée.

lychee → **litchi**

lymphatique adj. et n. Qui a une attitude molle, nonchalante. *Un enfant lymphatique.* SYN. **apathique, indolent.** CONTR. **dynamique, énergique.**
▸▸▸ Mot de la famille de **lymphe.**

lymphe n.f. Liquide incolore ou jaunâtre qui circule dans le corps.
● Ce mot s'écrit avec un **y.**

lyncher v. (conjug. 3). En parlant d'une foule, d'un groupe, rouer de coups une personne jusqu'à ce qu'elle meure.
● Ce mot s'écrit avec un **y.**

lynx n.m. ❶ Mammifère carnivore sauvage qui a des oreilles pointues terminées par une touffe de poils, et une queue courte. *Le lynx se nourrit de petits mammifères.* ❷ **Avoir des yeux de lynx,** avoir une vue perçante.
● Ce mot s'écrit avec un **y** et se termine par un **x** que l'on prononce : [lɛ̃ks]. – Le lynx est un félin.

un **lynx**

lyre n.f. Instrument de musique à cordes utilisé dans l'Antiquité et au Moyen Âge.
● Ce mot s'écrit avec un **y.**

▸ **lyrique** adj. ❶ Plein d'enthousiasme, d'exaltation. *Elle devient lyrique dès qu'elle parle d'art.* SYN. **passionné.** ❷ **Artiste lyrique,** chanteur d'opéra ou d'opéra comique.

lys → **lis**

a b c d e f g h i j k l m n o p q r s t u v w x y z

a b c d e f g h i j k l m t u v w x y z

m' → **me**

ma → **mon**

macabre adj. Qui évoque la mort, les squelettes, les cadavres. *Seydou raconte des histoires macabres pour nous faire peur.*

macadam n.m. Revêtement de routes fabriqué avec des pierres mêlées à du sable. *Le macadam est recouvert de goudron.*
● On prononce [makadam].

macaque n.m. Singe d'Asie au corps trapu, au museau proéminent et à la longue queue.

des **macaques**

macaron n.m. Petit gâteau rond fait de pâte d'amandes, de blancs d'œufs et de sucre.

macédoine n.f. Mélange de plusieurs fruits ou de divers légumes coupés en petits morceaux. → Vois aussi **jardinière.**

macédonien, enne adj. et n. De Macédoine. *Skopje est la capitale macédonienne. Milena est macédonienne. C'est une Macédonienne.* ◆ **macédonien** n.m. Langue parlée en Macédoine.
● Le nom prend une majuscule quand il désigne une personne : *un Macédonien.*

macérer v. (conjug. 9). Tremper assez longtemps dans un liquide pour s'en imprégner. *Faire macérer des raisins secs dans du rhum.*
→ Vois aussi **mariner.**

mach n.m. **Voler à mach 1, 2, 3, etc.,** en parlant d'un avion, voler à 1, 2, 3 fois la vitesse du son.
● On écrit **ch** mais on prononce **k :** [mak].

mâcher v. (conjug. 3). ❶ Écraser les aliments avec les dents. *Mâche bien ta viande avant de l'avaler.* SYN. **mastiquer (1).** ❷ **Ne pas mâcher ses mots,** dire quelque chose de manière directe.
● Le **a** prend un accent circonflexe.

machette n.f. Grand couteau à lame épaisse et à poignée courte utilisé surtout dans les régions tropicales comme outil ou comme arme.

machiavélique adj. Rusé et perfide. *Un projet, un homme machiavéliques.* SYN. **diabolique.**
● On prononce [makjavelik].

mâchicoulis n.m. Au Moyen Âge, galerie au sommet d'une tour, comportant des ouvertures pour observer les assaillants ou lancer des projectiles.
● Le **a** prend un accent circonflexe. Ce mot se termine par un **s.**

un **mâchicoulis**

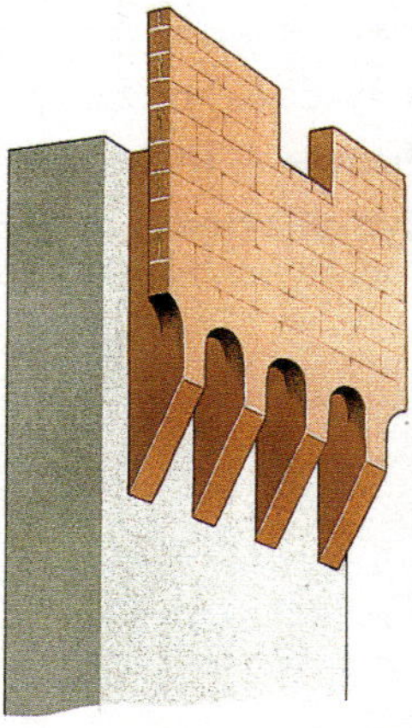

machin, e n. Mot familier. Objet ou personne que l'on ne sait pas ou ne veut pas nommer. *Qu'est-ce que c'est que ce machin ?* SYN. **chose.** *Tu sais, Machine est passée te voir.*

machinal, e, aux adj. Qui est fait sans l'intervention de la volonté, comme par une machine. *Chaque matin, j'arrête la sonnerie du réveil d'un geste machinal.* SYN. **automatique, instinctif.** CONTR. **volontaire.**

● Au masculin pluriel : **machinaux.**

▸▸▸ Mot de la famille de **machine.**

machinalement adv. De façon machinale. *Elle t'a répondu ça machinalement, sans réfléchir.* SYN. **mécaniquement.**

▸▸▸ Mot de la famille de **machine.**

machination n.f. Ensemble d'actions menées secrètement pour nuire à quelqu'un. *Être victime d'une machination.* SYN. **complot, intrigue, manigance, manœuvre.**

machine n.f. ❶ Appareil capable d'effectuer un travail, d'accomplir des tâches. *Une moissonneuse est une machine agricole. Une machine à laver.* ❷ Dispositif qui assure la propulsion d'un navire. *La salle des machines.*

▸ **machinerie** n.f. Ensemble des machines, des appareils employés à un usage déterminé. *La machinerie d'un théâtre permet de changer les décors.*

▸ **machinisme** n.m. Emploi généralisé des machines dans l'industrie. *Le machinisme s'est considérablement développé au 19e siècle.*

▸ **machiniste** n. Au théâtre et au cinéma, personne chargée de monter et de démonter les décors.

macho n.m. et adj. Mot familier. Homme qui se prétend supérieur aux femmes et se comporte de manière à le leur faire sentir.

● On prononce [matʃo].

mâchoire n.f. ❶ Chacun des deux os situés dans la bouche et sur lesquels sont fixées les dents. ❷ Chacune des deux pièces d'un outil qui, en se rapprochant, permettent de serrer un objet. → Vois aussi **mandibule, maxillaire.**

● Le **a** prend un accent circonflexe.

▸▸▸ Mot de la famille de **mâcher.**

mâchonner v. (conjug. 3). Mâcher lentement et longuement; mordre machinalement. *Mâchonner un chewing-gum. Mâchonner le bout de son stylo.* SYN. **mordiller.**

▸▸▸ Mot de la famille de **mâcher.**

maçon n.m. Personne qui construit des maisons, répare des murs, des sols, etc.

● Le **c** prend une cédille.

▸ **maçonnerie** n.f. Partie de la construction d'une maison, faite avec des pierres ou des briques liées par du ciment, du plâtre, etc. *La maçonnerie de la maison est très ancienne.*

madame n.f. ❶ Nom que l'on donne à une femme mariée ou qui l'a été. *Bonjour, madame. Madame Nanteuil est arrivée.* ❷ Titre précédant la fonction ou la profession d'une femme. *Madame la directrice.*

● Au pluriel : **mesdames.** – En abrégé, on écrit **Mme** et, au pluriel, **Mmes.**

madeleine n.f. Petit gâteau en forme de coquille bombée.

mademoiselle n.f. Nom que l'on donne à une jeune fille ou à une femme qui n'est pas mariée. *Bonjour, mademoiselle.*

● Au pluriel : **mesdemoiselles.** – En abrégé, on écrit **Mlle** et, au pluriel, **Mlles.**

madrier n.m. Poutre de bois très épaisse. *Des madriers en chêne soutiennent le toit de la ferme.*

maestria n.f. Manière d'exécuter une œuvre d'art, de réaliser quelque chose avec perfection. *Le pianiste a joué plusieurs morceaux avec maestria.* SYN. **brio, virtuosité.**

mafia n.f. Organisation secrète de malfaiteurs, dont les membres s'infiltrent dans tous les domaines de la société et qui essaient d'assurer leur pouvoir par des moyens le plus souvent interdits par la loi.

● On peut aussi écrire **maffia.**

magasin n.m. ❶ Établissement où l'on vend des marchandises. *Un magasin d'alimentation; un magasin de vêtements.* SYN. **boutique.** ❷ **Grand magasin,** magasin comportant plusieurs étages où l'on vend un grand choix de marchandises. ❸ Local où sont stockées des marchandises. *Les magasins d'un port.* SYN. **entrepôt.**

▸▸▸ Mot de la même famille : **emmagasiner.**

▸ **magasinier, ère** n. Personne chargée de garder les objets entreposés dans un magasin.

magazine n.m. ❶ Journal, généralement illustré, publié régulièrement, chaque semaine ou chaque mois. *Un magazine de jeux vidéo; un magazine de jardinage.* SYN. **revue.** ❷ À la télévision ou à la radio, émission ré-

a b c d e f g h i j k l m n o p q r s t u v w x y z

gulière sur un sujet. *Regarder un magazine sportif.*

mage n.m. ❶ Personne qui pratique les sciences occultes, la magie. ❷ **Les Rois mages,** les personnages des Évangiles qui, guidés par une étoile, seraient venus d'Orient adorer Jésus à sa naissance. → Vois aussi **devin, sorcier.**
▸▸▸ Mot de la famille de **magie.**

l'Adoration des Rois mages

maghrébin, e adj. et n. Du Maghreb. *L'Algérie, le Maroc, la Tunisie sont des pays maghrébins. Rachid est maghrébin. C'est un Maghrébin.*
● Le nom prend une majuscule : *un Maghrébin.*

magicien, enne n. Personne qui fait des tours de magie. *Le magicien a fait disparaître une personne.* SYN. **illusionniste, prestidigitateur.**
▸▸▸ Mot de la famille de **magie.**

magie n.f. ❶ Ensemble de pratiques basées sur la croyance en l'existence de forces surnaturelles, qui produisent des phénomènes apparemment inexplicables. SYN. **sorcellerie.** ❷ Art du magicien. *Mon oncle fait des tours de magie.* SYN. **prestidigitation.**

▸ **magique** adj. Qui concerne la magie; qui a des pouvoirs extraordinaires. *Un pouvoir magique; une baguette magique.*

magistral, e, aux adj. Qui est digne d'un maître par ses qualités exceptionnelles. *Réussir un coup magistral.* SYN. **sensationnel.**
● Au masculin pluriel : **magistraux.**

▸ **magistralement** adv. De façon magistrale, remarquable. *Ma sœur a magistralement réussi son examen.* SYN. **brillamment.**

magistrat, magistrate n. Fonctionnaire chargé de la justice. *Les juges et les procureurs sont des magistrats.*

▸ **magistrature** n.f. Fonction des magistrats; ensemble des magistrats. *Mon cousin veut entrer dans la magistrature.*

magma n.m. Mélange de matières en fusion qui circule à l'intérieur de la Terre et qui, en refroidissant à la surface, forme une roche volcanique. *Le magma peut s'échapper des volcans sous forme de coulées de lave.*

magnanime adj. Mot littéraire. Qui pardonne facilement les offenses et qui se montre bienveillant. *Un héros magnanime.* SYN. **clément.**

▸ **magnanimité** n.f. Mot littéraire. Qualité d'une personne magnanime. *Les vainqueurs ont fait preuve de magnanimité.* SYN. **clémence, générosité.**

magnésium n.m. Métal léger, blanc argenté, qui brûle à l'air avec une flamme blanche éblouissante. *L'éclair de magnésium d'un flash. On trouve des sels de magnésium dans les légumes secs, les fruits secs, le chocolat noir, etc.* → Vois aussi **calcium.**
● On prononce [maɲezjɔm].

magnétique adj. ❶ Qui a les propriétés de l'aimant. *Un métal magnétique. La force magnétique.* ❷ Qui exerce une certaine fascination. *Une actrice au regard magnétique.* ❸ **Bande magnétique,** ruban enduit d'une matière spéciale qui permet d'enregistrer des sons avec un magnétophone, et des images et des sons avec un magnétoscope.

▸ **magnétiser** v. (conjug. 3). ❶ Donner les propriétés de l'aimant à quelque chose. *L'aiguille d'une boussole est magnétisée.* ❷ Attirer, soumettre à une influence puissante et mystérieuse. *Un homme politique qui magnétise les foules.* SYN. **fasciner.**

▸ **magnétisme** n.m. ❶ Propriété des matériaux aimantés. ❷ Charme puissant et mystérieux qu'une personne exerce sur son entourage. *Personne ne résiste au magnétisme de ce chanteur.* SYN. **séduction.**

magnétophone n.m. Appareil qui permet d'enregistrer et d'écouter des sons sur la bande magnétique d'une cassette audio.

magnétoscope n.m. Appareil qui permet d'enregistrer et de lire des images et des sons sur la bande magnétique d'une cassette vidéo.

magnificence n.f. Mot littéraire. Fait d'être magnifique, somptueux. *La magnificence d'une cérémonie.* SYN. **éclat, faste, splendeur.**
▸▸▸ Mot de la famille de **magnifique.**

magnifique adj. Qui est d'une beauté somptueuse. *Admirez ce paysage magnifique !* SYN. **splendide, superbe.** CONTR. **affreux.**

▸ **magnifiquement** adv. De façon magnifique. *Un château magnifiquement restauré.* SYN. **superbement.**

magnolia n.m. Arbre aux feuilles luisantes et aux grandes fleurs blanches, rouges ou roses très odorantes.

un magnolia

magnum n.m. Grande bouteille qui contient l'équivalent de deux bouteilles normales, soit un litre et demi. *Un magnum de champagne.*
● On prononce [magnɔm].

magot n.m. Mot familier. Somme d'argent amassée peu à peu et que l'on met en réserve. *Elle a caché son magot dans le grenier.*

maharaja n.m. Titre donné aux princes en Inde.
● On prononce [maaradʒa].
– La nouvelle orthographe permet d'écrire aussi **maharadja.**

mai n.m. Cinquième mois de l'année. *Le 1er mai, on s'offre du muguet.*
● Le mois de mai a 31 jours.

maigre adj. ❶ Dont le corps a très peu de graisse. *Ma grande sœur est maigre.* CONTR. **gros.** ❷ Qui contient très peu de matières grasses. *Des yaourts maigres.* SYN. **allégé.** CONTR. **gras.** ❸ Qui est peu important. *Toucher un maigre salaire.* SYN. **médiocre, modeste.** CONTR. **gros.** ❹ **Caractères maigres,** caractères d'imprimerie peu épais. CONTR. **gras.** → Vois aussi **mince.**
▸▸▸ Mot de la même famille : **amaigrir.**

▸ **maigreur** n.f. État d'une personne ou d'un animal maigres. *Le chat perdu était d'une extrême maigreur.*

▸ **maigrichon, onne** adj. et n. Qui est un peu maigre. *Une petite fille maigrichonne.* SYN. **frêle.** CONTR. **dodu, grassouillet, potelé, replet.**
● On peut aussi dire **maigrelet.**

▸ **maigrir** v. (conjug. 16). Devenir maigre ou plus maigre. *Il a maigri de dix kilos.* CONTR. **grossir.** → Vois aussi **mincir.**

mail n.m. Adresse, courrier électroniques. SYN. **e-mail.**
● On prononce [mɛl]. – C'est un mot anglais, il vaut mieux dire **courriel.**

1. **maille** n.f. ❶ Boucle de fil ou de laine reliée à d'autres boucles pour former un tricot ou un filet. *Mamie compte les mailles de son tricot.* ❷ Trou à l'intérieur de chaque boucle d'un filet. → Vois aussi **cotte.**

2. **maille** n.f. **Avoir maille à partir avec quelqu'un,** avoir des démêlés, un conflit avec lui. *Notre voisin a eu maille à partir avec la police.*

maillet n.m. ❶ Gros marteau à deux têtes, en bois très dur. *Un maillet de sculpteur.* ❷ Instrument à long manche qu'on utilise pour jouer au croquet. → Vois aussi **masse (2).**

maillon n.m. Anneau d'une chaîne. *La chaîne du bateau a de gros maillons.* SYN. **chaînon.**
▸▸▸ Mot de la famille de **maille (1).**

maillot n.m. ❶ Vêtement de sport qui couvre le haut du corps. *Les footballeurs portent un short et un maillot.* ❷ **Maillot de bain,** vêtement de bain. ❸ Vêtement souple et moulant pour la danse ou la gymnastique.
▸▸▸ Mot de la même famille : **emmailloter.**

main n.f. ❶ Partie du corps humain qui termine le bras et qui permet de prendre, de tenir, de toucher, etc. *Les cinq doigts de la main. J'écris de la main gauche.* ❷ Cette partie du corps humain, considérée comme un instrument. *Un vêtement fait main.* ❸ **Avoir sous la main,** avoir à sa disposition. *J'ai pris ce que j'avais sous la main pour m'ha-*

biller. ❹ **Donner un coup de main,** aider quelqu'un. *On te donnera un coup de main pour déménager.* ❺ **En mains propres,** directement à la personne concernée. *Le gardien m'a remis une lettre en mains propres.* ❻ **En venir aux mains,** se mettre à se battre. *Au cours de leur dispute, ils en sont venus aux mains.* ❼ **Mettre la main sur quelque chose,** trouver ce qu'on cherchait. ❽ **Prendre en main,** se charger, s'occuper de quelque chose pour l'améliorer. *L'avocat a pris l'affaire en main.*

mainate n.m. Oiseau au plumage noir et au bec orangé, capable d'imiter la voix humaine.

un **mainate**

main-d'œuvre n.f. ❶ Travail d'un ouvrier. *Compter les frais de main-d'œuvre.* ❷ Ensemble des travailleurs, et plus spécialement des ouvriers, d'une entreprise, d'un pays. *L'usine a fait appel à la main-d'œuvre étrangère.*

main-forte n.f. **Prêter main-forte,** venir en aide à quelqu'un. *Alexandra nous a prêté main-forte pour le déménagement.*
● La nouvelle orthographe permet d'écrire aussi **mainforte,** sans trait d'union.

maint, e adj. Mot littéraire. Un grand nombre de. *Je lui ai maintes fois proposé de l'aider.*

maintenant adv. ❶ Au moment où l'on parle. *Maintenant, il est l'heure de dormir.* SYN. **à présent.** *Je dois partir maintenant.* SYN. **tout de suite.** ❷ À l'époque où l'on vit. *Maintenant, on peut plus facilement voyager qu'autrefois.* SYN. **actuellement, aujourd'hui.** CONTR. **autrefois, jadis.**

maintenir v. (conjug. 20). ❶ Empêcher de bouger, tenir dans une position fixe, stable. *Les câbles maintiennent le mât.* SYN. **soutenir.** *Maintenir la tête hors de l'eau.* SYN. **tenir.** ❷ Conserver dans un même état. *Le village essaie de maintenir ses traditions.* SYN. **perpétuer, préserver.** ❸ Affirmer avec force. *Je maintiens qu'il a tort.* SYN. **soutenir.**

▸ **maintien** n.m. ❶ Manière de se tenir. *Avoir un maintien un peu rigide.* SYN. **attitude, contenance, posture.** ❷ Fait de maintenir, de faire durer. *Le maintien de l'ordre est assuré par la police.*

maire n. Personne élue pour diriger une municipalité, une commune. *Un maire est assisté d'adjoints.*

▸ **mairie** n.f. Bâtiment où se trouvent les services municipaux et le bureau du maire. *Se marier à la mairie.* SYN. **hôtel de ville.**

mais conjonction. ❶ Indique une opposition, en apportant une correction à ce qui a été dit. *Ma chambre est petite mais ensoleillée.* SYN. **cependant, néanmoins.** ❷ Sert à renforcer ce qu'on dit. *Mais bien sûr; mais évidemment.*

maïs n.m. Céréale à larges feuilles, qui porte de gros épis faits de grains jaunes serrés.
● Le **i** prend un tréma. – On prononce le **s.**

le **maïs**

maison n.f. ❶ Bâtiment construit pour servir d'habitation. *Une villa, un pavillon, un chalet sont des maisons.* ❷ Logement que l'on habite. *Le soir, je rentre à la maison vers six heures et demie.* SYN. **domicile.** ❸ Ensemble des personnes qui partagent un logement. *Toute la maison était rassemblée.* SYN. **maisonnée.** ❹ Bâtiment qui sert à un usage particulier. *Une maison de retraite; une maison de repos.* ❺ Entreprise commerciale ou industrielle. *Une maison de commerce; une maison d'édition.* ◆ **adj. invar.** Fait, fabriqué à la maison. *Ce sont des pâtisseries maison.* → Vois aussi **foyer, immeuble.**

→ planche pp. 520-521.

a b c d e f g h i j k l m n o p q r s t u v w x y z

▶ **maisonnée** n.f. Ensemble des personnes qui habitent dans la même maison. *Toute la maisonnée était assise au coin du feu.* SYN. **maison.**

▶ **maisonnette** n.f. Petite maison.

maître, maîtresse n. ❶ Personne qui commande. *Le commandant est seul maître à bord d'un bateau.* ❷ Personne qui enseigne dans une école. *La maîtresse lit une poésie à ses élèves.* SYN. **instituteur, professeur des écoles.** ❸ Personne qui possède un animal domestique. *Le chien obéit à son maître.* ❹ Personne qui dirige sa maison. *La maîtresse de maison place ses invités à table.* ◆ n.m. ❶ **Maître d'hôtel,** personne qui dirige le service de table dans un restaurant important. ❷ Titre que l'on donne aux avocats, aux notaires. *Maître Morel a fait acquitter son client.* ◆ n.f. Femme avec laquelle un homme a des relations sexuelles en dehors du mariage.

● La nouvelle orthographe permet d'écrire aussi **maitre, maitresse,** sans accent circonflexe.

▶ **maître, maîtresse** adj. ❶ Qui est le plus important. *L'idée maîtresse d'un projet.* SYN. **principal.** ❷ **Être, rester maître de soi,** garder son sang-froid. SYN. **se dominer, se maîtriser.**

● La nouvelle orthographe permet d'écrire aussi **maitre, maitresse,** sans accent circonflexe.

maître-nageur n.m. Personne qui enseigne la natation. *À la piscine, le maître-nageur nous a appris à plonger.*

● Au pluriel : des **maîtres-nageurs.**

– La nouvelle orthographe permet d'écrire aussi **maitre-nageur** sans accent circonflexe.

▶ **maîtrise** n.f. ❶ Fait de savoir se maîtriser, se dominer. *Il a fait preuve d'une grande maîtrise devant le danger.* SYN. **calme, sang-froid.** ❷ Fait de connaître parfaitement une technique, une langue, un savoir-faire. *La maîtrise de l'anglais est indispensable pour ce poste.*

● La nouvelle orthographe permet d'écrire aussi **maitrise,** sans accent circonflexe.

▶ **maîtriser** et **se maîtriser** v. (conjug. 3). ❶ Soumettre quelqu'un, se rendre maître de quelque chose. *Les vigiles ont maîtrisé le voleur. Les pompiers sont parvenus à maîtriser l'incendie.* ❷ Dominer un sentiment, une réaction. *Il a pu maîtriser sa peur.* SYN. **contenir, surmonter.** ◆ **se maîtriser.** Rester maître de soi. *Avec l'âge, elle a appris à se maîtriser.* SYN. **se dominer.**

● La nouvelle orthographe permet d'écrire aussi **maitriser,** sans accent circonflexe.

majesté n.f. ❶ (Avec une majuscule). Titre donné aux empereurs, aux rois. *Sa Majesté la reine.* ❷ Air de grandeur, de noblesse. *Une allure pleine de majesté.* → Vois aussi **sire.**

▶ **majestueux, euse** adj. Qui a de la majesté, de la grandeur. *Une démarche majestueuse.*

1. **majeur, e** adj. ❶ Qui est très important. *Quelle est la raison majeure de son départ ?* SYN. **essentiel, principal.** ❷ **La majeure partie,** la plus grande partie. *La majeure partie des spectateurs a aimé le film.* SYN. **majorité.** ◆ adj. et n. Qui a atteint l'âge de la majorité. *Quand on est majeur, on a le droit et le devoir de voter.* CONTR. **mineur (2).**

2. **majeur** n.m. Doigt du milieu, entre l'index et l'annulaire, qui est le plus grand de la main. SYN. **médius.**

major n.m. ❶ Grade le plus élevé des sous-officiers. ❷ Premier d'un concours, d'une promotion.

majoration n.f. Action de majorer. *Le prix des transports a subi une importante majoration.* SYN. **augmentation, hausse.**

▸▸▸ Mot de la famille de **majorer.**

majorer v. (conjug. 3). Augmenter un prix. *Le prix de l'essence a été majoré de 5 %.*

majorette n.f. Jeune fille qui défile en uniforme dans les fêtes.

▸▸▸ Mot de la famille de **major.**

majoritaire adj. Qui appartient à la majorité ; qui a la majorité. *Les filles sont majoritaires dans ma classe.* CONTR. **minoritaire.** *Un parti majoritaire à l'Assemblée nationale.*

▸▸▸ Mot de la famille de **majeur (1).**

majorité n.f. ❶ Le plus grand nombre. *La majorité des gens prennent leurs vacances en été.* CONTR. **minorité.** ❷ Dans une élection, nombre de voix supérieur à la moitié. *Le maire a été élu à une forte majorité.* ❸ Groupe politique qui a le plus grand nombre de sièges dans une assemblée. *Un député de la majorité.* CONTR. **opposition.** ❹ Âge auquel on est légalement reconnu capable d'exercer ses droits et responsable de ses actes devant la

a b c d e f g h i j k l m n o p q r s t u v w x y z

loi. *En France, la majorité est fixée à 18 ans.* CONTR. **minorité.**
▸▸▸ Mot de la famille de **majeur (1).**

majuscule n.f. Lettre plus grande que les autres et de forme différente. *Une phrase commence par une majuscule.* SYN. **capitale.** CONTR. **minuscule.**

maki n.m. Mammifère primate à museau allongé et à longue queue, qui vit dans les arbres à Madagascar.
● Les makis sont des lémuriens.

un maki

mal adv. ❶ D'une manière qui ne convient pas, qui n'est pas satisfaisante. *Il travaille mal à l'école.* CONTR. **bien.** ❷ D'une manière contraire à la morale. *Il s'est mal conduit.* CONTR. **bien, convenablement.** ❸ **Aller mal,** être en mauvaise santé. ❹ (Familier). **Pas mal de,** un assez grand nombre de; beaucoup de. *Il a pas mal de travail à faire.* ❺ **Se sentir mal, se trouver mal,** avoir un malaise. *Il faisait très chaud, une cliente s'est trouvée mal dans le magasin.* SYN. **s'évanouir.**

▸ **mal** n.m. ❶ Ce qui est contraire à la justice, à la morale. *À sept ans, un enfant fait la différence entre le bien et le mal.* ❷ Ce qui peut nuire. *Dire du mal de quelqu'un.* CONTR. **bien.** *Cette campagne de presse leur a fait beaucoup de mal.* SYN. **tort.** ❸ Douleur physique ou morale. *Avoir mal aux dents. Avoir le mal du pays.* ❹ **Avoir du mal à,** avoir de la difficulté à faire quelque chose. *Mon petit frère a encore du mal à marcher.* ❺ **Se donner du mal,** faire des efforts. *Mon frère se donne du mal pour réussir en classe.*
● Au pluriel : des **maux.** – Ne confonds pas avec **mâle.**

malade adj. et n. Qui souffre d'une maladie. *Adrien a de la fièvre, il est malade.* SYN. **souffrant.** CONTR. **bien portant.** *Tomber malade. Les médecins soignent les malades.* SYN. **patient.**

▸ **maladie** n.f. Affection qui trouble la santé d'un être vivant. *La rubéole est une maladie infantile. Être atteint d'une maladie grave.*

▸ **maladif, ive** adj. ❶ Qui est souvent malade. *C'est un enfant maladif, il est souvent absent.* SYN. **fragile.** ❷ Excessif, au point de faire penser à une maladie. *Elle est d'une curiosité maladive.*

maladresse n.f. ❶ Fait d'être maladroit. *Casser un vase par maladresse.* SYN. **gaucherie.** CONTR. **adresse, habileté.** ❷ Acte, parole, geste maladroits, qui manquent de tact. *Il accumule les maladresses.*
▸▸▸ Mot de la famille de **maladroit.**

maladroit, e adj. et n. ❶ Qui manque d'adresse, d'habileté. *Quel maladroit ! il a renversé son verre.* SYN. **gauche, malhabile.** CONTR. **adroit, habile.** ❷ Qui manque de tact, de délicatesse. *J'ai été maladroit de lui poser ces questions.*

▸ **maladroitement** adv. Avec maladresse. *Elle a exprimé son projet maladroitement.* CONTR. **adroitement, habilement.**

malaise n.m. ❶ Trouble soudain de l'organisme qui fait qu'on ne se sent pas bien. *Éprouver un malaise.* ❷ État de tension, de trouble. *Éprouver un malaise à parler en public.* SYN. **gêne.**
▸▸▸ Mot de la famille de **aise.**

malaisé, e adj. Mot littéraire. Qui n'est pas facile à faire. *Il est malaisé de le convaincre.* SYN. **difficile.** CONTR. **aisé, simple.**
▸▸▸ Mot de la famille de **aise.**

malaisien, enne adj. et n. De Malaisie. *Kuala Lumpur est la capitale malaisienne. Mon ami Mahathir est malaisien. C'est un Malaisien.*
● Le nom prend une majuscule : *un Malaisien.*

malaria n.f. Mot ancien. Paludisme.

malaxer v. (conjug. 3). Pétrir une matière pour la rendre plus molle, plus homogène. *Le pâtissier malaxe la pâte.*

malchance n.f. Manque de chance ; circonstance malheureuse. *Il est poursuivi par la malchance.*

▸ **malchanceux, euse** adj. et n. Qui n'a pas de chance. *Un joueur malchanceux.* CONTR. **chanceux.** → Vois aussi **infortuné.**

malcommode adj. Qui n'est pas commode. *Mon sac à dos est malcommode.* CONTR. **pratique.**

maldonne n.f. Erreur dans la distribution des cartes.

▸▸▸ Mot de la famille de **donner.**

mâle adj. ❶ Qui appartient au sexe qui féconde les organismes femelles. *Un chiot mâle.* ❷ Qui évoque la force, l'énergie attribuées aux hommes. *Un air mâle.* SYN. **viril.** CONTR. **efféminé.** ◆ n.m. Animal du sexe masculin. *Le bélier est le mâle de la brebis.*

→ Vois aussi **femelle.**

● Le **a** prend un accent circonflexe. – Ne confonds pas avec **mal.**

malédiction n.f. ❶ Action de maudire. *La sorcière a jeté une malédiction sur le prince.* ❷ Grand malheur. *Cette inondation est une malédiction pour la région.* SYN. **calamité.** CONTR. **bénédiction.**

▸▸▸ Mot de la famille de **maudire.**

maléfice n.m. Pratique magique entreprise pour nuire à quelqu'un. *La Belle au bois dormant était victime d'un maléfice.* SYN. **sortilège.**

▸ **maléfique** adj. Qui fait du mal, qui a une influence néfaste, mauvaise. *La méchante fée possédait un pouvoir maléfique.* → Vois aussi **malfaisant.**

malencontreusement adv. De façon malencontreuse. *J'ai malencontreusement oublié de l'inviter.*

▸▸▸ Mot de la famille de **malencontreux.**

malencontreux, euse adj. Qui se produit à un mauvais moment. *Un geste malencontreux.* SYN. **inopportun, intempestif.** CONTR. **opportun.**

malentendant, e adj. et n. Qui entend très mal. *Une émission sous-titrée pour les malentendants.* → Vois aussi **sourd.**

malentendu n.m. Mauvaise interprétation des paroles ou des gestes de quelqu'un. *Ils se sont fâchés à la suite d'un malentendu.* SYN. **équivoque, méprise, quiproquo.**

malfaçon n.f. Défaut de fabrication, de construction.

● Le **c** prend une cédille.

malfaisant, e adj. Qui fait du mal, qui cherche à nuire. *Un être malfaisant.* SYN. **mauvais, méchant.** *Des idées malfaisantes.* SYN. **nocif.** → Vois aussi **maléfique.**

● On prononce [malfəzɑ̃].

malfaiteur n.m. Personne qui commet des vols, des crimes. *Le malfaiteur a été arrêté par la police.* SYN. **bandit, gangster.**

malfamé, e adj. Qui est fréquenté par des individus de mauvaise réputation. *Un quartier malfamé.*

● On peut aussi écrire **mal famé.**

malformation n.f. Défaut d'une partie du corps, qui est présent dès la naissance. *Une malformation de la hanche.* SYN. **difformité.**

malgache adj. et n. De Madagascar. *La République malgache. Louis est malgache. C'est un Malgache.* ◆ **malgache** n.m. Langue parlée à Madagascar.

● Le nom prend une majuscule quand il désigne une personne : *un Malgache.*

malgré préposition. ❶ Contre la volonté de quelqu'un, contre son gré. *J'ai entendu leur conversation malgré moi.* ❷ En ne tenant pas compte de. *Ahmed est allé jouer dehors malgré la pluie.* SYN. **en dépit de.**

malhabile adj. Qui manque d'habileté, d'adresse. *D'un geste malhabile, l'enfant ouvrit le paquet.* SYN. **gauche, maladroit.** CONTR. **adroit, habile.**

malheur n.m. ❶ Événement très pénible. *Il est arrivé un terrible malheur : la maison a pris feu.* SYN. **catastrophe.** ❷ Sort qui s'acharne sur quelqu'un, sur un groupe. *Ils ont été solidaires dans le malheur.* SYN. **adversité.** CONTR. **bonheur.** ❸ **Porter malheur,** provoquer des événements malheureux. *Il dit que croiser un chat noir porte malheur.* ❹ **Par malheur,** par un effet de la malchance. *Par malheur, la voiture est tombée en panne.* SYN. **malheureusement.**

● Ce mot s'écrit avec un **h.**

▸ **malheureusement** adv. Par malheur, par manque de chance. *J'ai malheureusement perdu mes clés.*

▸ **malheureux, euse** adj. et n. ❶ Qui est dans la peine, la souffrance, le malheur. *Natacha est malheureuse parce que son chien est mort.* CONTR. **heureux.** ❷ Qui est dans la pauvreté, la misère. *Ils ont logé des malheureux.* ◆ adj. ❶ Qui n'est pas favorisé par la chance. *Être malheureux au jeu.* SYN. **malchanceux.** ❷ Qui risque d'avoir des conséquences regrettables. *J'ai eu un mot malheureux.* ❸ Qui est sans importance. *Vous n'allez pas vous disputer pour un malheureux ballon !* SYN. **insignifiant.**

a b c d e f g h i j k l m n o p q r s t u v w x y z

a b c d e f g h i j k l m n o p q r s t u v w x y z

malhonnête adj. Qui vole, qui trompe les autres ou qui triche. *Un commerçant malhonnête.* CONTR. **honnête.**

● Le premier **e** prend un accent circonflexe.

▶ **malhonnêtement** adv. De façon malhonnête. *Gagner de l'argent malhonnêtement.* CONTR. **honnêtement.**

▶ **malhonnêteté** n.f. Caractère d'une personne malhonnête. *Sa malhonnêteté lui a fait perdre des clients.* CONTR. **honnêteté.**

malice n.f. Tendance à se moquer des autres, à faire des taquineries sans méchanceté. *Sa remarque était pleine de malice.* SYN. **espièglerie.**

▶ **malicieux, euse** adj. Qui a de la malice, qui fait des farces, taquine les autres. *Une enfant malicieuse.* SYN. **espiègle.**

malien, enne adj. et n. Du Mali. *Bamako est la capitale malienne. Moussa est malien. C'est un Malien.*

● Le nom prend une majuscule : *un Malien.*

malin, maligne adj. et n. ❶ Qui fait preuve de ruse, de finesse d'esprit. *Mon petit frère est malin comme un singe.* SYN. **astucieux, dégourdi.** ❷ **Faire le malin,** vouloir se rendre intéressant, montrer son esprit. ◆ adj. ❶ Qui montre de la méchanceté. *Elle éprouve un malin plaisir à me rappeler mes erreurs.* ❷ **Tumeur maligne,** tumeur cancéreuse. CONTR. **bénin.** ❸ (Sens familier). Se dit d'un acte stupide. *C'est malin de sortir en maillot de bain sous la pluie !*

malingre adj. Qui a une apparence fragile, une santé délicate. *Une enfant malingre.* SYN. **chétif, frêle.** CONTR. **robuste.**

malintentionné, e adj. Qui a de mauvaises intentions. *Les gens malintentionnés colportent volontiers de fausses rumeurs.* SYN. **malveillant, méchant.** CONTR. **bienveillant, gentil.**

▶▶▶ Mot de la famille de **intention.**

malle n.f. Grand coffre en bois, en métal, en osier, qui sert à transporter les affaires, les objets que l'on emporte en voyage.

● Ce mot s'écrit avec deux **l.**

malléable adj. ❶ Qui est facile à pétrir, à étirer, à modeler. *L'argile, la cire, l'or sont malléables.* ❷ Qui se laisse facilement influencer, diriger. *Un adolescent malléable.* SYN. **docile, influençable, souple.**

mallette n.f. Petite valise rigide. *Papa va au travail avec une mallette.*

▶▶▶ Mot de la famille de **malle.**

malmener v. (conjug. 10). Traiter rudement. *Les cambrioleurs ont malmené le gardien de nuit de l'usine.* SYN. **brutaliser, rudoyer.**

malnutrition n.f. Alimentation insuffisante et mal équilibrée, avec trop peu de vitamines et de protéines. *Dans les pays pauvres, les enfants souffrent souvent de malnutrition.*

→ Vois aussi **sous-alimentation.**

malodorant, e adj. Qui a une mauvaise odeur. *Des toilettes malodorantes.* SYN. **fétide, nauséabond.**

▶▶▶ Mot de la famille de **odeur.**

malotru, e n. Personne mal élevée, grossière. *Quel malotru, il m'a marché sur les pieds sans s'excuser !* SYN. **goujat, mufle, rustre.**

malpoli, e adj. et n. Qui est mal élevé, qui manque de politesse. *Ne parle pas la bouche pleine, c'est malpoli !* SYN. **grossier, impoli, incorrect.** CONTR. **poli.**

malpropre adj. Qui est sale. *Des habits malpropres.* CONTR. **impeccable, net, propre.**

▶ **malpropreté** n.f. Manque de propreté. *La malpropreté des toilettes est repoussante.* SYN. **saleté.**

malsain, e adj. Qui est mauvais pour la santé physique ou morale. *L'air des grandes villes est malsain.* SYN. **impur.** CONTR. **pur, sain.** *Habiter un logement malsain.* SYN. **insalubre.** CONTR. **salubre.** *Faire preuve d'une curiosité malsaine.* SYN. **morbide.**

malt n.m. Orge germée artificiellement et séchée, utilisée dans la fabrication de la bière.

● On prononce le **t.**

maltais, e adj. et n. De Malte. *La Valette est la capitale maltaise. Anthony est maltais. C'est un Maltais.*

● Le nom prend une majuscule : *un Maltais.*

maltraitance n.f. Le fait de maltraiter un enfant, une personne âgée ou dépendante, un malade, un prisonnier. *Le beau-père de Loïc a été condamné pour maltraitance.*

maltraiter v. (conjug. 3). Traiter avec brutalité, violence, dureté. *Il est inadmissible de maltraiter un animal.* SYN. **brutaliser, rudoyer.**

malus n.m. Augmentation du montant à payer pour l'assurance d'un véhicule. CONTR. **bonus.**

● On prononce le **s**.

malveillance n.f. ❶ Tendance à vouloir du mal à autrui. *Un incendie allumé par malveillance.* ❷ Mauvaise disposition à l'égard de quelqu'un. *Ses voisins parlent de lui avec malveillance.* SYN. **hostilité.** CONTR. **bienveillance.**

▸▸▸ Mot de la famille de **malveillant.**

malveillant, e adj. Qui veut du mal à autrui. *Des voisins malveillants ont répandu des calomnies sur le gardien.* SYN. **hostile, méchant.** CONTR. **amical, bienveillant.**

malversation n.f. Détournement d'argent dans l'exercice d'une charge. *Un fonctionnaire accusé de malversation.*

malvoyant, e adj. et n. Qui voit très mal. *Les livres pour malvoyants sont imprimés en gros caractères.* → Vois aussi **aveugle, non-voyant.**

▸▸▸ Mot de la famille de **voir.**

maman n.f. Nom affectueux que l'on donne à sa mère.

mamelle n.f. Organe des femelles des mammifères qui sécrète le lait. SYN. **pis.**

● **Mamelle** ne prend qu'un seul **m** alors que **mammifère** en prend deux.

▸ **mamelon** n.m. ❶ Bout de la mamelle, du sein. ❷ Petite colline, sommet de forme arrondie. *Le château fort est construit sur un mamelon.*

mamie n.f. Nom affectueux que l'on donne à sa grand-mère.

● On peut aussi écrire **mamy.**

mammifère n.m. Animal vertébré dont le corps est généralement couvert de poils et dont la femelle allaite les petits grâce à ses mamelles. *L'homme, le chat, le dauphin, la chauve-souris sont des mammifères.*

● **Mammifère** prend deux **m** au milieu du mot, alors que **mamelle** n'en prend qu'un.

→ planche pp. 644-645.

mammouth n.m. Éléphant de grande taille aujourd'hui disparu, qui était recouvert de longs poils. *Les mammouths vivaient dans les pays froids et ont disparu il y a 10 000 ans.*

● Ce mot s'écrit avec deux **m** au milieu et se termine par **th.** – On prononce [mamut].

un mammouth

mamy → **mamie**

manager n.m. Personne qui dirige une entreprise ou qui gère les intérêts d'un sportif et l'entraîne. *Le cycliste écoute les conseils de son manager.* → Vois aussi **entraîneur.**

● C'est un mot anglais, on prononce [manadʒœr]. – La nouvelle orthographe permet d'écrire aussi **manageur.**

manant n.m. Avant la Révolution, paysan ou habitant d'un village. → Vois aussi **serf, vilain.**

1. **manche** n.f. ❶ Partie du vêtement qui recouvre le bras. *Un tee-shirt à manches courtes; un pull à manches longues.* ❷ Au jeu, chacune des parties que l'on joue. *Seydou a gagné la première manche, Amina, la deuxième.* ❸ **Manche à air,** tube en toile qui indique la direction du vent sur un aérodrome.

▸▸▸ Mot de la même famille : **emmanchure.**

2. **manche** n.m. Partie par laquelle on tient un instrument, un outil. *Le manche d'un couteau, d'un balai, d'une pioche. Le manche d'une guitare.*

▸▸▸ Mots de la même famille : **démancher, emmancher.**

3. **manche** n.f. (Familier). **Faire la manche,** faire la quête, mendier.

manchette n.f. ❶ Poignet à revers d'une chemise ou d'un chemisier. *Des boutons de manchette.* ❷ Titre en gros caractères en haut de la première page d'un journal.

▸▸▸ Mot de la famille de **manche (1).**

a b c d e f g h i j k l **m** n o p q r s t u v w x y z

Les mammifères

Les mammifères sont des animaux vertébrés, terrestres ou aquatiques. Ils doivent leur nom au fait que les femelles ont des mamelles et allaitent leurs petits.
La plupart ont le corps recouvert de poils. Certains ont des piquants, comme le hérisson, des écailles, comme le pangolin, ou une carapace, comme le tatou.

vampire

hérisson

ours

un zèbre et son petit

girafe

rat

buffle d'Asie

maki

lion

gazelle

laie et marcassin
fouine
boxer
brebis
fourmilier géant
unau ou
paresseux
élan
rhinocéros d'Asie
kangourou
chinchilla
pangolin
lamantin
chameau
éléphant d'Afrique
narval
phoque
cachalot

a b c d e f g h i j k l m n o p q r s t u v w x y z

manchon n.m. Rouleau de fourrure dans lequel on mettait les mains pour les protéger du froid.

►►► Mot de la famille de **manche (1).**

1. **manchot, e** adj. et n. Personne à qui il manque une main ou un bras.

2. **manchot** n.m. Oiseau marin au plumage noir et blanc et aux pattes palmées, qui vit en colonie près des mers froides du pôle Sud. *Le manchot ne peut pas voler, ses ailes lui servent de nageoires.* → Vois aussi **pingouin.**

● Femelle : la manchote.

un manchot

mandarin n.m. Autrefois, titre des hauts fonctionnaires de l'Empire chinois.

deux mandarins chinois

mandarine n.f. Fruit qui ressemble à une petite orange et dont l'écorce se détache facilement. *La mandarine est un agrume.* → Vois aussi **clémentine.**

► **mandarinier** n.m. Arbre fruitier proche de l'oranger, qui produit des mandarines.

mandat n.m. ❶ Formulaire qui permet d'envoyer de l'argent par la poste. *Envoyer un mandat de 300 euros.* ❷ Mission confiée par une personne à une autre pour agir en son nom. ❸ Mission, charge confiées à une personne élue. *Les députés exercent leur mandat pendant cinq ans.*

► **mandataire** n. Personne à qui l'on donne le pouvoir d'agir en son nom.

► **mandater** v. (conjug. 3). Donner à quelqu'un le pouvoir d'agir en son nom. *Les locataires ont mandaté la présidente de leur association pour aller parler au maire.* SYN. **déléguer.**

mandibule n.f. ❶ Os de la mâchoire inférieure. ❷ Chacune des deux parties du bec des oiseaux ou de la bouche de certains insectes et crustacés, qui sert à saisir et à broyer les aliments.

mandoline n.f. Instrument de musique à cordes qui a la forme d'une petite guitare bombée.

une mandoline

mandrill n.m. Grand singe d'Afrique au museau rouge bariolé de bleu.

● Ce mot se termine par deux **l.** – On prononce [mɑ̃dril].

manège n.m. ❶ Lieu où l'on apprend à monter à cheval et où l'on dresse des chevaux. ❷ Attraction de fête foraine où des véhicules miniatures, des animaux servant de monture aux enfants sont fixés sur une plate-forme qui tourne. *Nouha et Pierre font un tour de manège.* ❸ Manière de se comporter habile et rusée. *J'ai compris son manège pour me faire parler.* SYN. **manœuvre.**

manette n.f. Levier ou poignée qui sert à actionner un mécanisme et que l'on manœuvre à la main. *La manette d'une console de jeu vidéo.*

►►► Mot de la famille de **main.**

manga n.m. ❶ Bande dessinée japonaise. ❷ Dessin animé qui s'en inspire.

mangeable adj. Bon à manger. *La crème a tourné, elle n'est pas mangeable.* CONTR. **immangeable.** → Vois aussi **comestible.**
● Le **g** est suivi d'un **e** pour prononcer le son [ʒ].
▸▸▸ Mot de la famille de **manger.**

mangeoire n.f. Récipient où l'on met la nourriture des chevaux, du bétail, des animaux de basse-cour, des oiseaux en cage.
● Le **g** est suivi d'un **e** pour prononcer le son [ʒ].
▸▸▸ Mot de la famille de **manger.**

manger v. (conjug. 5). ❶ Absorber des aliments pour se nourrir. *Anne mange des légumes et du poisson.* SYN. **s'alimenter de, consommer.** *Ne mange pas si vite !* ❷ Prendre un repas. *Fatou mange à la cantine.* SYN. **déjeuner, dîner, se restaurer.**

▸ **mangeur, euse** n. Personne qui aime manger tel aliment ou qui mange beaucoup. *Un mangeur de grenouilles. Ma sœur est une grosse mangeuse.*

mangouste n.f. Petit mammifère carnivore d'Afrique et d'Asie, qui a un corps allongé et un museau pointu. *La mangouste se nourrit d'insectes, de scorpions, de vers, de rongeurs, etc.*

mangrove n.f. Forêt dense de la zone tropicale, située en bordure de mer. *Les arbres de la mangrove ont les pieds dans l'eau salée à marée haute.*

mangue n.f. Gros fruit ovale, qui a une chair jaune très parfumée, un gros noyau et qui pousse sur un arbre des régions tropicales, le *manguier.*

des mangues

maniable adj. Qui est facile à manier, à manœuvrer. *Une voiture très maniable.*
▸▸▸ Mot de la famille de **manier.**

maniaque adj. et n. Qui est attaché de manière exagérée à des habitudes, à des détails, à l'ordre, à la propreté. *Il est très maniaque dans le choix de ses cravates.*
▸▸▸ Mot de la famille de **manie.**

manie n.f. Habitude bizarre, souvent agaçante ou ridicule. *Elle a la manie de se toucher les cheveux en parlant.* → Vois aussi **tic.**

maniement n.m. Action de manier, d'utiliser un outil, un instrument, une arme. *Cet appareil photo est d'un maniement très simple.*
● Ce mot s'écrit avec un **e** après le **i.**
▸▸▸ Mot de la famille de **manier.**

manier v. (conjug. 7). ❶ Tenir un objet entre ses mains pour le remuer, le déplacer. *Manier un vase en porcelaine avec précaution.* SYN. **manipuler.** ❷ Se servir d'un outil, d'un appareil, savoir l'utiliser. *Un camion difficile à manier.* SYN. **manœuvrer.**
▸▸▸ Mot de la famille de **main.**

manière n.f. ❶ Façon particulière d'être ou d'agir. *S'habiller de manière simple. Les différentes manières d'utiliser un appareil.* SYN. **méthode, moyen, procédé.** ❷ **De manière à, de manière que,** pour, de sorte que. *Elle parlait lentement de manière à être comprise.* SYN. **de façon à.** ❸ **De toute manière,** quoi qu'il arrive. *De toute manière, nous viendrons vous chercher.* ◆ n.f. plur. ❶ Façons habituelles de parler, d'agir. *Elle connaît les bonnes manières.* ❷ Attitude d'une politesse excessive. *Cesse de faire des manières.* SYN. **simagrées.**

▸ **maniéré, e** adj. Qui manque de simplicité, de naturel. *Cette femme est un peu maniérée.* SYN. **affecté.** CONTR. **naturel, simple.**

manifestant, e n. Personne qui participe à une manifestation sur la voie publique.
▸▸▸ Mot de la famille de **manifester.**

manifestation n.f. ❶ Action de manifester un sentiment, de se manifester. *Ces manifestations d'amitié l'ont réconforté.* SYN. **démonstration, marque.** ❷ Rassemblement collectif organisé pour exprimer une opinion ou une revendication. *Participer à une manifestation contre le racisme.*
● Au sens 2, on emploie souvent l'abréviation familière **manif.**
▸▸▸ Mot de la famille de **manifester.**

manifeste adj. Qui est évident, dont on ne peut douter. *Sa jalousie est manifeste.* SYN. **flagrant, visible.**
▸▸▸ Mot de la famille de **manifester.**

a b c d e f g h i j k l m n o p q r s t u v w x y z

manifestement adv. De façon manifeste, évidente. *Tu n'as manifestement pas compris ce que je t'ai dit.* SYN. **visiblement.**
▸▸▸ Mot de la famille de **manifester.**

manifester et **se manifester** v. (conjug. 3). ❶ Faire connaître, laisser paraître un sentiment. *La foule a manifesté sa joie.* SYN. **exprimer, montrer.** ❷ Participer à un rassemblement collectif sur la voie publique. *Manifester pour le droit au logement.* ◆ **se manifester.** ❶ Apparaître, se révéler. *L'appendicite se manifeste par un violent mal de ventre.* SYN. **se traduire.** ❷ Se faire connaître. *Un seul candidat s'est manifesté.*

manigance n.f. (Souvent au pluriel). Petite action secrète qui a pour but de tromper. *Je n'apprécie pas ses manigances.* SYN. **intrigue, manœuvre.**

▸ **manigancer** v. (conjug. 4). Préparer secrètement. *Je me demande ce que les enfants sont en train de manigancer.* SYN. **combiner, comploter.** → Vois aussi **fomenter.**

manioc n.m. Plante des régions tropicales dont la racine, comestible, fournit le tapioca.

le manioc

manipulation n.f. ❶ Fait de manipuler un objet, un appareil, un produit. *La manipulation de la souris de l'ordinateur est simple.* SYN. **maniement.** ❷ Manœuvre destinée à tromper. *Les manipulations d'un escroc.* SYN. **manœuvre.**
▸▸▸ Mot de la famille de **manipuler.**

manipuler v. (conjug. 3). ❶ Tenir entre ses mains un objet, un produit, un instrument. *Manipuler de la vaisselle avec précaution.* SYN. **manier.** ❷ Modifier de manière plus ou moins honnête des chiffres, des résultats. *Manipuler des comptes.* SYN. **falsifier, trafiquer.**

manitou n.m. Mot familier. **Un grand manitou,** un personnage puissant et influent dans un domaine particulier. *Un grand manitou de la publicité.*

manivelle n.f. Tige qui forme deux coudes à angle droit, qui sert à faire tourner un mécanisme ou un moteur. *La manivelle d'un cric.*

mannequin n.m. ❶ Objet qui représente une personne et qui sert de support pour la présentation des vêtements. *La décoratrice habille les mannequins.* ❷ Personne qui présente sur elle-même de nouveaux modèles de vêtements au public. *Un défilé de mannequins.* → Vois aussi **top model.**
● Ce mot s'écrit avec deux **n.**

1. **manœuvre** n.f. ❶ Action de diriger un véhicule, une machine; mouvement d'un véhicule que l'on gare. *L'automobiliste fait des manœuvres.* ❷ Exercice que font les militaires pour apprendre les mouvements des troupes et le maniement des armes. *Un terrain de manœuvres.* ❸ (Souvent au pluriel). Moyen plus ou moins honnête que l'on emploie pour obtenir un résultat. *Les manœuvres électorales de son adversaire ont échoué.* SYN. **intrigue, machination, manigance.**

2. **manœuvre** n.m. Ouvrier qui fait des travaux ne nécessitant pas de qualification professionnelle. *Travailler comme manœuvre dans une usine, sur un chantier.*

manœuvrer v. (conjug. 3). ❶ Faire fonctionner un appareil, une machine; diriger un véhicule. *Un gros camion n'est pas facile à manœuvrer.* SYN. **conduire.** ❷ Employer certains moyens plus ou moins honnêtes pour obtenir ce que l'on souhaite. *Cet hypocrite a bien manœuvré pour que ses parents lui donnent leur accord.*
▸▸▸ Mot de la famille de **manœuvre (1).**

manoir n.m. Petit château entouré de terres, à la campagne.

manomètre n.m. Instrument qui sert à mesurer la pression d'un liquide ou d'un gaz dans un appareil.

manquant, e adj. Qui manque. *Chercher les pièces manquantes dans un puzzle.*
►►► Mot de la famille de **manquer (1)**.

manque n.m. Quantité insuffisante ou absence de quelque chose. *Les céréales ont séché par manque d'eau.* SYN. **pénurie.** *Le manque de sommeil le rend nerveux.* SYN. **insuffisance.** *Cet enfant souffre d'un manque de vitamines.* SYN. **carence.**
►►► Mot de la famille de **manquer (1)**.

manqué, e adj. ❶ Qui n'a pas réussi. *Un artiste manqué.* ❷ (Familier). **Garçon manqué,** fille qui se comporte comme un garçon.
►►► Mot de la famille de **manquer (2)**.

manquement n.m. Fait de ne pas respecter un devoir, une loi, une règle. *Il a constaté plusieurs manquements au règlement.* SYN. **infraction.**
►►► Mot de la famille de **manquer (2)**.

1. **manquer** v. (conjug. 3). ❶ Être en quantité insuffisante. *L'argent manque. Plusieurs articles manquent en magasin.* ❷ Avoir en quantité insuffisante. *Papa manque de temps pour lire.* ❸ Être absent de son lieu de travail, d'études. *Plusieurs élèves manquaient aujourd'hui.* ❹ Faire défaut à quelqu'un. *Le courage lui manque pour dire la vérité.* ❺ Créer un vide, un manque par son absence. *Maman est en voyage, elle nous manque beaucoup.*

2. **manquer** v. (conjug. 3). ❶ Ne pas respecter. *Manquer à sa parole.* ❷ Ne pas atteindre une cible. *Le chasseur a manqué le lièvre.* ❸ **Ne pas manquer de faire quelque chose,** le faire à coup sûr. *Je ne manquerai pas de l'informer de ton appel.* ❹ Ne pas profiter de; laisser échapper. *Nous avons manqué le début du spectacle. Manquer une occasion.* ❺ Arriver trop tard pour prendre un moyen de transport. *J'ai manqué mon train.* SYN. **rater.**

mansarde n.f. Pièce située sous le toit d'une maison, qui a un mur en pente. → Vois aussi **soupente.**

► **mansardé, e** adj. Qui est aménagé en mansarde. *Une chambre mansardée.*

mante n.f. Insecte à tête triangulaire très mobile et aux pattes avant qui se replient sur sa proie. *La mante femelle dévore parfois le mâle après l'accouplement.*
● On peut dire aussi une **mante religieuse.** – Ne confonds pas avec **menthe.**

une **mante religieuse**

manteau n.m. ❶ Vêtement long à manches longues, fermé devant, que l'on porte dehors pour se protéger du froid. ❷ Partie de la cheminée qui est extérieure au foyer et s'avance dans la pièce.
● Au pluriel : des **manteaux.**

manucure n. Personne dont le métier est de prendre soin des mains, des ongles.

1. **manuel, elle** adj. Qui se fait principalement avec les mains. *Au centre de loisirs, nous faisons beaucoup d'activités manuelles.* ◆ adj. et n. Qui a un métier manuel; qui aime travailler avec ses mains. *Un travailleur manuel. Sarah est une manuelle.*

2. **manuel** n.m. Livre de classe; ouvrage technique. *Un manuel de géographie. Le manuel du parfait secrétaire.*

manufacture n.f. Entreprise industrielle qui fabrique des produits manufacturés. *Une manufacture de porcelaine.*

► **manufacturé, e** adj. **Produit manufacturé,** fabriqué en usine, par transformation des matières premières.

manuscrit, e adj. Qui est écrit à la main. *Une lettre manuscrite.*

► **manuscrit** n.m. ❶ Texte, ouvrage écrits à la main. *Au Moyen Âge, les moines copiaient les manuscrits.* ❷ Texte original d'un ouvrage qui n'est pas encore imprimé. *L'auteur a remis son manuscrit à l'éditeur.*

manutention n.f. Manipulation, déplacement de marchandises pour les stocker ou les expédier.

► **manutentionnaire** n. Personne chargée des travaux de manutention.

mappemonde n.f. Carte géographique plane qui représente le globe terrestre sous la forme de deux hémisphères placés côte à côte. → Vois aussi **planisphère.**
● Ce mot s'écrit avec deux **p.** – On emploie souvent à tort « mappemonde » pour « globe terrestre ».

a b c d e f g h i j k l m n o p q r s t u v w x y z

maquereau n.m. Poisson de mer à dos bleu-vert rayé de noir.

● Au pluriel : des **maquereaux.** – Femelle : la maquerelle.

maquette n.f. ❶ Modèle réduit d'un véhicule, d'un bâtiment, etc. *Jean fait des maquettes d'avions.* ❷ Modèle original d'un livre, d'un magazine, etc., montrant la disposition du texte et des illustrations.

▸ **maquettiste** n. Spécialiste des maquettes pour l'édition, la presse, la publicité.

maquillage n.m. ❶ Action et manière de maquiller ou de se maquiller. *Un maquillage discret.* ❷ Ensemble des produits servant à se maquiller. *S'acheter du maquillage.* SYN. **fard.**

→ Vois aussi **cosmétique, fard.**

▸▸▸ Mot de la famille de **maquiller.**

maquiller et **se maquiller** v. (conjug. 3). ❶ Appliquer des fards sur le visage de quelqu'un, pour l'embellir ou en modifier l'aspect. *Maquiller un acteur.* SYN. **grimer.** CONTR. **démaquiller.** ❷ Modifier l'apparence de quelque chose pour tromper. *Maquiller une voiture volée pour la revendre.* ◆ **se maquiller.** Appliquer des fards sur son visage, ses yeux, ses lèvres. *Maman se maquille pour sortir.* SYN. **se farder.** CONTR. **se démaquiller.**

enfant se faisant maquiller

maquis n.m. ❶ Dans les régions méditerranéennes, terrain couvert d'une végétation touffue et dense composée d'arbustes et de buissons dont les feuilles ne tombent pas l'hiver. ❷ Pendant la Seconde Guerre mondiale, lieux peu accessibles où se regroupaient les résistants. → Vois aussi **garrigue, lande.**

● Ce mot se termine par un **s.**

▸ **maquisard** n.m. Pendant la Seconde Guerre mondiale, résistant d'un maquis. *Les maquisards combattaient l'armée d'occupation allemande.*

marabout n.m. Grand oiseau échassier d'Afrique et d'Asie, au bec très fort et très épais, et à la tête et au cou sans plumes.

un marabout

maraca n.f. Instrument de musique d'Amérique du Sud, fait d'une coque contenant des graines dures, que l'on agite pour marquer le rythme. *Une paire de maracas.*

● Au pluriel, on prononce [marakas].

des maracas

maraîcher, ère adj. **Culture maraîchère,** culture de légumes et de primeurs. ◆ n. Personne qui cultive des légumes et des primeurs pour les vendre.

● La nouvelle orthographe permet d'écrire aussi **maraicher,** sans accent circonflexe.

marais n.m. Région recouverte d'eau peu profonde et stagnante, en partie envahie par des plantes. *Les roseaux poussent dans les marais.* SYN. **marécage.** → Vois aussi **salant.**

● Ce mot se termine par un **s.**

marasme n.m. Arrêt ou ralentissement de l'activité commerciale, industrielle ou économique. SYN. **crise, récession.**

marathon n.m. Course à pied de 42,195 kilomètres, qui fait partie des disciplines olympiques. *Le marathon de New York, de Paris.*

● Ce mot s'écrit avec **th.**

marâtre n.f. ❶ Mauvaise mère. ❷ (Sens ancien). Deuxième épouse du père. SYN. **belle-mère.**
● Le deuxième **a** prend un accent circonflexe.

marauder v. (conjug. 3). Voler des fruits, des légumes qui ne sont pas encore récoltés. *Cet homme maraudait des cerises dans les vergers.* → Vois aussi **chaparder.**

▸ **maraudeur, euse** n. Personne qui maraude.

marbre n.m. Roche calcaire très dure, de couleurs variées, qui se polit très bien. *On fait des dalles, des statues, des tombes en marbre.*

▸ **marbré, e** adj. Qui présente des veines, des taches semblables à celles du marbre. *Mes cuisses étaient marbrées par le froid.*

▸ **marbrure** n.f. Marque sur la peau qui ressemble aux veines du marbre.

marc n.m. ❶ Ce qui reste des fruits lorsqu'on les a pressés pour en extraire le jus. *Du marc de raisin.* ❷ Eau-de-vie que l'on obtient en distillant du marc de raisin. ❸ **Marc de café,** ce qui reste du café moulu après qu'il a passé.
● On ne prononce pas le **c** : [mar].

marcassin n.m. Jeune sanglier.

marchand, e n. Personne dont le métier est de vendre des produits. *Une marchande de chaussures; un marchand de journaux.* → Vois aussi **commerçant, vendeur.**

▸ **marchand, e** adj. ❶ Qui se rapporte au commerce; où l'on fait du commerce. *Estimer la valeur marchande d'une denrée. Un port marchand. Une galerie marchande.* ❷ **Marine marchande,** qui assure le transport des voyageurs et des marchandises.

▸ **marchandage** n.m. Action de marchander, de discuter pour obtenir un meilleur prix.

▸ **marchander** v. (conjug. 3). Discuter pour faire baisser le prix d'une marchandise. *On a marchandé une lampe dans une brocante.*

▸ **marchandise** n.f. Produit, objet qui se vend et s'achète. *Des marchandises bon marché.* → Vois aussi **article, denrée.**

marche n.f. ❶ Action de marcher. *La marche est un excellent exercice.* ❷ Promenade à pied. *Nous avons fait une longue marche en forêt.* ❸ Déplacement continu d'un véhicule dans un sens déterminé. *Dans le train, je m'assois dans le sens de la marche.* ❹ Fonctionnement d'une machine. *Papa a remis l'ordinateur en marche.* ❺ **La marche à suivre,** la méthode à appliquer, les démarches à effectuer. *Peux-tu m'indiquer la marche à suivre pour s'inscrire au judo ?* ❻ Musique destinée à régler le pas d'un groupe, d'une troupe. *Une marche militaire.* ❼ Chacune des surfaces planes sur lesquelles on pose le pied pour monter ou descendre un escalier.
▸▸▸ Mot de la famille de **marcher.**

marché n.m. ❶ Lieu public, couvert ou en plein air, où des commerçants vendent des marchandises. *Faire ses courses au marché.* ❷ Ensemble des achats et des ventes dans un domaine particulier. *Le marché de l'informatique régresse.* ❸ Débouché économique. *Conquérir de nouveaux marchés.* ❹ Accord commercial; négociation. *Notre entreprise a conclu un marché avec la Chine.* ❺ **Par-dessus le marché,** en plus, en outre. *Ils sont arrivés en retard au cinéma et, par-dessus le marché, ils bavardaient sans arrêt.* → Vois aussi **bon marché, hypermarché, supermarché.**

marchepied n.m. Marche ou série de marches qui servent à monter dans un train, un bus, un car ou à en descendre.
▸▸▸ Mot de la famille de **marche.**

marcher v. (conjug. 3). ❶ Se déplacer en mettant un pied devant l'autre. *Mon petit frère apprend à marcher. J'aime marcher sur la plage.* SYN. **se promener.** ❷ Mettre le pied dans, sur quelque chose, en avançant. *Il est défendu de marcher sur la pelouse.* ❸ Être en état de marche. *Mon jouet marche avec des piles.* SYN. **fonctionner.** ❹ Se dérouler correctement, avoir de bons résultats. *Les affaires marchent bien.* SYN. **prospérer.** ❺ (Familier). **Faire marcher quelqu'un,** le taquiner en lui faisant croire ce que l'on veut.

▸ **marcheur, euse** n. Personne qui marche, qui aime marcher. *Mamie est une bonne marcheuse.*

mardi n.m. ❶ Deuxième jour de la semaine. *Alexis a un cours de guitare tous les mardis.* ❷ **Mardi gras,** dans la religion chrétienne, dernier jour avant le début du carême, qui marque la fin du carnaval. *Pour le Mardi gras, toute la classe s'est déguisée.*

mare n.f. ❶ Petite étendue d'eau stagnante. *Des canards barbotent dans la mare.* ❷ Grande quantité de liquide répandu. *La*

a b c d e f g h i j k l m n o p q r s t u v w x y z

voiture laissa une mare d'huile derrière elle.
→ Vois aussi **étang, lac.**

marécage n.m. Terrain couvert de marais. *Les moustiques pullulent dans les marécages.*

▸ **marécageux, euse** adj. Couvert de marécages. *Des régions marécageuses.*

maréchal n.m. Officier qui a le grade le plus élevé de la hiérarchie militaire.
● Au pluriel : des **maréchaux.**

▸ **maréchal-ferrant** n.m. Artisan dont le métier est de ferrer les chevaux.
● Au pluriel : des **maréchaux-ferrants.**

marée n.f. ❶ Mouvement des eaux de la mer qui montent et descendent deux fois par jour. *Marée basse; marée haute.* ❷ **Marée noire,** arrivée sur un rivage de nappes de pétrole qui proviennent généralement d'un pétrolier accidenté. ❸ Grand nombre de personnes en mouvement. *Une marée humaine a envahi le stade.* → Vois aussi **flux, reflux.**

marelle n.f. Jeu d'enfant qui consiste à avancer à cloche-pied en déplaçant une boîte plate ou un caillou dans des cases tracées sur le sol. *Nous jouons à la marelle.*

mareyeur, euse n. Commerçant qui achète aux pêcheurs les produits frais de la mer pour les vendre aux poissonniers.
▸▸▸ Mot de la famille de **marée.**

margarine n.f. Matière grasse d'origine végétale qui ressemble au beurre.

marge n.f. ❶ Espace blanc sur le côté d'une page imprimée ou écrite. *L'institutrice écrit ses corrections dans la marge des cahiers.* ❷ Intervalle de temps dont on dispose pour faire quelque chose. *J'ai une marge d'une semaine pour me décider.* ❸ Écart admis dans une évaluation. *Accepter une marge d'erreur de 2 %.* ❹ **Vivre en marge de la société,** sans s'intégrer à la société.

margelle n.f. Ensemble de pierres qui forment le rebord d'un puits.

marginal, e n. Personne qui vit en marge de la société. *Les exclus deviennent souvent des marginaux.*
● Au pluriel : des **marginaux.**
▸▸▸ Mot de la famille de **marge.**

marguerite n.f. Fleur à pétales blancs et à cœur jaune qui pousse dans les prairies et les jardins. → Vois aussi **pâquerette.**

des **marguerites**

mari n.m. Personne mariée de sexe masculin. SYN. **époux, conjoint.**

▸ **mariage** n.m. ❶ Union légitime de deux personnes en âge de se marier. *Le mariage civil est prononcé à la mairie.* ❷ Cérémonie organisée à l'occasion du mariage. *Nous nous sommes bien amusés au mariage de ma cousine.* SYN. **noce.** ❸ Union, mélange harmonieux de plusieurs choses. *Un mariage de couleurs.* → Vois aussi **matrimonial.**

▸ **marié, e** n. ❶ Personne dont on célèbre le mariage. *Les mariés arrivent à la mairie.* ❷ **Jeune marié, jeune mariée,** personnes qui viennent de se marier.

▸ **marier** et **se marier** v. (conjug. 7). ❶ Unir deux personnes par le mariage. *Le maire marie plusieurs couples chaque samedi.* ❷ Unir, combiner harmonieusement des choses. *Ce couturier sait marier les couleurs.* SYN. **assortir.** ◆ **se marier.** S'unir par le mariage. *Romane et Éric se sont mariés.*

marin, e adj. ❶ Qui concerne la mer, qui se trouve dans la mer, qui vient de la mer. *Le dauphin est un mammifère marin. L'air marin est riche en iode.* ❷ Qui sert à la navigation sur mer. *La météo marine.* ❸ **Avoir le pied marin,** se déplacer sur un bateau sans perdre l'équilibre, sans avoir le mal de mer.
→ Vois aussi **aquatique, sous-marin.**

▸ **marin** n.m. Personne dont le métier est de naviguer sur la mer. → Vois aussi **matelot, mousse (1), navigateur.**

marinade n.f. Mélange de vin, de vinaigre, de sel, d'épices et d'aromates dans lequel on fait macérer de la viande ou du poisson pour les parfumer.
▸▸▸ Mot de la famille de **mariner.**

marine n.f. ❶ Ensemble des activités, des installations et des services qui concernent la navigation sur mer. *Mon oncle est dans la marine.* ❷ Ensemble des marins et des

navires. *La marine marchande; la marine de guerre; la marine à voile.* ◆ **adj. invar.** D'une couleur bleu foncé. *Des pulls marine.* **SYN. bleu marine.** → Vois aussi **flotte.**
▸▸▸ Mot de la famille de **marin.**

mariner v. (conjug. 3). Tremper dans une marinade. *Faire mariner des harengs.* → Vois aussi **macérer.**

marinier, ère n. Personne dont le métier est de naviguer sur les fleuves, les rivières, les canaux. *Le marinier vit sur une péniche.* **SYN. batelier.**

marionnette n.f. Petit personnage en bois, en carton ou en tissu qu'on fait bouger avec les mains ou en tirant sur des fils. *Un montreur de marionnettes.* → Vois aussi **guignol, marotte.**
● Ce mot s'écrit avec deux **n.**

▸ **marionnettiste** n. Montreur de marionnettes, personne qui les manipule.

maritime adj. ❶ Qui est au bord de la mer. *Saint-Nazaire est un port maritime.* ❷ Qui concerne la mer, la navigation sur la mer. *Le commerce maritime.*

marketing n.m. Ensemble des activités et des techniques qui ont pour but de mieux vendre un produit.
● C'est un mot anglais, on prononce [marketiŋ].
– La nouvelle orthographe permet d'écrire aussi **markéting,** avec un accent sur le **e.**

marmaille n.f. Mot familier. Groupe de jeunes enfants bruyants et désordonnés.

marmelade n.f. Sorte de confiture contenant des fruits coupés en morceaux et cuits avec du sucre. *De la marmelade d'oranges.*

marmite n.f. Grand récipient avec un couvercle et deux anses, qui sert à faire cuire des aliments. **SYN. cocotte.**

▸ **marmiton** n.m. Jeune apprenti cuisinier, dans un restaurant.

marmonner v. (conjug. 3). Dire, murmurer quelque chose entre ses dents, souvent avec hostilité. *Cesse de marmonner, et dis ce que tu as à dire !* **SYN. bougonner, grommeler.** *Elle marmonna quelques excuses.* **SYN. bredouiller.**
● On peut aussi dire **marmotter.**

marmot n.m. Mot familier. Petit enfant.

marmotte n.f. ❶ Mammifère rongeur des montagnes, qui a une fourrure brun-gris très épaisse. *Les marmottes hibernent dans un terrier.* ❷ **Dormir comme une marmotte,** dormir profondément. → Vois aussi **loir.**
● Ce mot s'écrit avec deux **t.** – Cri : le sifflement.

une marmotte

marmotter → **marmonner**

marocain, e adj. et n. Du Maroc. *Une coutume marocaine. Saïd est marocain. C'est un Marocain.*
● Le nom prend une majuscule : *un Marocain.*

maroquinerie n.f. Fabrication d'objets en cuir; magasin où l'on vend des objets en cuir.
▸▸▸ Mot de la famille de **maroquinier.**

maroquinier, ère n. Personne qui fabrique ou vend des objets de maroquinerie.

marotte n.f. ❶ Marionnette faite d'une tête montée sur une tige. ❷ (Sens familier). Idée fixe, manie. *Sa nouvelle marotte, c'est de faire du surf.* **SYN. manie.** → Vois aussi **dada, lubie.**

marquant, e adj. Qui marque, dont on se souvient. *Les événements marquants de l'actualité.* **SYN. mémorable, notable.**
▸▸▸ Mot de la famille de **marquer.**

marque n.f. ❶ Ce qui sert à reconnaître quelque chose, à le distinguer. *Le bûcheron a fait des marques sur certains arbres.* ❷ Trace, empreinte laissées par quelque chose. *En sortant de la piscine, Léa avait la marque de ses lunettes. Ma chute dans l'escalier m'a laissé des marques sur les jambes.* ❸ Nom d'un fabricant, d'une entreprise. *Quelle est la marque de ton vélo ?* ❹ Témoignage, geste ou parole qui révèlent quelque chose. *Donner à un ami des marques d'affection.* **SYN. démonstration, manifestation.**
▸▸▸ Mot de la famille de **marquer.**

marquer v. (conjug. 3). ❶ Faire une marque. *Le bûcheron marque d'une croix les arbres*

a b c d e f g h i j k l m n o p q r s t u v w x y z

à abattre. ❷ Signaler, servir de repère. *Le point marque la fin de la phrase.* ❸ Indiquer par écrit. *Coralie a marqué mon numéro de téléphone dans son carnet.* SYN. **inscrire, noter.** ❹ Laisser une impression forte. *Son voyage en Inde l'a beaucoup marqué.* ❺ Signaler de façon nette. *Marquer sa désapprobation.* SYN. **manifester, montrer.** ❻ Fournir une indication, une heure, une mesure. *La pendule marque quatre heures.* SYN. **indiquer.** ❼ **Marquer un but, un point,** le réussir.

marqueterie n.f. Assemblage décoratif de lamelles de bois précieux, de marbre, de métaux, appliqué sur un meuble et formant des dessins variés. *Une table en marqueterie.*
● On prononce [markɛtri]. – Ce mot prend un seul **t.** – La nouvelle orthographe permet d'écrire aussi **marquèterie,** avec un accent grave sur le premier **e.**

marqueur n.m. Feutre qui forme un trait large. *Écrire au marqueur.*
►►► Mot de la famille de **marquer.**

marquis, e n. Titre de noblesse qui se situe entre celui de duc et celui de comte.

marraine n.f. Dans la religion chrétienne, femme qui présente un enfant au baptême.
→ Vois aussi **filleul, parrain.**
● Ce mot s'écrit avec deux **r.**

marrant, e adj. Mot familier. Qui amuse, fait rire. *Djamila est très marrante.* SYN. **amusant, drôle.**
►►► Mot de la famille de **se marrer.**

marre adv. Mot familier. **En avoir marre,** en avoir assez, être excédé. *J'en ai marre de toujours ranger tes affaires !*
● Ce mot s'écrit avec deux **r.**

se **marrer** v. (conjug. 3). Mot familier. S'amuser, se divertir. *Quand Ali raconte une histoire drôle, tout le monde se marre.* SYN. **rire.** → Vois aussi **rigoler.**
● Ce mot s'écrit avec deux **r.**

marron n.m. ❶ Fruit comestible du châtaignier. *Manger de la dinde aux marrons.* ❷ **Marron d'Inde,** fruit non comestible d'un grand arbre à feuilles palmées, le *marronnier d'Inde.* ◆ **adj. invar.** De la couleur brun-rouge du marron. *Des chaussures marron.* ◆ **n.m.** Couleur marron. *Sur mon dessin, j'ai peint la terre en marron.* → Vois aussi **châtaigne.**

► **marronnier** n.m. Grand arbre ornemental que l'on trouve souvent planté le long des avenues et dans les parcs. *Les fruits du marronnier ne sont pas comestibles.*
● Ce mot s'écrit avec deux **r** et deux **n.** – On peut aussi dire **marronnier d'Inde.**

mars n.m. Troisième mois de l'année. *En mars, les arbres se couvrent de bourgeons.*
● On prononce le **s.** – Le mois de mars a 31 jours.

marsouin n.m. Mammifère marin qui ressemble au dauphin. *Les marsouins suivent souvent les navires.*
● Le marsouin appartient à la famille des cétacés, comme la baleine et le cachalot.

un marsouin

marsupial n.m. Mammifère dont la femelle a une poche sur le ventre, contenant les mamelles, où les petits achèvent leur développement après leur naissance. *Le kangourou et le koala sont des marsupiaux.*
● Au pluriel : des **marsupiaux.**

marte → martre

marteau n.m. ❶ Outil formé d'une tête en métal fixée sur un manche en bois, qui sert à frapper. *On enfonce des clous avec un marteau.* ❷ **Marteau piqueur,** machine qui sert à casser les roches, à défoncer le sol.
● Au pluriel : des **marteaux.**

► **martèlement** n.m. ❶ Bruit du marteau. ❷ Bruit cadencé rappelant celui de coups de marteau. *Le martèlement des pas sur les pavés.*

► **marteler** v. (conjug. 11). ❶ Frapper, façonner à coups de marteau. *Le forgeron martèle une barre de fer.* ❷ Frapper fort et à coups répétés. *Marteler une porte à coups de poing.*

martial, e, aux adj. ❶ Qui est très résolu, décidé. *Avancer d'un air martial.* ❷ **Arts martiaux,** ensemble des sports de combat d'origine japonaise, comme le judo, le karaté, l'aïkido.
● On écrit **tial** mais on prononce [sjal], comme dans **spécial.** – Au masculin pluriel : **martiaux.**

martien, enne n. Habitant imaginaire de la planète Mars.

● On écrit **tien** mais on prononce [sjɛ̃], comme **sien.**

1. **martinet** n.m. Petit oiseau migrateur, qui ressemble à l'hirondelle. *Le martinet se nourrit d'insectes qu'il attrape en vol.*

2. **martinet** n.m. Fouet formé de plusieurs lanières de cuir fixées à un manche.

martingale n.f. Bande de tissu cousue dans le dos d'un vêtement, au niveau de la taille, pour le resserrer. *Un manteau à martingale.*

martiniquais, e adj. et n. De la Martinique. *Les plantations martiniquaises. Raphaël est martiniquais. C'est un Martiniquais.*

● Le nom prend une majuscule : *un Martiniquais.*

martin-pêcheur n.m. Petit oiseau bleu et roux, au long bec, qui vit au bord des cours d'eau, dans lesquels il plonge pour attraper de petits poissons ou des têtards.

● Au pluriel : des **martins-pêcheurs.**

un martin-pêcheur

martre n.f. Petit mammifère carnivore au corps allongé, au pelage brun et au museau pointu, qui vit dans les bois. → Vois aussi **fouine, zibeline.**

● On peut aussi dire **marte.**

martyr, e n. Personne qui souffre ou qui meurt pour défendre sa foi, une cause. *Les martyrs chrétiens. Les martyrs de la Résistance.* ◆ adj. Qui subit des mauvais traitements systématiques. *Un enfant martyr.* → Vois aussi **souffre-douleur.**

● Ce mot s'écrit avec un **y.** – Au masculin, ne confonds pas avec **martyre.**

▶ **martyre** n.m. ❶ Torture, souffrance endurées pour défendre sa foi ou une cause politique. *Le martyre des opposants à une dictature.* ❷ Grande souffrance, grande douleur physique ou morale. *Cet abcès dentaire me fait souffrir le martyre.*

● Ce nom masculin se termine par un **e.** – Ne confonds pas avec **martyr.**

▶ **martyriser** v. (conjug. 3). Torturer moralement ou physiquement. *Martyriser un enfant, un animal.* SYN. **brutaliser, maltraiter.**

mas n.m. Ferme ou maison de campagne de style traditionnel, dans le Midi.

● On prononce [ma] ou [mas]. – Ne confonds pas avec **mât.**

mascarade n.f. Mise en scène trompeuse, hypocrite. *Ce procès n'a été qu'une mascarade.* SYN. **imposture, supercherie.**

mascotte n.f. Objet, personne ou animal que l'on prend comme porte-bonheur. *La mascotte de l'équipe de foot est un lapin.* → Vois aussi **fétiche, grigri, talisman.**

masculin, e adj. ❶ Qui se rapporte à l'homme ; qui est composé d'hommes. *Une voix masculine. L'équipe masculine de basket-ball.* ❷ Se dit des noms qui s'emploient avec les articles « un » et « le » ou des adjectifs et des déterminants qui s'accordent avec ces noms. *« Lit » est un nom masculin. « Heureux » est un adjectif masculin.* ◆ n.m. Genre masculin. *Les noms « acquéreur », « escroc », « médecin », « témoin » ne s'emploient qu'au masculin.* → Vois aussi **féminin.**

masque n.m. ❶ Objet dont on se couvre le visage pour se déguiser ou pour se cacher. *Des masques de carnaval. Le cambrioleur portait un masque.* ❷ Objet ou appareil dont on se couvre le visage pour se protéger ou pour respirer. *Pour faire de l'escrime, il faut porter un masque. Un masque de plongée.*
→ Vois aussi **loup.**
▶▶▶ Mot de la même famille : **démasquer.**

un masque africain

a b c d e f g h i j k l m n o p

a b c d e f g h i j k l m n o p q r s t u v w x y z

▶ **masqué, e** adj. ❶ Qui porte un masque. *Trois hommes masqués sont entrés.* ❷ **Bal masqué,** bal où l'on est déguisé, où l'on porte un masque. SYN. **bal costumé.**

▶ **masquer** v. (conjug. 3). ❶ Cacher à la vue. *Un épais feuillage masque l'entrée de la grotte.* ❷ Cacher sous de fausses apparences. *Nos adversaires masquent leurs véritables intentions.* SYN. **dissimuler.**

massacrant, e adj. **Être d'une humeur massacrante,** être de très mauvaise humeur.
▸▸▸ Mot de la famille de **massacrer.**

massacre n.m. ❶ Action de massacrer, de tuer de manière sauvage. *Une interdiction de chasse a mis fin au massacre des bébés phoques.* SYN. **carnage, tuerie.** ❷ Exécution très maladroite d'un travail, d'une œuvre. *L'interprétation de cette pièce est un vrai massacre.*
▸▸▸ Mot de la famille de **massacrer.**

massacrer v. (conjug. 3). ❶ Tuer sauvagement et en grand nombre. *Les rebelles ont massacré tous les habitants du village.* ❷ Abîmer par maladresse; exécuter maladroitement. *Massacrer un poulet en le découpant. Le pianiste a massacré le morceau.*

massage n.m. Action de masser. *Le kinésithérapeute m'a fait un massage du dos.*
▸▸▸ Mot de la famille de **masser (2).**

1. **masse** n.f. ❶ Grande quantité. *Une masse d'air froid; une masse de neige.* SYN. **bloc, tas.** ❷ Nombre important de choses ou de personnes. *Le journaliste a recueilli une masse d'informations sur cette question.* SYN. **multitude.** ❸ **En masse,** en grand nombre. *Les spectateurs sont venus en masse.* SYN. **massivement.** ❹ En physique, grandeur qui caractérise la quantité de matière d'un corps. *L'unité de masse est le kilogramme.* ◆ **n.f. plur.** Le peuple, les classes populaires. *Les masses laborieuses.* → Vois aussi **poids, unité.**

2. **masse** n.f. Gros maillet ou gros marteau. *Le sculpteur dégrossit un bloc de pierre à la masse.*

1. **masser** et **se masser** v. (conjug. 3). Regrouper, rassembler en masse. *Masser des troupes à la frontière.* SYN. **concentrer.** ◆ **se masser.** Se regrouper, se rassembler en masse. *Les touristes se sont massés à l'entrée du musée.* CONTR. **se disperser.**
▸▸▸ Mot de la famille de **masse (1).**

2. **masser** v. (conjug. 3). Frotter et pétrir le corps avec les mains pour assouplir, fortifier les muscles, atténuer les douleurs. *Le kinésithérapeute masse le dos de Pierre.*

▶ **masseur, euse** n. Personne dont le métier est de faire des massages. *Le masseur d'une équipe sportive.* → Vois aussi **kinésithérapeute.**

1. **massif, ive** adj. ❶ Qui forme un bloc compact, qui n'est pas creux, ni plaqué. *Une armoire en chêne massif. Une bague en or massif.* ❷ Qui a une apparence épaisse, lourde. *Des piliers massifs.* ❸ Qui est pris, donné ou fait en grande quantité. *Il a pris une dose massive de médicaments.* CONTR. **faible, infime.**
▸▸▸ Mot de la famille de **masse (1).**

2. **massif** n.m. ❶ Ensemble compact de plantes à fleurs ou d'arbustes plantés les uns à côté des autres. *Un massif de rosiers.* ❷ Ensemble de montagnes. *Le massif des Pyrénées.*
▸▸▸ Mot de la famille de **masse (1).**

massivement adv. En grand nombre, en masse. *Les électeurs ont massivement été voter.*
▸▸▸ Mot de la famille de **masse (1).**

massue n.f. ❶ Bâton à grosse tête utilisé comme arme dès la préhistoire. ❷ Instrument utilisé pour jongler. → Vois aussi **gourdin, matraque.**
▸▸▸ Mot de la famille de **masse (2).**

mastic n.m. Pâte molle qui durcit à l'air et sert à boucher des trous ou à faire tenir les vitres.

mastication n.f. Action de mastiquer, de mâcher. *La mastication aide à la digestion.*
▸▸▸ Mot de la famille de **mastiquer (1).**

1. **mastiquer** v. (conjug. 3). Broyer les aliments avec les dents avant de les avaler. *Mastique bien ta viande.* SYN. **mâcher.**

2. **mastiquer** v. (conjug. 3). Boucher, joindre avec du mastic. *Le vitrier a mastiqué les carreaux de la fenêtre.*
▸▸▸ Mot de la famille de **mastic.**

mastodonte n.m. ❶ Grand mammifère aujourd'hui disparu, qui ressemblait à un éléphant, mais avec deux paires de défenses. ❷ (Sens familier). Personne, animal ou chose énormes. *Le camionneur conduisait un mastodonte.*

un **mastodonte**

masure n.f. Maison misérable et délabrée. *La pauvre femme vivait dans une vieille masure.*
→ Vois aussi **baraque, bicoque.**

1. mat, e adj. ❶ Qui n'a pas d'éclat. *Une peinture mate.* CONTR. **brillant.** ❷ Qui ne résonne pas. *Un bruit mat.* SYN. **sourd.** ❸ **Teint mat, peau mate,** d'une couleur légèrement brune. CONTR. **clair.**
● On prononce le **t** au masculin et au féminin : [mat].

2. mat adj. invar. Aux échecs, se dit du roi qui ne peut plus bouger sans être pris ou du joueur dont le roi est dans cette position. *Ton roi est mat. J'ai été mat en dix coups.*
● On prononce le **t** : [mat].

mât n.m. ❶ Sur un bateau, longue pièce verticale qui porte les voiles. *Une goélette est un voilier à deux mâts.* ❷ Haut poteau. *Planter les mâts d'une tente.*
● Le **a** prend un accent circonflexe.

match n.m. Épreuve sportive disputée entre deux concurrents ou deux équipes. *Un match de rugby, de tennis.*
● Au pluriel, on écrit des **matchs** ou des **matches.**

matelas n.m. Sorte de gros coussin rembourré que l'on pose sur un sommier. *Un matelas de laine; un matelas à ressorts.*
● Ce mot se termine par un **s.**

▸ **matelassé, e** adj. Rembourré d'une couche moelleuse maintenue par des piqûres. *Une veste matelassée.*

matelot n.m. Membre d'équipage d'un navire, qui participe aux manœuvres et à l'entretien.

mater v. (conjug. 3). Obliger quelqu'un à obéir par l'autorité ou la violence. *Mater des insurgés.* SYN. **soumettre, terrasser, vaincre.**

se **matérialiser** v. (conjug. 3). Devenir réel, concret. *Nos projets se sont matérialisés.* SYN. **se concrétiser, se réaliser.**
▸▸▸ Mot de la famille de **matière.**

matérialiste adj. et n. Qui s'intéresse davantage aux satisfactions matérielles qu'aux idées. *C'est un matérialiste qui ne pense qu'à gagner de l'argent.* CONTR. **idéaliste.**
▸▸▸ Mot de la famille de **matière.**

matériau n.m. Matière qui sert de base à la construction de bâtiments. *Le bois, la pierre, les briques, le ciment sont des matériaux de construction.*
● Au pluriel : des **matériaux.**

1. matériel, elle adj. ❶ Qui existe effectivement, qui est réel. *Cette arme couverte d'empreintes est une preuve matérielle de sa culpabilité.* ❷ Qui concerne les objets et non les personnes. *L'explosion n'a fait que des dégâts matériels.* ❸ Qui concerne les nécessités de la vie, les moyens d'existence. *Les biens matériels; une aide matérielle.* SYN. **financier.**
▸▸▸ Mot de la famille de **matière.**

2. matériel n.m. Ensemble des objets, des instruments, des machines, utilisés pour une activité. *Le matériel d'un peintre; du matériel agricole.* SYN. **équipement.**
▸▸▸ Mot de la famille de **matière.**

matériellement adv. D'une manière concrète, réelle, en tenant compte des nécessités. *Il est matériellement impossible de finir ce travail dans un délai si court.*
▸▸▸ Mot de la famille de **matière.**

maternel, elle adj. ❶ De la mère. *La tendresse maternelle.* ❷ Qui vient de la mère, qui est du côté de la mère. *Les grands-parents maternels.* ❸ **École maternelle,** école pour les enfants avant l'âge de la scolarité obligatoire (6 ans). → Vois aussi **paternel.**

▸ **materner** v. (conjug. 3). S'occuper d'une personne comme si elle était toujours un enfant. *Arrête de le materner, il n'a plus dix ans !*

▸ **maternité** n.f. ❶ Fait d'être mère. *Toutes les femmes n'aspirent pas à la maternité.* ❷ Fait de mettre un enfant au monde. *Elle voudrait connaître les joies de la maternité.* ❸ Établissement ou service d'un hôpital où s'effectuent les accouchements.

mathématicien, enne n. Personne qui étudie ou enseigne les mathématiques.
▸▸▸ Mot de la famille de **mathématiques.**

mathématiques n.f. plur. Science qui étudie les nombres, les grandeurs, les figures

a b c d e f g h i j k l m n o p q r s t u v w x y z

géométriques. *L'algèbre, l'arithmétique, la géométrie font partie des mathématiques.*
● Ce mot s'écrit avec **th.** – On dit familièrement les **maths.**

matière n.f. ❶ Ce qui constitue les corps. *La matière peut se présenter à l'état solide, liquide ou gazeux.* ❷ Substance particulière dont est faite une chose. *Le cristal est une matière fragile. Le beurre est une matière grasse.* ❸ **Matière première,** matière d'origine naturelle qui n'a pas encore été transformée. *La laine, le bois, le pétrole sont des matières premières.* ❹ Ce qui est enseigné en classe. *Le français est la matière préférée de Coralie.* SYN. **discipline.** ❺ **Entrée en matière,** introduction d'un discours, d'un exposé.

matin n.m. ❶ Début de la journée, entre le lever du soleil et midi. *Le médecin ne reçoit que le matin.* SYN. **matinée.** ❷ **De bon matin,** de très bonne heure. *Se lever de bon matin.* CONTR. **tard.**

▶ **matinal, e, aux** adj. ❶ Du matin. *Faire sa promenade matinale.* ❷ Qui a l'habitude de se lever tôt. *Grand-père est très matinal.*
● Au masculin pluriel : **matinaux.**

▶ **matinée** n.f. ❶ Partie de la journée qui s'écoule du lever du jour jusqu'à midi. *J'ai fait du sport toute la matinée.* SYN. **matin.** ❷ Spectacle qui a lieu l'après-midi. → Vois aussi **soirée.**

matou n.m. Chat mâle, généralement non castré.

matraquage n.m. Action de répéter avec insistance un slogan, une information, un message publicitaire.
▸▸▸ Mot de la famille de **matraque.**

matraque n.f. Arme faite d'un bâton de bois ou de caoutchouc durci. *Les policiers sont équipés de matraques.* → Vois aussi **gourdin, massue, trique.**

▶ **matraquer** v. (conjug. 3). Donner des coups de matraque. *Le malfaiteur a matraqué le gardien de la bijouterie.*

matrimonial, e, aux adj. ❶ Qui concerne le mariage. *Le régime matrimonial règle la répartition des biens entre les époux.* ❷ **Agence matrimoniale,** agence qui met en rapport des personnes désirant se marier. → Vois aussi **conjugal.**
● Au masculin pluriel : **matrimoniaux.**

maturation n.f. Fait de mûrir, d'arriver à maturité. *La culture en serre permet d'accélérer la maturation de certains fruits.*
▸▸▸ Mot de la famille de **maturité.**

maturité n.f. ❶ État d'un fruit lorsqu'il est mûr. *Cueillir des pêches arrivées à maturité.* ❷ Période de la vie humaine caractérisée par le plein développement physique et intellectuel. ❸ Qualité d'une personne qui a du jugement, de l'autonomie. *Seydou fait preuve de beaucoup de maturité malgré sa jeunesse.*

maudire v. (conjug. 66). ❶ Dans le langage religieux, appeler la colère de Dieu sur quelqu'un, lui lancer une malédiction. *Le vieil homme a maudit les assassins de son fils.* CONTR. **bénir.** ❷ Exprimer son impatience, sa colère contre une personne ou un événement. *Le joueur maudissait sa malchance.*
▸▸▸ Mot de la même famille : **malédiction.**

▶ **maudit, e** adj. ❶ Rejeté par la société. *Un artiste maudit.* ❷ Qui est contrariant, exaspérant. *Cette maudite voiture ne veut pas démarrer !* SYN. **satané.**

maugréer v. (conjug. 8). Mot littéraire. Prononcer des paroles à mi-voix pour exprimer sa mauvaise humeur. SYN. **bougonner, grommeler, pester.**

mauricien, enne adj. et n. De l'île Maurice. *L'industrie textile mauricienne. Jay est mauricien. C'est un Mauricien.*
● Le nom prend une majuscule : *un Mauricien.*

mauritanien, enne adj. et n. De la Mauritanie. *Nouakchott est la capitale mauritanienne. Ould est mauritanien. C'est un Mauritanien.*
● Le nom prend une majuscule : *un Mauritanien.*

mausolée n.m. Monument funéraire somptueux et de grandes dimensions.
● Ce nom masculin se termine par un **e.**

un mausolée

maussade adj. ❶ Triste et de mauvaise humeur. *Il devient maussade avec l'âge.* SYN. **renfrogné, revêche.** ❷ Triste et terne. *Le temps est maussade.* SYN. **morose.** *Une journée maussade.* SYN. **morne.**

mauvais, e adj. ❶ Qui est désagréable, qui déplaît. *Ce café est mauvais.* SYN. **dégoûtant.** CONTR. **bon.** *J'ai appris une mauvaise nouvelle.* SYN. **pénible.** ❷ Qui ne convient pas. *Donner une mauvaise réponse.* SYN. **faux, incorrect, inexact.** CONTR. **bon, correct, exact.** *Arriver au mauvais moment.* SYN. **inopportun.** CONTR. **opportun.** ❸ Qui risque de faire du mal, qui présente un danger. *Fumer est mauvais pour la santé.* SYN. **nocif.** *Les efforts sont mauvais pour son cœur.* SYN. **dangereux.** ❹ Qui n'est pas de bonne qualité ou qui est mal fait. *Un mauvais film; un mauvais travail.* CONTR. **bon.** ❺ Qui n'a pas les qualités demandées. *Un mauvais conducteur.* SYN. **incompétent.** CONTR. **bon.** *Je suis mauvaise en calcul.* SYN. **faible en.** CONTR. **bon en, fort en.** ❻ Qui montre de la méchanceté. *Le chien me regarde d'un air mauvais.* SYN. **méchant.** CONTR. **gentil.** ◆ adv. ❶ **Il fait mauvais,** le temps n'est pas beau. ❷ **Sentir mauvais,** répandre une odeur désagréable. SYN. **puer.** ◆ n.m. Ce qui est mauvais. *Il y a du bon et du mauvais dans cette situation.*

mauve adj. D'une couleur violet pâle. *Des pulls mauves.*

mauviette n.f. Mot familier. Personne faible ou peu courageuse. *Quelle mauviette, il n'a pas osé protester.*

maxillaire n.m. Os des mâchoires. *Les dents sont implantées dans les maxillaires. Le maxillaire inférieur.* SYN. **mandibule.**

● Ce nom masculin se termine par un **e.** – On prononce [maksilɛr].

maximal, e, aux adj. Qui atteint le plus haut degré. *En Alaska, la température maximale dépasse rarement 10 °C.* CONTR. **minimal.**

● Au masculin pluriel : **maximaux.**

maxime n.f. Courte phrase qui énonce une règle de morale, de conduite ou une vérité générale. *« La nuit porte conseil » est une maxime.* → Vois aussi **dicton, proverbe, sentence.**

maximum n.m. ❶ Le plus haut degré, la plus haute valeur ou la plus grande quantité. *Rayan a rangé le maximum de choses.* CONTR. **minimum.** ❷ **Au maximum,** au plus. *Tu devrais payer au maximum 10 euros.* CONTR. **au minimum.**

● On prononce [maksimɔm]. – Au pluriel : des **maximums** ou des **maxima.**

mayonnaise n.f. Sauce froide onctueuse composée de jaune d'œuf, d'huile et de moutarde. *Manger des asperges avec de la mayonnaise.*

● Ce mot s'écrit avec deux **n.**

mazout n.m. Produit dérivé du pétrole et utilisé comme combustible. *Se chauffer au mazout.* SYN. **fioul.**

● On prononce le **t.**

me pronom personnel. Représente la première personne du singulier et est employé comme complément d'objet. *Je me lave les dents. Papa me regarde en souriant. Tu m'as parlé ?*

● **Me** devient **m'** devant une voyelle ou un « h » muet : *elle m'appelle souvent. Je m'habille.*

méandre n.m. Sinuosité que fait un cours d'eau. *La Seine fait de nombreux méandres.*

les méandres d'un fleuve

mécanicien, enne n. ❶ Personne dont le métier est d'entretenir, de réparer les machines et les moteurs. ❷ Conducteur d'une locomotive.

mécanique adj. ❶ Qui fonctionne au moyen d'une machine, d'un mécanisme. *Une montre mécanique; un jouet mécanique; un escalier mécanique.* ❷ Qui se rapporte au fonctionnement d'une machine, d'un mécanisme. *Le pilote a eu un problème mécanique.* ❸ Que l'on fait machinalement, sans y penser. *J'ai éteint la lumière d'un geste mécanique.* SYN. **automatique, machinal.**

▸ **mécanique** n.f. Étude et technique de la construction et du fonctionnement des machines. *Mon frère est un passionné de mécanique.*

▸ **mécaniquement** adv. De façon mécanique, sans y penser. *Je lui ai répondu mécaniquement.* SYN. **machinalement.**

▸ **mécaniser** v. (conjug. 3). Introduire l'emploi des machines dans un travail, une activité. *On a considérablement mécanisé l'agriculture depuis un siècle.*

▸ **mécanisme** n.m. Ensemble de pièces qui permet de faire fonctionner un appareil. *Démonter le mécanisme d'une montre.*

mécène n.m. Personne ou entreprise qui donne de l'argent pour aider des écrivains, des artistes. *Cette exposition a reçu le soutien de plusieurs mécènes.* → Vois aussi **sponsor.**

méchamment adv. D'une manière méchante. *Il m'a parlé méchamment.* CONTR. **gentiment.**

● Ce mot prend deux **m.**

▸▸▸ Mot de la famille de **méchant.**

méchanceté n.f. ❶ Volonté de faire du mal; caractère d'une personne méchante. *Il l'a frappé par pure méchanceté.* SYN. **cruauté, malveillance.** CONTR. **bonté, gentillesse.** ❷ Parole méchante. *Tu ne peux pas t'empêcher de dire des méchancetés ?*

▸▸▸ Mot de la famille de **méchant.**

méchant, e adj. et n. Qui fait du mal exprès, qui cherche à nuire. *Il est méchant comme la gale.* SYN. **mauvais.** CONTR. **gentil.** *Lancer un regard méchant.* SYN. **hargneux, malveillant.** CONTR. **bienveillant.** ◆ adj. Se dit d'un animal agressif. *Attention, chien méchant.* CONTR. **inoffensif.**

1. **mèche** n.f. ❶ Cordon situé à l'intérieur d'une bougie ou dans un liquide combustible et qu'on allume pour obtenir une flamme. ❷ (Familier). **Vendre la mèche,** dévoiler un secret. ❸ Touffe de cheveux. *Marie a des mèches blondes.* ❹ Tige en acier qui en tournant sur elle-même permet de percer des trous. *Changer la mèche d'une perceuse.*

2. **mèche** n.f. Familier. **Être de mèche avec quelqu'un,** être son complice, être d'accord en secret avec lui. *Ils étaient de mèche pour me préparer une surprise.* SYN. **connivence.**

méchoui n.m. Mouton ou agneau cuit entier à la broche, qui est une spécialité d'Afrique du Nord.

méconnaissable adj. Qui a changé au point d'être difficile à reconnaître. *Elle est méconnaissable avec ses cheveux courts.*

▸▸▸ Mot de la famille de **connaître.**

méconnaissance n.f. Fait de méconnaître, d'ignorer quelque chose. *La méconnaissance des règles d'hygiène peut provoquer des maladies.* SYN. **ignorance.**

▸▸▸ Mot de la famille de **connaître.**

méconnaître v. (conjug. 73). ❶ Ignorer quelque chose ou mal le connaître. *Méconnaître les coutumes d'un pays.* ❷ Ne pas apprécier à sa juste valeur. *Méconnaître l'importance d'une découverte scientifique.* SYN. **sous-estimer.**

● La nouvelle orthographe permet d'écrire aussi **méconnaitre,** sans accent circonflexe.

▸▸▸ Mot de la famille de **connaître.**

méconnu, e adj. Qui n'est pas apprécié à sa juste valeur. *Un auteur méconnu.* SYN. **incompris.**

▸▸▸ Mot de la famille de **connaître.**

mécontent, e n. et adj. Qui n'est pas satisfait. *L'augmentation des loyers a fait de nombreux mécontents. La maîtresse est mécontente de ton travail.* CONTR. **content.**

▸ **mécontentement** n.m. Fait d'être mécontent. *En apprenant la nouvelle, il n'a pas caché son mécontentement.* SYN. **contrariété, irritation.** CONTR. **contentement, satisfaction.**

▸ **mécontenter** v. (conjug. 3). Rendre mécontent. *L'augmentation des prix mécontente la population.* CONTR. **contenter, satisfaire.**

mécréant, e n. Mot ancien. Personne sans religion. → Vois aussi **athée.**

médaille n.f. ❶ Petit bijou plat que l'on porte accroché à une chaîne. ❷ Pièce de métal donnée en prix dans une épreuve sportive ou en récompense d'une action méritante. *La nageuse a gagné la médaille d'or.* ❸ Pièce ou plaque de métal servant à identifier un animal.

des **médailles**

▶ **médaillé, e** adj. et n. Qui a reçu une médaille comme récompense. *Les médaillés des jeux Olympiques.*

▶ **médaillon** n.m. Bijou dans lequel on place une photo, des cheveux, etc.

médecin n.m. Personne qui exerce la médecine, qui soigne les malades. *Marine avait de la fièvre, elle a consulté un médecin.* SYN. **docteur.** *La mère de Djamila est médecin.*
▶▶▶ Mot de la famille de **médecine.**

médecine n.f. Science qui a pour but de soigner et de prévenir les maladies. *Mon cousin fait des études de médecine.*

média n.m. Moyen de communication de l'information, par des images, des sons, des textes. *La radio, la télévision, la presse, l'affichage sont les principaux médias.*

médian, e adj. Qui se trouve au milieu. *La ligne médiane du visage.* ◆ n.f. En géométrie, droite qui joint le sommet d'un triangle au milieu du côté opposé.

médiateur, trice n. Personne qui sert d'intermédiaire entre deux personnes ou deux groupes en désaccord. SYN. **arbitre.** → Vois aussi **négociateur.**

médiathèque n.f. Lieu où l'on peut consulter et emprunter des livres, des journaux, des disques, des films. *Samba a emprunté un DVD à la médiathèque de la ville.* → Vois aussi **bibliothèque, ludothèque.**
● Ce mot s'écrit avec **th.**

médiation n.f. Intervention qui facilite un accord entre deux personnes ou deux groupes. *Le traité de paix a été signé grâce à la médiation d'un État étranger au conflit.*

médiatique adj. Qui passe souvent à la télévision, fait souvent parler de lui dans les journaux, à la radio. *Cet universitaire est un personnage très médiatique.*
▶▶▶ Mot de la famille de **média.**

médiatrice n.f. En géométrie, droite perpendiculaire à un segment et qui passe par son milieu.

médical, e, aux adj. Qui concerne la médecine et les médecins. *À l'école, nous passons chaque année une visite médicale.*
● Au masculin pluriel : **médicaux.**
▶▶▶ Mot de la famille de **médecine.**

médicament n.m. Produit utilisé pour traiter une maladie. *On achète les médicaments dans une pharmacie.* → Vois aussi **remède.**

médicinal, e, aux adj. **Plante médicinale,** plante qui sert à soigner. *La camomille, la verveine sont des plantes médicinales.*
● Au masculin pluriel : **médicinaux.**
▶▶▶ Mot de la famille de **médecine.**

médiéval, e, aux adj. Qui concerne le Moyen Âge. *L'architecture médiévale.* SYN. **moyenâgeux.**
● Au masculin pluriel : **médiévaux.**

médiocre adj. ❶ Qui n'est pas suffisant, qui est au-dessous de la moyenne. *Un salaire médiocre.* SYN. **maigre, modeste.** CONTR. **gros.** ❷ Qui n'a pas le niveau suffisant dans ce qu'il fait. *Un élève médiocre en orthographe.* SYN. **faible.** CONTR. **bon .**

▶ **médiocrement** adv. De façon médiocre. *Gagner médiocrement sa vie.* CONTR. **bien.**

▶ **médiocrité** n.f. Caractère de ce qui est médiocre, insuffisant. *Un film d'une grande médiocrité.*

médire v. (conjug. 65). Dire du mal de quelqu'un. *Il médit sans arrêt de ses collègues.* → Vois aussi **calomnier, diffamer.**

▶ **médisance** n.f. Action de médire; propos de celui qui médit. *Être victime de la médisance d'un envieux. Tu ne vas pas écouter ces médisances !* → Vois aussi **calomnie, diffamation.**

▶ **médisant, e** adj. Qui médit, qui dit du mal des autres. *Des voisins médisants.*

méditation n.f. Action de méditer, de réfléchir profondément à quelque chose. *La solitude est propice à la méditation.* SYN. **réflexion.**
▶▶▶ Mot de la famille de **méditer.**

méditer v. (conjug. 3). Réfléchir longuement et profondément. *Le vieil homme méditait sur le sens de la vie.*

méditerranéen, enne adj. et n. ❶ De la Méditerranée. *L'Italie est un pays méditerranéen. Paco est un Méditerranéen.* ❷ **Climat méditerranéen,** climat des régions proches de la Méditerranée, qui a des étés chauds et secs et des hivers doux et pluvieux. *La Corse a un climat méditerranéen.*
● Le nom prend une majuscule : **un Méditerranéen.**

médium n.m. Personne qui prétend pouvoir communiquer avec les esprits.
● On prononce [medjɔm].

a b c d e f g h i j k l m n o p q r s t u v w x y z

médius n.m. Doigt du milieu de la main, qui est le plus long. SYN. **majeur.**
● On prononce le **s**.

méduse n.f. Animal marin invertébré dont le corps, transparent et mou, est bordé de tentacules. *Les méduses provoquent de l'urticaire.*

méduser v. (conjug. 3). Mot littéraire. Frapper de stupeur. *Sa réponse m'a médusé.* SYN. **époustoufler, sidérer, stupéfier.**

meeting n.m. Importante réunion publique organisée par un parti, un syndicat, etc. *Assister à un meeting électoral.*
● C'est un mot anglais, on prononce [mitiŋ].

méfait n.m. ❶ Mauvaise action, notamment crime ou délit. *L'auteur de ces méfaits a été arrêté.* ❷ Effet nuisible, dangereux. *Les méfaits du tabac sont bien connus.* CONTR. **bienfait.**

méfiance n.f. Attitude de celui qui se méfie, qui n'a pas confiance en quelqu'un. *Au début, j'éprouvais de la méfiance envers lui.* CONTR. **confiance.** → Vois aussi **défiance.**
▸▸▸ Mot de la famille de **se méfier.**

méfiant, e adj. Qui se méfie. *Une mauvaise expérience l'a rendu méfiant.* SYN. **soupçonneux.** CONTR. **confiant.**
▸▸▸ Mot de la famille de **se méfier.**

se **méfier** v. (conjug. 7). ❶ Ne pas avoir confiance en quelqu'un. *Je me méfie de lui, c'est un manipulateur.* CONTR. **se fier à.** ❷ Faire attention à quelque chose. *Méfie-toi, il y a du verre par terre !*

mégalomane adj. et n. Qui a des idées de grandeur et un orgueil excessif.
● On dit familièrement **mégalo.**

par **mégarde** adv. Sans faire attention; par erreur. *Il a pris mon stylo par mégarde.* SYN. **par inadvertance.**

mégère n.f. Femme méchante, acariâtre et hargneuse. SYN. **harpie.**

mégot n.m. Bout de cigarette ou bout de cigare que l'on a fini de fumer. *Le cendrier était rempli de mégots.*

meilleur, e adj. ❶ Comparatif de supériorité de l'adjectif « bon ». *Les gâteaux de mamie sont meilleurs que ceux du pâtissier. Léa est meilleure que moi en dictée.* CONTR. **pire.** ❷ Superlatif de l'adjectif « bon ». *Cassandra est ma meilleure amie. Yao est le meilleur en natation.* ◆ n.m. Ce qui est excellent chez quelqu'un ou dans quelque chose. *Donner le meilleur de soi-même.*
▸▸▸ Mots de la même famille : **amélioration, améliorer.**

mélancolie n.f. État de tristesse vague, d'humeur sombre. *Mamie pense à son enfance avec mélancolie.* CONTR. **euphorie.**
→ Vois aussi **nostalgie.**

▸ **mélancolique** adj. Qui est porté à la mélancolie, à une tristesse vague; qui inspire la mélancolie. *Un enfant mélancolique.* SYN. **sombre, triste.** CONTR. **enjoué, euphorique, gai.**

mélange n.m. ❶ Action de mêler, de mettre ensemble des choses différentes. *Le vert est un mélange de deux couleurs.* SYN. **combinaison.** ❷ Ensemble de choses mélangées. *Une salade de fruits est un mélange de fruits.*
▸▸▸ Mot de la famille de **mélanger.**

mélanger v. (conjug. 5). ❶ Mettre ensemble des choses différentes de manière à former un tout. *Mélanger de l'huile et du vinaigre pour faire une vinaigrette.* SYN. **mêler.** CONTR. **séparer.** ❷ Mettre en désordre. *Qui a mélangé mes papiers ?* SYN. **embrouiller, mêler.** ❸ Confondre des choses. *Papi mélange les dates d'anniversaire de ses petits-enfants.*

▸ **mélangeur** n.m. Robinet qui permet d'obtenir un mélange d'eau chaude et d'eau froide.

mêlée n.f. ❶ Bousculade ou lutte entre plusieurs personnes. *Un passant a été blessé dans la mêlée.* SYN. **bagarre, bataille.** ❷ Au rugby, groupement formé par les joueurs avant de chaque équipe pour récupérer le ballon lancé au sol au milieu d'eux.
▸▸▸ Mot de la famille de **mêler.**

une **mêlée** de rugby

mêler et **se mêler** v. (conjug. 3). ❶ Mettre ensemble des choses différentes. *Mêler de la farine et du lait.* SYN. **mélanger.** CONTR. **séparer.** ❷ Mettre dans le désordre. *Le chat a mêlé les fils.* SYN. **emmêler.** ◆ **se mêler.** ❶ En parlant de cours d'eau, se rejoindre. *La Saône et le Rhône se mêlent à Lyon.* ❷ Se joindre à. *Des touristes se sont mêlés au cortège.* ❸ Intervenir dans quelque chose sans en avoir été prié. *Ne te mêle pas de mes affaires.* SYN. **s'immiscer.**

● Le premier **e** prend un accent circonflexe.

▸▸▸ Mots de la même famille : **démêler, emmêler, entremêler, pêle-mêle.**

mélèze n.m. Grand conifère qui pousse dans les montagnes et perd ses aiguilles en hiver.

un **mélèze**

méli-mélo n.m. Mot familier. Mélange confus, désordonné. *Cette aventure est un vrai méli-mélo !*

● Au pluriel : des **mélis-mélos.**

– La nouvelle orthographe permet d'écrire aussi **mélimélo,** sans trait d'union.

▸▸▸ Mot de la famille de **mêler.**

mélodie n.f. Suite de sons qui forment un chant, un air. *Lisa chante une mélodie.*

▸ **mélodieux, euse** adj. Qui est agréable à entendre. *La chanteuse a une voix mélodieuse.* SYN. **harmonieux.** CONTR. **discordant.**

mélodrame n.m. Spectacle dramatique où sont accumulés des épisodes pathétiques et des intrigues qui cherchent à émouvoir les spectateurs.

● On dit familièrement un **mélo.**

▸▸▸ Mot de la famille de **drame.**

mélomane n. et adj. Amateur de musique.

melon n.m. ❶ Gros fruit rond ou ovale qui a une peau épaisse et une chair sucrée, verte, jaune ou orange. ❷ **Melon d'eau,** pastèque. ❸ **Chapeau melon,** chapeau d'homme rond et bombé, à bords étroits.

mélopée n.f. Mot littéraire. Chant monotone et triste.

membrane n.f. Peau souple et très mince qui forme, enveloppe ou tapisse un organe. *La membrane des intestins.*

membre n.m. ❶ Partie du corps fixée au tronc. *Chez les humains, les deux bras sont les membres supérieurs, et les deux jambes, les membres inférieurs.* ❷ Personne, groupe, pays faisant partie d'un ensemble. *Papa est membre d'un club sportif.* SYN. **adhérent.**

1. **même** adj. indéfini et pronom indéfini. ❶ Indique la similitude, l'égalité, la ressemblance. *Bintou et Rama ont la même robe.* SYN. **identique, pareil, semblable.** CONTR. **différent.** *Julie a eu le même cadeau que moi.* CONTR. **autre.** *Je sais me servir de cet appareil photo, j'ai le même.* ❷ S'emploie pour renforcer ce qui est dit. *Ma tante est la bonté même. Ce sont les mots mêmes qu'il a employés.* ❸ **Moi-même, toi-même, lui-même, nous-mêmes, etc.,** en personne, tout seul. *Mamie fait ses confitures elle-même.*

2. **même** adv. ❶ Mot qui s'emploie pour insister, renchérir. *Ils ont même une piscine dans leur jardin.* SYN. **aussi.** *Nous partons aujourd'hui même.* ❷ **À même,** directement en contact avec. *Tu peux boire à même la bouteille. Coucher à même le sol.* ❸ **Être à même de,** être capable de. *Je ne suis pas à même de vous renseigner.* SYN. **en mesure de.** ❹ **Quand même, tout de même,** malgré tout. *Il m'agace souvent, mais je l'aime bien quand même.*

1. **mémoire** n.f. ❶ Activité psychique qui permet de se souvenir de moments vécus, de sentiments éprouvés, de connaissances acquises. *Loan a une bonne mémoire, elle retient facilement ses leçons.* ❷ **À la mémoire de,** en souvenir et en l'honneur de. *Une plaque a été posée à la mémoire des victimes d'une dictature.* ❸ En informatique,

a b c d e f g h i j k l **m** n o p q r s t u v w x y z

a b c d e f g h i j k l m n o p q r s t u v w x y z

partie d'un ordinateur qui sert à enregistrer, à stocker les informations et à les restituer. *Mettre un texte en mémoire.*

▸▸▸ Mot de la même famille : **se remémorer.**

2. mémoire n.m. Exposé écrit sur un sujet particulier. *À la fin de ses études, il a rédigé un mémoire sur d'Artagnan.* ◆ **n.m. plur.** (Avec une majuscule). Souvenirs qu'écrit une personne sur les événements qui ont marqué sa vie.

mémorable adj. Qui mérite d'être conservé dans la mémoire. *Leur mariage restera une fête mémorable.* SYN. **inoubliable.** *Une action mémorable.* SYN. **éclatant, glorieux, marquant.**

▸▸▸ Mot de la famille de **mémoire (1).**

mémorial n.m. Monument commémoratif. *Le mémorial de la Déportation, à Paris.*

● Au pluriel : des **mémoriaux.**

▸▸▸ Mot de la famille de **mémoire (1).**

menaçant, e adj. Qui exprime une menace. *Il parlait sur un ton menaçant.* CONTR. **rassurant.**

● Le **c** prend une cédille.

▸▸▸ Mot de la famille de **menacer.**

menace n.f. ❶ Parole, geste, acte qui montrent à quelqu'un qu'on pourrait lui faire du mal. *Ahmed n'a pas eu peur des menaces des racketteurs.* ❷ Signe, indice d'un danger. *Ils sont sous la menace d'une expulsion.*

▸▸▸ Mot de la famille de **menacer.**

menacer v. (conjug. 4). ❶ Chercher à faire peur, à intimider par des menaces. *Le malfaiteur menaçait ses victimes avec un couteau.* ❷ Constituer un danger, une menace. *La tempête menace.*

ménage n.m. ❶ Ensemble des travaux d'entretien d'une maison. *Sébastien aide sa mère à faire le ménage.* ❷ **Femme de ménage, homme de ménage,** personnes qui font le ménage chez quelqu'un, dans une entreprise. SYN. **employé de maison.** ❸ Homme et femme qui vivent ensemble et forment un couple. *Un jeune ménage vient de s'installer dans l'immeuble.* ❹ **Faire bon ménage, mauvais ménage,** s'entendre bien ou mal avec quelqu'un. *Mon chat et mon chien font bon ménage.*

ménagement n.m. Précaution que l'on prend avec quelqu'un. *Traiter une personne âgée avec ménagement.*

▸▸▸ Mot de la famille de **ménager.**

1. ménager v. (conjug. 5). ❶ Traiter avec des égards, du respect. *Ménagez-le, il est encore sous le choc.* ❷ Utiliser avec modération. *Tu devrais ménager tes forces.* ❸ Préparer avec soin. *Ménager une surprise à un ami.* SYN. **réserver.**

2. ménager, ère adj. Qui concerne l'entretien de la maison, le ménage. *Les travaux ménagers.* SYN. **domestique.** *Un aspirateur est un appareil ménager.*

▸▸▸ Mot de la famille de **ménage.**

ménagère n.f. Femme qui s'occupe de sa maison.

▸▸▸ Mot de la famille de **ménage.**

ménagerie n.f. Lieu où l'on garde les animaux d'un cirque ; ensemble de ces animaux.

mendiant, e n. Personne qui mendie pour vivre. *Donner de l'argent à un mendiant.*

▸▸▸ Mot de la famille de **mendier.**

mendicité n.f. Fait de mendier pour vivre. *Se livrer à la mendicité.*

▸▸▸ Mot de la famille de **mendier.**

mendier v. (conjug. 7). Demander de l'argent en faisant appel à la charité d'autrui. *Un clochard mendiait dans le métro.*

mener v. (conjug. 10). ❶ Emmener, conduire quelque part. *Mener un enfant à l'école. L'autobus nous a menés au bois.* ❷ Permettre d'aller à un endroit. *Cette route mène au village.* SYN. **aboutir à, aller à.** ❸ Diriger, commander un groupe. *Ce général sait mener ses troupes.* ❹ Être en tête. *L'équipe de France mène par trois buts à un.* ❺ Assurer le déroulement d'une action. *L'inspecteur mène l'enquête.* SYN. **diriger.** ❻ **Mener telle vie,** vivre de telle ou telle façon. *Mener une vie mouvementée.*

ménestrel n.m. Au Moyen Âge, musicien qui récitait ou chantait en s'accompagnant d'un instrument de musique. → Vois aussi **troubadour, trouvère.**

meneur, euse n. ❶ Personne qui dirige et entraîne les autres dans une action. *L'émeute a été déclenchée par des meneurs.* ❷ **Meneur de jeu,** personne qui anime un jeu, un spectacle.

▸▸▸ Mot de la famille de **mener.**

menhir n.m. Monument préhistorique constitué d'un seul bloc de pierre vertical.

On a retrouvé environ 5000 menhirs en Bretagne. → Vois aussi **dolmen.**

● Ce mot s'écrit avec un **h.** – On prononce [menir].

des menhirs (Carnac, France)

méninges n.f. plur. ❶ Membranes qui entourent le cerveau et la moelle épinière. ❷ (Sens familier). Cerveau, esprit. *Se creuser, se fatiguer les méninges.*

▶ **méningite** n.f. Inflammation des méninges due à un microbe ou à un virus.

ménopause n.f. Arrêt définitif de l'activité des ovaires et des règles chez la femme.

menotte n.f. Mot familier. Petite main, main d'enfant. ◆ n.f. plur. Bracelets en métal réunis par une chaîne, que l'on attache aux poignets des prisonniers. *Le policier a passé les menottes au malfaiteur.*

mensonge n.m. Affirmation qui n'est pas vraie. *Dire des mensonges.*

▸▸▸ Mot de la famille de **mentir.**

mensonger, ère adj. Qui est contraire à la vérité et qui cherche à tromper. *Ton récit est mensonger.* SYN. **faux.** CONTR. **véridique, vrai.** *Faire des promesses mensongères.* SYN. **trompeur.**

▸▸▸ Mot de la famille de **mentir.**

mensualiser v. (conjug. 3). Payer au mois. *L'entreprise a mensualisé des travailleurs à domicile.*

▸▸▸ Mot de la famille de **mensuel.**

mensualité n.f. Somme versée chaque mois. *Rembourser l'achat d'un appartement par mensualités.*

▸▸▸ Mot de la famille de **mensuel.**

mensuel, elle adj. Qui se fait ou qui paraît chaque mois. *Un paiement mensuel; une revue mensuelle.* ◆ n.m. Publication qui paraît chaque mois. *Être abonné à un mensuel.* → Vois aussi **hebdomadaire, quotidien.**

▶ **mensuellement** adv. Chaque mois. *Ici, les salariés sont payés mensuellement.*

mensurations n.f. plur. Mesures caractéristiques du corps, notamment le tour de poitrine, le tour de taille, le tour de hanches. *Quelles sont vos mensurations?*

mental, e, aux adj. ❶ Qui concerne le fonctionnement de l'esprit. *Les psychiatres soignent les maladies mentales.* SYN. **psychique.** ❷ **Calcul mental,** calcul qui se fait de tête, sans rien écrire. → Vois aussi **moral.**

● Au masculin pluriel : **mentaux.**

▶ **mentalement** adv. ❶ Du point de vue mental. *Mentalement, le vieillard a toutes ses facultés.* ❷ Par la pensée, sans s'exprimer à haute voix. *Réciter mentalement sa leçon.*

▶ **mentalité** n.f. État d'esprit, manière habituelle de penser d'une personne, d'un groupe, d'une société. *Les mentalités évoluent d'une génération à l'autre.*

menteur, euse adj. et n. Qui ment ou qui a l'habitude de mentir. *On ne peut pas faire confiance à un menteur.*

▸▸▸ Mot de la famille de **mentir.**

menthe n.f. Plante odorante qui pousse dans les endroits humides. Elle sert à faire des tisanes et à parfumer des plats, des bonbons, du sirop, etc. *Du dentifrice à la menthe.*

● Ce mot s'écrit avec **th.** – Ne confonds pas avec **mante.**

une branche de menthe

a b c d e f g h i j k l m n o p q r s t u v w x y z

a b c d e f g h i j k l **m** n o p q r s t u v w x y z

mention n.f. ❶ Indication dans un texte, dans un formulaire. *Rayer les mentions inutiles.* ❷ Appréciation favorable donnée par un jury lors d'un examen. *La lycéenne a eu son bac avec la mention bien.*

▸ **mentionner** v. (conjug. 3). Indiquer, citer. *Le témoin n'a jamais mentionné ce fait.* SYN. **signaler.**

mentir v. (conjug. 19). Affirmer qu'une chose est vraie alors que l'on sait qu'elle est fausse. *Tu m'as menti : tu n'as pas fait tes devoirs pour demain.*

menton n.m. Partie du visage située au-dessous de la bouche.

1. **menu, e** adj. ❶ Qui a peu de volume, d'épaisseur. *Couper du lard en menus morceaux.* SYN. **petit.** ❷ Qui n'est pas gros. *Une fillette toute menue.* SYN. **fin, mince.** CONTR. **corpulent.** ❸ Qui a peu d'importance. *Faire de menues dépenses.* SYN. **faible, négligeable.**

2. **menu** n.m. ❶ Liste détaillée des plats servis à un repas. *Le garçon nous a apporté le menu.* SYN. **carte.** ❷ Repas à prix fixe servi dans un restaurant. *J'ai pris le menu du jour.* ❸ Liste des commandes, des options que peut effectuer un ordinateur. *Le menu s'affiche sur l'écran.*

menuet n.m. Danse à trois temps à la mode au 17e siècle.

menuiserie n.f. ❶ Atelier du menuisier. ❷ Métier du menuisier; ouvrage qu'il réalise.
▸▸▸ Mot de la famille de **menuisier.**

menuisier, ère n. Artisan qui travaille le bois, fabrique des meubles, des portes, etc.
→ Vois aussi **ébéniste.**

se **méprendre** v. (conjug. 48). ❶ Se tromper sur quelqu'un ou sur quelque chose. *Léo s'est mépris sur mes intentions.* ❷ **À s'y méprendre,** au point de se tromper. *Elles se ressemblent à s'y méprendre.*

mépris n.m. ❶ Sentiment contraire au respect, à l'estime. *Le directeur s'adresse à ses employés avec mépris.* SYN. **dédain.** CONTR. **considération.** ❷ **Au mépris de,** sans tenir compte de. *Agir au mépris du danger.* SYN. **en dépit de, malgré.**
▸▸▸ Mot de la famille de **mépriser.**

méprisable adj. Qui mérite du mépris. *C'est un homme méprisable.* SYN. **indigne.** CONTR. **respectable.**
▸▸▸ Mot de la famille de **mépriser.**

méprisant, e adj. Qui montre du mépris. *Il nous a parlé sur un ton méprisant.* SYN. **dédaigneux, hautain.**
▸▸▸ Mot de la famille de **mépriser.**

méprise n.f. Erreur commise lorsqu'on prend une personne ou une chose pour une autre. *Excusez-moi, c'est une méprise, je vous ai pris pour un vendeur. Être victime d'une méprise.* SYN. **malentendu, quiproquo.**
▸▸▸ Mot de la famille de **se méprendre.**

mépriser v. (conjug. 3). ❶ Considérer quelqu'un comme inférieur, indigne d'estime, d'intérêt. *Il méprise ses voisins.* CONTR. **admirer, apprécier.** ❷ Ne pas tenir compte de quelque chose. *Mépriser les convenances.* SYN. **dédaigner.**

mer n.f. ❶ Vaste étendue d'eau salée qui couvre une partie de la surface de la Terre. *Cannes est une station balnéaire de la mer Méditerranée.* ❷ Marée. *La mer est basse. La mer est haute.* → Vois aussi **océan, outre-mer.**
● Ne confonds pas avec **mère.**
▸▸▸ Mots de la même famille : **amerrir, amerrissage, marin, maritime.**

mercenaire n.m. Soldat qui combat pour un gouvernement étranger en échange d'un salaire.
● Ce nom masculin se termine par un **e.**

mercerie n.f. ❶ Magasin du mercier. *Acheter du fil et des aiguilles dans une mercerie.* ❷ Ensemble des fournitures qui servent à la couture.
▸▸▸ Mot de la famille de **mercier.**

1. **merci !** interj. Terme de politesse que l'on emploie pour remercier. *Merci pour votre accueil. « Veux-tu un bonbon ? – Non, merci ! »* ◆ n.m. **Dire merci,** remercier. *Dis merci à ta sœur de ma part.*

2. **merci** n.f. ❶ **Être à la merci de,** dépendre entièrement de. *Les esclaves étaient à la merci de leur maître. Les marins sont toujours à la merci d'une tempête.* ❷ **Sans merci,** sans pitié. *Un combat sans merci.*

mercier, ère n. Personne qui vend des articles destinés à la couture.

mercredi n.m. Troisième jour de la semaine. *Je vais au cinéma tous les mercredis.*

mère n.f. ❶ Femme qui a mis au monde ou qui a adopté un ou plusieurs enfants. ❷ Femelle d'un animal qui a eu des petits. *Les chiots tètent leur mère.*
● Ne confonds pas avec **mer.**

merguez n.f. invar. Saucisse pimentée, à base de bœuf ou de mouton, que l'on mange grillée. *Le couscous est souvent servi avec des merguez.*
● On prononce [mɛrgɛz].

méridien n.m. Chacun des cercles imaginaires qui passent par les deux pôles terrestres. *On compte les degrés de longitude à partir du méridien de Greenwich, en Angleterre.* → Vois aussi **parallèle.**

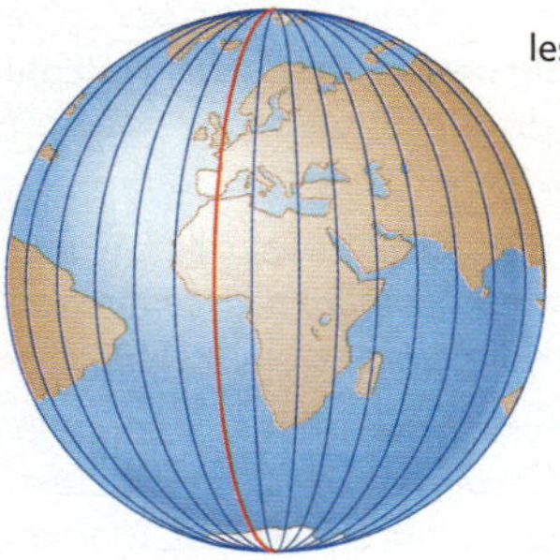

les **méridiens**

méridional, e, aux adj. et n. ❶ Qui est situé au sud. *La Grèce est un pays de l'Europe méridionale.* ❷ Du sud de la France. *Le climat méridional est ensoleillé.* → Vois aussi **septentrional.**
● Au masculin pluriel : **méridionaux.** – Le nom prend une majuscule : **un Méridional.**

meringue n.f. Pâtisserie très légère, à base de blancs d'œufs battus et de sucre.

méritant, e adj. Qui a du mérite. *Ma voisine élève seule ses deux enfants, elle est très méritante.*
▸▸▸ Mot de la famille de **mériter.**

mérite n.m. ❶ Ce qui rend une personne digne d'estime, de récompense. *Il a du mérite à faire tout ce chemin à pied par cette chaleur.* ❷ Qualité estimable, louable de quelqu'un ou de quelque chose. *Le mérite d'Internet est de permettre la communication entre les gens dans le monde entier.* SYN. **avantage.**
▸▸▸ Mot de la famille de **mériter.**

mériter v. (conjug. 3). ❶ Être digne d'une récompense ou être passible d'une punition. *Tu as bien travaillé, tu mérites des félicitations.* ❷ Valoir la peine de. *Ce château mérite le détour.*

▸ **méritoire** adj. Digne de récompense, d'estime. *Jonathan a fait des efforts méritoires.* SYN. **louable.**

merlan n.m. Poisson de mer qui vit en petits groupes.

merle n.m. Oiseau qui vit dans les parcs et dans les bois. Le mâle a un plumage noir et un bec jaune, et la femelle un plumage brun.
● Femelle : la merlette. Petit : le merleau.

un **merle**

mérou n.m. Gros poisson osseux des mers chaudes, dont la chair est très appréciée.

mérovingien, enne adj. et n. Qui concerne la dynastie des rois qui ont régné sur la Gaule de 481 à 751, de Clovis à Childéric III. → Vois aussi **capétien, carolingien.**

merveille n.f. ❶ Chose très belle ou remarquable. *Ce tableau est une merveille.* SYN. **chef-d'œuvre.** *Les merveilles de la science.* ❷ **À merveille,** parfaitement, admirablement. *Pierre et Aïcha s'entendent à merveille.* ❸ **Faire des merveilles,** donner un résultat remarquable. *Cet appareil photo fait des merveilles.*
▸▸▸ Mots de la même famille : **émerveillement, émerveiller.**

▸ **merveilleusement** adv. De façon merveilleuse, à la perfection. *Elle chante merveilleusement.* SYN. **admirablement.** *Il cuisine merveilleusement le canard à l'orange.* SYN. **parfaitement.**

▸ **merveilleux, euse** adj. Très beau ou remarquable. *Un paysage merveilleux.* SYN. **magnifique, splendide, superbe.** CONTR. **affreux, horrible.** *C'est un pianiste merveilleux.* SYN. **admirable.** CONTR. **lamentable.**

mes → **mon**

mésange n.f. Petit oiseau aux joues souvent blanches encadrées de noir et au plumage bleu et jaune.

a b c d e f g h i j k l m n o p q r s t u v w x y z

a b c d e f g h i j k l m n o p q r s t u v w x y z

mésaventure n.f. Aventure désagréable, fâcheuse. *Il nous est arrivé une mésaventure pendant notre voyage.*

mesdames → madame

mesdemoiselles → mademoiselle

mésentente n.f. Mauvaise entente entre des personnes. *Leur mésentente repose sur un malentendu.* SYN. **brouille, désaccord.**

▸▸▸ Mot de la famille de **entendre.**

mésestimer v. (conjug. 3). Ne pas apprécier à sa juste valeur. *Le joueur de tennis a mésestimé son adversaire et il s'est fait battre.* SYN. **sous-estimer.**

▸▸▸ Mot de la famille de **estimer.**

mesquin, e adj. Qui manque de grandeur, de générosité. *Un esprit mesquin.* SYN. **étroit.** CONTR. **généreux.** *Un calcul mesquin.*

▸ **mesquinerie** n.f. ❶ Caractère d'une personne ou d'une action mesquines. *Faire preuve de mesquinerie.* ❷ Action mesquine. *Elle est incapable de commettre une telle mesquinerie.*

message n.m. Information que l'on transmet à quelqu'un. *Coralie m'a chargé d'un message pour toi.* SYN. **commission.** *Sabri m'a laissé un message sur le répondeur. Un message électronique.*

▸ **messager, ère** n. Personne chargée de transmettre un message.

▸ **messagerie** n.f. **Messagerie électronique,** réseau de communication qui permet d'échanger des messages par ordinateur. ◆ n.f. plur. Organisme de transport rapide des marchandises.

messe n.f. Célébration du culte catholique. *Le prêtre dit la messe.*

Messie n.m. ❶ Dans le judaïsme, envoyé de Dieu qui doit instaurer une ère de justice. *Les juifs attendent la venue du Messie.* ❷ Chez les chrétiens, le Christ.

messieurs → monsieur

messire n.m. Titre donné autrefois à un homme noble.

▸▸▸ Mot de la famille de **sire.**

mesurable adj. Que l'on peut mesurer. *Le temps nécessaire à ce travail est difficilement mesurable.*

▸▸▸ Mot de la famille de **mesure.**

mesure n.f. ❶ Calcul d'une grandeur, d'une quantité, par rapport à une unité de référence. *Le thermomètre est un instrument de mesure. Le gramme, le mètre sont des unités de mesure.* ❷ Dimension d'une chose, taille d'une personne. *Le décorateur a pris les mesures de la pièce.* ❸ En musique, division de la durée en parties égales. *Jouer un morceau de piano en mesure. Battre la mesure.* SYN. **rythme.** ❹ Moyen adopté pour obtenir un résultat. *Le gouvernement a pris des mesures pour lutter contre l'insécurité.* SYN. **disposition.** ❺ Modération. *Parler avec mesure. Dépenser sans mesure.* ❻ **Dans la mesure du possible,** autant que possible. *Je vous aiderai dans la mesure du possible.* ❼ **Être en mesure de,** être capable de. *Je ne suis pas en mesure de vous répondre.* SYN. **à même de.** ❽ **Sur mesure,** exactement adapté aux mesures de quelqu'un. *Mon oncle s'est acheté un costume sur mesure.*

▸ **mesuré, e** adj. Qui agit avec calme et modération. *Il est resté mesuré dans ses propos.* SYN. **modéré, pondéré.** CONTR. **excessif.**

▸ **mesurer** et **se mesurer** v. (conjug. 3). ❶ Prendre les dimensions, les mesures de quelque chose, de quelqu'un. *Maman mesure le placard. Le médecin m'a mesuré.* ❷ Avoir telle taille, telle dimension. *Cet arbre mesure dix mètres.* ❸ Évaluer l'importance de. *Mesurer les risques d'une opération chirurgicale.* ❹ Employer avec modération. *Mesurer ses paroles.* SYN. **modérer.** ◆ **se mesurer.** Se confronter, rivaliser avec quelqu'un. *Le catcheur s'est mesuré à un adversaire redoutable. Lisa aime se mesurer avec les meilleurs.*

métairie n.f. Domaine agricole exploité par un locataire qui donne une partie de ses récoltes au propriétaire au lieu d'un loyer.

▸▸▸ Mot de la famille de **métayer.**

métal n.m. Matière plus ou moins brillante que l'on extrait d'un minerai. *Le fer, l'aluminium, le zinc sont des métaux très utilisés. L'or est un métal précieux.*

● Au pluriel : des **métaux.**

▸ **métallique** adj. Constitué par du métal. *Une boîte métallique.*

● Ce mot s'écrit avec deux **l.**

▸ **métallisé, e** adj. Qui a l'éclat brillant du métal. *Une voiture gris métallisé.*

● Ce mot s'écrit avec deux **l.**

▶ **métallurgie** n.f. Industrie qui produit les métaux à partir des minerais. → Vois aussi **sidérurgie.**

● Ce mot s'écrit avec deux **l.**

▶ **métallurgique** adj. Qui concerne la métallurgie. *Industrie métallurgique.*

● Ce mot s'écrit avec deux **l.**

▶ **métallurgiste** n.m. Personne qui travaille dans la métallurgie.

● Ce mot s'écrit avec deux **l.**

métamorphose n.f. ❶ Transformation que subissent certains animaux avant de parvenir à la forme adulte. *La métamorphose de la chenille en papillon.* ❷ Changement complet dans l'aspect, le caractère d'une personne. *Il était odieux, il est devenu adorable, quelle métamorphose !* SYN. **transformation.**

▶ **métamorphoser** et **se métamorphoser** v. (conjug. 3). Changer profondément l'apparence, la nature ou le caractère de quelqu'un. *Les vacances au grand air l'ont métamorphosé.* SYN. **transformer.** ◆ **se métamorphoser.** Changer complètement de forme, d'état. *Le têtard s'est métamorphosé en grenouille.* SYN. **se transformer.**

métaphore n.f. Façon de parler qui consiste à utiliser un mot concret pour exprimer une idée abstraite. *« Verser un torrent de larmes » est une métaphore.* SYN. **image.**

métayer, ère n. Personne qui s'occupe d'une métairie. → Vois aussi **fermier.**

météo → **météorologie**

météore n.m. Phénomène lumineux provoqué par l'entrée dans l'atmosphère d'un corps solide venu de l'espace à très grande vitesse. SYN. **étoile filante.** → Vois aussi **météorite.**

● Nom du genre masculin : **un météore.**

météorite n.f. Bloc rocheux ou métallique circulant dans l'espace et qui vient parfois heurter la surface d'une planète. → Vois aussi **météore.**

● Nom du genre féminin : **une météorite.**

météorologie n.f. Science qui étudie les phénomènes atmosphériques pour prévoir les changements de temps ; organisme chargé de la prévision du temps. *Écouter le bulletin de la météorologie régionale.*

● On dit familièrement la **météo.** – Les spécialistes de la météorologie sont les météorologues ou météorologistes.

→ planche pp. 216-217.

un **météorologue**

▶ **météorologique** adj. De la météorologie. *Les prévisions météorologiques sont bonnes.*

méthode n.f. ❶ Manière d'agir en suivant un ordre logique. *Marine travaille avec méthode.* ❷ Ensemble de procédés permettant de parvenir à un résultat. *Les pays industrialisés cherchent des méthodes pour réduire la pollution.* SYN. **moyen, technique.** ❸ Manuel où sont présentées de manière progressive les règles à suivre pour apprendre une technique, une science ou un art. *Une méthode de piano.*

● Ce mot s'écrit avec **th.**

▶ **méthodique** adj. Qui agit et réfléchit avec ordre et méthode. *Coralie est une fille très méthodique.* SYN. **ordonné, organisé.** CONTR. **brouillon, désordonné.**

● Ce mot s'écrit avec **th.**

▶ **méthodiquement** adv. Avec méthode. *Les enquêteurs procèdent méthodiquement.*

● Ce mot s'écrit avec **th.**

méticuleusement adv. De façon méticuleuse. *Ranger méticuleusement ses vêtements.* SYN. **minutieusement.**

▸▸▸ Mot de la famille de **méticuleux.**

méticuleux, euse adj. Qui apporte beaucoup d'attention, de soin à ce qu'il fait. *Un élève méticuleux.* SYN. **minutieux, soigneux.** CONTR. **négligent.**

métier n.m. ❶ Profession qui exige un apprentissage. *Il exerce le métier de maçon.*

a b c d e f g h i j k l m n o p q r s t u v w x y z

❷ **Métier à tisser,** machine qui sert à fabriquer des tissus.

une tisserande sur son **métier à tisser**

métis, métisse n. et adj. Personne qui est née de l'union d'une mère et d'un père de couleur de peau différente. *L'enfant d'un Blanc et d'une Noire est un métis.* → Vois aussi **créole.**

● Au masculin, on prononce le **s.**

métrage n.m. Longueur en mètres d'un tissu, d'un film. *Calculer le métrage nécessaire à la confection d'une robe.*

▸▸▸ Mot de la famille de **mètre.**

mètre n.m. ❶ Principale unité de mesure des longueurs. ❷ Objet servant à mesurer et ayant la longueur d'un mètre ou plus. *Un mètre de couturière.*

● Ne confonds pas avec **maître.** – À l'écrit, on emploie **m** comme symbole.

▸ **métrique** adj. **Système métrique,** système de poids et mesures qui a pour base le mètre.

métro n.m. Chemin de fer électrique, souterrain ou aérien, qui permet de se déplacer dans une grande ville et dans sa banlieue. *Mes parents prennent le métro pour aller au bureau.*

● Ce mot est l'abréviation de **chemin de fer métropolitain.**

métronome n.m. Instrument qui sert à indiquer la mesure d'un morceau de musique.

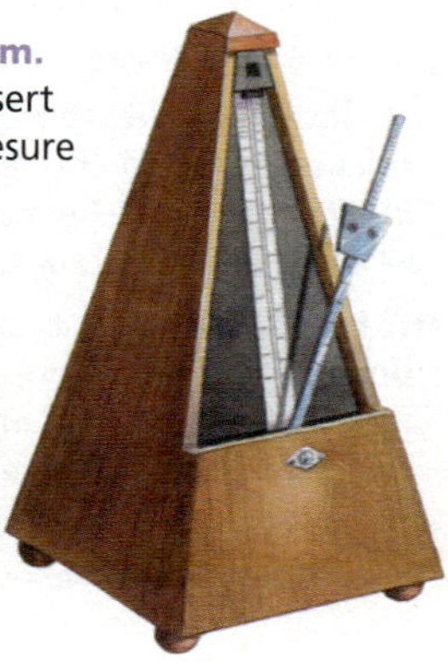

un **métronome**

métropole n.f. ❶ Ville principale d'un pays, d'une région. *New York est une métropole des États-Unis. Toulouse est une métropole régionale.* ❷ État auquel se rattache une colonie, un département ou un territoire d'outre-mer. *Ce n'est pas un Français de métropole, il est né en Nouvelle-Calédonie.*

▸ **métropolitain, e** adj. et n. De la métropole. *La France métropolitaine et la France d'outre-mer.*

mets n.m. invar. Aliment préparé qu'on sert au repas. *La bouillabaisse est un mets provençal.* SYN. **plat.**

● Ce mot se termine par un **s.**

mettable adj. Qu'on peut mettre, porter. *Garde ce pull, il est encore mettable.*

▸▸▸ Mot de la famille de **mettre.**

metteur n.m. **Metteur en scène,** personne qui dirige la réalisation d'une pièce de théâtre ou d'un film. → Vois aussi **réalisateur.**

▸▸▸ Mot de la famille de **mettre.**

mettre et **se mettre** v. (conjug. 51). ❶ Placer à un endroit déterminé. *J'ai mis un livre sur ton bureau.* SYN. **poser.** *Mets tes vêtements dans l'armoire.* SYN. **ranger.** ❷ Disposer sur le corps; revêtir. *Mets ton manteau pour sortir.* SYN. **enfiler.** CONTR. **ôter, retirer.** *Mettre un casque pour faire du vélo.* SYN. **porter.** ❸ Ajouter, incorporer. *J'ai mis du sucre dans mon yaourt.* ❹ Passer un certain temps à faire quelque chose. *On a mis trois heures à venir.* ❺ Faire marcher un appareil. *Mets la télévision, c'est l'heure du match.* SYN. **allumer.** ❻ **Mettre la table,** mettre la vaisselle et les couverts sur la table pour le repas. CONTR. **débarrasser, desservir.** ◆ **se mettre.** ❶ S'installer dans un endroit précis. *Mets-toi dans le fauteuil.* ❷ Changer de position, d'état. *Aïcha s'est mise debout. Papa s'est mis en colère.* ❸ Commencer à faire quelque chose. *Anne s'est mise à chanter. Richard s'est mis au travail.* ❹ S'habiller d'une certaine façon. *Lisa s'est mise en jupe.*

1. **meuble** adj. **Terre, sol meubles,** qui ne sont pas durs et que l'on peut travailler facilement.

2. **meuble** n.m. Objet qui sert à l'aménagement, à la décoration d'un lieu. *Un fauteuil, une table, un lit sont des meubles.*

▸ **meubler** v. (conjug. 3). ❶ Garnir, équiper de meubles. *Meubler un appartement.*

❷ Occuper un moment creux. *Raconter une histoire drôle pour meubler la conversation.*

meuglement n.m. Cri des bovins. *Le meuglement des vaches.* SYN. **beuglement, mugissement.**

►►► Mot de la famille de **meugler.**

meugler v. (conjug. 3). En parlant d'un bovin, faire entendre son cri, le *meuglement. Les vaches meuglent dans l'étable.* SYN. **beugler, mugir.**

1. **meule** n.f. ❶ Gros cylindre en pierre dure, qui sert à broyer, à moudre. *La meule d'un moulin.* ❷ Gros disque de pierre dure qui sert à aiguiser, à polir. *Affûter des ciseaux à la meule.*

2. **meule** n.f. Gros tas de foin, de paille ou de fourrage que l'on fait dans les champs après la moisson.

meulière adj. et n.f. Roche dure qui est utilisée dans la construction. *Un pavillon en meulière.*

● On dit aussi **pierre meulière.**

meunier, ère n. Personne qui fabrique de la farine dans un moulin.

meurtre n.m. Action de tuer volontairement une personne. *Le meurtre a été commis dans la nuit.* SYN. **assassinat, crime, homicide.**

► **meurtrier, ère** n. Personne qui a commis un meurtre. *Le meurtrier a été arrêté par la gendarmerie.* SYN. **assassin, criminel, tueur.** ♦ adj. Qui cause la mort de nombreuses personnes. *Une épidémie meurtrière.*

► **meurtrière** n.f. Fente longue et étroite faite dans les murs d'un château fort ou dans des remparts, pour permettre l'observation et l'envoi de projectiles.

des meurtrières

meurtrir v. (conjug. 16). Blesser par un choc qui laisse une marque sur la peau. *Le coup de poing a meurtri son visage.* SYN. **blesser.**

► **meurtrissure** n.f. Marque de coup sur la peau. *Ses bras étaient couverts de meurtrissures.* → Vois aussi **bleu, contusion, ecchymose.**

meute n.f. ❶ Troupe de chiens de chasse à courre. *La meute est sur la piste d'un cerf.* ❷ Bande de loups. → Vois aussi **horde.**

►►► Mot de la même famille : **ameuter.**

mexicain, e adj. et n. Du Mexique. *Les pyramides mexicaines. Octavio est mexicain. C'est un Mexicain.*

● Le nom prend une majuscule : *un Mexicain.*

mezzanine n.f. Petit étage aménagé dans une pièce haute de plafond. *Le lit de Rachid est installé dans la mezzanine.*

● Ce mot prend deux **z.** – On prononce [mɛdzanin].

mi n.m. invar. Troisième note de la gamme de *do.*

● Ce mot ne change pas au pluriel : des **mi.**

miasmes n.m. plur. Odeur nauséabonde et malsaine. *Les miasmes des marais.*

miaulement n.m. Cri du chat.

►►► Mot de la famille de **miauler.**

miauler v. (conjug. 3). En parlant du chat, faire entendre son cri, le *miaulement.*

mi-carême n.f. Jeudi de la troisième semaine de carême. *À la mi-carême, les enfants se déguisent.*

● Le premier **e** prend un accent circonflexe.

miche n.f. Gros pain rond.

à **mi-chemin** adv. À la moitié du chemin, du parcours. *Arrivé à mi-chemin, le randonneur a fait demi-tour.*

micmac n.m. Mot familier. Affaire obscure et embrouillée. *Je ne comprends rien à tout ce micmac.* SYN. **imbroglio.**

micro- préfixe. Placé au début d'un mot, **micro-** signifie « tout petit » : *microclimat, microfilm, micro-informatique.*

micro n.m. Appareil qui sert à amplifier les sons, les voix, et qui permet de les transmettre ou de les enregistrer. *Seydou a pris le micro pour chanter.*

● Ce mot est l'abréviation de **microphone.**

microbe n.m. Micro-organisme qui provoque des maladies infectieuses. SYN. **germe.** → Vois aussi **bacille, bactérie, virus.**

a b c d e f g h i j k l m n o p q r s t u v w x y z

▸ **microbien, enne** adj. Qui se rapporte aux microbes; qui est causé par des microbes. *Une infection microbienne.*

micro-onde n.f. Onde de très petite longueur. ◆ **micro-ondes** n.m. invar. Four qui permet de cuire, de réchauffer ou de décongeler les aliments très rapidement.
● On peut dire aussi un **four à micro-ondes.**

micro-ordinateur n.m. Ordinateur individuel. *Kouamé fait un jeu sur son micro-ordinateur.*
● Au pluriel : des **micro-ordinateurs.**

micro-organisme n.m. Être vivant microscopique, animal ou végétal. *Les bactéries, les virus sont des micro-organismes.* SYN. **microbe.**
● Au pluriel : des **micro-organismes.** – Les scientifiques emploient ce mot à la place de **microbe.**

microphone → **micro**

microscope n.m. Instrument d'optique qui permet de voir des objets invisibles à l'œil nu. *Observer l'aile d'un moucheron au microscope.*

un **microscope**

▸ **microscopique** adj. ❶ Qui n'est visible qu'au microscope. *Les virus, les bactéries, les microbes sont des êtres microscopiques.* CONTR. **gigantesque.** ❷ Qui est très petit. *Une salle de bains microscopique.* SYN. **minuscule.**

midi n.m. ❶ Milieu de la journée, entre le matin et l'après-midi. *Il est midi et demi (12 h 30). Elle regarde cette émission tous les midis.* ❷ **Le Midi,** le sud de la France. *Bastien habite dans le Midi.*
▸▸▸ Mot de la même famille : **méridional.**

mie n.f. ❶ Partie molle du pain. *Aurélie préfère la mie à la croûte.* ❷ **Pain de mie,** pain à la croûte peu épaisse qu'on utilise pour faire des tartines grillées ou des sandwichs.

miel n.m. Produit sucré que les abeilles fabriquent avec le nectar des fleurs et qu'elles déposent dans les rayons de la ruche pour en nourrir leurs larves. *Julie mange une crêpe au miel.*

▸ **mielleux, euse** adj. D'une douceur hypocrite. *Un ton mielleux.* SYN. **doucereux.**

le **mien, la mienne** pronoms possessifs. Mots qui remplacent un nom ou un pronom. Ils désignent ce qui appartient à un possesseur de la première personne du singulier. *Ce n'est pas ton cahier, c'est le mien. Sa sœur et la mienne sont amies.* ◆ **les miens** n.m. plur. Ma famille, mes proches. *Je vais passer les vacances avec les miens.*

miette n.f. ❶ Tout petit morceau de pain, de gâteau. *Les moineaux picorent les miettes tombées à terre.* ❷ **En miettes,** en petits morceaux. *Le vase est tombé, il est en miettes.*
▸▸▸ Mot de la même famille : **émietter.**

mieux adv. ❶ Comparatif de supériorité de « bien ». *Rama travaille mieux que son frère.* CONTR. **plus mal.** *Simon a eu la grippe mais il va mieux. Tu ferais mieux de te taire.* ❷ Superlatif de « bien ». *Aline est la mieux informée sur ce sujet.* ❸ **De mieux en mieux,** en progressant de manière constante. *Marie chante de mieux en mieux.* ◆ n.m. ❶ Ce qui est préférable. *Le mieux est d'attendre.* ❷ Amélioration dans une situation, un état. *On constate un léger mieux dans l'état de santé du malade.* CONTR. **aggravation.** ❸ **Faire de son mieux,** agir aussi bien qu'on le peut. *J'ai fait de mon mieux pour t'aider.*

mièvre adj. Agréable mais un peu fade et maniéré. *Les paroles de certaines chansons sont assez mièvres.*

mignon, onne adj. ❶ Agréable à voir, petit et gracieux. *Mariam est mignonne.* SYN. **adorable, charmant, joli.** CONTR. **hideux, laid.** ❷ Aimable et gentil. *Sois mignon, aide-moi à débarrasser.* CONTR. **méchant, vilain.**

migraine n.f. Violent mal de tête. *Maman a la migraine.*

migrateur, trice adj. Se dit d'un animal qui effectue des migrations. *Les hirondelles, les cigognes sont des oiseaux migrateurs.*
▸▸▸ Mot de la famille de **migration.**

migration n.f. ❶ Déplacement massif de personnes d'un pays dans un autre pour s'y établir. *La migration des populations pendant une guerre.* SYN. **exode.** ❷ Déplacement en groupe de certains animaux selon les saisons. *Les hirondelles commencent leur migration vers l'Afrique au début de l'automne.* → Vois aussi **émigration, immigration.**

▶ **migrer** v. (conjug. 3). Se déplacer dans une direction déterminée et de façon périodique, en parlant de certains animaux. *Les saumons migrent pour se reproduire.*

à **mi-hauteur** adv. Jusqu'à la moitié de la hauteur de quelque chose, de quelqu'un. *Installer des cloisons à mi-hauteur.*

mijaurée n.f. Femme, jeune fille qui a des manières ridicules et prétentieuses. *Elle fait la mijaurée.*

mijoter v. (conjug. 3). ❶ Cuire longtemps et à petit feu. *Le pot-au-feu mijote.* ❷ (Sens familier). Préparer en secret. *Ils mijotent une affaire louche.* SYN. **comploter, manigancer, tramer.**

mil → **millet**

milan n.m. Rapace au plumage brun et à la queue longue et fourchue qui vit le jour. *Le milan est capable de planer très longtemps.*

mildiou n.m. Maladie des plantes cultivées (vigne, pomme de terre, etc.), provoquée par des champignons microscopiques.

mile n.m. Mesure de longueur utilisée en Grande-Bretagne et aux États-Unis, égale à 1 609 mètres.
● C'est un mot anglais, on prononce [majl].
– Ne confonds pas avec **mille** (1).

milice n.f. Troupe de volontaires qui remplace ou renforce la police, l'armée régulière.

▶ **milicien, enne** n. Membre d'une milice.

milieu n.m. ❶ Endroit situé à égale distance des extrémités ou des bords de quelque chose. *J'ai posé le vase au milieu de la table.* SYN. **centre.** *On a planté un arbre au milieu du jardin.* ❷ Moment situé à égale distance du début et de la fin. *Un élève a déménagé au milieu de l'année.* ❸ Environnement d'un être vivant. *Les cactus poussent en milieu aride.* ❹ Entourage d'une personne; classe sociale. *Le milieu familial; le milieu ouvrier.*
● Au pluriel : des **milieux.**

→ planche pp. 764-765.

militaire adj. Qui se rapporte à l'armée, à la guerre. *En France, le service militaire a été supprimé en 1997.* ◆ n. Personne qui fait partie de l'armée. *Les gendarmes sont des militaires.* SYN. **soldat.**

militant, e adj. et n. Qui lutte activement pour défendre des idées, une cause. *Un esprit, un parti militant. Des militants écologistes.*
▶▶▶ Mot de la famille de **militer.**

militer v. (conjug. 3). Combattre pour une cause, une idée ou pour un parti. *Elle milite pour le respect des droits de l'homme.*

1. **mille** n.m. Unité de mesure utilisée en marine et dans l'aviation, égale à 1 852 mètres.
● Ne confonds pas avec le **mile.**

2. **mille** adj. numéral et n.m. invar. ❶ Dix fois cent. *Ce dictionnaire a plus de mille pages. Il gagne deux mille euros par mois.* ❷ Indique un grand nombre. *Mille excuses, je suis en retard.*
● **Mille** est toujours invariable : *deux mille personnes.*

▶ **mille-feuille** n.m. Gâteau fait de couches de pâte feuilletée séparées par de la crème pâtissière.
● Au pluriel : des **mille-feuilles.**
– La nouvelle orthographe permet d'écrire aussi **millefeuille,** sans trait d'union.

▶ **millénaire** adj. Qui atteint mille ans. *Une tradition millénaire.* ◆ n.m. Période de mille ans. *Le troisième millénaire a débuté en 2001.*

▶ **mille-pattes** n.m. invar. Petit animal invertébré dont le corps, formé d'anneaux, porte de nombreuses paires de pattes. *Les mille-pattes sont pourvus de 10 à 375 paires de pattes selon les espèces.* → Vois aussi **scolopendre.**
● La nouvelle orthographe permet d'écrire aussi un **millepatte,** des **millepattes,** sans trait d'union et sans **s** au singulier.

▶ **millésime** n.m. Chiffre qui indique l'année de fabrication d'une pièce de monnaie, d'un timbre, d'un vin, etc. *Un champagne d'un grand millésime.*

millet n.m. Céréale à petits grains ronds, cultivée surtout en Afrique.
● On peut aussi dire **mil.**

milli- préfixe. Placé devant une unité de mesure, **milli-** la divise par mille : *milligramme, millilitre, millimètre.*

milliard n.m. Mille millions. *Il y a des milliards d'étoiles dans le ciel.*

▶ **milliardaire** n. et adj. Personne très riche dont la fortune se compte en milliards d'euros, de dollars, etc. *Ce cheval de course appartient à un milliardaire.*

a b c d e f g h i j k l m n o p q r s t u v w x y z

millième adj. numéral. Qui occupe une place, un rang marqués par le numéro 1 000. *Vous êtes le millième adhérent du club.* ◆ n.m. Partie contenue mille fois dans un tout. *Le millimètre est égal à un millième de mètre.*
▸▸▸ Mot de la famille de **mille.**

millier n.m. Mille ou environ mille. *Ce téléviseur coûte un millier d'euros.*
▸▸▸ Mot de la famille de **mille.**

millimètre n.m. Millième partie du mètre. *Une planche de dix millimètres d'épaisseur.*
● À l'écrit, on emploie **mm** comme symbole.

▸ **millimétré, e** adj. **Papier millimétré,** papier quadrillé avec des carrés de un millimètre de côté. *On fait des graphiques sur du papier millimétré.*
● On peut aussi dire **millimétrique.**

million n.m. Mille fois mille. *La France compte environ soixante millions d'habitants.*

▸ **millionnaire** n. et adj. Personne très riche dont la fortune se compte en millions d'euros, de dollars, etc.
● Ce mot s'écrit avec deux **l** et deux **n.**

mime n.m. Art de raconter une histoire uniquement par des gestes et des expressions du visage. *Aïcha prend des cours de mime.* ◆ n. Artiste qui pratique le mime. *Marie voudrait devenir mime.*
▸▸▸ Mot de la même famille : **pantomime.**

▸ **mimer** v. (conjug. 3). ❶ Reproduire un sentiment, une action par des gestes, des expressions du visage, sans parler. *Ousmane mime la colère.* ❷ Imiter quelqu'un. *Jean mime son père.* SYN. **singer.**

mimétisme n.m. ❶ Aptitude de certains animaux à prendre la couleur ou la forme de leur environnement. *Le mimétisme du caméléon.* ❷ Imitation involontaire des gestes ou des attitudes d'une personne. *Les enfants apprennent beaucoup par mimétisme.*

mimique n.f. Geste ou expression du visage qui expriment un sentiment. *Kelly a fait une mimique de dégoût en voyant les huîtres.*
▸▸▸ Mot de la famille de **mime.**

mimosa n.m. Arbuste de la famille des acacias, à fleurs jaunes très parfumées en forme de boules. *Le mimosa se cultive sur la Côte d'Azur.*

du **mimosa**

minable adj. et n. Mot familier. Qui est d'une médiocrité pitoyable. *Des résultats minables.* SYN. **déplorable, lamentable.** CONTR. **excellent.** *Quel minable, ce type !*

minaret n.m. Tour d'une mosquée, du haut de laquelle le muezzin appelle cinq fois par jour les musulmans à la prière.

un **minaret**

minauder v. (conjug. 3). Faire des manières pour plaire. *Elle minaudait devant les invités.*
▸▸▸ Mot de la famille de **mine (1).**

1. **mince** adj. ❶ Qui a très peu d'épaisseur. *Couper un rôti en tranches minces.* SYN. **fin.** CONTR. **épais.** ❷ Dont les formes sont fines. *Suong est mince.* SYN. **svelte.** CONTR. **gros.** ❸ Qui est très peu important. *Les preuves contre lui sont minces.* SYN. **négligeable.** → Vois aussi **maigre.**
▸▸▸ Mot de la même famille : **amincir.**

2. **mince !** interj. Mot familier. Exprime l'agacement. *Mince ! j'ai oublié mes clés.*

minceur n.f. Fait d'être mince. *La minceur d'une patineuse.* SYN. **sveltesse.** CONTR. **embonpoint.**
▸▸▸ Mot de la famille de **mince (1).**

mincir v. (conjug. 16). ❶ Devenir mince ou plus mince. *Elle a minci depuis qu'elle fait de* *la danse.* CONTR. **grossir.** ❷ Faire paraître plus mince. *Cette robe noire te mincit.* SYN. **amincir.** → Vois aussi **maigrir.**

▸▸▸ Mot de la famille de **mince (1).**

1. **mine** n.f. ❶ Aspect du visage qui reflète l'état de santé, l'humeur ou les sentiments. *Elle avait une mine joyeuse en apprenant la bonne nouvelle.* SYN. **air.** *Kelly a mauvaise mine, elle doit être malade.* ❷ Apparence extérieure d'une personne. *Il ne faut pas juger les gens sur leur mine.* ❸ **Faire mine de,** faire semblant de. *Elle faisait mine de ne pas comprendre.*

2. **mine** n.f. Gisement de charbon ou d'un minerai ; ensemble d'installations à ciel ouvert ou de galeries creusées dans le sol pour les extraire. *Descendre dans la mine. Des mines de diamant.*

3. **mine** n.f. Tige fine d'un matériau tendre qui laisse une trace sur le papier. *Je taille la mine de mon crayon.*

4. **mine** n.f. Engin explosif. *Le camion a sauté sur une mine.*

▸▸▸ Mots de la même famille : **déminage, déminer.**

▸ **miner** v. (conjug. 3). ❶ Poser des mines, des explosifs. *Les soldats ont miné la voie de chemin de fer.* ❷ Détruire peu à peu quelqu'un. *Le chagrin la mine.* SYN. **ronger.**

minerai n.m. Roche contenant un métal que l'on peut extraire par une opération industrielle. *Un minerai de cuivre, de fer, de plomb.*

▸▸▸ Mot de la famille de **minéral.**

minéral n.m. Élément solide qui constitue les roches de l'écorce terrestre. *Le quartz est un minéral.*

● Au pluriel : des **minéraux.**

▸ **minéral, e, aux** adj. ❶ Qui est constitué d'un minéral ou de minéraux. *Les roches et les métaux sont des matières minérales.* ❷ **Eau minérale,** eau qui contient des minéraux en dissolution.

● Au masculin pluriel : **minéraux.**

▸ **minéralogie** n.f. Science qui fait partie de la géologie et qui étudie les minéraux.

minet, minette n. Mot familier. Chat, chatte. *Fatou a un adorable minet.*

1. **mineur** n.m. Personne qui travaille dans une mine.

2. **mineur, e** adj. Assez peu important. *C'est un problème mineur.* SYN. **accessoire, secondaire.** CONTR. **essentiel.** ◆ adj. et n. Qui n'a pas atteint l'âge de la majorité légale. *Antonin est mineur, il n'a pas 18 ans.* CONTR. **majeur (1).** *Certains films sont interdits aux mineurs.*

miniature n.f. ❶ Peinture délicate de petits sujets qui servait d'illustration aux manuscrits anciens. ❷ Reproduction d'un objet en très petite dimension. *Collectionner des miniatures en porcelaine. Cette maquette représente notre ville en miniature.* SYN. **réduction.** ◆ adj. Extrêmement petit ou qui est la réduction de quelque chose. *Des avions miniatures.* → Vois aussi **enluminure.**

une **miniature** arabe

▸ **miniaturiser** v. (conjug. 3). Donner de très petites dimensions à un appareil, à un mécanisme. *Miniaturiser des circuits électroniques.*

minier, ère adj. ❶ Qui concerne les mines. *L'industrie minière.* ❷ Où il y a des mines. *Une région minière.*

▸▸▸ Mot de la famille de **mine (2).**

minijupe n.f. Jupe très courte.

minimal, e, aux adj. Qui atteint le plus bas niveau. *Demain, les températures minimales prévues ne dépasseront pas 6 °C.* CONTR. **maximal.**

● Au masculin pluriel : **minimaux.**

minime adj. et n. Très petit, peu important, peu élevé. *Les dépenses à prévoir sont minimes.* SYN. **infime, insignifiant.** ◆ n. Jeune

a b c d e f g h i j k l m n o p q r s t u v w x y z

sportif âgé de 11 à 13 ans. → Vois aussi **benjamin, cadet.**

▶ **minimiser** v. (conjug. 3). Réduire l'importance de quelque chose. *On a cherché à minimiser l'incident.* SYN. **diminuer.** CONTR. **exagérer, grossir.**

minimum n.m. ❶ Le plus bas degré, la plus petite quantité. *Prendre le minimum de risques.* ❷ **Au minimum,** au moins. *Il me faut au minimum une heure pour aller là-bas.* CONTR. **au maximum, au plus.**

● On prononce [minimɔm]. – Au pluriel : des **minimums** ou des **minima.**

ministère n.m. ❶ Charge et fonction d'un ministre; bâtiment où se trouvent les services d'un ministre. *Travailler au ministère des Affaires étrangères.* ❷ Ensemble des ministres qui composent le gouvernement d'un État. *Le Premier ministre a formé son ministère.*

▶ **ministériel, elle** adj. Du ministre ou du ministère, du gouvernement. *Un voyage ministériel. Une crise ministérielle.*

▶ **ministre** n. ❶ Membre du gouvernement d'un État qui a la charge d'un ministère. *La ministre de l'Intérieur.* ❷ **Le Premier ministre,** le chef du gouvernement.

minois n.m. Visage délicat et gracieux d'enfant ou de jeune fille. *Charline a un joli minois.* SYN. **frimousse.** → Vois aussi **frimousse.**

▶▶▶ Mot de la famille de **mine (1).**

minoritaire adj. Qui appartient à la minorité. *Un groupe minoritaire.* CONTR. **majoritaire.**

▶▶▶ Mot de la famille de **mineur (2).**

minorité n.f. ❶ Très petit nombre. *Cette revue ne s'adresse qu'à une minorité de lecteurs.* CONTR. **majorité.** ❷ Groupe de personnes ou de choses qui sont en plus petit nombre que d'autres, dans un ensemble. *Dans la classe, il y a une minorité de garçons.* CONTR. **majorité.** ❸ Période pendant laquelle une personne est trop jeune pour exercer ses droits civiques et être reconnue responsable devant la loi. *En France, la minorité prend fin à 18 ans.* ❹ Groupe qui se distingue de la majorité de la population par ses particularités religieuses, ethniques, sociales, etc.

▶▶▶ Mot de la famille de **mineur (2).**

minuit n.m. Heure du milieu de la nuit; douzième heure après midi. *Le train arrive à minuit vingt.*

minus n.m. Mot familier. Personne incapable et bonne à rien. *Je ne parle pas à ce minus.* SYN. **minable.**

● On prononce le **s.**

minuscule adj. Tout petit. *Une fourmi est un insecte minuscule.* SYN. **microscopique.** CONTR. **gigantesque.** ◆ n.f. Petite lettre. *Les noms communs commencent par une minuscule.* CONTR. **capitale, majuscule.**

minute n.f. ❶ Unité de mesure du temps. *Il y a soixante minutes dans une heure et soixante secondes dans une minute.* ❷ Temps très court. *Attends-moi ici une minute.* SYN. **instant.**

▶ **minuter** v. (conjug. 3). Fixer avec précision la durée, le déroulement d'une action. *Minuter un spectacle. L'emploi du temps du président est minuté.*

▶ **minuterie** n.f. Système d'éclairage électrique qui s'éteint automatiquement après quelques minutes. *Une minuterie règle l'éclairage de l'escalier.*

▶ **minuteur** n.m. Petit appareil qui permet de contrôler la durée d'une opération ménagère, et qui sonne après un temps déterminé. *Le minuteur d'un four.*

minutie n.f. Application attentive aux détails. *Les joailliers travaillent avec minutie.* SYN. **soin.**

● On écrit **tie** mais on prononce [si].

▶ **minutieusement** adv. Avec minutie. *Romain a minutieusement classé ses timbres.* SYN. **méticuleusement, soigneusement.**

▶ **minutieux, euse** adj. Qui fait preuve de minutie, qui attache beaucoup de soin aux détails. *Un élève minutieux.* SYN. **méticuleux, soigneux.** CONTR. **négligent.** *Un travail minutieux.* SYN. **soigné.** CONTR. **négligé.**

mioche n.m. Mot familier. Jeune enfant. → Vois aussi **gamin, gosse, môme.**

mirabelle n.f. Petite prune jaune, douce et sucrée qui pousse sur un *mirabellier.* *Une tarte aux mirabelles.*

des mirabelles

miracle n.m. ❶ Phénomène merveilleux et inexplicable, que l'on attribue à l'intervention de Dieu. *Les miracles du Christ.* ❷ Fait extraordinaire; chance exceptionnelle. *Elle a échappé par miracle à un terrible accident.*

▶ **miraculeusement** adv. De façon miraculeuse, extraordinaire. *Le président a miraculeusement échappé à un attentat.*

▶ **miraculeux, euse** adj. ❶ Qui tient du miracle. *Une guérison miraculeuse.* ❷ Qui produit des effets étonnants. *Une lotion miraculeuse.* SYN. **prodigieux.**

mirage n.m. Illusion d'optique qui consiste à apercevoir au loin un objet et son image renversée, comme s'il se reflétait dans l'eau. *Les mirages se produisent dans le désert, quand l'air est très chaud.*

mire n.f. ❶ **Ligne de mire,** ligne droite imaginaire qui va de l'œil de la personne qui vise à l'objet visé. ❷ **Point de mire,** point que l'on veut atteindre en tirant avec une arme; personne ou chose sur laquelle se dirigent les regards.

se **mirer** v. (conjug. 3). Mot littéraire. ❶ Se regarder dans un miroir. ❷ Se refléter. *Les saules se mirent dans la rivière.*

mirobolant, e adj. Mot familier. Qui est trop extraordinaire pour pouvoir se réaliser. *Il lui a fait des promesses mirobolantes.* SYN. **fabuleux.**

miroir n.m. Objet fait d'un verre poli où les images se reflètent. *Maman se regarde dans le miroir.* SYN. **glace.**

▶ **miroitement** n.m. Reflet produit par une surface qui miroite. *Le miroitement des eaux d'un lac.* SYN. **scintillement.**

▶ **miroiter** v. (conjug. 3). ❶ Briller de reflets changeants. *L'eau du lac miroitait au soleil.* SYN. **scintiller.** ❷ **Faire miroiter,** promettre quelque chose à quelqu'un pour l'attirer. *On lui a fait miroiter un rôle important dans un film.*

misanthrope adj. et n. Qui fuit les gens et préfère vivre seul. *Avec l'âge, notre voisin est devenu misanthrope.* SYN. **sauvage.** CONTR. **sociable.** → Vois aussi **misogyne.**

● Ce mot s'écrit avec **th.**

mise n.f. ❶ Action de mettre dans une position, dans une situation. *La mise en circulation des euros. La mise en accusation d'un suspect.* ❷ Manière de s'habiller. *Soigner sa mise.* SYN. **tenue, toilette.** ❸ Somme d'argent ou jetons risqués au jeu en début de partie. *Le joueur a doublé sa mise au poker.* SYN. **enjeu.** ❹ **Mise en scène,** direction d'un spectacle, d'un film par le metteur en scène.

miser v. (conjug. 3). Jouer une somme d'argent. *Miser dix euros sur un cheval.* SYN. **parier.**

▸▸▸ Mot de la famille de **mise.**

misérable adj. ❶ Qui fait naître la pitié par sa grande pauvreté. *Des conditions de vie misérables.* ❷ Qui est sans importance. *Vous n'allez pas vous battre pour un misérable jouet!* SYN. **dérisoire, insignifiant.** ◆ adj. et n. Qui vit dans la misère, la pauvreté. *« Les Misérables » est le titre d'un roman de Victor Hugo.* → Vois aussi **indigent.**

▸▸▸ Mot de la famille de **misère.**

misérablement adv. Dans la plus grande pauvreté. *Trop de gens sur la planète vivent misérablement.*

▸▸▸ Mot de la famille de **misère.**

misère n.f. Très grande pauvreté. *Vivre dans la misère.* SYN. **dénuement.** CONTR. **aisance, opulence, richesse.** ◆ n.f. plur. Malheurs, ennuis, souffrances. *Les misères de la vieillesse.* → Vois aussi **indigence.**

▶ **miséreux, euse** adj. et n. Qui donne l'impression de la misère. *Un quartier miséreux.* SYN. **misérable, sordide.** *Donner de l'argent à un miséreux.* SYN. **indigent, nécessiteux, pauvre.**

miséricorde n.f. Pitié qui pousse à pardonner. *Le criminel implorait miséricorde.*

misogyne adj. et n. Qui n'aime pas les femmes ou qui les méprise. → Vois aussi **misanthrope.**

● Ce mot s'écrit avec un **y.**

missel n.m. Livre qui contient les prières de la messe.

missile n.m. Fusée ou engin qui transporte une bombe.

un **missile** nucléaire

a b c d e f g h i j k l **m** n o p q r s v w x y z

a b c d e f g h i j k l m n o p q r s t u v w x y z

mission n.f. ❶ Ce que quelqu'un est chargé de faire. *S'acquitter au mieux de sa mission.* SYN. **tâche.** ❷ Ensemble de personnes que l'on envoie pour accomplir une tâche. *Une mission scientifique.* ❸ Dans la religion chrétienne, organisation chargée de propager la foi dans un pays; établissement où vivent les missionnaires. *La mission comprend un dispensaire et une école.*

▶ **missionnaire** n. et adj. Religieux envoyé pour prêcher une religion, pour évangéliser.
● Ce mot s'écrit avec deux **n.**

missive n.f. Mot littéraire. Lettre. *Je lui ai écrit une longue missive.*

mistral n.m. Vent violent, froid et sec, qui souffle dans le sud de la France. → Vois aussi **tramontane.**

mitaine n.f. Gant qui laisse libre le bout des doigts.

mite n.f. Petit papillon dont les chenilles rongent les tissus de laine et les fourrures.
▸▸▸ Mot de la même famille : **antimite.**

une mite

▶ **mité, e** adj. Troué par les mites. *J'ai mis un pull tout mité.*

mi-temps n.f. invar. ❶ Dans les sports d'équipe comme le football et le rugby, chacune des deux parties d'un match; temps de repos entre ces deux parties. *L'arbitre a sifflé la mi-temps.* ❷ **À mi-temps,** pendant la moitié du temps de travail habituel. *Travailler à mi-temps.*
● Ce mot composé ne change pas au pluriel : des **mi-temps.**

miteux, euse adj. Misérable et pitoyable. *Un logement miteux.* SYN. **pouilleux, sordide.**

mitigé, e adj. Qui n'est pas total, complet. *Faire des éloges mitigés.*

mitonner v. (conjug. 3). Faire mijoter un aliment. *Mitonner un ragoût.*

mitoyen, enne adj. **Mur mitoyen,** mur qui sépare deux bâtiments, deux terrains et appartient aux deux propriétaires voisins.

mitraille n.f. Décharge de balles ou d'obus. *L'ennemi a fui sous la mitraille.*

▶ **mitrailler** v. (conjug. 3). ❶ Tirer par rafales avec une arme automatique. *Les soldats ont mitraillé les troupes ennemies.* ❷ (Sens familier). Photographier sans s'arrêter et sous tous les angles. *Les photographes mitraillaient le footballeur.*

▶ **mitraillette** n.f. Arme automatique portative, qui tire par rafales. SYN. **pistolet mitrailleur.**

▶ **mitrailleur** adj.m. **Pistolet** ou **fusil mitrailleur,** armes pouvant tirer par rafales.

▶ **mitrailleuse** n.f. Arme automatique posée à terre ou montée sur un support, qui permet de tirer par rafales.

mitre n.f. Haute coiffure triangulaire portée par le pape et les évêques lors de certaines cérémonies.

mitron n.m. Apprenti boulanger ou pâtissier.

à **mi-voix** adv. D'une voix pas très forte. *Chanter à mi-voix.*

mixage n.m. Opération qui consiste à incorporer à un film déjà tourné les sons (paroles, musique, bruitage) qui ont été enregistrés sur plusieurs bandes.

▶ **mixer** v. (conjug. 3). ❶ Broyer un aliment au mixeur. *Mixer des fruits pour faire un sorbet.* ❷ Faire le mixage d'un film.

▶ **mixeur** n.m. Appareil électroménager qui sert à broyer les aliments et à les mélanger.
● On peut aussi écrire **mixer.**

mixte adj. Qui est composé de personnes des deux sexes. *Une école mixte.*

mixture n.f. Mélange assez mauvais. *Tu ne comptes pas me faire avaler cette mixture ?*

mnémotechnique adj. **Moyen mnémotechnique,** moyen utilisé pour se rappeler facilement quelque chose.

1. **mobile** adj. ❶ Qui peut bouger, qui se déplace. *Une cloison mobile.* CONTR. **fixe.** *Des troupes mobiles.* ❷ **Téléphone mobile,** téléphone portable. ❸ Dont la date n'est pas fixe. *Pâques est une fête mobile.* ◆ n.m. Objet d'art ou de décoration fait d'éléments articulés qui peuvent bouger au moindre

souffle d'air. *Elle a accroché un mobile au-dessus du berceau.*

2. **mobile** n.m. Raison qui pousse quelqu'un à agir. *L'inspecteur s'interroge sur le mobile du crime.* SYN. **motif, motivation.**

mobilier n.m. Ensemble des meubles d'un logement. *Un mobilier moderne.*

mobilisation n.f. Rappel sous les drapeaux de toutes les personnes capables de combattre lors d'une guerre, pour protéger le territoire.

▸▸▸ Mot de la famille de **mobile (1).**

mobiliser et **se mobiliser** v. (conjug. 3). ❶ Décréter la mobilisation. *Son grand-père avait été mobilisé dès le début de la guerre.* ❷ Appeler à l'action. *Le maire a mobilisé tout le village pour monter un spectacle.* ◆ **se mobiliser.** Rassembler toute son énergie pour accomplir quelque chose. *Se mobiliser contre une injustice.*

▸▸▸ Mot de la famille de **mobile (1).**

mobilité n.f. Capacité à bouger, à se mouvoir, à se déplacer. *Le blessé a perdu la mobilité de ses jambes. Un regard d'une grande mobilité.* CONTR. **fixité, immobilité.**

▸▸▸ Mot de la famille de **mobile (1).**

Mobylette n.f. Cyclomoteur.

● C'est un nom de marque : il s'écrit avec une majuscule dans les textes imprimés.

mocassin n.m. ❶ Chaussure traditionnelle des Indiens d'Amérique du Nord, faite d'écorce d'arbre souple ou de cuir. ❷ Chaussure basse en cuir souple.

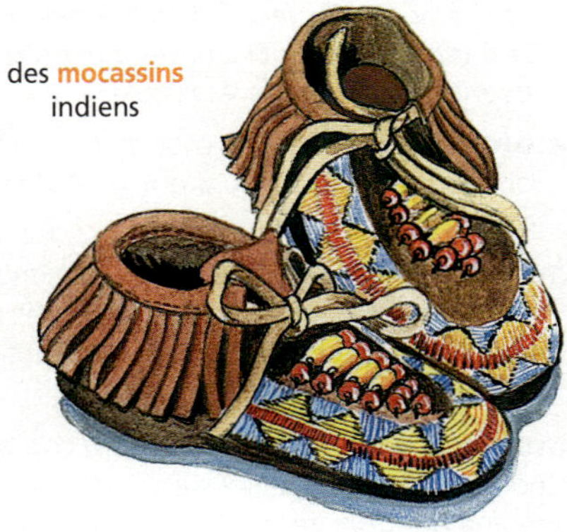

moche adj. Mot familier. Laid. *Ce pull est moche.* SYN. **affreux.** CONTR. **beau.**

1. **mode** n.f. ❶ Manière de vivre, de s'habiller, de se coiffer, etc., propre à une époque et à un milieu. *La mode vestimentaire change chaque année.* ❷ Commerce et industrie de l'habillement. ❸ **À la mode,** selon le goût du moment. *Ma sœur est toujours à la mode. J'écoute les chanteurs à la mode.* SYN. **en vogue.**

2. **mode** n.m. ❶ Manière dont une action se fait. *Un mode de vie.* SYN. **genre.** *Les modes de transport.* SYN. **moyen.** ❷ **Mode d'emploi,** notice qui explique la façon dont on doit utiliser un appareil, un produit. ❸ En grammaire, manière d'envisager l'action exprimée par le verbe. *L'indicatif, le subjonctif, le conditionnel, l'impératif, l'infinitif et le participe sont les six modes du verbe en français.*

modelage n.m. Action de modeler un objet; objet modelé.

▸▸▸ Mot de la famille de **modeler.**

modèle n.m. ❶ Objet ou personne que l'on représente dans un dessin, une peinture, une sculpture. *Ma sœur m'a servi de modèle pour ce portrait.* ❷ Personne qui incarne une qualité. *Marine est un modèle de patience.* ❸ Type d'objet fabriqué et reproduit en série. *Voici notre dernier modèle de téléphone portable.* ❹ **Modèle réduit,** reproduction en miniature d'un appareil, d'un véhicule, etc. *Romain construit des modèles réduits d'avions.* SYN. **maquette.** ◆ adj. Qui est parfait en son genre. *Un élève modèle.*

modeler v. (conjug. 11). Pétrir de la terre, de la cire pour leur donner une forme. *Le sculpteur modèle de la glaise pour faire une statue. De la pâte à modeler.*

modélisme n.m. Activité qui consiste à fabriquer des modèles réduits.

▸▸▸ Mot de la famille de **modèle.**

modéliste n. Personne qui fabrique des modèles réduits.

▸▸▸ Mot de la famille de **modèle.**

modération n.f. Comportement qui est éloigné de tout excès. *On doit se nourrir avec modération.* SYN. **mesure.** CONTR. **abus, excès.** *Faire preuve de modération.* SYN. **pondération, retenue.**

▸▸▸ Mot de la famille de **modérer.**

modéré, e adj. ❶ Qui est éloigné de tout excès. *Ahmed est modéré dans ses paroles.* SYN. **mesuré, pondéré.** ❷ Qui est moyen, situé entre des extrêmes. *Payer un loyer modéré.* SYN. **raisonnable.** CONTR. **excessif.**

▸▸▸ Mot de la famille de **modérer.**

a b c d e f g h i j k l m n o p q r s t u v w x y z

modérément adv. De façon modérée, sans excès. *Manger modérément.* SYN. **raisonnablement.** CONTR. **trop.**

▸▸▸ Mot de la famille de **modérer.**

modérer v. (conjug. 9). Diminuer la violence, l'excès de quelque chose, le ramener à une juste mesure. *Modérer son enthousiasme.* SYN. **réfréner, tempérer.** *Modérer ses paroles.* SYN. **mesurer.** *Modérer ses dépenses.* SYN. **limiter, réduire, restreindre.**

moderne adj. ❶ Qui appartient au temps présent, à notre époque. *La vie moderne.* SYN. **actuel.** *L'art moderne.* SYN. **contemporain.** CONTR. **classique.** ❷ Qui bénéficie des progrès les plus récents. *Un équipement moderne.* CONTR. **désuet, vétuste, vieux.** ❸ Qui est fait selon les techniques et le goût de notre époque. *Un immeuble moderne.* CONTR. **ancien.** ❹ Qui est de son temps. *Avoir des idées modernes.* CONTR. **archaïque, démodé.**

▸ **modernisation** n.f. Action de moderniser. *La modernisation de l'agriculture.*

▸ **moderniser** v. (conjug. 3). Rendre moderne, adapter aux techniques les plus récentes. *Moderniser un hôpital.* SYN. **rénover.**

▸ **modernisme** n.m. Recherche, goût de ce qui est moderne.

modeste adj. ❶ Qui ne se vante pas, qui agit sans orgueil. *Ne sois pas si modeste, tu as fait un excellent travail !* SYN. **humble.** CONTR. **orgueilleux, prétentieux, vaniteux.** ❷ Qui est d'une grande simplicité ou peu important. *Un appartement modeste.* SYN. **simple.** CONTR. **luxueux.** *Leurs revenus sont modestes.* SYN. **maigre, médiocre.**

▸ **modestement** adv. ❶ Avec modestie, simplicité. *Le réalisateur a remercié modestement l'assemblée.* SYN. **humblement.** ❷ De façon modeste, sans luxe. *Vivre modestement.* SYN. **simplement.**

▸ **modestie** n.f. Caractère d'une personne modeste. *Un savant d'une grande modestie.* SYN. **humilité.** CONTR. **orgueil, prétention.**

modification n.f. Action de modifier, fait de se modifier. *La modification d'un projet.* SYN. **changement, transformation.**

▸▸▸ Mot de la famille de **modifier.**

modifier v. (conjug. 7). Changer quelque chose, y apporter des transformations. *Le cinéaste a modifié la fin de son film.* SYN. **transformer.**

modique adj. Qui est peu important, de faible valeur. *Une somme modique.* SYN. **insignifiant, minime.** CONTR. **important.**

modulation n.f. Variation dans la hauteur, l'intensité d'un son, d'une voix. SYN. **inflexion.**

▸▸▸ Mot de la famille de **moduler.**

module n.m. Élément d'un vaisseau spatial qui peut être utilisé de façon autonome. *Un module lunaire.*

moduler v. (conjug. 3). ❶ Exécuter avec des changements d'intonation. *Moduler un chant.* ❷ Adapter à chaque circonstance. *La compagnie d'assurances module ses tarifs en fonction de la conduite de ses clients.*

moelle n.f. Substance molle et grasse qui remplit l'intérieur de certains os. → Vois aussi **épinière.**

● On prononce [mwal].

▸ **moelleux, euse** adj. Mou et très douillet. *Des coussins moelleux.*

● On prononce [mwalø].

mœurs n.f. plur. Manière de vivre d'un peuple, d'un individu ou d'une espèce animale. *Les mœurs évoluent avec le temps. Nous avons étudié les mœurs des abeilles.*

● On prononce [mœr] ou [mœrs].

mohair n.m. Laine faite avec du poil de chèvre angora. *Julie a un pull en mohair.*

moi pronom personnel. Représente la première personne du singulier et est employé pour renforcer le sujet ou comme complément. *Moi, je suis d'accord avec vous. C'est moi qui l'ai fait ! Donne-moi un fruit. Je rentre chez moi après l'école.*

moignon n.m. Ce qui reste d'un membre coupé. *Le médecin a posé une prothèse sur le moignon.*

moindre adj. Plus petit, plus faible, moins important. *Le moindre bruit l'effraie. Léa m'a raconté son voyage dans les moindres détails.*

▸▸▸ Mot de la même famille : **amoindrir.**

moine n.m. Religieux qui vit en communauté et suit des règles de vie strictes. *Un moine bouddhiste.*

moineau n.m. Petit oiseau au dos brun et au ventre beige, abondant dans les villes et dans les champs.

● Au pluriel : des **moineaux.** – Femelle : la moinelle. Cri : le pépiement.

un moineau

moins adv. ❶ Indique une quantité, une valeur, un degré inférieurs. *Les enfants de moins de 12 ans. Kelly a moins de jouets que Géraldine.* CONTR. **plus.** *Donne-moi ton sac, tu te fatigueras moins.* CONTR. **davantage.** ❷ Indique la plus petite quantité, la plus petite valeur. *Ce chaton est le moins gros de la portée.* CONTR. **le plus.** ❸ Indique une température au-dessous de 0 °C. *Il a fait moins dix hier.* ❹ **Au moins,** si ce n'est davantage. *Cette valise pèse au moins quinze kilos.* SYN. **au minimum.** CONTR. **au maximum, au plus.** ❺ **De moins en moins,** en diminuant progressivement. *Il y a de moins en moins d'habitants dans le centre des grandes villes.* ❻ **Du moins,** en tout cas. *Adrien a fini ses devoirs, du moins c'est ce qu'il affirme.* ◆ préposition. ❶ Introduit un nombre qu'on retranche, indique une soustraction. *Quatorze moins six égale huit (14 – 6 = 8). Il est midi moins cinq.* ❷ **À moins de,** sauf si. *À moins d'être fou, on ne peut pas agir ainsi.*

moire n.f. Tissu à reflets changeants. *Un ruban de moire.*

mois n.m. ❶ Chacune des douze divisions de l'année. *Le mois de février est le plus court de l'année.* ❷ Période d'à peu près trente jours. *Nos voisins sont partis pour trois mois.* ❸ Somme d'argent que l'on reçoit ou que l'on verse chaque mois. *L'employé a touché son mois. Devoir deux mois de loyer à son propriétaire.*

moisi, e adj. Couvert de moisissure. *La confiture est toute moisie.* ◆ n.m. Ce qui est moisi. *Enlever le moisi d'un fruit.* SYN. **moisissure.**
▸▸▸ Mot de la famille de **moisir.**

moisir v. (conjug. 16). S'abîmer en se couvrant de moisissure. *Par temps orageux, les fruits moisissent vite.*

▸ **moisissure** n.f. Mousse bleuâtre ou verdâtre produite par des champignons microscopiques, sur une matière humide ou en décomposition. *Le citron était couvert de moisissure.* SYN. **moisi.**

moisson n.f. ❶ Récolte des céréales parvenues à maturité. *En été, les agriculteurs font la moisson.* ❷ Céréales que l'on récolte. *La moisson est abondante cette année.*

▸ **moissonner** v. (conjug. 3). Faire la moisson. *Le cultivateur moissonne un champ de blé.*

▸ **moissonneuse** n.f. Machine agricole utilisée pour faire la moisson.

une moissonneuse

moite adj. Légèrement humide de sueur. *Je transpire, j'ai les mains moites.* CONTR. **sec.**

▸ **moiteur** n.f. Légère humidité de l'atmosphère ou de la peau. *La moiteur du front d'un malade.*

moitié n.f. ❶ Chacune des deux parties égales d'un tout. *Partager une pomme en deux moitiés. Trois est la moitié de six.* CONTR. **double.** ❷ Une des deux parties à peu près égales de quelque chose. *On a dû faire la moitié du trajet.* ❸ **À moitié,** à demi ; en partie. *Mon verre est à moitié plein. Le travail est à moitié fait.* CONTR. **à fond.** → Vois aussi **demi (à).**

mol → **mou**

molaire n.f. Grosse dent du fond de la bouche qui sert à broyer les aliments. *À l'âge adulte, nous avons douze molaires.* → Vois aussi **canine, incisive, prémolaire.**

molécule n.f. Ensemble d'atomes qui constitue la plus petite partie d'un corps.

molette n.f. ❶ Petite roue dentée que l'on actionne avec le doigt pour allumer un briquet. ❷ **Clé à molette,** outil dont on règle l'écartement des mâchoires en tournant une roulette. *Serrer un boulon avec une clé à molette.*

a b c d e f g h i j k l m n o p q r s t u v w x y z

mollasson, onne adj. et n. Mot familier. Qui manque d'énergie, qui est trop mou. *Ce grand mollasson aurait besoin de faire du sport !*

▸▸▸ Mot de la famille de **mou.**

molle → mou

mollement adv. Sans énergie, sans vigueur. *Rester mollement étendu. Protester mollement.* SYN. **faiblement.**

▸▸▸ Mot de la famille de **mou.**

mollesse n.f. ❶ État de ce qui est mou. *La mollesse d'un matelas.* CONTR. **dureté.** ❷ Manque d'énergie, de vigueur. *Agir avec mollesse.* SYN. **apathie, indolence, nonchalance.** CONTR. **énergie, vivacité.**

▸▸▸ Mot de la famille de **mou.**

1. **mollet** adj.m. **Œuf mollet,** œuf bouilli peu de temps dans sa coquille, de façon que le jaune reste liquide.

● Ce mot s'écrit avec deux **l.**

▸▸▸ Mot de la famille de **mou.**

2. **mollet** n.m. Partie arrière renflée et musclée de la jambe, entre la cheville et le pli du genou.

● Ce mot s'écrit avec deux **l.**

molleton n.m. Tissu épais, de laine ou de coton, chaud et moelleux. *Un pyjama en molleton.*

● Ce mot s'écrit avec deux **l.**

▸ **molletonné, e** adj. Doublé de molleton. *Une veste molletonnée.*

● Ce mot s'écrit avec deux **l** et deux **n.**

mollir v. (conjug. 16). ❶ Devenir mou, perdre de sa force. *Sentir ses jambes mollir.* SYN. **flageoler.** ❷ Perdre de sa vigueur. *Le vent mollit. Son courage mollit.* SYN. **chanceler, diminuer, faiblir.**

▸▸▸ Mot de la famille de **mou.**

mollusque n.m. Animal invertébré au corps mou qui vit dans l'eau ou dans les lieux humides. *Les moules, les huîtres, les escargots, les pieuvres sont des mollusques.*

● Ce mot s'écrit avec deux **l.**

→ planche p. 683.

molosse n.m. Gros chien de garde.

môme n. Mot familier. Enfant. *Des mômes jouaient dans la cour.* → Vois aussi **gamin, gosse, mioche.**

● Le **o** prend un accent circonflexe.

moment n.m. ❶ Espace de temps généralement court. *On nous a demandé d'attendre un moment.* SYN. **instant.** *Je n'ai pas un moment à moi.* SYN. **minute, seconde.** ❷ Période considérée par rapport à ce qui s'y passe. *Un moment de bonheur.* ❸ Instant favorable pour agir. *C'est le moment de partir.* ❹ **À tout moment,** sans cesse. *Il me contredit à tout moment.* SYN. **constamment, continuellement.** ❺ **Au moment de, au moment où,** indiquent l'instant précis où quelque chose se passe. *Au moment où nous allions partir, un orage a éclaté.* ❻ **Du moment que,** puisque. *Du moment que ta mère est d'accord, tu peux venir.* ❼ **En ce moment, pour le moment,** actuellement ; pour l'instant. *Pour le moment, tout va très bien.*

▸ **momentané, e** adj. Qui ne dure qu'un moment. *Une coupure d'eau momentanée.* SYN. **temporaire, transitoire.**

▸ **momentanément** adv. De façon momentanée. *Le directeur est momentanément absent du bureau.* SYN. **provisoirement, temporairement.**

momie n.f. Cadavre conservé, embaumé selon les méthodes des anciens Égyptiens. *Les archéologues ont retrouvé de nombreuses momies dans les pyramides.*

une **momie** de chat (détail)

▸ **momifié, e** adj. Transformé en momie. *Le corps momifié des pharaons était entouré de bandelettes de lin.* → Vois aussi **embaumer.**

mon, ma, mes adj. possessifs. Déterminants qui indiquent la possession. Ils s'appliquent à la première personne du singulier. *Mon frère, ma sœur, mes parents.*

● **Ma** devient **mon** devant un nom féminin commençant par une voyelle ou un « h » muet : *mon amie, mon habitude.*

Les mollusques

palourde

Les mollusques sont des animaux invertébrés.
Leur corps mou est le plus souvent protégé par une coquille.
Il en existe trois groupes : les gastéropodes, les lamellibranches et les céphalopodes. Les gastéropodes (limace, bigorneau, patelle) vivent sur terre ou dans la mer. Les lamellibranches ou « bivalves » (moule, praire, huître) ont une coquille formée de deux valves ; ils vivent tous dans l'eau. Les céphalopodes (pieuvre, seiche) portent des tentacules sur la tête ; ce sont aussi des animaux marins.

moule

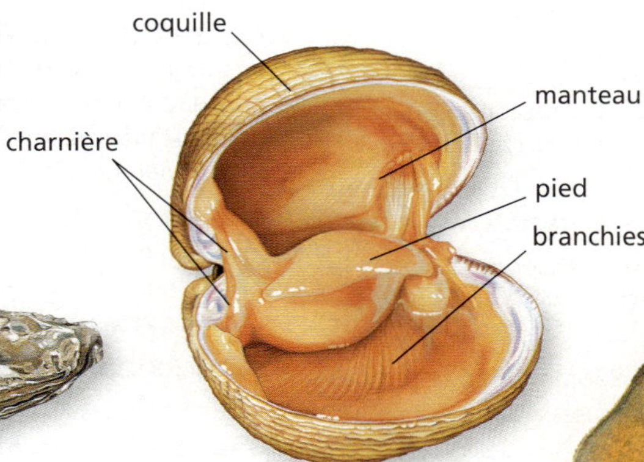

praire

huître

argonaute

coquille Saint-Jacques

coque

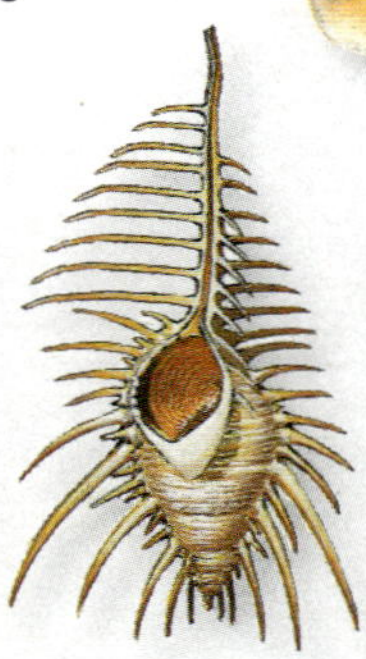

murex

porcelaine

couteau

limace grise

pieuvre

seiche

patelle ou bernique

bigorneau

a b c d e f g h i j k l m

monacal, e, aux adj. Qui concerne les moines. *La vie monacale.*
● Au masculin pluriel : **monacaux.** – On peut aussi dire **monastique**.

monarchie n.f. ❶ Régime politique dans lequel le pouvoir est exercé par un roi ou par un empereur héréditaire. ❷ État qui a cette forme de gouvernement. *Avant la Révolution, la France était une monarchie.* SYN. **royauté.** ❸ **Monarchie constitutionnelle,** dans laquelle le roi partage le pouvoir avec le gouvernement. *Le régime de la Belgique est une monarchie constitutionnelle.*
→ Vois aussi **absolu.**

→ planche pp. 918-919.

▸ **monarchique** adj. Qui concerne la monarchie. *Un régime monarchique.*

▸ **monarchiste** adj. et n. Qui est partisan de la monarchie. SYN. **royaliste.**

▸ **monarque** n.m. Souverain qui est à la tête d'une monarchie. *Un monarque absolu.* SYN. **roi.**

monastère n.m. Bâtiment habité par des moines ou des religieuses. → Vois aussi **abbaye, couvent.**

un monastère (Grèce)

monceau n.m. Gros tas de choses amoncelées. *Un monceau de décombres.* SYN. **amas, amoncellement, pile.**
● Au pluriel : des **monceaux.**
▸▸▸ Mot de la même famille : **amonceler.**

mondain, e adj. et n. Qui adopte les manières de la haute société et aime ses divertissements. *Une femme très mondaine.* ◆ adj. Qui concerne la haute société. *Mener une vie mondaine.*
▸▸▸ Mot de la famille de **monde.**

mondanités n.f. plur. Habitudes de vie et divertissements des gens de la haute société. *Détester les mondanités.*
▸▸▸ Mot de la famille de **monde.**

monde n.m. ❶ Tout ce qui existe. *Autrefois, on croyait que la Terre était au centre du monde.* SYN. **Univers.** ❷ La Terre, le globe terrestre. *Faire le tour du monde.* SYN. **planète.** ❸ La Terre, considérée comme le lieu où nous vivons. *Mettre un enfant au monde.* ❹ Ensemble des êtres humains. *Cette découverte intéresse le monde entier.* SYN. **humanité.** ❺ Milieu social déterminé. *Le monde du spectacle.* ❻ Grand nombre de personnes. *Il y avait du monde au cinéma.* ❼ La haute société. *Une femme du monde.* ❽ **Tout le monde,** tous les gens. *La nouvelle de leur mariage a surpris tout le monde.*

▸ **mondial, e, aux** adj. Du monde entier. *L'économie mondiale.* SYN. **planétaire.** *Une crise mondiale.* SYN. **international.**
● Au masculin pluriel : **mondiaux.**

▸ **mondialement** adv. Dans le monde entier. *Une actrice mondialement connue.*

▸ **mondialisation** n.f. Développement des échanges économiques, politiques et culturels au niveau mondial. *Internet est l'un des outils de la mondialisation.*

monégasque adj. et n. De la principauté de Monaco. *La principauté monégasque. Charlotte est monégasque. C'est une Monégasque.*
● Le nom prend une majuscule : *un Monégasque.*

monétaire adj. Qui concerne la monnaie. *L'euro est une unité monétaire.*

mongolien, enne adj. et n. Mot ancien. Trisomique.

moniteur, trice n. ❶ Personne chargée d'enseigner certains sports ou certaines activités. *Un moniteur de voile; un moniteur d'auto-école.* ❷ Personne chargée d'encadrer des enfants dans des activités collectives en dehors de l'école. *Une monitrice de colonie de vacances.*

monnaie n.f. ❶ Ensemble des pièces et des billets qui servent à échanger, à payer. *La monnaie des États-Unis est le dollar.* ❷ **Faire la monnaie,** échanger un billet, une pièce contre l'équivalent en billets et en pièces de moindre valeur. *Faire la monnaie de 50 euros.* ❸ **Petite monnaie,** pièces de faible valeur. ❹ **Rendre la monnaie,** donner la différence

u v w x y z

entre l'argent que l'on reçoit et le prix de la marchandise achetée.

● Ce mot prend deux **n**.

▸▸▸ Mot de la même famille : **monétaire.**

▸ **monnayer** v. (conjug. 13). Tirer de l'argent de quelque chose. *Monnayer une information.* SYN. **vendre.**

mono- préfixe. Placé au début d'un mot, **mono-** signifie « seul » : *monoski, monosyllabe.*

monocle n.m. Verre de lunette pour un seul œil, que l'on coince sous le sourcil. *Le monocle se portait au début du siècle dernier.*

monolithe n.m. Monument fait d'un seul bloc de pierre. *Un menhir est un monolithe.*

● Ce mot s'écrit avec **th**.

monologue n.m. Scène d'une pièce de théâtre où un personnage est seul et se parle à lui-même. → Vois aussi **dialogue.**

monopole n.m. Privilège qui donne le droit de fabriquer ou de vendre seul certains produits. *En France, la vente du tabac est un monopole d'État.*

▸ **monopoliser** v. (conjug. 3). ❶ Exercer un monopole. *Monopoliser la vente d'ordinateurs.* ❷ Se réserver une chose pour son seul profit. *Monopoliser la conversation.* SYN. **accaparer.**

monoski n.m. ❶ Ski sur lequel on pose les deux pieds pour glisser sur la neige ou sur l'eau. ❷ Sport ainsi pratiqué.

monothéiste adj. Qui n'admet l'existence que d'un seul dieu. CONTR. **polythéiste.**

monotone adj. ❶ Qui se répète sur le même ton, sur le même rythme. *Le chant monotone du coucou.* ❷ Qui est toujours semblable, sans imprévu. *Un travail monotone.* CONTR. **varié.**

▸ **monotonie** n.f. Absence de variété qui finit par lasser. *La monotonie d'un paysage.* SYN. **uniformité.** CONTR. **diversité.**

monsieur n.m. ❶ Nom que l'on donne à un homme quand on s'adresse à lui ou quand on parle de lui. *Bonjour, monsieur. J'ai rencontré monsieur Lambert.* ❷ S'emploie pour parler d'un homme dont on ne connaît pas le nom. *Un monsieur m'a renseigné.*

● On prononce [məsjø]. – Au pluriel : **messieurs.** – En abrégé, on écrit **M.** et, au pluriel, **MM.**

monstre adj. et n.m. ❶ Être vivant qui est né avec une malformation. *Un veau à deux têtes est un monstre.* ❷ Être imaginaire terrifiant des légendes. *Les dragons sont des monstres.* ❸ Personne cruelle, méchante ou bien qui a un défaut insupportable. *Tu es un monstre d'égoïsme.* ◆ adj. (Sens familier). Qui est très important, immense. *Ce chanteur a un succès monstre.* SYN. **considérable, prodigieux.**

▸ **monstrueux, euse** adj. ❶ Excessivement laid. *Une figure monstrueuse.* SYN. **horrible.** ❷ Excessivement cruel ou pervers. *Un attentat monstrueux.* SYN. **abominable, épouvantable.** ❸ Excessif par ses dimensions ou son intensité. *Une vague monstrueuse.* SYN. **colossal, énorme.** *Une erreur monstrueuse.* SYN. **effroyable, épouvantable.**

▸ **monstruosité** n.f. Caractère de ce qui est monstrueux. *La monstruosité d'un crime.* SYN. **horreur.** *Les monstruosités de la guerre.* SYN. **atrocités, horreurs.**

mont n.m. Suivi d'un nom propre, désigne une montagne ou une colline. *Le mont Blanc; le mont Saint-Michel.* → Vois aussi **val.**

montage n.m. ❶ Opération qui consiste à ajuster les différentes pièces d'un ensemble. *Le montage d'un meuble.* SYN. **assemblage.** ❷ Action d'assembler, dans l'ordre, des séquences filmées pendant le tournage d'un film. *On a supprimé des scènes au montage.*

▸▸▸ Mot de la famille de **monter.**

montagnard, e n. Personne qui vit à la montagne.

▸▸▸ Mot de la famille de **montagne.**

montagne n.f. ❶ Forme de relief qui se caractérise par son altitude et son aspect accidenté. *Les alpinistes escaladent les montagnes.* ❷ Région de grande altitude. *Nouha passe ses vacances à la montagne.* ❸ Énorme quantité. *Mon oncle a une montagne de livres.* SYN. **monceau, tas.** ❹ **Montagnes russes,** manège constitué de montées et de descentes abruptes sur lesquelles on roule très rapidement dans de petites voitures.

▸ **montagneux, euse** adj. Où il y a beaucoup de montagnes. *La Crète est une île montagneuse.*

1. **montant, e** adj. ❶ Qui va de bas en haut, qui monte. *La marée montante.* CONTR. **descendant.** ❷ Qui monte assez haut

a b c d e f g h i j k l m n o p q r s t u v w x y z

sur le cou ou sur la cheville. *Des chaussures montantes.*
▸▸▸ Mot de la famille de **monter**.

2. **montant** n.m. Total d'une somme, d'une facture. *Le montant des dépenses est élevé.*
▸▸▸ Mot de la famille de **se monter**.

3. **montant** n.m. Barre ou planche verticale qui sert de soutien. *Les montants d'une bibliothèque, d'une échelle.*
▸▸▸ Mot de la famille de **monter**.

monte-charge n.m. Appareil qui sert à déplacer des objets lourds ou des marchandises d'un étage à un autre.
● Au pluriel : des **monte-charges** ou des **monte-charge**.
▸▸▸ Mot de la famille de **monter**.

montée n.f. ❶ Fait de monter, d'aller du bas vers le haut. *La montée au sommet a été rude.* SYN. **ascension, escalade.** CONTR. **descente.** ❷ Chemin, route qui montent. *Les cyclistes ont ralenti au milieu de la montée.* SYN. **côte, pente.** ❸ Augmentation, hausse de quelque chose. *La montée des prix.*
▸▸▸ Mot de la famille de **monter**.

monténégrin, e adj. et n. Du Monténégro. *Dilo est monténégrin. C'est une Monténégrine.*

monter et **se monter** v. (conjug. 3). ❶ Aller du bas vers le haut. *Baptiste est monté au grenier. J'ai monté les marches deux à deux.* CONTR. **descendre.** *Ce chemin monte jusqu'au refuge.* ❷ Porter de bas en haut. *Le gardien a monté le courrier.* ❸ Augmenter de niveau, de valeur, d'intensité. *La mer monte.* CONTR. **descendre, se retirer.** *La température a encore monté.* CONTR. **baisser.** ❹ Prendre place à bord d'un véhicule. *Le conducteur est monté dans sa voiture.* ❺ Assembler quelque chose à partir d'éléments. *Monter un échafaudage.* CONTR. **démonter.** ❻ Organiser ou équiper. *Il a monté une entreprise.* ❼ **Monter à cheval,** faire du cheval. ◆ **se monter à.** Atteindre tel montant. *Les dégâts se montent à dix millions.* SYN. **s'élever à.**
● Ce verbe se conjugue avec l'auxiliaire « avoir » ou avec l'auxiliaire « être ».

montgolfière n.f. Ballon muni d'une nacelle, qui s'élève dans l'air grâce à de l'air chaud.

une **montgolfière**

monticule n.m. Petite élévation du sol. *La maison est construite sur un monticule.* SYN. **butte, tertre.**
▸▸▸ Mot de la famille de **mont**.

montre n.f. Instrument portatif qui indique l'heure. *Ma montre est arrêtée.*
▸▸▸ Mot de la famille de **montrer**.

montrer et **se montrer** v. (conjug. 3). ❶ Faire voir. *Loan montre sa poupée à Juliette. Montrer son passeport.* SYN. **présenter.** ❷ Indiquer avec un geste. *Hamidou nous a montré son pays sur la carte.* SYN. **désigner.** ❸ Laisser paraître. *La joueuse a montré une grande détermination.* SYN. **manifester.** CONTR. **cacher.** ❹ Mettre en évidence. *Tout montre qu'il a tort.* SYN. **démontrer, prouver.** ❺ Faire connaître, apprendre. *Montre-lui le fonctionnement de l'ordinateur.* SYN. **expliquer.** ◆ **se montrer.** ❶ Apparaître à la vue. *Le soleil se montre enfin !* SYN. **percer.** ❷ Se révéler. *Elle s'est montrée très aimable avec nous.*
▸▸▸ Mot de la même famille : **démontrer**.

▸ **montreur, euse** n. Personne qui présente au public une attraction, une curiosité. *Un montreur de marionnettes.*

monture n.f. ❶ Bête sur laquelle on monte. *La cavalière enfourcha sa monture.* ❷ Partie d'une paire de lunettes qui entoure et maintient les verres. *Une monture en métal.*
▸▸▸ Mot de la famille de **monter**.

monument n.m. ❶ Édifice remarquable par son architecture. *Les églises, les châteaux, les palais sont des monuments.* ❷ **Monument**

aux morts, statue ou construction édifiée pour rappeler le souvenir de ceux qui sont morts à la guerre.

▶ **monumental, e, aux** adj. Très grand. *Une sculpture monumentale.* SYN. **imposant, majestueux.** *Une erreur monumentale.* SYN. **colossal, énorme.**

● Au masculin pluriel : **monumentaux.**

se **moquer** v. (conjug. 3). ❶ Rire de quelqu'un, le tourner en ridicule. *Mon frère se moque de moi parce que j'ai peur des araignées.* ❷ Être indifférent à, ne pas se soucier de. *Je me moque bien de ce qu'elle peut penser.* ❸ Prendre quelqu'un pour un idiot, essayer de le tromper. *Il s'est moqué de toi en agissant ainsi.*

▶ **moquerie** n.f. Parole ou geste par lesquels on se moque. *Il n'est pas sensible aux moqueries de ses camarades.* SYN. **quolibet, raillerie, sarcasme.** → Vois aussi **dérision, ironie.**

moquette n.f. Tapis fixé au sol, qui recouvre toute la surface d'une pièce.

moqueur, euse adj. ❶ Qui se moque volontiers. *Un enfant moqueur.* ❷ Qui manifeste de la moquerie. *Un sourire moqueur.* SYN. **goguenard, narquois, railleur.** → Vois aussi **ironique.**

▶▶▶ Mot de la famille de **moquer.**

moraine n.f. Ensemble de débris rocheux emportés ou déposés par un glacier.

moral, e, aux adj. ❶ Qui se rapporte à la morale, à la justice, au sens du bien. *Les valeurs morales.* ❷ Qui est juste, conforme à la morale. *La fin du film est très morale : les méchants sont punis.* CONTR. **immoral.** ❸ Qui concerne l'esprit, la pensée. *Les sinistrés ont fait preuve d'une grande force morale.* → Vois aussi **mental.**

● Au masculin pluriel : **moraux.**

▶▶▶ Mots de la même famille : **démoralisant, démoraliser.**

▶ **moral** n.m. État d'esprit qui permet de supporter quelque chose. *Le malade garde le moral.*

▶ **morale** n.f. ❶ Ensemble des règles de conduite d'une société qui se fondent sur les valeurs du bien et du mal. *L'honnêteté et le respect d'autrui sont conformes à la morale.* ❷ **Faire la morale à quelqu'un,** lui adresser des recommandations morales. SYN. **sermonner.** ❸ Leçon que l'on peut tirer d'un événement ou d'un récit. *La morale d'une fable.* SYN. **moralité.**

▶ **moralement** adv. ❶ Conformément à la morale. *Moralement, il est impossible d'approuver la violence.* ❷ Du point de vue du moral. *Être fatigué moralement.*

▶ **moralisateur, trice** adj. Qui donne des leçons de morale. *Un discours moralisateur.*

▶ **moralité** n.f. ❶ Attitude, qualités morales d'une personne. *Une personne d'une moralité irréprochable.* ❷ Conclusion morale que suggère un texte. *« Tout flatteur vit aux dépens de celui qui l'écoute » est la moralité de la fable de La Fontaine « le Corbeau et le Renard ».* SYN. **morale.**

morbide adj. Qui n'est pas sain. *Avoir un goût morbide pour les cimetières.* SYN. **malsain.**

morceau n.m. ❶ Partie d'un tout, d'une matière, d'un aliment. *Un morceau de savon.* SYN. **bout.** *Un morceau de fromage.* SYN. **portion.** ❷ Partie cassée d'une chose. *La vitre est en mille morceaux.* ❸ Fragment d'une œuvre musicale ou d'une œuvre écrite. *Ahmed a joué un morceau à la guitare.*

● Au pluriel : des **morceaux.**

▶ **morceler** v. (conjug. 12). Diviser en plusieurs parties. *Morceler un terrain.* SYN. **fractionner, partager.**

▶ **morcellement** n.m. Division d'une surface, d'un terrain. *Le morcellement d'une propriété.*

● La nouvelle orthographe permet d'écrire aussi **morcèlement**, avec un seul **l**, comme dans **morceler**.

mordiller v. (conjug. 3). Mordre légèrement, à petits coups répétés. *Jean mordille son crayon.* SYN. **mâchonner.**

▶▶▶ Mot de la famille de **mordre.**

mordoré, e adj. D'un brun rouge, avec des reflets dorés. *Une robe mordorée.*

mordre v. (conjug. 46). ❶ Blesser en serrant fortement entre les dents. *Un chien m'a mordu.* ❷ Saisir avec les dents. *Mordre dans une pomme.* SYN. **croquer.** ❸ Attaquer une matière dure. *La rouille mord le fer.* SYN. **entamer, ronger.** ❹ Pour un poisson, attraper l'appât de la ligne du pêcheur. *Une truite a mordu à l'hameçon.* ❺ Dépasser légèrement une limite. *Le camion a mordu la ligne blanche.* SYN. **empiéter sur.**

a b c d e f g h i j k l m n o p q r s t u v w x y z

▸ **mordu, e** adj. et n. Mot familier. Qui est passionné pour quelque chose. *Aziz est un mordu de football.*

se **morfondre** v. (conjug. 46). S'ennuyer à attendre trop longtemps. *Les voyageurs se morfondent dans la salle d'attente.*

1. **morgue** n.f. Établissement où sont déposés les cadavres non identifiés et ceux qui doivent subir une autopsie.

2. **morgue** n.f. Mot littéraire. Attitude hautaine et arrogante. *Un juge plein de morgue.* SYN. **arrogance, suffisance.**

moribond, e adj. et n. Qui est sur le point de mourir. *Un malade moribond.* SYN. **mourant.**

morille n.f. Champignon comestible dont le chapeau brun ou jaune ressemble à une éponge.

morne adj. Triste et terne. *Une morne journée d'hiver.* SYN. **maussade.**

morose adj. Triste et sans enthousiasme, sans élan. *Être d'une humeur morose.* SYN. **maussade.** CONTR. **gai, joyeux.**

▸ **morosité** n.f. Humeur morose, manque d'entrain. *Depuis la défaite, la morosité règne dans l'équipe.*

morphologie n.f. ❶ Forme, aspect général du corps humain. *Audrey a une morphologie de danseuse.* ❷ Étude de la forme des mots.

mors n.m. ❶ Barre en acier passée dans la bouche du cheval et qui sert à le conduire. ❷ **Prendre le mors aux dents,** pour un cheval, s'emballer.

● Ce mot se termine par un **s.**

1. **morse** n.m. Gros mammifère marin des régions du pôle Nord, aux canines supérieures transformées en défenses. *Le morse vit en grands troupeaux et se nourrit de mollusques.* → Vois aussi **otarie, phoque.**

2. **morse** n.m. Système de signaux sonores ou lumineux, longs ou brefs, qui permet d'envoyer des messages télégraphiques.

morsure n.f. Blessure faite en mordant. *La morsure d'un chien.*

▸▸▸ Mot de la famille de **mordre.**

mort, e adj. ❶ Qui a cessé de vivre. *J'ai vu un oiseau mort.* CONTR. **vivant.** ❷ Qui est sans animation. *Le quartier est mort le soir.* SYN. **désert.** CONTR. **animé, vivant.** ❸ Qui est hors d'usage. *Ces piles sont mortes.* ❹ **Être mort de faim, de fatigue, de peur,** être affamé, être très fatigué, avoir très peur. ◆ n. Personne qui a cessé de vivre. *L'attentat a fait trois morts.* SYN. **victime.** *Enterrer un mort.* → Vois aussi **cadavre.**

▸▸▸ Mot de la famille de **mourir.**

mort n.f. ❶ Arrêt complet et définitif de la vie. *Les journaux ont annoncé la mort du chanteur.* SYN. **décès, disparition.** ❷ **À mort,** mortellement; de toutes ses forces. *Le policier a été blessé à mort. Lisa lui en veut à mort d'être parti sans elle.* ❸ **Silence de mort,** silence profond, total.

▸▸▸ Mot de la famille de **mourir.**

mortalité n.f. Nombre de personnes qui meurent pendant une période donnée dans une population donnée. *La mortalité infantile est élevée dans les pays pauvres.* → Vois aussi **natalité.**

▸▸▸ Mot de la famille de **mourir.**

mortel, elle adj. et n. Qui est destiné à mourir un jour. *Tous les êtres vivants sont mortels.* CONTR. **éternel, immortel.** ◆ adj. ❶ Qui cause la mort. *Une blessure mortelle.* SYN. **fatal.** ❷ **Ennemi mortel,** que l'on déteste profondément. ❸ (Sens familier). Qui est très ennuyeux. *La réception était mortelle.*

▸▸▸ Mot de la famille de **mourir.**

mortellement adv. ❶ De façon à provoquer la mort. *Le pompier a été mortellement blessé.* ❷ Extrêmement. *Un film mortellement ennuyeux.* SYN. **horriblement, très.**

▸▸▸ Mot de la famille de **mourir.**

1. **mortier** n.m. Récipient dans lequel on broie des ingrédients à l'aide d'un pilon.

2. **mortier** n.m. Canon à tir courbe. *Les soldats tirent au mortier sur un objectif.*

3. **mortier** n.m. Mélange de sable, d'eau et de chaux ou de ciment qui est utilisé en maçonnerie.

mortifier v. (conjug. 7). Mot littéraire. Blesser quelqu'un dans son amour-propre. *Vos moqueries l'ont mortifié.* SYN. **froisser, humilier, vexer.**

mort-né, mort-née adj. Se dit d'un enfant mort pendant la grossesse ou au moment de l'accouchement.

● Au pluriel : **mort-nés, mort-nées.**

▸▸▸ Mot de la famille de **mort.**

mortuaire adj. Qui concerne la mort et l'enterrement d'une personne. *Des couronnes mortuaires.* → Vois aussi **funèbre.**
▸▸▸ Mot de la famille de **mort.**

morue n.f. Gros poisson des mers froides que l'on peut conserver séché ou salé.
→ Vois aussi **cabillaud.**

une morue

morve n.f. Liquide visqueux qui coule du nez.

▸ **morveux, euse** adj. Qui a la morve au nez. *Un bébé morveux.*

mosaïque n.f. Assemblage de petits morceaux de verre, de pierre ou de céramique colorés incrustés dans un ciment et formant un dessin. *Dans l'Antiquité romaine, le sol des villas était souvent en mosaïque.*
● Le **i** prend un tréma.

une mosaïque romaine

mosquée n.f. Édifice où les musulmans se rassemblent pour célébrer leur culte. → Vois aussi **église, pagode, synagogue, temple.**

mot n.m. ❶ Son ou groupe de sons d'une langue qui sert à former des phrases, qui a une signification et que l'on peut représenter par l'écriture. *Connais-tu ce mot ?* SYN. **terme.** ❷ Petit nombre de paroles. *La directrice a prononcé quelques mots de bienvenue.* ❸ Courte lettre. *J'ai écrit un mot à Sarah.* ❹ **Avoir le dernier mot,** l'emporter dans une discussion. ❺ **Gros mot,** mot grossier. ❻ **Mot à mot,** sans changer un mot. *Je te répète mot à mot ce que papa m'a dit.* SYN. **textuellement.** ❼ **Se donner le mot,** se mettre secrètement d'accord. *On s'était tous donné le mot pour lui faire la surprise.* → Vois aussi **mots croisés.**

motard, e n. (Sens familier). Motocycliste. ♦ n.m. Gendarme, policier ou soldat à moto.

motel n.m. Hôtel spécialement aménagé à proximité d'une autoroute pour héberger les automobilistes.

1. **moteur, trice** adj. ❶ Qui produit ou transmet le mouvement. *Les roues motrices d'une automobile.* ❷ Qui permet le mouvement. *Le nerf moteur d'un muscle.*

2. **moteur** n.m. Appareil qui transforme de l'énergie en mouvement, et qui sert à faire fonctionner une machine ou à faire avancer un véhicule. *Un moteur électrique.*

moteur-fusée n.m. Propulseur à réaction utilisé en aviation et en astronautique. *Un moteur-fusée permet d'envoyer un véhicule dans l'espace.*
● Au pluriel : des **moteurs-fusées.**

1. **motif** n.m. Dessin qui se répète dans une décoration. *Un papier peint à motifs floraux.*

2. **motif** n.m. Ce qui explique, justifie une action. *Quel est le motif de ton absence ?* SYN. **cause, raison.**

▸ **motivation** n.f. (Souvent au pluriel). Ce qui incite à agir de telle façon. *On comprend mal ses motivations dans cette affaire.*

▸ **motiver** v. (conjug. 3). ❶ Créer chez quelqu'un les conditions qui le poussent à agir. *Ce professeur sait motiver ses élèves.* ❷ Être la raison d'un acte. *La crainte d'échouer a motivé son refus.*

moto n.f. Véhicule à deux roues pourvu d'un moteur puissant. *Il faut un permis pour conduire une moto.*
● Ce mot est l'abréviation de **motocyclette.**

▸ **motocross** n.m. Course de motos tout terrain sur un circuit très accidenté. *Faire du motocross.*
● Ce mot se termine par deux **s.**

le motocross

a b c d e f g h i j k l m n o p q r s

motoculteur n.m. Engin à moteur utilisé pour retourner la terre sur de petites surfaces.

motocyclette → moto

motocycliste n. Personne qui conduit une moto.
● On emploie souvent l'abréviation familière **motard.**

motoneige n.f. Petit véhicule à une ou deux places muni de skis à l'avant et de chenilles à l'arrière, qui sert à circuler sur la neige.
● On peut aussi dire un **scooter des neiges.**

motorisé, e adj. ❶ Qui est équipé d'un moteur. *Un engin motorisé.* ❷ Qui dispose de véhicules à moteur. *Une division d'infanterie motorisée.*
►►► Mot de la famille de **moteur (2).**

mots croisés n.m. plur. Jeu qui consiste à trouver des mots d'après une définition et à les inscrire horizontalement ou verticalement dans les cases d'une grille. *Papi fait des mots croisés, c'est un cruciverbiste.*

motte n.f. ❶ Morceau de terre plus ou moins durcie, arraché du sol par un outil. ❷ **Motte de beurre,** gros morceau de beurre vendu au détail.
● Ce mot s'écrit avec deux **t.**

mou, molle adj. ❶ Qui manque de dureté. *Une terre molle.* SYN. **malléable.** *Un matelas mou.* SYN. **moelleux.** CONTR. **dur, ferme.** *Un ventre mou.* SYN. **flasque.** ❷ Qui manque de vigueur, de tonus et de volonté. *Un élève mou.* SYN. **amorphe, apathique, indolent, nonchalant.** CONTR. **dynamique, énergique.**
● **Mol** remplace **mou** devant un nom masculin commençant par une voyelle ou un « h » muet : *un mol enthousiasme.*
►►► Mots de la même famille : **s'amollir, ramollir, ramollissant.**

mouchard, e n. Mot familier. Personne qui dénonce. SYN. **délateur, dénonciateur.**

► **moucharder** v. (conjug. 3). Mot familier. Dénoncer. *Tu devrais avoir honte de moucharder !*

mouche n.f. ❶ Insecte volant qui a six pattes, deux ailes, deux gros yeux à facettes et une trompe lui permettant d'aspirer les aliments. *Les asticots sont les larves des mouches.* ❷ **Faire mouche,** atteindre le point noir au centre d'une cible ; toucher le point sensible. ❸ **Fine mouche,** personne maligne à l'esprit vif. ❹ **Quelle mouche l'a piqué ?,** pourquoi se fâche-t-il ?

une mouche

moucher et **se moucher** v. (conjug. 3). Débarrasser le nez des sécrétions nasales. *Moucher un enfant.* ◆ **se moucher.** Souffler fort par le nez pour évacuer la morve. *Ton nez coule, mouche-toi !*

moucheron n.m. Petite mouche.
►►► Mot de la famille de **mouche.**

moucheté, e adj. Parsemé de petites taches de couleur. *Un foulard marron moucheté de beige.* SYN. **tacheté.**
►►► Mot de la famille de **mouche.**

mouchoir n.m. Carré de tissu ou de papier qui sert à se moucher.
►►► Mot de la famille de **moucher.**

moudre v. (conjug. 53). Réduire des grains en poudre. *On moud le blé pour faire de la farine. Mamie a moulu le café.* SYN. **broyer.**

moue n.f. Grimace faite en avançant les lèvres pour exprimer le mécontentement, le dégoût. *Une moue dédaigneuse. Cesse de faire la moue.*

mouette n.f. Oiseau de mer plus petit que le goéland, au plumage gris pâle et blanc, à pattes palmées, qui vit sur les côtes. *La mouette se nourrit de mollusques, de petits poissons et de détritus.* → Vois aussi **goéland.**

une mouette

moufle n.f. Gant qui n'a qu'une séparation pour le pouce. *Charlotte met des moufles pour skier.*

mouflon n.m. Ruminant sauvage qui porte de grandes cornes recourbées vers l'arrière et qui vit en troupeaux dans les montagnes.

un **mouflon**

mouillé, e adj. Imbibé, imprégné ou recouvert d'eau. *Candice a marché sous la pluie, elle est toute mouillée.*

▸▸▸ Mot de la famille de **mouiller (1).**

1. mouiller v. (conjug. 3). Rendre humide, imprégner ou recouvrir d'eau. *La pluie a mouillé mon tee-shirt.* SYN. **tremper.** *Mouiller du linge avant de le repasser.* SYN. **humecter, humidifier.** CONTR. **sécher.**

2. mouiller v. (conjug. 3). Jeter l'ancre. *Le bateau a mouillé dans la baie.* CONTR. **appareiller, lever l'ancre.**

mouillette n.f. Petit morceau de pain long et mince, que l'on trempe dans les œufs à la coque.

▸▸▸ Mot de la famille de **mouiller (1).**

moulage n.m. Objet fabriqué en remplissant un moule d'une matière qui en prendra la forme. *Le moulage d'une statue.*

▸▸▸ Mot de la famille de **moule (2).**

moulant, e adj. Qui moule bien le corps. *Une jupe moulante.* SYN. **collant, serré.** CONTR. **ample.**

▸▸▸ Mot de la famille de **moule (2).**

1. moule n.f. Mollusque comestible à coquille noir bleuté, qui vit fixé sur les rochers.

● L'élevage des moules est la **mytiliculture.**

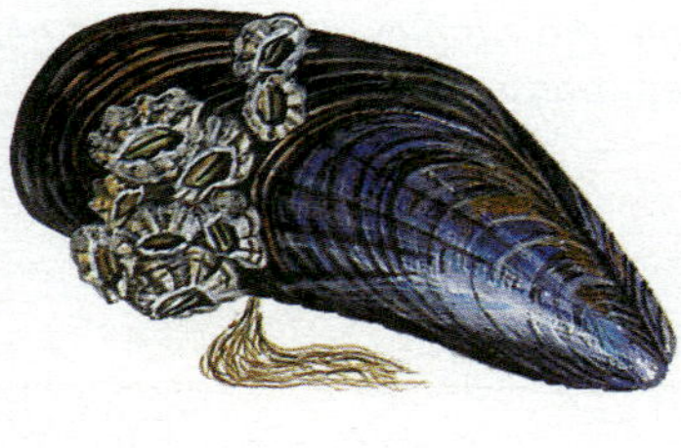

une **moule**

2. moule n.m. Objet creux dans lequel on verse une matière pâteuse qui, en durcissant, prendra la forme de l'objet. *Le sculpteur verse du bronze dans un moule. On fait cuire une tarte dans un moule à tarte.*

▸▸▸ Mot de la même famille : **démouler.**

▸ **mouler** v. (conjug. 3). ❶ Obtenir un objet en versant une matière dans un moule. *Mouler une statue, une cloche.* ❷ Épouser la forme du corps. *Ce pantalon la moule trop.*

moulin n.m. ❶ Machine à moudre les grains des céréales; bâtiment où elle est installée. *Un moulin à vent; un moulin à eau.* ❷ Appareil servant à moudre, à broyer des grains, des aliments. *Un moulin à café; un moulin à légumes.*

▸▸▸ Mot de la famille de **moudre.**

un **moulin** à vent (Belgique)

moulinet n.m. ❶ Appareil constitué d'une bobine sur laquelle s'enroule le fil d'une canne à pêche. ❷ Petit appareil qui fonctionne selon un mouvement de rotation. *Le moulinet d'une crécelle.* ❸ Mouvement tournant et rapide que l'on fait avec une canne, une épée, avec ses bras. *Faire des moulinets avec un bâton.*

▸▸▸ Mot de la famille de **moudre.**

moulu, e adj. ❶ Broyé, réduit en poudre. *Du café moulu.* ❷ (Sens familier). Extrêmement fatigué. *Après la randonnée, nous étions moulus.* SYN. **épuisé, fourbu.**

▸▸▸ Mot de la famille de **moudre.**

a b c d e f g h i j k l m

mourant, e adj. et n. Qui va mourir. *Le blessé est mourant. La mourante était entourée des siens.* SYN. **moribond.**
▸▸▸ Mot de la famille de **mourir.**

mourir v. (conjug. 24). ❶ Cesser de vivre ; perdre ses fonctions vitales. *Mourir de vieillesse.* SYN. **décéder.** CONTR. **naître.** *Mourir dans un accident.* SYN. **périr.** *Ma plante est morte par manque d'eau.* SYN. **crever, dépérir.** ❷ Cesser d'exister. *Le petit commerce meurt lentement.* SYN. **disparaître.** ❸ Perdre de sa vigueur, s'affaiblir. *Le feu va mourir.* SYN. **s'éteindre.** ❹ **Mourir de,** ressentir quelque chose à un très haut degré. *Mourir de faim, de peur.* ❺ **C'est à mourir de rire,** c'est très drôle.
● Ce verbe se conjugue avec l'auxiliaire « être ».
▸▸▸ Mots de la même famille : **immortaliser, immortalité, immortel, mort, mortalité, mortel.**

mousquet n.m. Arme à feu portative, ancêtre du fusil, utilisée aux 16e et 17e siècles.
→ Vois aussi **arquebuse.**

▸ **mousquetaire** n.m. Aux 17e et 18e siècles, gentilhomme d'une compagnie à cheval, chargé de la garde du roi.
● Ce nom masculin se termine par un **e.**

des mousquetaires

mousqueton n.m. Boucle métallique à ressort qui sert à accrocher. *Le mousqueton d'une laisse, d'un parachute.*

moussant, e adj. Qui produit de la mousse. *Se nettoyer le visage avec du gel moussant.*
▸▸▸ Mot de la famille de **mousse (3).**

w x y z

1. **mousse** n.m. Marin de moins de dix-sept ans. *Le mousse embarque pour son premier voyage.*

2. **mousse** n.f. Plante sans fleurs ni racines, aux courtes tiges feuillues serrées les unes contre les autres, vivant sur le sol, les troncs d'arbres ou les pierres. *Le mur du jardin est couvert de mousse.*

3. **mousse** n.f. ❶ Amas de petites bulles juxtaposées. *Le savon fait de la mousse.* ❷ Crème légère et onctueuse à base de blancs d'œufs battus en neige. *Une mousse au chocolat, au café.* ❸ Matière plastique spongieuse. *Des coussins en mousse.*

▸ **mousser** v. (conjug. 3). Produire de la mousse. *Ce shampooing mousse beaucoup.*

▸ **mousseux, euse** adj. Qui mousse. *Une sauce mousseuse.* ◆ n.m. Vin qui pétille, qui mousse comme du champagne.

mousson n.f. Vent tropical d'Asie qui souffle de la mer vers le continent en été et du continent vers la mer en hiver. *La mousson d'été apporte de fortes pluies.*

moustache n.f. Ensemble des poils qui poussent au-dessus de la lèvre supérieure de l'homme. *Se laisser pousser la moustache.* ◆ n.f. plur. Poils longs qui poussent sur la lèvre supérieure de certains animaux. *Les moustaches du chat sont des organes du toucher.*

▸ **moustachu, e** adj. Qui a une moustache, de la moustache.

moustiquaire n.f. Rideau très fin qu'on met autour des lits, ou treillis très fin qu'on place devant les fenêtres, pour se protéger des moustiques.
▸▸▸ Mot de la famille de **moustique.**

moustique n.m. Insecte volant au corps frêle, qui vit dans les lieux chauds et humides et dont la femelle pique les animaux et les humains pour se nourrir de leur sang. *Certains moustiques, comme l'anophèle, peuvent transmettre des maladies.*

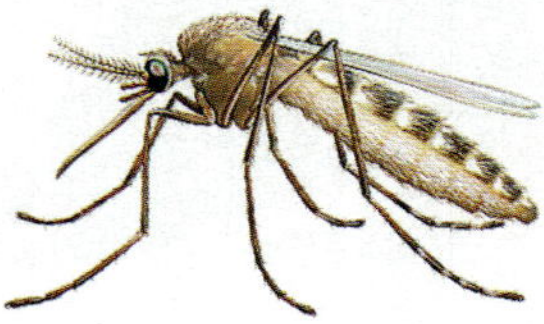

un moustique

moût n.m. Jus de raisin ou de pomme non fermenté, qui sort du pressoir.
● Ce mot se termine par un **t**.
– La nouvelle orthographe permet d'écrire aussi **mout,** sans accent circonflexe.

moutarde n.f. Sauce épaisse au goût piquant faite avec les graines broyées d'une plante à fleurs jaunes appelée aussi « moutarde ».

la **moutarde :** tige et fruits

mouton n.m. ❶ Mammifère ruminant domestique au pelage épais et frisé, que l'on élève pour sa viande, sa laine et le lait des femelles. ❷ Viande de mouton. *Un gigot de mouton.* ◆ **n.m. plur.** ❶ Petites vagues couvertes d'écume qui apparaissent sur la mer quand il y a de la brise. ❷ Petits flocons de poussière d'aspect laineux. → Vois aussi **ovin.**
● Mâle : le bélier. Femelle : la brebis. Petits : l'agneau, l'agnelle. Cri : le bêlement.

un **mouton**

▸ **moutonnier, ère** adj. Qui suit aveuglément les autres, comme le font les moutons.

mouture n.f. Action et manière de moudre des grains; poudre que l'on obtient ainsi. *La mouture du café doit être fine.*
▸▸▸ Mot de la famille de **moudre.**

mouvant, e adj. **Sables mouvants,** sables très humides dans lesquels on peut s'enliser.
▸▸▸ Mot de la famille de **mouvoir.**

mouvement n.m. ❶ Déplacement d'un point vers un autre. *Observer le mouvement des étoiles.* ❷ Action ou manière de bouger son corps, ses membres. *Un mouvement de danse. Faire un mouvement brusque.* SYN. **geste.** ❸ **Faux mouvement,** geste qui n'est ni habituel ni naturel et qui provoque une douleur. ❹ Ensemble des mécanismes et des engrenages qui font marcher une machine, un appareil. *Le mouvement d'une horloge.* ❺ Déplacement d'un groupe de personnes ou de véhicules. *Un mouvement de foule. Le mouvement des avions.* SYN. **circulation, trafic.** ❻ Animation, action, vie, rythme. *Un quartier plein de mouvement.* ❼ Réaction brusque trahissant une émotion. *Avoir un mouvement d'humeur.* ❽ Groupe de personnes ayant les mêmes objectifs. *Appartenir à un mouvement syndical.* SYN. **groupement.**
▸▸▸ Mot de la famille de **mouvoir.**

mouvementé, e adj. Qui est plein d'événements, d'imprévus. *Un voyage mouvementé.* SYN. **animé, tumultueux.**
▸▸▸ Mot de la famille de **mouvoir.**

mouvoir et **se mouvoir** v. (conjug. 33). Mettre en mouvement. *Mouvoir ses bras.* SYN. **bouger, remuer.** *Les éoliennes sont mues par le vent.* SYN. **actionner.** ◆ **se mouvoir.** Être en mouvement. *Mon arrière-grand-père a du mal à se mouvoir.* SYN. **bouger, se déplacer.**

1. **moyen, enne** adj. ❶ Qui se situe entre deux extrêmes. *Camélia est de taille moyenne.* ❷ Qui est ni bon ni mauvais. *Mes résultats scolaires sont moyens.* SYN. **passable.** *Le film était très moyen.* SYN. **médiocre.** ❸ Qui est obtenu en calculant une moyenne. *Quelle a été la température moyenne du mois d'août ?* ❹ **Cours moyen,** ou **C.M.,** niveau de l'école primaire qui vient après le cours élémentaire.

a b c d e f g h i j k l **m** n o p q r s t u v w x y z

a b c d e f g h i j k l m n o p q r s t u v w x y z

2. moyen n.m. ❶ Procédé qui permet de faire quelque chose, de parvenir à un but. *Tu trouveras bien un moyen de le convaincre.* SYN. **façon, manière.** *La voiture, le train, l'avion sont des moyens de transport. La carte bancaire est un moyen de paiement.* SYN. **mode.** ❷ **Au moyen de,** en faisant usage de. *Se repérer au moyen d'une boussole.* SYN. **à l'aide de.** ◆ n.m. plur. ❶ Ressources que l'on a pour vivre. *Certaines personnes n'ont pas les moyens de partir en vacances.* ❷ Capacités physiques ou intellectuelles. *La peur lui fait perdre tous ses moyens.*

Moyen Âge n.m. Période de l'histoire qui se situe entre la fin de l'Antiquité et le début de la Renaissance (du 5e au 15e siècle). → Vois aussi **féodal, féodalité, médiéval.**

→ planche pp. 696-697.

▸ **moyenâgeux, euse** adj. ❶ Du Moyen Âge. *Un village moyenâgeux.* SYN. **médiéval.** ❷ Qui fait penser au Moyen Âge. *Des idées moyenâgeuses.* SYN. **archaïque, vieillot.**

● Le **a** prend un accent circonflexe.

moyenne n.f. ❶ Vitesse obtenue en divisant la distance parcourue par le temps mis à la parcourir. *Nous avons roulé à 90 km/h de moyenne.* ❷ Note égale à la moitié de la note maximale. *Quand on note un devoir sur vingt, la moyenne est dix.* ❸ Ce qui se situe entre deux extrêmes. *Tes performances sont au-dessus de la moyenne.*

▸▸▸ Mot de la famille de **moyen (1).**

MP3 n.m. invar. Technique permettant de réduire le volume des fichiers pour enregistrer de la musique sur Internet. *David a eu un lecteur MP3 pour son anniversaire.*

mucosité n.f. Liquide visqueux qui s'écoule d'une muqueuse. *La morve est une mucosité nasale.*

▸▸▸ Mot de la famille de **muqueuse.**

mue n.f. ❶ Changement dans le plumage, le poil, la peau de certains animaux, à certaines périodes de l'année. *La mue des crustacés.* ❷ Changement de timbre de la voix d'un adolescent.

▸▸▸ Mot de la famille de **muer.**

muer v. (conjug. 3). ❶ Changer de peau, de poil ou de plumage, en parlant de certains animaux. *Les serpents muent.* ❷ Avoir la voix qui change au moment de la puberté, en parlant d'un garçon. *Mon frère a douze ans, il mue.*

muet, muette adj. et n. Qui n'a pas l'usage de la parole. *Ma tante est muette de naissance. Les muets communiquent par des gestes.* ◆ adj. ❶ Qui refuse de parler ou ne peut pas parler momentanément. *Face aux enquêteurs, l'accusé est resté muet.* SYN. **silencieux.** *Lisa était muette de stupeur.* SYN. **interdit.** ❷ Qui est écrit mais n'est pas prononcé. *Le « e » est muet dans « larme ».* ❸ **H muet,** qui n'empêche pas la liaison avec la voyelle qui suit. *Dans « les hommes », il y a un h muet.* CONTR. **h aspiré.** ❹ **Cinéma muet,** sans paroles. CONTR. **cinéma parlant.**

▸▸▸ Mot de la même famille : **mutisme.**

muezzin n.m. Religieux musulman chargé d'appeler les fidèles aux cinq prières quotidiennes, du haut du minaret de la mosquée.

● La nouvelle orthographe permet d'écrire aussi **muézine,** avec un accent et un seul **z.**

1. mufle n.m. Extrémité du museau de certains mammifères. *Le mufle d'un lion.*

2. mufle n.m. Homme grossier, sans délicatesse. *Il ne nous a même pas remerciés ! C'est un mufle.* SYN. **goujat, malotru, rustre.**

mugir v. (conjug. 16). ❶ En parlant d'un bovin, faire entendre son cri, le *mugissement.* *Les vaches mugissaient dans le pré.* SYN. **beugler, meugler.** ❷ Faire entendre un son grave et prolongé. *Le vent mugit dans les arbres.*

▸ **mugissement** n.m. ❶ Cri des bovins. *Le mugissement d'un taureau.* SYN. **beuglement, meuglement.** ❷ Son grave et prolongé. *Le mugissement d'une sirène.*

muguet n.m. Petite plante des sous-bois à fleurs blanches parfumées, en forme de clochette, qui fleurit en avril et mai. *Au 1er Mai, on s'offre du muguet.*

mulâtre n. et adj. Personne née d'un parent noir et d'un parent blanc. *Une mulâtre de la Martinique.* → Vois aussi **créole, métis.**

● Le **a** prend un accent circonflexe. – Au féminin, on disait autrefois une **mulâtresse.**

1. mule n.f. Pantoufle ou chaussure légère qui ne recouvre pas le talon.

2. mule n.f. Mulet femelle, né d'un âne et d'une jument.

1. mulet n.m. Animal mâle toujours stérile qui provient du croisement d'un âne et d'une jument. *Les mulets sont très résistants.*

un **mulet** du Poitou

2. **mulet** n.m. Poisson de la Méditerranée qui vit près des côtes.

mulot n.m. Petit rat des bois et des champs. *Le mulot vit dans un terrier.* → Vois aussi **surmulot.**

multicolore adj. De plusieurs couleurs. *Un déguisement multicolore.* SYN. **bariolé, bigarré.** CONTR. **uni.**
▸▸▸ Mot de la famille de **couleur.**

multimédia adj. Qui utilise ou concerne plusieurs médias. *Des messages multimédias.* ◆ n.m. Ensemble des techniques et des produits qui permettent de consulter des documents sous différentes formes en même temps (textes, images et sons).

multinationale n.f. Société qui a des activités et des capitaux dans plusieurs pays.
● On peut aussi dire une **société multinationale.**

1. **multiple** n.m. Nombre qui contient un autre nombre plusieurs fois exactement. *8, 16, 24 sont des multiples de 4.*

▸ 2. **multiple** adj. ❶ Qui se présente sous des aspects nombreux et variés. *Ce magasin propose de multiples modèles.* CONTR. **unique.** ❷ **Prise multiple,** qui permet de brancher plusieurs appareils électriques.

▸ **multiplicande** n.m. Nombre à multiplier. *Dans la multiplication 5 × 3 = 15, 5 est le multiplicande.*

▸ **multiplicateur** n.m. Nombre par lequel on multiplie. *Dans la multiplication 5 × 3 = 15, 3 est le multiplicateur.*

▸ **multiplication** n.f. ❶ Opération qui consiste à multiplier un nombre par un autre pour trouver leur produit. CONTR. **division.** ❷ Augmentation. *La multiplication des accidents domestiques.* ❸ Augmentation du nombre d'individus d'une espèce vivante.
→ Vois aussi **asexué.**

▸ **multiplier** et **se multiplier** v. (conjug. 7). ❶ Faire la multiplication d'un nombre par un autre. *Si je multiplie cinq par trois, j'obtiens quinze.* ❷ Augmenter le nombre de. *J'ai multiplié les maladresses.* ◆ **se multiplier.** Se répéter un grand nombre de fois. *Les accidents se multiplient.*

multitude n.f. Très grand nombre. *Une multitude de visiteurs sont entrés dans le château.* SYN. **foule, kyrielle, myriade.**

muni, e participe passé et adj. Qui comporte tel élément. *Un hôtel muni de tout le confort moderne.*
▸▸▸ Mot de la famille de **munir.**

municipal, e, aux adj. ❶ De la municipalité. *La bibliothèque municipale.* ❷ **Élections municipales,** élections des conseillers municipaux au suffrage universel.
● Au masculin pluriel : **municipaux.**

▸ **municipalité** n.f. ❶ Division administrative du territoire français administrée par un maire et des conseillers municipaux. SYN. **commune.** ❷ Ensemble formé par le maire et ses adjoints.

munir et **se munir** v. (conjug. 16). Pourvoir de ce qui est nécessaire. *Munir les écoles d'ordinateurs.* SYN. **équiper.** ◆ **se munir de.** Prendre avec soi ce qui est nécessaire. *Munissez-vous d'une bouteille d'eau pour la randonnée.*

▸ **munitions** n.f. plur. Projectiles et explosifs nécessaires à l'approvisionnement des armes à feu.

muqueuse n.f. Membrane très fine qui tapisse l'intérieur des organes creux et qui sécrète des mucosités. *La muqueuse de l'estomac; la muqueuse du nez.*

mur n.m. ❶ Construction verticale qui constitue un côté d'un bâtiment ou qui sert à diviser ou à fermer un espace. *Les murs de l'école sont en briques. On a repeint les murs de ma chambre.* SYN. **cloison.** ❷ **Franchir le mur du son,** pour un avion, dépasser la vitesse du son.
▸▸▸ Mot de la même famille : **emmurer.**

mûr, e adj. ❶ Qui a fini de se développer et qui est bon à récolter et à manger. *Les*

a b c d e f g h i j k l m n o p q r s t u v w x y z

Le Moyen Âge

Le Moyen Âge est la période de l'histoire qui se situe entre la fin de l'Antiquité et le début de la Renaissance (du 5e au 15e siècle). À cette époque, on parle de « société féodale » : la vie est fondée sur les rapports entre seigneurs, vassaux et serfs, qui vivent dans les campagnes. Dans les villes travaillent commerçants et artisans. Moines et religieux sont très présents dans la vie quotidienne.

Le château

• La résidence du seigneur, de sa famille et de son armée est une véritable **forteresse**, d'où son nom de « **château fort** ».

Elle est protégée par des **remparts**, des murs à **créneaux** et des **tours**.

• On y entre par un **pont-levis** enjambant les **douves**, fossés remplis d'eau.

• Une fois la **herse** franchie, on se trouve dans la **basse cour** où, au milieu des poules, canards, cochons, se croisent paysans, **forgerons**, menuisiers, **palefreniers** et serviteurs.

• Un second pont-levis conduit à la **haute cour** et au **donjon** où logent le seigneur et sa famille.

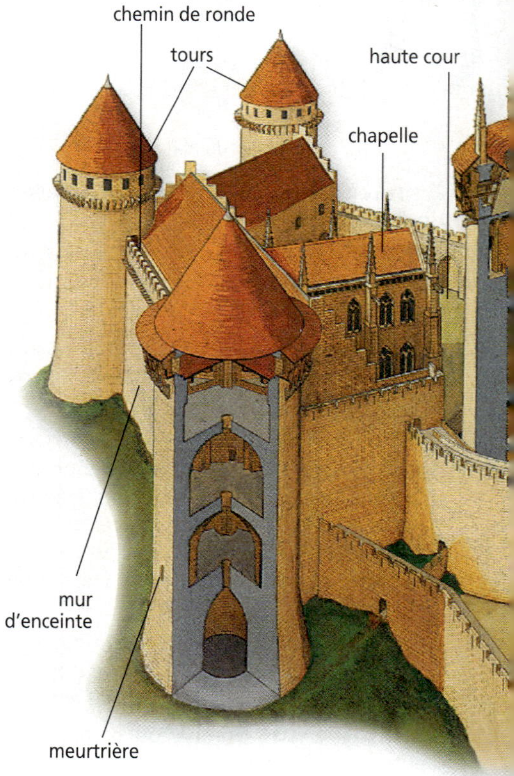

Comment devient-on chevalier ?

• Le **page**, garçon de la noblesse, quitte sa famille à 7 ans pour se mettre au service d'un seigneur. À 14 ans, il devient **écuyer** (celui qui tient l'**écu**, ou bouclier). Il s'entraîne à monter à cheval, chasser, manier les armes. Vers 20 ans, il est fait **chevalier** à l'issue d'une cérémonie : l'**adoubement**✿.

• Lors des **tournois**, les chevaliers armés de **lances** s'affrontent pour prouver leur courage.

✿ **adouber** v. → **adoubement** n.m.

Histoire des mots

- **Un chevalier :** à l'origine, c'est celui qui combat à cheval.
- **Un vilain :** c'est un paysan libre. L'adjectif *vilain, vilaine* vient de ce mot ; il signifie « laid, méchant, méprisable », car les vilains étaient souvent méprisés.
- **Un serf :** c'est un paysan attaché à une terre et qui dépend d'un seigneur ; ce mot vient du latin *servus* qui signifie « esclave ».

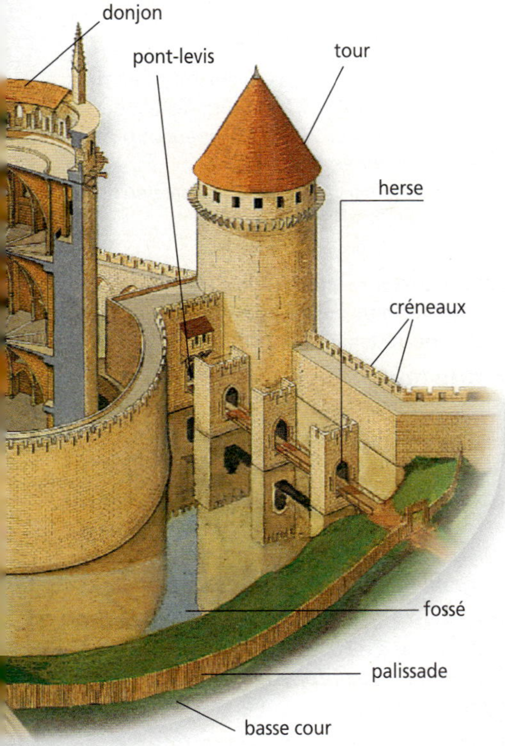

Le clergé

- Les hommes d'Église, ou **clercs**, prient et enseignent. Ils s'occupent des malades et des pauvres dans les **hospices**.
- Les **moines** vivent en communauté, à l'écart du monde, dans des **monastères**. Sur des **parchemins** (peau de mouton ou de chèvre), ils recopient des ouvrages en les décorant avec des **enluminures**, illustrations de couleurs vives.

Les paysans : serfs et vilains

- Les **paysans** cultivent la terre du seigneur. Certains sont, comme des esclaves, privés de liberté : les **serfs** ; d'autres sont libres : les **vilains**.
- Les paysans doivent donner au seigneur une partie de leur récolte ou lui verser une **redevance**. Ils doivent aussi effectuer des **corvées** (nettoyer les bâtiments, curer les douves…) et payer des **taxes** (par exemple pour utiliser le moulin ou le four).

Seigneurs et vassaux

- Le riche **seigneur** possède un domaine avec des terres. Pour les exploiter, il en confie une partie (le **fief**) à d'autres seigneurs qui deviennent ses **vassaux**.
- Le **vassal** jure fidélité à son seigneur, appelé **suzerain** ; en échange, le suzerain lui promet sa protection.

fraises sont mûres. ❷ Qui a fini de se développer physiquement et intellectuellement. *Un enfant très mûr pour son âge.*

● La nouvelle orthographe permet d'écrire aussi **mure, murs** et **mures,** sans accent circonflexe.

muraille n.f. Mur très épais, solide et haut. *Les murailles d'un château fort.* SYN. **enceinte, fortification, rempart.**

▸▸▸ Mot de la famille de **mur.**

mural, e, aux adj. Qui est appliqué, tracé sur un mur. *Un miroir mural; une peinture murale.*

● Au masculin pluriel : **muraux.**

▸▸▸ Mot de la famille de **mur.**

mûre n.f. ❶ Petit fruit noir qui pousse sur les ronces. *De la gelée de mûres.* ❷ Fruit du mûrier.

● La nouvelle orthographe permet d'écrire aussi **mure,** sans accent circonflexe.

des **mûres**

murène n.f. Poisson vorace de la Méditerranée, au corps allongé et aux mâchoires armées de dents coupantes. *La morsure de la murène est dangereuse.*

une **murène**

murer v. (conjug. 3). Boucher par un mur. *Les fenêtres de l'usine désaffectée ont été murées.* SYN. **boucher, condamner.**

▸▸▸ Mot de la famille de **mur.**

muret n.m. Petit mur.

▸▸▸ Mot de la famille de **mur.**

mûrier n.m. Petit arbre à fruits noirs, blancs ou rouges. *Le mûrier blanc est cultivé pour l'élevage des vers à soie, qui se nourrissent de ses feuilles.*

● La nouvelle orthographe permet d'écrire aussi **murier,** sans accent circonflexe.

▸▸▸ Mot de la famille de **mûre.**

mûrir v. (conjug. 16). ❶ Devenir mûr. *Les fruits mûrissent au soleil.* ❷ Acquérir de la sagesse, de l'expérience. *Salomé a beaucoup mûri pendant l'année scolaire.*

● La nouvelle orthographe permet d'écrire aussi **murir,** sans accent circonflexe.

▸▸▸ Mot de la famille de **mûr.**

murmure n.m. Bruit de voix léger et confus. *On entendait des murmures dans la salle.* SYN. **chuchotement.**

▸ **murmurer** v. (conjug. 3). ❶ Dire tout bas. *Elle m'a murmuré un secret à l'oreille.* SYN. **chuchoter, susurrer.** ❷ Protester. *Il a obéi sans murmurer.*

musaraigne n.f. Petit mammifère insectivore au museau pointu. *Il existe 200 espèces de musaraignes; la plus petite pèse 2 grammes.*

musarder v. (conjug. 3). Mot littéraire. Perdre son temps à des choses sans importance. *En vacances, on aime bien musarder.* SYN. **flâner, paresser, traîner.**

musc n.m. Liquide odorant sécrété par certains mammifères et utilisé en parfumerie.

muscade n.f. Graine d'un fruit des pays chauds utilisée en cuisine pour parfumer les aliments.

● On peut aussi dire **noix de muscade.**

muscat n.m. Raisin très sucré, très parfumé, blanc ou noir; vin obtenu avec ce raisin.

● Ce mot se termine par un **t.**

muscle n.m. Organe fait de fibres qui, en se contractant, assurent le mouvement. *La natation développe les muscles des épaules.*

→ planche pp. 258-259.

▸ **musclé, e** adj. Qui a des muscles bien développés. *Les athlètes sont musclés.*

▶ **muscler** v. (conjug. 3). Développer les muscles. *La danse muscle harmonieusement les bras et les jambes.*

▶ **musculaire** adj. Qui concerne les muscles. *Une douleur musculaire.*

▶ **musculation** n.f. Ensemble d'exercices destinés à développer les muscles. *Mon cousin fait de la musculation.*

▶ **musculature** n.f. Ensemble des muscles du corps humain. *Développer sa musculature.*

muse n.f. ❶ (Avec une majuscule). Chacune des neuf déesses de la mythologie grecque qui protégeaient les artistes et les poètes. ❷ Femme qui inspire un artiste, un poète.

museau n.m. Partie allongée et plus ou moins pointue de la face d'un animal. *Le chien a posé son museau sur mes genoux.*

● Au pluriel : des **museaux.**

musée n.m. Édifice où sont conservés et exposés des œuvres d'art ou des objets qui présentent un intérêt historique, scientifique, technique. *Le musée du Louvre, à Paris; le musée de la Poste; le musée de la Marine.*

● Ce nom masculin se termine par un **e.**

museler v. (conjug. 12). Mettre une muselière à un animal. *Museler un chien.*

▸▸▸ Mot de la famille de **museau.**

muselière n.f. Appareil que l'on ajuste sur le museau de certains animaux pour les empêcher de mordre.

▸▸▸ Mot de la famille de **museau.**

musette n.f. Mot ancien. Sac de toile porté en bandoulière. → Vois aussi **sacoche.**

muséum n.m. Musée consacré aux sciences naturelles.

● On prononce [myzeɔm].

musical, e aux adj. Qui concerne la musique. *J'écoute une émission musicale à la radio.* → Vois aussi **comédie.**

● Au masculin pluriel : **musicaux.**

▸▸▸ Mot de la famille de **musique.**

musicien, enne n. Personne qui compose ou joue de la musique. *Mozart et Vivaldi sont de célèbres musiciens du 18e siècle.* SYN. **compositeur.** *L'orchestre comportait une quarantaine de musiciens.* SYN. **instrumentiste.**

▸▸▸ Mot de la famille de **musique.**

musique n.f. ❶ Art de combiner les sons, de s'exprimer par les sons. *Maxime étudie la musique.* ❷ Ensemble de sons assemblés. *Lire la musique. J'aime la musique de cette chanson.*

→ planche pp. 580-581.

musulman n. et adj. Personne qui est de religion islamique. *Les musulmans vont prier à la mosquée.* ◆ adj. Qui se rapporte à l'islam. *La religion musulmane.* → Vois aussi **bouddhiste, chrétien, israélite.**

mutant, e n. Héros de science-fiction qui est le produit d'une mutation de l'espèce humaine.

▸▸▸ Mot de la famille de **muter.**

mutation n.f. ❶ Transformation d'une société, d'une technique. *Le 20e siècle a connu d'importantes mutations.* ❷ Changement de lieu de travail d'un fonctionnaire ou d'un militaire.

▸▸▸ Mot de la famille de **muter.**

muter v. (conjug. 3). Nommer à un nouveau poste sur un autre lieu de travail. *Muter un fonctionnaire dans le Sud.*

mutilation n.f. Action de mutiler ou fait d'être mutilé. *Les mutilations d'un blessé.* SYN. **blessure.**

▸▸▸ Mot de la famille de **mutiler.**

mutilé, e n. Personne qui a perdu un ou plusieurs membres, qui a subi une mutilation. *Des mutilés de guerre.* SYN. **blessé, invalide.**

▸▸▸ Mot de la famille de **mutiler.**

mutiler v. (conjug. 3). Blesser très grièvement en coupant un membre, un organe. *Il a été mutilé dans un accident de voiture.* → Vois aussi **amputer, s'estropier.**

mutin n.m. Personne qui se révolte contre l'autorité. *Les mutins se sont emparés du navire.* SYN. **insurgé, rebelle.**

▶ se **mutiner** v. (conjug. 3). Organiser une révolte collective contre l'autorité. *Des soldats se sont mutinés.* SYN. **se rebeller, se soulever.**

▶ **mutinerie** n.f. Action de se mutiner; révolte collective. *Une mutinerie de prisonniers.* SYN. **insurrection, rébellion, révolte.**

mutisme n.m. Attitude d'une personne qui refuse de parler. *L'accusé s'est enfermé dans le mutisme.* SYN. **silence.**

▸▸▸ Mot de la famille de **muet.**

mutuel, elle adj. Qui s'échange entre deux ou plusieurs personnes. *Les deux artistes se portent une admiration mutuelle.* SYN. **réciproque.** ◆ n.f. Association d'entraide qui

a b c d e f g h i j k l m n o p q r s t u v w x y z

a b c d e f g h i j k l m n o p q r s t u v w x y z

offre à ses adhérents un système d'assurance et de protection sociale.

▶ **mutuellement** adv. L'un l'autre. *Ils se sont mutuellement aidés.* SYN. **réciproquement.**

mycologie n.f. Étude des champignons.

● Ce mot s'écrit avec un **y.**

mygale n.f. Grosse araignée velue qui vit dans les régions chaudes et qui creuse un terrier. *La morsure de la mygale est très douloureuse mais rarement dangereuse.* → Vois aussi **tarentule.**

● Ce mot s'écrit avec un **y.**

myope adj. et n. Qui ne voit pas correctement les objets éloignés. *On porte des lunettes ou des verres de contact quand on est myope.* → Vois aussi **presbyte.**

● Ce mot s'écrit avec un **y.**

▶ **myopie** n.f. Trouble de la vue qui rend flous les objets éloignés.

myosotis n.m. Petite plante aux délicates fleurs bleues, appelée aussi «oreille-de-souris».

● Ce mot s'écrit avec un **y.** – On prononce le **s** final : [mjɔzɔtis].

myriade n.f. Quantité innombrable. *Des myriades d'étoiles.* SYN. **kyrielle, multitude.**

● Ce mot s'écrit avec un **y.**

myrtille n.f. Petit fruit rond bleu-noir qui pousse dans les montagnes d'Europe sur un arbrisseau sauvage appelé aussi «myrtille».

● Ce mot s'écrit avec un **y.**

une branche de myrtille

mystère n.m. ❶ Chose inexplicable, incompréhensible. *La disparition des dinosaures reste un mystère pour les scientifiques.* SYN. **énigme.** ❷ Précaution prise pour tenir quelque chose secret. *Ils font grand mystère de leur prochain voyage.*

● Ce mot s'écrit avec un **y.**

▶ **mystérieusement** adv. De façon mystérieuse, inexplicable. *Les clés ont mystérieusement réapparu.*

▶ **mystérieux, euse** adj. ❶ Qui est difficile à comprendre. *Un phénomène mystérieux.* SYN. **énigmatique, incompréhensible, inexplicable.** ❷ Qui s'entoure de mystère. *Une femme mystérieuse.*

mysticisme n.m. Attitude religieuse qui recherche l'union parfaite avec Dieu dans la contemplation.

▶▶▶ Mot de la famille de **mystique.**

mystification n.f. Tromperie qui consiste à abuser de la crédulité de quelqu'un. *Être victime d'une mystification.* SYN. **supercherie.**

→ Vois aussi **canular.**

▶▶▶ Mot de la famille de **mystifier.**

mystifier v. (conjug. 7). Tromper quelqu'un en abusant de sa crédulité. SYN. **berner.**

→ Vois aussi **duper.**

mystique adj. et n. Qui est porté au mysticisme. *Un mystique chrétien.*

mythe n.m. Récit fabuleux qui met en scène des êtres surnaturels, des actions remarquables. *Les mythes antiques.* → Vois aussi **légende.**

● Ce mot s'écrit avec un **y** et **th.**

▶ **mythique** adj. Qui concerne les mythes. *Ulysse est un héros mythique.* SYN. **fabuleux, imaginaire, légendaire.**

▶ **mythologie** n.f. Ensemble des mythes et des légendes d'un peuple, d'une civilisation. *La mythologie grecque, romaine.*

▶ **mythologique** adj. Qui appartient à la mythologie. *Les divinités mythologiques.*

mythomane adj. et n. Qui ne peut pas s'empêcher de mentir ou d'enjoliver la réalité. *C'est un mythomane ! En réalité, il n'a jamais sauté en parachute.*

● Ce mot s'écrit avec un **y** et avec **th.**

nacelle n.f. Grand panier suspendu à un ballon, où prennent place les passagers. *La nacelle d'une montgolfière.*

nacre n.f. Matière brillante et irisée qui tapisse l'intérieur de la coquille de certains coquillages. *On fabrique des boutons et des bijoux en nacre.*

▸ **nacré, e** adj. Qui a les reflets, la couleur de la nacre. *Du vernis à ongles nacré.*

nage n.f. ❶ Action et manière de nager. *Les deux principales nages sont la brasse et le crawl. Antonin a rejoint le bateau à la nage.* ❷ **Être en nage,** être couvert de sueur.
▸▸▸ Mot de la famille de **nager.**

nageoire n.f. Organe plat qui permet aux poissons et à de nombreux animaux aquatiques de se déplacer dans l'eau. *Une nageoire caudale, dorsale, ventrale.* → Vois aussi **aileron.**
● Le **g** est suivi d'un **e** pour prononcer le son [ʒ].
▸▸▸ Mot de la famille de **nager.**

nager v. (conjug. 5). ❶ Se déplacer dans l'eau en faisant des mouvements particuliers. *Ma petite sœur apprend à nager. Antonin nage bien le crawl.* ❷ **Nager dans un vêtement,** porter un vêtement trop large. SYN. **flotter.**

▸ **nageur, euse** n. Personne qui nage, qui sait nager. *Richard est un bon nageur.*

naguère adv. Mot littéraire. Il y a quelque temps. *Naguère ils étaient très amis.* SYN. **récemment.** → Vois aussi **jadis.**

naïf, naïve adj. et n. Qui croit tout ce qu'on lui dit. *Ne sois pas si naïve, tu vois bien qu'il te raconte des histoires !* SYN. **crédule.**
● Le **i** prend un tréma.

nain, naine n. et adj. Personne de très petite taille. *Blanche-Neige et les sept nains.* CONTR. **géant.** ◆ adj. Se dit d'un animal ou d'une plante de très petite taille. *Un poney nain. Le bonsaï est un arbre nain.*
▸▸▸ Mot de la même famille : **nanisme.**

naissance n.f. ❶ Commencement de la vie hors de l'organisme maternel ; venue au monde. *Le voisin nous a annoncé la naissance de son fils.* ❷ Endroit, partie du corps où commence quelque chose. *J'ai une cicatrice à la naissance des cheveux.*
▸▸▸ Mot de la famille de **naître.**

naître v. (conjug. 74). ❶ Sortir du ventre maternel, venir au monde. *Des triplés viennent de naître. Ma sœur est née en 2000.* CONTR. **mourir.** ❷ Commencer à exister. *Le cinéma est né en France en 1895. Cette mesure a fait naître la colère des pêcheurs.* SYN. **provoquer.**
● Ce verbe se conjugue avec l'auxiliaire « être ».
– La nouvelle orthographe permet d'écrire aussi **naitre,** sans accent circonflexe.
▸▸▸ Mots de la même famille : **natal, natalité, nouveau-né, renaître.**

naïvement adv. Avec naïveté, avec une confiance excessive. *Il a cru naïvement ce qu'on lui a raconté.*
● Le **i** prend un tréma.
▸▸▸ Mot de la famille de **naïf.**

naïveté n.f. ❶ Attitude d'une personne simple, innocente et pure. *La naïveté d'un enfant.* SYN. **candeur.** ❷ Tendance à croire tout ce qu'on entend dire. *On s'est moqué de sa naïveté.* SYN. **crédulité.** CONTR. **méfiance.**
● Le **i** prend un tréma.
▸▸▸ Mot de la famille de **naïf.**

naja n.m. Serpent très venimeux d'Asie et d'Afrique, dont l'espèce la plus connue est le cobra ou serpent à lunettes.

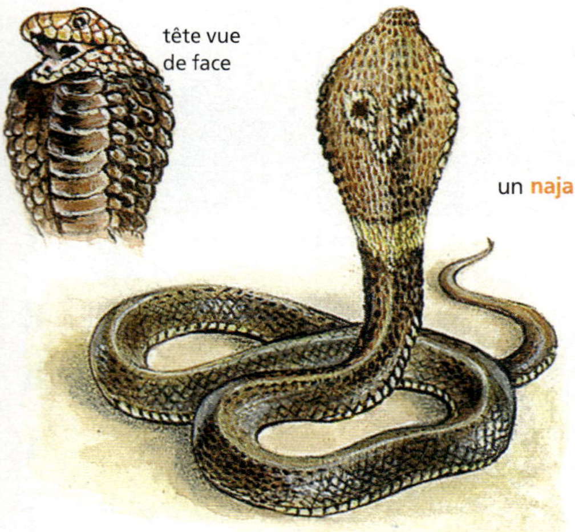

un **naja**

nanisme n.m. Fait d'être nain.
►►► Mot de la famille de **nain.**

nanti, e adj. et n. Qui est riche et vit dans l'aisance. *Une famille de nantis.* SYN. **riche.** CONTR. **nécessiteux.**

nappe n.f. ❶ Linge qui sert à protéger une table. ❷ Grande étendue de gaz ou de liquide. *Une nappe de pétrole; une nappe de brouillard.*
● Ce mot s'écrit avec deux **p.**

► **napper** v. (conjug. 3). Recouvrir un mets d'une crème, d'une sauce. *Napper un gâteau de crème.*

► **napperon** n.m. Petite nappe ornée de broderie ou de dentelle qui décore ou protège un meuble.

narcisse n.m. Fleur jaune ou blanche au parfum délicat qui pousse au printemps dans les prés et dans les jardins. → Vois aussi **jonquille.**

narguer v. (conjug. 6). Braver quelqu'un avec insolence. *Arsène Lupin nargue la police en laissant sa carte de visite.*

narine n.f. Chacune des deux ouvertures du nez des humains et des petits mammifères. → Vois aussi **naseau.**

narquois, e adj. Qui se moque avec malice. *Elle le regardait d'un air narquois.* SYN. **goguenard, moqueur, railleur.** → Vois aussi **ironique.**

narrateur, trice n. Personne qui raconte une histoire, qui fait un récit. → Vois aussi **conteur.**
►►► Mot de la famille de **narrer.**

narration n.f. Récit que l'on fait d'un événement. *Le témoin a fait la narration de l'accident.*
►►► Mot de la famille de **narrer.**

narrer v. (conjug. 3). Mot littéraire. Raconter en détail un événement. *Aziz nous a narré ses aventures de voyage.* → Vois aussi **relater.**
● Ce mot s'écrit avec deux **r.**
►►► Mot de la même famille : **inénarrable.**

narval n.m. Grand mammifère des mers arctiques, aussi appelé « licorne de mer » à cause de la longue défense que porte le mâle.
● Au pluriel : des **narvals.** – Le narval est un cétacé.

un **narval**

nasal, e adj. ❶ Du nez. *Une infection nasale.* ❷ **Fosse nasale,** chacune des deux cavités situées à l'intérieur du nez, où l'air pénètre.
● Au pluriel : **nasaux** ou **nasals.**

naseau n.m. Narine de certains mammifères, comme le cheval ou les ruminants.
● Au pluriel : des **naseaux.**

nasillard, e adj. **Voix nasillarde,** qui vient du nez. *Parler d'une voix nasillarde.*

nasse n.f. Panier allongé, en osier ou en fil de fer, utilisé pour la pêche des poissons ou des crustacés en eau douce. *Pêcher à la nasse.*

natal, e adj. Où l'on est né. *Mon oncle est retourné vivre dans son village natal.*
● Au masculin pluriel : **natals.**
►►► Mot de la famille de **naître.**

natalité n.f. Nombre de personnes qui naissent pendant une période donnée dans une population donnée. *Un pays à forte natalité, à faible natalité.* → Vois aussi **mortalité.**
►►► Mot de la famille de **naître.**

natation n.f. Sport de la nage. *Sarah fait de la natation.*
►►► Mot de la famille de **nager.**

natif, ive adj. Qui est né à. *Solène est native d'Angers.* SYN. **originaire de.**

nation n.f. ❶ Ensemble des personnes qui vivent sur le même territoire et qui ont en commun des traditions historiques, culturelles, linguistiques et économiques plus ou moins fortes. ❷ Communauté politique établie sur un territoire et dirigée par un gouvernement. *L'Organisation des Nations unies reconnaît l'existence de 193 nations.* SYN. **État.**

▸▸▸ Mots de la même famille : **international, multinationale.**

▶ **national, e, aux** adj. ❶ Qui appartient à une nation. *« La Marseillaise » est l'hymne national de la France.* ❷ Qui dépend d'un pays, qui concerne l'ensemble d'un pays. *L'équipe nationale d'Argentine.* ❸ **Route nationale,** route construite et entretenue par l'État.

● Au masculin pluriel : **nationaux.** – Au sens 3, on peut aussi dire une **nationale.**

▶ **nationalisation** n.f. Action de nationaliser une entreprise. *La nationalisation des chemins de fer.*

▶ **nationaliser** v. (conjug. 3). Placer une entreprise sous la direction de l'État alors qu'elle appartenait à des propriétaires privés. *Nationaliser une banque.* CONTR. **privatiser.**

▶ **nationalisme** n.m. Doctrine qui place l'intérêt de la nation au-dessus de celui des individus.

▶ **nationaliste** adj. et n. Qui est partisan du nationalisme. *Les mouvements nationalistes.*

▶ **nationalité** n.f. Appartenance juridique d'une personne à une nation. *Anne, Rachid et Loan ont la nationalité française.*

nativité n.f. Tableau ou sculpture qui représentent la naissance de Jésus-Christ.

natte n.f. ❶ Coiffure faite avec trois mèches de cheveux que l'on entrelace. *Natacha s'est fait des nattes.* SYN. **tresse.** ❷ Tapis de paille tressée. *S'étendre sur une natte, à la plage.*

● Ce mot s'écrit avec deux **t.**

naturalisation n.f. Action de naturaliser quelqu'un ; fait d'être naturalisé.

▸▸▸ Mot de la famille de **naturaliser.**

1. **naturaliser** v. (conjug. 3). Accorder à un étranger la nationalité du pays où il a choisi de vivre. *Un étranger qui se fait naturaliser français devient citoyen français.*

2. **naturaliser** v. (conjug. 3). Conserver un animal mort en lui donnant l'apparence de la vie. SYN. **empailler.**

naturaliste n. Spécialiste des sciences naturelles qui étudie les animaux, les végétaux et les minéraux.

▸▸▸ Mot de la famille de **nature.**

nature n.f. ❶ Ensemble de tout ce qui existe et qui n'a pas été fabriqué par les humains. *Les merveilles de la nature.* SYN. **monde, univers.** *Il est indispensable de protéger et de respecter la nature.* SYN. **environnement.** ❷ Campagne, mer, montagne. *Vivre en pleine nature.* ❸ Ce qui caractérise un être ou une chose, qui les rend différents des autres. *Quelle est la nature de cette roche ?* ❹ Caractère, tempérament d'une personne. *Ma sœur a une nature enjouée.* SYN. **naturel.** ❺ Classe à laquelle appartient un mot. *Un mot garde toujours la même nature.* ❻ **En nature,** en marchandises, en objets réels et non en argent. *Payer en nature.* ❼ **Nature humaine,** ensemble des caractères communs à tous les humains. ❽ **Nature morte,** tableau représentant des animaux morts ou des objets.

▸▸▸ Mots de la même famille : **dénaturer, surnaturel.**

▶ **naturel, elle** adj. ❶ Qui appartient à la nature. *La marée est un phénomène naturel. Nous avons observé des animaux dans leur milieu naturel.* ❷ Qui est issu directement de la nature. *De la soie naturelle.* CONTR. **artificiel, synthétique.** ❸ Qui est conforme à l'ordre normal des choses, à la raison. *Il est naturel d'aider ses amis.* SYN. **normal.** ❹ Qui est spontané et sincère. *Son sourire était naturel.* SYN. **spontané.** CONTR. **affecté, forcé.** ◆ n.m. ❶ Caractère, tempérament. *Être d'un naturel optimiste.* SYN. **nature.** ❷ Simplicité, spontanéité. *S'exprimer avec naturel.* CONTR. **cabotinage.**

→ planche pp. 764-765.

▶ **naturellement** adv. ❶ De façon naturelle. *Mes cheveux frisent naturellement. Cette idée m'est venue naturellement.* SYN. **spontanément.** ❷ D'une manière inévitable. *Naturellement, tu as encore perdu tes clés.* SYN. **évidemment.**

naturisme n.m. Mode de vie fondé sur le respect de la nature, notamment en vivant nu et en ayant une alimentation végétarienne.
▸▸▸ Mot de la famille de **nature.**

naturiste n. Personne qui pratique le naturisme.
▸▸▸ Mot de la famille de **nature.**

naufrage n.m. Disparition d'un navire en mer. *Le voilier a fait naufrage.*

▸ **naufragé, e** n. Victime d'un naufrage. *On a porté secours aux naufragés.*

nauséabond, e adj. Qui sent mauvais, qui donne la nausée. *Une odeur nauséabonde.* SYN. **fétide, infect, malodorant.**
▸▸▸ Mot de la famille de **nausée.**

nausée n.f. Envie de vomir. *J'ai trop mangé, j'ai la nausée.* SYN. **haut-le-cœur.**

nautile n.m. Mollusque des mers chaudes à coquille en forme de spirale.

un **nautile**

nautique adj. Qui concerne la navigation de plaisance, les sports pratiqués sur l'eau. *Le canoë, la planche à voile, le surf sont des sports nautiques. Léa fait du ski nautique.*

naval, e adj. ❶ Qui concerne les bateaux, la navigation. *Des chantiers navals.* ❷ Qui concerne la marine militaire. *Une bataille navale.*
● Au masculin pluriel : **navals.**

navet n.m. ❶ Plante cultivée pour sa racine comestible, blanche ou violette, que l'on mange cuite. *Mettre des navets dans un pot-au-feu.* ❷ (Sens familier). Mauvais film, mauvaise pièce de théâtre.

un **navet**

navette n.f. ❶ Dans un métier à tisser, bobine de fil qui se déplace dans un mouvement de va-et-vient pour entrelacer les fils. ❷ Véhicule qui effectue l'aller et le retour entre deux lieux proches. *Une navette relie l'hôtel à l'aéroport.* ❸ **Navette spatiale,** véhicule spatial qui peut faire plusieurs voyages autour de la Terre. ❹ **Faire la navette,** se déplacer régulièrement entre deux lieux.

navigable adj. Où les bateaux peuvent naviguer. *La Seine est un fleuve navigable.*
▸▸▸ Mot de la famille de **naviguer.**

navigant, e adj. **Personnel navigant,** ensemble des personnes qui constituent les équipages des avions. *Les hôtesses de l'air et les stewards font partie du personnel navigant.*
▸▸▸ Mot de la famille de **naviguer.**

navigateur, trice n. Personne qui navigue, fait de longs voyages en mer. *Un navigateur solitaire a gagné la course transatlantique.*
▸▸▸ Mot de la famille de **naviguer.**

navigation n.f. Fait de naviguer à bord d'un bateau, d'un avion ou d'un engin spatial. *Les aiguilleurs du ciel contrôlent la navigation aérienne.*
▸▸▸ Mot de la famille de **naviguer.**

naviguer v. (conjug. 6). Voyager sur l'eau ou dans les airs. *Un marin qui a beaucoup navigué. La navette spatiale navigue dans la stratosphère.*

navire n.m. Grand bateau destiné à la navigation en pleine mer. *Les paquebots, les pétroliers et les cargos sont des navires.* → Vois aussi **bâtiment.**

→ planche pp. 128-129.

▸ **navire-usine** n.m. Navire aménagé pour la congélation en mer du poisson.
● Au pluriel : des **navires-usines.**

navrant, e adj. Qui navre, qui attriste. *Le navire échoué offrait un spectacle navrant.*

SYN. **déplorable, lamentable, pitoyable.** CONTR. **réjouissant.** → Vois aussi **affligeant.**
▸▸▸ Mot de la famille de **navrer.**

navrer v. (conjug. 3). Causer une grande peine. *Son départ nous a navrés.* SYN. **attrister, chagriner.** CONTR. **ravir, réjouir.**

nazi, e adj. et n. Qui appartenait au nazisme ou qui en était partisan. *Le parti nazi était dirigé par Hitler.*
▸▸▸ Mot de la famille de **nazisme.**

nazisme n.m. Doctrine politique nationaliste, qui prônait la supériorité de l'Allemagne, le racisme et l'antisémitisme. *Le nazisme domina l'Allemagne de 1933 à 1945.*
→ Vois aussi **fascisme.**
● On peut aussi dire **national-socialisme.**

ne adv. S'emploie avec « pas », « jamais », « plus », « rien », « aucun », « personne » pour indiquer la négation. *Je ne bougerai pas. Il ne veut plus te parler.*
● **Ne** devient **n'** devant une voyelle ou un « h » muet : *Il n'a rien vu. N'hésitez pas !*

né, née adj. Qui possède telle aptitude depuis la naissance. *Une comédienne-née.*
▸▸▸ Mot de la famille de **naître.**

néanmoins adv. Introduit une restriction. *Il était en colère, néanmoins il est resté calme.* SYN. **cependant, mais, pourtant.**

néant n.m. ❶ Ce qui n'existe pas. ❷ **Réduire à néant,** détruire entièrement. *La ville a été réduite à néant par le tremblement de terre.* SYN. **anéantir.**

nébuleuse n.f. Immense nuage de gaz et de poussières interstellaires.
▸▸▸ Mot de la famille de **nébuleux.**

nébuleux, euse adj. ❶ (Sens littéraire). Qui est couvert de nuages. *Un ciel nébuleux.* SYN. **nuageux.** ❷ Qui manque de précision. *Un projet nébuleux.* SYN. **confus, vague.**

nécessaire adj. Dont on a absolument besoin. *L'eau est nécessaire à la vie.* SYN. **indispensable.** CONTR. **superflu.** ◆ n.m. ❶ Ce dont on ne peut se passer, ce qui est indispensable pour vivre. *Manquer du nécessaire.* SYN. **minimum.** CONTR. **superflu.** ❷ Trousse, sac, mallette contenant des ustensiles pour un usage précis. *Un nécessaire de toilette.* ❸ **Faire le nécessaire,** faire ce qu'il faut pour aboutir à un résultat. *Nous ferons le nécessaire pour régler ce problème.*

▸ **nécessairement** adv. En toute logique, forcément. *Pour devenir chanteur, il faut nécessairement apprendre la musique.* SYN. **absolument, obligatoirement.**

▸ **nécessité** n.f. Fait d'être nécessaire; chose nécessaire, indispensable. *La nécessité de savoir lire et écrire.* SYN. **obligation.**

▸ **nécessiter** v. (conjug. 3). Rendre nécessaire, indispensable. *Ce travail nécessite une grande concentration.* SYN. **exiger, requérir.**

▸ **nécessiteux, euse** adj. et n. Qui manque des choses nécessaires pour vivre. *Aider une famille nécessiteuse.* SYN. **pauvre.** CONTR. **nanti.**

nécrologie n.f. Texte, article consacré à une personne qui vient de mourir.

nécropole n.f. Vaste lieu de sépultures, dans l'Antiquité. *Les nécropoles égyptiennes.*

nectar n.m. ❶ Liquide sucré produit par les fleurs. *Les abeilles butinent le nectar.* ❷ Boisson composée de jus de fruits et d'eau. *Un nectar de pêche.* ❸ Boisson délicieuse. *Cette liqueur est un nectar.*

▸ **nectarine** n.f. Pêche à peau lisse, dont le noyau se sépare facilement de la chair.
→ Vois aussi **brugnon.**

néerlandais, e adj. et n. Des Pays-Bas. *Les polders néerlandais. Johanna est néerlandaise. C'est une Néerlandaise.* SYN. **hollandais.** ◆ n.m. Langue parlée aux Pays-Bas et en Belgique.
● Le nom prend une majuscule : *un Néerlandais.*

région centrale de la nébuleuse d'Orion

a b c d e f g h i j k l m n o p q r s t u v w x y z

a b c d e f g h i

nef n.f. ❶ Partie intérieure d'une église, comprise entre le portail principal et le chœur. ❷ Au Moyen Âge, grand navire à voiles, lent et peu maniable. → Vois aussi **caravelle.**

néfaste adj. ❶ Qui peut avoir des conséquences fâcheuses. *Certains élèves ont une influence néfaste sur leurs camarades.* SYN. **pernicieux.** ❷ Qui est marqué par le malheur. *Un jour néfaste.* SYN. **funeste, malheureux.** CONTR. **faste.**

nèfle n.f. Fruit comestible au goût acidulé qui pousse sur un arbuste épineux, le *néflier.*

des **nèfles**

n

négatif, ive adj. ❶ Qui exprime une négation. *Une phrase négative.* CONTR. **affirmatif.** ❷ **Faire une réponse négative,** répondre non. ❸ Qui n'est pas constructif, qui n'aboutit à rien. *Les résultats des négociations ont été négatifs.* CONTR. **positif.**

▶ **négatif** n.m. Pellicule photographique développée sur laquelle les parties claires correspondent aux teintes sombres et inversement.

▶ **négation** n.f. ❶ Ce qui est contraire à quelque chose. *Cette condamnation est la négation de toute justice.* ❷ En grammaire, mot qui sert à nier. *« Non » est une négation.*

▶ **négative** n.f. **Répondre par la négative,** répondre non. CONTR. **affirmative.**

négligé, e adj. Qui manque de soin. *Un travail négligé.* CONTR. **soigné.**

▸▸▸ Mot de la famille de **négliger.**

négligeable adj. Qui n'a pas d'importance. *Un détail négligeable.* SYN. **infime, insignifiant.** CONTR. **considérable, important.**

● Le deuxième **g** est suivi d'un **e** pour prononcer le son [ʒ].

▸▸▸ Mot de la famille de **négliger.**

négligemment adv. Avec négligence. *Elle tournait négligemment les pages d'un magazine.*

● On écrit **emment** mais on prononce [amɑ̃], comme *amant.*

▸▸▸ Mot de la famille de **négliger.**

négligence n.f. Manque de soin, d'application ou de prudence. *Faire preuve de négligence dans son travail.* SYN. **laisser-aller, relâchement.** *L'avalanche est due à la négligence de skieurs.*

▸▸▸ Mot de la famille de **négliger.**

négligent, e adj. Qui fait preuve de négligence. *Un élève négligent bâcle ses devoirs.* CONTR. **consciencieux, sérieux.**

▸▸▸ Mot de la famille de **négliger.**

négliger et **se négliger** v. (conjug. 5). Ne pas s'occuper de quelque chose ou de quelqu'un avec l'attention, le soin nécessaires. *Négliger son travail.* SYN. **se désintéresser de.** CONTR. **soigner.** *Négliger sa famille.* SYN. **délaisser.** ♦ **se négliger.** Ne pas prendre soin de sa personne. *Depuis quelque temps, tu te négliges.*

négociant, e n. Personne qui fait du commerce en gros. *Un négociant en vins.* SYN. **grossiste.**

▸▸▸ Mot de la famille de **négocier.**

négociateur, trice n. Personne qui négocie. *Les négociateurs espèrent parvenir rapidement à un accord.* → Vois aussi **médiateur.**

▸▸▸ Mot de la famille de **négocier.**

négociation n.f. Fait de négocier, de discuter afin de trouver un accord. *Les deux pays ont engagé des négociations.* SYN. **pourparlers.**

▸▸▸ Mot de la famille de **négocier.**

négocier v. (conjug. 7). Discuter pour parvenir à un accord. *Les patrons et les syndicats négocient.* SYN. **parlementer.**

nègre, négresse n. Mot péjoratif. Personne de couleur noire.

● On dit plutôt un **Noir,** une **Noire.**

▶ **négrier** n.m. Personne qui faisait le commerce des esclaves noirs.

neige n.f. ❶ Eau gelée qui tombe des nuages en flocons blancs et légers. *Sarah lance des boules de neige.* ❷ **Classe de neige,** séjour à la montagne d'une classe d'élèves qui partagent leurs activités entre les études et le

o p q r s t u v w x y z

ski. ❸ **Battre des œufs en neige,** fouetter des blancs d'œufs pour qu'ils forment une mousse blanche et ferme. → Vois aussi **carbonique.**

►►► Mots de la même famille : **enneigé, enneigement.**

► **neiger** v. (conjug. 5). **Il neige,** il tombe de la neige.

● Ce verbe se conjugue seulement à la 3e personne du singulier.

► **neigeux, euse** adj. Couvert de neige. *Les sommets neigeux.* SYN. **enneigé.**

nénuphar n.m. Plante aquatique à grandes feuilles rondes flottantes et à fleurs blanches, jaunes, rouges ou violettes. *Les grenouilles sautent d'un nénuphar à l'autre.*

● La nouvelle orthographe permet d'écrire aussi **nénufar.**

des nénuphars

néo-calédonien, enne adj. et n. De Nouvelle-Calédonie. *Nouméa est la capitale néo-calédonienne. Denis est néo-calédonien. C'est un Néo-Calédonien.*

● Le nom prend deux majuscules : *un Néo-Calédonien.* – La nouvelle orthographe permet d'écrire aussi **néocalédonien,** sans trait d'union.

néolithique n.m. Période la plus récente de la préhistoire, où apparurent les outils en pierre polie. ◆ adj. Qui appartient au néolithique. *Des poteries néolithiques.* → Vois aussi **paléolithique, préhistoire.**

● Ce mot s'écrit avec **th.** – Le néolithique a débuté vers 10000 avant J.-C. et s'est terminé vers 3300 avant J.-C., avec l'invention de l'écriture. C'est pendant le néolithique que les hommes ont commencé à habiter dans des villages, à pratiquer l'agriculture et l'élevage et à fabriquer des poteries et des tissus.

→ planches pp. 425, 824-825.

néologisme n.m. Mot ou expression nouvellement créés. *Une start-up, un vide-greniers sont des néologismes.*

néon n.m. ❶ Gaz utilisé pour l'éclairage. *Une enseigne au néon.* ❷ Tube fluorescent qui éclaire grâce à ce gaz. *Remplacer un néon.*

néophyte n. Personne qui pratique depuis peu une technique, un art, un sport. *Je suis un néophyte en photographie.* SYN. **débutant, novice.**

● Ce mot s'écrit avec **ph.**

néo-zélandais, e adj. et n. De Nouvelle-Zélande. *Les îles néo-zélandaises. John est néo-zélandais. C'est un Néo-Zélandais.*

● Le nom prend deux majuscules : *un Néo-Zélandais.* – La nouvelle orthographe permet d'écrire aussi **néozélandais,** sans trait d'union.

népalais, e adj. et n. Du Népal. *Katmandou est la capitale népalaise. Birendra est népalais. C'est un Népalais.*

● Le nom prend une majuscule : *un Népalais.*

nerf n.m. ❶ Cordon blanchâtre, composé de fibres, qui relie le cerveau aux différentes parties du corps. ❷ Tendon, ligament de la viande. *Un steak plein de nerfs.* ❸ Énergie, vigueur. *Ce garçon a du nerf.*

● On ne prononce pas le **f** : [nɛr].

►►► Mots de la même famille : **énervant, énervement, énerver.**

► **nerveusement** adv. Avec nervosité. *Il ronge nerveusement ses ongles.*

► **nerveux, euse** adj. et n. ❶ Qui concerne les nerfs. *Une maladie nerveuse.* ❷ **Système nerveux,** ensemble formé par les nerfs, le cerveau et la moelle épinière. ❸ Qui montre de l'agitation, qui s'énerve facilement. *Quand il a faim, il devient très nerveux.* CONTR. **calme.** ❹ Qui accélère très vite. *Une voiture nerveuse.* ◆ n. Personne très irritable.

► **nervosité** n.f. État d'une personne nerveuse. *Les candidats attendaient leurs résultats avec nervosité.* SYN. **énervement, excitation, fébrilité.** CONTR. **calme, tranquillité.**

► **nervure** n.f. Fine ligne en relief sur la surface d'une feuille. *La sève circule dans les nervures.*

n'est-ce pas adv. interrogatif. Sert à demander un avis ou à obtenir une confirmation. *Tu me téléphoneras demain, n'est-ce pas ?*

net, nette adj. ❶ Qui est d'une propreté parfaite. *Le linge est net.* SYN. **impeccable.** CONTR. **sale.** ❷ Dont on distingue bien les contours ou les détails. *La photo est nette.* CONTR. **flou.** ❸ Qui ne permet pas le doute. *Son refus a été net.* SYN. **catégorique.** ❹ **Poids**

a b c d e f g h i j k l m n o p q r s t u v w x y z

net, poids d'un objet sans l'emballage. CONTR. **brut.**

● On prononce [nɛt] au masculin et au féminin.

▶ **net** adv. De façon brutale; tout d'un coup. *Le cheval s'est arrêté net devant la haie.*

▶ **nettement** adv. De façon nette. *Quand il fait beau, on distingue nettement les îles.* SYN. **clairement.** *Le malade va nettement mieux.* SYN. **beaucoup.**

▶ **netteté** n.f. Caractère de ce qui est net, précis. *La netteté d'une image; la netteté d'une réponse.* SYN. **précision, clarté.** CONTR. **confusion.**

nettoiement n.m. Ensemble des opérations ayant pour objet de nettoyer. *Le nettoiement des plages.*

● On prononce [netwamɑ̃].

▸▸▸ Mot de la famille de **nettoyer.**

nettoyage n.m. Action de nettoyer. *Une entreprise de nettoyage.*

▸▸▸ Mot de la famille de **nettoyer.**

nettoyer v. (conjug. 14). Rendre propre, net. *Nous avons nettoyé l'appartement. Faire nettoyer un vêtement.*

● Ce mot s'écrit avec un **y.**

1. **neuf** adj. numéral et n.m. invar. Huit plus un. *Marie a neuf ans. J'ai ouvert mon livre à la page neuf. J'habite au neuf de la rue du Lavoir.*

● On prononce [nœv] devant une voyelle ou un « h » muet : *neuf ans, neuf heures.*

2. **neuf, neuve** adj. Qui vient d'être fabriqué ou qui n'a pas encore servi. *Habiter une maison neuve.* SYN. **moderne, récent.** CONTR. **ancien.** *Acheter un vélo neuf.* CONTR. **d'occasion.** *Kelly porte des vêtements neufs.* CONTR. **usagé, vieux.** ◆ n.m. ❶ Ce qui est neuf. *Certaines librairies vendent du neuf et de l'occasion.* ❷ **À neuf,** de manière à apparaître comme neuf. *L'appartement a été refait à neuf.*

neurasthénie n.f. Maladie qui se manifeste par une profonde tristesse.

● Ce mot s'écrit avec **th.**

neurologie n.f. Partie de la médecine qui étudie et soigne des maladies du système nerveux.

neurone n.m. Cellule nerveuse.

neutraliser v. (conjug. 3). Empêcher d'agir, rendre impuissant. *Neutraliser un adversaire dangereux.*

▸▸▸ Mot de la famille de **neutre.**

neutralité n.f. ❶ Position d'une personne qui reste neutre. *La neutralité d'un arbitre.* SYN. **impartialité, objectivité.** CONTR. **partialité, subjectivité.** ❷ Situation d'un État qui reste à l'écart d'un conflit international. *La Suisse est très attachée au principe de neutralité.*

▸▸▸ Mot de la famille de **neutre.**

neutre adj. ❶ Qui ne prend parti ni pour l'un, ni pour l'autre, dans une discussion, un conflit, un désaccord. *La maîtresse est restée neutre dans la querelle.* SYN. **impartial, objectif.** CONTR. **partial.** ❷ Qui ne participe pas aux hostilités engagées entre d'autres pays. *La Suisse est un pays neutre.* ❸ Qui est sans éclat. *Le beige et le gris sont des couleurs neutres.* CONTR. **vif.**

neuvième adj. numéral et n. Qui occupe une place marquée par le numéro neuf. *Saïd est arrivé neuvième. Aurélie est la neuvième sur la liste.* ◆ n.m. Quantité contenue neuf fois dans un tout. *Avoir le neuvième d'une somme.*

▸▸▸ Mot de la famille de **neuf (1).**

névé n.m. Couche supérieure d'un glacier de haute montagne, où la neige se transforme en glace. *Le névé est composé de neige tassée qui se transforme en glace.*

neveu n.m. Fils du frère ou de la sœur. → Vois aussi **nièce.**

● Au pluriel : des **neveux.**

nez n.m. invar. ❶ Partie saillante du visage située entre le front et la bouche, et qui permet de respirer et de sentir. *Léa a le nez retroussé.* ❷ (Familier). **Mener quelqu'un par le bout du nez,** lui faire faire tout ce que l'on veut. ❸ **Ne pas voir plus loin que le bout de son nez,** manquer de clairvoyance ou de prévoyance. ❹ **Se trouver nez à nez avec quelqu'un,** face à face. ❺ Partie avant d'un avion ou d'une fusée. *L'avion a piqué du nez.*

→ Vois aussi **odorat.**

● Ce mot se termine par un **z.** Il ne change pas au pluriel.

ni conjonction. Introduit un élément négatif dans une phrase négative. *Je n'ai pas de papier ni de stylo. Elle ne mange ni sucre ni beurre.*

niais, e adj. et n. Sot et naïf. *Un garçon un peu niais. Quel niais !* SYN. **nigaud.**

▶ **niaiserie** n.f. Parole ou action niaise. *Raconter des niaiseries.* SYN. **sottise.**

nicaraguayen, enne adj. et n. Du Nicaragua. *La population nicaraguayenne. Augusto est nicaraguayen. C'est un Nicaraguayen.*
● On prononce [nikaragwajɛ̃]. – Le nom prend une majuscule : *un Nicaraguayen.*

1. **niche** n.f. ❶ Petite cabane qui sert d'abri à un chien. *Le chien dort dans sa niche.* ❷ Renfoncement aménagé dans un mur pour y placer un objet.

une niche

2. **niche** n.f. Mot ancien. Tour que l'on joue à quelqu'un. SYN. **farce.**

nichée n.f. Ensemble des petits oiseaux d'une même couvée qui sont encore au nid. → Vois aussi **couvée, portée.**
▶▶▶ Mot de la famille de **nid.**

nicher et **se nicher** v. (conjug. 3). Faire son nid. *Certains oiseaux nichent dans les creux des arbres.* ◆ **se nicher.** Se réfugier quelque part. *Le chat s'est niché sous le lit.*
▶▶▶ Mot de la famille de **nid.**

nicotine n.f. Produit toxique contenu dans le tabac.

nid n.m. Abri que construisent les oiseaux pour pondre, couver leurs œufs et élever leurs petits. *Les cigognes font leur nid sur le toit des maisons.*
▶▶▶ Mot de la même famille : **dénicher.**

un nid de pie

nièce n.f. Fille du frère ou de la sœur. → Vois aussi **neveu.**

nier v. (conjug. 7). Dire qu'une chose n'existe pas ou n'est pas vraie. *Il nie avoir caché mes clés.* CONTR. **avouer, reconnaître.**
▶▶▶ Mots de la même famille : **dénier, indéniable.**

nigaud, e n. Personne maladroite et un peu sotte. *Quelle nigaude !* SYN. **niais.** CONTR. **malin.**

nigérian, e adj. et n. Du Nigeria. *La savane nigériane. Ibrahim est nigérian. C'est un Nigérian.*
● Le nom prend une majuscule : *un Nigérian.*

nigérien, enne adj. et n. Du Niger. *Les nomades nigériens. Ali est nigérien. C'est un Nigérien.*
● Le nom prend une majuscule : *un Nigérien.*

nippon, onne adj. et n. Japonais. *La culture nipponne. Les Nippons.*
● Le nom prend une majuscule : *un Nippon.* – Au féminin, on écrit aussi **nippone,** avec un seul **n.**

niveau n.m. ❶ Hauteur à laquelle s'élève quelque chose. *Le niveau de la rivière a baissé. L'herbe m'arrivait au niveau des cuisses. Le village est à 800 mètres au-dessus du niveau de la mer.* ❷ Degré des connaissances, des compétences dans un domaine. *Léo a un bon niveau en mathématiques.* ❸ Étage dans un bâtiment. *Dans ce magasin, il y a plusieurs niveaux.* ❹ Instrument qui permet de vérifier qu'une surface est horizontale ou verticale. *Un niveau à bulle.* ❺ **Niveau de vie,** conditions de vie, degré de richesse d'une personne ou d'un groupe. *Le niveau de vie* *est assez bas dans ce quartier.* ❻ **Niveau de langue,** façon de s'exprimer (courante, familière, littéraire, etc.) qui varie selon les situations et les personnes avec lesquelles on parle. SYN. **registre.**

● Au pluriel : des **niveaux.**

▸▸▸ Mot de la même famille : **dénivellation.**

▸ **niveler** v. (conjug. 12). Rendre plat en faisant disparaître les creux et les bosses. *Niveler un sol.* SYN. **aplanir, égaliser.**

▸ **nivellement** n.m. Action de niveler une surface. *Le nivellement d'un terrain.*

● La nouvelle orthographe permet d'écrire aussi **nivèlement** avec un seul **l**, comme dans **niveler.**

nobiliaire adj. Qui est propre à la noblesse, qui appartient à la noblesse. *Un titre nobiliaire.* → Vois aussi **aristocratique.**

▸▸▸ Mot de la famille de **noble.**

noble n. et adj. Autrefois, personne qui appartenait à la classe la plus élevée de la société. *Les nobles possédaient des châteaux et des terres.* SYN. **aristocrate.** CONTR. **roturier.** ◆ adj. (Sens littéraire). Qui fait preuve de générosité, de grandeur morale. *Avoir des sentiments nobles.* CONTR. **bas, méprisable.**

▸▸▸ Mots de la même famille : **anoblir, ennoblir.**

▸ **noblement** adv. D'une manière noble, généreuse. *Il leur a noblement cédé sa place.*

▸ **noblesse** n.f. Autrefois, classe sociale la plus élevée, constituée par les nobles. *Avant la Révolution, la noblesse détenait de nombreux privilèges.* SYN. **aristocratie.**

noce n.f. ❶ Fête que l'on donne à l'occasion d'un mariage. *Nous sommes invités à la noce de mon cousin.* ❷ (Familier). **Faire la noce,** faire la fête. *Ils ont fait la noce toute la nuit.*

nocif, ive adj. Qui est dangereux pour la santé, qui nuit à l'organisme. *Le tabac est nocif.* SYN. **néfaste, toxique.** CONTR. **bienfaisant, inoffensif.**

noctambule n. Personne qui aime sortir la nuit pour se divertir.

nocturne adj. ❶ Qui a lieu pendant la nuit. *Un travail nocturne.* ❷ **Animal nocturne,** qui vit la nuit. *Les chouettes sont des rapaces nocturnes.* CONTR. **diurne.**

Noël n.m. ❶ Fête chrétienne, célébrée le 25 décembre pour rappeler la naissance de Jésus-Christ. *Le réveillon de Noël.* ❷ **Arbre de Noël,** épicéa ou sapin que l'on orne et illumine pour la fête de Noël. ❸ **Le père Noël,** personnage légendaire chargé de distribuer des cadeaux aux enfants la nuit de Noël.

● Le **e** prend un tréma.

nœud n.m. ❶ Boucle ou série de boucles que l'on fait en croisant et en tirant les deux extrémités d'un fil, d'une corde, d'un ruban. *Faire un nœud à ses lacets.* ❷ Partie dure de forme arrondie dans le bois. *Une planche pleine de nœuds.* ❸ Endroit où se croisent plusieurs voies de communication. *Un nœud routier; un nœud ferroviaire.* ❹ Unité de vitesse des bateaux. *Un nœud correspond à un mille marin par heure, soit 1,8 km/h.*

des **nœuds** marins

noir, noire adj. ❶ De la couleur du charbon. *Les corbeaux ont un plumage noir.* ❷ Qui est de couleur foncée. *Anne a les cheveux noirs. Du chocolat noir.* ❸ Qui est privé de lumière. *Une nuit noire.* SYN. **sombre.** CONTR. **clair.** *Une ruelle noire.* SYN. **obscur.** CONTR. **éclairé.** ❹ **Avoir des idées noires,** être triste et désespéré. ❺ **Roman noir, film noir,** roman, film policiers.

▸ **noir** n.m. ❶ Couleur noire. *S'habiller en noir.* ❷ Obscurité. *Cyrille a peur dans le noir.* ❸ **Travail au noir,** travail que l'on fait de manière illégale, que l'on ne déclare pas officiellement. ❹ **Voir tout en noir,** être triste, pessimiste.

▸ **noir, noire** adj. et n. Se dit d'une personne qui a la peau très foncée. *Les Noirs américains.*

● Le nom prend une majuscule : *un Noir.*

▶ **noirâtre** adj. D'une couleur qui tire sur le noir. *Des traces noirâtres sont apparues sur le mur.*

● Le **a** prend un accent circonflexe.

▶ **noirceur** n.f. ❶ État de ce qui est noir. *La noirceur de l'ébène, du charbon.* ❷ (Sens littéraire). Grande méchanceté. *La noirceur d'un crime.*

▶ **noircir** v. (conjug. 16). ❶ Rendre noir. *La fumée de la cheminée a noirci le plafond.* ❷ Devenir noir. *Les bijoux en argent noircissent à l'air.* ❸ Présenter de façon pessimiste. *Les journalistes avaient noirci la situation.*

▶ **noire** n.f. En musique, note qui vaut la moitié d'une blanche. → Vois aussi **croche, ronde.**

noisetier n.m. Arbuste qui produit des noisettes.

● Ce mot s'écrit avec un seul **t.**

▶▶▶ Mot de la famille de **noisette.**

un noisetier et des noisettes

noisette n.f. Petit fruit contenu dans une coque dure, produit par le noisetier.

noix n.f. ❶ Fruit contenu dans une coque dure, produit par le noyer. ❷ Fruit à coquille dure, produit par divers arbres. *Une noix de coco; une noix de muscade.*

● Ce mot se termine par un **x.**

nom n.m. Mot qui sert à désigner un être, une chose, une idée. *Quel est ton nom? Je ne connais pas le nom de cette montagne. «Balle» et «oiseau» sont des noms communs.* SYN. **substantif.** *«Cléopâtre» et «Europe» sont des noms propres.*

▶▶▶ Mots de la même famille : **dénommer, nommer, prénom, surnom, surnommer.**

nomade adj. et n. Qui n'a pas d'habitation fixe et qui se déplace d'un lieu à un autre. *Des peuples nomades.* CONTR. **sédentaire.**

nombre n.m. ❶ Ce qui sert à compter, à mesurer, à évaluer une quantité. *500 est un nombre à trois chiffres.* ❷ Quantité plus ou moins grande de personnes ou de choses. *Quel est le nombre d'habitants de ce pays? Un grand nombre de personnes s'étaient déplacées.* ❸ **Nombre de, bon nombre de,** beaucoup de. *Il a voyagé dans bon nombre de pays.* ❹ Catégorie grammaticale du singulier et du pluriel. *L'adjectif s'accorde en genre et en nombre avec le nom auquel il se rapporte.*

▶▶▶ Mots de la même famille : **dénombrer, énumération, énumérer, innombrable, numéral, numérateur, numération, numérique, surnombre.**

▶ **nombreux, euse** adj. En grand nombre. *Ousmane a reçu de nombreux cadeaux pour son anniversaire.* → Vois aussi **innombrable.**

nombril n.m. Petite cicatrice ronde que l'on a au milieu du ventre, à l'endroit où le cordon ombilical a été coupé.

● On prononce [nɔ̃bri] ou [nɔ̃bril].

nominal, e, aux adj. ❶ Qui concerne le nom d'une personne. *Chaque matin, la maîtresse fait l'appel nominal des élèves.* ❷ **Groupe nominal,** groupe formé essentiellement par un nom, et qui ne contient pas de verbe. *Dans la phrase «Marie s'est acheté un vélo bleu», «Marie» et «un vélo bleu» sont des groupes nominaux.*

● Au masculin pluriel : **nominaux.**

▶▶▶ Mot de la famille de **nom.**

nominatif, ive adj. Qui contient, qui indique les noms de personnes ou de choses. *Une liste nominative.*

▶▶▶ Mot de la famille de **nom.**

nomination n.f. Fait de nommer une personne à un poste, à une fonction. *Mon oncle espère sa nomination à un poste supérieur.*

▶▶▶ Mot de la famille de **nom.**

nommer et **se nommer** v. (conjug. 3). ❶ Donner un nom à. *Il a nommé son chien «Milou».* SYN. **appeler.** ❷ Donner le nom d'un être ou d'une chose. *Peux-tu nommer trois oiseaux nocturnes?* SYN. **citer.** ❸ Attribuer un poste, une fonction à quelqu'un. *Elle a été nommée directrice.* ◆ **se nommer.**

a b c d e f g h i j k l m n o p q r s t u v w x y z

Avoir pour nom. *Notre institutrice se nomme Marion Walter.* SYN. **s'appeler.**
▸▸▸ Mot de la famille de **nom.**

non adv. Mot qui sert à refuser, à nier. « *Veux-tu un verre d'eau ? – Non, merci.* » « *Vous êtes allés à la piscine ? – Non.* » CONTR. **oui.** ◆ n.m. invar. Réponse négative. *Répondre par un non catégorique.*

nonagénaire adj. et n. Qui a entre quatre-vingt-dix et quatre-vingt-dix-neuf ans.

nonchalance n.f. Manque d'énergie, d'ardeur. *Marcher avec nonchalance.* SYN. **apathie, indolence, mollesse.** CONTR. **énergie, vivacité.**
▸▸▸ Mot de la famille de **nonchalant.**

nonchalant, e adj. et n. Qui manque d'énergie, de vivacité. *Un élève nonchalant.* SYN. **amorphe, apathique, indolent, mou.** CONTR. **énergique, vif.**

non-lieu n.m. Décision prise par un juge de ne pas continuer les poursuites judiciaires engagées contre quelqu'un. *L'accusé a bénéficié d'un non-lieu.*
● Au pluriel : des **non-lieux.**

non-stop adj. invar. Qui se déroule sans interruption. *Des spectacles non-stop.* SYN. **continu, ininterrompu.**
● C'est un mot anglais, on prononce [nɔnstɔp].

non-violence n.f. Attitude qui consiste à refuser d'utiliser la violence comme moyen d'action politique. *Prôner la non-violence.*
▸▸▸ Mot de la famille de **violence.**

non violent, e adj. Qui n'a pas recours à la violence. *Une manifestation non violente.* ◆ **non-violent, e** n. Personne qui refuse de recourir à la violence. → Vois aussi **pacifiste.**
▸▸▸ Mot de la famille de **violence.**

non-voyant, e n. Personne qui ne voit pas. *Cet appareil est destiné aux non-voyants.* SYN. **aveugle.** → Vois aussi **malvoyant.**
▸▸▸ Mot de la famille de **voir.**

nord n.m. invar. ❶ Un des quatre points cardinaux, situé dans la direction de l'étoile Polaire. *Paris est au nord de Lyon.* CONTR. **sud.** ❷ (Avec une majuscule). Partie d'un pays, d'un continent, qui se situe au nord. *L'Amérique du Nord.* ◆ adj. invar. Qui se situe au nord. *La partie nord de la ville ; l'hémisphère Nord ; le pôle Nord.* → Vois aussi **boréal, septentrional.**

▸ **nord-américain, e** adj. et n. De l'Amérique du Nord. *La musique nord-américaine. Les Canadiens sont des Nord-Américains.*
● Le nom prend deux majuscules : *un Nord-Américain.*

▸ **nordique** adj. Du nord de l'Europe. *La Suède et le Danemark sont des pays nordiques.* → Vois aussi **septentrional.**

normal, e, aux adj. Qui n'a rien de particulier, qui est habituel. *Elle a une taille normale pour son âge.* SYN. **ordinaire.** CONTR. **anormal, exceptionnel.** *C'est normal de se confier à ses amis.* SYN. **naturel.**
● Au masculin pluriel : **normaux.**

▸ **normalement** adv. ❶ De façon normale, sans incident. *Le voyage s'est passé normalement.* ❷ Habituellement. *Normalement, il nous rend visite le jeudi.* SYN. **généralement, ordinairement.** CONTR. **exceptionnellement.**

norme n.f. ❶ Situation habituelle, qui correspond à la majorité des cas. *Les prix sont dans la norme.* ❷ Ensemble des règles à respecter pour la fabrication d'un produit. *Ce jouet n'est pas conforme aux normes de sécurité.*

norvégien, enne adj. et n. De Norvège. *Les fjords norvégiens. Sven est norvégien. C'est un Norvégien.* ◆ **norvégien** n.m. Langue parlée par les Norvégiens.
● Le nom prend une majuscule quand il désigne une personne : *un Norvégien.*

nos → notre

nostalgie n.f. Sentiment de tristesse provoqué par l'éloignement de son pays, par le regret du passé. *Elle a la nostalgie de sa jeunesse.* → Vois aussi **mélancolie.**

▸ **nostalgique** adj. Qui éprouve de la nostalgie ; qui exprime la nostalgie. *Une chanson nostalgique.*

notable adj. Digne d'être remarqué. *Les changements sont notables.* SYN. **important, marquant, sensible.**
● Ne confonds pas avec **notoire.**

▸ **notable** n. Personne qui occupe une position sociale importante dans une ville ou une région. *Le maire, le notaire, les médecins sont les notables de la ville.* SYN. **personnalité.**

notaire n. Personne qui est chargée de garantir la légalité d'un acte de vente, d'un contrat. → Vois aussi **clerc.**

notamment adv. En particulier. *J'aime beaucoup les animaux, notamment les chevaux.* SYN. **particulièrement, spécialement.**

notation n.f. ❶ Action de représenter par des signes. *La notation musicale permet de représenter les sons.* ❷ Action de donner une note. *La notation des devoirs était sévère.*
▸▸▸ Mot de la famille de **note.**

1. **note** n.f. ❶ En musique, signe sur une portée qui représente un son et qui sert à écrire la musique ; son représenté par une note. *Do, ré, mi, fa, sol, la, si sont les sept notes de la gamme.* ❷ Détail qui apporte quelque chose de particulier à un ensemble. *Un bouquet de fleurs mettrait une note de gaieté dans la pièce.* SYN. **touche.**

des portées de notes

2. **note** n.f. ❶ Courte remarque qui commente ou explique un texte. *Dans notre livre d'histoire, des notes dans la marge expliquent les mots difficiles.* ❷ Indication que l'on écrit pour se souvenir de quelque chose. *Les élèves prennent des notes pendant le cours.* ❸ Appréciation donnée à un travail, sous forme de chiffres ou de lettres. *Ahmed a eu 8 sur 10 en mathématiques, c'est une bonne note.* ❹ Papier qui indique le détail de ce que l'on a à payer. *Au restaurant, on demande la note à la fin du repas.* SYN. **addition, facture.**
▸▸▸ Mots de la même famille : **annotation, annoter.**

▸ **noter** v. (conjug. 3). ❶ Écrire quelque chose pour s'en souvenir. *Noter une adresse, un numéro de téléphone.* SYN. **inscrire, marquer.** ❷ Donner une note à un devoir. *La maîtresse a noté les exercices.* ❸ Remarquer quelque chose. *Je n'ai noté aucun changement.* SYN. **constater, observer.**

notice n.f. Petit texte qui explique le fonctionnement d'un appareil. *Lisez attentivement la notice.* SYN. **mode d'emploi.**

notion n.f. ❶ (Souvent au pluriel). Connaissance élémentaire que l'on a de quelque chose. *Léo a quelques notions d'espagnol.* SYN. **rudiments.** ❷ Idée que l'on a de quelque chose. *Je n'avais plus la notion du temps.*

notoire adj. Connu de tous. *La malhonnêteté de ce commerçant est notoire.*
● Ne confonds pas avec **notable.**

▸ **notoriété** n.f. Célébrité, réputation. *Ce chanteur jouit d'une grande notoriété à l'étranger.* SYN. **renom, renommée.**

notre, nos adj. possessifs. Déterminants qui indiquent la possession. Ils s'appliquent à la première personne du pluriel. *Notre maison. Nos voisins.*

le **nôtre,** la **nôtre,** les **nôtres** pronoms possessifs. Mots qui remplacent un nom ou un pronom. Ils désignent ce qui appartient à un possesseur de la première personne du pluriel. *Votre jardin est très grand, le nôtre est plus petit.*
● Le **o** prend un accent circonflexe.

nouer v. (conjug. 3). ❶ Faire un nœud à quelque chose ou attacher avec un nœud. *Nouer les lacets de ses chaussures.* CONTR. **dénouer.** *Nouer ses cheveux.* ❷ **Avoir la gorge nouée,** avoir la gorge serrée par l'émotion.
▸▸▸ Mot de la famille de **nœud.**

noueux, euse adj. ❶ Se dit du bois qui a beaucoup de nœuds. *Un tronc noueux.* ❷ **Mains noueuses,** mains dont les articulations sont enflées, saillantes.
▸▸▸ Mot de la famille de **nœud.**

nougat n.m. Confiserie à base de blancs d'œufs, de sucre, de miel et d'amandes. *Le nougat est une spécialité de la ville de Montélimar.*

des nougats

a b c d e f g h i j k l m n o p q r s t u v w x y z

▶ **nougatine** n.f. Sorte de nougat dur fait de caramel et d'amandes broyées. *La nougatine est utilisée en pâtisserie.*

nouilles n.f. plur. Pâtes alimentaires découpées en lanières plates et minces.

nounou n.f. Nourrice, dans le langage des enfants.

nourrice n.f. Femme dont le métier est de garder de jeunes enfants chez elle.
● On peut aussi dire **assistante maternelle.**
▸▸▸ Mot de la famille de **nourrir.**

nourrir et **se nourrir** v. (conjug. 16). ❶ Donner à manger. *Elle nourrit son bébé au sein.* SYN. **allaiter.** *C'est Pierre qui nourrit le chat.* SYN. **alimenter.** ❷ Donner les moyens de vivre à quelqu'un. *Nourrir sa famille.* SYN. **entretenir.** ◆ **se nourrir.** Absorber des aliments. *Elle se nourrit de légumes.* SYN. **consommer.** *Le malade ne se nourrissait plus.*

▶ **nourrissant, e** adj. Qui nourrit bien. *Les fruits secs sont nourrissants.* SYN. **nutritif.**

▶ **nourrisson** n.m. Bébé qui ne se nourrit encore que de lait. → Vois aussi **nouveau-né.**

▶ **nourriture** n.f. Ensemble des aliments qui servent à nourrir un être vivant. *Une nourriture variée.* SYN. **alimentation.**

nous pronom personnel. Représente la première personne du pluriel, celui qui parle et une ou plusieurs autres personnes. *Nous partons en vacances la semaine prochaine. Ils nous ont invités à dîner.* → Vois aussi **on.**

nouveau, nouvelle adj. ❶ Qui n'existait pas auparavant, qui existe depuis peu de temps. *Ce jeu vidéo est nouveau.* SYN. **récent.** CONTR. **ancien, vieux.** ❷ Qui remplace quelque chose ou quelqu'un. *Youssef a un nouveau vélo. Nous avons un nouveau directeur.* ◆ adj. et n. Qui vient d'arriver quelque part. *Maman a deux nouveaux collègues de travail. Il y a une nouvelle dans notre classe.*
● **Nouveau** devient **nouvel** devant un mot commençant par une voyelle ou un « h » muet : *le Nouvel An ; un nouvel hôtel.* – Au masculin pluriel : **nouveaux.**

▶ **nouveau** n.m. ❶ Fait récent. *Les enquêteurs ont découvert du nouveau.* ❷ **À nouveau, de nouveau,** pour la seconde fois ; une fois de plus. *Elle a refait son travail à nouveau. Ma petite sœur est de nouveau malade.* SYN. **encore.**

▶ **nouveau-né** n.m. Enfant qui vient de naître. → Vois aussi **bébé, nourrisson.**
● Au pluriel : des **nouveau-nés.**

▶ **nouveauté** n.f. Ce qui est nouveau ; chose nouvelle. *Marie aime la nouveauté.*

▶ **nouvelle** n.f. ❶ Annonce d'un événement qui vient de se produire. *Je viens d'apprendre une bonne nouvelle.* ❷ Récit assez court. *J'ai lu un recueil de nouvelles de Kipling.* ◆ n.f. plur. ❶ Renseignements sur la santé, la situation d'une personne. *As-tu des nouvelles de Sarah ?* ❷ Informations données par les journaux, la radio ou la télévision sur les événements de la journée. *J'écoute les nouvelles tous les matins.* SYN. **actualités, informations.**

novateur, trice adj. et n. Qui innove, qui trouve des choses nouvelles. *Un esprit novateur.*

novembre n.m. Onzième mois de l'année.
● Le mois de novembre a 30 jours.

novice adj. et n. Qui débute, qui a peu d'expérience. *Elle est novice dans le métier.* SYN. **inexpérimenté.** CONTR. **expérimenté.** *C'est un novice.* SYN. **débutant, néophyte.**

noyade n.f. Mort par asphyxie sous l'eau. *Sauver quelqu'un de la noyade.*
▸▸▸ Mot de la famille de **noyer (1).**

noyau n.m. ❶ Partie dure à l'intérieur de certains fruits, qui contient la graine. *Les cerises, les abricots sont des fruits à noyau.* ❷ Partie centrale de quelque chose. *Le noyau d'un atome.* ❸ Petit groupe de personnes formant un élément essentiel. *Le noyau d'une association.*
● Au pluriel : des **noyaux.**

noyé, e n. Personne qui s'est noyée.
▸▸▸ Mot de la famille de **noyer (1).**

1\. **noyer** et **se noyer** v. (conjug. 14). ❶ Faire mourir en plongeant dans l'eau. ❷ Recouvrir d'eau. *La rivière a débordé et a noyé les champs.* SYN. **inonder, submerger.** ❸ Faire disparaître dans un ensemble confus. *Leurs appels étaient noyés dans le brouhaha.* SYN. **étouffer.** ◆ **se noyer.** Mourir par noyade. *Deux marins se sont noyés.*

2\. **noyer** n.m. Grand arbre qui produit des noix et dont le bois est utilisé en ébénisterie. *Un meuble en noyer.*

un **noyer** et des **noix**

nu, nue adj. ❶ Qui ne porte aucun vêtement. *Elle dort toute nue.* CONTR. **habillé.** ❷ **Pieds nus, nu-pieds,** sans chaussures. *Marcher pieds nus.* ❸ Sans ornement, sans décoration. *Les murs de la pièce sont nus.* ❹ **À l'œil nu,** sans utiliser de loupe ni de microscope. *On ne peut pas voir les microbes à l'œil nu.* ❺ **Mettre à nu,** enlever ce qui recouvre ou protège. *Mettre à nu un fil électrique.* SYN. **dénuder.** ◆ n.m. En peinture, représentation d'un corps nu. *Peindre un nu.*

nuage n.m. ❶ Amas de minuscules gouttelettes d'eau qui sont en suspension dans l'atmosphère. *Un ciel chargé de nuages.* ❷ Masse légère de vapeur ou de fines particules. *Un nuage de poussière.* ❸ **Être dans les nuages,** être distrait, rêveur. SYN. **être dans la lune.**

▸ **nuageux, euse** adj. Couvert de nuages. *Le ciel est nuageux.* CONTR. **clair, dégagé.**

nuance n.f. ❶ Chacun des degrés d'une même couleur, du clair au foncé. *L'artiste a utilisé différentes nuances de bleu pour peindre le ciel.* SYN. **ton.** ❷ Petite différence. *Je n'ai pas saisi la nuance de sens entre ces deux mots.*

▸ **nuancer** v. (conjug. 4). Exprimer sa pensée en tenant compte des différences entre les choses. *Tu ne nuançais pas assez ton jugement.*

nucléaire adj. ❶ **Énergie nucléaire,** énergie produite à partir d'un métal radioactif, l'uranium. SYN. **énergie atomique.** ❷ **Centrale nucléaire,** usine qui utilise l'énergie nucléaire pour produire de l'électricité.

nudisme n.m. **Faire du nudisme,** vivre nu en plein air.
▸▸▸ Mot de la famille de **nu.**

nudiste n. Personne qui pratique le nudisme. *Une plage de nudistes.*
▸▸▸ Mot de la famille de **nu.**

nudité n.f. État d'une personne nue.
▸▸▸ Mot de la famille de **nu.**

nuée n.f. Grand nombre de personnes, d'animaux groupés. *Une nuée de touristes. Une nuée de sauterelles.* → Vois aussi **horde, meute.**

nues n.f. plur. ❶ Mot littéraire. **Tomber des nues,** être très surpris. ❷ **Porter quelqu'un aux nues,** lui faire des compliments excessifs.

nuire v. (conjug. 61). Faire du mal, du tort; causer un dommage. *Elle cherchait à me nuire. Le tabac nuit gravement à la santé.*

▸ **nuisance** n.f. Ce qui nuit à l'environnement et à la qualité de la vie. *La pollution et le bruit sont des nuisances.*

▸ **nuisible** adj. ❶ Qui nuit, qui fait du mal. *Ce climat est nuisible à la santé.* SYN. **néfaste, nocif.** CONTR. **bénéfique, bienfaisant.** ❷ **Animal nuisible,** qui détruit les récoltes ou transmet des maladies. *Les rats sont des animaux nuisibles.* CONTR. **utile.**

nuit n.f. ❶ Période comprise entre le coucher et le lever du soleil. *En hiver, les nuits sont plus longues qu'en été.* CONTR. **jour, journée.** ❷ Obscurité. *Il fait nuit.* CONTR. **jour.**
▸▸▸ Mot de la même famille : **nocturne.**

nul, nulle adj. indéfini. Pas un. *Nul homme ne supporterait de telles conditions.* SYN. **aucun.** ◆ pronom indéfini. Pas une personne. *Nul n'est censé ignorer la loi.* SYN. **personne.**

▸ **nul, nulle** adj. ❶ **Être nul en,** être totalement ignorant dans un domaine. *Il est nul en mathématiques.* CONTR. **bon.** ❷ Très mauvais. *Ce dessin animé est nul.* ❸ Qui n'existe pas. *Le risque d'erreur est nul.* SYN. **inexistant.** ❹ **Faire match nul,** un match où il n'y a ni gagnant ni perdant.

▸ **nullement** adv. Pas du tout. *Cela ne me gêne nullement.*

a b c d e f g h i j k l m n o p q r s t u v w x y z

nulle part → part

nullité n.f. ❶ Manque total de valeur ou de connaissances. *La nullité d'un film. La nullité d'un élève en anglais.* ❷ Personne nulle, sans compétences. *Cet élève est une nullité.*
● Ce mot s'écrit avec deux **l.**
►►► Mot de la famille de **nul.**

numéral, e, aux adj. **Adjectif numéral,** déterminant qui indique le nombre ou le rang. *« Trois » et « cinquième » sont des adjectifs numéraux.* → Vois aussi **cardinal, ordinal.**
● Au masculin pluriel : **numéraux.**
►►► Mot de la famille de **nombre.**

numérateur n.m. Dans une fraction, nombre placé au-dessus de la barre. *Dans la fraction 3/4, le numérateur est 3.* → Vois aussi **dénominateur.**
►►► Mot de la famille de **nombre.**

numération n.f. Manière de compter et de représenter les nombres. *La numération décimale a pour base le nombre 10.*
►►► Mot de la famille de **nombre.**

numérique adj. ❶ Qui est évalué en nombre, en quantité. *La supériorité numérique d'une armée.* ❷ Qui enregistre un son, une image en les traitant sous forme de nombres. *Un appareil photo numérique.*
►►► Mot de la famille de **nombre.**

numériser v. (conjug. 3). Exprimer sous forme numérique une information analogique. *Il a numérisé ses photos pour les conserver sur son ordinateur.*

numéro n.m. ❶ Chiffre ou ensemble de chiffres qui indique la place d'un élément dans une série. *Quel joueur porte le numéro 7 ? J'ai égaré ton numéro de téléphone.* ❷ Exemplaire d'une revue ou d'un journal. *Le prochain numéro paraît demain.* ❸ Chacune des parties d'un spectacle de cirque ou de variétés. *Un numéro de trapézistes, de clowns.*

► **numérotation** n.f. Action ou manière de numéroter. *La numérotation des pages d'un livre.*

► **numéroter** v. (conjug. 3). Marquer d'un numéro. *Numéroter des feuilles.*

numismate n. Spécialiste de numismatique.
►►► Mot de la famille de **numismatique.**

numismatique n.f. Étude des pièces de monnaie et des médailles.

nu-pieds n.m. invar. Sandale à semelle légère attachée au pied par des lanières.
● Ce mot composé ne change pas au pluriel : des **nu-pieds.**

nuptial, e, aux adj. ❶ Qui concerne la cérémonie du mariage. *Assister à une bénédiction nuptiale.* ❷ **Parade nuptiale,** ensemble des comportements d'un animal pour attirer l'animal de sexe opposé à l'époque de l'accouplement.
● Au masculin pluriel : **nuptiaux.**

la parade nuptiale des cigognes

nuque n.f. Partie arrière du cou. *Mettre un coussin sous sa nuque.*

nutriment n.m. Substance chimique contenue dans les aliments ou provenant de leur digestion et qui est assimilée directement par le corps. *Les vitamines sont des nutriments.*
►►► Mot de la famille de **nutrition.**

nutritif, ive adj. Qui contient des éléments qui nourrissent. *Les œufs sont des aliments très nutritifs.* SYN. **nourrissant.**
►►► Mot de la famille de **nutrition.**

nutrition n.f. Ensemble des mécanismes par lesquels l'organisme transforme et utilise les aliments pour combler ses besoins.

Nylon n.m. Tissu synthétique. *Un maillot de bain en Nylon.*
● C'est un nom de marque : il s'écrit avec une majuscule dans les textes imprimés.

nymphe n.f. Déesse des eaux, des bois et des montagnes, dans la mythologie grecque.
● Ce mot s'écrit avec un **y** et **ph.**

ô ! interj. Mot littéraire. Mot qui sert à interpeller, à invoquer. *Ô mon Dieu !* → Vois aussi **oh.**

● Le **o** prend un accent circonflexe.

oasis n.f. Dans un désert, petite région fertile et habitée grâce à la présence d'eau.

● On prononce le **s** final. – Nom du genre féminin : **une oasis.**

obéir v. (conjug. 16). ❶ Faire ce qui est demandé ; se soumettre à un ordre. *Obéir à ses parents.* CONTR. **désobéir.** ❷ Être soumis à une force naturelle. *En tombant, les objets obéissent à la loi de la gravitation.*

▸ **obéissance** n.f. Fait d'obéir à un ordre. *Être puni pour refus d'obéissance.* SYN. **soumission.** CONTR. **désobéissance, indiscipline, insubordination.**

▸ **obéissant, e** adj. Qui obéit, qui fait ce qu'on lui demande. *Pierre est un enfant obéissant.* SYN. **docile.** CONTR. **désobéissant, indiscipliné.**

obélisque n.m. Haute colonne de pierre à quatre faces au sommet en pyramide. *Des hiéroglyphes sont souvent gravés sur les obélisques.*

● Nom du genre masculin : **un obélisque.**

obèse adj. et n. Qui est très gros. *Une personne obèse.* CONTR. **maigre, svelte.**

▸ **obésité** n.f. État d'une personne obèse. *Suivre un régime contre l'obésité.*

objecter v. (conjug. 3). Protester contre quelque chose ou contredire ce qui est affirmé. *Je n'ai rien à objecter à cette décision.*

1. **objectif** n.m. ❶ But que quelque chose doit atteindre. *La flèche a atteint l'objectif.* SYN. **cible.** ❷ Résultat que l'on veut atteindre. *Ils se sont fixé un objectif.* ❸ Système d'un appareil photo ou d'une caméra qui est formé de lentilles de verre et qui permet d'obtenir l'image de ce que l'on photographie ou filme.

2. **objectif, ive** adj. Qui raconte des faits tels qu'ils se sont réellement passés, sans se laisser influencer par son jugement personnel. *Un journaliste doit être objectif.* SYN. **impartial, neutre.** CONTR. **partial, subjectif.**

objection n.f. Argument que l'on oppose à une affirmation. *Je vais partir plus tôt, si vous n'y voyez pas d'objection.* SYN. **inconvénient, obstacle.**

▸▸▸ Mot de la famille de **objecter.**

objectivement adv. D'une façon objective, sans parti pris. *Le journaliste a raconté les faits objectivement.*

▸▸▸ Mot de la famille de **objectif (2).**

objectivité n.f. Fait d'être objectif, neutre. *Il a décrit la situation avec objectivité.* SYN. **impartialité, neutralité.** CONTR. **partialité, subjectivité.**

▸▸▸ Mot de la famille de **objectif (2).**

objet n.m. ❶ Chose concrète destinée à un certain usage. *Des objets de toilette ; des objets décoratifs.* ❷ But d'une action. *Précisez-moi l'objet de votre démarche.* ❸ **Complément d'objet,** mot ou groupe de mots qui complète le verbe et renseigne sur qui ou sur quoi porte l'action. *Dans « Léa mange une glace », « une glace » est le complément d'objet direct du verbe. Dans « Julien téléphone à Adrien », « Adrien » est le complément d'objet indirect du verbe.*

obligation n.f. ❶ Ce qui est obligatoire, imposé par une loi, un règlement. *Tu dois passer une visite médicale, c'est une obligation.* ❷ **Être dans l'obligation de,** devoir

a b c d e f g h i j k l m n o p q r s t u v w x y z

faire quelque chose. *Je suis dans l'obligation de partir.*

►►► Mot de la famille de **obliger**.

obligatoire adj. Qui est imposé par une loi, un règlement ou certaines circonstances. *L'école est obligatoire jusqu'à 16 ans. Ta présence est obligatoire.* SYN. **indispensable.** CONTR. **facultatif.**

►►► Mot de la famille de **obliger**.

obligatoirement adv. De façon obligatoire. *Vous devez obligatoirement vous munir d'une pièce d'identité.* SYN. **absolument, impérativement, nécessairement.**

►►► Mot de la famille de **obliger**.

obligeant, e adj. Mot littéraire. Qui est prêt à rendre service, à faire plaisir. *C'est un garçon très obligeant.* SYN. **aimable, serviable.** CONTR. **désobligeant.**

● Ce mot s'écrit avec un **e** après le **g** pour prononcer le son [ʒ].

►►► Mot de la famille de **obliger**.

obliger v. (conjug. 5). ❶ Forcer quelqu'un à faire quelque chose. *Maman m'a obligé à ranger ma chambre. Je suis obligé de partir.* SYN. **contraindre.** ❷ (Sens littéraire). Rendre service, faire plaisir à quelqu'un. *Vous m'obligeriez si vous m'accompagniez.*

oblique adj. Qui est penché, qui n'est ni horizontal ni vertical. *La lettre « V » est formée de deux barres obliques.*

► **obliquer** v. (conjug. 3). Quitter le chemin sur lequel on se trouve pour prendre une autre direction. *Le taxi a obliqué à gauche.* SYN. **tourner, virer.**

oblitérer v. (conjug. 9). Couvrir un timbre du cachet de la poste. *Un timbre oblitéré ne peut pas être réutilisé.*

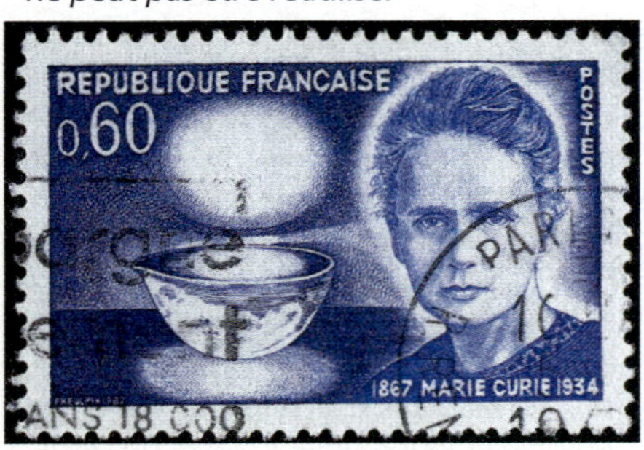

un timbre **oblitéré**

obnubiler v. (conjug. 3). Occuper entièrement l'esprit de quelqu'un. *Cette idée l'obnubile.* SYN. **hanter, obséder.**

obole n.f. Petite somme d'argent que l'on donne. *Il a apporté son obole à la collecte.*

obscène adj. Qui choque par sa grossièreté, qui blesse la pudeur. *Des paroles obscènes.* SYN. **grossier, indécent, trivial.**

● Le son [s] s'écrit **sc**.

► **obscénité** n.f. Parole ou geste obscènes. *Dire des obscénités.* SYN. **grossièreté.**

obscur, e adj. ❶ Qui n'est pas ou peu éclairé. *Une ruelle obscure.* SYN. **sombre.** CONTR. **clair, lumineux.** ❷ Qui est difficile à comprendre. *Tes explications sont obscures.* SYN. **confus, incompréhensible.** CONTR. **clair.** ❸ Qui n'est pas connu. *Ce roman a été écrit par un écrivain obscur.* CONTR. **célèbre, illustre.**

► **obscurcir** et **s'obscurcir** v. (conjug. 16). Rendre obscur, sombre. *Ces meubles sombres obscurcissent la pièce.* SYN. **assombrir.** ◆ **s'obscurcir**. Devenir obscur, sombre. *Son regard s'obscurcit.* SYN. **s'assombrir.** CONTR. **s'éclaircir.**

► **obscurément** adv. De façon obscure, vague. *Il sentait obscurément que quelque chose allait lui arriver.* SYN. **vaguement.**

► **obscurité** n.f. Absence de clarté, de lumière. *Le jardin était plongé dans l'obscurité.* SYN. **noir.**

obsédant, e adj. Qui obsède, qui occupe sans cesse l'esprit. *Une pensée obsédante.* SYN. **lancinant.**

►►► Mot de la famille de **obséder**.

obsédé, e n. Personne qui ne pense qu'à une seule chose. *C'est un obsédé du rangement.*

►►► Mot de la famille de **obséder**.

obséder v. (conjug. 9). Occuper sans cesse l'esprit. *Son travail l'obsède.* SYN. **obnubiler.**

obsèques n.f. plur. Cérémonie d'enterrement. *Les obsèques auront lieu lundi matin.* SYN. **funérailles.**

obséquieux, euse adj. Mot littéraire. Qui est trop poli, souvent par hypocrisie. *Un personnel obséquieux.* SYN. **servile.**

observable adj. Que l'on peut observer. *L'éclipse sera observable dans le Nord.*

►►► Mot de la famille de **observer**.

observateur, trice n. Personne qui assiste à quelque chose sans y participer. *Des observateurs étaient présents à la réunion.* ◆ adj. Qui

sait observer avec attention. *Charline est très observatrice, elle remarque tous les détails.*
▸▸▸ Mot de la famille de **observer.**

observation n.f. ❶ Fait d'observer, de regarder avec attention. *L'observation des étoiles.* SYN. **examen.** ❷ Remarque ; critique. *L'instituteur a fait des observations sur notre travail.* SYN. **commentaire.**
▸▸▸ Mot de la famille de **observer.**

observatoire n.m. Lieu aménagé pour observer le ciel, les étoiles.
● Ce nom masculin se termine par un **e.**
▸▸▸ Mot de la famille de **observer.**

un **observatoire**

observer v. (conjug. 3). ❶ Regarder attentivement pour étudier. *Observer les oiseaux.* ❷ Surveiller. *Observer ses voisins.* SYN. **épier, guetter.** ❸ Constater, remarquer quelque chose. *On observe une hausse des températures.* SYN. **noter.** ❹ Se conformer à quelque chose. *Vous devez observer le règlement.* SYN. **respecter.** CONTR. **enfreindre, violer.**

obsession n.f. Idée qui obsède quelqu'un, qui occupe sans cesse son esprit. *La peur de grossir est devenue pour lui une véritable obsession.* SYN. **hantise, idée fixe.**

obstacle n.m. ❶ Objet qui empêche de passer. *Le cycliste a fait un écart pour éviter un obstacle.* ❷ Ce qui empêche ou gêne une action. *Ils ont rencontré beaucoup d'obstacles dans l'organisation de leur voyage.* SYN. **difficulté, entrave.**

obstination n.f. Caractère d'une personne obstinée. *Elle travaille avec obstination.* SYN. **acharnement, persévérance, ténacité.**
▸▸▸ Mot de la famille de **s'obstiner.**

obstiné, e adj. Qui s'obstine, s'acharne. *Il est obstiné, il n'abandonne jamais un projet.* SYN. **acharné, tenace, têtu.**
▸▸▸ Mot de la famille de **s'obstiner.**

s'obstiner v. (conjug. 3). Persévérer dans son action, dans son opinion. *Il s'obstine à refuser toute aide.* SYN. **s'entêter, persister.**

obstruction n.f. ❶ Blocage d'une voie, d'un conduit. ❷ **Faire obstruction à,** empêcher que quelque chose se réalise. *Faire obstruction à la poursuite d'une enquête.*
▸▸▸ Mot de la famille de **obstruer.**

obstruer v. (conjug. 3). Boucher par un obstacle. *Une voiture mal garée obstrue le passage.* SYN. **barrer, bloquer.**

obtenir v. (conjug. 20). ❶ Réussir à avoir ce que l'on désirait. *Il a obtenu une augmentation de salaire.* ❷ Parvenir à un résultat. *Quand on mélange du bleu et du jaune, on obtient du vert.*

▸ **obtention** n.f. Fait d'obtenir quelque chose. *Il cherchera du travail après l'obtention de son diplôme.*

obturer v. (conjug. 3). Boucher. *Obturer un trou avec du plâtre.* → Vois aussi **colmater.**

obtus, e adj. ❶ Qui manque d'intelligence, d'ouverture. *Cette enfant est obtuse.* SYN. **borné.** CONTR. **ouvert.** ❷ **Angle obtus,** qui est plus grand que l'angle droit. CONTR. **angle aigu.**

obus n.m. Projectile de forme cylindrique lancé par un canon.
● Ce mot se termine par un **s.**

occasion n.f. ❶ Circonstance favorable qui se présente. *Je profite de l'occasion pour t'inviter.* ❷ **D'occasion,** qui n'est pas vendu neuf. *Acheter une voiture d'occasion.* ❸ Objet neuf ou ayant déjà servi, que l'on achète à un prix intéressant. *Ce jean est bradé, c'est une occasion.*
● Ce mot s'écrit avec deux **c.**

▸ **occasionnel, elle** adj. Qui se produit par hasard ou de temps en temps. *Un travail occasionnel.* SYN. **intermittent, irrégulier.** CONTR. **régulier.**

▸ **occasionner** v. (conjug. 3). Provoquer quelque chose (de désagréable généralement). *Ce retard du train nous a occasionné des ennuis.* SYN. **attirer, causer.**

occident n.m. ❶ Endroit du ciel où le soleil se couche. SYN. **couchant, ouest.** CONTR. **levant,**

a b c d e f g h i j k l m n o p q r s t u v w x y z

a b c d e f g h i j k l m n o p q r s t u v w x y z

orient. ❷ (Avec une majuscule). Ensemble des pays de l'Europe de l'Ouest et de l'Amérique du Nord.

▶ **occidental, e, aux** adj. Qui est à l'ouest. *La Bretagne est la région la plus occidentale de la France.* CONTR. **oriental.** ◆ adj. et n. De l'Occident. *Les pays occidentaux. Les Canadiens, les Allemands sont des Occidentaux.*

● Le nom prend une majuscule : *un Occidental.*
– Au masculin pluriel : **occidentaux.**

occitan, e adj. et n.m. Qui concerne la culture, la langue des régions du sud de la France.

● On prononce [ɔksitɑ̃].

occulte adj. **Science occulte,** discipline qui s'occupe de choses que l'on ne peut expliquer rationnellement. *La magie et l'astrologie sont des sciences occultes.*

occupant, e n. ❶ Personne qui occupe un lieu, qui y vit. *Les occupants de l'appartement voisin sont absents.* SYN. **habitant.** ❷ Ennemi qui occupe un pays. *Lutter contre l'occupant.* SYN. **envahisseur.**

▸▸▸ Mot de la famille de **occuper.**

occupation n.f. ❶ Ce qui occupe le temps. *Pendant les vacances, la baignade est sa principale occupation.* SYN. **activité.** ❷ Action d'occuper militairement un pays. *L'armée d'occupation a quitté la ville.* ❸ (Avec une majuscule). **L'Occupation,** période de la Seconde Guerre mondiale pendant laquelle la France a été occupée par l'armée allemande (de 1940 à 1944).

▸▸▸ Mot de la famille de **occuper.**

occupé, e adj. ❶ Qui a beaucoup de travail, d'occupation. *Il n'a pas le temps en ce moment, il est très occupé.* SYN. **affairé, pris.** CONTR. **désœuvré, inoccupé, oisif.** ❷ Qui est pris, utilisé par quelqu'un. *La place est occupée.* CONTR. **inoccupé, libre.**

▸▸▸ Mot de la famille de **occuper.**

occuper et **s'occuper** v. (conjug. 3). ❶ Remplir un espace. *Le canapé occupe beaucoup de place dans le salon.* SYN. **prendre, tenir.** ❷ Habiter un lieu. *Nos amis occupent le rez-de-chaussée de l'immeuble.* ❸ Exercer une fonction. *Occuper le poste de directeur.* ❹ Employer son temps à faire quelque chose. *Mon cousin occupe ses week-ends à faire du sport.* SYN. **consacrer.** ❺ S'installer dans un pays par la force militaire. *Les troupes allemandes ont occupé la France pendant la Seconde Guerre mondiale.* ◆ **s'occuper.** ❶ Avoir une activité. *Le dimanche, il ne sait pas comment s'occuper.* ❷ Prendre soin de quelqu'un ou de quelque chose. *Je me suis occupé du chat des voisins pendant leur absence.*

occurrence n.f. **En l'occurrence,** dans le cas présent, dans cette circonstance. *Il a gagné le gros lot, en l'occurrence un scooter.*

océan n.m. Vaste étendue d'eau salée qui couvre une grande partie de la surface de la Terre. → Vois aussi **mer.**

océanien, enne adj. et n. D'Océanie. *L'Australie est le plus grand pays océanien. Les Océaniens.*

● Le nom prend une majuscule : *un Océanien.*

océanique adj. **Climat océanique,** climat des régions situées près de l'océan. Il se caractérise par des températures douces et des pluies abondantes. *L'Angleterre a un climat océanique.* → Vois aussi **continental.**

▸▸▸ Mot de la famille de **océan.**

océanographe n. Spécialiste d'océanographie.

▸▸▸ Mot de la famille de **océan.**

océanographie n.f. Étude des océans et des mers.

▸▸▸ Mot de la famille de **océan.**

ocelot n.m. Grand chat sauvage d'Amérique du Sud, à la fourrure parsemée de taches brunes cerclées de noir.

un **ocelot**

ocre adj. invar. et n.m. D'une couleur entre le jaune et le brun. *Des murs ocre.*

octave n.f. Intervalle entre les deux notes extrêmes d'une gamme.

● Nom du genre féminin : **une octave.**

octobre n.m. Dixième mois de l'année.
● Le mois d'octobre a 31 jours.

octogénaire adj. et n. Qui a entre quatre-vingts et quatre-vingt-neuf ans.

octogone n.m. Figure géométrique qui a huit côtés et huit angles.

octroi n.m. ❶ Taxe que l'on payait autrefois sur certaines marchandises, à l'entrée des villes. ❷ Action d'octroyer quelque chose à quelqu'un. *L'octroi d'une prime.* SYN. **attribution.**
►►► Mot de la famille de **octroyer.**

octroyer et **s'octroyer** v. (conjug. 14). Donner par faveur. *Le patron a octroyé deux jours de repos supplémentaires à ses ouvriers.* SYN. **accorder.** ◆ **s'octroyer.** Prendre sans permission. *Elle s'est octroyé un jour de congé.* SYN. **s'accorder.**

oculaire adj. ❶ Qui se rapporte à l'œil, à la vue. *Le globe oculaire.* ❷ **Témoin oculaire,** personne qui a vu l'événement dont elle témoigne. *Être le témoin oculaire d'un accident.*

oculiste n. Médecin spécialiste des yeux. SYN. **ophtalmologiste.**
● Ne confonds pas **oculiste** et **opticien.**

ode n.f. Long poème.

odeur n.f. Ce que l'on sent avec le nez. *L'odeur du chèvrefeuille est agréable.* SYN. **parfum.** *Ce fromage dégage une mauvaise odeur.* SYN. **puanteur.** → Vois aussi **arôme, effluve, exhalaison, senteur.**
►►► Mots de la même famille : **déodorant, désodorisant, inodore, malodorant.**

odieusement adv. De façon odieuse, insupportable. *Elle s'est conduite odieusement avec les invités.* CONTR. **agréablement, aimablement.**
►►► Mot de la famille de **odieux.**

odieux, euse adj. ❶ Qui provoque le dégoût, l'indignation. *Un crime odieux.* SYN. **ignoble, infâme, inqualifiable.** ❷ Qui a un comportement très désagréable. *Elle a été odieuse avec tout le monde.* SYN. **insupportable.** CONTR. **adorable, charmant.**

odorant, e adj. Qui répand une odeur. *Le lilas est une fleur très odorante.* SYN. **parfumé.** CONTR. **inodore.** → Vois aussi **odoriférant.**
►►► Mot de la famille de **odeur.**

odorat n.m. Celui des cinq sens par lequel on perçoit les odeurs. *Mon chien a un odorat très développé.* SYN. **flair.** → Vois aussi **goût, ouïe, toucher, vue.**
►►► Mot de la famille de **odeur.**

odoriférant, e adj. Mot littéraire. Qui répand une bonne odeur. *Une plante odoriférante.* CONTR. **malodorant.**

odyssée n.f. Voyage riche en aventures. *Il nous a raconté son odyssée.*
● Ce mot s'écrit avec un **y.**

œdème n.m. Gonflement anormal d'une partie du corps.
● On prononce [edɛm] ou [ødɛm].

œil n.m. ❶ Organe de la vue. *Maxence a les yeux verts.* ❷ Regard. *La déception se lisait dans ses yeux.* ❸ **Avoir l'œil sur quelqu'un, avoir quelqu'un à l'œil,** le surveiller. ❹ **À vue d'œil,** de manière évidente ou rapide. *Cette plante pousse à vue d'œil.* ❺ **Sauter aux yeux,** être évident. *Elle ment, cela saute aux yeux.* ❻ **Voir quelque chose d'un bon œil,** y être favorable. *Je vois ce changement d'un bon œil.* → Vois aussi **vue.**
● Au pluriel : des **yeux.**

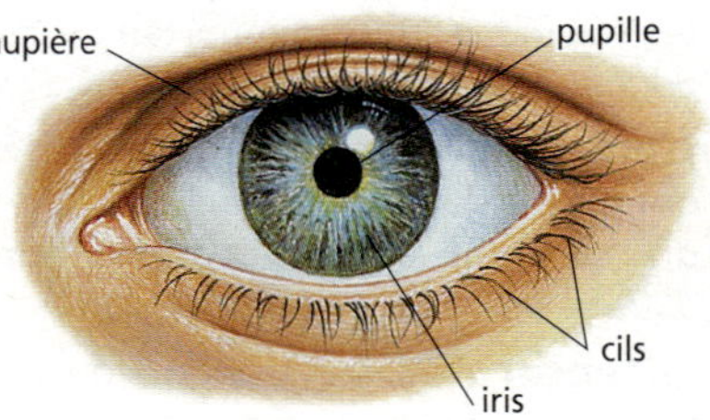

l'œil

► **œil-de-bœuf** n.m. Petite fenêtre ronde ou ovale.
● Au pluriel : des **œils-de-bœuf.**

► **œillade** n.f. Coup d'œil furtif lancé par tendresse ou complicité.

► **œillère** n.f. ❶ Chacune des deux pièces de cuir qui empêchent les chevaux de voir sur les côtés. ❷ **Avoir des œillères,** avoir des préjugés qui empêchent de voir ou de comprendre la réalité.

1. **œillet** n.m. Plante cultivée pour ses fleurs colorées et parfumées, aux bords dentelés.

2. **œillet** n.m. ❶ Petit trou dans lequel on passe quelque chose. *Passer des lacets dans les œillets de ses chaussures.* ❷ Anneau de papier autocollant destiné à renforcer les trous des feuilles perforées.

a b c d e f g h i j k l m n o p q r s t u v w x y z

a b c d e f g h i j k l m n o p q r s t u v w x y z

œsophage n.m. Partie du tube digestif qui conduit les aliments du pharynx à l'estomac.
● On prononce [ezɔfaʒ].

œuf n.m. ❶ Corps arrondi, protégé par une coquille, qui contient un germe et que pondent les femelles des oiseaux. *Un œuf de cane, de mésange, de pie.* ❷ Corps pondu par les reptiles, les poissons, les insectes. *Les tortues de mer pondent leurs œufs sur la plage.* ❸ Œuf de poule, que l'on mange. *Un œuf à la coque.*
● Au singulier on prononce [œf], au pluriel on prononce [ø].

œuvre n.f. ❶ Résultat d'un travail, d'une action. *Cette fresque est l'œuvre de toute la classe.* ❷ Ouvrage réalisé par un écrivain, un artiste. *Publier une œuvre littéraire. Il connaît toute l'œuvre de Jules Verne. Écouter une œuvre de Mozart. Les tableaux et les sculptures sont des œuvres d'art.* ❸ Organisation qui vient en aide aux personnes dans le besoin. *Faire des dons à une œuvre.* ❹ **Mettre en œuvre,** utiliser, employer. *Ils ont tout mis en œuvre pour que la fête soit réussie.*
▸▸▸ Mot de la même famille : **désœuvré.**

▸ **œuvrer** v. (conjug. 3). Travailler pour obtenir quelque chose d'important. *Il œuvre pour la paix.*

offense n.f. Parole ou action qui offense, qui blesse quelqu'un. *Elle lui a fait une offense en ne la saluant pas.* SYN. **affront, outrage, vexation.**

▸ **offenser** v. (conjug. 3). Blesser quelqu'un par une parole ou une action vexante. *Je l'ai offensé en oubliant de citer son nom.* SYN. **froisser, humilier, vexer.**

offensif, ive adj. Qui attaque, sert à attaquer. *Une arme offensive.* CONTR. **défensif.**
▸▸▸ Mot de la même famille : **inoffensif.**

▸ **offensive** n.f. Action d'attaquer. *Lancer une offensive contre l'ennemi.* SYN. **attaque.**

office n.m. ❶ Agence, bureau. *Ils se sont renseignés à l'office de tourisme de la ville.* ❷ **Faire office de,** remplir telle fonction, tel rôle. *L'assistante du médecin fait aussi office de secrétaire.* ❸ **Désigner quelqu'un d'office,** le désigner pour faire quelque chose sans lui demander son avis. *Léa a été désignée d'office pour distribuer les feuilles.* ❹ Cérémonie religieuse. *Aller à l'office.*

officiel, elle adj. ❶ Qui vient d'une autorité. *La réponse est officielle.* CONTR. **officieux.** ❷ Qui est organisé par les autorités. *Une cérémonie officielle.* ❸ Qui a une fonction dans un gouvernement. *Un député est un personnage officiel.*

▸ **officiellement** adv. De manière officielle. *Elle a été officiellement nommée à ce poste.* CONTR. **officieusement.**

officier n.m. Militaire qui exerce un commandement. *Un lieutenant, un capitaine, un colonel sont des officiers.*

officieusement adv. De manière officieuse. *On a appris la nouvelle officieusement.* CONTR. **officiellement.**
▸▸▸ Mot de la famille de **officieux.**

officieux, euse adj. Qui n'est pas confirmé par une autorité. *La nouvelle de sa mutation est officieuse.* CONTR. **officiel.**

offrande n.f. Argent ou chose que l'on donne. *Faire des offrandes à une association.* SYN. **don.**
▸▸▸ Mot de la famille de **offrir.**

offre n.f. Proposition que l'on fait à quelqu'un. *J'ai accepté son offre. Elle a répondu à une offre d'emploi.* CONTR. **demande.**
▸▸▸ Mot de la famille de **offrir.**

offrir v. (conjug. 28). ❶ Donner en cadeau. *Mes grands-parents m'ont offert un vélo.* ❷ Proposer quelque chose. *Elle a offert de nous accompagner à la gare.* ❸ Présenter. *Cette solution offre de nombreux avantages.*

offusquer v. (conjug. 3). Déplaire fortement à quelqu'un. *Ses plaisanteries l'ont offusqué.* SYN. **choquer.**

ogive n.f. ❶ Arc qui soutient une voûte. ❷ **Croisée d'ogives,** ensemble de deux ogives qui se croisent pour soutenir une voûte. ❸ Partie avant d'un projectile, de forme pointue. *L'ogive d'un obus; une ogive nucléaire.*

O.G.M. n.m. Organisme (plante ou animal) modifié en laboratoire par les moyens de la génétique pour lui donner des qualités qu'il n'avait pas. *Les O.G.M. suscitent beaucoup d'espoirs scientifiques et d'inquiétudes écologiques.*

ogre, ogresse n. ❶ Dans les contes de fées, géant qui mange les enfants. ❷ (Sens familier). Personne vorace. *Avoir un appétit d'ogre.*

oh ! interj. Mot qui exprime la surprise, l'admiration, la peur ou la douleur. *Oh, tu es là ! Oh, que tu es belle ! Oh, quelle horreur !*
→ Vois aussi **ô.**

oie n.f. Gros oiseau aux pattes palmées, au long cou et au large bec. Il existe plusieurs espèces d'oies sauvages et une domestique. *On élève les oies pour leur chair, leur duvet et leur foie.*
● Mâle : le jars. Petit : l'oison. Cri : le criaillement, le sifflement ou le cacardement.

oignon n.m. ❶ Plante potagère dont on consomme le bulbe, qui a une odeur forte et un goût piquant. *Faire revenir des oignons dans une poêle.* ❷ Bulbe de certaines plantes. *Un oignon de jacinthe, de tulipe.* ❸ (Familier). **En rang d'oignons,** sur une seule ligne.
● On ne prononce pas le **i** : [ɔɲɔ̃].
– La nouvelle orthographe permet d'écrire aussi **ognon,** sans **i.**

oiseau n.m. Animal vertébré au corps couvert de plumes, qui a deux pattes, deux ailes et un bec. *Les oiseaux pondent et couvent leurs œufs. L'autruche est un oiseau qui ne vole pas.* → Vois aussi **ornithologie.**
● Au pluriel : des **oiseaux.**
→ planche pp. 724-725.

oiseux, euse adj. Mot littéraire. Inutile, qui ne mène à rien. *Une discussion oiseuse.* SYN. **stérile, vain.** CONTR. **intéressant.**

oisif, ive adj. et n. Qui n'a pas d'occupation. *On envie parfois les personnes oisives.* SYN. **désœuvré, inactif, inoccupé.** CONTR. **actif, occupé.** ◆ adj. **Vie oisive,** inactive. CONTR. **actif.**

oisillon n.m. Jeune oiseau.
▸▸▸ Mot de la famille de **oiseau.**

oisiveté n.f. État d'une personne oisive. *Il n'aime pas être dans l'oisiveté.* SYN. **désœuvrement, inaction, inoccupation.**
▸▸▸ Mot de la famille de **oisif.**

okapi n.m. Mammifère ruminant cousin de la girafe, sans en avoir le long cou, aux pattes rayées de blanc et de noir et au corps marron foncé, qui vit dans les forêts d'Afrique centrale.
● Ce mot s'écrit avec un **k.**

un **okapi**

oléagineux, euse adj. et n.m. Se dit d'une plante, d'une graine, d'un fruit qui contiennent de l'huile. *L'arachide, le tournesol et l'olive sont des oléagineux.*

oléoduc n.m. Gros tuyau qui sert à transporter du pétrole. → Vois aussi **pipeline.**
● On prononce le **c.**

olfactif, ive adj. Qui concerne l'odorat, la perception des odeurs. *Le nez est l'organe olfactif.*

oligarchie n.f. Régime politique dans lequel un petit nombre de personnes ou de familles puissantes détiennent le pouvoir.

olive n.f. Petit fruit ovale à noyau et à peau lisse devenant noir en mûrissant, qui est produit par l'olivier. *On extrait de l'huile des olives.*

▶ **oliveraie** n.f. Terrain planté d'oliviers.
● On peut aussi dire **olivaie.**

▶ **olivier** n.m. Arbre des régions méditerranéennes, qui produit des olives.

un **olivier**

des olives

olympique adj. ❶ **Jeux Olympiques,** compétition sportive internationale qui a lieu tous les quatre ans. *Il existe des jeux Olympiques d'hiver et des jeux Olympiques d'été.* ❷ Qui concerne les jeux Olympiques. *La flamme olympique.*
● Ce mot s'écrit avec un **y** après le **l.**

Les oiseaux

Les oiseaux sont des animaux vertébrés dont la peau est couverte de plumes. Leurs membres antérieurs sont transformés en ailes qui leur permettent de voler. Il en existe près de 10 000 espèces différentes. Les échassiers (grue, avocette) sont dotés de longues pattes et d'un grand bec pour pêcher au bord de l'eau. Les rapaces (aigle, hibou), appelés aussi « oiseaux de proie », ont des serres et un bec acéré. Les palmipèdes (frégate, macareux, mouette) ont des pattes palmées qui les aident à nager. Certains oiseaux ont des ailes trop courtes pour voler : ils courent, comme les autruches, ou nagent sous l'eau, comme les manchots.

Pour en savoir plus

aras rouges

rossignol

corbeau

hirondelles

paradisiers

gerfaut

hibou grand duc

quetzal
toucan
frégate
cacatoès
mouette
rieuse
grive
manchot
empereur
macareux
moine
colibri
marabout
aigle royal
tourterelle
martin-pêcheur
avocette
autruche
grand
tétras
grue
cendrée
kiwi

a b c d e f g h i j k l m n o p q r s t u v w x y z

ombilical, e, aux adj. **Cordon ombilical,** qui relie le fœtus à sa mère et par lequel il est nourri. *À la naissance, on coupe le cordon ombilical et la cicatrice qui se forme devient le nombril.*

● Au masculin pluriel : **ombilicaux.**

ombrage n.m. ❶ Ombre donnée par les branches et les feuilles d'un arbre. *Le tilleul donne un bel ombrage.* ❷ (Littéraire). **Prendre ombrage de quelque chose,** en être vexé. *Elle a pris ombrage de mes critiques.*

▸ **ombragé, e** adj. Où les arbres donnent de l'ombre. *Une route ombragée.*

▸ **ombrageux, euse** adj. Qui se vexe très facilement. *Elle a un caractère ombrageux.* SYN. **susceptible.**

ombre n.f. ❶ Zone sombre où les rayons du soleil ou la lumière ne passent pas. *Nous nous sommes assis à l'ombre, sous un arbre.* ❷ Silhouette noire d'une personne ou d'une chose éclairée par la lumière. *Le soleil projette nos ombres sur le mur. Papi fait des ombres chinoises avec ses doigts.* ❸ **Il n'y a pas l'ombre d'un doute,** il n'y a pas le moindre doute. *C'est bien son frère, il n'y a pas l'ombre d'un doute.*

▸ **ombrelle** n.f. Petit parasol de femme.

omelette n.f. Plat composé d'œufs battus et cuits dans une poêle.

omettre v. (conjug. 51). Mot littéraire. Oublier. *Il a omis de donner son nom.*

▸ **omission** n.f. Mot littéraire. Chose omise, oubliée. *Il y a quelques omissions dans ton résumé.* SYN. **oubli.**

omni- préfixe. Placé au début d'un mot, **omni-** signifie « tout » : *omnipotent, omnivore.*

omnibus n.m. Train qui s'arrête dans toutes les gares. *Prendre un omnibus.* CONTR. **train direct.** → Vois aussi **express (1).**

● On prononce le **s.**

omnipotent, e adj. Mot littéraire. Qui a tous les pouvoirs. *Un souverain omnipotent.* SYN. **tout-puissant.**

omnisports adj. invar. Qui concerne plusieurs sports. *Un gymnase omnisports.*

omnivore adj. et n. Qui se nourrit à la fois de chair animale et d'éléments végétaux (feuilles, racines, fruits). *L'homme est omnivore.* → Vois aussi **carnivore, herbivore, insectivore.**

omoplate n.f. Os plat et triangulaire situé à l'arrière de l'épaule.

on pronom personnel indéfini. ❶ Tout le monde, la plupart des gens. *On dit qu'il est très riche.* ❷ Quelqu'un, une personne quelconque. *On m'appelle.* ❸ S'emploie souvent à la place de « nous ». *On s'est baignés.*

oncle n.m. Frère de la mère ou du père; mari de la tante.

onctueux, euse adj. Qui a une consistance un peu épaisse et lisse et qui donne une impression de douceur. *Une crème onctueuse.* SYN. **velouté.**

onde n.f. ❶ Ensemble de cercles de plus en plus grands qui se forment à la surface de l'eau. ❷ Ensemble des vibrations produites par un émetteur, qui transportent les sons. *Les ondes radiophoniques.* ❸ **Les ondes,** la radio. *Cette émission est diffusée sur les ondes tous les samedis.* ❹ (Familier). **Être sur la même longueur d'onde,** se comprendre, parler le même langage.

ondée n.f. Pluie soudaine et de courte durée. *Nous avons été surpris par une ondée.* SYN. **averse.**

on-dit n.m. invar. Nouvelle qui se répand dans le public. *Je me méfie des on-dit.* SYN. **rumeur.** → Vois aussi **cancans, commérage, racontar, ragot.**

ondoyer v. (conjug. 14). Mot littéraire. Avoir un mouvement semblable à celui des vagues. *Le champ de blé ondoie dans le vent.* SYN. **onduler.**

ondulation n.f. ❶ Mouvement régulier d'un liquide qui s'abaisse et s'élève tour à tour. *L'ondulation des vagues.* ❷ Mouvement des mèches de cheveux qui frisent. *Se faire faire des ondulations.*

▸▸▸ Mot de la famille de **onduler.**

ondulé, e adj. ❶ Qui présente des ondulations. *Élise a les cheveux ondulés.* CONTR. **raide.** ❷ **Tôle ondulée, carton ondulé,** qui présentent une alternance régulière de reliefs et de creux.

▸▸▸ Mot de la famille de **onduler.**

onduler v. (conjug. 3). Avoir un léger mouvement sinueux. *Mes cheveux ondulent.* → Vois aussi **boucler, friser.**

onéreux, euse adj. Qui coûte cher. *Un voyage onéreux.* SYN. **coûteux.** CONTR. **bon marché.**

O.N.G. n.f. Organisme indépendant qui se consacre à l'aide humanitaire et aux secours. *La Croix-Rouge est une O.N.G.*
● O.N.G. est l'abréviation de **organisation non gouvernementale.** – On peut aussi écrire **ONG.**

ongle n.m. Partie dure qui recouvre l'extrémité des doigts et des orteils. *Se couper les ongles.*

▶ **onglée** n.f. Engourdissement douloureux du bout des doigts, causé par un grand froid. *Avoir l'onglée.*

onguent n.m. Mot ancien. Pommade grasse. *Appliquer un onguent sur une brûlure.*
● On prononce [ɔ̃gɑ̃].

onomatopée n.f. Mot qui imite le bruit de ce qu'il représente. *« Pan », « boum », « glouglou » sont des onomatopées.*

onze adj. numéral invar. Dix plus un. *Ma sœur a onze ans.*

▶ **onzième** adj. numéral et n. Qui occupe un rang, une place marqués par le numéro onze. *Julie est arrivée à la onzième place. Je suis le onzième sur la liste de la classe.*

opaque adj. Qui ne laisse pas passer la lumière, qui n'est pas transparent. *Du verre opaque.* CONTR. **translucide.** *Un collant opaque.*

opéra n.m. ❶ Pièce de théâtre chantée et accompagnée de musique. *Les opéras de Verdi.* ❷ (Avec une majuscule). Théâtre où l'on présente des opéras et des spectacles de danse. *On a construit un nouvel Opéra dans la capitale.*

1. **opérateur, trice** n. **Opérateur de prises de vues,** cadreur. *L'opérateur de prises de vues tient la caméra.* SYN. **caméraman.**

2. **opérateur** n.m. En mathématiques, signe qui indique l'opération à effectuer. *Les signes +, –, × et : sont les quatre opérateurs.*

opération n.f. ❶ Calcul d'une somme, d'une différence, d'un produit ou d'un quotient. *L'addition, la soustraction, la multiplication et la division sont les quatre opérations.* ❷ Suite d'actions qui visent à un résultat. *Faire des opérations de contrôle. Une opération chirurgicale.* SYN. **intervention.** ❸ Ensemble de manœuvres militaires, de combats. *Le général dirige les opérations.* ❹ Affaire financière. *Faire une bonne opération. Des opérations boursières.*
▶▶▶ Mot de la famille de **opérer.**

opérationnel, elle adj. Qui est prêt à fonctionner, à entrer en activité, à intervenir. *L'usine sera bientôt opérationnelle.*
▶▶▶ Mot de la famille de **opérer.**

opératoire adj. ❶ Qui est lié à une opération chirurgicale. *Le patient a subi un choc opératoire.* ❷ **Bloc opératoire,** ensemble des installations servant aux opérations chirurgicales.
▶▶▶ Mot de la famille de **opérer.**

opérer v. (conjug. 9). ❶ Accomplir, exécuter une action. *Opérer un changement.* SYN. **effectuer, réaliser.** ❷ Avoir un effet, donner un résultat. *Le charme a opéré.* SYN. **agir.** ❸ Pratiquer une intervention chirurgicale. *Ali a été opéré des amygdales.*

opérette n.f. Opéra à sujet amusant où se mêlent les parties chantées et parlées.

ophtalmologie n.f. Partie de la médecine qui étudie et soigne les yeux.

▶ **ophtalmologiste** n. Médecin spécialiste des yeux. SYN. **oculiste.** → Vois aussi **opticien.**
● On peut aussi dire **ophtalmologue.**

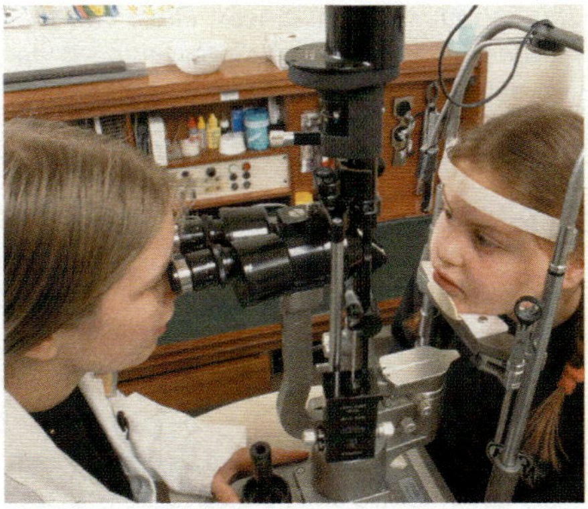

une ophtalmologiste

opiner v. (conjug. 3). **Opiner de la tête, du chef, du bonnet,** approuver en hochant la tête.

opiniâtre adj. Qui est tenace, persévérant. *Mener une lutte opiniâtre.* SYN. **acharné.**
● Le **a** prend un accent circonflexe.

▶ **opiniâtreté** n.f. Caractère d'une personne opiniâtre. *Travailler avec opiniâtreté.* SYN. **détermination, persévérance, ténacité.**

opinion n.f. ❶ Avis que l'on a sur un sujet quelconque. *J'ai donné mon opinion sur le film.* SYN. **point de vue.** ❷ **Avoir une bonne opinion de,** apprécier, estimer. *Mes parents ont une bonne opinion de toi.* ❸ **L'opinion publique,** la manière de penser de la a b c d e f g k l m n o p q r s t u v w x y z

majorité des gens. *Cette publicité a choqué l'opinion publique.*

opossum n.m. Petit mammifère d'Amérique et d'Australie, qui a un museau pointu, de longs doigts munis de griffes et une longue queue couverte d'écailles.
● On prononce [ɔpɔsɔm]. – L'opossum est un marsupial.

un **opossum**

oppidum n.m. Dans l'Antiquité, lieu fortifié situé sur une hauteur.
● On prononce [ɔpidɔm].

opportun, e adj. Qui convient au moment, au lieu, aux circonstances. *Elle a choisi le moment opportun pour intervenir.* SYN. **favorable, propice.** CONTR. **inopportun, malencontreux.** *Une aide opportune.* SYN. **bienvenu.** CONTR. **intempestif.**

▸ **opportuniste** adj. et n. Qui profite des circonstances selon ses intérêts. *Elle est opportuniste et égoïste.*

▸ **opportunité** n.f. Caractère de ce qui est opportun. *Il doute de l'opportunité de cette décision.*

opposant, e n. Personne qui s'oppose à un gouvernement, à une autorité. *Les opposants au régime ont été emprisonnés.*
▸▸▸ Mot de la famille de **opposer.**

opposé, e adj. ❶ Qui est situé vis-à-vis. *Il a rejoint la rive opposée à la nage.* ❷ Qui va en sens contraire. *Ils vont dans des directions opposées.* ❸ Qui est différent. *Leurs idées sont opposées aux miennes.* SYN. **contraire.** CONTR. **identique, semblable.** ❹ Qui est contre quelque chose. *Il est opposé à cette décision.* SYN. **hostile.** CONTR. **favorable.** ◆ n.m. ❶ Contraire. *Il a fait l'opposé de ce qu'il fallait faire.* SYN. **inverse.** ❷ **À l'opposé,** dans une direction contraire; d'une manière contraire. *Mon école est à l'opposé du lycée de mon frère. Elle est très désordonnée, à l'opposé de son frère.*
▸▸▸ Mot de la famille de **opposer.**

opposer et **s'opposer** v. (conjug. 3). ❶ Mettre face à face dans un combat, une compétition, un débat. *Ce match oppose les deux meilleurs joueurs.* ❷ Comparer en montrant les différences. *Opposer deux théories.* CONTR. **rapprocher.** ◆ **s'opposer à.** ❶ Être, lutter contre quelque chose. *Ils se sont opposés au projet.* CONTR. **soutenir.** ❷ Former un contraste avec quelque chose. *Le noir s'oppose au blanc.* SYN. **contraster avec, trancher sur.**

▸ **opposition** n.f. ❶ Différence, contraste entre deux choses. *Une opposition de couleurs.* SYN. **contraste.** ❷ Conflit, désaccord. *Elle est en opposition avec la direction.* ❸ **Faire opposition à quelque chose,** l'empêcher. *Ils ont fait opposition à son projet.* ❹ Ensemble des personnes et des partis politiques qui sont opposés à l'action d'un gouvernement. *L'opposition a refusé de voter cette loi.* CONTR. **majorité.**

oppressant, e adj. Qui oppresse. *Une chaleur oppressante.* SYN. **étouffant, suffocant.**
▸▸▸ Mot de la famille de **oppresser.**

oppressé, e adj. Qui a du mal à respirer. *Il faisait très chaud, je me sentais oppressée.*
● Ne confonds pas avec **opprimé.**
▸▸▸ Mot de la famille de **oppresser.**

oppresser v. (conjug. 3). Gêner la respiration. *La chaleur m'oppresse.*

oppresseur n.m. Personne qui opprime, qui exerce un pouvoir injuste et excessif. SYN. **despote, tyran.**
▸▸▸ Mot de la famille de **opprimer.**

oppression n.f. ❶ Gêne respiratoire. *L'oppression provoquée par le manque d'air.* SYN. **suffocation.** ❷ Action d'opprimer, d'abuser de son autorité. *Le peuple a résisté à l'oppression.* SYN. **tyrannie.**

opprimé, e n. Personne ou peuple que l'on opprime. *Défendre les opprimés.*
● Ne confonds pas avec **oppressé.**
▸▸▸ Mot de la famille de **opprimer.**

opprimer v. (conjug. 3). Soumettre à une autorité injuste. *Ce tyran opprime les plus faibles.* SYN. **persécuter, tyranniser.**
● Ne confonds pas avec **oppresser.**

opprobre n.m. Mot littéraire. Honte publique. *Couvrir quelqu'un d'opprobre.* SYN. **déshonneur.**

opter v. (conjug. 3). Mot littéraire. Choisir une solution. *Il a opté pour des études artistiques.*

opticien, enne n. Personne qui vend ou fabrique des lunettes et des instruments d'optique.

● Ne confonds pas **opticien** et **oculiste.**

▸▸▸ Mot de la famille de **optique.**

optimisme n.m. État d'esprit d'une personne qui prend les choses du bon côté. *Elle voit l'avenir avec optimisme.* CONTR. **pessimisme.**

▸ **optimiste** adj. et n. Qui voit les choses du bon côté et pense que tout ira bien. *Il se montre optimiste dans toutes les situations.* CONTR. **pessimiste.**

option n.f. Choix. *Quelle option as-tu prise ?*

▸▸▸ Mot de la famille de **opter.**

optionnel, elle adj. Qui peut être choisi ou non. *Au lycée, certaines matières sont optionnelles.* SYN. **facultatif.** CONTR. **obligatoire.**

▸▸▸ Mot de la famille de **opter.**

optique adj. Qui se rapporte à l'œil, à la vision. *Le nerf optique relie l'œil au cerveau.* ◆ n.f. ❶ Science qui étudie la lumière et les phénomènes de la vision. ❷ Façon de voir les choses. *Il a adopté une autre optique.* SYN. **point de vue.** ❸ **Instrument d'optique,** instrument qui permet de voir, d'observer. *Les jumelles, la loupe, le microscope sont des instruments d'optique.*

opulence n.f. Grande richesse, grande abondance de biens. *Vivre dans l'opulence.* SYN. **luxe.** CONTR. **misère, pauvreté.**

▸ **opulent, e** adj. ❶ Très riche. *Une famille opulente.* SYN. **aisé, fortuné.** CONTR. **pauvre.** ❷ **Poitrine opulente,** très développée.

1. **or** n.m. ❶ Métal précieux, jaune et brillant. *Des pépites d'or; des bijoux en or.* ❷ **Affaire en or,** très avantageuse. ❸ **Cœur d'or,** personne très généreuse.

▸▸▸ Mots de la même famille : **doré, dorer, dorure.**

2. **or** conjonction. Sert à relier deux idées dans un raisonnement en soulignant une opposition. *Il pensait avoir raison; or il avait tort.*

oracle n.m. Dans l'Antiquité, réponse que les dieux étaient censés faire aux questions que les hommes leur posaient.

orage n.m. ❶ Pluie violente et soudaine accompagnée de tonnerre et d'éclairs. *L'orage a éclaté en fin d'après-midi.* ❷ **Il y a de l'orage dans l'air,** une ambiance tendue qui annonce une dispute.

▸ **orageux, euse** adj. ❶ Qui caractérise l'orage. *Un temps orageux; une pluie orageuse.* ❷ Qui est agité, troublé. *Une discussion orageuse; une réunion orageuse.* SYN. **houleux.** CONTR. **calme, paisible.**

oral, e, aux adj. ❶ Qui se fait en parlant et non par écrit. *Faire une promesse orale.* SYN. **verbal.** ❷ **Par voie orale,** par la bouche. *Administrer un médicament par voie orale.* SYN. **buccal.** ◆ n.m. Partie d'un examen où l'on répond oralement. *Passer l'oral d'un concours.* CONTR. **écrit.**

● Au masculin pluriel : **oraux.**

▸ **oralement** adv. Par la parole. *Il fallait répondre oralement aux questions.* SYN. **verbalement.** CONTR. **par écrit.**

orange n.f. Fruit rond de couleur orange, à la peau épaisse et à la chair juteuse, qui pousse sur l'oranger. *L'orange est un agrume.* ◆ adj. invar. Qui a la couleur de l'orange. *Des baskets orange.* ◆ n.m. Couleur orange. *Nous avons peint les murs en orange.*

des **oranges**

▸ **orangé, e** adj. D'une couleur qui tire sur l'orange. *Une lumière orangée.*

▸ **orangeade** n.f. Boisson faite de jus d'orange, d'eau et de sucre.

● Ce mot s'écrit avec un **e** après le **g** pour prononcer le son [ʒ].

▸ **oranger** n.m. Arbre fruitier des régions chaudes ou méditerranéennes qui produit les oranges.

▸ **orangeraie** n.f. Terrain planté d'orangers.

▸ **orangerie** n.f. Local où l'on abrite pendant l'hiver les orangers cultivés dans des caisses.

orang-outan n.m. Grand singe d'Asie, aux bras très longs et à la fourrure rousse, qui

a
b
c
d

vit dans les arbres. *L'orang-outan se nourrit essentiellement de fruits.*

● L'orang-outan est un hominidé, comme le chimpanzé, le gorille et l'espèce humaine. – On ne prononce pas le **g** : [ɔʀɑ̃utɑ̃]. – On peut aussi écrire **orang-outang.** – Au pluriel : des **orangs-outans** ou des **orangs-outangs.**

un **orang-outang**

k
l
m
n
o
p
q
r
s
t
u
v
w
x
y
z

orateur, trice n. Personne qui prononce un discours.

▶ **oratoire** adj. Qui concerne la parole, l'éloquence. *Elle a un talent oratoire.*

orbital, e, aux adj. Qui se rapporte à l'orbite d'une planète, d'un satellite. *Le mouvement orbital de la Terre autour du Soleil.*

● Au masculin pluriel : **orbitaux.**

▶▶▶ Mot de la famille de **orbite.**

orbite n.f. ❶ Courbe que décrit une planète ou un satellite autour d'un autre corps céleste. *La Terre décrit son orbite autour du Soleil en un an.* ❷ Cavité du crâne dans laquelle est situé l'œil.

● Nom du genre féminin : **une orbite.**

▶▶▶ Mot de la même famille : **exorbité.**

orchestre n.m. ❶ Groupe de musiciens qui jouent ensemble. *Un orchestre de jazz.* SYN. **formation.** ❷ Dans une salle de théâtre, ensemble des places situées au rez-de-chaussée, face à la scène. *Nous avions deux fauteuils d'orchestre.*

● On écrit **ch** mais on prononce [k].

▶ **orchestrer** v. (conjug. 3). Organiser avec ampleur. *Il est chargé d'orchestrer les festivités.*

orchidée n.f. Fleur à trois pétales, très recherchée, aux formes et aux couleurs multiples. *Il existe près de 20000 espèces d'orchidées.*

● On écrit **ch** mais on prononce [k].

une **orchidée**

ordinaire adj. ❶ Qui est habituel; qui ne se distingue pas des autres. *Elle nous a reçus avec sa bonne humeur ordinaire.* SYN. **coutumier, normal.** *C'est un jour ordinaire.* SYN. **banal.** CONTR. **exceptionnel, extraordinaire.** ❷ Qui est de qualité moyenne. *Du beurre ordinaire.* CONTR. **supérieur.** ◆ n.m. ❶ **D'ordinaire,** d'habitude. *D'ordinaire, je me couche à 20 h 30.* SYN. **habituellement, ordinairement.** ❷ **Sortir de l'ordinaire,** ne pas être courant, banal. *Cette coiffure sort de l'ordinaire.*

▶ **ordinairement** adv. Habituellement, le plus souvent. *Ordinairement, je vais à la piscine le mercredi.* SYN. **généralement, d'ordinaire.**

ordinal, e, aux adj. **Nombre ordinal,** qui indique l'ordre, le rang. *« Premier », « dixième » sont des nombres ordinaux.* → Vois aussi **cardinal.**

● Au masculin pluriel : **ordinaux.**

ordinateur n.m. Machine électronique qui peut traiter et garder en mémoire un très grand nombre d'informations.

ordonnance n.f. ❶ Document sur lequel le médecin note les médicaments qu'il prescrit à son patient. ❷ (Sens littéraire). Arrangement, organisation. *L'ordonnance d'une fête.* ❸ Document officiel d'un gouvernement ou d'un juge. *Une ordonnance ministérielle.* → Vois aussi **prescription.**

▶▶▶ Mot de la famille de **ordonner.**

ordonné, e adj. Qui a de l'ordre, qui range ses affaires. *Jean est un garçon très ordonné.* CONTR. **désordonné.**

▶▶▶ Mot de la famille de **ordonner.**

ordonner v. (conjug. 3). ❶ Donner un ordre à quelqu'un. *Il nous a ordonné de sortir.* ❷ Prescrire par ordonnance. *Le médecin m'a ordonné des antibiotiques.* ❸ Mettre en ordre, classer. *Ordonner ses idées.* SYN. **organiser.** ❹ **Ordonner un prêtre,** donner à un homme le sacrement par lequel il devient prêtre.

ordre n.m. ❶ Manière de classer les choses, les êtres ou les idées. *L'ordre alphabétique; l'ordre croissant, décroissant.* ❷ Disposition, rangement des choses à leur place. *Ma chambre est en ordre.* CONTR. **désordre.** *Maman a mis de l'ordre dans ses papiers.* ❸ **Avoir de l'ordre,** ranger les choses à leur place. ❹ Action d'ordonner, de commander à quelqu'un de faire quelque chose. *Le maître nous a donné l'ordre de nous taire.* ❺ **Jusqu'à nouvel ordre,** jusqu'à ce qu'une nouvelle décision soit prise. *Nous restons ici jusqu'à nouvel ordre.* ❻ Absence de troubles liée au respect des lois et des règlements. *La police assure le maintien de l'ordre.* ❼ Ensemble de moines ou de religieuses qui obéissent aux mêmes règles de vie. ❽ **Entrer dans les ordres,** devenir prêtre, moine ou religieuse. ❾ Sous l'Ancien Régime, chacune des trois parties de la société (clergé, noblesse et tiers état). ❿ **Ordre du jour,** liste des sujets à traiter tour à tour dans une réunion.

ordures n.f. plur. Ce que l'on jette, ce que l'on met à la poubelle. *Les éboueurs ramassent les ordures.* SYN. **déchets, détritus.**

▶ **ordurier, ère** adj. Qui exprime des grossièretés, des obscénités. *Des propos orduriers.* SYN. **grossier.**

orée n.f. Mot littéraire. Bordure d'un bois, d'une forêt. *Nous avons vu un chevreuil à l'orée du bois.* SYN. **lisière.**

oreille n.f. ❶ Chacun des deux organes situés de chaque côté de la tête et qui permettent d'entendre. *Les oreilles sont les organes de l'ouïe.* ❷ **Avoir l'oreille fine,** bien entendre. ❸ **Faire la sourde oreille,** faire semblant de ne pas entendre. ❹ **Prêter l'oreille, tendre l'oreille,** faire attention à ce qui se dit. ❺ **Se faire tirer l'oreille,** se faire prier. *Elle s'est fait tirer l'oreille pour débarrasser la table.*
→ Vois aussi **ouïe.**

▶ **oreiller** n.m. Coussin carré ou rectangulaire qui soutient la tête quand on est couché.

▶ **oreillette** n.f. ❶ Chacune des deux cavités supérieures du cœur, qui reçoivent le sang des veines. ❷ Petit récepteur que l'on place dans l'oreille. *L'oreillette permet au reporter d'entendre la présentatrice.* → Vois aussi **ventricule.**

▶ **oreillons** n.m. plur. Maladie contagieuse qui se manifeste par un gonflement du cou et par des douleurs dans les oreilles.

d'**ores et déjà** adv. Dès maintenant. *Le jeu n'est pas terminé, mais je peux d'ores et déjà te dire que tu as gagné.*
● On prononce [dɔrzedeʒa].

orfèvre n. Personne qui fabrique ou vend des objets en métal précieux. → Vois aussi **bijoutier, joaillier.**

▶ **orfèvrerie** n.f. Art, commerce de l'orfèvre. → Vois aussi **bijouterie, joaillerie.**

orfraie n.f. ❶ Nom que l'on donnait autrefois à un grand aigle pêcheur. ❷ **Pousser des cris d'orfraie,** pousser des cris épouvantables.

organe n.m. Partie du corps qui a une fonction particulière. *Les yeux sont les organes de la vue. Faire un don d'organes.*

→ planche p. 733.

organigramme n.m. Schéma qui représente l'organisation d'un groupe, les relations qui existent entre les différents éléments qui le composent. *L'organigramme d'une entreprise.*

organique adj. Qui se rapporte aux organes, qui appartient à un être vivant. *Les fonctions organiques. Une matière organique.*
▶▶▶ Mot de la famille de **organe.**

organisateur, trice n. Personne qui organise quelque chose. *La maîtresse est l'organisatrice du voyage.*
▶▶▶ Mot de la famille de **organiser.**

organisation n.f. ❶ Action, manière d'organiser quelque chose. *Julie et Géraldine sont chargées de l'organisation de la fête.* SYN. **préparation.** ❷ Manière dont quelque chose est organisé, structuré. *L'organisation de la société.* ❸ Groupe de personnes qui agissent dans un but commun. *Une organisation humanitaire.* → Vois aussi **association, groupement.**
▶▶▶ Mot de la famille de **organiser.**

organisé, e adj. ❶ Qui sait organiser son temps de manière efficace. *Aïcha est une fille*

a b c d e f g h i j k l m n o p q r s t u v w x y z

a b c d e f g h i j k l m n o p q r s t u v w x y z

organisée. ❷ Qui est constitué d'une certaine façon. *Une bande, un réseau bien organisés.* ❸ **Voyage organisé,** voyage en groupe qui est préparé à l'avance et où tout est prévu.
▸▸▸ Mot de la famille de **organiser.**

organiser et **s'organiser** v. (conjug. 3). Préparer quelque chose selon un plan précis. *La directrice a organisé un voyage scolaire.* SYN. **mettre sur pied.** ◆ **s'organiser.** Arranger son activité, son emploi du temps de manière efficace. *Léo avait parfois du mal à s'organiser.*

organisme n.m. ❶ Être vivant, animal ou végétal, organisé. *Les bactéries sont les plus petits organismes.* ❷ Ensemble des organes du corps humain. *Les vitamines sont indispensables à l'organisme.* ❸ Service ou association qui s'occupe d'une tâche administrative. *La Sécurité sociale est un organisme.*
▸▸▸ Mot de la famille de **organe.**

orge n.f. Céréale dont les épis portent de longues tiges fines. *Les grains d'orge servent à l'alimentation du bétail et à la fabrication de la bière.*
● Nom du genre féminin : **une orge** verte.

orgie n.f. Fête où les gens mangent et boivent trop et se tiennent mal.

orgue n.m. Instrument de musique à vent composé de tuyaux et à plusieurs claviers.
● Au pluriel, **orgue** est du genre féminin : *les grandes orgues de la cathédrale.*
– Nom des musiciens : un ou une **organiste.**

un orgue

orgueil n.m. Sentiment d'une personne qui pense être supérieure aux autres. *Il a trop d'orgueil pour te demander de l'aider.* SYN. **fierté, vanité.** CONTR. **humilité, modestie.**
● Ce mot s'écrit avec un **u** après le **g.**
▸▸▸ Mot de la même famille : **s'enorgueillir.**

▸ **orgueilleux, euse** adj. et n. Qui se croit supérieur aux autres. *Ma sœur est orgueilleuse.* SYN. **fier, hautain, prétentieux.** CONTR. **humble.**

orient n.m. ❶ Endroit du ciel où le soleil se lève. SYN. **est, levant.** CONTR. **couchant, occident.** ❷ (Avec une majuscule). Ensemble des pays d'Asie, des pays situés à l'est de l'Europe.

▸ **oriental, e, aux** adj. Qui est à l'est. *L'Alsace est une région orientale de la France.* CONTR. **occidental.** ◆ adj. et n. De l'Orient. *L'Égypte est un pays oriental. Les Chinois sont des Orientaux.*
● Le nom prend une majuscule : *un Oriental.*
– Au masculin pluriel : **orientaux.**

orientation n.f. ❶ Action de s'orienter, de se repérer selon les points cardinaux. *Pierre a le sens de l'orientation, il ne se perd jamais.* ❷ Disposition d'une chose par rapport aux quatre points cardinaux. *L'orientation d'une maison.* SYN. **exposition.** ❸ Action d'orienter quelqu'un ou fait de s'orienter dans des études. *Ma sœur n'a pas encore choisi son orientation.*
▸▸▸ Mot de la famille de **orienter.**

orienter et **s'orienter** v. (conjug. 3). ❶ Disposer quelque chose selon les points cardinaux ou dans une direction déterminée. *La maison est orientée au sud.* SYN. **exposer.** *Orienter une lampe.* ❷ Diriger dans une direction précise. *Le présentateur a orienté le débat sur un autre sujet. Elle a été orientée vers des études de médecine.* SYN. **aiguiller.** ◆ **s'orienter.** Se repérer et trouver son chemin. *Avec un plan de la ville, il est facile de s'orienter.*

orifice n.m. Ouverture qui fait communiquer une cavité avec l'extérieur. *Les pores sont les orifices de la peau. Boucher les orifices d'un tuyau.* SYN. **trou.**

oriflamme n.f. Drapeau long et découpé.
● Nom du genre féminin : **une oriflamme.**

une oriflamme

Les organes du corps

Tous les organes du corps humain travaillent ensemble, mais chacun a une fonction distincte. Le cerveau contrôle nos mouvements et nos réactions. Les poumons assurent la respiration. Le cœur est le centre de la circulation sanguine. Les organes du tube digestif transforment nos aliments en éléments nutritifs et en énergie. Les reins servent à l'élimination des déchets.

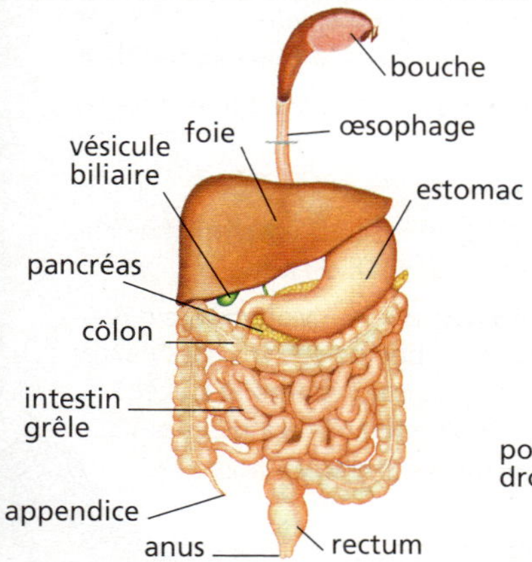

appareil digestif

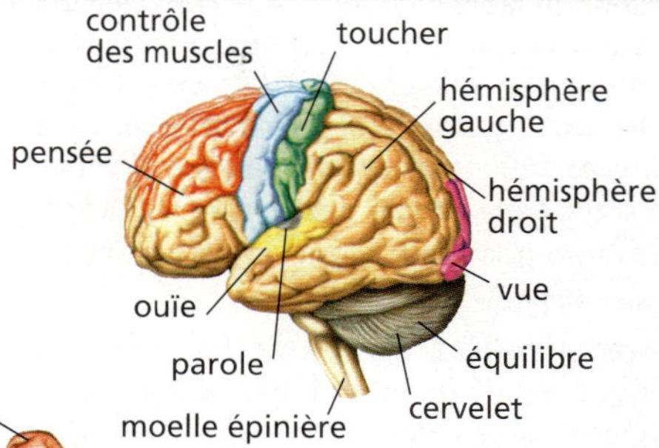

cerveau

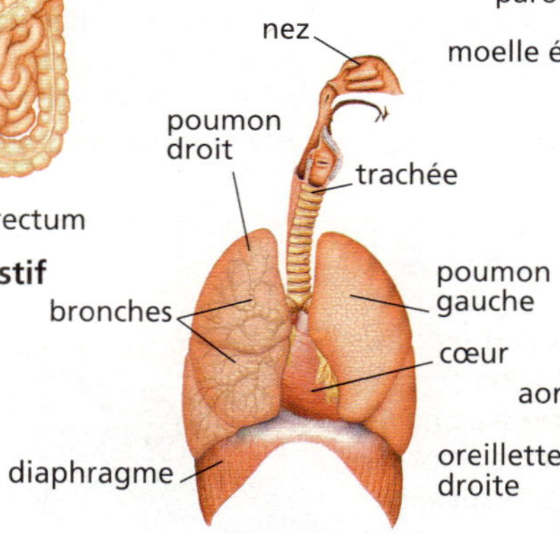

appareil respiratoire

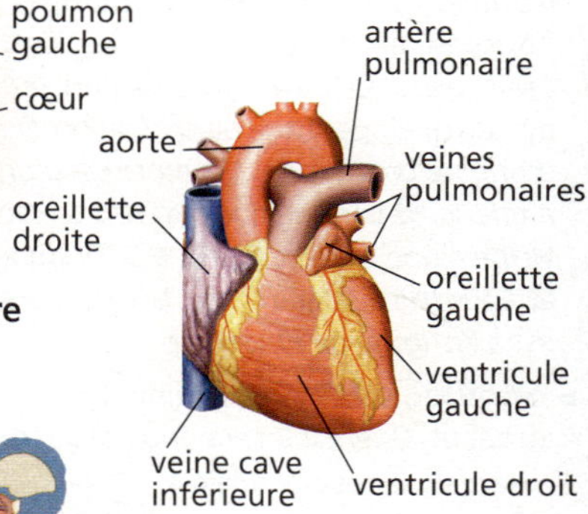

cœur

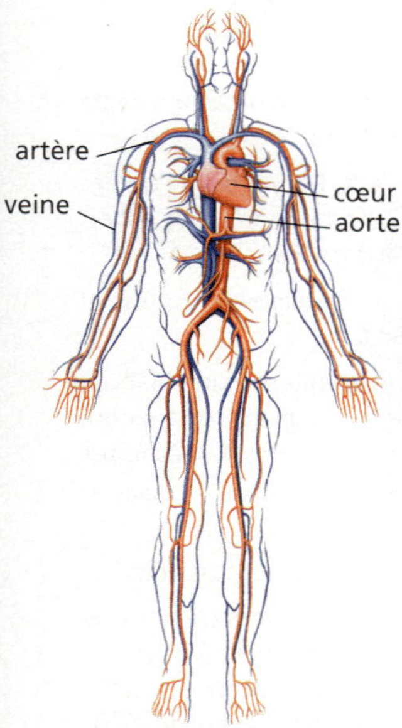

circulation sanguine

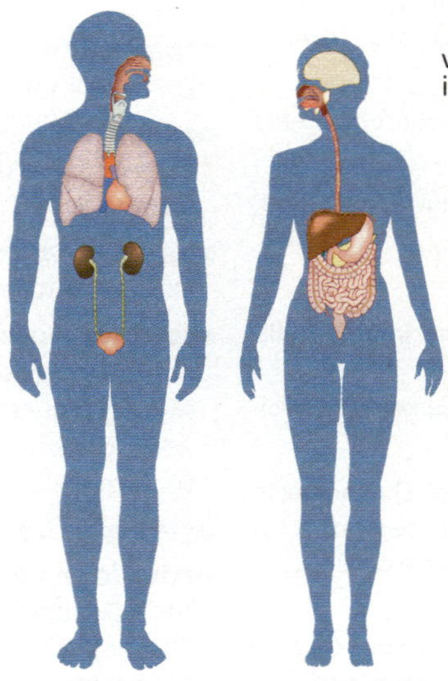

placement des principaux organes dans le corps

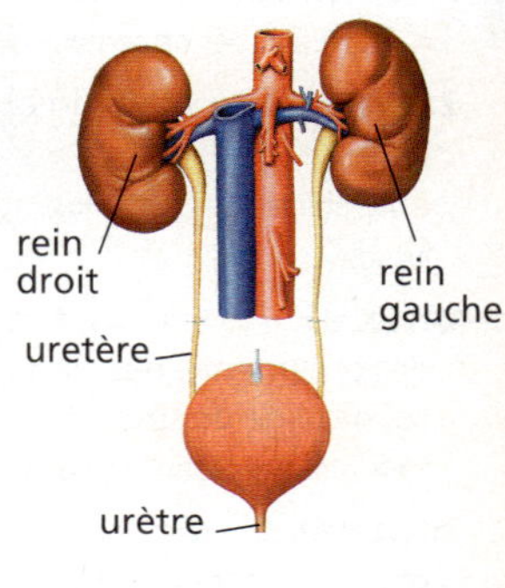

appareil urinaire

Pour en savoir plus

a b c d e f g h i j k l m n o p q r s t u v w x y z

originaire adj. Qui vient de tel lieu, de tel pays, qui y est né. *Mon grand-père est originaire d'Italie.* SYN. **natif.**

original, e, aux adj. ❶ Qui sort de l'ordinaire, qui ne ressemble à aucun autre. *Amina a toujours des idées originales.* SYN. **extraordinaire.** CONTR. **banal.** ❷ Qui a été fait par l'auteur, qui n'est pas une reproduction. *Un tableau original.* ◆ n. Personne qui a un comportement un peu bizarre. *Ma cousine est une originale.* SYN. **excentrique.** ◆ n.m. Document, œuvre d'origine. *Vous devez présenter l'original de votre diplôme.* CONTR. **copie, double, duplicata, reproduction.**

● Au masculin pluriel : **originaux.** – Ne confonds pas avec **originel.**

▶ **originalité** n.f. Caractère original, nouveau, d'une personne ou d'une chose. *Cette œuvre a été remarquée pour son originalité.* CONTR. **banalité.** *Ce chanteur manque d'originalité.* SYN. **personnalité.**

origine n.f. ❶ Commencement, point de départ de quelque chose. *L'origine de l'Univers.* SYN. **création, formation.** ❷ **À l'origine,** au début. *À l'origine, cette île était recouverte de forêt.* ❸ Endroit d'où est issu quelque chose ou quelqu'un. *Du café d'origine brésilienne. Ma mère est d'origine anglaise.* ❹ Langue dont est issu un mot. *Ce verbe a une origine latine.* SYN. **étymologie.** ❺ Cause de quelque chose. *Un feu mal éteint est à l'origine de l'incendie.*

▶ **originel, elle** adj. Qui remonte à l'origine, au début. *Quel est le sens originel de ce mot ?*

● Ne confonds pas avec **original.**

oripeaux n.m. plur. Mot littéraire. Vêtements vieux et extravagants.

orme n.m. Grand arbre aux feuilles dentelées.

▶ 1. **ormeau** n.m. Jeune orme.

● Au pluriel : des **ormeaux.**

2. **ormeau** n.m. Animal marin à coquille plate.

● Au pluriel : des **ormeaux.** – L'ormeau est un mollusque.

orné, e participe passé et adj. Qui comporte des ornements, des éléments décoratifs. *Un col orné de dentelle. Une lettre ornée.*

▸▸▸ Mot de la famille de **orner.**

ornement n.m. Ce qui orne, décore. *Un mur couvert d'ornements.* SYN. **décoration.**

▸▸▸ Mot de la famille de **orner.**

ornemental, e, aux adj. Qui sert à orner, à décorer. *Une plante ornementale.* SYN. **décoratif.**

● Au masculin pluriel : **ornementaux.**

▸▸▸ Mot de la famille de **orner.**

orner v. (conjug. 3). Embellir par des éléments décoratifs. *Des tableaux ornent les murs de la pièce.* SYN. **agrémenter, décorer.**

ornière n.f. Sillon creusé dans un chemin par les roues des véhicules. → Vois aussi **fondrière.**

ornithologie n.f. Science qui étudie les oiseaux.

● Ce mot s'écrit avec **th.**

▶ **ornithologue** n. Spécialiste d'ornithologie.

● On peut aussi dire **ornithologiste.**

ornithorynque n.m. Mammifère d'Australie qui a un bec de canard, des pattes palmées, une queue ressemblant à celle du castor, et dont la femelle pond des œufs.

● Ce mot s'écrit avec **th** et un **y** à la fin.

un **ornithorynque**

orpailleur n.m. Personne qui recherche de l'or dans les cours d'eau.

orphelin, e n. et adj. Enfant dont l'un des parents ou les deux sont morts. *Elle est orpheline depuis l'âge de 5 ans.*

▶ **orphelinat** n.m. Établissement où sont élevés les orphelins.

orque n.f. Grand mammifère marin blanc et noir, qui porte sur le dos un aileron triangulaire. *Les orques sont carnivores.* SYN. **épaulard.**

● Nom du genre féminin : **une orque.** – L'orque est un cétacé.

orteil n.m. Doigt de pied. *Le gros orteil.*

orthodoxe adj. Qui est conforme à une doctrine. *Des opinions orthodoxes.* ◆ n. et adj. Chrétien d'Orient qui ne reconnaît pas le pape comme chef de l'Église. *Les orthodoxes russes, grecs. L'Église orthodoxe.*

orthographe n.f. Manière correcte d'écrire les mots. *J'ai vérifié l'orthographe de ce mot dans le dictionnaire.*

● Ce mot s'écrit avec **th** et **ph**.

▶ **orthographier** v. (conjug. 7). Écrire en respectant les règles de l'orthographe. *Je ne sais pas orthographier ce mot.*

▶ **orthographique** adj. Qui concerne l'orthographe. *Les règles orthographiques.*

orthopédique adj. Qui sert à rééduquer la marche, à corriger les malformations des os et des articulations. *Porter des chaussures orthopédiques.*

● Ce mot s'écrit avec **th**.

orthophonie n.f. Science qui traite les troubles du langage, en particulier ceux de la prononciation.

● Ce mot s'écrit avec **th** et **ph**.

▶ **orthophoniste** n. Spécialiste d'orthophonie. *Les orthophonistes aident à corriger les défauts de prononciation.*

ortie n.f. Plante très commune dont les feuilles sont couvertes de poils qui piquent et donnent de petits boutons quand on les touche.

une **ortie**

orvet n.m. Sorte de lézard sans pattes qui ressemble à un serpent et qui se nourrit d'insectes.

● On l'appelle aussi **serpent de verre** car sa queue se brise facilement.

os n.m. Chacune des parties dures et solides du squelette d'un être humain ou d'un animal vertébré. *Le chien ronge les os du poulet.*

● On prononce [ɔs] au singulier et [o] au pluriel.

▶▶▶ Mot de la même famille : **désosser**.

oscillation n.f. Mouvement de va-et-vient. *Les oscillations d'un navire sur la mer.* SYN. **balancement.**

● On prononce [ɔsilasjɔ̃].

▶▶▶ Mot de la famille de **osciller**.

osciller v. (conjug. 3). Être animé d'un mouvement de va-et-vient. *Le balancier de la pendule oscille régulièrement.*

● On prononce [ɔsile].

osé, e adj. ❶ Qui est fait avec audace. *Une entreprise osée.* SYN. **audacieux, risqué.** ❷ Qui choque, qui est indécent. *Une tenue osée.* CONTR. **convenable.** *Des propos osés.* SYN. **grivois, scabreux.**

▶▶▶ Mot de la famille de **oser**.

oseille n.f. Plante potagère dont les feuilles, au goût acide, sont comestibles. *Nous avons mangé une omelette à l'oseille.*

oser v. (conjug. 3). ❶ Avoir le courage de faire ou de dire quelque chose. *Il a osé chanter en public.* ❷ Avoir l'insolence de faire quelque chose. *Elle a osé me demander de l'argent.* SYN. **se permettre de.**

osier n.m. Variété de saule à branches flexibles, servant à tresser des objets. *Un panier, un fauteuil en osier.* → Vois aussi **vannerie**.

ossature n.f. Ensemble des os d'un être humain ou d'un animal. *Romain a une forte ossature.* SYN. **squelette.**

▶▶▶ Mot de la famille de **os**.

osselet n.m. ❶ Petit os. *Les osselets de l'oreille.* ❷ Pièce d'un jeu d'adresse ayant la forme d'un petit os. *Jouer aux osselets.*

▶▶▶ Mot de la famille de **os**.

ossements n.m. plur. Os desséchés des hommes ou des animaux morts. *Les archéologues ont trouvé des ossements préhistoriques.*

▶▶▶ Mot de la famille de **os**.

osseux, euse adj. ❶ Qui concerne les os. *Une malformation osseuse.* ❷ Dont les os sont saillants. *Un visage osseux.*

▶▶▶ Mot de la famille de **os**.

ossuaire n.m. Lieu où l'on conserve des ossements humains. → Vois aussi **catacombes**.

● Ce nom masculin se termine par un **e**.

▶▶▶ Mot de la famille de **os**.

ostensible adj. Mot littéraire. Que l'on ne cache pas, que l'on fait avec l'intention d'être remarqué. *Elle se moquait de nous de manière ostensible.* CONTR. **discret.**

▶ **ostensiblement** adv. D'une manière ostensible, sans se cacher. *Il nous observait ostensiblement.* SYN. **ouvertement.** CONTR. **discrètement, furtivement.**

ostentation n.f. Attitude de quelqu'un qui cherche à se faire remarquer. *Elle riait avec ostentation.* CONTR. **discrétion.**

ostréiculteur, trice n. Personne qui élève des huîtres.

▶▶▶ Mot de la famille de **ostréiculture**.

a b c d e f h i j m n o p q r s t u v w x y z

ostréiculture n.f. Élevage des huîtres.

otage n. Personne que l'on retient prisonnière pour obtenir quelque chose en échange. *Les braqueurs ont pris les clients de la banque en otage.*

otarie n.f. Mammifère marin cousin du phoque, mais dont les oreilles sont visibles, et qui utilise ses quatre pattes pour se déplacer sur la terre ferme. *Les otaries vivent dans l'océan Pacifique et les mers du Sud.*
● Cri : le bêlement ou le grognement.

une otarie

ôter v. (conjug. 3). ❶ Enlever. *Il ôta son manteau en entrant.* SYN. **retirer.** CONTR. **garder.** ❷ Retrancher. *Si j'ôte 7 de 15, il reste 8.* SYN. **soustraire.** ❸ Faire perdre quelque chose à quelqu'un, l'en débarrasser. *Il faudrait lui ôter cette idée saugrenue de la tête.* SYN. **enlever.**
● Le **o** prend un accent circonflexe.

otite n.f. Maladie des oreilles.

oto-rhino-laryngologiste n. Médecin qui soigne les maladies des oreilles, du nez et de la gorge.
● Au pluriel : des **oto-rhino-laryngologistes.** – On emploie souvent les abréviations familières **oto-rhino** ou **O.R.L.**
– La nouvelle orthographe permet d'écrire aussi **otorhinolaryngologiste,** sans traits d'union.

ou conjonction. Mot qui sert à indiquer un choix, une équivalence ou une approximation. *Quelle robe préfères-tu, la rouge ou la bleue ? Tu peux venir le matin ou l'après-midi. Je resterai deux ou trois jours.*
● Ne confonds pas avec **où.**

1. où pronom relatif. Remplace un nom qui indique un lieu ou un moment. *Je ne connais pas la rue où il habite. Il a neigé le jour où tu es arrivé.*
● Le **u** prend un accent grave. – Ne confonds pas avec la conjonction **ou.**

2. où adv. interrogatif. Sert à interroger sur le lieu, la direction. *Où vas-tu ?*
● Le **u** prend un accent grave. – Ne confonds pas avec la conjonction **ou.**

ouate n.f. Coton utilisé pour les soins, l'hygiène. *Une compresse d'ouate.*
● On prononce [wat]. – On peut dire **la ouate** ou **l'ouate.**

oubli n.m. ❶ Fait d'oublier quelque chose ; ce que l'on a oublié de faire. *Tes parents n'ont pas signé la feuille, c'est un oubli.* ❷ **Tomber dans l'oubli,** être oublié de tous. *Ce chanteur est tombé dans l'oubli.*
►►► Mot de la famille de **oublier.**

oublier v. (conjug. 7). ❶ Ne plus se souvenir de quelque chose. *J'ai oublié le titre du film.* CONTR. **se rappeler, retenir.** ❷ Ne pas penser à faire quelque chose. *J'ai oublié de fermer la fenêtre.* ❸ Laisser un objet quelque part par distraction. *Marie a oublié son écharpe à la piscine.* ❹ Cesser volontairement de penser à une chose ou à une personne. *Oublie ce qui s'est passé ce matin à l'école.*
►►► Mot de la même famille : **inoubliable.**

► **oubliettes** n.f. plur. Cachot souterrain où l'on enfermait autrefois les prisonniers.

oued n.m. Dans les régions arides, cours d'eau souvent à sec mais qui peut se gonfler d'eau rapidement.
● On prononce [wɛd].

ouest n.m. invar. Un des quatre points cardinaux, situé du côté de l'horizon où le soleil se couche. *Quand on regarde vers le nord, l'ouest se trouve à gauche.* SYN. **couchant, occident.** ◆ adj. invar. Qui se situe à l'ouest. *Los Angeles est sur la côte ouest des États-Unis.* SYN. **occidental.** → Vois aussi **est, nord, sud.**
● On prononce le **t** : [wɛst].

ouf ! interj. Mot qui exprime le soulagement. *Ouf ! il est parti !*

ougandais, e adj. et n. De l'Ouganda. *La population ougandaise. Anthony est ougandais. C'est un Ougandais.*
● Le nom prend une majuscule : *un Ougandais.*

oui adv. Mot qui sert à affirmer, à accepter. *« Veux-tu venir avec nous ? – Oui. »* CONTR. **non.** ◆ n.m. invar. **Pour un oui ou pour un non,** sans motif sérieux. *Il se fâche pour un oui ou pour un non.*

ouï-dire n.m. invar. ❶ Ce que l'on apprend par l'intermédiaire de quelqu'un. *Ce ne sont* *que des ouï-dire.* SYN. **rumeur.** ❷ **Par ouï-dire,** pour l'avoir entendu dire. *J'ai appris par ouï-dire qu'il allait se marier.*

● Le premier **i** prend un tréma.

ouïe n.f. ❶ Celui des cinq sens par lequel on perçoit les sons. *Les chiens ont l'ouïe fine.* SYN. **oreille.** *Avoir des troubles de l'ouïe.* SYN. **audition.** ❷ Chacune des deux fentes que les poissons ont de chaque côté de la tête et où se trouvent les branchies. → Vois aussi **goût, odorat, toucher, vue.**

● Le **i** prend un tréma.

►►► Mot de la famille de **ouïr.**

ouïr v. Mot littéraire. **Avoir ouï dire,** avoir entendu dire. *J'ai ouï dire qu'ils allaient déménager.*

● Le **i** prend un tréma. – Ce verbe ne s'emploie aujourd'hui qu'à l'infinitif, au participe passé et aux temps composés.

ouistiti n.m. Petit singe à longue queue touffue et portant une touffe de poils sur chaque oreille, qui vit dans les forêts d'Amérique du Sud.

● Femelle : la ouistitite.

ouragan n.m. Très forte tempête. *L'ouragan a dévasté l'île.* SYN. **typhon.** → Vois aussi **cyclone, tornade.**

ourdir v. (conjug. 16). Mot littéraire. **Ourdir un complot,** le préparer en secret. SYN. **tramer.**

ourlet n.m. Bord d'un tissu replié et cousu. *Faire un ourlet à un pantalon.*

ours n.m. ❶ Grand mammifère carnivore, à la fourrure épaisse et aux griffes puissantes. *L'ours brun vit dans les forêts d'Asie, d'Amérique du Nord et dans certaines régions d'Europe ; l'ours blanc vit dans les régions arctiques.* ❷ Homme bourru, peu sociable. *C'est un ours, il ne dit bonjour à personne.*

● On prononce le **s.** – Femelle : l'ourse. Petit : l'ourson. Cri : le grognement ou le grondement.

un ours brun

► **ourse** n.f. Femelle de l'ours.

oursin n.m. Petit animal invertébré marin, dont la carapace est couverte de piquants mobiles et dont la chair est comestible.

ourson n.m. Jeune ours.

►►► Mot de la famille de **ours.**

outil n.m. Objet que l'on utilise pour faire un travail manuel. *Un marteau, des tenailles sont des outils. La bêche, la binette sont des outils de jardinage.*

● On ne prononce pas le **l.**

► **outillage** n.m. Ensemble des outils et des machines nécessaires à un travail. *L'outillage d'un mécanicien.* SYN. **équipement, matériel.**

► **outillé, e** adj. Qui a les outils, les instruments nécessaires à un travail. *Un mécanicien bien outillé.*

outrage n.m. Parole ou action qui outrage, qui offense gravement. *Il m'a fait l'outrage de me soupçonner.* SYN. **affront, offense.**

► **outrager** v. (conjug. 5). Offenser gravement. *Il outrageait le public par ses remarques.*

outrance n.f. ❶ Excès dans les paroles ou dans le comportement. *Les outrances de l'acteur ont choqué le public.* ❷ **À outrance,** de façon exagérée. *Travailler à outrance.*

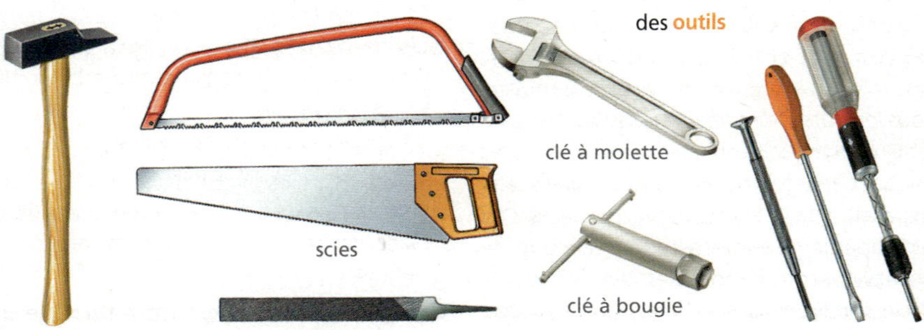

des outils

▸ **outrancier, ère** adj. Qui pousse les choses à l'excès. *Ses propos outranciers ont choqué l'auditoire.* SYN. **excessif.** CONTR. **mesuré, modéré.** → Vois aussi **outré.**

1. **outre** préposition. En plus de. *Outre quatre chambres, la maison dispose d'un vaste grenier.* ◆ adv. ❶ **En outre,** en plus. *Il ne s'est pas excusé et, en outre, il est parti sans dire au revoir.* ❷ **Outre mesure,** d'une façon excessive. *Il ne semblait pas déçu outre mesure.* ❸ (Littéraire). **Passer outre à,** ne pas tenir compte de quelque chose. *Elle a passé outre à mes conseils.*

2. **outre** n.f. Sac en peau de bouc qui sert à conserver et à transporter des liquides.

outré, e adj. ❶ Scandalisé, révolté. *Elle est outrée par tant de malhonnêteté.* ❷ (Sens littéraire). Poussé à l'extrême. *Une admiration outrée.* SYN. **exagéré, forcé, outrancier.**
▸▸▸ Mot de la famille de **outrer.**

outremer adj. invar. D'un bleu intense. *Un ciel outremer.*

outre-mer adv. Situé au-delà des mers, par rapport à la France métropolitaine. *La Martinique, la Guadeloupe, La Réunion et la Guyane sont des départements français d'outre-mer.*

outrepasser v. (conjug. 3). Aller au-delà de ce qui est permis. *Elle a outrepassé ses droits en agissant ainsi.*

outrer v. (conjug. 3). ❶ Scandaliser. *Son discours m'a outré.* SYN. **indigner.** ❷ (Sens littéraire). Exagérer, grossir. *L'acteur outre son accent pour faire rire le public.*

outsider n.m. Concurrent d'une course qui n'est pas parmi les favoris mais qui a des chances de gagner. *L'épreuve a été remportée par un outsider.*
● C'est un mot anglais, on prononce [awtsajdœr].

ouvert, e adj. ❶ Qui laisse un passage ; où l'on peut entrer. *La grille du jardin est ouverte.* CONTR. **fermé.** *Le magasin est ouvert tous les jours de la semaine jusqu'à 20 heures.* ❷ Qui est accueillant et aimable. *Ses parents sont des gens très ouverts.* SYN. **communicatif, expansif.** CONTR. **renfermé, taciturne.** ❸ Qui est capable de s'intéresser à beaucoup de choses, de comprendre des idées nouvelles ou les idées des autres. *Hugo a un esprit très ouvert.* SYN. **large.** CONTR. **borné, obtus.** ❹ Qui est déclaré, qui a éclaté. *Un conflit ouvert.* CONTR. **latent.**
▸▸▸ Mot de la famille de **ouvrir.**

ouvertement adv. De façon ouverte, manifeste. *Agir ouvertement.* SYN. **franchement.** CONTR. **en cachette, à la dérobée, furtivement.**
▸▸▸ Mot de la famille de **ouvrir.**

ouverture n.f. ❶ Action d'ouvrir ; fait d'être ouvert. *Nous avons attendu l'ouverture du magasin.* CONTR. **fermeture.** ❷ Action d'inaugurer, de commencer. *Regarder l'ouverture des jeux Olympiques à la télévision.* CONTR. **clôture, fin.** ❸ Espace permettant le passage. *Les portes et les fenêtres sont les ouvertures d'une maison.* ❹ Aptitude à accepter et à comprendre des points de vue opposés, des idées nouvelles. *Ils ont fait preuve d'une grande ouverture d'esprit.* CONTR. **étroitesse.**
▸▸▸ Mot de la famille de **ouvrir.**

ouvrable adj. **Jour ouvrable,** jour normalement consacré au travail. *Les dimanches et les jours fériés ne sont pas des jours ouvrables.*

ouvrage n.m. ❶ Travail. *Se mettre à l'ouvrage.* SYN. **tâche.** ❷ Livre. *Je n'ai pas lu cet ouvrage.* SYN. **œuvre.** ❸ **Boîte à ouvrage,** boîte où l'on range tous les objets nécessaires à la couture.

▸ **ouvragé, e** adj. Finement travaillé et décoré. *Des balcons ouvragés.*

ouvrant, e adj. **Toit ouvrant,** partie du toit d'une voiture qui peut s'ouvrir. → Vois aussi **décapotable.**
▸▸▸ Mot de la famille de **ouvrir.**

ouvre-boîte n.m. Instrument qui sert à ouvrir les boîtes de conserve.
● La nouvelle orthographe permet d'écrire aussi un **ouvre-boite,** des **ouvre-boites,** sans accent circonflexe.
▸▸▸ Mot de la famille de **ouvrir.**

ouvre-bouteille n.m. Instrument qui sert à enlever la capsule d'une bouteille. SYN. **décapsuleur.**
● Au pluriel : des **ouvre-bouteilles.**
▸▸▸ Mot de la famille de **ouvrir.**

ouvreur, euse n. Personne chargée de placer les spectateurs dans un théâtre, un cinéma.

ouvrier, ère n. Personne salariée qui exécute un travail manuel. *Ma tante est* *ouvrière dans une usine textile.* ◆ **adj.** Qui se rapporte aux ouvriers. *La classe ouvrière.*

ouvrière n.f. Chez les abeilles, les fourmis et les termites, femelle stérile qui construit et défend le nid.

ouvrir et **s'ouvrir** v. (conjug. 28). ❶ Déplacer une pièce mobile ou actionner un mécanisme de façon à permettre un passage. *Ouvrir une porte, une fenêtre.* CONTR. **fermer.** ❷ Permettre le passage entre l'intérieur et l'extérieur. *Ouvrir une bouteille.* SYN. **déboucher.** ❸ Devenir accessible. *La boulangerie ouvre à 7 heures.* CONTR. **fermer.** ❹ Écarter des parties fermées ou repliées *Ouvrir les yeux. Ouvrir un livre, une lettre.* ❺ Faire une ouverture dans quelque chose, le couper. *Le médecin a ouvert l'abcès.* SYN. **inciser.** ❻ Mettre en marche, faire fonctionner. *Ouvrir le gaz.* SYN. **allumer.** CONTR. **couper, éteindre.** ❼ Créer. *Ma tante a ouvert une crêperie.* ❽ Commencer. *Ouvrir une enquête.* CONTR. **clore.** ◆ **s'ouvrir.** ❶ Pour une fleur, avoir ses pétales qui s'écartent. *Les roses se sont ouvertes.* SYN. **s'épanouir.** ❷ Se faire une coupure, une blessure à une partie du corps. *Alexis s'est ouvert le genou en tombant.*

ovaire n.m. Chacune des deux glandes de la femme ou de la femelle des animaux qui servent à la reproduction. *Les ovules se forment dans les ovaires.*
● Nom du genre masculin : **un ovaire.**

ovale adj. Qui a la forme d'un œuf, qui est allongé et arrondi. *Un ballon de rugby est ovale.* ◆ **n.m.** Forme ovale. *L'ovale du visage.*

ovation n.f. Série d'acclamations en l'honneur de quelqu'un. *Le public a fait une ovation aux acteurs.* CONTR. **huée.**

▶ **ovationner** v. (conjug. 3). Saluer par une ovation. *Les spectateurs ont ovationné les vainqueurs.* SYN. **acclamer.** CONTR. **huer.**

overdose n.f. Absorption d'une dose excessive de drogue, qui peut entraîner la mort.
● C'est un mot anglais, on prononce [ɔvərdoz]. – Il vaut mieux dire **surdose.**

ovin, e adj. Qui se rapporte aux moutons. *Les races ovines.* ◆ **n.m.** Animal de l'espèce ovine. *Le mouton, la brebis sont des ovins.*
→ Vois aussi **bovin, caprin, porcin.**

ovipare adj. et n. Se dit d'un animal qui se reproduit en pondant des œufs. *Les oiseaux, les crustacés et la plupart des insectes, des poissons et des reptiles sont ovipares.* → Vois aussi **ovovivipare, vivipare.**

ovni n.m. Engin volant inconnu observé dans le ciel ; soucoupe volante.
● Ce mot est l'abréviation de **objet volant non identifié.**

ovovivipare adj. et n. Se dit d'un animal qui se reproduit par des œufs, mais qui les conserve dans son corps jusqu'à leur éclosion. *La vipère est ovovivipare.* → Vois aussi **ovipare, vivipare.**

ovule n.m. Cellule femelle qui se forme dans l'ovaire et qui sert à la reproduction. → Vois aussi **spermatozoïde.**
● Nom du genre masculin : **un ovule.**

oxydation n.f. Action, fait de s'oxyder. *L'humidité favorise l'oxydation des métaux.*
▸▸▸ Mot de la famille de **oxyde.**

oxyde n.m. Substance composée d'oxygène et d'un autre élément. *La rouille est de l'oxyde de fer.*
● Ce mot s'écrit avec un **y.**

▶ **s'oxyder** v. (conjug. 3). S'abîmer au contact de l'air. *Le fer s'oxyde.* SYN. **rouiller.**

oxygène n.m. Gaz incolore et inodore contenu dans l'air et qui permet aux êtres vivants de respirer. *Un masque à oxygène.*
● Ce mot s'écrit avec un **y.**

▶ **oxygéné, e** adj. **Eau oxygénée,** liquide désinfectant et décolorant qui contient une forte proportion d'oxygène.

oxygéner et **s'oxygéner** v. (conjug. 9, 10). Ajouter de l'oxygène dans un corps chimique. *Oxygéner du sang.* ◆ **s'oxygéner.** (Sens familier). Respirer de l'air pur. *Se promener en forêt pour s'oxygéner.*

oyat n.m. Plante utilisée pour fixer le sable des dunes.

ozone n.m. Gaz odorant composé d'atomes d'oxygène, qui est présent dans l'atmosphère et qui protège la Terre des rayons du Soleil.
● Nom du genre masculin.

a b c d e f g h i j k l m n o p q r s t u v w x y z

pacage n.m. Lieu où l'on fait paître le bétail. SYN. **pâturage.**

pacha n.m. ❶ Noble qui dirigeait une province dans l'ancienne Turquie. ❷ (Familier). **Vie de pacha,** vie sans souci, dans l'abondance.

pachyderme n.m. Ancien nom des grands mammifères à peau épaisse, tels que l'éléphant, le rhinocéros et l'hippopotame.
● Ce mot s'écrit avec un **y.**

pacifier v. (conjug. 7). Rétablir le calme, la paix. *Les forces militaires internationales ont pacifié le pays.*
▸▸▸ Mot de la famille de **paix.**

pacifique adj. ❶ Qui aime la paix. *C'est un garçon pacifique.* SYN. **paisible, tranquille.** CONTR. **belliqueux.** ❷ Qui se passe dans la paix ; qui s'efforce de rétablir ou de maintenir la paix. *Les deux pays entretiennent des relations pacifiques.*
▸▸▸ Mot de la famille de **paix.**

pacifiste n. et adj. Partisan de la paix. *Des pacifistes ont manifesté contre l'utilisation de l'arme nucléaire.*
▸▸▸ Mot de la famille de **paix.**

pack n.m. Emballage qui contient un ensemble de bouteilles ou de pots. *Un pack de lait.*
● C'est un mot anglais qui signifie « paquet ».

pacotille n.f. ❶ Marchandise de peu de valeur. *Acheter de la pacotille.* ❷ **De pacotille,** de peu de valeur, de mauvaise qualité. *Des bijoux de pacotille.* → Vois aussi **camelote.**

pacte n.m. Accord solennel entre des États ou entre des personnes. *Conclure un pacte.* SYN. **traité.**

▸ **pactiser** v. (conjug. 3). Conclure un pacte, se mettre d'accord avec quelqu'un. *Pactiser avec l'ennemi.*

pactole n.m. Source de grande richesse. *Il a touché un vrai pactole.*
● Ce nom masculin se termine par un **e.**

paella n.f. Plat espagnol composé de riz au safran cuit avec du poisson, des crustacés et de la viande.
● C'est un mot espagnol, on prononce [paela] ou [paelja].
– La nouvelle orthographe permet d'écrire aussi **paélia.**

pagaie n.f. Rame courte que l'on tient des deux mains et qui n'est pas fixée à l'embarcation. *On se sert d'une pagaie pour faire avancer un canoë.*
● On prononce [pagɛ].

pagaille n.f. Mot familier. Désordre. *Quelle pagaille dans cette armoire !* SYN. **fouillis.**

pagayer v. (conjug. 13). Ramer avec une pagaie.
● On prononce [pageje].
▸▸▸ Mot de la famille de **pagaie.**

1. **page** n.f. ❶ Chacun des deux côtés d'une feuille de papier. *Ouvrez votre livre à la page treize.* ❷ Feuille complète. *La première page du magazine est déchirée.* ❸ **Tourner la page,** oublier le passé sans regrets ni reproches inutiles.

2. **page** n.m. Jeune noble qui était placé au service d'un roi, d'un seigneur ou d'une grande dame.

pagination n.f. Numérotation des pages d'un livre. *On passe de la page 58 à la page 64, il y a une erreur de pagination dans ce livre.*
▸▸▸ Mot de la famille de **page (1).**

pagne n.m. Vêtement fait d'un morceau de tissu que l'on enroule autour des hanches. *On porte des pagnes dans certains pays chauds.*

pagode n.f. Temple consacré à Bouddha.
→ Vois aussi **église, mosquée, synagogue, temple.**

une pagode

paie n.f. Somme d'argent versée par un employeur à un salarié pour le travail qu'il a effectué. *Toucher sa paie.* SYN. **salaire.**
● On prononce [pɛ]. – On peut aussi écrire **paye** [pɛj].
▸▸▸ Mot de la famille de **payer.**

paiement n.m. Action de payer. *Le paiement par chèque est accepté.* SYN. **règlement.**
● On prononce [pɛmɑ̃].
▸▸▸ Mot de la famille de **payer.**

païen, enne n. et adj. Pour les chrétiens, personne qui adore plusieurs dieux ou qui n'a pas de religion. *Les Grecs et les Romains étaient des païens.*

paillasse n.f. ❶ Matelas de paille. ❷ Plan de travail d'un évier.
▸▸▸ Mot de la famille de **paille.**

paillasson n.m. Petit tapis en fibres dures, placé devant une porte d'entrée pour s'essuyer les pieds.
▸▸▸ Mot de la famille de **paille.**

paille n.f. ❶ Tige des céréales, coupée et débarrassée du grain. *La paille sert de litière et de fourrage au bétail.* ❷ Petit tuyau en plastique qui sert à boire en aspirant. *Léo boit son soda avec une paille.*
▸▸▸ Mots de la même famille : **empailler, rempailleur.**

paillette n.f. Petite lamelle de matière plus ou moins brillante. *Le clown portait un costume à paillettes. Du savon en paillettes.*

pain n.m. ❶ Aliment à base de farine, d'eau, de sel et de levure (ou de levain), pétri, fermenté et cuit au four. *Du pain de seigle.* ❷ **Pain au chocolat,** pâtisserie fourrée d'une barre de chocolat. ❸ **Pain d'épice** ou **pain d'épices,** gâteau fait avec de la farine de seigle, du miel, du sucre et des épices (cannelle, girofle, etc.). ❹ **Avoir du pain sur la planche,** avoir beaucoup de travail.

1. **pair, e** adj. Se dit d'un nombre qui est divisible exactement par deux. *2, 4, 6, 18 sont des nombres pairs.* CONTR. **impair (1).**

2. **pair** n.m. ❶ Personne du même rang, du même niveau social. *Dans le régime féodal, les seigneurs étaient jugés par leurs pairs.* ❷ **Aller de pair,** aller ensemble. *La méchanceté et la bêtise vont souvent de pair.* ❸ **Au pair,** se dit d'une personne qui est logée et nourrie en échange de services. *Une jeune fille au pair s'occupe des enfants.* ❹ **Hors pair,** sans égal. *C'est un nageur hors pair.*

paire n.f. ❶ Ensemble de deux choses identiques, qui vont ensemble. *Une paire de chaussettes.* ❷ Objet formé de deux parties symétriques. *Une paire de lunettes. Une paire de ciseaux.*

paisible adj. ❶ Qui a un caractère calme. *Yao est un garçon paisible.* SYN. **pacifique, tranquille.** CONTR. **agressif, belliqueux.** ❷ Où règne la paix, le calme. *Un quartier paisible.* SYN. **calme, tranquille.** CONTR. **animé, bruyant.**
▸▸▸ Mot de la famille de **paix.**

paisiblement adv. De manière paisible. *Les enfants jouent paisiblement dans leur chambre.* SYN. **tranquillement.**
▸▸▸ Mot de la famille de **paix.**

paître v. (conjug. 73). Manger de l'herbe. *Les vaches paissent dans le pré.* SYN. **brouter.**
● La nouvelle orthographe permet d'écrire aussi **paitre,** sans accent circonflexe. – Ce verbe s'emploie surtout au présent, à l'imparfait et au futur de l'indicatif. Les autres temps sont rares.

paix n.f. ❶ Situation d'un pays qui n'est pas en guerre. *Rétablir la paix.* ❷ Traité qui met fin à une guerre. *Les deux pays ont signé la paix.* ❸ **Faire la paix,** se réconcilier. *Anne et Solène ont fait la paix.* ❹ **La paix !,** taisez-vous !, tenez-vous tranquille !
● Ce mot se termine par un **x.**
▸▸▸ Mots de la même famille : **apaisant, apaisement, apaiser, pacifier, pacifique, pacifiste.**

pakistanais, e adj. et n. Du Pakistan. *Les montagnes pakistanaises. Ali est pakistanais. C'est un Pakistanais.*
● Le nom prend une majuscule : *un Pakistanais.*

a b c d e f g m n o p q r s t u v w x y z

palabres n.f. plur. Discussions longues qui n'aboutissent à rien. *Cessons ces palabres et venons-en au but.*

palace n.m. Hôtel de luxe.

1. **palais** n.m. ❶ Grande demeure somptueuse d'un roi, d'un chef d'État ou d'un personnage important. *Le prince et la princesse vivaient dans un palais.* ❷ **Palais de justice,** édifice où siègent les tribunaux d'une ville.

2. **palais** n.m. Paroi supérieure, à l'intérieur de la bouche. *Je me suis brûlé le palais en buvant mon chocolat trop chaud.*

pale n.f. Partie plate d'une hélice ou d'un aviron.

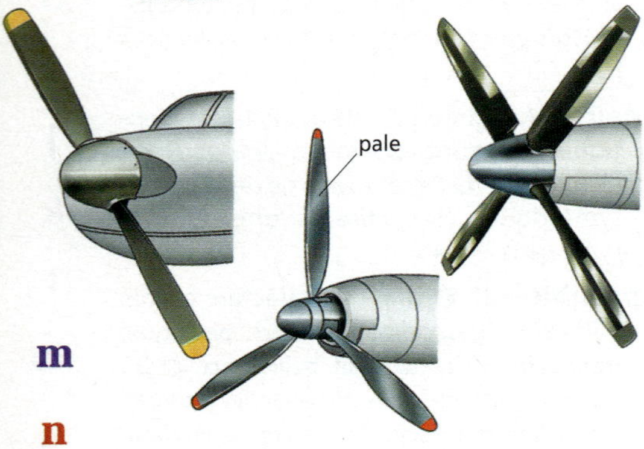

des pales d'hélices

pâle adj. ❶ Qui est peu coloré, proche du blanc. *Marine a le teint pâle.* ❷ Se dit d'une couleur claire. *Des gants bleu pâle.* CONTR. **foncé, vif.**

● Le **a** prend un accent circonflexe.

palefrenier, ère n. Personne qui s'occupe des chevaux.

paléolithique n.m. Période la plus ancienne de la préhistoire, où apparurent les premiers outils en pierre taillée. ◆ adj. Qui appartient au paléolithique. *L'art paléolithique.* → Vois aussi **néolithique, préhistoire.**

● Ce mot s'écrit avec **th.** – Les débuts du paléolithique remontent à 3 millions d'années.

→ planche pp. 824-825.

paléontologie n.f. Science qui étudie les êtres vivants du passé. *La paléontologie est basée sur l'étude des fossiles.*

palestinien, enne adj. et n. De Palestine. *Le peuple palestinien. Kalam est palestinien. C'est un Palestinien.*

● Le nom prend une majuscule : *un Palestinien.*

palet n.m. Pierre ou objet plats et ronds qu'on lance dans certains jeux. *Le hockey sur glace se joue avec un palet.*

palette n.f. Plaque percée d'un trou pour le pouce, sur laquelle les peintres mélangent leurs couleurs.

pâleur n.f. Fait d'être pâle. *La pâleur de cet enfant est inquiétante.*

● Le **a** prend un accent circonflexe.

►►► Mot de la famille de **pâle.**

pâlichon, onne adj. Un peu pâle. *Lisa est pâlichonne aujourd'hui.* SYN. **pâlot.**

● Le **a** prend un accent circonflexe.

►►► Mot de la famille de **pâle.**

palier n.m. ❶ Plate-forme qui se trouve à chaque étage, dans un escalier. *Nous avons deux voisins de palier.* ❷ **Par paliers,** par étapes. *Les prix augmentent par paliers.* SYN. **progressivement.**

pâlir v. (conjug. 16). ❶ Devenir pâle. *Elle a pâli de colère.* SYN. **blêmir.** ❷ Perdre de son éclat. *Les couleurs du tapis ont pâli au soleil.* SYN. **passer.**

● Le **a** prend un accent circonflexe.

►►► Mot de la famille de **pâle.**

palissade n.f. Clôture faite de planches. *Le chantier est entouré d'une palissade.*

palliatif n.m. Moyen provisoire de remédier à une situation difficile, sans résoudre le problème. *Cette mesure n'est qu'un palliatif.*

►►► Mot de la famille de **pallier.**

pallier v. (conjug. 7). Remédier de façon provisoire à quelque chose. *Pallier les inconvénients d'une situation.*

palmarès n.m. Liste des personnes qui ont obtenu un prix. *Le palmarès d'un concours.*

● On prononce le **s.**

palme n.f. ❶ Feuille du palmier. ❷ Symbole de victoire. *Ce film a remporté la palme d'or au Festival de Cannes.* ❸ Sorte de nageoire en caoutchouc qui s'ajuste au pied et qui permet de nager plus vite.

► **palmé, e** adj. **Patte palmée,** patte dont les doigts sont réunis par une membrane. *Les canards, les pingouins ont les pattes palmées.*

► **palmeraie** n.f. Terrain planté de palmiers.

► **palmier** n.m. Arbre des pays chauds qui a de grandes feuilles réunies en bouquet au sommet du tronc. *Les cocotiers et les dattiers sont des palmiers.*

▶ **palmipède** n.m. Oiseau aquatique qui a les pattes palmées. *Le canard, la mouette et le pingouin sont des palmipèdes.*

palombe n.f. Pigeon ramier. → Vois aussi **ramier.**

pâlot, otte adj. Un peu pâle. *Géraldine est pâlotte.* SYN. **pâlichon.**

● Le **a** prend un accent circonflexe.

▶▶▶ Mot de la famille de **pâle.**

palourde n.f. Petit mollusque marin à coquille striée, qui vit dans le sable.

des paloudes

palper v. (conjug. 3). Examiner en touchant avec la main. *Le médecin m'a palpé le cou.* SYN. **tâter.**

▶▶▶ Mot de la même famille : **impalpable.**

palpitant, e adj. Très intéressant. *Le récit du voyageur était palpitant.* SYN. **passionnant.**

▶▶▶ Mot de la famille de **palpiter.**

palpitations n.f. plur. Battements précipités du cœur. *Elle a des palpitations quand elle fait un effort trop intense.*

▶▶▶ Mot de la famille de **palpiter.**

palpiter v. (conjug. 3). Battre très fort, en parlant du cœur. *Après la course, mon cœur palpite.*

paludisme n.m. Maladie des pays chauds transmise par la piqûre de certains moustiques. *Le paludisme provoque de fortes fièvres.* → Vois aussi **malaria.**

se **pâmer** v. (conjug. 3). Être comme sur le point de s'évanouir sous l'effet d'un sentiment, d'une émotion très vifs. *Se pâmer devant la beauté d'un tableau.* SYN. **s'extasier.**

● Le **a** prend un accent circonflexe.

pampa n.f. Vaste prairie d'Amérique du Sud. *On élève des troupeaux dans les pampas.*

la pampa (Argentine)

pamphlet n.m. Texte court que l'on écrit pour critiquer une personne ou une institution. *Le journaliste a publié un pamphlet contre le gouvernement.*

pamplemousse n.m. Gros fruit rond à peau jaune ou verte, à chair juteuse et acide, qui pousse sur le *pamplemoussier*. *Le pamplemousse est un agrume.*

des pamplemousses

pan n.m. ❶ Partie tombante et flottante d'un vêtement. *Un pan de mon manteau s'est coincé dans la portière.* ❷ Partie d'un mur. *Le lierre recouvre un pan de mur.*

panacée n.f. Remède qui guérit toutes les maladies; solution à tous les problèmes. *Les vitamines ne sont pas une panacée.*

panache n.m. ❶ Assemblage de plumes servant d'ornement. *Le panache d'un casque.* ❷ **Avoir du panache,** avoir fière

j k l m n o p q r v w x y z

a b c d e f g h i j k l m n o p q r s t u v w x y z

allure. *Les militaires qui défilaient avaient du panache.*

panaché, e adj. Composé de plusieurs éléments différents. *Une glace panachée.*
▸▸▸ Mot de la famille de **panacher.**

panacher v. (conjug. 3). Composer d'éléments variés. *Panacher des fleurs.*

panaméen, enne adj. et n. Du Panama. *Le bois panaméen. Miguel est panaméen. C'est un Panaméen.*
● Le nom prend une majuscule : *un Panaméen.*

panaris n.m. Bouton qui contient du pus et qui se forme près d'un ongle. → Vois aussi **abcès, furoncle.**
● Ce mot se termine par un **s.**

pancarte n.f. Panneau qui porte une inscription. *Une pancarte indique que la maison est à vendre.* SYN. **écriteau.**

pancréas n.m. Glande située en arrière de l'estomac qui joue un rôle important dans la digestion.
● On prononce le **s.**

panda n.m. Mammifère des forêts de l'Himalaya, dont il existe deux espèces très différentes. *Le grand panda se nourrit de pousses de bambou. Le petit panda ressemble à un raton laveur et se nourrit de feuilles, de fruits et d'insectes.*

un **grand panda**

pané, e adj. Se dit d'un aliment recouvert de chapelure et frit. *Du poisson pané.*
▸▸▸ Mot de la famille de **pain.**

pangolin n.m. Mammifère couvert d'écailles qui vit en Afrique et en Asie. *Le pangolin se nourrit de fourmis et de termites.*

un **pangolin**

panier n.m. ❶ Objet généralement en osier ou en paille, muni d'une ou de deux anses et qui sert à transporter des choses. *Un panier à provisions.* ❷ Au basket-ball, but formé d'un filet sans fond monté sur une armature circulaire; tir au but réussi. *Au cours du match, les basketteurs ont réussi quinze paniers.*

panique n.f. Grande peur que l'on ne peut pas contrôler. *L'incendie a provoqué la panique des passagers.* SYN. **affolement.** ◆ adj. **Peur panique,** peur soudaine, que l'on ne contrôle pas.

▸ **paniquer** v. (conjug. 3). Mot familier. ❶ Avoir peur. *Ne panique pas, tu ne risques rien.* SYN. **s'affoler.** ❷ Causer une très grande peur. *L'alarme a paniqué tout le monde.* SYN. **affoler, effrayer.**
● Au sens 1, on peut aussi dire **se paniquer.**

panne n.f. Arrêt accidentel dans le fonctionnement d'un véhicule ou d'un mécanisme. *Notre voiture est tombée en panne. La panne d'électricité a duré deux heures.*

panneau n.m. ❶ Plaque de bois, de métal qui porte des inscriptions. *Des panneaux de signalisation routière; des panneaux publicitaires.* ❷ Surface plane. *Les portes sont formées de panneaux en bois.* ❸ **Panneau solaire,** dispositif pour recueillir l'énergie solaire et la transformer en énergie électrique.
● Au pluriel : des **panneaux.**

→ planche pp. 746-747.

panonceau n.m. Petit panneau. *Le panonceau sur la porte indique que l'hôtel est complet.*
● Au pluriel : des **panonceaux.**

panoplie n.f. Déguisement accompagné de ses accessoires. *Pour son anniversaire, Meddy a eu une panoplie de cow-boy.*

panorama n.m. Vaste paysage que l'on peut voir d'une hauteur. *De cet endroit, on peut admirer un très beau panorama.*

▶ **panoramique** adj. **Vue panoramique,** qui permet de voir l'ensemble d'un paysage. *Du dernier étage de l'immeuble, on a une vue panoramique.*

panse n.f. Poche de l'estomac des ruminants dans laquelle ils accumulent la nourriture.

pansement n.m. Ce que l'on met sur une blessure pour la protéger des infections. *L'infirmière m'a fait un pansement avec une compresse et du sparadrap.*

▶▶▶ Mot de la famille de **panser.**

panser v. (conjug. 3). ❶ Mettre un pansement. *Le médecin a pansé ma blessure au doigt.* ❷ Faire la toilette d'un cheval. *Le palefrenier panse les chevaux chaque jour.*

pantagruélique adj. **Repas pantagruélique,** repas très copieux.

pantalon n.m. Vêtement qui enveloppe chacune des jambes et qui va de la taille aux pieds.

pantelant, e adj. Mot littéraire. Qui tremble et respire avec peine. *Elle était pantelante de peur.* SYN. **haletant.**

panthéon n.m. ❶ Temple consacré aux dieux dans l'Antiquité grecque et romaine. ❷ (Avec une majuscule). Monument où sont déposés les corps des hommes illustres d'une nation. *Le Panthéon de Paris.*

● Ce mot s'écrit avec **th.**

panthère n.f. Mammifère carnassier, au pelage jaune tacheté de noir ou entièrement noir, qui vit en Afrique et en Asie. → Vois aussi **guépard, jaguar, léopard.**

● Ce mot s'écrit avec **th.**
– La panthère est un félin.

une panthère noire

pantin n.m. Marionnette articulée dont on fait bouger les membres en tirant sur des fils. *Pinocchio est un pantin de bois.*

pantois, e adj. Mot littéraire. Qui est déconcerté, étonné. *Cette nouvelle l'a laissée pantoise.* SYN. **interdit, stupéfait.**

pantomime n.f. Pièce de théâtre mimée.

● Nom du genre féminin : **une pantomime.**

▶▶▶ Mot de la famille de **mime.**

pantoufle n.f. Chausson.

paon n.m. Grand oiseau, dont le mâle a un beau plumage bleuté et une très longue queue qu'il dresse en éventail quand il fait la roue.

● On prononce [pɑ̃]. – Femelle : la paonne [pan]. Petit : le paonneau [pano]. Cri : le braillement ou le criaillement.

un paon

papa n.m. Nom affectueux que l'on donne à son père.

papauté n.f. Fonction de pape.

▶▶▶ Mot de la famille de **pape.**

papaye n.f. Fruit des pays chauds qui a la forme d'un melon et qui est produit par le *papayer.*

● On prononce [papaj].

des papayes

a b c d e f g h i j k l m n o **p** q r s t u v w x y z

Les panneaux de signalisation

Il y a cinq grandes catégories de panneaux de signalisation routière : les panneaux de danger (triangulaires), les panneaux d'interdiction (circulaires et rouges), les panneaux d'indication (carrés et bleus), les panneaux d'obligation (circulaires et bleus) et enfin les panneaux de priorité et d'intersection.

Panneaux d'indication

route pour automobiles

vitesse conseillée

circulation à sens unique

chemin sans issue

priorité par rapport au sens inverse

affectation de voie

annonce de voie de détresse

passage pour piétons

parc de stationnement

arrêt d'autobus

installations accessibles aux handicapés physiques

hôpital

poste de secours

transports d'enfants

poste d'appel d'urgence

emplacement pour pique-nique

Panneaux d'obligation

obligation de tourner à droite

obligation de contourner l'obstacle

direction obligatoire : tout droit

directions obligatoires : tout droit ou à droite

voie réservée aux autobus

vitesse minimale obligatoire

chaînes à neige obligatoires

piste cyclable

fin de piste cyclable

fin de chemin pour piétons

Panneaux de priorité et d'intersection

arrêt obligatoire à l'intersection

cédez le passage

route prioritaire

intersection avec priorité à droite

intersection avec une route non prioritaire

carrefour à sens giratoire

Panneaux de danger

Panneaux d'interdiction

pape n.m. Chef de l'Église catholique. *Le pape est élu par les cardinaux.* SYN. **souverain pontife.**

paperasse n.f. Papier encombrant ou sans valeur. *Ranger des paperasses.*
▸▸▸ Mot de la famille de **papier.**

paperasserie n.f. Accumulation de paperasses, de papiers sans valeur. *De la paperasserie encombrait son bureau.*
▸▸▸ Mot de la famille de **papier.**

papeterie n.f. Magasin où l'on vend du papier, des fournitures pour l'école et le bureau.
● On prononce [papɛtri].
– La nouvelle orthographe permet d'écrire aussi **papèterie,** avec un accent grave.
▸▸▸ Mot de la famille de **papier.**

papetier, ère n. Personne qui tient une papeterie.
▸▸▸ Mot de la famille de **papier.**

papi n.m. Nom affectueux que l'on donne à son grand-père.
● On peut aussi écrire **papy.**

papier n.m. ❶ Matière faite de substances végétales réduites en pâte, étalée et séchée. *Du papier journal. J'écris sur du papier à lettres.* ❷ Feuille de papier écrite ou imprimée. *Ne perds pas ces papiers importants.* SYN. **document.** ❸ Feuille très mince de métal. *Maman a enveloppé mon sandwich dans du papier d'aluminium.* ◆ **n.m. plur.** Documents qui prouvent l'identité d'une personne, tels que la carte d'identité ou le passeport. SYN. **pièces d'identité.**

papille n.f. Petit point en relief sur la langue, qui permet de sentir le goût de ce que l'on mange.

papillon n.m. ❶ Insecte qui a quatre ailes et une longue trompe qui lui permet d'aspirer le nectar des fleurs. *Il existe des milliers d'espèces de papillons.* ❷ Type de nage, dérivé de la brasse, où le nageur semble sauter hors de l'eau en projetant les bras d'arrière en avant, les jambes restant jointes. ❸ **Nœud papillon,** nœud de cravate en forme de papillon. → Vois aussi **chenille, chrysalide.**

▸ **papillonner** v. (conjug. 3). Passer sans cesse d'une idée à une autre, d'une personne à une autre.

papillote n.f. ❶ Papier d'aluminium dans lequel on enveloppe un aliment pour le faire cuire. *Du poisson en papillote.* ❷ Papier qui enveloppe un bonbon.

papilloter v. (conjug. 3). S'ouvrir et se fermer très vite, en parlant de l'œil. *Mes yeux papillotent quand je suis fatigué.* → Vois aussi **cligner.**

papoter v. (conjug. 3). Mot familier. Bavarder, dire des choses insignifiantes. *Les deux amies papotent au téléphone.*

paprika n.m. Piment doux en poudre.
● Ce mot s'écrit avec un **k.**

papy → papi

papyrus n.m. ❶ Plante des bords du Nil. Les anciens Égyptiens utilisaient ses feuilles

des papillons

pour l'écriture. ❷ Manuscrit écrit sur papyrus. *Déchiffrer un papyrus.*

● Ce mot s'écrit avec un **y** et se termine par un **s** que l'on prononce.

un **papyrus**

Pâque n.f. Grande fête juive qui commémore la sortie d'Égypte du peuple hébreu.

→ Vois aussi **Pâques.**

● Le **a** prend un accent circonflexe.

paquebot n.m. Grand navire aménagé pour le transport des passagers. *Nous avons fait la traversée de l'Atlantique sur un paquebot.*

pâquerette n.f. Petite plante des prairies et des pelouses, qui fleurit au printemps, vers Pâques.

● Le **a** prend un accent circonflexe.

des **pâquerettes**

Pâques n.m. Fête chrétienne qui commémore la résurrection de Jésus-Christ. *Les enfants cherchent les œufs de Pâques.* → Vois aussi **Pâque.**

● Le **a** prend un accent circonflexe.

paquet n.m. ❶ Marchandise emballée pour être vendue. *J'ai acheté un paquet de biscuits.* ❷ Objet enveloppé pour être transporté plus facilement. *Le facteur a apporté un paquet pour toi.* SYN. **colis.**

▸▸▸ Mot de la même famille : **empaqueter.**

par préposition. ❶ Indique le lieu, le temps, la fréquence, le moyen ou la manière. *Je suis passé par Paris. Par un beau jour d'été, nous sommes allés pique-niquer. Koffi fait du sport trois fois par semaine. Envoyer un colis par la poste.* ❷ Introduit un complément d'agent dans les phrases passives. *J'ai été bousculé par un passant.*

parabole n.f. Antenne en forme de disque concave qui permet de recevoir des programmes de télévision.

parachute n.m. Grande toile munie de sangles qui sert à ralentir la chute d'une personne qui saute d'un avion en vol. *Les militaires s'entraînent à sauter en parachute.*

▸ **parachuter** v. (conjug. 3). Larguer quelqu'un, quelque chose en parachute. *Parachuter des soldats, du matériel militaire.*

▸ **parachutisme** n.m. Sport qui consiste à sauter en parachute.

▸ **parachutiste** n. ❶ Personne qui fait du parachutisme. ❷ Militaire entraîné à combattre après avoir été parachuté.

1. **parade** n.f. Manière de parer un coup dans certains sports. *Ce boxeur a la parade rapide.*

▸▸▸ Mot de la famille de **parer (1).**

2. **parade** n.f. Défilé militaire. *La parade du 14 Juillet.* SYN. **revue.**

▸ **parader** v. (conjug. 3). Attirer l'attention, se faire remarquer. *Les jeunes filles paradent sur le bord de mer.* SYN. **se pavaner.**

paradis n.m. ❶ Selon certaines religions, lieu où vont, après la mort, les âmes de ceux qui n'ont pas péché. SYN. **ciel.** CONTR. **enfer.** ❷ Lieu très agréable. *Ce jardin est un paradis.*

→ Vois aussi **éden.**

● Ce mot se termine par un **s.**

▸ **paradisiaque** adj. Qui évoque le paradis; très agréable. *Ils habitent dans un endroit paradisiaque.* SYN. **enchanteur.**

paradoxal, e, aux adj. Qui manque de logique, qui est contradictoire. *C'est paradoxal de savoir nager et d'avoir peur de l'eau.*

● Au masculin pluriel : **paradoxaux.**

▸▸▸ Mot de la famille de **paradoxe.**

paradoxe n.m. Idée contraire à l'opinion commune, à la logique. *Cet écrivain aime les paradoxes.*

a b c d e f g h i j k l m n o p q r s t u v w x y z

parages n.m. plur. **Dans les parages,** dans le voisinage; tout près. *Ton frère doit être dans les parages.*

paragraphe n.m. Partie d'un texte qui est marquée par un retour à la ligne. *J'ai lu le premier paragraphe du chapitre 2.*

paraguayen, enne adj. et n. Du Paraguay. *La population paraguayenne. Juan est paraguayen. C'est un Paraguayen.*
● On prononce [paragwɛjɛ̃]. – Le nom prend une majuscule : *un Paraguayen.*

paraître v. (conjug. 73). ❶ Se montrer. *La lune parut dans le ciel.* SYN. **apparaître.** CONTR. **disparaître.** ❷ Être publié, être mis en vente. *Ce livre est paru l'an dernier.* ❸ Avoir l'air. *Jessie paraissait déçue.* SYN. **sembler.** ❹ **Il paraît que,** on dit que. *Il paraît que Marie va déménager.*
● La nouvelle orthographe permet d'écrire aussi **paraitre,** sans accent circonflexe.

parallèle adj. Se dit de lignes qui sont toujours à égale distance les unes des autres et qui ne se croisent jamais. ◆ n.f. Ligne parallèle à une autre. → Vois aussi **perpendiculaire.**

▶ **parallèle** n.m. ❶ Cercle imaginaire parallèle à l'équateur, qui sert à mesurer la latitude. *Les villes de Québec et de Bordeaux sont situées sur le même parallèle.* ❷ Comparaison entre deux personnes ou deux choses. *On peut faire un parallèle entre ces deux films.* → Vois aussi **méridien.**

les parallèles

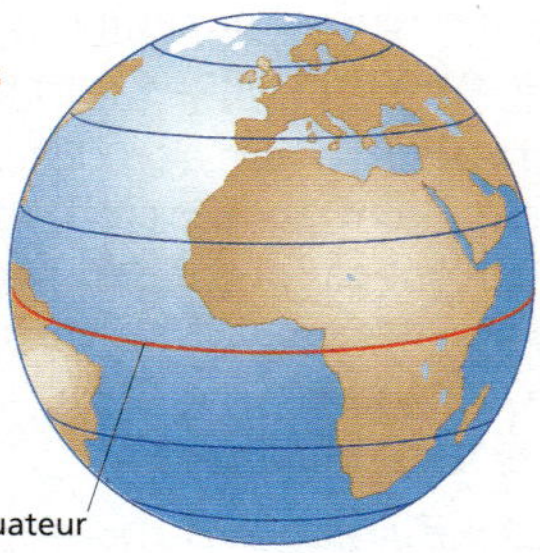

▶ **parallèlement** adv. En même temps, en plus de. *Parallèlement à ses études, elle travaille dans un magasin.*

▶ **parallélépipède** n.m. Solide qui a six faces, parallèles deux à deux. *Une brique, une boîte de chaussures sont des parallélépipèdes.* SYN. **pavé.**

▶ **parallélisme** n.m. État de deux choses parallèles. *Le parallélisme des roues d'une voiture.*

▶ **parallélogramme** n.m. Figure géométrique qui a quatre côtés parallèles deux à deux. *Un rectangle, un carré sont des parallélogrammes.*

paralysé, e adj. et n. Atteint de paralysie. *Il est paralysé des deux jambes depuis son accident.*
▸▸▸ Mot de la famille de **paralyser.**

paralyser v. (conjug. 3). ❶ Frapper de paralysie. *Une grave maladie l'a paralysé des deux jambes.* ❷ Empêcher de fonctionner. *Une grève paralyse le trafic ferroviaire.*
● Ce mot s'écrit avec un **y.**

▶ **paralysie** n.f. ❶ Incapacité de bouger une partie du corps, à la suite d'une maladie ou d'un accident. *Être atteint de paralysie.* ❷ Impossibilité d'agir. *La grève générale a entraîné la paralysie du pays.*

▶ **paralytique** n. Personne qui est atteinte de paralysie. SYN. **paralysé.**

parapente n.m. Parachute rectangulaire conçu pour s'élancer du haut d'une montagne ou d'une falaise. → Vois aussi **deltaplane.**

parapet n.m. Petit mur qui empêche de tomber. *S'accouder au parapet d'un pont.* SYN. **balustrade, garde-fou, rambarde.**

paraphrase n.f. Développement explicatif d'un mot, d'un texte. *Le maître a expliqué le titre du roman en utilisant une paraphrase.*
● Ne confonds pas avec **périphrase.**

parapluie n.m. Accessoire portatif formé d'un tissu imperméable tendu sur des tiges, monté sur un manche, qui sert à se protéger de la pluie. *Ouvrir, fermer son parapluie.*

parasismique adj. Qui est construit pour résister aux tremblements de terre. *Un immeuble parasismique.*

parasite n.m. et adj. ❶ Animal ou plante qui vit sur un autre ou dans un autre dont il se nourrit. *La tique est un parasite des animaux. Les pucerons sont des parasites des arbres fruitiers.* ❷ Personne qui vit aux dépens des autres. ◆ n.m. plur. Bruits qui perturbent la réception d'une émission de radio ou de télévision.

parasol n.m. Objet qui a la forme d'un grand parapluie et qui sert à se protéger du soleil.

paratonnerre n.m. Tige de fer fixée sur le toit d'un bâtiment et reliée au sol, qui protège des effets de la foudre.

paravent n.m. Meuble composé de panneaux articulés, qui sert à isoler. *L'actrice se déshabille derrière un paravent.*

parc n.m. ❶ Grand jardin, souvent boisé, aménagé pour la promenade. *Se promener dans le parc d'un château.* ❷ **Parc naturel,** vaste territoire où les animaux et les végétaux sont protégés. *Un parc naturel régional, national.* ❸ Petit enclos où l'on place un bébé pour qu'il y joue sans danger. ❹ **Parc de stationnement,** endroit aménagé pour le stationnement des voitures. SYN. **parking.** ❺ **Parc à huîtres,** bassin artificiel où l'on élève des huîtres.

parcelle n.f. Petit morceau, petite partie. *Une parcelle de terrain.* SYN. **lopin.**

parce que conjonction. Sert à exprimer la cause. *Je vais me coucher parce que je suis fatigué.* SYN. **car (1).**

parchemin n.m. Peau de mouton ou de chèvre, spécialement préparée pour l'écriture. *Au Moyen Âge, les moines écrivaient sur des parchemins.*

un parchemin hébreu

parcimonie n.f. **Avec parcimonie,** en petite quantité. *Elle distribue des friandises avec parcimonie.*

par-ci par-là adv. En différents endroits. *J'ai trouvé quelques champignons par-ci par-là.*

parcmètre n.m. Appareil qui mesure le temps de stationnement des véhicules. *Papi a mis deux euros dans le parcmètre.*
▸▸▸ Mot de la famille de **parc.**

parcourir v. (conjug. 21). ❶ Traverser un lieu en allant dans diverses directions. *Parcourir une ville.* SYN. **sillonner.** ❷ Effectuer un trajet. *Nous avons parcouru cinq kilomètres à pied.* ❸ Lire rapidement. *Parcourir un article de journal.* SYN. **survoler.**

▸ **parcours** n.m. Chemin que l'on suit pour aller d'un point à un autre. *Je ne connais pas le parcours de l'autobus.* SYN. **itinéraire, trajet.**
● Ce mot se termine par un **s.**

par-delà préposition. De l'autre côté de. *Les États-Unis se trouvent par-delà l'océan Atlantique.*

par-dessous préposition. Par la partie qui est dessous. *Il prit l'enfant par-dessous les bras pour le soulever.* CONTR. **par-dessus.** ◆ adv. Dessous. *On ne peut pas lever la barrière, passez par-dessous.*

pardessus n.m. Long manteau d'homme.

par-dessus préposition. Au-dessus de. *Lire par-dessus l'épaule de quelqu'un.* CONTR. **par-dessous.** ◆ adv. Au-dessus. *La barrière est fermée, saute par-dessus.*

pardon n.m. ❶ Action de pardonner. *Demander pardon. Accorder son pardon.* ❷ Formule de politesse pour s'excuser ou pour faire répéter ce que l'on n'a pas bien entendu. *Pardon, monsieur, pourriez-vous me renseigner ? Pardon ? Qu'avez-vous dit ?*
▸▸▸ Mot de la famille de **pardonner.**

pardonnable adj. Qui peut être pardonné. *Cette erreur est pardonnable.* SYN. **excusable.** CONTR. **impardonnable, inexcusable.**
▸▸▸ Mot de la famille de **pardonner.**

pardonner v. (conjug. 3). ❶ Ne pas en vouloir à quelqu'un pour ce qu'il a fait. *Je te pardonne ce petit mensonge.* ❷ Excuser. *Pardonnez-moi de vous interrompre.*
▸▸▸ Mot de la même famille : **impardonnable.**

pare-balles adj. invar. **Gilet pare-balles,** gilet qui protège des balles provenant des armes à feu. *Les policiers portent des gilets pare-balles.*
● La nouvelle orthographe permet d'écrire aussi **pare-balle,** sans **s** au singulier.

pare-brise n.m. invar. Vitre qui, à l'avant d'un véhicule, protège du vent, de la pluie.
● Ce mot composé ne change pas au pluriel : des **pare-brise.**
– La nouvelle orthographe permet d'écrire aussi des **pare-brises,** avec un **s.**

a b c d e f g h i j k l m n o p q r s t u v w x y z

pare-chocs n.m. invar. Barre de métal ou de plastique qui, à l'avant et à l'arrière d'un véhicule, protège la carrosserie des chocs.
● La nouvelle orthographe permet d'écrire aussi un **pare-choc**, sans **s**.

pareil, pareille adj. ❶ Qui présente une ressemblance parfaite. *Nos robes sont pareilles.* SYN. **identique, semblable.** CONTR. **différent.** ❷ De cette nature, de cette sorte. *Je n'ai jamais vu une foule pareille.* SYN. **tel.** ◆ n. **Ne pas avoir son pareil pour,** être unique, remarquable dans un domaine. *Ma grand-mère n'a pas son pareil* (ou *sa pareille*) *pour réussir les gâteaux au chocolat.* ◆ n.f. **Rendre la pareille,** faire à quelqu'un ce qu'il nous a fait, le traiter de la même façon.

parent, e n. Personne avec laquelle on a des liens familiaux. *Nous sommes parents puisque nos grands-pères étaient cousins.* ◆ n.m. plur. Le père et la mère. *L'instituteur a rencontré mes parents.*
▸▸▸ Mot de la même famille : **apparenté.**

▶ **parenté** n.f. Relation qui unit les personnes d'une même famille. *J'ai des liens de parenté avec tes voisins.*

parenthèse n.f. Double signe de ponctuation [( )] que l'on utilise pour isoler un mot ou un groupe de mots qui n'est pas indispensable dans une phrase. *Dans « Cassandra s'est acheté des tee-shirts de différentes couleurs (bleu, vert et jaune) », le groupe de mots « bleu, vert et jaune » est entre parenthèses.*
● Ce mot s'écrit avec **th.**

paréo n.m. Grande pièce de tissu imprimé de couleurs vives dans laquelle on se drape.
→ Vois aussi **pagne.**

des Tahitiennes en paréo

1. parer v. (conjug. 3). ❶ Éviter un coup en se détournant ou en se protégeant. *Le boxeur réussissait à parer tous les coups de son adversaire.* SYN. **esquiver.** ❷ **Être paré contre quelque chose,** en être protégé. *Avec ce bonnet et ces gants, je suis paré contre le froid.* ❸ **Parer au plus pressé,** s'occuper des problèmes les plus urgents.

2. se parer v. (conjug. 3). Se vêtir avec soin, avec élégance. *Elle s'est parée pour le bal.*
▸▸▸ Mot de la même famille : **parure.**

paresse n.f. Comportement d'une personne qui n'aime pas faire d'efforts, qui n'aime pas travailler. *Il fait preuve d'une grande paresse.* SYN. **fainéantise.**

▶ **paresser** v. (conjug. 3). Se laisser aller à la paresse, ne rien faire. *Je n'ai pas envie de me lever, je préférerais paresser au lit.*

▶ **1. paresseux, euse** adj. et n. Qui n'aime pas travailler ni faire des efforts. *Il est très paresseux. Quelle paresseuse !* SYN. **fainéant.** CONTR. **travailleur.**

▶ **2. paresseux** n.m. Autre nom de l'aï et de l'unau.

parfait, e adj. Qui a toutes les qualités, qui est sans défaut. *Un travail parfait.* SYN. **impeccable, irréprochable.** *Cet endroit est parfait pour pique-niquer.* SYN. **idéal.**

▶ **parfaitement** adv. De manière parfaite ; très bien. *Hugo sait parfaitement sa leçon.* SYN. **impeccablement.** *Vos explications sont parfaitement claires.* SYN. **totalement.**

parfois adv. De temps en temps. *Charlotte oublie parfois ses clés.* SYN. **quelquefois, de temps en temps.** CONTR. **jamais.**

parfum n.m. ❶ Odeur agréable. *J'aime bien le parfum du mimosa.* SYN. **senteur.** ❷ Liquide à base d'alcool que l'on met sur soi pour sentir bon. *Un flacon de parfum.* ❸ Goût donné à certains aliments. *À quel parfum est ta glace ?* SYN. **arôme.** → Vois aussi **effluve.**
● Dans ce mot, le son [ɛ̃] s'écrit **um.**

▶ **parfumé, e** adj. ❶ Qui dégage un parfum. *Le mimosa, le chèvrefeuille sont des fleurs très parfumées.* SYN. **odorant.** ❷ Qui a tel goût, tel arôme. *Une mousse au chocolat parfumée à l'orange.* SYN. **aromatisé.**

▶ **parfumer** et **se parfumer** v. (conjug. 3). ❶ Remplir, imprégner d'une odeur agréable. *La lavande parfume la chambre.* ❷ Donner du goût à un aliment en ajoutant un ingrédient. *Une crème parfumée à la vanille.* ◆ **se**

parfumer. Mettre du parfum sur soi. *Ma grande sœur se parfume tous les matins.*

▶ **parfumerie** n.f. Magasin où l'on vend des parfums et des produits de beauté.

pari n.m. Jeu dans lequel chaque personne s'engage à donner quelque chose à celle qui aura raison. *Gagner, perdre un pari.*
▸▸▸ Mot de la famille de **parier.**

paria n. Personne tenue à l'écart, méprisée de tous. *Elle a été traitée en paria.*

parier v. (conjug. 7). ❶ Faire un pari. *Hugo a parié qu'il réussirait à marquer un but.* ❷ Mettre en jeu une somme d'argent. SYN. **miser.** ❸ Affirmer en étant sûr d'avoir raison. *Je te parie qu'il ne viendra pas.*

parjure n.m. Faux serment. *Le témoin a commis un parjure en ne disant pas la vérité.*

parka n.f. Manteau court à capuche, en tissu imperméable.
● On peut aussi dire **un parka.**

parking n.m. Endroit spécialement aménagé pour garer les voitures. *Ce grand magasin dispose d'un parking.* SYN. **parc de stationnement.**
● C'est un mot anglais, on prononce [parkiɲ].

parlant, e adj. ❶ Qui n'a pas besoin de commentaires. *Maxence a fait des progrès, ses notes sont parlantes.* SYN. **éloquent.** ❷ **Cinéma parlant,** où les acteurs parlent. CONTR. **cinéma muet.**
▸▸▸ Mot de la famille de **parler.**

parlement n.m. (Avec une majuscule). Assemblée ou ensemble des assemblées qui votent les lois. *En France, le Parlement comprend l'Assemblée nationale et le Sénat.*
→ Vois aussi **législatif.**

▶ **parlementaire** adj. Qui concerne le Parlement. *Les débats parlementaires.* ◆ n. Membre du Parlement. *Les députés et les sénateurs sont des parlementaires.*

▶ **parlementer** v. (conjug. 3). Discuter pour trouver un accord, un arrangement. *Le directeur de l'entreprise et les ouvriers parlementent.* SYN. **négocier.**

parler v. (conjug. 3). ❶ Exprimer sa pensée par des mots. *Ma petite sœur a 2 ans, elle commence à parler. Ma grand-mère parle souvent de son enfance.* ❷ Échanger des idées, communiquer avec quelqu'un. *Pendant la récréation, Rama parle avec ses amies.* SYN. **bavarder, causer.** *Je souhaiterais te parler.* SYN. **s'entretenir avec.** *Vous devriez parler avec lui.* SYN. **discuter.** ❸ Être capable de s'exprimer dans une langue. *Mon oncle parle l'anglais et l'espagnol.* ❹ Avoir pour sujet. *Le film parle d'un voyage au Pérou.* SYN. **raconter.** ❺ Annoncer son intention de faire quelque chose. *Nos voisins parlent de déménager.* ❻ Révéler ce qui aurait dû rester secret. *Le voleur a parlé, il a dit où il avait caché le butin.* ❼ **Ne plus parler à quelqu'un,** être fâché avec lui.

▶ **parleur** n.m. Mot péjoratif. **Un beau parleur,** personne qui parle beaucoup, qui fait de belles phrases.

▶ **parloir** n.m. Salle où sont reçus les visiteurs, dans des lycées, des couvents ou des prisons.

parme adj. invar. D'une couleur mauve foncé. *Des draps parme.*

parmi préposition. ❶ Au milieu de. *Zohra est allée s'asseoir parmi les autres enfants.* ❷ Dans le groupe de. *Julie a choisi l'équitation parmi toutes les activités proposées.*

parodie n.f. Imitation comique. *Cette troupe d'acteurs a fait une parodie de « Roméo et Juliette ».* → Vois aussi **pastiche.**

▶ **parodier** v. (conjug. 7). Imiter une œuvre littéraire ou une personne pour s'en moquer. *Parodier un homme politique.*

paroi n.f. ❶ Surface intérieure d'un récipient, d'un objet creux, d'un organe. *Nettoyer les parois d'un four. Les parois des artères.* ❷ Surface verticale d'un rocher, d'une montagne. *Escalader une paroi.* ❸ Face située sur les côtés d'une caverne. *On a trouvé des peintures préhistoriques sur les parois de la grotte.*

l'escalade d'une paroi

a b c d e f g h i j k l m n o p q r s t u v w x y z

a b c d e f g h i j k l m n o p q r s t u v w x y z

paroisse n.f. Territoire dont s'occupe un curé ou un pasteur. → Vois aussi **diocèse, évêché.**

parole n.f. ❶ Capacité qu'ont les êtres humains de parler. SYN. **langage.** ❷ Mot, phrase que l'on prononce. *C'est la première fois que je lui adresse la parole. Le maire a eu une parole gentille pour chacun.* ❸ **Couper la parole,** interrompre une personne qui parle. ❹ **Prendre la parole,** commencer à parler. ❺ Promesse orale. *Mon cousin m'a donné sa parole qu'il viendrait.* ❻ **Sur parole,** sur une simple affirmation. *Je te crois sur parole.* ◆ n.f. plur. Texte d'une chanson. *Je ne me souviens plus des paroles.*

▶ **parolier, ère** n. Personne qui écrit des paroles de chansons.

paronyme adj. et n.m. Se dit de mots qui se ressemblent mais qui ont des sens différents. *« Aspiration » et « inspiration » sont des paronymes.*

● Ce mot s'écrit avec un **y.**

paroxysme n.m. Moment le plus violent, le plus intense ; degré le plus haut. *La douleur est à son paroxysme.*

● Ce mot s'écrit avec un **y.**

parquer v. (conjug. 3). ❶ Mettre des animaux dans un endroit entouré d'une clôture. *Parquer des moutons.* ❷ Garer une voiture dans un parc de stationnement.

▸▸▸ Mot de la famille de **parc.**

parquet n.m. Ensemble des planches qui recouvrent le sol. *Le parquet vient d'être ciré.* SYN. **plancher.**

parrain n.m. Dans la religion chrétienne, homme qui présente un enfant au baptême.

→ Vois aussi **filleul, marraine.**

● Ce mot s'écrit avec deux **r.**

▶ **parrainer** v. (conjug. 3). Se porter garant d'une personne, soutenir un projet, une entreprise. *C'est une actrice célèbre qui parraine l'association.* SYN. **patronner.**

parricide n.m. Meurtre de son père ou de sa mère. *Commettre un parricide.* ◆ n. Meurtrier, meurtrière de son père ou de sa mère.

● Ce mot s'écrit avec deux **r.**

parsemer v. (conjug. 10). Être éparpillé sur une surface. *Les feuilles mortes parsèment la pelouse.* SYN. **joncher.**

part n.f. ❶ Partie d'un tout que l'on a divisé. *J'ai coupé le gâteau en huit parts.* SYN. **morceau, ration, tranche.** ❷ **À part,** séparément ; sauf ; différent des autres, du reste. *J'ai mis tes affaires à part. À part toi, il ne manquait personne.* SYN. **excepté.** *Les pingouins sont des oiseaux à part.* ❸ **Autre part, quelque part, nulle part,** dans un autre endroit, à un endroit quelconque, à aucun endroit. *Il y a trop de bruit ici, allons autre part.* SYN. **ailleurs.** *J'ai déjà rencontré cette personne quelque part. J'ai cherché tes lunettes, mais je ne les ai vues nulle part.* ❹ **De la part de quelqu'un,** en son nom. *Dis-lui merci de ma part.* ❺ **De part en part,** en traversant d'un côté à l'autre. ❻ **De part et d'autre,** de chaque côté. *Ils ont planté des fleurs de part et d'autre de l'allée.* ❼ **D'une part..., d'autre part...,** d'abord..., et en plus... *D'une part il est paresseux, d'autre part il n'a pas de chance.* ❽ **Faire part de quelque chose à quelqu'un,** l'en informer. *Il m'a fait part de ses intentions.* ❾ **Pour ma part,** en ce qui me concerne. *Pour ma part, je préfère la mer à la montagne.* SYN. **personnellement.** ❿ **Prendre part à quelque chose,** y participer. *Tous les élèves ont pris part au spectacle de l'école.*

▶ **partage** n.m. Action de partager, de diviser en parts. *Anthony a fait un partage équitable des bonbons.*

▶ **partager** v. (conjug. 5). ❶ Diviser en parts. *J'ai partagé la tarte en six.* SYN. **diviser.** ❷ Donner une partie de ce que l'on a. *J'ai partagé mon sandwich avec Fatou.* ❸ Avoir en commun avec quelqu'un. *Ma cousine partageait son appartement avec une amie.* ❹ Éprouver les mêmes sentiments, les mêmes idées que quelqu'un. *Je partage ta peine. Il ne partage pas mon avis.*

en **partance** adv. Sur le point de partir. *L'avion en partance pour Londres est complet.*

▸▸▸ Mot de la famille de **partir.**

partant, e n. Concurrent au départ d'une course. *Il y a deux favoris parmi les vingt partants du tiercé.*

▸▸▸ Mot de la famille de **partir.**

partenaire n. Personne avec laquelle on est associé contre d'autres, dans un jeu. *Nous avons fait une partie de tennis à quatre, Lisa était ma partenaire.* CONTR. **adversaire.**

parterre n.m. ❶ Partie d'un jardin où l'on fait pousser des fleurs. *Un parterre de pensées multicolores.* ❷ Partie d'une salle de théâtre située derrière les fauteuils d'orchestre. *Nous étions placés au parterre.*

● Ne confonds pas avec **par terre.**

un parterre de fleurs

parti n.m. ❶ Organisation regroupant des personnes qui ont les mêmes opinions politiques. *Être membre d'un parti politique.* ❷ **Parti pris,** idée toute faite. *Julie a un parti pris contre le rugby.* SYN. **préjugé.** ❸ **Prendre le parti de faire quelque chose,** décider de le faire. *J'ai pris le parti d'agir.* ❹ **Prendre le parti de quelqu'un, prendre parti pour quelqu'un,** le défendre. *Élise a pris parti pour ses amies.* ❺ **Prendre son parti de quelque chose,** l'accepter comme inévitable. *Elle devra porter des lunettes toute sa vie, elle en a pris son parti.* ❻ **Tirer parti de quelque chose,** savoir l'utiliser, en profiter. *Elle sait tirer parti de toutes les situations*

● Ne confonds pas avec une **partie.**

partial, e, aux adj. Qui prend parti en manquant de justice ou d'objectivité. *L'arbitre du match a été partial.* SYN. **injuste.** CONTR. **impartial, neutre.**

● Au masculin pluriel : **partiaux.** – Ne confonds pas avec **partiel.**

▶ **partialité** n.f. Attitude d'une personne partiale. *L'arbitre a fait preuve de partialité.* SYN. **subjectivité.** CONTR. **équité, impartialité, objectivité.**

● On prononce [parsjalite].

participant, e n. Personne qui participe à quelque chose. *Les participants à une compétition.*

▸▸▸ Mot de la famille de **participer.**

participation n.f. Action de participer à quelque chose. *Je vous remercie de votre participation.* SYN. **collaboration, concours.**

▸▸▸ Mot de la famille de **participer.**

participe n.m. Forme du verbe. *« Chantant » est le participe présent et « chanté » le participe passé du verbe « chanter ».*

participer v. (conjug. 3). Se joindre à d'autres personnes pour faire quelque chose. *Participer à une compétition.* SYN. **prendre part.**

particularité n.f. Caractère particulier d'une personne, d'un animal ou d'une chose. *Cette terrasse a la particularité d'être ensoleillée toute la journée.* SYN. **caractéristique.**

▸▸▸ Mot de la famille de **particulier.**

particulier, ère adj. ❶ Qui distingue une personne ou une chose des autres. *La cornemuse émet un son particulier.* SYN. **propre, spécial.** CONTR. **banal, ordinaire.** ❷ Qui ne concerne qu'une personne, qu'une chose. *Mon frère prend des cours particuliers de mathématiques.* CONTR. **collectif.** *Il défend son intérêt particulier.* SYN. **individuel, personnel.** CONTR. **collectif, commun, général.** ❸ Qui est défini, précis. *Elle a insisté sur un point particulier.*

▶ **particulier** n.m. Simple citoyen, personne. *Les petites annonces de ce journal s'adressent aux particuliers.*

▶ en **particulier** adv. Spécialement. *Lisa est bonne en sport, en particulier en gymnastique.* SYN. **particulièrement.**

▶ **particulièrement** adv. Spécialement. *Charlotte aime les fleurs, particulièrement les tulipes.* SYN. **notamment, en particulier, spécialement, surtout.**

partie n.f. ❶ Morceau, élément d'un tout. *Le téléfilm est en deux parties. J'ai passé une partie de mes vacances au bord de la mer.* CONTR. **totalité.** ❷ Ensemble des coups qu'il faut jouer, des points qu'il faut marquer pour gagner à un jeu, à un sport. *Faire une partie d'échecs. Gagner une partie de ping-pong.* ❸ Domaine dans lequel on a des compétences. *Le jardinage, c'est sa partie.* ❹ Personne engagée contre d'autres dans un procès. *Le juge a confronté les deux parties.* ❺ **En partie,** pour seulement une part. *L'allée est en partie recouverte de gravier.* SYN. **partiellement.** ❻ **Faire partie de quelque chose,** en être un élément, un membre. *Djamila fait partie de l'équipe de*

a b c d e f g h i j k l m n o p q r s t u v w x y z

a b c d e f g h i j k l m n o p q r s t u v w x y z

basket. ❼ **Prendre quelqu'un à partie,** s'en prendre à lui, l'attaquer. *Il a été pris à partie par une bande de voyous.*

● Ne confonds pas avec un **parti.**

▶ **partiel, elle** adj. Qui ne constitue ou qui ne concerne qu'une partie d'un tout. *Il n'a pour l'instant que des résultats partiels.* CONTR. **complet, global.** *Une grève partielle.* CONTR. **général.** *Le remboursement partiel d'une somme.* CONTR. **intégral, total.**

● Ne confonds pas avec **partial.**

▶ **partiellement** adv. De façon partielle, en partie. *Cette histoire n'est que partiellement vraie.* CONTR. **globalement, intégralement, totalement.**

partir v. (conjug. 19). ❶ S'en aller, quitter un lieu. *Aziz vient de partir.* SYN. **s'absenter.** CONTR. **arriver, rentrer.** *Armelle et ses parents partent en vacances demain.* ❷ Être déclenché, lancé. *Il a appuyé sur la gâchette et le coup est parti.* ❸ Disparaître. *Cette tache partira au lavage.* ❹ Avoir pour origine ou pour point de départ. *Le chemin part du pont. Sa proposition partait d'une bonne intention.*

● Ce verbe se conjugue avec l'auxiliaire « être ».

▶ à **partir** de préposition. Dès, depuis. *Tu peux m'appeler chez moi à partir de midi. À partir d'ici, la végétation change.*

partisan n.m. ❶ Personne qui soutient les idées d'un parti, d'un homme politique. *Le candidat aux élections a réuni ses partisans.* CONTR. **adversaire.** ❷ Combattant volontaire qui n'appartient pas à une armée régulière. SYN. **franc-tireur.** ◆ adj. **Partisan de,** favorable à. *Elle est partisane d'une réforme.* → Vois aussi **disciple.**

partitif, ive adj. **Article partitif,** article qui désigne une partie d'un tout. *« Du », « de la », « des » sont des articles partitifs.*

partition n.f. Feuille où sont inscrites les notes d'un morceau de musique. *Baptiste sait lire une partition.*

partout adv. Dans tous les endroits. *J'ai cherché le chat partout.*

parure n.f. Ensemble de bijoux assortis. *Une parure de diamants.*

▸▸▸ Mot de la famille de **se parer.**

parution n.f. Fait de paraître, d'être publié. *La parution de ce nouveau roman est très attendue.* SYN. **publication, sortie.**

▸▸▸ Mot de la famille de **paraître.**

parvenir v. (conjug. 20). ❶ Arriver à destination. *Les alpinistes sont parvenus au sommet.* SYN. **atteindre.** *Kelly m'a dit que ma lettre lui était parvenue.* ❷ Réussir à. *Je suis parvenu à le convaincre.* SYN. **arriver.**

● Ce verbe se conjugue avec l'auxiliaire « être ».

▶ **parvenu, e** n. Mot péjoratif. Personne qui s'est enrichie rapidement.

parvis n.m. Place située devant l'entrée principale d'une église, d'une cathédrale. *Les mariés se sont fait photographier sur le parvis de l'église.* → Vois aussi **esplanade.**

● Ce mot se termine par un **s.**

1. **pas** n.m. ❶ Action de poser un pied devant l'autre pour marcher. *J'ai fait mes premiers pas à 14 mois.* ❷ Trace laissée par un pied. *On a remarqué des pas dans la neige.* ❸ Manière de marcher. *Elle avançait d'un pas rapide.* ❹ Allure la plus lente d'un cheval. ❺ **À deux pas,** tout près. *J'habite à deux pas de l'école.* ❻ **Faire le premier pas** ou **les premiers pas,** prendre l'initiative d'une action. *C'est moi qui ai fait le premier pas en allant lui parler.* ❼ **Faire les cent pas,** aller et venir sans arrêt. ❽ **Marcher au pas,** marcher en même temps, au même rythme. *Les soldats marchaient au pas.* ❾ **Pas à pas,** lentement et avec précaution. *Avancer pas à pas.* ❿ **Un pas de danse,** mouvement qu'un danseur exécute avec ses pieds. ⓫ **Le pas d'une porte,** le seuil.

2. **pas** adv. S'emploie avec « ne » pour indiquer la négation. *Je ne vois pas. Je n'ai pas faim.*

pascal, e adj. Qui concerne la fête de Pâques ou la Pâque juive. *Manger l'agneau pascal.*

● Au masculin pluriel : **pascals** ou **pascaux.**

passable adj. Qui est d'une qualité moyenne. *10 sur 20 est une note passable.* SYN. **moyen.**

▶ **passablement** adv. De façon passable, moyenne. *Les musiciens ont joué passablement.* SYN. **moyennement.**

passage n.m. ❶ Action, fait de passer. *On entend le passage des trains.* ❷ Endroit par où l'on peut passer. *Tu encombres le passage avec tes bagages.* ❸ Partie d'un texte, d'une œuvre musicale, d'un film. *J'ai appris un passage de la pièce.* SYN. **extrait.** ❹ **De passage,** qui reste peu de temps dans un endroit. *Mon oncle est de passage, il repart demain.* ❺ **Passage à niveau,** croisement,

au même niveau, d'une voie ferrée et d'une route. ❻ **Passage pour piétons, passage protégé,** surface peinte de bandes blanches et que les piétons doivent emprunter pour traverser.
►►► Mot de la famille de **passer.**

un passage pour piétons

1. **passager, ère** adj. Qui ne dure pas longtemps. *Un bonheur passager.* SYN. **éphémère, fugitif.** CONTR. **durable, tenace.**
►►► Mot de la famille de **passer.**

2. **passager, ère** n. Personne qui est transportée dans un véhicule. *Aucun passager n'a été blessé dans l'accident.* SYN. **voyageur.**
►►► Mot de la famille de **passer.**

1. **passant** n.m. Bande étroite de tissu cousue à un vêtement pour y passer une ceinture.
►►► Mot de la famille de **passer.**

2. **passant, e** adj. Où il passe beaucoup de gens. *Une rue passante.* SYN. **fréquenté.** CONTR. **désert.**
►►► Mot de la famille de **passer.**

3. **passant, e** n. Personne qui passe dans une rue. *J'ai demandé l'heure à une passante.* SYN. **piéton, promeneur.**
►►► Mot de la famille de **passer.**

passe n.f. ❶ Action de passer le ballon à un partenaire, dans les jeux d'équipe. *Le joueur a fait une passe à son équipier.* ❷ **Être en passe de,** être sur le point de. *Il est en passe de réussir.* ❸ **Mot de passe,** mot secret que l'on doit connaître pour pouvoir passer. ❹ **Une bonne, une mauvaise passe,** une situation avantageuse, difficile. *Elle est au chômage, elle est dans une mauvaise passe.*
►►► Mot de la famille de **passer.**

1. **passé** préposition. Après, au-delà de. *Passé 22 heures, il ne faut pas faire de bruit. Passé la mairie, tournez à gauche.*
►►► Mot de la famille de **passer.**

2. **passé, e** adj. Qui est écoulé. *L'an passé.* SYN. **dernier.** CONTR. **prochain.** *Il est huit heures passées.*
►►► Mot de la famille de **passer.**

3. **passé** n.m. ❶ Ce qui s'est passé avant le moment où l'on parle. *Papi parle souvent du passé.* CONTR. **avenir, futur, présent.** ❷ Temps du verbe qui exprime un fait ou une action passés. *L'imparfait, le plus-que-parfait, le passé simple et le passé composé sont des temps du passé.* → Vois aussi **futur, imparfait, présent.**
►►► Mot de la famille de **passer.**

passe-montagne n.m. Cagoule en laine qui couvre la tête, le cou et les oreilles, et ne laisse que le visage à découvert.
● Au pluriel : des **passe-montagnes.**

passe-partout n.m. invar. Clef qui permet d'ouvrir plusieurs serrures.
● La nouvelle orthographe permet d'écrire aussi un **passepartout,** des **passepartouts,** avec un **s** et sans trait d'union.

passe-passe n.m. invar. **Tour de passe-passe,** tour d'adresse qui consiste à faire disparaître un objet et à le faire réapparaître. *Le magicien a fait plusieurs tours de passe-passe.*
● La nouvelle orthographe permet d'écrire aussi un **passepasse,** des **passepasses,** avec un **s** et sans trait d'union.

passeport n.m. Pièce d'identité qui permet d'aller à l'étranger. *Présenter son passeport aux douaniers.*

passer et **se passer** v. (conjug. 3). ❶ Aller d'un lieu à un autre. *Les voitures passent sur le pont.* SYN. **circuler.** ❷ Aller quelque part et y rester peu de temps. *Je passerai te voir demain. Veuillez passer dans la salle d'attente.* ❸ Franchir une limite, un obstacle. *Nous avons passé la frontière.* SYN. **traverser.** ❹ S'écouler, en parlant du temps. *La journée a passé très vite.* ❺ Employer son temps d'une certaine manière. *Nous avons passé l'après-midi au parc.* ❻ Être soumis à, subir. *Mon frère a passé une radio du bras.* ❼ Donner, transmettre. *Passe-moi le sel. Il m'a passé son rhume.* ❽ Filtrer. *Passer un bouillon.* ❾ Se produire en public; être présenté, projeté.

Ce film est passé à la télévision. ⑩ Être admis, accepté. *Youssef passe en sixième.* ⑪ Disparaître, s'atténuer. *Mon mal de tête est passé.* SYN. **s'arrêter.** ⑫ Perdre son éclat. *Les rideaux ont passé au soleil.* SYN. **déteindre.** ⑬ **Passer par,** traverser. *Il faut passer par l'Espagne pour aller au Portugal.* ⑭ **Passer pour,** être considéré comme. *Ce peintre passe pour un très grand artiste.* ◆ **se passer.** ❶ Avoir lieu, arriver. *L'histoire se passe à Rome.* SYN. **se dérouler.** *Je ne sais pas ce qui s'est passé.* SYN. **se produire.** ❷ Se priver de quelque chose. *Mon petit frère ne peut pas se passer de son ours en peluche.*
● Ce verbe se conjugue avec l'auxiliaire « avoir » lorsqu'il est suivi d'un complément d'objet direct.

passereau n.m. Oiseau de petite taille qui vit dans les arbres et qui chante. *Le moineau, le merle, le rouge-gorge sont des passereaux.*
● Au pluriel : des **passereaux.**

passerelle n.f. ❶ Pont étroit réservé aux piétons. *Une passerelle permet de traverser la voie ferrée.* ❷ Escalier mobile qui permet d'accéder à un avion ou à un bateau. ❸ Plate-forme située au-dessus des cabines, sur un bateau.

passe-temps n.m. invar. Occupation qui fait passer le temps agréablement. *Le jardinage est son passe-temps favori.* SYN. **distraction, divertissement.**
● Ce mot composé ne change pas au pluriel : des **passe-temps.**
– La nouvelle orthographe permet d'écrire aussi **passetemps,** sans trait d'union.
▸▸▸ Mot de la famille de **passer.**

passible adj. **Être passible d'une amende, d'une peine,** mériter d'avoir une amende, une peine. *Il a commis un délit, il est passible d'un an de prison.*

1. **passif, ive** adj. Qui subit sans réagir, qui manque d'énergie. *Elle reste passive devant des événements tragiques.* SYN. **apathique, mou.** CONTR. **actif, dynamique, énergique.**

2. **passif, ive** adj. **Voix passive,** en grammaire, forme du verbe lorsque le sujet subit l'action accomplie par le complément d'agent. *Dans la phrase « La maison a été construite par mon grand-père », le verbe « construire » est à la voix passive.* → Vois aussi **actif (2).**

passion n.f. ❶ Amour très fort. *Aimer quelqu'un avec passion.* ❷ Chose que l'on aime énormément, à laquelle on s'intéresse par-dessus tout. *Les chevaux, c'est sa passion !* ❸ **Fruit de la Passion,** fruit comestible produit par une plante tropicale.

▸ **passionnant, e** adj. Qui présente un grand intérêt. *Ce livre est passionnant.* SYN. **palpitant.** CONTR. **ennuyeux, inintéressant.**

▸ **passionné, e** adj. et n. Qui aime quelque chose avec passion. *C'est une passionnée de cinéma.* → Vois aussi **fanatique.**

▸ **passionnel, elle** adj. **Crime passionnel,** crime qui est inspiré par une passion amoureuse ou par la jalousie.

▸ **passionnément** adv. Avec passion. *Ils s'aiment passionnément.*

▸ **passionner** v. (conjug. 3). Intéresser vivement. *Ce livre m'a passionné.* SYN. **captiver.** CONTR. **ennuyer.**

passivement adv. D'une manière passive, sans réagir. *Il accepte passivement tout ce qu'on lui propose.*
▸▸▸ Mot de la famille de **passif (1).**

passivité n.f. Caractère d'une personne passive, qui manque d'énergie. SYN. **apathie, inertie.** CONTR. **dynamisme, énergie.**
▸▸▸ Mot de la famille de **passif (1).**

passoire n.f. Ustensile de cuisine percé de petits trous, qui sert à égoutter les aliments ou à filtrer certains liquides. *J'ai mis les pâtes dans la passoire.*
▸▸▸ Mot de la famille de **passer.**

pastel n.m. ❶ Bâtonnet fait d'une pâte colorée et utilisé pour dessiner. *Une artiste a dessiné mon portrait au pastel.* ❷ Dessin exécuté au pastel. *Des pastels ornent les murs du salon.* ◆ adj. invar. **Couleurs pastel, tons pastel,** couleurs, tons clairs et doux.

pastèque n.f. Gros fruit à la peau verte et à la chair rose, qui pousse dans les pays méditerranéens. SYN. **melon d'eau.**

une pastèque

pasteur n.m. Chez les protestants, personne qui dirige le culte et s'occupe de la paroisse.

pasteuriser v. (conjug. 3). Chauffer un aliment à haute température et le refroidir brusquement pour tuer les microbes et permettre qu'il se conserve plus longtemps. *On pasteurise le lait, la bière, les jus de fruits.*
→ Vois aussi **stériliser.**

pastiche n.m. Imitation du style d'un écrivain. *Un pastiche d'une tragédie antique.* → Vois aussi **parodie.**

pastille n.f. Petit bonbon rond et plat. *Sucer une pastille à la menthe.*

patate n.f. ❶ **Patate douce,** plante des pays chauds qui a une racine comestible au goût sucré. ❷ (Sens familier). Pomme de terre.

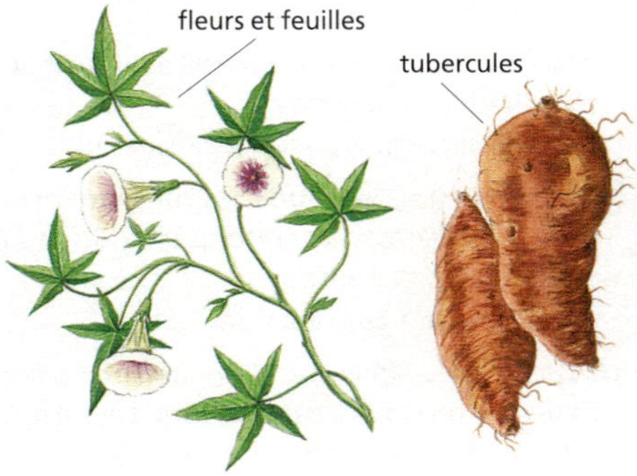

des patates douces

pataud, e adj. et n. Mot familier. Qui a des mouvements lents et maladroits. *Des danseurs patauds.* SYN. **lourdaud.**

pataugeoire n.f. Bassin peu profond pour les enfants, dans une piscine.
● Ce mot s'écrit avec un **e** après le **g** pour prononcer le son [ʒ].
▸▸▸ Mot de la famille de **patauger.**

patauger v. (conjug. 5). Marcher dans l'eau, dans la boue. *Les enfants pataugeaient dans les flaques d'eau.*

patchwork n.m. Assemblage de différents morceaux de tissu cousus les uns aux autres. *Un dessus-de-lit en patchwork.*
● C'est un mot anglais, on prononce [patʃwœrk].

pâte n.f. ❶ Préparation à base de farine et d'eau que l'on pétrit. *Mamie fait une pâte à tarte.* ❷ Matière constituant le fromage. *Le camembert est un fromage à pâte molle.* ❸ **Pâte à modeler,** matière molle de différentes couleurs que l'on peut pétrir. *Aïcha a fait des animaux en pâte à modeler.* ❹ **Pâte de fruit,** confiserie à base de pulpe de fruit. ◆ n.f. plur. Produit alimentaire à base de semoule de blé, qui se présente sous différentes formes. *Les nouilles, les spaghettis sont des pâtes.*
● Le **a** prend un accent circonflexe.

pâté n.m. ❶ Hachis de viande ou de poisson cuit dans une terrine. *Du pâté de foie; du pâté de campagne.* ❷ **Pâté de sable,** petit tas de sable humide moulé dans un seau. *Nous avons fait des pâtés de sable sur la plage.* ❸ **Pâté de maisons,** groupe de maisons formant un bloc. *Nous avons fait le tour du pâté de maisons.*
● Le **a** prend un accent circonflexe. – Ne confonds pas avec une **pâtée.**

pâtée n.f. Mélange d'aliments réduits en petits morceaux que l'on donne aux animaux. *Le chien mange sa pâtée.*
● Le **a** prend un accent circonflexe. – Ne confonds pas avec un **pâté.**

patelle n.f. Mollusque comestible à coquille conique. SYN. **bernique.**

paternel, elle adj. ❶ Du père. *L'autorité paternelle.* ❷ Qui vient du père, qui est du côté du père. *Les grands-parents paternels.*
→ Vois aussi **maternel.**

▸ **paternité** n.f. ❶ Fait d'être père. *Il découvre les joies de la paternité.* ❷ Fait d'être l'auteur d'une œuvre, d'une invention. *Le chercheur revendique la paternité de cette découverte.*

pâteux, euse adj. Qui a la consistance épaisse et molle d'une pâte. *Une sauce pâteuse.* SYN. **épais.** CONTR. **fluide, liquide.**
● Le **a** prend un accent circonflexe.
▸▸▸ Mot de la famille de **pâte.**

pathétique adj. Qui émeut profondément. *Un récit pathétique.* SYN. **bouleversant, poignant.**
● Le premier **t** est suivi d'un **h.**

pathologique adj. Qui tient de la maladie, qui est dû à une maladie. *Sa fatigue est pathologique.*
● Ce mot s'écrit avec **th.**

patibulaire adj. **Avoir une mine, un air patibulaires,** avoir un air louche, qui n'inspire pas confiance.

patiemment adv. Avec patience, sans s'énerver. *J'attendais patiemment que tu reviennes.* CONTR. **impatiemment.**
● On écrit **tiemment** mais on prononce [sjamɑ̃].
▸▸▸ Mot de la famille de **patient.**

patience n.f. ❶ Qualité d'une personne qui sait attendre sans s'énerver. CONTR. **impatience.** ❷ Qualité d'une personne qui supporte avec calme des situations désagréables ou qui va au bout de ce qu'elle a entrepris sans se décourager. *Elle fait preuve de beaucoup de patience avec ses élèves.*
▸▸▸ Mot de la famille de **patient.**

patient, e adj. Qui sait attendre sans perdre patience, sans s'énerver. *Sois patient, c'est bientôt ton tour.* CONTR. **impatient.**

▸ **patient, e** n. Personne qui consulte un médecin. *Les patients doivent attendre leur tour dans la salle d'attente.* SYN. **malade.**

▸ **patienter** v. (conjug. 3). Attendre avec patience. *La secrétaire nous a demandé de bien vouloir patienter quelques instants.* CONTR. **s'impatienter.**

patin n.m. ❶ **Patin à glace,** chaussure spéciale munie d'une lame métallique pour glisser sur la glace. *Audrey fait du patin à glace.* ❷ **Patin à roulettes,** chaussure spéciale munie de roulettes pour glisser sur le sol. *Les enfants font du patin à roulettes sur la place.* → Vois aussi **roller.**

▸ **patinage** n.m. Sport qui consiste à faire du patin à glace ou du patin à roulettes. *Une compétition de patinage artistique sur glace.*

une figure de patinage artistique

patine n.f. Couleur et aspect particuliers que prennent certains objets avec le temps. *Le buffet en bois a pris une belle patine.*

patiner v. (conjug. 3). ❶ Faire du patin à glace ou à roulettes. *Ma cousine m'a appris à patiner sur la glace.* ❷ Tourner sans avancer, en parlant des roues d'un véhicule. *Les roues patinent dans le sable.*
▸▸▸ Mot de la famille de **patin.**

patinette n.f. Trottinette.
▸▸▸ Mot de la famille de **patin.**

patineur, euse n. Personne qui patine. *Des patineurs glissaient sur le lac gelé.*
▸▸▸ Mot de la famille de **patin.**

patinoire n.f. Piste aménagée pour le patinage sur glace. *Le mercredi après-midi, je vais à la patinoire.*
▸▸▸ Mot de la famille de **patin.**

patio n.m. Cour intérieure de certaines maisons méditerranéennes.
● C'est un mot espagnol, on prononce [patjo].

pâtir v. (conjug. 16). Subir les conséquences de quelque chose. *Les cultures ont pâti de la sécheresse.* SYN. **souffrir.**
● Le **a** prend un accent circonflexe.

pâtisserie n.f. ❶ Préparation sucrée ou salée faite avec de la pâte cuite au four. *Les tartes, les éclairs, les croissants sont des pâtisseries.* ❷ Magasin où l'on fabrique et où l'on vend des pâtisseries, des gâteaux.
● Le **a** prend un accent circonflexe.

▸ **pâtissier, ère** n. Personne qui fabrique ou qui vend des pâtisseries.

patois n.m. Langue particulière à une région. *Dans certains villages, on parle patois.* → Vois aussi **dialecte.**
● Ce mot se termine par un **s.**

pâtre n.m. Mot littéraire. Berger.
● Le **a** prend un accent circonflexe.

patriarche n.m. Mot littéraire. Vieil homme respectable qui vit entouré d'une nombreuse famille.

patrie n.f. Pays auquel on est attaché parce qu'on y est né ou parce qu'on y vit depuis longtemps. *Il est arrivé en France à l'âge de un an, il considère que c'est sa patrie.*
▸▸▸ Mots de la même famille : **apatride, compatriote, s'expatrier, rapatrier.**

patrimoine n.m. ❶ Ensemble des biens qu'on hérite de sa famille. *Il a dilapidé tout son patrimoine.* ❷ Ensemble des richesses, de l'héritage communs d'une collectivité.

a b c d e f g h i j k l m n o p q r s t u v w x y z

Les œuvres d'art font partie du patrimoine culturel d'une nation.

patriote adj. et n. Qui aime sa patrie, qui la sert. *Des patriotes ont résisté aux occupants.*
▸▸▸ Mot de la famille de **patrie.**

patriotique adj. Qui exprime l'amour de la patrie. *Un chant patriotique.*
▸▸▸ Mot de la famille de **patrie.**

patriotisme n.m. Amour de la patrie.
▸▸▸ Mot de la famille de **patrie.**

patron, onne n. ❶ Personne qui dirige une entreprise. *Le patron s'est adressé à ses ouvriers.* SYN. **chef d'entreprise.** *Adressez-vous à la patronne du restaurant.* ❷ Saint ou sainte dont on porte le nom ou qui sont considérés comme protecteurs d'une église, d'une ville ou bien d'un métier. *Sainte Cécile est la patronne des musiciens.* ◆ n.m. Modèle en papier que l'on utilise pour tailler un vêtement. → Vois aussi **employeur.**

▸ **patronage** n.m. ❶ Protection accordée par une personne influente ou un organisme. *Cet institut est placé sous le patronage de l'ambassadeur.* ❷ Centre de loisirs pour les enfants.

▸ **patronal, e, aux** adj. ❶ Des patrons. *Le syndicat patronal défend les intérêts des chefs d'entreprise.* ❷ D'un saint patron. *Le village organise une fête patronale.*
● Au masculin pluriel : **patronaux.**

▸ **patronat** n.m. Ensemble des patrons, des chefs d'entreprise. *Le patronat a rencontré les représentants des syndicats.*

▸ **patronner** v. (conjug. 3). Soutenir, apporter son aide à. *Ce spectacle est patronné par les commerçants de la ville.* SYN. **parrainer.**

patrouille n.f. Petit groupe de soldats, de policiers chargés de surveiller. *Le malfaiteur a été arrêté par une patrouille de police.*

▸ **patrouiller** v. (conjug. 3). Circuler en groupe pour surveiller. *Des douaniers patrouillent près de la frontière.*

patte n.f. ❶ Membre d'un animal qui lui permet de marcher, de sauter. *Les insectes ont trois paires de pattes.* ❷ Languette de tissu ou de cuir. *Ma sacoche se ferme par une patte.* ❸ **Marcher à quatre pattes,** sur les mains et les genoux (ou les pieds). ◆ n.f. plur. Cheveux qui descendent sur les joues en avant des oreilles.

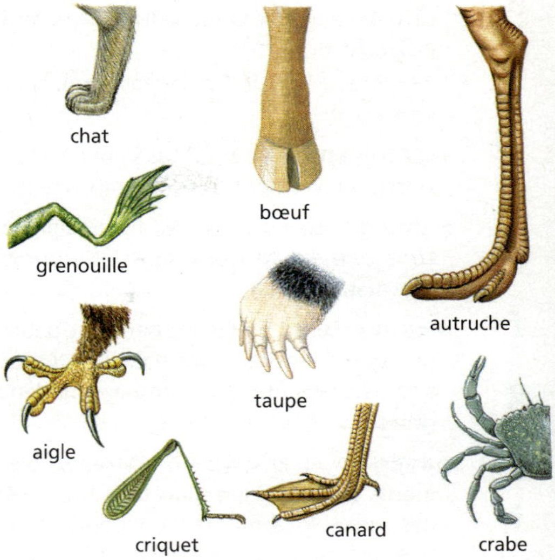

des pattes d'animaux

pâturage n.m. Pré où le bétail vient paître. *Les verts pâturages de Normandie.* SYN. **herbage, pacage.**
● Le **a** prend un accent circonflexe.
▸▸▸ Mot de la famille de **pâture.**

pâture n.f. Nourriture des animaux. *Le renard cherche sa pâture dans la forêt.*
● Le **a** prend un accent circonflexe.

paume n.f. ❶ Intérieur, creux de la main. *Julien tient un petit crabe dans la paume de sa main.* CONTR. **dos.** ❷ **Jeu de paume,** sport qui consistait à se renvoyer une balle au-dessus d'un filet avec la paume de la main et, plus tard, avec une raquette. *Le jeu de paume est l'ancêtre du tennis.*

paupière n.f. Chacune des deux membranes qui protègent les yeux. *Fermer, ouvrir les paupières.*

pause n.f. Court arrêt dans un travail ou une activité. *Nous ferons une pause au cours de la promenade.* SYN. **halte.**
● Ne confonds pas avec **pose.**

pauvre adj. et n. ❶ Qui n'a pas assez d'argent pour vivre confortablement. *Sa famille était très pauvre.* SYN. **démuni.** CONTR. **aisé, riche.** *Cette association vient en aide aux plus pauvres.* SYN. **déshérité, miséreux, nécessiteux.** ❷ Qui fait pitié. *Ce pauvre homme a perdu tout ce qu'il possédait.* SYN. **malheureux.** ◆ adj. Qui a peu de ressources, qui produit peu.

a b c d e f g h i j k l m n o p q r s t u v w x y z

Un pays pauvre. Le sol est pauvre. CONTR. **fertile, productif, riche.**

▸▸▸ Mots de la même famille : **appauvrir, appauvrissement.**

▸ **pauvrement** adv. Dans la pauvreté. *Ils vivent pauvrement.* SYN. **misérablement.**

▸ **pauvresse** n.f. Mot ancien. Femme pauvre. *Une pauvresse demandait l'aumône.* SYN. **mendiante.**

▸ **pauvreté** n.f. État d'une personne pauvre; manque d'argent. *Vivre dans la pauvreté.* SYN. **dénuement.** CONTR. **aisance, opulence, richesse.**

pavage n.m. Ensemble de carreaux, d'éléments de mosaïque placés les uns à côté des autres de façon à recouvrir entièrement une surface. *Un carrelage de cuisine est un pavage.*

▸▸▸ Mot de la famille de **pavé.**

se **pavaner** v. (conjug. 3). Marcher en faisant l'important pour se faire remarquer. *Elle se pavanait devant les invités.* SYN. **parader.**

pavé n.m. ❶ Bloc de pierre utilisé pour le revêtement des rues. *Marcher sur les pavés.* ❷ Parallélépipède de forme allongée.

▸ **paver** v. (conjug. 3). Revêtir de pavés. *Ils ont pavé le chemin.* → Vois aussi **carreler.**

pavillon n.m. ❶ Maison généralement entourée d'un jardin. *Les maçons construisent un pavillon.* ❷ Drapeau indiquant la nationalité d'un navire. *Le bateau porte un pavillon hollandais.* ❸ **Pavillon de l'oreille,** partie visible de l'oreille. → Vois aussi **villa.**

pavoiser v. (conjug. 3). ❶ Orner de pavillons, de drapeaux à l'occasion d'une fête. *On a pavoisé la mairie pour le 14 Juillet.* ❷ (Sens familier). Montrer une grande joie, une grande fierté. *Nous avons gagné le match, mais il n'y a pas de quoi pavoiser.*

pavot n.m. Plante dont les fleurs ont de grands pétales, fins et froissés. *Le coquelicot est une espèce de pavot qui pousse dans les champs.*

payable adj. Qui doit ou peut être payé. *Les marchandises sont payables à la livraison.*

▸▸▸ Mot de la famille de **payer.**

payant, e adj. ❶ Que l'on doit payer. *L'entrée de l'exposition est payante.* CONTR. **gratuit.** ❷ Qui rapporte de l'argent, des avantages. *Ses recherches ont été payantes.* SYN. **profitable.**

▸▸▸ Mot de la famille de **payer.**

paye → paie

payer v. (conjug. 13). ❶ Verser une somme en échange d'une marchandise ou d'un service. *J'ai payé ce CD 15 euros. Maman a payé par chèque.* SYN. **régler.** ❷ Donner à quelqu'un l'argent qu'on lui doit. *Le patron paie ses ouvriers à la fin du mois.* SYN. **rémunérer, rétribuer.** ❸ (Sens familier). Procurer un avantage, un bénéfice. *Ses efforts et sa patience ont payé.*

▸ **payeur, euse** n. Personne qui paie ce qu'elle doit. *C'est un mauvais payeur, il ne rembourse pas ses dettes.*

pays n.m. ❶ Territoire d'une nation. *La France, la Belgique et le Luxembourg sont des pays européens.* SYN. **État.** ❷ Région géographique. *La Hollande est un pays plat. C'est un fromage du pays.*

▸ **paysage** n.m. Région, espace que l'on voit d'un endroit. *Du haut de la tour, on peut admirer le paysage.* SYN. **panorama, vue.**

→ planche pp. 764-765.

▸ **paysagiste** n. Peintre qui peint des paysages.

▸ **paysan, anne** n. Personne qui cultive la terre et élève des animaux. *Mes grands-parents étaient des paysans.* SYN. **agriculteur, cultivateur.** ◆ adj. Qui concerne les paysans. *La vie paysanne.*

▸ **paysannerie** n.f. Ensemble des paysans.

P.-D.G. n.m. Président-directeur général. *Mon oncle est P.-D.G. d'une grande entreprise.*

● On prononce [pedeʒe].

péage n.m. Somme à payer pour emprunter une route, un pont; endroit où l'on paie cette somme. *Une autoroute à péage.*

peau n.f. ❶ Enveloppe extérieure du corps de l'homme et des animaux. *Élise a la peau très claire.* ❷ Cuir traité d'un animal. *Un manteau en peau de mouton.* ❸ Enveloppe de certains fruits ou légumes. *Les oranges ont une peau épaisse. La peau d'un oignon.* SYN. **pelure.** ❹ Couche qui se forme à la surface du lait bouilli.

● Au pluriel : des **peaux.**

peaufiner v. (conjug. 3). Mettre au point, achever avec beaucoup de soin. *L'artiste a peaufiné son ouvrage.*

pécari n.m. Mammifère d'Amérique qui ressemble à un petit sanglier.

un pécari

peccadille n.f. Faute légère, sans gravité. *Il a été puni pour une peccadille.*
- Ce mot s'écrit avec deux **c**.

1. **pêche** n.f. Fruit à noyau dur, à peau veloutée et à chair juteuse, produit par le pêcher. → Vois aussi **brugnon, nectarine.**
- Le premier **e** prend un accent circonflexe.

des pêches

2. **pêche** n.f. ❶ Action ou manière de pêcher. *La pêche à la truite.* ❷ Ensemble des poissons pêchés. *Les marins vendent leur pêche sur le port.* ❸ Lieu où l'on pêche. *Pêche gardée.*
- Le premier **e** prend un accent circonflexe.
- ▸▸▸ Mot de la famille de **pêcher (1).**

péché n.m. ❶ Faute par rapport à la religion. *La colère et la paresse sont des péchés pour les chrétiens. Confesser ses péchés à un prêtre.* ❷ **Péché mignon,** petit défaut auquel on se laisse aller. *Les sucreries, c'est son péché mignon.*
- Ne confonds pas avec un **pêcher.**

▸ **pécher** v. (conjug. 9). Commettre un péché. *Pécher par orgueil.*
- Ne confonds pas avec le verbe **pêcher.**

1. **pêcher** v. (conjug. 3). Prendre du poisson, des animaux aquatiques. *Pêcher des truites, des écrevisses.*
- Le premier **e** prend un accent circonflexe.
- – Ne confonds pas avec le verbe **pécher.**

2. **pêcher** n.m. Arbre fruitier qui produit des pêches.
- Le premier **e** prend un accent circonflexe.
- – Ne confonds pas avec un **péché.**
- ▸▸▸ Mot de la famille de **pêche (1).**

pécheur, pécheresse n. Personne qui commet des péchés.
- Ne confonds pas avec **pêcheur.**
- ▸▸▸ Mot de la famille de **péché.**

pêcheur, euse n. Personne dont le métier est de pêcher ou qui pêche pour le plaisir.
- Ne confonds pas avec **pécheur.**
- ▸▸▸ Mot de la famille de **pêcher (1).**

pectoral, e, aux adj. De la poitrine. *Les muscles pectoraux.* ◆ n.m. plur. Muscles de la poitrine. *Gonfler ses pectoraux.*
- Au masculin pluriel : **pectoraux.**

pécule n.m. Somme d'argent économisée peu à peu. *Il a amassé un petit pécule.* SYN. **économies.**

pécuniaire adj. Qui a rapport à l'argent. *Avoir des ennuis pécuniaires.* SYN. **financier.**

pédagogie n.f. Science de l'éducation des enfants.

▸ **pédagogique** adj. Qui se rapporte à la pédagogie. *Tester une nouvelle méthode pédagogique.*

▸ **pédagogue** adj. et n. Qui a le don d'enseigner, qui sait transmettre son savoir. *Notre institutrice est très pédagogue.*

pédale n.f. Pièce sur laquelle on appuie avec le pied pour actionner un mécanisme, faire avancer un véhicule. *Les pédales d'un vélo. La pédale d'accélérateur d'une voiture.*

▸ **pédaler** v. (conjug. 3). Appuyer sur les pédales d'une bicyclette. *Il est difficile de pédaler dans les côtes.*

▸ **pédalier** n.m. Mécanisme formé par les deux pédales, le pignon et la roue dentée d'une bicyclette. *Le pédalier entraîne la chaîne de la bicyclette.*

Paysages et milieux naturels

Notre planète, la Terre, offre une grande diversité de paysages naturels. Selon le relief et surtout les conditions climatiques (les températures, le nombre de jours de soleil et de pluie), la végétation et les espèces animales sont très différentes.

Mers et océans

- Les océans recouvrent les trois quarts de la surface de la Terre et communiquent tous entre eux.
- Les mouvements de la mer sont les vagues, créées par les vents, les marées et les courants marins.
- Les eaux littorales, en bordure des côtes, sont riches en plantes et en animaux : plancton et poissons.

Les milieux polaires

- Les régions polaires sont les zones les plus froides du monde. Il y souffle un vent glacial, le blizzard.
- L'Arctique (pôle Nord) est un océan gelé : l'eau de mer s'est solidifiée en une immense et épaisse plaque de glace flottante, la banquise. Seuls des navires spéciaux peuvent avancer sur ces eaux : les brise-glace.
- L'Antarctique (pôle Sud) est un continent couvert de montagnes de glace. Les blocs de glace qui se détachent forment les icebergs.

Les déserts

- Les déserts sont des zones arides qui reçoivent très peu de précipitations. Ils occupent près d'un tiers de la planète.
- Ils sont constitués de pierres ou de sable qui forme parfois des dunes. La végétation y est peu importante. Elle est principalement constituée de cactus, de yuccas et de fleurs éphémères.
- Dans les zones plus irriguées, ou oasis, on trouve des palmiers qui produisent des dattes. C'est là que peuples nomades et peuples sédentaires se rencontrent.

Forêts et prairies

- Il existe différents types de forêts selon les régions du monde :

  - la forêt boréale, ou taïga, constituée de conifères, où vivent ours bruns, rennes et petits mammifères ;
  - la forêt tempérée, avec ses arbres à feuilles caduques et ses fougères ;
  - la forêt méditerranéenne, composée d'arbres à feuilles persistantes ;
  - la forêt tropicale, toujours verte et luxuriante, avec des arbres immenses, reliés par des lianes.

- La prairie naturelle est composée d'herbes plus ou moins hautes. Elle servait de pâturage aux troupeaux de bovins. On l'appelle « prairie » en Amérique du Nord, « pampa » en Amérique du Sud, et « steppe » en Asie et dans l'est de l'Europe.
- La savane est une immense plaine que l'on trouve surtout en Afrique ; sa végétation, parsemée d'arbres et d'arbustes, est constituée de graminées et d'épineux. Elle accueille de nombreux mammifères herbivores : zèbres, gazelles, éléphants, gnous…

Des métiers

- **Un géographe** étudie la surface de la Terre.
- **Un géologue** étudie la formation et la composition du sol et du sous-sol de la Terre.
- **Un océanographe** étudie les océans et les mers.
- **Un volcanologue** étudie les volcans et les phénomènes volcaniques.

Pour en savoir plus

Pôle

Jungle
(Amazonie)

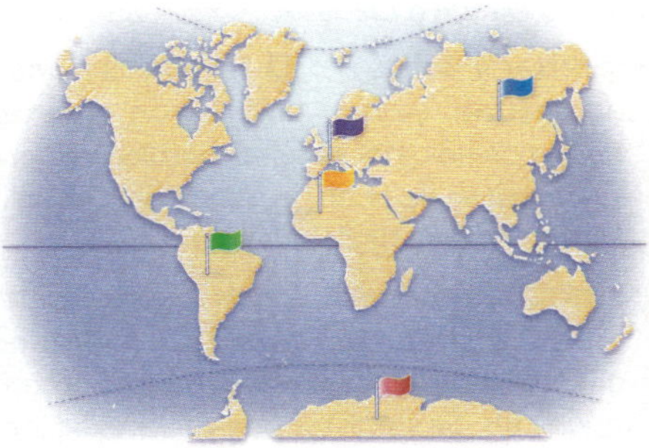

Désert
(Sahara)

Steppe
(Asie centrale)

Montagnes
(Europe)

Les montagnes

- Les montagnes se sont formées il y a des millions d'années à la suite des mouvements des **plaques** de l'**écorce terrestre**.
- Les paysages de montagne sont composés de **pics**, de **crêtes** et de **vallées**. Un ensemble de montagnes forme une **chaîne**, un **massif** ou une **cordillère**.
- Les montagnes anciennes présentent un relief **aplani** par l'**érosion**, alors que les montagnes jeunes ont des **sommets** plus hauts et des **versants escarpés**.
- Les **glaciers** se forment dans les zones très froides. La neige permanente s'accumule pour former un **névé**, tandis que la couche inférieure se transforme en glace.

a b c d e f g h i j k l m n o p q r s t u v w x y z

▶ **Pédalo** n.m. Embarcation à flotteurs que l'on fait avancer en pédalant. *Nous faisons du Pédalo sur le lac.*
● C'est un nom de marque : il s'écrit avec une majuscule dans les textes imprimés.

pédant, e adj. et n. Qui étale son savoir de manière prétentieuse. *Des étudiantes pédantes.*

pédestre adj. Qui se fait à pied. *Faire une randonnée pédestre en forêt.*
▸▸▸ Mot de la famille de **pied.**

pédiatre n. Médecin qui soigne les enfants.

pédoncule n.m. Partie de la tige qui porte la fleur ou le fruit. SYN. **queue.**
● Mot du genre masculin : **un pédoncule.**
→ planche pp. 460-461.

pédophile n. Adulte qui a une attirance sexuelle pour les enfants.
▸▸▸ Mot de la famille de **pédophilie.**

pédophilie n.f. Attirance sexuelle d'un adulte pour les enfants.

pédopsychiatre n. Psychiatre qui soigne les enfants et les adolescents.

peigne n.m. ❶ Instrument muni de dents qui sert à démêler et à coiffer les cheveux. *Se donner un coup de peigne.* ❷ **Passer au peigne fin,** fouiller minutieusement un endroit. *J'ai passé ma chambre au peigne fin pour retrouver un CD.*

▶ **peigner** et **se peigner** v. (conjug. 3). Coiffer avec un peigne. *Amélie a peigné sa poupée.* ◆ **se peigner.** Se coiffer avec un peigne. *Je me peigne devant la glace.*

peignoir n.m. Vêtement ample, ouvert devant et retenu par une ceinture, que l'on met en sortant du bain.

peindre v. (conjug. 49). ❶ Recouvrir une surface de peinture. *Peindre les murs d'une maison en blanc.* ❷ Représenter par la peinture. *Vincent Van Gogh a peint des portraits et des paysages.* ❸ Décrire, représenter par l'écriture. *L'auteur a peint la scène avec humour.* SYN. **dépeindre.**
▸▸▸ Mot de la même famille : **pictural.**

peine n.f. ❶ Douleur morale. *Avoir de la peine.* SYN. **chagrin, tristesse.** CONTR. **joie.** ❷ Travail, effort, fatigue. *Aziz se donne de la peine pour réussir en classe.* SYN. **mal.** ❸ Punition infligée par un tribunal. *Le voleur a été condamné à une peine de cinq ans de prison.* ❹ **Peine de mort,** qui sanctionne les crimes les plus graves par la condamnation à mort. *La peine de mort a été abolie en France.* SYN. **peine capitale.** ❺ **Avoir de la peine à,** parvenir difficilement à. *J'ai de la peine à grimper à la corde.* SYN. **avoir du mal à.** ❻ **Ce n'est pas la peine,** cela ne sert à rien, c'est inutile. *Ce n'est pas la peine de courir.* ❼ **Valoir la peine,** être digne d'intérêt. *Ce film vaut la peine d'être vu.*

▶ à **peine** adv. ❶ Presque pas. *Parle plus fort, je t'entends à peine.* ❷ Depuis peu de temps; tout juste. *J'étais à peine rentrée qu'il s'est mis à pleuvoir.*

▶ **peiner** v. (conjug. 3). ❶ Faire de la peine, du chagrin. *La nouvelle de son divorce nous a peinés.* SYN. **attrister, désoler, navrer.** ❷ Éprouver de la difficulté, de la fatigue. *Le cycliste peinait dans les côtes.*

peintre n. ❶ Personne dont le métier consiste à effectuer des travaux de peinture. ❷ Artiste qui peint des tableaux. *Les peintres impressionnistes. Sa sœur est une célèbre artiste peintre.*
▸▸▸ Mot de la famille de **peindre.**

peinture n.f. ❶ Matière colorante dont on recouvre une surface. *Papi m'a offert une boîte de peinture.* ❷ Action de peindre. *On a commencé la peinture du plafond.* ❸ Art de l'artiste peintre. *Dominique prend des cours de peinture.* ❹ Œuvre peinte. *Une exposition de peinture.* SYN. **tableau, toile.** ❺ Description. *Une peinture du milieu de la mode.*
▸▸▸ Mot de la famille de **peindre.**
→ planches pp. 94-95, 768-769.

peinturlurer v. (conjug. 3). Mot familier. Peindre grossièrement ou avec des couleurs criardes. SYN. **barbouiller.**
▸▸▸ Mot de la famille de **peindre.**

péjoratif, ive adj. **Mot péjoratif,** qui exprime une appréciation défavorable et critique. *« Clique » et « chauffard » sont des mots péjoratifs.*

pelage n.m. Ensemble des poils d'un animal. *Le renard a un pelage roux.* SYN. **fourrure, robe.**

pelé, e adj. Qui a perdu ses poils. *Le cou pelé d'un chat errant.*
▸▸▸ Mot de la famille de **peler.**

pêle-mêle adv. En désordre, en vrac. *Léo a jeté pêle-mêle ses affaires sur son lit.*

● Le premier et le troisième **e** prennent un accent circonflexe.

– La nouvelle orthographe permet d'écrire aussi **pêlemêle,** sans trait d'union.

▸▸▸ Mot de la famille de **mêler.**

peler v. (conjug. 11). ❶ Enlever la peau d'un fruit, d'un légume. *Zohra pèle sa pêche.* SYN. **éplucher.** ❷ Avoir la peau qui se détache par plaques. *Après un tel coup de soleil, ton visage risque de peler.*

pèlerin n.m. Personne qui fait un pèlerinage. *Des milliers de pèlerins vont à Rome.*

▸ **pèlerinage** n.m. Voyage que l'on effectue dans un lieu saint par conviction religieuse. *La Mecque est le principal lieu de pèlerinage des musulmans.*

pélican n.m. Grand oiseau des régions chaudes, aux pattes palmées et au long bec pourvu d'une poche où il emmagasine les poissons qu'il a pêchés pour ses petits.

un **pélican**

pelle n.f. ❶ Outil formé d'une plaque plus ou moins creuse fixée à un manche. *Papa creuse un trou dans le jardin avec une pelle.* ❷ **Pelle mécanique,** pelleteuse. ❸ (Familier). **À la pelle,** en grande quantité. *On lui a fait des compliments à la pelle.*

▸ **pelletée** n.f. Quantité d'un matériau que l'on prend dans une pelle. *Une pelletée de sable.*

▸ **pelleteuse** n.f. Machine montée sur roues ou sur chenilles qui sert à charger et à déplacer des matériaux, de la terre. SYN. **pelle mécanique.**

pellicule n.f. ❶ Mince lamelle de peau morte qui se détache du cuir chevelu. *Papa utilise un shampooing contre les pellicules.* ❷ Fine couche déposée sur une surface. *Une pellicule de givre recouvre le pare-brise.* ❸ Bande de matière souple, sensible à la lumière, destinée à la photographie, au cinéma. SYN. **film.**

pelote n.f. ❶ Boule de fils de laine, de coton, etc., enroulés sur eux-mêmes. *Le chat joue avec une pelote de laine.* ❷ Petit coussin où l'on pique des aiguilles et des épingles. ❸ Sport traditionnel du Pays basque, dans lequel les joueurs lancent une balle (la pelote) contre un mur.

des **pelotes**

peloton n.m. ❶ Ensemble de coureurs groupés dans une course. *Le cycliste s'est détaché du peloton.* ❷ **Peloton d'exécution,** groupe de soldats chargés de fusiller un condamné à mort.

se **pelotonner** v. (conjug. 3). Se rouler en boule. *Le chat s'est pelotonné dans un fauteuil.* SYN. **se blottir.**

pelouse n.f. Terrain couvert de gazon. *Papa tond la pelouse.*

peluche n.f. ❶ Tissu à longs poils doux imitant la fourrure. *Un ours en peluche.* ❷ Jouet d'enfant, animal en peluche. *Ma petite sœur adore les peluches.*

▸ **pelucheux, euse** adj. Doux et poilu comme la peluche. *Une étoffe pelucheuse.*

pelure n.f. Peau d'un fruit ou d'un légume épluché. *Des pelures d'orange.* SYN. **épluchure.**

▸▸▸ Mot de la famille de **peler.**

pénal, e, aux adj. **Code pénal,** qui concerne les peines appliquées aux crimes et aux délits.

● Au masculin pluriel : **pénaux.**

▸▸▸ Mot de la famille de **peine.**

pénaliser v. (conjug. 3). ❶ Frapper d'une peine, d'une sanction. *L'arbitre a pénalisé un joueur trop brutal.* SYN. **punir, sanctionn**
❷ Faire subir un désavantage. *Les exa*

a b c d e f g h i j k l m n o p q r s t u v w x z

La peinture : portraits d'enfants

De tout temps, l'enfant a été un sujet d'inspiration pour les peintres qui ont souvent pris pour modèles leurs propres enfants ou ceux de leurs amis. Dans un style différent selon l'époque, et chacun à leur manière, ils ont représenté un moment de vie, un sentiment ou une émotion qui se reflète sur le visage des enfants.

La fresque des jeunes boxeurs.
Grèce, vers 1500 av. J.-C.

Enfants jouant dans un cerisier.
France, 12e siècle.

rre Mignard.
dite ... e aux bulles de savon,
... e de Blois. France, vers 1680.

Jean Siméon Chardin.
L'Enfant au toton.
France, 1737.

Édouard Manet.
Le Fifre.
France,1866.

Camille Pissarro.
Jeune Fille à la baguette.
France, 1881.

Vincent Van Gogh.
Les Deux Fillettes. France, 1890.

Paul Gauguin.
Deux Enfants.
Copenhague, 1889.

Pierre-Auguste Renoir.
La Lecture.
France, vers 1890.

Paul Cézanne.
Le Garçon au gilet rouge.
Zurich, 1895.

Nicolas Tarkhoff.
Enfant et chat.
Genève,1908.

Miguel Navarro.
Rêve. 1981.

Pablo Picasso.
Maya à la poupée.
France, 1938.

oraux pénalisent les élèves timides. SYN. **désavantager, handicaper.**
▸▸▸ Mot de la famille de **peine.**

pénalité n.f. Sanction, punition infligée à une personne qui enfreint un règlement. *Les fraudeurs s'exposent à des pénalités.*
▸▸▸ Mot de la famille de **peine.**

penalty n.m. Au football, sanction infligée à une équipe pour une faute commise par l'un des joueurs dans sa surface de réparation.
● C'est un mot anglais, on prononce [penalti].
– Il vaut mieux dire **coup de pied de réparation.**
– La nouvelle orthographe permet d'écrire aussi **pénalty,** avec un accent.

pénates n.m. plur. Mot familier. Maison, foyer. *Regagner ses pénates.*

penaud, e adj. Honteux, confus. *Rayan était tout penaud d'avoir cassé un verre.* SYN. **déconfit.** CONTR. **fier.**

penchant n.m. ❶ Tendance à avoir un certain comportement. *Rémi a un penchant à l'insolence.* SYN. **prédisposition, propension.** ❷ **Avoir un penchant pour,** avoir une préférence pour quelqu'un ou quelque chose. *Maxime a un penchant pour le rock.* SYN. **faible, inclination, prédilection.**
▸▸▸ Mot de la famille de **pencher.**

pencher et **se pencher** v. (conjug. 3). ❶ Incliner vers le bas ou de côté. *Il pencha la tête pour voir son poids affiché sur la balance.* ❷ Être incliné. *Le cadre penche un peu.* ❸ Préférer. *Je pencherais pour la solution la moins coûteuse.* ◆ **se pencher.** ❶ Incliner le haut du corps en avant. *Coralie s'est penchée pour cueillir une fleur.* SYN. **se baisser.** ❷ **Se pencher sur,** s'intéresser à une question avec attention. *Le gouvernement va se pencher sur le sort des réfugiés.* SYN. **examiner.**

pendaison n.f. Action de pendre quelqu'un ou de se pendre. *Dans certains pays, les condamnés à mort sont exécutés par pendaison.*
▸▸▸ Mot de la famille de **pendre.**

1\. **pendant, e** adj. Qui pend. *Le caniche a des oreilles pendantes.*
▸▸▸ Mot de la famille de **pendre.**

2\. **pendant** n.m. **Pendants d'oreilles,** boucles d'oreilles munies d'un ornement qui pend.
▸▸▸ Mot de la famille de **pendre.**

3\. **pendant** préposition. Indique la durée ou la simultanéité. *Pendant les vacances, nous sommes allés à la campagne.* SYN. **au cours de, durant.** ◆ **pendant que** conjonction. En même temps que. *Le chat est monté sur la table pendant que je cuisinais.* SYN. **tandis que.**

pendentif n.m. Bijou suspendu à une chaînette ou à un cordon. *Elle porte un pendentif en argent.*
▸▸▸ Mot de la famille de **pendre.**

un pendentif

penderie n.f. Placard, armoire ou petite pièce où l'on suspend des vêtements.
▸▸▸ Mot de la famille de **pendre.**

pendre et **se pendre** v. (conjug. 46). ❶ Fixer par le haut. *Pendre du linge, des rideaux.* SYN. **suspendre.** ❷ Mettre à mort en suspendant par le cou. *Au Moyen Âge, en France, on pendait les condamnés.* ❸ Être suspendu. *De jolies boucles pendaient à ses oreilles.* ◆ **se pendre.** ❶ Se suicider par pendaison. *La malheureuse s'est pendue.* ❷ **Se pendre au cou, au bras de quelqu'un,** s'y agripper.

▸ **pendu, e** adj. ❶ Suspendu, accroché. *Une balançoire pendue à un portique.* ❷ **Être pendu au téléphone,** être sans cesse au téléphone. ◆ n. Personne morte par pendaison.

1\. **pendule** n.m. Objet qui oscille régulièrement autour d'un point fixe. *Les mouvements d'un pendule.* → Vois aussi **balancier.**

2\. **pendule** n.f. Petite horloge d'appartement que l'on pose sur un meuble ou que l'on accroche au mur.

▸ **pendulette** n.f. Petite pendule portative. *Une pendulette de voyage.* → Vois aussi **réveil.**

pêne n.m. Partie d'une serrure qui se déplace quand on tourne la clef.
● Le premier **e** prend un accent circonflexe.
– Ne confonds pas avec une **penne.**

pénétrant, e adj. ❶ Qui traverse, transperce. *Une pluie, un froid pénétrants.* SYN. **perçant, vif.** ❷ Qui a du discernement. *Un esprit pénétrant.* SYN. **perspicace, subtil.**
▸▸▸ Mot de la famille de **pénétrer.**

pénétration n.f. ❶ Action de pénétrer. *Évaluer la force de pénétration d'un projectile.* ❷ Faculté de comprendre des choses difficiles. SYN. **perspicacité.**
▸▸▸ Mot de la famille de **pénétrer.**

pénétrer v. (conjug. 9). ❶ Entrer à l'intérieur; passer à travers. *Les cambrioleurs ont pénétré dans l'appartement. La sauce a pénétré la nappe.* SYN. **s'introduire.** ❷ Parvenir à comprendre. *Personne n'a encore pénétré ses véritables intentions.* SYN. **découvrir, percer.**

pénible adj. ❶ Qui cause de la peine, du chagrin. *J'ai une nouvelle pénible à vous annoncer.* SYN. **triste.** ❷ Qui se fait avec peine, fatigue. *La traversée a été pénible.* SYN. **épuisant.** CONTR. **facile.**
▸▸▸ Mot de la famille de **peine.**

péniblement adv. Avec peine, difficulté. *Mon grand-père marche péniblement.* SYN. **difficilement.** CONTR. **facilement.**
▸▸▸ Mot de la famille de **peine.**

péniche n.f. Bateau à fond plat qui sert à transporter des marchandises sur les fleuves, les rivières ou les canaux.

une **péniche**

péninsule n.f. Grande presqu'île. *La péninsule grecque s'avance dans la mer Méditerranée.*

pénis n.m. Sexe de l'homme et des mammifères mâles. *Le pénis et les testicules sont les organes génitaux externes de l'homme.* SYN. **verge.**
● On prononce le **s.**

pénitence n.f. ❶ Peine infligée à une personne pour la punir. *Pour ta pénitence, tu seras privé de sortie.* SYN. **punition.** ❷ **Faire pénitence,** dans la religion chrétienne, se repentir en confession d'avoir péché et prendre la résolution de ne pas recommencer.

▸ **pénitencier** n.m. Prison où les détenus purgeaient de très longues peines.

▸ **pénitentiaire** adj. ❶ Qui concerne les prisons. *L'administration pénitentiaire.* ❷ **Établissement pénitentiaire,** prison.
● Le second **t** se prononce [s].

penne n.f. Longue plume de l'aile ou de la queue des oiseaux.
● Ne confonds avec un **pêne.**

pénombre n.f. Lumière très faible. *La chambre du malade était plongée dans la pénombre.*

pense-bête n.m. Objet, indication quelconques destinés à se rappeler ce qu'on a l'intention de faire, ce que l'on craint d'oublier. *Fais-toi un pense-bête pour ne pas oublier d'acheter du pain.*
● Au pluriel : des **pense-bêtes.**
▸▸▸ Mot de la famille de **penser.**

1. **pensée** n.f. ❶ Faculté de penser. *L'être humain se distingue de l'animal par la pensée.* SYN. **intelligence, réflexion.** ❷ Ce qui occupe l'esprit. *Chasser une pensée de son esprit.* SYN. **idée.** ❸ Façon de penser. *Je vais te dire sincèrement ma pensée.* SYN. **opinion, point de vue.** → Vois aussi **arrière-pensée.**
▸▸▸ Mot de la famille de **penser.**

2. **pensée** n.f. Petite plante dont les fleurs, de couleur jaune, bleue, violette ou blanche, ont un aspect velouté.

des **pensées**

a b c d e f g h i j k l m n o p q r

a b c d e f g h i j k l m n o p q r s t u v w x y z

penser v. (conjug. 3). ❶ Former des idées dans son esprit. *Les êtres humains pensent.* SYN. **raisonner, réfléchir.** ❷ Avoir une certaine opinion. *Je pense qu'il a raison.* SYN. **croire, estimer.** ❸ Avoir présent à l'esprit. *Bruno pense déjà aux vacances.* SYN. **songer.** ❹ Se souvenir de; ne pas oublier. *Je pense à mes amis.* ❺ Avoir l'intention de faire quelque chose. *Nous pensons partir demain.* SYN. **compter, envisager de.**

▸ **penseur, euse** n. Personne qui pense, réfléchit, médite. *Socrate fut un grand penseur de l'Antiquité.*

▸ **pensif, ive** adj. Plongé dans ses pensées. *Ta question me laisse pensif.* SYN. **songeur.**

pension n.f. ❶ Établissement scolaire où les élèves sont internes. *Mon frère est en pension.* ❷ Fait d'être logé et nourri contre paiement. *Être en pension à l'hôtel.* ❸ Somme d'argent versée régulièrement à une personne. *Les anciens combattants touchent une pension.*

▸ **pensionnaire** n. ❶ Élève qui est logé dans un établissement scolaire. SYN. **interne.** CONTR. **externe.** ❷ Personne qui verse une pension pour être logée et nourrie.

▸ **pensionnat** n.m. Établissement scolaire qui reçoit des internes.

pentagone n.m. Figure géométrique qui a cinq côtés et cinq angles.

pente n.f. Partie inclinée d'un terrain ou d'une route. *Les skieurs ont dévalé la pente. Le chemin est en pente.* → Vois aussi **côte, descente, montée.**

pénurie n.f. Manque de ce qui est nécessaire. *De nombreux pays souffrent d'une pénurie de vivres.* SYN. **insuffisance.** CONTR. **abondance.** → Vois aussi **disette, famine.**

pépier v. (conjug. 7). En parlant d'un petit oiseau, d'un poussin, pousser de petits cris, des *pépiements.*

pépin n.m. Petite graine que l'on trouve dans certains fruits. *Les pépins du raisin.*

▸ **pépinière** n.f. Terrain où l'on fait pousser des végétaux que l'on transplantera.

▸ **pépiniériste** n. Personne qui cultive des plantes dans une pépinière.

pépite n.f. **Pépite d'or,** morceau d'or pur que l'on trouve dans la terre ou dans un cours d'eau.

perçant, e adj. ❶ Qui pénètre le corps. *Un froid perçant.* SYN. **pénétrant, vif.** ❷ **Cri perçant,** très aigu. SYN. **strident.** ❸ **Avoir une vue perçante,** une très bonne vue. *Les aigles ont une vue perçante.*

● Le **c** prend une cédille.

▸▸▸ Mot de la famille de **percer.**

percée n.f. ❶ Ouverture pratiquée à travers quelque chose, qui permet de passer ou de voir. *Le chemin fait une percée dans la forêt.* SYN. **trouée.** ❷ Pénétration d'une armée dans les lignes de défense ennemies.

▸▸▸ Mot de la famille de **percer.**

percement n.m. Action de percer, d'ouvrir un passage. *Le percement d'une rue.*

▸▸▸ Mot de la famille de **percer.**

perce-neige n.m. invar. Petite plante des sous-bois et des jardins, dont les fleurs blanches sortent à la fin de l'hiver.

● La nouvelle orthographe permet d'écrire aussi des **perce-neiges,** avec un **s.**

▸▸▸ Mot de la famille de **percer.**

perce-oreille n.m. Insecte reconnaissable à la petite pince qu'il porte au bout de l'abdomen.

● Au pluriel : des **perce-oreilles.**

▸▸▸ Mot de la famille de **percer.**

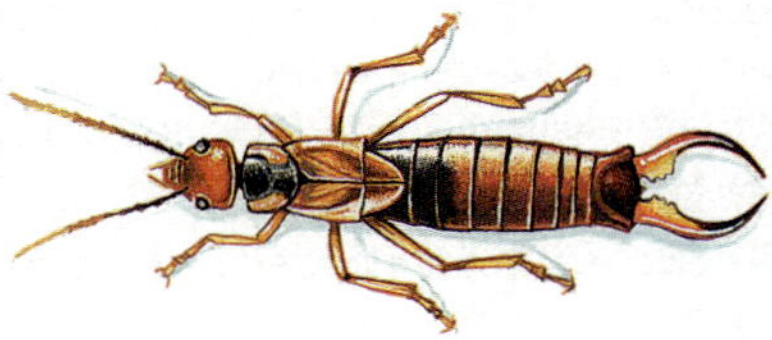

un **perce-oreille**

percepteur, trice n. Fonctionnaire chargé de percevoir les impôts, les amendes.

● Ne confonds pas avec **précepteur.**

▸▸▸ Mot de la famille de **percevoir.**

perceptible adj. Qui peut être perçu par les sens. *Un son bien perceptible.* SYN. **audible.** CONTR. **imperceptible.** *Un insecte à peine perceptible à l'œil nu.* SYN. **visible.**

▸▸▸ Mot de la famille de **percevoir.**

perception n.f. ❶ Faculté de percevoir par les sens, par l'esprit. *La perception des couleurs, des odeurs.* ❷ Bureau du percepteur. → Vois aussi **sensation.**

▸▸▸ Mot de la famille de **percevoir.**

percer v. (conjug. 4). ❶ Faire un trou, une ouverture. *Percer un mur pour poser une fenêtre. On a percé un tunnel dans la* *montagne.* SYN. **creuser, forer.** ❷ Découvrir ce qui était secret, mystérieux ou caché. *Les enquêteurs ont percé l'énigme.* ❸ Pour une dent, pousser à travers la gencive. *Mon petit frère a une dent qui perce.* ❹ Apparaître, sortir. *Le soleil perce à travers les nuages.*

▸ **perceuse** n.f. Outil électrique qui sert à percer un trou dans un mur.

percevoir v. (conjug. 31). ❶ Saisir par les sens ou par l'esprit. *On perçoit nettement les battements de son cœur. J'ai perçu une certaine émotion dans sa voix.* SYN. **sentir.** ❷ Recevoir une somme d'argent. *Percevoir une indemnité.* SYN. **toucher.**

1. **perche** n.f. Poisson d'eau douce à deux nageoires dorsales, dont la chair est appréciée.

une **perche**

2. **perche** n.f. ❶ Longue tige, généralement en bois ou en métal. *Les perches d'un remonte-pente.* ❷ **Tendre la perche,** aider quelqu'un à se sortir d'une situation embarrassante. ❸ **Saut à la perche,** saut en hauteur pratiqué à l'aide d'une perche en fibre de verre.

● Nom des athlètes : un ou une **perchiste.**

le **saut à la perche**

se **percher** v. (conjug. 3). Pour un oiseau, se poser sur un endroit élevé. *Un merle s'est perché sur une branche.* SYN. **se jucher.**

▸ **perchoir** n.m. Endroit où se perchent les oiseaux domestiques. *Le canari chantait sur son perchoir.*

perclus, e adj. Qui a du mal à se déplacer. *Notre vieille voisine est percluse de rhumatismes.*

percolateur n.m. Appareil qui sert à faire du café à la vapeur.

percussion n.f. **Instrument à percussion,** instrument de musique que l'on frappe avec les mains ou avec des baguettes. *Le tambour, les cymbales sont des instruments à percussion.*

● Nom des musiciens : un ou une **percussionniste.**

▸▸▸ Mot de la famille de **percuter.**

percutant, e adj. Qui frappe l'attention, qui atteint son but avec force. *Trouver un argument percutant.* SYN. **frappant, saisissant.**

▸▸▸ Mot de la famille de **percuter.**

percuter v. (conjug. 3). Heurter avec violence. *La moto a percuté un mur.*

perdant, e adj. et n. Qui perd ou qui a perdu. *Avoir un numéro perdant. Les perdants ont eu un lot de consolation.* CONTR. **gagnant.**

▸▸▸ Mot de la famille de **perdre.**

perdition n.f. **En perdition,** en danger de faire naufrage. *Un navire en perdition.*

▸▸▸ Mot de la famille de **perdre.**

perdre et **se perdre** v. (conjug. 46). ❶ Ne plus avoir. *Ils ont perdu de l'argent au jeu.* CONTR. **gagner.** *Les marronniers perdent leurs feuilles en automne.* ❷ Ne plus retrouver. *Cyrille a perdu son écharpe.* SYN. **égarer.** ❸ Être séparé de quelqu'un par la mort. *Jean a perdu son grand-père.* ❹ Être vaincu dans un jeu, dans une compétition. *Notre équipe a perdu.* CONTR. **gagner.** ❺ Abandonner un comportement, ne plus éprouver un sentiment. *Ne perdons pas espoir !* ❻ **Perdre la tête, perdre la raison,** devenir fou. ❼ **Perdre quelqu'un de vue,** cesser d'être en relation avec lui. ◆ **se perdre.** ❶ Ne plus retrouver son chemin. *Nous nous sommes perdus dans le labyrinthe.* SYN. **s'égarer.** ❷ **S'y perdre,** ne plus rien comprendre. *C'est une affaire très compliquée ; tout le monde s'y perd.*

perdreau n.m. Jeune perdrix.

● Au pluriel : des **perdreaux.**

a b c d e f g h i j k l m n o p q r s t u v w x y z

perdrix n.f. Oiseau au plumage gris ou roux, qui niche dans un creux du sol. *La perdrix cacabe.*

● Ce mot se termine par un **x**. Il ne change pas au pluriel. – Petit : le perdreau.

une perdrix

perdu, e adj. ❶ Que l'on ne retrouve plus. *Les clés du tiroir sont perdues.* ❷ Qui est situé à l'écart, qui est isolé. *Il passe ses vacances dans un village perdu.* ❸ Qui est sur le point de mourir. *Le malade est perdu.* ❹ Qui a été mal employé. *Le temps perdu ne se rattrape jamais.*

►►► Mot de la famille de **perdre**.

père n.m. ❶ Homme qui a donné la vie ou qui a adopté un ou plusieurs enfants. ❷ Animal mâle qui a des petits. *Les aiglons apprennent à chasser avec leur père.* ❸ **Le père de,** l'inventeur d'une chose. *Clément Ader est le père de l'aviation.* ❹ Dans la religion chrétienne, nom donné à certains religieux. *Le père Valentin est le curé de notre paroisse.*

pérégrinations n.f. plur. Nombreux déplacements, voyages d'un lieu à un autre. *Les pérégrinations d'un globe-trotteur.*

péremptoire adj. Qui n'admet aucune objection. *Parler sur un ton péremptoire.* SYN. **dogmatique, impérieux, tranchant.**

perfectible adj. Qui peut se perfectionner ou être perfectionné. *Les êtres humains sont tous perfectibles.*

►►► Mot de la famille de **perfection**.

perfection n.f. ❶ Qualité de ce qui est parfait. *Essayer d'atteindre la perfection dans son travail.* SYN. **excellence.** ❷ **À la perfection,** d'une manière parfaite. *Sabri chante à la perfection.* SYN. **admirablement.**

► **perfectionné, e** adj. Qui bénéficie des derniers progrès de la technique. *Un appareil très perfectionné.* SYN. **sophistiqué.**

► **perfectionnement** n.m. Action de perfectionner, fait de se perfectionner. *Le perfectionnement d'une machine. Suivre un stage de perfectionnement.*

► **perfectionner** et **se perfectionner** v. (conjug. 3). Rendre proche de la perfection. *Cette usine perfectionne ses produits.* SYN. **améliorer.** ◆ **se perfectionner.** Améliorer ses connaissances. *Elle a suivi un stage pour se perfectionner en anglais.*

► **perfectionniste** adj. et n. Qui soigne ce qu'il fait dans les moindres détails et recherche la perfection.

perfide adj. et n. Qui manque de loyauté; qui cherche à nuire. *Un homme perfide.* SYN. **fourbe, traître.** *Des allusions perfides.* SYN. **sournois.**

► **perfidie** n.f. Caractère d'une personne perfide. *Méfie-toi de lui, il est capable de perfidie.* SYN. **fourberie, traîtrise.** CONTR. **loyauté.**

perforation n.f. Ouverture accidentelle dans la paroi d'un organe. *Une perforation de l'intestin.*

►►► Mot de la famille de **perforer**.

perforer v. (conjug. 3). Faire un trou dans une matière, un organe. *La balle lui a perforé l'estomac.* SYN. **transpercer.** *Perforer des feuilles.* SYN. **trouer.**

performance n.f. ❶ Résultat obtenu dans une compétition sportive. *La cycliste a réalisé une excellente performance.* ❷ Réussite remarquable. *Traverser l'Atlantique en ballon, c'est une performance !* SYN. **exploit, prouesse.**

perfusion n.f. Introduction lente et continue de sang ou d'un médicament liquide dans l'organisme. *Le malade est sous perfusion.*

→ Vois aussi **transfusion**.

pergola n.f. Petite construction de jardin qui sert de support à des plantes grimpantes.

→ Vois aussi **tonnelle**.

péricliter v. (conjug. 3). Décliner, aller à la ruine. *Sa petite entreprise a périclité.* CONTR. **prospérer.**

péril n.m. ❶ Situation où la sécurité d'une personne est menacée. *Son imprudence a mis en péril tous les passagers de la voiture.* SYN. **danger.** ❷ **Au péril de sa vie,** en s'exposant à la mort. *Les pompiers agissent au péril de leur vie.* → Vois aussi **risque.**

▸ **périlleux, euse** adj. ❶ Où il y a du péril. *C'est une entreprise périlleuse.* SYN. **dangereux, risqué.** ❷ **Saut périlleux,** saut acrobatique qui consiste à tourner sur soi-même dans l'espace.

périmé, e adj. ❶ Qui n'est plus valable. *Son passeport est périmé.* CONTR. **valide.** ❷ Qui est passé de mode. *Vos méthodes sont périmées.* SYN. **archaïque, dépassé.**

périmètre n.m. Ligne qui délimite le contour d'une figure géométrique, d'une surface. *Le périmètre d'un disque. Le périmètre du parc est de 600 mètres.* SYN. **circonférence.**

période n.f. Espace de temps. *La piscine reste ouverte pendant la période des vacances.* SYN. **durée.**

▸ **périodique** adj. Qui se reproduit à intervalles réguliers. *La marée est un phénomène périodique.* ◆ n.m. Journal, revue, magazine qui paraissent à intervalles réguliers. *Les hebdomadaires, les mensuels sont des périodiques.*

péripétie n.f. Événement imprévu. *Le voyage a été riche en péripéties.* SYN. **rebondissement.**

▸ **périphérie** n.f. Ensemble des quartiers éloignés du centre d'une ville. *Mon oncle habite à la périphérie de Lyon.*

périphérique adj. et n.m. ❶ Situé à la périphérie. *Nous habitons dans un quartier périphérique.* CONTR. **central.** ❷ **Le boulevard périphérique,** ou **le périphérique,** voie à circulation rapide qui entoure une grande ville. ◆ n.m. Élément relié à l'unité centrale d'un ordinateur. *Le clavier, l'écran, l'imprimante sont des périphériques.*

périphrase n.f. Groupe de mots qu'on emploie à la place d'un mot unique. *Dire « le roi des animaux » pour parler du lion, c'est employer une périphrase.*
● Ne confonds pas avec **paraphrase.**

périple n.m. Long voyage comportant de nombreuses étapes. *Ils ont fait un périple de plusieurs mois en Chine.*

périr v. (conjug. 16). Mourir par accident. *Plusieurs personnes ont péri dans l'incendie.* SYN. **succomber.**

périscope n.m. Appareil composé d'un tube et d'un système optique, qui permet de voir par-dessus un obstacle. *Les sous-marins sont équipés de périscopes.*

périssable adj. **Denrées périssables,** qui ne se conservent pas longtemps. *Les fruits sont des denrées périssables.*
▸▸▸ Mot de la famille de **périr.**

péristyle n.m. Rangée de colonnes qui entoure un bâtiment, un temple, une cour.
● Ce mot s'écrit avec un **y.**

un péristyle

Péritel adj. invar. **Prise Péritel,** prise qui permet de relier un téléviseur à une console de jeux, à un lecteur de DVD.
● C'est un nom de marque : il s'écrit avec une majuscule dans les textes imprimés.

perle n.f. ❶ Petite boule de nacre que l'on trouve dans certaines huîtres et qui est utilisée pour faire des bijoux. *Les pêcheurs de perles.* ❷ Petite boule décorative percée d'un trou. *Mariam s'est fait un collier de perles.* ❸ Personne remarquable dans son domaine. *La cuisinière de l'école est une perle.*

▸ **perler** v. (conjug. 3). Apparaître sous forme de gouttelettes. *Un peu de sueur perlait sur son front.*

▸ **perlier, ère** adj. **Huître perlière,** huître qui sécrète une perle.

permanence n.f. ❶ Service qui fonctionne sans interruption. *Une permanence est assurée au commissariat de police.* ❷ Salle où les collégiens et les lycéens travaillent quand

a b c d e f g h i j k l m n o p q r s t u v w x y z

ils n'ont pas cours. ❸ **En permanence,** sans arrêt. *Les pompiers sont prêts à intervenir en permanence.* SYN. **constamment.**

▸▸▸ Mot de la famille de **permanent.**

permanent, e adj. Qui dure, qui ne change pas. *J'ai une douleur permanente dans le genou.* SYN. **persistant.** CONTR. **fugitif, passager.** *Ici, le bruit est permanent.* SYN. **continuel, incessant.**

perméable adj. Qui laisse passer l'eau ou un autre liquide. *Le sable est perméable.* CONTR. **imperméable.**

permettre et **se permettre** v. (conjug. 51). ❶ Donner l'autorisation de faire quelque chose. *Ses parents lui ont permis de sortir.* SYN. **autoriser, laisser.** CONTR. **défendre, interdire.** ❷ Rendre possible. *Son travail lui permet de voyager.* CONTR. **empêcher.** ◆ **se permettre de.** Prendre la liberté de faire ou de dire quelque chose. *Ma sœur s'est permis de fouiller dans mes affaires.* CONTR. **s'interdire de.**

▸ **permis** n.m. Document officiel qui prouve qu'on peut exercer telle ou telle activité, faire telle ou telle chose. *Un permis de conduire; un permis de construire.*

● Ce mot se termine par un **s.**

▸ **permission** n.f. ❶ Autorisation de faire quelque chose. *Il a la permission d'aller jouer dehors.* CONTR. **défense, interdiction.** ❷ Congé de courte durée accordé à un militaire.

permutation n.f. Action de permuter. *La permutation des lettres peut changer le sens d'un mot.* SYN. **interversion.**

▸▸▸ Mot de la famille de **permuter.**

permuter v. (conjug. 3). Mettre une chose à la place d'une autre. *Si tu permutes les deux chiffres de 47, tu obtiens 74.* SYN. **intervertir.**

pernicieux, euse adj. Qui cause du mal, qui est dangereux. *Fumer est une habitude pernicieuse.* SYN. **néfaste, nocif, nuisible.**

péroné n.m. Os long et fin de la jambe.
→ Vois aussi **fémur, tibia.**

perpendiculaire adj. **Lignes perpendiculaires,** lignes qui se coupent en formant un angle droit. ◆ n.f. Ligne perpendiculaire à une autre ligne. → Vois aussi **parallèle.**

perpétrer v. (conjug. 9). Commettre un délit ou un crime. *Un meurtre a été perpétré en plein jour.*

● Ne confonds pas avec **perpétuer.**

perpétuel, elle adj. Qui ne cesse jamais ou qui se reproduit très souvent. *Ce remue-ménage perpétuel me fatigue.* SYN. **continu, continuel, incessant.** CONTR. **momentané.** *Ils ont de perpétuels problèmes d'argent.* SYN. **fréquent.** CONTR. **occasionnel.**

▸ **perpétuellement** adv. De façon perpétuelle. *Ma rue est perpétuellement en travaux.* SYN. **constamment, sans cesse.**

▸ **perpétuer** et **se perpétuer** v. (conjug. 3). Maintenir, faire durer. *Le village essaie de perpétuer ses coutumes.* SYN. **préserver.** ◆ **se perpétuer.** Se maintenir très longtemps. *Beaucoup de légendes se sont perpétuées à travers les siècles.*

● Ne confonds pas avec **perpétrer.**

▸ **perpétuité** n.f. **À perpétuité,** pour toujours; pour toute la vie. *L'assassin a été condamné à la prison à perpétuité.*

perplexe adj. Qui ne sait que penser, quelle décision prendre. *Ces avis contradictoires m'ont laissé perplexe.* SYN. **indécis.**

▸ **perplexité** n.f. État d'incertitude d'une personne perplexe. *Son étrange attitude nous a plongés dans la perplexité.*

perquisition n.f. Fouille effectuée par un officier de police sur les lieux où peuvent se trouver des éléments de preuve d'une infraction.

▸ **perquisitionner** v. (conjug. 3). Faire une perquisition. *En perquisitionnant chez un suspect, la police a trouvé plusieurs indices.*

perron n.m. Petit escalier extérieur qui mène à la porte d'entrée d'une maison. *Il attendait ses visiteurs sur le perron.*

● Ce mot s'écrit avec deux **r.**

perroquet n.m. Oiseau des forêts tropicales, qui a un gros bec crochu, un plumage souvent coloré, et qui grimpe très bien. *Certains perroquets savent imiter la voix humaine.* → Vois aussi **ara, cacatoès.**

● Ce mot s'écrit avec deux **r.** – Cri : le jasement.

un **perroquet**

du **persil**

perruche n.f. Petit perroquet à longue queue.
● Ce mot s'écrit avec deux **r**.

perruque n.f. Fausse chevelure. *La chanteuse portait une perruque blonde.*
● Ce mot s'écrit avec deux **r**.

persécuter v. (conjug. 3). Soumettre à des traitements cruels et injustes. *Le dictateur a persécuté les opposants.* SYN. **martyriser, tyranniser.**

▸ **persécution** n.f. Action de persécuter, fait d'être persécuté. *Les protestants ont subi des persécutions pendant plusieurs siècles.*

persévérance n.f. Fait de persévérer, de poursuivre son but sans se décourager. *Il fait des recherches avec persévérance.* SYN. **constance, opiniâtreté, ténacité.**
▸▸▸ Mot de la famille de **persévérer**.

persévérant, e adj. Qui persévère. *Alexis est persévérant, il finira par réussir.* SYN. **opiniâtre, tenace.**
▸▸▸ Mot de la famille de **persévérer**.

persévérer v. (conjug. 9). Persister dans ce qu'on a entrepris. *Ne te décourage pas, persévère !* CONTR. **renoncer.**

persienne n.f. Volet qui laisse passer l'air et la lumière par des fentes.

persil n.m. Plante potagère aromatique utilisée en assaisonnement. *Ajouter du persil haché sur des tomates.*
● On ne prononce pas le **l**.

persistance n.f. Fait de persister, de ne pas cesser. *La persistance du mauvais temps décourage les vacanciers.*
▸▸▸ Mot de la famille de **persister**.

persistant, e adj. ❶ Qui persiste, qui dure. *Une fièvre persistante.* SYN. **durable, permanent, tenace.** CONTR. **passager.** ❷ **Feuilles persistantes,** feuilles qui ne tombent pas en hiver et restent vertes en toute saison. *Le laurier a des feuilles persistantes.* CONTR. **caduc.**
▸▸▸ Mot de la famille de **persister**.

persister v. (conjug. 3). ❶ S'en tenir fermement à ce que l'on pense ou à ce que l'on décide. *L'accusé persiste à nier les faits.* SYN. **s'obstiner, persévérer.** CONTR. **renoncer.** ❷ Continuer d'exister. *Si les symptômes persistent, consultez votre médecin.* SYN. **durer.** CONTR. **cesser, disparaître.**

personnage n.m. ❶ Personne imaginée par un auteur ou un dessinateur. *Le comte de Monte-Cristo est un personnage de roman. Astérix est un personnage de bande dessinée.* ❷ Personne importante, illustre. *Louis XIV est un personnage historique.*
▸▸▸ Mot de la famille de **personne**.

personnaliser v. (conjug. 3). Donner à une chose un caractère personnel, original. *Jonathan a personnalisé son cartable avec des autocollants.*
▸▸▸ Mot de la famille de **personne**.

personnalité n.f. ❶ Traits caractéristiques permanents d'une personne, qui font qu'elle ne ressemble à aucune autre. *Chaque enfant a sa personnalité.* SYN. **caractère.** ❷ **Avoir une forte personnalité,** avoir beaucoup de caractère. ❸ Personne qui a une haute fonction, qui est connue. *C'est une personnalité du monde des affaires.* SYN. **notable, sommité.**
▸▸▸ Mot de la famille de **personne**.

a b c d e f g h i j k l m n o p q r s t u v w x y z

a b c d e f g h i j k l m n o p q r s t u v w x y z

personne n.f. ❶ Être humain, individu. *Notre famille se compose de cinq personnes. Les grandes personnes sont sorties.* SYN. **adulte.** ❷ **En personne,** soi-même ; en chair et en os. *L'ambassadeur en personne a participé aux festivités.* SYN. **personnellement.** ❸ Forme de la conjugaison d'un verbe qui permet de distinguer celui ou celle qui parle (première personne), celui ou celle à qui l'on parle (deuxième personne), celui ou celle de qui l'on parle (troisième personne). *Dans « je nage », « nager » est conjugué à la première personne du singulier.*

▸ **personne** pronom indéfini. ❶ Aucun être humain. *Il n'y a personne dans la rue.* ❷ S'emploie pour désigner un individu quelconque. *Papi cuisine mieux que personne.* SYN. **quiconque.**

▸ **personnel, elle** adj. ❶ Qui est particulier à une personne. *Adrien a rangé ses affaires personnelles dans son placard.* ❷ **Pronom personnel,** pronom qui désigne une personne. *« Je », « tu », « il », « elle », « on », « le », « lui », « leur », « se » sont des pronoms personnels.*

▸ **personnel** n.m. Ensemble des employés d'une entreprise, d'une administration. *L'usine a licencié une partie du personnel.*

▸ **personnellement** adv. ❶ En personne. *Je le connais personnellement.* ❷ En ce qui me concerne. *Personnellement, je ne partage pas votre avis.*

▸ **personnifier** v. (conjug. 7). Représenter quelque chose, une idée sous l'apparence d'une personne. *Marianne personnifie la République française.* SYN. **symboliser.**

perspective n.f. ❶ Technique qui permet de représenter un objet tel qu'on le voit dans l'espace, en donnant l'impression de la profondeur. *Raphaël a dessiné la rue en perspective.* ❷ Idée de ce qui peut arriver. *La perspective de partir en voyage le réjouit.*

un décor en perspective

perspicace adj. Qui comprend et voit ce qui échappe habituellement aux autres. *Un homme politique perspicace.* SYN. **clairvoyant, lucide.** *Un esprit perspicace.* SYN. **pénétrant, sagace, subtil.**

▸ **perspicacité** n.f. Qualité d'une personne perspicace. SYN. **lucidité, sagacité.**

persuader v. (conjug. 3). ❶ Convaincre quelqu'un de faire quelque chose. *Je l'ai persuadé de nous accompagner.* SYN. **convaincre, décider à.** CONTR. **dissuader de.** ❷ **Être persuadé,** être sûr, convaincu de quelque chose. *Il est persuadé de l'avoir déjà rencontré. Elle est persuadée qu'on lui cache la vérité.*

▸ **persuasif, ive** adj. Qui persuade, qui parvient à convaincre. *Le vendeur s'est montré vraiment très persuasif.* SYN. **convaincant.**

▸ **persuasion** n.f. Action de persuader. *Il vaut mieux recourir à la persuasion qu'à la violence.*

perte n.f. ❶ Fait d'avoir perdu quelque chose. *Adrien est contrarié par la perte de son sac à dos.* ❷ Fait de perdre une somme d'argent. *Il a eu une perte de mille euros à la Bourse.* CONTR. **bénéfice, gain.** ❸ Mauvais emploi de quelque chose. *Quelle perte de temps !* ❹ **À perte,** en perdant de l'argent. *Vendre à perte.* ❺ Mort d'un être vivant. *La perte d'un parent.* SYN. **décès, disparition.** ❻ **À perte de vue,** aussi loin que l'on peut voir. *Le lac s'étend à perte de vue.* ❼ **Avec perte et fracas,** sans ménagement, brutalement. *On l'a congédié avec perte et fracas.*

pertinemment adv. **Savoir pertinemment quelque chose,** le savoir parfaitement. *Je sais pertinemment qu'il a menti.*

● On écrit **emment** mais on prononce [amɑ̃], comme **amant.**

▸▸▸ Mot de la famille de **pertinent.**

pertinent, e adj. Qui se rapporte précisément à ce dont il est question. *Sa remarque est tout à fait pertinente.* SYN. **approprié, judicieux.**

perturbation n.f. ❶ Ce qui empêche le bon déroulement de quelque chose. *La grève des cheminots a entraîné des perturbations dans le trafic ferroviaire.* ❷ **Perturbation atmosphérique,** changement de temps marqué par des vents violents et des pluies.

▸▸▸ Mot de la famille de **perturber.**

perturber v. (conjug. 3). ❶ Empêcher le déroulement, le fonctionnement de quelque chose. *Un incident a perturbé la cérémonie.* SYN. **troubler.** ❷ Bouleverser l'équilibre psychologique de quelqu'un. *Le divorce de ses parents l'a perturbé.*
▸▸▸ Mot de la même famille : **imperturbable.**

péruvien, enne adj. et n. Du Pérou. *La musique péruvienne. Luis est péruvien. C'est un Péruvien.*
● Le nom prend une majuscule : *un Péruvien.*

pervenche n.f. Petite plante aux fleurs bleu-mauve, qui pousse dans les lieux ombragés, les sous-bois.

des pervenches

pervers, e adj. et n. Qui aime faire le mal ou des choses immorales.

▸ **perversité** n.f. Tendance à se conduire de façon perverse, souvent avec un certain plaisir.

▸ **pervertir** v. (conjug. 16). Changer en mal, pousser à faire le mal. *Certains films pervertissent les adolescents.*

pesamment adv. D'une manière lourde, pesante. *Tomber pesamment à terre.* SYN. **lourdement.**
▸▸▸ Mot de la famille de **peser.**

pesant, e adj. ❶ Qui pèse. *Un sac pesant.* SYN. **lourd.** CONTR. **léger.** ❷ Qui donne une impression de lourdeur. *Une démarche pesante.* SYN. **lourd.** CONTR. **léger, leste.** ❸ Qui est pénible à supporter. *Un travail pesant. Une ambiance pesante.* SYN. **oppressant.**
▸▸▸ Mot de la famille de **peser.**

pesanteur n.f. Force d'attraction qui entraîne toute chose vers le centre de la Terre. *Les lois de la pesanteur.* SYN. **gravité.** CONTR. **apesanteur.** → Vois aussi **gravitation.**
▸▸▸ Mot de la famille de **peser.**

pesée n.f. Action de peser. *La pesée d'un bébé.*
▸▸▸ Mot de la famille de **peser.**

pèse-lettre n.m. Petite balance utilisée pour peser des lettres.
● Au pluriel : des **pèse-lettres.**
▸▸▸ Mot de la famille de **peser.**

pèse-personne n.m. Balance à cadran sur laquelle on monte pour connaître son poids.
● Au pluriel : des **pèse-personnes.**
▸▸▸ Mot de la famille de **peser.**

peser et **se peser** v. (conjug. 10). ❶ Déterminer le poids de. *Le vétérinaire a pesé le chat.* ❷ Avoir tel poids. *Sarah pèse 32 kilos.* ❸ Avoir de l'importance. *Ses conseils ont pesé dans ma décision.* SYN. **compter, influer sur.** ❹ Être difficile à supporter pour quelqu'un. *Les responsabilités lui pèsent.* ❺ **Peser le pour et le contre,** évaluer les avantages et les inconvénients d'une situation. *Avant d'accepter ce poste, il a pesé le pour et le contre.* ◆ **se peser.** Monter sur une balance pour connaître son propre poids. *Maman se pèse tous les matins.*
▸▸▸ Mot de la même famille : **soupeser.**

pessimisme n.m. Tendance à ne voir les choses que sous leur plus mauvais aspect. *Envisager l'avenir avec pessimisme.* CONTR. **optimisme.**
▸▸▸ Mot de la famille de **pessimiste.**

pessimiste adj. et n. Qui fait preuve de pessimisme. *Ses malheurs l'ont rendu pessimiste.* SYN. **défaitiste.** CONTR. **optimiste.**

peste n.f. ❶ Maladie très contagieuse et souvent mortelle. *Au Moyen Âge, les épidémies de peste ont fait des millions de morts.* ❷ Femme, fillette insupportable. *Ma petite sœur est une vraie peste.*

▸ **pester** v. (conjug. 3). Manifester son mécontentement, son irritation par des paroles. *Il pestait contre les automobilistes qui n'avançaient pas.* → Vois aussi **râler, rouspéter.**

pesticide n.m. Produit chimique qui sert à lutter contre les parasites nuisibles aux cultures.

pestiféré, e adj. et n. Qui est atteint de la peste.
▸▸▸ Mot de la famille de **peste.**

a b c d e f g h i j k l m n o p q r s t u v w x y z

pestilentiel, elle adj. Qui sent très mauvais. *Une odeur pestilentielle.* SYN. **fétide, malodorant, nauséabond.**

pet n.m. Mot familier. Gaz intestinal qui s'échappe par l'anus. *Faire un pet.*

pétale n.m. Chacun des éléments qui composent la corolle d'une fleur. *Les pétales des coquelicots sont rouges.*
● Nom du genre masculin : **un pétale.**

→ planche pp. 460-461.

pétanque n.f. Jeu de boules originaire du midi de la France. *Papi fait une partie de pétanque avec ses amis.*

joueurs de pétanque

pétarade n.f. Succession de détonations, d'explosions. *Les pétarades d'un feu d'artifice; les pétarades d'une moto.*

▶ **pétarader** v. (conjug. 3). Faire entendre une série de détonations. *La moto démarra en pétaradant.*

pétard n.m. Petit explosif que l'on utilise pour s'amuser, pour faire du bruit. *Lors de la fête nationale, on a fait exploser des pétards.*

péter v. (conjug. 9). ❶ (Sens familier). Faire un pet, laisser échapper un gaz. ❷ Faire entendre un bruit sec et bref. *Les pommes de pin pètent dans le feu.* SYN. **craquer, crépiter.**
▸▸▸ Mot de la famille de **pet.**

pétillant, e adj. ❶ Qui pétille, qui fait des bulles de gaz. *Une eau pétillante.* SYN. **gazeux.** ❷ Qui brille d'un vif éclat. *Kelly a des yeux pétillants de malice.*
▸▸▸ Mot de la famille de **pétiller.**

pétiller v. (conjug. 3). ❶ Faire de petites bulles de gaz. *La limonade pétille.* ❷ Briller d'un vif éclat. *Les yeux de Coralie pétillent de joie.*

pétiole n.m. Queue d'une feuille, dans le prolongement de la nervure principale.
● Le **t** se prononce [s] : [pesjɔl]. – Nom du genre masculin : **un pétiole.**

petit, e adj. ❶ Qui a une taille peu élevée, qui a de petites dimensions. *Rama est petite. Les koalas ont de petites oreilles.* CONTR. **grand.** *Un petit immeuble.* CONTR. **haut.** ❷ Qui a des dimensions peu étendues. *Un petit jardin.* CONTR. **vaste.** *Un petit appartement.* SYN. **exigu.** CONTR. **vaste.** ❸ Qui est peu important. *Une petite récolte.* SYN. **faible.** CONTR. **gros.** *Un petit orage.* CONTR. **fort.** ❹ Qui est jeune et n'a pas terminé sa croissance. *Quand il était petit, grand-père voulait devenir pompier.* SYN. **jeune.** ❺ (Familier). **Se faire tout petit,** essayer de ne pas se faire remarquer. ❻ (Sens familier). Exprime l'affection. *Comment vas-tu, mon petit Léo ?*
▸▸▸ Mot de la même famille : **rapetisser.**

▶ **petit, e** n. Enfant plus jeune par rapport à un autre plus âgé. *Moussa a pris la défense d'un petit.* CONTR. **grand.** ◆ n.m. Animal qui vient de naître. *La chatte protège ses petits.*

▶ **petit à petit** adv. Peu à peu. *L'eau s'est évaporée petit à petit.*

petit-beurre n.m. Petit gâteau sec au beurre.
● Au pluriel : des **petits-beurre.**

petitesse n.f. Caractère de ce qui est de petite taille, de dimensions réduites. *La petitesse d'un appartement.* SYN. **exiguïté.**
▸▸▸ Mot de la famille de **petit.**

petit-fils, petite-fille n. Fils ou fille du fils ou de la fille. *Mamie a deux petits-fils et une petite-fille.*
● Au pluriel : des **petits-fils,** des **petites-filles.**

pétition n.f. Réclamation écrite adressée par un groupe de personnes à une autorité. *Les locataires ont envoyé une pétition à la mairie pour demander que l'immeuble ne soit pas détruit.*

petits-enfants n.m. plur. Enfants des enfants. *Mes grands-parents ont trois petits-enfants, deux garçons et une fille.*

petit-suisse n.m. Fromage frais, au lait de vache, moulé en forme de petit cylindre.
● Au pluriel : des **petits-suisses.**

pétrifier v. (conjug. 7). Immobiliser quelqu'un sous l'effet d'une forte émotion. *La terrible nouvelle nous a pétrifiés.* → Vois aussi **méduser.**

pétrin n.m. Appareil dans lequel les boulangers pétrissent la pâte à pain.

pétrir v. (conjug. 16). Travailler une pâte pour la rendre homogène. *Le pâtissier pétrit la pâte à tarte.*

pétrole n.m. Liquide noir visqueux que l'on trouve dans le sol et que l'on utilise principalement comme source d'énergie. *Dans une raffinerie de pétrole, on produit de l'essence, du mazout.*

● Ce nom masculin se termine par un **e.**

▸ **pétrolier, ère** adj. Qui se rapporte au pétrole, à son exploitation. *L'essence est un produit pétrolier. Une compagnie pétrolière.* ◆ n.m. Navire aménagé pour transporter du pétrole.

une plate-forme **pétrolière**

pétulant, e adj. Qui est plein d'ardeur, de vivacité. *Une chanteuse pétulante.* → Vois aussi **impétueux.**

peu adv. ❶ S'emploie pour indiquer une petite quantité, un petit nombre, une faible intensité, une courte durée. *Elle a peu d'amis.* CONTR. **beaucoup, énormément.** *Je la vois peu.* CONTR. **fréquemment, souvent.** *Un individu peu recommandable.* CONTR. **très.** ❷ **À peu près,** presque, environ. *J'ai à peu près terminé mon travail. Le film dure à peu près deux heures.* ❸ **De peu,** avec une faible différence. *Cet athlète surpasse de peu ses adversaires.* CONTR. **de beaucoup.** ❹ **Depuis peu,** récemment. *Marie a déménagé depuis peu.* ❺ **Peu à peu,** progressivement, petit à petit. *Peu à peu, le ciel s'est éclairci.* ❻ **Un peu de,** une petite quantité de. *J'ai mangé un peu de soupe.* ❼ **Sous peu,** dans peu de temps. *Je vous appellerai sous peu.* SYN. **bientôt, incessamment.**

peuplade n.f. Groupe humain de faible ou de moyenne importance qui vit sur un territoire non clairement délimité.

▸▸▸ Mot de la famille de **peuple.**

peuple n.m. ❶ Ensemble des personnes qui vivent sur un territoire délimité et qui constituent une communauté, une nation. *Le peuple français, italien.* SYN. **population.** ❷ Partie la moins riche de la population. *Un homme issu du peuple.*

▸▸▸ Mots de la même famille : **se dépeupler, population, surpeuplé, surpeuplement, surpopulation.**

▸ **peuplé, e** adj. Où il y a des habitants. *Le Caire est une ville très peuplée.* CONTR. **désert, inhabité.**

▸ **peuplement** n.m. Action de peupler, d'occuper une région, un pays. *Le peuplement de l'Australie s'est fait progressivement.*

▸ **peupler** v. (conjug. 3). ❶ S'installer en nombre dans une région, un pays. *Les États-Unis ont été peuplés par des immigrés européens.* ❷ Vivre dans un endroit en grand nombre. *Avant l'arrivée des colons européens, les Indiens peuplaient l'Amérique.* SYN. **habiter, occuper.** *Des oiseaux peuplent les marais.*

peuplier n.m. Arbre très haut et mince qui pousse dans les endroits humides.

peur n.f. ❶ Vive émotion que l'on ressent en présence d'un danger, d'une menace. *La peur l'empêchait de parler.* SYN. **crainte, frayeur.** *J'ai cru mourir de peur en le voyant.* SYN. **terreur.** *Lisa a peur des souris. Tu m'as fait peur.* ❷ Sentiment de crainte ou d'inquiétude. *L'actrice a peur de ne pas se souvenir de son texte.* → Vois aussi **craindre, effrayer.**

▸▸▸ Mot de la même famille : **apeuré.**

▸ **peureux, euse** adj. et n. Qui a facilement peur et manque de courage. *Mon petit frère est peureux.* SYN. **craintif, poltron.** CONTR. **courageux, hardi.**

peut-être adv. Indique la possibilité. *L'année prochaine, nous irons peut-être camper.* CONTR. **certainement, sûrement.**

phacochère n.m. Mammifère cousin du sanglier, qui a deux défenses recourbées vers le haut et qui vit dans les savanes africaines.
● Le phacochère est un porcin.

un **phacochère**

phalange n.f. Chacun des os qui composent les doigts et les orteils. *Le pouce et le gros orteil ont deux phalanges, les autres doigts en ont trois.*

phalène n.f. Grand papillon nocturne dont certaines espèces sont nuisibles aux cultures.

pharaon n.m. Souverain de l'Égypte antique. *Certains pharaons ont eu pour tombeau une pyramide.*
→ planche pp. 374-375.

phare n.m. ❶ Tour envoyant des signaux lumineux pour guider les navires près des côtes, la nuit. ❷ Lumière qui se trouve à l'avant d'un véhicule, et qui éclaire loin.
→ Vois aussi **code, veilleuse.**

pharmaceutique adj. Qui concerne la pharmacie. *L'industrie pharmaceutique; des produits pharmaceutiques.*
►►► Mot de la famille de **pharmacie.**

pharmacie n.f. ❶ Magasin où l'on vend des médicaments. ❷ **Armoire, trousse à pharmacie,** petite armoire ou trousse où l'on range les médicaments usuels. ❸ Science des médicaments. *Ma cousine fait des études de pharmacie.*

► **pharmacien, enne** n. Personne qui tient une pharmacie.

pharynx n.m. Conduit situé entre la bouche et l'œsophage, où les voies digestives croisent les voies respiratoires. → Vois aussi **larynx.**
● Ce mot s'écrit avec **ph,** un **y** et un **x.** – On prononce [farɛ̃ks].

phase n.f. ❶ Chacun des stades d'une action, d'un phénomène en évolution. *Les différentes phases de la fabrication d'un livre.* SYN. **étape.** ❷ Chacun des aspects que présentent la Lune et quelques planètes selon leur position par rapport à la Terre et au Soleil. *Le premier croissant et le dernier croissant sont deux phases de la Lune.* → Vois aussi **quartier.**

phénix n.m. Dans la mythologie égyptienne, oiseau fabuleux aux ailes rouges et dorées, qui se brûlait lui-même et renaissait de ses cendres.
● On prononce le **x.**

un **phénix**

phénoménal, e, aux adj. Qui sort de l'ordinaire, qui tient du phénomène. *Il a une imagination phénoménale.* SYN. **exceptionnel, extraordinaire, prodigieux.**
● Au masculin pluriel : **phénoménaux.**
►►► Mot de la famille de **phénomène.**

phénomène n.m. ❶ Fait que l'on peut observer. *Les éclipses sont des phénomènes naturels.* ❷ Chose qui présente un caractère exceptionnel. *Une poire aussi grosse, c'est un phénomène.*

philanthrope adj. et n. Qui cherche à venir en aide aux autres par des dons, des œuvres. *Un philanthrope a fondé un hôpital.*
● Ce mot s'écrit avec **ph** et **th.**

philatélie n.f. Étude et collection des timbres-poste.

▶ **philatéliste** n. Personne qui collectionne les timbres-poste.

philippin, e adj. et n. Des îles Philippines. *Carmen est philippine. C'est une Philippine.*

● Ce mot s'écrit avec un **l** et deux **p.** – Le nom prend une majuscule : *un Philippin.*

philosophe n. Spécialiste de philosophie. *Platon était un philosophe grec.* ◆ adj. et n. Qui prend la vie du bon côté, avec optimisme. *Elle est restée philosophe devant les critiques.* SYN. **stoïque.**

▶ **philosophie** n.f. ❶ Réflexion sur les êtres, les valeurs, la place de l'homme dans le monde. *La morale, la justice, la liberté sont des grandes questions de la philosophie.* ❷ Optimisme que l'on sait garder face aux difficultés. *Accepter un échec avec philosophie.*

▶ **philosophique** adj. Qui concerne la philosophie. *Un texte philosophique sur la liberté.*

philtre n.m. Dans les contes, boisson magique qui a le pouvoir de rendre amoureux.

● Ne confonds pas avec **filtre.**

phobie n.f. Peur intense et incontrôlée de quelque chose. *Il a la phobie de l'avion.*

phonème n.m. Son d'une langue. *Le mot « roue » a deux phonèmes, [r] et [u].*

▶ **phonétique** adj. **Alphabet phonétique,** alphabet qui utilise des signes spéciaux pour noter la prononciation d'une langue. *Dans ce dictionnaire, on utilise les signes de l'alphabet phonétique international.*

phoque n.m. Mammifère marin des régions arctiques et antarctiques, au corps allongé, au pelage ras, aux membres courts et palmés. *Les phoques creusent des trous dans la banquise pour respirer.* → Vois aussi **morse, otarie.**

● Cri : le bêlement, le grognement ou le rugissement.

un **phoque**

phosphate n.m. Produit chimique contenant du phosphore, qui est utilisé comme engrais.

phosphore n.m. Élément chimique, qui brille dans l'obscurité et s'enflamme très facilement.

▶ **phosphorescent, e** adj. Qui émet de la lumière dans l'obscurité. *Les vers luisants sont phosphorescents.* → Vois aussi **fluorescent.**

● Le second son [s] s'écrit **sc.**

photo n.f. Photographie. *Faire de la photo. Prendre des photos.* ◆ adj. invar. **Appareil photo,** appareil photographique.

● **Photo** est l'abréviation de **photographie.**

photocopie n.f. Copie d'un document par reproduction photographique.

▶ **photocopier** v. (conjug. 7). Reproduire un document par photocopie.

▶ **photocopieuse** n.f. Machine à photocopier.

● On peut aussi dire un **photocopieur.**

▶ **photocopillage** n.m. Action de photocopier un ouvrage, partiellement ou en totalité, pour en économiser l'achat. *Le photocopillage est un délit.*

photoélectrique adj. **Cellule photoélectrique,** instrument qui sert à mesurer l'intensité de la lumière. *La plupart des appareils photo sont munis d'une cellule photoélectrique.*

photogénique adj. Qui est aussi bien, sinon mieux, en photo qu'au naturel.

photographe n. ❶ Personne qui prend des photos. *Une photographe amateur. Un photographe de mode.* ❷ Commerçant qui se charge du développement des pellicules de photos et qui vend du matériel photographique.

▸▸▸ Mot de la famille de **photographie.**

photographie n.f. ❶ Procédé technique qui utilise l'action de la lumière pour fixer l'image des personnes et des objets sur une pellicule. *Papa fait de la photographie.* ❷ Image obtenue par ce procédé. *Une photographie nette, floue.* → Vois aussi **cliché, diapositive.**

● On dit couramment une **photo.**

▶ **photographier** v. (conjug. 7). Prendre en photo. *Léo a photographié un éléphant au zoo.*

a b c d e f g h i j k l m n o p q r s t u v w x y z

a b c d e f g h i j k l m n o **p** q r s t u v w x y z

▸ **photographique** adj. Qui se rapporte à la photographie; qui sert à faire de la photographie. *Un appareil photographique.*

phrase n.f. Suite de mots mis en ordre, qui a un sens. *Une phrase écrite commence par une majuscule et se termine par un point.*
→ Vois aussi **affirmatif, exclamatif, interrogatif, négatif.**

phrygien adj.m. **Bonnet phrygien,** bonnet rouge qui était porté par les révolutionnaires de 1789, comme emblème de la liberté.

Marianne portant un bonnet phrygien

physicien, enne n. Spécialiste de physique. *Marie Curie fut une grande physicienne du 20e siècle.*
▸▸▸ Mot de la famille de **physique.**

physionomie n.f. Expression générale d'un visage. *Une physionomie gaie, renfrognée.* SYN. **air, mine.**

▸ **physionomiste** adj. et n. Qui est capable de reconnaître immédiatement une personne déjà rencontrée. *Le gardien de l'immeuble est très physionomiste.*

physique adj. ❶ Qui se rapporte à la matière et aux lois de la nature. *La loi de la gravité est un phénomène physique.* ❷ Qui se rapporte au corps humain. *Les sportifs font des efforts physiques.* CONTR. **intellectuel, mental.** ❸ **Culture physique, éducation physique,** gymnastique.

▸ **physique** n.f. Science qui étudie les propriétés de la matière et qui établit les lois des phénomènes naturels. *La mécanique, l'électricité, l'électronique sont des spécialités de la physique.*

▸ **physique** n.m. Apparence du corps et du visage. *Il ne faut pas juger les gens sur leur physique.*

▸ **physiquement** adv. Sur le plan du corps, de son état ou de son aspect. *Le blessé est physiquement très affaibli.*

piaffer v. (conjug. 3). ❶ En parlant d'un cheval, frapper le sol de ses sabots de devant. ❷ **Piaffer d'impatience,** manifester son impatience en étant très agité, très nerveux.
● Ce mot s'écrit avec deux **f.**

piaillement n.m. Cris aigus et répétés poussés par des oiseaux.
▸▸▸ Mot de la famille de **piailler.**

piailler v. (conjug. 3). En parlant des oiseaux, pousser des petits cris aigus et répétés, les *piaillements.*

piano n.m. Instrument de musique à clavier et à cordes frappées par l'intermédiaire de petites pièces recouvertes de feutre (les marteaux).
● Nom des musiciens : un ou une **pianiste.**

▸ **pianoter** v. (conjug. 3). ❶ Jouer du piano maladroitement. ❷ Tapoter avec les doigts sur quelque chose. *Rayan pianotait nerveusement sur la table.*

1. **pic** n.m. Montagne au sommet pointu; ce sommet lui-même. *Les pics des Alpes.* → Vois aussi **piton.**
● Ne confonds pas avec un **pique,** une **pique.**

2. **pic** n.m. Outil pointu à manche qui sert à creuser ou à casser. *Un pic de mineur.*

à **pic** adv. ❶ À la verticale. *La falaise tombe à pic dans la mer.* ❷ **Couler à pic,** droit au fond de l'eau. *Le navire a coulé à pic.* ❸ (Sens familier). Au bon moment. *Tu tombes à pic, j'ai un service à te demander.*

pichenette n.f. Mot familier. Petit coup donné d'un doigt replié contre le pouce et brusquement détendu. *D'une pichenette, il a lancé une boulette de papier.* SYN. **chiquenaude.**

pichet n.m. Petit récipient muni d'un bec verseur et d'une anse. *Un pichet de vin.*
→ Vois aussi **broc, carafe, cruche.**

pickpocket n.m. Voleur qui prend ce que les gens ont dans leurs poches ou dans leurs sacs.
● On prononce [pikpɔkɛt].

picorer v. (conjug. 3). En parlant des oiseaux, prendre la nourriture en la piquant avec le bec. *Les poules picorent le grain.*

picotement n.m. Sensation de légères piqûres. *J'ai ressenti des picotements dans la jambe.*
►►► Mot de la famille de **picoter.**

picoter v. (conjug. 3). Piquer légèrement. *La fumée nous picotait la gorge.*

pictogramme n.m. ❶ Dessin très simplifié, qui figure sur un panneau et donne une indication facile à comprendre par tous. *La porte des toilettes est signalée par un pictogramme.* ❷ Chacun des dessins schématisés de certaines écritures, qui représentent des objets ou des actions. *Les Indiens d'Amérique écrivaient à l'aide de pictogrammes.* → Vois aussi **idéogramme.**
● Ce mot s'écrit avec deux **m.**

des pictogrammes

pictural, e, aux adj. Qui se rapporte à la peinture, en tant qu'art. *Un tableau est une œuvre picturale.*
● Au masculin pluriel : **picturaux.**
►►► Mot de la famille de **peindre.**

pic-vert → **pivert**

1. **pie** n.f. ❶ Oiseau à plumage noir bleuté et blanc, et à longue queue. *La pie est attirée par les objets brillants. La pie jacasse, jase.* ❷ **Être bavard comme une pie,** très bavard.

une pie

2. **pie** adj. invar. **Cheval, vache pie,** au pelage noir et blanc ou roux et blanc.

pièce n.f. ❶ Partie d'un appartement, d'une maison, qui est entourée de cloisons. *Un appartement de trois pièces.* ❷ Morceau de métal plat qui sert de monnaie. *Une pièce de deux euros.* ❸ Élément d'un ensemble. *Un puzzle de deux cents pièces. Un maillot de bains deux pièces.* ❹ Morceau d'une chose brisée, cassée. *Le vase est en pièces.* SYN. **miette.** ❺ Objet, considéré comme une unité. *Les bouteilles de sirop sont vendues à la pièce. Ces articles coûtent cinq euros pièce* (ou *la pièce*). ❻ Morceau de tissu utilisé pour raccommoder un vêtement. *Mettre une pièce à un jean.* ❼ **Pièce d'eau,** bassin. ❽ **Pièce d'identité,** document qui prouve l'identité d'une personne. *Le passeport est une pièce d'identité.* SYN. **papier d'identité.** ❾ **Pièce montée,** grand gâteau formé de choux à la crème disposés en pyramide. ❿ **Pièce de théâtre,** œuvre écrite pour être jouée au théâtre par des comédiens.
►►► Mot de la même famille : **rapiécer.**

► **piécette** n.f. Pièce de monnaie de peu de valeur.

1. **pied** n.m. ❶ Partie du corps humain située à l'extrémité de la jambe et qui permet de se tenir debout et de marcher. *Marcher pieds nus.* ❷ **À pied,** en marchant. *Nous sommes venus à pied.* ❸ **Avoir pied,** pouvoir se tenir debout dans l'eau, les pieds touchant le fond mais la tête hors de l'eau. ❹ Partie inférieure d'une chose élevée. *Être au pied d'une montagne.* ❺ Partie d'un objet qui le fait tenir debout. *Les pieds d'une chaise.* ❻ Partie d'un lit où se trouvent les pieds du dormeur. CONTR. **tête.** ❼ Partie inférieure d'une plante. *Le pied d'un bolet, d'un chêne.* ❽ **Faire des pieds et des mains,** se démener pour obtenir quelque chose. ❾ **Mettre sur pied,** organiser, mettre en place. *Le gouvernement a mis sur pied un système d'allocations.* SYN. **établir.**

2. pied n.m. ❶ Ancienne mesure de longueur égale à 30 centimètres environ, qui est encore utilisée dans l'aviation. *L'avion vole à 3 000 pieds.* ❷ **Traiter quelqu'un sur un pied d'égalité,** le traiter d'égal à égal. ❸ Syllabe d'un vers. *L'alexandrin est un vers de douze pieds.*

▸ **pied-à-terre** n.m. invar. Logement qu'on occupe de temps en temps. *Ils habitent dans le Midi, mais ils ont un pied-à-terre à Paris.*
● On prononce [pjetatɛr]. – Ce mot composé ne change pas au pluriel : des **pied-à-terre.**

▸ **pied-de-nez** n.m. Geste de moquerie fait en plaçant la main dans le prolongement du nez, les doigts écartés, le pouce sur le nez.
● Au pluriel : des **pieds-de-nez.**

▸ **piédestal** n.m. ❶ Support, socle sur lequel on place une statue. ❷ **Mettre quelqu'un sur un piédestal,** avoir une très grande admiration pour lui.
● Au pluriel : des **piédestaux.**

piège n.m. ❶ Objet, mécanisme qui sert à attraper des animaux. *On a posé des pièges à souris dans le grenier.* ❷ Manœuvre utilisée pour tromper une personne ou pour l'attraper par surprise. *Les policiers ont tendu un piège au voleur.* SYN. **guet-apens, traquenard.** ❸ Difficulté cachée. *L'exercice comportait un piège.* SYN. **écueil.** → Vois aussi **embûches.**

▸ **piéger** v. (conjug. 9). ❶ Attraper avec un piège. *Le braconnier a piégé un renard.* ❷ Tendre un piège à quelqu'un. *Tu l'as piégé en lui posant cette question.* ❸ Installer un engin explosif qui se déclenchera au moment voulu. *Le car était piégé, il a explosé.*

pierre n.f. ❶ Matière dure que l'on trouve à la surface et à l'intérieur de la Terre. *Une maison de pierre.* ❷ Morceau de roche plus ou moins gros. *On a ramassé des petites pierres dans la rivière.* SYN. **caillou.** ❸ **Pierre précieuse,** pierre rare et de grande valeur dont on fait des bijoux. *Les diamants, les rubis, les émeraudes et les saphirs sont des pierres précieuses.* → Vois aussi **âge.**

▸ **pierreries** n.f. plur. Pierres précieuses taillées. *Un coffret serti de pierreries.*

▸ **pierreux, euse** adj. Couvert de pierres. *Un chemin pierreux.* SYN. **caillouteux, rocailleux.**

piété n.f. Caractère et comportement d'une personne pieuse. SYN. **dévotion.**
▸▸▸ Mot de la famille de **pieux.**

piétiner v. (conjug. 3). ❶ Avancer lentement ou ne pas avancer du tout. *On piétine devant l'entrée du cinéma.* ❷ Écraser avec les pieds. *Les enfants ont piétiné les plates-bandes.* ❸ Ne faire aucun progrès. *Les négociations piétinent.* SYN. **stagner.**
▸▸▸ Mot de la famille de **pied.**

1. piéton, onne n. Personne qui se déplace à pied. *Les piétons traversent au feu rouge.* SYN. **passant.**
▸▸▸ Mot de la famille de **pied.**

2. piéton, onne adj. Réservé aux piétons. *Une rue piétonne.*
● On peut aussi dire **piétonnier.**
▸▸▸ Mot de la famille de **pied.**

piètre adj. Qui a peu de valeur, peu d'intérêt. *Un piètre écrivain.* SYN. **médiocre.**

pieu n.m. Gros morceau de bois ou barre de métal dont un bout est pointu, de façon à pouvoir être enfoncé dans le sol. *Les pieux d'une clôture.* → Vois aussi **piquet.**
● Au pluriel : des **pieux.**

pieusement adv. De façon pieuse. *Se recueillir pieusement sur une tombe.*
▸▸▸ Mot de la famille de **pieux.**

pieuvre n.f. Animal marin qui porte huit tentacules munis de ventouses. *La pieuvre se nourrit de crustacés et de coquillages.* SYN. **poulpe.**
● La pieuvre est un mollusque céphalopode.

pieux, pieuse adj. Qui est très attaché à la religion. SYN. **dévot.**
▸▸▸ Mot de la même famille : **impie.**

pigeon n.m. ❶ Oiseau aux ailes larges et courtes, très fréquent dans les parcs et dans

a b c d e f g h i j k l m n o p q r s t u v w x y z

les villes. ❷ **Pigeon voyageur,** pigeon dressé que l'on utilise pour porter des messages. *Les pigeons voyageurs reviennent toujours à leur nid.* → Vois aussi **colombe, palombe, ramier, tourterelle.**

● Le **g** est suivi d'un **e** pour prononcer le son [ʒ]. – Femelle : la pigeonne. Petit : le pigeonneau. Cri : le roucoulement.

un pigeon

▸ **pigeonnier** n.m. Petit bâtiment, souvent en forme de tour, où l'on élève des pigeons.

piger v. (conjug. 5). Mot familier. Comprendre. *Je n'ai vraiment rien pigé à son explication.*

pigment n.m. Substance colorée produite par un organisme vivant. *La chlorophylle est le pigment qui donne leur couleur verte aux plantes.*

1. **pignon** n.m. Partie haute d'un mur qui finit en triangle et porte les deux pentes du toit.

2. **pignon** n.m. Roue dentée d'un engrenage. *Le pignon d'une bicyclette est situé sur l'axe de la roue arrière.*

1. **pile** n.f. ❶ Tas d'objets posés les uns sur les autres. *Une pile de dossiers.* ❷ Pilier qui soutient les arches d'un pont. ❸ Petit appareil qui produit de l'énergie électrique à partir d'une réaction chimique.

▸▸▸ Mot de la même famille : **empiler.**

2. **pile** n.f. ❶ Côté d'une pièce de monnaie où est indiquée la valeur en chiffres. CONTR. **face.** ❷ **Jouer à pile ou face,** s'en remettre au hasard pour décider entre deux choses, en pariant sur le côté que présentera une pièce de monnaie que l'on jette en l'air.

3. **pile** adv. ❶ Mot familier. De façon précise, très exactement. *Il est 2 heures pile.* CONTR. **environ, à peu près.** ❷ **S'arrêter pile,** s'arrêter net, brusquement.

1. **piler** v. (conjug. 3). Écraser en très petits morceaux. *Piler des noix pour faire un gâteau.* SYN. **broyer.**

2. **piler** v. (conjug. 3). Mot familier. Freiner brutalement.

pileux adj.m. **Système pileux,** ensemble des poils et des cheveux.

pilier n.m. Support vertical d'une construction. *Le toit du préau repose sur des piliers.* → Vois aussi **colonne.**

pillage n.m. Action de piller. *Le pillage d'une ville par des troupes ennemies.* → Vois aussi **sac (2).**

▸▸▸ Mot de la famille de **piller.**

pillard, e n. Personne qui pille.

▸▸▸ Mot de la famille de **piller.**

piller v. (conjug. 3). Voler tous les biens, toutes les richesses qui se trouvent dans un lieu en causant des dégâts. *Les rebelles ont pillé plusieurs villages.* SYN. **dévaliser.**

pilon n.m. Instrument long et lourd, à bout arrondi, qui sert à piler, à écraser. *Broyer des amandes avec un pilon.* → Vois aussi **mortier.**

▸▸▸ Mot de la famille de **piler (1).**

pilonner v. (conjug. 3). ❶ Broyer avec un pilon. *Pilonner de l'ail dans un mortier.* ❷ Soumettre un objectif à un bombardement intensif. *Pilonner une ville ennemie.*

▸▸▸ Mot de la famille de **piler (1).**

pilori n.m. Autrefois, poteau où étaient attachés les condamnés pour qu'ils soient vus par tous. → Vois aussi **potence.**

pilotage n.m. Action de piloter. *Le pilotage d'un avion.*

▸▸▸ Mot de la famille de **pilote.**

pilote n. ❶ Personne qui conduit un avion, une voiture de course ou une moto de course. ❷ Personne qui aide le capitaine d'un navire à manœuvrer à l'entrée d'un port. ◆ adj. Qui innove, qui sert de modèle. *Une classe pilote; des usines pilotes.*

▸ **piloter** v. (conjug. 3). ❶ Conduire une voiture de course, être aux commandes d'un avion. ❷ Guider quelqu'un. *Je vous piloterai dans notre ville quand vous viendrez en France.*

pilotis n.m. Ensemble de pieux enfoncés dans le sol pour soutenir une construction, sur

a b c d e f g h i j k l m n o p q r s t u v w x y z

l'eau ou sur un terrain peu stable. *À Venise, les maisons sont construites sur pilotis.*
● Ce mot se termine par un **s**.

des greniers à mil sur **pilotis** (Sénégal)

pilule n.f. ❶ Médicament en forme de petite boule, que l'on avale. *Mamie a oublié de prendre ses pilules pour la gorge.* ❷ Contraceptif que prend une femme pour ne pas avoir d'enfant. → Vois aussi **cachet, comprimé, gélule.**

piment n.m. Fruit d'une plante des pays chauds, qu'on utilise en cuisine pour relever le goût de certains plats. *Le piment rouge a une saveur très piquante.* → Vois aussi **poivron.**

▶ **pimenté, e** adj. Qui contient du piment. *La sauce est trop pimentée.* → Vois aussi **épicé.**

pimpant, e adj. Propre, joli et gai. *Marine est toute pimpante dans sa nouvelle robe rouge.*

pin n.m. Grand arbre qui produit de la résine et dont le fruit est la pomme de pin.
● Le pin est un conifère.

un **pin** parasol

pinailler v. (conjug. 3). Mot familier. Discuter, critiquer sur des points de détail. *Ta sœur pinaille sur tout.* SYN. **ergoter.**

pince n.f. ❶ Outil ou instrument fait de deux branches qu'on rapproche l'une de l'autre pour saisir ou serrer un objet. *Arracher un clou avec une pince. On suspend le linge avec des pinces à linge.* ❷ Extrémité des pattes avant des écrevisses, des homards, des crabes ainsi que des scorpions.
▸▸▸ Mot de la famille de **pincer.**

pincé, e adj. ❶ **Avoir les lèvres pincées,** minces et serrées. ❷ **Avoir un air pincé,** distant et un peu prétentieux.
▸▸▸ Mot de la famille de **pincer.**

pinceau n.m. Instrument fait d'une touffe de poils très serrés fixée au bout d'un manche et qui sert à étendre de la peinture, du vernis, de la colle.
● Au pluriel : des **pinceaux.**

pincée n.f. Petite quantité d'une matière poudreuse que l'on prend entre deux doigts. *Une pincée de sel.*
▸▸▸ Mot de la famille de **pincer.**

pincement n.m. **Pincement au cœur,** sensation de douleur très brève qui survient dans la poitrine lorsqu'on éprouve de la peur, de l'angoisse, de la tristesse.
▸▸▸ Mot de la famille de **pincer.**

pincer v. (conjug. 4). ❶ Serrer très fort entre les doigts, ou entre deux objets. *Arrête de me pincer le bras. Pincer les cordes d'une guitare.* ❷ **Pincer les lèvres, les narines,** les rapprocher en les serrant. ❸ (Sens familier). Prendre quelqu'un sur le fait. SYN. **attraper.**

▶ **pince-sans-rire** n. invar. Personne qui plaisante tout en gardant un air très sérieux.
● Ce mot composé ne change pas au pluriel : des **pince-sans-rire.**

▶ **pincettes** n.f. plur. ❶ Longue pince qui sert à déplacer les bûches dans un feu ou à remuer les braises. ❷ (Familier). **Ne pas être à prendre avec des pincettes,** être de très mauvaise humeur.

▶ **pinçon** n.m. Marque qui reste sur la peau lorsqu'elle a été pincée.
● Le **c** prend une cédille.

pinède n.f. Terrain planté de pins. *Les pinèdes des Landes.*
▸▸▸ Mot de la famille de **pin.**

pingouin n.m. Oiseau marin de l'Atlantique nord, aux pattes palmées, au plumage noir et blanc, qui se nourrit de poissons. *Contrairement au manchot, le pingouin vole très bien.* → Vois aussi **manchot.**

un **pingouin**

ping-pong n.m. invar. Sport qui se joue à deux ou à quatre, sur une table spéciale munie d'un filet, avec une petite raquette et une balle légère.
● On prononce [piŋpɔ̃g].
– La nouvelle orthographe permet d'écrire aussi **pingpong,** sans trait d'union. – On peut aussi dire le **tennis de table.**

pingre adj. et n. Mot littéraire. Avare. *Il est bien trop pingre pour t'inviter au restaurant.*

pin's n.m. invar. Badge décoratif muni d'une petite pointe qui permet de le piquer dans un vêtement. *Yao collectionne les pin's.*
● C'est un mot anglais, on prononce [pins]. – Il vaut mieux dire une **épinglette.**

pinson n.m. ❶ Petit oiseau chanteur au plumage multicolore et à la gorge rouge. ❷ **Être gai comme un pinson,** être très gai.

un **pinson**

pintade n.f. Oiseau originaire d'Afrique, au plumage gris parsemé de points blancs. *La pintade domestique est élevée pour sa chair.*
● Petit : le pintadeau. Cri : le criaillement.

une **pintade**

▸ **pintadeau** n.m. Jeune pintade.
● Au pluriel : des **pintadeaux.**

pioche n.f. ❶ Outil formé d'un morceau de fer pointu fixé à un manche, qui sert à creuser la terre ou à défoncer. *Abattre un mur à coups de pioche.* ❷ Tas de cartes, de jetons ou de dominos dans lesquels on pioche, dans certains jeux.

▸ **piocher** v. (conjug. 3). ❶ Creuser la terre à l'aide d'une pioche. ❷ Prendre une carte, un jeton, un domino au hasard dans un tas. *Si tu ne peux pas jouer, pioche.*

piolet n.m. Sorte de petite pioche au manche à bout ferré et pointu, qui est utilisée par les alpinistes.

1. **pion** n.m. Pièce de différents jeux n'ayant pas de valeur particulière. *Les pions d'un jeu de dames.*

2. **pion, pionne** n. Mot familier. Surveillant dans un établissement scolaire.

pionnier, ère n. ❶ Personne qui s'installe la première dans une région. *Les pionniers de l'Ouest canadien.* ❷ Personne qui s'engage la première dans une activité. *Les pionniers de l'informatique.* → Vois aussi **colon.**

pipe n.f. Objet formé d'une partie creuse où l'on fait brûler du tabac et d'un petit tuyau par lequel on aspire la fumée.

▸ **pipeau** n.m. Petite flûte à six trous.
● Au pluriel : des **pipeaux.**

pipeline n.m. Canalisation qui sert à transporter du pétrole, du gaz naturel sur de grandes distances. → Vois aussi **gazoduc, oléoduc.**
● C'est un mot anglais, on prononce [piplin] ou [pajplajn]. – On peut aussi écrire un **pipe-line,** des **pipe-lines,** avec un trait d'union.

a b c d e f g h i j k l m n o **p** q r s t u v w x y z

piper v. (conjug. 3). ❶ **Piper les dés, les cartes,** les truquer pour tricher. ❷ (Familier). **Ne pas piper,** ne rien dire du tout.

pipette n.f. Petit tube gradué utilisé dans les laboratoires pour prendre une petite quantité de liquide.

pipi n.m. Mot familier. Urine. *Faire pipi.*

1. **piquant, e** adj. ❶ Qui pique. *Les ronces ont des tiges piquantes.* SYN. **épineux.** ❷ Qui pique un peu la langue. *La saveur piquante de la moutarde.*
►►► Mot de la famille de **piquer.**

2. **piquant** n.m. ❶ Épine d'une plante. *Les cactus ont des piquants.* ❷ Aspérité ou pointe sur la peau ou la carapace de certains animaux. *Les hérissons ont le corps couvert de piquants.*
►►► Mot de la famille de **piquer.**

1. **pique** n.f. Arme ancienne faite d'un morceau de fer pointu fixé au bout d'un long manche en bois.
● Ne confonds pas avec un **pic.**

2. **pique** n.m. Une des quatre couleurs des cartes à jouer qui est marquée d'un fer de pique noir. *Le valet de pique.*
● Ne confonds pas avec un **pic.**

piqué n.m. Vol d'un avion en descente verticale. *L'avion est descendu en piqué.*
►►► Mot de la famille de **piquer.**

pique-nique n.m. Repas, en général froid, pris dans la nature. *Nous avons fait un pique-nique dans la forêt.*
● Au pluriel : des **pique-niques.**
– La nouvelle orthographe permet d'écrire aussi **piquenique,** sans trait d'union.

► **pique-niquer** v. (conjug. 3). Faire un pique-nique. *Nous pique-niquerons au bord du lac.*
● La nouvelle orthographe permet d'écrire aussi **piqueniquer,** sans trait d'union.

piquer et **se piquer** v. (conjug. 3). ❶ Faire un trou dans la peau avec une pointe. *Avec ton aiguille, tu risques de piquer quelqu'un.* ❷ Pour un insecte, un scorpion, etc., injecter du venin dans la peau d'une personne, d'un animal. *Une guêpe m'a piqué.* ❸ Enfoncer un objet par la pointe. *Piquer une aiguille dans une pelote.* ❹ Faire une piqûre, une injection. *L'infirmière m'a piqué au bras.* ❺ Coudre à la machine. *Piquer un ourlet.* ❻ Produire une sensation de légère brûlure. *Cette sauce pique la langue.* SYN. **irriter.** *La fumée me pique les yeux.* ❼ (Sens familier). Voler. *On m'a piqué mon sac.* ❽ Pour un avion, descendre brusquement presque à la verticale. ❾ (Familier). **Piquer une crise, une colère,** se mettre brusquement en colère. ◆ **se piquer**. Se faire une piqûre sur la peau. *Marie s'est piqué le doigt avec une épine.*

► **piquet** n.m. Bâton de bois, barre de métal, à bout pointu, que l'on enfonce dans la terre. *Les campeurs ont planté les piquets de leur tente.* → Vois aussi **pieu.**

► **piqûre** n.f. ❶ Petite blessure sur la peau causée par une aiguille, un insecte, un scorpion, etc. *Des piqûres de moustiques, de guêpes.* ❷ Suite de points de couture. *Une piqûre à la machine.* ❸ Injection d'un médicament, d'un vaccin à l'aide d'une seringue. *Le dentiste m'a fait une piqûre pour anesthésier ma dent.*
● La nouvelle orthographe permet d'écrire aussi **piqure,** sans accent circonflexe.

piranha n.m. Petit poisson carnassier aux dents pointues et coupantes, très vorace, qui vit en bande dans les fleuves d'Amérique du Sud.
● On prononce [pirana] ou [piraɲa].

un **piranha**

pirate n.m. ❶ Brigand qui parcourait les mers pour attaquer et piller les navires. ❷ **Pirate de l'air,** personne qui détourne un avion et prend en otage l'équipage et les passagers. → Vois aussi **corsaire.**

► **pirater** v. (conjug. 3). Reproduire illégalement un livre, un disque, etc.

► **piraterie** n.f. Attaque, pillage commis par des pirates. *La Méditerranée a longtemps été livrée à la piraterie.*

pire adj. ❶ Comparatif de supériorité de « mauvais ». *Le roman de cet écrivain est pire que le précédent.* CONTR. **meilleur.** *C'est pire* que je ne le craignais. SYN. **pis.** CONTR. **mieux.** ❷ Superlatif de « mauvais ». *Elle le considère comme son pire ennemi. Nous avons eu les pires ennuis.* ◆ n.m. Ce qu'il y a de plus terrible, de plus regrettable. *Heureusement, ils ont pu éviter le pire dans cet accident.*

pirogue n.f. Barque légère et allongée, d'Afrique ou d'Océanie, que l'on fait avancer à la pagaie ou à la voile.

pirouette n.f. Tour complet sur soi-même en prenant appui sur un pied. *Les danseurs, les patineurs font des pirouettes.*

1. **pis** adj. Pire. *C'est encore pis que ce que j'imaginais.* ◆ adv. **De mal en pis,** de plus en plus mal. *La maladie a empiré, il va de mal en pis.*

● Ce mot se termine par un **s.**

2. **pis** n.m. Mamelle d'une vache, d'une brebis, d'une chèvre.

pisciculture n.f. Élevage de poissons.

● Le son [s] s'écrit **sc.**

piscine n.f. Grand bassin spécialement aménagé pour nager. *Nous allons à la piscine tous les jeudis.*

● Le son [s] s'écrit **sc.**

pissenlit n.m. Plante à longues feuilles dentelées et à fleurs jaunes qui pousse dans les prés.

des **pissenlits**

pisser v. (conjug. 3). Mot très familier. Uriner.

pistache n.f. Graine verdâtre, comestible, qui pousse sur un arbre des régions chaudes, le *pistachier*. *On fait des glaces à la pistache.*

piste n.f. ❶ Trace laissée sur le sol par le passage d'un animal. *Le chien flaire la piste d'un lièvre.* ❷ Ensemble d'indices qui mettent sur la bonne voie lors d'une recherche. *Les enquêteurs sont sur une piste.* ❸ Terrain aménagé pour le décollage et l'atterrissage des avions. *Les pistes d'un aéroport.* ❹ Tracé aménagé pour certains sports, certaines activités. *Une piste de ski. Une piste cyclable.* ❺ Espace qui sert de scène dans un cirque, pour danser, etc. *Les clowns sont entrés en piste.*

▸▸▸ Mot de la même famille : **dépister.**

pistil n.m. Organe sexuel femelle des plantes à fleurs, qui reçoit le pollen. → Vois aussi **étamine.**

pistole n.f. Ancienne monnaie d'or espagnole et italienne.

pistolet n.m. Arme à feu au canon très court. *Tirer un coup de pistolet.* → Vois aussi **mitrailleur, revolver.**

piston n.m. ❶ Pièce qui se déplace à l'intérieur d'un cylindre sous l'effet de la pression. *Le piston d'un moteur, d'une pompe à vélo.* ❷ (Sens familier). Appui donné à quelqu'un pour qu'il obtienne un poste, un avantage.

▸ **pistonner** v. (conjug. 3). Mot familier. Intervenir en faveur d'une personne pour qu'elle ait un emploi, une place. *Il s'est fait pistonner par le directeur pour avoir ce poste.* SYN. **appuyer, recommander.**

pitance n.f. Mot littéraire. Nourriture quotidienne. *Le prisonnier ne recevait qu'une maigre pitance.*

piteux, euse adj. **En piteux état,** en très mauvais état. *La voiture était en piteux état après le rallye.*

pitié n.f. Sentiment que l'on ressent devant la souffrance de quelqu'un et qui nous pousse à vouloir l'aider. *Mamie a eu pitié du clochard, elle lui a donné une pièce de monnaie.*

piton n.m. ❶ Clou ou vis dont la tête forme un anneau ou un crochet. *Le tableau est suspendu à un piton.* ❷ Pointe rocheuse au sommet d'une montagne. → Vois aussi **pic (1).**

● Ne confonds pas avec **python.**

pitoyable adj. Qui fait pitié. *La maison abandonnée était dans un état pitoyable.* SYN. **déplorable, lamentable, navrant.**

a b c d e f g h i j k l m n o p q r s t u v w x y z

▶ **pitoyablement** adv. De façon pitoyable. *Notre projet de sortie a pitoyablement échoué, à cause du mauvais temps.* SYN. **lamentablement.**

pitre n.m. Personne qui fait rire par ses farces, ses plaisanteries. *Arrête de faire le pitre en classe.* SYN. **clown.**

▶ **pitrerie** n.f. Farce, plaisanterie, grimace faites pour amuser les autres. *Tes pitreries ne me font pas rire.* SYN. **clownerie, singerie.**

pittoresque adj. Qui attire le regard, l'attention par sa beauté, son originalité. *Un village de montagne très pittoresque.*
● Ce mot s'écrit avec deux **t.**

pivert n.m. Oiseau au plumage vert, rouge sur la tête, qui frappe l'écorce des arbres avec son bec pour en faire sortir les insectes.
● On peut aussi écrire un **pic-vert,** des **pics-verts.**

un pivert

pivoine n.f. Grosse fleur rouge, rose ou blanche.

pivot n.m. Pièce mécanique sur laquelle une autre pièce peut tourner. *L'aiguille de la boussole repose sur un pivot.*

▶ **pivoter** v. (conjug. 3). Tourner sur un pivot, autour d'un axe; tourner sur soi-même. *La porte pivote sur ses gonds. Valentin pivota sur ses talons et se retrouva face à nous.*

pizza n.f. Tarte salée faite avec de la pâte à pain et garnie de tomates, d'olives, de fromage, etc.
● Ce mot s'écrit avec deux **z.** – On prononce [pidza].

▶ **pizzeria** n.f. Restaurant où l'on sert des pizzas.
● On prononce [pidzerja].
– La nouvelle orthographe permet d'écrire aussi **pizzéria,** avec un accent aigu.

placard n.m. ❶ Meuble de rangement aménagé dans un mur ou posé contre un mur et fermé par une ou plusieurs portes. *Un placard de cuisine.* ❷ Écrit destiné au public, que l'on affiche sur les murs. *Un placard publicitaire.*

▶ **placarder** v. (conjug. 3). Afficher sur un mur, une surface. *Les avis sont placardés dans le hall de l'immeuble.*

place n.f. ❶ Dans une agglomération, espace assez grand, en général entouré de bâtiments ou au croisement de rues. *L'école se trouve sur la place du village.* ❷ Espace libre, disponible. *Il reste encore de la place dans ma valise. Maman cherche une place pour se garer.* SYN. **emplacement.** ❸ Endroit occupé habituellement par quelqu'un ou par quelque chose. *Je ne retrouve pas mon sac, il n'est pas rangé à sa place.* ❹ Siège destiné à un voyageur, un spectateur, etc. *Une place assise. Un cinéma de cinq cents places.* ❺ Rang obtenu dans un classement. *Alexis a terminé à la première place dans la compétition.* ❻ Emploi, poste que l'on occupe. *Perdre sa place.* SYN. **situation, travail.** ❼ **Place forte,** ville fortifiée. ❽ **À la place de,** en remplacement de. *Il n'y avait plus de fraises, j'ai pris des cerises à la place.* ❾ **À ta place,** si j'étais toi. *À ta place, je me tairais.* ❿ **Se mettre à la place de quelqu'un,** imaginer que l'on est dans sa situation. ⓫ **Sur place,** à l'endroit même où un événement a eu lieu. *La police s'est rendue sur place.*

▶ **placement** n.m. Action de placer de l'argent pour qu'il rapporte des intérêts; argent qui est placé. SYN. **investissement.**

placenta n.m. Organe situé dans l'utérus d'une femme enceinte et qui permet les échanges entre le sang de la mère et celui du bébé.
● On prononce [plasɛ̃ta].

placer et **se placer** v. (conjug. 4). ❶ Mettre un objet, une personne à telle place. *Il plaça le chandelier sur la table.* SYN. **disposer, poser.** *Maman place ses invités à table.* SYN. **installer.** ❷ Conduire quelqu'un à sa place. *Au théâtre, des ouvreuses placent les spectateurs.*

❸ Introduire dans une conversation, un récit. *Il n'a pas réussi à placer une seule de ses plaisanteries.* ❹ (Familier). **En placer une,** intervenir dans une conversation. *Avec cette bavarde, il est difficile d'en placer une.* ❺ **Placer de l'argent,** le confier à un organisme pour qu'il rapporte des bénéfices. ◆ **se placer**. Avoir, prendre telle place. *Placez-vous comme vous voulez.* SYN. **s'asseoir, s'installer.** *Un déterminant se place devant un nom.*

►►► Mot de la famille de **place.**

placide adj. Mot littéraire. Qui garde son calme en toute circonstance. *Richard est un garçon placide.* SYN. **impassible, imperturbable, serein.** → Vois aussi **impavide.**

plafond n.m. ❶ Surface plane qui ferme le haut d'une pièce, d'un local, d'un véhicule. *Valentin a suspendu des mobiles au plafond.* ❷ Niveau maximal, limite supérieure. *On ne peut bénéficier de certaines allocations au-delà d'un certain plafond de ressources.* CONTR. **plancher.**

► **plafonner** v. (conjug. 3). Atteindre une hauteur, une vitesse, une valeur maximale. *Cet avion plafonne à 10 000 mètres.*

plage n.f. ❶ Étendue couverte de sable ou de galets, au bord de l'eau. *Nous ramassons des coquillages sur la plage à marée basse.* ❷ **Plage arrière,** tablette située sous la vitre arrière d'une voiture.

plaider v. (conjug. 3). Défendre une cause, une affaire devant un tribunal. *L'avocate a plaidé pendant une heure.*

► **plaidoirie** n.f. Discours fait par un avocat devant un tribunal pour défendre un accusé.

● Ne confonds pas avec un **plaidoyer.**

► **plaidoyer** n.m. Discours ou écrit qui défend avec force une opinion ou une personne. *Son livre est un plaidoyer pour les Indiens d'Amazonie.*

● Ce mot s'écrit avec un **y.** – Ne confonds pas avec une **plaidoirie.**

plaie n.f. Déchirure, blessure dans la chair. *L'infirmière a désinfecté la plaie.*

plaignant, e n. Personne qui porte plainte en justice.

►►► Mot de la famille de **plaindre.**

plaindre et **se plaindre** v. (conjug. 49). Éprouver de la pitié, de la peine pour quelqu'un. *Je plains ceux qui ont tout perdu dans les inondations.* ◆ **se plaindre**. ❶ Exprimer sa souffrance. *Mon petit frère a mal aux dents et il se plaint.* SYN. **geindre.** ❷ Exprimer son mécontentement. *Les voisins se sont plaints du bruit.* CONTR. **se réjouir.**

plaine n.f. Région au sol plat située à faible altitude. *Les plaines sont souvent cultivées.* → Vois aussi **plateau.**

de **plain-pied** adv. Au même niveau. *Ma chambre donne de plain-pied sur le jardin.*

● Attention à l'orthographe de ce mot.

plainte n.f. ❶ Cri ou parole provoqués par la douleur. *Les plaintes d'un malade.* SYN. **gémissement, lamentation.** ❷ Déclaration par laquelle on accuse quelqu'un devant la justice. *Porter plainte contre des voisins bruyants.*

►►► Mot de la famille de **plaindre.**

plaintif, ive adj. Qui ressemble à une plainte, qui exprime une plainte. *Parler d'une voix plaintive.* SYN. **geignard.**

►►► Mot de la famille de **plaindre.**

plaire et **se plaire** v. (conjug. 71). ❶ Convenir aux goûts de quelqu'un. *Ce roman m'a beaucoup plu.* ❷ Éprouver de l'attirance pour quelqu'un. *Elle m'a plu tout de suite.* ❸ **S'il te plaît, s'il vous plaît,** termes de politesse que l'on ajoute à une demande. *Prête-moi un CD, s'il te plaît.* ◆ **se plaire**. ❶ Éprouver de l'attirance l'un pour l'autre. *Ils se sont plu au premier regard.* ❷ Se trouver bien quelque part. *Mes grands-parents se plaisent à la campagne.* CONTR. **se déplaire.**

plaisance n.f. ❶ **Bateau de plaisance,** bateau que l'on utilise pour son plaisir et non pour son travail. ❷ **Port de plaisance,** port réservé aux bateaux de plaisance (canots, yachts, etc.).

un port de plaisance

a b c d e f g h i j k l m n o p q r s

a b c d e f g h i j k l m n o p q r s t u v w x y z

▶ **plaisancier, ère** n. Personne qui pratique la navigation pour son plaisir.

plaisant, e adj. ❶ Qui plaît, qui a du charme. *Un lieu de vacances très plaisant.* SYN. **agréable.** CONTR. **déplaisant.** ❷ Qui est amusant, qui fait rire. *Il m'est arrivé une aventure plaisante.* ◆ n.m. **Mauvais plaisant,** personne qui aime jouer des mauvais tours aux autres.

▶ **plaisanter** v. (conjug. 3). ❶ Dire ou faire des choses drôles pour amuser les autres. *Je disais cela pour plaisanter.* ❷ **Ne pas plaisanter avec quelque chose,** être très sérieux à ce sujet. *Le moniteur de voile ne plaisante pas avec la sécurité en mer.*

▶ **plaisanterie** n.f. Chose drôle que l'on dit ou que l'on fait pour amuser les autres. *Tes plaisanteries nous font beaucoup rire.* SYN. **farce.** → Vois aussi **blague.**

▶ **plaisantin** n.m. Personne qui aime plaisanter. SYN. **farceur, pitre.**

plaisir n.m. ❶ Sentiment agréable que l'on ressent quand on est content. *Quel plaisir de se baigner par cette chaleur !* SYN. **bien-être, contentement, satisfaction.** *Quand aurai-je le plaisir de vous revoir ?* SYN. **bonheur, joie.** ❷ **Avec plaisir,** volontiers. *Veux-tu nous accompagner ? – Avec plaisir.*
▶▶▶ Mot de la famille de **plaire.**

1. **plan** n.m. ❶ Dessin précis qui représente un bâtiment, un lieu. *Le plan d'une ville, d'un château.* ❷ Surface unie, plane. *Placée sur un plan incliné, une bille roule.* ❸ Organisation des différentes parties d'un texte, d'un ouvrage. *Quel est le plan de ta rédaction ?* ❹ Projet élaboré. *Nous avons établi un plan pour gagner le match.* ❺ Éloignement relatif des diverses parties d'une photo, d'un tableau. *Sur la photo, Rémi est au premier plan.* CONTR. **arrière-plan.** ❻ Façon de cadrer une scène dans un film. *Filmer un acteur en gros plan.*

2. **plan, e** adj. Qui est uni, plat, sans inégalité de niveau. *Le dessus du bureau est une surface plane.*
▶▶▶ Mot de la même famille : **aplanir.**

planche n.f. ❶ Longue plaque de bois peu épaisse. *Scier une planche.* ❷ Tablette de bois. *Une planche à pain.* ❸ Page d'un livre qui comporte des illustrations se rapportant à un même sujet. *Je regarde la planche des oiseaux.* ❹ **Faire la planche,** se laisser flotter sur le dos à la surface de l'eau. ❺ **Planche à roulettes,** petite planche montée sur quatre roulettes, sur laquelle on avance. → Vois aussi **skateboard.** ❻ **Planche à voile,** grande planche munie d'une voile et d'un mât, qui va sur l'eau et que l'on dirige debout. ◆ n.f. plur. **Monter sur les planches,** faire du théâtre, devenir comédien.

▶ **plancher** n.m. ❶ Sol d'une pièce, souvent en planches. SYN. **parquet.** ❷ Niveau minimal, limite inférieure. *On a fixé un plancher pour le paiement des impôts.* CONTR. **plafond.**

▶ **planchiste** n. Sportif qui fait de la planche à voile. SYN. **véliplanchiste.**

plancton n.m. Ensemble de très petits animaux et végétaux qui vivent en suspension dans l'eau. *Les baleines se nourrissent de plancton.*

planer v. (conjug. 3). ❶ Pour un oiseau, voler sans remuer les ailes. *Une buse planait en décrivant des cercles dans le ciel.* ❷ Pour un planeur ou un avion au moteur arrêté, voler en se laissant porter par les courants aériens. *L'avion a atterri en planant.* ❸ Être là comme une chose qui menace. *Laisser planer le doute, le mystère.*

planétaire adj. ❶ Relatif aux planètes. *Le système planétaire.* ❷ Qui concerne toute la planète. *Une guerre planétaire.* SYN. **mondial.**
▶▶▶ Mot de la famille de **planète.**

planète n.f. ❶ Corps céleste non lumineux qui gravite autour d'une étoile. *Mercure, Vénus, la Terre, Mars, Jupiter, Saturne, Uranus et Neptune sont les principales planètes du Système solaire.* ❷ La Terre, le globe terrestre. *Parcourir la planète.* SYN. **monde.**

planeur n.m. Petit avion léger et sans moteur, qui plane dans l'air grâce aux courants aériens. *Au décollage, les planeurs sont tirés par un avion à moteur.*
▶▶▶ Mot de la famille de **planer.**

un planeur

planifier v. (conjug. 7). Organiser dans le temps selon un plan déterminé. *Après les inondations, le gouvernement doit planifier les reconstructions.*
▸▸▸ Mot de la famille de **plan (1).**

planisphère n.m. Carte qui représente les deux hémisphères de la Terre. → Vois aussi **globe, mappemonde.**
● Nom du genre masculin : **un planisphère.**
▸▸▸ Mot de la famille de **sphère.**

un planisphère de 1626

planning n.m. Programme, plan de travail détaillé. *Respecter un planning.*
● C'est un mot anglais, on prononce [planiɲ].
– Ce mot s'écrit avec deux **n.**

plant n.m. Jeune végétal que l'on vient de planter ou que l'on doit transplanter. *Nous avons acheté des plants de tomates.*
▸▸▸ Mot de la famille de **planter.**

plantaire adj. De la plante du pied. *Soigner une verrue plantaire.*
▸▸▸ Mot de la famille de **plante (2).**

plantation n.f. ❶ Action de planter un végétal. *Mamie fait des plantations dans son jardin.* ❷ (Souvent au pluriel). Végétaux plantés sur un terrain. *La grêle peut détruire les plantations.* SYN. **cultures.** ❸ Dans les pays tropicaux, grand domaine agricole. *Des plantations de café, de bananiers, de coton.*
▸▸▸ Mot de la famille de **planter.**

1. **plante** n.f. ❶ Végétal fixé au sol par des racines. *Les arbres, les légumes, les fleurs, les herbes et les champignons sont des plantes.* ❷ **Plante verte,** plante ornementale qui reste toujours verte. → Vois aussi **flore.**
▸▸▸ Mot de la famille de **planter.**

2. **plante** n.f. **Plante du pied,** dessous du pied, chez les hommes et les animaux.

planter et **se planter** v. (conjug. 3). ❶ Mettre en terre une plante, un arbre. *Planter un rosier dans le jardin.* ❷ Enfoncer dans une matière, une surface. *Planter un clou dans le mur.* ❸ Installer solidement sur le sol. *Le campeur a planté sa tente.* ◆ **se planter.** Se tenir debout et immobile. *Elle s'est plantée devant l'écran.*
▸▸▸ Mot de la même famille : **transplanter.**

▸ **planteur** n.m. Propriétaire d'une plantation, dans les pays tropicaux. *Autrefois, les planteurs faisaient travailler des esclaves.*

plantigrade adj. et n.m. Se dit d'un mammifère qui marche en appuyant la plante des pieds sur le sol. *L'ours et le singe sont des plantigrades.*
▸▸▸ Mot de la famille de **plante (2).**

plantule n.f. Embryon d'une plante contenu dans la graine. → Vois aussi **cotylédon.**
▸▸▸ Mot de la famille de **plante (1).**

plantureux, euse adj. Très abondant. *Un repas plantureux.* SYN. **copieux.** CONTR. **frugal, maigre.**

plaque n.f. ❶ Feuille rigide et plate d'un matériau. *Une plaque de marbre.* ❷ Objet plat fait d'une matière rigide. *Les plaques électriques d'une cuisinière. La plaque d'immatriculation d'un véhicule.* ❸ **Plaque de verglas,** fine couche de verglas. ❹ Tache colorée qui se forme sur la peau. ❺ Chacun des ensembles rigides, épais d'environ 150 km, qui constituent l'écorce terrestre. *Le mouvement des plaques s'accompagne de séismes.*
▸▸▸ Mot de la famille de **plaquer.**

plaqué, e adj. Recouvert d'une feuille de métal précieux. *Un collier plaqué or.* → Vois aussi **massif (1).**
▸▸▸ Mot de la famille de **plaquer.**

plaquer v. (conjug. 3). Presser, appuyer fortement contre quelque chose. *Les policiers ont plaqué le voleur contre le mur.*

▸ **plaquette** n.f. ❶ Petite plaque, en général de forme rectangulaire. *Une plaquette de beurre.* ❷ Élément du sang, qui joue un rôle fondamental dans la coagulation.

a b c d e f g h i j k l m n o p q r s t u v w x y z

plasma n.m. Liquide clair du sang dans lequel les globules sont en suspension. → Vois aussi **sérum.**

plastic n.m. Explosif puissant. *Un attentat au plastic.*

plastifier v. (conjug. 7). Recouvrir de matière plastique. *En France, les cartes d'identité sont désormais plastifiées.*
▸▸▸ Mot de la famille de **plastique.**

1. **plastique** adj. **Arts plastiques,** arts qui représentent des volumes, des formes. *La sculpture et la peinture font partie des arts plastiques.*

2. **plastique** adj. et n.m. **La matière plastique,** ou **le plastique,** matière artificielle fabriquée à partir du pétrole et qui peut être modelée ou moulée. *Une chaise en matière plastique. De la vaisselle de camping en plastique.*

plastiquer v. (conjug. 3). Faire exploser un bâtiment avec du plastic. *Des terroristes ont plastiqué la poste.*
▸▸▸ Mot de la famille de **plastic.**

plastron n.m. Pièce de tissu rigide de forme arrondie, qui s'appliquait autrefois sur le devant d'une chemise.

1. **plat, e** adj. ❶ Qui n'a ni creux, ni bosses et qui n'est pas en pente. *Un terrain plat.* CONTR. **accidenté.** ❷ Peu profond. *Une assiette plate.* CONTR. **creux.** ❸ Qui est peu élevé ou qui a peu d'épaisseur. *Des talons plats.* CONTR. **haut.** ❹ **Eau plate,** eau non gazeuse. ❺ **À plat,** sur la surface la plus large. *Pose le dossier à plat sur le bureau.* ❻ **Être à plat,** être dégonflé, en parlant d'un pneu, ou déchargé, en parlant d'une batterie. ◆ n.m. ❶ Partie plate d'une chose. *Le plat de la main.* ❷ (Familier). **Faire un plat,** retomber à plat ventre sur l'eau lors d'un plongeon.
▸▸▸ Mot de la même famille : **aplatir.**

2. **plat** n.m. ❶ Sorte de grande assiette où l'on met les aliments que l'on sert à table. *Un plat rond, ovale.* ❷ Contenu d'un plat. *Nous avons mangé tout le plat de spaghettis.* ❸ Aliment préparé pour être mangé. *Le bifteck avec des frites est le plat préféré de Richard.*

platane n.m. Grand arbre aux larges feuilles, dont l'écorce se détache par plaques.

un **platane**

plateau n.m. ❶ Support plat et rigide qui sert à transporter ou à poser des aliments ou de la vaisselle. *Le serveur apporte les boissons sur un plateau. Un plateau de fromages.* ❷ Partie d'une balance où l'on pose les poids ou les objets à peser. ❸ Étendue de terrain plate située en altitude. *Les hauts plateaux péruviens.* ❹ Scène d'un théâtre, lieu aménagé pour le tournage d'un film, d'une émission de télévision. *Les acteurs et les techniciens sont sur le plateau.* → Vois aussi **plaine.**
● Au pluriel : des **plateaux.**

plate-bande n.f. Bande de terre où l'on fait pousser des fleurs. *Le jardinier arrose les plates-bandes.*
● Au pluriel : des **plates-bandes.**
– La nouvelle orthographe permet d'écrire aussi une **platebande,** des **platebandes,** sans trait d'union.

plate-forme n.f. ❶ Surface plate, en général surélevée, destinée à recevoir du matériel, des équipements. *La plate-forme de chargement d'un avion.* ❷ Partie arrière d'un autobus, à l'air libre, où les voyageurs se tiennent debout. ❸ Dispositif qui sert au forage des puits de pétrole, au large des côtes.
● Au pluriel : des **plates-formes.**
– La nouvelle orthographe permet d'écrire aussi une **plateforme,** des **plateformes,** sans trait d'union.

1. **platine** n.f. Support plat sur lequel on pose un disque que l'on veut écouter. *La platine d'une chaîne stéréo.*

2. **platine** n.m. Métal précieux blanc-gris utilisé en bijouterie. *Une montre, un collier en platine.*

plâtre n.m. ❶ Poudre blanche qui, mélangée à de l'eau, forme une pâte qui durcit en séchant. *Boucher un trou dans un mur avec du plâtre.* ❷ Bandage imprégné de plâtre qui permet d'immobiliser un membre cassé. *Hugo a la jambe dans le plâtre.*

● Le **a** prend un accent circonflexe.

▶ **plâtrer** v. (conjug. 3). ❶ Couvrir de plâtre. *On a plâtré les fissures du mur.* ❷ Immobiliser un membre, une articulation avec un plâtre. *Après son entorse, on a dû lui plâtrer la cheville.*

plausible adj. Que l'on peut croire. *L'accusé a un alibi plausible.* SYN. **crédible, vraisemblable.**

play-back n.m. invar. **Chanter en play-back,** faire semblant de chanter alors que la chanson, déjà enregistrée, est diffusée en même temps.

● C'est un mot anglais, il vaut mieux dire **présonorisation.**

– La nouvelle orthographe permet d'écrire aussi le **playback,** les **playbacks,** avec un **s** et sans trait d'union.

plèbe n.f. Dans l'Antiquité romaine, classe de la société qui formait le peuple.

plébiscite n.m. Vote par oui ou par non de tous les électeurs d'un pays, en réponse à une question posée par l'homme politique qui les dirige. → Voir aussi **référendum.**

● Le son [s] s'écrit **sc.**

plein, e adj. ❶ Qui contient tout ce qu'il peut contenir. *Mon verre est plein.* SYN. **rempli.** CONTR. **vide.** *Sa valise était pleine de livres. L'autocar est plein.* SYN. **bondé, comble.** ❷ Qui contient en grande quantité. *Une dictée pleine de fautes.* SYN. **bourré, rempli.** ❸ Qui est à son maximum. *Travailler à plein temps.* SYN. **complet.** CONTR. **partiel.** ❹ **En pleine mer, en pleine rue,** au beau milieu de la mer, de la rue. ❺ **En plein jour, en pleine nuit,** quand il fait complètement jour, complètement nuit.

▶ **plein** n.m. ❶ Remplissage complet du réservoir d'un véhicule. *Maman a fait le plein de la voiture.* ❷ **Battre son plein,** en être au moment où il y a le plus de monde, d'animation, en parlant d'une fête, d'une réunion. *La fête bat son plein.*

▶ **plein** adv. ❶ En grande quantité. *Alexis peut te prêter un stylo, il en a plein.* SYN. **beaucoup.** CONTR. **peu.** ❷ **En plein,** dans le milieu. *J'ai marché en plein dans une bouse de vache !* ❸ (Familier). **Plein de,** beaucoup de. *Il y a plein de monde ici.* ◆ **préposition.** En grande quantité. *J'ai de la peinture plein les doigts.*

▶ **pleinement** adv. Entièrement, sans réserve. *J'approuve pleinement ta décision.* SYN. **complètement, totalement.**

▶ **plénitude** n.f. Totalité de quelque chose. *Le vieillard a conservé la plénitude de ses moyens.*

pleurer v. (conjug. 3). ❶ Verser des larmes. *Mon petit frère s'est mis à pleurer.* ❷ Regretter la disparition de quelqu'un. *Pleurer un ami.*

▶▶▶ Mot de la même famille : **éploré.**

▶ **pleurnicher** v. (conjug. 3). Pleurer souvent et sans raison ou se plaindre sur un ton geignard. *Mon frère n'arrête pas de pleurnicher.* SYN. **geindre, larmoyer.**

▶ **pleurs** n.m. plur. Mot littéraire. Larmes. *J'ai trouvé ma petite sœur en pleurs.*

pleuvoir v. (conjug. 42). ❶ **Il pleut,** il tombe de la pluie. *Hier, il a plu toute la journée.* ❷ Tomber en grande quantité. *Les coups pleuvaient.*

● Ce verbe se conjugue seulement à la 3e personne.

▶▶▶ Mot de la famille de **pluie.**

plèvre n.f. Membrane qui enveloppe les poumons.

plexus n.m. **Plexus solaire,** centre nerveux situé dans l'abdomen, entre l'estomac et la colonne vertébrale.

● On prononce le **s :** [plɛksys].

pli n.m. ❶ Partie d'un tissu, d'un papier repliée sur elle-même; marque qui reste sur une chose qui a été pliée ou repassée. *Les plis d'un accordéon. Couper une enveloppe en suivant le pli.* SYN. **pliure.** *Marquer le pli d'un pantalon.* ❷ Lettre envoyée à quelqu'un. *Un pli urgent.* ❸ Ensemble des cartes à jouer que ramasse le gagnant. *Le dernier pli est pour moi.*

▶▶▶ Mot de la famille de **plier.**

pliable adj. Que l'on peut plier pour le ranger. *Une poussette pliable.*

▶▶▶ Mot de la famille de **plier.**

pliage n.m. Action ou manière de plier. *Avec plusieurs pliages, on obtient une cocotte en papier.*

▶▶▶ Mot de la famille de **plier.**

pliant, e adj. Se dit d'un objet qui peut se replier. *Des chaises pliantes. Un lit pliant.*

a b c d e f g h i j k l m n o p q r s t u v w x y z

a b c d e f g h i j k l m n o p q r s t u v w x y z

◆ **pliant** n.m. Petit siège sans bras ni dossier que l'on peut plier pour le transporter avec soi.
▸▸▸ Mot de la famille de **plier.**

plier et **se plier** v. (conjug. 7). ❶ Ramener différentes parties d'une matière souple sur elle-même. *Plier une nappe.* CONTR. **déplier.** ❷ Rabattre sur elles-mêmes les parties articulées d'un objet. *Plier un éventail.* ❸ Fléchir une partie du corps. *Plier les genoux.* ❹ Se courber, s'affaisser. *Les branches plient sous le poids des fruits.* SYN. **ployer.** ◆ **se plier.** ❶ Être pliable. *Cette table de camping se plie.* ❷ Se soumettre à quelque chose, s'y adapter. *Certains élèves ont du mal à se plier au règlement.*

plissé, e adj. Qui a des plis. *Une jupe plissée, un abat-jour plissé.*
▸▸▸ Mot de la famille de **plisser.**

plissement n.m. Déformation de la surface de la Terre qui forme un ensemble de plis. *Les Alpes sont apparues avec le plissement alpin.*

plisser v. (conjug. 3). ❶ Marquer de plis. *Plisser un morceau de tissu pour faire un abat-jour.* ❷ **Plisser les yeux,** les fermer à demi. *Coralie plisse les yeux à cause du soleil.*

pliure n.f. Marque qui reste à l'endroit où une chose a été pliée. *La carte routière se déchire aux pliures.* SYN. **pli.**
▸▸▸ Mot de la famille de **plier.**

plomb n.m. ❶ Métal très dense, très lourd, d'un gris bleuâtre, qui se travaille facilement. *Une gouttière en plomb.* ❷ Petit fil de plomb qui fond lorsque la tension dans un circuit électrique est trop forte. *Les plombs ont sauté.* SYN. **fusible.** ❸ Grain de plomb. *Les cartouches des chasseurs sont remplies de plombs.*
● Ce mot se termine par un **b.**

▸ **plombage** n.m. Action de plomber une dent; alliage utilisé par les dentistes.

▸ **plomber** v. (conjug. 3). ❶ Garnir de plomb. *Le pêcheur plombe sa ligne.* ❷ Boucher une dent cariée avec un alliage spécial. *Plomber une dent.*

▸ **plomberie** n.f. ❶ Métier du plombier. ❷ Canalisations et installations d'eau et de gaz. *La plomberie de cet immeuble est vétuste.*

▸ **plombier** n.m. Personne dont le métier est d'installer et d'entretenir les canalisations d'eau ou de gaz et les appareils sanitaires.

plongée n.f. ❶ Action de plonger dans l'eau. *Le sous-marin navigue en plongée.* SYN. **immersion.** ❷ **Plongée sous-marine,** sport qui consiste à descendre sous la surface de l'eau avec des bouteilles d'air pour explorer le fond de la mer, observer sa faune, sa flore.
▸▸▸ Mot de la famille de **plonger.**

la plongée sous-marine

plongeoir n.m. Tremplin au-dessus de l'eau d'où l'on s'élance pour plonger.
● Le **g** est suivi d'un **e** pour prononcer le son [ʒ].
▸▸▸ Mot de la famille de **plonger.**

plongeon n.m. Saut que l'on fait pour entrer dans l'eau, la tête et les bras en avant. *Salomé a réussi son plongeon.*
● Le **g** est suivi d'un **e** pour prononcer le son [ʒ].
▸▸▸ Mot de la famille de **plonger.**

plonger v. (conjug. 5). ❶ Sauter dans l'eau, la tête la première. *À la piscine, Léo a plongé du grand plongeoir.* ❷ S'enfoncer sous la surface de l'eau. *Le sous-marin a plongé.* ❸ Faire entrer dans un liquide. *Audrey a plongé son bras dans l'eau.* SYN. **immerger, tremper.** ❹ Mettre brusquement quelqu'un dans un certain état. *Ce deuil nous a plongés dans le désespoir.*

▸ **plongeur, euse** n. ❶ Personne qui plonge. *Sophie est une très bonne plongeuse.* ❷ Personne dont le métier est de faire de la plongée sous-marine. *Les plongeurs ont repéré l'épave d'un chalutier.*
→ Vois aussi **homme-grenouille, scaphandrier.**

ployer v. (conjug. 14). Se courber, fléchir sous un poids. *Les branches du cerisier ployaient sous le poids des fruits.* SYN. **plier.**

pluie n.f. Eau qui tombe des nuages, sous forme de gouttes. *La pluie commence à tomber.* → Vois aussi **acide.**

plumage n.m. Ensemble des plumes d'un oiseau. *Le merle a un plumage noir.*
▸▸▸ Mot de la famille de **plume.**

plume n.f. ❶ Chacune des tiges souples garnies d'une sorte de poils, les barbes, qui couvrent et protègent le corps des oiseaux et leur permettent de voler. *Le cygne lisse ses plumes avec son bec.* ❷ Petite lame de métal terminée en pointe qui sert à écrire à l'encre. *Un stylo avec une plume en or.*
→ Vois aussi **penne.**

des **plumes**

▸ **plumeau** n.m. Ustensile de ménage fait de plumes assemblées autour d'un manche. *Mamie passe un coup de plumeau sur les meubles.*
● Au pluriel : des **plumeaux.**

▸ **plumer** v. (conjug. 3). Arracher les plumes d'un oiseau, d'une volaille. *Plumer un poulet avant de le faire cuire.*

la **plupart** n.f. ❶ Le plus grand nombre de choses, de personnes. *La plupart des gens aiment les vacances.* SYN. **majorité.** ❷ **La plupart du temps,** le plus souvent. *La plupart du temps, papa achète son journal au kiosque.*

pluraliste adj. Qui exprime plusieurs points de vue, plusieurs avis. *Dans une démocratie, les citoyens ont une information pluraliste.*

pluriel n.m. Forme que prend un mot pour désigner plusieurs êtres ou plusieurs choses. *La plupart des noms communs prennent un « s » au pluriel.* → Vois aussi **singulier.**

plus adv. ❶ Indique une quantité, une valeur, un degré supérieurs. *L'entrée est payante pour les enfants de plus de 12 ans. Romain a plus de livres que moi.* CONTR. **moins.** *Tu n'as pas pris beaucoup de glace, prends-en plus.* SYN. **davantage.** ❷ Indique la plus grande quantité, la plus grande valeur. *Mon frère est le plus gourmand de la famille.* CONTR. **le moins.** ❸ Indique une température au-dessus de 0 °C. *La température est passée de moins quinze à plus cinq.* ❹ **Au plus,** pas davantage. *J'en ai pour dix minutes au plus.* SYN. **au maximum.** CONTR. **au minimum, au moins.** ❺ **De plus en plus,** toujours davantage. *Le jardin est de plus en plus beau.* ❻ **Plus ou moins,** à peu près. *C'est plus ou moins ce que je pensais.* ❼ Précédé de « ne », indique que quelque chose a cessé ou ne se reproduira pas. *Il ne pleut plus.* ❽ **Non plus,** équivaut à « aussi » dans une phrase négative. *Aziz ne viendra pas, et moi non plus.* ◆ **préposition.** Introduit un nombre que l'on ajoute, indique une addition. *Neuf plus deux égale onze (9 + 2 = 11).*
● Aux sens 7 et 8, **plus** se prononce toujours [ply].

plusieurs adj. indéfini plur. Plus d'un, un certain nombre. *La vendeuse m'a montré plusieurs robes.*

plus-que-parfait n.m. Temps composé du verbe qui indique qu'une action passée se déroule avant une autre action passée. *Dans la phrase « Quand il est arrivé, nous avions fini de dîner », le verbe « finir » est au plus-que-parfait.*
● On prononce le **s** : [plyskəparfɛ].

plutonium n.m. Métal radioactif obtenu à partir de l'uranium, qui est utilisé pour produire de l'énergie nucléaire et fabriquer des bombes atomiques.
● On prononce [plytɔnjɔm].

plutôt adv. ❶ De préférence. *Ne reste pas tout seul, viens plutôt avec nous.* ❷ Assez. *Le spectacle est plutôt bon.*
● Le **o** prend un accent circonflexe.

a b c d e f g h i j k l m n o **p** q r s t u v w x y z

pluvial, e, aux adj. Qui provient de la pluie. *Les eaux pluviales.*
● Au masculin pluriel : **pluviaux.**
▸▸▸ Mot de la famille de **pluie.**

pluvieux, euse adj. Qui est caractérisé par la pluie. *Un pays pluvieux; un été pluvieux.* CONTR. **sec.**
▸▸▸ Mot de la famille de **pluie.**

pneu n.m. Enveloppe en caoutchouc qui entoure une roue. *Le vélo de Bastien a un pneu crevé.*
● Au pluriel : des **pneus.**
▸▸▸ Mot de la famille de **pneumatique.**

pneumatique adj. Se dit d'un objet qui se gonfle et prend sa forme lorsqu'il est rempli d'air. *Dormir sur un matelas pneumatique. Un canot pneumatique.* SYN. **gonflable.**

pneumonie n.f. Maladie due à une infection des poumons.

poche n.f. ❶ Partie d'un vêtement où l'on peut mettre de petits objets. *Papa a mis les clés dans sa poche.* ❷ Compartiment d'un sac, d'un cartable, d'un portefeuille. ❸ Objet ou cavité en forme de sac. *Une poche de pus.* ❹ Boursouflure sous les yeux. *Lorsqu'on vieillit, on a parfois des poches sous les yeux.* ❺ Déformation d'une partie d'un vêtement. *Ce jean fait des poches aux genoux.* ❻ **De poche,** de petite taille. *Un livre de poche; une lampe de poche.* ❼ **Argent de poche,** argent pour les petites dépenses personnelles. *Chaque semaine, mes parents me donnent un peu d'argent de poche.*
▸▸▸ Mot de la même famille : **empocher.**

▸ **pochette** n.f. ❶ Sachet ou enveloppe en papier, en tissu qui sert à contenir ou à protéger des objets. *Une pochette de disque, une pochette-surprise.* ❷ Petit mouchoir fin que l'on laisse dépasser de la poche supérieure d'un veston.

pochoir n.m. Feuille de carton ou de métal découpée par endroits selon un dessin, sur lequel on applique des couleurs pour reproduire les motifs. *Faire une frise au pochoir sur un mur.*

la technique du **pochoir**

podium n.m. Plate-forme où se placent les vainqueurs d'une épreuve sportive, les participants à un jeu, à un concert. *Les champions montent sur le podium pour recevoir leurs médailles olympiques.* → Vois aussi **estrade.**
● On prononce [pɔdjɔm].

1. **poêle** n.m. Appareil de chauffage qui fonctionne au bois, au charbon, ou au mazout.
● Le premier **e** prend un accent circonflexe. – On prononce [pwal].

2. **poêle** n.f. Récipient rond, peu profond et muni d'un long manche, qui sert à faire frire les aliments. *Faire revenir des oignons à la poêle.*
● Le premier **e** prend un accent circonflexe. – On prononce [pwal].

poème n.m. Texte de poésie, généralement en vers. *Un recueil de poèmes.*
▸▸▸ Mot de la famille de **poésie.**

poésie n.f. ❶ Art de combiner les mots pour évoquer des émotions, des idées, des sentiments. ❷ Texte généralement en vers. *Nous avons appris une poésie.* SYN. **poème.**

▸ **poète** n. Écrivain qui écrit en vers, qui fait de la poésie. *Baudelaire est un grand poète français.*
● Au féminin, on dit aussi une **poétesse.**

▸ **poétique** adj. Qui est empreint de poésie. *Avoir une vision poétique de la vie.*

poids n.m. ❶ Ce que pèse un être, une chose. *Richard a pris du poids. Le poids de cette*

valise est de vingt kilos. SYN. **masse.** ❷ Objet de métal qui sert à peser. *L'épicier a posé un poids de cent grammes sur la balance.* ❸ Boule de métal qu'un athlète lance le plus loin possible. *Le lancer de poids est une discipline olympique.* ❹ Ce qui est pénible à supporter, ce qui tourmente. *Il supporte seul tout le poids de ce gros projet.* SYN. **charge, fardeau.** *Avoir un poids sur la conscience.* SYN. **remords.** ❺ Force, influence qu'une chose exerce. *Cette preuve donne du poids à votre hypothèse.* ❻ **De poids,** important. *Un argument de poids.* ❼ **Poids lourd,** très gros camion. *Un conducteur de poids lourds.*
→ Vois aussi **masse.**
● Ce mot se termine par un **d** suivi d'un **s.** – Au sens 2, en physique, on dit **masse marquée.**

poignant, e adj. Qui provoque une grande émotion, une profonde tristesse. *La situation des victimes de la famine est poignante.* SYN. **pathétique.**

poignard n.m. Arme faite d'une lame courte et pointue montée sur un manche.

▶ **poignarder** v. (conjug. 3). Frapper avec un poignard.

poigne n.f. Force de la main, du poignet. *Il faut une bonne poigne pour arriver à dévisser ce couvercle.*
▸▸▸ Mot de la famille de **poing.**

poignée n.f. ❶ Ce que la main fermée peut contenir. *J'ai pris une poignée de bonbons.* ❷ Partie d'un objet qui sert à le saisir. *Une poignée de porte. La poignée d'une valise.* ❸ **Poignée de main,** geste par lequel on salue quelqu'un en lui serrant la main. ❹ Petit nombre de personnes. *Une poignée de spectateurs attendaient devant le théâtre.*
▸▸▸ Mot de la famille de **poing.**

poignet n.m. ❶ Articulation entre la main et l'avant-bras. *Porter une montre au poignet.* ❷ Extrémité de la manche d'un vêtement. *Les poignets de ta chemise sont sales.*
▸▸▸ Mot de la famille de **poing.**

poil n.m. ❶ Chacun des filaments qui recouvrent la peau de certains animaux et certaines parties du corps humain. *Les lapins ont des poils très doux. Les sourcils et les cils sont des poils.* ❷ Chacun des filaments d'un pinceau, d'une brosse, etc. *Mon pinceau perd ses poils.* ❸ (Familier). **Reprendre du poil de la bête,** retrouver des forces ou du courage.

▶ **1. poilu, e** adj. Couvert de poils. *Papi a les jambes très poilues.* SYN. **velu.**

▶ **2. poilu** n.m. Mot familier. Nom donné aux soldats français pendant la Première Guerre mondiale.

un **poilu**

poinçon n.m. Tige de métal pointue qui sert à percer, à graver, à appliquer une marque. *Un poinçon de cordonnier, de graveur, d'orfèvre.*
● Le **c** prend une cédille.

▶ **poinçonner** v. (conjug. 3). ❶ Marquer avec un poinçon. *Les bijoux en or sont poinçonnés.* ❷ Contrôler un titre de transport en y faisant un trou.

poindre v. (conjug. 49). Mot littéraire. **Le jour point,** le jour commence à paraître. SYN. **se lever.**
● Ce verbe se conjugue seulement à la 3e personne du singulier.

poing n.m. ❶ Main fermée. *Hugo a reçu un coup de poing.* ❷ **Dormir à poings fermés,** dormir profondément.
● Ce mot se termine par un **g.** – Ne confonds pas avec **point.**
▸▸▸ Mots de la même famille : **empoignade, empoigner.**

a b c d e f g h i j k l m n o p q r s t u v w x y z

1. point n.m. ❶ Petit signe rond. *Mets bien les points sur les «i» et les «j». On met un point en fin de phrase.* ❷ En géométrie, élément de l'espace qui a une surface la plus petite possible. *Deux droites se coupent en un point précis.* ❸ Endroit précis. *Fixer un point de ralliement.* ❹ État, situation. *Nous en sommes toujours au même point.* ❺ Degré atteint. *Je ne l'avais jamais vu heureux à ce point.* ❻ Unité qui sert à compter dans un jeu, un sport ou à noter un devoir. *J'ai gagné par douze points à huit.* ❼ Sujet, question. *Plusieurs points ont été abordés pendant la réunion.* ❽ Piqûre faite dans un tissu avec une aiguille enfilée. *Faire un ourlet à grands points. Le point de croix est un point de broderie.* ❾ **À point,** au degré de cuisson convenable. *Un gigot cuit à point.* ❿ **Arriver à point,** au bon moment. ⓫ **Au point,** bien réglé, qui fonctionne bien. *Cette machine n'est pas tout à fait au point.* ⓬ **Être sur le point de,** être très près de. *Je suis sur le point de partir.* ⓭ **Un point, c'est tout,** il n'y a rien à ajouter.

● Ne confonds pas avec **poing.**

2. point adv. Indique une négation et s'emploie parfois à la place de «pas». *Je ne l'ai point remarqué.*

pointage n.m. Action de pointer, de marquer d'un point, de contrôler. *Le maître fait le pointage des élèves présents.*

▸▸▸ Mot de la famille de **pointer.**

point de vue n.m. ❶ Endroit d'où l'on voit le mieux un paysage, un édifice. *De la colline, le point de vue est magnifique.* SYN. **panorama.** ❷ Manière de considérer les choses. *Je ne partage pas ton point de vue.* SYN. **avis, opinion.**

● Au pluriel : des **points de vue.**

pointe n.f. ❶ Extrémité pointue d'un objet qui va en s'amincissant. *Tailler la pointe d'un crayon. Jessie s'est piquée avec la pointe d'une aiguille.* ❷ Extrémité d'une bande de terre qui s'avance dans la mer. *Nous avons atteint la pointe de l'île.* ❸ Très petite quantité de quelque chose. *Une pointe d'ail.* ❹ Moment où l'activité, la consommation d'énergie, l'affluence atteignent leur maximum d'intensité. *Maman ne prend jamais sa voiture aux heures de pointe.* ❺ **De pointe,** d'avant-garde. *Le laser est une technique de pointe.* ❻ **Marcher sur la pointe des pieds,** sur le bout des orteils pour ne pas faire de bruit. ◆ n.f. plur. En danse classique, manière de se tenir sur l'extrémité des orteils dans des chaussons à bouts renforcés; ces chaussons. *Faire les pointes. Acheter une paire de pointes.*

des **pointes** de danseuse

pointer v. (conjug. 3). ❶ Marquer d'un point, d'un signe pour contrôler, compter. *La maîtresse pointe les absents sur sa liste.* ❷ Diriger sur un point, dans une direction. *Pointer son doigt vers quelqu'un.* ❸ Dresser en pointe. *Le chien a pointé les oreilles.* ❹ Pour un employé, un ouvrier, enregistrer son heure d'arrivée et son heure de départ sur un appareil appelé «pointeuse». → Vois aussi **badger.**

pointillé n.m. Suite de petits points sur une même ligne. *Découper un formulaire en suivant le pointillé.*

▸▸▸ Mot de la famille de **point.**

pointilleux, euse adj. Qui est très exigeant sur le règlement. *Un chef de service très pointilleux sur les horaires.* → Vois aussi **tatillon.**

pointu, e adj. Qui se termine en pointe. *Le requin a des dents pointues.*

▸▸▸ Mot de la famille de **pointe.**

pointure n.f. Nombre qui indique la taille des chaussures, des chaussettes, des gants. *Ma pointure de chaussure est le 36.*

point-virgule n.m. Signe de ponctuation (;) qui sépare deux membres de phrase.

● Au pluriel : des **points-virgules.**

poire n.f. Fruit jaune ou vert, de forme renflée à la base, qui pousse sur un poirier.

une **poire**

poireau n.m. Légume allongé qui a des feuilles vertes et une base blanche très tendre. *Manger des poireaux à la vinaigrette.*
● Au pluriel : des **poireaux.**

poirier n.m. ❶ Arbre fruitier qui produit les poires. ❷ **Faire le poirier,** se tenir en équilibre sur les mains, la tête touchant le sol et les pieds en l'air.
►►► Mot de la famille de **poire.**

pois n.m. ❶ **Petits pois,** légumes à grains ronds et verts enfermés dans une gousse. *Écosser des petits pois.* ❷ **Pois cassés,** pois secs que l'on consomme en purée. → Vois aussi **chiche (3).** ❸ **Pois de senteur,** fleurs roses, blanches ou bleues très parfumées. ❹ Petit rond. *Une robe rouge à pois blancs.*
● Ce mot se termine par un **s.**

des **petits pois**

poison n.m. ❶ Produit très dangereux pour la santé et qui peut entraîner la mort. *Les champignons vénéneux contiennent du poison.* ❷ (Sens familier). Personne insupportable. *Quel poison, ce gamin !*
►►► Mots de la même famille : **antipoison, contrepoison, empoisonner.**

poisser v. (conjug. 3). Salir en rendant collant, gluant. *Ces bonbons sont délicieux mais ils poissent les doigts.*
►►► Mot de la famille de **poix.**

poisseux, euse adj. Qui est collant, gluant. *J'ai les mains toutes poisseuses de miel.*
►►► Mot de la famille de **poix.**

poisson n.m. Animal vertébré au corps couvert d'écailles, qui a des nageoires et qui vit dans l'eau. *La carpe est un poisson d'eau douce, la sardine un poisson de mer.* → Vois aussi **pisciculture.**

→ planche pp. 804-805.

► **poissonnerie** n.f. Magasin où l'on vend du poisson, des fruits de mer et des crustacés.

► **poissonneux, euse** adj. Qui contient du poisson en abondance. *Un étang poissonneux.*

► **poissonnier, ère** n. Personne qui vend du poisson, des fruits de mer et des crustacés.

poitrail n.m. Devant du corps du cheval et de quelques autres animaux domestiques, comme l'âne et la vache, entre l'encolure et les pattes avant.

poitrine n.f. ❶ Partie du corps située entre le cou et la taille, qui contient le cœur et les poumons. *Respirer en gonflant bien la poitrine.* SYN. **buste, thorax, torse.** ❷ Seins de la femme. ❸ Partie du corps de certains animaux, entre le cou et le ventre. → Vois aussi **tronc.**

poivre n.m. Épice au goût fort et piquant, provenant du fruit d'un arbuste tropical, le *poivrier.*

► **poivrer** v. (conjug. 3). Assaisonner de poivre. *Papa a poivré la vinaigrette.*

► **poivrière** n.f. Petit récipient muni d'un bouchon perforé, dans lequel on met le poivre moulu.
● On peut aussi dire un **poivrier.**

poivron n.m. Piment doux vert, jaune ou rouge que l'on mange en légume. *Manger des poivrons farcis.*

poix n.f. Mélange mou et collant à base de résine et de goudron. *La poix sert à encoller des papiers.*
● Ce mot se termine par un **x.**

poker n.m. Jeu de cartes d'origine américaine, où l'on joue de l'argent. *Faire une partie de poker.*
● C'est un mot anglais, on prononce [pɔkɛr].

polaire adj. ❶ Relatif aux pôles; situé près d'un pôle. *Les mers polaires.* ❷ **Ours polaire,** ours blanc qui vit dans la région du pôle Nord.

Les poissons

Les poissons sont des animaux vertébrés adaptés à la vie dans l'eau. Ils ont des branchies pour respirer et se déplacent grâce à leurs nageoires. Leur peau est recouverte d'écailles plus ou moins nombreuses. La plupart pondent des œufs. Certains vivent dans l'eau douce des lacs (carpe), des rivières (brochet) ou des torrents (truite), d'autres vivent dans l'eau salée des mers et des océans (bar, daurade, murène, espadon…).

exocet ou poisson volant

Pour en savoir plus

requin-baleine

sardines

bar ou loup

brochet

poisson-chat

gardon

saint-pierre

truite

épinoche

barracuda
daurade
baudroie ou lotte
églefin
poisson rouge ou cyprin doré
rouget grondin
carpe cuir
poisson-papillon
lamproie de rivière
poisson-scie
omble ou saumon de fontaine
perche
limande
hippocampe
tanche
murène
régalec ou roi des harengs
espadon

❸ **L'étoile Polaire,** l'étoile très brillante qui indique la direction du nord.

● Le **o** ne prend pas d'accent circonflexe, contrairement à **pôle.**

►►► Mot de la famille de **pôle.**

polariser v. (conjug. 3). Attirer, concentrer sur soi. *Le spectacle de fin d'année polarise toute l'attention de la classe.*

polder n.m. Terre située en dessous du niveau de la mer, conquise par l'homme sur la mer ou les marais et mise en valeur. *Les Hollandais ont créé de nombreux polders.*

● On prononce [pɔldɛr].

des **polders**

pôle n.m. ❶ Chacun des deux points de la surface terrestre qui forment les extrémités de l'axe imaginaire de rotation de la Terre. *Le pôle Nord et le pôle Sud.* ❷ **Pôle d'attraction,** ce qui attire l'attention, l'intérêt. *Le parc de loisirs est un pôle d'attraction pour la région.*

● Le **o** prend un accent circonflexe.

polémique n.f. Débat animé, parfois violent entre des personnes d'avis différents. → Vois aussi **controverse.**

1. **poli, e** adj. Qui respecte les règles, les usages de la politesse. *On dit « merci » quand on est poli.* SYN. **courtois, bien élevé.** CONTR. **mal élevé, impoli, malpoli.**

2. **poli, e** adj. Lisse et brillant. *Une cheminée en marbre poli.*

►►► Mot de la famille de **polir.**

1. **police** n.f. ❶ Ensemble des services et des personnes qui font respecter les lois et qui veillent au maintien de l'ordre et de la sécurité publics. *La police est chargée des enquêtes.* ❷ **Police secours,** service d'un commissariat qui s'occupe des cas d'urgence. *Appeler police secours.* → Vois aussi **agent.**

2. **police** n.f. **Police d'assurance,** contrat d'assurance.

polichinelle n.m. ❶ Personnage, marionnette qui a deux bosses, l'une devant, l'autre dans le dos, et qui passe son temps à berner les gendarmes. ❷ **Secret de polichinelle,** chose connue de tous.

policier, ère adj. ❶ Qui concerne la police. *Une enquête policière.* ❷ **Roman, film policier,** qui racontent une enquête policière. ◆ n. Membre de la police. *Les policiers mènent l'enquête.*

►►► Mot de la famille de **police (1).**

poliment adv. De manière polie. *Natacha s'est excusée poliment.* CONTR. **impoliment.**

►►► Mot de la famille de **poli (1).**

poliomyélite n.f. Maladie due à un virus qui se fixe sur les centres nerveux et peut provoquer une paralysie.

● Ce mot s'écrit avec **y** après le **m.** – On dit familièrement la **polio.**

polir v. (conjug. 16). Rendre lisse et brillant en frottant. *Le menuisier polit la planche avec du papier de verre.*

polisson, onne n. Enfant espiègle, turbulent et désobéissant. *Ce petit polisson a encore fait des bêtises !* SYN. **chenapan, coquin, garnement.**

politesse n.f. Ensemble des règles que l'on applique quand on est bien élevé et que l'on respecte les autres. SYN. **correction.** CONTR. **grossièreté, impolitesse.** *« Merci », « pardon », « s'il vous plaît » sont des termes de politesse.*

►►► Mot de la famille de **poli (1).**

politicien, enne n. Personne qui fait officiellement de la politique, dans un gouvernement ou dans un parti.

►►► Mot de la famille de **politique.**

politique n.f. Manière de gouverner un pays et de gérer les relations avec les autres pays. *Faire de la politique.*

► **politique** adj. ❶ Qui concerne la manière de gouverner un pays et l'exercice du pouvoir. *Leurs opinions politiques divergent. Un parti politique.* ❷ **Homme politique, femme politique,** homme, femme qui s'occupent des affaires de l'État, qui font de la politique. *Les députés, les sénateurs et les ministres sont des hommes politiques.*

pollen n.m. Poudre colorée, souvent jaune, formée de petits grains, que produisent les étamines d'une fleur et qui permettent aux plantes de se reproduire. *Le vent et les insectes transportent le pollen.*
● On prononce [pɔlɛn].

polluant, e adj. Qui pollue. *Une industrie polluante; des combustibles polluants.*
▸▸▸ Mot de la famille de **polluer.**

polluer v. (conjug. 3). Rendre malsain, dangereux pour les êtres vivants. *Les déchets de l'usine chimique ont pollué le fleuve.*

▸ **pollution** n.f. Ensemble des dégâts que font les produits chimiques et les déchets dans l'eau, l'air et les sols. → Vois aussi **environnement.**

polo n.m. ❶ Sport dans lequel des joueurs à cheval, divisés en deux équipes, doivent envoyer une boule de bois dans le camp adverse à l'aide d'un maillet à long manche. ❷ Chemise de sport en tricot à col ouvert.

le polo

polochon n.m. Mot familier. Traversin. *On a fait une bataille de polochons.*

polonais, e adj. et n. De Pologne. *Varsovie est la capitale polonaise. Karol est polonais. C'est un Polonais.* ◆ **polonais** n.m. Langue parlée en Pologne.
● Le nom prend une majuscule quand il désigne une personne : *un Polonais.*

poltron, onne adj. et n. Qui manque de courage. SYN. **lâche, peureux.** CONTR. **courageux.** → Vois aussi **froussard.**

poly- préfixe. Placé au début d'un mot, **poly-** indique qu'il y a plusieurs choses : *polythéiste, polyglotte.*

polychrome adj. Qui est peint ou décoré de plusieurs couleurs. *Une statue polychrome.*
● Ce mot s'écrit avec un **y** et **ch** que l'on prononce [k].

polygamie n.f. Situation d'un homme qui est marié à plusieurs femmes en même temps. *En France, la polygamie est interdite par la loi.* → Vois aussi **bigamie.**

polyglotte adj. et n. Qui parle plusieurs langues. *Cette interprète est polyglotte, elle parle anglais, allemand, italien et espagnol.*
→ Vois aussi **bilingue, trilingue.**

polygone n.m. Figure géométrique qui a plusieurs côtés. *Un carré, un rectangle, un triangle sont des polygones.* → Vois aussi **hexagone, octogone, pentagone.**

polynésien, enne adj. et n. De Polynésie. *Les îles et les archipels polynésiens sont situés dans l'océan Pacifique.*
● Le nom prend une majuscule : *un Polynésien.*

polystyrène n.m. Matière plastique qui se présente sous forme de petites boules légères agglomérées. *De nombreux emballages sont en polystyrène.*
● Ce mot s'écrit avec deux **y.**

polytechnicien, enne n. Élève de l'École polytechnique, grande école scientifique française.
● Ce mot s'écrit avec un **y** et **ch** que l'on prononce [k].

polythéiste adj. Qui admet l'existence de plusieurs dieux. *Dans l'Antiquité, de nombreuses religions étaient polythéistes.* CONTR. **monothéiste.**
● Ce mot s'écrit avec un **y** et avec **th.**

pommade n.f. Crème épaisse et grasse qui contient un médicament et que l'on applique sur la peau. *J'ai mis de la pommade sur ma piqûre de guêpe.*

pomme n.f. ❶ Fruit rond jaune, vert ou rouge qui a des pépins et pousse sur un pommier. *On mange les pommes crues ou cuites.* ❷ Pomme de terre. *Manger des pommes vapeur.* ❸ **Pomme de pin,** fruit du pin. ❹ Objet dont la forme rappelle celle d'une pomme. *Une pomme d'arrosoir.* ❺ **Pomme d'Adam,** petite bosse située à l'avant du cou des hommes. ❻ (Familier). **Tomber dans les pommes,** s'évanouir.

▸ **pommeau** n.m. ❶ Boule au bout de la poignée d'une épée, d'un sabre, d'une canne. ❷ Partie arrondie située à l'avant d'une selle.
● Au pluriel : des **pommeaux.**

▸ **pomme de terre** n.f. Plante potagère dont on mange les tubercules qui poussent

sous la terre. *Des pommes de terre sautées.* SYN. **pomme.**
● Au pluriel : des **pommes de terre.**

des pommes de terre

▸ **pommelé, e** adj. ❶ **Ciel pommelé,** couvert de petits nuages arrondis blancs ou grisâtres. ❷ **Cheval pommelé,** cheval au pelage marqué de taches rondes mêlées de gris et de blanc.

▸ **pommette** n.f. Haut de la joue, au-dessous de l'œil. *Il fait froid, j'ai les pommettes toutes rouges.*

▸ **pommier** n.m. Arbre fruitier qui produit des pommes.

1. **pompe** n.f. Appareil qui sert à aspirer ou à refouler un liquide ou un gaz. *Une pompe à essence; une pompe à incendie; une pompe à vélo.*

2. **pompe** n.f. **En grande pompe,** avec beaucoup d'éclat et de luxe. *Se marier en grande pompe.* ◆ n.f. plur. **Pompes funèbres,** entreprise qui organise les enterrements.

pomper v. (conjug. 3). Aspirer avec une pompe. *On a pompé l'eau des maisons inondées.*
▸▸▸ Mot de la famille de **pompe (1).**

pompeusement adv. De manière pompeuse, avec emphase. *S'exprimer pompeusement.*
▸▸▸ Mot de la famille de **pompe (2).**

pompeux, euse adj. Qui est solennel au point d'en paraître ridicule. *Un discours pompeux.* SYN. **emphatique, grandiloquent, ronflant.**
▸▸▸ Mot de la famille de **pompe (2).**

pompier n.m. Homme qui combat les incendies et qui vient au secours des victimes d'un accident ou d'une catastrophe. *Quand un feu se déclare, on doit prévenir les pompiers au plus vite.* SYN. **sapeur-pompier.**

pompiste n. Personne qui distribue l'essence dans une station-service. *Le pompiste a fait le plein de la voiture.*
▸▸▸ Mot de la famille de **pompe (1).**

pompon n.m. Boule faite avec des fils de laine et servant d'ornement. *Les marins de la Marine nationale ont un pompon rouge sur leur béret.*

se **pomponner** v. (conjug. 3). S'habiller et se maquiller avec beaucoup de soin, de coquetterie. *Elle s'est pomponnée pour aller au restaurant.* SYN. **se bichonner.**

ponce adj.f. **Pierre ponce,** roche volcanique poreuse, légère et très dure, qui sert à frotter la peau pour la rendre lisse et douce.
▸▸▸ Mot de la famille de **poncer.**

poncer v. (conjug. 4). Frotter avec une matière rugueuse pour polir, pour rendre lisse et propre. *Poncer un parquet avant de le vitrifier.*

▸ **ponceuse** n.f. Machine qui sert à poncer une surface.

poncho n.m. Manteau formé d'un grand rectangle de tissu avec une ouverture pour passer la tête. *Le poncho est un vêtement traditionnel de l'Amérique du Sud.*
● On prononce [pɔ̃ʃo] ou [pɔ̃tʃo].

ponction n.f. ❶ Opération qui consiste à retirer un peu de liquide du corps en l'aspirant avec une seringue. *On a fait une ponction lombaire au malade.* ❷ Prélèvement d'une somme importante d'argent.

▸ **ponctionner** v. (conjug. 3). Faire une ponction.

ponctualité n.f. Qualité d'une personne ponctuelle, qui respecte l'horaire. SYN. **exactitude.**
▸▸▸ Mot de la famille de **ponctuel.**

ponctuation n.f. **Signe de ponctuation,** signe qui permet de marquer des arrêts entre les phrases ou dans une phrase. *Les points,*

les points d'exclamation et d'interrogation, les virgules sont des signes de ponctuation.
▸▸▸ Mot de la famille de **ponctuer.**

ponctuel, elle adj. ❶ Qui est à l'heure, qui arrive à l'heure. *Être ponctuel à un rendez-vous.* SYN. **exact.** ❷ Qui porte sur un point précis. *Des critiques ponctuelles.*

▸ **ponctuellement** adv. De manière ponctuelle. *Le gardien distribue le courrier à 9 heures, très ponctuellement.*

ponctuer v. (conjug. 3). Mettre les signes de ponctuation dans un texte. *Ponctuez correctement votre rédaction.*

pondération n.f. Caractère d'une personne pondérée, réfléchie. *Hamidou ne s'est pas mis en colère, il a agi avec pondération.* SYN. **modération, retenue.**
▸▸▸ Mot de la famille de **pondéré.**

pondéré, e adj. Qui est calme et équilibré dans ses jugements et sa manière d'agir. *Hamidou est un garçon pondéré.* SYN. **mesuré, modéré, posé.** CONTR. **impulsif.**

pondre v. (conjug. 46). Produire des œufs, les faire sortir de son corps. *Les femelles des oiseaux, des poissons et de certains serpents pondent des œufs.*

poney n.m. Cheval de petite taille à crinière épaisse. *Ma petite sœur fait du poney.*
● Ce mot se termine par un **y.** – Femelle : la ponette. Cri : le hennissement.

un **poney**

pont n.m. ❶ Construction qui permet de franchir un cours d'eau, une route, une voie ferrée, un bras de mer. ❷ **Pont aérien,** liaison établie par avion au-dessus d'une zone dangereuse, en particulier dans le cadre d'une aide humanitaire. *Le pont aérien a permis de faire parvenir des vivres et des médicaments aux réfugiés.* ❸ Plancher qui recouvre la coque d'un bateau. ❹ **Faire le pont,** avoir un jour de congé supplémentaire entre deux jours fériés.

le **pont** du Golden Gate
(San Francisco, États-Unis)

ponte n.f. Action de pondre. *Après la ponte, les oiseaux couvent leurs œufs.*
▸▸▸ Mot de la famille de **pondre.**

pontife n.m. **Le souverain pontife,** le pape.

▸ **pontifical, e, aux** adj. Qui concerne le pape. *L'autorité pontificale.*
● Au masculin pluriel : **pontificaux.**

pont-levis n.m. Pont qui peut se relever ou s'abaisser au-dessus d'un fossé, à l'entrée d'un château fort. *On relevait le pont-levis pour empêcher les ennemis d'entrer.*
● Au pluriel : des **ponts-levis.**

ponton n.m. Plate-forme flottante ou fixe le long de laquelle les bateaux peuvent accoster.

pop-corn n.m. invar. Grains de maïs grillés et éclatés à la chaleur, que l'on mange sucrés ou salés.
● La nouvelle orthographe permet d'écrire aussi du **popcorn,** des **popcorns,** avec un **s** et sans trait d'union.

pope n.m. Prêtre de l'Église orthodoxe.

populace n.f. Mot péjoratif. **La populace,** le bas peuple.

populaire adj. ❶ Qui vient du peuple, qui appartient au peuple. *Une expression populaire.* ❷ **Classes populaires,** issues du peuple. CONTR. **bourgeois.** ❸ Qui est connu et apprécié par de très nombreuses personnes. *Un acteur populaire; une chanson populaire.*

▸ **popularité** n.f. Fait d'être connu et aimé par de très nombreuses personnes. *La popularité d'une chanteuse.* SYN. **célébrité, renommée.**

population n.f. Ensemble des habitants d'un pays, d'une région, d'une ville, d'un quartier. *La population de la France est d'environ 66 millions d'habitants.*
►►► Mot de la famille de **peuple.**

populeux, euse adj. Qui est très peuplé. *Un quartier populeux.*

porc n.m. ❶ Mammifère domestique, dont le museau se termine par un groin, et que l'on élève pour sa viande et sa peau, dont on fait du cuir. SYN. **cochon.** ❷ Viande de porc. *Un rôti de porc.* → Vois aussi **pourceau.**
● Ce mot se termine par un **c** que l'on ne prononce pas. – Femelle : la truie. Petits : le cochonnet, le goret, le porcelet. Cri : le grognement ou le couinement. Les porcs sont des porcins.

porcelaine n.f. Matière blanche, fine, translucide et fragile, qui sert à faire de la vaisselle, des vases, etc. *Un service à thé en porcelaine.*

porcelet n.m. Jeune porc. SYN. **cochonnet, goret.**
►►► Mot de la famille de **porc.**

porc-épic n.m. Rongeur des pays chauds, dont le corps est recouvert de piquants, longs et épais. *Le porc-épic se hérisse quand il se sent menacé.*
● On prononce les deux **c** : [pɔrkepik]. – Au pluriel : des **porcs-épics.**

un **porc-épic**

porche n.m. Partie couverte à l'entrée d'un bâtiment. *S'abriter de la pluie sous le porche d'un immeuble.*

porcherie n.f. Bâtiment qui sert d'abri aux porcs.
►►► Mot de la famille de **porc.**

porcin, e adj. Qui se rapporte au porc. *L'élevage porcin.* ◆ n.m. Mammifère dont les pattes se terminent par quatre doigts protégés chacun par un sabot. *Le porc, le sanglier et le phacochère sont des porcins.*
→ Vois aussi **bovin, caprin, ovin.**
►►► Mot de la famille de **porc.**

pore n.m. Minuscule orifice à la surface de la peau. *Les pores permettent à la sueur de s'écouler.*
● Ce nom masculin se termine par un **e.**

► **poreux, euse** adj. Qui comporte une multitude de petits orifices et laisse passer les liquides. *Ce vase est poreux.* CONTR. **imperméable.**

pornographique adj. Qui représente avec obscénité les relations sexuelles. *Un film pornographique.*

1\. **port** n.m. ❶ Lieu aménagé au bord de la mer ou d'un fleuve pour abriter les navires et pour permettre l'embarquement et le débarquement des marchandises et des passagers. *Un port maritime; un port fluvial.* ❷ **Arriver à bon port,** arriver sans accident là où l'on voulait aller. *Après de multiples péripéties, nous sommes arrivés à bon port.*

2\. **port** n.m. ❶ Fait de porter quelque chose sur soi. *À moto et à Mobylette, le port d'un casque est obligatoire.* ❷ Prix du transport d'une lettre, d'un colis. *C'est l'expéditeur qui paie le port.*
►►► Mot de la famille de **porter (1).**

portable adj. ❶ Que l'on peut transporter. *Un ordinateur portable.* SYN. **portatif.** ❷ Que l'on peut mettre sur soi. *Cette jupe est-elle encore portable ?* SYN. **mettable.** ◆ n.m. Téléphone, ordinateur portable.
● Pour le téléphone, on peut dire un **téléphone mobile.**
►►► Mot de la famille de **porter (1).**

portail n.m. Grande porte, à l'entrée d'un édifice important, d'un parc, etc. *Le portail du jardin; le portail d'une église.*
►►► Mot de la famille de **porte.**

portant, e adj. ❶ **Être bien portant, être mal portant,** être en bonne santé, en mauvaise santé. ❷ **À bout portant,** le bout du revolver ou du fusil touchant la personne sur qui l'on tire. *On a tiré sur la victime à bout portant.*
►►► Mot de la famille de **porter (1).**

portatif, ive adj. Qui peut être transporté facilement. *Un poste de radio portatif.* SYN. **portable.**
►►► Mot de la famille de **porter (1).**

porte n.f. ❶ Panneau mobile qui permet d'entrer dans un lieu ou d'en sortir. *La porte du garage est fermée.* ❷ **Mettre à la porte,** faire partir, mettre dehors. *Son* *grand frère a été mis à la porte du collège.* SYN. **renvoyer.** ❸ Partie d'un meuble qui permet de l'ouvrir et de le fermer. *La porte du placard est ouverte.* ❹ Lieu par lequel on entre dans une ville. *La porte de Bagnolet, à Paris.* ❺ **Journée portes ouvertes,** possibilité offerte au public de visiter librement une entreprise, un service public, etc. *L'école organise une journée portes ouvertes.*

porté, e adj. **Être porté à,** avoir tendance à. *Je suis porté à croire qu'il a raison.* SYN. **être enclin à.**

en **porte-à-faux** adv. En équilibre instable. *Le rocher est en porte-à-faux, il peut tomber.*
● On peut aussi écrire **en porte à faux.**

porte-à-porte n.m. invar. **Faire du porte-à-porte,** aller au domicile des personnes pour leur proposer des marchandises.

porte-avions n.m. invar. Navire de guerre aménagé pour transporter des avions et pour leur permettre de décoller et de se poser.
● La nouvelle orthographe permet d'écrire aussi un **porte-avion,** sans **s.**

un porte-avions

porte-bagages n.m. invar. Sur une bicyclette ou une moto, dispositif situé à l'arrière qui permet de transporter des objets ou des personnes. *Papa transporte mon petit frère sur son porte-bagages.*
● La nouvelle orthographe permet d'écrire aussi un **porte-bagage,** sans **s.**

porte-bonheur n.m. invar. Objet dont on pense qu'il porte chance. *Le fer à cheval accroché au-dessus de leur porte est un porte-bonheur.* SYN. **fétiche.** → Vois aussi **amulette, talisman.**
● La nouvelle orthographe permet d'écrire aussi des **porte-bonheurs,** avec un **s.**

porte-cartes n.m. invar. Petit portefeuille muni de compartiments transparents qui sert à ranger des papiers d'identité, des cartes de crédit, des cartes de visite, etc.
● La nouvelle orthographe permet d'écrire aussi un **porte-carte,** des **porte-cartes,** avec un **s.**

porte-clés n.m. invar. Anneau ou étui qui sert à porter des clés.
● On peut aussi écrire un **porte-clefs.**
– La nouvelle orthographe permet d'écrire aussi un **porteclé,** des **porteclés,** sans trait d'union et sans **s** au singulier.

portée n.f. ❶ Ensemble des petits qu'une femelle de mammifère a en une fois. *La chienne a eu une portée de cinq chiots.* → Vois aussi **couvée, nichée.** ❷ Série de cinq lignes horizontales parallèles sur lesquelles et entre lesquelles sont écrites les notes de musique. ❸ Effet que produit quelque chose. *Il n'a pas mesuré la portée de ses paroles.* SYN. **conséquence.** ❹ **À portée de la main,** que l'on peut facilement atteindre. *Avoir un dictionnaire à portée de la main.* ❺ **À la portée de quelqu'un,** qui peut être atteint, compris ou fait par lui. *Ce documentaire est à la portée de tous.* ❻ **Hors de portée,** qui ne peut être atteint.
►►► Mot de la famille de **porter (1).**

portefeuille n.m. Étui muni de poches intérieures qui sert à ranger des billets de banque et des papiers d'identité.
● **Portefeuille** s'écrit en un seul mot.

portemanteau n.m. Support fixé au mur ou monté sur un pied qui sert à suspendre des vêtements. → Vois aussi **cintre.**
● **Portemanteau** s'écrit en un seul mot. – Au pluriel : des **portemanteaux.**

porte-monnaie n.m. invar. Petite pochette dans laquelle on met des pièces de monnaie. *J'ai quelques euros dans mon porte-monnaie.* → Vois aussi **bourse (1).**
● La nouvelle orthographe permet d'écrire aussi un **portemonnaie,** des **portemonnaies,** avec un **s** et sans trait d'union.

porte-parole n. invar. Personne qui parle au nom d'une autre personne ou d'un groupe. *Cette femme est la porte-parole du gouvernement.*
● La nouvelle orthographe permet d'écrire aussi des **porte-paroles,** avec un **s.**

porte-plume n.m. Petit manche au bout duquel on adapte une plume en métal. *Mon oncle écrit avec un porte-plume.*
● Au pluriel : des **porte-plumes** ou des **porte-plume.** – La nouvelle orthographe permet d'écrire aussi un **porteplume,** des **porteplumes,** sans trait d'union.

1. **porter** v. (conjug. 3). ❶ Supporter un poids. *Porter une caisse. Porter un bébé dans ses bras.* ❷ Avoir sur soi. *Thomas porte un jean. Lisa porte des lunettes.* ❸ Apporter quelque part. *Porter de l'argent à la banque.* ❹ Pour une femelle de mammifère, avoir des petits non encore nés dans son ventre. *Les chiennes portent pendant deux mois.* ❺ **Porter un nom,** avoir tel nom. *Notre voisin porte le même nom qu'un acteur.* ❻ Avoir pour sujet, pour thème. *La discussion a porté sur l'environnement.* ❼ Qui s'entend de loin. *Papa a une voix qui porte.* ❽ Avoir de l'effet. *Mes critiques ont porté.* ❾ **Porter secours,** secourir. → Vois aussi **bonheur, malheur.**

2. se **porter** v. (conjug. 3). Être dans un certain état de santé. *Depuis son opération, mon frère se porte bien.* SYN. **aller.**

porte-savon n.m. Petit support sur lequel on pose un savon.
● Au pluriel : des **porte-savons.**

porte-serviette n.m. Support pour suspendre les serviettes de toilette.
● Au pluriel : des **porte-serviettes.**

porteur, euse n. Personne qui porte les bagages des voyageurs. ◆ adj. Se dit d'une personne qui porte en elle les germes d'une maladie contagieuse et risque de les transmettre. *Être porteur d'un virus, d'un microbe.*
▸▸▸ Mot de la famille de **porter (1).**

porte-voix n.m. invar. Appareil en forme de cône, qui sert à augmenter la puissance de la voix. *La police des mers a interpellé les plaisanciers imprudents avec un porte-voix.*
● La nouvelle orthographe permet d'écrire aussi un **portevoix,** des **portevoix,** sans trait d'union.

portier, ère n. Personne qui accueille et guide les clients à l'entrée d'un hôtel, d'un restaurant.
▸▸▸ Mot de la famille de **porte.**

portière n.f. Porte d'une voiture, d'un train. *Attention à la fermeture automatique des portières !*
▸▸▸ Mot de la famille de **porte.**

portillon n.m. Petite porte dont le battant est en général assez bas. *Le portillon d'un square.*
▸▸▸ Mot de la famille de **porte.**

portion n.f. ❶ Partie d'un tout. *Une portion de la route a été endommagée.* SYN. **tronçon.** ❷ Quantité de nourriture servie à une personne. *J'ai pris deux portions de légumes.* SYN. **ration.** *Une portion de tarte.* SYN. **part.**

portique n.m. Poutre horizontale soutenue par des poteaux et à laquelle on accroche une balançoire, des anneaux, un trapèze, etc. *Alexandra et Hugo ont un portique dans leur jardin.*

portrait n.m. ❶ Peinture, dessin, photo qui représentent une personne. *Le photographe a fait un portrait de Candice.* ❷ **Être le portrait de quelqu'un,** lui ressembler énormément. *Kelly est tout le portrait de sa mère.* ❸ Description d'une personne. *Elle nous a fait un portrait flatteur de sa grande sœur.*
→ planche pp. 768-769.

portrait de Pierre Loti par le Douanier Rousseau

▸ **portrait-robot** n.m. Portrait d'une personne reconstitué d'après les descriptions des témoins. *Le portrait-robot du criminel a été diffusé dans les journaux.*
● Au pluriel : des **portraits-robots.**

portuaire adj. Qui concerne un port. *Des installations portuaires.*
▸▸▸ Mot de la famille de **port (1).**

portugais, e adj. et n. Du Portugal. *Lisbonne est la capitale portugaise. Mon ami João est portugais. C'est un Portugais.* ◆ **portugais** n.m. Langue parlée au Portugal et au Brésil.

→ Vois aussi **ibérique.**

● Le nom prend une majuscule quand il désigne une personne : *un Portugais.*

pose n.f. ❶ Fait de poser, d'installer un objet ou un matériel. *La pose d'une moquette.* ❷ Manière de se tenir lorsqu'on se fait photographier ou peindre. *Avoir une pose naturelle.* SYN. **attitude.** *Le modèle garde la pose devant le peintre.*

● Ne confonds pas avec **pause.**

▸▸▸ Mot de la famille de **poser.**

posé, e adj. Qui est calme et retenu dans son comportement. *Marine est une fille posée.* SYN. **modéré, pondéré, sérieux.** CONTR. **fougueux, impétueux, impulsif.**

▸▸▸ Mot de la famille de **poser.**

posément adv. De manière posée. *On s'est expliqués posément.* SYN. **calmement.**

▸▸▸ Mot de la famille de **poser.**

poser et **se poser** v. (conjug. 3). ❶ Mettre quelque part. *Pose les assiettes sur la table.* SYN. **placer.** ❷ Mettre en place. *Ils ont posé du papier peint dans leur chambre.* ❸ Rester immobile, garder une certaine attitude pour être peint, photographié. *Les mariés posent devant le photographe.* ❹ **Poser une question à,** demander quelque chose à quelqu'un. *Bastien a posé une question au professeur.* SYN. **interroger.** ❺ **Poser un chiffre, une opération,** les écrire selon les règles de l'arithmétique. *8 plus 6 égale 14, je pose 4 et je retiens 1. Poser une addition.* ❻ **Poser sa candidature,** se déclarer candidat à un poste, à une fonction. ◆ **se poser.** ❶ Cesser de voler et se placer quelque part. *Le moineau s'est posé sur la branche.* ❷ Pour un avion, un engin spatial, atterrir. *L'avion se pose sur la piste.* CONTR. **décoller.**

▸▸▸ Mot de la même famille : **apposer.**

▸ **poseur, euse** n. et adj. Personne aux manières prétentieuses. *Quelle poseuse, celle-là !*

positif, ive adj. ❶ Qui est affirmatif. *Une réponse positive.* CONTR. **négatif.** ❷ Qui révèle la présence de l'élément recherché. *Un test positif; une cuti-réaction positive.* CONTR. **négatif.** ❸ Qui est supérieur ou égal à zéro. *Un nombre positif est précédé du signe +.* ❹ Qui a un effet favorable. *Avoir une influence positive sur quelqu'un.* SYN. **bénéfique.** *Une démarche positive.* SYN. **constructif.** ❺ Qui a le sens des réalités. *Un esprit positif.* SYN. **réaliste.**

position n.f. ❶ Manière dont une personne se tient. *J'ai changé de position, j'étais mal installé pour lire.* SYN. **posture.** ❷ Rang occupé par une personne dans un groupe ou dans une compétition. *Le coureur est arrivé en deuxième position.* SYN. **place.** ❸ Endroit où un navire, un avion se trouvent. *Le navire a fait connaître sa position.* SYN. **situation.** ❹ Point de vue. *Quelle est votre position sur cette question ?* SYN. **avis, opinion.** ❺ **Prendre position,** prendre parti, donner son avis.

▸▸▸ Mot de la famille de **poser.**

posologie n.f. Quantité et rythme auxquels on doit prendre un médicament.

posséder v. (conjug. 9). Avoir à soi, être propriétaire de quelque chose. *Mon oncle possède un chalet à la montagne.*

▸ **possesseur** n.m. Personne qui possède quelque chose. *Il est possesseur d'une villa dans le Midi.* SYN. **propriétaire.**

▸ **possessif, ive** adj. **Adjectif possessif, pronom possessif,** mots qui servent à indiquer la propriété, qui désignent un être auquel appartient quelque chose. *« Ta » est un adjectif (ou déterminant) possessif. « Mien » est un pronom possessif.*

▸ **possession** n.f. ❶ Fait de posséder. *La possession d'un château est une lourde charge.* ❷ **Avoir en sa possession, être en possession de,** posséder quelque chose, l'avoir à soi. *Des documents confidentiels seraient en sa possession.* ❸ Bien qui appartient à quelqu'un; territoire possédé par un État. *Ce yacht est la possession d'un chanteur.* SYN. **propriété.**

possibilité n.f. ❶ Caractère de ce qui est possible. *La possibilité d'un accord entre les deux pays est improbable.* ❷ Ce qui peut se réaliser. *On doit envisager toutes les possibilités.* SYN. **éventualité, hypothèse.** ❸ Moyen de faire quelque chose. *Donnez-lui la possibilité de faire ses preuves.*

▸▸▸ Mot de la famille de **possible.**

possible adj. ❶ Qui peut se produire, arriver. *Une erreur est toujours possible.* SYN. **envisageable.** *Il est possible que j'arrive en retard.*

a b c d e f g h i j k l m n o p q r s t u v w x y z

CONTR. **impossible.** ❷ **Autant que possible,** dans la mesure de ses moyens. *J'aimerais rentrer tôt, autant que possible.* ❸ **Faire tout son possible,** faire tout ce qu'on peut. *Je ferai tout mon possible pour arriver à l'heure.*

post- préfixe. Placé au début d'un mot, **post-** signifie « après » : *post-scriptum.*

postal, e, aux adj. De la poste. *Des camions postaux; des wagons postaux.* → Vois aussi **carte, code.**
● Au masculin pluriel : **postaux.**
►►► Mot de la famille de **poste (1).**

1. **poste** n.f. ❶ Service qui s'occupe du ramassage, du transport et de la distribution du courrier et des colis. *Expédier une lettre par la poste.* ❷ Bâtiment, local où s'effectuent les opérations postales. *Acheter un carnet de timbres à la poste.*

2. **poste** n.m. ❶ Emploi. *Sa mère occupe un poste d'informaticienne.* SYN. **fonction.** ❷ Endroit où quelqu'un doit être. *Un soldat doit rester à son poste.* ❸ Appareil téléphonique. *Le poste est en dérangement.* ❹ Appareil qui permet d'écouter ou de regarder des émissions. *Un poste de radio; un poste de télévision.* ❺ **Poste de pilotage,** endroit où se tient le pilote d'un avion. ❻ **Poste de police,** local où se trouve un commissariat de police.

un poste de pilotage

1. **poster** v. (conjug. 3). ❶ Mettre à la poste. *J'ai posté une lettre et un colis.* SYN. **envoyer, expédier.** ❷ Publier un article ou un commentaire sur Internet.
►►► Mot de la famille de **poste (1).**

2. **poster** et **se poster** v. (conjug. 3). Placer quelqu'un à un endroit déterminé. *Autrefois, on postait des sentinelles le long des remparts.* ◆ **se poster.** Se placer quelque part. *Anne s'est postée à la fenêtre pour attendre son frère.*

3. **poster** n.m. Affiche ou très grande photo qui sert à décorer un mur. *Charlotte a mis des posters de sa chanteuse préférée dans sa chambre.*
● C'est un mot anglais, on prononce [pɔstɛr].

postérieur, e adj. ❶ Qui vient après dans le temps. *Des ajouts postérieurs ont modifié le texte original.* SYN. **ultérieur.** CONTR. **antérieur.** ❷ Qui est situé derrière, en arrière. *Les membres postérieurs d'un cheval.* SYN. **arrière.** CONTR. **antérieur.** → Vois aussi **suivant.**

► **postérieur** n.m. Fesses, derrière. *Tomber sur le postérieur.*

postérité n.f. Ensemble des générations à venir. *Les œuvres des grands écrivains passent à la postérité.*

posthume adj. ❶ Qui a lieu après la mort. *Ces soldats morts au combat ont été décorés à titre posthume.* ❷ Publié après la mort de l'auteur. *Un roman posthume.*
● Ce mot s'écrit avec **th.**

postiche adj. et n.m. **Une barbe, des cheveux postiches,** ou **un postiche,** fausse barbe, faux cheveux. CONTR. **naturel.**

postier, ère n. Employé de la poste.
►►► Mot de la famille de **poste (1).**

postillon n.m. ❶ Autrefois, personne qui conduisait une diligence. ❷ (Sens familier). Goutte de salive que l'on projette parfois en parlant.

Post-it n.m. invar. Petit papier en partie enduit d'une colle qui permet de le décoller et de le coller de nouveau. *Maman a collé un Post-it sur le réfrigérateur avec la liste des courses à faire.*
● C'est un nom de marque, il s'écrit avec une majuscule dans les textes imprimés.

post-scriptum n.m. invar. Texte qu'on écrit dans une lettre après la signature. *Il avait mis en post-scriptum : « J'espère vous revoir bientôt. »*
● On prononce [pɔstskriptɔm]. – Ce mot composé ne change pas au pluriel : des **post-scriptum.** – En abrégé, on écrit : **P.-S.**

postuler v. (conjug. 3). Être candidat à un emploi, à un poste. *Elle a postulé un emploi d'ingénieur.*

posture n.f. ❶ Attitude du corps, manière de se tenir. *Être dans une posture inconfortable.* SYN. **position.** ❷ **Être en mauvaise posture,** dans une situation difficile. *Après cette défaite, notre équipe est en mauvaise posture pour le championnat.*

pot n.m. ❶ Récipient qui peut contenir différentes choses. *Un pot de confiture; un pot de yaourt; un pot de fleurs.* ❷ Récipient destiné aux besoins naturels. ❸ **Pot d'échappement,** tuyau par où les gaz brûlés sortent du moteur d'un véhicule. ❹ (Familier). **Tourner autour du pot,** ne pas dire directement ce que l'on a à dire.

potable adj. Que l'on peut boire sans danger. *Dans certaines régions, l'eau du robinet n'est pas potable.* → Vois aussi **buvable.**

potage n.m. Soupe légère faite avec du bouillon. *Un potage aux légumes verts.*

▸ **potager, ère** adj. ❶ **Plante potagère,** plante dont on peut manger certaines parties. *Les pommes de terre, les carottes, les petits pois sont des plantes potagères.* ❷ **Un jardin potager,** ou **un potager,** jardin dans lequel on cultive des légumes. → Vois aussi **verger.**

pot-au-feu n.m. invar. Plat composé de viande de bœuf bouillie avec des carottes, des poireaux, des navets, etc.
● Ce mot composé ne change pas au pluriel : des **pot-au-feu.**

pot-de-vin n.m. Somme d'argent versée en secret pour obtenir illégalement un avantage dans une affaire. *Toucher un pot-de-vin.*
● Au pluriel : des **pots-de-vin.**

pote n.m. Mot familier. Camarade, copain.

poteau n.m. Pilier en bois, en métal, en ciment, qui est planté dans le sol et qui sert de support. *Les poteaux supportent les fils électriques.* SYN. **pylône.**
● Au pluriel : des **poteaux.**

potée n.f. Plat composé de viande bouillie de porc ou de bœuf, accompagnée de choux, de pommes de terre et de carottes.

potelé, e adj. Qui a des formes rondes et pleines. *Un bébé potelé.* SYN. **dodu, grassouillet, replet.** CONTR. **maigrichon.**

potence n.f. Instrument de supplice fait de deux poutres perpendiculaires qui servait autrefois à pendre les condamnés à mort. SYN. **gibet.** → Vois aussi **pilori.**

potentiel, elle adj. Qui pourrait exister, en théorie. *Nous avons un acheteur potentiel.* SYN. **éventuel, possible.**

▸ **potentiel** n.m. Capacité d'action, de production, de travail. *Le potentiel industriel d'un pays. Cet étudiant a un fort potentiel.*

poterie n.f. ❶ Fabrication d'objets en terre cuite. *Ma sœur fait de la poterie.* ❷ Objet en terre cuite. *On a fait une exposition de poteries à l'école.*
▸▸▸ Mot de la famille de **pot.**

poterne n.f. Autrefois, porte secrète dans une fortification, qui donnait sur le fossé.

potiche n.f. Grand vase en porcelaine, souvent avec un couvercle.
▸▸▸ Mot de la famille de **pot.**

potier, ère n. Artisan qui fabrique ou vend de la poterie. *La potière façonne un pichet sur le tour, puis le met à cuire dans son four.*
▸▸▸ Mot de la famille de **pot.**

un **potier**

potin n.m. Mot familier. (Souvent au pluriel). Ensemble de commentaires souvent médisants sur une personne. *Elle connaît tous les potins du village.* → Vois aussi **commérage, racontar, ragot.**

potion n.f. Médicament qui se boit. *Prendre une potion calmante.* → Vois aussi **breuvage, élixir.**

potiron n.m. Fruit énorme et arrondi de couleur orangée pouvant peser jusqu'à

100 kg. *On fait de la confiture de potiron.* → Vois aussi **citrouille, courge.**

un **potiron**

pot-pourri n.m. ❶ Mélange de plusieurs airs connus. *Le chanteur a interprété un pot-pourri de vieilles chansons.* ❷ Mélange de fleurs et de plantes séchées odorantes.
● Au pluriel : des **pots-pourris.**

pou n.m. Très petit insecte sans ailes, qui vit en parasite sur l'homme et certains animaux dont il suce le sang. → Vois aussi **lente.**
● Au pluriel : des **poux.**
▸▸▸ Mot de la même famille : **épouiller.**

un **pou**

poubelle n.f. Récipient dans lequel on met les ordures ménagères. *Les éboueurs ramassent les poubelles tous les jours.*

pouce n.m. ❶ Doigt de la main le plus court et le plus gros. *Ma petite sœur suce encore son pouce.* ❷ (Sens familier). **Se tourner les pouces,** rester sans rien faire. *Au lieu de te tourner les pouces, aide-moi.* ❸ Ancienne mesure de longueur égale à 3 centimètres environ. ❹ **Ne pas avancer d'un pouce,** rester exactement à la même place.

poudre n.f. ❶ Matière moulue en grains minuscules. *Du sucre en poudre; du lait en poudre.* ❷ Produit de maquillage en grains très fins. *Maman se met un peu de poudre sur le visage.* ❸ Mélange explosif utilisé dans les armes à feu et les feux d'artifice.

▸ se **poudrer** v. (conjug. 3). Se mettre de la poudre sur le visage.

▸ **poudreux, euse** adj. et n.f. **La neige poudreuse,** ou **la poudreuse,** neige qui vient juste de tomber et qui fait penser à de la poudre.

▸ **poudrier** n.m. Petite boîte à poudre pour le visage.

▸ **poudrière** n.f. Autrefois, local, entrepôt où l'on gardait la poudre, les explosifs, les munitions.

pouffer v. (conjug. 3). Faire entendre un éclat de rire qu'on n'a pas pu retenir. *Aurélie a pouffé de rire quand je me suis pris les pieds dans le tapis.*
● Ce mot s'écrit avec deux **f.**

pouilleux, euse adj. Misérable et très sale. *Un quartier pouilleux.* SYN. **sordide.**

poulailler n.m. ❶ Cabane qui sert d'abri aux poules et aux volailles. *La nuit, on enferme les poules dans le poulailler.* ❷ Dans un théâtre, galerie supérieure où se trouvent les places les moins chères.
▸▸▸ Mot de la famille de **poule.**

poulain n.m. Jeune cheval âgé de moins de trois ans. → Vois aussi **pouliche.**

poularde n.f. Jeune poule engraissée.
▸▸▸ Mot de la famille de **poule.**

poule n.f. ❶ Oiseau de basse-cour, qui a des ailes courtes et une crête dentelée sur la tête. *Les poules pondent des œufs.* ❷ **Poule d'eau,** oiseau au plumage brun et gris, au bec rouge, qui vit au bord de l'eau. ❸ **Poule mouillée,** personne qui manque de courage. → Vois aussi **chair.**
● Petits : le poussin, le poulet. Cris : le caquetage ou le caquet, le gloussement. La poule est un gallinacé.

une **poule**

a b h i j k l m n o p q r s t u v w x y z

▸ **poulet** n.m. ❶ Jeune poule ou jeune coq. ❷ Viande de poulet. *Manger du poulet rôti.* → Vois aussi **poussin.**

● Cri : le piaulement.

pouliche n.f. Jeune jument. → Vois aussi **poulain.**

poulie n.f. Petite roue sur laquelle passe une corde, qui coulisse et sert à soulever des charges.

poulpe n.m. Pieuvre.

● Nom du genre masculin : **un poulpe.**

pouls n.m. Battement du sang dans les artères, dû aux contractions du cœur et que l'on sent très bien au poignet. *L'infirmier a pris le pouls du malade.* → Vois aussi **pulsation.**

● Ce mot se termine par un **l** suivi d'un **s.** – On prononce [pu].

poumon n.m. Organe situé dans le thorax et qui sert à respirer.

▸▸▸ Mots de la même famille : **s'époumoner, pulmonaire.**

poupe n.f. Partie arrière d'un navire. CONTR. **proue.**

poupée n.f. ❶ Jouet représentant un enfant ou une grande personne. *Armelle joue à la poupée.* ❷ **Poupée russe,** poupée gigogne en bois peint.

● Au sens 2, on peut aussi dire une **matriochka.**

poupon n.m. ❶ Bébé. SYN. **nourrisson.** ❷ Poupée qui représente un bébé.

▸ **pouponner** v. (conjug. 3). S'occuper tendrement d'un bébé, le dorloter.

▸ **pouponnière** n.f. Établissement qui accueille les jeunes enfants de moins de trois ans, jour et nuit. → Vois aussi **crèche.**

pour préposition. ❶ Indique le but, la conséquence. *Téléphone pour prendre rendez-vous.* SYN. **afin de.** ❷ Indique la destination. *Nous partons pour l'Italie.* ❸ Indique la cause, le motif. *Il a eu une amende pour excès de vitesse.* ❹ Indique un avis favorable. *J'ai voté pour ce candidat.* CONTR. **contre.** ❺ Indique le remplacement, l'échange. *Il a signé pour moi. J'ai eu ce livre pour deux euros.* ◆ **pour que** conjonction. Indique le but, la conséquence. *Je l'ai appelé pour qu'il vienne.* SYN. **afin que.** *Maintenant, il est trop tard pour qu'on puisse intervenir.*

pourboire n.m. Somme d'argent qu'on donne à quelqu'un en plus de la somme due, pour remercier d'un service rendu ou pour montrer qu'on est satisfait. *Papa a laissé un bon pourboire au serveur.*

● Ce nom masculin se termine par un **e.**

pourceau n.m. Mot littéraire. Cochon, porc.

● Au pluriel : des **pourceaux.**

pourcentage n.m. Proportion pour cent unités. *Le pourcentage des élèves admis au baccalauréat avoisine les 80 %.*

pourchasser v. (conjug. 3). Poursuivre et rechercher avec obstination. *Le justicier pourchassait sans relâche les criminels.* SYN. **traquer.**

▸▸▸ Mot de la famille de **chasser.**

pourfendre v. (conjug. 46). Mot littéraire. Attaquer, critiquer avec vigueur. *Pourfendre un adversaire politique.*

se **pourlécher** v. (conjug. 9). Mot familier. Passer la langue sur ses lèvres avec gourmandise. *Aurélie se pourléchait à la vue du gâteau au chocolat.*

pourparlers n.m. plur. Conversations, entretiens que l'on engage pour parvenir à un accord. *Les deux pays ont engagé des pourparlers de paix.* SYN. **négociations.**

pourpoint n.m. Sorte de veste que portaient les hommes du 13ᵉ au 17ᵉ siècle.

pourpre n.f. Colorant rouge foncé tiré d'un coquillage. ◆ adj. D'une couleur rouge foncé qui tire sur le violet. *Du velours pourpre.*

pourquoi adv. interrogatif. ❶ Pour quelle raison. *Pourquoi partez-vous ?* ❷ **C'est pourquoi, voilà pourquoi,** c'est la raison pour laquelle. *J'ai raté mon bus, c'est pourquoi je suis en retard.*

pourri, e adj. Qui a commencé à s'abîmer, qui est en état de décomposition. *Jette les légumes pourris.* SYN. **avarié.**

▸▸▸ Mot de la famille de **pourrir.**

pourrir v. (conjug. 16). Abîmer ou s'abîmer par décomposition. *L'eau pourrit le bois. Les pêches ont pourri.* SYN. **se décomposer, se gâter, se putréfier.**

▸ **pourriture** n.f. État d'une matière en train de pourrir, de se décomposer. *Une odeur de pourriture se dégageait du débarras.*

poursuite n.f. ❶ Action de poursuivre un animal, une personne. *Raphaël et Sabri se sont lancés à la poursuite de Pierre.* ❷ **Engager des poursuites contre quelqu'un,** lui faire un procès.

▸▸▸ Mot de la famille de **poursuivre.**

poursuivant, e n. Personne qui poursuit quelqu'un. *Pierre a échappé à ses poursuivants.*
▸▸▸ Mot de la famille de **poursuivre.**

poursuivre v. (conjug. 56). ❶ Courir derrière une personne, un véhicule, un animal, pour essayer de les rattraper. *Les policiers ont poursuivi la voiture des malfaiteurs. Le lion poursuit une antilope.* ❷ Chercher à obtenir, à réaliser. *Poursuivre un idéal.* ❸ Continuer. *Poursuivez votre récit. Poursuivre ses études.* CONTR. **abandonner, interrompre.** ❹ Engager un procès contre quelqu'un. *Cet homme est poursuivi pour meurtre.*

pourtant adv. Introduit une restriction, une objection. *Marie est malade, pourtant elle ne se plaint pas.* SYN. **cependant, néanmoins, toutefois.**

pourtour n.m. Ligne qui forme le tour d'un objet, d'une surface. *Des assiettes avec un pourtour décoré.*

pourvoir v. (conjug. 40). ❶ Donner à quelqu'un ce qui lui est nécessaire pour vivre. *Elle pourvoit seule aux besoins de sa famille.* SYN. **subvenir.** ❷ Donner ce qui est nécessaire, utile. *Notre classe est pourvue de trois ordinateurs.* SYN. **doter, équiper.**

pourvu que conjonction. Introduit un souhait, un désir exprimé. *Pourvu que Meddy guérisse.*

pousse n.f. Plante au tout début de son développement. *Au printemps, les arbres font de nouvelles pousses.* → Vois aussi **bourgeon, germe.**
▸▸▸ Mot de la famille de **pousser (1).**

poussée n.f. ❶ Force exercée en poussant. *Le barrage a cédé sous la poussée des eaux.* SYN. **pression.** ❷ Brusque manifestation d'un état maladif. *Kelly a eu une poussée de fièvre.* SYN. **accès.**
▸▸▸ Mot de la famille de **pousser (2).**

pousse-pousse n.m. invar. En Extrême-Orient, voiture légère à deux roues tirée par un homme, qui sert à transporter des personnes.
● La nouvelle orthographe permet d'écrire aussi un **poussepousse,** des **poussepousses,** avec un **s** et sans trait d'union.

1. **pousser** v. (conjug. 3). Grandir, croître, se développer. *L'herbe a beaucoup poussé en un mois. Mon petit frère a une dent qui pousse.* SYN. **percer.**

2. **pousser** et **se pousser** v. (conjug. 3). ❶ Appuyer devant soi pour déplacer. *Pousser une porte pour l'ouvrir.* CONTR. **tirer.** *Il m'a poussé et j'ai failli tomber.* SYN. **bousculer.** ❷ Inciter une personne à faire quelque chose. *Ses parents le poussent à travailler.* ❸ Faire brusquement entendre. *Géraldine a poussé un cri en voyant une araignée.* ❹ **Pousser quelqu'un à bout,** l'exaspérer. ◆ **se pousser.** Se mettre de côté. *Poussez-vous un peu pour laisser passer vos camarades.* SYN. **s'écarter.**

▸ **poussette** n.f. Petite voiture d'enfant que l'on pousse devant soi. → Vois aussi **landau.**

poussière n.f. Minuscules grains de terre ou de saleté qui sont en suspension dans l'air et se déposent sur les objets. *Le vent soulève des nuages de poussière.*

▸ **poussiéreux, euse** adj. Couvert de poussière. *Des étagères poussiéreuses.*

poussif, ive adj. Mot familier. ❶ Qui manque de souffle, qui respire difficilement. *Un vieillard poussif.* ❷ Qui fonctionne mal. *Une Mobylette poussive.*

poussin n.m. ❶ Petit de la poule et du coq, qui vient d'éclore. *Quand ils grandissent, les poussins deviennent des poulets.* ❷ Catégorie de jeunes sportifs de moins de 11 ans.
→ Vois aussi **benjamin, cadet, minime.**

poutre n.f. ❶ Longue pièce de bois ou de métal qui sert de support dans une construction. ❷ En gymnastique, poutre de bois située à 1,20 m du sol, qui sert d'agrès.

un exercice à la **poutre**

▸ **poutrelle** n.f. Petite poutre.

pouvoir v. (conjug. 35). ❶ Avoir la possibilité ou être capable de faire quelque chose. *Je viendrai dès que je pourrai. Raphaël peut nager sous l'eau.* ❷ Avoir le droit, la permission de faire quelque chose. *Nous pouvons aller faire du roller.* ❸ Indique une éventualité, une probabilité. *Prends une veste, il pourrait faire froid.* SYN. **risquer de.** *Il se peut que nous rentrions tard.* ❹ **Je n'en peux plus,** je suis épuisé ou j'en ai assez.

▸ **pouvoir** n.m. ❶ Fait de disposer des moyens nécessaires pour faire quelque chose. *Les animaux n'ont pas le pouvoir de parler.* SYN. **capacité, faculté.** ❷ Autorité, puissance. *Cet homme d'affaires a beaucoup de pouvoir.* ❸ Gouvernement d'un pays. *Le dictateur est arrivé au pouvoir avec l'aide de l'armée.* ❹ **Pouvoir d'achat,** ce qu'il est possible d'acheter avec l'argent que l'on gagne. *Le pouvoir d'achat est très faible dans les pays du tiers-monde.* ◆ n.m. plur. **Les pouvoirs publics,** l'ensemble des autorités qui gouvernent un pays.

praire n.f. Coquillage comestible dont la coquille a deux parties et qui vit dans le sable.

prairie n.f. Terrain couvert d'herbe. *La prairie est parsemée de coquelicots et de marguerites.* SYN. **pré.**

praline n.f. Confiserie faite d'une amande grillée enrobée de sucre cuit.

▸ **praliné, e** adj. Qui est mélangé avec des pralines pilées. *Du chocolat praliné.*

praticable adj. Où l'on peut circuler, passer sans danger. *Après l'inondation, la route est de nouveau praticable.* SYN. **carrossable.** CONTR. **impraticable.**

▸▸▸ Mot de la famille de **pratiquer.**

praticien, enne n. Médecin, dentiste, vétérinaire qui pratiquent leur profession en donnant des soins, et non en faisant de la recherche.

▸▸▸ Mot de la famille de **pratiquer.**

pratiquant, e adj. et n. Qui pratique sa religion. *Des catholiques pratiquants.*

▸▸▸ Mot de la famille de **pratiquer.**

pratique adj. ❶ Facile à manipuler, à utiliser. *Ce décapsuleur est très pratique.* SYN. **fonctionnel, maniable.** *Passe par l'autre côté, c'est plus pratique.* SYN. **commode, facile.** ❷ **Avoir le sens pratique, l'esprit pratique,** avoir le sens des réalités et agir avec efficacité dans toutes les situations.

▸ **pratique** n.f. ❶ Fait de pratiquer, d'exercer une activité. *La pratique d'un sport est recommandée par les médecins.* ❷ Expérience que l'on a de quelque chose. *Apprendre son métier par la pratique.* CONTR. **théorie.** *Avoir une bonne pratique de l'anglais.* ❸ Façon habituelle d'agir. *La vente par correspondance est une pratique répandue.* ❹ **En pratique, dans la pratique,** en réalité, en fait. *Cette loi est très stricte, mais, en pratique, elle n'est pas appliquée.* ❺ **Mettre en pratique,** appliquer, exécuter. *Mettras-tu en pratique tes bonnes résolutions ?*

▸ **pratiquement** adv. ❶ En réalité, dans la pratique. *Pratiquement, votre projet est irréalisable.* CONTR. **théoriquement.** ❷ À peu de chose près. *J'ai pratiquement fini mes devoirs.* SYN. **presque.**

▸ **pratiquer** et **se pratiquer** v. (conjug. 3). ❶ Exercer une activité, un sport, un métier. *Jonathan pratique la voile et le football. Son père pratiquait la médecine.* ❷ Observer les règles, les rites d'une religion. *Il est bouddhiste et pratique assidûment.* ◆ **se pratiquer.** Être en usage. *Le troc se pratique couramment dans certains pays.*

1. pré- préfixe. Placé au début d'un mot, **pré-** signifie « avant », « d'avance » : *préfabriqué, préhistoire, préretraite.*

2. pré n.m. Terrain couvert d'herbe. *Des vaches broutent dans le pré.* SYN. **prairie.**

préalable adj. Qui a lieu ou doit avoir lieu avant autre chose. *Mon grand frère a eu un entretien préalable avec son futur employeur.* ◆ n.m. **Au préalable,** auparavant, avant toute autre chose. *Pour passer ce concours, il faut au préalable se faire inscrire.* SYN. **préalablement.**

▸ **préalablement** adv. Au préalable, auparavant. *Pour t'inscrire à la bibliothèque, tu dois préalablement remplir un formulaire.*

préambule n.m. Introduction à un discours, à un exposé. *Après un rapide préambule, le conférencier entra dans le vif du sujet.*

→ Vois aussi **préface.**

préau n.m. ❶ Partie couverte de la cour d'une école. *Quand il pleut, les enfants jouent sous* *le préau.* ❷ Grande salle qui se trouve au rez-de-chaussée d'une école.

● Au pluriel : des **préaux.**

préavis n.m. Avertissement préalable qui doit être donné avant de rompre un contrat. *Un locataire qui veut quitter son appartement doit envoyer un préavis trois mois auparavant au propriétaire.*

● Ce mot se termine par un **s.**

précaire adj. Qui n'est pas sûr, garanti. *Avoir une santé précaire.* SYN. **fragile.** CONTR. **solide.** *Être dans une situation précaire.* SYN. **incertain, instable.** CONTR. **stable.** *Avoir un emploi précaire.* CONTR. **durable.**

▶ **précarité** n.f. Caractère précaire, instable de quelque chose. *La précarité d'un emploi.*

précaution n.f. ❶ Ce que l'on fait pour éviter un risque, un danger. *J'ai pris un pull par précaution.* ❷ Fait d'agir avec prudence. *Manipuler un vase en cristal avec précaution.*

précédemment adv. Avant, auparavant. *Ce problème a déjà été évoqué précédemment.* SYN. **antérieurement.** CONTR. **après, ultérieurement.**

● On écrit **emment** mais on prononce [amɑ̃], comme **amant.**

►►► Mot de la famille de **précéder.**

précédent, e adj. Qui vient avant, qui précède. *Cette année, je suis en CM1, l'année précédente j'étais en CE2.* SYN. **dernier.** CONTR. **prochain, suivant.** ◆ n.m. ❶ Fait qui a eu lieu avant celui dont on parle et qui sert d'exemple ou de justification. *Fermer les yeux sur ce chahut risque de créer un précédent.* ❷ **Sans précédent,** qui n'est encore jamais arrivé. *Une catastrophe sans précédent.* → Vois aussi **antérieur.**

►►► Mot de la famille de **précéder.**

précéder v. (conjug. 9). ❶ Venir avant dans l'espace ou dans le temps. *Samedi est le jour qui précède dimanche.* CONTR. **succéder à, suivre.** ❷ Marcher devant quelqu'un. *Le moniteur nous précédait de quelques pas.* SYN. **devancer.** CONTR. **suivre.**

précepte n.m. Règle de conduite. *Les préceptes de la morale chrétienne.*

précepteur, trice n. Personne chargée d'instruire un enfant à domicile. *Autrefois, dans les familles riches, les enfants avaient un précepteur.*

● Ne confonds pas avec **percepteur.**

prêcher v. (conjug. 3). ❶ Prononcer un sermon. *Pendant la messe, le prêtre monte en chaire pour prêcher.* ❷ Recommander avec insistance. *Les médiateurs prêchent la modération.*

● Le premier **e** prend un accent circonflexe.

précieusement adv. Avec grand soin. *Garder des lettres précieusement.*

►►► Mot de la famille de **précieux.**

précieux, euse adj. ❶ Qui a de la valeur, qui est d'un grand prix. *L'or et l'argent sont des métaux précieux.* ❷ Qui est particulièrement utile. *Ton aide a été très précieuse.* ❸ Qui manque de naturel. *Il parlait d'une façon précieuse.* SYN. **affecté, maniéré.** CONTR. **simple.**

précipice n.m. Trou très profond aux parois à pic. *Le car roule le long du précipice.* SYN. **abîme, gouffre.** → Vois aussi **ravin.**

un **précipice**

précipitamment adv. Très vite, en grande hâte. *Elle a dû partir précipitamment.* SYN. **brusquement.**

►►► Mot de la famille de **précipiter.**

précipitation n.f. Trop grande hâte. *Agir avec précipitation.* ◆ n.f. plur. Chutes de pluie, de neige ou de grêle. *La météo annonce de fortes précipitations dans le sud du pays.*

►►► Mot de la famille de **précipiter.**

précipiter et **se précipiter** v. (conjug. 3). ❶ Jeter ou faire tomber d'un lieu élevé. *Le véhicule a été précipité du haut de la falaise.* ❷ Faire quelque chose plus tôt que prévu.

Elle a dû précipiter son départ. SYN. **avancer, hâter.** CONTR. **retarder.** ◆ **se précipiter.** S'élancer brusquement; se hâter. *Les photographes se sont précipités au-devant de la star.* SYN. **se ruer.**

précis, e adj. ❶ Qui est exact. *Cette balance est très précise.* ❷ Qui est clair et net, bien défini. *Donner des instructions précises.* CONTR. **approximatif.** *Ses explications étaient très précises.* CONTR. **flou, imprécis, vague.** ❸ Qui est déterminé avec rigueur, exactitude. *La prochaine séance commence à 20 heures précises.*

▶ **précisément** adv. ❶ De manière précise, exacte, claire. *Répondre précisément à une question.* SYN. **exactement.** ❷ Justement, par coïncidence. *Quand il m'a téléphoné, j'allais précisément l'appeler.*

▶ **préciser** v. (conjug. 3). Indiquer de manière précise. *Peux-tu nous préciser le jour et l'heure de ton arrivée ?*

▶ **précision** n.f. ❶ Caractère de ce qui est précis, exact. *Un chronomètre est un instrument d'une grande précision.* ❷ Détail, indication qui précise, qui complète ce que l'on a dit. *La maîtresse a donné des précisions sur l'excursion que nous allons faire.*

précoce adj. ❶ Qui arrive plus tôt que d'ordinaire. *Cette année, l'hiver est précoce.* CONTR. **tardif.** ❷ Qui est en avance pour son âge. *C'est un enfant précoce, il sait déjà lire, écrire et compter à cinq ans.*

▶ **précocité** n.f. Fait d'être précoce. *La précocité d'un enfant.*

préconçu, e adj. **Idée préconçue,** idée toute faite, non vérifiée et que l'on adopte sans réfléchir. *Il faut se méfier des idées préconçues.* SYN. **préjugé.**

● Le second **c** prend une cédille.

préconiser v. (conjug. 3). Conseiller vivement. *Les médecins préconisent une activité sportive régulière.* SYN. **recommander.**

précurseur n.m. Personne qui, par son action, ouvre la voie à des inventions ou des idées nouvelles. *Pierre et Marie Curie furent des précurseurs de la physique nucléaire.* ◆ adj.m. **Signe précurseur,** ce qui annonce, laisse prévoir quelque chose. *Les signes précurseurs de l'orage.* SYN. **annonciateur, avant-coureur.**

prédateur, trice adj. et n.m. Qui chasse d'autres animaux pour les tuer et s'en nourrir. *Les fauves et les rapaces sont des animaux prédateurs. Les requins sont des prédateurs.*

prédécesseur n.m. Personne qui a occupé un emploi avant une autre. *La nouvelle institutrice de CM2 est plus jeune que son prédécesseur.* CONTR. **successeur.**

prédicateur, trice n. Personne qui prêche. *Le prédicateur a fait un long sermon devant l'assemblée des chrétiens.*

▸▸▸ Mot de la famille de **prêcher.**

prédiction n.f. ❶ Action de prédire, d'annoncer quelque chose. *Les prédictions des astrologues.* ❷ Ce qui est annoncé, prédit. *Elle croit les prédictions des voyantes.* SYN. **prophétie.**

▸▸▸ Mot de la famille de **prédire.**

prédilection n.f. Préférence marquée. *Cyrille a une prédilection pour les bandes dessinées.* SYN. **faible, penchant.**

prédire v. (conjug. 65). Annoncer à l'avance ce qui doit arriver. *Ahmed avait prédit que notre équipe gagnerait.* SYN. **prévoir.**

prédisposer v. (conjug. 3). ❶ Préparer quelqu'un à quelque chose. *Rien ne la prédisposait à devenir actrice.* ❷ **Être prédisposé à une maladie,** risquer de l'avoir. *Un enfant prédisposé à l'asthme.*

prédisposition n.f. Aptitude naturelle à faire quelque chose. *Avoir des prédispositions pour la musique.* SYN. **aptitude, disposition, don, facilité.**

prédominer v. (conjug. 3). Être le plus important, l'emporter sur tout le reste. *La culture des céréales prédomine dans la région.* SYN. **dominer.**

prééminent, e adj. Supérieur à tous les autres. *Cette question a occupé une place prééminente dans les débats.*

● Ne confonds pas avec **proéminent.**

préfabriqué, e adj. **Éléments préfabriqués,** éléments de construction fabriqués à l'avance et qui doivent être ensuite assemblés sur place. ◆ n.m. Bâtiment construit avec des éléments préfabriqués.

préface n.f. Texte placé au début d'un livre et qui sert à le présenter aux lecteurs. → Vois aussi **introduction, préambule.**

a b c d e f g h i j k l m n o p q r s t u v w x y z

préfectoral, e, aux adj. Du préfet. *Un arrêté préfectoral.*
● Au masculin pluriel : **préfectoraux.**
▸▸▸ Mot de la famille de **préfet.**

préfecture n.f. ❶ Bâtiment où se trouvent les services préfectoraux et le bureau du préfet. ❷ Ville principale d'un département, où réside le préfet. *Toulouse est la préfecture de la Haute-Garonne.*
▸▸▸ Mot de la famille de **préfet.**

préférable adj. Qui convient mieux. *Cette solution est préférable à toute autre.* SYN. **meilleur que.**
▸▸▸ Mot de la famille de **préférer.**

préféré, e adj. et n. Que l'on préfère, que l'on aime mieux que les autres. *La crème au chocolat est mon dessert préféré.* SYN. **favori.** *La benjamine est la préférée de son père.* → Vois aussi **chouchou.**
▸▸▸ Mot de la famille de **préférer.**

préférence n.f. ❶ Fait de préférer une personne, une chose aux autres. *Coralie a une nette préférence pour les mathématiques.* SYN. **prédilection.** ❷ **De préférence,** plutôt. *Je voudrais un rendez-vous, le matin de préférence.*
▸▸▸ Mot de la famille de **préférer.**

préférer v. (conjug. 9). Aimer mieux. *Léo préfère le tennis au football. Je préfère que tu viennes avec moi.*

préfet, ète n. En France, personne qui représente l'État dans le département et la Région. *Les préfets sont nommés par le président de la République.*

préfigurer v. (conjug. 3). Donner une idée de ce qui va arriver. *Ce film de science-fiction préfigure l'état de la planète dans cinquante ans.* SYN. **annoncer.**

préfixe n.m. Élément qui s'ajoute au début d'un mot pour former un mot dérivé. *« Kilo- » dans « kilomètre » et « re- » dans « reconstruire » sont des préfixes.* → Vois aussi **suffixe.**

préhensile adj. Qui peut saisir, prendre, en parlant d'un organe. *Certains singes ont une queue préhensile.*

préhistoire n.f. Période de la vie de l'humanité avant l'invention de l'écriture. → Vois aussi **néolithique, paléolithique.**
→ planche pp. 824-825.

▸ **préhistorique** adj. De la préhistoire. *Des animaux préhistoriques; des outils préhistoriques.*

préjudice n.m. Tort que l'on fait à quelqu'un. *Votre erreur nous a causé un préjudice.*

▸ **préjudiciable** adj. Qui cause un préjudice. *Ces rumeurs lui ont été préjudiciables.* SYN. **nuisible.**

préjugé n.m. Opinion que l'on a par avance, sans connaître la réalité; idée toute faite. *Avoir des préjugés contre une personne.* SYN. **idée préconçue.**

▸ **préjuger** v. (conjug. 5). Émettre une opinion avant d'avoir tous les éléments nécessaires pour juger. *On ne peut pas préjuger du résultat de cette expérience.*

se **prélasser** v. (conjug. 3). Se reposer, rester sans rien faire. *Elle s'est prélassée tout l'après-midi dans une chaise longue.*

objets d'art et outils préhistoriques

prêle n.f. Plante des lieux humides, sans fleurs, et à tige creuse.
● Le premier **e** prend un accent circonflexe.

des **prêles**

prélèvement n.m. Action de prélever; quantité prélevée. *On m'a fait un prélèvement sanguin pour l'analyser.* SYN. **prise.**
►►► Mot de la famille de **prélever.**

prélever v. (conjug. 10). Prendre une partie d'un tout. *Prélever un échantillon du sol pour l'analyser. Prélever une somme d'argent sur un compte bancaire.* SYN. **retirer, retrancher.**

préliminaire adj. Qui précède et prépare quelque chose. *Faire des remarques préliminaires.* ◆ n.m. plur. Actes, discussions qui préparent quelque chose. *Le débat a commencé après de longs préliminaires.*

prélude n.m. ❶ Court morceau de musique. ❷ Événement qui en précède un autre, qui l'annonce. *Cette rencontre fut le prélude de leur réconciliation.*

prématuré, e adj. Qui se produit trop tôt. *Prendre une décision prématurée.* ◆ n. et adj. Enfant né avant la date prévue. *Les prématurés sont placés en couveuse.*

► **prématurément** adv. De façon prématurée, trop tôt. *Ces fruits ont été cueillis prématurément.*

préméditation n.f. Action de préméditer, de préparer une mauvaise action. *Un meurtre commis avec préméditation.*
►►► Mot de la famille de **préméditer.**

préméditer v. (conjug. 3). Préparer longuement et soigneusement une mauvaise action. *L'assassin avait prémédité son crime.*

prémices n.f. plur. Mot littéraire. Premiers signes de quelque chose. *On observe les prémices d'une réconciliation.*

premier, ère adj. et n. ❶ Qui vient avant tous les autres. *Le premier jour du mois. Anne est arrivée la première.* CONTR. **dernier.** *Prenez la première rue à droite.* SYN. **prochain.** ❷ Qui est le plus important, le meilleur. *Cet acteur joue le premier rôle dans le film. Marine est la première de la classe.* ◆ adj. **Nombre premier,** nombre que l'on ne peut diviser que par 1 et par lui-même. *5, 7, 17 sont des nombres premiers.* ◆ n.m. Premier étage d'un immeuble. *J'habite au premier.* ◆ n.f. ❶ Classe qui précède la terminale dans l'enseignement secondaire. ❷ Classe la plus chère dans certains moyens de transport. *Voyager en première.* ❸ Première représentation d'une pièce de théâtre ou première projection d'un film. *Nous avons assisté à la première.*

► **premièrement** adv. D'abord. *Il n'était pas content : premièrement il avait perdu ses clés, deuxièmement il était en retard à son rendez-vous.*

prémolaire n.f. Dent située entre la canine et les molaires. *Nous avons huit prémolaires.*
→ Vois aussi **canine, incisive, molaire.**

prémonition n.f. Intuition qu'un événement va se produire. *Avoir la prémonition d'un accident.* SYN. **pressentiment.**

► **prémonitoire** adj. **Rêve prémonitoire,** rêve au cours duquel on voit ce qui va arriver.

se **prémunir** v. (conjug. 16). Prendre des précautions contre quelque chose. *Se prémunir contre un danger.*

prénatal, e adj. Qui précède la naissance. *Les femmes enceintes passent des examens prénatals.*
● Au masculin pluriel : **prénatals.**

prendre et **se prendre** v. (conjug. 48). ❶ Saisir, mettre dans sa main. *Prends un verre dans le buffet.* ❷ Emporter avec soi. *Prends ta parka, il risque de pleuvoir.* SYN. **se munir de.** ❸ Attraper, s'emparer de. *Le pêcheur a pris un brochet.* SYN. **capturer.** ❹ S'emparer, se rendre maître de. *Prendre le pouvoir. L'ennemi a pris la ville.* SYN. **conquérir.** ❺ Enlever une chose à quelqu'un. *Qui a pris ma gomme ?* SYN. **dérober, voler.** ❻ Consommer, absorber. *Prendre un café; prendre des médicaments.* ❼ Utiliser un moyen de transport. *Prendre le bus.* ❽ Considérer d'une certaine manière. *Il me prend pour un imbécile.* ❾ Confondre une personne avec une autre. *Le maître a*

La préhistoire

La préhistoire commence avec l'apparition du genre humain sur la Terre, il y a environ 3 millions d'années, et se termine au moment de l'invention de l'écriture (vers 3300 avant J.-C.). On distingue deux grandes périodes : le paléolithique et le néolithique.

Le paléolithique

- Le **paléolithique** correspond à la période qui va de **3 millions d'années** à **9000 ans avant J.-C**. C'est l'âge de la **pierre taillée**. Les hommes fabriquent des outils et des armes en pierre, en os ou en bois. Ce sont des **nomades**. Ils se nourrissent des produits de la **cueillette** et de la chasse.
- Notre premier **ancêtre** humain est l'**Homo habilis**, l'« homme habile ». Vient ensuite l'**Homo erectus**, l'« homme dressé ». Il **maîtrise** le feu et utilise des outils **tranchants** : des **silex** taillés, appelés « **bifaces** ».
- Puis se succèdent l'homme de Neandertal – premier **hominidé** à enterrer les morts avec leurs outils et **parures** – et l'**Homo sapiens**, l'homme moderne, dont le plus connu est l'homme de Cro-Magnon.

Rhinocéros (grotte Chauvet, Pont d'Arc, France)

Le néolithique

- Le **néolithique**, ou âge de la **pierre polie**, va de **10000** à **3300 avant J.-C.** environ. C'est vers la fin de cette époque que sont érigés **dolmens** et **menhirs**.
- Les hommes deviennent **sédentaires** : ils se regroupent dans des villages, cultivent la terre, **domestiquent** les animaux. L'**agriculture** et l'**élevage** sont leurs principales activités. L'**artisanat** aussi se développe : **poterie**, **vannerie**, **tissage**.

L'âge du bronze

• Vers **3000 avant J.-C.**, les **métallurgistes** découvrent qu'en ajoutant de l'**étain** au **cuivre**, on obtient un métal très résistant : le **bronze**. Le bronze remplace peu à peu la pierre.

• Ce **matériau** est utilisé pour mouler des armes et des outils. Mais il est également coulé en **lingots** qui font l'objet d'échanges commerciaux entre les **civilisations**.

• L'**habitat** se perfectionne : il est constitué de petites maisons en pierre, en bois ou en **torchis**, entourées par des **haies** ou des **palissades**.

L'âge du fer

• L'âge du fer débute en Europe vers **750 avant J.-C.** Le fer, contrairement au bronze, provient de **minerais** faciles à trouver.

• À l'âge du fer, les villages sont **fortifiés**. L'alimentation **se diversifie** et les réserves de nourriture sont mises à l'abri dans des **greniers** sur **pilotis** ou dans des **puits** fermés avec de l'**argile**.

• Le travail des métaux précieux, du verre, la **céramique** constituent un artisanat **florissant**.

Histoire des mots

• Les mots **paléolithique**, **néolithique**, **paléontologie** sont formés à partir des mots grecs :
- *lithos* qui signifie « pierre »,
- *palaios* qui signifie « ancien »,
- *neos* qui signifie « nouveau »,
- *logos* qui signifie « science ».

La vie des premiers hommes

• Au paléolithique, l'homme trouve d'abord refuge sous des abris de branchages ou à l'entrée de **grottes**. Puis il construit des **huttes** de plus en plus **perfectionnées**.

• La découverte du moyen de faire du feu change la vie des hommes. Le feu leur fournit chaleur, lumière, et permet une meilleure **alimentation** grâce à la **cuisson** des viandes.

• Les premiers hommes sont les inventeurs de l'**art rupestre** : ils peignent animaux ou scènes de chasse sur les **parois** des grottes. Ces grottes peintes étaient sans doute des lieux de **culte**.

pris Raphaël pour son frère. ⑩ Demander un certain temps. *Ce travail m'a pris plusieurs jours.* ⑪ S'épaissir, durcir. *La confiture commence à prendre.* ⑫ Commencer à brûler. *Le bois était sec, le feu a pris immédiatement.* ⑬ **Prendre l'eau,** laisser pénétrer l'eau. *Mes chaussures prennent l'eau.* ◆ **se prendre.** ❶ **Se prendre dans,** s'accrocher à. *Mon manteau s'est pris dans la portière.* SYN. **se coincer.** ❷ **Se prendre pour,** se considérer comme. *Il se prend pour un génie.* ❸ **S'en prendre à quelqu'un,** s'attaquer à lui. *Elle s'en est prise à moi, alors que je n'avais rien dit.*

▸▸▸ Mot de la même famille : **imprenable.**

prénom n.m. Nom précédant le nom de famille. *Dominique est un prénom féminin et masculin.*

préoccupation n.f. Ce qui préoccupe, cause du souci. *Trouver un logement est leur principale préoccupation.* SYN. **inquiétude.**

▸▸▸ Mot de la famille de **préoccuper.**

préoccuper v. (conjug. 3). Causer du souci à quelqu'un. *La santé de son fils la préoccupe.* SYN. **inquiéter, tracasser.**

préparatifs n.m. plur. Ce que l'on fait pour préparer quelque chose. *Les préparatifs d'une fête.*

▸▸▸ Mot de la famille de **préparer.**

préparation n.f. ❶ Action de préparer, de se préparer. *La préparation de ce plat demande une heure.* ❷ Chose préparée. *Une préparation culinaire.*

▸▸▸ Mot de la famille de **préparer.**

préparatoire adj. ❶ Qui prépare à quelque chose. *Une réunion préparatoire à un débat.* ❷ **Cours préparatoire,** ou **C.P.,** en France, première année de l'enseignement primaire.

▸▸▸ Mot de la famille de **préparer.**

préparer et **se préparer** v. (conjug. 3). Faire ce qu'il faut pour qu'une chose soit prête. *Préparer le repas. Préparer une fête.* SYN. **organiser.** ◆ **se préparer.** Se mettre en état, se tenir prêt à faire quelque chose. *Préparez-vous, nous partons bientôt.*

prépondérance n.f. Caractère de ce qui est prépondérant. *La prépondérance économique d'un pays.* SYN. **supériorité.**

▸▸▸ Mot de la famille de **prépondérant.**

prépondérant, e adj. Qui a plus d'importance, d'autorité que les autres. *Cette employée a un rôle prépondérant dans l'entreprise.* SYN. **capital, primordial.** CONTR. **accessoire, mineur, secondaire.**

préposé, e n. ❶ Personne chargée d'une fonction particulière. *J'ai donné mon manteau à la préposée au vestiaire.* ❷ Facteur. *Le préposé m'a remis un colis.*

préposition n.f. Mot invariable qui sert à introduire des compléments. *« De », « avec », « pour » sont des prépositions.*

prérogative n.f. Avantage lié à certaines fonctions. *Le droit de grâce est une prérogative du président de la République.* SYN. **privilège.**

près adv. À une petite distance. *J'habite tout près.* CONTR. **loin.** ◆ **près de** préposition. ❶ À proximité de. *La piscine est près de la gare. Zohra était assise près de moi.* SYN. **à côté de.** ❷ À peu de distance dans le temps. *Il était près de 11 heures.* ❸ **Être près de,** être sur le point de. *J'étais près de partir quand ils sont arrivés.*

● Ne confonds pas avec l'adjectif **prêt.**

présage n.m. Signe qui annonce l'avenir. *Je ne crois pas aux présages.*

▸ **présager** v. (conjug. 5). Mot littéraire. Annoncer, laisser prévoir. *Ce vent et ces nuages présagent la tempête.*

presbyte n. et adj. Personne qui ne voit pas bien de près. → Vois aussi **myope.**

● Ce mot s'écrit avec un **y.**

presbytère n.m. Habitation du curé, dans une paroisse.

● Ce mot s'écrit avec un **y.**

prescription n.f. ❶ Recommandation précise. *Tu dois suivre les prescriptions du médecin.* ❷ Délai au-delà duquel la justice n'a plus le droit de poursuivre un coupable. *Il y a prescription dans cette affaire.* → Vois aussi **ordonnance.**

▸▸▸ Mot de la famille de **prescrire.**

prescrire v. (conjug. 62). Recommander à quelqu'un de prendre un médicament, de suivre un traitement. *Le médecin m'a prescrit des antibiotiques.* SYN. **ordonner.**

● Ne confonds pas avec **proscrire.**

présence n.f. ❶ Fait d'être présent, de se trouver là. *Votre présence est obligatoire.* CONTR. **absence.** ❷ **En présence de quelqu'un,** devant lui. *Je ne parlerai pas en sa présence.*

❸ **Présence d'esprit,** capacité de réagir vite et avec sang-froid. *Elle a eu la présence d'esprit de couper le courant.*
▸▸▸ Mot de la famille de **présent (1).**

1. **présent, e** adj. ❶ Qui est là. *Tous les élèves sont présents.* CONTR. **absent.** ❷ Qui se passe au moment où l'on parle. *Vivre l'instant présent.* ◆ n.m. ❶ Ce qui se passe au moment où l'on parle. *Elle ne se préoccupe que du présent.* CONTR. **futur, passé.** ❷ Temps du verbe qui indique que l'action a lieu au moment où l'on parle. *Le présent de l'indicatif.* ❸ **À présent,** au moment où l'on parle. *À présent, il est l'heure d'aller se coucher.* SYN. **maintenant.**

2. **présent** n.m. Mot littéraire. Cadeau. *Ils ont reçu de très beaux présents pour leur mariage.*
▸▸▸ Mot de la famille de **présenter.**

présentable adj. Digne d'être présenté, montré. *Cette tarte n'est pas présentable.*
▸▸▸ Mot de la famille de **présenter.**

présentateur, trice n. Personne qui présente au public un spectacle, une émission de radio, de télévision.
▸▸▸ Mot de la famille de **présenter.**

présentation n.f. Action et manière de présenter quelque chose ou de se présenter. *La maîtresse notera la présentation de nos cahiers.* ◆ n.f. plur. **Faire les présentations,** présenter les personnes les unes aux autres.
▸▸▸ Mot de la famille de **présenter.**

présenter et **se présenter** v. (conjug. 3). ❶ Faire connaître une personne à une autre, en disant son nom. *La maîtresse nous a présenté la nouvelle élève.* ❷ Annoncer les informations; animer une émission, un spectacle. *Elle présente le journal télévisé tous les soirs.* ❸ Montrer. *Présenter son billet au contrôleur du train.* ❹ Disposer pour montrer, mettre en valeur. *Les œuvres de l'artiste sont très bien présentées.* ◆ **se présenter.** ❶ Se rendre dans un endroit où l'on a été convoqué. *Il doit se présenter au commissariat à 9 heures.* ❷ Être candidat à un examen, à un emploi, à une élection. *Ma cousine s'est présentée au concours d'infirmière.* ❸ Survenir, se produire. *Il partira vivre à l'étranger si l'occasion se présente.*

▸ **présentoir** n.m. Support sur lequel on expose les marchandises dans un magasin.

un **présentoir** de livres

préservatif n.m. Enveloppe en caoutchouc qui se met sur le sexe de l'homme avant les rapports sexuels pour ne pas avoir d'enfants ou pour se protéger contre certaines maladies comme le sida.
▸▸▸ Mot de la famille de **préserver.**

préservation n.f. Action de préserver quelque chose. *Lutter pour la préservation de l'environnement.* SYN. **protection, sauvegarde.**
▸▸▸ Mot de la famille de **préserver.**

préserver v. (conjug. 3). Mettre à l'abri de quelque chose. *Les digues préservent la ville des inondations.* SYN. **protéger.**

présidence n.f. Fonction d'un président. *Être candidat à la présidence d'un parti politique.*
▸▸▸ Mot de la famille de **président.**

président, e n. ❶ Personne qui dirige le déroulement d'une assemblée, d'une réunion. *La présidente du tribunal a réclamé le silence.* ❷ **Président-directeur général,** ou **P.-D.G.,** personne responsable de la gestion d'une entreprise. ❸ **Président de la République,** chef de l'État. *En France, le président de la République est élu pour cinq ans.*

▸ **présidentiel, elle** adj. Qui concerne le président, un président. *La voiture présidentielle est suivie d'un long cortège.*

▸ **présider** v. (conjug. 3). Exercer la fonction de président, diriger une assemblée. *Le maire préside les réunions du conseil municipal.*

présomption n.f. Jugement qui n'est pas fondé sur des preuves mais sur des suppositions. *L'accusé a été condamné sur de simples présomptions.*
▸▸▸ Mot de la famille de **présumer.**

a b c d e f g h i j k l m n o **p** q r s t u v w x y z

présomptueux, euse adj. Qui a une trop bonne opinion de soi et de ses capacités. *Elle est bien présomptueuse de penser qu'elle battra tous les autres concurrents.* SYN. **prétentieux.**
▸▸▸ Mot de la famille de **présumer.**

presque adv. À peu près; pas tout à fait. *Il est presque midi.* SYN. **près de.** *J'ai presque terminé.* → Vois aussi **quasiment.**

▸ **presqu'île** n.f. Bande de terre qui pénètre dans la mer. → Vois aussi **péninsule.**
● La nouvelle orthographe permet d'écrire aussi **presqu'ile,** sans accent circonflexe.

pressant, e adj. Qui presse, urgent. *Des démarches pressantes.*
▸▸▸ Mot de la famille de **presser.**

presse n.f. ❶ Machine qui sert à presser, à comprimer, à écraser. *On se sert d'une presse pour découper les métaux.* ❷ Machine qui sert à imprimer. ❸ Ensemble des journaux, des magazines. *Toute la presse a parlé de cette affaire.*

1. **pressé, e** adj. **Citron pressé, orange pressée,** jus de citron, jus d'orange frais.
▸▸▸ Mot de la famille de **presser.**

2. **pressé, e** adj. ❶ Qui se dépêche ou qui a hâte de faire quelque chose. *Je ne peux pas rester, je suis pressée. Je suis pressé de partir en vacances.* SYN. **impatient.** ❷ Qui doit être fait rapidement. *Ce travail est pressé.* SYN. **urgent.**
▸▸▸ Mot de la famille de **presser.**

presse-citron n.m. Ustensile qui sert à extraire le jus des citrons et des oranges.
● Au pluriel : des **presse-citrons.**
▸▸▸ Mot de la famille de **presser.**

pressentiment n.m. Sentiment vague qu'un événement va se produire. *J'ai le pressentiment qu'elle ne viendra pas.* SYN. **intuition, prémonition.**
▸▸▸ Mot de la famille de **pressentir.**

pressentir v. (conjug. 19). Deviner ce qui va arriver. *Je pressentais que tout cela finirait mal.* SYN. **sentir.**

presse-papiers n.m. invar. Objet lourd que l'on pose sur des papiers pour les empêcher de s'envoler.
● La nouvelle orthographe permet d'écrire aussi un **presse-papier,** sans **s.**
▸▸▸ Mot de la famille de **presser.**

presser et **se presser** v. (conjug. 3). ❶ Comprimer un fruit pour en extraire le jus. *Presser une orange.* ❷ Appuyer sur quelque chose. *Presser le bouton d'une machine.* ❸ Obliger quelqu'un à aller vite, à se dépêcher. *Le vendeur presse les derniers clients.* ❹ Être urgent. *Ce travail presse.* ❺ **Presser le pas,** marcher plus vite. ◆ **se presser.** ❶ Se dépêcher. *Presse-toi, nous sommes en retard.* SYN. **se hâter.** ❷ Être en grand nombre. *La foule se pressait devant l'entrée du cinéma.* SYN. **s'entasser.**

pressing n.m. Établissement où l'on nettoie et où l'on repasse les vêtements à la vapeur.
→ Vois aussi **teinturerie.**
● C'est un mot anglais, on prononce [presiŋ].

pression n.f. ❶ Action d'appuyer sur quelque chose. *D'une pression du doigt, il mit la machine en route.* ❷ **Pression atmosphérique,** poids de l'air. *On mesure la pression atmosphérique à l'aide d'un baromètre.* ❸ Influence exercée sur quelqu'un. *Ils ont fait pression sur lui pour qu'il abandonne son projet.* ❹ Sorte de bouton formé de deux parties métalliques qui s'emboîtent quand on appuie dessus. *Mon gilet est fermé par des pressions.*
▸▸▸ Mot de la famille de **presser.**

pressoir n.m. Machine servant à presser certains fruits ou certaines graines pour en extraire le jus ou l'huile. *Un pressoir à raisin; un pressoir à olives.*
▸▸▸ Mot de la famille de **presser.**

un **pressoir** à raisin

pressurisé, e adj. Maintenu à une pression atmosphérique normale. *L'intérieur d'un avion est pressurisé.*

prestance n.f. Mot littéraire. Allure d'une personne fière et élégante. *La prestance des patineurs.*

prestation n.f. Somme versée à des personnes par une administration. *Les personnes âgées touchent des prestations.*
→ Vois aussi **allocation.**

preste adj. Mot littéraire. Rapide et adroit. *Julie est très preste dans ses mouvements.* SYN. **agile, vif.**

▶ **prestement** adv. Mot littéraire. Avec des gestes rapides et précis. *Elle disparut prestement.* SYN. **vivement.**

prestidigitateur, trice n. Personne qui fait des tours de magie. *Le prestidigitateur faisait disparaître et réapparaître des objets.* SYN. **illusionniste, magicien.**

▶ **prestidigitation** n.f. Art de faire des tours de magie. *J'ai appris à faire quelques numéros de prestidigitation.* SYN. **magie.**

prestige n.m. Attrait et influence qu'exerce une personne ou une chose. *Le prestige d'un homme politique; le prestige de l'uniforme.*

▶ **prestigieux, euse** adj. Qui a du prestige, qui suscite l'admiration. *Il porte un nom prestigieux.*

présumé, e adj. Que l'on croit être tel. *Le présumé voleur a été reconnu innocent.*
▶▶▶ Mot de la famille de **présumer.**

présumer v. (conjug. 3). ❶ Croire d'après certains indices. *Je présume que vous êtes fatigué après un si long voyage.* SYN. **supposer.** ❷ Compter trop sur quelque chose. *Présumer de ses forces.*

1. **prêt** n.m. Somme d'argent prêtée. *La banque leur a accordé un prêt pour acheter leur maison.* → Vois aussi **emprunt.**
● Le **e** prend un accent circonflexe.
▶▶▶ Mot de la famille de **prêter.**

2. **prêt, e** adj. ❶ Qui a terminé de se préparer. *Je suis prête, on peut partir.* ❷ Dont la préparation est terminée. *Le repas est prêt, nous pouvons nous mettre à table.*
● Le **e** prend un accent circonflexe. – Ne confonds pas avec l'adverbe **près.**

prêt-à-porter n.m. Ensemble des vêtements fabriqués à des tailles standards. *Un magasin de prêt-à-porter.*
● Le premier **e** prend un accent circonflexe. – Au pluriel : des **prêts-à-porter.**

prétendant, e n. Personne qui prétend à une fonction, à un titre, qui cherche à l'obtenir. *Le prétendant au trône.*
▶▶▶ Mot de la famille de **prétendre.**

prétendre v. (conjug. 46). ❶ Affirmer. *Jean prétend qu'il ne nous avait pas vus.* SYN. **soutenir.** ❷ Avoir l'intention de. *Il prétend me faire changer d'avis.* SYN. **vouloir.** ❸ (Sens littéraire). Chercher à obtenir. *Prétendre à de hautes fonctions.*

▶ **prétendu, e** adj. Qui n'est pas ce qu'il paraît être ou ce qu'il dit être. *Un prétendu médecin.* SYN. **soi-disant.**

▶ **prétentieux, euse** adj. et n. Se dit d'une personne qui a une très haute opinion d'elle-même. *Sa sœur est une prétentieuse.* SYN. **présomptueux, vaniteux.** CONTR. **modeste.**
● Le second **t** se prononce [s].

▶ **prétention** n.f. ❶ Trop haute opinion de soi-même. *Cette femme est pleine de prétention.* SYN. **orgueil, vanité.** CONTR. **humilité, modestie.** ❷ Ambition, volonté de faire quelque chose. *J'ai la prétention de te convaincre.*
● Le second **t** se prononce [s].

prêter v. (conjug. 3). ❶ Mettre une chose à la disposition d'une personne à condition qu'elle la rende. *Amina m'a prêté deux CD. La banque leur a prêté de l'argent.* SYN. **avancer.** CONTR. **emprunter.** ❷ Attribuer à quelqu'un. *Il me prête des qualités que je n'ai pas.* ❸ **Prêter attention à,** être attentif à. *Il faut prêter attention au moindre détail.* ❹ **Prêter l'oreille à,** écouter attentivement. *J'ai prêté l'oreille à toutes vos remarques.*
● Le premier **e** prend un accent circonflexe.

▶ **prêteur, euse** adj. Qui prête volontiers ce qu'il possède. *Mon frère n'est pas prêteur.*

prétexte n.m. Fausse raison que l'on donne pour justifier une action. *Son mal de tête est un prétexte pour ne rien faire.*

▶ **prétexter** v. (conjug. 3). Prendre pour prétexte. *Elle a prétexté un travail urgent pour ne pas nous accompagner.*

a b c d e f g h i j k l m n o p q r s t u v w x y z

a b c d e f g h i j k l m n o p q r s t u v w x y z

prétoire n.m. Salle d'audience d'un tribunal.
- Ce nom masculin se termine par un **e**.

prêtre n.m. Personne chargée du culte, dans certaines religions. *Le prêtre catholique célèbre la messe.*
- Le premier **e** prend un accent circonflexe.

▶ **prêtresse** n.f. Femme qui se consacrait au culte d'une divinité, dans l'Antiquité. *Les prêtresses grecques.*

▶ **prêtrise** n.f. Fonction de prêtre.

preuve n.f. ❶ Ce qui établit la vérité, prouve quelque chose. *J'ai la preuve qu'il est innocent.* ❷ Calcul qui permet de vérifier qu'une opération est juste. ❸ **Faire preuve de quelque chose,** le montrer. *Rayan a fait preuve d'un grand courage.* ❹ **Faire ses preuves,** montrer sa valeur, ses capacités. *Cette joueuse de tennis devra faire ses preuves.*
▶▶▶ Mot de la famille de **prouver.**

preux adj.m. et n.m. Mot littéraire. Se dit d'un chevalier courageux.

prévaloir v. (conjug. 37). Mot littéraire. Avoir le plus d'importance. *C'est l'avis du directeur qui a prévalu.* SYN. **prédominer.**

prévenance n.f. Attitude d'une personne prévenante, qui cherche à faire plaisir. *Ma tante est toujours pleine de prévenance pour ses invités.* SYN. **attention, égard, sollicitude.**
▶▶▶ Mot de la famille de **prévenir.**

prévenant, e adj. Qui est plein d'attentions délicates, qui cherche à faire plaisir. *Elle est prévenante envers ses petits-enfants.* SYN. **attentionné.**
▶▶▶ Mot de la famille de **prévenir.**

prévenir v. (conjug. 20). ❶ Faire savoir à l'avance. *Kouamé nous a prévenus de son arrivée.* SYN. **avertir, informer.** ❷ Prendre des précautions pour empêcher que quelque chose ne se produise. *Grand-mère prend des médicaments pour prévenir la grippe.*

▶ **préventif, ive** adj. Qui empêche une chose fâcheuse de se produire. *Prendre des mesures préventives contre les accidents de la route.*

▶ **prévention** n.f. ❶ Ensemble des précautions prises pour éviter une chose fâcheuse. *La prévention routière a pour but de réduire le nombre d'accidents de la route.* ❷ Préjugé, parti pris. *Je sais qu'elle a des préventions contre moi.*

prévenu, e n. Personne soupçonnée d'avoir commis un délit et qui attend d'être jugée. *Le juge a entendu les prévenus.* SYN. **inculpé.**

prévisible adj. Que l'on peut prévoir. *Sa réaction était prévisible.* CONTR. **fortuit, imprévisible.**
▶▶▶ Mot de la famille de **prévoir.**

prévision n.f. Fait de prévoir quelque chose; ce que l'on prévoit. *Quelles sont les prévisions météorologiques?*
▶▶▶ Mot de la famille de **prévoir.**

prévoir v. (conjug. 39). ❶ Savoir à l'avance ce qui doit arriver, ce qui est prévisible. *On prévoit une amélioration du temps.* ❷ Organiser, préparer à l'avance. *Ils avaient tout prévu pour la naissance de leur fille Natacha.*

▶ **prévoyance** n.f. Fait d'être prévoyant. *Mariam a fait preuve de prévoyance en prenant un pull.*

▶ **prévoyant, e** adj. Qui sait prévoir, qui pense à ce qui peut se passer. *Baptiste est prévoyant, il a pris son imperméable.* CONTR. **imprévoyant.**

prier v. (conjug. 7). ❶ S'adresser à Dieu, ou à une divinité, par la prière. *Quelques personnes étaient venues prier dans l'église.* ❷ Demander avec insistance. *Elle m'a prié de l'aider à manger.*

▶ **prière** n.f. ❶ Ensemble de paroles que l'on adresse à Dieu. *Maxime fait sa prière chaque soir.* ❷ **Prière de,** il est demandé de. *Prière de ne pas fumer.*

primaire adj. ❶ Qui appartient à l'enseignement du premier degré, du cours préparatoire à l'entrée au collège. *Une école primaire.* SYN. **élémentaire.** ❷ **Ère primaire** ou **primaire,** période très ancienne de l'histoire de la Terre, durant laquelle les formes de vie se sont énormément diversifiées. *Les poissons et les plantes à graines sont apparus à l'ère primaire.* → Vois aussi **quaternaire, secondaire, tertiaire.**

primate n.m. Mammifère qui a un cerveau développé et qui est capable de saisir des objets avec ses mains. *Les humains, les singes et les lémuriens sont des primates.*

primauté n.f. Mot littéraire. Supériorité, premier rang. *On a donné la primauté à la recherche scientifique.*

1. prime n.f. ❶ Somme d'argent qu'un salarié reçoit en plus de son salaire. *Les employés ont reçu une prime de fin d'année.* SYN. **gratification.** ❷ **En prime,** en supplément, en plus. *Si vous achetez le lot, on vous offre une montre en prime.*

2. prime adj. (Littéraire). **De prime abord,** au premier abord. *De prime abord, je ne vous avais pas reconnu.*

1. primer v. (conjug. 3). Être plus important que le reste. *Chez Samba, c'est la générosité qui prime.* SYN. **dominer.**

2. primer v. (conjug. 3). Accorder une récompense, un prix à. *Ce film a été primé plusieurs fois.*
▸▸▸ Mot de la famille de **prime (1).**

primeur n.f. **Avoir la primeur de quelque chose,** être le premier à le connaître, à en bénéficier. *Nous avons la primeur de la nouvelle.* ◆ n.f. plur. Fruits ou légumes qui sont vendus avant la saison normale. *Les primeurs sont cultivées dans des serres.*
● Nom du genre féminin : **la primeur.**

primevère n.f. Fleur aux couleurs variées qui pousse au début du printemps dans les prés et dans les bois. *Le coucou est une primevère sauvage.*

des primevères

primitif, ive adj. Initial, d'origine. *On a modifié le projet primitif.* SYN. **originel.**

primordial, e, aux adj. Qui est de première importance. *Il a joué un rôle primordial dans cette affaire.* SYN. **capital, fondamental, prépondérant.** CONTR. **mineur, secondaire.**
● Au masculin pluriel : **primordiaux.**

prince n.m. ❶ Fils d'un roi ou membre d'une famille royale. ❷ Souverain d'une principauté. *Le prince de Monaco.*

▸ **princesse** n.f. Fille d'un roi, d'un prince, ou femme d'un prince.

▸ **princier, ère** adj. ❶ De prince. *Un mariage princier.* ❷ Digne d'un prince. *Une réception princière.* SYN. **fastueux, luxueux.**

principal, e, aux adj. ❶ Qui est le plus important. *Tenir le rôle principal dans un film.* CONTR. **secondaire.** ❷ **Proposition principale,** proposition dont dépendent des propositions subordonnées. *Dans la phrase « Je ne sais pas s'il viendra », « je ne sais pas » est la proposition principale.* ◆ n.m. Ce qui est le plus important. *Tu n'es pas blessé, c'est le principal.* SYN. **essentiel.** ◆ n. Personne qui dirige un collège.
● Au masculin pluriel : **principaux.**

▸ **principalement** adv. Avant tout; par-dessus tout. *Il est venu principalement pour te voir.* SYN. **surtout.**

principauté n.f. État indépendant, gouverné par un prince. *La principauté de Monaco.*
▸▸▸ Mot de la famille de **prince.**

principe n.m. ❶ Règle qui guide la conduite. *Être fidèle à ses principes.* ❷ Loi scientifique. *Le principe d'Archimède.* ❸ **En principe,** si tout se passe comme prévu; en théorie. *En principe, nos cousins devraient arriver demain.* SYN. **normalement.**

printanier, ère adj. De printemps. *Une journée printanière.*
▸▸▸ Mot de la famille de **printemps.**

printemps n.m. Saison qui suit l'hiver et précède l'été. *Les bourgeons des arbres s'ouvrent au printemps.*
● Le printemps commence le 20 ou 21 mars et finit le 21 ou 22 juin.

prioritaire adj. Qui a la priorité. *Une ambulance est un véhicule prioritaire.*
▸▸▸ Mot de la famille de **priorité.**

priorité n.f. Droit de passer avant les autres. *On doit laisser la priorité aux véhicules qui viennent de la droite.*

pris, e participe passé et adj. ❶ Qui a une occupation. *Je ne peux pas venir demain, je suis prise.* SYN. **occupé.** ❷ Qui est utilisé par quelqu'un. *Les places du premier rang sont toutes prises.* SYN. **occupé.** CONTR. **libre.**

a b c d e f g h i j k l m n o p q r s t u v w x y z

❸ **Avoir la gorge, le nez pris,** rouges et douloureux, enflammés.
▸▸▸ Mot de la famille de **prendre.**

prise n.f. ❶ Action de prendre, de s'emparer. *La prise de la Bastille a eu lieu le 14 juillet 1789.* ❷ Manière de prendre, de saisir un adversaire. *Moussa m'a fait une prise de judo.* ❸ Ce que l'on attrape. *Le pêcheur a fait une belle prise.* SYN. **capture.** ❹ **Avoir prise sur quelqu'un,** avoir les moyens de l'influencer, d'agir sur lui. *Elle n'a aucune prise sur ses enfants.* ❺ **Lâcher prise,** cesser de tenir, de serrer. *Tu risques de tomber si tu lâches prise.* ❻ **Prise de courant,** dispositif relié à une ligne électrique et sur lequel on peut brancher des appareils. ❼ **Prise de sang,** action de prélever un peu de sang à quelqu'un pour l'analyser. SYN. **prélèvement.**
▸▸▸ Mot de la famille de **prendre.**

priser v. (conjug. 3). Mot littéraire. Apprécier beaucoup. *Ces produits de luxe sont très prisés.* SYN. **estimer.**

prisme n.m. Solide de verre à facettes qui décompose la lumière.

un prisme

prison n.f. Établissement où l'on enferme les personnes condamnées et les prévenus qui attendent d'être jugés. *Le voleur a été condamné à deux ans de prison.* → Vois aussi **détention, incarcération, réclusion.**

▸ **prisonnier, ère** n. et adj. ❶ Personne qui est en prison. *Deux prisonniers se sont évadés.* SYN. **détenu.** ❷ Personne capturée au cours d'une guerre. *Le soldat a été fait prisonnier par l'ennemi.* ◆ adj. Qui ne peut pas se libérer de quelque chose. *Être prisonnier de ses habitudes.*

privation n.f. Fait d'être privé de quelque chose. *Il ne doit pas manger de beurre, c'est une réelle privation pour lui.* ◆ n.f. plur. Manque, absence des choses nécessaires, et surtout de nourriture. *Les réfugiés sont affaiblis par les privations.*
▸▸▸ Mot de la famille de **priver.**

privatiser v. (conjug. 3). Transformer en entreprise privée une entreprise qui dépendait de l'État. CONTR. **nationaliser.**
▸▸▸ Mot de la famille de **privé.**

privé, e adj. ❶ Qui est strictement personnel. *Elle n'aime pas qu'on se mêle de sa vie privée.* SYN. **intime.** ❷ Qui n'est pas ouvert au public. *Une piscine privée.* CONTR. **public.** ❸ Qui ne dépend pas de l'État. *Une école privée.* SYN. **libre.** CONTR. **public.** → Vois aussi **laïc.**

priver et **se priver** v. (conjug. 3). Empêcher quelqu'un de profiter de quelque chose. *Il a été privé d'ordinateur.* ◆ **se priver.** S'imposer des privations, dépenser peu d'argent. *Ils ont dû se priver pour pouvoir partir en vacances.*

privilège n.m. Droit, avantage particulier accordé à une personne ou à un groupe. *Avant la Révolution française, les nobles avaient de nombreux privilèges.* SYN. **prérogative.**

▸ **privilégié, e** adj. et n. Qui bénéficie d'un privilège, de privilèges. *Seuls quelques privilégiés ont pu assister au spectacle.*

▸ **privilégier** v. (conjug. 7). ❶ Accorder un privilège, un avantage à quelqu'un. *Le directeur ne privilégie aucun de ses employés.* ❷ Attribuer une importance particulière à quelque chose. *Les enquêteurs privilégient la thèse de l'accident.*

prix n.m. ❶ Ce que coûte une chose. *Le prix des timbres a augmenté.* SYN. **coût, tarif.** ❷ Valeur que l'on accorde à quelque chose. *J'attache beaucoup de prix à tes conseils.* SYN. **importance.** ❸ Récompense décernée à quelqu'un. *J'ai remporté le deuxième prix au concours de dessin.* ❹ **À tout prix,** absolument. *Tu dois réussir à tout prix.* SYN. **coûte que coûte.**
● Ce mot se termine par un **x.**

probabilité n.f. Chance qu'un événement a de se produire. *La probabilité de nous rencontrer dans cette grande ville est faible.*
▸▸▸ Mot de la famille de **probable.**

probable adj. Qui a de fortes chances de se produire. *Il est probable qu'elle viendra.* SYN. **vraisemblable.** CONTR. **improbable.**

▶ **probablement** adv. Sans doute. *Natacha est probablement déjà partie.* SYN. **certainement, vraisemblablement.**

probant, e adj. Qui prouve quelque chose. *Une démonstration probante.* SYN. **concluant, convaincant.**

problème n.m. ❶ Exercice de mathématiques qui consiste à trouver la solution à une question donnée. *Résoudre un problème.* ❷ Difficulté à laquelle on est confronté. *Avoir des problèmes d'argent.* SYN. **ennui, souci.**

procédé n.m. ❶ Méthode pratique pour faire quelque chose. *Un procédé de fabrication.* SYN. **technique.** ❷ Manière de se comporter. *Ses procédés ne me plaisent pas du tout.*

▶▶▶ Mot de la famille de **procéder.**

procéder v. (conjug. 9). ❶ Accomplir une tâche, une opération. *La police a procédé à l'arrestation des malfaiteurs.* ❷ Agir d'une certaine façon. *Procéder avec méthode.*

▶ **procédure** n.f. Ensemble des règles et des formalités à accomplir. *Quelle est la procédure à suivre pour obtenir un visa ?*

procès n.m. Mise en accusation d'une personne qui conduit à son jugement. *Gagner, perdre un procès.*

● Ce mot se termine par un **s.**

procession n.f. Défilé religieux accompagné de chants et de prières.

processus n.m. Enchaînement de phénomènes ou d'actions qui aboutissent à un résultat. *Le processus de fabrication est très long.*

● On prononce le **s** final.

procès-verbal n.m. Papier qui constate une infraction et qui établit une amende. *Le gendarme a dressé un procès-verbal à l'automobiliste.* SYN. **contravention.**

● Au pluriel : des **procès-verbaux.** – On emploie souvent l'abréviation familière **P.-V.**

prochain, e adj. ❶ Qui suit immédiatement dans le temps ou dans l'espace. *Nos amis arrivent dimanche prochain.* CONTR. **dernier.** *Je descends au prochain arrêt.* SYN. **suivant.** CONTR. **précédent.** ❷ Qui va se produire bientôt. *Je lui demanderai une explication la prochaine fois.*

▶ **prochain** n.m. Toute personne autre que soi. *Respecter son prochain.* → Vois aussi **autrui.**

▶ **prochainement** adv. Dans peu de temps. *Ils vont déménager prochainement.* SYN. **bientôt.**

proche adj. ❶ Qui est à une petite distance. *L'école est proche de la mairie.* SYN. **voisin.** CONTR. **éloigné.** ❷ Qui n'est pas éloigné dans le temps. *La date de leur départ est proche.* SYN. **imminent.** CONTR. **lointain.** ❸ Qui est peu différent. *Ces deux mots ont un sens proche.* ❹ Qui a des relations étroites de parenté, d'amitié. *Rachid est un ami très proche.* ◆ n.m. plur. Proches parents, amis intimes. *Seuls ses proches sont invités.*

proclamation n.f. Action de proclamer. *La proclamation des résultats d'une élection.*

▶▶▶ Mot de la famille de **proclamer.**

une **proclamation**

proclamer v. (conjug. 3). ❶ Affirmer avec force. *Proclamer son innocence.* SYN. **clamer, crier.** ❷ Faire connaître publiquement et solennellement. *Proclamer les résultats d'un concours.*

procréation n.f. Mot littéraire. Action de procréer, de donner la vie.

▶▶▶ Mot de la famille de **procréer.**

procréer v. (conjug. 8). Mot littéraire. Donner la vie à un enfant, en parlant des êtres humains.

procuration n.f. Document autorisant une personne à agir à la place d'une autre. *Voter par procuration.*

procurer v. (conjug. 3). ❶ Faire obtenir à quelqu'un. *Il lui a procuré une tenue de rechange.* SYN. **fournir.** ❷ Apporter, donner. *La lecture me procure beaucoup de plaisir.*

procureur, e n. Magistrat qui est chargé de l'accusation, dans un procès. *Le procureur a réclamé dix ans de prison pour les prévenus.*

prodige n.m. ❶ Événement ou action extraordinaires. *Sa guérison est un prodige.* SYN. **miracle.** ❷ Personne qui a des dons exceptionnels. *Cette violoniste est un jeune prodige.* ◆ adj. **Enfant prodige,** enfant exceptionnellement doué et précoce.

● Ne confonds pas avec **prodigue.**

▶ **prodigieusement** adv. Extraordinairement. *Ce peintre est prodigieusement doué.*

▶ **prodigieux, euse** adj. Qui surprend par ses qualités, sa rareté. *Il a un talent prodigieux.* SYN. **exceptionnel, extraordinaire, phénoménal.**

prodigue adj. Qui dépense trop d'argent. *C'est une femme prodigue.* CONTR. **avare, économe, regardant.**

● Ne confonds pas avec **prodige.**

▶ **prodiguer** v. (conjug. 6). Mot littéraire. Donner sans compter, généreusement. *Prodiguer des soins à un malade.*

producteur, trice n. et adj. ❶ Personne, pays qui produisent des biens de consommation. *Les pays producteurs de café.* ❷ Personne ou entreprise qui fournit l'argent nécessaire à la réalisation d'un film, d'un spectacle.

▸▸▸ Mot de la famille de **produire.**

productif, ive adj. Qui produit beaucoup. *Un sol productif.* SYN. **fécond, fertile.** CONTR. **improductif, pauvre.**

▸▸▸ Mot de la famille de **produire.**

production n.f. ❶ Action de produire quelque chose; ce qui est produit. *La production industrielle. La production de blé a augmenté.* ❷ Action de produire un film, une émission, un spectacle; film, spectacle produit. *Une société de production.*

▸▸▸ Mot de la famille de **produire.**

productivité n.f. Rapport entre la quantité de produits fabriqués et les moyens mis en œuvre pour les obtenir. *La productivité annuelle d'une entreprise.* SYN. **rendement.**

▸▸▸ Mot de la famille de **produire.**

produire et **se produire** v. (conjug. 60). ❶ Faire naître, provoquer quelque chose. *Produire un effet inattendu.* SYN. **causer.** ❷ Fournir, créer. *Le pêcher a produit de beaux fruits cette année.* SYN. **donner.** ❸ Fabriquer grâce à un travail. *Cette usine produit des ordinateurs.* ❹ Fournir l'argent nécessaire à la réalisation d'un film, d'une émission. *Cette actrice a produit quelques téléfilms.* ◆ **se produire.** Avoir lieu, arriver. *Une catastrophe s'est produite.* SYN. **survenir.**

▸▸▸ Mots de la même famille : **improductif, surproduction.**

▶ **produit** n.m. ❶ Chose donnée par la nature ou fabriquée. *Le blé est un produit agricole, l'acier est un produit industriel.* ❷ Résultat d'une multiplication. *15 est le produit de 5 multiplié par 3.*

proéminent, e adj. Qui est en relief, qui dépasse ce qui l'entoure. *Une mâchoire proéminente.* SYN. **saillant.**

● Ne confonds pas avec **prééminent.**

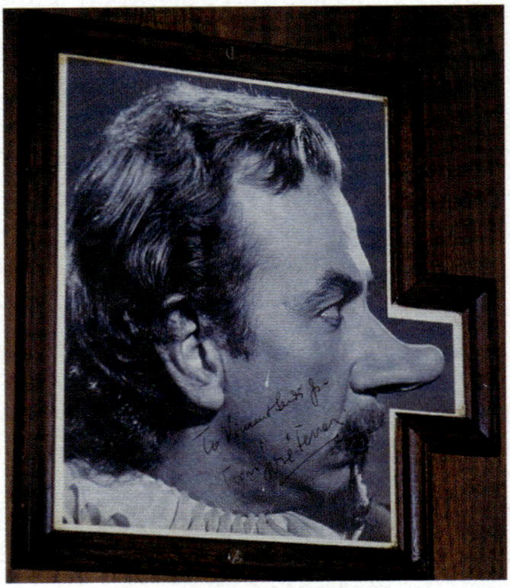

un nez **proéminent**

profanation n.f. Action de profaner. SYN. **violation.** → Vois aussi **sacrilège.**

profane adj. Qui n'est pas religieux. *La musique profane.* CONTR. **sacré.** ◆ adj. et n. Qui ignore totalement un domaine. *Je suis profane en peinture.* CONTR. **initié.**

▶ **profaner** v. (conjug. 3). Ne pas respecter le caractère sacré d'un lieu ou d'un objet. *Profaner une tombe.*

proférer v. (conjug. 9). Dire d'une voix forte. *Proférer des injures.* SYN. **lancer.**

professer v. (conjug. 3). Mot littéraire. Déclarer publiquement. *Professer une opinion.*

professeur n.m. ❶ Personne qui enseigne une matière. *Un professeur d'anglais, de piano.* ❷ **Professeur des écoles,** personne qui enseigne dans une école maternelle ou dans une école primaire. SYN. **instituteur.**

profession n.f. ❶ Activité que l'on exerce pour gagner sa vie. *Quelle est la profession de ta mère ?* SYN. **métier.** ❷ (Littéraire). **Faire profession de,** déclarer publiquement. *Faire profession de ses idées politiques.*

▶ **professionnel, elle** adj. Qui concerne la profession, le métier. *Ses activités professionnelles sont très intéressantes.* ◆ **n. et adj.** Sportif de profession. *Mon cousin est un footballeur professionnel.* CONTR. **amateur.**

professoral, e, aux adj. **Ton professoral,** ton grave et solennel. *Parler d'un ton professoral.*

● Au masculin pluriel : **professoraux.**

▶▶▶ Mot de la famille de **professeur.**

professorat n.m. Fonction de professeur. *Ma sœur se destine au professorat.*

▶▶▶ Mot de la famille de **professeur.**

profil n.m. ❶ Contour d'un visage vu de côté. *Solène a un beau profil.* ❷ **De profil,** vu de côté. *Je t'ai dessiné de profil.* CONTR. **de dos, de face.**

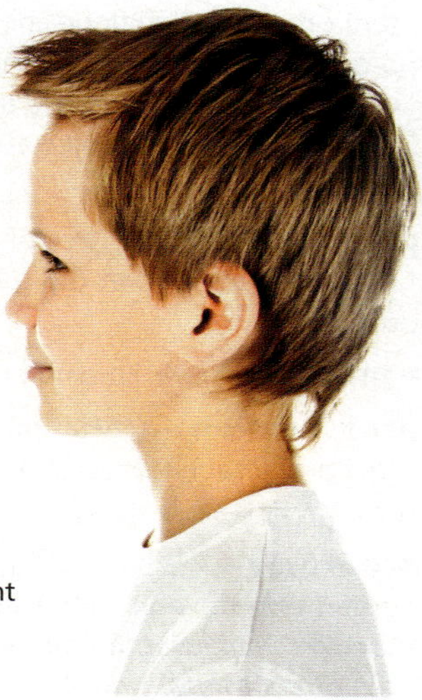

le **profil** d'un enfant

▶ se **profiler** v. (conjug. 3). Se montrer avec des contours nets. *Les montagnes se profilent à l'horizon.* SYN. **se découper, se détacher.**

profit n.m. ❶ Avantage que l'on retire de quelque chose. *Mon cousin a tiré profit de son séjour en Angleterre.* ❷ Gain réalisé par une entreprise. *Cette usine a fait de gros profits.* SYN. **bénéfice.** CONTR. **perte.** ❸ **Mettre à profit,** employer utilement. *Je mettrai à profit ces deux jours de congés pour venir vous voir.*

▶ **profitable** adj. Qui procure un avantage. *Ces quelques jours à la montagne lui ont été profitables.* SYN. **bénéfique, salutaire.**

▶ **profiter** v. (conjug. 3). ❶ Tirer un avantage d'une situation. *Le prisonnier a profité d'un moment d'inattention des gardiens pour s'enfuir.* ❷ Être utile. *Tes remarques m'ont profité.* SYN. **servir.**

▶ **profiteur, euse** n. Personne qui tire profit de tout, souvent aux dépens des autres. SYN. **exploiteur.**

profond, e adj. ❶ Qui a telle profondeur. *Le puits est profond de cinq mètres.* ❷ Dont le fond est éloigné de la surface, du bord. *Le lac est profond à cet endroit.* ❸ Qui atteint un haut degré; intense. *Dormir d'un profond sommeil.* SYN. **lourd.** CONTR. **léger.** *Ressentir un profond bonheur.* ❹ Qui va au fond des choses. *Exprimer des pensées profondes.* CONTR. **superficiel.**

▶ **profondément** adv. ❶ À une grande profondeur. *Creuser profondément.* ❷ De manière intense. *Respirer profondément.* SYN. **à fond.** *Elle était profondément déçue.* SYN. **extrêmement.**

▶ **profondeur** n.f. ❶ Caractère de ce qui est profond. *La profondeur d'une crevasse.* ❷ Distance du fond à la surface. *Creuser un trou de un mètre de profondeur.*

profusion n.f. Très grande quantité. *Il nous a donné une profusion de détails.* SYN. **abondance, foisonnement.**

progéniture n.f. Ensemble des enfants d'une personne. *Il s'occupe très bien de sa progéniture.*

programmation n.f. ❶ Établissement des programmes, à la télévision, à la radio et au cinéma. *Changer la programmation.* ❷ Ensemble d'opérations qui permettent de concevoir et de réaliser un programme pour un ordinateur.

▸▸▸ Mot de la famille de **programme.**

programme n.m. ❶ Liste de films, de spectacles, d'émissions. ❷ Ensemble des matières, des questions étudiées dans une classe ou pour un examen. *L'étude d'une langue étrangère est au programme de la classe de sixième.* ❸ Déclaration des intentions, des projets d'une personne, d'un parti. *Les candidats à l'élection présidentielle ont exposé leur programme.* ❹ Ensemble des informations traitées par un ordinateur.

▸ **programmer** v. (conjug. 3). ❶ Inscrire un film, une émission au programme. *Programmer un film de science-fiction.* ❷ Régler un appareil de manière à ce qu'il effectue une opération précise. *Programmer un lave-linge.* ❸ Faire un programme pour un ordinateur.

progrès n.m. ❶ Amélioration, changement en mieux. *Jessie a fait des progrès en mathématiques. Les progrès de la médecine.* ❷ Développement d'une civilisation. *Croire au progrès.*

▸ **progresser** v. (conjug. 3). ❶ Avancer ; se développer. *Les troupes ennemies progressent très vite.* CONTR. **reculer.** *L'épidémie progresse dans le pays.* SYN. **s'étendre, se propager.** CONTR. **régresser.** ❷ Faire des progrès, améliorer ses résultats. *Pierre a progressé en français.*

▸ **progressif, ive** adj. Qui se fait par degrés, peu à peu. *Un changement progressif.* SYN. **graduel.**

▸ **progression** n.f. ❶ Mouvement en avant. *La progression des randonneurs.* ❷ Avancement. *La progression d'une enquête.*

▸ **progressiste** adj. et n. Qui est favorable au progrès social et économique, aux réformes. *Elles ont adhéré à un parti progressiste.* CONTR. **conservateur, réactionnaire.**

▸ **progressivement** adv. D'une manière progressive, par degrés. *Avancer progressivement.* SYN. **graduellement, petit à petit.**

prohiber v. (conjug. 3). Interdire légalement. *Le trafic de drogue est prohibé.* SYN. **proscrire.** CONTR. **autoriser, permettre.**

▸ **prohibitif, ive** adj. Se d'un prix trop élevé. *Dans cette région, les prix des maisons sont prohibitifs.* SYN. **excessif, exorbitant.**

▸ **prohibition** n.f. Défense, interdiction légale. *La prohibition du trafic d'armes.*

proie n.f. ❶ Être vivant capturé et dévoré par un animal prédateur. *Le lion s'est jeté sur sa proie.* ❷ **Oiseau de proie,** oiseau qui se nourrit d'animaux vivants. *L'aigle, la buse, la chouette sont des oiseaux de proie.* SYN. **rapace.** ❸ **Être en proie à,** être tourmenté par un sentiment. *Être en proie au doute.* ❹ **Être la proie des flammes,** être détruit par un incendie.

projecteur n.m. ❶ Appareil qui projette une lumière très puissante. *La scène est éclairée par des projecteurs.* ❷ Appareil qui sert à projeter des images sur un écran. *Un projecteur de diapositives.*

▸▸▸ Mot de la famille de **projeter.**

projectile n.m. Objet lancé à la main ou avec une arme vers un but, une cible. *Les balles, les flèches sont des projectiles.*

● Ce nom masculin se termine par un **e.**

projection n.f. ❶ Action de projeter, de lancer quelque chose. *Les projections de cendres d'un volcan.* ❷ Action de projeter un film, des photos sur un écran. *La projection d'un documentaire.*

projet n.m. Ce que l'on a l'intention de faire. *Quels sont tes projets pour l'année prochaine ?* SYN. **plan.** *Mon oncle nous a parlé de ses projets de voyage.*

▸▸▸ Mot de la famille de **projeter.**

projeter v. (conjug. 12). ❶ Jeter avec force. *Le cavalier a été projeté au sol.* ❷ Avoir l'intention de faire quelque chose. *Mon frère projette de faire le tour du monde.* SYN. **envisager.** ❸ Faire apparaître des images sur un écran grâce à un projecteur. *Projeter des diapositives.*

prolétaire n. et adj. Personne qui exerce un métier manuel et qui gagne très peu d'argent.

▸ **prolétariat** n.m. Ensemble des prolétaires.

prolifération n.f. Multiplication rapide. *Une prolifération de mouches.*

▸▸▸ Mot de la famille de **proliférer.**

proliférer v. (conjug. 9). Se multiplier rapidement, devenir de plus en plus nombreux. *Les moustiques prolifèrent dans les régions humides.*

prolifique adj. Qui se reproduit rapidement, en parlant d'un animal. *Les lapins sont prolifiques.* SYN. **fécond.**

prolixe adj. Qui parle beaucoup. *Notre guide était très prolixe.* SYN. **bavard, loquace.**

prologue n.m. Première partie d'un roman, d'une pièce de théâtre ou d'un film, où l'auteur explique ce qui s'est passé avant le début de l'action. CONTR. **épilogue.**

prolongation n.f. ❶ Action de prolonger dans le temps. *Il a obtenu une prolongation de son congé.* ❷ (Souvent au pluriel). En sport, période supplémentaire accordée en fin de match pour départager deux équipes à égalité. *Jouer les prolongations.*

▸▸▸ Mot de la famille de **prolonger.**

prolongement n.m. ❶ Action d'augmenter la longueur de quelque chose. *Le prolongement d'un chemin.* ❷ Ce qui prolonge quelque chose. *La poste se trouve dans le prolongement de la rue.*

▸▸▸ Mot de la famille de **prolonger.**

prolonger v. (conjug. 5). ❶ Faire durer plus longtemps. *Il a prolongé ses vacances de quelques jours.* SYN. **allonger.** CONTR. **abréger, écourter, raccourcir.** ❷ Augmenter la longueur de quelque chose. *Prolonger une rue.*

promenade n.f. Action de se promener. *Nous avons fait une promenade en forêt.* SYN. **tour.** → Vois aussi **balade.**

▸▸▸ Mot de la famille de **promener.**

promener et **se promener** v. (conjug. 10). Conduire une personne ou un animal à l'extérieur pour lui donner de l'exercice. *Loan promène son chien.* ◆ **se promener.** Aller d'un lieu à un autre pour prendre l'air, pour se distraire ou se détendre. *Nous nous sommes promenés dans la forêt.* → Vois aussi **se balader.**

▸ **promeneur, euse** n. Personne qui se promène. *Des promeneurs flânaient dans les allées du parc.* SYN. **passant.**

promesse n.f. Ce que l'on promet de faire. *Tenir sa promesse. Manquer à sa promesse.* SYN. **engagement.**

▸▸▸ Mot de la famille de **promettre.**

prometteur, euse adj. Qui laisse espérer de bons résultats, une réussite. *Ce chanteur a fait des débuts prometteurs.*

▸▸▸ Mot de la famille de **promettre.**

promettre et **se promettre** v. (conjug. 51). S'engager à faire ou à dire quelque chose. *Sébastien a promis de m'aider.* ◆ **se promettre de.** Prendre la ferme résolution de faire quelque chose. *Armelle s'est promis de faire davantage de sport.*

▸ **promis, e** adj. ❶ Dont on a fait la promesse. *« Chose promise, chose due ».* ❷ Destiné à tel avenir. *Cet étudiant est promis à un brillant avenir.*

promiscuité n.f. Situation où des personnes sont très près les unes des autres. *Elle ne supporte pas la promiscuité des transports en commun.*

promontoire n.m. Terrain élevé qui s'avance dans la mer. *Le phare est situé sur un promontoire.* → Vois aussi **cap.**

● Ce nom masculin se termine par un **e.**

un promontoire

promoteur, trice n. **Promoteur immobilier,** personne qui finance la construction d'immeubles et qui les vend.

promotion n.f. ❶ Fait d'obtenir un poste plus élevé. *Plusieurs employés ont bénéficié d'une promotion.* SYN. **avancement.** ❷ Ensemble des élèves entrés la même année dans une grande école. ❸ Opération commerciale effectuée en vue de faire connaître un produit. *Faire la promotion d'un nouveau shampooing.* ❹ **En promotion,** se dit d'un article vendu moins cher pendant un certain temps. *J'ai acheté des yaourts en promotion.* SYN. **en réclame.**

a b c d e f g h i j k l m n o p q r s t u v w x y z

▶ **promotionnel, elle** adj. Qui se rapporte à la promotion d'un produit. *Une vente promotionnelle.*

promouvoir v. (conjug. 32). ❶ Nommer une personne à un poste ou à un grade supérieur. *Elle a été promue sous-directrice.* ❷ Favoriser le développement de. *Promouvoir les actions culturelles dans les régions isolées.*

prompt, e adj. Mot littéraire. Rapide. *Je vous souhaite un prompt rétablissement.*
● On prononce [prɔ̃], [prɔ̃t].

▶ **promptitude** n.f. Mot littéraire. Rapidité. *Répondre avec promptitude.*
● On prononce [prɔ̃tityd].

promulguer v. (conjug. 6). Publier officiellement une loi.

prôner v. (conjug. 3). Mot littéraire. Recommander vivement. *Prôner l'indulgence.* SYN. **préconiser.**
● Le **o** prend un accent circonflexe.

pronom n.m. Mot qui remplace un nom ou une phrase. *Les pronoms personnels, démonstratifs, possessifs, interrogatifs, indéfinis, relatifs.*

▶ **pronominal, e, aux** adj. **Verbe pronominal,** verbe qui s'emploie précédé d'un pronom personnel. *« Se souvenir » est un verbe pronominal.*
● Au masculin pluriel : **pronominaux.**

prononcer et **se prononcer** v. (conjug. 4). ❶ Articuler un son, un mot. *Dans le mot « nerf », on ne prononce pas le « f ».* ❷ Dire à voix haute. *Prononcer un discours.* ◆ **se prononcer.** ❶ Être dit, articulé. *« Seau » et « sot » se prononcent de la même façon.* ❷ Donner son opinion sur une question. *Les médecins ne se sont pas encore prononcés sur l'état du malade.*

▶ **prononciation** n.f. Manière dont un son, un mot est prononcé. *Je ne connais pas la prononciation de ce mot anglais.*

pronostic n.m. Supposition que l'on fait sur ce qui va arriver. *Faire des pronostics.* SYN. **prévision.**

propagande n.f. Action exercée sur l'opinion publique pour faire accepter certaines idées. *Les partis politiques font de la propagande.*

propagation n.f. Fait de se propager, de répandre. *La propagation d'une épidémie.* SYN. **développement, extension.** *La propagation des idées.* SYN. **diffusion.**
▶▶▶ Mot de la famille de **propager.**

propager et **se propager** v. (conjug. 5). Faire connaître, répandre dans le public. *Propager une nouvelle.* SYN. **diffuser.** ◆ **se propager.** Se répandre, progresser. *L'incendie s'est propagé très rapidement.*

propension n.f. Penchant naturel. *Avoir une propension à mentir.* SYN. **tendance.**

prophète n.m. Homme qui parle au nom de Dieu pour faire connaître son message. *Mahomet est le prophète de l'islam.*

▶ **prophétie** n.f. Ce qui est prédit, annoncé pour l'avenir. *N'écoute pas ses prophéties.* SYN. **prédiction.**
● On prononce [prɔfesi].

▶ **prophétique** adj. Qui a le caractère d'une prophétie. *Des paroles prophétiques.*

propice adj. Qui convient bien. *Elle a choisi le moment propice pour m'annoncer la nouvelle.* SYN. **favorable, opportun.**

proportion n.f. Rapport entre deux quantités. *J'ai mis la même proportion de beurre, de farine et de sucre dans ce gâteau.* ◆ n.f. plur. Rapport harmonieux entre les parties d'un tout. *Cette statue a de belles proportions.*

▶ **proportionné, e** adj. ❶ Qui est juste par rapport à quelque chose. *Une sanction proportionnée à la faute commise.* CONTR. **disproportionné.** ❷ **Être bien, mal proportionné,** avoir de belles, de mauvaises proportions. *Un corps bien proportionné.*

▶ **proportionnel, elle** adj. Qui est en rapport avec quelque chose, qui varie dans le même sens. *La rémunération est proportionnelle aux heures de travail effectuées.*

▶ **proportionnellement** adv. Suivant une certaine proportion. *Le montant des impôts augmente proportionnellement aux revenus.*

propos n.m. ❶ (Souvent au pluriel). Parole. *Ses propos m'ont vexé.* ❷ **À propos de,** au sujet de. *Je te téléphone à propos des vacances.* ❸ **À tout propos,** à n'importe quelle occasion. *Il se fâche à tout propos.* ❹ **À propos,** au bon moment. *Tu arrives à propos, il faut que je te parle.* ❺ (Sens littéraire). Intention, but. *Mon propos n'est pas de vous inquiéter.*

proposer et **se proposer** v. (conjug. 3). Offrir quelque chose, soumettre une idée à quelqu'un. *Bruno a proposé de m'aider.* ◆ **se proposer de.** Avoir l'intention de faire quelque chose. *Ils se proposent d'acheter une maison.* SYN. **envisager de, projeter de, songer à.**

▶ **proposition** n.f. ❶ Action de proposer quelque chose. *Accepter, refuser une proposition.* SYN. **offre.** ❷ Phrase ou partie de phrase qui, le plus souvent, contient un verbe. *La phrase « Je pense qu'il a raison » est formée de deux propositions : une proposition principale (je pense) et une proposition subordonnée (qu'il a raison). « En avant, les enfants ! » est une proposition indépendante.*

propre adj. ❶ Qui a été lavé, qui ne contient aucune trace de saleté ; qui est bien entretenu. *Mettre des vêtements propres.* SYN. **impeccable, net.** CONTR. **crasseux, sale.** ❷ Qui appartient spécialement à quelqu'un ou à quelque chose. *Il est venu avec sa propre voiture. Chaque instrument de musique a un son propre.* SYN. **caractéristique, particulier.** ❸ **Nom propre,** mot qui désigne une personne ou une chose considérée comme unique. Il s'écrit avec une majuscule. *« Méditerranée », « Alexis » sont des noms propres.* ❹ **Sens propre,** sens premier d'un mot. *Au sens propre, « un âne » est un animal, au sens figuré, c'est une personne ignorante et stupide.* ❺ **Propre à,** qui convient pour. *Ce bateau est propre à la navigation.* CONTR. **impropre à.** ◆ n.m. ❶ **Mettre au propre,** mettre sous forme définitive ce qui était un brouillon. ❷ Qualité particulière de quelqu'un, de quelque chose. *Le rire est le propre de l'homme.* → Vois aussi **commun, figuré.**

▸▸▸ Mot de la même famille : **approprié.**

▶ **proprement** adv. ❶ D'une façon propre, sans se salir. *Manger proprement.* CONTR. **salement.** ❷ **À proprement parler,** pour être exact, précis. *Ce n'est pas à proprement parler un château.* ❸ **Proprement dit,** au sens exact. *La maison proprement dite ne lui appartient pas.*

▶ **propreté** n.f. Qualité de ce qui est propre. *Le maire veille à la propreté de la ville.* CONTR. **saleté.** → Vois aussi **hygiène.**

propriétaire n. Personne qui possède une chose, un animal. *Qui est le propriétaire de cette voiture ? Le propriétaire voudrait louer son appartement.* → Vois aussi **locataire.**

▸▸▸ Mot de la famille de **propriété.**

propriété n.f. ❶ Fait d'appartenir à quelqu'un, à un organisme. *Ce terrain est la propriété de la commune.* ❷ Grande maison, terrain que l'on possède. *Nous avons une propriété à la campagne.* ❸ Qualité particulière de quelque chose. *L'eau a la propriété de bouillir à 100 °C.* SYN. **caractéristique, particularité.**

▸▸▸ Mot de la même famille : **exproprier.**

propulser v. (conjug. 3). Faire avancer en poussant. *L'avion est propulsé par des moteurs à réaction.*

▶ **propulseur** n.m. ❶ Instrument préhistorique qui servait à lancer une sagaie. ❷ Moteur qui sert à propulser un navire, un avion, une fusée.

un propulseur préhistorique

▶ **propulsion** n.f. Action de propulser. *Un sous-marin à propulsion nucléaire.*

prosaïque adj. Qui manque de noblesse, d'idéal. *Mener une vie prosaïque.* SYN. **banal.**

● Le **i** prend un tréma.

proscrire v. (conjug. 62). Interdire formellement. *La consommation de tabac est proscrite dans l'établissement.* SYN. **prohiber.** CONTR. **autoriser, permettre.**

● Ne confonds pas avec **prescrire.**

▶ **proscrit, e** n. Personne chassée de son pays. → Vois aussi **exilé.**

prose n.f. Façon ordinaire de s'exprimer, d'écrire, par opposition à la poésie. *Les romans sont écrits en prose.*

prosélytisme n.m. Ardeur, zèle que met une personne à recruter des adeptes, à imposer ses idées. *Les adeptes de la secte font du prosélytisme.*

● Ce mot s'écrit avec un **y.**

a b c d e f g h i j k m n o **p** q r s t u v w x y z

a b c d e f g h i j k l m n o p q r s t u v w x y z

prospecter v. (conjug. 3). Étudier, examiner un terrain pour y trouver des richesses naturelles. *Des ingénieurs prospectent la région.*

▶ **prospection** n.f. Action de prospecter. *Les compagnies pétrolières font de la prospection dans le désert.*

prospectus n.m. Feuille sur laquelle est imprimée une information ou une publicité. *Distribuer des prospectus.*

● On prononce le **s** final : [prɔspɛktys].

prospère adj. Qui est en plein développement, qui réussit bien. *Une entreprise prospère.* SYN. **florissant.**

▶ **prospérer** v. (conjug. 9). Réussir, se développer. *Son commerce prospère.* CONTR. **péricliter.**

▶ **prospérité** n.f. État de ce qui est prospère. *Cette entreprise a connu des années de prospérité.* SYN. **richesse.** CONTR. **marasme.**

se **prosterner** v. (conjug. 3). S'incliner très bas en signe d'adoration, de respect. *Les courtisans se prosternaient devant le roi et la reine.*

prostitué, e n. Personne qui se prostitue.

▸▸▸ Mot de la famille de **se prostituer.**

se **prostituer** v. (conjug. 3). Avoir des relations sexuelles avec une personne en échange d'une somme d'argent.

▶ **prostitution** n.f. Action de se prostituer. *Se livrer à la prostitution.*

prostré, e adj. Découragé, sans réaction. *Il est resté prostré à l'annonce de la catastrophe.* SYN. **abattu.**

protagoniste n. Personne qui joue le rôle principal dans une affaire. *Les protagonistes d'un trafic.*

protecteur, trice adj. Qui protège. *La Société protectrice des animaux.*

▸▸▸ Mot de la famille de **protéger.**

protection n.f. ❶ Action de protéger, de défendre quelqu'un ou quelque chose. *Des gardes du corps assurent la protection de la chanteuse. La protection de la nature.* SYN. **préservation, sauvegarde.** ❷ Ce qui protège. *Les joueurs de hockey portent des genouillères comme protections.*

▸▸▸ Mot de la famille de **protéger.**

protégé, e n. Personne qui bénéficie de la protection de quelqu'un.

▸▸▸ Mot de la famille de **protéger.**

protège-cahier n.m. Couverture souple, le plus souvent en plastique, servant à protéger un cahier.

● Au pluriel : des **protège-cahiers.**

▸▸▸ Mot de la famille de **protéger.**

protéger v. (conjug. 9). ❶ Défendre contre une agression, un danger. *La lionne protège ses petits.* ❷ Mettre à l'abri d'un risque, d'un danger. *Le parasol nous protège du soleil. Il faut protéger la nature.* SYN. **préserver, sauvegarder.**

protéines n.f. plur. Substance indispensable à l'organisme, contenue dans la viande, le poisson, les œufs et dans certaines plantes.

→ Vois aussi **glucides, lipides.**

protestant, e n. et adj. Chrétien qui ne reconnaît pas l'autorité du pape. *Les protestants vont au temple pour assister au culte.*

→ Vois aussi **catholique, orthodoxe.**

▶ **protestantisme** n.m. Religion chrétienne issue de la Réforme, pratiquée par les protestants.

protestation n.f. Fait de protester, de montrer son désaccord. *Cette mesure a soulevé de nombreuses protestations.*

▸▸▸ Mot de la famille de **protester.**

protester v. (conjug. 3). ❶ Déclarer avec force que l'on n'est pas d'accord. *Protester contre une décision.* ❷ (Sens littéraire). Affirmer avec force. *Protester de son innocence.* → Vois aussi **s'insurger, se récrier.**

prothèse n.f. Appareil qui remplace partiellement ou totalement un membre, un organe. *Une prothèse dentaire.* SYN. **dentier.**

● Ce mot s'écrit avec **th.**

protocole n.m. Ensemble des règles qu'il faut respecter dans les cérémonies officielles. SYN. **étiquette.** → Vois aussi **cérémonial, rituel.**

● Ce nom masculin se termine par un **e.**

prototype n.m. Modèle unique d'un appareil, d'un véhicule qui n'est pas encore fabriqué en série. *Un prototype d'avion.*

● Ce mot s'écrit avec un **y.**

protubérance n.f. Petite partie en relief à la surface d'un corps. *Une bosse est une protubérance.* SYN. **excroissance.**

proue n.f. ❶ Partie avant d'un navire. CONTR. **poupe.** ❷ **Figure de proue,** représentation d'un être que l'on fixait à la proue d'un navire.

la proue d'un navire

prouesse n.f. Acte remarquable. *Nous l'avons félicité pour ses prouesses sportives.* SYN. **exploit, performance.**

prouver v. (conjug. 3). ❶ Démontrer que quelque chose est vrai. *L'enquête a prouvé qu'il était innocent.* SYN. **établir.** ❷ Exprimer par des paroles, des actions. *Prouver son amour à quelqu'un.* SYN. **montrer.**

provenance n.f. Lieu d'où provient une chose. *Le train en provenance de Marseille entre en gare.*

►►► Mot de la famille de **provenir.**

provenir v. (conjug. 20). ❶ Venir d'un lieu. *Ces bananes proviennent de la Guadeloupe.* ❷ Tirer son origine de. *Le caoutchouc provient d'un arbre tropical. Son accident provient d'une négligence.* SYN. **découler, résulter.**

● Ce verbe se conjugue avec l'auxiliaire « être ».

proverbe n.m. Petite phrase qui exprime un conseil de sagesse, une vérité générale. *« L'union fait la force » est un proverbe.*

→ Vois aussi **dicton, maxime, sentence.**

► **proverbial, e, aux** adj. Qui est connu de tous. *Son étourderie est proverbiale.* SYN. **légendaire.**

● Au masculin pluriel : **proverbiaux.**

providence n.f. Pour les chrétiens, sagesse avec laquelle Dieu gouverne le monde. *Se fier à la divine providence.*

► **providentiel, elle** adj. Qui arrive au bon moment, par un heureux hasard. *Cette nouvelle est providentielle.*

province n.f. ❶ Partie d'un pays; région. *Les provinces belges. La Bretagne, la Provence sont des provinces françaises.* ❷ Ensemble de la France, à l'exception de Paris et sa banlieue. *Nos voisins sont partis vivre en province.*

► **provincial, e, aux** adj. et n. Qui habite en province. *Mes grands-parents sont des provinciaux.* ◆ adj. De la province. *La vie provinciale.*

● Au masculin pluriel : **provinciaux.**

proviseur, e n. Personne qui dirige un lycée.

provision n.f. ❶ Quantité de choses utiles que l'on garde en réserve. *Faire des provisions de bois pour l'hiver.* SYN. **stock.** ❷ **Chèque sans provision,** chèque dont le montant dépasse la somme d'argent que l'on a sur son compte bancaire. ◆ n.f. plur. Produits alimentaires ou d'entretien que l'on achète pour la vie de tous les jours. *Nous avons fait des provisions pour une semaine.*

►►► Mots de la même famille : **approvisionnement, approvisionner.**

provisoire adj. Qui existe, qui a lieu, qui se fait pour un temps limité. *Cette situation est provisoire.* SYN. **momentané, temporaire, transitoire.** CONTR. **définitif.**

► **provisoirement** adv. De façon provisoire, pour un temps limité. *Ils se sont installés provisoirement chez des amis.* SYN. **momentanément, temporairement.**

provocant, e adj. Qui provoque, qui pousse à réagir violemment. *Avoir une attitude provocante.* SYN. **agressif.**

►►► Mot de la famille de **provoquer.**

provocateur, trice n. Personne qui incite les autres à la violence. *Des provocateurs sont à l'origine des incidents.*

►►► Mot de la famille de **provoquer.**

provocation n.f. Acte ou parole qui provoquent, qui poussent à réagir avec violence. *Il ne faut pas répondre aux provocations.*

►►► Mot de la famille de **provoquer.**

provoquer v. (conjug. 3). ❶ Avoir un comportement qui pousse à réagir avec violence. *Cesse de provoquer ta sœur.* SYN. **exciter.** ❷ Être la cause de quelque chose. *Les fortes pluies ont provoqué des inondations.* SYN. **causer, déclencher, entraîner.**

proximité n.f. ❶ Faible distance qui sépare une chose d'une autre dans le temps. *La proximité du départ me réjouit.*

a b c d e f g h i j k l m n o p q r s

❷ **À proximité de,** près de. *Nous habitons à proximité du cinéma.*

prudemment adv. Avec prudence. *Conduire prudemment.* CONTR. **imprudemment.**
● On écrit **emment** mais on prononce [amɑ̃], comme **amant.**
▸▸▸ Mot de la famille de **prudent.**

prudence n.f. Attitude d'une personne prudente. *Ils ont eu la prudence d'écouter les prévisions météorologiques avant de partir.* SYN. **sagesse.** CONTR. **inconscience.**
▸▸▸ Mot de la famille de **prudent.**

prudent, e adj. et n. Qui agit de façon à éviter les risques, les dangers, les erreurs. *Charlotte est prudente quand elle se baigne, elle ne s'éloigne pas du rivage.* CONTR. **imprudent.**
▸▸▸ Mots de la même famille : **imprudemment, imprudence, imprudent.**

prune n.f. Fruit à noyau de forme ronde ou allongée, qui pousse sur un prunier.

▸ **pruneau** n.m. Prune séchée de couleur noirâtre.
● Au pluriel : des **pruneaux.**

▸ 1. **prunelle** n.f. Petite prune sauvage, de couleur bleue, au goût âcre, qui pousse sur un *prunellier.*

2. **prunelle** n.f. ❶ Pupille de l'œil. ❷ **Tenir à quelque chose comme à la prunelle de ses yeux,** y tenir par-dessus tout. *Elle tient à cette bague comme à la prunelle de ses yeux.*

prunier n.m. Arbre fruitier qui produit des prunes.
▸▸▸ Mot de la famille de **prune.**

un prunier et des prunes

P.-S. → **post-scriptum**

psaume n.m. Chant religieux. → Vois aussi **cantique.**

pseudonyme n.m. Faux nom que l'on prend pour ne pas être reconnu. *Cet acteur a pris un pseudonyme.* SYN. **nom d'emprunt.**
● Ce mot s'écrit avec un **y.**

psychanalyse n.f. Méthode qui permet de soigner certains troubles psychiques, en amenant la personne à parler d'événements et de situations qui l'ont perturbée.
● Ce mot s'écrit avec deux **y** et **ch** que l'on prononce [k].

▸ **psychanalyser** v. (conjug. 3). **Se faire psychanalyser,** se faire soigner par la psychanalyse.

▸ **psychanalyste** n. Spécialiste de psychanalyse.

psychiatre n. Médecin spécialiste des maladies mentales.
● Ce mot s'écrit avec un **y** et **ch** que l'on prononce [k].

▸ **psychiatrie** n.f. Partie de la médecine qui étudie et soigne les maladies mentales.

▸ **psychiatrique** adj. Qui concerne la psychiatrie. *Un hôpital psychiatrique.*

psychique adj. Qui concerne l'esprit, la pensée. *Une maladie psychique.*
● Ce mot s'écrit avec un **y.**

psychologie n.f. ❶ Étude des comportements et des sentiments des êtres humains. *La psychologie de l'enfant, de l'adolescent.* ❷ Capacité de comprendre les sentiments et le comportement des autres, de prévoir leurs réactions. *Cet éducateur manque de psychologie.*
● Ce mot s'écrit avec un **y** et **ch** que l'on prononce [k].

▸ **psychologique** adj. Qui concerne la psychologie, l'esprit. *Mon frère a besoin d'un soutien psychologique.*

▸ **psychologue** n. Spécialiste de psychologie. *La psychologue scolaire te fera passer des tests.* ◆ adj. Qui comprend les sentiments, les comportements des autres. *Notre maître est très psychologue.*

psychothérapeute n. Spécialiste de psychothérapie.
▸▸▸ Mot de la famille de **psychothérapie.**

psychothérapie n.f. Traitement destiné à guérir une personne de ses troubles psychologiques. *Suivre une psychothérapie.*
● Ce mot s'écrit avec un **y** et **ch** que l'on prononce [k].

ptérodactyle n.m. Reptile volant de la préhistoire, à la queue courte et au bec muni de fortes dents.
● Ce mot s'écrit avec un **y**.

un ptérodactyle

puanteur n.f. Très mauvaise odeur. SYN. **infection.**
▸▸▸ Mot de la famille de **puer.**

pubère adj. Qui a atteint l'âge de la puberté.
▸▸▸ Mot de la famille de **puberté.**

puberté n.f. Période de la vie qui correspond au passage de l'enfance à l'adolescence et qui est caractérisée par des transformations du corps et de l'esprit.

pubis n.m. Partie au bas du ventre qui forme un triangle. *Le pubis se couvre de poils au moment de la puberté.*
● On prononce le **s.**

public n.m. ❶ Ensemble de la population. *L'entrée est interdite au public.* ❷ Ensemble des spectateurs, des lecteurs. *Le public a applaudi à la fin de la représentation.* SYN. **assistance, auditoire.** ❸ **En public,** en présence de nombreuses personnes. *Parler en public.*

▸ **public, publique** adj. ❶ Qui concerne l'ensemble de la population. *L'opinion publique. L'intérêt public.* SYN. **commun, général.** CONTR. **personnel.** ❷ Qui dépend de l'État. *L'école publique.* CONTR. **libre, privé.** ❸ Qui est accessible à tous. *Un jardin public.* CONTR. **particulier, privé.** → Vois aussi **fonction, pouvoir, service.**

▸ **publication** n.f. ❶ Action de publier, de faire paraître. *La publication d'un dictionnaire, d'un roman, d'une bande dessinée.* SYN. **parution.** ❷ Œuvre, texte publiés. *Les journaux, les livres, les magazines sont des publications.*

▸ **publicitaire** adj. Qui concerne la publicité. *Un spot publicitaire.* ◆ n. Personne qui travaille dans la publicité, qui fait des publicités.

▸ **publicité** n.f. ❶ Ensemble des moyens utilisés pour faire connaître un produit et mieux le vendre. *Ce magasin fait beaucoup de publicité.* ❷ Petit film, image ou texte destinés à faire vendre un produit. *Cette publicité passe très souvent à la télévision.*
● On emploie souvent l'abréviation familière **pub.**

▸ **publier** v. (conjug. 7). ❶ Faire imprimer un texte et le mettre en vente. *Cette maison d'édition publie des livres pour enfants.* SYN. **éditer.** ❷ Faire connaître au public, notamment par la presse. *Publier les résultats des élections.*

▸ **publiquement** adv. En public. *Ils ont annoncé publiquement leur mariage.*

puce n.f. ❶ Petit insecte, parasite de l'homme et des animaux qu'il pique pour sucer leur sang. *Mon chat se gratte, il a des puces.* ❷ **Marché aux puces,** marché où l'on vend des objets d'occasion. ❸ **Mettre la puce à l'oreille,** éveiller les doutes ou les soupçons de quelqu'un. *Ses allusions m'ont mis la puce à l'oreille.* ❹ **Puce électronique,** très petit élément d'un ordinateur, d'un objet électronique, qui contient un très grand nombre d'informations. *Les cartes bancaires contiennent une puce électronique.* ❺ **Carte à puce,** carte munie d'une puce électronique.

puce de mer

puce de l'homme

des puces

▸ **puceron** n.m. Très petit insecte nuisible aux plantes.

pudeur n.f. ❶ Attitude d'une personne qui éprouve de la gêne à montrer son corps ou à parler de sujets intimes. *Elle ne porte jamais de décolleté, elle a beaucoup de pudeur.* SYN. **décence.** ❷ Attitude discrète de quelqu'un qui évite de choquer les autres. *Par pudeur, elle ne parle jamais de ses problèmes.*

a b c d e f g h i j k l m n o p q r s t u v w x y z

▶ **pudique** adj. Qui montre de la pudeur, de la retenue. *Une jeune fille pudique.* SYN. **décent.**

puer v. (conjug. 3). Sentir très mauvais. *Ces fromages puent.* SYN. **empester.**

puéricultrice n.f. Personne qui s'occupe des bébés et des jeunes enfants. *Ma cousine est puéricultrice, elle travaille dans une crèche.*
▸▸▸ Mot de la famille de **puériculture.**

puériculture n.f. Ensemble des connaissances et des techniques que l'on doit apprendre pour pouvoir s'occuper des bébés et des jeunes enfants.

puéril, e adj. Qui est enfantin et indigne d'un adulte. *Avoir un comportement puéril.* SYN. **infantile.**

pugilat n.m. Bagarre à coups de poing. *La dispute a dégénéré en pugilat.* → Vois aussi **rixe.**

puis adv. Après. *J'irai à la poste, puis chez le boulanger.* SYN. **ensuite.**

puiser v. (conjug. 3). ❶ Prendre un liquide à l'aide d'un récipient. *Puiser de l'eau à la rivière.* SYN. **tirer.** ❷ Prendre, tirer d'une réserve. *L'historien a puisé des informations dans les archives municipales.*

puisque conjonction. Indique une cause. *Puisqu'elle n'est pas là, je m'en vais.* SYN. **comme.**

puissance n.f. ❶ Pouvoir de dominer, de commander. *La puissance d'un pays.* ❷ Capacité à fournir de l'énergie, à produire un effet. *La puissance d'un moteur.* ❸ Force physique. *La puissance d'un animal.* ❹ **Les grandes puissances,** les pays les plus riches et les plus puissants du monde.
▸▸▸ Mot de la famille de **puissant.**

puissant, e adj. ❶ Qui a beaucoup de pouvoir, d'influence. *Un parti politique très puissant.* SYN. **influent.** ❷ Qui a de la force physique. *Des muscles puissants.* ❸ Qui a une grande énergie, une grande intensité. *Un moteur puissant. Un éclairage puissant.* SYN. **fort.** CONTR. **faible.**

puits n.m. ❶ Trou profond creusé dans le sol pour atteindre une nappe d'eau. *Autrefois, on allait chercher l'eau au puits.* ❷ Trou creusé dans le sol pour extraire un minerai ou du pétrole. *Forer un puits de pétrole.*
● Ce mot se termine par un **s.**

pull-over n.m. Tricot en laine ou en coton que l'on enfile par la tête. SYN. **chandail.**
● On prononce [pylɔvɛr]. – Au pluriel : des **pull-overs.**
– On peut aussi dire **pull.**
– La nouvelle orthographe permet d'écrire aussi un **pullover,** sans trait d'union.

pulluler v. (conjug. 3). Se trouver en très grand nombre. *Les insectes pullulent près de cet étang.* SYN. **abonder, fourmiller, grouiller.**

pulmonaire adj. Des poumons. *La tuberculose est une maladie pulmonaire.*
▸▸▸ Mot de la famille de **poumon.**

pulpe n.f. ❶ Partie tendre et charnue des fruits. ❷ **Pulpe dentaire,** substance qui remplit l'intérieur d'une dent.

pulsation n.f. Battement du cœur ou des artères. *Après la course, nous avons compté nos pulsations.* → Vois aussi **pouls.**

pulsion n.f. Force inconsciente qui pousse quelqu'un à accomplir une action. *Contrôler ses pulsions.*

pulvérisateur n.m. Appareil qui sert à projeter un liquide en fines gouttelettes. *Un pulvérisateur de parfum.* SYN. **vaporisateur.**
▸▸▸ Mot de la famille de **pulvériser.**

pulvérisation n.f. Projection d'un liquide en fines gouttelettes.
▸▸▸ Mot de la famille de **pulvériser.**

pulvériser v. (conjug. 3). ❶ Projeter un liquide en fines gouttelettes. *Pulvériser de l'insecticide sur des plantes.* SYN. **vaporiser.** ❷ Détruire complètement. *La voiture a été pulvérisée dans l'accident.* ❸ **Pulvériser un record,** le dépasser très largement. *Le coureur a pulvérisé le record du 100 mètres.*

puma n.m. Mammifère carnivore d'Amérique, au pelage beige, qui vit dans les arbres.
● Le puma est un félin.

un puma

punaise n.f. ❶ Insecte au corps aplati qui dégage une mauvaise odeur. *Certaines punaises piquent l'homme pour se nourrir de son sang.* ❷ Petit clou à tête large qui s'enfonce par pression du pouce. *Fixer une affiche au mur avec des punaises.*

une punaise

▶ **punaiser** v. (conjug. 3). Fixer avec des punaises. *Punaiser un poster au mur.*

1. **punch** n.m. invar. ❶ Capacité d'un boxeur à porter des coups efficaces. *Son adversaire manquait de punch.* ❷ (Familier). **Avoir du punch,** être dynamique, efficace. *Cette femme d'affaires a du punch.*
● On prononce [pœnʃ].

2. **punch** n.m. Boisson alcoolisée à base de rhum, de sirop de sucre de canne et de jus de fruits.
● On prononce [pɔ̃ʃ].
– La nouvelle orthographe permet d'écrire aussi un **ponch**.

punching-ball n.m. Lourd ballon maintenu à la verticale, dans lequel les boxeurs frappent pour s'entraîner.
● C'est un mot anglais que l'on prononce [pœnʃiŋbol].
– Au pluriel : des **punching-balls**.

punir v. (conjug. 16). Infliger une punition ou une sanction à une personne qui a commis une faute. *L'instituteur a puni les élèves qui n'avaient pas fait leurs devoirs.* SYN. **sanctionner.** CONTR. **récompenser.** → Vois aussi **châtier, pénaliser.**

▶ **punitif, ive** adj. **Expédition punitive,** destinée à se venger d'une agression.

▶ **punition** n.f. Ce que l'on inflige à une personne pour la punir. *La maîtresse lui a donné une punition.* SYN. **sanction.** CONTR. **récompense.** → Vois aussi **châtiment.**

pupille n.f. Orifice situé au milieu de l'œil par où passent les rayons lumineux. *Les pupilles du chat se dilatent dans le noir.* SYN. **prunelle.** → Vois aussi **iris, rétine.**

pupitre n.m. Petit plan incliné, sur lequel on pose une partition de musique ou un livre.

pur, e adj. ❶ Qui n'est pas mélangé avec autre chose. *Des chaussettes en pure laine.* ❷ Qui est propre, qui n'est pas pollué. *Une eau pure.*

purée n.f. Plat composé de légumes cuits et écrasés. *Une purée de pommes de terre, de céleri.*

pureté n.f. Caractère de ce qui est pur, sans mélange. *Contrôler la pureté d'une eau.*
▸▸▸ Mot de la famille de **pur.**

purgatif, ive adj. et n.m. Se dit d'une substance qui combat la constipation. *Certaines plantes sont purgatives.* SYN. **laxatif.**
▸▸▸ Mot de la famille de **purger.**

purgatoire n.m. Dans la religion catholique, lieu où les âmes des morts expient leurs fautes avant d'aller au paradis.
● Ce nom masculin se termine par un **e.**

purge n.f. ❶ Médicament purgatif. ❷ Action de purger un appareil. *La purge d'un radiateur.*
▸▸▸ Mot de la famille de **purger.**

purger v. (conjug. 5). ❶ Donner un médicament purgatif pour vider les intestins. *Purger un malade.* ❷ Vider un appareil de l'air ou du liquide qui l'empêche de bien fonctionner. *Purger un radiateur.* ❸ **Purger une peine,** la subir. *Il est sorti de prison après avoir purgé une peine de vingt ans.*

purifier v. (conjug. 7). Débarrasser l'organisme, un liquide ou l'air de leurs impuretés. *Purifier une eau.*
▸▸▸ Mot de la famille de **pur.**

purin n.m. Liquide qui s'écoule du fumier et qu'on utilise comme engrais.

pur-sang n.m. invar. Cheval de course de pure race.
● Ce mot composé ne change pas au pluriel : des **pur-sang.**

purulent, e adj. Qui produit ou qui contient du pus. *Une plaie purulente.*

pus n.m. Liquide jaunâtre qui contient des microbes et qui se forme dans une partie infectée du corps. *Une plaie pleine de pus.*
● Ce mot se termine par un **s.**
▸▸▸ Mot de la même famille : **suppurer.**

pustule n.f. Bouton plein de pus.

putois n.m. ❶ Petit mammifère carnivore, à la fourrure brune et au museau blanc, qui répand une très mauvaise odeur quand il a peur. *Le putois se nourrit de rongeurs, d'insectes et d'oiseaux.* ❷ **Crier comme un putois,** crier très fort. → Vois aussi **fouine, furet, hermine, martre, zibeline.**

un putois

putréfaction n.f. Fait de se putréfier, de se décomposer. *Un cadavre en état de putréfaction.* SYN. **décomposition.**
▸▸▸ Mot de la famille de **se putréfier.**

se **putréfier** v. (conjug. 7). Se décomposer, pourrir. *La viande se putréfie à la chaleur.*

putride adj. Se dit d'une odeur qui vient de quelque chose en train de pourrir.

putsch n.m. Coup d'État militaire. *Ils ont organisé un putsch pour s'emparer du pouvoir.*
● On prononce [putʃ].

puzzle n.m. Jeu composé de petites pièces que l'on doit assembler pour former une image.
● On prononce [pœzl] ou [pœzœl].

P.-V. n.m. invar. Mot familier. Procès-verbal. SYN. **contravention.**

pygmée n. et adj. Africain de petite taille qui vit dans la forêt équatoriale.
● Ce mot s'écrit avec un **y** et se termine par un **e.** Le nom prend une majuscule : *un Pygmée.*

pyjama n.m. Vêtement de nuit composé d'une veste et d'un pantalon.
● Ce mot s'écrit avec un **y.**

pylône n.m. Poteau en fer ou en béton qui supporte des câbles électriques ou qui sert de support à une construction. *Les pylônes d'un pont.*
● Ce mot s'écrit avec un **y** et le **o** prend un accent circonflexe.

pyramide n.f. ❶ Solide dont la base est un carré et dont les quatre faces sont des triangles. ❷ Grand monument ayant la forme d'une pyramide, qui servait de tombeau aux pharaons d'Égypte. ❸ **Pyramide des âges,** représentation graphique de la population par sexe et par âge.
● Ce mot s'écrit avec un **y.**

des pyramides

pyromane n. Personne qui ne peut résister à l'impulsion maladive d'allumer des incendies. → Vois aussi **incendiaire.**
● Ce mot s'écrit avec un **y.**

python n.m. Grand serpent d'Asie et d'Afrique, non venimeux, qui étouffe ses proies. → Vois aussi **anaconda, boa.**
● Ce mot s'écrit avec un **y** et **th.**
– Ne confonds pas avec **piton.**

a b c d e f i j k l m n o p q r s t u v w x y z

quadragénaire adj. et n. Qui a entre quarante et cinquante ans.
● On prononce [kwadraʒenɛr].

quadri- préfixe. Placé au début d'un mot, **quadri-** signifie « quatre » : *un quadrilatère.*
● Les préfixes **quadra-** et **quadru-** ont le même sens : *un quadragénaire, un quadrupède.*

quadrige n.m. Dans l'Antiquité, char à deux roues tiré par quatre chevaux.
● On prononce [kadriʒ] ou [kwadriʒ].

un **quadrige**

quadrilatère n.m. Figure géométrique à quatre côtés. *Le carré, le rectangle, le losange sont des quadrilatères.*
● On prononce [kwadrilatɛr] ou [kadrilatɛr].

quadrillage n.m. ❶ Ensemble de lignes qui se croisent en formant des carreaux. *Une feuille à grand quadrillage.* ❷ Action de quadriller une zone. *La police a procédé au quadrillage du quartier.*
►►► Mot de la famille de **quadriller.**

quadriller v. (conjug. 3). ❶ Tracer des lignes horizontales et verticales qui se coupent en formant des carrés. *Quadriller une feuille de papier.* ❷ Disposer des policiers dans différents endroits, afin de contrôler une zone. *Quadriller un quartier.*

quadrupède adj. et n.m. Qui marche sur quatre pattes. *Le chien, la vache sont des quadrupèdes.* → Vois aussi **bipède.**

quadruple adj. et n.m. Qui vaut quatre fois autant. *20 est le quadruple de 5.*

► **quadrupler** v. (conjug. 3). Multiplier par quatre. *En un an, l'entreprise a quadruplé ses ventes.*

► **quadruplés, ées** n. plur. Quatre enfants nés lors d'un même accouchement.

quai n.m. ❶ Partie aménagée au bord de l'eau pour permettre aux bateaux d'accoster. ❷ Trottoir aménagé au bord d'une voie ferrée, dans une gare, une station de métro. *Les voyageurs attendent sur le quai.* ❸ Route, chemin qui longe un cours d'eau. *Se promener sur les quais de la Seine à Paris.*

1. **qualificatif, ive** adj. **Adjectif qualificatif,** adjectif qui qualifie un nom. *Dans « l'air est frais » et « un gentil garçon », « frais » et « gentil » sont des adjectifs qualificatifs.* → Vois aussi **attribut, épithète.**
►►► Mot de la famille de **qualifier.**

2. **qualificatif** n.m. Mot qui qualifie, qui caractérise une personne, une chose. *Il a employé des qualificatifs très respectueux pour parler de son professeur.*
►►► Mot de la famille de **qualifier.**

qualification n.f. ❶ Fait d'avoir la formation, l'expérience nécessaires pour exercer un métier. *Ce maître-nageur a une qualification professionnelle.* ❷ Droit de participer à une compétition. *Notre équipe a remporté le match de qualification pour la finale.*
►►► Mot de la famille de **qualifier.**

qualifier et **se qualifier** v. (conjug. 7). ❶ Caractériser par un adjectif, un nom ou une expression. *On peut qualifier cet automobiliste d'irresponsable.* ❷ **Être qualifié pour faire quelque chose,** avoir les qualités, les qualifications nécessaires. *Est-elle qualifiée pour faire ce travail ?* ♦ **se qualifier**. Obtenir le droit de participer à une épreuve sportive. *Se qualifier pour les jeux Olympiques.*

▸▸▸ Mot de la même famille : **inqualifiable.**

qualité n.f. ❶ Ce qui fait qu'une chose est bonne ou mauvaise. *Un tissu d'une excellente qualité.* ❷ Ce qui fait la valeur de quelqu'un. *La principale qualité de Charline est la gentillesse.* SYN. **mérite, valeur, vertu.** CONTR. **défaut.** ❸ **En qualité de,** comme, en tant que. *En qualité de directeur, il peut refuser un projet.*

quand adv. Sert à interroger sur le temps, la date. *Quand es-tu arrivé ?* SYN. **à quel moment.** *Depuis quand le sais-tu ?* ♦ **conjonction.** ❶ Introduit une proposition de temps. *Tu n'étais pas chez toi quand j'ai téléphoné.* SYN. **lorsque, au moment où.** ❷ **Quand même,** malgré tout. *Je suis souffrant, mais je viendrai quand même.*

quant à préposition. En ce qui concerne quelqu'un ou quelque chose. *Allez vous baigner, quant à moi, j'irai plus tard.* SYN. **pour ma part.**

● On prononce [kɑ̃ta]. – Ne confonds pas avec **quand.**

quantité n.f. ❶ Poids, volume, nombre qui détermine une partie d'un tout, un ensemble de choses. *Quelle quantité de farine mets-tu dans ce gâteau ?* ❷ Grand nombre. *J'ai une quantité de choses à te raconter.* SYN. **foule, multitude, tas.**

quarantaine n.f. ❶ Nombre de quarante ou d'environ quarante. *J'ai une quarantaine de CD.* ❷ Âge de quarante ans environ. *Mon oncle a la quarantaine.* ❸ Isolement temporaire (autrefois de 40 jours) imposé aux navires, aux personnes et aux marchandises provenant d'un pays atteint par une épidémie. ❹ **Mettre quelqu'un en quarantaine,** l'exclure d'un groupe, le tenir à l'écart.

→ Vois aussi **quadragénaire.**

▸▸▸ Mot de la famille de **quarante.**

quarante adj. numéral et n.m. invar. Quatre fois dix. *Notre maîtresse a quarante ans. Lire la page quarante. Chausser du quarante.*

▸ **quarantième** adj. numéral et n. Qui occupe un rang, une place marqués par le numéro quarante. *Cette joueuse est classée quarantième au classement.*

quart n.m. ❶ Chacune des parties d'un tout divisé en quatre. *Trois est le quart de douze. Il a mangé un quart du gâteau.* ❷ Bouteille d'un quart de litre. *Un quart de jus de fruits.* ❸ **Un quart, et quart, moins le quart,** s'emploient pour indiquer que l'heure a plus ou moins quinze minutes. *Il est dix heures et quart (10 h 15). Nous avons rendez-vous à trois heures moins le quart (14 h 45).* ❹ **Aux trois quarts,** presque entièrement. *La salle était aux trois quarts pleine.*

▸ **quart d'heure** n.m. Quinze minutes, le quart d'une heure. *Je reviens dans un quart d'heure.*

● Au pluriel : des **quarts d'heure.**

quartier n.m. ❶ Partie d'une chose divisée en quatre. *Un quartier de pomme ; un quartier de bœuf.* ❷ Division naturelle de la pulpe des agrumes. *Un quartier de mandarine, d'orange.* ❸ Partie d'une ville. *Nous habitons dans un quartier très calme.* ❹ Chacune des phases de la Lune. *On observe le premier quartier avant la pleine lune.*

quartz n.m. Roche très dure qui forme des cristaux et qui se trouve dans le grès, le sable. *On utilise le quartz en horlogerie.*

● On prononce [kwarts].

des cristaux de quartz

quasi adv. Pour ainsi dire, à peu près. *La rue est quasi déserte.* SYN. **presque.** *J'ai la quasi-certitude que c'était lui.*

▸ **quasiment** adv. Mot familier. Presque, à peu près. *J'ai quasiment fini.*

quaternaire adj. **Ère quaternaire** ou **quaternaire,** période de l'histoire de la Terre qui a débuté il y a 2,6 millions d'années et dans laquelle nous vivons toujours. → Vois aussi **primaire, secondaire, tertiaire.**

● On prononce [kwatɛrnɛr].

quatorze adj. numéral invar. Treize plus un. *Ma cousine a quatorze ans.*

▶ **quatorzième** adj. numéral et n. Qui occupe un rang, une place marqués par le numéro quatorze. *Je suis la quatorzième sur la liste.*

quatrain n.m. Strophe de quatre vers.
▸▸▸ Mot de la famille de **quatre.**

quatre adj. numéral et n.m. invar. ❶ Trois plus un. *Nous avons quatre membres : deux bras et deux jambes. L'école est au quatre de la rue de la République.* ❷ **Comme quatre,** beaucoup, énormément. *Manger comme quatre.* ❸ (Familier). **Se mettre en quatre,** se donner beaucoup de mal. *Elle s'est mise en quatre pour que tout soit prêt à temps.*

quatre-quatre n.m. invar. Véhicule à quatre roues motrices.
● Ce mot composé ne change pas au pluriel : des **quatre-quatre.** – On peut aussi dire **une quatre-quatre.**

un quatre-quatre

quatre-vingt-dix adj. numéral et n.m. invar. Quatre-vingts plus dix. *Quatre-vingt-dix minutes correspondent à une heure et demie. J'habite au quatre-vingt-dix.*

quatre-vingts ou **quatre-vingt** adj. numéral et n.m. invar. Quatre fois vingt. *J'ai quatre-vingts billes. Deux fois quarante égale quatre-vingts. Quatre-vingt-quatre euros.*
● Suivi d'un autre nombre, ce mot ne prend pas de **s** : *quatre-vingt-cinq.*

quatrième adj. numéral et n. Qui occupe un rang, une place marqués par le numéro quatre. *Le coureur est arrivé en quatrième position. Notre appartement est au quatrième.* ◆ n.f. Classe de la troisième année du collège. *Mon frère est en quatrième.*
▸▸▸ Mot de la famille de **quatre.**

1\. **que** pronom relatif. Mot qui désigne une personne ou une chose dans une subordonnée relative et qui a une fonction de complément. *Le garçon que je connais n'était pas là. Je n'ai pas encore lu la B.D. que tu m'as prêtée.*

2\. **que** pronom interrogatif. Mot qui sert à interroger. *Que veux-tu ? Que s'est-il passé ?*
→ Vois aussi **qu'est-ce que, qu'est-ce qui.**

3\. **que** conjonction. ❶ Introduit une proposition subordonnée ayant la fonction de complément. *Je ne savais pas que tu étais rentré. Il a dit qu'il viendrait.* ❷ Introduit une proposition qui exprime un souhait, un ordre. *Qu'ils entrent !* ❸ S'emploie dans une comparaison. *Alexandra est plus petite que moi.* ❹ S'emploie avec « ne » pour exprimer la restriction, l'exception. *Il ne pense qu'à lui.* ◆ adv. Introduit une exclamation. *Que tu es belle !* SYN. **comme.**

quel, quelle, quels, quelles adj. interrogatifs et exclamatifs. ❶ Mots qui servent à interroger. *Quelle heure est-il ? Quels disques as-tu choisis ?* ❷ Mots qui introduisent une phrase exclamative. *Quel beau jardin !* ◆ pronoms interrogatifs. Interrogent sur un élément d'un ensemble. *Quel est le plus intéressant des deux ?* SYN. **lequel.**

quelconque adj. indéfini. N'importe quel. *Si tu ne pouvais pas venir pour une raison quelconque, préviens-nous.* ◆ adj. Sans valeur, sans intérêt. *Ce film est quelconque.* SYN. **médiocre, ordinaire.**

quel que, quelle que, quels que, quelles que adj. relatifs. N'importe lequel. *Quelle que soit l'heure, téléphone-moi.*
● Ne confonds pas avec **quelque.**

quelque adj. indéfini. ❶ Indique une quantité indéterminée, généralement faible. *Il est sorti au bout de quelque temps.* ❷ Indique un petit nombre. *Julie a invité quelques amis.*
● Ne confonds pas avec **quel que.**

quelque chose pronom indéfini. Une chose indéterminée, que l'on ne précise pas. *J'ai quelque chose à te dire. Il s'est passé quelque chose d'extraordinaire.*

a b c d e f g h i j k l m n o p q r s t u v w x y z

quelquefois adv. En certaines occasions. *Je vais quelquefois à la patinoire.* SYN. **parfois, de temps en temps.**
● **Quelquefois** s'écrit en un mot.

quelque part → **part**

quelques-uns, quelques-unes pronoms indéfinis plur. Un petit nombre de personnes ou de choses. *Je ne connais pas tous ses amis, je n'en connais que quelques-uns.* SYN. **certains.**

quelqu'un pronom indéfini. Une personne indéterminée. *Quelqu'un m'a appelé.* SYN. **on.** *C'est quelqu'un de bien.*

quémander v. (conjug. 3). Demander avec insistance. *Quémander de l'argent.*

quenelle n.f. Préparation en forme de rouleau, composée de poisson ou de viande hachés mélangés à des œufs et parfois à de la mie de pain. *Des quenelles de volaille.*

quenotte n.f. Mot familier. Dent de petit enfant.

quenouille n.f. Tige de bois ou d'osier qui servait à filer. → Vois aussi **rouet.**

femme à sa quenouille (miniature du 15e siècle)

querelle n.f. ❶ Dispute. *Une violente querelle les a opposés.* ❷ **Chercher querelle à quelqu'un,** le provoquer.

▸ se **quereller** v. (conjug. 3). Se disputer. *Léa et son frère se querellent rarement.*

▸ **querelleur, euse** adj. Qui aime les querelles. *Mon cousin est querelleur.* SYN. **bagarreur, batailleur, belliqueux.**

quérir v. Mot littéraire. Chercher avec l'intention de ramener quelqu'un, de rapporter quelque chose. *Envoyer quérir le médecin.*
● Ce verbe ne s'emploie qu'à l'infinitif après les verbes **aller, venir, envoyer, faire.**

qu'est-ce que pronom interrogatif. Mot qui sert à interroger. *Qu'est-ce que tu fais ?*
→ Vois aussi **que (2).**

qu'est-ce qui pronom interrogatif. Mot qui sert à interroger. *Qu'est-ce qui t'arrive ?*
→ Vois aussi **que (2).**

question n.f. ❶ Demande que l'on adresse à quelqu'un. *N'hésitez pas à poser des questions. Je n'ai pas su répondre à sa question.* SYN. **interrogation.** ❷ Sujet de discussion. *Nous n'avons pas encore parlé de cette question.* SYN. **affaire, problème.** ❸ **En question,** dont on parle, dont il s'agit. *Je ne connais pas la personne en question.* ❹ **Il est question de,** il s'agit de ; on envisage de. *Dans ce livre, il est question d'un petit garçon aux pouvoirs magiques. Il est question de construire une autoroute.*

▸ **questionnaire** n.m. Série de questions auxquelles on doit répondre. *Vous devez remplir ce questionnaire.* → Vois aussi **formulaire.**
● Ce nom masculin se termine par un **e.**

▸ **questionner** v. (conjug. 3). Poser une série de questions. *Les policiers l'ont longuement questionné sur son emploi du temps.* SYN. **interroger.**

quête n.f. ❶ Action de demander et de recueillir de l'argent, pour des œuvres charitables, notamment. *L'association organise une quête pour les sans-abri.* SYN. **collecte.** ❷ **En quête de,** à la recherche de quelque chose. *Ils sont en quête d'un appartement.*
● Le premier **e** prend un accent circonflexe.

▸ **quêter** v. (conjug. 3). Demander, recueillir de l'argent. *Ils quêtent pour les victimes de l'inondation.*

quetsche n.f. Grosse prune ovale de couleur violette. *Marie a fait une tarte aux quetsches.*
● On prononce [kwɛtʃ].

des quetsches

quetzal n.m. Oiseau d'Amérique centrale au plumage vert. Le mâle est pourvu de longues plumes caudales et d'une huppe.

un **quetzal**

queue n.f. ❶ Partie du corps d'un animal, le plus souvent allongée, située dans le prolongement de la colonne vertébrale. *L'écureuil a une queue touffue.* ❷ Tige d'une fleur, d'un fruit. *La queue d'une pomme, d'une cerise.* SYN. **pédoncule.** ❸ Manche d'une casserole, d'une poêle. ❹ Ensemble des dernières voitures d'un train. *Nous étions dans le compartiment de queue.* CONTR. **tête.** ❺ File d'attente. *Au cinéma, nous avons fait la queue.* ❻ **À la queue leu leu,** l'un derrière l'autre. *Marcher à la queue leu leu.* SYN. **en file indienne.** ❼ (Familier). **Sans queue ni tête,** qui semble n'avoir ni début ni fin. *Une histoire sans queue ni tête.* ❽ **Faire une queue de poisson,** se rabattre brusquement devant le véhicule que l'on vient de doubler.

1. **qui** pronom relatif. Mot qui remplace un nom de personne ou de chose dans une subordonnée relative. *La maison qui est au coin de la rue appartient à mon oncle. Je ne connais pas la femme à qui tu as parlé.*

2. **qui** pronom interrogatif. Mot qui désigne une personne et qui sert à interroger. *Qui est là ? Chez qui es-tu allé ?*

quiche n.f. Tarte salée garnie de lardons recouverts d'un mélange d'œufs et de crème.

quiconque pronom indéfini. N'importe qui. *Je sais mieux que quiconque ce qu'il faut faire.*

quidam n.m. Personne dont on ne connaît pas le nom. *S'adresser à un quidam.*
- On prononce [kidam].

quiétude n.f. Mot littéraire. Tranquillité, calme. *J'apprécie la quiétude de cet endroit.*

quignon n.m. Morceau de pain ou extrémité d'un pain contenant beaucoup de croûte. SYN. **croûton.**

1. **quille** n.f. Chacune des pièces de bois ou de plastique posées sur le sol et qu'il faut renverser en lançant une boule. *Alexandra et Bruno jouent aux quilles.*

des **quilles**

2. **quille** n.f. Partie située sous la coque d'un navire.

quincaillerie n.f. Magasin où l'on vend des ustensiles pour la maison, des outils pour le bricolage.

▸ **quincaillier, ère** n. Commerçant qui tient une quincaillerie.
- La nouvelle orthographe permet d'écrire aussi **quincailler,** sans le dernier **i.**

en **quinconce** adv. Par groupes de cinq éléments, quatre formant un carré, et le cinquième au milieu. *Les arbres sont plantés en quinconce.*

quinquagénaire adj. et n. Qui a entre cinquante et soixante ans.
- On prononce [kɛ̃kaʒenɛr].

quinquennat n.m. Durée de cinq ans d'une fonction, d'un mandat. *Le président de la République commence son quinquennat.*
→ Vois aussi **septennat.**

quintal n.m. Unité de masse valant cent kilos. *Un quintal de blé.*
- Au pluriel : des **quintaux.**

quinte n.f. **Quinte de toux,** secousses de toux répétées. *Avoir une quinte de toux.*

quintessence n.f. Mot littéraire. Ce qu'il y a d'essentiel, de meilleur dans quelque chose.

a b c d e f g h i j k l m n o p q r s t u v w x y z

Il a tiré la quintessence d'un livre de mille pages.

quintuple adj. et n.m. Qui vaut cinq fois autant. *20 est le quintuple de 4.*

▶ **quintupler** v. (conjug. 3). Multiplier par cinq ; être multiplié par cinq. *Les prix ont quintuplé.*

▶ **quintuplés, ées** n. plur. Cinq enfants nés lors d'un même accouchement.

quinzaine n.f. ❶ Nombre de quinze ou d'environ quinze. *Son frère a une quinzaine d'années.* ❷ Période de quinze jours, de deux semaines. *Le magasin sera fermé la première quinzaine d'août.* → Vois aussi **huitaine.**

▸▸▸ Mot de la famille de **quinze.**

quinze adj. numéral invar. Quatorze plus un. *Ce CD coûte quinze euros.* ◆ n.m. invar. Équipe de rugby à quinze joueurs. *Le quinze de France.*

▶ **quinzième** adj. numéral et n. Qui occupe un rang, une place marqués par le numéro quinze. *Cyrille est classé quinzième au concours. Juliette est arrivée la quinzième.*

quiproquo n.m. Erreur qui se produit quand on prend une personne ou une chose pour une autre. *C'est un quiproquo, nous ne parlons pas de la même personne.* SYN. **malentendu, méprise.**

quittance n.f. Document qui prouve que l'on a payé ce que l'on devait. *Le propriétaire envoie des quittances de loyer à ses locataires.*

▸▸▸ Mot de la famille de **quitte.**

quitte adj. ❶ Qui a remboursé une dette, qui ne doit plus rien. *Je t'ai rendu la somme que tu m'avais prêtée, nous sommes quittes.* ❷ **En être quitte pour,** n'avoir à subir qu'un petit inconvénient par rapport à ce que l'on aurait pu subir. *Il ne s'est pas blessé, il en a été quitte pour la peur.* ❸ **Quitte à,** au risque de. *Je préfère vous attendre ici, quitte à rester seul.*

quitter et **se quitter** v. (conjug. 3). ❶ Partir d'un lieu. *Ils ont quitté la région pour aller s'installer dans le Sud.* ❷ Laisser une personne, se séparer d'elle. *Je dois partir, je te quitte.* ❸ Cesser une activité. *Il a quitté son emploi.* ❹ **Ne quittez pas,** restez en ligne, ne raccrochez pas. *Allô, ne quittez pas, je vous passe le directeur.* ◆ **se quitter**. S'éloigner l'un de l'autre, se dire au revoir. *Nous nous sommes quittés devant l'entrée de l'école.*

qui-vive n.m. invar. **Être sur le qui-vive,** être sur ses gardes. *Les soldats sont sur le qui-vive.*

1. **quoi** pronom relatif. ❶ Mot qui remplace un nom de chose ou une phrase entière dans une subordonnée relative. *C'est ce à quoi je pensais.* ❷ **Quoi que,** quelle que soit la chose qui se passe. *Je viendrai quoi qu'il arrive.*

● Ne confonds pas **quoi que** avec la conjonction **quoique.**

2. **quoi** pronom interrogatif et exclamatif. Mot qui désigne une chose et qui sert à interroger. *De quoi parlez-vous ?*

quoique conjonction. Bien que. *Le malade s'est levé quoique le médecin le lui ait défendu.*

● **Quoique** est suivi du subjonctif. – Ne confonds pas avec **quoi que.**

quolibet n.m. Parole ironique, moquerie. *Son discours a été accueilli par des quolibets.* SYN. **raillerie.**

quota n.m. Pourcentage déterminé qui est imposé ou autorisé. *Le gouvernement a fixé des quotas d'importation pour certains produits agricoles.*

● On prononce [kɔta].

quote-part n.f. Part que chacun doit payer ou recevoir. *Chacun a payé sa quote-part.*

→ Vois aussi **écot.**

● Au pluriel : des **quotes-parts.**

– La nouvelle orthographe permet d'écrire aussi **quotepart,** sans trait d'union.

quotidien, enne adj. Que l'on fait ou qui se produit chaque jour. *Les tâches quotidiennes.* SYN. **journalier.** ◆ n.m. Journal qui paraît chaque jour. *Acheter un quotidien.*

→ Vois aussi **hebdomadaire, mensuel.**

▶ **quotidiennement** adv. Tous les jours. *Le sportif s'entraîne quotidiennement.*

quotient n.m. Résultat d'une division. *Le quotient de 100 par 4 est 25.*

R r

rabâchage n.m. Mot familier. Action de rabâcher. *Cesse tes rabâchages.* SYN. **radotage.**
● Le deuxième **a** prend un accent circonflexe.
▸▸▸ Mot de la famille de **rabâcher.**

rabâcher v. (conjug. 3). Mot familier. Répéter sans cesse la même chose. *Il rabâche sans arrêt les mêmes idées.* SYN. **ressasser.**
● Le second **a** prend un accent circonflexe.

rabais n.m. Diminution accordée sur le prix de quelque chose. *J'ai obtenu un rabais lorsque j'ai acheté mon vélo.* SYN. **réduction, remise, ristourne.**
● Ce mot se termine par un **s.**
▸▸▸ Mot de la famille de **rabaisser.**

rabaisser v. (conjug. 3). Placer au-dessous de sa valeur. *Il cherche sans arrêt à rabaisser ses camarades.*

rabat n.m. Partie d'un objet ou d'un vêtement que l'on peut rabattre. *Des poches à rabat.*
▸▸▸ Mot de la famille de **rabattre.**

rabat-joie n. invar. Personne qui n'est jamais contente et qui gâche la joie des autres. *Ton frère est un rabat-joie.* SYN. **trouble-fête.**
● La nouvelle orthographe permet d'écrire aussi des **rabat-joies,** avec un **s.**

rabattre et **se rabattre** v. (conjug. 50). ❶ Replier une chose sur elle-même, la mettre à plat. *Rabattre son col de chemise. Rabattre le couvercle d'une boîte.* ❷ Accorder un rabais. *Le vendeur a accepté de rabattre le prix de la voiture de 5 %.* ❸ **Rabattre le gibier,** le forcer à se diriger vers l'endroit où se trouvent les chasseurs. ◆ **se rabattre.** ❶ Retourner sur sa file après avoir doublé un véhicule. *La voiture s'est rabattue brusquement.* ❷ **Se rabattre sur,** se contenter d'une chose faute de mieux. *Il n'y avait plus de biscuits, ils se sont rabattus sur le pain.*
● Ne confonds pas avec **rebattre.**

rabbin n.m. Personne qui dirige le culte dans une communauté juive.
● Ce mot s'écrit avec deux **b.**

râble n.m. Partie du corps du lièvre et du lapin qui correspond au bas du dos. *Maman a cuisiné un râble de lapin.*
● Le **a** prend un accent circonflexe.

▸ **râblé, e** adj. Se dit d'une personne plutôt petite qui a le dos large et musclé. *Un homme râblé.* → Vois aussi **trapu.**

rabot n.m. Outil de menuisier qui sert à égaliser une surface de bois.

un **rabot**

▸ **raboter** v. (conjug. 3). Rendre plat, égaliser en utilisant un rabot. *Raboter le bas d'une porte.*

rabougri, e adj. Se dit d'une plante qui s'est mal développée. *Un arbre rabougri.*

rabrouer v. (conjug. 3). Traiter quelqu'un avec rudesse. *Il se fait rabrouer lorsqu'il se plaint.*

racaille n.f. Ensemble de personnes malhonnêtes.

raccommodage n.m. Action de raccommoder. *Le raccommodage d'un vêtement.*
▸▸▸ Mot de la famille de **raccommoder.**

raccommoder v. (conjug. 3). ❶ Réparer un tissu avec du fil et une aiguille. *Raccommoder* *un vêtement déchiré.* SYN. **recoudre, repriser.** ❷ (Sens familier). Réconcilier des personnes qui étaient fâchées. *Charlotte a raccommodé les deux amies qui ne se parlaient plus.*

● Ce mot s'écrit avec deux **c** et deux **m.**

raccompagner v. (conjug. 3). Reconduire quelqu'un qui s'en va. *Nous avons raccompagné Mariam en voiture.* SYN. **ramener.**

● Ce mot s'écrit avec deux **c.**

raccord n.m. ❶ Pièce qui permet de joindre deux parties. *Un raccord de tuyaux d'arrosage.* ❷ Liaison que l'on fait entre deux choses, deux parties séparées ou différentes pour unifier. *Faire un raccord de papier peint.*

▸▸▸ Mot de la famille de **raccorder.**

raccordement n.m. Action de raccorder, de relier deux choses. *Un raccordement de tuyaux. Le raccordement de deux autoroutes.*

▸▸▸ Mot de la famille de **raccorder.**

raccorder v. (conjug. 3). Réunir, relier deux choses séparées. *Raccorder des câbles.*

● Ce mot s'écrit avec deux **c.**

raccourci n.m. Chemin plus court. *Nous avons pris un raccourci.*

▸▸▸ Mot de la famille de **court (1).**

raccourcir v. (conjug. 16). ❶ Rendre plus court. *Ma robe était trop longue, je l'ai fait raccourcir.* CONTR. **allonger, rallonger.** ❷ Devenir plus court. *À l'automne, les jours raccourcissent.* SYN. **diminuer.** CONTR. **rallonger.**

● Ce mot s'écrit avec deux **c.**

▸▸▸ Mot de la famille de **court (1).**

raccrocher et **se raccrocher** v. (conjug. 3). ❶ Accrocher de nouveau. *Raccrocher un tableau.* ❷ Mettre fin à une conversation téléphonique en reposant le combiné. *Je n'avais plus rien à lui dire, j'ai raccroché.* CONTR. **décrocher.** ◆ **se raccrocher à.** Se retenir à quelque chose pour ne pas tomber. *Léa s'est raccrochée à une branche.* SYN. **se rattraper à.**

● Ce mot s'écrit avec deux **c.**

race n.f. ❶ (Sens péjoratif ou vieilli). Catégorie de classement des êtres humains selon leurs caractères physiques. ❷ Catégorie d'une espèce animale. *Il existe différentes races de vaches.* ❸ **De race,** se dit d'un animal domestique qui n'est pas issu d'un croisement. *Un chien de race.* CONTR. **bâtard.**

● Au sens 1, il vaut mieux dire **ethnie, peuple** car le mot **race**, dans ce sens, n'a pas de valeur scientifique.

▸ **racé, e** adj. Se dit d'un animal qui a tous les caractères de sa race. *Un cheval racé.*

rachat n.m. Action de racheter quelque chose. *Le garagiste nous a proposé le rachat de notre vieille voiture.*

▸▸▸ Mot de la famille de **racheter.**

racheter et **se racheter** v. (conjug. 11). ❶ Acheter de nouveau. *Il n'y avait plus de lait, j'en ai racheté deux litres.* ❷ Acheter à une personne ce qu'elle avait elle-même acheté. *Je lui ai racheté son vélo.* ❸ **Racheter ses erreurs, ses fautes,** les faire oublier et les faire pardonner. ◆ **se racheter.** Réparer ses erreurs, ses fautes, se faire pardonner. *Hugo essaie de se racheter en proposant son aide.*

rachitique adj. Qui a un squelette mal formé ou peu développé. *Un enfant rachitique.*

racial, e, aux adj. Qui concerne la race. *Les discriminations raciales.*

● Au masculin pluriel : **raciaux.**

▸▸▸ Mot de la famille de **race.**

racine n.f. ❶ Partie d'une plante ou d'un arbre qui s'enfonce dans le sol et qui lui permet de se nourrir. *Les racines des carottes sont comestibles.* ❷ Partie d'un organe ou d'un membre qui s'enfonce dans une partie du corps. *La racine d'une dent; la racine des cheveux.* ❸ Mot ou partie d'un mot sur lesquels sont formés les mots d'une même famille. *« Chant » est la racine des mots « chanter », « chanteur », « chantonner ».* ◆ n.f. plur. Liens profonds qui attachent une personne à un pays, à une région. *Marie a des racines dans le Sud.* → Vois aussi **dérivé, radical.**

▸▸▸ Mots de la même famille : **déraciné, déraciner, enraciner.**

des racines

racisme n.m. Croyance et comportement de ceux qui pensent qu'il existe des êtres humains supérieurs aux autres. → Vois aussi **antisémitisme.**

a b c d e f g h i j k l m n o p q r s t u v w x y z

▶ **raciste** adj. et n. Qui fait preuve de racisme. *Les propos racistes sont interdits par la loi.* CONTR. **antiraciste.**

racket n.m. ❶ Fait d'extorquer de l'argent à une personne, en la menaçant. *La police le soupçonne de faire du racket.* ❷ Fait d'obtenir une chose de valeur par la menace, entre enfants.
● C'est un mot anglais, on prononce [rakɛt].
– Ne confonds pas avec une **raquette.**

▶ **racketter** v. (conjug. 3). Soumettre à un racket. *Adrien s'est fait racketter, on lui a pris ses baskets.*

▶ **racketteur, euse** n. ❶ Malfaiteur qui pratique le racket. ❷ Enfant qui en rackette un autre.

raclée n.f. Mot familier. Série de coups. *Recevoir une raclée.*

racler v. (conjug. 3). Gratter pour nettoyer, pour enlever tout ce qui adhère à une surface. *Racler le fond d'une casserole.*

▶ **raclette** n.f. Plat suisse préparé en faisant fondre du fromage que l'on racle au fur et à mesure pour le manger chaud avec des pommes de terre, de la charcuterie, etc.

racoler v. (conjug. 3). Attirer quelqu'un par tous les moyens. *Le vendeur essaie de racoler des clients.*

racontar n.m. Mot familier. (Souvent au pluriel). Bavardage médisant et généralement mensonger. *N'écoute pas ces racontars.* → Vois aussi **cancans, commérage, potin, ragot.**
▸▸▸ Mot de la famille de **raconter.**

raconter v. (conjug. 3). Faire un récit; rapporter, dire ce qui s'est passé. *Papi nous a raconté une histoire. Raconte-nous ton voyage.* → Vois aussi **conter, narrer, relater.**

racornir v. (conjug. 16). Rendre dur comme de la corne. *Le soleil racornit le cuir.*
▸▸▸ Mot de la famille de **corne.**

radar n.m. Appareil qui signale la présence et la position d'un objet, d'un obstacle. *Les sous-marins sont équipés de radars.*

rade n.f. Grand bassin qui a une ouverture sur la mer et où les bateaux peuvent jeter l'ancre.

radeau n.m. Embarcation faite de morceaux de bois assemblés. *Nous avons traversé le cours d'eau sur un radeau.*
● Au pluriel : des **radeaux.**

radiateur n.m. ❶ Appareil de chauffage. *Brancher un radiateur électrique.* ❷ Réservoir qui sert à refroidir le moteur d'un véhicule.

1. **radiation** n.f. Propagation d'énergie sous forme d'ondes. *Les matières radioactives émettent des radiations dangereuses pour les êtres vivants.*

2. **radiation** n.f. Action de radier, de supprimer définitivement le nom d'une personne sur une liste.
▸▸▸ Mot de la famille de **radier.**

1. **radical** n.m. Partie d'un mot qui reste lorsqu'on enlève le préfixe, le suffixe et les terminaisons. *« Chant- » est le radical de « chantons », « chanteur ».* → Vois aussi **dérivé, racine.**
● Au pluriel : des **radicaux.**

2. **radical, e, aux** adj. ❶ Qui a un caractère définitif, complet. *Un changement radical.* SYN. **total.** *Une solution radicale.* SYN. **extrême.** ❷ Qui est très efficace pour combattre quelque chose. *J'ai un moyen radical pour éliminer les taches d'encre.*
● Au masculin pluriel : **radicaux.**

▶ **radicalement** adv. Entièrement, totalement. *La directrice a radicalement changé d'avis.*

radier v. (conjug. 7). Faire disparaître un nom d'une liste de façon officielle. *Le candidat a été radié.*

radieux, euse adj. ❶ Qui brille, qui est éclatant. *Un soleil radieux.* ❷ Qui rayonne de joie, de bonheur. *Elle m'accueillit avec un sourire radieux.* SYN. **resplendissant.**

radin, e adj. et n. Mot familier. Personne avare. CONTR. **généreux.**

1. **radio** n.f. ❶ Abréviation de radiodiffusion. *Écouter une émission de radio.* ❷ Appareil qui reçoit des émissions de radiodiffusion. *Allumer la radio.* SYN. **poste.** → Vois aussi **transistor.**

2. **radio** n.m. Personne chargée, à bord d'un bateau ou d'un avion, des communications par radio.

3. **radio** n.f. Abréviation de radiographie. *Maxime a passé une radio du genou.*

radioactif, ive adj. Qui émet des rayons dangereux. *Les déchets radioactifs d'une centrale nucléaire.*

▸ **radioactivité** n.f. Propriété que possèdent certains éléments chimiques d'émettre des rayons radioactifs. *La radioactivité de l'uranium.*

radiodiffuser v. (conjug. 3). Diffuser par la radio. *Radiodiffuser un concert.*

▸ **radiodiffusion** n.f. Émission et transmission de sons à distance grâce aux ondes.
● On emploie plus souvent l'abréviation **radio.**

radiographie n.f. Image d'un organe de l'intérieur du corps obtenue par les rayons X. *On m'a fait une radiographie du bras pour examiner si j'avais une fracture.* → Vois aussi **radioscopie.**
● On emploie plus souvent l'abréviation **radio.**

radiologie n.f. Partie de la médecine qui utilise les rayons X pour diagnostiquer ou traiter certaines maladies.

▸ **radiologue** n. Médecin spécialiste de radiologie.
● On peut aussi dire **radiologiste.**

radiophonique adj. Qui se fait, qui passe à la radio. *Participer à une émission radiophonique.*

radioscopie n.f. Examen de l'intérieur du corps dont l'image est portée sur un écran au moyen de rayons X. → Vois aussi **radiographie.**

radiotélescope n.m. Instrument qui capte les rayons émis par des astres.

un radiotélescope

radis n.m. Plante cultivée pour sa racine croquante, que l'on mange crue. *Le radis rose et le radis noir.*
● Ce mot se termine par un **s.**

un radis

radius n.m. Os de l'avant-bras. → Vois aussi **cubitus, humérus.**
● On prononce le **s.**

radotage n.m. Action de radoter. *Ses radotages incessants m'ennuient.* → Vois aussi **rabâchage.**
▸▸▸ Mot de la famille de **radoter.**

radoter v. (conjug. 3). Répéter toujours la même chose. → Vois aussi **rabâcher.**

se **radoucir** v. (conjug. 16). ❶ Devenir plus doux, plus chaud. *Le temps s'est radouci.* SYN. **s'adoucir.** ❷ Devenir plus doux, plus calme. *Elle s'est radoucie en le voyant.*
▸▸▸ Mot de la famille de **doux.**

radoucissement n.m. Fait de se radoucir. *Le radoucissement de la température.*
▸▸▸ Mot de la famille de **doux.**

rafale n.f. ❶ Coup de vent bref et violent. *Le vent souffle par rafales.* SYN. **bourrasque.** ❷ Série de coups de feu tirés sans interruption. *Une rafale de mitraillette.* → Vois aussi **salve.**

raffermir v. (conjug. 16). Rendre plus ferme. *Les exercices physiques raffermissent les muscles.* CONTR. **ramollir.**
● Ce mot s'écrit avec deux **f.**
▸▸▸ Mot de la famille de **ferme (1).**

raffinage n.m. ❶ Opération par laquelle on raffine une matière en la débarrassant de ses impuretés. *On obtient du sucre blanc par raffinage.* ❷ Ensemble des procédés de fabrication des produits issus du pétrole.
▸▸▸ Mot de la famille de **fin (2).**

raffiné, e adj. ❶ Qui a subi l'opération de raffinage. *Du sucre raffiné. Du pétrole raffiné.* CONTR. **brut.** ❷ Qui est plein de raffinement, de délicatesse. *Un homme raffiné.* SYN. **distingué.** *Ce grand chef fait une cuisine très raffinée.*
▸▸▸ Mot de la famille de **fin (2).**

raffinement n.m. Caractère d'une personne ou d'une chose raffinée, délicate. *Le raffinement d'un plat.*
▸▸▸ Mot de la famille de **fin (2).**

raffiner v. (conjug. 3). Traiter une matière pour la débarrasser de ses impuretés. *L'essence est obtenue en raffinant du pétrole brut.*
▸▸▸ Mot de la famille de **fin (2).**

raffinerie n.f. Usine où l'on raffine certaines matières. *Une raffinerie de pétrole; une raffinerie de sucre.*
▸▸▸ Mot de la famille de **fin (2).**

une raffinerie de pétrole

raffoler v. (conjug. 3). Mot familier. Aimer beaucoup quelqu'un ou quelque chose. *Jonathan raffole du chocolat.* SYN. **adorer.**

raffut n.m. Mot familier. Bruit violent. *Qui fait un tel raffut?* SYN. **tapage, tintamarre, vacarme.**

rafiot n.m. Mot familier. Petit bateau en mauvais état.

rafistoler v. (conjug. 3). Mot familier. Réparer tant bien que mal. *Papi a rafistolé la porte de la cabane.*

rafle n.f. Arrestation des personnes qui se trouvent dans un même lieu. *La police a fait une rafle dans un bar.*

▸ **rafler** v. (conjug. 3). Mot familier. Prendre et emporter rapidement. *Il a raflé tous les bonbons.*

rafraîchir et **se rafraîchir** v. (conjug. 16). ❶ Rendre frais ou plus frais. *Le vent rafraîchit l'air.* CONTR. **réchauffer.** ❷ Remettre en état, redonner un aspect neuf à quelque chose. *Rafraîchir les couleurs d'un tableau.* SYN. **raviver.** ❸ (Familier). **Rafraîchir la mémoire,** rappeler à quelqu'un le souvenir d'une chose. *Il avait tout oublié, je lui ai rafraîchi la mémoire.* ◆ **se rafraîchir.** ❶ Devenir plus frais. *Le temps se rafraîchit.* CONTR. **se réchauffer.** ❷ Avoir moins chaud. *J'ai pris une douche froide pour me rafraîchir.* CONTR. **se réchauffer.** ❸ Prendre une boisson fraîche. *Il faisait chaud, ils se sont rafraîchis en arrivant.* SYN. **se désaltérer.**
● La nouvelle orthographe permet d'écrire aussi **rafraichir,** sans accent circonflexe.

▸ **rafraîchissant, e** adj. Qui rafraîchit, qui donne une sensation de fraîcheur. *Le thé glacé est une boisson très rafraîchissante.*
● La nouvelle orthographe permet d'écrire aussi **rafraichissant,** sans accent circonflexe.

▸ **rafraîchissement** n.m. ❶ Fait de devenir plus frais. *On annonce un rafraîchissement de la température.* SYN. **refroidissement.** CONTR. **réchauffement.** ❷ Boisson fraîche. *Prendre un rafraîchissement à la terrasse d'un café.*
● La nouvelle orthographe permet d'écrire aussi **rafraichissement,** sans accent circonflexe.

ragaillardir v. (conjug. 16). Mot familier. Redonner de l'entrain, des forces à quelqu'un. *Cette marche au grand air nous a ragaillardis.* SYN. **revigorer.** → Vois aussi **ravigoter.**
▸▸▸ Mot de la famille de **gaillard.**

rage n.f. ❶ Maladie grave due à un virus, qui peut être transmise à l'homme par la morsure de certains animaux comme les renards ou les chiens. *Il existe un vaccin contre la rage.* ❷ Colère violente. *Elle était folle de rage d'avoir attendu si longtemps. Cette nouvelle l'a mis en rage.* SYN. **fureur.** ❸ **Faire rage,** se déchaîner. *La tempête fait rage.* ❹ **Rage de dents,** mal de dents très douloureux.
▸▸▸ Mots de la même famille : **enragé, enrager.**

▸ **rager** v. (conjug. 5). Mot familier. Être très en colère. *Il rage de ne pouvoir sortir.*

▸ **rageur, euse** adj. Qui exprime la colère, la mauvaise humeur. *Parler d'un ton rageur.* SYN. **furieux, hargneux.**

▸ **rageusement** adv. Avec énervement, colère. *Elle m'a rageusement arraché le jeu des mains.*

ragot n.m. Mot familier. (Souvent au pluriel). Bavardage malveillant. *Tous ces ragots ne m'intéressent pas.* → Vois aussi **cancans, commérage, potin, racontar.**

a b c d e f g h i j k l m n o p q r s t u v w x y z

ragoût n.m. Plat de viande, de légumes ou de poisson, coupés en morceaux et cuits dans une sauce. *Un ragoût de mouton.*
● La nouvelle orthographe permet d'écrire aussi **ragout,** sans accent circonflexe.

ragoûtant, e adj. Appétissant. *Ce plat est peu ragoûtant.* CONTR. **dégoûtant.**
● La nouvelle orthographe permet d'écrire aussi **ragoutant,** sans accent circonflexe.

rai n.m. Mot littéraire. Rayon. *Un rai de lumière passait à travers les volets.*
● Ne confonds pas avec une **raie.**

raid n.m. ❶ Attaque par surprise. *Les bombardiers ont effectué des raids aériens.* ❷ Course sur une longue distance qui met à l'épreuve l'endurance des concurrents et la résistance du matériel. *Participer à un raid automobile.*
● On prononce le **d.**

raide adj. ❶ Qui manque de souplesse, qui est difficile à plier. *Avoir le bras raide.* CONTR. **souple.** *Une tige raide.* SYN. **rigide.** CONTR. **flexible.** ❷ **Cheveux raides,** plats et lisses. CONTR. **bouclé, frisé, ondulé.** ❸ Qui a une forte pente. *Le chemin est raide pour arriver au sommet.* SYN. **abrupt, escarpé.** ❹ Qui est tendu au maximum. *L'acrobate marche sur une corde raide.* ❺ **Tomber raide mort,** mourir brusquement. *Les mouches sont tombées raides mortes.*

▶ **raideur** n.f. Fait d'être raide, de manquer de souplesse. *Danser avec raideur.*

▶ **raidir** et **se raidir** v. (conjug. 16). Rendre raide, tendre avec force. *Raidir ses jambes.* SYN. **contracter.** ◆ **se raidir.** Devenir raide. *Mes doigts se raidissent à cause du froid.* SYN. **se contracter.**

▶ **raidissement** n.m. Fait de se raidir. *Un raidissement de son bras l'empêche de le plier.*

1. **raie** n.f. ❶ Ligne ou bande étroite. *J'ai acheté un tissu blanc à raies rouges.* SYN. **rayure.** ❷ Ligne qui sépare les cheveux. *Anthony s'est fait une raie sur le côté.*
● Ne confonds pas avec un **rai.**

2. **raie** n.f. Poisson de mer au corps aplati et aux nageoires triangulaires très développées. *Manger une raie au beurre noir.*

une raie

rail n.m. Chacune des barres d'acier parallèles sur lesquelles roulent les trains.
● On prononce [raj].
▶▶▶ Mots de la même famille : **déraillement, dérailler, dérailleur.**

railler v. (conjug. 3). Mot littéraire. Tourner en ridicule. *Il passe son temps à railler ses camarades.* SYN. **se moquer de, ridiculiser.** → Vois aussi **se gausser.**

▶ **raillerie** n.f. Moquerie, plaisanterie. *Ses railleries m'ont vexé.* SYN. **sarcasme.** → Vois aussi **ironie.**

▶ **railleur, euse** adj. Qui raille, se moque avec ironie. *Il s'est adressé à moi d'un ton railleur.* SYN. **goguenard, moqueur, narquois.**

rainette n.f. Petite grenouille aux doigts munis de ventouses, qui vit dans les arbres et les plantes basses. *Les rainettes vivent près des plans d'eau, où elles pondent des œufs.*
● Ne confonds pas avec **reinette.**

une rainette

rainure n.f. Fente longue et étroite. *Les rainures d'un parquet.*

raisin n.m. Fruit de la vigne qui pousse en grappes. *Le vin rouge est fait avec du raisin noir.*

raison n.f. ❶ Faculté qu'a l'être humain de réfléchir, de comprendre et de juger. SYN. **discernement, entendement, intelligence.** ❷ **Âge de raison,** âge auquel un enfant a conscience de ses actes et des conséquences de ceux-ci. *Kelly a 7 ans, elle a l'âge de raison.* ❸ **Avoir raison,** être dans le vrai. *Tu as raison, ce chemin est plus court.* CONTR. **avoir tort.** ❹ **Perdre la raison,** perdre la tête, devenir fou. ❺ **Se faire une raison,** se résigner et accepter ce qu'on ne peut pas changer. *Il pleut, on ne peut pas sortir, il faut te faire une raison.* ❻ Ce qui explique, justifie une action. *Quelle est la raison de son mécontentement ?* SYN. **cause, motif.** ❼ **En raison de,** à cause de. *Le concert en plein air a été annulé en raison du mauvais temps.*

▶ **raisonnable** adj. ❶ Qui agit avec bon sens et d'une manière réfléchie. *On peut lui faire confiance, c'est un garçon raisonnable.* SYN. **sage, sensé.** ❷ Qui manifeste du bon sens, de la sagesse. *Ils ont pris une décision raisonnable.* ❸ **Prix raisonnable,** qui n'est pas exagéré. CONTR. **excessif, exorbitant.**

▶ **raisonnablement** adv. D'une manière raisonnable, sensée. *Agir raisonnablement.*

▶ **raisonnement** n.m. Suite de jugements qui aboutissent à une conclusion. *Ton raisonnement est juste.*

▶ **raisonner** v. (conjug. 3). ❶ Passer d'un jugement à un autre pour aboutir à une conclusion. *Comment as-tu raisonné pour résoudre ce problème ?* ❷ Amener une personne à être raisonnable. *J'ai essayé de le raisonner.*

● Ne confonds pas avec **résonner.**

rajeunir v. (conjug. 16). ❶ Faire paraître plus jeune. *Cette coiffure la rajeunit.* CONTR. **vieillir.** ❷ Retrouver la vigueur de la jeunesse; paraître plus jeune. *Elle a rajeuni de dix ans depuis son opération.*

▶ **rajeunissement** n.m. Fait de rajeunir. *Faire une cure de rajeunissement.*

rajouter v. (conjug. 3). Ajouter de nouveau, mettre en plus. *Rajouter du sucre dans son café.*

rajustement n.m. Action de rajuster. *Le rajustement des salaires.*

● On peut aussi dire **réajustement.**

▸▸▸ Mot de la famille de **rajuster.**

rajuster v. (conjug. 3). ❶ Remettre en place, en ordre. *Rajuster sa coiffure.* ❷ **Rajuster les salaires,** les augmenter pour qu'ils suivent la hausse des prix.

● On peut aussi dire **réajuster.**

râle n.m. Bruit rauque et anormal qui accompagne la respiration.

● Le **a** prend un accent circonflexe.

▸▸▸ Mot de la famille de **râler.**

ralenti n.m. ❶ Vitesse la plus faible d'un moteur. *Faire tourner le moteur au ralenti.* ❷ **Au ralenti,** à une vitesse inférieure à la normale. *On a revu les figures de patinage artistique au ralenti.*

▸▸▸ Mot de la famille de **ralentir.**

ralentir v. (conjug. 16). Aller plus lentement. *Il y a un embouteillage, les voitures ralentissent.* CONTR. **accélérer.**

▸▸▸ Mot de la famille de **lent.**

▶ **ralentissement** n.m. Fait de ralentir, d'aller moins vite. *Un accident a causé un ralentissement de la circulation sur l'autoroute.* CONTR. **accélération.**

râler v. (conjug. 3). ❶ Faire entendre des râles en respirant. *Les soldats blessés râlaient sur les civières.* ❷ (Sens familier). Exprimer son mécontentement, sa mauvaise humeur. *Il n'est jamais content, il râle sans arrêt.* SYN. **grogner, protester.** → Vois aussi **rouspéter.**

● Le **a** prend un accent circonflexe.

▶ **râleur, euse** adj. et n. Mot familier. Qui râle, qui proteste sans cesse. *Ta sœur est une râleuse.* → Vois aussi **rouspéteur.**

ralliement n.m. ❶ Action de rallier, de rejoindre un groupe. *Les manifestants ont choisi la place de l'hôtel de ville comme point de ralliement.* SYN. **rassemblement.** ❷ Adhésion. *Le ralliement à une cause.*

▸▸▸ Mot de la famille de **rallier.**

rallier et **se rallier** v. (conjug. 7). ❶ Rejoindre un lieu, un groupe. *Les randonneurs ont rallié leur gîte. Rallier un parti politique.* ❷ Convaincre des personnes et les amener à approuver quelque chose. *L'orateur a rallié le public à sa cause.* ◆ **se rallier à.** Partager l'opinion de quelqu'un. *Ils se sont ralliés à l'avis de leurs parents.*

rallonge n.f. ❶ Planche que l'on ajoute à une table pour en augmenter la longueur. *Nous serons nombreux à table, il faut mettre les rallonges.* ❷ Fil électrique que l'on adapte à un autre pour le prolonger. *Le fil de la chaîne stéréo est trop court, il faudrait une rallonge.*

● Au sens 2, on peut aussi dire un **prolongateur.**

▸▸▸ Mot de la famille de **long.**

a b c d e f g h i j k l m n o p q r s t u v w x y z

rallonger v. (conjug. 5). ❶ Rendre plus long, augmenter la longueur. *J'ai grandi, on a dû rallonger mon pantalon.* CONTR. **raccourcir.** ❷ Devenir plus long. *Les jours rallongent dès la fin du mois de décembre.* CONTR. **diminuer, raccourcir.**
▸▸▸ Mot de la famille de **long.**

rallye n.m. Compétition automobile dans laquelle les concurrents doivent rejoindre un endroit précis en plusieurs étapes. *Participer à un rallye automobile.*
● Ce mot s'écrit avec un **y** et se termine par un **e.**

ramadan n.m. Mois durant lequel les musulmans doivent s'abstenir de manger et de boire entre le lever et le coucher du soleil.
→ Vois aussi **carême.**

ramage n.m. Chant des oiseaux dans les arbres, les buissons. *Le ramage des pinsons, des rossignols.* ◆ n.m. plur. Dessins décoratifs représentant des rameaux, des fleurs. *Un tissu à ramages.*

ramassage n.m. ❶ Action de ramasser. *Le ramassage des ordures ménagères.* ❷ **Ramassage scolaire,** transport des enfants, effectué en autocar, de leur domicile à l'école.
▸▸▸ Mot de la famille de **ramasser.**

ramasser v. (conjug. 3). ❶ Prendre par terre. *J'ai ramassé ton écharpe.* ❷ Rassembler des choses ou des personnes éparpillées. *La maîtresse a ramassé les cahiers. Le car ramasse les enfants chaque matin pour les conduire à l'école.*

▸ **ramassis** n.m. Mot péjoratif. Ensemble de choses ou de personnes de peu de valeur. *Un ramassis de vieux journaux.*
● Ce mot se termine par un **s.**

rambarde n.f. Rampe qui empêche de tomber. *S'appuyer à la rambarde d'un balcon.* SYN. **balustrade, garde-fou, parapet.**

1. **rame** n.f. Longue barre de bois élargie et plate à une extrémité, dont on se sert pour faire avancer et diriger une embarcation.
→ Vois aussi **aviron, pagaie.**

2. **rame** n.f. Branche ou perche de bois qui sert de tuteur aux plantes grimpantes. *Des rames soutiennent les haricots.*

3. **rame** n.f. Ensemble des voitures d'un train ou d'un métro attachées les unes aux autres.

rameau n.m. Petite branche d'arbre. *Le rameau d'olivier est le symbole de la paix.*
● Au pluriel : des **rameaux.**

ramener v. (conjug. 10). ❶ Faire revenir une personne à l'endroit d'où elle vient. *Nous avons ramené Renata chez elle.* SYN. **raccompagner, reconduire.** ❷ Faire renaître. *Ramener la paix.* SYN. **rétablir.**

ramer v. (conjug. 3). Manœuvrer les rames d'un bateau pour le faire avancer. *Il faut que nous ramions en cadence.*

▸ **rameur, euse** n. Personne qui rame. *Il y a huit rameurs sur chaque bateau.*

ramier n.m. Gros pigeon sauvage à tête et dos gris-bleu, aux ailes barrées de blanc. *Le ramier roucoule.* → Vois aussi **palombe.**

un ramier

ramification n.f. Division en parties plus petites. *Les ramifications d'une tige. Les bronches forment des ramifications.*
▸▸▸ Mot de la famille de **rameau.**

se **ramifier** v. (conjug. 7). Se diviser en plusieurs branches, en plusieurs parties. *L'arbre s'est ramifié. Les vaisseaux sanguins se ramifient.*
▸▸▸ Mot de la famille de **rameau.**

ramollir et **se ramollir** v. (conjug. 16). Rendre mou. *Il faut ramollir le beurre avant de l'incorporer à la farine.* CONTR. **durcir, raffermir.** ◆ **se ramollir.** Devenir mou. *La glace s'est ramollie à la chaleur.*
▸▸▸ Mot de la famille de **mou.**

ramollissement n.m. Action de se ramollir. *Il faut attendre le ramollissement de la pâte pour pouvoir l'utiliser.*
▸▸▸ Mot de la famille de **mou.**

ramonage n.m. Action de ramoner. *Le ramonage régulier des cheminées est obligatoire.*
▸▸▸ Mot de la famille de **ramoner.**

ramoner v. (conjug. 3). Nettoyer le conduit d'une cheminée en enlevant la suie qui s'y est déposée. *Ils font ramoner leur cheminée chaque année.*

▶ **ramoneur** n.m. Personne dont le métier est de ramoner les cheminées.

rampe n.f. ❶ Barre qui borde un escalier et qui sert à se retenir. *Tiens-toi à la rampe pour descendre.* ❷ Chemin en pente qui fait communiquer deux niveaux. *Les voitures accèdent au garage par une rampe.* ❸ **Rampe de lancement,** plan incliné qui sert à lancer des fusées dans l'espace. ❹ Rangée de lumières sur le devant de la scène d'un théâtre.

ramper v. (conjug. 3). ❶ Avancer en se traînant sur le ventre. *Les serpents se déplacent en rampant.* ❷ Se montrer soumis devant quelqu'un. *Cet employé rampe devant ses supérieurs.*

rance adj. Se d'une matière grasse qui en vieillissant a pris une odeur et un goût désagréables. *Le beurre est devenu rance.*

ranch n.m. Grande ferme d'élevage, aux États-Unis.

● C'est un mot anglais, on prononce [rɑ̃tʃ]. – Au pluriel : des **ranchs** ou des **ranches.**

l'entrée d'un ranch

rancœur n.f. Amertume que l'on éprouve après une déception, une injustice. *Il a gardé de la rancœur contre ses anciens camarades.* SYN. **rancune, ressentiment.**

rançon n.f. ❶ Somme d'argent exigée en échange de la libération d'un otage. *Les ravisseurs de l'enfant ont demandé une forte rançon.* ❷ Inconvénient accompagnant inévitablement un avantage. *Cette actrice doit accorder beaucoup d'interviews, c'est la rançon du succès.*

● Le **c** prend une cédille.

▶ **rançonner** v. (conjug. 3). Exiger de l'argent sous la menace. *Autrefois, les brigands rançonnaient les voyageurs.*

rancune n.f. Souvenir mêlé de haine et d'un désir de vengeance, que l'on garde après une offense, une injustice. *Elle a de la rancune contre Sarah qui ne l'a pas invitée à son anniversaire.* SYN. **rancœur, ressentiment.**

▶ **rancunier, ère** adj. et n. Qui garde rancune, qui n'oublie pas facilement les offenses. *Il cherche à se venger, il est très rancunier.* SYN. **vindicatif.**

randonnée n.f. Longue promenade à pied, à vélo, à cheval. *Nous avons fait une randonnée en montagne.*

▶ **randonneur, euse** n. Personne qui fait des randonnées.

rang n.m. ❶ Suite de personnes ou de choses disposées les unes à côté des autres, sur une même ligne. *Les élèves se mettent en rang. En classe, je suis assise au quatrième rang.* SYN. **rangée.** ❷ Place occupée dans un classement, une hiérarchie. *Le Brésil est au premier rang des producteurs de café.*

● Ce mot se termine par un **g**.

▶ **rangée** n.f. Suite de personnes ou de choses disposées sur une même ligne. *Plusieurs rangées de chaises étaient disposées dans la salle.* SYN. **rang.**

rangement n.m. Action de ranger, de mettre en ordre. *Maman a fait du rangement dans son bureau.*

▶▶▶ Mot de la famille de **ranger.**

ranger et **se ranger** v. (conjug. 5). ❶ Mettre de l'ordre dans un lieu. *J'ai rangé ma chambre.* ❷ Mettre à sa place. *Ils ont rangé leurs livres et leurs cahiers dans le tiroir.* ❸ Placer selon un certain ordre. *On a rangé les livres de la bibliothèque par ordre alphabétique.* SYN. **classer.** ◆ **se ranger.** ❶ Se mettre en rang. *Les élèves se sont rangés par deux.* ❷ S'écarter pour laisser le passage. *Les voitures se rangent sur le bas-côté de la route.* SYN. **se garer.**

ranimer v. (conjug. 3). ❶ Faire revenir à soi, faire reprendre conscience. *Les secouristes ont ranimé le noyé.* SYN. **réanimer.** ❷ Redonner de la force, de la vigueur. *Ranimer le feu.* SYN. **raviver.**

▶▶▶ Mot de la famille de **animer.**

rap n.m. Style de musique dont les paroles sont récitées sur un air rythmé et répétitif. *Un concert de rap.*

a b c d e f g h i j k l m n o p q r s t u v w x y z

rapace n.m. ❶ Oiseau carnivore aux serres recourbées et au bec crochu. *Les rapaces diurnes (aigles, faucons, etc.) chassent le jour, les rapaces nocturnes (chouettes, hiboux) sortent la nuit.* SYN. **oiseau de proie.** ❷ Personne avide d'argent, qui n'hésite pas à nuire aux autres pour défendre ses intérêts.

→ planche pp. 724-725.

▸ **rapacité** n.f. Caractère d'une personne rapace, avide. *La rapacité d'un financier.* SYN. **avidité, cupidité.**

rapatrier v. (conjug. 7). Faire revenir une personne dans son pays d'origine. *Les blessés ont été rapatriés.*

▸▸▸ Mot de la famille de **patrie.**

râpe n.f. Ustensile de cuisine qui sert à réduire certains aliments en petits morceaux. *Une râpe à fromage.*

● Le **a** prend un accent circonflexe.

▸ **râpé, e** adj. ❶ Qui a été réduit en petits morceaux avec une râpe. *Du fromage râpé; des carottes râpées.* ❷ Se dit d'un tissu usé. *Une veste râpée aux manches.* SYN. **élimé.**

▸ **râper** v. (conjug. 3). Réduire en petits morceaux avec une râpe. *Râper des carottes.*

rapetisser v. (conjug. 3). ❶ Faire paraître plus petit. *La distance rapetisse les objets.* CONTR. **grandir.** ❷ Devenir plus petit. *On rapetisse en vieillissant.*

▸▸▸ Mot de la famille de **petit.**

râpeux, euse adj. Qui est dur au toucher. *Le chat a une langue râpeuse.* SYN. **rêche, rugueux.** CONTR. **doux, lisse.**

● Le **a** prend un accent circonflexe.

▸▸▸ Mot de la famille de **râpe.**

raphia n.m. Fibre très solide qui provient des feuilles d'un palmier d'Afrique appelé aussi « raphia ». *Un sac en raphia.*

un **raphia**

rapide adj. Qui met ou prend peu de temps. *Ce train est rapide.* CONTR. **lent.** *Les progrès ont été rapides.* → Vois aussi **prompt.**

▸ **rapide** n.m. ❶ Partie d'un cours d'eau où le courant est très fort. *Nous avons descendu des rapides en kayak.* ❷ Train qui roule vite et ne s'arrête qu'aux gares importantes. *J'ai pris le rapide de 11 heures.*

▸ **rapidement** adv. De manière rapide; en peu de temps. *Je ne te comprends pas, tu parles trop rapidement.* SYN. **vite.** CONTR. **lentement.**

▸ **rapidité** n.f. Fait d'être rapide, d'aller vite. *La rapidité d'un cheval, d'une voiture.* SYN. **vitesse.** CONTR. **lenteur.** → Vois aussi **vélocité.**

rapiécer v. (conjug. 9). Réparer un vêtement en cousant dessus une pièce de tissu. *Maman a rapiécé mon jean.*

▸▸▸ Mot de la famille de **pièce.**

rapine n.f. Mot littéraire. Vol, pillage. *Il a été accusé de rapines.*

rappel n.m. ❶ Fait de rappeler quelqu'un, de le faire revenir. *Le gouvernement a décidé le rappel de l'ambassadeur.* ❷ Action de rappeler quelque chose à quelqu'un. *Il a oublié de payer la facture, il a reçu une lettre de rappel.* ❸ Applaudissements par lesquels on demande à un artiste de revenir sur scène. ❹ En alpinisme, procédé de descente d'une paroi rocheuse à l'aide d'une corde double. ❺ Nouvelle injection d'un vaccin destinée à prolonger les effets d'une première injection. *On m'a fait une piqûre de rappel contre le tétanos.*

▸▸▸ Mot de la famille de **rappeler.**

rappeler et **se rappeler** v. (conjug. 12). ❶ Appeler pour faire revenir. *Maman a dû rappeler le médecin.* ❷ Appeler de nouveau au téléphone. *Julien n'est pas encore rentré, peux-tu le rappeler plus tard ?* ❸ Faire revenir à la mémoire de quelqu'un. *Rappelez-moi votre nom.* ❹ Faire penser à une personne ou à une chose connue. *Cet endroit me rappelle l'Écosse.* SYN. **évoquer, suggérer.** ◆ **se rappeler.** Avoir en mémoire. *Je ne me rappelle plus le titre du film.* SYN. **se souvenir de.** *Rappelle-toi que tu vas chez le médecin demain.* CONTR. **oublier.**

● Ce mot s'écrit avec deux **p** et un **l,** à l'infinitif.

rappeur, euse n. Personne qui chante du rap.

▸▸▸ Mot de la famille de **rap.**

rapport n.m. ❶ Lien entre deux ou plusieurs choses. *Ces films ont le même titre, mais ils n'ont aucun rapport.* SYN. **relation.** ❷ Compte rendu, exposé. *L'expert rédige un rapport.* ❸ Gain, revenu que produit quelque chose. *Cette exploitation est d'un bon rapport.* SYN. **profit, rendement.** ❹ **Par rapport à,** en comparaison de. *Ma chambre est petite par rapport à la tienne.* ◆ n.m. plur. Relations entre des personnes. *Nous avons de bons rapports avec nos voisins.*

▸▸▸ Mot de la famille de **rapporter**.

rapporter et **se rapporter** v. (conjug. 3). ❶ Prendre quelque chose avec soi pour le rendre à quelqu'un. *Walid m'a rapporté le CD que je lui avais prêté.* ❷ Apporter avec soi en revenant d'un lieu. *Mon oncle a rapporté un masque de son voyage à Venise.* ❸ Procurer un revenu, un gain. *Ses placements lui rapportent beaucoup d'argent.* ❹ Faire le récit de ce que l'on a vu ou entendu. *Marine m'a rapporté ce que tu lui avais dit.* SYN. **raconter, répéter.** ❺ Répéter quelque chose à quelqu'un de façon indiscrète ou malveillante. *Maman n'aime pas que l'on rapporte.* ◆ **se rapporter à**. Avoir un rapport, un lien avec quelque chose; être relatif à. *Aziz s'intéresse à tout ce qui se rapporte aux chevaux.* SYN. **concerner.**

▸ 1. **rapporteur, euse** adj. et n. Qui rapporte de manière indiscrète ou malveillante, qui dénonce les autres. *C'est une rapporteuse.*

▸ 2. **rapporteur** n.m. Instrument en forme de demi-cercle gradué, qui sert à mesurer des angles.

rapprochement n.m. ❶ Rétablissement des bonnes relations entre des personnes, des pays. *Ces négociations ont pour but le rapprochement des deux États.* ❷ Action d'établir un rapport, une relation. *Faire un rapprochement entre deux événements.*

▸▸▸ Mot de la famille de **rapprocher**.

rapprocher et **se rapprocher** v. (conjug. 3). ❶ Mettre plus près, avancer quelque chose. *Rapproche ta chaise de la table.* SYN. **approcher.** CONTR. **écarter, éloigner.** ❷ Rendre plus proche dans l'espace ou le temps. *Chaque jour nous rapproche des vacances.* ❸ Établir ou rétablir de bonnes relations entre des personnes. *Leur passion de la musique les a rapprochés.* SYN. **réunir.** CONTR. **séparer.** ❹ Établir une relation, un lien logique entre deux choses. *Rapprocher deux films d'un même réalisateur.* ◆ **se rapprocher.** ❶ Venir plus près. *Ils se sont rapprochés de l'écran pour mieux voir le film.* SYN. **s'approcher.** CONTR. **s'éloigner.** ❷ Avoir des ressemblances avec quelque chose. *Le banjo et la mandoline se rapprochent de la guitare.* SYN. **ressembler à.**

rapt n.m. Enlèvement d'une personne. *Les auteurs du rapt ont été mis en prison.* SYN. **kidnapping.**

● On prononce le **t**.

raquette n.f. ❶ Instrument fait d'un cadre arrondi et d'un manche, et qui permet de lancer une balle. *Une raquette de tennis; une raquette de squash; une raquette de ping-pong.* ❷ Large semelle que l'on adapte aux chaussures pour marcher sur la neige molle.

● Ne confonds pas avec le **racket**.

des raquettes

rare adj. ❶ Qui ne se produit pas souvent. *Une maladie rare.* CONTR. **courant, fréquent.** ❷ Que l'on ne voit pas souvent; dont il existe peu d'exemplaires. *Papi a des livres rares dans sa bibliothèque.* SYN. **recherché.** CONTR. **commun, courant.** ❸ Que l'on ne trouve pas en grande quantité. *L'eau est très rare dans le désert.* CONTR. **abondant.**

▸ se **raréfier** v. (conjug. 7). Devenir plus rare. *Les plantes se raréfient en haute montagne.*

▸ **rarement** adv. Peu souvent. *Je la vois rarement.* CONTR. **fréquemment, souvent.**

▸ **rareté** n.f. Caractère de ce qui est rare. *Certains produits sont très chers à cause de leur rareté.*

a b c d e f g h i j o p q r s t u v w x y z

▸ **rarissime** adj. Très rare. *Il a trouvé un livre rarissime chez un antiquaire.*

ras, rase adj. ❶ Très court. *Avoir les cheveux ras. Un chien à poil ras.* ❷ **À ras bord,** jusqu'au bord. *Un verre rempli à ras bord.* ❸ **Pull ras du cou,** pull dont l'encolure s'arrête à la naissance du cou. ◆ **au ras de** préposition. Très près de la surface de quelque chose. *Les canards sauvages volent au ras de l'eau.*

▸ **rasade** n.f. Quantité de boisson contenue dans un verre rempli à ras bord. *Boire une rasade de limonade.*

rasage n.m. Action de raser ou de se raser.
▸▸▸ Mot de la famille de **raser.**

rascasse n.f. Poisson de la Méditerranée dont la tête est couverte d'épines et dont la chair est comestible.

une rascasse

rase-mottes n.m. invar. Vol effectué par un avion très près du sol.
● La nouvelle orthographe permet d'écrire aussi **rase-motte,** sans s.

raser et **se raser** v. (conjug. 3). ❶ Couper les poils, les cheveux, au ras de la peau. *Il s'est fait raser la tête.* ❷ Démolir entièrement. *Raser un vieil immeuble.* ❸ Passer au ras de quelque chose. *La flèche a rasé son bras.* SYN. **frôler.** ❹ (Sens familier). Ennuyer. *Tu nous rases avec tes histoires.* ◆ **se raser.** Se couper les poils de la barbe. *Papi se rase tous les matins.*

▸ **raseur, euse** n. Mot familier. Personne ennuyeuse. *Quel raseur !*

▸ **rasoir** n.m. Instrument qui sert à raser, à se raser. *Un rasoir électrique.*

rassasier v. (conjug. 7). Satisfaire complètement la faim de quelqu'un. *Le biberon a rassasié le bébé.* → Vois aussi **satiété.**

rassemblement n.m. Réunion, groupe de personnes. *Il y a un rassemblement devant la mairie.* SYN. **attroupement.**
▸▸▸ Mot de la famille de **rassembler.**

rassembler et **se rassembler** v. (conjug. 3). Mettre ensemble. *Il a rassemblé ses affaires et il est parti.* SYN. **regrouper.** ◆ **se rassembler.** Se réunir dans un endroit. *Les élèves se sont rassemblés dans la cour.* SYN. **se regrouper.**

se **rasseoir** v. (conjug. 41). S'asseoir de nouveau. *Il s'est levé pour parler puis s'est rassis.*
● La nouvelle orthographe permet d'écrire aussi **se rassoir,** sans **e.**

rasséréner v. (conjug. 9). Mot littéraire. Rendre son calme à quelqu'un. *Ces bonnes nouvelles m'ont rasséréné.* SYN. **rassurer, tranquilliser.** CONTR. **inquiéter.**
▸▸▸ Mot de la famille de **serein.**

rassis, e adj. Se dit du pain qui n'est plus frais.

rassurant, e adj. Qui rassure, tranquillise. *Cette nouvelle est rassurante.* CONTR. **alarmant, inquiétant.**
▸▸▸ Mot de la famille de **rassurer.**

rassurer v. (conjug. 3). Rendre la tranquillité, la confiance à quelqu'un. *Le dentiste m'a rassuré en me disant que je n'aurai pas mal.* SYN. **tranquilliser.** CONTR. **inquiéter.**

rat n.m. Mammifère rongeur à museau pointu et à très longue queue. *Les rats peuvent propager des maladies.* → Vois aussi **campagnol, mulot, souris, surmulot.**
● Femelle : la rate. Petit : le raton. Cri : le couinement ou le chicotement.

un rat
des moissons

se **ratatiner** v. (conjug. 3). Devenir plus petit en se déformant, en se ridant. *Les pommes se sont ratatinées.*

ratatouille n.f. Plat composé d'aubergines, de courgettes, de tomates, de poivrons, d'oignons et d'ail, cuits dans de l'huile d'olive.

1. **rate** n.f. Femelle du rat.

2. **rate** n.f. Glande située en arrière de l'estomac, au-dessous du diaphragme.

raté n.m. Bruit anormal d'un moteur.

▸▸▸ Mot de la famille de **rater.**

râteau n.m. Outil de jardinage fait d'une barre munie de dents, fixée à un manche. *Rassembler des feuilles avec un râteau.*

● Le premier **a** prend un accent circonflexe. – Au pluriel : des **râteaux.**

râtelier n.m. ❶ Assemblage de barres de bois incliné contre un mur, où l'on met le fourrage pour les animaux. ❷ (Sens familier). Dentier.

● Le **a** prend un accent circonflexe.

rater v. (conjug. 3). ❶ Ne pas atteindre une cible. *Le chasseur a raté la perdrix.* SYN. **manquer.** ❷ Ne pas réussir. *Elle a raté son examen.* SYN. **échouer à.** ❸ Arriver trop tard pour prendre un moyen de transport. *J'ai raté le bus.* SYN. **manquer.**

ratification n.f. Action de ratifier, de confirmer officiellement. *La ratification d'un traité de paix.*

▸▸▸ Mot de la famille de **ratifier.**

ratifier v. (conjug. 7). Approuver, confirmer officiellement. *Le président de la République ratifie les traités.*

ration n.f. Quantité de nourriture donnée pour une journée. *Donner sa ration de fourrage à un cheval.*

rationnel, elle adj. Qui est conforme à la raison, au bon sens. *Elle a conçu une organisation rationnelle du travail.* SYN. **logique.** *Ce qu'il dit est rationnel.*

▸ **rationnellement** adv. De manière rationnelle. *Le travail est organisé rationnellement.*

rationnement n.m. Action de rationner. *La mairie a décidé le rationnement de l'eau.*

▸▸▸ Mot de la famille de **ration.**

rationner v. (conjug. 3). Attribuer une quantité limitée d'aliment, de produit. *Rationner l'eau, l'essence.*

▸▸▸ Mot de la famille de **ration.**

ratisser v. (conjug. 3). ❶ Égaliser ou nettoyer avec un râteau. *Le jardinier ratisse les allées du jardin.* ❷ Fouiller méthodiquement un lieu pour rechercher une personne ou une chose. *Les policiers ont ratissé la région.*

● Le **a** ne prend pas d'accent circonflexe, contrairement à **râteau.**

▸▸▸ Mot de la famille de **râteau.**

raton n.m. Jeune rat.

raton laveur n.m. Petit mammifère d'Amérique du Nord qui a une fourrure grise, un masque noir autour des yeux et une queue touffue. *Le raton laveur se nourrit de petits animaux, de fruits, de céréales.*

un **raton laveur**

rattachement n.m. Action de rattacher. *Le rattachement de la Corse à la France date de 1768.*

rattacher v. (conjug. 3). ❶ Attacher de nouveau. *Rattache les lacets de tes chaussures.* ❷ Faire dépendre de quelque chose. *Rattacher une région à un État.*

rattrapage n.m. **Cours de rattrapage,** cours destiné à aider un élève à rattraper son retard scolaire. *C'est une étudiante qui donne des cours de rattrapage en mathématiques à ma sœur.*

▸▸▸ Mot de la famille de **rattraper.**

rattraper et **se rattraper** v. (conjug. 3). ❶ Attraper une personne évadée, un animal enfui. *Ils ont rattrapé le lion aux por... la ville.* SYN. **reprendre.** ❷ Rete... une personne pour qu'il... *J'ai rattrapé les fe...* ❸ Rejoindre ... devant. *A...* **traper** u... *travail...* **trap...**

Il a failli commettre une maladresse, il s'est rattrapé juste à temps. ❷ **Se rattraper à,** se retenir à quelque chose pour ne pas tomber. *Elle s'est rattrapée à la rampe.* SYN. **se raccrocher à.**

rature n.f. Trait que l'on trace sur une lettre, un mot ou une ligne, pour les annuler. *Sa lettre est pleine de ratures.*

▶ **raturer** v. (conjug. 3). Annuler ce qui est écrit en traçant un trait dessus. *Raturer un mot.* SYN. **barrer, rayer.**

rauque adj. **Voix rauque,** grave et comme enrouée. SYN. **guttural.**

ravage n.m. (Souvent au pluriel). Dégât très important. *La tempête a fait des ravages.*

▶ **ravager** v. (conjug. 5). Faire des ravages, provoquer d'importants dégâts. *Le cyclone a ravagé la région.* SYN. **anéantir, détruire, dévaster.**

ravalement n.m. Action de ravaler un mur extérieur. *Faire le ravalement de la façade d'un immeuble.*

▸▸▸ Mot de la famille de **ravaler.**

ravaler v. (conjug. 3). ❶ Remettre à neuf un mur extérieur en le nettoyant, en le grattant. *Les maçons ont ravalé la façade de la cathédrale.* ❷ Retenir, garder pour soi un sentiment, une parole. *Devant ses amis, elle a ravalé sa colère.*

rave n.f. Plante que l'on cultive pour sa racine comestible. *Les navets, les radis sont des raves.*

ravi, e adj. Très heureux, très content. *Armelle était ravie de revoir ses amies.* SYN. **enchanté.**

▸▸▸ Mot de la famille de **ravir (1).**

ravier n.m. Petit plat creux et long dans lequel on sert des hors-d'œuvre.

ravigoter v. (conjug. 3). Mot familier. Redonner de la vigueur, des forces. *Cette douche m'a ravigoté.* SYN. **revigorer.**

ravin n.m. Petite vallée étroite et profonde. *Un torrent coule au fond du ravin.*

raviner v. (conjug. 3). Creuser le sol de pro-[illegible]onds sillons. *Les pluies d'orage ont raviné [illegible]emins.*

[illegible] Petit carré de pâte farci de [illegible] le légumes ou de fromage.

[illegible] Plaire énormément [illegible] *clown a ravi les enfants.* SYN. **enchanter, enthousiasmer.** ❷ **À ravir,** admirablement. *Cette jupe te va à ravir.*

2. ravir v. (conjug. 16). Mot littéraire. Prendre par surprise ou par ruse. *Elle s'est laissé ravir la première place.*

se **raviser** v. (conjug. 3). Changer d'avis. *Elle devait nous accompagner, mais elle s'est ravisée au dernier moment.* SYN. **se rétracter.**

ravissant, e adj. Très joli. *Sa fille est ravissante.*

▸▸▸ Mot de la famille de **ravir (1).**

ravissement n.m. État de plaisir, de joie extrêmes. *Les spectateurs regardaient le feu d'artifice avec ravissement.* SYN. **émerveillement, enchantement.**

▸▸▸ Mot de la famille de **ravir (1).**

ravisseur, euse n. Personne qui a enlevé quelqu'un. *Les ravisseurs ont demandé une rançon.*

▸▸▸ Mot de la famille de **ravir (2).**

ravitaillement n.m. ❶ Action de ravitailler. *Les pompiers assurent le ravitaillement des sinistrés.* SYN. **approvisionnement.** ❷ Provisions. *Les marins partent avec du ravitaillement pour plusieurs jours.*

▸▸▸ Mot de la famille de **ravitailler.**

ravitailler et **se ravitailler** v. (conjug. 3). Fournir des vivres et du matériel à. *Ravitailler un village isolé.* SYN. **approvisionner.** ◆ **se ravitailler**. Se fournir en provisions, en vivres. *Nous sommes allés au village pour nous ravitailler.* SYN. **s'approvisionner.**

raviver v. (conjug. 3). ❶ Rendre plus vif, redonner de la force, de l'éclat. *Raviver un feu.* SYN. **ranimer.** *Raviver des couleurs.* SYN. **rafraîchir.** ❷ Faire revivre. *L'évocation de ses souvenirs a ravivé des douleurs anciennes.* SYN. **ranimer, réveiller.**

rayé, e adj. ❶ Qui a des rayures. *Une chemise rayée.* ❷ Qui a des éraflures. *Les verres de mes lunettes sont rayés.*

▸▸▸ Mot de la famille de **rayer.**

rayer v. (conjug. 13). ❶ Abîmer une surface en faisant des rayures. *Rayer un parquet.* ❷ Tracer un trait sur un mot, un groupe de mots, pour les annuler. *Rayer un nom sur une liste.* SYN. **barrer, raturer.**

1. rayon n.m. ❶ Construction en cire faite par les abeilles, comportant un grand nombre d'alvéoles. ❷ Planche de rangement dans un meuble. *Ranger des livres sur les rayons* *d'une bibliothèque.* SYN. **étagère.** ❸ Partie d'un magasin réservée à une catégorie de marchandises. *Je cherche le rayon des appareils électroménagers.*

2. **rayon** n.m. ❶ Trait de lumière. *Un rayon de soleil.* ❷ Ligne qui relie le centre d'un cercle à un point de sa circonférence. *Le rayon d'un cercle est égal à la moitié de son diamètre.* ❸ Chacune des tiges qui relient le centre d'une roue à la jante. *Les rayons d'une roue de bicyclette sont en métal.* ◆ n.m. plur. Radiations. *Les rayons X ont la propriété de traverser certaines matières.*

rayonnage n.m. Assemblage de rayons, d'étagères. *Les dossiers sont rangés sur des rayonnages.*

▸▸▸ Mot de la famille de **rayon (1).**

rayonnement n.m. ❶ Ensemble des radiations émises par un corps. *Le rayonnement solaire. Le rayonnement d'une matière radioactive.* ❷ Fait de se propager, de se diffuser; influence. *Le rayonnement de la civilisation grecque en Occident.*

▸▸▸ Mot de la famille de **rayon (2).**

rayonner v. (conjug. 3). ❶ Exprimer la joie, le bonheur. *Il semblait très heureux, son visage rayonnait.* ❷ Être disposé en rayons autour d'un point central. *Les avenues rayonnent à partir de la place.* ❸ Se déplacer dans diverses directions autour d'un lieu. *Les touristes rayonnent autour de la capitale.*

▸▸▸ Mot de la famille de **rayon (2).**

rayure n.f. ❶ Bande, ligne qui se détache sur un fond de couleur différente. *Léo portait un tee-shirt blanc à rayures bleues.* SYN. **raie (1).** ❷ Trace laissée sur une surface par un objet pointu, coupant. *Les griffes du chien ont fait des rayures sur le cuir du fauteuil.* SYN. **éraflure.**

▸▸▸ Mot de la famille de **rayer.**

raz de marée n.m. invar. Énorme vague qui peut atteindre trente mètres de hauteur et qui envahit les côtes et les terres. *Les raz de marée sont provoqués par des tremblements de terre ou des éruptions volcaniques sous-marines.*

● On ne prononce pas le **z**. – Ce mot composé ne change pas au pluriel : des **raz de marée.** – On peut aussi écrire **raz-de-marée,** avec des traits d'union.

razzia n.f. Invasion de pillards en territoire ennemi.

● On prononce [razja] ou [radzja].

ré n.m. invar. Deuxième note de la gamme de *do*.

● Ce mot ne change pas au pluriel : des **ré.**

réacteur n.m. Moteur à réaction. *Un avion peut avoir un ou plusieurs réacteurs.*

les réacteurs d'un avion

réaction n.f. ❶ Fait ou manière de réagir. *Quelle a été sa réaction à l'annonce de la nouvelle ?* ❷ **Avion à réaction,** avion dont les moteurs projettent derrière eux des gaz, ce qui propulse l'avion vers l'avant. ❸ Tendance politique qui s'oppose au progrès social.

▸ **réactionnaire** adj. et n. Qui s'oppose au progrès social. *Cet homme politique a des idées réactionnaires.* CONTR. **progressiste.**

→ Vois aussi **conservateur.**

se **réadapter** v. (conjug. 3). S'adapter de nouveau à quelque chose. *À sa sortie de prison, il a eu du mal à se réadapter à la vie en société.*

réagir v. (conjug. 16). ❶ Avoir telle attitude en réponse à une action, à un événement. *Comment a-t-il réagi à ces critiques ?* ❷ Agir pour s'opposer à quelque chose. *Il faut réagir contre ces injustices.* SYN. **lutter.**

réalisable adj. Que l'on peut réaliser. *Son projet est réalisable.* SYN. **faisable.** CONTR. **irréalisable.**

▸▸▸ Mot de la famille de **réaliser.**

réalisateur, trice n. Personne dont le métier est de réaliser des films, des émissions de radio ou de télévision. → Vois aussi **cinéaste, metteur en scène.**

▸▸▸ Mot de la famille de **réaliser.**

réalisation n.f. ❶ Action de réalis… quelque chose. *La réalisation d…* SYN. **exécution.** ❷ Direction de la… et de l'exécution d'un film, d'u…

▸▸▸ Mot de la famille de **réaliser.**

réaliser et **se réaliser** v. (conjug. 3). ❶ Rendre réel, faire exister. *Elle a réalisé son rêve, elle est devenue actrice.* SYN. **concrétiser.** *L'alpiniste a réalisé un exploit.* SYN. **accomplir.** ❷ Diriger la réalisation d'un film ou d'une émission de télévision, de radio. *Cet acteur a réalisé un premier film d'action.* ❸ Prendre conscience, se rendre compte de quelque chose. *Ils n'ont pas réalisé la gravité de la situation.* ◆ **se réaliser**. Devenir réel. *Mon rêve s'est réalisé. Leurs prévisions se sont réalisées.* SYN. **s'accomplir.**

►►► Mot de la famille de **réel.**

réalisme n.m. Attitude qui consiste à voir la réalité telle qu'elle est. *Faire preuve de réalisme.*

►►► Mot de la famille de **réel.**

réaliste adj. et n. Qui montre ou qui voit la réalité telle qu'elle est. *C'est un homme réaliste.* CONTR. **idéaliste.** *Il a une vision très réaliste des choses.* SYN. **positif.**

►►► Mot de la famille de **réel.**

réalité n.f. ❶ Ce qui est réel, ce qui existe vraiment. *Son récit ne correspond pas à la réalité.* ❷ **En réalité,** en fait. *Il semble sûr de lui, mais en réalité c'est un garçon très timide.*

►►► Mot de la famille de **réel.**

réanimation n.f. Ensemble des moyens qui visent à rétablir la respiration, la circulation du sang, les battements du cœur d'une personne. *Le malade hospitalisé est resté quelques jours en salle de réanimation.*

►►► Mot de la famille de **animer.**

réanimer v. (conjug. 3). Rétablir les fonctions vitales d'une personne en danger. *Le médecin a réanimé le blessé.* SYN. **ranimer.**

►►► Mot de la famille de **animer.**

réapparaître v. (conjug. 73). Apparaître de nouveau. *L'avion a réapparu au-dessus des nuages.* SYN. **reparaître.**

● La nouvelle orthographe permet d'écrire aussi **réapparaitre,** sans accent circonflexe.

► **réapparition** n.f. Fait de réapparaître. *Ce chanteur a fait une réapparition à la télévision.*

rébarbatif, ive adj. Qui rebute par son aspect difficile et ennuyeux. *Un livre rébarbatif.* SYN. **rebutant.**

rebattre v. (conjug. 50). **Rebattre les oreilles à quelqu'un,** lui répéter sans arrêt la même chose.

● Ne confonds pas avec **rabattre.**

► **rebattu, e** adj. Dont on a beaucoup parlé et qui n'a plus aucun intérêt. *C'est un sujet rebattu.* SYN. **éculé.**

rebelle n. et adj. Personne qui refuse de se soumettre et lutte contre l'autorité, contre un gouvernement. *Les forces armées ont combattu les rebelles.* SYN. **insurgé.** ◆ adj. Qui est hostile à quelque chose. *Cet élève est rebelle à toute discipline.* SYN. **récalcitrant, réfractaire.** → Vois aussi **mutin.**

► se **rebeller** v. (conjug. 3). Se révolter contre le pouvoir. *Une partie de la population s'est rebellée contre le gouvernement.* SYN. **s'insurger, se mutiner.**

► **rébellion** n.f. Action de se rebeller, de se révolter. *La rébellion a été réprimée.* SYN. **insurrection, mutinerie, soulèvement.**

se **rebiffer** v. (conjug. 3). Mot familier. Refuser violemment d'obéir. *Il se rebiffe quand on lui demande de faire quelque chose.* SYN. **regimber.**

reboisement n.m. Action de reboiser. *Le reboisement d'une région.* CONTR. **déboisement, déforestation.**

►►► Mot de la famille de **reboiser.**

le reboisement d'une forêt

reboiser v. (conjug. 3). Replanter des arbres. *On a reboisé une partie de la forêt après la tempête.* CONTR. **déboiser.**

rebond n.m. Fait de rebondir; mouvement de ce qui rebondit. *Le basketteur a rattrapé le ballon au rebond.*

● Ce mot se termine par un **d.**

►►► Mot de la famille de **bond.**

rebondi, e adj. Se dit d'une partie du corps ronde, dodue. *Avoir des joues rebondies.*

rebondir v. (conjug. 16). ❶ Faire un ou plusieurs bonds après avoir touché un obstacle. *Faire rebondir une balle contre un mur.* ❷ Avoir un développement nouveau et imprévu après un temps d'arrêt. *Ta question a fait rebondir le débat.*
▸▸▸ Mot de la famille de **bond.**

rebondissement n.m. Développement nouveau et imprévu. *L'enquête a connu des rebondissements.* SYN. **péripétie.**
▸▸▸ Mot de la famille de **bond.**

rebord n.m. Bord qui dépasse de quelque chose. *Un oiseau s'est posé sur le rebord de la fenêtre.*
▸▸▸ Mot de la famille de **bord.**

reboucher v. (conjug. 3). Boucher de nouveau. *Reboucher un flacon.*

à **rebours** adv. Dans le sens inverse du sens habituel. *Compter à rebours.* SYN. **à l'envers.**

à **rebrousse-poil** adv. Dans le sens contraire au sens naturel des poils. *Les chats n'aiment pas qu'on les caresse à rebrousse-poil.*
▸▸▸ Mot de la famille de **rebrousser.**

rebrousser v. (conjug. 3). ❶ Relever en sens contraire du sens naturel. *Le vent me rebrousse les cheveux.* ❷ **Rebrousser chemin,** retourner en arrière, revenir sur ses pas. *Nous étions fatigués, nous avons rebroussé chemin.*

rebuffade n.f. Refus brutal accompagné de paroles dures. *Recevoir une rebuffade.*
● Ce mot s'écrit avec deux **f.**

rébus n.m. Jeu où il faut deviner une phrase ou un mot représentés par une série de dessins, de lettres ou de chiffres.
● On prononce le **s.**

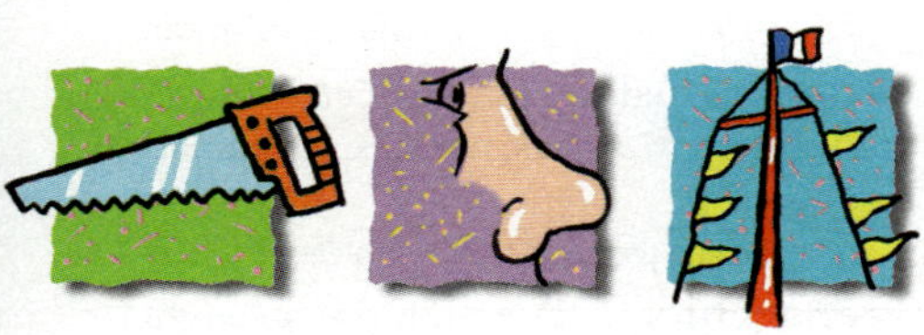

un **rébus** [solution cinéma (scie - nez - mât)]

rebut n.m. **Mettre au rebut,** se débarrasser de quelque chose. *Maman a mis ce vieux meuble au rebut.*

rebutant, e adj. Qui rebute, ennuie. *Un travail rebutant.* SYN. **rébarbatif.**
▸▸▸ Mot de la famille de **rebuter.**

rebuter v. (conjug. 3). Décourager par son caractère désagréable, difficile ou ennuyeux. *Au début, les cours de solfège le rebutaient.*

récalcitrant, e adj. et n. Qui résiste avec entêtement. *Un cheval récalcitrant.* CONTR. **docile.** *Un élève récalcitrant.* SYN. **rebelle.** → Vois aussi **indocile, rétif.**

recaler v. (conjug. 3). Mot familier. Refuser à un examen. *Elle a été recalée au bac.* CONTR. **recevoir.**

récapitulation n.f. Action de récapituler, de rappeler ce qui a été dit ou écrit. *Le directeur a fait une récapitulation des sujets abordés au cours de la réunion.* SYN. **résumé.**
▸▸▸ Mot de la famille de **récapituler.**

récapituler v. (conjug. 3). Répéter en résumant. *L'avocat a récapitulé les faits.*

recel n.m. Fait de garder chez soi des objets volés. *Il a été condamné pour recel.*
▸▸▸ Mot de la famille de **receler.**

receler v. (conjug. 11). ❶ (Sens littéraire). Contenir. *Ce musée recèle des chefs-d'œuvre.* SYN. **renfermer.** ❷ Conserver des objets volés. *Receler des bijoux, des tableaux.*

▸ **receleur, euse** n. Personne qui recèle des objets volés.

récemment adv. Il y a peu de temps. *J'ai vu Alexis récemment.*
● On écrit **emment** mais on prononce [amɑ̃], comme **amant.**
▸▸▸ Mot de la famille de **récent.**

recensement n.m. Action de recenser, de faire le compte des habitants d'un pays. *Le recensement de la population française a lieu tous les sept ans.*
▸▸▸ Mot de la famille de **recenser.**

recenser v. (conjug. 3). Faire le compte exact des habitants d'un pays, d'une ville. *Recenser la population.* SYN. **dénombrer.**

récent, e adj. Qui existe depuis peu de temps ou qui s'est produit il y a peu de temps. *Cette maison est récente.* SYN. **nouveau.** CONTR. **ancien.**

récépissé n.m. Papier qui prouve qu'on a reçu un colis, une somme d'argent, des marchandises. *Le facteur m'a fait signer un récépissé.* SYN. **reçu.**

a b c d e f g h i j k l m n o p q r s t u v w x y z

a b c d e f g h i j k l m n o p q r s t u v w x y z

récepteur n.m. Appareil qui permet de recevoir des sons ou des images. *Un récepteur de radio, de télévision.* CONTR. **émetteur.**

réception n.f. ❶ Fait de recevoir quelque chose qui a été envoyé. *La réception d'un colis.* ❷ Réunion où l'on reçoit des invités. *Le directeur et sa femme organisent une réception.* ❸ Endroit où l'on accueille les clients dans un hôtel. *Les clés des chambres sont à la réception.*

récession n.f. Diminution de l'activité économique d'un pays. SYN. **crise, marasme.** CONTR. **essor, expansion.**

recette n.f. ❶ Montant total des sommes reçues. *Le commerçant compte la recette de la journée.* CONTR. **dépense.** ❷ Description détaillée de la manière de préparer un plat. *Élise m'a donné sa recette de gâteau au chocolat.*

recevable adj. Qui peut être accepté. *Cette excuse n'est pas recevable.* SYN. **acceptable, admissible.**

▸▸▸ Mot de la famille de **recevoir.**

receveur, euse n. ❶ Personne chargée de recevoir le paiement des impôts. ❷ **Receveur des postes,** personne qui dirige un bureau de poste.

▸▸▸ Mot de la famille de **recevoir.**

recevoir v. (conjug. 31). ❶ Prendre, obtenir ce qui est donné, envoyé, transmis. *J'ai reçu une lettre de Pierre.* CONTR. **envoyer.** *Amina a reçu de nombreux cadeaux pour son anniversaire.* ❷ Être atteint par quelque chose. *Recevoir un coup.* ❸ Accueillir chez soi. *Mes parents reçoivent des amis à dîner.* ❹ Admettre à un examen. *Ma sœur a été reçue au concours.* CONTR. **refuser.**

rechange n.m. **De rechange,** qui permet de remplacer un objet qui est hors d'usage, un vêtement sale. *Emporter des vêtements de rechange.*

réchapper v. (conjug. 3). Échapper par chance à un danger. *Seuls deux passagers ont réchappé de l'accident.*

recharge n.f. Petit réservoir qui permet de recharger un objet. *Une recharge de briquet. Une recharge de stylo.* SYN. **cartouche.**

▸▸▸ Mot de la famille de **charger.**

rechargeable adj. Que l'on peut recharger. *Un briquet rechargeable.*

● Ce mot s'écrit avec un **e** après le **g** pour prononcer le son [ʒ].

▸▸▸ Mot de la famille de **charger.**

recharger v. (conjug. 5). ❶ Remettre une charge dans une arme à feu. *Recharger un revolver.* ❷ Fournir à un appareil, à un objet ce qui lui permet de fonctionner à nouveau. *Recharger une batterie, un téléphone portable.*

▸▸▸ Mot de la famille de **charger.**

réchaud n.m. Petit appareil de cuisson portatif. *Les campeurs utilisent un réchaud à gaz.*

● Ce mot se termine par un **d.**

un réchaud à gaz

réchauffement n.m. Fait de se réchauffer. *On annonce un réchauffement de la température.* CONTR. **rafraîchissement, refroidissement.**

▸▸▸ Mot de la famille de **réchauffer.**

réchauffer et **se réchauffer** v. (conjug. 3). Chauffer de nouveau. *Réchauffer un plat.* ◆ **se réchauffer.** ❶ Redonner de la chaleur à son corps, avoir moins froid. *J'ai bu un chocolat pour me réchauffer.* CONTR. **se rafraîchir.** ❷ Devenir plus chaud. *Le temps se réchauffe.* CONTR. **se rafraîchir, se refroidir.**

rêche adj. Rude au toucher. *Cette serviette est rêche.* SYN. **râpeux, rugueux.** CONTR. **doux, velouté.**

● Le premier **e** prend un accent circonflexe.

recherche n.f. ❶ Action de rechercher quelqu'un ou quelque chose. *Les recherches des policiers n'ont rien donné. Ils sont à la recherche d'un appartement.* ❷ Ensemble des travaux scientifiques menés par les chercheurs pour faire avancer les connaissances et les techniques. ❸ Soin, raffinement. *Sa femme s'habille avec recherche.*

►►► Mot de la famille de **recherché**r.

recherché, e adj. Qui est rare et que de nombreuses personnes souhaitent posséder. *Les meubles de cette époque sont très recherchés.*

►►► Mot de la famille de **rechercher.**

rechercher v. (conjug. 3). Chercher activement, avec soin. *La police recherche les prisonniers qui se sont évadés.*

rechigner v. (conjug. 3). Montrer de la mauvaise volonté. *Il rechigne à ranger ses affaires.* SYN. **renâcler.**

rechute n.f. Reprise d'une maladie qui était en voie de guérison. *Élise a fait une rechute.*

► **rechuter** v. (conjug. 3). Faire une rechute. *Si tu ne prends plus tes médicaments, tu risques de rechuter.*

récidive n.f. Fait de commettre de nouveau un crime, un délit, après une première condamnation. *La récidive aggrave la peine d'un accusé.*

► **récidiver** v. (conjug. 3). Commettre de nouveau la même faute. *À peine sorti de prison, le voleur a récidivé.*

► **récidiviste** n. et adj. Personne qui refait la même faute, qui commet la même infraction. *Un criminel récidiviste.*

récif n.m. ❶ Rocher ou groupe de rochers à fleur d'eau. *Le navire s'est échoué sur les récifs.* SYN. **écueil.** ❷ **Récif corallien,** récif formé par les coraux.

un récif de coraux

récipient n.m. Objet creux qui sert à contenir des substances solides ou liquides. *Un verre, une bassine, un bocal sont des récipients.*

réciproque adj. Qui s'échange entre deux personnes, deux groupes. *Ils se témoignent un respect réciproque.* SYN. **mutuel.** ◆ n.f. L'action inverse. *Julien est toujours prêt à partager avec sa sœur, mais la réciproque n'est pas vraie.*

► **réciproquement** adv. ❶ De manière réciproque. *Ils s'aident réciproquement.* SYN. **mutuellement.** ❷ **Et réciproquement,** vice versa. *Je te fais réciter ta leçon et réciproquement.*

récit n.m. Action de raconter; histoire que l'on raconte. *Ils nous ont fait le récit de leur voyage.*

►►► Mot de la famille de **réciter.**

récital n.m. Concert donné par un seul interprète. *Ce chanteur a donné plusieurs récitals en France.*

● Au pluriel : des **récitals.**

récitation n.f. Texte que les élèves doivent apprendre par cœur et réciter de mémoire. *Revoir une dernière fois sa récitation.*

►►► Mot de la famille de **réciter.**

réciter v. (conjug. 3). Dire à haute voix un texte que l'on a appris. *Réciter une leçon en classe.*

réclamation n.f. Action de réclamer, de protester pour faire reconnaître un droit. *Il a adressé une réclamation au service après-vente.* SYN. **plainte, revendication.**

►►► Mot de la famille de **réclamer.**

réclame n.f. Mot ancien. ❶ Publicité. *Faire de la réclame pour un produit.* ❷ **En réclame,** vendu à prix réduit. *Cet article est en réclame.* SYN. **en promotion.**

réclamer v. (conjug. 3). Demander avec insistance. *Les enfants réclament leur goûter.*

reclassement n.m. Action de reclasser des personnes, des employés.

►►► Mot de la famille de **reclasser.**

reclasser v. (conjug. 3). ❶ Classer de nouveau. *Les fiches sont mélangées, il faut les reclasser.* ❷ Donner un nouvel emploi, un nouveau poste à quelqu'un.

reclus, e adj. et n. Qui vit enfermé, isolé du monde. *Cette vieille dame est recluse dans sa maison.*

réclusion n.f. Emprisonnement. *Il a été condamné à dix ans de réclusion.* SYN. **détention, incarcération.**

a b c d e f g h i j k l m n o p q r s t u v w x y z

recoiffer v. (conjug. 3). Coiffer de nouveau ; remettre les cheveux en ordre. *Maman m'a recoiffée.*

recoin n.m. Coin caché. *J'ai cherché mes lunettes dans tous les recoins de la maison.*
▸▸▸ Mot de la famille de **coin.**

recoller v. (conjug. 3). Coller ce qui est décollé ou cassé. *Recoller un vase.*

récolte n.f. ❶ Action de récolter les produits de la terre. *Faire la récolte des olives.* ❷ Ensemble des produits récoltés. *La récolte des pommes de terre a été bonne.* → Vois aussi **moisson, vendange.**

la récolte des salades

▸ **récolter** v. (conjug. 3). Cueillir, ramasser les produits de la terre. *Récolter le blé.* SYN. **moissonner.** *Récolter le raisin.* SYN. **vendanger.**

recommandable adj. Que l'on peut recommander pour ses qualités. *C'est un homme tout à fait recommandable.*
▸▸▸ Mot de la famille de **recommander.**

recommandation n.f. Conseil. *J'ai suivi tes recommandations.*
▸▸▸ Mot de la famille de **recommander.**

recommandé, e adj. **Lettre recommandée,** lettre pour laquelle on paie un supplément afin qu'elle soit remise en main propre à son destinataire.
▸▸▸ Mot de la famille de **recommander.**

recommander v. (conjug. 3). ❶ Conseiller avec insistance. *Le médecin lui a recommandé de prendre des vacances.* ❷ Intervenir en faveur de quelqu'un. *Elle a été recommandée par son ancien employeur.* ❸ Vanter les qualités, les mérites de quelque chose. *Je te recommande ce livre.*

recommencer v. (conjug. 4). ❶ Refaire entièrement ; faire une nouvelle fois. *J'ai dû recommencer mon dessin. Il recommençait sans cesse la même erreur.* SYN. **répéter.** ❷ Reprendre après une interruption. *Le cours recommence à 14 heures. Les musiciens recommencent à jouer.* SYN. **se remettre.**

récompense n.f. Ce qui est donné à quelqu'un pour le remercier ou le féliciter. *Une récompense sera offerte à la personne qui retrouvera notre chat.*
▸▸▸ Mot de la famille de **récompenser.**

récompenser v. (conjug. 3). Donner une récompense à quelqu'un. *Les voisins ont récompensé mon frère pour le service qu'il leur a rendu.*

réconciliation n.f. Fait de réconcilier deux personnes, de se réconcilier. *J'ai assisté à leur réconciliation.*
▸▸▸ Mot de la famille de **réconcilier.**

réconcilier et **se réconcilier** v. (conjug. 7). Rétablir de bonnes relations entre des personnes fâchées. *J'ai essayé de les réconcilier.* SYN. **raccommoder.** ◆ **se réconcilier.** Faire la paix avec quelqu'un. *Nous nous sommes réconciliés.* CONTR. **se brouiller, se fâcher.**

reconduire v. (conjug. 60). Accompagner une personne qui s'en va. *Nous avons reconduit Solène chez elle.* SYN. **raccompagner, ramener.**

réconfort n.m. Ce qui réconforte, donne du courage ou apporte un soutien. *Elle s'est fait mal, elle a besoin de réconfort.* SYN. **consolation.**
▸▸▸ Mot de la famille de **réconforter.**

réconfortant, e adj. Qui réconforte, console. *Des paroles réconfortantes.*
▸▸▸ Mot de la famille de **réconforter.**

réconforter v. (conjug. 3). Consoler quelqu'un, lui redonner du courage, de l'espoir. *Ta lettre m'a beaucoup réconforté.* SYN. **soutenir.**

reconnaissable adj. Facile à reconnaître. *Coralie est reconnaissable à ses longs cheveux roux.*
▸▸▸ Mot de la famille de **reconnaître.**

reconnaissance n.f. ❶ Sentiment que l'on éprouve à l'égard de quelqu'un qui a été gentil ou serviable. *Il m'a témoigné sa reconnaissance pour l'aide que je lui ai apportée.* SYN. **gratitude.** ❷ Examen, exploration d'un lieu. *Des éclaireurs sont partis en reconnaissance.*

▸▸▸ Mot de la famille de **reconnaître.**

reconnaissant, e adj. Qui témoigne de la reconnaissance, de la gratitude. *Je vous suis très reconnaissant du service que vous m'avez rendu.* CONTR. **ingrat.**

▸▸▸ Mot de la famille de **reconnaître.**

reconnaître v. (conjug. 73). ❶ Identifier une personne ou une chose que l'on connaît, que l'on a déjà vues. *Il a beaucoup changé mais je l'ai reconnu.* ❷ Admettre. *Elle reconnaît qu'elle a eu tort.* SYN. **avouer.** → Vois aussi **confesser.** ❸ Examiner, explorer un lieu. *Des soldats ont été envoyés pour reconnaître le terrain.* ❹ Admettre officiellement. *Reconnaître le gouvernement d'un pays.*

● La nouvelle orthographe permet d'écrire aussi **reconnaitre,** sans accent circonflexe.

reconquérir v. (conjug. 23). Conquérir de nouveau. *L'armée a reconquis la région occupée par l'ennemi.*

▸ **reconquête** n.f. Action de reconquérir. *La reconquête d'un territoire; la reconquête du pouvoir.*

● Le deuxième **e** prend un accent circonflexe.

reconstituer v. (conjug. 3). Créer de nouveau une chose telle qu'elle existait auparavant. *Dans ce parc, on a reconstitué un village indien.*

▸ **reconstitution** n.f. ❶ Action de reconstituer quelque chose. *La reconstitution du squelette d'un animal préhistorique.* ❷ **Reconstitution d'un crime,** simulation du crime sur le lieu où il a été commis pour comprendre ce qui s'est réellement passé.

reconstruction n.f. Action de reconstruire quelque chose. *La reconstruction d'un immeuble détruit.*

▸▸▸ Mot de la famille de **construire.**

reconstruire v. (conjug. 60). Construire à nouveau ce qui a été détruit. *Reconstruire un monument.*

▸▸▸ Mot de la famille de **construire.**

reconvertir v. (conjug. 16). Transformer l'activité, la production d'une entreprise. *L'usine de jouets a été reconvertie en musée.*

recopier v. (conjug. 7). ❶ Copier un texte déjà écrit. ❷ Mettre au propre ce que l'on a écrit. *J'ai recopié le brouillon de ma rédaction.*

record n.m. Meilleure performance, meilleur résultat jamais obtenus auparavant. *Cet athlète a battu le record du monde du lancer de javelot.*

recoucher v. (conjug. 3). Coucher de nouveau, remettre au lit. *Maman a recouché ma petite sœur après l'avoir consolée.*

recoudre v. (conjug. 52). Coudre ce qui s'est décousu. *J'ai recousu le bouton de ma veste.*

recoupement n.m. Vérification d'un fait qui consiste à comparer des informations venant de sources différentes. *L'enquêteur a découvert la vérité en faisant des recoupements.*

▸▸▸ Mot de la famille de **couper.**

recouper et **se recouper** v. (conjug. 3). ❶ Couper de nouveau. *Recouper du pain.*

la **reconstitution** d'un dinosaure

❷ Correspondre à une autre information et la confirmer. *Son témoignage recoupe les autres.* ◆ **se recouper**. Avoir des points communs. *Les informations que la police a recueillies se recoupent.* SYN. **concorder.**

▸▸▸ Mot de la famille de **couper.**

recourbé, e adj. Courbé à son extrémité. *Le bélier a des cornes recourbées.*

▸▸▸ Mot de la famille de **courber.**

recourber v. (conjug. 3). Rendre courbe. *Recourber une tige de métal pour en faire un crochet.*

▸▸▸ Mot de la famille de **courber.**

recourir v. (conjug. 21). ❶ Demander de l'aide à quelqu'un, faire appel à lui. *Ils ont recouru à un architecte pour établir le plan de leur maison.* ❷ Utiliser tel moyen. *Recourir à la force.*

▸ **recours** n.m. ❶ **Avoir recours à,** recourir, faire appel à. *Ils ont eu recours à un avocat.* ❷ **En dernier recours,** comme dernier moyen, dernière solution. *Nous nous adresserons au directeur en dernier recours.*

● Ce mot se termine par un **s.**

recouvrement n.m. Fait de recouvrer, de recevoir un paiement. *Le percepteur est chargé du recouvrement des impôts.*

▸▸▸ Mot de la famille de **recouvrer.**

recouvrer v. (conjug. 3). ❶ (Sens littéraire). Rentrer en possession de ce qu'on avait perdu. *Recouvrer la vue.* SYN. **retrouver.** ❷ **Recouvrer les impôts,** les percevoir. *Le percepteur recouvre les impôts.*

● Ne confonds pas avec **recouvrir.**

recouvrir v. (conjug. 28). ❶ Couvrir de nouveau; remettre une couverture, une protection. *Recouvrir un enfant qui dort. Recouvrir un livre avec du plastique.* ❷ Couvrir entièrement. *Les feuilles mortes recouvrent le chemin.* SYN. **joncher.**

● Ne confonds pas avec **recouvrer.**

récréation n.f. Moment pendant lequel les élèves peuvent se détendre. *Nous jouons au ballon pendant la récréation.*

se **récrier** v. (conjug. 7). Mot littéraire. Protester avec indignation. *Elle s'est récriée quand on l'a accusée.*

récriminations n.f. plur. Plaintes, reproches amers. *Vos récriminations ne changeront rien.*

▸▸▸ Mot de la famille de **récriminer.**

récriminer v. (conjug. 3). Critiquer, protester avec amertume. *Il récrimine sans cesse contre le règlement.*

récrire v. (conjug. 62). Écrire ou rédiger de nouveau. *Ma lettre est mal formulée, je vais la récrire.*

● On peut aussi dire **réécrire.**

se **recroqueviller** v. (conjug. 3). Se replier sur soi-même. *Elle se recroqueville pour avoir moins froid.* → Vois aussi **se pelotonner.**

recrudescence n.f. Réapparition plus grave d'un phénomène. *On a constaté une recrudescence de la criminalité.* SYN. **augmentation.** CONTR. **baisse, diminution.**

● Le premier son [s] s'écrit **sc.**

recrue n.f. Soldat qui vient d'arriver dans l'armée.

▸ **recrutement** n.m. Action de recruter, d'engager du personnel. *Le recrutement des policiers se fait par concours.* SYN. **embauche.**

▸ **recruter** v. (conjug. 3). Engager. *Cette entreprise a recruté trois informaticiens.* SYN. **embaucher.**

rectal, e, aux adj. Relatif au rectum. *Prendre sa température rectale.*

● Au masculin pluriel : **rectaux.**

▸▸▸ Mot de la famille de **rectum.**

rectangle n.m. Figure géométrique qui a quatre angles droits et dont les côtés sont égaux deux à deux. *Dessinez un rectangle de 10 cm de long sur 5 cm de large.*

▸ **rectangulaire** adj. Qui a la forme d'un rectangle. *Un miroir rectangulaire.*

rectificatif adj. et n.m. Qui sert à rectifier. *Une note rectificative. Le journal a publié un rectificatif.*

▸▸▸ Mot de la famille de **rectifier.**

rectification n.f. Action de rectifier, de corriger. *Apporter quelques rectifications à un texte.* SYN. **correction.**

▸▸▸ Mot de la famille de **rectifier.**

rectifier v. (conjug. 7). Modifier pour rendre exact. *Rectifier un calcul.* SYN. **corriger.**

rectiligne adj. En ligne droite. *Un chemin rectiligne.*

recto n.m. ❶ Endroit d'une feuille de papier. *La liste des ingrédients est au recto de la fiche.* CONTR. **verso.** ❷ **Recto verso,** sur les deux côtés d'une feuille. *Une feuille imprimée recto verso.*

a b c d e f g h i j k l m n o p q r s t u v w x y z

le recto et le verso d'une carte

rectum n.m. Dernière partie du gros intestin qui aboutit à l'anus.
● On prononce [rɛktɔm].

1. **reçu, e** adj. **Idée reçue,** idée toute faite, que l'on admet sans avoir réfléchi. *Ils ont des idées reçues sur les habitants de ce quartier.* SYN. **préjugé.**
● Le **c** prend une cédille.
▸▸▸ Mot de la famille de **recevoir.**

2. **reçu** n.m. Papier qui prouve que l'on a reçu un objet, une somme d'argent. *Le livreur a fait signer un reçu à maman.* SYN. **récépissé.**
● Le **c** prend une cédille.
▸▸▸ Mot de la famille de **recevoir.**

recueil n.m. Livre qui réunit plusieurs textes. *Un recueil de poèmes.*
▸▸▸ Mot de la famille de **recueillir.**

recueillement n.m. Fait de se recueillir. *Prier avec recueillement.*
▸▸▸ Mot de la famille de **recueillir.**

recueillir et **se recueillir** v. (conjug. 26). ❶ Rassembler, réunir. *Recueillir de l'argent.* SYN. **collecter.** *Recueillir des informations.* ❷ Accueillir chez soi une personne dans le besoin ou un animal abandonné. *Recueillir des familles sinistrées.* ◆ **se recueillir.** S'isoler du monde extérieur pour réfléchir ou pour prier. *Se recueillir sur la tombe d'un parent.*

recul n.m. ❶ Action de reculer, d'aller en arrière. *Le recul d'une armée.* SYN. **retraite.** CONTR. **avance.** *Elle a eu un mouvement de recul en voyant la souris.* ❷ Éloignement dans l'espace ou dans le temps qui permet de voir mieux une chose, de juger mieux un événement. *Prendre du recul pour regarder un tableau. Il n'a pas assez de recul pour juger la situation.*
▸▸▸ Mot de la famille de **reculer.**

reculé, e adj. Éloigné dans le temps. *Cette histoire remonte à une époque reculée.* SYN. **éloigné, lointain.**
▸▸▸ Mot de la famille de **reculer.**

reculer v. (conjug. 3). ❶ Aller en arrière. *Recule, tu es trop près de l'écran.* CONTR. **approcher, avancer.** ❷ Déplacer vers l'arrière. *Recule ton siège.* SYN. **éloigner.** CONTR. **rapprocher.** ❸ Reporter à plus tard. *Reculer la date d'un rendez-vous.* SYN. **différer, repousser, retarder.** ❹ Renoncer devant une difficulté, un obstacle. *Reculer devant un danger.* ❺ Perdre de sa force, de son importance ; diminuer. *L'épidémie a reculé.* SYN. **régresser.** CONTR. **progresser.**

▸ **à reculons** adv. En allant en arrière. *Marcher à reculons.*

récupération n.f. Action de récupérer quelque chose. *Utiliser des matériaux de récupération.*
▸▸▸ Mot de la famille de **récupérer.**

récupérer v. (conjug. 9). ❶ Retrouver, reprendre ce que l'on avait prêté ou perdu. *J'ai récupéré les disques que j'avais prêtés.* ❷ Ramasser des objets pour qu'ils servent de nouveau. *Récupérer des pièces sur une moto.* ❸ Retrouver ses forces. *Le coureur récupère.*

récurer v. (conjug. 3). Nettoyer en frottant. *Récurer une casserole.*

recyclable adj. Que l'on peut recycler. *Un emballage recyclable.*
▸▸▸ Mot de la famille de **recycler.**

recyclage n.m. ❶ Action de recycler. *Le recyclage du verre.* ❷ Action de se recycler. *Suivre un stage de recyclage.*
▸▸▸ Mot de la famille de **recycler.**

le tri des déchets pour le recyclage

a b c d e f g h i j k l m n o p q r s t u v w x y z

recycler et **se recycler** v. (conjug. 3). Traiter des matériaux usagés pour pouvoir les réutiliser. *Recycler du papier.* ◆ **se recycler**. Suivre des cours pour s'adapter aux nouvelles techniques ou faire un nouveau travail. *Ma tante s'est recyclée dans l'informatique.*
● Ce mot s'écrit avec un **y**, comme **cycle**.

rédacteur, trice n. Personne dont le métier est de rédiger des articles de journaux, des textes.

rédaction n.f. ❶ Action ou manière de rédiger un texte. *Il est chargé de la rédaction des articles de cinéma.* ❷ Devoir de français qui consiste à écrire un texte sur un sujet donné.

reddition n.f. Fait de se rendre, de cesser le combat et de se reconnaître vaincu. *La reddition d'une armée.* SYN. **capitulation.**
● Ce mot s'écrit avec deux **d**. On écrit **tion** mais on prononce [sjɔ̃], comme dans **émission.**

redescendre v. (conjug. 46). ❶ Descendre après être monté. *Le chat est monté dans l'arbre et il ne parvient pas à redescendre.* ❷ Descendre de nouveau quelque chose. *Papi a redescendu ses outils à la cave.* CONTR. **remonter.**

redevable adj. **Être redevable de quelque chose à quelqu'un,** l'avoir obtenu grâce à lui et lui en être reconnaissant. *Je vous suis redevable de ce succès.*

redevance n.f. Taxe que l'on paie à l'État en échange de l'utilisation d'un service public. *On paie une redevance pour la télévision.*

rediffusion n.f. Nouvelle diffusion d'une émission de télévision ou de radio. *Attendre la rediffusion d'un film.*

rédiger v. (conjug. 5). Écrire un texte. *Il a rédigé un article pour le journal.*

redingote n.f. Longue veste que les hommes portaient autrefois.

redire v. (conjug. 64). ❶ Dire à nouveau ou plusieurs fois. *Mon cousin m'a redit qu'il viendrait.* SYN. **répéter.** ❷ **Trouver à redire,** avoir des critiques à faire. *Il trouve toujours à redire à ce que je fais.*

▸ **redite** n.f. Répétition inutile. *Ce texte est intéressant mais plein de redites.*

redoublant, e n. Élève qui redouble une classe.
▸▸▸ Mot de la famille de **redoubler.**

redoublement n.m. ❶ Fait de redoubler une classe. ❷ Répétition d'une lettre ou d'une syllabe dans un mot. *Le redoublement de la consonne « c » dans « raccourci ».*
▸▸▸ Mot de la famille de **redoubler.**

redoubler v. (conjug. 3). ❶ Recommencer une année dans la même classe. *Il a redoublé son CP.* ❷ Accroître. *Il faut redoubler vos efforts.* ❸ Augmenter, s'intensifier. *La pluie redouble.* ❹ Montrer beaucoup plus de. *Quand il pleut, les automobilistes doivent redoubler de prudence.*

redoutable adj. Que l'on doit redouter, craindre. *Un adversaire redoutable.* SYN. **dangereux.** CONTR. **inoffensif.**
▸▸▸ Mot de la famille de **redouter.**

redouter v. (conjug. 3). Avoir peur d'une chose ou d'une personne. *Il redoute le jugement de son père.* SYN. **appréhender.** *Je redoute qu'il n'apprenne la mauvaise nouvelle.*

redressement n.m. Action de redresser ou de se redresser. *Le redressement de l'économie.*
▸▸▸ Mot de la famille de **redresser.**

redresser et **se redresser** v. (conjug. 3). ❶ Remettre debout. *Redresser un poteau.* SYN. **relever.** ❷ Remettre droit. *Redresser le guidon d'un vélo.* ❸ Remettre en ordre, rétablir. *Redresser la situation.* ◆ **se redresser.** ❶ Se remettre droit, debout. *Je me suis cogné en me redressant.* SYN. **se relever.** CONTR. **s'incliner, se pencher.** ❷ Recommencer à se développer. *L'économie du pays s'est redressée après la guerre.*

▸ **redresseur** n.m. **Redresseur de torts,** personne qui veut combattre les injustices et les abus.

réduction n.f. ❶ Diminution du prix. *J'ai bénéficié d'une réduction de 10 %.* SYN. **rabais, remise.** ❷ Reproduction dans un format plus petit. *La réduction d'une photo.* CONTR. **agrandissement.**
▸▸▸ Mot de la famille de **réduire.**

réduire et **se réduire** v. (conjug. 60). ❶ Rendre moins important, plus petit. *Réduire ses dépenses.* SYN. **diminuer, limiter, restreindre.** CONTR. **augmenter.** ❷ Transformer en broyant, en écrasant. *Réduire le grain en farine.* ❸ Amener à une situation pénible. *Réduire au silence.* ❹ **Réduire en cendres, en miettes,** mettre en pièces, détruire. ◆ **se réduire à**. Se limiter à, ne pas dépasser.

Mes économies se réduisent à quelques dizaines d'euros.

▶ **1. réduit, e** adj. ❶ Qui a subi une diminution de ses dimensions. *Construire des modèles réduits d'avions.* ❷ Qui est limité, peu important. *Les débouchés sont réduits dans ce domaine.* SYN. **restreint.** ❸ **Prix, tarif réduit,** inférieur au prix, au tarif normal. *Voyager à tarif réduit.*

▶ **2. réduit** n.m. Petite pièce, généralement sombre. SYN. **cagibi.**

réécrire → récrire

réédition n.f. Nouvelle édition d'un ouvrage.

rééducation n.f. Ensemble de soins et d'exercices destinés à retrouver l'usage normal d'un membre à la suite d'une blessure, d'une maladie. *Le médecin lui a prescrit dix séances de rééducation.*
▶▶▶ Mot de la famille de **éduquer.**

rééduquer v. (conjug. 3). Rétablir l'usage normal d'un membre après une maladie ou un accident.
▶▶▶ Mot de la famille de **éduquer.**

réel, réelle adj. Qui existe ou qui a existé vraiment. *Un fait réel.* SYN. **authentique.** *Une histoire réelle.* SYN. **vrai.** CONTR. **fictif, imaginaire, irréel.**

▶ **réellement** adv. En réalité; effectivement. *Elle s'est réellement fait mal.* SYN. **vraiment.**

refaire v. (conjug. 70). ❶ Faire de nouveau ce qu'on a déjà fait. *J'ai refait mon dessin.* SYN. **recommencer.** ❷ Remettre en état. *Refaire la toiture d'une maison.*

réfection n.f. Action de remettre à neuf, de réparer. *La réfection d'une route.*

réfectoire n.m. Grande salle où des personnes qui vivent en groupe prennent leurs repas. *Le réfectoire d'une école, d'un monastère.* → Vois aussi **cantine.**
● Ce nom masculin se termine par un **e.**

référence n.f. ❶ Indication permettant d'identifier un ouvrage, comme le titre, l'auteur. *Quelles sont les références de ce livre ?* ❷ (Souvent au pluriel). Attestation prouvant la compétence d'une personne qui cherche du travail. *Il a de sérieuses références.*
▶▶▶ Mot de la famille de **se référer.**

référendum n.m. Vote de tous les électeurs d'un pays servant à approuver ou à rejeter un projet du gouvernement. → Vois aussi **plébiscite.**
● On prononce [referɛ̃dɔm].

se référer v. (conjug. 9). Se reporter à quelque chose. *Se référer à un texte de loi.*

refermer v. (conjug. 3). Fermer ce qui a été ouvert. *Refermer la porte.*

réfléchi, e adj. Qui pèse le pour et le contre avant d'agir ou de parler. *Djamila est une fille réfléchie.* SYN. **pondéré, raisonnable.** CONTR. **étourdi.**
▶▶▶ Mot de la famille de **réfléchir.**

réfléchir et **se réfléchir** v. (conjug. 16). ❶ Penser avec attention. *Réfléchis bien avant de donner une réponse.* ❷ Renvoyer l'image de quelque chose ou de quelqu'un sur une surface. *Le miroir réfléchit les objets de la pièce.* SYN. **refléter.** ◆ **se réfléchir.** Apparaître sous forme d'image, de reflet, sur une surface. *La lune se réfléchit dans la mer.* SYN. **se refléter.**

▶ **réflecteur** n.m. Appareil qui sert à réfléchir la lumière, la chaleur ou les ondes. *Le réflecteur d'un radiotélescope.*

reflet n.m. ❶ Image qui se réfléchit. *Je vois mon reflet dans l'eau.* ❷ Nuance colorée qui varie selon la lumière. *Au soleil, tes cheveux ont des reflets roux.*

des **reflets** dans l'eau (Dallas, Texas)

a b c d e f g h i j k l m n o p q r s t u v w x y z

▸ **refléter** et **se refléter** v. (conjug. 9). ❶ Renvoyer l'image de quelque chose. *La vitre reflète nos visages.* SYN. **réfléchir.** ❷ Exprimer, manifester. *Son visage reflétait son trouble.* ◆ **se refléter**. Être renvoyé sous forme d'image, de reflet. *Le ciel se reflète dans l'eau.* SYN. **se réfléchir.**

refleurir v. (conjug. 16). Fleurir de nouveau. *Le rosier refleurit en septembre.*

réflexe n.m. ❶ Mouvement automatique, involontaire et immédiat d'une partie du corps en réponse à une action. *Les pupilles se dilatent dans l'obscurité : c'est un réflexe.* ❷ Geste très rapide que l'on fait sans réfléchir. *L'automobiliste a eu le réflexe de freiner.*

réflexion n.f. ❶ Action de réfléchir, de penser. *Je vous laisse quelques jours de réflexion pour vous décider.* ❷ Phénomène par lequel la lumière se réfléchit. *La réflexion des rayons du soleil sur l'eau.* SYN. **réverbération.** ❸ Remarque, critique. *Il fait sans cesse des réflexions désagréables.*

refluer v. (conjug. 3). Aller en sens contraire. *La foule refluait vers les boulevards.* CONTR. **affluer.**

▸ **reflux** n.m. Marée descendante. CONTR. **flux.**
● Ce mot se termine par un **x** que l'on ne prononce pas.

réformateur, trice n. Personne qui propose ou fait des réformes. *Cet homme politique fut un grand réformateur.*
▸▸▸ Mot de la famille de **réforme.**

réforme n.f. ❶ Changement important apporté à quelque chose pour l'améliorer. *Cet homme politique est favorable à une réforme de la Constitution.* ❷ (Avec une majuscule). **La Réforme,** mouvement religieux qui a donné naissance au protestantisme au 16e siècle.

▸ **réformer** v. (conjug. 3). Changer pour améliorer. *Réformer une loi.*

refouler v. (conjug. 3). ❶ Faire reculer, empêcher de passer. *Les policiers ont refoulé les manifestants.* ❷ Empêcher un sentiment de s'exprimer. *Refouler ses larmes, sa colère.* SYN. **retenir.**

réfractaire adj. ❶ Qui refuse d'obéir, de se soumettre à. *Être réfractaire à la discipline.* SYN. **rebelle.** ❷ Qui résiste à de très hautes températures. *Un four en briques réfractaires.*

refrain n.m. Paroles d'une chanson qui se répètent après chaque couplet. *Reprendre le refrain en chœur.*

réfréner v. (conjug. 9). Empêcher un sentiment de se manifester avec trop de force. *Réfréner son enthousiasme.* SYN. **modérer, réprimer, tempérer.**
● On peut aussi dire **refréner**.

réfrigérateur n.m. Appareil ménager qui permet de conserver les aliments à basse température. SYN. **Frigidaire.**

refroidir et **se refroidir** v. (conjug. 16). ❶ Devenir froid ou un peu plus froid. *Ma soupe est trop chaude, je la laisse refroidir.* ❷ Faire perdre son enthousiasme à quelqu'un. *Son échec l'a refroidi.* ◆ **se refroidir**. Devenir froid. *Le temps s'est refroidi.* SYN. **se rafraîchir.** CONTR. **se réchauffer.**

▸ **refroidissement** n.m. Fait de se refroidir. *On annonce un refroidissement de la température.* CONTR. **réchauffement.**

refuge n.m. ❶ Endroit où l'on se sent protégé, à l'abri d'un danger. *Nous avons trouvé refuge dans une grotte.* ❷ Maison qui sert d'abri en haute montagne. *Les randonneurs ont passé la nuit dans un refuge.*

un refuge de montagne

▸ **réfugié, e** n. et adj. Personne qui a quitté son pays pour fuir un danger. *Accueillir des réfugiés politiques.*

▸ se **réfugier** v. (conjug. 7). Se mettre à l'abri quelque part. *Ils se sont réfugiés sous un arbre quand il s'est mis à pleuvoir.*

refus n.m. Action de refuser. *Je ne m'attendais pas à son refus.* CONTR. **acceptation.**

● Ce mot se termine par un **s**.

►►► Mot de la famille de **refuser**.

refuser v. (conjug. 3). ❶ Ne pas accepter. *Elle a refusé de m'aider.* ❷ Ne pas recevoir un candidat à un examen. *Elle a été refusée au concours.* SYN. **ajourner.** → Vois aussi **recaler**.

réfuter v. (conjug. 3). Démontrer qu'une chose est fausse. *Réfuter un argument.*

regain n.m. ❶ Herbe qui repousse dans une prairie qui a été fauchée. ❷ Renouveau, reprise. *Ce commerce connaît un regain d'activité.*

régal n.m. Aliment, plat particulièrement apprécié. *Cette brioche est un régal.* SYN. **délice.**

● Au pluriel : des **régals**.

► se **régaler** v. (conjug. 3). ❶ Prendre un grand plaisir à manger quelque chose de bon. *Ce gâteau est délicieux, je me régale.* ❷ Prendre un grand plaisir à faire quelque chose. *Ce concert était magnifique, je me suis régalée.* → Vois aussi **se délecter**.

regard n.m. Action, manière de regarder. *J'ai jeté un regard dans la pièce. Elle a un regard très doux.*

►►► Mot de la famille de **regarder**.

regardant, e adj. Qui regarde de trop près à la dépense, qui a peur de trop dépenser. *Ma tante est très regardante.* CONTR. **dépensier, prodigue.**

►►► Mot de la famille de **regarder**.

regarder et **se regarder** v. (conjug. 3). ❶ Diriger ses yeux vers quelqu'un ou quelque chose. *Regarder les étoiles.* SYN. **contempler, observer.** *Regarder un film à la télévision.* ❷ Concerner, intéresser. *Cela ne te regarde pas.* ❸ Être orienté dans une direction. *La façade de la maison regarde vers le sud.* ❹ **Regarder à la dépense,** faire attention à ne pas trop dépenser. ◆ **se regarder.** Contempler son image, son reflet. *Mon frère se regarde dans la glace.*

régate n.f. Course de bateaux à voiles.

une **régate**

régence n.f. Gouvernement provisoire exercé par un régent ou une régente.

►►► Mot de la famille de **régent**.

régent, e n. Personne qui gouverne un pays à la place d'un souverain qui n'a pas encore l'âge de régner ou qui est absent. *Anne d'Autriche a été régente avant la majorité de Louis XIV.*

► **régenter** v. (conjug. 3). Diriger avec autorité. *Elle veut régenter tout le monde.*

régie n.f. ❶ Entreprise gérée par l'État. *La Régie autonome des transports parisiens (RATP).* ❷ Organisation matérielle d'un spectacle ou d'une émission.

regimber v. (conjug. 3). Se montrer récalcitrant, résister. *Obéir sans regimber.* SYN. **protester.** → Vois aussi **protester, se rebeller, se rebiffer**.

1. **régime** n.m. ❶ Forme de gouvernement d'un État. *Un régime monarchique ; un régime démocratique.* SYN. **gouvernement.** ❷ Ensemble de règles concernant l'alimentation, qui consistent à manger moins ou à ne manger que certains aliments. *Elle suit un régime pour perdre du poids. Être au régime.* SYN. **diète.** ❸ Vitesse à laquelle un moteur tourne. *La voiture roule à plein régime.* ❹ Variation du débit d'un cours d'eau pendant une année. *Le régime d'un fleuve dépend des pluies et du relief.*

k l m n o p q r s t u v w x y z

2. régime n.m. Ensemble de fruits qui poussent en grappes. *Un régime de bananes, de dattes.*

un **régime** de bananes

régiment n.m. Unité militaire composée de plusieurs bataillons. *Un régiment est placé sous la direction d'un colonel.* → Vois aussi **compagnie.**

région n.f. ❶ Étendue de pays autour d'une ville ou d'un lieu précis. *Nous avons passé nos vacances dans la région de Nice.* ❷ (Avec une majuscule). Division administrative du territoire français regroupant plusieurs départements. *La Région Île-de-France. La France compte 18 Régions : 13 en métropole (dont la Corse) et 5 outre-mer.*

▶ **régional, e, aux** adj. Qui concerne une région. *Nous avons goûté les spécialités régionales. Les conseils régionaux gèrent les Régions. Le provençal est une langue régionale.*

● Au masculin pluriel : **régionaux.**

régisseur, euse n. Personne chargée de l'organisation matérielle d'un spectacle, d'une émission.

registre n.m. ❶ Cahier sur lequel on inscrit des renseignements dont on veut garder le souvenir. *Les naissances, les mariages et les décès sont enregistrés à la mairie sur un registre d'état civil.* ❷ Niveau de langue. *Le registre familier ; le registre littéraire.*

réglable adj. Que l'on peut régler, adapter. *Un siège réglable.*

▸▸▸ Mot de la famille de **régler.**

réglage n.m. Opération qui consiste à régler un appareil ou un mécanisme. *Le réglage d'une horloge.*

▸▸▸ Mot de la famille de **régler.**

règle n.f. ❶ Instrument qui sert à tracer des traits ou à mesurer des longueurs. ❷ Principe qui règle la conduite ou qui s'applique dans un domaine, un jeu, un sport. *Les règles de vie d'un groupe. Une règle de grammaire; les règles du poker.* ❸ **En règle,** conforme à la loi. *Avoir des papiers en règle.* ❹ **En règle générale,** dans la plupart des cas. *En règle générale, je fais du sport le samedi.* SYN. **généralement.** ◆ n.f. plur. Écoulement de sang qui se produit tous les mois chez les femmes, de la puberté à la ménopause.

règlement n.m. ❶ Ensemble de règles que l'on doit respecter. *Les élèves doivent observer le règlement du collège.* ❷ Action de régler, de trouver une solution à quelque chose. *Le règlement d'un conflit.* ❸ Action de régler une somme due. *Le magasin accepte les règlements par chèque.* SYN. **paiement.**

▶ **réglementaire** adj. Conforme au règlement. *Porter une tenue réglementaire.*

● La nouvelle orthographe permet d'écrire aussi **règlementaire,** avec un accent grave.

▶ **réglementation** n.f. Ensemble de règlements qui concernent un domaine particulier. *La réglementation des prix.*

● La nouvelle orthographe permet d'écrire aussi **règlementation,** avec un accent grave.

▶ **réglementer** v. (conjug. 3). Soumettre à un règlement. *La circulation est réglementée dans le centre de la ville.*

● La nouvelle orthographe permet d'écrire aussi **règlementer,** avec un accent grave.

régler v. (conjug. 9). ❶ Organiser dans les détails. *Régler le déroulement d'une cérémonie.* SYN. **établir, fixer.** ❷ Trouver une solution définitive à. *Régler un problème.* SYN. **résoudre.** ❸ Mettre un appareil ou un mécanisme en mesure de fonctionner avec précision. *Régler une montre.* ❹ Payer. *Maman a réglé ses achats en espèces.*

réglisse n.f. Plante dont la racine parfumée et sucrée est utilisée en pharmacie et en confiserie. ◆ n.m. Bonbon fait avec de la réglisse. *Sucer un réglisse.*

● Nom du genre féminin : **la réglisse.**

la réglisse

règne n.m. ❶ Période pendant laquelle un souverain gouverne un pays. *Le règne de Louis XIV a duré soixante-douze ans.* ❷ Chacune des grandes divisions du monde vivant. *Les mammifères font partie du règne animal, les plantes du règne végétal.*

▶ **régner** v. (conjug. 9). ❶ Pour un souverain, gouverner un pays. *Napoléon Ier a régné en France de 1804 à 1815.* ❷ Se manifester, exister. *Le silence régnait dans la pièce.*

regonfler v. (conjug. 3). Gonfler ce qui s'est dégonflé. *J'ai regonflé les pneus de mon vélo.*

regorger v. (conjug. 5). Contenir en grande quantité. *Cette région regorge de gibier.*

régresser v. (conjug. 3). Reculer, diminuer. *La vaccination a permis de faire régresser certaines maladies.* CONTR. **progresser.**

▶ **régression** n.f. Fait de régresser. *La tuberculose est une maladie en régression.* SYN. **recul.** CONTR. **progression.**

regret n.m. ❶ Tristesse causée par la perte ou l'absence de quelqu'un, de quelque chose. *Aïcha a quitté ses amies avec regret.* ❷ **À regret,** à contrecœur. *Partir à regret.* ❸ Chagrin, mécontentement d'avoir fait ou de ne pas avoir fait quelque chose. *Elle a exprimé son regret d'avoir menti à sa sœur.*
→ Vois aussi **remords, repentir.**
▶▶▶ Mot de la famille de **regretter.**

regrettable adj. Qui mérite d'être regretté. *C'est un incident regrettable.* SYN. **fâcheux.**
▶▶▶ Mot de la famille de **regretter.**

regretter v. (conjug. 3). ❶ Éprouver de la peine de ne plus avoir quelque chose ou d'être séparé de quelqu'un. *Regretter sa jeunesse. Il regrette les amis qu'il a dû quitter.* ❷ Se reprocher d'avoir fait ou de ne pas avoir fait quelque chose. *Je regrette de ne pas être venu plus tôt.* ❸ Être triste de voir qu'une chose ne se réalise pas. *Je regrette que tu ne puisses pas nous accompagner.* CONTR. **se réjouir.** → Vois aussi **déplorer.**

regrouper et **se regrouper** v. (conjug. 3). Grouper, rassembler ce qui était dispersé. *Regrouper ses affaires.* ◆ **se regrouper.** Se remettre en groupe. *Les touristes se sont regroupés autour du guide.* SYN. **se rassembler.**

régulariser v. (conjug. 3). ❶ Rendre conforme à la loi. *Faire régulariser son passeport.* ❷ Rendre régulier. *Un barrage régularise le cours de la rivière.*

régularité n.f. ❶ Caractère de ce qui est régulier, de ce qui ne varie pas. *Battre le rythme avec régularité.* ❷ Caractère de ce qui est régulier, harmonieux. *La régularité des traits du visage.* ❸ Caractère de ce qui est conforme à la loi, au règlement. *Contester la régularité d'une élection.*

réguler v. (conjug. 3). Assurer le bon fonctionnement de quelque chose. *Réguler le trafic routier.*

régulier, ère adj. ❶ Qui ne change pas, qui se répète de la même façon. *Rouler à une vitesse régulière.* SYN. **constant, égal.** CONTR. **inégal, irrégulier, variable.** ❷ Qui a des proportions harmonieuses, équilibrées. *L'architecture régulière d'un temple grec.* ❸ Qui est conforme à la loi, aux règles. *Un gouvernement régulier.* SYN. **légal.** CONTR. **illégal.** *« Aimer » est un verbe régulier.* CONTR. **irrégulier.**

▶ **régulièrement** adv. ❶ De façon régulière, constante. *Il nous rend visite régulièrement.* ❷ Conformément à la loi, aux règles. *Le président a été élu régulièrement.* SYN. **légalement.** CONTR. **illégalement.**

régurgiter v. (conjug. 3). Rejeter par la bouche ce que l'on a mangé. *Le bébé a régurgité un peu de lait.* → Vois aussi **vomir.**

réhabiliter v. (conjug. 3). ❶ Déclarer publiquement l'innocence d'un condamné et lui rendre ses droits. ❷ Rénover un immeuble, un quartier.

rehausser v. (conjug. 3). Augmenter la hauteur, l'intensité de quelque chose. *Rehausser un mur.* SYN. **surélever.** *Rehausser les couleurs d'un tableau.*

rein n.m. Chacun des deux organes qui filtrent le sang pour éliminer les déchets, et qui produisent l'urine. ◆ n.m. plur. Bas du dos. *Avoir mal aux reins.*

une reine-marguerite

reine n.f. ❶ Femme qui dirige un royaume ou épouse d'un roi. ❷ Femelle qui pond, chez les abeilles, les guêpes, les fourmis et les termites.

reine-claude n.f. Prune ronde de couleur verte ou dorée.
● Au pluriel : des **reines-claudes.**

reine-marguerite n.f. Plante à fleurs blanches, rouges ou bleues, qui ressemble à la marguerite.
● Au pluriel : des **reines-marguerites.**

reinette n.f. Nom de plusieurs variétés de pommes, à chair très parfumée.
● Ne confonds pas avec **rainette.**

des reinettes

réintégrer v. (conjug. 9). Revenir dans un lieu que l'on avait quitté. *Les sinistrés ont réintégré leur logement.*

réitérer v. (conjug. 9). Faire de nouveau. *Réitérer une demande.* SYN. **renouveler, répéter.**

rejaillir v. (conjug. 16). Atteindre en retour. *Le scandale a rejailli sur ses proches.* SYN. **retomber.**

rejet n.m. ❶ Action de rejeter, de ne pas accepter. *Le rejet d'une demande.* SYN. **refus.** ❷ Nouvelle pousse d'une plante. *Des rejets sont apparus sur la souche du marronnier.* SYN. **rejeton.**
▸▸▸ Mot de la famille de **rejeter.**

rejeter v. (conjug. 12). ❶ Renvoyer en lançant. *Rejeter un poisson à l'eau.* ❷ Refuser. *Ma demande a été rejetée.* SYN. **repousser.** CONTR. **accepter, admettre.** ❸ Faire retomber sur quelqu'un, le rendre responsable de quelque chose. *Il a fait une bêtise et cherche à en rejeter la responsabilité sur les autres.*

▸ **rejeton** n.m. ❶ Nouvelle pousse sur une plante. SYN. **rejet.** ❷ (Sens familier). Enfant d'une personne.

rejoindre et **se rejoindre** v. (conjug. 49). ❶ Retrouver une personne, un groupe. *Rémi a rejoint ses amis à la piscine.* ❷ Rattraper une personne, un groupe. *Ils sont déjà partis, je vais essayer de les rejoindre.* ❸ Retourner à un endroit. *Rejoindre sa place.* ❹ Atteindre un lieu. *Le chemin rejoint la route.* ◆ **se rejoindre.** Aboutir au même endroit. *Les deux fleuves se rejoignent dans cette ville.* SYN. **se réunir.** CONTR. **se séparer.**

réjouir et **se réjouir** v. (conjug. 16). Faire plaisir, causer de la joie à. *Cette bonne nouvelle nous réjouit.* SYN. **enchanter.** CONTR. **attrister, chagriner, désoler, peiner.** ◆ **se réjouir de.** Être heureux à l'idée de. *Aziz se réjouit de te revoir. Je ne me réjouis pas de ton échec, je le déplore.*

▸ **réjouissance** n.f. Joie collective. *Les automobilistes klaxonnaient en signe de réjouissance.* ◆ n.f. plur. Fêtes données pour célébrer un événement heureux. *Le mariage du maire a donné lieu à des réjouissances dans tout le pays.*

▸ **réjouissant, e** adj. Qui réjouit. *Une nouvelle réjouissante.* SYN. **gai.** CONTR. **désolant.**

relâche n.f. ❶ Arrêt momentané des représentations d'un spectacle. *Le théâtre fait relâche le lundi.* ❷ **Sans relâche,** sans interruption. *Travailler sans relâche.* SYN. **sans trêve.**
● Le **a** prend un accent circonflexe.
▸▸▸ Mot de la famille de **relâcher.**

relâchement n.m. Fait de se relâcher, de diminuer ses efforts. *Il n'admet aucun relâchement dans le travail.* SYN. **laisser-aller, négligence.**
● Le **a** prend un accent circonflexe.
▸▸▸ Mot de la famille de **relâcher.**

relâcher et **se relâcher** v. (conjug. 3). ❶ Rendre plus lâche, moins tendu. *Relâche la corde, elle risque de céder.* SYN. **détendre.** ❷ Remettre en liberté. *Le prisonnier a été relâché.* SYN. **libérer.** ❸ Rendre moins intense, moins rigoureux. *Relâcher son attention.* ◆ **se relâcher.** ❶ Devenir moins tendu. *Attention, la corde se relâche !* SYN. **se détendre.** CONTR. **se tendre.** ❷ Diminuer ses efforts, son attention; se laisser aller. *Tu progresses, ne*

k l m n o p q r s t u v w x y z

te relâche pas ! ❸ Devenir moins rigoureux, moins sévère. *La discipline s'est relâchée.*

● Le **a** prend un accent circonflexe.

relais n.m. ❶ Autrefois, endroit où l'on s'arrêtait pour remplacer les chevaux fatigués. *Les diligences faisaient halte dans les relais.* ❷ Course à pied dans laquelle les coureurs d'une même équipe se remplacent à tour de rôle à une distance déterminée. *Le relais quatre fois cent mètres.* ❸ **Prendre le relais,** remplacer quelqu'un. *Une autre garde-malade prendra le relais ce soir.*

● La nouvelle orthographe permet d'écrire aussi un **relai,** sans **s.**

une course de relais

relancer v. (conjug. 4). ❶ Lancer de nouveau. *Relancer la balle.* SYN. **renvoyer.** ❷ Insister auprès d'une personne pour obtenir quelque chose. *Il relance les clients qui n'ont pas payé leur facture.* ❸ Donner un nouvel essor à quelque chose. *Ces mesures sont destinées à relancer l'économie du pays.*

relater v. (conjug. 3). Mot littéraire. Faire le récit de ce qu'on a vu ou entendu. *Le journaliste relate les faits dans son article.* SYN. **rapporter.**

relatif, ive adj. ❶ Qui se rapporte à. *J'ai lu un article relatif à la vie des pandas.* ❷ Qui est limité, approximatif. *Sa connaissance de la mécanique est relative.* ❸ **Pronom relatif,** mot qui relie un nom qu'il représente et une proposition subordonnée. *« Qui », « que », « quoi », « dont », « où », « lequel » sont des pronoms relatifs.*

relation n.f. ❶ Lien entre des choses, des personnes. *Y a-t-il une relation entre ces deux événements ?* SYN. **rapport.** *Avoir une relation amoureuse avec quelqu'un. Nous avons de très bonnes relations avec nos voisins.* ❷ Personne que l'on connaît, que l'on fréquente. *Ils ont beaucoup de relations dans le milieu du cinéma.* SYN. **connaissances.** ❸ **Avoir des relations,** connaître des gens importants.

relativement adv. Assez. *Leur maison est relativement grande.*

►►► Mot de la famille de **relatif.**

relaxation n.f. Fait de se relaxer, de se détendre. *Le cours de gymnastique se termine par une séance de relaxation.*

►►► Mot de la famille de **se relaxer.**

se **relaxer** v. (conjug. 3). Se détendre, se reposer. *Elle prend un bain pour se relaxer.* SYN. **se décontracter.**

relayer et **se relayer** v. (conjug. 13). Remplacer une personne dans une activité pour éviter toute interruption. *Un deuxième chauffeur a relayé le premier.* SYN. **relever.** ◆ **se relayer.** Se remplacer à tour de rôle. *Les sentinelles se relaient toutes les quatre heures.*

reléguer v. (conjug. 9). Mettre à l'écart. *J'ai relégué mes vieux jouets au grenier.*

relent n.m. Mauvaise odeur qui persiste. *Des relents de friture parvenaient jusqu'à nous.*

relève n.f. Remplacement d'une personne ou d'une équipe par une autre. *La relève de la garde.*

►►► Mot de la famille de **relever.**

relevé n.m. Action de relever, de noter par écrit ; liste, tableau. *Faire le relevé de ses dépenses.*

►►► Mot de la famille de **relever.**

relever et **se relever** v. (conjug. 10). ❶ Remettre debout. *J'ai relevé la chaise qui était tombée.* ❷ Diriger vers le haut. *Relever la tête.* SYN. **redresser.** CONTR. **baisser.** *Relever le col de son manteau.* SYN. **remonter.** CONTR. **rabattre.** ❸ Noter par écrit. *Relever une adresse.* SYN. **copier.** *Relever la température.* ❹ Repérer en examinant. *Il a relevé plusieurs erreurs dans le texte. Les policiers ont relevé des traces de balles sur la carros-*

a b c d e f g h i j

serie. ❺ Donner plus de goût à un aliment. *Le cuisinier a ajouté un peu de piment pour relever la sauce.* ❻ Remplacer une personne, une équipe dans une activité. *Les infirmières de jour ont relevé l'équipe de nuit.* SYN. **relayer.** ◆ **se relever**. Se remettre debout. *Il s'est fait mal, il ne peut pas se relever.*

relief n.m. ❶ Manière dont se présente une surface, en particulier la surface de la Terre ; l'ensemble des inégalités d'une surface. *Le relief des Alpes est montagneux. Étudier le relief d'une région.* ❷ Ce qui fait saillie sur une surface. *Le relief d'une médaille, d'une pièce de monnaie.* ❸ Ce qui donne l'impression d'avoir les trois dimensions d'un objet dans l'espace. *Peinture qui a du relief. C'est un film en relief que l'on regarde avec des lunettes spéciales.* ❹ **Mettre en relief,** faire ressortir quelque chose. *Cette lumière met en relief la beauté du paysage.* → Vois aussi **bas-relief.**

le relief de l'Himalaya (Tibet)

r s t u v w x y z

relier v. (conjug. 7). ❶ Faire communiquer. *Un pont relie les deux rives.* ❷ Attacher ensemble, réunir. *Relier les points par des traits.* SYN. **joindre.** ❸ Établir un lien entre deux choses. *Relier deux événements.* SYN. **rapprocher.** ❹ Attacher ensemble les feuilles d'un livre et les couvrir d'un carton rigide.

▸ **relieur, euse** n. Personne dont le métier est de relier des livres.

religieuse n.f. Gâteau composé de deux choux superposés fourrés de crème au chocolat ou au café.

religieusement adv. ❶ De façon religieuse. *Ils se sont mariés religieusement.* ❷ Avec une très grande attention, avec recueillement. *Écouter religieusement une émission de radio.*
▸▸▸ Mot de la famille de **religion.**

religieux, euse adj. Qui se rapporte à la religion. *Un chant religieux.* ◆ n. Personne qui consacre sa vie à Dieu. *Les moines sont des religieux. Un couvent de religieuses.*
▸▸▸ Mot de la famille de **religion.**

religion n.f. Croyance en un dieu ou en plusieurs dieux; ensemble des pratiques qui y sont liées. *Le judaïsme, le christianisme, l'islam et le bouddhisme sont des religions.*
→ Vois aussi **bouddhisme, christianisme, islam, judaïsme.**

reliquat n.m. Somme d'argent qui reste à payer ou à percevoir. *Payer le reliquat d'une dette.*

relique n.f. Ce qui reste du corps d'un saint ou des objets lui ayant appartenu et qui fait l'objet d'un culte. *Les reliques d'une sainte sont conservées dans la chapelle de l'église.*

relire v. (conjug. 67). ❶ Lire à nouveau. *Léo a relu tous les albums de Tintin.* ❷ Lire avec attention ce que l'on vient d'écrire pour corriger les erreurs. *J'ai relu ma dictée deux fois.*

reliure n.f. ❶ Couverture rigide d'un livre. *Une reliure en cuir.* ❷ Activité de fabrication des couvertures de livres.
▸▸▸ Mot de la famille de **relier.**

un atelier de reliure

reluire v. (conjug. 61). Briller. *Faire reluire ses chaussures en les frottant.*

remâcher v. (conjug. 3). Penser sans cesse à quelque chose. SYN. **ruminer.**
● Le **a** prend un accent circonflexe.

remanier v. (conjug. 7). Reprendre et modifier. *L'écrivain a remanié le texte de son* *roman.* SYN. **retoucher.** *Le Premier ministre a remanié le gouvernement.*

se **remarier** v. (conjug. 7). Se marier de nouveau. *Ma tante s'est remariée après son divorce.*

remarquable adj. Qui est digne d'être remarqué, admiré. *Il a fait un travail remarquable.*
▸▸▸ Mot de la famille de **remarquer.**

remarquablement adv. De façon remarquable. *Cet acteur est remarquablement doué.*
▸▸▸ Mot de la famille de **remarquer.**

remarque n.f. ❶ Observation, critique. *Le journaliste a fait une remarque intéressante. Elle me fait souvent des remarques désagréables.* SYN. **réflexion.** ❷ Dans un ouvrage, indication écrite destinée à attirer l'attention. SYN. **note.**
▸▸▸ Mot de la famille de **remarquer.**

remarquer v. (conjug. 3). ❶ Faire attention à quelque chose. *J'ai remarqué un changement dans son attitude.* SYN. **constater, noter, observer.** ❷ **Se faire remarquer,** attirer l'attention sur soi. *Elle s'est fait remarquer en arrivant en retard.*

remballer v. (conjug. 3). Emballer ce qui avait été déballé. *À la fin de la journée, les vendeurs remballent leur marchandise.* SYN. **ranger.**

remblai n.m. Masse de terre que l'on utilise pour surélever un terrain ou boucher un trou.
▸▸▸ Mot de la famille de **remblayer.**

remblayer v. (conjug. 13). Surélever un terrain ou boucher un trou avec de la terre. *Remblayer un fossé.* CONTR. **déblayer.**

rembobiner v. (conjug. 3). Enrouler de nouveau sur une bobine; faire revenir au début. *Rembobiner du fil. Rembobiner une cassette vidéo.*
▸▸▸ Mot de la famille de **bobine.**

rembourrer v. (conjug. 3). Garnir d'une matière souple. *Rembourrer un fauteuil.*

remboursement n.m. Fait de rembourser ou d'être remboursé. *Le remboursement d'un prêt.*
▸▸▸ Mot de la famille de **rembourser.**

rembourser v. (conjug. 3). Rendre à quelqu'un l'argent emprunté ou dépensé. *J'ai prêté deux euros à Léa, elle me les remboursera demain.*

se **rembrunir** v. (conjug. 16). Devenir sombre, triste. *Son visage s'est rembruni lorsqu'elle l'a aperçu.* SYN. **s'assombrir.**

remède n.m. ❶ Ce qui sert à soigner une maladie. *Je cherche un remède efficace contre la toux.* ❷ Moyen utilisé pour combattre un mal, résoudre une difficulté. *Je ne vois pas de remède à cette situation désastreuse.* SYN. **solution.**
▸▸▸ Mot de la même famille : **irrémédiable.**

▸ **remédier** v. (conjug. 7). Apporter un remède, une solution à. *Le gouvernement a pris des mesures pour remédier à la crise économique.* → Vois aussi **pallier.**

remembrement n.m. Regroupement de plusieurs parcelles de terrain en champs plus vastes, plus faciles à exploiter.

se **remémorer** v. (conjug. 3). Se rappeler. *Elle essaie de se remémorer ce qui s'est passé.* SYN. **se souvenir de.**
▸▸▸ Mot de la famille de **mémoire.**

remerciement n.m. Action de remercier. *Écrire une lettre de remerciement.*
▸▸▸ Mot de la famille de **remercier.**

remercier v. (conjug. 7). ❶ Dire merci, témoigner sa gratitude à quelqu'un. *Je te remercie de ton aide.* ❷ Renvoyer, licencier un employé.

remettre et **se remettre** v. (conjug. 51). ❶ Mettre quelque chose à l'endroit où il était. *Maman a remis son porte-monnaie dans son sac.* SYN. **replacer.** ❷ Mettre quelque chose dans l'état où il était. *Ils ont remis l'appartement en ordre.* ❸ Mettre de nouveau sur soi. *Remettre ses chaussures.* ❹ Mettre en plus. *Il faut remettre un peu de sel dans la sauce.* SYN. **ajouter.** ❺ Mettre entre les mains de quelqu'un. *La maîtresse m'a remis une lettre pour toi.* SYN. **donner.** *Remettre un criminel à la justice.* SYN. **livrer.** ❻ Reporter à plus tard. *Le professeur de danse a remis le cours à la semaine prochaine.* ◆ **se remettre.** ❶ Aller mieux, recouvrer la santé. *Géraldine s'est remise rapidement.* SYN. **se rétablir.** ❷ Recommencer à faire quelque chose. *Se remettre à travailler.* ❸ **S'en remettre à quelqu'un,** lui faire entièrement confiance. *Je ne sais pas quel livre choisir, je m'en remets à toi.*

réminiscence n.f. Souvenir vague, imprécis. *J'ai quelques réminiscences de mon accident.*
● Le premier son [s] s'écrit **sc.**

a b c d e f g h i j k l m n o p q r s t u v w x y z

1. remise n.f. ❶ Action de remettre quelque chose dans l'état où il était. *La remise en marche d'une machine.* ❷ Action de remettre, de donner. *La remise des prix aura lieu en fin de journée.* SYN. **distribution.** ❸ Diminution de prix. *Le vendeur m'a fait une remise.* SYN. **rabais, réduction.**
▸▸▸ Mot de la famille de **remettre.**

2. remise n.f. Local fermé où l'on met à l'abri des véhicules, où l'on range des outils.
▸▸▸ Mot de la famille de **remettre.**

rémission n.f. ❶ Atténuation momentanée d'une douleur, d'un mal. *Le malade profitait des rares moments de rémission pour se reposer.* ❷ **Sans rémission,** sans indulgence. *Les coupables seront traités sans rémission.*

remontant n.m. et adj. Boisson, médicament qui redonne des forces. *Le médecin m'a prescrit un remontant.* SYN. **fortifiant.**
▸▸▸ Mot de la famille de **remonter.**

remontée n.f. ❶ Action de remonter une pente, un cours d'eau. *La remontée d'un fleuve en bateau.* ❷ **Remontée mécanique,** installation permettant aux skieurs de remonter les pentes. *Les téléskis, les télésièges sont des remontées mécaniques.*
▸▸▸ Mot de la famille de **remonter.**

remonte-pente n.m. Appareil constitué d'un câble et de perches auxquelles les skieurs s'accrochent pour remonter les pentes. SYN. **téléski.**
● Au pluriel : des **remonte-pentes.**
▸▸▸ Mot de la famille de **remonter.**

remonter v. (conjug. 3). ❶ Monter de nouveau quelque part. *Les enfants sont remontés dans leur chambre.* ❷ Atteindre un niveau supérieur après avoir baissé. *Les températures remontent.* ❸ Remettre en place, remettre en état ce qui a été démonté. *Adrien a remonté la roue de son vélo.* ❹ Relever. *Remonter le col de son manteau.* CONTR. **baisser.** ❺ Tendre les ressorts du mécanisme d'une montre, d'une pendule pour qu'elle se remette à fonctionner. ❻ Se reporter à une époque antérieure. *Cette histoire remonte à la semaine dernière.* SYN. **dater de.** ❼ Donner des forces, du courage. *Buvez un chocolat chaud, cela vous remontera. Ta visite lui a remonté le moral.* ❽ Aller vers la source d'un cours d'eau. *Les péniches remontent le fleuve.*

▸ **remontoir** n.m. Petite pièce qui sert à remonter un mécanisme. *Le remontoir d'une montre.*

remontrance n.f. Critique, reproche. *Le maître lui a fait des remontrances.* SYN. **blâme, réprimande.** → Vois aussi **semonce.**
▸▸▸ Mot de la famille de **remontrer.**

remontrer v. (conjug. 3). **En remontrer à quelqu'un,** se montrer supérieur à lui et lui donner des leçons. *Il prétend en remontrer à un professionnel.*

rémora n.m. Poisson marin possédant sur la tête une ventouse qui lui permet de se fixer à d'autres poissons.

un **rémora**

remords n.m. Douleur morale que l'on éprouve quand on a mal agi. *Elle a des remords d'avoir menti.* → Vois aussi **regret, repentir.**
● Ce mot se termine par un **s.**

remorque n.f. Véhicule sans moteur qui est tiré par un autre. → Vois aussi **semi-remorque.**
▸▸▸ Mot de la famille de **remorquer.**

remorquer v. (conjug. 3). Tirer derrière soi un véhicule sans moteur ou en panne. *Remorquer une caravane.*

▸ **remorqueur** n.m. Petit bateau à moteur très puissant, qui peut remorquer de gros bateaux.

rémoulade n.f. Mayonnaise additionnée de moutarde. *Manger du céleri rémoulade. Faire une rémoulade.*

rémouleur n.m. Personne qui aiguise les couteaux, les instruments tranchants.

remous n.m. ❶ Mouvement de l'eau qui tourbillonne. *Le remous causé par le passage d'une péniche.* SYN. **tourbillon.** ❷ Mouvement confus, agitation. *Ses déclarations provoquèrent des remous dans l'assistance.*

● Ce mot se termine par un **s**.

rempailler v. (conjug. 3). Refaire la garniture de paille d'un siège. *Rempailler une chaise.*

▶ **rempailleur, euse** n. Personne dont le métier est de rempailler les sièges.

rempart n.m. Muraille qui entoure un château fort ou une ville fortifiée.

des remparts

remplaçant, e n. Personne qui en remplace une autre. *Le médecin est en vacances, c'est son remplaçant qui vous recevra.*

● Le **c** prend une cédille.

▶▶▶ Mot de la famille de **remplacer.**

remplacement n.m. ❶ Action de remplacer une chose par une autre. *Le remplacement d'une pièce défectueuse. Elle m'a offert un nouveau bracelet en remplacement de celui que j'ai perdu.* ❷ Fait de remplacer temporairement une personne dans son travail. *Elle assure le remplacement d'un professeur.* SYN. **intérim.**

▶▶▶ Mot de la famille de **remplacer.**

remplacer v. (conjug. 4). ❶ Mettre une chose à la place d'une autre. *Le robinet est cassé, il faut le remplacer.* SYN. **changer.** ❷ Faire un travail à la place de quelqu'un. *La maîtresse est malade, une autre viendra la remplacer quelques jours.*

▶▶▶ Mot de la même famille : **irremplaçable.**

remplir et **se remplir** v. (conjug. 16). ❶ Rendre plein. *Remplir une bouteille.* CONTR. **vider.** ❷ Compléter en inscrivant les renseignements demandés dans les espaces prévus pour cela. *J'ai rempli soigneusement le questionnaire.* ❸ Occuper entièrement le cœur, l'esprit de quelqu'un. *Cette nouvelle m'a rempli de joie.* ❹ **Remplir une fonction,** l'exercer. *Elle remplit la fonction de directrice.* ◆ **se remplir.** Devenir plein. *La salle s'est remplie en un quart d'heure.* CONTR. **se vider.**

▶ **remplissage** n.m. Opération qui consiste à remplir quelque chose. *Le remplissage d'une citerne.*

se **remplumer** v. (conjug. 3). Mot familier. Reprendre du poids et des forces. *Ma sœur s'est vite remplumée après sa longue maladie.*

remporter v. (conjug. 3). ❶ Emporter ce que l'on avait apporté. *N'oublie pas de remporter les disques que je t'ai prêtés.* ❷ Obtenir, gagner. *Notre équipe a remporté la victoire. Remporter un prix.*

rempoter v. (conjug. 3). Mettre une plante dans un pot plus grand.

▶▶▶ Mot de la famille de **pot.**

remuant, e adj. Qui s'agite beaucoup. *C'est un enfant très remuant.* SYN. **agité, turbulent.** CONTR. **calme, sage.**

▶▶▶ Mot de la famille de **remuer.**

remue-ménage n.m. invar. Agitation bruyante. *Qui fait tout ce remue-ménage ?* SYN. **branle-bas.**

● La nouvelle orthographe permet d'écrire aussi des **remue-ménages,** avec un **s.**

▶▶▶ Mot de la famille de **remuer.**

remuer v. (conjug. 3). ❶ Changer de place, de position ; faire des mouvements. *Remuer la tête.* SYN. **bouger.** *Cet enfant ne reste pas en place, il remue sans arrêt.* SYN. **s'agiter.** ❷ Agiter pour mélanger. *Ajoute un peu de sel à la sauce et remue.*

rémunérateur, trice adj. Qui rapporte beaucoup d'argent. *Un travail rémunérateur.*

▶▶▶ Mot de la famille de **rémunérer.**

rémunération n.f. Somme d'argent versée pour un travail, un service. *On lui a proposé une rémunération importante.* SYN. **rétribution, salaire.**

▶▶▶ Mot de la famille de **rémunérer.**

rémunérer v. (conjug. 9). Payer quelqu'un pour un travail, un service. SYN. **rétribuer.**

renâcler v. (conjug. 3). Montrer de la mauvaise volonté. *Elle a essuyé la vaisselle en renâclant.* SYN. **rechigner.**

● Le **a** prend un accent circonflexe.

renaissance n.f. ❶ Nouvel essor. *La renaissance économique d'un pays.* SYN. **renouveau,**

reprise. ② (Avec une majuscule). **La Renaissance,** période historique qui se situe entre la fin du Moyen Âge et la fin du 16ᵉ siècle, en Europe. Elle fut marquée par un renouveau artistique et de grandes découvertes.

▸▸▸ Mot de la famille de **renaître.**

renaître v. (conjug. 74). ① Pousser, se développer de nouveau. *La végétation renaît au printemps.* ② Recommencer à exister. *L'espoir renaît.*

● La nouvelle orthographe permet d'écrire aussi **renaitre,** sans accent circonflexe.

renard n.m. Mammifère carnivore au museau pointu, aux oreilles droites et à la queue touffue. *Le renard creuse des terriers pour s'abriter.*

● Femelle : la renarde. Petit : le renardeau. Cri : le glapissement ou le jappement.

des **renards**

▸ **renarde** n.f. Femelle du renard.

renchérir v. (conjug. 16). Aller plus loin, en actes ou en paroles. *Il renchérit chaque fois que je dis quelque chose.*

rencontre n.f. ① Fait de rencontrer quelqu'un. *Faire une rencontre inattendue.* ② Compétition sportive. *Quel est le vainqueur de la rencontre ?* SYN. **match.**

▸▸▸ Mot de la famille de **rencontrer.**

rencontrer et **se rencontrer** v. (conjug. 3). Se trouver en présence de quelqu'un. *J'ai rencontré ta sœur au marché.* ◆ **se rencontrer.** ① Faire connaissance. *Ils se sont rencontrés le mois dernier.* ② Affronter un adversaire dans une compétition. *Les gagnants de la demi-finale se rencontreront samedi prochain.*

rendement n.m. Production évaluée par rapport à une norme. *Les agriculteurs cherchent à augmenter le rendement de leurs terres.* SYN. **productivité.**

rendez-vous n.m. Rencontre prévue entre des personnes à une heure et dans un lieu déterminés. *J'ai rendez-vous avec Antonin à 18 heures devant le cinéma. Le médecin ne reçoit que sur rendez-vous.*

● Ce mot composé ne change pas au pluriel : des **rendez-vous.**

se **rendormir** v. (conjug. 19). Recommencer à dormir. *Ma petite sœur a pleuré quelques instants puis elle s'est rendormie.*

rendre et **se rendre** v. (conjug. 46). ① Restituer à quelqu'un ce qui lui appartient. *Je te rends le DVD que tu m'as prêté.* ② Donner en retour, en échange. *Rendre la monnaie.* ③ Faire devenir. *L'annonce de ton départ l'a rendu triste.* ④ Produire, rapporter. *Ces terres rendent bien.* ⑤ (Sens familier). Vomir. ◆ **se rendre.** ① Aller quelque part. *Elle se rend au bureau à bicyclette.* ② Abandonner le combat. *L'armée ennemie s'est rendue.* SYN. **capituler.** CONTR. **résister.**

rêne n.f. Chacune des courroies fixées au mors du cheval et qui servent à le diriger. *Le cavalier tire sur les rênes pour ralentir l'allure de son cheval.*

● Le premier **e** prend un accent circonflexe. – Ne confonds pas avec un **renne.**

renégat, e n. Personne qui a renié sa religion ou ses opinions.

▸▸▸ Mot de la famille de **renier.**

1. **renfermé, e** adj. Qui parle peu de ses sentiments. *C'est un garçon timide et renfermé.* SYN. **secret, taciturne.** CONTR. **communicatif, expansif, ouvert.**

▸▸▸ Mot de la famille de **renfermer.**

2. **renfermé** n.m. Odeur désagréable d'une pièce longtemps fermée, mal aérée. *Cette vieille maison sent le renfermé.*

▸▸▸ Mot de la famille de **renfermer.**

renfermer et **se renfermer** v. (conjug. 3). Contenir, avoir en soi. *Ces documents renferment des renseignements secrets.* ◆ **se renfermer.** Se replier sur soi et cacher ses sentiments. *Elle s'est renfermée sur elle-même, elle ne parle plus à personne.* → Vois aussi **receler.**

renflé, e adj. Large et arrondi. *La partie renflée d'une carafe.* SYN. **bombé.**

renflouer v. (conjug. 3). ❶ Remettre un bateau en état de flotter. *Renflouer un navire échoué.* ❷ Fournir l'argent nécessaire à une entreprise pour rétablir sa situation financière.

renfoncement n.m. Partie d'une construction qui forme un creux, qui est en retrait. *S'abriter dans un renfoncement de porte cochère.*

▸▸▸ Mot de la famille de **renfoncer.**

renfoncer v. (conjug. 4). Enfoncer plus profondément. *Renfoncer son chapeau sur sa tête.*

renforcer v. (conjug. 4). ❶ Rendre plus résistant, plus solide. *Renforcer une digue.* SYN. **consolider.** ❷ Rendre plus nombreux, plus puissant. *Deux nouveaux joueurs sont venus renforcer notre équipe.*

▸ **renfort** n.m. Personne ou matériel supplémentaires qui permettent de renforcer une armée, un groupe. *Les troupes ont reçu du renfort.*

renfrogné, e adj. Qui exprime la mauvaise humeur, le mécontentement. *Avoir une mine renfrognée.* SYN. **bourru, maussade.** CONTR. **enjoué, gai, souriant.**

rengaine n.f. ❶ Chanson très connue. *Il nous a chanté une vieille rengaine.* ❷ (Sens familier). Paroles que l'on répète sans cesse. *C'est toujours la même rengaine.*

se **rengorger** v. (conjug. 5). Prendre un air fier et arrogant. *Elle se rengorge quand on la félicite pour son talent.*

reniement n.m. Action de renier.

● Ce mot s'écrit avec un **e** après le **i.**

▸▸▸ Mot de la famille de **renier.**

renier v. (conjug. 7). Rejeter, abandonner ses idées, ses croyances. *Renier ses opinions.*

renifler v. (conjug. 3). Aspirer fortement par le nez en faisant du bruit.

renne n.m. Grand mammifère ruminant des régions froides de l'hémisphère Nord, qui porte des bois. → Vois aussi **caribou.**

● Ne confonds pas avec une **rêne.** – Le renne appartient à la même famille que le cerf.

des **rennes**

renom n.m. Célébrité, réputation. *Un restaurant de grand renom.* SYN. **notoriété, renommée.**

▸ **renommé, e** adj. Qui est très connu pour ses qualités. *Cette région est renommée pour ses fromages.* SYN. **célèbre, réputé.**

▸ **renommée** n.f. Célébrité. *Ce musicien jouit d'une renommée internationale.* SYN. **notoriété, renom, réputation.**

renoncement n.m. Fait de renoncer à son intérêt personnel. *Mener une vie de renoncement.*

▸▸▸ Mot de la famille de **renoncer.**

renoncer v. (conjug. 4). Cesser d'envisager quelque chose comme possible, abandonner. *Renoncer à un projet. Il a renoncé à partir.* CONTR. **persévérer, persister.**

renoncule n.f. Petite plante à fleurs blanches ou jaunes, qui fleurit au printemps. *Le bouton-d'or est une espèce de renoncule.*

des **renoncules**

renouer v. (conjug. 3). ❶ Nouer une chose qui s'est dénouée. *Renouer les lacets de ses*

h i j k l m n o p q r s t u v w x y z

a b c d e f g h i j k l m n o p q r s t u v w x y z

chaussures. ❷ Reprendre des relations avec quelqu'un. *Elle a renoué avec d'anciens amis.*

renouveau n.m. Nouvelle vigueur, reprise. *Cette mode connaît un renouveau.* SYN. **regain, renaissance.**

● Au pluriel : des **renouveaux.**

renouvelable adj. Qui peut être renouvelé. *Un contrat de location renouvelable.* → Vois aussi **énergie.**

renouveler et **se renouveler** v. (conjug. 12). ❶ Remplacer une chose par une chose nouvelle. *Renouveler l'eau d'un aquarium.* SYN. **changer.** ❷ Recommencer une action. *Veuillez renouveler votre appel.* SYN. **réitérer.** ❸ Prolonger la validité de quelque chose. *Renouveler son passeport.* ◆ **se renouveler.** ❶ Se transformer en prenant un aspect nouveau. *La nature se renouvelle au printemps.* ❷ Se produire de nouveau. *Vous êtes en retard, que cela ne se renouvelle pas !* SYN. **se reproduire.**

▶ **renouvellement** n.m. Action de renouveler, de prolonger la validité de quelque chose. *Le renouvellement d'un abonnement.*

● La nouvelle orthographe permet d'écrire aussi **renouvèlement,** avec un seul **l,** comme dans **renouveler.**

rénovation n.f. Remise à neuf. *Des travaux de rénovation ont été entrepris dans l'immeuble.* SYN. **réfection, restauration.**

▸▸▸ Mot de la famille de **rénover.**

rénover v. (conjug. 3). Remettre à neuf. *Le théâtre a été rénové.* SYN. **moderniser, restaurer.**

renseignement n.m. Ce qui informe, ce qui fait connaître quelque chose à quelqu'un. *L'employé m'a fourni tous les renseignements dont j'avais besoin.* SYN. **indication, information.**

▸▸▸ Mot de la famille de **renseigner.**

renseigner et **se renseigner** v. (conjug. 3). Donner un renseignement, une indication. *Je cherchais la sortie, une vendeuse m'a renseigné.* SYN. **informer.** ◆ **se renseigner.** Prendre des renseignements. *Je me suis renseigné au guichet.* SYN. **s'informer.**

rentabiliser v. (conjug. 3). Rendre rentable. *Rentabiliser un investissement.*

▸▸▸ Mot de la famille de **rentable.**

rentabilité n.f. Fait d'être rentable. *La rentabilité d'un placement.*

▸▸▸ Mot de la famille de **rentable.**

rentable adj. Qui rapporte de l'argent, un bénéfice. *Une affaire rentable.* SYN. **lucratif.**

rente n.f. Revenu régulier fourni par un bien, un capital. *Avoir des rentes.*

▶ **rentier, ère** n. Personne qui vit de ses rentes.

rentrée n.f. ❶ Moment de l'année où l'on retourne à l'école, après les grandes vacances. *Demain, c'est la rentrée des classes.* ❷ **Rentrée d'argent,** somme d'argent que l'on reçoit. *Ils attendent une rentrée d'argent pour faire des travaux.*

▸▸▸ Mot de la famille de **rentrer.**

rentrer v. (conjug. 3). ❶ Entrer dans un endroit d'où l'on est sorti. *Il s'est mis à pleuvoir, nous sommes rentrés à la maison.* ❷ Revenir chez soi. *Je rentrerai tard.* ❸ Mettre à l'intérieur, à l'abri. *J'ai rentré mon vélo dans le garage.* CONTR. **sortir de.** ❹ S'enfoncer, s'emboîter dans quelque chose. *Cette clé rentre dans la serrure.* ❺ Percuter. *La voiture est rentrée dans le mur.* ❻ Ramener en arrière certaines parties du corps. *Le chat rentre ses griffes.* SYN. **rétracter.** CONTR. **sortir.** ❼ **Rentrer dans l'ordre,** revenir à une situation normale. *Le trafic ferroviaire était perturbé mais tout est rentré dans l'ordre.*

● Ce verbe se conjugue avec l'auxiliaire « avoir » lorsqu'il est suivi d'un complément d'objet direct.

à la **renverse** adv. **Tomber à la renverse,** tomber sur le dos, en arrière.

▸▸▸ Mot de la famille de **renverser.**

renversement n.m. Changement complet. *Ils ne s'attendaient pas à un renversement de la situation.* SYN. **retournement.**

▸▸▸ Mot de la famille de **renverser.**

renverser et **se renverser** v. (conjug. 3). ❶ Faire tomber. *Renverser des quilles.* SYN. **abattre.** *Renverser son verre. Il a été renversé par une voiture.* SYN. **faucher.** ❷ Obliger à démissionner, chasser du pouvoir. *Renverser un gouvernement.* CONTR. **instaurer.** *Le roi a été renversé.* SYN. **déposer, destituer.** ❸ **Renverser la tête,** la pencher en arrière. ◆ **se renverser.** ❶ Basculer et se vider. *Le pot de peinture s'est renversé.* ❷ Basculer et se retourner. *La voiture s'est renversée dans le fossé.* SYN. **capoter.**

renvoi n.m. ❶ Fait de renvoyer quelqu'un, de le mettre à la porte. *L'employé a été informé de son renvoi.* SYN. **licenciement.** *Le directeur a décidé le renvoi de deux élèves.* SYN. **exclu-**

sion, expulsion. ❷ Dans un livre, indication qui renvoie le lecteur à un autre endroit du texte. ❸ Rot.

▸▸▸ Mot de la famille de **renvoyer.**

renvoyer v. (conjug. 15). ❶ Faire retourner une personne d'où elle vient. *Léa était malade, on l'a renvoyée chez elle.* ❷ Mettre une personne à la porte. *Le patron a renvoyé un de ses employés.* SYN. **congédier, licencier.** CONTR. **embaucher, engager.** *Elle a été renvoyée de l'école.* SYN. **exclure, expulser.** ❸ Envoyer en sens contraire ce que l'on a reçu. *Renvoyer la balle.* SYN. **relancer.** ❹ Retourner ce que l'on a reçu. *Renvoyer un questionnaire.*

réorganiser v. (conjug. 3). Organiser différemment. *Réorganiser une équipe.*

réouverture n.f. Action de rouvrir un magasin, un bâtiment après une période de fermeture. *La réouverture de la bibliothèque aura lieu en septembre.*

repaire n.m. ❶ Lieu qui sert d'abri aux bêtes sauvages. SYN. **antre, tanière.** ❷ Lieu où se réunissent et se cachent des individus dangereux. *La cave de la maison servait de repaire à des bandits.*

● Ce nom masculin se termine par un **e.** – Ne confonds pas avec **repère.**

se **repaître** v. (conjug. 73). Mot littéraire. Se nourrir de. *Le chien se repaît des restes du déjeuner.*

● La nouvelle orthographe permet d'écrire aussi **repaitre,** sans accent circonflexe.

répandre et **se répandre** v. (conjug. 46). ❶ Laisser tomber en dispersant. *Il a répandu le contenu de son bol sur la table.* SYN. **renverser.** ❷ Produire une odeur, de la chaleur ou de la lumière. *Le bouquet de fleurs répand une odeur très forte dans la pièce.* SYN. **dégager, exhaler.** *Cette lampe répand une lumière douce.* SYN. **diffuser.** ❸ Faire connaître. *Répandre une nouvelle.* SYN. **colporter, propager.** ◆ **se répandre.** ❶ S'écouler, s'étaler. *Le réservoir est percé, l'essence s'est répandue sur le sol.* ❷ En parlant d'une nouvelle, devenir connue d'un grand nombre de personnes. *Le bruit s'est répandu qu'il était très malade.* SYN. **circuler, courir.** ❸ Devenir plus courant. *L'usage du téléphone portable s'est très vite répandu.* SYN. **se généraliser.**

réparable adj. Que l'on peut réparer. *L'ordinateur est réparable.* CONTR. **irréparable.**

▸▸▸ Mot de la famille de **réparer.**

reparaître v. (conjug. 73). Paraître de nouveau. *Après la pluie, le soleil a reparu.* SYN. **réapparaître.**

● La nouvelle orthographe permet d'écrire aussi **reparaitre,** sans accent circonflexe.

1. **réparateur, trice** adj. Qui redonne des forces. *Un sommeil réparateur.*

▸▸▸ Mot de la famille de **réparer.**

2. **réparateur, trice** n. Personne dont le métier est de réparer des appareils, des objets. *La machine à laver est en panne, j'ai appelé un réparateur.*

▸▸▸ Mot de la famille de **réparer.**

réparation n.f. ❶ Travail que l'on fait pour réparer un objet. *La réparation du toit est terminée.* ❷ **Surface de réparation,** au football, surface rectangulaire devant les buts à l'intérieur de laquelle toute faute commise peut donner lieu à un penalty.

▸▸▸ Mot de la famille de **réparer.**

réparer v. (conjug. 3). ❶ Remettre en bon état. *Papi a réparé mon vélo.* SYN. **arranger.** ❷ Faire oublier une erreur, en supprimer les conséquences. *Il l'a invitée au restaurant pour réparer son oubli.*

repartie n.f. Réponse vive et intelligente. *Cet enfant a le sens de la repartie.* SYN. **réplique, riposte.** → Vois aussi **à-propos.**

● On prononce [reparti].

– La nouvelle orthographe permet d'écrire aussi **répartie,** avec un accent.

repartir v. (conjug. 19). ❶ Se remettre en route après un arrêt. *Nous avons fait une pause, puis nous sommes repartis.* ❷ Retourner à l'endroit d'où l'on vient. *Les invités sont tous repartis.*

● Ne confonds pas avec **répartir.**

répartir v. (conjug. 16). ❶ Partager, distribuer. *La maîtresse a réparti le travail entre les élèves.* ❷ Étaler dans le temps. *Répartir un travail sur plusieurs semaines.* SYN. **échelonner.**

● Ne confonds pas avec **repartir.**

▸ **répartition** n.f. Action de répartir. *Procéder à la répartition des tâches.* SYN. **distribution.**

a b c d e f g h i j k l m n o p q r s t u v w x y z

repas n.m. Nourriture que l'on mange à des moments réguliers de la journée. *Préparer le repas.* → Vois aussi **déjeuner, dîner, goûter.**

● Ce mot se termine par un **s**.

repassage n.m. Action de repasser du linge. *Maman consacre beaucoup de temps au repassage.*

▸▸▸ Mot de la famille de **repasser (2).**

1. **repasser** v. (conjug. 3). Passer de nouveau. *Paul était absent, je suis repassé une heure plus tard.* SYN. **revenir.**

2. **repasser** v. (conjug. 3). Faire disparaître les plis du linge avec un fer. *Mon frère a repassé lui-même sa chemise.*

repêcher v. (conjug. 3). ❶ Retirer un objet de l'eau. *J'ai repêché ma chaussure qui était tombée dans le ruisseau.* ❷ (Sens familier). Donner une nouvelle chance à un candidat qui a échoué à un examen ou l'admettre malgré ses notes insuffisantes.

● Le deuxième **e** prend un accent circonflexe.

repeindre v. (conjug. 49). Peindre de nouveau. *On a repeint ma chambre.*

se **repentir** v. (conjug. 19). Regretter d'avoir fait quelque chose, se le reprocher. *Elle s'est repentie d'avoir fait mal à son frère.* CONTR. **se louer.**

▸ **repentir** n.m. Regret d'avoir fait ou de ne pas avoir fait quelque chose. *Il n'a exprimé aucun repentir.* → Vois aussi **remords.**

repérage n.m. Action de repérer quelque chose. *Le repérage d'un bateau en mer.* SYN. **localisation.**

▸▸▸ Mot de la famille de **repère.**

répercussion n.f. Conséquence indirecte. *Cet événement a eu de graves répercussions.* SYN. **contrecoup, effet, incidence.**

▸▸▸ Mot de la famille de **répercuter.**

répercuter et **se répercuter** v. (conjug. 3). Renvoyer le son dans une autre direction. *La montagne répercute le bruit du tonnerre.* ◆ **se répercuter.** Avoir des conséquences sur. *Le manque de sommeil se répercute sur son travail.*

repère n.m. ❶ Marque faite pour indiquer ou retrouver un endroit. *Avant de couper la planche, le menuisier a tracé des repères.* ❷ **Point de repère,** objet ou endroit déterminé qui permet de s'orienter. *Le château d'eau nous a servi de point de repère.*

● Ne confonds pas avec **repaire.**

▸ **repérer** et **se repérer** v. (conjug. 9). ❶ Déterminer la position exacte de quelque chose. *Les radars ont repéré un avion suspect.* SYN. **localiser.** ❷ Trouver, découvrir. *J'ai repéré un endroit idéal pour se baigner.* ◆ **se repérer.** Savoir où l'on est. *Il est plus difficile de se repérer la nuit.* SYN. **s'orienter.**

répertoire n.m. ❶ Carnet dans lequel on classe des renseignements par ordre alphabétique. *Je note l'adresse et le numéro de téléphone de mes amis dans un répertoire.* ❷ Ensemble des œuvres qu'un artiste interprète habituellement. *Ce musicien a un répertoire très étendu.*

● Ce nom masculin se termine par un **e**.

répéter v. (conjug. 9). ❶ Dire de nouveau ce que l'on a déjà dit. *Je te répète que je ne sais pas.* SYN. **redire.** ❷ Dire à une personne ce qu'une autre a dit. *Il a répété cette histoire à tout le monde.* SYN. **rapporter.** ❸ Refaire, recommencer. *Le chercheur a répété son expérience.* SYN. **renouveler.** ❹ S'exercer à jouer son rôle, lorsqu'on est acteur. *La troupe de théâtre répète une nouvelle pièce.*

▸ **répétitif, ive** adj. Qui se répète sans cesse, qui est monotone. *Avoir un travail répétitif.*

▸ **répétition** n.f. ❶ Chose que l'on a déjà dite ou écrite. *Ta rédaction contient trop de répétitions.* SYN. **redite.** ❷ Séance de travail au cours de laquelle des artistes répètent un spectacle avant de le présenter au public. *J'ai pu assister aux répétitions de la pièce.*

repeupler v. (conjug. 3). ❶ Venir peupler une région qui s'était dépeuplée. *Des tribus ont repeuplé les régions désertées.* ❷ Introduire de nouveau des animaux dans un endroit. *Repeupler un étang.*

répit n.m. ❶ Repos, détente. *J'ai besoin d'un peu de répit.* ❷ **Sans répit,** sans arrêt. *Travailler sans répit.*

replet, ète adj. Qui est un peu gros. *Une petite femme replète.* SYN. **dodu, grassouillet, potelé, rondelet.** CONTR. **maigrichon.**

repli n.m. ❶ Creux d'un terrain. *La vallée forme un large repli.* ❷ Recul volontaire d'une armée. *Ordonner le repli des troupes.* SYN. **retraite.**

▸▸▸ Mot de la famille de **replier.**

replier et **se replier** v. (conjug. 7). ❶ Plier de nouveau ce qui a été déplié. *Replier un drap pour le ranger.* ❷ Rabattre en pliant. *L'oiseau replie ses ailes.* CONTR. **déployer.** ◆ **se**

replier. ❶ Se refermer en pliant. *La lame du canif se replie.* ❷ Reculer volontairement, en parlant d'une armée. *Les soldats se sont repliés derrière la butte.*

réplique n.f. ❶ Réponse vive et brève. *Sa réplique a surpris tout le monde.* SYN. **repartie, riposte.** ❷ Ce qu'un acteur doit répondre à un autre, au théâtre, au cinéma. *Elle ne se souvenait plus de sa réplique.*
▸▸▸ Mot de la famille de **répliquer.**

répliquer v. (conjug. 3). Répondre avec vivacité. *Je lui ai répliqué que son histoire n'était pas vraie.* SYN. **rétorquer.** → Vois aussi **riposter.**

se **replonger** v. (conjug. 5). Se remettre profondément dans une occupation. *Il répondit puis se replongea dans sa lecture.*

répondeur n.m. Appareil relié à un téléphone qui enregistre les messages quand on est absent.
▸▸▸ Mot de la famille de **répondre.**

répondre v. (conjug. 46). ❶ Donner une réponse. *Il a répondu aux questions des enquêteurs. J'ai répondu par courrier à mon correspondant anglais.* ❷ Réagir à un appel. *Le téléphone sonne, va répondre.* ❸ Réagir à quelque chose. *J'ai répondu à son compliment par un sourire.* ❹ Discuter quand on est censé ne rien dire. *Cet élève insolent répond quand on lui fait une observation.* ❺ Correspondre à. *Les décisions qui ont été prises ne répondent pas à nos attentes.* ❻ S'engager pour quelqu'un, lui faire confiance. *Le patron répond de ses employés.*

▸ **réponse** n.f. Ce que l'on dit ou écrit pour répondre à quelqu'un. *Je ne lui ai pas encore donné ma réponse.*

report n.m. Action de reporter quelque chose, de le remettre à plus tard. *Ils ont annoncé le report de la réunion.* SYN. **ajournement.**
▸▸▸ Mot de la famille de **reporter (1).**

reportage n.m. Article de journal ou émission dans lesquels un journaliste expose ce qu'il a vu et entendu. *J'ai vu un reportage sur les chiens de traîneau.*
▸▸▸ Mot de la famille de **reporter (2).**

1. **reporter** et **se reporter** v. (conjug. 3). ❶ Remettre à plus tard. *J'ai reporté mon rendez-vous chez le dentiste.* SYN. **différer (1), repousser, retarder.** CONTR. **avancer.** ❷ Transférer sur une personne ou une chose un sentiment que l'on avait pour quelqu'un. *Après son divorce, elle a reporté toute son affection sur ses enfants.* ❸ Inscrire à un autre endroit. *J'ai reporté le total au bas de la page.* ◆ **se reporter à.** Lire, consulter un texte pour y trouver un renseignement. *Pour connaître les prix des articles, reportez-vous à la dernière page.* SYN. **se référer à.**

2. **reporter** n. Journaliste qui fait des reportages.
● On prononce [rəpɔrtɛr].

une équipe de **reporters**

repos n.m. Action de se reposer, de ne pas travailler. *Mamie est fatiguée, elle a besoin de repos.*
● Ce mot se termine par un **s.**
▸▸▸ Mot de la famille de **reposer (2).**

reposant, e adj. Qui repose. *J'ai passé des vacances reposantes.* CONTR. **fatigant.**
▸▸▸ Mot de la famille de **reposer (2).**

1. **reposer** v. (conjug. 3). Poser une chose après l'avoir soulevée. *Léa s'est servie et a reposé la bouteille sur la table.*

2. **reposer** et **se reposer** v. (conjug. 3). ❶ Faire disparaître la fatigue. *Un séjour à la campagne vous reposera.* CONTR. **fatiguer.** ❷ **Reposer sur,** être posé sur quelque chose. *La planche repose sur deux tréteaux.* ❸ **Ne reposer sur rien,** n'avoir aucune raison d'être. *Tes craintes ne reposent sur rien.* ◆ **se reposer.** ❶ Cesser de travailler, d'agir, pour faire disparaître la fatigue. *Je me suis reposée ce week-end.* SYN. **se délasser.** ❷ **Se reposer sur quelqu'un,** compter sur lui, lui faire confiance. *Il se repose sur ses collaborateurs.*

repoussant, e adj. Qui inspire du dégoût. *Cet endroit est d'une saleté repoussante.* SYN. **dégoûtant, répugnant.**
▸▸▸ Mot de la famille de **repousser (2).**

a b c d e f g h i j k l m n o p q r s t u v w x y z

1. **repousser** v. (conjug. 3). Pousser de nouveau. *Les fleurs repousseront au printemps.*

2. **repousser** v. (conjug. 3). ❶ Pousser en arrière, écarter de soi. *Repousser son siège.* ❷ Faire reculer quelqu'un. *Les policiers ont repoussé les manifestants.* ❸ Remettre à plus tard. *Repousser un rendez-vous.* SYN. **différer, reporter, retarder.** CONTR. **avancer.** ❹ Refuser d'accepter. *Repousser une demande.* SYN. **rejeter.**

répréhensible adj. Qui mérite d'être blâmé. *Commettre un acte répréhensible.*

reprendre et **se reprendre** v. (conjug. 48). ❶ Prendre une nouvelle fois. *Hugo a repris de la mousse au chocolat.* ❷ Prendre de nouveau, retrouver ce que l'on avait laissé ou perdu. *Reprendre sa place. Reprendre des forces.* ❸ Prendre, arrêter de nouveau une personne évadée. *Les fugitifs ont été repris.* SYN. **rattraper.** ❹ Recommencer après une interruption. *La réunion reprend à 14 heures. Maman reprend son travail demain.* ❺ Critiquer quelqu'un sur ce qu'il dit ou fait. *Le maître nous reprend dès que nous faisons une erreur.* ❻ **On ne m'y reprendra plus,** je ne referai plus la même erreur. ◆ **se reprendre**. Rectifier ce que l'on a dit par erreur. *Il s'est trompé dans son calcul mais il s'est repris.*

représailles n.f. plur. Ce que l'on fait subir à quelqu'un pour se venger. *Exercer des représailles contre les rebelles.*

représentant, e n. ❶ Personne qui a reçu le pouvoir de parler et d'agir à la place d'une autre. *Les membres du Parlement sont les représentants du peuple français.* ❷ Personne qui rend visite à des clients pour présenter des produits et prendre des commandes. *Un représentant en articles de sport.*

▸▸▸ Mot de la famille de **représenter.**

représentation n.f. Spectacle joué devant un public. *J'ai assisté à la première représentation de la pièce.*

▸▸▸ Mot de la famille de **représenter.**

représenter et **se représenter** v. (conjug. 3). ❶ Être l'image de quelque chose. *Ce tableau représente le mont Blanc.* SYN. **montrer.** ❷ Faire apparaître de manière concrète l'image d'une chose abstraite. *Les notes de musique représentent des sons.* SYN. **figurer, symboliser.** ❸ Correspondre à une somme, à une quantité. *L'achat d'une voiture représente une dépense importante.* SYN. **constituer.** ❹ Agir à la place d'une personne. *Les ambassadeurs représentent leur pays à l'étranger.* ❺ Jouer sur une scène, devant un public. *Cette pièce a été représentée cent fois.* SYN. **interpréter** ◆ **se représenter**. Voir en imagination. *Il est difficile de se représenter la situation.* SYN. **s'imaginer, concevoir.**

répressif, ive adj. Qui réprime, utilise la force. *Prendre des mesures répressives contre les délinquants.* CONTR. **préventif.**

▸▸▸ Mot de la famille de **réprimer.**

répression n.f. Action de réprimer, de punir. *La répression d'un crime.*

▸▸▸ Mot de la famille de **réprimer.**

réprimande n.f. Reproche, blâme. *Faire des réprimandes à un enfant insolent.* SYN. **remontrance.** CONTR. **compliment.** → Vois aussi **semonce.**

▸ **réprimander** v. (conjug. 3). Faire des reproches à quelqu'un, le blâmer pour sa conduite. *La maîtresse a réprimandé les élèves qui chahutaient.* SYN. **gronder.** CONTR. **complimenter.**

réprimer v. (conjug. 3). ❶ Empêcher de se manifester, de se développer en utilisant la force. *La révolte a été durement réprimée.* ❷ Empêcher un sentiment de se manifester. *Réprimer sa colère.*

repris n.m. **Repris de justice,** personne qui a déjà été condamnée par la justice. SYN. **récidiviste.**

● Ce mot se termine par un **s.**

1. **reprise** n.f. ❶ Fait de reprendre, de recommencer. *La reprise des cours a lieu en septembre.* ❷ Chacune des parties d'un match de boxe. SYN. **round.** ❸ Capacité d'un moteur à accélérer après avoir ralenti. *Cette voiture a de bonnes reprises.* ❹ **À plusieurs reprises,** plusieurs fois. *Je l'ai rencontré à plusieurs reprises.*

▸▸▸ Mot de la famille de **reprendre.**

2. **reprise** n.f. Points de couture que l'on fait pour réparer un tissu déchiré ou troué. *Mamie a fait une reprise à la jambe de mon pantalon.*

▸ **repriser** v. (conjug. 3). Faire une reprise à. *Repriser des chaussettes.* SYN. **raccommoder.**

réprobateur, trice adj. Qui exprime la réprobation. *Lancer un regard réprobateur à quelqu'un.* SYN. **désapprobateur.** CONTR. **approbateur.**
▸▸▸ Mot de la famille de **réprouver.**

réprobation n.f. Jugement par lequel on condamne la conduite de quelqu'un. *En agissant ainsi, il s'expose à la réprobation générale.* SYN. **désapprobation, désaveu.** CONTR. **approbation.**
▸▸▸ Mot de la famille de **réprouver.**

reproche n.m. Jugement défavorable, critique. *Mes parents m'ont fait des reproches sur ma conduite.* CONTR. **compliment, félicitation.**

▸ **reprocher** et **se reprocher** v. (conjug. 3). Faire des reproches à quelqu'un. *Mon frère me reproche d'être bruyant.* SYN. **féliciter.** ◆ **se reprocher.** Se considérer comme responsable de quelque chose. *Elle s'est reproché son imprudence.*

reproducteur, trice adj. **Organe reproducteur,** qui sert à la reproduction. *Le pistil et les étamines sont les organes reproducteurs des fleurs.*
▸▸▸ Mot de la famille de **reproduire.**

reproduction n.f. ❶ Copie, imitation. *Des reproductions de tableaux.* CONTR. **original.** ❷ Fait de se reproduire, pour les êtres vivants. *La reproduction des plantes.*
▸▸▸ Mot de la famille de **reproduire.**

reproduire et **se reproduire** v. (conjug. 60). Imiter quelque chose. *Reproduire une carte de la France. Ce tableau a été reproduit à des milliers d'exemplaires.* SYN. **copier.** ◆ **se reproduire.** ❶ Donner naissance à d'autres êtres vivants de son espèce. *Les animaux, les plantes se reproduisent.* ❷ Se produire de nouveau. *L'incident ne s'est pas reproduit.* SYN. **se renouveler.**

réprouver v. (conjug. 3). Condamner sévèrement. *Elle réprouve de tels agissements.* SYN. **condamner, désapprouver.** CONTR. **approuver.**

reptile n.m. Animal dont le corps est couvert d'écailles ou qui a une carapace, et qui se déplace en rampant ou en marchant sur quatre pattes très courtes. *Les serpents, les lézards, les tortues et les crocodiles sont des reptiles.*
→ planche pp. 896-897.

repu, e adj. Qui a mangé à sa faim. *À la fin du repas, j'étais repue.* CONTR. **affamé.**

républicain, e adj. Qui appartient à une république. *La France a un régime républicain.* ◆ adj. et n. Qui est partisan de la république. *En 1879, les républicains s'installent définitivement au pouvoir.*
▸▸▸ Mot de la famille de **république.**

république n.f. Régime politique dans lequel le pouvoir est exercé par un président et par des personnes élues par la population. *La France est une république.*

répugnance n.f. Vif sentiment de dégoût. *Elle a avalé ce médicament avec répugnance.* SYN. **aversion, écœurement, répulsion.**
▸▸▸ Mot de la famille de **répugner.**

répugnant, e adj. ❶ Qui répugne, dégoûte. *Une odeur répugnante.* SYN. **écœurant, infect, repoussant.** ❷ Qui inspire du dégoût, du mépris. *Un individu répugnant.* SYN. **abject, ignoble, odieux.**
▸▸▸ Mot de la famille de **répugner.**

répugner v. (conjug. 3). ❶ Inspirer du dégoût à quelqu'un. *Cette nourriture très grasse lui répugne.* SYN. **dégoûter, écœurer.** ❷ Faire quelque chose de mauvaise grâce. *Elle répugne à laisser son fils seul.*

répulsion n.f. Sentiment de profond dégoût. *Elle éprouve de la répulsion pour la viande crue.* SYN. **aversion, répugnance.**

réputation n.f. ❶ Manière dont une personne, une chose sont considérées. *Ce commerçant a la réputation d'être malhonnête.* ❷ Opinion favorable ou défavorable que le public a d'une personne ou d'une chose. *Ce restaurant a une très bonne réputation.* SYN. **notoriété, renom, renommée.**

▸ **réputé, e** adj. Qui a une très bonne réputation, qui est connu pour ses qualités. *Un médecin réputé.* SYN. **célèbre, illustre, renommé.**

requérir v. (conjug. 23). ❶ Demander en justice. *Le procureur a requis une peine de cinq ans de prison contre l'accusé.* ❷ Demander, exiger. *Ce travail requiert beaucoup de patience.* SYN. **nécessiter.**

▸ **requête** n.f. Demande écrite ou orale. *Adresser une requête à un service administratif.*
● Le deuxième **e** prend un accent circonflexe.

Les reptiles

Les reptiles sont des animaux vertébrés qui se déplacent en rampant ou au moyen de courtes pattes. Leur peau est recouverte d'écailles, de plaques, ou d'une carapace. Ils vivent surtout dans les pays chauds. Les lézards et les tortues vivent sur la terre ferme, mais quelques espèces de tortues sont aquatiques. Les crocodiles, amphibies, sont bien adaptés à la vie dans l'eau. Quant aux serpents, certains sont venimeux, d'autres tuent leurs proies en les étouffant.

gecko

un caméléon

crotale ou serpent
à sonnette

cobra

python vert

serpent corail

vipère aspic

python

anaconda

couleuvre à collier

tortue à
carapace molle

tortue
terrestre

tortue
de Floride

tortue luth

tortue géante
des Galápagos

gavial

des **requins**

requiem n.m. invar. Musique religieuse à la mémoire des morts.
● On prononce [rekɥijɛm].

requin n.m. Grand poisson marin au corps allongé. → Vois aussi **squale.**
● Seules certaines espèces, telles que le peau-bleue, le requin-marteau ou le grand requin blanc, sont voraces et dangereuses pour l'homme.

requis, e adj. Exigé et nécessaire. *Elle n'a pas les diplômes requis pour ce poste.*
►►► Mot de la famille de **requérir.**

réquisition n.f. Action de réquisitionner. *Le préfet a décrété la réquisition des logements vides pour héberger les sinistrés.*
►►► Mot de la famille de **réquisitionner.**

réquisitionner v. (conjug. 3). Exiger que des choses ou des personnes soient mises à la disposition de l'Administration lors de circonstances exceptionnelles. *Réquisitionner un local, du matériel.*

réquisitoire n.m. Discours d'accusation, dans un procès. *Le procureur a prononcé le réquisitoire.*
● Ce nom masculin se termine par un **e.**

rescapé, e n. et adj. Personne sortie vivante d'un accident, d'une catastrophe. *Le journaliste a interviewé un rescapé de l'incendie.* SYN. **survivant.**

à la **rescousse** adv. À l'aide, au secours. *Il a appelé un passant à la rescousse.*

réseau n.m. ❶ Ensemble de voies de communication, de lignes électriques ou téléphoniques reliées entre elles. *Le réseau routier d'une région.* ❷ Ensemble de personnes qui sont en liaison les unes avec les autres. *On a découvert un réseau d'espionnage.* ❸ Ensemble d'ordinateurs connectés entre eux et reliés aux télécommunications. *Les ordinateurs de l'école sont en réseau.* ❹ **Réseau social,** site Web sur lequel des personnes échangent des informations personnelles.
● Au pluriel : des **réseaux.**

réservation n.f. Action de réserver, de retenir une place. *Faire une réservation dans un hôtel.*
►►► Mot de la famille de **réserver.**

1. **réserve** n.f. ❶ Quantité de choses que l'on met de côté pour s'en servir plus tard. *Mamie a une réserve de confitures dans la cave.* SYN. **provision, stock.** ❷ **Réserve indienne,** en Amérique, territoire réservé aux Indiens. ❸ Territoire où les plantes et les animaux sont protégés. ❹ **Faire, émettre des réserves,** ne pas approuver complètement. *Le directeur a émis des réserves sur le projet.* ❺ **Sans réserve,** complètement, sans restriction. *Nous avons accepté sa proposition sans réserve.*
►►► Mot de la famille de **réserver.**

2. **réserve** n.f. Attitude d'une personne discrète et modérée. *Elle montre une grande réserve.* SYN. **retenue.**

► **réservé, e** adj. Qui fait preuve de réserve, de retenue. *Il est très réservé dans ses jugements.* SYN. **circonspect.** *Ma tante est une femme très réservée.* SYN. **discret.**

réserver et **se réserver** v. (conjug. 3). ❶ Mettre de côté. *La boulangère nous a réservé deux baguettes.* ❷ Louer une place, une chambre d'hôtel. *Maman a réservé trois places dans le T.G.V.* SYN. **retenir.** ❸ Destiner à quelqu'un. *Je lui ai réservé une surprise.* SYN. **ménager.** *Cet escalier est réservé au per-*

a b c d e f g h i j k l m n o p q r s t u v w x y z

sonnel du magasin. ◆ **se réserver**. Garder pour soi. *Julie s'est réservé la plus grosse part de gâteau.*

▶ **réservoir** n.m. Récipient qui contient une réserve de liquide. *Remplir le réservoir d'une voiture.*

résidence n.f. ❶ Endroit où l'on réside habituellement. *Mes cousins changent souvent de résidence.* SYN. **demeure, domicile, habitation.** ❷ **Résidence secondaire,** maison que l'on possède en plus de son habitation principale.
▸▸▸ Mot de la famille de **résider.**

résidentiel, elle adj. **Quartier résidentiel,** quartier essentiellement constitué par des maisons d'habitation.
▸▸▸ Mot de la famille de **résider.**

résider v. (conjug. 3). Avoir son domicile à tel endroit. *Mon oncle réside à Londres.* SYN. **demeurer, habiter, loger.**

résidu n.m. Ce qui reste. *Les cendres sont le résidu de la combustion du bois.*

résignation n.f. Fait de se résigner. *Il accepte la situation avec résignation.* SYN. **soumission.**
▸▸▸ Mot de la famille de **se résigner.**

se **résigner** v. (conjug. 3). Accepter, supporter une chose pénible sans protester. *Elle s'est résignée à donner ses jouets de bébé.*

résilier v. (conjug. 7). **Résilier un contrat,** y mettre fin. *Résilier un bail.*

résine n.f. Substance collante que l'on extrait principalement des conifères.

▶ **résineux** n.m. Arbre qui produit de la résine. *Le sapin, le pin et le cyprès sont des résineux.* → Vois aussi **conifère.**

résistance n.f. ❶ Capacité d'une personne à supporter l'effort, la fatigue. *Les alpinistes ont fait preuve d'une grande résistance.* SYN. **endurance.** ❷ Capacité d'une matière à résister à une action. *La résistance d'un tissu.* SYN. **solidité.** ❸ Fait de résister, de s'opposer à quelqu'un. *Le voleur s'est laissé appréhender sans résistance.* ❹ (Avec une majuscule). **La Résistance,** pendant la Seconde Guerre mondiale, dans plusieurs pays d'Europe, ensemble des actions clandestines menées par la population pour combattre les occupants nazis. ❺ **Plat de résistance,** plat principal d'un repas.
▸▸▸ Mot de la famille de **résister.**

1. **résistant, e** adj. ❶ Qui résiste à l'effort, à la fatigue. *Un homme fort et résistant.* SYN. **endurant, robuste.** CONTR. **faible.** ❷ Qui résiste à l'usure. *Un vêtement résistant.* SYN. **solide.** CONTR. **fragile.**
▸▸▸ Mot de la famille de **résister.**

2. **résistant, e** n. Personne qui faisait partie de la Résistance durant la Seconde Guerre mondiale. *Les résistants luttaient contre l'occupation allemande.* → Vois aussi **maquisard.**
▸▸▸ Mot de la famille de **résister.**

résister v. (conjug. 3). ❶ Supporter. *Résister à la fatigue.* ❷ S'opposer à un adversaire, à un ennemi. *Les civils ont résisté aux occupants.* CONTR. **capituler, se rendre.** ❸ Ne pas se briser sous l'action d'un choc, d'une force, etc. *Ce plat en terre résiste à une très haute température.*

résolu, e adj. Qui sait prendre des décisions et s'y tenir. *C'est un homme résolu.* SYN. **décidé, déterminé.** CONTR. **indécis.**

▶ **résolument** adv. De manière résolue, déterminée. *Il est résolument prêt à tout quitter.* SYN. **fermement.**

résolution n.f. Décision prise avec la volonté de s'y tenir. *Elle a pris la résolution de partir.*

résonance n.f. Capacité d'un lieu à résonner. *La résonance d'une église.*
● Ce mot s'écrit avec un seul **n,** contrairement à **résonner.**
▸▸▸ Mot de la famille de **résonner.**

résonner v. (conjug. 3). ❶ Produire un son qui se prolonge. *Des pas résonnent dans l'escalier.* SYN. **retentir.** ❷ Renvoyer le son en augmentant sa force et sa durée; avoir de l'écho. *Cette salle résonne.*
● Ne confonds pas avec **raisonner.**

résorber et **se résorber** v. (conjug. 3). Faire disparaître peu à peu. *Le gouvernement a pris de nouvelles mesures pour résorber le chômage.* ◆ **se résorber**. Disparaître progressivement. *Mon hématome s'est résorbé.*

résoudre et **se résoudre** v. (conjug. 55). Trouver la solution d'un problème, d'une question. *Résoudre une énigme.* ◆ **se résoudre à**. Se décider à faire quelque chose. *Solène s'est résolue à donner ses jouets de bébé.*

respect n.m. ❶ Opinion favorable qui pousse à traiter quelqu'un avec égard. *J'ai beaucoup de respect pour mon grand-père.* SYN. **considération, estime.** CONTR. **mépris.** ❷ Fait de se conformer à une loi, à une règle. *Le directeur veille au respect du rè-*

a b c d e f g h i j k l m n o p q r s t u v w x y z

glement. ❸ Fait de ne pas porter atteinte à quelque chose. *Le respect de l'environnement.* ❹ **Tenir quelqu'un en respect,** le tenir à distance en le menaçant avec une arme. → Vois aussi **déférence.**

▶ **respectable** adj. Qui est digne de respect. *Une femme respectable.* SYN. **honorable.** CONTR. **méprisable.**

▶ **respecter** v. (conjug. 3). ❶ Avoir du respect pour quelqu'un. *Respecter ses parents.* ❷ Se conformer à la loi, au règlement. *Respecter le Code de la route.* SYN. **observer.** CONTR. **enfreindre, violer.** ❸ Ne pas porter atteinte à quelque chose. *Respecter les lieux de travail. Respecter le silence dans un lieu de culte.*

respectif, ive adj. Qui concerne chaque chose ou chaque personne par rapport aux autres. *Retournez à vos places respectives.*

▶ **respectivement** adv. Chacun en ce qui le concerne. *Bastien et Moussa ont respectivement 7 et 9 ans.*

respectueux, euse adj. Qui montre du respect pour. *Les élèves sont très respectueux envers leur instituteur.* CONTR. **impertinent, insolent.**

▸▸▸ Mot de la famille de **respect.**

respiration n.f. ❶ Fonction par laquelle les êtres vivants absorbent de l'oxygène et rejettent du gaz carbonique. *Retenir sa respiration.* SYN. **souffle.** ❷ **Respiration artificielle,** ensemble des moyens pratiqués pour rétablir la circulation de l'air dans les poumons.
→ Vois aussi **expiration, inspiration.**
▸▸▸ Mot de la famille de **respirer.**

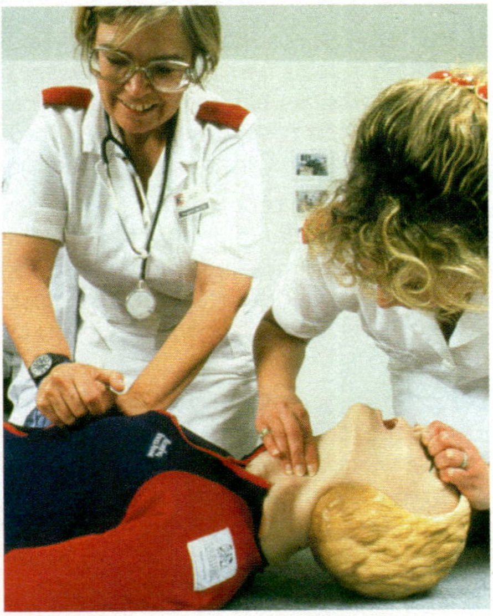

des exercices de **respiration artificielle**

respiratoire adj. Qui sert à la respiration. *Les poumons, la trachée sont des organes de l'appareil respiratoire.*
▸▸▸ Mot de la famille de **respirer.**

→ planche p. 733.

respirer v. (conjug. 3). ❶ Aspirer et rejeter l'air. *Respirer par le nez.* ❷ Avoir un moment de répit. *Je vais enfin pouvoir respirer.* ❸ Exprimer. *Son visage respire la franchise.*
▸▸▸ Mot de la même famille : **irrespirable.**

resplendir v. (conjug. 16). Briller d'un vif éclat. *Les diamants du collier resplendissaient.* SYN. **étinceler.**

▶ **resplendissant, e** adj. ❶ Qui resplendit, brille d'un vif éclat. *Une neige d'un blanc resplendissant.* SYN. **éclatant.** ❷ Qui exprime le bonheur, la santé. *Tu as une mine resplendissante.* SYN. **radieux.**

responsabilité n.f. ❶ Fait d'être à l'origine d'un dommage. *Le conducteur du camion a reconnu sa responsabilité dans l'accident.* ❷ Charge, fonction que l'on doit remplir. *Son oncle lui a confié la responsabilité du magasin pendant son absence.* ❸ **Prendre ses responsabilités,** agir en acceptant les conséquences de ses actes. *Chacun doit prendre ses responsabilités.*
▸▸▸ Mot de la famille de **responsable.**

responsable adj. ❶ Qui a la charge de quelqu'un, de quelque chose, qui doit s'en occuper. *Les parents sont responsables de leurs enfants mineurs. Nous sommes tous responsables de la planète.* ❷ Qui pèse les conséquences de ses actes. *Agir en citoyen responsable.* ◆ adj. et n. Qui est à l'origine d'un mal, d'une faute. *Être responsable d'un accident. Les responsables seront punis.* ◆ n. Personne qui dirige. *Je voudrais parler au responsable du magasin.* SYN. **dirigeant.**

resquiller v. (conjug. 3). Mot familier. Entrer dans une salle de spectacle ou dans un moyen de transport sans payer sa place, ou sans attendre son tour.

▶ **resquilleur, euse** n. Mot familier. Personne qui resquille.

ressac n.m. Retour violent des vagues sur elles-mêmes lorsqu'elles se heurtent à un obstacle. *Le bruit du ressac.*
● On prononce [rəsak].

se **ressaisir** v. (conjug. 16). Reprendre son calme, son sang-froid. *Marie avait les larmes aux yeux, mais elle s'est ressaisie.*

ressasser v. (conjug. 3). Répéter sans cesse. *Il ressasse la même histoire depuis une semaine.* → Vois aussi **rabâcher, radoter.**

ressemblance n.f. Rapport qui existe entre des personnes ou des choses qui se ressemblent, qui ont des éléments communs. *La ressemblance entre Paul et son père est frappante.* CONTR. **différence.**
▸▸▸ Mot de la famille de **ressembler.**

ressemblant, e adj. Qui ressemble beaucoup à un modèle. *Ce portrait est très ressemblant.*
▸▸▸ Mot de la famille de **ressembler.**

ressembler et **se ressembler** v. (conjug. 3). Avoir des traits communs avec quelqu'un ou quelque chose. *Meddy ressemble beaucoup à son frère.* ◆ **se ressembler.** Présenter une ressemblance, des points communs. *Nos dessins se ressemblent.*

ressemeler v. (conjug. 12). Mettre une semelle neuve à une chaussure. *Le cordonnier a ressemelé mes bottes.*
▸▸▸ Mot de la famille de **semelle.**

ressentiment n.m. Souvenir amer mêlé d'un désir de vengeance que l'on garde d'une offense, d'une injustice. *Il n'éprouve aucun ressentiment après ce qui s'est passé.* SYN. **rancœur, rancune.**

ressentir et **se ressentir** v. (conjug. 19). Éprouver une sensation, un sentiment. *Ressentir une vive douleur.* SYN. **sentir.** *Ressentir une grande joie.* ◆ **se ressentir de.** Éprouver les effets de quelque chose. *Il se ressent encore du coup qu'il a reçu. Mon frère a été malade, son travail s'en ressent.*

resserrer v. (conjug. 3). Serrer de nouveau ou davantage. *Resserrer sa ceinture.* CONTR. **desserrer.** *Resserrer un boulon.*

1. **ressort** n.m. ❶ Pièce qui peut se déformer et reprendre sa forme initiale. *Un matelas à ressorts.* ❷ Énergie, dynamisme. *Je suis fatigué, je manque de ressort.*

2. **ressort** n.m. ❶ **En dernier ressort,** en définitive, finalement. *En dernier ressort, elle a fait appel à un plombier.* ❷ **Être du ressort de,** être de la compétence, du domaine de quelqu'un. *Cette affaire est du ressort de la justice.*

ressortir v. (conjug. 19). ❶ Sortir après être entré. *Marie est ressortie du magasin.* ❷ Se détacher, apparaître nettement. *Le jaune ressort bien sur le noir.* SYN. **trancher.** ❸ Résulter de quelque chose, en être la conclusion. *Il ressort de la réunion que nous ne sommes pas tous d'accord.*

ressortissant, e n. Personne qui réside dans un autre pays que le sien. *Les ressortissants français au Canada.*
▸▸▸ Mot de la famille de **ressort (2).**

ressource n.f. Moyen de se sortir d'une situation difficile. *Il n'a pas assez d'argent, il n'a pas d'autre ressource que d'en emprunter.* SYN. **recours.** ◆ n.f. plur. ❶ Moyens d'existence. *Il est sans ressources depuis qu'il a perdu son emploi.* ❷ Richesses d'un pays. *Les ressources de la France en pétrole sont très faibles.*

ressusciter v. (conjug. 3). Revenir à la vie. *Le Christ est ressuscité le troisième jour après sa mort, selon l'Évangile.* → Vois aussi **résurrection.**
● Le second son [s] s'écrit **sc.**

restant, e adj. **Poste restante,** mention qui indique que la lettre restera au bureau de poste jusqu'à ce que le destinataire vienne la chercher. *Je vous ai écrit poste restante.* ◆ n.m. Ce qui reste. *Je te rembourserai le restant de l'argent que je te dois la semaine prochaine.* SYN. **reste.**
▸▸▸ Mot de la famille de **rester.**

restaurant n.m. Établissement où l'on sert des repas à des clients. *Mes grands-parents m'ont invité au restaurant.*
▸▸▸ Mot de la famille de **se restaurer (2).**

1. **restaurateur, trice** n. Personne qui tient un restaurant.
▸▸▸ Mot de la famille de **se restaurer (2).**

2. **restaurateur, trice** n. Personne qui restaure des œuvres d'art.
▸▸▸ Mot de la famille de **restaurer (1).**

1. **restauration** n.f. Ensemble des activités exercées dans un restaurant. *Mon oncle travaille dans la restauration rapide.*
▸▸▸ Mot de la famille de **se restaurer (2).**

2. **restauration** n.f. ❶ Remise en état. *La restauration d'un monument.* SYN. **réfection, rénovation.** *La restauration d'un tableau.* ❷ (Avec une majuscule). **La Restauration,** en France, période pendant laquelle

a
b

la monarchie fut rétablie, après la chute de Napoléon Ier, de 1814 à 1830.
►►► Mot de la famille de **restaurer (1)**.

la restauration de la tombe de Néfertari (Égypte)

j
k
l
m
n
o
p
q
r
s
t
u
v
w
x
y

1. **restaurer** v. (conjug. 3). ❶ Réparer, remettre en état une œuvre d'art, un monument. *Restaurer un château.* SYN. **rénover.** ❷ Rétablir, remettre en vigueur. *Restaurer un régime démocratique dans un pays.*

2. se **restaurer** v. (conjug. 3). Reprendre des forces en mangeant. *Nous nous sommes arrêtés en route pour nous restaurer.*

reste n.m. ❶ Ce qui reste. *Achète-toi des bonbons avec le reste de l'argent.* SYN. **restant.** ❷ Ce qui reste quand une division ne tombe pas juste. ◆ n.m. plur. Ce qui reste d'un plat, d'un repas. *Manger les restes.*
►►► Mot de la famille de **rester.**

rester v. (conjug. 3). ❶ Être dans un lieu, ne pas le quitter. *Aujourd'hui, je suis resté à la maison. Combien de temps êtes-vous restés à Marseille ?* SYN. **demeurer, séjourner.** ❷ Continuer d'être. *La bibliothèque restera ouverte pendant les vacances. Nous sommes restés debout pendant le spectacle.* ❸ Demeurer, subsister. *Il reste deux parts de gâteau.*
● Ce verbe se conjugue avec l'auxiliaire « être ».

restituer v. (conjug. 3). Rendre à quelqu'un ce qu'on lui avait pris. *Restituer un objet volé à son propriétaire.*

► **restitution** n.f. Action de restituer, de rendre quelque chose à quelqu'un. *Demander la restitution des objets empruntés.*

restreindre v. (conjug. 49). Diminuer. *Elle a restreint ses dépenses.* SYN. **réduire.** CONTR. **accroître.**

► **restreint, e** adj. Étroit, limité. *Vivre dans un espace restreint.* SYN. **réduit.** CONTR. **vaste.**

► **restriction** n.f. **Sans restriction,** entièrement, sans réserve. *Sa décision a été approuvée sans restriction.* ◆ n.f. plur. Mesures de rationnement, en période de pénurie. *Ils ont souffert des restrictions pendant la guerre.*

résultat n.m. ❶ Ce que l'on obtient après un travail, une recherche; effet, conséquence. *Quels sont les résultats de l'enquête ?* ❷ Réussite ou échec à un examen, à une épreuve. *Ils ont commenté les résultats du match.* ❸ Solution d'une opération. *La somme est le résultat d'une addition.*
►►► Mot de la famille de **résulter.**

résulter v. (conjug. 3). Être la conséquence de quelque chose. *Son échec résulte d'un manque d'entraînement.* SYN. **découler, provenir.**

résumé n.m. Texte qui résume quelque chose. *En classe, nous avons fait le résumé du film que nous avions vu.* SYN. **abrégé.**
►►► Mot de la famille de **résumer.**

résumer v. (conjug. 3). Dire en peu de mots ce qui a été dit ou écrit. *Résumer une histoire.*

résurrection n.f. Retour de la mort à la vie. *Le jour de Pâques, les catholiques fêtent la Résurrection du Christ.* → Vois aussi **ressusciter.**

la Résurrection du Christ (émail sur cuivre)

rétablir et **se rétablir** v. (conjug. 16). Faire exister de nouveau. *Rétablir l'ordre, la paix.* SYN. **ramener, restaurer.** ◆ **se rétablir**. Recouvrer la santé. *Amina s'est vite rétablie après son opération.* SYN. **se remettre, guérir.**

▶ **rétablissement** n.m. ❶ Action de rétablir, de faire exister de nouveau. *Le rétablissement des relations entre deux États.* ❷ Fait de se rétablir, de guérir. *Je vous souhaite un prompt rétablissement.* SYN. **guérison.**

retaper v. (conjug. 3). Mot familier. ❶ Remettre en état. *Ils ont retapé une vieille maison.* SYN. **réparer.** ❷ Remettre en forme. *Ce séjour à la campagne l'a retapé.*

retard n.m. Fait d'arriver ou d'agir après le moment prévu. *Veuillez m'excuser pour mon retard.* CONTR. **avance.** *Le train est arrivé avec un quart d'heure de retard.* CONTR. **d'avance.** *Vous êtes en retard.* CONTR. **en avance.**
▸▸▸ Mot de la famille de **retarder.**

retardataire n. Personne qui arrive en retard. *Nous n'attendrons pas les retardataires.*
▸▸▸ Mot de la famille de **retarder.**

retardement n.m. **Bombe à retardement,** bombe munie d'un dispositif qui déclenche l'explosion après un temps déterminé.
▸▸▸ Mot de la famille de **retarder.**

retarder v. (conjug. 3). ❶ Faire arriver plus tard que prévu. *Cet appel téléphonique m'a retardé.* ❷ Remettre à plus tard. *La réunion a été retardée d'une demi-heure.* SYN. **différer, reculer, repousser.** CONTR. **avancer.** ❸ Indiquer une heure moins avancée que l'heure réelle. *Ma montre retarde de cinq minutes.* CONTR. **avancer.**

retenir v. (conjug. 20). ❶ Empêcher de partir, de tomber, de bouger. *Le maître nous a retenus un quart d'heure à la fin du cours. Un barrage retient l'eau.* SYN. **contenir.** ❷ Réserver, louer. *Retenir une chambre d'hôtel.* ❸ Prélever, déduire une partie d'une somme. *Retenir la cotisation de la Sécurité sociale sur les salaires.* ❹ Faire une retenue dans une opération. *Sept plus sept égale quatorze, je pose quatre et je retiens un.* ❺ Fixer dans sa mémoire. *Je n'ai pas retenu le titre du film.* SYN. **se souvenir de.** CONTR. **oublier.** ❻ Se rattraper à quelque chose. *Je me suis retenu à la rampe.* SYN. **s'accrocher.** ❼ S'empêcher de. *Je n'ai pas pu me retenir de rire.*

retentir v. (conjug. 16). Produire un son puissant. *La sonnerie retentit.* SYN. **résonner.**

▶ **retentissant, e** adj. ❶ Qui retentit. *Une voix retentissante.* ❷ Qui attire l'attention du public, dont on parle beaucoup. *Un scandale retentissant.* SYN. **fracassant.**

▶ **retentissement** n.m. Réaction que cause un événement dans le public. *Cette annonce a eu un grand retentissement.* SYN. **impact.**
→ Vois aussi **répercussion.**

retenue n.f. ❶ Somme que l'on retient sur un salaire. *Les retenues sont égales à 20 % du salaire.* ❷ Chiffre que l'on réserve pour l'ajouter aux chiffres de la colonne suivante, dans une opération. ❸ Punition qui consiste à garder un élève à l'école en dehors des heures de classe. *Il a eu deux heures de retenue.* ❹ Attitude d'une personne discrète et modérée. *Elle s'exprime avec beaucoup de retenue.* SYN. **pondération, réserve (2).**
▸▸▸ Mot de la famille de **retenir.**

réticence n.f. Hésitation à dire ou à faire quelque chose. *Elle a accepté avec réticence de lui prêter sa voiture.*
▸▸▸ Mot de la famille de **réticent.**

réticent, e adj. Qui manifeste de la réticence, qui hésite. *Il s'est montré réticent quand je lui ai parlé de mes projets.*

rétif, ive adj. **Cheval rétif, jument rétive,** qui refusent d'avancer. SYN. **récalcitrant.** CONTR. **docile.**

rétine n.f. Membrane transparente qui recouvre le fond de l'œil. *Les images des objets que nous voyons se forment sur la rétine.*
→ Vois aussi **iris, pupille.**

retiré, e adj. Qui est loin de tout et peu fréquenté. *Vivre dans un endroit retiré.* SYN. **isolé.**
▸▸▸ Mot de la famille de **retirer.**

retirer et **se retirer** v. (conjug. 3). ❶ Enlever. *J'ai retiré mon pull.* SYN. **ôter.** CONTR. **mettre.** ❷ Faire sortir, prendre. *Retirer de l'argent à la banque.* SYN. **prélever.** ❸ Reprendre ce qui avait été donné. *Les gendarmes lui ont retiré son permis de conduire.* ❹ Annuler ce que l'on a dit ou ce que l'on a fait. *Je retire mes accusations. Il a retiré sa candidature.* ❺ Tirer un bien matériel ou moral de quelque chose. *La championne retire beaucoup de joie de sa performance.* ◆ **se retirer**. ❶ Quitter un lieu, s'en aller. *Nous nous sommes retirés*

a b c d e f g h i j k l m n o p q r s t u v w x y z

discrètement. SYN. **partir.** ❷ Aller vivre dans un lieu calme. *L'artiste s'est retiré à la campagne.* ❸ Quitter, abandonner une activité. *Le coureur blessé s'est retiré de la compétition.* ❹ Descendre, en parlant de la mer. CONTR. **monter.**

retombées n.f. plur. ❶ **Retombées radioactives,** matières radioactives qui retombent après une explosion atomique. ❷ Conséquences indirectes. *La hausse du prix du pétrole a eu des retombées sur l'économie du pays.*
▸▸▸ Mot de la famille de **tomber.**

retomber v. (conjug. 3). ❶ Toucher le sol après s'être élevé ou avoir été lancé. *La balle est retombée à côté de moi.* ❷ Se trouver une nouvelle fois dans un même état, une même situation. *Koffi est retombé malade.* ❸ Être rejeté sur quelqu'un. *La responsabilité de cette erreur est retombée sur moi.* SYN. **rejaillir.**
● Ce verbe se conjugue avec l'auxiliaire « être ».
▸▸▸ Mot de la famille de **tomber.**

retordre v. (conjug. 46). **Donner du fil à retordre à quelqu'un,** lui donner du mal. *Ce problème m'a donné du fil à retordre.*
▸▸▸ Mot de la famille de **tordre.**

rétorquer v. (conjug. 3). Répondre vivement. *Il m'a rétorqué que ce n'était pas à lui de s'occuper de cela.* SYN. **répliquer.**

retors, e adj. Mot littéraire. Qui est très malin, plein de ruse. *C'est une femme d'affaires retorse.* SYN. **roué.** → Vois aussi **roublard.**

retouche n.f. Petite modification apportée à une chose pour l'améliorer ou pour l'adapter. *Faire des retouches à un vêtement.*
▸▸▸ Mot de la famille de **retoucher.**

retoucher v. (conjug. 3). Modifier pour améliorer, pour corriger. *Retoucher un texte.* SYN. **remanier.**

retour n.m. ❶ Fait de revenir, de rentrer, après être parti. *Je viendrai te voir dès mon retour.* ❷ Partie inverse du trajet fait à l'aller. *Nous avons pris le train au retour.* ❸ Répétition d'un phénomène. *On annonce le retour du froid.* ❹ **En retour,** en échange, en contrepartie. *Tu me prêtes ton jeu vidéo et en retour je t'aiderai à faire ton exercice.* ❺ **Répondre par retour du courrier,** dès que l'on a reçu la lettre.
▸▸▸ Mot de la famille de **retourner.**

retournement n.m. Changement brusque et complet. *Ce retournement de situation a bouleversé tous nos projets.* SYN. **renversement.**
▸▸▸ Mot de la famille de **retourner.**

retourner et **se retourner** v. (conjug. 3). ❶ Revenir à l'endroit d'où l'on vient. *Cet étudiant retourne chez lui tous les week-ends.* SYN. **rentrer.** ❷ Aller de nouveau quelque part. *Nous retournerons en Espagne cet été.* ❸ Renvoyer à l'expéditeur son envoi. *J'ai retourné cette lettre qui ne m'était pas adressée.* ❹ Mettre quelque chose à l'envers. *Retourner une crêpe.* ◆ **se retourner.** Faire demi-tour, se tourner vers. *Alexandra s'est retournée pour nous faire un signe d'adieu.*

retracer v. (conjug. 4). Raconter. *Dans son dernier livre, l'écrivain retraçait son enfance.*

1. se **rétracter** v. (conjug. 3). Revenir sur ce que l'on a dit. *Le témoin s'est rétracté.* SYN. **se dédire, se raviser.**

2. **rétracter** et **se rétracter** v. (conjug. 3). Contracter un organe. *L'escargot rétracte ses cornes.* SYN. **rentrer.** ◆ **se rétracter.** Se contracter en se rétrécissant. *Le muscle s'est rétracté.*

▸ **rétractile** adj. **Griffes rétractiles,** griffes que l'animal peut rétracter, rentrer. *Le chat a des griffes rétractiles.*

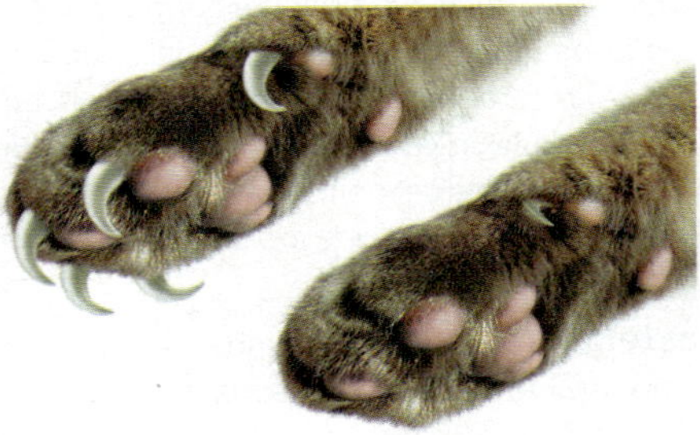

des griffes rétractiles

retrait n.m. ❶ Action de retirer. *Faire un retrait d'argent avec une carte bancaire. Certaines infractions entraînent le retrait du permis de conduire.* ❷ **En retrait,** en arrière, à l'écart. *La maison a été construite en retrait de la route.*

1. **retraite** n.f. ❶ **Battre en retraite,** reculer devant l'ennemi. *L'armée bat en retraite.* ❷ **Retraite aux flambeaux,** défilé avec des flambeaux. → Vois aussi **repli.**

2. retraite n.f. ❶ Fait de se retirer de la vie professionnelle, de cesser de travailler. *Prendre sa retraite. Mon grand-père est à la retraite depuis un an.* ❷ Argent que l'on touche quand on est à la retraite.

▶ **retraité, e** n. et adj. Personne qui a pris sa retraite. *Mes grands-parents sont retraités.*

retranchement n.m. Endroit protégé où l'on peut se mettre à l'abri.
▶▶▶ Mot de la famille de **retrancher.**

retrancher et **se retrancher** v. (conjug. 3). Enlever une partie d'un tout. *Si je retranche 2 de 9, il reste 7.* SYN. **ôter, prélever, soustraire.** CONTR. **additionner, ajouter.** ◆ **se retrancher.** Se mettre à l'abri. *Les troupes se sont retranchées dans les montagnes.*

retransmettre v. (conjug. 51). Diffuser à la radio, à la télévision. *Le match a été retransmis en direct.*

▶ **retransmission** n.f. Diffusion. *J'ai suivi la retransmission du concert de jazz à la radio.*

rétrécir et **se rétrécir** v. (conjug. 16). Rendre ou devenir plus étroit. *Maman a rétréci mon pantalon.* CONTR. **élargir.** *Mon tee-shirt a rétréci au lavage.* ◆ **se rétrécir.** Devenir de moins en moins large. *La route se rétrécit en arrivant au sommet.* CONTR. **s'élargir.**

▶ **rétrécissement** n.m. Fait de se rétrécir. *On signale un rétrécissement de la chaussée.* SYN. **étranglement.** CONTR. **élargissement.**

rétribuer v. (conjug. 3). Payer pour un travail. *Cet emploi est bien rétribué.* SYN. **rémunérer.**

▶ **rétribution** n.f. Somme d'argent versée pour un travail. SYN. **rémunération, salaire.**

rétro- préfixe. Placé au début d'un mot, rétro- indique un mouvement en arrière, un retour : *rétrograder, rétroviseur.*

rétro adj. invar. Mot familier. Qui rappelle ou reprend une mode du passé. *Une coiffure rétro.*

rétrograde adj. Qui s'oppose au progrès. *Avoir un esprit rétrograde.* CONTR. **avancé, moderne.**

▶ **rétrograder** v. (conjug. 3). ❶ Passer une vitesse inférieure lorsque l'on conduit un véhicule. *Le conducteur rétrograda de la quatrième à la troisième avant le virage.* ❷ Perdre ce que l'on avait acquis, reculer dans un classement. *Notre équipe a rétrogradé en deuxième division.* SYN. **régresser.** CONTR. **progresser.**

rétrospectif, ive adj. Qui survient après coup et concerne le passé. *Avoir un regard rétrospectif sur son enfance.*

▶ **rétrospective** n.f. Exposition qui présente l'ensemble des œuvres d'un artiste. *Nous sommes allés voir une rétrospective des œuvres de Picasso.*

▶ **rétrospectivement** adv. Après coup, en repensant à ce qui s'est passé. *Rétrospectivement, j'ai eu très peur.*

retroussé, e adj. **Nez retroussé,** nez court qui a le bout un peu relevé. SYN. **en trompette.**
▶▶▶ Mot de la famille de **retrousser.**

retrousser v. (conjug. 3). Replier vers le haut. *Retrousser ses manches.* SYN. **relever.**

retrouvailles n.f. plur. Moment où l'on retrouve des personnes dont on était séparé. *Nos retrouvailles ont été très joyeuses.*
▶▶▶ Mot de la famille de **retrouver.**

retrouver et **se retrouver** v. (conjug. 3). ❶ Trouver ce qu'on avait perdu ou oublié. *J'ai retrouvé mes lunettes.* SYN. **récupérer.** *Je ne retrouve pas son nom.* SYN. **se rappeler, se souvenir de.** ❷ Avoir de nouveau. *Retrouver le sourire. Retrouver ses forces.* ❸ Rejoindre. *Je vous retrouve à 14 heures devant le cinéma.* ◆ **se retrouver.** ❶ Être de nouveau ensemble, réunis. *On s'est retrouvés chez Rayan.* SYN. **se réunir.** ❷ Se trouver brutalement dans une situation. *Après le départ de son fils, elle s'est retrouvée seule.*

rétroviseur n.m. Petit miroir qui permet au conducteur d'un véhicule de voir la route derrière lui. *Regarder dans le rétroviseur.*

un **rétroviseur**

réunifier v. (conjug. 7). Rétablir l'unité d'un pays, d'un parti politique. *L'Allemagne a été réunifiée en 1990.*

réunion n.f. Action de réunir des personnes; fait de se réunir, de se rassembler. *Maman a assisté à la réunion des parents d'élèves.*
▸▸▸ Mot de la famille de **réunir.**

réunionnais, e adj. et n. De l'île de La Réunion. *La cuisine réunionnaise. Pierre est réunionnais. C'est un Réunionnais.*
● Le nom prend une majuscule : *un Réunionnais.*

réunir et **se réunir** v. (conjug. 16). Mettre ensemble, faire se rencontrer. *Ma tante a réuni quelques amis pour son anniversaire. Réunir des documents.* SYN. **rassembler.** ◆ **se réunir.** Se retrouver ensemble au même endroit. *Ils se réunissent tous les dimanches.* SYN. **se rassembler.**

réussi, e adj. Qui est bien fait, qui est un succès. *La deuxième partie du spectacle fut la plus réussie.*
▸▸▸ Mot de la famille de **réussir.**

réussir v. (conjug. 16). ❶ Obtenir le résultat souhaité; parvenir à. *Réussir à un examen.* CONTR. **échouer, rater.** *J'ai réussi à réparer mon vélo.* SYN. **arriver.** ❷ Être bénéfique à. *Tu as bonne mine, l'air de la montagne te réussit.*

▸ **réussite** n.f. ❶ Succès. *Il nous a annoncé sa réussite au concours.* CONTR. **échec.** ❷ Jeu de cartes où l'on joue seul et qui consiste à disposer les cartes selon certaines règles.

revanche n.f. ❶ **Prendre, avoir sa revanche,** se venger et reprendre l'avantage. *Tu as gagné la première partie, mais je vais prendre ma revanche.* ❷ Seconde partie d'un jeu ou d'un match qui offre au perdant la possibilité de gagner à son tour. *Jouer la revanche et la belle.* ❸ **En revanche,** en contrepartie. *Sabri n'aime pas les romans, en revanche il adore les bandes dessinées.* SYN. **par contre.**

rêvasser v. (conjug. 3). Se laisser aller à la rêverie. *Tu ferais mieux d'écouter au lieu de rêvasser.*
● Le premier **e** prend un accent circonflexe.
▸▸▸ Mot de la famille de **rêver.**

rêve n.m. ❶ Suite d'images qui se forment dans l'esprit quand on dort. *J'ai fait un beau rêve.* ❷ Espoir très vif de voir se réaliser quelque chose. *Le rêve de Hugo est de devenir astronaute.* → Vois aussi **cauchemar, songe.**
● Le premier **e** prend un accent circonflexe.
▸▸▸ Mot de la famille de **rêver.**

rêvé, e adj. Qui convient parfaitement. *C'est l'endroit rêvé pour pique-niquer.* SYN. **idéal.**
● Le premier **e** prend un accent circonflexe.
▸▸▸ Mot de la famille de **rêver.**

revêche adj. Qui est peu aimable, qui a mauvais caractère. SYN. **acariâtre, grincheux, maussade.**
● Le deuxième **e** prend un accent circonflexe.

réveil n.m. ❶ Moment où l'on se réveille. *Il est toujours de mauvaise humeur au réveil.* ❷ Petite pendule qui sonne à l'heure à laquelle on l'a réglée. *Mon réveil sonne à 8 heures tous les matins.*
▸▸▸ Mot de la famille de **réveiller.**

réveiller et **se réveiller** v. (conjug. 3). Tirer du sommeil. *Ne fais pas de bruit, tu vas réveiller ton petit frère.* ◆ **se réveiller.** Cesser de dormir. *Je me réveille tous les matins à 7 heures.* CONTR. **s'endormir.**

réveillon n.m. Repas de fête que l'on fait la nuit de Noël et la nuit du 31 décembre. *Passer le réveillon de Noël en famille.*

▸ **réveillonner** v. (conjug. 3). Participer à un réveillon. *Nous avons réveillonné chez mes grands-parents.*

révélateur, trice adj. Qui révèle un fait, une situation. *Son silence est révélateur de sa désapprobation.* SYN. **significatif.**
▸▸▸ Mot de la famille de **révéler.**

révélation n.f. Fait de révéler, de dire ce qui était inconnu ou caché. *L'homme d'affaires a fait des révélations à la presse.*
▸▸▸ Mot de la famille de **révéler.**

révéler v. (conjug. 9). ❶ Faire connaître ce qui était inconnu ou caché. *Révéler un secret.* SYN. **dévoiler, divulguer.** ❷ Être le signe de, manifester. *Cette œuvre révèle un grand génie.* SYN. **dénoter, indiquer, témoigner de.**

revenant n.m. Mort qui est supposé revenir sur terre. *Il nous a raconté une histoire de revenants.* SYN. **fantôme, spectre.**
▸▸▸ Mot de la famille de **revenir.**

revendication n.f. Ce que l'on revendique, ce que l'on estime être dû. *Quelles sont les revendications des grévistes ?* SYN. **réclamation.**
▸▸▸ Mot de la famille de **revendiquer.**

revendiquer v. (conjug. 3). Réclamer une chose à laquelle on pense avoir droit. *Les salariés revendiquent de meilleures conditions de travail.*

a b c d e f g h i j k l m n o p q r s t u v w x y z

revendre v. (conjug. 46). Vendre ce que l'on a acheté. *Papi a revendu sa voiture.*

revenir v. (conjug. 20). ❶ Venir de nouveau. *Je reviendrai dans une heure.* SYN. **repasser.** ❷ Rentrer. *Mon oncle revient en France le mois prochain.* ❸ Être de nouveau présent à l'esprit. *Son nom me revient maintenant.* ❹ Coûter. *Les travaux nous reviennent cher.* ❺ Faire partie des choses qu'une personne doit faire. *C'est à toi que revient cette tâche.* SYN. **incomber à.** ❻ Examiner de nouveau, reprendre une question. *Je voudrais revenir sur un point.* ❼ **Revenir sur ce que l'on a dit,** changer d'avis. SYN. **se dédire, se rétracter.** ❽ **Revenir à soi,** reprendre conscience après un évanouissement. ❾ (Sens familier). Inspirer confiance, plaire. *Ses manières ne me reviennent pas.* ❿ **Faire revenir un aliment,** le faire dorer, dans de la graisse ou du beurre. *J'ai fait revenir des oignons.* SYN. **rissoler.**

▶ **revenu** n.m. Ensemble des sommes d'argent que l'on a perçues. *Quels sont vos revenus ? Payer l'impôt sur le revenu.*

rêver v. (conjug. 3). ❶ Faire des rêves; voir en rêve. *Cette nuit, j'ai rêvé que je pilotais un avion. J'ai rêvé de mon grand-père.* ❷ Laisser aller sa pensée, son imagination. *Tu n'écoutes pas ce que je te dis, tu rêves.* SYN. **rêvasser.** ❸ Souhaiter vivement. *Anthony rêve de devenir acteur.*

un prisonnier qui rêve

réverbération n.f. Phénomène par lequel la lumière, la chaleur sont renvoyées. *La réverbération du soleil sur la neige.* SYN. **réflexion.**
▸▸▸ Mot de la famille de **réverbérer.**

réverbère n.m. Lampadaire qui éclaire les rues.
▸▸▸ Mot de la famille de **réverbérer.**

un réverbère

réverbérer v. (conjug. 9). Renvoyer la lumière, la chaleur. SYN. **réfléchir.**

reverdir v. (conjug. 16). Redevenir vert. *Au printemps, les arbres reverdissent.*

révérence n.f. Manière de saluer, en inclinant le buste ou en pliant les genoux. *Autrefois en France, on faisait la révérence devant le roi et la reine.*

révérend, e adj. et n. Titre donné à certains religieux.

rêverie n.f. Fait de laisser aller son imagination. *Être perdu dans ses rêveries.*
● Le premier **e** prend un accent circonflexe.
▸▸▸ Mot de la famille de **rêver.**

revers n.m. ❶ Côté opposé au côté principal d'une chose. *J'ai écrit mon nom au revers de la feuille.* SYN. **dos, verso.** ❷ Partie d'un vêtement qui est repliée sur elle-même. *Faire un revers à son pantalon.* ❸ Au tennis, coup de raquette effectué à gauche par un droitier, ou à droite par un gaucher. ❹ Événement malheureux. *Il vient de subir un nouveau revers.*

réversible adj. ❶ **Mouvement réversible,** qui peut se produire en arrière, en sens inverse. CONTR. **irréversible.** ❷ **Vêtement réversible,** qui peut être porté à l'envers ou à l'endroit. *Un tee-shirt réversible.*

a b c d e f g h i j k l m n o p q r s t u v w x y z

revêtement n.m. Matériau dont on recouvre une surface. *Le papier peint est un revêtement mural.*
● Le deuxième **e** prend un accent circonflexe.
▸▸▸ Mot de la famille de **revêtir.**

revêtir v. (conjug. 22). ❶ Mettre un vêtement. *Léa a revêtu sa plus belle robe.* ❷ Recouvrir une surface d'un matériau. *Les murs sont revêtus de carreaux de faïence.*
● Le second **e** prend un accent circonflexe.

rêveur, euse adj. et n. Qui se laisse aller à la rêverie. *Un garçon rêveur.* ◆ adj. Qui exprime la rêverie. *Avoir un air rêveur.* SYN. **songeur.**
● Le premier **e** prend un accent circonflexe.
▸▸▸ Mot de la famille de **rêver.**

revient n.m. **Prix de revient,** coût total d'une marchandise, d'un produit.
▸▸▸ Mot de la famille de **revenir.**

revigorer v. (conjug. 3). Redonner de la vigueur, des forces. *Ce chocolat chaud m'a revigoré.* → Vois aussi **ragaillardir, ravigoter.**

revirement n.m. Changement brusque et complet d'une opinion, d'une attitude. *Je ne comprends pas votre revirement de dernière minute.* SYN. **volte-face.**

réviser v. (conjug. 3). ❶ Revoir, se remettre en mémoire ce que l'on a étudié. *Jean révise sa leçon d'histoire.* ❷ Vérifier le fonctionnement d'un mécanisme. *Faire réviser sa voiture.*

▸ **révision** n.f. ❶ Action de réviser, de revoir ce que l'on a appris. *Il consacre tout son temps aux révisions avant l'examen.* ❷ Action de vérifier le fonctionnement d'un mécanisme. *Maman a porté la voiture au garage pour une révision.*

revivre v. (conjug. 57). ❶ Vivre de nouveau quelque chose. *Je ne voudrais pas revivre cette situation.* ❷ Reprendre des forces, de l'énergie. *Elle revit depuis qu'elle habite à la campagne.*

révocation n.f. Action de révoquer, d'annuler. *La révocation de l'édit de Nantes date de 1685.*
▸▸▸ Mot de la famille de **révoquer.**

revoir v. (conjug. 38). ❶ Voir de nouveau. *J'ai revu un ancien voisin.* ❷ Se représenter en se souvenant. *Je revois le jardin avec le grand marronnier.* ❸ Étudier de nouveau. *Je dois revoir ma leçon de grammaire.* SYN. **réviser.**

▸ **au revoir** n.m. Formule que l'on emploie lorsque l'on quitte une personne. CONTR. **bonjour.**

révoltant, e adj. Qui révolte, qui provoque l'indignation. *Ces propos sont révoltants.* SYN. **choquant, scandaleux.**
▸▸▸ Mot de la famille de **révolter.**

révolte n.f. ❶ Soulèvement contre le pouvoir. *Réprimer une révolte.* SYN. **émeute, insurrection.** ❷ Mouvement de colère ou d'indignation. *Cette annonce a suscité la révolte du public.*
▸▸▸ Mot de la famille de **révolter.**

révolter et **se révolter** v. (conjug. 3). Faire naître un sentiment de colère et d'indignation. *Cette décision me révolte.* SYN. **indigner, scandaliser.** ◆ **se révolter.** Se soulever contre un pouvoir et tenter de le renverser. *Le peuple s'est révolté contre le tyran.* SYN. **s'insurger, se rebeller.**

révolu, e adj. Qui est terminé, passé. *C'est une époque révolue. Avoir vingt ans révolus.*

1. **révolution** n.f. Mouvement circulaire d'un astre autour d'un autre. *La durée de la révolution de la Terre autour du Soleil est d'une année.*

2. **révolution** n.f. ❶ Changement brutal et complet du régime politique d'un pays. *La Révolution française de 1789 a remplacé la monarchie par la république.* ❷ Transformation très profonde. *La révolution industrielle du 19e siècle.*

→ planche pp. 910-911.

▸ **révolutionnaire** adj. ❶ Qui se rapporte à une révolution. *Un chant révolutionnaire.* ❷ Qui provoque des changements radicaux dans un domaine. *Une méthode révolutionnaire.* ◆ adj. et n. Qui est partisan de la révolution, qui y participe. *Les révolutionnaires de 1789.*

▸ **révolutionner** v. (conjug. 3). Transformer complètement. *L'invention de la machine à vapeur a révolutionné les transports.*

revolver n.m. Arme à feu automatique que l'on tient d'une seule main.
● On prononce [revɔlvɛr].
– La nouvelle orthographe permet d'écrire aussi **révolver,** avec un accent.

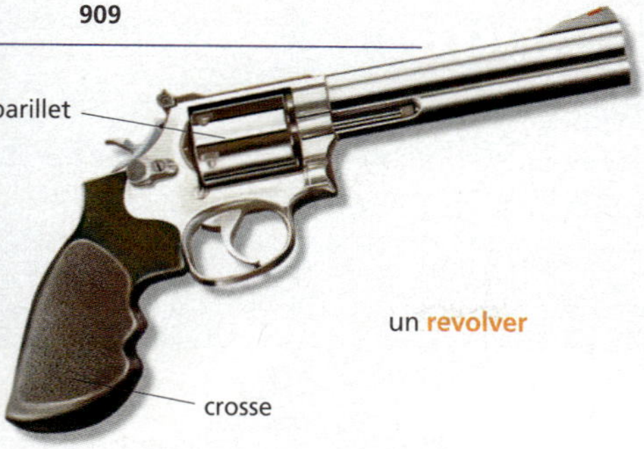

un **revolver**

révoquer v. (conjug. 3). ❶ Chasser de son poste. *Révoquer un fonctionnaire.* SYN. **démettre, destituer.** ❷ Annuler une décision, une loi, un contrat. *Louis XIV a révoqué l'édit de Nantes.*

revue n.f. ❶ Défilé militaire. *La revue du 14 Juillet.* SYN. **parade.** ❷ **Passer en revue,** examiner un à un. *Nous avons passé en revue toutes les questions.* ❸ Journal, généralement illustré, qui est publié régulièrement. *Elle lisait une revue d'art.* SYN. **magazine.**

se **révulser** v. (conjug. 3). En parlant des yeux, se retourner à moitié sous l'effet d'une émotion.

rez-de-chaussée n.m. invar. Partie d'une habitation située au niveau du sol. *J'habite au rez-de-chaussée.*
● Ce mot composé ne change pas au pluriel : des **rez-de-chaussée.**

rhabiller et **se rhabiller** v. (conjug. 3). Habiller de nouveau. *Rhabiller un bébé* ◆ **se rhabiller.** Remettre ses vêtements. *Le médecin m'a dit de me rhabiller.*

rhétorique n.f. Art de bien parler.

rhinocéros n.m. Gros mammifère herbivore d'Afrique et d'Asie, qui porte sur le museau une ou deux cornes et qui a une peau très épaisse. *Les rhinocéros sont menacés de disparition.* → Vois aussi **pachyderme.**
● On prononce le **s.** – Cri : le barrissement.

un **rhinocéros** blanc d'Afrique

rhizome n.m. Tige souterraine de certaines plantes. *Des rhizomes d'iris.*

rhodanien, enne adj. Du Rhône. *Les plaines de la Saône et du Rhône forment le couloir rhodanien.*

rhododendron n.m. Arbrisseau à fleurs roses, rouges, violettes, orange ou blanches.
● On prononce [rɔdɔdɛ̃drɔ̃].

une tige de **rhododendron**

rhubarbe n.f. Plante à larges feuilles, dont les tiges sont comestibles. *Une tarte à la rhubarbe.*

la **rhubarbe**

rhum n.m. Boisson alcoolisée fabriquée avec du jus de canne à sucre.
● On prononce [rɔm].

rhumatisme n.m. Douleur dans les articulations. *Ma grand-mère a des rhumatismes.*

rhume n.m. Petite maladie due à une inflammation de la muqueuse du nez et de la gorge. *J'ai le nez qui coule et j'éternue souvent, j'ai attrapé un rhume.*
▸▸▸ Mot de la même famille : **s'enrhumer.**

De la Révolution à l'Empire

Entre 1789 et 1800, la France connaît d'importants bouleversements sociaux et politiques. La Révolution française met fin à la monarchie absolue et à la société d'Ancien Régime, fondée sur les privilèges. Les principes de liberté et d'égalité s'imposent.

un bonnet phrygien

La contestation

- Depuis 1788, Louis XVI doit faire face à une grave **crise** financière et agricole : de mauvaises récoltes ont provoqué la **disette**.
- Le peuple exprime son mécontentement dans les **cahiers de doléances** : il réclame de payer moins d'**impôts** et critique les **privilèges** de la noblesse et du clergé.
- En mai 1789, le roi convoque une assemblée réunissant des représentants des trois **ordres** (noblesse, clergé et tiers état) : les **états généraux**.
- Les députés du tiers état, qui sont majoritaires, forment une **Assemblée nationale** et décident de rédiger une **Constitution** : c'est le **serment** du Jeu de paume.

La prise de la Bastille (14 juillet 1789)

La Révolution

- Le 14 juillet 1789, le peuple parisien **se soulève** : la Bastille est **prise d'assaut**. Les **sans-culottes** arborent le **bonnet phrygien** et la **cocarde tricolore**, **emblèmes** révolutionnaires.
- Ce mouvement **révolutionnaire** gagne la campagne : les paysans **se révoltent** contre la noblesse. Le 4 août, l'Assemblée vote l'**abolition** des privilèges. La **Déclaration des droits de l'homme et du citoyen** est adoptée.

- C'est la fin de la **monarchie absolue** : le roi gouverne désormais avec une assemblée d'**élus,** et tous les Français deviennent des **citoyens libres et égaux** devant la **loi**.

Histoire des mots

- **La guillotine :** cette terrible machine à décapiter doit son nom à son inventeur, le docteur Joseph Guillotin (1738-1814).
- **Les sans-culottes :** les révolutionnaires parisiens furent appelés ainsi car ils portaient un pantalon court, et non la culotte, qui était réservée aux nobles.

Napoléon Bonaparte (en 1796)

Les héritages de la Révolution

- La Déclaration des droits de l'homme et du citoyen de 1789 pose les bases de la **démocratie** moderne.
- Le drapeau tricolore et la devise « Liberté, égalité, **fraternité** » sont devenus les symboles de la république.
- La division du **territoire** français en 83 **départements**, dirigés par des **préfets**, a été instaurée en 1790.
- En 1793, le **système métrique** (avec le **mètre** comme référence) devient le système de mesure officiel.

La fin de l'Ancien Régime

- En 1792, une nouvelle assemblée, la **Convention**, **abolit** la royauté et **proclame** la Ire **République**. Un nouveau **calendrier** est établi : l'an I commence le 22 septembre 1792. Les mois changent de nom.
- L'armée révolutionnaire défend la **patrie** contre les pays voisins qui veulent maintenir la **royauté** en France. L'Assemblée vote la condamnation à mort de Louis XVI. Le roi est **guillotiné** en janvier 1793 et la reine Marie-Antoinette en septembre.
- En 1793, le régime de la **Terreur**, dirigé par Robespierre, est instauré. Toute personne **suspectée** d'être contre-révolutionnaire est guillotinée.

Napoléon : du Consulat à l'Empire

- Le 18 brumaire an VIII (9 novembre 1799), Napoléon Bonaparte renverse le gouvernement par un **coup d'État**.
- Il est nommé Premier **consul** ; la période du **Consulat** (1799-1804) est marquée par d'importantes **réformes** économiques et sociales.
- En 1804, Bonaparte se fait **sacrer empereur** sous le nom de Napoléon Ier et instaure une **dictature** qui rappelle la monarchie. Il gouverne seul et veut **conquérir** l'Europe.

a b c d e f g h i j k l m n o p q r s t u v w x y z

ribambelle n.f. Grand nombre de personnes ou de choses. *Elle est venue avec une ribambelle d'enfants.*

ricanement n.m. Rire exprimant une joie mauvaise. *Tes ricanements m'exaspèrent.*
▸▸▸ Mot de la famille de **ricaner.**

ricaner v. (conjug. 3). Rire de façon méprisante ou stupide. *Tu devrais l'aider au lieu de ricaner.*

riche adj. et n. Qui a beaucoup d'argent, de biens. *Ses parents sont riches.* SYN. **aisé, fortuné.** CONTR. **pauvre.** ◆ adj. ❶ Qui a une grande valeur. *De riches tapis recouvraient le sol.* SYN. **luxueux.** ❷ Qui a d'abondantes ressources ; qui produit beaucoup. *Une terre riche.* SYN. **fécond, fertile.** CONTR. **pauvre, stérile.** ❸ Qui contient quelque chose en forte quantité. *Un livre riche en illustrations.*
▸▸▸ Mots de la même famille : **enrichir, enrichissement.**

▸ **richement** adv. De manière riche, luxueuse. *Un appartement richement meublé.* SYN. **luxueusement.**

▸ **richesse** n.f. ❶ Fait d'être riche. *La richesse de cet homme d'affaires est très grande.* SYN. **fortune.** CONTR. **pauvreté.** ❷ Caractère de ce qui est riche, précieux. *Un ameublement d'une grande richesse.* SYN. **luxe, raffinement.** ◆ n.f. plur. Ressources naturelles et produits d'un pays, d'une région. *Mettre en valeur les richesses agricoles et industrielles.*

▸ **richissime** adj. Extrêmement riche.

ricocher v. (conjug. 3). Faire ricochet. *La balle a ricoché sur le mur.*
▸▸▸ Mot de la famille de **ricochet.**

ricochet n.m. Rebond que fait une pierre plate à la surface de l'eau ou rebond d'un projectile contre un obstacle. *Zohra s'amuse à faire des ricochets sur le lac. La balle de tennis a fait ricochet sur le mur.*

rictus n.m. Expression qui déforme le visage. *Elle eut un rictus de douleur.*
● On prononce le **s.**

ride n.f. ❶ Petit sillon sur la peau qui apparaît avec l'âge. *Mamie a des rides au coin des yeux.* ❷ (Sens littéraire). Légère ondulation à la surface de l'eau.

▸ **ridé, e** adj. Couvert de rides. *Un visage ridé.*

rideau n.m. ❶ Tissu que l'on suspend devant une fenêtre pour atténuer la lumière ou pour isoler une pièce de l'extérieur. *Ouvrir, fermer les rideaux.* ❷ Grande draperie qui sépare la scène de la salle, dans un théâtre. *Le rideau se baisse à la fin du spectacle.*
● Au pluriel : des **rideaux.**

rider v. (conjug. 3). ❶ Marquer la peau de rides. *L'âge et les soucis ont ridé son front.* ❷ (Sens littéraire). Produire des plis à la surface d'un liquide. *Le vent ridait l'eau du lac.*
▸▸▸ Mot de la famille de **ride.**

ridicule adj. ❶ Qui donne envie de rire, de se moquer. *Un déguisement ridicule.* SYN. **grotesque.** ❷ Qui n'a pas de sens, qui est absurde. *C'est ridicule de voyager avec autant de bagages.* ❸ Qui est insignifiant, minime. *Ils ont eu ce terrain pour un prix ridicule.* SYN. **dérisoire.** ◆ n.m. Ce qui est ridicule. *Se couvrir de ridicule.*

▸ **ridiculiser** et **se ridiculiser** v. (conjug. 3). Rendre ridicule. *Un camarade l'a ridiculisé devant tout le monde.* ◆ **se ridiculiser.** Se rendre ridicule. *Elle s'est ridiculisée en posant des questions stupides.*

1. **rien** pronom indéfini. ❶ Aucune chose. *Il n'a rien mangé.* CONTR. **quelque chose.** *Je ne vois rien du tout.* ❷ **Ce n'est rien,** ce n'est pas grave. ❸ **Cela ne fait rien,** cela n'a pas d'importance. ❹ **Comme si de rien n'était,** comme s'il ne s'était rien passé. *Après la dispute, il a continué à parler comme si de rien n'était.*

2. **rien** n.m. ❶ Une chose sans importance. *Il se fâche pour un rien.* SYN. **broutille.** ❷ **En un rien de temps,** en très peu de temps. *J'ai lu cette B.D. en un rien de temps.*

rieur, euse adj. Qui exprime la gaieté. *Des yeux rieurs.* ◆ adj. et n. Qui aime rire, s'amuser. *Un enfant rieur.*
▸▸▸ Mot de la famille de **rire.**

rigide adj. ❶ Qui ne se plie pas. *Une tige rigide.* SYN. **raide.** CONTR. **élastique, flexible.** *La couverture rigide d'un livre.* CONTR. **souple.** ❷ Qui est très sévère. *Le règlement est rigide.* SYN. **strict.**

▸ **rigidité** n.f. Caractère de ce qui est rigide. *La rigidité d'un carton à dessin.* CONTR. **élasticité, souplesse.** *La rigidité d'une loi, d'une éducation.*

rigolade n.f. Mot familier. Fait de rire, de s'amuser. *Quelle rigolade, quand il invente des histoires !*
▸▸▸ Mot de la famille de **rigoler**.

rigole n.f. ❶ Petit fossé qui permet à l'eau de s'écouler. *Nous avons creusé une rigole autour de la tente.* ❷ Petit filet d'eau qui coule sur une surface. *La pluie forme des rigoles sur le chemin.*

rigoler v. (conjug. 3). Mot familier. Rire. *Nous avons passé un bon moment, nous avons bien rigolé.* → Vois aussi **se marrer**.

▸ **rigolo, ote** adj. Mot familier. Amusant, drôle. *Une histoire rigolote.*

rigoureusement adv. Strictement. *Il est rigoureusement interdit de fumer dans cette salle.* SYN. **formellement.**
▸▸▸ Mot de la famille de **rigueur**.

rigoureux, euse adj. ❶ Qui est pénible, difficile à supporter. *Un hiver rigoureux.* SYN. **dur, rude.** CONTR. **doux.** ❷ Qui est fait avec rigueur, exactitude, précision. *Une analyse rigoureuse.*
▸▸▸ Mot de la famille de **rigueur**.

rigueur n.f. ❶ Grande sévérité. *Le juge a fait preuve d'une grande rigueur à l'égard des coupables.* ❷ Caractère de ce qui est pénible, difficile à supporter. *La rigueur de l'hiver.* SYN. **dureté.** CONTR. **douceur.** ❸ Ce qui présente une exactitude, une logique, une précision parfaites. *La rigueur d'un raisonnement.* ❹ **À la rigueur,** si c'est nécessaire, s'il n'y a pas d'autre solution. *À la rigueur, je te laisse ma place.* ❺ **De rigueur,** obligatoire, exigé. *Pour cette occasion, une tenue de soirée est de rigueur.* ❻ **Tenir rigueur à quelqu'un,** lui en vouloir. *Vous êtes en retard, mais je ne vous en tiens pas rigueur.*

rillettes n.f. plur. Charcuterie faite de petits morceaux de porc ou d'oie cuits dans leur graisse.

rime n.f. En poésie, retour du même son à la fin de deux ou de plusieurs vers.

▸ **rimer** v. (conjug. 3). ❶ Se terminer par les mêmes sons, en parlant de mots. *« Fleur » rime avec « chaleur ».* ❷ **Cela ne rime à rien,** cela n'a aucun sens.

rinçage n.m. Action de rincer. *Le rinçage du linge.*
● Le **c** prend une cédille.
▸▸▸ Mot de la famille de **rincer**.

rincer v. (conjug. 4). Passer à l'eau pour nettoyer ou enlever des traces de produit de lavage. *Rincer la vaisselle.*

ring n.m. Estrade entourée de cordes où ont lieu les combats de boxe, de catch.
● C'est un mot anglais, on prononce [riŋ].

un **ring**

riposte n.f. Réponse, réaction vive à une agression physique ou verbale. *L'armée s'attend à une riposte.* SYN. **contre-attaque.** *Sa riposte a mis fin aux critiques.* SYN. **repartie, réplique.**

▸ **riposter** v. (conjug. 3). Répondre vivement pour se défendre. *L'armée a riposté à l'attaque.* SYN. **contre-attaquer.** *Il a riposté par des injures aux reproches qui lui étaient faits.*
→ Vois aussi **répliquer**.

rire v. (conjug. 59). ❶ Montrer sa gaieté par un mouvement de la bouche accompagné de petits cris plus ou moins sonores. *Mon frère m'a fait rire avec ses histoires.* ❷ S'amuser, se divertir. *Nous avons bien ri à la fête.* ❸ **Pour rire,** pour plaisanter. *J'ai dit cela pour rire.* ❹ **Rire de quelqu'un,** se moquer de lui.

▸ **rire** n.m. Action de rire. *On entendait des éclats de rire. Pierre et Natacha ont un rire communicatif.*

ris n.m. **Ris de veau,** aliment très apprécié, constitué par les glandes du cou du veau.
● Ce mot se termine par un **s**. – Ne confonds pas avec **riz**.

risée n.f. **Être la risée de,** provoquer le rire, la moquerie de. *Avec ses costumes trop grands, il est la risée de ses collègues.*
▸▸▸ Mot de la famille de **rire**.

a b c l m n o p q r s t u v w x y z

a b c d e f g h i j k l m n o p q r s t u v w x y z

risible adj. Qui fait rire, qui donne envie de se moquer. *Un comportement risible.* SYN. **ridicule.**

▸▸▸ Mot de la famille de **rire.**

risque n.m. ❶ Possibilité qu'un événement plus ou moins dangereux se produise. *La pratique de ce sport présente des risques.* ❷ **Prendre des risques, courir des risques,** se mettre dans une situation dangereuse. *Les alpinistes ont pris des risques en partant par ce mauvais temps.* ❸ **Risque naturel,** phénomène naturel (séisme, inondation, tempête, etc.), qui constitue un danger grave pour l'homme.

▸ **risqué, e** adj. Qui présente un risque, un danger. *Une entreprise risquée.* SYN. **audacieux, hasardeux, osé.** CONTR. **sûr.**

▸ **risquer** et **se risquer** v. (conjug. 3). ❶ Mettre en danger. *Les sauveteurs risquent leur vie.* ❷ S'exposer à quelque chose de fâcheux. *Fais attention, tu risques de tomber. En agissant ainsi, elle risque les pires ennuis.* ◆ **se risquer.** Se lancer dans quelque chose de dangereux, de risqué. *Ne te risque pas dans ce quartier, la nuit.* SYN. **s'aventurer, se hasarder.**

rissoler v. (conjug. 3). Cuire dans une matière grasse pour faire dorer. *Faire rissoler des pommes de terre.* SYN. **revenir.**

ristourne n.f. Réduction de prix. *Le vendeur nous a fait une ristourne de 10 %.* SYN. **rabais, remise.**

rite n.m. Ensemble des pratiques religieuses. *Le rite catholique, protestant.* → Vois aussi **culte.**

ritournelle n.f. Air de musique assez court qui est repris avant chaque couplet d'une chanson.

rituel, elle adj. ❶ Conforme à un rite religieux. *Un chant rituel.* ❷ Qui a lieu régulièrement, qui est habituel. *Le discours rituel du maire.* SYN. **traditionnel.** ◆ n.m. ❶ Ensemble des gestes, prières, symboles qui forment l'ensemble des cérémonies d'une religion. ❷ Ensemble de règles, d'habitudes immuables. *Le rituel de la rentrée scolaire.* → Vois aussi **cérémonial, protocole.**

rivage n.m. Partie de la terre qui borde la mer. *Le bateau s'éloigne du rivage.* SYN. **bord de mer, côte, littoral.** → Vois aussi **rive.**

rival, e, aux n. et adj. Personne contre laquelle on lutte pour obtenir quelque chose. *Le joueur d'échecs a éliminé son principal rival.* SYN. **adversaire.** *Les deux équipes rivales s'affronteront dimanche prochain.*

● Au masculin pluriel : **rivaux.**

▸ **rivaliser** v. (conjug. 3). Lutter avec des chances égales. *Tu ne peux pas rivaliser avec ce joueur, il est trop fort.*

▸ **rivalité** n.f. Concurrence, lutte pour obtenir quelque chose. *Il existe une grande rivalité entre ces deux entreprises.*

rive n.f. Bande de terre qui borde un cours d'eau, un lac ou un étang. *Les rives d'un fleuve.* SYN. **berge.** → Vois aussi **rivage.**

river v. (conjug. 3). ❶ Assembler solidement plusieurs éléments avec des clous spéciaux appelés « rivets ». *River des plaques de métal.* ❷ **Avoir les yeux rivés sur,** regarder fixement. *Les enfants avaient les yeux rivés sur la vitrine du magasin.*

riverain, e adj. et n. Qui habite le long d'un cours d'eau, d'une voie de communication. *Les riverains craignent la crue du fleuve. L'accès de cette ruelle est interdit, sauf aux riverains.*

rivière n.f. Cours d'eau qui se jette dans un autre cours d'eau. *L'Allier, la Vézère sont des rivières de France.* → Vois aussi **fleuve.**

rixe n.f. Mot littéraire. Violente bagarre. → Vois aussi **pugilat.**

riz n.m. Céréale des régions chaudes cultivée sur un sol humide ou inondé. *La Chine est un des principaux producteurs de riz.*

● Ce mot se termine par un **z.** – Ne confonds pas avec **ris.**

du **riz**

▸ **rizière** n.f. Terrain où l'on cultive le riz.

une **rizière**

RMiste n. Personne sans revenu qui bénéficie d'une allocation, le R.M.I. (revenu minimum d'insertion).
● On prononce [ɛʀɛmist].

robe n.f. ❶ Vêtement féminin formé d'un corsage et d'une jupe d'un seul tenant. *Aujourd'hui, Élise porte une robe à bretelles.* ❷ **Robe de chambre,** long vêtement d'intérieur. ❸ Vêtement long et ample que portent les juges, les avocats. ❹ Pelage d'un animal, considéré du point de vue de sa couleur. *La robe pie d'un cheval.*

robinet n.m. Dispositif qui permet de libérer ou de bloquer le passage d'un liquide ou d'un gaz. *Ouvrir, fermer les robinets d'un lavabo.*

robot n.m. ❶ Machine automatique capable d'accomplir certaines tâches à la place d'une personne. *Cette usine est équipée de robots commandés par ordinateur.* ❷ Appareil ménager destiné à divers usages culinaires. ❸ Dans les récits de science-fiction, machine à l'aspect humain, capable de bouger, de parler. → Vois aussi **portrait-robot.**

un **robot** articulé

▸ **robotique** n.f. Science et technique qui permettent d'inventer et de construire des robots.

▸ **robotisation** n.f. Usage massif de robots, de machines automatiques. *La robotisation de l'industrie automobile.*

robuste adj. ❶ Fort, vigoureux. *Un homme robuste.* SYN. **résistant.** ❷ Solide. *Des meubles robustes.* CONTR. **fragile.**

▸ **robustesse** n.f. Caractère d'une personne, d'une chose robuste. *La robustesse d'une voiture.* SYN. **solidité.** CONTR. **fragilité.**

roc n.m. Masse de pierre très dure qui fait corps avec le sous-sol. *Un château construit sur un roc.*

▸ **rocaille** n.f. Terrain plein de pierres. *Quelques plantes ont réussi à pousser dans la rocaille.*

▸ **rocailleux, euse** adj. ❶ Qui est couvert de pierres, de cailloux. *Un sol rocailleux.* SYN. **caillouteux, pierreux.** ❷ **Voix rocailleuse,** rauque.

rocambolesque adj. Qui est plein de péripéties extraordinaires. *Une aventure rocambolesque.*

roche n.f. ❶ Matière qui constitue l'écorce terrestre. *Les roches calcaires, volcaniques.* ❷ Masse de pierre dure. *Creuser la roche.* ❸ **C'est clair comme de l'eau de roche,** très clair, évident.

▸ **rocher** n.m. Gros bloc de pierre. *Escalader un rocher.*

▸ **rocheux, euse** adj. Qui est formé de rochers. *Une côte rocheuse.*

rock n.m. et adj. invar. Style de musique né aux États-Unis, qui se caractérise par un rythme très marqué. *Un groupe de rock.*

▸ **rockeur, euse** n. Chanteur, chanteuse de rock.
● Au masculin, on peut aussi écrire un **rocker.**

rocking-chair n.m. Fauteuil à bascule.
● C'est un mot anglais, on prononce [ʀɔkiɲtʃɛʀ].
– Au pluriel : des **rocking-chairs.**

rodage n.m. Période durant laquelle on rode le moteur d'un véhicule. *Notre nouvelle voiture est en rodage.*
▸▸▸ Mot de la famille de **roder.**

a b c d e f g h i j k l m n o p q r s t u v w x y z

rodéo n.m. Aux États-Unis et au Mexique, jeu qui consiste à se maintenir sur un cheval ou un bœuf sauvages.

le **rodéo**

roder v. (conjug. 3). Faire fonctionner une voiture neuve à vitesse réduite, afin que toutes les pièces du moteur se mettent bien en place.
● Ne confonds pas avec **rôder.**

rôder v. (conjug. 3). Aller et venir au hasard, errer. *Un chien rôde dans le quartier depuis plusieurs jours.*
● Le **o** prend un accent circonflexe. – Ne confonds pas avec **roder.**

▸ **rôdeur, euse** n. Personne qui rôde.

rogne n.f. Mot familier. Colère. *Se mettre en rogne.*

rogner v. (conjug. 3). ❶ Couper quelque chose sur les bords. *Rogner une photo pour la faire rentrer dans un cadre.* ❷ Faire de petites économies. *Il rogne sur les dépenses de nourriture.*

rognon n.m. Nom donné au rein des animaux de boucherie. *Manger des rognons de veau, de mouton.*

roi n.m. ❶ Souverain qui dirige un royaume. *Les rois héritent de leur titre.* SYN. **monarque.** *Couronner un roi.* ❷ Figure de roi au jeu de cartes. *Le roi de carreau.* ❸ **Fête des Rois,** fête chrétienne qui commémore la visite des Rois mages à Jésus. *Nous avons mangé une galette pour la fête des Rois.*

→ planche pp. 918-919.

roitelet n.m. Tout petit oiseau qui porte une petite huppe orange ou jaune sur la tête.

un **roitelet**

rôle n.m. ❶ Ce que doit dire ou faire un acteur pour interpréter son personnage. *Savoir son rôle par cœur.* ❷ Personnage joué par un acteur. *Seydou joue le rôle du roi dans la pièce.* ❸ Fonction ou influence d'une personne. *Faire respecter les règles du jeu est le rôle d'un arbitre. Jouer un rôle important dans une affaire.*
● Le **o** prend un accent circonflexe.

roller n.m. Patin dont les roulettes sont alignées. *Kelly fait du roller sur la place.*
● C'est un mot anglais, on prononce [rɔlœr].

▸ **rolleur, euse** n. Personne qui fait du roller.

romain, e adj. et n. Qui appartient à l'ancienne Rome. *L'Empire romain. L'invasion de la Gaule par les Romains.* → Vois aussi **gallo-romain.**
● Le nom prend une majuscule : *un Romain.*

1. **roman** n.m. Récit qui raconte une histoire imaginée. *Natacha lit des romans policiers.*

2. **roman, e** adj. et n.m. Se dit d'une forme d'art architectural qui s'est développée en Europe aux 11e et 12e siècles. *Une église romane aux formes massives.* → Vois aussi **gothique.**

romance n.f. Chanson sentimentale.

romancier, ère n. Auteur de romans.
▸▸▸ Mot de la famille de **roman (1).**

romand, e adj. **Suisse romande,** partie de la Suisse où l'on parle le français.

romanesque adj. ❶ Qui est digne d'un roman. *Une aventure romanesque.* ❷ Qui

l'art **roman**

conçoit la vie comme un roman. *Une jeune fille romanesque.* SYN. **sentimental.**
▸▸▸ Mot de la famille de **roman (1).**

romantique adj. Qui a une grande sensibilité. *Une jeune fille romantique.*

romarin n.m. Arbuste aromatique dont on utilise les feuilles pour parfumer les plats cuisinés.

du **romarin**

rompre et **se rompre** v. (conjug. 47). ❶ (Sens littéraire). Briser, casser. *Le chien a rompu sa chaîne.* ❷ Faire cesser. *Rompre le silence.* ❸ Mettre fin à une relation. *Il a rompu avec son meilleur ami.* ❹ **Applaudir à tout rompre,** applaudir très fort. ◆ **se rompre.** Se briser, se casser. *La corde s'est rompue.*

ronce n.f. Arbuste épineux qui produit des mûres.

ronchonner v. (conjug. 3). Mot familier. Exprimer son mécontentement, sa mauvaise humeur. *Cesse de ronchonner sans arrêt !* SYN. **grogner.** → Vois aussi **râler.**

rond, e adj. ❶ En forme de cercle, de boule. *Une table ronde.* SYN. **circulaire.** *La Terre est ronde.* SYN. **sphérique.** ❷ De forme arrondie. *Un visage rond.* SYN. **rebondi.** ❸ Se dit d'une personne petite et grosse. *Il est un peu rond.* CONTR. **maigre.** ❹ **Chiffre rond,** qui ne comporte pas de virgule, qui se termine par zéro. *20 est un chiffre rond.* ◆ adv. **Tourner rond,** fonctionner régulièrement, normalement. *Le moteur tourne rond.*
▸▸▸ Mot de la même famille : **arrondir.**

▸ **rond** n.m. ❶ Cercle. *Dessiner des ronds.* ❷ **En rond,** en cercle. *Les enfants étaient assis en rond.* ❸ **Rond de serviette,** anneau dans lequel on enfile une serviette de table roulée.

▸ **ronde** n.f. ❶ Danse où l'on tourne en rond en se tenant par la main. *Les enfants font une ronde.* ❷ Tournée d'inspection. *Le veilleur de nuit fait des rondes dans l'usine.* ❸ Note de musique qui vaut deux blanches, quatre noires ou huit croches. ❹ **À la ronde,** autour d'un lieu. *Vous ne trouverez pas un commerce à dix kilomètres à la ronde.*

▸ **rondelet, ette** adj. Se dit d'une personne un peu ronde, un peu grosse. *Ma cousine est rondelette.* SYN. **dodu, grassouillet, potelé, replet.** CONTR. **maigrichon.**

▸ **rondelle** n.f. Tranche ronde. *Couper des tomates en rondelles.*

▸ **rondement** adv. Vite et de manière efficace. *L'affaire a été rondement menée.*

▸ **rondeur** n.f. Forme arrondie du corps. *Les rondeurs d'un bébé.* → Vois aussi **rotondité.**

Louis XIV : le Roi-Soleil

Au 17e siècle, Louis XIV gouverne la France en monarque absolu : estimant détenir son pouvoir de Dieu, il contrôle l'ensemble des affaires du royaume et impose une totale obéissance à tous ses sujets. Il veut que son royaume brille sur le monde entier. Durant son long règne (1643-1715), la France devient le pays le plus puissant d'Europe.

La monarchie absolue de droit divin

- À la mort de son père, Louis XIII, en 1643, Louis XIV n'a que 5 ans. C'est sa mère, Anne d'Autriche, et le cardinal Mazarin qui assurent la **régence**.
- En 1654, Louis XIV est **sacré** roi à Reims. Il établit une **monarchie✿ absolue** dite de **droit divin** : il se considère comme le représentant de Dieu et règne seul. Il **administre** le royaume, rend la justice et contrôle tous ses **sujets**.
- En 1662, il choisit le soleil comme **emblème,** car c'est à la fois le **symbole** du dieu Apollon et **l'astre** qui illumine le monde. D'où son surnom de « Roi-Soleil ».

✿ **monarchie** n.f.
→ **monarque** n.m.

Le château de Versailles

- En 1661, Louis XIV décide de transformer un ancien **pavillon de chasse** en immense **palais**. Il fait appel à des **architectes** (Le Vau, Mansart), des peintres (Le Brun) et des jardiniers (Le Nôtre) pour l'aménager.
- Les 400 miroirs de la galerie des Glaces, les **dorures**, les **fresques**, les **marbres** et les **bronzes** composent un décor luxueux à la mesure du **prestige** et de la **gloire** du roi.
- Le parc, **agrémenté** d'innombrables **bassins**, jets d'eau et **sculptures**, comporte aussi une **orangerie** et une **ménagerie**.

Pour en savoir plus

Les mots de l'Histoire

« **L'État, c'est moi !** » se serait écrié Louis XIV face au parlement qui osait discuter les décisions que lui, le roi, avait prises. Cette formule résume bien le pouvoir absolu du souverain : celui de prendre seul les mesures qu'il jugeait nécessaires « dans l'intérêt de l'État ».

Fouquet (à gauche) reçoit Louis XIV à Vaux

La politique de Louis XIV

- Louis XIV règne en **despote** sur le pays. Ses **ministres** le conseillent. Des **intendants** font exécuter ses ordres dans les **provinces**.
- Avec l'aide de Colbert, il encourage le développement **économique** et **commercial**. Il crée des **manufactures** (tapisseries, armes…).
- Il mène de nombreuses guerres. Il fait **fortifier** les villes aux frontières du pays par Vauban.
- Il interdit le **culte protestant** en France : en 1685, il **révoque** l'**édit** de Nantes (signé par Henri IV). Les protestants sont obligés de se **convertir** au catholicisme ou de fuir à l'étranger.

La société sous Louis XIV

- La société sous Louis XIV est très **inégalitaire**.
- Les plus riches (les **nobles** et les membres du **clergé**) ont des **privilèges** et ne paient pas certains impôts.
- Les paysans et les artisans ont de maigres **revenus**. Ils souffrent de **disettes** et de **famines**.

La vie de la cour

- À Versailles, Louis XIV vit entouré de ses **courtisans**, issus de la **noblesse** ou de la riche **bourgeoisie**. Tous **sollicitent** le roi pour obtenir **honneurs**, **faveurs** ou **pensions**. La vie de la **cour**✿ est réglée par l'**étiquette,** principes de conduite fixés par le roi.
- Louis XIV se comporte en **mécène** : il protège et **finance** des artistes, comme Molière, Racine, ou encore le musicien Lully. Fêtes, concerts, ballets, **représentations théâtrales** se succèdent à la cour.

✿ **cour** n.f. → **courtisan** n.m.

Pour en savoir plus

a b c d e f g h i j k l m n o p q r s t u v w x y z

un **rorqual**

▸ **rondin** n.m. Morceau de bois rond et court. *Une cabane en rondins.*

▸ **rond-point** n.m. Carrefour circulaire d'où partent plusieurs routes. *Le rond-point des Champs-Élysées, à Paris.*
● Au pluriel : des **ronds-points.** – La nouvelle orthographe permet d'écrire aussi un **rondpoint,** des **rondpoints,** sans trait d'union.

ronflant, e adj. Qui fait beaucoup d'effet dans un discours. *L'orateur emploie des formules ronflantes.* SYN. **emphatique, grandiloquent, pompeux.**

ronflement n.m. ❶ Bruit que fait une personne qui ronfle. *Tes ronflements m'ont empêché de dormir.* ❷ Bruit sourd et prolongé. *Le ronflement d'un moteur.* SYN. **ronronnement.**
▸▸▸ Mot de la famille de **ronfler.**

ronfler v. (conjug. 3). ❶ Faire du bruit en respirant quand on dort. ❷ Produire un bruit sourd et continu. *Le feu ronfle dans le poêle.*

ronger v. (conjug. 5). ❶ Mordre, couper peu à peu avec les dents. *Le chien ronge un os.* ❷ User, détruire peu à peu une matière. *La rouille ronge le fer.* SYN. **attaquer, entamer, éroder.** ❸ Tourmenter. *Le chagrin la ronge.* SYN. **miner.**

▸ **rongeur** n.m. Mammifère qui a de longues incisives tranchantes avec lesquelles il ronge ses aliments. *Le rat, l'écureuil, le castor sont des rongeurs.*

ronronnement n.m. ❶ Bruit que fait un chat quand il est content. ❷ Bruit sourd et continu. *Le ronronnement d'une chaudière.* SYN. **ronflement.**
▸▸▸ Mot de la famille de **ronronner.**

ronronner v. (conjug. 3). ❶ Pour un chat, faire entendre un petit grondement quand il est content. *Le chat ronronne lorsqu'on le caresse.* ❷ Produire un bruit sourd et régulier en fonctionnant. *Le moteur ronronne.*
● Ce mot s'écrit avec deux **n.**

roquefort n.m. Fromage qui est fait avec du lait de brebis et qui contient des moisissures.

roquet n.m. Petit chien hargneux.

roquette n.f. Projectile muni d'une fusée et utilisé contre les chars.

rorqual n.m. Grande baleine dont la face ventrale est striée, et qui possède une nageoire dorsale.
● Au pluriel : des **rorquals.** – Une espèce est aussi appelée **baleine bleue.** C'est le plus gros des animaux.

rosace n.f. Ornement en forme de fleur décorant la façade d'une église, d'une cathédrale.

une **rosace**

rosbif n.m. Rôti de bœuf.

rose n.f. Fleur dont la tige est garnie d'épines et qui pousse sur le rosier. *Ces roses rouges sont très odorantes.*

▸ **rose** adj. Rouge très pâle. *Des chaussettes roses.* ◆ n.m. Couleur rose. *Aïcha s'habille souvent en rose.*

rosé, e adj. Légèrement teinté de rose. *Un tissu d'un beige rosé.*
▸▸▸ Mot de la famille de **rose.**

roseau n.m. Plante à tige droite et creuse qui pousse au bord des étangs. → Vois aussi **bambou, rotin.**

● Au pluriel : des **roseaux.**

rosée n.f. Fines gouttelettes d'eau qui se déposent, le matin ou le soir, sur les végétaux. *À l'aube, l'herbe du parc était couverte de rosée.*

roseraie n.f. Terrain planté de rosiers.

►►► Mot de la famille de **rose.**

rosette n.f. Insigne fait d'un ruban roulé sur lui-même. *Le préfet portait la rosette de la Légion d'honneur à sa boutonnière.*

rosier n.m. Arbuste épineux qui donne des roses. *Un rosier grimpant.*

►►► Mot de la famille de **rose.**

rosse n.f. Mauvais cheval. ◆ adj. (Sens familier). Méchant. *Tu es rosse, tu aurais pu m'attendre.*

rosser v. (conjug. 3). Mot familier. Battre violemment, rouer de coups. *Il s'est fait rosser par des voyous.*

rossignol n.m. Petit oiseau au plumage brun clair qui a un chant très mélodieux. *Le rossignol chante au crépuscule.*

rot n.m. Renvoi par la bouche des gaz provenant de l'estomac. *Le bébé a fait un rot après avoir bu son biberon.*

rotation n.f. Mouvement circulaire autour d'un axe. *La rotation de la Terre autour du Soleil.*

roter v. (conjug. 3). Mot familier. Faire un rot.

►►► Mot de la famille de **rot.**

rôti n.m. Morceau de viande que l'on fait rôtir au four ou à la broche. *Un rôti de bœuf.* SYN. **rosbif.** *Un rôti de porc.*

● Le **o** prend un accent circonflexe.

►►► Mot de la famille de **rôtir.**

rotin n.m. Tige souple de plusieurs espèces de palmiers d'Asie, avec laquelle on fabrique des petits meubles. *Un fauteuil en rotin.* → Vois aussi **bambou, roseau.**

rôtir v. (conjug. 16). Cuire au four ou à la broche. *Faire rôtir un poulet.*

● Le **o** prend un accent circonflexe.

► **rôtissoire** n.f. Four équipé d'une broche tournante pour faire cuire les rôtis et les volailles.

rotonde n.f. Bâtiment circulaire souvent surmonté d'une coupole.

une **rotonde**

rotondité n.f. Forme ronde, sphérique. *La rotondité de la Terre.*

rotule n.f. Petit os rond et plat situé sur l'avant du genou.

roturier, ère n. Personne qui n'est pas noble.

rouage n.m. Chacune des petites roues d'un mécanisme. *Les rouages d'une montre.* → Vois aussi **engrenage.**

roublard, e adj. et n. Mot familier. Qui est malin et pas toujours honnête. *C'est une roublarde.*

► **roublardise** n.f. Mot familier. Caractère, action d'une personne roublarde. *Il m'a mis en garde contre les roublardises de ce commerçant.* SYN. **ruse.**

rouble n.m. Monnaie de la Russie.

roucoulement n.m. Cri du pigeon et de la tourterelle.

►►► Mot de la famille de **roucouler.**

roucouler v. (conjug. 3). Pour un pigeon, une tourterelle, faire entendre leur cri, le *roucoulement.*

roue n.f. ❶ Pièce en forme de cercle qui tourne autour d'un axe central et qui permet le mouvement. *Les roues d'une bicyclette; les roues dentées d'un engrenage.* SYN. **rouage.** ❷ **Faire la roue,** pour un paon ou un dindon, déployer les plumes de sa queue en éventail; pour une personne, tourner sur soi-même

a b c d e f g h i j k l m n o p q r s t u v w x y z

en s'appuyant alternativement sur les mains et sur les pieds. ❸ **La grande roue,** grand manège forain qui a la forme d'une roue.

roué, e adj. et n. Mot littéraire. Qui est habile et rusé. *Méfie-toi de lui, c'est un homme roué.* SYN. **retors.**

rouer v. (conjug. 3). **Rouer quelqu'un de coups,** le frapper, le battre violemment. → Vois aussi **rosser.**

rouet n.m. Machine faite d'une roue actionnée par une pédale, qui servait à filer la laine. → Vois aussi **quenouille.**

rouge adj. De la couleur du sang, du coquelicot. *De la viande rouge. Du vin rouge.* ◆ adv. **Voir rouge,** être très en colère. ◆ n.m. ❶ Couleur rouge. *Le rouge te va bien. Les voitures s'arrêtent car le feu est au rouge.* ❷ Produit de maquillage plus ou moins rouge. *Du rouge à lèvres.*

▶ **rougeâtre** adj. D'une couleur qui tire sur le rouge. *Des traces rougeâtres.*
● Le **g** est suivi d'un **e** pour prononcer le son [ʒ]. Le **a** prend un accent circonflexe.

▶ **rougeaud, e** adj. et n. Qui a le visage rouge. *Un homme rougeaud.*
● Le **g** est suivi d'un **e** pour prononcer le son [ʒ].

▶ **rouge-gorge** n.m. Petit oiseau à dos brun clair, dont la gorge et une partie de la poitrine sont orange vif.
● Au pluriel : des **rouges-gorges.**

un rouge-gorge

▶ **rougeole** n.f. Maladie contagieuse qui se manifeste par l'apparition de nombreuses petites taches rouges sur la peau.
● Le **g** est suivi d'un **e** pour prononcer le son [ʒ].

▶ **rougeoyer** v. (conjug. 14). Prendre une teinte rougeâtre. *Le ciel rougeoie au soleil couchant.*
● Le **g** est suivi d'un **e** pour prononcer le son [ʒ].

▶ **rouget** n.m. Nom donné à deux sortes de poissons de mer de couleur rouge : le *rouget barbet* et le *rouget grondin.*

un rouget

▶ **rougeur** n.f. Tache rouge sur la peau. *Avoir des rougeurs sur le visage.*

▶ **rougir** v. (conjug. 16). ❶ Devenir rouge. *Les métaux chauffés à une très haute température rougissent.* ❷ Avoir le visage qui devient rouge sous l'effet d'une émotion. *Maxence est timide, il rougit facilement.* ❸ Rendre rouge. *Le froid rougit les mains.*

rouille n.f. Matière d'un brun roux qui se forme sur le fer lorsqu'il est exposé à l'humidité. *Des taches de rouille sont apparues sur la carrosserie de la voiture.*

▶ **rouillé, e** adj. Couvert de rouille. *Ces clous rouillés sont inutilisables.*

▶ **rouiller** v. (conjug. 3). Se couvrir de rouille. *La grille du jardin commence à rouiller.*

roulade n.f. Mouvement qui consiste à rouler sur soi-même en faisant passer les pieds par-dessus la tête. SYN. **culbute, galipette.**
▸▸▸ Mot de la famille de **rouler.**

roulant, e adj. ❶ Que l'on peut déplacer grâce à des roues ou à des roulettes. *Un fauteuil roulant; une table roulante.* ❷ **Tapis roulant, trottoir roulant,** surfaces mobiles qui permettent de transporter des objets, des personnes. *À l'aéroport, les bagages des passagers défilent sur un tapis roulant.* → Vois aussi **escalier.**
▸▸▸ Mot de la famille de **rouler.**

roulé, e adj. **Col roulé,** replié sur lui-même. *Un pull à col roulé.*
▸▸▸ Mot de la famille de **rouler.**

rouleau n.m. ❶ Objet ou appareil en forme de cylindre. *Un rouleau à pâtisserie sert à étaler la pâte.* ❷ **Rouleau compresseur,** gros cylindre métallique qui sert à niveler le sol.

❸ Bande enroulée sur elle-même. *Un rouleau de papier peint.* ❹ Grosse vague qui déferle.
● Au pluriel : des **rouleaux.**
▸▸▸ Mot de la famille de **rouler.**

roulement n.m. ❶ Fait de se remplacer à tour de rôle dans une fonction. *Les ouvriers travaillent par roulement.* ❷ Bruit sourd et continu. *Un roulement de tambour.*
▸▸▸ Mot de la famille de **rouler.**

rouler v. (conjug. 3). ❶ Avancer en tournant sur soi-même. *J'ai fait rouler la boule jusqu'au cochonnet.* ❷ Avancer grâce à des roues. *La voiture roulait à 80 km/h.* ❸ Mettre en rouleau. *Rouler une affiche, un tapis.* SYN. **enrouler.** CONTR. **dérouler.** ❹ (Sens familier). Tromper quelqu'un. *Il a payé sa voiture trop cher, il s'est fait rouler.* SYN. **berner.**

▸ **roulette** n.f. ❶ Petite roue fixée sur certains objets. *Un fauteuil à roulettes.* ❷ Instrument qui tourne très vite et que le dentiste utilise pour creuser une dent cariée. SYN. **fraise.** ❸ Jeu de hasard qui consiste à lancer une petite bille sur un plateau tournant divisé en cases numérotées rouges et noires.

▸ **roulis** n.m. Mouvement d'un bateau d'un bord sur l'autre. *Le roulis me donne le mal de mer.* → Vois aussi **tangage.**
● Ce mot se termine par un **s.**

▸ **roulotte** n.f. Véhicule sur roues aménagé en habitation et tiré par des chevaux ou une voiture. *Les roulottes des forains sont installées sur la place.* → Vois aussi **caravane.**

des roulottes

roumain, e adj. et n. De Roumanie. *La population roumaine. Helena est roumaine. C'est une Roumaine.* ◆ **roumain** n.m. Langue parlée par les Roumains.
● Le nom prend une majuscule quand il désigne une personne : *un Roumain.*

round n.m. Chacune des parties d'un match de boxe. *Le champion a abandonné au cinquième round.* SYN. **reprise.**
● C'est un mot anglais, on prononce [rawnd] ou [rund].

roupiller v. (conjug. 3). Mot familier. Dormir.

rouquin, e adj. et n. Mot familier. Qui a les cheveux roux. *Ma cousine est rouquine.* SYN. **roux.**

rouspéter v. (conjug. 9). Mot familier. Exprimer son mécontentement, son opposition. *Il rouspète sans arrêt.* SYN. **pester.** → Vois aussi **râler.**

▸ **rouspéteur, euse** adj. et n. Mot familier. Qui rouspète souvent. *C'est un rouspéteur.* → Vois aussi **râleur.**

rousseur n.f. **Tache de rousseur,** tache rousse sur la peau. *Charlotte a des taches de rousseur sur les pommettes.*
▸▸▸ Mot de la famille de **roux.**

roussi n.m. Odeur d'une chose qui a légèrement brûlé. *Ça sent le roussi dans la cuisine.* SYN. **brûlé.**
▸▸▸ Mot de la famille de **roux.**

route n.f. ❶ Voie de communication, en dehors des villes. *La route nationale est coupée à cause des travaux.* ❷ Direction à suivre. *Jean m'a indiqué la route pour aller jusqu'à chez lui.* SYN. **chemin, itinéraire.** ❸ **En route, en cours de route,** pendant le trajet. *Nous déjeunerons en route.* ❹ **Faire fausse route,** se tromper de chemin; commettre une erreur de jugement. ❺ **Mettre en route,** mettre en marche, faire fonctionner. *Papi a mis le moteur en route.*

l'intersection de deux routes

▸ **1. routier, ère** adj. ❶ Qui concerne les routes. *Le réseau routier; la sécurité routière.* ❷ **Carte routière,** qui indique les routes.

a b c d e f g h i j k l m n o p q r s t u v w x y z

▶ 2. **routier, ère** n. Conducteur de camions. *Le père de Romain est routier.*

routine n.f. Habitude de penser ou d'agir toujours de la même manière. *Elle part souvent en voyage pour échapper à la routine.* SYN. **train-train.**

rouvrir v. (conjug. 28). Ouvrir de nouveau. *Le magasin rouvre à 14h30.*

roux, rousse adj. D'une couleur orangée, entre le rouge et le brun. *En automne, les feuilles des arbres deviennent rousses. Des cheveux roux; une barbe rousse.* ◆ adj. et n. Qui a les cheveux roux. *Un garçon roux; une petite rousse aux yeux verts.* ◆ n.m. Couleur rousse. *Des cheveux d'un beau roux.* → Vois aussi **blond, brun, châtain.**

royal, e, aux adj. ❶ Du roi ou de la reine. *Le palais royal.* ❷ Digne d'un roi. *Il a reçu un cadeau royal.* SYN. **somptueux.**

● Au masculin pluriel : **royaux.**

▶ **royalement** adv. D'une manière royale, somptueuse. *Nous avons été reçus royalement.*

▶ **royaliste** adj. et n. Partisan de la royauté, de la monarchie. SYN. **monarchiste.**

▶ **royaume** n.m. Pays gouverné par un roi ou une reine. *La Belgique est un royaume.*

▶ **royauté** n.f. ❶ Dignité de roi, de reine. ❷ Régime monarchique. *La révolution de 1789 a aboli la royauté en France.* SYN. **monarchie.**

ruade n.f. Mouvement d'un animal qui rue. *Le cheval a lancé une ruade.*

▶▶▶ Mot de la famille de **ruer.**

ruban n.m. ❶ Étroite bande de tissu qui sert d'ornement. *Léa a mis un ruban dans ses cheveux.* ❷ Bande mince et étroite d'une matière souple. *Du ruban adhésif.*

rubéole n.f. Maladie contagieuse qui ressemble à la rougeole.

rubis n.m. Pierre précieuse de couleur rouge. *Une bague ornée d'un rubis.*

● Ce mot se termine par un **s.**

rubrique n.f. Série d'articles de journaux traitant d'un même sujet. *Mon oncle lit la rubrique sportive du quotidien.*

ruche n.f. Petit abri aménagé pour recevoir un essaim d'abeilles. *Récolter le miel d'une ruche.* → Vois aussi **apiculteur.**

une ruche

rude adj. ❶ Qui est pénible, difficile à supporter. *Un hiver rude.* SYN. **rigoureux.** CONTR. **clément, doux.** *Un travail très rude.* SYN. **pénible.** ❷ Qui manque de délicatesse, qui est brusque. *Une personne un peu rude.* SYN. **bourru.**

▶ **rudement** adv. ❶ Avec dureté, sans ménagement. *Je lui ai parlé un peu rudement.* SYN. **sèchement.** ❷ (Sens familier). Très. *Je suis rudement content de te voir.*

▶ **rudesse** n.f. ❶ Caractère de ce qui est rude, difficile à supporter. *Il ne supporte pas la rudesse du climat.* SYN. **dureté, rigueur.** CONTR. **douceur.** ❷ Manière d'agir rude et brusque. *Il traite ses employés avec rudesse.* SYN. **brusquerie, brutalité.** CONTR. **douceur.**

rudimentaire adj. Faible, limité. *J'ai des connaissances rudimentaires en espagnol.* SYN. **élémentaire.** *Un équipement rudimentaire.* SYN. **sommaire.**

▶▶▶ Mot de la famille de **rudiments.**

rudiments n.m. plur. Notions de base. *Pendant leur voyage, ils ont appris des rudiments d'italien.* SYN. **éléments.**

rudoyer v. (conjug. 14). Traiter avec rudesse, sans ménagement. *Il rudoie les personnes qui l'importunent.* SYN. **malmener, maltraiter.**

▶▶▶ Mot de la famille de **rude.**

rue n.f. ❶ Voie de communication bordée de maisons, dans une ville, un village. *La rue où j'habite est très commerçante.* ❷ **Être à la rue,** être sans abri, sans logement.

ruée n.f. Mouvement rapide d'un grand nombre de personnes dans une même direction. *Au moment des soldes, c'est la ruée vers les grands magasins.*

▸▸▸ Mot de la famille de **ruer.**

ruelle n.f. Petite rue étroite.

▸▸▸ Mot de la famille de **rue.**

ruer et **se ruer** v. (conjug. 3). Pour un cheval, un âne, lancer brutalement ses membres postérieurs vers l'arrière. ◆ **se ruer.** Se lancer sur, se précipiter vers. *Il s'est rué sur son adversaire.* SYN. **foncer, se jeter.** *Les spectateurs se sont rués vers la sortie.*

rugby n.m. Sport opposant deux équipes de quinze joueurs, qui se joue avec les mains et les pieds et qui consiste à déposer ou à envoyer un ballon ovale dans les buts de l'équipe adverse.

● Nom des joueurs : un **joueur de rugby** – ou un **rugbyman** –, une **joueuse de rugby.**

le rugby

rugir v. (conjug. 16). En parlant du lion, de la panthère, de l'otarie et du phoque, faire entendre leur cri, le *rugissement.*

▸ **rugissement** n.m. Cri du lion, de la panthère, de l'otarie et du phoque.

rugosité n.f. ❶ État de ce qui est rugueux. *La rugosité d'une écorce d'arbre.* ❷ Point dur qui dépasse sur une surface. *Les rugosités d'un mur crépi.* SYN. **aspérité.**

▸▸▸ Mot de la famille de **rugueux.**

rugueux, euse adj. Qui est rude au toucher. *Des draps rugueux.* SYN. **râpeux, rêche.** CONTR. **doux, lisse.**

ruine n.f. ❶ Ce qui reste d'un bâtiment qui s'est écroulé, qui a été détruit. *Les ruines d'un château dominent le village.* SYN. **décombres.** ❷ **Tomber en ruine,** s'écrouler petit à petit. *La grange tombe en ruine.* ❸ Fait de perdre ses biens, sa fortune. *Être au bord de la ruine.*

les ruines d'un château

ruiné adj. Qui a perdu sa fortune. *La famille ruinée a dû vendre ses meubles.*

▸▸▸ Mot de la famille de **ruine.**

▸ **ruiner** v. (conjug. 3). Causer la ruine, la perte de la fortune. *La guerre l'a ruiné.*

▸ **ruineux, euse** adj. Qui entraîne de grosses dépenses. *Un train de vie ruineux.*

ruisseau n.m. Petit cours d'eau. *Nous avons pique-niqué au bord d'un ruisseau.*

● Au pluriel : des **ruisseaux.**

ruisseler v. (conjug. 12). Couler, se répandre sans arrêt. *L'eau ruisselle sur le mur.*

▸ **ruissellement** n.m. Action de ruisseler. *Le ruissellement de la pluie sur les vitres et les toits.*

● La nouvelle orthographe permet d'écrire aussi **ruissèlement,** avec un seul **l,** comme dans **ruisseler.**

rumeur n.f. ❶ Bruit confus de voix. *Une rumeur de protestation monte dans l'assemblée.* ❷ Nouvelle qui se répand dans le public. *On dit qu'il a fait faillite, mais ce n'est qu'une rumeur.* SYN. **bruit, ouï-dire.**

ruminant n.m. Mammifère qui rumine. *Le bœuf, la chèvre, le cerf, la girafe sont des ruminants.*

▸▸▸ Mot de la famille de **ruminer.**

ruminer v. (conjug. 3). ❶ En parlant de certains animaux herbivores, ramener les aliments de l'estomac dans la bouche, pour les mâcher. *Les vaches ruminent.* ❷ Penser sans arrêt à la même chose. *Le joueur vaincu rumine sa défaite.* SYN. **remâcher.**

rumsteck n.m. Morceau de bœuf pris dans la croupe. *Une tranche de rumsteck.* → Vois aussi **bifteck, steak.**

● On prononce [rɔmstɛk].

– On peut aussi écrire **romsteck.**

a b

rupestre adj. **Peinture rupestre,** exécutée sur la paroi des roches. *La grotte de Lascaux est couverte de peintures rupestres.*

des peintures rupestres (grotte de Chauvet, France)

j k l m n o p q r s t u v w x y z

rupture n.f. ❶ Fait de se rompre, de se casser. *La rupture d'un câble est à l'origine de la coupure d'électricité.* ❷ Annulation. *La rupture d'un contrat; la rupture d'un mariage.* ❸ Interruption des relations entre deux personnes, deux États. *La rupture des relations diplomatiques entre deux pays. Elle a été très affectée par sa rupture avec son fiancé.* SYN. **séparation.**

rural, e, aux adj. De la campagne; qui concerne la campagne. *Une commune rurale.* CONTR. **urbain.**

● Au masculin pluriel : **ruraux.**

ruse n.f. Moyen habile que l'on utilise pour tromper. *J'ai découvert sa ruse.* SYN. **stratagème, subterfuge.**

▶ **rusé, e** adj. et n. Qui agit avec ruse. *Il est rusé comme un renard.* → Vois aussi **roué.**

▶ **ruser** v. (conjug. 3). Agir avec ruse. *Il a dû ruser pour obtenir ce qu'il voulait.*

russe adj. et n. De Russie. *Les chants russes. Vladimir est russe. C'est un Russe.* ◆ **russe** n.m. Langue parlée par les Russes. → Vois aussi **poupée.**

● Le nom prend une majuscule quand il désigne une personne : *un Russe.*

Rustine n.f. Rondelle adhésive de caoutchouc qui sert à réparer une chambre à air.

● C'est un nom de marque : il s'écrit avec une majuscule dans les textes imprimés.

rustique adj. Se dit de meubles de forme simple, fabriqués dans le style de la campagne.

rustre n.m. Homme grossier et un peu brutal. *Ce rustre aurait pu s'excuser.* SYN. **goujat, malotru, mufle.**

● Ne confonds pas avec **fruste.**

rut n.m. Période pendant laquelle les animaux cherchent à s'accoupler. *Les cerfs brament lorsqu'ils sont en rut.*

● On prononce le **t.**

rutilant, e adj. Qui brille d'un vif éclat. *Une carrosserie rutilante.* SYN. **étincelant.**

rwandais, e adj. et n. Du Rwanda. *La population rwandaise. Benjamin est rwandais. C'est un Rwandais.*

● Le nom prend une majuscule : *un Rwandais.*

rythme n.m. ❶ Mouvement d'une musique. *Marquer le rythme avec son pied.* SYN. **cadence, mesure.** ❷ Allure à laquelle s'effectue une action. *Nous marchons au même rythme. Le rythme cardiaque.*

● Ce mot s'écrit avec un **y** et avec **th.**

▶ **rythmer** v. (conjug. 3). Marquer le rythme. *Les spectateurs rythmaient la chanson en tapant dans leurs mains.*

▶ **rythmique** adj. **Gymnastique rythmique,** où les mouvements sont faits suivant le rythme d'un accompagnement musical.

s' → **se** et → **si**

sa → **son (1)**

sabbat n.m. Dans la religion juive, jour de repos hebdomadaire, consacré à Dieu. *Le sabbat commence le vendredi soir et se termine le samedi soir.*
● On peut aussi dire **shabbat** [ʃabat].

sable n.m. Matière minérale formée de grains très fins provenant de roches ou de coquillages écrasés. *Une plage de sable.*

sablé, e adj. **Pâte sablée,** pâte à tarte très friable.

sabler v. (conjug. 3). ❶ Répandre du sable. *Sabler une route verglacée.* ❷ **Sabler le champagne,** boire du champagne pour fêter un événement.
►►► Mot de la famille de **sable.**

sableux, euse adj. Qui contient du sable. *Une eau sableuse.*
►►► Mot de la famille de **sable.**

sablier n.m. Petit appareil qui est fait de deux récipients communiquant par un étroit conduit où s'écoule du sable fin, et qui sert à mesurer le temps.
►►► Mot de la famille de **sable.**

sablonneux, euse adj. Couvert de sable. *Un chemin sablonneux.*
►►► Mot de la famille de **sable.**

sabord n.m. Ouverture dans le flanc d'un vaisseau, qui servait au tir des canons.

► **saborder** v. (conjug. 3). Couler volontairement un navire pour qu'il ne tombe pas aux mains de l'ennemi.

sabot n.m. ❶ Chaussure creusée dans un morceau de bois, ou faite d'une semelle de bois. *Autrefois, les paysans portaient des sabots.* ❷ Ongle très développé de la patte de certains mammifères. *Les chevaux, les bœufs ont des sabots.*

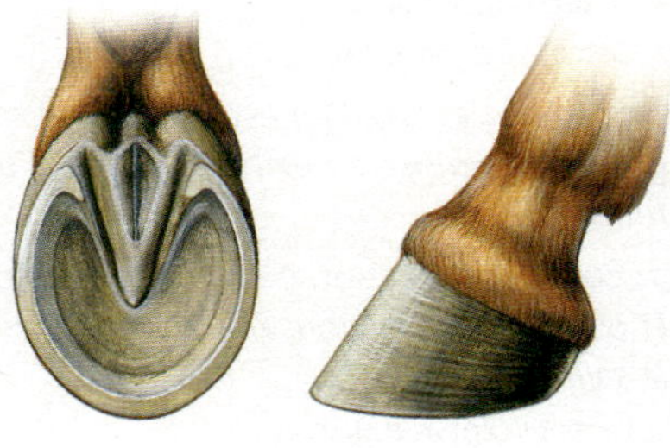

un sabot de cheval

sabotage n.m. Action de saboter. *La coupure d'électricité est due au sabotage des lignes.*
►►► Mot de la famille de **saboter.**

saboter v. (conjug. 3). ❶ Mal faire un travail. *Ce devoir est saboté.* ❷ Détériorer ou détruire volontairement. *Les malfaiteurs avaient saboté la voiture.* → Vois aussi **bâcler.**

► **saboteur, euse** n. Personne qui fait du sabotage.

sabre n.m. Sorte d'épée, à lame droite ou recourbée, qui n'a qu'un seul côté tranchant.

sabre japonais

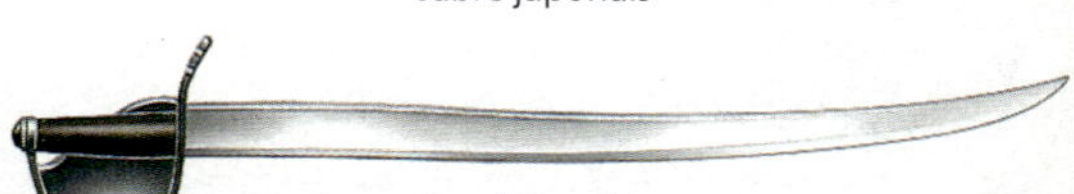

sabre d'abordage

sabre de cavalerie (18e siècle)

des sabres

a b c d e f g h i j k l m n o p q r s t u v w x y z

▶ **sabrer** v. (conjug. 3). Supprimer des passages dans un texte. *Sabrer un article de journal.*

1. **sac** n.m. Objet en matière souple qui s'ouvre par le haut et qui sert à transporter diverses choses. *Mamie a mis ses achats dans un sac à provisions. Elle cherche ses clés dans son sac à main. Les randonneurs transportent leur matériel de camping dans des sacs à dos.*
→ Vois aussi **couchage.**

2. **sac** n.m. **Mettre à sac,** dévaster, piller. *Les assaillants ont mis à sac plusieurs villages.*
→ Vois aussi **pillage.**

saccade n.f. Mouvement brusque et irrégulier. *La voiture avançait par saccades.* SYN. **à-coup, secousse.**
● Ce mot s'écrit avec deux **c.**

▶ **saccadé, e** adj. Qui est brusque et irrégulier. *Les mouvements saccadés d'une machine.*

saccage n.m. Action de saccager quelque chose. *Qui est responsable du saccage de la salle ?*
● Ce mot s'écrit avec deux **c.**
▸▸▸ Mot de la famille de **sac (2).**

saccager v. (conjug. 5). ❶ Mettre à sac. *Saccager une ville.* SYN. **dévaster, piller, ravager.** ❷ Mettre en désordre, détériorer. *Les cambrioleurs ont entièrement saccagé son appartement.*
● Ce mot s'écrit avec deux **c.**
▸▸▸ Mot de la famille de **sac (2).**

sacerdoce n.m. Fonction du prêtre dans diverses religions. *Il exerce son sacerdoce depuis cinq ans.*

▶ **sacerdotal, e, aux** adj. Qui se rapporte au sacerdoce. *Les vêtements sacerdotaux du prêtre.*
● Au masculin pluriel : **sacerdotaux.**

sachet n.m. Petit sac en matière souple. *Un sachet de bonbons; du thé en sachets.*
▸▸▸ Mot de la famille de **sac (1).**

sacoche n.f. Gros sac rigide. *Le facteur a une sacoche à l'avant de son vélo.*
▸▸▸ Mot de la famille de **sac (1).**

sacre n.m. Cérémonie religieuse au cours de laquelle un souverain était couronné. *Le sacre des rois de France.* → Vois aussi **couronnement.**
▸▸▸ Mot de la famille de **sacrer.**

sacré, e adj. ❶ Qui concerne la religion. *Une église, une synagogue, une mosquée sont des édifices sacrés. La musique sacrée.* SYN. **saint.** CONTR. **profane.** ❷ Que l'on doit respecter absolument. *La liberté est un droit sacré.* SYN. **intangible.** *Pour Ahmed, l'amitié est sacrée.*
▸▸▸ Mot de la famille de **sacrer.**

sacrement n.m. Cérémonie religieuse importante, chez les chrétiens. *Le baptême, le mariage sont des sacrements, dans la religion catholique.*
▸▸▸ Mot de la famille de **sacrer.**

sacrer v. (conjug. 3). **Sacrer un roi, un empereur,** le déclarer solennellement roi, empereur, au cours d'une cérémonie religieuse. *Les rois de France étaient sacrés dans la cathédrale de Reims.*

sacrifice n.m. ❶ Offrande faite à une divinité. *Les Romains offraient des animaux en sacrifice.* ❷ Privation volontaire. *Ils ont fait de gros sacrifices pour acheter cette maison.*

▶ **sacrifié, e** adj. **Prix sacrifié,** prix très bas auquel on vend une marchandise.

▶ **sacrifier** et **se sacrifier** v. (conjug. 7). ❶ Tuer un être vivant pour l'offrir en sacrifice à une divinité. SYN. **immoler.** ❷ Abandonner, négliger volontairement une chose au profit d'une autre. *Il a sacrifié sa vie de famille à son travail.* ◆ **se sacrifier.** Se priver, renoncer à ses propres intérêts. *Elle s'est sacrifiée pour ses enfants.*

sacrilège n.m. ❶ Crime commis contre une chose sacrée. *Voler des objets dans une église est un sacrilège.* ❷ Manque de respect. *C'est un sacrilège d'avoir démoli ce monument.*
→ Vois aussi **profanation.**

sacristie n.f. Pièce dans une église où sont rangés les objets du culte.

sadique adj. et n. Qui prend plaisir à faire souffrir les autres.
▸▸▸ Mot de la famille de **sadisme.**

sadisme n.m. Attitude d'une personne sadique.

safari n.m. ❶ Expédition de chasse, en Afrique noire. *Participer à un safari.* ❷ **Safari-photo,** expédition en Afrique noire, destinée à photographier les animaux sauvages.

un safari-photo (Botswana, Afrique)

safran n.m. Poudre jaune qui provient d'une plante et que l'on utilise pour assaisonner les plats. *On met du safran dans la paella.*

saga n.f. Récit de la vie d'une grande famille à travers plusieurs générations. *Ce feuilleton télévisé est une saga.*

sagace adj. Qui a une grande finesse d'esprit, qui comprend vite. *Alexandra a un esprit sagace.* SYN. **perspicace, subtil.**

▸ **sagacité** n.f. Qualité d'une personne sagace. SYN. **perspicacité.**

sagaie n.f. Sorte de javelot utilisé comme arme de guerre ou de chasse par certains peuples.

sage adj. ❶ Qui est plein de bon sens. *Il serait plus sage de reporter notre départ.* SYN. **raisonnable.** ❷ Obéissant et calme. *Les enfants ont été sages.* CONTR. **infernal, insupportable, turbulent.** ◆ n. Personne qui a des connaissances, du bon sens et une grande qualité de jugement. *Se fier au jugement d'un sage.*

▸▸▸ Mot de la même famille : s'assagir.

▸ **sage-femme** n.f. Personne dont le métier consiste à assister les femmes pendant la grossesse et l'accouchement.

● Au pluriel : des sages-femmes.
– La nouvelle orthographe permet d'écrire aussi une sagefemme, des sagefemmes, sans trait d'union.

▸ **sagement** adv. ❶ Avec calme et obéissance. *Les enfants ont attendu très sagement que leurs parents reviennent.* SYN. **tranquillement.** ❷ Avec sagesse et discernement. *Tu as agi sagement.*

▸ **sagesse** n.f. ❶ Bon sens et modération. *Ils ont agi avec sagesse.* SYN. **prudence.** CONTR. **inconscience.** ❷ Comportement d'un enfant calme et obéissant. *Les enfants ont été d'une sagesse exemplaire.* ❸ **Dent de sagesse,** chacune des quatre molaires qui poussent à l'âge adulte.

sagouin, e n. Mot familier. Personne grossière et malpropre. *Il se tient à table comme un sagouin.*

saignant, e adj. Se dit d'une viande très peu cuite. *Un steak saignant.* → Vois aussi bleu.

▸▸▸ Mot de la famille de saigner.

saignement n.m. Écoulement de sang. *J'ai souvent des saignements de nez.*

▸▸▸ Mot de la famille de saigner.

saigner v. (conjug. 3). ❶ Perdre du sang. *Saigner du nez.* ❷ Tuer un animal en l'égorgeant pour qu'il se vide de son sang. *Saigner un porc, un poulet.*

saillant, e adj. Qui avance en dépassant de quelque chose. *Avoir les os saillants.* SYN. **proéminent.** *Des yeux saillants.* SYN. **exorbité, globuleux.**

▸▸▸ Mot de la famille de saillir.

saillie n.f. Partie qui dépasse d'une surface. *L'oiseau est perché sur une saillie du mur de la grange.*

▸▸▸ Mot de la famille de saillir.

saillir v. (conjug. 26). Dépasser d'une surface, former un relief. *On voyait ses côtes saillir sous son polo.*

sain, e adj. ❶ En bonne santé. *Avoir des dents saines.* ❷ Qui est bon pour la santé. *Au bord de la mer, le climat est sain.* SYN. **salubre.** CONTR. **insalubre, malsain.** *Une nourriture saine.* ❸ **Être sain et sauf,** vivant et sans blessure. *Les passagers sont sortis sains et saufs de l'accident.* SYN. **indemne.**

● Ne confonds pas avec saint.

▸▸▸ Mot de la même famille : assainir.

▸ **sainement** adv. D'une manière saine, bonne pour la santé. *Se nourrir sainement.*

sainfoin n.m. Plante fourragère à fleurs roses.

saint, e adj. Qui est consacré à Dieu, qui a un caractère religieux. *Un lieu saint.* SYN. **sacré.** ◆ adj. et n. ❶ Se dit d'une personne qui a été reconnue digne d'un culte par l'Église catholique. *Le calendrier donne la liste des saints. Sainte Cécile est la patronne des musiciens.* ❷ Se dit d'une personne bonne, qui mène une vie exemplaire. *C'est un saint homme.*

● Ne confonds pas avec sain.

saint-bernard n.m. invar. Gros chien de montagne, aux longs poils roux et blancs, dressé pour retrouver les personnes perdues en montagne.

● Ce mot composé ne change pas au pluriel : des **saint-bernard.**

un saint-bernard

sainte-nitouche n.f. Personne qui se donne une apparence de sagesse.

● Au pluriel : des **saintes-nitouches.**

sainteté n.f. ❶ Qualité d'une personne sainte. ❷ **Sa Sainteté,** titre donné au pape.

▸▸▸ Mot de la famille de **saint.**

saisie n.f. ❶ Acte par lequel la justice s'empare des biens d'une personne qui ne peut pas payer ses dettes. ❷ Action de saisir un texte, des données sur un ordinateur. SYN. **frappe.**

▸▸▸ Mot de la famille de **saisir.**

saisir et **se saisir** v. (conjug. 16). ❶ Attraper d'un geste vif. *Il a réussi à saisir une branche.* SYN. **empoigner.** ❷ Comprendre. *Je n'ai pas saisi ce que tu as dit.* ❸ Provoquer une sensation très vive, une émotion très forte. *Anne a été saisie de peur en voyant l'araignée.* ❹ Opérer une saisie. *La justice a saisi tous les biens de la famille.* ❺ **Saisir l'occasion,** en profiter. *J'ai saisi l'occasion pour venir te voir.* ❻ Enregistrer des données, des informations dans la mémoire d'un ordinateur en utilisant le clavier. *Léo a saisi un article pour le journal de l'école.* ◆ **se saisir de.** S'emparer de. *Elle s'est saisie d'un bâton pour se défendre.*

▸▸▸ Mot de la même famille : **insaisissable.**

▸ **saisissant, e** adj. Très surprenant. *La ressemblance entre les deux frères est saisissante.* SYN. **frappant, impressionnant, stupéfiant.**

▸ **saisissement** n.m. Effet provoqué par une émotion, une sensation vive et soudaine. *Les enfants sont restés muets de saisissement devant le sapin de Noël.*

saison n.f. ❶ Chacune des quatre grandes périodes de l'année, qui dure trois mois. *Le printemps, l'été, l'automne et l'hiver sont les quatre saisons.* ❷ Époque de l'année correspondant à une activité particulière. *En Corse, la saison touristique s'achève à l'automne.*

▸ **saisonnier, ère** adj. ❶ Qui n'a lieu qu'à certaines saisons. *La cueillette des fruits est un travail saisonnier.* ❷ Qui est employé pour un travail saisonnier. *Des travailleurs saisonniers font les vendanges.*

salade n.f. ❶ Plante cultivée pour ses feuilles, que l'on mange généralement crues. *La laitue, le cresson, la chicorée sont des salades.* ❷ Plat fait de feuilles de salade ou d'autres légumes crus ou cuits et assaisonnés. *Une salade de tomates; une salade de pommes de terre.* ❸ **Salade de fruits,** mélange de fruits en morceaux.

▸ **saladier** n.m. Grand plat creux dans lequel on sert la salade.

salaire n.m. Somme d'argent qu'une personne reçoit régulièrement de son employeur pour son travail. SYN. **paie, rémunération, rétribution.**

● Ce nom masculin se termine par un **e.**

salamalecs n.m. plur. Mot familier. **Faire des salamalecs,** faire des politesses exagérées, un peu hypocrites.

salamandre n.f. Petit animal qui ressemble à un lézard, qui vit dans l'eau des mares, les forêts et les lieux humides, et dont la peau sécrète un liquide toxique. *La salamandre se nourrit d'insectes et de petits vers.*

● La salamandre est un amphibien.

une salamandre

salami n.m. Gros saucisson sec.

salant, e adj. **Marais salant,** bassin peu profond, situé près de la mer et où on laisse s'évaporer l'eau de mer pour récupérer le sel.
▸▸▸ Mot de la famille de **sel.**

salarial, e, aux adj. Qui concerne les salaires. *La politique salariale d'une entreprise.*
● Au masculin pluriel : **salariaux.**
▸▸▸ Mot de la famille de **salaire.**

salarié, e n. et adj. Personne qui reçoit régulièrement un salaire payé par une entreprise ou une administration en échange de son travail.
▸▸▸ Mot de la famille de **salaire.**

sale adj. ❶ Qui n'est pas propre, pas net. *Tu as les mains sales, va te les laver.* SYN. **dégoûtant.** ❷ (Sens familier). Très désagréable; méprisable. *Quel sale temps!* SYN. **mauvais, vilain.** *Un sale individu.* SYN. **ignoble.**

salé, e adj. Qui contient du sel, qui a un goût de sel. *L'eau de mer est salée. La purée est trop salée.* ◆ n.m. Goût salé. *Certains préfèrent le salé au sucré.* → Vois aussi **acide, amer, sucré.**
▸▸▸ Mot de la famille de **sel.**

salement adv. D'une manière sale, en se salissant. *Mon petit frère mange salement.* CONTR. **proprement.**
▸▸▸ Mot de la famille de **sale.**

saler v. (conjug. 3). Assaisonner avec du sel. *Il ne faut pas trop saler les aliments.*
▸▸▸ Mot de la famille de **sel.**

saleté n.f. ❶ Fait d'être sale; état de ce qui est sale. *Des vêtements d'une saleté repoussante.* SYN. **malpropreté.** CONTR. **propreté.** *Détester la saleté.* SYN. **crasse.** ❷ Chose, matière sales. *La rue est pleine de saletés.*
▸▸▸ Mot de la famille de **sale.**

salière n.f. Petit récipient pour présenter le sel sur la table.
▸▸▸ Mot de la famille de **sel.**

saline n.f. Entreprise qui produit du sel.
▸▸▸ Mot de la famille de **sel.**

salir et **se salir** v. (conjug. 16). Rendre sale. *J'ai sali mon short.* SYN. **tacher.** ◆ **se salir.** ❶ Salir son corps ou ses vêtements. *Je me suis sali en jouant au football.* ❷ Prendre facilement des taches. *Le blanc se salit vite.* → Vois aussi **souiller.**
▸▸▸ Mot de la famille de **sale.**

salissant, e adj. ❶ Qui salit. *Un travail salissant.* ❷ Qui se salit facilement. *Ce chemisier blanc est très salissant.*
▸▸▸ Mot de la famille de **sale.**

salivaire adj. **Glandes salivaires,** glandes qui sécrètent la salive.
▸▸▸ Mot de la famille de **salive.**

salive n.f. Liquide produit par des glandes, qui mouille constamment la bouche et qui aide à digérer les aliments. → Vois aussi **bave.**

▸ **saliver** v. (conjug. 3). Produire soudain de la salive parce qu'un aliment fait envie. *Les enfants salivaient devant le gâteau au chocolat.* → Vois aussi **baver.**

salle n.f. ❶ Pièce destinée à un usage particulier. *Une salle à manger; une salle de bains.* ❷ Grand local à usage public. *Une salle de cinéma.*

▸ **salon** n.m. ❶ Pièce d'une maison où l'on reçoit les invités. *On prendra le café au salon.* ❷ (Avec une majuscule). Exposition périodique permettant aux entreprises de présenter leurs nouveautés. *Le Salon du jouet.* ❸ Nom donné à certains établissements commerciaux. *Un salon de thé; un salon de coiffure.*

salopette n.f. Vêtement fait d'un pantalon prolongé par un haut à bretelles. *Papa met une salopette pour bricoler.*

salpêtre n.m. Poudre blanche qui ressemble à de la moisissure et qui couvre les murs humides.
● Le premier **e** prend un accent circonflexe.

salsifis n.m. Plante cultivée pour sa longue racine d'un blanc jaunâtre, que l'on mange.
● Ce mot se termine par un **s.**

saltimbanque n. Personne qui fait des acrobaties et des tours d'adresse, sur les places ou dans les foires. SYN. **bateleur.**

salubre adj. Qui est bon pour la santé. *Un climat salubre.* SYN. **sain.** CONTR. **insalubre, malsain.**

▸ **salubrité** n.f. Qualité de ce qui est salubre. *Surveiller la salubrité de l'air.* CONTR. **insalubrité.**

saluer v. (conjug. 3). ❶ Dire bonjour ou au revoir à quelqu'un en faisant un salut. *Simon nous a salués d'un signe de tête.* ❷ S'incliner devant le public. *À la fin d'une représentation, les acteurs saluent.*

a b c d e f g h i j k l m n o p q r s t u v w x y z

▸ **1. salut** n.m. Action ou manière de saluer. *En arrivant, Camélia m'a fait un petit salut de la main.* ◆ **salut !** interj. (Mot familier). S'emploie pour dire bonjour ou au revoir. *Salut tout le monde !*

2. salut n.m. Fait d'échapper à un danger, à un malheur. *Sur le point de se noyer, il dut son salut au courage d'un baigneur.*

▸ **salutaire** adj. Qui a un bon effet sur la santé ou sur le comportement d'une personne. *Des vacances salutaires.* SYN. **bienfaisant.** *Tes conseils m'ont été salutaires.* SYN. **profitable.**

salutations n.f. plur. Mot que l'on emploie dans les formules de politesse à la fin des lettres. *Recevez mes meilleures salutations.*
▸▸▸ Mot de la famille de **saluer.**

salvadorien, enne adj. et n. Du Salvador. *Les plantations de café salvadoriennes. Roberto est salvadorien. C'est un Salvadorien.*
● Le nom prend une majuscule : *un Salvadorien.*

salve n.f. Décharge simultanée d'armes à feu ou coups de canon successifs, souvent pour saluer un événement. *Le jubilé de la reine a été salué par une salve de cinquante coups de canon.* → Vois aussi **rafale.**

samedi n.m. Sixième jour de la semaine. *Jonathan a cours de karaté tous les samedis.*

samouraï n.m. Autrefois, guerrier japonais qui était au service d'un seigneur.
● Le **i** prend un tréma.

un samouraï

samovar n.m. Bouilloire à robinet, utilisée notamment en Russie et qui sert à fournir de l'eau chaude pour le thé.

sampan n.m. En Asie, sorte de barque à fond plat munie d'un dôme en bambou pour abriter les passagers. → Vois aussi **jonque.**

S.A.M.U. n.m. Service d'aide médicale d'urgence. *Le S.A.M.U. dispose d'ambulances et d'hélicoptères.*

sanatorium n.m. Établissement de cure où l'on soignait les tuberculeux.
● On prononce [sanatɔrjɔm].

sanction n.f. Punition infligée à quelqu'un qui n'a pas respecté un règlement, une loi. *La maîtresse a pris des sanctions contre les élèves indisciplinés.*

▸ **1. sanctionner** v. (conjug. 3). Infliger une sanction à quelqu'un. *Toute absence non justifiée sera sanctionnée.* SYN. **punir.**

2. sanctionner v. (conjug. 3). Confirmer officiellement. *Un examen sanctionne chaque année d'étude.* SYN. **valider.** → Vois aussi **ratifier.**

sanctuaire n.m. Édifice, lieu où se déroulent des cérémonies religieuses. *Les églises, les temples, les mosquées, les synagogues sont des sanctuaires.*
● Ce nom masculin se termine par un **e.**

sandale n.f. Chaussure faite d'une semelle attachée au pied par des lanières. *Des sandales en cuir.*

▸ **sandalette** n.f. Sandale légère.

sandwich n.m. Aliment constitué de tranches de pain entre lesquelles on met de la charcuterie, du fromage ou d'autres aliments froids. *Aurélie mange un sandwich au jambon.*
● C'est un mot anglais, on prononce [sɑ̃dwitʃ].
– Au pluriel : des **sandwichs** ou des **sandwiches.**

sang n.m. ❶ Liquide rouge qui circule à travers le corps, dans les veines, les artères et les vaisseaux capillaires. *Le sang est composé de plasma, de globules et de plaquettes.* ❷ **En sang,** couvert de sang. *Le blessé était en sang.* SYN. **ensanglanté, sanguinolent.** ❸ (Familier). **Se faire du mauvais sang,** s'inquiéter.
▸▸▸ Mot de la même famille : **exsangue.**

▸ **sang-froid** n.m. Maîtrise de soi, calme que l'on est capable de garder en toute occasion. *Face au danger, les pompiers gardent toujours leur sang-froid.*

▸ **sanglant, e** adj. ❶ Taché de sang. *Un bandage sanglant.* SYN. **ensanglanté, sanguinolent.** ❷ Qui provoque une effusion de sang. *La bataille a été sanglante.* SYN. **meurtrier.**

sangle n.f. Bande large et plate, de cuir ou de toile très solide, qui permet d'attacher, de serrer, de maintenir. *Une vieille valise fermée par des sangles.* → Vois aussi **courroie, lanière.**

sanglier n.m. Porc sauvage à poils raides noirs ou bruns, à grosse tête terminée par un groin, qui vit dans les forêts, la garrigue, le maquis. *Le sanglier s'abrite dans une bauge.*
● Femelle : la laie. Petit : le marcassin. Cri : le grognement, le grommellement ou le nasillement.

un sanglier

sanglot n.m. Contraction saccadée de la poitrine, accompagnée de larmes, qui se produit quand on pleure très fort. *Ma sœur a éclaté en sanglots.*

▸ **sangloter** v. (conjug. 3). Pleurer très fort, avec des sanglots. *Je console mon petit frère qui sanglote.*

sangria n.f. Boisson faite de vin sucré où macèrent des morceaux de fruits.

sangsue n.f. Ver qui vit dans les rivières, la mer et les forêts tropicales humides, et qui suce le sang des animaux vertébrés pour se nourrir. Son corps porte une ventouse à chaque extrémité.
● On prononce [sɑ̃sy].
▸▸▸ Mot de la famille de **sang.**

une sangsue

sanguin, e adj. Relatif au sang, à la circulation du sang. *Le sang circule dans les vaisseaux sanguins. Une transfusion sanguine.*
→ Vois aussi **groupe.**
▸▸▸ Mot de la famille de **sang.**

sanguinaire adj. Qui aime faire couler le sang, qui n'hésite pas à tuer. *Un tyran sanguinaire.* SYN. **cruel.**
▸▸▸ Mot de la famille de **sang.**

sanguinolent, e adj. Mêlé, teinté de sang. *L'infirmier change le bandage sanguinolent.* SYN. **ensanglanté, sanglant.**
▸▸▸ Mot de la famille de **sang.**

sanitaire adj. Qui concerne l'hygiène, la santé publique. *Des contrôles sanitaires sont effectués régulièrement dans les restaurants.* ◆ n.m. plur. Installations et appareils destinés aux soins de propreté et d'hygiène comme les lavabos, les douches, les W.-C., etc. *Les sanitaires d'une colonie de vacances.*
▸▸▸ Mot de la famille de **santé.**

sans préposition. Indique la privation, l'absence, le manque, la négation. *Elle est venue sans son frère. Un immeuble sans ascenseur.* CONTR. **avec.** ◆ **sans que** conjonction. Indique une circonstance non réalisée. *Valentin a rangé sa chambre sans qu'on le lui demande.*

sans-abri n. invar. Personne qui n'a plus de logement et se retrouve à la rue. *Le séisme a fait des milliers de sans-abri.* SYN. **S.D.F., sans-logis.**
● La nouvelle orthographe permet d'écrire aussi des **sans-abris,** avec un **s.**

sans-culotte n.m. Nom donné par les aristocrates aux révolutionnaires qui avaient remplacé la culotte par le pantalon.
● Au pluriel : des **sans-culottes.**

sans-gêne n.m. invar. Comportement d'une personne impolie qui prend ses aises sans se gêner pour les autres. *Ta sœur est d'un sans-gêne incroyable !* SYN. **désinvolture.**
● La nouvelle orthographe permet d'écrire aussi des **sans-gênes,** avec un **s.**

sans-logis n. invar. Sans-abri. SYN. **S.D.F.**
● Ce mot composé ne change pas au pluriel : des **sans-logis.**

sansonnet n.m. Étourneau.

sans-papiers n. invar. Personne étrangère qui ne possède pas de documents qui lui

a b c d e f g h i j k l m n o p q r s t u v w x y z

permettent de justifier de la régularité de sa situation en France.

● La nouvelle orthographe permet d'écrire aussi un **sans-papier,** sans **s.**

sans-plomb n.m. invar. Essence dans laquelle le plomb a été remplacé par d'autres substances moins polluantes.

● Ce mot se termine par un **b.**
– La nouvelle orthographe permet d'écrire aussi des **sans-plombs,** avec un **s.**

santé n.f. ❶ État bon ou mauvais de l'organisme. *Donnez-moi des nouvelles de votre santé. Être en bonne, en mauvaise santé.* ❷ **Santé publique,** ensemble des services chargés de veiller à la bonne santé de la population.

→ planche pp. 60-61.

santon n.m. Petit personnage en terre cuite peinte qui sert à décorer les crèches de Noël.

saoudien, enne adj. et n. De l'Arabie saoudite. *Le pétrole saoudien. Fahd est saoudien. C'est un Saoudien.*

● Le nom prend une majuscule : *un Saoudien.*

saoul, saouler → soûl, soûler

saper v. (conjug. 3). Détruire petit à petit en creusant. *La mer sape la falaise.* SYN. **éroder.**

sapeur-pompier n.m. Pompier.

● Au pluriel : des **sapeurs-pompiers.**

saphir n.m. Pierre précieuse de couleur bleue.

sapin n.m. Grand conifère qui pousse surtout en montagne et qui produit de la résine. *Nous avons décoré le sapin de Noël.* → Vois aussi **épicéa.**

un sapin

sarabande n.f. Vacarme causé par des jeux bruyants. *On a fait une de ces sarabandes à l'anniversaire de Paul !* SYN. **tapage.**

sarbacane n.f. Long tuyau dans lequel on souffle pour lancer de petits projectiles. *Pierre lance des boulettes de papier avec sa sarbacane.*

sarcasme n.m. Moquerie insultante. *Il m'a répondu par des sarcasmes.* SYN. **raillerie.**

▶ **sarcastique** adj. Moqueur et méchant. *Un rire sarcastique.*

sarcler v. (conjug. 3). Enlever, arracher les mauvaises herbes d'un terrain cultivé. *Le vigneron a sarclé la vigne.* → Vois aussi **désherber.**

sarcophage n.m. Cercueil, en pierre ou en bois, de l'Antiquité et du Moyen Âge. *Les sarcophages égyptiens renfermaient des momies.*

un sarcophage égyptien

sardine n.f. Petit poisson de mer au dos bleu-vert, qui vit en bancs. *Manger des sardines grillées, des sardines à l'huile.*

sari n.m. En Inde, vêtement traditionnel des femmes, fait d'un long morceau de soie ou de coton drapé autour du corps.

sarment n.m. Jeune branche de la vigne. *Tailler des sarments.*

sarrasin n.m. Céréale dont les grains noirs sont moulus pour faire de la farine. *Des crêpes de sarrasin.* SYN. **blé noir.**

● Ce mot s'écrit avec deux **r.**

du sarrasin

sas n.m. Petite pièce fermée par deux portes, permettant le passage entre une pièce et le milieu extérieur ou entre deux pièces. *Le sas d'un sous-marin. Pour entrer dans la banque, les clients passent par un sas de sécurité.*
● On prononce le **s** final : [sas].

satané, e adj. Mot familier. Exaspérant. *Ce satané bus est encore en retard !* SYN. **maudit.**

satanique adj. Qui fait penser au diable. *Une ruse satanique.* SYN. **démoniaque, diabolique.**

satellite n.m. ❶ Astre qui tourne autour d'une planète. *La Lune est le satellite de la Terre.* ❷ Engin placé en orbite autour de la Terre ou d'une autre planète par une fusée ou une navette. *Un satellite permet d'observer et de photographier la Terre, de retransmettre des émissions de télévision et d'acheminer des communications téléphoniques.*
● Ce mot s'écrit avec deux **l.**

un satellite en orbite

satiété n.f. **À satiété,** jusqu'à ce qu'on n'ait plus envie de rien. *Manger, boire à satiété.*
● On prononce [sasjete].
▸▸▸ Mot de la même famille : **insatiable.**

satin n.m. Étoffe lisse et brillante. *Une robe de satin.*

▸ **satiné, e** adj. Qui a l'apparence du satin. *Une peinture satinée.*

satire n.f. Critique qui se moque des défauts d'une société ou d'une personne. *Ce film est une satire du monde du spectacle.*
● Ne confonds pas avec un **satyre.**

▸ **satirique** adj. Qui critique en se moquant. *Un journal satirique.*

satisfaction n.f. ❶ Contentement, plaisir que l'on éprouve quand on a ce qu'on désire ou quand on a réussi quelque chose. *Son travail lui donne beaucoup de satisfaction.* SYN. **joie.** CONTR. **déception, mécontentement.** ❷ **Obtenir satisfaction,** obtenir ce que l'on réclamait. *Après des jours de négociation, les employés de l'usine ont obtenu satisfaction.*
▸▸▸ Mot de la famille de **satisfaire.**

satisfaire v. (conjug. 70). ❶ Répondre aux souhaits, aux attentes de quelqu'un. *Son travail le satisfait. On ne peut pas satisfaire tout le monde.* SYN. **contenter.** ❷ Remplir les conditions demandées, être conforme à ce qui est exigé. *Les jouets doivent satisfaire aux normes de sécurité européennes.*

▸ **satisfaisant, e** adj. ❶ Qui correspond à ce que l'on souhaitait. *Un accord satisfaisant.* SYN. **convenable.** ❷ Qui est bon sans être excellent. *Ton travail est satisfaisant.* SYN. **honorable.**
● On prononce [satisfəzɑ̃].

▸ **satisfait, e** adj. Qui est content, qui manifeste de la satisfaction. *La maîtresse est satisfaite de notre travail.* CONTR. **mécontent.**

saturation n.f. Fait d'être saturé, de ne pouvoir contenir plus. *La saturation du marché des téléphones portables.*
▸▸▸ Mot de la famille de **saturé.**

saturé, e adj. ❶ Qui est imprégné à l'excès de quelque chose. *Les champs sont saturés d'eau.* ❷ Qui est encombré à l'excès. *L'autoroute est saturée aux heures de pointe.*

satyre n.m. Divinité grecque des bois qui a des jambes de bouc, de longues oreilles pointues, des cornes, une queue, et le corps couvert de poils.
● Ce mot s'écrit avec un **y.** – Ne confonds pas avec une **satire.**

sauce n.f. Liquide plus ou moins épais que l'on sert avec certains plats. *Sébastien mange des spaghettis à la sauce tomate.*

▸ **saucer** v. (conjug. 4). Essuyer la sauce avec un morceau de pain. *Saucer son assiette.*

▸ **saucière** n.f. Récipient dans lequel on sert une sauce.

saucisse n.f. Charcuterie faite le plus souvent de viande de porc hachée et assaisonnée, entourée d'un boyau et qui se mange cuite.

▸ **saucisson** n.m. Grosse saucisse cuite ou séchée, qui se mange froide. *Adrien mange une rondelle de saucisson.*

1. **sauf, sauve** adj. Qui est hors de danger, qui a échappé à la mort. *Dans la catastrophe aérienne, dix-huit passagers seulement ont eu la vie sauve.* → Vois aussi **sain.**

a b c d e f g h i j k l m

2. sauf préposition. À l'exception de. *Tous mes amis étaient là, sauf toi.* SYN. **à part, excepté, hormis.**

sauge n.f. Plante dont certaines variétés sont utilisées pour parfumer les plats.

la sauge

saugrenu, e adj. Qui est inattendu, qui surprend par sa bizarrerie et son manque de logique. *Quelle idée saugrenue !* SYN. **extravagant, farfelu.** → Vois aussi **biscornu.**

saule n.m. Arbre aux longues branches flexibles, qui pousse dans les lieux humides ou au bord de l'eau.

● Ce nom masculin se termine par un **e.**

un saule pleureur

saumâtre adj. **Eau saumâtre,** eau qui a un léger goût de sel car elle est mêlée d'eau de mer. *L'eau des estuaires est saumâtre.*

● Le second **a** prend un accent circonflexe.

saumon n.m. Gros poisson qui vit dans la mer et remonte les fleuves pour pondre ses œufs. *Le saumon se mange frais ou fumé.*

un saumon

saumure n.f. Eau salée et aromatisée, dans laquelle on conserve certains aliments. *On conserve les olives dans la saumure.*

sauna n.m. Établissement où l'on prend des bains de vapeur très chaude.

saupoudrer v. (conjug. 3). Répandre légèrement une matière en poudre sur quelque chose. *Jessie saupoudre sa crêpe de sucre.*

saur adj.m. **Hareng saur,** hareng salé puis séché à la fumée.

saurien n.m. Reptile qui a le corps couvert d'écailles. *Le lézard, le caméléon, l'iguane sont des sauriens.*

saut n.m. ❶ Mouvement que l'on fait en s'élevant au-dessus du sol. *Hamidou a franchi la flaque d'un saut.* SYN. **bond.** *Mon grand frère fait du saut en hauteur.* ❷ **Faire un saut quelque part,** y passer sans s'attarder. *J'ai fait un saut chez Sabri après l'école.*

● Ne confonds pas avec **sceau, seau** ou **sot.**

▸▸▸ Mots de la même famille : **sursaut, sursauter.**

▸ **saute** n.f. Changement brusque. *Une saute de vent; une saute de température. Avoir des sautes d'humeur.*

▸ **saute-mouton** n.m. invar. Jeu où l'on doit sauter jambes écartées par-dessus un autre joueur qui se tient courbé. *Jouer à saute-mouton.*

● La nouvelle orthographe permet d'écrire aussi des **saute-moutons,** avec un **s.**

▸ **sauter** v. (conjug. 3). ❶ S'élever au-dessus du sol et retomber. *Les kangourous sautent pour se déplacer.* ❷ S'élancer d'un lieu élevé vers le bas. *Le nageur a sauté du plongeoir.* ❸ S'élancer en faisant un saut, se précipiter. *Le chat a sauté sur la souris.* SYN. **bondir.** *Julie m'a sauté au cou.* ❹ Passer sur quelque chose en lisant ou en écrivant. *J'ai sauté quelques pages de mon livre.* ❺ Être détruit par une explosion. *Le car a sauté sur une mine.* ❻ **Faire sauter un aliment,** le faire cuire à feu vif dans un corps gras. *Faire sauter des pommes de terre.* SYN. **revenir, rissoler.**

u v w x y z

▶ **sauterelle** n.f. Insecte vert ou jaune aux longues antennes et aux grandes ailes, qui se déplace en sautant sur ses puissantes pattes arrière. *La sauterelle mâle fait entendre un chant strident en frottant ses ailes l'une contre l'autre.* → Vois aussi **criquet.**

une **sauterelle**

▶ **sautiller** v. (conjug. 3). Faire de petits sauts. *Le moineau sautille sur la branche.*

▶ **sautoir** n.m. ❶ Endroit aménagé pour le saut en hauteur ou en longueur. ❷ Très long collier qui descend sur la poitrine.

sauvage adj. ❶ Qui vit en liberté dans la nature. *Un lion est un animal sauvage.* CONTR. **domestique, familier.** ❷ Qui pousse naturellement, sans qu'on le cultive. *Le coquelicot est une fleur sauvage.* CONTR. **cultivé.** ❸ Où il n'y a aucune culture et où n'habite personne. *Une région, une côte sauvages.* ❹ Brutal et féroce. *Une répression sauvage.* ◆ adj. et n. ❶ Qui est très timide et semble fuir les autres. *C'est une fillette assez sauvage.* SYN. **farouche.** CONTR. **sociable.** ❷ Qui est brutal et grossier. *Il est parti comme un sauvage, sans dire au revoir.* ❸ Qui fait preuve de barbarie et de cruauté. SYN. **barbare.** ❹ Qui vit à l'écart des autres civilisations. *Des tribus sauvages peuplent la forêt amazonienne.*

▶ **sauvagement** adv. Avec sauvagerie. *La victime a été sauvagement assassinée.* SYN. **cruellement.**

▶ **sauvagerie** n.f. Comportement violent et cruel. *La victime a été battue à mort avec sauvagerie.* SYN. **barbarie, cruauté, férocité.**

sauvegarde n.f. ❶ Protection fournie par une autorité. *Le témoin a été placé sous la sauvegarde de la police.* ❷ Personne, animal ou chose servant de protection, de défense.

▶ **sauvegarder** v. (conjug. 3). Mettre à l'abri de toute atteinte. *Pour sauvegarder les forêts, il faut empêcher les incendies et favoriser le reboisement.* SYN. **préserver, protéger.**

sauve-qui-peut n.m. invar. Fuite désordonnée de personnes prises de panique. *Au moment de l'explosion, ce fut un sauve-qui-peut général.* SYN. **débandade.**

sauver et **se sauver** v. (conjug. 3). ❶ Faire échapper à un danger. *Papa a sauvé un baigneur qui allait se noyer.* ❷ Faire échapper à la destruction, à la disparition. *Ils ont pu sauver quelques meubles avant la montée des eaux.* ◆ **se sauver.** S'enfuir à toute vitesse. *Le chat s'est sauvé quand il m'a vu.* SYN. **s'échapper, s'enfuir, fuir.**

▶ **sauvetage** n.m. Opération entreprise pour porter secours à des personnes en danger. *Le sauvetage d'un alpiniste.* → Vois aussi **gilet.**

▶ **sauveteur** n.m. Personne qui prend part à une opération de sauvetage. *Les sauveteurs ont retrouvé plusieurs personnes sous les décombres.* → Vois aussi **secouriste.**

▶ à la **sauvette** adv. Très vite et discrètement. *Ils se sont vus à la sauvette.*

▶ **sauveur** n.m. Personne qui sauve ou a sauvé quelqu'un. *Ce chirurgien est mon sauveur !*

savamment adv. ❶ De façon savante. *Parler savamment d'un sujet.* ❷ Avec beaucoup d'habileté. *Une intrigue savamment construite.* SYN. **adroitement, habilement.**

▸▸▸ Mot de la famille de **savoir.**

savane n.f. Immense plaine des régions tropicales à saison sèche marquée, où poussent de hautes herbes et quelques arbres. *Les zèbres, les girafes et les lions vivent dans la savane africaine.*

savant, e adj. ❶ Qui sait beaucoup de choses. *Mon oncle est très savant en géographie.* SYN. **érudit, instruit.** CONTR. **ignorant.** ❷ Qui est difficile à comprendre. *Cette émission est trop savante pour des enfants.* ❸ **Animal savant,** animal dressé pour faire des exercices difficiles. *Au cirque, nous avons vu des chiens savants.* ◆ n.m. Scientifique qui a beaucoup fait progresser la discipline dans laquelle il travaille. *Louis Pasteur et Marie Curie furent de grands savants.*

▸▸▸ Mot de la famille de **savoir.**

savate n.f. Vieille pantoufle ou vieille chaussure. *Traîner chez soi en savates.*

saveur n.f. Goût caractéristique d'un aliment, d'une boisson. *Les kiwis ont une saveur acidulée.*

savoir v. (conjug. 36). ❶ Avoir connaissance de quelque chose, en être informé. *Est-ce que tu sais la nouvelle ?* SYN. **connaître.** CONTR. **ignorer.** *Nous savons qu'il est malade.* ❷ **Faire savoir,** informer. *Il nous a fait savoir qu'il ne viendrait pas.* ❸ Avoir en mémoire quelque chose qu'on a appris. *Djamila sait sa leçon.* SYN. **connaître.** ❹ Être capable de faire quelque chose. *Jean sait nager.*

▶ **savoir** n.m. Ensemble des connaissances. *Une femme d'un grand savoir.* SYN. **culture, érudition, instruction.**

▶ **savoir-faire** n.m. invar. Habileté acquise par l'expérience dans l'exercice d'un métier. *Ce menuisier a un grand savoir-faire.*

▶ **savoir-vivre** n.m. invar. Connaissance et mise en pratique des règles de la politesse. *Manquer de savoir-vivre.* SYN. **éducation.**

savon n.m. Produit qui sert à laver et qui mousse; morceau moulé et dur de ce produit. *Acheter du savon liquide. Un savon mouillé glisse facilement des mains.*

▶ **savonner** v. (conjug. 3). Laver avec du savon. *Maman savonne le linge.*

▶ **savonnette** n.f. Petit savon pour la toilette. *Une savonnette parfumée à la rose.*

▶ **savonneux, euse** adj. Qui contient du savon. *De l'eau savonneuse.*

savourer v. (conjug. 3). Manger lentement pour bien apprécier le goût de quelque chose. *Anne savoure sa mousse au chocolat.* SYN. **déguster.**

▸▸▸ Mot de la famille de **saveur.**

savoureux, euse adj. Qui a un goût délicieux. *Cette tarte aux fraises est savoureuse.* SYN. **exquis, succulent.**

▸▸▸ Mot de la famille de **saveur.**

saxophone n.m. Instrument de musique à vent en cuivre. *Papa joue du saxophone.*

● On emploie souvent l'abréviation **saxo.**

– Noms des musiciens : un ou une **saxophoniste.**

un saxophone

saynète n.f. Petite pièce de théâtre comique à deux ou trois personnages. → Vois aussi **sketch.**

● Ce mot s'écrit avec un **y.**

sbire n.m. Individu chargé d'exécuter des actions malhonnêtes et d'exercer des violences pour le compte de quelqu'un.

scabreux, euse adj. Qui risque de choquer la pudeur. *Raconter une plaisanterie scabreuse.* SYN. **indécent, osé.**

scalp n.m. Peau du crâne avec les cheveux, que certains Indiens d'Amérique du Nord découpaient sur la tête de leurs ennemis.

scalpel n.m. Instrument de chirurgie à lame étroite très coupante. SYN. **bistouri.**

scalper v. (conjug. 3). Arracher le cuir chevelu. *Certains Indiens scalpaient leurs ennemis.*

▸▸▸ Mot de la famille de **scalp.**

scandale n.m. ❶ Ce qui cause un mouvement d'indignation dans l'opinion publique. *C'est un scandale de voir tant de sans-abri dans un pays si riche !* SYN. **honte.** ❷ Protestation bruyante faite devant tout le monde. *Un client mécontent a fait un scandale dans le magasin.* SYN. **esclandre.**

▶ **scandaleux, euse** adj. Révoltant. *Sa conduite est scandaleuse.* SYN. **honteux.**

▶ **scandaliser** v. (conjug. 3). Provoquer l'indignation. *Son insolence nous a scandalisés.* SYN. **indigner, révolter.**

scander v. (conjug. 3). Marquer le rythme d'une phrase en détachant bien les syllabes. *Les manifestants scandent des slogans.*

scandinave adj. et n. De Scandinavie. *La Suède, la Norvège, le Danemark, la Finlande sont des pays scandinaves. Ingrid est scandinave. C'est une Scandinave.*

● Le nom prend une majuscule : *un Scandinave.*

1. **scanner** n.m. ❶ Appareil de radiologie qui permet d'examiner l'intérieur du corps et d'en donner des images très précises sur un écran d'ordinateur. *La tumeur du malade a été détectée au scanner.* ❷ Appareil servant à numériser un document (texte ou image).

● C'est un mot anglais, on prononce [skanɛr]. – Il s'écrit avec deux **n.**

2. **scanner** v. (conjug. 3). Numériser un document à l'aide d'un scanner.

● On prononce [skane].

scaphandre n.m. Équipement constitué d'une combinaison étanche et d'un casque qui permet de respirer au fond de l'eau ou dans l'espace.

▶ **scaphandrier** n.m. Plongeur qui travaille sous l'eau, équipé d'un scaphandre. *Des scaphandriers ont exploré l'épave du paquebot.* → Vois aussi **homme-grenouille.**

scarabée n.m. Gros insecte volant qui a des antennes et qui ressemble un peu au hanneton. *Le scarabée est un coléoptère qui se nourrit d'excréments et de débris végétaux.*
● Ce nom masculin se termine par un **e.**

un scarabée

scarlatine n.f. Maladie contagieuse qui se manifeste par une forte fièvre et par l'apparition de plaques rouges sur le corps et dans la bouche.

sceau n.m. Cachet officiel qui sert à apposer une marque sur un document pour en garantir l'authenticité ou en empêcher l'ouverture. *Cette lettre porte le sceau du ministère.*
● Le son [s] s'écrit **sc.** – Au pluriel : des **sceaux.** – Ne confonds pas avec **seau, saut** ou **sot.**

scélérat, e n. Personne sans scrupule, capable de commettre des actions condamnables. *C'est un scélérat, je n'ai aucune confiance en lui !* SYN. **canaille, crapule, gredin.**
● Le son [s] s'écrit **sc.**

sceller v. (conjug. 3). ❶ Fixer solidement à l'aide de ciment ou d'une autre matière. *Sceller un lavabo dans le mur.* CONTR. **desceller.** ❷ Fermer de manière hermétique. *Les abeilles scellent les alvéoles de leur nid.* ❸ Apposer un sceau sur un document. *Sceller un document.*
● Le son [s] s'écrit **sc.** – Ne confonds pas avec **seller.**
▶▶▶ Mot de la famille de **sceau.**

scellés n.m. plur. Bande fixée par deux cachets de cire portant un sceau officiel pour interdire l'ouverture d'un local ou d'un meuble. *L'huissier a apposé des scellés sur la porte de l'appartement.*
● Le son [s] s'écrit **sc.**
▶▶▶ Mot de la famille de **sceau.**

scénario n.m. Texte qui décrit scène par scène le déroulement d'un film. → Vois aussi **script.**
● Le son [s] s'écrit **sc.**

▶ **scénariste** n. Auteur de scénarios.

scène n.f. ❶ Partie d'un théâtre, d'une salle de concerts où se déroule le spectacle. *Les acteurs jouent sur la scène.* ❷ **Mettre en scène,** monter un spectacle, réaliser un film. ❸ Chacune des parties d'un acte d'une pièce de théâtre. *Les comédiens répètent la dernière scène de l'acte III.* ❹ Action d'une pièce de théâtre. *La scène se déroule à Naples au 19e siècle.* ❺ Action, événement dont on est le témoin. *J'ai assisté à une scène étonnante dans le métro.* ❻ **Faire une scène,** se mettre en colère, s'énerver. ❼ **Scène de ménage,** dispute entre époux.
● Le son [s] s'écrit **sc.**

scepticisme n.m. Attitude d'une personne sceptique, qui doute. *Il m'a écouté avec scepticisme.* SYN. **incrédulité.**
▶▶▶ Mot de la famille de **sceptique.**

sceptique adj. et n. Qui doute de ce qu'on lui dit, qui ne croit pas facilement quelque chose. *Il est sûr de réussir, mais, personnellement, je suis sceptique.* SYN. **incrédule.**
● Le son [s] s'écrit **sc.** – Ne confonds pas avec **septique.**

sceptre n.m. Bâton décoré qui représente l'autorité d'un souverain. *Les rois et les empereurs recevaient le sceptre le jour de leur sacre.*
● Le son [s] s'écrit **sc.** – Ne confonds pas avec **spectre.**

Charles VII portant le sceptre

schéma n.m. Dessin simplifié fait pour expliquer quelque chose. *L'institutrice a fait le schéma d'une écluse.*
● On prononce [ʃema].

a b c d e f g h i j k l m n o p q r s t u v w x y z

▶ **schématique** adj. ❶ Présenté sous forme de schéma. *Une coupe schématique de l'appareil digestif.* ❷ Très simplifié. *Voici un plan schématique du quartier. Votre interprétation est un peu schématique.* SYN. **sommaire.**

schiste n.m. Roche qui se fend facilement en lames. *L'ardoise est du schiste.*
● On prononce [ʃist].

schuss adv. et n.m. Descente à skis en suivant la plus forte pente et sans ralentir. *Descendre tout schuss ; faire un schuss.*
● On prononce [ʃus].

sciatique n.f. Irritation douloureuse du nerf qui part de la hanche et parcourt la jambe jusqu'au pied.
● Le son [s] s'écrit **sc.**

scie n.f. Outil fait d'une lame d'acier dentée, qui sert à couper le bois ou le métal. *Le menuisier débite une planche à la scie électrique.*
● Le son [s] s'écrit **sc.**
▸▸▸ Mot de la famille de **scier.**

sciemment adv. En sachant parfaitement ce qu'on dit et ce qu'on fait. *J'ai posé la question sciemment.* SYN. **exprès, volontairement.**
● Le son [s] s'écrit **sc.** – On écrit **emment** mais on prononce [amɑ̃], comme **amant.**

science n.f. Ensemble des connaissances humaines sur la nature et l'être humain. *La science progresse constamment.* SYN. **savoir.** ♦ n.f. plur. Branches de la connaissance où l'observation, la description et l'explication précises de phénomènes jouent un rôle essentiel. *La chimie, la physique, la biologie, les mathématiques sont des sciences.*
● Le son [s] s'écrit **sc.**

▶ **science-fiction** n.f. **Film, roman de science-fiction,** qui racontent des histoires qui se passent dans un futur imaginaire.
→ Vois aussi **anticipation.**

▶ **scientifique** adj. ❶ Qui concerne les sciences. *La recherche scientifique; une revue scientifique.* ❷ Qui a la précision et la rigueur de la science. *Donner une explication scientifique d'un phénomène naturel.* ♦ n. Spécialiste d'une science. *Cette physicienne est une grande scientifique.*

scier v. (conjug. 7). Couper avec une scie. *Le menuisier scie des planches.*
● Le son [s] s'écrit **sc.**

▶ **scierie** n.f. Entreprise où l'on scie les troncs d'arbres pour faire des poutres, des planches, etc.
● On prononce [siri].

scinder v. (conjug. 3). Séparer en deux ou plusieurs parties. *Pour l'entraînement, on a scindé l'équipe en deux groupes.* SYN. **diviser, fractionner.**
● Le son [s] s'écrit **sc.**

scintillement n.m. Éclat de ce qui scintille. *Le scintillement d'une pierre précieuse à la lumière.*
● Le son [s] s'écrit **sc.**
▸▸▸ Mot de la famille de **scintiller.**

scintiller v. (conjug. 3). Briller en jetant par intervalles des éclats de lumière. *Les étoiles scintillent dans le ciel.* SYN. **étinceler.**
● Le son [s] s'écrit **sc.**

scission n.f. Séparation qui se produit dans un groupe, et qui entraîne la création d'un nouveau groupe. *De profondes divergences d'opinions ont provoqué une scission du parti.*
● Le son [s] s'écrit **sc.**

sciure n.f. Poussière qui tombe du bois que l'on scie. *Un tas de sciure.*
● Le son [s] s'écrit **sc.**
▸▸▸ Mot de la famille de **scier.**

sclérose n.f. Durcissement d'un organe ou d'un tissu du corps. *Avoir une sclérose des artères.*

scolaire adj. Qui concerne l'école, l'enseignement. *Le travail scolaire; l'année scolaire.*

▶ **scolariser** v. (conjug. 3). Envoyer à l'école, faire suivre un enseignement scolaire. *En France, les enfants sont scolarisés jusqu'à 16 ans.*

▶ **scolarité** n.f. ❶ Fait d'aller à l'école. *En France, la scolarité est obligatoire de 6 ans à 16 ans.* ❷ Ensemble des études scolaires; durée des études. *Ma mère a fait toute sa scolarité en province.*

scoliose n.f. Déviation de la colonne vertébrale. *Jean fait de la gymnastique chez un kinésithérapeute pour soigner sa scoliose.*

scolopendre n.f. Mille-pattes venimeux des régions tropicales et méditerranéennes. *La morsure de la scolopendre est douloureuse.*
● Nom du genre féminin : **une scolopendre.**

une **scolopendre**

scoop n.m. Information sensationnelle donnée avant tout le monde par un journaliste. *Le maire va se marier, c'est un scoop !*
● C'est un mot anglais, on prononce [skup]. – Il vaut mieux dire **exclusivité** ou **primeur.**

scooter n.m. ❶ Véhicule à moteur qui a deux petites roues et un petit plancher pour reposer les pieds. ❷ **Scooter des mers,** engin muni d'un guidon et monté sur des skis, utilisé pour se déplacer sur l'eau.
● C'est un mot anglais, on prononce [skutœr]. – La nouvelle orthographe permet d'écrire aussi **scooteur.**

scorbut n.m. Maladie due à un manque de vitamine C et qui se caractérise notamment par la chute des dents. *Autrefois, les marins avaient le scorbut parce qu'ils ne mangeaient ni fruits ni légumes frais pendant les traversées en mer.*
● On prononce le **t** : [skɔrbyt].

score n.m. Nombre de points obtenus par chaque joueur ou par chaque équipe dans un match. *Le score est de deux buts à un.*
● Ce nom masculin se termine par un **e.**

scories n.f. plur. Déchets qui restent quand on fond du minerai de fer pour obtenir du métal.

scorpion n.m. Animal invertébré des pays chauds qui a une carapace, quatre paires de pattes et deux grandes pinces, et dont la queue se termine par un aiguillon venimeux.
● Les scorpions sont des arachnides, comme les araignées et les acariens.

un **scorpion**

Scotch n.m. Ruban adhésif transparent. *Acheter un rouleau de Scotch.*
● C'est un nom de marque : il s'écrit avec une majuscule dans les textes imprimés.

▶ **scotcher** v. (conjug. 3). Coller avec du Scotch. *Alexandre scotche son dessin sur le mur.*

scout n.m. Jeune garçon qui fait partie d'une association de scoutisme. *Les scouts partent souvent camper en forêt.* ◆ adj. Qui concerne le scoutisme. *Un camp scout.* → Vois aussi **louveteau.**

▶ **scoutisme** n.m. Organisation mondiale regroupant de nombreuses associations, qui a pour but la formation physique et morale des enfants et des adolescents.

Scrabble n.m. Jeu qui consiste à former, avec des lettres prises au hasard, des mots que l'on place sur une grille.
● C'est un nom de marque : il s'écrit avec une majuscule dans les textes imprimés.

scribe n.m. Dans l'Antiquité égyptienne, homme chargé de rédiger des textes administratifs ou religieux. *Les scribes écrivaient sur du papyrus.*

→ planches pp. 368-369, 374-375.

script n.m. ❶ Scénario d'un film comportant en plus les indications de mise en scène. ❷ Type d'écriture simplifiée, composée de lettres séparées les unes des autres. → Vois aussi **cursive.**

scripte n. Personne chargée de noter tous les détails de chaque scène d'un film au cours d'un tournage.

scrupule n.m. Doute ou hésitation que l'on éprouve parce qu'on a peur de mal faire. *J'ai des scrupules à le déranger dans son travail.*

▶ **scrupuleusement** adv. De manière scrupuleuse, avec une grande exactitude. *Rembourser scrupuleusement ses dettes.*

▶ **scrupuleux, euse** adj. Qui est très exigeant en ce qui concerne l'honnêteté, la morale. *Un comptable scrupuleux.*

scruter v. (conjug. 3). Examiner attentivement. *Scruter l'horizon.*

scrutin n.m. Ensemble des opérations qui constituent un vote ou une élection. *Le candidat a été élu au deuxième tour de scrutin.*

a b c d e f g h i j k l m n o p q r s t u v w x y z

a b c d e f g

sculpter v. (conjug. 3). Tailler dans la pierre, le bois, etc., pour faire une œuvre d'art. *Sculpter un visage dans un bloc de marbre.*
● On ne prononce pas le **p** : [skylte].

▶ **sculpteur, trice** n. Artiste qui sculpte. *Michel-Ange et Auguste Rodin sont des sculpteurs célèbres.*

▶ **sculpture** n.f. ❶ Art du sculpteur. *La mère de Hugo fait de la sculpture.* ❷ Œuvre d'art faite par un sculpteur. *Le musée Rodin rassemble les sculptures d'Auguste Rodin et de Camille Claudel.* → Vois aussi **statue.**

→ planche pp. 94-95.

les **sculptures** des présidents américains (mont Rushmore)

o p q r s t u v w x y z

S.D.F. n. Abréviation de « sans domicile fixe », qui désigne une personne qui n'a plus de logement et qui vit dans la rue. SYN. **sans-abri.**

se pronom personnel. Représente la troisième personne du singulier ou du pluriel et est employé comme complément d'objet. *Marine se lave. Ils se connaissaient depuis longtemps. Un prisonnier s'est enfui de prison.*
● **Se** devient **s'** devant une voyelle ou un « h » muet : *Il s'interroge. Elle s'habille.*

séance n.f. ❶ Réunion d'une assemblée où l'on discute d'une question. *Assister à une séance de l'Assemblée nationale.* ❷ Chacune des projections d'un film, au cinéma. *Nous sommes allés voir le film à la séance de 16 heures.*

séant n.m. **Être sur son séant, se mettre sur son séant,** être assis, s'asseoir. *Le chat est sur son séant.*

seau n.m. ❶ Récipient cylindrique muni d'une anse qui sert à transporter un liquide ou d'autres matières. *Remplir un seau d'eau.* ❷ **Il pleut à seaux,** la pluie tombe très fort.
● Au pluriel : des **seaux.** – Ne confonds pas avec **sceau, saut** ou **sot.**

sec, sèche adj. ❶ Qui ne contient pas ou presque pas d'eau. *Le linge est sec.* CONTR. **humide, moite, mouillé.** *Du bois sec.* CONTR. **vert.** ❷ Où il ne pleut pas beaucoup. *Une région sèche.* SYN. **aride.** *Un été sec.* CONTR. **pluvieux.** ❸ Que l'on a fait sécher pour le conserver. *Des raisins secs.* ❹ Qui est net et rapide. *Un coup sec.* ❺ Qui est sans douceur. *Il m'a répondu d'un ton sec.*
◆ n.m. ❶ **À sec,** sans eau. *La rivière est à sec.* ❷ **Au sec,** à l'abri de l'humidité. *Conserver des denrées au sec.*

sécant, e adj. **Droites sécantes,** droites qui ont un point commun, le point d'intersection.

sécateur n.m. Outil de jardinage qui a la forme de gros ciseaux. *Papi coupe des roses avec un sécateur.*

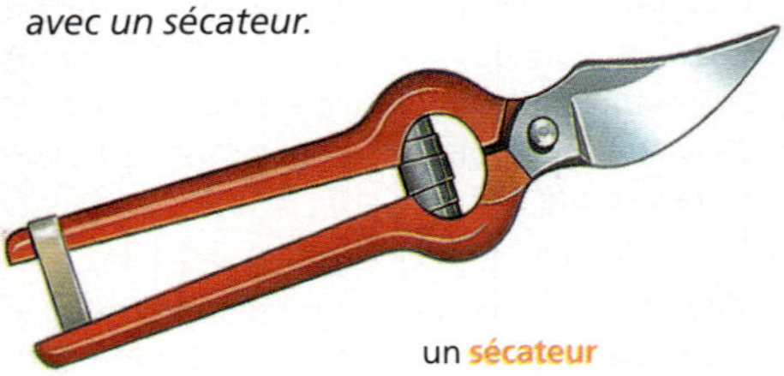

un **sécateur**

séchage n.m. Action de sécher. *Utiliser un vernis à séchage rapide.*
▸▸▸ Mot de la famille de **sec.**

sèche-cheveux n.m. invar. Appareil électrique qui permet de se sécher les cheveux grâce à un courant d'air chaud. SYN. **séchoir.**
● La nouvelle orthographe permet d'écrire aussi un **sèche-cheveu,** sans **x.**
▸▸▸ Mot de la famille de **sec.**

sèche-linge n.m. invar. Machine électrique qui sèche le linge en le faisant tourner tout en envoyant un courant d'air chaud.
● La nouvelle orthographe permet d'écrire aussi des **sèche-linges,** avec un **s** à **linge.**
▸▸▸ Mot de la famille de **sec.**

sèchement adv. De manière sèche, brève et sans douceur. *Il m'a répondu sèchement.* SYN. **rudement.**
▸▸▸ Mot de la famille de **sec.**

sécher et **se sécher** v. (conjug. 9). ❶ Devenir sec, perdre son eau ou son humidité. *Mon maillot de bain sèche dehors.* ❷ Rendre sec, enlever l'eau ou l'humidité. *Cette machine sèche le linge.* ◆ **se sécher**. S'essuyer ou s'exposer à la chaleur pour se débarrasser de l'eau. *Les baigneurs se sèchent au soleil.*

▸▸▸ Mot de la famille de **sec**.

▶ **sécheresse** n.f. Manque de pluie. *La sécheresse nuit aux cultures.*

● La nouvelle orthographe permet d'écrire aussi **sècheresse**, avec un accent grave.

▶ **séchoir** n.m. ❶ Appareil pour faire sécher le linge. *Un séchoir pliant.* ❷ Sèche-cheveux.

second, e adj. et n. Deuxième. *La Seconde Guerre mondiale. Ils ont deux enfants, Adrien est le second.* ◆ **second** n.m. Collaborateur principal d'une personne. *Le second du directeur va vous recevoir.* SYN. **adjoint, assistant.** ◆ **seconde** n.f. ❶ Classe qui précède la première dans l'enseignement secondaire. ❷ Classe moins chère que la première dans certains moyens de transport. *En train, nous voyageons en seconde.*

● On prononce [səgɔ̃].

▶ **secondaire** adj. ❶ Qui a peu d'importance. *Ce problème est secondaire.* SYN. **accessoire, mineur.** CONTR. **capital, fondamental, primordial.** ❷ Qui appartient à l'enseignement du second degré, de l'entrée au collège à la sortie du lycée. *Les études secondaires.* ❸ **Ère secondaire** ou **secondaire,** période de l'histoire de la Terre située entre l'ère primaire et l'ère tertiaire. *Les dinosaures vivaient à l'ère secondaire.* → Vois aussi **primaire, quaternaire, tertiaire.**

seconde n.f. ❶ Unité de mesure du temps. *Il y a 60 secondes dans une minute et 3 600 secondes dans une heure.* ❷ Temps très court. *Attends-moi, j'en ai pour une seconde.* SYN. **instant.**

● On prononce [səgɔ̃d].

seconder v. (conjug. 3). Aider quelqu'un dans son travail. *Le maire est secondé par ses adjoints.* SYN. **assister.**

▸▸▸ Mot de la famille de **second**.

secouer v. (conjug. 3). ❶ Remuer vivement dans tous les sens. *Secoue bien la bouteille avant de l'ouvrir.* SYN. **agiter.** ❷ Faire un choc. *Ce deuil nous a tous secoués.* SYN. **bouleverser, ébranler.**

secourable adj. Qui est toujours prêt à porter secours aux autres. *Un homme secourable.* SYN. **charitable.**

▸▸▸ Mot de la famille de **secourir**.

secourir v. (conjug. 21). Venir au secours d'une personne en danger ou en difficulté. *Les pompiers ont secouru les sinistrés.*

▶ **secourisme** n.m. Ensemble des méthodes qui permettent de donner les premiers soins à un blessé. *Suivre des cours de secourisme.*

▶ **secouriste** n. Personne qui a appris le secourisme. → Vois aussi **sauveteur**.

▶ **secours** n.m. ❶ Aide que l'on apporte à une personne en danger. *Les pompiers ont porté secours aux victimes.* SYN. **assistance.** ❷ Aide financière ou matérielle que l'on donne à une personne dans le besoin. *L'État a fait parvenir des secours aux victimes du tremblement de terre.* ❸ **Au secours !,** appel de détresse d'une personne en danger. SYN. **à l'aide.** ❹ **De secours,** qui est destiné à servir en cas de nécessité. *Une sortie de secours. Une roue de secours.*

● Ce mot se termine par un **s**.

secousse n.f. ❶ Mouvement brusque qui secoue. *La voiture a démarré après plusieurs secousses.* SYN. **cahot, saccade, soubresaut.** ❷ Oscillation du sol, lors d'un tremblement de terre. *On a enregistré plusieurs secousses dans la région méditerranéenne.*

▸▸▸ Mot de la famille de **secouer**.

secret n.m. ❶ Chose que l'on ne doit répéter à personne. *Ahmed m'a confié un secret.* ❷ Moyen de faire quelque chose qui est tenu caché. *Le secret de fabrication d'un parfum. Quel est ton secret pour être toujours en forme ?* ❸ **En secret,** sans que personne ne le sache. *Les deux chefs d'État se sont rencontrés en secret.*

▶ **secret, ète** adj. ❶ Qui ne doit pas être révélé à n'importe qui. *Le traité comporte des clauses secrètes.* SYN. **confidentiel.** CONTR. **officiel, public.** ❷ Qui est placé de façon à ne pas être vu. *Un escalier secret; un tiroir secret.* ❸ Qui n'exprime pas ses sentiments et ne se confie pas facilement. *Candice est une fille secrète.* SYN. **renfermé.**

secrétaire n. Personne chargée de classer les dossiers, de s'occuper du courrier et de prendre les rendez-vous d'une autre personne. *La directrice a une nouvelle secrétaire.*

▶ **secrétaire** n.m. Meuble à tiroirs muni d'un panneau que l'on peut rabattre et qui sert de table à écrire.

● Ce nom masculin se termine par un **e**.

a b c d e f g h i j k l m n o p q r s t u v w x y z

▶ **secrétariat** n.m. ❶ Métier de secrétaire. *Ma sœur fait une école de secrétariat.* ❷ Bureau où travaillent des secrétaires. *Pour les inscriptions, renseignez-vous au secrétariat.*

secrètement adv. De façon secrète, cachée. *Avertir quelqu'un secrètement.* SYN. **en cachette.** CONTR. **ouvertement.**
▸▸▸ Mot de la famille de **secret.**

sécréter v. (conjug. 9). Produire des substances liquides. *Des glandes sécrètent la sueur, la salive, les larmes.*

▶ **sécrétion** n.f. Substance liquide produite par les glandes. *La sueur, la salive, les larmes sont des sécrétions.*

sectaire adj. et n. Qui n'admet pas que l'on ait des opinions différentes des siennes. *Avoir un esprit sectaire.* SYN. **intolérant.** CONTR. **tolérant.**
▸▸▸ Mot de la famille de **secte.**

secte n.f. ❶ Groupe de personnes qui s'est séparé d'une religion officielle avec laquelle il se trouvait en désaccord. *Le protestantisme a donné naissance à de nombreuses sectes.* ❷ Groupe de personnes qui a été endoctriné, qui est complètement soumis à un chef spirituel.

secteur n.m. ❶ Partie d'un territoire, d'une ville. *Il y a eu une panne de courant dans notre secteur.* ❷ **Secteur public,** ensemble des entreprises qui dépendent de l'État. CONTR. **privé.**

section n.f. ❶ Action de couper ; endroit de la coupure. *La section d'une artère peut entraîner la mort.* ❷ Division du parcours d'une ligne d'autobus. *Chaque section comporte plusieurs stations.* ❸ Subdivision d'un groupe. *Appartenir à la section syndicale d'une entreprise.*

▶ **sectionner** v. (conjug. 3). Couper net. *Il a eu la jambe sectionnée dans un accident de voiture.* SYN. **trancher.**

séculaire adj. Qui existe depuis plusieurs siècles. *Une tradition séculaire.* → Vois aussi **centenaire.**

séculier, ère adj. **Clergé séculier,** qui vit dans la société et non dans un monastère.

sécuriser v. (conjug. 3). Donner un sentiment de sécurité, de confiance. *Cela sécurise mamie de fermer sa porte d'entrée à double tour.* SYN. **rassurer, tranquilliser.**

sécurité n.f. ❶ Situation ne présentant aucun danger. *Je me sens en sécurité à la maison. Respecter les consignes de sécurité permet d'éviter les accidents.* ❷ **Sécurité routière,** ensemble des règles et des services visant à la protection des usagers de la route. ❸ (Avec une majuscule). **La Sécurité sociale,** organisme de l'État qui rembourse une partie des dépenses dues aux maladies et aux accidents.

sédentaire adj. et n. ❶ Qui est fixé dans une région déterminée et ne se déplace pas. *Un peuple sédentaire.* CONTR. **nomade.** ❷ **Emploi, travail sédentaires,** qui n'exigent pas de déplacement.

sédiment n.m. Dépôt naturel laissé par l'eau, le vent. *Les sédiments se déposent au fond des mers et des rivières.*

▶ **sédimentaire** adj. **Roche sédimentaire,** constituée de débris arrachés aux autres roches, qui sont transportés par l'eau et le vent. *Le sable, l'argile et le calcaire sont des roches sédimentaires.*

sédition n.f. Révolte contre le pouvoir. *La sédition a été réprimée.* SYN. **insurrection, rébellion, soulèvement.**

séducteur, trice n. et adj. Personne qui cherche à séduire, à plaire. *Cet homme est un grand séducteur.*
▸▸▸ Mot de la famille de **séduire.**

séduction n.f. Pouvoir de séduire, de plaire. *Il exerce une grande séduction sur son entourage.* SYN. **charme, magnétisme.**
▸▸▸ Mot de la famille de **séduire.**

séduire v. (conjug. 60). ❶ Plaire énormément, tenir sous son charme. *Il nous a séduits par son intelligence et son humour.* SYN. **charmer, ravir.** ❷ Attirer, faire envie. *Ce projet m'a séduit par sa nouveauté.* SYN. **allécher, appâter.**

▶ **séduisant, e** adj. ❶ Qui plaît, qui attire par son charme. *Un homme très séduisant.* ❷ Qui fait envie. *Une proposition séduisante.* SYN. **attirant, attrayant, tentant.**

segment n.m. Portion de ligne droite limitée par deux points. *J'ai tracé un segment qui relie le point A au point B.*

ségrégation n.f. Fait de séparer, dans certains pays, des groupes d'origines ou de religions différentes, les uns n'ayant pas les mêmes droits que les autres. *La ségré-*

gation raciale. SYN. **discrimination.** → Vois aussi **apartheid.**

seiche n.f. Mollusque marin dont la tête porte des tentacules à ventouses, et qui projette un liquide noir lorsqu'il est attaqué. → Vois aussi **calmar.**

une seiche

seigle n.m. Céréale que l'on cultive sur les terrains pauvres et froids pour ses grains gris qui produisent de la farine. *Du pain de seigle.*

du seigle

seigneur n.m. ❶ Au Moyen Âge, propriétaire de vastes terres. *Les seigneurs vivaient dans des châteaux forts, faisaient travailler les paysans et commandaient une armée.* ❷ Noble de haut rang, sous l'Ancien Régime. → Vois aussi **suzerain.**

→ planche pp. 696-697.

▶ **seigneurie** n.f. Terre placée sous l'autorité d'un seigneur.

sein n.m. ❶ Mamelle de la femme. *Le bébé tète le sein de sa mère.* ❷ **Au sein de,** au milieu de. *Le nouveau joueur a su trouver sa place au sein de l'équipe.* → Vois aussi **poitrine.**

séisme n.m. Secousse de l'écorce terrestre. SYN. **tremblement de terre.**

▶▶▶ Mots de la même famille : **sismique, sismographe.**

seize adj. numéral. Quinze plus un. *Un feuilleton en seize épisodes.*

▶ **seizième** adj. numéral et n. Qui occupe un rang, une place marqués par le numéro seize. *J'habite au seizième étage. Elle est la seizième sur la liste.*

séjour n.m. ❶ Temps assez long que l'on passe en dehors de chez soi. *Quentin a apprécié son séjour à la mer.* ❷ **Salle de séjour,** pièce qui sert à la fois de salon et de salle à manger. → Vois aussi **living.**

▶ **séjourner** v. (conjug. 3). Passer un certain temps dans un endroit. *Nous avons séjourné une semaine à Paris.*

sel n.m. ❶ Matière blanche au goût piquant, que l'on utilise pour assaisonner les aliments ou pour les conserver. *Il faut goûter un aliment avant d'y ajouter du sel.* ❷ Ce qui donne de l'intérêt, de la saveur. *Cette histoire ne manque pas de sel.* ❸ **Sels minéraux,** ensemble des substances minérales (calcium, magnésium, etc.) utiles aux organismes vivants.

▶▶▶ Mots de la même famille : **dessaler, salant, saler, salière, saline.**

sélectif, ive adj. Qui se fait par sélection. *Un recrutement sélectif.*

▶▶▶ Mot de la famille de **sélection.**

sélection n.f. Action de sélectionner. *Le jury a fait une sélection parmi les candidats.* SYN. **choix.**

▶ **sélectionner** v. (conjug. 3). Choisir, dans un ensemble de choses ou de personnes, celles que l'on juge les meilleures. *Sélectionner des joueurs pour un match, des films pour un festival.*

selfie n.m. Photographie qu'une personne prend d'elle-même avec un téléphone portable.

● C'est un mot anglais, on prononce [sɛlfi].

self-service n.m. Restaurant où le client se sert lui-même. *Déjeuner dans un self-service.* → Vois aussi **libre-service.**

● C'est un mot anglais. – Au pluriel : des **self-services.** – On emploie souvent l'abréviation **self.**

a b c d e f g h i j k l m n o p q r s t u v w x y z

selle n.f. ❶ Siège en cuir que l'on place sur le dos d'une monture. *Le cavalier est assis sur la selle.* ❷ Petit siège triangulaire d'une bicyclette, d'une moto. ◆ n.f. plur. Excréments humains.

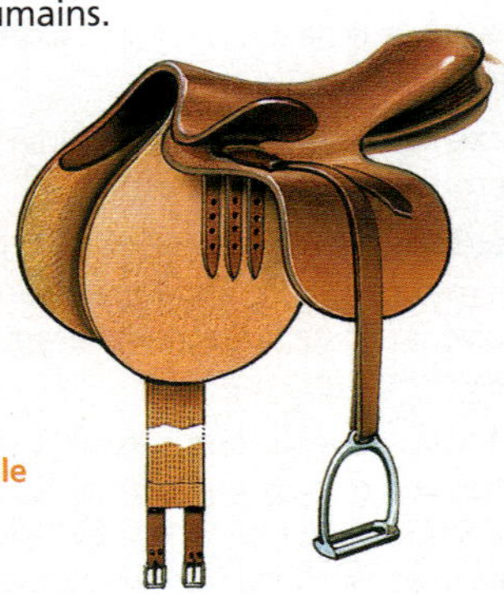

une selle

▶ **seller** v. (conjug. 3). Mettre une selle sur le dos d'une monture. *L'écuyer selle son cheval.* CONTR. **desseller.**

● Ne confonds pas avec **sceller.**

▶ **sellette** n.f. **Être sur la sellette,** être accusé, mis en cause; être assailli de questions, de critiques. *Soupçonné de dopage, le sportif est sur la sellette.*

selon préposition. ❶ En fonction de. *Selon le temps, le bateau prendra la mer ou restera au port.* SYN. **suivant.** ❷ En se conformant à. *Selon la loi, vous êtes responsable.* ❸ D'après l'opinion de. *Selon les scientifiques, la planète se réchauffe.*

semailles n.f. plur. Travaux agricoles qui consistent à semer les graines. *Les semailles se font au printemps et en automne.*

▸▸▸ Mot de la famille de **semer.**

semaine n.f. ❶ Période de sept jours qui va du lundi au dimanche. *Je t'appellerai au début de la semaine.* ❷ Durée de sept jours. *Prendre une semaine de vacances.*

sémaphore n.m. Appareil qui permet de transmettre des signaux à des bateaux ou à des trains pour guider leur circulation.

● Ce nom masculin se termine par un **e.**

semblable adj. Qui ressemble à une autre chose ou une autre personne. *Ils ont une voiture semblable à la nôtre.* SYN. **analogue, comparable, similaire.** *Nous avons des goûts semblables.* SYN. **identique.** CONTR. **différent, distinct.** ◆ n.m. Être humain, considéré par rapport aux autres êtres humains. *Rechercher la compagnie de ses semblables.* SYN. **prochain.**

▸▸▸ Mot de la famille de **sembler.**

semblant n.m. **Faire semblant de,** faire comme si. *Lisa faisait semblant de ne pas comprendre.* SYN. **feindre, simuler.**

▸▸▸ Mot de la famille de **sembler.**

sembler v. (conjug. 3). ❶ Avoir l'air. *La maîtresse semble contente.* SYN. **paraître.** ❷ **Il me semble,** j'ai l'impression, je crois. *Il me semble que tu te trompes.*

semelle n.f. ❶ Dessous de la chaussure. *Les semelles de mes baskets sont en plastique.* ❷ Morceau de cuir, de feutre, etc., que l'on met à l'intérieur d'une chaussure. *Mon frère met des semelles dans ses baskets.* ❸ **Ne pas quitter quelqu'un d'une semelle,** le suivre partout.

▸▸▸ Mot de la même famille : **ressemeler.**

semence n.f. Graine ou autre élément d'une plante (bulbe, tubercule) que l'on sème pour donner naissance à une nouvelle plante.

▸▸▸ Mot de la famille de **semer.**

semer v. (conjug. 10). ❶ Mettre en terre des graines pour les faire germer. *Semer du gazon, des céréales.* ❷ Répandre en propageant. *Les rebelles sèment la terreur dans la région.*

▸▸▸ Mot de la même famille : **ensemencer.**

semestre n.m. Période de six mois. *Une année comporte deux semestres.* → Vois aussi **trimestre.**

▶ **semestriel, elle** adj. Qui a lieu, qui paraît tous les six mois. *Une réunion semestrielle; une revue semestrielle.*

semeur, euse n. Personne qui sème des graines.

▸▸▸ Mot de la famille de **semer.**

semi- préfixe. Placé au début d'un mot, **semi-** signifie « à demi », « à moitié » : *semi-automatique, semi-circulaire.*

séminaire n.m. ❶ École qui forme les prêtres. ❷ Réunion de personnes qui travaillent sur un sujet spécialisé. *Des chirurgiens ont participé à un séminaire sur la transplantation cardiaque.* → Vois aussi **colloque, congrès.**

● Ce nom masculin se termine par un **e.**

▶ **séminariste** n.m. Étudiant d'un séminaire, qui se prépare à devenir prêtre.

semi-remorque n.m. Gros camion formé d'une partie avant équipée d'un moteur puissant et d'une grande remorque.

● Au pluriel : des **semi-remorques.**

un **semi-remorque**

semis n.m. ❶ Mise en place de graines dans un terrain préparé. *Faire un semis de carottes.* ❷ Ensemble des plantes nées de cette opération. *Arroser ses semis.*
● Ce mot se termine par un **s**.
▸▸▸ Mot de la famille de **semer**.

semonce n.f. ❶ (Sens littéraire). Avertissement mêlé de reproches. SYN. **remontrance, réprimande.** ❷ **Coup de semonce,** coup de canon donnant l'ordre à un navire de s'arrêter.

semoule n.f. Aliment fait de grains ronds de blé ou d'autres céréales. *La semoule de blé dur est la base du couscous.*

sempiternel, elle adj. Qui lasse par sa répétition. *J'en ai assez de tes sempiternels reproches.* SYN. **perpétuel.**

Sénat n.m. Assemblée qui vote les lois après la Chambre des députés; lieu où cette assemblée se réunit. *Les membres du Sénat sont élus pour six ans par les députés et les conseillers généraux.*

▸ **sénateur, trice** n. Membre du Sénat, qui vote les lois. → Vois aussi **député.**

▸ **sénatorial, e, aux** adj. Du Sénat. *Les élections sénatoriales.*
● Au masculin pluriel : **sénatoriaux.**

sénégalais, e adj. et n. Du Sénégal. *Dakar est la capitale sénégalaise. Aziz est sénégalais. C'est un Sénégalais.*
● Le nom prend une majuscule : *un Sénégalais.*

sénile adj. Qui caractérise la vieillesse, les vieillards. *Une voix sénile.* CONTR. **juvénile.**

▸ **sénilité** n.f. Affaiblissement du corps et de l'esprit, chez certains vieillards. SYN. **gâtisme.**

senior n. et adj. Sportif âgé de 20 à 40 ans. ◆ adj. Qui concerne les personnes âgées de plus de cinquante ans. *Le tourisme senior.* → Vois aussi **junior.**

1. **sens** n.m. ❶ Direction dans laquelle se fait un mouvement. *Tourner dans le sens des aiguilles d'une montre.* ❷ Position d'une chose dans l'espace. *La photo est dans le mauvais sens.* ❸ Direction de la circulation sur une voie de communication. *La rue est à sens unique. Un sens giratoire.* ❹ **Sens dessus dessous,** dans un grand désordre. *Les cambrioleurs ont mis l'appartement sens dessus dessous.*
● On prononce le **s** final. **Sens dessous dessus** se prononce [sɑ̃dsydsu].

2. **sens** n.m. ❶ Ce qui permet de recevoir les impressions physiques qui viennent de l'extérieur. *La vue, l'ouïe, l'odorat, le toucher, le goût sont les cinq sens.* ❷ Capacité à comprendre, à percevoir les choses de manière immédiate, intuitive. *Avoir le sens de l'orientation.* SYN. **don, instinct.** ❸ Signification de quelque chose. *Dans un dictionnaire, on trouve le sens des mots.* ❹ **Bon sens,** capacité à bien juger, à savoir ce qui est juste et raisonnable. *Audrey fait preuve de bon sens.* → Vois aussi **figuré, propre.**
● On prononce le **s** final.

▸ **sensation** n.f. ❶ Ce que l'on ressent physiquement. *Éprouver une sensation de froid.* ❷ Impression plus ou moins précise. *J'ai eu la sensation d'être observé.* ❸ **Faire sensation,** produire une forte impression sur les gens. *Ce film a fait sensation.*

▸ **sensationnel, elle** adj. Mot familier. Remarquable. *Un spectacle sensationnel.* SYN. **extraordinaire, formidable.**

▸ **sensé, e** adj. Qui a du bon sens. *Une personne sensée. Une décision sensée.* SYN. **raisonnable.** CONTR. **absurde, insensé.**
● Ne confonds pas avec **censé.**

sensibiliser v. (conjug. 3). Rendre attentif à quelque chose. *Sensibiliser l'opinion publique à la sécurité routière.*
▸▸▸ Mot de la famille de **sensible.**

sensibilité n.f. ❶ Caractère d'une personne sensible. *Baptiste est un garçon d'une grande sensibilité.* SYN. **émotivité.** ❷ Propriété d'un organe ou d'un appareil sensibles. *La sensibilité de l'œil à la lumière. La sensibilité d'un baromètre.*
▸▸▸ Mot de la famille de **sensible.**

sensible adj. ❶ Qui est facilement ému par ce qu'il voit ou ce qu'il entend. *Baptiste est très sensible.* SYN. **émotif.** CONTR. **insensible.** ❷ Qui perçoit des sensations, des impressions. *L'oreille humaine n'est pas sensible aux ultrasons.* ❸ Qui réagit à la plus petite variation. *Une balance très sensible.* ❹ Qu'on

a b c d e f g h i j k l m n o p q r s t u v w x y z

remarque facilement. *Faire des progrès sensibles.* SYN. **notable.**

▶ **sensiblement** adv. ❶ De façon notable, digne d'être remarquée. *La température a sensiblement baissé.* SYN. **nettement.** ❷ À peu de chose près. *Ils ont sensiblement le même âge.* SYN. **presque.**

sensoriel, elle adj. Qui concerne les sens. *L'œil est l'organe sensoriel de la vision.*
▸▸▸ Mot de la famille de **sens (2).**

sensuel, elle adj. Qui aime ce qui peut donner des sensations agréables et provoquer du plaisir. *Une femme sensuelle; un homme sensuel.*
▸▸▸ Mot de la famille de **sens (2).**

sentence n.f. ❶ Décision rendue par un juge, un tribunal lors d'un procès. *Le juge a prononcé la sentence.* SYN. **jugement, verdict.** ❷ Courte phrase qui contient une leçon de morale. *« La colère est mauvaise conseillère » est une sentence.* → Vois aussi **dicton, maxime, proverbe.**

senteur n.f. Mot littéraire. Odeur agréable. *L'exquise senteur du lilas.* SYN. **parfum.**
▸▸▸ Mot de la famille de **sentir.**

sentier n.m. Chemin étroit. *Un sentier traverse le bois.*

sentiment n.m. ❶ Ce que l'on ressent. *L'amour, la haine, la pitié sont des sentiments.* ❷ Impression. *J'ai le sentiment qu'on fait une erreur.*

▶ **sentimental, e, aux** adj. Qui se rapporte aux sentiments tendres, à l'amour. *Un roman sentimental.* ◆ adj. et n. Qui rêve de sentiments tendres. *Une jeune fille très sentimentale.* SYN. **romanesque, romantique.**
● Au masculin pluriel : **sentimentaux.**

sentinelle n.f. Soldat qui monte la garde. *Des sentinelles protègent l'entrée du palais présidentiel.*

une **sentinelle**

sentir et **se sentir** v. (conjug. 19). ❶ Percevoir par l'odorat. *Je sens une odeur bizarre.* ❷ Recevoir une impression physique. *Je sentais le froid sur mes épaules.* ❸ Avoir une impression, une intuition. *J'ai senti que quelque chose n'allait pas.* SYN. **pressentir.** ❹ Produire, répandre une odeur. *Le muguet sent bon. Ce fromage sent mauvais.* ❺ **Faire sentir,** faire comprendre. *Ils lui ont fait sentir qu'elle était de trop.* ◆ **se sentir.** Éprouver tel état physique ou moral. *Maman se sent fatiguée.*

seoir v. (conjug. 41). Mot littéraire. Aller bien, convenir. *Cette robe lui sied à ravir.*
● On prononce [swar]. – Ce verbe ne s'emploie qu'à la 3e personne (singulier et pluriel) des temps simples et au participe présent.

sépale n.m. Partie verte d'une fleur, située au-dessous des pétales. → Vois aussi **calice.**
● Nom du genre masculin : **un sépale.**

→ planche pp. 460-461.

séparation n.f. ❶ Fait d'être séparé. *Ils ne se sont pas revus depuis leur séparation.* SYN. **rupture.** ❷ Ce qui sépare deux espaces. *Abattre une séparation entre deux pièces.*
▸▸▸ Mot de la famille de **séparer.**

séparément adv. De manière séparée, à part l'un de l'autre. *Les témoins ont été interrogés séparément.*
▸▸▸ Mot de la famille de **séparer.**

séparer et **se séparer** v. (conjug. 3). ❶ Mettre à part des choses. *Séparer le blanc et le jaune d'un œuf.* CONTR. **mélanger, mêler.** ❷ Éloigner des personnes l'une de l'autre. *La maîtresse a séparé deux élèves.* CONTR. **rapprocher, réunir.** ❸ Diviser un espace, un lieu. *Une cloison sépare les deux pièces.* ◆ **se séparer.** ❶ Cesser de vivre ensemble. *Mes parents se sont séparés.* ❷ Cesser d'être et d'agir ensemble, se dire au revoir. *Se séparer devant l'école.* ❸ Se diviser en plusieurs éléments. *La route se sépare en deux.*
▸▸▸ Mot de la même famille : **inséparable.**

sept adj. numéral et n.m. invar. Six plus un. *Les sept jours de la semaine. Regarde la page sept. Fatou habite au sept de la rue des Colibris.*
● On ne prononce pas le **p** : [sɛt].

septembre n.m. Neuvième mois de l'année. *La rentrée des classes a lieu en septembre.*
● Le mois de septembre a trente jours.

septennat n.m. Durée de sept ans d'une fonction, d'un mandat. → Vois aussi **quinquennat.**
▸▸▸ Mot de la famille de **sept.**

septentrional, e, aux adj. Qui est situé au nord. *La Suède est un pays de l'Europe septentrionale.* SYN. **nordique.** → Vois aussi **méridional.**
● Au masculin pluriel : **septentrionaux.**

septième adj. numéral et n. Qui occupe une place marquée par le numéro sept. *Youssef est classé septième. Mariam est la septième de la liste.* ◆ n.m. Quantité contenue sept fois dans un tout. *Ils ont partagé les gains en sept et chacun a eu un septième.*
▸▸▸ Mot de la famille de **sept.**

septique adj. **Fosse septique,** fosse où les excréments des W.-C. subissent une fermentation rapide qui les liquéfie.
● Ne confonds pas avec **sceptique.**

septuagénaire adj. et n. Qui a entre soixante-dix et soixante-dix-neuf ans.

sépulcre n.m. Mot littéraire. Tombeau.

sépulture n.f. Lieu où un mort est enterré. *Les rois de France ont leur sépulture dans la basilique de Saint-Denis.* SYN. **tombeau.**

séquelle n.f. Trouble qui persiste après la guérison d'une maladie ou d'une blessure. *Il a gardé des séquelles de son accident de voiture.*

séquence n.f. Dans un film, suite d'images qui forment un tout.

séquestration n.f. Action de séquestrer ; fait d'être séquestré. *La séquestration des otages.*
▸▸▸ Mot de la famille de **séquestrer.**

séquestrer v. (conjug. 3). Garder quelqu'un prisonnier alors qu'on n'en a pas le droit. *Les ravisseurs ont séquestré le directeur.*

séquoia n.m. Grand arbre, qui pousse en Californie. *Les séquoias peuvent atteindre 110 mètres de haut et vivre plus de deux mille ans.*
● Le séquoia est un conifère.
– On prononce [sekɔja].

un **séquoia**

serbe adj. et n. De Serbie. *Milan est serbe.* ◆ **serbe** n.m. Langue parlée par les Serbes.
● Le nom prend une majuscule quand il désigne une personne : *un Serbe.*

serein, e adj. Paisible, calme. *Un visage serein.*
▸▸▸ Mot de la même famille : **rasséréner.**

▸ **sereinement** adv. Avec sérénité. *Elle a accueilli la nouvelle sereinement.* SYN. **tranquillement.**

sérénade n.f. Musique jouée le soir, sous les fenêtres de quelqu'un. → Vois aussi **aubade.**

sérénité n.f. Fait d'être serein, calme, confiant. *Envisager l'avenir avec sérénité.*
▸▸▸ Mot de la famille de **serein.**

serf, serve n. Au Moyen Âge, paysan qui était attaché à une terre et qui dépendait d'un seigneur. *Les serfs étaient privés de liberté et soumis à des corvées.*
● On ne prononce pas le **f** : [sɛr].
→ planche pp. 696-697.

sergent n.m. Grade le moins élevé des sous-officiers, dans l'armée.

série n.f. ❶ Succession de choses semblables ou de même nature. *Une série d'exercices.* ❷ À la télévision, suite d'épisodes indépendants les uns des autres, mais avec les mêmes personnages principaux. ❸ **Fabrication en série,** fabrication d'objets identiques en grand nombre et à la chaîne.

sérieusement adv. De manière sérieuse. *Alexandra travaille sérieusement.* SYN. **consciencieusement.**
▸▸▸ Mot de la famille de **sérieux.**

a b c d e f g h i j k l m n o p q r s t u v w x y z

sérieux, euse adj. ❶ Qui attache de l'importance et porte beaucoup d'attention à ce qu'il fait. *Un élève sérieux.* SYN. **appliqué, consciencieux.** ❷ Qui ne plaisante pas, ne sourit pas. *Le docteur avait un air sérieux.* SYN. **grave, sévère.** ❸ Qui peut avoir des conséquences dangereuses. *Avoir des troubles sérieux de la vision.* SYN. **grave.**

▶ **sérieux** n.m. ❶ Caractère d'une personne réfléchie, responsable. *Un élève qui fait preuve de sérieux.* ❷ **Garder son sérieux,** rester grave, malgré l'envie que l'on a de rire. ❸ **Prendre quelqu'un au sérieux,** considérer que ce qu'il dit ou fait est important. ❹ **Prendre quelque chose au sérieux,** y attacher de l'importance.

serin n.m. Petit oiseau au plumage jaune ou vert.
● Le canari est une espèce de serin originaire des îles Canaries. Femelle : la serine.

un serin

▶ **seriner** v. (conjug. 3). Mot familier. Répéter souvent quelque chose à quelqu'un. *Il nous serine toute la journée qu'il sera célèbre.*

seringue n.f. Petite pompe terminée par une aiguille, qui sert à injecter ou à prélever des liquides dans le corps. *On fait des piqûres et des injections avec une seringue.*

serment n.m. Promesse solennelle. *Le témoin a prêté serment.*

sermon n.m. ❶ Discours que prononce un prêtre au cours de la messe. ❷ Remontrance longue et ennuyeuse. *Ses parents lui ont fait un sermon.*

▶ **sermonner** v. (conjug. 3). Faire des remontrances, faire la morale. *La maîtresse a sermonné les élèves chahuteurs.* SYN. **réprimander.**

serpe n.f. Outil tranchant fait d'une lame plate et large, souvent courbe, fixée à un manche et qui sert à couper les branches.

une serpe

serpent n.m. Reptile sans pattes au long corps couvert d'écailles, qui se déplace en rampant. *Les femelles des serpents pondent des œufs.*

→ planche pp. 896-897.

▶ **serpenter** v. (conjug. 3). Faire des tours et des détours. *Le sentier serpente dans la montagne.*

▶ **serpentin** n.m. Petit rouleau de papier coloré qui se déroule quand on le lance.

serpillière n.f. Grosse toile qui sert à laver le sol. *Passer la serpillière.*
● On prononce [sɛrpijɛr].
– La nouvelle orthographe permet d'écrire aussi **serpillère,** sans le second **i.**

serpolet n.m. Variété de thym.

1. serre n.f. Griffe d'un oiseau de proie. *L'aigle a emporté un rongeur dans ses serres.*
▶▶▶ Mot de la famille de **serrer.**

2. serre n.f. ❶ Local fermé et vitré, parfois chauffé, où l'on cultive les plantes qui doivent être protégées du froid. ❷ **Effet de serre,** phénomène de réchauffement des basses couches de l'atmosphère terrestre dû à l'accumulation du dioxyde de carbone.

une serre

serré, e adj. ❶ Qui est ajusté, qui serre le corps de près. *Une jupe serrée.* SYN. **collant, moulant.** CONTR. **ample.** ❷ Dont les éléments sont très rapprochés. *Une écriture serrée.* ❸ Se dit d'une compétition, d'un affrontement qui se déroulent entre des adversaires de force égale. *La lutte a été serrée, mais nous avons gagné.*

▸▸▸ Mot de la famille de serrer.

serrement n.m. **Serrement de cœur,** oppression causée par un sentiment de tristesse ou d'angoisse. *Il a eu un serrement de cœur au moment de quitter sa famille.*

▸▸▸ Mot de la famille de serrer.

serrer et **se serrer** v. (conjug. 3). ❶ Pousser à fond un mécanisme. *Serrer une vis, un robinet.* ❷ Tenir fort. *Alexis serre la main de sa sœur. Serrer un enfant dans ses bras.* SYN. **étreindre.** ❸ Comprimer le corps ou une partie du corps. *Ces chaussures me serrent.* ❹ **Serrer les dents,** supporter avec courage une douleur, un malheur. ❺ **Serrer la gorge, le cœur,** angoisser ou émouvoir fortement. ◆ **se serrer.** Se mettre tout près de quelqu'un. *Les enfants se sont serrés les uns contre les autres.*

▸▸▸ Mot de la même famille : enserrer.

serrure n.f. Dispositif qui permet de fermer et d'ouvrir une porte, un tiroir avec une clé ou un code. *Mettre la clé dans la serrure.*

▸ **serrurerie** n.f. Métier du serrurier.

▸ **serrurier** n.m. Personne qui fait, vend, pose ou répare des serrures et qui fabrique des clés.

sertir v. (conjug. 16). En joaillerie, fixer une pierre dans une monture. *Une bague sertie de diamants.* SYN. **enchâsser.**

sérum n.m. ❶ Partie liquide jaunâtre qui se sépare du sang après coagulation. ❷ Préparation faite avec le sérum extrait du sang d'un animal, et utilisée comme médicament ou comme vaccin. *Un sérum antitétanique.*

→ Vois aussi plasma.

● On prononce [serɔm].

servage n.m. État de serf. *En France, le servage n'a complètement disparu qu'en 1789.* → Vois aussi esclavage.

▸▸▸ Mot de la famille de serf.

serval n.m. Grand chat sauvage qui vit dans les savanes d'Afrique.

● Au pluriel : des servals.

un serval

servante n.f. Mot ancien. Employée de maison chargée des travaux domestiques.

▸▸▸ Mot de la famille de servir.

serveur, euse n. Personne qui sert les clients dans un restaurant ou dans un café. *Le serveur nous a apporté les boissons.*

▸▸▸ Mot de la famille de servir.

serviable adj. Qui aime rendre service aux autres. *Elle est très serviable.* SYN. **complaisant, obligeant.**

▸▸▸ Mot de la famille de servir.

service n.m. ❶ Action ou manière de servir les clients. *Le service est impeccable dans ce restaurant.* ❷ Pourcentage de la note de restaurant, de café qui revient au serveur. *Cela fait 20 euros, service compris.* ❸ Assortiment de vaisselle ou de linge pour la table. *Un service à thé en porcelaine.* ❹ Fonctionnement d'une machine, d'un appareil. *Le distributeur de boissons est hors service.* ❺ Ce que l'on fait pour aider quelqu'un, lui être utile. *Tu m'as rendu un grand service.* ❻ Ensemble des bureaux, des employés d'une entreprise qui se consacrent à une activité précise. *Elle travaille au service informatique.* ❼ **Service national, service militaire,** obligations militaires ou civiles qu'un jeune citoyen doit accomplir. *En France, depuis 1997, le service national n'est plus obligatoire.* ❽ **Service public,** entreprise publique ou privée qui remplit une fonction

a b c d e f g h i j k l m n o p q r s t u v w x y z

d'intérêt général. *Les écoles appartiennent au service public.*

▸▸▸ Mot de la famille de **servir.**

serviette n.f. ❶ **Serviette de table,** morceau de tissu qui sert à s'essuyer la bouche. ❷ **Serviette de toilette,** tissu-éponge qui sert à se sécher après la toilette ou le bain. ❸ Sac à compartiments qui sert à transporter des documents. *Une serviette en cuir.* SYN. **cartable.**

servile adj. Qui est trop soumis. *Un employé servile.* → Vois aussi **obséquieux.**

▸ **servilité** n.f. Attitude servile. *Obéir avec servilité.*

servir et **se servir** v. (conjug. 19). ❶ Apporter les plats et les boissons à table ou remplir l'assiette, le verre de quelqu'un. *Le garçon de café nous a servis.* ❷ Fournir des marchandises à un client. ❸ Être utile à quelqu'un. *Ton dictionnaire m'a beaucoup servi.* ❹ Être utilisé pour quelque chose. *À quoi sert cet appareil ?* ❺ Remplir une fonction pour quelqu'un. *Il nous a servi de guide.* ♦ **se servir de.** Utiliser quelque chose. *Je me sers souvent de l'ordinateur.*

▸▸▸ Mot de la même famille : **desservir.**

▸ **serviteur** n.m. Mot ancien. Employé de maison. *Le maître et ses serviteurs.* → Vois aussi **laquais, valet.**

servitude n.f. ❶ État d'une personne, d'un pays privés de leur indépendance. *Un peuple maintenu dans la servitude.* SYN. **soumission.** ❷ Obligation pénible. *Les servitudes d'un métier.* SYN. **contrainte.**

ses → **son (1).**

sésame n.m. Plante cultivée dans les régions chaudes pour ses petites graines comestibles, riches en huile.

session n.f. ❶ Période pendant laquelle se déroulent des examens. ❷ Période pendant laquelle une assemblée exerce ses fonctions.

● Ne confonds pas avec **cession.**

set n.m. ❶ Partie d'un match de tennis, de ping-pong ou de volley-ball. SYN. **manche.** ❷ **Set de table,** ensemble de napperons qui remplacent une nappe ; chacun de ces napperons.

● C'est un mot anglais, on prononce [sɛt].

seuil n.m. ❶ Espace situé devant une porte. *Maman nous attendait sur le seuil.* SYN. **pas de la porte** ❷ (Sens littéraire). Commencement. *Le seuil de la vie ; le seuil de l'hiver.* SYN. **début.**

seul, e adj. ❶ Qui est sans compagnie. *Mamie voyage seule. Anne se sent un peu seule.* SYN. **solitaire.** ❷ Unique. *C'est mon seul jeu vidéo. Croire en un seul Dieu.* ❸ **Tout seul,** sans aide, sans secours. *Aziz a fait cette maquette tout seul.*

▸▸▸ Mots de la même famille : **solitaire, solitude.**

▸ **seulement** adv. ❶ Pas davantage, pas plus. *Nous étions seulement quatre à ce dîner.* ❷ Uniquement, exclusivement. *Il a dit ça seulement pour me faire plaisir.* ❸ Mais. *Elle aimerait bien aller au concert, seulement elle n'a pas de billet.*

sève n.f. Liquide qui circule dans les plantes et qui les nourrit. *Au printemps, la sève monte dans les arbres.*

sévère adj. ❶ Qui est sans indulgence, qui n'hésite pas à punir. *Des parents sévères.* SYN. **autoritaire, dur.** CONTR. **compréhensif, faible, indulgent.** ❷ Qui est strict et rigoureux. *Un règlement sévère.* ❸ Qui n'a aucune fantaisie. *Une allure sévère.* SYN. **austère.** ❹ Grave par son importance. *Subir une sévère défaite.*

▸ **sévèrement** adv. Avec sévérité. *Mon frère a été sévèrement puni.* SYN. **durement.**

▸ **sévérité** n.f. ❶ Caractère d'une personne ou d'une chose sévère. *La directrice est d'une grande sévérité.* CONTR. **gentillesse, indulgence.** *La sévérité d'un règlement, d'une sanction.* SYN. **dureté, rigueur.** ❷ Absence de fantaisie. *La sévérité d'une façade d'immeuble.* SYN. **austérité.**

sévices n.m. plur. Mauvais traitements exercés sur une personne. *Les sévices sont une cause de divorce.*

sévir v. (conjug. 16). ❶ Punir de façon dure, sévère. *L'instituteur a sévi contre les élèves indisciplinés.* ❷ Causer des ravages. *Une épidémie de grippe sévit.*

sevrage n.m. Action de sevrer un nourrisson, le petit d'un mammifère ; fait d'être sevré.

▸▸▸ Mot de la famille de **sevrer.**

sevrer v. (conjug. 10). Cesser progressivement l'allaitement d'un nourrisson ou du petit d'un mammifère.

sexagénaire adj. et n. Qui a entre soixante ans et soixante-neuf ans.

sexagésimal, e, aux adj. **Système sexagésimal,** système dans lequel chaque unité vaut soixante fois l'unité inférieure. *Les heures, les minutes et les secondes font partie du système sexagésimal.*
- Au masculin pluriel : **sexagésimaux.**

sexe n.m. ❶ Organes génitaux externes. ❷ Ensemble des caractères physiques qui permettent de distinguer l'homme de la femme ou le mâle de la femelle. *Lisa est du sexe féminin, Paul du sexe masculin.*

▸ **sexiste** adj. et n. Qui pense que les individus de son sexe sont supérieurs à ceux de l'autre sexe. *Il est trop sexiste pour admettre qu'une femme fasse de la politique.*

sextant n.m. Instrument qui permet de mesurer la hauteur du Soleil à partir d'un navire et de déterminer ainsi la latitude.

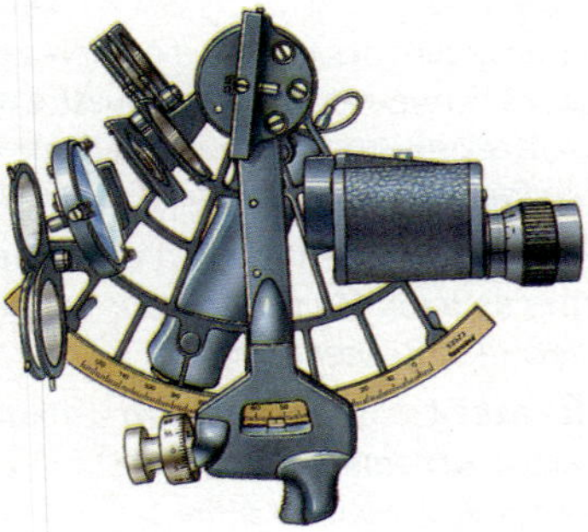

un sextant

sexualité n.f. Ensemble des désirs et des comportements liés aux pulsions sexuelles. → Vois aussi **reproduction.**
▸▸▸ Mot de la famille de **sexe.**

sexué, e adj. ❶ Qui possède l'un des deux sexes et se reproduit par des relations avec l'autre sexe. *Les mammifères sont des animaux sexués.* ❷ **Reproduction sexuée,** qui nécessite le concours de deux individus de sexe opposé. *Les humains, les animaux et certains végétaux ont un mode de reproduction sexuée.* CONTR. **asexuée.** → Vois aussi **bisexué.**
▸▸▸ Mot de la famille de **sexe.**

sexuel, elle adj. ❶ **Organes sexuels,** organes des relations sexuelles et de la reproduction. ❷ Qui concerne la sexualité. *L'éducation sexuelle.* ❸ **Rapports sexuels, relations sexuelles,** union des corps de deux personnes qui font l'amour.
▸▸▸ Mot de la famille de **sexe.**

sexuellement adv. **Infection** ou **maladie sexuellement transmissible,** qui se transmet au cours d'un rapport sexuel.
- On emploie souvent l'abréviation **I.S.T.** ou **M.S.T.**

▸▸▸ Mot de la famille de **sexe.**

sexy adj. invar. Mot familier. Qui a un charme attirant. *Porter des vêtements sexy.*
- Ce mot s'écrit avec un **y.**

▸▸▸ Mot de la famille de **sexe.**

seyant, e adj. Qui sied, qui va bien. *Marie porte une robe très seyante.*
▸▸▸ Mot de la famille de **seoir.**

shabbat → sabbat

shampooing n.m. Produit qui sert à se laver les cheveux; lavage des cheveux. *Un shampooing à la camomille. Mariam s'est fait un shampooing.*
- On prononce [ʃɑ̃pwɛ̃].
– La nouvelle orthographe permet d'écrire aussi **shampoing,** avec un seul **o.**

shérif n.m. Aux États-Unis, chef de la police d'une ville. *Le shérif porte une étoile sur sa veste.*
- C'est un mot anglais, on prononce [ʃerif].

shoot n.m. Au football, coup de pied dans le ballon. SYN. **tir.**
- C'est un mot anglais, on prononce [ʃut].

▸ **shooter** v. (conjug. 3). Au football, donner un coup de pied dans un ballon. SYN. **tirer.**

short n.m. Culotte courte pour le sport ou les loisirs. → Vois aussi **bermuda.**
- C'est un mot anglais, on prononce [ʃɔrt].

show n.m. Spectacle de variétés centré sur une vedette. *Un show télévisé.*
- C'est un mot anglais, on prononce [ʃo].

1. si conjonction. Introduit une condition, une hypothèse. *Si j'avais pu, je serais venue. Si tu es gentil, je t'emmènerai au cinéma.*
- **Si** devient **s'** devant « il » ou « ils » : *S'il te plaît.*

2. si adv. ❶ Tellement. *Le vent souffle si fort qu'il vaut mieux ne pas naviguer.* ❷ S'emploie pour « oui » dans une réponse à une question négative. *« Tu ne crois pas ? – Si ! »* ❸ Introduit une interrogation indirecte. *Je me demande si elle viendra.*
- **Si** devient **s'** devant « il » ou « ils » : *Je me demande s'il viendra.*

3. si n.m. invar. Septième note de la gamme de *do.*
- Ce mot ne change pas au pluriel : des **si.**

a b c d e f g h i j k l m n o p q r s t u v w x y z

siamois, e adj. et n. ❶ **Chat siamois,** chat originaire d'Extrême-Orient, à poil ras et aux yeux bleus. ❷ **Frères siamois, sœurs siamoises,** jumeaux, jumelles rattachés l'un à l'autre par une partie de leur corps.

un chat siamois

sibyllin, e adj. Qui est difficile à comprendre. *Des paroles sibyllines.* SYN. **énigmatique.**
● Ce mot s'écrit avec un **y** entre les deux **i.**

sida n.m. Maladie très grave due à un virus qui se transmet lors de relations sexuelles ou par le sang.

sidérant, e adj. Qui étonne énormément. *Une nouvelle sidérante.* SYN. **ahurissant, stupéfiant.**
▸▸▸ Mot de la famille de **sidérer.**

sidérer v. (conjug. 9). Frapper de stupeur. *Sa réaction m'a sidéré.* SYN. **abasourdir, ébahir, époustoufler, stupéfier.**

sidérurgie n.f. Industrie qui produit le fer, la fonte et l'acier à partir du minerai de fer.
→ Vois aussi **métallurgie.**

▸ **sidérurgique** adj. Qui concerne la sidérurgie. *L'industrie sidérurgique.*

siècle n.m. ❶ Période de cent ans. *La tortue terrestre géante peut vivre deux siècles.* ❷ Période de cent ans, comptée à partir d'une date fixe. *Nous vivons au 21e siècle.*

il **sied** → **seoir**

siège n.m. ❶ Meuble fait pour s'asseoir. *Les chaises, les fauteuils, les canapés, les bancs sont des sièges.* ❷ Endroit où sont installées les principales activités et la direction d'une entreprise. *Le siège de leur société est à Londres.* ❸ Place occupée par un membre élu d'une assemblée. *Aux élections, ce parti a gagné plusieurs sièges à l'Assemblée nationale.* ❹ Point, endroit de l'organisme où naît et se développe quelque chose. *Le cerveau est le siège de la mémoire.* ❺ Opération militaire menée pour s'emparer d'une ville, d'une place forte. *L'ennemi a fait le siège de la ville.*
▸▸▸ Mot de la même famille : **assiéger.**

▸ **siéger** v. (conjug. 9). Pour une assemblée, un tribunal, tenir ses séances, se réunir. *Le Parlement européen siège à Strasbourg.*

le **sien, la sienne** pronoms possessifs. Mots qui remplacent un nom ou un pronom. Ils désignent ce qui appartient à un possesseur de la troisième personne du singulier. *Ce n'est pas mon stylo, c'est le sien. Ma mère et la sienne sont amies.* ◆ **les siens** n.m. plur. La famille, les proches d'une personne. *Elle passe les fêtes parmi les siens.* ◆ **siennes** n.f. plur. (Familier). **Faire des siennes,** faire des bêtises. *Le chien a encore fait des siennes.* ◆ **sien** n.m. **Y mettre du sien,** y mettre de la bonne volonté, faire un effort. *Tout irait mieux s'il y mettait un peu du sien.*

sieste n.f. Moment de repos pris après le repas de midi. *Ma petite sœur fait la sieste à l'école maternelle.*

sifflement n.m. Bruit fait en sifflant. *J'entends le sifflement d'un merle.*
▸▸▸ Mot de la famille de **siffler.**

siffler v. (conjug. 3). ❶ Faire un son aigu avec la bouche ou avec un instrument. *Papa siffle en bricolant.* ❷ Chez certains oiseaux, certains animaux, produire des sons aigus. *Le merle siffle. Les serpents sifflent.* ❸ Appeler en sifflant. *Siffler son chien.* ❹ Souffler dans un sifflet pour donner un signal. *L'arbitre a sifflé la fin du match.* ❺ Montrer son désaccord par des sifflets. *Le public a sifflé les comédiens.* SYN. **huer.** CONTR. **acclamer.**

▸ **sifflet** n.m. Petit instrument avec lequel on siffle. *Le chef de gare a donné un coup de sifflet.* ◆ n.m. plur. Sifflements qui expriment la désapprobation. *La pièce a été accueillie par les sifflets du public.* SYN. **huées.** CONTR. **acclamations, ovations.**

▸ **siffloter** v. (conjug. 3). Siffler doucement. *Siffloter en marchant.*

sigle n.m. Abréviation formée par les premières lettres d'un groupe de mots. *O.N.G. est le sigle de « organisation non gouvernementale ».*

a b c d e f g h i j k l m n o p q r s t u v w x y z

signal n.m. ❶ Geste ou bruit destiné à avertir, à donner un ordre. *Les coureurs attendent le signal du départ.* ❷ Appareil, panneau qui donne un avertissement ou prévient d'un danger. *Sur la route, il y a des signaux lumineux. Tirer le signal d'alarme.*

● Au pluriel : des **signaux**.

▶ **signalement** n.m. Description détaillée d'une personne qui permet de la reconnaître. *La police a transmis à la presse le signalement du criminel.*

▶ **signaler** et **se signaler** v. (conjug. 3). ❶ Indiquer par un signal ou un signe. *Le cycliste tend son bras pour signaler qu'il va tourner.* ❷ Attirer l'attention sur quelqu'un, quelque chose. *Je te signale que tu as oublié notre rendez-vous.* ◆ **se signaler**. Se faire remarquer. *Léa s'est signalée par ses bonnes notes.* SYN. **se distinguer.**

▶ **signalisation** n.f. Ce qui signale quelque chose, sur une route, une voie ferrée, un aéroport, etc. *Un panneau de signalisation routière.*

→ planche pp. 746-747.

signataire n. et adj. Personne qui a signé un écrit. *Les signataires d'un contrat.*

▸▸▸ Mot de la famille de **signer**.

signature n.f. Nom d'une personne écrit de sa main, toujours de la même façon, à la fin d'un texte ou sur une œuvre. *J'ai du mal à lire ta signature.*

▸▸▸ Mot de la famille de **signer**.

signe n.m. ❶ Ce qui indique quelque chose. *On n'a constaté aucun signe d'amélioration. Quand les hirondelles volent bas, c'est signe de pluie.* SYN. **présage.** ❷ Geste destiné à faire savoir quelque chose. *La maîtresse m'a fait signe d'entrer. Il lui a offert une bague en signe d'amour.* SYN. **témoignage.** ❸ Dessin, figure, symbole servant à représenter quelque chose. *La virgule est un signe de ponctuation. Pour faire une addition, on utilise le signe +.* ❹ Chacune des douze zones qui divisent le zodiaque. *Valentin est du signe du Capricorne.*

▶ **1. signer** v. (conjug. 3). Mettre sa signature, écrire son nom sur un écrit, une œuvre. *Signer une lettre, un chèque.*

▶ **2. se signer** v. (conjug. 3). Faire le signe de croix. *Les catholiques se signent en entrant dans une église.*

▶ **significatif, ive** adj. Qui exprime nettement quelque chose. *Son refus est significatif.* SYN. **révélateur.**

▶ **signification** n.f. Ce que signifie, ce que veut dire quelque chose. *Chercher la signification d'un mot dans le dictionnaire.* SYN. **sens.**

▶ **signifier** v. (conjug. 7). ❶ Avoir un sens, vouloir dire quelque chose. *Que signifie cette phrase ?* ❷ Faire connaître de manière nette. *Il nous a signifié ses intentions.*

silence n.m. ❶ Absence de bruit. *J'aime le silence de la forêt.* SYN. **calme, tranquillité.** CONTR. **bruit, vacarme.** ❷ Fait de se taire. *Les élèves travaillent en silence. Il a préféré garder le silence sur cette affaire.*

▶ **silencieusement** adv. En silence, sans faire de bruit. *Le chat marche silencieusement.* CONTR. **bruyamment.**

▶ **silencieux, euse** adj. ❶ Où il n'y a pas ou presque pas de bruit. *La nuit, tout est silencieux.* SYN. **calme, tranquille.** CONTR. **bruyant.** ❷ Qui garde le silence, qui ne parle pas. *Elle est restée silencieuse toute la soirée.* SYN. **muet.**

silex n.m. Roche très dure. *Les hommes préhistoriques fabriquaient des outils et des armes en silex.*

des **silex** taillés

silhouette n.f. ❶ Forme générale dont les contours se détachent sur un fond. *La silhouette du château apparaît dans la brume.* ❷ Contour général du corps. *Avoir une silhouette élancée.*

● Ce mot s'écrit avec un **h**.

sillage n.m. Trace qu'un bateau laisse derrière lui lorsqu'il avance.

sillon n.m. Longue fente faite dans la terre par une charrue. *L'agriculteur sème des graines dans les sillons.*

a b c d e f g h i j k l m n o p q r **s** t u v w x y z

a b c d e f g h i j k l m n o p q r **s** t u v w x y z

▸ **sillonner** v. (conjug. 3). Parcourir dans tous les sens. *Nous avons sillonné l'Italie pendant les vacances.*

silo n.m. Grand réservoir utilisé pour stocker les récoltes ou le fourrage. *Un silo à blé.*

simagrées n.f. plur. Attitude de politesse excessive et affectée. *Faire des simagrées.* SYN. **manières.**

similaire adj. Qui est à peu près de même nature, à peu près pareil. *Ces deux traitements ont eu un effet similaire.* SYN. **analogue, équivalent, semblable.** CONTR. **différent, opposé.**
▸▸▸ Mot de la famille de **similitude.**

similitude n.f. Grande ressemblance. *Il existe une similitude de caractère entre ces deux personnes.*

simple adj. ❶ Qui est fait d'un seul élément, d'une seule action. *On distingue les mots simples des mots composés. Écrire sur une feuille simple.* CONTR. **double.** *Prendre un aller simple pour Lyon.* ❷ **Temps simples,** temps du verbe qui se conjuguent sans auxiliaire. *Le présent, l'imparfait, le futur et le passé simple sont des temps simples.* ❸ Qui est facile à comprendre, à faire. *Cet exercice est simple.* SYN. **élémentaire, facile.** CONTR. **compliqué, difficile.** ❹ Qui ne comporte pas d'ornement. *Elle portait une robe toute simple.* SYN. **sobre.** ❺ Qui ne fait pas de manières. *Malgré son succès, il est resté très simple.* CONTR. **prétentieux.** ❻ Qui suffit à lui seul, sans rien de plus. *D'un simple geste, il lui imposa le silence.* → Vois aussi **composé.**

▸ **simplement** adv. ❶ De manière simple. *Elle était habillée simplement.* SYN. **sobrement.** ❷ Seulement, uniquement. *Je vous demande simplement d'être à l'heure.*

▸ **simplet, ette** adj. Qui est un peu sot et naïf. *Une fillette simplette.*

▸ **simplicité** n.f. ❶ Caractère de ce qui est facile à comprendre ou à faire. *La simplicité d'un exercice.* SYN. **facilité.** ❷ Qualité d'une personne simple. *Elle nous a reçus avec simplicité.*

▸ **simplification** n.f. Fait de simplifier quelque chose. *La simplification des démarches administratives.*

▸ **simplifier** v. (conjug. 7). Rendre plus simple. *Les machines simplifient le travail.* SYN. **faciliter.** CONTR. **compliquer.**

▸ **simpliste** adj. Qui simplifie les choses de manière exagérée, en négligeant des aspects importants. *Un raisonnement simpliste.*

simulacre n.m. Ce qui a l'air d'être quelque chose et qui ne l'est pas. *Un simulacre de procès.* SYN. **simulation.**
▸▸▸ Mot de la famille de **simuler.**

simulation n.f. Action de simuler une maladie, une infirmité. *Son mal de gorge n'est qu'une simulation.*
▸▸▸ Mot de la famille de **simuler.**

simuler v. (conjug. 3). Faire semblant. *Elle a simulé un mal de gorge pour ne pas aller à la piscine.* SYN. **affecter, feindre.**

simultané, e adj. Qui se produit en même temps qu'autre chose. *L'explosion et le début de l'incendie ont été simultanés.*

▸ **simultanéité** n.f. Caractère simultané de deux faits, deux actions. *La simultanéité des deux braquages a étonné les enquêteurs.*

▸ **simultanément** adv. En même temps. *Marie et Anne ont levé la main simultanément.* SYN. **ensemble.** CONTR. **successivement, l'un après l'autre.**

sincère adj. ❶ Qui dit ce qu'il pense, et s'exprime sans mentir. *Quand il fait un compliment, il est toujours sincère.* SYN. **franc.** CONTR. **hypocrite.** ❷ Qui est réel, véritable. *Sa surprise était sincère.*

▸ **sincèrement** adv. De manière sincère. *Il regrette sincèrement ses paroles.* SYN. **réellement, vraiment.**

▸ **sincérité** n.f. Fait d'être sincère. *Parler en toute sincérité.* SYN. **franchise.** CONTR. **hypocrisie.**

sinécure n.f. Emploi où l'on est bien payé en n'ayant presque rien à faire.

singapourien, enne adj. et n. De Singapour. *La population singapourienne comprend en majorité des Chinois. Lee est singapourien. C'est un Singapourien.*
● Le nom prend une majuscule : *un Singapourien.*

singe n.m. Mammifère au cerveau très développé, aux membres supérieurs plus longs que les membres inférieurs et aux mains et aux pieds terminés par des doigts. *Le gorille, le chimpanzé, l'orang-outan sont des singes.*
● Femelle : la guenon. Cri : le hurlement ou le piaillement. Les singes sont des primates.

→ planche pp. 958-959.

▶ **singer** v. (conjug. 5). Imiter quelqu'un pour se moquer de lui. *Il s'amusait à singer sa sœur en train de se maquiller.*

▶ **singerie** n.f. Grimace, geste comiques. *Cesse de faire des singeries, tu n'es pas drôle.* SYN. **clownerie, pitrerie.**

se **singulariser** v. (conjug. 3). Se faire remarquer par quelque chose d'étonnant ou de choquant. *C'est un homme discret, il n'aime pas se singulariser.* SYN. **se distinguer.**
▸▸▸ Mot de la famille de **singulier.**

singularité n.f. Caractère original, unique ou étrange. *La singularité d'une tenue.*
▸▸▸ Mot de la famille de **singulier.**

singulier, ère adj. Extraordinaire, étrange. *Il lui est arrivé une singulière aventure.* SYN. **unique.** CONTR. **ordinaire.** *Sortir en short en plein hiver, quelle idée singulière !* SYN. **bizarre, curieux, étonnant.**

▶ **singulier** n.m. Forme que prend un mot pour désigner un seul être ou une seule chose. *Dans la phrase « Mon frère est brun », tous les mots sont au singulier.* → Vois aussi **pluriel.**

▶ **singulièrement** adv. ❶ De manière singulière, étrange. *Il s'est comporté singulièrement.* SYN. **bizarrement, étrangement.** ❷ Fortement, beaucoup. *Son attitude m'a singulièrement déplu.*

1. **sinistre** adj. ❶ Qui fait peur, qui fait craindre un malheur. *On entendit un hurlement sinistre.* SYN. **effrayant, inquiétant, lugubre.** ❷ Qui est très triste ou très ennuyeux. *C'est un personnage sinistre.* CONTR. **gai, réjoui.** *La réception a été sinistre.* SYN. **lugubre.**

2. **sinistre** n.m. Événement catastrophique, comme un incendie, un tremblement de terre, une inondation, etc., qui entraîne d'importants dégâts. *Les pompiers sont arrivés très vite sur le lieu du sinistre.*

▶ **sinistré, e** adj. et n. Qui est victime d'un sinistre. *Une région sinistrée. Les sauveteurs sont venus au secours des sinistrés.*

sinon conjonction. ❶ Dans le cas contraire ; sans quoi. *Dépêche-toi, sinon tu vas être en retard.* SYN. **autrement.** ❷ Excepté, sauf. *Que pouvait-elle faire, sinon appeler les secours ?*

sinueux, euse adj. Qui fait des courbes, des détours. *Un chemin sinueux.* SYN. **tortueux.** CONTR. **droit, rectiligne.**

une route sinueuse

▶ **sinuosité** n.f. Ligne courbe, sinueuse. *Les sinuosités d'un fleuve.* SYN. **méandre.**

sinus n.m. Cavité située dans les os du nez.
● On prononce le **s** final : [sinys].

▶ **sinusite** n.f. Inflammation des sinus. *Audrey a une sinusite.*

siphon n.m. ❶ Tuyau d'écoulement des eaux usées, recourbé et placé sous un appareil sanitaire, de façon à empêcher la remontée des mauvaises odeurs. *Le siphon d'un lavabo.* ❷ Tube recourbé qui sert à transvaser un liquide d'un récipient dans un autre.
● Ce mot s'écrit avec **ph.**

sire n.m. Titre donné aux rois, aux empereurs. → Vois aussi **majesté.**
▸▸▸ Mot de la même famille : **messire.**

1. **sirène** n.f. Être imaginaire, qui a une tête et un buste de femme et une queue de poisson. *La Petite Sirène est le personnage d'un conte d'Andersen.*

une sirène

Les singes

Les singes sont des mammifères plantigrades : ils marchent en posant sur le sol toute la main ou tout le pied. La plupart peuvent saisir des objets puisque dans la main le pouce est opposable aux autres doigts. Les petits ouistitis ou les atèles ont de longs bras qui leur permettent de se déplacer d'arbre en arbre et une queue qui peut s'enrouler autour des branches. Les macaques et les mandrills vivent le plus souvent à terre, en bandes. Les grands singes (chimpanzés, gibbons, orangs-outans et gorilles) n'ont pas de queue ; ce sont les plus proches cousins de l'espèce humaine.

lagotriche ou singe laineux

un couple de bonobos ou chimpanzés nains

chimpanzé commun

magot (macaque)

macaques japonais

Pour en savoir plus

orang-outan
capucin
ouistiti
atèle ou singe-araignée
gibbons
singe hurleur
mandrill
gorille

2. **sirène** n.f. Appareil qui produit un son puissant et prolongé pour avertir, donner un signal. *La sirène des pompiers.*

sirocco n.m. Vent très sec et très chaud, qui souffle du Sahara sur les régions méditerranéennes.
● La nouvelle orthographe permet d'écrire aussi **siroco**, avec un seul **c**.

sirop n.m. Boisson épaisse ou médicament liquide très sucrés. *Boire du sirop de grenadine. Prendre du sirop contre la toux.*
● Ce mot se termine par un **p**.

▶ **siroter** v. (conjug. 3). Mot familier. Boire à petits coups, en savourant. *Camélia sirote son chocolat au lait.* SYN. **déguster.**

▶ **sirupeux, euse** adj. Qui a la consistance épaisse du sirop. *Un jus de fruits sirupeux.*

sismique adj. Qui se rapporte aux tremblements de terre. *Une onde sismique.*
▶▶▶ Mot de la famille de **séisme**.

sismographe n.m. Appareil qui décèle les vibrations du sol et enregistre l'heure, la durée et l'amplitude des tremblements de terre.
● Ce mot s'écrit avec **ph**.
▶▶▶ Mot de la famille de **séisme**.

site n.m. ❶ Paysage qui présente un intérêt particulier. *Un site enchanteur.* SYN. **panorama.** ❷ Lieu considéré du point de vue de son activité. *Un site touristique; un site industriel.* ❸ Ensemble de pages accessibles par Internet. *On a créé le site de notre classe.*

sitôt adv. ❶ Aussitôt. *Sitôt rentré, il m'a téléphoné.* ❷ **De sitôt,** prochainement. *Il ne reviendra pas de sitôt.*
● Le **o** prend un accent circonflexe.

situation n.f. ❶ Endroit où se trouve une localité, un édifice. *Cette ville a une situation favorable au commerce.* SYN. **emplacement, position.** ❷ État dans lequel se trouvent une personne, un groupe, un pays. *De nombreuses familles sont dans une situation financière difficile.* ❸ Emploi rémunéré et stable. *La mère de Jessie a une bonne situation.* SYN. **place, poste, travail.**
▶▶▶ Mot de la famille de **situer**.

situer et **se situer** v. (conjug. 3). Déterminer la place d'une chose dans l'espace ou dans le temps. *Situer une ville sur une carte.* SYN. **localiser.** ◆ **se situer**. Être à telle place, dans l'espace ou dans le temps. *Le village se situe près de la frontière.* SYN. **se trouver.** *L'action du film se situe de nos jours.*

six adj. numéral et n.m. invar. Cinq plus un. *Ma sœur a six ans. Le six de trèfle.*

▶ **sixième** adj. numéral et n. Qui occupe un rang, une place marqués par le numéro six. *Il est classé sixième au tournoi.* ◆ n.m. Quantité contenue six fois dans un tout. *Nous avons eu chacun le sixième du gâteau.* ◆ n.f. Classe de la première année du collège. *Le frère de Léa est en sixième.*

skateboard n.m. Planche à roulettes.
● C'est un mot anglais, on prononce [skɛtbɔrd].
– On emploie souvent l'abréviation **skate**.

le skateboard

sketch n.m. Pièce comique très courte, interprétée par un ou deux artistes. → Vois aussi **saynète**.
● C'est un mot anglais, on prononce [skɛtʃ].
– Au pluriel : des **sketchs** ou des **sketches.**

ski n.m. ❶ Sorte de patin long et étroit qui sert à glisser sur la neige ou sur l'eau. *Papa a loué une paire de skis.* ❷ Sport pratiqué sur la neige avec des skis. *En classe de neige, nous faisons du ski.* ❸ **Ski alpin,** ski de descente. ❹ **Ski de fond,** ski sur des parcours plutôt plats. ❺ **Ski nautique,** sport qui consiste à glisser sur l'eau sur un ou deux skis, en étant tiré par un bateau à moteur.

▶ **skier** v. (conjug. 7). Faire du ski. *Charlotte apprend à skier avec un moniteur.*

▶ **skieur, euse** n. Personne qui fait du ski. *Les skieurs descendent les pistes.*

slalom n.m. En ski, épreuve et descente comportant une série de virages délimités par des piquets entre lesquels le skieur doit passer. *Remporter le slalom géant.*
● On prononce [slalɔm].

▸ **slalomer** v. (conjug. 3). Effectuer un parcours en slalom.

slip n.m. Culotte qui sert de sous-vêtement ou de maillot de bain.

slogan n.m. Phrase courte et frappante utilisée en publicité ou en politique pour retenir l'attention. *Un slogan publicitaire.*

slovaque adj. et n. De Slovaquie. *Bratislava est la capitale slovaque. Jan est slovaque. C'est un Slovaque.* ◆ **slovaque** n.m. Langue parlée en Slovaquie.
● Le nom prend une majuscule quand il désigne une personne : *un Slovaque.*

slovène adj. et n. De Slovénie. *Ljubljana est la capitale slovène. Josip est slovène. C'est un Slovène.* ◆ **slovène** n.m. Langue parlée en Slovénie.
● Le nom prend une majuscule quand il désigne une personne : *un Slovène.*

smash n.m. Au tennis, au ping-pong, au volley-ball, coup qui rabat violemment une balle haute. *La joueuse a fait un smash.*
● C'est un mot anglais, on prononce [smaʃ] ou [smatʃ]. – Au pluriel : des **smashs** ou des **smashes.**

smoking n.m. Costume habillé composé d'une veste à revers de soie et d'un pantalon orné d'une bande de soie sur le côté. *Pour la soirée de gala, les hommes étaient en smoking.*
● C'est un mot anglais, on prononce [smɔkiŋ].

S.M.S. n.m. Texto.
● Ce mot est l'abréviation de l'anglais **short message service**, qui signifie « service de messages courts ».

snack-bar n.m. Café-restaurant où l'on sert des repas légers. *Manger un sandwich dans un snack-bar.*
● Au pluriel : des **snack-bars.** – On peut aussi dire un **snack.**
– La nouvelle orthographe permet d'écrire aussi un **snackbar,** des **snackbars,** sans trait d'union.

snob adj. et n. Qui veut avoir l'air distingué et à la mode et qui aime les mondanités. *Des gens snobs. C'est une snob.*

▸ **snobisme** n.m. Comportement d'une personne snob. *Ils vont à l'Opéra uniquement par snobisme.*

snowboard n.m. ❶ Surf des neiges. ❷ Planche permettant de pratiquer le surf des neiges.
● C'est un mot anglais qui signifie « planche à neige ». – On prononce [snobɔrd].

sobre adj. ❶ Qui mange peu et boit peu d'alcool. *Un conducteur doit être sobre.* ❷ Qui est simple, sans ornements exagérés. *Une tenue sobre.* SYN. **simple.** CONTR. **excentrique.**

▸ **sobrement** adv. D'une manière sobre. *Se vêtir sobrement.* SYN. **simplement.**

▸ **sobriété** n.f. ❶ Comportement d'une personne sobre. *Un sportif d'une grande sobriété.* ❷ Aspect de ce qui est sobre, sans ornements inutiles. *La sobriété d'un décor.*

sobriquet n.m. Surnom familier, souvent donné par moquerie. *« Le Petit Caporal » était le sobriquet de Napoléon Bonaparte.*

soc n.m. Pièce large et pointue de la charrue, qui s'enfonce dans la terre et creuse les sillons.
● On prononce le **c.**

sociable adj. Qui aime la compagnie des autres. *Leïla est une fille très sociable.* SYN. **liant.** CONTR. **misanthrope, sauvage.**

social, e, aux adj. ❶ Qui concerne la société. *Les classes sociales.* ❷ Qui vise à améliorer les conditions de vie des membres de la société. *Des réformes sociales; des logements sociaux.*
→ Vois aussi **sécurité.**
● Au masculin pluriel : **sociaux.**

▸ **socialisme** n.m. Mouvement économique, social et politique qui souhaite rendre la société plus juste en faisant passer l'intérêt général avant les intérêts particuliers. → Vois aussi **communisme.**
▸▸▸ Mot de la famille de **société.**

▸ **socialiste** adj. et n. Qui est basé sur le socialisme; qui est partisan du socialisme. *Le parti socialiste. C'est un socialiste qui a été élu.* → Vois aussi **communiste.**

société n.f. ❶ Ensemble d'individus qui vivent sur un même territoire et qui possèdent les mêmes institutions, les mêmes lois et les mêmes règles. *La vie en société implique le respect des autres.* SYN. **collectivité, communauté.** ❷ **Société animale,** groupe organisé d'animaux. *Les sociétés animales*

a b c d e f g h i j k l m n o p q r s t u v w x y z

s'observent chez les insectes et chez les mammifères. ❸ Entreprise. *Il travaille dans une société immobilière.* ❹ **La haute société,** l'ensemble des personnes les plus en vue par leur position sociale et leur fortune. ❺ **Jeu de société,** jeu qui sert à se divertir dans les réunions familiales ou amicales. *Le jeu de dames, les échecs sont des jeux de société.*

sociologie n.f. Science qui étudie les sociétés humaines et les faits sociaux.

socle n.m. Base sur laquelle reposent une colonne, une statue, etc. *Le socle de la statue est en granit.* SYN. **piédestal.**

socquette n.f. Chaussette basse qui s'arrête à la cheville.

● Ce mot s'écrit avec un **c** devant le **q.**

soda n.m. Boisson gazeuse contenant du sirop de fruit. *Boire un soda à l'orange.*

sœur n.f. ❶ Fille qui a les mêmes parents qu'une autre personne. *Adrien a deux sœurs et un frère.* ❷ Nom donné à une religieuse.

→ Vois aussi **belle-sœur, demi-sœur.**

soi pronom personnel. ❶ Représente la 3e personne du singulier et est employé comme complément. *On a toujours besoin d'un plus petit que soi. Après l'école, on est content de rentrer chez soi.* ❷ **Cela va de soi,** c'est évident. *Je t'invite aussi, cela va de soi.*

▸ **soi-disant** adv. et adj. inv. À ce qu'on prétend. *Il n'a soi-disant pas réussi à me joindre. Ce soi-disant chirurgien n'est qu'un charlatan.* SYN. **prétendu.**

soie n.f. ❶ Tissu fin, doux et brillant, fait à partir de fils sécrétés par le ver à soie. *Un foulard en soie.* ❷ Poil dur et raide du porc et du sanglier. *Une brosse en soies de sanglier.*

▸▸▸ Mot de la même famille : **soyeux.**

des vers à soie

▸ **soierie** n.f. Tissu de soie. *Un fauteuil recouvert de soierie.*

● On prononce [swari].

soif n.f. ❶ Besoin, envie de boire. *Après avoir couru, j'avais soif.* ❷ Désir vif de quelque chose. *Un adolescent qui a soif d'autonomie.*

▸▸▸ Mot de la même famille : **assoiffé.**

soigné, e adj. ❶ Qui est fait avec soin. *Un travail soigné.* SYN. **minutieux.** ❷ Qui prend soin de sa personne. *Une femme soignée.* CONTR. **négligé.**

▸▸▸ Mot de la famille de **soin.**

soigner v. (conjug. 3). ❶ Faire avec soin, avec application. *Soigner la présentation d'un devoir.* ❷ Prendre soin de quelque chose. *Papi soigne son jardin.* ❸ Donner les soins nécessaires pour guérir une personne. *Quand j'ai eu la grippe, le médecin m'a bien soigné.* SYN. **traiter.**

▸▸▸ Mot de la famille de **soin.**

soigneur n.m. Personne qui donne les soins nécessaires à un sportif.

▸▸▸ Mot de la famille de **soin.**

soigneusement adv. Avec soin. *Ranger soigneusement ses affaires. Lisez soigneusement la notice.* SYN. **attentivement.**

▸▸▸ Mot de la famille de **soin.**

soigneux, euse adj. Qui fait les choses avec soin, application. *Rémi est un élève soigneux.* SYN. **appliqué, minutieux.** CONTR. **négligent.**

▸▸▸ Mot de la famille de **soin.**

soin n.m. ❶ Attention particulière que l'on met dans ce que l'on fait. *Hamidou a fait son travail avec soin.* SYN. **minutie.** ❷ Tâche, devoir ou charge. *Je te confie le soin d'arroser les plantes.* ❸ **Prendre soin de,** s'occuper de; veiller à. *Je prendrai bien soin de tes livres. Il avait pris soin de nous informer de son arrivée.* ◆ n.m. plur. ❶ Moyens par lesquels on essaie de guérir une maladie, de soigner une blessure. *L'infirmière donne des soins au blessé.* ❷ **Être aux petits soins pour quelqu'un,** être très attentionné.

soir n.m. Fin de la journée, après le coucher du soleil. *Je me couche à neuf heures et demie du soir. Un beau soir d'été.* SYN. **soirée.**

▸ **soirée** n.f. ❶ Partie de la journée comprise entre le coucher du soleil et minuit. *Maman a lu toute la soirée.* SYN. **soir.** ❷ Spectacle, réception qui ont lieu le soir. *Aller à une soirée.* → Vois aussi **matinée.**

soit conjonction. ❶ Ou bien. *Tu peux venir soit samedi, soit dimanche.* ❷ C'est-à-dire. *Il a perdu toute sa fortune, soit un million* *d'euros.* ◆ **adv.** Marque l'accord, l'approbation. *Soit, j'accepte votre proposition.* SYN. **d'accord.**

● L'adverbe se prononce [swat].

soixantaine **n.f.** ❶ Nombre de soixante ou d'environ soixante. *Il y avait une soixantaine de spectateurs.* ❷ Âge de soixante ans environ. *Mon oncle approche de la soixantaine.* → Vois aussi **sexagénaire.**

▸▸▸ Mot de la famille de **soixante.**

soixante **adj. numéral et n.m. invar.** Six fois dix. *Sa grand-mère a soixante ans. Ouvrez votre livre page soixante. J'habite au soixante de la rue de l'Alouette.*

▸ **soixante-dix** **adj. numéral et n.m. invar.** Sept fois dix. *Son grand-père a soixante-dix ans. J'ai lu mon livre jusqu'à la page soixante-dix. J'habite au soixante-dix de la rue des Vignerons.*

▸ **soixante-dixième** **adj. et n.** Qui occupe un rang, une place marqués par le numéro soixante-dix. *Il est arrivé soixante-dixième au rallye.*

▸ **soixantième** **adj. et n.** Qui occupe un rang, une place marqués par le numéro soixante. *Il est classé soixantième au concours.*

soja **n.m.** ❶ Plante grimpante ressemblant au haricot, cultivée pour ses graines qui fournissent une huile alimentaire et une farine destinée à l'alimentation animale. ❷ **Germe de soja,** jeune pousse issue de la graine du mungo, que l'on consomme en légume.

1. **sol** **n.m.** ❶ Terre, terrain. *Les plantes sont fixées au sol par leurs racines. Un sol calcaire.* ❷ Surface terrestre. *Au décollage, l'avion quitte le sol.* ❸ Surface sur laquelle on marche. *Le sol de ma chambre est en parquet.*

2. **sol** **n.m. invar.** Cinquième note de la gamme de *do.*

● Ce mot ne change pas au pluriel : des **sol.**

solaire **adj.** ❶ Du Soleil. *Le rayonnement solaire; l'énergie solaire.* ❷ **Système solaire,** ensemble formé par le Soleil et les planètes qui tournent autour de lui. ❸ Qui fonctionne grâce à la chaleur, à la lumière du Soleil. *Des capteurs solaires.* ❹ Qui protège du soleil. *Une crème solaire.* → Vois aussi **cadran.**

▸▸▸ Mot de la famille de **soleil.**

soldat **n.m.** Homme qui fait partie d'une armée. *Les soldats sont chargés de défendre leur pays.* SYN. **militaire.**

1. **solde** **n.f.** Salaire des militaires. *Toucher sa solde.*

2. **solde** **n.m.** ❶ Ce qui reste à payer d'une somme due. *Le solde est à payer à la livraison.* ❷ Marchandise vendue avec une réduction. *Maman a acheté une jupe en solde.*

● Ce mot est du genre masculin : **un solde.**

▸▸▸ Mot de la famille de **solder.**

solder et **se solder** **v.** (conjug. 3). Vendre des marchandises au rabais. *Le magasin de sport solde les rollers.* ◆ **se solder par.** Avoir pour résultat. *Les négociations de paix se sont soldées par un échec.* SYN. **aboutir à.**

sole **n.f.** Poisson de mer plat et ovale, à chair délicate. *Manger des filets de sole.*

une sole

soleil **n.m.** ❶ (Avec une majuscule). Astre autour duquel tournent la Terre et d'autres planètes. *Le Soleil se lève à l'est et se couche à l'ouest.* ❷ Lumière, chaleur, rayonnement du Soleil; lieu exposé au Soleil. *Il fait soleil. Ne reste pas en plein soleil.*

▸▸▸ Mots de la même famille : **ensoleillé, ensoleillement.**

solennel, elle **adj.** ❶ Qui est célébré en public et avec éclat. *L'inauguration solennelle d'un édifice.* ❷ Qui est fait avec beaucoup de sérieux et de gravité. *Une promesse solennelle.*

● On prononce [sɔlanɛl].

▸ **solennellement** **adv.** De manière solennelle. *Le mariage a été célébré solennellement.*

● On prononce [sɔlanɛlmɑ̃].

▸ **solennité** **n.f.** Caractère solennel. *Le chef de l'État s'est exprimé avec solennité.* SYN. **gravité.**

● On prononce [sɔlanite].

a b c d e f g h i j k l m n o p q r s t u v w x y z

solfège n.m. Étude de la lecture et de l'écriture des notes de musique. *Nouha prend des cours de solfège.*

solidaire adj. ❶ Se dit de personnes qui se soutiennent mutuellement. *Tous les habitants de la région sont solidaires des sinistrés.* ❷ Se dit de choses qui dépendent les unes des autres. *Les engrenages d'une montre sont solidaires.*

▶ se **solidariser** v. (conjug. 3). Se déclarer solidaire de quelqu'un. *Des centaines d'ouvriers se sont solidarisés avec les grévistes.*

▶ **solidarité** n.f. Fait d'être solidaire d'autres personnes. *Ils ont fait la grève par solidarité avec leurs collègues licenciés.*

solide adj. ❶ Qui a une consistance plus ou moins ferme. *La lave devient solide en se refroidissant.* SYN. **dur, ferme.** ❷ Qui a de la vigueur, de la résistance. *Jean est un garçon solide, il est rarement malade.* SYN. **robuste, vigoureux.** ❸ Qui résiste bien à l'usure, aux chocs. *Mon sac à dos est solide.* SYN. **résistant.** CONTR. **fragile.** ◆ n.m. ❶ Matière solide. *La pierre est un solide.* ❷ Forme géométrique qui a un volume. *Un cône, une pyramide, un cube sont des solides.* → Vois aussi **fluide, gazeux, liquide.**

→ planche pp. 494-495.

▶ **solidement** adv. De manière solide, résistante. *Notre tente est solidement plantée.*

▶ se **solidifier** v. (conjug. 7). Devenir solide. *Le plâtre se solidifie en séchant.* SYN. **durcir.**

▶ **solidité** n.f. Caractère de ce qui est solide. *Papa a choisi cette voiture pour sa solidité.* SYN. **résistance, robustesse.** CONTR. **fragilité.**

soliste n. Musicien ou chanteur qui joue en solo, qui exécute un solo.
▸▸▸ Mot de la famille de **solo.**

solitaire adj. et n. Qui est seul ou qui recherche la solitude. *C'est une femme assez solitaire. Vivre en solitaire à la campagne.* ◆ n.m. ❶ Diamant taillé, monté seul sur une bague. ❷ Jeu de réflexion et de patience qui se joue seul.
▸▸▸ Mot de la famille de **seul.**

solitude n.f. Fait d'être seul ou de se sentir seul. *Dans les grandes villes, beaucoup de gens se plaignent de la solitude.*
▸▸▸ Mot de la famille de **seul.**

solliciter v. (conjug. 3). ❶ Demander avec respect. *Solliciter un entretien avec le maire.* ❷ Faire appel à quelqu'un. *Les hommes politiques sont souvent sollicités.*
● Ce mot s'écrit avec deux **l.**

sollicitude n.f. Attention affectueuse envers quelqu'un. *Une femme pleine de sollicitude.* SYN. **bienveillance, prévenance.**
● Ce mot s'écrit avec deux **l.**

solo n.m. Morceau de musique pour un seul instrument ou une seule voix. *Un solo de violoncelle. Chanter en solo.* → Vois aussi **duo, trio.**

solstice n.m. Chacune des deux époques de l'année où le Soleil est le plus éloigné de l'équateur. *Le solstice d'hiver, qui a lieu le 21 ou le 22 décembre, est le jour le plus court de l'année; le solstice d'été, qui a lieu le 21 ou le 22 juin, est le jour le plus long de l'année.* → Vois aussi **équinoxe.**

soluble adj. ❶ Qui fond, se dissout. *Le sucre est soluble dans l'eau.* CONTR. **insoluble.** ❷ Que l'on peut résoudre. *Un problème soluble.* CONTR. **insoluble.**

solution n.f. ❶ Réponse à une question, à un problème. *Raphaël a trouvé la solution du rébus.* SYN. **résultat.** ❷ Ce qui peut résoudre une difficulté. *On a trouvé une*

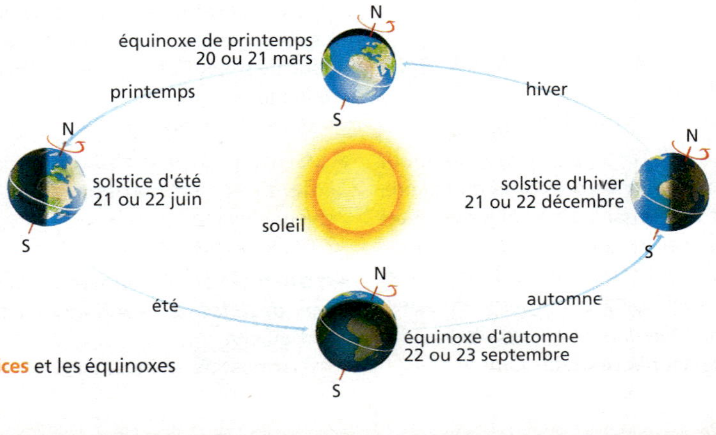

les solstices et les équinoxes

solution pour faire garder notre chien pendant les vacances. SYN. **moyen.** ❸ Liquide qui contient une matière dissoute. *En mélangeant de l'eau et du sel, on obtient une solution salée.*

somalien, enne adj. et n. De Somalie. *Muqdisho est la capitale somalienne. Iman est somalienne. C'est une Somalienne.*
● Le nom prend une majuscule : *un Somalien.*

sombre adj. ❶ Où il y a peu de lumière. *Ma chambre est sombre.* SYN. **obscur.** CONTR. **clair, ensoleillé, lumineux.** ❷ D'une couleur proche du noir. *Porter des vêtements sombres.* SYN. **foncé.** CONTR. **clair.** ❸ Qui exprime ou indique la tristesse, l'ennui ou l'inquiétude. *Tu as l'air bien sombre.* SYN. **grave, morose, triste.** CONTR. **euphorique, gai.** *L'avenir reste sombre.*
▸▸▸ Mot de la même famille : **assombrir.**

sombrer v. (conjug. 3). ❶ Être englouti dans l'eau. *Le ferry a sombré dans la tempête.* SYN. **couler.** ❷ Pénétrer profondément dans un certain état. *Sombrer dans le sommeil. Sombrer dans la misère.*

sommaire adj. ❶ Exprimé en peu de mots. *Un discours sommaire.* SYN. **succinct.** ❷ Très simple. *Un équipement sommaire.* SYN. **rudimentaire.** ❸ **Exécution sommaire,** sans jugement préalable.

▸ **sommaire** n.m. Liste des différentes parties d'un livre, d'une revue. *Le sommaire se trouve au début du manuel.* SYN. **table des matières.**
● Ce nom masculin se termine par un **e.**

▸ **sommairement** adv. De façon sommaire, rapide. *Examiner sommairement une question.* SYN. **brièvement, rapidement.**

sommation n.f. Ordre impératif de s'arrêter ou de se rendre donné par un militaire ou un policier. *Le malfaiteur tué n'avait pas obéi aux sommations des policiers.* SYN. **injonction.**
▸▸▸ Mot de la famille de **sommer.**

1. **somme** n.f. ❶ Résultat d'une addition. *La somme de 5 plus 9 est 14.* ❷ Quantité d'argent. *Il a perdu une somme importante au jeu.* ❸ Ensemble de choses qui s'ajoutent. *Fournir une grosse somme de travail.* SYN. **quantité.** ❹ **En somme,** finalement, tout compte fait. *En somme, tu préfères renoncer ?*

2. **somme** n.f. **Bête de somme,** animal employé pour porter des charges. *L'âne et le chameau sont des bêtes de somme.*

3. **somme** n.m. Fait de dormir pendant un petit moment. *Papi a fait un somme après le repas.*
▸▸▸ Mot de la famille de **sommeil.**

sommeil n.m. ❶ État dans lequel on se trouve quand on dort. *Mon petit frère parle pendant son sommeil.* ❷ Envie, besoin de dormir. *J'ai sommeil, je n'arrête pas de bâiller.*
▸▸▸ Mot de la même famille : **ensommeillé.**

▸ **sommeiller** v. (conjug. 3). Dormir un peu, d'un sommeil léger. *Certains participants sommeillaient pendant la conférence.* → Vois aussi **s'assoupir, somnoler.**

sommelier, ère n. Personne chargée du service des vins dans un restaurant.

sommer v. (conjug. 3). Demander de façon impérative ; ordonner. *L'instituteur l'a sommé d'obéir.*

sommet n.m. ❶ Partie la plus élevée de quelque chose. *Le sommet d'un arbre.* SYN. **faîte.** *Les alpinistes ont atteint le sommet du mont Blanc.* SYN. **cime.** ❷ Degré le plus haut. *Le musicien était alors au sommet de la gloire.* ❸ **Sommet d'un angle,** point de rencontre des deux côtés de cet angle. ❹ **Conférence au sommet,** conférence internationale à laquelle participent les plus importants chefs d'État.

le sommet de l'aiguille du Midi (Mont-Blanc)

a b c d e f g h i j k l m n o p q r s t u v w x y z

sommier n.m. Partie du lit sur laquelle repose le matelas. *Un sommier à lattes de bois.*

sommité n.f. Personnage éminent dans un domaine particulier. *Une sommité de la médecine.* SYN. **personnalité.**

somnambule adj. et n. Personne qui se lève, marche et parle pendant son sommeil.

somnifère n.m. Médicament qui provoque le sommeil. SYN. **soporifique.**

somnolence n.f. État d'une personne qui somnole. *La prise de certains médicaments peut provoquer la somnolence.*

▸ **somnolent, e** adj. À moitié endormi. *Après le repas, papi était somnolent.*

▸ **somnoler** v. (conjug. 3). Dormir à moitié. *Les enfants somnolent dans la voiture.* → Vois aussi **s'assoupir, sommeiller.**

somptueux, euse adj. Luxueux et magnifique. *Ils ont une villa somptueuse dans le Midi.*

1. **son, sa, ses** adj. possessifs. Déterminants qui indiquent la possession. Ils s'appliquent à la troisième personne du singulier. *Son oncle, sa tante, ses cousins.*

● **Sa** devient **son** devant un nom féminin commençant par une voyelle ou un « h » muet : *son amie, son habitude.*

2. **son** n.m. Ce que l'on entend. *Je t'ai reconnu au son de ta voix. J'aime le son du violon.*
→ Vois aussi **bruit.**
▸▸▸ Mots de la même famille : **supersonique, ultrason.**

3. **son** n.m. Enveloppe des grains de céréales qui reste après la mouture. *Un pain au son; de la farine de son.*

sondage n.m. ❶ Action de sonder. *Le sondage d'un lac.* ❷ **Un sondage d'opinion** ou **un sondage,** enquête menée auprès d'un petit nombre de personnes pour essayer de connaître l'opinion de toute la population sur un sujet donné. *Avant les élections, on effectue des sondages.*

sonde n.f. Appareil qui sert à déterminer la profondeur de l'eau, à connaître la nature d'un terrain ou à explorer le sous-sol. *On utilise des sondes pour trouver du pétrole.*

▸ **sonder** v. (conjug. 3). ❶ Mesurer la profondeur d'une étendue d'eau, la nature d'un terrain, etc. *Sonder un lac.* ❷ Chercher à connaître les intentions de quelqu'un. *Je l'ai sondé pour savoir ce qui lui ferait plaisir.* SYN. **interroger.**

songe n.m. Mot littéraire. Rêve. *La princesse fit un songe étrange.*
▸▸▸ Mot de la famille de **songer.**

songer v. (conjug. 5). ❶ Penser à quelque chose. *As-tu songé au danger que tu courais ?* SYN. **réfléchir.** ❷ Avoir l'intention de faire quelque chose. *Nous songeons à déménager.* SYN. **envisager.**

▸ **songeur, euse** adj. Qui est perdu dans une rêverie. *Avoir un air songeur.* SYN. **pensif, rêveur.**

sonner v. (conjug. 3). ❶ Produire un son. *Le téléphone a sonné.* ❷ Actionner une sonnette, une sonnerie. *Quelqu'un sonne à la porte.* ❸ **Sonner faux,** donner une impression de fausseté. *Son rire sonnait faux.*
▸▸▸ Mot de la famille de **son (2).**

sonnerie n.f. Bruit que fait une chose qui sonne. *La sonnerie d'un réveil.*
▸▸▸ Mot de la famille de **son (2).**

sonnet n.m. Poème de quatorze vers, présentés en quatre strophes.

sonnette n.f. Mécanisme qui déclenche une sonnerie et qui sert à appeler, à avertir. *Entendre un coup de sonnette. Mon vélo a une sonnette.*
▸▸▸ Mot de la famille de **son (2).**

sonore adj. ❶ Qui a un son fort et éclatant. *Un rire sonore.* SYN. **retentissant.** ❷ Qui produit un son. *Un signal sonore.* ❸ Qui renvoie bien les sons. *Les églises sont sonores.*

▸ **sonorisation** n.f. Ensemble des installations (micros, haut-parleurs, etc.) qui permettent de diffuser les sons.
● On dit familièrement la **sono.**

▸ **sonoriser** v. (conjug. 3). Équiper un lieu d'installations qui diffusent les sons. *Sonoriser une salle de spectacle.*

▸ **sonorité** n.f. Qualité des sons produits par une voix, un instrument. *La sonorité d'un violon.*

sophistiqué, e adj. ❶ Qui est trop raffiné, qui manque de naturel. *Une femme très sophistiquée.* ❷ Très perfectionné et d'une grande complexité technique. *Cet hôpital possède un équipement très sophistiqué.*

soporifique adj. et n.m. Qui provoque le sommeil. *Le gardien a été neutralisé avec des soporifiques.* SYN. **somnifère.**

sorbet n.m. Glace à l'eau, sans crème, à base de jus de fruits. *Un sorbet au cassis.*

sorcellerie n.f. Pratique magique des sorciers. *Au Moyen Âge, les personnes accusées de sorcellerie étaient brûlées.*
▸▸▸ Mot de la famille de **sorcier.**

sorcier, ère n. ❶ Personne qui pratique la magie, qui jette des sorts. *En Afrique, les sorciers sont aussi des médecins.* ❷ (Familier). **Ce n'est pas sorcier,** ce n'est pas difficile. *Ce n'est pas sorcier de trouver la solution de ce problème !* → Vois aussi **devin, mage.**

sordide adj. ❶ Misérable et très sale. *Ils habitent un logement sordide.* SYN. **immonde, pouilleux.** ❷ Qui est d'une grande bassesse morale. *Il est d'un égoïsme sordide.* SYN. **abject, répugnant.**

sorgho n.m. Céréale proche du millet, cultivée surtout en Afrique.
● Ce mot s'écrit avec un **h.**

le sorgho

sornettes n.f. plur. Propos qui ne reposent sur rien. *Ne l'écoute pas, il raconte des sornettes !* SYN. **balivernes, sottises.**

sort n.m. ❶ Puissance mystérieuse qui semble diriger la vie des hommes. *Être favorisé par le sort.* SYN. **destin.** ❷ **Tirer au sort,** choisir au hasard. *Le gagnant sera tiré au sort.* ❸ Situation matérielle, conditions de vie résultant des événements heureux ou malheureux. *Se plaindre de son sort.* ❹ Effet malfaisant attribué à des pratiques de sorcellerie. *La sorcière a jeté un sort à la princesse.* SYN. **maléfice, sortilège.**

sortant, e adj. ❶ **Numéro sortant,** celui qui a été tiré au sort. SYN. **gagnant.** ❷ **Député sortant,** député arrivé à la fin de son mandat. *Le député sortant a été réélu.*
▸▸▸ Mot de la famille de **sortir.**

sorte n.f. ❶ Espèce, genre, type ou catégorie. *Il existe de nombreuses sortes de fleurs.* SYN. **variété.** ❷ **Une sorte de,** désigne une chose ou une personne qui ressemble à une autre par quelques détails. *Elle portait une sorte de cape.* SYN. **une espèce de, un genre de.** ❸ **De telle sorte que,** si bien que, de telle manière que. *Elle a agi de telle sorte que tout le monde l'a félicitée.* ❹ **Faire en sorte,** faire ce qu'il faut pour. *Fais en sorte d'arriver à l'heure.*

sortie n.f. ❶ Action, fait de sortir. *La sortie des classes. On a fait une sortie avec l'école. La sortie d'un film.* ❷ Endroit par où l'on sort. *La sortie du cinéma.* CONTR. **entrée.** *La sortie de secours.* SYN. **issue.**
▸▸▸ Mot de la famille de **sortir.**

sortilège n.m. Procédé magique et maléfique. *La princesse endormie était victime des sortilèges d'une sorcière.* SYN. **envoûtement, maléfice, sort.**

sortir v. (conjug. 19). ❶ Aller de l'intérieur à l'extérieur d'un lieu. *Paul est sorti de la maison en courant.* CONTR. **entrer, rentrer.** ❷ Dîner hors de chez soi, aller au spectacle. *Nos voisins sortent beaucoup.* ❸ Commencer à paraître, à pousser. *Les jonquilles sont sorties.* ❹ Être présenté au public, être mis en vente. *Son dernier film vient de sortir.* SYN. **paraître.** ❺ Mettre à l'extérieur. *J'ai sorti la glace du congélateur.* ❻ Emmener dehors. *Papi sort son chien deux fois par jour.* ❼ Être tiré au sort. *Le numéro 13 est sorti.* ❽ Faire apparaître une partie du corps. *Le chat sort ses griffes.* CONTR. **rentrer, rétracter.**
● Ce verbe se conjugue avec l'auxiliaire « avoir » lorsqu'il est suivi d'un complément d'objet direct.

S.O.S. n.m. Signal de détresse. *Le bateau en perdition lançait des S.O.S.*

sosie n.m. Personne qui ressemble parfaitement à une autre. *La reine d'Angleterre a de nombreux sosies.*
● Ce nom masculin se termine par un **e.**

sot, sotte adj. et n. Qui manque d'intelligence, de jugement. *Elle a été bien sotte de* *le croire.* SYN. **idiot, stupide.** CONTR. **intelligent.** *Ta remarque est vraiment sotte.* SYN. **bête, idiot.**

▸ **sottement** adv. De façon sotte. *Tu as agi sottement.* SYN. **bêtement, stupidement.**

▸ **sottise** n.f. ❶ Manque d'intelligence, de jugement. SYN. **bêtise, stupidité.** ❷ Parole ou acte stupides. *J'ai l'impression d'avoir dit une sottise.* SYN. **ânerie, bêtise.**

sou n.m. ❶ Ancienne pièce de monnaie qui valait moins d'un centime d'euro. ❷ **Ne pas avoir un sou,** n'avoir pas du tout d'argent.
● Au pluriel : des **sous.**

soubresaut n.m. Mouvement brusque et involontaire. *Il a eu un soubresaut quand le téléphone a sonné.* SYN. **sursaut.**

souche n.f. ❶ Partie du tronc d'un arbre qui reste dans la terre lorsque l'arbre a été coupé. *S'asseoir sur une souche.* ❷ Origine d'une famille. *Ma famille est de souche normande.* ❸ Partie qui reste fixée au chéquier quand on détache un chèque. SYN. **talon.**

1. **souci** n.m. Petite plante à fleurs jaunes ou orangées, cultivée dans les jardins.

2. **souci** n.m. Ce qui préoccupe, trouble et inquiète. *Sa santé nous donne du souci.* SYN. **inquiétude, tracas.** *Maman se fait du souci pour nous. Papa a des soucis.* SYN. **ennui, problème.**

▸ se **soucier** v. (conjug. 7). S'inquiéter. *Il ne se soucie pas de ses adversaires.* SYN. **se préoccuper.**

▸ **soucieux, euse** adj. Qui a des soucis. *Marie est en retard, sa mère est soucieuse.* SYN. **inquiet, préoccupé.**

soucoupe n.f. ❶ Petite assiette que l'on met sous une tasse. ❷ **Soucoupe volante,** objet volant mystérieux, de forme ovale et aplatie, qui viendrait d'une autre planète. SYN. **ovni.**

soudain, e adj. Qui se produit tout à coup. *Une mort soudaine.* SYN. **brusque, subit.** ♦ adv. Tout à coup. *Soudain, le tonnerre retentit.* SYN. **brusquement, subitement.**

▸ **soudainement** adv. De manière soudaine, tout d'un coup. *Les nuages ont disparu soudainement.* SYN. **brusquement, subitement.**

soudanais, e adj. et n. Du Soudan. *Khartoum est la capitale soudanaise. Ali est soudanais. C'est un Soudanais.*
● Le nom prend une majuscule : *un Soudanais.*

souder v. (conjug. 3). ❶ Assembler deux pièces métalliques en faisant fondre leurs deux extrémités ou en coulant dessus du métal fondu. *Le plombier soude des tuyaux.* ❷ Lier étroitement. *Leurs ennuis les ont soudés.*

soudoyer v. (conjug. 14). Payer quelqu'un pour le faire agir malhonnêtement. *Les malfaiteurs ont soudoyé un employé de la banque.* SYN. **corrompre.**
● On prononce [sudwaje].

soudure n.f. ❶ Action de souder. *Faire une soudure.* ❷ Endroit où des pièces ont été soudées. *Le tuyau fuit à la soudure.*
▸▸▸ Mot de la famille de **souder.**

souffle n.m. ❶ Mouvement de l'air. *On sent un léger souffle d'air.* SYN. **bouffée.** ❷ Air que l'on rejette par la bouche en respirant. *Je retenais mon souffle en regardant le funambule.* SYN. **respiration.** *Après avoir couru, Léa était à bout de souffle.*
▸▸▸ Mot de la famille de **souffler.**

soufflé n.m. Plat sucré ou salé qui gonfle pendant sa cuisson au four. *Un soufflé au fromage.*
▸▸▸ Mot de la famille de **souffler.**

souffler v. (conjug. 3). ❶ En parlant du vent, agiter, déplacer l'air. ❷ Envoyer de l'air par la bouche. *Soufflez à fond.* SYN. **expirer.** CONTR. **aspirer, inspirer.** ❸ **Souffler des bougies,** les éteindre par le souffle. *Julie a soufflé ses bougies d'anniversaire.* ❹ Dire à voix basse, discrètement. *Quentin a soufflé la réponse à Julien.*
● Ce mot s'écrit avec deux **f.**
▸▸▸ Mots de la même famille : **essoufflement, s'essouffler.**

▸ **soufflet** n.m. ❶ Instrument qui sert à activer le feu en soufflant de l'air. ❷ Partie flexible qui relie deux wagons de chemin de fer ou deux parties d'un bus. ❸ (Sens littéraire). Coup donné sur la joue avec le plat ou le revers de la main.

un soufflet

a b c d e f g h i j k l m n o p q r s t u v w x y z

▶ **souffleur, euse** n. Au théâtre, personne chargée de souffler, si besoin est, leur texte aux acteurs. *Autrefois, le souffleur se tenait dans une ouverture située sur le devant de la scène.*

souffrance n.f. ❶ Douleur physique ou morale. *Le blessé a enduré de grandes souffrances.* ❷ **En souffrance,** en attente. *Le maire a plusieurs dossiers en souffrance.*
▶▶▶ Mot de la famille de **souffrir**.

souffrant, e adj. Légèrement malade. *Valentin est souffrant, il a un rhume.*
▶▶▶ Mot de la famille de **souffrir**.

souffre-douleur n. invar. Personne qui est l'objet de mauvais traitements, de railleries. *Cet élève est le souffre-douleur de ses camarades.* → Vois aussi **martyr**.
● La nouvelle orthographe permet d'écrire aussi des **souffre-douleurs,** avec un **s** à **douleur**.
▶▶▶ Mot de la famille de **souffrir**.

souffreteux, euse adj. Qui est de santé fragile. *Un enfant souffreteux.* SYN. **chétif, maladif.**
▶▶▶ Mot de la famille de **souffrir**.

souffrir v. (conjug. 28). ❶ Avoir mal, éprouver une douleur physique ou morale. *Le blessé a beaucoup souffert. La vieille dame souffre de la solitude.* ❷ Être endommagé, abîmé. *Les vignes ont souffert du gel.* SYN. **pâtir.** ❸ **Ne pas pouvoir souffrir quelqu'un,** le détester.

soufre n.m. Matière jaune clair qui brûle en dégageant une odeur forte. *On emploie le soufre pour la fabrication des allumettes et des feux d'artifice.*
● Ce mot prend un seul **f**.

souhait n.m. ❶ Envie très forte de voir quelque chose se produire. *Quel est ton souhait le plus cher ?* SYN. **désir, vœu.** ❷ **À vos souhaits,** expression que l'on emploie lorsque quelqu'un éternue.
▶▶▶ Mot de la famille de **souhaiter**.

souhaitable adj. Que l'on peut souhaiter. *Cet hôtel a tout le confort souhaitable.* SYN. **désirable.**
▶▶▶ Mot de la famille de **souhaiter**.

souhaiter v. (conjug. 3). Désirer que quelque chose se produise. *Je souhaite qu'il revienne bientôt. Il souhaite réussir ses examens.*

souiller v. (conjug. 3). Mot littéraire. Salir, tacher. *Le malade a souillé ses draps.*

▶ **souillon** n.f. Mot ancien. Personne sale et négligée. *Notre voisine est une vraie souillon.*

souk n.m. Marché couvert, dans les pays arabes.

un **souk** (Tunisie)

soûl, e adj. Mot familier. Ivre. ◆ n.m. **Tout son soûl,** autant que l'on peut le désirer. *Dormir tout son soûl.*
● Au masculin, on ne prononce pas le **l**. – On écrit parfois **saoul, saoule.**
– La nouvelle orthographe permet d'écrire aussi **soul,** sans accent circonflexe.

soulagement n.m. Fait d'être soulagé. *Quel soulagement de les savoir sains et saufs !*
▶▶▶ Mot de la famille de **soulager**.

soulager v. (conjug. 5). ❶ Adoucir la souffrance physique ou morale. *Ce médicament m'a soulagé.* SYN. **calmer.** *Je suis soulagé de savoir que tu es guéri.* ❷ Apporter une aide à quelqu'un, le débarrasser d'une charge. *Un collaborateur viendra bientôt vous soulager dans votre travail.*

soûlant, e adj. Mot familier. Qui ennuie, lasse et énerve à force de trop parler. *Il est soûlant avec ses histoires !*
● La nouvelle orthographe permet d'écrire aussi **soulant,** sans accent circonflexe.
▶▶▶ Mot de la famille de **soûl**.

soûler et **se soûler** v. (conjug. 3). Mot familier. ❶ Rendre ivre. *La liqueur soûle.* SYN. **enivrer.** ❷ Énerver, lasser par des paroles. *Tais-toi un peu, tu nous soûles !* ◆ **se soûler**. Devenir ivre. *Se soûler à la bière.*
● On peut aussi écrire **saouler.**
– La nouvelle orthographe permet d'écrire aussi **souler,** sans accent circonflexe.
▶▶▶ Mot de la famille de **soûl**.

a b c d e f g h i j k l m n o p q r s t u v w x y z

soulèvement n.m. Mouvement de révolte. *Réprimer un soulèvement.* SYN. **émeute, insurrection, rébellion, révolte.**
▸▸▸ Mot de la famille de **soulever.**

soulever et **se soulever** v. (conjug. 10). ❶ Lever à une faible hauteur. *Je n'arrive pas à soulever cette malle.* ❷ Faire naître un sentiment, provoquer une réaction. *Ces mesures ont soulevé l'indignation de la population.* SYN. **déclencher, susciter.** ◆ **se soulever.** Se révolter. *Le peuple s'est soulevé contre le dictateur.* SYN. **s'insurger, se mutiner, se rebeller.**

soulier n.m. Chaussure. *Mamie porte des souliers plats.*
● Ce mot ne s'emploie plus beaucoup.

soulignage n.m. Action de souligner. *Le soulignage des mots importants d'un texte.*
● On peut aussi dire **soulignement.**
▸▸▸ Mot de la famille de **souligner.**

souligner v. (conjug. 3). ❶ Tirer un trait sous un mot, une phrase, etc. *Soulignez la date en bleu.* ❷ Attirer l'attention sur quelque chose. *Les journalistes ont souligné l'importance de ces négociations.* SYN. **insister sur.**

soumettre et **se soumettre** v. (conjug. 51). ❶ Ramener quelqu'un à l'obéissance. *Soumettre des rebelles.* SYN. **mater.** ❷ Présenter quelque chose à quelqu'un pour avoir son avis ou son accord. *Nous avons soumis notre projet au directeur.* ◆ **se soumettre à.** Obéir à, respecter quelque chose. *Se soumettre à la loi.* SYN. **se plier à, se conformer à.**

▸ **soumis, e** adj. Qui est obéissant, docile. *Un fils soumis.* CONTR. **indiscipliné, rebelle, récalcitrant.** *Un air soumis.* CONTR. **dominateur.**

▸ **soumission** n.f. Fait de se soumettre. *Le gouvernement a obtenu la soumission des rebelles.*

soupape n.f. Pièce mobile d'un appareil, d'un mécanisme qui permet le passage d'un liquide ou d'un gaz dans un seul sens. *Les soupapes assurent l'échappement des gaz d'un moteur de voiture.*

soupçon n.m. ❶ Sentiment que l'on a de la culpabilité de quelqu'un mais sans certitude. *On n'a pas encore identifié le voleur, mais la police a des soupçons.* ❷ **Un soupçon de,** une petite quantité de. *Elle a mis un soupçon de lait dans son thé.*
● Le **c** prend une cédille.

▸ **soupçonner** v. (conjug. 3). Avoir des soupçons sur quelqu'un. *On soupçonne un employé de la bijouterie d'avoir organisé le cambriolage.* SYN. **suspecter.**

▸ **soupçonneux, euse** adj. Qui est plein de soupçons. *Un mari soupçonneux.* SYN. **méfiant.** CONTR. **confiant.** *Un air soupçonneux.*

soupe n.f. Aliment liquide souvent fait avec des légumes. *Une soupe de poireaux.* → Vois aussi **bouillon, potage.**

soupente n.f. Réduit aménagé dans la partie haute d'une pièce ou sous un escalier. → Vois aussi **mansarde.**

souper n.m. Repas que l'on prend tard dans la nuit, souvent après un spectacle.

▸ **souper** v. (conjug. 3). Prendre un souper. *Nous souperons après le concert.*

soupeser v. (conjug. 10). Soulever avec la main pour évaluer le poids. *Papa soupesa la valise et déclara qu'elle était trop lourde.*
▸▸▸ Mot de la famille de **peser.**

soupière n.f. Récipient creux et profond, dans lequel on sert la soupe.
▸▸▸ Mot de la famille de **soupe.**

soupir n.m. ❶ Souffle fort et prolongé. *Mon frère pousse des soupirs en faisant ses devoirs.* ❷ (Littéraire). **Rendre le dernier soupir,** mourir.
▸▸▸ Mot de la famille de **soupirer.**

soupirail n.m. Petite fenêtre dans un sous-sol ou une cave.
● Au pluriel : des **soupiraux.**

un soupirail

soupirant n.m. Mot littéraire. Homme qui fait la cour à une femme. *La princesse a des soupirants.* SYN. **amoureux.**
▸▸▸ Mot de la famille de **soupirer.**

soupirer v. (conjug. 3). Pousser des soupirs. *Les spectateurs soupiraient d'ennui.*

souple adj. ❶ Qui se plie facilement. *On peut tresser l'osier parce que ses branches sont souples.* SYN. **flexible.** CONTR. **raide, rigide.** ❷ Dont le corps a une grande facilité à se mouvoir, à se plier. *Les acrobates sont très souples.* CONTR. **raide.** ❸ Qui s'adapte facilement. *Géraldine a un caractère souple.* SYN. **accommodant, conciliant.**

▶ **souplesse** n.f. Caractère d'une chose ou d'une personne souple. *La souplesse d'un cuir. La souplesse d'une danseuse.* CONTR. **raideur.** *Pour convaincre ma mère, il faut agir avec souplesse.* SYN. **diplomatie, tact.**

sourate ou **surate** n.f. Chacun des chapitres du Coran. *Réciter une sourate.*

source n.f. ❶ Endroit où l'eau sort de terre, où un cours d'eau prend naissance. *La Seine prend sa source sur le plateau de Langres.* ❷ Origine, cause de quelque chose. *Sa négligence est la source de ses ennuis.* ❸ **Source d'énergie,** ce qui fournit de l'énergie. *Le pétrole, le gaz sont des sources d'énergie.*

▶ **sourcier, ère** n. Personne qui découvre des sources à l'aide d'une baguette, d'un pendule, etc.

sourcil n.m. Ligne de poils au-dessus des yeux. *Froncer les sourcils.*

● On ne prononce pas le **l** : [sursi].

▶ **sourcilière** adj.f. **Arcade sourcilière,** rebord arqué situé au-dessus de l'œil et qui porte le sourcil.

▶ **sourciller** v. (conjug. 3). **Sans sourciller,** sans manifester d'émotion. *À son procès, l'accusé a écouté le verdict sans sourciller.*

sourd, e adj. et n. Qui n'entend pas ou qui entend mal les sons. *Ma cousine est sourde de naissance.* ◆ adj. ❶ Qui refuse de se laisser fléchir. *Il est resté sourd à nos prières.* SYN. **insensible.** ❷ **Faire la sourde oreille,** faire semblant de ne pas entendre. ❸ Qui a un son atténué. *Une voix sourde.* ❹ **Douleur sourde,** faible mais continue. *Aziz ressentait une douleur sourde dans le bras.* CONTR. **aigu.**

▸▸▸ Mot de la même famille : **surdité.**

▶ **sourdement** adv. Avec un bruit sourd. *Le tonnerre grondait sourdement.*

▶ **sourdine** n.f. ❶ Pièce que l'on adapte à certains instruments de musique pour amortir le son. *Il joue du piano avec la sourdine.* ❷ **En sourdine,** faiblement, pas très fort. *Mettre la radio en sourdine.*

▶ **sourd-muet, sourde-muette** n. Personne sourde de naissance et qui n'a donc pu apprendre à parler. *Les sourds-muets communiquent par le langage des signes.*

● Au pluriel : des **sourds-muets,** des **sourdes-muettes.**

souriant, e adj. Qui sourit souvent. *Charline est toujours souriante. Un visage souriant.* SYN. **enjoué.**

▸▸▸ Mot de la famille de **sourire.**

souriceau n.m. Jeune souris.

● Au pluriel : des **souriceaux.**

souricière n.f. ❶ Piège pour prendre les souris. *On a posé une souricière dans le grenier.* ❷ Piège tendu à quelqu'un. *Les malfaiteurs sont tombés dans une souricière.* SYN. **traquenard.**

▸▸▸ Mot de la famille de **souris.**

sourire v. (conjug. 59). ❶ Montrer par un mouvement des traits du visage, en particulier des lèvres, que l'on est content. *Sur la photo de classe, tous les élèves sourient.* ❷ Être agréable à quelqu'un. *Ce projet ne lui sourit pas trop.* SYN. **enchanter, plaire.** ❸ Être favorable à quelqu'un. *La chance vous sourit, vous avez gagné le gros lot à la tombola !*

▶ **sourire** n.m. Mouvement des traits du visage quand on sourit. *Hamidou m'a fait un sourire de complicité.*

souris n.f. ❶ Petit mammifère rongeur au museau pointu, aux oreilles rondes, aux grandes moustaches et à la longue queue. *La souris domestique vit dans les maisons et les greniers.* ❷ Petit appareil relié à un ordinateur, qui permet d'intervenir sur l'écran sans taper sur le clavier. *Cliquer sur la souris.*

→ Vois aussi **campagnol, mulot, rat, surmulot.**

● Ce mot se termine par un **s.**
– Petit : le souriceau.
Cri : le chicotement
ou le couinement.

une **souris**

sournois, e adj. Qui cache ce qu'il pense, qui agit sans dévoiler ses intentions. *Avoir un air sournois.* SYN. **fourbe, hypocrite.** CONTR. **franc.** *Faire des allusions sournoises.* SYN. **perfide.**

▶ **sournoisement** adv. De façon sournoise, hypocrite. *Attaquer quelqu'un sournoisement.* SYN. **insidieusement.**

a b c d e f g h i j k l m n o p q r s t u v w x y z

sous préposition. ❶ Indique une position inférieure ou intérieure. *Le chien dort sous le fauteuil.* CONTR. **sur.** *Je porte mon tee-shirt sous mon pull.* ❷ À l'époque de. *Molière vivait sous Louis XIV.* ❸ Indique la cause. *Agir sous le coup de la colère.* ❹ Marque un rapport de dépendance. *Le témoin est sous la protection de la police.*

sous-alimentation n.f. Alimentation insuffisante. *De nombreux réfugiés souffrent de sous-alimentation.* → Vois aussi **malnutrition.**
▸▸▸ Mot de la famille de **aliment.**

sous-alimenté, e adj. Qui souffre de sous-alimentation. *Des enfants sous-alimentés.*
▸▸▸ Mot de la famille de **aliment.**

sous-bois n.m. Endroit de la forêt où la végétation pousse sous les arbres. *De nombreux animaux vivent dans le sous-bois.*
● Ce mot composé ne change pas au pluriel : des **sous-bois.**

souscription n.f. Fait de souscrire ; somme versée. *Cette encyclopédie est vendue par souscription.*
▸▸▸ Mot de la famille de **souscrire.**

souscrire v. (conjug. 62). S'engager à verser une certaine somme en contrepartie de quelque chose. *Souscrire un abonnement à une revue.*

sous-cutané, e adj. Qui se fait sous la peau. *Des piqûres sous-cutanées.* → Vois aussi **intramusculaire, intraveineux.**

sous-développé, e adj. et n. **Pays, région sous-développés,** pays, région dont le développement agricole, industriel, commercial, etc., est insuffisant.

sous-entendre v. (conjug. 46). Faire comprendre quelque chose sans le dire franchement. *Tu sous-entends qu'il est responsable de cette situation ?* SYN. **insinuer.**

▸ **sous-entendu** n.m. Ce qu'on fait comprendre sans le dire franchement. *Son discours était rempli de sous-entendus.* SYN. **insinuation.**

sous-estimer v. (conjug. 3). Ne pas apprécier à sa juste valeur. *Il ne faut jamais sous-estimer un adversaire.* CONTR. **surestimer.**
▸▸▸ Mot de la famille de **estimer.**

sous-main n.m. invar. Accessoire de bureau rectangulaire, souvent recouvert de buvard, qui sert d'appui à la feuille de papier sur laquelle on écrit.
● La nouvelle orthographe permet d'écrire aussi des **sous-mains,** avec un **s.**

sous-marin, e adj. Qui se situe ou qui s'effectue sous la mer. *Les volcans sous-marins ; la plongée sous-marine.* ♦ **sous-marin** n.m. Navire qui peut aller sous l'eau. *Des sous-marins atomiques.* SYN. **submersible.**

un sous-marin

sous-officier n.m. Militaire de grade moins élevé que l'officier. *Un sergent, un adjudant sont des sous-officiers.*
● Au pluriel : des **sous-officiers.**

sous-préfet n.m. En France, personne qui représente l'État dans une subdivision du département.
● Au pluriel : des **sous-préfets.**

soussigné, e adj. Ce mot s'emploie dans des formules administratives pour affirmer qu'on est bien l'auteur de la déclaration. *Je soussigné Bernard Lambert déclare...*

sous-sol n.m. ❶ Partie du sol qui se trouve sous la surface terrestre. *Le sous-sol de ce pays est riche en minerais.* ❷ Partie d'un bâtiment, d'une habitation située au-dessous du rez-de-chaussée. *Les caves de l'immeuble sont au sous-sol.*
● Au pluriel : des **sous-sols.**

sous-titre n.m. ❶ Titre placé après le titre principal d'un livre, d'un texte. ❷ Au cinéma, traduction des dialogues d'un film en version originale, qui apparaît sur l'écran au bas de l'image.
● Au pluriel : des **sous-titres.**

▸ **sous-titrer** v. (conjug. 3). Mettre un sous-titre à un texte, des sous-titres à un film.

soustraction n.f. Opération qui consiste à retrancher un nombre d'un autre. CONTR. **addition.**
▸▸▸ Mot de la famille de **soustraire.**

soustraire et **se soustraire** v. (conjug. 77). Faire une soustraction. *Quand je soustrais 6* *de 18, il reste 12.* SYN. **déduire, enlever, ôter.** CONTR. **additionner, ajouter.** ◆ **se soustraire à.** Échapper volontairement à quelque chose de pénible. *Le coupable a tenté de se soustraire à la justice.* SYN. **se dérober à.**

sous-verre n.m. invar. Ensemble constitué d'une plaque de verre et d'un carton entre lesquels on place une gravure, une photographie, etc.

● La nouvelle orthographe permet d'écrire aussi des **sous-verres,** avec un **s.**

sous-vêtement n.m. Vêtement fin que l'on porte sous les autres vêtements. *Les slips sont des sous-vêtements.*

● Le premier **e** prend un accent circonflexe. – Au pluriel : des **sous-vêtements.**

soute n.f. Partie d'un bateau ou d'un avion où l'on met les bagages, les marchandises, etc.

soutenir v. (conjug. 20). ❶ Servir de support, d'appui. *Six colonnes soutiennent le fronton du temple.* SYN. **maintenir, porter, supporter.** ❷ Tenir quelqu'un pour l'empêcher de tomber. *Deux infirmières soutenaient le blessé.* ❸ Apporter une aide, un réconfort à quelqu'un. *Ses amis l'ont beaucoup soutenue pendant le procès.* SYN. **épauler, réconforter.** ❹ Prendre le parti de quelqu'un. *Dans la discussion, Simon a été le seul à me soutenir.* SYN. **appuyer.** CONTR. **contrer.** ❺ Affirmer une opinion. *Mon frère soutient qu'il a raison.* SYN. **assurer, prétendre.**

▶ **soutenu, e** adj. ❶ Qui ne se relâche pas. *Des efforts soutenus.* SYN. **constant.** ❷ D'un ton assez intense. *Un rose soutenu.* SYN. **vif.** ❸ Se dit d'un mot, d'un langage qu'emploie une personne qui parle avec recherche. CONTR. **familier.**

souterrain, e adj. Qui est sous terre. *Un passage souterrain. Une ligne de métro souterraine.* CONTR. **aérien.** ◆ n.m. Passage, galerie creusés sous la terre. *Nous avons découvert les souterrains d'un château.*

soutien n.m. Action de soutenir, d'aider quelqu'un. *Tu peux compter sur le soutien de tes amis.* SYN. **appui.** *Le maître fait du soutien scolaire aux élèves en difficulté.*

▶▶▶ Mot de la famille de **soutenir.**

soutien-gorge n.m. Sous-vêtement féminin qui couvre et maintient la poitrine.

● Au pluriel : des **soutiens-gorge.**

▶▶▶ Mot de la famille de **soutenir.**

soutirer v. (conjug. 3). ❶ Obtenir par ruse ou en insistant. *Soutirer de l'argent à quelqu'un.* SYN. **extorquer.** ❷ Transvaser doucement un liquide d'un récipient dans un autre pour que les dépôts restent dans le premier récipient. *Le vigneron soutire du vin d'un tonneau.*

se **souvenir** v. (conjug. 20). Avoir en mémoire. *Je ne me souviens pas de cette affaire.* SYN. **se remémorer.** CONTR. **oublier.** *Souviens-toi que tu as promis d'être sage.* SYN. **se rappeler.**

▶ **souvenir** n.m. ❶ Mémoire d'un événement passé. *J'ai gardé un excellent souvenir de ces vacances.* ❷ Moment de sa vie dont on se souvient. *Grand-père nous a raconté ses souvenirs d'enfance.* ❸ Objet qui rappelle une personne, un événement, un pays. *Cette bague est un souvenir de ma grand-mère. Les touristes rapportent des souvenirs de Venise.*

souvent adv. Un grand nombre de fois. *En Écosse, il pleut souvent.* SYN. **fréquemment.** CONTR. **rarement.**

souverain, e adj. ❶ Qui exerce le pouvoir suprême. *Dans une démocratie, le peuple est souverain.* ❷ Qui atteint le plus haut degré. *J'ai un souverain mépris pour les chauffards.* SYN. **extrême.** ❸ Se dit d'un médicament très efficace. *Ce sirop est souverain contre la toux.*

▶ **souverain, e** n. Personne qui exerce le pouvoir suprême dans un empire ou un royaume. *Un roi, un empereur, un monarque sont des souverains.*

▶ **souveraineté** n.f. Pouvoir, autorité suprêmes. *La souveraineté de la nation.*

soyeux, euse adj. Doux et brillant comme de la soie. *Loan a des cheveux soyeux.*

● On prononce [swajø].

▶▶▶ Mot de la famille de **soie.**

spacieux, euse adj. Où il y a beaucoup d'espace. *Un appartement spacieux.* SYN. **vaste.** CONTR. **exigu.**

▶▶▶ Mot de la famille de **espace.**

spaghetti n.m. Pâte alimentaire longue et fine. *Rémi aime les spaghettis à la sauce tomate.*

● Ce mot s'écrit avec un **h** après le **g.**

sparadrap n.m. Ruban de tissu collant qui sert à faire tenir un pansement.

● Ce mot se termine par un **p.**

a b c d e f g h i j k l m n o p q r s t u v w x y z

spasme n.m. Contraction brusque et involontaire d'un muscle. *Le stress peut provoquer des spasmes intestinaux.*

spatial, e, aux adj. ❶ Qui se rapporte à l'espace interplanétaire. *La recherche spatiale. Les voyages spatiaux.* SYN. **cosmique.** ❷ **Engin spatial,** engin qui va dans l'espace. *Les satellites sont des engins spatiaux.* → Vois aussi **navette, vaisseau.**

● Au masculin pluriel : **spatiaux.**

▸▸▸ Mot de la famille de **espace.**

spationaute n. Personne qui voyage dans l'espace à bord d'un engin spatial. *Les spationautes suivent un entraînement intensif avant d'être envoyés en mission dans l'espace.* SYN. **astronaute, cosmonaute.**

▸▸▸ Mot de la famille de **espace.**

1. **spatule** n.f. ❶ Ustensile de cuisine ou instrument en forme de petite pelle aplatie. *Le peintre applique de l'enduit avec une spatule en métal.* ❷ Partie recourbée de l'avant d'un ski.

2. **spatule** n.f. Grand oiseau échassier, à bec élargi et aplati à son extrémité.

une spatule

speaker, speakerine n. Personne qui annonçait les émissions, à la télévision ou à la radio.

● C'est un mot anglais, on prononce [spikœr, spikrin]. – La nouvelle orthographe permet d'écrire aussi un **speakeur.**

spécial, e, aux adj. ❶ Qui est particulièrement destiné à une personne, ou approprié à une action. *Pour devenir pilote, il faut suivre une formation spéciale.* ❷ Qui n'est pas comme les autres. *Cette automobile a une forme spéciale.* SYN. **particulier.** CONTR. **banal, courant, ordinaire.** *Notre voisin a un comportement un peu spécial.* SYN. **bizarre, étrange.**

● Au masculin pluriel : **spéciaux.**

▸ **spécialement** adv. ❶ Exprès. *Pierre est venu spécialement pour te voir.* ❷ Surtout, en particulier. *Quentin aime les desserts et spécialement les gâteaux.* SYN. **notamment, particulièrement.**

▸ **spécialisation** n.f. Fait de se spécialiser dans une discipline. *La recherche médicale exige plusieurs années de spécialisation.*

▸ **spécialisé, e** adj. Qui se consacre à une spécialité. *Ce scientifique est spécialisé dans l'étude des dinosaures.*

▸ se **spécialiser** v. (conjug. 3). Se consacrer à un domaine de connaissance, à une technique particulière. *Ce chirurgien s'est spécialisé en gynécologie.*

▸ **spécialiste** n. ❶ Personne qui a des connaissances approfondies dans un domaine précis. *Pour repêcher l'épave du navire, on a fait appel à des spécialistes.* ❷ Médecin spécialisé dans un domaine particulier de la médecine. *Les pédiatres, les cardiologues, les ophtalmologues sont des spécialistes.*

▸ **spécialité** n.f. ❶ Travail auquel on se consacre particulièrement ou domaine que l'on connaît le mieux. *Le jardinage, c'est la spécialité de grand-père.* ❷ Plat ou produit caractéristique d'un restaurant, d'une région, d'un pays. *La bouillabaisse est une spécialité provençale.*

spécifier v. (conjug. 7). Indiquer de façon précise. *Veillez à spécifier la taille du vêtement sur votre bon de commande.* SYN. **mentionner, préciser.**

spécifique adj. Qui est particulier à une personne, à un animal ou à une chose. *La propriété spécifique de l'eau, c'est qu'elle bout à 100 °C.* SYN. **particulier à, propre à.** *Le chlore a une odeur spécifique.* SYN. **caractéristique.**

spécimen n.m. Exemple qui représente bien l'espèce ou la catégorie dont il fait partie. *Mon oncle possède de magnifiques spécimens de papillons.* SYN. **échantillon.**

● On prononce [spesimɛn].

spectacle n.m. ❶ Pièce de théâtre, opéra, ballet, etc., représentés en public. *Aller au spectacle. Koffi a assisté à un spectacle de patinage artistique.* ❷ Ce qui se présente au regard. *L'enfant endormi offrait un spectacle touchant.* SYN. **tableau.**

▶ **spectaculaire** adj. Qui surprend, impressionne. *Le jockey a fait une chute spectaculaire.* SYN. **impressionnant.** *L'élève a obtenu des résultats spectaculaires.* SYN. **remarquable.**

▶ **spectateur, trice** n. ❶ Personne qui assiste à un spectacle, à une compétition, etc. *Les spectateurs ont applaudi à tout rompre.* ❷ Personne qui assiste à un événement. *Elle a été la spectatrice d'un drame.* SYN. **témoin.**

spectre n.m. ❶ Être qui serait l'âme d'un mort. *On raconte qu'un spectre hante le château.* SYN. **fantôme, revenant.** ❷ Ensemble des rayons colorés résultant de la décomposition de la lumière du Soleil. *Le spectre solaire est composé des sept couleurs de l'arc-en-ciel.*
● Ne confonds pas avec **sceptre.**

spéculateur, trice n. Personne qui spécule. *Un spéculateur boursier.*
▶▶▶ Mot de la famille de **spéculer.**

spéculation n.f. Action de spéculer. *S'enrichir par la spéculation.*
▶▶▶ Mot de la famille de **spéculer.**

spéculer v. (conjug. 3). Faire des opérations financières ou commerciales en jouant sur la variation de prix des produits. *Son père a fait fortune en spéculant sur le cours du pétrole.*

spéléologie n.f. Exploration des grottes, des gouffres et des rivières souterraines.

▶ **spéléologue** n. Spécialiste de la spéléologie.

spermatozoïde n.m. Cellule mâle contenue dans le sperme et qui sert à la reproduction.
→ Vois aussi **ovule.**
● Le **i** prend un tréma.
▶▶▶ Mot de la famille de **sperme.**

sperme n.m. Liquide produit par les testicules et qui contient les spermatozoïdes.

sphère n.f. ❶ Surface ou solide qui a la forme d'une boule, dont tous les points sont à égale distance du centre. *Une balle de tennis a la forme d'une sphère.* ❷ Domaine, milieu. *Ce chercheur est très estimé dans la sphère scientifique.*
▶▶▶ Mots de la même famille : **hémisphère, planisphère.**

▶ **sphérique** adj. Qui a la forme d'une sphère. *La Terre est à peu près sphérique.* SYN. **rond.**

sphinx n.m. Monstre mythique de l'Antiquité égyptienne puis grecque, à corps de lion et à tête humaine, parfois pourvu d'ailes. *Dans l'Égypte des pharaons, les sphinx étaient chargés de garder des monuments funéraires.*
● On prononce [sfɛ̃ks].

un sphinx

spirale n.f. ❶ Fil métallique enroulé qui relie les feuilles d'un carnet, d'un cahier. *Un cahier à spirale.* ❷ **Escalier en spirale,** escalier qui monte en tournant sur lui-même. SYN. **escalier en colimaçon.**

spiritisme n.m. Pratique qui permettrait de communiquer avec les esprits des morts.
▶▶▶ Mot de la famille de **esprit.**

spirituel, elle adj. ❶ Qui concerne l'esprit, l'âme. *La vie spirituelle.* ❷ Plein d'esprit, de

un spéléologue (grotte de l'Hérault, France)

a b c d e f g h i j k l m n o p q r s t u v w x y z

finesse, d'humour. *Une journaliste spirituelle. Une plaisanterie spirituelle.*
▸▸▸ Mot de la famille de **esprit.**

splendeur n.f. Ce qui est splendide, magnifique. *Ce collier est une splendeur.* SYN. **merveille.**

▸ **splendide** adj. Très beau. *D'ici, la vue est splendide !* SYN. **magnifique, superbe.**

spolier v. (conjug. 7). Priver une personne de ce qui lui appartient par des procédés malhonnêtes. *Un escroc l'a spolié de tous ses biens.* SYN. **déposséder, dépouiller.**

spongieux, euse adj. Qui s'imbibe d'eau et devient mou comme une éponge. *Un sol spongieux.*
▸▸▸ Mot de la famille de **éponge.**

sponsor n.m. Personne ou entreprise qui sponsorise. *Ce rallye a reçu le soutien de plusieurs sponsors.* → Vois aussi **mécène.**
● C'est un mot anglais, il vaut mieux dire **commanditaire.**

▸ **sponsoriser** v. (conjug. 3). Financer un spectacle, une exposition, une compétition sportive, etc., souvent dans un but publicitaire. *Un constructeur automobile va sponsoriser le rallye.* SYN. **parrainer, patronner.**

spontané, e adj. ❶ Que l'on fait sans y être poussé ni forcé. *Un mouvement spontané de solidarité.* SYN. **volontaire.** CONTR. **forcé.** ❷ Qui agit et parle avec naturel, sans calcul ni arrière-pensée. *Un garçon spontané.* SYN. **franc, sincère.**

▸ **spontanéité** n.f. Caractère spontané. *S'exprimer avec spontanéité.* SYN. **franchise, naturel.**

▸ **spontanément** adv. De façon spontanée. *Des jeunes ont spontanément proposé leur aide aux victimes des inondations.* SYN. **naturellement.** CONTR. **à contrecœur.**

sporadique adj. Qui se produit ici et là, de manière irrégulière. *Des manifestations sporadiques ont eu lieu dans tout le pays.* SYN. **isolé.**

spore n.f. Cellule qui sert à la reproduction de certaines espèces végétales, comme les champignons, les mousses, les fougères, les algues.
● Nom du genre féminin : **une spore.**

sport n.m. ❶ Activité physique que l'on pratique régulièrement. *La natation et la gymnastique sont des sports individuels; le football et le basket-ball sont des sports d'équipe.* ❷ **Sport de combat,** sport où la victoire contre l'adversaire est recherchée par des coups ou des prises. *La boxe et la lutte sont des sports de combat.* ❸ **Les sports d'hiver,** sports qui se pratiquent sur la neige ou la glace; vacances d'hiver que l'on passe à la montagne. *Nous irons aux sports d'hiver en février.*

▸ **sportif, ive** adj. Qui concerne le sport. *Un journal sportif. Participer à une compétition sportive.* ◆ adj. et n. Qui pratique assidûment un ou plusieurs sports. *Jonathan est un garçon sportif.*

spot n.m. ❶ Petit projecteur utilisé pour un éclairage localisé. *La salle de bains est éclairée par des spots.* ❷ **Spot publicitaire,** film publicitaire de courte durée.
● On prononce le **t** : [spɔt].

sprint n.m. Accélération finale, dans une course. *Ahmed a battu ses adversaires au sprint.*
● C'est un mot anglais, on prononce [sprint]. – Nom des sportifs : un **sprinteur,** ou un **sprinter,** une **sprinteuse.**

squale n.m. Nom donné à certaines espèces de requins.
● On prononce [skwal].

square n.m. Petit jardin public, dans une ville. *Après l'école, nous allons jouer au square.*

squash n.m. Sport où deux joueurs côte à côte se renvoient, avec des raquettes, une balle qui rebondit sur les murs d'une salle.
● C'est un mot anglais, on prononce [skwaʃ].

squatteur, euse n. Personne qui occupe sans autorisation un local vide. *Des squatteurs se sont installés dans une usine désaffectée.*
● On peut aussi écrire **squatter,** que l'on prononce [skwatœr].

squelette n.m. ❶ Ensemble des os du corps des vertébrés. *Le squelette du corps humain comporte environ 200 os.* SYN. **ossature.** ❷ **Squelette externe,** enveloppe dure qui entoure le corps de nombreux animaux invertébrés.

→ planche pp. 258-259.

▸ **squelettique** adj. Très maigre. *Après son séjour à l'hôpital, Paul était squelettique.* SYN. **décharné.**

sri lankais, e adj. et n. Du Sri Lanka. *La capitale commerciale sri lankaise est Colombo. Mon amie Chandikra est sri lankaise. C'est une Sri Lankaise.*
● Le nom prend deux majuscules : *un Sri Lankais.*

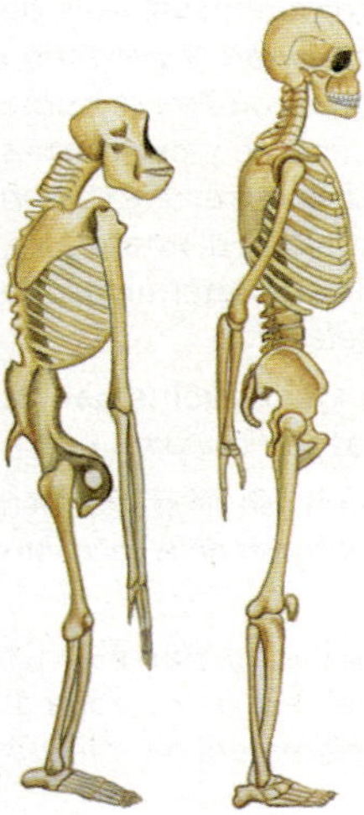

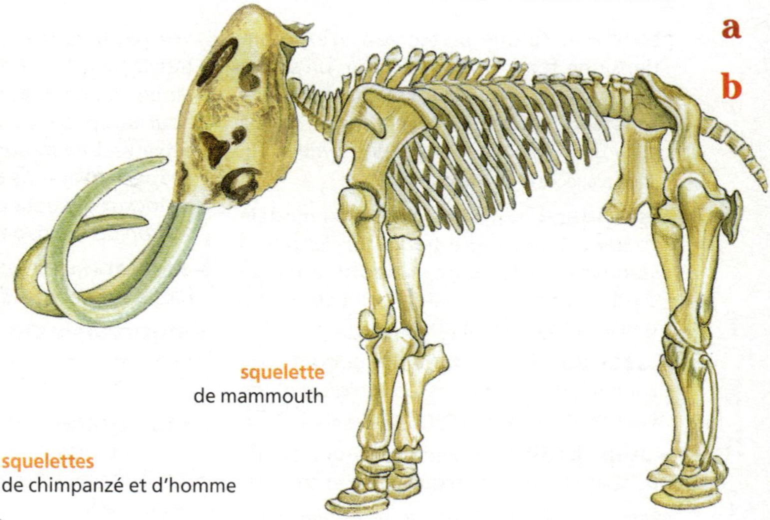

squelette de mammouth

squelettes de chimpanzé et d'homme

stabiliser v. (conjug. 3). Rendre stable. *Stabiliser les dépenses d'une entreprise.*
▸▸▸ Mot de la famille de **stable.**

stabilité n.f. État de ce qui est stable. *Vérifier la stabilité d'un escabeau.* SYN. **équilibre.** *La stabilité des prix.*
▸▸▸ Mot de la famille de **stable.**

stable adj. ❶ Qui tient bien en équilibre. *La grue est stable.* SYN. **d'aplomb.** CONTR. **bancal, branlant, instable.** ❷ Qui ne change pas, qui dure. *Avoir un emploi stable.* SYN. **durable.** CONTR. **précaire.** ❸ Qui ne varie pas. *Les effectifs sont stables.* SYN. **fixe.**

1. **stade** n.m. Terrain de sport en plein air. *Les sportifs s'entraînent au stade.*

2. **stade** n.m. Chacune des périodes, des degrés d'un développement. *Les différents stades d'une maladie.* SYN. **étape, phase.**

stage n.m. Période, généralement assez courte, pendant laquelle on se forme à un métier ou on se perfectionne dans une activité. *Un stage d'informatique; un stage de voile.*

▸ **stagiaire** adj. et n. Personne qui fait un stage. *Un instituteur stagiaire.*

stagnant, e adj. **Eau stagnante,** qui stagne, qui ne s'écoule pas. *Les eaux stagnantes d'un marais.* SYN. **dormant.** CONTR. **courant.**
● On prononce [stagnɑ̃].
▸▸▸ Mot de la famille de **stagner.**

stagnation n.f. État de ce qui stagne; absence de progrès, de développement. *Les financiers déplorent la stagnation des affaires.* SYN. **arrêt, immobilité.**
● On prononce [stagnasjɔ̃].
▸▸▸ Mot de la famille de **stagner.**

stagner v. (conjug. 3). ❶ Ne pas s'écouler. *L'eau stagne dans la mare.* ❷ Rester au même point, ne pas progresser. *Les négociations stagnent.* SYN. **piétiner.** → Vois aussi **croupir.**
● On prononce [stagne].

stalactite n.f. Colonne de calcaire qui se forme à partir de la voûte d'une grotte. → Vois aussi **stalagmite.**
● Nom du genre féminin : **une stalactite.**

des **stalactites** et des **stalagmites**

stalagmite n.f. Colonne de calcaire qui se forme à partir du sol d'une grotte. → Vois aussi **stalactite.**
● Nom du genre féminin : **une stalagmite.**

stalle n.f. ❶ Siège de bois à haut dossier, dans le chœur de certaines églises. ❷ Compartiment réservé à un cheval dans une écurie. SYN. **box.**
● Ce mot s'écrit avec deux **l.**

stand n.m. ❶ Endroit réservé à un exposant dans une foire, une exposition, un salon, etc. *Au Salon du jouet, chaque marque a son stand.* ❷ **Stand de tir,** endroit aménagé pour tirer sur une cible avec une arme à feu.
● On prononce le **d** : [stɑ̃d].

1. **standard** adj. ❶ Conforme au modèle courant. *Une voiture standard; des pneus standards.* ❷ **Échange standard,** échange d'une pièce usée ou défectueuse contre une autre du même modèle.

2. **standard** n.m. Appareil auquel sont connectées les lignes téléphoniques d'une entreprise; service où cet appareil est installé.

▶ **standardiste** n. Personne qui travaille au standard téléphonique d'une entreprise.

star n.f. Vedette. *Une star de Hollywood; une star du tennis.*

▶ **starlette** n.f. Jeune actrice qui essaie de devenir une star.

starter n.m. Mécanisme qui facilite la mise en route d'un moteur. *Papa a mis le starter pour faire démarrer la voiture.*
● C'est un mot anglais, on prononce [startɛr].

starting-block n.m. Bloc formé par deux cales qui facilite le départ des coureurs dans une course à pied. *Les coureurs sont accroupis sur les starting-blocks.*
● C'est un mot anglais, on prononce [startiŋblɔk]. – Au pluriel : des **starting-blocks.**

un starting-block

start-up n.f. invar. Jeune entreprise qui innove, dans le secteur des nouvelles technologies de l'information et de la communication.
● On trouve aussi au pluriel : des **start-ups.** – C'est un mot anglais, on prononce [startœp].

station n.f. ❶ Façon de se tenir, fait de rester dans une position déterminée. *Le malade ne supporte pas longtemps la station debout.* SYN. **position.** ❷ Endroit où un véhicule de transport en commun s'arrête. *Une station de métro, de bus.* ❸ Lieu où l'on séjourne pour se reposer ou pour pratiquer certaines activités. *Une station balnéaire; une station de sports d'hiver.* ❹ Ensemble d'installations, de locaux qui ont un usage déterminé. *Une station de radio, de télévision.*

▶ **stationnaire** adj. Qui n'évolue pas. *Le blessé est dans un état stationnaire.*

▶ **stationnement** n.m. Fait de stationner. *Le stationnement est interdit dans certaines rues.*

▶ **stationner** v. (conjug. 3). S'arrêter un certain temps dans un lieu. *On ne doit pas stationner sur un emplacement réservé aux handicapés.*

▶ **station-service** n.f. Endroit où les automobilistes achètent de l'essence, lavent leur voiture et effectuent certaines vérifications. *Faire le plein dans une station-service.*
● Au pluriel : des **stations-service.**

statique adj. Qui n'évolue pas, qui ne progresse pas. *Une politique statique.*

statistique n.f. (Souvent au pluriel). Ensemble de chiffres qui permettent de comparer et d'expliquer les évolutions d'un domaine particulier. *Les statistiques montrent que le chômage est en légère hausse.*

statue n.f. Sculpture en bois, en pierre ou en métal qui représente une personne, une divinité ou un animal en entier. *Une statue équestre de Louis XIV.*
● Ne confonds pas avec un **statut.**

statuer v. (conjug. 3). Prendre officiellement une décision. *Le tribunal a statué sur le litige.*
● Ce verbe s'emploie surtout dans le langage des administrations et des tribunaux.

statuette n.f. Petite statue. *Une statuette de bronze.*
▶▶▶ Mot de la famille de **statue.**

statu quo n.m. invar. État actuel des choses. *Pour éviter tout incident, on a maintenu le statu quo.*
● On prononce [statykwo]. – Ce mot composé ne change pas au pluriel : des **statu quo.**

stature n.f. Hauteur d'une personne. *Un homme de stature moyenne.* SYN. **taille.**

statut n.m. ❶ Ensemble de textes fixant les garanties fondamentales d'une profession ou d'une fonction. *Le statut des infirmières.*

❷ Situation d'une personne dans la société. *Le statut de la femme.*

● Ne confonds pas avec une **statue.**

steak n.m. Tranche de bœuf que l'on fait griller. *Manger un steak avec des haricots.* SYN. **bifteck.** → Vois aussi **rumsteck.**

● C'est un mot anglais, on prononce [stɛk].

stégosaure n.m. Dinosaure long d'environ 7 mètres, au dos recouvert de grandes plaques osseuses, à la tête minuscule et au bec d'oiseau. *Les stégosaures étaient herbivores.* → Vois aussi **tyrannosaure.**

un **stégosaure**

stèle n.f. Pierre posée verticalement et portant des inscriptions. *Une stèle funéraire.*

sténodactylo n. Personne qui connaît la sténographie et sait taper à la machine.

● Ce mot s'écrit avec un **y.**

sténographie n.f. Système d'écriture qui permet de noter les paroles aussi vite qu'elles sont prononcées.

● On dit familièrement la **sténo.**

steppe n.f. Grande plaine des climats secs, couverte d'herbes et de plantes basses. *Les steppes de l'Asie centrale.*

stéréophonie n.f. Procédé d'enregistrement et de reproduction des sons qui donne à l'auditeur l'impression qu'ils viennent de plusieurs endroits. *Le concert sera retransmis en stéréophonie.*

● On emploie souvent l'abréviation **stéréo.**

▶ **stéréophonique** adj. ❶ Qui utilise le procédé de la stéréophonie. *Un disque stéréophonique.* ❷ **Chaîne stéréophonique,** chaîne qui diffuse les sons en stéréophonie. SYN. **chaîne haute-fidélité.**

● On emploie souvent l'abréviation **stéréo.**

stéréotype n.m. Idée toute faite. *Un discours plein de stéréotypes.* SYN. **cliché.**

● Ce mot s'écrit avec un **y.**

▶ **stéréotypé, e** adj. **Formule, phrase stéréotypée,** qui a toujours la même forme. *Employer une formule de politesse stéréotypée à la fin d'une lettre.*

stérile adj. ❶ Qui ne peut pas se reproduire. *Le mulet est un animal stérile.* CONTR. **fécond.** ❷ Où rien ne pousse. *Le sol de la région est stérile.* SYN. **improductif, pauvre.** CONTR. **fertile, riche.** ❸ Qui ne donne aucun résultat. *Une discussion stérile.* SYN. **inutile, vain.** CONTR. **fructueux, profitable.** ❹ Qui ne contient pas de microbes. *Un pansement stérile; une chambre stérile.*

▶ **stérilisation** n.f. Action de stériliser. *La stérilisation des instruments de chirurgie est impérative.*

▶ **stériliser** v. (conjug. 3). ❶ Rendre stérile. *Nous avons fait stériliser notre chatte.* ❷ Débarrasser des microbes. *Stériliser un bistouri. On stérilise du lait en le faisant bouillir.* → Vois aussi **aseptiser, désinfecter, pasteuriser.**

▶ **stérilité** n.f. ❶ Fait de ne pas pouvoir se reproduire. *Suivre un traitement contre la stérilité.* CONTR. **fécondité.** ❷ Nature d'une terre stérile. *La stérilité d'un sol rocailleux.* CONTR. **fertilité.**

sternum n.m. Os plat et allongé situé au milieu du torse, auquel sont attachées les côtes.

● On prononce [stɛrnɔm].

stéthoscope n.m. Instrument qu'un médecin utilise pour ausculter un malade. *Le stéthoscope permet d'entendre les bruits de la respiration et du cœur.*

● Ce mot s'écrit avec **th** au milieu.

steward n.m. Homme qui s'occupe des passagers à bord des avions. *Le steward et l'hôtesse apportent les repas et expliquent les consignes de sécurité.*

● C'est un mot anglais, on prononce [stiwart].

stick n.m. Présentation sous forme de bâton d'un produit solidifié. *Des sticks de colle. Un déodorant en stick.*

● C'est un mot anglais. – Il se termine par **ck.**

stimulant, e adj. Qui stimule. *L'air de l'Atlantique est stimulant.* SYN. **tonique, vivifiant.** *Cette bonne note a été très stimulante pour Marie.* SYN. **encourageant.** ◆ n. Produit stimulant. *Le café, le thé sont des stimulants.*

▶▶▶ Mot de la famille de **stimuler.**

stimulation n.f. Action de stimuler un organisme, une personne. *Certains élèves ont besoin de stimulation pour travailler.*
▸▸▸ Mot de la famille de **stimuler.**

stimuler v. (conjug. 3). ❶ Pousser à agir. *Les applaudissements des supporteurs ont stimulé notre équipe.* SYN. **dynamiser, encourager.** ❷ Rendre plus intense, plus actif. *Un médicament qui stimule l'appétit.*

stipuler v. (conjug. 3). Indiquer avec précision. *Le contrat de location stipule que la voiture doit être rendue avec le réservoir plein.* SYN. **préciser, spécifier.**
● Ce mot appartient à la langue de l'administration.

stock n.m. Ensemble de marchandises en réserve. *Les soldes permettent aux commerçants d'écouler leurs stocks.*
● C'est un mot anglais. – Il se termine par **ck.**

▸ **stocker** v. (conjug. 3). Mettre en réserve. *Stocker des marchandises.* SYN. **emmagasiner, entreposer.**

stoïque adj. Qui supporte avec courage la douleur ou le malheur. *Il a été accusé à tort, mais il est resté stoïque.* SYN. **impassible, imperturbable.**
● Le **i** prend un tréma.

stop ! interj. Mot que l'on emploie pour donner l'ordre à quelqu'un de s'arrêter. *Stop ! Ne bougez plus !* SYN. **halte.**

▸ **stop** n.m. ❶ Panneau de signalisation routière qui impose de marquer un arrêt. *Il y a un stop au carrefour.* ❷ (Sens familier). Auto-stop. *Faire du stop.*

▸ **stopper** v. (conjug. 3). Arrêter. *Le capitaine a fait stopper le navire pour éviter l'écueil.*

▸ **stoppeur, euse** n. Mot familier. Auto-stoppeur.

store n.m. Rideau de grosse toile ou panneau fait de lattes mobiles qu'on baisse et qu'on lève devant une fenêtre.
● Ce nom masculin se termine par un **e.**

strabisme n.m. Trouble de la vue qui fait loucher. *Mon frère a un léger strabisme.*

strangulation n.f. Action d'étrangler une personne. *La victime serait morte par strangulation.* SYN. **étranglement.**

strapontin n.m. Petit siège fixé à une paroi, qui se replie tout seul lorsqu'il n'est pas utilisé. *Les strapontins du métro, d'une salle de spectacle.*

stratagème n.m. Moyen habile. *Recourir à un stratagème pour remporter une victoire.* SYN. **ruse, subterfuge.**

strate n.f. Couche de terrain. *Une roche sédimentaire est formée de plusieurs strates superposées.*
● Nom du genre féminin : **une strate.**

stratège n.m. ❶ Spécialiste de stratégie militaire. ❷ Se dit d'une personne qui mène ses actions selon des plans habilement préparés.
▸▸▸ Mot de la famille de **stratégie.**

stratégie n.f. ❶ Manière de conduire les opérations militaires. *Le général explique sa stratégie à son état-major.* ❷ Plan d'action qui tient compte des possibilités de réaction de l'adversaire. *La stratégie politique d'un parti.* SYN. **tactique.** *La stratégie d'un joueur d'échecs.*

▸ **stratégique** adj. ❶ Qui représente un intérêt militaire. *L'armée protège les positions stratégiques du pays.* ❷ Qui se situe dans le cadre d'une stratégie, d'un plan d'action. *Jouer un rôle stratégique dans une affaire.*

stratifié, e adj. Disposé en couches superposées, en strates. *Des dépôts sédimentaires stratifiés.*
▸▸▸ Mot de la famille de **strate.**

stratosphère n.f. Couche supérieure de l'atmosphère, qui s'étend en moyenne entre 12 et 50 kilomètres au-dessus de la surface de la Terre.

stress n.m. État d'anxiété et de nervosité, qui est causé par l'agitation, le surmenage, etc. *Faire du sport est un bon moyen de combattre le stress.*
● C'est un mot anglais.

strict, e adj. ❶ Qui doit être respecté de façon rigoureuse. *Nous avons reçu des ordres stricts.* ❷ Qui ne tolère aucune négligence. *Notre instituteur est très strict sur les horaires.* SYN. **exigeant, sévère.** CONTR. **indulgent.** ❸ **Le strict nécessaire,** ce qu'il faut et rien d'autre. *Ne prenez que le strict nécessaire.* ❹ Qui est rigoureusement conforme à une règle; qui est d'une exactitude parfaite. *C'est votre droit le plus strict.* SYN. **absolu.** *Il vous a dit la stricte vérité.*

▸ **strictement** adv. De façon stricte. *Il est strictement interdit de parler pendant un examen.* SYN. **absolument, formellement, rigoureusement.**

a b c d e f g h i j k l m n o p q r s t u v w x y z

strident, e adj. Se dit d'un bruit très aigu et très fort. *Pousser un cri strident.* SYN. **perçant, suraigu.**

strie n.f. Chacune des petites rayures parallèles qui marquent une surface. *Les stries d'un coquillage.*

▸ **strié, e** adj. Qui est marqué de stries. *Un coquillage strié.*

strophe n.f. Groupe de vers qui forme un ensemble dans un poème. *Un sonnet est composé de quatre strophes.* → Vois aussi **quatrain.**

structure n.f. Manière dont les parties d'une chose sont assemblées, organisées. *La structure d'une phrase. La structure d'une entreprise.* SYN. **organisation.**

stuc n.m. Matière qui imite le marbre. *Les ornements en stuc d'un plafond.*

studieux, euse adj. Qui aime étudier, qui travaille avec application. *Un élève studieux.*
▸▸▸ Mot de la famille de **étude.**

studio n.m. ❶ Appartement composé d'une seule pièce. *Ma cousine habite un studio.* ❷ Local aménagé pour tourner des films, prendre des photos ou enregistrer des émissions de télévision, de radio.

un **studio** photo

stupéfaction n.f. Très grand étonnement qui laisse sans réaction. *Il regardait le spectacle avec stupéfaction.* SYN. **stupeur.**

▸ **stupéfait, e** adj. Très étonné. *Je suis resté stupéfait à l'annonce de cette nouvelle.* SYN. **ébahi, interdit, interloqué.**

▸ **stupéfiant, e** adj. Qui cause un grand étonnement. *Cette information est stupéfiante.* SYN. **saisissant, sidérant.**

▸ **stupéfier** v. (conjug. 7). Causer un grand étonnement. *Cette nouvelle m'a stupéfié.* SYN. **époustoufler, méduser, sidérer, suffoquer.**

stupeur n.f. Très grand étonnement qui laisse sans réaction. *Être frappé de stupeur.* SYN. **effarement, stupéfaction.**

stupide adj. Qui manque d'intelligence. *Cette fille est stupide.* SYN. **bête, idiot, sot.** *Une histoire stupide.* SYN. **absurde, inepte.**

▸ **stupidement** adv. De façon stupide. *Réagir stupidement.* SYN. **bêtement, sottement.**

▸ **stupidité** n.f. ❶ Fait d'être stupide. *Il est d'une stupidité incroyable.* SYN. **bêtise, imbécillité.** CONTR. **intelligence.** ❷ Parole ou action stupides. *Cesse de dire des stupidités.* SYN. **absurdité, bêtise, sottise.**

style n.m. ❶ Manière d'écrire. *Imiter le style d'un écrivain, d'un musicien.* ❷ Ensemble des caractéristiques d'une œuvre qui la rattachent à une époque. *Une église de style gothique. Un meuble de style Louis XV.* ❸ Manière personnelle et élégante de pratiquer un art, un sport. *Cette joueuse de tennis a du style.* ❹ Manière particulière de se comporter, de s'habiller. *Je ne peux pas porter cette robe, ce n'est pas mon style.*
● Ce mot s'écrit avec un **y.**

▸ **stylé, e** adj. Qui accomplit parfaitement son service. *Les serveurs de ce restaurant sont très stylés.*

▸ **stylisé, e** adj. Qui est dessiné de manière simplifiée. *La couverture de mon cahier est ornée de fleurs stylisées.*

▸ **styliste** n. Personne dont le métier est de dessiner de nouveaux modèles de vêtements, de meubles ou de voitures.

stylo n.m. Objet qui contient un réservoir d'encre et qui sert à écrire. *Un stylo à plume ; un stylo à bille.*
● Ce mot s'écrit avec un **y.**

des **stylos**

suave adj. D'une douceur agréable. *Les lis dégagent une odeur suave.*

a b c d e f g h i j k l m n o p q r s t u v w x y z

▶ **suavité** n.f. Mot littéraire. Qualité de ce qui est suave. *La suavité d'un parfum.*

subalterne adj. et n. Qui occupe un rang inférieur dans une hiérarchie. *Avoir un emploi subalterne. Ce chef d'entreprise est très courtois avec ses subalternes.* SYN. **inférieur, subordonné.** CONTR. **supérieur.**

subdiviser v. (conjug. 3). Diviser ce qui a déjà été divisé. *Les chapitres de ce roman sont subdivisés en paragraphes.*

▶ **subdivision** n.f. Division d'une chose qui a déjà été divisée. *La commune est la plus petite subdivision du département.*

subir v. (conjug. 16). ❶ Être soumis à quelque chose. *Le suspect a subi un interrogatoire. Simon a subi une intervention chirurgicale. Subir un mauvais traitement.* SYN. **endurer.** ❷ Être l'objet de. *Le pays a subi une grave crise économique.*

subit, e adj. Qui se produit brusquement, sans qu'on s'y attende. *Une réaction subite.* SYN. **soudain.**

▶ **subitement** adv. De manière subite. *La machine s'est subitement arrêtée.* SYN. **brusquement, soudain, tout à coup.**

subjectif, ive adj. Qui varie selon la personnalité de chacun, qui est propre à une personne. *Les goûts sont subjectifs. Un point de vue subjectif.* SYN. **partial.** CONTR. **objectif.**

▶ **subjectivité** n.f. Caractère de ce qui est subjectif. *La subjectivité d'un jugement.* SYN. **partialité.** CONTR. **équité, impartialité, objectivité.**

subjonctif n.m. Mode du verbe qui exprime la volonté, le doute, l'incertitude. *Dans la phrase « Je veux que tu viennes avec moi », le verbe « venir » est au subjonctif présent.*

subjuguer v. (conjug. 6). Tenir sous le charme, séduire. *Le conteur a subjugué son auditoire.* SYN. **charmer, envoûter, fasciner, ravir.**

sublime adj. Admirable ; très beau. *Un paysage sublime.*

submerger v. (conjug. 5). ❶ Recouvrir entièrement d'eau. *La marée a submergé la plage.* ❷ **Être submergé de travail,** avoir trop de travail.

▸▸▸ Mot de la même famille : **insubmersible.**

▶ **submersible** adj. Qui peut être submergé, inondé. *Un terrain submersible.* ◆ n.m. Sous-marin.

subodorer v. (conjug. 3). Pressentir, deviner. *Les enquêteurs subodorent un complot.* SYN. **flairer, soupçonner.** → Vois aussi **flairer, soupçonner.**

subordination n.f. **Conjonction de subordination,** mot qui relie une proposition subordonnée à une proposition principale. *« Quand », « que », « si » sont des conjonctions de subordination.* → Vois aussi **coordination.**

▸▸▸ Mot de la famille de **subordonner.**

subordonné, e n. Personne qui travaille sous la direction d'une autre. *Il a donné des directives à ses subordonnés.* SYN. **inférieur, subalterne.** CONTR. **supérieur.** ◆ adj. **Proposition subordonnée,** proposition qui dépend d'une proposition principale. *Dans la phrase « Je n'ai pas encore lu le livre que tu m'as offert », « que tu m'as offert » est une proposition subordonnée relative.* → Vois aussi **principal.**

▸▸▸ Mot de la famille de **subordonner.**

subordonner v. (conjug. 3). ❶ Placer sous l'autorité d'une autre personne. *Les ouvriers sont subordonnés au chef de chantier.* ❷ Faire dépendre de. *Le décollage de l'avion est subordonné aux conditions météorologiques.*

subreptice adj. Mot littéraire. Qui se fait furtivement, de manière illicite. *Le joueur de cartes a fait un signe subreptice à son partenaire.*

▶ **subrepticement** adv. Mot littéraire. De façon à ne pas se faire remarquer. *Il est sorti subrepticement.* SYN. **furtivement.**

subsaharien, enne adj. Qui se rapporte à l'Afrique noire, aux pays situés au sud du Sahara. *L'Afrique subsaharienne.*

subsides n.m. plur. Argent versé à une personne, à une association pour l'aider. *Cet organisme reçoit des subsides de l'État.* SYN. **subvention.**

● On prononce [sybzid].

subsidiaire adj. **Question subsidiaire,** question supplémentaire qui sert à départager des concurrents.

● On prononce [sybzidjɛr].

subsistance n.f. Fait de subsister, d'avoir de quoi vivre. *Cette famille a de faibles moyens de subsistance.*

▸▸▸ Mot de la famille de **subsister.**

subsister v. (conjug. 3). ❶ Continuer d'exister. *Il ne subsiste qu'une tour du*

a b c d e f g h i j k l m n o p q r **s** t u v w x y z

château. SYN. **rester.** ❷ Avoir de quoi vivre, pourvoir à ses besoins. *Ses revenus lui permettent tout juste de subsister.*

substance n.f. ❶ Matière dont une chose est formée. *La résine des pins est une substance collante.* SYN. **corps.** ❷ Ce qu'il y a d'essentiel dans un discours, dans un écrit. *Voici la substance de notre entretien.*

▸ **substantiel, elle** adj. ❶ Qui est rempli de substances nutritives. *Quentin a pris un goûter substantiel.* SYN. **nourrissant.** ❷ Important. *Une augmentation substantielle.*

substantif n.m. Nom commun. «*Maison*» *et* «*chat*» *sont des substantifs.*

substituer v. (conjug. 3). Mettre une chose ou une personne à la place d'une autre. *L'exercice consistait à substituer un mot à un autre.* SYN. **remplacer par.**

▸ **substitut** n.m. Ce qui remplace quelque chose. *Un substitut de café.*

▸ **substitution** n.f. Action de substituer. *La substitution de leur nom a provoqué un malentendu.*

subterfuge n.m. Moyen habile pour échapper à quelque chose. *Elle a utilisé un subterfuge pour ne pas faire ce travail.* SYN. **ruse, stratagème.**

subtil, e adj. ❶ Fin et intelligent. *Un journaliste subtil.* SYN. **perspicace.** *Un esprit subtil.* SYN. **pénétrant.** ❷ Difficile à percevoir. *La nuance est subtile entre ces deux mots.*

subtiliser v. (conjug. 3). Voler adroitement, sans se faire remarquer. *On lui a subtilisé son portefeuille.* SYN. **dérober, escamoter.**

subtilité n.f. Caractère d'une personne, d'une chose subtile. *Une question pleine de subtilité.* SYN. **finesse.**

▸▸▸ Mot de la famille de **subtil.**

subvenir v. (conjug. 20). Fournir à quelqu'un ce qu'il faut pour vivre. *Elle subvient aux besoins de sa famille.* SYN. **pourvoir.**

subvention n.f. Argent donné par l'État ou par un organisme public. *Les associations ont reçu des subventions de la commune.* SYN. **subsides.**

▸ **subventionner** v. (conjug. 3). Accorder une subvention. *L'État subventionne certains théâtres.*

subversif, ive adj. Qui cherche à bouleverser les idées, les lois. *Un article de journal subversif.*

▸▸▸ Mot de la famille de **subversion.**

subversion n.f. Action subversive qui cherche à bouleverser les lois, les idées. *Être accusé de subversion.*

suc n.m. ❶ Liquide qui est à l'intérieur d'un fruit, d'une plante. *Extraire le suc.* ❷ **Suc gastrique,** liquide produit par l'estomac, qui aide à digérer les aliments.

succédané n.m. Produit qui peut en remplacer un autre. *On nous a servi un succédané de caviar.*

● Ce mot s'écrit avec deux **c** et on prononce [syksedane].

succéder et **se succéder** v. (conjug. 9). Venir après, prendre la suite de. *Le soleil a succédé au brouillard matinal.* SYN. **suivre.** CONTR. **précéder.** *Elle a succédé à son père à la tête de l'entreprise.* ◆ **se succéder.** Venir les uns après les autres. *Les candidats se sont succédé devant le jury.*

● On prononce [syksede].

succès n.m. ❶ Résultat heureux. *On a félicité mon frère pour son succès à l'examen.* SYN. **réussite.** CONTR. **échec.** ❷ **Avoir du succès,** plaire. *Ce livre a eu beaucoup de succès.*

● Ce mot s'écrit avec deux **c** et se termine par un **s.**

successeur n.m. Personne qui succède à une autre, qui la remplace. *Le directeur a désigné son successeur.* CONTR. **prédécesseur.**

▸▸▸ Mot de la famille de **succéder.**

successif, ive adj. Se dit de choses qui se succèdent, se suivent. *Ce champion a remporté trois victoires successives.*

▸▸▸ Mot de la famille de **succéder.**

succession n.f. ❶ Ensemble de faits qui se suivent. *Cette succession d'échecs l'a découragé.* SYN. **série, suite.** ❷ Transmission des biens d'une personne décédée à ses héritiers. SYN. **héritage.**

▸▸▸ Mot de la famille de **succéder.**

successivement adv. L'un après l'autre. *Il a occupé successivement plusieurs postes importants.* CONTR. **simultanément, en même temps.**

▸▸▸ Mot de la famille de **succéder.**

a b c d e f g h i j k l m n o p q r s t u v w x y z

a b c d e f g h i j k l m n o p q r s t u v w x y z

succinct, e adj. Qui est dit en peu de mots. *Il a donné une explication très succincte.* SYN. **bref, concis, court, sommaire.**
● Ce mot s'écrit avec un **c** que l'on ne prononce pas avant le **t** : [syksɛ̃], [syksɛ̃t].

▶ **succinctement** adv. De façon succincte. *Il nous a décrit la situation succinctement.* SYN. **brièvement, sommairement.**
● On prononce [syksɛ̃tmɑ̃].

succion n.f. Action d'aspirer, de sucer. *Les bébés ont souvent un grand besoin de succion.*
● Ce mot s'écrit avec deux **c** et on prononce [sysjɔ̃] ou [syksjɔ̃].
▶▶▶ Mot de la famille de **sucer.**

succomber v. (conjug. 3). ❶ Mourir, périr. *Il a succombé à ses blessures.* ❷ Ne pas résister à quelque chose. *Le gâteau était très appétissant, j'ai succombé à la tentation.* SYN. **céder.**
● Ce mot s'écrit avec deux **c.**

succulent, e adj. Dont le goût est délicieux. *Cette mousse au chocolat est succulente.* SYN. **excellent, savoureux.**
● Ce mot s'écrit avec deux **c.**

succursale n.f. Établissement qui dépend d'un autre. *Cette entreprise a des succursales dans plusieurs villes.*
● Ce mot s'écrit avec deux **c.**

sucer v. (conjug. 4). ❶ Faire fondre dans la bouche. *Sébastien suçait un bonbon à la menthe.* ❷ Mettre quelque chose dans la bouche et le téter. *Ma petite sœur suce son pouce.*

▶ **sucette** n.f. Gros bonbon de forme ronde ou allongée fixé au bout d'un bâtonnet et que l'on suce.

des sucettes

sucre n.m. ❶ Substance que l'on extrait de la canne à sucre ou de la betterave et qui donne un goût plus doux aux boissons, aux aliments. *J'ai ajouté un peu de sucre en poudre dans mon citron pressé.* ❷ Morceau de sucre. *Papi a mis deux sucres dans son café.*

▶ **sucré, e** adj. Qui contient du sucre, qui a le goût du sucre. *Ces prunes sont très sucrées.* ◆ n.m. Goût sucré. *Mariam préfère le sucré au salé.* → Vois aussi **acide, amer, salé.**

▶ **sucrer** v. (conjug. 3). Mettre du sucre dans un aliment, une boisson. *Maman sucre son thé.*

▶ **sucrerie** n.f. ❶ Usine où l'on fabrique le sucre. ❷ Friandise à base de sucre. *Ne mangez pas trop de sucreries.* SYN. **confiserie.**

▶ **sucrier, ère** adj. **Betterave sucrière,** qui fournit du sucre. ◆ n.m. Récipient où l'on met le sucre.

sud n.m. invar. ❶ Un des quatre points cardinaux, situé à l'opposé du nord. *Orléans est au sud de Paris.* CONTR. **nord.** ❷ (Avec une majuscule). Partie d'un pays, d'un continent qui se situe au sud. *L'Afrique du Sud.* ◆ adj. invar. Qui se situe au sud. *L'Australie se trouve dans l'hémisphère Sud.* → Vois aussi **austral.**

▶ **sud-africain, e** adj. et n. De l'Afrique du Sud. *La musique sud-africaine. Willy est sud-africain. C'est un Sud-Africain.*
● Le nom prend deux majuscules : *un Sud-Africain.*

▶ **sud-américain, e** adj. et n. De l'Amérique du Sud. *Le Brésil est un pays sud-américain. Les Péruviens sont des Sud-Américains.*
● Le nom prend deux majuscules : *un Sud-Américain.*

sudoripare adj. **Glandes sudoripares,** qui produisent, sécrètent la sueur.
▶▶▶ Mot de la famille de **suer.**

suédois, e adj. et n. De Suède. *Stockholm est la capitale suédoise. Erik est suédois. C'est un Suédois.* ◆ **suédois** n.m. Langue parlée par les Suédois.
● Le nom prend une majuscule quand il désigne une personne : *un Suédois.*

suer v. (conjug. 3). Éliminer la sueur par les pores de la peau. *Les coureurs suaient à grosses gouttes.* SYN. **transpirer.**
▶▶▶ Mot de la même famille : **sudoripare.**

▶ **sueur** n.f. Liquide incolore, salé qui sort de la peau quand on a chaud, que l'on fait un effort ou que l'on a peur. *J'ai couru, je suis en sueur.* SYN. **transpiration.**

suffire v. (conjug. 63). ❶ Être assez important, en assez grande quantité. *Cent euros* *me suffiront pour le voyage.* ❷ **Il suffit de,** il n'y a pas besoin de faire autre chose. *Je viendrai te chercher, il suffit de me préciser l'heure de ton arrivée.*

● Ce mot s'écrit avec deux **f**.

►►► Mots de la même famille : **insuffisamment, insuffisance, insuffisant.**

► **suffisamment** adv. De manière suffisante, en quantité suffisante. *J'ai suffisamment d'argent pour acheter un autre jeu.* SYN. **assez.**

► **suffisance** n.f. Caractère d'une personne suffisante. *Parler avec suffisance.* SYN. **prétention, vanité.** CONTR. **humilité, modestie.** → Vois aussi **morgue.**

► **suffisant, e** adj. ❶ Qui est en quantité assez grande. *Avoir des revenus suffisants.* ❷ Qui est trop satisfait de lui-même. *C'est une femme suffisante.* SYN. **prétentieux, vaniteux.**

suffixe n.m. Élément qui s'ajoute à la fin d'un mot pour former un mot dérivé. *Dans le mot « camionnette », « -ette » est un suffixe.* → Vois aussi **préfixe.**

suffocant, e adj. Qui rend la respiration difficile. *Une chaleur suffocante.* SYN. **étouffant, oppressant.**

►►► Mot de la famille de **suffoquer.**

suffocation n.f. Fait de suffoquer. *L'asthme provoque des crises de suffocation.* SYN. **étouffement.** → Vois aussi **asphyxie.**

►►► Mot de la famille de **suffoquer.**

suffoquer v. (conjug. 3). ❶ Respirer avec difficulté. *On suffoque dans cette pièce enfumée.* SYN. **étouffer.** ❷ Causer une émotion ou une surprise très vives. *Sa réponse nous a suffoqués.* SYN. **sidérer, stupéfier.**

suffrage n.m. ❶ Vote de chaque électeur. *Ce candidat a obtenu la majorité des suffrages.* SYN. **voix.** ❷ **Suffrage universel,** système de vote dans lequel tous les citoyens majeurs peuvent voter. *En France, le président de la République est élu au suffrage universel.* ❸ Opinion favorable. *Ce projet a remporté tous les suffrages.* → Vois aussi **censitaire.**

► **suffragette** n.f. Nom que l'on donnait en Grande-Bretagne aux militantes qui réclamaient le droit de vote pour les femmes.

suggérer v. (conjug. 9). ❶ Proposer une idée à quelqu'un. *Je suggère que nous allions nous baigner.* ❷ Évoquer, faire penser à quelque chose de connu. *Une musique qui suggère l'orage.*

● On prononce [sygʒere].

► **suggestion** n.f. Idée que l'on propose. *Il nous a fait plusieurs suggestions.* SYN. **proposition.**

● On prononce [sygʒɛstjɔ̃].

suicidaire adj. Qui conduit à la mort ou à l'échec. *Avoir des idées suicidaires. Ce projet est suicidaire.*

►►► Mot de la famille de **suicide.**

suicide n.m. Action de se donner la mort volontairement. *Faire une tentative de suicide.*

► se **suicider** v. (conjug. 3). Se tuer volontairement. *Elle a tenté de se suicider.*

suie n.f. Matière noire et épaisse déposée par la fumée. *Le conduit de la cheminée est couvert de suie.*

suif n.m. Graisse de bœuf ou de mouton. *Autrefois, le suif était utilisé dans la fabrication des chandelles et des savons.*

suintement n.m. Écoulement goutte à goutte. *Le suintement de l'eau sur les parois d'un rocher.*

►►► Mot de la famille de **suinter.**

suinter v. (conjug. 3). S'écouler goutte à goutte. *L'eau suintait des murs.*

suisse adj. et n. De Suisse. *Les cantons suisses. Alice est suisse. C'est une Suisse.* → Vois aussi **helvétique.**

● Le nom prend une majuscule : *un Suisse.*

suite n.f. ❶ Enchaînement d'événements, de faits qui se suivent. *Il a subi une suite d'échecs.* SYN. **série, succession.** ❷ Ce qui vient après. *Le maître nous lira la suite de l'histoire demain.* ❸ Ce qui résulte de quelque chose. *Cette affaire aura certainement des suites.* SYN. **conséquence, résultat.** ❹ Ensemble des personnes qui accompagnent un haut personnage. *Le roi se déplace avec sa suite.* SYN. **escorte.** ❺ Appartement dans un hôtel de luxe. *La star a réservé une suite.* ❻ **De suite,** l'un après l'autre, à la file. *Il a mangé trois pains au chocolat de suite.* SYN. **d'affilée.** ❼ **À la suite de,** après. *Il est resté paralysé à la suite d'un accident.* ❽ **Et ainsi de suite,** en continuant de la même manière. *Sur la pâte à gâteau, tu mets une couche de crème, une couche de fruits, et ainsi de suite.* ❾ **Tout de suite,** immédiatement. *Prête-moi ta gomme,*

a b c d e f g h i j k l m n o p q r s t u v w x y z

je te la rends tout de suite. SYN. **aussitôt.** *Je reviens tout de suite.*

▸▸▸ Mot de la famille de **suivre.**

1. **suivant, e** adj. Qui vient tout de suite après. *Le tableau se trouve à la page suivante.* CONTR. **précédent.** ◆ n. Personne qui vient après. *Au suivant !*

▸▸▸ Mot de la famille de **suivre.**

2. **suivant** préposition. Conformément à. *Après le déjeuner, Papi est allé se promener suivant son habitude.* SYN. **selon.**

▸▸▸ Mot de la famille de **suivre.**

suivi, e adj. Qui se fait de manière continue. *Maman entretient une correspondance suivie avec ses amies.* SYN. **régulier.**

▸▸▸ Mot de la famille de **suivre.**

suivre et **se suivre** v. (conjug. 56). ❶ Avancer derrière quelqu'un ou quelque chose. *Les touristes suivaient le guide.* CONTR. **précéder.** ❷ Venir après, dans le temps. *Une éclaircie a suivi l'averse.* SYN. **succéder à.** CONTR. **précéder.** ❸ Aller dans une direction ; aller le long de. *J'ai suivi le chemin.* SYN. **emprunter.** *La route suit la voie ferrée.* SYN. **longer.** ❹ Assister régulièrement à un cours. *Mon frère suit des cours de dessin.* SYN. **prendre.** ❺ Se conformer à. *Suivre la mode. J'ai suivi tes conseils.* ❻ Être attentif, s'intéresser à. *Anthony suit tous les matchs de football à la télévision.* ❼ Avoir les aptitudes nécessaires pour être et rester au niveau. *Hassan suit très bien en CM1.* ◆ **se suivre.** ❶ Venir les uns après les autres. *Les jours se suivent et ne se ressemblent pas.* SYN. **se succéder.** ❷ Suivre une progression, venir dans un certain ordre. *Des numéros qui se suivent.*

1. **sujet** n.m. ❶ Ce dont il s'agit dans une conversation, un récit. *Quel est le sujet du débat ?* SYN. **thème.** ❷ **Au sujet de,** à propos de. *Ils ont eu une discussion au sujet du film.* ❸ Cause, motif. *La politique est un éternel sujet de dispute entre eux.* ❹ Mot ou groupe de mots qui désigne la personne ou la chose qui fait ou subit l'action. *Dans la phrase « Les bourgeons des arbres se forment au printemps », « les bourgeons des arbres » est le sujet du verbe « se former ».*

2. **sujet, ette** adj. Qui a tendance à subir fréquemment quelque chose de désagréable. *Mamie est sujette aux migraines.*

3. **sujet, ette** n. Personne soumise à l'autorité d'un souverain. *Les sujets de Sa Majesté le roi.*

▸▸▸ Mot de la même famille : **assujettir.**

sulfatage n.m. Action de sulfater des végétaux.

▸▸▸ Mot de la famille de **sulfater.**

sulfater v. (conjug. 3). Pulvériser des produits chimiques sur des végétaux pour combattre certaines maladies. *Les vignerons sulfatent les vignes.*

sultan n.m. Souverain, dans certains pays musulmans. → Vois aussi **émir.**

le sultan Selim Ier le Terrible (miniature)

sumo n.m. Lutte traditionnelle pratiquée au Japon.

● Nom des sportifs : un **sumo** ou un **sumotori.**

un sumo

1. **super-** préfixe. Placé au début d'un mot, **super-** indique un degré élevé et augmente la valeur du mot : *supermarché, superproduction.*

2. **super** adj. invar. Mot familier. Très bien, formidable. *Ces rollers sont super.*

3. **super** n.m. Essence de qualité supérieure. *Nous avons fait le plein de super.*
● **Super** est l'abréviation de **supercarburant.**

superbe adj. Très beau. *Ton jardin est superbe.* SYN. **magnifique.** *Il a fait un temps superbe au mois de juillet.* SYN. **splendide.** CONTR. **exécrable.**

supercherie n.f. Tromperie. *Il avait vendu une copie du tableau en la faisant passer pour l'original, mais la supercherie a été découverte.* SYN. **mystification.** → Vois aussi **imposture.**

superficie n.f. Mesure de l'étendue. *Un appartement ancien d'une superficie de 100 mètres carrés.* SYN. **surface.**

superficiel, elle adj. ❶ Qui est limité à la surface. *Une plaie superficielle.* ❷ Qui ne va pas au fond des choses. *Une pensée superficielle.* CONTR. **profonde.**

▶ **superficiellement** adv. De façon superficielle. *Être blessé superficiellement. Le sujet n'a été abordé que superficiellement.*

superflu, e adj. Qui n'est pas absolument nécessaire. *Faire des dépenses superflues.* SYN. **inutile.** CONTR. **indispensable, utile.** ◆ n.m. Ce qui n'est pas absolument nécessaire, ce dont on peut se passer. *Je n'ai gardé que l'essentiel, le reste était du superflu.*

super-héros n.m. invar., **super-héroïne** n.f. Dans les bandes dessinées anglaises et américaines, héros aux pouvoirs extraordinaires qui combat des menaces contre lesquelles les forces de l'ordre traditionnelles restent impuissantes.
● Au féminin pluriel : des **super-héroïnes.**

supérieur, e adj. et n. ❶ Qui est situé en haut, au-dessus, plus haut. *Le restaurant est à l'étage supérieur.* CONTR. **inférieur.** ❷ Qui est plus grand. *J'ai eu une note supérieure à 10.* CONTR. **inférieur.** ❸ Qui a plus de valeur, qui est au-dessus du niveau moyen. *Un produit d'une qualité supérieure.* CONTR. **ordinaire.** ◆ n. Personne qui a d'autres personnes sous ses ordres, qui commande. *Il a de très bonnes relations avec ses supérieurs.* SYN. **chef.** CONTR. **subalterne, subordonné.**

▶ **supériorité** n.f. ❶ Caractère d'une personne ou d'une chose supérieure. *Cet athlète a montré sa supériorité. La supériorité économique d'un pays.* SYN. **prépondérance, suprématie.** ❷ **Sentiment de supériorité,** impression d'être supérieur aux autres. CONTR. **sentiment d'infériorité.**

superlatif n.m. Emploi de l'adjectif pour indiquer un degré élevé ou le plus haut degré. *« Très vieux », « le plus vieux » sont des superlatifs de l'adjectif « vieux ». « Le meilleur » est le superlatif irrégulier de l'adjectif « bon ».*
→ Vois aussi **comparatif.**

supermarché n.m. Magasin de grande surface où l'on se sert soi-même. *Un supermarché est plus petit qu'un hypermarché.*
→ Vois aussi **hypermarché, libre-service.**

supernova n.f. Grosse étoile qui se manifeste lors de son explosion en fin de vie en devenant très lumineuse.

avant l'explosion — une **supernova** — après l'explosion

superposer v. (conjug. 3). ❶ Mettre des choses l'une au-dessus de l'autre. *Le libraire superpose des livres sur la table.* ❷ **Lits superposés,** lits posés l'un au-dessus de l'autre.

superproduction n.f. Film qui a été réalisé avec de gros moyens financiers et matériels.

supersonique adj. **Avion supersonique,** avion qui peut dépasser la vitesse du son, c'est-à-dire 1 224 km/h.
▸▸▸ Mot de la famille de **son (2).**

superstitieux, euse adj. Se dit d'une personne qui croit que certaines choses portent bonheur et que d'autres portent malheur. *Les personnes superstitieuses pensent que le nombre 13 porte malheur.*
▸▸▸ Mot de la famille de **superstition.**

superstition n.f. Croyance aux présages. *Penser que le fait de passer sous une échelle porte malheur, c'est de la superstition.*

a b c d e f g h i j k l m n o p q r s t u v w x y z

superviser v. (conjug. 3). Contrôler un travail. *Le chef de chantier supervise le travail des ouvriers.*

supplanter v. (conjug. 3). Prendre la place d'une personne ou d'une chose en l'écartant. *Il a supplanté son supérieur.* SYN. **évincer.** *Le train va-t-il supplanter l'avion ?* SYN. **détrôner.**

suppléant, e adj. et n. Qui remplace une personne dans son travail. *Un professeur suppléant.*

►►► Mot de la famille de **suppléer.**

suppléer v. (conjug. 8). ❶ Remplacer dans son travail. *Son fils le supplée lorsqu'il est absent.* ❷ Remédier à un défaut ou à un manque en le compensant. *Son courage supplée à son inexpérience.*

supplément n.m. ❶ Ce qui s'ajoute à quelque chose. *Le supplément d'un journal. J'ai demandé un supplément de crème Chantilly. Un supplément de travail.* SYN. **surcharge, surcroît.** ❷ Somme payée en plus du prix normal. *Il faut payer un supplément si tu veux prendre ce train.*

► **supplémentaire** adj. Qui constitue un supplément, qui est en plus. *Les ouvriers ont besoin d'un jour supplémentaire pour terminer les travaux.*

supplication n.f. Prière insistante. *Le directeur est resté sourd aux supplications de son employé.*

►►► Mot de la famille de **supplier.**

supplice n.m. ❶ Punition corporelle. *Autrefois, on faisait subir des supplices aux condamnés.* SYN. **sévices, torture.** ❷ Souffrance morale. *Parler en public est un véritable supplice pour elle.*

supplier v. (conjug. 7). Demander humblement et avec insistance. *Je vous supplie de me croire.* → Vois aussi **conjurer, implorer.**

support n.m. Objet placé sous un autre pour le soutenir. *Cette statuette est vendue avec son support.*

►►► Mot de la famille de **supporter.**

supportable adj. Que l'on peut supporter. *Une chaleur supportable.* SYN. **tolérable.** CONTR. **insupportable.**

►►► Mot de la famille de **supporter.**

supporter v. (conjug. 3). ❶ Soutenir. *Les poutres supportent le toit.* ❷ Subir sans se plaindre quelque chose de pénible. *Supporter la chaleur.* SYN. **endurer.** ❸ Accepter, tolérer une attitude ou une présence. *La maîtresse ne supporte pas que l'on bavarde en classe. Notre voisin ne supporte pas les chiens.*

supporteur, trice n. Personne qui encourage un sportif ou une équipe sportive.

● On peut aussi écrire un **supporter.**

des supporteurs

supposer v. (conjug. 3). ❶ Penser, croire d'après certains indices. *Il est en retard, je suppose qu'il a manqué son train.* SYN. **présumer.** ❷ Exiger, avoir comme condition nécessaire. *Le métier de pompier suppose une très bonne condition physique.* SYN. **impliquer.**

► **supposition** n.f. Jugement, explication possibles. *Il a dû oublier ses clés, mais ce n'est qu'une supposition.* SYN. **hypothèse.** → Vois aussi **présomption.**

suppositoire n.m. Médicament solide que l'on introduit dans le rectum.

● Ce nom masculin se termine par un **e.**

suppression n.f. Action de supprimer quelque chose. *Le directeur de l'usine a annoncé des suppressions d'emplois.*

►►► Mot de la famille de **supprimer.**

supprimer v. (conjug. 3). ❶ Faire disparaître ou faire cesser. *Ce médicament supprimera la douleur.* ❷ Enlever, retirer. *Supprimer un paragraphe dans un texte.*

suppurer v. (conjug. 3). Produire du pus. *La plaie suppure.*

suprématie n.f. Situation qui permet de dominer dans un domaine. *La suprématie économique d'un pays.* SYN. **hégémonie, prépondérance.**

suprême adj. ❶ Qui est au-dessus de tous et de tout. *Autrefois, le roi représentait* *l'autorité suprême.* ❷ Qui vient en dernier. *Il a réussi à appeler au secours dans un suprême effort.*

● Le premier **e** prend un accent circonflexe.

1. **sur** **préposition.** ❶ Indique une position supérieure. *Un vase est posé sur la table.* CONTR. **sous.** ❷ Indique une direction. *Tirer sur une cible. Ma chambre donne sur la mer.* ❸ Indique le nombre, la répétition. *Sur vingt élèves, quatorze mangent à la cantine.* ❹ Indique une matière, un sujet. *Mamie a assisté à une conférence sur les volcans.*

2. **sur, e** **adj.** Qui a un goût acide et aigre. *Cette pomme n'est pas mûre, elle est sure.*

● Ne confonds pas avec **sûr.**

sûr, e **adj.** ❶ Qui sait quelque chose d'une manière certaine. *Je suis sûr que c'était lui.* SYN. **certain.** ❷ Dont on ne peut douter. *Une information sûre.* SYN. **exact.** *Je viendrai, c'est sûr.* SYN. **certain.** ❸ Qui ne présente aucun danger, aucun risque. *Un quartier sûr. Une méthode sûre.* CONTR. **risqué.** ❹ En qui l'on peut avoir confiance. *Juliette est une amie sûre.* ❺ **Bien sûr, bien sûr que,** c'est évident. *Je t'aiderai, bien sûr.* SYN. **évidemment.** ❻ **Être sûr de soi,** avoir de l'assurance.

● La nouvelle orthographe permet d'écrire **sure, surs** et **sures,** sans accent circonflexe. – Ne confonds pas avec **sur (2).**

surabondant, e **adj.** Qui est trop abondant. *La récolte de prunes a été surabondante.*

▸▸▸ Mot de la famille de **abonder.**

suraigu, suraiguë **adj.** Très aigu. *Une voix suraiguë.* SYN. **strident.**

● La nouvelle orthographe permet d'écrire aussi, au féminin, **suraigüe,** avec un tréma sur le **u.**

suranné, e **adj.** Mot littéraire. Qui n'est plus en usage, qui n'est plus à la mode. *Porter des vêtements surannés.* SYN. **démodé, désuet, vieillot.**

surate → sourate

surcharge **n.f.** ❶ Charge d'un véhicule supplémentaire ou excessive. *Une voiture en surcharge.* ❷ Supplément. *Une surcharge de travail.* SYN. **surcroît.**

▸▸▸ Mot de la famille de **charger.**

surcharger **v. (conjug. 5).** ❶ Imposer une charge, un poids excessifs. *Surcharger un camion.* ❷ Imposer un travail excessif. *Être surchargé de travail.* SYN. **accabler, écraser.**

▸▸▸ Mot de la famille de **charger.**

surchauffer **v. (conjug. 3).** Chauffer de façon excessive. *L'appartement est surchauffé.*

▸▸▸ Mot de la famille de **chauffer.**

surclasser **v. (conjug. 3).** Être nettement supérieur aux autres. *Ce coureur a surclassé tous ses concurrents.* SYN. **devancer, surpasser.**

surcroît **n.m.** Ce qui s'ajoute à ce que l'on a déjà. *Un surcroît de travail.* SYN. **supplément, surcharge.**

● La nouvelle orthographe permet d'écrire aussi **surcroit,** sans accent circonflexe.

surdité **n.f.** Handicap dont souffre une personne sourde.

▸▸▸ Mot de la famille de **sourd.**

surdose **n.f.** Absorption d'une dose excessive de drogue, qui peut être mortelle. SYN. **overdose.**

sureau **n.m.** Arbuste à fleurs blanches odorantes et à fruits rouges ou noirs.

● Au pluriel : des **sureaux.**

un sureau

surélever **v. (conjug. 10).** Augmenter la hauteur de quelque chose. *Surélever un immeuble d'un étage.* SYN. **rehausser.**

sûrement **adv.** De façon certaine, évidente. *Elle viendra sûrement la semaine prochaine.* SYN. **certainement, probablement, sans doute.**

● La nouvelle orthographe permet d'écrire aussi **surement,** sans accent circonflexe.

▸▸▸ Mot de la famille de **sûr.**

surenchère **n.f.** Enchère plus élevée que l'enchère précédente.

▸ **surenchérir** v. (conjug. 16). Promettre, faire plus qu'une autre personne. *Elle n'aurait pas dû surenchérir sur ce qu'il avait dit.*

surestimer v. (conjug. 3). Estimer au-dessus de sa valeur ou de son importance réelle. *Ce concurrent a surestimé ses capacités.* CONTR. **sous-estimer.**
▸▸▸ Mot de la famille de **estimer.**

sûreté n.f. ❶ Fait d'être sûr, sans danger. *La sûreté d'un lieu.* SYN. **sécurité.** ❷ **En sûreté,** dans un lieu sûr, à l'abri. *Ses bijoux sont en sûreté dans un coffre.*
● La nouvelle orthographe permet d'écrire aussi **sureté,** sans accent circonflexe.
▸▸▸ Mot de la famille de **sûr.**

surexcitation n.f. Très grande excitation. *À l'approche de Noël, les enfants sont dans un état de surexcitation.*
▸▸▸ Mot de la famille de **exciter.**

surexcité, e adj. Très excité, très énervé. *La veille de son départ en voyage, Rayan était surexcité.*
▸▸▸ Mot de la famille de **exciter.**

surf n.m. ❶ Sport qui consiste à se tenir en équilibre sur une planche et à glisser sur une vague ou sur la neige. ❷ Planche permettant de pratiquer ce sport.
● C'est un mot anglais, on prononce [sœrf].

surface n.f. ❶ Partie, face extérieure, visible. *La surface de la Terre. Remonter à la surface de l'eau.* ❷ Mesure d'une étendue. *Cette pièce a une surface de 50 mètres carrés.* SYN. **superficie.** *Calculer la surface d'un carré de cinq centimètres de côté.* SYN. **aire.** ❸ **Grande surface,** magasin où sont vendues toutes sortes de marchandises et où l'on se sert soi-même. *Les supermarchés et les hypermarchés sont des grandes surfaces.*
→ Vois aussi **aire.**

surfer v. (conjug. 3). ❶ Pratiquer le surf ou le surf des neiges. ❷ Aller consulter des sites sur Internet. *Jérémie passe son temps à surfer sur le Web.*

surgelé, e adj. Se dit d'un aliment qui a été congelé rapidement. *Maman a acheté une pizza surgelée.* ◆ **n.m.** Produit alimentaire surgelé. *Un magasin de surgelés.*
▸▸▸ Mot de la famille de **geler.**

surgeler v. (conjug. 11). Soumettre rapidement un aliment à un froid intense pour le conserver. *Surgeler du poisson.* → Vois aussi **congeler, frigorifier.**
▸▸▸ Mot de la famille de **geler.**

surgir v. (conjug. 16). ❶ Apparaître brusquement. *Un lapin a surgi du bosquet.* ❷ Se manifester brusquement. *Un nouveau problème a surgi.*

surhumain, e adj. Qui est ou qui semble au-dessus des forces humaines. *L'athlète a fait un effort surhumain pour soulever l'haltère.*

sur-le-champ adv. Sans délai, aussitôt. *Il est sorti sur-le-champ.* SYN. **immédiatement.**

surlendemain n.m. Jour qui suit le lendemain. *Mes grands-parents sont arrivés dimanche et sont repartis le surlendemain.*
→ Vois aussi **après-demain.**

surligneur n.m. Feutre épais qui sert à mettre en valeur une partie d'un texte à l'aide d'une encre très lumineuse.

surmenage n.m. Fatigue qui résulte d'un excès de travail. *Son médecin l'a mis en garde contre le surmenage.*
▸▸▸ Mot de la famille de **surmener.**

surmener et **se surmener** v. (conjug. 3). Imposer un travail excessif qui épuise. *Surmener des ouvriers.* ◆ **se surmener.** Se fatiguer trop, aller au-delà de ses forces. *Tu risques de tomber malade si tu te surmènes.*

surmontable adj. Que l'on peut surmonter. *Une difficulté surmontable.* CONTR. **insurmontable.**
▸▸▸ Mot de la famille de **surmonter.**

surmonter v. (conjug. 3). ❶ Être placé au-dessus d'une chose. *Des coupoles surmontent la basilique.* ❷ Venir à bout de, vaincre. *Surmonter un obstacle. Réussir à surmonter sa peur.* SYN. **dominer, maîtriser, triompher de.**
▸▸▸ Mot de la même famille : **insurmontable.**

surmulot n.m. Gros rat au dos brun qu'on appelle aussi *rat d'égout.*

un **surmulot**

surnager v. (conjug. 5). Rester à la surface d'un liquide. *L'huile surnage à la surface de l'eau.* SYN. **flotter.**

surnaturel, elle adj. Qui semble échapper aux lois de la nature. *Les sorciers possèdent des pouvoirs surnaturels.* SYN. **magique.**

surnom n.m. Nom que l'on donne à quelqu'un, à la place de son vrai nom. *« Mimi » est le surnom de ma tante.* SYN. **sobriquet.**

▸▸▸ Mot de la famille de **nom.**

surnombre n.m. **En surnombre,** en plus du nombre autorisé. *Le pilote de l'hélicoptère a refusé de prendre un passager en surnombre.*

▸▸▸ Mot de la famille de **nombre.**

surnommer v. (conjug. 3). Donner un surnom à quelqu'un. *On l'a surnommée « Mouchette » en raison de sa petite taille.*

▸▸▸ Mot de la famille de **nom.**

surpasser et **se surpasser** v. (conjug. 3). Faire mieux que quelqu'un. *Il a surpassé tous les autres concurrents.* SYN. **devancer, surclasser.** ◆ **se surpasser.** Faire mieux que d'habitude. *Aujourd'hui, les joueurs de notre équipe se sont surpassés.*

surpeuplé, e adj. Trop peuplé. *Un pays surpeuplé.*

▸▸▸ Mot de la famille de **peuple.**

surpeuplement n.m. Fait d'être surpeuplé. *Le surpeuplement d'une région.* SYN. **surpopulation.**

▸▸▸ Mot de la famille de **peuple.**

surplace n.m. **Faire du surplace,** ne pas avancer. *Dans les embouteillages, les véhicules font du surplace.*

surplomb n.m. **En surplomb,** qui surplombe, qui avance. *Un balcon en surplomb.*

▸ **surplomber** v. (conjug. 3). Avancer au-dessus de quelque chose. *Le château surplombe le village.* SYN. **dominer.**

surplus n.m. Ce qui est en plus. *Cet agriculteur a donné le surplus de sa récolte.* SYN. **excédent.**

● Ce mot se termine par un **s.**

surpoids n.m. Excès de poids d'une personne, mesuré par l'indice de masse corporelle (I.M.C.). → Vois aussi **masse.**

surpopulation n.f. Surpeuplement.

surprenant, e adj. Qui surprend, étonne. *J'ai fait une découverte surprenante.* SYN. **étonnant, inattendu.** *Ta réaction est surprenante.* SYN. **déconcertant.**

▸▸▸ Mot de la famille de **surprendre.**

surprendre v. (conjug. 48). ❶ Étonner vivement. *Sa réponse m'a surpris.* ❷ Arriver sans qu'on s'y attende, prendre quelqu'un au dépourvu. *La pluie nous a surpris.* ❸ Prendre sur le fait. *Je l'ai surpris en train de fouiller dans mon sac.*

▸ **surprise** n.f. ❶ Émotion provoquée par quelque chose d'inattendu. *La surprise se lisait sur son visage.* SYN. **étonnement.** ❷ Cadeau ou plaisir que l'on fait à quelqu'un qui ne s'y attend pas. *Mes amis m'ont fait une surprise pour mon anniversaire.* ❸ **Par surprise,** sans qu'on s'y attende. *Attaquer quelqu'un par surprise.*

surproduction n.f. Production trop importante. *Une surproduction de blé.*

▸▸▸ Mot de la famille de **produire.**

sursaut n.m. Mouvement brusque et involontaire. *Il a eu un sursaut en entendant la sonnerie du téléphone. Se réveiller en sursaut.*

▸▸▸ Mot de la famille de **saut.**

sursauter v. (conjug. 3). Avoir un sursaut. *Le moindre bruit la fait sursauter.* SYN. **tressaillir.**

▸▸▸ Mot de la famille de **saut.**

sursis n.m. ❶ Délai accordé à une personne. *Il a bénéficié d'un sursis pour payer sa facture d'électricité.* ❷ **Être condamné avec sursis,** être condamné à une peine qui ne sera exécutée que si le condamné commet une nouvelle infraction. *Le malfaiteur a été condamné à cinq ans de prison avec sursis.*

● Ce mot se termine par un **s.**

▸ **sursitaire** n. Personne qui bénéficie d'un sursis.

surtout adv. ❶ Par-dessus tout, principalement. *Djamila aime beaucoup les romans, surtout les romans policiers.* SYN. **particulièrement, spécialement.** ❷ Sert à insister, à renforcer un conseil, un ordre. *Surtout, ne t'approche pas trop près !*

surveillance n.f. Action de surveiller. *Les enfants jouaient sous la surveillance des animateurs.*

▸▸▸ Mot de la famille de **surveiller.**

surveillant, e n. Personne chargée de surveiller d'autres personnes ou d'assurer la

a b c d e f g h i j k l m n o p q r s t u v w x y z

discipline dans un établissement. *Ma cousine est surveillante dans un collège.*

►►► Mot de la famille de **surveiller.**

surveiller v. (conjug. 3). ❶ Observer attentivement pour contrôler. *Maxence surveille sa petite sœur qui joue dans la cour. Surveiller un suspect.* SYN. **épier.** ❷ Veiller au bon déroulement de quelque chose. *Surveiller la cuisson d'un plat.*

survenir v. (conjug. 20). Arriver brusquement, sans qu'on s'y attende. *Des difficultés sont survenues.* SYN. **se produire.**

● Ce verbe se conjugue avec l'auxiliaire « être ».

survêtement n.m. Vêtement composé d'un pantalon et d'une veste que l'on porte par-dessus une tenue sportive. SYN. **jogging.**

● Le premier **e** prend un accent circonflexe.

survie n.f. Fait de survivre, de rester en vie. *Quelles sont les chances de survie du blessé ?*

►►► Mot de la famille de **survivre.**

survivant, e n. Personne qui a échappé à la mort. *Les survivants d'une catastrophe.* SYN. **rescapé.**

►►► Mot de la famille de **survivre.**

survivre v. (conjug. 57). ❶ Rester en vie après la mort d'une autre personne. *Il a survécu à sa femme.* ❷ Échapper à la mort. *Deux passagers ont survécu au naufrage du bateau.* SYN. **réchapper de.**

survol n.m. Action de survoler une région. *Le survol des zones militaires est interdit.*

►►► Mot de la famille de **survoler.**

survoler v. (conjug. 3). ❶ Voler au-dessus de. *L'avion a survolé l'océan.* ❷ Lire, examiner rapidement. *Survoler un texte.* SYN. **parcourir.**

sus adv. ❶ Mot littéraire. **Courir sus à l'ennemi,** l'attaquer. ❷ **En sus,** en plus. *La taxe vient en sus du prix indiqué.*

● On prononce le **s** final.

susceptibilité n.f. Tendance à se vexer facilement.

►►► Mot de la famille de **susceptible.**

susceptible adj. ❶ Qui présente telle caractéristique. *Ce film est susceptible de te plaire.* ❷ Qui se vexe facilement. *Mon frère est très susceptible.* SYN. **ombrageux.**

● Le second son [s] s'écrit **sc.**

susciter v. (conjug. 3). Faire naître. *Mon idée a suscité l'intérêt de mes parents.* SYN. **éveiller, provoquer.**

● Le second son [s] s'écrit **sc.**

suspect, e adj. Qui éveille les soupçons et inspire de la méfiance. *Son témoignage est suspect. Un individu suspect.* SYN. **louche.** ◆ n. Personne que la police considère comme l'auteur possible d'un délit. *La police a interrogé les suspects.*

● Au masculin, on prononce [syspɛ].

► **suspecter** v. (conjug. 3). Tenir pour suspect. *L'enquêteur suspecte le voisin de la victime. Je la suspecte d'avoir menti.* SYN. **soupçonner.**

1. suspendre v. (conjug. 46). ❶ Interrompre pour quelque temps. *Le président a suspendu la séance.* ❷ Interdire à quelqu'un d'exercer ses fonctions, pendant un certain temps. *Le footballeur a été suspendu pour plusieurs mois.*

2. suspendre v. (conjug. 46). Accrocher quelque chose par le haut en le laissant pendre. *Papi a suspendu son imperméable au portemanteau.*

► **suspendu, e** adj. **Pont suspendu,** pont soutenu par des câbles.

en suspens adv. Sans solution, sans décision. *Laisser une affaire en suspens.*

● On prononce [syspɑ̃]. – Ne confonds pas avec le **suspense.**

suspense n.m. Moment d'un récit, d'un film où l'on attend la suite avec une grande impatience mêlée d'angoisse. *Un roman policier plein de suspense.*

● C'est un mot anglais, on prononce [syspɛns]. – Ne confonds pas avec **en suspens.**

suspension n.f. ❶ Arrêt temporaire. *Le gouvernement a annoncé la suspension des hostilités.* SYN. **interruption.** ❷ Ensemble des pièces d'un véhicule qui servent à amortir les secousses. SYN. **amortisseur.** ❸ Système d'éclairage suspendu au plafond. SYN. **lustre.** ❹ **Points de suspension,** signe de ponctuation constitué par trois points (…), qui indique que la phrase n'est pas terminée.

suspicion n.f. Méfiance, soupçon à l'égard d'une personne, d'une chose. *Un regard plein de suspicion.* CONTR. **confiance.** → Vois aussi **défiance.**

►►► Mot de la famille de **suspect.**

se **sustenter** v. (conjug. 3). Mot littéraire. Se nourrir. *Les voyageurs se sont sustentés dans une auberge.*

susurrer v. (conjug. 3). Murmurer doucement. *Mon voisin m'a susurré quelques mots à l'oreille.* SYN. **chuchoter.**

● Ce mot s'écrit avec un seul **s** et deux **r**. On prononce [sysyre].

suture n.f. Opération qui consiste à recoudre les bords d'une plaie. *Il s'est ouvert le front, le médecin lui a fait trois points de suture.*

suzerain, e n. et adj. Au Moyen Âge, seigneur qui laissait une partie de ses terres à un vassal. *Le vassal prêtait serment de fidélité et d'obéissance à son suzerain.*

svelte adj. Mince et élancé. *Un jeune homme svelte.* CONTR. **gros, obèse, trapu.**

▸ **sveltesse** n.f. Fait d'être svelte. SYN. **finesse, minceur.**

sweat-shirt n.m. Pull-over en coton molletonné.

● C'est un mot anglais, on prononce [switʃœrt] ou [swɛtʃœrt]. – Au pluriel : des **sweat-shirts.** – On peut aussi dire **sweat.**

syllabe n.f. Partie d'un mot que l'on prononce en une seule fois. *« Ballon » est un mot de deux syllabes.*

● Ce mot s'écrit avec un **y** et deux **l.**

sylviculture n.f. Culture et entretien des forêts.

● Ce mot s'écrit avec un **y,** puis un **i.**

symbole n.m. ❶ Ce qui représente quelque chose d'abstrait. *La colombe est le symbole de la paix.* ❷ Lettre, signe ou dessin qui représente une chose précise. *Le signe « + » est le symbole de l'addition.*

● Le son [ɛ̃] s'écrit **ym.** Ce nom masculin se termine par un **e.**

▸ **symbolique** adj. Qui n'a pas de valeur en soi mais qui est important pour ce qu'il représente. *Faire un cadeau symbolique.*

▸ **symboliser** v. (conjug. 3). Être le symbole de quelque chose. *Dans l'Antiquité, le laurier symbolisait la victoire.*

symétrie n.f. Caractère d'une chose que l'on peut diviser en deux parties égales par rapport à un point, à une ligne. *Des motifs dessinés avec symétrie.*

▸ **symétrique** adj. Se dit de deux choses qui ont la même forme et qui sont opposées. *Les deux parties du visage ne sont pas tout à fait symétriques.* → Vois aussi **asymétrique, dissymétrique.**

sympathie n.f. Attirance que l'on éprouve pour une personne. *Ali a de la sympathie pour Bastien.* CONTR. **antipathie.**

● Le son [ɛ̃] s'écrit **ym** et il y a un **h** après le **t.**

▸ **sympathique** adj. Qui inspire de la sympathie. *Le frère de Valentin est un garçon très sympathique.* SYN. **agréable, aimable.** CONTR. **antipathique, désagréable.**

● On emploie souvent l'abréviation familière **sympa.**

▸ **sympathiser** v. (conjug. 3). S'entendre avec quelqu'un. *J'ai sympathisé avec le fils de nos voisins.*

symphonie n.f. Long morceau de musique composé pour un orchestre. *La quatrième partie de la symphonie n° 9 de Beethoven s'intitule « l'Hymne à la joie ».*

● Le son [ɛ̃] s'écrit **ym.**

▸ **symphonique** adj. **Orchestre symphonique,** grand orchestre qui réunit tous les musiciens nécessaires pour jouer une symphonie.

symptôme n.m. Signe qui permet de reconnaître une maladie. *Les maux de tête, la fièvre et les courbatures sont les principaux symptômes de la grippe.*

● Le son [ɛ̃] s'écrit **ym** et le **o** prend un accent circonflexe.

synagogue n.f. Bâtiment où les juifs se rassemblent pour célébrer leur culte. → Vois aussi **église, mosquée, pagode, temple.**

une **synagogue**

synchronisation n.f. Action de synchroniser, de faire concorder l'image et le son, dans un film.
►►► Mot de la famille de **synchroniser**.

synchroniser v. (conjug. 3). ❶ Faire fonctionner en même temps. *Synchroniser des machines.* ❷ Faire concorder l'image et le son dans un film.

syncope n.f. Perte de connaissance brutale. *Avoir une syncope.* → Vois aussi **évanouissement, malaise.**

syndical, e, aux adj. D'un syndicat. *Une réunion syndicale; des délégués syndicaux.*
● Au masculin pluriel : **syndicaux.**
►►► Mot de la famille de **syndicat**.

syndicaliste n. Personne qui milite dans un syndicat, qui y joue un rôle très actif.
►►► Mot de la famille de **syndicat**.

syndicat n.m. ❶ Groupement de travailleurs organisé pour défendre leurs intérêts et leurs droits. ❷ **Syndicat d'initiative,** organisme chargé de développer le tourisme d'une ville ou d'une région. *Les touristes qui cherchaient un hôtel ont trouvé des renseignements au syndicat d'initiative.*

► se **syndiquer** v. (conjug. 3). Adhérer à un syndicat.

synonyme n.m. Mot qui a presque le même sens qu'un autre. *« Désigner » et « montrer » sont des synonymes.* CONTR. **antonyme, contraire.** → Vois aussi **homonyme.**
● Ce mot s'écrit avec deux **y.**

syntaxe n.f. Partie de la grammaire qui étudie comment les mots s'assemblent pour former des phrases.

synthèse n.f. ❶ Opération qui consiste à rassembler les idées essentielles de façon cohérente et structurée. *Elle a fait la synthèse des principaux points abordés.* ❷ Fabrication artificielle d'un produit à partir des éléments qui le constituent. *Du caoutchouc de synthèse.*

► **synthétique** adj. Fabriqué par synthèse chimique. *Le Nylon est un tissu synthétique.* SYN. **artificiel.** CONTR. **naturel.**

► **synthétiseur** n.m. Instrument de musique électronique actionné par un clavier, qui permet de créer des sons.

un synthétiseur

syrien, enne adj. et n. De Syrie. *Damas est la capitale syrienne. Bachir est syrien. C'est un Syrien.*
● Le nom prend une majuscule : *un Syrien.*

systématique adj. ❶ Qui est fait avec méthode, selon un ordre précis. *Faire une recherche systématique.* ❷ Qui est fait de façon rigide, avec entêtement. *Un refus systématique.*
►►► Mot de la famille de **système**.

systématiquement adv. De façon systématique. *Pourquoi refuses-tu systématiquement mes propositions ?*
►►► Mot de la famille de **système**.

système n.m. ❶ Ensemble organisé qui forme un tout. *Les nerfs, le cerveau et la moelle épinière forment le système nerveux. Le Système solaire est constitué du Soleil et des planètes qui tournent autour de lui.* ❷ Appareil, dispositif. *Installer un système d'éclairage; un système d'alarme.* ❸ Moyen utilisé pour parvenir à un résultat. *Il a trouvé un système astucieux pour voyager moins cher.*

a b c d e f g h i j k l m n o p q r s t u v w x y z

Tt

t' → **te**

ta → **ton (1)**

tabac n.m. ❶ Plante que l'on cultive pour ses larges feuilles. ❷ Produit tiré des feuilles de tabac séchées et préparées, que l'on fume sous forme de cigarettes, de cigares ou dans une pipe. *La consommation de tabac est mauvaise pour la santé et crée une forte dépendance.* ❸ Boutique où l'on vend du tabac, des cigarettes, des cigares.
● Ce mot se termine par un **c** que l'on ne prononce pas.

un pied de **tabac**

▸ **tabagie** n.f. Lieu rempli de fumée de cigarette.

▸ **tabagisme** n.m. Intoxication causée par l'abus de tabac.

▸ **tabatière** n.f. Petite boîte où l'on met du tabac en poudre.

table n.f. ❶ Meuble formé d'un plateau horizontal posé sur un ou plusieurs pieds. *Une table basse; une table de ping-pong.* ❷ **Mettre la table,** disposer sur la table ce qui est nécessaire pour le repas. SYN. **mettre le couvert.** ❸ **Se mettre à table,** s'installer autour de la table pour prendre un repas. ❹ **Table de multiplication,** tableau donnant le résultat des multiplications entre les dix premiers nombres. ❺ **Table des matières,** liste des chapitres d'un livre. *La table des matières se trouve à la fin de l'ouvrage.* SYN. **sommaire.** ❻ **Table ronde,** réunion où plusieurs personnes discutent de questions précises. *Participer à une table ronde.*
▸▸▸ Mot de la même famille : **s'attabler.**

▸ **tableau** n.m. ❶ Œuvre peinte. *Un tableau est accroché au-dessus de la cheminée.* SYN. **peinture, toile.** ❷ Panneau mural sur lequel on écrit. *La maîtresse a écrit un poème au tableau.* ❸ Panneau qui porte des renseignements, des informations. *Un tableau d'affichage.* ❹ Description imagée d'une chose. *Le ministre a fait un rapide tableau de la situation.* ❺ Liste d'informations présentées de façon claire et ordonnée. *Les tableaux de conjugaison donnent les différentes formes des verbes.* ❻ **Tableau de bord,** panneau où sont réunis les commandes, les cadrans et les voyants d'un véhicule. *Le tableau de bord d'une voiture, d'un avion.*
● Au pluriel : des **tableaux.**

▸ **tablée** n.f. Ensemble des personnes qui prennent un repas à la même table. *Une tablée de vingt convives.*

▸ **tabler** v. (conjug. 3). **Tabler sur quelque chose,** compter dessus. *Tabler sur la chance.* SYN. **se fier à.**

▸ **tablette** n.f. ❶ Petite planche horizontale sur laquelle on peut poser des objets. *La tablette d'un lavabo.* ❷ Présentation de certains aliments sous la forme d'une plaque rectangulaire. *Une tablette de chocolat.* ❸ **Tablette électronique, tablette tactile,** appareil très plat équipé d'un écran tactile, sans clavier, qui se connecte à Internet et permet d'afficher des livres et des journaux électroniques.

a b c d e f g h i j k l m n o p q r s t u v w x y z

tablier n.m. ❶ Vêtement que l'on porte sur ses habits pour les protéger. *Mamie met un tablier de cuisine.* ❷ Partie d'un pont où se trouve la chaussée ou la voie ferrée.

tabou, e adj. **Sujet tabou,** sujet dont il ne faut pas parler. *Dans cette famille, la religion est un sujet tabou.*

tabouret n.m. Siège sans dossier ni bras.

tache n.f. ❶ Marque de saleté. *J'ai fait une tache de sauce tomate sur mon tee-shirt.* ❷ Marque de couleur différente. *La panthère a un pelage jaune avec des taches noires. J'ai des taches de rousseur sur le visage.*

● Ne confonds pas avec **tâche.**

tâche n.f. Travail à faire. *Accomplir une tâche difficile.* SYN. **besogne, ouvrage.**

● Le **a** prend un accent circonflexe. – Ne confonds pas avec **tache.**

tacher et **se tacher** v. (conjug. 3). Salir en faisant des taches, des marques de couleur ou de graisse. *J'ai taché mon pantalon.* ◆ **se tacher.** Se salir en faisant des taches sur ses vêtements. *Jessie s'est tachée en préparant le repas.*

● Ne confonds pas avec **tâcher.**

▸▸▸ Mot de la famille de **tache.**

tâcher v. (conjug. 3). Faire son possible pour. *Je tâcherai de venir te voir demain.* SYN. **s'efforcer, essayer.**

● Le **a** prend un accent circonflexe. – Ne confonds pas avec **tacher.**

▸▸▸ Mot de la famille de **tâche.**

tacheté, e adj. Marqué de nombreuses petites taches. *Mon chat a un pelage blanc tacheté de noir.* SYN. **moucheté.**

▸▸▸ Mot de la famille de **tache.**

le pelage **tacheté** d'un dalmatien

tacite adj. Qui n'est pas exprimé par des mots mais qui est sous-entendu. *Un accord tacite.* SYN. **implicite.** CONTR. **explicite.**

taciturne adj. Qui parle peu. *Un jeune homme taciturne.* SYN. **renfermé, silencieux.** CONTR. **expansif, ouvert, volubile.**

tacot n.m. Mot familier. Vieille voiture.

tact n.m. Délicatesse d'une personne qui cherche à ne pas blesser les autres. *Le directeur a agi avec beaucoup de tact.* SYN. **diplomatie, doigté, souplesse.**

● On prononce le **t** final : [takt].

tactile adj. ❶ Qui se rapporte au toucher. ❷ **Écran tactile,** écran d'ordinateur, de console qui réagit au contact du doigt.

tactique n.f. Ensemble des moyens utilisés pour parvenir à un résultat. *Les joueurs ont changé de tactique à la fin du match.* SYN. **plan, stratégie.**

tag n.m. Inscription d'un graphisme proche de l'écriture. *Le mur du bâtiment est couvert de tags.* → Vois aussi **graffiti.**

des **tags**

taie n.f. Enveloppe de tissu qui recouvre un oreiller.

taïga n.f. Forêt de conifères qui pousse dans le nord de l'Europe, de l'Asie et de l'Amérique. → Vois aussi **toundra.**

● Le **i** prend un tréma.

taillader v. (conjug. 3). Faire des entailles dans un objet, dans une matière. *Des voyous ont tailladé son sac.*

1. **taille** n.f. ❶ Hauteur d'une personne, grosseur d'un animal, dimension d'un objet. *Raphaël et moi avons la même taille.* ❷ **Être de taille à,** être capable de. *Elle est de taille à diriger une entreprise.* ❸ Dimensions d'un vêtement. *Ce pantalon est trop grand, je vais*

essayer la taille inférieure. ❹ Partie du corps humain qui se situe entre le bas des côtes et les hanches. *Les baigneurs avaient de l'eau jusqu'à la taille.* SYN. **ceinture.** ❺ Action de tailler, de couper. *La taille des arbres.* ❻ **Pierre de taille,** pierre taillée spécialement pour la construction.

▸▸▸ Mot de la famille de **tailler.**

2. **taille** n.f. Sous l'Ancien Régime, impôt payé par les roturiers.

taillé, e adj. **Être taillé pour,** être fait pour. *Cet homme est taillé pour l'aventure.*

▸▸▸ Mot de la famille de **tailler.**

taille-crayon n.m. Instrument qui sert à tailler les crayons.

● Au pluriel : des **taille-crayons.**

▸▸▸ Mot de la famille de **tailler.**

tailler v. (conjug. 3). ❶ Couper quelque chose pour lui donner une certaine forme. *J'ai taillé mon crayon. Papi a taillé les arbres du jardin.* ❷ Couper dans un tissu les morceaux nécessaires à la confection d'un vêtement. *Tailler une jupe, un costume.*

▸ **tailleur** n.m. ❶ Homme dont le métier est de confectionner des vêtements sur mesure. ❷ Costume de femme composé d'une veste et d'une jupe ou d'un pantalon assortis. ❸ **S'asseoir en tailleur,** s'asseoir par terre, les jambes repliées et les genoux écartés.

→ Vois aussi **couturière.**

taillis n.m. Partie d'un bois constituée de petits arbres.

● Ce mot se termine par un **s.**

tain n.m. Couche de métal contenant de l'étain que l'on applique sur du verre pour faire un miroir.

taire et **se taire** v. (conjug. 72). Ne pas dire. *Taire la vérité.* SYN. **cacher.** CONTR. **révéler.** ◆ **se taire.** Cesser de parler. *Les élèves se sont tus quand le maître est entré.*

taïwanais, e adj. et n. De Taïwan. *L'industrie taïwanaise. Hu est taïwanaise. C'est une Taïwanaise.*

● Le nom prend une majuscule : *un Taïwanais.*

talc n.m. Poudre blanche utilisée pour les soins de la peau.

talent n.m. Capacité, don particulier d'une personne dans un domaine. *Cet acteur a beaucoup de talent.*

▸ **talentueux, euse** adj. Qui a du talent. *Une chanteuse talentueuse.*

talisman n.m. Objet auquel on attribue un pouvoir magique. *Il porte un talisman autour du cou.* SYN. **amulette, fétiche, grigri.**

→ Vois aussi **mascotte.**

talkie-walkie n.m. Appareil portatif de radio qui permet de communiquer avec une autre personne à faible distance. *Les policiers se servent de talkies-walkies.*

● C'est un mot anglais, on prononce [tokiwoki].

– Au pluriel : des **talkies-walkies.**

taloche n.f. Mot familier. Gifle.

talon n.m. ❶ Partie arrière du pied. *J'ai une ampoule au talon.* ❷ Partie d'une chaussette, d'un bas ou d'une chaussure qui correspond au talon. *Maman porte des chaussures à talons hauts.* ❸ Partie d'une feuille de carnet qui ne peut se détacher. *Lorsque l'on fait un chèque, on inscrit la somme à payer sur le talon du chéquier.* SYN. **souche.**

▸ **talonner** v. (conjug. 3). Suivre quelqu'un de très près. *Le coureur était talonné par ses concurrents.*

talquer v. (conjug. 3). Saupoudrer de talc. *Talquer les fesses d'un bébé.*

▸▸▸ Mot de la famille de **talc.**

talus n.m. Terrain en pente au bord d'un chemin, d'une route ou d'une voie ferrée. *Des fleurs ont poussé sur le talus.*

● Ce mot se termine par un **s.**

tamanoir n.m. Grand mammifère d'Amérique du Sud au museau en forme de tube, qui se nourrit de fourmis et de termites qu'il capture avec sa longue langue visqueuse. *Le tamanoir est aussi appelé « grand fourmilier ».*

un tamanoir

tambour n.m. ❶ Instrument de musique fait d'une caisse cylindrique fermée par de la peau tendue sur laquelle on frappe avec des baguettes. *Mon oncle joue du tambour dans une fanfare.* ❷ **Sans tambour ni**

trompette, sans bruit, en secret. *Elle est partie sans tambour ni trompette.* ❸ **Tambour battant,** avec vivacité. *L'affaire a été menée tambour battant.* SYN. **rondement.**

▶ **tambourin** n.m. Petit tambour muni de grelots ou de petites cymbales.

▶ **tambouriner** v. (conjug. 3). Frapper à coups répétés. *Tambouriner à la porte.*

tamis n.m. Instrument muni d'une grille à travers laquelle on fait passer une matière pour séparer les gros éléments des petits. *Passer du sable au tamis.* SYN. **crible.**

● Ce mot se termine par un **s.**

▶ **tamisé, e** adj. **Lumière tamisée,** lumière faible, douce.

▶ **tamiser** v. (conjug. 3). Passer au tamis. *Tamiser de la farine.*

tampon n.m. ❶ Petite plaque que l'on imprègne d'encre pour imprimer un texte ou une image. *Le commerçant a donné un coup de tampon sur le chèque.* ❷ Morceau de tissu ou de coton roulé en boule. *Passer un tampon imbibé de désinfectant sur une plaie.*

▶ **tamponner** v. (conjug. 3). ❶ Appliquer un tampon sur un document. *Le douanier a tamponné mon passeport.* ❷ Essuyer avec un tampon. *L'infirmière tamponnait le front du malade.* ❸ Heurter violemment. *Au feu, la voiture a tamponné le véhicule qui était à l'arrêt.* SYN. **télescoper.**

▶ **tamponneur, euse** adj. **Autos tamponneuses,** petites voitures électriques qui se heurtent sur une piste. *Nous avons fait des tours d'autos tamponneuses à la fête foraine.*

tam-tam n.m. Tambour d'Afrique sur lequel on frappe avec les mains.

● Au pluriel : des **tam-tams.**

– La nouvelle orthographe permet d'écrire aussi un **tamtam,** des **tamtams,** sans trait d'union.

tanche n.f. Poisson à peau épaisse et visqueuse qui vit dans les étangs.

une tanche

tandem n.m. Bicyclette conçue pour deux personnes qui pédalent l'une derrière l'autre.

● On prononce [tɑ̃dɛm].

un tandem

tandis que conjonction. ❶ Pendant que. *Je fais mes devoirs tandis que mon frère range sa chambre.* ❷ Alors que. *Juliette aime beaucoup les romans policiers tandis que sa sœur préfère les bandes dessinées.*

tangage n.m. Mouvement d'un bateau qui se balance d'avant en arrière. → Vois aussi **roulis.**

▶▶▶ Mot de la famille de **tanguer.**

le tangage

tangent, e adj. ❶ Se dit d'une ligne qui touche une courbe ou une surface sans les couper. *Tracer une droite tangente à un cercle.* ❷ (Sens familier). Qui est à la limite, qui est juste. *Il est passé dans la classe supérieure, mais c'était tangent.*

tangible adj. Qui est réel, évident. *J'ai des preuves tangibles de son innocence.*

tango n.m. Danse d'origine argentine, au rythme assez lent, à la mode au début du 20e siècle.

tanguer v. (conjug. 6). Pour un bateau, se balancer d'avant en arrière.

tanière n.f. Lieu qui sert d'abri à une bête sauvage. *Le loup est sorti de sa tanière.* SYN. **antre, repaire.**

tank n.m. Char d'assaut. SYN. **blindé.**

tannage n.m. Action de tanner une peau.
▸▸▸ Mot de la famille de **tanner**.

tanner v. (conjug. 3). ❶ Traiter une peau avec des produits chimiques pour la transformer en cuir. ❷ (Sens familier). Demander avec insistance, harceler. *Il tanne ses parents pour avoir une console de jeux vidéo.*
● Ce mot s'écrit avec deux **n**.

▸ **tannerie** n.f. Usine où l'on tanne les peaux.

tant adv. ❶ En trop grande quantité. *Ne mange pas tant de chocolat!* SYN. **autant.** *Il a tant travaillé qu'il est tombé malade.* SYN. **tellement.** ❷ **Tant mieux,** indique la satisfaction. *Notre équipe a gagné, tant mieux!* ❸ **Tant pis,** indique la résignation. *Tu ne pourras pas venir, tant pis!* ❹ **En tant que,** en qualité de. *Il est intervenu en tant que spécialiste.* SYN. **comme.** ◆ **tant que** conjonction. Aussi longtemps que. *Je t'aiderai tant que je pourrai.*

▸ **tant** pronom indéfini. Indique une quantité qui n'est pas précisée. *Elle gagne tant par mois.*

tante n.f. Sœur du père ou de la mère; femme de l'oncle.

un **tantinet** adv. Mot familier. Un peu. *Elle est un tantinet capricieuse.*

tantôt adv. **Tantôt..., tantôt...,** à un moment, puis à un autre. *Tantôt elle rit, tantôt elle pleure.*
● Le **o** prend un accent circonflexe.

tanzanien, enne adj. et n. De Tanzanie. *La population tanzanienne. Hassan est tanzanien. C'est un Tanzanien.*
● Le nom prend une majuscule : *un Tanzanien.*

taon n.m. Grosse mouche dont la femelle pique les humains et le bétail pour se nourrir de leur sang.
● On prononce [tɑ̃].

un taon

tapage n.m. ❶ Bruit violent et confus. *Qui fait un tel tapage?* SYN. **chahut, charivari, tintamarre, tumulte, vacarme.** ❷ Grand bruit fait autour de quelque chose. *On a fait beaucoup de tapage autour de cette affaire.*

▸ **tapageur, euse** adj. Qui cherche à attirer l'attention. *Ma cousine porte souvent des tenues tapageuses.*

tapant, e adj. Mot familier. Précis, exact. *Le train est parti à huit heures tapantes.* → Vois aussi **pile.**
▸▸▸ Mot de la famille de **taper.**

tape n.f. Coup donné avec la main. *Il lui a donné une tape dans le dos pour l'encourager.*
▸▸▸ Mot de la famille de **taper.**

taper v. (conjug. 3). ❶ Donner des coups. *Taper sur un clou avec un marteau. Je t'interdis de taper ton petit frère.* SYN. **battre, frapper.** ❷ Écrire à l'aide d'une machine à écrire ou d'un ordinateur. *Maman tape son rapport.* SYN. **dactylographier.** ❸ (Familier). **Le soleil tape,** il est très chaud.

en **tapinois** adv. En cachette. *Agir en tapinois.* SYN. **en catimini, sournoisement.**

tapir n.m. Mammifère d'Asie et d'Amérique du Sud dont le museau se prolonge en une courte trompe. *Le tapir est herbivore.*

un tapir

se **tapir** v. (conjug. 16). Se cacher en se blottissant. *Le chat s'est tapi sous l'armoire.*
→ Vois aussi **se terrer.**

tapis n.m. ❶ Pièce de tissu assez épais qui recouvre le sol. ❷ **Tapis de souris,** support à surface lisse sur lequel on fait glisser la souris d'un ordinateur.
● Ce mot se termine par un **s.**

▸ **tapisser** v. (conjug. 3). Recouvrir un mur de tissu ou de papier peint. *Papa a tapissé ma chambre.*

▸ **tapisserie** n.f. Panneau décoratif dont le dessin est obtenu par des fils tissés. *Des tapisseries ornent les murs du château.*

▸ **tapissier, ère** n. Personne qui vend et qui pose des tissus d'ameublement. *Le tapissier a recouvert de velours les fauteuils du salon.*

tapoter v. (conjug. 3). Taper légèrement, frapper à petits coups répétés. *Tapoter les joues d'un bébé.*

taquin, e adj. et n. Qui aime taquiner. *Leïla est très taquine.*

▶ **taquiner** v. (conjug. 3). S'amuser à ennuyer, à faire enrager quelqu'un, sans méchanceté. *Koffi taquine souvent sa petite sœur.*

▶ **taquinerie** n.f. Ce que l'on dit ou ce que l'on fait pour taquiner quelqu'un.

tarabiscoté, e adj. Compliqué, embrouillé. *Une histoire tarabiscotée.*

tarabuster v. (conjug. 3). ❶ (Sens familier). Harceler quelqu'un en lui adressant toujours la même demande. *Son père le tarabuste depuis une semaine pour qu'il révise.* ❷ Préoccuper vivement. *Cette affaire me tarabuste.* SYN. **tracasser.**

tard adv. ❶ À une heure avancée de la journée; après l'heure, le moment habituels. *Il est tard, je dois rentrer. Je me suis levé très tard aujourd'hui.* CONTR. **tôt.** ❷ **Plus tard,** à un autre moment, dans l'avenir. *Je m'occuperai de cela plus tard.* ❸ **Au plus tard,** pas après. *Vous devez vous inscrire jeudi au plus tard.*

▶ **tarder** v. (conjug. 3). ❶ Mettre trop de temps à venir ou à faire quelque chose. *Sa réponse tarde à venir. Ils tardent à se décider.* ❷ **Ne pas tarder à,** être sur le point de. *Mes amis ne vont pas tarder à arriver.* ❸ **Il me tarde de,** j'ai hâte de. *Il me tarde de revoir mes amis.*

▶ **tardif, ive** adj. Qui a lieu tard, qui vient tard. *Une réponse tardive. Il est rentré à une heure tardive.*

1. **tare** n.f. Poids de l'emballage pesé avec une marchandise.

2. **tare** n.f. Défaut qui existe dès la naissance. *Ce cheval a une tare.*

▶ **taré, e** adj. et n. Atteint d'une tare physique ou psychique.

tarentule n.f. Grosse araignée venimeuse de l'Europe méridionale. → Vois aussi **mygale.**

une tarentule

se **targuer** v. (conjug. 6). Se vanter de quelque chose avec arrogance. *Il se targue d'être le meilleur.*

tarif n.m. Liste des prix. *Le tarif des consommations est affiché dans le café.*

tarir v. (conjug. 16). ❶ Cesser de couler. *La source a tari.* ❷ **Ne pas tarir d'éloges sur quelqu'un,** en dire beaucoup de bien. *Il ne tarit pas d'éloges sur ses élèves.*

● Au sens 1, on peut aussi dire **se tarir.**

▶▶▶ Mot de la même famille : **intarissable.**

tarot n.m. Jeu de soixante-dix-huit cartes, plus longues que les cartes ordinaires, qu'on utilise pour jouer ou pour prédire l'avenir. *Faire une partie de tarot.*

tartare adj. **Steak tartare,** viande de bœuf hachée, assaisonnée et consommée crue avec un jaune d'œuf.

tarte n.f. Pâtisserie faite d'une pâte que l'on recouvre de fruits ou de légumes et que l'on fait cuire. *Une tarte aux prunes; une tarte aux poireaux.*

▶ **tartelette** n.f. Petite tarte pour une personne. *Julie mange une tartelette aux pommes.*

tartine n.f. Tranche de pain que l'on recouvre de beurre, de confiture, etc. *Ce matin, j'ai mangé deux tartines beurrées.*

▶ **tartiner** v. (conjug. 3). Étaler du beurre, de la confiture, etc., sur une tranche de pain. *Du fromage, du chocolat à tartiner.*

tartre n.m. ❶ Dépôt de calcaire, laissé par l'eau. *Le fond de la bouilloire est couvert de tartre.* ❷ Dépôt jaunâtre qui se forme sur les dents. *Il faut se brosser régulièrement les dents pour empêcher la formation du tartre.*

▶▶▶ Mots de la même famille : **détartrage, détartrant, détartrer, entartrer.**

tas n.m. ❶ Accumulation de choses mises les unes sur les autres. *Un tas de papiers.* SYN. **amas, monceau.** *Un tas de sable.* ❷ (Sens familier). Grande quantité. *J'ai un tas de choses à te raconter.*

● Ce mot se termine par un **s.**

▶▶▶ Mots de la même famille : **entassement, entasser.**

tasse n.f. ❶ Petit récipient avec une anse dans lequel on boit certaines boissons. *Une tasse à café.* ❷ Contenu d'une tasse. *Boire une tasse de thé.* ❸ (Familier). **Boire la tasse,**

a b c d e f g h i j k l m n o p q r s t u v w x y z

avaler de l'eau sans le vouloir lorsque l'on se baigne.

tasseau n.m. Petite pièce de bois servant à soutenir, à maintenir une planche, une tablette.

● Au pluriel : des **tasseaux.**

tassement n.m. Fait de se tasser. *Un tassement du sol.*

▸▸▸ Mot de la famille de **tasser.**

tasser et **se tasser** v. (conjug. 3). Appuyer sur quelque chose pour réduire son volume. *J'ai tassé mes affaires dans mon sac. Le jardinier tasse la terre.* ◆ **se tasser.** ❶ S'affaisser sur soi-même. *Le terrain s'est tassé.* ❷ Se rapprocher les uns des autres de façon à prendre moins de place. *Les voyageurs se sont tassés dans le compartiment.* SYN. **se serrer.**

tatami n.m. Tapis spécial qui sert notamment à la pratique du judo ou du karaté.

tâter et **se tâter** v. (conjug. 3). ❶ Toucher de la main. *Tâter un tissu. Le médecin m'a tâté le bras.* SYN. **palper.** ❷ (Familier). **Tâter le terrain,** essayer de savoir ce qu'une personne pense. *Je ne sais pas si maman acceptera, je vais tâter le terrain.* ◆ **se tâter.** (Familier). Hésiter, s'interroger. *Je n'ai pas encore pris ma décision, je me tâte.* CONTR. **se décider.**

● Le **a** prend un accent circonflexe.

▸ **tatillon, onne** adj. Mot familier. Qui est trop minutieux, trop attaché aux détails. *Le directeur est très tatillon.* SYN. **pointilleux.**

▸ **tâtonnement** n.m. (Souvent au pluriel). ❶ Fait de tâtonner. *Les tâtonnements d'un aveugle.* ❷ Essai renouvelé pour trouver quelque chose. *Les chercheurs procèdent par tâtonnements.*

● Le **a** prend un accent circonflexe.

▸ **tâtonner** v. (conjug. 3). ❶ Toucher ce qui est autour de soi pour se guider. *Se déplacer dans l'obscurité en tâtonnant.* ❷ Chercher de manière hésitante. *Les enquêteurs tâtonnent.*

● Le **a** prend un accent circonflexe.

▸ **à tâtons** adv. En tâtonnant. *Nous avancions à tâtons dans le noir.* SYN. **à l'aveuglette.**

● Le **a** prend un accent circonflexe.

tatou n.m. Mammifère d'Amérique tropicale qui a un corps recouvert d'une carapace et qui peut se rouler en boule.

un **tatou**

tatouage n.m. Dessin tatoué sur la peau. *Il a un tatouage sur l'épaule.*

▸▸▸ Mot de la famille de **tatouer.**

tatouer v. (conjug. 3). Faire un dessin à l'encre sur la peau en utilisant une aiguille. *Il s'est fait tatouer une étoile sur le bras.*

taudis n.m. Logement misérable.

● Ce mot se termine par un **s.**

taupe n.f. Petit mammifère qui creuse des galeries souterraines avec ses pattes avant. *La taupe est presque aveugle.*

une **taupe**

▸ **taupinière** n.f. Petit tas de terre que la taupe rejette en creusant des galeries souterraines.

taureau n.m. Mâle de la vache. → Vois aussi **bœuf.**

● Au pluriel : des **taureaux.** – Petit : le taurillon. Cri : le beuglement, le meuglement ou le mugissement.

un **taureau**

f g h i j k l m n o p q r s t

a b c d e f g h i j k l m n o p q r s t u v w x y z

▶ **tauromachie** n.f. Art de combattre les taureaux dans l'arène. → Vois aussi **torero.**

taux n.m. ❶ Quantité exprimée en pourcentage. *Le taux de natalité, de mortalité d'un pays.* ❷ **Taux d'intérêt,** pourcentage d'une somme prêtée qu'il faudra payer en plus du remboursement. *Pour 100 euros empruntés à un taux de 10 %, on doit rembourser 110 euros.*

● Ce mot se termine par un **x.**

taverne n.f. Café-restaurant de style rustique. → Vois aussi **auberge.**

taxe n.f. Impôt prélevé par l'État sur le prix d'une marchandise ou d'un service. *On paye une taxe sur l'essence.* → Vois aussi **redevance, T.V.A.**

▶ **taxer** v. (conjug. 3). Soumettre à une taxe. *Le tabac et l'alcool sont taxés.*

taxi n.m. Voiture conduite par un chauffeur que l'on paye pour effectuer un trajet. *Nous avons pris un taxi pour aller à l'aéroport.*

taxidermiste n. Personne dont le métier est d'empailler des animaux morts.

tchadien, enne adj. et n. Du Tchad. *La population tchadienne. Mahamat est tchadien. C'est un Tchadien.*

● Le nom prend une majuscule : *un Tchadien.*

tchèque adj. et n. De la République tchèque. *Prague est la capitale tchèque. Milena est tchèque. C'est une Tchèque.* ◆ **tchèque** n.m. Langue parlée par les Tchèques.

● Le nom prend une majuscule quand il désigne une personne : *un Tchèque.*

te pronom personnel. Représente la deuxième personne du singulier et est employé comme complément d'objet. *Je ne t'entends pas. Mon frère te prêtera son vélo. Tu t'es trompé.*

● **Te** devient **t'** devant une voyelle ou un « h » muet : *Elle t'appelle. Tu t'habitueras.*

technicien, enne n. Personne qui est spécialiste d'une technique. *Un technicien est venu installer notre ordinateur.*

▸▸▸ Mot de la famille de **technique.**

technique n.f. ❶ Ensemble des méthodes, des procédés employés dans un métier, dans une industrie. *Les techniques du cinéma, de l'architecture. Les techniques médicales.* ❷ Façon de procéder, d'agir pour obtenir un résultat. *J'ai trouvé une technique pour améliorer mon score.* SYN. **méthode.** ◆ adj. ❶ Qui concerne un domaine, un métier particulier. *Consulter un ouvrage technique.* ❷ **Enseignement technique,** enseignement qui prépare à un métier de technicien. ❸ Qui concerne le fonctionnement des machines, du matériel. *Nous avons rencontré un problème technique.*

● On écrit **ch** mais on prononce [k].

technologie n.f. ❶ Étude des machines et des techniques utilisées dans l'industrie. ❷ **Nouvelles technologies,** applications des découvertes scientifiques les plus récentes grâce au développement de l'informatique et de la communication électronique.

● On écrit **ch** mais on prononce [k].

technopole n.f. Grand centre urbain, industriel et universitaire.

● On écrit **ch** mais on prononce [k].

teck n.m. Arbre tropical fournissant un bois dur qui ne pourrit pas. *Des meubles de jardin en teck.*

● La nouvelle orthographe permet d'écrire aussi **tek.**

teckel n.m. Chien de petite taille, aux pattes courtes.

un **teckel**

tee-shirt n.m. Maillot en coton, en forme de T, sans col et à manches courtes ou longues.

● C'est un mot anglais, on prononce [tiʃœrt].

– On peut aussi écrire **T-shirt.**

– Au pluriel : des **tee-shirts** ou des **T-shirts.**

– La nouvelle orthographe permet d'écrire aussi un **teeshirt,** des **teeshirts,** sans trait d'union.

tégument n.m. Enveloppe de la graine d'une plante.

teigne n.f. ❶ Maladie due à un champignon microscopique, qui provoque la chute des cheveux ou des poils. ❷ (Sens familier). Personne méchante.

teindre v. (conjug. 49). Donner une nouvelle couleur à quelque chose. *J'ai teint mon pantalon en noir.* SYN. **colorer.** *Teindre ses cheveux.*

▶ **teint** n.m. Aspect, couleur du visage. *Avoir le teint clair, mat.*

▶ **teinte** n.f. Couleur. *En automne, les feuilles des arbres prennent des teintes rougeâtres.* SYN. **coloris.**

▶ **teinter** v. (conjug. 3). Donner une teinte légère. *Les verres de mes lunettes sont teintés.*
● Ne confonds pas avec **tinter.**

▶ **teinture** n.f. ❶ Action de teindre. *Se faire faire une teinture chez le coiffeur.* ❷ Produit qui sert à teindre un tissu, des cheveux.

▶ **teinturerie** n.f. Établissement où l'on peut faire nettoyer et teindre des vêtements. SYN. **blanchisserie.** → Vois aussi **pressing.**

▶ **teinturier, ère** n. Personne qui tient une teinturerie.

tel, telle adj. ❶ Semblable, pareil. *Une telle conduite est inacceptable.* ❷ Si grand, si important. *Cet acteur n'a jamais connu un tel succès.* ❸ **Tel que,** comme. *Le paysage est tel que je l'imaginais.* ❹ **Tel quel,** dans le même état. *Tout est resté tel quel dans la maison de mes grands-parents.*

télé- préfixe. Placé au début d'un mot, **télé-** indique qu'une action a lieu à distance : *télécommander, téléphone.*

télé n.f. Mot familier. Abréviation de *télévision.*

télécabine n.f. Chacune des petites cabines fixées à un câble qui permettent de transporter des personnes. *Nous avons pris une télécabine pour monter en haut des pistes.*
→ Vois aussi **téléphérique, télésiège.**

Télécarte n.f. Carte qui permet de téléphoner dans une cabine téléphonique.
● C'est un nom de marque : il s'écrit avec une majuscule dans les textes imprimés.

télécharger v. (conjug. 5). Transférer vers l'ordinateur qu'on utilise un fichier situé sur un ordinateur distant. *Télécharger de la musique.*

télécommande n.f. Petit appareil qui permet de faire fonctionner à distance un téléviseur, une chaîne stéréo, etc.

▶ **télécommander** v. (conjug. 3). Faire fonctionner, commander à distance à l'aide d'une télécommande. *Télécommander un modèle réduit d'avion.* SYN. **téléguider.**

télécommunications n.f. plur. Ensemble des moyens qui permettent de communiquer à distance. *Le téléphone, le fax et Internet font partie des télécommunications.*

télécopie n.f. Procédé qui permet de transmettre un document écrit en utilisant une ligne téléphonique. SYN. **fax.**

▶ **télécopieur** n.m. Appareil qui permet de transmettre un document écrit en utilisant une ligne téléphonique. SYN. **fax.**

télédétection n.f. Technique qui permet d'étudier et d'observer la surface de la Terre au moyen d'images provenant des satellites.

téléfilm n.m. Film réalisé pour la télévision.

télégramme n.m. Message écrit transmis à distance par la poste. *Le jour de mon anniversaire, j'ai reçu un télégramme.*

télégraphe n.m. Système de télécommunication qui permet de transmettre des messages écrits.

▶ **télégraphier** v. (conjug. 7). Envoyer un télégramme.

▶ **télégraphique** adj. ❶ Qui se rapporte au télégraphe; qui est expédié par le télégraphe. *Recevoir un message télégraphique.* ❷ **Style télégraphique,** style abrégé, sans mots de liaison.

téléguider v. (conjug. 3). Guider, diriger à distance. SYN. **télécommander.**

télématique n.f. Technique qui associe les télécommunications et l'informatique. *Une télécommande utilise la télématique.*

téléobjectif n.m. Objectif qui permet de photographier de loin. *Les ours ont été photographiés au téléobjectif.* → Vois aussi **zoom.**

télépathie n.f. Transmission de pensée d'une personne à une autre sans utiliser la parole.

téléphérique n.m. Moyen de transport composé d'une cabine suspendue à un câble. *Les skieurs prennent le téléphérique pour se rendre en haut des pistes.* → Vois aussi **télécabine, télésiège.**

téléphone n.m. Appareil qui permet de se parler à distance. *J'ai appelé Léa au téléphone. Un téléphone fixe, portable.*

▶ **téléphoner** v. (conjug. 3). Parler à quelqu'un au téléphone. *Je te téléphonerai demain.* SYN. **appeler.**

▶ **téléphonique** adj. Qui se rapporte au téléphone; qui se fait par téléphone. *Une ligne téléphonique; une conversation téléphonique.*

télescopage n.m. Fait de se télescoper. *Le télescopage de deux trains.* SYN. **carambolage.**
▶▶▶ Mot de la famille de **télescoper.**

a b c d e f g h i j k l m n o p q r s t u v w x y z

télescope n.m. Instrument constitué d'un long tube, qui permet d'observer les astres.
→ Vois aussi **astronomique.**

télescoper v. (conjug. 3). Heurter violemment en défonçant. *Le camion a télescopé le véhicule qui était stationné.* SYN. **emboutir, tamponner.** *Les voitures se sont télescopées.*

télescopique adj. Dont les éléments coulissent et s'emboîtent les uns dans les autres. *Une antenne télescopique.*
►►► Mot de la famille de **télescope.**

télésiège n.m. Téléphérique constitué de sièges suspendus à un câble. → Vois aussi **télécabine.**

téléski n.m. Installation constituée d'un câble et de perches, qui permet de tirer les skieurs en haut des pistes. SYN. **remonte-pente.**

téléspectateur, trice n. Personne qui regarde la télévision. *De nombreux téléspectateurs ont regardé le téléfilm.*

télévisé, e adj. Retransmis par la télévision. *Regarder le journal télévisé.*

téléviseur n.m. Poste de télévision. *Notre téléviseur est en panne.*
● On dit couramment une **télévision.**

télévision n.f. ❶ Transmission d'images par les ondes ou par câble. *Les chaînes de télévision.* ❷ Ensemble des services qui transmettent des émissions ou des films par la télévision; programme de télévision. *Les techniciens de la télévision. Regarder la télévision.* ❸ Téléviseur. *Nous avons acheté une nouvelle télévision.*
● On emploie souvent l'abréviation familière **télé.**

télex n.m. Service qui permettait de transmettre à distance des messages tapés à la machine.

tellement adv. À un tel point, en si grande quantité. *Bruno était tellement fatigué qu'il s'est endormi sur le canapé.* SYN. **si.** *Il a tellement plu que le ruisseau a débordé.* SYN. **tant.**

tellurique adj. **Secousse tellurique,** tremblement de terre. SYN. **séisme.**

téméraire adj. Qui est d'une hardiesse excessive, qui prend des risques. *Un alpiniste téméraire.* SYN. **audacieux, hardi, intrépide.** CONTR. **prudent.**

► **témérité** n.f. Audace excessive et imprudente. *L'explorateur a fait preuve de témérité.* SYN. **hardiesse, intrépidité.**

témoignage n.m. ❶ Déclaration faite par un témoin. *Le témoignage des voisins a permis de faire avancer l'enquête.* SYN. **déposition.** ❷ Ce qui témoigne de quelque chose, ce qui le prouve. *Ce cadeau est un témoignage de mon amitié.* SYN. **signe.**
►►► Mot de la famille de **témoin.**

témoigner v. (conjug. 3). ❶ Dire ce que l'on sait, ce que l'on a vu. *Les personnes qui ont assisté à l'accident ont témoigné.* ❷ Montrer, exprimer. *Il nous a témoigné toute sa gratitude.* SYN. **manifester.**
►►► Mot de la famille de **témoin.**

témoin n.m. ❶ Personne qui a assisté à un événement et qui peut en témoigner. *Elle a été témoin d'un vol.* ❷ Dans une course de relais, bâton que les coureurs se passent de main en main.

tempe n.f. Chacun des deux côtés de la tête, entre l'œil et l'oreille.

tempérament n.m. Caractère d'une personne. *Armelle est d'un tempérament calme.* SYN. **nature.**

tempérance n.f. Fait de boire modérément des boissons alcoolisées. *La tempérance est recommandée aux automobilistes.* SYN. **sobriété.**

température n.f. ❶ Degré de chaleur ou de froid d'un lieu, d'une chose. *La température est fraîche, ce matin. Quelle est la température de l'eau ?* ❷ Chaleur du corps humain. *Je ne me sens pas très bien, je vais prendre ma température.*

tempéré, e adj. **Climat tempéré,** qui n'est ni trop chaud ni trop froid. *La France a un climat tempéré.*
►►► Mot de la famille de **tempérer.**

tempérer v. (conjug. 9). Réduire l'intensité de quelque chose. *Tempérer son agressivité.* SYN. **modérer, réfréner.**

tempête n.f. Vent très violent accompagné de pluie ou de neige. *Les marins ont dû faire face à une violente tempête.* → Vois aussi **cyclone, ouragan, tornade, typhon.**
● Le deuxième **e** prend un accent circonflexe.

temple n.m. ❶ Édifice religieux consacré au culte d'une divinité. *Les temples grecs, romains.* ❷ Bâtiment où les protestants se réunissent pour célébrer leur culte. → Vois aussi **église, mosquée, pagode, synagogue.**

un **temple** grec (le Parthénon, Athènes)

temporaire adj. Qui ne dure qu'un moment. *Un arrêt temporaire.* SYN. **momentané, provisoire.** CONTR. **définitif, durable.** *Un emploi temporaire.* CONTR. **permanent.**

▶ **temporairement** adv. De façon temporaire, pour un temps limité. *Le trafic est temporairement interrompu.* SYN. **momentanément, provisoirement.**

temporel, elle adj. **Bien temporel,** qui concerne les choses matérielles, la vie terrestre. *La richesse est un bien temporel.* CONTR. **spirituel.**

1. **temps** n.m. ❶ Durée que l'on peut mesurer. *Combien de temps mets-tu pour aller à la gare ? Le temps passe vite en vacances.* ❷ Moment, période. *J'aurais aimé vivre au temps des Gaulois.* SYN. **époque.** *C'est le temps des vendanges.* SYN. **saison.** ❸ **À temps,** au moment voulu. *Nous sommes arrivés à temps pour voir le défilé.* ❹ **Dans le temps,** autrefois. *Dans le temps, on fauchait les blés.* SYN. **jadis.** ❺ **De temps en temps, de temps à autre,** quelquefois. *Je vais de temps en temps au théâtre.* SYN. **parfois.** ❻ **En même temps,** au même moment. *Ils sont arrivés en même temps.* ❼ **Il est temps de,** le moment est venu de. *Il est temps de partir.* ❽ **Tout le temps,** sans arrêt. *Elle me contredit tout le temps.* ❾ Forme du verbe qui indique le moment où a lieu l'action. *L'imparfait, le présent, le futur sont des temps simples, le passé composé, le futur antérieur et le plus-que-parfait sont des temps composés.* ❿ En musique, division de la mesure. *Une valse à trois temps.* → Vois aussi **conjugaison.**

2. **temps** n.m. Aspect du ciel et température de l'air. *Quel temps fait-il ?*

→ planche pp. 216-217.

tenable adj. **Ce n'est pas tenable,** c'est insupportable. *Il fait trop chaud dans cette pièce, ce n'est pas tenable.*

▸▸▸ Mot de la famille de **tenir.**

tenace adj. ❶ Qui persévère dans ce qu'il fait. *Il obtient toujours ce qu'il veut, c'est un garçon tenace.* SYN. **obstiné, opiniâtre, persévérant.** ❷ Qui est difficile à faire disparaître. *Les taches de cambouis sont tenaces. Certains préjugés sont tenaces.* SYN. **durable, persistant, vivace.**

▶ **ténacité** n.f. Caractère d'une personne tenace. *Les chercheurs ont fait preuve de ténacité.* SYN. **obstination, opiniâtreté, persévérance.**

tenailler v. (conjug. 3). Faire souffrir. *La faim les tenaillait.* SYN. **tourmenter.**

tenailles n.f. plur. Pince qui sert à saisir ou à couper. *Arracher un clou avec des tenailles.*

des **tenailles**

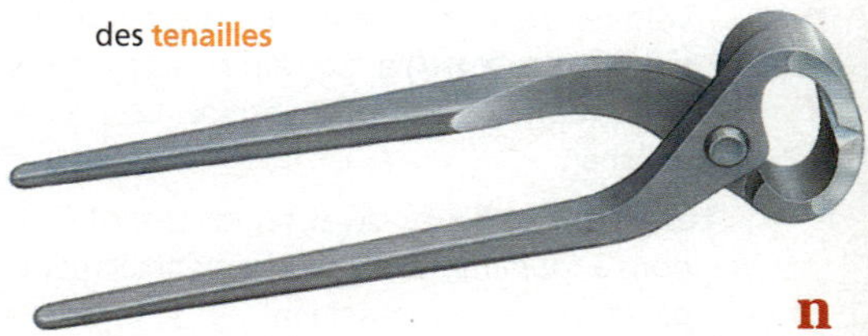

tenancier, ère n. Personne qui tient un café, un hôtel.

1. **tenant, e** adj. **Séance tenante,** immédiatement. *Il est parti séance tenante.*

2. **tenant, e** n. **Tenant, tenante d'un titre,** personne ou équipe qui détient un titre de champion. *La tenante du titre a été battue.* ◆ n.m. **D'un seul tenant,** d'une seule pièce. *Il a acheté cinquante hectares d'un seul tenant.*

tendance n.f. Impulsion qui pousse à agir d'une certaine façon. *Mon cousin a une certaine tendance à se vanter.* SYN. **penchant, propension.**

▶ **tendancieux, euse** adj. Qui n'est pas objectif. *Sa présentation des faits était tendancieuse.* SYN. **partial.**

tendeur n.m. Corde élastique munie d'un crochet à chaque bout, qui sert à maintenir des objets en place. *Mon sac est fixé sur le porte-bagages de mon vélo avec des tendeurs.*

▸▸▸ Mot de la famille de **tendre (2).**

a b c d e f g h i j k l m n o p q r s **t** u v w x y z

tendon n.m. Partie allongée d'un muscle qui fixe celui-ci à un os. *Le tendon d'Achille fixe les muscles du mollet aux os du talon.*

1. **tendre** adj. ❶ Qui est facile à couper, à mâcher. *Ce steak est tendre.* CONTR. **dur.** ❷ Qui montre de l'amour et de la douceur. *Marine est très tendre avec sa petite sœur.* SYN. **affectueux.**

2. **tendre** et **se tendre** v. (conjug. 46). ❶ Tirer sur quelque chose pour l'allonger ou le rendre droit. *Tendre une corde.* ❷ Avancer ou allonger une partie du corps. *Ma petite sœur me tend les bras. Tendre la jambe.* CONTR. **fléchir.** ❸ Présenter quelque chose en avançant la main pour le donner. *Le vendeur m'a tendu son stylo.* ❹ **Tendre la main à quelqu'un,** proposer de l'aider. ❺ **Tendre l'oreille,** écouter avec attention. ❻ **Tendre un piège,** chercher à tromper quelqu'un. ❼ **Tendre à,** avoir tendance à. *L'usage du vélo tend à se généraliser dans les grandes villes.* ◆ **se tendre.** Se raidir. *Les muscles se tendent pendant l'exercice.* CONTR. **se relâcher.**

tendrement adv. Avec tendresse. *Mamie nous a tous embrassés tendrement avant de partir.* SYN. **affectueusement.**
▸▸▸ Mot de la famille de **tendre (1).**

tendresse n.f. Sentiment de douce affection. *La tendresse d'une mère pour ses enfants.*
▸▸▸ Mot de la famille de **tendre (1).**

tendreté n.f. Qualité d'une viande tendre.
▸▸▸ Mot de la famille de **tendre (1).**

tendu, e adj. ❶ Qui est inquiet, nerveux. *Les candidats étaient très tendus en attendant leurs résultats.* SYN. **contracté.** CONTR. **décontracté, détendu.** ❷ **Relations tendues,** difficiles, mauvaises. *Les relations entre les deux frères sont très tendues.* ❸ **Situation tendue,** qui peut aboutir à un conflit.
▸▸▸ Mot de la famille de **tendre (2).**

ténèbres n.f. plur. Mot littéraire. Obscurité profonde. *Nous avancions à tâtons dans les ténèbres.*

▸ **ténébreux, euse** adj. Mot littéraire. Difficile à comprendre, mystérieux. *C'est une affaire ténébreuse.* SYN. **obscur.**

teneur n.f. Quantité d'une substance contenue dans un mélange. *Quelle est la teneur en sucre de cette boisson ?*

ténia n.m. Long ver qui vit en parasite dans l'intestin des mammifères. SYN. **ver solitaire.**

tenir et **se tenir** v. (conjug. 20). ❶ Avoir, garder à la main ou dans les bras. *La mariée tenait un bouquet. Tenir un enfant dans ses bras.* ❷ Prendre une position ou rester dans une position. *Tenir en équilibre.* ❸ Pouvoir être contenu dans un espace. *On tient à trois sur le canapé.* ❹ Conserver, garder dans un état. *Ce pull-over tient chaud. Il faut tenir les produits dangereux hors de portée des enfants.* ❺ S'occuper d'un commerce. *Ma tante tient un salon de coiffure.* ❻ Considérer comme. *La police le tient pour un homme dangereux.* ❼ Avoir appris quelque chose de quelqu'un. *Je tiens cette information de nos voisins.* ❽ Être attaché à quelqu'un ou à quelque chose. *Maman tient beaucoup à ce vase.* ❾ Être solide, ne pas se rompre. *La branche a tenu bon.* ❿ Résister, ne pas céder. *Tenez bon !* ⓫ **Être tenu de,** être obligé de. *Vous n'êtes pas tenu de venir.* ⓬ **Tenir sa promesse,** respecter son engagement. ◆ **se tenir.** ❶ Prendre appui sur. *Se tenir à la rampe.* ❷ Adopter une attitude, une position. *Tiens-toi droit !* ❸ Avoir lieu. *La réunion se tiendra dans la classe.* ❹ **S'en tenir à quelque chose,** ne rien faire de plus. *Je m'en suis tenu à ce que le maître nous a demandé.*
▸▸▸ Mot de la même famille : **intenable.**

tennis n.m. ❶ Sport qui se joue à deux ou à quatre, avec des raquettes et une balle que les joueurs s'envoient par-dessus un filet. *On joue au tennis sur un court.* ❷ **Tennis de table,** ping-pong. ◆ n.f. Chaussure de sport basse, en toile et à semelle de caoutchouc.
● On prononce le **s.**

un joueur de **tennis**

tension n.f. ❶ État de ce qui est tendu. *Régler la tension des cordes d'une guitare.* ❷ Désaccord, hostilité entre des personnes, des pays. *La tension augmente entre ces deux États.* ❸ Pression du sang sur la paroi des artères. *Le médecin a pris ma tension.*
►►► Mot de la famille de **tendre (2).**

tentaculaire adj. Qui s'étend dans toutes les directions. *Une ville tentaculaire.*
►►► Mot de la famille de **tentacule.**

tentacule n.m. Sorte de bras souple et mobile dont sont pourvus certains mollusques et animaux marins pour capturer leurs proies ou pour se déplacer. *La pieuvre, le calmar ont des tentacules.*
● Nom du genre masculin : **un tentacule.**

les tentacules d'une anémone de mer

tentant, e adj. Qui fait envie. *Une proposition tentante.* SYN. **attirant, attrayant, séduisant.**
►►► Mot de la famille de **tenter.**

tentation n.f. Ce qui tente quelqu'un, lui fait envie. *Je n'ai pas pu résister à la tentation de reprendre une part de gâteau.*
►►► Mot de la famille de **tenter.**

tentative n.f. Ce que l'on fait pour essayer d'obtenir un résultat. *Il a fait plusieurs tentatives mais il a échoué à chaque fois.* SYN. **essai.**
►►► Mot de la famille de **tenter.**

tente n.f. Abri en toile que l'on installe avec des piquets, des mâts. *Nous avons planté notre tente sous un arbre.*

tenter v. (conjug. 3). ❶ Faire des efforts pour obtenir un résultat. *J'ai tenté de le convaincre.* SYN. **essayer.** ❷ **Tenter sa chance,** essayer de gagner. *Il a tenté sa chance à la loterie.* ❸ Faire envie à quelqu'un. *Ce film me tente.* SYN. **attirer.**

tenture n.f. Tissu qui recouvre un mur ou que l'on suspend devant une porte.

tenu, e participe passé et adj. ❶ **Être tenu à,** devoir respecter quelque chose. *Les médecins sont tenus au secret professionnel.* ❷ **Bien tenu,** en bon état de propreté, entretenu. *Une maison bien tenue.*

ténu, e adj. Très mince, très fin. *Les fils ténus d'une toile d'araignée.*

tenue n.f. ❶ Façon de se tenir, de se comporter. *La maîtresse a félicité les élèves pour leur bonne tenue.* ❷ Ensemble de vêtements. *Une tenue de soirée.* SYN. **habit.** *Une tenue de sport.* ❸ **En tenue,** habillé avec les vêtements appropriés pour un travail ou une activité. SYN. **en uniforme.** CONTR. **en civil.** ❹ **Tenue de route,** qualité d'un véhicule qui garde bien sa trajectoire sur la route.

ter adv. Indique que le même numéro est utilisé trois fois. *Nous habitons au 5 ter de la rue de la République.* → Vois aussi **bis.**
● On prononce [tɛr].

Tergal n.m. Tissu synthétique qui ne se froisse pas. *Un pantalon en Tergal.*
● C'est un nom de marque : il s'écrit avec une majuscule dans les textes imprimés.

tergiversations n.f. plur. Mot littéraire. Action de tergiverser. *Il s'est décidé après bien des tergiversations.* SYN. **hésitations.**
►►► Mot de la famille de **tergiverser.**

tergiverser v. (conjug. 3). Mot littéraire. Avoir du mal à se décider. *Cesse de tergiverser, donne-nous une réponse.* SYN. **hésiter.**

1. **terme** n.m. ❶ Mot. *Je cherche le terme exact. « Merci » est un terme de politesse.* ❷ **Être en bons termes avec quelqu'un,** entretenir avec lui de bonnes relations. *Nous sommes en bons termes avec nos voisins.*
● Ne confonds pas avec **thermes.**

2. **terme** n.m. ❶ Fin de quelque chose. *Arriver au terme d'un voyage.* ❷ **Mettre un terme à quelque chose,** le faire cesser. *Ils ont mis un terme à leurs relations.* ❸ **À court terme, à long terme,** dans un avenir proche ou lointain; sur une période courte ou longue. *Faire des projets à court terme. Faire un emprunt à long terme.* SYN. **échéance.** ❹ **À terme, avant terme,** à la date prévue, avant la date prévue. *Ma tante a accouché à terme. Mon petit frère est né avant terme.* ❺ (Sens ancien). Montant d'un loyer. *Payer son terme chaque trimestre.*
● Ne confonds pas avec **thermes.**

terminaison n.f. Partie finale d'un mot. *La terminaison de l'infinitif des verbes du*

a b c d e f g h i j k l m n o p q r s **t** u v w x y z

a b c d e f g h i j k l m n o p q r s **t** u v w x y z

premier groupe est «er». → Vois aussi **radical (1).**

▸▸▸ Mot de la famille de **terminer.**

1. terminal, e, aux adj. Qui constitue l'extrémité, la fin de quelque chose. *La phase terminale d'un processus.* SYN. **final.** ◆ n.f. Dernière classe de l'enseignement secondaire.

● Au masculin pluriel : **terminaux.**

▸▸▸ Mot de la famille de **terminer.**

2. terminal n.m. ❶ Partie de gare ou d'aérogare servant de point de départ et d'arrivée des passagers. ❷ Ordinateur relié à un ordinateur central.

● Au pluriel : des **terminaux.**

▸▸▸ Mot de la famille de **terminer.**

terminer et **se terminer** v. (conjug. 3). ❶ Faire jusqu'à la fin. *J'ai terminé mon exercice.* SYN. **achever, finir.** CONTR. **commencer.** ❷ Placer à la fin de. *Terminer un repas par des fruits.* ◆ **se terminer.** Prendre fin ; avoir comme fin. *La réunion s'est terminée tard.* SYN. **s'achever, finir.** CONTR. **commencer, débuter.** *Le mot «souris» se termine par un «s».*

▸ **terminus** n.m. Dernier arrêt d'une ligne d'autobus, de train ou de métro. *Terminus ! Tout le monde descend !*

● On prononce le **s.**

termite n.m. Insecte qui vit en société et qui se nourrit de bois. *Les termites sont abondants dans les régions chaudes.*

● Nom du genre masculin : **un termite.** – La société des termites est composée d'une reine qui pond des œufs, d'un mâle, d'ouvriers et de soldats.

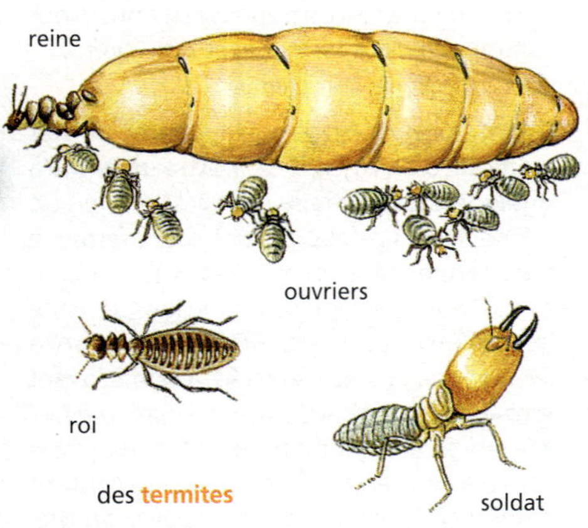

des **termites**

▸ **termitière** n.f. Nid de termites, qui peut atteindre plusieurs mètres de haut et qui est composé de nombreuses galeries.

terne adj. ❶ Qui a peu d'éclat, qui ne brille pas. *Une couleur terne.* CONTR. **brillant, éclatant.** *Avoir le teint terne.* CONTR. **frais.** ❷ Qui manque d'intérêt. *Une existence terne.* SYN. **morne.** *Un personnage terne.*

▸ **ternir** v. (conjug. 16). Rendre terne, faire perdre de son éclat. *Le soleil a terni les couleurs du papier peint.* SYN. **décolorer.** → Vois aussi **altérer.**

terrain n.m. ❶ Terre, sol. *Un terrain plat.* ❷ Étendue de terre. *Mes parents ont acheté un terrain pour y faire construire une maison.* ❸ Lieu aménagé pour une activité particulière. *Un terrain de camping ; un terrain de football.* ❹ **Véhicule tout-terrain,** véhicule équipé pour rouler hors des routes, sur toutes sortes de terrains. ❺ **Trouver un terrain d'entente,** s'entendre, se mettre d'accord. *Les adversaires ont trouvé un terrain d'entente.*

terrasse n.f. ❶ Plate-forme en plein air qui se trouve devant une fenêtre, une porte ou qui sert de toit à un immeuble, une maison. *Mamie a mis des plantes sur la terrasse.* ❷ Partie d'un café, d'un restaurant qui se trouve à l'extérieur. *Nous nous sommes assis à la terrasse d'un café.* ❸ **Culture en terrasses,** culture étagée des plantes pratiquée sur des terrains en pente.

terrassement n.m. Action de creuser et de déplacer la terre. *Faire des travaux de terrassement.*

terrasser v. (conjug. 3). ❶ Jeter à terre. *Le lutteur a terrassé son adversaire.* SYN. **vaincre.** ❷ Enlever toute force à quelqu'un ou le tuer. *Il a été terrassé par une maladie inconnue.*

terre n.f. ❶ (Avec une majuscule). Planète du Système solaire sur laquelle vivent les êtres humains. *La Terre tourne autour du Soleil.* ❷ Surface de la Terre. *La montgolfière s'est posée à terre.* SYN. **sol.** *Un tremblement de terre.* ❸ **Par terre,** sur le sol. *Nous nous sommes assis par terre.* ❹ Étendue de terrain. *Posséder des terres.* ❺ Matière qui forme la surface de la Terre. *Creuser la terre.* ❻ **Terre cuite,** argile façonnée et durcie au four avec laquelle on fabrique des objets. *Un plat en terre cuite.*

▸▸▸ Mots de la même famille : **atterrer, atterrir, déterrer, enterrer.**

la Terre

▶ **terreau** n.m. Terre mélangée à des matières végétales et animales décomposées qui la rendent très fertile. *Mamie a planté des géraniums dans du terreau.* → Vois aussi **humus.**
● Au pluriel : des **terreaux.**

terre-plein n.m. Bande de terre surélevée. *On a planté des arbustes sur le terre-plein central de l'autoroute.*
● Au pluriel : des **terre-pleins.**
– La nouvelle orthographe permet d'écrire aussi un **terreplein,** des **terrepleins,** sans trait d'union.

se **terrer** v. (conjug. 3). Se cacher sous terre ou dans un abri. *Le renard s'est terré dans son abri.* → Vois aussi **se tapir.**
▸▸▸ Mot de la famille de **terre.**

terrestre adj. ❶ De la Terre. *L'écorce terrestre.* ❷ Qui vit sur la terre. *Un animal, une plante terrestres.*
▸▸▸ Mot de la famille de **terre.**

terreur n.f. Très grande peur. *Pousser un cri de terreur.* SYN. **effroi, épouvante, frayeur.**

terreux, euse adj. ❶ Couvert de terre, sali par la terre. *Je viens du jardin, mes chaussures sont terreuses.* ❷ Qui a la couleur terne de la terre. *Elle a un teint terreux.*
▸▸▸ Mot de la famille de **terre.**

terrible adj. ❶ Qui fait très peur. *Elle nous a raconté une histoire terrible.* SYN. **effrayant, épouvantable, terrifiant.** ❷ Très violent, très fort. *Ils faisaient un bruit terrible.* SYN. **infernal, insupportable.** ❸ **Enfant terrible,** turbulent, intenable.

▶ **terriblement** adv. Très, beaucoup. *Elle est terriblement jalouse.* SYN. **extrêmement.** *Il a terriblement souffert.* SYN. **énormément.**

terrien, enne adj. **Propriétaire terrien,** qui possède des terres. ◆ n. Qui habite la Terre. *Dans ce film de science-fiction, les Terriens s'opposent à des extraterrestres.*
▸▸▸ Mot de la famille de **terre.**

terrier n.m. Abri souterrain que creusent certains animaux. *Le terrier d'un lièvre, d'un renard.*
▸▸▸ Mot de la famille de **terre.**

terrifiant, e adj. Qui terrifie, qui fait peur. *Nous avons entendu un bruit terrifiant.* SYN. **effrayant, effroyable, épouvantable, terrible.**
▸▸▸ Mot de la famille de **terrifier.**

terrifier v. (conjug. 7). Faire très peur. *Cette histoire de sorcière a terrifié ma petite sœur.* SYN. **épouvanter, terroriser.**

terril n.m. Monticule formé par les déblais d'une mine. *On trouve de nombreux terrils dans le nord de la France.*
▸▸▸ Mot de la famille de **terre.**

terrine n.f. ❶ Plat en terre cuite muni d'un couvercle. *Faire cuire un pâté dans une terrine.* ❷ Pâté cuit dans une terrine et servi froid. *Une terrine de lapin.*

territoire n.m. ❶ Étendue de terre qui appartient à un État, à une commune. *Quitter le territoire français.* ❷ Étendue de terrain que s'attribue un animal. *Les loups défendent leur territoire.*
● Ce nom masculin se termine par un **e.**

▶ **territorial, e, aux** adj. Qui concerne un territoire; qui appartient à un territoire. *Les collectivités territoriales; les eaux territoriales.*
● Au masculin pluriel : **territoriaux.**

terroir n.m. ❶ Terre d'une région fournissant un ou plusieurs produits caractéristiques, et notamment un vignoble. ❷ Partie d'une région où subsistent des traditions. *Les mots, les expressions du terroir.*

terroriser v. (conjug. 3). Frapper de terreur. *Les araignées me terrorisent.* SYN. **épouvanter, terrifier.**
▸▸▸ Mot de la famille de **terreur.**

terrorisme n.m. Ensemble d'actions violentes perpétrées dans un but politique. *Les attentats sont des actes de terrorisme.*
▸▸▸ Mot de la famille de **terreur.**

a b c d e f g h i j k l m n o p q r s **t** u v w x y z

terroriste n. et adj. Personne qui pratique le terrorisme. *Les terroristes ont été arrêtés.*
►►► Mot de la famille de **terreur.**

tertiaire adj. **Ère tertiaire** ou **tertiaire,** période de l'histoire de la Terre située avant le quaternaire. *Au tertiaire se sont formées de grandes chaînes de montagnes, comme les Alpes.* → Vois aussi **primaire, quaternaire, secondaire.**
● Le second **t** se prononce [s].

tertre n.m. Petite élévation de terrain. SYN. **butte, monticule.**

tes → **ton (1)**

tesson n.m. Morceau cassé de verre ou de céramique. *Ma sœur s'est blessée avec un tesson de bouteille.*

test n.m. ❶ Épreuve qui permet de vérifier les connaissances, les aptitudes, l'intelligence de quelqu'un. *La maîtresse nous a fait passer un test.* ❷ Épreuve à laquelle on soumet une machine pour vérifier son bon fonctionnement. *Les jouets subissent des tests avant d'être commercialisés.*

testament n.m. ❶ Texte par lequel une personne indique à qui elle lègue ses biens. ❷ (Avec une majuscule). **Ancien Testament,** partie de la Bible qui se rapporte aux relations de Dieu avec les Juifs. ❸ (Avec une majuscule). **Nouveau Testament,** partie de la Bible qui se rapporte à la vie de Jésus-Christ et de ses disciples.

tester v. (conjug. 3). Soumettre à un test. *Le maître a testé nos connaissances en grammaire. Tester un nouveau produit en laboratoire.*
►►► Mot de la famille de **test.**

testicule n.m. Chacune des deux glandes qui servent à la reproduction chez l'homme et les mammifères mâles. *Les testicules produisent les spermatozoïdes.*
● Nom du genre masculin : **un testicule.**

tétanos n.m. Maladie très grave, caractérisée par la contraction douloureuse de tous les muscles du corps. *On vaccine les enfants contre le tétanos.*
● On prononce le **s.**
►►► Mot de la même famille : **antitétanique.**

têtard n.m. Larve des grenouilles et des crapauds qui a une grosse tête et un corps fin. *Les têtards vivent dans l'eau.*
● Le **e** prend un accent circonflexe.

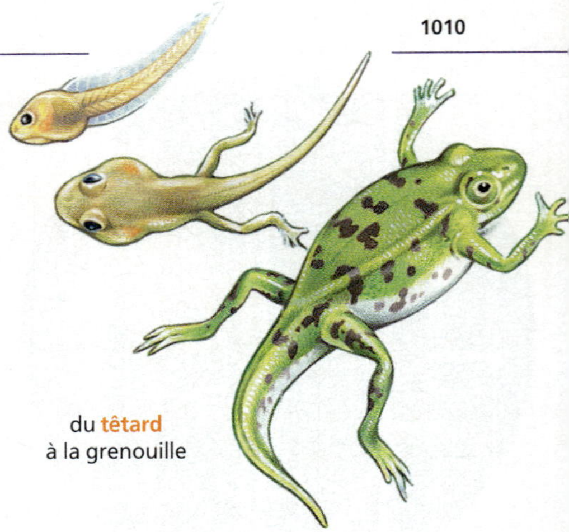

du **têtard**
à la grenouille

1. tête n.f. ❶ Partie du corps d'un être humain ou d'un animal qui contient le cerveau, la bouche, le nez, les yeux et les oreilles. *Avoir mal à la tête.* SYN. **crâne.** ❷ Expression du visage. *Mon frère a une drôle de tête aujourd'hui.* ❸ Ensemble des facultés mentales, esprit. *Il s'est mis en tête de me convaincre.* ❹ **De tête,** mentalement, sans écrire. *Faire un calcul de tête.* ❺ **Sur un coup de tête,** brusquement, sans réfléchir. *Il est parti sur un coup de tête.* ❻ Personne, individu. *Le repas nous est revenu à quinze euros par tête.* ❼ **En tête à tête,** seul à seul. *Ils ont dîné en tête à tête au restaurant.*
● Le premier **e** prend un accent circonflexe.

2. tête n.f. ❶ Partie supérieure d'un objet. *La tête d'un clou.* ❷ Partie avant de quelque chose. *Monter en tête du train.* CONTR. **queue.** *La tête d'un lit.* CONTR. **pied.** ❸ Premières places d'un classement. *Notre équipe est en tête du championnat.* ❹ **Être à la tête de,** diriger. *Elle est à la tête d'une grande entreprise.*

► **tête-à-queue** n.m. invar. Pour un véhicule, fait de pivoter brusquement sur lui-même en dérapant. *La voiture a fait un tête-à-queue.*
● Ce mot composé ne change pas au pluriel : des **tête-à-queue.**

► **tête-à-tête** n.m. invar. Entretien de deux personnes qui sont seule à seule. *Le chef de l'État a eu un tête-à-tête avec le Premier ministre.*
● Ce mot composé ne change pas au pluriel : des **tête-à-tête.**

► **tête-bêche** adv. Côte à côte, mais en sens inverse, les pieds de l'un au niveau de la tête de l'autre. *Hamidou et Rayan ont dormi tête-bêche.*

● La nouvelle orthographe permet d'écrire aussi **têtebêche,** sans trait d'union.

tétée n.f. Repas d'un bébé qui tète. *Mon petit frère prend une tétée toutes les trois heures.*

▸▸▸ Mot de la famille de **téter.**

téter v. (conjug. 9). Boire du lait en suçant le sein, la mamelle de sa mère ou la tétine d'un biberon. *Les chatons tètent leur mère.*

▸ **tétine** n.f. ❶ Pièce de caoutchouc percée de trous que l'on adapte à un biberon pour que l'enfant puisse téter. ❷ Embout de caoutchouc que l'on donne à téter à un nourrisson pour le calmer.

têtu, e adj. et n. Qui ne veut pas changer d'avis, qui s'entête. *Audrey est têtue, tu ne réussiras pas à la convaincre.* SYN. **buté, entêté, obstiné.**

● Le **e** prend un accent circonflexe.

texte n.m. Ensemble de phrases écrites. *L'écrivain n'a pas encore terminé le texte de son livre.*

textile adj. ❶ **Matière textile,** qui peut être tissée, dont on peut faire un tissu. *Le coton, la laine, le lin sont des matières textiles.* ❷ **Industrie textile,** industrie qui fabrique des tissus. ◆ n.m. Matière qui sert à faire des tissus. *Le coton est un textile naturel, le Nylon, un textile synthétique.*

texto n.m. Bref message alphanumérique échangé entre téléphones mobiles. SYN. **S.M.S.**

textuel, elle adj. Qui est fidèle au texte. *Une citation textuelle.*

▸▸▸ Mot de la famille de **texte.**

textuellement adv. Mot à mot. *Je te répète textuellement ce que Hugo m'a dit.*

▸▸▸ Mot de la famille de **texte.**

T.G.V. n.m. Train à grande vitesse. *J'ai pris le T.G.V. pour aller à Marseille.*

thaïlandais, e adj. et n. De Thaïlande. *La cuisine thaïlandaise. Chart est thaïlandais. C'est un Thaïlandais.*

● Le nom prend une majuscule : *un Thaïlandais.*

thé n.m. ❶ Feuilles séchées d'un arbuste d'Asie, le *théier,* que l'on utilise pour faire une boisson. ❷ Boisson préparée avec ces feuilles que l'on a fait infuser. *Du thé en sachets.*

un théier et une branche de **thé**

théâtral, e, aux adj. Qui concerne le théâtre. *Une œuvre théâtrale. Assister à une représentation théâtrale.*

● Au masculin pluriel : **théâtraux.**

▸▸▸ Mot de la famille de **théâtre.**

théâtre n.m. ❶ Art de jouer une œuvre littéraire devant un public. *Les tragédies, les comédies, les drames sont des pièces de théâtre. Salomé voudrait faire du théâtre.* ❷ Bâtiment qui contient une salle où sont jouées des pièces de théâtre. *Nous sommes allés voir « le Petit Prince » au théâtre.* ❸ Construction de petite taille où l'on donne un spectacle sans acteurs (avec des marionnettes, par exemple). ❹ Lieu où se produit un événement. *Cette plaine a été le théâtre de terribles batailles.* ❺ **Coup de théâtre,** événement brusque et imprévu qui change la situation. *La démission du directeur a été un véritable coup de théâtre.*

● Le **a** prend un accent circonflexe.

théière n.f. Récipient dans lequel on fait infuser le thé.

▸▸▸ Mot de la famille de **thé.**

thématique adj. Qui est fait, organisé par thème, par sujet. *Les planches thématiques d'un dictionnaire.*

▸▸▸ Mot de la famille de **thème.**

thème n.m. ❶ Sujet d'une œuvre, d'une discussion. *Quel est le thème de ce livre ?* ❷ Exercice de traduction d'un texte dans une langue étrangère. *Dans un thème anglais, on traduit un texte français en anglais.*

→ Vois aussi **version.**

théologie n.f. Étude de tout ce qui concerne la religion.

théorème n.m. Règle, loi scientifique qui peut être démontrée.

a b c d e f g h i j k l m n o p q r s t u v w x y z

théoricien, enne n. Personne qui élabore et étudie les théories d'une science, d'une doctrine.
▸▸▸ Mot de la famille de **théorie.**

théorie n.f. ❶ Ensemble d'idées et de lois qui expliquent un phénomène. *Ce scientifique propose une nouvelle théorie de la naissance de l'Univers.* SYN. **doctrine, système.** ❷ Connaissance abstraite que l'on a de quelque chose. *Appliquer une théorie.* CONTR. **pratique.** ❸ **En théorie,** en réfléchissant de manière abstraite. *Cela semble simple en théorie, mais, en réalité, c'est très compliqué.* SYN. **en principe, théoriquement.**

▸ **théorique** adj. Qui appartient à la théorie, qui ne tient pas compte de la réalité. *Il n'a qu'une connaissance théorique du problème.*

▸ **théoriquement** adv. En théorie, si tout se passe comme prévu. *Théoriquement, l'avion devrait décoller dans une heure.* SYN. **en principe.**

thérapeutique adj. Qui permet de traiter, de guérir une maladie. *Cette eau de source a des vertus thérapeutiques.*

thermal, e, aux adj. ❶ **Eau thermale,** eau de source qui sert à traiter certaines maladies. ❷ **Station thermale,** ville où l'on utilise des eaux thermales pour soigner certaines maladies. *Les stations thermales sont souvent situées en montagne.*
● Au masculin pluriel : **thermaux.**
▸▸▸ Mot de la famille de **thermes.**

thermes n.m. plur. Dans l'Antiquité romaine, établissement où l'on pouvait prendre des bains.
● Ne confonds pas avec **terme.**

thermique adj. **Centrale thermique,** usine où l'on transforme la chaleur en électricité.

thermomètre n.m. Instrument qui sert à mesurer la température. *Le thermomètre indique vingt degrés.*

thermonucléaire adj. **Bombe thermonucléaire,** bombe atomique à hydrogène.

Thermos n.f. Bouteille qui conserve un liquide à la même température pendant quelques heures. *Papa a mis du café dans une Thermos.*
● On prononce le **s.** – C'est un nom de marque : il s'écrit avec une majuscule dans les textes imprimés.

thermostat n.m. Dispositif qui permet de maintenir une température constante. *Les radiateurs, les fours sont équipés d'un thermostat.*

thésauriser v. (conjug. 3). Mettre de l'argent de côté sans le dépenser ni le faire fructifier.

thèse n.f. Façon de voir les choses, de les expliquer. *Défendre une thèse.* SYN. **opinion, point de vue, position.**

thon n.m. Grand poisson marin migrateur. *Du thon frais ; du thon en conserve.*

un **thon**

▸ **thonier** n.m. Bateau équipé pour la pêche au thon.

thoracique adj. **Cage thoracique,** thorax.
▸▸▸ Mot de la famille de **thorax.**

thorax n.m. Partie du corps située entre le cou et le ventre, qui contient le cœur et les poumons. *Gonfler le thorax.* SYN. **buste, poitrine, torse.**

thuya n.m. Conifère que l'on cultive pour son feuillage ornemental. *Une haie de thuyas.*
● On prononce [tyja].

thym n.m. Plante aromatique que l'on utilise en cuisine pour parfumer les plats. *Mamie a mis du thym dans la sauce.* → Vois aussi **serpolet.**
● Le son [ɛ̃] s'écrit **ym.**

du **thym**

thyroïde adj. et n.f. **Glande thyroïde,** glande située dans la gorge, qui joue un rôle important dans la croissance.
● Ce mot s'écrit avec un **h** et un **y.** Le **i** prend un tréma.

tibia n.m. Os du devant de la jambe. → Vois aussi **fémur, péroné, squelette.**

tic n.m. Geste ou mimique involontaire que l'on fait souvent. *Elle cligne souvent des yeux, c'est un tic.* → Vois aussi **manie.**

● Ne confonds pas avec une **tique.**

ticket n.m. Papier qui donne le droit de circuler dans les transports en commun, d'entrer dans un établissement, ou qui prouve que l'on a bien payé une marchandise. *Un ticket de bus.* SYN. **billet.** *La vendeuse m'a donné un ticket de caisse.*

tic-tac n.m. invar. Bruit régulier que fait une horloge, un réveil ou une montre. *Le tic-tac du réveil m'empêche de dormir.*

● La nouvelle orthographe permet d'écrire aussi un **tictac,** des **tictacs,** avec un **s** et sans trait d'union.

tiède adj. Qui n'est ni chaud ni froid. *L'eau de mon bain est tiède.*

▶ **tiédeur** n.f. Température tiède. *La tiédeur des nuits d'été.*

▶ **tiédir** v. (conjug. 16). Devenir tiède. *Je laisse tiédir l'eau qui est trop chaude.*

le **tien, la tienne** pronoms possessifs. Mots qui remplacent un nom ou un pronom. Ils désignent ce qui appartient à un possesseur de la deuxième personne du singulier. *Ce n'est pas ma règle, c'est la tienne.* ◆ **les tiens** n.m. plur. Ta famille, tes proches. *As-tu écrit aux tiens ?*

tiens ! interj. Marque l'étonnement. *Tiens ! tu es déjà arrivé !*

▶▶▶ Mot de la famille de **tenir.**

Tiercé n.m. Pari dans lequel les joueurs doivent deviner les trois chevaux qui arriveront les premiers dans une course. *Jouer au Tiercé.*

● C'est un nom de marque : il s'écrit avec une majuscule dans les textes imprimés.

tiers n.m. ❶ Chacune des trois parties égales d'un tout. *J'ai déjà lu le tiers du livre.* ❷ Personne étrangère à un groupe. *Ils ne se disputent jamais devant des tiers.*

● Ce mot se termine par un **s.**

▶ **tiers, tierce** adj. ❶ **Tierce personne,** troisième personne. *Une tierce personne est intervenue.* ❷ **Le tiers état,** sous l'Ancien Régime, classe de la société qui rassemblait les personnes qui n'avaient aucun privilège.

tiers-monde n.m. Ensemble des pays les plus pauvres du monde.

tige n.f. ❶ Partie mince et allongée des plantes, sur laquelle poussent les feuilles. *La tige d'une fleur. Les tiges du céleri sont comestibles.* ❷ Objet mince, droit et allongé. *Une tige de fer.*

tignasse n.f. Mot familier. Chevelure épaisse et mal peignée.

tigre n.m. Mammifère carnivore au pelage jaune-roux rayé de bandes noires, qui vit en Asie. *Le tigre chasse la nuit.*

● Femelle : la tigresse. Cri : le feulement, le rauquement ou le râle. Le tigre est un félin.

un **tigre**

▶ **tigré, e** adj. Rayé de bandes sombres, comme le pelage du tigre. *Un chat tigré.*

▶ **tigresse** n.f. Femelle du tigre.

tilleul n.m. ❶ Grand arbre aux fleurs jaunes très odorantes. *Une allée bordée de tilleuls.* ❷ Infusion faite avec les fleurs du tilleul. *Tous les soirs, mamie boit du tilleul.*

un **tilleul** (arbre et feuilles)

a b c d e f g h l m n o p q r s **t**

a b c d e f g h i j k l m n o p q r s t u v w x y z

timbale n.f. ❶ Gobelet en métal. ❷ Instrument de musique à percussion.

1. **timbre** n.m. ❶ Petit rectangle de papier que l'on colle sur une enveloppe ou sur un colis pour payer l'envoi. *J'ai acheté dix timbres à la poste. Pierre collectionne les timbres.* ❷ Marque, cachet imprimés sur certains documents. *Les passeports portent un timbre fiscal.*

● Au sens 1, on peut aussi dire **timbre-poste.**

2. **timbre** n.m. Son propre à une voix ou à un instrument de musique. *Ali est très enrhumé, le timbre de sa voix a changé.*

1. **timbré, e** adj. Qui porte un timbre-poste. *Une enveloppe timbrée.*

►►► Mot de la famille de **timbre (1).**

2. **timbré, e** adj. **Voix bien timbrée,** qui a un beau timbre, qui résonne bien.

►►► Mot de la famille de **timbre (2).**

timbrer v. (conjug. 3). Coller un timbre sur un envoi. *Tu as oublié de timbrer ta lettre.* SYN. **affranchir.**

►►► Mot de la famille de **timbre (1).**

timide adj. Qui manque d'assurance, de confiance en soi. *Mon frère n'a pas osé poser sa question, il est très timide.* SYN. **timoré.** CONTR. **hardi.**

► **timidement** adv. Avec timidité. *Elle a timidement demandé si elle pouvait entrer.* CONTR. **hardiment.**

► **timidité** n.f. Fait d'être timide. *Elle a surmonté sa timidité et a chanté une chanson.* CONTR. **hardiesse.**

timoré, e adj. Qui n'ose pas agir par peur des risques, de la nouveauté. *Elle n'osera jamais voyager seule, elle est trop timorée.* SYN. **peureux, timide.** CONTR. **hardi.**

tintamarre n.m. Ensemble de bruits confus et assourdissants. *Qui fait tout ce tintamarre ?* SYN. **tapage, vacarme.**

● Ce mot s'écrit avec deux **r.**

tintement n.m. Son léger d'un objet qui tinte. *Le tintement d'une cloche.*

►►► Mot de la famille de **tinter.**

tinter v. (conjug. 3). Produire un son léger et aigu. *Quand on trinque, on entend les verres tinter.*

● Ne confonds pas avec **teinter.**

► **tintinnabuler** v. (conjug. 3). Mot littéraire. Produire une série de sons légers et aigus. *Des clochettes qui tintinnabulent.*

tipi n.m. Tente conique dans laquelle vivaient les Indiens d'Amérique du Nord.

un **tipi**

tique n.f. Petit insecte qui vit en parasite sur la peau de certains animaux et parfois des êtres humains pour sucer leur sang.

● Nom du genre féminin : **une tique.** – Ne confonds pas avec un **tic.**

tir n.m. ❶ Action de lancer un projectile au moyen d'une arme. *Le tir à l'arc, à la carabine.* ❷ Action d'envoyer une balle, un ballon vers un objectif. *Le footballeur a réussi un très beau tir.* SYN. **shoot.**

►►► Mot de la famille de **tirer.**

tirade n.f. Longue suite de phrases qu'un acteur de théâtre récite d'un seul trait.

tirage n.m. ❶ Action de tirer au hasard un élément d'un ensemble. *On a procédé au tirage au sort de la loterie.* ❷ Nombre de journaux, de revues ou de livres imprimés en une seule fois. *Le tirage d'un roman à 5000 exemplaires.* ❸ Reproduction d'une photo sur papier. *Faire un tirage sur papier brillant.* ❹ Circulation de l'air dans une cheminée, un poêle. *Régler le tirage.*

►►► Mot de la famille de **tirer.**

tiraillement n.m. ❶ (Au pluriel). Conflits à l'intérieur d'un groupe, provenant d'un désaccord. *On note des tiraillements au sein de ce parti.* ❷ Sensation douloureuse provoquée par la contraction des muscles. *Avoir des tiraillements dans les mollets.*
▸▸▸ Mot de la famille de **tirer.**

tirailler v. (conjug. 3). ❶ Tirer à petits coups répétés. *Cesse de tirailler les manches de ton pull.* ❷ Solliciter quelqu'un de manière contradictoire. *Juliette est tiraillée entre l'envie d'aller au cinéma et l'envie d'aller chez son amie.* SYN. **écarteler.**
▸▸▸ Mot de la famille de **tirer.**

tiré, e adj. **Avoir les traits tirés,** avoir l'air fatigué.

tire-bouchon n.m. ❶ Instrument qui sert à déboucher les bouteilles. ❷ **En tire-bouchon,** en forme de spirale. *Le cochon a une queue en tire-bouchon.*
● Au pluriel : des **tire-bouchons.**
– La nouvelle orthographe permet d'écrire aussi un **tirebouchon,** des **tirebouchons,** sans trait d'union.

à **tire-d'aile** adv. En battant rapidement des ailes. *La perdrix s'est envolée à tire-d'aile.*

tirelire n.f. Objet muni d'une fente pour y glisser des pièces de monnaie, des billets que l'on veut économiser.

tirer et **se tirer** v. (conjug. 3). ❶ Ramener vers soi ou traîner derrière soi. *Il faut tirer la porte pour l'ouvrir.* CONTR. **pousser.** *Tirer les rideaux. La voiture tire une caravane.* ❷ Envoyer un projectile avec une arme, un instrument. *Le chasseur a tiré un coup de fusil. Tirer à l'arc.* ❸ Dans un sport ou un jeu, lancer un ballon, une boule. *Le footballeur a tiré loin devant.* SYN. **shooter.** ❹ Tracer. *Tirer un trait.* ❺ Faire sortir d'un endroit. *Le magicien a tiré un lapin de son chapeau. Tirer de l'eau au puits.* SYN. **puiser.** ❻ Extraire. *La maîtresse a tiré ce texte d'un roman de Jules Verne.* ❼ Prendre au hasard dans un ensemble. *Tirer une carte.* ❽ Déduire logiquement. *Quelle leçon as-tu tirée de cette mésaventure ?* ❾ Imprimer. *Ce journal a été tiré à 10000 exemplaires.* ❿ Avoir du tirage, en parlant d'une cheminée, d'un appareil de chauffage. *Ce poêle tire bien.* ⓫ **Tirer les cartes,** prédire l'avenir de quelqu'un à l'aide d'un jeu de cartes. ⓬ **Tirer à sa fin,** être presque terminé. *L'été tire à sa fin.* SYN. **toucher à sa fin.** ⓭ **Tirer sur telle couleur,** se rapprocher de cette couleur, être d'une couleur voisine. *Ce rouge tire sur l'orange.* ◆ **se tirer de.** Réussir à se sortir d'une difficulté. *La question était difficile, mais Marie s'en est bien tirée.*

▶ **tiret** n.m. Dans un dialogue, trait horizontal (–) qui indique qu'une autre personne prend la parole.

▶ **tireur, euse** n. ❶ Personne qui tire avec une arme. *C'est un tireur d'élite. Une tireuse à l'arc.* ❷ **Tireuse de cartes,** cartomancienne.

▶ **tiroir** n.m. Partie d'un meuble en forme de casier que l'on tire pour l'ouvrir. *Range tes cahiers dans le tiroir du bureau.*

▶ **tiroir-caisse** n.m. Tiroir contenant l'argent d'un commerçant.
● Au pluriel : des **tiroirs-caisses.**

tisane n.f. Boisson chaude que l'on obtient en faisant infuser des plantes. *Le soir, maman boit une tasse de tisane.* SYN. **infusion.**

tison n.m. Reste d'un morceau de bois brûlé, encore rouge. *Souffler sur les tisons pour ranimer un feu.* → Vois aussi **braise.**

▶ **tisonnier** n.m. Tige de métal qui sert à remuer les braises d'un feu.

tissage n.m. Action de tisser. *Le tissage de la laine, de la soie.*
▸▸▸ Mot de la famille de **tisser.**

tisser v. (conjug. 3). ❶ Entrelacer des fils pour fabriquer un tissu. *Un métier à tisser.* ❷ Construire en entrelaçant des éléments. *L'araignée tisse sa toile.*

▶ **tisserand, e** n. Personne qui fabrique des tissus à la main ou sur un métier à tisser.

▶ **tisserin** n.m. Petit oiseau d'Afrique qui construit son nid en entrelaçant des herbes.

▶ **tissu** n.m. ❶ Matière souple faite de fils tissés. *Le coton, la laine sont des tissus naturels.* SYN. **étoffe.** ❷ Ensemble de cellules qui ont une même fonction. *Le tissu osseux.* ❸ **Tissu de mensonges,** suite de mensonges. *Son discours est un tissu de mensonges.*

▶ **tissu-éponge** n.m. Tissu de coton qui absorbe l'eau. *Les serviettes de toilette, les peignoirs sont en tissu-éponge.*
● Au pluriel : des **tissus-éponges.**

titiller v. (conjug. 3). Mot familier. Préoccuper, énerver. *Cette histoire me titille depuis plusieurs jours.*

titre n.m. ❶ Nom d'un livre, d'un film, d'une chanson, d'un poème ou d'une pièce de

a b c d e f g h i j k l m n o p q r s t u v w x y z

théâtre. *« L'Affaire Tournesol » est le titre d'un album de Tintin.* ❷ Mot ou phrase qui est écrit en gros caractères et qui présente un article de journal ou de revue. *Lire les gros titres des journaux.* ❸ **Titre de transport,** billet ou carte qui permet d'utiliser les transports en commun. ❹ Nom d'une distinction, d'une dignité particulière à une personne. *« Duc », « baronne », « vicomte » sont des titres de noblesse.* ❺ Qualité de champion, de vainqueur. *Cette nageuse a remporté le titre de championne.* ❻ **À titre de,** en tant que. *Il est embauché à titre d'assistant.* SYN. **comme.** ❼ **À juste titre,** avec raison. *Protester à juste titre contre une injustice.*

tituber v. (conjug. 3). Ne pas tenir sur ses jambes, ne pas marcher droit. *Le malade s'est levé et a fait quelques pas en titubant.* SYN. **chanceler, vaciller.**

titulaire adj. et n. ❶ Qui est nommé définitivement à un poste. *Un professeur titulaire.* ❷ Qui possède juridiquement quelque chose. *Ma sœur est titulaire du permis de conduire.*

▸ **titulariser** v. (conjug. 3). Rendre titulaire d'un poste. *Les personnes qui ont réussi le concours seront titularisées.*

1. **T.N.T.** n.m. Explosif particulièrement puissant.

2. **T.N.T.** n.f. Télévision numérique terrestre.
→ Vois aussi **numérique.**

toast n.m. ❶ Tranche de pain grillée. *Quentin étale de la confiture sur un toast.* ❷ **Porter un toast,** lever son verre et boire en l'honneur de quelqu'un. *Porter un toast au vainqueur.*
● On prononce [tost].

toboggan n.m. Sorte de piste en pente du haut de laquelle on se laisse glisser. *Nous faisons du toboggan dans le parc.*
● Ce mot s'écrit avec deux **g.**

toc n.m. Mot familier. Imitation d'un métal précieux. *Cette bague n'est pas en argent, c'est du toc.*

tocsin n.m. Sonnerie de cloche répétée en signe d'alarme. *On sonnait le tocsin en cas d'incendie.* → Vois aussi **glas.**

toge n.f. ❶ Grand morceau de tissu dans lequel les Romains se drapaient. ❷ Robe qu'un juge, un avocat portent par-dessus leurs vêtements lorsqu'ils sont en fonction.

l'empereur Vespasien portant la **toge**

togolais, e adj. et n. Du Togo. *Lomé est la capitale togolaise. Francis est togolais. C'est un Togolais.*
● Le nom prend une majuscule : *un Togolais.*

tohu-bohu n.m. invar. Mot familier. Agitation confuse et bruyante. *On ne peut pas se concentrer dans ce tohu-bohu.*
● La nouvelle orthographe permet d'écrire aussi un **tohubohu,** des **tohubohus,** avec un **s** et sans trait d'union.

toi pronom personnel. Représente la deuxième personne du singulier et est employé pour renforcer le sujet ou comme complément. *Toi, attends-moi ici. Dépêche-toi. Je viendrai chez toi demain. C'est toi qui me l'as dit.*

toile n.f. ❶ Tissu simple et solide. *Un sac en toile; un pantalon de toile.* ❷ Œuvre peinte. *Au musée, j'ai vu plusieurs toiles de Picasso.* SYN. **peinture, tableau.** ❸ **Toile d'araignée,** réseau de fils de soie sécrétés par l'araignée. *L'araignée a tissé sa toile dans un coin de la pièce.* ❹ (Avec une majuscule). **La Toile,** le Web.

toilette n.f. ❶ **Faire sa toilette,** se laver. *Je fais ma toilette avant de me coucher.* ❷ Ensemble des vêtements que porte une femme. *Maman a changé de toilette avant de sortir.* ◆ n.f. plur. Cabinets. *Je cherche les toilettes.* SYN. **lavabos, waters, W.-C.**

toise n.f. Grande règle verticale qui sert à mesurer la taille d'une personne. *Chez le médecin, j'ai enlevé mes chaussures avant de me mettre sous la toise.*

▸ **toiser** v. (conjug. 3). Regarder quelqu'un avec mépris. *Elle m'a toisé des pieds à la tête quand je suis entré.*

toison n.f. ❶ Pelage laineux d'un mouton. ❷ Pelage abondant de certains animaux. *La toison d'un yack.*

toit n.m. ❶ Partie qui recouvre et protège un bâtiment. *Une maison au toit de tuile, d'ardoise.* ❷ Partie supérieure d'un véhicule. *Une voiture avec un toit ouvrant.*

▶ **toiture** n.f. Ensemble des matériaux qui constituent le toit d'un bâtiment. *Mes parents ont fait refaire la toiture de la maison.*

tôle n.f. Plaque de métal. *Un toit en tôle ondulée.*
● Le **o** prend un accent circonflexe.

tolérable adj. Que l'on peut tolérer, supporter. *Le bruit est difficilement tolérable.* SYN. **supportable.** CONTR. **intolérable.**
▸▸▸ Mot de la famille de **tolérer.**

tolérance n.f. Qualité d'une personne qui respecte les manières d'agir et les opinions des autres. *Accepter que les autres pensent autrement que soi-même, c'est faire preuve de tolérance.* CONTR. **intolérance.**
▸▸▸ Mot de la famille de **tolérer.**

tolérant, e adj. Qui respecte les opinions des autres. *Ce sont des gens très tolérants.* SYN. **compréhensif.** CONTR. **intolérant, sectaire.**
▸▸▸ Mot de la famille de **tolérer.**

tolérer v. (conjug. 9). ❶ Accepter, permettre quelque chose. *Le maître tolère que l'on chuchote en classe.* SYN. **admettre.** CONTR. **interdire.** ❷ Supporter patiemment. *Tolérer une douleur.* SYN. **endurer.**

tollé n.m. Cri général de protestation. *L'annulation du match a provoqué un tollé général.* → Vois aussi **huées.**

tomate n.f. Fruit rouge charnu que l'on consomme cru ou cuit. *Une salade de tomates ; des tomates farcies.*

des **tomates**

tomawak n.m. Hache de guerre des Indiens d'Amérique du Nord.
● On prononce [tɔmawak]. – On peut aussi dire un **tomahawk** que l'on prononce [tɔmaok].

tombal, e adj. **Pierre tombale,** dalle qui recouvre une tombe.
● Au masculin pluriel : **tombals** ou **tombaux.**
▸▸▸ Mot de la famille de **tombe.**

tombe n.f. Fosse creusée dans la terre pour enterrer un mort. *Se recueillir sur la tombe d'un parent.* SYN. **sépulture.**

▶ **tombeau** n.m. Monument construit au-dessus d'une tombe. *Le tombeau d'un roi.* SYN. **sépulture.** → Vois aussi **sépulcre.**
● Au pluriel : des **tombeaux.**

tombée n.f. **Tombée de la nuit,** moment où la nuit tombe. SYN. **crépuscule.**
● On peut aussi dire la **tombée du jour.**
▸▸▸ Mot de la famille de **tomber.**

tomber v. (conjug. 3). ❶ Être entraîné vers le bas et venir heurter le sol. *Ma petite sœur est tombée de vélo. J'ai fait tomber le vase. La pluie tombe depuis deux jours.* ❷ Se détacher de son support. *En automne, les feuilles tombent.* ❸ Cesser ; baisser. *Le vent est tombé.* CONTR. **se lever.** *La fièvre est tombée.* CONTR. **monter.** ❹ Devenir brusquement. *Alexandra est tombée malade. Tomber amoureux.* ❺ Arriver, se produire. *Cette année, mon anniversaire tombe un dimanche.* ❻ Rencontrer, trouver par hasard. *Je suis tombé sur Simon dans le train.* ❼ (Familier). **Laisser tomber quelqu'un, quelque chose,** ne plus s'en occuper ou ne plus s'y intéresser. *Il a laissé tomber son projet de voyage.* SYN. **abandonner.**
● Ce verbe se conjugue avec l'auxiliaire « être ».
▸▸▸ Mots de la même famille : **retombées, retomber.**

tombereau n.m. Caisse montée sur deux roues ou benne d'un camion que l'on décharge en les basculant. *Ils ont déversé un tombereau de gravier dans la cour.*
● Au pluriel : des **tombereaux.**

tombola n.f. Loterie où l'on gagne des objets. *J'ai acheté deux billets de tombola.*

tome n.m. Chacun des volumes d'un ouvrage. *Un dictionnaire en deux tomes.*

tommette n.f. Petit carreau de terre cuite à six côtés, de couleur rouge. *Le sol de la cuisine est recouvert de tommettes.*
● On peut aussi écrire **tomette.**

a b c d e f g h i j k l m n o p q r s **t** u v w x y z

1. ton, ta, tes adj. possessifs. Déterminants qui indiquent la possession. Ils s'appliquent à la deuxième personne du singulier. *Ton père, ta mère, tes grands-parents.*

● **Ta** devient **ton** devant un nom féminin commençant par une voyelle ou un « h » muet : *ton amie ; ton habitude.*

2. ton n.m. ❶ Façon de parler qui exprime la personnalité, l'humeur d'une personne. *Il m'a répondu d'un ton sévère.* ❷ Hauteur de la voix ou du son d'un instrument de musique. *Le chef de la chorale donne le ton.* ❸ Différence de hauteur entre deux notes qui se suivent dans la gamme et qui correspondent à l'intervalle entre *do* et *ré*. ❹ Couleur considérée dans son intensité. *Géraldine préfère les tons pastel.* SYN. **nuance.**

→ Vois aussi **inflexion, intonation.**

▶ **tonalité** n.f. ❶ Qualité d'un son. *Régler la tonalité d'une chaîne hi-fi.* ❷ Son que produit un téléphone qu'on décroche, indiquant qu'on peut composer un numéro. *La ligne est coupée, il n'y a pas de tonalité.*

tondeuse n.f. ❶ Machine qui sert à tondre l'herbe. *Une tondeuse à gazon.* ❷ Instrument qui sert à tondre, à raser les cheveux. *Le coiffeur se sert d'une tondeuse électrique.* ❸ Instrument qui sert à tondre la laine ou le poil d'un animal.

▶▶▶ Mot de la famille de **tondre.**

tondre v. (conjug. 46). ❶ Couper très court l'herbe, le gazon. *Papi a tondu la pelouse.* ❷ Couper à ras les cheveux d'une personne. *Il s'est fait tondre les cheveux.* ❸ Couper à ras la laine ou le poil d'un animal. *On a tondu notre caniche.*

tonifier v. (conjug. 7). Donner du tonus, de l'énergie. *Cette douche froide m'a tonifié.*

▶▶▶ Mot de la famille de **tonus.**

tonique adj. Qui fortifie ou stimule l'organisme. *L'air vif et tonique de la montagne.* SYN. **stimulant, vivifiant.**

▶▶▶ Mot de la famille de **tonus.**

tonitruant, e adj. **Voix tonitruante,** très forte.

tonnage n.m. Quantité de marchandises qu'un navire peut transporter. SYN. **jauge.**

→ Vois aussi **tonneau.**

tonne n.f. Unité de masse égale à mille kilos. *Une baleine peut peser plus de cent tonnes.*

● À l'écrit, on emploie **t** comme symbole.

tonneau n.m. ❶ Récipient en bois de forme arrondie. *On conserve le vin dans des tonneaux.* SYN. **barrique, fût.** ❷ Tour complet que fait une voiture sur elle-même au cours d'un accident. ❸ Unité de mesure utilisée autrefois pour évaluer le tonnage des navires. *Un bateau de cinq cents tonneaux.*

● Au pluriel : des **tonneaux.**

▶ **tonnelet** n.m. Petit tonneau.

▶ **tonnelier** n.m. Personne qui fabrique ou répare des tonneaux.

tonnelle n.f. Petit abri de jardin au sommet arrondi sur lequel grimpent des plantes. *L'été, nous déjeunons sous la tonnelle.* → Vois aussi **pergola.**

tonner v. (conjug. 3). **Il tonne,** le tonnerre gronde.

● Quand on parle du tonnerre, ce verbe s'emploie seulement à la 3e personne du singulier.

▶ **tonnerre** n.m. ❶ Bruit que fait la foudre et qui accompagne l'éclair pendant un orage. *J'ai entendu un coup de tonnerre.* ❷ Grand bruit. *Le chanteur est apparu sous un tonnerre d'applaudissements.* → Vois aussi **paratonnerre.**

● Ce mot s'écrit avec deux **n** et deux **r.**

tonsure n.f. Petit cercle rasé au sommet de la tête. *Les moines portaient la tonsure.*

▶▶▶ Mot de la famille de **tondre.**

tonte n.f. Action de tondre un mouton. *La tonte a lieu au printemps.*

▶▶▶ Mot de la famille de **tondre.**

la **tonte** des moutons

tonus n.m. Dynamisme, énergie. *Cet enfant est en bonne santé, il a du tonus.*

● On prononce le **s.**

topaze n.f. Pierre précieuse de couleur jaune.

top model n.m. Mannequin de renommée internationale.
● On peut aussi écrire **top-modèle.** – Au pluriel : des **top models** ou des **top-modèles.**

topo n.m. Mot familier. Discours, exposé. *Le guide a fait un topo sur la vie du peintre.*

topographie n.f. Relief d'un terrain. *Nous avons étudié la topographie de la région.*

▶ **topographique** adj. **Carte topographique,** carte qui représente le relief d'une région.

toquade n.f. Mot familier. Envie soudaine et passagère, caprice. *Mon cousin veut s'acheter un bateau, c'est sa nouvelle toquade.* SYN. **lubie.**

toque n.f. Coiffure sans bords, haute et cylindrique. *Le cuisinier portait une toque.*

toqué, e adj. et n. Mot familier. Un peu fou.

torche n.f. ❶ Bâton recouvert de cire que l'on enflamme. *Le jardin est éclairé par des torches.* SYN. **flambeau.** ❷ **Torche électrique,** lampe de poche, de forme cylindrique.

torchis n.m. Mélange de terre et de paille utilisé comme matériau de construction. *Un mur en torchis.*
● Ce mot se termine par un **s.**

torchon n.m. Morceau de tissu utilisé pour essuyer la vaisselle.

tordant, e adj. Mot familier. Très drôle. *Une histoire tordante.*
▸▸▸ Mot de la famille de **tordre.**

tordre et **se tordre** v. (conjug. 46). ❶ Déformer en pliant. *J'ai tordu les branches de mes lunettes.* ❷ Tourner en sens contraire les deux extrémités de quelque chose. *Tordre du linge pour l'essorer.* ❸ Tourner avec violence un membre, une partie du corps. *Tu m'as tordu le bras.* ◆ **se tordre.** ❶ Avoir de violentes contractions musculaires sous l'effet de la douleur. *Le malade se tordait dans son lit.* SYN. **se contorsionner.** ❷ (Familier). **Se tordre de rire,** rire très fort.
▸▸▸ Mot de la même famille : **retordre.**

torero n.m. Homme qui combat les taureaux dans l'arène, lors d'une corrida. → Vois aussi **tauromachie.**
● C'est un mot espagnol, on prononce [tɔrero]. – La nouvelle orthographe permet d'écrire aussi un **toréro,** avec un accent. – Autrefois, on disait **toréador.**

tornade n.f. Vent très violent, qui tourbillonne. *Une tornade a dévasté la région.*
→ Vois aussi **cyclone, ouragan, typhon.**

torpeur n.f. État d'une personne dont l'activité du corps et de l'esprit est réduite. *Il faisait très chaud, nous étions plongés dans la torpeur.* SYN. **engourdissement, léthargie.**

torpille n.f. ❶ Engin sous-marin chargé d'explosif. *Le sous-marin a lancé une torpille.* ❷ Poisson marin, au corps plat, qui ressemble à une raie et qui produit des décharges électriques pour paralyser ses proies. *Les décharges électriques de la torpille sont sans danger pour les humains.*

une torpille

▶ **torpiller** v. (conjug. 3). Détruire, faire exploser au moyen de torpilles. *Torpiller un navire.*

▶ **torpilleur** n.m. Navire de guerre qui lance des torpilles.

torque n.m. Collier métallique et rigide porté par les Celtes, fait d'une tige de bronze ou d'or tordue.

un torque

torréfaction n.f. Action de torréfier. *La torréfaction du café.*
▸▸▸ Mot de la famille de **torréfier.**

torréfier v. (conjug. 7). Faire griller des graines ou des feuilles. *Torréfier du café, du cacao, du tabac brun.*

a b c d e f g k l m n o p q r s t u v w x y z

torrent n.m. ❶ Cours d'eau de montagne, rapide et irrégulier. *Les torrents des Pyrénées.* ❷ Grande quantité de liquide. *Verser des torrents de larmes.* SYN. **flot.** ❸ **Il pleut à torrents,** la pluie tombe très fort.

▶ **torrentiel, elle** adj. **Pluie torrentielle,** qui tombe très fort et en grande quantité. *Des pluies torrentielles se sont abattues sur la région.*

torride adj. Extrêmement chaud. *Une chaleur torride. Un été torride.* SYN. **caniculaire.**

tors, e adj. Mot littéraire. Tordu, déformé. *Des jambes torses.*

▶▶▶ Mot de la famille de **tordre.**

torsade n.f. ❶ Fils tordus ensemble, qui servent d'élément décoratif. *Les rideaux du salon sont retenus par des torsades.* ❷ Cheveux longs enroulés sur eux-mêmes. *Julie s'est fait une torsade.*

▶▶▶ Mot de la famille de **tordre.**

torse n.m. Partie du corps qui va des épaules à la taille. *Avoir un torse musclé.* SYN. **buste, poitrine.**

torsion n.f. Action de tordre. *La torsion d'un fil de métal.*

▶▶▶ Mot de la famille de **tordre.**

tort n.m. ❶ Erreur, mauvaise action. *Il a reconnu ses torts.* ❷ Fait de nuire à quelqu'un. *Ces rumeurs lui ont fait du tort.* SYN. **mal, préjudice.** ❸ **À tort,** pour de mauvaises raisons; injustement. *Elle a été accusée à tort.* ❹ **À tort et à travers,** sans réfléchir. *Parler à tort et à travers.* ❺ **Avoir tort,** commettre une erreur, se tromper. *Tu as eu tort de refuser.* CONTR. **avoir raison.** ❻ **Être en tort, être dans son tort,** avoir commis une infraction, une faute. *Le cycliste ne s'est pas arrêté au stop, il est dans son tort.* CONTR. **être dans son droit.**

torticolis n.m. Contraction douloureuse des muscles du cou qui empêche de tourner la tête.

● Ce mot se termine par un **s**.

tortillard n.m. Mot familier. Petit train qui avance très lentement et qui fait de nombreux détours.

▶▶▶ Mot de la famille de **tortiller.**

tortiller et **se tortiller** v. (conjug. 3). Tordre un objet dans tous les sens. *Elle tortillait nerveusement la lanière de son sac.* ◆ **se tortiller.** Se tourner dans tous les sens. *Les enfants, impatients, se tortillaient sur leur chaise.* SYN. **se trémousser.**

▶▶▶ Mot de la même famille : **entortiller.**

tortionnaire n. Personne qui torture quelqu'un. → Vois aussi **bourreau.**

● On prononce [tɔrsjɔnɛr].

tortue n.f. Reptile terrestre ou marin, qui a quatre pattes courtes et dont le corps est recouvert d'une carapace. *Les tortues géantes terrestres peuvent vivre jusqu'à 200 ans.*

une tortue

tortueux, euse adj. Qui fait des détours. *Un chemin tortueux mène au château.* SYN. **sinueux.** CONTR. **droit.**

torture n.f. ❶ Supplice physique infligé à quelqu'un pour lui faire avouer quelque chose. *Le prisonnier a parlé sous la torture.* ❷ Grande souffrance physique ou morale. *L'attente des résultats est une véritable torture.* SYN. **calvaire, martyre.**

▶ **torturer** v. (conjug. 3). ❶ Faire subir des tortures à quelqu'un. *Les prisonniers ont été torturés.* ❷ Faire souffrir moralement ou physiquement. *Le doute la torture.* SYN. **tourmenter.**

tôt adv. ❶ De bonne heure dans la journée; avant l'heure, le moment habituels. *Se lever tôt. Je rentrerai tôt ce soir.* CONTR. **tard.** ❷ **Au plus tôt,** pas avant. *Vous recevrez ce colis dans deux jours au plus tôt.* ❸ **Tôt ou tard,** un jour ou l'autre. *Ils apprendront la vérité tôt ou tard.*

● Le **o** prend un accent circonflexe.

total, e, aux adj. ❶ Complet, absolu. *J'ai une confiance totale en lui.* SYN. **entier.** CONTR. **limité.** ❷ Qui concerne un ensemble, un tout. *Quelle est la surface totale de la maison ?* SYN. **global.**

● Au masculin pluriel : **totaux.**

▶ **total** n.m. Somme obtenue par addition. *Julien a fait le total de ses dépenses.*

● Au pluriel : des **totaux.**

a b c d e f g h i j k l m n o p q r s t u v w x y z

▸ **totalement** adv. Tout à fait, entièrement. *Le bâtiment a été totalement restauré.* SYN. **complètement, en totalité.** CONTR. **partiellement.**

▸ **totaliser** v. (conjug. 3). Atteindre tel total. *Le joueur doit totaliser 150 points pour gagner la partie.*

un totem

totalitaire adj. **Régime totalitaire,** régime politique dans lequel le pouvoir est détenu par un parti unique et où toute opposition est interdite. SYN. **dictatorial.** CONTR. **démocratique.**

▸ **totalitarisme** n.m. Système politique d'un régime totalitaire. → Vois aussi **dictature.**

totalité n.f. ❶ Ensemble des parties d'un tout. *J'ai dépensé la totalité de mon argent de poche.* CONTR. **une partie.** ❷ **En totalité,** complètement. *Il m'a remboursé la somme en totalité.* SYN. **intégralement, totalement.**

▸▸▸ Mot de la famille de **total.**

totem n.m. Représentation de l'animal ou de la plante considérés comme les protecteurs d'une tribu. *Le totem de cette tribu indienne est un singe.*

● On prononce [tɔtɛm].

toucan n.m. Oiseau d'Amérique tropicale qui a un très gros bec et un plumage très coloré.

un toucan

touchant, e adj. Qui touche, émeut. *La scène finale du film était très touchante.* SYN. **émouvant.**

▸▸▸ Mot de la famille de **toucher.**

touche n.f. ❶ Chacune des parties mobiles d'un clavier sur lesquelles on pose les doigts. *Les touches d'un piano, d'un clavier d'ordinateur.* ❷ Tache de couleur appliquée d'un coup de pinceau. *Peindre par petites touches.* ❸ Petit détail qui apporte quelque chose de particulier à un ensemble. *Ce foulard mettra une touche de gaieté à ta tenue.* SYN. **note.** ❹ Secousse qui montre que le poisson a mordu à l'hameçon. ❺ Au football et au rugby, chacune des lignes qui limitent le terrain. *Le ballon est sorti en touche.*

toucher et **se toucher** v. (conjug. 3). ❶ Mettre la main, le doigt sur quelqu'un ou sur quelque chose. *Lisa n'aime pas qu'on lui touche les cheveux. Ne touche pas le plat, il est très chaud.* ❷ Être ou entrer en contact avec quelqu'un ou quelque chose. *Le pare-chocs de la voiture touche le mur. La balle l'a touché à la tête.* SYN. **atteindre, frapper.** ❸ Être situé à côté de. *Ma chambre touche celle de mon frère.* ❹ **Toucher de l'argent,** le recevoir. *Les salariés ont touché une prime.* SYN. **empocher, percevoir.** ❺ Atteindre la sensibilité de quelqu'un. *Ce cadeau m'a beaucoup touchée.* SYN. **émouvoir.** *Son histoire m'a touché.* SYN. **apitoyer, attendrir.** ◆ **se toucher.** Être en contact ou très près l'un de l'autre. *Les deux écoles se touchent.*

▸ **toucher** n.m. Celui des cinq sens par lequel on reconnaît une chose en la touchant. *La peau est l'organe du toucher.* → Vois aussi **goût, odorat, ouïe, vue.**

touffe n.f. Ensemble de poils, de brins. *Une touffe de cheveux; une touffe d'herbe.*

▸ **touffu, e** adj. Qui est épais et abondant. *Une forêt touffue.* SYN. **dense.** CONTR. **clairsemé.** *Une barbe touffue.* SYN. **dru.**

toujours adv. ❶ Tout le temps. *Elle est toujours de bonne humeur.* SYN. **continuellement, perpétuellement, sans cesse.** CONTR. **jamais.** ❷ Encore maintenant. *Tu es toujours fâché contre moi ?* ❸ De tout temps. *Ma famille a toujours vécu dans cette maison.* ❹ De toute façon. *On peut toujours essayer.* ❺ **Pour toujours,** définitivement. *Il est parti pour toujours.* SYN. **à jamais.**

a b

toundra n.f. Prairie des régions froides et polaires, faite de mousses, de lichens et d'herbes. → Vois aussi **taïga.**
● On prononce [tundra].

la toundra (Alaska)

toupet n.m. Mot familier. Audace, effronterie. *Il a pris ma place. Quel toupet !*

toupie n.f. Jouet que l'on fait tourner sur la pointe.

1. **tour** n.f. ❶ Construction très haute. *La tour d'un château. La tour Eiffel.* ❷ Immeuble très haut. *Elle habite au 22e étage d'une tour.* SYN. **building, gratte-ciel.** ❸ **Tour de contrôle,** bâtiment dominant un aéroport, d'où les aiguilleurs du ciel contrôlent les décollages et les atterrissages.

2. **tour** n.m. ❶ Parcours en rond. *J'ai fait le tour de la cour.* ❷ Mouvement d'une personne ou d'une chose qui tourne sur elle-même. *N'oublie pas de donner un tour de clé.* ❸ Pourtour de quelque chose. *Quel est ton tour de taille ?* ❹ Petite promenade. *Je vais faire un tour.* ❺ Moment où une personne peut ou doit parler, agir. *C'est ton tour de débarrasser la table.* ❻ Numéro, exercice qui demande de l'habileté. *Mon oncle a fait un tour de magie.* ❼ **Jouer un tour à quelqu'un,** lui faire une farce, une plaisanterie. ❽ Manière dont une situation évolue. *Les événements ont pris un mauvais tour.* SYN. **tournure.** ❾ **À tour de rôle,** dans l'ordre qui a été fixé ; l'un après l'autre. *Les enfants ont plongé à tour de rôle.* ❿ **En un tour de main,** très vite. *Papi a réparé mon vélo en un tour de main.* ⓫ **Tour à tour,** successivement. *Mon cousin a été tour à tour musicien, vendeur, cuisinier.* ⓬ **Tour de chant,** concert donné par un chanteur. SYN. **récital.** ⓭ **Tour de force,** action remarquable, exploit. *Il a résolu le problème en un rien de temps, c'est un véritable tour de force.*
▸▸▸ Mots de la même famille : **entourer, pourtour.**

3. **tour** n.m. Dispositif comportant un plateau tournant sur lequel on façonne des objets. *Le potier travaille l'argile sur un tour.*

tourbe n.f. Combustible formé par la décomposition de végétaux qu'on extrait des marécages.

tourbillon n.m. Mouvement rapide d'un liquide ou de particules qui tournoient. *La rivière fait des tourbillons.* SYN. **remous.** *Le vent soulève des tourbillons de poussière.*

▸ **tourbillonner** v. (conjug. 3). Tourner très rapidement sur soi-même. *Les feuilles tombent des arbres en tourbillonnant.* SYN. **tournoyer.**

tourelle n.f. ❶ Petite tour. ❷ Partie supérieure d'un char, qui peut pivoter et qui est équipée d'un canon.
▸▸▸ Mot de la famille de **tour (1).**

tourisme n.m. Action de voyager pour son plaisir. *Cet été, mes grands-parents ont fait du tourisme en Irlande.*

▸ **touriste** n. Personne qui voyage pour son plaisir. *Les touristes visitent les monuments de la ville.* → Vois aussi **vacancier.**

▸ **touristique** adj. ❶ Qui concerne le tourisme. *Consulter un guide touristique de l'Espagne.* ❷ Qui attire les touristes. *Paris est une ville très touristique.*

tourment n.m. Inquiétude, souffrance morale. *Ses problèmes d'argent lui causent du tourment.* SYN. **souci, tracas.**

tourmente n.f. Mot littéraire. Violente tempête. *Le navire a été pris dans la tourmente.*

tourmenter et **se tourmenter** v. (conjug. 3). Inquiéter vivement. *Ce doute le tourmente.* SYN. **ronger, tenailler, torturer.** ♦ **se tourmenter.** Se faire beaucoup de souci, s'inquiéter vivement. *Ne te tourmente pas, tout va finir par s'arranger.* SYN. **se tracasser.**
▸▸▸ Mot de la famille de **tourment.**

tournage n.m. Action de tourner un film. *Le tournage a duré cinq mois.*
▸▸▸ Mot de la famille de **tourner.**

tournant n.m. Endroit où une route tourne, change de direction. *Attention, ce tournant est dangereux.* SYN. **virage.**

▸▸▸ Mot de la famille de **tourner.**

tourne-disque n.m. Appareil qui sert à écouter des disques. SYN. **électrophone.** → Vois aussi **lecteur, platine.**

● Au pluriel : des **tourne-disques.**

tournedos n.m. Tranche ronde de filet de bœuf entourée de lard.

tournée n.f. ❶ Déplacement selon un itinéraire déterminé. *Le facteur fait sa tournée.* ❷ Série de représentations données par un artiste, une troupe de comédiens en déplacement. *Ce groupe de rock américain est en tournée en Europe.*

▸▸▸ Mot de la famille de **tourner.**

en un **tournemain** adv. Mot littéraire. Très vite. *La pièce fut rangée en un tournemain.* SYN. **en un tour de main.**

tourner et **se tourner** v. (conjug. 3). ❶ Se déplacer en faisant un mouvement circulaire. *La Terre tourne autour du Soleil.* ❷ Faire faire un mouvement circulaire. *Tourner la clé dans la serrure.* ❸ Changer de direction. *Tournez à gauche au prochain carrefour.* SYN. **obliquer.** ❹ Diriger dans une certaine direction. *Il a tourné le dos.* ❺ Être en marche, fonctionner. *J'entends le moteur tourner.* ❻ Réaliser un film; jouer dans un film. *Silence, on tourne ! Cet acteur a tourné dans de nombreux films.* ❼ Devenir aigre. *Le lait a tourné.* ❽ **Bien tourner, mal tourner,** se terminer bien, mal. *Cette histoire va mal tourner.* ❾ **Avoir la tête qui tourne,** avoir des vertiges. ❿ **Tourner les pages d'un livre,** le feuilleter. ◆ **se tourner.** Se placer vers quelqu'un ou quelque chose, tourner le regard dans leur direction. *Elle se tourna vers la porte.*

tournesol n.m. Plante dont les grandes fleurs jaunes se tournent vers le soleil. *On fabrique de l'huile avec les graines des tournesols.*

tournevis n.m. Outil qui sert à visser et à dévisser.

● On prononce le **s.**

tourniquet n.m. Appareil qui tourne et qui ne laisse passer qu'une personne à la fois. *Les tourniquets du métro.*

tournis n.m. Mot familier. Vertige. *Ces lumières qui clignotent me donnent le tournis.*

● Ce mot se termine par un **s.**

tournoi n.m. ❶ Au Moyen Âge, combat entre deux chevaliers armés de lances. ❷ Compétition qui comprend plusieurs matchs. *Baptiste a participé à un tournoi de tennis.* → Vois aussi **joute.**

une scène de tournoi

tournoiement n.m. Action de tournoyer. *Le tournoiement des feuilles qui tombent.*

● On prononce [turnwamɑ̃].

▸▸▸ Mot de la famille de **tournoyer.**

tournoyer v. (conjug. 14). Tourner plusieurs fois sur soi-même. *Les flocons de neige tournoient dans le ciel.* SYN. **tourbillonner, voltiger.** *Les danseurs tournoient sur la piste.* SYN. **virevolter.**

tournure n.f. ❶ Façon dont évolue une situation. *Les événements ont pris une tournure inattendue.* SYN. **tour.** ❷ Manière dont les mots sont disposés dans une phrase; expression. *Ce journaliste emploie des tournures compliquées.* ❸ **Prendre tournure,** prendre forme. *Mon dessin commence à prendre tournure.* ❹ **Tournure d'esprit,** manière de voir les choses. *Cette réflexion révèle sa tournure d'esprit.*

tourte n.f. Tarte ronde salée, recouverte d'une couche de pâte. *Une tourte aux poireaux.*

tourteau n.m. Gros crabe brun-rouge, dont le bout des pinces est noir.

● Au pluriel : des **tourteaux.**

tourtereau n.m. Petit de la tourterelle.

● Au pluriel : des **tourtereaux.**

a b c d e f g h i j k l m n o p q r s t u v w x y z

tourterelle n.f. Oiseau qui ressemble à un petit pigeon.
● Petit : le tourtereau. Cri : le gémissement ou le roucoulement.

une tourterelle

tous → **tout**

Toussaint n.f. Fête catholique de tous les saints, célébrée le 1er novembre.

tousser v. (conjug. 3). Chasser bruyamment de l'air par la bouche. *La fumée me fait tousser.*

▶ **toussoter** v. (conjug. 3). Tousser faiblement.

tout, toute, tous, toutes adj. indéfinis. ❶ Exprime une totalité, un ensemble. *Le chat a bu tout le lait. Toute la famille était réunie. Il a plu toute la nuit. J'ai invité tous mes amis.* ❷ Chaque, n'importe quel. *On peut pratiquer la natation à tout âge. Je vais à la piscine tous les mercredis.* ❸ Exprime l'intensité. *Courir à toute vitesse.* ◆ pronoms indéfinis. ❶ La totalité, l'ensemble des personnes, des choses. *Il a tout pris. Ils étaient tous là.* ❷ N'importe quoi. *On s'attend à tout.*

▶ **tout** adv. ❶ Complètement. *Mon chat est tout blanc. Les enfants sont tout ensommeillés. J'étais toute seule.* ❷ Très. *Son studio est tout petit.*
● **Tout** prend un « e » devant un adjectif féminin commençant par une consonne : *elle est toute contente,* mais il est invariable devant un adjectif féminin commençant par une voyelle ou un « h » muet : *elle est tout endormie ; elles sont tout heureuses.*

▶ **tout** n.m. ❶ Totalité, ensemble. *J'ai acheté le tout pour 20 euros.* ❷ **En tout,** au total. *Nous étions sept en tout.* ❸ **Du tout, pas du tout,** renforcent une négation. *Il ne m'a rien dit du tout. Tu ne me déranges pas du tout.* ❹ **Du tout au tout,** entièrement. *Il a changé du tout au tout.* SYN. **complètement.** ❺ **Le tout,** l'important, l'essentiel. *Le tout est de ne pas arriver en retard.*

tout à coup, tout d'un coup → **coup**

tout à fait adv. Entièrement, complètement. *Je suis tout à fait guéri. Je suis tout à fait d'accord.* SYN. **absolument, totalement.**

tout à l'heure → **heure**

tout de même → **même (2)**

tout de suite adv. Immédiatement. *Ils sont venus tout de suite.* SYN. **aussitôt.**

toutefois adv. Introduit une restriction. *L'orage est passé, toutefois attendons encore un peu.* SYN. **cependant, néanmoins, pourtant.**

tout le monde → **monde**

tout-petit n.m. Très jeune enfant. *Ce spectacle s'adresse aux tout-petits.*
● Au pluriel : des **tout-petits.**

tout-puissant, toute-puissante adj. Qui a un très grand pouvoir. *Un roi tout-puissant.* → Vois aussi **omnipotent.**
● Au masculin pluriel : **tout-puissants ;** au féminin pluriel : **toutes-puissantes.**

toux n.f. Action de tousser ; bruit que l'on fait quand on tousse. *J'ai une quinte de toux. Prendre du sirop contre la toux.*
● Ce mot se termine par un **x.**

toxicomane n. Personne qui se drogue. *Dans ce centre, les toxicomanes peuvent suivre une cure de désintoxication.* SYN. **drogué.**

toxique adj. Qui contient du poison ; qui nuit à la santé. *Une plante toxique. Le tabac contient des substances toxiques.* SYN. **nocif.**

trac n.m. Peur que l'on ressent avant de paraître en public, de passer un examen. *J'avais le trac avant d'entrer en scène.*

traçabilité n.f. Possibilité de suivre un produit alimentaire aux différents stades de sa production. *La traçabilité de la viande de bœuf.*
● Le **c** prend une cédille.

tracas n.m. Souci, tourment. *Ses ennuis de santé lui donnent bien du tracas.*
● Ce mot se termine par un **s.**
▶▶▶ Mot de la famille de **tracasser.**

tracasser et **se tracasser** v. (conjug. 3). Causer du souci. *Sa situation financière le* *tracasse.* SYN. **préoccuper, tourmenter.** ◆ **se tracasser.** Se faire du souci. *Tu te tracasses pour rien.* SYN. **se tourmenter.**

▶ **tracasserie** n.f. Petit ennui causé à quelqu'un à propos de choses peu importantes. *Des tracasseries administratives.*

trace n.f. ❶ Marque laissée par le passage d'un être vivant ou d'un véhicule. *Des traces de pas dans la neige.* SYN. **empreinte.** *Des traces de pneus sur la route.* ❷ Marque, tache laissée par quelque chose. *Des traces de sang.* ❸ Ce qui reste du passé. *Ces poteries sont les traces d'une civilisation disparue.* SYN. **vestiges.** ❹ Petite quantité d'une substance. *On a trouvé des traces de poison dans la nourriture.*
▶▶▶ Mot de la famille de **tracer.**

tracé n.m. Dessin qui représente l'emplacement d'une chose. *Sur le plan, on peut voir le tracé de la déviation.*
▶▶▶ Mot de la famille de **tracer.**

tracer v. (conjug. 4). Dessiner en faisant un trait. *Tracer un cercle.*

trachée n.f. Conduit entre la gorge et les bronches par où passe l'air que l'on respire.
● On peut aussi dire **trachée-artère.**

tract n.m. Feuille de papier sur laquelle sont imprimées des idées que l'on veut faire connaître. *Des militants distribuaient des tracts.*
● On prononce [trakt].

tractations n.f. plur. Négociations plus ou moins secrètes et souvent difficiles. *L'affaire a été conclue après de longues tractations.*

tracteur n.m. Véhicule à moteur qui sert à tirer des remorques ou des machines agricoles.

un tracteur

traction n.f. Action de tirer en exerçant une force. *La traction à vapeur a été remplacée par la traction électrique.*

tradition n.f. Ensemble de coutumes transmises de génération en génération. *En France, c'est une tradition d'offrir du muguet le 1er Mai.*

▶ **traditionnel, elle** adj. Qui se fait selon une tradition et qui est devenu habituel. *Le traditionnel feu d'artifice du 14 Juillet.* SYN. **rituel.**

traducteur, trice n. Personne qui traduit un texte d'une langue dans une autre.
▶▶▶ Mot de la famille de **traduire.**

traduction n.f. Action de traduire. *Elle est chargée de la traduction d'un roman.*
▶▶▶ Mot de la famille de **traduire.**

traduire et **se traduire** v. (conjug. 60). ❶ Exprimer dans une langue ce qui est dit ou écrit dans une autre langue. *L'interprète traduit en chinois le discours du président de la République.* ❷ Exprimer, manifester. *Sa voix traduisait sa tristesse.* ❸ **Traduire en justice,** amener une personne devant un juge ou un tribunal. ◆ **se traduire par.** S'exprimer par, être perceptible grâce à. *L'enthousiasme du public se traduisit par des cris et des applaudissements.* SYN. **se manifester par.**

1. **trafic** n.m. Circulation des voitures, des trains ou des avions. *Des travaux perturbent le trafic routier.*

2. **trafic** n.m. Commerce illégal. *Faire du trafic d'armes.*

▶ **trafiquant, e** n. Personne qui fait du trafic. *La police a arrêté des trafiquants de drogue.*

▶ **trafiquer** v. (conjug. 3). ❶ Acheter et vendre de la marchandise de manière illégale. ❷ Faire subir un traitement illégal à un produit, à un objet. *Trafiquer du vin. Trafiquer une voiture.* → Vois aussi **falsifier, truquer.**

tragédie n.f. ❶ Pièce de théâtre dont le sujet est grave. *Les tragédies de Racine.* ❷ Événement terrible. *Cet accident d'avion est une tragédie.* SYN. **catastrophe, drame.** → Vois aussi **comédie.**

▶ **tragique** adj. ❶ Qui se rapporte à la tragédie. *Un auteur tragique.* ❷ Dramatique, effroyable. *Un événement tragique.* SYN. **catastrophique, terrible.**

▸ **tragiquement** adv. D'une manière tragique, terrible. *Il est mort tragiquement.*

trahir et **se trahir** v. (conjug. 16). ❶ Abandonner, tromper la confiance de quelqu'un. *Il a trahi ses amis. Le voleur a trahi ses complices.* SYN. **livrer.** ❷ Abandonner en passant à l'ennemi. *Trahir son pays.* ❸ Révéler ce qui aurait dû rester caché. *Trahir un secret.* ❹ Faire subitement défaut à quelqu'un. *Ses forces l'ont trahi.* ◆ **se trahir.** Laisser apparaître malgré soi ce que l'on voulait tenir secret. *Elle s'est trahie en rougissant.*

▸ **trahison** n.f. Action de trahir son pays, son parti ou ses amis. *Ce militaire a été accusé de trahison.*

1. **train** n.m. ❶ Suite de wagons tirés par une locomotive. *Un train de voyageurs; un train de marchandises. Nous avons pris le train pour aller à Lyon.* ❷ **Train de péniches,** suite de péniches remorquées. ❸ **Train d'atterrissage,** ensemble des roues d'un avion qui lui permettent d'atterrir. *Le pilote a sorti le train d'atterrissage.*

2. **train** n.m. ❶ Allure, vitesse. *À ce train-là, nous n'aurons jamais fini à temps.* ❷ **Être en train de faire quelque chose,** être occupé à faire cette chose. *Kien est en train de faire ses devoirs.* ❸ **Train de vie,** ensemble des dépenses courantes d'une personne. *Ils devraient réduire leur train de vie.*

traînard, e n. Mot familier. Personne qui reste en arrière d'un groupe qui avance. *Dépêchez-vous, les traînards !*

● La nouvelle orthographe permet d'écrire aussi **trainard,** sans accent circonflexe.

▸▸▸ Mot de la famille de **traîner.**

traînasser v. (conjug. 3). Mot familier. Agir avec lenteur. *Si tu traînasses, tu seras en retard.*

● On peut aussi dire **traînailler.**

– La nouvelle orthographe permet d'écrire aussi **trainasser** et **trainailler,** sans accent circonflexe.

▸▸▸ Mot de la famille de **traîner.**

traîne n.f. ❶ Partie d'une robe, d'un manteau qui traîne à terre. *La traîne de la mariée est très longue.* ❷ **Être à la traîne,** ne pas réussir à suivre le même rythme que les autres. *Dépêche-toi, tu es à la traîne.*

● La nouvelle orthographe permet d'écrire aussi **traine,** sans accent circonflexe.

▸▸▸ Mot de la famille de **traîner.**

traîneau n.m. Véhicule qui glisse sur la neige. *Un traîneau tiré par des chiens.*

● Au pluriel : des **traîneaux.**

– La nouvelle orthographe permet d'écrire aussi **traineau,** sans accent circonflexe.

▸▸▸ Mot de la famille de **traîner.**

un **traîneau**

traînée n.f. Longue trace. *L'avion a laissé une traînée blanche dans le ciel.*

● La nouvelle orthographe permet d'écrire aussi **trainée,** sans accent circonflexe.

▸▸▸ Mot de la famille de **traîner.**

traîner v. (conjug. 3). ❶ Tirer derrière soi. *L'âne traînait une carriole.* ❷ Pendre jusqu'à terre. *Ton écharpe traîne par terre.* ❸ Durer trop longtemps. *La réunion a traîné.* SYN. **s'éterniser.** ❹ Être posé en désordre. *Ses affaires traînent dans le salon.* ❺ Se mettre en retard. *Ne traînez pas, rentrez tout de suite !* SYN. **s'attarder.**

● La nouvelle orthographe permet d'écrire aussi **trainer,** sans accent circonflexe.

train-train n.m. invar. Ensemble des occupations qui se répètent chaque jour. *Il ne supporte plus le train-train quotidien.* SYN. **routine.**

● La nouvelle orthographe permet d'écrire aussi un **traintrain,** des **traintrains,** avec un **s** et sans trait d'union.

traire v. (conjug. 77). Tirer le lait des pis d'une vache, d'une chèvre ou d'une brebis en les pressant.

trait n.m. ❶ Petite ligne. *Tracer un trait avec une règle.* ❷ **Trait d'union,** petit tiret qui relie plusieurs mots. *« Arc-en-ciel » s'écrit avec deux traits d'union.* ❸ Caractéristique d'une personne, d'une chose. *Ces deux situations présentent des traits communs.*

SYN. **caractère.** ❹ **Avoir trait à quelque chose,** s'y rapporter. *Papi s'intéresse à tout ce qui a trait au chemin de fer.* ❺ **D'un trait,** d'un seul coup, sans s'arrêter. *J'ai vidé mon verre d'un trait.* ❻ **Animal de trait,** animal employé pour tirer des charges. *Un cheval de trait.* ◆ n.m. plur. Lignes qui forment le visage. *Marie a les traits fins.*

traitant, e adj. **Médecin traitant,** médecin qui soigne habituellement une personne.
►►► Mot de la famille de **traiter.**

1. **traite** n.f. Action de traire. *La traite des vaches s'effectue deux fois par jour.*
►►► Mot de la famille de **traire.**

2. **traite** n.f. ❶ Trafic qui consistait à acheter et à vendre des êtres humains. *La traite des esclaves noirs fut pratiquée jusqu'au 19e siècle.* ❷ Papier qui indique la somme qu'un débiteur doit payer à une certaine date.

3. **traite** n.f. **D'une traite, d'une seule traite,** sans s'arrêter. *Nous avons fait le trajet d'une seule traite.*

traité n.m. ❶ Ouvrage qui traite d'une matière particulière. *Un traité d'astronomie.* ❷ Accord passé entre des pays. *Les deux États ont signé un traité de paix.* SYN. **pacte.**
►►► Mot de la famille de **traiter.**

traitement n.m. ❶ Manière d'agir avec une personne ou un animal. *Ce chien a subi des mauvais traitements.* ❷ Ensemble de soins destinés à guérir une maladie. *Le médecin lui a prescrit un nouveau traitement.* ❸ Ensemble des opérations que l'on fait subir à une matière. *Le traitement du minerai de fer.* ❹ **Traitement de texte,** programme informatique qui permet de saisir un texte sur ordinateur, de le mettre en forme et de le corriger.
►►► Mot de la famille de **traiter.**

traiter v. (conjug. 3). ❶ Agir de telle manière avec une personne, un animal. *Ses parents le traitent sévèrement.* ❷ Soigner. *Le médecin lui a prescrit des médicaments pour traiter son allergie.* ❸ Donner un nom déplaisant à quelqu'un. *Il l'a traité d'imbécile.* ❹ Soumettre à une action pour transformer ou protéger. *Traiter les déchets. Traiter une plante contre les maladies.* ❺ Soumettre une information à un programme informatique. *L'ordinateur traite les résultats d'une enquête.* ❻ Négocier en vue de conclure un accord. *Les diplomates sont chargés de traiter avec les gouvernements étrangers.* ❼ Avoir pour sujet. *Ce livre traite de chimie.*

► **traiteur** n.m. Personne qui prépare et vend des plats qu'il livre à domicile ou que l'on peut emporter chez soi.

traître, traîtresse n. ❶ Personne qui trahit. *Les traîtres ont été punis.* ❷ **En traître,** de manière sournoise. *Attaquer quelqu'un en traître.* ◆ adj. ❶ Qui est capable de trahir, de tromper. *Un homme traître à sa patrie.* ❷ **Pas un traître mot,** pas un seul mot. *Je n'ai pas compris un traître mot de ce qu'il a dit.* → Vois aussi **vendu.**
● La nouvelle orthographe permet d'écrire aussi **traitre, traitresse,** sans accent circonflexe.
►►► Mot de la famille de **trahir.**

traîtrise n.f. Caractère, comportement d'une personne traître, déloyale. *Il a avoué sa traîtrise.* SYN. **perfidie.** CONTR. **loyauté.**
● La nouvelle orthographe permet d'écrire aussi **traitrise,** sans accent circonflexe.
►►► Mot de la famille de **trahir.**

trajectoire n.f. Chemin suivi par un objet en mouvement. *Observer la trajectoire d'une balle.*

trajet n.m. Distance à parcourir entre deux lieux. *J'ai fait le trajet en train.* SYN. **chemin, itinéraire, parcours.**

trame n.f. ❶ Ensemble des fils d'un tissu tissés dans le sens de la largeur. ❷ **Trame d'un récit, d'une histoire,** déroulement des événements. *Quelle est la trame de ce film ?*

► **tramer** et **se tramer** v. (conjug. 3). Préparer en secret. *Tramer un complot.* ◆ **se tramer**. Être préparé en secret. *Il se trame quelque chose.* → Vois aussi **comploter, fomenter, manigancer, ourdir.**

tramontane n.f. Vent du nord qui souffle dans le sud de la France. → Vois aussi **mistral.**

trampoline n.m. Grande toile tendue sur des ressorts et sur laquelle on fait des sauts.

tramway n.m. Chemin de fer électrique, qui permet de se déplacer dans une ville. → Vois aussi **trolleybus.**
● C'est un mot anglais, on prononce [tramwɛ].
– On emploie souvent l'abréviation familière **tram.**

1. **tranchant, e** adj. ❶ Qui coupe. *Un couteau, des ciseaux sont des instruments tranchants.* ❷ Qui n'admet aucune réplique,

un **transatlantique**

aucune objection. *Répondre d'un ton tranchant.* SYN. **péremptoire.**
▸▸▸ Mot de la famille de **trancher.**

2. **tranchant** n.m. Partie coupante d'un instrument. *Le tranchant d'un couteau.*
▸▸▸ Mot de la famille de **trancher.**

tranche n.f. Morceau coupé assez mince. *Une tranche de jambon.*
▸▸▸ Mot de la famille de **trancher.**

tranché, e adj. **Opinion tranchée,** nette et précise. *Elle a des opinions tranchées sur l'éducation.* SYN. **arrêté.**

tranchée n.f. ❶ Trou long et étroit creusé dans le sol. *On a placé les canalisations dans des tranchées.* ❷ Fossé dans lequel des soldats s'abritent. *Pendant la Première Guerre mondiale, les soldats ont vécu dans des tranchées.*
▸▸▸ Mot de la famille de **trancher.**

des soldats dans une **tranchée**

trancher v. (conjug. 3). ❶ Couper d'un seul coup. *Trancher une corde d'un coup d'épée.* SYN. **sectionner.** ❷ Prendre une décision catégorique. *Comme ils ne parvenaient pas à se mettre d'accord, le maître a tranché.* ❸ Former un contraste. *Les rayures orange tranchent sur le fond noir.* SYN. **contraster avec, s'opposer à, ressortir sur.**

tranquille adj. ❶ Où il n'y a pas de bruit. *Nous habitons un quartier tranquille.* SYN. **calme, paisible.** CONTR. **bruyant.** ❷ Qui ne s'agite pas, qui est sage. *Un enfant tranquille.* SYN. **paisible.** *Tiens-toi tranquille !* ❸ Qui est sans inquiétude. *Tout ira bien, soyez tranquille.* CONTR. **anxieux.** ❹ **Laisser quelqu'un tranquille,** ne pas l'ennuyer, ne pas le taquiner.

▸ **tranquillement** adv. ❶ Avec calme, sans faire de bruit. *Les enfants jouent tranquillement dans leur chambre.* SYN. **paisiblement, sagement.** ❷ Sans inquiétude. *Elle a attendu tranquillement son tour.* SYN. **calmement.** CONTR. **anxieusement.**

▸ **tranquillisant** n.m. Médicament qui calme l'angoisse, l'anxiété. SYN. **calmant.**

▸ **tranquilliser** et **se tranquilliser** v. (conjug. 3). Rendre la tranquillité à quelqu'un. *Téléphone à ta mère pour la tranquilliser.* SYN. **rassurer, sécuriser.** ◆ **se tranquilliser.** Cesser d'être inquiet. *Tranquillisez-vous, ce n'est pas grave.* SYN. **se rassurer.** CONTR. **s'inquiéter.**

▸ **tranquillité** n.f. ❶ Absence de bruit, d'agitation. *Apprécier la tranquillité d'un lieu.* ❷ État d'une personne qui n'est pas inquiète. *Il a accueilli cette nouvelle avec une grande tranquillité.* SYN. **calme.** CONTR. **nervosité.**

transaction n.f. Accord conclu entre un acheteur et un vendeur. *Une transaction immobilière.*

transat n.m. Chaise longue pliante en toile. *Elle se reposait dans un transat.*
● On prononce le **t** final.

transatlantique adj. et n.f. **Course transatlantique,** ou **la transatlantique,** course de voiliers qui traversent l'océan Atlantique. ◆ n.m. Paquebot qui traverse l'Atlantique.

● Lorsqu'on parle de la course de voiliers, on peut aussi dire une **transat**.

transcription n.f. **Transcription phonétique,** notation de la prononciation d'un mot en alphabet phonétique.

▸▸▸ Mot de la famille de **transcrire**.

transcrire v. (conjug. 62). Écrire un mot dans un alphabet différent. *Transcrire un mot grec en caractères latins.*

transe n.f. **Être en transe,** être très agité, être hors de soi sous l'effet d'une émotion intense. *Les spectateurs étaient en transe.*

transférer v. (conjug. 9). Transporter d'un lieu dans un autre ; changer de place. *Transférer un prisonnier. Le magasin a été transféré dans une autre rue.*

▸ **transfert** n.m. Action de transférer. *Le transfert d'un prisonnier. Un transfert de fonds.*

transfigurer v. (conjug. 3). Donner une nouvelle apparence, un nouvel éclat. *La joie l'a transfiguré.*

transformateur n.m. Appareil qui sert à changer la tension du courant électrique.

▸▸▸ Mot de la famille de **transformer**.

transformation n.f. ❶ Action de transformer; fait de se transformer. *La transformation de l'eau en vapeur. La transformation de la société.* SYN. **évolution.** ❷ Changement complet de forme. *La transformation de la chenille en papillon.* SYN. **métamorphose.** ❸ Changement, aménagement que l'on fait dans un lieu. *Nous avons fait des transformations dans notre appartement.*

▸▸▸ Mot de la famille de **transformer**.

transformer et **se transformer** v. (conjug. 3). ❶ Donner un autre aspect, une autre forme. *Maman a transformé le salon.* SYN. **changer, modifier.** ❷ Changer l'apparence, le caractère de quelqu'un. *Cette rencontre l'a transformé.* SYN. **métamorphoser.** ❸ **Transformer un essai,** au rugby, envoyer le ballon d'un coup de pied entre les poteaux de but, au-dessus de la barre. ◆ **se transformer**. Changer d'aspect, de caractère. *Le têtard se transforme en grenouille.* SYN. **se métamorphoser.**

transfusion n.f. Injection, dans les veines d'un malade ou d'un blessé, du sang d'une autre personne. → Vois aussi **perfusion**.

transgresser v. (conjug. 3). Ne pas respecter une règle, désobéir à un ordre. *Transgresser une loi.* SYN. **enfreindre, violer.**

transhumance n.f. Déplacement des troupeaux dans les pâturages de haute montagne. *La transhumance a lieu au début de l'été.*

transi, e adj. Paralysé, engourdi par le froid. *Je suis transie.* SYN. **gelé.**

transiger v. (conjug. 5). Faire des concessions réciproques. *Les deux pays ont transigé pour aboutir à un accord de paix. Maman ne transige pas sur la politesse.*

▸▸▸ Mot de la même famille : **intransigeant**.

transistor n.m. ❶ Petit poste de radio portatif. ❷ Composant électronique d'un ordinateur, d'un poste de radio.

transit n.m. **Être en transit,** passer par un lieu sans y séjourner, avant de repartir pour une autre destination. *Les passagers en transit dans un aéroport ne passent pas à la douane.*

● On prononce le **t** final.

▸ **transiter** v. (conjug. 3). Être en transit. *Les passagers de ce vol transitent par Zurich.*

transitif, ive adj. **Verbe transitif,** qui peut avoir un complément d'objet. *« Offrir » est un verbe transitif.* CONTR. **intransitif.**

transition n.f. ❶ Moment intermédiaire qui marque le passage d'un état à un autre. *L'adolescence fait la transition entre l'enfance et l'âge adulte.* ❷ **Sans transition,** brusquement. *Passer sans transition du rire aux larmes.*

transitoire adj. Qui ne dure pas. *Une situation transitoire.* SYN. **momentané, provisoire.** CONTR. **durable.**

translucide adj. Qui laisse passer la lumière mais ne permet pas de distinguer les objets à travers. *Les parois de la cabine de douche sont en verre translucide.* SYN. **dépoli.** CONTR. **opaque.**

transmettre et **se transmettre** v. (conjug. 51). ❶ Laisser à ses descendants ou aux nouvelles générations. *Transmettre un usage à ses enfants.* ❷ Faire passer à une autre personne. *J'ai un message à vous transmettre.* ❸ Faire passer d'un endroit à un autre. *L'air transmet les sons.* ◆ **se transmettre.** Passer d'une personne à une autre. *La grippe se transmet facilement.*

a b c d e f g h i j k l m n o p q r s t u v w x y z

a b c d e f g h i j k l m n o p q r s t u v w x y z

▶ **transmissible** adj. Qui peut se transmettre. *Le sida est une maladie sexuellement transmissible.*

▶ **transmission** n.f. ❶ Action, fait de transmettre. *La transmission d'un héritage.* ❷ Propagation d'un phénomène physique. *La transmission du son, de la lumière.* ❸ **Transmission de pensée,** télépathie.

transparaître v. (conjug. 73). Se manifester, être visible. *Sa déception transparaissait sur son visage.* SYN. **apparaître.**
● La nouvelle orthographe permet d'écrire aussi **transparaitre,** sans accent circonflexe.

transparence n.f. Fait d'être transparent. *La transparence de l'eau de cette cascade est étonnante.* SYN. **limpidité.**
▸▸▸ Mot de la famille de **transparent.**

transparent, e adj. Qui se laisse traverser par la lumière et permet de voir les objets à travers son épaisseur. *Le cristal est transparent.* CONTR. **opaque.** → Vois aussi **translucide.**

transpercer v. (conjug. 4). ❶ Percer de part en part. *L'épée lui a transpercé la poitrine.* SYN. **perforer.** ❷ Passer à travers. *La pluie transperce mes vêtements.* SYN. **traverser.**

transpiration n.f. Élimination de la sueur ; la sueur elle-même. *J'ai chaud, je suis en transpiration.*
▸▸▸ Mot de la famille de **transpirer.**

transpirer v. (conjug. 3). ❶ Éliminer de la sueur par les pores de la peau. *Quand on a de la fièvre, on transpire.* SYN. **suer.** ❷ Être divulgué. *La nouvelle a transpiré.*

transplantation n.f. Action de transplanter une plante, un organe. *Une transplantation cardiaque.* SYN. **greffe.**
▸▸▸ Mot de la famille de **planter.**

transplanter v. (conjug. 3). ❶ Déterrer une plante, un arbre pour les replanter ailleurs. *Papi a transplanté de jeunes peupliers.* ❷ Prélever un organe sain sur une personne pour le greffer sur un malade. *Transplanter un rein.* SYN. **greffer.**
▸▸▸ Mot de la famille de **planter.**

transport n.m. Déplacement de choses ou de personnes d'un lieu vers un autre; manière de les transporter. *Le meuble a été endommagé pendant le transport. La voiture, le train, l'avion sont des moyens de transport.* SYN. **locomotion.** ◆ n.m. plur. Véhicules utilisés pour acheminer des personnes ou des marchandises. *Les transports en commun.*
▸▸▸ Mot de la famille de **transporter.**

transporter v. (conjug. 3). ❶ Emporter des choses, emmener des personnes d'un lieu à un autre. *On a transporté le blessé en civière.* ❷ Faire naître un sentiment très fort chez une personne. *Cette nouvelle m'a transporté de joie.*

▶ **transporteur** n.m. Chauffeur professionnel qui transporte des marchandises ou des personnes. *Un transporteur routier.*

transposer v. (conjug. 3). Placer dans un autre lieu, dans un autre contexte, à une autre époque. *Transposer une tragédie de Shakespeare à notre époque.*

transvaser v. (conjug. 3). Verser un liquide d'un récipient dans un autre. *Transvaser du vin d'un tonneau dans des bouteilles.*

transversal, e, aux adj. Qui coupe quelque chose en travers. *Une rue transversale.*
● Au masculin pluriel : **transversaux.**

trapèze n.m. ❶ Figure géométrique qui a quatre côtés, dont deux sont parallèles. ❷ Appareil de gymnastique fait d'une barre de bois horizontale suspendue à deux cordes. *Les artistes de cirque font des sauts périlleux au trapèze.*

▶ **trapéziste** n. Acrobate spécialiste des exercices au trapèze.

des trapézistes

trappe n.f. ❶ Panneau mobile bouchant l'ouverture d'un plancher ou d'un plafond. *Pour monter au grenier, il faut soulever une trappe.* ❷ Piège pour animaux, généralement fait d'un trou recouvert de branchages.
● Ce mot s'écrit avec deux **p.**

▶ **trappeur** n.m. Chasseur d'Amérique du Nord qui prend au piège les animaux à fourrure et vend leur peau.

trapu, e adj. Qui est petit, large d'épaules et vigoureux. *Un homme trapu.* CONTR. **élancé, svelte.** → Vois aussi **râblé.**

traquenard n.m. Piège soigneusement préparé. *Les bandits sont tombés dans un traquenard.* SYN. **guet-apens, souricière.**
→ Vois aussi **embuscade.**

traquer v. (conjug. 3). Poursuivre sans relâche. *Les chasseurs traquaient le gibier.* SYN. **pourchasser.**

traumatiser v. (conjug. 3). Causer un choc physique ou moral violent qui laisse des traces profondes dans l'esprit d'une personne. *Cette agression l'a complètement traumatisée.*

▶ **traumatisme** n.m. Ensemble de troubles causés par un choc physique ou affectif. *Dans l'accident, le passager a eu un traumatisme crânien. Les traumatismes de la guerre.*

travail n.m. ❶ Activité qui permet de gagner sa vie. *Mon oncle a trouvé du travail.* SYN. **emploi.** ❷ Activité accomplie en vue d'obtenir un certain résultat. *La réalisation de la maquette a demandé des heures de travail.* ❸ Ce qui a été fait. *L'inondation a anéanti tout le travail du jardinier.* ◆ **travaux** n.m. plur. Opérations nécessaires à l'entretien, à la réparation ou à la construction d'un édifice, d'une route, etc. *La rue est fermée pendant les travaux. Nos voisins font des travaux dans leur appartement.*
● Au pluriel : des **travaux.**

▶ **travailler** v. (conjug. 3). ❶ Exercer une activité professionnelle, un métier. *Maman travaille dans une banque.* ❷ Fournir un travail. *Baptiste travaille bien en classe.* ❸ Étudier, s'entraîner à. *Le pianiste travaille un morceau. Le nageur travaille ses battements.* ❹ Donner une forme, une consistance particulière à une matière. *Travailler une pâte.* SYN. **pétrir.** ❺ Se déformer. *La poutre a travaillé, elle est toute tordue.*

▶ **travailleur, euse** adj. Qui travaille beaucoup, qui aime le travail. *Anne est très travailleuse.* CONTR. **paresseux.** ◆ n. Personne qui vit de son salaire, spécialement dans l'industrie. *Les travailleurs de l'usine sont répartis en équipes.*

travée n.f. ❶ Rangée de sièges alignés les uns derrière les autres. *Au cinéma, je m'assois toujours dans la travée centrale.* ❷ Espace compris entre deux points d'appui principaux d'une construction. *Les travées d'un pont.*

travers n.m. ❶ **À travers,** en traversant l'étendue ou l'épaisseur de quelque chose. *Nous avons marché à travers la campagne. Il nous regarde à travers la vitre.* ❷ **Au travers,** en traversant une matière, une épaisseur. *Mon blouson n'est pas imperméable, la pluie passe au travers.* ❸ **De travers,** qui n'est pas droit; qui est dans le mauvais sens. *Le clou est planté de travers. Tu as mis ta casquette de travers.* ❹ **Comprendre de travers,** mal comprendre. ❺ **En travers de,** dans le sens de la largeur. *Le camion est arrêté en travers de la route.*

▶ **travers** n.m. Petit défaut un peu ridicule. *Ils se moquent des travers de leur cousin.*

traverse n.f. ❶ Chacune des barres de bois ou de métal sur lesquelles les rails de chemin de fer sont fixés. ❷ Pièce de bois perpendiculaire à l'élément principal. *La traverse d'une béquille.* ❸ **Chemin de traverse,** chemin plus direct et plus court que la route normale. SYN. **raccourci.**

traversée n.f. Action de traverser un lieu, une mer, un fleuve, etc. *La traversée d'une ville; la traversée du Sahara. La traversée du fleuve se fait par un bac.*
▶▶▶ Mot de la famille de **traverser.**

traverser v. (conjug. 3). ❶ Passer d'un côté, d'un bord à l'autre. *Je regarde à gauche et à droite quand je traverse la rue. Traverser la Manche à la nage.* ❷ Passer à travers, pénétrer. *La pluie a traversé la toile de la tente.* SYN. **transpercer.** *Le clou a traversé la planche.* ❸ Se présenter à l'esprit de façon soudaine et fugitive. *Un doute lui a traversé l'esprit.*

traversin n.m. Oreiller long et cylindrique qui occupe toute la largeur d'un lit. → Vois aussi **polochon.**

se **travestir** v. (conjug. 16). Se déguiser.

trayeuse n.f. Machine qui sert à traire les vaches.
● On prononce [trɛjøz].

trébucher v. (conjug. 3). ❶ Perdre l'équilibre en heurtant quelque chose du pied. *Il a trébuché sur une pierre et il est tombé.* SYN. **buter.** ❷ Être arrêté par une difficulté. *Rémi a trébuché sur un mot.*

trèfle n.m. ❶ Petite plante qui a trois feuilles égales et une fleur blanche, rose ou pourpre. ❷ **Trèfle à quatre feuilles,** trèfle portant anormalement quatre feuilles et qui est considéré comme un porte-bonheur. ❸ Une des quatre couleurs des cartes à jouer qui est marquée d'une feuille de trèfle noire. *L'as de trèfle.*

trèfle blanc — trèfle des prés

deux espèces de **trèfle**

treillage n.m. Assemblage de minces lattes de bois entrelacées. *Les ceps de vigne poussent parfois le long d'un treillage.*
►►► Mot de la famille de **treille.**

treille n.f. Vigne dont les rameaux sont fixés à un treillage. *Déjeuner à l'ombre de la treille.*

1. **treillis** n.m. Assemblage de fils métalliques ou de lattes de bois entrelacés. *Le jardin de grand-père est entouré d'un treillis.*
● Ce mot se termine par un **s.**

2. **treillis** n.m. Tenue militaire de combat en grosse toile. *Les soldats font leurs exercices en treillis.*
● Ce mot se termine par un **s.**

treize adj. numéral invar. Douze plus un. *Mon frère a treize ans.*

► **treizième** adj. numéral et n. Qui occupe un rang, une place marqués par le numéro treize. *J'habite au treizième étage. Elle est la treizième sur la liste.*

tréma n.m. Signe formé de deux points (¨) que l'on place sur les voyelles « e », « i » et « u » pour indiquer que la voyelle qui précède se prononce séparément. *Les mots « naïf », « Noël » et « capharnaüm » ont un tréma.*

tremblant, e adj. Qui tremble. *Anne est tremblante de fièvre.* → Vois aussi **chevrotant.**
►►► Mot de la famille de **trembler.**

tremblement n.m. ❶ Mouvement de ce qui tremble. *Léo était complètement trempé et a été pris de tremblements.* SYN. **frémissement, frisson.** ❷ **Tremblement de terre,** secousse de l'écorce terrestre. *Au Japon, il y a souvent des tremblements de terre.* SYN. **séisme.**
►►► Mot de la famille de **trembler.**

trembler v. (conjug. 3). ❶ Être agité de petits mouvements qu'on ne peut empêcher. *Marie tremble de froid.* SYN. **frissonner, grelotter.** ❷ Être agité de mouvements répétitifs, de petites vibrations. *Les marteaux piqueurs font trembler les vitres de l'immeuble.* SYN. **vibrer.** ❸ Éprouver une grande crainte. *Certains employés tremblaient de peur devant le directeur.* SYN. **frémir.** ❹ Être ébranlé par des secousses sismiques. *La terre a tremblé en Turquie.*

► **trembloter** v. (conjug. 3). Trembler légèrement. *La flamme de la bougie tremblota avant de s'éteindre.* SYN. **vaciller.**

trémolo n.m. Tremblement de la voix dû à une profonde émotion. *Elle nous a raconté son accident avec des trémolos dans la voix.*

se **trémousser** v. (conjug. 3). Bouger son corps dans tous les sens, s'agiter. *Mon frère se trémousse sur sa chaise.* SYN. **se tortiller.**
→ Vois aussi **gigoter.**

tremper v. (conjug. 3). ❶ Plonger dans un liquide. *J'ai trempé ma tartine dans un bol de lait.* ❷ Mouiller complètement. *Je suis sorti sous la pluie et je suis trempé.* ❸ Demeurer quelque temps dans l'eau. *Mettre du linge à tremper dans une cuvette.* ❹ Être mêlé à quelque chose de louche. *Il aurait trempé dans une affaire de détournement de fonds.*

tremplin n.m. Planche élastique sur laquelle on prend son élan pour sauter ou plonger. *Le tremplin d'un gymnase, d'une piscine.*
→ Vois aussi **plongeoir.**

trentaine n.f. ❶ Nombre de trente ou d'environ trente. *Nous étions une trentaine à mon anniversaire.* ❷ Âge de trente ans environ. *Elle approche de la trentaine.*
►►► Mot de la famille de **trente**.

trente adj. numéral et n.m. invar. Trois fois dix. *Sa mère a trente ans. Ouvrez votre livre page trente. Le trente du mois de juin.*

► **trentième** adj. numéral et n. Qui occupe une place, un rang marqués par le numéro trente. *Il est classé trentième à la course. Jean est le trentième de la liste.*

trépas n.m. Mot littéraire. Mort, décès d'une personne.
● Ce mot se termine par un **s**.
►►► Mot de la famille de **trépasser**.

trépasser v. (conjug. 3). Mot littéraire. Mourir, décéder. *La vieille femme a trépassé dans son sommeil.*

trépidant, e adj. Plein d'agitation. *Mener une vie trépidante.* SYN. **agité, mouvementé.**

trépidation n.f. Tremblement saccadé et continu. *Les trépidations d'un marteau piqueur.*

trépied n.m. Support ou meuble à trois pieds. *La caméra est posée sur un trépied.*

trépigner v. (conjug. 3). Taper des pieds par terre avec nervosité. *Rayan trépignait d'impatience.*

très adv. Indique un haut degré. *Mon père est très grand.* SYN. **extrêmement.** *Je suis très contente.* SYN. **parfaitement.** CONTR. **pas du tout.**

trésor n.m. ❶ Amas d'or, d'argent, d'objets précieux. *Les pirates avaient caché leur trésor dans une grotte.* ❷ Ensemble d'objets d'art. *Ce musée renferme des trésors de la peinture mondiale.*

► **trésorerie** n.f. Argent dont disposent une entreprise ou une association. *Le club de gymnastique a des difficultés de trésorerie.*

► **trésorier, ère** n. Personne qui s'occupe des comptes d'une société, d'une association.

tressaillement n.m. Vive secousse de tout le corps due à l'émotion. *En le revoyant après leur séparation, elle eut un léger tressaillement.*
►►► Mot de la famille de **tressaillir**.

tressaillir v. (conjug. 27). Avoir un mouvement involontaire de tout le corps sous l'effet de la surprise, de l'émotion. *Maman a tressailli quand le téléphone a sonné.* SYN. **sursauter.**

tresse n.f. Coiffure faite avec trois mèches de cheveux que l'on entrelace. *Charlotte s'est fait des tresses.* SYN. **natte.**

► **tresser** v. (conjug. 3). ❶ Entrelacer des cheveux, des fils, des brins, etc., pour faire une tresse. *Charlotte a tressé ses cheveux.* ❷ Fabriquer un objet en entrelaçant des fils ou des brins. *L'artisan tresse des paniers en osier.*

tréteau n.m. Support vertical à quatre pieds servant à soutenir une planche, un plancher.
● Au pluriel : des **tréteaux**.

treuil n.m. Cylindre sur lequel s'enroule une corde et qui permet de soulever de lourdes charges.

un **treuil**

trêve n.f. ❶ Arrêt momentané des combats. *Les deux pays en guerre ont observé une trêve.* SYN. **cessez-le-feu.** ❷ **Sans trêve,** sans un moment de répit. *Travailler sans trêve.* SYN. **sans relâche.**
● Le premier **e** prend un accent circonflexe.

tri- préfixe. Placé au début d'un mot, **tri-** signifie « trois » : *tricentenaire, tricolore, trilingue.*

tri n.m. ❶ Action ou manière de trier. *J'ai fait le tri de mes vêtements et j'en ai donné un plein sac.* ❷ **Tri sélectif,** séparation et récupération des déchets selon leur nature. *Le tri sélectif permet de recycler des matériaux et de préserver l'environnement.*
►►► Mot de la famille de **trier**.

triage n.m. **Gare de triage,** gare où l'on sépare et regroupe les wagons de différents trains de marchandises pour former de nouveaux convois.
►►► Mot de la famille de **trier**.

triangle n.m. ❶ Figure géométrique qui a trois côtés. ❷ Instrument de musique fait d'une tige en acier repliée en triangle, que l'on frappe avec une baguette. → Vois aussi **équilatéral, isocèle.**

a b c d e f g h i j k l m n o p q r s t u v w x y z

▸ **triangulaire** adj. Qui a la forme d'un triangle. *Un panneau de signalisation triangulaire.*

tribord n.m. Côté droit d'un bateau quand on regarde vers l'avant. *Navire en vue à tribord !* CONTR. **bâbord.**

tribu n.f. Groupe de familles issues du même ancêtre, dirigées par le même chef et partageant les mêmes croyances religieuses. *Les Indiens d'Amérique vivaient en tribus.*

● Ne confonds pas avec un **tribut.**

tribulations n.f. plur. Série d'aventures inattendues et parfois périlleuses. *Il nous a raconté ses tribulations en Australie.*

tribunal n.m. ❶ Ensemble des magistrats chargés de rendre la justice. *Le tribunal rend son verdict à la fin du procès.* ❷ Endroit où les magistrats rendent la justice. *Le prévenu est convoqué au tribunal.*

● Au pluriel : des **tribunaux.**

tribune n.f. ❶ Estrade réservée aux personnes qui parlent au public. *L'orateur est monté à la tribune.* ❷ Dans un stade, espace couvert muni de gradins pour les spectateurs d'une épreuve sportive.

tribut n.m. Autrefois, redevance, contribution payée à un seigneur ou à un pays.

● Ne confonds pas avec une **tribu.**

▸ **tributaire** adj. Qui dépend d'une autre personne ou d'une autre chose. *Les pays qui vivent du tourisme sont tributaires de l'étranger.* SYN. **dépendant.**

triche n.f. Mot familier. Fait de tricher au jeu. SYN. **tricherie.**

▸▸▸ Mot de la famille de **tricher.**

tricher v. (conjug. 3). ❶ Violer les règles du jeu pour gagner. *Je ne jouerai plus jamais avec toi si tu triches.* ❷ Enfreindre certaines règles; agir malhonnêtement. *Tricher à un examen.* SYN. **frauder.**

▸ **tricherie** n.f. ❶ Fait de tricher. *Gagner par tricherie, ce n'est pas gagner.* ❷ Acte commis en trichant, en trompant quelqu'un. SYN. **fraude.** → Vois aussi **triche.**

▸ **tricheur, euse** n. Personne qui triche. *Je ne joue pas avec des tricheurs.* → Vois aussi **fraudeur.**

tricolore adj. ❶ Qui a trois couleurs. *Une fleur tricolore.* ❷ Qui est aux couleurs de la France. *Le drapeau tricolore.* → Vois aussi **bicolore, multicolore.**

▸▸▸ Mot de la famille de **couleur.**

tricot n.m. ❶ Action de tricoter. *Mamie fait du tricot.* ❷ Ouvrage que l'on tricote. *Elle a apporté son tricot.* ❸ Vêtement tricoté qui couvre le haut du corps. SYN. **cardigan, gilet, pull-over.**

▸▸▸ Mot de la famille de **tricoter.**

tricoter v. (conjug. 3). Réaliser une étoffe souple avec de longues aiguilles en entrelaçant des mailles de laine ou de coton. *Mamie m'a tricoté un pull.*

tricycle n.m. Vélo d'enfant à trois roues. *Mon petit frère fait du tricycle dans le parc.*

● Ce mot s'écrit avec un **y** après le premier **c.**

trident n.m. Fourche à trois dents. *Les Romains représentaient Neptune, le dieu de la Mer, avec un trident à la main.*

Neptune et son trident (mosaïque)

trier v. (conjug. 7). ❶ Classer des choses selon certains critères. *Trier du linge en séparant le blanc de la couleur.* ❷ Sélectionner en mettant à part tout ce que l'on veut garder. *Maman a trié les photos pour faire des albums.*

trilingue adj. Qui parle trois langues couramment. *L'interprète est trilingue, elle parle français, anglais et allemand.* → Vois aussi **bilingue, polyglotte.**

trille n.m. Battement rapide et continu sur deux notes voisines. *Les trilles d'un merle.*

● Nom du genre masculin : **un trille.**

trimaran n.m. Voilier à trois coques parallèles. → Vois aussi **catamaran.**

trimbaler v. (conjug. 3). Mot familier. Transporter, traîner partout avec soi. *Il a trimbalé sa grosse valise pendant tout le voyage.*

● On peut aussi écrire **trimballer.**

trimer v. (conjug. 3). Mot familier. Travailler dur. *Il a trimé toute sa vie.*

trimestre n.m. Période de trois mois. *Il y a quatre trimestres dans une année.* → Vois aussi **semestre.**

▶ **trimestriel, elle** adj. Qui a lieu, qui paraît tous les trois mois. *Une réunion trimestrielle; un bulletin trimestriel.*

tringle n.f. Tige rigide qui sert à suspendre un rideau, une tenture, des cintres.

trinquer v. (conjug. 3). Cogner légèrement son verre contre ceux des autres avant de boire. *Nous avons trinqué à la santé de grand-père.*

trio n.m. ❶ Morceau de musique pour trois instruments ou trois voix. *Exécuter un trio.* ❷ Groupe de trois personnes. *Julie, Bastien et Mariam forment un joyeux trio.* → Vois aussi **duo, solo.**

triomphal, e, aux adj. Marqué par des acclamations. *L'actrice française a reçu un accueil triomphal.* SYN. **enthousiaste.**

● Au masculin pluriel : **triomphaux.**

▶▶▶ Mot de la famille de **triomphe.**

triomphant, e adj. Qui exprime la fierté, la joie du succès. *Le vainqueur de la compétition saluait la foule d'un air triomphant.*

▶▶▶ Mot de la famille de **triomphe.**

triomphe n.m. ❶ Très grand succès, victoire éclatante. *Son dernier film a été un triomphe.* SYN. **réussite.** CONTR. **échec.** *Le candidat a remporté un triomphe aux élections.* CONTR. **défaite.** ❷ **Porter en triomphe,** porter quelqu'un sur les épaules pour le faire acclamer.

▶ **triompher** v. (conjug. 3). ❶ Être le vainqueur d'une compétition. *Le skieur norvégien a triomphé de ses adversaires aux jeux Olympiques.* SYN. **l'emporter sur, vaincre.** ❷ Venir à bout de quelque chose. *Les explorateurs ont triomphé de toutes les difficultés.* SYN. **maîtriser, surmonter.** ❸ Manifester sa joie d'avoir réussi. *Sébastien a eu une bonne note mais il n'y a pas de quoi triompher !* SYN. **exulter.** → Vois aussi **pavoiser.**

tripes n.f. plur. Morceaux d'estomac et d'intestins de ruminants, accommodés pour être mangés. *Des tripes à la mode de Caen.*

triple adj. Qui est répété trois fois. *Faire une photocopie en triple exemplaire.* ◆ n.m. Quantité qui est égale à trois fois une autre. *Soixante est le triple de vingt.*

▶ **tripler** v. (conjug. 3). Multiplier par trois; être multiplié par trois. *Les prix ont triplé en dix ans.*

▶ **triplés, ées** n. plur. Groupe de trois enfants nés lors d'un même accouchement.

tripoter v. (conjug. 3). Mot familier. Toucher sans arrêt. *Arrête de tripoter tes cheveux !* → Vois aussi **triturer.**

trique n.f. Bâton épais utilisé pour frapper. *Recevoir un coup de trique.* → Vois aussi **gourdin, massue, matraque.**

trisomique adj. et n. Qui est atteint d'une anomalie génétique donnant un nombre trop grand de chromosomes. *Les enfants trisomiques apprennent plus lentement que les autres.*

triste adj. ❶ Qui a de la peine, du chagrin. *Simon est triste à l'idée de quitter ses amis.* SYN. **désolé, malheureux.** CONTR. **content, heureux, ravi.** ❷ Qui fait de la peine, qui donne envie de pleurer. *La fin du film est triste.* CONTR. **gai.** ❸ Qui inspire de la tristesse. *Ce temps pluvieux est triste.* SYN. **maussade, morne.**

▶▶▶ Mot de la même famille : **attrister.**

▶ **tristement** adv. Avec tristesse. *Mamie nous regarde partir tristement.* CONTR. **gaiement, joyeusement.**

▶ **tristesse** n.f. Ce qu'éprouve une personne qui a du chagrin. *Ce deuil nous a causé une profonde tristesse.* SYN. **douleur, peine.** CONTR. **gaieté, joie.**

triton n.m. Petit animal des mares et des étangs, au corps allongé et à la queue aplatie, qui ressemble un peu à une salamandre.

● Le triton est un amphibien.

un triton

triturer v. (conjug. 3). ❶ Réduire une substance en petits morceaux en l'écrasant. *Les dents triturent les aliments.* ❷ Tordre, tirer en tous sens entre ses doigts. *Marine*

a b c d e f g h i j k l m n o p q r s t u v w x y z

triturait nerveusement sa serviette. → Vois aussi **broyer, tripoter.**

trivial, e, aux adj. Vulgaire, grossier. *Faire des jeux de mots triviaux.* SYN. **indécent, obscène.**

● Au masculin pluriel : **triviaux.**

troc n.m. Échange d'un objet contre un autre, sans que l'on utilise d'argent. *Jonathan a fait du troc avec Aziz, il lui a échangé sa montre contre un ballon de football.*

● On prononce le **c.**

troglodyte n.m. Personne qui habite une grotte ou une maison creusée dans la roche. *Les troglodytes du Cher.*

● Ce mot s'écrit avec un **y.**

▸ **troglodytique** adj. Relatif aux troglodytes. *Les villages troglodytiques du Val de Loire.*

● On peut aussi dire **troglodyte.**

trognon n.m. Ce qui reste de certains fruits ou de certains légumes quand on en a enlevé la partie comestible. *Un trognon de pomme ; un trognon de chou.*

troïka n.f. En Russie, grand traîneau tiré par trois chevaux placés les uns à côté des autres.

● Le **i** prend un tréma.

trois adj. numéral et n.m. invar. Deux plus un. *Les trois Rois mages. Le tome trois d'un roman. J'habite au trois de la rue du Moulin.*

▸ **troisième** adj. numéral et n. ❶ Qui occupe un rang, une place marqués par le numéro trois. *C'est la troisième fois que je te le dis. Il est classé troisième. Vous êtes la troisième sur ma liste.* ❷ **Troisième âge,** période de la vie où une personne cesse d'exercer un métier. ◆ n.f. Classe de la dernière année du collège. *Mon cousin est en troisième.*

trois-mâts n.m. invar. Voilier à trois mâts.

● Le **a** prend un accent circonflexe. Ce mot composé ne change pas au pluriel : des **trois-mâts.**

un **trois-mâts**

trolleybus n.m. Véhicule électrique monté sur pneus, relié à deux fils électriques aériens par deux perches, qui sert au transport urbain. → Vois aussi **tramway.**

● Ce mot s'écrit avec deux **l** et un **y.** – On emploie souvent l'abréviation **trolley.**

trombe n.f. ❶ **Trombe d'eau,** averse abondante et violente. *Il est tombé des trombes d'eau toute la nuit.* ❷ **En trombe,** à toute allure. *L'automobiliste a démarré en trombe.*

trombone n.m. ❶ Sorte d'agrafe faite d'un fil de fer ou de plastique recourbé sur lui-même et qui sert à attacher plusieurs feuilles de papier ensemble. ❷ Instrument de musique à vent muni d'une partie qui coulisse ou de pistons.

● Nom des musiciens : un ou une **tromboniste.**

un **trombone**

trompe n.f. ❶ Prolongement du nez ou de la bouche, chez certains mammifères et certains insectes. *L'éléphant se sert de sa trompe pour boire et s'asperger. Les papillons aspirent le nectar des fleurs avec leur trompe.* ❷ Cor de chasse.

trompe-l'œil n.m. invar. Peinture décorative qui donne l'apparence de la réalité. *On peint des fenêtres en trompe-l'œil sur certains immeubles.*

● Ce mot composé ne change pas au pluriel : des **trompe-l'œil.**

▸▸▸ Mot de la famille de **tromper.**

une peinture murale en **trompe-l'œil**

tromper et **se tromper** v. (conjug. 3). ❶ Abuser de la confiance d'une personne en lui faisant croire des choses fausses. *Le vendeur nous a trompés.* SYN. **berner.** ❷ Être infidèle à une personne. *Il trompe sa femme.* ❸ Échapper à une surveillance. *Le détenu a trompé la vigilance des gardiens.* ◆ **se tromper.** Commettre une erreur. *Tout le monde peut se tromper. Ne te trompe pas en recopiant.*

▶ **tromperie** n.f. Action qui vise à tromper, à induire en erreur. *Il a été victime d'une tromperie.* SYN. **leurre, mystification, supercherie.** → Vois aussi **duperie.**

trompette n.f. ❶ Instrument de musique à vent au son éclatant. ❷ **Nez en trompette,** nez retroussé. *Ma petite sœur a le nez en trompette.*

● Nom des musiciens : un ou une **trompettiste.**

une trompette

trompeur, euse adj. Qui trompe, qui induit en erreur. *Un discours trompeur.* SYN. **fallacieux, illusoire, mensonger.**

▸▸▸ Mot de la famille de **tromper.**

tronc n.m. ❶ Partie d'un arbre qui va des racines aux branches les plus basses. *Un tronc recouvert d'écorce.* ❷ Partie du corps humain qui va de la taille au cou. *La tête et les membres sont fixés au tronc.* SYN. **buste.** ❸ Boîte percée d'une fente où l'on peut mettre une offrande, dans une église.

● Ce mot se termine par un **c** que l'on ne prononce pas.

tronçon n.m. ❶ Morceau d'un objet allongé et cylindrique. *Couper des branches en tronçons.* ❷ Portion d'une route. *Un tronçon d'autoroute.*

● Le **c** prend une cédille.

▶ **tronçonner** v. (conjug. 3). Couper en tronçons. *Le bûcheron tronçonne un arbre.*

▶ **tronçonneuse** n.f. Scie à moteur qui sert à abattre les arbres et à couper les branches.

trône n.m. ❶ Siège surélevé sur lequel s'assoit un monarque pour exercer ses fonctions. ❷ Pouvoir et fonction du roi. *Le roi Louis XIV est monté sur le trône à 5 ans.*

● Le **o** prend un accent circonflexe.

▸▸▸ Mot de la même famille : **détrôner.**

▶ **trôner** v. (conjug. 3). ❶ Siéger à la place d'honneur. *Grand-père trône au bout de la table.* ❷ Être placé bien en vue. *Les coupes trônent sur l'étagère du club de football.*

tronquer v. (conjug. 3). Retrancher une partie importante d'un texte. *Le discours du président a été tronqué.*

trop adv. ❶ Plus qu'il ne faudrait. *Cette pièce est trop longue.* SYN. **excessivement.** *Il fait trop froid pour sortir. J'ai trop mangé.* SYN. **exagérément.** *Les voisins font trop de bruit.* ❷ Indique un degré très élevé. *Vous êtes trop aimable.* ❸ **De trop, en trop,** en excédent. *Cette jupe a dix centimètres de trop.*

trophée n.m. Objet qui commémore une victoire, un combat. *Le champion de ski est fier de ses trophées.*

● Ce nom masculin se termine par un **e.** Il s'écrit avec **ph.**

un trophée

tropical, e, aux adj. Des tropiques. *Les régions tropicales. Une chaleur tropicale.* SYN. **torride.**

● Au masculin pluriel : **tropicaux.**

▸▸▸ Mot de la famille de **tropique.**

tropique n.m. Chacun des deux cercles imaginaires parallèles à l'équateur. *Le tropique du Cancer est situé dans l'hémisphère*

a b c d e f g h i j k l m n o p q r s t u v w x y z

a b c d e f g h i j k l m n o p q r s t u v w x y z

Nord, le tropique du Capricorne, dans l'hémisphère Sud. ◆ **n.m. plur.** Région située entre les tropiques. *Il fait une chaleur torride sous les tropiques.*

trop-plein **n.m.** ❶ Quantité d'eau qui déborde quand un récipient est trop plein. *Le trop-plein d'un bassin.* ❷ Système d'évacuation qui empêche un récipient de déborder. *Les baignoires sont munies d'un trop-plein.*
● Au pluriel : des **trop-pleins.**

troquer **v.** (conjug. 3). Échanger en faisant du troc. *Jonathan a troqué sa montre contre un ballon de football.*
►►► Mot de la famille de **troc.**

trot **n.m.** Allure du cheval, intermédiaire entre le pas et le galop. *Le cheval est parti au trot.*
►►► Mot de la famille de **trotter.**

trotter **v.** (conjug. 3). ❶ Pour un cheval, aller au trot. ❷ Marcher à petits pas pressés. *Mon petit frère trottait à côté de maman.* SYN. **trottiner.** ❸ **Trotter dans la tête,** être sans cesse présent à l'esprit. *Cette chanson me trotte dans la tête.*

▸ **trotteuse** **n.f.** Petite aiguille qui marque les secondes sur un cadran de montre ou d'horloge.

▸ **trottiner** **v.** (conjug. 3). Marcher à petits pas pressés. *Ma petite sœur trottinait derrière papa.* SYN. **trotter.**

▸ **trottinette** **n.f.** Jouet fait d'une planche montée sur deux roues et d'un guidon, et que l'on fait avancer en poussant par terre d'un pied. *Léo a une trottinette pliante.* SYN. **patinette.**

une trottinette

▸ **trottoir** **n.m.** Partie surélevée de chaque côté de la chaussée, réservée aux piétons.
● Ce mot s'écrit avec deux **t.**

trou **n.m.** ❶ Endroit creux dans le sol ou dans une surface. *La route était pleine de trous.* SYN. **cavité, excavation.** ❷ Petite ouverture qui traverse quelque chose. *Regarder par le trou de la serrure. Le trou d'une aiguille.* SYN. **chas.** ❸ Partie déchirée ou usée d'un tissu, d'un vêtement, etc. *Meddy a un trou à sa chaussette.*

troubadour **n.m.** Au Moyen Âge, poète musicien du midi de la France. → Vois aussi **ménestrel, trouvère.**

un troubadour

1. **trouble** **adj.** ❶ Qui manque de limpidité, de clarté ou de netteté. *L'eau de la rivière est trouble.* CONTR. **clair, cristallin, limpide, transparent.** *La photo est trouble.* SYN. **flou.** CONTR. **net.** ❷ Qui comporte des éléments cachés et inavouables. *Cette affaire est trouble.* SYN. **louche, suspect.** ◆ **adv. Voir trouble,** voir comme à travers un brouillard.
►►► Mot de la famille de **troubler.**

2. **trouble** **n.m.** ❶ État d'une personne troublée, émue. *Elle n'a pu cacher son trouble.* SYN. **embarras, gêne.** ❷ Mauvais fonctionnement d'une partie du corps. *Il souffre de troubles respiratoires.* ◆ **n.m. plur.** Agitation sociale, soulèvement populaire. *Des troubles ont éclaté dans le pays.* SYN. **désordre, émeute.**
►►► Mot de la famille de **troubler.**

trouble-fête **n. invar.** Personne qui empêche les autres de se réjouir, de s'amuser ou qui gâche leur plaisir. *Ton frère est un trouble-fête.* SYN. **rabat-joie.**
● La nouvelle orthographe permet d'écrire aussi des **trouble-fêtes,** avec un **s** à **fête.**
►►► Mot de la famille de **troubler.**

troubler et **se troubler** v. (conjug. 3). ❶ Rendre trouble. *La fumée trouble l'air.* ❷ Rendre moins net. *L'alcool trouble la vue.* SYN. **brouiller.** ❸ Interrompre le fonctionnement normal de quelque chose. *Ce vacarme a troublé le sommeil des voisins.* SYN. **perturber.** *Troubler l'ordre public.* SYN. **déranger.** ❹ Inquiéter, rendre perplexe. *La question de l'instituteur m'a troublé.* SYN. **déconcerter, décontenancer.** *Un détail trouble les enquêteurs.* SYN. **embarrasser.** ◆ **se troubler.** Perdre son assurance, perdre contenance. *Confronté aux victimes, l'inculpé s'est troublé.*

trouée n.f. Large ouverture dans une haie, un bois. *La route fait une trouée dans la forêt.* SYN. **percée.**
►►► Mot de la famille de **trou.**

trouer v. (conjug. 3). Faire un trou. *Trouer des feuilles pour les ranger dans un classeur.* SYN. **perforer.** *Meddy a troué sa chaussette.* SYN. **percer.**
►►► Mot de la famille de **trou.**

trouillard, e adj. et n. Mot familier. Peureux, lâche. *Quel trouillard, il a peur d'un moucheron !* SYN. **poltron.**
►►► Mot de la famille de **trouille.**

trouille n.f. Mot familier. Peur.

troupe n.f. ❶ Groupe de personnes ou d'animaux allant ensemble. *Une troupe de voyageurs sortit de l'hôtel.* SYN. **bande.** *Une troupe d'éléphants.* SYN. **troupeau.** *Une troupe de cerfs.* SYN. **harde.** ❷ Groupe de comédiens. *La troupe est en tournée à l'étranger.* ❸ (Souvent au pluriel). Groupement de soldats. *L'attaque des troupes ennemies a été repoussée.* SYN. **armée.**
►►► Mots de la même famille : **attroupement, s'attrouper.**

► **troupeau** n.m. Groupe d'animaux domestiques ou sauvages qui vivent ensemble. *Un troupeau de vaches ; un troupeau d'antilopes.*
● Au pluriel : des **troupeaux.**

trousse n.f. Étui qui sert à ranger certains objets. *Une trousse d'écolier ; une trousse de toilette.*

► **trousseau** n.m. ❶ **Trousseau de clés,** ensemble de clés réunies par un anneau. ❷ Ensemble des vêtements et du linge qu'une personne emporte. *Marquer le trousseau d'un enfant qui part en vacances.*
● Au pluriel : des **trousseaux.**

trousses n.f. plur. **Être aux trousses de quelqu'un,** à sa poursuite. *Le malfaiteur n'ira pas loin, la police est à ses trousses.*

trouvaille n.f. ❶ Objet intéressant que l'on trouve par hasard. *J'ai fait une trouvaille dans le grenier de grand-père.* ❷ Idée originale, expression bien tournée. *L'exposé de Julien était plein de trouvailles.*
►►► Mot de la famille de **trouver.**

trouver et **se trouver** v. (conjug. 3). ❶ Découvrir quelque chose par hasard ou après recherche. *J'ai trouvé une pièce de monnaie par terre. J'ai enfin trouvé mes lunettes.* CONTR. **égarer, perdre.** ❷ Découvrir, inventer. *Trouver la solution d'un problème.* ❸ Avoir telle ou telle opinion. *Je trouve que tu as eu raison de lui faire confiance.* SYN. **estimer, penser.** *J'ai trouvé la question difficile.* SYN. **juger.** ❹ Réussir à avoir. *Notre voisin a trouvé un emploi.* SYN. **obtenir.** ◆ **se trouver.** Être à tel endroit. *Où se trouve le musée ? Venise se trouve en Italie.* SYN. **se situer.**
►►► Mot de la même famille : **introuvable.**

trouvère n.m. Au Moyen Âge, poète musicien du nord de la France. → Vois aussi **ménestrel, troubadour.**

truand n.m. Malfaiteur. *Les truands ont été arrêtés par la police.* SYN. **bandit, gangster.**

truc n.m. Mot familier. ❶ Objet dont on ne connaît pas le nom ou que l'on ne veut pas nommer. SYN. **chose, machin.** ❷ Moyen astucieux. *Je vais t'apprendre un truc pour réussir les meringues.* SYN. **astuce.** *Le prestidigitateur n'a pas révélé ses trucs.*

trucage → truquage

truchement n.m. **Par le truchement de quelqu'un,** par son intermédiaire. *Le journaliste a eu ces informations par le truchement d'un employé de l'usine.*

truculent, e adj. Qui est plein de verve et de vivacité. *Sganarelle est un personnage truculent de Molière.*

truelle n.f. Outil du maçon fait d'une lame triangulaire reliée à un manche.

des truelles

a b c d e f g h i j k l m n o p q r s t u v w x y z

truffe n.f. ❶ Champignon noir au goût très délicat qui pousse sous la terre, souvent au pied des chênes. *On met des truffes dans le foie gras.* ❷ Friandise à base de chocolat et de beurre. ❸ Nez du chien.
● Ce mot s'écrit avec deux **f**.

▶ **truffé, e** adj. ❶ Garni de truffes. *Du foie gras truffé.* ❷ Rempli. *Sa lettre était truffée de fautes d'orthographe.*

truie n.f. Femelle du porc.
● Petits : le cochonnet, le goret, le porcelet. Cri : le grognement ou le couinement.

truite n.f. Poisson cousin du saumon, au corps allongé et tacheté, qui vit dans les rivières, les lacs ou la mer.

une truite

truquage n.m. Au cinéma, procédé que l'on emploie pour créer une illusion, des effets spéciaux. *Il y a de nombreux truquages dans les films de science-fiction.*
● On peut aussi écrire **trucage**.
▶▶▶ Mot de la famille de **truc**.

truquer v. (conjug. 3). Modifier, arranger quelque chose pour tromper. *Truquer des élections. Truquer les résultats d'un concours.* → Vois aussi **falsifier, trafiquer**.
▶▶▶ Mot de la famille de **truc**.

tsar n.m. Titre porté par les empereurs de Russie jusqu'en 1917. *Le dernier tsar de Russie fut Nicolas II.*
● On peut aussi écrire **tzar**. – L'épouse d'un tsar est la **tsarine** ou l'impératrice.

tsé-tsé n.f. invar. **Mouche tsé-tsé,** grosse mouche d'Afrique qui transmet la maladie du sommeil.
● La nouvelle orthographe permet d'écrire aussi une **mouche tsétsé**, des **mouches tsétsés**, avec un **s** et sans trait d'union.

tsigane n. et adj. Personne qui appartient à un peuple nomade dispersé dans toute l'Europe. *Les Tsiganes sont musiciens. Un orchestre tsigane.* → Vois aussi **bohémien, gitan**.
● On peut aussi écrire **tzigane**.

tsunami n.m. Énorme vague dévastatrice provoquée par un tremblement de terre, une éruption sous-marine ou un glissement de terrain.

tu pronom personnel. Désigne la deuxième personne du singulier, représentant celui à qui l'on parle. *Tu es très courageux.*

tuba n.m. ❶ Gros instrument de musique à vent muni de pistons. ❷ Tube qui permet de respirer en nageant la tête sous l'eau. *J'ai pris mon masque et mon tuba pour observer les poissons.*
● Nom des musiciens : un ou une **tubiste**.

un tuba

tube n.m. ❶ Cylindre creux et allongé. *Les pieds de la chaise sont des tubes de métal.* ❷ Petit récipient cylindrique rigide. *Un tube de rouge à lèvres.* ❸ Emballage allongé, fermé par un bouchon. *Un tube de dentifrice; un tube de colle.* ❹ **Tube digestif,** conduit naturel du corps par lequel passent les aliments. ❺ (Sens familier). Chanson à succès. *Marine fredonne le tube de l'été.*

tubercule n.m. Renflement de la racine ou de la tige d'une plante qui contient des réserves nutritives. *Les pommes de terre sont des tubercules.*
● Nom du genre masculin : **un tubercule**.

tuberculeux, euse adj. et n. Qui est atteint de tuberculose. *Autrefois, les tuberculeux étaient soignés dans des sanatoriums.*
▶▶▶ Mot de la famille de **tuberculose**.

tuberculose n.f. Grave maladie infectieuse et contagieuse qui atteint surtout les poumons. *Le B.C.G. permet de se protéger contre la tuberculose.*

►►► Mot de la même famille : **antituberculeux.**

tué, e n. Personne qui est morte de mort violente. *Il y a eu un tué dans l'accident.* SYN. **mort, victime.**

►►► Mot de la famille de **tuer.**

tuer et **se tuer** v. (conjug. 3). ❶ Faire mourir une personne, un animal. *Les rebelles veulent tuer les otages.* SYN. **assassiner, exécuter.** *Le chasseur a tué une perdrix.* SYN. **abattre.** ❷ (Sens familier). Accabler de fatigue. *Ce vacarme me tue.* SYN. **épuiser.** ❸ **Tuer le temps,** passer le temps. *Elle griffonnait sur son calepin pour tuer le temps.* ◆ **se tuer.** ❶ Se donner volontairement la mort. SYN. **se suicider.** ❷ Trouver la mort dans un accident. *Elle s'est tuée en voiture.* ❸ (Sens familier). Se fatiguer excessivement; persister inlassablement à. *Elle se tue au travail.* SYN. **s'épuiser.** *Je me tue à vous le dire !* SYN. **s'escrimer à, s'évertuer à.**

► **tuerie** n.f. Massacre de nombreuses personnes. *Cette guerre a été une tuerie.* SYN. **carnage, hécatombe, massacre.**

● On prononce [tyri].

► à **tue-tête** adv. D'une voix très forte. *Anthony et Léa chantent à tue-tête.*

● Le deuxième **e** prend un accent circonflexe.

► **tueur, tueuse** n. Personne qui commet un meurtre. SYN. **assassin, criminel.**

tuile n.f. Petite plaque de terre cuite utilisée pour couvrir les toits.

tulipe n.f. Plante à bulbe dont la fleur a la forme d'une coupe. *Aux Pays-Bas, on cultive les tulipes dans d'immenses champs.*

des **tulipes**

tulle n.m. Tissu léger et transparent. *La danseuse portait un tutu en tulle.*

● Ce mot s'écrit avec deux **l.**

tuméfié, e adj. Très enflé. *À la fin du combat, le boxeur avait le visage tuméfié.*

tumeur n.f. Grosseur anormale qui se forme sous la peau ou sur un organe. *Il a une tumeur au foie. Une tumeur bénigne, maligne.* → Vois aussi **kyste.**

tumulte n.m. Grand désordre accompagné de bruit, de cris. *La réunion s'est terminée dans le tumulte.* SYN. **brouhaha, vacarme.**

► **tumultueux, euse** adj. Plein de tumulte, d'agitation. *Le débat a été tumultueux.* SYN. **agité, houleux, orageux.** CONTR. **calme.**

tumulus n.m. Amas de pierres ou de terre que l'on élevait au-dessus d'une sépulture.

● On prononce le **s.**

tuner n.m. Récepteur radio constituant l'un des éléments d'une chaîne haute-fidélité.

● C'est un mot anglais, on prononce [tynœr] ou [tynɛr]. – Il vaut mieux dire **syntoniseur.**

tunique n.f. ❶ Dans l'Antiquité, vêtement court ou mi-long généralement resserré à la taille. ❷ Chemise ample et droite, que l'on porte par-dessus une jupe ou un pantalon.

tunisien, enne adj. et n. De Tunisie. *Tunis est la capitale tunisienne. Rachid est tunisien. C'est un Tunisien.*

● Le nom prend une majuscule : *un Tunisien.*

tunnel n.m. Galerie souterraine creusée pour le passage d'une route ou d'une voie ferrée. *Le tunnel sous la Manche.*

● Ce mot s'écrit avec deux **n.**

turban n.m. Large bande d'étoffe qu'on enroule autour de la tête. *Le fakir était coiffé d'un turban.*

Lord Byron coiffé d'un **turban**

turbine n.f. Pièce d'un moteur, en forme de roue munie de pales, qui tourne sous l'effet de la pression de la vapeur, d'un gaz ou de l'eau. *Les turbines d'une centrale hydroélectrique produisent de l'électricité.*

turbo adj. invar. **Un moteur turbo** est un moteur dont la puissance est augmentée par une turbine qui tourne sous l'effet des gaz d'échappement. ◆ n.m. **Mettre le turbo,** donner toute la puissance.

turbot n.m. Poisson de mer au corps plat et ovale, dont la chair est appréciée.

un **turbot**

turbulent, e adj. Très agité et bruyant. *Un élève turbulent.* SYN. **remuant.** CONTR. **calme, paisible.**

turc, turque adj. et n. De Turquie. *Ankara est la capitale turque. Yilmaz est turc. C'est un Turc.* ◆ **turc** n.m. Langue parlée en Turquie.
● Le nom prend une majuscule quand il désigne une personne : *un Turc.*

turfiste n. Amateur de courses de chevaux. *Les turfistes jouent au Tiercé.*

turpitude n.f. Mot littéraire. Action ou parole immorale et honteuse. *Comment a-t-il pu commettre de telles turpitudes ?* SYN. **bassesse.** → Vois aussi **ignominie, infamie.**

turquoise n.f. Pierre fine d'un bleu tirant sur le vert. ◆ adj. invar. De la couleur de la turquoise. *Des yeux turquoise.*

tutelle n.f. Charge d'une personne qui est responsable d'un orphelin mineur ou d'un adulte qui ne peut plus se prendre en charge.

▶ **tuteur, trice** n. Personne chargée de veiller sur un enfant ou un adulte, de gérer ses biens. *Un orphelin est confié à un tuteur.*

tutoiement n.m. Fait de tutoyer quelqu'un. *Le tutoiement s'emploie entre amis ou avec des personnes que l'on connaît bien.* → Vois aussi **vouvoiement.**
● On prononce [tytwamɑ̃].
▶▶▶ Mot de la famille de **tu.**

tutoyer v. (conjug. 14). Parler à quelqu'un en lui disant « tu ». *Maman tutoie ses collègues.* → Vois aussi **vouvoyer.**
● On prononce [tytwaje].
▶▶▶ Mot de la famille de **tu.**

tutu n.m. Costume de la danse classique dont la jupe est faite de plusieurs épaisseurs de tulle.

une danseuse en **tutu**

tuyau n.m. ❶ Tube servant au passage d'un liquide ou d'un gaz. *Le plombier a changé le tuyau d'arrivée d'eau.* SYN. **canalisation, conduite.** *Un tuyau d'arrosage.* ❷ (Sens familier). Renseignement confidentiel. *On m'a donné un bon tuyau pour gagner des places de cinéma.*
● Au pluriel : des **tuyaux.**

▶ **tuyauterie** n.f. Ensemble des tuyaux d'une installation.

tuyère n.f. Conduit d'un moteur à réaction par lequel s'échappent les gaz.
● Ce mot s'écrit avec un **y.** – On prononce [tyjɛr] ou [tɥijɛr].

T.V.A. n.f. Taxe comprise dans le prix d'une marchandise ou d'un service.
● C'est l'abréviation de **taxe sur la valeur ajoutée.**

tympan n.m. ❶ Membrane du fond de l'oreille qui transmet les vibrations sonores.

Nous percevons les sons grâce au tympan. ❷ Partie située au-dessus du portail d'une église romane ou gothique. *Les tympans sont souvent sculptés.*

● Le son [ɛ̃] s'écrit **ym.**

le tympan d'une église

type n.m. ❶ Ensemble des caractéristiques communes à une catégorie de personnes ou de choses. *Tania a le type slave. Il existe différents types d'architecture.* SYN. **catégorie, genre, sorte.** ❷ Modèle de fabrication. *Ce type de portable est très récent.* ❸ (Sens familier). Individu. *C'est un type épatant.* SYN. **homme.**

● Ce mot s'écrit avec un **y.**

typhon n.m. Tempête très violente. SYN. **ouragan.** → Vois aussi **cyclone, tornade.**

● Ce mot s'écrit avec un **y** suivi de **ph.**

typique adj. Très représentatif d'une catégorie de personnes ou de choses. *C'est une attitude typique des adolescents.* SYN. **caractéristique.**

▸▸▸ Mot de la famille de **type.**

typiquement adv. De façon typique, caractéristique. *Le sirop d'érable est un produit typiquement canadien.*

▸▸▸ Mot de la famille de **type.**

typographe n. Ouvrier d'une imprimerie qui assemble les caractères pour faire un texte.

● Ce mot s'écrit avec un **y.**

typographie n.f. ❶ Procédé d'impression des textes, à l'aide de caractères d'imprimerie. ❷ Présentation graphique d'un texte.

tyran n.m. ❶ Souverain despotique, injuste et cruel. *Le peuple a renversé le tyran.* SYN. **despote, oppresseur.** ❷ Personne qui abuse de son pouvoir et de son autorité. *Cet élève est un tyran avec ses camarades de classe.* → Vois aussi **dictateur.**

● Ce mot s'écrit avec un **y.**

▸ **tyrannie** n.f. Pouvoir autoritaire et cruel. *Le peuple s'est révolté contre la tyrannie.* SYN. **despotisme, oppression.** → Vois aussi **dictature.**

▸ **tyrannique** adj. Autoritaire, injuste et cruel. *Un patron tyrannique.* SYN. **despotique.**

▸ **tyranniser** v. (conjug. 3). Exercer son autorité de façon tyrannique. *Ce patron tyrannisait le personnel.* SYN. **opprimer, persécuter.**

tyrannosaure n.m. Grand dinosaure carnivore, long d'environ 15 mètres, aux mâchoires pourvues d'énormes dents tranchantes. *Le tyrannosaure se nourrissait d'autres dinosaures.* → Vois aussi **diplodocus, stégosaure.**

● Ce mot s'écrit avec un **y** et deux **n.**

un tyrannosaure

tzar → **tsar**

tzigane → **tsigane**

a b c d e f g h i j k l m n o p q r u v w x y z

a b c d e f g h i j k l m n o p q r s t **u** v w x y z

ubac n.m. Versant nord d'une montagne, qui est à l'ombre. CONTR. **adret.**

ubiquité n.f. **Ne pas avoir le don d'ubiquité,** ne pas pouvoir être dans plusieurs endroits à la fois.
● On prononce [ybikɥite].

ukrainien, enne adj. et n. De l'Ukraine. *Kiev est la capitale ukrainienne. Ivan est ukrainien. C'est un Ukrainien.* ◆ **ukrainien** n.m. Langue parlée en Ukraine.
● Le nom prend une majuscule quand il désigne une personne : *un Ukrainien.*

ulcère n.m. Plaie de la peau ou de la muqueuse, qui se cicatrise difficilement. *Avoir un ulcère à l'estomac.*

▸ **ulcérer** v. (conjug. 9). Irriter profondément, blesser moralement. *Ton manque de reconnaissance l'a ulcéré.*

U.L.M. n.m. Petit avion très léger à une ou deux places, et doté d'un moteur de faible puissance.
● C'est l'abréviation de **ultraléger motorisé.**

ultérieur, e adj. Qui vient après, qui arrivera plus tard. *Notre rendez-vous est reporté à une date ultérieure.* SYN. **postérieur.** CONTR. **antérieur.**

▸ **ultérieurement** adv. Plus tard, après. *Le gymnase est ancien, la piscine a été construite ultérieurement.* CONTR. **antérieurement, auparavant, précédemment.**

ultimatum n.m. Dernières conditions présentées par un État à un autre ou par un groupe à un autre pour obtenir quelque chose. *Les preneurs d'otages ont adressé un ultimatum au gouvernement.*
● On prononce [yltimatɔm].

ultime adj. Qui vient en dernier. *Voici nos ultimes propositions.* SYN. **dernier.**

ultrason n.m. Son trop aigu pour que l'oreille humaine puisse le percevoir. *Les chiens entendent les ultrasons.*
▸▸▸ Mot de la famille de **son (2).**

ultraviolet, ette adj. et n.m. Se dit des rayons invisibles à l'œil nu mais qui ont une action sur la peau. *Le Soleil émet des rayons ultraviolets.* → Vois aussi **infrarouge.**
● Pour le nom, on emploie souvent l'abréviation **U.V.**

ululement n.m. Cri du hibou et de la chouette.
● On peut aussi écrire **hululement.**
▸▸▸ Mot de la famille de **ululer.**

ululer v. (conjug. 3). En parlant du hibou et de la chouette, faire entendre leur cri, le *ululement.*
● On peut aussi écrire **hululer.**

1. **un, une, des** articles indéfinis. Déterminants qui désignent un être ou une chose dont on parle pour la première fois ou qui ne sont pas identifiés. *J'ai vu un animal. Donne-moi une feuille. Des enfants jouent.* → Vois aussi **le, la, les.**

2. **un, une** adj. numéral. Premier des nombres entiers. *Mon petit frère a un an. Un plus un égale deux.* ◆ n.m. invar. Chiffre 1, numéro 1. *J'habite au un de la rue du Printemps.*

3. **l'un, l'une, les uns, les unes** pronoms indéfinis. Désignent une personne, une chose ou un groupe pris dans un ensemble. *L'une rit et l'autre pleure. Nous n'irons pas les uns sans les autres.*

unanime adj. ❶ Qui est fait ou exprimé par tous. *La condamnation de l'attentat* *est unanime.* SYN. **général.** ❷ Se dit de personnes qui sont du même avis. *Les critiques sont unanimes.*

▶ **unanimité** n.f. Accord complet de tous les membres d'un groupe. *Romain a été élu délégué de classe à l'unanimité.*

unau n.m. Autre nom du paresseux.
● Au pluriel : des **unaux** ou des **unaus.**

un unau

1. **une** → **un**

2. **une** n.f. **La une,** la première page d'un journal.

uni, e adj. ❶ D'une seule couleur. *Une robe unie.* CONTR. **bariolé, multicolore.** ❷ Qui a une surface lisse. *Un terrain uni.* SYN. **plat.** CONTR. **accidenté, inégal, irrégulier.** ❸ Où règne l'entente. *Un couple uni.*

unification n.f. Action d'unifier. *L'unification de l'Italie s'est faite au 19e siècle.* CONTR. **division, morcellement.**
▶▶▶ Mot de la famille de **unifier.**

unifier v. (conjug. 7). ❶ Faire de plusieurs éléments une seule chose, ramener à l'unité. *Ce traité a unifié le pays.* CONTR. **diviser, morceler.** ❷ Rendre des choses semblables. *L'euro a permis d'unifier la monnaie de plusieurs pays d'Europe.*

uniforme adj. Qui a la même forme, le même aspect. *Une architecture uniforme.* SYN. **monotone.** CONTR. **varié.**

▶ **uniforme** n.m. ❶ Costume spécial que doivent porter les personnes d'un groupe. *Les hôtesses, les agents de police, les pompiers ont un uniforme.* ❷ **En uniforme,** en tenue réglementaire. *Un officier en uniforme.* CONTR. **en civil.**

des uniformes (garde royale thaïlandaise)

▶ **uniformément** adv. De façon uniforme. *Un ciel uniformément gris.*

▶ **uniformiser** v. (conjug. 3). Rendre uniforme, semblable. *On a uniformisé les programmes scolaires.* CONTR. **diversifier.**

▶ **uniformité** n.f. Absence de variété, de changement. *L'uniformité d'un paysage de plaines.* SYN. **monotonie.** CONTR. **diversité.**

unilatéral, e, aux adj. ❶ **Stationnement unilatéral,** qui se fait d'un seul côté de la rue. CONTR. **bilatéral.** ❷ Qui ne provient que d'une seule partie en cause, qui n'est pas réciproque. *Une décision unilatérale.*
● Au masculin pluriel : **unilatéraux.**

union n.f. ❶ Fait de s'unir, de se regrouper à plusieurs. *L'union fait la force.* SYN. **alliance.** CONTR. **division.** ❷ Harmonie de pensées, de sentiments. *Vivre en parfaite union avec quelqu'un.* SYN. **entente.** ❸ **Union libre,** vie en commun d'un homme et d'une femme sans qu'ils soient mariés. ❹ (Avec une majuscule). **L'Union européenne,** groupement de plusieurs États européens. *En 2015, l'Union européenne compte vingt-huit pays.*
▶▶▶ Mot de la famille de **unir.**

unique adj. ❶ Seul. *C'est mon unique paire de baskets.* ❷ **Enfant unique,** qui n'a ni frère ni sœur. ❸ Exceptionnel, inimitable. *Une pianiste au talent unique.* SYN. **remarquable.** ❹ **À sens unique,** où les véhicules circulent dans un seul sens. *Une rue à sens unique.* CONTR. **à double sens.**

a b c d e f g h i j k l m n o p q r s t u v w x y z

▸ **uniquement** adv. À l'exclusion de toute autre chose. *Il a fait ça uniquement pour t'impressionner.* SYN. **juste, seulement.**

unir et **s'unir** v. (conjug. 16). ❶ Mettre ensemble. *Nous devons unir nos forces.* SYN. **joindre, rassembler, réunir.** ❷ Établir un lien étroit entre des personnes. *Un terrible secret les unissait.* SYN. **lier.** CONTR. **séparer.** ◆ **s'unir.** ❶ Joindre ses forces, s'associer pour agir ensemble. *Les grandes puissances se sont unies pour lutter contre le terrorisme.* SYN. **s'allier.** ❷ Se lier par le mariage. *Ils se sont unis à la mairie.*

à l'**unisson** adv. ❶ En chantant ou en jouant ensemble les mêmes notes. *Chanter à l'unisson.* ❷ De façon unanime. *Ils ont approuvé le projet à l'unisson.*

unitaire adj. ❶ **Prix unitaire,** prix à l'unité. *Le prix unitaire de ces yaourts est de cinquante centimes d'euro.* ❷ Qui recherche l'unité sur un plan politique ou syndical. *Les syndicats ont appelé à un défilé unitaire.*
▸▸▸ Mot de la famille de **unité.**

unité n.f. ❶ Qualité de ce qui forme un tout. *Le nouveau président est chargé de rétablir l'unité.* SYN. **cohésion.** ❷ Chaque élément pris parmi un ensemble. *Acheter des sucettes à l'unité.* SYN. **pièce.** ❸ **Unité centrale,** partie destinée à exécuter le programme d'un ordinateur. *La mémoire fait partie de l'unité centrale.* ❹ Élément qui sert à former des nombres. *Dans 14, « 4 » est le chiffre des unités.* ❺ Mesure qui sert de référence. *Le mètre est une unité de longueur.* ❻ Groupe de militaires. *Une unité blindée.*

univers n.m. ❶ Tout ce qui existe ; ensemble des étoiles et des planètes. *Autrefois, on croyait que la Terre était au centre de l'Univers.* ❷ La Terre. *Il a parcouru tout l'univers.* SYN. **globe, planète.**
● Ce mot se termine par un **s.**

▸ **universel, elle** adj. Qui concerne le monde entier, la totalité des humains. *Une exposition universelle. La musique est un langage universel.* → Vois aussi **suffrage.**

universitaire adj. Qui concerne l'université. *Les études universitaires.* ◆ n. Personne qui enseigne à l'université. *Un brillant universitaire.*
▸▸▸ Mot de la famille de **université.**

université n.f. Ensemble administratif d'établissements d'enseignement supérieur. *Hilaria est professeur à l'université.* SYN. **faculté.**

uppercut n.m. En boxe, coup de poing porté de bas en haut, sous le menton.
● Ce mot s'écrit avec deux **p.** – On prononce [ypɛrkyt].

un **uppercut**

uranium n.m. Métal radioactif gris et dur. *L'uranium est utilisé comme combustible dans les réacteurs nucléaires.* → Vois aussi **plutonium.**
● On prononce [yranjɔm].

urbain, e adj. Qui concerne la ville. *La société urbaine.* CONTR. **rural.**

▸ **urbanisation** n.f. Aménagement d'un endroit en zone urbaine. *On constate une urbanisation progressive des campagnes.*

▸ **urbanisme** n.m. Science et technique de la construction et de l'aménagement des villes. *La ville a été construite selon un plan d'urbanisme novateur.*
→ planche pp. 1068-1069.

▸ **urbaniste** n. Personne spécialiste d'urbanisme.

urée n.f. Substance transportée par le sang et éliminée par les reins dans les urines.

uretère n.m. Chacun des deux canaux qui portent l'urine des reins à la vessie.

urètre n.m. Canal qui part de la vessie et permet l'évacuation de l'urine.

urgence n.f. ❶ Nécessité d'agir très vite. *En cas d'urgence, téléphonez-moi.* ❷ **D'urgence, de toute urgence,** immédiatement, sans retard. *Les blessés graves ont dû être évacués d'urgence.* ❸ **Le service des urgences** ou **les urgences,** dans un hôpital, service où

l'on s'occupe des blessés et des malades qui doivent être soignés rapidement.
▸▸▸ Mot de la famille de **urgent.**

urgent, e adj. Qui ne peut pas être remis à plus tard. *Les sinistrés ont un besoin urgent de secours.* SYN. **impérieux, pressant.** *Ce travail est urgent.* SYN. **pressé.**

▸ **urgentiste** adj. et n. Médecin qui travaille au service des urgences d'un hôpital ou qui se déplace sur le lieu d'une urgence médicale.

urine n.f. Liquide jaune qui se forme dans les reins et s'accumule dans la vessie avant d'être évacué à l'extérieur du corps. *Une analyse d'urine.* → Vois aussi **pipi.**

▸ **uriner** v. (conjug. 3). Évacuer l'urine à l'extérieur du corps. → Vois aussi **pisser.**

▸ **urinoir** n.m. Endroit aménagé pour permettre aux hommes d'uriner. *Dans ce jardin public, il y a des urinoirs.*

urne n.f. ❶ Boîte, au couvercle muni d'une fente, dans laquelle les électeurs déposent leur bulletin de vote. ❷ Vase servant à recueillir les cendres d'un mort que l'on a incinéré.

urticaire n.f. Éruption de petits boutons souvent due à une allergie à certains aliments. *Avoir une crise d'urticaire.*

uruguayen, enne adj. et n. De l'Uruguay. *Montevideo est la capitale uruguayenne. Enrique est uruguayen. C'est un Uruguayen.*
● On prononce [yrygwɛjɛ̃]. – Le nom prend une majuscule : *un Uruguayen.*

us n.m. plur. **Les us et coutumes,** les usages, les traditions d'un pays, d'une région. *Respecter les us et coutumes du pays où l'on séjourne.*
● On prononce le **s.**

usage n.m. ❶ Action de se servir de quelque chose ; emploi que l'on fait d'une chose. *Perdre l'usage de ses jambes dans un accident. L'usage des ordinateurs est courant.* SYN. **utilisation.** *Un piano hors d'usage. Cet appareil a divers usages.* SYN. **fonction.** *L'armée a fait usage de la force pour mater les rebelles.* ❷ Façon de faire commune à un grand nombre de personnes. *L'usage veut que l'on se souhaite la bonne année le 1er janvier.* SYN. **coutume, habitude.**
▸▸▸ Mot de la famille de **user (2).**

usagé, e adj. Qui a beaucoup servi. *Un polo usagé.* SYN. **défraîchi.** CONTR. **neuf.**
▸▸▸ Mot de la famille de **user (1).**

usager, ère n. Personne qui utilise un service public. *Les usagers du métro.*
▸▸▸ Mot de la famille de **user (2).**

USB n.m. ❶ Prise qui permet de connecter de nombreux appareils périphériques à un ordinateur. ❷ **Clé USB,** petit périphérique destiné à stocker des données informatiques et qui se raccorde à une prise USB.
● Ce mot est l'abréviation de l'anglais **universal serial bus,** « bus de série universel ».

usé, e adj. En mauvais état, à force d'avoir servi. *Mon jean est usé aux genoux.* SYN. **élimé, râpé.** CONTR. **neuf.**
▸▸▸ Mot de la famille de **user (1).**

1. **user** et **s'user** v. (conjug. 3). ❶ Mettre une chose en mauvais état en l'utilisant souvent. *Des coups de frein répétés ont usé les pneus.* ❷ Affaiblir, détruire progressivement quelqu'un, ses forces physiques ou mentales. *Il use sa santé à travailler tard le soir.* SYN. **abîmer.** ❸ Utiliser, dépenser. *Ce radiateur use beaucoup d'électricité.* SYN. **consommer.** ◆ **s'user.** ❶ S'abîmer à force d'être utilisé. *Les chaussures de Jonathan se sont usées très vite.* ❷ Perdre la santé à force de. *Le pauvre homme s'est usé à la tâche.* SYN. **s'épuiser.**

2. **user** v. (conjug. 3). **User de,** se servir de, utiliser. *La directrice a usé de son autorité pour convaincre ses collaborateurs.*

usine n.f. Établissement industriel où l'on fabrique des objets, des véhicules, des aliments avec des machines.

des usines

▸ **usiner** v. (conjug. 3). Façonner, transformer à l'aide d'une machine. *Les pièces de ce moteur sont usinées en Asie.*

a b c d e f g h i j k l m n o p q r s y z

a b c d e f g h i j k l m n o p q r s t u v w x y z

usité, e adj. Qui est employé couramment dans la langue. *Le mot « chose » est très usité.* SYN. **courant (1), usuel.** CONTR. **inusité, rare.**

ustensile n.m. Objet qui sert aux divers travaux de la vie domestique. *Les casseroles sont des ustensiles de cuisine. Un balai est un ustensile de ménage.*

● Ce nom masculin se termine par un **e**.

usuel, elle adj. Que l'on emploie couramment. *Un stylo est un objet usuel.* SYN. **commun.** *Des mots usuels.* SYN. **courant (1), usité.** CONTR. **inusité, rare.**

usure n.f. Détérioration due à un usage fréquent ou au temps. *On pouvait voir des traces d'usure sur la moquette.*

►►► Mot de la famille de **user (1).**

usurier, ère n. Personne qui prête de l'argent en réclamant un intérêt beaucoup plus élevé que l'intérêt légal.

usurpateur, trice n. Personne qui a usurpé une fonction, un titre, qui s'en est emparée sans en avoir le droit. *Les royalistes considéraient Napoléon comme un usurpateur.*

►►► Mot de la famille de **usurper.**

usurper v. (conjug. 3). S'emparer d'un bien, d'un titre, du pouvoir, etc., sans en avoir le droit. *Usurper le titre de médecin.*

utérus n.m. Organe situé dans le ventre de la femme et des mammifères femelles, où se développe le fœtus.

● On prononce le **s** : [yterys].

utile adj. Qui rend service, qui présente un avantage. *Vos conseils m'ont été très utiles.* CONTR. **inutile.** *Est-ce que je peux me rendre utile ?* ♦ n.m. Ce qui est utile. *Joindre l'utile à l'agréable.*

► **utilement** adv. De façon utile. *Essaie d'employer ton temps utilement.* SYN. **efficacement.** CONTR. **inutilement.**

► **utilisable** adj. Qui peut être utilisé. *Cette valise est encore utilisable.* CONTR. **inutilisable.**

► **utilisateur, trice** n. Personne qui se sert d'un appareil, d'une machine, qui utilise un service. *Cette annonce s'adresse aux utilisateurs de portables.*

► **utilisation** n.f. Action ou manière d'utiliser quelque chose, de s'en servir. *L'utilisation de cet appareil est expliquée dans la notice.* SYN. **emploi, usage.**

► **utiliser** v. (conjug. 3). ❶ Se servir de quelque chose. *J'utilise mon dictionnaire pour connaître l'orthographe d'un mot.* ❷ Tirer profit ou tirer parti de quelque chose. *Il a su utiliser au mieux ses capacités pour les langues étrangères.* SYN. **exploiter.**

► **utilitaire** adj. **Véhicule utilitaire,** destiné au transport des marchandises ou au transport collectif des personnes. *Les camions et les cars sont des véhicules utilitaires.*

► **utilité** n.f. Fait d'être utile, de servir à quelque chose. *Ton dictionnaire m'a été d'une grande utilité.*

utopie n.f. Projet séduisant mais impossible à réaliser. *Une société sans conflits est une utopie.* SYN. **chimère.**

► **utopique** adj. Qui est irréalisable, qui n'est que de l'utopie. *Un projet utopique.* SYN. **chimérique.** CONTR. **réaliste.**

U.V. → **ultraviolet**

V

vacances n.f. plur. Jours de repos, période où l'on ne travaille pas. *J'irai à la mer pendant les grandes vacances. Maman a pris quelques jours de vacances.* SYN. **congé.**

► **vacancier, ère** n. Personne qui est en vacances. *En été, les bords de mer attirent les vacanciers.* SYN. **estivant.** → Vois aussi **touriste.**

vacant, e adj. Que personne n'occupe. *Un appartement vacant ; un poste vacant.* SYN. **disponible, libre.** CONTR. **occupé.**

vacarme n.m. Grand bruit qui dérange ou qui assourdit. *Le vacarme des voisins m'a empêché de dormir.* SYN. **tapage, tintamarre.**

vaccin n.m. Produit préparé à partir de microbes, que l'on inocule à une personne ou à un animal pour les protéger contre la maladie causée par ces microbes. *On m'a fait un rappel du vaccin antitétanique.* → Vois aussi **sérum.**

● On prononce [vaksɛ̃].

► **vaccination** n.f. Action de vacciner. *La vaccination contre la grippe est recommandée aux enfants fragiles et aux personnes âgées.*

▶ **vacciner** v. (conjug. 3). Faire un vaccin. *Le médecin a vacciné tous les enfants de la classe contre la méningite.*

vache n.f. Mammifère ruminant domestique, à cornes, que l'on élève pour son lait et pour sa viande. *La vache est la femelle du taureau.* → Vois aussi **bovin.**

● Petits : le veau, le taurillon, la génisse. Cri : le beuglement, le meuglement ou le mugissement. La vache est un bovin.

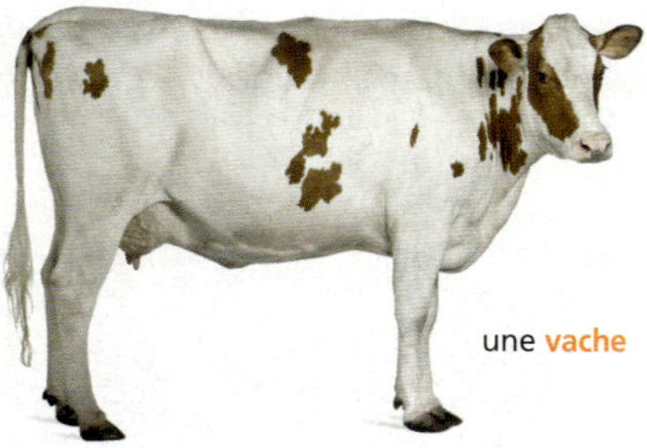
une vache

vacillant, e adj. Qui vacille. *L'ivrogne avait une démarche vacillante.*

▶▶▶ Mot de la famille de **vaciller.**

vaciller v. (conjug. 3). ❶ Pencher d'un côté puis de l'autre, être en équilibre instable. *Le convalescent vacillait sur ses jambes.* SYN. **chanceler, tituber.** ❷ Trembler légèrement. *La flamme vacilla et s'éteignit.* SYN. **trembloter.**

vadrouille n.f. Mot familier. Promenade sans but défini; voyage ou déplacement quelconque. *On est tous partis en vadrouille. Mon oncle est sans cesse en vadrouille.*

va-et-vient n.m. invar. ❶ Mouvement de personnes qui vont et qui viennent, qui entrent et qui sortent en se croisant. *Il y a un va-et-vient incessant dans cette gare.* SYN. **allées et venues.** ❷ Dispositif électrique qui permet d'allumer et d'éteindre une lampe à partir de plusieurs endroits.

● Ce mot composé ne change pas au pluriel : des **va-et-vient.**

vagabond n.m. Personne qui n'a ni domicile fixe ni travail. *Le vagabond a passé la nuit sous un pont.* SYN. **clochard.**

▶ **vagabondage** n.m. État, situation du vagabond. *Le vagabondage est considéré comme un délit.*

▶ **vagabonder** v. (conjug. 3). Errer sans but précis, à l'aventure. *Nous avons vagabondé dans la campagne. Laisser vagabonder son imagination.* → Vois aussi **vaguer.**

vagin n.m. Organe génital interne de la femme et des mammifères femelles, qui va de l'utérus à la vulve.

vagir v. (conjug. 16). ❶ Crier, en parlant d'un nouveau-né. ❷ En parlant du lièvre et du crocodile, faire entendre leur cri, le *vagissement.*

▶ **vagissement** n.m. ❶ Cri d'un nouveau-né. ❷ Cri du lièvre et du crocodile.

1\. **vague** n.f. ❶ Mouvement de l'eau de la mer qui se soulève et s'abaisse. *Les vagues déferlent sur la plage.* SYN. **lame.** ❷ Masse importante de personnes qui se déplacent ensemble. *Une première vague de touristes a envahi la station balnéaire.* ❸ Phénomène qui apparaît subitement et prend de l'ampleur. *Une vague de chaleur ; une vague de protestations.*

2\. **vague** adj. ❶ Sans précision ni netteté. *Je n'ai qu'un souvenir assez vague de cette soirée.* SYN. **confus, flou.** CONTR. **net.** *Tes explications sont trop vagues.* SYN. **approximatif, imprécis.** CONTR. **précis.** ❷ **Terrain vague,** terrain ni utilisé ni entretenu. ◆ n.m. ❶ **Rester dans le vague,** ne donner aucune précision. ❷ **Regarder dans le vague,** sans rien fixer en particulier.

▶ **vaguement** adv. De façon vague, imprécise ou incertaine. *Il a vaguement parlé de nous inviter à la campagne.* SYN. **évasivement.** CONTR. **clairement, nettement.**

▶ **vaguer** v. (conjug. 6). Mot littéraire. Errer ici et là au hasard. *Laisser vaguer son imagination.* SYN. **vagabonder.**

vahiné n.f. Femme de Tahiti.

vaillamment adv. Avec vaillance, courage. *Kelly s'est vaillamment défendue contre des accusations injustes.* SYN. **bravement, courageusement.**

▶▶▶ Mot de la famille de **vaillant.**

vaillance n.f. Qualité d'une personne vaillante, brave. *Nous avons admiré la vaillance des pompiers.* SYN. **bravoure, courage.** CONTR. **lâcheté.**

▶▶▶ Mot de la famille de **vaillant.**

vaillant, e adj. Qui a du courage, qui sait faire face au danger. *Un vaillant guerrier.* SYN. **brave, courageux, valeureux.**

vain, e adj. Sans valeur et sans utilité. *Tous mes efforts sont restés vains.* SYN. **inutile, stérile.**

▶ en **vain** adv. Sans résultat. *J'ai essayé de le convaincre, mais en vain.* SYN. **inutilement, vainement.**

vaincre v. (conjug. 79). ❶ Remporter une victoire sur un ennemi ou un adversaire. *Ils ont vaincu l'armée adverse. Thomas nous a vaincus au ping-pong.* SYN. **battre, écraser, surpasser.** ❷ Venir à bout d'une difficulté. *Ma sœur a fait du théâtre pour vaincre sa timidité.* SYN. **dominer, surmonter.**

▶▶▶ Mot de la même famille : **invincible.**

▶ **vaincu, e** adj. et n. Qui a subi une défaite, qui a perdu. *L'équipe vaincue n'a pas caché sa déception.* SYN. **perdant.** CONTR. **gagnant, victorieux.** *Les vaincus se sont rendus.* CONTR. **vainqueur.**

vainement adv. En vain. *J'ai vainement tenté de le faire changer d'avis.* SYN. **inutilement.**

▶▶▶ Mot de la famille de **vain.**

vainqueur n.m. Personne qui a remporté une victoire. *Le vainqueur d'une compétition.* SYN. **gagnant.** CONTR. **perdant.**

▶▶▶ Mot de la famille de **vaincre.**

vair n.m. Mot ancien. Fourrure de l'écureuil gris. *Des pantoufles de vair.*

1. **vaisseau** n.m. Petit conduit par lequel le sang circule à l'intérieur du corps. *Les artères et les veines sont des vaisseaux sanguins.* → Vois aussi **capillaire.**

● Au pluriel : des **vaisseaux.**

2. **vaisseau** n.m. ❶ Navire de taille importante. *Un vaisseau de guerre.* SYN. **bateau, bâtiment.** ❷ **Vaisseau spatial,** engin qui va dans l'espace. → Vois aussi **navette.**

● Au pluriel : des **vaisseaux.**

vaisselle n.f. ❶ Ensemble des plats, assiettes et récipients où l'on met les aliments que l'on sert à table. *Un service de vaisselle en porcelaine.* ❷ **Faire la vaisselle,** laver la vaisselle et les ustensiles qui ont servi à préparer le repas.

val n.m. ❶ Vallée très large. *Le Val de Loire.* ❷ **Par monts et par vaux,** de tous côtés, partout ; en voyage. *Notre voisin est toujours par monts et par vaux.*

● Au pluriel : des **vals.** Le pluriel **vaux** n'est plus utilisé que dans l'expression *par monts et par vaux.*

valable adj. Qui peut être accepté, admis. *Une carte d'identité est valable dix ans.* SYN. **valide.** CONTR. **périmé.** *Une raison valable.* SYN. **acceptable, admissible.**

▶▶▶ Mot de la famille de **valoir.**

valet n.m. ❶ (Sens ancien). Employé de maison. *Autrefois, les nobles avaient des valets.* ❷ Figure de valet au jeu de cartes. *Le valet de cœur.* → Vois aussi **laquais, serviteur.**

les **valets** d'un jeu de cartes

valeur n.f. ❶ Prix que vaut un objet si on le vend ou si on l'échange. *Des bijoux d'une grande valeur.* ❷ Importance que l'on donne à quelque chose. *Il accorde une grande valeur à l'opinion de ses proches.* ❸ **Mettre en valeur,** faire ressortir. *Cette couleur met tes yeux en valeur.* ❹ Qualité intellectuelle, morale ou professionnelle d'une personne. *Un écrivain de grande valeur.* ❺ Quantité approximative d'un liquide, d'un produit. *Ajouter au mélange la valeur d'une cuillerée à soupe de sucre.* SYN. **équivalent.**

▶▶▶ Mot de la famille de **valoir.**

valeureux, euse adj. Qui fait preuve d'un grand courage. *De valeureux sauveteurs.* SYN. **brave, héroïque, vaillant.**

▶▶▶ Mot de la famille de **valoir.**

valide adj. ❶ Qui est en bonne santé. *Tous les hommes valides se sont portés au secours des sinistrés.* CONTR. **invalide.** ❷ Légalement valable. *Votre carte d'abonnement doit être tamponnée pour être valide.* CONTR. **périmé.**

▶ **valider** v. (conjug. 3). Rendre ou déclarer valide, conforme à la loi ou à un règlement. *Faire valider la copie d'un diplôme. Valider une décision.* SYN. **entériner, homologuer.** *Valider une élection.* CONTR. **invalider.**

▶ **validité** n.f. Fait d'être valide, légalement valable. *Un passeport en cours de validité.*

valise n.f. ❶ Bagage de forme rectangulaire qui se ferme par un couvercle et qui est muni d'une poignée. ❷ **Faire ses valises,** préparer ses bagages.

vallée n.f. ❶ Vaste terrain creusé par un cours d'eau ou un glacier et bordé par les versants d'une montagne. *La rivière coule au fond de la vallée. Une vallée en auge.* ❷ Région traversée par un fleuve. *La vallée du Rhône.*
→ Vois aussi **gorge.**
▶▶▶ Mot de la famille de **val.**

vallon n.m. Petite vallée.
▶▶▶ Mot de la famille de **val.**

vallonné, e adj. Qui présente de nombreux vallons. *Une région vallonnée.*
▶▶▶ Mot de la famille de **val.**

valoir v. (conjug. 37). ❶ Avoir tel prix ou telle valeur. *Combien vaut ce jouet?* SYN. **coûter.** *Ces tableaux valent plusieurs millions. Un euro vaut 6,55 francs.* SYN. **égaler, équivaloir à.** ❷ Avoir de la valeur, des qualités, ou présenter de l'intérêt. *Allez voir ce film, il en vaut la peine. Ce musée vaut le déplacement.* SYN. **mériter.** ❸ Être la cause de quelque chose. *Son indiscipline en classe lui a valu des ennuis.* ❹ **Valoir mieux,** être préférable. *Il vaudrait mieux que tu dises la vérité.*
▶▶▶ Mot de la même famille : **dévaloriser.**

valse n.f. Danse à trois temps où les couples se déplacent en tournant sur eux-mêmes; musique composée sur ce rythme. *Danser la valse. Une valse de Chopin.*

▶ **valser** v. (conjug. 3). Danser la valse. *Mes grands-parents adorent valser.*

▶ **valseur, euse** n. Personne qui danse la valse. *Papi est un excellent valseur.*

valve n.f. ❶ Chacune des deux parties de la coquille de certains mollusques, comme les huîtres et les moules. ❷ Dispositif qui permet le passage d'un liquide ou d'un gaz dans un seul sens. *La valve d'une chambre à air.*

vampire n.m. ❶ Mort qui sortirait la nuit de son tombeau pour sucer le sang des vivants. *Le comte Dracula est un célèbre vampire.* ❷ Chauve-souris d'Amérique du Sud qui suce parfois le sang des mammifères endormis.
● Ce nom masculin se termine par un **e.**

un vampire

van n.m. Remorque fermée qui sert au transport des chevaux.

vandale n.m. Personne qui détruit par plaisir. *Des vandales ont saccagé le parc.*
● Ce nom masculin se termine par un **e.**

▶ **vandalisme** n.m. Attitude qui consiste à saccager un lieu, à détériorer les choses pour le plaisir de nuire. *Des actes de vandalisme ont été commis dans le musée.*

vanille n.f. Fruit qui se présente sous la forme d'une gousse allongée et qui pousse sur une plante des pays tropicaux, le *vanillier.* *On utilise la vanille dans la pâtisserie, la confiserie et la parfumerie.*

des gousses de vanille

vanité n.f. Défaut d'une personne trop satisfaite d'elle-même et qui montre cette satisfaction. *Il est d'une insupportable vanité.* SYN. **prétention, suffisance.** CONTR. **humilité, modestie.**

▶ **vaniteux, euse** adj. et n. Plein de vanité. *Un homme vaniteux.* SYN. **prétentieux, suffisant.** CONTR. **modeste.**

a b c d e f g h i j k l m n o p q r s t u v w x y z

vanne n.f. Panneau vertical que l'on soulève ou que l'on abaisse pour régler le débit de l'eau. *Les vannes d'une écluse.*

vanné, e adj. Mot familier. Très fatigué. *Elle est rentrée vannée de la patinoire.* SYN. **exténué.** → Vois aussi **crevé.**

vannerie n.f. Fabrication d'objets en osier, en rotin ; objets ainsi fabriqués.

vantard, e adj. et n. Qui a l'habitude de se vanter, d'exagérer ses qualités. *Ne l'écoute pas, c'est un vantard.* SYN. **fanfaron.** → Vois aussi **hâbleur.**
▸▸▸ Mot de la famille de **vanter.**

vantardise n.f. Comportement et propos d'une personne qui se vante. *Il a inventé cette histoire par vantardise.*
▸▸▸ Mot de la famille de **vanter.**

vanter et **se vanter** v. (conjug. 3). Parler de façon élogieuse d'une personne ou d'une chose. *Le vendeur nous a vanté les qualités de cet ordinateur.* ◆ **se vanter.** ❶ Annoncer avec fierté une réussite, en tirer vanité. *Cet élève se vante de ses bonnes notes.* SYN. **se glorifier.** ❷ Exagérer ses mérites. *Il n'a pas pu réussir tout seul, il se vante.* ❸ Annoncer qu'on est capable de faire quelque chose. *Il se vante de pouvoir traverser le lac à la nage.* SYN. **se targuer de.** → Vois aussi **se flatter.**

va-nu-pieds n. invar. Mot familier. Personne misérable. *Avoir l'air d'un va-nu-pieds.* SYN. **clochard, mendiant.**
● La nouvelle orthographe permet d'écrire aussi un **vanupied,** des **vanupieds,** sans trait d'union.

vapeur n.f. ❶ Très fines gouttelettes d'eau en suspension dans l'air. *Quand l'eau bout, elle se transforme en vapeur.* ❷ **Faire cuire à la vapeur,** au-dessus de l'eau en ébullition. ❸ Énergie obtenue à partir de la vapeur. *Une locomotive à vapeur; un bateau à vapeur.* ❹ Gaz qui se dégage parfois d'une substance liquide. *Des vapeurs d'essence.*
▸▸▸ Mots de la même famille : **évaporation, s'évaporer.**

▸ **vaporeux, euse** adj. Léger, flou et presque transparent. *Une écharpe vaporeuse.*

▸ **vaporisateur** n.m. Petit appareil qui projette un liquide en fines gouttelettes. *Une eau de toilette en vaporisateur.* SYN. **atomiseur.**

▸ **vaporiser** v. (conjug. 3). Projeter un liquide en fines gouttelettes avec un vaporisateur. *Vaporiser un insecticide sur des plantes.* SYN. **pulvériser.**

vaquer v. (conjug. 3). **Vaquer à ses occupations,** se consacrer à faire ce que l'on a à faire.

varan n.m. Grand lézard carnivore des pays chauds. *Le varan peut atteindre trois mètres de long.*

un varan

varappe n.f. Escalade de rochers. *En colonie de vacances, nous avons fait de la varappe.*
● Ce mot s'écrit avec deux **p.**

varech n.m. Algues rejetées par la mer et que l'on récolte sur les côtes pour les utiliser comme engrais. SYN. **goémon.**
● On prononce [varɛk].

vareuse n.f. Veste ample qui s'enfile par la tête. *Une vareuse de matelot.*

variable adj. ❶ Qui varie, qui change. *Son humeur est variable.* SYN. **changeant, instable.** CONTR. **constant, égal.** *Ses résultats scolaires sont très variables.* SYN. **inégal, irrégulier.** CONTR. **régulier.** ❷ Se dit d'un mot dont la forme change selon le genre et le nombre. *Les adjectifs sont variables.* CONTR. **invariable.**
▸▸▸ Mot de la famille de **varier.**

variante n.f. Chose qui diffère légèrement d'une autre de la même catégorie. *Les contes de fées ont souvent plusieurs variantes.*
▸▸▸ Mot de la famille de **varier.**

variation n.f. Fait de varier. *Cet appareil enregistre les variations de température.* SYN. **changement, écart.**
▸▸▸ Mot de la famille de **varier.**

varice n.f. Gonflement permanent et apparent d'une veine. *Mamie a des varices aux jambes.*

varicelle n.f. Maladie contagieuse due à un virus qui se manifeste par une éruption de boutons sur tout le corps.

varié, e adj. Qui présente de la diversité. *Un paysage varié.* CONTR. **uniforme.** *Un travail varié.* CONTR. **monotone.**

▸▸▸ Mot de la famille de **varier.**

varier v. (conjug. 7). ❶ Présenter des différences, se modifier. *Les coutumes varient d'un pays à l'autre.* SYN. **changer.** ❷ Apporter de la diversité, faire changer. *Le cuisinier de la cantine s'efforce de varier les menus.* SYN. **diversifier.**

▸ **variété** n.f. ❶ Caractère varié d'une chose. *Admirer la variété d'un paysage.* SYN. **diversité.** CONTR. **monotonie, uniformité.** ❷ Subdivision à l'intérieur d'une espèce. *Il existe de nombreuses variétés d'orchidées.* SYN. **sorte, type.** ◆ n.f. plur. **Spectacle, émission de variétés,** spectacle, émission composés de chansons, de sketchs, de numéros de music-hall, etc.

variole n.f. Maladie contagieuse très grave due à un virus. *Grâce à la vaccination, la variole a complètement disparu.*

vasculaire adj. Qui concerne les vaisseaux sanguins. *Grand-père a une maladie vasculaire.*

▸▸▸ Mot de la famille de **vaisseau (1).**

1. **vase** n.m. Récipient que l'on remplit d'eau pour mettre des fleurs coupées. *Un vase en cristal.*

2. **vase** n.f. Boue qui se dépose au fond des eaux stagnantes. *S'enliser dans la vase d'un étang.*

▸▸▸ Mot de la même famille : **s'envaser.**

▸ **vaseux, euse** adj. Qui contient de la vase. *Le fond de la rivière est vaseux.*

vasistas n.m. Petite lucarne dans une porte ou dans une baie.

● On prononce le **s** final : [vazistas].

vasque n.f. Bassin peu profond où se déverse l'eau d'une fontaine.

vassal n.m. Au Moyen Âge, homme à qui un seigneur laissait une partie de ses terres. *Le vassal prêtait serment de fidélité à son suzerain et il bénéficiait en contrepartie de sa protection.*

● Au pluriel : des **vassaux.**

→ planche pp. 696-697.

vaste adj. Très grand. *Un vaste territoire.* SYN. **immense.** CONTR. **restreint.** *Leur appartement est vaste.* SYN. **spacieux.**

vaudou n.m. et adj. À Haïti et dans les Antilles, culte où se mêlent des pratiques magiques et des éléments du rituel chrétien. *Une cérémonie vaudoue.*

à **vau-l'eau** adv. **Aller à vau-l'eau,** aller à la dérive, décliner. *L'entreprise va à vau-l'eau.*

vaurien, enne n. Enfant indiscipliné. *Petit vaurien, cesse de maltraiter ce chat !* SYN. **chenapan, galopin, garnement.** → Vois aussi **canaille, crapule, gredin.**

vautour n.m. Grand rapace diurne, à la tête et au cou sans plumes, qui se nourrit de cadavres d'animaux. *Le vautour vit dans les régions montagneuses.*
→ Vois aussi **condor.**

un **vautour**

se **vautrer** v. (conjug. 3). Se rouler dans quelque chose ou se coucher de tout son long, en se laissant aller. *À peine arrivée, Jessie s'est vautrée sur le canapé.*

à la **va-vite** adv. Avec précipitation et sans beaucoup de soin. *Faire un travail à la va-vite.*

veau n.m. ❶ Petit de la vache âgé de moins de un an. *Le veau tète sa mère.* ❷ Viande de veau. *Manger du rôti de veau.* → Vois aussi **génisse.**

● Au pluriel : des **veaux.**

un **veau**

a b c d e f g h i j k l m n o p q r s t u v w x y z

vécu, e adj. Qui s'est passé dans la vie réelle. *Ce film est tiré d'une histoire vécue.* SYN. **vrai.**

1. **vedette** n.f. ❶ Acteur de cinéma ou chanteur de variétés très connu. *De nombreuses vedettes participent au Festival de Cannes.* SYN. **étoile, star.** ❷ **Mettre en vedette,** attirer l'attention sur une personne ou une chose. *Cet exploit sportif l'a mis en vedette.*

2. **vedette** n.f. Petit bateau à moteur. *Une vedette des douanes.*

végétal n.m. Être vivant généralement fixé au sol, qui pousse en absorbant de l'eau et du dioxyde de carbone, grâce à la lumière du Soleil. *Les arbres, les fleurs, les ronces, les fougères, les algues, les mousses sont des végétaux.* → Vois aussi **botanique.**

● Au pluriel : des **végétaux.**

▸ **végétal, e, aux** adj. ❶ Qui appartient aux végétaux. *Les espèces végétales.* ❷ Qui est fait à partir de plantes, de végétaux. *Une huile végétale; un colorant végétal.*

● Au masculin pluriel : **végétaux.**

▸ **végétarien, enne** adj. et n. Qui mange des légumes et des fruits, mais pas de viande.

▸ **végétatif, ive** adj. **Mener une vie végétative,** c'est être aussi inactif qu'une plante, ne pas réfléchir.

▸ **végétation** n.f. Ensemble des végétaux qui poussent dans un lieu. *La végétation des steppes d'Asie centrale est très pauvre.* → Vois aussi **flore.**

végétations n.f. plur. Petites excroissances de peau qui se développent au fond de la gorge et du nez. *Kouamé s'est fait opérer des végétations.*

végéter v. (conjug. 9). Vivre de façon médiocre, sans rien faire d'intéressant. *Il végète dans un emploi subalterne.* → Vois aussi **vivoter.**

véhémence n.f. Caractère véhément, virulent. *Discuter avec véhémence.* SYN. **vivacité.** *Les écologistes s'opposent avec véhémence à l'implantation d'une centrale nucléaire.* SYN. **emportement, virulence.**

▸▸▸ Mot de la famille de **véhément.**

véhément, e adj. Qui montre de l'emportement et une certaine violence. *Un discours véhément; des reproches véhéments.* SYN. **vif, violent.**

véhicule n.m. Engin qui permet de se déplacer. *Un vélo, un camion, une voiture, un avion sont des véhicules.*

● Ce mot s'écrit avec un **h.**

▸ **véhiculer** v. (conjug. 3). Transporter. *Ces poids lourds véhiculent des marchandises. Le sang véhicule l'oxygène stocké dans les poumons.*

1. **veille** n.f. Jour qui précède celui dont on parle. *J'ai fait mes bagages la veille du départ.* → Vois aussi **hier.**

2. **veille** n.f. Fait de rester éveillé pendant les heures où l'on devrait dormir. *Ma sœur a passé de longues nuits de veille à préparer son concours.* CONTR. **sommeil.**

▸ **veillée** n.f. Partie de la soirée comprise entre le repas du soir et le coucher. *Autrefois, on racontait des histoires à la veillée.*

▸ **veiller** v. (conjug. 3). ❶ Rester éveillé la nuit, ne pas dormir. *On a veillé jusqu'au matin.* ❷ Rester au chevet de quelqu'un. *L'infirmière veille le malade.* ❸ S'occuper avec soin de quelque chose. *Veillez à ce que tout soit prêt à temps.* SYN. **s'assurer.** ❹ Exercer une surveillance attentive pour protéger. *Elle veille sur son petit frère quand ses parents sortent.* SYN. **surveiller.**

▸ **veilleur** n.m. **Veilleur de nuit,** gardien chargé de surveiller un magasin, des bureaux, un chantier, un parking, etc., durant la nuit.

▸ **veilleuse** n.f. Petite lampe qui éclaire faiblement et reste allumée toute la nuit. *On a branché une veilleuse dans la chambre du bébé.* ◆ n.f. plur. Lampes les plus faibles de l'éclairage d'une automobile. → Vois aussi **code, phare.**

veinard, e adj. et n. Mot familier. Qui a de la chance, de la veine. *Quel veinard, il a encore gagné.* SYN. **chanceux.** CONTR. **malchanceux.** → Vois aussi **verni.**

▸▸▸ Mot de la famille de **veine.**

veine n.f. ❶ Vaisseau sanguin qui ramène le sang au cœur. *Pour faire une prise de sang, on pique une veine du bras.* ❷ Ligne colorée, mince et sinueuse que l'on voit dans certains bois ou certaines pierres. *Les veines du marbre.* ❸ (Sens familier). Chance. *J'ai eu de* *la veine d'avoir un taxi tout de suite.* → Vois aussi **artère.**

▶ **veineux, euse** adj. Qui concerne les veines du corps humain. *Le système veineux.*

vêler v. (conjug. 3). Pour une vache, mettre bas. *La vache a vêlé cette nuit.*
● Le premier **e** prend un accent circonflexe.

véliplanchiste n. Sportif qui fait de la planche à voile. SYN. **planchiste.**

un **véliplanchiste**

velléitaire adj. et n. Qui a l'intention de faire quelque chose mais n'agit pas par manque de volonté. *C'est un garçon velléitaire.* SYN. **faible.** CONTR. **opiniâtre, persévérant, tenace, volontaire.**
▸▸▸ Mot de la famille de **velléité.**

velléité n.f. (Souvent au pluriel). Désir vague ou passager de faire quelque chose, qui n'aboutit à rien. *Pendant un temps, j'ai eu des velléités de faire du sport.*

vélo n.m. Bicyclette. *Dimanche, nous irons faire du vélo dans la forêt.*

vélocité n.f. Grande rapidité. *Un virtuose qui joue un morceau au piano avec vélocité.*

vélodrome n.m. Piste entourée de gradins aménagée pour les courses cyclistes.
▸▸▸ Mot de la famille de **vélo.**

vélomoteur n.m. Motocyclette équipée d'un petit moteur. → Vois aussi **cyclomoteur.**

velours n.m. ❶ Tissu couvert sur une face de poils courts et très serrés. *Papi a une veste en velours.* ❷ **À pas de velours,** sans bruit. *Le chat avance à pas de velours.*
● Ce mot se termine par un **s.**

▶ **velouté, e** adj. Doux au toucher ou au goût. *La peau veloutée d'une pêche.* CONTR. **rêche, rugueux.** *Un yaourt velouté.* SYN. **onctueux.**

velu, e adj. Couvert de poils. *Cet homme a la poitrine velue.* SYN. **poilu.**

Velux n.m. Fenêtre de toit. *On a fait poser un Velux au grenier.*
● On prononce [velyks]. – C'est un nom de marque : il s'écrit avec une majuscule dans les textes imprimés.

vénal, e, aux adj. Qui est prêt à commettre des actions malhonnêtes pour de l'argent. *Un juge vénal.* CONTR. **honnête, incorruptible, intègre.** → Vois aussi **vendu.**
● Au masculin pluriel : **vénaux.**

vendange n.f. Récolte du raisin. *On fait les vendanges en automne.*

les **vendanges**

▶ **vendanger** v. (conjug. 5). Récolter le raisin, faire les vendanges. *Vendanger des vignes.*

▶ **vendangeur, euse** n. Personne qui fait les vendanges.

vendeur, euse n. ❶ Personne dont la profession est de vendre des produits, des marchandises. *Un vendeur de journaux.* SYN. **marchand.** ❷ Personne qui vend un bien. *Nous avons discuté du prix de l'appartement avec le vendeur.* CONTR. **acheteur, acquéreur.**
▸▸▸ Mot de la famille de **vendre.**

vendre v. (conjug. 46). ❶ Donner quelque chose contre de l'argent. *Mon oncle a vendu*

sa voiture. CONTR. **acheter, acquérir.** ❷ Trahir, dénoncer contre de l'argent ou un avantage quelconque. *Le malfaiteur a vendu ses complices à la police.* SYN. **livrer.**
▸▸▸ Mot de la même famille : **invendable.**

vendredi n.m. Cinquième jour de la semaine. *Tous les vendredis, Jonathan a un cours de dessin.*

vendu, e adj. et n. Mot familier. Qui s'est laissé acheter, corrompre pour de l'argent. SYN. **traître, vénal.** CONTR. **honnête, intègre.**

vénéneux, euse adj. Qui contient un poison et peut causer une intoxication. *Certains champignons sont vénéneux.* SYN. **toxique.** CONTR. **comestible.**
● Ne confonds pas avec **venimeux.**

vénérable adj. Qui inspire le respect. *Un vénérable vieillard.* SYN. **respectable.**
▸▸▸ Mot de la famille de **vénérer.**

vénération n.f. ❶ Respect religieux. *Ces reliques font l'objet d'une vénération.* SYN. **adoration.** ❷ Profond respect mêlé d'admiration. *Charlotte parle de son grand-père avec vénération.*
▸▸▸ Mot de la famille de **vénérer.**

vénérer v. (conjug. 9). ❶ Vouer un culte. *Les Irlandais vénèrent saint Patrick.* SYN. **adorer.** ❷ Avoir un grand respect mêlé d'admiration pour une personne. *Vénérer un artiste.*

vénerie n.f. Art de la chasse à courre.
● La nouvelle orthographe permet d'écrire aussi **vènerie,** avec un accent grave.

vénézuélien, enne adj. et n. Du Venezuela. *Caracas est la capitale vénézuélienne. Pedro est vénézuélien. C'est un Vénézuélien.*
● Le nom prend une majuscule : *un Vénézuélien.*

vengeance n.f. Action de se venger, de rendre le mal qu'une personne vous a fait. *Le plus souvent, la vengeance ne répare pas le mal, mais elle l'aggrave.* → Vois aussi **représailles.**
● Le **g** est suivi d'un **e** pour prononcer le son [ʒ].
▸▸▸ Mot de la famille de **venger.**

venger et **se venger** v. (conjug. 5). Réparer le tort fait à une personne en en punissant l'auteur. *Venger un ami. Venger une offense.* ◆ **se venger.** Punir une personne pour réparer le tort qu'elle vous a fait. *Tôt ou tard, je me vengerai.*

▸ **vengeur, vengeresse** adj. Animé par la vengeance. *Il m'a écrit une lettre vengeresse.* → Vois aussi **vindicatif.**

venimeux, euse adj. Qui a du venin. *La vipère est un serpent venimeux.*
● Ne confonds pas avec **vénéneux.**
▸▸▸ Mot de la famille de **venin.**

venin n.m. Poison produit par certains animaux, et qui peut être injecté par morsure ou par piqûre. *Les scorpions, les vipères, les guêpes ont du venin.*
▸▸▸ Mot de la même famille : **s'envenimer.**

venir v. (conjug. 20). ❶ Se déplacer en direction de la personne qui parle ou à qui l'on parle. *Cyrille est venu me voir.* SYN. **passer.** *Vous n'êtes pas venu à notre rendez-vous.* ❷ Avoir lieu, se produire. *Un accident vient toujours quand on ne s'y attend pas.* SYN. **survenir.** *Le moment du départ est venu.* SYN. **arriver.** ❸ Arriver de tel endroit; avoir pour origine. *Le train vient de Lyon. Ces chaussures viennent d'Italie.* SYN. **provenir.** *De nombreux mots français viennent du latin.* ❹ **En venir à,** aborder tel point, telle question. *Venons-en au sujet qui nous préoccupe.* ❺ **Venir au monde,** naître. *Charlotte est venue au monde le 1er avril.* ❻ **Venir de,** avoir juste fait quelque chose. *Je viens de parler à Léo.*
● Ce verbe se conjugue avec l'auxiliaire « être ».

vent n.m. ❶ Mouvement de l'air dû à des différences de pression. *La girouette indique la direction du vent.* ❷ **Passer en coup de vent,** venir et repartir aussitôt. ❸ **Dans le vent,** à la mode. ❹ **Avoir vent de quelque chose,** en entendre parler. *J'ai eu vent de ses ennuis.* ❺ **C'est du vent,** ce n'est pas sérieux. *Ses belles promesses, c'est du vent!* ❻ **Instrument à vent,** instrument de musique dans lequel on souffle pour produire des sons. *La flûte, la trompette, le hautbois sont des instruments à vent.*

vente n.f. Action de vendre. *Les ventes de téléphones portables ont baissé. Nos voisins ont mis leur appartement en vente.*
▸▸▸ Mot de la famille de **vendre.**

venter v. (conjug. 3). **Il vente,** il fait du vent.
● Ce verbe se conjugue seulement à la 3e personne du singulier.
▸▸▸ Mot de la famille de **vent.**

venteux, euse adj. Où il y a beaucoup de vent. *Une côte venteuse.*
▸▸▸ Mot de la famille de **vent.**

ventilateur n.m. Appareil électrique muni d'une hélice qui produit du vent en tournant très vite.
▸▸▸ Mot de la famille de **ventiler.**

ventilation n.f. Action de ventiler, de renouveler l'air. *La ventilation des toilettes est assurée par une petite fenêtre.* SYN. **aération.**
▸▸▸ Mot de la famille de **ventiler.**

ventiler v. (conjug. 3). Renouveler l'air d'un local. *Une installation électrique permet de ventiler les salles de cinéma.* SYN. **aérer.**

ventouse n.f. ❶ Organe de certains animaux, qui leur permet de se fixer à quelque chose. *Les ventouses de la sangsue, de la pieuvre.* ❷ Rondelle de caoutchouc qui se fixe sur une surface plane par pression. *Des fléchettes à ventouse.*

les ventouses d'une pieuvre

ventral, e, aux adj. Qui concerne le ventre ou qui est situé sur le ventre. *Une nageoire ventrale. La poche ventrale des kangourous.*
● Au masculin pluriel : **ventraux.**
▸▸▸ Mot de la famille de **ventre.**

ventre n.m. ❶ Partie du corps qui se trouve au-dessous de la taille et qui contient les intestins. *J'ai mangé trop vite, j'ai mal au ventre.* SYN. **abdomen.** ❷ **À plat ventre,** complètement allongé sur le ventre. *Jessie dort à plat ventre.*
▸▸▸ Mot de la même famille : **éventrer.**

ventricule n.m. Chacune des deux cavités inférieures du cœur qui envoient le sang dans les artères. → Vois aussi **oreillette.**
● Mot du genre masculin : **un ventricule.**

ventriloque n. Artiste de music-hall qui réussit à parler sans remuer les lèvres, comme si sa voix venait du ventre. *Les ventriloques ont une marionnette qui leur sert de partenaire.*

ventripotent, e adj. Mot familier. Qui a un gros ventre. *Un cuisinier ventripotent.* SYN. **ventru.** → Vois aussi **bedonnant.**
▸▸▸ Mot de la famille de **ventre.**

ventru, e adj. ❶ Qui a un gros ventre. *Un homme ventru.* ❷ Renflé, bombé. *Un pichet ventru.* → Vois aussi **bedonnant, ventripotent.**
▸▸▸ Mot de la famille de **ventre.**

venu, e n. ❶ **Nouveau venu,** personne récemment arrivée quelque part. *C'est un nouveau venu dans l'école.* ❷ **Le premier venu,** n'importe qui. *Il ne faut pas ouvrir sa porte au premier venu.*
▸▸▸ Mot de la famille de **venir.**

venue n.f. Fait de venir, d'arriver quelque part. *Nous attendons sa venue avec impatience.* SYN. **arrivée.**
▸▸▸ Mot de la famille de **venir.**

ver n.m. ❶ Petit animal au corps mou et long, sans pattes. *Pour pêcher, on utilise des vers comme appât.* ❷ Nom donné à la larve de certains insectes, qui a l'aspect du ver. *Des fruits pleins de vers.* SYN. **asticot.** *Le ver à soie est la chenille d'un papillon appelé «bombyx».* ❸ **Ver de terre,** ver qui creuse des galeries dans le sol humide. SYN. **lombric.** ❹ **Ver solitaire,** ténia.
● Ne confonds pas avec un **vers** d'un poème ou un **verre** à boire.

un ver marin

véracité n.f. Fait d'être vrai, authentique. *La véracité de ce témoignage ne peut être mise en doute.* SYN. **authenticité, exactitude.** CONTR. **fausseté.** → Vois aussi **vérité.**

a b c d e f g h i j k l m n o p q r s t u v w x y z

véranda n.f. Pièce vitrée accolée à la façade d'une maison. *Mamie a installé des plantes dans la véranda.*

verbal, e, aux adj. ❶ Qui est dit oralement et non par écrit. *Un accord verbal.* SYN. **oral.** CONTR. **écrit.** ❷ Qui se rapporte au verbe. *L'infinitif est une forme verbale.* ❸ **Groupe verbal,** groupe de mots qui contient le verbe. *Dans la phrase «Kelly mange un bonbon», «mange un bonbon» est le groupe verbal.* ❹ **Adjectif verbal,** adjectif souvent dérivé du participe présent d'un verbe. *Dans l'expression «les feux clignotants», «clignotants» est un adjectif verbal.*

● Au masculin pluriel : **verbaux.**

▸▸▸ Mot de la famille de **verbe.**

verbalement adv. De vive voix, par oral. *Il nous a donné son accord verbalement.* SYN. **oralement.** CONTR. **par écrit.**

▸▸▸ Mot de la famille de **verbe.**

verbe n.m. ❶ Mot qui permet d'indiquer une action, un état ou une modification et dont la forme change selon la personne, le nombre, le temps et le mode. *«Jouer», «finir», «prendre» sont des verbes.* ❷ **Avoir le verbe haut,** parler fort. → Vois aussi **auxiliaire.**

verbeux, euse adj. Qui contient trop de paroles, trop de mots inutiles. *Un discours verbeux.* CONTR. **bref, concis, laconique.**

▸ **verbiage** n.m. Flot de paroles inutiles et creuses. *Cette conférence n'était que du verbiage.*

verdâtre adj. D'une couleur qui tire sur le vert. *Le malade avait le teint verdâtre.*

● Le **a** prend un accent circonflexe.

▸▸▸ Mot de la famille de **vert.**

verdeur n.f. Vigueur, bonne condition physique d'une personne âgée.

▸▸▸ Mot de la famille de **vert.**

verdict n.m. Décision d'un tribunal. *La cour a rendu son verdict.* SYN. **jugement, sentence.**

● On prononce [vɛrdikt].

verdir v. (conjug. 16). Devenir vert. *Les champs verdissent au printemps.*

▸▸▸ Mot de la famille de **vert.**

verdoyant, e adj. Qui prend de belles couleurs vertes, en parlant de la végétation. *Une prairie verdoyante.*

▸▸▸ Mot de la famille de **vert.**

verdure n.f. Ensemble d'herbes, de plantes, de feuillages verts. *Une maison perdue dans la verdure.*

▸▸▸ Mot de la famille de **vert.**

véreux, euse adj. ❶ Qui contient des vers. *Une poire véreuse.* ❷ Qui est louche, malhonnête. *Une affaire véreuse ; un homme d'affaires véreux.*

verge n.f. ❶ Sexe de l'homme et des mammifères mâles. SYN. **pénis.** ❷ Baguette de bois longue et flexible.

verger n.m. Terrain planté d'arbres fruitiers.

un **verger**

verglacé, e adj. Couvert de verglas. *Une route verglacée.*

▸▸▸ Mot de la famille de **verglas.**

verglas n.m. Mince couche de glace qui se forme sur un sol humide lorsqu'il gèle. *La voiture a dérapé sur une plaque de verglas.*

● Ce mot se termine par un **s.**

sans **vergogne** adv. Sans aucune honte, sans aucun scrupule. *Mentir sans vergogne.* SYN. **effrontément.**

véridique adj. Conforme à la vérité. *Un récit véridique.* SYN. **authentique, exact.** CONTR. **mensonger.**

vérification n.f. Action de vérifier. *La vérification d'un calcul.* SYN. **contrôle.** *Après vérification, le douanier nous a rendu nos passeports.* SYN. **examen.**

▸▸▸ Mot de la famille de **vérifier.**

vérifier v. (conjug. 7). ❶ S'assurer qu'une chose est exacte, vraie. *Maman vérifie ses comptes.* SYN. **contrôler.** ❷ S'assurer de l'état d'une chose. *Vérifie que la porte est bien fermée. Papa a fait vérifier la voiture.*

véritable adj. ❶ Conforme à la vérité. *J'ignore son véritable nom.* SYN. **vrai.** CONTR. **faux.** ❷ Qui est réellement ce qu'il paraît être. *Un bijou en or véritable.* ❸ Qui mérite bien le qualificatif qu'on lui donne. *C'est un véritable artiste.* SYN. **vrai.**

►►► Mot de la famille de **vérité.**

véritablement adv. De fait, réellement. *Cette affaire est véritablement étonnante.* SYN. **vraiment.**

►►► Mot de la famille de **vérité.**

vérité n.f. ❶ Ce qui est exact, conforme à la réalité. *Dis-nous la vérité.* ❷ **À la vérité, en vérité,** pour dire vrai, pour être tout à fait exact. *J'ai accepté de venir, mais, en vérité, je n'en avais pas très envie.*

verlan n.m. Forme d'argot qui consiste à inverser les syllabes des mots. *En verlan, « bizarre » se dit « zarbi ».*

vermeil, vermeille adj. Rouge vif. *Blanche-Neige avait des lèvres vermeilles.* ◆ n.m. Argent doré. *Des couverts en vermeil.*

vermicelle n.m. Petite pâte en forme de filament que l'on met dans certains potages. *Manger de la soupe au vermicelle.*

vermillon adj. invar. D'un rouge vif tirant sur l'orangé. *Une jupe vermillon.* → Vois aussi **carmin.**

vermine n.f. Insectes parasites de l'homme et des animaux, tels que les poux, puces, punaises, etc. *La vieille prison grouillait de vermine.*

vermisseau n.m. Petit ver de terre.

● Au pluriel : des **vermisseaux.**

►►► Mot de la famille de **ver.**

vermoulu, e adj. Mangé par des vers, des larves d'insectes. *Un vieux meuble vermoulu.*

verni, e adj. ❶ Enduit d'une couche de vernis. *Des chaussures vernies.* ❷ (Sens familier). Qui a de la chance. *Hugo est vraiment verni d'avoir encore gagné !* SYN. **chanceux.**

→ Vois aussi **veinard.**

►►► Mot de la famille de **vernis.**

vernir v. (conjug. 16). Couvrir d'une couche de vernis. *Autrefois les peintres vernissaient leurs tableaux.*

►►► Mot de la famille de **vernis.**

vernis n.m. Produit brillant, transparent ou coloré, que l'on applique en couche mince pour protéger ou décorer. *Passer une couche de vernis sur une poterie, un meuble en bois. Maman s'est mis du vernis à ongles.*

● Ce mot se termine par un **s.**

► **vernissage** n.m. ❶ Action de vernir. *Le vernissage d'un tableau.* ❷ Inauguration privée d'une exposition d'œuvres d'art.

verre n.m. ❶ Matière dure et transparente qui se casse facilement. *Un pichet en verre.* ❷ Récipient en verre que l'on utilise pour boire ; son contenu. *Un verre en cristal. Boire un verre d'eau.* ❸ Petit disque de verre ou de matière plastique qui permet de corriger les défauts de la vue. *Les verres de mes lunettes sont incassables.*

● Ce mot s'écrit avec deux **r.** – Ne confonds pas avec un **ver** de terre ou un **vers** d'un poème.

un souffleur de verre

► **verrerie** n.f. Usine, atelier où l'on fabrique du verre ou des objets en verre.

► **verrière** n.f. Toit ou paroi vitrés. *La verrière d'une gare, d'une véranda.*

verrou n.m. ❶ Serrure faite d'une pièce de métal allongée que l'on fait coulisser dans un boîtier métallique. *Faire poser un verrou sur une porte.* ❷ **Sous les verrous,** en prison. *Le voleur est sous les verrous.*

● Ce mot s'écrit avec deux **r.**

► **verrouiller** v. (conjug. 3). Fermer avec un verrou. *Verrouiller une porte.*

verrue n.f. Petite excroissance de la peau. *Romain a une verrue au pied.*

a b c d e f g h i j k l s t u v w x y z

a b c d e f g h i j k l m n o p q r s t u v w x y z

1. **vers** n.m. Ligne d'un poème, caractérisée par son rythme et sa sonorité. *« La mer brille / comme une coquille » sont deux vers qui riment.*

● Ne confonds pas avec un **ver** de terre ou un **verre** à boire.

2. **vers** préposition. ❶ Indique une direction. *Le bateau se dirige vers la côte.* ❷ Indique une approximation. *Nous arriverons vers midi.* SYN. **approximativement, environ.**

versant n.m. Flanc d'une montagne qui borde une vallée. *Escalader un versant rocailleux.*

versatile adj. Qui change souvent d'opinion, d'avis. *Elle a un caractère versatile, un jour elle dit oui, le lendemain elle dit non.* SYN. **changeant, inconstant, lunatique.**

à **verse** adv. **Il pleut à verse,** il pleut très fort.

versé, e adj. Qui a beaucoup de connaissances dans un domaine. *Il est versé en histoire médiévale.* SYN. **compétent, savant.** CONTR. **ignorant.**

versement n.m. Action de verser une somme d'argent. *Payer une voiture en plusieurs versements.*

▸▸▸ Mot de la famille de **verser.**

verser v. (conjug. 3). ❶ Faire couler un liquide en penchant le récipient qui le contient. *Ahmed verse du lait dans son bol.* ❷ Remettre une somme d'argent. *Les salaires sont versés sur les comptes en banque.* ❸ Pour un véhicule, tomber sur le côté. *La voiture a versé dans le fossé.* SYN. **basculer.** ❹ **Verser des larmes,** pleurer.

▸▸▸ Mot de la même famille : **déverser.**

verset n.m. Paragraphe d'un texte sacré. *Les versets de la Bible, du Coran.*

versification n.f. Art de composer des vers.

▸▸▸ Mot de la famille de **vers (1).**

version n.f. ❶ Manière de raconter un événement. *La police a entendu plusieurs versions de l'accident.* ❷ **Film en version originale,** film qui n'est pas doublé, dont les dialogues ne sont pas traduits. ❸ Exercice de traduction d'un texte étranger dans sa langue. *Mon frère a une version anglaise à faire.* → Vois aussi **thème.**

verso n.m. Envers d'une feuille de papier. *Les contre-indications sont écrites au verso de la notice.* SYN. **dos.** CONTR. **recto.**

vert, e adj. ❶ De la couleur de l'herbe et des feuilles au printemps. *Une écharpe verte.* ❷ Qui a encore de la sève. *Du bois vert.* CONTR. **sec.** ❸ Qui n'est pas mûr. *Ces abricots sont verts.* ❹ Qui reste vigoureux malgré un âge avancé. *À 90 ans, le vieil homme était encore vert.* ❺ Qui concerne l'agriculture ou la campagne. *L'Europe verte ; le tourisme vert.*

▸ **vert** n.m. Couleur verte. *Le vert lui donne mauvaise mine. Les voitures démarrent quand le feu passe au vert.*

▸ **vert-de-gris** n.m. invar. Couche verdâtre qui se forme sur le cuivre au contact de l'air humide. *La statue était recouverte de vert-de-gris.*

vertébral, e, aux adj. Qui se rapporte aux vertèbres; qui est constitué de vertèbres. *La colonne vertébrale; une douleur vertébrale.*

● Au masculin pluriel : **vertébraux.**

▸▸▸ Mot de la famille de **vertèbre.**

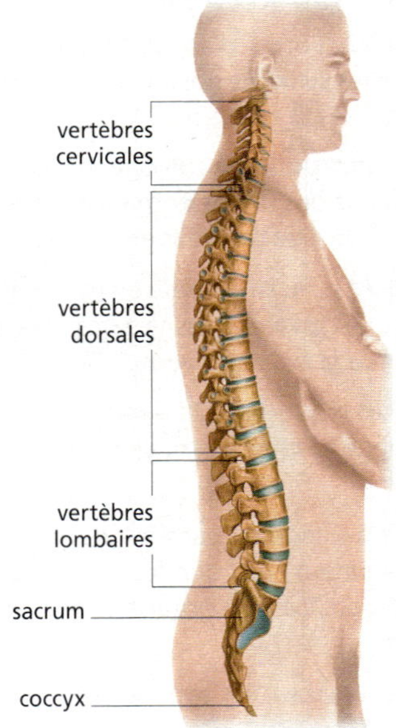

la colonne vertébrale

vertèbre n.f. Chacun des os courts qui forment la colonne vertébrale. *Nous avons vingt-quatre vertèbres.* → Vois aussi **cervical, lombaire.**

▸▸▸ Mot de la même famille : **invertébré.**

▸ **vertébré, e** adj. et n.m. Se dit des animaux qui ont une colonne vertébrale. *Les mammifères, les poissons, les oiseaux, les* *reptiles, les amphibiens sont des vertébrés.* CONTR. **invertébré.**

vertement adv. Avec rudesse, sans ménagement. *La maîtresse a vertement réprimandé les chahuteurs.* SYN. **vivement.**

vertical, e, aux adj. Qui est perpendiculaire à la ligne d'horizon. *Une personne debout est en position verticale.* CONTR. **horizontal.** ◆ n.f. **À la verticale,** dans une position verticale. *Un hélicoptère décolle et atterrit à la verticale.*

● Au masculin pluriel : **verticaux.**

▶ **verticalement** adv. À la verticale. *Ranger des livres verticalement.* CONTR. **horizontalement.**

vertige n.m. ❶ Peur et trouble que l'on peut ressentir quand on est au-dessus du vide. *Ma sœur ne va jamais sur le balcon, elle a le vertige.* ❷ Malaise donnant la sensation que tout tourne autour de soi. *Mamie a parfois des vertiges.* SYN. **étourdissement.**
→ Vois aussi **tournis.**

▶ **vertigineux, euse** adj. Qui donne le vertige. *Le planeur est monté à une hauteur vertigineuse.*

vertu n.f. ❶ Qualité morale. *L'honnêteté et la loyauté sont des vertus.* CONTR. **vice.** ❷ Capacité à produire un effet. *La camomille a des vertus médicinales.* SYN. **propriété.** ❸ **En vertu de,** conformément à. *Le coupable a été condamné à cinq ans de prison en vertu de la loi.*

▶ **vertueux, euse** adj. Qui a de la vertu, de grandes qualités morales. *Une personne vertueuse; une conduite vertueuse.* SYN. **honnête.**

verve n.f. Fait de parler avec aisance, brio, enthousiasme. *La verve d'un orateur.* → Vois aussi **éloquence.**

verveine n.f. Plante dont on utilise les feuilles pour faire de la tisane. *Boire une infusion de verveine.*

vésicule n.f. **Vésicule biliaire,** organe creux, en forme de poche, où s'accumule la bile fabriquée par le foie.

vesse-de-loup n.f. Champignon en forme de poire retournée qui dégage une sorte de poussière brune quand il est vieux et qu'on l'écrase.

● Au pluriel : des **vesses-de-loup.**

vessie n.f. Organe en forme de poche, situé dans le bas du ventre, où s'accumule l'urine.

veste n.f. Vêtement à manches longues, qui couvre le haut du corps et qui s'attache devant. → Vois aussi **veston.**

vestiaire n.m. ❶ Endroit où l'on peut déposer son manteau, son sac, son parapluie, etc., en particulier dans les lieux publics. ❷ (Souvent au pluriel). Local où l'on peut se changer, se mettre en tenue dans une salle de sport, une piscine. *Après le match, les footballeurs regagnent les vestiaires.*

● Ce nom masculin se termine par un **e.**

vestibule n.m. Entrée d'une maison, d'un appartement. *Un visiteur vous attend dans le vestibule.*

vestiges n.m. plur. Ce qui reste d'une époque lointaine, d'un événement passé, d'une chose détruite ou disparue. *On a découvert les vestiges d'une ancienne abbaye.* SYN. **ruines.** *Les vestiges de la civilisation romaine.* SYN. **traces.**

vestimentaire adj. Qui se rapporte aux vêtements. *Soigner sa tenue vestimentaire.*
▸▸▸ Mot de la famille de **vêtement.**

veston n.m. Veste faisant partie d'un costume d'homme. *Un veston en tweed.*
▸▸▸ Mot de la famille de **veste.**

vêtement n.m. Ce que l'on met pour couvrir et protéger son corps. *Un pantalon, une jupe, un blouson sont des vêtements.* SYN. **affaires, habits.**

● Le premier **e** prend un accent circonflexe.

→ planche p. 1063.

vétéran n.m. ❶ Ancien soldat. *Les vétérans de la guerre du Viêt Nam.* ❷ Sportif âgé de plus de 35 ans.

vétérinaire n. Médecin qui soigne les animaux. *La vétérinaire a vacciné notre chat.*

un **vétérinaire**

vétille n.f. Mot littéraire. Chose sans importance, insignifiante. *Ils se sont disputés pour des vétilles.* SYN. **broutille.**

vêtir et **se vêtir** v. (conjug. 22). Mettre des vêtements à. *Vêtir un enfant.* SYN. **habiller.** CONTR. **déshabiller.** ◆ **se vêtir.** Mettre ses vêtements. *Elle s'est vêtue simplement.* SYN. **s'habiller.** CONTR. **se déshabiller, se dévêtir.**
- Le **e** prend un accent circonflexe.

►►► Mot de la famille de **vêtement.**

veto n.m. Pouvoir de dire non, de s'opposer à une décision. *Louis XVI disposait d'un droit de veto qui lui permettait de s'opposer au vote d'une loi. Le directeur a mis son veto à notre projet.*
- On prononce [veto].

– La nouvelle orthographe permet d'écrire aussi **véto,** avec un accent aigu.

vétuste adj. Vieux et détérioré. *Un immeuble vétuste.* SYN. **délabré.**

veuf, veuve n. et adj. Personne dont la femme ou le mari est mort. *Son père est veuf et il voudrait se remarier.*

veule adj. Mot littéraire. Qui manque de volonté, d'énergie et de courage. *Ne compte pas sur lui pour réagir, il est veule.* SYN. **faible, lâche, mou.** CONTR. **énergique, ferme, volontaire.**
- On prononce [vøl].

veuvage n.m. Situation d'une personne veuve. *Il s'est remarié après des années de veuvage.*

►►► Mot de la famille de **veuf.**

vexant, e adj. Qui vexe. *Une réflexion vexante.* SYN. **blessant, désobligeant.**

►►► Mot de la famille de **vexer.**

vexation n.f. Action, parole ou situation qui vexent. *Être exposé aux vexations de ses camarades.* SYN. **brimade.** *Cet échec a été pour moi une terrible vexation.* SYN. **affront, humiliation, offense.**

►►► Mot de la famille de **vexer.**

vexer et **se vexer** v. (conjug. 3). Blesser quelqu'un dans son amour-propre. *Tu l'as vexé en lui disant qu'il était trop petit pour jouer avec nous.* SYN. **blesser, froisser, offenser.** ◆ **se vexer.** Se sentir blessé, offensé. *Natacha ne se vexe pas facilement, elle n'est pas susceptible.*

viabilité n.f. Aptitude à vivre, à prospérer. *La viabilité d'un nouveau-né ; la viabilité d'une entreprise.*

►►► Mot de la famille de **viable.**

viable adj. ❶ Qui peut vivre. *Un bébé né à cinq mois et demi peut être viable.* ❷ Qui peut durer, aboutir. *Son projet est parfaitement viable.*

viaduc n.m. Grand pont construit pour permettre à une route ou à une voie ferrée de franchir une vallée.

un viaduc

viande n.f. Chair des mammifères et des oiseaux que l'on mange. *Le bœuf, le mouton, le cheval sont des viandes rouges ; le veau, le porc, la volaille sont des viandes blanches.*

vibration n.f. (Souvent au pluriel). Mouvement et bruit de ce qui vibre. *Les vibrations d'un moteur.*

►►► Mot de la famille de **vibrer.**

vibrer v. (conjug. 3). ❶ Être soumis à un tremblement rapide. *Le passage du train fait vibrer les vitres.* SYN. **trembler.** ❷ Être ému, être touché. *Les spectateurs vibraient en écoutant la musique.*

vice n.m. ❶ Disposition au mal. *Il a presque tous les vices.* SYN. **tare.** CONTR. **vertu.** ❷ Défaut dont on ne peut se débarrasser. *L'usage du tabac est son seul vice.*

vice-président, e n. Personne chargée de seconder et éventuellement de remplacer le président.
- Au pluriel : des **vice-présidents.**

vice versa adv. Réciproquement ; inversement. *Il est affectueux avec ses enfants et vice versa.*
- On prononce [visvɛrsa] ou [visevɛrsa].

Les vêtements traditionnels

Les vêtements traditionnels sont typiques des pays ou des régions dans lesquels ils sont portés. Ils correspondent à un mode de vie et bien sûr aussi au climat. Certains de ces vêtements ont traversé les siècles et habillent encore hommes ou femmes, comme le boubou en Afrique, le kimono au Japon, le poncho en Amérique latine, le sari en Inde ou la djellaba dans les pays d'Afrique du Nord.

anorak inuit

tunique vietnamienne

sari indien

ponchos péruviens

veste chinoise

kimono japonais

djellaba marocaine

boubou africain

vicié, e adj. Impur et pollué. *L'air est vicié autour de la zone industrielle.*
▸▸▸ Mot de la famille de **vice.**

vicieux, euse adj. et n. Qui a des goûts pervers.
▸▸▸ Mot de la famille de **vice.**

vicinal, e, aux adj. **Chemin vicinal,** qui relie des villages, des hameaux.
● Au masculin pluriel : **vicinaux.**

vicissitudes n.f. plur. Mot littéraire. Événements heureux ou malheureux de la vie. *Cette famille a connu bien des vicissitudes.* SYN. **aléas.**

vicomte, vicomtesse n. Titre de noblesse qui se situe au-dessous de celui de comte et au-dessus de celui de baron.

victime n.f. ❶ Personne tuée ou blessée. *Le cyclone a fait des centaines de victimes.* ❷ Personne qui subit les effets d'un mal ou d'un événement fâcheux. *Être victime d'un cambriolage.*

victoire n.f. ❶ Fait de gagner une bataille ou une guerre. *Le général a mené ses troupes à la victoire.* SYN. **triomphe.** CONTR. **défaite.** ❷ Succès, avantage dans une compétition, dans une épreuve sportive. *Notre équipe de football a remporté la victoire.*

▸ **victorieux, euse** adj. Qui a remporté une victoire. *L'équipe victorieuse a été applaudie.* SYN. **gagnant.** CONTR. **perdant, vaincu.**

victuailles n.f. plur. Provisions alimentaires. *Chacun a apporté des victuailles pour la fête de l'école.* SYN. **vivres.**

vidange n.f. Opération qui consiste à vider un objet du liquide qu'il contient. *Faire la vidange d'un réservoir.*

▸ **vidanger** v. (conjug. 5). Faire une vidange. *Vidanger le radiateur d'une voiture.*

vide adj. ❶ Qui ne contient rien. *Une bouteille vide.* CONTR. **plein, rempli.** ❷ Où il n'y a personne ou presque personne. *Ce logement est vide depuis un an.* SYN. **inoccupé, vacant.** CONTR. **habité, occupé.** *Le train était vide.* CONTR. **complet, plein.**

▸ **vide** n.m. ❶ Espace assez vaste qui ne contient rien. *En montagne, j'ai peur du vide.* ❷ Espace où l'air est presque entièrement supprimé. *Le café moulu est vendu dans un emballage sous vide.* ❸ **À vide,** sans rien à l'intérieur ; sans passagers. *Le car est parti à vide.* ❹ **Faire un vide, laisser un vide,** donner un sentiment pénible de manque. *Sa mort a laissé un grand vide.*

▸ **vide-greniers** n.m. invar. Sorte de foire où l'on vend les objets dont on souhaite se débarrasser.
● La nouvelle orthographe permet d'écrire aussi un **vide-grenier,** sans **s.**

vidéo n.f. Technique qui permet d'enregistrer des images et des sons sur une bande magnétique et de les retransmettre sur un écran de télévision. ◆ adj. invar. ❶ Qui se rapporte à la vidéo, qui utilise la vidéo. *Une caméra vidéo; des jeux vidéo.* ❷ **Cassette vidéo,** bande magnétique servant à enregistrer des images et des sons et à les retransmettre sur un écran de télévision. SYN. **vidéocassette.**

▸ **vidéocassette** n.f. Cassette vidéo.

▸ **vidéodisque** n.m. Disque sur lequel sont enregistrés un grand nombre d'images et de sons pouvant être retransmis sur un écran de télévision.

vide-ordures n.m. invar. Conduit vertical qui permet de jeter directement les ordures dans une poubelle collective située au rez-de-chaussée d'un immeuble.
● La nouvelle orthographe permet d'écrire aussi un **vide-ordure,** sans **s.**
▸▸▸ Mot de la famille de **vide.**

vider et **se vider** v. (conjug. 3). ❶ Enlever tout ce qui se trouve à l'intérieur de quelque chose. *Vider ses poches. Vider une baignoire.* CONTR. **remplir.** ❷ Retirer les entrailles d'un poisson, d'une volaille, etc., pour pouvoir les manger. *Le cuisinier vide un saumon.* ◆ **se vider.** Devenir vide. *Après le film, la salle de cinéma s'est vidée.* CONTR. **se remplir.**
▸▸▸ Mot de la famille de **vide.**

vie n.f. ❶ Ensemble des phénomènes qui caractérisent les humains, les animaux, les plantes de la naissance à la mort. ❷ Fait de vivre. *Le blessé est encore en vie.* ❸ Existence envisagée dans sa durée totale. *Grand-père a passé toute sa vie à la campagne.* ❹ Ce que l'on a fait de son vivant. *L'instituteur nous a raconté la vie de Mermoz.* ❺ Manière de vivre propre à une personne ou à une époque. *La vie des pharaons; la vie au Moyen Âge.* ❻ Ce qu'il faut pour subsister, pour vivre. *La vie est chère à Londres. Ma tante gagne bien sa vie.* ❼ Entrain et vitalité. *Charlotte est pleine de vie.* SYN. **dynamisme, énergie.**

vieil, vieille → vieux

vieillard n.m. Homme très âgé. *Un vieillard presque centenaire.* ◆ n.m. plur. Personnes très âgées.
▸▸▸ Mot de la famille de **vieux.**

vieillerie n.f. Objet ancien, usé ou démodé. *Débarrasse-toi de ces vieilleries.*
▸▸▸ Mot de la famille de **vieux.**

vieillesse n.f. Dernière période de la vie, marquée par un ralentissement des fonctions vitales. *Mes grands-parents ont une vieillesse heureuse.* CONTR. **jeunesse.**
▸▸▸ Mot de la famille de **vieux.**

vieillir v. (conjug. 16). ❶ Devenir vieux. *Grand-père a des cheveux blancs, il vieillit.* CONTR. **rajeunir.** ❷ Faire paraître plus vieux. *Cette coiffure la vieillit.*
▸▸▸ Mot de la famille de **vieux.**

vieillissement n.m. Fait de vieillir, de prendre de l'âge. *Être atteint de vieillissement prématuré.*
▸▸▸ Mot de la famille de **vieux.**

vieillot, otte adj. Qui est ancien et démodé. *Des idées vieillottes.* SYN. **démodé, désuet.**
→ Vois aussi **suranné.**
▸▸▸ Mot de la famille de **vieux.**

vielle n.f. Instrument de musique ancien dont les cordes sont frottées par une roue que l'on tourne avec une manivelle.
● On prononce [vjɛl].

un joueur de vielle

vierge adj. ❶ Qui n'a jamais eu de rapports sexuels. *Une jeune fille vierge ; un garçon vierge.* ❷ Qui ne porte aucune inscription ; qui n'a jamais servi. *Une feuille de papier vierge ; une cassette vierge.* ❸ **Forêt vierge,** forêt qui n'a jamais été exploitée.

vietnamien, enne adj. et n. Du Viêt Nam. *Hanoi est la capitale vietnamienne. Loan est vietnamienne. C'est une Vietnamienne.* ◆ **vietnamien** n.m. Langue parlée au Viêt Nam.
● Le nom prend une majuscule quand il désigne une personne : *un Vietnamien.*

vieux, vieille adj. ❶ Qui est avancé en âge. *Mon grand-oncle est vieux.* SYN. **âgé.** CONTR. **jeune.** ❷ Qui existe depuis longtemps. *J'aime les vieilles voitures.* SYN. **ancien.** CONTR. **moderne.** *Se débarrasser d'un vieux jean.* SYN. **usé.** CONTR. **neuf.** *Un vieil ami.* CONTR. **nouveau.** ❸ **Être vieux jeu,** avoir des idées démodées, vieillottes. ◆ n. ❶ (Sens familier). Personne âgée ou très âgée. *C'était un adorable petit vieux.* SYN. **vieillard.** ❷ (Familier). **Mon vieux, ma vieille,** termes d'affection, sans rapport avec l'âge. *Salut, mon vieux !* ◆ n.m. (Familier). **Prendre un coup de vieux,** vieillir brusquement.
● **Vieil** remplace **vieux** devant un nom masculin commençant par une voyelle ou un « h » muet : *un vieil agenda ; un vieil homme.*

vif, vive adj. ❶ Qui est plein d'énergie et de vitalité. *Charlotte est une enfant très vive.* SYN. **éveillé, pétulant.** ❷ Qui comprend vite. *Jonathan a l'esprit vif.* CONTR. **lent.** ❸ Exprimé avec violence. *Elle nous a fait de vifs reproches.* SYN. **véhément, violent.** ❹ Qui saisit. *Un froid vif.* SYN. **pénétrant.** *Ressentir une douleur vive.* SYN. **aigu, intense.** ❺ Se dit d'une couleur éclatante et intense. *Un polo jaune vif.* CONTR. **pâle.** ❻ **De vive voix,** directement et oralement. *Je préfère tout vous raconter de vive voix.* ❼ **Être brûlé vif,** être brûlé vivant.

▸ **vif** n.m. ❶ **À vif,** avec la chair à nu. *La plaie était à vif.* ❷ **Piquer, toucher au vif,** attaquer au point le plus sensible. *Tes critiques l'ont piqué au vif.* ❸ **Entrer dans le vif du sujet,** aborder le point le plus important d'un sujet.

vigie n.f. Homme de veille placé à un poste d'observation sur un navire. *La vigie signale un bateau à bâbord.*
● Ne confonds pas avec un **vigile.**

vigilance n.f. Surveillance attentive ou attention soutenue. *Le prisonnier a trompé la vigilance des gardiens et s'est enfui.*
▸▸▸ Mot de la famille de **vigilant.**

vigilant, e adj. Qui fait preuve de vigilance, d'une surveillance soutenue. *Des parents vigilants.* SYN. **attentif.** CONTR. **inattentif.**

vigile n.m. Personne chargée de la surveillance de locaux administratifs, industriels, etc.
● Ne confonds pas avec une **vigie.**

vigne n.f. ❶ Petit arbrisseau grimpant, cultivé pour son fruit, le raisin. *La vigne pousse sur les terrains secs et ensoleillés.* ❷ Terrain planté de vignes cultivées. *En automne, on fait les vendanges dans les vignes.* SYN. **vignoble.** ❸ **Vigne vierge,** plante grimpante qui pousse le long des murs. → Vois aussi **viticulture.**

la **vigne**

▸ **vigneron, onne** n. Personne qui cultive la vigne et fait du vin. SYN. **viticulteur.**

vignette n.f. ❶ Petite étiquette portant une inscription ou un dessin. *Des vignettes autocollantes.* ❷ Chacune des illustrations d'une bande dessinée.

vignoble n.m. Terrain planté de vignes. *L'Alsace est un pays de vignobles.*
▸▸▸ Mot de la famille de **vigne.**

vigoureusement adv. Avec vigueur. *Anne se frotte vigoureusement les mains pour les réchauffer.* SYN. **énergiquement.** *Protester vigoureusement.* SYN. **fermement.**
▸▸▸ Mot de la famille de **vigueur.**

vigoureux, euse adj. Plein de santé, de force et d'énergie. *Un homme vigoureux.* SYN. **fort, robuste.**
▸▸▸ Mot de la famille de **vigueur.**

vigueur n.f. ❶ Force physique. *Un jeune homme plein de vigueur.* SYN. **énergie, vitalité.** ❷ Puissance, fermeté. *Défendre ses intérêts avec vigueur.* SYN. **force.** ❸ **En vigueur,** en application, en usage. *Selon la loi en vigueur, il est interdit de fumer dans le métro.*

vil, vile adj. Mot littéraire. Qui inspire le plus grand mépris. *Un être vil.* SYN. **abject, ignoble, méprisable, répugnant.** *On a laissé planer sur lui de vils soupçons.* SYN. **infâme, sordide.**

1. **vilain** n.m. Au Moyen Âge, paysan libre. *Les vilains pouvaient devenir propriétaires de terres.* → Vois aussi **manant, serf.**

→ planche pp. 696-697.

2. **vilain, e** adj. ❶ Désagréable à voir. *Elle a de vilaines mains.* SYN. **laid.** CONTR. **beau, joli.** ❷ Désobéissant et insupportable. *Quel vilain garçon !* CONTR. **gentil.** ❸ **Un vilain temps,** un temps très désagréable.

villa n.f. ❶ Maison individuelle assez grande et entourée d'un jardin. *Nos voisins ont une villa sur la Côte d'Azur.* ❷ Dans l'Antiquité, ensemble qui comprenait des terres, des bâtiments d'habitation et des bâtiments agricoles. *Une villa gallo-romaine.* → Vois aussi **pavillon.**

village n.m. Groupement d'habitations à la campagne. *Mes grands-parents habitent un village de six cents habitants.* SYN. **bourgade.**
→ Vois aussi **bourg, hameau.**

▸ **villageois, e** n. Habitant d'un village. *Les villageois ont organisé une fête.*
● Le **g** est suivi d'un **e** pour prononcer le son [ʒ].

ville n.f. Ensemble important d'habitations, de magasins et d'entreprises. *Paris et Londres sont de grandes villes.* SYN. **agglomération, cité.** *Nous habitons la ville.* CONTR. **campagne.**

→ planche pp. 1068-1069.

villégiature n.f. Séjour à la mer, à la campagne, etc., pour prendre du repos, des vacances. *Partir en villégiature en Provence.*

vin n.m. Boisson alcoolisée obtenue en faisant fermenter le raisin. *Du vin blanc ; du vin rouge.*

vinaigre n.m. Liquide fabriqué avec du vin, du cidre ou de l'alcool et qui sert à assaisonner ou à conserver certains aliments. *Conserver des cornichons dans du vinaigre.*

▸ **vinaigrette** n.f. Sauce faite avec de l'huile et du vinaigre. *Des poireaux à la vinaigrette.*

vindicatif, ive adj. Qui est inspiré par un désir de vengeance. *Un homme vindicatif.*

SYN. **rancunier.** *Un discours vindicatif.* → Vois aussi **vengeur**.

vingt adj. numéral et n.m. invar. Deux fois dix. *Ma cousine a vingt ans.*

● **Vingt** prend un « s » dans **quatre-vingts,** sauf s'il est suivi d'un autre nombre : *il a quatre-vingt-trois ans.*

▶ **vingtaine** n.f. Nombre de vingt ou d'environ vingt. *Nous serons une vingtaine à Noël.*

▶ **vingtième** adj. numéral et n. Qui occupe une place, un rang marqués par le numéro vingt. *Elle est classée vingtième à la course. Cyrille est le vingtième de la liste.*

vinicole adj. Qui concerne la production de vin. *L'industrie vinicole.* → Vois aussi **viticole**.

▸▸▸ Mot de la famille de **vin**.

vinification n.f. Transformation du raisin en vin.

▸▸▸ Mot de la famille de **vin**.

viol n.m. Rapports sexuels obtenus par la violence ou la menace. *Un viol est un crime.*

▸▸▸ Mot de la famille de **violer**.

violacé, e adj. Qui tire sur le violet. *Il avait les lèvres violacées à cause du froid.*

violation n.f. ❶ Acte par lequel on viole une loi, une règle, un accord. *La violation d'un règlement.* ❷ Fait de pénétrer de force dans un lieu. *Les cambrioleurs sont accusés de violation de domicile.*

▸▸▸ Mot de la famille de **violer**.

viole n.f. **Viole de gambe,** ancien instrument de musique à cordes et à archet.

violemment adv. Avec violence. *Il s'est jeté violemment sur moi.* SYN. **brutalement.**

● On écrit **emment** mais on prononce [amɑ̃], comme **amant.**

▸▸▸ Mot de la famille de **violent**.

violence n.f. ❶ Force brutale et destructrice. *Les dégâts sont dus à la violence de l'orage. Avoir recours à la violence.* SYN. **brutalité.** ❷ Caractère extrême d'un sentiment, d'un comportement. *La violence d'une passion.* SYN. **virulence.**

▸▸▸ Mot de la famille de **violent**.

violent, e adj. et n. Qui emploie la force, la brutalité. *Il a un caractère violent.* SYN. **brutal.** CONTR. **calme, doux.** ◆ adj. Qui est d'une grande force. *Le vent était si violent qu'il a déraciné un arbre.*

violer v. (conjug. 3). ❶ Commettre un viol sur une personne. ❷ Ouvrir quelque chose de force, pénétrer dans un lieu de force. *Violer une tombe.* SYN. **profaner.** ❸ Ne pas respecter une loi, une règle. *Violer une loi.* SYN. **enfreindre, transgresser.** CONTR. **se conformer à, observer, respecter.**

violet, ette adj. D'une couleur obtenue en mélangeant le bleu et le rouge. *Un pull violet.* ◆ n.m. Couleur violette. *J'ai peint les pétales des fleurs en violet.*

violette n.f. Petite fleur très odorante, de couleur violette, qui pousse dans les bois.

des violettes

violon n.m. Instrument de musique à quatre cordes que l'on frotte avec un archet. *Léo joue du violon.*

● Nom des musiciens : un ou une **violoniste.**

un violon

▶ **violoncelle** n.m. Instrument de musique à quatre cordes que l'on frotte avec un archet, qui est plus gros et plus grave que le violon.

● Nom des musiciens : un ou une **violoncelliste.**

Les villes

Les villes, qui concentrent les logements, les activités et les loisirs, s'étendent de plus en plus et attirent de plus en plus de monde. De nos jours, un homme sur deux vit en ville. Et, dans les années à venir, les citadins représenteront la majorité de la population mondiale.

La naissance des villes

- Les premiers hommes étaient **nomades**. En pratiquant l'agriculture, ils sont devenus **sédentaires** et se sont regroupés dans des **villages**.
- Pour se protéger et **préserver** leurs réserves et leurs bêtes, ils ont entouré villages et **bourgs** de **palissades**, puis de **remparts**. C'est ainsi que sont apparues les premières **cités fortifiées**.

Une rue de Londres (Grande-Bretagne)

L'aménagement urbain

- C'est vers la fin du 19e siècle que les villes se sont transformées avec le développement de l'**industrialisation**. On effectue alors de grands travaux d'**urbanisme** : construction de **buildings** (tours, **gratte-ciel**), **aménagement** de **boulevards**, **avenues** ou grandes **artères** pour améliorer la **circulation**.
- Les **transports** sur **rails** (tramway, métro) font leur apparition.
- Sous terre, on creuse des **réseaux d'égouts** et de **canalisations** pour permettre l'acheminement et l'évacuation des eaux.

Du centre-ville aux banlieues

• Au sein de la ville, on trouve différents **quartiers** : au centre, le quartier **historique** avec ses **monuments** et **bâtiments officiels** (mairie, administrations) ; des quartiers **résidentiels**, constitués de maisons ou d'immeubles ; des quartiers **d'affaires** (immeubles ou grandes **tours** de bureaux).

• Au centre-ville s'ajoutent les **banlieues**, situées en **périphérie**. L'ensemble forme **l'agglomération**.

Des villes de plus en plus grandes

• Il existe différents types de villes, selon leur taille ou leurs activités :

- la **capitale** (Londres, Berlin, Paris...) est la ville qui abrite le siège du **gouvernement** d'un pays ;
- une **métropole** est une grande ville qui joue un rôle important dans l'**économie** et la **politique** du pays (Marseille, Barcelone, Milan...) ;
- une **mégalopole** est une très grande agglomération qui réunit souvent plusieurs villes (Tokyo, Mexico, New York).

Histoire des mots

• **Métropole** et **mégalopole** : ces deux mots sont formés à partir du grec *polis*, qui signifie « ville ».

• **Urbain** : vient du latin *urbs*, qui signifie « la ville ». Un **urbain** (ou **citadin**) est celui qui vit dans la ville, par opposition au rural, celui qui vit à la campagne.

Les méfaits de l'urbanisation

• L'**urbanisation**, c'est-à-dire la concentration de la population dans les villes et leur périphérie, peut être source de divers problèmes.

• Beaucoup de villes sont **surpeuplées** : la **densité de population** est si élevée et la vie si chère que des gens ne trouvent pas de **logement**..

• Les activités industrielles, la circulation **automobile** provoquent une forte **pollution** et génèrent beaucoup de **déchets**.

a b c d h i j k l m n o p q r s t u v w x y z

vipère n.f. Serpent venimeux à tête triangulaire, que l'on trouve dans les endroits pierreux et ensoleillés. *La morsure d'une vipère peut être mortelle.* → Vois aussi **couleuvre.**
● Petit : le vipereau ou vipéreau.

une vipère

virage n.m. Endroit où une route tourne, change de direction. *On ralentit avant un virage.* SYN. **tournant.**
▸▸▸ Mot de la famille de **virer.**

viral, e, aux adj. Qui est provoqué par un virus. *La rougeole est une maladie virale.*
● Au masculin pluriel : **viraux.**
▸▸▸ Mot de la famille de **virus.**

virée n.f. Mot familier. Promenade, voyage rapide, petit tour. *Nous sommes allés faire une virée en voiture.*

virement n.m. Opération qui consiste à faire passer de l'argent d'un compte sur un autre.
▸▸▸ Mot de la famille de **virer.**

virer v. (conjug. 3). ❶ Changer de direction. *La moto a brusquement viré à gauche.* SYN. **obliquer, tourner.** ❷ Faire passer de l'argent d'un compte sur un autre. *Son salaire est viré sur son compte à la fin du mois.* SYN. **verser.** ❸ Changer de couleur, de goût, d'odeur. *Au coucher du soleil, le ciel vire au rouge.*

▸ **virevolter** v. (conjug. 3). Tourner rapidement sur soi-même. *Les valseurs virevoltaient sur la piste.* SYN. **tournoyer.**

virgule n.f. ❶ Signe de ponctuation (,) qui sépare différentes parties d'une phrase, différents mots d'une énumération. ❷ Signe qui sépare la partie entière et la partie décimale d'un nombre. *On écrit «3,7» avec une virgule.*

viril, e adj. Qui a les caractéristiques que l'on attribue généralement à un homme. *Une attitude virile.* SYN. **mâle.**

▸ **virilité** n.f. Ensemble des caractères que l'on attribue généralement aux hommes.

virtuel, elle adj. ❶ Qui est possible, mais n'est pas encore réalisé. *La réussite d'un tel projet est virtuelle.* SYN. **potentiel.** CONTR. **effectif, réel.** ❷ **Image virtuelle,** créée par ordinateur.

▸ **virtuellement** adv. En principe, en théorie. *Virtuellement, vous pouvez être admis.*

virtuose n. Musicien qui a un grand talent et une excellente technique.

▸ **virtuosité** n.f. Talent d'un virtuose. *La pianiste a interprété plusieurs morceaux avec virtuosité.* SYN. **brio, maestria.**

virulence n.f. Fait d'être virulent. *Émettre des critiques d'une grande virulence.* SYN. **véhémence, violence.**
▸▸▸ Mot de la famille de **virulent.**

virulent, e adj. Qui est agressif et plein de violence. *Un discours virulent.* SYN. **véhément.** CONTR. **mesuré, modéré.**

virus n.m. ❶ Micro-organisme qui peut provoquer des maladies infectieuses. *La grippe est due à un virus.* ❷ **Virus informatique,** instruction parasite introduite dans un programme informatique pour perturber le fonctionnement d'un ordinateur. → Vois aussi **microbe.**
● On prononce le **s.**

vis n.f. Petite tige de métal pointue en forme de spirale que l'on enfonce en tournant avec un tournevis. *La caisse est fermée par quatre vis.*
● On prononce le **s.**

visa n.m. ❶ Autorisation accordée à une personne qui souhaite entrer dans certains pays ; cachet apposé sur un passeport. *Les visas sont délivrés par les consulats.* ❷ **Visa de censure d'un film,** autorisation officielle de diffuser un film.

visage n.m. ❶ Partie avant de la tête d'une personne. *Marie a un beau visage.* SYN. **face, figure.** ❷ Aspect d'une chose. *Ce voyage vous a fait découvrir un autre visage de l'Afrique.*
▸▸▸ Mot de la même famille : **dévisager.**

vis-à-vis adv. En face, face à face. *Les maisons sont situées vis-à-vis.*

viscéral, e, aux adj. ❶ Qui se rapporte aux viscères. *Une douleur viscérale.* ❷ Se dit d'un sentiment instinctif et profond. *Elle a une peur viscérale des insectes.*

● Au masculin pluriel : **viscéraux.**

►►► Mot de la famille de **viscère.**

viscère n.m. Organe contenu dans les cavités du corps. *Le cœur, les poumons, l'estomac, le foie sont des viscères.*

● Le son [s] s'écrit **sc.** – Nom du genre masculin : **un viscère.**

viscosité n.f. Caractère de ce qui est visqueux. *La viscosité du goudron.*

►►► Mot de la famille de **visqueux.**

visée n.f. ❶ Action de diriger le regard, un appareil ou une arme vers quelqu'un ou vers quelque chose. *La ligne de visée d'un fusil.* ❷ (Souvent au pluriel). Objectif. *Avoir des visées politiques.*

►►► Mot de la famille de **viser.**

viser v. (conjug. 3). ❶ Diriger une arme, un objet vers un objectif. *Aux fléchettes, il faut viser le centre de la cible.* ❷ Concerner quelqu'un. *Ces mesures visent tous les Français.* SYN. **s'adresser à, intéresser, toucher.** ❸ Chercher à atteindre, à obtenir quelque chose. *Il vise le poste de directeur.* SYN. **convoiter.** → Vois aussi **briguer.**

► **viseur** n.m. Dispositif qui permet de viser une cible ou de cadrer une image. *Le viseur d'une carabine, d'un appareil photo.*

visibilité n.f. Possibilité de voir au loin. *La visibilité est mauvaise par temps de brouillard.*

►►► Mot de la famille de **visible.**

visible adj. ❶ Que l'on peut voir. *Les microbes ne sont visibles qu'au microscope.* SYN. **observable.** CONTR. **invisible.** ❷ Qui apparaît avec évidence. *Sa joie était visible.* SYN. **apparent, manifeste, perceptible.**

► **visiblement** adv. De façon visible. *Il est visiblement en colère.* SYN. **apparemment, manifestement.**

visière n.f. Partie d'une casquette ou d'un képi qui protège le front et les yeux.

vision n.f. ❶ Fait ou manière de voir, de regarder. *Les lunettes corrigent les troubles de la vision.* SYN. **vue.** ❷ Fait de voir quelque chose qui n'existe pas. *Dans son délire, le malade a eu des visions.* SYN. **hallucination.** ❸ Manière de voir, de comprendre, d'envisager quelque chose. *Nous n'avons pas la même vision de la vie.* SYN. **conception.**

► **visionner** v. (conjug. 3). Regarder un film ou une diapositive à l'aide d'une visionneuse.

► **visionneuse** n.f. Appareil qui sert à regarder des films ou des diapositives.

visite n.f. ❶ Fait de se rendre chez une personne pour passer un moment avec elle. *Quentin nous a rendu visite.* ❷ Déplacement que fait un médecin auprès de ses patients. *Le médecin fait ses visites le matin.* ❸ Action de visiter une région, un édifice. *La visite du musée est gratuite pour les enfants.*

►►► Mot de la famille de **visiter.**

visiter v. (conjug. 3). ❶ Parcourir un lieu pour le connaître, pour voir les choses intéressantes qui s'y trouvent. *Visiter un pays, une ville, un monument.* ❷ Examiner un endroit. *Visiter un appartement avant de l'acheter.*

► **visiteur, euse** n. ❶ Personne qui rend visite à une autre. *Nos voisins attendent des visiteurs.* ❷ Personne qui visite un pays, une région, une ville. *Le château est ouvert aux visiteurs.* SYN. **touriste.**

vison n.m. Petit mammifère carnassier dont la fourrure est très recherchée. *Les visons vivent au bord de l'eau.*

un **vison**

visqueux, euse adj. ❶ Qui a une consistance pâteuse, qui s'écoule difficilement. *Le pétrole est visqueux.* ❷ Qui a une consistance molle et poisseuse. *La chair visqueuse de la pieuvre ; la peau visqueuse du crapaud.* → Vois aussi **gluant.**

visser v. (conjug. 3). ❶ Fixer avec des vis. *Visser un verrou sur une porte.* CONTR. **dévisser.** ❷ Fermer quelque chose en tournant. *Visser le couvercle d'un pot de confiture.* CONTR. **dévisser.**

►►► Mot de la famille de **vis.**

a b c d e f g h i j k l m n o p q r s t u v w x y z

visualiser v. (conjug. 3). ❶ Représenter sous forme de schéma ou de dessin. *L'ordinateur permet aux ingénieurs de visualiser sur l'écran un objet qu'ils ont imaginé, avant de le réaliser.* ❷ Se représenter mentalement. *Hugo essaie de visualiser un mammouth.*
▸▸▸ Mot de la famille de **visuel.**

visuel, elle adj. Qui concerne la vue. *L'acuité visuelle baisse la nuit. Avoir une bonne mémoire visuelle.*

vital, e, aux adj. ❶ Qui permet de maintenir un organisme en vie. *Le cœur est un organe vital ; la respiration est une fonction vitale.* ❷ Qui est absolument nécessaire. *Trouver du travail est vital pour elle.* SYN. **capital, essentiel, fondamental.**
● Au masculin pluriel : **vitaux.**

▸ **vitalité** n.f. Énergie, dynamisme dont fait preuve une personne. *Quelle vitalité pour un homme de son âge !* SYN. **entrain.**

vitamine n.f. Substance contenue en très petite quantité dans les aliments et qui est indispensable au bon fonctionnement de l'organisme. *Il y a beaucoup de vitamines dans les fruits frais et les légumes.*

vite adv. ❶ Avec rapidité. *Papa marche vite.* CONTR. **lentement.** *Adrien comprend vite.* SYN. **rapidement.** ❷ Au bout d'un court moment. *Avec ce traitement, tu seras vite guéri.* SYN. **bientôt.**

▸ **vitesse** n.f. ❶ Division de l'espace parcouru par le temps mis à le parcourir. *La voiture roulait à une vitesse de 110 km/h.* ❷ Fait d'aller vite. *J'admire la vitesse à laquelle elle fait ses devoirs.* SYN. **rapidité.** CONTR. **lenteur.** ❸ **À toute vitesse,** très vite. SYN. **à toute allure.** ❹ Dans un véhicule, position du mécanisme qui règle l'effort du moteur. *Le conducteur actionne le levier de changement de vitesse.* → Vois aussi **vélocité.**

viticole adj. Qui concerne la culture de la vigne. *L'Alsace est une région viticole.* → Vois aussi **vinicole.**

▸ **viticulteur, trice** n. Personne qui travaille la vigne pour produire du vin. SYN. **vigneron.**

▸ **viticulture** n.f. Culture de la vigne pour obtenir du raisin, du vin.

vitrage n.m. Vitre ou ensemble des vitres d'un appartement, d'un bâtiment. *Des fenêtres à double vitrage isolent du froid et du bruit.*
▸▸▸ Mot de la famille de **vitre.**

vitrail n.m. Grande vitre composée de plaques de verre colorées qui forment un dessin. *Les vitraux des cathédrales.*
● Au pluriel : des **vitraux.**
▸▸▸ Mot de la famille de **vitre.**

un **vitrail**

vitre n.f. ❶ Plaque de verre sur une fenêtre ou sur une porte. *Le chat regarde les oiseaux à travers la vitre.* SYN. **carreau.** ❷ Glace d'une voiture. *Remonte la vitre.*

▸ **vitré, e** adj. Garni d'une vitre. *Une baie vitrée.*

▸ **vitrier** n.m. Personne qui vend et pose des vitres. *Le vitrier a remplacé le carreau cassé.*

▸ **vitrifier** v. (conjug. 7). Recouvrir un parquet d'une sorte de vernis dur et transparent pour le protéger.

▸ **vitrine** n.f. ❶ Partie vitrée d'un magasin où les objets à vendre sont exposés à la vue des passants. SYN. **devanture, étalage.** ❷ Petit meuble vitré, où l'on expose des objets de collection.

vitriol n.m. Acide très puissant qui ronge et détruit les matières.

vivable adj. Que l'on peut supporter. *Cette situation n'est plus vivable.*
▸▸▸ Mot de la famille de **vivre.**

vivace adj. ❶ **Plante vivace,** qui vit longtemps et fait des fruits plusieurs années de suite. ❷ Qui dure, qui persiste. *Certains préjugés sont vivaces.* SYN. **durable, persistant, tenace.**
▸▸▸ Mot de la famille de **vivre.**

vivacité n.f. ❶ Énergie et dynamisme d'une personne. *Une élève pleine de vivacité.* SYN. **entrain.** CONTR. **indolence, mollesse.** *Maxime a une grande vivacité d'esprit.* ❷ Caractère vif, intense de quelque chose. *La vivacité d'une couleur ; la vivacité d'une attaque.*
▸▸▸ Mot de la famille de **vif.**

1. **vivant, e** adj. ❶ Qui vit. *Les humains, les animaux, les plantes sont des êtres vivants.* SYN. **animé.** ❷ Qui est vif ou très animé. *Kelly est une petite fille très vivante.* SYN. **actif, dynamique.** *Un quartier vivant.* ◆ adj. et n. Qui est encore en vie. *Le blessé est inconscient mais vivant.* CONTR. **mort.**
▸▸▸ Mot de la famille de **vivre.**

2. **vivant** n.m. ❶ **Bon vivant,** homme qui aime s'amuser et bien manger. *Mon oncle est un bon vivant.* ❷ **Du vivant de quelqu'un,** pendant sa vie. *Tous les romans de cet auteur ont été publiés de son vivant.*
▸▸▸ Mot de la famille de **vivre.**

vivarium n.m. Local où l'on fait vivre de petits animaux dans un environnement qui ressemble à leur milieu naturel. *Nous avons observé des insectes dans le vivarium du zoo.*
● On prononce [vivarjɔm].

vivats n.m. plur. Acclamations et applaudissements en l'honneur d'une personne. *L'équipe victorieuse a été saluée par des vivats.* SYN. **ovations.** CONTR. **huées, sifflets.**
● On prononce [viva].

vive ! interj. Mot qui s'emploie pour acclamer quelqu'un ou exprimer son enthousiasme. *Vive la mariée ! Vive les vacances !*

vivement adv. ❶ Avec des mouvements vifs, des réactions rapides. *Il est sorti vivement de la pièce.* SYN. **rapidement.** CONTR. **lentement.** ❷ Avec agacement ou brusquerie. *La gardienne m'a répondu vivement.* SYN. **rudement, sèchement, vertement.** ❸ Beaucoup, profondément. *Je souhaite vivement qu'il réussisse.* SYN. **fortement.** → Vois aussi **ardemment.**
▸▸▸ Mot de la famille de **vif.**

vivier n.m. Bassin où l'on élève des poissons ou des crustacés ; réservoir aménagé pour les conserver vivants après leur capture.

vivifiant, e adj. Qui vivifie. *L'air marin est vivifiant.* SYN. **stimulant, tonique.**
▸▸▸ Mot de la famille de **vivifier.**

vivifier v. (conjug. 7). Donner de la vitalité, de la vigueur. *Ce séjour à la montagne a vivifié les enfants.*

vivipare adj. et n. Se dit d'un animal dont la femelle met au monde des petits déjà entièrement formés. *Les mammifères sont vivipares.* → Vois aussi **ovipare, ovovivipare.**

vivisection n.f. Expérimentation faite en laboratoire sur des animaux vivants.

vivoter v. (conjug. 3). Mot familier. ❶ Vivre difficilement, avec peu d'argent. *Sa maigre retraite lui permet juste de vivoter.* SYN. **subsister.** ❷ Fonctionner au ralenti. *L'entreprise vivote.* → Vois aussi **végéter.**
▸▸▸ Mot de la famille de **vivre.**

vivre v. (conjug. 57). ❶ Être en vie. *Le blessé vit encore. Mon grand-père a vécu 95 ans.* ❷ Habiter dans un endroit. *Mon oncle a vécu dix ans à Rome.* SYN. **résider.** ❸ Passer sa vie d'une certaine manière. *Vivre pour une idée. Notre voisin vit seul.* ❹ Avoir ce qu'il faut pour se nourrir, se loger, s'habiller, etc. *Ces pauvres gens ont à peine de quoi vivre.* ❺ Connaître une expérience. *Ce globe-trotteur a vécu toutes sortes d'aventures.*
→ planche pp. 1074-1075.

▸ **vivres** n.m. plur. ❶ Nourriture en réserve. *Ils ont emporté des vivres pour l'expédition.* SYN. **provisions, victuailles.** ❷ **Couper les vivres à quelqu'un,** ne plus lui donner d'argent, ne plus l'entretenir.

▸ **vivrier, ère** adj. **Cultures vivrières,** cultures de produits qui servent à l'alimentation des personnes.

vizir n.m. ❶ Autrefois, ministre d'un prince musulman. ❷ **Grand vizir,** autrefois, Premier ministre de l'Empire turc.

vocabulaire n.m. ❶ Ensemble des mots d'une langue ou d'un domaine particulier. *Le vocabulaire italien ; le vocabulaire de la chasse.* ❷ Ensemble des mots employés par une personne. *Antonin lit beaucoup pour enrichir son vocabulaire.*
● Ce mot masculin se termine par un **e.**

Vivre ensemble

L'être humain a toujours recherché la compagnie de ses semblables : c'est ainsi qu'il vit en société organisée. Cette vie en commun nécessite de suivre des règles : ce sont les lois. Les lois déterminent les droits de chacun, mais aussi ses devoirs. Respecter les règles, c'est respecter les autres.

Tous différents, tous semblables

- Chaque individu a ses particularités qui définissent son **identité** : sa **nationalité**, sa langue, sa **culture**, ses **coutumes**... Vivre en **société**, c'est accepter l'autre avec ses **différences**.
- Pour que la **cohabitation** entre les hommes fonctionne, chacun doit **respecter** la **liberté individuelle** de l'autre.
- L'**égalité** est un principe fondamental. Les lois permettent de fixer les **limites** de nos **libertés** et de les protéger ; l'égalité signifie que nous avons tous les mêmes **droits**, mais aussi les mêmes **devoirs**.

La discrimination

- L'**exclusion** ou la **discrimination**, c'est le fait de traiter différemment, ou de **maltraiter**, certaines personnes.
- Les discriminations peuvent être fondées sur le sexe, la couleur de peau, les origines **ethniques**, la religion, le **milieu social**, l'appartenance à une **minorité**, le **handicap**...
- Au cours de l'histoire, la discrimination a pris des formes **intolérables** et a conduit à des tragédies : **esclavage**, **racisme**, **apartheid** (ou **ségrégation**) en Afrique du Sud, **antisémitisme** et **génocide** sous le régime nazi... Autant de crimes qui sont des atteintes aux droits de l'homme.

Pour en savoir plus

Un peu d'histoire

Jules Ferry (1832-1893) était ministre de l'Instruction publique. C'est lui qui a fait adopter les lois rendant l'enseignement primaire gratuit, laïque et obligatoire en France. Dans le monde, beaucoup d'enfants sont malheureusement privés d'éducation primaire et arrivent à l'âge adulte sans savoir ni lire ni écrire.

Le respect et la tolérance

- La **tolérance**, c'est accepter la différence, c'est respecter les modes de vie, les idées et les **opinions** des autres.

- Pour permettre l'**entente** au sein d'un groupe, il faut se plier à des **règles** simples : **politesse**, **courtoisie** et **civilité** envers les personnes, mais aussi respect des **biens** d'autrui, ainsi que des lieux et du matériel que l'on partage en évitant les **dégradations**.

Un lieu de vie : l'école

- L'école est un lieu de vie en commun : l'équipe **pédagogique**, l'équipe **administrative** et les élèves **se côtoient** et travaillent ensemble. Chacun doit respecter les autres **membres** de l'établissement ainsi que les **locaux**.
- Le **règlement intérieur** organise la vie de l'école : il définit les droits de chacun ainsi que les **sanctions** et les **punitions**.
- Au collège, les élèves élisent des **délégués de classe** pour les représenter.

La solidarité

- La **solidarité** ou l'**entraide**, c'est aider ceux qui sont en difficulté ou **isolés** pour leur permettre de **s'intégrer**. Être solidaire, c'est ne pas rester **indifférent** face aux **injustices** et aux **inégalités**.
- Il existe plusieurs façons d'être solidaire : en aidant des malades ou des handicapés, en **adhérant** à des **associations** de **défense** ou de **protection**, en s'engageant aux côtés d'**œuvres humanitaires**.

vocal, e, aux adj. ❶ Relatif à la voix. *Les cordes vocales permettent de parler.* ❷ **Musique vocale,** destinée à être chantée.
● Au masculin pluriel : **vocaux.**
▸▸▸ Mot de la famille de **voix.**

vocalise n.f. Exercice vocal qui consiste à chanter une suite de notes sur une seule voyelle. *La cantatrice fait des vocalises.*

vocation n.f. Goût, penchant ou talent qui attire vers une activité ou un métier. *Simon veut devenir acteur, c'est sa vocation.*

vociférer v. (conjug. 9). Parler en criant et sur un ton de colère. *L'ivrogne sortit du bar en vociférant des injures.* SYN. **hurler.**

vœu n.m. ❶ Envie très forte que quelque chose se réalise. *Son vœu le plus cher est d'aller étudier à l'étranger.* SYN. **désir, souhait.** ❷ Souhait de bonheur. *Pour le Nouvel An, on présente ses vœux.* ❸ Promesse faite à Dieu. *Les moines font vœu de pauvreté.*
● Au pluriel : des **vœux.**

vogue n.f. **En vogue,** à la mode. *Ce cabaret est très en vogue.* CONTR. **démodé.**

voguer v. (conjug. 6). Mot littéraire. Naviguer. *Le navire vogue sur l'océan.*

voici préposition. Sert à montrer une chose, à présenter une personne qui sont tout près. *Voici mon père.* → Vois aussi **voilà.**

voie n.f. ❶ Parcours aménagé pour aller d'un endroit à un autre. *Les routes, les chemins de fer, les canaux sont des voies de communication.* ❷ Route, rue ou chemin. *Une voie à sens unique.* ❸ Chacune des divisions d'une route. *Une autoroute comporte plusieurs voies.* ❹ Double ligne de rails qui permet aux trains de circuler. *Les ouvriers font des travaux sur la voie ferrée.* ❺ Direction dans laquelle on s'engage dans la vie. *Ali n'a pas encore trouvé sa voie.* ❻ **Être en bonne voie,** être sur le point d'aboutir, de réussir. *Les pourparlers sont en bonne voie.* ❼ **En voie de,** sur le point de. *De nombreuses espèces animales sont en voie de disparition.* ❽ **Mettre sur la voie,** donner quelques indices qui permettent de trouver. *Tu ne devines pas ? Je vais te mettre sur la voie.*
● Ne confonds pas avec **voix.**

voilà préposition. Sert à montrer une chose, à présenter une personne qui sont un peu éloignées. *Voilà l'autobus.* → Vois aussi **voici.**

voilage n.m. Grand rideau en tissu très léger et transparent.
▸▸▸ Mot de la famille de **voile (2).**

1. **voile** n.f. ❶ Grand morceau de toile qui permet à un bateau d'avancer lorsque le vent souffle. *Le navigateur a hissé les voiles.* ❷ Navigation à voile. *Romain fait de la voile chaque été.*

2. **voile** n.m. ❶ Morceau de tissu qui sert à cacher le visage. *Dans certains pays musulmans, les femmes portent un voile.* ❷ Tissu très léger et souvent transparent. *La mariée portait un voile blanc.* ❸ Ce qui cache quelque chose ou le fait paraître flou. *Un voile de brume empêchait de voir la route.*

▸ **voiler** et **se voiler** v. (conjug. 3). ❶ Couvrir d'un voile. *Voiler une statue.* ❷ Faire disparaître quelque chose comme derrière un léger voile. *D'épais nuages voilaient le soleil.* SYN. **cacher, masquer.** ◆ **se voiler.** ❶ Se cacher derrière un voile, se couvrir d'un voile. *Se voiler le visage. Le soleil se voile.* ❷ Se déformer. *La roue de mon vélo s'est voilée.* ❸ **Se voiler la face,** refuser de voir les choses en face, de voir un problème.

voilier n.m. Bateau à voiles. *Participer à une course de voiliers.*
▸▸▸ Mot de la famille de **voile (1).**

un **voilier**

voilure n.f. Ensemble des voiles d'un voilier.
▸▸▸ Mot de la famille de **voile (1).**

voir et **se voir** v. (conjug. 38). ❶ Percevoir par les yeux. *Ma grand-mère voit très* *bien sans lunettes. J'ai vu un rouge-gorge.* ❷ Être le témoin ou le spectateur de quelque chose. *Nous avons vu une pièce très drôle.* SYN. **assister à.** ❸ Rencontrer une personne, lui rendre visite. *Je ne veux voir personne aujourd'hui.* ❹ Examiner, étudier quelque chose. *Je vais voir ce que je peux faire.* ❺ Saisir par l'esprit. *Je ne vois pas ce que cette dame veut dire.* SYN. **comprendre.** *Comment vois-tu les choses ?* SYN. **concevoir, envisager.** ❻ Se représenter, imaginer. *Je te verrais bien dans cette robe.* ❼ **N'avoir rien à voir avec,** n'avoir aucun rapport avec ce dont on parle. *Ta question n'a rien à voir avec le sujet.* ❽ **Faire voir,** montrer. *Fais voir ce que tu as dans la main.* ◆ **se voir.** ❶ Être visible, apparent. *La tache se voit encore.* ❷ S'imaginer. *Léo se voyait déjà en Amérique.* ❸ Se rencontrer, être ensemble. *Jessie et sa grand-mère se voient tous les jours.*

● Ne confonds pas avec **voire.**

▸▸▸ Mots de la même famille : **malvoyant, non-voyant, voyance, voyant, vue.**

voire adv. Et peut-être même. *Mon oncle va vivre en Afrique quelques mois, voire quelques années.*

● Ne confonds pas avec **voir.**

voirie n.f. Service qui s'occupe de l'entretien et du nettoyage des routes et des rues.

▸▸▸ Mot de la famille de **voie.**

voisin, e adj. ❶ Situé à côté du lieu où l'on se trouve. *On entend tout de la pièce voisine.* SYN. **adjacent.** ❷ Qui présente de nombreux éléments semblables. *Ces deux teintes sont voisines.* SYN. **proche.** ◆ **n. et adj.** ❶ Personne qui habite près d'une autre. *Nous nous entendons bien avec nos voisins. Pierre et moi sommes voisins.* ❷ Personne qui occupe la place la plus proche. *En classe, Hugo est mon voisin de table.*

▸▸▸ Mot de la même famille : **avoisinant.**

▸ **voisinage** n.m. ❶ Région proche d'un lieu. *La plupart de mes copains habitent dans le voisinage.* SYN. **environs, parages.** ❷ Ensemble des voisins. *Tout le voisinage était au courant de leur dispute.*

▸ **voisiner** v. (conjug. 3). Être à côté. *Chez ce brocanteur, des objets précieux voisinaient avec de la pacotille.*

voiture n.f. ❶ Véhicule à quatre roues et à moteur, qui sert à transporter des personnes. *Les voitures s'arrêtent au feu rouge.* SYN. **auto, automobile.** ❷ Véhicule qui sert à transporter des personnes ou des charges. *Une voiture à cheval.* ❸ Véhicule de chemin de fer pour les voyageurs. → Vois aussi **wagon.**

voix n.f. ❶ Ensemble des sons produits par les organes de la parole ; manière de parler. *Avoir une voix grave, aiguë. Parler d'une voix douce.* ❷ Ce que l'on ressent au fond de soi, qui avertit de ce que l'on devrait faire. *Écouter la voix de la raison.* ❸ Vote exprimé au cours d'une élection. *Le candidat a été élu à la majorité des voix.* SYN. **suffrage.** ❹ **De vive voix,** en s'adressant oralement à quelqu'un. *Je vous raconterai cette histoire de vive voix.*

→ Vois aussi **actif (2), passif (2).**

● Ce mot se termine par un **x.** – Ne confonds pas avec **voie.**

1. **vol** n.m. ❶ Fait de se déplacer dans l'air. *Le vol des hirondelles.* ❷ Groupe d'oiseaux qui se déplacent ensemble. *Un vol de canards sauvages.* ❸ Déplacement d'un avion, d'une fusée. *Il y a environ trois heures de vol entre Paris et Athènes.* ❹ **À vol d'oiseau,** en ligne droite. *À vol d'oiseau, nous sommes à deux kilomètres de l'école.* ❺ **Au vol,** en l'air. *Jean a attrapé la balle au vol.* SYN. **à la volée.**

▸▸▸ Mots de la même famille : **envol, s'envoler.**

2. **vol** n.m. ❶ Action de voler, de prendre ce qui appartient à autrui. *Un vol a été commis dans la bijouterie.* ❷ Fait de prendre plus d'argent qu'on ne devrait à un client. *Trente euros ce tee-shirt, c'est du vol !* SYN. **escroquerie.**

volage adj. Qui n'est pas fidèle en amour. *Un mari volage.* SYN. **infidèle.**

volaille n.f. ❶ Ensemble des oiseaux de basse-cour élevés pour leurs œufs et leur viande. *Les oies, les dindons, les poules font partie de la volaille.* ❷ Viande de volaille. *Nous avons mangé de la volaille rôtie.*

▸ **volailler, ère** n. Personne qui vend de la volaille.

1. **volant, e** adj. ❶ Qui vole. *Les coccinelles sont des insectes volants.* ❷ **Poisson volant,** exocet. ❸ **Feuille volante,** feuille de papier qui n'est reliée à aucune autre.

2. **volant** n.m. ❶ Objet circulaire qui sert à diriger un véhicule. *L'automobiliste tourne le volant.* ❷ Demi-sphère de caoutchouc

a b c d e f g h i j k l m n o p q r s t u v w x y z

garnie d'une collerette de plastique ou de plumes, qu'on lance avec une raquette au badminton. ❸ Bande de tissu léger qui garnit le bord d'un vêtement. *Une jupe à volants.*

volatil, e adj. Qui s'évapore facilement. *Le parfum est volatil.*
● Ne confonds pas avec un **volatile.**

volatile n.m. Oiseau, et en particulier oiseau de basse-cour. *Les poules, les canards, les dindons, les oies sont des volatiles.*
● Ce nom se termine par un **e.** – Ne confonds pas avec l'adjectif **volatil.**

se **volatiliser** v. (conjug. 3). ❶ Se transformer en vapeur. *L'éther se volatilise.* SYN. **s'évaporer.** ❷ Disparaître subitement. *Mes lunettes se sont volatilisées.*
►►► Mot de la famille de **volatil.**

volcan n.m. Montagne dont le sommet est un cratère par où peuvent s'échapper de la lave, des pierres, des gaz ou des cendres. *Certains volcans sont éteints, d'autres sont actifs et entrent régulièrement en éruption.*
→ planche pp. 1080-1081.

► **volcanique** adj. Qui se rapporte aux volcans. *Une éruption volcanique.*

► **volcanisme** n.m. Ensemble des phénomènes volcaniques. *Les risques liés au volcanisme sont étudiés par les volcanologues.*

► **volcanologie** n.f. Étude des volcans et des phénomènes volcaniques.
● On peut aussi dire **vulcanologie.**

► **volcanologue** n. Spécialiste de volcanologie. *Les volcanologues peuvent prévoir les éruptions des volcans.*
● On peut aussi dire **vulcanologue.**

volée n.f. ❶ Groupe d'oiseaux qui volent ensemble. *Une volée de moineaux.* ❷ (Sens familier). Série de coups. *Recevoir une volée.* ❸ **À la volée,** au vol. *Mon chien a attrapé la balle à la volée.* ❹ **À toute volée,** avec force. *En partant, il a claqué la porte à toute volée.*
►►► Mot de la famille de **vol (1).**

1. **voler** v. (conjug. 3). ❶ Se déplacer ou se maintenir dans l'air grâce à des ailes. *Les oiseaux volent. Les avions volent.* ❷ Piloter un avion ou être à son bord. *Nous volons à 10 000 mètres d'altitude.* ❸ Être soulevé et flotter dans l'air. *Les papiers volent au vent.* ❹ Aller, venir très vite. *Voler au secours d'une personne en danger.* SYN. **s'élancer, se précipiter.**
►►► Mot de la famille de **vol (1).**

2. **voler** v. (conjug. 3). ❶ Prendre ce qui appartient à autrui. *On m'a volé mon portefeuille.* SYN. **dérober, subtiliser.** ❷ Faire payer une chose trop cher. *Tu t'es fait voler en achetant ce tapis à ce prix-là.* SYN. **escroquer.** → Vois aussi **chiper, faucher, piquer.**
►►► Mot de la famille de **vol (2).**

volet n.m. ❶ Panneau mobile que l'on rabat devant une fenêtre. *Ouvrir, fermer les volets.* ❷ Chacune des parties d'un objet qui se rabat. *Les volets d'un dépliant.*

voleter v. (conjug. 12). Voler de-ci de-là à petits coups d'ailes. *Les moineaux volettent d'une branche à l'autre.*
►►► Mot de la famille de **vol (1).**

voleur, euse n. ❶ Personne qui commet des vols, qui prend ce qui ne lui appartient pas. ❷ Personne qui vend les choses trop cher. *Ce pâtissier est un voleur.*
►►► Mot de la famille de **vol (2).**

volière n.f. Grande cage dans laquelle les oiseaux peuvent voler. *La volière d'un zoo.*
►►► Mot de la famille de **vol (1).**

volley-ball n.m. Sport opposant deux équipes de six joueurs, qui consiste à se renvoyer un ballon au-dessus d'un filet.
● C'est un mot anglais, on prononce [vɔlɛbol].
– On emploie souvent l'abréviation **volley.**
– La nouvelle orthographe permet d'écrire aussi **volleyball,** sans trait d'union. – Nom des joueurs : un **volleyeur,** une **volleyeuse.**

le **volley-ball**

a b c d e f g h i j k l m n o p q r s t u v w x y z

volontaire adj. ❶ Qui est voulu, qui résulte de la volonté. *Un oubli volontaire.* SYN. **délibéré, intentionnel.** CONTR. **involontaire.** ❷ Qui a beaucoup de volonté. *Léa est une fille volontaire.* CONTR. **velléitaire.** ◆ n. Personne qui se propose pour une action. *La maîtresse cherche des volontaires pour ranger la bibliothèque.*
▸▸▸ Mot de la famille de **volonté.**

volontairement adv. De façon volontaire, intentionnelle. *Il est arrivé en retard volontairement.* SYN. **délibérément, exprès, intentionnellement.** CONTR. **involontairement.**
▸▸▸ Mot de la famille de **volonté.**

volonté n.f. ❶ Fait de vouloir quelque chose. *Ce contretemps est indépendant de notre volonté.* ❷ Énergie, fermeté à réaliser ce que l'on souhaite. *Cette femme a beaucoup de volonté.* ❸ Ce que veut une personne. *La population n'osait pas s'opposer aux volontés du tyran.* SYN. **ordre.** ❹ **À volonté,** autant que l'on veut. *À l'anniversaire de Sabri, il y avait des gâteaux à volonté.* ❺ **Bonne volonté, mauvaise volonté,** disposition à vouloir faire, ou à refuser de faire quelque chose. *Il a mis de la mauvaise volonté à nous aider à déménager.*

volontiers adv. Avec plaisir, de bon cœur. *J'accepte volontiers ta proposition.* CONTR. **à contrecœur.** « *Veux-tu nous accompagner ? – Volontiers.* » SYN. **oui.**
● Ce mot se termine par un **s.**

volt n.m. Unité de mesure de la force d'un courant électrique. *En France, les appareils fonctionnent en 220 volts.*

▸ **voltage** n.m. Force du courant pour lequel est prévu un appareil électrique.

volte-face n.f. invar. ❶ Brusque demi-tour. *Simon a fait volte-face quand je l'ai appelé.* ❷ Brusque changement d'opinion, de manière d'agir. *Les nombreuses volte-face d'un homme politique.* SYN. **revirement.**
● La nouvelle orthographe permet d'écrire aussi une **volteface,** des **voltefaces,** avec un **s** et sans trait d'union.

voltige n.f. Acrobatie réalisée sur une corde, un trapèze ou à cheval. *Au cirque, les trapézistes font des numéros de voltige.*
▸▸▸ Mot de la famille de **voltiger.**

voltiger v. (conjug. 5). Voler çà et là dans l'air. *Le vent faisait voltiger les feuilles mortes.* SYN. **tournoyer.**

volubile adj. Qui parle beaucoup et vite. *Charlotte est une petite fille volubile.* SYN. **bavard, loquace.** CONTR. **silencieux, taciturne.**

volume n.m. ❶ Place que prend un objet dans l'espace. *Cette armoire occupe un grand volume dans ma chambre.* ❷ En géométrie, espace contenu dans un solide. *Le volume d'un cube, d'une pyramide, d'un cône.* ❸ Quantité globale. *Il faut réduire le volume de nos dépenses.* ❹ Force, puissance d'un son. *Baisse un peu le volume de la télévision.* ❺ Livre. *Papi a une encyclopédie en quinze volumes.* SYN. **tome.** → Vois aussi **unité.**

▸ **volumineux, euse** adj. Qui tient beaucoup de place. *Un paquet volumineux.* SYN. **encombrant.**

volupté n.f. Vif plaisir des sens. *Le chat s'est couché sur la moquette avec volupté.*

▸ **voluptueux, euse** adj. Qui fait éprouver de la volupté. *Un parfum voluptueux.*

volute n.f. **Volute de fumée,** fumée qui s'élève en spirale.

vomir v. (conjug. 16). Rejeter par la bouche ce que l'on a dans l'estomac. → Vois aussi **rendre.**

▸ **vomissement** n.m. Fait de vomir. *Le malade a été pris de vomissements.*

vorace adj. Qui mange beaucoup et vite. *Mon petit frère est très vorace.* SYN. **glouton, goulu.** → Vois aussi **goinfre.**

▸ **voracité** n.f. Fait d'être vorace. *Mon petit frère mange avec voracité.* SYN. **gloutonnerie.** → Vois aussi **goinfrerie.**

vos → **votre**

votant, e n. Personne qui participe à un vote. CONTR. **abstentionniste.** → Vois aussi **électeur.**
▸▸▸ Mot de la famille de **vote.**

vote n.m. ❶ Acte par lequel une personne exprime son opinion lors d'une élection. *Un vote à bulletin secret.* SYN. **scrutin.** ❷ Opinion exprimée en votant. *Après une élection, on compte les votes.* SYN. **suffrage, voix.**

▸ **voter** v. (conjug. 3). ❶ Exprimer son opinion par un vote, lors d'une élection. *Voter est un droit, c'est aussi un devoir civique.* ❷ Faire accepter par un vote. *L'Assemblée nationale et le Sénat votent les lois.*

Les volcans

Un volcan est une fissure dans la croûte terrestre par laquelle s'échappe le magma en fusion. Lorsque le volcan entre en éruption, le magma jaillit, se transforme en lave et se répand ; des explosions peuvent avoir lieu et des nuages de gaz et de cendres, appelés « nuées ardentes », s'abattent sur les paysages alentour. Partout dans le monde des volcans sont en activité ; certains cependant sont éteints, comme ceux de la chaîne des Puys en Auvergne (grande photo).

éruption volcanique (Islande)

coulée de lave (Hawaii)

nuage de gaz et de cendres (Russie)

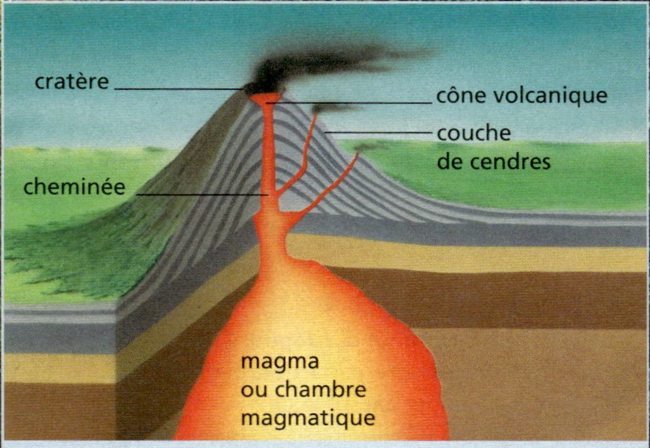

coupe d'un volcan

a b c d e f g h i j k l m n o p q r s t u v w x y z

votre, vos adj. possessifs. Déterminants qui indiquent la possession. Ils s'appliquent à la deuxième personne du pluriel. *Votre appartement. Vos amis.*

▶ le **vôtre, la vôtre, les vôtres** pronoms possessifs. Mots qui remplacent un nom ou un pronom. Ils désignent ce qui appartient à un possesseur de la deuxième personne du pluriel. *Notre jardin est petit, le vôtre est plus grand.*
● Le **o** prend un accent circonflexe.

vouer v. (conjug. 3). ❶ Consacrer entièrement. *Il a voué sa vie aux sans-abri.* ❷ Manifester un sentiment durable à une personne. *Loan voue une admiration sans bornes à son grand-père.* SYN. **témoigner.**

vouloir v. (conjug. 34). ❶ Avoir l'intention, le désir ou la volonté de faire quelque chose. *Julien veut aller au cinéma.* ❷ Désirer une chose. *Je voudrais une tranche de cake.* ❸ Demander avec force. *Le directeur veut des explications.* SYN. **exiger.** ❹ Accepter de prendre, de recevoir. *Elle ne veut pas de vos excuses.* ❺ Être en état de. *La voiture ne veut pas démarrer.* ❻ **En vouloir à quelqu'un,** lui garder rancune de quelque chose. *Je lui en veux de s'être moqué de moi.* ❼ **Vouloir bien,** accepter quelque chose. *Je veux bien t'aider.* SYN. **consentir.** ❽ **Vouloir du bien, du mal à quelqu'un,** avoir de bonnes, de mauvaises intentions à son égard.

▶ **vouloir** n.m. **Le bon vouloir,** l'accord, le consentement d'une personne. *Pour visiter le château, nous attendons le bon vouloir du propriétaire.*

vous pronom personnel. ❶ Représente la deuxième personne du pluriel, un groupe de personnes à qui l'on parle. *J'ai apporté des cadeaux pour chacun de vous. Vous êtes intelligents, vous allez réussir.* ❷ Remplace le pronom « tu » quand on parle à une personne avec respect. *Je vous remercie, madame.*

voûte n.f. ❶ Plafond arrondi. *La voûte d'une église.* ❷ **Voûte plantaire,** partie de la plante du pied qui ne repose pas sur le sol.
● La nouvelle orthographe permet d'écrire aussi **voute,** sans accent circonflexe.

▶ **voûté, e** adj. ❶ Qui est couvert d'une voûte. *Une cave voûtée.* ❷ Qui a le dos courbé. *Un vieil homme voûté.*
● La nouvelle orthographe permet d'écrire aussi **vouté,** sans accent circonflexe.

▶ se **voûter** v. (conjug. 3). Avoir le dos qui se courbe.
● La nouvelle orthographe permet d'écrire aussi **vouter,** sans accent circonflexe.

vouvoiement n.m. Fait de vouvoyer quelqu'un. *On emploie le vouvoiement avec des personnes que l'on ne connaît pas bien.*
→ Vois aussi **tutoiement.**
▸▸▸ Mot de la famille de **vous.**

vouvoyer v. (conjug. 14). Parler à quelqu'un en lui disant « vous ». *La directrice vouvoie la maîtresse.* → Vois aussi **tutoyer.**
● On prononce [vuvwaje].
▸▸▸ Mot de la famille de **vous.**

voyage n.m. ❶ Déplacement dans un lieu éloigné. *Nous avons fait un voyage en Afrique. J'aimerais partir en voyage.* ❷ Aller et retour pour transporter quelque chose. *On a fait plusieurs voyages pour déménager.*

▶ **voyager** v. (conjug. 5). Faire un ou plusieurs voyages, partir ailleurs. *Ma tante a beaucoup voyagé. Mamie voyage en train.*

▶ **voyageur, euse** n. Personne qui voyage. *Les voyageurs doivent composter leur billet avant de monter dans le train.*

1. **voyant, e** adj. Qui attire l'œil. *Elle porte des vêtements de couleur voyante.* SYN. **criard.** CONTR. **discret.**
▸▸▸ Mot de la famille de **voir.**

2. **voyant, e** n. Personne qui prédit l'avenir.
→ Vois aussi **cartomancien, chiromancien, devin.**
▸▸▸ Mot de la famille de **voir.**

3. **voyant** n.m. Petite lumière qui s'allume pour signaler quelque chose. *Les voyants d'un tableau de bord.*
▸▸▸ Mot de la famille de **voir.**

voyelle n.f. Lettre de l'alphabet qui représente un son produit en faisant résonner la voix. *Les six voyelles de l'alphabet français sont « a », « e », « i », « o », « u », « y ».* → Vois aussi **consonne.**

voyou n.m. Garçon malhonnête qui traîne dans les rues.

en **vrac** adv. ❶ Sans emballage. *Acheter du thé en vrac.* ❷ En désordre. *Ma sœur a posé ses affaires en vrac sur le canapé.* SYN. **pêle-mêle.**

vrai, e adj. ❶ Conforme à la réalité, à la vérité. *Ce qu'il raconte est vrai.* CONTR. **faux, mensonger.** *Je n'invente rien, cette histoire est vraie.* SYN. **réel, véridique.** CONTR. **imaginaire.** ❷ Qui est réellement ce qu'il paraît être. *Un collier de vraies perles.* SYN. **authentique.** CONTR. **artificiel, factice, faux.** *C'est un vrai gentleman.* SYN. **véritable.**

▸ **vraiment** adv. ❶ Réellement. *Tout cela est vraiment arrivé.* SYN. **véritablement.** ❷ Renforce une affirmation, une négation ou une question. *Tu n'as vraiment pas de chance.*

▸ **vraisemblable** adj. ❶ Qui semble vrai, que l'on peut croire. *L'accusé a un alibi vraisemblable.* SYN. **plausible.** CONTR. **invraisemblable.** ❷ Qui a toutes les chances de se produire. *Il est vraisemblable qu'elle viendra.* SYN. **probable.**

▸ **vraisemblablement** adv. Sans doute. *L'incendie est vraisemblablement dû à un acte de malveillance.* SYN. **certainement, probablement.**

▸ **vraisemblance** n.f. Caractère de ce qui est vraisemblable. *Cette histoire manque de vraisemblance.* CONTR. **invraisemblance.**

vrille n.f. ❶ Tige fine de certaines plantes qui s'enroule sur un support. *Les vrilles de la vigne.* ❷ Outil composé d'une tige de métal pointue en forme de vis et que l'on fait tourner pour percer des trous.

vrombir v. (conjug. 16). Faire entendre un ronflement vibrant. *Le moteur de la voiture vrombit.*

▸ **vrombissement** n.m. Bruit de ce qui vrombit. *Le vrombissement d'un réacteur.*

V.T.T. n.m. Vélo à pneus épais qu'on utilise sur des terrains accidentés. *Rémi fait du V.T.T. dans le bois.*

● C'est l'abréviation de **vélo tout-terrain.**

1. **vu, e** adj. **Bien vu, mal vu,** dont on a une bonne, une mauvaise opinion. *Cet employé est bien vu de son supérieur.*

▸▸▸ Mot de la famille de **voir.**

2. **vu** préposition. Étant donné. *Vu les conditions météorologiques, il vaut mieux renoncer à notre promenade.*

vue n.f. ❶ Celui des cinq sens par lequel on perçoit les formes, les couleurs, etc. *J'ai une excellente vue.* SYN. **vision.** *Il a perdu la vue dans un accident.* ❷ Fait de voir, de regarder. *La vue de ces gâteaux me donne faim.* ❸ Ce que l'on voit du lieu où l'on est. *De la terrasse, la vue est splendide.* SYN. **panorama.** ❹ Façon d'envisager les choses. *Il a une vue optimiste de la question.* SYN. **conception, idée, opinion.** ❺ Image, photo ou tableau d'un lieu, d'un paysage. *Ces vues du port sont prises d'avion.* ❻ **À première vue,** au premier regard. *À première vue, cela paraissait facile.* SYN. **de prime abord.** ❼ **À vue d'œil,** d'une manière très visible. *Le bébé grandit à vue d'œil.* ❽ **De vue,** par la vue. *Connaître quelqu'un de vue.* ❾ **En vue de,** dans tel objectif. *Les candidats révisent en vue du concours.* → Vois aussi **goût, odorat, ouïe, toucher.**

▸▸▸ Mot de la famille de **voir.**

vulgaire adj. ❶ Qui manque d'éducation, de délicatesse. *Un homme vulgaire.* CONTR. **distingué, raffiné.** *Un langage vulgaire.* SYN. **grossier, ordurier, trivial.** ❷ Qui est très ordinaire et n'a rien de particulier ni de remarquable. *C'était un vulgaire chat de gouttière.* SYN. **banal, simple.**

▸ **vulgairement** adv. Avec vulgarité. *Il parle vulgairement.* SYN. **grossièrement.**

▸ **vulgarisation** n.f. Fait de vulgariser des connaissances, de les rendre accessibles à tous. *Papi regarde une émission de vulgarisation scientifique.*

▸ **vulgariser** v. (conjug. 3). Rendre des connaissances accessibles à tous en les expliquant simplement. *Vulgariser des découvertes médicales.*

▸ **vulgarité** n.f. Manque de distinction et de délicatesse. *Il emploie un langage d'une grande vulgarité.* SYN. **grossièreté.**

vulnérable adj. ❶ Qui peut être blessé, attaqué. *Sans armure, un chevalier était vulnérable.* CONTR. **invulnérable.** ❷ Que l'on peut facilement peiner, blesser. *Elle est très vulnérable depuis sa dépression.*

vulve n.f. Organe génital externe de la femme et des mammifères femelles.

a b c d e f g h i j k l m n o p q r s t u v w x y z

Ww Xx Yy Zz

wagon n.m. Véhicule de chemin de fer qui sert au transport des marchandises, des animaux ou du courrier. *Des wagons postaux.*
→ Vois aussi **voiture.**
● On prononce [vagɔ̃].

▸ **wagon-lit** n.m. Voiture de chemin de fer dont les compartiments sont équipés de lits.
● Au pluriel : des **wagons-lits.**

Walkman n.m. Lecteur de cassettes portatif muni d'écouteurs. SYN. **baladeur.**
● C'est un mot anglais, on prononce [wɔkman]. – C'est un nom de marque : il s'écrit avec une majuscule dans les textes imprimés. Il vaut mieux dire **baladeur.**

wapiti n.m. Grand cerf d'Amérique du Nord. *Les bois du wapiti peuvent atteindre un mètre quatre-vingts d'envergure.*
● On prononce [wapiti].

un **wapiti**

water-polo n.m. Sport d'équipe qui se joue dans l'eau avec un ballon qu'on doit lancer dans le but de l'équipe adverse.
● C'est un mot anglais, on prononce [watɛrpolo].
– La nouvelle orthographe permet d'écrire aussi **waterpolo,** sans trait d'union.

waters n.m. plur. Pièce où l'on fait ses besoins. *Aller aux waters.* SYN. **cabinets, toilettes, W.-C.** → Vois aussi **lavabo.**
● C'est un mot anglais, on prononce [watɛr].
– La nouvelle orthographe permet d'écrire aussi un **water,** sans **s.**

watt n.m. Unité qui sert à mesurer la puissance de l'électricité. *Une ampoule de 40 watts.*
● Ce mot s'écrit avec deux **t.** – On prononce [wat].

W.-C. n.m. plur. Waters.
● On prononce [vese] ou [dubləvese].

Web n.m. Système qui permet d'avoir accès à Internet.
● C'est l'abréviation de l'anglais **world wide web** qui signifie « toile d'araignée mondiale ».
– On dit aussi **la Toile.**
– On prononce [wɛb].

webcam n.f. Caméra numérique miniaturisée destinée à enregistrer et à diffuser des images animées sur un site Internet.

week-end n.m. Congé du samedi et du dimanche. *Ali a passé le week-end à la campagne.*
● C'est un mot anglais, on prononce [wikɛnd].
– Au pluriel : des **week-ends.**
– La nouvelle orthographe permet d'écrire aussi un **weekend,** des **weekends,** sans trait d'union.

western n.m. Film d'aventures dont l'action se situe dans l'ouest des États-Unis, et qui met en scène des cow-boys et des Indiens.
● C'est un mot anglais, on prononce [wɛstɛrn].

whisky n.m. Eau-de-vie de grain que l'on fabrique surtout en Écosse et aux États-Unis.
● C'est un mot anglais, on prononce [wiski].
– Au pluriel : des **whiskys** ou des **whiskies.**

WiFi n.m. invar. Réseau sans fil qui permet de connecter un appareil informatique à Internet.
● C'est un mot anglais, on prononce [wifi]. – On peut aussi écrire **Wi-Fi.**

X

xénophobe adj. et n. Qui n'aime pas les étrangers, qui leur est hostile. *Un parti politique xénophobe.* → Vois aussi **antisémite, raciste.**

▶ **xénophobie** n.f. Hostilité à l'égard des étrangers.

xylophone n.m. Instrument de musique constitué d'une série de lames de bois ou de métal sur lesquelles on frappe avec deux baguettes.
● Ce mot s'écrit avec un **y.** – Nom des musiciens : un ou une **xylophoniste.**

Y

y adv. Dans cet endroit. *Allons-y !* ◆ pronom personnel. Mot qui remplace un complément introduit par « à ». *« Tu penses à faire tes devoirs ? – Oui, j'y pense. »*

yacht n.m. Bateau de plaisance, à voiles ou à moteur. *Ils ont fait une croisière en Méditerranée à bord d'un yacht.*
● On prononce [jot].

▶ **yachting** n.m. Navigation de plaisance sur un yacht. *Nos voisins sont des adeptes du yachting.*
● On prononce [jotiŋ].

yack n.m. Grand mammifère ruminant aux longs poils épais, qui a de fortes cornes recourbées et qui vit sur les hauts plateaux de l'Asie centrale.
● La nouvelle orthographe permet d'écrire aussi **yak.**

un yack

yaourt n.m. Lait fermenté généralement vendu en petit pot.
● On prononce [jauʀt]. – On peut aussi dire **yogourt.**

yéménite adj. et n. Du Yémen. *L'art yéménite. Ali est yéménite. C'est un Yéménite.*
● Le nom prend une majuscule : *un Yéménite.*

yen n.m. Monnaie du Japon.
● On prononce [jɛn].

yeux n.m. plur. ❶ Pluriel de *œil. Avoir de beaux yeux, des yeux rieurs.* ❷ **Avoir les yeux plus gros que le ventre,** se servir plus qu'on ne peut manger.

yoga n.m. Gymnastique d'origine hindoue qui aide à maîtriser son esprit et son corps. *Maman fait du yoga.*

yogourt → **yaourt**

yole n.f. Embarcation légère et allongée, que l'on fait avancer à l'aide d'un aviron.

yourte n.f. Tente en feutre sous laquelle habitent les nomades de Mongolie.
● On peut aussi écrire **iourte.**

une yourte

youyou n.m. Petit canot que l'on manœuvre à la rame.

Yo-Yo n.m. invar. Jouet composé d'un double disque que l'on fait monter et descendre le long d'un fil.
● Ce mot composé ne change pas au pluriel : des **Yo-Yo.** – C'est un nom de marque : il s'écrit avec deux majuscules dans les textes imprimés.

yucca n.m. Plante ornementale originaire des régions chaudes d'Amérique, à longues feuilles souvent pointues.
● Ce mot s'écrit avec deux **c.** – On prononce [juka].

un yucca

Z

zambien, enne adj. et n. De Zambie. *La population zambienne. Kenneth est zambien. C'est un Zambien.*
● Le nom prend une majuscule : *un Zambien.*

zapper v. (conjug. 3). Changer de chaîne de télévision à l'aide d'une télécommande.
● Ce mot s'écrit avec deux **p**.

zèbre n.m. Mammifère sauvage d'Afrique, qui ressemble à un petit cheval, qui a une crinière drue et un pelage rayé noir et blanc.
● Cri : le hennissement.

un **zèbre**

▸ **zébré, e** adj. Marqué de raies, de lignes sinueuses. *Une étoffe zébrée.*

▸ **zébrure** n.f. ❶ Rayure du pelage du zèbre, du tigre. ❷ Raie ou marque sur une surface. *Les zébrures d'un coup de fouet.*

zébu n.m. Mammifère ruminant domestique des régions tropicales, cousin du bœuf et qui a une bosse sur le haut du dos.

un **zébu**

zèle n.m. Ardeur et application que l'on met à faire quelque chose ou à servir une personne. *Un serviteur plein de zèle.* SYN. **empressement.** *Cet élève travaille avec zèle.* CONTR. **négligence.**

▸ **zélé, e** adj. Qui travaille avec zèle. *Un employé zélé.*

zen n.m. Doctrine japonaise dérivée du bouddhisme qui accorde une grande importance à la méditation. ◆ adj. invar. ❶ Qui se rapporte au zen, qui est adepte du zen. *Un moine zen.* ❷ (Sens familier). Calme, serein, décontracté. *Rester zen.*
● On prononce [zɛn].

zénith n.m. Point du ciel situé à la verticale d'un observateur. *À midi, le Soleil est au zénith.*
● Ce mot s'écrit avec un **h** après le **t**. – On prononce [zenit].

zéro n.m. ❶ Nombre qui indique une valeur nulle. *Trois moins trois égale zéro.* ❷ Valeur, quantité ou grandeur nulle. *Notre équipe a gagné par trois buts à zéro. Ma sœur a eu zéro à sa dictée.* ❸ Point à partir duquel on mesure quelque chose. *La température est descendue à cinq degrés au-dessous de zéro.*

zeste n.m. Petit morceau d'écorce d'orange ou de citron. *Fatou met des zestes d'orange dans le gâteau.*

zézaiement n.m. Défaut de prononciation d'une personne qui zézaie.
● On prononce [zezɛmɑ̃].
▸▸▸ Mot de la famille de **zézayer.**

zézayer v. (conjug. 13). Prononcer les « j » comme des « z » et les « ch » comme des « s ». *Mon petit frère zézaye, il dit un « zouet » au lieu de un « jouet ».* SYN. **zozoter.**
● On prononce [zezeje].

zibeline n.f. Petit mammifère carnivore à poil très fin brun foncé, qui vit dans les forêts de Sibérie et du Japon. *La fourrure de la zibeline est très recherchée.*
→ Vois aussi **fouine, furet, hermine, martre, putois.**

une **zibeline**

zigzag n.m. Ligne brisée, faite d'une suite de traits qui font des « z ». *Les zigzags d'une route de montagne.* → Vois aussi **lacet.**

▶ **zigzaguer** v. (conjug. 6). Faire des zigzags. *La voiture zigzaguait sur le verglas.*

zinc n.m. Métal blanc et dur que l'on utilise pour recouvrir les toits et pour faire des gouttières.
● On prononce [zɛ̃g].

zizanie n.f. **Semer la zizanie,** faire naître la discorde, provoquer une dispute. → Vois aussi **brouille, dissension.**

zodiaque n.m. Zone du ciel divisée en douze parties égales et dans laquelle on voit le Soleil, la Lune et les planètes se déplacer en une année. *Les douze signes du zodiaque sont le Bélier, le Taureau, les Gémeaux, le Cancer, le Lion, la Vierge, la Balance, le Scorpion, le Sagittaire, le Capricorne, le Verseau et les Poissons.*
● Les signes du zodiaque sont utilisés en astrologie.

les signes du **zodiaque**

zona n.m. Maladie infectieuse qui se caractérise par une éruption de boutons et des douleurs très vives sur le trajet des nerfs.

zone n.f. Partie d'un lieu, d'un espace. *Une zone industrielle. Une zone de hautes pressions atmosphériques.*

zoo- préfixe. Placé au début d'un mot, **zoo-** signifie « animal » : *zoologie, zoologiste.*

zoo n.m. Parc zoologique.
● On prononce [zo] ou [zoo]. – C'est l'abréviation de **zoologique.**
▶▶▶ Mot de la famille de **zoologie.**

zoologie n.f. Science qui étudie les animaux. *L'ornithologie et l'entomologie sont des branches de la zoologie.*

▶ **zoologique** adj. **Parc** ou **jardin zoologique,** lieu où l'on peut observer des animaux sauvages, exotiques ou rares dans des cages ou des enclos. *On a vu des tigres blancs au parc zoologique.*

▶ **zoologiste** n. Personne spécialiste de zoologie.

zoom n.m. Objectif d'un appareil photo ou d'une caméra qui sert à rapprocher ou à éloigner ce que l'on veut photographier ou filmer. → Vois aussi **téléobjectif.**
● C'est un mot anglais, on prononce [zum].

zouave n.m. ❶ Autrefois, soldat algérien de l'armée française. ❷ (Familier). **Faire le zouave,** faire le clown, le pitre.

un **zouave**

zozoter v. (conjug. 3). Mot familier. Zézayer. *Mon petit frère zozote.*

zut ! interj. Mot familier. Exprime le dépit, l'agacement, la contrariété. *Zut ! J'ai encore perdu mon stylo !*

a b c d e f g h i j k l m n o p q r s t u v w x y z

Les pages roses du *Dictionnaire Junior*

Petite histoire de la langue française

Le français est une langue « romane », comme l'italien ou l'espagnol, c'est-à-dire une langue qui s'est formée à la suite de la conquête de la Gaule par Rome. Car les Romains, en envahissant la Gaule, ont bien sûr apporté leur langue, le latin.

DU GAULOIS AU FRANCIQUE

Au milieu du 1er siècle avant J.-C., la Gaule compte près de 90 peuples différents. Tous parlent, avec des variantes, la même langue, le gaulois, une langue des Celtes installés en Gaule. Après l'invasion romaine, on a ensuite parlé le latin, tel qu'il était parlé tous les jours. Quelques mots et noms gaulois sont restés.

À partir du 5e siècle, des tribus d'origine germanique envahissent à leur tour la Gaule en formant divers royaumes : Francs, Burgondes, Wisigoths ou encore Alamans. À l'issue de nombreux affrontements, c'est le royaume des Francs qui l'emporte, notamment grâce au grand chef de guerre Clovis. La langue des Francs, le francique, influence la langue du pays conquis.

On considère que vers l'an 800, la langue parlée en Gaule romane n'est plus du latin mais un mélange distinct selon les régions.

Clovis

LANGUES D'OC, D'OÏL, FRANCO-PROVENÇAL

Au 10e siècle, la société féodale se caractérise par un territoire divisé en de multiples fiefs, chacun dépendant d'un seigneur, vassal d'un autre ou suzerain. Chaque aire a ses variantes dialectales, mais on peut toutefois distinguer trois grandes zones : la langue d'oïl au Nord, la langue d'oc dans le Sud et le franco-provençal, au Sud-Est. Les poètes voyagent et chantent de belles histoires, les chansons de geste aux héros exemplaires : la langue d'oc a ses *troubadours*, la langue d'oïl, ses *trouvères*.

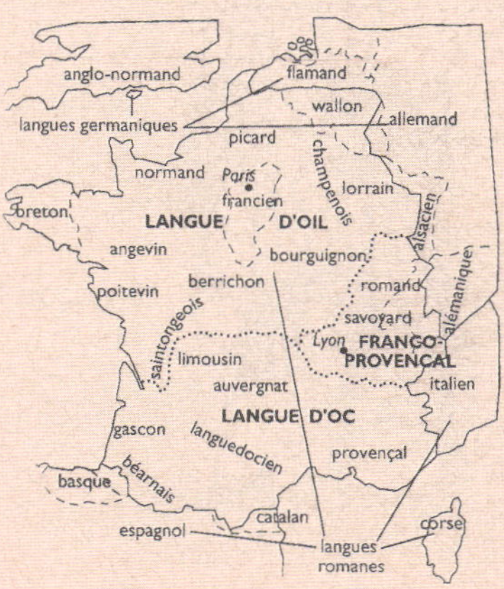

VERS LE FRANÇAIS, LANGUE OFFICIELLE COMMUNE

Paris devient, à partir du 13ᵉ siècle, le plus important centre universitaire du pays, avec la fondation et l'influence grandissante de la Sorbonne. C'est donc le dialecte du nord de la France, le francien, de plus en plus compris, parlé par tous, et imposé par le pouvoir central, qui sert de langue écrite courante à tout le domaine d'oïl.
La littérature diffuse cette langue avec des œuvres comme *la Chanson de Roland* (11ᵉ s.), *Tristan et Iseut* (12ᵉ s.) ou le *Roman de Renart* (12ᵉ-13ᵉ s.).

Puis, cette réalité devient officielle par volonté du roi. En 1539, François Iᵉʳ signe un texte, l'ordonnance de Villers-Cotterêts, qui fait du français la langue officielle de l'administration et de la justice : tous doivent comprendre les jugements qui sont prononcés. Du jour au lendemain, les clercs doivent rédiger les actes en français et non plus en latin, et y parviennent sans aucun problème.

l'Académie française

François Iᵉʳ

Quelques années après, des poètes comme Ronsard ou Du Bellay confirment avec éclat que la langue française peut émouvoir et devenir une grande langue littéraire, tout comme le grec et le latin. Cette consécration du français est ensuite appuyée par la création de l'Académie française en 1635, dont le rôle est de « donner des règles certaines à notre langue ».

À partir de ce moment, le français évince les autres dialectes du territoire national. Il est aujourd'hui la langue officielle de la République (article 2 de la Constitution). Les autres langues régionales font partie du patrimoine commun et sont toujours enseignées.

Petit florilège d'expressions

De nombreuses expressions sont formées de mots pris au sens figuré. Elles appartiennent souvent au langage familier. Les expressions suivantes comportent des noms d'animaux, des adjectifs ou des noms de couleurs et des noms de parties du corps humain. Elles sont accompagnées d'une explication qui éclaire leur sens.

LES ANIMAUX

Connais-tu l'expression familière « reprendre du poil de la bête » ? Elle signifie « reprendre des forces, reprendre le dessus ». Voici des expressions qui contiennent un nom d'animal.

Être doux comme un agneau :
être très doux, très affectueux.

Il y a anguille sous roche :
il y a quelque chose qui se prépare et que l'on cherche à dissimuler.

Avoir une araignée au plafond, dans le plafond (familier) **:**
être fou.

Ça ne casse pas trois pattes à un canard (familier) **:**
cela n'a rien d'extraordinaire.

Un froid de canard (familier) **:**
un froid très vif.

Être muet comme une carpe :
être complètement silencieux.

Appeler un chat un chat :
appeler les choses par leur nom, être franc et direct.

Avoir d'autres chats à fouetter :
avoir des sujets de préoccupation plus importants.

Avoir un chat dans la gorge :
être enroué.

Chat échaudé craint l'eau froide :
on redoute ce qui nous a déjà fait du tort.

Faire devenir quelqu'un chèvre :
le faire enrager.

Arriver comme un chien dans un jeu de quilles :
très mal à propos.

Entre chien et loup :
à la tombée de la nuit, au moment où l'on ne distingue plus les détails.

Une humeur de chien, un caractère de chien :
une humeur, un caractère exécrables.

Une vie de chien :
une vie très pénible et misérable.

Jouer un tour de cochon (familier) :
jouer un très mauvais tour.

Un caractère de cochon (familier) :
un très mauvais caractère.

Un temps de cochon (familier) :
un très mauvais temps.

Être comme un coq en pâte :
être choyé, dorloté.

Passer du coq à l'âne :
passer brusquement d'un sujet à un autre.

Avaler des couleuvres (familier) :
subir des affronts sans réagir ; être crédule.

Verser des larmes de crocodile :
verser des larmes hypocrites pour émouvoir ou tromper.

Être vif comme un écureuil :
être très vif.

Avoir une mémoire d'éléphant :
avoir une très bonne mémoire.

Comme un éléphant dans un magasin de porcelaine :
avec lourdeur, maladresse.

Courir comme un lapin :
courir très vite.

Poser un lapin à quelqu'un (familier) :
ne pas venir au rendez-vous qu'on lui a fixé.

Courir deux lièvres à la fois :
poursuivre deux buts différents en même temps.

Dormir comme un loir :
dormir longtemps et profondément.

Avoir une faim de loup :
une très grande faim.

Être connu comme le loup blanc :
être connu de tout le monde.

Hurler avec les loups :
se joindre aux autres pour critiquer.

Quand on parle du loup, on en voit la queue :
se dit quand quelqu'un survient au moment où l'on parle de lui.

Se jeter dans la gueule du loup :
s'exposer à un danger de façon imprudente.

Un froid de loup :
un froid très vif, qui faisait sortir des forêts les loups affamés.

Avoir des yeux de lynx :
avoir la vue très perçante ; être très perspicace.

Faire mouche :
mettre dans le mille ; toucher le point sensible.

Quelle mouche l'a piqué ?
pourquoi se fâche-t-il brusquement et sans raison apparente ?

Une fine mouche :
une personne rusée, habile, qui ne se laisse pas duper.

Un mouton à cinq pattes :
une personne ou une chose extrêmement difficiles à trouver.

Il ne faut pas vendre la peau de l'ours avant de l'avoir tué :
il ne faut pas trop se hâter de disposer d'un bien qui n'est pas encore acquis.

Un ours mal léché :
un homme grossier, mal élevé.

Être gai comme un pinson :
être très gai.

Être comme un poisson dans l'eau :
être parfaitement à l'aise dans la situation où l'on se trouve.

Noyer le poisson :
embrouiller quelqu'un de manière à le faire céder.

Chercher des poux à quelqu'un (familier) **:**
lui chercher querelle à tout propos.

Être laid comme un pou :
être très laid.

Quand les poules auront des dents :
jamais.

Une poule mouillée :
une personne peureuse, lâche.

Mettre la puce à l'oreille de quelqu'un (familier) **:**
susciter sa méfiance, l'intriguer.

Être malin comme un singe :
être très malin, très astucieux.

On n'apprend pas à un vieux singe à faire la grimace :
il est inutile de montrer la façon de procéder à une personne expérimentée.

Être myope comme une taupe :
être très myope.

Prendre le taureau par les cornes :
affronter courageusement une difficulté.

Une peau de vache (familier) **:**
une personne dure, méchante.

Être nu comme un ver :
être tout nu.

Une langue de vipère :
une personne médisante.

LES COULEURS

Connais-tu l'expression familière « en voir de toutes les couleurs » ? Elle signifie « subir des épreuves ou des affronts ». Voici des expressions qui contiennent un adjectif ou un nom de couleur.

Donner carte blanche à quelqu'un :
le laisser agir comme il le souhaite.

Être blanc comme neige :
être innocent.

Passer une nuit blanche :
ne pas dormir de la nuit.

N'y voir que du bleu (familier) **:**
ne rien voir, ne rien comprendre à ce qui se passe.

Une peur bleue, une colère bleue :
une très grande peur, une colère violente.

Faire grise mine :
faire un mauvais accueil à quelqu'un.

Rire jaune :
rire de manière forcée, gênée.

Broyer du noir :
être déprimé, avoir des idées tristes.

Mettre quelque chose noir sur blanc :
l'écrire sur une feuille de papier.

Regarder quelqu'un d'un œil noir :
le regarder avec irritation, colère.

Voir tout en noir :
être très pessimiste.

Ce n'est pas rose :
ce n'est pas gai, ce n'est pas agréable.

Voir la vie en rose :
voir les choses du bon côté, avec optimisme.

Être rouge comme un homard :
avoir le visage congestionné, très rouge.

Voir rouge :
être très en colère.

Être rouge comme une tomate :
être rouge d'émotion.

Donner le feu vert :
permettre à quelqu'un d'agir.

En voir des vertes et des pas mûres (familier) :
voir des choses étonnantes, choquantes ou pénibles.

Se mettre au vert (familier) :
prendre du repos à la campagne.

LE CORPS HUMAIN

Connais-tu l'expression familière « se donner corps et âme » ? Elle signifie « se donner avec toute son énergie ». Voici des expressions qui contiennent le nom d'une partie du corps.

L'appétit vient en mangeant :
après les premières bouchées, même sans appétit, on prend plaisir à manger ; plus on a de biens, de richesses, plus on veut en avoir.

Faire la fine bouche :
faire le difficile.

Avoir le bras long :
avoir de l'influence.

Être le bras droit de quelqu'un :
être son principal adjoint.

Se creuser la cervelle (familier) :
réfléchir beaucoup pour trouver quelque chose.

Avoir la chair de poule :
avoir les poils qui se hérissent sous l'effet du froid ou de la peur.

En chair et en os :
en personne.

Avoir un cheveu sur la langue :
zozoter légèrement.

Arriver comme un cheveu sur la soupe (familier) :
à contretemps, mal à propos.

Couper les cheveux en quatre :
s'arrêter à des détails, être trop subtil.

S'arracher les cheveux :
être furieux ou désespéré.

Être tiré par les cheveux :
se dit d'un raisonnement, d'une explication qui manquent de logique.

Faire dresser les cheveux sur la tête :
faire très peur.

Se faire des cheveux ou se faire des cheveux blancs :
se faire du souci.

Avoir le cœur sur la main :
être très généreux.

Avoir un cœur de pierre :
avoir un caractère dur, insensible.

Avoir les dents longues (familier) **:**
être très ambitieux.

Être sur les dents (familier) **:**
être dans un état de grande tension nerveuse.

Prendre le mors aux dents :
s'emballer ; montrer subitement une grande énergie.

Être à deux doigts de :
être très près de.

Être liés comme les doigts de la main :
être des amis très unis.

Faire quelque chose les doigts dans le nez (familier) **:**
le faire très facilement.

Mon petit doigt me l'a dit :
je l'ai su par un moyen secret.

Obéir au doigt et à l'œil :
obéir sans discussion et au moindre signe.

En avoir plein le dos (familier) **:**
en avoir assez, être excédé.

Avoir l'estomac dans les talons :
être très affamé.

Faire quelque chose par-dessus la jambe :
le faire avec désinvolture, sans soin.

Prendre ses jambes à son cou :
partir en courant, s'enfuir.

Avoir la langue bien pendue (familier) **:**
être bavard.

Avoir un mot sur le bout de la langue :
ne pas trouver un mot que l'on est pourtant sûr de connaître.

Tenir sa langue :
garder un secret.

Ne pas avoir sa langue dans sa poche :
parler avec facilité ou répliquer.

Donner sa langue au chat :
renoncer à trouver la solution d'une devinette, d'une énigme.

Être mauvaise langue :
être médisant.

Avoir la main verte :
être habile dans la culture des plantes.

Faire main basse sur quelque chose :
s'en emparer.

Gagner haut la main :
gagner sans difficulté.

Je m'en lave les mains :
je me désintéresse de cette affaire, je dégage ma responsabilité.

À vue de nez (familier) **:**
à peu près ; approximativement.

Se casser le nez (familier) **:**
ne pas trouver chez elle la personne que l'on vient voir.

Tirer les vers du nez à quelqu'un (familier) **:**
lui arracher adroitement des secrets.

Avoir la larme à l'œil :
être sur le point de pleurer.

À vue d'œil :
très rapidement.

Mon œil ! (familier)
impossible, je ne vous crois pas !

Œil pour œil, dent pour dent :
le châtiment doit être identique à l'offense.

Faire la sourde oreille :
faire semblant de ne pas entendre ou de ne pas comprendre.

Se faire tirer l'oreille :
résister, se faire prier.

Ne pas faire de vieux os (familier) **:**
ne pas vivre très longtemps ou ne pas rester longtemps quelque part.

Avoir quelqu'un dans la peau (familier) **:**
en être passionnément amoureux.

N'avoir que la peau et les os :
être très maigre.

Avoir bon pied, bon œil :
être en excellente santé.

Être bête comme ses pieds (familier) :
être très bête.

Faire des pieds et des mains :
employer tous les moyens pour obtenir ce que l'on souhaite.

Mettre les pieds dans le plat (familier) :
parler avec indiscrétion d'un sujet délicat.

Se lever du pied gauche :
être de mauvaise humeur dès le matin.

Au poil (familier) :
parfait, excellent.

Avoir un poil dans la main (familier) :
être paresseux.

Dormir à poings fermés :
dormir profondément.

Manger sur le pouce :
manger très rapidement, sans s'asseoir.

Se tourner les pouces (familier) :
rester sans rien faire.

Avoir la grosse tête (familier) :
devenir ou être prétentieux.

Avoir la tête sur les épaules :
être raisonnable et plein de bon sens.

En avoir par-dessus la tête (familier) :
en avoir assez.

Faire la tête (familier) :
bouder, être de mauvaise humeur.

Perdre la tête :
perdre son sang-froid, s'affoler.

Avoir les yeux plus gros que le ventre :
prendre plus qu'on ne peut manger ; entreprendre plus qu'on ne peut mener à bien.

Coûter les yeux de la tête :
coûter très cher.

Fermer les yeux sur quelque chose :
faire semblant de l'ignorer.

Ne pas avoir froid aux yeux :
être audacieux.

Mots issus de noms propres

Beaucoup de mots français sont formés sur une racine latine ou grecque ; d'autres ont été empruntés à des langues étrangères, mais quelques-uns ont une étrange origine. Il arrive que des noms de personnes, de lieux ou de personnages mythologiques donnent naissance à un nom commun fréquemment utilisé dans la vie de tous les jours. Voici un échantillon des plus marquants de ces termes qui viennent d'un nom propre, mais sauras-tu deviner lequel ?

atlas

D'après la légende, après que Zeus eut remporté la guerre qui l'opposait aux Titans et aux Géants, il voulut les punir. C'est ainsi qu'il condamna l'un d'eux, **Atlas**, à porter le monde sur ses épaules. Au 16e siècle, lorsqu'il fallut donner un nom au recueil de toutes les cartes géographiques représentant le monde, le savant Mercator choisit de placer sur la première page une gravure d'Atlas portant le monde. C'est ainsi que le recueil prit le nom d'atlas.

braille

À l'âge de trois ans, le jeune Louis **Braille** se blessa à l'œil avec un outil de son père ; il perdit définitivement la vue. Comme c'était un enfant curieux et intelligent, ses parents le placèrent dans une école pour jeunes aveugles. C'est en ce lieu qu'il inventa, à quinze ans, un codage alphabétique à partir de deux rangées verticales de trois points saillants. Grâce à lui, les aveugles du monde entier ont accès à la lecture et à l'instruction.

corbillard

Au 16e siècle, on désignait sous le nom de **corbeillard** l'embarcation circulant sur la Seine de Corbeil à Paris. Elle était peinte en noir. À la fin du 18e siècle, le nom fut employé pour désigner tout véhicule transportant un cercueil.

cordonnier

Au Moyen Âge, on fabriquait dans la ville de **Cordoue** (Espagne) une sorte de cuir très apprécié, le cordouan. Lorsque ces peaux arrivèrent en France, on prit tout naturellement l'habitude de nommer cordonnier l'ouvrier qui travaillait ce cuir. Le nom finit par rester pour qualifier tous ceux qui fabriquaient les chaussures en cuir, puis les réparaient.

cravate

Lorsque les rois de France faisaient la guerre avec des mercenaires, un des régiments était composé de **Croates**. Comme signe distinctif, ces soldats portaient autour du cou une large bande d'étoffe dont les extrémités pendaient largement sur le devant de leur uniforme. Les personnes élégantes de l'époque adoptèrent cette mode vestimentaire en déformant légèrement le nom.

dahlia

Cette plante, originaire du Mexique, fut dénommée *dahlia* en l'honneur d'un botaniste suédois, Anders **Dahl**. Les feuilles de dahlia étaient à l'origine utilisées pour nourrir le bétail ; quant à ses tubercules, ils étaient couramment consommés. Lorsque la plante arriva en Europe, on trouva son goût trop âcre et ce furent finalement ses magnifiques fleurs qui eurent le plus de succès !

dédale

La mythologie raconte que Minos, le roi de Crète, voulait enfermer à jamais un monstre à la tête de taureau qui dévorait les jeunes gens : le Minotaure. Il demanda à **Dédale**, un architecte de génie, de construire un labyrinthe composé de couloirs se recoupant les uns les autres, étrange construction de laquelle il était impossible de sortir. Voilà pourquoi, aujourd'hui, labyrinthe et dédale sont des noms synonymes.

écho

Dans la mythologie, la nymphe **Écho** essayait de distraire, par ses bavardages incessants, l'attention d'Héra pendant les infidélités de Zeus, son époux. Mais la déesse finit par s'apercevoir de ce manège et, pour punir Écho, elle la condamna à ne plus parler que pour répéter les mots qu'elle avait entendus. Elle a ainsi donné son nom au phénomène de l'écho.

éolienne

Suivant la volonté de Zeus, le souverain suprême des dieux grecs, le dieu **Éole** possédait le pouvoir de calmer et de déchaîner les Vents, qu'il tenait enfermés dans une caverne sur son île. Aussi, lorsque se développèrent les machines qui utilisent l'énergie du vent pour fonctionner, ajouta-t-on simplement un suffixe au nom de ce dieu, en espérant peut-être que les vents souffleraient toujours…

guignol

Au début du 19e siècle, le Lyonnais Laurent Mourguet avait un petit théâtre de marionnettes dont le personnage principal était un modeste ouvrier tisseur de soie, au franc-parler, plein de bon sens, toujours prêt à rendre service. Lorsque cette marionnette trouvait un propos amusant, elle avait coutume de dire : « C'est guignolant ! ». Laurent Mourguet nomma donc sa marionnette **Guignol**.

guillemet

Au début de l'imprimerie, on plaçait les citations entre des virgules. Comme il pouvait y avoir des confusions, l'imprimeur **Guillaume** inventa, au 17e siècle, un signe particulier : le *guillemet*. Peu à peu, on prit l'habitude de placer entre guillemets non seulement les citations, les mots à mettre en valeur, mais également les paroles rapportées au sein d'un récit.

hercule

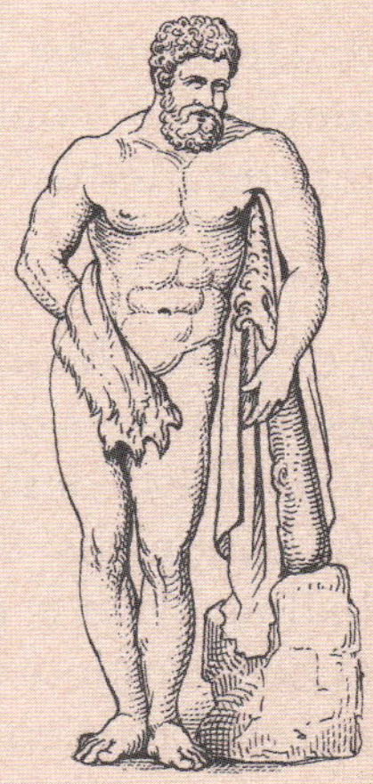

Poursuivi par la haine de Junon, l'épouse de Jupiter, le demi-dieu **Hercule**, doté d'une force et d'un courage exceptionnels, fut condamné à accomplir douze travaux considérés comme insurmontables, essentiellement combattre des monstres fabuleux (lion, taureau, sanglier…) pour en débarrasser la terre entière. D'où le surnom d'hercule donné désormais à tout homme très fort.

jean

En 1850, dans le Nevada, le commerçant Levi Strauss proposait aux cow-boys et aux mineurs un pantalon fait dans une étoffe très résistante, aux coutures renforcées par des rivets. Cette étoffe, teinte en bleu, était expédiée aux États-Unis à partir du port de **Gênes** (Italie). Le pantalon fut rapidement appelé *jean*, prononciation américaine de la ville de Gênes.

landau

À l'époque où les automobiles n'existaient pas, on se déplaçait dans des voitures tirées par des chevaux. Certaines d'entre elles, fabriquées dans la ville de **Landau** (Allemagne), possédaient une capote que l'on pouvait ouvrir ou fermer selon le temps qu'il faisait ; on les nommait *landaus*. Aujourd'hui, le terme est réservé aux voitures d'enfants munies d'une capote.

marathon

Lors des premiers jeux Olympiques modernes, en l'honneur des Grecs créateurs de tels jeux, on a donné le nom de *marathon* à la course d'endurance. En effet, un messager grec courut d'une seule traite de **Marathon** à Athènes pour annoncer la victoire des armées grecques sur les Perses. Une fois arrivé, il déclara simplement : « Nous avons gagné » et, à bout de souffle, il s'effondra.

méduse

Monstre mythologique, **Méduse** avait la chevelure hérissée de serpents. Son œil brillant changeait en pierre tout homme qui la regardait. De là l'expression *être médusé*, c'est-à-dire terrifié, incapable de prononcer une parole. Son nom a été donné à l'animal marin en forme de cloche sous laquelle se trouvent des tentacules, comme les serpents sur la tête de Méduse.

montgolfière

Les frères **Montgolfier** furent les premiers à concevoir un ballon capable de s'élever dans les airs. Cet envol eut lieu en 1783, à Versailles, devant le roi Louis XVI. Dans le panier suspendu au ballon, ils avaient placé un mouton, un canard et un coq. Le ballon s'éleva jusqu'à 500 mètres. À l'atterrissage, les animaux étaient toujours vivants ! Depuis, de nombreuses montgolfières ont pris leur envol.

morse

Samuel **Morse** n'a pas inventé le télégraphe électrique capable de transmettre des messages à distance, mais il a conçu une machine simple et efficace pour coder toutes les lettres en attribuant à chacune une combinaison de signaux, longs ou brefs. Même à l'heure des ordinateurs, cet alphabet singulier – qui prit très vite le nom de son inventeur – est encore utilisé en cas de détresse extrême.

odyssée

Dans un célèbre poème, *l'Odyssée*, le Grec Homère raconte le retour à Ithaque, son île natale, du héros Ulysse (**Odysseus**, en grec) qui venait de participer à la guerre de Troie. Ce long et périlleux voyage, émaillé de nombreuses aventures (rencontre avec les Sirènes ou le Cyclope), dura dix ans. Depuis, on parle d'une odyssée pour qualifier les périples ou les longs voyages.

pantalon

Dans la comédie italienne, très appréciée au 17e siècle, un personnage bouffon, dénommé **Pantalon**, portait un ample et simple costume qui descendait jusque sur ses pieds, alors que la mode était au port de la culotte ou du haut-de-chausses. On donna rapidement ce nom à un tel vêtement réservé au menu peuple. Plus tard, on appela *sans-culottes* les révolutionnaires qui arboraient un pantalon et non une culotte !

poubelle

Une poubelle rappelle le nom du préfet de Paris, Eugène **Poubelle**. Celui-ci avait constaté que les ordures ménagères étaient déposées devant les portes ou sur les trottoirs. Cette pratique malheureuse entraînait la propagation de bien des maladies. Aussi décida-t-il d'obliger les habitants à mettre leurs détritus dans des boîtes métalliques spécialement conçues à cet effet, qui prirent très vite son nom.

rugby

En 1823, on disputait une partie de football dans le collège de la ville de **Rugby** (Angleterre). Soudain, un élève dénommé Webb Ellis, sans doute peu habile de ses pieds, saisit le ballon à pleine main et alla le déposer dans les buts adverses, à la grande surprise des autres joueurs : le jeu de *rugby* était né ! Par la suite, les règles furent codifiées plus précisément.

sandwich

Ce nom était celui d'un amiral anglais, le comte de **Sandwich**. C'était un joueur passionné qui, pour ne pas interrompre sa partie, avait demandé à son cuisinier de lui servir son morceau de viande entre deux tranches de pain. Il pouvait ainsi se restaurer tout en conservant les mains propres afin de ne pas tacher ses cartes. Ses partenaires l'imitèrent et le sandwich devint un en-cas très apprécié.

sardine

À l'époque romaine, les pêcheurs se rendaient volontiers le long des côtes de **Sardaigne**, île de la mer Méditerranée, certains d'y faire une bonne pêche. Parmi les poissons de ces lieux, l'un d'eux était fort abondant et, une fois salé, facile à transporter dans des amphores. En modifiant le suffixe, les pêcheurs le nommèrent *sardine*.

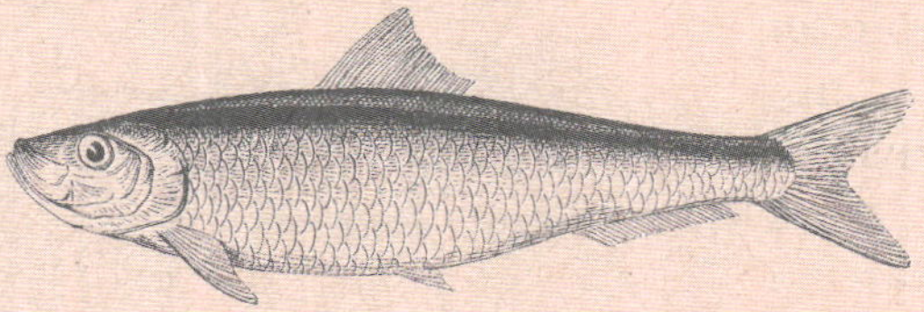

saxophone

Le saxophone est un instrument de musique inventé par le Belge Adolphe **Sax**, en 1846. Issu d'une grande famille de fabricants-musiciens, il a cherché inlassablement à perfectionner les instruments de musique, et plus particulièrement les instruments à vent. Plus tard, les saxophones seront étroitement associés à l'histoire du jazz.

silhouette

Les réformes décidées par le ministre des Finances du roi Louis XV, Étienne de **Silhouette**, étaient si improvisées et impopulaires que les caricaturistes le représentaient sous la forme de dessins vaguement esquissés, comme sa politique. Plus tard, on nomma *silhouette* tout portrait en noir dont les contours étaient indiqués par un simple trait.

vandale

Au 5e siècle, les **Vandales**, franchissant le Rhin avec d'autres peuples barbares, envahirent l'Empire romain. Après avoir traversé la Gaule et l'Espagne, ils s'établirent en Afrique du Nord. Ils avaient une réputation de pillards et de destructeurs de monuments, d'où le nom donné aujourd'hui à toute personne qui saccage un lieu, plus par plaisir que par intérêt.

volcan

La mythologie situait la résidence de **Vulcain**, le dieu du Feu et des Forgerons, au large de la Sicile, dans une île – Vulcano – dont le sommet vomissait de la fumée et des flammes. Vulcain, dieu laid et difforme, y forgeait des armes et des bijoux en or ou en argent pour les déesses. Le nom de l'île et celui du dieu, désormais confondus, ont donné naissance au mot *volcan*.

Des mots venus d'ailleurs

Comme les hommes, les mots voyagent ; aussi, avec le développement des échanges et la possibilité d'aller d'un pays à l'autre, le français s'est-il enrichi de siècle en siècle.
Ce sont d'abord les langues parlées dans les pays les plus proches qui nous apportèrent des mots, pour nommer des plantes ou des choses nouvelles. Par la suite, avec les voyages lointains vers l'Asie ou l'Amérique, d'autres mots furent adoptés, et souvent déformés pour s'adapter à la prononciation du français.
Aujourd'hui, les nouveaux moyens de communication (téléphone, télévision, Internet...) permettent à chacun de découvrir des mots qui remplacent parfois ceux employés autrefois. Tu étonneras peut-être tes grands-parents en leur déclarant qu'un *tsunami* a ravagé les côtes japonaises. Pour désigner l'immense vague, ils n'avaient que le mot « raz-de-marée », né d'un mélange du normand *raz*, « courant violent », et du latin *mare*.
Voyons donc quelques-uns de ces mots que tu connais bien, mais dont tu ignores peut-être l'origine.

MOTS VENUS DU NORD ET DU CENTRE DE L'EUROPE

beffroi

Le **beffroi** est une haute tour située dans l'enceinte d'une ville. On a francisé un mot allemand, *bergfrid*, qui désignait la fonction de cette tour et était formé de *berg*, « qui garde » et *fried*, « la paix ». Autrefois, on y plaçait des guetteurs chargés de surveiller les environs et donner l'alarme si des ennemis arrivaient. Aujourd'hui, les beffrois ont conservé leurs cloches, mais elles ne sonnent plus que pour les réjouissances !

fauteuil

Pour marquer leur importance, lorsqu'ils se déplaçaient, les grands personnages du Moyen Âge transportaient avec eux un siège de parade, richement décoré et facile à plier, d'où son nom d'origine, du germanique *faldstôl*, de *fald*, « plier » et *stôl*, « siège ». Peu à peu, ce siège, toujours luxueux, prit place à la Cour et dans tous les intérieurs bourgeois. Désormais, ce n'est qu'un simple siège confortable, hormis peut-être le **fauteuil** de camping qui retrouve son étymologie puisqu'il est pliable !

MOTS VENUS D'OUTRE-ATLANTIQUE

barbecue

En Amérique centrale, les Espagnols découvrirent, entre autres choses, que les habitants arawak faisaient rôtir les viandes en plein air sur des piquets de bois dénommés *barbacoa*. Les colons américains adoptèrent cette manière de consommer la viande sous le nom de *barbicue*, devenu **barbecue**. Lorsque cette mode parvint en France aux alentours des années 1950, le terme demeura inchangé et son sens s'étendit ensuite pour désigner aussi bien l'appareil que le repas au cours duquel on l'utilise.

chocolat

Les Aztèques considéraient la graine du cacaoyer, qui servait à la préparation du chocolat, comme un don de leurs dieux et la consommation du chocolat était réservée aux personnes d'importance. Ils lui donnèrent le nom de *cacahuatl*, que les Espagnols, lors de la conquête de ces territoires, transformèrent en *chocolate*, terme qui devint **chocolat** en français.

ouragan

Au 16e siècle, lorsqu'ils abordèrent les Antilles, les Espagnols connurent rapidement les ravages qu'occasionnaient les tornades que les indigènes nommaient *hurikan*, nom du dieu responsable du mauvais temps. Ils adoptèrent le nom en le déformant légèrement, *huracan*. Ce terme fut de nouveau modifié en français pour devenir **ouragan**. On remarquera que l'anglais a quasiment conservé la forme ancienne, *hurricane*.

tomate

La **tomate** était cultivée au Pérou, puis au Mexique, où les Aztèques lui ont donné le nom de *tomalt*. Les conquérants espagnols lui firent traverser l'Atlantique et la nommèrent *tomalta*. Son voyage ne se termina pas là, puisqu'elle fut également cultivée au Portugal, en Italie et enfin au sud de la France, où elle prit son nom définitif : **tomate**. Mais son aventure n'était pas finie : elle retourna en Amérique, où les cuisiniers la moulinèrent et lui ajoutèrent un peu de sucre pour obtenir le ketchup.

MOTS VENUS D'OUTRE-MANCHE

bifteck

La prononciation a peu à peu francisé le mot anglais *beefsteak* en **bifteck**. *Beefsteak* est un mot composé de *beef*, « bœuf » et *steak*, « tranche ». Un bifteck est donc une simple « tranche de bœuf ». Voilà pourquoi il est quelque peu étrange de parler de bifteck de cheval… Chez le boucher, on commande souvent simplement un « steak », c'est-à-dire une tranche. Le boucher, s'il connaissait l'origine du mot, serait en droit d'interroger le client : « *Steak* de bœuf ou de cheval ? »

budget

Le nom d'origine anglaise **budget** désigne l'état des recettes et des dépenses d'une personne ou d'un organisme. Mais voilà encore un terme que les Anglais nous ont emprunté ! En ancien français, une *bougette* désignait un petit sac en cuir servant de bourse. Le nom fut adopté par l'anglais sous la forme *boudgeotte* et enfin *budget* : mot qui ne désigne plus le contenant mais le contenu…

challenge

Le mot **challenge** est un emprunt sportif à l'anglais. Mais ce mot anglais (écrit avec deux « l ») est lui-même un emprunt à l'ancien français *chalenge* (avec un seul « l »), qui signifiait « réclamation, défi ». La coutume des guerriers ou des gladiateurs était de se lancer des défis avant le combat singulier. Les rugbymans du Pacifique perpétuent cette tradition, avec leur célèbre *haka* avant chaque match…

tennis

Ce nom est directement emprunté à l'anglais, sans modification. Mais son origine est bien française ! Le **tennis** d'aujourd'hui a pour ancêtre le jeu de paume, largement pratiqué par la noblesse française. Avant d'envoyer la balle dans le camp adverse, le serveur s'exclamait : « Tenez ! » L'accent anglais aidant, le mot fut d'abord prononcé *teneys*, puis *tenise* et enfin *tennis*.

Mots venus de la Méditerranée

banqueroute

Autrefois, les banquiers italiens, lombards ou florentins, traitaient leurs affaires sur une table dénommée *banca*. Lorsqu'un banquier n'était plus en mesure de faire face à ses engagements, symboliquement il cassait sa *banca*, pour signifier qu'il n'avait plus le droit d'exercer une activité financière. Cette déchéance se nommait *banca rotta* (« banc rompu »). Le terme a été francisé en **banqueroute**, qui s'est étendu à tous les commerçants qui ne peuvent régler leurs dettes.

hasard

Le mot **hasard** est un emprunt, par l'intermédiaire de l'espagnol *azar*, à l'arabe *az-zahr*, signifiant « le dé ». Au Moyen Âge, le *hasard* désignait le jeu de dés lui-même, et ensuite un coup favorable à ce jeu. Peu à peu, le mot a pris le sens de « risque, danger, péril » et enfin celui de « ce qui arrive sans raison logique », « ce qui est imprévisible ». Il est vrai que le lancement des dés est généralement hasardeux…

zéro / chiffre

Le **zéro** nous vient de l'arabe *sifr* (qui signifie « vide ») par l'intermédiaire de l'italien *zefiro*. Le mot arabe *sifr* avait d'abord donné le mot **chiffre**, qui avait autrefois le sens de « zéro » avant de désigner tous les signes du système numérique, le *zéro* n'étant plus qu'un des chiffres particuliers.

Mots venus de l'Asie et de l'Océanie

kiwi

Il y a bien longtemps que les Chinois consommaient un fruit à la pulpe généralement verte, sucrée et acidulée, entourée d'une peau brune et duveteuse. Au début du 19e siècle, il fut implanté en Nouvelle-Zélande sous le nom de **kiwi**. Le **pelage velu** de ce fruit venu d'Asie rappelait leur oiseau, emblème national, le *cuicui*, nom que lui avaient donné les Maoris, habitants indigènes de ces îles, et que les Anglais ont transformé en *kiwi*.

mammouth

Lorsque les Iakoutes, habitants de la Sibérie, découvrirent des squelettes de mammouths enterrés, ils pensèrent que ces animaux avaient creusé des galeries avec leurs longues défenses ; ils leur donnèrent le nom de *ma-mut* (littéralement « terre-taupe »). Les Russes adoptèrent le terme de *mamut*, devenu **mammouth** en français, probablement sous l'influence de l'anglais.

mandarine

Originaire de Chine, ce fruit s'appelait à l'origine « orange **mandarine** ». Pourquoi ce terme de « mandarine » ? Sa couleur jaune rappelait celle de la robe de soie jaune que portaient les *mandarins*, ces fonctionnaires lettrés chargés de l'administration du vaste Empire chinois. Lorsque sa culture se répandit en Europe, grâce aux Portugais, on la dénomma simplement *mandarine* pour différencier cet agrume de l'orange, plus acide.

pyjama

Le **pyjama** nous vient de l'ourdou *payjama*, qui signifiait « vêtement de jambes ». L'ourdou (une langue du Pakistan actuel) l'avait lui-même emprunté au persan. Ce mot nous est parvenu, sous sa forme actuelle, par l'anglais, très présent en Inde, qui l'a transformé en *pajamas*, puis *pyjamas*.

sucre

Qui pourrait croire qu'un petit morceau de sucre ait tant voyagé ? C'est en Inde que l'on a commencé à cultiver, il y a très longtemps, un roseau donnant du miel sans le concours des abeilles : la canne à sucre. Ce produit dénommé *sarka ra* (« petit grain ») par les habitants locaux fut adopté par les Arabes sous le nom de *sukkar*, puis par les Italiens avec le *zucchero*, devenu **sucre** en français.

Mots venus des mers du Nord

banquise / iceberg

La **banquise** est une épaisse couche de glace formée par de l'eau de mer gelée durant toute l'année. Son nom vient du scandinave *bank*, « paquet, amas » et *is*, « glace », transformé peu à peu par la prononciation en *banquise*. Lorsqu'un immense bloc de glace se détache d'un glacier polaire, il forme un **iceberg**. Ce nom a la même origine, mais cette fois le terme *is*, « glace », précède le terme *berg*, « montagne ».

boulanger

Le nom **boulanger** vient, par l'intermédiaire du picard *boulenc*, du néerlandais *bolle* (« pain rond »), le boulanger est donc « celui qui fabrique les pains ronds ». En effet, bien avant l'apparition des pains longs et fendus à la croûte dorée et croustillante – les flûtes, baguettes et bâtards d'aujourd'hui –, le pain était préparé et vendu sous la forme de boules rondes qui se conservaient assez longtemps, car les fours n'étaient pas allumés quotidiennement.

geyser

L'Islande, île d'origine volcanique, possède d'importantes sources d'eau chaude dont certaines jaillissent par intermittence à des hauteurs parfois impressionnantes. Pour qualifier ce phénomène, les habitants lui ont tout naturellement donné le nom du plus célèbre, celui de *Geysir*, nom lui-même dérivé du verbe *geysa* (« jaillir »). Le mot fut légèrement modifié – **geyser** – pour qualifier désormais toute gerbe d'eau jaillissant sous la pression, suite, par exemple, à la rupture d'une canalisation.

Conclusion

Si le français a emprunté beaucoup de mots aux autres langues, il s'est également montré généreux et en a donné de nombreux. L'anglais, notamment, a hérité des mots suivants : *menu ; luxe ; salon ; change ; animal ; restaurant ; finance ; lieutenant ; liqueur ; police* ; etc.

Les racines grecques en français

La langue française a emprunté beaucoup de mots au grec ancien. Nous avons sélectionné ici quelques mots du quotidien afin de mettre en évidence leur origine, dans la langue grecque. Amuse-toi à trouver, dans le dictionnaire *Larousse Junior*, d'autres mots formés sur les mêmes racines...

QUELQUES MOTS COURANTS

aphone (qui n'a plus de voix, qui parle difficilement)
a- privatif / *phônê,* voix

bibliothèque (meuble à étagères où l'on range les livres)
biblion, livre / *thêkê,* boîte, armoire

gastronomie (connaissance de la bonne cuisine et art de la déguster)
gastêr, ventre / *nomos,* loi, science

misanthrope (qui fuit les gens et préfère vivre seul)
misein, haïr / *anthrôpos,* homme

philanthrope (qui cherche à venir en aide aux autres)
philos, ami / *anthrôpos,* homme

antipathie (sentiment d'hostilité, de rejet à l'égard de quelqu'un)
anti, contre / *pathos,* sentiment, passion

sympathie (attirance que l'on éprouve pour une personne)
sun, avec / *pathos,* sentiment, passion

panoplie (déguisement accompagné de ses accessoires)
pân, tout / *hoplon,* arme

EN HISTOIRE

monarchie (régime politique dans lequel le pouvoir est exercé par un roi ou par un empereur héréditaire)
monos, seul / *arkhein,* commander

démocratie (régime politique dans lequel le pouvoir est exercé par des représentants du peuple que les citoyens ont élus)
dêmos, peuple / *kratos,* pouvoir

géographie (science qui décrit la surface de la Terre, son relief, son climat, sa végétation, sa population et son économie)
gê, terre / *graphein,* écrire

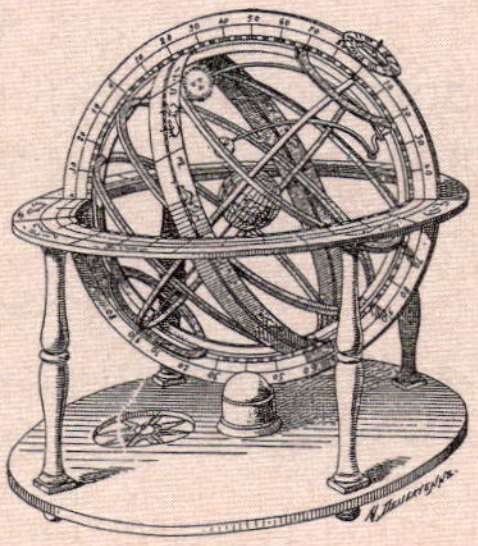

EN SCIENCES

hippopotame (gros mammifère d'Afrique qui vit dans les rivières, les fleuves)
hippos, cheval / *potamos,* fleuve

gastéropode (animal du groupe des mollusques, qui se déplace en rampant)
gastêr, ventre / *pous, podos,* pied

biologie (science qui étudie les êtres vivants)
bios, vie / *logos,* science, étude

astrologie (étude de l'influence des astres sur les événements ainsi que sur le comportement et l'avenir des personnes)
astron, astre / *logos,* science, étude

astronomie (étude scientifique de l'Univers et de la position, du mouvement et de la nature des astres)
astron, astre / *nomos,* loi, science

microscope (instrument d'optique qui permet de voir des objets invisibles à l'œil nu)
mikros, petit / *skopein,* voir, observer

chronomètre (instrument qui permet de mesurer une durée en minutes, secondes et fractions de seconde)
khronos, temps / *metron,* mesure

hydraulique (qui utilise l'énergie fournie par l'eau pour fonctionner)
hudôr, eau / *aulos,* tuyau

amphibie (qui peut vivre à l'air et dans l'eau)
amphi, des deux côtés / *bios,* vie

EN FRANÇAIS

orthographe (manière correcte d'écrire les mots)
orthos, droit / *graphein,* écrire

homonyme (mot qui s'écrit ou se prononce de la même façon qu'un autre, mais qui a un sens différent)
homos, semblable / *onoma,* nom

synonyme (mot qui a presque le même sens qu'un autre)
sun, ensemble / *onoma,* nom

antonyme (mot qui a un sens opposé à celui d'un autre mot)
anti, contre / *onoma,* nom

EN MATHÉMATIQUES

périmètre (ligne qui délimite le contour d'une figure géométrique, d'une surface)
peri, autour / *metron,* mesure

pentagone (figure géométrique qui a cinq côtés et cinq angles)
penta, cinq / *gônia,* angle

octogone (figure géométrique qui a huit côtés et huit angles)
oktô, huit / *gônia,* angle

polygone (figure géométrique qui a plusieurs côtés)
polus, plusieurs / *gônia,* angle

hexagone (figure géométrique qui a six angles et six côtés)
hexa, six / *gônia,* angle

kilogramme (unité de masse égale à 1 000 grammes)
khilioi, mille / *gramma,* poids

décagramme (unité de masse égale à 10 grammes)
deka, dix / *gramma,* poids

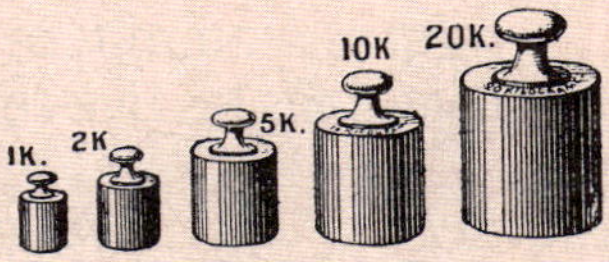

Noms propres

a b c d e f g h i j k l m n o p q r s t u v w x y z

A

Abd el-Kader (1808-1883)

Émir arabe d'Algérie. ◗ Il dirigea pendant quinze ans la résistance algérienne contre la colonisation française. En 1843, son campement (la « smala ») fut pris d'assaut par les Français. En 1847, il décida de se rendre, et fut emprisonné en France durant cinq ans. Il consacra la fin de sa vie à la méditation religieuse.

Abd el-Kader (vers 1835)

Abel → Caïn

Abidjan

Ville de Côte* d'Ivoire. ◗ 4 400 000 habitants (les *Abidjanais*) ; 4 860 000 avec sa banlieue. Située sur une lagune, Abidjan est le principal port du pays et un centre économique important d'Afrique de l'Ouest. Elle fut la capitale de la Côte d'Ivoire jusqu'en 1983, avant d'être remplacée par Yamoussoukro*.

Abraham (peut-être XIXe siècle avant J.-C.)

Personnage biblique. ◗ Les juifs, les chrétiens et les musulmans le considèrent comme leur père commun dans la croyance en un Dieu unique. Selon la Bible, Abraham, riche Bédouin de la région de Babylone, entendit un jour la voix de Dieu lui ordonner de tout quitter pour aller s'installer dans le pays de Canaan, qu'on appelle aujourd'hui la Palestine. Là, il eut deux fils : Ismaël, l'ancêtre des Arabes, et Isaac*, l'ancêtre des Juifs. → Vois aussi Kaaba.

Académie française

Société de quarante membres élus. ◗ Elle a été fondée par Richelieu* au XVIIe siècle. Ses membres, les académiciens, sont élus à vie. Ils se réunissent à Paris pour écrire un dictionnaire, discuter des problèmes liés à la langue française et décerner des prix.

Acadie

Ancienne région du Canada. ◗ Située à l'est de la province du Québec, l'Acadie correspond aujourd'hui à deux provinces maritimes du Canada. Elle fut la première colonie française d'Amérique du Nord. Au XVIIIe siècle, l'Angleterre et la France s'affrontèrent pour obtenir ce territoire : en 1713, il finit par tomber aux mains des Anglais.

Achille

Personnage de la mythologie grecque. ◗ Pour le rendre immortel, sa mère le plongea dans le Styx, fleuve des Enfers, en le tenant par un talon, qui resta la seule partie vulnérable de son corps. Au cours de la guerre de Troie*, Achille tua le Troyen Hector pour venger son ami Patrocle. Mécontent, le dieu Apollon fit périr Achille en dirigeant une flèche empoisonnée sur son talon.

● On appelle « talon d'Achille » le point faible d'une personne, que ce soit un aspect de son caractère ou de son physique.

Achille tuant la reine des Amazones

Açores

Archipel portugais de l'océan Atlantique. ◗ Superficie : 2 247 km^2. 241 700 habitants (les *Açoréens*). Situées au large des côtes du Portugal,

les îles des Açores sont volcaniques et montagneuses. Autrefois, les bateaux espagnols, en route vers leurs colonies d'Amérique, y faisaient escale.
On appelle « anticyclone des Açores » une énorme masse d'air qui se forme au-dessus de cet archipel, et qui, en se déplaçant vers le nord-est, en été, apporte le beau temps en Europe.

Acropole

Site de la Grèce antique. ◗ Située sur une colline d'Athènes, l'Acropole était, à l'origine, une forteresse. Détruite par les Perses, elle fut reconstruite au Vᵉ siècle avant J.-C. Périclès* fit construire sur ce site de magnifiques temples en l'honneur des dieux (notamment le Parthénon, dédié à la déesse Athéna, protectrice de la cité grecque).

l'**Acropole** (Athènes)

Adam et Ève

Personnages bibliques. ◗ Selon la Bible, ils sont le premier homme et la première femme de l'histoire. Dieu créa d'abord Adam avec de l'argile, puis Ève, à partir d'une côte d'Adam. Il les installa ensuite dans le jardin d'Éden en leur interdisant de manger le fruit de « l'arbre de la connaissance, du bien et du mal ». Mais, conseillée par le diable, Ève cueillit le fruit défendu et le mangea avec Adam. Pour les punir, Dieu les chassa du paradis terrestre. D'après la Bible, c'est cette désobéissance qui a amené le mal sur la Terre. →

Ader Clément (1841-1925)

Ingénieur français. ◗ Père de l'aviation, il construisit deux avions à vapeur, dont l'*Éole*, avec lequel il parvint à décoller et à voler une cinquantaine de mètres, en 1890.

Adriatique - mer Adriatique

Partie de la Méditerranée. ◗ Cette mer forme un golfe étroit (200 km) et allongé (800 km), situé entre l'Italie et la péninsule des Balkans. Ses principaux ports (Venise, Trieste, Dubrovnik) sont des villes anciennes, qui ont eu une importante activité commerciale au XVIIᵉ siècle.

Afghanistan (Asie)

- Superficie : 650 000 km²
- Habitants : 30 552 000 *(les Afghans)*
- Capitale : *Kaboul*
- Langues : *dari (persan), pachto*
- Monnaie : *afghani*

◗ L'Afghanistan est un pays aride et en grande partie montagneux d'Asie centrale, voisin du Pakistan et de l'Iran. Affaibli par la guerre entre le gouvernement et les extrémistes musulmans (les talibans), il est très dépendant de l'aide financière internationale. La population est rurale à 70 %, mais l'agriculture (blé, coton) et la situation alimentaire sont très fragiles. Le sous-sol recèle des richesses minières (chrome, cuivre, or…) encore sous-exploitées.

Adam et Ève (tableau du XVIᵉ siècle)

Afrique

L'un des six continents. ◗ Il s'étend sur 4 000 km de chaque côté de l'équateur. Superficie : 30 310 000 km^2. Plus d'1,3 milliard d'habitants (les *Africains*).

• **Le continent le plus chaud du monde.** Sous l'équateur pousse une forêt très dense. Lorsqu'on s'éloigne de l'équateur, la forêt fait place à la savane, domaine d'immenses troupeaux de mammifères sauvages. Près des tropiques se trouvent les grands déserts : le Sahara au nord, les déserts du Namib et du Kalahari au sud.

• **Une population très ancienne.** C'est en Afrique que l'on a retrouvé les plus anciens squelettes d'hommes préhistoriques. Pendant l'Antiquité, les peuples anciens (Égyptiens, Phéniciens) s'y sont développés. Le nord du continent fut colonisé par les Romains, puis par les Arabes, qui remontèrent le cours du Nil et donnèrent naissance à de très grands empires.

art africain : tête de reine mère (Bénin, xve siècle)

• **Colonisation et esclavage.** Un navigateur portugais, Vasco de Gama*, découvrit les côtes de l'Afrique en 1497. À partir du XVIe siècle, l'esclavage fut organisé massivement par les Européens. Des millions d'Africains furent transportés et vendus en Amérique et aux Antilles. Au XIXe siècle, les Européens se partagèrent ce continent en colonies, parfois au prix de conflits. C'est après la Seconde Guerre mondiale que la plupart des pays africains ont obtenu leur indépendance.

• **Des problèmes nouveaux.** Beaucoup de pays africains sont pauvres avec les niveaux de vie les plus bas du monde. De nombreux habitants souffrent de la famine et de maladies (notamment du sida). L'Afrique connaît aussi des problèmes écologiques : sécheresse, manque d'eau potable, destruction de la forêt et disparition de nombreuses espèces.

Afrique du Sud
(Afrique)

• Superficie : 1 221 000 km^2
• Habitants : 52 776 000 *(les Sud-Africains)*
• Capitales : *Pretoria, Le Cap*
• Langues : *11 dont afrikaans et anglais*
• Monnaie : *rand*

◗ L'Afrique du Sud, située dans la zone tempérée de l'hémisphère Sud, a été colonisée depuis le XVIIe siècle par les Hollandais (appelés « les Boers ») et les Anglais. La république d'Afrique du Sud, qui possède de nombreuses richesses minières, est le pays le plus développé d'Afrique et attire une immigration importante. Jusqu'en 1994, date des premières élections où toutes les populations du pays ont eu le droit de voter, les Noirs se sont battus pour obtenir la fin de l'apartheid* ; cette séparation stricte des Noirs et des Blancs était imposée par les Blancs, les seuls à avoir le pouvoir. Lors de ces élections, Nelson Mandela* devint président de la République. Il l'est resté jusqu'en 1999.

Akhenaton → Aménophis IV

Alaska

État des États-Unis. ◗ Superficie : 1 500 000 km^2. 735 000 habitants. C'est le plus grand État des États-Unis. Il est situé au nord-ouest du Canada. Au nord se trouve la chaîne de Brooks et au sud se dresse la chaîne de l'Alaska avec le mont McKinley qui culmine à 6 194 m. Le climat polaire de l'Alaska permet la présence des caribous, des renards polaires, des ours appelés grizzlis, des morses et des otaries à fourrure. Autrefois, les seuls habitants de l'Alaska étaient les Inuits*. En 1867, l'Alaska fut vendu par la Russie aux États-Unis.

Albanie (Europe)

• Superficie : 29 000 km^2
• Habitants : 3 173 000 *(les Albanais)*
• Capitale : *Tirana*
• Langue : *albanais*
• Monnaie : *lek*

◗ Située dans les Balkans*, sur la mer Adriatique, la république d'Albanie est l'un des États les plus pauvres d'Europe. Beaucoup d'Albanais émigrent vers les pays européens (notamment l'Italie) pour trouver du travail. L'agriculture, l'élevage et l'extraction du chrome sont les principales ressources de ce pays, dont l'économie est en voie de développement.

Albert Ier (1875-1934)

Roi des Belges de 1909 à 1934. ◗ Il joua un rôle important lors de la Première Guerre mondiale en prenant le commandement des troupes belges contre l'invasion allemande, ce qui lui valut le nom de « Roi-Chevalier ».

Albert II (né en 1934)

Roi des Belges de 1993 à 2013. ◗ Fils de Léopold III*, il devient roi, en 1993, à la mort de son frère Baudouin Ier*. En 2013, il abdique en faveur de son fils Philippe*.

Alésia

Ancienne ville gauloise. ◗ En 52 avant J.-C., César* assiégea la ville d'Alésia (située en Bourgogne), où s'étaient réfugiées les armées de Vercingétorix*. Après deux mois de siège, et malgré la résistance gauloise, Vercingétorix dut se rendre à César.

Alexandre (III) le Grand

(356-323 avant J.-C.)

Roi de Macédoine*. ◗ À l'âge de vingt ans, il devient roi de l'ancienne Macédoine. C'est un grand conquérant : il se rend maître d'abord de la Grèce, puis d'une partie de l'Asie. Quand il mourut, à trente-trois ans, Alexandre le Grand était le chef d'un immense empire qui allait de l'Égypte et de la Grèce jusqu'au nord de l'Inde. Après sa mort, ses généraux se partagèrent son empire en prenant chacun le titre de roi. → Vois aussi Alexandrie.

Alexandre le Grand

Alexandrie

Ville d'Égypte. ◗ 4 400 000 habitants (les *Alexandrins*). Située à l'ouest du delta du Nil, Alexandrie est la troisième ville du continent africain, après Le Caire en Égypte et Kinshasa

Alexandre le Grand chevauchant Bucéphale

en République démocratique du Congo. C'est aussi le troisième port de la mer Méditerranée, après Gênes et Marseille. La ville fut fondée vers 330 avant J.-C. par Alexandre* le Grand. Alexandrie possédait la plus grande bibliothèque de l'Antiquité, avec 700 000 ouvrages ; des savants comme Euclide ou Archimède* venaient y travailler.

Le célèbre phare d'Alexandrie (une des Sept Merveilles du monde) était sur une île située face à la ville et reliée au continent. Il fut détruit au XIVe siècle. → Vois aussi Sept Merveilles du monde.

Alger

Capitale de l'Algérie. ◗ 2 560 000 habitants dans l'agglomération (les *Algérois*). Située sur la mer Méditerranée, Alger est construite sur une grande baie, à égale distance entre la Tunisie et le Maroc.

Au XVIe siècle, elle fit appel au corsaire turc Barberousse pour la défendre contre les Espagnols. Elle devint alors turque pour trois siècles. Alger se développa ensuite pendant la colonisation française, de 1830 à 1962. Aujourd'hui, c'est un grand port et une ville industrielle, où l'on raffine le pétrole venu par pipeline de l'intérieur du pays. La partie la plus pittoresque de la vieille ville est la Casbah.

Algérie (Afrique)

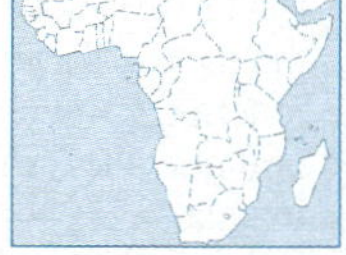

- Superficie : 2 380 000 km^2
- Habitants : 39 208 000 *(les Algériens)*
- Capitale : *Alger*
- Langues : *arabe (langue de l'État), tamazight ou berbère*
- Monnaie : *dinar algérien*

◗ Pays du Maghreb*, au nord-ouest de l'Afrique, l'Algérie est le deuxième pays du continent africain pour la superficie. Elle est néanmoins peu peuplée car la plus grande partie du territoire est occupée par le désert du

Sahara*. Conquise par les Arabes musulmans dès le VIIe siècle, elle a été colonisée par la France de 1830 à 1962. Elle possède d'importants gisements de pétrole et de gaz naturel, mais connaît de sérieuses difficultés économiques. Secoué par de graves attentats liés au terrorisme islamiste dans les années 1990, le pays s'efforce, depuis, de mener une politique de réconciliation nationale.

Ali (mort en 661)

Quatrième calife musulman. ◗ Ali était le cousin et le gendre du prophète Mahomet* et le mari de Fatima*. Après la mort de Mahomet, il reprocha aux chefs de l'islam de trahir le message du Prophète et fut assassiné. Ses partisans ont fondé un courant musulman qui est notamment devenu la religion de l'Iran.

Allah

Dieu unique des musulmans. ◗ Mot arabe pour désigner Dieu. Allah est le Dieu unique des musulmans. Il révéla sa pensée à Mahomet* par l'intermédiaire de l'ange Gabriel*. L'ensemble de ces révélations fut inscrit dans le Coran*.

Allemagne (Europe)

- Superficie : 357 000 km^2
- Habitants : 82 521 700 *(les Allemands)*
- Capitale : *Berlin*
- Langue : *allemand*
- Monnaie : *euro*

◗ L'Allemagne est une république fédérale constituée de 16 États. Son relief est composé de vastes plaines au nord, de massifs anciens couverts de forêts au centre ; le sud, plus montagneux, est dominé par les Alpes bavaroises (point culminant, le Zugspitze : 2 963 m). Troisième puissance économique mondiale, l'Allemagne est la première puissance économique de l'Union* européenne dont elle a été un des pays fondateurs. Après sa défaite en 1945, à la fin de la Seconde Guerre* mondiale, l'Allemagne est divisée en deux États (la République fédérale d'Allemagne et la République démocratique allemande). Réunifiée en 1990, l'Allemagne est le pays européen le plus peuplé après la Russie, mais sa population tend à diminuer en raison d'un nombre insuffisant de naissances par rapport à celui des décès. Ses ressources sont industrielles et commerciales.

Alpes

Le plus grand et le plus haut massif montagneux d'Europe de l'Ouest. ◗ Les Alpes, qui s'étendent sur 1 200 km, séparent le nord et le sud de l'Europe. Elles traversent le sud-est de la France, le nord de l'Italie, la Suisse, le Liechtenstein, le sud de l'Allemagne, l'ouest de l'Autriche et la Slovénie. Leur sommet le plus élevé est le mont Blanc* (environ 4 810 m), dans les Alpes françaises. La chaîne des Alpes et ses splendides paysages permettent de pratiquer de nombreux sports de montagne.

Alsace

Anc. Région administrative française. ◗ Elle regroupait 2 départements : Bas-Rhin et Haut-Rhin. Devenue française à la fin du XVIIe siècle, l'Alsace fut annexée par l'Allemagne de 1871 à 1919, puis de 1940 à 1944. → Vois aussi Grand-Est.

Amazone

Fleuve de l'Amérique du Sud. ◗ L'Amazone est le plus long fleuve du monde (7 000 km environ) et le plus important par son débit (200 000 m^3/s). Il prend sa source dans la cordillère des Andes*, traverse le Brésil d'ouest en est et rejoint l'océan Atlantique.

Amazones

Peuple de femmes de la mythologie grecque. ◗ Peuple fabuleux de femmes, les Amazones étaient de redoutables guerrières qui vivaient de pillages. Elles n'admettaient les hommes parmi elles qu'un seul jour par an pour qu'ils leur fassent des enfants ; mais elles tuaient les enfants mâles. La légende dit qu'elles se tranchaient ou se brûlaient un sein pour ne pas être gênées lorsqu'elles tiraient à l'arc.

guerrier combattant deux **Amazones**

Amazonie

Vaste région de l'Amérique du Sud. ◗ Cette région est traversée par le fleuve Amazone* et recouverte presque entièrement par une forêt tropicale humide. L'Amazonie a une superficie de 4,5 millions de km^2. Des communautés indiennes y vivent depuis des millénaires. Chaque année, plusieurs dizaines de milliers de kilomètres carrés de forêt sont abattus pour l'agriculture, l'exploitation minière et pour la construction des routes transamazoniennes. Ce défrichement entraîne la disparition de nombreuses espèces d'animaux et de plantes et menace la planète.

Aménophis IV (XIVe siècle avant J.-C.)

Pharaon égyptien. ▸ Dès le début de son règne, ce pharaon prit le nom d'Akhenaton (« celui qui plaît à Aton ») . Avec son épouse, la reine Néfertiti*, il voulut imposer la croyance en un seul dieu, Aton, le dieu du Soleil. La plupart des prêtres s'opposèrent à cette religion nouvelle, et le pharaon quitta Thèbes, la capitale de l'Égypte* ancienne, pour fonder une nouvelle ville, Akhetaton. Mais sa réforme fut abolie après sa mort. → Vois aussi Toutankhamon.

Amérindiens

Indiens d'Amérique (à l'exclusion des Inuits du nord du Canada et de l'Arctique). ▸ Victimes de la colonisation du continent américain par les Européens à partir du XVIe siècle, les Amérindiens sont aujourd'hui peu nombreux. Ils vivent souvent dans des réserves.

Amérique

L'un des six continents. ▸ Superficie : 42 millions de km². 972 millions d'habitants. Il s'étend sur plus de 15 000 km du nord au sud, de l'Alaska* jusqu'à la Terre de Feu. Il est formé de deux masses triangulaires (Amérique du Nord et Amérique du Sud) reliées par un isthme étroit (Amérique centrale).

● **Les premiers habitants.** Avant l'arrivée des Européens, au XVIe siècle, ce continent était peuplé d'Indiens qui étaient venus d'Asie environ 30 000 ans auparavant. Certains de ces peuples s'étaient installés en Amérique du Nord (Apaches*, Cheyennes*, Iroquois*), d'autres en Amérique centrale (Mayas*, Aztèques*), d'autres en Amérique du Sud (Incas*, peuplades d'Amazonie) et y avaient développé des civilisations très brillantes. La conquête européenne a conduit à la disparition presque totale des Amérindiens. En Amérique du Nord, ils vivent aujourd'hui dans des réserves. → Vois aussi Christophe Colomb, Hernán Cortés.

Amérique centrale

Partie la plus étroite de l'Amérique. ▸ Elle relie l'Amérique du Nord et l'Amérique du Sud et se compose de sept petits pays : le Belize, le Guatemala, le Salvador, le Honduras, le Nicaragua, le Costa Rica et le Panama.

Amérique du Nord : Monument Valley (Arizona, États-Unis)

Amérique du Nord

Partie nord du continent américain. ▸ Superficie : 25 millions de km². 491 millions d'habitants. Principales langues : l'anglais et l'espagnol.

● **Les pays de l'immensité.** Le continent nord-américain est composé des États-Unis, du Canada, du Mexique et du Groenland. À l'ouest s'élèvent les montagnes Rocheuses ; à l'est s'étendent de vastes plaines fertiles arrosées par les fleuves du Mississippi, du Missouri et du Saint-Laurent. Au nord de ces plaines, d'immenses forêts de pins couvrent le Canada. L'extrême nord du continent se situe au-delà du cercle polaire.

● **Un mélange de populations.** Conquérants et colons commencèrent à s'installer en Amérique du Nord au XVIe siècle, les Anglais et les Français au Canada et aux États-Unis, et les Espagnols au Mexique. Depuis, des millions de personnes, venues de tous les pays du monde, ont émigré en Amérique du Nord, à la recherche de meilleures conditions de vie. Aujourd'hui, la population de l'Amérique du Nord est un mélange de tous ces peuples.

Amérique du Sud

Partie sud du continent américain. ▸ Superficie : 17 830 000 km². 423 millions d'habitants.

● **Des paysages très diversifiés.** Le continent sud-américain est composé de grandes chaînes de montagnes (en particulier la cordillère des Andes*), d'épaisses forêts, de vastes plaines et de déserts.

● **Le temps des découvreurs.** C'est au cours d'un troisième voyage vers le Nouveau Monde que Christophe Colomb* longea les côtes du Venezuela en 1498. L'Espagne et le Portugal régnèrent sur le continent jusqu'au début du XIXe siècle.

• **Le métissage.** La population de l'Amérique du Sud est d'origine indienne, européenne, africaine. La langue principale est l'espagnol, sauf au Brésil où l'on parle portugais.

• **Les problèmes économiques.** Une grande partie de la population sud-américaine vit, parfois très difficilement, de l'agriculture. Pourtant, l'Amérique du Sud pourrait être l'une des zones les plus riches du monde grâce à ses nombreuses ressources naturelles (pétrole, or, argent, cuivre, fer, plomb).

Amérique du Sud : réserve Las Vicunas (Chili)

Amérique latine

Partie du continent américain. ◗ Elle comprend tous les pays de l'Amérique du Sud, de l'Amérique centrale, ainsi que le Mexique. Ces pays étaient des colonies espagnoles ou portugaises. C'est pourquoi on y parle des langues latines (l'espagnol et le portugais).

Amon

Divinité de l'Égypte antique. ◗ Ce dieu égyptien était représenté sous la forme d'un homme à tête de bélier ou d'oie. Il était surtout adoré à Thèbes, la capitale de l'Égypte, mais le grand temple de Karnak* lui était aussi dédié. Son culte cessa au VIIe siècle avant J.-C., lorsque Thèbes fut détruite par les Assyriens. Amon fut alors remplacé par le dieu Osiris*.

Amour

Grand fleuve du nord-est de l'Asie. ◗ Long de 4 440 km, il sépare la Sibérie et la Chine du Nord-Est. Le fleuve Amour est gelé durant une grande partie de l'année.

Amsterdam

Capitale des Pays-Bas. ◗ 800 000 habitants (les *Amstellodamiens* ou *Amstellodamois*) ; 1 084 000 habitants avec les banlieues. Amsterdam doit son nom à une digue *(dam)* construite au XIIIe siècle sur la rivière Amstel. Comme la majeure partie des Pays-Bas, Amsterdam est située en dessous du niveau de la mer. La ville est construite sur des pilotis de bois ou de béton plantés dans le sol marécageux et est parcourue de canaux.

Amundsen Roald (1872-1928)

Explorateur norvégien. ◗ Ce grand explorateur est parti à la découverte des pôles. C'est lui qui, le premier, en août 1906, réussit à traverser en bateau les îles de l'archipel Arctique et à atteindre l'Alaska, ouvrant une route maritime que l'on appelle le « passage du Nord-Ouest ». Il est aussi le premier à atteindre le pôle Sud, en 1911. Amundsen disparut dans l'océan Arctique* en 1928, alors qu'il allait porter secours à une expédition polaire.

Roald **Amundsen** avec un ours

Ancien Régime

Organisation politique et sociale de la France entre le XVe siècle et la Révolution* de 1789. ◗ L'Ancien Régime est la période de l'histoire de France qui va du règne de François Ier* jusqu'à la Révolution. À cette époque, le roi est considéré comme le représentant de Dieu sur terre ; il a le pouvoir absolu. La société est alors divisée en trois ordres : la noblesse, le clergé et le tiers état. Seuls les nobles et les hommes d'Église avaient des privilèges et des fonctions importantes.

Andalousie

Région du sud de l'Espagne. ◗ Superficie : 87 300 km^2 ; 8 390 000 habitants (les *Andalous*). Composée de 8 provinces, l'Andalousie est essentiellement agricole : on y cultive surtout l'olivier pour fabriquer de l'huile d'olive. Elle attire également les touristes. Du VIIIe au XVe siècle, l'Andalousie fut le centre de la culture musulmane en Espagne.

Andersen Hans Christian (1805-1875)

Écrivain danois. ◗ Andersen écrit à trente ans son premier recueil de contes intitulé *Contes pour les enfants*, qui connaît aussitôt un grand succès. Il en écrira beaucoup d'autres, en s'inspirant souvent de la vie des gens du peuple.
● Œuvres principales : *la Petite Fille aux allumettes* ; *la Petite Sirène* ; *les Habits neufs de l'Empereur* ; *le Vilain Petit Canard* ; *la Bergère et le Ramoneur.*

Andes - cordillère des Andes

Chaîne de montagnes située à l'ouest de l'Amérique du Sud. ◗ Le sommet le plus élevé des Andes est l'Aconcagua (6 959 m). Les Andes sont les plus jeunes montagnes du monde. Elles s'étirent sur près de 8 000 km. Plusieurs capitales situées dans la cordillère sont construites à plus de 2 500 m d'altitude. Les Andins vivent surtout sur les très hauts plateaux ; ils tirent leurs principales ressources de l'élevage, de la culture du café et de l'extraction de minerais (fer, cuivre). → Vois aussi Incas.

Andorre (Europe)

- Superficie : 465 km^{2}
- Habitants : 79 000 *(les Andorrans)*
- Capitale : *Andorre-la-Vieille*
- Langue : *catalan*
- Monnaie : *euro*

◗ Située dans les Pyrénées*, entre la France et l'Espagne, la principauté d'Andorre vit essentiellement du tourisme. Le pays est placé sous la souveraineté partagée du président de la République française et de l'évêque de Seo de Urgel (en Espagne), qui sont donc ses coprinces.

Angkor

Ancienne capitale du Cambodge. ◗ Cette ville cambodgienne est célèbre pour ses monuments et ses ressources archéologiques. Entre le IXe et le XVe siècle, les empereurs du Cambodge y ont fait construire des temples-montagnes (de forme pyramidale), dont il reste aujourd'hui des ruines monumentales. →

Angleterre

Région du sud de la Grande-Bretagne. ◗ 53 012 000 habitants (les *Anglais*). L'Angleterre est limitée au nord par l'Écosse, au sud-ouest par le pays de Galles.
Le royaume d'Angleterre a été conquis par Guillaume* le Conquérant. C'est autour de ce royaume que la Grande-Bretagne actuelle s'est peu à peu constituée. Pour cette raison, on commet souvent l'erreur de dire « l'Angleterre » quand on veut désigner le pays tout entier.
→ Vois aussi Écosse, Irlande, pays de Galles, Richard Cœur de Lion.

Angola (Afrique)

- Superficie : 1 246 700 km^{2}
- Habitants : 24 400 000 *(les Angolais)*
- Capitale : *Luanda*
- Langue : *portugais*
- Monnaie : *kwanza*

◗ Pays du sud de l'Afrique, situé en bordure de l'océan Atlantique, l'Angola est formé d'un haut plateau qui domine une plaine côtière étroite. Ancienne colonie portugaise, cette république est devenue indépendante en 1975. Mais le pays a été ravagé par la guerre civile jusqu'en 2002. L'Angola bénéficie d'importantes ressources minières (pétrole, diamants et surtout fer).

Annapurna

Sommet de l'Himalaya (8 078 m), au Népal. ◗ Il fut gravi pour la première fois en 1950 par l'équipe des alpinistes français Maurice Herzog et Louis Lachenal. Ce fut alors le premier sommet de 8 000 m gravi par l'homme.

Angkor : le temple d'Angkor Vat

Antarctique

L'un des six continents. ◗ Superficie : 13 millions de km² environ. L'Antarctique se situe presque entièrement à l'intérieur du cercle polaire austral, approximativement centré sur le pôle Sud. Ses seuls occupants sont quelques dizaines de scientifiques et d'ingénieurs.

• **Le climat le plus froid du monde.** Presque toutes les terres de l'Antarctique sont recouvertes d'une épaisse couche de glace d'environ 2 000 m d'épaisseur et dont l'étendue varie selon les saisons. En été, les bords de cette couche fondent, se fracturent dans la mer et forment des icebergs. En hiver, la mer gelant à nouveau, la banquise se reconstitue. Le climat empêche les plantes de pousser. Les animaux (phoques, manchots et autres oiseaux) vivent tous au bord de la mer. L'Antarctique concentre presque 90 % de la glace du globe : si celle-ci venait à fondre, le niveau des mers monterait de 60 m, ce qui submergerait toutes les côtes du monde. Le record mondial de froid (– 89,2 °C) y a été enregistré en 1983.

• **Un territoire inhabité.** Le premier explorateur à atteindre le pôle Sud fut le Norvégien Roald Amundsen*, en décembre 1911. L'Anglais Robert Scott l'atteignit à son tour en janvier 1912, mais il périt avec ses compagnons dans les glaces sur le chemin du retour. L'Antarctique n'appartient à aucun pays, mais les États-Unis, la Grande-Bretagne, la Russie, la France et l'Australie notamment y ont installé des stations de recherche scientifique.

Antigua-et-Barbuda (Amérique)

- Superficie : 442 km²
- Habitants : 90 000 *(les Antiguais et Barbudiens)*
- Capitale : *Saint John's*
- Langue : *anglais*
- Monnaie : *dollar des Caraïbes orientales*

◗ Formé des îles Antigua et Barbuda, dans l'archipel des Petites Antilles*, le pays est indépendant depuis 1981. Il produit du sucre et du coton.

Antilles

Archipel de l'océan Atlantique. ◗ Superficie : 240 000 km². 43 millions d'habitants (les *Antillais*).

• **Grandes et Petites Antilles.** On distingue les Grandes Antilles au nord (Cuba, Haïti, Jamaïque, Porto Rico) et les Petites Antilles au sud et à l'est (Guadeloupe, Martinique, Barbade, Dominique, Trinité, Curaçao). Les Antilles ont majoritairement un relief volcanique et un climat tropical tempéré par un vent assez doux : l'alizé. Les eaux sont bleues et limpides ; on trouve des récifs de corail sur les rivages. Pendant les orages tropicaux, ou ouragans, les vents soufflent à plus de 160 km/h et provoquent d'importants dégâts. Ces îles vivent surtout du tourisme mais on y produit aussi des bananes, des fruits tropicaux et de la canne à sucre.

• **Une histoire de métissage.** Les Antilles étaient peuplées par les Caraïbes lorsqu'elles furent découvertes par Christophe Colomb* en 1492. Au XVIe siècle, les Européens y amenèrent de force des esclaves noirs pour les faire travailler dans leurs plantations. Aujourd'hui, la population antillaise est très mélangée. Les principales langues parlées sont l'anglais, l'espagnol, le français et les différents créoles qui sont des parlers issus de la rencontre entre ces langues et des langues africaines.

Antiquité → partie noms communs

Anubis

Dieu de la mythologie égyptienne. ◗ Souvent représenté sous la forme d'un homme à tête de chien ou de chacal, Anubis aidait les morts à passer dans l'autre monde et gardait les tombeaux. → Vois aussi Isis, Osiris.

Anubis (scène funéraire)

Anvers

Ville de Belgique. ◗ Chef-lieu de la province d'Anvers. 508 000 habitants (les *Anversois*) ; 955 000 habitants dans l'agglomération. Située sur le fleuve de l'Escaut, Anvers est l'un des trois principaux ports européens. Second centre industriel de la Belgique, c'est une ville riche en monuments (cathédrale gothique, hôtel de ville Renaissance) et en musées.

Apaches

Ensemble de tribus indiennes du sud-ouest des États-Unis. ◗ Ces Indiens du sud-ouest des États-Unis vivaient de la chasse des bisons. Au XIXe siècle, ils luttèrent contre les colons américains qui avançaient vers l'ouest et furent massivement massacrés. Un de leurs chefs les plus célèbres fut Geronimo*. Les Apaches, qui sont aujourd'hui 50 000 environ, vivent dans des réserves de l'Arizona et du Nouveau-Mexique.

Apennin ou Apennins

Massif montagneux d'Italie. ◗ Ce massif montagneux s'étend sur 1 500 km, du nord au sud du pays. Le sommet le plus élevé de l'Apennin est le Gran Sasso (2 914 m).

Aphrodite (nom romain : Vénus)

Déesse grecque de l'Amour et de la Beauté. ◗ On raconte qu'Aphrodite est née de l'écume de la mer. Elle était mariée au monstrueux Héphaïstos*, mais lui fut infidèle. Elle fut également à l'origine de la guerre de Troie : Pâris, fils du roi de Troie, l'avait désignée comme la plus belle des déesses. En échange, Aphrodite aida Pâris à enlever celle qu'il aimait : Hélène, la fille du roi de Sparte. Cet enlèvement déclencha la guerre de Troie*.

Apollinaire Guillaume (1880-1918)

Poète français. ◗ Apollinaire fut l'ami des peintres comme Picasso, et révolutionna la poésie par la forme de ses poèmes *(Calligrammes)*, qui expriment à la fois la mélancolie et l'humour. Engagé volontaire lors de la Première Guerre mondiale, il fut blessé à la tête en 1916 et mourut de la grippe en 1918, deux jours avant l'armistice du 11 novembre 1918, qui mit fin aux combats.
• Œuvres principales : *Alcools*, 1913 ; *Calligrammes*, 1918.

Apollo

Programme américain d'exploration de la Lune. ◗ Lancé en 1961 par John Kennedy, il permit les premiers pas sur la Lune le 21 juillet 1969.
→ Vois aussi Neil Armstrong.

Apollon

Dieu grec et romain. ◗ Fils de Zeus, il était le plus beau des dieux, célèbre pour ses amours agitées. Dieu du Soleil et de la Lumière, protecteur de tous les arts, inspirateur des musiciens et des poètes, il était aussi le maître des devins et des prophètes. →

Appalaches

Chaîne de montagnes située à l'est de l'Amérique du Nord. ◗ Cet ensemble montagneux s'étend du sud du lac Ontario au sud des États-Unis. Les Appalaches culminent au mont Mitchell, à 2 037 m.

Aquitaine

Anc. Région administrative française. ◗ Elle regroupait 5 départements : Dordogne, Gironde, Landes, Lot-et-Garonne et Pyrénées-Atlantiques. Ce fut un duché indépendant jusqu'en 1137. En 1152, elle passa sous domination anglaise. Elle s'appelait alors la *Guyenne*. Dévastée au cours de la guerre de Cent Ans, elle fut rattachée à la France en 1472. → Vois aussi Nouvelle-Aquitaine.

Arabes

Ensemble de populations établies dans la péninsule Arabique dès le IXe siècle avant J.-C. ◗ Les Arabes restèrent divisés en royaumes rivaux jusqu'au VIIe siècle après J.-C., date à laquelle le prophète Mahomet* les unit autour d'une nouvelle religion, l'islam. Ils se lancèrent alors dans de grandes conquêtes et bâtirent un immense empire qui allait de l'Inde à l'Espagne (leur progression vers l'ouest fut arrêtée en France par Charles* Martel, en 732). En même temps que leur religion et leur langue, les Arabes ont apporté aux pays qu'ils ont conquis leur civi-

Apollon

Noms propres

lisation et leurs découvertes : l'algèbre* (mot qui est d'ailleurs d'origine arabe), la géométrie moderne (qui étudie les figures et les volumes), le perfectionnement de l'arithmétique (qui s'occupe des nombres et du calcul), le développement de la médecine, la philosophie*. La civilisation arabe a connu un rayonnement très important, notamment durant tout le Moyen Âge. Depuis, le vaste empire s'est divisé en divers États indépendants. Les Arabes (230 millions environ) sont aujourd'hui répartis dans 22 États du Moyen-Orient et d'Afrique du Nord.

● Ce nom vient de l'arabe *arab*, qui signifie « nomade qui vit sous la tente ».

Arabie

Région comprise entre la mer Rouge, le golfe Persique et l'océan Indien. ◗ Cette péninsule englobe l'Arabie saoudite, le Yémen, Oman, la fédération des Émirats arabes unis, le Qatar, Bahreïn et le Koweït. Le Nord et le Centre étaient surtout peuplés de nomades, tandis que les habitants du Sud sont des agriculteurs qui pratiquent depuis des millénaires les cultures en terrasses. C'est dans cette région qu'est né l'islam. Les villes de Médine et de La Mecque* sont depuis ce temps-là des centres religieux importants.

Arabie saoudite

(Asie)

- Superficie : 2 150 000 km^2
- Habitants : 28 829 000 *(les Saoudiens)*
- Capitale : *Riyad*
- Langue : *arabe*
- Monnaie : *riyal saoudien*

◗ Le royaume d'Arabie saoudite occupe presque toute la péninsule d'Arabie*. C'est le premier exportateur de pétrole du monde. Les revenus du pétrole ont permis le développement de l'industrie (raffinage, notamment) et la mise en place de cultures, coûteuses sous ce climat désertique. Le pays comprend deux villes saintes de l'islam : Médine et, surtout, La Mecque*.

Aral - mer d'Aral

Mer intérieure située entre le Kazakhstan et l'Ouzbékistan. ◗ Cette mer intérieure est peu profonde et sa surface (30 000 km^2) a diminué de près de la moitié en quarante ans. En effet, l'irrigation a détourné une partie de l'eau des fleuves qui s'y jetaient et les apports en eau n'ont pas suffi à compenser l'évaporation (due à la chaleur) de cet immense lac salé. Cela a conduit à son assèchement.

Archimède (vers 287-212 avant J.-C.)

Mathématicien, physicien et ingénieur grec. ◗ Considéré comme le plus grand savant de l'Antiquité, il trouva le premier le nombre π qui permet de calculer le périmètre du cercle (la longueur de sa circonférence) et sa surface, et le volume de la sphère. Il découvrit aussi le fameux principe qui porte son nom : on raconte que c'est en prenant un bain qu'il observa une diminution du poids de ses membres. Il montra ainsi que « tout corps plongé dans un liquide subit une poussée verticale, de bas en haut, égale au poids du liquide déplacé ». Il se serait alors écrié *Eurêka* (« J'ai trouvé »).

Archimède

Arctique

Partie du monde située à l'intérieur du cercle polaire boréal, au centre duquel se situe le pôle Nord. ◗ L'Arctique se compose de l'océan Arctique, de nombreuses îles (la plus importante étant le Groenland*) et des régions les plus au nord de l'Amérique du Nord, de l'Europe et de l'Asie.

● Le pays de la nuit. Au nord du cercle polaire, pendant quelques mois d'hiver, le soleil ne s'élève pas au-dessus de l'horizon, tandis qu'en plein été il ne se couche pas. Le climat très froid permet cependant l'existence d'une maigre végétation, la toundra.

● À la conquête de la glace. Les peuples qui ont su s'adapter à ce rude climat sont les Inuits* et les Lapons. Le premier à avoir cherché à conquérir les terres de l'Arctique fut le Viking Erik le Rouge, au Xe siècle. Ensuite vinrent les navigateurs qui cherchaient le passage entre l'Amérique et l'Asie. Aujourd'hui, des scientifiques et des ingénieurs explorent le sous-sol de l'Arctique. Des satellites surveillent l'épaisseur de la couche de glace qui, en raison du réchauffement climatique, fond d'année en année.

● « Arctique » vient du grec *arktos*, qui signifie « ours ».

Ardenne ou **Ardennes**

Massif ancien et région partagés entre la Belgique, la France et le Luxembourg. ◗ Peu peuplé, le massif des Ardennes est essentiellement composé de forêts et de marécages.
Au début de la Seconde Guerre mondiale, c'est par cette région, pourtant considérée comme infranchissable, que les armées allemandes ont envahi la France.
Les Ardennes sont aussi le nom d'un département français.

Arès (nom romain : Mars)

Dieu grec de la Guerre. ◗ Violent et brutal, il était peu aimé des autres dieux en raison de sa cruauté. Contrairement aux autres dieux, il participait personnellement aux combats mais en sortait souvent vaincu.

Argentine (Amérique)

- Superficie : 2 780 000 km²
- Habitants : 41 446 000 *(les Argentins)*
- Capitale : *Buenos Aires*
- Langue : *espagnol*
- Monnaie : *peso argentin*

◗ Pays d'Amérique du Sud, sur l'océan Atlantique, la république d'Argentine s'étend du Paraguay à la Terre de Feu (extrémité sud de l'Amérique). Sa partie occidentale, montagneuse, appartient à la cordillère des Andes* et comprend le plus haut sommet d'Amérique, l'Aconcagua (point culminant : 6 959 m). Le reste du pays est formé de plaines (Pampa*, Chaco) et des plateaux de la Patagonie (au sud). Buenos Aires, sa capitale, regroupe le tiers de la population du pays.
Les produits de l'agriculture et de l'élevage, ainsi que les richesses minières, constituent les principales ressources économiques du pays.

Ariane

Lanceur spatial européen. ◗ Sa construction fut décidée en 1973 et le premier tir d'essai eut lieu en décembre 1979, depuis le centre spatial de Kourou en Guyane*. En juin 1983, Ariane lança le premier satellite de télécommunications. Depuis, plusieurs versions d'Ariane ont été développées ; la plus performante est Ariane 5, expérimentée de 1996 à 1998 et exploitée commercialement depuis 1999. Le projet Ariane 6 a été officiellement lancé en 2016. →

Armada - l'Invincible Armada

Flotte de guerre constituée par le roi d'Espagne Philippe II en 1588. ◗ Comptant 130 vaisseaux, cette flotte fut envoyée en Angleterre pour détrôner la reine Élisabeth Ire et rétablir le catholicisme. L'expédition échoua à cause d'une tempête et de la supériorité anglaise.

Arménie (Asie)

- Superficie : 29 800 km²
- Habitants : 2 977 000 *(les Arméniens)*
- Capitale : *Erevan*
- Langue : *arménien*
- Monnaie : *dram arménien*

◗ Pays du Caucase*, au nord de la Turquie et de l'Iran, l'Arménie, ancienne république de l'U.R.S.S.*, a proclamé son indépendance en 1991. Situé dans une zone de séismes, ce pays a subi plusieurs tremblements de terre. Les Arméniens ont été victimes de graves persécutions et de massacres (comme le génocide* de 1915, perpétré par les Turcs). Contraints alors à l'exil, ils forment aujourd'hui des communautés nombreuses dans plusieurs pays.

Armstrong Neil (1930-2012)

Astronaute américain. ◗ Pilote d'essai à la NASA, Neil Armstrong fut sélectionné en 1962 dans le

la fusée **Ariane**

corps des astronautes. En 1966, il commanda une mission spatiale au cours de laquelle fut établie une liaison rigide entre deux engins spatiaux. À l'occasion de la mission Apollo 11, il fut le premier homme à marcher sur la Lune, le 21 juillet 1969. → Vois aussi Apollo.

Neil **Armstrong** et Edwin Aldrin plantant le drapeau américain sur la Lune

Artémis (nom romain : Diane)

Déesse grecque de la Nature et de la Chasse. ◗ Fille de Zeus, elle était la sœur jumelle d'Apollon. Déesse de la Nature et de la Chasse, toujours armée d'un arc et de flèches, elle tuait impitoyablement ceux qui osaient l'insulter.

Artémis (ou Diane chasseresse)

Asie

L'un des six continents. ◗ Superficie : 44 millions de km^2 (presque 1/3 de la superficie totale des terres du globe).

C'est le plus vaste des continents. Avec près de 4,5 milliards d'habitants, l'Asie est aussi le continent le plus peuplé : 6 personnes sur 10 dans le monde y vivent.

• **Le continent des contrastes.** On trouve en Asie à la fois le point le plus élevé du globe, le mont Everest*, et le point le plus bas, la mer Morte*. L'Asie s'étend de l'Arctique, au nord, jusque sous l'équateur, au sud, et connaît les climats les plus chauds comme les plus froids, les plus secs comme les plus humides. Certaines régions d'Asie (la Chine orientale, l'Asie du Sud-Est) sont extrêmement peuplées alors que d'autres (la Sibérie, le Tibet, le désert de Gobi, l'Himalaya) sont pratiquement inhabitées.

• **L'Asie du Sud-Est.** On appelle Asie du Sud-Est la partie de l'Asie formée d'une péninsule (l'Indochine) et d'archipels dont les principaux forment l'Indonésie et les Philippines. Le climat de l'Asie du Sud-Est, chaud et humide, est rythmé par la mousson, vent qui apporte de fortes pluies. Dans cette vaste zone, la décolonisation a donné lieu à de nombreuses guerres.

Asie centrale

Partie de l'Asie qui s'étend de la mer Caspienne à la Chine. ◗ Cette région fut, au cours des siècles, occupée par les Grecs avec Alexandre* le Grand, les Mongols avec Gengis* Khan, les Arabes, les Chinois, les Turcs. C'est de là que partirent les Huns* lorsqu'ils envahirent l'Europe.

Assemblée nationale

Institution française qui, avec le Sénat*, forme le Parlement. ◗ L'Assemblée nationale est constituée par les 577 députés qui sont élus au suffrage universel pour cinq ans. Elle est chargée de proposer, d'étudier et de voter les lois.

Assouan

Ville du sud de l'Égypte. ◗ 266 000 habitants. Assouan est située sur le Nil. Près de la ville, un des plus grands barrages du monde a été construit. Cette retenue d'eau sert à l'irrigation et à la production d'électricité. La réalisation de ce barrage a entraîné le déplacement de temples pour éviter qu'ils ne soient submergés.

Assyrie

Grand empire antique de la Mésopotamie*. ◗ Cet ancien empire de l'Asie occidentale fut très puissant du IXe au VIIe siècle avant J.-C., mais il existait depuis le XXe siècle avant J.-C.

L'Assyrie avait conquis la ville prestigieuse de Babylone* et détruit Thèbes, la capitale de l'ancienne Égypte. La langue et l'alphabet utilisés en Assyrie remplacèrent l'écriture inventée par les Sumériens*. Le plus célèbre des rois assyriens fut Assourbanipal.

Athéna (nom romain : Minerve)

Déesse grecque de la Sagesse, de la Pensée et des Arts. ◗ On raconte qu'à sa naissance, Athéna sortit tout armée et casquée de la tête de Zeus en poussant un immense cri de guerre. Déesse guerrière mais aussi déesse de la raison, Athéna conseillait les dieux et les mortels. Elle était aussi la protectrice de la ville d'Athènes, pour laquelle elle avait créé l'olivier et qui prit son nom.

Athéna (monnaie)

Athènes

Capitale de la Grèce. ◗ 664 000 habitants (les *Athéniens*) ; 3 millions d'habitants avec l'agglomération, qui englobe le port du Pirée. Athènes est à la fois le centre le plus industriel de la Grèce et une ville culturelle très touristique. L'un de ses monuments antiques les plus célèbres est le Parthénon, situé sur l'Acropole*.

● L'Antiquité. Au Vᵉ siècle avant J.-C., Athènes était la ville la plus puissante de la Grèce et ses hommes politiques, philosophes et artistes lui avaient donné une renommée universelle. Athènes avait aussi mis au point un système politique nouveau, la démocratie : les responsables étaient tirés au sort, et les décisions étaient prises par l'ensemble de la population réunie en assemblée. Mais sa rivalité avec Sparte* déboucha sur une guerre qui se termina par la défaite d'Athènes à la fin du Vᵉ siècle. → Vois aussi Grèce antique, Périclès.

Atlantide

Île fabuleuse de l'Atlantique, jadis engloutie. ◗ Cette île fabuleuse aurait existé dans l'Atlantique et aurait été engloutie suite à un cataclysme. Cette légende de l'Atlantide a inspiré de nombreux auteurs. Certains ont pensé que l'archipel des Açores* constituerait ses vestiges.

Atlantique - océan Atlantique

Océan qui sépare l'Europe et l'Afrique de l'Amérique. ◗ Superficie : 106 millions de km². Cet océan a la forme d'un grand et large S qui serait le résultat d'une fracture entre les continents d'Afrique et d'Amérique, autrefois emboîtés. Il est constitué de grandes cuvettes séparées par une longue chaîne de montagnes sous-marine, dont certaines parties émergent en formant des îles (comme l'archipel des Açores ou l'île de Sainte-Hélène).

1. Atlas

Géant de la mythologie grecque. ◗ Le géant Atlas, aidé des autres Géants, avait osé combattre les dieux de l'Olympe*. Pour le punir, Zeus, le dieu suprême, le condamna à porter éternellement la voûte du ciel sur ses épaules.

le géant Atlas

2. Atlas

Massif montagneux d'Afrique du Nord. ◗ La chaîne de l'Atlas forme une barrière entre les côtes de la Méditerranée et le désert du Sahara. Sa partie la plus élevée, le Haut Atlas (4 165 m), se trouve au Maroc.

Attila (mort en 453)

Roi des Huns*. ◗ Il créa un immense empire situé en Europe centrale et tenta de conquérir l'ouest de l'Europe. Il était si redoutable qu'on disait que là où était passé son cheval l'herbe ne repoussait pas. Il fut vaincu en Gaule par les Romains, les Francs, les Gaulois et les Wisigoths unis contre lui, lors de la bataille des Champs catalauniques, près de Troyes (dans la région de la Champagne). Son empire s'effondra après sa mort. → Vois aussi Invasions barbares.

Attila (médaille)

Auguste (63 avant J.-C.-14 après J.-C.)
Premier empereur romain. ◗ D'abord connu sous le nom d'Octave, il fut adopté par Jules César*, qui en fit son héritier. Après une longue guerre civile, il fut reconnu comme l'unique maître de l'État romain, supprima définitivement la république et prit le titre d'empereur et le nom d'Auguste.

Auschwitz
Ville du sud de la Pologne. ◗ C'est à proximité de cette ville que les Allemands nazis créèrent, pendant le IIIe Reich d'Hitler, un camp de travail et le plus grand des camps de concentration et d'extermination (Auschwitz-Birkenau). De 1940 à 1945, plus d'un million de personnes y furent déportées et périrent de mauvais traitements ou par asphyxie dans des chambres à gaz. Les corps des victimes étaient brûlés dans des fours crématoires. La majeure partie d'entre elles étaient des Juifs, surtout originaires de Pologne. Une partie du camp a été conservée après la guerre pour témoigner des horreurs commises par les nazis*. → Vois aussi Seconde Guerre mondiale.

Austerlitz - bataille d'Austerlitz
Bataille remportée par Napoléon Ier*. ◗ C'est dans cette ville de Moravie, située dans l'actuelle République tchèque, que Napoléon vainquit les Russes et les Autrichiens, le 2 décembre 1805, jour du premier anniversaire de son sacre comme empereur. Cette bataille opposant l'empereur d'Autriche, le tsar de Russie et Napoléon Ier, on l'a surnommée la « bataille des trois empereurs ».

campement de Napoléon à **Austerlitz**

Australie (Océanie)

- Superficie : 7 700 000 km^2
- Habitants : 23 343 000 *(les Australiens)*
- Capitale : *Canberra*
- Langue : *anglais*
- Monnaie : *dollar australien*

◗ Très grande île d'Océanie, peuplée en majorité par des immigrants d'origine européenne, l'Australie constitue à elle seule un véritable continent. C'est un pays désertique en dehors des côtes est et sud, où se concentre la majorité des villes. Les Aborigènes, premiers habitants de l'Australie, représentent environ 3 % de la population.

Autriche (Europe)

- Superficie : 84 000 km^2
- Habitants : 8 495 000 *(les Autrichiens)*
- Capitale : *Vienne*
- Langue : *allemand*
- Monnaie : *euro*

◗ La majeure partie de la république d'Autriche, pays de l'Europe centrale, s'étend sur les Alpes*, massif montagneux découpé par de grandes vallées où se concentrent la population et les principales activités. Les régions montagneuses (Tyrol) permettent de développer un tourisme très actif. L'Autriche est entrée en 1995 dans l'Union* européenne.

Auvergne
Anc. Région administrative française. ◗ Elle regroupait 4 départements : Allier, Cantal, Haute-Loire et Puy-de-Dôme.
Elle doit son nom aux Arvernes, peuple celte de la Gaule qui occupait la région. L'Auvergne fut rattachée au royaume de France au XVIIe siècle.
→ Vois aussi Auvergne-Rhône-Alpes.

Auvergne-Rhône-Alpes
Région administrative française. ◗ Superficie : 69 711 km^2 ; 7 874 600 hab. Chef-lieu : Lyon*.
La Région regroupe, depuis 2016, 12 départements : Ain, Allier, Ardèche, Cantal, Drôme, Isère, Loire, Haute-Loire, Puy-de-Dôme, Rhône, Savoie et Haute-Savoie. Elle juxtapose ensembles montagneux (Alpes*, Massif central* – monts Dore – et Jura* méridional) entrecoupés de larges vallées (Lyon, Valence, Grenoble, Saint-Étienne, Roanne, Chambéry), plateaux et basses terres (plaines de la Saône et du Rhône,

bas Dauphiné). Les montagnes du Massif central sont le domaine de l'élevage bovin et de la production de fromages, tandis que, dans les plaines et les vallées, les cultures, l'élevage, les vignes et les vergers sont privilégiés. Malgré tout, l'économie de la Région reste dominée par le secteur industriel et, surtout, par le secteur des services (administrations, banques, commerce et transports). L'industrie est moderne et diversifiée : aéronautique, automobile, chimie, pharmacie, environnement, production d'électricité (centrales nucléaires de Bugey, Saint-Alban, Cruas et Tricastin). Grâce au tourisme vert, aux sports d'hiver et aux stations thermales, la Région se classe au 2e rang des régions touristiques françaises. Lyon, Grenoble, Saint-Étienne et Clermont-Ferrand sont les villes les plus importantes.

Avignon

Ville française (département de Vaucluse). ◗ 94 100 habitants (les *Avignonnais*). Une chanson populaire a rendu célèbre son premier pont sur le Rhône, le pont Saint-Bénezet (construit au XIIe siècle). Au XIVe siècle, la ville devint la propriété puis le siège de la papauté, qui y fit construire le palais des Papes. Avignon fut rattachée à la France à la Révolution. Depuis 1947, un festival de théâtre célèbre s'y tient chaque été.

Avignon

Aymé Marcel (1902-1967)

Écrivain français. ◗ Cet écrivain français est l'auteur de romans, de nouvelles comme *le Passe-Muraille*, de pièces de théâtre et de trois recueils de contes.

• Œuvres principales : *Contes du chat perché*, 1934-1958 ; *le Passe-Muraille*, 1943.

Azerbaïdjan (Asie)

• Superficie : 87 000 km²
• Habitants : 9 413 000 *(les Azerbaïdjanais)*
• Capitale : *Bakou*
• Langue : *azerbaïdjanais (azéri)*
• Monnaie : *manat azerbaïdjanais*

◗ Pays du Caucase*, sur la mer Caspienne*, l'Azerbaïdjan est une ancienne république de l'U.R.S.S.*. Elle est devenue indépendante en 1991. Le pays est formé d'une vaste plaine encadrée de montagnes, dont l'aménagement a permis le développement de cultures (coton, notamment). Il est riche en gaz et en pétrole.

Azincourt - bataille d'Azincourt

Bataille de la guerre de Cent* Ans. ◗ Cette bataille célèbre opposa en 1415 l'armée anglaise de Henri V à l'armée française de Charles VI, à Azincourt, dans le Pas-de-Calais. Elle permit aux Anglais victorieux de prendre possession d'une partie de la France.

Aztèques

Ancien peuple de l'Amérique centrale. ◗ Ces Indiens d'une ancienne tribu d'Amérique centrale créèrent une brillante civilisation à partir du XIVe siècle. Leur religion était souvent violente et ils sacrifiaient des hommes au dieu Soleil. Ils fondèrent Mexico*, qui compta plusieurs centaines de milliers d'habitants. Cortés*, conquistador espagnol, s'empara de leur empire et fit assassiner le dernier souverain aztèque en 1525.

un souverain **aztèque** (XVe siècle)

a b c d e f g h i j k l m n o p q r s t u v w x y z

B

Babylone

Ville ancienne de Mésopotamie*. ◗ Les vestiges de cette ancienne ville de Mésopotamie se trouvent à 160 km de Bagdad*. Autrefois capitale d'un empire très puissant, elle fut plusieurs fois occupée par ses grands rivaux, les Assyriens. L'un des rois de Babylone, Nabuchodonosor II, qui vivait au VIe siècle avant J.-C., détruisit l'Empire assyrien et fit construire dans Babylone des jardins suspendus considérés comme l'une des Sept* Merveilles du monde. Trois siècles plus tard, la ville fut conquise par Alexandre* le Grand, qui la choisit comme capitale de l'Asie et y mourut. → Vois aussi Assyrie.

murailles de **Babylone** : la porte d'Ishtar

Bacchus → Dionysos

Bach Jean-Sébastien (1685-1750)

Compositeur allemand. ◗ Issu d'une grande famille de musiciens et véritable virtuose, Bach a composé près de 300 cantates, 145 chorales pour orgue, près de 200 œuvres pour clavecin, des concertos et de nombreuses pièces pour instruments à cordes. Il fut le père de vingt enfants, dont plusieurs furent musiciens.

• Œuvres principales : *Toccata et fugue en ré mineur*, 1709 ; *Concertos brandebourgeois*, 1721.

Bagdad

Capitale de l'Iraq. ◗ L'agglomération regroupe 6 483 000 habitants (les *Bagdadiens*). Située en Mésopotamie, cette ville fut plusieurs fois inondée par les crues du Tigre. Bagdad fut le lieu de résidence du calife et la ville la plus importante de l'Islam* jusqu'à sa destruction par les Mongols à la fin du XIIIe siècle. Depuis 1980, elle a été touchée par de nombreux conflits (notamment la guerre engagée par les États-Unis et la Grande-Bretagne de 2003 à 2011) qui l'ont partiellement détruite.

Bahamas (Amérique)

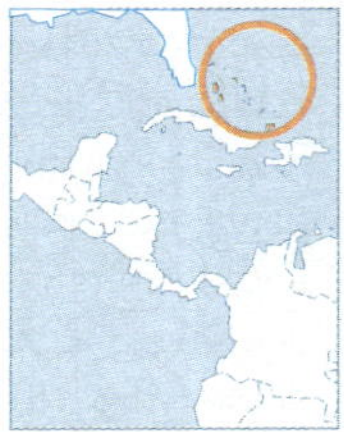

• Superficie : 13 900 km^2
• Habitants : 377 000 *(les Bahamiens ou les Bahaméens)*
• Capitale : *Nassau*
• Langue : *anglais*
• Monnaie : *dollar des Bahamas*

◗ Cet archipel des Grandes Antilles*, situé dans l'océan Atlantique, au sud-est de la Floride et des États-Unis, est formé de plus de 700 îles dont 30 seulement sont habitées. Le climat des Bahamas, très doux, attire de nombreux touristes.

Bahreïn (Asie)

• Superficie : 660 km^2
• Habitants : 1 332 000 *(les Bahreïniens)*
• Capitale : *Manama*
• Langue : *arabe*
• Monnaie : *dinar de Bahreïn*

◗ Archipel du golfe Persique*, relié par un pont à l'Arabie saoudite, l'émirat du Bahreïn est indépendant depuis 1971. C'est dans ce pays que les premiers gisements de pétrole du Moyen-Orient (grande région qui va de la mer Méditerranée au golfe Persique et à l'océan Indien) ont été découverts par les Britanniques.

Baïkal - lac Baïkal

Lac de Russie. ◗ Situé dans le sud-est de la Sibérie, ce lac est le plus grand de Russie (31 500 km^2) et le plus profond du globe (jusqu'à – 1 620 m). Ses eaux, gelées six mois par an, sont très poissonneuses. On a trouvé sur ses rives d'importants vestiges préhistoriques.

Balaton - lac Balaton

Lac de Hongrie. ◗ Situé au sud-ouest de Budapest, c'est le plus grand lac d'Europe de l'Est (596 km^2).

Baléares

Archipel espagnol. ◗ Superficie : 5 014 km^2. 1 107 000 habitants (les *Baléares*). Situé au large des côtes méditerranéennes de l'Espagne, cet archipel est constitué de quatre îles principales (Majorque, Minorque, Ibiza, Formentera). Elles accueillent de nombreux touristes, attirés par les belles plages et la douceur du climat.

Balkans

Péninsule du sud-est de l'Europe. ◗ Limitée au nord par le Danube, baignée au sud par la mer Méditerranée, cette péninsule doit son nom à un massif montagneux bulgare, le mont Balkan. Elle comprend la Croatie, la Bosnie-Herzégovine, la Serbie, le Monténégro, le Kosovo, la Macédoine, l'Albanie, la Bulgarie, la Grèce et la partie européenne de la Turquie.
Soumis aux Turcs à partir de la fin du XIVe siècle, puis en partie à l'Autriche, les Balkans se libèrent des premiers au XIXe siècle et de la seconde au début du XXe siècle. Durement touchés par les deux guerres mondiales, ils ont été le théâtre de violents conflits dans les républiques issues de l'éclatement de la Yougoslavie en 1991-1992.

Baltique - mer Baltique

Partie de l'océan Atlantique. ◗ Cette mer de l'Europe du Nord, qui doit son nom aux pays Baltes, borde l'Allemagne, les États baltes (républiques d'Estonie, de Lituanie et de Lettonie), le Danemark, la Suède, la Finlande, la Pologne et la Russie. Elle communique avec la mer du Nord par les détroits du Danemark. S'étendant sur 385 000 km², les eaux de la mer Baltique, peu profondes et peu salées, sont souvent prises par les glaces. Les marées y sont de faible amplitude.

Balzac Honoré de (1799-1850)

Écrivain français. ◗ Ce romancier français est considéré comme l'un des plus grands écrivains du XIXe siècle. Célèbre pour sa création littéraire intense, son sens de l'observation et du détail, il fut le premier à faire évoluer les personnages d'un roman à l'autre. Dans *la Comédie humaine*, qui rassemble plus de 90 romans et nouvelles, Balzac décrit, à travers plus de 2 000 personnages, la société de son époque.
● Œuvres principales : *Eugénie Grandet*, 1833 ; *le Père Goriot*, 1834-1835 ; *le Lys dans la vallée*, 1835 ; *Illusions perdues*, 1837-1843.

Honoré de **Balzac**

Bangladesh (Asie)

- Superficie : 143 000 km²
- Habitants : 156 595 000 *(les Bangladais)*
- Capitale : *Dacca*
- Langue : *bengali*
- Monnaie : *taka*

◗ Situé à l'est de l'Inde, sur le golfe du Bengale, le Bangladesh s'est séparé du Pakistan en 1971. S'étendant sur la plus grande partie du delta du Gange* et du Brahmapoutre*, il est souvent soumis à des inondations catastrophiques. Sa population augmente d'environ 2 millions de personnes chaque année. Mais la pauvreté a beaucoup diminué.

Bantous

Peuples d'Afrique centrale et méridionale. ◗ Ces peuples africains, vivant au sud de l'équateur, représentent environ 7 millions de personnes. Bien qu'ils parlent des langues de la même famille, les Bantous ont des coutumes très diverses. → Vois aussi Zoulous.

femme **bantoue**

a b c d e f g h i j k l m n o p q r s t u v w x y z

Barbade (Amérique)

- Superficie : 431 km²
- Habitants : 285 000 *(les Barbadiens)*
- Capitale : *Bridgetown*
- Langue : *anglais*
- Monnaie : *dollar de la Barbade*

◗ Cette île de l'archipel des Petites Antilles*, au climat tropical tempéré et aux grandes plages de sable, est devenue un État indépendant en 1966. La Barbade a le meilleur niveau de vie de la région grâce à la production de canne à sucre et au tourisme qui s'est développé avec la construction d'un aéroport international.

Barbares → Invasions barbares

Barcelone

Ville du nord de l'Espagne. ◗ 1,6 million d'habitants (les *Barcelonais*) ; environ 5 millions avec la banlieue. Située sur la côte méditerranéenne, Barcelone est un port important. Capitale de la Catalogne, elle est le plus grand centre industriel du pays. Au XIXe siècle, un architecte, Antonio Gaudí (1852-1926), y a construit des palais, des églises et des maisons dans un style original. Son œuvre la plus célèbre est l'église de la Sagrada Familia.

Bart Jean (1650-1702)

Marin français. ◗ Ce marin du XVIIe siècle servit d'abord dans la flotte hollandaise. Devenu corsaire puis officier de la marine royale française en 1679, il remporta, par la suite, de nombreuses victoires contre les Anglais et les Hollandais.

basque - Pays basque

Région située à l'ouest des Pyrénées. ◗ Le Pays basque s'étend des deux côtés de la frontière franco-espagnole, sur environ 20 000 km². Il comprend 2 millions d'habitants en Espagne, 250 000 habitants en France (les *Basques*). La principale ville du côté français est Bayonne. On y parle une langue (le *basque*) sans lien avec les autres langues européennes, et dont l'origine demeure mystérieuse. La région vit du tourisme et de l'agriculture et conserve des traditions et un folklore très vivants.

Bastille

Ancienne forteresse parisienne. ◗ Cette forteresse fut construite au Moyen Âge pour défendre l'est de Paris. Richelieu* en fit une prison d'État. La foule la prit d'assaut le 14 juillet 1789 parce qu'elle était devenue le symbole du pouvoir absolu du roi et qu'elle contenait des armes. La Bastille fut ensuite entièrement démolie, et un commerçant fit fortune en en vendant les pierres en guise de souvenir. Le 14 Juillet fut choisi comme fête nationale en 1880. → Vois aussi Révolution française.

la prise de la **Bastille** (14 juillet 1789)

Baudouin Ier (1930-1993)

Roi des Belges de 1951 à 1993. ◗ Baudouin Ier devint roi des Belges en 1951 à la suite de l'abdication de son père, Léopold III*.

Bayard - chevalier Bayard (1476-1524)

Chef militaire français. ◗ Célèbre pour sa bravoure lors des guerres que la France menait alors en Italie, ce gentilhomme français fut surnommé *le Chevalier sans peur et sans reproche.* François Ier* l'admirait tellement qu'il se fit armer chevalier par Bayard sur le champ de bataille de Marignan (1515).

le chevalier **Bayard**

Beauce

Vaste plaine du Bassin parisien. ◗ Habitants : les *Beaucerons.* Ville principale : Chartres. La Beauce se distingue par la richesse de son sol, favorable à la culture de céréales (blé, maïs) et d'autres produits (betteraves, pommes de terre). On la surnomme « le grenier à blé de la France ».

Bédouins

Tribus nomades. ◗ Nom donné aux Arabes nomades vivant dans les déserts d'Afrique du Nord, d'Égypte, de Syrie et d'Arabie.

Beethoven Ludwig van (1770-1827)

Compositeur allemand. ◗ Musicien précoce, Beethoven fut poussé par son père, qui voulait exploiter ses dons de jeune pianiste pour en faire un enfant prodige comme Mozart*. Il donne très tôt des concerts et acquiert une grande notoriété à Vienne*. Dès l'âge de 26 ans, il est atteint de surdité. Ce handicap ne l'empêche pas de composer un très grand nombre d'œuvres : concertos, symphonies, quatuors, sonates, et un opéra. Il y exprime ses idées de justice, de liberté, de foi en l'homme, notamment dans l'« Hymne à la joie » de la 9e *Symphonie* (qui est devenu depuis l'hymne de l'Union européenne).
• Œuvres principales : *Symphonie n° 3 dite « Héroïque »*, 1804 ; *Symphonie n° 6 dite « Pastorale »*, 1808 ; *Concerto n° 5 dit « l'Empereur »*, 1809 ; *9e Symphonie*, 1824.

Ludwig van Beethoven

Belgique (Europe)

- Superficie : 30 500 km²
- Habitants : 11 104 000 *(les Belges)*
- Capitale : *Bruxelles*
- Langues : *français, néerlandais, allemand*
- Monnaie : *euro*

◗ Au nord de la France, sur la mer du Nord, le royaume de Belgique s'est constitué en 1830 et a été très tôt industrialisé. Deux communautés ont du mal à vivre ensemble et s'opposent souvent : les habitants de la Wallonie*, de langue française, et ceux de Flandre*, plus nombreux, qui parlent le néerlandais. Par sa position au cœur de la partie la plus dynamique de l'Europe, la Belgique joue un rôle important dans la construction de l'Union* européenne, dont elle est l'un des membres fondateurs, et dont Bruxelles* est l'une des capitales.

Belize (Amérique)

- Superficie : 23 000 km²
- Habitants : 332 000 *(les Béliziens)*
- Capitale : *Belmopan*
- Langue : *anglais*
- Monnaie : *dollar de Belize*

◗ Pays de l'Amérique centrale situé dans la mer des Antilles*, le Belize, ancienne colonie britannique, est indépendant depuis 1981. Ses ressources proviennent de l'exploitation de la forêt et de la canne à sucre.

Bénin (Afrique)

- Superficie : 113 000 km²
- Habitants : 10 323 000 *(les Béninois)*
- Capitale : *Porto-Novo*
- Langue : *français*
- Monnaie : *franc C.F.A.*

◗ Le Bénin est situé sur la côte ouest de l'Afrique. Le sud du pays a un climat équatorial propice à la forêt dense, tandis que le nord, plus tropical, est couvert de savanes. Divisé en petits royaumes, le pays a participé très vite au commerce des esclaves noirs. Puis, prenant le nom d'un de ses royaumes (le Dahomey), il a été une colonie française avant de devenir indépendant en 1960. Il prend le nom de Bénin en 1975. La république du Bénin exporte surtout du coton, des noix de cajou et de l'huile de palme.

Berbères

Populations d'Afrique du Nord parlant le berbère. ◗ Les Berbères vivent en Algérie, au Maroc et dans le désert du Sahara. Ils sont présents en Afrique du Nord depuis la préhistoire, et ont longtemps lutté contre les invasions arabes. Ils ont conservé leur langue et leurs traditions dans les montagnes et les déserts, qu'ils occupent encore actuellement. → Vois aussi Kabyles, Touareg.

a b c d e f g h i j k l m n o p q r s t u v w x y z

Béring - détroit de Béring

Étroit bras de mer situé entre l'extrémité orientale de l'Asie et l'Alaska. ◗ Le détroit de Béring réunit l'océan Pacifique à l'océan Arctique. C'est une zone stratégique très importante, puisqu'elle sépare les États-Unis de la Russie.

Berlin

Capitale et région administrative (Land) d'Allemagne. ◗ 3 292 000 habitants (les *Berlinois*). Berlin fut au XIXe siècle la capitale d'un puissant royaume, la Prusse. Après la Seconde Guerre mondiale, la ville, presque complètement détruite, fut partagée en quatre zones occupées par les Alliés (France, Grande-Bretagne, États-Unis et U.R.S.S.). Le secteur russe devint Berlin-Est, capitale de la R.D.A. (République démocratique allemande), située dans la partie orientale de l'Allemagne avant sa réunification. En 1961, Berlin-Est fut séparé de Berlin-Ouest et du monde occidental par un mur : le mur de Berlin. La libre circulation entre les deux parties de la ville fut rétablie en novembre 1989 et, après la chute du mur, Berlin réunifiée est redevenue la capitale de l'Allemagne. → Vois aussi Seconde Guerre mondiale.

Berlin

Berlioz Hector (1803-1869)

Compositeur français. ◗ Ce compositeur du XIXe siècle entra au Conservatoire de musique de Paris après avoir abandonné ses études de médecine. En 1830, il obtint le grand prix de Rome. Il donna à ses œuvres une dimension dramatique et bouleversa l'orchestration traditionnelle. Il composa des mélodies, des symphonies et des opéras. Il fut également chef d'orchestre et critique musical.

• Œuvres principales : *la Symphonie fantastique*, 1830 ; *Roméo et Juliette*, 1839 ; *la Damnation de Faust*, 1846.

Bermudes

Archipel britannique. ◗ Cet archipel de 150 îles, situé dans l'océan Atlantique, au nord-est des Antilles, fut découvert par les Espagnols vers 1515. Il devint anglais en 1612. Les Bermudes constituent un haut lieu du tourisme et sont également célèbres pour les phénomènes qui s'y sont produits et sont restés à ce jour inexpliqués : disparition d'avions, de navires dans une zone que l'on appelle le « Triangle des Bermudes ».

Berne

Capitale de la Suisse. ◗ La capitale suisse est située sur les rives de l'Aar. Elle comprend 128 850 habitants (les *Bernois*), en majorité de langue allemande, et environ 360 000 avec sa banlieue. Berne est le siège de plusieurs organismes internationaux.

Beyrouth

Capitale du Liban. ◗ Située sur les rives de la mer Méditerranée, Beyrouth est la capitale du Liban depuis 1920 et compte environ 2,2 millions d'habitants (les *Beyrouthins*). Elle est peuplée de musulmans, de chrétiens orthodoxes d'Arménie et de Grèce, et de maronites (chrétiens de rite syrien). De 1975 à 1990, la ville a été ravagée par la guerre civile qui a déchiré le Liban.

Bhoutan (Asie)

- Superficie : 47 000 km^2
- Habitants : 754 000 *(les Bhoutanais)*
- Capitale : *Thimbu*
- Langue : *tibétain*
- Monnaies : *ngultrum, roupie indienne*

◗ Situé entre la Chine et l'Inde, sur la bordure de l'Himalaya*, le royaume du Bhoutan, dont le nom signifie « Extrémité du Tibet », est en grande partie couvert par la forêt. Le climat est tempéré ou très humide selon l'altitude. Le pays est indépendant depuis 1971.

Bible

Recueil de textes sacrés des religions juive et chrétienne. ◗ Pour les chrétiens, la Bible est constituée de deux parties : l'Ancien et le Nouveau Testament. Les juifs reconnaissent l'Ancien Testament, qui relate l'histoire du peuple juif (les Hébreux*), mais pas le Nouveau Testament, qui commence avec la naissance de Jésus*. La rédaction des textes s'est étalée sur plusieurs siècles. Rédigée en hébreu, en grec et en araméen, la Bible a été traduite en plus de 1 300 langues et dialectes. → Vois aussi Évangiles.

Prologus
Biblie

une page de la **Bible**
imprimée par Gutenberg en 1455

Biélorussie ou **Bélarus** (Europe)

- Superficie : 208 000 km^2
- Habitants : 9 357 000 *(les Biélorusses)*
- Capitale : *Minsk*
- Langues : *biélorusse, russe*
- Monnaie : *rouble biélorusse*

▸ Située entre la Lettonie, la Lituanie, la Pologne, l'Ukraine et la Russie, cette ancienne république de l'U.R.S.S.* est indépendante depuis 1991. Ses liens restent importants avec la Russie (plus de 8 % de la population est russe).

Birmanie ou **Myanmar** (Asie)

- Superficie : 678 000 km^2
- Habitants : 53 259 000 *(les Birmans)*
- Capitale : *Nay Pyi Taw*
- Langue : *birman*
- Monnaie : *kyat*

▸ État de l'Asie du Sud-Est, la Birmanie, dont le nom officiel est Myanmar, est un pays boisé, arrosé par la mousson (pluies d'été). L'exploitation de la forêt (bois de teck) est une ressource importante. Les plaines du centre, fertilisées par le fleuve Irrawaddy, produisent du riz. Depuis quelques années, la démocratie progresse et le pays, qui est sorti de son isolement économique, commence à se développer.

Blanc - mont Blanc

Point culminant de la chaîne des Alpes (4 810 m). ▸ Situé en France, près de la frontière italienne, le mont Blanc est le sommet le plus élevé d'Europe. Il fut gravi pour la première fois en 1786 par le Dr Paccard et le guide Balmat. Un tunnel, percé sous le massif, relie la France (depuis Chamonix) à l'Italie.

Blériot Louis (1872-1936)

Ingénieur, industriel et aviateur français. ▸ Après quelques vols d'essai sur un modèle qu'il avait lui-même construit, cet aviateur et constructeur français effectua la première traversée de la Manche* en aéroplane, en 1909. Il fut l'un des premiers industriels de l'aviation en France.

traversée de la Manche par Louis **Blériot** :
l'arrivée à Douvres (25 juillet 1909)

Bolivie (Amérique)

- Superficie : 1 100 000 km^2
- Habitants : 10 670 000 *(les Boliviens)*
- Capitales : *La Paz (siège du gouvernement), Sucre (capitale constitutionnelle)*
- Langues : *espagnol et 36 langues indigènes (dont aymara, quechua)*
- Monnaie : *boliviano*

▸ L'ouest de la république de Bolivie est constitué par les hauts plateaux de la cordillère des Andes* ;

a b c d e f g h i j k l m n o p q r s t u v w x y z

l'est est couvert par la forêt amazonienne. Le pays n'a pas d'ouverture sur la mer, mais il est bordé par le lac Titicaca*, le plus haut lac navigable du monde (3 812 m). Ses habitants descendent des Incas* qui peuplaient cette région avant la conquête espagnole au XVIe siècle.

Bombay ou Mumbai

Ville d'Inde. ◗ 12 500 000 habitants ; 22 millions avec la banlieue. Située sur la côte ouest de l'Inde, au bord de l'océan Indien, Bombay est une des plus grandes villes du monde. C'est également le premier port du pays et un centre industriel important. Aux XVIIe et XVIIIe siècles, alors sous domination britannique, Bombay fut une grande ville commerciale.

Bonaparte

Nom de famille de Napoléon Ier* et de Napoléon III*. ◗ C'est en général sous ce nom qu'on désigne Napoléon Ier avant son sacre, en 1804.

Bonne-Espérance - cap de Bonne-Espérance

Cap de l'extrême sud de l'Afrique. ◗ Ce cap fut découvert en 1488 par Bartolomeu Dias. Vasco de Gama* fut le premier à le doubler, en 1497, alors qu'il était sur la route des Indes. Le cap de Bonne-Espérance, d'abord appelé *cap des Tempêtes*, a donné son nom à une grande ville d'Afrique du Sud, Le Cap*.

le cap de **Bonne-Espérance**

Bordeaux

Ville française. ◗ 251 000 habitants (les *Bordelais*) ; 863 400 habitants dans l'agglomération. Chef-lieu de la Région Nouvelle-Aquitaine* et du département de la Gironde, cette ville française située sur la Garonne est, avec Toulouse, la principale métropole du Sud-Ouest. Bordeaux fut la capitale du duché d'Aquitaine au XIe siècle et demeura sous contrôle des Anglais de 1154 à 1453 (fin de la guerre de Cent Ans). La ville fut très prospère au XVIIIe siècle grâce au commerce avec les Antilles. C'est aujourd'hui encore un port de commerce actif ainsi qu'un centre administratif important.

Bornéo

Île du sud-est de l'Asie. ◗ 19 708 000 habitants. Troisième île du monde par sa superficie (750 000 km^2), Bornéo est partagée entre l'Indonésie, la Malaisie et le Brunei. Traversée par l'équateur, l'île est recouverte d'une épaisse forêt et abrite principalement les tribus Dayaks.

Jérôme **Bosch** : *la Tentation de saint Antoine*

Bosch Jheronimus Van Aken, dit Jérôme

(v. 1450-1516)

Peintre et dessinateur flamand. ◗ Ce peintre du XVe siècle se distingue par l'univers fantastique de ses tableaux. Puisant ses idées dans la magie ou la culture populaire, il peuple ses œuvres de créatures étranges.

● Œuvres principales : *la Nef des fous*, vers 1485-1500 ; *le Jardin des délices*, vers 1500-1505 ; *la Tentation de saint Antoine*, vers 1500-1516.

Bosnie-Herzégovine (Europe)

- Superficie : 51 100 km²
- Habitants : 3 830 000 *(les Bosniens)*
- Capitale : *Sarajevo*
- Langues : *bosniaque, croate, serbe*
- Monnaie : *mark convertible*

◗ État des Balkans* issu de l'éclatement de la Yougoslavie*, la Bosnie-Herzégovine est peuplée de Bosniaques musulmans (4 habitants sur 10), de Serbes orthodoxes* (plus de 3 habitants sur 10) et de Croates catholiques (moins de 3 habitants sur 10). Elle a proclamé son indépendance en 1992, mais les Serbes refusant de reconnaître son territoire, une guerre cruelle a ravagé le pays. En 1995, un accord entre les présidents de la Serbie, de la Croatie et de la Bosnie a permis de maintenir un État unique. Le pays est candidat à l'entrée dans l'Union* européenne.

Bosphore

Détroit situé en Turquie. ◗ Ce détroit, d'une longueur de 30 km, relie la mer Noire* à la mer de Marmara. Le Bosphore est une des limites naturelles entre l'Europe et l'Asie. Il est maintenant franchi par trois ponts et deux tunnels. On l'appelait autrefois *détroit de Constantinople*.
→ Vois aussi Constantinople.

● *Bosphore* vient de deux mots grecs qui signifient « le passage du bœuf » : la légende raconte qu'il fut traversé par la génisse Io, pour échapper à un taon envoyé par la jalouse Héra*.

Botswana (Afrique)

- Superficie : 570 000 km²
- Habitants : 2 020 000 *(les Botswanais)*
- Capitale : *Gaborone*
- Langues : *anglais, tswana*
- Monnaie : *pula*

◗ Situé au sud de l'Afrique, le Botswana est en grande partie occupé par le désert du Kalahari* et vit sous la menace permanente de la sécheresse. Après avoir été sous la protection et la dépendance de la Grande-Bretagne, le pays est devenu indépendant en 1966. Il possède des mines de diamants.

Botticelli Sandro (1445-1510)

Peintre italien de la Renaissance*. ◗ Cet artiste est célèbre pour la grâce de ses personnages. C'est le premier à avoir peint une toile *(le Printemps)* de grande dimension (environ 2 mètres de haut) dont le sujet ne soit pas tiré de la religion chrétienne mais issu des mythologies grecque et latine.

● Œuvres principales : *le Printemps*, vers 1478 ; *la Naissance de Vénus*, vers 1485.

Sandro **Botticelli :** *la Vierge et l'Enfant avec saint Jean-Baptiste enfant*

Bouddha (VIᵉ-Vᵉ siècle avant J.-C.)

Nom donné au fondateur du bouddhisme. ◗ Le prince Siddharta Gautama, après avoir abandonné son palais et être parti à la recherche de la Vérité, prit le nom de Bouddha (« l'Éveillé », en sanscrit) et fonda le bouddhisme il y a environ 2 500 ans. À la fois religion et discipline

Bouddha (sculpture thaïe)

de sagesse, il en enseigna la doctrine et fit de nombreux adeptes en Asie.

Bourbons

Famille noble française dont les membres ont régné dans plusieurs pays d'Europe. ◗ Les Bourbons accédèrent à la couronne de France au XVIe siècle avec Henri IV*, roi de Navarre, et régnèrent jusqu'au XIXe siècle, avec Louis XIII*, Louis XIV*, Louis XV*, Louis XVI*, puis, sous la Restauration*, Louis XVIII* et Charles X*. Une branche de la famille des Bourbons, avec le roi Juan Carlos Ier, puis son fils, Philippe VI, règne encore aujourd'hui en Espagne.

Bourget - lac du Bourget

Lac des Alpes. ◗ Situé dans le département de la Savoie, près de Chambéry, c'est le plus grand lac français, avec une superficie de 44 km^2 et une longueur de 18 km. Il se déverse dans le Rhône.

Bourgogne

Anc. Région administrative française. ◗ Elle regroupait 4 départements : Côte-d'Or, Nièvre, Saône-et-Loire et Yonne.

Aux XIVe et XVe siècles, les États bourguignons formaient une grande puissance européenne concurrente du royaume de France. À la mort de Charles* le Téméraire, dernier duc de Bourgogne, Louis XI* conquit le duché, qui devint une province française. → Vois aussi Bourgogne-Franche-Comté.

Bourgogne-Franche-Comté

Région administrative française. ◗ Superficie : 47 784 km^2 ; 2 821 000 hab. Chef-lieu : Dijon. La Région regroupe, depuis 2016, 8 départements : Territoire de Belfort, Côte-d'Or, Doubs, Jura, Nièvre, Haute-Saône, Saône-et-Loire et Yonne. Elle présente des paysages variés (plaines de l'Yonne, de la Saône et du Doubs, plateaux calcaires, massif du Morvan, Jura*, pays comtois, porte d'Alsace et Bresse). La vallée de la Saône, grand axe de circulation nord-sud, est la principale zone économique de la Région avec son célèbre vignoble (Côte-d'Or). Tandis que l'Ouest est dominé par la production de viande bovine, l'Est est plus industriel (automobile, construction ferroviaire, horlogerie et mécanique). L'urbanisation est réduite, et Dijon et Besançon ne rayonnent que très peu sur l'ensemble de la Région en raison de l'influence exercée par Paris et Lyon, mais aussi de la proximité de Bâle (Suisse). La Bourgogne-Franche-Comté reste donc une région de passage.

Bouvines - bataille de Bouvines

Bataille qui eut lieu le 27 juillet 1214. ◗ Cette bataille célèbre opposa, à Bouvines, près de Lille, les troupes du roi de France, Philippe* Auguste, à celles du roi d'Angleterre, Jean* sans Terre. La France fut victorieuse.

bataille de **Bouvines** (27 juillet 1214)

Brabant

Région historique située entre la Meuse et l'Escaut, aujourd'hui partagée entre les Pays-Bas et la Belgique. ◗ En 1995, la province belge du Brabant est divisée en un Brabant flamand, au nord, et un Brabant wallon, au sud. Bruxelles et sa banlieue, enclave francophone dans une partie néerlandophone, constituent la région de Bruxelles-Capitale. Le Brabant wallon couvre 1 097 km^2 et a 389 000 habitants (les *Brabançons*).

Brahma

Divinité hindoue. ◗ Avec Vishnou* et Shiva*, Brahma est l'une des trois divinités fondamentales de l'hindouisme. Représenté avec quatre bras et quatre têtes, il est considéré comme le créateur de toutes choses.

Brahma *sur l'oiseau sacré*

Brahmapoutre

Fleuve d'Asie. ◗ Long de 2 900 km, il prend sa source au Tibet* et débouche dans le golfe du Bengale. Il forme avec le Gange* un immense delta. Il est navigable sur une grande partie de son cours.

Brahms Johannes (1833-1897)

Pianiste, chef d'orchestre et compositeur allemand. ◗ Ce musicien très précoce, issu d'une famille pauvre, apprend la musique avec son père, contrebassiste dans un orchestre municipal. Il donne son premier récital de piano à dix ans. Après de nombreuses années de voyage comme chef d'orchestre et pianiste, il s'installe à Vienne et se consacre à la composition.

• Œuvres principales : *Requiem allemand*, 1857-1868 ; *Symphonie n° 4*, 1885.

Braque Georges (1882-1963)

Peintre français. ◗ Ce peintre, dessinateur et graveur français créa, avec Picasso*, un nouveau mouvement pictural, le cubisme. Marqué par l'œuvre de Paul Cézanne*, Braque cherche dans ses compositions aux formes géométriques à représenter sur un même plan toutes les faces des objets. Il introduit également dans ses tableaux la technique du collage (*le Violon*, 1914).

• Œuvres principales : *Violon et Palette*, 1909 ; *le Portugais*, 1911 ; *les Poissons noirs*, 1942.

Brasilia

Capitale du Brésil. ◗ 2,5 millions d'habitants (les *Brasiliens*). Située à 1 100 mètres d'altitude, à l'intérieur du pays, la ville a été construite à la fin des années 1950, selon des plans (en forme d'oiseau) et une architecture très modernes élaborés par un urbaniste, Lucio Costa (1902-1998), et un architecte, Oscar Niemeyer (1907-2012). Elle devient la capitale du Brésil en 1960, remplaçant Rio* de Janeiro.

Brasilia : immeuble du Congrès national réalisé par Oscar Niemeyer

Brésil (Amérique)

- Superficie : 8 512 000 km^2
- Habitants : 208 000 000 *(les Brésiliens)*
- Capitale : *Brasilia*
- Langue : *portugais*
- Monnaie : *real brésilien*

◗ Le Brésil est le géant de l'Amérique du Sud : sa superficie représente plus de la moitié du continent. C'est aussi le pays le plus peuplé. Un trop grand déséquilibre entre les villes, qui se situent généralement sur le littoral, et des provinces souvent misérables entraîne des inégalités sociales importantes. Plus des trois quarts des habitants résident dans les villes où les populations rurales continuent d'affluer, en s'installant souvent dans des bidonvilles (appelés « favelas »). Le Brésil est l'un des principaux producteurs mondiaux de café, de cacao, de soja, d'oranges et de sucre. Il possède aussi du pétrole

Bretagne

Région administrative française. ◗ Superficie : 27 200 km^2 ; 3 377 000 habitants (les *Bretons*). Chef-lieu : Rennes. La Région regroupe 4 départements : Côtes-d'Armor, Finistère, Ille-et-Vilaine et Morbihan. Bordée par l'océan Atlantique* et la Manche* et occupant la majeure partie du Massif armoricain, elle est formée de plateaux et bénéficie d'un climat doux et humide. L'agriculture et l'industrie agroalimentaire sont les deux piliers de l'économie. L'élevage bovin (vaches laitières), porcin et avicole (volailles) prédomine à côté de cultures spécialisées (légumes) et des céréales. La pêche est un secteur économique essentiel. Le tourisme reste l'activité principale du littoral avec, au nord, des zones bien aménagées (Côte de Granite rose, Côte d'Émeraude) et, au sud, les stations thermales et la plaisance. Rennes, tiraillée entre Paris et Nantes, a du mal à affirmer son rôle de métropole régionale face à des villes à l'identité forte comme Brest, Quimper, Vannes, Lorient, Saint-Malo ou Saint-Brieuc.

Appelée Armorique par les Romains, la Bretagne a pris son nom actuel avec l'arrivée au Ve siècle de peuples celtiques, les Bretons, venus de l'actuelle Grande-Bretagne. La Bretagne devint un duché en 939 et garda une certaine indépendance jusqu'en 1532, où elle fut rattachée à la France par François Ier*.

a b c d e f g h i j k l m n o p q r s t u v w x y z

Bruegel Pieter, dit **Bruegel l'Ancien**
(vers 1525/1530-1569)
Peintre flamand. ◗ Influencé par Jérôme Bosch*, Bruegel l'Ancien a peint aussi bien des scènes fantastiques *(la Chute des anges rebelles)* que des scènes de la vie quotidienne *(les Saisons, la Danse des paysans, les Mendiants)*. Virtuose de la couleur, il est aussi un maître de la perspective et cette technique donne à ses œuvres un relief incomparable et une grande dimension poétique.
• Œuvres principales : *les Chasseurs dans la neige*, 1565 ; *le Dénombrement de Bethléem*, 1566.

Bruges
Ville de Belgique. ◗ Chef-lieu de la Flandre-Occidentale. 117 600 habitants (les *Brugeois*). Principal port belge, Bruges est une cité ancienne et pittoresque parcourue de canaux (d'où son surnom de « Venise du Nord »). On y trouve de beaux monuments bâtis entre le XIIIe et le XVIe siècle, comme les halles, le beffroi, l'hôtel de ville ou la cathédrale.

Brunei (Asie)
• Superficie : 5 765 km^2
• Habitants : 418 000 *(les Brunéiens)*
• Capitale : *Bandar Seri Begawan*
• Langue : *malais*
• Monnaie : *dollar de Brunei*

◗ Situé en Indonésie, dans le nord de l'île de Bornéo*, le Brunei est un petit pays chaud et humide couvert par la forêt tropicale. Après avoir été sous domination britannique, il est devenu indépendant en 1984. Il est gouverné par un sultan qui est l'un des hommes les plus riches du monde grâce aux ressources du pays en pétrole et en gaz naturel.

Bruxelles
Capitale de la Belgique. ◗ 168 576 habitants (les *Bruxellois*). L'agglomération, appelée *Bruxelles-Capitale*, couvre 160 km^2 et compte 2 millions d'habitants. La majeure partie d'entre eux parlent français, bien que Bruxelles soit située dans une zone de la Belgique où l'on parle flamand. L'un des plus beaux quartiers de Bruxelles est celui de la Grand-Place, avec de très belles maisons décorées datant de la Renaissance. On y trouve de nombreux musées, dont celui de la bande dessinée.

Buchenwald - camp de Buchenwald
Camp de concentration allemand. ◗ Situé dans l'est de l'Allemagne, ce camp de concentration fut ouvert en 1937 par les nazis pour y interner les opposants au régime d'Hitler*. Plus de 50 000 personnes y périrent. À Dora, un des camps qui dépendaient de Buchenwald, les déportés furent employés à construire, dans des conditions extrêmement difficiles, les fusées avec lesquelles les nazis voulaient détruire l'Angleterre et gagner la guerre. Le camp fut délivré par les Américains en 1945.

Budapest
Capitale de la Hongrie. ◗ 1 730 000 habitants (les *Budapestois*). La ville est traversée par le Danube, qui sépare Buda, quartier historique sur la rive droite, de Pest, quartier des administrations, des commerces et de l'industrie situé sur la rive gauche du fleuve. La réunion de ces deux parties, qui forma Budapest, date de 1873.

Buenos Aires
Capitale de l'Argentine. ◗ 2 890 151 habitants (les *Buenos-Airiens*) ; plus de 15 millions d'habitants avec la banlieue. Située sur la côte ouest de l'océan Atlantique, Buenos Aires est un grand port de commerce et un centre industriel et culturel important de l'Amérique du Sud. La ville a été fondée au XVIe siècle.

Buffon (1707-1788)
Naturaliste et écrivain français. ◗ Georges Louis Leclerc, comte de Buffon, est l'auteur d'une *Histoire naturelle* en 36 volumes. Ses observations de la nature et des animaux, son étude de la formation de la Terre le conduisent à penser que le monde et les espèces vivantes sont le résultat d'une lente transformation. Par ses idées, Buffon a ouvert la voie à la théorie de l'évolution, établie par Charles Darwin* au XIXe siècle.

gravure extraite de l'*Histoire naturelle* de **Buffon**

Bulgarie (Europe)

- Superficie : 111 000 km^2
- Habitants : 7 223 000 *(les Bulgares)*
- Capitale : *Sofia*
- Langue : *bulgare*
- Monnaie : *lev bulgare*

◗ Au sud-est de l'Europe, la Bulgarie est bordée par la mer Noire* et son territoire est occupé en grande partie par la chaîne montagneuse des Balkans*. Une activité touristique importante se développe sur le littoral de la mer Noire, à l'est du pays. La Bulgarie a rejoint l'Union* européenne en 2007.

Burkina ou **Burkina Faso** (Afrique)

- Superficie : 275 000 km^2
- Habitants : 16 935 000 *(les Burkinabés)*
- Capitale : *Ouagadougou*
- Langue : *français*
- Monnaie : *franc C.F.A.*

◗ Le Burkina s'est appelé Haute-Volta jusqu'en 1984, puis il a pris le nom de *Burkina Faso*, ce qui signifie « le pays des hommes intègres ». Il est situé en plein cœur du Sahel*. Sa population, formée en majorité de paysans, vit d'agriculture et d'élevage, mais le pays souffre souvent de la sécheresse. L'or et le coton sont ses principaux produits d'exportation.

Burundi (Afrique)

- Superficie : 28 000 km^2
- Habitants : 10 163 000 *(les Burundais)*
- Capitale : *Bujumbura*
- Langues : *français, kirundi*
- Monnaie : *franc du Burundi*

◗ Situé en Afrique centrale, le Burundi, au climat tempéré, est un pays très peuplé et exclusivement agricole. Le thé, le coton et surtout le café constituent la base de ses exportations. Comme le Rwanda* voisin, il a été sous tutelle de la Belgique jusqu'en 1962 et a été ensanglanté par les luttes entre les deux peuples qui l'habitent, les Hutu et les Tutsi.

Byzance

Ancien nom de l'actuelle ville d'Istanbul*. ◗ Cette ville de la Thrace ancienne fut fondée au VIIe siècle avant J.-C. Elle joua un grand rôle historique à partir du IIIe siècle de notre ère. L'empereur Constantin* lui donna le nom de Constantinople* et en fit la capitale de tout l'Empire romain, mais elle laissa son nom à l'Empire byzantin*. Prise par les Turcs en 1453, elle devint la capitale de l'Empire ottoman sous le nom d'Istanbul.

● Le souvenir du luxe qui entourait les empereurs de Byzance est resté célèbre et l'on dit parfois « c'est Byzance » pour exprimer l'abondance de choses luxueuses.

byzantin - Empire byzantin

Nom donné à l'Empire romain d'Orient à partir du Ve siècle. ◗ L'Empire byzantin (dont le nom vient de celui de sa capitale, Byzance*) dura de 395 à 1453. Après la chute de l'Empire romain d'Occident, l'Empire byzantin fut le continuateur des civilisations antiques, grecque et romaine, pendant tout le Moyen Âge. Il s'étend d'abord sur tout l'est de la mer Méditerranée. Au VIe siècle, les Arabes ayant conquis le Moyen-Orient et l'Afrique du Nord, il se trouve réduit à la Grèce et à la Turquie actuelles. Il prend fin avec la chute de Byzance, prise par les Turcs en 1453.

chef-d'œuvre d'architecture **byzantine :** la basilique Sainte-Sophie, Istanbul

C

Caïn et **Abel**

Personnages bibliques. ◗ Fils d'Adam et Ève, ces deux frères avaient chacun offert un sacrifice à Dieu, qui n'accepta que celui d'Abel. Jaloux, Caïn tua son frère et fut condamné à fuir éternellement. Selon la Bible, il est le premier criminel de l'histoire.

a b c d e f g h i j k l m n o p q r s t u v w x y z

Le Caire

Capitale de l'Égypte. ◗ 7 772 000 habitants (les *Cairotes*) ; 19,1 millions avec la banlieue. Située sur le Nil, Le Caire est la plus grande ville d'Afrique. Historiquement, Le Caire fut sous la domination turque pendant plusieurs siècles. La capitale égyptienne est un centre économique, politique, intellectuel et culturel. Elle compte plus de 1 000 mosquées, dont al-Azhar (« la Splendide »), qui abrite une des plus grandes universités du monde musulman.

Le Caire

Calcutta ou Kolkata

Ville d'Inde. ◗ 14 millions d'habitants avec la banlieue. Située sur un bras du Gange, Calcutta est la capitale de la région du Bengale. C'est aussi un port industriel. La ville fut fondée à la fin du XVIIe siècle par les Britanniques, qui en firent la capitale de l'Inde de 1772 à 1912. Lors de la formation des nouveaux États du Pakistan et du Bangladesh, Calcutta a accueilli des dizaines de milliers de réfugiés. Un quart de la population vit dans une extrême misère.

Californie

État de la côte ouest des États-Unis. ◗ Superficie : 411 000 km^2. 38 millions d'habitants (les *Californiens*). Situé au bord de l'océan Pacifique, cet État est le plus peuplé des États-Unis d'Amérique.

• **La ruée vers l'or et le soleil.** Les premiers Européens à s'installer en Californie furent les Espagnols. Vinrent ensuite, au milieu du XIXe siècle, des millions de chercheurs d'or. La plaine californienne concentre aujourd'hui les industries de pointe (l'industrie du cinéma, à Hollywood*, et l'industrie électronique, à Silicon Valley notamment). C'est aussi une région d'agriculture connue pour ses vins et ses agrumes.

• **Les séismes.** Le sous-sol de la Californie est traversé par la faille de San Andreas, le long de laquelle deux plaques de l'écorce terrestre glissent dans des directions opposées, provoquant régulièrement des tremblements de terre.

Calvin Jean (1509-1564)

Réformateur protestant français. ◗ D'abord simple prédicateur, ce réformateur religieux et écrivain français dut fuir la France quand François Ier* commença à persécuter les protestants. Il se réfugia à Genève*, où il devint le chef de l'Église de la ville en 1541. Partageant en grande partie les idées de Luther*, il affirmait dans ses écrits que Dieu décide du salut des hommes avant même leur naissance. On dit des protestants influencés par la pensée de Calvin qu'ils sont *calvinistes*. → Vois aussi **Réforme**.

Jean Calvin

Calvino Italo (1923-1985)

Écrivain italien. ◗ Il est l'auteur de contes *(le Baron perché)* et de romans *(Cosmicomics)* mêlant ironie et poésie, humour et fantastique.

• **Œuvres principales :** *le Vicomte pourfendu*, 1952 ; *le Baron perché*, 1957 ; *les Villes invisibles*, 1972.

Camargue

Région de Provence. ◗ Superficie : 60 000 hectares. Habitants : les *Camarguais*. Cette région du sud de la France, située entre les deux branches du delta du Rhône, est une zone de marécages, de marais salants et d'étangs. La Camargue constitue une réserve zoologique et botanique. Les *gardians* y pratiquent l'élevage des chevaux et des taureaux. Le parc naturel régional attire de nombreux touristes, notamment aux Saintes-Maries-de-la-Mer. La commune d'Arles, qui contient la majeure partie de la Camargue, est la plus grande commune de France métropolitaine (750 km^2).

Cambodge (Asie)

- Superficie : 180 000 km^2
- Habitants : 15 135 000 *(les Cambodgiens)*
- Capitale : *Phnom Penh*
- Langue : *khmer*
- Monnaie : *riel*

▸ Pays de l'Asie du Sud-Est, le Cambodge a été sous la protection et la dépendance de la France jusqu'en 1953, date de son indépendance totale. Ce pays, au climat chaud et humide, est formé de plaines et de plateaux couverts de forêts. Sa population, concentrée dans la vallée du Mékong*, vit surtout de la culture du riz. Le Cambodge a été ravagé par la guerre et par la dictature sanglante des Khmers rouges. Il est redevenu un royaume en 1993.

Cambodge : culture du riz

Cameroun (Afrique)

- Superficie : 475 000 km^2
- Habitants : 22 254 000 *(les Camerounais)*
- Capitale : *Yaoundé*
- Langues : *français, anglais*
- Monnaie : *franc C.F.A.*

▸ Situé sur le golfe de Guinée, le Cameroun est formé de plaines le long des côtes, de quelques hauteurs volcaniques (le mont Cameroun culmine à 4 070 m) et de chaînes massives au centre. République indépendante depuis 1960, le pays exporte du bois précieux, du cacao et du café. Il produit aussi de l'aluminium et du pétrole.

Canada (Amérique)

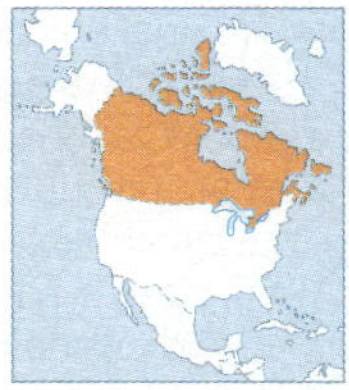

- Superficie : 9 975 000 km^2
- Habitants : 35 182 000 *(les Canadiens)*
- Capitale : *Ottawa*
- Langues : *anglais, français*
- Monnaie : *dollar canadien*

▸ Pays le plus vaste du monde après la Russie, le Canada est peu peuplé du fait de son climat, de plus en plus rude et froid vers le nord. Couvert en grande partie par la forêt, c'est un grand producteur de bois, de blé et de pétrole, très lié économiquement aux États-Unis. Le Canada se caractérise aussi par l'opposition entre les populations qui parlent anglais (anglophones) et celles qui parlent français (francophones). Ces derniers représentent trois Canadiens sur dix. Le Québec*, grande province de l'est du pays, est francophone à 80 %. Les paysages naturels préservés constituent une grande ressource touristique.

Le Cap

Une des deux capitales de l'Afrique du Sud. ▸ 3 698 000 habitants dans l'agglomération. Situé à l'extrémité sud du continent africain, Le Cap est un port important. La ville est le siège du Parlement sud-africain. → Vois aussi Pretoria.

Capétiens

Dynastie de rois de France. ▸ Les Capétiens, qui ont régné en France entre 987 et 1328, doivent leur nom à Hugues Ier* Capet. Les plus célèbres rois de la dynastie sont Philippe* Auguste, Louis IX* (Saint Louis) et Philippe IV* le Bel. Les Valois, puis les Bourbons, qui leur succédèrent, appartiennent aussi (de façon indirecte) à cette dynastie. Saint Louis est le dernier ancêtre commun aux différentes branches des Capétiens.

Capitole

L'une des sept collines de Rome. ▸ Le Capitole, site légendaire, était le centre religieux et politique de la Rome antique. En 390 avant J.-C., des Gaulois s'étaient emparés de la ville, mais le Capitole, seul, avait résisté, ses occupants ayant été prévenus grâce aux cris des oies sacrées qu'on y élevait.

Cap-Vert (Afrique)

- Superficie : 4 000 km^2
- Habitants : 499 000 *(les Capverdiens)*
- Capitale : *Praia*
- Langue : *portugais*
- Monnaie : *escudo du Cap-Vert*

▶ Archipel volcanique de l'océan Atlantique, au large du Sénégal*, le Cap-Vert compte une dizaine d'îles et de nombreux îlots. Il est indépendant depuis 1975. C'est un pays très peuplé et de nombreux Capverdiens doivent émigrer pour trouver du travail. La pêche et le tourisme comptent parmi les principales ressources économiques du pays.

Carême Maurice (1899-1978)

Poète belge de langue française. ▶ Maurice Carême était instituteur. Il a écrit des recueils de poèmes pour enfants, dont certains ont été mis en musique.

• Œuvres principales : *Mère*, 1935 ; *la Lanterne magique*, 1947.

Carolingiens

Dynastie des rois francs. ▶ Elle fut fondée par Pépin* le Bref, fils de Charles* Martel et père de Charlemagne*, qui a donné son nom (*Carolus*, en latin) à la dynastie. Après le partage de l'empire de Charlemagne, les Carolingiens ont régné en Germanie jusqu'en 911 et en France jusqu'en 987, date de l'élection d'Hugues* Capet.

Carroll Lewis (1832-1898)

Écrivain anglais. ▶ Célèbre auteur de *Alice au pays des merveilles*, il fut aussi un grand mathématicien.

Alice au pays des merveilles de Lewis **Carroll**

Carthage

Ancienne ville d'Afrique du Nord. ▶ Située dans la Tunisie actuelle, Carthage fut fondée par des Phéniciens vers 800 avant J.-C. Grâce à ses activités commerciales, elle devint une des grandes puissances de la mer Méditerranée et une concurrente de Rome*. Les deux cités s'affrontèrent aux IIIe et IIe siècles avant J.-C. au cours des trois guerres puniques. Rome fut finalement victorieuse, et Carthage, totalement détruite. Une partie des ruines, situées près de Tunis, est sauvegardée par l'Unesco*.

Cartier Jacques (1491-1557)

Navigateur français. ▶ Ce navigateur entreprit trois expéditions vers les terres du nord de l'Amérique pour le compte du roi François Ier*. Il prit possession du Canada en 1534, puis explora, en 1535 et 1536, l'estuaire du Saint-Laurent en remontant le cours du fleuve jusqu'aux sites de Québec* et de Montréal*.

Casablanca

Ville du Maroc. ▶ 2 950 000 habitants (les *Casablancais*). Située sur l'océan Atlantique, Casablanca est la plus grande ville du Maroc. C'est une métropole économique et commerciale, grâce au port qui a été aménagé au début du XXe siècle, à l'époque où le Maroc était sous domination française. Le nom arabe de la ville est *Dar el-Beida*, ce qui, comme *Casablanca* en espagnol, veut dire « la Maison blanche ».

Caspienne - mer Caspienne

Mer intérieure située entre l'Europe et l'Asie. ▶ Elle borde la Russie, le Kazakhstan, le Turkménistan, l'Iran et l'Azerbaïdjan. Avec une superficie de 360 000 km^2, c'est la mer intérieure la plus vaste du monde. Elle recèle des gisements de pétrole. On dit souvent que cet immense lac salé forme, avec la chaîne de montagnes de l'Oural, la frontière naturelle entre l'Europe et l'Asie.

Catalogne

Région du nord-est de l'Espagne. ▶ Superficie : 32 100 km^2. 7,5 millions d'habitants (les *Catalans*). Cette région, qui comprend les provinces de Barcelone, Gérone, Lérida et Tarragone, est beaucoup plus industrielle que le reste du pays. La Catalogne a longtemps été un État indépendant, incluant une petite partie de la France actuelle (la région de Perpignan). Au XVIe siècle, elle a été intégrée au royaume d'Espagne, mais elle a toujours parlé sa propre langue, le catalan, et une partie de ses habitants veut se séparer de l'Espagne.

Catherine de Médicis (1519-1589)

Reine de France. ▶ Femme du roi Henri II, elle devint régente en 1560 et gouverna à la place de son fils Charles IX. Confrontée aux guerres de Religion* qui ravageaient le royaume, elle est à l'origine du massacre de la Saint*-Barthélemy

a b c d e f g h i j k l m n o p q r s t u v w x y z

(1572), où plusieurs milliers de protestants furent tués à Paris, puis en province.

Catherine de Médicis

Caucase

Chaîne de montagnes située entre la mer Noire et la mer Caspienne. ◗ Cet ensemble montagneux, situé en Russie, est aussi le point culminant d'Europe. Il s'étend sur 1 250 km^2 et a une altitude moyenne de 2 000 m. Son sommet le plus élevé est l'Elbrous (5 642 m). Situé en Russie, c'est aussi le point culminant de l'Europe. Le sud du Caucase (dit « Petit Caucase ») sépare la Turquie et l'Iran de la Géorgie, de l'Arménie et de l'Azerbaïdjan. De nombreuses populations ont de tout temps trouvé refuge dans ces montagnes.

Celtes

Ancien peuple d'Europe. ◗ Présents notamment en Gaule, en Espagne et dans les îles Britanniques, les Celtes ont dominé une grande partie de l'Europe pendant le Ier millénaire avant J.-C. Ces peuples de guerriers n'étaient unis que par la langue et par la religion. Leur société était divisée en trois classes : la noblesse guerrière, le peuple et les druides (sortes de prêtres). Comme ils n'écrivaient pas, ils sont surtout connus par les sites, les objets archéologiques et les descriptions que nous en ont laissées les Grecs et les Romains. Ces derniers appelaient *Gaulois* les Celtes qui vivaient en Gaule*.

stèle funéraire d'un guerrier **celte**

Cent Ans - guerre de Cent Ans

Série de conflits qui, de 1337 à 1453, opposèrent la France à l'Angleterre. ◗ Durant plus de cent ans, la France et l'Angleterre menèrent des combats acharnés pour la possession de la couronne. Les rois d'Angleterre, descendants de Philippe* le Bel par une de ses filles, se disaient les héritiers du royaume de France. C'est pourquoi ils engagèrent les combats. Connaissant tour à tour des victoires (Crécy*, Azincourt*) et des défaites face à Du Guesclin* et à Jeanne* d'Arc, ils durent finalement renoncer, en abandonnant, en 1453, au roi de France Charles VII* la quasi-totalité de leurs possessions françaises, sauf la ville de Calais qu'ils ont conservée pendant encore près d'un siècle.

guerre de **Cent Ans :** scène de bataille

centrafricaine (République) ou Centrafrique (Afrique)

- Superficie : 620 000 km^2
- Habitants : 4 616 000 *(les Centrafricains)*
- Capitale : *Bangui*
- Langues : *français, sango*
- Monnaie : *franc C.F.A.*

◗ Pays d'Afrique centrale, couvert de forêts et de savanes, la République centrafricaine est une ancienne colonie française. Elle est indépendante depuis 1960. Malgré les richesses du pays, dont les diamants et l'or, la situation économique est catastrophique.

Centre-Val de Loire

Région administrative française. ◗ Superficie : 39 150 km^2 ; 2 648 000 habitants. Chef-lieu : Orléans. La Région regroupe 6 départements : Cher, Eure-et-Loir, Indre, Indre-et-Loire, Loir-et-Cher et Loiret. Située au sud du Bassin parisien,

la région, formée de plaines et de plateaux, est traversée par la Loire*, au bord de laquelle se trouvent les principales villes (Orléans, Blois, Tours).
Constitué par les anciennes provinces de l'Orléanais, de la Touraine et du Berry, le Centre-Val de Loire est une région agricole où domine la culture céréalière (en Sologne et dans la Beauce*). On y pratique également la culture de la vigne (vins de la Loire), de légumes et l'élevage. La présence de la Loire a favorisé l'installation de centrales nucléaires sur ses rives. La proximité de la capitale, bien reliée par le TGV, joue un rôle important dans le développement économique des départements du nord de la Région. Le Centre-Val de Loire, célèbre pour ses châteaux de la Loire (Chambord, Chenonceau, etc.), attire un grand nombre de touristes.

Cerbère

Chien à trois têtes, dans la mythologie grecque. ◗ Ce chien, gardien des Enfers dans la mythologie grecque, a trois têtes et le cou hérissé de serpents ; ses morsures sont empoisonnées. Posté à l'entrée des Enfers, il empêche les âmes des morts d'en sortir.

Cérès

Déesse romaine du Blé et de la Moisson. ◗ Elle a été assimilée à la déesse grecque Déméter*.

Cervantès Miguel de (1547-1616)

Écrivain espagnol. ◗ Cet auteur de pièces de théâtre et de courts récits est surtout célèbre pour son roman *Don Quichotte de la Manche*. Il eut une vie mouvementée : il perdit un bras à la bataille de Lépante face aux Turcs, fut capturé par des pirates, emprisonné à plusieurs reprises et fréquenta la cour du roi d'Espagne à la fin de sa vie.

César Jules (101-44 avant J.-C.)

Homme d'État romain. ◗ Consul en 59 et 56, César entreprit la conquête de la Gaule*. Après avoir vaincu en 52 le chef gaulois Vercingétorix*, il avança avec son armée jusqu'à Rome* et s'empara du pouvoir politique. Devenu consul et dictateur à vie en 44, il gouverna en souverain absolu et autoritaire, et mourut assassiné. Après sa mort, ses successeurs prirent tous le titre de *César*. Ce mot, qui avait alors le sens d'« empereur », a donné le mot *tsar* en russe. César, qui fut aussi historien, a écrit les *Commentaires de la guerre des Gaules*. ⤴

Jules **César**

Cézanne Paul (1839-1906)

Peintre français. ◗ Très inspiré par l'impressionnisme*, Cézanne s'en détacha par un style plus personnel : il utilisa la couleur pour créer les volumes et simplifia les formes. Il réalisa de nombreuses natures mortes, des portraits, des paysages, des scènes de plein air. Son œuvre, peu reconnue de son vivant, a pourtant influencé la peinture du XXe siècle et notamment le cubisme et la peinture abstraite.
● Œuvres principales : *les Joueurs de cartes ; la Montagne Sainte-Victoire* (sujet de plusieurs tableaux).

Paul **Cézanne :** *la Montagne Sainte-Victoire au grand pin* (1887)

Champagne-Ardenne

Anc. Région administrative française. ◗ Elle regroupait 4 départements : Ardennes, Aube, Marne et Haute-Marne.
La région a beaucoup souffert pendant les deux guerres mondiales ; elle fut le théâtre de combats meurtriers entre Français et Allemands. → Vois aussi Grand-Est.

Champollion Jean-François (1790-1832)

Égyptologue français. ◗ Ce spécialiste de l'Égypte fut le premier à déchiffrer les hiéroglyphes, après avoir longtemps étudié les inscriptions gravées sur une pierre découverte par les Français en 1799 dans la ville égyptienne de Rosette. Sur cette plaque de marbre noir, le même texte figurait en trois écritures : l'écriture grecque, l'écriture égyptienne, avec des lettres liées (appelée le démotique), et les hiéroglyphes.

Jean-François **Champollion**

Champs Élysées

Lieu légendaire de la mythologie. ◗ Dans les mythologies grecque et romaine, les Champs Élysées désignent la partie paisible des Enfers, où séjournaient les héros et les âmes vertueuses.

Chaplin Charlie (1889-1977)

Acteur et cinéaste britannique. ◗ Charlie Chaplin fit des débuts remarqués comme comédien, puis devint scénariste et réalisa près de 80 films, muets et parlants. Avec son personnage de Charlot, il créa un nouveau genre comique et dénonça, avec un humour teinté d'ironie et de tendresse, la misère, l'injustice et la montée du nazisme.

• Œuvres principales : *le Kid*, 1920 ; *la Ruée vers l'or*, 1925 ; *les Lumières de la ville*, 1931 ; *les Temps modernes*, 1936 ; *le Dictateur*, 1940.

Charlie **Chaplin** : *le Kid* (1920)

Charcot Jean-Baptiste (1867-1936)

Médecin et explorateur français. ◗ Ce savant et explorateur français fit plusieurs expéditions dans l'Antarctique*, et mena des recherches océanographiques à bord de son bateau, le *Pourquoi-Pas ?*

Charlemagne (742 ou 747-814)

Roi des Francs, puis empereur d'Occident. ◗ Fils de Pépin le Bref, Charlemagne, dont le nom signifie « Charles le Grand », fit la conquête de l'ancienne Gaule, du nord de l'Italie et de la partie de la Germanie qui n'avait pas encore été christianisée. Ayant reconstitué l'Empire romain d'Occident, il fut sacré empereur par le pape en l'an 800, le jour de Noël. Il favorisa l'art et la culture. Après sa mort, son empire fut partagé entre ses fils.

Charles V le Sage (1338-1380)

Roi de France de 1364 à 1380. ◗ Au cours de la guerre de Cent* Ans, il réussit, grâce au chef de guerre Bertrand Du Guesclin*, à reprendre aux Anglais de nombreuses provinces et à redresser ainsi le royaume de France.

Charles V remet l'épée de connétable à Du Guesclin

Charles VII (1403-1461)

Roi de France de 1422 à 1461. ◗ Après plusieurs échecs contre les Anglais lors de la guerre de Cent* Ans, il parvint à reconquérir le royaume avec l'aide de Jeanne* d'Arc, qui le fit sacrer roi à Reims en 1429. Il réforma les finances en instaurant trois impôts permanents, dont la taille* et la gabelle*. → Vois aussi Louis XI.

Charles X (1757-1836)

Roi de France de 1824 à 1830, sous la Restauration*. ◗ Frère de Louis XVI* et de Louis XVIII*, il monte sur le trône à la mort de ce dernier. Très autoritaire, il est contraint d'abdiquer, en 1830.

Noms propres

Charles Martel (vers 688-741)

Prince des Francs. ◗ Maître de deux des trois royaumes que possédaient les Mérovingiens* et maire du palais (dignitaire de la cour du roi), il vainquit les Arabes à Poitiers en 732.

Charles Quint (1500-1558)

Empereur d'Allemagne, roi d'Espagne et de Sicile. ◗ Grâce à divers héritages, Charles Quint (qui signifie « Charles V ») régnait sur l'Italie, l'Autriche, les Pays-Bas, la Franche-Comté et l'Espagne, qui possédait elle-même d'immenses territoires en Amérique. Il fut aussi élu empereur du Saint Empire romain germanique. Combattu par François Ier*, par les protestants allemands et par l'Empire turc de Soliman* le Magnifique, il dut renoncer à son rêve : faire de la moitié de l'Europe un immense royaume catholique. Il se retira dans un couvent en 1556.

Charles Quint

Charles le Téméraire (1433-1477)

Duc de Bourgogne. ◗ Maître des Flandres* et de la Bourgogne*, il voulut réunir ses terres et en faire un vaste État entre la France et l'Allemagne, en conquérant la Lorraine. Il fut vaincu par Louis XI*, qui rattacha définitivement l'État bourguignon à la France.

cheval de Troie → Troie

Cheyennes

Indiens des plaines de l'Amérique du Nord. ◗ Ces Indiens d'Amérique pratiquaient le culte du Soleil et furent autrefois en rivalité avec les Sioux*. Les Cheyennes vivent aujourd'hui dans des réserves au centre des États-Unis et ne sont plus que 10 000 environ.

Chicago

Ville du nord des États-Unis. ◗ 2,7 millions d'habitants ; près de 10 millions avec la banlieue. Située au bord du lac Michigan, au nord-est de l'État de l'Illinois, Chicago est un port actif et un grand centre industriel. C'est là que furent construits les premiers gratte-ciel, au début du XXe siècle.

Chili (Amérique)

- Superficie : 757 000 km²
- Habitants : 17 620 000 *(les Chiliens)*
- Capitale : *Santiago*
- Langue : *espagnol*
- Monnaie : *peso chilien*

◗ Le Chili s'étend sur 4 000 km du nord au sud, entre le Pérou et la Terre de Feu, mais seulement sur 100 à 200 km d'ouest en est, entre le Pacifique et la cordillère des Andes*. Ce pays est le premier producteur mondial de cuivre. Le régime autoritaire instauré en 1973 par le général Pinochet à la suite d'un coup d'État a pris fin en 1990.

Chine (Asie)

- Superficie : 9 600 000 km²
- Habitants : 1 386 800 000 *(les Chinois)*
- Capitale : *Pékin*
- Langue : *chinois*
- Monnaie : *yuan*

◗ Plus d'un milliard de personnes, soit le cinquième de la population mondiale, vivent en Chine. L'Ouest étant constitué de hauts plateaux et de déserts, la population se concentre dans la partie est du pays, région de collines et de plaines, au climat plus doux, traversées par deux grands fleuves : le Huang* He ou fleuve Jaune et le Yangzi* Jiang, le plus long fleuve de Chine. Une trentaine de villes dépassent le million d'habitants. Shanghai et Pékin* ont plus de 10 millions d'habitants. Depuis 1949, le pays est dirigé par le parti communiste, fondé par Mao* Zedong. La Chine est le premier producteur mondial de blé et de riz ; son industrie et son économie connaissent aujourd'hui une progression spectaculaire.

Chirac Jacques (né en 1932)

Homme politique français. ◗ Président du R.P.R. (Rassemblement pour la République), principal parti politique de droite de la Ve République, Jacques Chirac fut Premier ministre à deux reprises (de 1974 à 1976 et de 1986 à 1988) avant d'être élu président de la République en 1995 et réélu en 2002 (son mandat s'est achevé en 2007). Il fut également maire de Paris de 1977 à 1995.

Chopin Frédéric (1810-1849)
Pianiste et compositeur polonais. ◗ Enfant prodige, Chopin donna son premier concert à 8 ans. À 21 ans, il quitta son pays natal, la Pologne, pour s'installer à Paris. Pianiste virtuose, il écrivit presque toutes ses œuvres pour le piano. Il eut une longue liaison amoureuse avec la romancière française George Sand*.
● Œuvres principales : *Études* ; *Nocturnes* ; *Préludes*.

Christ
Nom grec donné à Jésus par les chrétiens. ◗ Nom qui signifie « Messie ». En appelant ainsi la figure centrale de la religion chrétienne, les Évangiles*, écrits en grec, affirment que Jésus est bien le Messie (« l'envoyé de Dieu ») que les Juifs attendaient. → Vois aussi Jésus-Christ.

Churchill Winston (1874-1965)
Homme politique britannique. ◗ Premier ministre de 1940 à 1945, puis de 1951 à 1955, il dirigea la lutte de la Grande-Bretagne contre Hitler* pendant la Seconde Guerre* mondiale. Pour appeler ses concitoyens au combat, il leur avait dit : « Je n'ai rien d'autre à vous offrir que du sang, du labeur, des larmes et de la sueur. »

Chypre (Asie)
• Superficie : 9 251 km^2
• Habitants : 1 141 000 *(les Chypriotes ou les Cypriotes)*
• Capitale : *Nicosie*
• Langues : *grec, turc*
• Monnaie : *euro*

◗ Île de la mer Méditerranée, entre la Grèce et l'Asie, Chypre est peuplée par des Grecs et des Turcs, qui s'opposent fréquemment. Depuis 1974, l'île est partagée en deux : une partie turque au nord, une partie grecque au sud. La partie grecque a rejoint l'Union* européenne en 2004.

Cité interdite
Palais impérial de Pékin. ◗ La construction de ce palais commença au XVe siècle. Il était le symbole du pouvoir absolu de l'empereur sur toute la Chine. L'empereur se tenait dans une salle, dite « de l'harmonie parfaite », au centre de la Cité interdite, elle-même centre exact de la ville de Pékin*.

la **Cité interdite,** Pékin (Chine)

Clemenceau Georges (1841-1929)
Homme politique français. ◗ Médecin à ses débuts, Clemenceau était surnommé « le Tigre », à cause de la virulence de ses prises de position politiques. En 1917, pendant la Première Guerre* mondiale, il fut nommé à la tête du gouvernement français et se rendit populaire en contribuant à la victoire de la France sur l'Allemagne.

Cléopâtre (69-30 avant J.-C.)
Reine d'Égypte. ◗ Le nom de Cléopâtre a été porté par de nombreuses reines d'Égypte. La plus célèbre d'entre elles est Cléopâtre VII. Aimée de Jules César*, puis d'Antoine, le lieutenant de celui-ci, elle régna sur l'est de la mer Méditerranée. Quand Antoine fut vaincu par Octave, héritier de César et futur empereur Auguste*, Cléopâtre se donna la mort en se faisant mordre par un serpent. L'Égypte devint alors romaine.

Cléopâtre (monnaie romaine)

Clovis (vers 465-511)
Roi franc. ◗ Ce roi fit du petit royaume que possédaient les Francs dans le nord de la Gaule un

a b c d e f g h i j k l m n o p q r s t u v w x y z

État qui est devenu la France. Comme il avait été le premier roi barbare à se convertir au catholicisme, la France fut surnommée « la fille aînée de l'Église ». → Vois aussi Francs.

Code civil

Texte juridique. ◗ Constitué de 36 lois, ce recueil de lois fut instauré par Napoléon Ier* en 1804 pour unifier la législation française. Le Code civil régit les droits et les obligations des personnes (lois sur la famille et sur la propriété notamment). Il constitue encore aujourd'hui la base du droit français, mais, pour s'adapter aux évolutions de la société, il a dû subir de nombreuses modifications au cours des XIXe, XXe et XXIe siècles.

Code de la route

Texte juridique. ◗ Ce texte réglemente la circulation des véhicules et des piétons. Le décret qui l'a créé date de 1921.

Colbert (1619-1683)

Homme d'État français. ◗ Recommandé à Louis XIV* par Mazarin*, il administra les affaires du royaume de 1664 à 1671. Il réorganisa les finances et développa l'économie du pays en favorisant l'industrie et le commerce. On a donné le nom de « colbertisme » à son système économique. Sa devise était : « Pour le roi, souvent ; pour la patrie, toujours. »

Colbert

Colisée

Amphithéâtre antique de Rome. ◗ Construit à la fin du Ier siècle, cet amphithéâtre pouvait accueillir plus de 50 000 personnes. On y assistait aux jeux du cirque (combats de gladiateurs ou avec des fauves). De nombreux chrétiens y furent, en public, martyrisés jusqu'à la mort.

● **Le nom de « Colisée » vient d'un mot latin qui signifie « colossal », en référence à l'immense statue de Néron* qui se trouvait à proximité.**

le Colisée (Rome)

Colomb Christophe (1450 ou 1451-1506)

Navigateur italien et découvreur de l'Amérique.
◗ Ce célèbre navigateur parvint, avec le soutien des Rois Catholiques espagnols (Isabelle de Castille et Ferdinand d'Aragon), à affréter trois caravelles (la *Niña*, la *Pinta* et la *Santa María*) dans le but d'ouvrir de nouvelles routes maritimes vers l'Orient. En octobre 1492, après deux mois de voyage, l'expédition arriva en vue des îles proches du continent américain. Colomb dirigea ensuite trois autres expéditions. C'est au cours de l'une d'elles qu'il atteignit le continent américain, en 1498. → Vois aussi Amérique.

Christophe Colomb

Colombie (Amérique)

- Superficie : 1 140 000 km^{2}
- Habitants : 48 321 000 *(les Colombiens)*
- Capitale : *Bogota*
- Langue : *espagnol*
- Monnaie : *peso colombien*

◗ La Colombie est située au nord-ouest de l'Amé-

rique du Sud, sur l'océan Pacifique et la mer des Antilles. Sa population se concentre dans les Andes*, où se trouvent les grandes villes (Bogota, Medellín, Cali). La république de Colombie est l'un des principaux exportateurs de café et possède aussi du pétrole, mais elle connaît de graves difficultés dues aux trafiquants de drogue et à la guérilla qui a sévi dans toute une partie du pays pendant 52 ans, jusqu'à la paix signée en 2016.

Comédie-Française

Troupe de théâtre. ◗ La Comédie-Française est née de la fusion, décrétée par Louis XIV* en 1680, de la troupe de Molière* avec celles du Marais et de l'Hôtel de Bourgogne. Elle jouait les pièces de Molière, Corneille* ou Racine*, s'opposant à la Comédie-Italienne, qui pratiquait la farce et dont les acteurs inventaient souvent leur jeu et leurs répliques sur scène. Aujourd'hui, la Comédie-Française joue les œuvres classiques, mais aussi des œuvres modernes.

Comores (Afrique)

- Superficie : 1 900 km²
- Habitants : 735 000 *(les Comoriens)*
- Capitale : *Moroni*
- Langues : *arabe, français, comorien*
- Monnaie : *franc des Comores*

◗ Archipel de l'océan Indien, au nord-ouest de Madagascar, les îles Comores, au nombre de quatre, ont longtemps été sous la protection et la dépendance de la France. Elles sont indépendantes depuis 1978 (sauf l'une d'entre elles, Mayotte, qui a choisi de rester française). Leurs principales ressources sont agricoles (vanille, épices).

Congo (Afrique)

- Superficie : 342 000 km²
- Habitants : 4 448 000 *(les Congolais)*
- Capitale : *Brazzaville*
- Langue : *français*
- Monnaie : *franc C.F.A.*

◗ Situé au centre-ouest de l'Afrique, le Congo a un climat équatorial, chaud et humide toute l'année, et est recouvert en partie par une forêt dense, partiellement exploitée. Il est séparé de la République démocratique du Congo par le fleuve Congo, le second fleuve d'Afrique. Autrefois colonisé par la France, il est indépendant depuis 1960. C'est une république dont la principale ressource est le pétrole.

Congo (Rép. dém. du) (Afrique)

- Superficie : 2 345 000 km²
- Habitants : 67 514 000 *(les Congolais)*
- Capitale : *Kinshasa*
- Langue : *français*
- Monnaie : *franc congolais*

◗ État de l'Afrique centrale, la République démocratique du Congo (ancien Congo belge puis république du Zaïre) est indépendante depuis 1960. Le pays s'étend sur la majeure partie du bassin du fleuve Congo qui constitue une ressource hydroélectrique (encore insuffisamment utilisée). Ses ressources minières fournissent l'essentiel de ses exportations (cuivre, cobalt et diamants). L'activité agricole est importante (manioc, maïs, bananes). Malgré ses richesses, ce pays, meurtri par plusieurs guerres civiles, est l'un des plus pauvres du monde.

Constantin Ier le Grand (vers 280-337)

Empereur romain. ◗ Il est le premier empereur romain à s'être converti au christianisme. À la veille d'une bataille, une apparition lui révéla qu'il serait victorieux s'il dessinait un signe chrétien sur le bouclier de ses soldats. Effectivement vainqueur, Constantin institua la liberté religieuse. → Vois aussi Constantinople.

Constantin Ier (monnaie romaine)

Constantinople

Capitale de l'Empire byzantin. ◗ Située sur le Bosphore*, elle doit son nom à l'empereur Constantin*, qui en fit la capitale de tout l'Empire romain. Quand l'empire fut divisé en deux, elle devint la capitale de l'Empire byzantin* et le centre de l'Église chrétienne d'Orient, devenue depuis l'Église orthodoxe. Un empereur

Noms propres

byzantin, successeur des empereurs romains, a régné sur Constantinople jusqu'à ce que la ville soit prise par les Turcs en 1453. Elle est située dans la partie européenne de la Turquie et s'appelle de nos jours Istanbul*. → Vois aussi Byzance, Istanbul.

Consulat

Régime politique de la France entre 1799 et 1804. ◗ Le Consulat correspond à la période pendant laquelle Napoléon* Bonaparte disposait de tous les pouvoirs en France mais n'avait pas encore été sacré empereur. Il porta alors le titre de Premier consul de la République, puis celui de consul à vie. → Vois aussi Napoléon Ier.

la **Convention**

Assemblée de la Révolution française. ◗ Elle fut élue au suffrage universel le 20 septembre 1792 et gouverna la France jusqu'en octobre 1795. Elle était composée à l'origine de trois partis : à droite, les Girondins, ainsi nommés car bon nombre de leurs députés venaient de la région de Bordeaux ; au centre, les membres de la Plaine (ou Marais), ainsi appelés par mépris car ils hésitaient à prendre parti ; à gauche, les Montagnards, ainsi surnommés car ils étaient assis sur les gradins les plus élevés de l'Assemblée. La Convention abolit la royauté et proclama l'an I de la République. Elle vota la mort du roi Louis XVI* en janvier 1793 et instaura un régime de terreur pour éliminer les opposants. → Vois aussi Révolution française, Danton, Robespierre.

réunion de la **Convention,** le 26 décembre 1792 : Louis XVI à la barre

Cook James (1728-1779)

Navigateur britannique. ◗ Au cours d'une première expédition de 1768 à 1771, ce navigateur découvrit, pour le compte du roi d'Angleterre, plusieurs îles de la Polynésie et explora la Nouvelle-Zélande et l'Australie. De 1772 à 1775, un deuxième voyage le mena jusque dans l'océan Antarctique. Il repartit en 1776 vers le nord de l'océan Pacifique et découvrit les îles Sandwich. C'est dans l'une d'elles qu'il fut tué par des indigènes.

Copenhague

Capitale du Danemark. ◗ 501 000 habitants (les *Copenhaguois*) ; 1,3 million d'habitants dans l'agglomération. Située sur l'île de Sjælland, cette capitale est un port important et un grand centre culturel et industriel.

Copernic Nicolas (1473-1543)

Astronome polonais. ◗ Ce célèbre astronome émit l'hypothèse que, contrairement aux idées admises depuis l'Antiquité, la Terre n'occupait pas le centre du monde mais qu'elle tournait autour du Soleil avec les autres planètes du Système solaire. Cette nouvelle façon de comprendre l'Univers souleva des critiques, notamment dans l'Église, pour qui l'homme étant la créature de Dieu la plus parfaite, la Terre devait être au centre de toute sa création. Ce n'est qu'au début du XVIIe siècle, avec l'invention de la lunette et les observations de Galilée*, que le système de Copernic fut définitivement confirmé.

Coppens Yves (né en 1934)

Paléontologue français. ◗ En 1974, ce paléontologue découvrit en Éthiopie un squelette féminin d'australopithèque vieux de 3,3 millions d'années qui fut baptisé Lucy*.

Coran

Livre sacré des musulmans. ◗ Le Coran est le fondement de l'islam. Il contient les révélations que le prophète Mahomet* a reçues de l'ange Gabriel*, messager d'Allah* (nom de Dieu chez les musulmans), entre 612 et 632 à La Mecque*, puis à Médine. Rédigé en arabe, le Coran est composé de 114 chapitres (ou sourates), eux-mêmes divisés en versets. Certaines parties doivent être récitées quotidiennement par les fidèles.

● Le mot « Coran » signifie « récitation ».

une page du **Coran** (XIIIe siècle)

Corée du Nord (Asie)

- Superficie : 120 500 km^2
- Habitants : 24 895 000 *(les Nord-Coréens)*
- Capitale : *Pyongyang*
- Langue : *coréen*
- Monnaie : *won nord-coréen*

▸ La Corée du Nord, située à l'extrême est de l'Asie, est dirigée par une dictature qui l'isole du reste du monde. C'est un pays montagneux, au climat rude, et dont l'économie est beaucoup plus pauvre que celle de la Corée du Sud.

Corée du Sud (Asie)

- Superficie : 99 000 km^2
- Habitants : 49 263 000 *(les Sud-Coréens)*
- Capitale : *Séoul*
- Langue : *coréen*
- Monnaie : *won*

▸ Grâce à une main-d'œuvre de plus en plus qualifiée, la république de Corée a connu une très forte croissance économique. Elle exporte ses produits industriels dans le monde entier, surtout en Chine et aux États-Unis, ce qui fait d'elle un des « Quatre Dragons » de l'Asie du Sud-Est. Elle partage ce surnom avec Singapour*, Taïwan* et Hongkong*.

Corneille Pierre (1606-1684)

Auteur de théâtre français. ▸ Cet auteur dramatique vécut sous les règnes de Louis XIII* et de Louis XIV*. Il devint célèbre avec sa tragédie *le Cid*. Il a abordé de nombreux sujets dans ses pièces, en particulier celui du déchirement de l'homme partagé entre ses sentiments et son devoir (dilemme cornélien). Le public préféra peu à peu Racine* à Corneille et celui-ci renonça au théâtre en 1674.

• Œuvres principales : *l'Illusion comique*, 1635-1636 ; *le Cid*, 1637 ; *Cinna*, 1640-1641.

Corse

Île et collectivité unique. ▸ Superficie : 8 680 km^2 ; 329 600 habitants (les *Corses*). Chef-lieu : Ajaccio. La Corse regroupe 2 départements : Corse-du-Sud et Haute-Corse. C'est une île montagneuse de la mer Méditerranée (2 710 m au monte Cinto), au climat généralement chaud et sec l'été, doux et humide l'hiver. Son économie repose sur l'élevage de moutons (lait pour la production de fromage), sur la culture des fruits et des légumes et sur celle de la vigne. La faiblesse de l'industrie tient à des causes naturelles et humaines difficiles à combattre (pauvreté du sous-sol, éloignement du continent, faiblesse du peuplement). Souvent appelée l'« île de Beauté », la Corse vit surtout du tourisme. La Corse fut sous domination italienne jusqu'au XVIIIe siècle, puis devint un département français à la Révolution.

Cortés Hernán (1485-1547)

Conquistador espagnol. ▸ Il entreprit la conquête du Mexique en 1519. Après sa prise de Tenochtitlán, la capitale, et la destruction de l'Empire aztèque, le Mexique devint une colonie espagnole. Nommé gouverneur général par Charles* Quint, Hernán Cortés administra ces nouveaux territoires jusqu'à son retour en Espagne (1540), où il tomba en disgrâce.
→ Vois aussi Aztèques.

Cosaques

Populations nomades de Russie. ▸ À l'origine, les Cosaques formaient des communautés de paysans libres. Ils perdirent leur autonomie au XVIIIe siècle et servirent comme soldats en Russie et en Pologne. Soumis ensuite à la Russie, ils continuèrent à faire partie de son armée.

Costa Rica (Amérique)

- Superficie : 51 000 km^2
- Habitants : 4 872 000 *(les Costaricains ou les Costariciens)*
- Capitale : *San José*
- Langue : *espagnol*
- Monnaie : *colón costaricain*

▸ Le Costa Rica, pays montagneux, est situé sur l'isthme qui relie l'Amérique du Nord à l'Amérique du Sud. Il a un des plus hauts niveaux de vie de l'Amérique latine et exporte du café, des ananas et des bananes.

Côte d'Ivoire (Afrique)

- Superficie : 322 000 km^2
- Habitants : 22 671 300 *(les Ivoiriens)*
- Capitale : *Yamoussoukro*
- Langue : *français*
- Monnaie : *franc C.F.A.*

◗ Située sur le golfe de Guinée, la Côte d'Ivoire est formée d'une région littorale bordée de lagunes et occupée en partie par la forêt dense. Plus au nord apparaissent des savanes. Cet ancien territoire français est devenu indépendant en 1960. Son développement en a fait un pays modèle. L'économie, qui repose notamment sur le tourisme, les cultures tropicales et les richesses minières (or, pétrole), connaît une forte croissance.

Coubertin Pierre de (1863-1937)

Éducateur français. ◗ Ce pédagogue eut l'idée de rétablir les jeux Olympiques*, interdits en 394 par l'empereur Théodose Ier qui les jugeait païens. Les premiers Jeux de l'époque moderne eurent lieu en 1896, à Athènes. Pierre de Coubertin fut président du Comité international olympique.

Crécy - bataille de Crécy

Bataille de la guerre de Cent* Ans. ◗ Cette bataille eut lieu le 29 août 1346 dans un village du département de la Somme (Crécy-en-Ponthieu) et opposa les Français de Philippe VI de Valois aux Anglais, qui furent victorieux.

Crésus (VIe siècle avant J.-C.)

Roi de Lydie. ◗ Dernier roi de Lydie, célèbre pour sa richesse. La Lydie était un pays d'Asie Mineure où coulait un fleuve appelé Pactole, roulant des paillettes d'or.

● On dit de quelqu'un de très fortuné qu'il est « riche comme Crésus » et d'une grosse source de richesse que c'est un « pactole ».

Crète

Île grecque. ◗ Superficie : 8 336 km^2. 621 000 habitants (les *Crétois*). Située dans la mer Méditerranée, la Crète est une île allongée, formée de chaînes calcaires. Elle possède les vestiges d'un immense palais construit environ 3 000 ans avant J.-C., le palais de Cnossos. Au cours des siècles, la Crète fut conquise par les Grecs, les Romains, les musulmans, les Vénitiens et en dernier lieu par les Turcs, qui la colonisèrent jusqu'au début du XXe siècle.

Crète : fresque du palais de Cnossos

Croatie (Europe)

- Superficie : 56 500 km^2
- Habitants : 4 290 000 *(les Croates)*
- Capitale : *Zagreb*
- Langue : *croate*
- Monnaie : *kuna*

◗ Pays des Balkans* issu de l'éclatement de la Yougoslavie*, la Croatie a proclamé son indépendance en 1991, mais le conflit a été sanglant entre Croates et Serbes. À l'ouest et au sud, le littoral de la mer Adriatique (Dalmatie) est une grande région touristique. La Croatie a rejoint l'Union* européenne en 2013.

croisades

Expéditions militaires entreprises par les chrétiens au Moyen-Orient du XIe au XIIIe siècle. ◗ Les croisades visaient à libérer les Lieux saints (Jérusalem*, notamment) de l'emprise des musulmans. Huit croisades eurent lieu entre 1096 et 1270. → Vois aussi Louis IX, Palestine, Richard Cœur de Lion.

croisades : scène de combat entre croisés et musulmans

Croissant-Rouge

Organisation humanitaire. ◗ Créée en 1949, cette organisation remplit, dans les pays musulmans, les mêmes fonctions que la Croix*-Rouge.

Croix du Sud

Constellation de l'hémisphère Sud. ◗ Cette constellation australe comprend quatre étoiles disposées en forme de croix, dont la plus grande est orientée vers le pôle Sud. Avant l'invention de la boussole, les marins l'utilisaient dans l'hémisphère Sud pour se repérer.

Croix-Rouge

Organisation humanitaire internationale. ◗ Créée par le Suisse Henri Dunant en 1863, à Genève, la Croix-Rouge vient au secours des blessés et des prisonniers de guerre ainsi que des victimes de catastrophes naturelles.

a b c d e f g h i j k l m n o p q r s t u v w x y z

Cro-Magnon

Site préhistorique. ◗ C'est là, en Dordogne, dans le sud-ouest de la France, que furent découverts des ossements d'hommes préhistoriques ayant vécu il y a environ 30 000 ans, à une époque nommée le *paléolithique*. Les hommes de Cro-Magnon sont aussi appelés *Homo sapiens* (mots latins signifiant « homme savant »).

Cronos (nom romain : Saturne)

Personnage de la mythologie grecque. ◗ Cronos est un Titan*. Après avoir mutilé son père, il s'empara du pouvoir. Craignant d'être à son tour détrôné par l'un de ses fils, il dévora les enfants que son épouse, Rhéa, lui donna. Un seul lui échappa, Zeus*, que sa mère avait remplacé par une pierre entourée de langes. Celui-ci se révolta, puis détrôna Cronos. Avant de l'envoyer aux Enfers, Zeus obligea Cronos à redonner vie aux dieux qu'il avait avalés.

Cuba (Amérique)

- Superficie : 111 000 km²
- Habitants : 11 266 000 *(les Cubains)*
- Capitale : *La Havane*
- Langue : *espagnol*
- Monnaies : *peso cubain, peso convertible*

◗ L'île de Cuba, située au sud de la Floride, est la plus vaste île de l'archipel des Grandes Antilles*. Son climat tropical lui permet de produire du sucre de canne, du tabac et des fruits. Le pays, gouverné de façon très autoritaire à partir de 1959 et pendant près de cinquante ans par Fidel Castro (1926-2016), auquel a succédé son frère Raúl Castro (né en 1931), peine à sortir de son isolement international. Le tourisme représente néanmoins une ressource importante pour l'économie du pays. Avec l'archipel des Bahamas et Haïti, Cuba est l'une des terres découvertes par Christophe Colomb* lors de sa première expédition, en 1492.

Cupidon → Éros

Curie Pierre (1859-1906) et Marie (1867-1934)

Physiciens français. ◗ Pierre Curie épousa en 1895 Marie, étudiante polonaise venue en France pour poursuivre ses études. Tous deux consacrèrent leurs recherches scientifiques à l'étude de la radioactivité : ils identifièrent, à partir de minerais, des éléments radioactifs comme le radium. Leurs travaux furent récompensés par le prix Nobel de physique en 1903. Continuant ses recherches après la mort de son époux, Marie Curie reçut le prix Nobel de chimie en 1911.

Pierre et Marie **Curie**

Cyclopes

Géants de la mythologie grecque. ◗ Ces géants n'avaient qu'un œil, placé au milieu du front. L'un d'entre eux, Polyphème, captura, pour les dévorer, Ulysse* et ses compagnons. Ces derniers réussirent à lui crever l'œil pendant qu'il dormait. Le Cyclope appela à l'aide, mais on le crut fou parce qu'il racontait que « Personne » l'avait blessé. C'est en effet sous ce nom que le rusé Ulysse s'était présenté à lui.

l'aveuglement du **Cyclope** par Ulysse et ses compagnons

Cyrus II le Grand (mort vers 530 avant J.-C.)

Roi de Perse. ◗ Ce roi de Perse se lança à la conquête de l'Orient : il vainquit Crésus* en 546 avant J.-C., prit la ville de Babylone* en 539 et fit de cette région de Basse-Mésopotamie* une province de l'Empire perse.

D

Dagobert Ier (mort vers 638)
Roi des Francs. ◗ La célèbre chanson *le Bon Roi Dagobert*, écrite avant la Révolution française pour se moquer de la monarchie, le présente comme un niais. En fait, Dagobert fut le dernier grand roi de la dynastie des Mérovingiens*. Il reconstitua le vaste royaume de Clovis* et l'administra avec l'aide des évêques saint Éloi et saint Ouen.

Dagobert et saint Omer

Dakar
Capitale du Sénégal. ◗ 3,5 millions d'habitants (les *Dakarois*) avec sa banlieue. Située sur l'océan Atlantique, Dakar est le premier port du Sénégal et un important centre industriel et commercial.

dalaï-lama
Chef spirituel bouddhiste et souverain du Tibet*. ◗ Titre mongol attribué au chef spirituel bouddhiste du Tibet. L'actuel dalaï-lama est Tenzin Gyatso (né en 1935). Il vit en exil en Inde depuis 1959 et lutte contre la domination chinoise au Tibet. Il reçut le prix Nobel de la paix en 1989.

Dalí Salvador (1904-1989)
Peintre espagnol. ◗ Ce peintre et dessinateur fit partie à Paris, dès 1929, d'un groupe d'artistes appelés *les surréalistes*, qui voulaient que les œuvres d'art soient créées en utilisant librement le rêve et l'imagination. Les peintures de Dalí sont parmi les plus célèbres de l'art surréaliste. Elles montrent des scènes étranges qui choquent ou font rêver.

Damas
Capitale de la Syrie. ◗ 2,6 millions d'habitants avec sa banlieue (les *Damascènes*). Située dans une oasis au sud de la Syrie, Damas est une ville très ancienne. Elle est célèbre pour sa mosquée des Omeyyades (commencée en 705), qui est considérée comme la première grande réalisation de l'art musulman.

Damoclès (début du IVe siècle avant J.-C.)
Courtisan d'un roi de l'Antiquité. ◗ Pour faire comprendre à Damoclès combien le bonheur des rois est fragile, un monarque lui céda sa place pendant un jour et fit suspendre au-dessus de sa tête une épée, retenue par un crin de cheval.
● En référence à cette histoire, on appelle *épée de Damoclès* une menace permanente.

Danemark (Europe)

- Superficie : 43 000 km²
- Habitants : 5 619 000 *(les Danois)*
- Capitale : *Copenhague*
- Langue : *danois*
- Monnaie : *couronne danoise (krone)*

◗ Situé en Scandinavie, au nord de l'Europe, le royaume du Danemark est formé d'une partie continentale (Jylland) et de plusieurs îles, Sjaelland étant la principale. L'agriculture, la pêche et l'industrie contribuent à la richesse du pays qui possède également du pétrole et développe beaucoup l'énergie éolienne. Le niveau de vie de la population est très élevé. Le Danemark est entré en 1973 dans le Marché commun, devenu depuis l'Union* européenne.

Danton Georges (1759-1794)
Homme politique français. ◗ Ce grand orateur joua un rôle important pendant la Révolution française. Il fut député à la Convention* et créa le Tribunal révolutionnaire, qui condamnait à mort sur un simple soupçon. Il réclama la fin du régime de la Terreur (auquel il avait participé) et fut condamné à son tour par ce même Tribunal.
→ Vois aussi Révolution française, Robespierre.

Danube

Fleuve d'Europe centrale. ◗ Long de 2 850 km, le Danube prend sa source en Allemagne, traverse l'Autriche, la Hongrie, la Croatie, la Serbie, la Bulgarie et la Roumanie, avant de se jeter dans la mer Noire*. Le Danube est une importante voie de navigation utilisée depuis le temps des Romains. Il a été célébré par des poètes et des musiciens, comme l'Autrichien Johann Strauss*, qui composa une valse célèbre : *le Beau Danube bleu*.

Darwin Charles (1809-1882)

Biologiste et naturaliste britannique. ◗ Au cours d'une mission autour du monde, ce naturaliste recueillit un grand nombre d'observations. Il développa une théorie de l'évolution, appelée le *darwinisme*, selon laquelle les espèces animales et végétales s'adaptent au milieu par sélection naturelle et luttent pour survivre. Ses idées, qui paraissaient contredire l'idée de la création du monde telle que la présentait la Bible, furent très violemment combattues par les milieux conservateurs et religieux de l'époque.

Daudet Alphonse (1840-1897)

Écrivain français. ◗ Né en Provence, Alphonse Daudet a souvent évoqué son pays natal dans ses œuvres. Il a écrit des contes, comme *les Lettres de mon moulin*, des romans, comme *le Petit Chose*, récit de sa jeunesse, ou *Tartarin de Tarascon*, portrait caricatural d'un chasseur du Midi. Il a dépeint la société de son époque en mêlant réalisme, émotion et fantaisie.

Alphonse **Daudet**

Daumier Honoré (1808-1879)

Dessinateur et peintre français. ◗ Surtout célèbre pour ses dessins, Honoré Daumier a réalisé de nombreuses caricatures représentant des scènes de la vie quotidienne et se moquant des mœurs des Français de son époque.

une caricature de **Daumier :** *le Banquier*

David (vers 1000 avant J.-C.)

Deuxième roi d'Israël. ◗ Selon la Bible*, David conquit Jérusalem* et en fit sa capitale. Les Juifs, qui considèrent son règne comme le plus glorieux de leur histoire, pensent qu'un descendant de David, le Messie, rétablira le royaume d'Israël. Pour les chrétiens, ce descendant est Jésus*-Christ. Les musulmans vénèrent David comme un prophète. Traditionnellement, il est considéré comme l'auteur des poèmes bibliques appelés *les Psaumes*. La Bible raconte comment il vainquit le géant Goliath en combat singulier et le tua avec sa fronde.

Louis **David :** *le Sacre de Napoléon* (détail)

David Louis (1748-1825)

Peintre français. ◗ S'inspirant de la Rome* antique, David représente ses personnages dans

Noms propres

des attitudes nobles et des décors au dessin précis. Il a été le peintre officiel de la Révolution* française et de Napoléon Ier*. L'un de ses tableaux les plus célèbres représente le sacre de Napoléon à Notre-Dame de Paris.
• Œuvres principales : *le Serment des Horaces*, 1784 ; *la Mort de Marat*, 1795 ; *le Sacre*, 1805-1807.

Déclaration des droits de l'homme

→ droits

Dédale

Personnage de la mythologie grecque. ◗ Dédale était un architecte de génie. Le roi de Crète Minos lui demanda de dessiner les plans d'un labyrinthe pour y enfermer le Minotaure*. Ce dernier y meurt, tué par Thésée, mais Dédale est soupçonné d'avoir aidé Thésée à s'enfuir : puni, il est lui-même enfermé dans le labyrinthe par Minos. Il parvient à s'évader en se fabriquant des ailes avec de la cire et des plumes d'oiseau, et en s'envolant en compagnie de son fils Icare*.

Delacroix Eugène (1798-1863)

Peintre français. ◗ Il fut l'un des grands peintres romantiques. Ses tableaux et ses vastes peintures murales, riches de mouvement et de couleurs, évoquent de grands moments historiques. D'autres représentent des scènes d'animaux, fauves et chevaux en particulier, des paysages ou des portraits. Son goût pour l'Orient s'exprime dans des scènes exotiques et sauvages.
• Œuvres principales : *Scènes des massacres de Scio*, 1824 ; *la Liberté guidant le peuple*, 1830 ; *Entrée des croisés à Constantinople*, 1840.

Eugène **Delacroix** : *Lion dévorant un lapin*

Delhi

Ville d'Inde. ◗ 11 millions d'habitants. Elle est formée d'une vieille ville, fondée par les musulmans au XIIe siècle, et d'une ville moderne, New Delhi, qui est la capitale du pays.

Delphes

Ville de la Grèce antique. ◗ Important centre religieux de l'Antiquité, Delphes était célèbre pour sa pythie, une prêtresse d'Apollon* qui prédisait l'avenir. Assise au-dessus d'une crevasse d'où s'échappaient des vapeurs, elle répondait aux questions qu'on lui posait par des paroles incompréhensibles que des prêtres interprétaient ensuite. Delphes est, avec l'Acropole* d'Athènes, l'un des sites les mieux conservés de la Grèce antique.

Delphes : le temple d'Athéna

Delvaux Paul (1897-1994)

Peintre belge. ◗ Ses premiers tableaux traduisent une sorte de réalisme impressionniste. À partir de 1935, sous l'influence de Magritte* et des surréalistes, il associe dans ses tableaux des éléments sans lien apparent, ce qui crée une atmosphère surnaturelle et un peu inquiétante.

Déméter (nom romain : Cérès)

Déesse grecque du Blé et de la Moisson. ◗ Cette déesse de la terre cultivée était très aimée des Grecs parce que leur nourriture dépendait de la culture du blé. Déméter assurait la stabilité du monde en faisant renaître chaque année le temps des moissons.

Descartes René (1596-1650)

Philosophe et mathématicien français. ◗ Ce philosophe et mathématicien a bouleversé la philosophie de son époque. Prenant le doute comme point de départ de sa pensée, il a remis en question l'existence du monde extérieur et a affirmé que la seule certitude était l'existence de la pensée. Il a résumé cela en une phrase : « Je pense donc je suis. » Pour lui, les sciences les plus importantes sont la mécanique (la physique), la médecine et la morale (qui réfléchit au bien et au mal en s'appuyant sur la raison).
• Œuvres principales : *Discours de la méthode*, 1637.

Diane → Artémis

Dickens Charles (1812-1870)

Romancier anglais. ◗ Ce romancier anglais connut une enfance difficile dans l'Angleterre du XIXe siècle. Obligé de travailler à l'âge de douze ans, il évoque dans ses romans sa jeunesse malheureuse et apporte un témoignage sur la société des débuts de l'époque industrielle en Angleterre. Ses romans, sensibles et pleins d'humour, eurent un immense succès populaire en Grande-Bretagne et en Amérique.

• Œuvres principales : *les Aventures de M. Pickwick*, 1837 ; *Oliver Twist*, 1838 ; *David Copperfield*, 1849.

Diderot Denis (1713-1784)

Écrivain et philosophe français. ◗ Homme de génie et penseur éclairé, Diderot écrivit des romans, des pièces de théâtre, des ouvrages philosophiques et de nombreuses critiques. Il est également, avec son ami d'Alembert, à l'origine de l'*Encyclopédie*. → Vois aussi le siècle des Lumières* (partie « Noms communs »).

• Œuvres principales : *Lettre sur les aveugles*, 1749 ; *le Neveu de Rameau*, 1762 ; *Jacques le Fataliste et son maître*, 1796.

Denis **Diderot** (tableau de Fragonard)

Dionysos (nom romain : Bacchus)

Dieu grec du Vin et de la Vigne. ◗ Dionysos était le fils de Zeus* et d'une mortelle, Sémélé. Celle-ci mourut durant sa grossesse. Zeus sortit Dionysos du ventre de sa mère et plaça l'enfant dans sa propre cuisse pour qu'il prenne des forces avant de naître. Vêtu de feuilles de vigne et de grappes de raisin, toujours ivre, Dionysos s'entourait de divinités champêtres aux allures monstrueuses et grotesques. Les Grecs et les Romains voyaient en lui le protecteur de la tragédie et de la comédie.

Disney Walt (1901-1966)

Dessinateur, réalisateur et producteur américain de dessins animés. ◗ Ce réalisateur célèbre a créé des personnages connus dans le monde entier, comme Mickey, la souris, Donald, le canard, ou Pluto, le chien. Il a été l'un des premiers à pratiquer le dessin animé sonore (1928) et en couleurs (1932). Il fit le premier long-métrage animé à la fois sonore et en couleurs de l'histoire du cinéma, *Blanche-Neige et les sept nains* (1937). Fondateur des plus grands studios de dessins animés du monde, il a aussi produit des films d'aventures comme *Zorro*. En 1955, il a ouvert en Californie* le premier de ses parcs d'attractions, *Disneyland*. Depuis sa mort, sa société de production poursuit son œuvre pour le cinéma et la télévision et crée d'autres parcs d'attractions tels que Disneyland Paris en France.

• Œuvres principales : *Blanche-Neige et les sept nains*, 1937 ; *Dumbo, l'éléphant volant*, 1941 ; *Bambi*, 1942 ; *Cendrillon*, 1949 ; *le Livre de la jungle*, 1967.

Djibouti (Afrique)

- Superficie : 23 000 km²
- Habitants : 873 000 *(les Djiboutiens)*
- Capitale : *Djibouti*
- Langues : *arabe, français*
- Monnaie : *franc de Djibouti*

◗ Situé au nord-est de l'Afrique, le pays est un ancien territoire français devenu une république indépendante en 1977. C'est une région aride, dont la population est musulmane, vit de l'élevage ovin ou bien se concentre dans la capitale. À l'entrée de la mer Rouge, elle a un intérêt stratégique important.

dominicaine (République) (Amérique)

- Superficie : 48 400 km²
- Habitants : 10 404 000 *(les Dominicains)*
- Capitale : *Saint-Domingue*
- Langue : *espagnol*
- Monnaie : *peso dominicain*

◗ La République dominicaine se situe sur l'île d'Haïti, aux Antilles. Son territoire représente environ les deux tiers de l'île. Plus développé que son voisin, le pays attire de nombreux Haïtiens. Ses principales ressources sont des produits de l'agriculture : sucre de canne, riz, café, cacao et tabac.

a b c d e f g h i j k l m n o p q r s t u v w x y z

Dominique

(Amérique)

- Superficie : 751 km²
- Habitants : 72 000 *(les Dominiquais)*
- Capitale : *Roseau*
- Langue : *anglais*
- Monnaie : *dollar des Caraïbes orientales*

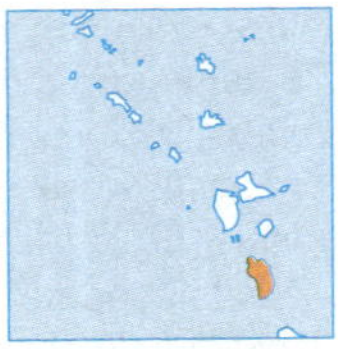

▶ La Dominique est une petite île volcanique de l'archipel des Petites Antilles*, située dans la mer des Caraïbes, entre la Guadeloupe et la Martinique. Elle a appartenu à la Grande-Bretagne avant d'obtenir son indépendance en 1978. Elle produit surtout des fruits (bananes, agrumes).

droits de l'enfant - Déclaration des droits de l'enfant

Texte juridique. ▶ La Déclaration des droits de l'enfant a été adoptée par l'Assemblée générale de l'O.N.U.* le 20 novembre 1959. Elle est composée d'un préambule (une introduction) et de dix principes qui proclament les droits spécifiques de l'enfant et assurent sa protection juridique.

droits de l'homme - Déclaration universelle des droits de l'homme

Texte juridique. ▶ Ce texte, adopté le 10 décembre 1948 par l'Assemblée générale de l'O.N.U.*, reprend et enrichit les grands principes de la Déclaration des droits de l'homme et du citoyen de 1789. Il réaffirme la liberté et l'égalité de tous les êtres humains.

la **Déclaration des droits de l'homme et du citoyen (1789)**

droits de l'homme et du citoyen - Déclaration des droits de l'homme et du citoyen

Texte juridique. ▶ Ce texte, voté par l'Assemblée constituante le 26 août 1789, marque la fin de l'Ancien* Régime. Inspiré des idées des philosophes du siècle des Lumières, il garantit les droits essentiels de l'homme : « Les hommes naissent et demeurent libres et égaux en droits. » Il proclame l'égalité de tous, la liberté d'opinion et d'expression, le droit à la propriété, à l'éducation et au travail.

Dublin

Capitale de l'Irlande. ▶ 527 612 habitants (les *Dublinois*) ; plus de 1 million d'habitants avec sa banlieue. Située sur la mer d'Irlande, Dublin est un grand port de pêche et de commerce. La ville devint la capitale de l'État libre d'Irlande (Éire) en 1922.

Dumas Alexandre (1802-1870)

Écrivain français. ▶ Alexandre Dumas fut l'un des auteurs les plus populaires et les plus productifs de sa génération : il écrivit, avec de nombreux collaborateurs, environ trois cents pièces de théâtre et romans. Il fut l'un des premiers à publier sous forme de feuilleton ses romans historiques, dont le plus célèbre demeure *les Trois Mousquetaires*.

● Œuvres principales : *les Trois Mousquetaires*, 1844 ; *le Comte de Monte-Cristo*, 1846.

Les Trois Mousquetaires d'Alexandre **Dumas**

E

Écho

Nymphe de la mythologie grecque. ▶ Nymphe qui personnifie l'écho parce qu'elle a été condamnée par Héra* à ne jamais parler la première. → Vois aussi Narcisse.

Écosse

Région du nord de la Grande-Bretagne. ◗ Superficie : 78 800 km^2 ; 5 millions d'habitants (les *Écossais*). Capitale : Édimbourg. L'Écosse est bordée par l'océan Atlantique* et par la mer du Nord*. Son relief est essentiellement formé de moyennes montagnes.
Les Romains n'ont jamais réussi à conquérir l'Écosse, qui combattit ensuite longtemps l'Angleterre et resta indépendante jusqu'en 1603. À cette date, le roi Jacques VI d'Écosse devint Jacques Ier d'Angleterre. En 1707, la Grande-Bretagne naît de la fusion des deux royaumes. Le sentiment nationaliste écossais est resté cependant fort jusqu'à nos jours.

Edison Thomas (1847-1931)

Inventeur américain. ◗ Créateur de plus d'un millier d'inventions, Thomas Edison réalisa notamment, en 1864, un télégraphe permettant de faire passer sur un seul fil deux dépêches venant en sens inverse. Il inventa le phonographe en 1877, la lampe à incandescence vers 1878 et le *kinétoscope*, ancêtre du projecteur de cinéma.

Thomas **Edison**

l'édit de Nantes

Édit signé par Henri IV*. ◗ Cette loi royale, signée en 1598, mit fin aux guerres de Religion* en France. Elle autorisait les protestants à pratiquer leur religion et leur donnait des places fortes pour se défendre. Richelieu* qui trouvait ces places fortes menaçantes pour l'État s'en empara. En 1685, Louis XIV* annula l'édit de Nantes. Les protestants furent alors persécutés et 200 000 d'entre eux quittèrent la France.

Égée - mer Égée

Partie de la mer Méditerranée entre la Grèce et la Turquie. ◗ La mer Égée contient des îles isolées appartenant à la Grèce ou à la Turquie et des archipels de dizaines d'îles grecques. Elle doit son nom à un roi légendaire d'Athènes*.

Égypte (Afrique)

- Superficie : 1 000 000 km^2
- Habitants : 82 056 000 *(les Égyptiens)*
- Capitale : *Le Caire*
- Langue : *arabe*
- Monnaie : *livre égyptienne*

◗ Située au nord-est de l'Afrique, sur la mer Méditerranée et la mer Rouge, l'Égypte est le pays le plus peuplé du monde arabe. Une grande partie du pays étant désertique, la population se concentre dans la vallée du Nil*, où le surpeuplement est préoccupant, particulièrement au Caire, la plus importante ville d'Afrique (13 millions d'habitants avec sa banlieue). Par ses nombreux vestiges de l'époque des pharaons, l'Égypte attire chaque année de nombreux touristes. L'industrie (essentiellement textile) est encore peu développée malgré la présence du pétrole.

Égypte ancienne

Période de l'histoire de l'Égypte. ◗ Située au nord de l'Afrique et à la bordure ouest de l'Asie, l'Égypte est traversée du sud au nord par le Nil*, qui, par sa vallée fertile, assure la richesse du pays. C'est à partir de 3000 avant J.-C. que s'est développée la civilisation égyptienne antique. L'Égypte était alors un empire gouverné par un roi appelé pharaon, et avait pour capitale Thèbes. Des prêtres réglaient les pratiques du culte et administraient les immenses richesses des temples. Les anciens Égyptiens avaient inventé un système d'écriture, les hiéroglyphes, et un calendrier établi en observant les mouvements des planètes dans le ciel. Ils nous ont laissé des pyramides, qui servaient de tombeaux aux pharaons. À partir du IXe siècle avant J.-C., l'Égypte, affaiblie par des luttes de pouvoir, fut successivement envahie par les Assyriens, les Perses, les Grecs, les Romains, puis, au VIIe siècle après J.-C., par les Arabes. → Vois aussi Champollion, Gizeh, Toutankhamon.

Eiffel Gustave (1832-1923)

Ingénieur français. ◗ Gustave Eiffel est l'un des plus grands spécialistes mondiaux de la construction métallique : il réalisa des ponts, des viaducs, des charpentes. Mais il est surtout célèbre pour la tour qui porte son nom, à Paris : d'une hauteur de 300 m à l'origine (aujourd'hui

320 m), la tour Eiffel fut érigée entre 1887 et 1889 pour l'Exposition universelle de 1889. Gustave Eiffel a également réalisé la structure de la statue de la Liberté, à New York.

la tour **Eiffel** en construction (1888)

Einstein Albert (1879-1955)
Physicien américain d'origine allemande. ◗ Considéré comme le plus grand savant du XXe siècle, il est à l'origine d'une théorie qui bouleversa les lois de la physique et de l'astronomie, la théorie de la relativité. Ses découvertes lui valurent le prix Nobel* de physique en 1921. Obligé de fuir l'Allemagne nazie en 1933, Einstein s'est toujours senti concerné par les grands problèmes de son époque, prenant position notamment contre l'arme nucléaire.

Albert **Einstein**

Eisenhower Dwight David (1890-1969)
Général et homme politique américain. ◗ Commandant en chef des forces alliées, ce général américain dirigea les débarquements en Normandie, en 1944, et reçut la capitulation de l'Allemagne en mai 1945. Il fut président des États-Unis de 1953 à 1961.

Élisabeth II (née en 1926)
Reine du Royaume-Uni de Grande-Bretagne et d'Irlande du Nord. ◗ Elle règne depuis 1952. Elle a eu quatre enfants, dont Charles, l'aîné, qui est le prince de Galles et l'héritier du trône.

Éluard Paul (1895-1952)
Poète français. ◗ D'abord membre du courant surréaliste, il choisit de s'en éloigner pour proposer une « poésie accessible pour tous ». Pendant la Seconde Guerre* mondiale, il rejoignit la Résistance*. Épris de liberté et de justice, Paul Éluard exprime dans sa poésie l'amour de la vie, des êtres et des choses qui lui sont chers, dans un langage simple.
● Œuvres principales : *Capitale de la douleur*, 1926 ; *les Yeux fertiles*, 1936 ; *Donner à voir*, 1939.

Émirats arabes unis
(Asie)

- Superficie : 80 000 km^2
- Habitants : 9 346 000 *(les Émiriens)*
- Capitale : *Abu Dhabi*
- Langue : *arabe*
- Monnaie : *dirham des Émirats arabes unis*

◗ Les Émirats arabes unis regroupent sept émirats de la péninsule d'Arabie dont une grande partie du territoire est désertique. Des travaux d'irrigation ont permis le développement de l'agriculture, mais l'essentiel de la richesse de cette fédération provient de l'exploitation de ses ressources de pétrole et de gaz naturel. Le pouvoir est exercé tour à tour par chacun des émirs.

1. **Empire** - premier Empire
Gouvernement de la France entre 1804 et 1814, sous le règne de Napoléon Ier *. ◗ Sacré empereur des Français en 1804, Napoléon Ier tenta de constituer un grand empire étendu à l'Europe mais il échoua. Chassé du pouvoir une première fois et exilé, il rétablit l'Empire pendant une courte période d'environ trois mois (les Cent-Jours), mais il fut vaincu à Waterloo* par les grands souverains d'Europe unis contre lui. L'Empire s'effondra définitivement et le roi

(Louis XVIII*) revint au pouvoir : c'est ce qu'on appelle la Restauration*.

2. Empire - second Empire

Gouvernement de la France entre 1852 et 1870, sous le règne de Napoléon III*. ◗ Instauré par Napoléon III en 1852, le second Empire fut, jusqu'en 1860, un régime très autoritaire. Il toléra ensuite une certaine forme d'opposition et une plus grande liberté d'opinion. Le second Empire fut remplacé par une république quand l'Allemagne écrasa les armées françaises (guerre* de 1870). L'Alsace* et la Lorraine* devinrent alors allemandes et le restèrent jusqu'à la fin de la Première Guerre* mondiale.

Empire byzantin → byzantin

Empire ottoman → ottoman

Empire romain → romain

Éphèse

Site archéologique de Turquie. ◗ Dans l'Antiquité, Éphèse était une grande ville grecque sur la mer Égée. On venait y adorer la déesse Artémis*, à laquelle était dédié un temple aujourd'hui disparu, considéré comme l'une des Sept* Merveilles du monde.

Équateur (Amérique)

- Superficie : 270 670 km²
- Habitants : 15 738 000 *(les Équatoriens)*
- Capitale : *Quito*
- Langues : *espagnol, quechua et shuar dans certaines régions*
- Monnaie : *dollar des États-Unis*

◗ Pays d'Amérique du Sud, sur l'océan Pacifique, l'Équateur est en grande partie recouvert par la forêt amazonienne et est partagé en son milieu par la cordillère des Andes*. Cette république exporte du café, du cacao, des bananes, des fleurs, des crevettes et, surtout, du pétrole.

Éros (nom romain : Cupidon)

Dieu grec de l'Amour. ◗ À l'origine, Éros représentait la force qui poussait tous les êtres vivants (plantes, animaux et humains) à se rapprocher et à se reproduire. Les poètes grecs ont ensuite vu en lui la divinité de l'Amour, fils d'Aphrodite* et d'Arès*. Ils l'ont représenté sous la forme d'un enfant ailé qui blesse le cœur des hommes et des femmes avec ses flèches.

Érythrée (Afrique)

- Superficie : 120 000 km²
- Habitants : 6 333 000 *(les Érythréens)*
- Capitale : *Asmara*
- Langues : *tigrigna, arabe*
- Monnaie : *nakfa*

◗ Située en Afrique orientale, sur la mer Rouge, l'Érythrée est une ancienne province de l'Éthiopie*. Devenue indépendante en 1993, elle est formée d'une plaine côtière aride et d'un plateau favorable à l'agriculture et à l'élevage. La population comprend des chrétiens et des musulmans. De nombreux Érythréens ont fui leur pays.

Escaut

Fleuve de France, de Belgique et des Pays-Bas. ◗ Long de 430 km, l'Escaut prend sa source dans le département de l'Aisne, en France, et se jette dans la mer du Nord*.

1. Espagne (Europe)

- Superficie : 505 000 km²
- Habitants : 46 927 000 *(les Espagnols)*
- Capitale : *Madrid*
- Langue : *espagnol*
- Monnaie : *euro*

◗ L'Espagne fait partie de l'Europe méditerranéenne. À la suite de la guerre civile, l'Espagne a connu pendant près de quarante ans le régime autoritaire du général Franco*. À la mort de celui-ci, elle s'est démocratisée et est devenue, à l'avènement de Juan Carlos Ier, une monarchie constitutionnelle. Elle est entrée en 1986 dans la Communauté économique européenne (devenue depuis l'Union* européenne). Le poids de l'agriculture, traditionnellement important, s'est réduit au profit de l'industrie (implantée notamment dans le Pays basque, les Asturies et la région de Barcelone) et des services, avec un tourisme florissant. La crise économique a cependant fortement augmenté le chômage.

2. Espagne - guerre civile d'Espagne

Conflit sanglant entre la République espagnole et une insurrection militaire et nationaliste (1936-1939). ◗ Refusant que l'Espagne soit gouvernée par des partis de gauche, le général Franco prit la tête de l'opposition catholique conservatrice et des garnisons révoltées. Aidé par Mussolini et Hitler, Franco s'empara peu à peu de tout le pays.

Les Républicains reçurent de l'aide technique de l'U.R.S.S., et des démocrates de nombreux pays formèrent les Brigades internationales pour venir à leur secours. Opposant les nationalistes et les régimes fascistes d'Europe aux démocrates et aux partis révolutionnaires de gauche, la guerre d'Espagne est considérée comme un signe annonciateur de la Seconde Guerre* mondiale.

Esquimaux ou Eskimos → Inuits

Estonie (Europe)

- Superficie : 45 000 km²
- Habitants : 1 287 000 *(les Estoniens)*
- Capitale : *Tallinn*
- Langue : *estonien*
- Monnaie : *euro*

◗ Située sur la mer Baltique, l'Estonie, ancienne république d'U.R.S.S.*, est un pays plat en grande partie recouvert de forêts. Son économie repose sur l'industrie, l'élevage et la pêche. Indépendante depuis 1991, elle a rejoint l'Union* européenne en 2004.

états généraux de 1789 - réunion des états généraux de 1789

Assemblée réunie le 5 mai 1789. ◗ En 1788, confronté à de graves problèmes financiers, Louis XVI* décida la réunion des états généraux pour le mois de mai 1789. Cette assemblée était constituée de représentants du clergé (les hommes d'Église), de la noblesse et du tiers état (tout le reste de la population). Les représentants avaient rassemblé les revendications et les vœux de leurs électeurs dans des cahiers de doléances pour les exposer. La première séance déçut les députés qui attendaient des réformes profondes. Le 20 juin 1789, réunis dans une salle de Versailles* où l'on jouait habituellement au jeu de paume, les députés du tiers état, rejoints par des députés de la noblesse et du clergé, jurèrent de ne se séparer qu'après avoir établi une nouvelle Constitution : cet événement fut surnommé le serment du Jeu de paume. Il marque le premier acte de la fin du pouvoir absolu du roi.

les **états généraux de 1789 :** séance d'ouverture, le 5 mai 1789

États-Unis (Amérique)

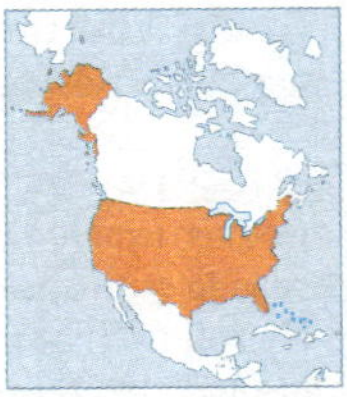

- Superficie : 9 364 000 km²
- Habitants : 325 400 000 *(les Américains ou les États-Uniens)*
- Capitale : *Washington*
- Langue : *anglais*
- Monnaie : *dollar des États-Unis*

◗ Au 4ᵉ rang mondial pour sa superficie, ce pays regroupe 50 États avec l'Alaska* et les îles Hawaii, auxquels il faut ajouter le district fédéral de Columbia (où se trouve Washington*) et les territoires extérieurs : Porto Rico et divers archipels ou îles de l'océan Pacifique. De l'est à l'ouest du pays se succèdent des reliefs variés : une étroite plaine sur l'océan Atlantique, l'ensemble montagneux des Appalaches*, les grandes plaines centrales, traversées par le Mississippi*, la chaîne des Rocheuses* et les plateaux et chaînes côtières qui bordent la façade pacifique. La population des États-Unis, la troisième du monde par le nombre, est diverse. Arrivés en Amérique au XVIIᵉ siècle, les colons européens, principalement anglais, mais aussi espagnols et français, ont peu à peu conquis les territoires des tribus « indiennes » et fait venir des esclaves noirs d'Afrique. Les États-Unis accèdent à l'indépendance en 1776 et achèvent la conquête de l'Ouest (le Far West) au XIXᵉ siècle. Ils produisent du pétrole, du charbon, de l'électricité, des automobiles, des céréales, etc. Les États-Unis sont la plus grande puissance économique, politique

États-Unis : construction d'un gratte-ciel à New York

et militaire du monde. Les variations de sa monnaie ont des conséquences sur l'ensemble de l'économie de la planète.

États-Unis : la statue de la Liberté

Éthiopie (Afrique)

- Superficie : 1 100 000 km^2
- Habitants : 95 045 000 *(les Éthiopiens)*
- Capitale : *Addis-Abeba*
- Langue : *amharique*
- Monnaie : *birr éthiopien*

◗ Située en Afrique orientale, l'Éthiopie est en grande partie montagneuse. On y pratique une agriculture étagée en fonction de l'altitude : au-dessous de 1 800 m, quelques cultures de coton, de maïs et de tabac ; au-dessus, de l'orge et de l'élevage. Les profondes vallées (Rift* Valley) sont l'un des berceaux de l'humanité : on y a en effet trouvé certains squelettes d'australopithèques (ancêtres de l'homme) parmi les plus anciens qui existent, telle la célèbre Lucy*. L'Éthiopie est un royaume d'Afrique très ancien, chrétien depuis l'Antiquité. Elle est devenue une république en 1987. Le pays souffre de la sécheresse et a connu des déplacements de population en raison des guerres. C'est le deuxième État le plus peuplé d'Afrique. La pauvreté est importante, mais son économie se développe fortement depuis une dizaine d'années.

Etna

Volcan du nord-est de la Sicile. ◗ Culminant à 3 345 m, c'est le plus haut volcan actif d'Europe. Depuis l'Antiquité, chaque siècle a connu plusieurs éruptions. Chacune d'elles a recouvert les pentes de l'Etna de cendres et de lave très fertiles. C'est pourquoi, malgré le danger, les paysans y cultivent la vigne et l'olivier. Le volcanologue français Haroun Tazieff* a étudié et filmé plusieurs éruptions de l'Etna.

Étrusques

Ancien peuple d'Italie. ◗ Les Étrusques vivaient au sud de l'actuelle ville de Florence (en Toscane) depuis le VIIIe siècle avant J.-C. Ils s'étaient aussi installés dans le nord de l'Italie. Ils fondèrent Rome, mais les Romains les chassèrent de la ville et les dépossédèrent de leurs terres. La religion et la civilisation romaines ont de nombreux points communs avec celles des Étrusques.

art étrusque : sarcophage des Époux (détail)

Europe

L'un des 6 continents. ◗ Superficie : 10,5 millions de km^2. 745 millions d'habitants (les *Européens*). Bordée à l'ouest par l'océan Atlantique, au nord par l'océan Arctique, au sud par la mer Méditerranée et à l'est par les montagnes de l'Oural* et la mer Caspienne* en Russie, l'Europe est le plus petit des continents après l'Océanie et le plus peuplé après l'Asie et l'Afrique.

● Un relief varié. Autour de la Méditerranée, les paysages sont vallonnés et montagneux. Le sud est séparé du nord de l'Europe par deux hautes chaînes de montagnes : les Pyrénées et les Alpes. Au nord, une immense plaine s'étend, des côtes de l'Atlantique jusqu'à l'Oural. L'extrême nord de l'Europe est occupé par les pays montagneux et froids de la Scandinavie.

● Une unité récente. De 1945, date de la fin de la Seconde Guerre* mondiale, à 1989, date de la chute du mur de Berlin, les pays d'Europe étaient divisés en deux grands ensembles politiques et économiques : à l'est, les pays communistes proches de l'ancienne U.R.S.S.*, à l'ouest les démocraties occidentales économiquement plus riches. Depuis la chute des régimes communistes, en 1991, la plupart des pays de l'Est font partie de l'Union* européenne.

Eurydice → Orphée

Évangiles

Ensemble de textes de la Bible*. ◗ Les Évangiles, qui font partie du Nouveau Testament, racontent la vie de Jésus et transmettent son message (le mot « évangile » signifie en grec « bonne nouvelle »). Ils auraient été écrits par plusieurs saints, Matthieu, Marc, Luc et Jean, entre 70 et 100 après J.-C.

Ève → Adam

Everest

Sommet de l'Himalaya*. ◗ Avec ses 8 848 m (altitude traditionnellement admise ; d'autres mesures ont été effectuées : 8 846 m en 1993, 8 850 m en 1999), c'est le plus haut sommet du monde. On le surnomme pour cette raison : *le toit du monde*. En 1953, le Néo-Zélandais Edmund Hillary et le sherpa Tenzing Norgay furent les premiers à réussir son ascension.

F

Fatima (vers 616-633)

Fille de Mahomet*. ◗ Fille de Mahomet et de sa première femme, Fatima épousa son cousin Ali* et lui donna deux fils, Hassan et Hussein, seuls hommes à descendre de Mahomet. Ainsi, grâce à elle, la famille d'Ali a pu jouer un rôle important dans l'Islam. Fatima est vénérée par les musulmans. Son emblème a la forme d'une main ouverte présentant sa paume.

Ferry Jules (1832-1893)

Homme politique français. ◗ Ministre de l'Éducation nationale (dès 1879) et président du Conseil (Premier ministre), il réforma l'enseignement public en rendant gratuit, laïque et obligatoire l'enseignement primaire et en ouvrant l'enseignement secondaire aux jeunes filles. Il a aussi fait voter des lois relatives aux libertés de la presse et des syndicats. →

Fidji (Océanie)

- Superficie : 18 300 km^2
- Habitants : 881 000 *(les Fidjiens)*
- Capitale : *Suva*
- Langues : *anglais, fidjien, hindoustani*
- Monnaie : *dollar fidjien*

◗ Ce pays d'Océanie est formé par un archipel volcanique composé de plus de 300 îles. La plus grande partie du territoire est recouverte de forêt. Son économie repose sur la culture de la canne à sucre, la pêche, l'extraction de l'or et le tourisme. Cette république est indépendante depuis 1970.

Finlande (Europe)

- Superficie : 338 000 km^2
- Habitants : 5 426 000 *(les Finlandais)*
- Capitale : *Helsinki*
- Langues : *finnois, suédois*
- Monnaie : *euro*

◗ Située sur la mer Baltique*, entre la Russie et la Suède, la Finlande est formée d'un vaste plateau clairsemé de milliers de lacs. En dehors du Nord, domaine de la toundra*, le pays est recouvert d'une forêt de conifères. L'exploitation de cette forêt est la principale ressource du pays, membre de l'Union* européenne depuis 1995.

Flandre ou Flandres

Région de France et de Belgique. ◗ Environ 6,3 millions d'habitants (les *Flamands*). Bordée

Jules Ferry

par la mer du Nord*, cette vaste plaine a connu de nombreux envahisseurs au cours de son histoire (Romains, Francs, Saxons, Normands, Bourguignons, Autrichiens, Espagnols...). Partiellement conquise par Louis XIV*, puis totalement annexée à la Révolution, sa partie française fut réduite à la *Flandre intérieure* (une partie du département du Nord actuel) après la bataille de Waterloo (1815).

Fleming Alexander (1881-1955)

Médecin et chercheur anglais. ◗ En étudiant les propriétés des moisissures, ce chercheur observa en 1928 que l'une d'elles sécrétait une substance, la pénicilline, remarquable par son action contre certains microbes. Reprenant ses travaux, une équipe de chercheurs réussit à extraire la pénicilline, et à la reproduire, de façon industrielle. En 1945, le prix Nobel* de médecine récompensa Alexander Fleming et ses successeurs.

Alexander **Fleming**

Florence

Ville du nord de l'Italie. ◗ 355 500 habitants (les *Florentins*). Florence est une riche ville d'art qui possède de nombreux palais, couvents, églises anciennes et musées. Très puissante à la fin du Moyen Âge et à la Renaissance, elle a accueilli les plus grands architectes, peintres et sculpteurs. → Vois aussi Michel-Ange.

Forêt-Noire

Massif montagneux de l'ouest de l'Allemagne. ◗ Située en face des Vosges* françaises, sur l'autre rive du Rhin*, la Forêt-Noire est un massif qui doit son nom à la couleur sombre des conifères qui recouvrent ses pentes montagneuses. Son point culminant est le Feldberg (1 493 m).

Forum

Quartier de la Rome antique. ◗ Établi par les Étrusques* au VIe siècle avant J.-C., le Forum devint le centre politique, commercial et religieux de Rome après avoir été une simple place de marché. Couvert de temples et de monuments célébrant les victoires, il a été imité dans toutes les villes de l'empire. Ses ruines sont les plus célèbres vestiges romains de l'Europe.

le **Forum** (Rome)

France (Europe)

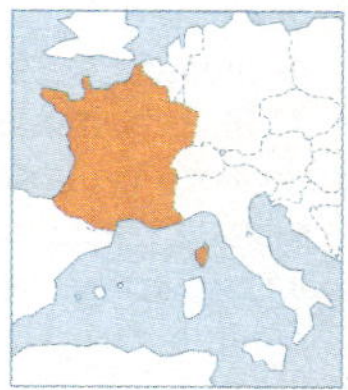

- Superficie : 549 000 km^2
- Habitants : 67 186 638 *(les Français)*
- Capitale : *Paris*
- Langue : *français*
- Monnaie : *euro*

◗ Bien que n'étant plus aujourd'hui une très grande puissance, la France appartient au petit groupe des pays développés et conserve de son passé un rayonnement important. Elle compte 96 départements, 13 Régions dont la Corse et l'ensemble des territoires d'outre-mer. La Guadeloupe*, La Réunion* et Mayotte* sont à la fois des départements et des Régions, tandis que la Martinique* et la Guyane* sont des « collectivités uniques ». Les 5 « collectivités d'outre-mer » sont Saint-Pierre-et-Miquelon*, la Polynésie française*, Wallis-et-Futuna*, Saint-Barthélemy et Saint-Martin. Les territoires d'outre-mer comprennent aussi les terres Australes et Antarctiques françaises, la Nouvelle-Calédonie et l'îlot de Clipperton dans l'océan Pacifique.
La France est une république. Depuis 1958, le régime politique (Ve République*) est présidentiel. Emmanuel Macron* en est le huitième président, après Charles de Gaulle* (1958-1969), Georges Pompidou* (1969-1974), Valéry Giscard* d'Estaing (1974-1981), François Mitterrand* (1981-1995), Jacques Chirac* (1995-2007),

a b c d e f g h i j k l m n o p q r s t u v w x y z

Nicolas Sarkozy* (2007-2012) et François Hollande* (2012-2017). La France est membre du Marché commun (devenu l'Union* européenne) depuis sa création, en 1958. Le pays a une bonne exposition maritime (océan Atlantique, mer Méditerranée, mer du Nord et Manche). Grâce à la variété de ses paysages naturels et à la richesse de son patrimoine culturel, la France développe un tourisme important.

Franche-Comté

Anc. Région administrative française. ◗ Elle regroupait 4 départements : Territoire de Belfort, Doubs, Jura et Haute-Saône.
L'histoire de la Franche-Comté est complexe, en partie à cause de sa position frontalière (frontière avec la Suisse). Elle fut rattachée au duché de Bourgogne en 1384, passa sous domination espagnole en 1556 et devint une province française en 1678. → Vois aussi Bourgogne-Franche-Comté.

saint François d'Assise (1182-1226)

Religieux italien. ◗ Né dans la ville italienne d'Assise, ce religieux italien était le fils d'un riche marchand. Il renonça à sa fortune pour vivre de mendicité et imiter le Christ. Il fut rejoint par d'autres hommes pour lesquels il écrivit une règle de vie commune, fondant ainsi l'ordre religieux des Franciscains. On dit qu'il aurait un jour apaisé, en lui parlant, un loup qui terrorisait la campagne de Gubbio (ville voisine d'Assise). Ce miracle et sa réputation de parler aux animaux lui valent d'être devenu le saint patron des « louveteaux » (jeunes scouts), des animaux et des écologistes.

François (né en 1936)

Pape depuis 2013. ◗ De son vrai nom Jorge Mario Bergoglio, il devient pape après la renonciation de Benoît XVI à sa charge. Né en Argentine, il est le premier pape latino-américain de l'histoire.

François Ier (1494-1547)

Roi de France. ◗ François Ier passa une grande partie de son règne (1515-1547) à combattre Charles* Quint en s'alliant avec des protestants allemands et avec les Turcs de Soliman* le Magnifique. Cela choqua les catholiques, qui acceptaient mal que l'on fasse passer la politique et la raison d'État avant la religion. D'abord intéressé par le protestantisme (la Réforme*), il tenta ensuite de l'interdire. Passionné par les arts, il fit venir d'Italie Léonard* de Vinci et de nombreux artistes : ils introduisirent en France l'art de la Renaissance. Il finança également les expéditions de Jacques Cartier* au Canada.
→ Vois aussi Bayard.

François Ier

François-Joseph Ier (1830-1916)

Empereur d'Autriche et roi de Hongrie. ◗ À la tête de l'Empire austro-hongrois à partir de 1867, François-Joseph déclara la guerre à la Serbie en 1914, à la suite de l'assassinat de son neveu François-Ferdinand de Habsbourg à Sarajevo (Bosnie-Herzégovine) : il déclencha ainsi la Première Guerre* mondiale.

Francs

Peuple germanique. ◗ C'est ce peuple qui donna son nom à la France. Les Francs arrivèrent en Gaule romaine au IVe siècle, au début des Invasions* barbares. Les Romains leur confièrent la garde des frontières. Quand Rome* s'effondra, les Francs se bâtirent un royaume qui s'étendait sur toute la Belgique, une partie de l'Allemagne et la presque totalité de la France.
→ Vois aussi Clovis, Mérovingiens.

Franklin Benjamin (1706-1790)

Physicien et homme d'État américain. ◗ Ce scientifique, inventeur du paratonnerre en 1752, fut élu député au premier Congrès américain : en 1776, il participa à la rédaction de la Déclaration d'indépendance des États-Unis. Il vint à Versailles pour négocier l'alliance de la France, et signa avec l'Angleterre le traité de paix reconnaissant l'indépendance de son pays en 1783.

Freud Sigmund (1856-1939)

Médecin autrichien, fondateur de la psychanalyse.
◗ Sigmund Freud est célèbre pour ses recherches sur les troubles du système nerveux, les pro-

blèmes psychologiques. Selon lui, ces maladies proviennent de soucis, d'angoisses ou de désirs éprouvés durant l'enfance mais enfouis dans la mémoire ou oubliés. Pour soigner les malades, il mit au point une méthode, la *psychanalyse* : il laissait parler le malade librement pour recueillir et interpréter ses rêves, ses souvenirs ou ses angoisses et remonter ainsi à l'origine de ses troubles. L'influence de la psychanalyse s'est développée tout au long du XXe siècle.

la **Fronde**

Succession de révoltes contre le pouvoir royal de Louis XIV*, de 1648 à 1652. ◗ La Fronde eut lieu pendant l'enfance de Louis XIV et commença par des émeutes parisiennes contre les impôts exigés par Mazarin*. Puis les grands nobles de France levèrent des armées contre le gouvernement, mais ils furent vaincus (c'est la Fronde des princes). Louis XIV, en concentrant tous les pouvoirs entre ses mains, fit ensuite en sorte que l'État ne soit plus contesté : c'est ce qu'on a appelé la monarchie absolue.

Fuji-Yama

Point culminant (3 776 m) du Japon. ◗ Le Fuji-Yama est un volcan endormi dont la dernière éruption eut lieu en 1708. De forme parfaitement conique et recouvert de neiges éternelles, c'est un lieu sacré pour les Japonais.

le **Fuji-Yama** (Japon)

G

Gabon (Afrique)

- Superficie : 268 000 km²
- Habitants : 1 672 000 *(les Gabonais)*
- Capitale : *Libreville*
- Langue : *français*
- Monnaie : *franc C.F.A.*

◗ Situé à l'ouest de l'Afrique, sur le golfe de Guinée, le Gabon est un pays peu peuplé, au climat équatorial chaud et humide. République indépendante depuis 1960, il exporte du pétrole, du manganèse et du bois, ressource importante que lui offrent ses forêts denses. C'est dans ce pays que le docteur Schweitzer*, médecin et pasteur français, prix Nobel de la paix en 1952, créa à Lambaréné le premier hôpital de brousse.

Gabriel

Ange des religions juive, chrétienne et musulmane. ◗ Gabriel est le messager de Dieu. Dans l'Évangile*, c'est Gabriel qui annonce à Marie la naissance de Jésus*. Pour les musulmans, et d'après le Coran*, c'est lui qui transmet le message de Dieu à Mahomet*.

l'ange **Gabriel :** *l'Annonciation* (tableau de Zurbarán)

Gagarine Iouri (1934-1968)

Pilote militaire et cosmonaute soviétique. ◗ En 1960, Gagarine fut sélectionné dans la première équipe de cosmonautes. Le 12 avril 1961, il fut le premier homme à accomplir un vol spatial, au cours duquel il effectua un tour de la Terre en 108 minutes.

Galápagos - îles Galápagos

Archipel du Pacifique. ◗ Superficie : 8 000 km². 22 700 habitants. Cet archipel est situé à l'ouest de la République de l'Équateur, dont il dépend. Il est célèbre pour ses espèces animales uniques au monde : iguanes de mer, tortues géantes...

Galilée (1564-1642)

Astronome et physicien italien. ◗ Galilée est considéré comme l'un des fondateurs de la science moderne. Utilisant, le premier, dès 1609, la lunette en astronomie, il fut à l'origine d'une révolution dans l'observation et l'étude des astres. Galilée se rallia aux théories de Copernic* sur le mouvement de la Terre et des autres planètes autour du Soleil. Les autorités religieuses le lui reprochèrent et l'obligèrent à renoncer à ces idées, sous peine de châtiment.

Galilée (à droite) avec un mathématicien

Galles - pays de Galles

Région de l'ouest de la Grande-Bretagne. ◗ Superficie : 20 800 km^2. 3 063 000 habitants (les *Gallois*). Capitale : Cardiff. À l'origine peuplé de Celtes, le pays de Galles résista fortement à l'invasion normande de Guillaume* le Conquérant. Soumis au XIIIe siècle, il fut incorporé au royaume d'Angleterre au XVIe siècle. Il a conservé de nombreuses particularités culturelles.

Gama Vasco de (1469-1524)

Navigateur portugais. ◗ Ce navigateur portugais dirigea, en 1497, pour le compte du roi de Portugal Manuel Ier, une expédition de quatre navires, au cours de laquelle il découvrit la route des Indes par le cap de Bonne-Espérance*. Il fit escale sur sa côte orientale et atteignit l'Inde en 1498, où il fonda le premier établissement commercial portugais en Asie.

Vasco de **Gama**

Gambie (Afrique)

- Superficie : 11 300 km^2
- Habitants : 1 849 000 *(les Gambiens)*
- Capitale : *Banjul*
- Langue : *arabe*
- Monnaie : *dalasi*

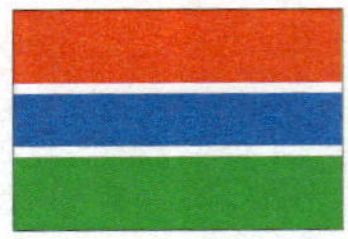

◗ Pays situé à l'ouest de l'Afrique, la Gambie est devenue une république indépendante en 1965. Formant une enclave dans le Sénégal, elle est le plus petit État africain. Entre 1982 et 1989, la Gambie a formé avec le Sénégal une union appelée « Sénégambie ».

Gand

Ville de Belgique. ◗ 248 800 habitants (les *Gantois*). Chef-lieu de la Flandre-Orientale, au confluent de l'Escaut et de la Lys. Port relié à la mer du Nord* par un canal, Gand est aussi un centre textile, métallurgique, chimique et culturel.

Gandhi (1869-1948)

Homme politique indien. ◗ Surnommé *le Mahatma*, c'est-à-dire « la Grande Âme », Mohandas Karamchand Gandhi lutta pour l'indépendance de l'Inde, alors qu'elle était encore une colonie anglaise. Partisan d'une action politique non-violente, il appela au boycott de tout ce qui était anglais et organisa des manifestations pacifiques. Il voulait réconcilier les musulmans et les adeptes de l'hindouisme, et rêvait d'abolir le système des castes, notamment la caste des *intouchables* (hommes exclus par leur naissance du reste de la société). Il mourut assassiné en 1948, un an après la naissance de l'État indien.

Gandhi

Gange

Fleuve de l'Inde. ◗ Long de 3 090 km, le Gange prend sa source dans le massif de l'Himalaya et se jette dans le golfe du Bengale en formant un vaste delta couvert de rizières. Pour les hindouistes, le Gange est un fleuve sacré. À Bénarès, grande ville située sur le Gange, les pèlerins hindous viennent se plonger dans les eaux du fleuve pour se purifier.

Gard - pont du Gard

Pont-aqueduc romain. ◗ Construit au Ier siècle après J.-C., cet aqueduc romain enjambe la rivière du Gard, en Provence. Destiné à amener de l'eau dans la ville de Nîmes, il mesure 273 m de long et 49 m de haut. Ces aqueducs et autres constructions publiques à but utilitaire montraient la puissance des Romains et le génie de leur civilisation aux peuples de leur empire.

Garonne

Fleuve du sud-ouest de la France. ◗ Long de 575 km, ce fleuve naît en Espagne et forme avec la Dordogne l'estuaire de la Gironde. Il traverse notamment les villes de Toulouse et Bordeaux.

Gauguin Paul (1848-1903)

Peintre français. ◗ Impressionniste à ses débuts, Gauguin rompit rapidement avec ce style. Sa peinture est influencée par ses nombreux voyages, en Bretagne et sous les tropiques notamment. Il s'installa à Tahiti en 1891. Ses toiles se distinguent par des couleurs vives, appliquées sur de grandes surfaces, et par un dessin au tracé simplifié. Il fut l'ami de Vincent Van*Gogh.
● Œuvres principales : *la Vision après le sermon*, 1888 ; *D'où venons-nous ? Que sommes-nous ? Où allons-nous ?* 1897 ; *Cavaliers sur la plage*, 1902.

Paul **Gauguin** : *le Repas ou les Bananes*

Gaule

Nom donné par les Romains à un ensemble de territoires peuplés par les Celtes* à partir du Xe siècle avant J.-C. ◗ La Gaule comprenait le nord de l'Italie *(Gaule Cisalpine)*, la France, la Belgique et une partie de la Suisse et des Pays-Bas actuels *(Gaule Transalpine)*. Au temps de Jules César*, la Gaule Transalpine était divisée en *Province* (sud de la Gaule soumis à Rome) et *Gaule Chevelue* (habitée par les Gaulois non encore soumis à Rome).

Gaulle Charles de (1890-1970)

Général et homme d'État français. ◗ Quand la France fut envahie par l'Allemagne en mai 1940, le général de Gaulle refusa l'armistice et se réfugia à Londres, d'où il appela les Français à résister, dans un message célèbre diffusé à la radio le 18 juin 1940. Il créa un gouvernement en exil qui, allié aux Anglais et aux Américains, participa à la lutte contre l'Allemagne. Après la libération de la France, il resta chef du gouvernement jusqu'en 1946. Revenu au pouvoir en 1958, il fonda la Ve République et fut élu président. Il fut réélu en 1965 au suffrage universel direct, adopté par référendum en 1962. Il démissionna en 1969.

le général de **Gaulle** (Londres)

Genève

Ville de Suisse, chef-lieu du canton de Genève. ◗ 187 500 habitants (les *Genevois*). Située à l'extrémité sud-ouest du lac Léman, Genève se trouve dans la partie francophone de la Suisse. Elle possède une très vieille université fondée par le théologien protestant Calvin*. La ville est célèbre pour ses nombreuses banques, ses fabriques de montres et de bijoux. La Suisse a pour particularité d'être un pays neutre (c'est-à-dire qui ne prend pas parti dans les conflits opposant des pays). Pour cette raison, de nombreuses organisations internationales ont installé leur siège à Genève : le Mouvement international de la Croix-Rouge et du Croissant-Rouge, ou encore la Société des Nations (devenue l'Organisation des Nations unies, dont le siège est à New York).

Genève - canton de Genève

Canton de Suisse. ◗ Superficie : 282 km^2 ; 457 700 habitants (les *Genevois*). Chef-lieu : Genève. C'est le plus petit des quatre cantons francophones de la Confédération suisse. Il fut créé en 1815, la même année que le canton de Neuchâtel*.

Gengis Khan (vers 1167-1227)

Fondateur et chef de l'Empire mongol. ◗ Gengis Khan se distingua très tôt par sa ruse et son audace. Il commença par réunir sous son autorité les tribus nomades qui vivaient en Mongolie et les lança à la conquête de la Chine et de la Russie. Il devint ensuite le maître d'un immense empire, l'Empire mongol, agrandi encore par ses fils. Au XIIIe siècle, cet empire, le plus vaste qu'ait connu l'histoire du monde, était baigné à la fois par la mer Méditerranée, la mer du Japon, l'océan Indien et l'océan Arctique. Mais, trop étendu, il se disloqua au cours des XIVe et XVe siècles. → Vois aussi Mongols, Marco Polo.

Gengis Khan donne audience (miniature)

Géorgie (Asie)

- Superficie : 70 000 km^2
- Habitants : 4 341 000 *(les Géorgiens)*
- Capitale : *Tbilissi*
- Langue : *géorgien*
- Monnaie : *lari*

◗ Pays du Caucase*, situé sur la mer Noire, la Géorgie, ancienne république d'U.R.S.S.*, est devenue indépendante en 1991. Son climat méditerranéen permet la culture de la vigne, des agrumes et du thé.

Germains

Ancien peuple d'Europe. ◗ Venus de Scandinavie, les Germains peuplèrent, au cours du Ier millénaire avant J.-C., de vastes territoires qui s'étendaient du Rhin* à la mer Noire*. Certains d'entre eux envahirent l'Empire romain* d'Occident au Ve siècle. D'autres, les Saxons* et les Vikings*, entrèrent en contact avec l'Europe chrétienne plusieurs siècles plus tard. → Vois aussi Invasions barbares.

Geronimo (1829-1909)

Chef indien des Apaches. ◗ Avec son peuple, Geronimo lutta contre la colonisation des Blancs en menant des opérations de guérilla dans le sud-ouest des États-Unis entre 1882 et 1885. Après avoir dû fuir au Mexique, il parvint à obtenir un territoire pour sa tribu. → Vois aussi Apaches.

Ghana (Afrique)

- Superficie : 240 000 km^2
- Habitants : 25 905 000 *(les Ghanéens)*
- Capitale : *Accra*
- Langue : *anglais*
- Monnaie : *cedi*

◗ Situé à l'ouest de l'Afrique, sur le golfe de Guinée, le Ghana est un pays de forêts denses parsemées de plantations au sud et de savanes au nord. Il a été le premier pays d'Afrique subsaharienne à devenir indépendant en 1957. Il connaît une certaine expansion économique grâce à ses exportations d'or, de pétrole, de cacao et de bois.

Giacometti Alberto (1901-1966)

Sculpteur et peintre suisse. ◗ Giacometti fit partie du groupe des surréalistes au début des années 1930. Il créa des sculptures en bronze caractérisées par un allongement extrême des silhouettes et des visages.

● Œuvres principales : *Femme-cuillère*, 1928 ; *Femme debout*, 1948 ; *Homme qui marche*, 1960.

Gibraltar - détroit de Gibraltar

Bras de mer situé entre l'Espagne et le Maroc. ◗ Large de 15 km, ce détroit est une importante voie de passage, entre la mer Méditerranée et l'océan Atlantique. Dans l'Antiquité, il était appelé « les Colonnes d'Hercule* » : ce dernier aurait, d'après la légende, planté une colonne sur chaque rive pour marquer la fin de ses douze travaux.

a b c d e f g h i j k l m n o p q r s t u v w x y z

Giono Jean (1895-1970)
Romancier français. ◗ Cet auteur français passa toute sa vie à Manosque, petite ville de haute Provence. Il sortit meurtri et résolument pacifiste de la Première Guerre* mondiale. Son œuvre est avant tout une célébration de la nature, de la terre et de la vie paysanne : c'est le cas notamment de la série de ses trois romans : *Colline* (1929), *Un de Baumugnes* (1929) et *Regain* (1930).
• Œuvres principales : *Colline*, 1929 ; *Regain*, 1930 ; *le Chant du monde*, 1934 ; *Que ma joie demeure*, 1935 ; *le Hussard sur le toit*, 1951.

Giscard d'Estaing Valéry (né en 1926)
Homme politique français. ◗ Cet homme d'État fut ministre des Finances à deux reprises puis président de la République de 1974 à 1981. Il fonda l'*Union pour la démocratie française* (U.D.F.) en 1978 et la présida de 1988 à 1996.

Gizeh
Ville d'Égypte. ◗ 2 572 000 habitants. Située sur la rive gauche du Nil, Gizeh est une banlieue du Caire*. C'est à 10 km de Gizeh que se trouvent les trois plus grandes pyramides d'Égypte. Considérées autrefois comme l'une des Sept* Merveilles du monde, elles ont été construites vers 2500 avant J.-C. pour abriter les corps momifiés des pharaons. La plus grande, haute de 146 m, est dédiée au pharaon Kheops. Les deux autres sont la pyramide de Khephren (136 m), près de laquelle le Sphinx en pierre de 20 m de haut a été érigé, et celle de Mykerinus (66 m).

Gizeh : Sphinx et pyramide

Gobi - désert de Gobi
Désert d'Asie. ◗ Ce désert occupe le sud de la Mongolie et le nord de la Chine. Très chaud en été et très froid (– 25 °C) en hiver, il subit fréquemment des vents violents.

Godefroi de Bouillon
(vers 1061-vers 1100)
Duc de Basse-Lorraine. ◗ Ce duc fut l'un des chefs de la première croisade*. En 1099, il prit aux Turcs la ville de Jérusalem* qu'il gouverna, avec le titre d'avoué du Saint-Sépulcre, c'est-à-dire de gardien du saint tombeau de Jésus-Christ (situé à Jérusalem).

Goths
Ancien peuple germanique. ◗ Installés d'abord sur les bords du fleuve polonais la Vistule, puis sur les bords de la mer Noire* jusqu'au IVe siècle, les Goths faisaient de fréquentes incursions dans l'Empire romain*. Pourchassés par les Huns*, les Goths se séparèrent en deux groupes, les Wisigoths* et les Ostrogoths*, qui envahirent l'Empire romain. → Vois aussi Invasions barbares.

Grande-Bretagne
(Europe)

• Superficie : 243 500 km^2
• Habitants : 63 136 000 *(les Britanniques)*
• Capitale : *Londres*
• Langue : *anglais*
• Monnaie : *livre sterling*

◗ Cet État, appelé Royaume-Uni de Grande-Bretagne et d'Irlande du Nord, comprend l'Angleterre*, l'Écosse*, le pays de Galles* et l'Irlande* du Nord. C'est une monarchie parlementaire où le souverain (la reine Élisabeth II) n'a aucun pouvoir réel ; celui-ci est détenu en fait par le Premier ministre, qui est le chef de la majorité du Parlement. Au XIXe siècle, la Grande-Bretagne a possédé le premier empire colonial du monde et a été la première puissance économique, financière et commerciale. Elle n'est plus aujourd'hui qu'une puissance moyenne, mais qui garde un rayonnement important, notamment en raison de son histoire et de la diffusion de sa langue. La Grande-Bretagne est entrée dans le Marché commun (devenu depuis l'Union* européenne) en 1973, mais n'a pas adopté l'euro comme monnaie. En 2016, les Britanniques ont voté par référendum pour la sortie de leur pays de l'Union européenne.

Grande Muraille → Muraille de Chine

Grande Ourse → Ourse

Grand-Est
Région administrative française. ◗ Superficie : 57 433 km^2 ; 5 560 400 hab. Chef-lieu :

Strasbourg*. La Région regroupe, depuis 2016, 10 départements : Ardennes, Aube, Marne, Haute-Marne, Meurthe-et-Moselle, Meuse, Moselle, Bas-Rhin, Haut-Rhin et Vosges. Vaste région, elle s'étend à l'ouest sur la Champagne, au nord vers les frontières belge et allemande pour se prolonger à l'est vers la plaine d'Alsace. L'ouest de la Région est dominé par le secteur agricole (céréales, betteraves, fourrage, élevage bovin et vignoble), tandis que, dans le Centre, des industries nouvelles (agroalimentaire, construction mécanique, notamment) se sont développées à côté des industries anciennes (métallurgie, textile). Dans la plaine d'Alsace, les grandes cultures dominent (blé, betterave à sucre, houblon, tabac, chou à choucroute, maïs) et la région de Strasbourg est plus orientée vers l'industrie. La Région reste moyennement peuplée (à l'exception de l'extrême Est), mais possède de grandes villes comme Strasbourg, Metz et Nancy, ainsi que Mulhouse, Troyes et Reims.

Grands Lacs

Ensemble de cinq grands lacs d'Amérique du Nord. ◗ À l'exception du lac Michigan (totalement inclus dans les États-Unis), les Grands Lacs se partagent entre les États-Unis et le Canada. Il s'agit du lac Supérieur (82 700 km^2), du lac Huron (59 800 km^2), du lac Michigan (58 300 km^2), du lac Érié (25 900 km^2) et du lac Ontario (18 800 km^2), relié au précédent par les chutes du Niagara.
Les Grands Lacs, qui communiquent entre eux, forment la plus importante étendue d'eau douce du monde.

Grèce (Europe)

- Superficie : 132 000 km^2
- Habitants : 11 128 000 *(les Grecs)*
- Capitale : *Athènes*
- Langue : *grec*
- Monnaie : *euro*

◗ Au sud-est de l'Europe, bordée par la mer Méditerranée*, la Grèce est à la fois continentale et insulaire. Issue d'une ancienne et prestigieuse civilisation, la République hellénique abrite des lieux mythiques : Delphes*, Corinthe, Olympie, la Crète*. Athènes* est un des plus grands centres touristiques du monde. La Grèce a rejoint en 1981 la Communauté économique européenne (C.E.E., devenue depuis l'Union* européenne). Le pays connaît une grave crise économique depuis 2010.

Grèce antique

Période de l'histoire de la Grèce. ◗ La Grèce est le berceau de la civilisation occidentale. Entre le VIIIe siècle avant J.-C., époque à laquelle Homère écrivit ses poèmes, et le Ve siècle avant J.-C. (le siècle de Périclès), époque la plus glorieuse de cette civilisation, la Grèce antique (alors dominée par Athènes) est à l'origine du monde artistique, intellectuel et politique dans lequel nous vivons aujourd'hui. Elle nous a transmis, outre des œuvres d'art d'une grande beauté, une mythologie très riche (que les Romains reprirent en grande partie), la poésie, la tragédie, la philosophie et le système politique en vigueur dans de nombreux pays de nos jours : la démocratie. Soumise par les rois de Macédoine, Philippe II et Alexandre* le Grand, la Grèce dut abandonner ses lois et une partie de ses traditions, mais son influence continua de rayonner dans tout le monde antique, et la civilisation romaine lui a beaucoup emprunté. Intégrée à l'Empire romain d'Orient au Ve siècle après J.-C., la Grèce fut occupée par les Turcs de l'Empire ottoman du XVe au début du XIXe siècle, puis elle conquit son indépendance en 1829. → Vois aussi Acropole, Athènes, Marathon, Sparte.

Grèce antique : frise du Parthénon

1. Grenade (Amérique)

- Superficie : 344 km^2
- Habitants : 106 000 *(les Grenadiens)*
- Capitale : *Saint George's*
- Langue : *anglais*
- Monnaie : *dollar des Caraïbes orientales*

▸ Île des Antilles*, la Grenade est indépendante depuis 1974. Le tourisme constitue sa principale activité économique.

2. Grenade

Ville du sud de l'Espagne. ▸ 241 000 habitants (les *Grenadins*). Elle fut la capitale du royaume arabe fondé au XIe siècle. De magnifiques monuments, dont le palais de l'Alhambra, témoignent de ce passé. Grenade fut reprise par les catholiques en 1492, lors de la reconquête chrétienne de l'Espagne (période appelée la *Reconquista*).

Grimm Jacob (1785-1863) et Wilhelm (1786-1859)

Écrivains allemands. ▸ Bibliothécaires et professeurs, les frères Grimm réunirent les récits des conteurs et les mirent par écrit, dans un style vivant. Leur premier recueil, *Contes d'enfants et du foyer* (1812), connut un succès auquel eux-mêmes ne s'attendaient pas.

• Œuvres principales : *Blanche-Neige ; Cendrillon ; Hänsel et Gretel ; le Petit Chaperon rouge ; le Petit Poucet.*

illustration du conte des frères **Grimm** : *la Gardeuse d'oies*

Groenland

Île appartenant au Danemark. ▸ Superficie : 2 200 000 km^2 ; 56 000 habitants (les *Groenlandais*). Situé au nord-est de l'Amérique et entouré à la fois par l'océan Arctique* et l'océan Atlantique, le Groenland est la plus grande île du monde. Elle est en grande partie recouverte de glace. Sa population, composée principalement d'Inuits*, vit uniquement sur le littoral où elle pratique la pêche et la chasse. L'île fut découverte par le Viking Erik le Rouge au Xe siècle. Les premières expéditions de scientifiques européens et américains eurent lieu au début du XXe siècle.

Guadeloupe

Département et Région d'outre-mer, aux Antilles. ▸ 406 700 habitants (les *Guadeloupéens*). Chef-lieu : Basse-Terre ; ville principale : Pointe-à-Pitre. Découverte en 1493 par Christophe Colomb*, la Guadeloupe, très peuplée, vit essentiellement de la culture et la commercialisation de ses plantations (canne à sucre, bananes) et du tourisme.

Guatemala (Amérique)

- Superficie : 109 000 km^2
- Habitants : 15 468 000 *(les Guatémaltèques)*
- Capitale : *Guatemala*
- Langue : *espagnol*
- Monnaie : *quetzal*

▸ Pays montagneux de l'Amérique centrale, au sud-est du Mexique, le Guatemala, resté très indien, est le pays le plus peuplé d'Amérique centrale. Le café est la base de ses exportations, dirigées principalement vers les États-Unis.

Guatemala : une église datant du XVIe siècle

guerre de Cent Ans → Cent Ans

guerre de Troie → Troie

guerre franco-allemande de 1870

Conflit qui opposa la France à la Prusse et aux États allemands, de 1870 à 1871. ▸ Napoléon III* déclara la guerre à la Prusse en 1870. L'armée française, peu préparée et mal dirigée, ne put faire face à une armée prussienne très bien organisée. Après une série de défaites, les Français furent

a b c d e f g h i j k l m n o p q r s t u v w x y z

écrasés à la bataille de Sedan : Napoléon III dut capituler. Cette défaite entraîna la chute du second Empire*, qui fut remplacé par la IIIe République. La France dut céder l'Alsace* et la Lorraine* aux Allemands. Ces deux régions de l'est de la France ne sont redevenues françaises qu'à la fin de la Première Guerre* mondiale.

Guerre mondiale - Première Guerre mondiale

Conflit qui, de 1914 à 1918, opposa l'Allemagne, l'Autriche-Hongrie et l'Empire ottoman aux Alliés (Serbie, France, Russie, Belgique, Grande-Bretagne, Japon et États-Unis). ▸ L'assassinat de l'archiduc héritier d'Autriche-Hongrie à Sarajevo*, par un étudiant bosniaque, servit de prétexte à la déclaration de guerre de l'Autriche à la Serbie. Le système des alliances entre pays entraîna l'entrée en guerre de l'Allemagne, au côté de l'Autriche, face aux Alliés (la France, la Grande-Bretagne, la Russie et le Japon). L'Italie finit par rejoindre les Alliés, tandis que l'Empire ottoman prit le parti adverse.

• Les opérations militaires. L'armée allemande envahit la Belgique puis la France, mais fut repoussée lors de la bataille de la Marne, en septembre 1914. Les deux armées se firent face pendant trois ans, enterrées dans des tranchées et ne sortant que pour des offensives très meurtrières, comme la bataille de Verdun*, en 1916. Les États-Unis, entrés en guerre en 1917, contribuèrent à la victoire des Alliés, en novembre 1918.

• Les conséquences. La Première Guerre mondiale fit huit millions de morts et provoqua l'écroulement des empires du XIXe siècle (russe, austro-hongrois, ottoman et allemand). Le traité de Versailles, imposé par les Alliés victorieux, fut signé en juin 1919. Il infligeait des sanctions très sévères à l'Allemagne vaincue et fit naître dans ce pays un sentiment de revanche, qu'Hitler* exploita pour arriver au pouvoir. On a dit que ce traité portait en lui les germes de la Seconde Guerre mondiale, qui se déroulera moins de 25 ans plus tard.

Première Guerre mondiale : un poilu

Guerre mondiale - Seconde Guerre mondiale

Conflit qui, de 1939 à 1945, opposa une majorité de pays d'Europe, et leurs alliés, à l'Allemagne nazie, à l'Italie et au Japon. ▸ Arrivé au pouvoir en 1933 dans une Allemagne peu prospère et humiliée par la défaite de 1918 et le traité de Versailles, Hitler* reconstitue une armée et annexe l'Autriche, puis la Tchécoslovaquie (1938-1939).

• Les opérations militaires. En mai 1940, l'Allemagne envahit les Pays-Bas, la Belgique, puis la France. Pétain* demanda alors l'armistice et établit à Vichy un gouvernement de collaboration avec l'ennemi, tandis que le général de Gaulle* s'installait à Londres et appelait à la résistance. En 1941, l'U.R.S.S. et les États-Unis entrèrent en guerre aux côtés des Britanniques. L'hiver 1942-1943 vit la défaite des Allemands à Stalingrad (actuelle ville de Volgograd, en Russie) et en Afrique du Nord, et les premiers revers des Japonais dans l'océan Pacifique. En 1944, les Alliés débarquèrent en Normandie puis en Provence, libérant la France avec l'aide de la Résistance*. En avril 1945, ils envahirent l'Allemagne, qui capitula le 8 mai, quelques jours après le suicide d'Hitler. → Vois aussi Hiroshima, Nagasaki.

• Les crimes contre l'humanité. À partir de 1942, dans toute l'Europe dominée par Hitler, les Juifs, les Tsiganes et les Slaves furent déportés et exterminés dans des camps. Dans les pays occupés par les Allemands, de nombreux résistants et opposants au régime nazi* furent aussi déportés et soumis aux travaux forcés dans des conditions abominables. L'extermination devint massive à partir de 1944, et les massacres de civils par les nazis se multiplièrent. Lors du procès des chefs nazis à Nuremberg en 1945, le tribunal établit, grâce aux témoignages des survivants, la notion de « crime contre l'humanité ». La Seconde Guerre mondiale provoqua la mort de 40 à 52 millions de personnes (dont 7 millions de déportés) et la ruine des pays engagés dans le conflit, à l'exception des États-Unis. → Vois aussi Auschwitz, Buchenwald.

Seconde Guerre mondiale : le débarquement en Normandie (6 juin 1944)

guerres de Religion → Religion

Guesclin Bertrand Du (vers 1320-1380)

Héros français de la guerre de Cent* Ans. ◗ Du Guesclin était un chef de guerre qui combattait les Anglais pour le compte du roi de France Charles V*. C'était un homme rusé : un jour, il se déguisa en paysan avec quelques soldats et pénétra dans une forteresse dont il s'empara par surprise. Il devint ainsi le symbole de la lutte contre les Anglais.

Guillaume Ier le Conquérant

(vers 1028-1087)

Duc de Normandie et roi d'Angleterre. ◗ Par sa naissance, il était le chef des Normands (ou Vikings) installés en Normandie depuis 911. Le roi d'Angleterre l'avait choisi comme héritier, mais il dut faire la guerre pour s'emparer du trône anglais. Il devint roi en 1066, tout en conservant ses possessions en Normandie. À partir de cette date et jusqu'au règne de Philippe* Auguste, les rois d'Angleterre eurent en France des domaines et luttèrent contre le roi de France pour les agrandir.

Guillaume le Conquérant : la bataille d'Hastings (1066)

Guillaume Tell

Héros d'une légende suisse de la fin du XIVe siècle.
◗ Guillaume Tell est un héros légendaire de l'indépendance de la Suisse qui voulait s'affranchir de la domination autrichienne. L'épisode le plus célèbre de cette légende est celui où il fut arrêté et condamné à percer d'une flèche une pomme posée sur la tête de son fils. Il sortit victorieux de l'épreuve.

Guillaume Tell

Guinée (Afrique)

- Superficie : 250 000 km²
- Habitants : 11 745 000 *(les Guinéens)*
- Capitale : *Conakry*
- Langue : *français*
- Monnaie : *franc guinéen*

◗ Située à l'ouest de l'Afrique, sur l'océan Atlantique, la Guinée présente une plaine côtière, humide et peuplée (cultures de riz et plantations), et une partie orientale plus sèche. Ancienne colonie française, elle est devenue une république indépendante en 1958. Les richesses du sous-sol (notamment la bauxite, roche exploitée comme minerai d'aluminium, et l'or) sont ses principales ressources.

a b c d e f g h i j k l m n o p q r s t u v w x y z

Guinée-Bissau
(Afrique)

- Superficie : 36 125 km^2
- Habitants : 1 704 000 *(les Bissau-Guinéens)*
- Capitale : *Bissau*
- Langue : *portugais*
- Monnaie : *franc C.F.A.*

◗ Pays de l'ouest de l'Afrique, au sud du Sénégal, la Guinée-Bissau a été une colonie portugaise avant de devenir une république indépendante en 1974. L'agriculture (la noix de cajou étant le premier produit d'exportation) est une de ses ressources principales.

Guinée équatoriale
(Afrique)

- Superficie : 28 100 km^2
- Habitants : 757 000 *(les Équato-Guinéens)*
- Capitale : *Malabo*
- Langues : *espagnol, français, portugais*
- Monnaie : *franc C.F.A.*

◗ Située sur le golfe de Guinée, la Guinée équatoriale comprend plusieurs îles, dont Bioko, où se trouve la capitale du pays, et une partie continentale située entre le Cameroun et le Gabon. Ancienne colonie portugaise, puis espagnole, elle accède à l'indépendance en 1968. Elle produit du pétrole.

Gulf Stream

Courant chaud de l'Atlantique. ◗ Ce courant marin chaud prend naissance à l'est de la Floride, remonte jusqu'au sud de Terre-Neuve, dans le nord de l'océan Atlantique, puis se divise en plusieurs segments qui dérivent vers l'est. Ce courant chaud adoucit considérablement le climat du littoral ouest de l'Europe.

Gutenberg Johannes (entre 1397 et 1400-1468)

Imprimeur allemand. ◗ Vers 1440, cet imprimeur célèbre mit au point une technique de composition, appelée *typographie*, avec des caractères d'imprimerie mobiles, fondus dans un alliage à base de plomb. Ces caractères permettant une impression à une échelle « industrielle », l'invention de Gutenberg eut une influence capitale dans le développement de l'écrit, la diffusion des connaissances et des idées nouvelles. La typographie resta le procédé de base de l'imprimerie jusqu'au début du XXe siècle. ↑

Johannes **Gutenberg**

Guyana (Amérique)

- Superficie : 215 000 km^2
- Habitants : 747 000 *(les Guyaniens)*
- Capitale : *Georgetown*
- Langue : *anglais*
- Monnaie : *dollar du Guyana*

◗ Pays de l'Amérique du Sud, à l'est du Venezuela, le Guyana est une république indépendante depuis 1966. Le pays, au climat chaud et humide, est en grande partie couvert de forêts. Il produit du sucre de canne, du riz, et exploite son sous-sol.

Guyane

Collectivité unique d'outre-mer. ◗ 255 000 habitants (les *Guyanais*). Chef-lieu : Cayenne. La Guyane est située au nord de l'Amérique du Sud. Une forêt dense occupe 90 % du territoire. La population se concentre sur la côte de l'océan Atlantique. Un bagne fut établi à Cayenne entre 1852 et 1946. Le centre spatial de Kourou, qui fonctionne depuis 1968, assure le lancement des fusées Ariane*.

H

Hadès (nom romain : Pluton)

Dieu grec des Enfers et de la Mort. ◗ Fils de Cronos* et de Rhéa, Hadès est, d'après la mythologie grecque, l'un des trois maîtres de l'univers : il jugeait les hommes à la fin de leur vie et régnait sur le royaume des Morts. Les justes étaient envoyés aux Champs* Élysées, et les mauvais, gardés par Cerbère*, subissaient des tortures éternelles en châtiment de leurs crimes. ↑

Hadès

Hainaut

Province du sud de la Belgique. ▶ Superficie : 3 787 km^2. 1 328 000 habitants (les *Hainuyers* ou les *Hennuyers*). Chef-lieu : Mons. Cette région de plateaux, fixée de part et d'autre de la frontière franco-belge, est une région d'agriculture et d'élevage au nord, et un centre d'industrie métallurgique, au sud.

Haïti (Amérique)

- Superficie : 27 750 km^2
- Habitants : 10 317 000 *(les Haïtiens)*
- Capitale : *Port-au-Prince*
- Langues : *français, créole*
- Monnaies : *gourde, dollar des États-Unis*

▶ La république d'Haïti occupe le tiers ouest de l'île d'Haïti, qui s'appelait autrefois Hispaniola et qui fut la première terre d'Amérique découverte par Christophe Colomb*. Peuplée de descendants d'esclaves africains, elle fut le premier État noir indépendant : en 1791, Toussaint* Louverture prit la tête de la révolte des esclaves et, en 1804, Jean-Jacques Dessalines fut proclamé empereur d'Haïti. Ce pays, d'une grande richesse culturelle, est aujourd'hui le plus pauvre d'Amérique. Ravagée par de fréquents cyclones, l'île a subi en 2010 un séisme dévastateur qui a en partie détruit la capitale, Port-au-Prince, et causé la mort de près de 250 000 personnes.

Halley - comète de Halley

Comète observée en 1682. ▶ Cette comète porte le nom de l'astronome qui l'étudia et qui calcula son orbite. Halley montra que c'était la même comète qui était apparue au cours des siècles précédents. Conformément à ses calculs, la comète repassa près du Soleil à la fin de l'année 1758. Elle fut ensuite observée de la Terre en 1835, 1910 et 1986. Son prochain passage est attendu en 2061.

comète de **Halley**

Hannibal (vers 247 avant J.-C.-183 avant J.-C.)

Général carthaginois. ▶ Ce général carthaginois fut élevé dans la haine de Rome par son père, Hamilcar Barca. Il mena contre les Romains une lutte sans merci mais fut vaincu par ces derniers : il s'exila en Orient où il s'empoisonna.
→ Vois aussi Carthage.

Hannibal (monnaie)

Harpies

Divinités de la mythologie grecque. ▶ Les Harpies étaient trois monstres à corps d'oiseau et à tête de femme. Selon la légende, elles volaient les âmes pour les emporter aux Enfers.

les **Harpies**

Hauts-de-France

Région administrative française. ▶ Superficie : 31 813 km^2 ; 6 006 900 hab. Chef-lieu : Lille*. La Région regroupe, depuis 2016, 5 départements : Aisne, Nord, Oise, Pas-de-Calais et Somme. Bordée par l'Île-de-France au sud, par la Manche* et la mer du Nord* au nord et par les Ardennes* et la frontière belge à l'est, la Région est surtout formée de plateaux et de vallées. Au sud, sur les plateaux picards, le climat assez doux a favorisé les grandes cultures (blé, betterave sucrière, légumes), associées à une importante industrie agroalimentaire. Au nord, une agriculture à haute productivité (blé, betteraves, viande, lait) occupe des superficies beaucoup plus réduites. Le secteur industriel est en pleine mutation (automobile, industrie ferroviaire, textiles innovants, pôle scientifique et technologique). Avec la construction du tunnel sous la Manche, la Région bénéficie d'une bonne situation géographique dans l'Union européenne, entre le Benelux, les régions londonienne et parisienne. Dunkerque, Calais et Boulogne-sur-Mer, situées sur la façade maritime du nord de l'Europe *(Northern Range)*, qui s'étend de Rotterdam au Havre, profitent de la voie maritime la plus dense du monde. Au nord, la Région est dominée par l'ensemble que forment les villes de Lille, Roubaix et Tourcoing, auquel s'opposent les espaces majoritairement ruraux du Pas-de-Calais, de la Somme (Amiens est la seule grande ville), de l'Oise et de l'Aisne.

Hébreux

Peuple de l'Orient ancien. ▶ Selon la Bible*, ce peuple du Proche-Orient ancien descendait d'Abraham*. Devenus esclaves en Égypte, où ils avaient émigré, les Hébreux furent reconduits en Palestine* par Moïse* et fondèrent plus tard le royaume d'Israël*. Les Hébreux furent ensuite appelés le peuple d'Israël.

Helsinki

Capitale de la Finlande. ▶ 613 400 habitants (les *Helsinkiens*). Plus d'un million d'habitants avec la banlieue. Helsinki est le premier port de commerce et de voyageurs du pays, ainsi qu'un grand centre industriel. La ville est réputée pour son architecture moderne des XIXe et XXe siècles.

Henri IV (1553-1610)

Roi de Navarre puis de France. ▶ Roi de Navarre, Henri était le chef du parti protestant, à une époque où le royaume de France était plongé dans les guerres de Religion*. Quand le roi de France Henri III mourut sans enfants, Henri de Navarre hérita de la couronne de France. Comme beaucoup de Français refusaient d'avoir un roi protestant, il se convertit au catholicisme en déclarant : « Paris vaut bien une messe. » Il mit fin aux guerres de Religion, signa l'édit* de Nantes et apporta à la France une période de paix et de prospérité. Henri IV mourut assassiné par Ravaillac, qui pensait délivrer la France d'un ennemi de l'Église. → Vois aussi Sully.

Henri IV

Henry VIII (1491-1547)

Roi d'Angleterre. ▶ Henry VIII fut d'abord un ardent défenseur du catholicisme, à une époque où l'Europe entrait dans les guerres de Religion*.

Henry VIII

Mais, quand il voulut changer d'épouse, le pape refusa l'annulation de son mariage. Henry VIII se proclama alors unique chef de l'Église d'Angleterre et s'autorisa lui-même à divorcer. Il eut cinq autres femmes : il en répudia une, en fit décapiter deux, les deux autres moururent de mort naturelle. Il persécuta les catholiques fidèles au pape. Henry VIII est probablement à l'origine du conte de *Barbe-Bleue* et de ses sept femmes, raconté par Charles Perrault*.

Héphaïstos (nom romain : Vulcain)
Dieu grec du Feu et des Forges. ◗ Fils de Zeus* et d'Héra, Héphaïstos était un dieu difforme qui boitait depuis que Zeus l'avait jeté du haut de l'Olympe* pour avoir pris le parti de sa mère lors d'une dispute. Installé au fond des volcans, il était le forgeron des dieux et des héros, dont il fabriquait les armes.

Héphaïstos dans son atelier de forgeron

Héra (nom romain : Junon)
Déesse grecque du Mariage. ◗ Héra était l'épouse de Zeus*. Dans les légendes, elle se venge souvent des infidélités de son mari : elle persécuta ainsi Héraclès* et Dionysos*, deux fils nés de l'union de Zeus avec des mortelles. Seule déesse mariée de l'Olympe*, elle protégeait les couples et les aidait à avoir des enfants.

Héraclès (nom romain : Hercule)
Héros de la mythologie grecque personnifiant la force physique. ◗ Il était le fils de Zeus* et d'une mortelle, Alcmène. Pour expier le meurtre de son épouse et de ses enfants, il fut condamné à exécuter douze travaux, qu'il mena à bien grâce à sa force et à son courage. Ainsi, il tua le lion de Némée, vainquit l'hydre de Lerne, captura le sanglier d'Érymanthe, prit la biche de Cérynie, abattit les oiseaux du lac Stymphale, nettoya les écuries d'Augias, captura le taureau de Crète, s'empara des chevaux de Diomède, prit la ceinture de la reine des Amazones, captura les bœufs de Géryon, rapporta les pommes d'or du jardin des Hespérides et enchaîna le monstre Cerbère* qui gardait l'entrée des Enfers.

Hercule → Héraclès

Hermès (nom romain : Mercure)
Dieu grec des Voleurs et des Marchands. ◗ Messager des dieux, il était aussi le guide des voyageurs et celui qui menait les âmes des morts vers l'autre monde. Il personnifiait la ruse et l'intelligence, et on lui prête des attributions multiples : inventions des poids et des mesures, du premier instrument de musique (la lyre), patron des orateurs et des commerçants, dieu berger et dieu de la Santé. Il portait un casque ailé et le caducée que lui avait offert Apollon.

Himalaya
Chaîne de montagnes d'Asie. ◗ L'Himalaya est la plus haute chaîne de montagnes du monde. Il sert de frontière, à l'ouest, entre l'Afghanistan, le Pakistan et l'ex-U.R.S.S., à l'est, entre l'Inde, le Népal et la Chine. La chaîne s'étend sur près de 3 000 km et de nombreux sommets dépassent 8 000 m d'altitude. La jungle recouvre ses basses pentes, laissant place, au-dessus, à la forêt, puis aux alpages, où vivent les yacks et les chèvres. Les populations de l'Himalaya ont été longtemps très isolées. → Vois aussi Everest.

● Himalaya est un mot sanscrit qui signifie « séjour des neiges ».

l'Himalaya (Népal)

Hippocrate (460-377 avant J.-C.)
Médecin de l'Antiquité. ◗ Ce médecin de l'Antiquité, qui voyagea dans toute la Grèce et l'Asie Mineure, rassembla les connaissances médicales de son époque et fut celui qui les mit le mieux en pratique. Malgré des hésitations ou des erreurs, il se distingua par une pratique de la médecine saine et fondée sur l'observation des signes cliniques. Il est à l'origine du serment que prêtent les médecins avant d'exercer.

Hiroshima

Ville du Japon*. ◗ 1,2 million d'habitants. Hiroshima est un port important du sud de l'archipel japonais, situé sur la mer Intérieure. Le 6 août 1945, les Américains larguèrent sur la ville la première bombe atomique, qui fit 150 000 victimes et anéantit la cité. → Vois aussi **Nagasaki.**

Adolf **Hitler**

Hitler
Adolf (1889-1945)

Homme politique allemand. ◗ Chef du parti nazi, il accéda au pouvoir en Allemagne en 1933. Il mit alors en application les idées qu'il avait rassemblées dans son livre, *Mein Kampf* (Mon combat) : pour lui, la race germanique était supérieure aux autres, et le peuple allemand se devait de conquérir de nouveaux territoires et de dominer les autres peuples de l'Europe. Il affirmait ainsi sa volonté de venger l'Allemagne de la défaite de 1918. À l'origine du déclenchement de la Seconde Guerre* mondiale, il organisa, d'abord en Allemagne puis dans les pays conquis, la déportation et l'extermination des infirmes, des Juifs et des Tsiganes. Il déporta aussi tous les opposants au régime dans des camps où ils subirent les pires traitements. Vaincu en 1945, il se suicida dans son bunker de Berlin.

Hittites

Ancien peuple d'Asie. ◗ Les Hittites vécurent dans l'actuelle Turquie d'Asie au IIe millénaire avant J.-C. Ils formaient alors une société féodale, militaire et religieuse. Leur civilisation fut assez puissante pour inquiéter Babylone* et l'Égypte. Mais les guerres menées contre ces deux pays les ont sans doute affaiblis. Les Hittites ont disparu au XIIe siècle avant J.-C.

art **hittite** : stèle du dieu de l'Orage

Hollande

Région des Pays-Bas. ◗ Située autour de la ville d'Amsterdam, la Hollande est la province la plus riche et la plus peuplée des Pays-Bas. C'est une très ancienne région commerçante. Au XVIIe siècle, le port d'Amsterdam devint le centre du commerce mondial. La Hollande joua un grand rôle dans la formation des actuels Pays-Bas. Le terme *Hollande* est parfois utilisé à tort pour désigner les Pays-Bas dans leur totalité.

Hollande François (né en 1954)

Homme politique français. ◗ Socialiste, député de la Corrèze, puis maire de Tulle et président du conseil général de la Corrèze, il a été premier secrétaire du Parti socialiste (P.S.) de 1997 à 2008. Il est président de la République de 2012 à 2017.

Hollywood

Quartier très étendu, situé dans la ville américaine de Los* Angeles. ◗ Hollywood est le principal centre de l'industrie du cinéma et de la télévision aux États-Unis. Jusque dans les années 1950, presque tous les films américains y étaient tournés.

Homère

Poète grec. ◗ Ce poète, considéré comme le fondateur de la littérature grecque, aurait vécu au VIIIe siècle avant J.-C. On lui attribue la création de *l'Iliade* et de *l'Odyssée*, immenses épopées en vers, mais on ne sait pas si Homère a réellement existé. Les Anciens le représentaient vieux et aveugle, errant de ville en ville pour déclamer ses vers. Ses œuvres ont été transmises oralement par d'autres poètes et consignées par écrit au VIe siècle avant J.-C.

Honduras (Amérique)

- Superficie : 112 000 km^2
- Habitants : 8 098 000 *(les Honduriens)*
- Capitale : *Tegucigalpa*
- Langue : *espagnol*
- Monnaie : *lempira*

◗ Situé en Amérique centrale, entre la mer des Antilles* et l'océan Pacifique, le Honduras, devenu indépendant en 1838, est un pays montagneux et forestier au climat tropical. Il a pour ressources essentielles le café et la banane. Le pays est marqué par une criminalité et une pauvreté très élevées.

Hongkong

Territoire de la Chine. ◗ Superficie : 1 077 km^2. 7 260 000 habitants (les *Hongkongais*). Située au sud de la Chine, cette région administrative fut territoire britannique sur le littoral chinois de 1842 à 1997. Surpeuplée et couverte de gratte-ciel, Hongkong regroupe de très nombreuses industries (textile et électronique de pointe). C'est l'un des « Quatre Dragons » de l'Asie du Sud-Est (pays qui connaissent une forte croissance économique depuis la fin des années 1960).

Hongkong (Chine)

Hongrie (Europe)

- Superficie : 93 000 km^2
- Habitants : 9 955 000 *(les Hongrois)*
- Capitale : *Budapest*
- Langue : *hongrois*
- Monnaie : *forint*

◗ La Hongrie est un pays de l'est de l'Europe. Les Hongrois se nomment aussi Magyars. La population et la langue hongroises sont très différentes de celles des autres peuples de la région. Unie à l'Autriche, la Hongrie a été un des États les plus puissants d'Europe centrale. Son agriculture reste assez importante, mais l'industrie (automobile, électronique) s'est fortement développée. La Hongrie a rejoint l'Union* européenne en 2004.

Horn - cap Horn

Cap de l'extrême sud du continent américain. ◗ Situé sur un îlot, aux confins du Chili et de la Terre de Feu argentine, ce cap est une route de navigation. Avant que ne soit creusé le canal de Panama*, les navires devaient contourner le cap Horn pour passer de l'océan Atlantique à l'océan Pacifique. Les courants et les vents très violents les repoussaient souvent vers l'océan Atlantique. Le premier navigateur européen à doubler ce cap fut le Portugais Magellan*, en novembre 1520, lors de son tour du monde.

Horus

Dieu de la mythologie égyptienne. ◗ Fils d'Isis* et d'Osiris*, Horus représentait le Bien luttant sans cesse contre le Mal, incarné par son oncle Seth. Il est souvent représenté sous la forme d'un faucon ou d'un homme à tête de faucon. Ses deux yeux figuraient le soleil et la lune. Très vite, il fut considéré comme le dieu royal par excellence et tous les pharaons prenaient son nom.

Huang He ou fleuve Jaune

Fleuve de la Chine du Nord. ◗ Surnommé le « fleuve Jaune » en raison de la couleur de ses alluvions, il est le deuxième fleuve de Chine par sa longueur (4 845 km). Fleuve au débit très irrégulier, il a souvent provoqué des inondations catastrophiques.

Hubble - télescope spatial

Télescope américano-européen. ◗ D'un diamètre de 2,40 m, ce télescope fut mis en orbite autour de la Terre en 1990. Il a permis de découvrir d'autres galaxies et d'observer la surface de la planète naine Pluton.

le télescope spatial **Hubble**

Hudson - baie d'Hudson

Immense plan d'eau maritime du nord du Canada. ◗ La baie d'Hudson est prise par les glaces de janvier à mai et n'est navigable que cinq mois par an. Elle a été découverte en 1610 par le navigateur anglais Henry Hudson, qui cherchait un passage pour atteindre l'océan Pacifique en contournant le nord de l'Amérique.

Victor **Hugo**

Hugo Victor (1802-1885)

Écrivain et poète français. ▸ Cet écrivain français, auteur majeur du XIXe siècle, est considéré comme un « génie » de la littérature. Son œuvre est immense et variée : poèmes, pièces de théâtre, romans, dessins. Dans ses recueils comme dans ses épopées sociales, il se distingue par son engagement : il évoque l'injustice sociale, les sentiments humains, nobles ou vils, mais aussi l'art, la morale, la politique ou la religion. Député en 1848, il s'oppose violemment à Napoléon III*, qu'il surnomme « Napoléon le Petit », et est condamné à l'exil dans l'île de Guernesey. Lorsque l'Empire s'écroule, en 1870, Hugo rentre en France. Il écrit alors des recueils très populaires, comme *l'Art d'être grand-père* (1877), où l'on voit toute la tendresse qu'il ressentait pour ses petits-enfants. Lorsqu'il meurt, en 1885, la République lui fait des funérailles nationales et ses cendres sont transférées au Panthéon.

• **Œuvres principales :** *Hernani*, 1830 ; *Notre-Dame de Paris*, 1831 ; *les Contemplations*, 1856 ; *la Légende des siècles*, 1859-1883 ; *les Misérables*, 1862 ; *les Travailleurs de la mer*, 1866.

Victor **Hugo** : *les Misérables*
(illustration de Gavroche à la barricade)

Hugues Ier Capet (vers 941-996)

Roi de France. ▸ Il est le fondateur de la dynastie capétienne. Il fut le premier des trente-six rois qui régnèrent près de neuf siècles sur la France. Hugues Capet fut élu roi de France par les seigneurs féodaux à la place du dernier Carolingien (descendant de Charlemagne*). Il chercha à accroître le domaine royal qui correspondait alors à peu près à l'Île-de-France actuelle et fit sacrer son fils de son vivant pour assurer le pouvoir héréditaire à sa famille.

Hugues Capet

Huns

Ancien peuple nomade de l'Asie centrale. ▸ C'est au début de notre ère que ce peuple nomade se mit en marche vers l'ouest. Ils semèrent la terreur chez les Germains, qui se réfugièrent en 376 dans l'Empire romain : c'est le début des Invasions* barbares. Sous la conduite de leur chef Attila*, ils parvinrent jusqu'en Gaule, et même jusqu'à Paris, où les habitants, encouragés par sainte Geneviève, leur résistèrent. Ils furent ensuite vaincus à la bataille des Champs catalauniques, en 451.

Hurons

Indiens d'Amérique du Nord. ▸ Ces Indiens du Canada vivaient près des Grands Lacs. Au XVIIe siècle, ils furent les alliés des Français, à qui ils fournissaient des fourrures, contre les Iroquois* (qui en fournissaient aux Hollandais). Victimes des maladies et des assauts iroquois, ils abandonnèrent leur pays en 1649. Un groupe de Hurons, qui survécut, se réfugia près de la ville de Québec*.

I

Icare

Personnage de la mythologie grecque. ◗ Il est le fils de Dédale*. Avec son père, il parvint à s'échapper du labyrinthe où les avait enfermés le roi Minos, grâce à des ailes faites de cire et de plumes. Mais Icare s'éleva si haut dans le ciel que la chaleur du soleil fit fondre la cire et qu'il fit une chute mortelle dans la mer.

Icare et son père Dédale
(*la Chute d'Icare*, tableau du XVIIe siècle)

Ienisseï

Fleuve d'Asie. ◗ Long de 3 354 km, ce fleuve prend sa source en Mongolie, traverse la Russie et se jette dans l'océan Arctique.

Île-de-France

Région administrative française. ◗ Superficie : 12 000 km^2. 12 180 000 habitants (les *Franciliens*). Chef-lieu : Paris*. L'Île-de-France regroupe 8 départements : Essonne, Hauts-de-Seine, Paris, Seine-et-Marne, Seine-Saint-Denis, Val-de-Marne, Val-d'Oise et Yvelines. Le territoire de l'Île-de-France, qui correspond en grande partie au centre du domaine des rois capétiens, se compose de zones fortement urbanisées (agglomération parisienne) mais aussi de grandes forêts (massifs de Fontainebleau, de Rambouillet, de Saint-Germain). L'agriculture est dominée par les grandes cultures (blé, maïs, betterave) des riches plaines (la Brie et la Beauce*) et des plateaux du nord de Paris, notamment. L'industrie est diversifiée (haute technologie, électronique, automobile...) et les activités de services (quartier d'affaires européen, grand pôle d'enseignement et de recherche, banques, commerce de luxe, administrations publiques) sont très développées, surtout à Paris. Compte tenu de l'exceptionnelle richesse de son patrimoine, l'Île-de-France figure parmi les premières destinations touristiques mondiales. Regroupant 18 % de la population française (sur 2,1 % du territoire national), elle est de loin la région la plus peuplée de France. L'agglomération parisienne concentre à elle seule 88 % de la population régionale.

île de Pâques → Pâques

Incas

Ancien peuple d'Amérique du Sud. ◗ Les Incas s'établirent le long de la côte ouest de l'Amérique du Sud à partir du XIIe siècle. Leur empire était gouverné par un souverain tout-puissant que l'on appelait l'Inca, c'est-à-dire le « Fils du Soleil ». Les Incas ne connaissaient pas l'écriture, mais leur administration était si bien organisée que, depuis la capitale, elle répartissait les terres et les travaux agricoles entre les huit millions de sujets de l'empire. Leur civilisation fut détruite au XVIe siècle par les conquérants espagnols (les conquistadores). → Vois aussi Machu Picchu.

tête inca en pierre

Inde (Asie)

- Superficie : 3 268 000 km^2
- Habitants : 1 352 600 000 *(les Indiens)*
- Capitale : *New Delhi*
- Langues : *anglais, hindi*
- Monnaie : *roupie indienne*

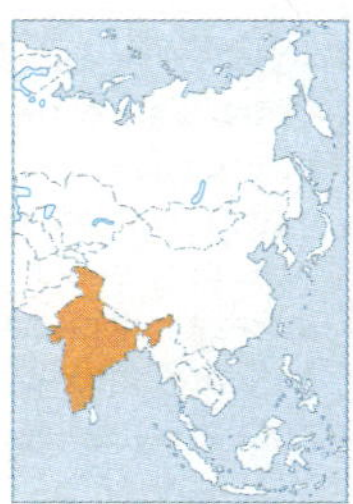

◗ Ancienne colonie britannique, l'Inde est devenue

indépendante en 1947. Elle a été divisée en deux États : l'Union indienne (Inde actuelle), à majorité hindoue, et le Pakistan, à majorité musulmane (dont s'est détaché le Bangladesh en 1971). Ce partage a été accompagné de massacres et du déplacement de 10 à 15 millions de personnes. Des tensions continuent – comme au Cachemire, que les deux pays se disputent – et ont été les causes de plusieurs guerres indo-pakistanaises. L'Inde est le pays le plus peuplé du monde après la Chine ; on y compte 1 million d'habitants de plus chaque mois... Ses grandes villes sont des ports, ou bien se situent au pied de l'Himalaya*, dans la vaste plaine irriguée par le Gange*. L'agriculture (céréales, thé) reste importante, mais l'industrie s'est fortement développée. Si la pauvreté est toujours élevée, les réformes accomplies permettent à l'Inde d'être aujourd'hui un pays à forte croissance économique.

Inde : le palais des Vents à Jaipur

Indien - océan Indien

Océan situé entre l'Afrique, l'Asie et l'Australie. ◗ Superficie : 75 millions de km^2. Troisième océan du monde par sa superficie, sa profondeur moyenne est de 3 900 m ; il possède des fosses allant jusqu'à – 7 000 m. Le sud de l'océan Indien, dont les mers sont chaudes, abrite de nombreuses îles, dont la plus importante est Madagascar*.

Indonésie (Asie)

- Superficie : 1 900 000 km^2
- Habitants : 249 866 000 *(les Indonésiens)*
- Capitale : *Jakarta*
- Langue : *indonésien*
- Monnaie : *rupiah (roupie indonésienne)*

◗ Située en Asie du Sud-Est, l'Indonésie est formée des grandes îles de Java, de Sumatra, de Bornéo et d'une partie de la Nouvelle-Guinée. Elle a été colonisée par les Pays-Bas et est devenue indépendante entre 1946 et 1949. Le pays, en grande partie montagneux et volcanique, a un climat chaud et humide et est couvert de forêt dense. Surpeuplé par endroits, il compte la plus nombreuse population musulmane du monde. Le pétrole et le gaz naturel sont ses ressources principales. L'agriculture, la pêche et l'industrie sont également développées.

Indonésie : danseur masqué à Bali

Indus

Grand fleuve d'Asie. ◗ Long de 3 040 km, ce fleuve du monde indien, auquel il a donné son nom, prend sa source au Tibet, traverse la région du Cachemire et le Pakistan avant de déboucher, par un vaste delta, dans la mer d'Oman. La vallée de l'Indus a connu une brillante civilisation qui s'est éteinte au milieu du IIe millénaire avant notre ère, laissant d'importants vestiges architecturaux.

Indus : sceau représentant un rhinocéros

Inquisition

Tribunal ecclésiastique. ◗ Chargée de la répression des hérétiques, l'Inquisition fut instaurée par la papauté au XIIe siècle pour combattre les cathares*, dont l'influence grandissait dans le sud de la France. Allant de ville en ville, le tribunal de l'Inquisition procédait par enquête, interrogeant systématiquement la population et recourant souvent à la torture. Les sentences allaient de la confiscation des biens à la peine de mort en passant par la prison. Les condamnés à mort étaient, pour la plupart, brûlés vifs sur le bûcher. Après avoir étendu son action, notamment en Espagne et en Italie, l'Inquisition s'éteignit à partir du XVe siècle (sauf en Espagne) et disparut au XVIIIe siècle.

Inuits

Peuple de l'Arctique*. ◗ Le terme *Inuit*, qui signifie « être humain » dans la langue de ce peuple de l'Arctique, a remplacé celui d'*Esquimau*. Les Inuits sont environ 60 000. Autrefois pêcheurs et chasseurs (caribous et rennes l'été, phoques et morses l'hiver), ils s'étaient adaptés depuis des millénaires au climat rigoureux. Mais leur vie a été complètement désorganisée par le contact avec la civilisation occidentale. Au début du XXe siècle, une grande partie d'entre eux fut décimée par le virus de la grippe que leur communiquèrent les explorateurs européens. Le mode de vie traditionnel des Inuits du Groenland a été décrit par l'explorateur Paul-Émile Victor* dans son livre *Boréal.*

Invasions barbares (IVe-Ve siècle)

Série d'invasions qui provoquèrent la chute de l'Empire romain* d'Occident. ◗ Ces invasions commencèrent lorsque les Germains*, fuyant les Huns*, envahirent le nord de l'Italie. Ces peuples, appelés « Barbares » par les Romains, progressèrent et conquirent les territoires de l'empire. Un roi barbare détrôna le dernier empereur romain en 476, mettant fin à l'Empire romain d'Occident. La chute de Rome marque la fin de l'Antiquité et le début du Moyen Âge. → Vois aussi Clovis, Francs, Ostrogoths, Wisigoths.

Invincible Armada → Armada

Irak → Iraq

Iran (Asie)

- Superficie : 1 650 000 km^{2}
- Habitants : 77 447 000 *(les Iraniens)*
- Capitale : *Téhéran*
- Langue : *persan*
- Monnaie : *rial iranien*

◗ Situé à l'ouest de l'Asie, entre la mer Caspienne* et le golfe Persique*, l'Iran est un pays de hautes plaines arides, au climat contrasté (chaud en été, froid en hiver), entourées de chaînes de montagnes. Sur les plaines sont pratiqués l'élevage et les cultures irriguées. L'Iran s'est appelé Perse jusqu'en 1935. Il a longtemps été gouverné par la dynastie* des Pahlavi. En 1979, après le renversement du dernier souverain (le Châh), le pays est devenu une république islamique (chiite). Important producteur de pétrole, l'Iran tente de sortir de son isolement international.

Iran : une mosquée à Ispahan

Iraq ou Irak (Asie)

- Superficie : 434 000 km^{2}
- Habitants : 33 765 000 *(les Irakiens ou les Iraquiens)*
- Capitale : *Bagdad*
- Langues : *arabe, kurde*
- Monnaie : *dinar irakien*

L'Iraq (ou Irak) occupe la majeure partie de l'ancienne Mésopotamie*. L'économie du pays, qui repose sur le pétrole, a été gravement perturbée par de nombreux conflits depuis 1980. En 2003, une offensive militaire menée par les Américains et les Britanniques a conduit à l'effondrement du régime de Saddam Husayn (ou Hussein) qui dirigeait le pays depuis 1979. L'Iraq connaît depuis un état d'insécurité permanent, qui rend sa reconstruction difficile.

1. Irlande

Île située à l'ouest de l'Angleterre. Sous domination anglaise depuis le Moyen Âge, l'Irlande catholique se révolta quand l'Angleterre devint protestante. Vaincus au XVIIe siècle, les Irlandais catholiques furent massacrés, et leurs meilleures terres furent données aux Anglais protestants. Depuis, l'Irlande a cherché à obtenir son indépendance. En 1921, la Grande-Bretagne a reconnu la création d'un État catholique au sud de l'île. Le Nord est resté britannique parce qu'il était majoritairement protestant. La présence de nombreux catholiques dans cette partie irlandaise de la Grande-Bretagne a provoqué, des années 1970 aux années 1990, des conflits violents entre les adeptes des deux religions.

2. Irlande (Europe)

- Superficie : 70 000 km^2
- Habitants : 5 986 000 *(les Irlandais)*
- Capitale : *Dublin*
- Langues : *anglais, gaélique*
- Monnaie : *euro*

Grande île située à l'ouest de l'Angleterre, l'Irlande a longtemps dépendu de la Grande-Bretagne, mais elle est restée attachée à ses traditions et à sa religion, le catholicisme. En 1922 (traité signé en 1921), le sud de l'île a obtenu son indépendance et est devenu l'État libre d'Irlande (renommé Éire en 1937, puis république d'Irlande en 1948), tandis que le nord, l'Ulster, à majorité protestante, restait rattaché à la Grande-Bretagne. L'agriculture et le tourisme comptent parmi les principales ressources du pays. L'Irlande est entrée en 1973 dans le Marché commun (devenu depuis l'Union* européenne). Son économie, qui attire les investissements étrangers, sort d'une grave crise financière.

Iroquois

Ancien peuple amérindien. Ces Indiens d'Amérique du Nord peuplaient les rives du Saint-Laurent* et la région des Grands* Lacs. Ils luttèrent contre les Français, alliés des Hurons*, jusqu'en 1701. Ils étaient organisés en cinq tribus et gouvernés par des sachems. Aujourd'hui, ils vivent au Québec* et dans l'État de New* York.

Indien **iroquois**

Isaac

Personnage biblique. Isaac était le fils d'Abraham* et de sa femme Sara. La Bible* raconte que, pour mettre à l'épreuve la foi d'Abraham, Dieu lui demanda de tuer en sacrifice Isaac. Au moment où Abraham s'apprêtait à obéir, Dieu intervint et sauva Isaac en lui substituant un bélier.

Isis

Déesse de la mythologie égyptienne. Sœur et épouse d'Osiris* et mère d'Horus*, elle était le modèle de l'amour conjugal et du dévouement maternel. Elle avait ressuscité Osiris avec l'aide d'Anubis* et fut pour cela considérée comme une magicienne. Le culte d'Isis, très important en Égypte, se répandit dans tout le monde antique, où elle devint la première des déesses.

Islande (Europe)

- Superficie : 103 000 km^2
- Habitants : 330 000 *(les Islandais)*
- Capitale : *Reykjavik*
- Langue : *islandais*
- Monnaie : *krona (couronne islandaise)*

Isis

◗ Île du nord de l'océan Atlantique, au sud-est du Groenland*, l'Islande est un pays de glaciers et de volcans, qui vit de l'élevage des moutons et surtout de la pêche. Les énergies renouvelables (géothermique, hydraulique) sont très importantes.

Ismaël

Personnage biblique. ◗ Il est le fils d'Abraham* et d'une servante égyptienne. Quand Sara, la femme d'Abraham, eut un fils, Isaac, elle chassa Ismaël et sa mère. Dieu promit alors à Abraham qu'Ismaël donnerait naissance à un grand peuple. Selon la Bible* et le Coran*, Ismaël est l'ancêtre des Arabes.

1. Israël

Nom que la Bible donne à Jacob, fils d'Isaac*, ainsi qu'au peuple juif et à son territoire. ◗ Le royaume d'Israël est l'un des deux royaumes créés à la mort du roi Salomon (vers 931 avant J.-C.). Il fut détruit par les Assyriens en 722 avant J.-C. L'élite de la population fut déportée en Assyrie*, et des colons mésopotamiens furent installés à sa place. L'État fondé par des Juifs en Palestine*, en 1948, prit le nom d'Israël. → Vois aussi Hébreux, Jérusalem, Palestine.

● Israël est un mot hébreu qui signifie « que Dieu règne ».

2. Israël (Asie)

- Superficie : 21 000 km^2
- Habitants : 7 733 000 *(les Israéliens)*
- Capitale : *Jérusalem*
- Langues : *hébreu, arabe*
- Monnaie : *shekel*

◗ Israël est un État du Proche-Orient (région située sur la rive est de la mer Méditerranée), créé par l'O.N.U.* en 1948 en Palestine pour donner aux Juifs un pays. Les Palestiniens, qui se sont souvent réfugiés dans les territoires ou les pays voisins, réclament le droit à un État sur cette même terre. L'accord israélo-palestinien signé en 1994 (par l'Israélien Yitzhak Rabin et le Palestinien Yasser Arafat) a abouti à la mise en place d'une autonomie pour certains territoires, qui sont dirigés par l'Autorité nationale palestinienne. Depuis l'assassinat de Yitzhak Rabin par un extrémiste israélien, en 1995, le processus de paix reste dans l'impasse et les relations entre Israéliens et Palestiniens connaissent de nouveau de graves tensions.

Istanbul

Ville de Turquie. ◗ 8 803 000 habitants (les *Istanbuliotes* ou *Stambouliotes*). Située sur le Bosphore, Istanbul est le principal port et la plus grande ville du pays. Istanbul, qui s'appelait autrefois Constantinople*, est depuis très longtemps une ville habitée de peuples aux origines très diverses : chrétiens (Grecs, Arméniens), juifs et musulmans. Cette diversité est visible dans l'architecture de la ville qui possède, outre de magnifiques mosquées, des architectures byzantines (comme la célèbre église Sainte-Sophie*, transformée en mosquée puis en musée). → Vois aussi Byzance.

Italie (Europe)

- Superficie : 301 000 km^2
- Habitants : 60 990 000 *(les Italiens)*
- Capitale : *Rome*
- Langue : *italien*
- Monnaie : *euro*

L'Italie, qui englobe les îles de Sardaigne et de Sicile, est le plus développé des pays méditerranéens, en partie grâce au « miracle économique » qu'elle a connu après la Seconde Guerre mondiale. Le Nord, industrialisé, s'oppose au Sud, agricole. Le climat méditerranéen et les richesses artistiques exceptionnelles de ce pays expliquent l'importance du tourisme. Entrée dans le Marché commun en 1958, l'Italie est l'un des pays fondateurs de l'Union* européenne ; c'est d'ailleurs à Rome, le 25 mars 1957, que fut signé le traité qui l'a créée.

J

Jamaïque (Amérique)

- Superficie : 11 425 km^2
- Habitants : 2 784 000 *(les Jamaïquains ou les Jamaïcains)*
- Capitale : *Kingston*
- Langue : *anglais*
- Monnaie : *dollar de la Jamaïque*

Île des Antilles* située au sud de Cuba, la Jamaïque a acquis son indépendance en 1962. Elle a un climat tropical. Ses principales ressources sont la canne à sucre, la banane, la bauxite et le tourisme. Célèbre pour sa musique populaire, le reggae, le pays s'est développé mais connaît une forte criminalité.

Japon (Asie)

- Superficie : 373 000 km^2
- Habitants : 127 144 000 *(les Japonais)*
- Capitale : *Tokyo*
- Langue : *japonais*
- Monnaie : *yen*

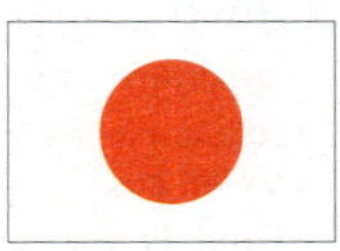

Le Japon est un archipel montagneux et volcanique, soumis aux tremblements de terre et aux raz de marée (tsunamis). En 2011, le nord-est du pays fut frappé par un très violent séisme, suivi d'un tsunami (près de 20 000 morts ou disparus) qui entraîna un accident nucléaire majeur à la centrale de Fukushima-Daiichi. Les quatre grandes îles sont Hokkaido, Honshu, Shikoku et Kyushu. La population, très dense, vit surtout le long des côtes. Détruit en grande partie pendant la Seconde Guerre mondiale (explosion de deux bombes atomiques à Hiroshima* et à Nagasaki*), le Japon a connu ensuite une croissance exceptionnellement rapide. Depuis les années 1990, il traverse une période de stagnation mais il demeure une des toutes premières puissances économiques mondiales.

Japon : Kyoto

Jaune - fleuve Jaune → Huang He

Java

Île d'Indonésie. Superficie : 130 000 km^2. 136 563 000 habitants (les *Javanais*). Java est une île volcanique, de forme allongée, constituée de plaines et de plateaux dominés par une chaîne discontinue de volcans. Près de la moitié de la population est concentrée dans les grandes villes de Jakarta, Bandung et Surabaya. Les terres volcaniques, très fertiles, permettent une agriculture intensive.

Jean sans Terre (1167-1216)

Roi d'Angleterre. Jean sans Terre était le frère de Richard* Cœur de Lion. Après la mort de Richard, Jean monta sur le trône. Combattu par Philippe* Auguste, il perdit la plus grande partie des terres que l'Angleterre possédait en France.

Jeanne d'Arc (1412-1431)

Héroïne française. Cette jeune Lorraine était âgée de 17 ans quand, à la fin de la guerre de Cent* Ans, elle se présenta devant le roi de France Charles VII*. Elle lui raconta avoir entendu des voix venues de Dieu lui ordonnant de sauver la France, alors envahie par l'Angleterre. Avec une petite armée, elle chassa les Anglais qui assiégeaient Orléans et fit ensuite sacrer Charles VII à Reims. Les Anglais la capturèrent peu après et la firent juger et brûler vive à Rouen pour sorcellerie. Jeanne d'Arc fut canonisée en 1920.

Jeanne d'Arc

Jéhovah → Yahvé

Jérusalem

Ville de Palestine. ◗ 790 700 habitants (les *Hiérosolymitains* ou *Hiérosolymites*). Proclamée capitale de l'État d'Israël en 1980, Jérusalem est un lieu de pèlerinage pour les chrétiens, les juifs et les musulmans. Dans l'Antiquité, c'était la capitale de l'État hébreu. Elle fut détruite par les Romains au Ier siècle et passa sous domination arabe au VIIe siècle. Reconquise par les croisés, elle devint la capitale d'un royaume chrétien à deux reprises, entre le XIe et le XIIIe siècle, puis fut occupée par les Turcs. En 1948, elle fut partagée entre le nouvel État d'Israël et le territoire arabe de Cisjordanie. En 1967, l'armée israélienne occupa les quartiers arabes de la Vieille Ville. Jérusalem possède de nombreux monuments religieux, les plus célèbres étant le Mur* des lamentations, la coupole du Rocher et la mosquée al-Aqsa. → Vois aussi Israël, Palestine.

Jérusalem

Jésus ou **Jésus-Christ**

Fondateur du christianisme. ◗ Jésus est né à Bethléem en Judée (Palestine), à la fin du Ier siècle avant notre ère. Pour les chrétiens, Jésus est le fils de Dieu et le sauveur de l'humanité. Sa vie et ses paroles ont été rapportées par les Évangiles*. Il parcourut la Galilée, la Samarie et la Judée, prêchant et annonçant la venue prochaine du royaume de Dieu. Son message d'amour et d'égalité entre les hommes, sa réputation grandissante le firent bientôt considérer comme une menace par les autorités romaines et les dirigeants juifs. Trahi par Judas Iscariote, l'un de ses disciples, il fut arrêté, condamné à mort et crucifié. Pour les chrétiens, Jésus ressuscita trois jours après sa mort et monta aux cieux rejoindre Dieu, après avoir chargé ses disciples de répandre sa Parole dans le monde entier.

jeux Olympiques → Olympiques

Jivaro

Amérindiens de l'ouest du Brésil. ◗ Les Jivaros ne sont plus que 5 000 environ. Peuple guerrier, les Jivaros coupaient les têtes de leurs ennemis morts et les faisaient réduire en les chauffant et en les trempant dans des bains de plantes. Voilà pourquoi ils ont été surnommés « les réducteurs de têtes ».

Jordanie (Asie)

- Superficie : 92 000 km^2
- Habitants : 7 274 000 *(les Jordaniens)*
- Capitale : *Amman*
- Langue : *arabe*
- Monnaie : *dinar jordanien*

◗ Le royaume de Jordanie, situé à l'est d'Israël, est en grande partie désertique. Il possède des sites antiques remarquables (dont Pétra) visités par de nombreux touristes. Le fleuve Jourdain permet l'agriculture. Depuis 2011, le pays accueille de très nombreux réfugiés syriens ayant fui la guerre dans leur pays.

Jourdain

Fleuve du Moyen-Orient. ◗ Long de 360 km, ce fleuve prend sa source au Liban, marque la frontière entre Israël et la Syrie, traverse le lac de Tibériade avant de se jeter dans la mer Morte. La Bible* raconte que c'est dans les eaux du Jourdain que Jésus* a reçu le baptême.

a b c d e f g h i j k l m n o p q r s t u v w x y z

Junon → Héra

1. Jupiter → Zeus

2. Jupiter

Planète du système solaire. ◗ Située entre Mars et Saturne, Jupiter est la plus grosse planète du système solaire. Son diamètre (142 796 km) est 11,2 fois celui de la Terre. Elle est essentiellement constituée d'hydrogène et est entourée de bandes horizontales, qui sont en fait des formations nuageuses. Seule reste stable une tache rouge, qui est un gigantesque cyclone permanent. Autour de Jupiter gravitent plus de 60 satellites, dont certains ont la taille d'une planète. → Vois aussi partie noms communs : **planète.**

Jupiter (Mission Cassini, 2000)

Jura

Chaîne montagneuse de France et de Suisse. ◗ La chaîne du Jura s'étend en arc de cercle entre le Rhône et le Rhin. Le sommet le plus haut est le crêt de la Neige (1 718 m). L'exploitation de la forêt, l'élevage bovin et le tourisme sont les principales ressources de la région. Le Jura est aussi un département.

Jura - canton du Jura

Canton francophone de la Confédération suisse. ◗ Superficie : 837 km^2 ; 70 000 habitants (les *Jurassiens*). Ce canton suisse a été créé en 1979 pour regrouper les trois régions francophones qui appartenaient auparavant au canton de Berne, où l'on parle allemand.

K

Kaaba ou Kaba

Édifice religieux. ◗ Située au centre de la Grande Mosquée de La Mecque*, la Kaaba est une construction cubique vers laquelle les musulmans se tournent pour prier. Dans l'une de ses parois se trouve la Pierre noire qui aurait été donnée à Abraham* par l'ange Gabriel*.

la **Kaaba,** au centre de la Grande Mosquée de La Mecque

Kabyles

Peuple de la Kabylie, région du nord de l'Algérie. ◗ Les Kabyles, de religion islamique et parlant une langue berbère, sont environ 3,5 millions. Ils se sont fréquemment révoltés contre la colonisation française au cours du XIXe siècle. La Kabylie fut le principal foyer de la lutte pour la libération de l'Algérie entre 1954 et 1962. → Vois aussi Berbères, Touareg.

Kairouan

Ville de Tunisie. ◗ 139 100 habitants. Située au centre de la Tunisie, la ville de Kairouan fut fondée en 670. Elle était alors la capitale de la région. Détruite au XIe siècle, elle fut reconstruite aux XVIIe et XVIIIe siècles. La Grande Mosquée de Sidi Uqba, reconstruite aux VIIIe-IXe siècles, est l'un des chefs-d'œuvre de l'art islamique. Kairouan est aujourd'hui un grand centre artisanal (fabrication de tapis).

Kalahari

Désert situé au sud de l'Afrique. ◗ Le désert du Kalahari, qui forme une cuvette fermée, s'étend entre les fleuves Zambèze et Orange et occupe le sud-ouest du Botswana*. Il est habité par les Bochimans.

Karnak

Site archéologique d'Égypte. ◗ Les ruines de Karnak sont situées sur la rive est du Nil, à l'emplacement de l'ancienne ville de Thèbes, qui était l'une des capitales de l'Égypte dans l'Antiquité. Karnak était le lieu des vivants et des dieux. Sur l'autre rive du Nil se trouvait la cité des morts. Le site de Karnak contient un immense temple dédié au dieu Amon*, dont les murs sont recouverts de fresques qui racontent les exploits guerriers du pharaon Ramsès II*. Depuis la construction du barrage d'Assouan*, Karnak est menacé par la montée des eaux du Nil.

temple de **Karnak** : statue de Ramsès II

Kazakhstan (Asie)

- Superficie : 2 717 000 km²
- Habitants : 16 441 000 *(les Kazakhs ou les Kazakhstanais)*
- Capitale : *Astana*
- Langues : *kazakh, russe*
- Monnaie : *tenge*

◗ Le Kazakhstan est une ancienne république d'U.R.S.S.*, située en Asie centrale, entre la mer Caspienne* et la Chine. Le pays est formé de vastes plaines et de plateaux, en dehors de sa bordure montagneuse orientale. Son climat est aride et rude en hiver. Il était autrefois habité par des populations d'origine turque et musulmane, mais les Russes, qui s'y sont installés au XXe siècle, représentent aujourd'hui plus du tiers de la population. C'est au Kazakhstan, près de la ville de Tiouratam, que se trouve le cosmodrome (base spatiale) de Baïkonour.

Kennedy John Fitzgerald (1917-1963)

Homme politique américain. ◗ Élu sénateur démocrate en 1952, il devint président des États-Unis en novembre 1960. En politique intérieure, il favorisa le développement économique et la mise en place de programmes spatiaux. Il se prononça aussi pour la fin de la discrimination raciale (politique raciste qui ne donne pas les mêmes droits aux Blancs et aux Noirs). À l'extérieur, il mena une politique de détente (appelée « coexistence pacifique ») avec l'U.R.S.S. Cette coexistence fut menacée en 1962 lorsqu'il contraignit l'U.R.S.S. à retirer les missiles qu'elle avait installés à Cuba. Kennedy prit la décision de l'intervention militaire américaine au Viêt Nam. Il mourut assassiné à Dallas, au Texas, le 22 novembre 1963.

J. F. **Kennedy**

Kenya (Afrique)

- Superficie : 583 000 km²
- Habitants : 44 354 000 *(les Kényans)*
- Capitale : *Nairobi*
- Langues : *swahili, anglais*
- Monnaie : *shilling du Kenya*

◗ Situé en Afrique orientale, le Kenya est indépendant depuis 1963. À l'ouest, montagneux et volcanique (point culminant : 5 199 m au mont Kenya), est concentrée une grande partie de la population. Le pays a créé très tôt d'importantes réserves d'animaux sauvages où fauves, antilopes et autres représentants de la faune africaine vivent en liberté. Ces parcs attirent les touristes. L'autre ressource du pays est l'agriculture (exportations de café, de thé et de produits de l'horticulture).

Kenya : parc national Amboseli

Kessel Joseph (1898-1979)

Écrivain et journaliste français. ◗ Joseph Kessel fut l'un des premiers grands reporters. Il parcourut le monde, le décrivant de manière réaliste et vivante. Il s'engagea dans l'aviation pendant la Première Guerre* mondiale et entra dans la Résistance* lors de la Seconde. Ses romans parlent du goût de l'aventure et de la fraternité entre les hommes.

• Œuvres principales : *l'Équipage*, 1923 ; *l'Armée des ombres*, 1944 ; *le Lion*, 1956 ; *les Cavaliers*, 1967.

Kilimandjaro

Massif volcanique de l'Afrique. ◗ Situé en Tanzanie, près de la frontière du Kenya, le Kilimandjaro est le sommet le plus haut d'Afrique (5 895 m) et le seul sur ce continent, avec le mont Kenya, au Kenya, à être recouvert de neiges éternelles, actuellement menacées de disparition. Il fut escaladé pour la première fois en 1889.

King Martin Luther (1929-1968)

Pasteur noir américain. ◗ Martin Luther King était un fervent chrétien, qui appliquait les méthodes pacifiques de Gandhi* (la « non-violence ») : il lutta contre la ségrégation raciale (politique raciste) dont étaient victimes les Noirs des États-Unis (certains lieux publics leur étaient interdits, ils avaient des places séparées dans les transports, etc.). Les manifestations non-violentes qu'il organisa permirent d'obtenir que l'égalité entre les Blancs et les Noirs soit garantie par la loi. Il obtint le prix Nobel* de la paix en 1964. Il fut assassiné à Memphis (Tennessee) en 1968.

Martin Luther King

Kipling Rudyard (1865-1936)

Écrivain britannique. ◗ Né en Inde, ce romancier et poète anglais fut d'abord journaliste. Il est surtout célèbre pour ses œuvres destinées à la jeunesse, comme *le Livre de la jungle* ou *Kim*, qui décrit la misère en Inde à travers les voyages d'un petit garçon qui accompagne un moine tibétain. Kipling reçut le prix Nobel de littérature en 1907.

• Œuvres principales : *le Livre de la jungle*, 1894-1895 ; *Kim*, 1901.

Kirghizistan (Asie)

- Superficie : 199 000 km^2
- Habitants : 5 548 000 *(les Kirghiz ou les Kirghizes)*
- Capitale : *Bichkek*
- Langues : *kirghiz, russe*
- Monnaie : *som*

◗ Pays montagneux de l'Asie centrale, au nord-ouest de la Chine, le Kirghizistan est une ancienne république d'U.R.S.S.*, indépendante depuis 1991. La population, musulmane dans sa grande majorité, comprend d'importantes minorités d'Ouzbeks et de Russes. Le pays vit surtout de l'élevage ovin et de cultures (fruits et légumes) développées dans les zones irriguées.

Kiribati (Océanie)

- Superficie : 900 km²
- Habitants : 102 000 *(les Kiribatiens)*
- Capitale : *Tarawa*
- Langues : *anglais, gilbertin*
- Monnaie : *dollar australien*

◗ Indépendante depuis 1979, cette république d'Océanie est formée de 33 atolls et îles (dont 21 inhabitées) dispersés sur 3,5 millions de km². Le pays est menacé par la montée des eaux due au réchauffement climatique.

Klee Paul (1879-1940)

Peintre allemand. ◗ Né dans une famille de musiciens, Klee choisit finalement de se consacrer à la peinture : inspiré à la fois par le surréalisme et l'art abstrait, il créa un monde de rêves, très riche en couleurs et créateur de formes. Une grande partie de son œuvre est conservée au Centre Paul-Klee à Berne.

● Œuvres principales : *Villa R*, 1919 ; *Senecio*, 1922 ; *Rue principale et rues secondaires*, 1929.

Kosovo (Europe)

- Superficie : 10 908 km²
- Habitants : 1 734 000 *(les Kosovars)*
- Capitale : *Pristina*
- Langues : *albanais, serbe*
- Monnaie : *euro*

◗ Situé dans le sud-est de l'Europe, dans le massif des Balkans, le Kosovo, une ancienne région de la Yougoslavie puis de la Serbie, s'est proclamé indépendant en 2008. La population, musulmane et d'origine albanaise dans sa grande majorité, comprend une minorité de Serbes. En 1999, la population subit les attaques de l'armée serbe contre les indépendantistes kosovars, ce qui entraîna les bombardements de l'O.T.A.N. Le pays ne dispose que de faibles ressources (quelques industries, du charbon, du minerai d'aluminium et du nickel). Il dépend de l'aide internationale, notamment de celle de l'Union européenne.

Koweït (Asie)

- Superficie : 17 800 km²
- Habitants : 3 369 000 *(les Koweïtiens)*
- Capitale : *Koweït*
- Langue : *arabe*
- Monnaie : *dinar koweïtien*

◗ L'émirat du Koweït est situé dans le désert d'Arabie*, au bord du golfe Persique*. Le pétrole assure à ses habitants un des plus hauts revenus du monde. En 1990, le Koweït a été envahi par l'Iraq, puis libéré en 1991 par une coalition mise sur pied à la demande de l'O.N.U.* et dirigée par les États-Unis.

Krakatoa

Île de l'océan Pacifique. ◗ Située entre les îles de Java et de Sumatra, cette île volcanique fut partiellement détruite en 1883 par l'explosion de son volcan, le Perbuatan. C'est la plus grave éruption volcanique de l'histoire : il y eut 36 000 victimes. Le Perbuatan connaît encore de nos jours une activité volcanique intense.

Kremlin

Ancienne forteresse et quartier central de Moscou. ◗ Le Kremlin fut l'ancienne résidence des tsars, puis le siège du gouvernement soviétique, de 1918 à 1991. Il est depuis cette date le siège du gouvernement russe. Le quartier contient un grand nombre d'églises et de palais, construits, pour la plupart, par des architectes italiens à la fin du XVe siècle.

● *Kremlin* est un mot russe qui signifie « forteresse ».

Krishna

Divinité hindoue. ◗ Krishna est la plus célèbre incarnation du dieu Vishnou*. Né dans une famille royale, joyeux et espiègle, Krishna fut élevé par des bergers. Il enseigna, par ses paroles et ses actes, l'amour de la vie et du plaisir.

Krishna

Kurdes

Peuple d'Asie occidentale. ◗ Les Kurdes, qui sont environ 25 millions, vivent dans une grande région montagneuse, le Kurdistan, qui n'est pas un État reconnu. Le Kurdistan est partagé entre la Turquie, l'Iran, l'Iraq et la Syrie. Près de la moitié des Kurdes habitent en Turquie. Ils sont traditionnellement agriculteurs et pratiquent la transhumance. Toujours opposés à la domination étrangère, les Kurdes luttent depuis le début du XXe siècle pour leur autonomie à l'intérieur des États où ils résident.

L

La Fayette - marquis de La Fayette

(1757-1834)

Général et homme politique français. ◗ Le marquis de La Fayette participa à la guerre de l'Indépendance américaine en aidant les Américains révoltés contre l'Angleterre. Accueilli avec enthousiasme à son retour en France, il s'engagea dans la préparation des états* généraux en 1789 et eut un rôle important pendant la Révolution* française. Mais il protesta lorsque Louis XVI* fut suspendu et dut s'exiler jusqu'en 1800.

le marquis de **La Fayette**

La Fontaine Jean de (1621-1695)

Poète français. ◗ Ce poète célèbre du XVIIe siècle est l'auteur de *Fables* et de *Contes et Nouvelles en vers.*

La Mecque → Mecque

Languedoc-Roussillon

Anc. Région administrative française. ◗ Elle regroupait 5 départements : Aude, Gard, Hérault, Lozère et Pyrénées-Orientales.

Le Languedoc était une ancienne région française, plus vaste que l'ancien Languedoc-Roussillon. La doctrine des cathares* s'y répandit au XIIe siècle. Les guerres de Religion* ravagèrent la région au XVIe siècle et le début du XVIIIe siècle fut marqué par la révolte des camisards (montagnards protestants des Cévennes).

→ Vois aussi Occitanie.

● Le nom *Languedoc* vient de la langue que parlaient les habitants de cette région, la *langue d'oc,* ou *occitan.*

Laos (Asie)

- Superficie : 236 800 km²
- Habitants : 6 770 000 *(les Laotiens)*
- Capitale : *Vientiane*
- Langue : *lao*
- Monnaie : *kip*

◗ Pays de l'Asie du Sud-Est, à l'ouest du Viêt Nam, le Laos, qui était sous la protection et la dépendance de la France, est devenu indépendant en 1949. Il est formé de plateaux recevant des pluies d'été (mousson) et est couvert par la savane et surtout par la forêt. Dirigé depuis 1975 par le Parti communiste, le pays s'ouvre depuis la fin des années 1990.

Laponie

Région du nord de la Scandinavie* (Norvège, Suède, Finlande) et de la Russie* (presqu'île de Kola). ◗ Environ 80 000 habitants (les *Lapons*). Cette région se distingue par son climat très froid et sa maigre végétation (forêts de pins).

Laponie : enfant en costume traditionnel

Les Lapons exploitent la forêt, sont éleveurs de rennes ou pêcheurs. De nombreux villages lapons ont été détruits par les armées allemandes ou russes pendant la Seconde Guerre* mondiale. → Vois aussi Arctique.

Larousse Pierre (1817-1875)

Auteur et éditeur de dictionnaires. ◗ Instituteur et spécialiste de la langue française, Pierre Larousse écrivit d'abord des ouvrages scolaires de grammaire. Puis, avec de nombreux collaborateurs, il se lança dans la rédaction d'un ouvrage monumental, le *Grand Dictionnaire universel du XIXe siècle*, qui demanda treize années de travail (1863-1876). Ses successeurs ont créé, en 1905, *le Petit Larousse illustré*, toujours publié de nos jours.

Pierre **Larousse**

Lascaux - grotte de Lascaux

Grotte préhistorique de la Dordogne. ◗ La grotte de Lascaux fut découverte par des enfants en 1940. Elle est composée de plusieurs galeries. Ses parois et le plafond sont ornés de très belles peintures rupestres représentant différents animaux (bisons, taureaux, chevaux, cerfs...) et des scènes de chasse. C'est un des plus beaux exemples connus d'œuvres réalisées par les premiers hommes, au paléolithique* (vers 17 000 avant notre ère). Cette grotte est désormais fermée au public car les peintures s'abîmaient au contact de l'air, mais les œuvres ont été reproduites dans une grotte voisine. En 2016 a été inaugurée une deuxième reproduction de la grotte, appelée Lascaux 4 et intégrée à un musée consacré à l'art rupestre.

grotte de **Lascaux :** la frise des aurochs

Lausanne

Ville de la Confédération suisse. ◗ 127 800 habitants (les *Lausannois*) ; 345 000 environ avec sa banlieue. Lausanne est le chef-lieu du canton de Vaud*. Sa population a plus que doublé en quarante ans. C'est là que siège le Comité international olympique.

Lavoisier Antoine Laurent de (1743-1794)

Chimiste français. ◗ Lavoisier fut l'un des créateurs de la chimie moderne. Au cours de ses expériences, il élucida le mécanisme de l'oxydation des métaux au contact de l'air, puis, entre 1777 et 1781, il établit la composition de l'air, de l'eau et du gaz carbonique. Il proposa un classement de ces composants en s'appuyant sur la notion d'élément chimique. Condamné par la Convention* pour avoir occupé des fonctions d'administrateur sous l'Ancien* Régime, il fut guillotiné.

Antoine de **Lavoisier** (à droite) dans son laboratoire

Le Corbusier (1887-1965)
Architecte et urbaniste français d'origine suisse. ◗ Le Corbusier fut l'un des fondateurs de l'architecture moderne. Ses constructions, aux formes géométriques souvent simples, sont percées de larges ouvertures qui laissent entrer la lumière. Il fut l'un des premiers à employer le béton sans chercher à le recouvrir. Il a réalisé, entre autres, le grand immeuble de la « Cité radieuse », à Marseille, et la chapelle Notre-Dame-du-Haut, à Ronchamp (en Haute-Saône).

Léman - lac Léman
Lac d'Europe (Suisse et France). ◗ Le Lac Léman a une superficie de 582 km². Sa rive nord est suisse, sa rive sud est française. Long de 72 km, il est traversé par le Rhône*. On appelle *lac de Genève* la partie du lac située près de cette ville.

Lena
Fleuve de Russie. ◗ Situé en Sibérie et long de 4 270 km, ce fleuve se jette dans l'océan Arctique*. La Lena est peu navigable car ses eaux sont gelées neuf mois par an.

Lénine (1870-1924)
Homme politique russe. ◗ De son vrai nom, Vladimir Ilitch Oulianov.
Partisan des idées du philosophe et économiste allemand Karl Marx*, Lénine organisa la lutte pour la libération de la classe ouvrière. Arrêté puis déporté de 1897 à 1900 en Sibérie (près du fleuve Lena*, qui lui inspirera le pseudonyme de Lénine), il s'exile ensuite en Suisse puis à Paris. Il rentre en Russie en octobre 1917 quand éclate la révolution, dont il est l'un des principaux meneurs. Il prend le pouvoir du nouvel État soviétique qu'il gardera jusqu'à sa mort. → Vois aussi U.R.S.S.

Lénine

Le Nôtre André (1613-1700)
Dessinateur de jardins français. ◗ Le Nôtre, jardinier du roi Louis XIV*, créa un style de jardin dit « à la française » : végétation, allées et bassins forment des figures régulières et géométriques et s'ouvrent sur de vastes perspectives. Sa création la plus célèbre est le parc du château de Versailles*.

les jardins du château de Meudon créés par André **Le Nôtre** (1680)

Léonard de Vinci (1452-1519)
Artiste et savant italien. ◗ Léonard de Vinci est l'artiste le plus célèbre de la Renaissance. Il était aussi inventeur : il perfectionna les machines de son temps et fut souvent consulté comme ingénieur militaire. Aujourd'hui, il est surtout connu pour ses dessins et ses tableaux. Il a créé une technique de peinture qui consiste à envelopper les personnages dans des ambiances vaporeuses (appelées des sfumatos) pour mieux les intégrer

Léonard de Vinci : *la Joconde*

au paysage qui leur sert de décor. François Ier* le fit venir en France où il acheva sa vie.

Léopold Ier (1790-1865)

Roi des Belges de 1831 à 1865. ◗ Léopold Ier fut le premier souverain de la Belgique* indépendante. Il fut à la tête d'une monarchie constitutionnelle qu'il laissa évoluer en monarchie parlementaire. Il épousa Louise-Marie d'Orléans, fille aînée de Louis*-Philippe.

Léopold II (1835-1909)

Roi des Belges de 1865 à 1909. ◗ Fils de Léopold Ier. Sous son règne, la Belgique devint une nation prospère et militairement forte. Il créa au Congo* un « État indépendant » dont il était le souverain et qu'il céda à la Belgique en 1908.

Léopold III (1901-1983)

Roi des Belges de 1934 à 1951. ◗ En 1940, face à la puissance écrasante de l'armée allemande qui occupait la Belgique, Léopold III donna l'ordre à l'armée de cesser le combat. Bien qu'il n'ait jamais collaboré avec les Allemands, sa décision fut très critiquée. Il dut déléguer ses pouvoirs à son fils Baudouin* en 1950 et abdiquer en 1951.

Lesotho (Afrique)

- Superficie : 30 355 km^2
- Habitants : 2 074 000 *(les Lesothans ou les Lesothiens)*
- Capitale : *Maseru*
- Langues : *anglais, sotho*
- Monnaies : *loti, rand*

◗ Indépendant depuis 1966, le royaume du Lesotho est une enclave dans la république d'Afrique* du Sud. L'industrie textile est la principale activité et la population doit émigrer pour travailler dans les mines sud-africaines.

Lettonie (Europe)

- Superficie : 64 000 km^2
- Habitants : 2 050 000 *(les Lettons)*
- Capitale : *Riga*
- Langue : *letton*
- Monnaie : *euro*

◗ Située sur la mer Baltique*, la Lettonie, ancienne république d'U.R.S.S.*, est indépendante depuis 1991. Comptant une forte minorité de Russes, le pays est urbanisé et industrialisé. La Lettonie est entrée dans l'Union* européenne en 2004.

Liban (Asie)

- Superficie : 10 400 km^2
- Habitants : 4 822 000 *(les Libanais)*
- Capitale : *Beyrouth*
- Langue : *arabe*
- Monnaie : *livre libanaise*

◗ Le Liban est un pays montagneux du Proche-Orient (région située sur la rive est de la mer Méditerranée). On y pratique des cultures dans les longues plaines qui longent la côte. Le pays a été administré par la France de 1920 à 1943. En 1943, il devient une république indépendante où musulmans et chrétiens se partagent le pouvoir. Depuis la fin de la guerre civile (1976-1990), les oppositions entre les diverses communautés qui le composent se sont apaisées.

Liberia (Afrique)

- Superficie : 110 000 km^2
- Habitants : 4 294 000 *(les Libériens)*
- Capitale : *Monrovia*
- Langue : *anglais*
- Monnaie : *dollar libérien*

◗ Situé sur l'océan Atlantique, recouvert en grande partie de forêts denses, le Liberia possède des plantations de palmiers, de caféiers, et d'hévéas. Depuis 1847, c'est un État indépendant. Les principales ressources proviennent des mines de diamants et du fer mais aussi d'une très importante flotte (la deuxième du monde en nombre de navires). Entre 1990 et 2003, le Liberia a connu une guerre civile et une succession de périodes de violence.

Libye (Afrique)

- Superficie : 1 760 000 km^2
- Habitants : 6 202 000 *(les Libyens)*
- Capitale : *Tripoli*
- Langue : *arabe*
- Monnaie : *dinar libyen*

◗ Pays du nord de l'Afrique, sur la mer Méditerranée, conquis par l'Italie en 1911, la Libye est un État indépendant depuis 1951. Le pays a été ruiné par la guerre civile qui sévit depuis 2011, et la production de pétrole, sa principale ressource, a fortement chuté.

Liechtenstein
(Europe)

- Superficie : 160 km²
- Habitants : 37 000 *(les Liechtensteinois)*
- Capitale : *Vaduz*
- Langue : *allemand*
- Monnaie : *franc suisse*

◗ Située entre la Suisse et l'Autriche, la principauté du Liechtenstein est l'un des plus petits pays du monde. Ses principales activités économiques sont le tourisme, la finance et le commerce.

Liège
Ville de Belgique. ◗ 195 931 habitants (les *Liégeois*) ; environ 700 000 habitants dans l'agglomération. Chef-lieu de la province du même nom, au confluent de la Meuse et de l'Ourthe, Liège est un port fluvial relié à Anvers par un canal. C'est un centre administratif, commercial, industriel et culturel important.

Lille
Ville française. ◗ 238 400 habitants (les *Lillois*) ; 1 038 000 habitants avec la banlieue. Lille est le chef-lieu de la Région Hauts-de-France* et du département du Nord. Rattachée à la France en 1667, elle fut un important centre industriel au XIXe siècle.

Limousin
Anc. Région administrative française. ◗ Elle regroupait 3 départements : Corrèze, Creuse et Haute-Vienne.
Historiquement, la Région correspond à peu près à l'ancienne province française. Au Moyen Âge, elle fut divisée en seigneuries, avant de passer sous domination anglaise. Elle ne fut rattachée à la couronne française qu'au XVIIe siècle. Grâce aux grands intendants qui l'administrèrent et qui favorisèrent notamment le développement de l'industrie de la faïence et de la porcelaine, elle connut un essor important au XVIIIe siècle.
→ Vois aussi Nouvelle-Aquitaine.

Lincoln Abraham (1809-1865)
Homme politique américain. ◗ Abraham Lincoln fut élu député en 1846 et se rendit célèbre par ses discours contre l'esclavage. Son élection à la présidence des États-Unis, en 1860, déclencha la guerre de Sécession. Il mourut assassiné par un fanatique. ↑

Abraham **Lincoln**

Lindbergh Charles (1902-1974)
Aviateur américain. ◗ Pilote assurant le transport aérien du courrier entre New York et San Francisco, Charles Lindbergh fut le premier à réussir la traversée sans escale de l'océan Atlantique nord, entre New York et Le Bourget, seul à bord de son appareil, le *Spirit of Saint Louis* (1927).

Charles **Lindbergh**

Lisbonne
Capitale du Portugal. ◗ 547 733 habitants (les *Lisboètes*) ; 2,9 millions avec la banlieue. Lisbonne est située à l'embouchure du Tage. Fondée par les Phéniciens, puis occupée par les Romains, Lisbonne a été dominée par les

a b c d e f g h i j k l m n o p q r s t u v w x y z

Maures, qui étaient des peuples nord-africains, du VIIIe au XIIe siècle. La ville s'est beaucoup développée à partir du XVe siècle, quand les Portugais faisaient du commerce avec leurs colonies. Le centre de Lisbonne a brûlé en 1988. La ville avait déjà été détruite en 1755 par un tremblement de terre, décrit par Voltaire dans *Candide*. Elle est aujourd'hui un centre culturel, commercial et industriel important.

Lisbonne : la tour de Belém

Lituanie (Europe)

- Superficie : 65 000 km^2
- Habitants : 3 017 000 *(les Lituaniens)*
- Capitale : *Vilnius*
- Langue : *lituanien*
- Monnaie : *euro*

◗ État de l'Europe orientale, sur la mer Baltique*, cette ancienne république d'U.R.S.S.* est indépendante depuis 1991. À la différence des deux autres États baltes (l'Estonie et la Lettonie), la minorité russe y est très réduite. La Lituanie est entrée dans l'Union* européenne en 2004.

Loch Ness

Lac d'Écosse. ◗ D'après la légende, ce lac abriterait un monstre marin remontant à la préhistoire. Sur la foi de quelques témoignages et de photographies assez floues, des études scientifiques ont été menées pour tenter d'éclaircir le mystère, mais en vain.

Loire

Fleuve de France. ◗ C'est le plus long fleuve de France (1 020 km). Il prend sa source dans le Massif central au mont Gerbier-de-Jonc, à 1 408 m d'altitude, traverse le centre puis l'ouest de la France, les villes d'Orléans, de Tours et de Nantes, avant de rejoindre l'océan Atlantique par un large estuaire. La Loire a de nombreux affluents.

Londres

Capitale de la Grande-Bretagne. ◗ 3 231 901 habitants (les *Londoniens*) ; environ 10,2 millions d'habitants en comptant les banlieues, qui forment *le Grand Londres*. Londres est un grand port sur la Tamise, c'est aussi un important centre financier et commercial ; le quartier des affaires est appelé la *City*. Cette capitale européenne attire de nombreux touristes. Ses monuments les plus célèbres sont la Tour de Londres, Big Ben et Buckingham Palace, résidence de la famille royale.
La ville a été ravagée par la peste en 1665 puis par un immense incendie en 1666. Pendant la Seconde Guerre* mondiale, elle a été bombardée par les Allemands.

Londres : le Tower Bridge

Lorenz Konrad (1903-1989)

Zoologiste autrichien. ◗ Il est l'un des fondateurs de l'éthologie moderne, science qui étudie le comportement des animaux dans la nature.

Lorraine

Anc. Région administrative française. ◗ Elle regroupait 4 départements : Meurthe-et-Moselle, Meuse, Moselle et Vosges.
Longtemps déchiré entre la Bourgogne, la France et la Germanie, le duché de Lorraine est devenu français peu avant la Révolution. Comme l'Alsace voisine, la Lorraine fut partiel-

lement annexée par l'Allemagne de 1870 à 1919, puis de 1940 à 1944. → Vois aussi Grand-Est.

Los Angeles

Ville des États-Unis. ◗ 3,7 millions d'habitants (13,3 millions avec la banlieue). Située au sud-ouest du pays, dans l'État de Californie*, Los Angeles est la deuxième ville des États-Unis, après New York. Bordée par l'océan Pacifique, c'est également un port et un centre industriel important. La ville a été fondée par des Espagnols à la fin du XVIIIe siècle. Une grande partie de sa population actuelle parle l'espagnol. L'un des quartiers les plus célèbres de Los Angeles est Hollywood*.

● Los Angeles signifie « les anges », en espagnol.

Los Angeles

Louis IX ou Saint Louis (1214-1270)

Roi de France. ◗ Chrétien fervent, il fit construire des hôpitaux et mit en place une façon plus équitable de rendre la justice dans son royaume. Il participa à deux croisades*. Rêvant de convertir au christianisme le souverain musulman de Tunisie, il se rendit à Tunis. Mais il y mourut de la peste. Le pape le déclara saint en 1297.

Louis XI (1423-1483)

Roi de France. ◗ Il était le fils du roi Charles VII*. Il rétablit l'autorité de l'État face aux grands nobles du royaume. Il agrandit considérablement le domaine royal. Très superstitieux, il ne se séparait jamais de ses médailles porte-bonheur. Il pouvait être cruel avec ses ennemis : on dit qu'il les enfermait parfois dans des cages en fer. → Vois aussi Charles le Téméraire.

embarquement de **Saint Louis** pour la croisade

Louis XIII (1601-1643)

Roi de France. ◗ Il n'avait que neuf ans à la mort de son père, Henri IV*. Sa mère, Marie de Médicis, gouverna à sa place jusqu'au jour où Louis XIII fit assassiner Concini, le ministre qu'elle avait choisi. Marie de Médicis fit alors la guerre à son fils avec l'aide des grands nobles du royaume. Louis XIII rétablit son autorité en s'appuyant sur son ministre, le cardinal de Richelieu*.

Louis XIII au siège de La Rochelle

Louis XIV (1638-1715)

Roi de France. ◗ Fils de Louis XIII* et d'Anne d'Autriche, Louis XIV, surnommé *le Roi-Soleil*, consacra tout son règne à renforcer son pouvoir (en installant une monarchie absolue) et à affirmer la prédominance française en Europe. Il fit construire le château de Versailles* et s'entoura d'artistes qui firent de son règne l'un des plus brillants de l'histoire de France. Racine*, Molière*, Lully* et bien d'autres sont associés à sa gloire. Mais les nombreuses guerres qu'il entreprit ruinèrent le pays et plongèrent le peuple dans la misère. → Vois aussi la Fronde.

Louis XIV

Louis XV (1710-1774)

Roi de France. ◗ Arrière-petit-fils de Louis XIV*, il fut très aimé au début de son règne, à tel point qu'on le surnomma *le Bien-Aimé*. Bien qu'il ait contribué à redresser l'économie du royaume, il mourut détesté des Français. Sous son règne, la France perdit ses possessions au Canada et en Inde.

Louis XV

Louis XVI (1754-1793)

Roi de France. ◗ Son règne fut d'abord marqué par une grave crise économique, qui provoqua de nombreux troubles sociaux dans le pays. La Révolution* était déjà en marche. Après la prise de la Bastille*, le 14 juillet 1789, le roi resta sur le trône mais en ayant perdu une grande partie de ses pouvoirs. Il tenta de fuir la France, mais fut arrêté à Varennes en 1791. Il fut finalement jugé, condamné à mort pour trahison et guillotiné en 1793.

Louis XVI

Louis XVIII (1755-1824)

Roi de France. ◗ Frère de Louis XVI*, il fut proclamé roi en 1814, après l'abdication de Napoléon Ier*. La royauté fut alors rétablie : c'est ce qu'on appela la Restauration*. Son règne prit fin à sa mort, en 1824.

Louisiane

État des États-Unis. ◗ Superficie : 125 500 km^2 ; 4,6 millions d'habitants. Cet État, situé au sud-est du pays, sur le golfe du Mexique, est traversé par un très grand fleuve, le Mississippi*. L'agriculture y est très prospère. Un certain nombre de descendants des colons français arrivés à la fin du XVIIIe siècle y parlent encore français. Au XIXe siècle, la Louisiane et les autres États du Sud refusèrent d'abolir l'esclavage, ce qui déclencha la guerre de Sécession avec les États du Nord.

Louis-Philippe Ier (1773-1850)

Roi de France. ◗ Louis-Philippe Ier succéda au roi Charles X en juillet 1830, lorsque ce dernier fut chassé par une révolution. Il régna jusqu'en février 1848, date à laquelle il fut, lui aussi, renversé par une nouvelle révolution du peuple.

a b c d e f g h i j k l m n o p q r s t u v w x y z

Louvain

Ville de Belgique. ◗ 97 692 habitants. Louvain est le chef-lieu du Brabant* flamand. La ville est particulièrement renommée pour son université, créée en 1425. En 1968, la querelle linguistique provoque la division de l'université et la section francophone s'installe à Ottignies-Louvain-la-Neuve (en Brabant wallon). Louvain possède d'importants monuments du Moyen Âge et de l'époque baroque.

Louvre

Ancienne résidence royale et musée de Paris. ◗ Le Louvre fut d'abord une forteresse construite par Philippe* Auguste pour protéger les remparts de Paris. Puis il devint une résidence royale pendant la guerre de Cent* Ans. À partir de François Ier*, le Louvre fut sans cesse transformé et embelli par les souverains successifs, qui en firent le plus grand palais du monde. La Révolution* française le transforma en musée. En 1983, sous la présidence de François Mitterrand*, d'importants travaux ont été entrepris, dont la construction d'une pyramide de verre (œuvre de l'architecte américain Pei Ieoh Ming), faisant du « Grand Louvre » le plus vaste musée du monde.

le musée du **Louvre**

Lucy

Nom donné à un squelette humain vieux de 3,3 millions d'années. ◗ Au moment de sa découverte en 1974 dans la Rift* Valley, en Éthiopie, ce squelette était le plus ancien et le plus complet des squelettes humains connus. Il appartient à la famille des australopithèques, hommes préhistoriques ayant vécu surtout en Afrique et qui ont donné naissance à l'*Homo habilis*, dont descendent l'homme de Neandertal* et l'homme de Cro-Magnon*.

Lully ou Lulli Jean-Baptiste (1632-1687)

Violoniste et compositeur italien naturalisé français. ◗ Excellent violoniste et chorégraphe du XVIIe siècle, Lully bénéficia de la protection de Louis XIV*. Il a composé des ballets pour les comédies de Molière*, *Monsieur de Pourceaugnac* et *le Bourgeois gentilhomme*. Il est le créateur de l'opéra français.

Lumière Auguste (1862-1954) et Louis (1864-1948)

Chimistes et industriels français. ◗ Inventeurs du premier appareil de prises de vues et de projection (le cinématographe), les frères Lumière réalisèrent de nombreux films, dont le premier fut un documentaire : *la Sortie des usines Lumière*. Il fut projeté pour la première fois en public au Grand Café, à Paris, en 1895. D'autres films sont restés célèbres : *l'Arrivée d'un train en gare de La Ciotat*, qui provoqua l'émoi chez les spectateurs qui croyaient que la locomotive fonçait sur eux, et *l'Arroseur arrosé*, courte histoire comique, considéré comme le premier récit cinématographique.

Auguste et Louis **Lumière**

Lune

→ partie noms communs

Luther Martin (1483-1546)

Théologien et réformateur allemand. ◗ Martin Luther fut à l'origine de la Réforme protestante. Dans son œuvre, il critiqua certaines pratiques de l'Église catholique de son temps et prit la tête d'un vaste mouvement religieux qui se sépara peu à peu du pape et qui donna naissance à une nouvelle Église, le protestantisme. Le protestantisme luthérien devint la religion officielle de l'Allemagne et de la Scandinavie. → Vois aussi Calvin, Réforme.

1. Luxembourg (Europe)

- Superficie : 2 586 km^2
- Habitants : 530 000 *(les Luxembourgeois)*
- Capitale : *Luxembourg*
- Langues : *luxembourgeois, français, allemand*
- Monnaie : *euro*

◗ Le grand-duché de Luxembourg est situé entre la France, la Belgique et l'Allemagne. C'est le siège de certaines institutions européennes et un important centre financier. Le Luxembourg est d'ailleurs un des pays fondateurs de l'Union* européenne.

2. Luxembourg

Capitale du Luxembourg. ◗ 95 000 habitants (les *Luxembourgeois*). La ville abrite de nombreuses institutions de l'Union* européenne (la Cour des comptes, la Cour de justice européenne et la Banque européenne d'investissement). Le Conseil des ministres de l'Union européenne se réunit à Luxembourg trois fois par an.

Lyon

Ville française. ◗ 514 700 habitants (les *Lyonnais*) ; 1 620 330 habitants avec la banlieue. Située sur le Rhône* et la Saône, Lyon est le chef-lieu de la Région Auvergne-Rhône-Alpes*. Fondée par les Romains en 43 avant J.-C., *Lugdunum* (Lyon) devint rapidement la capitale économique et religieuse des Gaules. Elle fut annexée au royaume de France en 1307. Sa situation centrale sur l'axe Nord-Sud de la France et l'introduction de l'industrie de la soie au XVIe siècle favorisèrent son développement. En 1831, les canuts (ouvriers des soieries) s'insurgèrent et furent quelques jours maîtres de la ville. Sous l'Occupation allemande, Lyon fut un grand centre de la Résistance*.

Lyon

Lyon (métropole de)

Collectivité territoriale française. ◗ Créée en 2015, elle regroupe 59 communes (1 354 500 habitants).

M

Macédoine (Europe)

- Superficie : 25 700 km^2
- Habitants : 2 413 400 *(les Macédoniens)*
- Capitale : *Skopje*
- Langues : *albanais, macédonien*
- Monnaie : *denar*

◗ Née de l'éclatement de la Yougoslavie* en 1991, la république de Macédoine est confrontée à de graves tensions entre Albanais musulmans et Slaves orthodoxes*. C'est un pays en grande partie montagneux, dont les principales ressources sont minières ou liées à l'agroalimentaire.

Macédoine ancienne

Région historique des Balkans. ◗ Venues de Grèce occidentale, les tribus macédoniennes s'unirent puis établirent un royaume entre le VIIe et le VIe siècle avant J.-C. Au IVe siècle avant notre ère, la Macédoine connut son époque la plus glorieuse avec Philippe II, qui étendit sa domination sur la Grèce. Son fils, Alexandre* le Grand, conquit l'Égypte et l'Orient. À sa mort, ses successeurs se disputèrent le royaume, qui devint province romaine au IIe siècle après J.-C. puis fut intégré à l'Empire byzantin* au IVe siècle. Du IXe au XIVe siècle, la Macédoine fut convoitée par ses puissants voisins des Balkans, et tomba finalement sous la coupe de l'Empire ottoman*, jusqu'en 1912. La Macédoine fut ensuite partagée entre la Grèce, la Serbie et la Bulgarie. La République de Macédoine, qui était l'une des six Républiques issues de l'ex-Yougoslavie, fut créée après la Seconde

Guerre* mondiale. Elle proclama son indépendance en 1991.

Machu Picchu

Ancienne cité inca du Pérou. ◗ Situé dans les Andes, à 2 430 m d'altitude, ce site inca, ignoré des conquistadores, ne fut découvert qu'en 1911. La cité, qui comprend près de 200 bâtiments, a été construite au XVe siècle grâce aux connaissances des Incas* en matière d'architecture et d'écologie.

Machu Picchu

Macron Emmanuel (né en 1977)

Homme politique français. ◗ À la tête du mouvement politique qu'il a fondé en 2016, En marche !, il est élu président de la République en 2017.

Madagascar (Afrique)

- Superficie : 587 000 km^2
- Habitants : 22 925 000 *(les Malgaches)*
- Capitale : *Antananarivo (Tananarive)*
- Langues : *malgache, français*
- Monnaie : *ariary malgache*

◗ Grande île de l'océan Indien au large du Mozambique, Madagascar, ancien territoire français d'outre-mer, a accédé à l'indépendance en 1960. L'agriculture et l'élevage sont ses principales ressources. Le pays exporte notamment du nickel, du cobalt, de la vanille, des clous de girofle, des crevettes et des articles textiles. L'exploitation du pétrole en est à ses débuts.

Madrid

Capitale de l'Espagne. ◗ 3 millions d'habitants (les *Madrilènes*). Madrid est une grande métropole européenne. Elle possède de très beaux monuments d'époques classique et baroque. L'un de ses quartiers les plus célèbres se situe autour de la *Plaza Mayor* (la Grand-Place) construite en 1617. Le musée du Prado est l'un des plus importants du monde.

Magellan Fernand de (1480-1521)

Navigateur portugais. ◗ Au cours d'une expédition au service de l'Espagne, en 1511, Magellan ouvrit la route des épices jusqu'aux îles de l'Indonésie. Il fut le premier à atteindre ces îles par l'ouest, en contournant l'Amérique du Sud, prouvant ainsi que la Terre est ronde. L'expédition parvint en effet, en novembre 1520, à passer le détroit qui prit le nom de *détroit de Magellan*. Il mourut aux Philippines en 1521. Le premier tour du monde fut achevé par son lieutenant Juan Sebastián Elcano (1476-1526), qui ramena l'expédition en Espagne en 1522.

Magellan sur sa caravelle

Maghreb

Ensemble des pays arabes du nord-ouest de l'Afrique : Algérie*, Maroc*, Tunisie*. ◗ Le Maghreb (mot arabe désignant « le couchant ») est compris entre la Méditerranée et le désert du Sahara. Le Grand Maghreb comprend aussi la Libye* et la Mauritanie*.

Magritte René (1898-1967)
Peintre belge. ◗ Représentant du courant surréaliste, Magritte mit en scène dans sa peinture des objets de la vie quotidienne : en les rapprochant, de manière inattendue et hors de leur contexte, il donna à ses tableaux une dimension insolite et poétique.
● Œuvres principales : *Golconde*, 1953 ; *la Grande Famille*, 1963 ; *la Grande Guerre*, 1964.

Mahomet ou **Muhammad** (vers 570-632)
Fondateur de la religion musulmane. ◗ Originaire de la ville de La Mecque*, Mahomet est le prophète de l'islam. Il convertit les Arabes à cette religion qui lui avait été révélée par l'ange Gabriel*. Il enseignait qu'Allah*, dieu unique, l'avait choisi pour lui dicter le Coran*. Mahomet fit la conquête de l'Arabie et y rassembla les tribus nomades en une communauté fondée sur les principes de l'islam.

Malaisie (Asie)

• Superficie : 330 000 km²
• Habitants : 29 717 000 *(les Malaisiens)*
• Capitales : *Kuala Lumpur, Putrajaya*
• Langue : *malais*
• Monnaie : *ringgit (dollar de la Malaisie)*

◗ Située en Asie du Sud-Est, la Malaisie est formée d'une presqu'île du continent asiatique et d'une partie de l'île de Bornéo*. Le pays est montagneux avec un climat équatorial. Une grande partie de ses ressources provient de son industrie (électronique), du gaz, du pétrole et de l'étain, outre le caoutchouc et l'huile de palme. Le pay est indépendant depuis 1957.

Malawi (Afrique)

• Superficie : 118 000 km²
• Habitants : 16 363 000 *(les Malawites)*
• Capitale : *Lilongwe*
• Langues : *anglais, chichewa (langue nationale)*
• Monnaie : *kwacha*

◗ Le Malawi s'étend sur la rive ouest du lac Malawi que l'explorateur britannique Livingstone découvrit en 1859. Après avoir été sous la protection et la dépendance de la Grande-Bretagne, le pays est devenu indépendant en 1964. Formé de hauts plateaux, il jouit d'un climat agréable grâce à l'altitude et vit de l'agriculture (thé, canne à sucre, tabac).

Maldives (Asie)
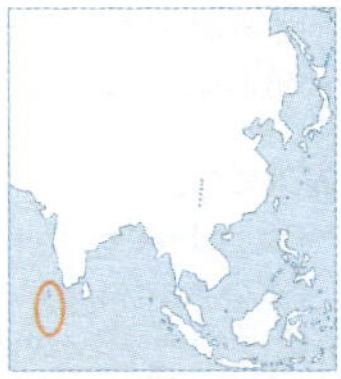
• Superficie : 300 km²
• Habitants : 345 000 *(les Maldiviens)*
• Capitale : *Malé*
• Langue : *divehi*
• Monnaie : *rufiyaa (roupie des Maldives)*
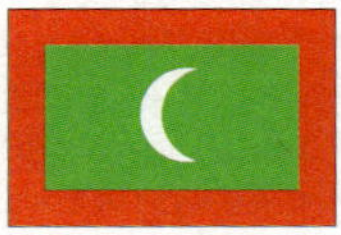
◗ Îles de l'océan Indien situées au sud de l'Inde, les Maldives ont été un pays musulman dirigé par un sultan puis sous la protection et la dépendance de la Grande-Bretagne, avant de devenir indépendant en 1965. La pêche et le tourisme sont les principales ressources de cet archipel corallien.

Mali (Afrique)

• Superficie : 1 240 000 km²
• Habitants : 15 302 000 *(les Maliens)*
• Capitale : *Bamako*
• Langue : *français*
• Monnaie : *franc C.F.A.*

◗ La république du Mali, située à l'ouest de l'Afrique, correspond à l'ancien Soudan français. Le Nord et le Centre appartiennent au Sahara*. Le Sud, plus humide, est traversé par le fleuve Niger* dont la vallée a été aménagée. L'agriculture, l'élevage et l'or sont les principales ressources du pays.

Malot Hector (1830-1907)
Écrivain français. ◗ Il est l'auteur de très nombreux romans qui eurent beaucoup de succès de son vivant. Le plus connu est *Sans famille* (publié en 1878) qui raconte l'émouvante histoire du petit Rémi, enfant trouvé, qui parcourt le monde en compagnie du musicien Vitalis et de ses animaux savants, jusqu'à ce qu'il retrouve enfin sa famille.

Malte (Europe)

• Superficie : 316 km²
• Habitants : 429 000 *(les Maltais)*
• Capitale : *La Valette*
• Langues : *anglais, maltais*
• Monnaie : *euro*

◗ Île de la mer Méditerranée, la république de Malte a une civilisation très ancienne. Par sa position stratégique au centre de la

Méditerranée, elle a toujours joué un rôle important. Elle a rejoint l'Union* européenne en 2004.

Manche

Large bras de mer qui sépare la Grande-Bretagne de la France. ◗ Cette mer, située entre le sud de la Grande-Bretagne et le nord de la France, fait communiquer l'océan Atlantique et la mer du Nord. Des ferry-boats font la liaison entre les deux pays, également reliés depuis 1994 par un tunnel ferroviaire creusé sous la mer. C'est sur le littoral de la Manche (sur les côtes des départements de la Manche et du Calvados) qu'eut lieu, le 6 juin 1944, le débarquement des Alliés, qui mit fin à la Seconde Guerre* mondiale. → Vois aussi Normandie.

Nelson **Mandela**

Mandela Nelson (1918-2013)

Homme politique d'Afrique du Sud. ◗ Cet avocat est arrêté en 1962 et condamné à la prison à perpétuité pour avoir lutté contre l'apartheid*. Mandela ne fut libéré qu'en 1990 par le gouvernement de Frederic De Klerk. Il reçoit avec lui, en 1993, le prix Nobel* de la paix. Il a été le premier président noir d'Afrique du Sud (1994-1999).

Manet Édouard (1832-1883)

Peintre français. ◗ Quand Édouard Manet exposa son tableau *le Déjeuner sur l'herbe*, les amateurs d'art furent scandalisés. Ils reprochaient au peintre de représenter certains éléments du tableau par de simples taches de couleurs, donnant l'impression d'une toile inachevée. Manet inventa ainsi un style nouveau, à l'origine du courant artistique de l'impressionnisme. Ce courant tentait de créer des sensations grâce à des couleurs plutôt que de reproduire exactement la réalité. Manet eut beaucoup d'influence sur Monet*, Renoir*, Cézanne* et Van Gogh*.

Édouard **Manet** : *Argenteuil* (1874)

● Œuvres principales : *le Déjeuner sur l'herbe*, 1862 ; *Olympia*, 1863 ; *le Fifre*, 1866.

Mao Zedong ou Mao Tsé-toung (1893-1976)

Homme politique chinois. ◗ Mao Zedong, surnommé le Grand Timonier, participa à la création du Parti communiste chinois et joua un grand rôle politique et militaire avant et pendant la Seconde Guerre* mondiale. Après trois ans de guerre civile, le 1er octobre 1949, Mao et son parti instaurèrent la République populaire de Chine*. À la tête de l'État, Mao voulut accélérer l'évolution du pays, en mettant en place la Révolution culturelle, dont le programme est donné dans son *Petit Livre rouge*. Mais cette politique donna lieu à des abus et à des violences, vivement critiqués après sa mort.

Mao Zedong

Marathon
Village de la Grèce antique. ◗ C'est à Marathon que les Grecs vainquirent les Perses pour la première fois, en 490 avant J.-C. Pour annoncer cette victoire, un homme parcourut, en courant, les 40 km qui séparaient Marathon d'Athènes et mourut d'épuisement à son arrivée. Cet exploit donna naissance à la discipline olympique du marathon. La distance de 42,195 km que les coureurs ont à parcourir ne correspond plus à celle qui sépare Marathon d'Athènes, mais à celle qui sépare le château de Windsor du stade olympique de Londres, où se déroulèrent les Jeux en 1908.

Marie
Mère de Jésus, appelée aussi la Sainte Vierge. ◗ D'après les Évangiles*, Marie était encore vierge quand le Christ naquit. Ce fait est très important pour les catholiques, qui affirment que Jésus n'est pas le fils d'un homme mais le fils de Dieu. Marie est un personnage important dans la religion catholique, bien que les Évangiles en parlent assez peu.

Maroc (Afrique)
- Superficie : 710 000 km^2
- Habitants : 33 848 200 *(les Marocains)*
- Capitale : *Rabat*
- Langues : *arabe, berbère*
- Monnaie : *dirham marocain*

◗ Pays situé au nord-ouest de l'Afrique, sur l'océan Atlantique et la mer Méditerranée, le Maroc offre des paysages variés : le littoral atlantique, formé de plaines et de plateaux, est séparé du plateau oriental par la chaîne de l'Atlas* ; le nord est occupé par la chaîne du Rif et le sud appartient à la partie ouest du Sahara*. Après avoir été sous la protection et la dépendance de la France, le pays est devenu indépendant en 1956. Le royaume du Maroc dispose de ressources agricoles, minières et touristiques.

Maroc : un village fortifié

1. Mars → Arès

2. Mars
Planète du Système solaire. ◗ Située entre la Terre et Jupiter*, la planète Mars a un diamètre de 6 794 km. Célèbre grâce aux œuvres de science-fiction, elle est mieux connue depuis qu'une sonde américaine a atterri sur son sol, en 1976. Sa surface rocailleuse et désertique offre une teinte rougeâtre, d'où son surnom de *planète rouge*. Elle abrite les plus grands volcans (éteints) du Système solaire. Entourée d'une mince atmosphère de gaz carbonique, Mars connaît des températures assez basses avec des écarts importants entre la nuit et le jour. En 2003, la Terre et Mars n'avaient jamais été aussi proches depuis 1640. Ce phénomène se reproduira en 2366.

Mars (vues prises par le télescope spatial Hubble)

Marseille
Ville française. ◗ 806 600 habitants (les *Marseillais*) ; 1 744 000 avec la banlieue. Chef-lieu de la Région Provence-Alpes-Côtes d'Azur* et du département des Bouches-du-Rhône, Marseille est un port de la Méditerranée. *Massalia* (son ancien nom) fut d'abord une colonie grecque. Elle a été fondée au VIe siècle avant J.-C., bien avant l'installation des Gaulois en Provence, par des marins de l'ancienne cité grecque de Phocée. C'est pourquoi on qualifie souvent la ville de

« Cité phocéenne ». Le port de Marseille-Fos reste l'un des plus importants de la Méditerranée et d'Europe malgré un relatif déclin.

Marshall (îles)
(Océanie)

- Superficie : 181 km²
- Habitants : 53 000 *(les Marshallais)*
- Capitale : *Majuro*
- Langues : *anglais, marshallais*
- Monnaie : *dollar des États-Unis*

◗ Cet archipel d'Océanie composé de 32 îles et atolls est devenu indépendant en 1986. L'économie dépend entièrement de l'aide apportée par les États-Unis qui y ont installé des bases militaires.

Martel → Charles Martel

Martinique
Département et Région d'outre-mer, aux Antilles*. ◗ 390 300 habitants (les *Martiniquais*). Chef-lieu : Fort-de-France. Découverte par Christophe Colomb* en 1502, cette île volcanique (montagne Pelée, 1 397 m) tire ses ressources des plantations (canne à sucre, bananes, ananas) et du tourisme.

Marx Karl (1818-1883)
Philosophe et économiste allemand. ◗ Dans son ouvrage *le Capital*, paru en 1867, Karl Marx développe une philosophie basée sur la lutte des classes (exploitants, exploités) et prédit l'effondrement du capitalisme et l'avènement du prolétariat (la classe ouvrière). L'U.R.S.S. et de nombreux États se sont réclamés de sa pensée : le *marxisme*.

Massif central
Région montagneuse du centre et du sud de la France. ◗ Dans ce massif ancien, en Auvergne, des volcans aujourd'hui éteints forment les plus hauts sommets, appelés *puys* (1 885 m au puy de Sancy). Les communications y étant difficiles et la vie généralement rude, l'ensemble de la région souffre d'un grave dépeuplement, malgré le maintien de l'élevage, de la culture du seigle et du tourisme. L'industrie se concentre dans les grandes villes (Clermont-Ferrand, Saint-Étienne).

Matisse Henri (1869-1954)
Peintre français. ◗ Henri Matisse était à la fois peintre, dessinateur et sculpteur. Il inventa une nouvelle école de peinture, le fauvisme, caractérisée par des couleurs très vives appliquées par touches. Puis il peignit en procédant par de larges surfaces de couleurs sur un dessin sobre et précis. Son œuvre comprend aussi de nombreux dessins, collages et gravures.

● Œuvres principales : *la Chambre rouge*, 1908-1909 ; *la Danse*, 1910 ; *la Tristesse du roi*, 1952.

Mauna Kea
Volcan éteint de l'île d'Hawaii. ◗ Ce volcan constitue le point culminant de l'île d'Hawaii (4 208 m). L'endroit sert d'observatoire astronomique depuis que deux très grands télescopes y ont été installés.

Maupassant Guy de (1850-1893)
Écrivain français. ◗ Cet auteur du XIXe siècle a écrit de nombreux contes et nouvelles qui évoquent, avec un grand souci de réalisme, la vie des paysans normands ou des bourgeois de province. Il est également l'auteur de romans. Il mourut en proie à la folie.

● Œuvres principales : *les Contes de la bécasse*, 1883 ; *Une vie*, 1883 ; *Bel-Ami*, 1885 ; *le Horla*, 1887.

Maurice (île)
(Afrique)

- Superficie : 2 040 km²
- Habitants : 1 244 000 *(les Mauriciens)*
- Capitale : *Port-Louis*
- Langue : *anglais*
- Monnaie : *roupie mauricienne*

◗ À l'est de Madagascar, dans l'océan Indien, l'île Maurice vit essentiellement de la canne à sucre, du tourisme et de l'industrie textile. Elle fut autrefois une colonie française, l'*île de France*, c'est pourquoi ses habitants parlent souvent le français.

Mauritanie (Afrique)

- Superficie : 1 080 000 km²
- Habitants : 3 537 000 *(les Mauritaniens)*
- Capitale : *Nouakchott*
- Langue : *arabe*
- Monnaie : *ouguiya*

◗ Située à l'ouest de l'Afrique, au sud du Maroc, la république de Mauritanie, ancien territoire français d'outre-mer, est indépendante depuis 1960. Les ressources de ce pays en grande partie désertique (Sahara*) sont l'élevage (ovin et caprin), la pêche, le minerai de fer, le cuivre, l'or et le pétrole, qui commence à être exporté.

a b c d e f g h i j k l m n o p q r s t u v w x y z

Mayas

Peuple d'Amérique centrale. ◗ Les Mayas vivaient sur un territoire correspondant au Guatemala et au sud du Mexique actuels. Entre le IVe et le XIe siècle, leur civilisation fut brillante. Ils avaient une écriture en forme de hiéroglyphes et des connaissances scientifiques importantes (en mathématiques et en astronomie).

Mayas : ruines d'un temple à Tikal (Guatemala)

Mayotte

Département et Région d'outre-mer. ◗ Chef-lieu : Mamoudzou. Archipel français de l'océan Indien, Mayotte est située dans la partie orientale des Comores. Quand les Comores ont pris leur indépendance, Mayotte s'est prononcée pour son maintien dans la République française.

Mazarin - cardinal de Mazarin

(1602-1661)

Homme d'État français. ◗ À la mort de Richelieu, Mazarin gouverna la France, d'abord sous Louis XIII* puis pendant l'enfance de Louis XIV*. Il dut faire face à des guerres, au mécontentement populaire et à la révolte de la Fronde*. Mais il renforça l'autorité de l'État, ce qui permit ensuite à Louis XIV d'être le roi le plus puissant de l'histoire de France.

Jules Mazarin

La Mecque

Ville d'Arabie saoudite. ◗ À cause de la présence de la Kaaba* en son sein, La Mecque fut désignée par Mahomet* comme la ville la plus sainte de l'Islam. Les musulmans prient cinq fois par jour dans sa direction et sont invités à y faire un pèlerinage au moins une fois dans leur vie.

Méditerranée - mer Méditerranée

Mer qui borde les côtes de l'Europe du Sud, de l'Afrique du Nord et du Moyen-Orient. ◗ Superficie : environ 2,5 millions de km^2. La mer Méditerranée, dont le nom signifie « au milieu des terres », est une mer assez chaude, très salée et aux marées très faibles. C'est la plus vaste des mers continentales. Elle communique, à l'ouest, avec l'océan Atlantique par le détroit de Gibraltar et, à l'est, avec la mer Rouge par le canal de Suez. Elle est aussi reliée à la mer Noire par le détroit des Dardanelles et le Bosphore.

● **Le carrefour de l'Antiquité.** La Méditerranée reliait les principales civilisations de l'Antiquité, mais perdit peu à peu de son importance à la suite des grandes découvertes maritimes des XVe et XVIe siècles. Elle retrouva son rôle de carrefour commercial au moment de l'ouverture du canal de Suez*, en 1869.

Méduse

Divinité de la mythologie grecque. ◗ D'après la mythologie grecque, Méduse était une des trois Gorgones, trois sœurs à l'aspect terrifiant et à la chevelure de serpents. Elle était la seule mortelle et transformait en pierre quiconque la fixait. Persée, l'un des fils de Zeus*, lui trancha la tête, sans la regarder, en fixant son reflet dans son bouclier poli. La tête de Méduse orne le bouclier d'Athéna* : à sa vue, ses ennemis se changeaient en pierre.

Méduse

a b c d e f g h i j k l m n o p q r s t u v w x y z

Mékong

Principal fleuve de l'Asie du Sud-Est. ◗ Long de 4 200 km, il prend sa source au Tibet. Le Mékong sépare la Birmanie puis la Thaïlande du Laos. Il pénètre ensuite au Cambodge et se jette dans la mer de Chine après avoir formé un vaste delta au Viêt Nam. Il arrose plusieurs capitales comme Vientiane (Laos) et Phnom Penh (Cambodge).

embarcations vietnamiennes sur le **Mékong**

Mélanésie

Ensemble d'îles proches de l'Australie. ◗ Cet ensemble d'îles du Pacifique comprend notamment la Nouvelle-Guinée*, les îles Fidji* et la Nouvelle-Calédonie*. Les peuples mélanésiens sont apparentés aux aborigènes d'Australie.

1. Mercure → Hermès

Mercure (vue prise par la sonde américaine Mariner 10)

2. Mercure

Planète du Système solaire. ◗ Mercure est la planète la plus proche du Soleil. Son diamètre est de 4 878 km. Repérée dès l'Antiquité, Mercure est restée mystérieuse jusqu'à son survol par une sonde spatiale américaine, en 1974. Sa surface, aux nombreux cratères, rappelle celle de la Lune. Son atmosphère se réduit à un mélange de gaz, s'échappant en permanence du sol ou apportés par le vent solaire. Mercure connaît des écarts de température considérables entre le jour et la nuit.

Mérovingiens

Dynastie de rois francs qui régna sur la Gaule de 481 à 751. ◗ Elle fut fondée par Clovis*. Les Mérovingiens doivent leur nom à un ancêtre de Clovis, plus ou moins légendaire, qui s'appelait Mérovée. Ainsi, le fameux Dagobert* fut un roi mérovingien. Les derniers souverains de cette dynastie ont été surnommés les « rois fainéants » car ils laissaient gouverner à leur place les maires du Palais (dignitaires). C'est l'un d'entre eux, Pépin* le Bref, qui renversa en 751 le dernier Mérovingien, et qui fonda la dynastie des Carolingiens*.

Merveilles du monde → Sept Merveilles du monde

Mésopotamie

Région d'Iraq et de Syrie. ◗ La Mésopotamie est située entre les fleuves Tigre et Euphrate. C'est dans cette région que se développa, dans l'Antiquité, la civilisation très brillante des Sumériens*. Les deux plus grands États de Mésopotamie

Mésopotamie : bas-relief représentant un roi bâtisseur portant un couffin de briques

furent longtemps l'Assyrie* et Babylone*. Après de multiples invasions, la Mésopotamie devint arabe au VIIe siècle.

Météosat

Famille de satellites météorologiques européens. ◗ Ces satellites transmettent des informations sur l'atmosphère et des images de la Terre. Les données sont ensuite traitées et utilisées en météorologie. Le premier satellite Météosat a été lancé en 1977. Des satellites de nouvelle génération, plus performants, sont mis en orbite depuis 2002.

Mexico

Capitale du Mexique. ◗ 8 918 653 habitants (près de 21 millions avec la banlieue). Mexico est située sur un haut plateau à 2 250 m d'altitude. Elle est construite sur l'ancienne capitale aztèque de Tenochtitlán. En 1521, Cortés* la fit raser puis reconstruire selon un plan géométrique. La ville possède de magnifiques églises baroques datant de la colonisation espagnole. → Vois aussi Aztèques.

Mexique (Amérique)

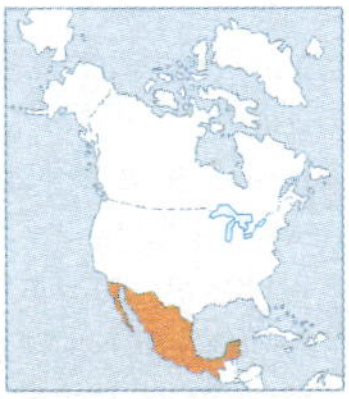

- Superficie : 1 970 000 km²
- Habitants : 122 332 000 *(les Mexicains)*
- Capitale : *Mexico*
- Langue : *espagnol*
- Monnaie : *peso mexicain*

◗ La plus grande partie du Mexique se situe en Amérique du Nord. Sa population, métissée, se concentre sur les plateaux. Le nord du pays est aride et désertique tandis que le sud, au climat tropical humide, est partiellement couvert de forêts. Avec plus de 20 millions d'habitants, Mexico est l'une des plus grandes agglomérations du monde. Le Mexique est un important producteur de pétrole, mais l'industrie s'est également fortement développée en étroite relation avec les États-Unis. Avant l'arrivée des conquérants espagnols (conquistadores) de Hernán Cortés*, le pays était habité par les Aztèques*. On peut encore voir de magnifiques vestiges de monuments (pyramides à étages) qui témoignent de la splendeur de cette civilisation.

Michel-Ange (1475-1564)

Sculpteur, architecte et peintre italien. ◗ Cet artiste célèbre travailla à Florence et, pour le pape, à Rome. Dans la chapelle Sixtine, il a peint des fresques représentant la Création du monde et le Jugement dernier. Il réalisa aussi des sculptures et la coupole de l'église Saint-Pierre* de Rome. Il est l'un des artistes les plus importants de l'art occidental.

● On prononce [mikɛl-].

Michel-Ange : fresque de la chapelle Sixtine (Rome)

1. Micronésie (États fédérés de) (Océanie)

- Superficie : 707 km²
- Habitants : 104 000 *(les Micronésiens)*
- Capitale : *Palikir*
- Langue : *anglais*
- Monnaie : *dollar des États-Unis*

◗ Cet archipel de l'océan Pacifique, situé au nord de l'Australie, est composé de plus de 600 îles. Il exporte du coprah mais vit surtout de l'aide américaine. Il est indépendant depuis 1991.

2. Micronésie

Ensemble de petites îles de l'ouest de l'océan Pacifique. ◗ Située entre l'Indonésie* et la Polynésie*, la Micronésie comprend, notamment, les îles Mariannes, au large desquelles se trouvent les fosses sous-marines les plus profondes du monde (– 11 034 m). Les Micronésiens furent de remarquables navigateurs.

Midi-Pyrénées

Anc. Région administrative française. ◗ Elle regroupait 8 départements : Ariège, Aveyron, Haute-

Garonne, Gers, Lot, Hautes-Pyrénées, Tarn et Tarn-et-Garonne. → Vois aussi Occitanie.

Minerve

Déesse romaine de la Sagesse, de la Pensée et des Arts. ◗ Avec Junon et Jupiter, Minerve fait partie des dieux auxquels les Romains avaient dédié un temple sur le Capitole*, pour que soit protégé l'État romain. Minerve fut assimilée à la déesse grecque Athéna*.

Minerve

Minotaure

Monstre de la mythologie grecque. ◗ Ce monstre, qui vivait en Crète, avait un corps d'homme et une tête de taureau. Il avait été enfermé dans le Labyrinthe construit par Dédale*. Le Minotaure se nourrissait de chair humaine et, chaque année, on lui donnait à manger sept jeunes gens d'Athènes. Il fut tué par Thésée*. →

Miró Joan (1893-1983)

Peintre et sculpteur espagnol. ◗ Comme Salvador Dalí*, Joan Miró fit partie d'un groupe d'artistes, les surréalistes. Il utilisait une technique appelée l'*automatisme*, dessinant les images qui lui venaient à l'esprit sans qu'intervienne la volonté. Ses tableaux représentent des scènes étranges, peuplées de créatures imaginaires.

Mississippi

Fleuve des États-Unis. ◗ Long de 3 780 km, ce fleuve prend sa source dans le Minnesota, près de la frontière canadienne, traverse les États-Unis du nord au sud et se jette dans le golfe du Mexique, à La Nouvelle*-Orléans. Avant le chemin de fer, le Mississippi était la principale voie de communication en Amérique du Nord. Ses crues sont spectaculaires.

Mitterrand François (1916-1996)

Homme politique français. ◗ Plusieurs fois ministre sous la IVe République, François Mitterrand devint premier secrétaire du Parti socialiste en 1971. Il fut élu président de la République en 1981, et réélu en 1988.

Moïse

Personnage biblique. ◗ Prophète considéré comme le fondateur de la religion juive et de la nation d'Israël. Sur l'ordre de Dieu, il libéra le peuple hébreu de l'esclavage que celui-ci subissait en Égypte et le conduisit en Palestine, vers 1250 avant J.-C. Selon la Bible*, Moïse reçut de Dieu les dix commandements et la Loi qui régit encore aujourd'hui la vie des juifs, la Torah*. → Vois aussi Sinaï. →

Moldavie (Europe)

- Superficie : 34 000 km²
- Habitants : 3 487 000 *(les Moldaves)*
- Capitale : *Chisinau*
- Langue : *roumain*
- Monnaie : *leu moldave*

◗ La Moldavie, ancienne république d'U.R.S.S.*, est formée d'une grande plaine traversée par deux grands fleuves, le Dniestr et le Prout. Ses ressources reposent sur l'agriculture, l'élevage et un secteur agroalimentaire en développement. Elle est indépendante depuis 1991.

Le Minotaure tué par Thésée

a b c d e f g h i j k l m n o p q r s t u v w x y z

Moïse (sculpture de Michel-Ange)

Molière (1622-1673)

Auteur de pièces de théâtre français. ◗ De son vrai nom Jean-Baptiste Poquelin, Molière fut auteur, acteur et metteur en scène de ses pièces de théâtre. Pendant quinze ans, il parcourut la France avec sa troupe de comédiens. Puis il s'installa à Paris, où il donna de nombreuses comédies. Il critiqua avec humour les modes de vie des gens de son époque, qu'ils soient issus de la noblesse, du clergé (les gens d'Église), ou même de la bourgeoisie et du petit peuple. Il bénéficia toute sa vie de la protection de Louis XIV* et mourut quelques heures après une représentation du *Malade imaginaire* (1673).

• Œuvres principales : *le Médecin malgré lui*, 1666 ; *l'Avare*, 1668 ; *le Bourgeois gentilhomme*, 1670 ; *les Fourberies de Scapin*, 1671.

Molière en costume de scène (1656)

Monaco (Europe)

- Superficie : 2 km^2
- Habitants : 38 000 *(les Monégasques)*
- Capitale : *Monaco*
- Langue : *français*
- Monnaie : *euro*

◗ Micro-État de la Côte d'Azur, la principauté de Monaco est un grand centre touristique.

Monet Claude (1840-1926)

Peintre français. ◗ Claude Monet fut l'un des principaux représentants du courant artistique de l'impressionnisme. C'est d'ailleurs son tableau *Impression, soleil levant* qui donna son nom à ce mouvement de peinture. Suivant l'exemple d'Édouard Manet*, Claude Monet peignit des portraits, des scènes d'intérieur mais surtout des paysages avec un style très personnel : les couleurs étaient plus importantes que les formes des choses. À la fin de sa vie, il réalisa, dans sa propriété de Giverny, une série de toiles appelées *Nymphéas* : les formes disparaissent au profit des couleurs et de la lumière.

• Œuvres principales : *Impression, soleil levant*, 1872 ; *Nymphéas*, 1895-1926.

Claude **Monet** : *la Gare Saint-Lazare* (1877)

Mongolie (Asie)

- Superficie : 1 565 000 km^2
- Habitants : 2 839 000 *(les Mongols)*
- Capitale : *Oulan-Bator*
- Langue : *khalkha (mongol)*
- Monnaie : *tugrik*

◗ Située en Asie centrale, entre la Russie et la Chine, la Mongolie est indépendante depuis 1945. C'est un pays continental et désertique dont la population a longtemps été nomade. L'élevage reste important, mais le pays s'est industrialisé en partie et possède des réserves minières (cuivre, fer, or, charbon, etc.).

Mongolie : un campement de nomades mongols

Mongols

Peuple d'Asie centrale. ◗ Les Mongols sont environ 8 millions et vivent principalement en Chine, en Russie et en Mongolie. C'est un peuple de nomades dispersé sur les immenses plateaux de l'Asie centrale. À l'époque de Gengis* Khan, au XIIIe siècle, les tribus mongoles se regroupèrent, créant le plus vaste empire de tous les temps.

montagne Pelée → Pelée

montagnes Rocheuses → Rocheuses

mont Blanc → Blanc

Monténégro (Europe)

- Superficie : 13 812 km^2
- Habitants : 621 000 *(les Monténégrins)*
- Capitale : *Podgorica*
- Langue : *monténégrin*
- Monnaie : *euro*

◗ Le Monténégro, pays des Balkans*, s'est associé à la Serbie en 1992 pour former la république fédérale de Yougoslavie*, devenue Serbie-et-Monténégro en 2003. Le Monténégro est devenu une république indépendante en 2006.

Montgolfier Joseph de (1740-1810) et Étienne de (1745-1799)

Industriels et inventeurs français. ◗ Partant du principe que l'air chaud, plus léger que l'air froid, monte, ces deux savants français réussirent, en juin 1783, à faire s'élever dans le ciel un ballon rempli d'air chaud, qu'ils appelèrent *montgolfière*. Après une expérience réussie avec un mouton, un coq et un canard embarqués dans une nacelle, des passagers firent le premier voyage en ballon le 21 novembre de la même année. Les frères Montgolfier inventèrent ensuite, en 1792, le « bélier hydraulique », machine servant à élever l'eau.

l'invention des frères **Montgolfier** : la montgolfière

Montpellier

Ville française. ◗ 280 000 habitants (les *Montpelliérains*). Montpellier est le chef-lieu du département de l'Hérault. La ville devint française en 1349 et fut une importante cité marchande au Moyen Âge. Elle fut également un grand centre calviniste au XVIe siècle.

Montréal

Ville du Canada. ◗ 1,65 million d'habitants (les *Montréalais*), plus de 3,8 millions avec la banlieue. Située sur le Saint-Laurent, Montréal est la principale ville de la province de Québec*. C'est un port très actif et l'une des plus grandes villes du Canada*. Près des deux tiers de sa population parlent français, ce qui fait de Montréal la deuxième ville francophone du monde. Créé en 1642 par un noble français, Paul Maisonneuve (1612-1676), le centre missionnaire de Ville-Marie (l'ancien nom de Montréal) s'établit dans l'île que forme le Saint-Laurent* à cet endroit. Du haut de la montagne qui lui a donné son nom, le mont Royal, on a un magnifique point de vue sur la ville. Montréal accueillit l'Exposition universelle de 1967 et les jeux Olympiques* en 1976.

Le **Mont-Saint-Michel**

Ville du département de la Manche. ◗ Le Mont-Saint-Michel est un îlot rocheux situé à la limite de la Bretagne et de la Normandie. Haut de 78 m, il abrite une magnifique abbaye romane et gothique. Dans la baie du Mont-Saint-Michel, les marées ont de fortes amplitudes : la mer se retire très loin et remonte très vite, à la vitesse d'un cheval au galop, dit-on. Le Mont-Saint-Michel est accessible par un pont-passerelle. Des travaux importants ont été réalisés ces dernières années pour mettre fin à l'ensablement progressif de sa baie et lui redonner son statut d'île.

Morte - mer Morte

Lac de Palestine. ◗ Située entre Israël et la Jordanie, la mer Morte a une superficie d'environ 1 000 km^2 ; elle est tellement salée qu'on y flotte sans le moindre effort. C'est le point continental le plus bas du globe (400 m au-dessous du niveau de la mer). Le fleuve Jourdain* s'y jette.

Moscou

Capitale de la Russie. ◗ 12,3 millions d'habitants (les *Moscovites*). Située sur les bords de la Moskova, Moscou est un grand centre administratif, commercial et culturel. Des canaux la relient à 5 mers (mer Baltique, mer Noire, mer Blanche, mer d'Azov et mer Caspienne) et en font un port intérieur important. Au centre de la ville s'élève le Kremlin*.

Moscou

Moulin Jean (1899-1943)

Résistant français. ◗ Préfet d'Eure-et-Loir en 1940, il refusa de se soumettre aux Allemands et il gagna Londres. Il unifia différents mouvements de résistants et devint, en 1943, le premier président du *Conseil national de la Résistance**. À son retour en France, il fut arrêté et torturé par les nazis. Il mourut lors de son transfert en Allemagne.

Moyen Âge

Période de l'histoire de l'Europe. ◗ Désigne la période qui se situe entre le Ve et le XVe siècle (de la chute de l'Empire romain en 476 à la découverte de l'Amérique en 1492). Si le Moyen Âge connut l'Inquisition*, la guerre de Cent* Ans et la Grande Peste, qui tua 25 millions d'Européens entre 1346 et 1353, ce fut aussi une période de redressement après les Invasions* barbares. La société du Moyen Âge était organisée selon un système appelé « la féodalité ». C'était une société seigneuriale : les seigneurs, qui possédaient les terres, avaient une place dominante. Les vassaux dépendaient du seigneur et obéissaient à un ensemble de règles d'hommage et de soumission (lien de vassalité). En échange, le seigneur devait protection à son vassal. Le petit peuple vivait sous l'autorité des seigneurs, en étant parfois réduit au servage*. Cette période fut marquée par d'importants changements : l'agriculture se développa grâce à l'invention de la charrue et à de grands travaux de défrichement. À la fin du Moyen Âge, on vit apparaître dans les villes une classe de marchands, qui deviendra plus tard la bourgeoisie. Pendant cette période, la France prit forme peu à peu, même si de nombreuses régions conservaient encore une large autonomie.

Moyen Âge : construction d'une cathédrale

a b c d e f g h i j k l m n o p q r s t u v w x y z

Mozambique
(Afrique)

- Superficie : 785 000 km^2
- Habitants : 25 834 000 *(les Mozambicains)*
- Capitale : *Maputo*
- Langue : *portugais*
- Monnaie : *metical*

◗ Pays du sud de l'Afrique, sur l'océan Indien, le Mozambique, ancienne province portugaise, est devenu une république indépendante en 1975. Depuis la fin de la guerre civile (1992), l'économie du Mozambique s'est développée, grâce à l'exploitation du secteur minier (gaz naturel surtout), mais le pays reste l'un des plus pauvres d'Afrique.

Mozart Wolfgang Amadeus (1756-1791)
Compositeur allemand. ◗ Il est considéré comme l'un des maîtres de l'opéra. Son père, Léopold, violoniste, l'initia au clavecin dès quatre ans. À six ans, Mozart composa ses premières pièces musicales. De 1762 à 1767, son père l'exhiba dans toute l'Europe avec sa sœur Nannerl, claveciniste. Ils jouèrent devant Louis XV. Mozart connut triomphe, disgrâce et misère : on l'enterrera dans la fosse commune. Sa musique, par ses alliances subtiles de joie et d'angoisse, annonçait Beethoven et le romantisme.

• Œuvres principales : *les Noces de Figaro*, 1786 ; *la Flûte enchantée*, 1791 ; *Requiem*, 1791

Wolfgang Amadeus **Mozart**

Muhammad → Mahomet

la Muraille de Chine ou la Grande Muraille
Muraille défensive qui sépare la Chine et la Mongolie. ◗ C'est le plus grand rempart du monde. Sa construction commença au IIIe siècle avant J.-C. pour protéger la Chine des invasions des peuples venant d'Asie centrale. Constituée de blocs de pierre et de briques, elle mesure plus de 6 000 km et plus de 300 000 ouvriers y travaillèrent. Ses nombreuses tours de guet, disposées à intervalles réguliers, permettaient aux soldats de communiquer grâce à des signaux de fumée. La muraille servit également de voie de communication pour le commerce.

la **Muraille de Chine**

le Mur des lamentations
Lieu saint du judaïsme. ◗ Ce mur est le dernier vestige du Temple construit par Salomon vers – 950 à Jérusalem. Incendié par Titus, il fut détruit par les Romains en 135, les Juifs étant alors chassés de Jérusalem. Il est devenu le lieu saint du judaïsme devant lequel les juifs viennent prier et se « lamenter » de la destruction du Temple.

Muses

Déesses de la mythologie grecque qui protégeaient les artistes et les poètes. ◗ Au nombre de neuf, les muses étaient les filles de Mnémosyne, déesse de la Mémoire, et de Zeus. Clio personnifiait l'Histoire, Euterpe la Musique, Thalie la Comédie, Melpomène la Tragédie, Terpsichore la Danse, Érato la Poésie lyrique, Polymnie la Poésie et les Hymnes sacrés, Uranie l'Astronomie et Calliope l'Épopée.

Mussolini Benito (1883-1945)

Homme politique italien. ◗ Benito Mussolini devint chef du gouvernement, en 1922, en s'appuyant sur le Parti fasciste qu'il avait fondé. En se donnant tous les pouvoirs et en cherchant à diriger l'ensemble de la vie du pays, il fut le premier à avoir construit un « État totalitaire », selon son expression. Il s'allia ensuite avec Hitler*, soutint le général Franco contre les républicains pendant la guerre d'Espagne et participa à la Seconde Guerre* mondiale aux côtés de l'Allemagne et du Japon. Il fut exécuté par les partisans (résistants) italiens à la libération de l'Italie.

N

Nagasaki

Ville du Japon. ◗ Ce port fut presque entièrement détruit, le 9 août 1945, par la seconde bombe atomique (après celle d'Hiroshima*) lancée par les Américains. 80 000 personnes moururent des suites de cette explosion.

Namibie (Afrique)

- Superficie : 825 000 km²
- Habitants : 2 303 000 *(les Namibiens)*
- Capitale : *Windhoek*
- Langue : *anglais*
- Monnaies : *dollar namibien, rand*

◗ Longtemps dominée par l'Afrique du Sud, qui y appliqua le système de l'apartheid*, la Namibie est une république de l'Afrique australe, sur l'océan Atlantique. Elle a accédé à l'indépendance en 1990. Son sous-sol est riche en diamants et en uranium. La pêche et l'élevage sont les autres ressources de ce pays faiblement arrosé par les pluies.

Namur

Ville de Belgique. ◗ 110 500 habitants (les *Namurois*). Capitale de la Région wallonne et chef-lieu de la province de Namur, au confluent de la Meuse et de la Sambre. C'est un centre administratif, commercial et culturel.

Nantes

Ville française. ◗ 306 500 habitants (les *Nantais*). Nantes est le chef-lieu de la Région Pays* de la Loire et du département de Loire-Atlantique. Elle est située sur l'estuaire de la Loire*, sur l'océan Atlantique. Résidence des ducs de Bretagne, la ville devint française en 1524. Ce port connut son apogée au XVIIIe siècle. → Vois aussi édit de Nantes.

Napoléon Ier (1769-1821)

Premier consul et empereur des Français. ◗ Né en Corse, l'officier Napoléon Bonaparte devint général et participa aux guerres menées par la France en Europe au moment de la Révolution*. Ses nombreuses victoires le rendirent populaire et lui permirent de prendre le pouvoir en 1799 par un coup d'État. Après la période du Consulat*, il se fit sacrer empereur par le pape en 1804. De 1805 à 1812, Napoléon conquit presque toute l'Europe. Mais il ne réussit jamais à vaincre l'Angleterre et sa défaite en Russie marqua la fin de sa domination. Chassé du pouvoir en 1814, il revint en France l'année suivante. Définitivement vaincu à Waterloo*, il abdiqua et fut déporté dans l'île britannique de Sainte-Hélène en 1815 : il y mourut en 1821. → Vois aussi premier Empire.

Napoléon Bonaparte (en 1802)

Napoléon III (1808-1873)

Empereur des Français. ◗ Napoléon III était le neveu de Napoléon Ier, dont la défaite avait provoqué le retour de la monarchie. En 1848, une révolution ramena la république. Louis Napoléon Bonaparte utilisa la célébrité de son nom pour se faire élire président. Il se fit proclamer empereur en 1852 et prit le nom de Napoléon III (Napoléon II, le fils de Napoléon Ier*, n'ayant jamais régné). → Vois aussi second Empire.

Napoléon III

Narcisse

Personnage de la mythologie grecque. ◗ D'après la légende, Narcisse, jeune homme d'une beauté éclatante, restait insensible à l'amour passionné qu'il éveillait chez les jeunes filles et préférait observer sa propre image dans l'eau. Il rejeta ainsi la nymphe Écho*, qui éprouvait une grande adoration pour lui. Celle-ci en mourut de chagrin et se transforma en pierre, ne conservant plus que sa voix. Narcisse fut puni par les dieux et transformé en une fleur qui porte son nom et pousse souvent le long des étangs.

Nations unies → O.N.U.

Nauru (Océanie)

- Superficie : 21 km²
- Habitants : 10 000 *(les Nauruans)*
- Capitale : *Yaren*
- Langues : *nauruan, anglais*
- Monnaie : *dollar australien*

◗ La république de Nauru est formée d'une seule île volcanique, située dans l'océan Pacifique, juste au sud de l'équateur. L'exploitation des phosphates (jusqu'à l'épuisement des réserves) a gravement endommagé son environnement.

Neandertal - homme de Neandertal

Squelette fossile humain, découvert en 1856 en Allemagne. ◗ L'homme de Neandertal est le premier fossile humain qui ait été reconnu comme différent de l'homme actuel : il permit de démontrer que l'homme résultait d'une longue évolution. Les néandertaliens vivaient au paléolithique, entre 80 000 et 35 000 avant J.-C.

Neandertal : une famille de la préhistoire (reconstitution)

Néfertiti (XIVe siècle avant J.-C.)

Reine d'Égypte, épouse du pharaon Aménophis IV*. ◗ Cette reine égyptienne se distinguait par sa grande beauté. Au musée du Louvre, à Paris, on peut voir une statuette colorée représentant son buste.

Néfertiti

Népal (Asie)

- Superficie : 140 000 km²
- Habitants : 27 797 000 *(les Népalais)*
- Capitale : *Katmandou*
- Langue : *népalais*
- Monnaie : *roupie népalaise*

◗ État de l'Asie situé au nord de l'Inde, le Népal (royaume, puis république depuis 2008) s'étend sur le versant sud de l'Himalaya*. Il possède plusieurs des plus hauts sommets du monde, dont l'Everest* (point culminant : 8 848 m), sur la frontière avec le Tibet*. Le tourisme est une importante ressource. La population, concentrée dans les vallées, pratique la culture du riz.

1. **Neptune** → Poséidon

2. **Neptune**

Planète du Système solaire. ◗ Cette planète est située entre Uranus* et Pluton*. Son diamètre est de 49 600 km. Découverte au XIXᵉ siècle seulement, Neptune présente de nombreuses similitudes avec Uranus. Sa surface est parsemée de taches irrégulières. Autour de Neptune gravitent 14 satellites.

Néron (37-68)

Empereur romain. ◗ Néron fut proclamé empereur en 54. Cruel et à moitié fou, il fit assassiner sa mère, Agrippine. Comme on le soupçonnait d'avoir provoqué l'incendie qui dévasta Rome en 64, il accusa les chrétiens d'en être les auteurs et déclencha la première grande persécution contre l'Église. Détesté, Néron fut chassé du pouvoir et se suicida.

Néron (monnaie)

Neuchâtel - canton de Neuchâtel

Canton francophone de la Confédération suisse. ◗ Ce canton couvre 803 km² et compte 172 000 habitants (les *Neuchâtelois*). Son chef-lieu est Neuchâtel. Il fut créé en 1815, en même temps que le canton de Genève. L'horlogerie et l'agroalimentaire constituent les principales activités industrielles.

Newton Isaac (1642-1727)

Physicien, mathématicien et astronome anglais. ◗ On raconte que c'est la chute d'une pomme qui, vers 1666, permit à Newton de découvrir la loi de la gravitation universelle. Cette découverte lui permit d'expliquer les mouvements des planètes, le phénomène des marées ou l'aplatissement de la Terre aux pôles. Outre des travaux sur la lumière et les couleurs, Newton réalisa le premier télescope en 1671. Ses découvertes constituent une étape très importante dans le développement des sciences.

New York

Ville des États-Unis. ◗ 8,5 millions d'habitants (les *New-Yorkais*) ; 20,4 millions avec l'agglomération. Située à l'embouchure de l'Hudson, sur l'océan Atlantique, New York est le deuxième port du monde (après Rotterdam) et le cœur de la plus grande agglomération des États-Unis.

• **Un centre financier et culturel.** La statue de la Liberté (réalisée par le sculpteur français Auguste Bartholdi [1834-1904] et l'ingénieur G. Eiffel*), qui se dresse à l'entrée du port, fut pour des millions d'immigrants leur première vision de l'Amérique. New York est la première place boursière du monde avec Wall Street. Mais c'est aussi la capitale culturelle des États-Unis, avec ses universités, ses musées, son Opéra et son célèbre quartier des théâtres, Broadway. C'est à New York que se trouve le siège de l'O.N.U.*.

• **Une cité cosmopolite.** New York présente une grande variété de quartiers et de populations. Manhattan abrite le secteur des affaires. C'est là que l'on trouve l'Empire State Building, qui fut pendant longtemps le gratte-ciel le plus haut du monde. Les deux tours jumelles du World Trade Center ont été détruites lors des attentats terroristes du 11 septembre 2001. Les minorités noire et portoricaine sont confinées dans d'anciens quartiers résidentiels délabrés comme Harlem, le Bronx ou Brooklyn. Chinatown est un très grand quartier chinois.

Niagara

Rivière d'Amérique du Nord. ◗ Long de 56 km, le Niagara sépare le Canada des États-Unis,

a b c d e f g h i j k l m n o p q r s t u v w x y z

unissant deux des Grands* Lacs, le lac Érié et le lac Ontario. Il est coupé par les chutes du Niagara (50 m environ), haut lieu touristique.

chutes du **Niagara**

Nicaragua (Amérique)

- Superficie : 148 000 km²
- Habitants : 6 080 000 *(les Nicaraguayens)*
- Capitale : *Managua*
- Langue : *espagnol*
- Monnaie : *córdoba oro*

▸ Pays le plus vaste d'Amérique centrale, le Nicaragua est montagneux et volcanique. Indépendant depuis 1831, le pays a été déchiré par de violentes luttes internes pendant les années 1980 et a été ravagé par un cyclone en 1998. Ses ressources proviennent notamment de l'agriculture (café), de l'élevage bovin, des mines (or) et de la pêche (langoustes).

Niépce Nicéphore (1765-1833)

Inventeur français. ▸ Ce physicien français est considéré comme l'inventeur de la photographie. Il réalisa en 1822, après des années de recherches, les premières images en négatif. La première eut pour sujet un jardin près de Chalon-sur-Saône. Elle fut restituée sur une plaque d'étain, recouverte d'un composé chimique sensible à la lumière. Il fallut près de quatorze minutes de temps d'exposition pour l'obtenir. →

1. Niger

Grand fleuve d'Afrique de l'Ouest. ▸ Ce fleuve, long de 4 200 km, traverse le Niger, auquel il a donné son nom. Il est navigable jusqu'au delta marécageux qu'il forme en se jetant dans l'océan Atlantique.

2. Niger (Afrique)

- Superficie : 1 267 000 km²
- Habitants : 17 831 000 *(les Nigériens)*
- Capitale : *Niamey*
- Langue : *français*
- Monnaie : *franc C.F.A.*

▸ Pays situé à l'ouest de l'Afrique, le Niger est une ancienne colonie française devenue une république indépendante en 1960. C'est un pays vaste mais désertique en dehors de la vallée du fleuve Niger*, où se concentre une grande partie de la population, qui se consacre aux cultures (arachide, millet) et à l'élevage. Le sous-sol contient de l'uranium et du pétrole.

Nigeria (Afrique)

- Superficie : 924 000 km²
- Habitants : 190 900 000 *(les Nigérians)*
- Capitale : *Abuja*
- Langue : *anglais*
- Monnaie : *naira*

▸ Situé sur le golfe de Guinée, le Nigeria, ancienne colonie britannique, est devenu une république indépendante en 1960. C'est le pays le plus peuplé d'Afrique. Le pétrole constitue sa plus grande richesse.

Nicéphore **Niépce**

Nil

Fleuve du nord-est de l'Afrique. ◗ C'est l'un des plus longs fleuves du monde (6 700 km). Sorti du lac Victoria, il traverse le Soudan, puis l'Égypte avant de se jeter dans la mer Méditerranée par un très vaste delta marécageux. Pendant des millénaires, le Nil a connu chaque année des crues spectaculaires. Il recouvrait totalement et pendant plusieurs mois les terres avoisinantes et déposait son limon fertile. Ces inondations n'ont été maîtrisées que récemment, grâce à la construction d'immenses barrages, comme celui d'Assouan*. Le Nil est utilisé depuis très longtemps pour l'irrigation et la navigation. Dans l'Antiquité, une civilisation très brillante s'est développée sur ses rives. →

Nobel Alfred (1833-1896)

Industriel et chimiste suédois. ◗ Auteur de travaux sur les poudres à canon et inventeur de la dynamite, Alfred Nobel fonda par testament des prix annuels, appelés *prix Nobel*, destinés à récompenser ceux qui ont le plus contribué au progrès de l'humanité dans certains domaines : physique, chimie, physiologie et médecine, littérature et recherche de la paix. Plus tard, on y ajouta un prix de sciences économiques.

Noé

Personnage biblique. ◗ Selon la Bible*, Noé fut, avec sa famille, le seul survivant du Déluge. Dieu avait décidé de noyer toute la Terre sous les eaux pour punir les hommes de leurs péchés. Mais il demanda à Noé de construire un grand bateau, appelé « arche », et d'y embarquer sa famille et un couple de chaque espèce animale. Après le Déluge, Noé devint le garant de l'alliance (représentée par un arc-en-ciel) entre Dieu et l'humanité nouvelle. ↓

Noire - mer Noire

Mer intérieure située entre l'Europe et l'Asie. ◗ D'une superficie de 420 000 km^2, la mer Noire borde les côtes de la Russie, de l'Ukraine, de la Roumanie, de la Bulgarie et de la Turquie. Elle ne communique avec la mer Méditerranée que par le détroit du Bosphore*, la mer de Marmara et le détroit des Dardanelles.

Nord - mer du Nord

Partie de l'océan Atlantique située au nord-ouest de l'Europe. ◗ Superficie : 600 000 km^2. La mer du Nord baigne les côtes de la Grande-Bretagne, du Danemark, de la Norvège, des Pays-Bas, de l'Allemagne, de la Belgique et du nord de la France. Sur les estuaires qui y débouchent sont établis de grands ports européens : Londres, Rotterdam, Hambourg, Anvers. Le sous-sol de la mer du Nord possède de nombreux gisements de pétrole et de gaz naturel, qui sont exploités.

felouques sur le **Nil**

Nord-Pas-de-Calais

Anc. Région administrative française. ◗ Elle regroupait 2 départements : Nord et Pas-de-Calais. → Vois aussi Hauts-de-France.

Normandie

Région administrative française. ◗ Superficie : 29 906 km^2 ; 3 334 700 hab. Chef-lieu : Rouen. La Région regroupe, depuis 2016, 5 départements : Calvados, Eure, Manche, Orne et Seine-Maritime. La Normandie est une région de plaines, au climat humide, dont l'Ouest appartient au Massif armoricain et l'Est au Bassin parisien. Son agriculture est diversifiée : en dehors de quelques plaines où l'on cultive des céréales et des betteraves, l'élevage bovin domine pour le lait ou la viande. L'industrie (automobile, aéronautique, électronique, pharmacie et parfumerie) est surtout implantée autour du Havre et de Rouen. Le secteur de la haute technologie se développe plutôt à Caen. Tournés vers l'élevage, le Calvados, l'Orne et la Manche sont spécialisés dans l'agroalimentaire (mise en valeur de produits régionaux comme le fromage, le beurre et le cidre) et dans l'industrie de la viande. La façade littorale, adaptée à la pêche, à l'aquaculture et

l'arche de **Noé** échouée sur le mont Ararat

au tourisme, est jalonnée de ports (Dieppe, Fécamp, Le Havre), de stations balnéaires, mais aussi de trois centrales nucléaires (Paluel, Penly et Flamanville) et du centre de retraitement des combustibles nucléaires de la Hague. Trois grandes agglomérations dominent : Le Havre, Rouen et Caen, mais, dans l'ensemble, le réseau de villes est peu dense et l'ouest de la Région demeure encore largement rural.
Elle fut envahie par les Normands* au IXe siècle. Le roi de France Charles III le Simple céda alors cette région au chef normand Rollon, en 911, au traité de Saint-Clair-sur-Epte. De 1066, date de la conquête de l'Angleterre par le duc de Normandie Guillaume le Conquérant, jusqu'en 1468, quand Louis XI la rattacha définitivement à son royaume, la Normandie fut l'objet de nombreux conflits entre Français et Anglais.
C'est sur son littoral qu'eut lieu, le 6 juin 1944, le débarquement des Alliés.

Normandie - Basse-Normandie

Anc. Région administrative française. ▶ Elle regroupait 3 départements : Calvados, Manche et Orne. → Vois aussi Normandie.

Normandie - Haute-Normandie

Anc. Région administrative française. ▶ Elle regroupait 2 départements : Eure et Seine-Maritime. → Vois aussi Normandie.

Normands

Nom donné aux Vikings du temps des Carolingiens.
▶ Les Normands attaquèrent Paris plusieurs fois. En 911, le roi de France fut obligé de leur donner une région qui porte depuis leur nom : la Normandie. Ils en partirent pour conquérir l'Angleterre. Les Normands firent également la conquête du sud de l'Italie et de la Sicile, où ils fondèrent des principautés au XIIe siècle. → Vois aussi Guillaume le Conquérant.

● *Normand* vient d'un mot scandinave qui signifie « homme du Nord ».

Norvège (Europe)

- Superficie : 325 000 km^{2}
- Habitants : 5 043 000 *(les Norvégiens)*
- Capitale : *Oslo*
- Langue : *norvégien*
- Monnaie : *krone (couronne norvégienne)*

▶ Le royaume de Norvège occupe l'ouest de la péninsule de Scandinavie. C'est un pays montagneux et forestier, peuplé de descendants des Vikings*. L'élevage, la pêche et l'exploitation du pétrole et du gaz naturel de la mer du Nord constituent ses principales ressources. Son niveau de vie est très élevé.

Nouvelle-Aquitaine

Région administrative française. ▶ Superficie : 84 060 km^{2} ; 5 904 800 hab. Chef-lieu : Bordeaux*. La Région regroupe, depuis 2016, 12 départements : Charente, Charente-Maritime, Corrèze, Creuse, Dordogne, Gironde, Landes, Lot-et-Garonne, Pyrénées-Atlantiques, Deux-Sèvres, Vienne et Haute-Vienne. Elle est ouverte sur la moitié du littoral atlantique français, de La Rochelle, au nord, à Hendaye, au sud. Elle est bordée, à l'extrême sud, par les Pyrénées* et, à l'est, par le Massif central*. La Région est fortement marquée par l'activité agricole : vignoble bordelais, volailles du Périgord et des Landes, fruits et légumes de la vallée de la Garonne, élevage des huîtres en Charente-Maritime, culture de céréales (blé et maïs) dans le haut Poitou, viande bovine dans les Deux-Sèvres et le Limousin. La Région possède peu d'industries : à l'ouest, les principales industries (agroalimentaire, aérospatiale) s'opposent à de petites et moyennes entreprises situées à l'est (porcelaine de Limoges). Le littoral atlantique, avec ses stations balnéaires et ses îles, est une destination touristique importante. L'agglomération de Bordeaux exerce une grande influence sur l'ensemble de la Région. Bayonne, Limoges, Poitiers, Pau et La Rochelle complètent un réseau de villes relativement modeste.

Nouvelle-Calédonie

Archipel français de l'océan Pacifique. ▶ Superficie : 19 103 km^{2} ; 245 600 habitants (les *Néo-Calédoniens*). Ville principale : Nouméa, sur l'île de Nouvelle-Calédonie. Située à l'est de l'Australie, cette île, qui fait partie de la France d'outre-mer, fut découverte en 1774 par le capitaine Cook*. Sa population est composée de Mélanésiens (les *Kanaks*) et d'Européens. Les mines de nickel constituent la principale richesse de l'île, mais l'élevage bovin et la pêche sont aussi des activités importantes. Un pénitencier fut installé sur l'île de 1864 à 1896.

Nouvelle-Guinée

Île du nord de l'Australie. ▶ Superficie : 800 000 km^{2}. Cette grande île se divise administrativement entre la Papouasie-Occidentale (indonésienne), à l'ouest, et la Papouasie-Nouvelle-Guinée*, à l'est. L'île est montagneuse, humide et recouverte en grande partie par la forêt. → Vois aussi Papous.

La Nouvelle-Orléans

Ville du sud des États-Unis. ◗ 384 300 habitants (857 500 avec la banlieue). La Nouvelle-Orléans se trouve dans l'État de la Louisiane*. Elle fut fondée en 1718 par les Français et ainsi baptisée en l'honneur du Régent, le duc d'Orléans. Elle devint américaine en 1803 lorsque la France céda la Louisiane aux États-Unis. Ces changements se reflètent dans sa population, composée, pour une grande part, de créoles et de Noirs. C'est dans le ghetto noir de La Nouvelle-Orléans que naquit le jazz, au début du XXe siècle.

Nouvelle-Zélande (Océanie)

- Superficie : 270 000 km^2
- Habitants : 4 506 000 *(les Néo-Zélandais)*
- Capitale : *Wellington*
- Langues : *anglais, maori*
- Monnaie : *dollar néo-zélandais*

◗ La Nouvelle-Zélande est formée de deux grandes îles, au sud-est de l'Australie, dans l'hémisphère Sud. Elle a un climat tempéré, et le mois de juillet est le mois le plus froid. C'est un pays peu peuplé, mais très développé, qui exporte principalement de la viande de mouton.

O

Ob

Fleuve de Russie. ◗ Long de 4 345 km, ce fleuve naît dans les montagnes du sud de la Russie, traverse l'ouest de la Sibérie* et se jette dans l'océan Arctique* en formant un long golfe.

Obama Barack Hussein (né en 1961)

Homme politique américain. ◗ Démocrate, il a été sénateur de l'Illinois (2005-2008) et président des États-Unis de 2009 à 2017 (élu en 2008 et 2012). Il est le premier Afro-Américain à accéder à cette fonction. (Prix Nobel de la paix en 2009.)

Occitanie

Région administrative française. ◗ 72 724 km^2; 5 791 900 hab. Chef-lieu : Toulouse*. La Région regroupe, depuis 2016, 13 départements : Ariège, Aude, Aveyron, Gard, Haute-Garonne, Gers, Hérault, Lot, Lozère, Hautes-Pyrénées, Pyrénées-Orientales, Tarn et Tarn-et-Garonne. Du Massif* central au littoral bordé d'étangs, et du Bassin aquitain à la basse vallée du Rhône*, la Région s'étend sur un paysage de plaines et de plateaux traversés par les vallées de la Garonne* et de l'Aude. L'agriculture est dominée, à l'ouest, par l'élevage et les cultures de céréales (blé et maïs) et, à l'est, par les vignobles et la culture de légumes. Le secteur industriel est important autour de Toulouse (industrie aéronautique et spatiale), mais il reste secondaire à Montpellier (recherche scientifique) et dans le Gard (nucléaire). Le tourisme s'est fortement développé avec l'aménagement du littoral et aussi grâce au réseau autoroutier. Riche en sites naturels et historiques, la Région attire de nombreux touristes. L'influence de l'agglomération de Toulouse rejaillit sur un réseau de villes moyennes (Montauban, Albi, Auch, Castres, Carcassonne). La configuration des villes est différente sur le littoral méditerranéen : Montpellier domine de grandes villes comme Nîmes, Béziers et Perpignan.

océan Atlantique, Indien, Pacifique

→ Atlantique, Indien, Pacifique

Océanie

L'un des six continents. ◗ Superficie : 9 millions de km^2 ; 42 millions d'habitants (les *Océaniens*). L'Océanie doit son nom à l'immense océan Pacifique. Elle comprend l'Australie, la Nouvelle-Zélande, la Nouvelle-Guinée et divers groupes d'îles que l'on partage entre la Mélanésie*, la Micronésie* et la Polynésie*. Avant l'arrivée des Européens avec Magellan*, l'Océanie était occupée par divers peuples (Papous*, Polynésiens). L'isolement de ces terres, qui sont toutes des îles, explique l'originalité de leur flore et de leur faune : on ne trouve nulle part ailleurs, à l'état sauvage, les marsupiaux d'Australie (kangourous, koalas). L'Océanie connaît aujourd'hui un grand développement touristique.

Océanie : sculpture en bois peint (Nouvelle-Guinée)

Œdipe

Personnage de la mythologie grecque. ◗ Il était le fils de Laïos, roi de Thèbes, et de Jocaste. Un devin avait prédit qu'Œdipe tuerait son père et épouserait sa mère. Par précaution, ses parents l'abandonnèrent sur une montagne, où il fut recueilli par un berger. Devenu adulte, il rencontra un voyageur sur une route, se querella avec lui et le tua : c'était son père. Peu après, il débarrassa la ville de Thèbes du Sphinx*. En remerciement, la reine de Thèbes, qui venait de perdre son mari, l'épousa : cette reine était sa mère. Quand Œdipe apprit qu'il avait tué son père et épousé sa mère, il se creva les yeux et mena une vie errante, guidé par sa fille, Antigone.

Œdipe : *Œdipe et le Sphinx* (tableau de Gustave Moreau, 1861)

Olympe

Massif montagneux de Grèce. ▸ L'Olympe était un lieu sacré pour les anciens Grecs, qui pensaient que les dieux habitaient sur cette montagne toujours noyée dans les nuages. Les dieux de l'Olympe régnaient sur le monde depuis qu'ils avaient vaincu les Titans*. Ils y mangeaient une nourriture (l'ambroisie) et y buvaient un breuvage (le nectar), à base de miel, qui leur procuraient l'immortalité.

Olympiques - jeux Olympiques

Compétition sportive. ▸ Dans la Grèce antique, les jeux Olympiques avaient lieu tous les quatre ans : pendant près de treize siècles, ils se déroulèrent dans la ville d'Olympie. Toutes les cités grecques y participaient et cessaient tout combat pendant un mois de trêve sacrée. Ces jeux comprenaient non seulement des épreuves sportives mais aussi des concours musicaux et littéraires. Les jeux Olympiques furent supprimés en 394 par l'empereur romain Théodose Ier, qui jugeait ces pratiques païennes. Pour promouvoir la paix et le sport, le baron français Pierre de Coubertin* en organisa de nouveaux, dans la ville d'Athènes, en 1896. Depuis, les compétitions ont lieu tous les quatre ans et réunissent de nombreux pays, dans une ville différente chaque année. On distingue les jeux Olympiques d'hiver, consacrés aux sports de neige et de glace, et les jeux Olympiques d'été, consacrés aux autres sports. Jusqu'en 1992, ils avaient lieu la même année, mais depuis 1994, les Jeux d'été et les Jeux d'hiver se déroulent en alternance tous les deux ans. Les compétitions s'étalent sur une quinzaine de jours.
Le nombre des disciplines varie : une trentaine pour les Jeux d'été et une quinzaine pour les Jeux d'hiver. De nos jours, ce sont plus de 10 000 sportifs et plus de 200 nations qui participent.
Les Jeux ont pour emblème les cinq anneaux entrelacés symbolisant l'union des cinq continents. Ils ont pour devise les mots latins *Citius, altius, fortius* (« Plus vite, plus haut, plus fort ») et sont organisés par le Comité international olympique (C.I.O.).

Oman (Asie)

- Superficie : 212 000 km^2
- Habitants : 3 632 000 *(les Omanais)*
- Capitale : *Mascate*
- Langue : *arabe*
- Monnaie : *rial omanais*

▸ Situé à l'est de la péninsule d'Arabie*, Oman est un pays désertique, au climat sec et aride. Sa principale richesse provient de l'exportation du pétrole et du gaz naturel. Dirigé par un sultan, le pays se modernise depuis 1970.

Ontario

Province canadienne. ▸ Superficie : 1 068 582 km^2 ; 12,8 millions d'habitants (les *Ontariens*). C'est la province la plus peuplée du Canada. Sa capitale est Toronto. L'exploitation minière et forestière, de même que l'agriculture et les industries, en font une des provinces les plus riches du Canada.

O.N.U. (Organisation des Nations unies)

Organisation internationale.
▸ L'O.N.U. fut constituée en 1945, en remplacement de la Société des Nations, fondée en 1920 et qui siégeait à Genève. Son rôle est de maintenir la paix dans le monde et d'instaurer

entre les nations une coopération économique, sociale et culturelle. Son siège est à New York. En plus de l'Assemblée générale où chaque État membre a une voix, l'O.N.U. est dotée de plusieurs conseils dont le Conseil de sécurité qui se réunit quand la situation internationale l'impose. Il est composé de cinq membres permanents (Chine, France, Grande-Bretagne, Russie, États-Unis), qui ont un droit de veto, et de dix autres États élus pour deux ans. Les soldats de l'O.N.U. sont appelés les *casques bleus*. Leur mission est de faire respecter un cessez-le-feu, un armistice ou des accords de paix.
En 1948, l'O.N.U. adopta la Déclaration universelle des droits* de l'homme. Aujourd'hui, l'O.N.U. compte 193 États. Le prix Nobel de la paix a été décerné en 2001 à cette organisation internationale ainsi qu'à son secrétaire général Kofi Annan. Depuis 2017, ce poste est occupé par le Portugais António Guterres, qui a succédé au Sud-Coréen Ban Ki-moon.

Orphée

Personnage de la mythologie grecque. ◗ Poète et musicien merveilleux, Orphée jouait d'une lyre que lui avait offerte Apollon*. Il chantait si bien que le son de sa voix domptait les animaux sauvages et calmait les tempêtes. Il épousa la nymphe Eurydice, qui fut tuée par un serpent. Fou de désespoir, il obtint d'Hadès* le droit de la ramener des Enfers à la condition de ne pas la regarder avant d'être revenu dans le monde des vivants. Au moment de sortir des Enfers, Orphée, qui se croyait à la lumière, se retourna pour voir Eurydice : encore dans le monde des Ténèbres, elle disparut pour toujours.

Orphée et Eurydice

Osiris

Dieu égyptien de la Végétation et de la Renaissance. ◗ Osiris était souvent représenté sous la forme d'une momie blanche, portant une étroite barbe tressée. On l'associait à tous les éléments de la nature qui donnaient l'impression de renaître : le Soleil, la Lune, le Nil. Il fut tué par son frère Seth et ressuscité par son épouse Isis*, aidée du dieu Anubis*. Osiris était considéré comme un dieu sauveur et comme le gardien des morts. Pour cette raison, les pharaons défunts prenaient le nom d'Osiris. Il fut adoré avec une grande ferveur pendant des millénaires.

Osiris avec Isis (à droite) et leur fils Horus (à gauche)

Oslo

Capitale de la Norvège. ◗ 611 500 habitants. Oslo est un port actif. Incendiée au XVIIe siècle, la ville fut rebâtie et prit le nom de *Christiania*. Elle devint la capitale de la Norvège indépendante en 1905 et reprit son nom d'Oslo en 1925.

Ostrogoths

Peuple germain. ◗ Les Ostrogoths, chassés par les Huns*, s'installèrent dans l'Empire romain à la fin du IVe siècle. Au milieu du Ve siècle, ils fondèrent en Italie un royaume, qui dura peu de temps et fut reconquis par l'empereur de Constantinople au VIe siècle. → Vois aussi Goths, Invasions barbares.

Ottawa

Capitale du Canada. ◗ 883 391 habitants (les *Ottaviens*) ; plus de 1,3 million d'habitants dans l'agglomération. Elle est située sur la rivière des

a b c d e f g h i j k l m n o p q r s t u v w x y z

Outaouais, affluent du Saint-Laurent, à la frontière du Québec et de l'Ontario. C'est un centre administratif, culturel (université, musées) et industriel (imprimerie, édition). Ottawa est la capitale du Canada* depuis 1867.

ottoman - Empire ottoman

Ensemble des territoires conquis et dirigés par les Turcs jusqu'à la Première Guerre mondiale. ◗ Les Turcs appartenaient à un groupe de tribus venues d'Asie et converties à l'islam. Ils ont conquis l'Empire byzantin aux XIVe et XVe siècles. À partir de Byzance*, rebaptisée Istanbul, ils ont dominé le Moyen-Orient, une partie de l'Europe des Balkans et toute l'Afrique du Nord (sauf le Maroc). L'Empire ottoman était dirigé par des sultans, qui devinrent califes, c'est-à-dire chefs religieux de la communauté musulmane. Peu à peu affaibli, l'Empire ottoman s'allia à l'Allemagne pendant la Première Guerre* mondiale. Vaincu, il cessa d'exister et Mustafa Kemal créa alors la Turquie* moderne (1923).

un sultan **ottoman** :
Mehmed II le Conquérant

Ouganda (Afrique)

- Superficie : 237 000 km²
- Habitants : 34 860 000 *(les Ougandais)*
- Capitale : *Kampala*
- Langue : *anglais*
- Monnaie : *shilling ougandais*

◗ Situé à l'est de l'Afrique, l'Ouganda est bordé au sud par le lac Victoria*. Après avoir été sous la protection et la dépendance de la Grande-Bretagne, le pays est devenu une république indépendante en 1962. Il exporte surtout du café, du sucre, du maïs et du thé, et compte sur l'exploitation des gisements de pétrole du lac Albert, laquelle en est à ses débuts.

Oural

Chaîne de montagnes de Russie. ◗ L'Oural s'étend sur 2 000 km du nord au sud de la Russie. Le sous-sol de la montagne est riche en charbon, en pétrole et en métaux, ce qui en fait une région très industrielle. → Vois aussi Sibérie.

Ourse - Grande Ourse - Petite Ourse

Constellations de l'hémisphère Nord. ◗ En raison de leur forme, ces constellations sont également appelées *Grand Chariot* et *Petit Chariot*. La Grande Ourse est le groupe d'étoiles le plus facile à distinguer dans la voûte céleste. Les marins l'utilisaient autrefois pour repérer la Petite Ourse, située tout près d'elle et qui renferme l'étoile Polaire*.

Outre-mer - France d'outre-mer

Ensemble des régions françaises dispersées dans le monde. ◗ La France d'outre-mer se compose de 3 départements et Régions d'outre-mer (la Guadeloupe*, Mayotte* et La Réunion*) ; de 2 collectivités territoriales uniques (la Guyane* et la Martinique*), de 5 collectivités (la Polynésie* française, Wallis-et-Futuna*, Saint-Pierre-et-Miquelon*, Saint-Barthélemy et Saint-Martin [partie française]) ; ainsi que des Terres australes et antarctiques françaises (la terre Adélie, en Antarctique, et quelques archipels et îlots dans l'océan Indien) ; de la Nouvelle-Calédonie* ; et de l'îlot de Clipperton dans l'océan Pacifique. Ces régions sont d'anciennes colonies françaises qui ont obtenu une autonomie administrative.

Ouzbékistan (Asie)

- Superficie : 447 000 km²
- Habitants : 28 934 000 *(les Ouzbeks)*
- Capitale : *Tachkent*
- Langue : *ouzbek*
- Monnaie : *soum ouzbek*

◗ Situé en Asie centrale, au nord de l'Afghanistan, l'Ouzbékistan, ancienne république soviétique, est devenu indépendant en 1991. Désertique dans sa partie ouest, le pays produit grâce à l'irrigation du coton, des fruits et de la vigne, et exploite les ressources de son sous-sol (gaz naturel, pétrole).

P

Pacifique - océan Pacifique

Océan compris entre l'Amérique, l'Asie et l'Australie. ◗ Cet océan représente la plus grande masse maritime du globe (180 millions de km^2, soit près de la moitié de la superficie des océans). De forme circulaire, l'océan Pacifique communique au sud avec l'Antarctique* et au nord avec l'océan Arctique*. Dans sa partie tropicale, il est parsemé de récifs de corail. Il possède des chaînes de montagnes sous-marines dont les sommets sont des îles (Hawaii, île de Pâques).

Pagnol Marcel (1895-1974)

Écrivain et cinéaste français. ◗ Écrivain très populaire, Marcel Pagnol est l'auteur de pièces de théâtre qui évoquent avec humour et tendresse le folklore marseillais. Il en fit des films qui connurent un grand succès : *Marius* (1929), *Fanny* (1931) et *César* (1937). Dans sa série de trois ouvrages (*la Gloire de mon père*, 1957 ; *le Château de ma mère*, 1958 ; *le Temps des secrets*, 1960), il a raconté de manière émouvante ses souvenirs d'enfance et de jeunesse en Provence.

● Œuvres principales : *Topaze*, 1928 ; *Marius*, 1929 ; *la Femme du boulanger*, 1938.

Pakistan (Asie)

- Superficie : 803 000 km^2
- Habitants : 182 143 000 *(les Pakistanais)*
- Capitale : *Islamabad*
- Langues : *ourdou, anglais*
- Monnaie : *roupie pakistanaise*

◗ Pays situé entre l'Iran et l'Inde, le Pakistan a été créé en 1947, au moment de l'indépendance de l'Inde*. Montagneux au nord et à l'ouest, il est traversé par l'Indus* à l'est. Les secteurs irrigués de la plaine fluviale de ce grand cours d'eau et de ses affluents constituent les parties vitales du pays auquel elles fournissent blé, riz et coton.

Palaos (Océanie)

- Superficie : 487 km^2
- Habitants : 20 000 *(les Palaosiens ou les Palauans)*
- Capitale : *Melekeok*
- Langues : *palauan, anglais*
- Monnaie : *dollar des États-Unis*

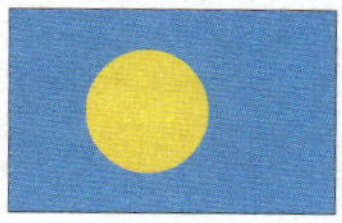

◗ Cet archipel de l'océan Pacifique, situé au nord de l'Australie, que l'on appelle aussi *Palau* ou *Belau*, est indépendant des États-Unis depuis 1994. Il comprend environ 200 îles.

Palestine

Région du Moyen-Orient. ◗ La Palestine est située entre le Liban au nord, la mer Morte au sud, la mer Méditerranée à l'ouest et le désert de Syrie à l'est. Elle recouvre aujourd'hui l'État israélien et les territoires palestiniens (Cisjordanie et Gaza). Terre sacrée pour les musulmans, les juifs et les chrétiens, la Palestine est depuis toujours le théâtre de nombreux affrontements.

● L'histoire ancienne. La Palestine, autrefois appelée « pays de Canaan », était habitée par des peuples sémites et hittites lorsque les Hébreux* s'y installèrent au XIIIe siècle avant notre ère. Elle passa ensuite aux mains des Assyriens, des Grecs, puis des Romains qui lui donnèrent son nom, et enfin des Arabes en 636. Jésus-Christ* naquit dans cette région et y fonda le christianisme. Des croisades y furent menées au Moyen Âge pour en chasser les musulmans. Les croisés prirent Jérusalem* en 1099 et s'y maintinrent pendant plus d'un siècle. Mais, dès le XIIIe siècle, la Palestine fut à nouveau administrée par les Arabes. Elle passa ensuite sous la domination des Turcs de l'Empire ottoman* et y demeura jusqu'au début du XXe siècle.

● L'histoire contemporaine. À la fin du XIXe siècle, les persécutions russes provoquèrent l'émigration des Juifs qui s'installèrent en Palestine pour y fonder des communautés. Dans les années 1920, des troubles éclatèrent entre les Arabes de Palestine et les immigrants juifs, de plus en plus nombreux. Ces troubles s'aggravèrent encore avec la création de l'État d'Israël* en 1948. Depuis cette date, les négociations entre Israéliens et Palestiniens n'ont pas encore abouti à un accord de paix définitif.

● Dans une langue proche de l'hébreu, *Palestine* signifie « pays des Philistins », tribu qui habitait cette région avant que les Hébreux ne s'y installent.

Pampa

Région du centre de l'Argentine. ◗ La Pampa est constituée par une grande prairie plate. On y trouve d'immenses fermes de plusieurs milliers d'hectares, appelées les *estancias*, où l'on élève de grands troupeaux de bovins gardés par des gauchos (équivalent argentin des cow-boys américains). L'Argentine exporte une grande partie de la viande que produit la Pampa.

Pan

Dieu grec. ◗ Pan était le protecteur des troupeaux et des bergers. Avec son torse humain, sa queue, ses pieds et ses cornes de bouc, il était la risée de tous les autres dieux.

● Quand il apparaissait aux hommes, il était brutal et terrifiant. C'est pour cette raison que l'on parle aujourd'hui de *peur panique*.

le dieu **Pan** et sa flûte

1. Panama (Amérique)

- Superficie : 77 000 km^2
- Habitants : 3 864 000 *(les Panaméens)*
- Capitale : *Panama*
- Langue : *espagnol*
- Monnaies : *balboa, dollar des États-Unis*

◗ Zone la plus étroite de l'Amérique centrale, le Panama est traversé par le canal de Panama* (80 km), qui relie l'océan Atlantique à l'océan Pacifique. Le pays, indépendant depuis 1903, tire l'essentiel de ses ressources de ce canal.

2. Panama - canal de Panama

Canal qui relie la mer des Antilles à l'océan Pacifique. ◗ Long de 79,6 km, le canal de Panama, qui relie l'océan Atlantique à l'océan Pacifique, est coupé par plusieurs écluses. Sa construction fut lancée par le Français Ferdinand de Lesseps, en 1881. Les travaux, interrompus en 1888, reprirent en 1904 et l'ouverture du canal à la navigation eut lieu en 1914. La zone du canal, concédée aux États-Unis dès 1903, est revenue au Panama en 1999. De 2007 à 2016, le canal a été élargi pour accueillir de plus grands bateaux.

Panthéon

Temple de Rome. ◗ Ce temple a été construit à Rome en 27 avant J.-C. par Agrippa. D'abord consacré à Jupiter, il fut ensuite dédié à tous les dieux. Au sommet de sa coupole se trouve la seule ouverture qui en éclaire l'intérieur. Il a été très admiré à partir de la Renaissance et les architectes s'en sont beaucoup inspirés.

● *Panthéon* vient du grec *pan*, qui signifie « tout », et *theos*, qui signifie « dieu ».

Papin Denis (1647-1712)

Inventeur français. ◗ Français de religion protestante, Denis Papin dut quitter la France pour l'Angleterre au moment de la révocation de l'édit* de Nantes par Louis XIV*. En 1679, il imagina son fameux *digesteur* (appelé aussi *marmite de Papin*), ancêtre de l'autocuiseur, pour lequel il inventa la soupape de sûreté. Cette découverte capitale date de 1690 : il conçut alors un prototype de machine à vapeur à piston. Les premières machines utilisables virent le jour en Angleterre, en 1712.

le digesteur ou marmite de **Papin**

Papouasie-Nouvelle-Guinée (Océanie)

- Superficie : 463 000 km^2
- Habitants : 7 321 000 *(les Papouans-Néo-Guinéens)*
- Capitale : *Port Moresby*
- Langues : *anglais, hiri motu, tok pisin*
- Monnaie : *kina*

◗ La Papouasie-Nouvelle-Guinée est formée essentiellement de la moitié est de l'île de Nouvelle-Guinée (le reste de l'île appartient à l'Indonésie*). Plus grande île du monde après l'Australie et le Groenland, elle est en grande partie occupée par des montagnes et des forêts équatoriales, où certaines populations papoues vivent encore de chasse et de cueillette. L'agriculture (café), le bois, la pêche et les mines (gaz naturel, or, argent, cuivre) sont ses principales ressources.

Papous

Groupes de populations de la Nouvelle-Guinée et des îles voisines. ◗ Ces peuples mélanésiens vivent dans des villages de plusieurs centaines de personnes, souvent isolés. Ils pratiquent l'élevage et la chasse.

homme **papou** (Nouvelle-Guinée)

Pâques - île de Pâques

Île de l'océan Pacifique. ◗ 162 km^2 ; 3 790 habitants. L'île de Pâques, d'origine volcanique, est située à l'ouest du Chili, dont elle dépend. Le peuple polynésien l'habita sans le moindre contact avec d'autres civilisations jusqu'à sa découverte par les Européens en 1722 ; il y érigea des statues monolithiques géantes.

île de **Pâques** : expédition de La Pérouse (1786)

Paraguay (Amérique)

- Superficie : 407 000 km^2
- Habitants : 6 802 000 *(les Paraguayens)*
- Capitale : *Asunción*
- Langues : *espagnol, guarani*
- Monnaie : *guarani*

◗ Pays du centre de l'Amérique du Sud, le Paraguay est peuplé essentiellement de métis (descendants d'Indiens Guarani et d'Espagnols). La population vit de l'élevage bovin, du tabac, du coton, du soja et de la canne à sucre. L'aménagement hydroélectrique du fleuve Paraná* (grand barrage d'Iguaçu) lui permet d'exporter de l'électricité en direction des pays voisins (Brésil, Argentine).

Paraná

Fleuve d'Amérique du Sud. ◗ Long de 3 000 km environ (4 200 km avec le Rio de la Plata), ce fleuve prend sa source au Brésil, traverse le Paraguay et l'Argentine avant de se jeter dans l'océan Atlantique.

Paris

Capitale de la France. ◗ 2 243 700 habitants (les *Parisiens*) ; près de 11 millions avec la banlieue. Paris est né d'un village de pêcheurs gaulois, Lutèce, qui fut conquis par les Romains en 52 avant J.-C. Lutèce s'étendit et fut appelée « Paris » au IIIe siècle, du nom de la tribu celte qui y vivait, les *Parisii.* Clovis en fit la capitale de son royaume. La ville fut la résidence des rois de France jusqu'à ce que Louis XIV s'installe à Versailles*. Elle comptait déjà 600 000 habitants au XVIIIe siècle. À l'époque de Napoléon III, le baron Haussmann (1809-1891), alors préfet de la Seine, entreprit de grands travaux qui transformèrent profondément sa physionomie. Des quartiers insalubres furent détruits, ce qui permit de tracer de larges avenues. Située sur la Seine*, Paris est à la fois commune, département et chef-lieu de la Région Île-de-France*. Divisée en 20 arrondissements, la capitale couvre 105 km^2, mais l'agglomération, où s'installent de plus en plus d'habitants et d'industries, s'étend sur 2 000 km^2. Chaque année, des millions de touristes visitent la ville, riche en monuments et en musées. → Vois aussi Louvre.

Parlement européen

Institution de l'Union* européenne. ◗ Le Parlement européen est composé de députés qui, depuis 1979, sont élus au suffrage universel direct dans chacun des États membres de l'Union européenne, pour une durée de cinq ans. Les députés émettent un avis sur les décisions qui sont prises. Ils votent le budget annuel et contrôlent son exécution. Le Parlement européen siège à Strasbourg*, avec des annexes à Bruxelles* et à Luxembourg*.

Parthénon → Acropole

Pascal Blaise (1623-1662)
Savant, philosophe et écrivain français. ◗ S'intéressant très tôt aux sciences, Blaise Pascal écrivit, dès l'âge de seize ans, des traités de géométrie et de physique. À partir de 1654, il décida de consacrer sa vie à la foi religieuse ; il développa et défendit ses idées dans des lettres *(les Provinciales)* et dans un ouvrage philosophique devenu célèbre, intitulé *Pensées*.
● Œuvres principales : *les Provinciales*, 1656-1657 ; *Pensées*, 1670.

Pasteur Louis (1822-1895)
Chimiste et biologiste français. ◗ Louis Pasteur est considéré comme l'inventeur de la microbiologie : grâce à ses expériences, il prouva que les maladies sont dues à des microbes (ou « micro-organismes »). Entre 1870 et 1886, il découvrit le moyen d'empêcher leur prolifération dans les boissons (la pasteurisation). Il démontra également que ces micro-organismes sont à l'origine des infections pouvant se produire lors des interventions chirurgicales. En 1885, il mit au point le vaccin contre la rage. Couvert d'honneurs, Pasteur fut nommé, en 1888, à la tête de l'Institut qui porte son nom.

Louis **Pasteur**

Pays-Bas (Europe)

• Superficie : 34 000 km^2
• Habitants : 16 759 000 *(les Néerlandais)*
• Capitale : *Amsterdam*
• Langue : *néerlandais*
• Monnaie : *euro*

◗ Situé sur la mer du Nord, c'est un pays plat dont une partie, située au-dessous du niveau de la mer, est protégée par des digues. Le royaume des Pays-Bas présente une exceptionnelle densité de population : environ 500 habitants au km^2. Du fait de la chute du nombre des naissances, la population tend maintenant à stagner. Près de la moitié de sa production est exportée, dont du gaz. Rotterdam* est un des premiers ports du monde. Entrés dans le Marché commun en 1958, les Pays-Bas sont l'un des membres fondateurs de l'Union européenne.

Pays basque → basque

pays de Galles → Galles

Pays de la Loire
Région administrative française. ◗ Superficie : 32 082 km^2 ; 3 716 100 hab. Chef-lieu : Nantes*. La Région regroupe 5 départements : Loire-Atlantique, Maine-et-Loire, Mayenne, Sarthe et Vendée. Bordée au sud-ouest par l'océan Atlantique*, entre la Normandie, au nord, et le Poitou, au sud, la Région est essentiellement formée de bas plateaux, de vallées et de marais (Marais poitevin, Brière, Marais breton). Elle est traversée par la Loire*. L'agriculture des Pays de la Loire est dynamique et diversifiée : élevage bovin et porcin, culture des céréales, des fruits, des légumes, des fleurs (le muguet du 1er Mai, notamment) et, localement, de la vigne. Avec la présence de ports sur le littoral, la pêche est également une activité importante pour la Région. On y pratique aussi l'élevage des huîtres et des moules. À côté des branches traditionnelles (chantiers navals, métallurgie, agroalimentaire), d'autres secteurs industriels, et notamment des secteurs de pointe, se sont développés dans la Région : aéronautique, informatique, construction mécanique et automobile. Le tourisme estival, dans les stations balnéaires de la Loire-Atlantique et de la Vendée, constitue également une ressource importante pour la Région.

Peary Robert Edwin (1856-1920)
Explorateur américain. ◗ Ce navigateur fit plusieurs voyages à travers le Groenland*,

a b c d e f g h i j k l m n o p q r s t u v w x y z

démontrant que cette terre était une île. Il repartit en 1906 pour une expédition vers les régions polaires et fut le premier à atteindre le pôle Nord, le 6 avril 1909.

Pékin

Capitale de la Chine. ◗ 19,5 millions d'habitants (les *Pékinois*). Située dans le nord-est du pays, Pékin, dont le nom chinois est Beijing, s'étend sur environ 17 000 km^2. Au fur et à mesure que l'on s'enfonce vers le centre de la ville, on traverse « la ville chinoise » ou extérieure, « la ville tartare » ou intérieure, pour atteindre « la ville impériale », qui contient l'ancienne Cité* interdite (devenue un musée). Les trois « villes » sont entourées de murs. Non loin de là se trouve la place Tian'anmen, où eut lieu, en 1989, une révolte d'étudiants, qui fut sévèrement réprimée par l'armée.

Pékin : toits de la Cité interdite et du Grand Théâtre national (en verre)

Pelée - montagne Pelée

Volcan de la Martinique. ◗ La montagne Pelée est un sommet volcanique qui culmine à 1 397 m. En 1902, le volcan entra en éruption et détruisit complètement la ville voisine de Saint-Pierre. Sur les 26 000 habitants, un seul survécut : enfermé dans un cachot, il ne fut pas atteint par les gaz asphyxiants.

Pépin le Bref (vers 715-768)

Roi des Francs. ◗ Fils de Charles* Martel, Pépin le Bref fut proclamé roi des Francs en 751. À sa mort, son royaume fut partagé entre ses deux fils : Charlemagne* et Carloman.

Périclès (vers 495-429 avant J.-C.)

Homme politique grec. ◗ Formé par ses maîtres à penser, Anaxagore et Xénon d'Élée, Périclès joua un très grand rôle à Athènes*, dont il dirigea la politique pendant trente ans. Il entreprit de grandes réformes démocratiques, embellit la ville en faisant aménager l'*Acropole** et fit d'Athènes la plus grande puissance du monde grec. C'est pourquoi on donne au glorieux Ve siècle grec le nom de *siècle de Périclès.*

buste de **Périclès**

Pérou (Amérique)

- Superficie : 1 285 000 km^2
- Habitants : 30 376 000 *(les Péruviens)*
- Capitale : *Lima*
- Langues : *espagnol, aymara, quechua*
- Monnaie : *sol*

◗ Pays d'Amérique du Sud, situé sur l'océan Pacifique, le Pérou fut le centre de la civilisation des Incas* (XIIe-XVIe siècle), détruite par les conquérants espagnols (les conquistadores). La ville de Cuzco et le site de Machu* Picchu témoignent de ce passé. La cordillère des Andes* domine la plaine

Pérou (région de Cuzco) : Indienne tissant

côtière, où sont situées les villes principales. L'est du pays, région amazonienne humide, est couvert par la forêt. La république du Pérou vit de la pêche et de l'exploitation du sous-sol (argent, cuivre, fer, pétrole) qui assurent l'essentiel des exportations.

Perrault Charles (1628-1703)
Écrivain français. ◗ Issu d'une famille de grands bourgeois, Charles Perrault fut l'homme de confiance de Colbert*, qui lui donna pour mission de réorganiser l'Académie* française. Mais il est surtout connu comme l'auteur de nombreux contes inspirés du folklore populaire.
● Œuvres principales : *Barbe-Bleue ; la Belle au bois dormant ; Cendrillon ; Peau d'âne ; le Petit Chaperon rouge ; Riquet à la houppe.*

Charles **Perrault** :
illustration du conte *le Chat botté*

Perses
Peuple ancien. ◗ Les Perses sont les ancêtres des Iraniens. Entre le VIe et le IVe siècle avant J.-C., ils furent les maîtres d'un grand empire qui s'étendait de l'Inde à l'Asie Mineure (actuelle Turquie). Alexandre* le Grand anéantit leur empire. En partie reconstitué au IIIe siècle de notre ère, l'Empire perse fut détruit de nouveau par la conquête arabe. → Vois aussi Marathon.

Persique - golfe Persique
Mer qui sépare l'Arabie saoudite de l'Iran. ◗ Tout autour du golfe Persique, on a découvert, au début du XXe siècle, les plus importants gisements de pétrole du monde. Ces richesses ont suscité des rivalités et même des guerres entre les États qui le bordent. → Vois aussi Arabie.

Pétain Philippe (1856-1951)
Maréchal et homme politique français. ◗ Général puis commandant en chef des armées françaises durant la Première Guerre* mondiale, le maréchal Pétain remporta la bataille de Verdun* (1916). En juin 1940, au moment de l'invasion allemande, alors que le général de Gaulle* appelait à continuer le combat contre l'occupant nazi, il devint chef de l'État français : à la tête du gouvernement de Vichy, il mena une politique de collaboration avec les Allemands, en participant à la répression des opposants au régime et à la persécution des juifs. Il fut jugé puis condamné à mort en 1945. Sa peine fut changée en réclusion à perpétuité. → Vois aussi Seconde Guerre mondiale.

Petite Ourse → Ourse

Peuls
Ensemble de populations de l'Afrique de l'Ouest. ◗ Venus sans doute du Sahara* en cours de dessèchement, les Peuls sont dispersés du Sénégal au Cameroun. Ils sont encore souvent des nomades, bergers ou éleveurs de bétail. Ceux qui sont sédentaires vivent dans des villages. C'est au Mali qu'ils sont le plus nombreux. Leur langue, le peul, est parlée par plus de 12 millions de personnes.

Phéniciens
Ancien peuple des régions côtières du Liban et de la Syrie actuels. ◗ Installés dans cette région depuis 3000 avant J.-C., les Phéniciens en firent un pays très riche et fondèrent des villes sur le pourtour de la mer Méditerranée pour développer leurs activités commerciales. Bâtisseurs, sculpteurs et orfèvres, ils ont beaucoup appris aux Occidentaux. Nous leur devons l'invention de l'alphabet. → Vois aussi Carthage.

Philippe (né en 1960)
Roi des Belges depuis 2013. ◗ Il devient roi en 2013, à la suite de l'abdication de son père, Albert II*.

Philippe Auguste ou **Philippe II** (1165-1223)
Roi de France. ◗ Quand Philippe Auguste monta sur le trône, plus de la moitié du territoire français appartenait au roi d'Angleterre. Il fit successivement la guerre à Richard* Cœur de Lion et à son frère Jean* sans Terre. À la fin de son règne, les Anglais ne possédaient plus qu'une petite partie de la France, correspondant à peu près à l'actuelle Aquitaine. Philippe Auguste organisa le royaume, fit protéger Paris par des remparts, paver ses rues et entreprit la construction du Louvre*. ⤴

a b c d e f g h i j k l m n o p q r s t u v w x y z

le couronnement de **Philippe Auguste** en 1179

Philippe le Bel ou **Philippe IV**

(1268-1314)

Roi de France. ◗ Devenu roi en 1285, Philippe le Bel s'appuya sur des légistes pour affirmer la puissance absolue de la royauté. À l'extérieur, il chercha à renforcer ses prérogatives et s'opposa violemment au pape Boniface VIII. À l'intérieur, le royaume connut de graves difficultés financières, qui poussèrent le roi à s'attaquer aux Templiers (moines-soldats riches et puissants) pour s'emparer de leurs richesses. Les trois fils de Philippe IV lui succédèrent et moururent sans descendance. Le trône passa à une branche cadette de la dynastie, mais la fille de Philippe IV, qui était reine d'Angleterre, le revendiqua pour son fils. Ceci constitua une des causes de la guerre de Cent* Ans.

Philippe le Bel
(gisant de la basilique de Saint-Denis)

Philippines (Asie)

- Superficie : 300 000 km^2
- Habitants : 98 394 000 *(les Philippins)*
- Capitale : *Manille*
- Langues : *filipino, anglais*
- Monnaie : *peso philippin*

◗ Cet archipel de l'Asie du Sud-Est a été découvert par Magellan* en 1521. Il est formé de plus de 7 000 îles et îlots. C'est une république indépendante depuis 1945. Le pays s'est beaucoup développé et la pauvreté a diminué. La population, en accroissement rapide, se concentre dans les villes où se développent de nombreux bidonvilles.

Picardie

Anc. Région administrative française. ◗ Elle regroupait 3 départements : Aisne, Oise et Somme. L'ancienne province avait été adjointe au royaume de France, par Louis XI*, en 1482, après la mort de Charles* le Téméraire. → Vois aussi Hauts-de-France.

Picasso Pablo (1881-1973)

Peintre et sculpteur espagnol. ◗ Picasso s'installa à Paris en 1904 et connut très rapidement le succès avec les tableaux de ses périodes *bleue* et *rose*, ainsi désignées en raison de l'esprit de ses œuvres : la *période bleue* était à dominante tragique et nostalgique, la *période rose* donnait une vision plus optimiste du monde. En 1906-1907, *les Demoiselles d'Avignon* marquèrent la naissance d'un nouveau courant artistique, le cubisme. Il peignit ensuite des tableaux abstraits puis représenta la réalité mais de manière déformée et recomposée par son imagination. Picasso est un peintre emblématique du XXe siècle.
• Œuvres principales : *les Demoiselles d'Avignon*, 1906-1907 ; *Guernica*, 1937.

Pablo **Picasso**

saint Pierre (Ier siècle)

Apôtre de Jésus-Christ*. ◗ D'après les Évangiles*, il s'appelait Simon ; le Christ en fit le chef de l'Église et le surnomma Pierre en disant : « Sur cette pierre je bâtirai mon Église. » Selon les auteurs chrétiens anciens, saint Pierre s'installa à Rome et y mourut, crucifié la tête en bas, pendant une persécution ordonnée par Néron*. Depuis les débuts du christianisme, le pape, qui est évêque de Rome, est considéré comme le successeur de saint Pierre.

● C'est en référence à son supplice qu'on appelle « croix de saint Pierre » une croix inversée.

Pierre - abbé Pierre (1912-2007)

Prêtre français. ◗ De son vrai nom Henri Grouès, il s'est consacré à la défense des déshérités et des sans-logis. Il a fondé, en 1949, l'association Emmaüs, destinée à venir en aide aux plus démunis.

Pise - tour de Pise

Campanile de la cathédrale de la ville de Pise. ◗ La tour de Pise a été construite aux XIIe et XIIIe siècles. Pendant sa construction, un affaissement de terrain a fait pencher la tour, mais on l'acheva cependant. Dès lors, son inclinaison n'a cessé d'augmenter. La « Tour penchée » menaçant de s'effondrer, des travaux ont été entamés à partir de 1990 ; ils durèrent plus de dix ans. La tour fut consolidée et redressée d'une quarantaine de centimètres.

1. Pluton → Hadès

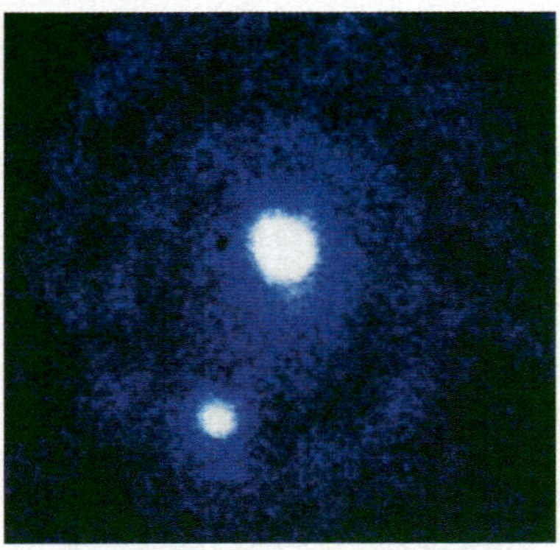

Pluton et son satellite Charon
(vue prise par le télescope spatial Hubble)

2. Pluton

Planète naine (classée planète jusqu'en 2006) du système solaire. ◗ Située au-delà de Neptune*, Pluton a un diamètre de 2 200 km. Elle fut découverte en 1930 par un Américain. On lui connaît cinq satellites.

Pô

Principal fleuve d'Italie. ◗ Long de 652 km, le Pô prend sa source dans les Alpes, traverse la plaine du Pô et se jette dans la mer Adriatique.

Poitou-Charentes

Anc. Région administrative française. ◗ Elle regroupait 4 départements : Charente, Charente-Maritime, Deux-Sèvres et Vienne.
Elle est formée d'anciennes provinces, parmi lesquelles le Poitou fut longtemps disputé à l'Angleterre, avant d'être réuni à la France à la fin du XIIIe siècle. → Vois aussi Nouvelle-Aquitaine.

Polaire - étoile Polaire

Étoile qui indique la direction du nord. ◗ L'étoile Polaire appartient à la constellation de la Petite Ourse*. Comme la Terre tourne autour de l'axe pôle Nord-pôle Sud et que l'étoile Polaire est à la verticale du pôle Nord, c'est la seule étoile de l'hémisphère Nord à rester toujours à la même place. Depuis l'Antiquité et jusqu'à l'invention de la boussole, cette étoile a permis aux marins de savoir où était le nord.

Polo Marco (1254-1324)

Voyageur et marchand vénitien. ◗ Au XIIIe siècle, Marco Polo partit pour la Chine en suivant la route de la soie (c'est-à-dire par voie terrestre, en passant par l'Asie centrale) et arriva à Pékin* en 1275, après une expédition longue de quatre ans. Chargé de diverses missions par l'empereur de Chine, il effectua plusieurs voyages à l'intérieur du pays, puis regagna Venise* en 1295, chargé de richesses et de nouveaux produits venus d'Orient. Il raconta son voyage dans *le Livre des merveilles du monde.*

Marco **Polo** et sa famille :
départ pour la Chine (miniature extraite du *Livre des merveilles du monde*)

a b c d e f g h i j k l m n o p q r s t u v w x y z

Pologne (Europe)

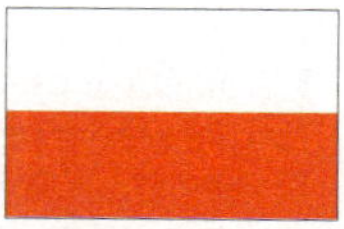

- Superficie : 313 000 km^2
- Habitants : 38 217 000 *(les Polonais)*
- Capitale : *Varsovie*
- Langue : *polonais*
- Monnaie : *złoty*

◗ Pays de l'Europe centrale, sur la mer Baltique*, la Pologne, dont les frontières ont été souvent modifiées au cours de l'histoire, a été dévastée pendant la Seconde Guerre* mondiale. Ses ressources sont agricoles (céréales, pomme de terre, betterave à sucre, élevage) et industrielles (sidérurgie). Le pays a aussi des ressources énergétiques et minières (charbon, gaz naturel), et a connu l'une des plus fortes croissances parmi les pays de l'Union européenne, dont il est membre depuis 2004.

Polynésie

Ensemble d'îles du Pacifique sud. ◗ Située entre la Nouvelle-Zélande, les îles Hawaii et l'île de Pâques, la Polynésie se compose d'îles et d'archipels, pour la plupart volcaniques. Leurs principales ressources sont les plantations de cocotiers, la pêche et le tourisme.

Polynésie française

Collectivité française d'outre-mer. ◗ Superficie : 4 000 km^2 ; 268 300 habitants (les *Polynésiens*). Ville principale : Papeete. Elle comprend notamment les îles de la Société (avec Tahiti), les Tuamotu (avec Mururoa), les Gambier et les Marquises. L'île de Tahiti regroupe à elle seule les deux tiers de la population. L'atoll de Mururoa a été utilisé de 1966 à 1996 pour des essais nucléaires.

une fresque de **Pompéi** représentant les préparatifs d'acteurs tragiques

Pompéi

Ancienne ville d'Italie. ◗ Située près de Naples, au pied du Vésuve*, Pompéi, ancienne cité romaine, fut entièrement recouverte par une pluie de pierres et de cendres, lors d'une éruption du volcan, en 79. Pendant des siècles, la cendre a protégé le site, qui demeure dans un état de conservation exceptionnel et a fourni aux archéologues de nombreux renseignements sur la civilisation romaine.

Pompidou Georges (1911-1974)

Homme politique français. ◗ Premier ministre sous le général de Gaulle*, Georges Pompidou succéda à celui-ci à la présidence de la République en 1969. Il mourut avant la fin de son mandat présidentiel. Il est à l'origine de la création, à Paris, du Centre national d'art et de culture (appelé aussi « Beaubourg »).

pont du Gard → Gard

Popocatépetl

Volcan du Mexique. ◗ Situé à 60 kilomètres de Mexico et haut de 5 452 m, ce volcan est recouvert de neiges éternelles.

Portugal (Europe)

- Superficie : 92 000 km^2
- Habitants : 10 608 000 *(les Portugais)*
- Capitale : *Lisbonne*
- Langue : *portugais*
- Monnaie : *euro*

◗ Pays du sud-ouest de l'Europe, sur l'océan Atlantique, le Portugal, que les Romains appelaient « Lusitanie », a été riche et puissant pendant la Renaissance. Pays vivant de l'agriculture, il a longtemps connu une forte émigration. Sa croissance économique a été importante à partir de 1986, date de son entrée dans la Communauté économique européenne (C.E.E., devenue depuis l'Union* européenne).

Poséidon (nom romain : Neptune)

Dieu grec de la Mer. ◗ Poséidon était l'un des trois maîtres de l'Univers (avec Zeus* et Hadès*).

Poséidon (Neptune)

a b c d e f g h i j k l m n o p q r s t u v w x y z

Il habitait un palais au fond des océans. Armé d'un trident, il était le terrible dieu des Tempêtes et des Tremblements de terre, que les marins priaient avant d'entreprendre une traversée. Il régnait également sur l'eau douce et aidait les paysans à fertiliser leurs champs.

Prague

Capitale de la République tchèque. ◗ 1,2 million d'habitants (les *Praguois* ou *Pragois*). Résidence des ducs de Bohême, puis capitale d'Empire, Prague possède de nombreux monuments datant du Moyen Âge et de l'époque baroque (château, cathédrale gothique, pont Charles). Elle fut la capitale de la Tchécoslovaquie de 1918 à 1992.

Prague : le pont Charles

premier Empire → Empire

Pretoria

Une des deux capitales de l'Afrique du Sud. ◗ 2 millions d'habitants avec la banlieue. Située au nord du pays, Pretoria est le siège du gouvernement. → Vois aussi Le Cap.

Prévert Jacques (1900-1977)

Poète français. ◗ Poète populaire, inspiré par le surréalisme, Jacques Prévert ne cessa de se moquer des convenances. Ses poèmes, écrits dans un langage simple, mêlent jeux de mots et images insolites : « J'ai mis mon képi dans la cage/et je suis sorti avec l'oiseau sur la tête. » Le recueil *Paroles* (paru en 1946) l'a rendu très populaire. Prévert est également le scénariste et le dialoguiste de plusieurs films célèbres comme *les Visiteurs du soir, les Enfants du paradis* ou *le Roi et l'Oiseau.*

● Œuvres principales : *Paroles*, 1946 ; *la Pluie et le Beau Temps*, 1955.

Prométhée

Personnage de la mythologie grecque. ◗ Prométhée est un Titan*. Il déroba le feu du ciel pour le donner aux hommes. Furieux, Zeus* fit enchaîner Prométhée sur le Caucase et le condamna à avoir le foie éternellement dévoré par un aigle.

Prométhée

Provence-Alpes-Côte d'Azur

Région administrative française. ◗ Superficie : 31 400 km^2 ; 4 989 400 hab. Chef-lieu : Marseille*. La Région regroupe 6 départements : Alpes-de-Haute-Provence, Hautes-Alpes, Alpes-Maritimes, Bouches-du-Rhône, Var et Vaucluse. Située au sud-est de la France, bordée par la mer Méditerranée*, au sud, et l'Italie, à l'est, elle possède un relief varié, formé de plaines (vallée du Rhône*), de plateaux et de montagnes (les Alpes*). Son climat est méditerranéen. L'agriculture est concentrée dans l'intérieur, où l'on pratique la culture des fruits, des légumes et de la vigne (vallée du Rhône). L'élevage bovin et surtout ovin est présent dans les zones montagneuses. L'industrie (nucléaire, domaines de l'eau et des déchets, chimie, agroalimentaire et aéronautique) est active dans les départements des Bouches-du-Rhône et du Var. Mais c'est vers les activités de services que l'économie est surtout orientée, en particulier vers le tourisme (mer et montagne), le commerce, les transports et, plus récemment, vers les services aux entreprises. Ces activités sont localisées dans les grandes agglomérations (Marseille, Aix-en-Provence, Nice et Toulon, qui regroupent 78 % de la population de la Région) et sur le littoral (Côte d'Azur).

La Région actuelle englobe d'anciennes provinces françaises : la Provence, le Comtat Venaissin, le sud du Dauphiné et le comté de Nice.

Prusse

Ancien État d'Allemagne. ◗ Le duché de Prusse fut créé au XVIe siècle sur un territoire situé en Pologne, mais habité par des Allemands depuis le Moyen Âge. Au XVIIIe siècle, devenue un royaume, la Prusse possédait l'armée la plus moderne d'Europe. Elle étendit son territoire et consolida sa puissance. À la fin du XIXe siècle, elle unifia toute l'Allemagne autour de Berlin, sa capitale, et de son roi, qui devint empereur. Après la Première Guerre* mondiale, la plus grande partie de l'ancienne Prusse fut attribuée à la Pologne. L'État de Prusse fut dissous après la Seconde Guerre* mondiale.

Pygmées

Populations africaines vivant dans la forêt équatoriale de la République centrafricaine, du Gabon et du Cameroun. ◗ Les Pygmées, qui comptent environ 120 000 personnes, sont de petite taille (1,20 m à 1,50 m). Ils vivent de chasse et de cueillette. Leurs chants à plusieurs voix sont très particuliers.

Pygmées : un chasseur pointant son arbalète

Pyrénées

Chaîne montagneuse séparant l'Espagne de la France. ◗ Cette chaîne montagneuse s'étend sur plus de 400 km d'ouest en est, de l'océan Atlantique à la mer Méditerranée. Son point culminant est le pic d'Aneto (3 404 m). Les montagnards de cette région vivent principalement de l'élevage et du tourisme. Les Pyrénées sont l'une des dernières régions d'Europe à abriter quelques rares spécimens d'ours sauvages. Une légende dit que c'est dans les Pyrénées, au col de Roncevaux, que mourut Roland, le neveu de Charlemagne*.

Pythagore (vers 570-vers 480 avant J.-C.)

Mathématicien et philosophe grec. ◗ Regroupant autour de lui de nombreux disciples, ce savant de l'Antiquité fonda une école dont l'influence fut considérable en Italie du Sud puis en Grèce. On y étudiait notamment les mathématiques, l'astronomie, la médecine et la politique. On lui attribue, outre des travaux importants en arithmétique, la découverte du théorème qui porte son nom : cette règle de géométrie, qu'il a démontrée, concerne la mesure des côtés d'un triangle rectangle.

Q

Qatar (Asie)

- Superficie : 11 400 km^2
- Habitants : 2 169 000 *(les Qatariens)*
- Capitale : *Doha*
- Langue : *arabe*
- Monnaie : *riyal du Qatar*

◗ Le Qatar est une presqu'île désertique sur le golfe Persique*. C'est un émirat, indépendant depuis 1971. Le niveau de vie des habitants est un des plus élevés du monde grâce au pétrole et au gaz naturel.

1. Québec

Province de l'est du Canada. ◗ Superficie : 1,5 million de km^2. 8 millions d'habitants (les *Québécois*). Capitale : Québec. Ville principale : Montréal.

• Le pays du froid. Le climat du Québec est rude, avec un enneigement très long. La plus grande partie des Québécois habite le sud de la province. Les rares habitants du Nord vivent de l'industrie du bois, fourni par les immenses forêts.

• Français et Anglais. Les premiers Européens du Québec furent des Français, arrivés au XVIIe siècle. Au XVIIIe siècle, la Nouvelle-France (province de Québec) fut rattachée à l'Empire britannique, puis devint, à la fin du XIXe siècle, une province du Canada indépendant. L'influence française demeure très forte au Québec, où une grande partie de la population parle français.

2. Québec

Ville du Canada, capitale de la province francophone qui porte le même nom. ▸ 516 622 habitants (les *Québécois*), 765 700 habitants dans l'agglomération. Fondée par le Français Samuel de Champlain en 1608, c'est la ville la plus ancienne du Québec. Elle fut le berceau de la civilisation française en Amérique et conserve un caractère européen. Seule ville fortifiée d'Amérique du Nord, elle est le siège administratif du seul gouvernement francophone du Canada. C'est aussi un centre culturel (université, musées), commercial et industriel.

Queneau Raymond (1903-1976)

Écrivain français. ▸ Raymond Queneau est l'auteur de romans à succès et de poèmes dans lesquels il joue avec les mots : il manie le langage avec humour et fantaisie (jeux de mots, jeux sur les sons et les registres de langue, etc.). Dans ses *Exercices de style*, il raconte la même histoire de 99 façons différentes.

• Œuvres principales : *Exercices de style*, 1947 ; *Zazie dans le métro*, 1959 ; *Cent Mille Milliards de poèmes*, 1961.

R

Rabat

Capitale du Maroc. ▸ 1,9 million d'habitants avec la banlieue. Située en bordure de l'océan Atlantique, Rabat est un centre administratif, commercial et industriel. La ville possède de remarquables remparts aux portes fortifiées datant du XIIe siècle.

Rabelais François (1494-1553)

Écrivain français. ▸ Moine cultivé et médecin réputé, Rabelais est l'auteur de romans qui décrivent les aventures du géant Gargantua, de son fils Pantagruel et de leurs compagnons, tous « bons vivants ». Ses écrits ont souvent été censurés par l'Église. Homme de la Renaissance*, Rabelais allie dans ses œuvres la science la plus savante et le comique le plus cocasse. Il fait également preuve d'une grande invention dans le langage. Il est considéré comme l'un des principaux représentants du courant humaniste du XVIe siècle.

• Œuvres principales : *Horribles et Épouvantables Faits et Prouesses du très renommé Pantagruel*, 1532 ; *Vie inestimable du grand Gargantua*, 1534.

François **Rabelais** : illustration montrant Pantagruel enfant

Racine Jean (1639-1699)

Auteur de théâtre français. ▸ Racine est un auteur dramatique. Il a acquis la célébrité avec *Andromaque*. Les sujets de ses tragédies sont tirés de l'Antiquité grecque et romaine. Il y dépeint les passions humaines, qui détruisent fatalement ceux qui en sont possédés. Par la rigueur de la construction et l'élégance du style, son œuvre incarne l'idéal de la tragédie clas-

Jean **Racine**

sique. Courtisan de Louis XIV, il fut chargé par ce dernier, en 1677, d'écrire l'histoire officielle de son règne.

• Œuvres principales : *Andromaque*, 1667 ; *Bérénice*, 1670 ; *Phèdre*, 1677.

Ramsès II (vers 1304-1236 avant J.-C.)
Pharaon d'Égypte. ▶ Ce pharaon célèbre était un homme de guerre et un grand bâtisseur. Il partit avec ses guerriers conquérir des territoires au Moyen-Orient (la Palestine et la Syrie actuelles). Au retour de ses campagnes militaires, il fit construire des temples magnifiques à Karnak*, à Abou-Simbel et à Louqsor.

Ramsès II (temple d'Abou-Simbel)

Ravel Maurice (1875-1937)
Compositeur français. ▶ Entré au Conservatoire en 1889, Maurice Ravel est l'une des personnalités musicales les plus marquantes du début du XXe siècle. Son écriture est d'une telle précision qu'il a été surnommé « l'horloger suisse ». Ravel introduisit dans sa musique, à la fois raffinée et féerique, des sonorités d'Extrême-Orient ou de jazz.

• Œuvres principales : *Pavane pour une infante défunte*, 1899 ; *l'Enfant et les Sortilèges* (texte de Colette), 1925 ; *Boléro*, 1928.

Rê
Dieu du Soleil dans l'Égypte antique. ▶ Représenté sous les traits d'un homme avec une tête de faucon portant un disque solaire, Rê était considéré comme le créateur du monde et le père des principaux dieux. On disait qu'il naviguait le jour dans le ciel et qu'il s'enfonçait le soir sous la terre. Pour lui ressembler, beaucoup d'autres dieux égyptiens avaient pris un aspect solaire. Tous les pharaons se proclamaient « fils de Rê », et toutes les pyramides lui étaient dédiées.

Réforme
Mouvement religieux. ▶ C'est ce mouvement qui a donné naissance au christianisme dit *protestant*. Au début du XVIe siècle, de nombreux catholiques pensaient qu'il fallait rendre à l'Église sa pureté des premiers siècles, c'est-à-dire la « réformer ». C'est pour cette raison que l'on a donné le nom de « Réforme » aux mouvements nés des idées et de l'action de Martin Luther*. Ils ont abouti à la création des Églises souvent dites *protestantes*, mais qu'il est plus exact d'appeler *réformées*. Séparées de l'Église catholique et du pape, elles diffèrent entre elles sur de nombreux points.

• La doctrine de la Réforme. Les Églises réformées enseignent qu'il n'y a pas d'intermédiaire entre l'homme et Dieu, qui s'est exprimé dans la Bible*. Elles ne reconnaissent que deux sacrements (le baptême et la communion, ou *cène*) et n'ont pas de prêtres (les pasteurs protestants sont seulement des personnes choisies pour leurs connaissances religieuses). → Vois aussi Calvin.

Reich - IIIe Reich
Nom donné à l'État nazi fondé par Adolf Hitler* en Allemagne en 1933. ▶ La brutalité de sa politique d'annexion et d'extermination conduisit le pays au désastre de 1945. → Vois aussi Seconde Guerre mondiale.

• Reich signifie « empire » en allemand. On prononce [rajʃ].

Religion - guerres de Religion
Conflits qui, en France, opposèrent les protestants et les catholiques, entre 1562 et 1598. ▶ Ces guerres furent très violentes et meurtrières. Les grandes familles nobles avaient pris la tête des deux partis religieux et se battaient pour le gouvernement du pays. Henri IV* mit fin aux guerres de Religion par l'édit* de Nantes. → Vois aussi Saint-Barthélemy.

Rembrandt (1606-1669)
Peintre et graveur hollandais. ▶ Cet artiste, à la fois peintre et graveur, peignit principalement des scènes historiques et des portraits. Il est surtout reconnu pour son utilisation de la technique du clair-obscur : l'ensemble du sujet du tableau est plongé dans la pénombre, et certains

Noms propres

détails surgissent dans la lumière. Il fut célèbre de son vivant, mais on lui reprocha de mépriser les règles et les conventions artistiques de son époque.

• Œuvres principales : *la Ronde de nuit*, 1642 ; *Autoportrait au chevalet*, 1660 ; *le Reniement de saint Pierre*, 1660.

Rembrandt : *la Ronde de nuit*

Auguste **Renoir :** *la Liseuse* (1874)

Remus → Romulus

Renaissance

Grand mouvement littéraire, artistique et scientifique qui succéda au Moyen Âge. ◗ Née en Italie au XVe siècle, la Renaissance se répandit au siècle suivant dans l'ensemble de l'Europe. Cet important mouvement culturel a été marqué par les grandes découvertes (telle la découverte de l'Amérique* en 1492) qui favorisèrent la naissance d'une bourgeoisie marchande, par l'invention de l'imprimerie qui permit la diffusion des idées nouvelles, et par le courant humaniste qui considère que l'homme et les valeurs humaines (respect, dignité, épanouissement de l'individu) sont ce qu'il y a de plus important. Les hommes de la Renaissance redécouvrirent l'Antiquité grecque et romaine dont ils voulurent faire « renaître » les mérites. C'est, en France, une période littéraire riche, avec des auteurs comme Rabelais*, Montaigne et Ronsard*.

Renoir Auguste (1841-1919)

Peintre impressionniste français. ◗ Influencé par Delacroix* et par Manet*, Auguste Renoir s'intéressa davantage à la figure humaine qu'aux paysages, contrairement à son ami Monet*. Il peignit de nombreux portraits et des nus. Il aimait à exprimer son amour de la vie à travers des formes féminines épanouies.

• Œuvres principales : *la Balançoire*, 1876 ; *le Moulin de la Galette*, 1876 ; *les Baigneuses*, vers 1918. ↑

République - Ve République

Régime politique de la France depuis le 4 octobre 1958. ◗ Le général de Gaulle* fut le premier président de la Ve République. Son gouvernement mit fin à la guerre d'Algérie. Réélu à la tête de l'État en 1965, il dut faire face en mai 1968 à une crise politique et sociale, marquée par de grands mouvements de grève. Il démissionna en 1969, et Georges Pompidou* lui succéda. Celui-ci mourut au cours de son mandat, en 1974, et fut remplacé par Valéry Giscard* d'Estaing qui dut affronter la grave crise économique mondiale qui débuta en 1973. En 1981, un candidat de gauche, François Mitterrand*, remporta l'élection présidentielle. Il fut réélu en 1988. L'élection de Jacques Chirac* en 1995 marqua le retour de la droite à la présidence. Il fut réélu en 2002, pour cinq ans. Nicolas Sarkozy*, également de droite, lui succéda en 2007. En 2012, le socialiste François Hollande* devint président. En 2017, Emmanuel Macron* est élu à la présidence de la République.

Résistance

Ensemble d'actions clandestines menées en Europe contre l'occupant allemand, de 1940 à 1945. ◗ En France, les mouvements de résistance furent unifiés en 1943 dans le *Conseil national de la Résistance* (C.N.R.), constitué par Jean Moulin*. Par leurs actions (renseignements, sabotages, fourniture de faux papiers, etc.) et leur organisation en armée secrète pour la lutte contre l'occupation allemande, les résistants contribuèrent à la libération du pays et au soutien de l'action du général de Gaulle*. Beaucoup d'entre eux furent arrêtés par la police nazie ou par la milice française du gouvernement de Vichy. Ils furent torturés, fusillés ou déportés dans des camps, où ils furent soumis aux travaux forcés dans des conditions horribles.

Restauration

Régime politique de la France entre 1814 et 1830. ◗ On nomme ainsi la période de l'histoire de France au cours de laquelle, après l'abdication de Napoléon Ier* (1814), la monarchie fut rétablie. Le frère de Louis XVI* fut alors appelé sur le trône sous le nom de Louis XVIII*. À sa mort, en 1824, Charles X*, l'autre frère de Louis XVI, lui succéda. La révolution de juillet 1830 mit fin à ce régime. Louis-Philippe Ier*, qui leur succéda, ne se fit plus appeler « roi de France » mais « roi des Français ». Ce fut le dernier roi que connut la France.

La Réunion

Île de l'océan Indien, à l'est de l'Afrique, formant un département et une Région d'outre-mer. ◗ 2 511 km^2 ; 852 700 habitants (les *Réunionnais*). Ville principale : Saint-Denis. L'île est formée par un grand massif volcanique. Découverte en 1528 par les Portugais, La Réunion est passée sous domination française en 1638, prenant le nom d'« île Bourbon ». Surpeuplée, l'île vit essentiellement de la culture de la canne à sucre et de la production de vanille.

Révolution française

Succession d'événements qui ont bouleversé la France et ses institutions, entre 1789 et 1799. ◗ La Révolution commença quand Louis XVI fit convoquer les états* généraux pour instaurer de nouveaux impôts. Soutenus par le peuple, les députés décidèrent de transformer le système de gouvernement pour le rendre plus démocratique et d'appliquer les idées de liberté et d'égalité : ils bouleversèrent les structures sociales, politiques, juridiques et religieuses pour mettre fin à la société de l'Ancien* Régime. En dix ans, la France changea de nombreuses fois de régime politique. La monarchie fut supprimée et la république créée en 1792 ; un régime sanglant, appelé *la Terreur*, s'instaura pendant quelque temps. Puis une période plus calme, le Directoire, aboutit à la prise du pouvoir par Napoléon* Bonaparte en 1799. → Vois aussi Bastille, Danton, Robespierre. →

Rhin

Fleuve d'Europe. ◗ Long de 1 320 km, le Rhin prend sa source dans les Alpes suisses, remonte vers le nord-ouest de l'Allemagne puis traverse les Pays-Bas, avant de se jeter dans la mer du Nord. Navigable sur la plus grande partie de son cours, ce fleuve joue depuis toujours un rôle très important pour le transport et le commerce. Les versants des vallées profondes qu'il a creusées sont couverts de vignes et souvent hérissés des ruines d'anciens châteaux. Une légende raconte que des navigateurs furent attirés par le chant d'une fée appelée Lorelei et que leur navire se fracassa contre un rocher, qui existe toujours.

Rhône

Fleuve de Suisse et de France. ◗ Long de 812 km, dont 522 en France, le Rhône prend sa source en Suisse dans le massif du Saint-Gothard, à 1 750 m d'altitude, traverse le lac Léman, le Jura puis Lyon et sa région. Il coule ensuite du nord au sud, dans une large vallée entre les Alpes et le Massif central, la *vallée du Rhône*, et se jette dans la mer Méditerranée après avoir formé un vaste delta, la Camargue*. Il a été aménagé, avec des canaux et des barrages notamment.

Rhône-Alpes

Anc. Région administrative française. ◗ Elle regroupait 8 départements : Ain, Ardèche, Drôme, Isère, Loire, Rhône, Savoie et Haute-Savoie.
Cet espace géographique a joué un rôle important à l'époque gallo-romaine : Lyon *(Lugdunum)* était alors la capitale des Gaules. De nombreux vestiges de monuments (théâtres, etc.) en sont le témoignage. → Vois aussi Auvergne-Rhône-Alpes.

Richard Cœur de Lion (1157-1199)

Roi d'Angleterre. ◗ Chevalier accompli, Richard Cœur de Lion participa à la croisade organisée contre Saladin*. À son retour, il fut retenu prisonnier par l'empereur d'Allemagne, qui le libéra au bout de quatre ans contre une forte

Révolution française :
la prise du palais des Tuileries, le 10 août 1792

Noms propres

rançon. Il se battit ensuite en France contre Philippe* Auguste, mais il mourut trop tôt pour tirer profit de ses victoires. → Vois aussi Jean sans Terre.

Richard Cœur de Lion et Philippe Auguste reçoivent les clés de la ville d'Acre (3e croisade)

Richelieu - cardinal de Richelieu (1585-1642)

Premier ministre de Louis XIII*. ◗ D'abord évêque, Richelieu rentra au conseil du roi Louis XIII en 1624. Il renforça le pouvoir du roi dans tous les domaines et assura la prépondérance française en Europe. Il assiégea et prit la ville protestante de La Rochelle, parce qu'il pensait qu'elle était devenue une puissance dangereuse pour l'autorité de l'État. Pour encourager la vie intellectuelle, il fonda l'Académie* française en 1635 et agrandit l'université de la Sorbonne.

le cardinal de Richelieu

Rift Valley

Immense vallée qui s'étend dans l'est de l'Afrique, des côtes du Mozambique à la mer Rouge. ◗ Longue de plusieurs milliers de kilomètres, cette vallée est née il y a cinquante millions d'années d'une grande cassure de l'écorce terrestre qui a séparé l'Asie et Madagascar du continent africain et qui a soulevé des volcans (mont Kenya, Kilimandjaro*). De grands lacs, comme le lac Tanganyika*, se sont formés dans ce long fossé, où se trouvent des vestiges préhistoriques très importants. → Vois aussi Lucy.

Rimbaud Arthur (1854-1891)

Poète français. ◗ Arthur Rimbaud écrivit des poèmes dès l'âge de 17 ans, cessa d'écrire à 20 ans et partit en Afrique où il devint soldat, déserteur, trafiquant d'armes. Malade, il mourut à Marseille à 37 ans. Il fut l'ami de Verlaine*. Révolté contre la société, il a écrit des poèmes d'un genre révolutionnaire : son exploration de l'imaginaire et des sensations, son utilisation des images et des métaphores, ses jeux sonores ont radicalement renouvelé les codes en usage. Considéré comme un précurseur du courant surréaliste, Rimbaud, surnommé « le Voyant », a beaucoup influencé la poésie moderne.

● Œuvres principales : *Une saison en enfer*, 1873 ; *Illuminations*, 1886.

Rio de Janeiro

Ville du Brésil. ◗ 12 millions d'habitants (les *Cariocas*). La ville, qui culmine à 700 m d'altitude, est construite dans une baie, au sud-est du Brésil. Rio, qui est aussi un port, s'étend au milieu d'une végétation tropicale et le long des plages dont la plus connue est Copacabana. Les faubourgs populaires et les bidonvilles, appelés *favelas*, ont envahi les pentes abruptes des alentours. Le site le plus célèbre de Rio de Janeiro est le *Pain de Sucre*, piton de 395 m appelé ainsi à cause de sa forme.

● Rio de Janeiro signifie « fleuve de janvier » car le navigateur portugais qui découvrit le site le 1er janvier 1502 prit la baie pour l'embouchure d'un cours d'eau.

Rio Grande ou **Rio Bravo**

Grand fleuve d'Amérique du Nord. ◗ Long de 3 000 km, cet immense fleuve traverse des zones très arides et sert de frontière entre les États-Unis et le Mexique. Beaucoup de Mexicains le franchissent clandestinement pour émigrer aux États-Unis.

Robespierre Maximilien de (1758-1794)

Homme politique français. ◗ Robespierre est l'un des personnages clés de la Révolution* française. Député en 1789, son idéal de démocratie et de vertu et ses qualités d'orateur le firent remarquer à la tribune. Surnommé « l'Incorruptible », Robespierre défendit les droits du peuple, les libertés publiques et le suffrage universel. En 1793, il vota la mort de Louis XVI, puis fut appelé à la tête du gouvernement, alors nommé *Comité de salut public*. Accusé de pratiquer un pouvoir autoritaire, il fit régner la terreur pour éliminer ses adversaires. On appelle d'ailleurs cette période de l'histoire *la Terreur*. Ses ennemis s'unirent pour lui faire perdre le pouvoir : ils le firent arrêter et l'envoyèrent à l'échafaud en 1794. → Vois aussi **Révolution française, Danton.**

Maximilien de **Robespierre**

Rocheuses - montagnes Rocheuses

Chaîne montagneuse de l'ouest de l'Amérique du Nord. ◗ S'étendant sur 3 500 km, au Canada et aux États-Unis, les Rocheuses possèdent des sommets de plus de 4 000 m et de très nombreuses stations de ski.

Rodin Auguste (1840-1917)

Sculpteur français. ◗ Quand Rodin voulait représenter le corps d'un homme ou d'une femme, il lui arrivait souvent de ne pas le sculpter en entier (il affectionnait les bustes en particulier) ou de le déformer volontairement. Possédant une connaissance approfondie de l'anatomie, il recherchait avant tout le mouvement et le sentiment de vie. Cela donne à ses œuvres un aspect très expressif et fait de lui un précurseur de l'art moderne. Une de ses sculptures les plus célèbres s'intitule *le Penseur* ; elle représente un homme qui médite.

• Œuvres principales : *le Penseur*, 1880 ; *le Baiser*, 1886-1898 ; *les Bourgeois de Calais*, 1884-1895.

Auguste **Rodin**

Rois mages

Personnages bibliques. ◗ Guidés par une étoile, les Rois mages seraient venus d'Orient adorer Jésus* à sa naissance et lui apporter des offrandes. Ils sont décrits comme des « mages », c'est-à-dire des savants ou des magiciens. Plus tard, une légende en a fait des rois et leur a donné des noms : Gaspard, Melchior et Balthazar.

L'Adoration des ***Rois mages***
(tableau de Pierre Subleyras, XVIIIe siècle)

romain - Empire romain

Ensemble des territoires conquis et dirigés par la ville de Rome pendant l'Antiquité, de 27 avant J.-C. à 476 après J.-C. ◗ On a donné à ces territoires le nom d'empire à partir du règne d'Auguste*, le premier empereur romain. L'empire s'étendait sur tous les pays qui bordent la mer Méditerranée et comprenait aussi l'Angleterre. En 395, il fut divisé en deux et il y eut deux empereurs. À l'ouest, l'*Empire romain d'Occident* conservait Rome pour capitale. À l'est, l'*Empire romain d'Orient* était dirigé depuis Constantinople*. Le premier s'est effondré sous les coups des Invasions* barbares, en 476. Le second s'est maintenu jusqu'en 1453. → Vois aussi Empire byzantin.

Rome

Capitale de l'Italie. ◗ 2 612 000 habitants (les *Romains*). Si, sur le plan économique, Rome est supplantée par les villes du nord de l'Italie, elle joue un rôle politique, administratif et intellectuel important. C'est une capitale d'art et un haut lieu du tourisme, avec ses monuments hérités de l'Antiquité (le Colisée, les thermes de Caracalla, les monuments des forums) et de la Renaissance* (la basilique Saint-Pierre, la chapelle Sixtine, le Capitole). Elle est aussi, depuis la fin du VIe siècle, la capitale du christianisme. Le Vatican*, minuscule État indépendant à l'intérieur de la ville, est depuis le XVe siècle la résidence des papes.

Rome - traité de Rome

Traité qui créa la Communauté économique européenne (C.E.E.). ◗ Ce traité fut signé le 25 mars 1957, à Rome, par six pays : l'Allemagne fédérale, la Belgique, la France, l'Italie, le Luxembourg et les Pays-Bas. Il établissait une union douanière entre les pays membres de la C.E.E., visait à harmoniser les politiques économiques et posait les fondements des institutions communautaires. La C.E.E., qui devint la Communauté européenne (C.E.) en 1992, fut l'une des étapes de la construction de l'Union* européenne.

Rome antique

Période historique de Rome. ◗ Selon la légende, Rome fut fondée par Romulus* et Remus en 753 avant J.-C. La ville naquit sans doute du regroupement de plusieurs villages, situés, selon la tradition, sur sept collines. Avec l'arrivée des Étrusques*, Rome devint une véritable ville, puis s'organisa en république. La République romaine (509-27 avant J.-C.) marqua le début des grandes conquêtes, de la Gaule* à l'Asie Mineure. Mais la République s'affaiblit politiquement : l'autorité du Sénat, instance dirigeante de Rome, fut contestée par les généraux, qui se disputèrent bientôt le pouvoir. César* en sortit vainqueur et obtint les pleins pouvoirs, mais fut assassiné en mars 44. Son successeur, Auguste*, devint le premier empereur romain. Rome connut son apogée entre le Ier et le IIIe siècle. Mais les guerres civiles et la création de Constantinople* par Constantin* en 330 affaiblirent sa domination. Au Ve siècle, Rome subit les Invasions* barbares. En 476, l'Empire d'Occident disparut avec son dernier empereur, remplacé par un roi barbare. → Vois aussi Empire romain.

Romulus et Remus

Fondateurs mythiques de Rome*. ◗ Romulus et Remus étaient des frères jumeaux, fils du dieu Mars* et d'une prêtresse de la déesse Vesta. La prêtresse n'avait pas le droit d'avoir d'enfants et elle fut mise à mort. Romulus et Remus, jetés dans un fleuve, échouèrent sur la rive. Une louve les recueillit et les nourrit avec son lait. Ils furent ensuite élevés par un berger et fondèrent la ville de Rome en 753 avant J.-C., à l'endroit où la louve les avait sauvés. La légende raconte que Romulus, élu roi de Rome, tua son frère qui l'avait provoqué.

Ronsard Pierre de (1524-1585)

Poète français. ◗ Poète et humaniste, Pierre de Ronsard forma, avec d'autres poètes de la Renaissance*, dont Joachim Du Bellay, un groupe appelé *la Pléiade*, qui renouvela la poésie française à partir de l'héritage de l'Antiquité. Proclamé « le prince des poètes », poète de cour, Ronsard connut le succès de son vivant, notamment grâce à ses sonnets célébrant l'amour.

• Œuvres principales : *Amours*, 1552-1578 ; *Sonnets pour Hélène*, 1578.

Rostand Edmond (1868-1918)

Écrivain français, auteur de *Cyrano de Bergerac*. ◗ Edmond Rostand est surtout célèbre pour *Cyrano de Bergerac*, comédie héroïque qui connut un grand succès populaire. Très souvent adaptée au cinéma, cette pièce de théâtre met en scène Cyrano de Bergerac, guerrier courageux et homme plein d'esprit, mais malheureusement doté d'un grand nez ridicule. →

Rotterdam

Ville des Pays-Bas. ◗ 616 300 habitants ; plus d'un million avec la banlieue. Rotterdam prit son essor au XIXe siècle avec l'aménagement du Rhin*. Partiellement détruite après le bombardement allemand de 1940, elle fut reconstruite et est aujourd'hui le premier port du monde.

Rouge - mer Rouge

Mer qui sépare l'Afrique de l'Arabie. ◗ La mer Rouge communique au nord avec la mer Méditerranée par le canal de Suez*, au sud avec l'océan Indien. Comme très peu de fleuves se jettent dans la mer Rouge, c'est une des mers les plus chaudes et les plus salées du Globe. Elle doit son nom à des plantes rouges qui y poussent.

Roumanie (Europe)

- Superficie : 237 000 km²
- Habitants : 21 699 000 *(les Roumains)*
- Capitale : *Bucarest*
- Langue : *roumain*
- Monnaie : *leu*

◗ Pays du sud de l'Europe ouvert sur la mer Noire, la Roumanie vit de l'agriculture (blé, maïs, betterave) et de l'industrie (métallurgie, mécanique). Après la chute du dictateur communiste Nicolae Ceauşescu en 1989, la Roumanie a rejoint en 2007 l'Union* européenne, dont elle reste l'un des pays les plus pauvres.

Rousseau Henri, dit le **Douanier Rousseau** (1844-1910)

Peintre français. ◗ Modeste fonctionnaire, le Douanier Rousseau apprit à peindre seul. Il représenta des scènes de rêve et des paysages exotiques (jungles), mystérieux et poétiques. Si la simplicité de son dessin (on parle d'*art naïf*, pour désigner son style) et ses couleurs très vives ont pu faire rire, il fut cependant reconnu comme un grand peintre par Apollinaire* et Picasso*.

le Douanier **Rousseau :** *la Noce* (1905)

Edmond **Rostand :**
illustration de *Cyrano de Bergerac*

Russie (Europe et Asie)

- Superficie : 17 075 000 km²
- Habitants : 142 834 000 *(les Russes)*
- Capitale : *Moscou*
- Langue : *russe*
- Monnaie : *rouble russe*

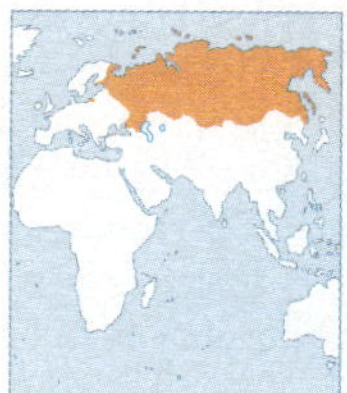

◗ Pays le plus vaste du monde, la Russie s'étend sur 10 000 km, de la mer Baltique* à l'ouest à l'océan Pacifique à l'est. La chaîne de l'Oural* constitue la limite entre la Russie d'Europe et la Russie d'Asie, appelée la Sibérie*. Ancien empire des tsars, la Russie était la plus importante des républiques qui composaient l'U.R.S.S.*. Après l'éclatement de celle-ci en 1991, la Russie devient un État souverain. Les minorités nationales (20 % environ de la population) vivent, pour les plus importantes, dans leurs propres républiques ou régions. La Russie est dotée de nombreuses ressources agricoles et minières.

Rwanda (Afrique)

- Superficie : 26 338 km^2
- Habitants : 11 777 000 *(les Rwandais)*
- Capitale : *Kigali*
- Langues : *français, kinyarwanda, anglais*
- Monnaie : *franc rwandais*

◗ Situé en Afrique centrale, le Rwanda, autrefois rattaché au Congo belge, est devenu indépendant en 1962. Son climat tempéré permet une agriculture vivrière (banane, manioc, pomme de terre, haricot) et d'exportation (café, thé). Ce pays, comme le Burundi*, a été dévasté par la guerre civile entre les deux peuples qui l'habitent, les Hutu et les Tutsi.

S

Sahara

Région désertique occupant la majeure partie de l'Afrique du Nord. ◗ Le Sahara est le plus grand désert du monde (il couvre plus de 9 millions de km^2) ; ses dunes de sable sont parfois spectaculaires (jusqu'à 5 km de long et 400 m de haut). Il n'y pleut presque jamais, les vents sont très violents et la différence de température entre le jour et la nuit est très grande. Les seuls habitants sont les Touareg*, nomades, et les agriculteurs sédentaires des rares oasis. Le Sahara possède quelques gisements de gaz naturel et de pétrole.

Sahel

Région d'Afrique semi-désertique. ◗ « Sahel » est un mot arabe qui signifie « bordure ». Située au sud du Sahara*, cette zone de transition entre le désert et les régions tropicales humides est occupée, au nord, par la steppe, peuplée de pasteurs nomades ; au sud, plus arrosé, s'étend la savane, peuplée d'agriculteurs. Mais les sécheresses de ces dernières années et la fragilité du milieu naturel ont provoqué une extension dramatique du désert.

la Saint-Barthélemy

Épisode sanglant des guerres de Religion*. ◗ Le massacre de la Saint-Barthélemy eut lieu à Paris le 24 août 1572, jour de la Saint-Barthélemy. Catherine* de Médicis, jalouse de l'influence des chefs protestants, persuada son fils, le roi de France Charles IX (1550-1574), que ceux-ci préparaient un complot contre lui. Elle ordonna, avec son accord, leur mise à mort. Venus à Paris pour assister au mariage d'Henri de Navarre, futur Henri IV, ils furent tous massacrés, à l'exception d'Henri de Navarre, qui dut renier sa foi. Le peuple parisien se jeta à son tour sur les protestants. Il y eut plus de trois mille morts. Quelques jours plus tard, les massacres s'étendirent aux grandes villes de province.

le massacre de la **Saint-Barthélemy** (24 août 1572)

Sainte-Lucie (Amérique)

- Superficie : 616 km^2
- Habitants : 182 000 *(les Saint-Luciens)*
- Capitale : *Castries*
- Langue : *anglais*
- Monnaie : *dollar des Caraïbes orientales*

◗ Cette île volcanique de l'archipel des Petites Antilles*, située au sud de la Martinique, est montagneuse et très boisée. Son économie repose sur l'agriculture (bananes, mangues, noix de coco), la pêche et le tourisme. Ancienne colonie britannique, Sainte-Lucie est indépendante depuis 1979.

Sainte-Sophie

Basilique d'Istanbul, en Turquie. ◗ Cette ancienne basilique de Constantinople*, ornée de coupoles, fut construite au VIe siècle par l'empereur byzantin Justinien Ier. Elle est caractéristique de l'architecture byzantine. Lorsque Constantinople a été prise par les Turcs au XVe siècle, Sainte-Sophie a été transformée en mosquée et on lui a ajouté quatre minarets. Aujourd'hui, c'est un musée où l'on peut admirer de magnifiques mosaïques.

● Cet édifice n'est pas dédié à une sainte du nom de Sophie mais à la sainte Sagesse divine (en grec, *sophia*).

Sainte Vierge → Marie

Saint-Exupéry Antoine de (1900-1944)

Écrivain et aviateur français. ◗ À la fois pilote de ligne et pilote militaire, il assura, avec Jean Mermoz (1901-1936), la première ligne régulière Europe-Amérique du Sud. Il disparut en mission de guerre. Dans ses récits, Saint-Exupéry s'interroge sur l'activité humaine : il parle de la fraternité et des valeurs morales qu'il faut défendre dans un monde moderne dominé par le progrès technique. *Le Petit Prince* est son œuvre la plus connue.

• Œuvres principales : *Vol de nuit*, 1931 ; *Terre des hommes*, 1939 ; *le Petit Prince*, 1943.

Antoine de **Saint-Exupéry** avec son mécanicien (1935)

Saint-Kitts-et-Nevis (Amérique)

• Superficie : 261 km^2
• Habitants : 54 000 *(les Kittitiens et Néviciens)*
• Capitale : *Basseterre*
• Langue : *anglais*
• Monnaie : *dollar des Caraïbes orientales*

◗ Cet archipel des Petites Antilles*, situé au nord de la Guadeloupe, s'appelle aussi Saint Christopher and Nevis. Cette ancienne colonie anglaise devenue indépendante en 1983 fait partie du Commonwealth (organisme rassemblant les États issus de l'ancien Empire britannique). On y cultive la canne à sucre.

Saint-Laurent

Fleuve du Canada. ◗ Long de 1 140 km, ce fleuve naît dans le lac Ontario et se jette dans l'océan Atlantique après avoir traversé les villes de Montréal et de Québec. Le Saint-Laurent est gelé une grande partie de l'année. Plus de la moitié des Canadiens vivent dans la région du Saint-Laurent et des Grands* Lacs.

Saint Louis → Louis IX

Saint-Marin (Europe)

• Superficie : 61 km^2
• Habitants : 31 000 *(les Saint-Marinais)*
• Capitale : *Saint-Marin*
• Langue : *italien*
• Monnaie : *euro*

◗ La république de Saint-Marin est l'un des plus petits États du monde. Elle est formée d'une ville, enclavée dans l'Italie du Nord. Son économie repose essentiellement sur le tourisme. Admise à l'O.N.U.* en 1992, c'est la plus ancienne république libre d'Europe.

Saint-Pétersbourg

Ville du nord-ouest de la Russie. ◗ 4,8 millions d'habitants (les *Pétersbourgeois*) avec la banlieue. Fondée au XVIIIe siècle par le tsar Pierre* le Grand, Saint-Pétersbourg devint la capitale de la Russie. La ville, où fut construit le magnifique palais d'Hiver, accueillait alors les plus grands savants et artistes d'Europe. Au XIXe siècle, le port de Saint-Pétersbourg devint un centre industriel très important. C'est là qu'éclatèrent les premières révoltes d'ouvriers annonçant les révolutions de 1905 et de 1917. De 1914 à 1924, Saint-Pétersbourg fut rebaptisée Petrograd. C'est à cette période que Moscou devint la capitale de l'U.R.S.S.*. En 1924, Petrograd fut appelée Leningrad, en hommage à Lénine* qui venait de mourir. Pendant la Seconde Guerre* mondiale, la ville subit un siège très pénible, qui dura un an et demi. Saint-Pétersbourg a retrouvé son nom d'origine en 1991.

Saint-Pierre

Basilique du Vatican à Rome. ◗ Cette basilique pontificale a longtemps été le plus grand lieu de culte chrétien du monde. Elle aurait été construite, à l'époque de Constantin*, sur le tombeau de saint Pierre. Démolie sous Nicolas V (pape de la Renaissance*), elle fut reconstruite à partir de 1506, mais sa reconstruction dura plus d'un siècle. Michel-Ange* en a dessiné la coupole. Elle a été achevée au XVIIe siècle dans le style baroque.

Saint-Pierre-et-Miquelon

Archipel français d'Amérique du Nord. ◗ 6 300 habitants. Situées à l'est du Canada, ces deux îles principales ont été fréquentées, dès le début du XVIe siècle, par des pêcheurs français (les *terre-neuvas*). Plusieurs fois sous domination anglaise, elles furent définitivement rendues à la France en 1814. L'archipel est aujourd'hui une collectivité d'outre-mer (C.O.M.) qui vit principalement de la pêche et du tourisme.

Saint-Vincent-et-les-Grenadines (Amérique)

- Superficie : 388 km^2
- Habitants : 109 000 *(les Saint-Vincentais-et-Grenadins)*
- Capitale : *Kingstown*
- Langue : *anglais*
- Monnaie : *dollar des Caraïbes orientales*

◗ Cet archipel des Petites Antilles*, situé dans la mer des Caraïbes, est constitué d'îles et îlots coralliens. Ses ressources proviennent de l'agriculture et du tourisme. Ancienne colonie britannique, cette république est indépendante et membre du Commonwealth depuis 1979.

Saladin (1138-1193)

Sultan d'Égypte et de Syrie. ◗ Alors que les croisés étaient maîtres de Jérusalem* depuis un siècle et y avaient fondé un royaume, Saladin unifia l'Égypte, la Syrie, l'Arabie et la Mésopotamie sous son autorité. Il prit Jérusalem en 1187. Richard* Cœur de Lion et Philippe* Auguste organisèrent une croisade pour le combattre, mais la ville resta aux musulmans. Les chevaliers chrétiens respectaient Saladin pour sa bonté envers les prisonniers et pour son sens de l'honneur.

le sultan **Saladin**

Salomon (îles) (Océanie)

- Superficie : 30 000 km^2
- Habitants : 561 000 *(les Salomonais)*
- Capitale : *Honiara*
- Langue : *anglais*
- Monnaie : *dollar des îles Salomon*

◗ Indépendant depuis 1978, cet archipel a été le théâtre de violents combats entre Américains et Japonais pendant la Seconde Guerre* mondiale. La population se concentre sur le littoral et vit de la pêche. Bois, épices et huile de palme constituent ses principales ressources.

Salvador (Amérique)

- Superficie : 21 000 km^2
- Habitants : 6 340 000 *(les Salvadoriens)*
- Capitale : *San Salvador*
- Langue : *espagnol*
- Monnaie : *dollar des États-Unis*

◗ Situé en Amérique centrale, au sud-est du Guatemala, le Salvador vit surtout du café, du sucre et du textile. Le pays a été ravagé pendant près de vingt ans par la guérilla et la guerre civile, qui ont pris fin en 1992.

Samoa (Océanie)

- Superficie : 2 842 km^2
- Habitants : 190 000 *(les Samoans)*
- Capitale : *Apia*
- Langues : *anglais, samoan*
- Monnaie : *tala*

◗ Cet archipel d'Océanie, montagneux et volcanique, est couvert d'une forêt dense. Tourisme, pêche, agriculture (bananes, agrumes) et exploitation du bois précieux sont ses principales ressources. Il est indépendant depuis 1962.

Sand George (1804-1876)

Romancière française. ◗ De son vrai nom Aurore Dupin, George Sand scandalisa la bourgeoisie de son époque en s'habillant en homme, en fumant la pipe et en signant ses livres sous un nom masculin. Elle mena une vie indépendante et vécut plusieurs passions dont celles avec le poète Alfred de Musset (1810-1857) et le compositeur Frédéric Chopin*. Après avoir vécu et écrit à Paris (des autobiographies notamment), elle retourna dans sa région natale où elle écrivit des « romans champêtres », comme *la Mare au diable* (1846).

• Œuvres principales : *la Mare au diable*, 1846 ; *François le Champi*, 1847-1848 ; *la Petite Fadette*, 1849.

George **Sand**

San Francisco

Ville des États-Unis. ◗ 852 500 habitants (3,7 millions avec la banlieue). Située sur une baie, San Francisco est un port de l'État de Californie*. C'est aussi une ville appréciée pour son climat et ses activités culturelles. C'est au milieu du XIXe siècle que la ruée vers l'or contribua au développement de la ville, fondée un peu plus tôt par les Espagnols. L'un de ses monuments les plus célèbres est le pont suspendu du *Golden Gate*. La ville est régulièrement soumise aux tremblements de terre : en 1906, un séisme en détruisit une grande partie. ↑

San Francisco : le *Golden Gate*

Sao Paulo

Ville du Brésil. ◗ 10,7 millions d'habitants (les *Paulistes*), 21 millions avec la banlieue. Sao Paulo est la métropole économique, culturelle, scientifique et commerciale (exportation de café) du pays. C'est la plus grande ville du Brésil et l'une des plus grandes au monde.

São Tomé-et-Príncipe (Afrique)

• Superficie : 964 km^2
• Habitants : 193 000 *(les Santoméens)*
• Capitale : *São Tomé*
• Langue : *portugais*
• Monnaie : *dobra*

◗ Formé d'îles, cet État de l'Afrique occidentale est situé sur l'équateur et a un climat chaud et humide. São Tomé-et-Príncipe est indépendant depuis 1975. L'agriculture (cacao, café) constitue sa principale ressource.

Sarajevo

Capitale de la Bosnie-Herzégovine. ◗ 389 000 habitants (les *Sarajéviens*). Fondée par les Turcs au XVe siècle, Sarajevo faisait partie, au XIXe siècle, de l'immense empire d'Autriche-Hongrie. L'archiduc François-Ferdinand y fut assassiné le 28 juin 1914 : cet attentat servit de prétexte à l'Autriche pour déclarer la guerre à la Serbie, ce qui déclencha la Première Guerre* mondiale. En 1992, la Bosnie-Herzégovine déclara son indépendance, ce qui provoqua une guerre civile entre musulmans, orthodoxes (Serbes) et catholiques (Croates). Sarajevo fut assiégée par les forces serbes de Bosnie jusqu'en 1995.

Sarajevo : l'assassinat de l'archiduc François-Ferdinand et de sa femme, le 28 juin 1914

Sarkozy Nicolas (né en 1955)

Homme politique français. ◗ Membre du principal parti politique français de droite, l'Union pour un mouvement populaire (U.M.P., aujourd'hui Les Républicains), plusieurs fois ministre (de 2002 à 2004 et de 2005 à 2007), il est président de la République de 2007 à 2012.

Satan

L'un des noms du diable. ◗ La tradition chrétienne veut que Satan, avant de devenir le chef des démons, ait d'abord été un ange très puissant qui se serait révolté contre Dieu et aurait poussé les hommes à faire le mal.

● Satan signifie « adversaire » en hébreu et a été traduit en grec par *diabolos* (d'où le mot « diable »).

1. Saturne → Cronos

Saturne et plusieurs de ses satellites (photomontage)

2. Saturne

Planète du système solaire. ◗ Saturne est située entre Jupiter* et Uranus* ; elle a un diamètre de 120 660 km. Survolée par une sonde spatiale américaine en 1980, Saturne révèle des caractéristiques assez proches de celles de Jupiter. Elle n'a pas de surface solide et elle est constituée essentiellement d'hydrogène, gazeux dans l'atmosphère, puis liquide et métallique en profondeur. Entourée d'une soixantaine de satellites, Saturne se caractérise surtout par les anneaux qui l'entourent, formés des débris d'anciens satellites ou de la planète elle-même.

Saxons

Ancien peuple germain. ◗ Les Saxons vivaient au nord-ouest de l'Allemagne actuelle. Ils furent vaincus par Charlemagne*, qui leur imposa la religion chrétienne. Vers 450, certains d'entre eux envahirent l'Angleterre où les Angles, un autre peuple germain, les rejoignirent peu après. C'est pour cette raison qu'on appelle les habitants de la Grande-Bretagne les *Anglo-Saxons*.

Scandinavie

Région du nord de l'Europe qui regroupe le Danemark, la Norvège, la Suède, la Finlande et l'Islande. ◗ Les habitants de la Scandinavie sont les descendants des Vikings*, peuple de grands navigateurs. Dans ces pays du Nord, aux hivers longs et rudes, le paysage dominant est celui de la forêt. Mais le paysage scandinave possède d'autres caractéristiques : de nombreux lacs ; de longues baies bordées de montagnes, appelées *fjords* ; des glaciers et des volcans. La marine marchande et la flotte de pêche occupent une grande place dans l'économie nationale. Mais l'économie de cette région repose principalement sur les industries de transformation du bois, sur la production d'énergie hydroélectrique et de pétrole. Le niveau de vie des Scandinaves est l'un des plus élevés en Europe, et leurs régimes politiques sont souvent montrés en exemples de démocraties modernes.

Schœlcher Victor (1804-1893)

Homme politique français. ◗ Sous-secrétaire d'État dans le gouvernement provisoire après la révolution de 1848, il prépara le décret d'abolition de l'esclavage dans les colonies. Il s'opposa au coup d'État de Louis Napoléon Bonaparte et fut proscrit. → Vois aussi Napoléon III.

Schubert Franz (1797-1828)

Compositeur autrichien. ◗ Fils d'instituteur, Schubert exerça lui aussi cette profession pendant quelques années, avant de se consacrer à la musique. Véritable génie de l'improvisation,

il a laissé plus de 600 lieds (courtes pièces musicales), où il exprime une grande sensibilité. Schubert composa également des symphonies.
• Œuvres principales : *le Roi des Aulnes*, 1815 ; *la Truite*, 1819 ; *8e Symphonie, dite « inachevée »*, 1822.

second Empire → Empire

Ségur - comtesse de Ségur (1799-1874)
Romancière française d'origine russe. ▸ La comtesse de Ségur, Sophie Rostopchine de son nom de jeune fille, a d'abord écrit des livres pour ses nombreux petits-enfants. Les héros de ses romans sont des enfants espiègles ou très sages. Dans ces histoires, la morale est toujours sauve : ce sont les gentils, les bons et les méritants qui triomphent à la fin.
• Œuvres principales : *les Petites Filles modèles*, 1858 ; *les Mémoires d'un âne*, 1860 ; *les Malheurs de Sophie*, 1864 ; *Un bon petit diable*, 1865.

la comtesse de **Ségur** : illustration des *Malheurs de Sophie*

Seine
Fleuve du nord de la France. ▸ La Seine prend sa source sur le plateau de Langres, à 471 m d'altitude. Long de 776 km, le fleuve traverse la Champagne et la Région Île-de-France*, où il forme de très nombreux méandres. C'est dans l'un de ces méandres que se situe Paris. La Seine coule ensuite en Normandie* puis rejoint Le Havre dans un large estuaire, devenu une vaste zone industrielle. La Seine est navigable entre Le Havre et Paris.

Sémites
Anciens peuples du Proche-Orient. ▸ Les Sémites sont d'anciens peuples d'Asie occidentale et d'Afrique qui parlaient des langues proches, dites *sémitiques*. Ils vivaient surtout en Assyrie (dans l'Iraq et la Syrie actuels). Les Phéniciens, les Arabes et les Hébreux étaient aussi des Sémites.

Sénat
Institution française qui, avec l'Assemblée* nationale, forme le Parlement. ▸ Le Sénat est une assemblée constituée de 348 membres élus au suffrage universel indirect pour six ans et renouvelables par moitié tous les trois ans. Ce sont les députés, les conseillers départementaux, les conseillers municipaux, etc., qui élisent les sénateurs. Ces derniers doivent être âgés d'au moins 24 ans. Le Sénat, avec l'Assemblée nationale, étudie et vote les lois. Le président du Sénat est le deuxième personnage de l'État. En cas d'empêchement, de démission ou de décès du président de la République, c'est lui qui le remplace pour faire la transition : on dit qu'il assure l'intérim.

Sénégal (Afrique)

- Superficie : 197 000 km^2
- Habitants : 13 509 000 *(les Sénégalais)*
- Capitale : *Dakar*
- Langue : *français*
- Monnaie : *franc C.F.A.*

▸ Pays de l'Afrique occidentale, sur l'océan Atlantique, le Sénégal est une ancienne colonie française. C'est une république indépendante depuis 1960. La population est concentrée dans l'ouest du pays et le long du fleuve Sénégal. Le pays produit de l'arachide, du coton, de l'or et des phosphates. La pêche est également active. Ses activités industrielles (agroalimentaire, chimie, raffinage du pétrole) sont concentrées autour de la capitale. Le tourisme est aussi une activité importante.

les **Sept Merveilles du monde**
Nom donné dans l'Antiquité à sept monuments. ▸ Les Sept Merveilles du monde sont des monuments, des œuvres d'art ou des jardins qui se distinguent par leur beauté ou par leur taille : ils étaient, selon les Anciens, dignes des merveilles de la nature et des dieux. Les Sept Merveilles du monde étaient : les pyramides de Gizeh* en Égypte, les jardins suspendus de Babylone*, la statue en or et en ivoire de Zeus à Olympie, le temple d'Artémis à Éphèse*, le mausolée d'Halicarnasse (ancienne cité grecque), le colosse de Rhodes et le phare d'Alexandrie*, sur l'île de Pharos. Une seule subsiste aujourd'hui : les pyramides de Gizeh.

Serbie (Europe)

- Superficie : 102 200 km^2
- Habitants : 7 777 000 *(les Serbes)*
- Capitale : *Belgrade*
- Langue : *serbe*
- Monnaie : *dinar serbe*

◗ Située dans les Balkans*, entre le Danube et la mer Adriatique, la Serbie est issue de l'éclatement de la Yougoslavie*. À partir de 1992, elle forma, avec le Monténégro, une nouvelle fédération de Yougoslavie (renommée en 2003 Serbie-et-Monténégro). Elle devient indépendante en 2006, après le retrait du Monténégro. Le nord de la Serbie est occupé par les plaines du Danube et de la Save où se développent agriculture et élevage. Le sud du pays est une région plus montagneuse, exploitée notamment pour son bois. La population est en grande partie serbe, mais on trouve une population d'origine hongroise en Vojvodine, dans le nord du pays. En 2008, la Serbie a vu une de ses provinces autonomes, le Kosovo*, proclamer son indépendance.

Séville

Ville d'Espagne. ◗ 700 700 habitants (les *Sévillans*). Séville est la capitale de l'Andalousie*. Elle fut l'une des villes les plus belles et les plus prospères de l'Espagne occupée par les Arabes, autrefois appelés les Maures (VIIIe-XIIe siècle). De nombreux édifices témoignent encore de la civilisation musulmane, comme l'Alcazar, l'ancienne demeure royale, et la cathédrale, avec sa tour de style purement arabe. Célèbre pour ses monuments et pour ses fêtes, la ville vit principalement du tourisme. C'est à Séville qu'eut lieu l'Exposition universelle de 1992.

Seychelles (Afrique)

- Superficie : 410 km^2
- Habitants : 93 000 *(les Seychellois)*
- Capitale : *Victoria*
- Langues : *anglais, créole, français*
- Monnaie : *roupie des Seychelles*

◗ Cet archipel de 86 îles est situé dans l'océan Indien, au nord de Madagascar. La plus grande île est Mahé. Les Seychelles ont appartenu à la France, puis à l'Angleterre, et sont indépendantes depuis 1976. Les plages et le climat permettent d'y développer le tourisme.

Shakespeare William (1564-1616)

Poète et auteur de théâtre anglais. ◗ William Shakespeare a écrit de nombreuses pièces de théâtre aux styles variés : certaines traitent d'événements historiques *(Richard III, Henri VI)*, certaines sont des comédies *(la Mégère apprivoisée)*, d'autres sont des tragédies *(Hamlet, Macbeth)* ou des pièces romanesques *(la Tempête)*. La diversité des personnages, la variété des thèmes, la maîtrise du style et de la construction ont fait la célébrité de ces pièces, considérées comme des chefs-d'œuvre de la littérature. Elles ont inspiré de nombreux écrivains, musiciens et cinéastes.

● Œuvres principales : *la Mégère apprivoisée*, vers 1592 ; *Roméo et Juliette*, 1595-1596 ; *Hamlet*, vers 1600.

William **Shakespeare**

Shiva

Divinité hindoue. ◗ Avec Brahma* et Vishnou*, Shiva, qui est représenté avec quatre bras, est l'une des trois divinités fondamentales de l'hindouisme. Il est à la fois un dieu d'épouvante qui sème la tempête et la mort mais aussi un dieu secourable qui apporte la vie, le renouveau et qui assure la succession des vies et des mondes.

Shiva dansant

Sibérie

Région située dans l'est de la Russie. ◗ 12,5 millions de km^2. Environ 25 millions d'habitants. À cause de son climat très froid, la Sibérie est une région très peu peuplée. Son sol est surtout recouvert de conifères *(taïga)* et de steppe *(toundra)*. On y a découvert, congelés dans la glace depuis des millénaires, des ossements de mammouths. Le sol sibérien étant riche en charbon, le gouvernement soviétique, en quête de main-d'œuvre, organisa à plusieurs reprises de grandes vagues d'immigration, plus ou moins forcée, vers cette région, le long de la voie du chemin de fer appelé le Transsibérien. En Sibérie se trouvaient encore récemment de nombreux camps de prisonniers politiques.

Sicile

Grande île d'Italie. ◗ 25 700 km^2. Environ 5 millions d'habitants (les *Siciliens*). Capitale : Palerme. La Sicile est une île montagneuse de la Méditerranée. Elle possède un grand volcan toujours en activité : l'Etna*. Les coteaux de l'île sont recouverts d'oliviers, d'orangers et de vignobles. La Sicile fut colonisée dès l'Antiquité ; on peut y admirer de splendides vestiges grecs et romains. Du Moyen Âge au XIXe siècle, l'île subit diverses invasions, puis passa sous le pouvoir de différents royaumes d'Europe. Ce n'est qu'en 1860 qu'elle fut incorporée à l'Italie. Depuis la Seconde Guerre* mondiale, l'île souffre d'un grand retard économique et de la terreur semée par la Mafia, organisation criminelle clandestine.

Sierra Leone (Afrique)

- Superficie : 72 000 km^2
- Habitants : 6 092 000 *(les Sierra-Léonais)*
- Capitale : *Freetown*
- Langue : *anglais*
- Monnaie : *leone*

◗ Située à l'ouest de l'Afrique, la Sierra Leone est une ancienne colonie britannique devenue indépendante en 1961. Café, cacao, fer et diamants sont ses principales ressources.

Sinaï

Presqu'île d'Égypte. ◗ Située au sud d'Israël, la presqu'île du Sinaï est montagneuse et désertique. D'après la Bible*, les Hébreux y séjournèrent pendant quarante ans, après avoir quitté l'Égypte. Selon la Tradition, c'est sur la plus haute montagne du Sinaï que Dieu a remis les dix commandements de la Loi juive à Moïse*.

Singapour (Asie)

- Superficie : 618 km^2
- Habitants : 5 517 000 *(les Singapouriens)*
- Capitale : *Singapour*
- Langues : *anglais, chinois, malais, tamoul*
- Monnaie : *dollar de Singapour*

◗ Île de l'Asie du Sud-Est, peuplée en majorité de Chinois, Singapour est située à l'extrémité sud de la Malaisie* dont elle s'est séparée en 1965. C'est un des tout premiers ports du monde, un centre financier et industriel, et une base navale.

Sioux

Ensemble de tribus d'Indiens d'Amérique du Nord. ◗ Les Sioux vivaient de la chasse des bisons dont ils tiraient nourriture et vêtements. D'abord établis dans la région des Grands* Lacs, ils émigrèrent au XVIIe siècle vers les immenses plaines des États-Unis. Les Sioux luttèrent longtemps contre l'envahisseur blanc et ne furent soumis qu'à la fin du XIXe siècle. La plupart d'entre eux vivent aujourd'hui à la frontière des États-Unis et du Canada.

Slovaquie (Europe)

- Superficie : 49 000 km^2
- Habitants : 5 450 000 *(les Slovaques)*
- Capitale : *Bratislava*
- Langue : *slovaque*
- Monnaie : *euro*

◗ Après avoir fait partie de la Tchécoslovaquie avec la République tchèque*, la Slovaquie, pays de l'Europe centrale, est devenue indépendante en 1993. Le pays, montagneux, associe l'agriculture et l'élevage aux ressources minières (fer) et industrielles (sidérurgie, chimie). La Slovaquie a rejoint l'Union* européenne en 2004.

Slovénie (Europe)

- Superficie : 20 200 km^2
- Habitants : 2 072 000 *(les Slovènes)*
- Capitale : *Ljubljana*
- Langue : *slovène*
- Monnaie : *euro*

◗ Située entre l'Italie, l'Autriche, la Hongrie et la Croatie, la Slovénie, issue de l'éclatement de la Yougoslavie*, est devenue indépendante en 1991. Elle a rejoint l'Union* européenne en 2004.

Soleil → noms communs

Soliman le Magnifique (1494-1566)

Sultan ottoman. ◗ C'est sous son règne que l'Empire ottoman* atteignit son apogée. Soliman soumit l'ensemble du monde islamique à son autorité, fit la conquête de la Hongrie et tenta même de s'emparer de l'Autriche en attaquant Vienne*, mais sans succès.

Soliman le Magnifique à la chasse

Somalie (Afrique)

- Superficie : 638 000 km²
- Habitants : 10 496 000 *(les Somaliens)*
- Capitale : *Muqdisho*
- Langues : *somali, arabe*
- Monnaie : *shilling somalien*

◗ Située à l'est de l'Afrique, sur l'océan Indien, la République de Somalie est indépendante depuis 1960. L'économie de ce pays d'agriculture et d'élevage a été ruinée par la guerre civile.

Soudan (Afrique)

- Superficie : 1 844 797 km²
- Habitants : 37 964 000 *(les Soudanais)*
- Capitale : *Khartoum*
- Langue : *arabe*
- Monnaie : *livre soudanaise*

◗ Situé à l'est de l'Afrique, au sud de l'Égypte, le Soudan est indépendant depuis 1956. C'est le plus vaste pays du continent africain. Il compte plus de 500 ethnies composées de populations noires et blanches, de religions et de langues différentes. À la suite du référendum d'autodétermination organisé du 9 au 15 janvier 2011, le sud du pays s'est séparé du Soudan le 9 juillet 2011 pour devenir le Soudan du Sud.

Soudan du Sud (Afrique)

- Superficie : 644 329 km²
- Habitants : 11 296 000 *(les Sud-Soudanais)*
- Capitale : *Djouba*
- Langue : *anglais*
- Monnaie : *livre du Soudan du Sud*

◗ La République du Soudan du Sud est un pays d'Afrique né à la suite d'un référendum d'autodétermination organisé en 2011. Le Soudan du Sud a alors fait sécession, se séparant de la République du Soudan, qui l'a aussitôt reconnu. Le pays a sombré dans une guerre civile désastreuse depuis 2013.

Spartacus (mort en 71 avant J.-C.)

Chef d'une armée d'esclaves révoltés contre Rome. ◗ Échappé d'une école de gladiateurs en 73 avant J.-C., Spartacus combattit les légions romaines avec plusieurs dizaines de milliers d'esclaves qu'il avait appelés à se révolter. Après quelques victoires, il fut vaincu par le général romain Crassus, qui le fit crucifier avec six mille de ses partisans.

Sparte

Ancienne ville grecque. ◗ Cette ancienne cité grecque avait un système politique unique en son genre. Dès leur plus jeune âge, les citoyens de Sparte étaient élevés pour devenir soldats au service de leur cité. Ces soldats recevaient tous le même revenu et menaient une vie sobre et austère. Ils vivaient grâce au travail des es-

a b c d e f g h i j k l m n o p q r s t u v w x y z

claves appelés *ilotes*, sur lesquels ils avaient droit de vie et de mort. Grande puissance militaire de la Grèce antique, Sparte domina le monde grec à la fin du Ve siècle avant J.-C.

Sphinx

Monstre de la mythologie grecque. ▶ Ce monstre fabuleux avait un corps de lion, une tête et une poitrine de femme. Installé sur un rocher à l'entrée de Thèbes, en Grèce, il proposait des énigmes aux passants et dévorait ceux qui n'en trouvaient pas la solution. Un jour, il demanda à Œdipe* : « Quel animal a quatre pieds le matin, deux à midi et trois le soir ? — L'homme, répondit Œdipe. Enfant, il marche à quatre pattes ; adulte, sur ses deux jambes et, quand il est vieux, il s'appuie sur un bâton. » Furieux de la victoire d'Œdipe, le Sphinx se donna la mort en se jetant de son rocher.

le **Sphinx** (Memphis, Égypte)

Spoutnik

Nom des premiers satellites russes. ▶ Spoutnik 1, lancé en octobre 1957, emporta un simple émetteur radio. Spoutnik 2, lancé en novembre 1957, avait à son bord la chienne Laïka, qui fut le premier être vivant à séjourner en orbite. Un troisième et dernier lancement eut lieu en 1958.

Sri Lanka (Asie)

- Superficie : 66 000 km^2
- Habitants : 21 273 000 *(les Sri Lankais)*
- Capitales : *Colombo, Sri Jayawardenepura Kotte*
- Langues : *cinghalais, tamoul*
- Monnaie : *roupie du Sri Lanka*

▶ Île de l'Asie méridionale, au sud-est de l'Inde, le Sri Lanka, qui s'est appelé Ceylan jusqu'en 1972, est indépendant depuis 1948. Le thé et le riz sont les principales ressources du pays, dont l'économie a été déstabilisée par plusieurs années de guerre civile entre l'État et la minorité tamoule. Depuis la fin de ce conflit (2009), le pays a retrouvé la croissance, et le tourisme a fortement augmenté.

Staline Joseph (1879-1953)

Homme politique de l'U.R.S.S*. ▶ Après la mort de Lénine*, Staline s'empara du pouvoir et imposa à l'U.R.S.S. une dictature sanglante. Il fit déporter et massacrer ses ennemis politiques, et organisa un culte de la personnalité autour de sa personne. Allié de Hitler* jusqu'à ce que l'Allemagne envahisse l'U.R.S.S., il fit ensuite partie des vainqueurs de la Seconde Guerre* mondiale. Les pays d'Europe centrale que son armée avait libérés du nazisme furent contraints d'adopter le régime communiste. Staline est responsable de la mort de millions de personnes en U.R.S.S., massacrées ou victimes de famines.

Stevenson Robert Louis (1850-1894)

Écrivain britannique. ▶ Malgré une santé fragile, Stevenson décida de quitter son Écosse natale et de voyager, d'abord en Allemagne et en France, puis en Californie, où il vécut dans une grande pauvreté. Ses ouvrages connurent rapidement un grand succès, comme son roman d'aventures *l'Île au trésor* ou son roman fantastique *Docteur Jekyll et Mister Hyde*. Il finit ses jours dans les îles Samoa.

● Œuvres principales : *l'Île au trésor*, 1883 ; *Docteur Jekyll et Mister Hyde*, 1886.

Robert Louis **Stevenson** : couverture de *l'Île au trésor*

Stockholm

Capitale de la Suède*. ▶ 912 000 habitants (les *Stockholmois*) ; 1,5 million avec la banlieue. La ville, qui fut fondée au milieu du XIIIe siècle, s'étend sur des îles et des presqu'îles. C'est un port important, situé sur la mer Baltique*. Stockholm est le centre administratif, commercial et industriel de la Suède.

Strasbourg

Ville française. ◗ 280 100 habitants (les *Strasbourgeois*) ; 454 500 habitants avec la banlieue. Strasbourg est le chef-lieu de la Région Grand-Est* et du département du Bas-Rhin. Prise par les Allemands en 1870, elle revint à la France en 1918. Strasbourg est le siège du Parlement* européen.

Strauss Johann (1825-1899)

Compositeur autrichien. ◗ Son père, compositeur et violoniste très connu à Vienne, s'opposa à ce que Johann fasse, comme lui, une carrière de musicien : il lui fit apprendre le piano, mais il voulait qu'il travaille dans une banque. À seize ans, Johann créa son orchestre au café Dommayer, contre la volonté de son père. Il devint le directeur de la Musique de Vienne, puis celui des bals de la Cour. Fêté comme le « roi de la valse », il en écrivit plus de deux cents. Ami de Brahms*, il fut enterré à ses côtés, au cours de funérailles nationales.

• **Œuvres principales :** *le Beau Danube bleu*, 1867 ; *la Valse de l'Empereur*, 1889.

Johann **Strauss** :
monument Johann Strauss, à Vienne

Styx

Fleuve des Enfers, dans la mythologie grecque. ◗ Prenant sa source dans un lieu escarpé et isolé, le Styx, qui était le plus grand fleuve des Enfers, se perdait ensuite dans les entrailles de la terre. Ses eaux boueuses et glacées entouraient le royaume de Hadès*, envahi par les ténèbres. Elles étaient mortelles pour tout homme ou animal qui en buvait mais avaient la vertu de rendre invulnérable celui qui, comme Achille*, y avait été plongé. On confond souvent le Styx avec un autre fleuve des Enfers, l'Achéron.

Suède (Europe)

• Superficie : 450 000 km²
• Habitants : 9 571 000 *(les Suédois)*
• Capitale : *Stockholm*
• Langue : *suédois*
• Monnaie : *krona (couronne suédoise)*

◗ Pays central de la péninsule de Scandinavie*, sur la mer Baltique*, le royaume de Suède a une agriculture très productive, des industries modernes et une des sociétés les plus égalitaires du monde. La Suède a rejoint l'Union* européenne en 1995.

Suez - canal de Suez

Canal d'Égypte. ◗ Le canal de Suez s'étend sur 161 km, de Port-Saïd au nord à Suez au sud. Il relie la mer Rouge* à la mer Méditerranée. Le canal a été construit au milieu du XIXe siècle sous la direction du Français Ferdinand de Lesseps, contre la volonté des Anglais qui occupaient alors l'Égypte. À partir de 1950, tous les navires reliant l'Europe et l'Asie ont emprunté le canal. Il a ensuite été fermé entre 1967 et 1975 à cause des guerres entre Israël et les pays arabes. Devenu trop étroit pour les pétroliers de fort tonnage, il a été en 2015 élargi et doublé d'un second canal sur une partie de son parcours.

canal de **Suez** (nationalisation du canal par le président Nasser en 1956)

Suisse (Europe)

- Superficie : 41 293 km^2
- Habitants : 8 078 000 *(les Suisses)*
- Capitale : *Berne*
- Langues : *allemand, français, italien, romanche*
- Monnaie : *franc suisse*

◗ Située au centre de l'Europe, entre la France, l'Allemagne et l'Italie, la Suisse est un pays très peuplé, dont l'actuelle richesse, liée à sa neutralité politique, provient des activités bancaires, industrielles et touristiques.

Sully Maximilien **de Béthune, duc de Sully** (1559-1641)

Homme d'État français. ◗ Aux côtés d'Henri IV*, le duc de Sully administra le royaume dont il assainit les finances. Il contribua également au développement de l'agriculture et du commerce.

le duc **de Sully**

Sumatra

Île d'Indonésie*. ◗ Superficie : 473 600 km^2 ; plus de 47,7 millions d'habitants (les *Sumatrais*). Villes principales : Medan et Palembang. On y pratique la culture du riz, des épices, du café et de l'hévéa.

Sumériens

Ancien peuple de Mésopotamie*. ◗ Ce peuple doit son nom à la région de Sumer, située dans le sud de la Mésopotamie. Vers 3500 avant J.-C., les Sumériens inventèrent l'écriture, d'abord sous forme de pictogrammes (petits symboles dessinés), puis avec des caractères cunéiformes (c'est-à-dire en forme de petits clous). Ils ont laissé d'importants vestiges archéologiques. →

Surcouf Robert (1773-1827)

Marin français. ◗ Corsaire, Robert Surcouf livra, dans l'océan Indien, une guerre redoutable contre le commerce anglais, de 1795 à 1802. Échappant à tous les navires de guerre, il parvint à rallier Saint-Malo avec une cargaison de très grand prix, puis il devint un riche armateur.

Suriname (Amérique)

- Superficie : 163 265 km^2
- Habitants : 539 000 *(les Surinamiens)*
- Capitale : *Paramaribo*
- Langue : *néerlandais*
- Monnaie : *dollar du Suriname*

◗ Pays du nord de l'Amérique du Sud, le Suriname, ancienne Guyane hollandaise, est devenu indépendant en 1975. Son économie est gravement affectée par l'arrêt de la production de bauxite et d'aluminium.

Swaziland (Afrique)

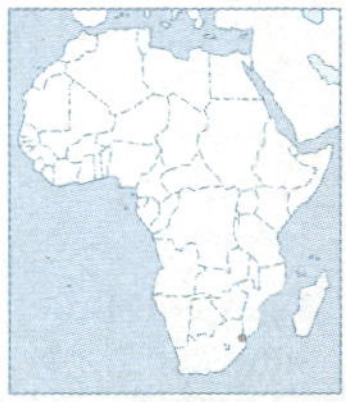

- Superficie : 17 363 km^2
- Habitants : 1 250 000 *(les Swazis)*
- Capitale : *Mbabane*
- Langues : *swati, anglais*
- Monnaie : *lilangeni*

◗ Situé au sud de l'Afrique, entre le Mozambique et l'Afrique du Sud, le royaume du Swaziland, qui a des ressources agricoles et minières, est très dépendant de l'Afrique du Sud.

art **sumérien :** tête en pierre (IIIe siècle avant J.-C.)

Sydney

Ville d'Australie. ◗ 4,4 millions d'habitants. Située au bord de l'océan Pacifique, dans un site montagneux, la ville est très étendue. Sydney est un port exportateur important et un grand centre industriel et commercial. La ville possède un Opéra à l'architecture remarquable (toit en forme de voiles).

Sydney : l'Opéra

Syrie (Asie)

- Superficie : 185 000 km²
- Habitants : 21 898 000 *(les Syriens)*
- Capitale : *Damas*
- Langue : *arabe*
- Monnaie : *livre syrienne*

◗ Pays du Proche-Orient, situé sur la rive est de la mer Méditerranée, la Syrie connaît depuis 2011 une guerre civile qui a fait fuir des millions de personnes et ruiné l'économie. Avec Israël et le Liban, la partie côtière de la Syrie correspond aux territoires des États latins du Levant, créés par les chevaliers francs lors des croisades. Des châteaux et des forteresses comme le Krak des Chevaliers témoignent de cette période.

Syrie : le Krak des Chevaliers

T

Tadjikistan (Asie)

- Superficie : 143 000 km²
- Habitants : 8 208 000 *(les Tadjiks)*
- Capitale : *Douchanbe*
- Langue : *tadjik*
- Monnaie : *somoni*

◗ Situé en Asie centrale, entre la Chine et l'Afghanistan, le Tadjikistan est une ancienne république d'U.R.S.S.* peuplée en majorité de musulmans. Il est devenu indépendant en 1991. Ce pays montagneux au climat rude (hivers rigoureux et étés arides) vit de l'agriculture et de l'élevage.

Tahiti

Île de la Polynésie française. ◗ 1 042 km², 183 600 habitants (les *Tahitiens*). L'île, située dans l'océan Pacifique, est entourée d'un récif de corail et constituée de deux volcans éteints unis l'un à l'autre. Les Tahitiens, dont une grande partie habitent Papeete, la ville principale, vivent surtout de la pêche et du tourisme.

Taïwan (Asie)

- Superficie : 36 000 km²
- Habitants : 23 200 000 *(les Taïwanais)*
- Capitale : *Taipei*
- Langue : *chinois*
- Monnaie : *dollar de Taïwan*

◗ Île de l'Asie orientale, au sud-est de la Chine, Taïwan, qui s'appelait autrefois « Formose » (la « Belle Île »), a été restituée par le Japon à la Chine en 1945. Peuplée de Chinois ayant fui la Chine après la révolution de 1949, elle refuse son intégration et est administrée par son propre gouvernement. Une production industrielle variée assure la croissance économique de Taïwan, qui est, avec Singapour*, Hongkong* et la Corée* du Sud, l'un des « Quatre Dragons » de l'Asie du Sud-Est, comme l'on surnomme ces pays en fort développement économique depuis quelques dizaines d'années.

Talmud

Recueil de textes sacrés du judaïsme. ◗ Ces textes fondamentaux du judaïsme furent rédigés en hébreu aux IIIe et IVe siècles. Ils contiennent des commentaires (à l'origine, transmis oralement) sur la manière d'interpréter la Torah*. Le Talmud précise les règles de vie des communautés juives.

● *Talmud* est un mot hébreu signifiant « étude ».

Tanganyika - lac Tanganyika

Lac d'Afrique. ◗ C'est le deuxième lac d'Afrique par sa superficie (31 900 km²). Il marque la frontière entre le Burundi, la République démocratique du Congo, la Zambie et la Tanzanie.

→ Vois aussi Rift Valley.

Tanzanie (Afrique)

- Superficie : 940 000 km²
- Habitants : 49 253 000 *(les Tanzaniens)*
- Capitales : *Dar es Salam, Dodoma (cap. désignée)*
- Langues : *swahili, anglais*
- Monnaie : *shilling tanzanien*

◗ Située à l'est de l'Afrique, sur l'océan Indien, la Tanzanie est indépendante depuis 1961. Le pays possède le plus haut sommet d'Afrique, le Kilimandjaro* (point culminant : 5 895 m). Il vit principalement de l'élevage et de la culture du café, du thé et du coton. Il possède quelques ressources minières, qui ne sont pas toujours exploitées (diamants, or, étain, phosphates).

Tanzanie : gardien de troupeau masai

Tazieff Haroun (1914-1998)

Géologue français. ◗ En tant que volcanologue, il a conduit des travaux de recherche sur les éruptions volcaniques et les tremblements de terre. On lui doit également de nombreux ouvrages et des films documentaires sur ces phénomènes. De 1984 à 1986, il fut secrétaire d'État à la Prévention des risques naturels ou technologiques majeurs.

Tchad (Afrique)

- Superficie : 1 284 000 km²
- Habitants : 12 825 000 *(les Tchadiens)*
- Capitale : *Ndjamena*
- Langues : *français, arabe*
- Monnaie : *franc C.F.A.*

◗ Situé en Afrique centrale, le Tchad, ancienne colonie française, est une république indépendante depuis 1960. Le pays, en partie désertique, sans transports intérieurs, a été ruiné par la guerre civile. Près de la moitié de la population est installée à l'ouest du fleuve Chari, principale région de cultures vivrières et d'exportation. La découverte de pétrole, au sud (Doba), constitue un réel espoir de développement.

Tchaïkovski Piotr Ilitch (1840-1893)

Compositeur et chef d'orchestre russe. ◗ Entré au Conservatoire de Moscou* comme professeur en 1866, Tchaïkovski y enseigna l'harmonie pendant dix ans. Il put ensuite se consacrer à la composition grâce à l'aide financière d'une richissime admiratrice, Nadejda von Meck. Il composa surtout des ballets, des symphonies et des pièces pour piano. Il s'illustra également par ses opéras.

● Œuvres principales : *le Lac des cygnes*, 1876 ; *Eugène Onéguine*, 1879 ; *la Dame de Pique*, 1890 ; *Casse-Noisette*, 1892 ; *Symphonie n° 6, « la Pathétique »*, 1893.

tchèque (République) (Europe)

- Superficie : 79 000 km²
- Habitants : 10 702 000 *(les Tchèques)*
- Capitale : *Prague*
- Langue : *tchèque*
- Monnaie : *koruna (couronne tchèque)*

◗ Pays d'Europe centrale, la République tchèque est issue du partage de la

Tchécoslovaquie en 1993. Urbanisé depuis longtemps, le pays possède une activité commerciale et industrielle ancienne, développée dès le XIXe siècle. Prague* est un lieu important de la culture européenne. La République tchèque a rejoint l'Union* européenne en 2004.

Terre → noms communs

Thaïlande (Asie)

- Superficie : 514 000 km^2
- Habitants : 67 011 000 *(les Thaïlandais)*
- Capitale : *Bangkok*
- Langue : *thaï*
- Monnaie : *baht*

◗ Situé en Asie du Sud-Est, entre la Birmanie, le Laos et le Cambodge, le royaume de Thaïlande vit en partie de l'agriculture (riz) et de la pêche. Le nord et l'ouest du pays, montagneux, fournissent, entre autres, du bois de teck, et le sud (péninsule de Malacca) dispose de plantations d'hévéas. Tragiquement atteint par le tsunami (raz de marée d'origine sismique) de décembre 2004, le tourisme demeure une ressource très importante.

Thésée

Personnage de la mythologie grecque. ◗ Héros légendaire, Thésée devint roi d'Athènes à la mort de son père, Égée. Il délivra la ville d'Athènes du joug de Minos, roi de Crète, en tuant le Minotaure*. Mais, en revenant de cette expédition, il oublia la promesse faite à son père de hisser les voiles blanches pour annoncer de loin sa victoire. Convaincu de la mort de son fils et désespéré, Égée se précipita du haut de la falaise dans la mer qui porte désormais son nom.

Thor (nom allemand : Donar)

Nom que donnaient les Scandinaves du temps des Vikings au principal dieu des Germains. ◗ Armé d'un immense marteau, Thor était le dieu de l'Orage et de la Pluie. Son char, traîné par deux boucs, provoquait le fracas du tonnerre.

Tibet

Région autonome de l'ouest de la Chine. ◗ Superficie : 1 221 000 km^2 ; 3 002 000 habitants (les *Tibétains*). Ville principale : Lhassa. Situé au nord de l'Himalaya, très isolé et sous-peuplé, le Tibet connaît de nombreux conflits avec la Chine, qui a occupé le pays en 1950 et en a fait une « région autonome ». Le dalaï-lama*, souverain du Tibet et chef spirituel bouddhiste, vit en exil depuis 1959.

Timor oriental ou Timor-Leste (Asie)

- Superficie : 30 000 km^2
- Habitants : 1 133 000 *(les Est-Timorais)*
- Capitale : *Dili*
- Langues : *tetun (ou tetum), portugais*
- Monnaie : *dollar des États-Unis*

◗ Occupée en 1975-1976 par l'Indonésie, la partie portugaise de l'île de Timor est devenue indépendante en 2002 après plus d'un quart de siècle de guérillas, durement réprimées. Ses principales ressources sont le pétrole et le gaz.

Titans

Divinités de la mythologie grecque. ◗ On désigne ainsi les six fils d'Ouranos et de Gaia. Ils furent les maîtres de l'Univers. Cronos* était le plus jeune d'entre eux : il dévora tous ses enfants sauf Zeus*, que sa mère avait remplacé par une pierre emmaillotée dans un lange. Devenu adulte, Zeus se révolta contre son père, l'obligeant à restituer ses frères et sœurs. Ensemble, les enfants de Cronos combattirent les Titans. Vainqueurs, ils devinrent les dieux de l'Olympe* et se partagèrent l'Univers : Zeus devint le roi du ciel, Poséidon* le maître des océans et Hadès* celui des Enfers.

Titicaca - lac Titicaca

Lac d'Amérique du Sud. ◗ Situé dans les Andes*, entre le Pérou et la Bolivie, le lac Titicaca est le plus grand lac d'Amérique du Sud (8 340 km^2). C'est le lac navigable le plus élevé du monde (3 812 m d'altitude).

le lac **Titicaca** : les « îles flottantes » des Indiens uros

Togo (Afrique)

- Superficie : 56 600 km²
- Habitants : 6 817 000 *(les Togolais)*
- Capitale : *Lomé*
- Langue : *français*
- Monnaie : *franc C.F.A.*

▶ Pays situé à l'ouest de l'Afrique, sur le golfe de Guinée, le Togo est indépendant depuis 1960. La population est encore largement rurale. Le pays a pour principales ressources l'agriculture vivrière (manioc, maïs, igname) et commerciale (coton), les phosphates et l'industrie cosmétique.

Tokyo

Capitale du Japon. ▶ 8,9 millions d'habitants (les *Tokyotes* ou les *Tokyoïtes*) ; 38,2 millions dans l'agglomération. Tokyo est une très grande place économique, commerciale et industrielle. Son port, avec son spectaculaire marché aux poissons, est l'un des plus importants du Japon. La ville a été détruite à deux reprises : lors d'un violent tremblement de terre en 1923, puis par un bombardement américain à la fin de la Seconde Guerre* mondiale, en 1945.

Tokyo

Tonga (Océanie)

- Superficie : 700 km²
- Habitants : 105 000 *(les Tongiens)*
- Capitale : *Nuku'alofa*
- Langues : *anglais, tongien*
- Monnaie : *pa'anga*

▶ Situé à l'est de l'Australie, l'archipel des îles Tonga est composé d'environ 170 îles et îlots volcaniques, très menacés par les cyclones. L'agriculture (noix de coco, vanille, bananes, fruits exotiques) et le tourisme sont ses principales ressources, et sa population s'accroît rapidement. Il est indépendant depuis 1970.

Torah

Recueil de textes sacrés du judaïsme. ▶ La Torah est le nom donné aux cinq premiers livres de la Bible* qui contiennent l'essentiel des lois du judaïsme. Elle indique comment mettre en pratique la volonté de Dieu. → Vois aussi Talmud.

Touareg

Peuple nomade du Sahara. ▶ Les Touareg sont souvent surnommés « les hommes bleus du désert » à cause du voile indigo qui leur cache en partie le visage. Refoulée au centre du Sahara à partir du XVIe siècle, cette population nomade, qui parle une langue berbère, a longtemps vécu de l'élevage et du transport de marchandises sur des dromadaires. Les bouleversements du monde moderne ont obligé les Touareg à changer de mode de vie. → Vois aussi Berbères, Kabyles.

Toulouse

Ville française. ▶ 474 200 habitants (les *Toulousains*) ; 906 500 habitants avec la banlieue. Toulouse est le chef-lieu de la Région Occitanie* et du département de la Haute-Garonne. C'est un centre commercial et industriel (constructions aéronautiques, chimie), desservi par un grand aéroport. Au XIIIe siècle, Toulouse fut au cœur des combats de la croisade des albigeois, organisée contre le mouvement religieux des cathares*. Surnommée « la Ville rose », Toulouse est riche en monuments d'art.

Tournier Michel (1924-2016)

Écrivain français. ▶ Michel Tournier est l'auteur de nombreux romans. Le plus célèbre d'entre eux est *Vendredi ou les Limbes du Pacifique* (1967), qui reprend l'histoire de Robinson Crusoé en donnant davantage d'importance à son compagnon, Vendredi. L'auteur a réécrit ce roman pour le mettre à la portée des enfants, sous le titre *Vendredi ou la Vie sauvage*.

Toussaint Louverture (1743-1803)

Homme politique haïtien. ▶ Esclave dans la colonie française de l'île d'Haïti, Toussaint Louverture dirigea une révolte des Noirs avant de passer au service de l'Espagne. Il se rallia ensuite à la Révolution* française quand elle proclama l'abolition de l'esclavage, en 1794. En 1801, il instaura une république noire. Combattu par les troupes françaises de Bonaparte*, il fut vaincu et emprisonné en France où il mourut.

Toussaint Louverture

Toutankhamon (XIVe siècle avant J.-C.)
Pharaon d'Égypte. ◗ Il fut le successeur d'Aménophis IV*. Il s'appelait en fait Toutankhaton, en hommage à Aton, dieu du Soleil, mais fut obligé par les prêtres de rétablir le culte de l'ancien dieu Amon* et de changer son nom en Toutankhamon. Il mourut à dix-huit ans et ne devint célèbre que trente-trois siècles plus tard, en 1922, quand des archéologues découvrirent dans la Vallée* des Rois sa tombe, remplie de trésors.

Toutankhamon : masque funéraire

Toutatis ou **Teutatès**
Dieu des Celtes. ◗ Pour les Romains, Toutatis était le plus grand dieu des Gaulois, et ils l'assimilaient à Mars. Mais *teuta* signifiait « tribu » en celte. Il est donc possible que le mot *Toutatis* ait désigné tout dieu protecteur de la tribu.

Trafalgar
Bataille navale du premier Empire. ◗ Le 21 octobre 1805, au large du cap de Trafalgar, en Espagne, de nombreux navires français furent détruits par la marine anglaise. Napoléon Ier* était alors victorieux dans toute l'Europe, mais Trafalgar le priva de sa puissance navale, ce qui joua un rôle important dans sa défaite finale. Le vainqueur, l'amiral britannique Nelson, fut tué pendant la bataille.

Trinité-et-Tobago (Amérique)
- Superficie : 5 128 km^2
- Habitants : 1 341 000 *(les Trinidadiens)*
- Capitale : *Port of Spain*
- Langue : *anglais*
- Monnaie : *dollar de Trinité-et-Tobago*

◗ Cette république, située dans l'archipel des Petites Antilles*, à proximité du Venezuela, est constituée de deux îles : la Trinité, qui rassemble la plus grande partie de la population, et Tobago. La vie économique du pays est dominée par l'extraction du pétrole et du gaz naturel. Le tourisme complète ces activités. Les deux îles, réunies en 1889, sont indépendantes depuis 1962.

Troie
Ancienne ville de l'Asie Mineure. ◗ Selon les légendes de l'Antiquité grecque, elle fut le théâtre d'une guerre qui opposa les Grecs aux Troyens. Cette guerre a été racontée par le poète Homère dans *l'Iliade*. Jusqu'en 1871, on pensait que Troie n'avait jamais existé. Mais des fouilles archéologiques permirent alors de retrouver les traces de neuf villes superposées dont l'une pourrait être la cité légendaire.
● **Le cheval de Troie.** L'épisode du cheval de Troie est l'un des plus fameux de la guerre de Troie, racontée dans *l'Iliade*. Pour mettre fin au siège de la ville troyenne, Ulysse* persuada les Grecs de construire un gigantesque cheval de

a b c d e f g h i j k l m n o p q r s t u v w x y z

bois et de cacher des guerriers dans ses flancs. Les Troyens l'introduisirent dans la ville ; la nuit venue, les Grecs sortirent du cheval pour ouvrir les portes de la ville au reste de leur armée.

Trump Donald (né en 1946)

Homme politique américain. ◗ Républicain, homme d'affaires, il est élu président des États-Unis, face à la démocrate Hillary Clinton, en 2016. Il entre en fonctions en janvier 2017.

Tsiganes ou **Tziganes**

Ensemble de peuples vivant surtout en Europe. ◗ Ils comprennent trois groupes : les Rom, vivant en Europe centrale et de l'Ouest ; les Manouches, vivant en Italie et en France ; les Gitans, vivant surtout en Espagne et au Portugal. On pense que les Tsiganes viennent du nord de l'Inde. Ils ont émigré, puis se sont installés en Moldavie et en Hongrie, d'où ils sont partis au XVe siècle. La langue tsigane, qui n'est pas une langue écrite, comporte une grande majorité de mots sanscrits. Les Tsiganes ont été persécutés par les nazis pendant la Seconde Guerre* mondiale.

une famille de **Tsiganes**

Tunis

Capitale de la Tunisie. ◗ 1 million d'habitants (les *Tunisois*) avec la banlieue. Située au bord de la Méditerranée, Tunis est un centre administratif, commercial et industriel. Louis IX*, qui s'y rendit en 1270 lors de la huitième croisade, y mourut.

Tunisie (Afrique)

- Superficie : 164 000 km^2
- Habitants : 10 997 000 *(les Tunisiens)*
- Capitale : *Tunis*
- Langue : *arabe*
- Monnaie : *dinar tunisien*

◗ Pays de l'Afrique du Nord, sur la mer Méditerranée, la Tunisie a été sous la protection et la dépendance de la France avant de devenir une république indépendante en 1956. Le sud du pays étant désertique, la population se concentre au nord. L'agriculture (oliviers) et l'élevage sont complétés par les ressources du sous-sol (phosphates, pétrole) et par le tourisme. En Tunisie se trouvent les vestiges de l'antique cité de Carthage*, fondée par les Phéniciens* au IXe siècle avant J.-C.

Turkménistan (Asie)

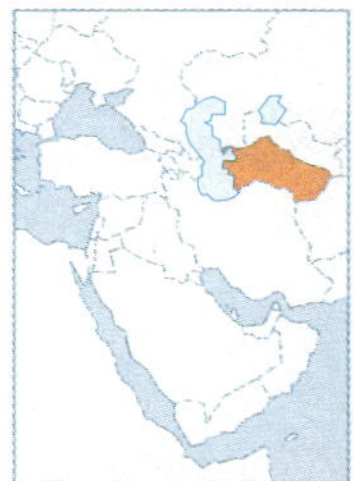

- Superficie : 488 000 km^2
- Habitants : 5 240 000 *(les Turkmènes)*
- Capitale : *Achgabat*
- Langue : *turkmène*
- Monnaie : *manat*

◗ Situé en Asie centrale, sur la mer Caspienne*, le Turkménistan est une ancienne république de l'U.R.S.S.*. Peuplé de musulmans, il est indépendant depuis 1991. En grande partie désertique, le pays pratique l'agriculture irriguée (coton) et l'élevage, et produit du pétrole et du gaz naturel.

Turquie (Asie)

- Superficie : 780 000 km^2
- Habitants : 74 933 000 *(les Turcs)*
- Capitale : *Ankara*
- Langue : *turc*
- Monnaie : *livre turque*

◗ État de l'ouest de l'Asie, englobant l'extrémité est de la péninsule des Balkans* (la Turquie d'Europe), la Turquie est un pays montagneux (point culminant : 5 135 m, au mont Ararat). L'économie turque s'est métamorphosée depuis les années 1960 avec le développement de l'industrie et des services (tourisme). La population se concentre dans l'ouest du pays, notamment à Istanbul*. Les négociations d'adhésion de la Turquie à l'Union* européenne ont été ouvertes en 2005.

Tuvalu (Océanie)

- Superficie : 24 km²
- Habitants : 10 000 *(les Tuvaluans ou les Tuvalais)*
- Capitale : *Funafuti*
- Langues : *anglais, tuvaluan*
- Monnaie : *dollar australien*

◗ Situé au nord des îles Fidji, ce petit archipel de Polynésie*, composé de 9 atolls coralliens, est très vulnérable, comme les autres petits pays d'Océanie. Ses ressources essentielles sont le coprah (extrait de la noix de coco), la pêche et l'édition de timbres. Il est indépendant depuis 1978.

Tziganes → Tsiganes

U

Ukraine (Europe)

- Superficie : 604 000 km²
- Habitants : 45 239 000 *(les Ukrainiens)*
- Capitale : *Kiev*
- Langue : *ukrainien*
- Monnaie : *hrivna*

◗ Située en Europe orientale, sur la mer Noire, l'Ukraine a été le berceau de la civilisation russe. Ancienne république de l'U.R.S.S.*, elle est devenue indépendante en 1991. C'est un pays agricole (blé) et industriel (charbon et acier). En Ukraine, à Tchernobyl, a eu lieu en 1986 l'explosion accidentelle d'un réacteur nucléaire, qui a provoqué une importante pollution radioactive.

Ulysse

Héros grec légendaire. ◗ Roi d'Ithaque, Ulysse est l'un des personnages des poèmes d'Homère*. Dans *l'Iliade*, il apparaît comme un guerrier habile et rusé : il est l'auteur du stratagème du cheval de Troie. Il est aussi le héros de *l'Odyssée* auquel arrivent toutes sortes d'aventures. De retour à Ithaque, il emploie la ruse pour se débarrasser des prétendants qui, pour prendre le pouvoir, courtisaient sa femme, Pénélope.

→ Vois aussi Troie. →

Unesco

Organisation de l'O.N.U.* pour l'éducation, la science et la culture. ◗ Créée en 1946, l'Unesco a son siège à Paris. Elle se charge, entre autres, de programmes d'alphabétisation et de formation dans les pays en développement. Elle finance aussi des travaux visant à entretenir et protéger des sites ou des monuments ayant une grande valeur historique ou artistique dans le monde.

● Unesco est le sigle de l'anglais *United Nations Educational, Scientific and Cultural Organization.*

Unicef

Organisme humanitaire de l'O.N.U.*. ◗ L'Unicef a son siège à New York. Cet organisme international a pour mission de venir en aide aux enfants dans les pays en développement. Il cherche à faire reculer le taux de mortalité infantile grâce à des campagnes de vaccination. Il apporte aussi une aide en matière d'alimentation et d'enseignement. L'Unicef voudrait donner à tout enfant la possibilité de jouir des droits fondamentaux, énoncés dans la Déclaration des droits* de l'enfant de 1959.

● Unicef est le sigle de l'anglais *United Nations International Children's Emergency Fund.*

Union européenne (U.E.)

Union économique et politique. ◗ Elle fut instituée par le traité de Maastricht de 1992 (entré en vigueur le 1er octobre 1993). Elle est l'aboutissement du processus de construction européenne engagé après la Seconde Guerre mondiale. La première étape fut la création de la C.E.C.A. (Communauté européenne du charbon et de l'acier) en 1951. Puis, le traité de Rome* créa la Communauté économique européenne (C.E.E.) en 1957, tandis qu'un second traité, signé le même jour, donnait naissance à l'Eu-

Ulysse attaché au mât pour résister aux sirènes

a b c d e f g h i j k l m n o p q r s t u v w x y z

ratom (Communauté européenne de l'énergie atomique). Les axes majeurs de l'Europe communautaire sont l'établissement d'une union économique et monétaire (aboutissant, en 1999, à l'adoption d'une monnaie commune, l'euro*) et la mise en place des bases d'une union politique.
L'U.E. compte aujourd'hui 28 États membres : Allemagne, Belgique, France, Italie, Luxembourg, Pays-Bas (1958), Grande-Bretagne, Danemark, Irlande (1973), Grèce (1981), Espagne, Portugal (1986), Autriche, Finlande, Suède (1995), Estonie, Lettonie, Lituanie, Hongrie, Pologne, République tchèque, Slovaquie, Slovénie, ainsi que Chypre et Malte (2004), Bulgarie et Roumanie (2007), Croatie (2013). En juin 2016, les Britanniques votent, par référendum, pour la sortie de leur pays de l'Union européenne.
Les principales institutions de l'U.E. sont le Parlement* européen, le Conseil de l'Union européenne, le Conseil européen, la Commission européenne, la Cour de justice de l'Union européenne et la Banque centrale européenne.
L'Union européenne a son drapeau et son hymne (*l'Hymne à la joie*, final de la *9e Symphonie* de Beethoven). Le 9 mai est le jour de la fête de l'Europe.

Uranus

Planète du Système solaire. ▶ Située entre Saturne et Neptune, Uranus a un diamètre de 51 100 km. Découverte au XVIIIe siècle, elle est mieux connue depuis son survol par une sonde spatiale américaine en 1986. Comme Jupiter, elle est entourée d'une épaisse atmosphère, composée essentiellement d'hydrogène, mais, à la différence de celle-ci, Uranus semble être constituée en profondeur de couches plus solides. Autour d'Uranus gravitent 27 satellites et une série d'anneaux de matière sombre.

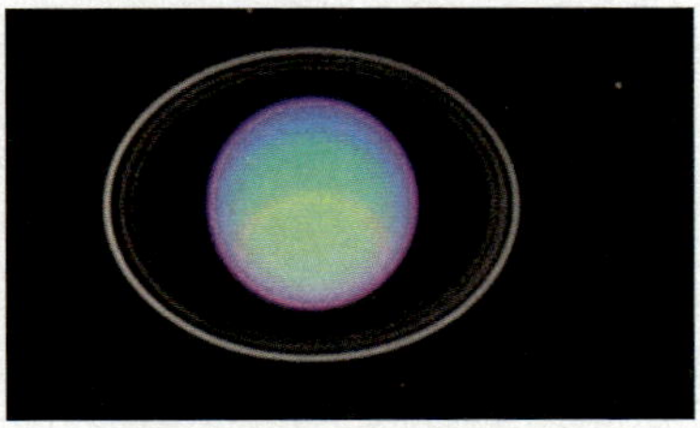

Uranus (photomontage)

U.R.S.S.

Ancien État d'Europe et d'Asie. ▶ L'U.R.S.S., ou Union des républiques socialistes soviétiques, est née en 1922 de la révolution russe (1917). Constituée de quinze républiques (parmi lesquelles la Russie*), elle occupait près de la moitié de l'Asie. L'U.R.S.S. était soumise à un régime autoritaire qui était fondé sur le culte de la personnalité (Staline*) et ne respectait pas les libertés fondamentales. Après une ultime tentative de libéralisation du régime dans les années 1980, l'U.R.S.S. cessa d'exister en 1991.

Uruguay (Amérique)

- Superficie : 177 500 km^2
- Habitants : 3 407 000 *(les Uruguayens)*
- Capitale : *Montevideo*
- Langue : *espagnol*
- Monnaie : *peso uruguayen*

▶ Pays d'Amérique du Sud, l'Uruguay se situe entre le Brésil, l'Argentine et l'océan Atlantique. La moitié de la population est regroupée à Montevideo. La république d'Uruguay est un grand exportateur de viande bovine, de soja et de blé.

V

Valais - canton du Valais

Canton de Suisse. ▶ Situé dans la haute vallée du Rhône, le canton du Valais couvre 5 226 km^2 et compte 312 700 habitants (les *Valaisans*), en grande majorité francophones. Son chef-lieu est Sion. Il fut créé en 1815.

Vallée des Rois

Site archéologique d'Égypte. ▶ Ce vallon situé en Égypte, sur la rive ouest du Nil, en face de Louqsor, est le lieu de sépulture de nombreux souverains (pharaons) de la période du Nouvel Empire (entre le XVe et le Xe siècle avant J.-C.), parmi lesquels Toutankhamon*.

Valois

Dynastie des rois de France qui régnèrent de 1328 à 1589. ▶ Louis XI* et François Ier* appartiennent à cette dynastie.

Van Gogh Vincent (1853-1890)

Peintre néerlandais. ▶ Ce peintre et dessinateur très célèbre passa les dernières années de sa vie en France, à Paris et en Provence. Il fut influencé par les peintres impressionnistes (Monet*, Cézanne*, etc.), mais se distingua par un style très original. Pour exprimer la force de ses sentiments, il utilisait des couleurs très vives et déformait violemment les choses qu'il représentait. Il peignit de nombreux paysages et des autoportraits. Inconnu de son vivant, misérable et solitaire, il fit plusieurs séjours en clinique psychiatrique et finit par se suicider. Il a profondément influencé l'art moderne.

• Œuvres principales : *Quatorze Tournesols dans un vase*, 1888 ; *la Nuit étoilée*, 1889 ; *le Champ de blé aux corbeaux*, 1890 ; *l'Église d'Auvers-sur-Oise*, 1890.

Vincent **Van Gogh :**
Autoportrait à l'oreille bandée (1889)

Vanuatu (Océanie)

- Superficie : 12 200 km^2
- Habitants : 253 000 *(les Vanuatuans ou les Vanouatais)*
- Capitale : *Port-Vila*
- Langues : *anglais, bichlamar, français*
- Monnaie : *vatu*

◗ Cet archipel d'Océanie, au nord-est de la Nouvelle-Calédonie, a été découvert en 1606 par les Portugais. Vanuatu, tardivement colonisé, s'appelait les Nouvelles-Hébrides jusqu'à son indépendance, en 1980. La pêche et les plantations de cocotiers sont ses principales ressources.

Varsovie

Capitale de la Pologne. ◗ 1,7 million d'habitants (les *Varsoviens*). Historiquement, la ville a appartenu tantôt à la Prusse (XVIIIe siècle), tantôt à la Russie (XIXe siècle), et sa population s'est plusieurs fois révoltée contre les envahisseurs. Occupée par les Allemands dès le début de la Seconde Guerre* mondiale, elle a subi d'énormes destructions lors de l'anéantissement de son ghetto en 1943 (extermination des Juifs) et de l'écrasement de l'insurrection de 1944. Sa reconstruction a été entreprise dès la fin de la guerre et son centre historique a été reconstitué avec minutie.

Vasco de Gama → Gama

Vatican

État souverain dirigé par le pape. ◗ Le Vatican se trouve à l'intérieur de la ville de Rome en Italie. D'une superficie de 0,4 km^2, c'est le plus petit État du monde. Il se compose, pour l'essentiel, de la place et de la basilique Saint-Pierre*, de jardins et du palais du Vatican, qui abrite notamment la chapelle Sixtine*. Le Vatican dispose aussi d'un journal, d'une station de radio et d'un centre de télévision.

Vauban Sébastien (1633-1707)

Maréchal de France. ◗ Il participa à de nombreux sièges, mais il est surtout célèbre pour les constructions qu'il fit réaliser : fortifications, canaux, aqueducs... Il fortifia de nombreuses villes pour protéger les frontières de la France. Certaines fortifications subsistent, à Besançon, Briançon et Mont-Dauphin, notamment.

Sébastien **Vauban :**
plan des fortifications de Neuf-Brisach

Vaud - canton de Vaud

Canton de Suisse. ◗ Créé en 1803, c'est le plus vaste et le plus ancien des quatre cantons suisses francophones. Situé sur la rive nord du lac Léman, il couvre 3 219 km^2 et compte 713 281 habitants (les *Vaudois*). Son chef-lieu est Lausanne*.

Venezuela
(Amérique)

- Superficie : 912 050 km^2
- Habitants : 30 405 000 *(les Vénézuéliens)*
- Capitale : *Caracas*
- Langue : *espagnol*
- Monnaie : *bolivar*

◗ La république du Venezuela se situe en Amérique du Sud, au nord-ouest du Brésil, sur la mer des Antilles. La population se concentre sur la côte. L'économie du pays, très instable (hyperinflation), repose en grande partie sur l'exploitation du pétrole, dont le pays détient les premières réserves dans le monde, devant l'Arabie saoudite.

Venise
Ville du nord-est de l'Italie. ◗ 263 900 habitants (les *Vénitiens*). Venise, construite au milieu d'une lagune, sur une centaine d'îlots, est située au bord de la mer Adriatique. La ville fut très puissante du XIIIe au XVe siècle et établit des places commerciales sur tout le pourtour de la mer Méditerranée. Elle attira de grands peintres et de grands architectes. La beauté de ses monuments et de ses canaux fait de Venise l'une des villes les plus visitées du monde. Son carnaval est aussi très réputé.

Venise

1. Vénus
Déesse romaine de l'Amour et de la Fécondité. ◗ Les Romains consacraient à Vénus le mois d'avril, époque où se manifeste le renouveau de la nature. Elle correspond à la déesse grecque Aphrodite*.

2. Vénus
Planète du Système solaire. ◗ Située entre Mercure et la Terre, Vénus a un diamètre de 12 102 km. Appelée aussi *étoile du Berger*, Vénus a été survolée depuis 1962 par diverses sondes spatiales. Dissimulé par une atmosphère nuageuse composée surtout de gaz carbonique, le relief de Vénus présente une succession de plaines, de montagnes et de volcans. À sa surface, la température avoisine les 500 °C.

Vercingétorix (vers 72-46 avant J.-C.)
Chef gaulois. ◗ Alors que César* utilisait les rivalités entre les tribus gauloises pour s'emparer peu à peu de toute la Gaule*, Vercingétorix réussit à unir une grande partie d'entre elles contre l'envahisseur romain. Vainqueur dans la ville de Gergovie en 52 avant J.-C., il fut peu après battu à Alésia*. Fait prisonnier, il mourut étranglé à Rome, dans sa prison.

Vercingétorix (monnaie)

Verdun
Ville de Lorraine. ◗ Cette ville du département de la Meuse et sa région ont connu plusieurs événements historiques.

- Le traité de Verdun. En 843, les petits-fils de Charlemagne* y signèrent un traité partageant l'Empire carolingien en trois parties : la France à l'ouest du Rhône, la Germanie à l'est du Rhin et la Lotharingie entre le Rhône et le Rhin.
- La bataille de Verdun. En 1916, pendant la Première Guerre* mondiale, l'armée allemande et l'armée française s'affrontèrent à Verdun : la bataille, qui devait être courte, dura presque un an.

Elle s'acheva à l'avantage de la France, mais 700 000 hommes y trouvèrent la mort.

Verdun : colonne de fantassins (avril 1916)

Verhaeren Émile (1855-1916)

Poète belge d'expression française. ◗ Verhaeren célèbre notamment la poésie de la foule et des cités industrielles (*les Villes tentaculaires*, 1895) ainsi que les paysages de son pays natal (*Toute la Flandre*, 1911).

Verlaine Paul (1844-1896)

Poète français. ◗ Surnommé le « prince des poètes », Verlaine, pour qui la poésie était « de la musique avant toute chose », a laissé une œuvre délicate et sensible, dans laquelle les sentiments se mêlent aux impressions et aux sensations. Sa rencontre avec Rimbaud* bouleversa sa vie. Au cours d'une dispute, il le blessa de deux balles de revolver, ce qui lui valut deux ans de prison. Il finit sa vie dans la déchéance. Pendant la Seconde Guerre* mondiale, les Alliés utilisèrent les vers d'un de ses poèmes pour annoncer aux résistants le débarquement en Normandie : « Les sanglots longs/Des violons/De l'automne/Blessent mon cœur/D'une langueur/Monotone. »

• Œuvres principales : *Poèmes saturniens*, 1866 ; *Fêtes galantes*, 1869 ; *Romances sans paroles*, 1874.

Verne Jules (1828-1905)

Écrivain français. ◗ Jules Verne a été l'un des premiers à écrire des romans de science-fiction. En avance sur son temps, il a raconté l'exploration des espaces aériens (*De la Terre à la Lune*, 1865), celle des abîmes terrestres (*Voyage au centre de la Terre*, 1864) ou océaniques (*Vingt Mille Lieues sous les mers*, 1870). Ses héros vivent des aventures fantastiques à bord de machines parfois encore inconnues : sous-marin, fusée interplanétaire, hélicoptère, etc. Son œuvre considérable a été traduite et publiée dans plus de quatre-vingts pays.

• Œuvres principales : *Cinq Semaines en ballon*, 1863 ; *le Tour du monde en quatre-vingts jours*, 1873 ; *l'Île mystérieuse*, 1874.

Jules **Verne** : couverture de *Vingt Mille Lieues sous les mers* (édition Hetzel)

Versailles - château de Versailles

Château commandé par Louis XIV. ◗ Louis XIV, qui préférait gouverner loin de Paris, fit transformer en un immense palais le pavillon de chasse qui appartenait à son père, Louis XIII, et s'y installa avec toute sa cour. Le château, entouré de magnifiques jardins dessinés par Le Nôtre*, compte la célèbre galerie des Glaces.

Vespucci Amerigo (1454-1512)

Navigateur italien. ◗ Ce navigateur participa à deux expéditions d'exploration du continent américain entre 1499 et 1502. Un moine géographe (le Lorrain Martin Waldseemüller) attribua au navigateur la découverte du Nouveau Monde, auquel il donna un nom (Amérique) dérivé de son prénom.

Vésuve

Volcan du sud-ouest de l'Italie. ◗ Situé près de Naples, il a une hauteur de 1 277 m. Il a connu une éruption très violente en 79 après J.-C. et a détruit les villes romaines d'Herculanum et de Pompéi*, dont on peut visiter les ruines. Le Vésuve est toujours en activité ; sa dernière éruption date de 1944.

Victor Paul-Émile (1907-1995)

Explorateur français. ◗ Paul-Émile Victor a réalisé de nombreuses expéditions dans l'Arctique* et dans l'Antarctique*, et a créé, en 1947, les Expéditions polaires françaises, qu'il a dirigées jusqu'en 1976.

Victoria (1819-1901)

Reine de Grande-Bretagne et d'Irlande (1837-1901). ◗ Elle contribua à faire de son pays une grande puissance économique et coloniale. Elle fut impératrice des Indes de 1876 à 1901.

Victoria - lac Victoria

Grand lac de l'est de l'Afrique. ◗ Le lac Victoria est le plus grand lac d'Afrique (68 100 km^2). Le Nil y prend sa source. Il marque la frontière entre l'Ouganda, le Kenya et la Tanzanie.

● On ne doit pas le confondre avec les chutes Victoria, situées aussi en Afrique, sur le fleuve Zambèze.

Vienne

Capitale de l'Autriche. ◗ 1,7 million d'habitants (les *Viennois*). Vienne se développa sous le Saint Empire germanique puis l'Empire austro-hongrois avec la dynastie des Habsbourg. Elle fut assiégée à deux reprises par les Turcs (en 1529 et 1683). Aux XVIIIe et au XIXe siècle, Vienne devint un grand centre culturel, dédié à la musique et au théâtre. L'impératrice viennoise la plus célèbre fut sans doute Élisabeth de Wittelsbach (1837-1898), que l'on surnomma Sissi.

Viêt Nam (Asie)

- Superficie : 335 000 km^2
- Habitants : 91 680 000 *(les Vietnamiens)*
- Capitale : *Hanoï*
- Langue : *vietnamien*
- Monnaie : *dông*

◗ État de l'Asie du Sud-Est, le Viêt Nam est situé sur la mer de Chine. Il a été sous domination française à partir du XIXe siècle et déclara son indépendance en 1945. La guerre d'Indochine l'opposa à la France de 1946 à 1954. Après le départ des Français et les accords de Genève, deux pays sont créés : le Viêt Nam du Nord et le Viêt Nam du Sud, qui s'affrontent entre 1954 et 1975. Le pays se réunifie en 1976. Les productions agricoles (riz, café, thé, caoutchouc) sont complétées par un début d'industrialisation et le développement récent du tourisme.

Vikings

Guerriers et navigateurs de Scandinavie. ◗ Du VIIIe au XIe siècle, les Vikings s'attaquèrent à l'Irlande, à l'Angleterre, à la Russie, mais surtout à l'ancien empire de Charlemagne*. Ils remontaient les fleuves sur leurs embarcations (les drakkars) et pillaient tout sur leur passage. Ils détruisirent ainsi en partie l'œuvre civilisatrice de Charlemagne avant de se convertir au christianisme. Ces commerçants aventuriers découvrirent l'Islande, le Groenland et atteignirent peut-être la côte du Labrador, en Amérique du Nord. → Vois aussi Normands.

Vikings : assaut des Vikings en Angleterre

Vinci Léonard de → Léonard de Vinci

Vishnou

Divinité hindoue. ◗ Avec Brahma* et Shiva*, Vishnou est l'une des trois divinités fondamentales de l'hindouisme. Il est le dieu qui protège et conserve le monde. Il le fait du haut de son paradis ou en s'incarnant sur terre sous des formes innombrables appelées *avatars*. On le représente le plus souvent avec quatre bras. → Vois aussi Krishna.

Vivaldi Antonio (1678-1741)

Compositeur et violoniste italien. ◗ Vivaldi fut ordonné prêtre à 25 ans (d'où son surnom de « Prêtre roux »), mais il n'exerça pas ses fonctions. Il devint maître de violon dans une institution de Venise abritant des orphelines. C'est pour ces dernières qu'il écrivit une partie de ses œuvres. Ce violoniste virtuose a composé des musiques nombreuses et variées, mais il est

surtout célèbre pour ses sonates et ses concertos, dans lesquels les violons jouent un grand rôle.
• Œuvres principales : *Gloria*, vers 1713 ; *les Quatre Saisons*, vers 1725.

Volga

Fleuve de Russie. ◗ Avec ses 3 688 km, la Volga est le plus long fleuve d'Europe. Le trafic fluvial de ce fleuve représente plus de la moitié du trafic fluvial russe. La Volga est reliée par des canaux à la mer Noire* et à la mer Baltique*. Le canal Volga-mer Baltique est une grande voie navigable (2 500 km).

Voltaire (1694-1778)

Écrivain et philosophe français. ◗ De son vrai nom François Marie Arouet, Voltaire combattit dans ses œuvres l'injustice, l'intolérance, le fanatisme religieux et les préjugés. Les révolutionnaires de 1789 se sont inspirés de ses idées. Son opposition au pouvoir royal absolu lui valut d'être emprisonné à la Bastille puis exilé en Angleterre. Ce grand esprit collabora à l'*Encyclopédie* et écrivit de nombreux ouvrages critiques, des contes philosophiques et des pièces de théâtre. → Vois aussi le siècle des Lumières* (partie « Noms communs »).
• Œuvres principales : *Zadig* (1747) ; *Candide* (1759).

Vosges

Massif montagneux de l'est de la France. ◗ Ce massif est situé aux confins de l'Alsace* et de la Lorraine* (le point culminant est le Grand Ballon ou ballon de Guebwiller, situé à 1 424 m). La population est concentrée dans les vallées, vivant surtout de l'exploitation forestière (scieries, papeteries) et du tourisme. Les Vosges sont aussi un département.

Vulcain → Héphaïstos

W

Wagner Richard (1813-1883)

Compositeur et chef d'orchestre allemand. ◗ Richard Wagner est un compositeur marquant du XIXe siècle. Poursuivi pour ses idées révolutionnaires, il dut se réfugier en Suisse. Le roi Louis II de Bavière lui offrit son aide et paya ses dettes. Wagner put établir un théâtre à Bayreuth, où son opéra *l'Anneau du Nibelung* fut créé en 1876. Le Festival de Bayreuth, qui a lieu chaque année, est entièrement consacré à l'exécution de ses œuvres.
• Œuvres principales : *Tannhaüser*, 1845 ; *Lohengrin*, 1850 ; *Tristan et Isolde*, 1865.

Wallis-et-Futuna

Archipel français de l'océan Pacifique. ◗ Située au nord-est des îles Fidji, cette collectivité d'outre-mer est formée des îles Wallis, Futuna et Alofi. L'archipel fut découvert en 1767 par le Britannique Samuel Wallis et passa sous protectorat français en 1887.

Wallonie

Région francophone de Belgique. ◗ Superficie : 16 847 km^2 ; 3,6 millions d'habitants (les *Wallons*). Ville principale : Liège. Située dans la moitié sud de la Belgique, la Wallonie doit son nom à l'un des dialectes français qu'on y parle : le wallon. Les Wallons représentent environ un tiers de la population belge. → Vois aussi Flandre.

Washington

Capitale des États-Unis. ◗ 601 700 habitants (les *Washingtoniens*), 4,9 millions avec la banlieue. Washington a été construite au XIXe siècle. Elle porte le nom d'un grand homme politique américain du XVIIIe siècle, George Washington*. C'est à Washington que se trouve la Maison-Blanche, résidence du président des États-Unis depuis 1800.

• Il ne faut pas confondre la ville de Washington et l'État de Washington, situé dans le nord-ouest des États-Unis. La ville, elle, appartient au district fédéral de Columbia.

Washington George (1732-1799)

Homme politique américain. ◗ George Washington dirigea les armées de la guerre de l'Indépendance américaine et vainquit les Anglais. Les

George Washington

Américains, qui le considéraient comme un héros, lui proposèrent de devenir leur premier président. Il exerça deux mandats consécutifs (1789, 1792). Pour l'honorer, on a donné son nom à la capitale et à un État du pays.

Waterloo - bataille de Waterloo

Bataille du premier Empire*. ◗ Cette bataille est l'une des plus célèbres de l'histoire. C'est près de Waterloo, en Belgique, le 18 juin 1815, que Napoléon Ier* fut définitivement vaincu par la Prusse et l'Angleterre. Ce jour-là, les armées françaises semblaient dominer, mais l'arrivée d'une armée ennemie supplémentaire renversa le cours des choses. Napoléon, qui venait de reprendre le pouvoir après son retour de l'île d'Elbe, dut abdiquer et fut exilé dans l'île de Sainte-Hélène, où il mourut en 1821.

la bataille de **Waterloo**, le 18 juin 1815

Wisigoths

Ancien peuple germanique. ◗ Les Wisigoths furent les premiers à envahir l'Empire romain, en 376. Ils traversèrent la Grèce et l'Italie avant de s'installer en Gaule*. Clovis* les en chassa : ils fondèrent alors un royaume en Espagne et se convertirent au christianisme. Au VIIIe siècle, la conquête arabe mit fin à leur pouvoir, et l'Espagne devint musulmane. → Vois aussi Goths, Invasions barbares.

WWF

Organisme international écologique. ◗ Cet organisme international fut créé en 1961. Ses fondateurs choisirent comme emblème un panda (en référence à l'animal qui venait de naître au jardin zoologique de Londres). Le WWF collecte des capitaux et finance des projets de sauvegarde des espèces et de protection de l'environnement. L'organisation est présente dans plus de 90 pays. Son siège se trouve en Suisse.

● WWF est l'abréviation de l'anglais *World Wild-life Fund.*

Y

Yahvé ou **Jéhovah**

Traduction française du nom de Dieu en hébreu. ◗ C'est le nom du Dieu de la Bible*. Ce nom a été révélé à Moïse* sur le mont Sinaï et il signifie « Celui qui est ». Dans le texte hébreu de la Bible, il est écrit avec une combinaison de lettres imprononçable (à peu près *YHWH*) parce que, pour les juifs, il est interdit de nommer Dieu.

Yamoussoukro

Capitale de la Côte d'Ivoire. ◗ 207 412 habitants (les *Yamoussoukrois*). C'est en 1983 que Yamoussoukro devint la capitale du pays à la place d'Abidjan*.

Yangzi Jiang ou **Yang-tseu-kiang**

Fleuve de Chine. ◗ On l'appelait autrefois le *fleuve Bleu*. C'est le plus long fleuve de Chine (5 980 km). Il prend sa source dans les hauts plateaux du Tibet et traverse tout le sud de la Chine. Son débit moyen de 30 000 m^3/s en fait l'un des plus puissants fleuves du monde. Il déborde souvent au moment de la mousson. À son embouchure se situe Shanghai, la ville la plus peuplée de Chine.

Yémen (Asie)

- Superficie : 485 000 km^2
- Habitants : 24 407 000 *(les Yéménites)*
- Capitale : *Sanaa*
- Langue : *arabe*
- Monnaie : *rial yéménite*

◗ Pays du sud-ouest de la péninsule d'Arabie*, le Yémen est en grande partie désertique. La population se concentre à l'ouest du pays, sur les hauteurs plus humides dominant la mer Rouge. C'est un pays pauvre qui vit surtout de l'agriculture et de l'élevage. Sa seule richesse est le pétrole, mais les réserves ne sont pas suffisantes. Malgré l'unification du Yémen en 1990, les tensions entre le nord et le sud du pays persistent et le pays connaît une nouvelle guerre civile depuis 2014.

a b c d e f g h i j k l m n o p q r s t u v w x y z

Yougoslavie

Ancien État de l'Europe méridionale. ◗ À la suite de la Première Guerre* mondiale, sur les ruines de l'Empire austro-hongrois, est fondé un royaume composé de Serbes, de Slovènes et de Croates. Alexandre Ier Karadjordjević en est le roi. Le nouvel État prend bientôt le nom de royaume de Yougoslavie (qui signifie « pays des Slaves du Sud »). Après la Seconde Guerre* mondiale, Josip Broz, dit Tito (1892-1980), qui a mené la résistance aux envahisseurs allemands, proclame la République populaire fédérative de Yougoslavie, qui réunit six républiques : la Croatie, la Slovénie, la Bosnie-Herzégovine, la Serbie, la Macédoine et le Monténégro. Avec la mort de Tito, l'unité entre les républiques se défait et, à partir de 1991, ces dernières proclament tour à tour leur indépendance. En 2007, les deux dernières républiques encore associées, la Serbie et le Monténégro, se séparent.

Z

Zambie (Afrique)

- Superficie : 746 000 km²
- Habitants : 14 539 000 *(les Zambiens)*
- Capitale : *Lusaka*
- Langue : *anglais*
- Monnaie : *kwacha*

◗ Pays de l'Afrique australe, la Zambie (ancienne Rhodésie du Nord) est une république indépendante depuis 1964. Les mines (cuivre, cobalt, or, argent) fournissent la plus grande partie des ressources de ce pays tropical dont la majorité de la population se consacre à l'agriculture et vit dans une grande pauvreté.

Zeus (nom romain : Jupiter)

Dieu suprême des Grecs. ◗ Zeus gouvernait les phénomènes atmosphériques (la pluie, les nuages, le tonnerre et la foudre), qu'il lançait avec ses mains. Il vivait dans son palais de l'Olympe*, au milieu des autres dieux. Il était célèbre pour ses aventures amoureuses avec des femmes mortelles.
→ Vois aussi Titans.

Zimbabwe (Afrique)

- Superficie : 390 000 km²
- Habitants : 14 150 000 *(les Zimbabwéens)*
- Capitale : *Harare*
- Langue : *anglais*
- Monnaie : *dollar des États-Unis*

◗ Pays de l'Afrique australe, le Zimbabwe (ancienne Rhodésie du Sud) est une république indépendante depuis 1965. Le pays a des ressources agricoles (tabac, sucre, coton) et minières (diamants, or, nickel, cuivre, charbon). Son économie, l'une des plus développées d'Afrique dans les années 1990, est devenue très vulnérable à la suite de l'expropriation des fermiers blancs et de l'instabilité politique et sociale.

Zola Émile (1840-1902)

Écrivain français. ◗ D'abord journaliste, Zola fut surtout un grand romancier du XIXe siècle : il publia, de 1871 à 1893, un ensemble de vingt romans, *les Rougon-Macquart*, qui dépeignent la société du second Empire*. Il est considéré comme le chef de file des romanciers naturalistes : il menait des enquêtes minutieuses pour décrire avec exactitude la vie du petit peuple des villes (*l'Assommoir*, 1877), des mineurs (*Germinal*, 1885) ou des paysans (*la Terre*, 1887).
● Œuvres principales : *le Ventre de Paris*, 1873 ; *Nana*, 1880 ; *Au Bonheur des dames*, 1883.

Émile Zola

Zoulous

Peuple d'Afrique du Sud. ◗ Les Zoulous appartiennent au groupe des Bantous*. Ils sont organisés en société guerrière depuis le XVIe siècle. Ils s'opposèrent violemment aux colons européens au XIXe siècle, puis furent regroupés dans d'immenses réserves.

Zurich

Ville de Suisse. ◗ Avec 384 800 habitants (les *Zurichois*), Zurich est la ville la plus grande et la plus peuplée du pays. C'est le plus important centre industriel, financier et culturel du pays.

Atlas

Des gauchos dans la Pampa, Argentine

La mosquée Bleue à Istanbul, Turquie

L'île de Fidji

Le Fuji-Yama au Japon

Le Grand Canyon aux États-Unis

La Cité interdite à Pékin, Chine

Le Grand Canal à Venise, Italie

Le Sphinx en Égypte

Le monde : le milieu naturel

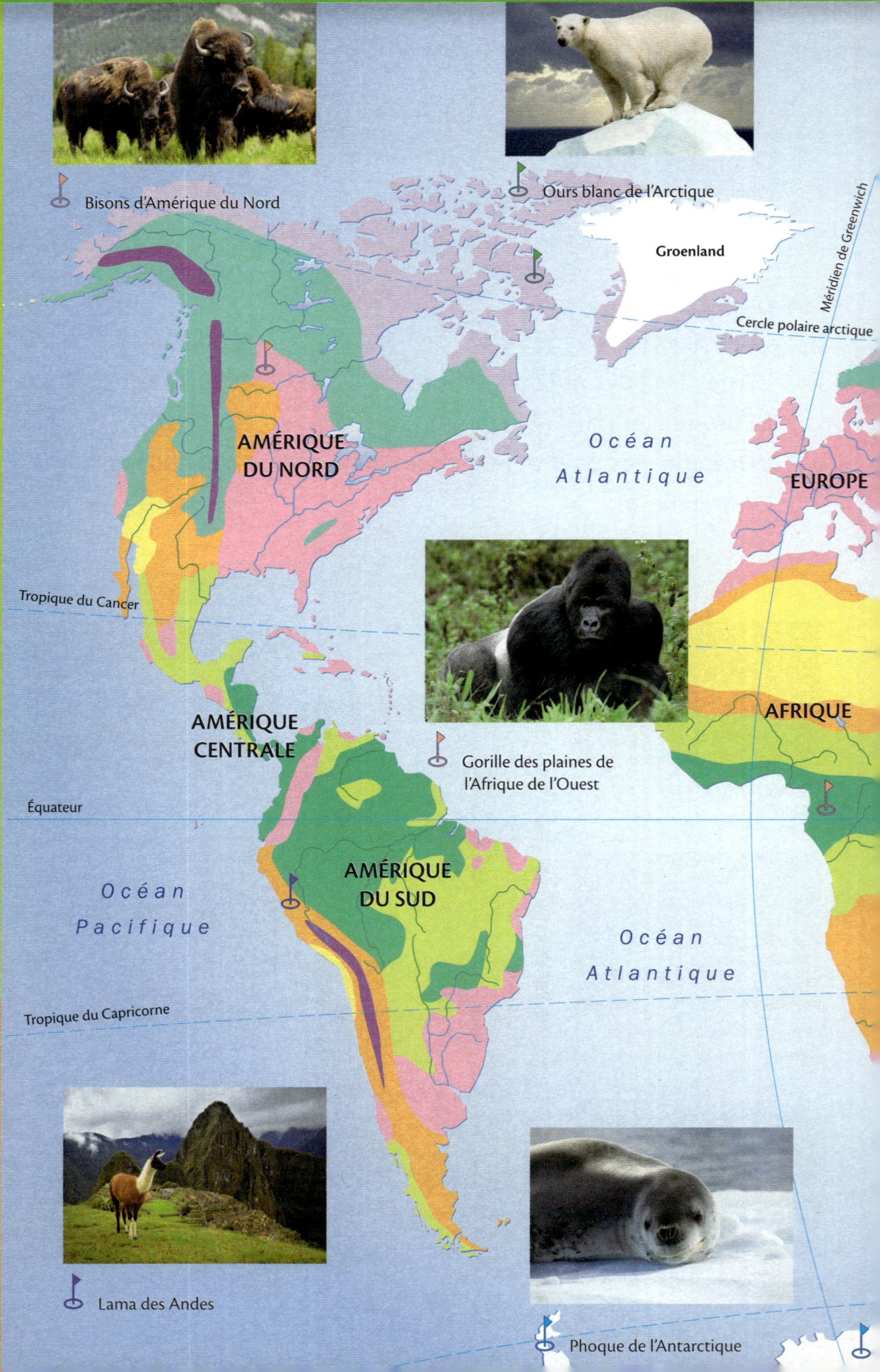

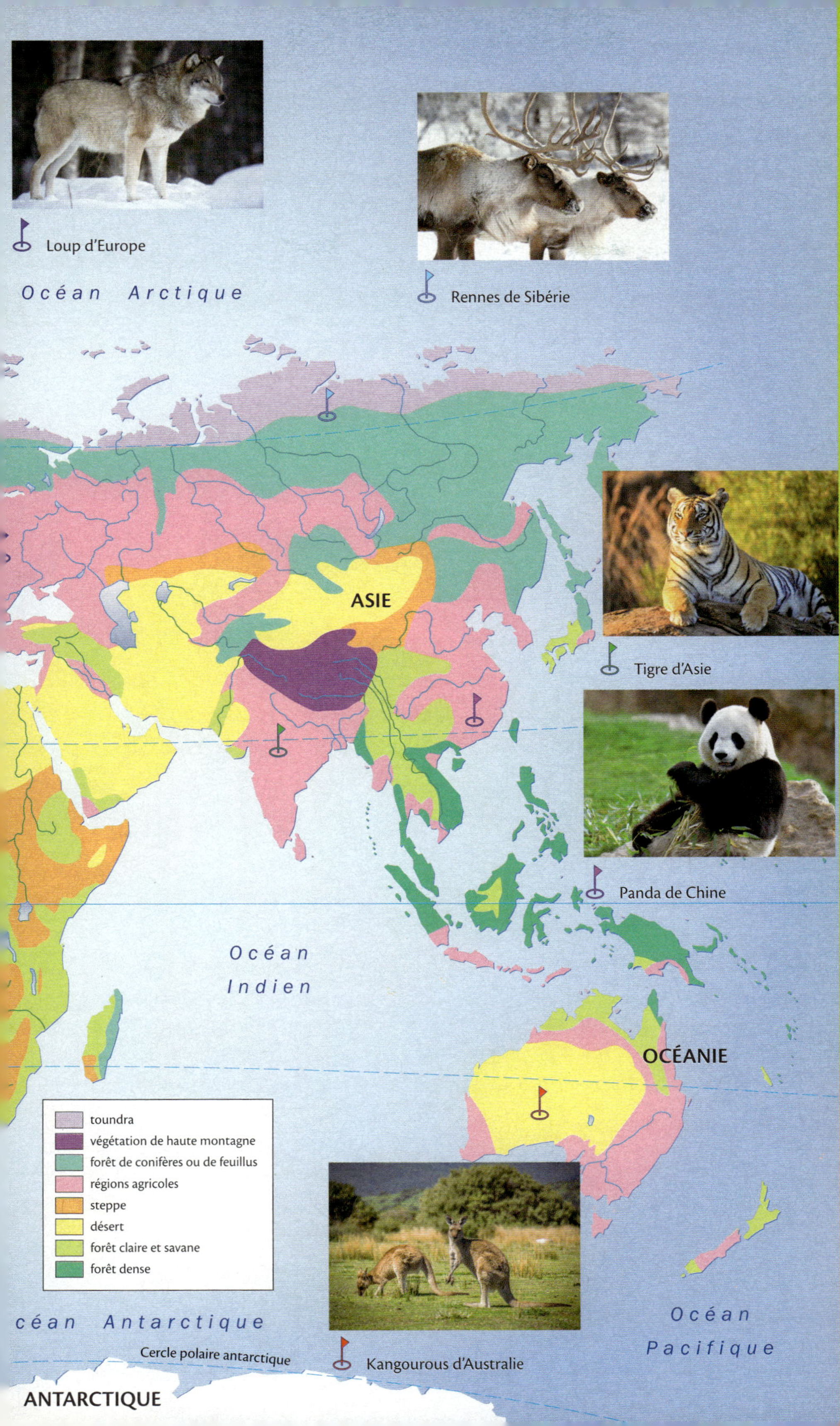
Loup d'Europe
Océan Arctique
Rennes de Sibérie
ASIE
Tigre d'Asie
Panda de Chine
Océan Indien
OCÉANIE
toundra
végétation de haute montagne
forêt de conifères ou de feuillus
régions agricoles
steppe
désert
forêt claire et savane
forêt dense
céan Antarctique
Cercle polaire antarctique
Kangourous d'Australie
Océan Pacifique
ANTARCTIQUE

L'Afrique : les pays

L'Afrique compte plus d'1,3 milliard d'habitants et occupe une superficie de 30 millions de km^2. Elle regroupe un grand nombre de pays (54 au total), qui résultent pour la plupart des principales étapes de la colonisation. Beaucoup d'entre eux sont enclavés ; ce qui veut dire qu'ils n'ont pas d'accès direct à la mer et dépendent donc des pays qui les entourent pour acheminer leurs marchandises, ce qui constitue un frein à leur développement économique.

Ksar ou village fortifié des oasis du Sahara marocain et algérien ; ce type de village est généralement entouré de murailles.

Le Caire est la capitale de l'Égypte et la plus grande métropole d'Afrique avec 19,1 millions d'habitants.

Marché traditionnel au **Mali**.

Habitations traditionnelles des Dorzé, en **Éthiopie**, dont la charpente en bambou est recouverte de feuilles séchées.

L'**Algérie** est le plus grand pays d'Afrique avec une superficie de près de 2,4 millions de km^2 et le plus petit est la **Gambie** avec seulement 11 300 km^2.

Le **Nigeria** est le pays le plus peuplé avec 190,9 millions d'habitants.

La population de l'**Afrique** augmente très rapidement et pourrait doubler d'ici à 2050.

Vue du **Cap**, deuxième capitale de l'Afrique du Sud, qui regroupe plus de 3,7 millions d'habitants.

L'Afrique : la végétation

C'est le continent le plus chaud de la planète. De part et d'autre de l'équateur s'étend la zone tropicale humide, couverte par la forêt dense. Il y pleut davantage en un mois qu'en un an à Paris. Quand on s'éloigne de l'équateur, la forêt laisse place à la savane, où poussent de hautes herbes et où les arbres sont rares. Les déserts occupent aussi de vastes espaces : le Sahara, au nord, est le plus grand désert du monde.

Dans le **Sahara**, il ne pleut presque jamais et la différence de température entre le jour et la nuit est très grande. Des éleveurs nomades parcourent ce désert, mais seules quelques oasis sont habitées.

Le **Nil** est le plus long fleuve d'Afrique (6 700 km) et le deuxième plus long fleuve au monde après l'Amazone (7 000 km).

Les **chutes Victoria**, hautes de 108 mètres, sont situées sur le fleuve Zambèze, à la frontière entre la Zambie et le Zimbabwe.

Situé en Tanzanie, le **Kilimandjaro** est un massif volcanique qui domine la savane.

Le point culminant de l'Afrique est le **Kilimandjaro**, en Tanzanie, qui atteint 5 895 m.

À **Djibouti**, la température peut dépasser 45 °C en été.

Parmi les grands lacs d'Afrique figure le **lac Victoria**, qui est plus étendu que la Belgique et les Pays-Bas réunis.

La **forêt dense**, toujours verte, couvre la partie de l'Afrique la plus arrosée, à proximité de l'équateur.

L'Amérique du Nord et centrale : les pays

L'Amérique du Nord comprend les États-Unis, le Canada, le Mexique et le Groenland (qui est une dépendance du Danemark). Elle couvre plus de 23 millions de km² et compte plus de 491 millions d'habitants. L'Amérique centrale et les Antilles comptent plus de 91 millions d'habitants (dont 43 millions d'habitants pour les Antilles) et regroupent 20 pays, tous très petits à l'échelle américaine, mais dont le plus grand, le Nicaragua, a une superficie (130 000 km²) comparable à celle de la Grèce.

Atlas

Située sur le Saint-Laurent, **Montréal** est la deuxième ville francophone du monde.

Habitations traditionnelles au nord du **Canada**.

Le pont de Brooklyn et les gratte-ciel font partie des symboles de **New York**.

Vestige d'un temple maya au sud du **Mexique**.

Vue de **La Havane** avec, au premier plan, les maisons du Malecón, le célèbre front de mer.

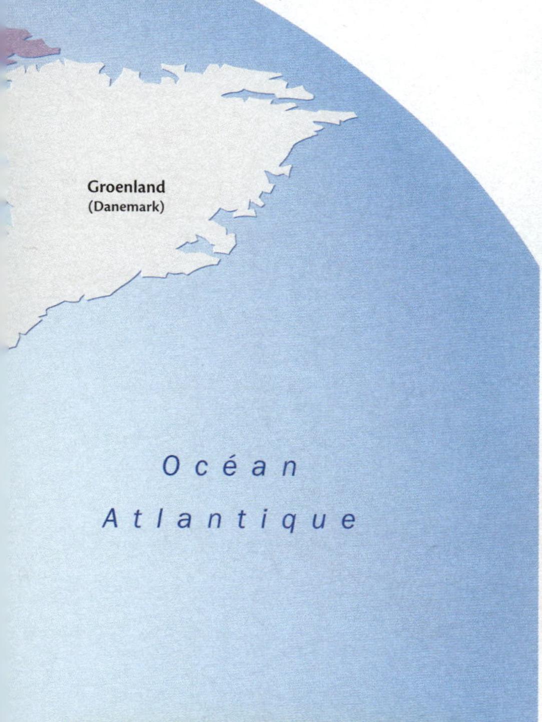

Le **Canada** est le 2e plus grand pays du monde derrière la Russie avec une superficie de près de 10 millions de km² !

Les **États-Unis** sont le 3e pays le plus peuplé, loin derrière la Chine et l'Inde, avec 325 millions d'habitants.

Le **Groenland**, grand comme quatre fois la France, compte moins de 60 000 habitants.

L'Amérique du Nord et centrale : la végétation

À proximité du pôle, les îles canadiennes et le Groenland sont recouverts par la toundra ou par une couche de glace. À l'ouest s'élèvent les montagnes Rocheuses ; au centre s'étendent de vastes plaines fertiles traversées par le Mississippi et le Missouri et, plus au nord, d'immenses forêts et résineux. L'Amérique centrale, étroite bande de terre, relie l'Amérique du Nord et l'Amérique du Sud. Située dans la zone intertropicale, la forêt est majoritaire.

Les **montagnes Rocheuses**, surtout au Canada, sont parsemées de multiples lacs entourés de forêts de conifères. Ces lacs résultent de la fonte des glaciers.

Les **vastes plaines** fertiles du Minnesota représentées par un champ de colza. Les États-Unis sont l'une des premières puissances agricoles du monde.

Monument Valley, sur le plateau du Colorado, dans la réserve des Navajo, est l'un des sites les plus connus des États-Unis.

Une partie du **Mexique**, aride, est recouverte d'une variété de cactus gigantesques.

Le point culminant de l'Amérique du Nord est le **Denali** (ex-mont McKinley), en Alaska, avec 6 194 m.

La température peut atteindre 57 °C dans la **Vallée de la Mort**, près de Las Vegas, et – 50 °C dans certaines îles du nord du Canada.

Le nord du **Mexique** est aride, semi-désertique, tandis que le Sud a un climat tropical humide.

L'**Amérique centrale** est souvent affectée par les séismes, les éruptions volcaniques et les cyclones.

L'**Arenal** est un volcan de forme conique situé au Costa Rica. Il a été en éruption jusqu'en 2010.

L'Amérique du Sud : les pays

L'Amérique du Sud compte plus de 423 millions d'habitants et couvre une superficie de près de 18 millions de km². Ce continent regroupe 12 pays ainsi que le territoire de la Guyane française. Le plus grand pays est le Brésil, avec une superficie de 8,5 millions de km² (15 fois la France), et il compte plus de 208 millions d'habitants (la moitié de la population du continent). Sao Paulo est la sixième agglomération la plus peuplée du monde avec plus de 21 millions d'habitants.

Femme péruvienne et son enfant.

Au Pérou, près de Cuzco, la cité ancienne de **Machu Picchu** témoigne de la grandeur de la civilisation des Incas.

Vue de la baie de **Rio de Janeiro**. Au second plan, le Pain de sucre, l'un des symboles de la ville.

Maisons colorées dans la ville de **Buenos Aires** en Argentine.

Le **Chili** s'étire sur plus de 4 000 km du nord au sud et est large de seulement 100 à 200 km en moyenne.

La **Bolivie** a deux capitales : La Paz est la capitale administrative (où siège le gouvernement) et Sucre est la capitale constitutionnelle.

On parle **espagnol** dans tous les pays d'Amérique du Sud sauf au Brésil, où on parle **portugais**, et au Guyana, où on parle **anglais.**

Vue de **Sao Paulo**, la plus grande ville du continent et la principale métropole économique du Brésil.

L'Amérique du Sud : la végétation

L'Amérique du Sud est située en grande partie dans la zone tropicale. Autour de l'équateur, où le climat est chaud et humide, s'étendent les immenses forêts de l'Amazonie. À l'ouest, la grande chaîne montagneuse des Andes s'étire du nord au sud sur près de 8 000 km. Elle longe des plaines parfois désertiques (dans le nord du Chili), des étendues herbeuses (les pampas d'Argentine) ou pierreuses (la Patagonie, qui mène vers la Terre de Feu).

La **forêt amazonienne** couvre une grande partie de l'Amérique du Sud.

Les **Andes**, parsemées de volcans toujours actifs, longent toute la côte occidentale de l'Amérique du Sud, du Venezuela jusqu'à la Terre de Feu.

Les **chutes d'Iguaçu**, parmi les plus spectaculaires au monde et classées au patrimoine mondial de l'Unesco, sont situées à la frontière entre le Brésil et l'Argentine.

L'**Aconcagua**, situé en Argentine, est le plus haut sommet des Andes, avec 6 959 m.

En Argentine, l'**Aconcagua**, qui atteint 6 959 m, est le plus haut sommet d'Amérique du Sud.

À **Manaus**, au Brésil, le thermomètre n'est jamais descendu au-dessous de 18 °C.

Dans la **Terre de Feu**, il peut geler chaque mois de l'année.

L'**Amazone** est le plus long fleuve du monde, avec 7 000 km.

À près de 3 700 m d'altitude, **La Paz**, en Bolivie, est la plus haute capitale du monde.

Ushuaia sur la Terre de Feu, en Argentine, est la ville située la plus au sud de la planète.

L'Asie : les pays

L'Asie compte 4,5 milliards d'habitants et couvre une superficie d'environ 44 millions de km². C'est le continent le plus vaste et aussi le plus peuplé (6 personnes sur 10 habitent en Asie). Elle regroupe 48 pays dont la Russie, le plus grand pays au monde, ainsi que la Chine et l'Inde, les deux pays les plus peuplés de la planète. La somme de leurs populations est sept fois et demie supérieure à celle des États-Unis et du Canada réunis et trois fois et demie supérieureà celle de l'Europe.

La ville de **Jérusalem**, avec, au premier plan, la Coupole du Rocher.

Une île artificielle en forme de palmier à **Dubai**, aux Émirats arabes unis.

Femmes indiennes en costumes traditionnels.

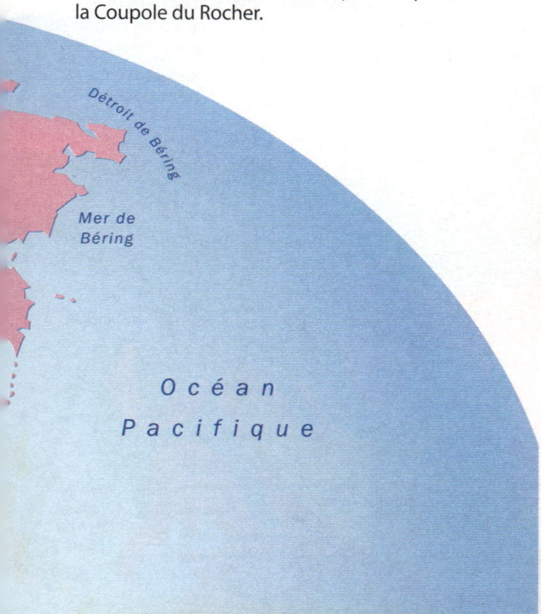

La **Chine** est le pays le plus peuplé du monde avec près de 1,4 milliard d'habitants, suivie par l'**Inde** avec 1,3 milliard d'habitants.

Les trois plus grandes agglomérations du monde se situent en Asie. La plus peuplée est **Tokyo** avec 38,2 millions d'habitants, suivie de **Delhi** (27,2 millions d'hab.) et de **Shanghai** (25 millions d'hab.).

L'**Indonésie** est un pays qui regroupe plus de 13 000 îles, dont moins de la moitié est habitée.

La **Grande Muraille** a été construite pour protéger la Chine des invasions.

À **Tokyo**, au Japon, où l'espace est rare, les constructions de buildings sont courantes malgré le risque de tremblements de terre.

L'Europe : les pays

L'Europe regroupe plus de 745 millions d'habitants répartis dans 45 pays sur une superficie de 10 500 000 km^2. C'est le continent le plus anciennement peuplé. Le plus grand pays est la Russie, même en ne retenant que sa partie européenne (l'autre est en Asie). 28 pays d'Europe sont regroupés dans une union économique et politique : l'Union européenne. Parmi eux, 19 ont adopté une monnaie unique, l'euro.

Atlas

La cathédrale Saint-Sauveur-sur-le-Sang-Versé est l'une des principales églises orthodoxes de **Saint-Pétersbourg** (Russie).

Avec 12 millions d'habitants, **Moscou** est la plus grande ville d'Europe, suivie par **Paris** avec 11 millions d'habitants. Elles se situent respectivement au 21e et au 25e rang mondial.

Le plus petit pays est le **Vatican** avec une superficie de 0,44 km^2. C'est aussi le moins peuplé avec environ 840 habitants.

L'**Allemagne** est le pays le plus peuplé d'Europe avec plus de 82 millions d'habitants.

La **France** est deuxième avec près de 67 millions d'habitants.

Capitale de la Suède, **Stockholm** s'étend sur plusieurs îles et presqu'îles du lac Mälaren et de la Baltique.

Paris, capitale de la France, cumule les fonctions administratives, politiques et économiques du pays. En France, un habitant sur six habite dans l'agglomération parisienne.

Budapest, capitale de la Hongrie, est traversée par le Danube. Au bord du fleuve, on aperçoit le Parlement avec sa coupole.

Village typique du sud de la Grèce, sur l'île de **Santorin** dans la mer Égée.

L'Europe : la végétation

L'Europe est située dans une zone de climat tempéré et présente des paysages très variés. À l'extrême nord se trouvent les pays assez montagneux et froids de la Scandinavie. De l'Atlantique à l'Oural s'étend une vaste plaine. Plus au sud, l'Europe est traversée par deux autres chaînes de montagnes, les Alpes et les Pyrénées. En bordure de la Méditerranée, les paysages sont souvent vallonnés et montagneux. L'Oural et le Caucase constituent, à l'est et au sud-est, les limites traditionnelles entre l'Europe et l'Asie.

Atlas

Un des nombreux **fjords** qui entaillent la côte de la Norvège.

La **campagne ukrainienne** constitue un exemple des grandes étendues agricoles de l'est de l'Europe.

Dans les Alpes, le massif du **Mont-Blanc** porte le plus haut sommet d'Europe.

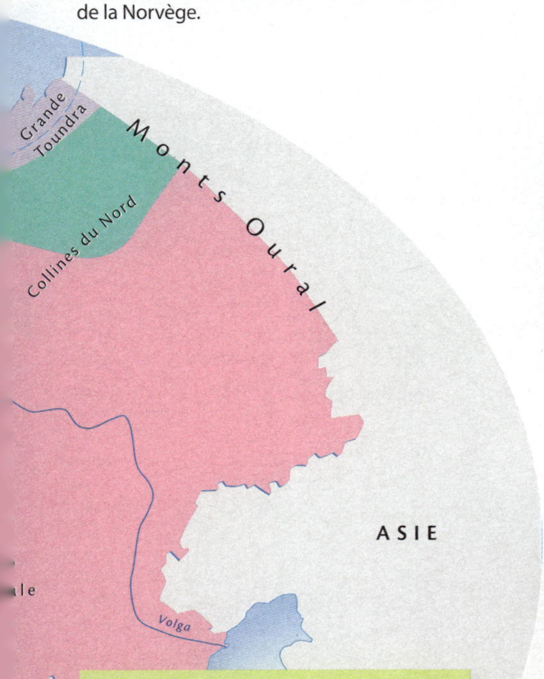

L'**Etna** est situé au nord-est de la Sicile, en Italie. C'est un volcan toujours en activité qui possède de nombreux cratères.

Le point culminant de l'Europe, si l'on exclut le Caucase, est le **mont Blanc**, dans les Alpes, dont l'altitude est de 4 810 m.

Le thermomètre peut atteindre 49 °C à **Séville**, en Espagne. Il peut descendre au-dessous de – 30 °C à **Moscou**, en Russie, ou à **Helsinki**, en Finlande et au-dessous de – 40 °C à **Arkhangelsk**, en Russie.

La **Volga**, en Russie, est le fleuve le plus long d'Europe, avec 3 690 km.

Le **désert de Tabernas**, en Espagne, est le lieu de nombreux tournages de films.

L'Océanie : les pays

L'Océanie, le moins peuplé des continents, compte 42 millions d'habitants pour une superficie de près de 9 millions de km². Elle regroupe 14 pays dont l'Australie, qui à elle seule s'étend sur 7,7 millions de km². La majorité des pays sont formés par des îles, situées dans le sud-ouest de l'océan Pacifique (d'où le nom d'Océanie).

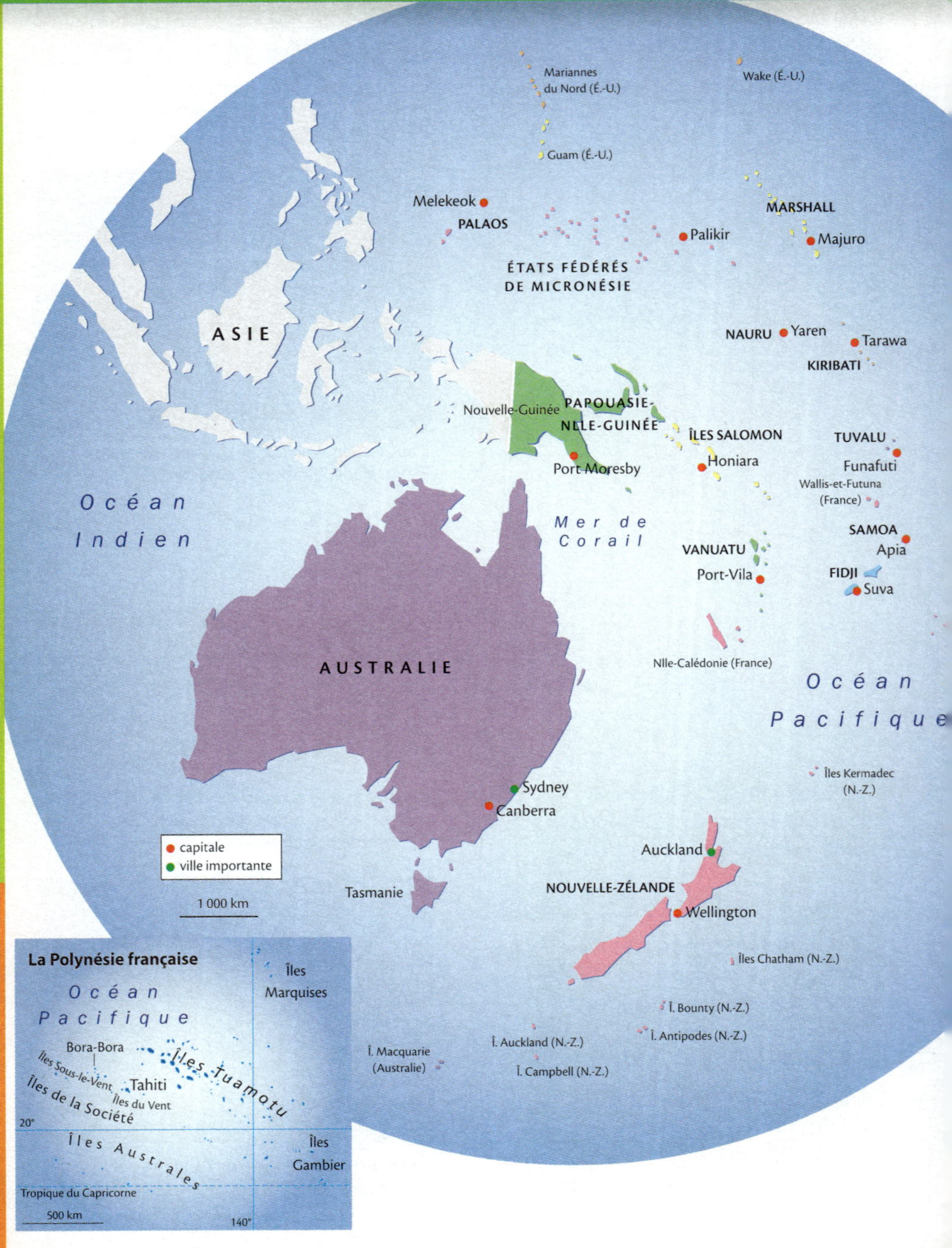

Vue de **Sydney**, grand centre industriel et commercial de l'Australie.

Temple hindou à **Fidji**. Le pays est formé par un archipel regroupant plus de 300 îles.

Danseurs kanaks sur l'île de la **Nouvelle-Calédonie**.

Type d'habitation sur l'une des quatre-vingts îles de **Vanuatu**.

L'**Australie** est très vaste mais très peu peuplée, ce qui fait que sa densité de population n'est que de 3 hab./km^2.

La **Polynésie française**, la **Nouvelle-Calédonie** et **Wallis-et-Futuna** sont des territoires qui appartiennent à la France.

L'île de la **Nouvelle-Guinée** est partagée entre l'Indonésie, en Asie, et la Papouasie-Nouvelle-Guinée, en Océanie.

Auckland est le principal port et le principal centre industriel de la Nouvelle-Zélande.

L'Océanie : la végétation

Isolée des autres continents, l'Océanie présente une faune et une flore variées, avec certaines espèces que l'on ne rencontre nulle part ailleurs. La douceur de son climat et la beauté de ses paysages attirent de nombreux touristes.

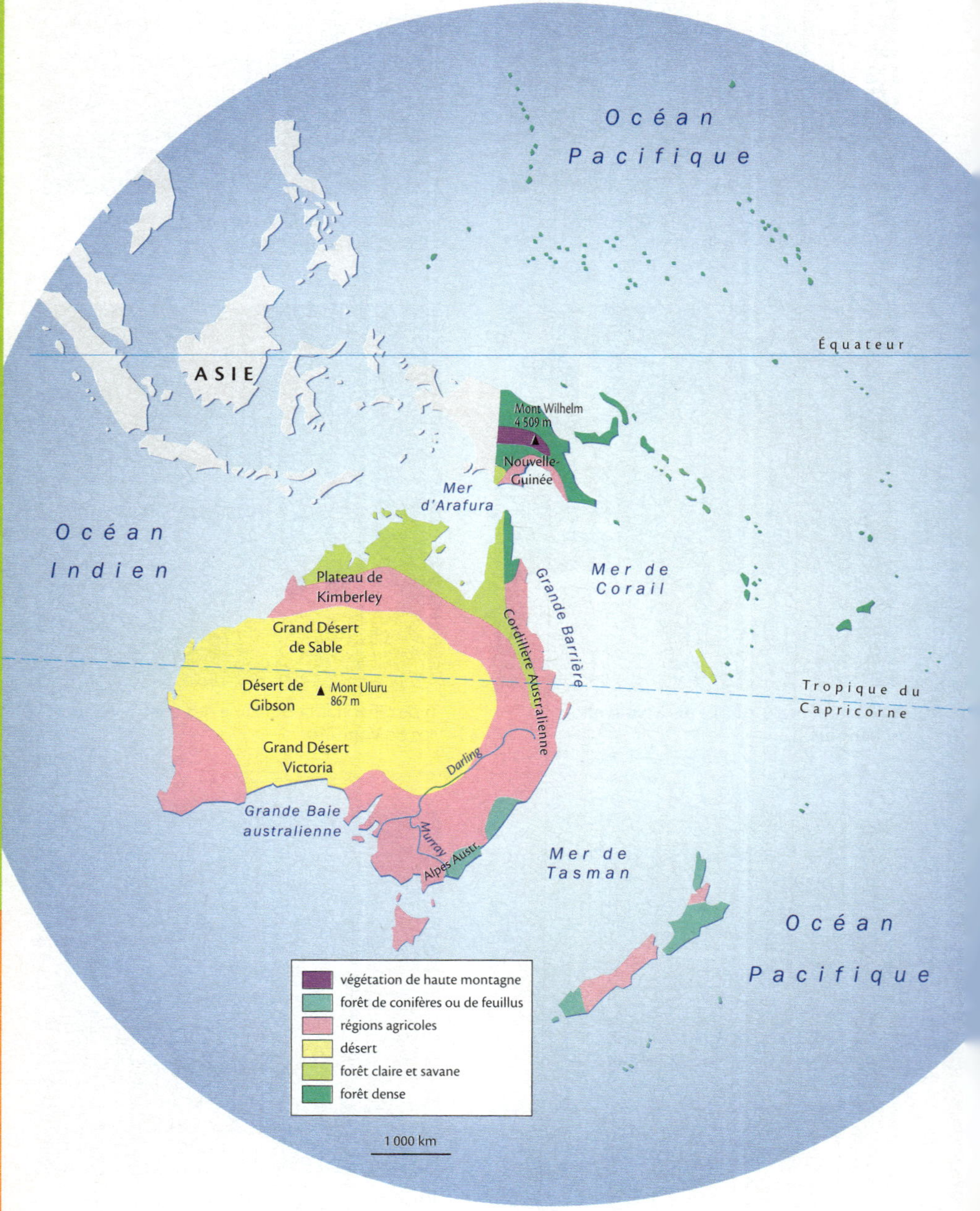

La **Papouasie-Nouvelle-Guinée**, recouverte en grande partie par la forêt dense.

Cette vue d'une **plage** est typique de l'Océanie qui est formée de milliers d'archipels et d'atolls dispersés dans le Pacifique.

Au large de la côte nord-est de l'Australie, la **Grande Barrière de corail** s'étire sur près de 2 500 km.

Immense rocher isolé dans le centre de l'Australie, **Uluru** est un site sacré pour les Aborigènes.

Avec 4 509 m, le **mont Wilhelm**, en Papouasie-Nouvelle-Guinée, est le sommet le plus élevé de l'Océanie.

À **Nauru**, sous l'équateur, la moyenne du mois le plus froid est de 27 °C, celle du mois le plus chaud, de 28 °C, mais la température n'a jamais dépassé 35 °C.

L'**Australie** occupe près de 90 % de la superficie de l'Océanie.

Paysage de **Nouvelle-Zélande** où le relief est très escarpé.

L'Antarctique

L'Antarctique occupe environ 13 millions de km² et presque toutes ses terres sont recouvertes d'une couche de glace de plus de 2 000 m d'épaisseur en moyenne. En raison des températures très froides et de la glace, quasiment aucune végétation ne peut y pousser. C'est un continent inhabité, à l'exception de quelques groupes de scientifiques et d'ingénieurs vivant dans des stations de recherche.

L'**Antarctique** est la région la plus froide du monde. La température ne dépasse que très exceptionnellement 0 °C.

À 4 897 m, le **mont Vinson** est le point culminant de l'Antarctique.

L'**Antarctique** concentre 90 % de la glace du globe.

Dans la péninsule Antarctique, la **banquise** forme d'immenses étendues d'eau de mer gelée.

Les **manchots** sont parmi les rares habitants des terres antarctiques. Les membres antérieurs de ces oiseaux, impropres au vol, sont transformés en nageoires.

Chronologie

Dans les pages qui suivent se trouve une frise historique, présentant les événements importants de l'histoire de France et du monde dans l'ordre où ils se sont déroulés.
On compte les années à partir de l'an 1 (considéré comme l'année de la naissance de Jésus-Christ). Pour dater les événements survenus avant l'an 1, on met le signe moins devant l'année ou la date. Par exemple, la bataille d'Alésia a eu lieu en – 52 (on peut aussi écrire 52 avant Jésus-Christ ou 52 av. J.-C.).

De la préhistoire aux premières grandes

Jusqu'à la fin du paléolithique, l'homme est essentiellement nomade ; il vit de la chasse et de la cueillette. Puis, vers – 9000, il se sédentarise dans le Croissant fertile du Moyen-Orient et commence à travailler la terre (agriculture).

– 70 000 env.

Apparition en France de *Homo sapiens*, que l'on rattache généralement à l'homme actuel, représenté en France par l'homme de **Cro*-Magnon**. Ses techniques de fabrication d'outils sont perfectionnées. Avec lui, les premières formes d'art apparaissent.

– 30 000 env.

Peintures de la grotte Chauvet.

Peinture rupestre d'ours (grotte Chauvet ; – 30 000).

– 17 000 env.

Peintures de la grotte de **Lascaux**.

– 9000 env.

Fin du **paléolithique** et début du **néolithique**. Au Proche-Orient, l'homme devient sédentaire : apparaissent progressivement d'abord l'agriculture, puis l'élevage.

VIIIe-VIIe millénaires av. J.-C.

Apparition des premières villes au Proche-Orient : la plus ancienne connue est Jéricho, en Palestine.

– 8000 env.

La nécessité de stocker les aliments entraîne l'apparition d'un artisanat et de la poterie.

De – 2700 à – 2190 env.

En **Égypte**, période de l'Ancien Empire : construction des grandes **pyramides**, de Saqqarah et de **Gizeh** notamment.

De – 2500 à – 1500 env.

Civilisation de l'Indus, dans le nord de l'Inde.

De – 2000 à – 1750 env.

Les **Hébreux** migrent de Mésopotamie en Palestine (en pays de Canaan). L'Ancien **Testament** raconte l'histoire de ce peuple.

IIe millénaire av. J.-C.

Civilisation minoenne en **Crète** : construction de vastes palais, comme celui de Cnossos.

Le palais de Cnossos.

Entre – 1793 et – 1750

Hammourabi, roi de **Babylone**, fait graver le premier code de lois de l'histoire.

– 1600 env.

Civilisation mycénienne en **Grèce**, fondée par les Achéens, peuple venu des Balkans.

civilisations

Apparaissent alors les premières villes, qui deviennent de véritables cités-États et voient naître l'écriture.

Vois aussi planches pp. 824-825, pp. 368-369 et pp. 374-375.

Entre – 7000 et – 6000

Premières traces de **cuivre** fondu en Anatolie (**Turquie**). L'homme commence à maîtriser la fusion des métaux (– 2500 env. en Europe).

IVe millénaire av. J.-C.

Plus anciennes traces d'**écriture** trouvées chez les **Sumériens**, en **Mésopotamie**.

– 4000 env.

Les Égyptiens inventent le **papyrus**.

IVe-IIIe millénaires av. J.-C.

Apparition de cités-États gouvernées par des rois en basse **Mésopotamie**, comme Ourouk ou Our.

Bas-relief votif (basse Mésopotamie ; IIIe millénaire av. J.-C.).

– 3500 env.

Les **Égyptiens** maîtrisent progressivement les techniques de la navigation maritime.

Apparition de l'**araire** et de la roue.

– 3000 env.

Alignement de blocs de pierre de Carnac (France).

Début de la métallurgie du **bronze**, en Mésopotamie puis en Grèce. C'est l'**âge** du bronze.

– 1595 env.

Babylone est dévastée par les **Hittites**, alors au sommet de leur puissance.

De – 1580 à – 1085 env.

En **Égypte,** période du Nouvel Empire : temples de **Karnak** et sépultures de la **Vallée** des Rois.

De – 1290 à – 1236

En Égypte, règne du pharaon **Ramsès II** : construction des temples d'Abou-Simbel.

Façade du Grand Temple d'Abou-Simbel.

De – 1230 à – 1191 env.

Les Peuples de la Mer migrent dans le Bassin **méditerranéen** et détruisent l'empire des **Hittites**.

– 1100 env.

Début de l'âge du **fer** dans le monde méditerranéen (– 750 env. en Europe).

– 1010 env.

Le roi **David** unifie Israël, avec **Jérusalem** pour capitale.

– 814

Fondation par les Phéniciens de **Carthage** (Tunisie), capitale d'une puissante république maritime.

– 800 env.

Début de la civilisation des **Étrusques**, en **Italie**.

– 776 Naissance des jeux Olympiques.

L'Antiquité gréco-romaine

Le monde méditerranéen est dominé pendant plus de mille ans par les civilisations gréco-latines. Alexandre conquiert l'est du Bassin méditerranéen et va jusqu'à l'Indus ; après sa mort, la culture grecque (dite hellénistique) se diffuse dans son empire, que ses généraux se partagent.

– 776

Naissance des jeux **Olympiques**. Ils ont lieu tous les quatre ans dans le sanctuaire de Zeus, à Olympie (**Grèce**).

– 753

Date traditionnelle de la fondation de **Rome**.

VIe siècle avant J.-C.

Fondation de Massalia (**Marseille**) par les Grecs de Phocée (Turquie).

Athènes met en place un régime démocratique.

– 523

Le prince Siddharta Gautama reçoit l'illumination qui fait de lui le **Bouddha**. La doctrine qu'il prêche deviendra le **bouddhisme**.

– 509

À **Rome**, chute du roi Tarquin le Superbe et début de la république.

– 490

À la bataille de **Marathon**, victoire des Grecs contre les **Perses** de Darios Ier. C'est le début des guerres médiques.

– 479

Mort de Confucius, philosophe chinois.

De – 461 à – 429

Sous le gouvernement démocratique du stratège (dirigeant) **Périclès**, **Athènes** connaît une période de grandeur et de renom.

– 52

Suite au soulèvement des peuples de la **Gaule** contre les Romains, défaite de **Vercingétorix** à **Alésia**. Il se rend à **Jules César***.

Jules César.

– 51

Cléopâtre VII devient reine d'**Égypte**.

– 47

Incendie de la bibliothèque d'**Alexandrie**.

– 44

Assassinat de **Jules César***, devenu « dictateur à vie », par des partisans de la république.

– 27

Octave, héritier de Jules César, devient le premier empereur romain et prend le nom d'**Auguste**.

Gladiateurs (bas-relief de la Rome impériale).

30 (ou 33)

En **Palestine**, **Jésus** est crucifié. Le **christianisme** est propagé par les apôtres et combattu par les autorités juives et romaines.

Vers 50

La **charrue** remplace l'**araire**.

Tandis qu'Athènes invente la démocratie, Rome passe de la monarchie à la république, qui sera remplacée par l'empire. Au milieu de cette période, le christianisme fait son apparition ; d'abord combattu, il deviendra la religion d'État de l'Empire romain.

Entre – 447 et – 406

Construction du **Parthénon** et de l'Érechthéion, temples situés sur l'**Acropole**, à Athènes.

Reconstitution de l'Acropole d'Athènes.

– 336

Alexandre le Grand succède à son père Philippe II. Il soumet notamment la Grèce, la Syrie et l'**Égypte** (fondation d'**Alexandrie**).

– 323

Mort d'**Alexandre le Grand**.

– 321

Partage de l'empire d'**Alexandre le Grand** entre ses généraux. La civilisation grecque rayonne dans tout le Bassin méditerranéen.

De – 264 à – 146

Guerres puniques : série de trois guerres successives opposant **Rome** et **Carthage** (Tunisie). Au cours de la deuxième, **Hannibal** parvient jusqu'à Rome.

– 221

Naissance de l'Empire chinois et début de la construction de la **Grande Muraille*** afin de le protéger des attaques menées par les peuples de la steppe.

64

Après l'incendie de **Rome**, **Néron** persécute les chrétiens.

79

L'éruption du **Vésuve** détruit les villes d'Herculanum et de **Pompéi**.

Entre 130 et 150

Claude Ptolémée donne une représentation de l'Univers, dont la Terre serait le centre.

De 306 à 337

Constantin Ier le Grand, empereur romain. Il établit la liberté religieuse.

380

L'empereur Théodose Ier fait du **christianisme** la seule religion autorisée dans l'Empire romain.

394

Abolition des jeux **Olympiques**.

451

Bataille des champs Catalauniques : **Attila** et les **Huns** sont vaincus en Champagne par les Romains et les **Wisigoths**.

Un fantassin wisigoth.

476

Prise de Rome par le Barbare Odoacre, roi des Hérules. Fin de l'**Empire romain* d'Occident** et début du Moyen Âge.

481 Clovis devient roi des Francs.

Le Moyen Âge : féodalité et naissance

Après la chute de l'Empire romain, l'Église s'impose comme l'un des ciments de la société occidentale, qui vit sous la pression des invasions germaniques, tandis qu'au Moyen-Orient naît une nouvelle religion, l'islam. Après les grands bouleversements qu'ont été pour l'Europe l'épisode de la Peste noire, qui tue

481

Clovis devient roi des **Francs**.

610

Selon la Tradition musulmane, premières révélations de l'archange **Gabriel** à **Mahomet**.

629

Le roi des Francs, **Dagobert Ier**, accède au pouvoir.

630

Mahomet s'empare de **La Mecque*** (Arabie saoudite).

La Kaaba, au centre de la Grande Mosquée de La Mecque.

732

Charles* Martel, maire du palais (haut dignitaire de la cour mérovingienne), arrête l'invasion des Arabes musulmans à Poitiers.

751

Pépin le Bref, fils de Charles Martel, fonde la dynastie franque des **Carolingiens.**

778

De retour d'une expédition en Espagne, le roi des Francs, **Charlemagne,** est défait à Roncevaux. Cet épisode est le sujet de *la Chanson de Roland.*

Charlemagne découvre le corps de Roland à Roncevaux.

1096-1099

Première **croisade,** prêchée par le pape Urbain II : les croisés de **Godefroi* de Bouillon** s'emparent de **Jérusalem**, dont ils font la capitale d'un État d'Orient.

1189-1192

Troisième **croisade**, menée par le roi de France **Philippe* Auguste** et le roi d'Angleterre **Richard* Ier Cœur de Lion**.

1214

Bataille de **Bouvines** : le roi d'Angleterre **Jean sans Terre** renonce à ses possessions au nord de la Loire.

1248-1250

Lors de la septième croisade, le roi de France **Louis IX** (Saint Louis) est fait prisonnier et n'est libéré qu'en échange d'une forte rançon.

1279

Le Mongol Kubilay Khan règne sur toute la Chine.

1285-1314

En France, règne de **Philippe IV le Bel** : renforcement du pouvoir royal face aux grands féodaux et au pape.

Philippe IV entouré de la famille royale.

de l'islam

un tiers de la population européenne, ou la guerre de Cent Ans (1337-1453), l'heure est aux découvertes : de nouvelles techniques (imprimerie) ou de nouveaux continents (Amérique).

Vois aussi planche pp. 696-697.

800

Charlemagne est couronné empereur d'Occident.

843

Par le traité de **Verdun**, les petits-fils de Charlemagne partagent l'Empire carolingien en trois.

885-886

Les Vikings assiègent Paris.

Tête de Viking sculptée dans une corne d'élan.

911

Traité de Saint-Clair-sur-Epte : le roi de France Charles III le Simple cède une région (qui devient la **Normandie**) aux Vikings (ou **Normands**), qui dévastaient les côtes et les vallées des fleuves.

966

Fondation de l'abbaye du **Mont*-Saint-Michel**.

987

En France, **Hugues Ier Capet** est élu roi et fonde la dynastie des **Capétiens**.

1066

Bataille d'Hastings : le duc de Normandie **Guillaume Ier le Conquérant**, qui a débarqué en **Angleterre**, bat les Anglo-Saxons et se fait couronner roi d'Angleterre.

1337

Début de la guerre de **Cent Ans**.

1346

Utilisation de bouches à feu à la bataille de **Crécy**.

1347-1351

La Peste noire ou Grande Peste : une épidémie de peste fait environ 25 millions de victimes en Europe.

1364-1380

Victoires de **Bertrand Du Guesclin*** pendant la guerre de Cent Ans.

1415

Défaite de la chevalerie française à **Azincourt** face à l'Angleterre.

Siège de Paris par Jeanne d'Arc en 1429.

1431

Jeanne d'Arc est brûlée vive à Rouen.

1453

Fin de la guerre de **Cent Ans**. Les Anglais perdent toutes leurs possessions françaises, sauf Calais.

Chute de l'Empire romain d'Orient : **Constantinople** tombe aux mains des **Ottomans**.

1455

Premier livre imprimé par **Gutenberg** : la Bible de Mayence.

1492

Découverte de l'Amérique par **C. Colomb**. Prise de **Grenade** et fin de la Reconquista (reconquête de l'Espagne par les chrétiens).

1515 Avènement de François Ier.

Grandes découvertes, conflits religieux

La Renaissance correspond à une période d'ouvertures, d'échanges et d'exploration du monde et des idées. Alors que de grandes découvertes se font et que naissent des courants de pensée nouveaux (humanisme, Réforme), les questions religieuses suscitent des divisions qui vont entraîner des

1515

Avènement du roi de France **François Ier**. Il remporte la même année la bataille de Marignan (Italie).

1517

Luther publie ses 95 thèses. Cette protestation donnera naissance au mouvement de la **Réforme** (protestantisme).

1519

Magellan prend la mer pour faire le premier tour du monde, mais meurt en route.

Charles* Quint accède au trône du Saint Empire romain germanique.

1520

Avènement du sultan ottoman **Soliman Ier le Magnifique**.

1521

Les Espagnols de **H. Cortés** s'emparent de Tenochtitlán (aujourd'hui Mexico), capitale de l'empire des **Aztèques**.

Le débarquement de Cortés sur la côte du Mexique, en 1519.

1533

F. Pizarro se rend maître de l'empire des **Incas**.

1534

J. Cartier prend possession des terres canadiennes au nom du roi de France **François Ier**.

Le roi d'Angleterre **Henry VIII** se fait reconnaître comme le « chef unique et suprême de l'Église d'Angleterre ».

1608

S. de Champlain fonde la ville de **Québec**, au Canada.

1610

Le roi de France **Henri IV** est assassiné par F. Ravaillac. Son fils **Louis XIII** devient roi.

1635

Fondation de l'**Académie* française** par **Richelieu**.

1637

Le Cid, pièce de théâtre de **P. Corneille**. *Discours de la méthode* de **R. Descartes**.

1642

Invention d'une machine à calculer, la Pascaline, par **B. Pascal**.

La Pascaline, machine à calculer de Pascal.

1643

En France, mort de Louis XIII et avènement de **Louis XIV**. Régence de sa mère, Anne d'Autriche, dont **Mazarin** est le principal ministre.

1648-1653

En France, **la Fronde**, période de troubles dirigés contre **Mazarin**.

et absolutisme

guerres entre protestants et catholiques, en France et en Europe. En France, l'affirmation du catholicisme va de pair avec celle de la monarchie absolue, qui prend forme sous le règne de Louis XIV.

Vois aussi planches pp. 296-297 et pp. 918-919.

1539

Par l'ordonnance de Villers-Cotterêts, **François Ier** rend obligatoire l'usage du français dans les actes politiques et judiciaires.

1541

J. Calvin s'installe à **Genève**, dont il veut faire une cité modèle de la religion réformée.

1543

N. Copernic réfute la thèse selon laquelle la Terre serait au centre de l'Univers et propose un autre système, où elle est une planète tournant autour du Soleil.

Système du monde selon Copernic.

1562-1598

En France, **guerres de Religion*** entre catholiques et protestants.

1572

Massacre de **la Saint*-Barthélemy** à Paris.

1598

Proclamation de l'**édit* de Nantes** par **Henri IV** : il définit les droits des protestants de France et met fin aux **guerres de Religion**.

1649

Première révolution d'Angleterre : le roi Charles Ier est exécuté.

1661

Début du règne personnel de **Louis XIV**.

Inauguration des Invalides en 1674 par Louis XIV.

1685

Révocation de l'**édit* de Nantes**. Exil et persécution des protestants.

1688-1689

Seconde révolution d'Angleterre (Glorieuse Révolution) : une **monarchie** constitutionnelle est mise en place.

1715

Mort de **Louis XIV**. **Louis XV**, son arrière-petit-fils, devient roi (régence jusqu'en 1723).

1718

Les Français fondent La Nouvelle-Orléans, capitale de la **Louisiane**.

1740

Avènement du roi de Prusse Frédéric II et de l'archiduchesse Marie-Thérèse d'Autriche.

1751-1772 Publication de l'*Encyclopédie*.

Les Lumières et le temps

Après plus d'un siècle de conflits religieux, l'esprit de tolérance propre aux Lumières vient ouvrir un temps de réflexion sur l'homme et la société. Les idées nouvelles et celles qui se sont exprimées dans la Déclaration d'indépendance des États-Unis donnent naissance à la révolution de 1789.

1751-1772

Publication de l'*Encyclopédie*, sous la direction de **Diderot**.

Le café Procope à Paris, lieu de réunion des philosophes.

1763

Après la prise de **Québec** par les Anglais (1759), les Français perdent la plupart de leurs possessions en **Amérique du Nord**.

1774

Louis XVI succède à son grand-père, **Louis XV**, sur le trône de France.

1776

Déclaration d'indépendance des **États-Unis**.

1783

Premier vol humain en montgolfière, effectué par les frères **Montgolfier**.

1788

Première colonisation de l'**Australie** par les Britanniques et fondation de **Sydney**.

1789

G. Washington devient le premier président des États-Unis d'Amérique.

Début de la **Révolution** française : 14 juillet, prise de la **Bastille** ; 26 août, **Déclaration des droits* de l'homme et du citoyen**.

La prise de la Bastille.

1848

Révolution en France (IIe République) et dans différents pays d'Europe (Allemagne, Italie, Europe centrale).

Abolition définitive de l'esclavage dans les territoires français, préparée par **V. Schœlcher**.

1852

Napoléon III, élu président de la République en 1848, devient empereur des Français.

1865

Aux États-Unis, fin de la guerre de Sécession et abolition de l'**esclavage**. Assassinat du président **A. Lincoln**.

1869

Inauguration du canal de **Suez**, reliant la Méditerranée et la mer Rouge.

1870

Chute du Second Empire et proclamation de la IIIe République (4 septembre).

1871

L'Allemagne annexe l'Alsace-Lorraine et devient l'Empire allemand.

Bismarck, premier chancelier de l'Empire allemand.

Répression sanglante de la Commune de Paris, gouvernement révolutionnaire parisien.

des révolutions

Après une période de restauration de l'Ancien Régime, des révolutions éclatent de nouveau dans l'ensemble de l'Europe, où les peuples soumis aux empires réclament leur liberté.

Vois aussi planches pp. 630-631, pp. 910-911 et pp. 564-565.

1791

Révolte des esclaves à **Haïti**, menée par **Toussaint* Louverture.**

1792

Le 20 septembre, victoire française de Valmy face à l'armée de **Prusse**. Le 21 septembre, proclamation de la Ire République.

1794

Abolition de l'**esclavage** dans les colonies françaises.

1804-1815

Napoléon Ier, empereur des Français.

1815-1830

En France, régime de monarchie constitutionnelle dit « de la **Restauration** », qui voit régner successivement deux frères de **Louis XVI**, **Louis XVIII** et **Charles X**.

1830

Les Trois Glorieuses (révolution des 27, 28 et 29 juillet) voient l'instauration de la « monarchie de Juillet ». **Louis-Philippe Ier** devient roi des Français.

1831

Création du royaume de Belgique, dont **Léopold Ier** devient le premier roi.

1872

Impression, soleil levant, peinture de **C. Monet**, qui donne son nom au mouvement artistique naissant, l'**impressionnisme**.

1876

La reine de Grande-Bretagne Victoria Ire devient impératrice des Indes.

1885

L. Pasteur applique pour la première fois à l'homme le vaccin contre la rage.

Louis Pasteur.

1889

Inauguration de la tour **Eiffel**, construite pour l'Exposition universelle de Paris.

1894

Première course automobile entre Paris et Rouen : record de vitesse à 21 km/h.

1895

Invention du cinématographe par **A. et L. Lumière**.

1896

À Athènes, à l'initiative de **P. de Coubertin**, première édition des nouveaux jeux Olympiques.

1898

J'accuse, lettre ouverte d'**É. Zola**, où il dénonce l'erreur judiciaire montée par l'armée contre A. Dreyfus, dont il demande la révision du procès.

1909

Première traversée de la **Manche** en avion par **L. Blériot**.

Août 1914 Début de la Première Guerre mondiale.

Le monde contemporain

Le premier conflit mondial se solde par la victoire des Alliés et la signature d'un traité qui porte en lui les germes de la Seconde Guerre mondiale. Après cette dernière, la période est marquée par la guerre froide qui oppose États-Unis et URSS, par la décolonisation des grands empires et par une croissance

Août 1914
Début de la Première **Guerre** mondiale.

1916
Bataille de **Verdun**, la plus meurtrière de la guerre.

1917
Révolution russe (février et octobre), qui met au pouvoir **Lénine** et le **communisme**.

11 nov. 1918
L'armistice met fin aux combats de la Première **Guerre** mondiale.

Soldats français dans une tranchée pendant la Première Guerre mondiale.

28 juin 1919
Traité de Versailles. Création de la Société des Nations.

1922
En Italie, arrivée de **B. Mussolini** au pouvoir. En **Turquie**, la république est instaurée.

1927
Première traversée aéronautique sans escale de l'Atlantique par **C. Lindbergh.**

1928
Découverte du premier antibiotique, la pénicilline, par **A. Fleming**.

1929
Krach de la Bourse de New York, qui entraîne une crise économique mondiale.

1933
Arrivée au pouvoir d'**A. Hitler** en Allemagne et de F. D. Roosevelt aux États-Unis.

1958
Début de la Ve **République**, dont la Constitution est adoptée par référendum le 28 sept. et promulguée le 4 oct.

Présidents de la Ve République

1959-1969	Charles **de Gaulle**
1969-1974	Georges **Pompidou**
1974-1981	Valéry **Giscard* d'Estaing**
1981-1995	François **Mitterrand**
1995-2007	Jacques **Chirac**
2007-2012	Nicolas **Sarkozy**
2012-2017	François **Hollande**
2017-	Emmanuel **Macron**

1961
I. Gagarine, premier homme dans l'espace.

1962
Accords d'Évian : la guerre d'Algérie prend fin et l'**Algérie** devient indépendante.

1968
Assassinat du pasteur américain **M. L. King**.

En France, contestation étudiante et grève générale (mai-juin).

1969
Les Américains **N. Armstrong** et B. Aldrin marchent sur la Lune.

Les premiers pas de l'homme sur la Lune, par Neil Armstrong (juillet 1969).

économique soutenue, que la crise pétrolière des années 1970 va interrompre. Le monde, aux prises avec les conflits locaux et le terrorisme, voit alors l'émergence de nouveaux Grands (Inde, Chine, Brésil).

Vois aussi planche pp. 516-517.

1936

En France, gouvernement du Front populaire (adoption des congés payés).

1939

Invasion de la **Pologne** par l'Allemagne et début de la Seconde **Guerre** mondiale.

1940

La France demande l'armistice. Le 18 juin, **C. de Gaulle** appelle à la Résistance. En juillet, les pleins pouvoirs sont accordés à **P. Pétain**, qui instaure la collaboration.

1941

Attaque de Pearl Harbor, qui provoque l'entrée en guerre des **États-Unis**.

Affiche reproduisant l'appel à la Résistance du général de Gaulle (18 juin 1940).

1944

En France, les femmes obtiennent le droit de vote.

1945

Capitulation de l'Allemagne (8 mai) et, après l'explosion de deux bombes atomiques (**Hiroshima**, **Nagasaki**), du Japon (15 août). Fondation de l'**ONU**.

1948

Adoption de la **Déclaration universelle des droits* de l'homme**.

1957

Signature du **traité de Rome*** : naissance de la Communauté économique européenne.

1981

En France, abolition de la peine de mort.

Premier ordinateur personnel commercialisé par IBM, le Personal Computer (PC).

Mise en service, en France, du TGV (train à grande vitesse).

1989

Chute du **mur de Berlin*** et réunification de l'**Allemagne** (1990).

1990

Libération de **N. Mandela**, victime de l'**apartheid**, après 28 années de prison.

1991

La dissolution de l'**URSS** est prononcée.

11 sept. 2001

Attentats terroristes à **New York**, qui détruisent les deux tours du World Trade Center.

1er janv. 2002

Mise en circulation de l'**euro**, adopté comme monnaie unique par plusieurs pays de l'**Union* européenne**.

2008

B. Obama est élu président des États-Unis.

2011

Début des « printemps arabes » en Tunisie ; des révolutions éclatent aussi en Libye, en Égypte, au Yémen et en Syrie notamment.

2013

Élection du pape **François**.

Aujourd'hui, la Terre compte 7 milliards d'habitants.

Tauromachie, fresque provenant du palais de Cnossos (Crète), vers 1400 avant J.-C.

Le Colisée à Rome, 70-80 après J.-C.

Vitrail du Bon Samaritain (détail), cathédrale de Bourges, XIIIe siècle.

Les époux Arnolfini, Jan Van Eyck, huile sur bois, 82 x 60 cm, 1434.

Statue équestre de Louis XIV, le Bernin, copie en plomb (original en marbre à Versailles), 1671-1677.

Affiche du film *Zazie dans le métro* de Louis Malle, 1960.

Impression soleil levant, Claude Monet, huile sur toile, 48 x 63 cm, 1872.

Histoire des arts

Les premières œuvres d'art

Les premières œuvres d'art connues datent du paléolithique : ce sont des peintures et des gravures qui ornent les parois des grottes. À partir de l'âge du bronze, vers 3000 avant J.-C., les grandes civilisations, comme celle d'Égypte, élèvent de gigantesques réalisations architecturales. Plus tard, la Méditerranée est le berceau de plusieurs cultures, développant des formes artistiques diverses, notamment en Crète.

La préhistoire

Les grottes de Lascaux et Chauvet-Pont-d'Arc font partie des sites préhistoriques les plus remarquables en France. Les **peintures murales** sont faites avec du charbon et des poudres de couleur provenant de roches broyées. La poudre était appliquée au doigt, au pinceau ou soufflée à travers un os creux ou un roseau. Ce sont le plus souvent des animaux ou des scènes de chasse qui sont représentés, mais parfois aussi des mains ou des formes abstraites. Pour les hommes de l'époque, chaque dessin avait probablement une valeur magique.

▲ *Panneau des chevaux*, grotte Chauvet-Pont-d'Arc (Ardèche), vers 30 000 avant J.-C.

Les **statuettes féminines,** comme la Dame de Brassempouy *(à gauche)*, sont aussi caractéristiques de cette époque. Elles sont réalisées en ivoire, en pierre tendre ou en terre cuite et mesurent entre 5 et 25 cm de hauteur. On pense que ces statuettes, souvent appelées *Vénus,* représentaient des divinités de la fertilité à cause de leur poitrine développée et de leurs hanches larges *(à droite)*.

◀ *Dame de Brassempouy*, dite aussi *Dame à la capuche*, ivoire de mammouth, 3,65 cm de haut, vers 25 000 avant J.-C.

Vénus de Willendorf, ▲ calcaire, 11 cm de haut, vers 23 000 avant J.-C.

◄ Sphinx de Gizeh et pyramide de Kheops, vers 2500 avant J.-C.

La civilisation égyptienne

Les Égyptiens croyaient dans la vie après la mort, c'est pourquoi le défunt était enterré avec ses biens, parfois un vrai trésor. Plusieurs pharaons, comme Kheops, se sont fait construire des **pyramides**, dont la forme triangulaire devait leur permettre de s'élever vers le Soleil. À l'intérieur des pyramides, les différentes salles étaient décorées de peintures murales. Les personnes importantes avaient aussi de riches tombeaux, ornés de **fresques** représentant la vie quotidienne comme des scènes de chasse, de pêche ou de banquet.

Scène de chasse dans le marais, fresque provenant de la tombe de Nebamon à Thèbes, vers 1350 avant J.-C. ▼

La civilisation crétoise

La civilisation crétoise, ou minoenne, s'est développée en Crète pendant ce qu'on appelle l'âge du bronze (de 3000 à 1100 environ avant J.-C.).
Sur le site de Cnossos, on a retrouvé les ruines de l'immense palais du roi Minos.
Les murs des pièces étaient richement décorés de grandes **fresques** aux couleurs très vives, bleues et rouges. Elles représentent des paysages, des scènes de fête religieuse avec des jeux, comme sur l'image *ci-contre* où les acrobates sautent sur le dos d'un taureau.
Le **mouvement** de l'animal et des trois personnages est particulièrement remarquable et donne un aspect très dynamique à cette fresque.

▲ *Tauromachie,* fresque provenant du palais de Cnossos (Crète), vers 1400 avant J.-C.

L'art de l'Antiquité

Dans la civilisation grecque, l'art a un rôle principalement religieux. Les temples sont édifiés en l'honneur des dieux. Les statues représentent les divinités à l'image des hommes et célèbrent la beauté du corps humain. Ce modèle de beauté classique va influencer les Romains. Grands bâtisseurs, ces derniers vont édifier de très nombreux monuments dans tout l'Empire : temples, arcs de triomphe, amphithéâtres, etc. La figure de l'empereur est très souvent représentée.

L'architecture grecque

Les Grecs ont édifié de nombreux temples comme celui *ci contre* : de forme rectangulaire, entouré d'une **colonnade** soutenant un **fronton** triangulaire. L'édifice abritait la statue de la divinité à laquelle il était dédié. Selon l'époque, les colonnes et leurs **chapiteaux** avaient des styles différents ; on les a classés en trois ordres : le **dorique**, l'**ionique** et le **corinthien**.

Temple de la Concorde à Agrigente, ▲ 440-430 avant J.-C.

Les trois ordres architecturaux :
- **dorique** (le plus simple)
- **ionique** (avec des volutes)
- **corinthien** (avec un décor de feuilles d'acanthe) ▶

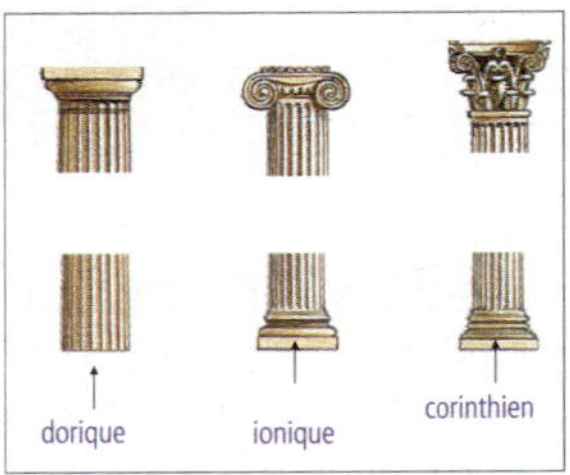

La céramique grecque

Contrairement aux autres réalisations artistiques, la **céramique** n'était pas considérée comme de l'art à cette époque : vases, amphores, coupes ou assiettes étaient des objets du quotidien, même s'ils étaient minutieusement décorés.
Au fil des siècles, on remarque une évolution de la technique : le **fond rouge avec des figures noires** laisse la place au **fond noir avec des figures rouges** *(ci-contre)*. Les sujets sont variés : des guerriers en armes, des divinités, des scènes funéraires ou même des scènes de la vie quotidienne.

▲ Amphore représentant un départ de guerrier, Vᵉ siècle avant J.-C.

La sculpture grecque

Comme l'architecture, l'art de la sculpture en Grèce va évoluer durant toute l'Antiquité. À l'époque classique (du Vᵉ au IVᵉ siècle avant J.-C.), les œuvres sculptées par des artistes comme Phidias ou Polyclète *(ci-contre)* représentent le **corps humain** dans une attitude figée et avec un visage assez inexpressif. Par la suite, les statues vont représenter davantage les mouvements du corps et les traits du visage seront plus animés. Les sculptures en **marbre** qui nous sont parvenues sont souvent des copies romaines d'originaux grecs disparus qui étaient en **bronze**.

◄ *Diadumène*, Polyclète, marbre, vers 420 avant J.-C.

La sculpture romaine

À partir de 31 avant J.-C., Rome est gouvernée par un **empereur** qui était considéré comme sacré : on organisait des cérémonies religieuses pour marquer le respect que l'on avait pour lui. Il fait également l'objet de nombreuses représentations : sur les **pièces de monnaie** ou les monuments **commémoratifs,** comme la statue de Marc-Aurèle *(ci-contre)*. La représentation ressemblante d'une personne vivante est une nouveauté apparue à la fin de l'époque grecque, que les Romains ont développée et largement utilisée.

Statue équestre de Marc-Aurèle, bronze, 4,20 m de haut, 161-180 après J.-C. ▲

L'architecture romaine

Parmi les monuments grandioses de l'architecture romaine, figure l'amphithéâtre du Colisée *(ci-dessous)* qui pouvait accueillir plus de 50 000 spectateurs. On y donnait des combats de **gladiateurs**, des **courses de chars**, des **pièces de théâtre** et même des batailles navales. Contrairement aux théâtres grecs dont les gradins sont creusés à flanc de colline, il est entièrement construit et ne s'appuie sur aucun relief. Une immense toile mobile pouvait abriter le public du soleil et de la pluie.

◄ Le Colisée à Rome, 70-80 après J.-C.

Histoire des arts

Le Moyen Âge

Le Moyen Âge s'étend sur près de mille ans pendant lesquels a été produite une grande variété d'œuvres d'art, que ce soit des monuments, des mosaïques, des bijoux, des vitraux, des tapisseries ou encore des livres ornés d'enluminures. Durant cette période, c'est l'art religieux qui fournit les œuvres les plus riches et les plus travaillées.

L'art paléochrétien et l'art byzantin

▲ *Sacrifice d'Abel et de Melchisédech,* mosaïque de l'église San Vitale à Ravenne, 500-550.

À la fin de l'Antiquité sont construites les premières églises chrétiennes appelées **basiliques** car leur forme s'inspire des basiliques romaines qui étaient rectangulaires. Elles étaient décorées de **mosaïques** qui représentent le plus souvent des thèmes tirés de la Bible. Pour que l'on comprenne de quel épisode du texte il s'agit, le nom des personnages figure parfois au-dessus de leur tête comme sur l'image ***ci-dessus***. L'art des mosaïques va peu à peu disparaître en Europe mais il prospère longtemps dans l'Empire byzantin.

◀ Fibule en forme d'aigle incrustée de grenats, art wisigoth, 550-650.

L'art barbare

À partir du IIIe siècle, l'Europe commence à être envahie par des peuples germaniques venus du nord.

Ces populations nomades n'ont construit presque aucun édifice mais ont produit des œuvres de petite taille, facilement transportables. La **fibule** *ci-contre* est une sorte de broche qui permettait d'attacher les vêtements. Comme de nombreux objets façonnés à cette époque (bijoux ou poignées d'armes, par exemple), elle a une **forme d'animal**. Des pierres précieuses ou des morceaux de pâte de verre colorée sont insérés dans de l'or ou du cuivre ; on appelle cette technique le **cloisonné**.

L'art carolingien

Charlemagne, devenu empereur en l'an 800, a favorisé toute sa vie les arts et les lettres. Les artistes de sa cour s'inspirent beaucoup de l'**art antique** ; ils réutilisaient souvent des objets ou des pierres de cette période pour réaliser leurs propres œuvres. Sur la porte de l'abbaye de Lorsch *(ci-contre)*, on peut remarquer de fausses colonnes antiques, en **trompe-l'œil**. Le fond est fait de **motifs géométriques** qui sont un ornement courant à cette époque.

▲ Porte de l'abbaye de Lorsch, IXe siècle.

▲ Saint Jean l'Évangéliste, *Livre de Kells*, Irlande, fin du VIIe siècle.

Livres et enluminures

Dans les monastères du Moyen Âge, les moines fabriquaient des livres et recopiaient à la main les textes sur du **parchemin** fabriqué à partir d'une fine peau de couleur claire. Les livres avaient une grande valeur ; l'**ivoire** utilisé sur l'évangéliaire *ci-contre* et les pierres précieuses qui l'entourent montrent bien le soin accordé pour les décorer. Les pages étaient aussi illustrées d'**enluminures**, comme on peut le voir sur l'image du *Livre de Kells*.

Plat de reliure de l'*Evangéliaire à l'usage de Metz*, 800-850. ▶

Le Moyen Âge

La tapisserie

Au Moyen Âge, les **tapisseries** étaient réalisées dans des ateliers. C'était de véritables œuvres d'art : elles décoraient les murs des grandes demeures ou recouvraient des meubles. Parmi les plus célèbres figurent ***la Dame à la licorne*** et la ***tapisserie de Bayeux (ci-dessous),*** qui mesure 70 m de long. Elle raconte l'histoire de la conquête de l'Angleterre par Guillaume, duc de Normandie. Ce détail montre ses troupes embarquées sur des bateaux et partant combattre.

▲ *Tapisserie de Bayeux*, XIe siècle.

L'art roman

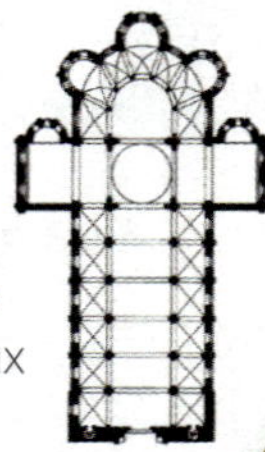

À partir du XIe siècle, l'Eglise chrétienne prend de l'importance et fait construire de nombreux édifices religieux qui développent un style nouveau : le **roman**. Ce style se reconnaît notamment grâce à la forme en demi-cercle au sommet des portes ou des fenêtres, que l'on appelle un **arc en plein cintre**. Certaines églises adoptent un plan en forme de croix *(ci-dessus)*, qui devient par la suite très courant. Beaucoup étaient décorées de sculptures, comme celles qui ornaient les chapiteaux de colonne.

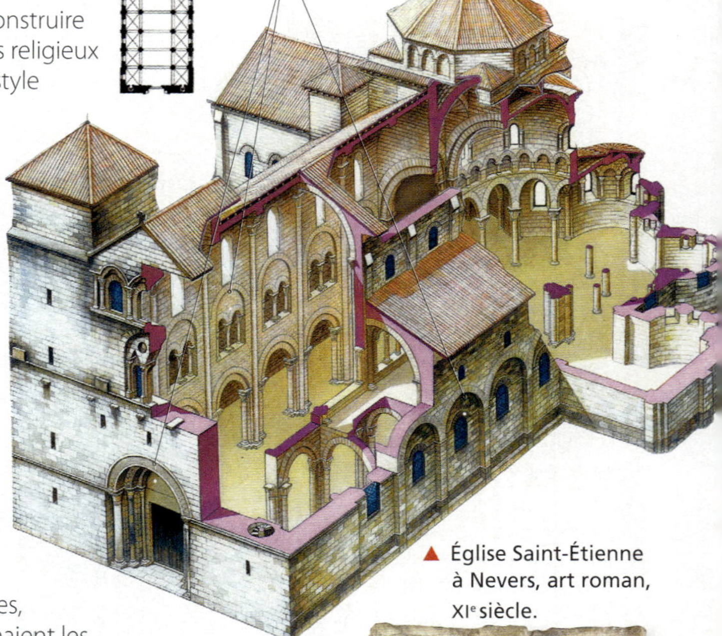

▲ Église Saint-Étienne à Nevers, art roman, XIe siècle.

Chapiteau de la Dispute, retrouvé à Poitiers, XIIe siècle. ▶

L'art gothique

Au XIIIe siècle, les techniques de construction évoluent : les **églises gothiques** sont plus hautes et ont beaucoup plus de fenêtres que celles de style roman. Les **voûtes**, mais aussi les portes et fenêtres, sont un peu pointues à leur sommet : on dit qu'elles sont en **arc brisé**. Les fenêtres étaient ornées de **vitraux** illustrant souvent des épisodes de la Bible, comme l'histoire d'Adam et Ève *(ci-contre)*.

▲ *Vitrail du Bon Samaritain* (détail), cathédrale de Bourges, XIIIe siècle.

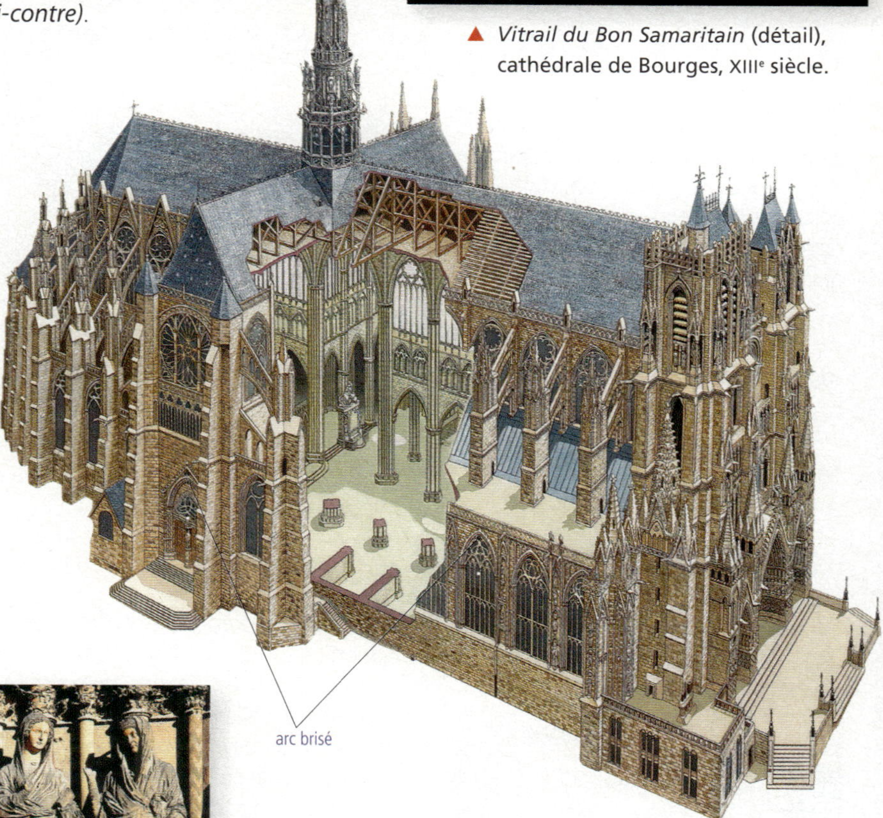

Cathédrale Notre-Dame d'Amiens, ▲ art gothique, XIIIe siècle.

◀ *La Visitation*, détail du portail de la cathédrale de Reims, XIIIe siècle.

La Renaissance

La Renaissance est une période d'une grande richesse dans les domaines des sciences et des arts. Elle naît en Italie et se répand dans toute l'Europe. Les artistes, qui restaient auparavant anonymes, sont désormais reconnus et se mettent à signer leurs œuvres. Ils s'appliquent à représenter l'espace en perspective, s'intéressent beaucoup au corps humain et à l'art antique.
À cette époque apparaissent la gravure mais aussi le dessin qui permet de faire des esquisses pour un futur tableau.

Giotto di Bondone (1266-1337)

Au Moyen Âge, on peignait les personnages importants plus grands que les autres et on ne se souciait pas de représenter l'espace comme on le voit dans la réalité – en **perspective** –, avec ce qui est devant plus grand que ce qui est derrière.
L'artiste italien Giotto est le premier à avoir essayé de peindre une scène dans un espace qui semble vrai, comme on le voit sur le détail du tableau *ci-contre* grâce à l'architecture qui donne un cadre à la scène.

Saint François d'Assise recevant les stigmates (détail), Giotto di Bondone, peinture sur bois, 1295-1300. ►

Filippo Brunelleschi (1337-1446)

Le dôme de la cathédrale de Florence *(ci-contre)* a été une grande innovation technique en Italie. Grâce à cette réalisation, Filippo Brunelleschi est devenu un artiste très connu. Il est allé par la suite observer les ruines romaines pour s'en inspirer et a développé une **architecture** qui reprend les formes des édifices de **l'Antiquité**.
C'est également lui qui propose le premier une théorie mathématique sur la **perspective**.

◄ Dôme de la cathédrale de Florence, Filippo Brunelleschi, 1420-1436.

Sandro Botticelli (1445-1510)

Sandro Botticelli est un artiste de Florence qui a peint à la fois des tableaux religieux et des scènes de la mythologie. Le tableau *ci- contre* représente la déesse Pallas Athéna qui tient les cheveux d'un centaure. Botticelli a voulu exprimer des idées abstraites sous les traits de ces personnages, c'est ce qu'on appelle une **allégorie** : Athéna, déesse de la Sagesse, calme le centaure, symbole de la violence et de l'instinct.

Pallas et le centaure,
Sandro Botticelli,
tempera sur toile,
148 x 207 cm, 1492. ▶

Jan Van Eyck (1390-1441)

La région des Flandres a connu elle aussi une renaissance de l'art, différente de l'Italie. Jan van Eyck a perfectionné la technique de la **peinture à l'huile** qui sera très utilisée par les artistes des siècles suivants. *Les époux Arnolfini (ci-contre)* est un double **portrait** qui représente un riche marchand et sa femme chez eux. Grâce à une fine **observation**, tous les détails sont peints avec beaucoup de **précision**, comme les vêtements des deux personnages.

◀ *Les époux Arnolfini,*
Jan Van Eyck, huile sur bois,
82 x 60 cm, 1434.

La Renaissance

▲ *Autoportrait*, Albrecht Dürer, huile sur toile, 52 x 40 cm, 1498.

Albrecht Dürer (1471-1528)

L'Allemand Albrecht Dürer fut un peintre et un graveur reconnu. La **gravure** est une technique qui s'est développée à son époque ; elle a permis aux œuvres d'art de circuler en Europe. Dürer a peint aussi des **autoportraits**. Plusieurs artistes avaient déjà prêté leur visage à l'un des personnages de leurs tableaux mais c'est l'un des premiers à se représenter seul, comme on le voit sur la toile *ci-contre*.

▲ *Portrait d'Érasme*, Albrecht Dürer, gravure, 25 x 19 cm, 1526.

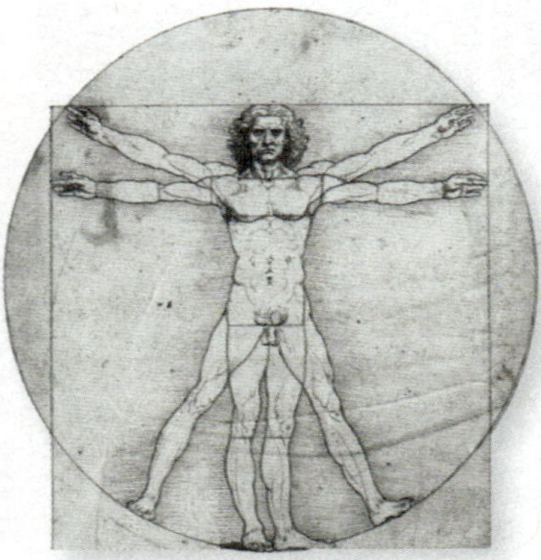

▲ *Les proportions du corps humain d'après Vitruve*, Léonard de Vinci, dessin sur papier, 34,4 x 24,5 cm, vers 1492.

Léonard de Vinci (1452-1519)

Léonard de Vinci est mondialement connu comme le peintre de *la Joconde*. C'était un vrai génie : il s'est intéressé à l'art, à la science, à la littérature et à de nombreux autres domaines. Son *Homme de Vitruve (ci-contre)* montre combien l'**homme** est devenu le centre des préoccupations des savants et artistes de la Renaissance qui étudient particulièrement l'**anatomie**. Il témoigne aussi de la technique du **dessin** qui, comme la gravure, apparaît en même temps que l'utilisation grandissante du papier.

Michel-Ange (1475-1564)

Michel-Ange se considérait principalement comme un **sculpteur** mais il était également peintre, poète et architecte. Cette statue de *Moïse (ci-contre)* orne le tombeau du pape Jules II ; elle illustre bien l'intérêt de l'artiste pour les **sujets religieux** mais aussi pour la précision **anatomique** héritée de l'Antiquité.

Moïse, Michel-Ange, marbre, 235 cm, vers 1515. ▶

Raphaël (1483-1520)

Le peintre italien Raphaël a excellé dans la maîtrise du dessin et des couleurs et a beaucoup influencé les artistes qui l'ont suivi.
Dans son tableau *la Belle Jardinière (ci-contre)*, il dispose en **triangle** les personnages de Marie, Jésus et saint Jean-Baptiste, comme cela se faisait souvent à cette époque.
En observant le contour du visage de Marie, on peut voir comme les ombres sont délicatement travaillées et ressemblent à de la fumée : on appelle cette technique le **sfumato**.

Madone, dite *la Belle Jardinière* (la Vierge, l'Enfant Jésus et le petit saint Jean), Raphaël, huile sur bois, 122 x 80 cm, 1508. ▶

Le maniérisme

Le **maniérisme** est un courant artistique qui se développe dans toute l'Europe au XVIe siècle.
Les artistes s'inspirent de Raphaël et de Michel-Ange mais se désintéressent de l'art de la perspective. Le tableau *ci-contre* du peintre italien Pontormo (1494-1556) représente Jésus au moment où on le descend de sa croix. On peut remarquer la **déformation** des corps des personnages occupant tout l'espace, les **couleurs** très lumineuses ainsi que les **expressions** fortes des visages : ces éléments sont caractéristiques du maniérisme.

◀ *Déposition de Croix*, le Pontormo, huile sur bois, 313 x 192 cm, 1527.

L'art du XVIIe au XVIIIe siècle

Au XVIIe siècle, en France, le pouvoir royal atteint son apogée avec le roi Louis XIV qui utilise les arts pour afficher sa puissance à travers toute l'Europe, autant par l'art classique que par l'art baroque. Au XVIIIe siècle, l'art se fait plus délicat et insouciant. La réaction ne se fait pas attendre : contre le rococo léger se construit le néoclassicisme plus sévère, qui accompagne et prolonge la Révolution française.

▲ *Colonnade du Louvre*, d'après les dessins de Claude Perrault, 1667-1670.

L'art classique

La colonnade du Louvre *(ci-contre)* est une œuvre très représentative de l'**art classique** français. Ce style trouve son inspiration dans l'art de l'Antiquité, comme on peut le voir avec les **colonnes** et le **fronton triangulaire** placé au-dessus d'elles. Le décor est simple et équilibré ; il y a une recherche de **symétrie**. Cette majestueuse construction qui embellit la ville de Paris montre à tous la richesse et le pouvoir du roi.

L'art baroque

Le terme **baroque** vient du portugais *barroco* qui signifie « perle irrégulière ». Ce style très théâtral est d'abord employé par l'Église qui cherche à retrouver son prestige. L'exagération du **mouvement** et le côté spectaculaire qui vise à faire ressentir une **émotion** sont les principales caractéristiques du baroque que l'on retrouve dans la statue du Bernin *ci-contre*, que l'on peut voir dans la cour du Louvre, à Paris. On remarque par exemple sur cette statue le vêtement autour de la taille du roi qui semble flotter au vent.

Statue équestre de Louis XIV, le Bernin, copie en plomb (original en marbre à Versailles), 1671-1677. ▶

L'art rococo

Au XVIIIe siècle, le classique cède la place au **rococo**, un style moins sévère, où les **courbes** occupent un rôle plus important que la symétrie et la ligne droite. Les fêtes campagnardes ou les sujets amoureux remplacent les thèmes religieux. Sur le tableau *ci-contre* du peintre français Fragonard, on voit une femme sur une bascule qui lève les bras en signe de joie, dans un paysage fleuri : c'est ce qu'on appelle une **scène galante**.

La Bascule, Jean Honoré Fragonard, huile sur toile, 120 x 94 cm, 1732-1756. ▶

◀ *Le Serment des Horaces*, Louis David, huile sur toile, 330 x 425 cm,1784.

L'art néoclassique

Le Serment des Horaces (ci-dessus) est le premier chef-d'œuvre d'un style nouveau, appelé le **néoclassicisme**, en rupture avec le rococo qui le précède. Sur ce tableau, les colonnes du décor divisent l'espace en trois parties correspondant aux trois groupes de personnages : c'est une **composition simple** et réfléchie. Les artistes néoclassiques reviennent également à des sujets d'**inspiration antique**, comme la déesse Vénus sculptée par Antonio Canova *(ci-contre)*.

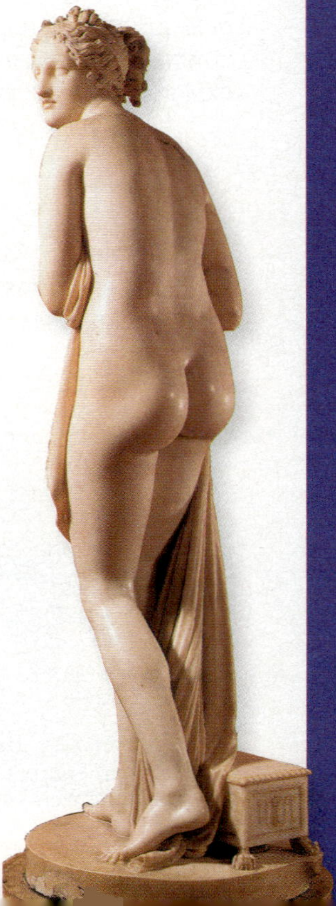

Vénus sortant du bain, Antonio Canova, marbre, 1812. ▶

L'art du XIXe au XXe siècle

La Révolution française et les débuts de l'industrie transforment le monde de l'art. Certains artistes préfèrent s'inspirer des œuvres du passé, mais beaucoup d'autres créent de nouvelles formes d'expression. Le XIXe et le XXe siècle voient ainsi l'apparition de beaucoup de mouvements différents qui existent parfois en même temps et au même endroit.

Le romantisme

▲ *La Liberté guidant le peuple*, Eugène Delacroix, huile sur toile, 260 x 325 cm, 1830.

Le mouvement romantique qui naît au début du XIXe siècle concerne l'art, la musique et la littérature. En peinture, il privilégie l'expression des **sentiments** et de l'**imagination** de l'artiste. Sur le tableau *ci-contre*, la Liberté a le corps d'une femme guidant les révolutionnaires dans Paris. Le peintre français Delacroix (1798-1863) a représenté à sa façon un épisode historique qu'il vient de vivre : les journées révolutionnaires des 27, 28 et 29 juillet 1830, appelées aussi les « Trois Glorieuses». D'autres artistes, allemands et anglais, ont également exploré les thèmes du **mystère** et de la **rêverie**.

Le réalisme

Le **réalisme,** qui prend forme au milieu du XIXe siècle, est aussi un mouvement littéraire. Les artistes étonnent le public car ils se servent de très grandes toiles pour représenter la **réalité quotidienne,** alors que le grand format était généralement utilisé pour peindre les sujets d'histoire. L'artiste français Millet (1814-1875) a peint trois femmes ramassant le blé qui reste après la récolte *(ci-contre)* ; il montre ainsi la grande pauvreté de certains paysans.

◄ *Les Glaneuses,* Jean-François Millet, huile sur toile, 82 x 111 cm, 1857.

Histoire des arts

L'impressionnisme et le néo-impressionnisme

Durant la deuxième partie du XIXe siècle, des peintres français s'associent autour de Claude Monet (1840-1926) et constituent le groupe des **impressionnistes**. Ils peignent en plein air et représentent les images passagères qu'offrent la nature ou la vie moderne en restituant au public les impressions de **mouvement** ou de **lumière** qu'ils ont captées. Le nom d'**impressionnisme** vient d'un critique d'art qui voulait se moquer du tableau *Impression soleil levant* de Claude Monet *(ci-contre)*. Par la suite, un autre artiste français, Georges Seurat (1859-1891), développe le **néo-impressionnisme** (ou pointillisme) où la peinture est appliquée sur la toile par tout petits points de couleur les uns à côté des autres.

▲ *Impression soleil levant*, Claude Monet, huile sur toile, 48 x 63 cm, 1872.

▲ *Un dimanche à la Grande Jatte*, Georges Seurat, huile sur toile, 207 x 308 cm, 1884.

Le symbolisme

Influencés par le mouvement romantique, les artistes symbolistes donnent une grande importance au **monde intérieur**. Ils ne s'intéressent pas à la représentation de la nature mais préfèrent exprimer des **idées** à travers des figures **allégoriques** ou empruntées à la **mythologie**. Sur le tableau *ci-contre* de Puvis de Chavannes (1824-1898), un jeune homme endormi voit en rêve l'Amour, la Gloire et la Richesse s'approcher de lui sous les traits de trois femmes.

◄ *Le Rêve*, Pierre Puvis de Chavannes, huile sur toile, 82 x 102 cm, 1883.

L'art du XIXe au XXe siècle

Les débuts de la photographie

La **photographie** est inventée en 1826 par un Français, Nicéphore Niépce, qui réussit à fixer durablement une image. Elle est améliorée ensuite par des inventeurs comme Louis Daguerre (1787-1851). Cette technique va devenir très populaire car tout le monde veut avoir son portrait.
Félix Tournachon, dit Nadar (1820-1910), est l'un des plus connus parmi les premiers photographes : il a fait le **portrait** de beaucoup de personnes célèbres de son temps mais aussi réalisé les premières photos aériennes, depuis un ballon.

▲ *Nadar en aéronaute*, Nadar, vers 1865.

L'Art nouveau

Les artistes de l'**Art nouveau**, qui s'épanouit autour de 1900, refusaient de s'inspirer des styles du passé et ont cherché à créer un art qui soit en accord avec l'époque qu'ils vivaient. L'art devait être **destiné à tous** et s'appliquer à **tout objet**. Les lignes courbes, les motifs **végétaux** ou simplement ornementaux étaient très appréciés.
Sur le tableau *ci-contre* du peintre autrichien Gustav Klimt (1862-1918), on remarque que les vêtements des deux personnages ne ressemblent pas à du tissu mais plutôt à une mosaïque abstraite.

◀ *Le Baiser*, Gustav Klimt, peinture à l'huile et or sur toile, 180 x 180 cm, 1908.

L'expressionnisme

L'expressionnisme est un mouvement présent surtout en Allemagne qui refuse de représenter les choses de manière réaliste mais souhaite plutôt montrer la violence du monde et l'angoisse qu'il produit.
L'influence de l'art **africain** et **océanien** se retrouvent aussi dans certaines œuvres ; sur l'image *ci-contre*, les visages ressemblent à des **masques** venant de ces continents. Les **couleurs** sont généralement **vives** et **contrastées** comme sur la robe de chambre que porte l'artiste sur le tableau.

L'Artiste et son modèle, Ernst Ludwig Kirchner, peinture à l'huile, 150 x 100 cm, 1912. ▶

Dada

En 1916, quelques artistes réunis à Zurich fondent le mouvement dada qui va s'étendre à toute l'Europe et aux États-Unis. Dégoûtés par l'**absurdité** de la Première Guerre mondiale, ils développent un art **provocateur**, spontané et sans logique, empreint de beaucoup d'**humour**. Ils réalisent de nombreux **collages**, comme sur cette affiche de l'une de leurs expositions *(ci-contre)*. Opposés à l'idée de produire des chefs-d'œuvre, ils remettent en question l'art des siècles précédents.

Affiche du Salon dada, Tristan Tzara, 1921. ▶

L'art abstrait

Au XXe siècle apparaît une nouvelle tendance dans l'art, totalement révolutionnaire : l'**abstraction**. Comme la photographie permet désormais de représenter la réalité (ce qui était auparavant le rôle de la peinture), certains peintres commencent à produire des œuvres sur lesquelles on ne peut reconnaître aucun objet ni aucune figure. Les artistes jouent avec les **couleurs**, les **formes**, les **lignes** ou le **mouvement** comme on le voit sur les tableaux du peintre russe Kazimir Malevitch ***ci-contre*** ou du français Robert Delaunay ***ci-dessous***.

▲ *Composition suprématiste*, Kazimir Malevitch, huile sur toile, 101,5 cm x 62 cm, 1915.

Une fenêtre (étude pour *les Trois Fenêtres*), Robert Delaunay, huile sur toile, 110 x 90 cm, 1913. ▶

Histoire des arts

De nouvelles formes d'expression

L'accès aux œuvres d'art a beaucoup évolué : alors qu'auparavant la plupart des œuvres n'étaient visibles que par ceux qui pouvaient les acheter, elles sont désormais accessibles grâce aux musées qui se sont développés à partir du XIXe siècle. Au XXe siècle, des nouveaux moyens d'expression comme le cinéma, le dessin animé et la bande dessinée permettent au plus grand nombre d'avoir accès aux créations de nouveaux genres d'artistes.

▲ Affiche du film *Zazie dans le métro* de Louis Malle, 1960.

Le cinéma et le dessin animé

Après l'apparition de la photographie, plusieurs inventeurs ont construit des machines capables de capter puis de faire défiler rapidement des images pour donner l'impression d'un **mouvement**, mais c'est particulièrement les frères Lumière, en France, qui ont permis au cinéma de prendre son envol en 1895. D'abord muets et en noir et blanc, les films deviennent **sonores** dans les années 1920, puis en **couleurs** dès le milieu des années 1930. Les premiers **dessins animés** (ou **films d'animation**) voient le jour au même moment que le cinéma, à la fin du XIXe siècle.

Fantasia, dessin animé de Walt Disney, 1940. ▲

La bande dessinée

L'art de la **bande dessinée** est celui de raconter des histoires par la succession d'images en **vignettes**, accompagnées ou non par un texte. Son origine remonte au XIXe siècle avec l'écrivain et dessinateur suisse Rodolphe Töpffer (1799-1846). Ce sont les auteurs de **comics** publiés dans les journaux américains qui ont inséré les premiers un texte dans l'image, grâce aux **bulles** (ou **phylactères**). De *Tarzan* jusqu'au **manga** japonais, en passant par *Tintin*, la bande dessinée a pris au fil du temps des formes très variées.

Couvertures d'albums de bande dessinée ▶

Mémo

• Instruction civique

pp. 1338-1345

- Régions, départements et communes
- La République et le président de la République
- L'élaboration et le vote des lois
- La sécurité des enfants dans la rue

• Pour apprendre l'anglais

pp. 1346-1369

-My house
-Numbers
-Body and clothes
-In the kitchen
-Where are you ?
-At school
-Music
-Meals
-Hobbies and sports
-Descriptions
-The seasons
-All about me

• Mille mots d'anglais

pp. 1370-1402

1 Régions, départements et communes

Les Régions

En France métropolitaine*, on compte **13 Régions** dont la collectivité de Corse. Il y a également 5 départements et Régions d'outre-mer (la Guadeloupe, la Martinique, la Guyane, La Réunion, Mayotte), 5 collectivités d'outre-mer (la Polynésie française, Saint-Barthélemy, Saint-Martin, Saint-Pierre-et-Miquelon, Wallis-et-Futuna), ainsi que la Nouvelle-Calédonie et enfin les terres Australes et Antarctiques françaises.

Qui dirige la Région ?

C'est le **conseil régional**. Il est composé de **conseillers régionaux** qui sont élus au suffrage universel* direct et sont chargés de veiller au bon fonctionnement des **transports** régionaux (autoroutes, chemins de fer…), des **lycées**, des **activités** industrielles, agricoles et touristiques et au respect de l'**environnement**.

Les départements

Il y a **96 départements** en France métropolitaine et 5 départements et Régions d'outre-mer. Chaque département est divisé en arrondissements, subdivisés en cantons et en communes.

Qui dirige le département ?

C'est le **conseil départemental**. Il est composé de **conseillers départementaux** qui sont élus au suffrage universel* direct et sont chargés de veiller à l'entretien des **routes** départementales et au bon fonctionnement des **collèges**, des **transports** scolaires et des **musées**.

Les communes

Il y a plus de **35 000 communes** en France. Il en existe de très grandes, comme Lyon (500 000 habitants) ou Toulouse (455 000), et de très petites (moins de 50 habitants). Mais toutes les communes ont globalement la même façon de fonctionner.

■ fronton d'une mairie

Qui dirige la commune ?

Chaque commune est administrée par un **maire**, assisté de **conseillers municipaux**. Les conseillers municipaux sont élus au suffrage universel* direct, pour 6 ans, et le maire est l'un d'eux.

Quelles sont les missions du conseil municipal ?

- **Voter le budget**, c'est-à-dire décider quelle somme d'argent servira pour quelle mission dans la commune (travaux d'entretien des jardins publics, aide accordée à une association, etc.).
- **Entretenir les routes** communales.
- Construire et entretenir les **équipements de la commune** : une école, un gymnase, un théâtre, un hôpital…

Que fait le maire, en plus ?

- Il fait respecter **l'ordre**.
- Il célèbre les **mariages**.

■ l'écharpe tricolore

Vocabulaire

*** métropolitain :** qui concerne la métropole, la France en Europe.

*** suffrage universel :** système de vote dans lequel tous les citoyens qui ont plus de 18 ans peuvent voter.

2 La République et le président de la République

Le régime politique

Qu'est-ce qu'un régime politique ?

Un régime politique se définit par la façon dont un État est gouverné et organisé. La France est une république démocratique. L'ensemble des textes, des lois qui règlent le fonctionnement de notre pays s'appelle **la Constitution**. Chaque fois qu'on change de Constitution, on change de république. La Ire République date de 1792 et la nôtre, la Ve, de 1958.

■ représentation de la **Liberté**

La Ve République

Qu'entend-on par Ve République ?

♦ La Ve République est caractérisée par les valeurs essentielles qu'elle défend, comme **l'éducation**, la **liberté d'expression** ou la **laïcité**. Sa devise est « liberté, égalité, fraternité ».

♦ Selon la Constitution, la **démocratie** est le gouvernement « du peuple, par le peuple et pour le peuple ». Cette primauté accordée à la volonté du peuple se retrouve dans la place faite au **suffrage universel** (direct ou indirect) et, parfois, au **référendum***. Il existe donc bien des échanges entre le peuple, qui vote, et les différents organes le représentant, comme le gouvernement et les Assemblées *(voir fiche 3)*.

Le président de la République

Le président de la République est le **chef de l'État**, élu au suffrage universel direct. Son mandat dure 5 ans et il ne peut en cumuler que deux à la suite.

■ **palais de l'Élysée**, bureau et résidence privée du président de la République

Instruction civique

Quel rôle joue le président de la République ?

- Il veille au **respect de la Constitution**.
- Il est le chef des **armées**.
- Il est le chef du **pouvoir exécutif*** et promulgue les lois, c'est-à-dire qu'il donne son accord pour que les lois soient appliquées.
- Il nomme le **Premier ministre** et peut aussi mettre fin à ses fonctions. Il nomme les autres ministres après proposition du Premier ministre.
- Il préside le Conseil des ministres et est le **représentant officiel** de la France à l'étranger.

Les symboles de la République française

La République française est caractérisée par 5 grands symboles :

- le **drapeau tricolore** : né en 1789, pendant la Révolution, le drapeau tricolore représente le roi (blanc) et les couleurs de la ville de Paris (bleu et rouge).
- la **Marianne** : issue du prénom Marie-Anne, très répandu au 18e siècle, elle est généralement représentée vêtue à l'antique et portant un **bonnet phrygien**.

- le **14 juillet** : cette date historique, puisqu'elle marque la **prise de la Bastille** (14 juillet 1789), est devenue jour de fête nationale le 6 juillet 1880.
- *la* ***Marseillaise*** : c'est **l'hymne national** depuis 1879. Composé en 1792 pour l'armée du Rhin par Claude Joseph Rouget de Lisle, ce chant fut rendu célèbre par les fédérés marseillais, d'où le nom qu'il prit de **Marseillaise**.

- le **coq** : on le doit aux Romains car, en latin, **gallus** signifie à la fois « le coq » et le peuple « gaulois ». Après la Première Guerre mondiale, il devint le symbole du patriotisme, rappelant aussi les racines paysannes et la fierté des Français. On le retrouve sur les clochers des églises, les timbres ou les maillots des sportifs français.

Vocabulaire

*** exécutif :** qui concerne la mise en œuvre des lois.

*** référendum :** vote de tous les électeurs d'un pays, servant à approuver ou à rejeter un projet du gouvernement.

3 L'élaboration et le vote des lois

La ***Déclaration des droits de l'homme et du citoyen*** définit les libertés de chaque citoyen.

Mais ces libertés sont, bien sûr, soumises à un certain nombre de lois, les mêmes pour tous.

Les acteurs de la loi

Qui élabore les lois ?

Il s'agit du Parlement, composé de **l'Assemblée nationale** et du **Sénat**. Ce sont ces deux instances qui votent les lois.

- Il y a **577 députés** à l'Assemblée nationale. Ils sont élus au suffrage universel direct, pour 5 ans. Ils représentent directement le peuple.

■ entrée de **l'Assemblée nationale**, place du Palais-Bourbon, à Paris

♦ Il y a **348 sénateurs** au Sénat, élus au suffrage universel indirect, pour une durée de 6 ans.

■ palais du Luxembourg, siège du **Sénat**, à Paris

La naissance d'une loi

Un ministre soumet un **projet de loi** ou un parlementaire* fait une **proposition de loi** à l'Assemblée nationale ou au Sénat.

Comment vote-t-on une loi ?

■ représentation de la **Loi**

♦ Un projet de loi peut être soumis soit au Sénat, soit à l'Assemblée. Dans les deux cas, une commission* va étudier le projet ou la proposition de loi et désigner un **rapporteur** qui doit proposer des modifications ou ajouts, qu'on appelle des **amendements**.

♦ Le projet est ensuite proposé aux députés ou aux sénateurs pour être voté. S'il obtient la majorité au vote, il part alors vers l'autre assemblée où il subit les mêmes votes. Ce trajet entre les deux assemblées s'appelle la **navette.** Si le vote n'est pas majoritaire, la loi retourne au rapporteur qui réexamine les points faisant débat, puis elle repasse devant chaque assemblée et ainsi de suite.

♦ Lorsque les deux assemblées ne trouvent pas d'accord sur le texte, le gouvernement peut demander une **commission mixte paritaire**, composée de 7 députés et 7 sénateurs, qui vont voter et transmettre la loi au président. Si celle-ci est acceptée, elle est aussitôt mise en vigueur.

La loi, fondement de la République

Comment circule la loi une fois votée ?

Depuis la Ire République, la base de la démocratie se définit par une séparation des pouvoirs, afin qu'ils ne soient pas tous possédés par une seule personne. On distingue :

♦ le **pouvoir législatif** : chargé de proposer et de voter les lois, il est composé d'élus de la nation qui représentent le peuple, le Parlement *(voir plus haut).*

♦ le **pouvoir exécutif** : chargé de faire appliquer les lois, il est représenté par le Président et son gouvernement *(voir fiche 2)*.

♦ le **pouvoir judiciaire** : il veille à l'application des lois et règle les conflits au nom de la loi.

Vocabulaire

* **commission :** groupe de personnes désignées pour remplir une mission.

* **parlementaire :** membre du Parlement.

4 La sécurité des enfants dans la rue

Quand ils sont dans la rue, les enfants sont particulièrement vulnérables. C'est pourquoi, depuis 2006, la gendarmerie nationale, la police nationale et la préfecture de Police ont mis en place un **Permis Piéton** au sein des écoles primaires.

Son but est d'apprendre à l'enfant à **respecter les règles** (signalées ici par les encadrés avec le picto ✎) qui s'appliquent à tout piéton et à reconnaître les **principaux dangers** (représentés par les encadrés avec le picto ⚠) auxquels il est confronté dans la rue afin de les anticiper, et, ainsi, assurer lui-même sa sécurité.

ERIE
Jusqu'à 6 ans, l'enfant ne fait attention qu'à une chose à la fois. S'il voit un copain et qu'il veut le rejoindre, il traversera de manière impulsive, sans regarder s'il y a un danger.
Au feu rouge, j'attends pour traverser que le piéton soit vert.
À cause de sa petite taille, l'enfant peut être caché par un camion de livraison, une poubelle, etc.
Pour traverser une rue, je cherche un passage piétons.
L'enfant n'évalue pas bien les distances : pour lui, une voiture roulant lentement est comme une voiture arrêtée.

My house

Ma maison

the attic
le grenier

a goldfish
un poisson rouge

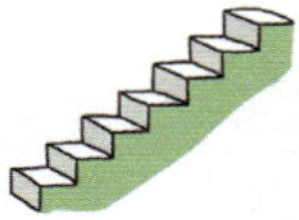

the stairs
l'escalier

an armchair
un fauteuil

the bedroom
la chambre

a washing machine
une machine à laver

the garage
le garage

a dog
un chien

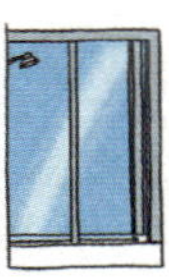

the shower
la douche

a room
une pièce

a neighbour
un voisin

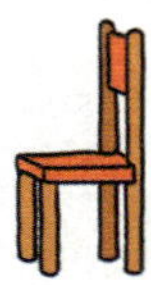

a chair
une chaise

Pour apprendre l'anglais

a guinea pig
un cochon d'Inde

the living room
le salon

a cat
un chat

the bathroom
la salle de bain

a bin
une poubelle

a window
une fenêtre

the kitchen
la cuisine

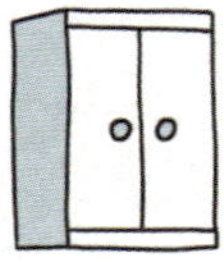

a cupboard
un placard

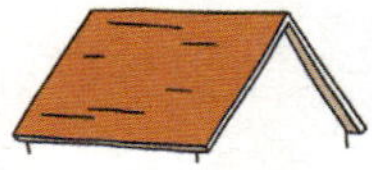

the roof
le toit

a table
une table

a wall
un mur

the garden
le jardin

the toilet
les toilettes

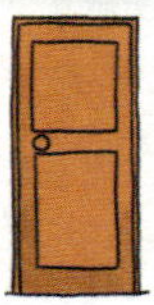

a door
une porte

the dining room
la salle à manger

a sofa
un sofa

Numbers

Les chiffres

zero one two three four five

six seven eight nine ten

eleven twelve thirteen fourteen fifteen sixteen seventeen eighteen nineteen twenty

Pour apprendre l'anglais

twenty-two

twenty-one

thirty

forty

fifty

sixty

seventy

eighty

ninety

one hundred

one hundred and one

one hundred and two

two hundred

two hundred and twenty

one thousand

Body and clothes

Le corps et les vêtements

a jacket
une veste

gloves
des gants

sunglasses
des lunettes de soleil

a cap
une casquette

jeans
un jean

tights
un collant

a scarf
une écharpe

shorts
un short

slippers
des chaussons

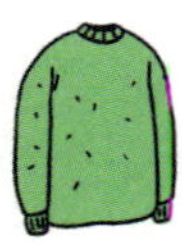

a jumper
un pull

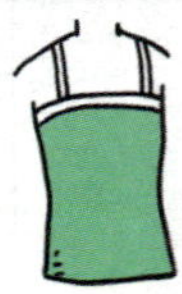

a top
un haut

Pour apprendre l'anglais

a t-shirt
un tee-shirt

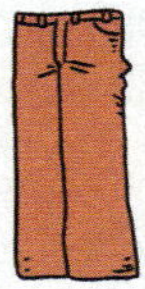

trousers
un pantalon

socks
des chaussettes

a skirt
une jupe

shoes
des chaussures

a shirt
une chemise

a hat
un chapeau

a dress
une robe

trainers
des baskets

boots
des bottes

a coat
un manteau

an umbrella
un parapluie

In the kitchen

Dans la cuisine

fruit
des fruits

a cooker
une cuisinière

a saucepan
une casserole

a fridge
un frigo

an apple
une pomme

a banana
une banane

a cherry
une cerise

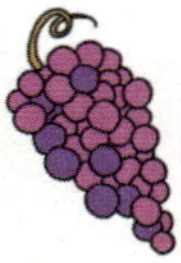

grapes
du raisin

a lemon
un citron

an orange
une orange

a pear
une poire

a strawberry
une fraise

Pour apprendre l'anglais

a fork
une fourchette

a knife
un couteau

a glass
un verre

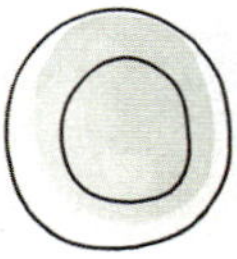

a plate
une assiette

a spoon
une cuillère

a tomato
une tomate

salad
de la salade

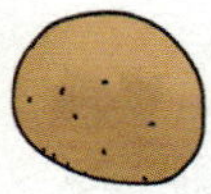

a potato
une pomme de terre

peas
des petits pois

an onion
un oignon

vegetables
des légumes

broccoli
les brocolis

a carrot
une carotte

a mushroom
un champignon

Where are you?

Où êtes-vous ?

I'm outside.
Je suis dehors.

I'm inside.
Je suis à l'intérieur.

I'm on the roof.
Je suis sur le toit.

I'm behind the sofa.
Je suis derrière le canapé.

I'm between Ben and Hamed.
Je suis entre Ben et Hamed.

I'm next to Léa.
Je suis à côté de Léa.

I'm under the table.
Je suis sous la table.

I'm here.
Je suis là.

He's there.
Il est là-bas.

I'm upstairs.
Je suis en haut.

I'm downstairs.
Je suis en bas.

I'm inside this box.
Je suis dans cette boîte.

I'm in front of the TV.
Je suis devant la télé.

I'm in the cupboard.
Je suis dans le placard.

At school

À l'école

a felt-tip pen
un feutre

English
l'anglais

the classroom
la salle de classe

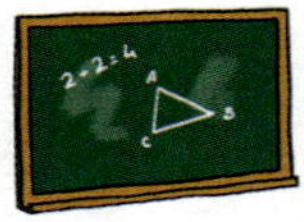

the board
le tableau

a desk
un bureau

science
la science

a rubber
une gomme

maths
les maths

a pencil
un crayon

scissors
des ciseaux

ICT
l'informatique

a pencil sharpener
un taille-crayon

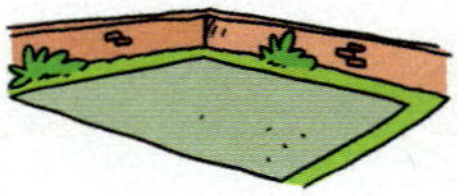

the playground
la cour de récréation

a pencil case
une trousse

a school bag
un cartable

an exercise book
un cahier

a teacher
une professeure

technology
la technologie

gym
la gym

paper
du papier

music
la musique

a ruler
une règle

a pen
un stylo

history
l'histoire

glue
de la colle

geography
la géographie

a pupil
une élève, un élève

Music

La musique

to play the trumpet
jouer de la trompette

an orchestra
un orchestre

to sing
chanter

a music group
un groupe de musique

a piano
un piano

a violin
un violon

to play the piano
jouer du piano

a trumpet
une trompette

to play the drums
jouer de la batterie

Pour apprendre l'anglais

a conductor
un chef d'orchestre

a musician
un musicien,
une musicienne

to play the violin
jouer du violon

to play the guitar
jouer de la guitare

a singer
un chanteur
une chanteuse

to listen to music
écouter de la
musique

a flute
une flûte

to play
the flute
jouer
de la flûte

headphones
un casque audio

the drums
la batterie

a guitar
une guitare

Meals

Les repas

tea
du thé

coffee
du café

cereal
des céréales

butter
du beurre

milk
du lait

an egg
un œuf

breakfast
le petit déjeuner

lunch
le déjeuner

fruit juice
du jus
de fruits

toast
du pain grillé

jam
de la confiture

honey
du miel

cheese
du fromage

pasta
des pâtes

a cake
un gâteau

chicken
du poulet

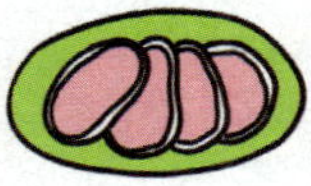

ham
du jambon

bread
du pain

rice
du riz

salad
de la salade

water
de l'eau

salt
du sel

dinner
le dîner

pepper
du poivre

pizza
de la pizza

a drink
une boisson

a yoghurt
un yaourt

a pie
une tarte

fish and chips
du poisson et des frites

a sandwich
un sandwich

a packet of crisps
un paquet de chips

Hobbies and sports

Les loisirs et les sports

...dancing
...danser

...the violin
...du violon

...the piano
...du piano

...painting
...peindre

...acting
...faire du théâtre

...video games
...aux jeux vidéos

...tennis
...au tennis

...cooking
...faire la cuisine

...singing
...chanter

running
courir

volleyball
le volley

baseball
le baseball

a swimming pool
une piscine

football
le football

badminton
le badminton

hockey
le hockey

cycling
faire du vélo

skiing
faire du ski

basketball
le basket

horseriding
faire du cheval

Descriptions

Se décrire

an ugly witch
une sorcière laide

an old grandma
une vieille mamie

a skinny wolf
un loup maigre

a fat pig
un gros cochon

a beautiful princess
une belle princesse

a handsome prince
un beau prince

Little Red Riding Hood is young.
Le petit Chaperon Rouge est jeune.

a tall giant
un grand géant

a small fairy
une petite fée

a strong knight
un chevalier fort

The Ugly Duckling is weak.
Le vilain petit canard est faible.

The seasons

Les saisons

a tree
un arbre

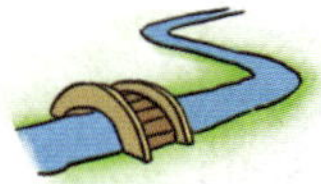

a river
une rivière

the wind
le vent

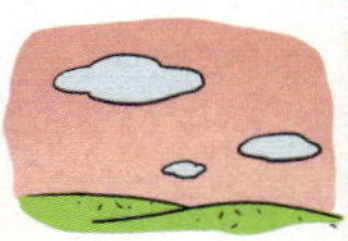

the sky
le ciel

autumn
l'automne

winter
l'hiver

a mountain
une montagne

snow
la neige

the sea
la mer

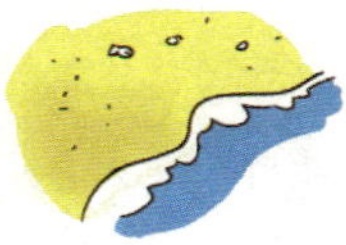
the beach
la plage

a cloud
un nuage

the sun
le soleil

a flower
une fleur

the garden
le jardin

rain
la pluie

grass
de l'herbe

a rainbow
un arc-en-ciel

All about me

Tout sur moi

I'm really angry!
Je suis vraiment en colère !

I'm sorry.
Je suis désolée.

I'm happy.
Je suis content.

I'm sad.
Je suis triste.

I'm really excited!
Je suis super content !

I think I'm sick.
Je crois que je suis malade.

I'm ashamed.
J'ai honte.

Mum's a bit stressed.
Maman est un peu stressée.

I'm tired.
Je suis fatigué.

How are you feeling?
Comment te sens-tu ?

I'm bored.
Je m'ennuie.

Don't be scared!
N'aie pas peur !

She's really mean.
Elle est vraiment méchante.

My father's chatty.
Mon père est bavard.

I'm shy.
Je suis timide.

He's so funny.
Il est trop drôle.

I'm lucky!
J'ai de la chance !

I'm unlucky.
Je n'ai pas de chance.

My brother is naughty.
Mon frère est vilain.

I'm forgetful.
Je suis étourdi.

My cat is lazy.
Mon chat est paresseux.

He's very brave.
Il est très courageux.

She's nice.
Elle est gentille.

a

a, an * **un, une**
a bird is singing *un oiseau chante*

across * **en face**
the house across the road
la maison d'en face

an **actor** * **un acteur**
the actor is here *l'acteur est ici*

an **actress** * **une actrice**
the actress is beautiful
l'actrice est belle

an **address** * **une adresse**
I'll give you my address
je te donnerai mon adresse

an **address book** * **un carnet d'adresses**
my address book is new
mon carnet d'adresses est neuf

an **adult** * **un adulte**
he's an adult *c'est un adulte*

afraid (to be) * **avoir peur**
I'm afraid of lions *j'ai peur des lions*

after * **après**
I go to bed after dinner
je vais au lit après le dîner

the **afternoon** * **l'après-midi**
Peter will call you in the afternoon
Peter t'appellera dans l'après-midi

again * **encore**
have you lost your gloves again?
as-tu encore perdu tes gants ?

the **age** * **l'âge**
do you know your father's age?
connais-tu l'âge de ton père ?

an **airport** * **un aéroport**
go to the airport *va à l'aéroport*

an **alarm clock** * **un réveil**
I hate alarm clocks! *je déteste les réveils !*

alive * **vivant**
the animal is ill but it is still alive
l'animal est malade mais il est toujours vivant

all * **tous**
all the children listen *tous les enfants écoutent*

an **alphabet** * **un alphabet**
there are 26 letters in the French alphabet
il y a 26 lettres dans l'alphabet français

always * **toujours**
Alice always sleeps with her teddy bear
Alice dort toujours avec son ours en peluche

and * **et**
apples and pears *des pommes et des poires*

angry * **en colère**
Tom is angry with you
Tom est en colère contre toi

an **animal** * **un animal**
I want to see the animals
je veux voir les animaux

an **ankle** * **une cheville**
my ankle is broken *ma cheville est cassée*

an **anorak** * **un anorak**
I wear my anorak in winter
je porte mon anorak en hiver

another * **un autre**
can I have another orange juice?
je peux avoir un autre jus d'orange ?

any * **du, de la, des**
do you have any brothers or sisters?
tu as des frères et sœurs ?

anything * **quelque chose**
is there anything for me to eat?
y a-t-il quelque chose à manger pour moi ?

an **apple** * **une pomme**
the apple is green *la pomme est verte*

an **apple pie** * **une tarte aux pommes**
Mummy often bakes apple pies
maman fait souvent des tartes aux pommes

April * **avril**
April is the fourth month of the year
avril est le quatrième mois de l'année

an **arm** * **un bras**
my arm hurts *mon bras me fait mal*

an **armchair** * **un fauteuil**
this armchair is very comfortable
ce fauteuil est très confortable

around * **autour de**
children are running around the classroom
les enfants courent autour de la classe

an **artist** * **un artiste**
I want to be an artist *je veux être artiste*

ask (to) * **demander**
can I ask you a question?
puis-je vous poser une question ?

an **astronaut** * **un astronaute**
he wants to be an astronaut
il veut être astronaute

at * **à, chez**
Lea is at the doctor's *Lea est chez le docteur*

at last * **enfin**
it's quiet here at last *c'est enfin calme ici*

August * **août**
August is the eighth month of the year
août est le huitième mois de l'année

an **aunt** * **une tante**
my aunt is coming *ma tante arrive*

autumn * **automne**
autumn is one of the four seasons
l'automne est l'une des quatre saisons

an **avocado** * **un avocat**
I like avocados *j'aime les avocats*

awake * **éveillé, réveillé**
are you awake? *tu es réveillé ?*

away (to go) * **partir**
she's gone away *elle est partie*

awful * **terrible**
the weather is awful *il fait un temps affreux*

b

a **baby, babies** * **un bébé, des bébés**
the big bird is feeding its babies
le gros oiseau donne à manger à ses petits

the **back** * **le dos**
the bag is on your back *le sac est sur ton dos*

backstage * **les coulisses**
the actors are backstage
les acteurs sont en coulisses

backwards * **en arrière**
walk backwards! *recule !*

bad * **mauvais**
you are a bad boy! *tu es un vilain garçon !*

a **bag** * **un sac**
my bag is heavy *mon sac est lourd*

a **bakery** * **une boulangerie**
the bakery is open *la boulangerie est ouverte*

a **ball** * **un ballon**
Tom has a red ball *Tom a un ballon rouge*

a **banana** * **une banane**
monkeys like bananas
les singes aiment les bananes

a **band** * **un orchestre**
Bob and Peter play in a band
Bob et Peter jouent dans un orchestre

a **bank** * **une banque**
there is a bank next to the school
il y a une banque à côté de l'école

basketball * **le basket**
I play basketball every Sunday morning
je joue au basket tous les dimanches matins

a **bath** * une baignoire, un bain
I'll have a bath *je vais prendre un bain*

a **bathroom** * une salle de bains
don't play in the bathroom!
ne joue pas dans la salle de bains !

be (to) * être
she wants to be a teacher
elle veut être professeur

a **beach** * une plage
I prefer to go to the beach
je préfère aller à la plage

beans * des haricots
beans are green, red or white
les haricots sont verts, rouges ou blancs

a **bear** * un ours
there is a white bear at the zoo
il y a un ours blanc au zoo

beat (to) * battre, gagner
we beat them 5-0 *on les a battus 5 à 0*

beautiful * beau
what a beautiful violin! *quel beau violon !*

become (to) * devenir
if I become an architect, I'll build houses
si je deviens architecte, je construirai des maisons

because * parce que
I'm thirsty because it's hot
j'ai soif parce qu'il fait chaud

a **bed** * un lit
the children don't want to go to bed
les enfants ne veulent pas aller se coucher

a **bedroom** * une chambre à coucher
there are three bedrooms *il y a trois chambres*

beef * du bœuf
do you prefer beef or chicken?
tu préfères le bœuf ou le poulet ?

before * avant
before dinner, I have a bath
avant le dîner, je prends un bain

begin (to) * commencer
it's beginning to rain *il commence à pleuvoir*

behind * derrière
I'm behind the door *je suis derrière la porte*

believe (to) * croire
believe me, I'm sure *crois-moi, je suis sûr*

a **belt** * une ceinture
did you buy a belt?
tu as acheté une ceinture ?

the **best** * le meilleur, le mieux
this is the best cake in the world
c'est le meilleur gâteau du monde

between * entre
I live between a bakery and a library
j'habite entre une boulangerie et une bibliothèque

big * 1. grand
the big game *le grand match*
2. gros
the big bird *le gros oiseau*

a **big top** * un chapiteau
the circus has a big top
le cirque a un chapiteau

a **bike** * un vélo
do you have a bike? *as-tu un vélo ?*

binoculars * des jumelles
I can see the birds with my binoculars
je peux voir les oiseaux grâce à mes jumelles

a **bird** * un oiseau
the bird has built its nest
l'oiseau a fait son nid

a **birthday** * un anniversaire
happy birthday! *joyeux anniversaire !*

black * noir
the black panther *la panthère noire*

a **blackboard** * un tableau noir
there is a blackboard in my classroom
il y a un tableau noir dans ma classe

a **blanket** * une couverture
the blanket is warm la couverture est chaude

blonde * blond
he has blonde hair il a les cheveux blonds

blood * le sang
blood is red le sang est rouge

a **blouse** * un chemisier
I like your blouse j'aime ton chemisier

blow (to) * souffler
the wind blows during a storm
le vent souffle pendant un orage

blue * bleu
the sky is blue le ciel est bleu

a **boat** * un bateau
the small boat le petit bateau

the **body** * le corps
we are studying the human body
nous étudions le corps humain

a **bonnet** * un capot
the engine is under the bonnet
le moteur est sous le capot

a **book** * un livre
I read a book je lis un livre

the bookshelves * des rayonnages
the books are on the bookshelves
les livres sont sur les rayonnages

a **boot** * un coffre (de voiture)
the boot is full le coffre est plein

boring * ennuyeux
this film is boring ce film est ennuyeux

a **bottle** * une bouteille
a bottle of wine une bouteille de vin

the **bottom** * le fond
the bottom of the box le fond de la boîte

a **bowl** * un bol
take a bowl prends un bol

a **box** * une boîte
matches are always in a box
les allumettes sont toujours dans une boîte

a **boy** * un garçon
have you seen the boy? as-tu vu le garçon ?

a **brake** * un frein
put on the brakes appuie sur le frein

a **branch** * une branche
the tree has big branches
l'arbre a de grosses branches

brave * courageux
he is brave il est courageux

bread * du pain
bread and butter du pain et du beurre

break (to) * casser
he often breaks his toys
il casse souvent ses jouets

a **breakfast** * un petit déjeuner
I eat bread for breakfast
je prends du pain au petit déjeuner

a **bridge** * un pont
there are many bridges over the river
il y a de nombreux ponts sur le fleuve

a **brother** * un frère
I have four brothers j'ai quatre frères

brown * brun
my teddy bear is brown
mon ours en peluche est brun

brush (to) * brosser
I brush my hair every morning
je me brosse les cheveux tous les matins

to **build** * construire
he builds houses and boats
il construit des maisons et des bateaux

a **bumper** * un pare-chocs
this 4x4 has a big bumper
ce 4x4 a un gros pare-chocs

a **bush** * **un buisson**

there are bees in the bush
il y a des abeilles dans le buisson

busy * **occupé, affairé**
the teacher is busy *le professeur est occupé*

but * **mais**
my father likes the forest, but I don't
mon père aime bien la forêt, mais pas moi

a **butcher** * **un boucher**
the butcher sells meat
le boucher vend de la viande

butter * **du beurre**
can I have butter? *puis-je avoir du beurre ?*

a **butterfly** * **un papillon**
the butterfly flies *le papillon vole*

buy (to) * **acheter**
I buy a new dress *j'achète une nouvelle robe*

bye-bye * **au revoir**
bye-bye, Mum *au revoir, maman*

C

a **cabbage** * **un chou**
do you often eat cabbage?
tu manges souvent du chou ?

a **cage** * **une cage**
the bird is in a cage
l'oiseau est dans une cage

a **cake** * **un gâteau**
this chocolate cake is very good
ce gâteau au chocolat est très bon

a **calculator** * **une calculette**
it's easy to use a calculator
c'est facile d'utiliser une calculette

a **calendar** * **un calendrier**
there is a calendar on the wall
il y a un calendrier au mur

to **call** * **appeler**
call me Bob *appelle-moi Bob*

a **camera** * **un appareil photo**
Dad has a new camera
papa a un nouvel appareil photo

a **cameraman** * **un cadreur**
the cameraman has a lot of work
le cadreur a beaucoup de travail

can * **pouvoir**
can I have the sugar, please?
je peux avoir le sucre, s'il te plaît ?

a **candle** * **une bougie**
we light the candles on the cake
nous allumons les bougies sur le gâteau

a **canoe** * **un canoë**
have you seen the canoe on the river?
tu as vu le canoë sur la rivière ?

a **cap** * **une casquette**
put a cap *mets une casquette*

a **car** * **une voiture**
a red car *une voiture rouge*

a **card** * **une carte**
send a card to your grandmother
envoie une carte à ta grand-mère

care (to) * **faire attention, s'occuper de**
I don't care! *je m'en moque !*

a **car park** * **un parking**
there are lots of cars in this car park
il y a beaucoup de voitures dans ce parking

a **carpenter** * **un charpentier**
are you a carpenter? *vous êtes charpentier ?*

a **carpet** * **un tapis**
I want a blue carpet in my bedroom
je veux un tapis bleu dans ma chambre

a **carrot** * **une carotte**
rabbits like carrots
les lapins aiment bien les carottes

carry (to) * **porter**
we carry our schoolbags
nous portons notre cartable

a **cartoon** * **un dessin animé**
there is a cartoon on TV
il y a un dessin animé à la télé

a **cashier** * **un caissier**
there is a cashier at the supermarket
il y a un caissier au supermarché

a **cat** * **un chat**
I love cats *j'aime les chats*

catch (to) * **attraper**
Mr Jones always catches nice butterflies
M. Jones attrape toujours de jolis papillons

a **ceiling** * **un plafond**
the ceiling of the room is pink
le plafond de la pièce est rose

a **celery** * **un céleri**
I don't like celery *je n'aime pas le céleri*

the **cellar** * **la cave**
the cellar is dark *la cave est sombre*

the **centre** * **le centre**
the center of the circle *le centre du cercle*

cereal * **céréales**
they eat cereal for breakfast
ils mangent des céréales au petit déjeuner

a **chain** * **une chaîne**
I have a chain round my neck
je porte une chaîne autour du cou

a **chair** * **une chaise**
can I have a chair, please?
puis-je avoir une chaise, s'il vous plaît ?

chalk * **de la craie**
there is chalk on the blackboard
il y a de la craie sur le tableau

change * **la monnaie**
here's your change *et voilà votre monnaie*

cheap * **pas cher**
this toy is cheap *ce jouet n'est pas cher*

a **cheek** * **une joue**
a kiss on the cheek *un baiser sur la joue*

cheese * **du fromage**
have you got some cheese? *as-tu du fromage ?*

a **chef** * **un chef (de cuisine)**
what does the chef say? *que dit le chef ?*

a **cherry** * **une cerise**
the cherry is red *la cerise est rouge*

the **chest** * **la poitrine**
my chest aches when I cough
j'ai mal à la poitrine quand je tousse

a **chicken** * **un poulet**
there are many chickens on this farm
il y a beaucoup poulets dans cette ferme

a **child, children** * **un enfant, des enfants**
hi, children *bonjour, les enfants*

the **chin** * **le menton**
this is my chin *c'est mon menton*

chips * **des frites**
I'd like chips *je voudrais des frites*

chocolate * **du chocolat**
Dad buys chocolate for the children
papa achète du chocolat pour les enfants

Christmas * **Noël**
merry Christmas! *joyeux Noël !*

a **church** * **une église**
this church is very old
cette église est très vieille

a **circle** * **un cercle**
draw a circle, please
dessine un cercle, s'il te plaît

a **circus** * **un cirque**
the circus is in town *le cirque est en ville*

a **city** * **une ville**
you live in a city *tu vis dans une ville*

a **classroom** * **une salle de classe**
there are three classrooms in my school
il y a trois salles de classe dans mon école

clean * propre
your trousers are clean
ton pantalon est propre

close (to) * fermer
close your eyes! *ferme les yeux !*

close to * près de
that's close to my house
c'est près de chez moi

clothes * des vêtements
take warm clothes
prends des vêtements chauds

a **cloud** * un nuage
look at this big cloud *regarde ce gros nuage*

a **clown** * un clown
I want to be a clown *je veux être clown*

a **coat** * un manteau
Peter will buy a coat for winter
Peter va acheter un manteau pour l'hiver

coffee * du café
do you want some milk with your coffee?
tu veux du lait avec ton café ?

a **coin** * une pièce de monnaie
this is a golden coin
c'est une pièce de monnaie en or

cold * froid
go and get some cold milk
va chercher du lait froid

a **colour** * une couleur
what colour is my jacket?
de quelle couleur est ma veste ?

come (to) * venir, arriver
I'm coming! *j'arrive !*

come back (to) * revenir
you'll come back here *tu reviendras ici*

come in (to) * entrer
come in, Linda! *entre, Linda !*

comics * bandes dessinées
I love comics *j'adore les bandes dessinées*

a **computer** * un ordinateur
the computer is slow *l'ordinateur est lent*

a **concert** * un concert
what a great concert! *quel super concert !*

a **continent** * un continent
there are six continents
il y a six continents

a **cooker** * une cuisinière
there is an oven in my cooker
il y a un four dans ma cuisinière

cool * frais
the water is cool *l'eau est fraîche*

a **corner** * un coin
on the corner of the street *au coin de la rue*

cough (to) * tousser
Tom is coughing *Tom tousse*

the **country** * la campagne
I live in the country *je vis à la campagne*

a **cousin** * un cousin, une cousine
my cousin's name is Bob
mon cousin s'appelle Bob

a **cow** * une vache
this cow is ill *cette vache est malade*

crisps * des chips
can I have some crisps?
je peux avoir des chips ?

cross (to) * traverser
be careful when you cross the road
fais attention quand tu traverses la rue

a **crowd** * une foule
there is a crowd in front of the shop
il y a une foule devant la boutique

cry (to) * pleurer
don't cry! *ne pleure pas !*

a **cucumber** * un concombre
a cucumber is green *le concombre est vert*

a **cup** * une tasse
give me the cup and the spoon, please
donne-moi la tasse et la cuillère, s'il te plaît

a **cupboard** * un placard
the cups are in the cupboard
les tasses sont dans le placard

a **curtain** * un rideau
who is behind the curtain?
qui est derrière le rideau ?

a **cushion** * un coussin
there are a lot of cushions on my bed
il y a beaucoup de coussins sur mon lit

cut (to) * couper
Carl is cutting paper *Carl coupe du papier*

d

Dad, Daddy * papa
I play football with my Dad
je joue au foot avec mon papa

dance (to) * danser
let's dance! *dansons !*

a **dancer** * une danseuse
this dancer is wonderful
cette danseuse est merveilleuse

dangerous * dangereux
this crossroad is very dangerous
ce carrefour est très dangereux

dark * sombre
it's dark and cold *il fait sombre et froid*

a **date** * une date
write the date *écrivez la date*

a **daughter** * une fille
they have a daughter *ils ont une fille*

a **day** * un jour
there are seven days in a week
il y a sept jours dans une semaine

dear * cher, chère
my dear child *mon cher enfant*

December * décembre
December is the twelfth month of the year
décembre est le douzième mois de l'année

deep * profond
the river is deep *la rivière est profonde*

a **desert** * un désert
the Sahara is a desert *le Sahara est un désert*

a **desk** * un bureau
put it on my desk, please
mets-le sur mon bureau, s'il te plaît

a **dictionary** * un dictionnaire
the pupils have a new dictionary
les élèves ont un nouveau dictionnaire

difficult * difficile
is it difficult? *c'est difficile ?*

a **dining room** * une salle à manger
there is a big dining room
il y a une grande salle à manger

dinner * le dîner
he is having dinner with a friend
il dîne avec un ami

disappointed * déçu
the mouse ran, the cat is disappointed
la souris est partie, le chat est déçu

do (to) * faire
what can you do? *que peux-tu faire ?*

a **doctor** * un docteur
Dennis is at the doctor's
Dennis est chez le docteur

a **dog** * un chien
the dog is asleep *le chien est endormi*

a **doll** * une poupée
where is the doll? *où est la poupée ?*

a **dolphin** * un dauphin
they are swimming with dolphins
ils nagent avec des dauphins

a **donkey** * un âne
a grey donkey *un âne gris*

don't * ne... pas
well, don't stay too long
bon, ne reste pas trop longtemps

a **door** * une porte
open the door! *ouvre la porte !*

a **dove** * une colombe
she has painted a picture of a dove
elle a peint une colombe

down * en bas
she's down in the street
elle est en bas dans la rue

a **drawer** * un tiroir
I put my pencils in a drawer
je mets mes crayons dans un tiroir

a **drawing** * un dessin
what a nice drawing! *quel beau dessin !*

a **dream** * un rêve
an impossible dream *un rêve impossible*

a **dress** * une robe
Sally has a new dress *Sally a une robe neuve*

dressed (to get) * s'habiller
get dressed! *habille-toi !*

a **drill** * une perceuse
the drill is noisy *la perceuse est bruyante*

drink (to) * boire
what would you like to drink?
qu'est-ce que vous voulez boire ?

a **driver** * un conducteur
the driver is stopping *le conducteur s'arrête*

a **drum** * un tambour
my drum is red *mon tambour est rouge*

a **drumstick** * une baguette de tambour
he has lost his drumstick
il a perdu sa baguette de tambour

dry * sec, sèche
my clothes are dry *mes vêtements sont secs*

a **duck** * un canard
have you seen the duck? *tu as vu le canard ?*

e

an **eagle** * un aigle
there is an eagle *il y a un aigle*

an **ear** * une oreille
I've pierced ears *j'ai les oreilles percées*

early * tôt
I get up early every morning
je me lève tôt tous les matins

the **Earth** * la Terre
the Earth is round *la Terre est ronde*

east * est
the sun rises in the east *le soleil se lève à l'est*

easy * facile
it's not very easy *ce n'est pas très facile*

eat (to) * manger
do you eat eggs? *tu manges des œufs ?*

an **egg** * un œuf
I like eggs *j'aime les œufs*

eight * huit
I'm eight years old *j'ai huit ans*

eighteen * dix-huit
Mary can drive, she's eighteen years old
Mary peut conduire, elle a dix-huit ans

an **elbow** * un coude
your jacket has a hole in the elbow
ta veste est trouée au coude

an **elephant** * un éléphant
I saw an elephant
j'ai vu un éléphant

eleven * onze
I'm inviting eleven friends over this Sunday
j'invite onze copains ce dimanche

empty * vide
my plate is empty *mon assiette est vide*

the **end** * la fin
the end of the film *la fin du film*

an **engine** * **un moteur**
the engine in this car is broken
le moteur de la voiture est cassé

English * **anglais**
Mum likes English tea
maman aime le thé anglais

enjoy (to) * **profiter (de), s'amuser**
enjoy the party! *amuse-toi bien à la fête !*

enough * **assez (de)**
there is enough milk *il y a assez de lait*

an **envelope** * **une enveloppe**
you can write the address on this envelope
tu peux écrire l'adresse sur cette enveloppe

a **euro** * **un euro**
how many euros do you have in your pocket?
combien d'euros as-tu dans ta poche ?

even * **même**
I don't like soup, even with cheese
je n'aime pas la soupe, même avec du fromage

the **evening** * **le soir**
good evening! *bonsoir !*

every * **chaque, tous, toutes**
I eat my breakfast every day
je prends mon petit déjeuner tous les jours

everywhere * **partout**
Emily is looking everywhere: no cat!
Emily cherche partout : pas de chat !

excellent * **excellent**
this meal is excellent *ce repas est excellent*

excuse (to) * **excuser**
excuse-me, who is Lili? *pardon, qui est Lili ?*

an **exercise book** * **un cahier**
the pupils are writing in their exercise books
les élèves écrivent dans leur cahier

an **exit** * **une sortie**
where is the exit? *où est la sortie ?*

expensive * **cher, coûteux**
this toy is expensive *ce jouet est cher*

explore (to) * **explorer**
it's fun to explore the mountain
c'est amusant d'explorer la montagne

an **eye** * **un œil**
open your eyes! *ouvrez les yeux !*

f

a **face** * **un visage**
he is washing his face *il se lave le visage*

a **family** * **une famille**
my family lives in the countryside
ma famille vit à la campagne

a **fan** * **un supporter**
are you a fan of this team?
es-tu un supporter de cette équipe ?

fantastic * **fantastique, formidable**
the party is fantastic! *la fête est fantastique !*

far * **loin**
Tom lives far from here *Tom habite loin d'ici*

a **farm** * **une ferme**
there are many animals in a farm
il y a beaucoup d'animaux dans une ferme

a **farmer** * **un fermier**
the farmer is busy *le fermier est occupé*

fat * **gros**
the dog is too fat *le chien est trop gros*

a **father** * **un père**
Mary's father is a doctor
le père de Mary est médecin

favourite * **favori, préféré**
it's my favourite cake
c'est mon gâteau préféré

a **feather** * **une plume**
this bird has beautiful feathers
cet oiseau a de jolies plumes

February * **février**
February is the second month of the year
février est le deuxième mois de l'année

feed (to) * **nourrir**
let's feed the cat *allons nourrir le chat*

feel (to) * **sentir, se sentir**
how are you feeling? *comment te sens-tu ?*

a **field** * **un terrain, un champ**
there are two cows in the field
il y a deux vaches dans le champ

fifteen * **quinze**
there are fifteen players in a rugby team
une équipe de rugby compte quinze joueurs

fifty * **cinquante**
it costs fifty euros *cela coûte cinquante euros*

fight (to) * **se battre**
they musn't fight *ils ne doivent pas se battre*

find (to) * **trouver**
find your schoolbag, we are late!
trouve ton cartable, nous sommes en retard !

fine * **bien**
I'm fine, thank you *je vais bien, merci*

a **finger** * **un doigt**
we have ten fingers *nous avons dix doigts*

finish (to) * **finir, terminer**
finish your homework! *termine tes devoirs !*

a **fire engine** * **un camion de pompiers**
fire engines are red
les camions de pompiers sont rouges

a **fireman** * **un pompier**
a brave fireman *un pompier courageux*

first * **premier**
is this your first day at school?
c'est ton premier jour à l'école ?

a **fish** * **un poisson**
a fish is in the lake *un poisson est dans le lac*

five * **cinq**
Clara is five years old *Clara a cinq ans*

a **flame** * **une flamme**
there are big flames in the fireplace
il y a de grosses flammes dans la cheminée

the **floor** * **le plancher, le sol**
there are too many toys on the floor
il y a trop de jouets par terre

a **flower** * **une fleur**
this flower smells nice
cette fleur sent bon

fly (to) * **voler**
the birds fly *les oiseaux volent*

the **food** * **la nourriture**
the food's coming *la nourriture arrive*

a **foot, feet** * **un pied, des pieds**
we have two feet *nous avons deux pieds*

football * **le football**
boys love football *les garçons adorent le foot*

for * **1. pour**
is this soup for you? *la soupe est pour vous ?*
* **2. pendant**
he sang for hours *il a chanté pendant des heures*

the **forehead** * **le front**
Alice's forehead is hot, she's ill
Alice a le front chaud, elle est malade

a **forest** * **une forêt**
there is a forest behind my house
il y a une forêt derrière ma maison

to **forget** * **oublier**
don't forget your coat! *n'oublie pas ta veste !*

a **fork** * **une fourchette**
pick up your fork *prends ta fourchette*

forty * **quarante**
Dad is forty years old *papa a quarante ans*

forwards * **en avant**
he leaned forwards *il s'est penché en avant*

four * **quatre**
there are four kittens *il y a quatre chatons*

fourteen ✶ **quatorze**
I know fourteen English verbs
je connais quatorze verbes anglais

a **frame** ✶ **un cadre**
there are several pictures in this frame
il y a plusieurs photos dans ce cadre

free ✶ **gratuit**
the park is free *le parc est gratuit*

Friday ✶ **vendredi**
my friend is coming on Friday
mon ami viendra vendredi

a **fridge** ✶ **un réfrigérateur**
close the fridge! *ferme le réfrigérateur !*

a **friend** ✶ **un ami, une amie**
I'm Mary's friend *je suis l'ami de Mary*

frightened ✶ **effrayé**
the mouse is frightened of the cat
la souris a peur du chat

a **frog** ✶ **une grenouille**
the frog jumps *la grenouille saute*

from ✶ **de**
where are you from? *tu es d'où ?*

a **fruit** ✶ **un fruit**
Lila likes fruits *Lila aime les fruits*

full ✶ **plein**
the bath is full *la baignoire est pleine*

fun ✶ **amusant**
it's a lot of fun *c'est très amusant*

funny ✶ **drôle**
this film is funny *ce film est drôle*

furniture ✶ **des meubles**
are you going to buy furniture?
tu vas acheter des meubles ?

g

a **game** ✶ **un match**
the game is over *le match est fini*

a **garage** ✶ **un garage**
he's in the garage *il est au garage*

a **garden** ✶ **un jardin**
what a lovely garden! *quel joli jardin !*

a **gardener** ✶ **un jardinier**
the gardener is busy *le jardinier est occupé*

a **gate** ✶ **un portail**
there is a big house behind this gate
il y a une grande maison derrière ce portail

geography ✶ **la géographie**
we learn geography at school
nous apprenons la géographie à l'école

get (to) ✶ **recevoir, obtenir**
Brenda is getting a present
Brenda reçoit un cadeau

a **giraffe** ✶ **une girafe**
a giraffe has a long neck
la girafe a un long cou

a **girl** ✶ **une fille**
these girls are nice *ces filles sont sympa*

give (to) ✶ **donner**
I'll give you a book *je te donnerai un livre*

a **glass** ✶ **un verre**
would you like a glass of water?
veux-tu un verre d'eau ?

a **glove** ✶ **un gant**
take your gloves *prends tes gants*

glue ✶ **de la colle**
you can repair things with glue
tu peux réparer des objets avec de la colle

go (to) ✶ **aller**
I'm going to school *je vais à l'école*

a **goal** ✶ **un but**
it's a goal! *but !*

a **goat** ✶ **une chèvre**
the goat is gone *la chèvre est partie*

good ✶ **bon**
this wine is good *ce vin est bon*

good evening * **bonsoir**
good evening, Dad! *bonsoir papa !*

good morning * **bonjour**
good morning, Mum! *bonjour maman !*

a **gorilla** * **un gorille**
a gorilla is a very big animal
un gorille est un très gros animal

a **grandfather** * **un grand-père**
my grandfather lives abroad
mon grand-père vit à l'étranger

a **grandmother** * **une grand-mère**
does your grandmother like football?
est-ce que ta grand-mère aime le foot ?

a **grapefruit** * **un pamplemousse**
I like grapefruit *j'aime le pamplemousse*

grapes * **du raisin**
you can eat grapes in September
on peut manger du raisin en septembre

grass * **de l'herbe**
the children are playing in the grass
les enfants jouent dans l'herbe

great * **super**
what a great idea! *quelle super idée !*

green * **vert**
grass is green *l'herbe est verte*

grey * **gris**
he has grey hair *il a les cheveux gris*

guess (to) * **deviner**
guess what is in my hand!
devine ce que j'ai dans la main !

a **guitar** * **une guitare**
she plays the guitar *elle joue de la guitare*

h

hair * **les cheveux**
my doll's hair is wonderful
les cheveux de ma poupée sont magnifiques

a **hairbrush** * **une brosse à cheveux**
a pink hairbrush *une brosse à cheveux rose*

a **hairdresser** * **un coiffeur**
do you know a good hairdresser?
tu connais un bon coiffeur ?

half * **demi**
it's half past six *il est six heures et demie*

ham * **du jambon**
can I have a ham sandwich?
puis-je avoir un sandwich au jambon ?

a **hamburger** * **un hamburger**
Harry likes hamburgers very much
Harry aime beaucoup les hamburgers

a **hammer** * **un marteau**
a big hammer *un gros marteau*

a **hand** * **une main**
give me your hand *donne-moi la main*

handlebars * **le guidon**
your handlebars are broken
ton guidon est cassé

happy * **content, heureux**
happy birthday! *bon anniversaire !*

hard * **dur**
the lesson is hard *la leçon est dure*

a **hat** * **un chapeau**
take your hat *prends ton chapeau*

have (to) * **avoir**
I have a little brother *j'ai un petit frère*

he * **il**
he works hard *il travaille dur*

the **head** * **la tête**
my head hurts *j'ai mal à la tête*

a **headlight** * **un phare**
have you seen the car's headlights?
tu as vu les phares de la voiture ?

health * **la santé**
it's good for your health
c'est bon pour ta santé

hear (to) * **entendre**
I can't hear you *je ne vous entends pas*

heavy * **lourd**
this present is heavy *ce cadeau est lourd*

a **helmet** * **un casque**
a big helmet *un gros casque*

help (to) * **aider**
can you help me? *peux-tu m'aider ?*

a **hen** * **une poule**
there are hens on this farm
il y a des poules dans cette ferme

her * **son, sa, ses**
her dress is yellow *sa robe est jaune*

here * **ici**
I'm new here *je suis nouveau ici*

here's * **voici, voilà**
here's your change *voilà votre monnaie*

he's * **il est**
he's tired *il est fatigué*

hi * **salut**
hi John! *salut John !*

hide-and-seek * **cache-cache**
he's playing hide-and-seek
il joue à cache-cache

high * **haut**
the trapeze is high *le trapèze est haut*

a **hill** * **une colline**
the top of the hill *le sommet de la colline*

him * **lui**
show him the cat *montre-lui le chat*

a **hip** * **une hanche**
she has her hands on her hips
elle a ses mains sur les hanches

his * **son, sa, ses**
his bike is new *son vélo est neuf*

holidays * **les vacances**
happy holidays! *bonnes vacances !*

a **home** * **une maison**
they want to stay at home
ils veulent rester à la maison

homework * **les devoirs**
we have two hours to do our homework
on a deux heures pour faire nos devoirs

honey * **du miel**
bees make honey *les abeilles font du miel*

hope (to) * **espérer**
I hope you come *j'espère que tu viendras*

a **horse** * **un cheval**
this horse is mine *ce cheval est à moi*

a **hose** * **un tuyau**
this garden hose is very long
ce tuyau d'arrosage est très long

a **hospital** * **un hôpital**
Lucy was ill; she went to the hospital
Lucie était malade, elle est allée à l'hôpital

hot * **chaud**
my milk is too hot *mon lait est trop chaud*

a **hotel** * **un hôtel**
the hotel is full *l'hôtel est complet*

an **hour** * **une heure**
we'll be back in an hour
nous serons de retour dans une heure

a **house** * **une maison**
I live in a house *j'habite dans une maison*

how * **comment**
how are you today?
comment vas-tu aujourd'hui ?

how many * **combien**
how many pens do you have?
combien de crayons as-tu ?

how much * **combien**
how much is it? *ça fait combien ?*

hundred * **cent**
a hundred euros *cent euros*

hungry (to be) * **avoir faim**
I'm very hungry *j'ai très faim*

hurry up (to) * **se dépêcher**
hurry up! *dépêche-toi !*

a **husband** * **un mari**
her husband is out *son mari est sorti*

i

I * **je**
I am twelve years old *j'ai douze ans*

ice cream * **de la glace**
I love ice cream *j'adore la glace*

if * **si**
if it's pink, it's mine *s'il est rose, c'est le mien*

ill * **malade**
I'm feeling ill today
je me sens malade aujourd'hui

I'm * **je suis**
I'm your friend *je suis votre amie*

impossible * **impossible**
it's impossible to run that fast
c'est impossible de courir si vite

in * **dans**
I'm in the kitchen *je suis dans la cuisine*

in front of * **devant**
the children are waiting in front of the school
les enfants attendent devant l'école

inside * **dedans**
the dog is inside *le chien est à l'intérieur*

an **instrument** * **un instrument**
do you play any musical instruments?
tu joues d'un instrument de musique ?

interesting * **intéressant**
this exhibition is interesting
cette exposition est intéressante

an **invitation** * **une invitation**
here is an invitation to my birthday
voici une invitation pour mon anniversaire

invite (to) * **inviter**
did you invite him? *l'as-tu invité ?*

an **island** * **une île**
there is a small island over there
il y a une petite île là-bas

isn't it * **n'est-ce pas**
strange, isn't it? *étrange, n'est-ce pas ?*

it * **il, elle**
take your hat, it's on your bed
prends ton chapeau, il est sur ton lit

its * **son, sa, ses**
the bird is feeding its babies
l'oiseau donne à manger à ses petits

it's * **1. il est**
it's three o'clock *il est trois heures*
* **2. il fait**
yes, it's dark *oui, il fait sombre*

j

a **jacket** * **une veste**
she forgot her jacket *elle a oublié sa veste*

jam * **de la confiture**
what is your favourite kind of jam?
quelle est ta confiture préférée ?

January * **janvier**
January is the first month of the year
janvier est le premier mois de l'année

a **jeans** * **un jean**
she has new jeans *elle a un nouveau jean*

a **jewel** * **un bijou**
the thief has stolen the jewels
le voleur a volé les bijoux

a **job** * **un métier**
he's looking for a job *il cherche un travail*

joke (to) * **plaisanter**
I'm just joking *je plaisante*

Mille mots d'anglais

juice * du jus
orange juice *du jus d'orange*

July * juillet
July is the seventh month of the year
juillet est le septième mois de l'année

jump (to) * sauter
the cat is jumping over the box
le chat saute par-dessus la boîte

June * juin
June is the sixth month of the year
juin est le sixième mois de l'année

the **jungle** * la jungle
lots of animals live in the jungle
de nombreux animaux vivent dans la jungle

just * juste, à l'instant
he has just done it *il vient juste de le faire*

k

keep (to) * garder
Kim wants to keep the bicycle
Kim veut garder le vélo

ketchup * du ketchup
there is no more ketchup in the fridge
il n'y a plus de ketchup au réfrigérateur

a **key** * une clé
don't forget your key *n'oublie pas ta clé*

a **keyboard** * un clavier
I need a new keyboard
j'ai besoin d'un nouveau clavier

a **kid** * un enfant, un gosse
kids, be quiet! *du calme, les enfants !*

kind * gentil
the teacher is kind *le professeur est gentil*

kiss (to) * embrasser
the mother is kissing her baby
la maman embrasse son bébé

a **kitchen** * une cuisine
come in the kitchen *viens dans la cuisine*

a **kite** * un cerf-volant
the kite is in the sky
le cerf-volant est dans le ciel

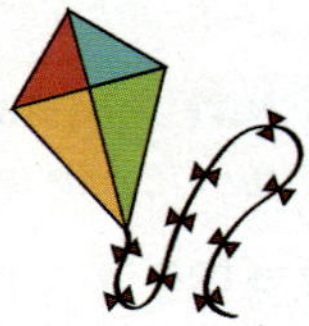

a **kitten** * un chaton
the kitten is cute *le chaton est mignon*

a **knee** * un genou
your knee is all red; did you fall over?
ton genou est rouge ; tu es tombé ?

a **knife** * un couteau
you use a knife to cut things
on se sert d'un couteau pour couper

know (to) * savoir
I don't know *je ne sais pas*

l

a **lamp** * une lampe
this lamp is broken *cette lampe est cassée*

large * grand
a large box *une grande boîte*

last (at) * enfin
at last, we found the dog
enfin, nous avons trouvé le chien

late * en retard
we're late *nous sommes en retard*

laugh (to) * rire
the children are laughing *les enfants rient*

a **leaf, leaves** * une feuille, des feuilles
leaves fall in autumn
les feuilles tombent en automne

learn (to) * apprendre
Arthur is learning a poem
Arthur apprend un poème

a **leek** * **un poireau**
I will buy leeks at the market
j'achèterai des poireaux au marché

left * **gauche**
turn to your left *tourne à gauche*

a **leg** * **une jambe**
long legs *de longues jambes*

a **lemon** * **un citron**
do you want lemon with your tea?
tu veux du citron avec ton thé ?

less * **moins**
put less salt! *mets moins de sel !*

a **lesson** * **un cours, une leçon**
a geometry lesson *un cours de géométrie*

a **lettuce** * **une laitue**
can I have some lettuce in my sandwich?
puis-je avoir de la laitue dans mon sandwich ?

a **library** * **une bibliothèque**
Bill goes to the library after school
Bill va à la bibliothèque après l'école

a **lift** * **un ascenseur**
there is a lift in this building
il y a un ascenseur dans cet immeuble

lift up (to) * **lever**
lift your foot up! *lève le pied !*

a **lighthouse** * **un phare**
there is a lighthouse by the sea
il y a un phare sur la mer

the **lightning** * **les éclairs**
we can see lightning during a storm
on peut voir des éclairs pendant un orage

like * **comme**
like everywhere in the world
comme partout dans le monde

like (to) * **aimer**
do you like the summer? *tu aimes l'été ?*

a **lion** * **un lion**
lions are sleeping *les lions dorment*

the **lip** * **la lèvre**
my lips are red *mes lèvres sont rouges*

a **list** * **une liste**
have you got the list? *tu as la liste ?*

listen (to) * **écouter**
listen to me! *écoutez-moi !*

little * **petit**
the little girl is afraid *la petite fille a peur*

live (to) * **habiter**
I live on Pine Street *j'habite dans Pine Street*

a **living room** * **une salle de séjour**
my living room is too small
ma salle de séjour est trop petite

long * **1. longtemps**
a very long time *très longtemps*
* **2. long**
she has long hair *elle a les cheveux longs*

look (to) * **1. avoir l'air**
this cake looks delicious
ce gâteau a l'air délicieux
* **2. regarder**
look at the pictures in the book!
regarde les images dans le livre !

a **lorry** * **un camion**

the lorry carries vegetables
le camion transporte des légumes

lost * **perdu**
we're lost *nous sommes perdus*

a **lot** * **très, beaucoup**
it's a lot of fun *c'est très amusant*

loud * **fort**
the music is too loud *la musique est trop forte*

love (to) * **adorer**
I love chocolate *j'adore le chocolat*

lovely * **1. agréable**
what a lovely place! *quel endroit agréable!*
* **2. délicieux**
it looks lovely *ça a l'air délicieux*

low * **bas**
this ceiling is low *ce plafond est bas*

luck * **chance**
good luck! *bonne chance !*

a **lunch** * **un déjeuner**
lunch is ready! *le déjeuner est prêt !*

luggage * **des bagages**
my luggage is lost *mes bagages sont perdus*

m

magic * **magique**
magic tricks *des tours de magie*

a **magician** * **un magicien**
the magician arrives *le magicien arrive*

make (to) * **faire, fabriquer**
Mummy is making a cake
maman fait un gâteau

a **man** * **un homme**
this man is tall *cet homme est grand*

a **map** * **une carte**
Mandy is looking at the map
Mandy regarde la carte

March * **mars**
March is the third month of the year
mars est le troisième mois de l'année

a **mask** * **un masque**
the clown has a mask on his face
le clown porte un masque sur le visage

a **mast** * **un mât**
the mast of the boat *le mât du bateau*

a **match** * **une allumette**
don't play with the matches
ne joue pas avec les allumettes

maths * **les maths**
I have a maths lesson *j'ai un cours de maths*

May * **mai**
May is the fifth month of the year
mai est le cinquième mois de l'année

maybe * **peut-être**
maybe he's right *peut-être qu'il a raison*

me * **moi**
I like chocolate – me too
j'aime le chocolat – moi aussi

a **meal** * **un repas**
enjoy your meal! *bon appétit !*

the **meat** * **la viande**
the butcher's meat *la viande du boucher*

a **mechanic** * **un mécanicien**
this mechanic works in a garage
ce mécanicien travaille dans un garage

a **medicine** * **un médicament**
the doctor prescribes medicine
le docteur prescrit des médicaments

meet (to) * **rencontrer**
I want to meet you *je veux te rencontrer*

a **melon** * **un melon**
this melon is sweet *ce melon est sucré*

a **mess** * **une pagaille**
what a mess! *quelle pagaille !*

a **microphone** * **un micro**
use a microphone, we can't hear you
prends un micro, on n'entend pas

midnight * **minuit**
it's almost midnight *il est presque minuit*

milk * **du lait**
milk is white *le lait est blanc*

mine * **le mien, la mienne**
it's mine *c'est la mienne*

a **minute** * **une minute**
just a minute *juste une minute*

a **mirror** * **un miroir, une glace**
look at yourself in the mirror
regarde-toi dans la glace

miss (to) * **rater**
I missed my train *j'ai raté mon train*

Monday * **lundi**
Monday is the first day of the week
lundi est le premier jour de la semaine

money * **l'argent**
pocket money *de l'argent de poche*

a **monkey** * **un singe**
monkeys may bite *les singes peuvent mordre*

a **month** * **un mois**
there are twelve months in one year
il y a douze mois dans une année

the **moon** * **la lune**
the moon is beautiful *la lune est belle*

the **morning** * **le matin**
good morning! *bonjour !*

a **mother** * **une mère**
my mother is kind *ma mère est gentille*

a **mountain** * **une montagne**
Bob is going to the mountains
Bob va à la montagne

a **mouse** * **une souris**
a little mouse *une petite souris*

the **mouth** * **la bouche**
close your mouth *ferme la bouche*

much * **beaucoup**
thank you very much *merci beaucoup*

Mum, Mummy * **maman**
Mum works *maman travaille*

a **museum** * **un musée**
we went to see some pictures in a museum
on est allé voir des tableaux au musée

a **mushroom** * **un champignon**
some mushrooms are dangerous!
certains champignons sont dangereux !

the **music** * **la musique**
do you like music? *tu aimes la musique ?*

mustard * **de la moutarde**
he wants mustard *il veut de la moutarde*

mutton * **du mouton**
do you prefer beef or mutton?
tu préfères le bœuf ou le mouton ?

my * **mon, ma, mes**
my bag is too heavy *mon sac est trop lourd*

n

a **nail** * **un ongle**
your nails are long *tes ongles sont longs*

a **name** * **un nom**
my name's Linda *je m'appelle Linda*

a **napkin** * **une serviette**
there are red napkins on the table
il y a des serviettes rouges sur la table

nature * **la nature**
the beauties of nature *les beautés de la nature*

a **neck** * **un cou**
Jane has a necklace around her neck
Jane a un collier autour du cou

need (to) * **avoir besoin de**
I need to brush my hair
il faut que je me brosse les cheveux

a **neighbour** * **un voisin**
the neighbours are going *les voisins s'en vont*

a **nest** * **un nid**
have you seen the nest? *as-tu vu le nid ?*

never * **jamais**
I will never do that *je ne ferai jamais ça*

never mind * **ça ne fait rien**
I don't like these vegetables – never mind
je n'aime pas ces légumes – ça ne fait rien

new * **nouveau**
I'm new here *je suis nouveau ici*

a **newspaper** * **un journal**
Sarah is reading a newspaper
Sarah lit un journal

New Year * **la nouvelle année**
happy New Year! *bonne année !*

next door * **à côté**
I live next door *j'habite à côté*

nice * **sympa**
this is a nice girl *c'est une fille sympa*

a **night** * **une nuit**
goodnight! *bonne nuit !*

nine * **neuf**
Jim is nine years old *Jim a neuf ans*

nineteen * **dix-neuf**
I have nineteen euros in my pocket
j'ai dix-neuf euros dans ma poche

ninety * **quatre-vingt-dix**
this lesson lasts ninety minutes
ce cours dure quatre-vingt dix minutes

no * **non**
no, I don't want *non, je ne veux pas*

noodles * **des pâtes**
I would like noodles with ham
je voudrais des nouilles avec du jambon

noon * **midi**
we're meeting at noon
on a rendez-vous à midi

the **north** * **le nord**
the north of France *le nord de la France*

the **nose** * **le nez**
blow your nose *mouche-toi le nez*

November * **novembre**
November is the eleventh month of the year
novembre est le onzième mois de l'année

now * **maintenant**
you are ten now *tu as dix ans maintenant*

number * **un numéro, un nombre**
she has the number 8 *elle a le numéro 8*

a **nurse** * **une infirmière**
the nurse is here *l'infirmière est là*

O

an **ocean** * **un océan**
the oceans are deep *les océans sont profonds*

o'clock * **heure**
it's three o'clock *il est trois heures*

October * **octobre**
October is the tenth month of the year
octobre est le dixième mois de l'année

an **octopus** * **une pieuvre**
can you see the octopus?
est-ce que tu vois la pieuvre ?

of course * **bien sûr**
of course I'll come *bien sûr que je viendrai*

often * **souvent**
we often meet on Saturdays
on se voit souvent le samedi

oil * **de l'huile**
put oil and vinegar on your salad
mets de l'huile et du vinaigre dans ta salade

old * **vieux**
this car is old *cette voiture est vieille*

older * **plus vieux**
what will you do when you're older?
que feras-tu quand tu seras grand ?

an **omelette** * **une omelette**
you make an omelette with eggs
on fait une omelette avec des œufs

on * **sur**
it's on your bed *il est sur ton lit*

one * **un, une**
there's one child left in the classroom
un enfant reste dans la classe

only ✱ **seulement**
there is only me *il n'y a que moi*

open (to) ✱ **ouvrir**
open your books! *ouvrez vos livres!*

or ✱ **ou**
black or green? *noir ou vert ?*

an **orange** ✱ **une orange**
please can you give me an orange
donne-moi une orange, s'il te plaît

an **orange juice** ✱ **un jus d'orange**
fresh orange juice? *du jus d'orange frais ?*

our ✱ **notre**
our house is next door *notre maison est à côté*

outside ✱ **à l'extérieur**
it's cold outside *il fait froid dehors*

an **oven** ✱ **un four**
put the chicken in the oven
mets le poulet au four

over ✱ **1. au-dessus de**
the plane is flying over the city
l'avion vole au-dessus de la ville
✱ **2. fini**
school is over *l'école est finie*

over there ✱ **là-bas**
the museum is over there
le musée est là-bas

an **owl** ✱ **une chouette**
owls can see in the dark
les chouettes peuvent voir dans le noir

p

a **paintbrush** ✱ **un pinceau**
a bleu paintbrush *un pinceau bleu*

a **painter** ✱ **un peintre**
this painter loves nature
ce peintre adore la nature

the **paper** ✱ **le papier**
paper is white *le papier est blanc*

a **parachute** ✱ **un parachute**
a parachute jump *un saut en parachute*

parents ✱ **les parents**
my parents are there *mes parents sont là*

a **party** ✱ **une fête**
what a nice party! *quelle fête sympa !*

a **pea** ✱ **un petit pois**
peas are green *les petits pois sont verts*

a **peach** ✱ **une pêche**
peaches are good *les pêches sont bonnes*

a **pear** ✱ **une poire**
this pear is rotten *cette poire est pourrie*

a **pen** ✱ **un stylo**
write with your pen *écris avec ton stylo*

a **pencil** ✱ **un crayon**
take your pencil *prends ton crayon*

a **penguin** ✱ **un pingouin**
penguins are funny
les pingouins sont amusants

the **people** ✱ **les gens**
the people are nice
les gens sont sympathiques

pepper ✱ **du poivre**
there is too much pepper in the pasta
il y a trop de poivre dans les pâtes

perhaps ✱ **peut-être**
perhaps it will rain
peut-être qu'il va pleuvoir

a **photograph** ✱ **une photo**
look at your photograph! *regarde ta photo!*

a **piano** ✱ **un piano**
do you play the piano? *tu joues du piano?*

a **picture** ✱ **une image, un tableau**
Linda likes picture books
Linda aime les livres d'images

a **pie** * une tarte
an apple pie *une tarte aux pommes*

a **piece** * un morceau
a piece of cake *un morceau de gâteau*

a **pig** * un cochon
pigs are dirty *les cochons sont sales*

a **pillow** * un oreiller
my pillow is soft *mon oreiller est doux*

a **pilot** * un pilote
this pilot is the best *c'est le meilleur pilote*

a **pineapple** * un ananas
pineapple juice *du jus d'ananas*

pink * rose
this flower is pink *cette fleur est rose*

a **place** * un endroit
this is a nice place *c'est un bel endroit*

a **plain** * une plaine
plains are often windy
les plaines sont souvent venteuses

a **plane** * un avion
her plane is late *son avion est en retard*

a **plate** * une assiette
can you wash your plate, please?
peux-tu laver ton assiette, s'il te plaît ?

play (to) * jouer
I can play the piano *je sais jouer du piano*

a **player** * un joueur
I know all the football players
je connais tous les joueurs de foot

please * s'il te plaît, s'il vous plaît
don't forget, please *n'oublie pas, s'il te plaît*

plus * plus
twelve plus seven *douze plus sept*

a **pocket** * une poche
put it in your pocket *mets-le dans ta poche*

point (to) * montrer (du doigt)
point to your ear! *montre ton oreille !*

a **pole** * un pôle
the South Pole *le pôle Sud*

a **police car** * une voiture de police
there is a police car in the road
il y a une voiture de police dans la rue

a **policeman** * un policier
the policeman is angry *le policier est en colère*

a **police station** * un commissariat
go to the police station *va au commissariat*

poor * pauvre
poor Peter! *pauvre Peter !*

pork * du porc
sausages are made with pork
les saucisses sont fabriquées avec du porc

a **post office** * une poste
we buy stamps at the post office
nous achetons les timbres à la poste

a **potato** * une pomme de terre
do you want fried potatoes?
tu veux des pommes de terre frites ?

prefer (to) * préférer
which one do you prefer?
lequel préfères-tu ?

a **present** * un cadeau
he brought a present *il a apporté un cadeau*

a **printer** * une imprimante
this printer is too old
cette imprimante est trop vieille

a **programmer** * un programmeur
a programmer works with computers
un programmeur travaille sur des ordinateurs

put down (to) * poser
put the book down! *pose le livre !*

pyjamas * un pyjama
where are your pyjamas? *où est ton pyjama ?*

q

a **quarter** * un quart
it's quarter to six
il est six heures moins le quart

a **question** * une question
ask your question *pose ta question*

quick * rapide
he ate a quick meal *il a pris un repas rapide*

quiet * calme
the children are quiet *les enfants sont calmes*

r

a **rabbit** * un lapin
the rabbit runs quickly *le lapin court vite*

a **racket** * une raquette
a squash racket *une raquette de squash*

a **radio** * une radio
Leo listens to the radio *Leo écoute la radio*

the **rain** * la pluie
the rain is falling heavily *il pleut très fort*

a **rainbow** * un arc-en-ciel
there are seven colours in the rainbow!
il y a sept couleurs dans l'arc-en-ciel !

a **raincoat** * un ciré
take your raincoat *prends ton ciré*

read (to) * lire
she never stops reading *elle lit tout le temps*

ready * prêt
are you ready? *tu es prête ?*

really * vraiment
do you really like this dress?
tu aimes vraiment cette robe ?

a **rectangle** * un rectangle
draw a rectangle in your exercice book
dessine un rectangle sur ton cahier

red * rouge
the tomato is red *la tomate est rouge*

a **referee** * un arbitre
the referee is tired *l'arbitre est fatigué*

remember (to) * se rappeler, se souvenir de
I remember you *je me souviens de toi*

a **reporter** * un journaliste
this reporter travels a lot
ce journaliste voyage beaucoup

a **restaurant** * un restaurant
do you know this Indian restaurant?
tu connais ce restaurant indien ?

rice * du riz
we eat rice *on mange du riz*

right * 1. exact, juste
you're right *tu as raison*
* 2. à droite
take the third road on the right!
prenez la troisième rue à droite !

a **river** * une rivière
cross the river *traverse la rivière*

a **road** * une route
there is a lot of traffic on this road
il y a beaucoup de circulation sur cette route

a **robot** * un robot
this robot is the hero in a cartoon
ce robot est le héros d'un dessin animé

a **rollerblade** * un roller
take my rollerblades, if you want
prends mes rollers, si tu veux

a **roof** * un toit
the cat is on the roof *le chat est sur le toit*

a **room** * une pièce
there are four rooms *il y a quatre pièces*

a **root** * une racine
roots grow under the ground
les racines poussent sous la terre

a **rope** * une corde

my skipping rope is broken
ma corde à sauter est cassée

round * rond
the Earth is round *la Terre est ronde*

a **rubber** * une gomme
take a pencil and a rubber
prends un crayon et une gomme

a **rug** * un tapis
the cat is on the rug *le chat est sur le tapis*

run (to) * courir
you should run *tu devrais courir*

run back (to) * revenir en courant
storm is preparing, let's run back home
l'orage va éclater, courons à la maison

S

sad * triste
this movie is too sad *ce film est trop triste*

a **sailing boat** * un voilier
have you ever been on a sailing boat?
tu as déjà voyagé sur un voilier ?

a **salad** * une salade
I'll have a salad *je vais prendre une salade*

salt * du sel
there is too much salt on this steak
il y a trop de sel sur ce steak

same * pareil, même
we have the same trousers
nous avons le même pantalon

the **sand** * le sable
the sand is hot *le sable est chaud*

a **sandcastle** * un château de sable
a big sandcastle *un gros château de sable*

Saturday * samedi
Saturday is the sixth day of the week
samedi est le sixième jour de la semaine

a **sausage** * une saucisse
there is a sausage in a hot dog
il y a une saucisse dans un hot-dog

a **saw** * une scie

wood can be cut with a saw
on peut couper du bois avec une scie

say (to) * dire
what did she say? *qu'est-ce qu'elle a dit ?*

scare (to) * effrayer
I'm scared of ghosts *j'ai peur des fantômes*

a **scarf** * une écharpe
I found your scarf *j'ai trouvé ton écharpe*

scary * effrayant
this film is scary *ce film fait peur*

a **school** * une école
school is closed *l'école est fermée*

a **schoolbag** * un cartable
my schoolbag is heavy *mon cartable est lourd*

scissors * des ciseaux
where are my scissors? *où sont mes ciseaux ?*

a **screen** * un écran
a computer screen *un écran d'ordinateur*

the **sea** * la mer
the sea is blue *la mer est bleue*

a **seal** * un phoque
seals eat fish *les phoques mangent du poisson*

a **season** * une saison
there are four seasons *il y a quatre saisons*

a **seat belt** * une ceinture de sécurité
fasten your seat belt! *attache ta ceinture !*

second * second, deuxième
take the second road on the left!
prenez la deuxième rue à gauche !

see (to) * **voir**
can you see my sister? *tu vois ma sœur ?*

send (to) * **envoyer**
send me a letter *envoie-moi une lettre*

September * **septembre**
September is the ninth month of the year
septembre est le neuvième mois de l'année

seven * **sept**
Tina is seven years old *Tina a sept ans*

seventeen * **dix-sept**
there are seventeen pens in this box
il y a dix-sept stylos dans cette boîte

seventy * **soixante-dix**
my grandmother is seventy
ma grand-mère a soixante-dix ans

a **shadow** * **une ombre**
the shadow of a tree *l'ombre d'un arbre*

shampoo * **du shampooing**
He took the shampoo *Il a pris le shampooing*

a **shape** * **une forme**
circles and rectangles are shapes
les cercles et les rectangles sont des formes

a **shark** * **un requin**
sharks are dangerous
les requins sont dangereux

she * **elle**
she loves cats *elle adore les chats*

she's * **elle est**
she's really kind *elle est vraiment gentille*

a **sheep** * **un mouton**
look a the sheep *regarde les moutons*

a **sheet** * **un drap**
I'll wash the sheets *je laverai les draps*

a **shelf** * **une étagère**
put your book back on the shelf
range ton livre sur l'étagère

shelter * **un abri**
a safe shelter *un abri sûr*

a **shirt** * **une chemise**
your shirt is nice *ta chemise est jolie*

a **shoe** * **une chaussure**
I lost my shoe *j'ai perdu ma chaussure*

a **shop** * **un magasin, une boutique**
go to the shop *va à la boutique*

short * **court**
a short walk *une petite marche*

a **shoulder** * **une épaule**
this child is on his Dad's shoulders
cet enfant est sur les épaules de son papa

show (to) * **montrer**
show me the game! *montre-moi le jeu !*

a **shower** * **une douche**
go and have a shower *va prendre ta douche*

sing (to) * **chanter**
she often sings *elle chante souvent*

a **singer** * **un chanteur**
this singer has a wonderful voice
cette chanteuse a une voix magnifique

sir * **monsieur**
excuse me, sir! *excusez-moi, monsieur !*

a **sister** * **une sœur**
I have one older sister *j'ai une sœur aînée*

sit down (to) * **s'asseoir**
sit down! *asseyez-vous !*

six * **six**
it's six o'clock *il est six heures*

sixteen * **seize**
my brother is sixteen years old
mon frère a seize ans

sixty * **soixante**
it costs sixty euros *ça coûte soixante euros*

a **skeleton** * **un squelette**
a human skeleton *un squelette humain*

a **ski** * **un ski**
my skis are new *mes skis sont neufs*

Mille mots d'anglais

a **ski lift** * **un remonte-pente**
ski lift is always crowded
il y a toujours du monde au remonte-pente

a **skirt** * **une jupe**
your skirt is too short *ta jupe est trop courte*

the **sky** * **le ciel**
birds are flying in the sky
les oiseaux volent dans le ciel

sleep (to) * **dormir**
Tommy is sleeping *Tommy dort*

a **slipper** * **une pantoufle**
my slipper is under the bed
ma pantoufle est sous le lit

slow * **lent**
snails are slow *les escargots sont lents*

small * **petit**
this baby is so small *ce bébé est si petit*

smell (to) * **sentir**
that smells nice! *ça sent bon !*

a **smile** * **un sourire**
I like her smile *j'aime son sourire*

smile (to) * **sourire**
smile, please! *souriez, s'il vous plaît !*

the **smoke** * **la fumée**
there is smoke in the fireplace
il y a de la fumée dans la cheminée

the **snow** * **la neige**
I like walking in the snow
j'aime marcher dans la neige

snowflake * **un flocon de neige**
there are snowflakes on the glass
il y a des flocons de neige sur la vitre

a **snowman** * **un bonhomme de neige**
the big snowman *le gros bonhomme de neige*

so * **1. aussi**
she has a dog and so do I
elle a un chien et moi aussi
* **2. tellement**
they sing so loudly
ils chantent tellement fort

soap * **du savon**
do you need soap? *as-tu besoin de savon ?*

a **sock** * **une chaussette**
put your socks on! *mets tes chaussettes !*

some * **1. un peu de**
go and get some milk *va chercher du lait*
* **2. certains**
some people are fat, some people are thin
certains sont gros, certains sont minces

something * **quelque chose**
tell me something *dis-moi quelque chose*

a **son** * **un fils**
they have three sons *ils ont trois fils*

soon * **bientôt**
I'll meet him soon *je le rencontrerai bientôt*

sorry * **désolé, pardon**
sorry, Mum *désolé, maman*

a **soup** * **une soupe**
the soup is too hot *la soupe est trop chaude*

the **south** * **le sud**
I travel in the south of France
je voyage dans le sud de la France

a **space shuttle** * **une navette spatiale**
there is an astronaut in the space shuttle
il y a un astronaute dans la navette spatiale

speak (to) * **parler**
the teacher speaks too loudly
le professeur parle trop fort

spell (to) * **épeler**
spell the word "English"!
épelez le mot « English » !

a **spider** * une araignée
spiders love old houses
les araignées adorent les vieilles maisons

spinach * des épinards
have more spinach *reprends des épinards*

a **spoon** * une cuillère
here is your spoon *voici ta cuillère*

spring * le printemps
spring is one of the four seasons
le printemps est l'une des quatre saisons

a **square** * un carré
a square is a geometric shape
le carré est une forme géométrique

squash * le squash
my friends play squash every week
mes amis jouent au squash chaque semaine

a **squash racket** * une raquette de squash
do you have a new squash racket?
tu as une nouvelle raquette de squash ?

a **stadium** * un stade
the stadium is full of people *le stade est plein*

a **stage** * une scène
the actor is on the stage
l'acteur est sur la scène

stairs * un escalier, des escaliers
I'm climbing the stairs je monte les escaliers

stand up (to) * se lever
stand up! *lève-toi !*

a **star** * une étoile
the stars are shining in the sky
les étoiles brillent dans le ciel

a **starfish** * une étoile de mer
there is a starfish on the beach
il y a une étoile de mer sur la plage

stay (to) * rester
let's stay! *restons !*

a **steering wheel** * un volant
the steering wheel of a car
le volant d'une voiture

a **step** * une marche
mind the step! *attention à la marche !*

stop (to) * stopper, (s')arrêter
the car stops *la voiture s'arrête*

a **storm** * une tempête
storm with rain *une tempête avec de la pluie*

a **story** * une histoire
what a story! *quelle histoire !*

straight * tout droit
go straight! *va tout droit !*

strange * étrange
this is a strange story, isn't it?
c'est une histoire étrange, n'est-ce pas ?

a **straw** * une paille
I like drinking through a straw
j'aime boire avec une paille

a **strawberry** * une fraise
theses strawberries are really sweet
ces fraises sont bien sucrées

a **street** * une rue
cross the street! *traverse la rue !*

a **string** * une corde
my racket strings are broken
les cordes de ma raquette sont cassées

strong * fort
he is as strong as an ox!
il est fort comme un bœuf !

the **suburbs** * la banlieue
I live in the suburbs *je vis en banlieue*

sugar * du sucre
Dad wants sugar in his coffee
papa veut du sucre dans son café

a **suitcase** * une valise
Susan's suitcase is heavy
la valise de Susan est lourde

summer ✱ **l'été**
summer is one of the four seasons
l'été est l'une des quatre saisons

the **sun** ✱ **le soleil**
the sun can burn *le soleil peut brûler*

Sunday ✱ **dimanche**
I don't go to school on Sundays
je ne vais pas à l'école le dimanche

sunglasses ✱ **des lunettes de soleil**
put your sunglasses in your bag
mets tes lunettes de soleil dans ton sac

a **supermarket** ✱ **un supermarché**
this supermarket is too far away
ce supermarché est trop loin

sure ✱ **sûr**
I'm not sure *je ne suis pas sûr*

a **surgeon** ✱ **un chirurgien**
Ethan is a surgeon *Ethan est chirurgien*

a **sweater** ✱ **un pull**
I love my blue sweater *j'adore mon pull bleu*

swim (to) ✱ **nager**
he loves swimming *il adore nager*

a **swimming pool** ✱ **une piscine**
a huge swimming pool *une piscine énorme*

a **swing** ✱ **une balançoire**
there is a swing in my garden
il y a une balançoire dans mon jardin

t

a **table** ✱ **une table**
keep the table clean *garde la table propre*

a **tail** ✱ **une queue**
the cat is playing with its tail
le chat joue avec sa queue

take (to) ✱ **prendre**
take the third road on the right
prenez la troisième rue à droite

tall ✱ **grand**
my brother is tall *mon frère est grand*

a **taxi** ✱ **un taxi**
taxis are black in London
les taxis sont noirs à Londres

a **taxi driver** ✱ **un chauffeur de taxi**
the taxi driver laughs *le chauffeur de taxi rit*

tea ✱ **du thé**
do you prefer tea or coffee?
tu préfères le thé ou le café ?

a **teacher** ✱ **un professeur**
I am your English teacher
je suis votre professeur d'anglais

a **team** ✱ **une équipe**
the football team *l'équipe de foot*

a **teddy bear** ✱ **un ours en peluche**
Sally is looking for her teddy bear
Sally cherche son ours en peluche

a **telephone** ✱ **un téléphone**
Tess is on the telephone *Tess est au téléphone*

ten ✱ **dix**
She's ten *elle a dix ans*

tennis ✱ **le tennis**
do you play tennis? *tu joues au tennis ?*

a **tent** ✱ **une tente**
I'll take my tent to go camping
je prendrai ma tente pour aller camper

thank you ✱ **merci**
thank you for everything *merci pour tout*

that ✱ **ce, cet, cette, cela**
who is that man? *qui est cet homme ?*

that's ✱ **c'est**
that's my sister *c'est ma sœur*

the * le, la, les
the birds are singing *les oiseaux chantent*

their * leur, leurs
their children are on holiday
leurs enfants sont en vacances

them * les, eux, leur
I love them *je les adore*

then * ensuite
we had dinner, then we played
nous avons dîné, ensuite nous avons joué

there * là, là-bas
look at that nest up there!
regarde le nid là-haut !

thin * mince, maigre
he is tall and thin *il est grand et maigre*

a **thing** * une chose, un objet
there are beautiful things in this shop
il y a de belles choses dans cette boutique

think (to) * penser
I think she's right *je pense qu'elle a raison*

third * troisième
his third movie is the best
son troisième film est le meilleur

thirsty (to be) * avoir soif
I'm really thirsty *j'ai très soif*

thirteen * treize
he's nearly thirteen *il a presque treize ans*

thirty * trente
twenty plus ten is thirty
vingt plus dix font trente

this * ce, cet, cette, ceci
this is my brother, Leo *c'est mon frère, Leo*

thousand * mille
a thousand years ago *il y a mille ans*

three * trois
two plus one is three *deux plus un font trois*

the **thumb** * le pouce
he still sucks his thumb
il suce encore son pouce

a **thunderstorm** * un orage
I'm afraid of thunderstorms
j'ai peur des orages

Thursday * jeudi
Thursday is the fourth day of the week
jeudi est le quatrième jour de la semaine

a **tiger** * un tigre
come and see the tiger *viens voir le tigre*

time * le temps, l'heure
it's time to get dressed
il est l'heure de s'habiller

tired * fatigué
John is tired *John est fatigué*

to * à
she is taking the baby to the park
elle emmène le bébé au parc

toast * un toast
would you like some toast?
veux-tu des toasts ?

today * aujourd'hui
today is Friday *aujourd'hui c'est vendredi*

a **toe** * un orteil
this is my big toe, this is my little toe
c'est mon gros orteil, c'est mon petit orteil

the **toilet** * les toilettes
where are the toilets, please?
où sont les toilettes, s'il vous plaît ?

a **tomato** * une tomate
I like tomatoes *j'aime les tomates*

tomorrow * demain
tomorrow is Saturday *demain c'est samedi*

the **tongue** * la langue
stick out your tongue *tirez la langue*

tonight * ce soir
she is coming tonight *elle vient ce soir*

too ✱ **1.** aussi
I can fly too *je peux voler aussi*
✱ **2.** trop
don't get too close to the gorilla!
ne t'approche pas trop du gorille !

a **toolbox** ✱ une boîte à outils
there are nails in this toolbox
il y a des clous dans cette boîte à outils

a **tooth, teeth** ✱ une dent, les dents
brush your teeth! *brosse-toi les dents !*

a **toothbrush** ✱ une brosse à dents
I need a new toothbrush
j'ai besoin d'une brosse à dents neuve

toothpaste ✱ du dentifrice
my toothpaste is in the bathroom
mon dentifrice est dans la salle de bains

the **top** ✱ le sommet
the top of the hill *le sommet de la colline*

a **tortoise** ✱ une tortue (terrestre)
the tortoise is slow *la tortue est lente*

a **total** ✱ un total
the total is eighteen fifty
au total ça fait dix-huit cinquante

touch (to) ✱ toucher
don't touch that cat! *ne touche pas ce chat !*

a **towel** ✱ une serviette
this towel is soft *cette serviette est douce*

a **tower** ✱ une tour
look at the tower *regarde la tour*

a **town** ✱ une ville
we live in a small town
nous habitons une petite ville

a **toy** ✱ un jouet
pick up your toys! *ramasse tes jouets !*

a **toy shop** ✱ un magasin de jouets
this is my favourite toy shop
c'est mon magasin de jouets préféré

a **traffic jam** ✱ un embouteillage
I hate traffic jams *je hais les embouteillages*

a **train** ✱ un train
my train is late *mon train a du retard*

a **tree** ✱ un arbre
this tree is big *cet arbre est grand*

a **triangle** ✱ un triangle
a triangle is a geometric shape
un triangle est une forme géométrique

a **trick** ✱ une farce
a magic trick *un tour de magie*

a **trousers** ✱ un pantalon
where are your trousers?
où est ton pantalon ?

a **trumpet** ✱ une trompette
she plays the trumpet
elle joue de la trompette

a **trunk** ✱ un tronc
this is a very old tree trunk
c'est un très vieux tronc d'arbre

a **T-shirt** ✱ un tee-shirt
wash your T-shirt! *lave ton tee-shirt !*

Tuesday ✱ mardi
Tuesday is the second day of the week
mardi est le deuxième jour de la semaine

tummy ✱ le ventre
my tummy hurts *j'ai mal au ventre*

turn round (to) ✱ se retourner
turn round! *retourne-toi !*

a **turtle** ✱ une tortue (marine)
all turtles live in the sea
toutes les tortues vivent dans la mer

TV ✱ la télévision
what's on TV? *qu'y a-t-il à la télé ?*

twelve ✱ douze
Susie is twelve years old *Susie a douze ans*

twenty ✱ vingt
it's twenty past two *il est deux heures vingt*

two ✱ **deux**
I have two dogs *j'ai deux chiens*

a **tyre** ✱ **un pneu**
a car has four tyres
une voiture a quatre pneus

u

an **umbrella** ✱ **un parapluie**
take my umbrella
prends mon parapluie

an **uncle** ✱ **un oncle**
my uncle's son is my cousin
le fils de mon oncle est mon cousin

under ✱ **sous**
Sam is under the table *Sam est sous la table*

the **underground** ✱ **le métro**
the underground is very practical
le métro est très pratique

understand (to) ✱ **comprendre**
I don't understand *je ne comprends pas*

unhappy ✱ **malheureux**
is she unhappy? *est-elle malheureuse ?*

until ✱ **jusqu'à**
I stay at home until five o'clock
je reste chez moi jusqu'à cinq heures

up ✱ **en haut**
if you look up, you'll see a spider
si tu regardes en haut, tu verras une araignée

up there ✱ **là-haut**
there is a nest up there! *il y a un nid là-haut !*

us ✱ **nous**
come with us! *viens avec nous !*

usually ✱ **d'habitude**
he usually comes *d'habitude, il vient*

use (to) ✱ **utiliser**
I am using wood to make a fire
j'utilise du bois pour faire du feu

v

a **vegetable** ✱ **un légume**
I like all vegetables *j'aime tous les légumes*

very ✱ **très**
it's very cold *il fait très froid*

very much ✱ **beaucoup**
thank you very much *merci beaucoup*

a **video game** ✱ **un jeu vidéo**
no video games here! *pas de jeux vidéo ici !*

vinegar ✱ **du vinaigre**
oil and vinegar *l'huile et le vinaigre*

a **violin** ✱ **un violon**
Bob plays the violin *Bob joue du violon*

a **volcano** ✱ **un volcan**
Etna is a famous volcano
l'Etna est un volcan célèbre

volleyball ✱ **le volley-ball**
a volley ball team *une équipe de volley*

w

a **waiter** ✱ **un serveur**
the waiter is busy *le serveur est occupé*

wait for (to) ✱ **attendre**
I'll wait for you *je t'attendrai*

a **walk** ✱ **une promenade**
a short walk *une petite promenade*

walk (to) ✱ **marcher**
you can walk *tu peux marcher*

walk backwards (to) ✱ **reculer**
walk backwards! *recule !*

walk forwards (to) ✱ **avancer**
walk forwards! *avance !*

a **wall** * **un mur**
I can jump over the wall
je peux sauter par-dessus le mur

want (to) * **vouloir**
do you want a drink? *tu veux un verre ?*

a **wardrobe** * **une armoire**
there is a wardrobe in my room
il y a une armoire dans ma chambre

warm * **chaud**
warm clothes *des vêtements chauds*

wash (to) * **(se) laver**
she's washing her nose *elle se lave le nez*

a **watch** * **une montre**
my watch is broken *ma montre est cassée*

watch (to) * **regarder**
Jim is watching TV *Jim regarde la télé*

the **water** * **l'eau**
the water is too cold *l'eau est trop froide*

we * **nous, on**
we are happy *nous sommes heureux*

wear (to) * **porter**
can I wear your dress? *puis-je porter ta robe ?*

the **weather** * **le temps**
the weather is bad *il fait mauvais*

Wednesday * **mercredi**
do you work on Wednesdays?
tu travailles le mercredi ?

a **week** * **une semaine**
I'm on holiday for a week
je suis en vacances pour une semaine

welcome * **bienvenue**
welcome home! *bienvenue à la maison !*

well * **bien**
Winnie sings well *Winnie chante bien*

the **west** * **l'ouest**
the sun sets in the west
le soleil se couche à l'ouest

wet * **mouillé**
my bag is all wet *mon sac est tout mouillé*

a **whale** * **une baleine**
the blue whale *la baleine bleue*

what * **que, quel**
what time is it? *quelle heure est-il ?*

a **wheel** * **une roue**
a car has four wheels
une voiture a quatre roues

when * **quand**
when will you be back?
quand seras-tu de retour ?

where * **où**
where do you live? *où habites-tu ?*

which * **quel**
which car is yours? *quelle est ta voiture ?*

a **whip** * **un fouet**
the animal tamer has a whip
le dompteur a un fouet

white * **blanc**
snow is white *la neige est blanche*

who * **qui**
who's there? *qui est là ?*

whose * **à qui**
whose scarf is this? *à qui est cette écharpe ?*

why * **pourquoi**
why is the sky blue?
pourquoi le ciel est-il bleu ?

a **wife** * **une épouse, une femme**
a husband and a wife *un mari et une femme*

the **wind** * **le vent**
the wind is blowing *le vent souffle*

a **window** * **une fenêtre**
the window is open *la fenêtre est ouverte*

a **windscreen** * **un pare-brise**
the windscreen of a car
le pare-brise d'une voiture

a **wing** * **une aile**
a bird has two wings *un oiseau a deux ailes*

a **winner** * **un gagnant**
she is the winner *elle est la gagnante*

winter * **l'hiver**
winter is one of the four seasons
l'hiver est l'une des quatre saisons

a **witch** * **une sorcière**
the witch scares me *la sorcière m'effraie*

with * **avec**
I'm coming with you *je viens avec toi*

without * **sans**
Sam is coming without his brother
Sam vient sans son frère

a **wolf, wolves** * **un loup, des loups**
wolves are grey *les loups sont gris*

a **woman** * **une femme**
this woman is kind *cette femme est gentille*

wonderful * **merveilleux**
what a wonderful surprise!
quelle merveilleuse surprise !

wood * **du bois**
to cut wood
couper du bois

the **woods** * **les bois**
I'll explore the woods *je vais explorer les bois*

a **word** * **un mot**
I know lots of English words
je connais beaucoup de mots anglais

work (to) * **travailler**
he works hard *il travaille dur*

the **world** * **le monde**
a map of the world *une carte du monde*

a **wrist** * **un poignet**
she has a bracelet round her wrist
elle a un bracelet au poignet

write (to) * **écrire**
write to me soon *écris-moi bientôt*

write down (to) * **noter**
write down my address *note mon adresse*

wrong * **faux**
this sum is wrong *cette addition est fausse*

y

a **year** * **une année**
happy New Year! *bonne année !*

yellow * **jaune**
lemon is yellow
le citron est jaune

yes * **oui**
you can say yes or no
tu peux dire oui ou non

yesterday * **hier**
did you see him yesterday? *tu l'as vu hier ?*

a **yoghurt** * **un yaourt**
this yoghurt is sweet *ce yaourt est sucré*

you * **toi, vous**
can I come with you? *puis-je venir avec toi ?*

young * **jeune**
young children go to nursery
les jeunes enfants vont à la crèche

your * **ton, votre**
your book is here *ton livre est ici*

yours * **le tien**
my name's Linda, what's yours?
je m'appelle Linda, et toi ?

z

zero * **zéro**
I got a zero at school *j'ai eu un zéro à l'école*

a **zoo** * **un zoo**
we'll go to the zoo *nous irons au zoo*

Crédits photographiques

Les droits de reproduction des illustrations sont réservés en notre comptabilité pour les auteurs ou ayants droit dont nous n'avons pas trouvé les coordonnées malgré nos recherches et dans les cas éventuels où les mentions n'auraient pas été spécifiées.

Illustrations

Isabelle Arslanian, Chantal Beaumont, Nahed Benhzad, Francis Berille, Alain Bertrand, Ernest Berger, Andrée Bienfait, Laurent Blondel, Noël Blotti, Paul Bontemps, Andrée Boos, Philippe Boucher, Vincent Boulanger, Frank Bouttevin, Pierre Brackers de Hugo, Philippe Candé, Isabelle Calin, Jacques Cartier, Claude Chamboll, Mireille Chenu ,Frédérique Collinet, François Crozat, Gismonde Curiace, Fabrice Dadoun, Bruno David, François Davot, Bernard Delanghe, Maurice Dessertenne, Isabelle Dervillers, Emmanuelle Etienne, Claire Felloni, Jos Fichet, Virginie Fréchuret, Monique Gaudriault, Christian Godard, Danièle Godreuil, Philippe Guinot, François Guiol, Eliane Guyart, Régis Haghebaert, Denis Horvath, Xavier Hüe, Michel Janvier, Christian Jégou, Danièle Jourdrand, Brenda Katté, P. Landé, Yves Larvor, Marc Legrand, Gilles-Loïc Lucien, B. Luxen, Gilbert Macé, François Martin, Lucien Mathieu, Florence Maurier, Emmanuel Mercier, Denise Millet, Patrick Morin, Jean-Marc Pau, Jean-Marc Pariselle, François Pichon, Claude Poppé, François Poulain, Bernard Rocamora, Alain Rolland, Andrée Rolland, Dominique Roussel, Richard Roussel, Dominique Sablons, Pierre Soulié, Tom Sam You, Michel Saemann, Jean-Claude Sénée, Sandra Smith, Masako Taëron, Patrick Taëron, Jacques Toutain, Amélie Veaux, Denise Weber, Michael Welply, Archives Larousse.

Cartographie : René Oizon, Nadine Martrès, Krystyna Mazoyer et Léonie Schlosser.

Dessins des planches pp. 258, 308-309, 332-333, 358-359, 402-406 : Alain Boyer

Dessins de la planche pp. 1338-1339 et des **planches d'anglais** pp. 1340-1363 : Olivier Poli

Crédits photographiques des lettrines des noms communs

A. *1.* © Tommy Schultz / Fotolia.com • 2. © nattanan726 / Fotolia.com • 3. © dule964 / Fotolia.com, **B.** *1.* © Vera Kuttelvaserova / Fotolia.com • 2. © Eric Isselée / Fotolia.com • 3. © fotomaster / Fotolia.com, **C.** *1.* © yevgeniy11 / Fotolia.com • 2. © Alexander Helin / Thinkstock.com • 3. © Eric Isselée / Fotolia.com, **D.** © Photokanok / Thinkstock.com, **E.** *1.* © AVD / Fotolia.com • 2. © GlobalP / Thinkstock.com • 3. © Antonio Balaguer soler / Thinkstock.com, **F.** *1.* © bebecom98 / Thinkstock.com • 2. © Ale-ks / Thinkstock;com • 3. © DaddyBit / Thinkstock.com, **G.** *1.* © GlobalIP / Thinkstock.com • 2. © Eric Isselée / Fotolia.com • 3. © Eric Isselée / Fotolia.com, **H.** *1.* © Vitalii Hulai / Fotolia.com • 2. © GlobalP / Thinkstock.com • 3. © Eric Isselée / Fotolia.com, **I.** © Alexandr Makarov / Thinkstock.com, **K.** *1.* © Smileus / Fotolia.com • 2. © bergamont / Fotolia.com, **L.** *1.* © PrinPrince / Thinkstock.com • 2. © Didier Kobi / Thinkstock.com • 3. © Eric Isselée / Fotolia.com, **M.** *1.* © Eric IsselTe / Thinkstock.com • 2. © kotomiti / Thinkstock.com • 3. © Mathieu Leick / Fotolia.com, **N.** *1.* © bluehand / Fotolia.com • 2. © Swapan / Fotolia.com • 3. © Denira777 / Thinkstock.com, **O.** *1.* © peych_p / Fotolia.com • 2. © Eric Isselée / Thinkstock.com, **P.** *1.* © Eric Isselée / Thinkstock.com • 2. © GlobalP / Thinkstock.com • 3. © Eric Isselée / Thinkstock.com, **Q.** © anna1311 / Thinkstock.com, **R.** *1.* © GlobalP / Thinkstock.com • 2. © eltfoto / Fotolia.com, **S.** *1.* © anatchant / Fotolia.com • 2. © Axel Bueckert / Fotolia.com • 3. © anatolii / Fotolia.com, **T.** *1.* © jotabe85 / Thinkstock.com • 2. © kamonrat / Fotolia.com • 3. © paulrommer / Thinkstock.com • *4.* © batuque / Thinkstock.com, **V.** *1.* © Eric Isselée / Thinkstock.com • 2. © sombra_de_luna / Fotolia.com, **Z.** © prapassong / Thinkstock.com.

Crédits photographiques des noms communs

La lecture s'effectue de haut en bas et colonne après colonne, de gauche à droite.

34. *1.* © R. Nourry/Scope • 2. © Anatolii / Fotolia.com, **36.** *1.* © margo555 / Fotolia.com • 2. © MaiKai/Fotolia.com, **37.** Coll. Archives Larousse, **40.** © Darren Brode / Fotolia.com, **41.** © Uryadnikov Sergey / Fotolia.com, **43.** © Shmel/Fotolia.com, **49.** O. Ploton © Archives Larousse, **51.** *1.* © E. Dragesco/Jacana/HoaQui • 2. © Kote63 / Fotolia.com, **53.** © biglama / Fotolia,com, **55.** © kovaleva_ka / Fotolia.com, **57.** © Citroën Comunications, **59.** Jeanbor © Archives Larousse, **62.** © nattanan726 / Fotolia.com, **63.** *1.* © dule964 / Fotolia.com • 2. © Catherine Clavery / Fotolia.com, **64.** © Claude Calcagno / Fotolia.com, **66.** © Illimity/Fotolia.com, **67.** © Dred2010/Fotolia.com, **68.** Ph. © The Walters Art Museum, Baltimore, **70.** © Imstock / Fotolia.com, **72.** © Eric Isselée / Fotolia.com, **75.** © Alta Oosthuizen, **76.** J. Bottet © ArchivesLarbor, **77.** © F. Dan-rigal/Jacana/HoaQui, **82.** © CitroënCommunication, **83.** *1.* © Laurent Carrara/Fotolia.com • 2. © Tommy Schultz / Fotolia.com, **88.** Coll. Archives Larousse, **89.** Ph. © The Walters Art Museum, Baltimore, **91.** © Tilio & Paolo/Fotolia.com, **92.** © Lev / Fotolia.com, **97.** © Chamussy/Sipa, **98.** © baibaz / Fotolia.com, **100.** © M. Renaudeau/Hoa Qui, **102.** © Mendil/BSIP, **107.** © Charles Taylor/Fotolia.com, **109.** © Andrey Kuzmin / Fotolia.com, **116.** © Alex Kalmbach / Shutterstock.com, **119.** M.-C. Pietragalla et J. Lestel (ballet Raymonda de M.Petipa), Opéra de Marseille. © P. Valasseris-Pig/AFP, **123.** © AnnaC/Fotolia.com, **125.** © S. Chirol, **127.** © Brandelet Didier/Fotolia.com, **130.** Vignette extr. de La Serpe d'or, éd. Hachette © 2002, les éditions Albert-René/Goscinny-Uderzo, **131.** *1.* © waidmannsheil / Fotolia.com • 2. © Production Perig / Fotolia.com, **132.** © Eric Isselée / Thinkstock.com, **133.** © Ewald Fröch / Fotolia.com, **134.** © Michiel de Wit / Thinkstock.com, **135.** © Vera Kuttelvaserova / Fotolia.com, **138.** © Brad Pict / Fotolia.com, **139.** © Eric Isselée / Thinkstock.com, **140.** © kyslynskyy / Fotolia.com, **141.** coll. Archives Larousse, **143.** *1.* © Eric Isselée / Fotolia.com • 2. © ftfoxfoto / Fotolia.com • 3. © morningarage / Fotolia.com, **144.** © Hemera Technologies / Thinkstock.com, **145.** © antbphotos / Fotolia.com, **146.** © gyn9038 / Thinkstock.com, **147.** *1.* © Dazay/Sipa • 2. © Rita Kochmarjova / Fotolia.com, **148.** © Yolshin/Fotolia.com, **150.** *1.* © pzAxe/Fotolia.com • 2. © Elenarts / Thinkstock.com, **152.** © sergign / Fotolia.com, **153.** *1.* © fotomaster / Fotolia.com • 2. Brahim Hasloum (à droite) au corps à corps avec le colombien Rodolpho Blanco (22.12.2001, Orléans). © A. Jocard/AFP, **154.** © Virgilio De Almeida/Fotolia.com, **155.** © Dorigny/Sipa, **156.** © Willy 06/Fotolia.com, **158.** *1.* © Brad Pict / Fotolia.com • 2. © Geopress/Explorer/Hoa Qui, **159.** Ph. © The Walters Art Museum, Londres, **160.** © Budimir Jevtic / Fotolia,com, **163.** © Iuliia Sokolovska / Fotolia.com, **164.** © Soru Epotok / Fotolia.com, **166.** © Eric Isselée / Fotolia.com, **168.** © Anna Sedneva / Fotolia.com, **169.** © Franck Monnot / Fotolia.com, **170.** Coll. Archives Larousse, **172.** *1.* © Vera Kuttlevaserova / Fotolia.com • 2. © Denyshutter / Thinkstock, **174.** © cynoclub / Fotolia.com, **175.** © smuki / Fotolia.com, **176.** Détail d'une scène de tournoi extraite de l'œuvre de Renaut de Montauban (1250-1299). Bibliothèque de l'Arsenal, Paris. Coll. Archives Nathan, **177.** © PhotoShoppin / Thinkstock.com, **178.** © Stacey Lynn Payne / Fotolia.com, **179.** *1.* Coll. Archives Larousse • 2. Coll. Archives Larbor, **180.** *1.* © casafacilefelice / Thinkstock,com • 2. © yevgeniy11 / Fotolia.com, **181.** © Ali Meyer/Corbis, **182.** © Scoop Dyga/Sipa, **183.** © Christian Musat / Fotolia.com, **184.** © Brent Hatcher / Thinkstock.com, **185.** © Philippe Devanne/Fotolia.com, **188.** © Dancer01 / Fotolia.com, **189.** © Alexander Helin / Thinkstock.com, **190.** © Eric Isselée / Fotolia.com, **192.** *1.* © JackF / Fotolia.com • 2. © porojnicu / Fotolia.com, **196.** © M. Schuppich / Fotolia.com, **198.** *1.* © Lilufoto/Fotolia.com • 2. © philippe Devanne / Fotolia.com, **202.** *1.* © Kseniya Abramova/Fotolia.com • 2. Coll. Archives Larousse, **203.** © UrosPoteko / Thinkstock.com, **204.** Coll. Archives Larousse, **205.** *1.* © Eric IsselTe / Thinkstock.com • 2. © Eric Isselée / Fotolia.com, **207.** *1.* © Reddogs / Fotolia.com • 2. © Eric Isselée / Fotolia.com, **208.** © CB94/Fotolia.com, **209.** *1.* © Unclesam / Fotolia.com • 2. © Anagramm / Thinkstock.com, **211.** © Roy/Hoa Qui, **215.** Coll. Archives Larousse, **218.** © james63 / Thinkstock.com, **219.** *1.* © mdxphoto / Fotolia.com • 2. © Henrik Larsson / Thinkstock.com, **222.** © RomainQuéré / Fotolia.com, **223.** © National Gallery of Art, Washington, **224.** © ushuaia2001/ Fotolia.com, **226.** © B. & S. Fletcher/Ciel & Espace, **228.** *1.* Maître Tajan, commissaire priseur (vente aux enchères au George-V). © Abd Rabbo/Sipa • 2. © Seubert-Beaussant Lefèvre, **234.** *1.* Coll. Archives Larousse • 2. © Frédéric Prochasson/Fotolia.com, **240.** © Paylessimages/Fotolia.com, **245.** © Marina Dyakonova/Fotolia.com, **248.** © J. Larrea/Age/HoaQui, **249.** © P. Zachmann /Magnum, **255.** © SunnyS / Fotolia.com, **256.** *1.* © ARochau / Fotolia.com • 2. © sassenfeld / Fotolia.com, **260.** © Clarence Alford/Fotolia.com, **262.** © horiyan / Thinkstock.com, **264.** © Vitalii Hulai / Thinkstock.com, **265.** © B. Wojtek/HoaQui, **267.** © Nancy Nehring / Thinkstock.com, **268.** © Olivier Tuffé/Fotolia.com, **271.** © Bourseiller/Du/Hoa Qui, **274.** © skynetphoto / Thinkstock.com, **275.** Coll. Archives Larousse, **277.** © John Bell / Thinkstock, **278.** © Roger-Viollet, **281.** © montiannoowong / Thinkstock.com, **283.** © Eric Isselée / Fotolia.com, **285.** © LuckyToBeThere / Thinkstock.com, **286.** © S. Cordier/Jacana/HoaQui, **288.** © Tom1976Rodzik / Thinkstock.com, **290.** © Chehov/ Fotolia.com, **291.** © ESA, **293.** Adam Taylor / Thinkstock.com, **295.** Coll. Archives Larousse, **298.** © Eric Isselée / Thinkstock.com, **299.** Défilé de Mode pour Torrente (2002). © J.P.Muller-STF/AFP, **302.** © Anne-Marie Moyon/Fotolia.com, **305.** © Robert PHILLIPS / Thinkstock.com, **310.** © paulrommer, **314.** J. Bottet © Archives Larbor, **319.** Jeux Olympiques de Nagano (1998). Descente femme. Pernilla Wiberg (Suède). © Gromik/Sipa, **320.** © J. Rius/Hoa Qui, **323.** Tête de jeune noir par Véronèse (1528-1588). Fusain, sanguine. Musée du Louvre, Paris. © Archives Larbor, **325.** © Jacek Chabraszewski/Fotolia.com, **327.** © Cnes/dist. Spot Image/Explorer/HoaQui, **329.** © The Image Bank/Getty Images, **331.** © Franck Boston/Fotolia.com, **334.** © The Walters Art Museum, Baltimore, **336.** © fotomaster / Fotolia.com, **340.** Coll. Archives

Larousse, **342.** © Michelangelus/Fotolia.com, **344.** © Evgenia Tubol/Fotolia.com, **346.** © Tolubaev Stanislav / Fotolia.com, **348.** © m_abdrakhmanov / Fotolia.com, **350.** Marathon de Séville. © Guillen/EFE/Sipa, **354.** *1.* © Photokanok / Thinkstock.com • 2. Coll. Archives Larousse, **361.** *1.* © Paulhenk / Fotolia.com • 2. © Franciscdo Jos Cameo / Fotolia.com, **363.** © Y. Delaye. Archives Larbor, **365.** *1.* © Jiri Hera / Fotolia.com • 2. © Sergiy Goruppa / Thinkstock.com, **366.** © GlobalP / Thinkstock.com, **370.** Coll. Archives Larousse, **371.** © xavier deglaire / Fotolia.com, **373.** © wildnerdpix / Fotolia.com, **377.** © J.P.Garcin/ Photonstop/T, **378.** © pgm / Fotolia.com, **379.** Embaumement par Anubis. Tombe de Senedjem, Louxor. Peinture du Nouvel Empire (XXedynastie). Coll. Archives Larbor., **381.** © AVD / Fotolia.com, **383.** Napoléon Ier, empereur des français en grand costume du sacre. Peinture de Gérard François (1770-1837). Châteaux de Versailles et de Trianon. © Arnaudet/RMN, **386.** © O. Martel/Hoa Qui, **387.** © G. Epperson/AGE/Hoa Qui, **390.** Miniature représentant La Cité de Dieu par Saint Augustin (354-430). Trad. et commentaires de Raoul de Presles, vers 1460. Coll. Archives Larbor, **392.** Coll. Archives Larousse, **393.** Enluminure représentant Les Grandes Heures d'Anne de Bretagne. Lis blancs, par Jean Bourdichon (1457-1521). Coll. Archives Nathan, **396.** © M. Renaudeau/ Hoa Qui, **399.** © Roy/HoaQui, **400.** © Sasha Samardzija / thinkstock.com, **401.** © Visdia/Fotolia.com, **405.** © ornitolog / Thinkstock.com, **406.** © johnandersonphoto / Thinkstock.com, **407.** © Fuse / Thinkstock.com, **410.** Patrouille de France lors d'un vol d'entraînement. © F. Florin/AFP-MAG, **411.** *1.* © Eric Isselée / Thinkstock.com • 2. © Luis Louro / Fotolia.com, **413.** © F. Danrigal/Jacana/Hoa Qui, **414.** Sous la vague à Kanagawa (série des 36 vues du mont Fuji). Estampe de Hokusaï Katsushika (1760-1849). Musée des arts asiatiques-Guimet. © R. Lambert/RMN, **415.** © Lsantilli / Fotolia.com, **416.** © Zefa-Hackenberg/HoaQui, **419.** *1.* © Roy Pedersen / Fotolia.com • 2. © GlobalP / Thinkstock.com, **422.** © villorejo / Fotolia.com, **427.** © J.-F. Hagenmuller/ HoaQui, **428.** © Altair de Bruin/Fotolia.com, **429.** © kazoka30 / Thinkstock.com, **430.** Expédition polaire (Arnaud Tortel et Rodolphe André, 27.02.2000) © Sichov/Sipa, **431.** Coll. Archives Larousse, **433.** © maxwellren / Fotolia.com, **435.** Coll. Archives Larousse, **436.** © Brad Pict / Fotolia.com, **437.** © maradt / Fotolia.com, **438.** © Marie-Anne Franqueville, **440.** *1.* Coll. Archives Larousse • 2. © belizar / Fotolia.com, **442.** © ryzhkov_sergey / Fotolia.com, **443.** © dennisjacobsen / Fotolia.com, **445.** *1.* © bebecom98 / Thinkstock.com • 2. © FooTToo / Thinkstock.com, **448.** © E. Raz/Hoa Qui, **453.** *1.* © fottoo / Fotolia.com • 2. © Pix/Getty Images, **454.** © Originalpunkt/Fotolia.com, **455.** © J. Raga/Explorer/Hoa Qui, **456.** © DaddyBit / Thinkstock.com, **457.** J. Bottet © Archives Larbor, **459.** © S. Bughet/Hoa Qui, **462.** *1.* © IPGGutenbergUKLtd / thinkstock.com • 2. Fête folklorique pour le 50e anniversaire du Festival de Cannes. © Y. Manciet/Sipa, **464.** © BananaStock / Thinkstock.com, **466.** © Kevin29/Fotolia.com, **467.** *1.* © Psamtik/Fotolia.com • 2. Coll. Archives Larousse, **468.** © Erni / Fotolia.com, **469.** *1.* © Anterovium / Fotolia.com • 2. © Alx / Fotolia.com, **472.** © AlexanderCher / Thinkstock.com, **473.** *1.* © Ale-ks / Thinkstock.com • 2. Peintures murales : Les enfants boxeurs et les antilopes (xvies. av. J.-C.) provenant de l'île de Santorin. Musée national d'Archéologie, Athènes. © G. Dagli Orti, **476.** *1.* © Alberto Masnovo / Fotolia.com • 2. Coll. Archives Larousse, **480.** *1.* © B. Wojtek/Hoa Qui • 2. © Africa Studio / Fotolia.com, **481.** © S. Corvaja-Arianespace/CNES ESA, **483.** *1.* © NASA. Coll. Archives Larbor • 2. © Ievgen Melamud / Fotolia.com, **486.** © Hellen Sergeyeva / Thinkstock.com, **487.** © Rafael Laguillo / Thinkstock.com, **488.** Coll. Archives Larousse, **489.** © GloballP / Thinkstock.com, **491.** *1.* © lamax / Fotolia.com • 2. © Stone/Getty Images, **493.** © Melanie Braun / Thinkstock.com, **496.** *1.* © Th. Dressler/Jacana/Hoa Qui • 2. © Eric Isselée / Fotolia.com, **497.** *1.* © Eric Isselée / Thinkstock.com • 2. Tombeau de Mlle de Montpensier. Musée Sainte-Croix, Poitiers. © Archives Larbor, **498.** *1.* © N. Mark/Sipa • 2. Coll. Archives Larousse, **500.** *1.* © stillkost / Fotolia.com • 2. © JackF / Fotolia.com, **502.** © Elliot Hurwitt / Thinkstock.com, **507.** © Zefa-Damm/Hoa Qui, **509.** © evegenesis / Fotolia.com, **510.** © Leoshoot / Thinkstock.com, **513.** © Y. Cavaille/Jacana/Hoa Qui, **514.** © Eric Isselée / Fotolia.com, **518.** *1.* © Library of Congress, Whashington • 2. © Vasiliy Koval / Thinkstock.com, **522.** Championnat de France d'athlétisme (2001). © G. Malie/AFP, **523.** © Digleye/Fotolia.com, **524.** *1.* © Azaliya / Fotolia.com • 2. © Vitalii Hulai / Fotolia.com, **526.** © uatp2 /Thinkstock.com, **527.** © sibrikov / Thinkstock.com, **528.** *1.* © Vrabelpeter1 / Thinkstock.com • 2. © JackF / Fotolia.com, **529.** © monica-photo / Thinkstock.com, **530.** *1.* © Midali / Fotolia.com • 2. © Eric Isselée / Fotolia.com • 3. © David Hughes / Thinkstock, **532.** *1.* Coll. Archives Larousse • 2. © GlobalP / Thinkstock.com • 3. © Fabio Lotti / Fotolia.com • 4. © Eric Isselée / Fotolia.com, **533.** © Cico/Fotolia.com, **534.** © tsach / Fotolia.com, **536.** J. Bottet © Archives Larbor, **539.** © urbohampster / Thinkstock.com, **540.** © panuruangjan / Fotolia.com, **541.** © JackF / Fotolia.com, **542.** © Pedro Bigeriego / Fotolia.com, **544.** © Two Brains Studios / Fotolia.com, **545.** © J.D. Joubert/Hoa Qui, **548.** © Pedro Bigeriego / Fotolia.com, **549.** © Pitamitz/Sipa, **552.** Un coin de bois aux Sablons, dit la route à l'orée du bois. Huile de Alfred Sisley (1839-1899). © G. Blot/RMN, **556.** © O. Sanchez/ Sipa, **557.** Fuse / Thinkstock.com, **559.** Coll. Archives Larousse, **562.** © Fabrice Besse/Dessain et Tolra, **563.** © Fayolle/Sipa, **567.** Coll. Archives Larousse, **572.** © NoA Production/Fotolia.com, **576.** © Alexandr Makarov / Thinkstock.com, **586.** © Stone/Getty Images, **593.** © M. Dumas/Hoa Qui, **594.** © CNES/Dist. SPOT Image/Explorer/Hoa Qui, **595.** *1.* © womue / Fotolia.com • 2. © bergamont / Fotolia.com • 3. © Matt_Gibson / Thinkstock.com, **596.** © S. Grandadam/ Hoa Qui, **597.** © Anion/Fotolia.com, **599.** *1.* © Jeanma85/Fotolia.com • 2. © DutchScenery / Thinkstock.com, **600.** Coll. Archives Larousse, **601.** *1.* © Ti-to-Tito/Fotolia.com • 2. © imagedb.com / Fotolia.com, **603.** *1.* © Smileus / Fotolia.com • 2. © Gromik/Sipa, **604.** *1.* © Eric Isselée / Fotolia.com • 2. © hotshotsworldwide / Fotolia.com, **606.** © M. Renaudeau/Hoa Qui, **608.** © byrdyak / Fotolia.com, **609.** © Franz Metelec / Fotolia.com, **610.** © Stefan Andronache/Fotolia.com, **616.** Coll. Archives Larousse, **617.** © Didier Kobi / Thinkstock.com, **619.** *1.* Coll. Archives Larousse • 2. © Inzyx / Thinkstock.com, **621.** *1.* © Emi / Fotolia.com • 2. © GlobalP / Thinkstock.com, **622.** © Malyshchyts Viktar / Fotolia.com, **624.** © Mauritius/Photononstop, **626.** *1.* © SteF/Fotolia.com • 2. © PrinPrince / Thinkstock.com, **627.** *1.* © Ablestock.com / Thinkstock.com • 2. © JackF / Fotolia.com, **628.** © Eric Isselée / Fotolia.com, **629.** © The Image Bank/Getty Images, **632.** Coll. Archives Larousse, **633.** © Eric Isselée/Fotolia.com, **634.** © Mickrick / Thinkstock.com, **636.** Adoration des Mages. Musée du Moyen Âge, Cluny, Paris. © H. Lewandowski/RMN, **640.** © MattiaATH / Thinkstock.com, **646.** *1.* © kotomiti / Thinkstock.com • 2. Coll. Archives Larousse, **650.** *1.* © Tomsickova / Fotolia.com • 2. © Oleg Kalina / Thinkstock.com, **653.** © Eric IsselTe / Thinkstock.com, **655.** © Erni / Fotolia.com, **658.** © labelverte/ Fotolia.com, **659.** © H. Collart/Hoa Qui, **660.** © Sannie32 / Thinkstock.com, **662.** © M. Pichard/Sipa, **665.** © Body/Hoa Qui, **667.** © hfox / Fotolia.com, **669.** J.-M. Destruel/Météo France, **670.** © Boisvieux/Hoa Qui, **672.** © Dmitriy Melnikov/Fotolia.com, **675.** Coll. Archives Larbor, **676.** © Mathieu Leick/Fotolia.com, **682.** Coll. Archives Larousse, **684.** Korolevakaterina / Fotolia.com, **686.** © Joffet/Sipa, **689.** *1.* © Ph. Musée du site de Vaison-la-romaine • 2. © AFP, **690.** © GlobalP / Thinkstock.com, **691.** *1.* © todoryankov / Fotolia.com • 2. © M. Sommant, **692.** Coll. Archives Larousse, **693.** GlobalP / Thinkstock.com, **704.** *1.* © bluehand / Fotolia.com • 2. © Swapan / Fotolia.com, **705.** © NASA. Coll. Archives Larbor, **706.** © Denira777 / Thinkstock.com, **709.** © Ulrike Meindl, **713.** *1.* Coll. Archives Larbor • 2. © Nimbus/Fotolia.com, **716.** © W. Layer/Jacana/HoaQui, **718.** Coll. Archives Larousse, **727.** © Edwige/BSIP, **728.** Franck Lukasseck/ Corbis, **729.** © peych_p / Fotolia.com, **730.** *1.* © Goddard_Photography / Thinkstock.com • 2. © Rouxaime/Jacana/Hoa Qui, **732.** © H. Veiller/Explorer/ Hoa Qui, **736.** © Eric Isselée / Thinkstock.com, **737.** © Musat / Thinkstock.com, **741.** © XtravaganT / Fotolia.com, **743.** *1.* © ppi09 / Fotolia.com • 2. © H. Ruiz/Hoa Qui, **744.** *1.* © leungchopan / Fotolia.com • 2. © girishacf / Thinkstock.com, **745.** © Eric Isselée / Thinkstock.com, **749.** *1.* Coll. Archives Larousse • 2. © antonel / Fotolia.com, **751.** © Roger-Viollet, **752.** © S. Grandadam/Hoa Qui, **753.** © G. Epperson/Hoa Qui, **755.** © E.A. Janes/Hoa Qui, **757.** © J. Bottet/ Archives Larbor, **758.** © Mariusz Blach / Fotolia.com, **760.** Trophée Lalique de patinage artistique. Jennifer Kirk en compétition. © J. Demarthon/AFP, **763.** © kovaleva_ka / Fotolia.com, **767.** *1.* © Faabi / Thinkstock.com • 2. © maria georgieva / Thinkstock.com, **771.** © J.-M. Baudet/Sipa, **773.** © natali1991 / Fotolia.com, **774.** © GlobalP / Thinkstock.com, **777.** © Musat / Thinkstock.com, **778.** Coll. Archives Larousse, **779.** © ovydyborets / Fotolia.com, **780.** © Digital Vision / Thinkstock.com, **781.** © P. Bowater/Hoa Qui, **782.** *1.* © aaprophoto / Thinkstock.com • 2. Bodleian Library, Londres. © Bodleian Library/Archives Larbor, **783.** © GlobalP / Thinkstock.com, **784.** Coll. Archives Larousse, **785.** © GlobalP / Thinkstock.com, **786.** © OceanBodhi / Thinkstock.com, **788.** *1.* © M. Renaudeau/Hoa Qui • 2. © Unclesam / Fotolia.com, **789.** *1.* © Jorgen Larsson/Nordicphotos/Corbis • 2. © GlobalP / Thinkstock.com • 3. © mtreasure / Thinkstock.com, **791.** © fotofermer / Thinkstock.com, **792.** © cowboy5437 / Thinkstock.com, **793.** © mpina / Fotolia.com, **794.** © Photlook/Fotolia.com, **795.** Coll. Archives Larousse, **798.** © D. Noirot/Hoa Qui, **801.** Coll. Archives Larousse, **802.** © Moatti/Sipa, **806.** © K.M. Westermann/Corbis, **807.** © Fifranck/ Fotolia.com, **809.** © sborisov / Fotolia.com, **810.** © Eric Isselée / Thinkstock.com, **811.** © Marine/Paris Claude/Sipa, **812.** Kunsthaus, Zurich. © Archives Larbor, **815.** © Ch. Sappa/Hoa Qui, **816.** *1.* © Malyshchyts Viktar / Fotolia.com • 2. Jeanbor © Archives Larbor • 3. © Iosif Szasz-Fabian / Fotolia.com, **818.** Jeux olympiques de Sydney 2000. Médaille de bronze. Elena Prodounova. © Kazuhiro. Nogi/AFP, **820.** © Pierre Helger/Fotolia.com, **827.** © J. Bottet/Archives Larbor, **828.** © Flexmedia/Fotolia.com, **831.** © Vital Paplauski / Thinkstock.com, **833.** Coll. Archives Larousse, **834.** Portrait de José Ferrer dans le rôle de Cyrano (restaurant Saudis, New York). © Bo Zaunders/Corbis, **835.** © Roman Gorielov / Fotolia.com, **844.** © Eric Isselée / Thinkstock.com, **846.** *1.* © Nikolai Tsvetkov / Fotolia.com • 2. © donyanedomam / Fotolia.com, **848.** © H. Berthoule/Jacana/Hoa Qui, **849.** © Krysek/Fotolia.com, **850.** *1.* Coll. Archives Larousse • 2. © anna1311 / Thinkstock.com, **851.** © Petmal / Thinkstock.com, **856.** © Dave/Fotolia.com, **857.** © P. Bowater/Hoa Qui, **861.** © The Image Bank/Getty Images, **864.** © FOOD-micro / Fotolia.com, **865.** © GlobalP / Thinkstock.com, **867.** © Arquiplay/Fotolia.com, **868.** © Frazier/Sipa, **871.** © K. Amsler/Jacana/ HoaQui, **872.** © J.-F.Lanzarone/Hoa Qui, **875.** © Yalayama/Fotolia.com, **877.** © Pix/Getty-Images, **879.** © G. Rossi/Sipa, **880.** © ImpaKPro / Thinkstock.com, **883.** Course de relais aux Jeux Olympiques de Sydney. © Rondeau/DPPI/Sipa, **884.** *1.* © Matjaz Krivic/Sipa • 2. © Bernard Bardinet, **887.** © Euqirneto / Fotolia.com, **888.** © Vchphoto/Fotolia.com, **889.** *1.* © Dmitry Chulov / Fotolia.com • 2. © Marilyn Barbone/Fotolia.com, **893.** © Saravia/EFE/Sipa, **900.** © M.Fermariello/ SPL/Cosmos, **902.** *1.* © Eigeland /Sipa • 2. Coll. Archives Larousse, **905.** J. Bottet © Archives Larbor, **907.** *1.* Coll. Archives Larousse • 2. © komi$ar / Fotolia.com, **909.** © Christian Fischer / Fotolia.com, **915.** *1.* © mtcurado / Thinkstock.com • 2. © A. Berenguier-STF/AFP, **916.** *1.* © Stephane Vérot/Fotolia.com • 2. © eltfoto / Fotolia.com, **923.** © Nanou prod/Fotolia.com, **925.** *1.* © WPA/Sipa • 2. © spumador / Fotolia.com, **926.** Coll. Archives Larousse, **929.** © Stone/ Getty-Images, **932.** Coll. Archives Larousse, **933.** *1.* © Eric Isselée / Fotolia.com • 2. © Gerhard Seybert / Fotolia.com, **934.** © Netfalls/Fotolia.com, **935.** Coll.

Archives Larousse, **937.** © polych / Thinkstock.com, **939.** *1.* © Anatolii / Fotolia.com • 2. Coll. Archives Larousse, **941.** *1.* © guy / Fotolia.com • 2. © anatchant / Fotolia.com, **942.** © D. Turner/Fotolia.com, **945.** © Sven Brenner/Fotolia.com, **950.** © Eric Isselée / Thinkstock.com, **951.** © Fuse / Thinkstock.com, **954.** © Axel Bueckert / Fotolia.com, **957.** Coll. Archives Larbor, **960.** © Perrière/Sipa, **961.** Slalom géant de Salt Lake City (2002). © Trovati/A.P./Sipa, **965.** © J.-F. Hagenmuller/Hoa Qui, **969.** © Frilet/Sipa, **971.** © yevgeniy11 / Fotolia.com, **975.** *1.* © H. Collart/Hoa Qui • 2. © Sergey Tokarev / Fotolia.com, **977.** © Dario Bajurin/Fotolia.com, **981.** © Secret side/Fotolia.com, **984.** © Matka_Wariatka/Fotolia.com, **986.** *1.* Coll. Archives Larousse • 2. © Frilet/Sipa, **987.** © AAO/D. Malin/Ciel et Espace, **988.** © Turnley/Sipa, **993.** © Otto Durst/Fotolia.com, **996.** *1.* © Eric Isselée / Fotolia.com • 2. © Joudrain/Sipa, **997.** © JackF / Thinkstock. com, **998.** *1.* © Witold Krasowski / Fotolia.com • 2. © Bernard 63/Fotolia.com, **999.** *1.* © paulrommer / Thinkstock.com • 2. © Odua Images / Fotolia.com, **1000.** © jotabe85 / Fotolia.com, **1001.** *1.* © batuque / Thinkstock.com • 2. © alainolympus / Thinkstock.com • 3. © JackF / Thinkstock.com, **1002.** © WilleeCole / Thinkstock.com, **1005.** © O. Werner/Hoa Qui, **1006.** C. Pioline à Roland Garros (2001). © Nebinger/Sipa, **1007.** Jeanbor © Archives Larbor, **1009.** © cherezoff / Fotolia.com, **1013.** © kamonrat / Fotolia.com, **1014.** © konstantin32 / Thinkstock.com, **1016.** Coll. Archives Larousse, **1018.** © Bourseiller/Hoa Qui, **1019.** Coll. Archives Larousse, **1020.** © yosef19 / Fotolia.com, **1021.** © Micha Adamczyk / Thinkstock.com, **1022.** © T. Walker/Jacana/Hoa Qui, **1023.** Bibliothèque de l'Arsenal, Paris. Coll. Archives Nathan, **1028.** *1.* © Niviere-Barthelemy-Aslan/Sipa • 2. Bibliothèque du musée de l'Armée, Paris. © Archives Larbor. DR, **1034.** Coll. Archives Larousse, **1035.** © Eric Isselée / Fotolia.com, **1036.** *1.* © Nadezhda Bolotina / Fotolia.com • 2. Trompe-l'œil, rue de Bercy, Paris. © J.-C. Martel/Archi-press, **1037.** © J.-P. Thomas/Sipa, **1038.** Les Cantiques de Sainte Marie par A. Le Sage : troubadour jouant devant deux princesses. Biblio-thèque de l'Escorial (Espagne). © G. Dagli Orti, **1041.** Coll. Archives Larousse, **1042.** *1.* © CarlosRondon / Thinkstock.com • 2. nikoladesign / Thinkstock. com, **1043.** © joymsk / Fotolia.com, **1045.** © G. Rossi/Sipa, **1046.** J.-B. Mendy décoche un uppercut à son adversaire, Palais des Sports, Paris (15.11.1999). © P. Kovarik/AFP, **1047.** © TTstudio / Fotolia.com, **1049.** © Eric Isselée / Thinkstock.com, **1051.** © Unclesam / Fotolia.com, **1052.** © sombra_de_luna / Fotolia. com, **1053.** © Eric Isselée / Thinkstock.com, **1055.** © R Teriitehau/Sipa.– © M. Troncy/Explorer/HoaQui, **1057.** *1.* © Kostas Kalpenidis/Fotolia.com • 2. J. Carlos Calvin / Hoa Qui, **1058.** © Bouquet/ PhotononstoP, **1059.** © P. Duval/Hoa Qui, **1061.** © Taxi/Getty Images, **1062.** © Sixtus/Fotolia.com, **1065.** © graphlight / Fotolia.com, **1067.** Coll. Archives Larousse, **1072.** Coll. Archives Larousse, **1078.** © Bellenger/Sipa, **1085.** *1.* © Eric Isselée / Thinkstock.com • 2. © Pascal RATEAU / Fotolia.com, **1086.** *1.* © prapassong / Thinkstock.com • 2. © sombra_de_luna / Fotolia.com.

Crédits photographiques des noms propres

1114. *1.* Musée de l'Armée, Paris. Coll. Archives Larbor • 2. British Museum, Londres. © Archives Nathan, **1115.** *1.* Coll. Archives Larbor • 2. Coll. Thyssen-Bornemisza, Madrid. © Archives Larbor, **1116.** National Museum, Lagos, Nigeria. © Archives Larbor, **1117.** (gauche et droite) Musée d'Archéologie, Istanbul. Gencis Tacer © Archives Larbor, **1118.** Musée archéologique, Florence. © Archives Larbor, **1119.** Coll. Archives Larbor, **1120.** *1.* © Theo Allofs/Corbis • 2. Norsk Polarinstitutt. Coll. Archives Larousse, **1121.** © Bob Krist/Corbis, **1122.** Louxor, Égypte. © P.Tetrel/Explorer/Eyedea Presse, **1123.** Musée du Louvre, Paris. H. Josse © Archives Larbor, **1124.** Coll. Archives Larbor, **1125.** © ESA, **1126.** *1.* © NASA. Coll. Archives Larbor • 2. © Photo Josse/Leemage, **1127.** *1.* Coll. Archives Larbor • 2. © Aisa/Leemage • 3. Coll. Archives Larbor, **1128.** Musée national du Château de Versailles. H. Josse © Archives Larbor, **1129.** *1.* © Gail Mooney/Corbis • 2. Coll. Archives Larbor, **1130.** © Nico Tondini/Robert Harding World Imagery/Corbis, **1131.** *1.* Maison de Balzac. Jeanbor © Archives Larbor • 2. Sonneville © Archives Nathan, **1132.** *1.* Coll. Archives Larbor • 2. Château d'Uriage. Coll. Archives Larbor, **1133.** Coll. Archives Larbor, **1134.** © Michael Hilgert/Age Fotostock/Hoa-Qui/Eyedea Press, **1135.** *1.* Coll. Archives Larbor • 2. Coll. part. J.-L. Charmet © Archives Larbor/D.R, **1136.** *1.* Sonneville © Archives Nathan • 2. Musée du Prado, Madrid. Coll. Archives Larbor, **1137.** *1.* Musée du Louvre, Paris. Coll. Archives Larbor • 2. Musée national, Bangkok. © Archives Larbor, **1138.** *1.* Coll. Archives Larbor • 2. Coll. Archives Larbor, **1139.** © Julia Waterlow/Eye Ubiquitous/Corbis, **1140.** Jeanbor © Archives Larbor, **1141.** *1.* © R. et S. Michaud/Rapho/Eyedea Presse, **1142.** *1.* © Tibor Bognár/Corbis • 2. Coll. part. © Archives Nathan, **1143.** © Heng Sinith/EPA/Corbis, **1144.** Coll. Archives Larbor, **1145.** *1.* Musée du Louvre, Paris. H. Josse © Archives Larbor • 2. Würtembergisches Landesmuseum, Stuttgart. Coll. Archives Larousse • 3. Coll. Archives Larbor, **1146.** *1.* Musée archéologique national, Naples. G. Tomsich © Archives Larbor • 2. Courtauld Institute Galleries, don Courtauld, Londres. © Archives Larbor, **1147.** *1.* Musée du Louvre, Paris. © Bridgeman-Giraudon • 2. Coll. Archives Larbor • 3. Coll. Archives Larbor, **1148.** Alte Pinakothek, Munich. © Archives Larbor, **1149.** *1.* Coll. Archives Larbor • 2. Coll. Archives Larbor, **1150.** *1.* Musée national du château de Versailles. Guiley Lagache © Archives Larbor • 2. © Steven Vidler/Eurasia Press/Corbis • 3. Civico Museo Navale, Gênes. Gustavo Tomsich © Archives Larbor, **1151.** Coll. Archives Larbor, **1152.** *1.* Coll. Archives Larbor • 2. Coll. Archives Larbor, **1154.** *1.* Musée d'Héraklion, Héraklion. © Archives Larbor • 2. Coll. Archives Larbor, **1155.** *1.* Gribaye-doff. Coll. Archives Larbor • 2. Musée national de la Villa Giulia, Rome. Sergio Rossi © Archives Larbor, **1156.** Bibliothèque municipale de Saint-Omer. Joël Blondel © Archives Larbor, **1157.** *1.* Bary Coll. Archives Larousse • 2. Coll. Archives Larbor • 3. Musée du Louvre, Paris. H. Josse © Archives Larbor, **1158.** *1.* Musée du Louvre, Paris. © Archives Nathan • 2. © Steven Vidler/Eurasia Press/Corbis, **1159.** Musée du Louvre, Paris. H. Josse © Archives Larbor, **1160.** *1.* Musée Carnavalet, Paris. Jeanbor © Archives Larbor • 2. Coll. Archives Larbor, **1161.** National Portrait Gallery, Washington. © Archives Larbor, **1162.** *1.* Pierre Petit. Coll. Archives Larousse • 2. Coll. Archives Larbor, **1164.** *1.* Musée de Versailles, Versailles. © Archives Nathan • 2. Librairie du Congrès, Washington. Coll. Archives Larbor, **1165.** *1.* Coll. Archives Larbor • 2. Musée du Louvre, ancienne collection Campana, Paris. © Archives Larbor, **1166.** *1.* Eugène Pirou © Archives Larbor, **1167.** *1.* Coll. Archives Larbor • 2. © J.Raga/Explorer/Eyedea Presse, **1168.** Musée du Louvre, Paris. H. Josse © Archives Larbor, **1169.** *1.* © Michele Falzone/JAI/Corbis • 2. Musée de Peinture et de Sculpture, Grenoble. © Archives Larbor, **1170.** *1.* © MP/Leemage • 2. Coll. Archives Larousse • 3. Coll. Archives Larbor, **1171.** *1.* Musée d'Orsay, Paris. Josse © Archives Larbor • 2. Palais de la Découverte, Paris. Coll. Archives Larbor, **1172.** Coll. Archives Larbor, **1173.** Sonneville © Archives Nathan, **1174.** Musée de l'Acropole, Athènes. © Archives Nathan, **1175.** *1.* Coll. Archives Larbor • 2. Alvaro de Leiva. Coll. Archives Larbor, **1176.** Musée de l'Armée, Paris. Coll. Archives Larbor, **1177.** *1.* US Army Coll. Archives Larousse • 2. Centre Guillaume-le-Conquérant, Bayeux. Coll. Archives Larbor • 3. Musée Carnavalet, Paris. Michel Didier © Archives Larbor, **1178.** Coll. Archives Larbor, **1179.** *1.* © H. Roy • 2. Société astronomique de France/Archives Larbor • 3. British Museum, Londres. © Archives Larbor, **1180.** *1.* Musée Condé, Chantilly. L. Joubert © Archives Larbor • 2. Galerie nationale d'art ancien, Palazzo Barberini, Rome. G. Tomsich © Archives Larbor, **1181.** *1.* Museum of Fine Arts, Boston. Coll. Archives Larbor • 2. © Dietrich Roze/Zefa/ Corbis, **1182.** *1.* National Archives, Washington. Coll. Archives Larousse • 2. Musée du Louvre, Paris. H. Josse © Archives Larbor, **1183.** *1.* © Jon Arnold/JAI/ Corbis • 2. © ESA, **1184.** *1.* Musée national du Château de Versailles, Versailles. © Archives Nathan • 2. Maison Victor Hugo, Paris. Jeanbor © Archives Larbor • 3. Coll. Archives Larbor, **1185.** *1.* © Aisa/Leemage • 2. Museo de America, Madrid. © Archives Larbor, **1186.** *1.* © U. Meindl • 2. Sonneville © Archives Nathan, **1187.** *1.* Musée de Delhi. © Archives Larbor • 2. © Arthur Thévenart/Corbis, **1188.** Forbin. Coll. Archives Larousse, **1189.** Musée du Caire, Le Caire © Archives Larbor, **1190.** © Peter Adams/Corbis, **1191.** *1.* Musée du Louvre, Paris. Josse © Archives Larbor • 2. Coll. Archives Larbor, **1192.** *1.* © NASA • 2. Musée du Louvre, Paris © Archives Nathan, **1193.** *1.* © Stéphanie Colasanti/Corbis • 2. Coll. Archives Larbor, **1194.** *1.* © DLILLC/Corbis • 2. Coll. Archives Larbor, **1195.** © Werner Forman/Corbis, **1196.** *1.* Musée national du Château de Versailles. H. Josse © Archives Larbor • 2. © Nik Wheeler/Corbis, **1197.** *1.* Coll. Archives Larbor • 2. C. Roux © Archives Larbor • 3. La Sorbonne, Paris. Luc Joubert © Archives Larbor, **1198.** *1.* Coll. Archives Larbor • 2. © Selva/ Leemage • 3. Musée du Louvre, Paris. J.-P Vieil © Archives Larbor, **1200.** *1.* National Portrait Gallery, Washington. Coll. Archives Larbor • 2. Musée de l'Air, Paris. Coll. Archives Larbor, **1201.** *1.* Coll Archives Larbor • 2. © sp_ts/Fotolia.com, **1202.** *1.* Coll Archives Larbor • 2. Musée du Louvre, Paris. H. Josse © Archives Larbor • 3. Chancellerie des Universités de Paris. © Archives Larousse, **1203.** *1.* Coll. part. Olivier Ploton © Archives Larousse. DR • 2. Musées des Beaux-Arts, Dijon. Coll. Archives Larbor • 3. Musée national du Château de Versailles. H. Josse © Archives Larbor, **1204.** *1.* Olivier Ploton © Archives Larbor • 2. Paul Boyer. Coll. Archives Larbor, **1205.** © Jon Hicks/Corbis, **1206.** *1.* Sonneville © Archives Nathan • 2. © Archives Larousse, **1208.** *1.* Hon Hrusa/Epa/Corbis • 2. Musée des Beaux-Arts, Tournai. Studios Photorob © Archives Larbor • 3. Coll. Archives Larbor, **1209.** *1.* Alvaro de Leiva. Coll. Archives Larbor • 2. © NASA. Archives Larbor, **1211.** *1.* M.-L. Sinibaldi/Corbis • 2. Musée national du Château de Versailles. H. Josse © Archives Larbor • 3. National Museum, Munich. Coll. Archives Larbor, **1212.** *1.*© Christine Kokot/DPA/Corbis • 2. © Nasa. Coll. Archives Larbor • 3. Musée du Louvre, Paris. © Archives Larbor, **1213.** Chapelle Sixtine, Rome. © Musée du Vatican, **1214.** Musée archéologique, Florence. © Blanchetti/ Leemage, **1215.** *1.* Église Saint-Pierre-aux-Lions, Rome. Coll. Archives Larbor • 2. Collection de la Comédie-Française, Paris. Luc Joubert. © Archives Larbor • 3. Musée d'Orsay, Paris. H. Josse © Archives Larbor , **1216.** *1.* © Hamid Sardar/Corbis • 2. Coll. part. Coll. Archives Larousse, **1217.** *1.* Coll. Archives Larbor • 2. Coll. Archives Larousse, **1218.** *1.* Maison de Mozart, Salzbourg. Coll. Archives Larousse • 2. © Keren Su/Corbis, **1219.** Musée napoléonien, île d'Aix. H. Josse © Archives Larbor, **1220.** *1.* Musée national du Château de Versailles. © Archives Nathan • 2. British Museum, Londres. Coll. Archives Larbor • 3. Musée de la civilisation égyptienne, Le Caire © Archives Larbor, **1221.** Coll. part. Jeanbor © Archives Larbor, **1222.** *1.* D. et J. Heaton © Free Agents Limited/Corbis • 2. Musée Denon, Chalon-sur-Saône. Abel Lacoste © Archives Larbor, **1223.** *1.* © Bob Krist/ Corbis • 2. Coll. Archives Larbor, **1225.** The Metropolitan Museum of Art, New York. Coll. Archives Larbor, **1226.** Musée Gustave Moreau, Paris. © Archives Larousse, **1227.** *1.* Musée du Louvre, Paris. © Archives Larbor • 2. Musée du Louvre, Paris. © Archives Nathan, **1228.** Musée de Topkapi, Istanbul. © Archives Larbor, **1230.** *1.* Coll. Archives Larbor • 2. Conservatoire des Arts et Métiers. © Archives Larbor, **1231.** *1.* Sonneville © Archives Nathan • 2. Bibliothèque des Arts décoratifs, Paris. J.-L. Charmet © Archives Larbor, **1232.** Musée d'Orsay, Paris. © Archives Nathan, **1233.** *1.* © Xiaoyang Liu/Corbis • 2. British Museum, Londres. Coll. Archives Nathan • 3. Sonneville © Archives Nathan, **1234.** © Archives Larbor, **1235.** *1.* Coll. Archives Larbor • 2. Henry de Montferrand ©

Archives Larbor • *3.* Les Editions Cinégraphiques. Coll. Archives Larbor, **1236.** *1.* © NASA • *2.* Coll. Archives Nathan, **1237.** *1.* Musée national d'archéologie, Naples. Pedicini © Archives Larbor • *2.* Musée de Sousse, Sousse. © Archives Larbor, **1238.** *1.* Coll. Archives Larbor • *2.* Olivier Ploton © Archives Larousse, **1239.** © Martin Harvey/Corbis, **1240.** *1.* Coll. part. Coll. Archives Larbor • *2.* Musée national du Château de Versailles. H. Josse © Archives Larbor, **1241.** Sonneville © Archives Nathan, **1242.** *1.* Rijksmuseum, Amsterdam. Coll. Archives Larousse • *2.* Musée d'Orsay, Paris. H. Josse © Archives Larbor, **1243.** Musée national du Château de Versailles. H. Josse © Archives Larbor, **1244.** *1.* Coll. Archives Larousse • *2.* Chancellerie des Universités de Paris. © Archives Larbor, **1245.** *1.* Coll. Archives Larbor • *2.* Coll. Archives Larousse • *3.* Musée Granet, Aix-en-Provence. © Archives Larbor, **1247.** *1.* Coll. part. Coll. Archives Larbor. DR • *2.* Musée de l'Orangerie, Paris. © Archives Larbor, **1248.** Musée des Beaux-Arts, Lausanne. Coll. Archives Larbor, **1249.** Coll. Archives Larbor, **1250.** British Museum, Londres. Coll. Archives Larbor, **1251.** *1.* Musée Carnavalet, Paris. J.-L. Charmet © Archives Larbor • *2.* © Richard T. Nowitz/Corbis, **1252.** *1.* J.-L. Charmet © Archives Larbor • *2.* © NASA, **1253.** Coll. Archives Larbor, **1254.** *1.* Musée national du Château de Versailles. © Archives Nathan • *2.* Musée Guimet, Paris. Luc Joubert © Archives Larbor, **1256.** Bibliothèque de Topkapi, Istanbul. G. Tomsich © Archives Larbor, **1257.** *1.* © Corbis • *2.* © Selva/Leemage, **1258.** *1.* © Imagestate / Leemage • *2.* Thierry Parant © Archives Larbor, **1259.** *1.* Musée national du château, Pau. © Archives Larbor • *2.* Musée Van Oudheden, Leyde. Luc Joubert © Archives Larbor, **1260.** *1.* Coll. Archives Larousse • *2.* © Soltan Frederic/Corbis/Sygma, **1261.** Remi Benali/Corbis, **1262.** Michèle Falzone/JAI/Corbis, **1263.** Ken Straiton/Corbis, **1264.** *1.* Coll. Archives Larbor • *2.* Musée égyptien, Le Caire. Coll. Archives Larousse, **1265.** © Peter Turnley/Corbis, **1266.** Musée du Bardo, Tunis. © Archives Larbor, **1267.** © NASA, **1268.** *1.* Courtauld Institute Galleries, Londres. Coll. Archives Larousse • *2.* Michel Didier © Archives Larbor, **1269.** *1.* Coll. Archives Larbor • *2.* Coll. Archives Larbor, **1270.** *1.* Musée de la guerre, Vincennes. Coll. Archives Larousse • *2.* Coll. part. Jeanbor © Archives Larbor, **1271.** The Pierpont Morgan Library. Coll. Archives Larbor, **1272.** Academia San Fernando, Madrid. © Archives Larbor, **1273.** Coll. Archives Larbor, **1274.** Coll. Archives Larbor.

Crédits photographiques des planches des noms communs

Les crédits sont classés et numérotés (en italique) par ordre d'apparition des images dans la page, la lecture s'effectuant de gauche à droite et de haut en bas.

60-61. *1.* © Elena schweitzer/Fotolia.com • *2.* © Woodsy/Fotolia.com • *3.* (centre) © Mat Hayward/Fotolia.com • *4.* © Eléonore H/Fotolia.com • *5.* © Teressa/Fotolia.com, **86-87.** © C. Vaisse/HoaQui, **94-95.** *1.* © Paylessimages/Fotolia.com • *2.* © Cleomiu/Fotolia.com • *3.* (centre) © Philippe Devanne/Fotolia.com • *4.* © Terex/Fotolia.com • *5.* © Juan Jose Gutierrez /Fotolia.com • *6.* © zzzdim/Fotolia.com • *7.* © Marc Remó/Fotolia.com, **216-217.** *1.* © Mike Kiev/Fotolia.com • *2.* © Jose Manuel Gelpi/Fotolia.com • *3.* Alexey Stiop/Fotolia.com • *4.* Sascha Burkard/Fotolia.com, **230-231.** *1.* © Cristimatei/Fotolia.com • *2.* © Photosani/Fotolia.com • *3.* (centre) © Kevin Fleming/Corbis • *4.* © Nmedia/Fotolia.com • *5.* © Steven Hendricks/Fotolia.com, **296-297.** *1.* Astrolabe (xvies.). National Maritime Museum, Greenwich. Coll. Archives Larbor • *2.* Première imprimerie typographique de France (1469). La Sorbonne, Paris. Luc Joubert © Archives Larbor • *3.* (centre) Gravure du xvies. © Josse/Leemage • *4.* Caravelle portugaise du xvies. © Archives Larousse • *5.* Globe terrestre (1492). Coll. Archives Nathan, **308-309.** *1.* © Chamussy/Sipa • *2.* © Unicef • *3.* © Unclesam/Fotolia.com • *4.* © Herreneck / Fotolia.com, **332-333.** *1.* © Robert Vinson/Fotolia.com • *2.* © Monkeybusinessimages / Thinkstock.com • *3.* © Marzipana7 / Fotolia.com • *4.* © Jaimie Duplass/Fotolia.com, **338-339.** © C Butler/SPL/Cosmos, **358-359.** *1.* © Psd photography/Fotolia.com • *2.* © Yuriy Mazur/Fotolia.com • *3.* © Xavier Marchant/ Fotolia.com • *4.* © Martina Topf/Fotolia.com • *5.* © Agence Com'air/Fotolia.com, **368.** *1.* (de haut en bas et de gauche à droite) Musée du Louvre. © Chuzeville/RMN • *2.* Vallée des Rois, Thèbes. © G. Dagli Orti • *3.* Musée de Carthage, Carthage. © Archives Larbor • *4.* Musée archéologique de Salonique. © G. Dagli Orti • *5.* © E. Lessing/AKG • *6.* Musée de la civilisation romaine, Rome. © G. Dagli Orti, **369.** *1.* (de haut en bas et de gauche à droite) Coll. Isaac Einhorn, Tel Aviv, Israel. © E. Lessing/Akg • *2.* Coll. Archives Nathan • *3.* © Macduff Everton/Corbis. • *4.* British Museum, London.© Bridgeman • *5.* © A. Khritin/Fotolia.com • *6.* © Hulton Archive Getty Images, **374-375.** *1.* Musée du Louvre, Paris. © Archives Larbor • *2.* © Photlook/Fotolia.com • *3.* Livre des morts, papyrus égyptien. British Museum, Londres. Coll. Archives Larbor • *4.* (centre) © Bartm/Fotolia.com • *5.* Rê. Musée du Louvre, Paris. © Archives Larbor • *6.* Akhenaton. Musée égyptien, Le Caire. © Archives Larbor • *7.* Scribe accroupi. Musée du Louvre, Paris. © Archives Larbor • *8.* Embaumement par Anubis. Tombe de Senedjem, Louxor. Coll. Archives Larousse, **402-403.** *1.* © Tomas/ Fotolia.com • *2.* © Lynne Carpenter / Fotolia.com • *3.* © Xiaoma/Fotolia.com • *4.* © Sima/Fotolia.com, **446-447.** © Y. Lanceau/Jacana/Hoa Qui, **460-461.** © Hoa Qui, **478-479.** © J. Larrea/Hoa Qui, **516.** *1.* Poilu. Musée d'Histoire contemporaine, BDIC, Paris. J.J. Hautfeuille © Archives Larbor • *2.* Charge de l'infanterie française (1914). Coll. Archives Larbor • *3.* Tranchée en Champagne (hiver 1915-1916). Moreau © Archives Larbor • *4.* Femmes dans une usine d'armement. Meurisse Coll. Archives Larousse, **517.** *1.* Bombardiers italiens. Coll. Archives Larousse • *2.* Débarquement en Normandie. Coll. Archives Larbor. Tours après les bombardements (1944). Coll. Archives Larbor • *3.* 1945. Michel Didier © Archives Larbor, **520-521.** © Hoa Qui, **564-565.** *1.* Locomotive « Rocket » Coll. Archives Larousse • *2.* Filature mécanique (fin xixes.). Coll. Archives Larbor • *3.* (centre) Crystal Palace, Exposition universelle de 1851. Jeanbor © Archives Larbor • *4.* Un soir de grève. Peinture d'Eugène Laermans. Musées royaux des Beaux-Arts de Belgique, Bruxelles. Coll. Archives Larousse • *5.* Travail des enfants dans une mine de charbon. Coll. Archives Larbor • *6.* Construction de la Tour Eiffel (1889). Musée Carnavalet, Paris. H. Josse © Archives Larbor, **574-575.** © A. Mounter/Taxi/Getty Images, **580-581.** © Lindsay Hebberd/Corbis, **590-591.** © M. Jozon/Hoa Qui, **630-631.** *1.* (centre) Le dîner des philosophes par Jean Huber. Voltaire Foundation, Oxford. © Archives Nathan • *2.* Diderot par Fragonard. Musée du Louvre, Paris. H. Josse © Archives Larbor • *3.* Montgolfière. Coll. Archives Larbor • *4.* Traite des nègres. Gravure. O. Ploton © Archives Larousse • *5.* Voltaire, Musée Carnavalet, Paris. © Archives Larbor, **644-645.** © H.Brehm/Jacana/Hoa Qui, **696-697.** *1.* Chevalier en armure. Miniature. Bibliothèque municipale, Rouen. Ellebé © Archives Larbor • *2.* Confection d'un livre enluminé (1233). Bibliothèque royale, Copenhague. Coll. Archives Larousse • *3.* Moisson. Miniature. Brititish Library, Londres. Coll. Archives Larbor • *4.* Seigneur rendant la justice. Miniature. Coll. Archives Larbor, **724-725.** © M. Denis-Huot/Jacana/Hoa Qui, **764-765.** *1.* © Bernard Breton/Fotolia.com • *2.* © Les Cunliffe/Fotolia.com • *3.* (centre) © AlexQ/Fotolia.com • *4.* © Ef-El/Fotolia.com • *5.* © Vasca/Fotolia.com, **768.** *1.* (de haut en bas et de gauche à droite) Musée national d'archéologie, Athènes. G. Dagli Orti • *2.* Coll. Archives Larbor • *3.* Musée de Versailles. Coll. Archives Nathan • *4.* Musée du Louvre, Paris. © Archives Larbor, **769.** *1.* Musée d'Orsay, Paris. © Archives Larbor • *2.* Musée d'Orsay, Paris. H. Josse © Archives Larbor • *3.* Musée d'Orsay, Paris. © H. Lewandowski/RMN • *4.* Ny-Carlsberg-Glyptothek, Copenhague. © AKG • *5.* Coll. E.G. Buehrle, Zurich. © E. Lessing / AKG • *6.* Musée d'Orsay, Paris. H. Josse © Archives Larbor • *7.* Musée d'art moderne, Petit Palais, Genève. Coll. Archives Larbor • *8.* Collection particulière. © Archives Larbor. DR • *9.* Musée Picasso, Paris. © R.G. Ojeda/RMN. © Succession Picasso, 2009, **804-805.** © J. Freund/Jacana/Hoa Qui., **824-825.** *1.* Pointes à cran (v.18000 av.J.-C.). Musée national des Antiquités, Saint-Germain-en-Laye. J.M. Labat © Archives Larbor • *2.* Dolmen © Bernard Villalon/Fotolia.com • *3.* (centre) Rhinocéros. Grotte Chauvet, Pont d'Arc © Jean Clottes/Direction régionale des affaires culturelles de Rhône-Alpes • *4.* Vase en bronze. Musée national des Antiquités, Saint-Germain-en-Laye. Luc Joubert © Archives Larbor • *5.* Armes. Musée Carnavalet, Paris. © Archives Larbor • *6.* Peintures rupestres. Patagonie, Argentine. © Pablo Hernan / Fotolia.com, **896-897.** © J. Brun/Jacana/Hoa Qui., **910.** *1.* (haut) Musée Carnavalet, Paris. Jeanbor © Archives Larbor • *2.* (bas) Musée Carnavalet, Paris. J.-L. Charmet © Archives Larbor, **910-911.** *1.* Le serment du Jeu de paume. Musée Carnavalet, Paris. • *2.* Sans-culottes. Coll. Archives Larbor. • *3.* Prise de la Bastille. Coll. Archives Larbor • *4.* Bonaparte au pont d'Arcole (étude) par A.J. Gros. Musée du Louvre, Paris. S. Guiley-Lagache © Archives Larbor • *5.* L'Égalité. Musée Carnavalet, Paris. © Archives Larbor • *6.* Bonnet phrygien. Coll. Archives Larbor • *7.* La bataille de Wagram par H.Vernet. Musée national du Château de Versailles. H. Josse © Archives Larbor, **918-919.** *1.* © Lionel Rutard / Fotolia.com • *2.* Le château de Versailles. Jeanbor © Archives Larbor • *3.* (centre) Le Roy Soleil. Gravure de Maurice Leloir © Coll. Archives Larbor / DR • *4.* Louis XIV par Rigaud Hyacinthe. Musée du Louvre, Paris. © Archives Larbor • *5.* Le ballet de la nuit. Louis XIV costumé en Apollon. Coll. Archives Nathan, **958-959.** © Jorg et Petra Wegner/Jacana/Hoa Qui, **1068-1069.** *1.* La ville de Château-de-Monbrison. Miniature. Coll. Archives Nathan • *2.* Tramway, Lisbonne, Portugal. © Lusoimages / Fotolia.com • *3.* (centre) © Jean-Marc Charles / Rapho / Gamma-Rapho • *4.* Tokyo. © Delphimages / Fotolia.com • *5.* Embouteillage © Sergiy Serdyuk / Fotolia.com, **1074-1075.** *1.* © Aramanda / Fotolia.com • *2.* (centre) © Christian Schwier/Fotolia.com • *3.* © Geo Martinez/Fotolia.com, **1080.** *1.* © M. Krafft/Hoa Qui • *2.* © Hoa Qui, **1080-1081.** © Hoa Qui, **1081.** © Stock Image.

Crédits photographiques des pages roses

Toutes les gravures et tous les dessins © Archives Larousse.

1089. Ph. Coll. Archives Larousse, **1090.** Ph. Coll. Archives Larbor ; Ph. Coll. Archives Larousse, **1091.** Dessin Jacques Cartier - Archives Larousse, **1094.** Dessin Biosca - Archives Larousse, **1097.** Dessin Biosca - Archives Larousse, **1098.** Dessin Biosca - Archives Larousse, **1103.** Ph. O. Ploton © Archives Larousse, **1106.** Dessin Biosca - Archives Larousse, **1106.** Dessin Adolphe Millot - Archives Larousse, **1107.** Dessin Biosca - Archives Larousse, **1109.** Dessin Adolphe Millot - Archives Larousse, **1109.** Dessin Biosca - Archives Larousse.

Crédits photographiques de l'atlas

1275. *1.* © Albo / Fotolia.com • 2. © Thomas / Fotolia.com • 3. © sunsinger / Fotolia.com • 4. © M.Rosenwirth / Fotolia.com • 5. © lizcoughlan / Fotolia.com • 6. © Gary / Fotolia.com • 7. © olivier harand / Fotolia.com • 8. © bartm / Fotolia.com, **1276.** *1.* © Darren Baker / Fotolia.com • 2. © JackF / Fotolia.com • 3. © erwinf / Fotolia.com • 4. © sunsinger / Fotolia.com • 5. © hecke71 / Fotolia.com, **1277.** *1.* © kjekol / Fotolia.com • 2. © karlumbriaco / Fotolia.com • 3. © julianwphoto / Fotolia.com • 4. © Pascal Martin / Fotolia.com • 5. © travel-ing.de / Fotolia.com, **1279.** *1.* © jonie / Fotolia.com • 2. © derejeb / Fotolia.com • 3. © jean claude braun / Fotolia.com • 4. © alfotokunst / Fotolia.com • 5. © Stefan Baum / Fotolia.com, **1282.** *1.* © Digital Cam / Fotolia.com • 2. © fgeoffroy / Fotolia.com • 3. © jasonyu / Fotolia.com • 4. © paul hampton / Fotolia.com • 5. © NCAimages / Fotolia.com, **1283.** *1.* © vlad_g / Fotolia.com • 2. © Koonyongyut / Thinkstock.com • 3. © vivalapenler / Fotolia.com • 4. © titimel35 / Fotolia.com • 5. © Marc AZEMA / Fotolia.com, **1285.** *1.* © Lars Johansson / Fotolia.com • 2. © Željko Radojko / Fotolia.com • 3. © Dan Breckwoldt / Fotolia.com • 4. © marcox96 / Fotolia.com • 5. © Tanguy de Saint Cyr / Fotolia.com, **1287.** *1.* © Joel Shawn / Shutterstock.com • 2. © Eli Coory / Fotolia.com • 3. © SNEHIT / Fotolia.com • 4. © raphael levy / Fotolia.com • 5. © Urbanhearts / Fotolia.com, **1289.** *1.* © Ammit Jack / Shutterstock.com • 2. © lermannika / Fotolia.com • 3. © gaelj / Fotolia.com • 4. © Ariane Citron / Fotolia.com • 5. © ocphoto / Fotolia.com, **1291.** *1.* © Paul Fisher / Fotolia.com • 2. © Haider Y. Abdulla / Fotolia.com • 3. © kaetana / Shutterstock.com • 4. © Matthieu Million / Fotolia.com • 5. © moonrise / Fotolia.com, **1293.** *1.* © simanovskiy / Fotolia.com • 2. © Julien Leblay / Fotolia.com • 3. © Marta / Fotolia.com • 4. © kubais / Shutterstock.com • 5. © CHONG WAI LIANG / Fotolia.com, **1295.** *1.* © Yvann K / Fotolia.com • 2. © Oleksiy Mark / Fotolia.com • 3. © Photocreo Bednarek / Fotolia.com • 4. © milosk50 / Fotolia.com • 5. © SergeyAK / Fotolia.com, **1297.** *1.* © javarman / Fotolia.com • 2. © Yuri Kravchenko / Fotolia.com • 3. © RomainQuéré / Fotolia.com • 4. © colette / Fotolia.com • 5. © stevanzz / Fotolia.com, **1299.** *1.* © Sportlibrary / Fotolia.com • 2. © nicholasparish / Fotolia.com • 3. © timango / Fotolia.com • 4. © Valery Shanin / Fotolia.com • 5. © GeebShot / Fotolia.com, **1301.** *1.* © Byelikova Oksana / Shutterstock.com • 2. © zstock / Fotolia.com • 3. © vlad61_61 / Fotolia.com • 4. © Stanislav Fosenbauer / Shutterstock.com • 5. © Cloudia Spinner / Fotolia.com, **1302.** *1.* © hecke71 / Fotolia.com • 2. © BernardBreton / Fotolia.com.

Crédits photographiques de la chronologie

1303. *1.* Dessin W. Lalonde-Archives Larousse • 2. Ph. Coll. Archives Larousse • 3. Ph. © National Gallery of art, Washington • 4. Ph. © Archives Larbor • 5. Ph. Josse © Archives Larbor • 6. © NASA, **1304.** *1.* © Jean Clottes/Direction régionale des affaires culturelles de Rhône-Alpes • 2. © trofotodesign / Fotolia.com, **1305.** *1.* Musée du Louvre, Paris. © Archives Larbor • 2. © val / Fotolia.com, **1306.** *1.* Ph. Coll. Archives Larousse • 2. Musée national romain, Rome. G. Tomsich © Archives Larbor, **1307.** Ph. British Library - Archives Larbor, **1308.** *1.* Ph. Coll. Archives Larbor • 2. miniature (1414). British Library, Londres. Coll. Archives Larbor • 3. Ph. Coll. Archives Larousse, **1309.** *1.* Ph. Sören Hallgren © Archives Larbor • 2. Miniature (v. 1484). Coll. Archives Larbor, **1310.** *1.* Coll. Archives Larbor • 2. Ph. Bayle © Archives Nathan, **1311.** *1.* Ph. Coll. Archives Larbor • 2. Gravure de M. Leloir, 1904. Olivier Ploton © Archives Larousse -DR, **1312.** *1.* Coll. Archives Larousse • 2. Image d'Épinal. O. Ploton © Archives Larousse- DR • 3. Ph. O. Ploton © Archives Larousse, **1313.** Jeanbor © Archives Larbor, **1314.** *1.* Détail d'une carte postale. Coll. Archives Larousse • 2. © NASA, **1315.** H. Josse © Archives Larbor.

Crédits photographiques de l'histoire des arts

1316. *1.* Musée d'Héraklion. Ph. Coll. Archives Larbor • 2. Cathédrale de Bourges. Ph. ©Archives Nathan • 3. Ph. O. Ploton © Archives Larousse • 4. Prod : NEF, SNPC. Ph. Raymond Lalance ©Archives Larbor • 5. iStockphoto ©Thinkstock • 6. National Gallery, Londres. Ph. ©Archives Larousse • 7. Musée Marmottan, Paris. © Archives Larbor, **1317.** *1.* British Museum, Londres. Ph. Coll. Archives Larbor • 2. Ph. Martin von Wagner Museum, Wurtzburg. ©Archives Nathan • 3. Ph. © The Walters Art Museum, Baltimore • 4. Musée du Louvre, Paris. © Archives Larbor • 5. Musée du Louvre, Paris. Ph. ©Archives Nathan • 6. Osterreichische Galerie, Vienne. Ph. Photostudio Otto ©Archives Larbor • 7. Prod : Walt Disney Pictures. Ph. Coll. Archives Larbor-DR, **1318.** *1.* ©Ph. Direction régionale des affaires culturelles du Rhône-Alpes, Service régional de l'archéologie • 2. Musée des Antiquités nationales, Saint-Germain-en-Laye. Ph. ©Archives Nathan • 3. Naturhistorisches Museum, Vienne. Ph. Coll. Archives Larbor, **1319.** *1.* Ph. ©Barm/Fotolia.com • 2. British Museum, Londres. Ph. Coll. Archives Larbor • 3. Musée d'Héraklion. Ph. Coll. Archives Larbor, **1320.** *1.* Ph. © Labelverte/Fotolia.com • 2. Ph. Martin von Wagner Museum, Wurtzburg. ©Archives Nathan, **1321.** *1.* Musée national d'archéologie, Athènes. Ph. © Archives Larbor • 2. iStockphoto ©Thinkstock • 3. iStockphoto ©Thinkstock, **1322.** *1.* Église San Vitale à Ravenne. Ph. ©Archives Larbor • 2. Ph. © The Walters Art Museum, Baltimore, **1323.** *1.* Top Photo Group ©Thinkstock • 2. Ph. ©Archives Larbor • 3. Ph. The Green Studio ©Archives Larbor, **1324.** *1.* Centre Guillaume-le-Conquérant, Bayeux. Ph. Coll. Archives Larousse • 2. Musée Sainte-Croix, Poitiers. Ph. J.M. Labat ©Archives Larbor, **1325.** *1.* Cathédrale de Bourges. Ph. ©Archives Nathan • 2. Cathédrale de Reims. Ph. J.J. Derenne ©Archives Nathan, **1326.** *1.* Musée du Louvre, Paris. Ph. H. Josse ©Archives Larbor • 2. Ph. Alvaro de Leiva Coll. Archives Larbor, **1327.** *1.* Musée des Offices, Florence. Ph. Coll. Archives Larbor • 2. National Gallery, Londres. Ph. ©Archives Larousse, **1328.** *1.* Musée du Prado, Madrid. Ph. Coll. Archives Larousse • 2. Ph. British Museum, Londres. Ph. Coll. Archives Larbor • 3. Galerie de l'Académie, Venise. Ph. Giacomelli, Venise ©Archives Larbor • 4. Église saint-Pierre-aux-Liens, Rome. Ph. Coll. Archives Larbor, **1329.** *1.* Musée du Louvre, Paris. © Archives Larbor • 2. Église Santa Felicità, Florence. Ph. ©Archives Larbor, **1330.** *1.* Ph. O. Ploton ©Archives Larousse • 2. Ph. O. Ploton © Archives Larousse, **1331.** *1.* © Archives Larbor • 2. Musée du Louvre, Paris. Ph. ©Archives Nathan • 3. Palais Pitti, Florence. Ph. ©Archives Larbor, **1332.** *1.* Musée du Louvre, Paris. Ph. © Archives Larbor • 2. Musée d'Orsay, Paris. Ph. ©Archives Nathan, **1333.** *1.* Musée Marmottan, Paris. © Archives Larbor • 2. Art Institute, Chicago. Ph. Coll. Archives Larousse • 3. Musée d'Orsay, Paris. Ph. H. Josse ©Archives Larbor, **1334.** *1.* Ph. Coll. Archives Larbor • 2. Osterreichische Galerie, Vienne. Ph. Photostudio Otto ©Archives Larbor • 3. Kunsthalle, Hambourg. Ph. Ralph Kleinhempel ©Archives Larbor, **1335.** *1.* Archives du théâtre des Champs-Élysées. Ph. ©Archives Larbor • 2. Stedelijk Museum, Amsterdam. Ph. Coll. Archives Larbor • 3. Musée d'art moderne, CGP, Paris. Ph. Luc Joubert ©Archives Larbor, **1336.** *1.* Prod : NEF, SNPC. Ph. Raymond Lalance ©Archives Larbor • 2. Prod : Walt Disney Pictures. Ph. Coll. Archives Larbor-DR • 3. Ph. O. Ploton © Archives Larousse-DR.

Crédits photographiques des pages d'instruction civique

1337. Ph. © Herreneck / Fotolia.com **1339.** *1.* Ph. O. Ploton © Archives Larousse - DR • 2. Ph. © CHG / Fotolia.com • 3. Ph. O. Ploton © Archives Larousse, **1340.** *1.* Ph. O. Ploton © Archives Larousse • 2. © Archives Larbor • 3. Ph. Pascal Wolff © / Fotolia.com, **1341.** *1.* Ph. © Herreneck / Fotolia.com • 2. Ph. Jeanbor © Archives Larbor, **1342.** *1.* Ph. Jeanbor © Archives Larbor • 2. Ph. O. Ploton © Archives Larousse, **1343.** *1.* Ph. O. Ploton © Archives Larousse • 2. Ph. O. Ploton © Archives Larousse.

Crédits photographiques des mille mots d'anglais

Tout © Fotolia.com : **1370.** Lorelyn Medina, **1371.** Gstudio Group, **1372.** *1.* staskhom • 2.Elfivetrov, **1373.** Fiedels, **1374.** *1.* GraphicsRF • 2. Co-Design, **1375.** *1.* Sara Showalter • 2. Fiedels, **1376.** pandavector, **1377.** *1.* colorcocktail • 2. sapannpix, **1378.** *1.* ylivdesign • 2. Gstudio Group, **1379.** Natis, **1380.** *1.* nezezon • 2. Natis, **1381.** *1.* Aidar • 2. Lorelyn Medina, **1382.** jennyb79, **1383.** jemastock, **1384.** Seamartini Graphics, **1385.** jemastock, **1386.** djvstock, **1387.** giadophoto, **1388.** mila_endo, **1390.** *1.* redinevector • 2. IconBunny, **1392.** npaveln, **1393.** *1.* Anna • 2. ylivdesign, **1394.** MSA, **1395.** GraphicsRF, **1396.** *1.* Mickeing • 2. npaveln, **1397.** gomolach, **1398.** annzabella, **1399.** Gstudio Group, **1400.** Nikolai Titov, **1401.** jemastock, **1402.** *1.* benchart • 2. TemplateCreator.

PAPIER À BASE DE FIBRES CERTIFIÉES

LAROUSSE s'engage pour l'environnement en réduisant l'empreinte carbone de ses livres. Celle de cet exemplaire est de : 1,9 kg éq. CO_2
Rendez-vous sur www.larousse-durable.fr

Achevé d'imprimer en France par Pollina - 12222
Dépôt légal : avril 2018 – 321120/01
N° de projet : 11037564 – avril 2018

ASIE

AFGHANISTAN | ARABIE SAOUDITE | ARMÉNIE | AZERBAÏDJAN | BAHREÏN | BANGLADESH

BHOUTAN | BIRMANIE (MYANMAR) | BRUNEI | CAMBODGE | CHINE | CHYPRE

CORÉE DU NORD | CORÉE DU SUD | ÉMIRATS ARABES UNIS | GÉORGIE | INDE | INDONÉSIE

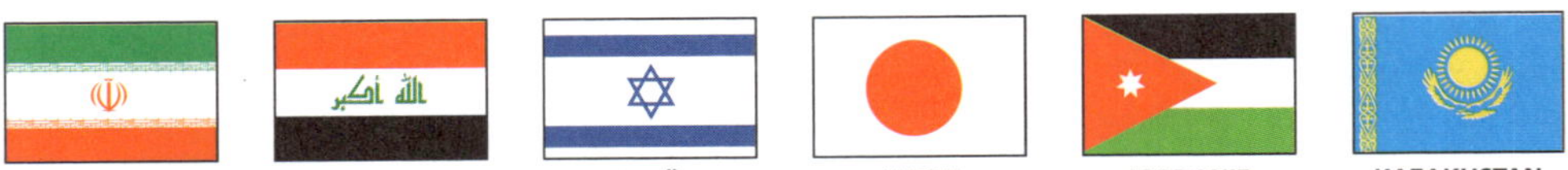

IRAN | IRAQ | ISRAËL | JAPON | JORDANIE | KAZAKHSTAN

KIRGHIZISTAN | KOWEÏT | LAOS | LIBAN | MALAISIE | MALDIVES

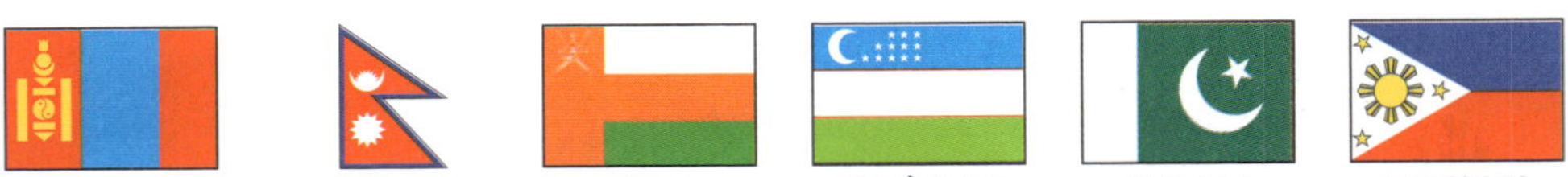

MONGOLIE | NÉPAL | OMAN | OUZBÉKISTAN | PAKISTAN | PHILIPPINES

QATAR | SINGAPOUR | SRI LANKA | SYRIE | TADJIKISTAN | TAÏWAN

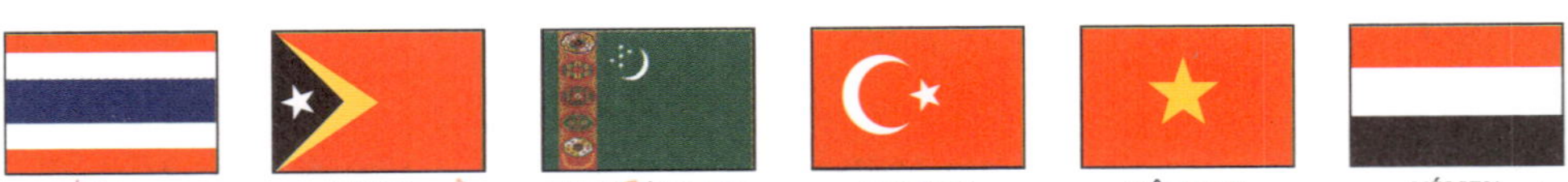

THAÏLANDE | TIMOR-ORIENTAL | TURKMÉNISTAN | TURQUIE | VIÊT NAM | YÉMEN

LA FRANCE

ALLEMAGNE
BELGIQUE
LUXEMBOURG
SUISSE
ITALIE
ESPAGNE
ANDORRE
MONACO
OCÉAN
ATLANTIQUE
PAS-DE-CALAIS
Lille
HAUTS-DE-FRANCE
Arras
NORD
SEINE-MARITIME
Amiens
SOMME
AISNE
Laon
Charleville-Mézières
ARDENNES
Rouen
OISE
Beauvais
Metz
MOSELLE
MEUSE
MARNE
Bar-le-Duc
MEURTHE-ET-MOSELLE
BAS-RHIN
Strasbourg
Nancy
Châlons-en-Champagne
Paris
ÎLE-DE-FRANCE
GRAND-EST
VOSGES
Épinal
Colmar
HAUT-RHIN
Troyes
AUBE
Chaumont
HAUTE-MARNE
Belfort
TERRITOIRE DE BELFORT
HAUTE-SAÔNE
Vesoul
DOUBS
Besançon
St-Lô
Caen
CALVADOS
MANCHE
Évreux
EURE
NORMANDIE
ORNE
Alençon
EURE-ET-LOIR
Chartres
St-Brieuc
CÔTES-D'ARMOR
FINISTÈRE
BRETAGNE
Quimper
MORBIHAN
Vannes
ILLE-ET-VILAINE
Rennes
MAYENNE
Laval
SARTHE
Le Mans
PAYS DE LA LOIRE
LOIRE-ATLANTIQUE
Nantes
Angers
MAINE-ET-LOIRE
LOIR-ET-CHER
Blois
LOIRET
Orléans
Tours
INDRE-ET-LOIRE
CENTRE-VAL DE LOIRE
Auxerre
YONNE
CÔTE-D'OR
Dijon
NIÈVRE
Nevers
Bourges
CHER
BOURGOGNE-FRANCHE-COMTÉ
Châteauroux
INDRE
DEUX-SÈVRES
La Roche-sur-Yon
VENDÉE
Niort
Poitiers
VIENNE
SAÔNE-ET-LOIRE
Lons-le-Saunier
JURA
Mâcon
AIN
Bourg-en-Bresse
Moulins
ALLIER
HAUTE-SAVOIE
Annecy
La Rochelle
CHARENTE-MARITIME
CHARENTE
Angoulême
HAUTE-VIENNE
Limoges
Guéret
CREUSE
Clermont-Ferrand
PUY-DE-DÔME
RHÔNE
Lyon
LOIRE
St-Étienne
Chambéry
SAVOIE
NOUVELLE-AQUITAINE
CORRÈZE
Tulle
AUVERGNE-RHÔNE-ALPES
Grenoble
ISÈRE
Périgueux
CANTAL
Aurillac
HAUTE-LOIRE
Le Puy-en-Velay
Valence
GIRONDE
Bordeaux
DORDOGNE
Privas
ARDÈCHE
DRÔME
HAUTES-ALPES
Gap
LOT
Cahors
Mende
LOZÈRE
LOT-ET-GARONNE
Agen
Rodez
AVEYRON
ALPES-DE-HAUTE-PROVENCE
Digne-les-Bains
ALPES-MARITIMES
Nice
LANDES
TARN-ET-GARONNE
Montauban
GARD
Nîmes
VAUCLUSE
Avignon
Albi
Mont-de-Marsan
OCCITANIE
PROVENCE-ALPES-CÔTE D'AZUR
Auch
GERS
Toulouse
TARN
HÉRAULT
Montpellier
BOUCHES-DU-RHÔNE
Marseille
VAR
Toulon
PYRÉNÉES-ATLANTIQUES
Pau
Tarbes
HAUTE-GARONNE
Carcassonne
AUDE
HAUTES-PYRÉNÉES
Foix
ARIÈGE
Perpignan
PYRÉNÉES-ORIENTALES
Bastia
HAUTE-CORSE
CORSE
Ajaccio
CORSE-DU-SUD
Villes et agglomérations
capitale
chef-lieu de Région
chef-lieu de département
BRETAGNE Région
AUBE département
limite de département
limite de Région
0
100 km
N

AMÉRIQUE

ANTIGUA-ET-BARBUDA | ARGENTINE | BAHAMAS | BARBADE | BELIZE | BOLIVIE

BRÉSIL | CANADA | CHILI | COLOMBIE | COSTA RICA | CUBA

DOMINICAINE (RÉPUBLIQUE) | DOMINIQUE | ÉQUATEUR | ÉTATS-UNIS | GRENADE | GUATEMALA

GUYANA | HAÏTI | HONDURAS | JAMAÏQUE | MEXIQUE | NICARAGUA

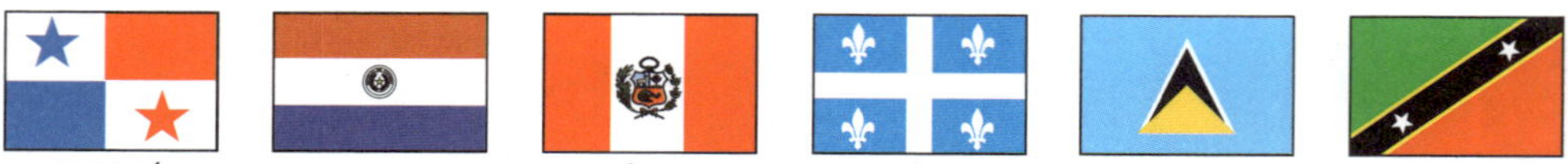

PANAMÁ | PARAGUAY | PÉROU | QUÉBEC | SAINTE-LUCIE | SAINT-KITTS-ET-NEVIS

SAINT-VINCENT-ET-LES GRENADINES | SALVADOR | SURINAME | TRINITÉ-ET-TOBAGO | URUGUAY | VENEZUELA

OCÉANIE

AUSTRALIE | FIDJI | KIRIBATI | MARSHALL (ÎLES) | MICRONÉSIE (ÉTATS FÉDÉRÉS DE) | NAURU

NOUVELLE-ZÉLANDE | PALAOS | PAPOUASIE-NOUVELLE-GUINÉE | SALOMON (ÎLES) | SAMOA | TONGA

TUVALU | VANUATU